I0024927

DICTIONNAIRE

DES

OUVRAGES ANONYMES

463

Inv.

8°Q.
1021

10

Paris. — Imp. Gauthier-Villars, 55, quai des Grands-Augustins.

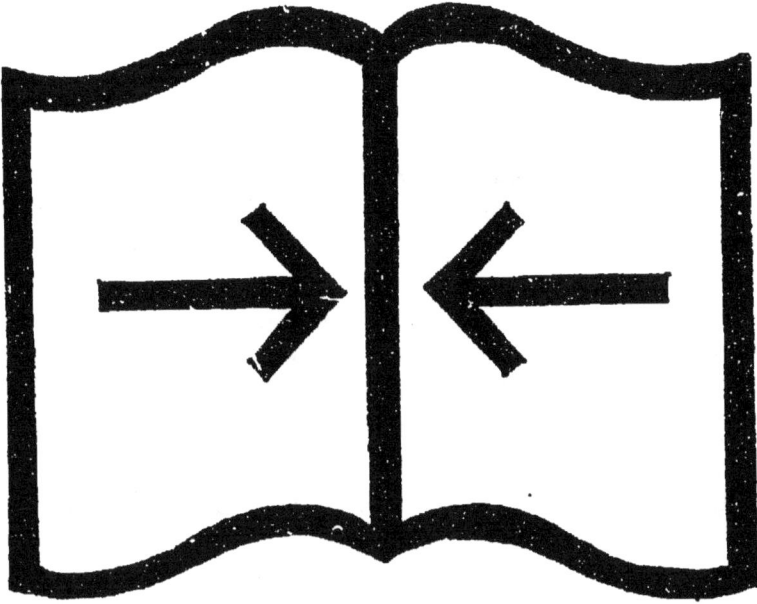

RELIURE SERRÉE
ABSENCE DE MARGES INTÉRIEURES

VALABLE POUR TOUT OU PARTIE DU DOCUMENT REPRODUIT

DICTIONNAIRE

DES

OUVRAGES ANONYMES

PAR

ANT. – ALEX. BARBIER

TROISIÈME ÉDITION, REVUE ET AUGMENTÉE PAR

MM. OLIVIER BARBIER, RENÉ ET PAUL BILLARD

De la Bibliothèque nationale

TOME IV. — R. — Z.

ANONYMES LATINS

SUITE DE LA SECONDE ÉDITION DES

SUPERCHERIES LITTÉRAIRES DÉVOILÉES

PAR J.-M. QUÉRARD

PUBLIÉE PAR MM. GUSTAVE BRUNET ET PIERRE JANNET

TOME VII

AVEC UNE TABLE GÉNÉRALE DES NOMS RÉELS

DES ÉCRIVAINS ANONYMES ET PSEUDONYMES CITÉS DANS LES DEUX OUVRAGES

PARIS

PAUL DAFFIS, LIBRAIRE-ÉDITEUR

RUE GUÉNÉGAUD, 7

CI-DEVANT 9, RUE DES BEAUX-ARTS

1879

BIBLIOTHÈQUE NATIONALE
R. F.
IMPRIMÉS

Rabat-Joye des jansénistes, ou observations nécessaires sur ce qu'on dit être arrivé au Port-Royal, au sujet de la sainte Épine; par un docteur de l'Église catholique (le P. Franç. ANNAT, jésuite). *S. l.* (1656), in-4, 12 p.

Racine, « Histoire de Port-Royal ».

RABELAIS (le) de poche, avec un dictionnaire pantagruelique tiré des « Œuvres » de Fr. Rabelais. (Par Eugène NOEL.) *Alençon, Poulet-Malassis*, 1860, in-16.

Le nom de l'auteur ne se trouve que sur la couverture.

Rabelais (le) moderne. *Paris*, 1788, in-8.

C'est « l'Ane promeneur » (voy. IV, 178, *a*) décoré d'un frontispice nouveau.

RABELAIS (le) moderne, ou les « Œuvres de Rabelais », mises à la portée de la plupart des lecteurs (par l'abbé F.-M. DE MARSY, ex-jésuite). *Amsterdam (Paris)*, 1752, 8 vol. in-12.

Rabelais (le) réformé par les ministres, et nommément par Pierre du Moulin, ministre de Charanton, pour réponse aux bouffoneries insérées en son livre « de la Vocation des pasteurs »... (Par le P. François GARASSE, jésuite.) *Brusselle, Christ. Girard*, 1619, in-8. — Autre édit. *Prins sur la copie impr. à Bruxelles*, 1620, in-8. — Autre édit. *Toul, S. Martel*, 1620, pet. in-8.

Racan et Breuché de La Croix. *Liége, Carmanne*, 1865, in-8, 13 p.

Signé : H. H. (Henri HELBIG, secrétaire de la Société des bibliophiles liégeois).

Rachel. (Par le baron Ét.-Léon DE LAMOTHE-LANGON.) *Paris, A. Le Gallois*, 1838, in-12.

Rachel couronnée par Corneille dans le sanctuaire du génie; opuscule dédié à l'illustre tragédienne, par un habitant de Moscou (Fr. QUILLET). *Moscou, imp. de W. Gautier*, 1854, in-12, 12 p. A. L.

Rachel, par Mme la comtesse *** (MOLÉ DE CHAMPLATREUX, née DE LA BRICHE). *Paris, Moutardier*, 1828, in-12.

Racine l'interdit. Par A. H. (A. HOPE). *Paris, Barba*, 1837, in-8.

Racine vengé, ou examen des remarques grammaticales de M. l'abbé d'Olivet sur les « Œuvres de Racine ». (Par l'abbé P.-F. GUYOT DESFONTAINES.) *Avignon*, 1739, in-12, 12 ff. lim. et 152 p.

Racines (les) de la langue latine, mises en vers françois. (Par Ét. FOURMONT.) *Paris, Le Mercier*, 1706, in-12.

Cet ouvrage a été copié mot à mot, et réimprimé en 1789 sous le nom de l'abbé DE SUERE DU PLAN, in-12.

Racines hébraïques sans points-voyelles, ou dictionnaire hébraïque par racines. (Par le P. Ch.-Fr. HOUBIGANT.) *Paris, Cl. Simon*, 1732, in-8.

Radicalisme (le) suisse dévoilé, ou un cas de conscience à l'occasion des élections, et spécialement des prochaines élections au conseil national. (Par l'abbé Henri-Joseph CRELIER.) *Paris, Lecoffre*, 1851, in-12.

Signé : Un ecclésiastique du Jura, qui a lu mandement de l'archevêque de Paris.

Radotage (le)...
Voy. « Entendons-nous... », V, 118, *f*.

Radotage d'un vieux républicain sur des hommes et des choses de ce temps.

1870-1871. (Par Et. Blanc.) *Paris, La-chaud*, 1871, in-18, 585 p.

Radoteur (le), ou nouveaux mélanges de philosophie, d'anecdotes curieuses, d'aventures particulières... Publié et mis en ordre par M. de C***, auteur de plusieurs ouvrages connus (Cerfvol, P.-J.-B. Nougaret et J.-H. Marchand). *Paris, Bastien*, 1776-1777, 2 vol. in-8 et 126 p. du troisième.

Raillerie universelle, dédiée aux curieux de ce temps ; en vers burlesques. *Paris, P.;Targa*, 1649, in-4, 20 p.

La dédicace est signée P., et le privilége est au nom de Picot, baron de Puiset, grand-maître des eaux et forêts de Languedoc. Ces poésies ont été réimprimées de nos jours, « précédées d'un avertissement, par Ch. V. S. ». *Lille, Leleu*, 1857, in-8, v-49 p.

Raison (la) aux Français (de leur Révolution, de leur ci-devant Empereur, de leur sénat, des Bourbons, etc.). Par un Russe diplomate (J.-M. Dufour, avocat français). *Paris, G. Mathiot*, 1814, in-8.

Raison d'un bon choix, ou théorie des élections. (Par Ch.-L. Cadet de Gassicourt.) *Paris*, 1797, in-8.   V. T.

Raison (de la) de curer par evacuation de sang. Autheur Galien. OEuvre nouvellement traduicte de grec en latin, et de latin en françois (par Ét. Dolet). *A Lyon, Ét. Dolet*, 1542, in-8, 63 p.

Raison (la) de la guerre, prose et vers ; par un volontaire de la presse (J. Travers). *Caen, Demin*, 1870, in-8, 8 p.

Extrait du journal « l'Ordre et la Liberté ».

Raison (la) des temps. (Par le marquis de La Gervaisais.) *Paris, Pihan Delaforest*, 1836, in-8, 35 p.

Raison, Folie, petit cours de morale mis à la portée des vieux enfants ; suivi des Observateurs de la femme. Troisième édition, augmentée de quelques dissertations à peu près philosophiques et de quatre contes inédits : la Nourriture d'un prince, ou le danger des coutumes étrangères; le Pêcheur du Danube; le Jardinier de Samos, ou le père du sénat ; l'Enfant de l'Europe, ou le dîner des libéraux, à Paris, en 1814. *Paris, Déterville*, 1816, 2 vol. in-8.

Par P.-E. Lemontey. Le titre de la première édition, *Paris*, an IX-1801, in-8, 39 et 284 p., porte les initiales P. E. L. Celui de la seconde édition, an X-1801, a le nom de l'auteur. Le nombre de pages est le même dans les deux éditions.

Raison (la) par alphabet, sixième édi-

tion, revue, corrigée et augmentée par l'auteur (Voltaire). *S. l.*, 1769, 2 vol. in-8 de 384 et 343 p.

C'est une nouvelle édition, augmentée du « Dictionnaire philosophique portatif », et, à ce que croit Beuchot, c'est la première qui porte le titre de : « la Raison par alphabet ». Voy. la note du n° 16 de la « Bibliographie voltairienne ». Une réimpression de 1776 a pour titre : « la Raison par alphabet, ou supplément aux « Questions sur l'Encyclopédie », attribuée à divers hommes célèbres. Dixième et dernière édition, revue, corrigée et augmentée par l'auteur. In-8, 359 p. Mis à l'*Index* le 11 juillet 1776.

Raison (la) soumise à l'autorité en matière de foi par M. ***, docteur de Sorbonne (Franç. Picart de Saint-Adon). *Paris, Simon*, 1712, in-12.

Raison (la) triomphante des nouveautés, ou essai sur les mœurs et l'incrédulité, par M. l'abbé P*** (l'abbé Thomas-Jean Pichon). *Paris, Garnier*, 1756, in-12.

Raisonie, ou douce demeure de la raison, établissement le premier en son genre pour l'éducation rationnelle et le bonheur de tous les êtres humains malheureux mais honnêtes. (Par L.-A. Tarascon, avec la collaboration de quelques autres philanthropes.) *New-York*, 1839, in-12.
                                              G. M.

Raisonnement sur la perspective, pour en faciliter l'usage aux artistes. (Par Petitot.) *Parme, Faure*, 1758, in-fol.

En italien et en français.

Réimprimé à *Paris* en l'an X (1802), in-4. Voy. le « Dictionnaire des beaux-arts » de Millin, au mot *Perspective*. D'autres auteurs attribuent cet ouvrage à Jacques Gaultier.

Raisonnemens hasardés sur la poésie françoise. (Par L.-P. de Longue.) *Paris, Didot*, 1737, in-12.

Raisons de doute contre l'inoculation. (Par Ph. Hecquet.) *Paris*, 1724, in-12.

Raisons de droit contre les décrets de M. l'official de Cambray, portées mal à propos, les 26 de février et 19 de mars dernier, à la charge de M. l'abbé de Liossies. (Par Nicolas Dubois, théologien et jurisconsulte.) *Cambray, Pierre Laurent*, 1670, in-8.   D. M.

Raisons des scripturaires, traduit de l'anglois (de de Lortre, fils du ministre de La Rochelle, qui depuis a été chanoine de Windsor). *Hambourg, Steiner (Rotterdam)*, 1706, in-8.

Cet ouvrage a été imprimé par les soins de Benjamin Furly, quaker éclairé. Voy. Pr. Marchand, aux mots *Anti-Garasse* et *Souverain*.

Raisons et Motifs de l'édit et règlement général des monnoyes du mois de décembre 1614. A MM. des cours souveraines, juges et magistrats du royaume, par F. L. B. (Franç. LE BÈGUE). *Paris, veuve N. Roffet*, 1615, in-8.

Raisons par lesquelles il est prouvé que les évêques de France ont pu, de droit, donner l'absolution à Henri de Bourbon... (Par P. PITHOU.)

Voy. « Traicté de la iuste et canonique absolution de Henri IIII... »

Raisons politiques touchant la guerre d'Allemagne des années 1673-1675, où les Allemands n'ont pas moins épuisé leurs artifices ordinaires que leurs forces dans la guerre présente. La Sauce au verjus. (Par F. DE LISOLA.) *Strasbourg*, 1675, in-12.
V. T.

Troisième édition de « la Sauce au verjus ». Voy. ce titre.

Raisons pour désirer une réforme dans l'administration de la justice. (Par VOLTAIRE.) *S. l.* (1771), in-8, 14 p. — Autre édit., in-12, 12 p.

Raisons pour montrer que l'édit nouvellement faict sur les monnoyes est juste et qu'il est au soulagement du peuple. (Par Loys DE CABANS.) *Paris, veuve N. Roffet*, 1609, in-8, 69 p. et 1 f. de privilége.

Le nom de l'auteur se trouve dans le privilége.

Raisons très-fortes, très-claires et très-pressantes, fondées sur la pure parole de Dieu, tirées des actions incomparables de l'illustrissime Christofle de Cheffontaines, archevesque de Césarée, contre les sacramentaires, etc., par un Père récollet de Liége (Barthelemy D'ASTROY, de Ciney). *Namur, van Milst*, 1646, in-12, 216 p. sans les préliminaires.

Ramassis. 1783 et 1785, 3 vol. in-12.

Ces trois volumes contiennent divers traités de morale que le vicomte J.-Fr. DE LA ROCHEFOUCAULD, décédé en 1788, faisait imprimer à Sens, chez Tarbé, à mesure qu'il les composait, et tous séparément, par cahiers ayant chacun leur ordre de pages particulier. Comme l'auteur ne les faisait imprimer que pour en faire présent à sa famille ou à ses amis, on ne les tirait qu'à un très-petit nombre, suivant la volonté de l'auteur, mais jamais à plus de cinquante exemplaires. La collection de ces petits traités doit être bien difficile à compléter. Elle comprend : 1o de l'Éducation, traité en vingt-sept chapitres, 1785, 212 p.; 2o du Bon Ton, 17 p.; 3o de l'Égoïsme, 22 p.; 4o de la Discrétion, 26 p.; 5o de l'Amabilité, 30 p.; 6o de l'Éducation par rapport à la probité, 17 p.; 7o de l'Ambition, 15 p.; 8o de l'Amitié, 28 p.; 9o sur le Soleil,

par quelqu'un qui n'est pas physicien, à l'usage de ceux qui ne le sont pas, 19 p.; 10o de l'Amour, 23 p.; 11o sur la Dispute, 27 p.; 12o sur l'Humeur et la Colère, 47 p.; 13o de la Crapule, 19 p.; 14o de la Fatuité, 19 p.; 15o Lettres d'un oncle à son neveu : ce recueil, de 84 p., ne contient que quelques lettres choisies, telles que première lettre, deuxième, troisième, dixième, quatorzième, dix-huitième, vingt-unième, vingt-cinquième, trente-sixième et quarante-troisième; 16o Lettres cinquante-unième et cinquante-deuxième, 40 p.; 17o Lettre pour servir à l'éloge de M. le comte de Maurepas, 1782, 22 p.; 18o à ma Nièce, qui copiait une madone de Saint-Mathieu, 16 p. Voy. Brunet, « Manuel du libraire », 5e édit., IV, 1092.

Ramassis de poésies vieilles et nouvelles. *S. l. n. d.* (*Amsterdam, Josué Rousseau*, 1689), in-12, 126 p.

L'imprimeur, Josué ROUSSEAU, est le ramasseur de ces poésies et l'auteur d'un poëme historique qui termine le recueil et qui roule sur l'expédition du prince d'Orange en Angleterre.

(« Bulletin du bibliophile », 1858, p. 1250.)

Raméide (la), poëme. (Par Jean-François RAMEAU.) *A Pétersbourg, aux rameaux couronnés*, 1766, in-8, 28 p. et 1 f. d'errata.

Dans le registre manuscrit des permissions tacites, M. Van Thol a trouvé une permission en date du 20 mars 1766, pour un ouvrage intitulé : « Rameaulogie, ou histoire de Rameau le neveu et des siens ». Elle a été accordée à Rameau; peut-être est-ce le même ouvrage que la « Raméide ».

Une parodie parut la même année sous ce titre : « la Nouvelle Raméide », in-8, 30 p. J.-Fr. Rameau n'est autre que le personnage mis en scène par Diderot dans son « Neveu de Rameau ».

Ramir, tragédie. (Par H.-L. D'ERBIGNY, marquis DE THIBOUVILLE.) *Paris*, 1759, in-12.

Ramoneur (le) prince et le Prince ramoneur, comédie-proverbe en un acte, en prose. Représentée pour la première fois à Paris, sur le théâtre des Variétés-Amusantes, le 11 décembre 1784. *Paris, Cailleau*, 1785, in-8, 51 p.

Attribué successivement par Quérard à A.-L.-B. ROBINEAU DE BEAUNOIR et à MAURIN DE POMPIGNY.

Ramounet, ou lou paysan agenez, tournat de la guerro, pastouralo, en lengatge d'Agen, en cinq actes et en vers (par J.-J. DE COURTEIX, seignou de Prados), aumentado de quantitat de bers qu'erou estats oublidats à la prumero impression, et courrijado de beaucops de fautos. *Bourdeu, la Beuzo de F. Séjourné jouènne*, 1740, in-12.

La première édition parut à *Agen, Gayau*, 1684, in-8. Catalogue Soleinne, no 3953.

Ramponides. *S. l.*, 1761, in-8, 131 p.

C'est une critique des « Éphémérides troyennes », (Voy. V, 140, d.) Le P. Lelong l'attribue à DE MON-

ROGER, tandis que le P. Adry la donne à J.-B. LUDOT, avocat. Voy. aux « Supercheries », Hugot, II, 317, c.

A l'exemplaire du docteur Payen (voy. n° 817 du Catalogue de sa bibliothèque) était jointe une sorte de post-face d'une demi-page, tirée à part, qu'il n'avait jamais rencontrée dans un autre exemplaire.

Rançon (la) de Duguesclin, ou les mœurs du XIV° siècle, comédie en trois actes et en vers. (Par A.-V. ARNAULT.) *Paris, F. Didot*, 1814, in-8, VIII-70 p.

Raoul de Pellevé. Esquisse du temps de la Ligue, 1593-1594. Par l'auteur du « Duc de Guise à Naples » (le comte A. DE PASTORET). *Paris, Renduel*, 1833, 2 vol. in-8, avec 2 vignettes.

Raoul et Anna, ou le retour à la vertu, suivi de Tancrède et Célina, nouvelles, par Mlle L. DE N. (Mlle DE NAZETTE). *Paris, A. Vezard*, 1830, in-12.

Raphael. Drame historique. Par A. H. (A. HOPE). *Paris, Barba*, 1837, in-8, 23 p.

Raphaël Sanzio, par l'auteur de « Michel-Ange » (Just-Jean-Etienne Roy). *Lille, Lefort*, 1861, in-12.

Rapinéide (la), ou l'atelier, poëme burlesco-comico-tragique en sept chants. Par un ancien rapin des ateliers Gros et Girodet (Alex. LE NOBLE). *Au Havre, Morlent*, 1838, in-8, avec une vignette. — Nouv. édit. *Paris, Barraud*, 1870, pet. in-8, avec fig. sur bois et eaux-fortes.

Rappel des exilés et condamnés politiques de toutes les opinions et de tous les étages par droit de primordialité, en faveur de la famille de l'empereur Napoléon, par un vétéran de l'Empire. *Fontainebleau, imp. Jacquin*, 1845, in-8, 57 p.

On lit à la fin : « L'auteur de cet écrit est le même qui a doté les dix plus anciens cavaliers de l'armée ; le même qui a fait le don des deux guérites à la colonne ; le même qui a offert un tableau d'un grand prix au musée de Versailles. »
Signé : le général comte F. S. (Alphonse) (Alphonse FOURNIER-SARLOVÈZE).

Rappel (du) des Juifs. (Par Isaac LA PEYRERE.) 1643, in-8.

Rapport à l'Académie de Beaune sur l'aurore boréale du 7 janvier 1831. (Par F. DE MONTHEROT.) *Lyon, imp. de Rossary* (1831), in-8, 4 p.

En vers.   G. M.

Rapport à l'Assemblée constituante vaudoise, sur l'article relatif à la liberté de l'industrie, dans sa séance du 25 avril 1831. (Par M. Alexis FOREL.) In 8.

a — Rapport à la Société de médecine sur la question de la salubrité des eaux de puits de la ville d'Angers, et des qualités de l'eau de la Maine. (Rédigé par G. CASTONNET.) *Angers, E. Le Sourd, s. d.* (1836), in-8, 18 p.

Catalogue de Nantes, n° 13463.

b — Rapport annuel du 1er janvier au 31 décembre 1858. Maladies traitées d'après l'inspection et l'analyse des urines. (Par L.-A. CORNET.) *Paris, imp. E. Voitelain*, 1859, in-8, 14 p.

Rapport au conseil supérieur de santé sur un rapport de son secrétaire, relatif aux modifications à apporter dans les règlements sanitaires. Par un économiste (FRANÇOIS). *Paris, imp. de F. Locquin*, 1840, in-8, 39 p.

c — Rapport au roi sur la navigation intérieure de la France. (Par L.-F. BECQUEY) *Paris, imp. royale*, 1820, in-4.

Rapport au roi sur la situation des canaux... (Par L.-F. BECQUEY.) *Paris, imp. royale*, 1823-1829, 7 vol. in-4.

Rapport comprenant l'histoire de la Société de chant de Verviers depuis sa fondation, présenté par son administration.
d — (Par Grégoire HENROTAY, trésorier.) *Verviers, Remacle*, 1865, in-8, 16 p. Ul. C.

Rapport d'un ministre ami de sa patrie et peu attaché à son portefeuille, au roi des Pays-Bas, sur la disposition actuelle des esprits et la situation des choses en Belgique. (Par Louis DE POTTER.) *Bruxelles*, 1829, in-8, 23 p.

e — Rapport de l'un des commissaires chargés par le roi de l'examen du magnétisme animal (A.-L. DE JUSSIEU). *Paris*, 1784, in-8, 79 p., et in-4, 51 p.

Rapport des commissaires chargés par l'Académie des sciences de l'examen du projet d'un nouvel Hôtel-Dieu. (Par J.-S. BAILLY.) *Paris*, 1787, in-4.

Rapport des commissaires chargés par le roi de l'examen du magnétisme animal, *f* — Imprimé par ordre du roi. *Paris, imp. royale*, 1784, in-4, 68 p. — Autre édit. 1784, in-8.

Attribué à J.-S. BAILLY.

Rapport des commissaires de la Société royale de médecine nommés par le roi pour faire l'examen du magnétisme animal. Imprimé par ordre du roi. (Rédigé par M.-A. THOURET.) *Paris, imp. royale*,

1784, in-4, 39 p. — *Paris, Moutard*, 1784, in-8, 47 p.

Rapport du bureau des moyens, sur la vérification des biens ecclésiastiques. (Par l'abbé Bourlier, vicaire général du diocèse de Reims.) *Paris, G. Desprez*, 1788, in-8. — *S. l. n. d.*, in-8.

Ce rapport a été imprimé malgré la résolution contraire prise par l'Assemblée.

Rapport du conseil de santé d'Angleterre, sur la maladie appelée dans l'Inde choléra spasmodique et qui règne aujourd'hui dans le nord de l'Europe; publié par ordre des lords composant le conseil privé de Sa Majesté britannique; suivi d'une lettre adressée à sir H. Halford, président du conseil de santé, sur la contagion du choléra. Par W. Macmichel, D. M. du roi. Traduit de l'anglais (par le docteur P.-H.-L.-D. Vavasseur). *Paris, J.-B. Baillière*, 1831, in-8.

Rapport du nouveau comité de constitution, fait à l'Assemblée nationale, le mardi 29 septembre 1789, sur l'établissement des bases de la représentation personnelle. (Par J.-G. Thouret.) *Paris, Baudouin*, 1789, in-8, 24 p. — Seconde partie du rapport du nouveau comité de constitution, fait à l'Assemblée nationale, le mardi 29 septembre 1789, sur l'établissement des assemblées administratives et des nouvelles municipalités. (Par J.-G. Thouret.) *Versailles, Baudouin*, 1789, in-8, 24 p.

Rapport du physique et du moral de l'homme, par P.-J.-G. Cabanis... Troisième édition, précédée d'une table analytique par D*** T*** (A.-L.-C. Destutt de Tracy), et suivi d'une table alphabétique par M. Sue. *Paris, Caille et Ravier*, 1815, 2 vol. in-8.

Rapport entre la langue sanscrite et la langue russe. (Par Frédéric Adelung.) *Saint-Pétersbourg*, 1811, in-4.

Rapport fait à l'assemblée générale extraordinaire de la confrérie de la Consolation, le 16 décembre 1830. (Par le chanoine de Hauregard.) *Namur*, 1830, in-4, J. D.

Rapport fait à la séance du comité d'agriculture et de commerce, du 24 novembre 1790, par M. H... (Hell), député de H....... (Haguenau), membre de ce comité et de celui de salubrité, du mémoire des prieurs, juges-consuls et armateurs de Granville, renvoyé à ce comité par celui de salubrité, le 20 du même mois,

tendant à ce qu'il soit décrété sans délai : que la morue, les maquereaux, sardines et harengs de pêche française pourront être salés avec du sel étranger. *Paris, imp. de P.-D. Pierres*, 1790, in-4, 6 p.

Rapport fait à Sa Majesté Louis XVIII. (Par A.-J.-B. Auget, baron de Montyon.) *Imp. à Constance et se trouve dans les principales villes de l'Europe*, 1796, in-8, XII-184 p. — *Londres*, 1796, in-8, 2 ff. de tit., XII-304 p.

M. de Calonne répondit en publiant : « Lettre de M. de Calonne au citoyen auteur du prétendu Rapport fait à S. M. Louis XVIII ». *Londres, W. et C. Spilsburg*, 1796, in-8, 31 p.

Rapport fait au conseil général des hospices par un de ses membres (le marquis E.-C.-J.-P. de Pastoret), sur l'état des hôpitaux, des hospices et des secours à domicile à Paris, depuis le 1er janvier 1804 jusqu'au 1er janvier 1814. *Paris, Mme Huzard*, 1816, in-4.

Rapport fait au conseil général du département de la Moselle sur la destination ultérieure du dépôt de mendicité de Gerze. (Par le baron N.-D. Marchant.) *Metz, veuve Verronnais*, 1818, in-8, 20 p., plus 2 tables.

N'a pas été mis en vente.

Rapport fait au conseil général (du département de la Seine), le 15 thermidor an VIII, sur l'instruction publique. — Le rétablissement des bourses. — Le scandale des inhumations actuelles. — L'érection de cimetières. — La restitution des tombeaux, mausolées, etc. (Par A.-C. Quatremère de Quincy.) *Paris, R. Jacquin*, in-8, 40 p.

Rapport fait au Grand-Conseil sur plusieurs pétitions relatives à l'institution d'hospices publics en faveur de diverses classes indigentes. (Par M. André Girardoz.) *Lausanne*, 1833, in-8.

Rapport fait au ministre de la guerre, par son ordre, sur l' « Instruction » du général Schauenburg, concernant les exercices et manœuvres de l'infanterie. (Par Meunier, général de brigade.) *Paris, an VII-1799*, in-8.

Voy. pour l' « Instruction », V, 031, *b*.

Rapport fait par Saint-Just au comité de Salut public, à Paris, au mois de mai 1794, relativement aux dépenses faites par les puissances neutres (par E.-L.-H. Delaunay d'Entraigues). *Mai 1794*, in-8, IV-47 p. D. M.

Rapport général au peuple assemblé, sur la conspiration qui a existé sur sa souveraineté. (Par J.-Fr.-Félix DORIVAL.) *Sedan*, 1795, in-4.

Rapport général des contestations relatives à la promesse de fidélité à la Constitution. (Par l'abbé L. GODARD.) *Paris, Le Clère*, 1800 et 1801, in-8.

Rapport général sur la situation du royaume de Naples pendant les années 1806 et 1807, présenté au roi, en son conseil d'Etat, par le ministre de l'intérieur (A.-F. MIOT DE MÉLITO), le 28 mars 1808. *A Naples, de l'imprimerie française*, 1808, in-4, 41 p.

Rapport général sur les étangs. (Par J.-B. ROUGIER LA BERGERIE.) *Paris*, an III-1795, in-8.

Rapport historique des opérations militaires de la division d'Ancône, commandée par le général Monnier, depuis le 29 floréal an VII jusqu'au 25 brumaire an VIII. (Par GIRARD, chef de l'état-major de la division.) *Gênes, imprimerie française et italienne des Amis de la liberté*, an VIII, in-4, 24 p.

Rapport impartial sur les six lettres de M. de Thémines, évêque de Blois, ou examen religieux, littéraire et surtout politique de ces lettres. (Par l'abbé P.-L. BLANCHARD.) *Londres, J. Dean*, 1812, in-8.

Rapport présenté au Grand-Conseil, dans sa séance du 8 janvier 1834, sur le projet de loi sur l'exercice de la liberté religieuse. (Par M. André GINDROZ.) *Lausanne*, 1834, in-8.

Rapport présenté le 9 juin 1853 au conseil municipal de Saint-Yrieix, au nom d'une commission chargée de rendre compte des difficultés soulevées par une ligne rivale qui veut disputer à Saint-Yrieix la préférence pour le passage du chemin de fer de Limoges à Périgueux. (Par M. JARRIT-DELILLE.) *Saint-Yrieix, imp. de Noyer* (1853), in-4, 4 p.

Réimprimé avec le nom de l'auteur.

Rapport (du) qu'il y a entre l'absence du droit électoral et les émeutes. Par l'auteur de « l'Existence de la destinée humaine » (U.-F. PIAULT, chef de bataillon). *Paris*, 1840, in-18.

Rapport (du) singulier du nom de année avec celui du soleil et du loup, en celtique et en grec. (Par Eloi JOHANNEAU.) *S. l. n. d.*, in-8, 4 p.

Catalogue de Nantes, n° 55006.

Rapport sur l'administration de la province de Namur. (Par le baron G.-J.-A. DE STASSART, gouverneur.) *Namur, Lesire* (1834), in-8, 106 p.

Rapport sur l'état de la Confédération grecque... par le chevalier Edouard BLAQUIÈRE, traduit de l'anglais, par M*** (FERRANTI). *Paris, Mme Goulet*, 1823, in-8.

Rapport sur l'organisation de l'enseignement industriel, adressé à M. le ministre de l'intérieur par la commission nommée par arrêté royal du 11 décembre 1851. (Par Auguste WISSEHERS, membre du conseil des mines.) *Bruxelles, Hayez*, 1852, in-8.　　　　　　J. D.

Rapport sur l'origine de la confrérie des Pénitents blancs de la très-sainte Trinité et de Notre-Dame d'Aide, pour la rédemption des captifs, fondée à Marseille en 1386, suivi de notes historiques sur l'origine des confréries de Pénitents de Marseille et de la banlieue. Par une commission spéciale. (Par M. ARNAUD.) *Marseille, imp. de Chauffard*, 1853, in-8, 32 p.

Rapport (du) sur le budget. Amortissement. (Par le marquis DE LA GERVAISAIS.) *Paris, imp. A. Pihan-Delaforest* (1832), in-8, 20 p.

Rapport (du) sur le budget des dépenses. (Par le marquis DE LA GERVAISAIS.) *Paris, impr. de Pihan-Delaforest*, 1829, in-8, 28 p.

Rapport sur le commerce du Kurdistan, de la Perse et de la Transcaucasie... (Par N.-A. HENRY, consul de Belgique à Calcutta.) *Bruxelles*, 1859, in-8.　　A. L.

Rapport sur le défrichement de la Campine. (Par P.-J. WILLEMS.) *Hasselt, Milis*, 1843, in-8.　　　　　　J. D.

Rapport sur le défrichement des landes et bruyères, fait à la Société agricole et forestière de Jalhay, en séance du 8 septembre 1845, par l'un de ses membres, M. H. DE L. (DE LANTREMANGE). *Verviers, impr. du Journal de Verviers*, 1845, in-8, 43 p.　　　　　　J. D.

Rapport sur le droit de marque des cuirs (en 1788), par un conseiller d'Etat (P.-S. DUPONT de Nemours). *Paris, veuve Goujon fils*, an XII-1804, in-8, VIII-296 p.

Rapport sur le projet d'orangerie impériale. Première partie : Sciences et arts. A Sa Majesté l'empereur des Français, roi d'Italie. *S. l. n. d. (Paris*, 1808), in-fol., 4 p.

Signé : Par J. A. G. C. (J.-A.-G. Cadrès), amateur des sciences et des arts.

Rapport sur le service vétérinaire et l'état sanitaire des animaux domestiques pendant l'année 1859. (Par Verheyen, inspecteur.) *Bruxelles, veuve Parent*, 1860, in-4, 70 p.   J. D.

Rapport sur le vol des médailles fait à la Bibliothèque du roi. (Par Raoul Rochette.) *Imprimé par F. Didot*, le 8 mars 1832, in-8, 50 p.

Tiré à 12 exemplaires.

Rapport sur les expériences agricoles de la ferme expérimentale de Challes en 1835. (Par A. Puvis.) *Bourg , Bottier*, 1836, in-8, 33 p.

Rapport sur les moyens propres à améliorer le régime alimentaire des ouvriers. (Par Félix Capitaine.) *Bruxelles, Stapleaux*, 1852, in-8.   J. D.

Rapport triennal sur la situation de l'instruction primaire en Belgique, années 1843, 1844, 1845, et sur l'exécution de la loi du 23 septembre 1842. (Par L. Alvin.) *Bruxelles, Devroye*, 1847, 2 vol. in-8.   J. D.

Rapporteur (le) des procès d'État, faisant voir, pour servir d'instruction au procès du comte de Rieux... *S. l.* (1652), in-4, 32 p.

Cette pièce, que la Bibliographie des mazarinades attribue à Dubosc-Montandré, existe aussi sous ce titre : « le Plaidoyer de la maison royale, ou la cause d'Etat, montrant comme il faut borner : 1° les intérêts des princes du sang ; 2° les intérêts des princes étrangers ». *Paris*, 1652, in-4.

Rapports de la chambre de commerce de Liége sur la question des droits différentiels. (Par Félix Capitaine.) *Liége, Desoer*, 1844, in-8, 107 p.   Ul. C.

Rapports (les) de la langue latine avec la françoise, avec un recueil étymologique de cinq mille mots françois tirés du latin. (Par François Poullain de La Barre.) *Paris*, 1672, in-12.

Rapports de la révolution d'Angleterre et Rapprochements politiques sur les causes et les effets de ces rapports. *Paris, Fuchs*, an X-1802, in-8.

Même ouvrage déjà publié par l'auteur, J. Chas, avec son nom, sous ce titre: « Tableau historique et

politique de la dissolution et du rétablissement de la monarchie anglaise, depuis 1605 jusqu'en 1702 ». *Paris, Pilardeau*, an VII-1799, in-8.

Rapports du jury belge de l'exposition universelle de Paris en 1855. (Par Edouard Romberg.) *Bruxelles*, 1856, in-8.   J. D.

Rapports médicaux-légaux. *Paris, imp. de L. Martinet* (1860), in-8, 166 p.

Deux Rapports du docteur Aubanel, publiés sans frontispice.

Rapports politiques de l'ordre de Malte avec la France, et nécessité de maintenir les traités respectifs entre ces deux puissances ; par un gentilhomme languedocien (Macarthy-Levignac.) *S. l.*, 1790, in-4.

Rapports présentés en 1817 et 1818 à la Chambre des communes d'Angleterre, par le comité chargé de l'examen des lois relatives aux pauvres, traduits de l'anglais. (Par Edouard Laffon de Ladébat fils, chef de division adjoint au ministère de l'intérieur.) *Paris, Delaunay*, 1818, in-8.

Rapprochement entre 1599 et 1830. *Metz, imp. de Pierret*, 1830, in-12, 48 p.

L'exemplaire de la Bibliothèque nationale est signé à la main : B. Chéron.

Rapprochements historiques sur l'hospitalité des anciens, sur la formation de nos hôpitaux, la nature de leurs revenus, et les divers systèmes qui se sont succédé dans leur administration ; par un conseiller de préfecture (P. Frizac). *Toulouse, Douladoure*, 1820, in-8, 140 p.

Rapsodie (la) galante. (Par Ant.-Urb. Coustelier.) *Londres*, 1750, in-12, 59 p.

Rare en tout, comédie en trois actes et prologue en vers... (Par Mlle de La Roche-Guilhen.) *Londres, Jacques Magnes*, 1677, pet. in-4, 4 ff. et 43 p.

Catalogue Soleinne, n° 3510.

Rares Expériences sur l'esprit minéral, pour la préparation et transmutation des corps métalliques. (Par du Respour.) *Paris*, 1668, in-8.

Rasselas, prince d'Abyssinie, conte. Par S. Johnson L. D. D., avec la vie de l'auteur. Traduction nouvelle (par Fr. Louis, libraire). *Paris, Fr. Louis*, 1818, in-12.

L'édition originale de cet ouvrage, très-souvent réimprimé, a pour titre : « The Prince of Abyssinia ». *London*, 1759, 2 vol. in-18.

Rasselas, prince d'Abyssinie, traduit de

l'anglais du célèbre Johnson (par Mme Durey de Meynières, ci-devant Mme Belot).
Paris, de Bure, 1788, in-12.

La première édition est de 1760.

Rat (le) iconoclaste, ou le Jésuite croqué,
poëme héroï-comique en vers et en six
chants. (Par L.-B. Guyton de Morveau.)
S. l., 1763, in-12, vi-53 p. — *Paris, imp.
de Mme Huzard,* 1810, in-8.

Rationaliste (le), journal des libres pen-
seurs. (Par Henri Didier.) *Genève,* 1862-
1869, 7 vol. in-8.

Ratomanie (la), ou songe moral et cri-
tique d'une jeune philosophe, par Mme ***.
(Par l'abbé Ant. Sabatier, de Castres.)
Amsterdam (Paris), 1767, in-8.

Raton aux Enfers, imitation libre et en
vers du « Mürner in der Holle » de M. Fréd.-
Guill. Zacharie, suivie de la traduction
littérale de ce poëme allemand, par M***
(Edme Mentelle). *Genève et Paris, Dubois,*
1774, in-8.

Raton et Rosette, ou la vengeance inutile, parodie de « Titon et l'Aurore », représentée pour la première fois par les
comédiens italiens ordinaires du roi, le
mercredi 28 mars 1753. Troisième édition.
(Par Ch.-Simon Favart.) *Paris, N.-B.
Duchesne,* 1759, in-8, 64 p.

Ratramne ou autrement Bertram, prêtre, du corps et du sang du Seigneur, en
latin et en françois (de la traduction de
La Bastide, ministre protestant, avec une
Dissertation du traducteur sur Ratramne).
*Imprimé par Jean Lucas, demeurant à Rouen,
et se vend à Quevilly,* 1672, in-4; — 1673,
in-12.—Nouvelle édit., augm. *Amsterdam,
Bernard,* 1717, in-12.

Desmaiseaux, dans une note des « Œuvres de Bayle »,
et Chaufepié, dans son « Nouveau Dictionnaire historique et critique », attribuent au ministre Allix cette
traduction. Cependant Marc-Antoine de La Bastide en
est considéré comme le véritable auteur dans un article
nécrologique qui se trouve dans le vingtième volume de
l' « Histoire des ouvrages des savans », page 548.
D'ailleurs on lit ces mots, page 7 de l'avertissement
qui précède la traduction de Ratramne : « M. Allix a si
« bien fait cette recherche depuis peu dans sa réponse
« aux dissertations qui sont à la fin du livre de M. Ar-
« naud... » Peut-on croire que M. Allix se soit ainsi
loué lui-même?
   Voir, au sujet de ces éditions, la « Biographie universelle », article *Ratramne*, tome XXXVII, page 137.
Le texte latin a été publié à diverses reprises par des
auteurs protestants; l'abbé Boileau en donna, en 1686,
in-12, une édition latine-française, avec une savante
préface destinée à établir l'authenticité et l'orthodoxie
du texte.

Ravissement (le) d'Orithie, composé par
B. Tag... (Barthélemy Tagereau). *Paris,
André Wechel,* 1558, in-8.   D. M.

Ravissement (le) de Florise, sur l'heureux événement des oracles. Tragi-comédie par le sieur de C. (de Cormeil).
Paris, T. Quinet, 1632, in-8, 5 ff. lim. et
128 p.

Ravissement de Proserpine, de Cl. Clau-
dien, traduit en prose françoise, avec un
quatriesme livre, par G. A. (G. Aldibert).
Toulouse, Dominique et P. Bosc, 1621, 2 vol.
in-12.

Raymond, ou le généreux fermier, roman
traduit de l'anglais. (Par J.-B. Dumas.)
Paris, G. Mathiot, 1813, 3 vol. in-12.

Réalité de la magie et des apparitions,
ou Contrepoison au « Dictionnaire infernal », ouvrage dans lequel on prouve, par
une multitude de faits et d'anecdotes authentiques, et par une foule d'autorités
incontestables, l'existence des sorciers, la
certitude des apparitions, la foi due aux
miracles, la vérité des possessions, etc.,
etc., etc. Précédé d'une Histoire très-
précise de la magie considérée sous son
véritable point de vue, depuis le commencement du monde jusqu'à nos jours; le
tout propre à démontrer combien la France
est encore trompée par l'auteur du « Dictionnaire infernal ». (Par l'abbé Simonnet.)
Paris, Brajeux, P. Mongie aîné, 1819, in-8,
xxii-152 p.

Réalité des sciences occultes.

Titre inexactement donné à l'ouvrage précédent, IV,
979, d.

Réalité (la) du jansénisme démontrée.
(Par l'abbé Fr. Iliharat de La Chambre.)
Paris, 1740, in-12.

Réalité (la) du projet de Bourg-Fontaine, démontrée par l'exécution. (Par le
P. Sauvage, jésuite.) *Paris, veuve Dupuy,*
1756, 2 vol. in-12. — *Id.,* 1764, 2 vol.
in-12. — Nouvelle édit., augmentée de la
Réponse aux Lettres de dom Clémencet
contre cet ouvrage. *Paris et Liège,* 1787,
2 vol. in-8.

Quelques personnes ont attribué faussement cet ouvrage au P. Louis Patouillet; telle est au moins
l'opinion de l'ex-jésuite de Feller, dans son « Dictionnaire historique », au mot Patouillet.

Réalités de la vie domestique, présentées
aux jeunes femmes, par l'auteur d' «Emma,
ou la Prière d'une mère » (Mme Zélia Long,
née Pelon). Troisième édit. *Paris, Grassart,* 1853, 2 vol. in-12.

Réalités des figures de la Bible. (Par le vicomte C.-G. Toustain de Richebourg.) *Paris, Le Clère*, 1797, in-8.

Rebours (le) de Matheolus, ou le resolu en mariage, composé en ryme françoise. (Par Jehan Le Fèvre.) *Paris, Michel le Noir*, 1518, in-4 goth. de 60 ff. — *Lyon, Olivier Arnoullet, s. d,*, in-4.

Il a été fait à Paris en 1846 une réimpression *fac-simile* de l'édition de 1518.

Récapitulation de toute la maçonnerie, ou description et explication de l'hiéroglyphe universel du maître des maîtres. (Par F.-H.-Stan. Delaulnaye.) *Orient de Memphis*, 38,692 (*Paris, imp. de Nouzou*, 1813), in-8, 47 p., figures.

Récapitulation des événements de Gallicie en 1846, par un ecclésiastique (l'abbé Cyrille Terlecki). *Paris*, 1847, in-8.

Recensement (le) Humann. *Chalon-sur-Saône, imp. de J. Duchesne* (1841), in-8, 4 p.

Signé : P. C. Ord...... (Ordinaire).

Réception du docteur Hequet aux Enfers. (Par L. Dupré d'Aulnay.) *La Haye*, 1748, in-12, 4 ff. et 94 p.

Réception (la) du roi par l'empereur Maximilian et l'archiduc Ferdinand et les Vénitiens. (Par Nic. du Mont.) *Paris, Denis du Pré*, 1574, in-8, 45 p. et 1 f. — Autre édit. *Id.*, 45 p. et 1 f. — *Rouen, Richard l'Allemand et J. Pinard*, 1574, in-8, 21 p. et 1 f.

Recette contre le choléra. *Cambrai, imp. de H. Carion* (1849), in-8, 4 p.

Signée : Def..... (Defontaine), doyen-curé.

Recette (la) du médecin Nicoclès. (Par la baronne de Pont-Wullyamoz.) *Berne*, 1795, in-8.

Recherche de la vérité, ou coup d'œil sur la brochure de M. le duc de Rovigo, par de L*** (François Delarue, médecin). *Paris, Petit*, 1823, in-8, 22 p.

Recherche (de la) de la vérité, où l'on traite de la nature de l'esprit de l'homme... (Par le Père Nic. Malebranche.) *Paris*, 1674-1675, 2 vol. ; — 1675, 2 vol. ; — 1677 et 1678, 3 vol. in-12 ; — 1678, in-4. — Cinquième édit., augmentée de plusieurs éclaircissements. 1700, 3 vol. in-12. — Sixième édit., revue et augmentée. *Paris*, 1712, 2 vol. in-4 ou 4 vol. in-12, avec le nom de l'auteur.

Recherche de la vérité, ou lettres sur l'œuvre des convulsions. (Par Poncet Desessarts.) *S. l.*, 1733, in-4, 36 p.

Contient les trois premières lettres, du 5 juillet au 8 août.

Voy. « Lettres de M* à un de ses amis... », V, 1255, c.

Recherche de la vraie religion, par M. l'abbé X*** (Michaud, de Nîmes), licencié en théologie. *Paris, Lesort*, 1864, in-18, 250 p.   D. M.

Recherche des eaux nécessaires à l'établissement d'une suffisante quantité de fontaines publiques et particulières à Dijon. (Par P.-Jos. Antoine.) *Dijon, Frantin*, 1813, in-8, 12 p.

Recherche des motifs de la conduite présente de la Grande-Bretagne. (Par J. Dumont.) *La Haye*, 1727, in-8.

Recherche des principes de l'économie politique, ou Essai sur la science de la police intérieure des nations libres. Par le chevalier Jacques Steuart, baronnet. (Traduit par Et. de Senovert). *Paris, Didot l'aîné*, 1789-1790, 5 vol. in-8.

Recherche (la) du bien. Septième édit., revue et augmentée. (Par de Charnage.) *Paris, Schlesinger frères*, 1864, in-8.

Cette septième édition seule ne porte pas le nom de l'auteur sur le titre, mais il est donné dans la préface. La première édition, publiée en 1840, est intitulée : « la Recherche du vrai bien ».

Recherche modeste des causes de la présente guerre, en ce qui concerne les Provinces-Unies. (Par J. Dumont.) *La Haye*, G. de Voys, 1703, in-12.

L'auteur a signé la dédicace.

Recherche sur l'origine de la ressemblance et de l'affinité d'un grand nombre de mots qui se retrouvent dans le français, le danois, l'islandais, l'anglais, l'allemand, le latin, le grec et le sanscrit, par B. B. (le baron de Bretton). *Copenhague, Thiele*, 1866, in-8, 8 et 233 p.

Recherches anatomiques sur la position des glandes et sur leur action, par Théoph. Bordeu ; nouvelle édit., augmentée de réflexions destinées aux jeunes élèves. (Par J.-N. Hallé.) *Paris*, an VIII-1800, in-12.

Recherches bibliographiques sur le « Télémaque », les « Oraisons funèbres » de Bossuet et le « Discours sur l'histoire universelle ». Par M*** (l'abbé A.-L.-P. Caron), directeur au séminaire de Saint-Sulpice. *Paris, Lecoffre*, 1840, in-8. — Deuxième édit. *Ibid.*, 1840, in-8, 116 p. —

Additions et corrections. Janvier 1850. *Paris, imp. de F. Didot*, 1850, in-8, 8 p.

Recherches bibliographiques sur quelques incunables précieux de la bibliothèque de S. A. le duc d'Arenberg. (Par Charles DEBROU.) *Gand, Hebbelynck*, 1849, in-8, 30 p., avec des planches xylographiques.
J. D.

Recherches critiques et historiques sur l'origine, sur les divers états et sur les progrès de la chirurgie en France. (Par Fr. QUESNAY.) *Paris, Osmont*, 1744, in-4. — *Id.*, 1744, 2 vol. in-12.

Le docteur Fr. QUESNAY est en effet le principal auteur de cet ouvrage; mais on dit que l'abbé P.-F. GUYOT-DESFONTAINES y a eu part pour l'ordre et le style. Quelques autres personnes y ont aussi travaillé, surtout Ant. LOUIS.
Réimprimé en 1749 sous le titre de : « Histoire de l'origine et du progrès de la chirurgie en France ». Voy. V, 089, *f*.

Recherches (les) des « Recherches », et autres Œuvres de M° Estienne Pasquier, pour la défense de nos roys, contre les outrages, calomnies et autres impertinences dudit auteur. (Par le P. François GARASSE.) *Paris, Séb. Chappelet*, 1622, in-8.

Recherches (les) du blason, seconde partie : de l'Usage des armoiries. (Par le P. Claude-François MENESTRIER.) *Paris, E. Michallet*, 1673, in-12, 8 ff. lim., 322 p. et 6 ff. de table.

La première partie est intitulée : « le Véritable Art du blason ».

Recherches économiques et statistiques sur le département de la Loire-Inférieure. Annuaire de l'an XI. *Nantes, Malassis*, an XII, in-4.

La préface est signée : J.-B. H. (J.-B. HUET).

Recherches et Considérations sur la population de la France, par M. MOHEAU. *Paris*, 1778, in-8.

De La Lande nous apprend, dans le « Journal des savants », mai 1779, édition de Hollande, page 344, que cet ouvrage a été attribué en partie à l'estimable DE MONTYON.

Recherches et Considérations sur les finances de France depuis l'année 1595 jusqu'à l'année 1721. (Par Fr. VÉRON DE FORBONNOIS.) *Bâle, Cramer frères*, 1758, 2 vol. in-4. — *Liége*, 1758, 6 vol. in-12.

Recherches et Dissertations sur Hérodote, par le président BOUHIER, avec des Mémoires sur la vie de l'auteur (par le P. Fr. OUDIN). *Dijon*, 1749, in-4.

Recherches et Doutes sur la naissance du duc de Bordeaux, établis d'après la partie officielle du « Moniteur » et d'après les journaux de l'époque. (Par GUILMOT, ancien chirurgien-major de la garde impériale et docteur en médecine à Lille.) *Paris, veuve C. Béchet*, 1834, in-8.

Recherches et Observations sur la durée de la vie de l'homme. (Par C. BAGARD, médecin de Nancy.) Première partie. *Nancy, Antoine*, 1754, in-8.

La seconde partie de ces « Recherches », traduite en partie de Bacon, n'a point été publiée.

Recherches et Réflexions sur la poésie en général, et en particulier sur la poésie latine. (Par J.-B. MILLIET.) *Paris, Fétil*, 1772, in-12.

Ce volume fait partie des « Étrennes du Parnasse ». Voy. V, 312, *f*.

Recherches générales de la Bretagne gauloise. Première partie : Description générale du pays de Bretagne. Par le P. T. DE S. LUC, C. (TOUSSAINT DE SAINT-LUC, carme). *Paris, C. Calleville*, 1664, in-8, 1 f. de titre et 106 p.

Publié à la suite de : « Histoire de Conan Meriadec ». Voy. V, col. 665, *a*.

Recherches historiques, bibliographiques, critiques et littéraires sur le théâtre de Valenciennes; par G. A. J. H. (Gabriel-Antoine-Joseph HÉCART), de l'Académie celtique et de plusieurs Sociétés savantes et littéraires. *Valenciennes, de l'imp. de H.-J. Prignet*, 1816, in-8, 179 p., avec un portrait lithogr. de Simon Leboucq, d'après le buste en marbre du musée de Valenciennes.

Recherches historiques, biographiques et littéraires sur le peintre Lantara, avec la liste de ses ouvrages, son portrait et une lettre apologétique de M. COUDER, peintre d'histoire... par Émile B. (BELLIER) DE LA CHAVIGNERIE. *Paris, J.-B. Dumoulin*, 1852, in-8, 84 p.

Recherches historiques concernant les droits du pape sur la ville et l'État d'Avignon; avec les pièces justificatives. (Par C.-F. PFEFFEL.) *S. l.*, 1768, in-8.

La cour de Rome ayant fait composer par l'abbé de Caveirac une Réponse à ces Recherches, le gouvernement français chargea Pfeffel de la réfuter; c'est ce qu'il fit en 1769, à la suite de la réimpression qui a eu lieu en France de la « Réponse aux Recherches », etc. Voy. ces mots.

Recherches historiques et chronologiques sur la ville de Beaucaire... (Par

DE Pourcelet.) *Avignon, Giroud*, 1718, in-8.

Recherches historiques et critiques sur Jean Le Hennuyer, évêque, et comte de Lisieux. (Par Aug. Bordeaux de Prétreville.) *Lisieux, Pigeon*, 1842-1844, 2 part. in-8, formant ensemble 188 p.

Recherches historiques et critiques sur l'administration publique et privée des terres chez les Romains. (Par G.-M. Butel-Dumont.) *Paris, veuve Duchesne*, 1779, in-8.

Recherches historiques et critiques sur les différens moyens qu'on a employés jusqu'à présent pour refroidir les liqueurs... (Par Aug. Roux.) *(Paris)*, 1758, in-12.

Recherches historiques et critiques sur les principales preuves de l'accusation intentée contre Marie Stuart, reine d'Écosse. Avec un examen des histoires du docteur Robertson, et de M. Hume, par rapport à ces preuves. *Paris, Edme*, 1772, in-12.

L'ouvrage anglais est de W. Tytler; il en existe trois éditions. *Édimb.*, 1759, 1767 et 1790, in-8.
La traduction française, complétement anonyme, est de l'abbé Mai, plus connu sous le nom de P. Lirih, ex-jésuite, qui a mis en tête une préface de li p. Le restant de l'édition de 1772 a été mis au pilon. Cette traduction a été réimprimée (par le prince Alexandre Labanoff). *Paris, Amyot*, 1860, in-8. Le nouvel éditeur a substitué une nouvelle préface à l'ancienne.

Recherches historiques et critiques sur quelques anciens spectacles et particulièrement sur les mimes et pantomimes, avec des notes. (Par C.-F.-F. Boulenger de Rivery.) *Paris, J. Mérigot*, 1751, 2 part. in-12, 1 f. de tit., vi-176 p. et 1 f. d'approbation.

Recherches historiques et géographiques sur les médailles des nomes ou préfectures de l'Égypte, par Tochon. (Publiées avec une notice sur la vie et les ouvrages de l'auteur, par Saint-Martin.) *Paris, Imp. royale*, 1822, in-4, avec fig.

Recherches historiques et philosophiques sur l'amour et sur le plaisir; poëme par *** M. D. L. I. D. F. (le comte F.-E. de Toulongeon, membre de l'Institut de France). *Paris, Dentu*, 1807, in-8, 79 p.

Recherches historiques et politiques sur l'origine et l'organisation des assemblées des États, et en particulier de ceux de l'Auvergne. (Par le vicomte Desistrières-Murat.) *Londres et Paris*, 1789, in-8, 79 p.

Recherches historiques et politiques sur les États-Unis de l'Amérique septentrionale, par un citoyen de Virginie (Mazzéi), avec quatre Lettres d'un bourgeois de New-Heaven (Condorcet) sur l'unité de la législation; des Réflexions rédigées en 1776 par Turgot, à l'occasion d'un mémoire de M. de Vergennes, sur la manière dont la France et l'Espagne devoient envisager les suites de la querelle entre la Grande-Bretagne et ses colonies, et d'autres réflexions touchant l'influence de la révolution de l'Amérique sur l'Europe, par un habitant obscur de l'ancien hémisphère (Condorcet). *Paris, Froullé*, 1788, 4 vol. in-8.

Recherches historiques et politiques sur Malthe, par *** (Honoré de Brès). Orné de gravures... *Paris, C.-F. Cramer*, an VII, in-8, 128 p.

Il existe un ouvrage à peu près du même titre, par Bonnier. *Paris*, 1798, in-8.

Recherches historiques et statistiques sur Auxerre, ses monuments et ses environs, par M. L...... (Léon Leblanc-Davau), ingénieur au corps royal des ponts et chaussées. *Auxerre, Gallot-Fournier*, 1830, 2 vol. in-12.

La deuxième édition, *Auxerre, Gallot*, 1871, in-8, avec atlas, porte le nom de l'auteur.

Recherches historiques et statistiques sur les principales communes de l'arrondissement de Langres. (Par J.-F.-O. Luquet, architecte.) *Langres, Sommier*, 1836, in-8, 2 ff. de tit., v-315 p., 1 f. de table et 1 f. d'errata.

Recherches historiques sur Gilles, seigneur de Chin, et le dragon. (Par Henri Delmotte.) *Bruxelles, P.-J. Voglet*, 1825, in-8.   J. D.

Recherches historiques sur l'ancienne gendarmerie françoise, par M*** (le vicomte P.-Alex. d'Alès de Corbet), académicien honoraire de l'Académie des sciences et belles-lettres d'Angers... *Avignon, A. Girard*, 1759, in-12.

Recherches historiques sur l'apanage, pour servir à apprécier : 1° l'acte du 7 août 1830, par lequel M. le duc d'Orléans, alors lieutenant du royaume, a donné à sept de ses huit enfants la nue propriété de tous ses biens meubles et immeubles, en s'en réservant l'usufruit... Par le vieux Normand auteur de brochures... (Dumouchel, ancien receveur des contributions directes à Rouen). *Rouen, F. Baudry*, 1837, in-8, 1 f. de tit. et 39 p.

Recherches historiques sur l'église paroissiale de Saint-Michel-des-Lions, de la ville de Limoges. (Par l'abbé LEGROS.) *Limoges, Bargeas*, 1811, in-8.

Recherches historiques sur l'érection, constitution, droits et priviléges de l'Université de Louvain, relatives à la contestation actuelle. Correspondance épistolaire. (Par le docteur Jean-François VAN DE VELDE.) *S. l.*, 1788, in-8.

Recherches historiques sur l'esprit primitif et sur les anciens colléges de l'ordre de Saint-Benoît, d'où résultent les droits de la Société sur les biens qu'il possède. (Par dom J. CAJOT.) *Paris, Guillot*, 1787, 2 part. in-8.

Recherches historiques sur l'état de la religion chrétienne au Japon, relativement à la nation hollandoise, traduites du hollandois de M. le baron ONNO-SWIER DE HAREN... (par H. JANSEN). *Paris, Couturier*, 1778, in-12, v-220 p.

Recherches historiques sur l'origine et l'usage de l'instrument de pénitence appelé discipline; par Gabriel P...... (Gabriel PEIGNOT). *Dijon, Lagier*, 1844, in-8, 31 p.

Tirage à part, à 300 exemplaires, des pages 309-422 du « Predicatoriana » du même auteur.

Recherches historiques sur l'usage des cheveux postiches et des perruques, dans les temps anciens et modernes; traduit de l'allemand de Christ-Frédéric NICOLAI (par Henri JANSEN). *Paris, Léopold Collin*, 1809, in-8.

Recherches historiques sur la personne de Jésus-Christ, sur celle de Marie, sur les deux généalogies du Sauveur et sur sa famille, etc., par un ancien bibliothécaire (Etienne-Gabriel PEIGNOT). *Dijon, V. Lagier*, 1829, in-18.

Recherches historiques sur la petite ville de Saint-Sauveur-le-Vicomte (Manche), par le docteur B. (BOURGEOISE). *Valognes, Carette-Bondessein*, 1849, in-8.

Recherches historiques sur la ville de Renaix. (Par l'abbé BATAILLE.) *Gand, Vanderschelden*, 1856, in-12, 155 p., figures.
J. D.

Recherches historiques sur le célibat ecclésiastique. (Par l'abbé Jacq. GAUDIN.) *Genève, Pellet*, 1781, in-8.

Même ouvrage que « Inconvénients du célibat des prêtres... » Voy. V, 911, a.

Recherches historiques sur le luxe chez les Athéniens, depuis les temps les plus anciens jusqu'à la mort de Philippe de Macédoine, mémoire traduit de l'allemand de Chr. MEINERS, professeur de philosophie à Gœttingue, par C. S....T (C. SOLVET fils), suivi du Traité du luxe des dames romaines, par l'abbé NADAL, revu et corrigé, et des extraits d'un grand ouvrage intitulé « l'Antiquité pittoresque, ou essai sur l'étude de l'antiquité réduite en tableaux », par M. BAYEUX, avocat au Parlement de Normandie, traducteur des « Fastes » d'Ovide. *Paris, Egron*, 1823, in-8.

Recherches historiques sur les anciennes assemblées du pays de Vaud. (Par Nic.-Fréd. DE MULINEN.) *Berne*, 1797, 1798, in-8.

Recherches historiques sur les assemblées nationales dites du Champ-de-Mars et du Champ-de-Mai, terminées par un coup d'œil sur les Parlements de la troisième race des rois de France... (Par Antoine CAILLOT.) *Paris, Favre*, 1815, in-8, 40 p.

Recherches historiques sur les chiens de guerre. (Par le général E.-A. BARDIN.) *Paris*, 1832, in-8.

Extrait du « Spectateur militaire », janvier 1832.

Recherches historiques sur les dignités et leurs marques distinctives... (Par Ant. SERIEYS.) *Paris, Léopold Collin*, 1808, in-8.

Recherches historiques sur les municipalités, depuis les Gaulois jusqu'à nos jours. (Par FAVIER.) *Paris*, 1786, in-8.

Recherches historiques sur les principales nations établies en Sibirie (*sic*) et dans les pays adjacents, lors de la conquête des Russes; ouvrage traduit du russe (de Joh.-Eberh. FISCHER), par M. STOLLENWERCK, ancien officier au service de Russie. *Paris, Laran*, 1801, in-8.

Recherches historiques sur les Templiers et leurs croyances religieuses. Par J. P......, ancien élève de l'Ecole polytechnique (FABRÉ-PALAPRAT, grand-maître des Templiers). *Paris, Dentu*, 1835, in-8.

Recherches historiques sur une famille du Poitou. (Par M. Gaston DE MAYNARD, attaché au ministère des affaires étrangères.) *Poitiers*, 1857, in-8. D. M.

Recherches nouvelles et curieuses d'histoire et de littérature. *Genève, Assiotti et Compagnie,* 1731, 2 vol. in-12.

Sur un exemplaire qui lui appartenait, du Tilliot avait écrit la note suivante : « L'auteur de ce livre est un Provençal nommé l'abbé DEL PAIRAN, qui s'est retiré à Genève depuis quelques années. Son grand âge et ses infirmités ne lui permettent plus de travailler. » A la page 19 du premier volume, l'auteur promet de donner bientôt au public l' « Histoire de la Réformation en Provence et dans le comtat Venaissin », et, à la page 25, l' « Histoire de la poésie rimée ». Ces ouvrages n'ont point paru.

Recherches nouvelles sur l'histoire ancienne. Première partie, Examen de l'histoire des Juifs jusqu'à la captivité de Babylone. (Par VOLNEY.) *Paris, veuve Courcier,* 1814, in-8.

Troisième partie. 1814.
La seconde partie parut en 1808, sous le titre de : « Chronologie d'Hérodote ».

Recherches onomatico-philologiques sur le sens et l'origine des plus anciens noms celtiques. *S. l. n. d.,* in-12, 24 p.

Attribuées à P.-J.-J. BACON-TACON, d'Oyonnax.

Recherches philosophiques sur l'évidence des vérités géométriques, suivies d'un projet de nouveaux éléments de géométrie. (Par Fr. QUESNAY.) *Amsterdam et Paris, Knapen,* 1773, in-8.

Recherches philosophiques sur l'origine de la pitié et divers autres sujets de morale. Par M. le B. DE B.... (le baron J.-N. Et. DE BOCK). *Paris, Belin,* 1787, in-12, 303 p. et 3 ff. de table et d'errata.

Il y a des exemplaires avec titre réimprimé portant le nom de l'auteur.

Recherches philosophiques sur l'origine des idées que nous avons du beau et du sublime, précédées d'une dissertation sur le goût, traduites de l'anglois de M. BURKE, par M. l'abbé D... F....... (DESFRANÇOIS). *Paris, Hochereau,* 1765, 2 vol. in-12.

M. Lagentie de Lavaisse a publié une nouvelle traduction de cet ouvrage en 1803, in-8.

Recherches philosophiques sur la découverte du nouveau monde. Par Jh. M********* (Joseph MANDRILLON).

Voy. « Spectateur américain ».

Recherches philosophiques sur la nécessité de s'assurer par soi-même de la vérité, sur la certitude de nos connoissances, et sur la nature des êtres, par un membre de la Société royale de Londres (Hyacinthe CORDIER, plus connu sous le nom de THEMISEUL DE SAINT-HYACINTHE). *Londres, J. Nourse,* 1743, in-8.

L'auteur a signé l'épître.

Recherches philosophiques sur le droit de propriété et sur le vol considérés dans la nature, pour servir de premier chapitre à la « Théorie des loix » de M. Linguet, par un jeune philosophe (Pierre BRISSOT). *(Chartres),* 1780, in-12.

Voy. « Supercheries », II, 394, d.

Recherches philosophiques sur le fondement de la certitude, avec quelques réflexions préliminaires sur la nature et l'origine de nos idées. (Par l'abbé J.-F. RECEVEUR, professeur de philosophie.) *Besançon, Chalandre,* 1821, in-12.

Reproduit, en 1823, sous ce titre : « Observations sur le système de M. de La Mennais, ou recherches... »

Recherches philosophiques sur le sens moral de la fable de Psyché et de Cupidon, etc., par M. DE R. M. (G.-H. DE ROMANCE-MESMON). *Hambourg,* 1798, in-8.

Recherches philosophiques sur les Américains, ou Mémoires intéressants pour servir à l'histoire de l'espèce humaine. Par M. DE P*** (Corneille DE PAW). *Berlin, G.-J. Decker,* 1768-1769, 2 vol. in-8. — Nouvelle édit., augmentée d'une dissertation critique par dom PERNETY et de la défense de l'auteur contre cette dissertation. *Berlin,* 1771, 3 vol. in-12.

Recherches philosophiques sur les Egyptiens et les Chinois, par M. de P*** (Corneille DE PAW). *Berlin, G.-J. Decker,* 1773, 2 vol. in-8.

Plusieurs fois réimprimées.

Recherches politiques très-curieuses tirées de toutes les histoires tant anciennes que modernes (traduites des *Disquisitiones politicæ* de BOXHORNIUS, par Fr. Savinien D'ALQUIÉ). *Amsterdam, Casperus Commelin (Elzevier),* 1669, in-12, 6 ff. lim., 435 et 8 p.

Voy. les « Anonymes latins ».

Recherches pour servir à l'histoire de l'arquebuse de Pont-de-Vaux, par un ancien capitaine de cette Compagnie (Ch.-Emmanuel BORSON DE SCELLERY). *Louhans,* 1786, in-18, 48 p.   G. M.

Recherches pour servir à l'histoire du droit françois. (Par P.-J. GROSLEY.) *Paris, veuve Estienne et fils,* 1752, in-8.

G.-F. JOLY DE FLEURY, procureur général au Parlement, a revu cet ouvrage.

Il y a des exemplaires qui ont pour titre : « Recherches sur le droit français et sur la noblesse utérine de Champagne ». *Paris, L. Boucher et Lamy,* 1781. C'est la même édition, avec un nouveau titre.

Recherches statistiques sur la ville de

Paris et le département de la Seine; recueil de tableaux dressés et réunis d'après les ordres de M. le comte de Chabrol. *Paris, imp. de Ballard,* 1821, in-8, 128 p., avec 40 tableaux. — *Paris, imp. royale,* 1823, in-4. — *Paris, imp. royale,* 1826, in-4, 530 p.

Le baron J.-B.-J. FOURIER passe pour avoir été le rédacteur de cet ouvrage important.

Recherches statistiques sur le service des postes de 1815 à 1829. (Par M. DU-BOST.) *Paris,* 1829, in-fol., 7 p.

Recherches sur ce qu'il faut entendre par les démoniaques dont il est parlé dans le Nouveau Testament. Par T. P. A. P. O. A. B. J. T. C. O. S. (Leonh. TWELLS). Traduites de l'anglais sur la seconde édition. *Leyde,* 1738, in-8. — Autre éd. *Arnheim,* 1753, in-8.

Recherches sur des médailles et monnaies anciennes trouvées à différentes époques, dans le département de la Côte-d'Or, partie de l'ancienne province de Bourgogne. (Par Pierre-Louis BAUDOT aîné.) *Dijon, Frantin* (1809), in-8.

Recherches sur divers objets de l'économie politique. (Par le comte F.-L. DE BRUHL.) *Dresde, Walther,* 1781, in-8.

Recherches sur Halicz et sur Wlodzimirz. (Par Christian ENGEL.) S. l., 1773, in-4. A. L.

« **Recherches sur l'abolition de la liturgie antique dans le diocèse de Lyon** », par M. de Conny. (Par MOREL DE VOLEINE.) *Lyon, imp. de Perrin,* 1859, in-8, 19 p.

Compte rendu extrait de la *« Gazette de Lyon ».*

Recherches sur l'ancien comté de Gronsveld et sur les anciennes seigneuries d'Esloo et de Rendenraedt, par J. W. (Mathias-Joseph WOLTERS). *Gand, F. et E. Gyselinck,* 1854, in-8, planches. D. M.

Recherches sur l'ancien comté de Kessel et sur l'ancienne seigneurie de Geysteren, par M. J. W. (Mathias-Joseph WOLTERS). *Gand, Gyselinck,* 1854, in-8, 158 p., avec deux planches. J. D.

Recherches sur l'ancien État de la Limagne, relativement à son histoire naturelle. (Par l'abbé C.-N. ORDINAIRE.) *Clermont, Delcros,* 1787, in-12.

Recherches sur l'ancienne ammanie de Monfort, comprenant les communes de Saint-Adilienberg, Echt, Nieustadt, Linne, Vlodorp, Posterholt et Roosteren dans la province actuelle de Limbourg; par M. J. W. (Mathias-Joseph WOLTERS). *Gand, Gyselinck,* 1853, in-8, 150 p., avec planches. J. D.

Recherches sur l'ancienne constitution de l'ordre Teutonique et sur ses usages, comparés avec ceux des Templiers... Par l'auteur de l' « Histoire de l'ordre Teutonique » (le baron Guil.-Eug.-Jos. DE WAL). *Mergentheim, Jean-George Thomm,* 1807, 2 vol. in-8.

POLZER, archiviste de l'ordre Teutonique, aida le baron DE WAL dans la composition de cet ouvrage.

Recherches sur l'art de parvenir, par un contemporain (Maurice JOLY). *Paris, Amyot,* 1866, in-8, III-407 p.

Recherches sur l'art militaire, ou essai d'application de la fortification à la tactique. (Par le chevalier Robert DE LOLOOZ.) *Paris, Desaint,* 1766, in-8.

Recherches sur l'art statuaire, considéré chez les anciens et chez les modernes, ou mémoire sur cette question... Quelles ont été les causes de la perfection de la sculpture antique, et quels seraient les moyens d'y atteindre? (Par T.-B. Emeric DAVID.) *Paris, veuve Nyon,* an XIII-1805, in-8, XVI-544 p.

Le nom de l'auteur se trouve dans les préliminaires. Réimprimé avec le nom de l'auteur sur le titre, édition revue et corrigée sur les manuscrits de l'auteur, publiée par M. Paul LACROIX. *Paris, veuve Renouard,* 1863, in-18, VIII-348 p.

Recherches sur l'histoire de la ci-devant principauté de Liége, contenant l'origine, la formation, les accroissements successifs de ce grand État de l'ancien empire germanique, le tableau de sa constitution, etc., par l'auteur de : « Histoire de Spa » (le baron DE VILLENFAGNE D'INGIHOUL). *Liége, Collardin,* 1817, 2 vol. in-8. D. M.

La Société d'émulation de Liége décerna la médaille d'or à l'auteur de cet ouvrage, dans sa séance du mois de décembre 1816.

Recherches sur l'hospitalité de Notre-Dame d'Ardenè et ses juspatrons. (Par Gonzague DE REY.) *Marseille, imp. Olive,* 1869, in-16, 103 p.

Tirées à 150 exemplaires. G. M.

Recherches sur l'industrie verrière dans l'ancienne Lorraine, en 1841. (Par M. BEAUPRÉ.) In-8.

Extrait de *« l'Impartial de Nancy ».* Nouvelle édition, revue et augmentée. *Nancy,* 1847, in-8.

Recherches sur l'origine de l'ancienne

civilisation égyptienne. (Par D. MARLIN.) *Namur*, 1837, in-8.   J. D.

Recherches sur l'origine de l'esclavage religieux et politique du peuple en France. (Par F.-R.-J. DE POMMEREUL.) *Londres*, 1783 ; — *Genève*, 1783, in-8.

Recherches sur l'origine de la règle coutumière : Représentation a lieu à l'infini en collatérale. Par T. C. L. G. (T.-C.-L. GERHARDI). *Strasbourg, Kœnig*, 1767, in-8.

Recherches sur l'origine des découvertes attribuées aux modernes... (Par L. DUTENS.) *Paris, veuve Duchesne*, 1766, 2 vol. in-8.

Réimprimées en 1776, et depuis avec le nom de l'auteur.

Recherches sur l'origine des idées que nous avons de la beauté et de la vertu... Traduit sur la quatrième édition angloise (de Francis HUTCHESON). *Amsterdam (Paris)*, 1749, 2 vol. in-12.

La « France littéraire » de 1769 ayant attribué cet ouvrage à l'abbé Ed. BONNET DE CONDILLAC, cette méprise a été copiée par Chalvet dans sa nouvelle édition de la « Bibliothèque du Dauphiné », et par Delandine dans la nouvelle édition du « Dictionnaire des grands hommes ».
La même « France littéraire » de 1769 assure avec plus de fondement que cet ouvrage a été traduit de l'anglais de Hutcheson ; elle désigne M.-A. EIDOUS comme traducteur. On trouve la même assertion dans la préface d'un autre ouvrage de Hutcheson traduit par le même Eidous et imprimé à Lyon en 1770, sous le titre de : « Système de philosophie morale », 2 vol. in-12.
Voici les raisons qui me font douter que M. Eidous soit le traducteur des « Recherches ».
C'est le libraire Durand qui a fait imprimer et qui a vendu la traduction française de cet ouvrage. Or, j'ai lu un récépissé écrit de la main de M. Durand, portant qu'il a reçu la traduction manuscrite des « Réflexions », etc., faite par M..., de Genève. Il s'engage à faire imprimer sur beaux caractères et en beau papier, ainsi qu'à faire parvenir audit traducteur plusieurs exemplaires de la traduction imprimée et des ouvrages de son fonds choisis par le traducteur, jusqu'à concurrence de la somme de.... Les « Réflexions » parurent en 1749, en deux volumes fort bien imprimés, sans aucune indication d'auteur, de traducteur ni de libraire. Ces omissions semblent bien avoir été faites à dessein.
Senebier affirme, dans le tome III de son « Histoire littéraire de Genève », page 50, que Guillaume LAGET a traduit en français les « Réflexions » de Hutcheson ; mais il ajoute que cette traduction a été perdue à Paris par les personnes qui s'étaient chargées de la faire imprimer. N'est-il pas à croire que le libraire Durand s'est trouvé en possession de cette même traduction? Peut-être l'a-t-il fait revoir par Eidous? L'anecdote racontée par Senebier prouve au moins que le libraire Durand n'a point tenu les engagements qu'il avait contractés par son récépissé.

Recherches sur l'origine des ordres de chevalerie du royaume de Danemark, par le docteur Frédéric MUNTER, évêque de Selande, etc. (Traduit du danois par WILLAUME, descendant d'une famille française.) *Copenhague, Seidelin*, 1822, in-8.

Recherches sur l'origine du calcul duodécimal. (Par E.-H. GARNIER-DESCHESNES.) *Paris, F. Didot*, 1800, in-12.

Recherches sur l'origine du conseil du roi. (Par Ch.-Arm. L'ESCALOPIER DE NOURAR.) *Paris, Babuty fils*, 1765, in-8.

Recherches sur l'origine du despotisme oriental, ouvrage posthume de M. B. I. D. P. E. C. (N.-A. BOULANGER, ingénieur des ponts et chaussées, avec une lettre de l'auteur à Helvétius). *Genève*, 1761, 1763, in-12.

Recherches sur l'origine du despotisme oriental. (Par N.-A. BOULANGER.) Examen critique de la vie et des ouvrages de saint Paul (traduit de l'anglais de P. ANET par le baron D'HOLBACH), avec une dissertation sur saint Pierre (par BOULANGER). *Amsterdam, Rey*, 1766, in-12.

On ne trouve pas, en tête de cette édition de l' « Origine du despotisme oriental », l'intéressante lettre de Boulanger à Helvétius, que l'on voit dans l'édition originale de Genève, 1761, et dans quelques autres.

Recherches sur l'origine et la signification des constellations de la sphère grecque, par C. G. S. (C.-G. SCHWARTZ); traduit du suédois. *Paris*, 1807, in-8.

M. de Manne dit que son exemplaire porte une note manuscrite qui lui assigne pour auteur STEPHENS.

Recherches sur l'origine et le premier usage des registres, des signatures, des réclames et des chiffres de pages dans les livres imprimés. (Par MAGNÉ DE MAROLLES.) *Paris, Barrois l'aîné*, 1783, in-8, 51 p.

Réimpression, avec augmentations et corrections, d'un travail imprimé dans l' « Esprit des journaux » de mai 1782.

Recherches sur l'origine et les divers établissements des Scythes ou Goths, servant d'introduction à l'histoire ancienne et moderne de l'Europe, ouvrage traduit de l'anglais de J. PINKERTON (par J.-F. MIELLE), avec des augmentations et des corrections faites par l'auteur. *Paris, imprimerie de la République (et se vend chez Dentu)*, 1804, in-8.

Recherches sur l'origine et sur les causes de l'instabilité des systèmes en médecine et sur les moyens propres à donner à l'art de guérir plus de certitude et de fixité. *Gand, Hebbelynck,* 1857, in-8, 75 p.

Cet ouvrage, écrit par le comte DE THIENNES, a pour auteur un médecin de Liége, nommé PHILIPS.

J. D.

Recherches sur l'origine, l'esprit et les progrès des arts de la Grèce. (Par P.-F. HUGUES, dit D'HANCARVILLE.) *Londres, Appleyard,* 1785, 3 vol. in-4.

Le livre est resté incomplet, parce que l'auteur, piqué des critiques dirigées contre les deux premiers volumes, ne l'a pas achevé. Le troisième volume est un supplément en réponse aux censures.

Recherches sur la constitution du pays de Liége. (Par Noël-Joseph LEVOZ.) *Liége,* 1788, in-4, XXIV-226 p.

N.-J. LEVOZ publia ce travail en collaboration avec son frère, J.-J. LEVOZ, publiciste et jurisconsulte, mort à Liége en 1816. UI. C. Cet ouvrage a été aussi attribué à BASSENGE ou à DE DONCEEL.

Recherches sur la construction du sabot du cheval, et suites d'expériences sur les effets de la ferrure, avec une dissertation sur quelques moyens que les anciens employaient... par M. BRACY-CLARK, F. L. S., vétérinaire. Ouvrage traduit de l'anglais (par J.-B. HUZARD, médecin-vétérinaire), et revu par l'auteur. *Paris, Mme Huzard,* 1817, in-8.

Recherches sur la durée de la grossesse et le temps de l'accouchement. (Par J. BARBEU DU BOURG.) *Amsterdam,* 1765, in-8.

Recherches sur la force de l'armée française, les bases pour la fixer selon les circonstances, et les secrétaires d'État ou ministres de la guerre, depuis Henri IV jusqu'en 1805. (Par le général P.-H. DE GRIMOARD.) *Paris, Treuttel et Würtz,* 1806, in-8.

Recherches sur la gnomonique, etc. (Par A.-P. DIONIS DU SÉJOUR et M.-B. GOUDIN.) *Paris,* 1761, in-8.

Recherches sur la houille d'engrais et les houillères, sur les marais et leur tourbe, et sur l'exploitation de l'une et de l'autre de ces substances... (Par DE PERTHUIS DE LAILLEVANT.) *La Haye et Paris, Clousier,* 1780, 3 vol. in-12.

Recherches sur la langue latine, principalement par rapport au verbe et à la manière de bien traduire. (Par Nicolas BRUSSEL.) *Paris, Valleyre,* 1747, 2 vol. in-12.

L'auteur, parlant à son fils, dans une épître qui sert de préface, l'encourage (page 13) à se fortifier dans la connaissance des lettres humaines ; il lui expose qu'il s'est bien trouvé d'avoir autrefois prouvé par l'histoire quelles furent les maximes de l'ancien usage général des fiefs en France.

N'est-il pas évident qu'il s'agit ici de l'ouvrage intitulé : « Nouvel Examen de l'usage général des fiefs en France, pendant les XIᵉ, XIIᵉ, XIIIᵉ et XIVᵉ siècles, par M. BRUSSEL, conseiller du roi, auditeur ordinaire de ses comptes », *Paris,* 1727, 2 vol. in-4 ?

Les *réflexions sur la langue latine* sont le premier essai, pour ainsi dire, d'un dictionnaire des synonymes latins, ouvrage que publia avec tant de succès le professeur Gardin du Mesnil en 1777 et qui est devenu classique. Voy. la troisième édition, *Paris,* 1813, in-8.

On trouve dans l'ouvrage de BRUSSEL d'utiles corrections pour le *Novitius* et pour le *Ciceronis apparatus.*

Recherches sur la manière d'inhumer des anciens, à l'occasion des tombeaux de Civaux en Poitou, par le R. Père B. R... (Bernard ROUTH), jésuite. *Poitiers, Faulcon,* 1738, in-12.

Recherches sur la nature et les causes de la richesse des nations .. Traduit de l'anglais de M. SMITH (par l'abbé J.-L. BLAVET). *Yverdon,* 1781, 6 vol. in-12. — *Londres et Paris, P.-J. Duplain,* 1788, 2 vol. in-8.

Nouvelle édition, revue et corrigée. *Paris, Laran,* 1800, 4 vol. in-8. L'édition originale de l'ouvrage célèbre d'Adam Smith, souvent réimprimé, est de *Londres,* 1776, 2 vol. in-4.

Recherches sur la paroisse de Vallon et principalement sur son histoire féodale ; suivies de remarques sur la prononciation et d'un vocabulaire des mots usités dans l'ancien doyenné de ce nom. *Le Mans, Gallienne,* 1856, in-16.

Signées : R. DE M. (Charles ROGER DE MONTRESSON).

Recherches sur la peinture sur verre ; par M. VAN E. (Florent VAN ERTBORN). *Gand, Hebbelynck,* 1839, in-8, 24 p.

Tirées à part, à 25 exemplaires, du « Messager des sciences historiques ».

Recherches sur la science du gouvernement, par le comte Joseph GORANI, ouvrage traduit de l'italien (par Charles GILLOTON BEAULIEU). *Paris, Guillaume junior,* 1792, 2 vol. in-8.

Voy. sur Gorani, Marc Monnier, dans la « Revue des Deux-Mondes », 15 octobre 1874.

Recherches sur la topographie du Ponthieu avant le XIVᵉ siècle. (Par F.-C. LOUANDRE.) *Abbeville, C. Paillard, s. d.* (1840), in-8, 37 p.

Recherches sur la valeur des monnoyes *a* et sur le prix des grains, avant et après le concile de Francfort. (Par Nic.-Fr. DUPRÉ DE SAINT-MAUR.) *Paris*, 1762, in-12.

Recherches sur la véritable origine des Vaudois et sur le caractère de leurs doctrines primitives? (Par M. A. CHARVOZ, évêque de Pignerolles.) *Paris, Périsse*, 1836, in-8.

Recherches sur la vie et les œuvres du *b* P. Claude-Franç. Menestrier... (Par Paul ALLUT.) *Lyon, Scheuring*, 1856, in-8.

Recherches sur la vie et les ouvrages de Pierre Richer de Belleval, fondateur du jardin botanique donné par Henri IV à la Faculté de médecine de Montpellier en 1593... (Par P.-Jos. AMOREUX.) *Avignon, J.-A. Joly*, 1786, in-8.

Recherches sur le commerce, ou idées *c* relatives aux intérêts des différents peuples de l'Europe. (Par OUDER-MEULEN.) *Amsterdam, M.-M. Rey*, 1778, 4 t. en 2 vol. in-8. — *Amsterdam, Changuion*, 1791, 4 vol. in-8.

Recherches sur le droit français...

Voy. « Recherches pour servir à l'histoire du droit... », ci-dessus, col. 26, *f*.

Recherches sur le droit public et les priviléges de la province et des principales villes de la Guyenne, principalement sur les États généraux et particuliers, les impôts, etc. (Par Th. LUMIÈRE.) *Bordeaux*, 1788.

Cet ouvrage forme trois numéros.

Recherches sur le hasard et les errements d'une science des événements du trente-et-quarante et de la roulette, par A. E. R. (J. JOUET DE LANCIDUAIS). *Paris, Dentu*, 1862, in-8, 96 p.

Recherches sur le lieu où le consul Sempronius fut mis en déroute par Annibal dans la seconde guerre punique, jointes à l'examen d'une question sur la place qu'occupoit alors la ville de Plaisance, adressées à M. Grosley, auteur de cette question, par un de ses amis (J.-B. LUDOT). *La Haye (Troyes)*, 1765, in-8. — Appendix pour l'écrit intitulé : « Recherches sur le lieu. » (Par le même LUDOT.) In-8.

Recherches sur le mécanisme social de la France. (Par Benjamin MAZEL, avocat à Montpellier.) *Montpellier, impr. de Ricart* (1822), in-4, 30 p.

Une suite composée de 48 pages, plus un grand tableau, porte le nom de l'auteur sur le titre.

Recherches sur le pouls, par rapport aux crises. (Par Théoph. DE BORDEU.) *Paris, de Bure aîné*, 1756, in-12. — Nouvelle édit. 1779-1786, 4 vol. in-12, avec le nom de l'auteur.

Recherches (des) sur le spiritualisme. Extrait du Lycée armoricain. (Par L.-F. DE TOLLENARE.) *Nantes, imp. de Mellinet-Malassis*, 1824, in-8, 22 p.

Recherches sur le style, traduites de *b* l'italien de BECCARIA (par l'abbé André Morellet). *Paris, Molini*, 1771, in-8.

Recherches sur le temps le plus reculé de l'usage des voûtes chez les anciens, par Louis D-s. (Louis DUTENS.) *Londres*, 1805, in-4.

Recherches sur les anciennes monnaies du comté de Bourgogne. (Par PURICELLI.) *c* *Besançon, Daclin*, 1762, in-4, 8 p.

Recherches sur les anciennes monnaies du comté de Bourgogne ; avec quelques observations sur les poids et mesures autrefois en usage dans la même province. Ouvrage qui a remporté le prix au jugement de l'Académie de Besançon. Par un bénédictin de la congrégation de Saint-Vanne... *Paris, Nyon l'aîné*, 1782, in-8.

d Signées : D. G. (dom P.-P. GRAPPIN).

Recherches sur les antiquités de la ville de Vienne... par Nicolas CHORIER. Nouvelle édition, conforme à celle de 1659, revue, corrigée et considérablement augmentée des inscriptions et antiques trouvés jusqu'à ce jour (par Nic.-Fr. COCHARD, avec l'aide de MERMET aîné et de T.-C. DELORME). *Lyon, Millon jeune*, 1828, in-8.

Recherches sur les armes primitives des *c* anciens Soliers, issus de Rome ou de la Romagne, et qui se sont établis près des Alpes Cottiennes, en Espagne et dans diverses provinces de France... Par M. le C. DE W. (le comte DE WAROQUIER). *Paris, imp. de L.-P. Sétier*, s. d., in-4.

Recherches sur les beautés de la peinture, par Daniel WEBB, ouvrage traduit *f* de l'anglois par M. B*** (Cl.-Fr. BERGIER, frère du théologien). *Paris, Briasson*, 1765, in-8.

C'est à tort que cette traduction est attribuée à M.-A. EIDOUS, dans la « France littéraire » de 1769.

L'ouvrage anglais « Inquiry into the beauties of painting » parut à Londres en 1760.

Recherches sur les carrousels anciens et modernes, suivies d'un projet de jeux équestres à l'imitation des tournois de l'ancienne chevalerie. (Par DUVERNOIS.) (Cassel), 1784, in-8.

Recherches sur les causes des encombrements progressifs de la Gironde et du port de Bordeaux. (Par le vicomte DE VIVENS.) Paris, 1825, in-4, 56 p. et 2 cartes.

Recherches sur les causes et les effets de la variolæ vaccinæ..., par Edward JENNER... Traduit de l'anglais, par M. L. C. DE L****** (le chevalier DE LA ROCQUE). Lyon, Reymann, 1800, in-8.

Recherches sur les commencements et les progrès de l'imprimerie dans le duché de Lorraine, le Barrois et les villes épiscopales de Toul et de Verdun. (Par Jean-Nicolas BEAUPRÉ.) Première partie. Nancy, imp. de Raybois (1841), in-12.

Réunion d'articles détachés publiés dans la « Revue ecclésiastique, scientifique et littéraire de Nancy et de Saint-Dié », de 1840 à 1841, dont il n'a été tiré que 47 exemplaires. L'auteur a depuis complété et rectifié ce travail, qu'il a fait paraître en 1845, sous ce titre : « Recherches historiques et bibliographiques sur les commencements... »

Recherches sur les costumes et sur les théâtres de toutes les nations, tant anciennes que modernes. (Par J.-C. LE VACHER DE CHARNOIS, avec cinquante-cinq estampes au lavis, dont quarante-quatre en couleur, dessinées par CHENY et gravées par ALIX.) Paris, Drouhin, 1790, 2 vol. in-4. — Id., 1802, 2 vol. in-4.

Ouvrage non terminé.

Recherches sur les courbes à double courbure. (Par A.-C. CLAIRAULT.) Paris, Nyon, 1731, in-4.

Recherches sur les cours et les procédures criminelles d'Angleterre, extraites des commentaires de BLACKSTONE sur les lois anglaises, précédées d'un discours. (Par Raymond DE VERNINAC DE SAINT-MAUR.) Paris, Maradan, 1790, in-8.

Plusieurs exemplaires portent le nom du traducteur au frontispice.

Recherches sur les effets et le mode d'action des bains de mer. (Par le Dr Charles-Louis MOURGUÉ, inspecteur des bains de Dieppe.) Paris, Desauche, 1830, in-8, 16 p.

Recherches sur les élémens de la matière. (Par J.-H.-S. FORMEY.) 1747, in-12.

Recherches sur les États provinciaux de Normandie. (Par DELEPIERRE, ancien officier de cavalerie.) S. l. (Rouen), 1789, in-8, 19 p.

Recherches sur les fleurs de lis et sur les villes, les maisons et les familles qui portent des fleurs de lis dans leurs armes. (Par J.-B. DUREY DE NOINVILLE.) Paris, 1757, in-12, 185 p.

Forme la deuxième partie du tome III du « Dictionnaire généalogique » de La Chenaye-des-Bois.

Recherches sur les fonctions providentielles des noms et des dates dans les annales de tous les peuples. (Par DE LA VILLIROUET.) Paris, Dumoulin, 1852, in-8, VI-294 p.

Recherches sur les initiations anciennes et modernes, par l'abbé R... (Claude ROBIN). Paris, Valleyre, 1779, in-12, 172 p. — Dresde, les frères Walther, 1781, pet. in-8, 116 p.

Ersch, « France littéraire », IV, 307, donne à entendre que l'édition de Dresde porterait le nom de RAYNAL. C'est une erreur. Cet ouvrage a été réimprimé par M. Chemin-Dupontès dans le n° 1 du tome I, pages 1 à 105, de ses « Travaux maçonniques et philosophiques », Paris, 1818, in-12, et en partie dans l' « Univers maçonnique », 1827, pages 22 à 43 ; dans « le Globe », 1839, pages 369 à 380.

Recherches sur les journaux et écrits périodiques liégeois. (Par M. Ulysse CAPITAINE.) Liége, 1850, in-18. D. M.

Recherches sur les monnaies des évêques de Metz. (Par M. Louis-Félicien-Joseph CAIGNART DE SAULCY.) Metz, S. Lamort, 1835, in-8, 96 p. et 3 planches.

Le « Supplément », Metz, S. Lamort, 1835, in-8, 99 pages et 6 planches, porte le nom de l'auteur.

Recherches sur les moyens de perfectionner les canaux de navigation ; par Robert FULTON, ingénieur américain, traduit de l'anglais (par DE RÉCICOURT). Paris, Bernard, an VII-1799, in-8.

Recherches sur les moyens de préserver la France des guerres civiles. (Par H. VIARD, chef de bataillon du génie.) Paris, Treuttel et Würtz, 1839, 3 n°ˢ in-8. D. M.

Ce recueil, qui a paru sous la forme de numéros périodiques, a cessé d'être anonyme à partir du n° 2.

Recherches sur les origines et antiquités de l'arrondissement de Remiremont.

Voy. « Essai sur les origines », V, 262, d.

Recherches sur les ouvrages de Voltaire, contenant : 1° des réflexions générales sur ses écrits ; 2° une notice raisonnée des différentes éditions de ses Œuvres choisies ou complètes, depuis 1782 jusqu'à ce jour ; 3° le détail des condamnations juridiques qu'ont encourues la plupart de ses écrits, et 4° l'indication raisonnée des principaux ouvrages où l'on a combattu ses principes dangereux. Par J. J. G..., avocat (Gabriel Peignot, proviseur du collége royal de Dijon). *Dijon, Frantin*, 1817, in-8, viii-70 p.

' Il serait possible que ces « Recherches » fussent de M. Guillaume, alors avocat à Besançon, de qui l'on avait déjà une « Notice sur la correspondance inédite de Voltaire avec l'abbé d'Olivet ». Voy. Quérard, « Bibliographie voltairienne », n° 943.

Recherches sur les remèdes capables de dissoudre la pierre et la gravelle, traduites de l'anglois (du docteur Blackrie, par Guilbert et E.-C. Bourru). *Paris, Pierres*, 1775, in-8.

Recherches sur les vertus de l'eau de goudron, où l'on a joint des réflexions philosophiques sur divers autres sujets importans, traduit de l'anglois du docteur George Berkeley, évêque de Cloyne, avec deux lettres de l'auteur. (Par D.-R. Boullier.) *Amsterdam, Mortier*, 1745, xxiv-343 p.

Recherches sur les vraies causes de la misère et de la félicité publiques, ou de la population et des subsistances, par un ancien administrateur (Aubert de Vitry). *Paris, Picard-Dubois*, 1815, in-8, 212 p.

Recherches sur Louis de Bruges, seigneur de La Gruthuyse, suivies de la notice des manuscrits qui lui ont appartenu et dont la plus grande partie se conserve à la Bibliothèque du roi. (Par Joseph-Basile-Bernard Van Praet.) *Paris, de Bure*, 1831, in-8, avec 5 planches gravées au trait.

Recherches sur quelques points d'histoire de la médecine, qui peuvent avoir rapport à l'arrêt de la grand'chambre du Parlement de Paris concernant l'inoculation, et qui paraissent favorables à la tolérance de cette opération. (Par Théoph. Bordeu.) *Paris, Cailleau*, 1764, 2 vol. in-12.

Recherches sur quelques principes des connoissances humaines. Publiées à l'occasion d'un Mémoire sur Monades, inséré dans le « Journal des savans », avril 1753. (Par Elie Luzac.) *Gottingue et Leide, imp. de l'auteur*, 1756, in-12.

Récit abrégé de la vie et des dernières heures de Josephte Haulié, décédée à Calmont le 26 août 1825. (Par Mme Estelle Chabrand, épouse de M. Falle, née à Saint-Gilles, près de Nîmes, le 2 mars 1806, morte à Calmont, le 2 mai 1826.) *Toulouse, Corne*, 1825, in-12, 23 p.

Récit abrégé des souffrances de près de huit cents ecclésiastiques français condamnés à la déportation et détenus à bord des vaisseaux le *Washington* et les *Deux-Associés*, dans les environs de Rochefort, en 1794 et 1795 ; de la mort du plus grand nombre d'entre eux ; de la translation des autres à Saintes pour y être reclus, et de leur bonne réception et délivrance en cette ville. Par un curé du diocèse de Paris (Marie-Bon-Philippe Bottin, curé de Lagny) que Dieu a daigné associer à ces ecclésiastiques persécutés et qu'il a délivré avec ceux qui ont survécu à la persécution. *Paris, Crapart*, 1796, in-8. — *Bordeaux, Lavigne jeune* (1829), in-8, 38 p.

Récit abrégé des vertus et de la mort de Mme la duchesse douairière de Noailles aux communautés des Nouvelles catholiques du diocèse de Châlons. Par un prêtre supérieur de ces communautés (l'abbé de Beaufort). *Châlons, J. Seneuze*, 1698, in-8.

Récit anecdotique d'une utilité aussi grande pour les protestants que pour les catholiques, par l'auteur d' « Ajoutez à la foi la science » (César Malan). *Genève*, 1831, in-8, 59 p.

Récit au vray de ce qui a esté la cause de faire cet escrit. (Par Desargues.) *S. l. n. d.*, in-8, 38 p.

Récit authentique de la vie et des ouvrages de J. Newton..... écrit par lui-même dans une suite de lettres adressées au docteur Herweis, et suivi d'une courte notice sur son caractère, etc. Traduit de l'anglais (par Mlle de Chabaud-Latour). Deuxième édit. *Valence, Marc Aurel*, 1838, in-12.   D. M.

Récit complet et véridique des événements de décembre 1851, par B. R. (B. Renault). *Paris, Ruel aîné*, 1852, in-16.

Récit d'une querelle entre une beuveuse et une coquette. (Par l'abbé Claude Cherrier.) *Paris, Knapen*, 1716, in-8, 11 p.

Récit de ce qui s'est passé à Chaillot, le soir 28 juin 1789, à l'occasion de M. Bailly, président de l'Assemblée nationale. (Par A.-L. Millin.) *S. l.* (1789), in-8, 8 p.

Récit de ce qui s'est passé à l'assemblée des électeurs de la ville de Paris, tenue le 25 juin 1789, dans une salle de l'hôtel dit du Musée, rue Dauphine. (Par Gab. Feydel.) *S. l.* (1789), in-8, 13 p.

Récit de ce qui s'est passé à l'assemblée nationale le 23 juin 1789. (Par A.-L. MILLIN DE GRANDMAISON.) *S. l.*, 1789, in-8, 7 p.

Récit de ce qui s'est passé au Parlement. Au sujet de la bulle de notre Saint-Père le pape Alexandre VII contre les censures de la Sorbonne. (Par NOËL DE LA LANE.) *S. l.*, 1665, in-4, 12 p.

Récit de l'évasion d'un officier pris à Quiberon, par Joseph C. M. (Joseph CHERADE DE MONTBRON). *Paris, Le Prieur*, 1815, in-12, 141 p.

Réimprimé en 1825 avec le nom de l'auteur.

Récit de la conférence du diable avec Luther, fait par Luther même dans son livre de la Messe privée et de l'Ontion des prestres... (Par l'abbé L. GÉRAUD DE CORDEMOY.) *Paris, J.-B. Coignard*, 1684, in-12, 1 f. de tit., 74 p. et 1 f. de table et d'approb. — *Paris*, 1701, in-12.

Le nom de l'auteur se trouve dans l'approbation.

Une traduction nouvelle a été donnée sous le titre de : « la Conférence entre Luther et le diable au sujet de la messe, racontée par Luther lui-même, traduction nouvelle en regard du texte latin par Isidore LISEUX, avec les remarques et annotations des abbés DE CORDEMOY et LENGLET-DUFRESNOY... » *Paris, I. Liseux*, 1875, in-16, VIII-94 p. et 1 f. de table.

Récit de la perte du bâtiment de la Compagnie des Indes *le Kent*. (Traduit de l'anglais de MAC-GREGOR, par le baron A.-L. DE STAEL-HOLSTEIN.) *Paris, imp. de Smith*, 1826, in-12, 128 p.

Publié par la Société des traités religieux, dont il forme le nº XXXVIII. Une première édition porte sur le titre : « Par un des officiers qui se trouvaient à bord. Traduit de l'anglais ». *Paris, imp. de Crapelet*, 1826, in-12.

Récit de quelques faits concernant la guerre de Vendée, relatifs seulement aux habitants de l'Anjou, qui y prirent part... faisant partie des mémoires publiés sous le titre de : « Souvenirs d'un officier royaliste, » par M. DE R... (le comte DE ROMAIN), ancien colonel d'artillerie. Tome IV. *Paris, A. Pihan de La Forest* (1827), in-8.

Voy. « Souvenirs d'un officier royaliste... »

Récit des aventures singulières de quatre voyageurs russes qui furent jettés dans l'isle déserte du Spitzbergen oriental, auquel sont joints quelques observations sur les productions de cette isle; par M. P.-L. LE ROY, traduit en anglais de l'original allemand et de l'anglais en français (par C. HEYDINGER). *Paris, Knapen*, 1782, in-12, 96 p.

Voy. « Histoire de Saint-Kilda », V, 734, *a*.
A. L.

Récit des campagnes des armées républicaines. (Par le général Dominique-René VANDAMME.) *Hazebrouck, Debaecker, s. d.*, in-4.
D. M.

Cette pièce est devenue fort rare. Il paraît que l'auteur fit détruire l'ouvrage aussitôt après l'impression. Une nouvelle édition, faite sur une copie du journal manuscrit du général VANDAMME, a été donnée en 1838, à Courtray.

(Note extraite du Catalogue des livres et manuscrits de la bibliothèque de J.-B.-T.-H. de Jonghes, t. III. *Bruxelles*, 1860, in-8.)

Récit des choses remarquables qui sont en Italie. *S. l. n. d.*, in-4, 29 p.

L'exemplaire de la Bibliothèque nationale porte la note manuscrite suivante, signée de Brodeau : « Don de l'auteur, M. DE MONTS, 1624. »

Récit des événements arrivés au Temple, depuis le 15 août 1792 jusqu'à la mort du Dauphin, Louis XVII. (Par Marie-Thérèse-Charlotte de France, duchesse D'ANGOULÊME.) *Paris, Audot*, 1823, in-8.

Récit des événements de septembre 1856 dans le pays de Neufchâtel. (Par le comte DE WESDEHLEN.) *Paris*, 1856, in-8.

Récit des fêtes célébrées à l'occasion de l'entrée à Genève de Béatrix de Portugal, duchesse de Savoie. (Par AMÉDÉE PORRAL.) Avec une Introduction par C. COINDET et J.-J. CHAPONNIÈRE. *S. l. n. d.*, in-8, 63 p.

Récit des principales circonstances de la maladie de feu Mgr le Dauphin. (Par l'abbé Pierre COLLET, son confesseur.) *Paris, A.-L. Regnard*, 1766, in-4, 16 p.
D. M.

Récit du portier du sieur Pierre-Augustin Caron de Beaumarchais. (Par Ant. RIVAROL.) *S. l. n. d.*, in-8.

Récit (le) en proze et en vers de la farce des Précieuses. (Par Mᵐᵉ DE VILLEDIEU, née Marie-Catherine-Hortense DESJARDINS.) *Paris, Claude Barbin*, 1660, in-12, 2 ff. lim. et 32 p. — *Anvers, Guill. Coles*, 1660, in-12, 3 ff. lim. et 33 p.

Signé : D. D. D. D. D. D.

Réimprimé, avec notes intéressantes, par M. Ed. Fournier, dans le tome IV de ses « Variétés historiques et littéraires ».

Récit exact de ce qui s'est passé à la séance de la Société des observateurs de la femme, le mardi 2 novembre 1802. Par l'auteur de « Raison, Folie », etc. (P.-E. LEMONTEY). *Paris, chez Deterville, imp. de Guilleminet*, an XI-1803, in-12, XX-170 p.

Réimprimé au tome II de « Raison, Folie », troisième édition, *Paris, Deterville*, 1810, 2 vol. in-8. Voy. ci-dessus, col. 3, *e*.

Récit fidelle de ce qui s'est passé au siège de Candie pendant que le duc de Navailles y a commandé en 1669. *S. l.*, 1683, in-12.

Donné à la Bibliothèque de Saint-Victor de Paris par M. DE SAINT-GENIES, frère de M. de Navailles.

Récit fidelle de la tortue vivante tirée du genoux d'un musicien, habitant et bourgeois d'Anessy en Savoie, par les merveilleux secrets d'un seigneur sicilien nommé dom Antonio Fardella de Calvello... (Par de COPPONAY DE GRIMALDY.) *Chambéry, E. Riondet*, 4 septembre 1686, pet. in-12, 12 ff. lim. et 22 p.

Réimprimé à *Paris, chez Ad. Lainé, par les soins de Marguerite et René Muffat*, 1869, in-8, 13 ff. lim. et 22 p.

Récit fidèle, non publié jusqu'à ce jour, de la prise de la Bastille, le 14 juillet 1789, provoqué par la loi sur les récompenses à accorder aux vainqueurs de la Bastille... Par un ancien officier au régiment des gardes françaises (le marquis DE SAINTE-FÈRE). *Paris, Potey*, 1833, in-8, 40 p.

Récit historique de la campagne de Buonaparte en Italie, dans les années 1796 et 1797 ; par un témoin oculaire. (Par le P. PIUMA.) *Londres, imp. de T. Harper le jeune*, 1808, in-8.

Récit historique des événements qui se sont passés dans l'administration de l'Opéra la nuit du 13 février 1820 (assassinat du duc de Berry), par ROULLET. *Paris, Poullet-Malassis*, 1862, 96 p.

La préface de cette nouvelle édition est signée H. H., initiales de Hermann HAENSEL, masque de Pierre JANNET. Voy. « Supercheries », II, 283, e.

L'édition originale du « Récit » fut imprimée en 1820, chez P. Didot l'aîné, chevalier de l'ordre royal de Saint-Michel, imprimeur du roi, in-8, 64 p. ; elle est très-rare, ayant été détruite en masse par un amateur. Il en existe une reproduction autographiée très-rare aussi.

Récit historique du blocus de la ville de Besançon en 1814, par G****T (GÉBERT), ancien officier... actuellement à l'hôtel royal des Invalides. *Paris, chez l'auteur*, 1840, in-8, 47 p.

Récit historique sur la fondation, l'agrandissement et la célébrité de la ville capitale de Moscou. (Par Georges TCHELIEFF. En français et en russe.) *Moscou, typogr. de Semen*, 1824, in-8, 54 p., avec le portr. de Daniel Ier Alexandrovitch.

A. L.

Récit impartial des événements qui se

---

sont passés dans les derniers jours de juillet 1830. *Paris, Dentu*, 1830, in-8.

M. de Manne attribue cette publication à un écrivain royaliste, André-Adolphe SALA, qui, dans la notice qu'il a évidemment fournie à Quérard (table de la première édition des « Supercheries », t. V, p. 357), déclare n'en être pas l'auteur.

Récit sommaire des opérations du siège de Lyon en 1793, suivi d'une carte des environs de Commune-Affranchie... (Par Pierre-Marie GONON.) *Lyon, imp. de Marle*, 1846, in-8.

D. M.

Récit touchant la comédie jouée par les Jésuites et leurs disciples, en la ville de Lyon, au mois d'août de l'an 1607. Conviction véritable du récit fabuleux divulgué touchant la représentation exhibée en face de toute la ville de Lyon, au collége de la Compagnie de Jésus... *Lyon, Abr. Coquelin*, in-8.

Réimprimé à *Lyon, chez L. Boitel*, par A. P. (Ant. PÉRICAUD), 1836, in-8.

Récit véridique, en vers et en prose, des grands événements qui se sont passés à Otaïti, où l'on verra comme quoi notre ministère a glorieusement, par continuation, soutenu l'honneur du pavillon français (le récit en prose par Casimir HENRICY, les vers par des anonymes). *Nantes, imp. Hérault*, 1844, in-8, 16 p., avec les portraits de la reine Pomaré et de Pritchard.

Récit véritable de la vie et la mort du mareschal de Gassion. Contenant les actions héroïques qu'il a faites, et particulièrement depuis l'âge de dix-sept ans jusques à présent, tant en Savoye, Italie, Suède, Allemagne, Flandre, qu'autres lieux où il a tesmoigné sa valeur. (Par RENAUDOT.) *Orléans, G. Hotot et G. Fremont*, 1647, in-8, 16 p.

Récits (les) d'un vieux gentilhomme polonais (le comte Henri RZEWUSKI) ; traduction, préface et notes par Ladislas MICKIEWICZ. Avec eaux-fortes et illustrations de Bronislas Zaleski et Elviro Andrielli. *Paris, Vasseur*, 1866, in-8, XI-452 p.

Récits d'une grand'mère à ses petits enfants, en deux séries. (Par Mme Zélia LONG, née PELON.) *Genève*, 2 vol. in-18.
— Deuxième édit. *Genève, veuve Béroud et S. Guers*, 1846, in-18.

Récits historiques. (Par le comte Amédée DE PASTORET.) *Paris, Crapelet*, 1826, in-8, 1 f. de tit. et 75 p.

Cette brochure, relative à des événements de la Révolution et de la Restauration, n'a été tirée qu'à cent exemplaires, qui n'ont point été mis dans le commerce.

D. M.

Récits historiques de la garde mobile du Calvados (15ᵉ régiment), par une réunion d'écrivains et d'officiers. (Par M. Alfred-Théodore FAGANDAT, lieutenant officier payeur du 15ᵉ régiment provisoire d'infanterie.) *Caen, F. Le Blanc-Hardel,* 1872, in-8, 2 ff. de tit., 280 et 4 p.

H. de L'Isle.

Récits historiques pour la jeunesse. (Par A. DES ESSARTS, SAINTE-MARGUERITE, E. FERRAND, A. DUPIN et V. COLLIN.) *Liége, Dessain,* 1856, in-8, 408 p.   J. D.

Réclamation contre de nouveaux abus. Première réclamation en faveur du marquis de Saint-Huruge. *S. l.* (1789), in-8, 8 p.

Signée : Par l'auteur de « la France libre » (Camille DESMOULINS).

Réimprimée sous le titre de : « Réclamation en faveur du marquis de Saint-Huruge ». Voy. ces mots.

Réclamation d'un ci-devant pair-à-baron du port de Cherbourg en faveur de l'origine commerciale du blason de cette ville. (Par M. DE PONTAUMONT.) *Cherbourg, imp. de Ch. Feuardent,* in-8, 6 p.

Réclamation d'un citoyen contre la nouvelle enceinte de Paris, élevée par les fermiers généraux. (Par J.-A. DULAURE.) *S. l.,* 1787, in-8.

Réclamation de la Samaritaine contre un almanach donné sous son nom. (Par HÉMOT, depuis libraire.) *Paris,* 1787, in-16.

On doit au même auteur le « Dernier Mot de la jeune Samaritaine à la vieille ». *Paris, Vente,* 1787, in-16, 27 p.

Réclamation de MM. les directeurs des théâtres de Paris, au sujet de l'impôt établi sous le nom de droit des pauvres. (Rédigé par Philippe-Sim. DUPIN jeune, avocat.) *Paris, David* (1833), in-8, 20 p.

D. M.

Ce Mémoire a aussi été attribué à R.-C. GUILBERT DE PIXÉRÉCOURT.

Réclamation du peuple breton contre l'injustice des impositions, ouvrage utile à toutes les personnes qui, voulant connaître la meilleure méthode d'impositions, ont besoin de connaître les impôts de tous les pays; par M. G*** (L.-J. GOHIER). *Paris, Guillaume junior,* 1790, in-8.

Réclamation en faveur du marquis de Saint-Huruge. (Par Camille DESMOULINS.) *S. l. n. d.,* in-8, 12 p.

A paru aussi la même année sous le titre de : « Réclamation contre de nouveaux abus ». Voy. ci-dessus, même colonne.

Réclamation pour l'Eglise de France et pour la vérité contre l'ouvrage de M. le comte de Maistre intitulé « du Pape » et contre la suite, ayant pour titre « de l'Eglise gallicane dans son rapport avec le souverain pontife » ; par M. l'abbé BASTON... *Paris,* 1821-1824, 2 vol. in-8.

La préface, signée E. N., est de l'abbé Aimé GUILLON.

Réclamation pour l'Eglise gallicane contre l'invasion des biens ecclésiastiques et l'abolition de la dîme. *Paris,* 1792, in-8.

Attribuée à l'abbé J.-B. BONNAULD par l'abbé de Feller.

Réclamations des fidèles catholiques de France au prochain concile national en faveur de l'usage primitif de la langue vulgaire dans l'administration des sacrements et la célébration de l'office divin... (Par H. GRÉGOIRE, évêque constitutionnel de Loir-et-Cher.) *Paris, Brajeux,* 1801, in-8, VIII-160 p.

Réclamations et Observations des colons sur l'idée de l'abolition de la traite et de l'affranchissement des nègres. (Par DUVAL-SANADON.) *Paris,* 1789, in-8, 52 p.

Reclus (le) de Norwége, par miss Anna-Maria PORTER ; traduit de l'anglais par Mᵐᵉ Elisabeth DE B*** (BON), traducteur de « la Dame du lac... » *Paris, Nicolle,* 1815, 4 vol. in-12.

Reclusieres (les) de Vénus. Allégorie. (Par BLANCHET DE PRAVIEUX.) *A la nouvelle Cithéropolis,* 1750, in-8, 20 p.

Récolte (la) de l'Ermite, ou choix de morceaux d'histoire peu connus, anecdotes, remarques littéraires... échappés aux recueils déjà publiés; rassemblés par un solitaire qui vit plus avec les livres qu'avec les hommes (P.-D. LEMAZURIER). *Paris, Chaumerot jeune,* 1813, in-8.

Recolte des plus celebres histoires arrivées sous la durée des monarchies, avec les portraictz des papes, empereurs... et illustres personnages qui ont vescu sous les siecles passez et present. Recueillis et mis en ordre par N. R. *Paris,* 1621, in-fol.

Même ouvrage que « le Théâtre d'honneur... », mis en ordre par Claude DE VALLES.

Réconciliation (la) des partis à Neuchâtel, tentée par un patriote (Fréd. DE ROUGEMONT). *Neuchâtel,* 1848, in-8, 71 p.

Condamné à neuf mois de prison pour cette publication, l'auteur se retira à Yverdun.

Réconciliation (la), par M*** (Mˡˡᵉ Virginie PILLET). *Paris*, *Pillet aîné*, 1822, 2 vol. in-12.

Reconfort (le) des affligez du P. Gaspart LOART.... livre singulier auquel est traité des fruicts et remedes des tribulations. Mis de l'italien en françois par G. B. (Gaspard BINOIS), P. P. *Paris*, *Th. Brumen*, 1579, in-12.

Du Verdier, tome II, page 166, dit que Brumen a réimprimé cette traduction sous le titre de : « Consolation des affligez », en 1584.

Reconnaissance (la) de Lekain envers M. de Voltaire, son bienfaiteur. (Par l'abbé T.-J. DUVERNET.) *Paris*, 1778, in-8.

Reconnaissance (la), poëme en quatre chants, par M. D. C. (DE CRESSY), membre correspondant de l'Académie de Turin. *Douai et Paris*, *Fayolle*, septembre 1815, in-8.

Reconstitution (de la) rationnelle des nationalités européennes ; par un correspondant de la « Gazette d'Augsbourg » (M. Louis DE LOMÉNIE). *Paris*, *Terzuolo*, 1840, in-18, 96 p.

Reconstruction (la) de l'église de Sainte-Geneviève, ode présentée au roi le 2 juillet 1755, revue depuis et corrigée considérablement par l'auteur, et la position de la première pierre de l'église de Sainte-Geneviève, le 6 septembre 1764. Ode au roi. (Par le P. J.-B. BERNARD, chanoine régulier de Sainte-Geneviève, prieur de Nanterre.) *Paris*, *veuve Thiboust*, 1764, in-8, 20 p.

Reconstruction du pont des Arches. Nouvelles communications à établir dans le quartier de la Madeleine. Lettres à MM. les président et membres du conseil communal, par L. D. (Louis DELBOUILLE, notaire à Liége). *Liége*, *Desoer*, 1856, in-8, 16 p. Ul. C.

Recouche-toi, Pologne ! Billault le veut ! ! ! par J. B. (J. BALTUS, étudiant). *Liége*, *Redouté*, 1863, in-8, 8 p. Ul. C.

Recreation (la), Devis et Mignardise amoureuse, contenant plusieurs blasons, menues pensées, vergez et ventes, et demandes de l'amant à l'amye, et autres propos amoureux. (Attribué à Guillaume DES AUTELZ.) *Paris*, *pour la vefve J. Bonfons*, *s. d.*, in-16, 3 et 72 ff.

Réimprimée sous le titre de : « la Récréation, ou mignardises et devis d'amours... » *Lyon, par Benoist Rigaud*, 1583, in-16 ; *Paris, P. Menier*, 1596, in-12 ; et sous le titre : « les Récréations, Devis et Mignardises... » *Lyon, F. Didier*, 1592, in-16 ; *Paris, Menier*, 1614, in-16.

Récréation (la) et Passe-temps des tristes, traitant des choses plaisantes et récréatives touchant l'amour et les dames, pour réjouir les mélancoliques. *Paris*, 1573, in-16. — *S. l.*, 1574, in-16. — *Lyon*, in-16. — *Rouen*, *Nicolas Mullot*, *s. d.*, in-16, 80 ff. — *Rouen*, *Abr. Le Cousturier*, 1595, in-16.

Réimprimée à 115 exemplaires numérotés, sous le titre de : « la Récréation et Passe-Temps des tristes. Recueil d'épigrammes et de petits contes en vers, réimprimé sur l'édition de *Rouen*, 1595, complété et collationné sur l'édition de *Paris*, 1573, augmenté d'un avant-propos et de notes (par M. Paul Lacroix) ». *Paris*, *J. Gay*, 1862, in-18, XII-192 p.

La notice a été reproduite par son auteur dans les « Enigmes et Découvertes bibliographiques », par P.-L. Jacob, *Paris*, *Ad. Lainé*, 1866, in-12. Ce nouvel éditeur n'a eu que tardivement connaissance de la première édition. Il a réuni, à partir de la page 169, les dix-sept pièces qui manquent dans l'édition de 1595. M. Paul Lacroix regarde comme très-erronée l'opinion qui attribue à Guillaume DES AUTELS la « Récréation », qui ne contient aucune pièce de ce poëte, mais qui en renferme de Clément MAROT, SAINT-GELAIS, Bonaventure DES PERRIERS, Lyon JAMET, SAINT-ROMARD, Germain COLIN, etc.

Récréation (la), journal des écoliers... (Par Léon PATAUD, maître de pension.) *Paris*, *imp. d'Everat*, 1833-1837, 5 vol. in-8.

Récréation (la), ou mignardises et devis d'amours...

Voy. ci-dessus, « la Récréation, Devis et Mignardise... », col. 45, e.

Récréations arithmétiques. Recueil de problèmes intéressants et faciles sur toutes les parties de l'arithmétique. *Paris*, *Mallet-Bachelier*, 1853, in-18.

La préface est signée : L. V. (l'abbé Victor LECOT). Les éditions suivantes portent le nom de l'auteur.

Récréations (les) d'Eugénie, contes propres à former le cœur et à développer la raison des enfants, par Mme de R... (Sophie DE SENNETERRE, dame DE RENNEVILLE), auteur des « Fagots de M. Croquemitaine ». *Paris*, *Genets*, 1814, in-18. — Deuxième édit. *Id.*, 1819, in-18.

Récréations de philosophie et de morale. (Par M.-C.-J. POUGENS.) *Yverdon*, *Felice*, 1784, 4 parties in-12.

Récréations (les), Devis et Mignardises...

Voy. ci-dessus, « la Récréation, Devis et Mignardise... », col. 45, e.

Récréations économiques, ou lettres de l'auteur des Représentations aux magistrats, à M. le chevalier Zenobi, principal interlocuteur des dialogues sur le commerce des blés. (Par l'abbé Pierre-Joseph-André ROUBAUD.) *Paris, Delalain*, 1770, in-8.

Récréations (les) galantes... Suite et seconde partie de la « Maison des jeux ». (Par Charles SOREL.) *Paris, E. Loyson*, 1671, in-12.

Récréations historiques, critiques, morales et d'érudition, avec l'Histoire des fous en titre d'office, par M. D. D. A. (J.-F. DREUX DU RADIER, avocat). *Paris, Robustel*, 1767, 2 vol. in-12.

Récréations littéraires, ou anecdotes et remarques sur différents sujets ; recueillies par M. C. R*** (F.-L. CIZERON-RIVAL). *Paris, Dessaint*, 1765, in-12, 4 ff. lim. et 264 p.

L'auteur a signé la dédicace.

Récréations littéraires, ou pensées choisies sur différens sujets, avec un essai sur la trahison. Par L*** (P.-Jacq. LAUTOUR). *Paris, Dufour*, 1759, in-12.

Récréations littéraires, ou recueil de poésies et de lettres, avec l'histoire de Zamet Barcais, par M. DE L*** (P.-J. DE LA PIMPIE DE SOLIGNAC). *Paris, Boudot*, 1723, in-8, XXIV-415 p. et 2 ff. de privilége.

Récréations (les) litérales (*sic*) et mystérieuses, pour le divertissement des savants et amateurs de lettres. Par E. T. (Antoine DOBERT, de l'ordre des Minimes), ecclésiastique dauphinois. *Lyon, Antoine Valençot*, 1646, in-8.

Une nouvelle édition, augmentée du double, a paru avec le nom de l'auteur, à Lyon, chez Fr. de Massé, en 1650, in-8.

Ce livre fait, en quelque sorte, double emploi avec les « Bigarrures » de Tabourot.   D. M.

Récréations mathématiques et physiques, par OZANAM; nouvelle édition, revue, corrigée et augmentée (par GRANDIN, professeur de philosophie au collége de Navarre). *Paris, A. Jombert*, 1724, 4 vol. in-8. — Nouvelle édit., totalement refondue et considérablement augmentée, par M. de C. G. F. (DE CHANLA, géomètre forésien, ou plutôt par J.-E. DE MONTUCLA). *Paris, Jombert*, 1778, 4 vol. in-8.

De Montucla, ayant été nommé censeur de cette édition, n'a point voulu se faire connaître pour l'auteur des corrections et augmentations qu'elle renferme. — Nouvelle édition, 1790, avec l'initiale du nom de Montucla.

Récréations métriques. Un quart de l'Enéide (I, II, III), traduit en vers fran-

çais, par un ancien professeur de Bruxelles (Auguste GIRON, ancien professeur d'histoire à l'Athénée de Bruxelles). *Bruxelles, Goemaere*, 1856, in-18, 97 p.   J. D.

Réimprimées sous le titre de : « Récréations métriques. Trois fantaisies, par un illibéral des Flandres ». *Bruxelles, Manceaux*, 1864, in-8, 59 p.

Récréations philologiques, ou Recueil des traductions de morceaux choisis de prose et surtout de poésie anglaise qui n'ont point encore paru... (Par G.-L. BERNARD.) *Strasbourg, Levrault*, 1808, in-12.

Récréations philosophiques d'un aveugle (Pierre LE FÈVRE DE BEAUVRAY). *Paris*, 1769, in-8.

Récréations solitaires d'une Parisienne. Nouvelles anecdotes semi-historiques. ornées de 2 gravures. Par Mme E.-C. P*** (Émilie-Caroline PHILIBERT). *Paris, Béraud*, 1823, 2 vol. in-12.

Récréations tirées de l'histoire naturelle, par WILHELM, traduites de l'allemand, par le traducteur du « Socrate rustique » (J.-R. FREY DES LANDRES). *Bâle et Paris, Kœnig*, an VII-1799, in-8.

Recrutement de l'armée et remplacement. Par le chevalier DE *** (DE MONTBRUN), ancien officier de la maison du roi. *Paris, imp. de Hardy*, 1824, in-4, 12 p.

Recrutement de l'armée. Observations pratiques sur les inégalités du mode actuel de répartition des contingents entre les départements et les cantons, et proposition d'un nouveau mode. (Par le vicomte DE BONDY, alors préfet de l'Yonne.) *Auxerre, imp. de Perriquet*, 1841, gr. in-8, 102 p.

Recrutement (du), de l'Organisation et de l'Instruction de l'armée. (Par M. Léonce DETROYAT.) *Paris, E. Lachaud*, 1870, in-8, 2 ff. lim., 137 p. et 1 f. de table.

Réimprimé avec le nom de l'auteur.

Recrutement (du) et de l'Organisation de l'armée. *Tours, Mame*, 1871, in-12, 21 p.

Signé : L*** (le comte DE LAUZON).
                              H. de l'Isle.

Recteur (le) roturier, ami du peuple et de la pure vérité. (Par Pierre TALLENDEAU, recteur de Lavau.) *S. l. (Nantes)*, 1789, in-8, XIII-23 p.

Rectification du plan de la bataille de Nancy, en 1477, publié par le Congrès scientifique de l'an 1850, par F.-J.-B. N. A. N. II. (François-Jean-Baptiste NOEL, avocat, notaire honoraire). *Nancy*, 1850, 1 feuille in-plano, tirée à 200 exemplaires.

              D. M.

F.-G.-B. NOEL, né à Nancy le 7 juillet 1783, y est mort le 28 mars 1856.

Rectifications à quelques calculs de mécanique industrielle, par D. T*** (Désiré TACK, ingénieur mécanicien à Gand). *Bruxelles*, 1833, in-8.   J. D.

Rectifications de quelques légères erreurs de Mme la duchesse d'Abrantès, par un Russe (Jacques TOLSTOY). *Paris, Ledoyen*, 1834, in-8, 46 p.

Recueil A, B, C, D, etc. (Publié par G.-L. PÉRAU, A.-G. MEUSNIER DE QUERLON, l'abbé B. MERCIER SAINT-LÉGER, l'abbé J. DE LA PORTE, Et. DE BARBAZAN et B.-C. GRAILLARD DE GRAVILLE.) *Fontenoi*, 1745-1762, 24 vol. in-12.

L'abbé de Saint-Léger n'est éditeur que du recueil C.

Recueil alphabétique de prognostics dangereux et mortels sur les différentes maladies de l'homme, précédé d'une explication des maladies et de quelques termes de médecine ; pour servir à MM. les recteurs et autres ayant charge d'âmes, dans l'administration des sacrements. Par M** (Elie COL DE VILLARS, médecin). *Paris, J.-B. Coignard*, 1736, in-12.

Il en existe des exemplaires avec un nouveau titre à l'adresse de J.-T. *Hérissant*, 1746. Ce libraire a donné une édition réellement nouvelle, en 1759. Les libraires *Gauthier*, de Besançon, en ont donné, à partir de 1822, plusieurs éditions sur les titres desquelles le mot alphabétique est retranché.

Recueil alphabétique des droits de traites uniformes, de ceux d'entrée et de sortie des cinq grosses fermes de douane de Lyon et de Valence. (Par MAGNIEN-GRANDPRÉ.) *Lyon, J.-S. Grabit*, 1786, 4 vol. in-8.

Recueil amusant de voyages en vers et en prose, faits par différents auteurs..... (Publié par L.-P. COURET DE VILLENEUVE, L.-P. BÉRENGER et autres.) *Paris, Nyon*, 1783-1787, 9 vol. in-12. — Deuxième édit. *Id.*, 1787, 7 vol. in-12.

Recueil choisi de harangues, remonstrances, panégyriques, oraisons funèbres, plaidoyers et autres actions publiques les plus curieuses de ce temps. (Par P. CUSSET.) *Lyon-Paris, G. de Luynes*, 1656, in-4.

Catalogue de la bibliothèque d'Amiens, B. L., 912.

Recueil chronologique des ordonnances, actes, pièces et extraits concernans les mariages clandestins. *Paris, Martin*, 1660, in-8.

Par l'abbé Jean DE LAUNOY, suivant une note manuscrite contemporaine.

Recueil chronologique des ordonnances, édits, etc., cités dans les « Nouveaux Commentaires ». (Par D. JOUSSE.) *Paris*, 1757, 3 vol. in-12.

Recueil complet de pièces curieuses, concernant l'opération et l'accouchement de l'homme de Dordrech (*sic*), représenté en taille-douce, avec les pièces authentiques et essentielles à un événement si extraordinaire, arrivé en l'année 1759. (*Paris, Hérissant*), 1759, in-12.

Ce recueil est composé d'une gravure et de cinq pièces, composées chez la duchesse de Grammont. Les deux dernières sont de Michel MARESCOT. La Condamine était tourné en ridicule dans la troisième pièce, ce qui a déterminé Malesherbes à exiger des cartons, avant d'autoriser la libre circulation du recueil. Cette note a été faite sur un exemplaire sans cartons.

Recueil concernant les mines de sel et les salines, particulièrement celles du canton de Berne. (Par Fr.-S. WILD.) *Berne*, 1792, in-8.

Recueil (premier volume du) contenant les choses mémorables advenues sous la Ligue, qui s'est faite et élevée contre la religion réformée pour l'abolir. *S. l.*, 1587. — Le second Recueil... avec une exhortation notable aux rois et Etats chrétiens, ajoutée à la fin. (Par Simon GOULART.) (*S. l.*), 1589, 2 vol. in-8.

La préface du second volume est signée : D. H. B. C., et datée du 16 may 1589.

Ces deux volumes ont été réimprimés et complétés par les recueils III à VI. *S. l.*, 1590-99, 6 vol. in-8. Le troisième et le quatrième recueil commencent par une préface de Samuel DU LYS, pseudonyme de S. GOULART, suivant le P. Lelong.

Cet ouvrage a reparu sous le titre de : « Mémoires de la Ligue ». Voy. VI, 200, b.

Recueil contenant plusieurs discours libres et moraux en vers (quelques satyres de Nic. BOILEAU), et un jugement en prose sur les sciences où un honnête homme peut s'occuper (par C. DE S. EVREMOND). *S. l.*, 1666, in-16, 1 f. de titre et 30 p.

Recueil curieux et édifiant, sur les cloches de l'église, avec les cérémonies de leur bénédiction. A l'occasion de celle qui fut faite à Paris le jeudi 3 juin 1756 à l'abbaye de Penthemont, sous le gouvernement de Mme de Béthisy, en présence et aux noms de monseigneur le Dauphin et de Madame Adélaïde de France ; et le mardi 11 septembre suivant à l'Abbayeau-Bois, sous le gouvernement de Mme de Mornai, en présence et aux noms de monseigneur le prince de Condé et de Mme la princesse son épouse. (Par dom Remi CARRÉ.) *Cologne-Paris, veuve Lamesle,* 1757, in-12.

Recueil d'actes et pièces concernant le commerce de divers pays de l'Europe. Numéro premier, contenant les discours prononcés au Parlement d'Angleterre, dans la Chambre des pairs, pour et contre la liberté du commerce au Levant (traduit de l'anglois, par F.-V. TOUSSAINT). *Londres,* 1754, in-12.

Recueil d'anciennes ordonnances, statuts et coutumes de Belgique, touchant l'administration de la justice. *Liége, Dauvrain,* 1828, 2 vol. in-8.

Ce recueil, composé avec peu de soin et dénué de toute critique, a été publié par J.-Fr. DAUVRAIN, qui exerçait à la fois la profession d'avoué et l'état d'imprimeur.   Ul. C.

Recueil d'anti-alogies, ou discussions religieuses. Démonstrations de l'insuffisance de la raison humaine d'apprendre d'elle-même le vrai culte de Dieu, et dénouement des difficultés que des personnes à demi instruites trouvent dans les saintes Écritures. (Par la comtesse Catherine ROSTOPCHINE, née PRATASSOF.) *Paris, Goujon et Milon,* 1843, gr. in-8, IV-267 p.   A. L.

Recueil d'anti-alogies, ou discussions religieuses, par une dame convertie à la religion catholique (la comtesse Catherine ROSTOPCHINE, née PRATASSOF). Ouvrage publié par M. Gaston DE SÉGUR. *Paris, Goujon et Milon,* 1842, in-18, IV-264 p. et 2 ff. d'errata.   A. L.

Recueil d'antiquités égyptiennes, étrusques, grecques, romaines et gauloises. (Par le comte A.-C.-P. DE CAYLUS.) *Paris,* 1752-1767, 7 vol. in-4.

Voy. « Supercheries », I, 663, b.

Recueil d'apophtegmes ou bons mots anciens et modernes mis en vers françois. (Par le P. Michel MOURGUES, jésuite.) *Toulouse,* 1694, 1695, 1701. in-12.

Recueil d'arrests rendus au Parlement de Bretagne sur plusieurs questions célèbres; par Paul DE VOLANT; augmenté de plusieurs annotations... Avec un recueil d'actes de notoriété donnez au parquet de ce Parlement... par M^e *** (DE LÉPINE). *Rennes, Nic. Devaux et P.-A. Garnier,* 1721, 2 parties en 1 vol. in-4. — *Rennes,*

P.-A. *Garnier,* 1722, 2 parties en 1 vol. in-4.

Recueil d'arrêts rendus sur plusieurs questions jugées dans les procès de rapport en la quatrième Chambre des enquêtes. Par M*** (C.-J. DE LESPINE DE GRAINVILLE), conseiller du roi en cette Chambre. *Paris, J.-F. Quillau,* 1750, in-4, XII p., 4 ff. de table et 664 p.

Recueil d'articles insérés dans le « Correspondant de Hambourg » pendant les cent jours de l'usurpation, avec le texte français. (Par L.-A. FAUVELET DE BOURRIENNE.) *Hambourg,* 1816, in-8, 107 p.

Ces articles, qui ont paru successivement traduits en allemand dans « Staats-und gelehrte Zeitung des hamburgischen unpartheyischen Correspondenten », depuis le 8 avril jusqu'au 16 juin 1815, sont au nombre de seize et accompagnés d'un avis de l'éditeur. Le tout a été réimprimé à la fin du tome II de « Bourrienne et ses Erreurs ». Voy. IV, 454, d.

Recueil d'aucuns brefs et bulles des SS. Pères, lettres patentes et closes des rois très-chrétiens, arrêts et autres titres concernant la réformation de l'ordre de Saint-François en France, et nommément en la province de Guyenne et convents de Tolose et Bordeaux. (Recueilli par BOERY.) *Paris, E. Martin,* 1629, in-8.

Recueil d'autorités graves proposées à la méditation des fidèles, et principalement à la jeunesse inexpérimentée, pour son instruction. (Par L.-Ph.-Jos. JOLY DE BÉVY.) *Dijon, Frantin,* 1821, in-8.

Recueil d'édits et déclarations du roi, règlements et arrêts du conseil de la cour, concernant la juridiction consulaire de Rouen... *Rouen, L. Oursel,* 1775, in-4.

Le verso du faux titre de quelques exemplaires porte : « Ce recueil a été formé sur l'ordre et pour le service particulier de la juridiction consulaire de Rouen, par M. RIAUX, secrétaire de ladite juridiction. » Ce volume est rare.

Recueil d'épigrammes. (Par Fr.-T. THIBAULT.) *Nancy.....,* in-12.

Recueil d'épigrammes des plus fameux poètes latins, mis en vers françois par le sieur DU FOUR (dit DE LA CRÉPELIÈRE, médecin). *Paris, Olivier de Varennes,* 1669, 2 part. in-12.

Recueil d'épigrammes françoises. (Par P. RICHELET.) *Paris,* 1700, 2 vol. in-12.

Recueil d'épitaphes sérieuses, badines, satyriques et burlesques... (Par P.-Ant. DE LA PLACE.) *Bruxelles (Paris, Barrois l'aîné),* 1782, 3 vol. in-4, in-8 et in-12.

Recueil d'épîtres, satyres, contes, odes et pièces fugitives du poëte-philosophe (VOLTAIRE). *Bouillon,* 1771, in-8.

« Bulletin du bibliophile belge », 1873, p. 203.

Recueil d'essais littéraires et philosophiques, par un solitaire (Thomas DESTRUISSART, curé de Gentilly près Paris, natif de Caen). *Paris,* 1799 et ann. suiv., in-8.

Il n'existe que quatre exemplaires de ce recueil de sept à huit opuscules, tirés à un petit nombre d'exemplaires.

Recueil d'estampes d'après les tableaux de Boyer d'Aguilles, procureur général au Parlement de Provence, gravées par Jacques COELEMANS d'Anvers, par les soins et sous la direction de J.-B. BOYER D'AGUILLES, conseiller au même Parlement, avec une description (par P.-J. MARIETTE). *Paris, Mariette,* 1744, 2 part. in-fol.

Ce recueil est composé de cinquante-huit et soixante pièces. Le cabinet de Boyer d'Aguilles avait déjà été publié à Aix, en 1709, par les soins de Coelemans, in-fol., 104 pl. Voy. le « Manuel du libraire », t. II, 122.

Recueil d'estampes gravées d'après les plus beaux tableaux du cabinet du roi, du duc d'Orléans, etc. (vulgairement appelé le recueil de CROZAT, avec une description, par P.-J. MARIETTE). *Paris, imprimerie royale,* 1729-1742, 2 vol. in-fol.

Recueil d'événemens curieux et intéressans, ou tableau politique, historique et philosophique de l'année 1781. (Par J.-C. PONCELIN DE LA ROCHE-TILLAC.) *Amsterdam (Paris),* 1782, 2 vol. in-12.

Recueil d'expériences et d'observations sur la pierre, et en particulier sur les effets des remèdes de Mlle Stephens pour dissoudre la pierre. (Par David HARTLEY et Et. HALES, traduit par S.-F. MORAND, Fr. DE BREMOND et And. CANTWEL.) *Paris, Piget,* 1740, in-12, 2 ff. lim., 382 p. et 1 f. d'errata. — *Paris, Durand,* 1743, 2 vol. in-12.

Recueil d'experiences et observations sur le combat, qui procede du mélange des corps. Sur les saveurs, sur les odeurs, sur le sang, sur le lait, etc. Très-curieux et utile aux médecins et à ceux qui s'appliquent à la recherche de la nature, des qualitez et des proprietez de toutes sortes de corps. (Par M. GREW, d'après une note manuscrite.) *Paris, E. Michallet,* 1679, in-12.

Recueil d'histoires édifiantes. (Par J.-F.

DUCHÉ DE VANCY.) *Paris, Rigaud,* 1706. — Nouvelle édition, augmentée (par l'abbé P.-J. SEPHER). *Paris,* 1756, in-12.

Recueil d'inscriptions et pièces de vers faites à l'occasion du voyage du premier Consul dans le département de l'Escaut. (Par N. CORNÉLISSEN.) *Gand, an XI,* in-8, xxxij-66 p.   J. D.

Recueil d'instructions et d'amusemens littéraires... Par M. DE M** (P.-L. DE MASSAC). *Amsterdam (Paris), Ganeau,* 1765, in-12, 422 p.

Recueil d'observations et de faits relatifs au magnétisme animal, présenté à l'auteur de cette découverte et publié par la Société de Guyenne. (Rédigé par ARCHBOLD, médecin.) *Bordeaux, Pallandre jeune,* 1785, in-8, 2 ff. lim. et 168 p.

Recueil d'observations physiques tirées des meilleurs écrivains.

C'est à tort que précédemment nous avons renvoyé à ce titre, cité inexactement par le P. de Backer, qui, d'après le « Journal des savants », attribue seulement au troisième volume le véritable titre de l'ouvrage : « Observations curieuses sur toutes les parties de la physique, extraites et recueillies des meilleurs mémoires ». 3 vol. in-12.

Le premier volume est du P. Guill.-Hyac. BOUGEANT, jésuite ; les deux autres sont dus aux soins du P. Nicolas GROZELIER, prêtre de la congrégation de l'Oratoire.

Le tome I porte la date de 1719 et l'adresse *Paris, Mongé,* auquel est accordé le privilége. Il existe des exemplaires au nom des libraires *Jombert et Cailleau,* auxquels Mongé avait cédé une partie de son privilége.

Le tome II, publié en 1726, a le même privilége que le tome I. Il existe également des exemplaires au nom de différents libraires.

Le privilége du tome III, publié en 1730, est accordé à l'imprimeur J. Chardon, qui l'a cédé aux sieurs *Jombert, Cailleau et Bordelet.* Bien que nous n'ayons vu d'exemplaire qu'au nom de *Cailleau,* il doit y en avoir avec les noms des autres libraires.

Recueil d'observations sur le déluge. (Par Alexandre LENOIR, alors conservateur du Musée des monumens français.) *Paris,* janvier 1806, in-8, 87 p.

Recueil d'observations sur le traitement des maladies vénériennes. (Par REY, médecin.) 1770, in-8.

Recueil d'opuscules en vers et en prose. (Par Nic. FONTAINE DE CRAMAYEL.) *Paris, Didot aîné,* an XII-1804, in-16.

Recueil d'opuscules en vers et en prose. Par Mme *** (Mme YÉMÉNIZ). *Lyon, L. Perrin,* 1860, in-8, 327 p.

Tiré à 200 exemplaires.

Recueil d'opuscules et de fragments en

vers patois, extraits d'ouvrages devenus fort rares. (Par M. Gustave BRUNET.) *Bordeaux. Paris, Gayet et Lebrun,* 1839, in-18, 177 p.

Recueil d'opuscules littéraires, avec un discours de LOUIS XIV à monseigneur le Dauphin (rédigé par Paul PÉLISSON), tirés d'un cabinet d'Orléans et publiés par un anonyme (l'abbé J. THOULIER D'OLIVET). *Amst rdam, E. van Harrevelt,* 1767, in-12, VIII-349 p.

Le discours de LOUIS XIV fut dicté par ce monarque à Pélisson, selon d'Alembert, « Histoire de l'Académie française », p. 208 et 209, où le philosophe se plaint amèrement de l'éditeur de ce recueil, qui a supprimé un passage important du discours sur les cruautés exercées envers les protestants. D'Alembert aimait l'abbé d'Olivet, et il faut croire qu'il ne lui attribuait pas la publication de ce recueil, dont l'abbé d'Olivet n'a peut-être passé pour avoir été l'éditeur que parce qu'il s'y trouve six lettres de lui.

L.-T. Hérissant.

Recueil d'ordonnances du roy et règlements du conseil souverain d'Alsace. (Par DE CORBERON, premier président du conseil souverain d'Alsace.) *Colmar,* 1738, 2 vol. in-fol.

Recueil d'ouvrages au crochet, en soie ou laine de couleur, renfermant des instructions et des exemples sur ce travail, traduit de l'allemand par la vicomtesse DE M** (MARSEILLE-CIVRY). Première partie. *Bruxelles, Périchon,* 1850, in-18.

Recueil de cantiques à l'usage des catéchismes du soir. (Par l'abbé Jean-Félix-Casimir LE PREVOST, curé de Saint-Nicaise, à Rouen.) *Rouen,* 1841, in-12.

Recueil de cantiques à l'usage des églises évangéliques belges. (Par G. PRADET, pasteur à Liége.) *Bruxelles, Deltenre,* 1856, in-12, 304 p. J. D.

Recueil de cantiques en l'honneur du Sacré-Cœur de Jésus, par un missionnaire du Sacré-Cœur (J. CHEVALIER). *Bourges, E. Pigelet,* 1862, in-16.

Souvent réimprimé.

Recueil de cantiques, hymnes et psaumes à l'usage des églises protestantes et réformées, avec les airs notés. *Nantes, Brun,* 1812, in-8.

L'auteur, Pierre DE JOUX, pasteur, a signé la préface.

Recueil de cantiques maçons, dédié à toutes les LL.·. RR.·. de la correspondance du G.·. O.·. de France et des OO.·.

étrangers. (Par le F.·. DESVEUX.) *Paris, Desveux,* 5804, in-12.

Recueil de cantiques pour le jubilé et autres fêtes de l'année, par Mlle S*** (Mlle Sophie GRANGÉ). *Lyon, Barret,* 1826, in-16. D. M.

Recueil de cantiques spirituels à l'usage des missions de Provence, en langue vulgaire, avec les airs notés. (Par le P. J.-J. GAUTIER, de l'Oratoire.) *Avignon,* 1734, in-12.

Réimpression (3e édit.) des « Chansons spirituelles » (Cansons spirituelos). G. M.

Recueil de cantiques spirituels sur les mystères de la religion. (Par Luc LECOQ, chanoine de Saint-Germain d'Orléans.) *Orléans, C. Jacob* (vers 1772), in-18.

Recueil de cantiques, suivis d'une neuvaine en l'honneur de Notre-Dame du Sacré-Cœur... par un missionnaire du Sacré-Cœur. *Issoudun, chez les missionnaires du Sacré-Cœur,* 1867, in-18.

Signé : J. C. (J. CHEVALIER).

Recueil de cas de conscience et de questions qui concernent les matières du jubilé. (Par le P. DUDON.) *Bordeaux,* 1726, in-12.

Recueil de ce qui s'est négocié en la compagnie du tiers état de France, en l'assemblée générale des trois états, assignée par le roy en la ville de Blois, le 15 novembre 1576. (Par Claude DE BAUFREMONT.) *Paris,* 1577, in-8.

Ce recueil a été traduit en latin et publié par Philibert BUGNYON, sous le titre de *Commentarii*, etc., 1577, in-8.

Recueil de ces dames. (Par F.-A. CHEVRIER.) *Paris,* 1744, in-12. — *Bruxelles,* 1745, in-12. — *S. l.,* 1745, in-12.

Réimprimé dans le tome XI des « Œuvres badines du comte de Caylus ». *Amsterdam,* 1787, 12 vol. in-12.

Recueil de ces messieurs. (Par le comte DE CAYLUS, J.-F.-P. DE MAUREPAS, C. DUCLOS et autres.) *Amsterdam, frères Westein* (Paris), 1745, in-12.

Réimprimé dans les tomes V et VI des « Œuvres badines du comte de Caylus ».

Recueil de chansons bourguignonnes, par M. G***, de Dijon. *Dijon, A. de Fay* (1782).

Par GALETON, perruquier, mort sur l'échafaud révolutionnaire, en 1793, avec quatorze autres Dijonnais.

Recueil de chansons choisies... (Attri-

buées au marquis Phil.-Em. DE COU-
LANGES.) *Paris, Simon Benard*, 1694, in-12.
— Deuxième édit. *Id.*, 1698, 2 vol. in-12.

Recueil de chansons nouvelles et inédites, par L. G..... (L. GAMBET), auteur de
« Napoléon devant la postérité ». *Paris,
l'auteur*, 1831, in-18.

Recueil de chansons patriotiques et
autres poésies, publiées au profit des
veuves et des orphelins des immortelles
journées de Juillet. Dédié à la garde nationale de Rouen, par un invalide (Bénigne-
Claude DÉLORIER). *Rouen, imp. F. Baudry*,
1830, in-18, VIII-180 p.   D. M.

Réimprimé en 1831 et en 1846.
Cette dernière édition est très-augmentée.

Recueil de chansons qui n'ont pu être
imprimées et que mon censeur n'a point
dû me passer. (Par Ch. COLLÉ.)

Voy. « Chansons qui n'ont pu être imprimées... »,
IV, 561, *f.*

Recueil de chants d'allégresse, hymnes
et couplets patriotiques, etc. (publié par
Germ. LENORMAND). Imprimé par ordre
du conseil général de la commune de
Rouen. *Rouen, P. Seyer et Béhourt*, an II-
1793, in-8, 80 p.

Un second cahier est intitulé : « Recueil d'hymnes
et de chansons patriotiques, tirées des meilleurs auteurs », in-12, 128 p. et la table; un troisième cahier
est intitulé : « Chants d'allégresse, hymnes et couplets
patriotiques, etc. » *Rouen, Labbey*, an II, in-12,
105 p., plus la table. Voy. Frère, « Manuel du bibliographe normand », t. II, p. 210.

Recueil de chants philosophiques, critiques et moraux à l'usage des fêtes nationales et décadaires; augmenté de la note
en plain-chant, d'après la musique des
meilleurs auteurs, pour faciliter dans les
campagnes la célébration des fêtes républicaines. (Par Fr.-Nic. PARENT.) *Paris,
Chemin*, an VII-1799, in-12, 170 p.

Recueil de cinq sermons, par M. REIN-
BECK; traduit de l'allemand (par le comte
DE MANTEUFFEL). *Berlin*, 1739, in-8.

Recueil de comédies nouvelles. *Paris,
Prault*, 1787, in-8.

L'auteur est la marquise Gen. SAVALETTE DE GLÉON,
morte en 1705, qui dans l'avertissement, dû au marquis
F.-J. DE CHASTELLUX, est appelée Mme la marquise DE
GL... Ce volume contient : Avertissement, VIII p. —
L'Ascendant de la vertu, ou la paysanne philosophe,
comédie en cinq actes et en prose, 144 p. — La Fausse
Sensibilité, comédie en cinq actes et en prose, 190 p.
— Le Nouvelliste provincial, comédie en un acte et en
prose, 40 p. et 1 f. d'errata.

Recueil de contes. (Par P. DE LESCON-
VEL.) *Paris*, 1698, in-12.

Recueil de contes. (Par le comte H.-G.
DE MIRABEAU.) *Londres*, 1780. — Avec un
nouveau frontispice. *Londres*, 1785, 2 part.
in-8.

Ce recueil contient seize morceaux. Quinze sont tirés
ou abrégés du « Conservateur », ouvrage périodique
publié par Bruix et Turben, de 1750 à 1761. Le seizième, intitulé : « Armide et Renaud », est la réunion
des principaux traits de l'épisode des amours d'Armide
et Renaud, dans les quatorzième, quinzième et seizième
chants de la « Jérusalem délivrée ».
Ces contes ont été imprimés pour la deuxième fois
en 1796, pour former le troisième volume de la traduction de Tibulle par le même comte de Mirabeau.

Recueil de contes et de poëmes, par
M. D., ci-devant mousquetaire (C.-J. DO-
RAT). *Paris*, 1770, in-8.

Recueil de contes, historiettes morales
en vers et en prose. Rédigé par A. L. G. D.
(Louis-Aimé MARTIN), suivi d'un extrait
de Labruyère pour la jeunesse. Deuxième
édit. *Paris, Pillet*, 1813, in-8, 2 ff. de tit.
et 112 p.

La première édition est de 1809.

Recueil de décisions importantes sur les
obligations des chanoines. (Par Louis DU-
CANDAS, chanoine de Noyon, mort en
1758.) *Noyon, P. Rocher*, 1746, 1751,
in-12.

Recueil de descriptions de peintures et
d'autres ouvrages faits pour le roy. (Par
A. FÉLIBIEN.) *Paris, veuve Séb. Cramoisy*,
1689, in-12, 4 ff. lim., 105 p. et 1 f. de
privilége.

Recueil de différentes choses. (Par Ar-
mand-Léon DE MADAILLAN DE LESPARRE,
marquis DE LASSAY.) *Imprimé au château
de Lassay*, s. d., 2 vol. in-4.

L'auteur raconte des événements qui se sont passés
de son temps, depuis l'année 1663 jusqu'à la fin de ses
jours, c'est-à-dire jusqu'en 1738. M. de Lassay avait
alors quatre-vingt-six ans.
Il n'existe qu'un très-petit nombre d'exemplaires de
cette édition.
La première partie a 371 p.; la seconde finit à la
page 362, au bas de laquelle on lit ces mots : Fait le
1er octobre 1726. Il existe une troisième partie de
96 pages, sous ce titre . « Voicy des choses qui me
sont venues dans l'esprit depuis celles qui ont déjà été
imprimées. » Cette partie va jusqu'au 15 janvier 1738.
Dans l'exemplaire de la Bibliothèque nationale se
trouvent 16 ff. supplémentaires qui ressemblent à des
cartons enlevés du corps de l'ouvrage.
L'exemplaire de Pixérécourt contenait en outre des
réflexions en 33 pages, qui manquent presque toujours.
Ce recueil a été réimprimé par les soins de l'abbé
G.-L. CALABRE PÉRAU, avec des retranchements, à

Lausanne (Paris), 1756, 4 vol. in-12. Quelques exemplaires ont été tirés de format in-4.

Consulter, au sujet du marquis de Lassay, un article de M. Paulin Paris, inséré dans le « Moniteur » et reproduit, avec quelques modifications, dans le « Bulletin du bibliophile », avril 1848, ainsi qu'un article de M. Sainte-Beuve, « Causeries du lundi », t. IX, p. 128-162.

Recueil de différentes pièces concernant M. de Vizé (Gaspard Donneau), ancien prêtre de l'Oratoire. (Publié par l'abbé P. BARRAL.) 1763, in-12.

Recueil de différentes pièces de littérature, par M. L. P. D. G. (L.-Jos. D'ALBERT, prince DE GRIMBERGHEN). *Amsterdam*, 1758, in-8.

Recueil de différentes pièces sur les arts, par WINCKELMANN, traduites de l'allemand (par H. JANSEN). *Paris, Barrois l'aîné*, 1786, in-8.

Recueil de discours moraux, par M. D* C**** (DE CORON). *Genève*, 1782, in-12.

Recueil de discours, narrations, lettres, lieux communs, développements historiques, etc., composé par des élèves de l'Université moderne; suivi d'un choix de pièces de vers latins. (Publié par Jules-Amable PIERROT.) *Paris, L. Hachette*, 1831, in-8.

Recueil de discours prononcés au Parlement d'Angleterre par J.-C. FOX et W. PITT, traduit de l'anglais et publié par MM. H. DE J.... (H. DE JANVRY) et L.-P. DE JUSSIEU. *Paris, Le Normant*, 1819-1820, 12 vol. in-8.

Recueil de discours prononcés dans les deux Chambres et de ceux qui devaient l'être à l'occasion de la proposition de M. Baude, ex-préfet de police, relative à l'exclusion perpétuelle de la branche aînée des Bourbons (15 mars-19 avril); suivi de la Comédie de quinze ans. Avec notes et observations par l'auteur des « Lettres vendéennes » (J.-A. WALSH). *Paris, Hivert*, 1831, in-8.

Recueil de dissertations critiques sur les endroits difficiles de l'Écriture sainte et sur des matières qui ont rapport à l'Écriture. (Par le P. Ét. SOUCIET.) *Paris, P. Witte*, 1715, in-4.

Le P. Souciet a publié un deuxième recueil en 1727, et un troisième en 1736. Ces deux derniers volumes, qui sont étrangers à l'Écriture sainte, portent son nom.

Recueil de dissertations littéraires, par l'auteur des « Lectures de piété », etc.

(l'abbé Yves VALOIS). *Paris et Senlis*, 1763, in-8. — *Nantes, Marie*, 1766, in-8.

Recueil de dissertations, ou recherches historiques ou critiques sur le temps où vivait le solitaire saint Florent au mont Glonne en Anjou... (Par F.-F. LE ROYER D'ARTEZET DE LA SAUVAGÈRE.) *Paris, veuve Duchesne*, 1776, in-8, LVI-171 p., avec 2 cartes et 3 pl. d'histoire naturelle.

Recueil de dissertations sur différents sujets d'histoire et de littérature (par l'abbé Jean LEBEUF), avec introduction, notice sur l'abbé Lebeuf, le catalogue de tous ses écrits et des notes par M. J. P. C. G. (le baron Jérôme PICHON). *Paris, Techener*, 1843, in-12. D. M.

Ces dissertations étaient dispersées dans le « Mercure ». Elles ont été tirées à deux cents exemplaires sur papier ordinaire, et à cinq sur papier de Hollande. La notice est signée Claude GAUCHET, pseudonyme de M. Jérôme PICHON.

Recueil de dissertations sur plusieurs tragédies de Corneille et de Racine... (publié par l'abbé François GRANET). *Paris, Gissey*, 1739, 2 vol. in-12.

Recueil de divers écrits sur l'amour et l'amitié, la politesse, la volupté, les sentimens agréables, l'esprit et le cœur. *Bruxelles, F. Foppens, ou Paris, veuve Pissot*, 1736, in-12.

L'épître dédicatoire au prince de Galles est de Hyacinthe CORDONNIER, plus connu sous le nom de SAINT-HYACINTHE; les écrits sont : 1° Lettre sur l'amour et l'amitié, à Mme la duchesse de *** (par le même SAINT-HYACINTHE); 2° Traité de l'amitié (par Mme A.-T. DE LAMBERT); 3° Question sur la politesse, résolue par Mme l'abbesse de F. (DE ROCHECHOUART, abbesse de Fontevrault); 4° Conversation sur la volupté (par RÉMOND, dit le Grec); 5° Agathon, dialogue sur la volupté (par le même); 6° Réflexions sur les sentimens agréables (par L.-J. LÉVESQUE DE POUILLY); 7° Lettre à M. l'abbé T.; 8° Réflexions de M. le marquis DE *** (DE CHAROST) sur l'esprit et le cœur.

La ressemblance de ce titre avec celui du volume intitulé : « Variétés, ou divers écrits », par M. D* St H*, *Amsterdam, Le Sueur*, 1744, in-12, a fait croire à plusieurs personnes que ces deux recueils avaient été publiés par Saint-Hyacinthe.

Il est certain que Saint-Hyacinthe a été l'éditeur du premier; mais il ne l'est pas également qu'il ait publié le second. Au reste, on trouve dans celui-ci des morceaux fort curieux, entre autres une traduction du fameux roman d'Eneas Silvius (Pie II), intitulé : « les Amours d'Euryale et de Lucrèce ».

Le Dialogue sur la volupté, de Rémond, ayant été inséré en 1776 dans les « Œuvres diverses » du comte Hamilton, M. Renouard l'a un peu légèrement adopté pour son édition des « Œuvres » d'Hamilton.

Recueil de divers mémoires, harangues, remonstrances et lettres servans à l'histoire de nostre temps. (Par AUGER DE

MOLÉON, seigneur DE GRANIER.) *Paris, P. Chevalier*, 1623, in-4.

Cet ouvrage a été souvent, par erreur, attribué à Jean DE LANNEL, par suite d'une confusion avec le « Recueil de plusieurs harangues, remontrances, discours et avis d'affaires d'Etat... fait par Jean DE LANNEL... » *Paris, veuve Pacard*, 1622, in-8.

Recueil de divers ouvrages en prose et en vers... (Par Ch. PERRAULT, publiés par J. LE LABOUREUR.) *Paris, Coignard*, 1675, in-4. — Deuxième édit. *Id.*, 1676, in-8.

Recueil de divers ouvrages en prose et en vers, par le P. BR., de la C. de J. (le P. BRUMOY, de la Compagnie de Jésus). *Paris, Rollin*, 1741, 4 vol. in-8.

Recueil de divers propos que dit et teint feu très-illustre prince messire François de Lorraine, duc de Guyse, prononcez par lui, devant son trépas, a madame la duchesse sa femme... *Paris, J. Kerver*, 1563, in-8, 15 ff. — *Troyes, Fr. Trumeau*, 1563, in-8.

Quelques passages de cette brochure ayant blessé la duchesse de Guise, l'auteur, Lancelot DE CARLES, évêque de Riez, les adoucit dans une nouvelle édition qu'il publia sous ce nouveau titre : « Lettres de l'évêque de Riez au roy, contenant les actions et propos de M. de Guyse depuis sa blessure jusques a son trépas ». *Paris, J. Kerver*, 1563, in-8, 36 ff. — *Paris, s. d.*, in-8, 155 p. — *Paris, N. Alexandre*, 1626, in-8, 63 p. Traduit en latin, sous le titre de : « Lanciloti Carlei, regiensis episcopi, de Francisci Lotharingi Guisii ducis postremis dictis et factis ad regem epistola, ex gallico sermone in latinum conversa per Joan. VETEREM ». *Parisiis, G. Jullian*, 1563, in-8, 51 p.

Recueil de divers traités de piété. (Par Jean HAMON.) *Paris, Desprez*, 1680 et 1687, 2 vol. in-12.

Dans le Catalogue manuscrit de l'abbé Goujet se trouve la note suivante :

« Le « Traité de l'amour de Dieu », qui est le premier du premier volume, n'est point de Hamon, selon une note manuscrite du célèbre Jean Racine, qui ajoute que l'édition du premier volume a été procurée par N. FONTAINE, et que l'édition du deuxième, lequel est beaucoup plus exact, est due aux soins de NICOLE. »

Recueil de divers traités de théologie mystique, qui entrent dans la célèbre dispute du quiétisme, qui s'agite présentement en France, par Mme GUYON et le frère LAURENT, avec une préface (par P. POIRET). *Cologne*, 1699, in-12.

Recueil de divers traités sur l'éloquence et la poésie, par FÉNELON, DE SILLERY, le P. LAMY, bénédictin, A. ARNAULD, le P. DU CERCEAU, GENET et VOLTAIRE (publié par BRUZEN DE LA MARTINIÈRE). *Amsterdam, J.-F. Bernard*, 1731, 2 vol. in-12.

Recueil de divers voyages, faits en Afrique et en Amérique, qui n'ont point encore été publiez, etc., avec des Traitez curieux touchant la haute Éthiopie, le débordement du Nil, la mer Rouge et le prêtre Jean. (Par Richard LIGNON, DE LA BONDE et le P. TELLEZ, jésuite, le tout traduit de l'anglois et publié par les soins de Henri JUSTEL.) *Paris, Billaine*, 1674, in-4. — *Paris, veuve Cellier*, 1684, in-4.

C'est le savant évêque d'Avranches, Huet, qui présente Henri Justel comme éditeur de ce recueil. Voy. le Mémoire de Camus sur la collection des grands et petits voyages. *Paris*, 1802, in-4, p. 114 et 117. Meusel s'est donc trompé lorsqu'il a attribué le même recueil à THEVENOT, dans sa *Bibliotheca historica*, tome X, pars secunda, page 266.

Recueil de divers voyages faits en Tartarie, en Perse et ailleurs. *Leyden*, 1729, 2 vol. in-4.

L'éditeur de ce recueil est P. VAN DER AA, et non P. BERGERON, comme on l'avance dans beaucoup d'ouvrages biographiques ou bibliographiques. Le frontispice en a été changé en 1735. Voy. les mots : « Voyages faits principalement... »

Recueil de diverses difficultés proposées par les théologiens de France sur la constitution *Unigenitus*. Seconde édition. (Par BOURCIER.) *S. l.*, 1717, in-12.

Recueil de diverses histoires touchant les situations de toutes régions et pays contenus es trois parties du monde, avec les particulières mœurs..... de toutes nations et peuples y habitans, nouvellement traduit du latin en françois (de Jean BOEM). *Paris, Galliot Dupré*, 1539, pet. in-8. — *Anvers, Ant. de Goys, pour P. Brilman*, 1540, in-8. — *Paris, Charles Langelier*, 1542, in-8.

Voy. « Discours des païs... », IV, 1013, a.

Recueil de diverses matières. (Par le roi STANISLAS.) *Nancy*, 1766, in-8.

Recueil de diverses pièces choisies d'HORACE, d'OVIDE, CATULLE, MARTIAL et ANACRÉON; aussi la traduction du premier chant de l'Adonis du chevalier MARIN. *Jouxte la copie à Paris. A Paris, chez Ch. Sercy*, 1666 (*Bruxelles, Fr. Foppens*), pet. in-12 de 144 p. et 60 p. pour l'Adonis.

Suivant Brunet, « Manuel du libraire », 5e édit., IV, 68, il y a des exemplaires avec le nom de l'auteur, le président Claude NICOLE.

Recueil de diverses pièces choisies, où l'on traite de la physique, mécanique, géographie... (Par C.-F. PARROT.) *Erlangen, aux dépens de l'auteur*, 1783-84, 2 vol. in-8.

Recueil de diverses pièces concernant la Pensylvanie. (Par William PENN.) *A La Haye, chez Abraham Troyel, 1684, in-12.*

Ce petit volume est une traduction des ouvrages publiés par le célèbre Penn, le fondateur de la Pensylvanie. M. Ternaux-Compans ne l'a pas cité dans sa « Bibliothèque américaine ». Il se compose de cinq ouvrages différents, dont on 'trouve les titres dans le Catalogue Ch. Leclerc, n° 1249.

Recueil de diverses pièces concernant le quiétisme et les quiétistes, ou Molinos, ses sentimens et ses disciples. (Publié par CORNAND DE LA CROSE.) *Amsterdam, Wolfgang, 1688, in-8, 332 p. et 4 ff. de table.*

On trouve dans ce volume rare et peu connu la traduction de la « Guide spirituelle » et du « Traité de la communion », de MOLINOS.

C'est par erreur que ce volume se trouve attribué à Gilbert BURNET, dans le Catalogue de la Bibliothèque du roi, *Théologie,* t. II, p. 373, n° 6485.

La signature de l'auteur s'est trouvée sur un exemplaire. Cette découverte démontre le peu de fondement des motifs allégués par Heumann pour attribuer cet ouvrage au fameux P. POIRET. Voy. « Schediasma de Anon. et Pseudon. », pars II, c. III, no 7.

Recœüil (*sic*) de diverses pièces concernant les censures de la Faculté de théologie de Paris sur la hiérarchie de l'Église et sur la morale chrestienne ; avec des remarques sur les « Annales de Reynaldus ». (Par l'abbé Jacques BOILEAU.) *Munster, Bernard Raesfeld, 1666, in-12.*

Recueil de diverses pièces curieuses pour servir à l'histoire, contenant : La réponse faite aux Mémoires du comte de La Chastre. (Par le comte DE BRIENNE.) Conjuration sur la ville de Barcelonne. Relation de la mort du marquis Monaldeschi. (Par le R. P. LE BEL.) Motifs de la France pour la guerre d'Allemagne... (Par SARRASIN.) *Cologne, par du Castel, 1656, in-12.*

Recueil de diverses pièces curieuses pour servir à l'histoire. (Par Didier VIARD, de Rheims). *Cologne, 1664, in-12.*

Recueil de diverses pièces faites à l'antien langage de Grenoble, par les plus beaux esprits de ce temps-là. *Grenoble, Phil. Charvys, 1662, pet. in-8 de 74 p.*

Volume rare. Il renferme quatre poëmes, attribués à Laurent DE BRIANÇON. Brunet, « Manuel du libraire », 5e édit., IV, 1145.

Recueil de diverses pièces pour servir à l'histoire de France. (Par Paul HAY, sieur DU CHASTELET.) *S. l.,* 1635, in-fol., 1640, in-4.

Les pièces qui se trouvent dans ce volume ne sont pas toutes de Paul DU CHASTELET, mais c'est lui qui les a recueillies, et il y a joint une préface que Guy-Patin (lettre du 16 février 1635) trouve excellente. Selon M. Hauréau (« Histoire littéraire du Maine », 2° édit., t. VI, p. 89), « c'est un morceau bien pensé, bien écrit, accablant pour le parti de la reine-mère ». Elle fut imprimée séparément, la même année, sous le titre de : « Discours d'Estat sur les escrits de ce temps... » *Paris,* in-8. Voy. IV, 1004, *c.*

Recueil de diverses pièces servant à l'histoire de Henri III, etc. (contenant : 1° Journal du règne de Henri III, composé par M. S. A. G. A. P. D. P. (c'est-à-dire par M. SERVIN, avocat général au Parlement de Paris, ou plutôt extrait des Mémoires de Pierre DE L'ESTOILE, par SERVIN) ; 2° le Divorce satyrique, ou les amours de la reine Marguerite de Valois, sous le nom D. R. H. Q. M. (par Pierre-Victor PALMA-CAYET) ; 3° le grand Alcandre, ou les amours du roy Henri le Grand, par M. L. P. D. C. (par Mᵐᵉ la princesse DE CONTI); sur l'impression de Paris de l'an 1651 ; 4° la Confession de M. de Sancy, par L. S. D. S. (Agrippa D'AUBIGNÉ, auteur du « Baron de Fœneste »). *Cologne, Pierre Marteau, 1660, in-12.* — *Id.,* 1662, in-12. — Autre édition, augmentée du Discours merveilleux de la vie de Catherine de Médicis (par Henri ESTIENNE). *Cologne,* 1663, 2 vol. in-12. — Autre édition, augmentée de l'Apologie pour le roy Henry IV, par Mᵐᵉ la duchesse DE ROHAN. *Cologne,* 1666, in-12. — Autre édition, augmentée de « Remarques » sur la confession de Sancy (par Jacob LE DUCHAT). *Cologne,* 1693 et 1699, 2 vol. in-12, avec de nouvelles additions.

Il existe une édition in-4 du Recueil de 1663, dans laquelle l'Alcandre porte ce titre : « Histoire des amours du roi Henri IV, écrite par la princesse DE CONTY ». Les noms réels y ont été substitués aux noms masqués de l'Alcandre, ce qui en rend la lecture plus commode.

Il ne faut pas confondre ces éditions des « Amours du grand Alcandre » avec celle qui a pour titre : « les Amours de Henri IV, roi de France, avec ses Lettres galantes à la duchesse de Beaufort et à la marquise de Verneuil », *Amsterdam,* 1605, in-12, réimprimée dans le neuvième volume de la « Bibliothèque de campagne », *La Haye et Genève,* 1749, et séparément en 1754, 2 vol. in-12. Le nouvel éditeur a retouché l'ouvrage et rajeuni le style de la princesse de Conti ; il y a même ajouté des anecdotes, parmi lesquelles se trouve la suite des amours de Mˡˡᵉ d'Entragues.

Recueil de diverses pièces servant de supplément aux « Lettres sur la religion essentielle à l'homme ».

Voy. V, 1297, *c.*

Recueil de diverses pièces sur la philosophie, la religion, etc., par LEIBNITZ, CLARKE, NEWTON (Ant. COLLINS) et autres auteurs célèbres (publiées par P. DESMAI-

SEAUX). *Amsterdam*, 1720 ; — deuxième édit., 1740, 2 vol. in-12.

Les « Lettres » de Clarke ont été traduites par Michel DE LA ROCHE. Les « Recherches philosophiques sur la liberté de l'homme », par COLLINS, ont été traduites par DE BONS. Pour l' « Histoire de Biléam », qui se trouve dans le tome II, voy. V, 662, b.

Recueil de diverses pièces sur les questions du temps. *S. l.*, 1668, in-12.

Ce recueil est composé de :
1° Lettre à un seigneur de la cour, par le P. Dominique BOUHOURS. Voy. V, 1123, b.
2° Trois Lettres du P. MAIMBOURG, publiées sous le pseudonyme de François ROMAIN. Voy. ce dernier nom aux « Supercheries », III, 447, a.
Les Lettres du P. Maimbourg sont au nombre de quatre. Le département des imprimés de la Bibliothèque nationale possède en manuscrit : le Supplément de la Cinquième Lettre de François Romain sur les droits du pape et du roi t de l'épiscopat, pour le jugement des causes criminelles des évêques, par le P. L. M.

Recueil de diverses pièces touchant les préliminaires de la paix, proposez par les alliez et rejettez par le roi en 1709. (Par J. DONNEAU DE VIZÉ.) *Paris, M. Brunet*, 1709, in-12, 1 f. de tit. et 177 p.

Cet ouvrage forme la deuxième partie du mois de juin 1709 du « Mercure galant ».

Recueil de diverses poésies des plus célèbres autheurs de ce temps. Reveu, corrigé et augmenté. (Par Jean CONART.) *Paris, Louis Chamhoudry*, 1654, in-12, 6 ff. lim. et 156 p.

Le nom de l'auteur se trouve dans le privilége.
Ce recueil est ordinairement suivi de : « Nouveau Recueil de poésies des plus celebres autheurs du temps. » *Paris, Louis Chamhoudry*, 1653, in-12, 3 ff. lim. et 174 p.

Recueil de diverses poésies et harangues faictes en latin et en italien, sur le couronnement du sérénissime Alexandre Justinian, en l'an 1611, et traduit en françois, par J. G. (Jean GUERRIER). *Paris*, 1630, in-4. D. M.

Recueil de diverses poésies françoises contre les jésuites. (Par CAUVIN, ex-doctrinaire.) *La Haye*, 1761, in-12, 55 p.

La pièce de ce recueil intitulée « les Jésuitiques » est de l'abbé H.-J. DU LAURENS et de M.-F. DE GROUBENTAL DE LINIÈRES. Voy. V, 994, a.

Recueil de diverses relations des guerres d'Italie, ès années 1629, 1630 et 1631. (Par C.-G. BACHET DE MÉZIRIAC.) *Bourg en Bresse, J. Bristot*, 1632, in-4.

Recueil de documents et de mémoires relatifs à l'étude spéciale des boutons et fibules de l'antiquité, du moyen âge, des temps modernes et des autres époques,

publiés par la Société nationale de boutonistique, et accompagnés de planches gravées d'après les monuments originaux... *A Saint-Gilles, on souscrit chez M. R.-M. des Adrets*, membre fondateur, gérant perpétuel à vie de la Société nationale de boutonistique de Belgique, et chez *A. Decq*, à *Bruxelles*, 1851, in-8, 8 p.

Facétie dont l'auteur est M. Renier CHALON, de Mons. J. D.

Recueil de documents et pièces authentiques pour servir à l'histoire de Venise. 1848-1849. Tome premier. (Par Daniel MANIN.) *Paris, Furne*, 1860, in-8, XI-483 p.

N'a pas été continué sous ce titre. On a réimprimé le titre, les préliminaires et la table, et l'ouvrage complet; en 2 vol., a été intitulé : « Documents et Pièces authentiques laissés par Daniel MANIN... traduits... par F. PLANAT DE LA FAYE. »

Recueil de documents relatifs à l'église française de Voorburg, concernant l'origine et l'état actuel de ladite institution religieuse. (Publié par H.-J. CAAN.) *S. l.*, 1859, in-8, avec portr. de Saurin et *facsimile*.

Recueil de fables choisies dans le goût de M. de La Fontaine, sur des petits airs et vaudevilles connus, notés en gravure pour en faciliter l'intelligence (par le P. J.-P. VALETTE, doctrinaire). Nouvelle édition, revue, corrigée et augmentée. *Paris, Butard*, 1767, in-24. — *Paris, Lottin*, 1785, in-24.

Ce recueil contient la plupart des fables de La Fontaine, mises en chansons. Voy. « Nouvelles Etrennes utiles... », VI, 572, b.

Recueil de fables, contes, épigrammes et pensées diverses de M. L. M. DE C... C. (le marquis R.-A. DE CULANT-CIRÉ). *La Haye*, 1767, in-12. — *Paris*, 1783, in-8.

Réimprimé en 1786, in-8, avec le nom de l'auteur.

Recueil de fables dédiées à la jeunesse des écoles, par un père de famille (LAVIALLE de Lameillère, notaire à Lassac, Creuse). *Paris, Thorin*, 1867, in-12, VIII-101 p.

Recueil de fables diverses par M*** (DE CALVIÈRES). *Paris, Didot ainé*, 1792, in-18.

Tiré à 50 exemplaires.

Recueil de fables suivies d'explications morales propres à former l'esprit et le cœur des enfants. (Par Théodore-Joseph DUBUISSON.) J. D.

Recueil de factums et autres pièces qui ont servi à la défense du calendrier du diocèse de Saint-Pons. (Par l'évêque Pierre-Jean-François DE PERAN DE MONTGAILLARD.) *S. l.*, 1686, in-8.

Recueil de factums et mémoires sur plusieurs questions importantes de droit civil. (Par Pierre AUBERT.) *Lyon*, 1710, 1727, 2 vol. in-4.

Recueil de farces, moralités, sermons joyeux, etc., tiré d'un ancien manuscrit. (Publié par MM. Franç. MICHEL et A.-J.-V. LEROUX DE LINCY.) *Paris*, *Techener*, 1831-1838, 69 livr. in-8.

Collection tirée à 76 exemplaires numérotés, plus 2 sur vélin; le contenu du manuscrit qu'elle reproduit se trouve détaillé sous le n° 3304 du Catalogue La Vallière de 1783, en 3 vol. in-8.

Recueil de fragments académiques, théologiques, juridiques, moraux, politiques, tragi-comiques, échapez à l'indifférence de l'auteur, moins naturelle que celle du public, par un antique jantilome ami de l'umanité. *A Villefranche, imprimerie de Partout, libraire des Savii, à l'anseigne de la Candeur*, IV. M. VCC. LX. VII (1767), in-8, fig. et portr. de l'auteur.

Un exemplaire de cet ouvrage rare et curieux, qui est de M. Aug. BESSAN, conseiller du roi en ses conseils, porte les notes suivantes :

« Recueil unique, où se trouve beaucoup d'énergie et de raison dans un homme qui fut persécuté (écriture de M. de Maurepas).

« Exemplaire unique et réellement unique, l'édition entière, tirée à cent seulement, ayant été enlevée et supprimée par le ministre. Cet exemplaire seul fut réservé pour lui. »

(Notice des livres de feu M. Hipp. L* et de feu M. le chevalier D*** V**. *Paris, Merlin*, 1842, in-8, n° 194.)

Recueil de fragments de sculpture antique en terre cuite. (Par Jean-Baptiste-Georges SEROUX D'AGINCOURT.) Orné de 37 planches. *Paris, Treuttel et Würtz*, 1814, in-4, 2 ff. de tit., III – 100 p. et XXXVI planches.

Ouvrage posthume. Publié par A.-E. GIGAULT DE LA SALLE.

Recueil de jurisprudence féodale, à l'uMge de la Provence et du Languedoc, par sa. DE L. T. (Louis VENTRE DE LA TOULOUBRE). *Avignon, veuve Girard*, 1765, 2 vol. in-8.

Recueil de la chevauchée faicte en la ville de Lyon, le dix-septiesme de novembre 1578, avec tout l'ordre tenu en icelle. (Publié par C. BRÉGHOT DU LUT, GRATET-DUPLESSIS et Antoine PÉRICAUD.) *Lyon, Barret*, 1830, in-8, 32 p.

L'avis des éditeurs est signé : B.-D.-P.
Tiré à 100 exemplaires.

Recueil de la diversité des habits qui sont de présent en usage tant ès pays d'Europe, Asie, Affrique et isles sauvages, le tout fait après le naturel. *Paris, imprimerie de Richard Breton*, 1564, in-8, fig. sur bois et encadrement gravé à chaque page.

Recueil très-rare et fort recherché, imprimé en caractères de civilité. L'auteur, Françoys DESERPS, a dédié son livre à Henri de Navarre. L'explication de chaque planche est formulée en vers français par un quatrain. Une autre édition, datée de 1567, est imprimée en caractères romains. Il y a des variantes dans ces deux éditions pour les quatrains qui accompagnent plusieurs planches.

Recueil de lettres adressées à M. Mille, auteur de l' « Abrégé chronologique de l'histoire de Bourgogne ». *S. l. n. d. (Paris*, 1772), in-8.

La première lettre est de dom Fr. ROUSSEAU, les suivantes sont de dom MERLE et de A.-E. MILLE.

Recueil de lettres adressées aux « Archives de la Société de la paix », par son président (le comte J.-J. DE SELLON). *Genève, imp. de Ch. Gruaz*, 1834, in-8, VII-331 p.

Recueil de lettres choisies, pour servir de suite aux Lettres de Mme de Sévigné. (Publié par D.-M. DE PERRIN.) *Paris*, 1751, in-12.

Recueil de lettres commerciales, par P. D. B. (DE BAL). *Gand, Vanderschelden*, *s. d.*, in-4. J. D.

Recueil de lettres critiques sur les Vies des saints du sieur Baillet. (1720), in-8. — Nouvelle édition, revue et corrigée par l'auteur. 1720, 2 parties in-8.

Il y a quatorze Lettres dans la première édition. Quant à la deuxième édition, la première partie contient treize Lettres, la deuxième en renferme douze.

Dom Calmet, dans sa « Bibliothèque lorraine », attribue ces Lettres au P. J.-J. PETITDIDIER, jésuite, et, quoiqu'il présente le volume comme n'étant composé que de treize Lettres, il cite la dernière ligne de la quatorzième. Il a donc voulu parler de la première édition. L'abbé Goujet, dans les « Mémoires de sa vie », p. 102, cite ces Lettres au nombre de dix-sept, au lieu de vingt-cinq, comme ayant été imprimées par les soins d'une fameuse intrigante, nommée DES BORDES, dévouée au cardinal Dubois, et qui réunissait des jansénistes dans une maison, des molinistes dans une autre, pour rendre compte au cardinal des secrets qu'elle pouvait leur arracher. Suivant l'abbé Goujet, les Lettres contre Baillet sont du P. Jacq. LEMPEREUR, jésuite. L'édition qu'il cite paraissant être la seconde, on peut croire que le P. Lempereur a composé la seconde partie.

Recueil de lettres de deux amants. *Paris, Didot l'aîné*, an IX, 9 vol. in-18.

Les six premiers volumes ont été réimprimés sous

ce titre : « Lettres secrètes et amoureuses de deux personnages célèbres de nos jours ». *Paris, Pouplin,* 1817, 4 vol. in-18.

Cette réimpression est due à F.-J.-M. FAYOLLE. Quant aux auteurs, on a nommé L.-N.-M. CARNOT et Mme Constance PIPELET DE LEURY, depuis princesse DE SALM. L'auteur du « Manuel du libraire » regarde cette conjecture comme dénuée de fondement.

Recueil de lettres des plus saints et meilleurs esprits de l'antiquité, touchant la vanité du monde (traduit du grec et du latin par le P. CANAYE, jésuite). *Paris, S. Cramoisy,* 1628, in-8, 423 p. et 2 ff. de table et de privil.

Recueil de lettres, mémoires et autres pièces pour servir à l'histoire de l'Académie de Béziers. (Par J. BOUILLET, médecin.) *Béziers,* 1736, in-4.

Recueil de lettres pour servir d'éclaircissement à l'histoire militaire du règne de Louis XIV (publiées par le P. Henri GRIFFET). *Paris, A. Boudet,* 1760, 8 vol. in-12.

Recueil de lettres qui peuvent servir à l'histoire et diverses poésies. (Par Alexandre DE CAMPION.) *A Rouen, aux dépens de l'auteur, par Laurent Maurry,* 1657, petit in-8.

Ces lettres ont été écrites de 1631 à 1656. M. C. Moreau en a reproduit quatre-vingt-quinze à la suite de l'excellente édition des « Mémoires de Henri de Campion », publiée par lui dans la Bibliothèque elzevirienne. *Paris, P. Jannet,* 1857, in-18.

La comtesse de Fiesque, à qui l'ouvrage fut dédié, eut en sa possession tous les exemplaires pour en faire des présents.

Voy. sur cet ouvrage la lettre du général de Grimoard à A.-A. Barbier, dans le « Magasin encyclopédique », 1808, t. IV, p. 96-106, et la préface mise par M. C. Moreau en tête de son édition des « Mémoires de H. Campion ».

Recueil de lettres spirituelles sur divers sujets de morale et de piété. (Par le P. Pasquier QUESNEL, publié par le P. P.-F. LE COURAYER.) *Paris, Barrois,* 1721, 3 vol. in-12.

Le troisième volume contient une Lettre sur les afflictions, qui est de l'abbé René RICHARD, chanoine de Sainte-Opportune.

Recueil de lettres sur les découvertes faites à Herculanum, à Pompeii, à Stabia, à Caserta et à Rome, avec des notes critiques par WINCKELMANN, traduites de l'allemand (par Henri JANSEN). *Paris, Barrois aîné,* 1784, in-8.

Recueil de littérature. (Rédigé par P.-J. LE CORVAISIER.) *Angers, Bossard,* 1748, in-8.

Recueil de littérature, de philosophie et d'histoire. (Par C.-E. JORDAN, de Berlin.) *Amsterdam, Fr. L'Honoré,* 1730, in-12.

Recueil de lois, coutumes et usages observés par les juifs de Metz. (Par C.-M.-B. ANTOINE fils, imprimeur.) *Metz, veuve Antoine,* 1786, in-12.

Camus, dans sa « Bibliothèque de droit », t. II, n° 897, dit que ces lois et coutumes n'ont jamais été publiées. Il ignorait l'existence de ce recueil.

Recueil de lois, décrets, ordonnances et circulaires, rédigé (par ordre du ministre de la guerre, par le général baron Étienne-Alexandre BARDIN)... pour le service des états-majors des places. *Paris, impr. impériale,* 1813, in-folio.

Recueil de maximes et de réflexions morales qui peuvent contribuer à la rectitude de nos actions. (Par Ant. CARLET, de Vienne en Dauphiné.) *Paris, Baudouin frères,* 1823, in-12.

Recueil de maximes véritables et importantes pour l'institution du roi contre la fausse et pernicieuse politique du cardinal Mazarin, prétendu surintendant de l'éducation de Sa Majesté. (Par Claude JOLY.) *Paris,* 1652, in-8. — *Paris,* 1653, in-12. — *Paris,* 1663, in-12.

Recueil de médailles de peuples et de villes qui n'ont point encore été publiées ou qui sont peu connues (expliquées par Joseph PELLERIN). *Paris,* 1763, 3 vol. in-4, figures.

Recueil de médailles de rois qui n'ont point encore été publiées ou qui sont peu connues (expliquées par Joseph PELLERIN). *Paris,* 1762, in-4, figures.

Voy. « Addition aux neuf volumes... », IV, 61, *f*; « Lettres de l'auteur des recueils... », V, 1250, *a*, « Mélange de diverses médailles... », VI, 110, *c*; « Recueil de médailles de peuples... »; « Supplément aux six volumes de recueils... »; « Troisième Supplément... » L'ensemble de ces divers ouvrages, de Joseph Pellerin, sur une même matière, forme 10 vol. in-4, qui ont paru de 1762 à 1778.

Recueil de méditations, de considérations et d'examens pour une retraite, selon la méthode de saint Ignace. (Par le P. Rob. DEBROSSE, S. J.) *Lyon,* 1833, in-12. — 2e édit. *Paris,* 1837, in-12.

Recueil de mémoires et dissertations qui établissent que c'est par erreur et un mauvais usage que l'on nomme l'auguste maison qui règne en France la maison de

Bourbon, que son nom est de France, et qu'entre toutes les maisons impériales et royales régnantes, elle est la seule qui ait pour nom de famille le nom même de sa couronne... (Par l'abbé Balth. DE BURLE RÉAL DE CURBAN, Denis SALLO et L.-F. SOZZI, le tout publié par SOZZI.) *Amsterdam et Paris, Musier fils*, 1769, in-12. — Addition au Recueil de mémoires... *Ibid.*, 1770, in-12.

Avait déjà paru en partie en 1762, sous le titre de : « Dissertation sur le nom de famille... » Voy. IV, 1079, *a*.

Recueil de mémoires, ou requête au roi pour Baltazar-Pascal Celse, fils aîné du roi et héritier présomptif du royaume de Timor. (Par André LÉTHINOIS.) *Paris* (1768), in-4.

Recueil de mémoires sur les établissemens d'humanité, traduits de l'allemand et de l'anglais (par GRIFFET DE LA BAUME, F.-A.-F. DE LA ROCHEFOUCAULD-LIANCOURT et autres, publié par Adrien DUQUESNOY). *Paris, H. Agasse*, an VII — an XIII, 39 numéros en 18 vol. in-8.

Recueil de mémoires touchant l'éducation de la jeunesse. (Par P.-D. RIVARD.) *Paris*, 1763, in-12, XLII-390 p. et 1 f. d'*errata*.

Recueil de motets notés en plain-chant, suivi de plusieurs morceaux pour le salut du Saint-Sacrement et d'un choix de litanies... (Par Nicolas HENROTTE.) *Liége, Grandmont-Donders*, 1841, in-18. — 2º édit. *Ibid.*, 1859, in-18.   J. D.

Recueil de noëls anciens au patois de Besançon. (Par François GAUTHIER.) Troisième édition, corrigée et augmentée de notes explicatives et historiques par Th. BÉLAMY, suivie des noëls au patois de Vanclans, par HUMBERT. *Besançon, Ch. Marion* (1872), in-18, 254 p.

Le nom de Gauthier ne se trouve qu'au dos de la couverture. Voy. « Noëls nouveaux... », VI, 420, *c*.

Recueil de noëls, ou cantiques spirituels sur la naissance du Sauveur. *Liége, Grandmont-Donders* (s. d.), in-18, VII, 79 et 37 p. de musique.

Quelques exemplaires portent : *Verviers, Remacle.* Une partie de ces hymnes populaires sont empruntées à un recueil semblable publié à Liége au commencement du XVIIIᵉ siècle et souvent réimprimé. M. Nic. HENROTTE a ajouté à son édition sept de nos meilleurs noëls wallons.   U. C.

Recueil de noëls provençaux. (Par Nicolas SABOLY, prêtre.) *Avignon*, 1669-74, six recueils in-12.

Réimprimé fréquemment depuis, notamment à Avi-

gnon, édition augmentée du noël fait à la mémoire de M. Saboly et de celui des roys, fait par J. F. D*** (J.-F. DOMERGUE). *Avignon, F.-J. Domergue*, 1763, in-12. Voy. « Noëls provençaux... », VI, 420, *f*.

Recueil de nouveaux contes de fées. (Par Mᵐᵉ DE SAINT-VENANT.) *Paris, veuve Bouquet-Quillau*, 1808, 2 vol. in-12.   D. M.

Recueil de nouveaux tours de société et de secrets utiles, etc. (Par Jacques MAROTTÉ.) *Lyon, Barret*, 1820, in-12.   D. M.

Recueil de nouvelles pièces philosophiques concernant le différent renouvelé entre MM. I. Lange et C. Wolf. (Publié par le comte DE MANTEUFEL.) *S. l.*, 1737, in-8.

Recueil de nouvelles poésies galantes, critiques, latines, françoises et bourguignonnes. *Londres* (vers 1740), in-12.

Les poésies en patois bourguignon passent pour être du père d'Alexis PIRON.

Recueuil (*sic*) de parades, représentées sur le théâtre de Lancut dans l'année 1792. (Par le comte Jean POTOCKI.) *Varsovie*, 1793, in-4.   A. L.

Recueil de passages sur l'avénement intermédiaire de Jésus-Christ (par le P. Bernard LAMBERT), avec des remarques à la suite du discours de M. l'évêque de Lescar sur l'état futur de l'Église. Édit. de 1788, in-12.

M. Rondeau attribue aussi le discours au P. Lambert.

Recueil de peintures antiques, imitées fidèlement pour les couleurs et pour le trait, d'après les dessins coloriés faits par Piètre SANTE-BARTOLI. *Paris, Guérin et Delatour*, 1757, in-fol. — Deuxième édit. *Didot l'aîné*, 1783, in-fol.

On doit cet ouvrage aux soins du comte DE CAYLUS. Le discours qui accompagne les peintures est de P.-J. MARIETTE, qui a fait aussi l'avertissement et présidé à cette superbe édition.

Voy. le Catalogue de d'Ennery, pages 77-81. On y trouve les notes que Mariette avait écrites sur son exemplaire de ces peintures antiques.

L'abbé J.-J. RIVE a pris part au texte explicatif. Dans quelques exemplaires du tome II, on trouve, page 67, un feuillet double contenant un passage de quatre lignes supprimé par le censeur Béjot et ayant rapport à une médaille de Louis XV.

L'édition de 1757 contient 33 planches; elle ne fut tirée qu'à 30 exemplaires; celle de 1783-87 est plus complète, mais moins belle; elle a été tirée à 100 exemplaires, et 15 exemplaires ont été imprimés sur peau vélin.

Recueil de pensées choisies. (Publié par

Claude-Adrien Dornier, de Pontarlier.) *S. l.* (*Besançon*), 1816, in-18, ij-73 et 8 p.

Ce volume, imprimé par l'auteur lui-même, a été tiré à 20 exemplaires, qui n'ont pas été mis dans le commerce.

Recueil de pensées de M. Joubert. (Publié par M. de Chateaubriand.) *Paris, imp. de Lenormant*, 1838, in-8.

Première édition, tirée à très-petit nombre pour être distribuée à des amis. Les autres éditions, beaucoup plus complètes, ont paru sous le titre de : « Pensées, Essais et Maximes ».

Recueil de pièces à opposer à divers libelles dirigés contre le Conservatoire de musique. (Par P. Baillot.) *Paris, imp. de P. Didot*, an X, in-4, 40 p.

Les observations sur l'état de la musique en France, qui forment les pages 29-40, sont de Sarrette.

Recueil de pièces choisies, rassemblées par les soins du cosmopolite. *A Anconne, chez Vriel Bandant, à l'enseigne de la Liberté*, 1735, in-4, 1 f. de tit., 7-434 p. et 9 p. de table.

L'épître dédicatoire est signée : L. D. D. Elle est, ainsi que la préface, de F.-A. Paradis de Moncrif. Les uns attribuent le recueil à la princesse douairière de Conti; d'autres, avec plus de fondement, à Arm.-Vigneron-Duplessis-Richelieu, duc d'Aiguillon. Il est d'une très-grande rareté, n'ayant été, dit-on, tiré qu'à un très-petit nombre d'exemplaires. Le duc d'Aiguillon l'a imprimé lui-même dans sa terre de Veretz en Touraine. Il est terminé par une traduction française des « Noëls bourguignons » de Bern. de La Monnoye.

L'éditeur Gay a donné une réimpression à 163 exemplaires de ce recueil, *Leyde*, 1865, in-16, X-512 p., et une notice de 12 pages.

Voy. « Supercheries », I, 792, c.

Recueil de pièces choisies, tant en prose qu'en vers. (Publié par Bern. de La Monnoye.) *La Haye, van Lom* (*Paris*), 1714, 2 vol. in-12.

Ce recueil contient entre autres pièces : le Voyage de Bachaumont et Chapelle; — Poésies du chevalier d'Aceilly; — la Satire des satires, par Boursault; — Relation des campagnes de Rocroi et de Fribourg; — les Visionnaires, par Desmarets; — le Louis d'or, par Izarn; — le Poëme de la Madeleine au désert de la Sainte-Baume, en Provence, par le P. de Saint-Louis, etc., etc.

Recueil de pièces concernant l'histoire de Louis XIII. (Publié par Ellies du Pin.) *Paris, F. Montalant*, 1716-1717, 4 vol. in-12.

Pièces justificatives de l' « Histoire du règne de Louis XIII... » Voy. V, 790, a.

Recueil de pièces concernant l'inoculation de la petite vérole et propres à en prouver la sécurité et l'utilité. (Par J.-E. Montucla et P.-J. Morisot-Deslandes.) *Paris, Desaint*, 1756, in-12.

Recueil de pièces concernant la compétence de l'amirauté de France... (Par J.-A. Grojard de Montgenault.) *Paris, L.-C. d'Houry*, 1759, in-12.

Recueil de pièces concernant la congrégation des Filles de l'enfance de N.-S. J.-C., savoir : l'Innocence opprimée par la calomnie (par Ant. Arnauld), et la suite (par Pierre de Porrade). *Amsterdam, P. Brunel*, 1718, 2 vol. in-12.

Recueil de pièces concernant la doctrine et pratique de l'Église romaine sur la déposition des rois. (Par Bénédict Turretin.) *Genève*, 1627, in-8.

« Histoire littéraire de Genève », par Senebier, t. II, p. 138.

Recueil de pièces concernant les religieuses de Port-Royal-des-Champs qui se sont soumises à l'Eglise. *Paris, impr. royale*, 1710, in-4. — *Id.*, 1710, in-12. — *Paris*, 1711, in-12.

L'avertissement est du P. Lallemant.

Recueil de pièces d'histoire et de littérature. *Paris, Chaubert*, 1731, 4 vol. in-12.

Les tomes I, II et IV sont de l'abbé Fr. Granet; le tome III est du P. Desmolets. Pour les « Réflexions nouvelles » de M. de La R***, insérées dans le tome I, elles sont de Henri-Fr. de La Rivière, sieur de Coucy, et non du duc de La Rochefoucauld, comme le prétend le P. Brotier dans son édition des « Maximes » et comme le répètent les nouveaux éditeurs des mêmes « Maximes ». Voy. sur La Rivière, l' « Intermédiaire », VII (1874), p. 121.

Recueil de pièces de médecine et de physique, traduites de l'italien de Cocchi (par P.-F. de Puisieux). *Paris*, 1762, in-12.

Recueil de pièces désopilantes, publiées pour l'esbatement de quelques pantagruélistes. (Par Jules Gay.) *A Paris, près Charenton, imprimé l'an* 1000 800 60 5, in-8.

Recueil de pièces dialoguées, ou guenilles dramatiques ramassées dans une petite ville de Suisse, par l'auteur de « Camille », « Laure », etc. *Genève et Paris*, 1787, 2 vol. in-8.

De nouveaux titres portent : « Théâtre de société, ou recueil de petites pièces de comédie qui se jouent dans les sociétés de la Suisse ». *Paris, Dufort*, 1791, 2 vol. in-8.

L'auteur est Samuel Constant de Redecque, père de Benjamin Constant.

Recueil de pièces diverses en vers. (Par Ant. Joly, de Dijon.) *Dijon*, in-12.

La licence que respirent ces pièces a empêché l'auteur d'y mettre son nom. L'imprimeur a sagement suivi cet exemple.

Recueil de pièces diverses en vers. (Par Jean-de-Dieu-Raymond DE BOISGELIN DE CUCÉ, archevêque d'Aix.) *Philadelphie (Paris, Pierres)*, 1783, in-8, 2 ff. de tit., IV-168-16-83 p.

Volume imprimé sur papier vélin, tiré à très-petit nombre et des plus rares; il contient des poésies la plupart un peu libres.

Recueil de pièces diverses sur l'amour et l'amitié, la politesse, la volupté, les sentiments agréables, l'esprit et le cœur. *Bruxelles, Foppens*, 1736, in-12.

Même ouvrage que le « Recueil de divers écrits... » Voy. ci-dessus, col. 60, c.
Dans quelques exemplaires, le frontispice porte : *Paris, chez la veuve Pissot*, et la même date 1736. Le feuillet contenant l'approbation et le privilége, qu'on a laissé par mégarde à la fin de quelques exemplaires, lorsqu'on en a changé les titres, prouve clairement que c'est la même édition. En 1740, le « Recueil de divers écrits » fut analysé dans les « Caprices d'imagination » du savant médecin Brohier, lettre deuxième, et son censeur Maunois, plus difficile que Beauchamps, censeur du recueil, ayant trouvé à redire au « Dialogue sur la volupté », Brohier profita de cette occasion pour faire vendre ou distribuer un cahier d'additions de 40 pages, qui, n'ayant point de titre séparé, ne put aller qu'avec l'ouvrage même, et qui ne se trouve pourtant que dans un petit nombre d'exemplaires.

Recueil de pièces en prose et en vers. (Par J. MOYSANT, sieur DE BRIEUX.) *Caen, J. Cavelier*, 1671, petit in-12, 6 ff. lim. et 180 p.

L'épître dédicatoire est signée : DE BRIEUX.

Recueil de pièces en prose, les plus agréables de ce temps, composées par divers autheurs. *Paris, Ch. de Sercy*, 1659-1662, 5 vol. in-12.

Nicéron, XXXI, p. 403, dit que le premier volume est presque tout du choix de C. SOREL, qui n'a eu aucune part aux quatre suivants.
Sorel avait déjà fait paraître une partie de ces pièces dans le volume intitulé : « Nouveau Recueil des pièces les plus agréables de ce temps, ensuite des « Jeux de l'inconnu » et de la « Maison de jeux ». *Paris, Nic. de Sercy*, 1644, in-8. Voy. VI, 511, e.

Recueil de pièces en vers, adressées à S. A. S. Mgr le duc de Vendosme, et de plusieurs essais de poésies diverses... *Paris. P. Ribou*, 1711, in-12.

Le privilége est au nom de Jean BRIGOT DE PALAPRAT, secrétaire du duc de Vendôme.

Recueil de pièces en vers et en prose, par l'auteur de « Sémiramis » (VOLTAIRE). *Amsterdam, Gotha*, 1750, in-12.

C'est une nouvelle édition du « Recueil de pièces fugitives... par M. de V*** », (*Paris*), 1740, in-8.

Recueil de pièces et titres touchant l'annexe, qui prouvent l'ancienneté de ce droit, dont on a toujours usé en Provence...

Voy. « Recueil des titres et pièces... »

Recueil de pièces fugitives de différents auteurs sur des sujets intéressants. (Publié par J. LEVESQUE DE BURIGNY.) *Rotterdam, Fr. Bradshaw*, 1743, in-12, 311 p., non compris l'avertissement du libraire et la table.

Les pièces qui composent ce volume sont du marquis H.-F. DE LA RIVIÈRE, sieur DE COUCY, et de la marquise DE LAMBERT. Voyez-en le détail dans Quérard, « France littéraire », t. IV, p. 560.

Recueil de pièces fugitives en prose et en vers, par M. DE V. (DE VOLTAIRE). 1740, in-8.

Réimprimé sous le titre de : « Recueil de pièces en vers et en prose... » Voy. ci-dessus, col. 75, f.

Recueil de pièces fugitives en vers, contenant : l'Epître à Uranie ; l'Epître à Athénaïs ; Question de théologie, avec la réponce et la réplique ; l'Antithéologie et la Bathsebath. (Par GASSION, créole américain.) *Londres, J.-P. Schmidt*, 1744, in-8, 35 p.

La première pièce est de VOLTAIRE. Formey qualifie ce volume : « Pièces que l'enfer a vomies ».

Recueil de pièces fugitives, par le P. MALEBRANCHE, M. DE VARIGNON et autres auteurs célèbres. *Genève, Gosse*, 1747, in-8.

Même ouvrage que « Pièces fugitives sur l'Eucharistie ». Voy. VI, 890, e.

Recueil de pièces héroïques et historiques, pour servir d'ornement à l'histoire de Louis XIV, dédié à MM. Racine et Boileau, historiographes de France. *Imprimé par Jean de Montespant, demeurant à Gisors, à l'enseigne de l'Edit de Nantes*, 1693, in-fol.

Ce sont quatorze estampes satiriques et grossières ; la première, l'Habit usurpé ; la seconde, le Pilleur d'église, etc. ; toutes faites pour tourner en ridicule Louis XIV. Au bas de ces estampes, on lit des vers françois et flamands écrits dans le même esprit. François-Ignace, baron DE PUECHEMECK, fut arrêté et mis à la Bastille, comme auteur et graveur de ces infamies. M. de Boisjourdain, écuyer de main du roi, en avait en 1754 un exemplaire, dont les premier et dernier feuillets cotés, signés de Voyer-d'Argenson et Puechemeck et datés du 15 septembre 1702, exemplaire qui avait été trouvé chez l'auteur et qui servit à lui faire son procès. L'exemplaire de M. de Heiss, qui a appartenu à Julien-Charles Boitet de Richeville, contient quatre autres estampes qui ne sont pas dans l'autre, savoir : Caimacan, chevalier de l'ordre de Saint-Louis ; le Crieur françois, l'Inventaire des vaisseaux, et l'Espérance de l'Europe. Elles paroissent être du même auteur. Celui-ci finit misérablement ; mais on n'est pas d'accord sur le genre de sa mort. Les uns disent qu'ayant été convaincu juridiquement, il mourut naturellement à la Bastille, de chagrin de son crime. Selon d'autres, il fut transféré en 1703 dans un château situé à trois ou quatre lieues de Meaux. Le lundi gras de cette année, arriva un homme de marque, dans une voiture à six chevaux, à l'abbaye de Notre-Dame de Châge, qui demanda un chanoine régulier de la part du roi, le mit dans sa voiture et le mena au château où était le coupable pour le confesser, ce qu'il fit; après quoi il fut ramené à l'abbaye par la même personne qui l'y avoit pris. On ajoute que Puechemeck montra beaucoup de foiblesse et de lâcheté quand le confesseur lui annonça qu'il n'avoit plus qu'une heure à vivre.

(Article de l'abbé DE SAINT-LÉGER.)

La Bibliothèque nationale possède un exemplaire composé de 50 planches, qui ne font pas toutes partie intégrante de l'ouvrage et dont on trouve le détail dans le tome II du « Catalogue de l'histoire de France », pages 279 et 280.

Recueil de pièces importantes sur l'opération de la taille faite par le lithotome caché, avec un mémoire concernant la rétention d'urine causée par l'embarras du canal de l'urètre. (Par Jean BASEILHAC, dit frère COSME.) *Paris, d'Houry fils,* 1751, in-12.

Recueil de pièces instructives, publiées par la compagnie sanitaire, contre le rouissage actuel des chanvres et des lins, pour leur préparation complète à sec, par la nouvelle broie mécanique rurale de M. Laforest, et pour la confection du papier avec la chenevotte non rouïe, sans l'addition d'aucune autre substance. (Par LAFOREST et P.-A. BERRIER.) *Paris, imp. de Fain,* 1824, in-8, 122 p.

Recueil de pièces intéressantes concernant les antiquités, les beaux-arts, les belles-lettres et la philosophie (traduites en partie de l'anglais et de l'allemand, par Henri JANSEN et KRUTHOFFEN). *Paris, Barrois aîné,* 1787 et années suiv., 6 vol. in-8.

Ce recueil a paru aussi sous le titre de : « Conservatoire des sciences et des arts ». Voy. aussi « Idées sur le geste... », V, 883, *f.*

Recueil de pièces intéressantes et morales, convenables aux théâtres de société, par Mme DE S. S. (Mme DE SAINT-SAUVEUR). 1800, in-12. **V. T.**

Recueil de pièces intéressantes pour servir à l'histoire de France, et autres morceaux de littérature trouvés dans les papiers de M. l'abbé DE LONGUERUE. (Publié par J.-P. ROUSSELOT DE SURGY.) Genève, 1769, in-12.

Recueil de pièces intéressantes pour servir à l'histoire de la révolution de 1789 en France. (Par A.-J.-M. SERVAN.) 2 vol. in-8.

Recueil de pièces intéressantes, pour servir à l'histoire des règnes de Louis XIII et de Louis XIV. (Publié par Jean-Benj. DE LA BORDE.) Deux parties en 1 vol. in-12.

1° Pièces du procès de Henri de Tallerand, comte de Chalais, décapité en 1626. *Londres,* 1781, 1 f. de tit., VI-256 p.

2° Lettres de Marion DE LORME aux auteurs du « Journal de Paris ». S. l., 1780, 60 p.

Recueil de pièces intéressantes sur deux questions célèbres, savoir : si un juif converti peut épouser une fille chrétienne; et si un juif endurci, devenu baron, peut nommer aux canonicats d'une cathédrale. (Par le P. C.-L. RICHARD, dominicain.) *Deux-Ponts,* 1779, in-8.

Recueil de pièces justificatives du sens doctrinal du serment, pour servir de suite à la question du serment, traitée mathématiquement. (Par DE GAND, d'Alost.) *Gand, Ch. de Goesin,* prairial an VII-1799, in-8, 40 p.

Recueil de pièces officielles et de documents authentiques concernant le prisonnier de Sainte-Hélène. (Par le comte E.-A.-D. DE LAS CASES.) Troisième recueil. *Bruxelles,* 1819, in-8.

Voy. « Documents particuliers... », IV, 1108, *d.*

Recueil de pièces originales et authentiques, concernant la tenue des États-Généraux... (Par LALOURCÉ ET DUVAL.)

Voy. « Forme générale et particulière de la convocation et de la tenue des assemblées nationales... », V, 483, *f.*

Recueil de pièces qui n'ont pas encore paru, sur le formulaire, les bulles et constitutions des papes dont on exige des fidèles l'acceptation. (Par l'abbé P. LECLERC.) *Avignon, chez P. Verax, à l'enseigne de la Sincérité,* 1754, 2 parties in-12.

Recueil de pièces qui regardent le gouvernement du royaume d'Angleterre, et qui ont rapport aux affaires présentes de l'Europe. Traduites de l'anglois. On y a joint l' « Histoire de l'abdication de Victor-Amédée, roi de Sardaigne ». *La Haye, H. Scheurleer,* 1734, in-18.

Voici le contenu de ce volume :

1° Avertissement du traducteur, p. I-XXXVII.

2° Lettre à MM. les Craftsmen (par les frères Horace et Robert WALPOLE), p. 1-95, terminée par la réclame : *Remar.*

3° Remarques sur une « Lettre au Craftsman » (*sic*), adressées à l'auteur de cette Lettre. Par CALEB, d'Anvers, de Gray's Inn, écuyer. Traduit de l'anglois. *La Haye, Scheurleer,* 1734, 36 p., avec signatures A et B.

4° La Politique des deux partis, par rapport aux

affaires du dehors, tirée de leurs propres écrits et vérifiée par le cours des événemens. Avec quelques remarques sur l'état présent des affaires dans la Grande-Bretagne, et l'effet qu'y ont produit nos négociations dans ces dernières années. Par milord B... (BOLINGBROKE). Traduit de l'anglois. *La Haye, Scheurleer*, 1734, 192 p., avec signatures A.-H. Voy. VI, 943, *d*.

5° Histoire de l'abdication de Victor-Amédée, roi de Sardaigne, et de sa détention au château de Rivole. Où l'on voit les véritables motifs qui obligèrent ce prince d'abdiquer la couronne en faveur de Charles-Emmanuel, son fils, et ceux qu'il eut ensuite de s'en repentir et de vouloir la reprendre. Lettre écrite au comte de C*** à Londres, par le marquis de Tr...é, qui est à présent à la cour du roi de Pologne (TRIVIÉ, dit WICARDEL DE FLEURY). *S. l. n. d.*, 08 p., avec signatures A.-C. Voy. V, 676, *c*.

Recueil de pièces relatives au monument de Lucerne consacré à la mémoire des officiers et soldats suisses morts pour la cause du roi Louis XVI, les 10 août, 2 et 3 septembre 1792; suivi de la lettre d'un voyageur français (le marquis T.-G. DE LALLY-TOLLENDAL), présent à l'inauguration dudit monument, le 10 août 1821. *Paris, Delaunay*, 1821, in-4, 1 f. de tit. et 107 p.

Recueil de pièces sérieuses, comiques et burlesques. *Hollande*, 1721, 2 part. en 1 vol. in-8.

Même ouvrage que « Pièces échappées du feu », voy. VI, 889, *b*, et de la même édition; si ce n'est qu'en changeant le titre, on a supprimé les deux préfaces et la première pièce, intitulée : « Polichinelle... » ; mais on y a ajouté par compensation : « les Trois Justaucorps, conte bleu », traduit de l'anglois de Jonathan SWIFT (par René MACÉ, voy. ce titre), et « les Trois Anneaux », traduit de l'italien de BOCCACE. *Dublin*, 1721.

Recueil de pièces servant de preuves aux Mémoires sur les troubles excités en France par Charles II, dit le Mauvais, roi de Navarre et comte d'Evreux. (Par D.-F. SECOUSSE.) *Paris, Durand*, 1755, in-4.

Ce recueil a été réimprimé pour former le tome II des « Mémoires pour servir à l'histoire de Charles II... », par feu M. SECOUSSE... *Paris, Durand*, 1758, 2 vol. in-4.

Recueil de pièces sur l'état civil des protestans en France. (Par CONDORCET.) *Londres, Dodsley*, 1781, in-8.

Voici les motifs qui me font attribuer à Condorcet les trois pièces contenues dans ce recueil :

1° Il s'est trouvé parmi les papiers de Condorcet une notice bibliographique, et écrite de sa main, de la plupart des ouvrages qu'il avait publiés. Trois ouvrages sur les protestants y sont désignés comme ayant paru ou ayant été composés en 1778, année de l'impression de la première pièce du présent recueil. Voy. les mots : « Réflexions d'un citoyen catholique », etc.

2° La lecture des trois pièces prouve, d'une manière assez évidente, qu'elles sont du même auteur, et que cet auteur est Condorcet. On y trouve en effet le fonds de plusieurs brochures qu'il a publiées, ou de plusieurs opinions qu'il a développées par la suite ; on y remarque surtout une heureuse réunion, qui n'existe guère que dans ses ouvrages, de connaissances relatives à la législation, aux sciences exactes, à l'histoire, à la littérature, etc.

3° Une longue note sur les protestants, que Condorcet a insérée dans le tome XXI, page 332, de la collection des « Œuvres de Voltaire », a tant de ressemblance, et pour le style et pour les pensées, avec les pièces contenues dans notre recueil, que je ne puis m'empêcher de regarder l'auteur de la note comme celui des trois opuscules.

4° Enfin, Diannyère, qui a joui de l'estime et de l'amitié de Condorcet, s'est rappelé que Condorcet lui avait prêté ce recueil en lecture, sans lui avouer expressément qu'il en était l'auteur, mais aussi sans lui dire qu'il était d'un autre.

Note extraite de l'avertissement que j'ai rédigé pour être mis en tête de la réimpression de ce recueil, dans le tome X des Œuvres de CONDORCET.

Recueil de pièces touchant l'Histoire de la Compagnie de Jésus, composée par le P. Joseph Jouvenci, jésuite, et supprimée par arrêt du Parlement de Paris du 24 mars 1713. (Par Nicolas PETITPIED.) *Liége*, 1713, in-8. —Deuxième édit. *Liége*, 1716, in-12.

Recueil de pièces trouvées dans le portefeuille d'un jeune homme de vingt-trois ans (le vicomte DE WALL, avec un avertissement par DE VIRIEU, le tout publié par l'abbé F.-A.-A. PLUQUET). *Paris, Didot ainé*, 1788, in-8.

Recueil de pierres gravées antiques. (Par M.-P. LEVESQUE DE GRAVELLE.) *Paris, Mariette*, 1732-1737, 2 part. in-4 avec planches.

Recueil de plusieurs cantiques spirituels, propres pour entretenir l'âme en Dieu, par J. L. J. P. E. C. D. E. (Jean LE JAU, pénitencier et chanoine d'Evreux). *Evreux, Le Marié*, 1613, in-12. — Édition augmentée d'une seconde partie par Daniel ADNET. *Paris, Nic. Rousset*, 1627, petit in-12.

Recueil de plusieurs inscriptions proposées pour remplir les tables d'attente étant sous les statues du roi Charles VII et de la Pucelle d'Orléans... *Paris, imp. E. Martin*, 1628, in-4.

La première édition est de 1613, in-4.

Ce recueil, formé par Charles DU LYS, contient des poésies de Mlle DE GOURNAY, Est. PASQUIER, J. DE CAILLY, Annibal DE LORTIGUE, MALHERBE, B. DE VIAS, Marseillais, Séb. ROUILLARD, Nic. BERGIER, etc. ; la partie historique de ce volume a été réimprimée par Vallet, de Viriville, dans le « Trésor des pièces rares et curieuses », publié par *A. Aubry*. Voy. l'introduction de ce volume.

Recueil de plusieurs oraisons funèbres de Louis XIV, roi de France et de Navarre, surnommé le Grand. *S. l.*, 1716, 2 vol. in-12 de 436 et 392 p.

Cet ouvrage, que Leber n'a pas connu, contient quatorze oraisons funèbres, dont six ne figurent pas dans le « Recueil des oraisons funèbres de Louis XIV... » (voy. ce titre) ; ce sont celles qui ont pour auteur l'abbé FELLON ; le P. FRANÇOIS, de Tournon, capucin ; l'abbé PLUMAN ; l'évêque de Valence (Jean DE CATELAN) ; le P. MANIQUET, et l'abbé FAVIER. Le tome II est terminé par deux pièces de vers : « la Mort de Louis le Grand », ode ; « le Lys et son Rejeton », fable.

Recueil de plusieurs personnes qui ont constamment enduré la mort pour le nom du Seigneur, depuis J. Wicleff jusqu'au temps présent : avec une troisième partie contenant autres excellents personnages puis n'aguières exécutés pour une même confession du nom de Dieu. (*Genève*), par Jean Crespin, 1556, in-16 de 8 ff. prélim., 952 p. et 4 ff. de table.

Ce livre, dit le « Manuel du libraire », 5e édit., IV, 1154, et II, 420, forme le fond d'un ouvrage qui a été successivement augmenté, soit par son premier auteur (J. CRESPIN), soit par Sim. GOULART, et qui a fini par remplir 2 vol. in-fol., intitulés : « Histoire des martyrs persécutez pour la vérité de l'Évangile, depuis le temps des apôtres jusqu'à présent (1610) ». Genève, P. Aubert, 1619, 2 vol. in-fol.

Recueil de plusieurs pièces concernant le « Traité des tumeurs et des ulcères »... (Par J. ASTRUC.) *Paris*, *P.-G. Cavelier*, 1759, in-12.

Recueil de plusieurs pièces curieuses.

Voy. « la Messe trouvée dans l'Écriture », VI, 280, a.

Recueil de plusieurs titres, mémoires et antiquités : I. De la Châtellenie de Marcoussy ; II. De la Prévôté et Comté de Mont-le-Héry ; III. Du Chapitre de Saint-Merry de Linas ; IV. Des Fiefs et Seigneuries de La Roüe, de Belle-Jambe, Guillerville, Beauregard et autres lieux circonvoisins. Ouvrage historique, accompagné de preuves... avec des tables... *Paris*, 1694, in-8.

Le privilége est accordé au sieur P** (PERRON, de Langres). On lit à la fin du volume : « Fin de la première partie. » L'avertissement en annonce cinq. Le faux titre porte : « l'Anastase de Marcoussy, ou recherches curieuses de son origine, progrès et agrandissement ».

Cet ouvrage n'a été tiré qu'à 27 exemplaires.

Recueil de plusieurs traités de la sainte Cène de Notre-Seigneur Jésus-Christ, composés par divers auteurs (BERTRAM, J. CALVIN, Ulrich ZUINGLE, etc.). *S. l.*, 1566, in-8.

Recueil de poésie, présenté à Madame Marguerite, sœur unique du roy...; reveu et augmenté... par J. D. B. A. (Joach. DU BELLAY, Angevin). *Paris*, *Guill. Cavelat*, 1553, in-8, 93 p.

La première édition est de 1540.

Recueil de poésies. (Par le chevalier DE L'ISLE.) *S. l. n. d.*, in-32, 96 p.

On connaît cinq ou six exemplaires sans titre, de ce petit livre, sorti d'une des deux imprimeries particulières du prince Ch. de Ligne, à Bruxelles et à Bel-Œil. Il en existe une réimpression moderne, peu soignée, faite à Bruxelles, sous le titre de : « Poésies du chevalier de L'Isle, capitaine de dragons, mort à Paris en 1783 », in-32, 64 p. Les éditeurs ont, dans une note qui se trouve à la suite du titre, supposé que le « chevalier de L'Isle » était un pseudonyme du prince de Ligne ; c'était un de ses amis cité souvent dans sa correspondance, entre autres dans la seconde de ses lettres au roi de Pologne sur Frédéric II.

Recueil de poésies à l'usage des jeunes personnes. (Publié par Mme Charles LENORMANT.) *Paris*, 1839, in-12. D. M.

Recueil de poésies, chansons et romances détachées. (Par P. GENTY, de Bussy, intendant civil de la régence d'Alger.) *Alger, imprimerie du Gouvernement*, in-8.

Recueil de poésies choisies et de pièces d'éloquence d'un des plus célèbres auteurs de ce siècle (Ant. HOUDART DE LA MOTTE). *Amsterdam*, 1756, 3 volumes in-12.

Recueil de poésies chrétiennes et diverses, dédiées au prince de Conty, par J. DE LA FONTAINE (recueillies par Henri-Louis DE LOMÉNIE DE BRIENNE, avec un avertissement du même LOMÉNIE et une préface de Claude LANCELOT). *Paris*, *Le Petit*, 1671 ; — *Couterot*, 1679, 1682, 3 vol. in-12.

Il n'y a eu qu'une édition de ce recueil. Le frontispice seul a été changé.

L.-H. de Brienne fit ce recueil à la sollicitation de sa mère, et il pria La Fontaine, son ami, de rédiger une épître dédicatoire au prince de Conti. Le recueil parut sous le privilége de Lucile-Hélie de Breves ; le seul rapport qui existe entre ces noms et ceux de l'éditeur consiste dans l'identité des lettres initiales. Cette explication rectifie et complète la note insérée dans la « Biographie universelle », article La Fontaine, t. XXIII, p. 136.

Recueil de poésies d'un colon de Saint-Domingue. *Paris*, 1802, in-8.

Attribué à BERQUIN-DUVALLON et tiré à fort petit nombre.

Recueil de poésies diverses. (Par BOURET, trésorier de France.) (*Paris*), 1733, in-8.

Recueil de poésies diverses. Nouvelle édition, revue, corrigée et beaucoup augmentée. *Paris, J. Étienne*, 1720, in-8, 409 p.

La première édition est d'*Amsterdam*, 1715.
Réimprimé en 2 vol. in-12, avec le nom de l'auteur, le P. J.-A. DU CERCEAU.

Recueil de poésies diverses. Passe-temps d'un goutteux, par M. le comte Max DE P*** (PERROCHEL, de Saint-Aubin-de-Loquenay, près de Fresnay, Sarthe), membre d'une infinité de Sociétés plus savantes les unes que les autres. *Paris, chez Sanspain, rue des Jeûneurs; impr. de Monnoyer, au Mans*, 1853, in-4 oblong, 237 p.

Cet ouvrage n'a pas été mis dans le commerce.

L. D. L. S.

Recueil de poésies diverses, par D*** (A. DUCRET). *Lausanne*, 1824, in-8.

D. M.

Recueil de poésies extraites des ouvrages d'Héléna-Maria WILLIAMS, traduites de l'anglais par M. Stanislas DE BOUFFLERS... et par M. ESMENARD. (Publié par Ch. POUGENS.) *Paris, F. Cocheris fils*, 1808, in-8, VII-137 p. et 1 f. d'errata.

Recueil de poésies françaises et latines, par M. l'abbé B*** (Jean-Marie BORELLI, ex-jésuite, mort en septembre 1808). *Avignon*, 1780, in-8.

Voy. une courte notice sur cet auteur dans le « Nouvel Almanach des Muses », par M. Beuchot.

Recueil de poésies fugitives. (Par Charles-Théodore D'HURTUBY.) *Paris, Trouvé*, 1822, in-8. D. M.

Recueil de poésies fugitives et contes nouveaux. (Par A. DE PIIS.) *Londres (Paris)*, 1784, in-18, 312 p.

Sur les soixante dix-sept contes qui figurent dans ce volume, dix ne se retrouvent pas dans les « Œuvres choisies » de l'auteur, *Paris*, 1811, 4 vol. in-8, lesquelles n'en contiennent qu'un seul de plus : « le Vrai Maigre et le Vrai Gras, ou la décision du diable ».

Recueil de poésies fugitives. Fragments extraits du « Courrier du Nord, journal de Valenciennes ». Par M. E. B*** (Emile BOULANGER, magistrat). *Valenciennes, imp. de B. Henry*, 1831, in-16, 48 p.

Tiré à 50 exemplaires.

Recueil de poésies fugitives, par Mme la comtesse DE G.....x (Anne-Marg. DUBREUIL DE SAINTE-CROIX, comtesse DE GIRIEUX), ancienne chanoinesse du chapitre de N*** (Neuville). *Lyon, Bohaire*, 1817, 2 vol in-8.

Recueil de poésies galantes du chevalier de *** (l'abbé Jacques DESTRÉES), avec quelques pièces de l'abbé DE CHAULIEU. *S. l.*, 1744, in-8.

Recueil de poésies légères. (Par le prince Ch. DE LIGNE.) *S. l. n. d.*, 3 vol. in-32, 168, 219 et 82 pages, tous trois sans titre.

De l'imprimerie particulière du prince de Ligne, à Bel-Œil. Le tome premier commence par ces mots : « Point de titre, point de préface ». La « Préface de l'ouvrage qu'on vient de lire », imprimée à la fin du troisième volume, n'est pas celle du recueil, comme le dit Brunet dans le « Manuel du libraire », article LIGNE, mais la préface du « Supplément à Apprius », qui est la dernière pièce de ce volume.

Le seul exemplaire connu des deux premiers tomes appartient à un bibliophile belge, M. R. Chalon; on ne connaît aussi qu'un exemplaire du tome III, décrit par M. Le Hon, dans le « Bulletin du bibliophile belge » de 1845.

Il a été fait à Bruxelles, en 1867, une réimpression à 70 exemplaires du tome III, sous le titre de : « Sens devant derrière », par le prince de —; sur l'imprimé de Bel-Œil (imp. Briard), in-8, VII-75 p. Elle est précédée d'une bibliographie des livres sortis des deux imprimeries particulières du prince de Ligne, à Bel-Œil et à Bruxelles, par M. A. POULET-MALASSIS.

Recueil de poésies, par le chevalier de *** (par le chevalier DE L'ISLE). *A Bruxelles, de l'imprimerie du P. Charles de — (Ligne)*, 1781, in-8, 24 p.

Poésies du chevalier de L'Isle, ami du prince de Ligne, et de qui M. Barrière a publié la correspondance dans ses « Tableaux de genre et d'histoire ». M. Brunet, dans le « Manuel du libraire », article DE LIGNE, attribue à tort ce recueil au prince Charles de Ligne et lui donne ce titre exact : « Recueil de poésies, par le chevalier de B... »

Recueil de poésies, par le comte DE T. (THÉAULON). *Paris*, 1808, in-12.

Recueil de poésies, par Mme DE T*** (R.-R. DE THELUSSON). *Paris, Pillet*, 1818, in-18.

Recueil de poésies, par Mlle DE S.-PH. (Fr.-Th. AUMERLE DE SAINT-PH'ALIER, dame DALIBARD). *Amsterdam*, 1751, in-12.

Recueil de poésies religieuses. (Par Charles DE COMMEQUIERS.) *Paris, Blaise*, 1833, in-8. D. M.

Recueil de poésies religieuses et populaires, offert aux campagnes et aux familles. (Par Ch.-F. RECORDON.) *Lausanne*, 1844, in-12, 216 p.

Recueil de poésies saintes en vers. (Par Fr. NAU.) *Paris*, 1747, in-12.

Recueil de poésies spirituelles. (Par

Mᵐᵉ Jeanne-Marie BOUVIÈRES DE LA MOTTE-GUYON.) *Amsterdam*, 1689, in-8.

Réimprimé dans la collection des « Œuvres de Mᵐᵉ GUYON », où l'on trouve les ouvrages suivants :

1º La Sainte Bible, ou l'Ancien et le Nouveau Testament, etc. *Paris, libraires associés*, 1790, 20 vol. in-8. Voy. « la Bible traduite en françois... », IV, 405, *b*.

2º Discours chrétiens et spirituels sur divers sujets qui regardent la vie intérieure, tirés la plupart de la sainte Écriture ; par Mᵐᵉ J.-M.-B, de La Mothe-Guyon ; nouvelle édition, corrigée et augmentée. *Paris, libraires associés*, 1790, 2 vol. in-8. Voy. IV, 1002, *d*.

3º Opuscules spirituels, contenant le Moyen court et très-facile de faire oraison (voy. VI, 371, *a*) ; les Torrens spirituels, etc. *Paris, libraires associés*, 1790, 2 vol. in-8.

4º Justifications de la doctrine de Mᵐᵉ de La Mothe-Guyon, pleinement éclaircie, démontrée et autorisée par les SS. PP. grecs, latins, et auteurs canonisés ou approuvés ; écrites par elle-même, avec un examen de la neuvième et dixième Conférence de Cassien sur l'état fixe de l'oraison continuelle. Par M. de Fénelon, archevêque de Cambray ; nouvelle édition, exactement corrigée. *Paris, libraires associés*, 1790, 3 vol. in-8.

5º Poésies et Cantiques spirituels sur divers sujets qui regardent la vie intérieure, ou l'esprit du vrai christianisme. *Paris, libraires associés*, 1790, 4 vol. in-8.

6º L'Ame amante de son Dieu, etc. *Paris, libraires associés*, 1790, in-8. Voy. IV, 126, *c*.

7º Lettres chrétiennes et spirituelles sur divers sujets qui regardent la vie intérieure, ou l'esprit du vrai christianisme ; nouvelle édition, augmentée d'un cinquième volume contenant la correspondance secrète de l'auteur avec M. de Fénelon, etc., laquelle n'avait jamais paru, et précédée d'anecdotes intéressantes où il est parlé des jésuites, des jansénistes, etc. *Londres*, 1767 et 1768, 5 vol. in-12. Voy. V, 1229, *f*.

8º Sa Vie, écrite par elle-même. *Paris, libraires associés*, 1790, 3 vol. in-8.

Ces 40 vol. ont été imprimés par les soins de Ph. DU TOIT-MAMBRINI. L'édition précédente, dirigée par Pierre POIRET, à Cologne (*Amsterdam*), en 1713 et années suivantes, n'avait que 39 vol. in-8.

Recueil de poésies tirées de l'Écriture sainte. (Recueillies ou composées par F. RÉVILLE.) *Nancy, Mlle Leseure,* 1831, in-12.

Recueil de pouesios de la Muso moundino. (Par GAUTIER.) *S. l.* (*Toulouse*), 1671, petit in-12.

En patois toulousain.

Recuil de pouesiés prouvençalos de M. F. T. G. (F.-Toussaint GROS). *Marseille, F. Berte,* 1734, in-12.

Réimprimé avec le nom de l'auteur, *Marseille, Sibié*, 1763, in-8.

Recueil de prédictions intéressantes faites en 1733, par diverses personnes, sur plusieurs événemens importans (principalement par Marie - Anne - Elisabeth FRONTEAU, connue sous le nom de sœur Holda). (*Lyon probablement*), 1792, 2 vol. in-8.

Ces volumes ne contiennent que des extraits des prédictions de la sœur Holda. Cinq volumes in-12, tirés de ses manuscrits, ont été imprimés à *Paris, chez Doublet*, en 1821, et publiés en 1822. Le nouvel éditeur a mis à la fin du cinquième volume une introduction de 92 pages.

Depuis la page 65 jusqu'à la fin, on lit une notice sur la vie de Mlle Fronteau ; elle est née à Paris au mois de janvier 1730, et y mourut le 31 décembre 1786. Son père était marchand tapissier. L'éditeur des deux volumes de 1792 paraît avoir été C.-F. DESFOURS DE LA GENETIÈRE. Voy. l' « Histoire des sectes religieuses », par M. Grégoire, *Paris*, 1810, in-8, t. I, p. 389 et suiv.

Recueil de preuves sur la vérité de la religion, tirées de différents auteurs. *Moscou, impr. de Vsevolojsky*, 1810, in-12, VIII-226 p.

L'auteur est la comtesse Catherine RASTAPCHINE, née PRATASSOF : telle est la véritable orthographe de son nom ; Rostoptchine, comme l'écrit M. Poltaratzky, est conforme à la prononciation.   A. L.

Recueil de prières. (Par C.-F. DESFOURS DE LA GENETIÈRE, de Lyon.) *Lyon*, vers 1798, in-12.

Recueil de prières, avec l'explication de l'Oraison dominicale, traduit du latin d'ERASME (par Cl. Bosc). *Paris, de Nully*, 1712, in-12.

Recueil de prières choisies, à l'usage des âmes pieuses. (Par Mᵐᵉ Casimir PÉRIER.) *Lyon, Rusand,* 1831, in-18.

Recueil de principes élémentaires de peinture sur l'expression des passions, suivi d'un abrégé sur la physionomie et d'un exposé du système nommé physiognomonie, extrait des œuvres de Ch. Lebrun, Winkelmann, Mengs, Watelet, etc., à l'usage des jeunes artistes. (Par J.-F. SOBRY.) *Paris, Sobry,* an V, in-4.

Recueil de problèmes. (Par J. DE STAINVILLE.) *Paris, Courcier,* 1802, in-8.

Recueil de problèmes sur les quatre premières règles, par F. P. B. (Mathieu BRANSIET, en religion frère PHILIPPE). *Tours, Mame,* 1861, in-18, IV-72 p.

Recueil de prognostics dangereux...

Voy. ci-dessus, « Recueil alphabétique... », col. 49, *c*.

Recueil de proverbes français, latins, espagnols, italiens, allemands... à l'usage des écoles publiques et des maisons d'éducation. Par le chevalier D'H..... (L.-J.-P. D'HUMIÈRES). *Paris* (1801), in-8, 72 p.

Recueil de proverbes météorologiques et agronomiques des Cévennois, suivis des Pronostics des paysans languedociens sur les changements de temps, par M. L. A. D. F. (L.-Aug. D'HOMBRES-FIRMAS). *Paris, Mme Huzard*, 1822, in-8, 56 p.

Recueil de quatre lettres critiques, historiques et numismatiques, sur une inscription trouvée à Rosette pendant le séjour des armées françaises en Egypte. (Par E.-M. COUSINÉRY.) *Paris, Sajou*, 1810, in-8.　　　　　　　　　　D. M.

Ces lettres avaient été publiées précédemment et à diverses époques (mai et septembre 1807; mai 1808 et février 1810), dans le « Magasin encyclopédique ».

Recueil de quelques articles tirés de différents ouvrages périodiques. (Par Jean DEVAINES.) *Imprimé par G. E. J. (de Montmorency-Albert-Luynes, dans son château de Dampierre)*, an VII-1799, in-4, 205 p.

Tiré à 14 exemplaires.
Une réimpression en 220 pages a été tirée à un plus grand nombre d'exemplaires.

Recueil de quelques guérisons miraculeuses octroyées par Notre-Seigneur près de Marche en Famenne. (Par le P. SCHOUVILLE.) *Liége*, 1678, petit in-12.

Recueil de quelques lettres et autres pièces intéressantes, pour servir à l'histoire de la paix de Dresde. *Berlin, Haude et Spener*, 1746, 60 p. in-8.

Contient la correspondance de FRÉDÉRIC II avec Thomas Villers, ambassadeur d'Angleterre près la cour de Saxe.

Recueil de quelques petits ouvrages qui peuvent servir de supplément à l' « Essai sur l'usage de l'artillerie ». (Par DUPUGET.) *Amsterdam, Arkstée et Merkus*, 1771, in-8, 2 ff. de tit. et 66 p.

Recueil de quelques pièces concernant les arts, extraites de plusieurs « Mercures de France ». (Par C.-N. COCHIN.) *Paris, Ch.-A. Joubert*, 1757, 2 vol. in-12.

Recueil de quelques pièces curieuses, concernant la philosophie de Descartes. (Publié par BAYLE.) *Amsterdam, Henry Desbordes*, 1684, in-12.

On trouve dans ce recueil, entre autres pièces : 1° un Éclaircissement (de Fr. BERNIER) sur le livre de Louis de La Ville (le P. Le Valois, jésuite), intitulé : « Sentimens de M. Descartes touchant l'essence et les propriétés des corps, etc. », voy. ces mots; 2° une Réponse de Mme*** (le P. MALEBRANCHE) à une Lettre de ses amis, touchant le même livre; 3° *Dissertatio et thesis philosophicæ* (auctore P. BAYLE); 4° des Méditations sur la métaphysique, par Guillaume WANDER (l'abbé DE LANION).

Recueil de quelques pièces curieuses sur l'origine des étrennes...

Voy. « Origine des étrennes », VI, 746, a.

Recueil de quelques pièces de littérature en prose et en vers. (Par J.-A.-J. CÉRUTTI.) *Glascow, et se trouve à Paris, chez Prault*, 1784, in-8, 87 p.

L'avis de l'éditeur est signé : L. M. D. M. (le marquis C.-F.-A. DE LEZAY-MARNÉSIA).

Recueil de quelques pièces nouvelles et galantes, tant en prose qu'en vers. *Cologne (Amsterdam, Elzevier)*, 1663, in-12, 3 ff. et 182 p. — *Id.*, 1664, in-12. — Nouvelle édition. *Cologne (Amsterdam, etc.)*, 1667, 2 vol. in-12.

On trouve parmi les pièces anonymes, dans le volume de 1663 et dans celui de 1664, et dans la première partie du recueil de 1667 : 1° le Premier Voyage de l'isle d'Amour à Lycidas (par l'abbé Paul TALLEMANT); 2° Lettre de M. l'abbé de M. (DE MONTREUIL), contenant le voyage de la cour vers la frontière d'Espagne, 1660.
La seconde partie du recueil de 1667 contient : 1° six Satyres (de BOILEAU); 2° Mercure (satyre par FURETIÈRE); 3o le Second Voyage de l'isle d'Amour (par TALLEMANT); 4° Élégie pour le malheureux Oronte (Fouquet) (par DE LA FONTAINE).

Recueil de quelques pièces nouvelles et galantes, tant en prose qu'en vers. *Utrecht, Ant. Schouten*, 1699, pet. in-12.

Ce recueil est différent de celui que publièrent les Elzeviers d'Amsterdam, sous le même titre, en 1667; mais dans tous deux se retrouve le « Voyage » de CHAPELLE et BACHAUMONT.
Voici la note placée par M. Ch. Nodier à la suite du n° 1639 du Catalogue Guilbert de Pixérécourt, *Paris*, 1838, in-8 :
« Ce petit recueil est très-connu, mais il mérite de l'être, car il se distingue de toutes les collections du même genre par le choix des pièces, et aucune autre n'en peut tenir lieu. C'est l'*album* d'un homme de beaucoup d'esprit, qui avait beaucoup de goût. Je suis porté à croire, sans en avoir aucune preuve, que ce volume, joliment imprimé, est sorti cependant d'une industrie particulière, ou tout au moins d'une imprimerie soumise au bon plaisir de l'éditeur, et qui me paraît être celle des *Cavelier*, de Caen. La disposition en est tout à fait bizarre et se ressent plutôt du caprice d'un bibliophile que de la spéculation d'un libraire. Il commence par 96 pages, sans le titre, signature A-I, et se termine à la 96e par la réclame Gnos, qui annonce le conte intitulé : « Gros-Jean et son Curé ». Ici l'impression est interrompue et se renouvelle à la page 1, signature A. Le conte de Gros-Jean n'arrive qu'à la page 9. Le livre se continue ensuite jusqu'à la page 65, dont le verso est blanc. La chiffrature est exacte, mais la signature est exprimée avec l'inexpérience étourdie d'un écolier qui ne sait pas qu'on signe les feuillets un à un, qu'on chiffre les pages une à une, et que, par conséquent, la signature représente une chiffrature double; ainsi, la signature saute d'A 1 à A 3, 5 et 7. Il n'y a qu'un amateur qui puisse imprimer de la sorte. — Le titre est rapporté après coup, et la table des pièces, imprimée au revers, donne l'ordre vrai, mais sans

rappel à aucun chiffre. J'aurais moins insisté sur ces détails, si ce petit volume n'avait d'autre mérite que celui de la rareté. »

Recueil de quelques pièces pour servir à l'histoire ecclésiastique et sacrée de la ville de Dijon. *Dijon, P. Palliot,* 1649, in-12. — *Paris,* 1655, in-8.

La dédicace est signée : P. B. (Philibert BOULIER), chanoine de la Sainte-Chapelle de Dijon.

Recueil de quelques pièces pour servir à la continuation des fastes académiques de l'Université de Louvain. (Par Josse LE PLAT.) *Lille,* 1783, in-4.　　D. M.

Ce recueil est principalement dirigé contre le professeur de théologie Van de Velde, mort à Beveren en 1823. On y trouve une curieuse lettre écrite de Rome, par Albert Pighius, aux docteurs de Louvain, en faveur d'Erasme.

Recueil de quelques pièces qui concernent les quatre lettres écrites à M. l'abbé de la Trappe. (Publié par dom Denis DE SAINTE - MARTHE.) *Cologne, J. Sambix (Tours),* 1693, in-12.

Voy. l' « Histoire littéraire de la congrégation de Saint-Maur », par dom Tassin, page 447. L'édition entière de ce recueil a été supprimée.

Recueil de quelques pièces sur la question : Si M. l'électeur de Brandebourg doit recevoir un meilleur traitement et une plus grande satisfaction que la sérénissime maison de Brunswick et Lunebourg. (Par N. BLASHEIL, envoyé de Brandebourg à Nimègue.) *Cologne, P. Marteau,* 1696, in-12.

Recueil de quelques poésies morales, par M. L. A. R. D. (l'abbé F.-S. RÉGNIER-DESMARAIS.) *Paris, F. et P. Delaulne,* 1700, in-8, 2 ff. de tit. et 56 p.

Recueil de quelques titres, pour montrer que le pré de Crassay, la rivière de Vauroux et les islons Deperelle appartiennent au seigneur de Coulons et non à autres, et que ce ne sont point communes ou communaux. (Par Nicolas CATHERINOT.) (*S. l. n. d.*), in-4.

Recueil de quelques vers amoureux. (Par J. BERTAUT, depuis évêque de Séez.) *Paris, veuve Mamert Patisson,* 1602, in-12.

« Bibliothèque françoise », par Goujet, tome XIV, page 255.
Réimprimé dans les « Œuvres de Bertaut », *Paris,* 1620 et 1623.

Recueil de quelques vers, dédié à Adélaïde, par le plus heureux des époux (J.-

B. DE LA BORDE). *Paris, Didot aîné,* 1784, in-18.

Il existe un exemplaire sur vélin, portant en lettres capitales : PAR M. DE LA BORDE. EXEMPLAIRE UNIQUE.

Recueil de questions proposées à une société de sçavans qui font le voyage de l'Arabie, par MICHAELIS ; traduit de l'allemand (par Jean-Bernard MÉRIAN). *Francfort-sur-le-Mein,* 1763, in-8. — *Amsterdam,* 1775, in-4.

Voy. « Questions proposées », VI, 1158, f.

Recueil de rapports militaires et des matières qui peuvent servir à leur rédaction, suivi de l'itinéraire du colonel Dufour, de l'agenda d'état-major, et des données pour évaluer le développement des troupes de toutes armes, dans les camps, marches, manœuvres, etc.... Par un officier de l'armée belge (le major d'infanterie VANDEVELDE). *Bruxelles, Van Roy,* 1845, in-8, 166 p. et 3 planches.
　　　　　　　　　　　　　D. R.

Recueil de rapports sur l'état des lettres et les progrès des sciences en France. Sciences historiques et philologiques. Progrès des études classiques et du moyen âge, philologie celtique, numismatique. *Paris, imp. imp.,* 1868, gr. in-8, 2 ff. de tit., VIII-154 p. et 1 f. de table.

L'avant-propos est signé : J.-D. G. (J.-D. GUIGNIAUT).

Recueil de receptes choisies, expérimentées et approuvées, contre quantité de maux fort communs tant internes qu'externes et invétérés. *Villefranche, de l'imprimerie de Pierre Grandsaigne, impr. de monseigneur l'évêque d'Agde,* 1675, pet. in-12.

Première édition du livre connu sous le nom de « Recettes de Mme FOUQUET » (mère du surintendant). Elle a été donnée aux frais de l'évêque d'Agde, autre fils de cette dame, par les soins de DELESCURE, docteur de la Faculté de Montpellier.

Recueil de règlemens et de recherches concernant la municipalité... (Par L.-J. DE BOILEAU, avocat à Abbeville.) *Paris, Prévost,* 1784-1786, 16 parties en 4 vol. in-12.

Recueil de remèdes divins et d'excellentes recettes trouvés dans les papiers d'un vieux curé de campagne après sa mort ; mis en ordre par l'abbé M*** (MORIN, curé de Châtelus). *Châtelus, chez l'éditeur,* 1862, in-18.

Réimprimé sous le titre de « Pharmacopée ou recueil ». Voy. VI, 867, d.

Recueil de remèdes faciles et domestiques... recueillis par les ordres charitables d'une illustre et pieuse dame (Mᵐᵉ Fouquet)... *Paris, Michallet*, 1678, in-12.

Une seconde édition, conforme à celle-ci, a été donnée à *Dijon, chez Ressaire*, 1679, in-12. L'ouvrage, revu et augmenté, a eu plusieurs éditions en 2 vol. in-12, avec le nom de l'auteur.

Recueil de remontrances. (Par J.-J. Lefranc de Pompignan.) (27 septembre 1756-17 septembre 1757.) *S. l. n. d.*, in-12, 134 p.

Recueil de révélations et prophéties merveilleuses de sainte Brigide, saint Cyrille et plusieurs autres saincts personnages. (Par Fr. Gruget, de Loches.) — Les Augmentations de plusieurs révélations... extr. de divers livres par Nostradamus le jeune. *Venise, par le seigneur de Castavino*, 1575, 2 part. in-8.

Voy. « Recueil des prophéties... »

Recueil de romances historiques, tendres et burlesques, tant anciennes que modernes, avec les airs notés. Par M. D. L*** (de Lusse). *Paris*, 1767, 2 vol. in-12.

Recueil de romans historiques. (Publié par l'abbé Nic. Lenglet du Fresnoy.) *Londres (Paris)*, 1746, 8 vol. in-12.

Recueil de secrets à l'usage des artistes. (Par J.-Jos. Buch'oz.) *Paris, Laporte* (1782), in-12, 2 ff. lim. et 348 p.

Recueil de sermons choisis sur différens sujets. (Par de Fénelon.) *Paris, Cusson*, 1706, in-12.

Cette édition a été faite sans la participation de l'auteur. Elle ne contient que six sermons. La meilleure est celle de 1718, qui en contient dix ; le chevalier A.-M. de Ramsay en a été l'éditeur.

Recueil de sermons choisis, tant de panégyriques que de morale (attribués au P. Champigny, barnabite). *Paris, Le Mercier*, 1708, 2 vol. in-12.

Recueil de statuts, ordonnances, réglemens, antiquitez, prérogatives et prééminences du royaume de la Bazoche. Ensemble plusieurs arrests donnés pour l'establissement et conservation de sa juridiction. Le tout adressé à M. Boyvinet, chancellier en icelle en la présente année 1644. *Paris, Claude Bonjan*, 1644, in-8. — *Paris, Besongne*, 1654, in-8.

L'avocat Boyvinet passe pour être l'auteur de cet ouvrage et le compilateur des pièces qui lui sont adressées.   **P. L.**

Recueil de tables logarithmiques, trigonométriques et autres, publié sous la direction de l'Académie de Berlin (par J.-H. Lambert, J.-E. Bode, J.-Ch. Schulze et J.-L. de Lagrange). *Berlin*, 1776, 3 vol. in-8.

Recueil de tesmoignages apostoliques mis en lumière pour la deffence des religieux et religieuses du troisième ordre de séraphique Père sainct François, contre ceux qui les calomnient et les persécutent... (Par le Frère Thomas.) *Nancy*, 1629, in-4, 84 p.

Catalogue Noël, nº 5910:

Recueil de têtes de caractères et de charges, dessinées par Léonard de Vinci, Florentin, et gravées par M. le C. de C. (le comte de Caylus); 1730 ; avec une lettre sur Léonard de Vinci à M. le C. de C. (comte de Caylus), par M. M... (P.-J. Mariette) le fils. *Paris, Mariette*, 1730, in-4.

On trouve quelquefois la lettre séparément. Le volume a été réimprimé en 1767, avec le nom de Caylus.

Recueil de thèmes gradués, propres à faire suite à la plupart des grammaires hollandaises. Par J.-B.-L. G.... (J.-B.-L. Geruzet). *Bruxelles*, 1826, in-12.

Recueil de tous les oyseaux de proye qui servent à la volerie et fauconnerie. Par G. B. (Guillaume Bouchet). *Poitiers, Engelbert de Marnef, s. d.*, in-4, 64 p.

Ce recueil a été réimprimé à la suite de « la Fauconnerie de Jean de Franchières... » *Paris, F. Le Mangnier*, 1585, in-4.

Recueil de tous les traités, conventions, mémoires et notes conclus et publiés par la couronne de Danemark depuis l'avénement au trône du roi régnant jusqu'à l'époque actuelle, ou dès l'année 1766 jusqu'en 1794 incl. (Publié par H.-F.-Ch. Clausen.) *Berlin*, 1796, in-8.

Recueil de tout soulas et plaisir, pour resiouir et passer temps aux amoureux, comme epistres, rondeaux, ballades... (Par Charles Bonfons.) *Paris, Jean Bonfons*, 1552, in-8. — *Id.*, 1563, in-8, 96 ff.

Réimpression avec quelques changements de « Fleur de toute ioyeuseté... » Voy. V, 468, e.

Recueil de toutes les pièces intéressantes publiées en France, relativement aux troubles des parlements; avec des observations critiques et historiques, des pièces nouvelles et une table raisonnée. (Par l'abbé Joseph-Honoré Rémy.) *Bruxelles, E. Flon*, 1771, 2 vol. in-12.

Le faux titre porte : « Le Code des Français ».

Publié la même année sous le titre de : « Code des Français ». Voy. IV, col. 624, *f*.

Recueil de traités de paix, d'amitié, etc., conclus entre la République française et les différentes puissances de l'Europe, depuis 1792 jusqu'en 1796, par A. G. (A. GEBHARDT). *Gottingen*, 1796-1797, 2 vol. in-8. — Autre édit., jusqu'à la paix générale en 1802. *Hambourg*, 1803, 4 vol. in-8.

Recueil de traités de paix, trèves et neutralité entre les couronnes d'Espagne et de France. (Publié par J.-J. CHIFFLET.) *Anvers, imp. plantinienne de B. Moretus*, 1643, in-12. — 2ᵉ éd. *Id.*, 1645, in-12. — 3ᵉ éd. *Id.*, 1664, in-12.

Recueil de traits historiques, tirés de l'histoire de France et mis en ordre suivant les jours des mois dans lesquels ils se sont passés, par un ancien conseiller municipal... (par le baron Antoine-Melchior VATTIER). *Boulogne, Leroy-Mabille*, 1840-1841, 2 vol. in-12.

A.-M. Vattier, contre-amiral honoraire, ayant pris sa retraite vers 1827, était né à Charenton (Seine), le 25 avril 1776; il est mort à Boulogne-sur-Mer, le 24 mars 1842. Il avait été créé baron par l'Empereur Napoléon Iᵉʳ.   D. M.

Recueil de vers. (Par le marquis M.-L. D'AGUILAR.) *Amsterdam et Paris, Debray*, 1788, in-16, 156 p., avec musique gravée.

Recueil de vers choisis. (Par le P. Dom. BOUHOURS, jésuite.) *Paris, G. et L. Josse*, 1693, 1700, 1701, in-12.

Recueil de vies de quelques saints, nouvellement traduites. La vie de saint Ignace, martyr et évêque d'Antioche... (Par ARNAUD D'ANDILLY.) *Paris, G. Desprez* (1667), in-12.

Publié avec le nom de l'auteur sous ce titre : « Vies de quelques saints choisis », traduites par M. D'ANDILLY. *Paris*, 1680, in-12.

Recueil de voyages au Nord... (Publié par J.-Fréd. BERNARD, libraire.) *Amsterdam, J.-B. Bernard*, 1731, 10 vol. in-12.

Ce libraire, homme de lettres, n'est pas suffisamment connu, malgré le judicieux article que lui a donné la « Biographie universelle ». C'est ce qui m'a déterminé à placer ici la notice suivante:

BERNARD (Jean-Frédéric), Français établi à Amsterdam dans le commerce de la librairie vers le commencement du XVIIIᵉ siècle, et dont le lieu de naissance n'est pas connu; il est auteur de plusieurs livres de philosophie, de morale et de littérature, auxquels il n'a point mis son nom, et l'on recherche encore aujourd'hui les éditions qu'il a publiées de plusieurs ouvrages plus ou moins estimés.

On attribue à Jean-Frédéric Bernard les « Dialogues critiques et philosophiques » publiés en 1730, in-12, sous le nom de l'abbé de Charte-Livry, et réimprimés en 1735. Cet ouvrage est en général antireligieux, mal conçu et assez mal écrit. On dit dans l'avertissement que l'auteur a été imprimé diverses fois, toujours anonyme et jamais soupçonné. Voici les ouvrages auxquels cet avertissement fait sans doute allusion.

1º « Réflexions morales, satyriques et comiques sur les mœurs de notre siècle ». *Cologne, P. Marteau*, 1711. — Troisième édition, revue, corrigée et augmentée d'une clef. *Amsterdam, Bernard*, 1716, in-8. C'est la seconde édition, à quelques changements près. — Quatrième édition, dans laquelle cet ouvrage est entièrement refondu et augmenté en plusieurs endroits. *Liége, Broncard*, 1733, in-8. L'abbé Desfontaines, « Observations sur les écrits modernes », t. I, p. 303, attribue cet ouvrage à notre libraire; quelques auteurs l'avaient donné faussement à David Durand.

2º « État de l'homme dans le péché original, où l'on fait voir quelle est la source et quelles sont les causes et les suites de ce péché dans le monde ». *Prima mali labes. Imprimé dans le monde*, 1714, in-12, 208 p. — (Seconde édition, augmentée d'un avertissement et de plusieurs paragraphes.) 1714 (1716), in-12, 218 p. — Autres éditions, encore augmentées et corrigées. 1731, 1740 et 1741.

Cet ouvrage, dont il existe une septième édition, publiée en 1774, a été imprimé à Amsterdam, chez Jean-Frédéric Bernard, et ce libraire passe pour en être l'auteur. Les vers latins qui terminent les éditions de 1740 et 1741, et que l'on verra plus bas, le prouvent assez clairement, ainsi que les détails sur les deux éditions datées de 1714, qui se lisent dans son « Histoire critique des journaux », t. II, p. 154. L'avertissement qui précède la seconde édition nous apprend que la première est absurde, pleine de fautes et de négligences. Le frontispice même est inexact, puisqu'on devrait y lire : « quelles sont les causes », etc., comme dans les éditions suivantes. Cet avertissement manque à plusieurs exemplaires de la seconde édition, qui est beaucoup plus correcte que la première. La troisième édition a été aussi revue et augmentée, ainsi que celle de 1740. C'est dans celle-ci que se trouvent pour la première fois des vers latins sur le nom et la patrie de l'auteur.

Presque tous les bibliographes avancent que « l'État de l'homme » est une traduction ou au moins une imitation du *Peccatum originale* de Beverland. Voici comment l'auteur s'exprime à ce sujet dans l'édition de 1741, p. 5 : « Il a copié plus d'une fois les pensées d'un auteur (Beverland) qui a traité le même sujet en latin; il a traduit ce qui lui a paru le plus au goût d'aujourd'hui, dans la dissertation de cet auteur; souvent il a étendu ou paraphrasé ses pensées, mais souvent aussi il l'a laissé là ». « L'État de l'homme » est donc un ouvrage traduit et imité en partie seulement de Beverland. On y trouve des détails plus libres que dans l'ouvrage latin.

3º « Nouvelles littéraires ». *La Haye, du Sauzel*, 1715-1720, 11 vol. in-8. Bernard en a fait une grande partie. (*Struvii Bibliotheca hist. litter. selecta*, ed. *Jugler*. 1754, in-8, t. II, p. 957.)

4º « Bibliothèque françoise », autre ouvrage périodique. *Amsterdam*, 1720 et années suiv. 42 vol. in-8. Bernard a composé les tomes IV et V, ainsi qu'une grande partie du t. XIII. V. Jugler, t. II, p. 969.

Les principales éditions dues au zèle et à l'intelligence de Jean-Frédéric Bernard sont :

1° « Contes de Pogge Florentin, avec des réflexions ». *Amsterdam, Jean-Frédéric Bernard*, 1712, in-12.

Les réflexions sont de Bernard ; elles ont été faussement attribuées à David Durand, qui les a désavouées. Freytag, dans ses *Analecta litteraria*, p. 453, avoue qu'il a trouvé beaucoup d'analogie entre ces « Réflexions » et l' « État de l'homme dans le péché originel ».

2° « Recueil de voyages au nord, contenant divers mémoires très-utiles au commerce et à la navigation ». *Amsterdam, Jean-Frédéric Bernard*, 1715, 1727, 1737 et 1738, 10 vol. in-12.

Les quatre premiers tomes de cette collection ont été réimprimés en 1731 et 1732, corrigés et mis dans un meilleur ordre.

Le discours préliminaire sur les voyages, et deux dissertations où l'on propose les moyens de voyager utilement, sont de l'éditeur, ainsi que la traduction de l'anglais, de Benjamin Martin, des raisons qui ont porté le gouvernement d'Angleterre à établir une colonie dans la Géorgie. La relation de la Grande-Tartarie, que l'abbé Lenglet (« Méthode pour étudier l'histoire », édition de 1768, t. I, p. 382) attribue faussement à l'éditeur, est tirée de l' « Histoire généalogique des Tatars », publiée en 1726. On doit encore à Bernard un certain nombre de petites notes, dans lesquelles il avoue ne pas connaître les objets dont parlent les relations. Cette réserve n'est pas ordinaire aux éditeurs.

3° « Mémoires du cardinal de Retz ». *Amsterdam*, 1718, 4 vol. in-8. — « Mémoires de Joly ». *Amsterdam*, 1718, 2 vol. in-8. — « Mémoires de la duchesse de Nemours ». *Amsterdam*, 1718, in-8. — Les Mémoires du cardinal de Retz, nouvelle édition, augmentée de plusieurs éclaircissements historiques, etc. (et beaucoup plus soignée), suivis des Mémoires de Joly et de ceux de la duchesse de Nemours. *Amsterdam*, 1731 et 1738, 7 vol. in-8.

On trouve en tête un avertissement de l'éditeur, et un éloge du cardinal de Retz, signés des initiales B. D. M. E. A. A. Ces initiales peuvent s'interpréter de différentes manières ; mais leur signification la plus naturelle me paraît être celle-ci : Bernard de M. (lieu de naissance), établi à Amsterdam. Cette interprétation est justifiée par les vers suivants, qui se lisent à la fin de l' « État de l'homme dans le péché originel », éditions de 1740, 1741, etc.

Quisquis eris cupidus scriptorem noscere libri,
  Nominis indicium littera Beta dabit.
Gallia me genuit; tenet uvida terra; coactus
  Exulo, dum reditum tristia fata negant.

Notre auteur a eu peut-être de bonnes raisons pour cacher le lieu de sa naissance. Il dit encore à la fin de ses « Réflexions morales », etc., quatrième édition, que la première et la seconde lettre de l'alphabet, avec la troisième et la douzième, indiquent son nom, sa naissance, sa religion et sa demeure. On trouve en effet d'après cette indication : Bernard, calviniste, né à M....., demeurant à Amsterdam. La lettre C pourrait signifier également *catholique*, car, dans tous ses ouvrages, notre auteur ne paraît pas plus attaché à l'une qu'à l'autre de ces communions. Quoi qu'il en soit, son édition des Mémoires du cardinal de Retz est encore recherchée aujourd'hui.

4° « Mémoires du comte de Brienne, ministre et secrétaire d'État, contenant les événements les plus remarquables du règne de Louis XIII et de Louis XIV, jusqu'à l'année 1661, composés pour l'instruction de ses enfants ». *Amsterdam*, 1719, 3 vol. in-8. La

dédicace est signée Bernard ; les remarques assez nombreuses qui se trouvent dans ces Mémoires portent le cachet de cet éditeur, très-versé dans la connaissance de l'histoire épigrammatique de France. L'éditeur n'a point continué ces Mémoires jusqu'en 1681, ainsi que l'avance la « Biographie universelle ». L'anonyme qui a dirigé l'édition de *Lyon* sous le titre d'*Amsterdam*, 1720, 2 vol. in-12, ayant trouvé les notes de Bernard peu exactes ou passionnées, y a joint des correctifs et de nouvelles notes, qu'il a eu soin de distinguer par un caractère différent.

5° « Cérémonies religieuses de tous les peuples du monde, représentées par des figures dessinées de la main de Bernard Picart ». *Amsterdam*, 1723-1743, 9 vol. in-fol. — « Superstitions anciennes et modernes ». *Amsterdam*, 1733-1736, 2 vol. in-fol. Jean-Frédéric Bernard fut aidé dans la rédaction de cet ouvrage par un ministre d'Amsterdam du même nom que lui, par Bruzen de La Martinière, etc., etc. Ces écrivains n'ont fait, pour ainsi dire, qu'abréger des ouvrages très-connus. Il a reproduit en entier les « Mémoires » de l'abbé Dupin sur l'Inquisition. Cette collection eut un grand succès ; le premier volume a été réimprimé en 1735 avec des corrections et des additions. Les abbés Banier et Le Mascrier publièrent à Paris une édition tronquée de tout l'ouvrage, mais rédigée dans un meilleur ordre, 1741, 7 vol. in-fol. M. Prudhomme le reproduisit en 1807 avec des augmentations par MM. Grégoire, Delaunaye et Théophile Mandar. 13 vol. in-fol.

On a justement reproché à Jean-Frédéric Bernard d'avoir inséré dans cet ouvrage des personnalités odieuses, qui ne tombent que sur quelques ennemis de l'auteur ; des traits de satire hasardés contre des personnes ou des usages respectables ; des plaisanteries déplacées et souvent indécentes ; enfin des historiettes badines qui ne devaient nullement entrer dans une collection aussi importante et aussi grave.

Plusieurs dissertations ou préfaces de l'édition de Bernard ont pour signature les lettres J. F. B. ou B. D. M. E. A. A. Le marquis de Fénelon, ambassadeur en Hollande, exigea une rétractation de l'extrait de l'ouvrage sur le quiétisme. On la trouve signée de Bernard, sous le titre d' « Avertissement », à la fin du tome V, supplément et additions, pages 21 et 23, dans beaucoup d'exemplaires. Cette signature ainsi que la mention de Fénelon ne se trouvent pas dans les exemplaires de la première édition.

6° « Histoire critique des journaux, par M. C*** » (Camusat). *Amsterdam*, 1734, 2 vol. in-12. L'avertissement de l'éditeur est signé B. D. M. E. A. Il est auteur de l'Histoire du « Mercure galant ».

7° « Histoire des Yncas, traduite de l'espagnol de Garcillasso de la Vega, avec des figures de B. Picart ». *Amsterdam*, 1737, 2 vol. in-4. Il y a eu cinquante exemplaires tirés sur grand papier. Les préfaces sont signées B.; la traduction est celle de J. Baudoin, revue et corrigée.

8° « Dissertations mêlées sur divers sujets importans et curieux ». *Amsterdam*, 1740, 2 vol. in-8. Cette édition n'est ni aussi correcte, ni aussi élégante que les précédentes. L'avis du libraire Bernard n'est pas signé ; mais il assure que la première dissertation (sur l'origine du monde), la troisième (sur les Juifs) et la quatrième (sur le martyre) sont d'un auteur qui jusqu'à présent n'a pas eu la hardiesse de mettre son nom entier à aucun ouvrage et s'est contenté de se faire connaître au public par des lettres initiales mises à la fin d'une préface, etc. Or, nous venons de voir plusieurs préfaces ou avertissements signés des initiales de notre éditeur. Il est donc plus que probable qu'il se désigne ici lui-même. Cela me conduit à le considérer comme le précurseur des philosophes du XVIII° siècle, puisque sa dissertation sur l'origine du monde a été reproduite en 1751, avec des augmentations, en tête du livre intitulé : « le Monde, son origine et son antiquité »; celle qui concerne les Juifs a reparu très-augmentée, sous le titre d' « Opinions des anciens sur les Juifs », par M. de Mirabaud, 1769, in-8.

J'ai cité encore (voy. « Cérémonies et Coutumes religieuses... », IV, 554, a) l'opuscule de Faydit contre Le Nain de Tillemont, inséré par Bernard dans le tome II de son Recueil de « Dissertations mêlées » (voy. IV, 1090, e). Un seul Mémoire compose cet opuscule; les Eclaircissemens indiqués (voy. « Mémoires historiques pour servir à l'histoire des Inquitions », VI, 220, d) ne sont point la même chose que ce « Mémoire »; ils en contiennent la défense ou la suite.

La Dissertation sur le témoignage de Josèphe en faveur de J.-C., dans le même tome second, est tirée du deuxième volume de la « Bibliothèque critique » de SAINJORE (Rich. SIMON), p. 26 et suiv.

9° Œuvres de maître François Rabelais, nouvelle édition, augmentée de quantité de nouvelles remarques », etc. Amsterdam, 1741, 3 vol. in-4. C'est une des plus belles éditions des Œuvres du célèbre curé de Meudon. L'avertissement est signé J. Fr. B.

Tels sont les travaux de Jean-Frédéric Bernard; il ne faut donc pas prendre à la lettre ce qu'il a dit de lui-même dans l'avertissement de l'« Histoire critique des journaux » : « C'est peut-être une sottise à moi d'être sorti de la classe des libraires, pour entrer dans celle des *ouvriers en littérature*, où même je ne dois me flatter d'être placé qu'entre ceux du dernier rang. » La postérité l'a jugé plus favorablement. Tandis que les ouvrages des manufacturiers ses confrères sont ensevelis dans un profond oubli, les siens se lisent encore avec fruit et se placent dans les cabinets des curieux.

Jean-Frédéric Bernard est mort vers 1752; sa fille a épousé le libraire d'Amsterdam Marc-Michel Rey, éditeur des principaux ouvrages philosophiques du XVIII° siècle.

Recueil de voyages intéressans pour l'instruction et l'amusement des enfans, par M. CAMPE, traduit de l'allemand (par A.-S. D'ARNAY ou D'ARNEX). Francfort, J.-P. Streng, 1787-1793, 8 vol. in-12.

Recueil des actes, titres et mémoires concernant les affaires du clergé de France... mis en nouvel ordre... (par LE MERRE père et fils). Paris, veuve F. Muguet, 1716-1750, 12 vol. in-fol. — Paris, G. Desprez, 1768-1771, 12 vol. in-4. — Avignon, Garrignan, 1771, 14 vol. in-4.

Le Catalogue de la Bibliothèque nationale, « Histoire de France », t. V, p. 403, donne le détail du contenu de chaque volume.

Il faut joindre à l'édition in-folio la Table des Mémoires du clergé, par l'abbé du Saulzet, seconde édition, 1764, in-folio, et un Recueil des cahiers présentés au roi et des remontrances et harangues faites par le clergé, 1740, in-folio. Ces deux volumes font partie de l'édition d'Avignon.

Recueil des adhésions adressées au Prince-Président à l'occasion de l'acte du 2° décembre 1851. (Publié par P.-Nic. RAPETTI.) Paris, impr. de N. Chaix, 1852-53, 6 vol. in-4.

Recueil des affiches relatives à la captivité de M™° la duchesse de Berry. (Par le marquis DE LA GERVAISAIS.) Paris, impr. de Pihan - Delaforest (1833), in-4 oblong 6 ff.

Recueil des antiquités gauloises et françoises. (Par Claude FAUCHET.) Paris, du Puys, 1579, in-4.

Recueil des arrêtés, règlements et instructions concernant les prisons de Belgique; précédé d'une table chronologique, et suivi d'une liste des auteurs qui ont écrit sur cette matière (par Charles-François SOUDAIN DE NIEDERWERTH). Bruxelles, Société typographique belge, 1840, in-8, VI-205 p.   J. D.

Un appendice à ce recueil, par le même, a paru à *Bruxelles, chez Weissembruck père*, en 1845, in-8, VII-158 p.

Recueil des arrêtés rendus...

Voy. « Apologie de tous les jugemens... »; IV, 243, d.

Recueil des arrêts de la cour royale de Besançon... par un magistrat de cette cour (Ferd. BOURQUENEY). Besançon, Déis, 1824, 2 vol. in-8.

Recueil des cahiers généraux des trois ordres aux Etats généraux...(Par LALOURCÉ et DUVAL.)

Voy. « Forme générale et particulière de la convocation et de la tenue des assemblées nationales... », V, 483, f.

Recueil des chansons faites par un original (A.-M. LOTTIN). Lotinopolis (Paris), chez les marchands de riens rimés, 1781-1783, 2 vol. in-8.

Ce Recueil n'a pas été mis en vente; la Bibliothèque nationale en possède un exemplaire où toutes les lettres initiales ont été remplies par l'auteur même.

Recveil des choses mémorables avenves en France sous le règne de Henri II, François II, Charles IX et Henri III de la maison de Valois. Depuis l'an 1547 jusques au commencement du mois d'aoust 1589. Contenant infinies merveilles de nostre siècle. (Par Jean DE SERRES.) S. l., 1595, in-8. — S. l., 1598, in-8.

Réimprimé sous le titre de : « Histoire des choses mémorables... » Voy. V, 742, c.

Recueil des décrets apostoliques et des ordonnances du roy de Portugal concernant la conduite des jésuites dans le Paraguay... (Traduit du portugais par P.-O Pinault.) *Amsterdam, Michel Rey*, 1760-1761, 3 vol. in-12.

Recueil des délibérations et des mémoires de la Société d'agriculture de la généralité de Tours pour l'année 1761. (Rédigé par Verrier, secrétaire.) *Tours, F. Lambert*, 1763, in-8, 136, 68 et1 82 p.

Recueil des dernières heures de MM. du Plessis, Gigord, Rivet, du Moulin... (Par J.-J. Salchili.) *Genève, de Tournes*, 1666, in-12.

Réimprimé avec le nom de l'auteur, *Valence, J.-M. Aurel*, 1847, in-12.

Recueil des dispositions prescrites par divers règlemens concernant les troupes en marche, à l'usage des régiments de l'infanterie belge. Augmenté de plusieurs mesures de police non prescrites par les règlements et généralement adoptées. (Attribué à M. le lieutenant général Goethals.) *Bruxelles, de Mat*, 1834, in-18.

Recueil des diverses objections que font les protestants contre les catholiques, sur quelques articles de foi controversés, et les réponses des catholiques auxdites objections, qui les réfutent avec évidence et sans réplique par la sainte Écriture. Imprimé par ordre du roi. (Par l'abbé Th. Gould.) *Paris*, 1735, in-12.

Recueil des documents officiels concernant l'exposition universelle de Londres et l'exposition des beaux-arts de Bruxelles, précédé d'une notice statistique sur les expositions en Belgique. (Par Louis Gonne.) *Bruxelles*, 1852, in-8.   J. D.

Recueil des écrits qui ont été faits sur le différent d'entre MM. les pairs de France et les présidents au mortier du Parlement de Paris, pour la manière d'opiner aux lits de justice. *Paris*, 1664, in-4.

Le duc DE LUYNES est l'auteur de ces Mémoires. (Catalogue de l'abbé Rive, n° 477.)

Recueil des édicts de pacification, ordonnances et déclarations faits par les rois de France, sur les moyens les plus propres pour appaiser les troubles et séditions survenus par fait de religion... depuis l'année 1561 jusqu'à présent, par P. D. B. (Pierre DE BELLOY). *S. l., pour Jacq. Chouet*, 1599, in-8.

Recueil des édits, déclarations, arrêts du Conseil et du Parlement de Toulouse, concernant l'ordre judiciaire. (Par M.-A. Rodier, avocat.) *Toulouse, Bernard Pijon*, 1756, in-8.

Recueil des édits, déclarations... concernant la province de Dauphiné. (Attribué au président DE Saint-André.) *Grenoble*, 1690, 2 vol. in-4.

Recueil des édits, déclarations, lettres patentes du conseil souverain d'Alsace. (Par DE Boug.) *Colmar*, 1775, 2 vol. in-fol.

N° 1384 de la « Bibliothèque alsatique ».

Recueil des édits, déclarations, lettres patentes, etc., enregistrés au Parlement de Metz; ensemble des arrêts de réglemens rendus par cette Cour. (Publié avec des notes historiques, par le comte J.-L.-Cl. Emmery de Grozyeulx, avocat au Parlement de Metz, depuis sénateur et pair de France.) *Metz, Pierre Marchal et veuve Antoine*, 1774-1788, 5 vol. in-4.

Le sixième volume de cette importante collection a été imprimé, mais le libraire l'a vendu en entier pour faire des gargousses.

L'avertissement du t. I promettait un Mémoire historique qui n'a pas paru. Ce n'est pas Emmery qui publia les trois derniers volumes; ses portefeuilles furent acquis par P.-L. Rœderer, alors conseiller du Parlement de Metz.

Recueil des édits et déclarations du roi, lettres patentes, arrêts du conseil de S. M., vérifiés, publiés et registrés au Parlement de Besançon; et des règlemens de cette Cour. Depuis la réunion de la Franche-Comté à la couronne (1674-1775). Nouvelle édition, revue, corrigée et augmentée. (Par F.-N.-E. Droz.) *Besançon, Daclin*, 1771-1778, 6 vol. in-fol.

Recueil des édits, ordonnances et règlemens concernant les fonctions ordinaires de la Chambre des comptes de Bretagne... (Par Jean-Arthur DE LA GIBONAYS.) *Nantes, veuve A. Querro*, 1721-1722, 2 vol. in-fol.

L'auteur se nomme à la fin de la préface.

Recueil des énigmes de ce temps, précédé d'un discours sur les énigmes et d'une lettre à Damis. (Par l'abbé Ch. Cotin.) *Paris, Toussaint Quinet*, 1646; — *Lyon*, 1658; — *Paris*, 1661; — *Rouen*, 1663, 1673; — *Paris, Nic. Legras*, 1687, in-12.

Recueil des énigmes les plus curieuses de ce temps... (Par François Gayot de Pitaval.) *Paris, N. Legras*, 1717, in-12.

1 f. de tit., 225 p. et 7 ff. de table et de privilége.

L'épître est signée par l'auteur.

Recueil des épitaphes de Saint-Paul-de-Verdun, fait en 1522, par ordonnance de M. Psaume, évêque de Verdun, des ducs, duchesses et autres notabilités inhumés en l'église des RR. PP. cordeliers de Nancy.... en 1779. In-8.

M. Noël, sous le n° 1758 de son Catalogue, attribue cet ouvrage à l'abbé J.-J. BOUVIER, dit LIONNOIS.

Recueil des excellens et libres discours sur l'estat présent de la France. *Imprimé nouvellement*, 1606, in-12.

Les premières éditions ont paru sous ce titre : « Quatre Excellens Discours... », 1593, in-12. Voy. VI, 1123, *b*.

Voici le détail de ce que contient cette nouvelle édition :

1° Ce qui s'est passé depuis l'an 85 iusques en l'an 88.

2° Ce qui est advenu depuis l'an 88 iusques l'an 91 (162 ff.).

3° La Fleur de lys.

4° L'Anti-Espagnol.

5° Discours des grands effects qui ont suivy la conversion du roy.

6° Libre discours sur la délivrance de la Bretagne. (N°⁵ 3 à 6 inclus, 65 ff.)

7° Apologie de maistre André Maillard, 72 p.

8° Francophile. (Par André MAILLARD.) 113 p. Voy. V, 506, *b*.

9° La Fulminante. (Par A. MAILLARD.) 58 p. Voy. V, 511, *c*.

10°. La Maladie de la France, 45 p.

11° Copie d'une lettre écrite au roy sur les bruits qui courent que Sa Majesté veut aller assiéger Sedan. 1606. 27 p.

Cette dernière pièce existe aussi en édition séparée (*s. d.*), in-8, 32 p.

Recueil des facéties parisiennes, pour les six premiers mois de l'année 1760. (Publié par A. MORELLET. La préface est de VOLTAIRE.) (*Genève*), in-8, 282 p.

On trouve dans ce recueil : 1° Mémoire pour Gaudon, entrepreneur de spectacles, contre Ramponeau (par ÉLIE DE BEAUMONT, avocat); 2° Plaidoyer de Ramponeau, prononcé par lui-même, contre Élie de Beaumont (par VOLTAIRE); 3° Avertissement sur Le Franc de Pompignan (par le même); 4° les Quand; 5° les Si (par A. MORELLET); 6° les Pour, les Que, etc. (par le même); 7° l'Assemblée des monosyllabes; 8° la Vanité, poëme (par VOLTAIRE); 9° le Russe à Paris (par le même); 10° le Pauvre Diable (par le même); voy. VI, 800, *a*; 11° la Prière universelle, avec des notes (par A. MORELLET); voy. VI, 1017, *b*; 12° Lettre de Palissot, avec notes; 13° les Quand à Palissot (par C.-M. LA CONDAMINE); 14° la Vision de Ch. Palissot (par MORELLET); 15° les Qu'est-ce? 16° Factum de SAINT-FOIX; 17° Relation de la maladie, etc., de Berthier (par VOLTAIRE); 18° le Pour et le Contre; 19° Réflexions sur les sots; 20° à MM. les Parisiens; 21° Nouvelles à la main de Montauban, 1er juillet

1760; 22° Lettres de VOLTAIRE à Palissot, et Réponses avec notes; 23° Fragment d'une Lettre sur Didon; 24° les Fréron.

Ce recueil a été inséré presque en entier dans le « Voltaire » de Beaumarchais, t. XLVI, « Facéties ».

Recueil des fondations et établissemens faits par le roi de Pologne à Nancy. (Par MICHEL, contrôleur.) *Lunéville*, 1762, in-fol.

Recueil des fortifications, forts et ports de mer de France. (Par G.-L. LEROUGE, ingénieur et géographe du roi.) *Paris* (vers 1760), in-8, 89 pl. gr., plus les prélim.

Recueil des hystoires des repeus franches. (Par François VILLON.) *S. l. n. d.* (*Paris, Jehan Trepperel*), in-4, 23 ff.

Recueil (le) des histoires troiennes contenans troys livres. (Par Raoul LE FÈVRE, chapelain du duc de Bourgogne.) *Paris, A. Vérard, s. d.*, in-fol., 175 ff.

Pour le détail des éditions, dont plusieurs portent le nom de l'auteur, voy. Brunet, « Manuel du libraire », 5° édit., t. III, col. 924 et suivantes.

Recueil des historiens des Gaules et de la France, par des bénédictins de la congrégation de Saint-Maur. *Paris*, 1738-1865, 23 vol. in-fol.

Dom Martin BOUQUET en publia huit volumes dans l'espace de quatorze ans. Dom Jean-Baptiste HAUDIQUIER, faiblement aidé par dom Charles HAUDIQUIER, son frère, mit au jour en 1757 le tome IX° et le X° en 1760. Il avait fait imprimer environ quatre cents pages du tome XI°, lorsqu'il fut remplacé par DD. HOUSSEAU. Jacq. PRÉCIEUX et Germ. POIRIER, qui publièrent ce volume en 1767, après y avoir mis la dernière main. « Dom Poirier, dit M. Dacier dans la « Notice historique sur la vie et les ouvrages de ce savant bénédictin » (*Paris, imprimerie de la République*, an XII-1804, in-8), qui répara, autant qu'il était possible, par des notes et des supplémens, les erreurs et les omissions commises dans la partie imprimée, rassembla et disposa les matériaux nécessaires pour compléter ce volume, et le mit dans l'état où nous l'avons. Il est surtout recommandable par une excellente préface, qui en forme presque le quart, et qui contient beaucoup de faits nouveaux ou peu connus, et une foule d'observations intéressantes, et qui est peut-être l'ouvrage le plus solide et le meilleur que nous ayons sur le gouvernement de la France, au commencement de la troisième race de ses rois.

En 1770, la rédaction de l'ouvrage fut confiée à dom Fr. CLÉMENT, qui s'adjoignit dom M.-J.-J. BRIAL, membre de l'Institut. Ils travaillèrent ensemble au tome XII, qui parut en 1781. Le XIII° fut présenté par eux en 1786 à Louis XVI, le même jour que l'Académie des belles-lettres lui fit hommage des XLII et XLIII° tomes de ses Mémoires. Dom Brial a publié les XIV à XVIII° volumes. Dom DRUON, bibliothécaire de la Chambre des députés, a coopéré au XIV° volume.

Les tomes XIX et XX ont été publiés par MM. P.-C.-F. DAUNOU et J. NAUDET; le tome XI, par MM. J.-D.

GUIGNIAUT et Natalis DE WAILLY ; le tome XXII, qui a paru en 1865, a été publié par MM. Natalis DE WAILLY et Léopold DELISLE.

Recueil des lettres d'un ressuscité, à tous ceux qui ont eu une grande influence dans la politique et le gouvernement de France, depuis 1788 jusqu'à ce jour; et à ceux qui en ont et doivent en avoir encore, par L. B. D. (le général DUTRUIT). *Paris, Poulet,* 1814, in-8.

Recueil des lettres de la famille de Salomon GESSNER (traduites de l'allemand en français par Mme DE STECK, née GUICHELIN, et publiées par Henri GESSNER). (*Strasbourg*) et *Paris, Levrault,* 1801, 2 vol. in-12.

Recueil des lettres de Mme la marquise DE SÉVIGNÉ à Mme la comtesse de Grignan, sa fille (publiées par le chevalier D.-M. PERRIN). *Paris, Simart,* 1734, 6 vol. in-12.

Recueil des lettres pacifiques revues, corrigées et considérablement augmentées par l'auteur, et autres pièces relatives. (Par L.-Adrien LE PAIGE.) *S. l.,* 1753, in-4, 2 ff. lim., 40, 16, 48 p.

Les premières lettres avaient paru d'abord sous le titre de : « Lettres adressées à MM. les commissaires... » Voy. V, 1223, *f.*

Recueil des loix constitutives des colonies angloises, confédérées sous la dénomination d'Etats-Unis de l'Amérique septentrionale; auquel on a joint des marques d'indépendance, de confédération et autres actes du congrès général, trad. de l'anglois. (Par REGNIER.) *Paris,* 1778, in-12.

Recueil des lois et actes généraux du gouvernement des Pays-Bas, et publiés depuis le 10 juillet 1794; avec une notice des principales lois publiées pendant la réunion des diverses parties du royaume à la France, et des changements survenus dans cette partie de la législation. (Par DRAULT.) *Bruxelles,* 1819-1831, 42 vol. in-8.   D. M.

Recueil des mandements, lettres pastorales, instructions et autres documents, publiés par S. A. le prince Maurice DE BROGLIE, év. de Gand, et de brefs pontificaux et autres pièces qui ont rapport à l'administration, à la captivité, au procès et au bannissement de S. A., précédé d'une notice sur la vie du prélat (par le chanoine BRACQ, depuis évêque de Gand). *Gand,* 1843, in-4, 593 p.   J. D.

Recueil des manifestes, proclamations et autres pièces publiées par les puissances alliées contre la France. *Gand, de l'impr. de J. Snoeck-Ducaju,* 1814, in-8, 70 p.

Contient les manifestes supposés de la nation espagnole, du roi de Suède, de l'empereur de Russie, du roi de Prusse et de l'empereur d'Autriche contre Napoléon, et encore le manifeste du roi de Hollande et quelques proclamations contre l'empereur des Français, parmi lesquelles celles de Blücher, des généraux Moreau et de Wrède, etc. L'auteur des manifestes est J.-B. CAMBERLYN D'AMOUGIES.

Ferd. Vanderhaegen, « Bibliographie gantoise », t. VI, p. 253.

Recueil des marbres antiques qui se trouvent dans la galerie du roi de Pologne à Dresden.. (Par LE PLAT.) *Dresde,* 1733, in-fol.   V. T.

Recueil des meilleurs contes en vers. (Par C.-S. SAUTREAU DE MARSY.) *Paris, Delalain,* 1774 et 1784, 2 vol. in-8.

Recueil des meilleures pièces dramatiques faites en France depuis Rotrou jusqu'à nos jours. (Par J.-B.-C. DELISLE DE SALES.) *Lyon, Grabit,* 1780, 8 vol. in-8.

Recueil des mémoires les plus intéressans de chimie et d'histoire naturelle, contenus dans les actes de l'Académie d'Upsal et dans les mémoires de l'Académie de Stockholm, traduits de l'allemand et du latin (par Aug. ROUX et le baron D'HOLBACH). *Paris,* 1764, 2 vol. in-12.

Recueil des morts funestes des impies les plus célèbres, depuis le commencement du monde jusqu'à nos jours. (Par Philippe-Irénée BOISTEL D'EXAUVILLEZ.) *Paris, Gaume frères,* 1829, in-18.

La troisième édition, publiée en 1832, porte le nom de l'auteur.

Recueil des opuscules, c'est-à-dire petits traictez de Jean Calvin, les uns reueus et corrigez sur le latin, les autres translatez nouvellement de latin en françois (par Théodore DE BÈZE). *Genève, imp. par Baptiste Pinereul,* 1566, in-fol.

Ce volume, de 6 feuillets et 2000 pages, contient quarante-neuf traités de Calvin.

Recueil des opuscules posthumes de LORMEAU DE LA CROIX. (Publié par VIAL.) *Paris, impr. de Monsieur,* 1787, in-18.

Recueil des oraisons funèbres de Louis XIV, prononcées à Paris et en quelques autres villes du royaume; avec la description du mausolée que S. M. Impériale a fait élever à Vienne en l'honneur du même prince. *La Haye, Adr. Moetjens,* 1716, in-12, 446 p.

Ce recueil, que G. Leber considère comme très-rare, ne figure point au « Catalogue de l'histoire de France » de la Bibliothèque nationale. Voy. ci-dessus, « Recueil de plusieurs oraisons... » Il contient les discours de douze orateurs, savoir : QUIQUERAN DE BEAUJEU, évêque de Castres ; — J. MADOUL, évêque d'Alet ; — l'abbé LAFARGUE ; — l'abbé Edme MONGIN ; — Ant. HOUDART DE LA MOTTE (éloge prononcé à l'Académie française) ; — le P. Louis LAGUILLE, jésuite ; — le P. Ignace DE LAUBRUSSEL, jésuite ; — l'abbé P.-R. LE PRÉVOST ; — l'abbé AUNILLON ; — l'abbé J.-B.-Z. GOSSET ; — l'abbé DE BARCOS ; — le P. C. PORÉE, jésuite (discours latin, avec la traduction française de L. MANNORI).

Recueil des oraisons funèbres de M. l'abbé LE PRÉVOST (publiées avec un précis de la vie de l'auteur, et quatre notices à la tête des quatre oraisons funèbres, par A.-M. LOTTIN). *Paris, A.-M. Lottin*, 1765, in-12.

Recueil des oraisons funèbres prononcées par Jacques-Bénigne BOSSUET, nouvelle édition, revue et augmentée (précédée de l'Eloge historique de Bossuet, par Joseph SAURIN, tiré du « Journal des savans ») ; avec l'histoire abrégée de la vie et de la mort des personnes qu'elles concernent (par l'abbé Claude LE QUEUX). *Paris, Desaint*, 1762, 1774, 1785, in-12.

Recueil des oraisons funèbres prononcées par Jules MASCARON, évêque de Tulle (précédées de sa vie, composée par le P. Ch. BORDES, de l'Oratoire). *Paris, Dupuis*, 1704 ; — *Desaint*, 1740, 1785, in-12.

Recueil des ordonnances ecclésiastiques. (Par Elie BERTRAND, ministre du saint Evangile.) *Lausanne*, 1759, in-4. V. T.

Recueil des ouvrages de M. PAPIN en faveur de la religion. (Publié par le P. Henri PAJON, de l'Oratoire.) *Paris, veuve Roulland*, 1723, 3 vol. in-12.

Recueil des pièces choisies et errantes. *La Haye, P. Husson*, 1701, in-16.

Ce volume est la seconde partie du recueil publié par Bayle sous le titre de : « Retour des pièces choisies ». Voy. ces mots. On en a retranché l'avis au lecteur.

Recueil des pièces les plus intéressantes et les plus curieuses qui ont paru à l'occasion du voyage et du séjour de Sa Sainteté le Pape Pie VI à Vienne. *Vienne*, 1783, pet. in-8, 205 p.

Ce volume est ainsi composé :
P. 3-43. « Les Voyages des papes ». (Par Jean DE MULLER.) Voy. ce titre.
P. 45-80. « Qu'est-ce que le pape? » Traduit de l'allemand (d'EYBEL) par DESCHAMPS DE SAUCOURT. Voy. VI, 1445, f.
P. 81-105. « Pourquoi Pie VI vient-il à Vienne? » Traduit de l'allemand.
P. 107-128. « Lettre de Sa Sainteté Pie VII à

S. M. l'empereur Joseph II, avec la réponse de l'empereur et la correspondance entre le nonce apostolique, Jos. Garampi, et le chancelier impérial, prince de Kaunitz-Rittberg ».
P. 129-150. « Preuves qu'autrefois les papes étoient subordonnés aux empereurs romains, et qu'ils étoient confirmés par eux dans leur dignité ». Traduit de l'allemand.
P. 151-176. « Arrivée et Séjour de Pie VI à Vienne », par NEUBERGER.
P. 177-205. « Joseph II et Luther », ouvrage où l'on fait voir que Luther avoit montré, il y a plus de cent cinquante ans, la nécessité des réformes que le présent empereur d'Allemagne vient d'exécuter avec autant de sagesse que de fermeté. Traduit de l'allemand par J. H. M. (Jacq.-Henri MEISTER).

Recueil des plus beaux airs...

Voy. « Airs nouveaux... », IV, 87, *b*.

Recueil des plus beaux endroits de MARTIAL, en latin et en françois, par P. COSTAR ; avec un traité de la beauté des ouvrages d'esprit, et particulièrement de l'épigramme ; traduit du latin (de P. NICOLE), par G. L. A. C. (Germain LAFAILLE). *Toulouse, Colomyez*, 1689, 2 vol. in-12.

Voy. « Supercheries », II, 187, *e*.

Recueil des plus beaux vers qui ont été mis en chant, avec le nom des auteurs, tant des airs que des paroles. (Par DE BACILLY.) *Paris, Ch. de Sercy*, 1661, 2 vol. in-12.

L'épître à Pelisson est signée : B. D. B.

Recueil des plus belles chansons...

Voy. « Airs nouveaux... », IV, 87, *b*.

Recueil des plus belles épigrammes des poëtes françois, depuis Marot, avec des notes historiques et critiques, et un traité de la vraye et de la fausse beauté dans les ouvrages d'esprit, traduit du latin (de P. NICOLE, en tête de l'*Epigrammatum delectus*), suivi des « Bergeries » de RACAN (publié par C.-I. BRUGIÈRE DE BARANTE). *Paris, Le Clerc*, 1698, 2 vol. in-12.

La traduction du morceau de Nicole est celle que Lafaille publia en 1689. Voy. ci-dessus, même colonne.

Recueil des plus belles pièces des poëtes françois depuis Villon jusqu'à Benserade (choisies par FONTENELLE), avec la vie de chaque poëte. *Paris, Cl. Barbin*, 1692, 5 vol. pet. in-12. — Autre édit., avec des augmentations. *Paris, Dessain et Saillant*, 1752, 6 vol. in-12.

Livre connu sous le titre de : « Recueil de Barbin », parce que les notices qui en font partie passent pour être l'ouvrage de Fr. BARBIN, fils du libraire ; cependant, sur le titre de la réimpression du même recueil, *Amsterdam, G. Gallet*, 1692, également en 5 vol.

pet. in-12, ces notices sont attribuées à l'auteur des « Mémoires et Voyages d'Espagne », que l'on sait être Mme D'AULNOY.

Recueil des plus jolies histoires tirées des meilleurs auteurs français. (Par J.-F. QUEIL.) *Cobourg*, 1766, in-8.

Recueil des poésies de M. P. (P. PERRIN). *Paris, Hénault*, 1655, in-12.

Recueil des poésies françaises, tirées des meilleurs auteurs. (Par E.-C. POHLMANN.) *Magdebourg*, 1754, in-8.

Recueil des portraits et éloges en vers et en prose, dédié à S. A. R. Mademoiselle. (Par Mlle DE MONTPENSIER.) *Paris, C. de Sercy*, 1659, in-12, 325 p. — *Id.*, 1659, 2 vol. in-8.

Réimpression du recueil « Divers Portraits ». Voy. IV, 1096, f.

Recueil des principales décisions sur les dîmes, les portions congrues, et les droits et charges des curez primitifs. (Par Roch DRAPIER.) *Paris*, 1730, in-12.

Recueil des principales décisions sur les matières bénéficiales. (Par Roch DRAPIER.) *Paris*, 1729, in-8.

Recueil des principales vertus de M. de Fénelon, par un ecclésiastique (l'abbé Jacq. GALLET). *Nancy, Cusson; et Paris, Lemercier*, 1725, in-12.

Ce volume, qui est rare, a été réimprimé en 1829, dans la « Correspondance de Fénelon », t. XI, p. 145 et suivantes.

Recueil des principaux actes sur les relations politiques de la France avec les États de l'Italie depuis l'an 1787 jusqu'au mois de may 1796. (Par J. DE SCHWARZKOPF.) *Francfort-sur-le-Mein*, 1796, in-8.

Recueil des pronostics dangereux...

Voy. « Recueil alphabétique de pronostics... », ci-dessus, col. 49, c.

Recueil des prophéties et révélations tant anciennes que modernes, lequel contient un sommaire des révélations de sainte Brigide, saint Cyrille et plusieurs autres saints et religieux personnages. (Par Fr. GRUGET.) *Paris, R. Le Mangnier*, 1561, pet. in-8. — *Troyes, P. Chevillot*, 1611, pet. in-8.

Réimprimé avec le nom de l'auteur.

Recueil des prophéties et songes prophétiques concernant les temps présents et servant pour un éclaircissement de la prophétie de Nostradamus, le tout recueilli par un docteur en médecine réfu-

gié à Amsterdam (J. MASSARD). *Amsterdam*, 1691, 4 part. en 1 vol. pet. in-12.

Réunion en un seul volume et sous un titre général de quatre pièces publiées séparément. Voy. « Bulletin du bibliophile », 1860, pages 999 et suivantes.

Recueil des puissantes et heureuses intercessions de saint François de Paule, fondateur du sacré ordre des Minimes, et plusieurs autres œuvres spirituels tirez de divers autheurs du mesme ordre. *Liége, J.-M. Hovius*, 1679, in-12, 6 ff. et 432 p.

Le nom de l'auteur, Jean NIVAR, théologien de l'ordre des Minimes, se trouve dans l'approbation.

Recueil des questions de jurisprudence, proposées par M. d'Aguesseau, chancelier de France, à tous les Parlemens du royaume, concernant les donations, les testamens, les substitutions, etc., avec les réponses du Parlement de Toulouse sur ces mêmes questions (rédigées par J.-B. FURGOLE); nouvelle édition, exactement revue et corrigée et considérablement augmentée, par M***, avocat au Parlement de Toulouse. *Toulouse, Girard*, 1749, in-4.

Recueil des réfutations de quelques objections tirées des sciences et dirigées contre les vérités religieuses par l'incrédulité moderne (par L. DE ROUEN, baron D'ALVIMARE, lieutenant-colonel en retraite). *Paris, Bachelier*, première partie, 1839, in-8, 184 p. — Deuxième édit. *Ibid.*, *id.*, in-8, 189 p. — Deuxième partie. *Ibid.*, in-8, 1840, 255 p. — Troisième partie. *Ibid.*, *id.*, in-8, 105 p.

Ces trois parties ont été réimprimées en 1841, avec le nom de l'auteur, sous le titre : « Recueil de réfutations des principales objections tirées des sciences et dirigées contre les bases de la religion chrétienne par l'incrédulité moderne ». In-8, 531 p.

Recueil des règlements communaux, arrêtés et ordonnances de police en vigueur à Bruxelles. (Par J.-H. BATTON.) *Bruxelles, Leemans*, 1863, in-8, 328 p.   J. D.

Recueil des règlemens du palais royal de Bourges et province de Berry. (Par Nicolas CATHERINOT.) *Bourges, J. Toubeau*, 1667, in-32.

Recueil des représentations, protestations et réclamations faites à S. M. I. par les représentans et États des dix-sept provinces des Pays-Bas autrichiens. (Par l'abbé F.-X. DE FELLER.) *De l'imprimerie des Nations*, 1787-1790, 17 vol. in-8.

Recueil des rymes et proses de E. P. (Est. PASQUIER). *Paris*, 1555, in-8.

              V. T.

Recueil des saints Pères des huit premiers siècles, touchant la transsubstantiation, etc. (Par l'abbé Le Maire, chanoine de Beauvais.) *Paris, Roulland*, 1686, in-12.

Note manuscrite d'un contemporain.

Recueil des sceaux du moyen âge, dits sceaux gothiques. (Par le marquis de Migieu.) *Paris, A. Boudet*, 1779, in-4, fig.

Cet ouvrage avait d'abord été attribué à tort à l'éditeur Ant. Boudet et ensuite à l'abbé Charles Boullemier, qui n'y a coopéré que pour l'explication des planches.

Recueil des solutions de tous les problèmes, exercices et problèmes contenus dans l' « Arithmétique usuelle et de commerce »... (Par G.-F. Olivier.) *Paris, Colas*, 1823, in-8.

Recueil des synonymes français. (Par E.-G. Wolterdorf.) *Leipzig*, 1793, in-8.

Recueil des testamens politiques du cardinal de Richelieu (avec les observations de l'abbé de Saint-Pierre), du duc de Lorraine (par Henri de Straatman, publié par l'abbé J.-B. de Chevremont), de Colbert (par G. de Sandras de Courtilz) et de Louvois (par le même de Courtilz). *Amsterdam, Chatelain (Paris)*, 1749, 4 vol. in-12.

Recueil des titres et pièces touchant l'annexe, qui prouvent l'ancienneté de ce droit dont on a toujours usé en Provence, soit avant ou après l'institution du Parlement. (Par L.-H. d'Hesmivy, baron de Moissac.) *Aix, Seriey*, 1727, in-fol., 74 p. — *Avignon*, 1756, in-12, xi-179 p.

Le nom de l'auteur se trouve dans l'avis de l'éditeur de la seconde édition.

Recueil des traités de paix, de trêve, de neutralité, de suspension d'armes, de confédération, d'alliance, etc., faits entre les empereurs, rois, républiques, etc.; le tout rédigé par ordre chronologique et accompagné de notes, de tables, etc. (Par Jacques Bernard.) *Amsterdam, Boom*, et *La Haye, Moetjens*, 1700, 4 vol. in-fol.

Recueil des troubles advenus en France sous les rois François II et Charles IX. (Par Jean de Hainault, ministre de Saumur.) *Strasbourg*, 1564, in-8.

Recueil des « Voix » pour et contre les indemnités du clergé. *Londres*, 1750, in-12, 120 p.

Contient :

1° « La Voix du sage ». (Par Voltaire.) Voy. ce titre.

2° « La Voix du prêtre ». (Par l'abbé Constantin.) Voy. ce titre.

3° « Le B. ». (Par le même.) Voy. IV, 373, c.

4° « La Voix du poëte et celle du lévite ». Ouvrage dont l'auteur est demeuré inconnu. L'édition originale, in-12 de 22 p., porte comme souscription : *A Génimanie, en Parisis, chez les Philosilphes, à l'enseigne de la Vérité*, 1750.

5° «La Voix du fou et des femmes ». (Par M. Olivier.) Voy. ce titre.

6° « Lettre turc » (sic). Pièce dont l'auteur est demeuré inconnu, mais dont le titre est : « Lettre d'un Turc ».

M. de Fontanieu avait formé, de toutes les pièces concernant les affaires du clergé au sujet du 20° et autres impôts, un recueil factice qui se compose de 16 vol. in-4, avec titres et tables manuscrits, et dont le détail se trouve dans le Catalogue de l'histoire de France de la Bibliothèque nationale, tome V, page 17, n° 159, et pages 217 et suivantes.

Recueil des voyages qui ont servi à l'établissement et aux progrès de la Compagnie des Indes orientales, formée dans les Provinces-Unies des Pays-Bas. (Publié par R.-A. Constantin de Renneville.) *Amsterdam, E. Roger*, 1702-1706, 5 vol. in-12.

Plusieurs fois réimprimé.

Recueil dramatique, contenant Paul et Virginie, drame en trois actes et en prose ; Werther, drame en cinq actes et en prose ; l'Amour et l'Amitié, pantomime dialoguée en trois actes, précédée d'un dialogue en prose. Par B. C. G... (B.-C. Gournay). *Paris, Barba*, 1829, in-8.

Recueil (le) du Parnasse, ou nouveau choix de pièces fugitives. (Par E.-A. Philippe de Prétot.) *Paris, Briasson*, 1743, 4 part. in-12.

Recueil élémentaire de franc-maçonnerie adonhiramite, contenant l'ouverture et la clôture des loges des trois premiers grades, les réceptions, etc. Nouvelle édition, corrigée et augmentée d'une infinité de demandes, etc.; dédiée aux francs-maçons instruits, par un chevalier de tous les ordres maçonniques (par Treille, négociant et fournisseur des armées). *Jérusalem*, an 5803 de la vraie lumière, 3 part. in-12.

Ce n'est qu'une copie rectifiée du « Recueil précieux de la maçonnerie adonhiramite... » Voy. ci-après, col. 115, a.

Recueil et eslite de plusieurs chansons joyeuses, honnestes et amoureuses, partie non encore veües, et autres, colligées par plus excellents poëtes françois, par J. W. *Anvers, Jean Waesberge*, 1576, in-16.

Les lettres J. W. qui sont sur le titre désignent, dit-on, comme éditeur, le libraire J. Waesberge, qui a signé l'épître dédicatoire. Walcourt, qui a mis son nom au bas d'un sonnet placé en tête, dit cependant, dans ce sonnet, qu'il y a de son labeur dans le recueil et qu'il a mis le tout en ordonnance, et dans l'avertissement au lecteur qu'il est auteur de la table qui est au commencement.

(Catalogue de M. J. P*** (Pichon), n° 641.)

Recueil et Mélanges de pièces sérieuses...

Voy. « Variétés ingénieuses... »

Recueil étymologique et instructif de plusieurs milliers de mots français scientifiques dérivés du grec... par A. F. (Auguste FENOUIL). *Paris, L. Hachette*, 1854, in-18, 104 p.

Recueil généalogique de familles originaires des Pays-Bas ou y établies. (Par DUMONT.) *Rotterdam*, 1775-78, 2 vol. in-8, blasons.

Recueil général des actes d'appel...

Voy. « la Constitution *Unigenitus* déférée... », IV, 733, *c*.

Recueil général des chansons du capitaine savoyard, par lui seul chantées dans Paris. (Par PHILIPOT.) *Paris, J. Promé*, 1645, in-12, 48 p.

Voy. « Supercheries », III, 610, *c*.

Recueil général des opéras représentés par l'Académie royale de musique, depuis son établissement. (Par J.-Nic. DE FRANCINI, Hyacinthe DE GAUREAULT, sieur DE DUMONT, et autres.) *Paris, Ballard*, 1703-1745, 16 vol. in-12.

Recueil général des pièces contenues au procès de M. le marquis de Gesvres et de Mᴵᴵᵉ de Mascranni, son épouse. (Par BEGON.) *Rotterdam*, 1714, 2 vol. in-12.

Recueil général des pièces obsidionales et de nécessité, par feu TOBIESEN DUBY (publié par MICHELET D'ENNERY). *Paris, Debure l'aîné*, 1786, in-fol.

Recueil général des questions traictées ès conférences du bureau d'adresse sur toutes sortes de matières, par les plus beaux esprits de ce temps. (Par Théophraste RENAUDOT et ses deux fils, Isaac et Eusèbe RENAUDOT.) *Paris, Louis Chamhoudry*, 1656, 5 vol. in-8.

Le privilége est au nom d'Eusèbe RENAUDOT. Pour le détail des diverses éditions de ce « Recueil », voy. Brunet, « Manuel du libraire », cinquième édition, t. IV, col. 1173.

Recueil général historique et critique de tout ce qui a été publié de plus rare sur la ville d'Herculanum, depuis sa première découverte jusqu'à nos jours, tiré des auteurs les plus célèbres d'Italie, tels que Venuti, Maffei, Quirini, Belgrado,

Gori et autres, par M. R*** (J.-B. REQUIER). *Paris, Duchesne*, 1754, in-8.

Recueil héraldique des bourguemestres de la noble cité de Liége, où l'on voit la généalogie des évêques et princes de la noblesse... *Liége, J.-P. Gramme*, 1720, in-fol.

Cet ouvrage est dû au généalogiste ABRY, qui reçut du conseil de la cité pour l'impression un subside de 4,000 florins. J.-G. LOYENS, auquel on l'attribue généralement, n'a publié que la continuation de 10 p. imprimée en 1721.

Ce recueil a été continué en 1783 et en 1863. Voy. la « Bibliographie liégecise » de M. X. de Theux, *Bruxelles*, 1867, 2 part. in-8, aux pages 212, 302 et 303.

Recueil historique, contenant diverses pièces curieuses de ce temps. *Sur l'imprimé à Cologne, chez Christophe van Dyck*, 1666, in-12.

On trouve dans ce volume, depuis la page 193 jusqu'à 350, les Discours historiques et politiques (de Louis DU MAY) sur les causes de la guerre de Hongrie, publiés l'année précédente à *Lyon*, avec le nom de l'auteur.

Recueil historique de diverses aventures arrivez (*sic*) aux princes, seigneurs et grands de la cour, aux courtisans, aux sçavans, etc. P. M. C. (Par Charles SOREL.) *Paris, Loyson*, 1662, in-12.

Réimprimé sous le titre de « le Chemin de la fortune... » Voy. IV, 579, *c*.

Recueil historique des bulles et constitutions, brefs, décrets et autres actes concernant les erreurs de ces deux derniers siècles... (Par Michel LE TELLIER.) *Mons, Gaspard Migeot (Rouen)*, 1697, in-8, 6 ff. lim., 438 p. et 1 f. d'errata.

Recueil historique et chronologique de faits mémorables pour servir à l'histoire générale de la marine et à celle des découvertes. (Par L. DOMAIRON.) *Paris, Monory*, 1777, 2 vol. in-12.

Recueil historique, où l'on voit tout ce qui s'est passé de plus mémorable, etc., avec des réflexions, par J. D. M. D. S. E. (J. DURAND, ministre du saint Evangile). *Genève*, 1703, in-8.

Recueil intéressant de plaidoyers dans la cause d'une femme protestante. (Par JOLLY, FARCONET et SAVOYE fils, avec un discours préliminaire par SAVOYE.) *Genève*, 1778, in-8.

Recueil intéressant sur l'affaire de la mutilation du crucifix d'Abbeville, arrivée le 9 août 1765, et sur la mort du chevalier de La Barre. (Par L.-A. DEVÉRITÉ.) *Londres*, 1772, in-12. — *Londres*, 1776, in-12, XVI-197 p.

Recueil manuel.

Voy. « Tableau des successions ».

Recueil méthodique des lois, décrets, règlements... sur le cadastre de France. (Par le chevalier A.-J.-U. HENNET.). *Paris*, 1811, in-4, avec un atlas in-fol.

Recueil nécessaire avec l'Évangile de la raison. *Londres*, 1768, 2 vol. pet. in-8 de VI, 276 et 300 p.

Le premier volume contient : 1º Analyse de la religion chrétienne, par DU MARSAIS. — 2º Le Vicaire savoyard, tiré du livre intitulé : Émile de J.-J. ROUSSEAU. — 3º Catéchisme de l'honnête homme, ou dialogue entre un caloyer et un homme de bien ; traduit du grec vulgaire, par D. L. F. R. C. D. C. D. G. (Composé par VOLTAIRE. Voy. « Supercheries », I, 951, e.) — 4º Sermon des cinquante. On l'attribue à M. du Martaine ou du Marsay, d'autres à La Métrie ; mais il est d'un grand prince très-instruit (par VOLTAIRE). — 5º Homélies (quatre) prononcées à Londres en 1765 dans une assemblée particulière (par VOLTAIRE). — 6º Les Questions de Zapata, traduites par le sieur Tamponnet, docteur de Sorbonne (par VOLTAIRE).

Le deuxième volume contient :
7º Examen important de milord BOLINGBROKE, écrit sur la fin de 1736 (par VOLTAIRE ; voy. « Supercheries », I, 546, a). — 8º Traduction d'une lettre de milord BOLINGBROKE à milord Cornsbury (par le même). — 9º Dialogue du douteur et de l'adorateur, par M. l'abbé DE TILLADET (pseudon. de VOLTAIRE). — 10º Les Dernières Paroles d'Épictète à son fils. — 11º Idées de La Mothe Le Vayer (par VOLTAIRE). — 12º Extrait des sentiments de Jean MESLIER adressés à ses paroissiens (ou testament de J. Meslier, suivant la table).

La page 300 de ce volume est terminée par la réclame TA, et le volume finit là, sans comprendre l'« Évangile de la raison » annoncé sur le titre.

L'édition de *Leipsick*, 1765, in-8, VIII-319 p., ne contient pas les numéros 5 et 6 de l'édition de 1768, ci-dessus décrite. Une autre édition de *Londres*, 1776, in-8, 280 p. plus la table, n'en contient pas les numéros 7, 8 et 9. Les feuilles portent la signature t. I, mais il n'y a pas de t. II.

On ne peut affirmer que VOLTAIRE ait été l'éditeur de ce « Recueil », dit Beuchot, mais il renferme des premières éditions d'écrits qui depuis ont été rangés parmi ses œuvres.

Recueil nouveau de chansons wallonnes et françaises, par N.-A.-Albert (Nicolas-Albert ERKENS). *Liége, Charron*, 1861, in-8, 24 p.　　　　　　　　　Ul. C.

Recueil par ordre alphabétique des principales questions de droit qui se jugent diversement dans les différents tribunaux du royaume. (Par BRETONNIER.) *Paris, Emery*, 1718, in-12.

Réimprimé avec le nom de l'auteur.

Recueil périodique d'observations de médecine, de chirurgie et de pharmacie. In-12.

Voy. « Journal de médecine... », V, 1014, e.

Recueil philosophique et littéraire de la Société typographique de Bouillon. (Publié par J.-B.-R. ROBINET et J.-L. CASTILHON.) *Bouillon*, 1769-1779, 10 vol. in-8.

On trouve dans le sixième volume un Mémoire sur les droits et prérogatives du *Pontifex maximus* de l'ancienne Rome, par L.-T. HÉRISSANT.

Recueil philosophique, ou mélange de pièces sur la religion et la morale, par différents auteurs. (Publié par J.-A. NAIGEON.) *Londres (Amsterdam, M.-M. Rey)*, 1770, 2 vol. in-12.

On trouve dans le tome Ier : 1º le Philosophe, par DU MARSAIS ; 2º de la Raison, par le même (anonyme) ; 3º de l'Indifférence des religions (anonyme) ; 4º de la Foi et de la Révélation, traduit de l'anglois ; 5º de la Suffisance de la religion naturelle, par VAUVENARGUES (ou plutôt par DIDEROT) ; 6º Réflexions sur les craintes de la mort (par D'HOLBACH) ; 7º Réflexions sur l'argument de M. Pascal et de M. Locke concernant la possibilité d'une autre vie, par FRÉRET (attribuées à FONTENELLE).

Dans le tome second : 8º Sentimens des philosophes sur la nature de l'âme, par MIRABAUD ; 9º Dissertation sur l'immortalité de l'âme, traduite de l'anglois (de HUME, par D'HOLBACH) ; 10º Dissertation sur le suicide, traduite de l'anglois (de HUME, par D'HOLBACH) ; 11º Problème important : la religion est-elle nécessaire à la morale et utile à la politique ? par MIRABAUD (par D'HOLBACH) ; 12º Pensées sur la religion, anonyme (par DIDEROT) ; 13º Extrait d'un livre anglois de Tindal, qui a pour titre : le Christianisme aussi ancien que le monde (par D'HOLBACH) ; 14º Lettre (de BURIGNY) au sujet du livre intitulé : « la Certitude des œuvres du christianisme », par Bergier ; 15º de l'Origine des principes religieux (par J.-H. MEISTER).

Recueil physique sur le tempéré du globe de la terre, sur la lumière... Par l'auteur de la « Méthode du thermomètre universel » (MICHELI DU CREST). *Berne*, 1760, in-4.

Recueil politique et administratif pour la province de Liége. (Par E. DE SAUVAGE et Joseph LEBEAU.) *Liége, Lebeau*, 1829, in-12, 218 p.

Recueil polytechnique des ponts et chaussées, etc. (Par HOUART, architecte, et ***.) *Paris, Garnier, s. d.* (1803), 2 vol. in-4.　　　　　　　　　　　　D. M.

Recueil pour servir de suite aux lectures pour les enfans et les jeunes gens... (Par L.-P. COURET DE VILLENEUVE.) *Orléans et Paris, Nyon*, 1782, in-12, 2 ff. lim. et 185 p.

L'auteur a signé la dédicace.

Recueil précieux de la maçonnerie adonhiramite... par un chevalier de tous les ordres maçonniques (Louis GUILLEMIN DE SAINT-VICTOR). *Philadelphie (Paris), Philalèthe, rue de l'Equerre, à l'Aplomb,* 1786, 3 vol. petit in-12.

Nouvelle édition. La première est de 1781. Il y en a au moins 10 différentes. Voy. Klosz, nᵒˢ 1919-1921. Voy. aussi « Supercheries », I, 713, *f*, et II, 131, *f*.

Recueil raisonné de tous les moyens de fraude et de contrebande déjoués par l'administration des douanes, par un employé de la direction de La Rochelle (M. FASQUEL, receveur principal à Saint-Martin, île de Ré). *Paris, Egron,* 1816, in-8, x-124 p.

Recueil sur la question de savoir si un juif marié dans sa religion peut se remarier après son baptême lorsque sa femme, juive, refuse de le suivre et d'habiter avec lui. *Amsterdam,* 1759, 2 vol. in-8. — *Paris,* 1761, 2 vol. in-12.

Cet ouvrage, attribué à S.-N.-H. LINGUET par Ersch, est une collection de plaidoyers ou mémoires de Loyseau, Moreau, etc.

Recueil tiré des registres de la cour de Parlement, contenant ce qui s'est passé concernant les troubles qui commencèrent en l'an 1588 et ce qui fut fait en l'an 1594 en la pacification d'iceux, pour servir au temps présent. *Paris, P. David,* 1652, in-4.

L'avis au lecteur est signé : C. M. (Claude MALINGRE).

Recueil tiré du portefeuille d'un rentier, contenant quelques poésies fugitives et des épigrammes choisies de l'Anthologie, traduites du grec en français. Par le chevalier P. S. S. (POAN-SAINT-SIMON). *Paris, Didot,* 1797, in-18, 126 p. — Supplément... *Id.,* 122 p.

Recueil très-intéressant de plusieurs lettres concernant l'état critique de l'Eglise de France sous la tyrannie de Buonaparte, proclamé le restaurateur de la religion. (Publié par l'abbé ALBRAND.) *Nîmes, J.-B. Guibert,* 1814, in-8, 144 p.

Le nom de l'auteur se trouve dans l'avertissement.

Recul d'uvras patoisas dé M. FABRE, priou-curat de Cellanova. *Montpellier, J.-G. Tournel,* 1815, 2 vol. in-12.

Ce volume contient les œuvres de Jean-Baptiste FAVRE DE SAINT-CASTON, prêtre, mort en 1783; il a été édité par L.-J. BRUNIER, avocat, et PIERQUIN DE GEMBLOUX; la publication des œuvres de Favre a été faite en 1839. Voy. « Obras », VI, 592, *b*.   G. M.

Récusation (de la) des magistrats pour cause de parenté ou d'alliance avec les défenseurs des parties... (Par Victor HENAUX.) *Liége, N. Redouté,* 1854, in-8, 36 p.   Ul. C.

Rédacteur (le). *Paris, rue des Mathurins, 328, 25* frimaire an IV-28 nivôse an VIII, 1492 numéros en 5 vol. in-4.

Ce journal fait suite au « Bulletin politique... », par ANTONELLE, nᵒˢ 1 à 5, et au « Bulletin officiel », nᵒˢ 6 à 9, 16 à 24 frimaire an IV, in-4.

Il a été rédigé pendant plusieurs années par THUAU-GRANVILLE. C'était le journal officiel du Directoire, et l'on prétend qu'il était dirigé par J.-J. LAGARDE, secrétaire général du Directoire.

Rédaction (de la) des lois dans les monarchies, ouvrage adressé aux états généraux qui s'assembleront dans une monarchie quelconque. (Par Jean-de-Dieu OLIVIER.) *Amsterdam (Paris, Laporte),* 1789, in-8.

Réimprimé avec le nom de l'auteur.

Redingote (la) du maréchal, pièce anecdotique en un acte, mêlée de couplets; par MM. *** (VULPIAN), représentée... sur le théâtre de la Gaîté, le 16 décembre 1832. *Paris, Barba,* 1833, in-8, 37 p.

Redingote (la) et la Perruque, ou le testament, mimodrame en trois actes, à grand spectacle, par MM. LÉOPOLD (CHAUDEZON) et ANTONY (BÉRAUD). *Paris, Bezou,* 1825, in-8, 72 p.

Redoute (la) chinoise, poëme éphémère; par M. B*** (Nic. BULIDON). Adressé à M. P. (Plainchêne). *S. l.* (vers 1784), in-8, 13 p.

Réduction (de la) de l'effectif de l'armée et d'une nouvelle organisation des forces de la France... (Par É. BOILLEAU.) *Paris, Dumaine,* 1868, in-8, 66 p.

Réduction (de la) de la rente considérée comme principe de calamités morales dans l'Etat. (Par A.-M. MADROLLE.) *Paris,* 1824, in-8, 34 p.

Réduction des griefs à leur plus simple expression. (Par P.-L. CAMPION.) *Mons, Lelong* (1830), in-12, 4 p.   J. D.

Réduction (de la) des rentes. (Par le marquis DE LA GERVAISAIS.) *Paris, Pihan de La Forest,* 1833, in-8, 16 p.

Réduction du « Spectateur anglois » à ce qu'il renferme de meilleur, de plus utile et de plus agréable, avec nombre d'insertions dans le texte, des additions considérables et quantité de notes, par l'auteur des « Quatorze Lettres » (Mlle Marie HUBER). *Amsterdam, Chatelain*, 1753, 6 parties in-12.

Réduction (la) œconomique, ou l'amélioration des terres, par M*** (MAUPIN). *Paris, Musier*, in-12.

Réflexion concernant le paiement des dettes de l'Etat, le changement de la peine des malfaiteurs, l'amélioration de l'île de Corse. Par M*** (le chevalier SEIGNEUR, commissaire des guerres). *Paris*, 1789, in-8, 16 et 16 p.

La deuxième partie a un titre spécial qui porte : « Réflexions sur l'île de Corse, projet tendant à son amélioration, défrichement de ses terres incultes et desséchement de ses marais, en diminuant la dépense qu'elle peut coûter. Fait en mai 1787; revu et corrigé en août 1788. »

Réflexion morale sur la « Sapience estimée folie des sages du monde », adressée à Sa Majesté régente, à Leurs Altesses, et à l'auteur d'icelle. (Par Fr. DAVENNE.) *S. l. n. d.* (1651), in-4, 4 p.

Réflexion sur l'édit touchant la réformation des monastères. (Par Rolland LE VAYER, sieur DE BOUTIGNY.) *S. l.*, 1667, in-12, 100 p.

Réflexions à mon sujet, ou l'esprit à la mode, par M. H*** (HUTTIN). *Amsterdam et Paris*, 1765, in-12, 23 p.

Réflexions adressées à M. Lanjuinais, président de la Chambre des représentans, sur le bon sens politique appliqué à l'examen d'une constitution libre. (Par PILARDEAU.) *Paris, Delaunay*, 1815, in-8, 2 ff. et 40 p.

Réflexions adressées à M. Roux, sur sa deuxième critique du « Traité analytique des eaux minérales » (de Raulin), insérée dans le « Journal de médecine » du mois de mars 1775; par M***, amateur de chymie (DE FOURCY). *A Bouillon*, 1775, in-12, 12 p.

Réflexions adressées au conseil des Cinq-Cents par l'administration des Hautes-Alpes sur la contribution foncière de l'an V. (Par P.-A. FARNAUD.) *Gap, impr. de J. Allier*, 1797, in-8, 35 p.

Réflexions adressées aux soi-disant évêques signataires de la Seconde Encyclique, suivies d'une Réponse au citoyen Le Coz, évêque ci-devant constitutionnel d'Ille-et-Vilaine, sur la rétractation de son confrère F.-T. Panisset. (Par l'abbé E.-A. BOULOGNE, depuis évêque de Troyes.) *Paris, Leclère*, 1796-an IV, in-8.

Réflexions amicales d'un chrétien catholique (l'abbé BOEGERT) sur une lettre adressée à M. l'abbé de Mac-Carthy, ou exposition de quelques vérités de la plus haute importance niées par un chrétien luthérien évangélique. *Strasbourg, Leroux*, 1821, in-8, 48 p.

Réflexions anciennes et nouvelles sur l'Eucharistie. (Par le marquis DUQUESNE.) *Genève, Fabri et Barrillot*, 1718, in-12.

Réflexions chrétiennes et morales sur les endroits choisis des quatre Evangélistes et des Actes des apôtres. (Par Jean DUPUY.) *Paris*, 1701, in-12.

Réflexions chrétiennes et politiques sur l'état actuel de la France et sur les moyens d'y remédier. (Par l'abbé J.-A. ASSELINE.) *Paris, Mme Lesclapart* (1791), in-8, 48 p.

Réflexions chrétiennes et politiques sur l'état religieux, adressées à M. le marquis de.... (Par le P. Joseph MARIE, carme déchaussé, de l'Académie des Arcades, sous le nom d'ARGINTE EGEMONE.) *Vienne*, 1782, in-12.

Réflexions chrétiennes et politiques sur la vie des rois de France. (Par René DE CERIZIERS.) *Paris, veuve Camusat*, 1641-1644, in-12.

Réflexions chrétiennes pour les jeunes gens qui entrent dans le monde. *Paris, N. Le Clerc*, 1708, in-12.

Cet écrit, que le P. de Backer donne au P. Fr. BRETONNEAU, est aussi attribué, dit-il, au P. BUFFIER.

Réflexions chrétiennes pour tous les jours de l'année. Par un prêtre du diocèse de Rennes (l'abbé G.-T.-J. CARRON). *Winchester*, 1796, in-8.

Réflexions chrétiennes sur la précipitation scandaleuse des messes. (Par l'abbé C.-M. DE L'EPÉE.) (1786), in-12, 16 p.

Réflexions chrétiennes sur la virginité... (Par Claude PROU, célestin.) *Orléans, J. Boyer*, 1693, in-12.

Réflexions chrétiennes sur le *Rorate* que l'on chante pendant l'avent... (Par l'abbé François PLOWDEN.) *Paris, Méquignon*, 1787, in-12, 62 p.

Réflexions chrétiennes sur le saint Evangile de Jésus-Christ. (Par ROUSSEL DE LA TOUR.) *Paris, Boudet*, 1777, in-12.
V. T.

Réflexions chrétiennes sur les conversations du monde, sur les prédicateurs. (Par l'abbé Jacq. Testu.) *Paris, Coignard,* 1697, in-12.

Réflexions chrétiennes sur les grandes vérités de la foi et sur les principaux mystères de la Passion. (Par le P. Juide, publiées par l'abbé J.-B. Le Mascrier.) *Paris, Debure l'aîné,* 1748, 1757, in-12.

Réflexions chrétiennes sur les huit béatitudes, ou huit moyens enseignés pour parvenir au véritable bonheur. (Par l'abbé Fr.-L. Gauthier, curé de Savigny.) *Paris, Méquignon junior,* 1783, in-12.

Réflexions chrétiennes sur les livres historiques de l'Ancien Testament. (Par Mme Le Guerchois, née Madeleine d'Aguesseau.) *Paris,* 1767, in-12.

Réimprimées en 1773, avec une notice sur la vie et les ouvrages de l'auteur.

Réflexions chrétiennes sur les misères et sur les foiblesses de l'homme. (Par l'abbé Jean Pic, suivant le P. Baizé.) *Paris, Cramoisy,* 1687, in-12.

Réflexions chrestiennes sur les quatre livres de l'Imitation de Jésus-Christ, faites et présentées par un père à ses enfans, pour les exhorter à la pratique des maximes saintes de ce divin ouvrage. (Par Yves de Monti, sieur de La Chalonnière, ancien maire de Nantes.) *A Nantes, par P. Querro,* M DC LXX, in-4, 8 ff. et 358 p.

Catalogue de Nantes, n° 60909.

Réflexions concernant la distribution de la chaleur sur le globe de la terre, lues à l'assemblée publique de l'Académie impériale de Saint-Pétersbourg, le 6 septembre 1761, par F.-M.-U.-T. Æpinus (trad. du latin par Guill. Raoult, de Rouen). *Saint-Pétersbourg, impr. de l'Acad.,* 1762, in-4, 38 p. G. M.

Réflexions critiques d'un Allemand (l'abbé Maccarthy) sur la comédie de « Timon le Misanthrope » (de Delisle de La Drevetière). *Paris, veuve Mongé,* 1722, in-12.

Réflexions critiques et historiques sur le « Panégyrique de saint Agricol » (du P. Eus. Didier; par J.-L.-Dominique, marquis de Cambri-Valleron). *S. l. n. d.* (1755), in-4, 16 p.

Réflexions critiques et patriotiques sur différens sujets; 3e édition... (Par Lau-

Lanhier, évêque d'Egée.) *Paris, d'Houry,* 1780, in-12, xvi-410 p.

Voy. « Essais sur la religion... », V, 280, *f,* et « Pensées sur différents sujets... », VI, 828, *e.* Ces deux ouvrages sont fondus dans les « Réflexions ». C'est ce qui a porté l'auteur à désigner celles-ci comme une troisième édition.

Réflexions critiques et politiques sur la tragédie au sujet des Lois de Minos (de Voltaire), à M. Thomas, de l'Académie françoise. (Par l'abbé T.-J. Duvernet.) *Amsterdam et Paris, Lambert,* 1773, in-8, 51 p.

Réflexions critiques sur l'élégie, par M. M*** (Jean-Bapt. Michault). *Dijon, Angé,* 1734, in-12.

C'est la critique des « Élégies de M. L. B. C. » (l'abbé Le Blanc). Voy. V, 48, *b.*

Réflexions critiques sur l'éloge funèbre du roi prononcé par le R. P. P*** (Porée). J. (Par François Guérin, professeur à l'Université de Paris.) *S. l.,* 1716, in-12, 64 p.

Réflexions critiques sur l'état de l'Allemagne et de toute l'Europe pendant l'élection de l'empereur Charles VII. (Par Thiriot.) *Amsterdam, Houysteen,* 1743, in-12.

Réflexions critiques sur la comédie de Nanine, par M. G. (Gresvik). *Nancy,* 1749, in-8, 16 p.

Réflexions critiques sur la méthode de l'abbé de Villefroy, pour l'explication de l'Ecriture sainte. (Par L. Dupuy.) *Paris,* 1755, in-12.

Cet ouvrage est attribué à tort, dans le Catalogue de Falconet, n° 334, à Besoigne. L'ouvrage de ce dernier a pour titre « Réflexions théologiques », etc. Voy. ces mots.

Réflexions critiques sur la poésie et sur la peinture. (Par l'abbé J.-B. Dubos.) *Utrecht,* 1732-1736, 3 vol. in-8. — Nouvelle édition, revue, corrigée et augmentée. *Paris,* 1732, 2 vol. in-12; — 1733, 3 vol. in-12.

Les éditions postérieures à 1733 portent le nom de l'auteur.

L'édition originale est de 1719.

Réflexions critiques sur le livre intitulé « les Mœurs », avec une contre-critique à la fin et des réflexions en forme d'analyse sur les deux ouvrages. Edition correcte, par M. D*** S*. *Amsterdam,* 1751, pet. in-8, 219 p.

Les Réflexions critiques sont de l'abbé Jérôme Richard; la première édition est de 1748.

Réflexions critiques sur le premier chapitre du VIIe tome des Œuvres de M. de Voltaire, au sujet des juifs. (Par Isaac Pinto.) S. n. d., in-12, 48 p.

L'auteur était juif portugais, établi à Amsterdam. Cette brochure a été publiée par J.-R. Pereire, auteur du système pour apprendre à parler aux muets de naissance.

Réflexions critiques sur les différents systèmes de tactique de Folard. (Par le comte de Chabot.) Paris, Giffart, 1756, in-4.

Réflexions critiques sur les « Observations » de M. l'abbé D*** (Dordelu du Fays), où l'on fait voir la fausseté de ses conjectures sur l'origine et la valeur des Gaulois, où l'on démontre aussi la distinction de deux Brennus, les plus fameux conquérants gaulois, par M. l'abbé A*** (Armerie). Paris, G.-F. Quillau, 1747, in-12.

Réimprimées avec le nom de l'auteur.

Réflexions critiques sur un poëme intitulé « la Ligue », imprimé à Genève, et attribué à M. de Voltaire. S. l., 1724, in-8, 29 p. — 2e édit. S. l., 1724, in-8, 29 p.

M. Haureau dit que c'est à tort que cet ouvrage a été attribué à René de Bonneval. Voy. « Histoire littéraire du Maine », 2e édit., t. II, 1871, p. 155.

Réflexions curieuses d'un esprit désintéressé sur les matières les plus importantes au salut, tant public que particulier. (Ouvrage traduit du latin de Spinosa, par de Saint-Glain.) Cologne, Claude Emmanuel, 1678, in-12.

Cet ouvrage a paru sous trois titres. Voy. « Clef du sanctuaire », IV, 615, e, et « Traité des cérémonies superstitieuses ».

Réflexions d'un académicien sur la vie de M. Descartes, envoyées à un de ses amis en Hollande. (Par le P. Antoine Boschet.) La Haye, A. Leers, 1692, in-12.

Réflexions d'un amateur sur l'opéra de « la Vestale ». (Par Jacques-Maxim. Bins de Saint-Victor.) Rouen, veuve Guilbert, juin 1809, in-8.

Réflexions d'un ami des gouvernements et de l'obéissance. (Par l'abbé Sixte-Louis-Constance Ruffo de Bonneval.)

Imprimées en Allemagne, 1793.

Réflexions d'un ami des talents et des arts (la comtesse de Genlis). Paris, an VI, in-8.

Réflexions d'un ami du roi, par M***, ex-député. (Attribuées au baron Lemercher

a d'Haussez.) Paris, imp. de Porthmann, 1816, in-8, 14 p.

Réflexions d'un ancien grand-maître (L.-Fr. Duvaucel, mort en 1793), sur les bois et forêts; rédigées de mémoire, avec un précis sur le matériel des bois et forêts, par G. R. M. (G.-R. Momet). Paris, an IX-1801, in-18.

b Réflexions d'un ancien prote d'imprimerie (J.-G.-A. Stoupe) sur un prospectus ayant pour titre : « Editions stéréotypes ». In-8.

Tirées à petit nombre.

Réflexions d'un Anglais sur le fameux protocole de Berlin, en date du 11e décembre 1779. In-8, 39 p.

c Cet opuscule, composé par le prince Henri de Prusse, a pour objet de faire sentir l'injustice de la conduite du roi son frère dans la trop fameuse affaire du meunier Arnold, circonstance où Frédéric le Grand ne chercha qu'à faire du bruit.

Ces Réflexions sont très-rares, parce qu'on n'en tira qu'un fort petit nombre, que le prince Henri ne donnait qu'aux amis les plus intimes.

Réflexions d'un avocat sur les remontrances du Parlement, du 27 novembre 1755, au sujet du Grand Conseil. (Par l'abbé Bertrand Capmartin de Chaupy.) *d* Londres, 1756, in-12.

Voy. « Supercheries », I, 417, a.

Réflexions d'un C. S. C. adressées à M***, conseiller au Parlement. (Par le P. Le Balleur.) S. l., 1er mai 1755, in-4, 19 p.

Réflexions d'un citoyen adressées aux notables, sur la question proposée par un grand roi (Frédéric II) : En quoi consiste *e* le bonheur des peuples et d'où vient leur misère, et des moyens d'y remédier? (Par Ch.-Rob. Gosselin.) Paris, 1787, in-8.

Réflexions d'un citoyen catholique sur les lois de France relatives aux protestans. (Par Condorcet.) S. l., 1778, in-12. — Nouvelle édition, sous le nom de Voltaire. Maëstricht, Dufour, 1778, in-8.

f Ces Réflexions forment la première partie du « Recueil de pièces sur l'état civil des protestans en France. » Voy. ci-dessus, col. 79, e. On les trouve aussi à la tête ou à la suite de quelques éditions du « Vieux Cevenol... » (Par J.-P. Rabaut de Saint-Etienne.) Voy. ce titre.

Réflexions d'un citoyen de la ville de F..... (Falaise), sur les révolutions de la France, de l'Angleterre, de l'Allemagne, par M. V.... (Louis-Alexandre Vardon). (Vers 1789), in-8.

Réflexions d'un citoyen de Marseille. (Par Antoine Patot.) *Marseille*, 1789, in-8.   *a*

G. M.

Réflexions d'un citoyen non gradué (le marquis de Condorcet), sur un procès très-connu (celui des trois hommes condamnés à la roue). 1786, in-8.

Réimprimées dans la collection des Œuvres de l'auteur, tome XI.

Réflexions d'un citoyen propriétaire, sur l'étendue de la contribution foncière et sa proportion avec le produit net territorial, converti en argent. (Par Benard.) *Paris, du Pont*, 1792, in-8, 34 p.

Note manuscrite.

Réflexions d'un citoyen qui n'est ni rentier, ni propriétaire de biens nationaux, ni créancier de l'État, et encore moins capitaliste (D.-J.-C. Lefèvre, ancien secrétaire général du ministère des finances), sur la vente des quatre cent mille hectares de bois nationaux et de biens communaux. *Paris, imp. de veuve Agasse* (1816), in-8, 15 p.   *c*

Extrait du « Moniteur ».

Réflexions d'un citoyen (Jean-Joseph-Louis Graslin) sur la construction d'une salle de spectacle à Nantes. *S. l. n. d.* (*Nantes, imp. veuve Vatar et fils*, 1782 ou 1783), in-4, 27 p.

Catalogue de la Bibliothèque de Nantes, nᵒ 50101.

Réflexions d'un citoyen sur la marine. (Par P.-J.-D.-G. Faure, libraire-imprimeur au Havre.) 1759, in-12.

Le duc de Choiseul, après avoir lu ces Réflexions, fit venir l'auteur en 1762 et le gratifia d'une somme de 1200 liv.

L'épître dédicatoire à M. Berryer, qui est en tête de l'exemplaire que j'ai vu, a été supprimée dans tous les autres. (Notes manuscrites de M. de La Tour, imprimeur du *Tacite* de Brotier.)

Réflexions d'un citoyen sur la révolution de 1788. (Par Condorcet.) *Londres*, 1788, in-8, 56 p. — 2ᵉ éd. *Ibid.*, in-8, 56 p.

Réflexions d'un citoyen sur le commerce des grains. (Par l'abbé Saury.) *Paris, Ruault*, 1775, in-8.

« Mémoires secrets » de Bachaumont, année 1775, p. 141.

Réflexions d'un citoyen sur les lits de justice. *S. l.* (1787), in-8, 46 p.

Réimpression augmentée de la « Lettre sur les lits de justice », (par L.-A. Le Paige), voy. V, 1214, *a*, suivie d'une Lettre de Louis XIV sur les tributs et finances.

Réflexions d'un Corse (du Boulet) sur l'état actuel de son pays, ou trois années d'administration de M. le comte de Villot... *Paris, imp. d'Herhan*, 1823, in-8, 4 p.   *a*

Réflexions d'un cultivateur américain, sur le projet d'abolir l'esclavage et la traite des nègres, ouvrage traduit de l'anglais. (Publié par N.-F. Jacquemart, ancien libraire de Sedan.) *Londres (Paris)*, 1790, in-12.   *b*

Réflexions d'un curé constitutionnel sur le décret de l'Assemblée nationale concernant le mariage. (Par P. Brugière.) *Paris, Bourgeois*, 1791, in-8, 40 p.

Réflexions d'un curé du ressort du bailliage de Melun. *S. l. n. d.*, in-4, 1 f. de tit. et 13 p.

L'exemplaire de la Bibliothèque nationale est signé à la main : « Pichonnier, docteur de Sorbonne, curé d'Andrezel, près Guignes en Brie, diocèse de Paris, mars 1789. »   *c*

Réflexions d'un curé (Cuvelier) sur ce qui est relatif à la religion dans la constitution du royaume des Pays-Bas. *Courtrai*, 1819, in-12.   J. D.

Réflexions d'un docteur de Sorbonne (Jean Dez). *Rome*, 1697, in-8.   *d*

Réflexions d'un électeur qui ne demande aucune place, sur la révolution du 29 juillet et le nouveau gouvernement français. (Par Marbaud, avoué.) *Paris, imp. de Sétier*, 1830, in-8, 30 p. et 1 f. de table.

Réflexions d'un fossoyeur et d'un curé sur les cimetières de la ville de Lyon. *A Lyon, chez Rast de Maupas*, 1777, in-12, 41 p.   *e*

Une note manuscrite sur l'exemplaire de la Bibliothèque nationale porte : « On l'attribue à M. Vitet. »

Donné par erreur dans les « Supercheries » à Rast de Maupas.

Réflexions d'un Français sur cette question : Les inscriptions des monuments français doivent-elles être mises en latin ou en français? par A. R. a. C. d. D. L. (A.-J. Ronesse, ancien conservateur de dépôt littéraire). *Paris, Dondey-Dupré*, 1819, in-8, 72 p.   *f*

Ces Réflexions sont dirigées contre les principes développés par M. l'abbé Petit-Radel, dans le rapport qui précède son ouvrage intitulé : *Fasti Napoleonei*. Voy. les Anonymes latins.

Réflexions d'un franciscain (le P. Fruchet, cordelier, augmentées par le P. F.-M. Hervé, jésuite), avec une lettre préliminaire adressée à M***, auteur en partie du « Dictionnaire encyclopédique ». 1752, in-12, x-60 p.

Une édition contrefaite, sous la même date, a 53 p.

Réflexions d'un franciscain sur les trois volumes de l'Encyclopédie, avec une lettre préliminaire aux éditeurs. *Berlin*, 1754, in-12, XII-192 p.

Cet ouvrage est tout à fait différent du précédent. Il a été réimprimé sous le titre d' « Eloge de l'Encyclopédie ». Voy. V, 71, c.

Attribué au P. FRUCHET. On assure que le P. BONHOMME en est le véritable auteur.

Voy. « Supercheries », II, 85, d.

Réflexions d'un homme de bon sens sur les comètes et sur leur retour, ou préservatif contre la peur. (Par Jonas DE GÉLIEU.) S. l., 1793, in-8.

Réflexions d'un homme de lettres à un de ses amis retiré en province, sur la tragédie du comte de Warwick. (Par C.-S. SAUTREAU DE MARSY.) *Dans un caffé*, in-12.

Permission tacite du 23 novembre 1763. Voir à la Bibliothèque nationale, manuscrit du fonds français, nº 21,982.

Un anonyme a encore publié : Examen critique du « Comte de Warwick », tragédie de M. de La Harpe, par M***, auteur de ***, tragédie reçue à la Comédie françoise. *Amsterdam et Paris, Dupuis*, 1780, in-8, 66 p. Quérard, par erreur, donne également cet ouvrage à Sautreau de Marsy.

Réflexions d'un ingénieur, en réponse à un tacticien. (Par le général J.-C.-E. LEMICHAUD D'ARÇON.) *Amsterdam*, 1773, in-12.

Réflexions d'un instituteur sur un roman intitulé : « Adèle et Théodore, ou lettres sur l'éducation » (de Mme de Genlis). (Par Nic.-J. HUGOU DE BASSEVILLE.) *Philadelphie et Paris, impr. de Fr.-Ambr. Didot l'aîné*, 1782, in-8, 24 p.

Voy. « Apologie du roman... », IV, 247, f.

Réflexions d'un jurisconsulte sur l'ordre de la procédure et sur les décisions arbitraires et immédiates du souverain (traduites librement de l'allemand de J.-C.-G. STECK, par G. DE MOULINES). *Berlin*, 1765, in-8. — Nouvelle édition (précédée d'un avant-propos, par A. PERRENOT). *La Haye, de Tune*, 1777, in-8.

Réflexions d'un logicien à son professeur. (Par Jean ADAM.) S. l., 1766, in-8.

Réflexions d'un magistrat sur la question du nombre, et celle de l'opinion par ordre ou par tête. (Par J.-J. DUVAL D'ESPRÉMÉNIL.) S. l. (1788), in-8, 7 p.

Réflexions d'un maître perruquier sur les affaires de l'État. (Par le marquis DE VILLETTE.) S. l. n. d., in-12, 22 p.

Réflexions d'un membre du conseil d'arrondissement d'Evreux, sur l'intérêt d'une prompte détermination à prendre relativement à la route dite de Honfleur à Chartres. (Par Bernard FOUQUET, négociant à Rugles.) S. l. n. d. (1831), avec un plan lithographié.   D. M.

Réflexions d'un militaire. (Par DE THELIS.) *Paris*, 1778, in-4.   V. T.

Réflexions d'un militaire (MICHEL) sur l'état actuel des choses, dédiées à MM. les députés-électeurs. *Paris, imp. de veuve Perronneau*, in-8, 24 p.

Réflexions d'un militaire sur l'utilité de la religion pour la conduite des armées et le gouvernement des peuples, adressées au gouvernement, à l'état militaire et à la magistrature, par M. DE M***, capitaine de cavalerie. *Londres, Jean Nourse*, 1759, in-32, 16 ff., 180 p. et 22 ff.

Cet ouvrage curieux, imprimé en Allemagne, est probablement de E. MAUVILLON.

Réflexions d'un militaire sur le serment proposé aux officiers de l'armée française. 2e édit. (*Neuwied*), 1792, in-8, 37 p.

Un seul exemplaire connu de la première édition, imprimée à Mons en juillet 1791, envoyé par l'auteur à l'abbé Chapt de Rastignac, massacré le 2 septembre 1792, apprend les détails suivans, d'après une note qui se trouve en tête.

« Cette brochure est du comte Joseph TORELLI, premier aide de camp colonel du maréchal de Mailly, et chevalier de l'ordre royal de Pologne. Elle fut composée au château de Marly, près de nous, dans l'appartement de feu M. de Vergennes, que Louis XVI lui avait donné. Cette brochure fut faite d'après les intentions du roi, communiquées à M. de La Tour-du-Pin, ancien ministre de la guerre.

« Le but était de combattre l'effet des opinions imprimées de MM. de Cazalès, du marquis de Bouthillier et de l'abbé Royou, dans son « Ami du roi » du 16 juin 1791, opinions énoncées d'après le désir de la reine, tendant à faire prêter le serment aux troupes contre le roi pour mieux masquer la fuite à Varennes... Question traitée avec des principes d'honneur, logique pure, style digne d'éloges. » (Note communiquée par M. de Guemadeuc, ancien maître des requêtes.)

Réflexions d'un patriote parisien sur la révolution, dédiées à ses frères d'armes de la garde nationale. (Par YVON.) *Paris*, 1790, in-8, 24 p.

Réflexions d'un patriote sur l'opéra françois et sur l'opéra italien, qui présentent le parallèle du goût des deux nations dans les beaux-arts. (Par DE ROCHEMONT.) *Lausanne*, 1754, in-8, XII-137 p.

Réflexions d'un peintre sur l'opéra. (Par A. GAUTIER DE MONDORGE.) *La Haye*, 1743, in-12.

Réflexions d'un philosophe breton à ses concitoyens sur les affaires présentes. (Par Augustin-Bernard-François LEGOAZRE DE KERVÉLÉGAN.) 20 déc. 1788. *S. l.*, in-8, 26 p.

Catalogue de la Bibliothèque de Nantes, nº 48655.

Réflexions d'un philosophe chrétien sur le véritable fondement du christianisme. (Par le comte Charles PASERO DE CORNELIANO.) *Paris, Pillet*, 1817, in-8, 8 p.

Réflexions d'un Portugais sur le Mémorial présenté par les P. Jésuites à N. S. P. le Pape Clément XIII, heureusement régnant, exposées dans une lettre à un ami demeurant à Rome (en italien et en français, par P.-O. PINAULT, avocat). *Lisbonne (Paris)*, 1758, in-12, 1 f. de tit. et 395 p.

Réflexions d'un prêtre assermenté sur l'indécence et l'immoralité des inhumations d'aujourd'hui. (Par PILAT.) *Paris*, 1796, in-8.

Réflexions d'un prisonnier de guerre. (Par le colonel FOLLOPPE.) *Paris, Poussielgue*, 1871, in-12, 64 p.

Réflexions d'un soldat sur les dangers qui menacent la Belgique. Réponse à M. Deschamps, ministre d'État et ancien ministre des affaires étrangères, suivie de quelques considérations sur le système de défense de l'Italie. (Par A. BRIALMONT.) *Bruxelles, Muquardt*, 1865, in-8, 45 p.

J. D.

Réflexions d'un solitaire sur le prêtre catholique, le célibat, etc. Par l'auteur de « Platon polichinelle » (l'abbé A. MARTINET). *Tours, Mame*, 1840, in-12.

D. M.

Réflexions d'un souscripteur de l'Encyclopédie (J.-G.-A. STOUPE, imprimeur), sur le procès intenté aux libraires associés à cet ouvrage, par M. Luneau de Boisjermain. *S. l. n. d.*, in-8, 24 p.

Réflexions d'un Suisse sur cette question : Seroit-il avantageux aux quatre cantons catholiques d'abolir les ordres réguliers, etc.? Trad. de l'allemand (de Henri HEIDEGGER) sur la deuxième édition. *S. l.*, 1769, in-8.

L'écrit allemand, également anonyme, est intitulé : « Reflexionen eines Schweizers über die Frage... » La première édition est de 1767.

Réflexions d'un Suisse sur la guerre présente. 1757, in-8. — *Bruxelles*, 1759, in-12.

Attribuées à J.-H. MAUBERT DE GOUVEST. Voy. l'Histoire de sa vie, *Londres*, 1763, in-12, p. 70. Suivant le marquis de Luchet, dans son « Histoire littéraire de VOLTAIRE », ces Réflexions ont été aussi attribuées à ce grand homme.

Réflexions d'un vieux théologien sur les discussions de la deuxième chambre des Etats-Généraux, dans les séances des 13, 14 et 15 décembre 1825. (Par Antoine-Joseph BARTHÉLEMY, ancien jurisconsulte.) *Bruxelles, Walhen*, 1826, in-8, 27 p.

J. D.

Réflexions d'un vigneron de Besançon (l'abbé J.-P. BAVAREL), sur un ouvrage qui a pour titre : « Dissertation qui a remporté le prix de l'Académie de Besançon, en 1777, sur les causes d'une maladie qui attaque plusieurs vignobles de Franche-Comté, par le P. Prudent, capucin. » *De l'imprimerie de Barbizier (Vesoul, Poirson)*, 1778, in-8, 32 p.

Cette brochure, écrite d'une manière très-piquante, fit grand bruit dans le temps ; elle fut même dénoncée par les confrères du P. Prudent au Parlement, qui eut le bon esprit de sentir que l'affaire en question ne pouvait être décidée que par le public.

Réflexions d'une femme de cinquante-huit ans sur la République et sur son impossibilité d'exister en France sans un chef monarchique. *Paris, Duprat*, 1848, in-8, 20 p.

Signées : Marie-C.-L. R. (ROSNY).

Réflexions d'une provinciale (Mme BELOT, depuis Mme la présidente DUREY DE MEYNIÈRES), sur le discours de M. Rousseau, touchant sur l'origine de l'inégalité, etc. *Londres*, 1756, in-8.

Réflexions d'une républicaine. 1er juin 1832. *Paris, imp. de A. Mie*, 1832, in-8, 1 f. de titre et 10 p.

Signées : Adèle M***** (MILLET).

Réflexions de l'auteur des « Lettres pacifiques » (LE PAIGE) sur les lois que les souverains sont en droit de faire pour rétablir la paix dans leurs Etats, quand ils sont troublés par les disputes de religion. *S. l. n. d.* (1754), in-12, 19 p.

Réflexions de l'empereur MARC-AURÈLE ANTONIN, surnommé le Philosophe (traduites du grec par M. et Mme DACIER), distribuées par ordre de matières, avec quelques remarques qui servent à l'éclaircissement du texte (par J.-P. DE JOLY). *Paris, de Nully*, 1742, in-12. — *Dresde, Walther*, 1754, in-12.

Réflexions de MACHIAVEL sur la première décade de Tite-Live; nouvelle traduction, précédée d'un discours préliminaire, par M. D: M. M. D. R. (DE MENC, maître des requêtes). *Paris, Alex. Jombert*, 1782, 2 vol. in-8.

Réflexions de Mlle ***, comédienne française. (Par Jos. LANDON.) *Paris, Delaguette*, 1750, in-12.

Réflexions de M. LENAIN DE TILLEMONT sur divers sujets de morale (publ. par Michel TRONCHAY). *Cologne*, 1711, in-12, 380 p., plus 5 ff. non chiffrés.

Voir « Vie de M. Lenain de Tillemont ».

G. M.

Réflexions de morale sur divers sujets. (Par le roi de Pologne STANISLAS.) 1750, in-8, 113 p.

Réflexions de Polichinelle sur un souverain comme il y en a peu, et sur le discours d'un trône qui n'a pas son semblable. (Par l'abbé Antoine MARTINET, chanoine à Moutiers, en Savoie.) *Paris, Poussielgue-Rusand*, 1847, 2 part. en un vol. in-18, 193 p.

Réflexions de saint AUGUSTIN sur la vie de Jésus-Christ, traduites en françois (par Nic. FONTAINE). *Paris, L. Roulland*, 1683, 1684, 1689, in-8 et in-12.

Note manuscrite.

Réflexions des six corps de la ville de Paris, sur la suppression des jurandes. (Par S.-N.-H. LINGUET.) Février 1776, in-4, 22 p.

Réflexions diverses sur les mariages mal assortis, la manière de connaître le caractère des enfants avant leur naissance, les préjugés des hommes envers les femmes, etc., etc. Par Mme H... (Mme HUET, née MONARD. *Paris, Delaunay*, 1825, in-12, 112 p.

Réflexions du bon citoyen, sur l'origine, l'état présent et les suites des idées publiques à Saint-Domingue. Par l'auteur des « Vues politiques » (CHACHEREAU, avocat au Conseil supérieur de Saint-Domingue). *Au Port-au-Prince, imp. de Mozard*, 1790, in-8, 33 p.

L'auteur a signé la préface.

Réflexions du comte D... (F.-F. D'ESPIE), officier d'infanterie... sur l'établissement de l'Ecole militaire. *S. l.*, 1756, in-8, 39 p.

Réflexions du lendemain sur les arrêtés pris dans l'Assemblée nationale, relative-

ment aux biens ecclésiastiques, le 11 août 1789. (Par l'abbé And. MORELLET.) *S. l. n. d.*, in-8, 102 p.

Par J.-G. PELTIER, d'après une note manuscrite contemporaine.

Réflexions édifiantes, par l'auteur des « Instructions édifiantes » sur le jeûne de J.-C. au désert (Mlle J.-A. BROHON). *Paris, Didot aîné*, 1791, 2 vol. in-8.

Tirées à cinq cents exemplaires.

Imprimées aux frais de madame la duchesse de Bourbon, par les soins de l'ancien curé de Ville-d'Avray (DU GARRI).

On trouve dans cet ouvrage plus d'une prédiction très-claire sur la Révolution française, et cependant l'auteur était mort depuis plusieurs années, mais elles ont été ajoutées après coup. Voy. Renouard, « Catalogue de la bibliothèque d'un amateur », t. I, p. 102.

Réflexions en forme de Lettres adressées au prochain Synode qui doit s'assembler à La Haye, au mois de septembre 1730, sur l'affaire de Saurin et sur celle de Maty; par M. F. B. D. S. E. M. P. D. G. (Fr. BRUYS, de Serrières en Mâconnois, professeur de grammaire). *La Haye*, 1730, in-12.

V. T.

Réflexions et Avis sur les défauts et les ridicules à la mode, pour servir de suite aux « Conseils à une amie ». (Par Madeleine D'ARSANT, dame DE PUISIEUX.) *Paris, Brunet*, 1761, in-8.

Réflexions et Menus Propos d'un peintre genevois (Rod. TÖPFFER). *Genève*, 1839, in-8.

Réimprimés avec le nom de l'auteur.

Réflexions générales sur le livre de M. de Meaux, ci-devant évêque de Condom, intitulé : « Exposition de la doctrine catholique », etc. (Par le ministre Fr. DE GAULTIER.) *Cologne, de Brandebourg*, 1685, in-8.

Réflexions hasardées d'une femme ignorante qui ne connoît les défauts des autres que par les siens, et le monde que par relation ou par ouï-dire. (Par Mme DE VERZURE.) *Amsterdam; et Paris, Vincent*, 1766, 2 part. in-12.

Réflexions historiques et curieuses sur les antiquités des chanoines, tant séculiers que réguliers. (Par le P. DU MOULINET.) *Paris, Blaizot*, 1674, in-4.

Réflexions historiques et politiques sur l'empire ottoman, suivies de notes du Père SICARD, missionnaire, sur les antiquités de l'Egypte, par C.-L. D. (Charles-Louis DAIX), interprète de la langue française pour les langues orientales. *Paris, Belin*, 1802, in-8.

D. M.

Réflexions historiques et politiques sur les moyens dont les plus grands princes et habiles ministres se sont servis pour gouverner et augmenter leurs Etats... *Lcyde, J. et H. Verbeek,* 1739, pet. in-8, 4 ff. prél. et 260 p.

Cet ouvrage n'est autre chose que la « Science des princes » de G. NAUDÉ; seulement on a changé à son texte quelques mots et quelques tours de phrases.

L'abbé Desfontaines, regardant ce livre comme *très-nouveau*, en a inséré une analyse fort détaillée dans ses « Observations », t. XIX, p. 217 et suiv.

Réflexions impartiales, ou résumé des faits des 17 et 18 décembre et de leurs anté-cédents. (Par Nicolas CHATELAIN, de Rolle, dans le canton de Vaud, Suisse.) *Genève, imp. A.-L. Vignier,* 1831, in-8, 23 p.

Réflexions impartiales sur la constitu-tion civile du clergé de France. (Par l'abbé P.-Philib. GUICHELLET.) *Mâcon, Saphoux,* 1791, in-8, 36 p.

Réflexions impartiales sur la possibilité d'une contre-révolution en France, par l'auteur de l' « Abolition de la noblesse héréditaire » (C. LAMBERT, député à la Convention nationale). *S. l.,* 1790, in-8, 1 f. de titre et 28 p.

L'auteur a signé.

Réflexions impartiales sur le magné-tisme animal, faites après la publication du « Rapport des commissaires... » *Genève, B. Chirol; et Paris, Périsse,* 1784, in-8, 50 p.

Cette brochure, datée de Lyon, est attribuée au marquis Ant. DE DAMPIERRE.

Réflexions impartiales sur les « Obser-vations critiques » de M. Clément, adres-sées à lui-même (par l'abbé Ch.-F. CHAM-PION DE NILON). *Orléans et Paris,* 1772, in-12, 47 p.—Seconde lettre, par le même. In-12, 48 p.

L'auteur devait publier une troisième Lettre ; je doute qu'elle ait paru.

Voir « Journal des Beaux-Arts », février 1775, p. 236-246. L'auteur écrivit au sujet de ces Réflexions une lettre très-curieuse, signée de l'anagramme PIT-CHAMONIN, datée d'Etampes et insérée dans le « Jour-nal des Beaux-Arts », déc. 1774, p. 565-574. Il y donne les raisons de la rareté de sa brochure et réclame contre la paternité de la critique posthume. Mais tout dans cette lettre paraît une fine plaisanterie. (De Bac-ker.)

Réflexions impartiales sur les progrès de l'art en France et sur les tableaux expo-sés au Louvre par ordre du roi en 1785. (Par l'abbé Jean-Louis GIRAUD SOULAVIE.) *Londres et Paris, à l'entrée du Sallon et chez*

les libraires qui vendent les nouveautés, 1785, in-8.

Réflexions importantes adressées à MM. les députés du Tiers-Etat du grand bail-liage d'Alençon à l'assemblée du 16 mars 1789, par un citoyen d'Alençon (LECONTE-LAVERRERIE père). *S. l. n. d. (Alençon,* 1789), in-8.   D. M.

Réflexions importantes et apologétiques sur le « Nouveau Commentaire du Dis-cours de M. l'abbé Fleury.... touchant les libertés de l'Eglise gallicane, donné en 1765.... » Par l'auteur du Commentaire (Pierre DE CHINIAC DE LA BASTIDE DU CLAUX), avocat au Parlement. *Paris, De-saint,* 1766, in-12, 132 p.

Pour une critique, voy. « l'Auteur malgré lui », IV, 320, *b.*

Réflexions importantes sur la religion, suivies d'une Lettre à l'auteur du Sys-tème de la nature (signée R...) par M. L... F... P. (l'abbé FANGOUSE, prêtre). *Paris, Debure l'aîné,* 1785, in-12.

Nouveau titre de « la Religion prouvée aux incré-dules ». Voy. ces mots.

Réflexions intéressantes sur le magné-tisme animal, depuis le « Rapport », par M. DE D*** (le marquis Ant. DE DAMPIERRE). *Genève; Paris, Périsse,* 1784, in-8.

Réflexions libres et désintéressées d'un député à la Chambre basse du Parlement d'Angleterre, traduites de l'anglois. (Par l'abbé DANEAU DE LARROQUE, neveu du mi-nistre protestant.) *Edimbourg,* 1745, in-4, 41 p.— Suite des Réflexions... *A Carlisle,* 1746, in-4, 37 p. — Seconde suite des Ré-flexions... *A Lancaster,* in-4, 32 p. — Troi-sième suite... *A Manchester,* 1746, in-4, 54 p. — Quatrième suite... *A Derby,* 1746, in-4, 54 p.

Une note du temps écrite sur l'exempl. de la Biblio-thèque de Nantes indique DANEAU DE LARROQUE comme « prêtre de l'Eglise anglicane, réuni à l'Eglise catholique, ci-devant bibliothécaire du cardinal de Noailles. »

Réflexions militaires et politiques, tra-duites de l'espagnol du marquis DE SANTA-CRUZ (par DE VERGY). *Paris,* 1735-1738, 11 vol. in-12.

Réimprimées à La Haye, avec un douzième volume contenant une section de trente-deux chapitres, qui ne se trouve pas dans l'édition de Paris, et une table des principales matières.

Réflexions militaires sur différents ob-jets de la guerre, par G. K. (KNOCK). *Francfort, Knock,* 1762, in-8.

Cet ouvrage a été réimprimé en 1769, sous le titre de « Découvertes nouvelles ». Voy. IV, 850, *b*.

a | J.-F. *Bernard*, 1716, in-8, 10 ff. et 320 p. — *Liége, Broncart*, 1733, in-12.

Masson, auteur de l' « Histoire critique de la république des lettres », ayant présenté David DURAND comme auteur de ces Réflexions, celui-ci assura n'en avoir jamais pu achever la lecture. L'abbé Desfontaines, dans ses « Observations sur les écrits modernes », regarde J.-Fréd. BERNARD comme le véritable auteur de cet ouvrage. Voy. ci-dessus, col. 94, *a*.

Réflexions mises en forme de discours, sur le vrai, le beau et l'utile en matière de religion. Par un Lorrain (M. l'abbé DURUPT, vicaire de Rosières). *Rosières, chez M. Durupt, vicaire*, 1838, in-8.

Réflexions morales (du P. J.-P. LALLEMANT, jésuite) avec des notes (du P. LANGUEDOC) sur le Nouveau Testament traduit en françois (par le P. D. BOUHOURS). *Paris, Montalant*, 1713-1725; — *Liége*, 1793, 12 vol. in-12.

En 1740, Montalant publia cet ouvrage en 6 vol. in-12, sans les Réflexions du P. Lallemant, sous le titre de « Nouveau Testament traduit en françois, avec des notes et la concorde des quatre Evangiles ».

Réflexions morales et politiques, ou Esquisse des progrès de la civilisation en France au xıxᵉ siècle, par M. B. des Ol**res (Marcelin BARDONNAUT). *Paris, A. René*, 1848, in-8. — Deuxième édit. *Ibid.*, 1849, in-8.

Réflexions morales et politiques sur les avantages de la monarchie, par Mᵐᵉ C. DE M*** (Mᵐᵉ Augustine CHAMBON DE MONTAUX). *Paris, Didot aîné*, 1819, in-8.

Réflexions morales et religieuses sur l'Ecclésiaste, à l'usage de MM. les séminaristes. Par A. A. F. P*** D*** (Anne-Adrien-Firmin PILLON-DUCHEMIN). *Paris, Bricon*, 1834, in-18.

Réflexions morales, politiques, historiques et littéraires sur le théâtre. (Par l'abbé Bertr. DE LA TOUR.) *Avignon*, 1763-1775, 20 vol. in-12.

Ce recueil des brochures publiées par l'auteur contre la comédie et les comédiens a formé d'abord sept volumes.

Réflexions morales pour les personnes engagées dans les affaires qui veulent vivre chrétiennement. (Par Bénigne LORDELOT.)

Ouvrage reproduit sous le titre de « la Découverte des mystères du palais... » Voy. IV, 848, *e*.

Réflexions morales, relatives au militaire françois. (Par P.-Augustin DE VARENNES.) *Paris, Cellot et Jombert*, 1779, in-8, VIII-208 p.

Cet ouvrage parut presque entier en 1771, sous le titre d' « Essai d'une morale relative au militaire françois ». Voy. V, 206, *d*.

Réflexions morales, satiriques et comiques. *Cologne, Marteau*, 1711, in-12. — *Amsterdam*, 1713, in-12. — *Amsterdam*,

b | Réflexions morales sur l'ingratitude, par S. D. P. (Sal. DE PRIEZAC). *Paris*, 1658, pet. in-8.

Réflexions morales sur le livre de Tobie. (Par l'abbé Nic. CABRISSEAU.) *Paris, Lottin*, 1736, in-12.

Après avoir reproduit cette attribution dans le t. II de sa « France littéraire », Quérard donne cet ouvrage à ROUSSEL DE LA TOUR, conseiller au Parlement, en indiquant une nouvelle édition de *Paris*, 1774, in-12.

c | Réflexions morales sur les Évangiles. (Par SALEMANDET, jésuite.) *Paris*, 1716, in-12.   V. T.

Réflexions morales traduites du grec d'ISOCRATE, ou Essai d'une traduction françoise de cet auteur (par l'abbé René MOREL DE BRETEUIL). *Paris, Rollin*, 1702, in-12.

d | Réflexions nocturnes, par M. L. D. L. T. (l'abbé Gabriel-Charles DE LATTAIGNANT). *Paris, veuve Duchesne*, 1769, in-8.

Réflexions nouvelles d'un amateur des beaux-arts, adressées à Mᵐᵉ de *** pour servir de supplément à la Lettre sur l'exposition des ouvrages de peinture, sculpture, etc., de l'année 1747. (Par LIEUDÉ DE SEPMANVILLE.) *S. l.*, 1747, in-12, 47 p.

e | Réflexions nouvelles et critiques sur la manière de bien écrire des lettres. (Par Jos. LEVEN DE TEMPLERY.) *Lyon*, 1695, in-12.

Réflexions nouvelles sur l'Iliade d'Homère avec la tragédie d'Electre (en cinq actes et en vers). Par l'auteur des « Titans » (Bl.-H. DE CORTE, baron DE WALEF). *Liége*, 1731, 2 vol. in-8.

f | Réflexions nouvelles sur les femmes. Par une dame de la cour. (Par la marquise DE LAMBERT.) *Paris, F. Le Breton*, 1727, in-12, 74 p. et 3 ff. d'approb. et de priv. — *La Haye, Gosse*, 1729, in-12. — *Londres, Coderc*, 1730, in-12, 10 ff. lim. et 68 p.

Réimprimées sous ce titre : « Métaphysique de l'amour », par Mᵐᵉ la marquise de L***. *La Haye*, 1729, petit in-8 de 55 p.

Réflections (*sic*) offertes aux capita-

listes de l'Europe, sur les bénéfices im-
mences (sic) que présente l'achat des
terres incultes, situées dans les Etats-Unis
de l'Amérique. (Par le capitaine d'infanterie VAN PRADELLES, originaire de la
Flandre française, devenu citoyen des
Etats-Unis.) *Amsterdam*, 1792, in-8, 42 p.

Note manuscrite.

Réflexions ou recherches sur l'origine
des Français, leurs mœurs, leurs usages,
l'origine de la noblesse, du gouvernement
féodal et de la servitude... par M*** (VAU-
CHELLE aîné). *Paris, Millet*, 1791, in-8,
98 p.

Réflexions ou sentences et maximes
morales. (Par François DE LA ROCHEFOU-
CAULD). Avec un discours sur les Réflexions
(par Jean REGNAULD, sieur DE SEGRAIS).
Paris, Claude Barbin, 1665, in-12.

« On prétend que CORBINELLY a eu part à ces excellentes Réflexions ; qu'il les avait rédigées, et qu'il avait
donné, du moins à la plupart, le tour inimitable qu'elles
ont. Ce qu'il y a de certain, c'est qu'il se glorifiait
d'avoir eu une part considérable à ce travail, et qu'il
avait beaucoup de goût pour cette sorte d'étude ; car
son grand attrait était de tout réduire en maximes ; et
la plupart de ses manuscrits sont des recueils de maximes. Il avait composé il y a quelques années l' « Histoire de la maison de Gondy », dont il se disait allié.
Ce sont deux gros in-4 passablement bien imprimés, et
dont Mᵐᵉ la duchesse de Lesdiguières, qui vient de
mourir, fit la dépense. Il donna à cette maison la plus
illustre origine et ne lui épargna pas les illustrations. »
Cette note, imprimée dans les « Nouvelles littéraires »
de La Haye, t. IV, p. 73, est extraite de celle que
Dutillot a écrite vers 1720 en tête d'un volume manuscrit intitulé : « Lettres de M. de Corbinelly à diverses
personnes », in-4 de 163 p. On a imprimé en 1694 le
premier volume d'un travail de Corbinelli.
Voy. « les Anciens Historiens latins réduits en
maximes », IV, 176, b.
La bibliothèque du Louvre possédait deux volumes
in-4 manuscrits, par le même Corbinelli, dont le titre
était « Tacite réduit en maximes ».
Il y a, dit le « Manuel du libraire » (5ᵉ édit., III,
844), trois éditions avec la date de 1665 contenant
toutes le même nombre de maximes, c'est-à-dire 316,
non compris la dernière sur la mort. Toutes ont le *Discours préliminaire* attribué à Segrais.
Suivant un passage de « la Promenade de Saint-
Cloud », par Guéret, l'auteur du Discours sur les Réflexions ne serait pas Segrais, mais DE LA CHAPELLE.
D'après ce passage, ce serait La Rochefoucauld qui aurait lui-même retranché ce Discours des éditions données de son vivant, c'est-à-dire jusqu'à la cinquième
inclusivement (1678).
Aux trois éditions avec date de 1665 décrites par
le « Manuel », il faut ajouter celle portée au « Catalogue Veinant » de 1863, nᵒ 92, sous ce titre : « Réflexions morales de M. de L. R. FOUCAUT (sic). Paris,
Cl. Barbin, 1665, in-12.
On trouve des détails étendus sur les éditions originales de cet ouvrage dans le « Manuel du libraire »,
5ᵉ édit., III, col. 844.

Voy. aussi, pour les nombreuses réimpressions, Quérard, « France littéraire », IV, p. 563 et suivantes.

Réflexions pacifiques et catholiques sur
l'instruction importante, par demandes et
réponses, relativement au serment de
haine et à la promesse de fidélité. (Par le
curé d'Afden, S.-P. ERNST.) *Maestricht,
Th. Nypels*, an VIII, in-8, 70 p.

Réflexions patriotiques sur l'arrêté de
quelques nobles de Bretagne, daté du
25 octobre 1788. (Par Jean-Denis LANJUI-
NAIS.) *S. l. n. d.*, in-8, 30 p.

Réflexions philosophiques et critiques
sur les couronnes et les couronnemens,
les titres et les sermens; par Frid....
W..... Traduites de l'allemand, avec des
notes de l'éditeur et le détail du cérémonial des inaugurations impériales et
royales. *Paris, Merlin*, an XIII-1804,
in-8, 2 ff. lim. et 122 p.

Signées : A. L. X., éditeur. Par LEGENDRE, ancien
conseiller au Parlement, connu plus tard comme botaniste sous le nom de J.-C. PHILIBERT.

Réflexions philosophiques et impartiales
sur J.-J. Rousseau et Mad. de Warens.
(Par François CHAS.) *Genève*, 1786, in-8. —
Genève, 1787, in-8.

Ce n'est, pour ainsi dire, qu'une nouvelle édition de
« J.-J. Rousseau justifié, ou Réponse à M. Servan...
par François CHAS ». *Neufchâtel*, 1784, in-12.

Réflexions philosophiques et littéraires
sur le poëme de « la Religion naturelle ».
(Par A.-L. THOMAS.) *Paris, Hérissant*,
1756, in-12.

Réimprimées avec le nom de l'auteur vers 1800, par
les soins de Desessarts.

Réflexions philosophiques et politiques
sur la tolérance religieuse, etc., par J. P.
de N*** (Jean PONS, de Nîmes). *Paris, Gautier et Bretin*, 1808, in-8.

Réflexions philosophiques et théologiques sur le nouveau système de la nature et de la grace (du P. Malebranche,
par Ant. ARNAULD). *Cologne*, 1685, 3 vol.
in-12.

Réflexions philosophiques sur l'éducation telle qu'elle doit être pour produire
les fruits désirés. (Par N.-G. CLERC, dit
LECLERC.) *Saint-Pétersbourg, imp. de J.-M.
Hartung*, 1772, in-8, 36 p.   A. L.

Réflexions philosophiques sur l'origine
de la civilisation et sur les moyens de remédier à quelques-uns des abus qu'elle
entraîne. (Par J.-V. DELACROIX.) *Paris,
Le Jay*, 1778, in-8.

Réflexions philosophiques sur l'origine des langues et la signification des mots. (Par P.-L. Moreau de Maupertuis.) S. l. n. d. (Paris), in-12, 147 p.

Réimprimées dans le tome premier des « Œuvres » de l'auteur en 4 vol. in-8.

Réflexions philosophiques sur le plaisir, par un célibataire (A.-B.-L. Grimod de La Reynière). Neufchâtel et Paris, 1783, in-8, 80 p. — 3° éd., revue avec soin, corrigée avec docilité et augmentée de cinq ou six petits morceaux qui n'avaient point encore paru. Paris, 1784, in-8, 136 p.

C'est par erreur que cet ouvrage a été attribué à G.-F. Lantier.

Réflexions philosophiques sur le projet de l'abbé de Saint-Pierre, par M. L*** (Adr.-Mar. Lemaître, de Versailles). 1790, in-8, 24 p.

Réflexions physiques en forme de commentaire sur le chapitre VIII du livre des Proverbes, depuis le verset 22 jusqu'au verset 31, par M. G. C. de M. (J.-B. Girardin, curé de Mailleroncourt). Paris, Vautrin, 1758, in-12. — Besançon, Charmet, 1759, in-12.

Réflexions politiques de Balth. Gracian, sur les plus grands princes, et particulièrement sur Ferdinand le Catholique, traduites de l'espagnol avec des notes historiques et critiques par M. D. S. (Et. de Silhouette). Paris, Alix, 1730, in-4.

Réflexions politiques et historiques sur l'affaire des princes ; avec la requête des pairs de France, la requête des princes légitimés, et une réponse à cette dernière requête. (Par J. de La Chapelle.) La Haye, C. Le Vier, 1717, in-4. — S. l. n. d., in-8.

Réflexions politiques et intéressantes sur la loi proposée au conseil des Cinq-cents concernant les obligations entre les citoyens et le remboursement des créances sur les particuliers... (Par Cournault, homme de loi.) Paris, Gueffier, an VI-1798, in-8.

Réflexions politiques et intéressantes sur la régie du temporel des bénéfices consistoriaux, où l'on fait voir que ces bénéfices tendent à leur ruine... (Par dom Antoine Guiard.) S. l., 1738, in-12, VII-43 p.

Réflexions politiques et morales sur les hommes illustres de Plutarque, précédées

d'un abrégé de leurs vies, extraites du même auteur. (Par le président J.-Ch. de Lavie.) Paris, Regnard, 1764, 4 vol. in-12.

Réflexions politiques, générales et particulières, sur la guerre d'Allemagne en 1778, et sur la paix conclue à Teschen, le 13 mai 1779, par M. R*** (A.-G. Raoux). Amsterdam (Berlin), 1780, in-8, 114 p. et 1 f. d'errata.

Réflexions politiques par lesquelles on fait voir que la persécution des réformés est contre les véritables intérêts de la France. Cologne, Pierre Marteau, 1686, in-12, 6 ff. lim. et 291 p.

Cet ouvrage, généralement attribué à Charles Ancillon, est plus probablement de Gatien de Courtilz de Sandras, ainsi que le démontre M. François Morand dans le « Bulletin du bibliophile », 1851, t. X, p. 497.

Réflexions politiques sur la coalition des puissances étrangères contre la France. S. l. (1791), in-8, 40 p.

Par M. Cock, 29 septembre, suivant une note manuscrite. Peut-être C.-G. Kock ?

Réflexions politiques sur la guerre actuelle de l'Angleterre avec ses colonies, et sur l'état de la Russie. (Par G.-F. Le Trosne.) Orléans, 1777, in-8.

Réflexions politiques sur la Pologne, ou Lettre d'un patriote modéré à son ami, avec plusieurs autres lettres et un coup d'œil sur les vues secrètes que peuvent avoir les puissances de l'Europe par rapport à la situation actuelle de la Pologne, le 10 juin 1770. (Par Pyrrhys de Varille.) Londres, 1772, in-8.   A. L.

Réflexions politiques sur la question proposée par l'Académie de Châlons : quels sont les moyens de faire naître et d'encourager le patriotisme dans une monarchie, sans altérer ni gêner en rien le pouvoir exécutif propre à ce genre de gouvernement ? (Par Mignonneau.) S. l. n. d. (postér. à 1783), in-8, 46 p.

Réflexions politiques sur la situation intérieure de la Belgique en 1841, pour servir d'enseignement aux électeurs, par M. de B. (Martroye, de Bruxelles). Bruxelles, Slingeneyer, 1841, in-12, 36 p.   J. D.

Réflexions politiques sur le projet d'une constitution pour le royaume de Wurtemberg... (Par M. le comte de Firmas-Périès.) Paris, A. Egron, 1815, in-8, 50 p.

Réflexions politiques sur les finances et

le commerce... (Par Dutot.) *La Haye,*
frères Vaillant, 1738, 2 vol. in-12.

Réimprimées avec une notice sur Dutot dans le volume intitulé : « Économistes financiers du XVIIIᵉ siècle ». *Paris, Guillaumin,* 1843, gr. in-8, p. 839-1008.

Réflexions politiques touchant le devoir et la bonne conduite des peuples. A la province de Bretagne. (Par Jean-Baptiste Noulleau.) *S. l. n. d.* (*Paris, veuve Alliot,* 1665), in-4, 20 p.

Catalogue de Nantes, nº 6375.

Réflexions pour les sots. (Par Voltaire.) *S. l.,* 1760, in-8.

Réflexions pour tous les jours de la semaine. (Composé en allemand par Elisabeth Christine de Brunswick, femme de Frédéric II, roi de Prusse, et traduit par elle-même en français.) *Berlin,* 1778, in-8.

Réflexions pratiques sur le chant figuré, par J.-B. Mancini, maître de chapelle à Vienne... Traduites sur la troisième édit. italienne (par de Rayneval). *Paris, du Pont,* an III, in-8, VIII-231 p., 1 f. d'errata et 4 planches.

Réflexions préalables sur les bases proposées au mode d'émancipation des serfs en Russie, par un député d'un comté provincial (le comte Vladimir Orloff-Dawidoff). *Paris, Guillaumin et Cⁱᵉ,* 1859, in-8, 47 p.   A. L.

Réflexions préliminaires à l'occasion de la pièce intitulée « les Docteurs modernes », jouée sur le théâtre Italien, le 16 novembre 1784. (Par J.-J. Duval d'Eprémesnil.) *Paris,* 1784, in-8, 3 p. — Suite des Réflexions préliminaires à l'occasion des « Docteurs modernes ». (Par le même.) *Paris,* 1784, in-8, 8 p.

Il a été publié une parodie en vers de la première de ces deux pièces. Elle porte le même titre ; seulement, après la date 1784, on lit : *Revues et augmentées.* C'est un in-8 de huit pages.

Réflexions préliminaires sur le nouveau rituel de M. de Juigné. (Par l'abbé H. Jabineau.) In-12, 62 p.

L'auteur fit paraître des « Secondes Réflexions sur le nouveau Rituel de Paris, Empêchements dirimants du mariage, » 2 mars 1787, in-12, 143 p.

Réflexions présentées à ceux de nos confrères qui se feraient encore peine de se conformer aux deux derniers concordats. (Par J.-F.-M. Le Pappe de Trevern, évêque d'Aire et ensuite de Strasbourg.) *Paris, imp. de Crapelet* (1822), in-8, 32 p.

Réflexions présentées à S. M. le roi des

a

Pays-Bas sur le Recueil des pièces officielles, relativement à la liberté illimitée du commerce des grains, publié par ordre de Sa Majesté; par M. P. (Plissart), ci-devant fermier et distillateur en la province de Hainaut. *Bruxelles, Wahlen,* 1824, in-8, 48 p.   J. D.

b

Réflexions propres à former l'esprit et le cœur. (Par Barbier.) *Paris, Prault,* 1749, in-8.

Même ouvrage que « Pensées diverses ou Réflexions.... » Voy. VI, 822, *b.*

c

Réflexions rapides de L.-H.-C. (L.-H.-C. de Franclieu). Juin, juillet. *Paris, chez les marchands de nouveautés,* 1791, in-8, 24 p.

Réimprimées avec le nom de l'auteur.

Réflexions, Sentimens et Pratiques de piété, par l'auteur de l'« Ame élevée à Dieu » (l'abbé Barth. Baudrand). *Lyon, Périsse,* 1780, in-12.

Souvent réimprimés avec le nom de l'auteur.

d

Réflexions solides sur le moniteur de l'assemblée du clergé de France adressé aux protestants du royaume; et sur les lettres du Roi Très-Chrétien aux évêques et aux intendants, sur le même sujet. (Par Jean Claude.) *Paris,* 1682, in-12, 24 p.

Réflexions sommaires sur le décret du mois de novembre 1791, concernant les ecclésiastiques non assermentés. (Par J.-M. Dulau, archevêque d'Arles.) *Paris, Guerbart,* 1791, in-8, 20 p.

e

Réflexions soumises à la considération des Puissances combinées; traduit de l'anglois de John Bowles (par M.-M. Tabaraud, qui a joint à l'ouvrage une préface et des notes). *Londres,* 1799, in-8.

Réflexions spirituelles et Sentimens de piété du R. P. Charles de Lorraine, jésuite, traduits de l'italien (par le P. François Baltus). *Dijon,* 1720, in-12.

Réflexions spirituelles sur les passions. (Par Antoine Coulbaut, prêtre.) *Paris, C. Remy,* 1682, in-12.

f

Note manuscrite.

Réflexions sur Alexandre le Grand. *Milan,* 1764, in-8.

Traduction par J.-P. Erman de l'ouvrage du duc Frédéric-Auguste de Braunschweig, publié en italien sous le titre de « Riflessioni critiche sopra il carattere e le gesta d'A. M. » *Milano,* 1764, in-8.

Réflexions sur ce que l'on appelle bonheur et malheur en matière de loteries, et sur le bon usage qu'on en peut faire. (Attribuées par Bayle à Jean Le Clerc.) *Amsterdam, Gallet,* 1694, 1696, in-12.

Réflexions sur ce qui a été fait et sur ce qui reste à faire, lues dans une Société d'amis de la paix. (Par Condorcet.) *Paris, Baudouin,* 1789, in-8, 1 f. de tit. et 33 p.

Réflexions sur ce qui peut plaire ou déplaire dans le commerce du monde. (Par l'abbé J.-B. de Bellegarde.) *Paris,* 1688, 2 vol. in-12.

Réflexions sur deux écrits publiés sous le nom du feu roi Charles deuxième, trad. de l'anglois par D. D. D. S. P. (composées par Pierre Jurieu). *Londres, veuve Smith,* 1686, in-12.

« Dictionnaire » de Chaufïepié, t. III, art. *Jurieu,* p. 66.

Réflexions sur deux propositions tendantes, la première à ouvrir indéfiniment aux ministres des cultes l'entrée des conseils généraux des départements, la seconde à faire entrer d'autorité des curés ou pasteurs dans les comités d'instruction primaire qui seront établis dans chaque conseil municipal de sous-préfecture, pour la surveillance et l'encouragement de l'instruction primaire... (Par le comte P.-L. Roederer.) *Paris, impr. de Lachevardière,* mai 1833, in-8, 14 p. et 1 f. bl.

Tirées à 50 exemplaires.

Réflexions sur différents articles du « Journal des Débats », relatifs aux affaires d'Espagne. (Par Pêche.) *Paris, C.-J. Trouvé,* décembre 1822, in-8, 27 p.

Réflexions sur différens sujets de physique, de guerre, de morale, etc.; ouvrage périodique. (Par de La Bruyère, ingénieur.) *Paris, Le Breton,* 1731 (1732 et 1733), in-8.

On trouve quelquefois à la suite de ce volume un « Traité de la fortune », par le même auteur.

La douzième et la quinzième de ces réflexions ont été insérées dans le t. V des Œuvres de Boileau, édit. de Saint-Marc, qui n'en connaissait pas l'auteur.

Réflexions sur divers sujets. (Par l'abbé Pegère.) *Paris, Billot,* 1709, in-12. — Deuxième édit. *Id.,* 1711, in-12, 6 ff. lim., 273 p. et 1 f. de priv.

L'épître est signée : P.-D. L. La 3e édition, publiée avec le nom de l'auteur en 1717, porte le titre de « Réflexions politiques et morales sur différents sujets ».

Réflexions sur l'abolition de la traite et de l'esclavage des nègres, traduites de l'an-glais (par A.-G. Griffet de Labeaume). 1788, in-8.

Réflexions sur l'administration de l'enregistrement et des domaines. *Paris, imp. de Pillet* (1816), in-8, 7 p.

Signées : L. M. D. Q. (Louis Marin, de Quimper).

Réflexions sur l'Anonyme (Voltaire), et sur ses conseils à M. Racine, au sujet du poëme de « la Religion ». (Par René de Bonneval.) 1742, in-8, 7 p.

Réflexions sur l'argument de MM. Locke et Pascal, concernant la possibilité d'une autre vie à venir.

Voy. « Évangile de la raison », V, 327, *f.*

Réflexions sur l'armée et sur les rapports à établir entre elle et les troupes nationales. (Par le vicomte A.-J.-P. de Ségur.) *Paris, Desenne,* 1789, in-8, 24 p.

Réflexions (de P.-J. Grosley) sur l'attentat commis le 5 janvier (1757), contre la vie du roi (Louis XV). *S. l. (Troyes, veuve Gobelet),* 5 mars 1757, in-12, 35 p.

Réflexions sur l'économie politique, traduites en françois de l'italien (du comte P. Verri, par G. Mingard). *Lausanne,* 1773, in-12.

En 1776, cette traduction a été reproduite sous ce titre : « Essai sur les principes politiques de l'économie publique, par D. Brown Dignan ». *Londres,* in-8. Voy. « Supercheries », I, 942, *d.*

En 1779, le libraire de Tune, de La Haye, mit à cet ouvrage un nouveau frontispice, qui contient le nom de l'auteur et celui du traducteur. On trouve ensuite une préface curieuse sur ces deux personnages (par A. Perrenot).

Réflexions sur l'écrit intitulé : « Richesses de l'État », édition de l'auteur (P.-S. Dupont de Nemours). *Londres (Paris),* 1743 (1763), in-8, 28 p.

Réflexions sur l'éducation de la jeunesse, surtout aux Pays-Bas autrichiens. Tirées en grande partie des meilleurs auteurs. (Par Derleyn.) *Liége,* 1788, in-12, 44 p.

Réflexions sur l'éducation des enfants du premier âge. (Par M. Terrasse.) *Paris, Sajou, impr.,* 1812, in-8.

Réflexions sur l'éducation des jeunes gens destinés à l'état militaire, précédées d'un discours sur la nécessité de perfectionner l'art de la guerre... (Par A.-M.-F. de Verdy du Vernois.) *Berlin,* 1788, in-8. — Nouvelle édit. 1792, in-8.

Réflexions sur l'électricité médicale. (Attribuées au chirurgien Ant. LOUIS.) *Paris*, 1763, 2 vol. in-12.

Réflexions sur l'Éloge de M. de Voltaire, par M. d'Alembert, prononcé par lui-même, le 4 mars 1779... (Par JOLY DE SAINT-VALLIER.) *Francfort*, 1780, in-8, 1 f. de tit. et 77 p.

Tirées à 20 exemplaires.

Réflexions sur l'éloquence. (Par BRULARD DE SILLERY, évêque de Soissons, le P. Fr. LAMI, bénédictin, et Ant. ARNAULD, avec une préface du P. Dom. BOUHOURS.) *Paris, Josse,* 1700, in-12.

Le frontispice de ce recueil a été changé en 1712.

Réflexions sur l'éloquence des prédicateurs. (Par Ant. ARNAULD.) *Paris*, 1795, in-12.

Première édition de l'ouvrage inséré dans l'article précédent.

Réflexions sur l'engagement exigé des professeurs de théologie d'enseigner la doctrine contenue dans la Déclaration du clergé de 1682. (Par M.-M. TABARAUD.) *Paris, Delaunay,* 1824, in-8, 48 p.

Réflexions sur l'enseignement, par A. C. (Aug. CORDIER, médecin militaire). *Mons, Masquelier,* 1841, in-8, 8 p.   J. D.

Réflexions sur l'établissement d'une Société royale de médecine et de chirurgie. (Attribuées à J.-J. LEROUX.) *Paris, Didot le jeune,* 1815, in-4, 20 p.

Voy. des « Observations sommaires » sur cet écrit, signées par « un homme de bien » et imprimées à *Montpellier,* 1816, in-4, 32 p.

Réflexions sur l'établissement de la Caisse de Poissy. (Par VAUVERTE.) *S. l.,* 1775, in-8, 53 p.

Réflexions sur l'état actuel d'Alger; par M. J. DE LA M. (Jules JUCHAULT DE LA MORICIÈRE, frère du général). *Paris, L. Normant,* 1836, in-8, 44 p.

Réflexions sur l'état actuel de l'agriculture, ou exposition du véritable plan pour cultiver ses terres avec avantage et pour se passer d'engrais. (Par G. FABBRONI.) *Paris, Nyon l'aîné,* 1780, in-12.

Réflexions sur l'état actuel de l'Église. *S. l.,* 1787, in-4, 8 p.

Le P. Bern. LAMBERT les destinait à servir de discours préliminaire aux « Nouvelles ecclésiastiques » pour 1787; des raisons ayant porté l'éditeur à ne pas les insérer, elles ont été imprimées à part, soit in-4, soit in-12.

Réflexions sur l'état actuel des prisons en Belgique. (Par Pierre-François-Joseph BROGNIEZ.) *Bruxelles, François,* 1838, in-8, 49 p.   J. D.

Réflexions sur l'état actuel du crédit public de l'Angleterre et de la France. (Par PANCHAUD.) *S. l.,* 1782, in-8.

Réflexions sur l'état actuel du jury, de la liberté individuelle et des prisons; par M. C... (Ch. COTTU), conseiller à la cour royale de Paris. *Paris, H. Nicolle,* 1818, in-8.

Réflexions sur l'état de l'Église en France pendant le XVIIIe siècle et sur sa situation actuelle. *Portæ inferi non prævalebunt adversus eam.* (S. Math., XVI, 18.) *A Paris, à la Société typographique, place Saint-Sulpice, n° 6; à Lyon, chez Rusand, libraire, rue Mercière,* 1808, in-8, vij-151 p.

Édition corrigée. *A Paris, à la Société typographique,* 1814, in-8, VI et 1 pages pour l'*errata*, plus 151 p. On lit au verso du titre :

« NOTA. Cet écrit, imprimé en 1809 (sic, lisez
« 1808), vit à peine le jour qu'il fut saisi par ordre
« du gouvernement. Les exemplaires viennent d'être
« restitués, à l'arrivée du ROI TRÈS-CHRÉTIEN, et nous
« nous empressons de faire reparaître cet opuscule
« sous des auspices si favorables à l'Église de JÉSUS-
« CHRIST.

« Ceci n'est pas, comme on voit, une nouvelle édi-
« tion, quoique le frontispice semble l'annoncer ; on a
« seulement fait, avec le secours des cartons, *deux*
« corrections indispensables ; il est même utile, en li-
« sant ces Réflexions, de se reporter au temps où elles
« furent imprimées. »   (*Note de l'éditeur.*)

(Autre édit.) Suivies de Mélanges religieux et philosophiques, par M. l'abbé F. DE LA MENNAIS. *A Paris, chez Tournachon-Molin et H. Séguin, libraires, rue de Savoie, n° 6, f. s. g.,* 1819, in-8, 1 p. non chiffrée, plus 577 p.

L'épigraphe a été retranchée.

Voici la Préface qui, dans cette édition, remplace la Note de l'éditeur de 1814 :

« Les « Réflexions sur l'état de l'Église », publiées
« en 1808, furent aussitôt saisies par la police de
« Buonaparte. On n'y a rien ajouté. Il y aurait trop à
« dire sur ce qui s'est passé depuis cette époque, et
« sur ce qui se passe encore aujourd'hui, relativement
« à l'Église.

« Le reste du Recueil que l'on offre au public se
« compose d'articles qui ont paru dans les journaux,
« et de quelques petits écrits du même genre, que la
« censure, du temps de sa splendeur, ne permit pas
« d'y insérer. On y a joint, sous le titre de Pensées
« diverses, de courtes réflexions sur différents sujets
« de religion et de philosophie. »

Seconde édition, revue et corrigée. *Ibid., id.,* 1820, in-8, 1 p. non chiffrée et 518 p.

Ce volume contient la même quantité de matières que l'édition précédente, malgré la différence du nombre de pages.

Troisième édition. (1821, selon A.-A. Barbier.)

Il nous a été impossible, malgré nos recherches, de découvrir un exemplaire de cette édition, qui, si elle a existé, n'est pas une nouvelle édition, mais tout simplement la seconde avec un nouveau titre. La preuve en est que la quatrième édition prétendue indiquée plus bas n'est que la seconde avec un nouveau titre.

Cette troisième édition n'a pas été déposée au Ministère de l'intérieur; elle n'est pas, par conséquent, annoncée dans le « Journal de la librairie », et elle ne se trouve pas à la Bibliothèque nationale.

Quatrième édition. *A Paris, à la Librairie classique élémentaire, rue du Paon, n° 8, et chez Méquignon-Havard, libraire, rue des Saints-Pères, n° 10, 1825, in-8,* II p. avertissement, 1 p. préface, et 518 p.

Cette soi-disant quatrième édition n'est autre que la seconde (1820) avec un nouveau titre, mais elle a de plus que celle-ci deux pages curieuses que nous reproduisons :

« La plupart des morceaux dont se compose ce Recueil furent écrits, il y a quelques années, à l'occasion des actes de l'administration qui devaient avoir le plus d'influence sur l'avenir de la société; et néanmoins, si ces morceaux paraissaient aujourd'hui pour la première fois, les réflexions de l'auteur s'appliqueraient avec autant de justesse et même d'à-propos à ce qui se dit et ce qui se fait qu'à ce qui se faisait et se disait alors, tant le système que les écrivains religieux et monarchiques combattaient à cette époque est loin d'être changé, tant on a peu fait de progrès vers un meilleur ordre de choses. Les années passent et nous laissent où elles nous ont trouvés; elles amènent d'autres hommes sur la scène politique, mais non d'autres principes, d'autres doctrines. A cet égard, on est satisfait de ce qu'a fourni l'héritage de la Convention, du Directoire et de l'Empire. Le pouvoir semble enchaîné à ces trois vastes ruines; et quand nous disons que les années nous laissent où elles nous ont trouvés, nous ne voulons parler que de notre sagesse, en effet toujours la même. Car, du reste, que voyons-nous dans les lois, comme dans les mœurs, sinon dans le développement de plus en plus actif de tout ce que le XVIIIe siècle a légué au XIXe? Qu'on remonte en arrière seulement de quatre à cinq ans, on sera, nous le pensons, très-frappé de ce développement rapide. *Les maximes qu'on rejetait avec horreur ou avec dégoût s'établissent sans contradiction ou avec les vérités les plus simples; elles sont défendues par ceux mêmes qui se montrent les plus ardents à les attaquer. Ce qu'on appelait bien, on l'appelle mal, et réciproquement. Ce qu'on représentait comme la mort des peuples, on assure à présent que c'est leur santé, leur vie.* Il est curieux d'observer ces mouvements divers des mêmes esprits dans des positions différentes, et l'immuable admiration des honnêtes gens (c'est, je crois, leur nom) pour les opinions immuables de quelques grands hommes, qui ont prouvé qu'aucune idée ne leur était étrangère, puisqu'ils les ont toutes soutenues les unes après les autres; qui, pour le bonheur du monde, ont apaisé la Révolution en l'embrassant, et qui sauvent tous les jours la France, l'Europe, la société, la religion, à la Bourse et à l'Opéra. Le Recueil dont nous offrons la quatrième édition au public ne contient et ne peut contenir que les titres de leur ancienne gloire, de leur gloire gothique. On trouvera dans le *Moniteur*, à

« sa date précise, leur gloire d'hier et leur gloire de « demain. »

Malgré l'étendue donnée par Quérard à l'article « Réflexions » dans ses « Supercheries », II, 518 à 521, nous avons cru devoir entrer dans de nouveaux détails sur cet écrit, et il nous paraît utile de relever un reproche injuste d'inexactitude adressé à Barbier par le savant, mais par trop irritable auteur des « Supercheries ».

Il raconte que, se fiant à l'article du « Dictionnaire des anonymes », 2e édition, n° 15914, et curieux de voir dans quels termes son compatriote La Mennais avait fait l'éloge de Napoléon, il se mit en quête des éditions citées, et, « à notre grand étonnement, dit-il (« Super- « cheries », II, 519, c), aux pages 95 (lisez 91) de « celle de 1808 et 91 (lisez 95) de celle de 1819, nous « n'avons trouvé ni aucune page supprimée, ni éloge « d'aucun genre de Napoléon, qui n'y est même pas « nommé. Et voilà comme on écrit l'histoire! »

C'est là ce qu'imprimait Quérard dès 1847 (« Super-cheries », t. II, p. 375). (Voy. 2e édit., II, 519, f.) Il est évident qu'à ce moment Quérard a eu sous les yeux un des exemplaires cartonnés dont parle la note du Dictionnaire et d'où l'on a fait disparaître les éloges en question. Étonné de ne pas trouver les passages qu'il cherche et qu'il ne devait pas trouver, il écrit sans se rendre compte des causes de sa mécontente : « Et voilà comme on écrit l'histoire! »

Mais dix ans plus tard notre irascible bibliographe publie dans « le Quérard », t. II, p. 541-544 : « Histoire d'un ouvrage de M. l'abbé de La Mennais. » C'est des « Réflexions » qu'il s'agit. Cette fois, Quérard a mis la main sur un exemplaire non cartonné, et il y a trouvé les passages indiqués par Barbier. Il en reproduit un, en le faisant suivre de la correspondance échangée entre La Mennais et l'abbé de Feletz, correspondance amenée par un compte rendu du 3e vol. du « Dictionnaire des anonymes », publié par Feletz dans le « Journal des Débats » et réimprimé ainsi que cette correspondance dans les « Mélanges de philosophie, d'histoire et de littérature de Ch. M. de Feletz ». *Paris, Grimblot, 1828.* Dans son article, Quérard oublie de reconnaître l'erreur qu'il avait commise dans les « Supercheries »; il s'est corrigé sans mot dire.

Aux renseignements précédemment donnés, nous ajouterons que les cartons sont étoilés, comme c'est l'habitude, et qu'ils ont 28 lignes à la page, tandis que les pages de l'édition originale n'en ont que 27.

Réflexions sur l'état de la société, par un ancien député de la Marne (LOISSON DE GUINAUMONT). *Paris, imp. de Béthune,* 1829, in-12.

Réflexions sur l'état de liberté dans lequel on paraît désirer que soit Louis XVI lorsque l'acte constitutionnel sera présenté à son acceptation. (Par MAYEUVRE, président du district de la campagne de Lyon.) *S. l.,* 1791, in-8, 20 p.

Réflexions sur l'état des affaires politiques en 1778, adressées aux personnes craintives. *Berlin,* 1778, in-8.

Ces Réflexions ont été attribuées à la reine ELISABETH-CHRISTINE de Brunswick, femme du grand Frédéric.

D. M.

Réflexions sur l'état des finances de la

République. *Paris, impr. de J. Gratiot et comp., s. d.,* in-8, 8 p.

Une autre édition, sortie des mêmes presses, est signée à la fin : J.-B. PAULÉE.

Réflexions sur l'état du genre humain. (Par J.-B.-J. DOILLOT.) *Paris, Arthus Bertrand,* 1810, in-12, 2 ff. de tit. et 110 p.

Réflexions sur l'étude des sciences exactes. (Par Jean-Baptiste-Joseph QUÉNARD.) *Paris, impr. de Donaud,* 1857, in-8, 19 p.

Réflexions sur l'évidence intrinsèque de la vérité du christianisme, traduites de l'anglais de Thomas ERSKINE, avocat, sur la quatrième édition. *Paris, Treuttel et Wurtz,* 1822, in-12, 250 p.

La préface est de Mᵐᵉ DE BROGLIE, née A.-I.-G. DE STAEL. L'introduction a été traduite par elle ; le reste l'a été par Mˡˡᵉ SOBRY.

Cette préface a été réimprimée, avec plusieurs autres pièces du même auteur, dans le volume intitulé : « Fragments sur divers sujets de religion et de morale ». Voy. V, 494, d.

Réflexions sur l'existence de l'âme et sur l'existence de Dieu.

Voy. « Évangile de la raison », V, 327, f.

Réflexions sur l'habillement, l'équipement et l'armement des troupes belges, avec les améliorations qu'on pourrait y apporter ; par L. C. G. D. B. (le comte Gaston DE BUISSERET). *Bruxelles,* 1852, in-8, 16 p., orné de figures coloriées.
                                             J. D.

Réflexions sur l'histoire d'Auvergne. (Par N. GOBET.) *Riom, veuve Candèze,* 1771, in-4, 14 p.

Réflexions sur l'histoire de France. (Par l'abbé Cl.-Gaspard LEZAY-MARNESIA, chanoine de Lyon.) *Paris, Vente,* 1765, in-12, 71 p.

Réflexions sur l'histoire de la captivité de Babylone... (Par le P. Fr. BOYER, de l'Oratoire.) *S. l.,* 1727, in-8. — 2ᵉ édit., revue, corrigée et augmentée. *S. l.,* 1732, in-12.

Catalogue manuscrit de l'abbé Goujet et celui de Sarolea (rédigé par l'abbé Paquot). *Liége,* 1785, in-8, nᵒ 79.

Quelques auteurs donnent ces Réflexions à l'abbé J.-B.-R. PAVIE DE FOURQUEVAUX, parce qu'elles sont éclaircies par « Idée de la Babylone spirituelle.... » Voy. V, 877, d. Mais, d'un autre côté, ce dernier ouvrage est attribué à François JOUBERT par l'abbé Goujet, dans son Catalogue manuscrit.

Réflexions sur l'histoire des Juifs, etc.

(Par Jacques PLANTIER, de Genève.) *Genève, Fabri,* 1721, 2 vol. in-12.

Réflexions sur l' « Histoire des Russes » de Lévesque. *S. l.,* 1783, in-12.

Attribuées à Mᵐᵉ DE POMMEREUL et au général F.-R.-J. DE POMMEREUL, son mari. (Quérard.)

Réflexions sur l'idée outrée qu'on donne de la contagion de la peste... par M. J. (JOUBERT). *Grenoble, G. Giroud,* 1721, in-8.

Réflexions sur l'île de Corse.

Voy. ci-dessus, col. 117, a.

Réflexions sur l'impôt et la meilleure manière de l'asseoir et de le répartir à Marseille. (Par EYMAR aîné.) *Marseille,* 1789, in-8.   G. M.

Réflexions sur l'Instruction de Mgr l'évêque de Boulogne (Asseline) touchant la déclaration exigée des ministres du culte catholique, par F.-Xav. DE F. (FELLER). *Liége, J.-F. Desoer,* 1800, in-8.

Réflexions sur l'Instrution pastorale de M. de Cambrai, par un théologien (Louis-Gabriel GUÉRET). *S. l.,* 1735, in-4.

Réflexions sur l'instruction publique, présentées à la Convention nationale par le Bureau de consultation des arts et métiers. (Rédigées par A.-L. LAVOISIER.) *Paris, imp. du Pont, s. d.,* in-8, 22 p.

Réflexions sur l'opéra. (Par T. RÉMOND DE SAINT-MARD.) *La Haye,* 1741, in-12, 23 p. et 1 f. d'errata.

Réimprimées dans les « Œuvres » de l'auteur, t. II de l'édit. de 1742 et t. V de l'édit. de 1749.

Réflexions sur l'opinion de M. Geoffroy Saint-Hilaire dans la question de candidature pour la place vacante à l'Académie royale des sciences par le décès de M. Deschamps. Par M. BIL... (Louis-Jacques BÉGIN, de Liége, docteur en médecine). *Paris, Trouvé,* 1825, in-8, 32 p.

Réflexions sur l'ordonnance concernant les petits séminaires. (Par l'abbé Jean-Jacques FAYET, depuis évêque d'Orléans.) *Paris,* 1828, in-8.   D. M.

Réflexions sur l'ordre et les manœuvres de l'infanterie, extraites d'un Mémoire écrit en 1776. (Par DE MESNIL-DURAND.) *Bayeux, Antoine-J. Nicolle,* 1778, in-8.
                              H. de L'Isle.

Réflexions sur l'organisation municipale et sur les conseils généraux de département et les conseils d'arrondissement. Par un membre de la Chambre des députés (J.-M. Duvergier de Hauranne). *Paris, Delaunay*, 1818, in-8.

Réimprimées la même année avec le nom de l'auteur.

Réflexions sur l'origine, l'histoire et la succession des anciens peuples, par Fourmont l'aîné (avec un nouveau frontispice et la vie de l'auteur, par M.-A.-A. Le Roux Deshauterayes et J. de Guignes). *Paris, Debure l'aîné*, 1747 (1735), 2 vol. in-4.

Les exemplaires de 1735 sont intitulés « Réflexions critiques, etc. »

La table des matières de 1747 a été rédigée par l'abbé J.-B. Le Maschier.

Réflexions sur l'origine, la nature et l'objet du système maçonnique, par D. C. (Dominic). *Paris, Le Normant*, 1815, in-8, 32 p.

Voy. « Supercheries », I, 873, c. L'auteur y a été par erreur nommé Dominie, d'après le Catalogue Lerouge.

Réflexions sur l'ouvrage de J. Hobbes, « de la Liberté, de la Nécessité et du Hasard. » (Par Leibnitz.) *Amsterdam*, 1710, in-8.
V. T.

Réflexions sur l'ouvrage de M. Vanderstraeten. (Par Delemer aîné.) *Bruxelles*, 1820, in-8.
J. D.

Voy. V, 287, f.

Réflexions sur l'usage de l'éloquence de ce temps. (Par le P. René Rapin.) *Paris, C. Barbin*, 1671, in-12, 5 ff. lim. et 175 p. — 2ᵉ édit. *Id.*, 1672, in-12, 9 ff. lim. et 159 p.

Réflexions sur l'usage de l'opium, des calmans et des narcotiques, pour la guérison des maladies; en forme de lettre. (Par Phil. Hecquet.) *Paris, Cavelier*, 1726, in-12.

Réflexions sur l'usage du thé... par N***. licencié en médecine (Nic.-Fr.-Jos. Eloy, médecin). *Mons, Plon*, 1750, in-12, 56 p.

Réflexions sur l'usage présent de la langue françoise, ou remarques nouvelles et critiques touchant la politesse du langage. *Paris, Laurent d'Houry*, 1689, in-12, 7 ff. prélim. n. chiff. et 713 p.

L'extrait du privilége, daté du 29 déc. 1687, est au nom du sieur ***.

Le titre de la seconde édit., revue, corrigée et augmentée d'une table très-nécessaire, *Paris, L. d'Houry*, 1692, in-12, porte : par M. A. D. B.

L'extrait du privilége reproduit p. 714 donne le nom de l'auteur, Andry de Bois-Regard.

L'auteur a encore publié : « Suite des Réflexions critiques (sic) sur l'usage... » Par M. A. D. B. *Paris, L. d'Houry*, 1693 ou 1694, in-12.

Le privilége donne le nom de l'auteur.

Réflexions sur l'utilité de la recherche et de la conservation de nos antiquités nationales. (Par M. H. de Néville.) *Rouen, Legrand*, 1839, in-8, 23 p.

Réflexions sur l'utilité des écoles gardiennes, présentées à MM. les bourguemestre, échevins et membres du conseil municipal de Mons, par un ecclésiastique de cette ville (Boulvain, curé de Saint-Nicolas). *Mons, Pierard*, 1837, in-8, 24 p.
J. D.

Réflexions sur la colonie de Saint-Domingue, ou examen approfondi des causes de sa ruine et des mesures pour la rétablir... (Par le comte Fr. Barbé de Marbois.) *Paris, Garnery*, 1796, 2 vol. in-8.

Réflexions sur la conservation des lois et la liberté de la presse. *Strasbourg, place Saint-Thomas, n° 3*, 1814, in-8, 19 p.

Signées : J. H. S. (Jean-Henri Silbermann, secrétaire général du consistoire général et membre du Directoire de Strasbourg).

Réflexions sur la constitution de l'Angleterre. (Attribuées par les uns au chevalier William Temple et par les autres à Kings.) Traduites de l'anglois (par J. Chas). *Paris, Gueffier jeune*, 1789, in-8, 1 f. de tit., ii-82 p.

Réflexions sur la corvée des chemins, ou supplément à l' « Essai sur la voirie », pour servir de réponse à la critique de l' « Ami des hommes » (par Duclos). *La Haye et Paris, Nyon*, 1762, in-12.

Voy. « Essais sur les ponts et chaussées... », V, 282, f.

Réflexions sur la cruelle persécution que souffre l'Eglise réformée de France et sur la conduite et les actes de la dernière assemblée du clergé de ce royaume... (Par le ministre P. Jurieu.) *S. l.*, 1685, in-12. — 2ᵉ édit., corrigée et augmentée. *S. l.*, 1685, in-12. — 3ᵉ édit. *S. l.*, 1686, in-8, 234 p.

N'a été mis à l'*Index* que le 29 août 1690.

Réflexions sur la déclaration du roi du 23 avril 1743, concernant la communauté des maîtres chirurgiens de la ville de Paris. (Par Jean Astruc.) *S. l. n. d.*, in-8, 14 p.

J'ai trouvé ce nom dans le troisième volume de la « France littéraire », publié en 1778, p. 6 et 184. MM. Portal et de Villiers ont laissé cette brochure sous le voile de l'anonyme. Voy. le « Catalogue des pièces concernant les contestations qui se sont élevées entre les médecins et les chirurgiens », par MM. Portal et de Villiers, dans le tome sixième de « l'Histoire de l'anatomie et de la chirurgie », par M. Portal, *Paris*, 1773, in-8.

Une note manuscrite sur l'exemplaire de la Bibliothèque nationale attribue cette brochure à Michel Procope-Coutaux.

Réflexions sur la déclaration exigée des ministres du culte par le décret du 7 vendémiaire an IV (29 septembre 1795). (Par L.-F. DE BAUSSET, ancien évêque d'Alais.) *Paris, imp. de Delance*, 1796-an V, in-8, 16 p.

Cette brochure a eu trois éditions.

Réflexions sur la Décrétale d'Innocent III pour l'élection du patriarche de C. P., où les questions du concours de l'élection avec la postulation sont examinées. (Par Jean GERBAIS.) *Paris*, 1689, in-8.

Le Catalogue Bulteau, n° 957, indique une édition de *Paris, Coignard*, 1688, in-4, et une note manuscrite d'un des premiers propriétaires de mon exemplaire de ce Catalogue attribue le n° 957 à M. FOURCROY, avocat.

Réflexions sur la désertion et sur la peine des déserteurs, en forme de lettre à monseigneur le duc de Choiseul... Par M. DE**** (le comte C.-F. DE FLAVIGNY). *En France*, 1768, in-8, 2 ff. lim. et 72 p.

Réflexions sur la destitution de l'universalité des offices du Parlement de Paris par voie de suppression. (Par G.-J.-B. TARGET.) *S. l. n. d.*, in-12, 32 p.

Réflexions sur la détention préventive, par un avocat à la Cour d'appel (NIEMANS). *Louvain, Fonteyn*, 1851, in-8, 43 p.
                        J. D.

Réflexions sur la dissolution de la Faculté de médecine de Paris. (Par H. DARDONVILLE.) *Paris, imp. de Mme veuve Porthmann* (1823), in-8, 16 p.

Réflexions sur la fête du 21 janvier (1793). (Par le P. Bernard LAMBERT.) *S. l. n. d.*, in-8, 32 p.

Réflexions sur la foi, adressées à M. l'archevêque de Paris. (Par le P. I.-J. BERRUYER.) *Trévoux*, 1760, in-8.

Réflexions sur la formation et la distribution des richesses. (Par A.-R.-J. TURGOT.) *Novembre* 1766, in-12. — Nouv. édit., avec le nom de l'auteur. 1788, in-8.

La première édition est extraite des « Éphémérides du citoyen ».

Réflexions sur la grâce dans les ouvrages de l'art, d'après l'abbé Winckelmann ;

suivi de l'établissement de l'Académie des Arcades. (Par l'abbé Fr. ARNAUD.) *Paris*, 1804, in-8, 19 p.

Réflexions sur la granmaire fransoise. (Par l'abbé L. DE COURCILLON DE DANGEAU.) *Paris, J.-B. Coignard*, 1717, in-8.

Réflexions sur la jalousie, pour servir de commentaire aux derniers ouvrages de M. de Voltaire. (Par C.-G. LEROY.) *Amsterdam*, 1772, in-8, 29 p.

On trouve dans le *Voltaire* de Beaumarchais, in-8, t. XLIX, ou « Mélanges littéraires », t. III, p. 243, une très-piquante réponse à cet écrit *anonyme*. M. Renouard l'a placée dans la même division, t. XLIII° de son édition. Il a bien raison de dire dans une note que les « Réflexions sur la jalousie » ne lui paraissent pas avoir Diderot pour auteur. Mais, en consultant la première édition de ce Dictionnaire, M. Renouard se fût aisément convaincu que cet auteur était le même Leroy à qui l'on doit les « Lettres sur les animaux ».

Réflexions sur la « Lettre à un ami », par l'auteur de la « Correspondance sur l'art de la guerre » (le général J.-C.-E. LEMICHAUD D'ARÇON). *S. l.* (*Londres et Paris, Moutard*), 1775, in-8, 33 p.

Réflexions sur la lettre d'un abbé d'Allémagne (le P. Langlois, jésuite), aux RR. PP. Bénédictins de la Congrégation de Saint-Maur, sur leur dernier tome de leur édition de saint Augustin... (Par dom Denys DE SAINTE-MARTHE.) *S. l.*, 1699, in-12, 2 ff. lim. et 128 p. — *Id.*, in-12, 89 p.

Réflexions sur la liberté de la presse. (Par Michel THOMASSIN.) *S. l.*, 1790, in-18, 1 f. de tit. et 10 p.

Réflexions sur la liberté individuelle et celle de la presse. (Par l'abbé PETIOT.) *Paris*, 1789, in-8, 26 p.

Voy. « les Éphémérides de l'humanité », 1789, 2 vol.

Réflexions sur la machine du corps humain et sur le sang, avec des remarques utiles pour faire vivre plus longtemps. (Par J. PERRIER, de Beaune.) 1726, in-12.

Réflexions sur la milice et sur les moyens de rendre l'administration de cette partie uniforme et moins onéreuse. (Par Claude BOURGELAT.) (*Lyon*), 1760, in-8.

Réflexions sur la miséricorde de Dieu, par une dame pénitente (Louise-Françoise DE LA BAUME LE BLANC, duchesse DE LA VALLIÈRE). *Paris, Dezallier*, 1680, in-12, 8 ff. lim. et 139 p.

Souvent réimprimées.

Toutes les éditions, jusqu'à 1700, date de la mort de l'illustre Carmélite, portent : « Par une dame pénitente ». Le nom se trouve pour la première fois dans l'édition de *Bruxelles*, F. Foppens, 1712, in-12. On n'a aucune preuve certaine de l'authenticité des « Réflexions », et elle est contestée dans un article qu'a publié le « Bulletin du bibliophile », 1850, p. 611 ; toutefois, l'opinion générale paraît bien fondée.

Bossuet ayant fait, dit-on, de nombreuses corrections à un exemplaire de la 5ᵉ édition, *Paris, Dezallier*, 1688, in-12, l'ouvrage a été réimprimé d'après ces corrections, qui en font pour ainsi dire un ouvrage nouveau.

M. Sainte-Beuve, dans son « Étude sur Mˡˡᵉ de La Vallière », et M. de Sacy, dans un article publié dans le « Journal des Débats », ont déclaré l'un et l'autre les corrections attribuées à Bossuet non-seulement douteuses, mais encore indignes de lui.

Consulter, pour les diverses éditions de cet ouvrage, le Catalogue J. Taschereau, 1875, nᵒˢ 975 à 995 et aussi nᵒˢ 815 à 832, et le Catalogue de la librairie Auguste Fontaine, 1875, p. 51-56. Les éditions anonymes sont au nombre de quinze.

Réflexions sur la mort de S. A. R. Mgr le duc d'Orléans. (Par V. Chatelain.) *Genève, imp. A. Cherbuliez*, 1842, gr. in-8, 24 p.

Réflexions sur la musique en général et sur la musique française en particulier. (Par Rousse, gouverneur des fils de M. d'Héricourt.) *S. l.*, 1754, in-8, 27 p.

Réflexions sur la nature et la limite des pouvoirs politiques en France, par M. L. de V. (Lugan de Laroserie), maire de la ville de Vielmur, département du Tarn). *Paris, Laurent-Beaupré*, 1814, in-8, 33 p.

Réflexions sur la nécessité d'assurer l'amortissement des dettes de l'Etat, ainsi que les ressources nécessaires en temps de guerre, avec l'indication des plus sûrs moyens d'y parvenir. (Par J.-F. Lespaнат.) *Paris, Desenne*, 1787, in-4, 2 ff. lim. et 144 p.

Réflexions sur la nécessité de la mort de Buonaparte, par M. B......(J.-B.-Théod. Baumes). (*Montpellier*), 1815, in-8, 12 p.

Réflexions sur la nécessité, les effets et les avantages de la discrétion, par l'auteur de « la Journée sainte » (l'abbé Chauchon). *Paris*, 1762, in-12.

Réflexions sur la nouvelle formation de l'armée de Pologne, et principalement sur celle de la cavalerie (*sic*); par C. de G. (Charles de Griesheim). *Varsovie*, 1789, in-8.

A. L.

Réflexions sur la nouvelle Liturgie d'Asnière. (Par le P. Jacques La Beaune, jésuite, neveu du P. Jacques La Beaune, éditeur des Œuvres du P. Sirmond.) *S. l.*, 1724, in-4.

a M. Picot, auteur des « Mémoires pour servir à l'histoire ecclésiastique pendant le dix-huitième siècle », possédait un exemplaire de cet ouvrage, au frontispice duquel on a écrit que l'auteur était M. Blin, chanoine de Rouen, et que l'ouvrage avait été imprimé à *Rouen*.

Réflexions sur la paix de la Russie avec la France (à Tilsitt). (Par le comte E.-L.-H. Delaunay d'Entraigues.) *Londres, Hasper*, 1807, in-12, 23 p.

b **Réflexions** sur la personne et les ouvrages de M. l'abbé Terrasson. (Par d'Alembert.) *S. l. n. d.*, in-8, 15 p.

Ces Réflexions ont été imprimées, avec le nom de l'auteur, en tête de l'ouvrage de l'abbé Terrasson intitulé : « la Philosophie applicable à tous les objets de l'esprit et de la raison. »

Réflexions sur la pétition de M. Madier de Montjau, conseiller à Cour royale de Nismes, chevalier de la Légion d'honneur, *c* adressée à la Chambre des députés ; par A. P. (Ad. de Pontécoulant). *Nismes, chez tous les libraires*, 29 avril 1820, in-8, 16 p.

Réflexions sur la philosophie ancienne et sur l'usage qu'on en doit faire pour la religion. (Par le P. René Rapin.) *Paris, Muguet et Barbin*, 1676, in-12.

Réflexions sur la philosophie de M. Cousin, en l'an 1828, par un élève des écoles *d* de Paris (Jean-Baptiste-M. Nolihac). *Paris, Gauthier frères*, 1828-1829, 2 parties in-8, 42-xii-59 p.   D. M.

Réflexions sur la physique moderne, ou la philosophie newtonienne comparée à celle de Descartes, par M. l'abbé D*** (l'abbé Dambesieux). *Paris, C.-J.-B. Bauche*, 1757, in-12, xxxii p., 1 f. de tab. et 225 p.

e Note manuscrite.

Réflexions sur la poésie en général, sur l'églogue, sur la fable, etc., suivies de trois lettres sur la décadence du goût en France, par M. R. D. S. M. (T. Remond de Saint-Mard). *La Haye, Rogissart*, 1733, in-12.

Réflexions sur la Poétique d'Aristote et sur les ouvrages des poëtes anciens et mo-*f* dernes. (Par le P. René Rapin.) *Paris, F. Muguet*, 1674, in-12. — 2ᵉ édit., sous ce titre : Réflexions sur la poétique de ce temps et sur les ouvrages des poëtes anciens et modernes. *Paris, F. Muguet*, 1675, in-12.

Le P. Rapin se hâta de publier une seconde édition de cet ouvrage, pour en faire disparaître des fautes graves : mais déjà elles avaient été signalées par le P. Fr. Vavasseur, confrère de l'auteur. Voy. les mots : « Remarques sur les nouvelles Réflexions... »

Réflexions sur la poétique et sur la rhétorique. (Par M. DE FÉNELON.) *Amsterdam, J.-Fred. Bernard*, 1717, in-12.

On trouve à la fin de ce volume la « Lettre à M. D*** », que je crois de Voltaire. Voy. V. 1099, c.

Réflexions sur la police des grains. (Par H.-L. DUHAMEL DU MONCEAU.) *S. l.*, 1764, in-12, 15 p.

Réflexions sur la police des grains en France et en Angleterre. (Par L.-P. ABEILLE.) *Paris, mars* 1764, in-12, 52 p.

Réflexions sur la présence réelle du corps de J.-C. dans l'Eucharistie. (Par Jacq. ABBADIE.) *La Haye*, 1685, in-12.

Première édition, désavouée par l'auteur, à cause des fautes d'impresssion dont elle fourmille.

Réflexions sur la procédure des doyen, chanoines et chapitre de Vezelay. (Par Jean DE LAUNAY.) *S. l. n. d.*, in-4.

Réflexions sur la prochaine tenue des Etats-Généraux, par un membre de l'ordre de la noblesse (M. D'HOULIÈRES). *S. l. n. d.*, 1789, in-8, 54 p. et 2 tableaux.

Réflexions sur la promesse de fidélité à la Constitution exigée des ministres du culte, par la loi du 21 pluviôse an VIII, par l'auteur de « la Question du serment, traitée mathématiquement » (DE GAND, d'Alost). *Bruges, Imprimerie typographique*, an VIII-1800, in-8, 64 p.

Réflexions sur la question des Flandres. (Par Henri 'T KINT DE NAEYER.) *Gand, Hoste*, 1847, in-8, 23 p.   J. D.

Réflexions sur la révolution de France et sur les procédés de certaines Sociétés à Londres relatifs à cet événement... par le right honourable Edmund BURKE. Traduites de l'anglais, sur la troisième édition, en 364 pages (par DUPONT, ancien conseiller aux enquêtes). *Paris, Laurent fils* (1790), in-8. — 2° éd. *Id.* — 3° éd. *Id.* — 4° éd. Avec des notes, par J.-A. A*** (J.-A. AUVRAY)... *Paris, A. Egron*, 1819, in-8. — *Id.*, 1823, in-8.

Réflexions (en 4 lettres) sur la rhétorique, où l'on répond aux objections de P. Lami. (Par Balth. GIBERT.) *Paris, David*, 1705 et 1706, 2 part. in-12.

Réflexions sur la sainteté et la doctrine du bienheureux Liguori. (Par AUBRIOT DE LA PALME, évêque d'Aoste.) *Lyon, Rusand*, 1824, in-12.

Réflexions sur la science des médailles,

par M*** (le P. Spiridion POUPART, religieux de Picpus). *Paris, M. et G. Jouvenel*, 1705, in-12, 23 p.

Réflexions sur la situation actuelle du chœur et de l'autel de l'église cathédrale de Lyon. (Par l'abbé Antoine CAILLE.) *Lyon, imp. de Rusand*, 1824, in-8, 73 p. y compris 7 p. d'addition.   D. M.

C'est par erreur que la « Biographie lyonnaise » donne à l'abbé CAILLE le prénom d'André.

Réflexions sur la situation de l'Espagne considérée particulièrement sous le rapport financier. (Par J.-F. CAZE.) *Paris, Dondey-Dupré*, 1824, in-8.

Réflexions sur la Société des amis de la liberté de la presse et autres comités; par M. Gabriel V*** (Gabriel-VARDON, né à Caen, employé dans les ponts et chaussées). *Paris, Ponthieu*, 1819, in-8, 20 p.

Réflexions sur la soi-disant noblesse. (Par LEPIDOR.) 1788 ou 1789.

Réflexions sur la suppression projetée des districts, communiquées au Comité des six, chargé d'analyser les projets relatifs à la Constitution. (Par FRISTEL, homme de loi à Paramé, Ille-et-Vilaine.) *S. l.*, mai 1793, in-8, 12 p.

Réflexions sur la théorie de la lune, donnée par Clairault, etc. (Par le comte P. D'ARCY.) *S. l.*, 1749, in-8.

Réflexions sur la théorie et la pratique de l'éducation, contre les principes de J.-J. Rousseau, par le P. G. B. (le P. H.-S. GERDIL, barnabite, depuis cardinal). *Turin et Paris, Durand*, 1763, in-8.

J.-J. Rousseau écrivit, dit-on, après avoir lu cette réfutation : « Voilà l'unique écrit publié contre moi « que j'aye trouvé digne d'être lu en entier. Il est fâ- « cheux que cet estimable auteur ne m'ait pas com- « pris. »

Réflexions sur la tragédie d'Oreste, où se trouve placé naturellement l'Essai d'un parallèle de cette pièce avec l'Electre de M. de C***. (Par le chevalier C.-J.-L.-A. ROCHETTE DE LA MORLIÈRE.) *S. l. n. d.*, in-12, 47 p.

Réflexions sur la tragédie, pour être mises à la suite d'Aristomène, par le même auteur (J.-F. MARMONTEL). *Paris, Sébastien Gorry*, 1750, in-12, 60 p.

Réflexions sur la traite et l'esclavage des noirs; traduites de l'anglais d'Oltobah Cuyoano (par Antoine DIANNYÈRE). *Londres et Paris, Royez*, 1788, in-8 et in-12.

Réflexions sur la vie de François Blin, écolier au collége de Mayenne. (Par VESDIER, curé, professeur de rhétorique à ce collége.) *S. l.*, 1755, in-16, 85 p.

Réflexions sur la vocation à l'état de missionnaire. (Par Samuel THOMAS.) *Lausanne*, 1834, in-8.

Réflexions sur le caractère et les talens de Charles XII, roi de Suède. (Par FRÉDÉRIC II, roi de Prusse.) In-4.

Édition tirée à 12 exemplaires. Une autre édition, in-8, fut publiée par l'auteur l'année de sa mort.

Réflexions sur le choix des députés, août 1815. (Par Antoine-Didier-Jean-Baptiste DE CHALLAN.) *Paris, imp. de L.-G. Michaud,* 1815, in-8, 16 p.

Réflexions sur le coloris. (Par OUDRY.) *Paris, Lambert,* 1762, in-12.

Réflexions sur le comique larmoyant, par M. M. D. C. (Pierre-Mathieu MARTIN DE CHASSIRON), trésorier de France et conseiller au présidial de l'Académie de La Rochelle. *Paris, Durand,* 1749, in-8, 74 p.

Réimprimées, avec additions, dans le « Recueil de pièces... de l'Académie de La Rochelle », 1763, in-8.

Réflexions sur le commerce des blés (ou Réfutation de l'ouvrage de Necker sur la législation des grains, par CONDORCET). *Londres,* 1776, in-8.

Les premiers exemplaires de cet ouvrage ont paru sous le titre « du Commerce des bleds... » Voy. IV, 649, e.

Réflexions sur le commerce, la navigation et les colonies. (Par Stanislas FOACHE, négociant du Havre.) *S. l.,* 1788, in-4, 64 p.

Réflexions sur le corps royal d'état-major général, réorganisé par les ordonnances des 6 mai et 22 juillet 1818, et sur l'école d'application de ce corps. Par un officier de l'ancien état-major général de l'armée (le colonel F.-G.-E. LE COUTURIER). *Paris, Corréard,* 1819, in-8, 2 ff. de tit. et 40 p.

L'auteur a publié en y mettant son nom : « Mon Dernier Mot sur le corps royal d'état-major... » *Paris, Corréard,* 1820, in-8, 100 p.

Réflexions sur le décret de Rome et la décision de quelques évêques relativement au serment de haine, etc., par un ami de la vérité et de la paix (J.-P. ERNST, curé d'Afden). *Maestricht, Nypels,* an VII, in-8, 124 p.

Réflexions sur le dernier état de la discussion établie au Conseil d'Etat pour organiser l'imprimerie et la librairie. (Par M.-L.-E. REGNAULT DE SAINT-JEAN D'ANGÉLY.) *Paris, Imp. impér.,* 6 janv. 1810, in-4, 6 p.

Réimprimées dans le volume publié par Locré sous ce titre : « Discussions sur la liberté de la presse, la censure... qui ont eu lieu dans le Conseil d'État, pendant les années 1808, 1809, 1810 et 1811. » *Paris, Garnery,* 1819, in-8, 300 p. Voy. p. 232-239.

Réflexions sur le dernier ouvrage de M. le vicomte de Chateaubriand, intitulé : « du Système politique suivi par le ministère », par les auteurs des « Annales historiques des sessions du Corps législatif » (I.-M.-B. GAUTIER, du Var, et J.-M.-A. D'AURÉVILLE). *Paris, Emery,* 1818, in-8, 40 p.

Réflexions sur le désastre de Lisbonne et sur les autres phénomènes qui ont accompagné ou suivi ce désastre. (Par Laurent-Etienne RONDET.) *En Europe, aux dépens de la Compagnie,* 1756, in-12, XI-342 p. et 1 f. d'errata. — Supplément aux Réflexions sur le désastre de Lisbonne, avec un journal des phénomènes depuis le 1er novembre 1755, et des remarques sur la playe des sauterelles annoncée par saint Jean (les Jésuites). *S. l.,* 1757, in-12, LXII-216 p.

Réflexions sur le despotisme des évêques et sur les interdits arbitraires... (Par l'abbé Louis GUIDI.) *Avignon,* 1769, in-12.

Réflexions sur le duel et sur les moyens les plus efficaces de le prévenir ; opuscule trad. de l'angl. (de GEDDES) par feu C. GODESCARD, chanoine de Saint-Honoré de Paris. *Paris, Fuchs,* an IX-1801, in-8, 63 p.

Réflexions sur le fédéralisme en Helvétie, par S. (Louis SECRETAN). *Berne,* mai 1800, in-8.

Réflexions sur le gouvernement des femmes. (Par le colonel DE CHAMPIGNY.) *Londres,* 1770, in-8.

Réflexions sur le grand Corneille. (Par Mich. DE CUBIÈRES-PALMEZEAUX.) *S. l. n. d.,* in-8, 27 p.   D. M.

Réflexions sur le jugement et la mort de M. de Favras. (Par PITHOU DE VALENVILLE.) *S. l. n. d.,* in-8, 14 p.

Réflexions sur le libelle intitulé « Lettre critique de Sextius le Salvien (Pierre-

Jos. de Haitze) à Euxenus le Marseillois (de Roissy) touchant « le Discours sur les arcs triomphaux dressez en la ville d'Aix à l'heureuse arrivée de Mgr. le duc de Bourgogne et de Mgr. le duc de Berry. » (Par Pierre GALAUP DE CHASTEUIL.) A. M. D. S. C. D. R. A. P. D. P. (A M. de Suffren, conseiller du roi au Parlement de Provence). *Cologne, Pierre Le Blanc*, 1702, in-12.

Cet ouvrage contient une lettre et des pièces de vers de F. DE REMERVILLE DE SAINT-QUENTIN, ce qui l'a fait plusieurs fois attribuer à tort à ce dernier.

Réflexions sur le libelle intitulé:« Véritables Sentiments des jésuites touchant le péché philosophique », adressées à l'auteur même de ce libelle. (Par le P. LE TELLIER, jésuite.) *La Haye (à la Sphère)*, 1691, in-12, 46 p.

Réflexions sur le livre des Mœurs (par E. DE SILHOUETTE), avec une contre-critique (par un anonyme). *Impr. aux Indes*, 1748, in-12.

Réflexions sur le livre intitulé : « Système de la nature. » (Par l'abbé P. DUVAL.) *Paris, Brocas*, 1770, in-12.

Réflexions sur le magnétisme animal, d'après lesquelles on cherche à établir le degré de croyance que peut mériter jusqu'ici le système de M. Mesmer. *Bruxelles et Paris, Couturier*, 1784, in-8, 43 p.

Attribuées à un sieur MULETIER.

Réflexions sur le mandement de M. l'évêque de Metz, pour la publication de la nouvelle constitution *Unigenitus*, par un docteur (le P. J.-J. PETITDIDIER, jésuite). *S. l.*, 1714, in-4.

Réflexions sur le meilleur des gouvernements. (Par DELAFONT.) *Philadelphie (Gap)*, 1802, in-8.

Réflexions sur le mystère de la sépulture, ou le tombeau de Jésus-Christ. (Par J.-J. DUGUET.) *Bruxelles*, 1731, 2 vol. in-12.

Réflexions sur le nouveau projet de loi des élections, présenté à la Chambre des députés le 15 février 1820, par M. T. E. Esquire, électeur futur (André-Thomas BARBIER). *Paris, Delaunay*, 1820, in-8, 15 p.

Ce projet fut retiré au moment où la commission allait faire son rapport.

Réflexions sur le nouveau système de l'impôt indirect, sur le mode de percep-

tion proposé... *Rouen, imp. de F. Mari,* 1814, in-8, 2 ff. de tit. et 19 p.

Signées : L.... (LEROUX).

Réflexions sur le nouveau système du P. Lamy, de l'Oratoire, touchant la dernière Pâques de Jésus-Christ, par le R. P. D. G. B. (le P. dom Guillaume BESSIN). *Rouen*, 1697, in-8.

Réflexions sur le peu d'exactitude des mémoires d'après lesquels M. de Voltaire a traité, dans son « Abrégé de l'hist. univ. jusqu'à nos jours », le morceau qui a pour titre : Affaire de Gênes et de Provence, en 1746 et 1747. (Par DE LA PORTE, mort en 1793.) *S. l. n. d.*, in-8, 15 p.

Le morceau critiqué termine, sous le titre d'*Additions*, la seconde partie de « l'Histoire de la guerre de 1741 » ; il n'a jamais fait partie de « l'Abrégé de l'histoire universelle », ni d'aucune édition de l'« Essai sur les mœurs ». (Quérard, « Bibliographie voltairienne », n° 895.)

Réflexions sur le plaidoyer de M. Talon, avocat général au Parlement de Paris, touchant la bulle de N. S. père le pape Innocent XI contre les franchises des quartiers de Rome. (Par le P. Gabr. GERBERON.) *Cologne, P. Marteau*, 1688, in-12.

Denis Talon ayant attaqué très-vivement le pape Innocent XI dans son plaidoyer relatif à l'arrêt du Parlement du 23 janvier 1688, sur la bulle du pape concernant la franchise dans la ville de Rome, le P. Gerberon lui opposa les Réflexions dont il s'agit.
Robbé de Beauveset nous apprend dans l'avertissement qui précède son poëme intitulé « les Victimes du despotisme épiscopal », *Paris*, 1792, in-8, que ce morceau de Denis Talon était de la composition de P. La Chaise, confesseur de Louis XIV.

Réflexions sur le plan d'imposition économique de M. Richard des Glanières, par M. B*** (BERNARD). *Paris, Didot*, 1774, in-4, 16 p.

Réflexions sur le plan de constitution présenté à la Commission des onze, par l'auteur des « Réflexions sur les bases d'une constitution »(le comte V.-M. VIENNOT DE VAUBLANC, ou plutôt le comte L.-P. DE SÉGUR). *Paris, Maret* (an III-1795), in-8, 40 p.

Réflexions sur le prisonnier de Rouen... (Par J.-B.-A. IMBERT.)

Quérard, « France littéraire », IV, 179.

Réflexions sur le procès de la reine, par une femme (Mme DE STAEL). *Août* 1793, in-8, 37 p.

Réimprimées en 1814, à la suite des « Réflexions sur le suicide », par la même dame.

Réflexions sur le projet d'éloigner du milieu de Paris les tueries de bestiaux et les fonderies des suifs. (Par Coquéau.) Londres, 1788, in-8, 1 f. de tit. et 44 p.

Réflexions sur le projet d'emprunt. (Par Casimir Périer.) (Paris), A. Egron, imp., s. d., in-8, 46 p.

Réflexions sur le projet de réforme pour le collège de Genève. (Par Massita.) Neufchâtel, 1774, in-8.

Réflexions sur le projet de remboursement de la dette publique, par M. G*** (P. Godard), auteur de l'ouvrage intitulé : « Mémoire et Propositions sur la comptabilité générale des finances du royaume. » Paris, imp. de F. Didot, 1824, in-8, 54 p.

Réflexions sur le rachat par annuités des prêts sur hypothèque foncière, par G.-P. D... (Germinal-Pierre Dandelin). Liège, Desoër, 1843, in-8, 33 p.

Ul. C.

Réflexions sur le raffinage des sucres et sur la fabrication du sucre de betteraves, par M. Edouard... (Edouard Huart), ancien raffineur. Paris, Vilbert, 1829, in-12, 24 p.

D. M.

Réflexions sur le rapport présenté au roi le 5 oct. 1828 par Mgr le ministre du commerce, relativement aux encouragements à accorder à l'industrie et au commerce ... (Par Benj. Gradis.) Paris, imp. David, 1828, in-8, 32 p.

Réflexions sur le remboursement des rentes foncières dues aux gens de mainmorte, par M. de V. (Varicourt), député du bailliage de G. (Gex). S. l. (1790), in-8, 7 p.

Réflexions sur le respect dû au Pape et à ses décisions dogmatiques; par un ancien curé et supérieur de séminaire (l'abbé Bétend). Lyon, 1818, in-8.

Réflexions sur le roi et le gouvernement, par Louis Bl.....d (L. Blanchard). Paris, Delaunay, novembre 1814, in-8, 16 p.

Réflexions sur le serment de la liberté et de l'égalité. (Par le P. Bernard Lambert.) Paris, Le Clère, 1793, in-8, 72 p.

L'auteur prouve démonstrativement la légitimité de ce serment.

Réflexions sur le serment exigé du clergé. (Par P. Pacarau, depuis évêque constitutionnel de Bordeaux.) Bordeaux, 1791, in-8.

V. T.

Réflexions sur le sort des noirs dans nos colonies. (Par Daniel Lescallier.) S. l., 1789, in-8, 71 p.

Réflexions sur le style original. (Par le marq. du Roure.) Paris, de l'imp. de F. Didot, décembre 1848, in-8, 69 p. sans les préliminaires.

Tirées à 60 exemplaires, et distribuées par l'auteur à ses collègues de la Société des bibliophiles français.

Réflexions sur le système des nouveaux philosophes. (Par François Le Prévost d'Exmes.) Francfort, 1761, in-12, 1 f. de tit. et 86 p.

Réflexions sur le tolérantisme en matière de religion. (Par l'abbé Barth. Baudrand.) Lyon, 1787, in-8.

Reproduites sous le titre « du Tolérantisme... » Voy. ces mots.

Réflexions sur le « Traité de la dîme royale » de M. le mareschal de Vauban. Divisées en deux parties. (Par Pottier de La Hestroye.) S. l., 1716, in-12, 160-100 p.

Réflexions sur le traité de la prière publique (de Duguet, par dom Fr. Lamy). Paris, Le Clerc, 1708, in-12.

Réflexions sur les articles XI et XII de la loi du 4 novembre qui ordonne la restitution des biens non vendus, en nature, à ceux qui en étaient propriétaires ou à leurs héritiers ou ayans cause. (Par Musset.) Paris, imp. de Porthmann (1814), in-4, 4 p.

Réflexions sur les avantages de la liberté d'écrire et d'imprimer sur les matières de l'administration, écrites en 1764... par M. A. M. (l'abbé André Morellet). Paris, les frères Estienne, 1775, in-8, 72 p. — Nouvelle édit. Paris, Delaunay, 1814, in-8, 52 p., avec le nom de l'auteur.

Réflexions sur les avantages de la libre fabrication et de l'usage des toiles peintes en France (par l'abbé And. Morellet), pour servir de réponse aux divers mémoires des fabricans de Paris, Lyon, Tours, Rouen, etc., sur cette matière. Genève et Paris, Damonneville, 1758, in-12, VIII-228 p.

Réflexions sur les avantages qui résulteraient de la réunion de la Société royale d'agriculture, de l'Ecole vétérinaire et de trois chaires du Collège royal au Jardin du Roi. (Par P.-M.-A. Broussonet.) Paris, imp. du Journal gratuit, s. d., in-8, 42 p.

Réflexions sur les bases d'une constitution, par *** (L.-P. DE SÉGUR). Présentées par BRESSON, député (des Vosges), à la Convention nationale. Imprimées par ordre de la Convention nationale. *Paris, imp. nationale*, prairial an III, in-8, 12-70 p.

Réflexions sur les brochures de MM. Bergasse et Grégoire, par une Française (Mlle Fanny RAOUL). *S. l. n. d. (Paris*, 1814), in-8, 7 p.

Réflexions sur les causes de l'incrédulité par rapport à la religion, traduites de l'anglois de FORBES (par M.-A. EIDOUS). *Paris, Pillot*, 1768, in-12.

Réflexions sur les causes des tremblements de terre, avec les principes qu'on doit suivre pour dissiper les orages, tant sur terre que sur mer, par la marquise de C*** (Anne-Henriette DE BRICQUEVILLE, comtesse DE COLOMBIÈRES). *S. l.*, 1756, in-12.

Réflexions sur les cent et une propositions tirées du livre intitulé : « le Nouveau Testament en françois... » (du P. Quesnel). *Paris, L. Seneuze*, 1715, in-12, 12 ff. lim., 300 p. et 2 ff. de privilége.

L'auteur de ce livre est le P. ÉDOUARD, de Paris, capucin, qui se fit des affaires à Paris et ensuite à Amiens, où il fut relégué après la mort de Louis XIV, et qui est mort en 1722. (Note manuscrite d'un contemporain.)

Réflexions sur les comités dramatiques de lecture et sur l'établissement d'un nouveau comité de lecture à l'Opéra-Comique. (Par M. DARGENTON.) *Paris, Ladvocat*, 1823, in-8.

Réflexions sur les connaissances préliminaires au christianisme. (Par l'abbé Et. MIGNOT.) *Paris, Vincent*, 1755, in-12.

Réflexions sur les Constitutions de l'abbaye de la Trappe. *Villefranche, P. Grandsaigne*, 1671, pet. in-8. — Autre édit., avec la lettre de M. l'abbé écrite à Mgr de ***. *Avignon*, 1679, pet. in-8, 58 p. et 1 f. d'approbation.

Dans l'Extrait du privilége de l'édition de Paris, on lit le nom de l'abbé DE LIGNAGE.
A en croire le Dictionnaire de Moréri, l'abbé DE MONTFAUCON DE VILLARS se serait caché sous ce nom.

Réflexions sur les contrefaçons en librairie; suivies d'un mémoire sur le rétablissement de la communauté des imprimeurs de Paris. (Par J.-G.-A. STOUPE.) *Paris, Stoupe*, an XII-1804, in-8, 29 p.

Le *Post-scriptum* est signé.
Réimprimé avec le nom de l'auteur sous le titre de : « Mémoire sur le rétablissement de la communauté

des imprimeurs de Paris ». *Paris*, 1806, in-12, 39 p.

Réflexions sur les décisions immédiates des souverains et sur l'ordre de la procédure (traduites librement de l'allemand de J.-C.-G. DE STECK, par G. DE MOULINES). *Berlin*, 1764, in-8.

Réflexions sur les défauts d'autrui. (Par l'abbé P. DE VILLIERS.) *Paris, Barbin*, 1690, 2 part. in-12.

L'auteur a publié de « Nouvelles Réflexions » en 1697, 2 part., réimprimées avec les premières pour la quatrième fois en 1734, 2 vol. in-12.

Réflexions sur les défauts ordinaires des hommes...

Voy. « Réflexions sur les différents caractères... »

Réflexions sur les deux éditions des Œuvres complètes de Voltaire. (Par A.-Q. BUÉE.) *Paris, Adr. Leclère*, 1817, in-8, 64 p.

Il s'agit de l'édition publiée par L.-S. Auger chez *Desoer* et de celle commencée par Beuchot chez Mme *Perroneau*.

Réflexions sur les deux ouvrages nouvellement imprimés, concernant l'histoire de la maison de Lorraine. 1712, in-12.

Ces Réflexions sont de l'abbé Ch.-L. HUGO ; elles furent flétries par arrêt du Parlement de Paris, du 17 décembre 1712, ainsi que son « Traité historique », dont il sera parlé. — Les deux ouvrages que réfute l'abbé Hugo sont la « Lorraine ancienne et moderne » de Jean Mussey, 1712, in-8, et le « Supplément de l'Histoire de la maison de Lorraine », par le P. Benoît Picard, de Toul, 1712, in-12.
L'ouvrage de Jean Mussey et celui de l'abbé Hugo furent flétris par le même arrêt.

Réflexions sur les deux plus anciennes médailles d'or romaines qui se trouvent dans le cabinet de S. A. R. Madame. (Par C.-C. BAUDELOT DE DAIRVAL.) *Paris, Lamesle*, 1717, in-4.

Réflexions sur les différends de la religion, avec les preuves de la tradition ecclésiastique, par diverses traductions des saints Pères sur chaque point contesté. (Par PELLISSON.) *Paris, Gabr. Martin*, 1687-1692, 4 vol. in-12.

La quatrième partie de cet ouvrage est intitulée : « de la Tolérance des religions, lettres de M. de Leibnitz et réponses de M. Pellisson. »

Réflexions sur les différents caractères des hommes, par M. E. F., évêque de N. *Maestricht, J. Delessart*, 1714, in-12, 4 ff. lim. et 213 p.

Réimpression d'un ouvrage anonyme de l'abbé GOUSSAULT, publié à Paris en 1692, sous le titre de

« Réflexions sur les défauts ordinaires des hommes et sur leurs bonnes qualités ». Cet ouvrage eut du succès, surtout sous ce nouveau titre, qui le fit attribuer à Esprit FLÉCHIER, évêque de Nîmes. Voy. « Supercheries », I, 1212, f.

Réflexions sur les éclaircissemens que M. F. S. et S. (Fr. Simon et Sebaster) a donnés au sujet de la maladie d'un officier d'artillerie. (Par Thomas CARRÈRE, professeur en médecine à Perpignan.) 1744, in-4, 38 p.

Réflexions sur les écrits politiques de 1816. (Par G.-A. CRAPELET.) Paris, A.-A. Renouard, décembre 1816, in-8, 19 p.

Réflexions sur les édits du duc de Parme. (Par l'abbé Et. MIGNOT.) S. l., 1768, in-8, 1 f. de tit. et 270 p.

Réflexions sur les environs de Maëstricht, ou mémoires sur les campagnes de 1747 et 1748. (Par DUMOULIN.) Paris, Grangé, 1756, 2 vol. in-12.

Réflexions sur les « Epoques de la nature » (de Buffon, par l'abbé VIET, prieur de Saint-Ouen). Amsterdam et Paris, Couturier fils, 1780, in-12.

Réflexions sur les établissemens de bienfaisance, contenant des vues sur les moyens de perfectionner l'administration et la distribution des secours publics à Paris. (Par Cl.-Fr. GÉRARD DE MELCY.) Paris, Prault, an VIII-1800, in-8.

Réflexions sur les fabriques nationales et sur celles de gaze en particulier, par M. R.... (A.-A. RENOUARD, fabricant de gazes). S. l. (1790), in-8, 16 p.

Réflexions sur les finances de la Flandre. S. l. (Gand), 1795, in-8, 296 p. et 1 f. de table.

L'auteur Jean-Philippe VILAIN XIIII est nommé dans l'approbation. Cet ouvrage, dont il existe au moins 80 exemplaires, malgré ce qu'a pu dire l'imprimeur gantois P.-Fr. de Goesin, a vu son titre réimprimé trois fois. Le premier portait : Réflexions... un autre avait cette épigraphe :

Vix Laboratur dum Amatur
et si laboratur tuNc amatur,

où l'on trouve VILAIN.

Voy. « Revue bibliographique », par Quérard, p. 222.

Réflexions sur les finances et le commerce, par M. F*** (FAUVEAU, négociant). Paris, Bailleul, 1814, in-8, 42 p.

Réflexions sur les grands hommes qui sont morts en plaisantant, augmentées d'épitaphes et autres pièces curieuses. (Par And.-Fr. BOUREAU-DESLANDES.) Ams-

terdam, 1712, in-12. — Rochefort, Jacques Le Noir (Paris), 1714, in-18, 202 p. — Id., 1755, in-12.

Cet ouvrage a été mis à l'Index le 5 décembre 1758.

Réflexions sur les hermaphrodites, relativement à Anne Grand-Jean, qualifiée telle dans un Mémoire de Me Vermeil, avocat au Parlement. (Par CHAMPEAU, chirurgien à Lyon.) Lyon, C. Jacquenod, 1765, in-8.

Réflexions sur les hôpitaux et particulièrement sur ceux de Paris, et l'établissement d'un Mont-de-Piété, par un employé du ministère de l'intérieur (FRERSON). Paris, Prault, 1800, in-12.

Réflexions sur les huit béatitudes du sermon de Jésus-Christ sur la montagne. (Par Nicolas FONTAINE.) Paris, Roulland, 1688, in-18.

Réflexions sur les immunités ecclésiastiques, considérées dans leur rapport avec les maximes du droit public et l'intérêt national. Par M. C*** (J. CHAS), avocat, et M. l'abbé de M*** (Henri DE MONTIGNOT). Paris, Maradan, 1788, in-8.

Réflexions sur les impôts existants actuellement et sur les moyens de les remplacer par d'autres moins onéreux... (Attribué à M. DEBAETS, avocat.) Gand, Hoste, 1855, in-8, 63 p.   J. D.

Réflexions sur les inconvénients et les dangers des nouveaux systèmes d'administration, relativement à la province de Franche-Comté. (Par Fr.-Nic.-Eugène DROZ.) 1788, in-8.

Réflexions sur les « Jugemens des savans » (de Baillet), envoyées à l'auteur par un académicien (le P. BOSQUET). Paris, 1691, in-12.

Réimprimées à la suite de l' « Anti-Baillet » de Ménage, édit. in-4. Voy. IV, 209, d.

Réflexions sur les majorats et sur les substitutions, par M. H. DE M*** (HEULHARD DE MONTIGNY), conseiller à la Cour royale de Bourges. Paris, Rondonneau et Décle, février 1821, in-8, 2 ff. de tit. et 132 p.

Réflexions sur les maladies des bestiaux qui règnent à présent, avec les remèdes pour les traiter. (Par Ch. DE JUSSIEU, apothicaire.) Lyon, Laurens, 1714, in-12, 67 p.

Réflexions sur les Mémoires de M. l'évêque de Tournay (du Plessis-Praslin), touchant la religion, par M. J. M. D. L. D.V. *Cologne* (*La Haye*), 1684, in-12.

Ces lettres initiales, suivant Bayle, « République des lettres », juin 1685, p. 690, s'expliquent ainsi : M. JAQUELOT, ministre de l'église de Vassi. Les « Réflexions » se trouvent dans la « Réponse de M. l'évêque de Tournay aux Réflexions de M. J. M. D. L. D. V. », *Paris*, 1685, in-12. La « Réponse » forme le troisième volume des « Mémoires » de l'auteur.

Réflexions sur les Mémoires pour les ambassadeurs, et réponse au ministre prisonnier, avec des exemples curieux et d'importantes recherches. (Par Ferd. GALARDI.) *Ville-Franche*, *P. Petit*, 1677, in-12, 5 ff. lim. et 192 p.

Réimprimées dans le « Traité de l'ambassadeur », par de Wicquefort, *La Haye*, 1724 ou 1726, 2 vol. in-4.
Pour les « Mémoires touchant les ambassadeurs », voy. VI, 261, c.

Réflexions sur les misères et les foiblesses de l'homme. (Par l'abbé Jean PIC.) *Paris*, 1687, in-12.

Réflexions sur les moyens de détruire entièrement la mendicité et de contribuer en même temps à la restauration des mœurs. Par C. F. J. (C.-F. JOURDAN, de l'Isère). *Paris, imp. de Le Normand* (1805), in-8, 59 p.

Réflexions sur les moyens dont les plus grands princes se sont servis pour gouverner et augmenter leurs Etats. *Leyde*, 1736, in-12.

Réimpression avec quelques corrections de style des « Considérations politiques sur les coups d'État », par G. NAUDÉ. Voy. Brunet, « Manuel du libraire », 5e édit., t. IV, col. 22.

Réflexions sur les moyens qui conduisent aux grandes fortunes. (Attribuées à l'abbé G.-G. GUYOT, doyen de l'église de Soissons.) 1758, in-8.

Réflexions sur les nouveaux édits. Par M. B*** (Nic. BERGASSE). *En Bretagne*, 1788, in-8, 1 f. de tit. et 16 p.

Réflexions sur les O de l'Avent, en forme d'homélies. (Par l'abbé Fr.-L. GAUTHIER, curé de Savigny.) *Paris, Lottin*, 1780, in-12.

Réflexions sur les ouvrages de littérature. (Par l'abbé François GRANET.) *Paris, Briasson*, 1738-1740, 12 vol. in-12.

Suivant l'abbé Goujet, dans son Catalogue manuscrit, ce journal a été commencé par DE LA BLONTIÈRE et BOINTEL, noms tout à fait inconnus dans la république des lettres.

a

Réflexions sur les ouvrages de M. Gerbais, docteur de Sorbonne, touchant l'état des curés chanoines réguliers. (Par François-Louis DUVAU, chanoine régulier de la Congrégation de France, chancelier de l'Université de Paris, puis abbé régulier de Landève, département des Ardennes.) *Paris, Couterot*, 1699, in-12, 192 p.

Réflexions sur les partis politiques en Belgique, au mois de mars 1855. (Par DE GARCIA, chef de division au ministère des affaires étrangères.) In-16, 16 p. J. D.

Réflexions sur les passages relatifs à l'histoire et aux affaires de Pologne, insérés dans l'ouvrage de M. Villers, qui a remporté le prix de l'Institut national de France, le 2 germinal an XI (23 mars 1804). (Par J.-B. SNIADECKI.) *Paris*, 8 mai 1804, in-12, 29 p.

c

Il y en a plusieurs éditions, mais elles ne sont pas toutes anonymes.   A. L.

Réflexions sur les passions et sur les goûts. (Par l'abbé, depuis cardinal, F.-J.-P. DE BERNIS.) *Paris, Didot*, 1738, in-12, 130 p.

L'auteur a publié un nouveau vol. sous le même titre, avec cette addition : « Par M. de B***. » *Paris, Didot*, 1741, in-12, 38 p.

d

Réflexions sur les paysages exposés au Salon de 1817, par M. A. D. (Antoine DUPUIS, avocat et artiste amateur). *Paris, Delaunay*, 1817, in-8, 16 p.

L'auteur a publié deux suites ou revues, du même nombre de pages.

Réflexions sur les pouvoirs et instructions à donner par les provinces à leurs députés aux Etats-Généraux. (Par C.-L. HUGUET, marquis DE SEMONVILLE.) *S. l.* (1788), in-8, 24 p.

Réflexions sur les préjugés qui s'opposent au progrès et à la perfection de l'inoculation en France; par M. GATTI... (Rédigées sous sa dictée, par l'abbé And. MORELLET.) *Bruxelles et Paris, Musier fils*, 1764, in-12.

f

Réflexions sur les préliminaires de la paix d'Aix-la-Chapelle. (Par l'abbé GARRIGUES DE FROMONT.) 1750.

L'auteur fut arrêté à Liége et mis à la Bastille. (Note de d'Hémery.)

Réflexions sur les principaux articles constitutionnels de la marine, par M. P. D. L. B. (PELLERIN DE LA BUXIÈRE), député d'O. (Orléans). *Paris, imp. nationale*, 1790, in-8, 28 p.

Réflexions sur les principes de la justice. (Par DE JUSSIEU DE MONTLUEL.) *Paris, Le Clerc*, 1761, in-12.

Elles se trouvent aussi en tête de l'« Instruction facile sur les conventions... » (voy. V, 934, b), dont la première édition est de *Lyon*, 1760. Celle de 1766 est la troisième au moins.

Réflexions sur les prix de l'Université et sur d'autres objets très-intéressants pour l'éducation de la jeunesse. (Par F.-D. RIVARD.) (*Paris*), 1769, in-12, XII-110 p.

Réflexions sur les progrès de la fabrique du fer et de l'acier dans la Grande-Bretagne... par M. B*** (F.-X. BURTIN). *Londres*, 1783, in-8.

Réflexions sur les quatre fins dernières. (Par le P. Paul LE CLERC, jésuite.) Nouvelle édit. *Paris*, 1713, in-8.

Réflexions sur les romans, par madame S. E. P. (Jean-Louis PRASCH ou PRASCHIUS). *Ratisbonne*, 1684, in-12. V. T.

Dahlmann traduit avec plus de vraisemblance ces initiales par Susanne-Elisabeth, fille du jurisconsulte TABORS et femme de Jean-Louis PRASCH.

Réflexions sur les sentiments agréables et sur le plaisir attaché à la vertu. (Par L.-J. LÉVÊQUE DE POUILLY.) *Montbrillant* (*près de Genève*), 1743, in-8, VIII-88 p.

Suivant une note mise à la suite de cet article dans le « Catalogue des livres de M. Beaucousin » (*Paris*, 1799, in-8), ces Réflexions ont été imprimées et reliées par M. de Gauffecourt, parent de l'auteur. C'est une nouvelle édition de l'ouvrage qui a été ensuite intitulé : « Théorie des sentiments agréables. »

Réflexions sur les Sentiments de Callisthène, touchant la Diane d'Arles. (Par le P. Albert DAUGIÈRES ou D'AUGIÈRES, jésuite.) *Avignon*, 1684, in-12.

Réflexions sur les 73 Articles du *Pro memoria* présenté à la diète de l'Empire touchant les nonciatures de la part de l'archevêque électeur de Cologne. (Par F.-X. DE FELLER.) *Ratisbonne* (*Cologne*), 1788, in-8.

Voy. « Défense des Réflexions... », IV, 863, c.

Réflexions sur les sots...

Voy. « Recueil des facéties parisiennes », ci-dessus, col. 104, e.

Réflexions sur les talents militaires et sur le caractère de Charles XII, roi de Suède; de main de maître. (Par FRÉDÉRIC II, roi de Prusse.) 1787, in-8.

Insérées dans le 3e vol. des « Œuvres de Frédéric II », publiées du vivant de l'auteur. *Berlin*, 1789, 4 vol. in-8.

Réflexions sur les traducteurs russes et particulièrement sur ceux des Maximes de La Rochefoucauld. (Par le prince B.-V. GALITZIN.) *Saint-Pétersbourg, impr. de Drechsler*, 1811, in-8, IV-69 p.

M. Michel Poloudenski, de Moscou, mort il y a peu d'années, a publié un article sur cet ouvrage dans le « Bulletin du bouquiniste ». A. L.

Réflexions sur I et II° tomes des Commentaires de Polybe, faits par M. Folard, etc. (Par DE LANGEAIS.) *Paris, Ganeau*, 1728, in-12.

Réflexions sur quelques causes de l'état présent de la peinture en France ; avec un examen des principaux ouvrages exposés au salon du Louvre en 1746. (Par LAFONT DE SAINT-YENNE.) *La Haye, J. Néaulme*, 1747, in-12, 3 ff. lim. et 155 p.

Réflexions sur quelques circonstances présentes. Contenant deux lettres sur l'exposition des tableaux au Louvre cette année 1748, à M. le comte de R***. Et une autre lettre à Monsieur de Voltaire au sujet de sa tragédie de « Sémiramis ». (Par L.-G. BAILLET DE SAINT-JULIEN.) *S. l. n. d.*, in-12, 33 p. et 1 f. d'errata.

Réflexions sur quelques parties d'un livre intitulé : « de l'Esprit des Loix ». (Par Claude DUPIN, fermier général.) *Paris, Benjamin Serpentin*, 1749, 2 vol. in-8.

Jusqu'à ce jour, les bibliographes n'ont pas su d'une manière précise en quoi a consisté le travail de Dupin sur l'« Esprit des lois » de Montesquieu. Les continuateurs du P. Le Long ont dit, en 1768, que Dupin avait composé une critique en 3 vol. in-12, avec la date de 1749, sous ce titre : « Réfutation du livre de l'Esprit des lois, en ce qui concerne le commerce et les finances. » Voltaire, en 1777, dans l'Avant-propos de son « Commentaire sur l'Esprit des lois », soutint que la critique de Dupin et compagnie était intitulée : « Observations sur l'Esprit des lois », 3 petits volumes. Il ajoute qu'il en a tiré des instructions, et qu'il y a joint ses doutes. L'expression de *petits volumes* s'applique à leur épaisseur et non à leur grandeur, car les « Observations » sont dans le format in-8. Il en est de même de l'ouvrage cité par les éditeurs de la « Bibliothèque historique de la France », qui se sont encore trompés sur le titre de l'ouvrage et sur le nombre des volumes. Il faut donc distinguer deux ouvrages de Dupin sur l'« Esprit des lois » : l'un, intitulé « Réflexions, etc. », n'a que 2 vol. in-8 ; l'autre en a trois du même format, sous le titre d' « Observations ». Voy. VI, 640, b. Le premier porte la date de 1749, et paraît avoir été imprimé par Guérin et de La Tour. L'auteur n'en fit tirer que six exemplaires, pour les communiquer à des amis et recevoir leurs observations. Cinq de ces amis rendirent les exemplaires ; mais le marquis d'Argenson garda celui qui lui avait été confié.

Les cinq autres avaient été, disait-on, détruits par l'auteur lui-même, et celui du marquis d'Argenson, qui se trouve aujourd'hui à la Bibliothèque de l'Arsenal, a été longtemps regardé comme *unique*. Il en existe un second exemplaire dans la Bibliothèque de la Chambre des députés. Voy. Catalogue, Jurisprudence, 1833, n° 417. Brunet, dans la 5° édition de son Manuel, en cite deux ou trois autres qui ont passé dans plusieurs ventes.

Voici les réflexions qui ont été écrites par le marquis de Paulmy, fils du marquis d'Argenson, sur la page blanche qui précède le frontispice du premier volume :

« Voyez la note que j'ai mise dans mon Catalogue, à l'article de ce livre-ci : j'en parle bien mal ; et quand j'en ai parlé ainsi, je ne l'avais ni lu ni parcouru : tel est l'effet d'un préjugé qui m'avait été transmis il y a trente ans, et contre lequel je ne m'étais point mis en garde. Mais je me suis avisé de lire ce livre, que je ne regardais que comme une pièce rare et ridicule. Je me suis convaincu de deux vérités : la première, qu'il s'en faut beaucoup que ce livre soit mauvais en totalité, et l'autre, que l'auteur a donné une grande preuve de sagesse en le supprimant. Mais pourquoi a-t-il déféré aux avis de ses amis qui le lui conseillaient ? C'est parce qu'ils ont senti que l'enthousiasme qui portait à faire trouver cet ouvrage divin était trop fort, et qu'un homme qui combattrait avec autant de force que faisait M. Dupin se ferait jeter la pierre par toute l'Europe ; et effectivement M. Dupin critiquait le livre avec trop d'amertume et trop peu de ménagements : mais, au fond, la plupart de ces critiques sont très-justes et bien raisonnées ; elles sont purement et clairement écrites.

« M. Dupin a raison dans tout ce qu'il reproche au président sur la nature des gouvernemens, sur l'influence des climats, sur les mœurs et par conséquent sur les lois, enfin sur la constitution de l'Angleterre.

« Il n'y a que lorsque M. Dupin parle de finance et de commerce, qu'il paraît trop se souvenir qu'il est fermier général ; mais, en général, il y a d'excellentes choses dans cette critique ; et puisque je possède cet exemplaire d'un livre presque unique, je le conserverai précieusement ; il m'apprendrait, si je ne le savais pas d'ailleurs, que l'on aurait grand tort de placer le buste de M. le président de M....... parmi ceux des écrivains qui ont été utiles au maintien de la monarchie française. »

Quant au second ouvrage de M. Dupin, dans la composition duquel il a été aidé par les PP. Pierre PLESSE et G.-F. BERTHIER, jésuites, il est tout différent des « Réflexions... » Voy. « Observations sur un livre... », VI, 640, *b*.

Réflexions sur quelques points de nos lois, à l'occasion d'un événement important. (Par A.-J.-M. SERVAN.) *Genève*, 1781, in-8.

Réflexions sur un article du « Moniteur » du 26 février, relatif à Madame, duchesse de Berry. (Par Mme Thérèse-Victoire DE MANNE.) *Paris* (1833), in-8, 4 p.
D. M.

Réflexions sur un écrit intitulé : « Adresse au peuple du département du Mont-Terrible, » par un ami du genre humain. (Par Fr. AMWEG.) *Porentrui*, 1793, in-8.

Réflexions sur un imprimé intitulé : « la Bataille de Fontenoy », poëme, dé-

diées à M. de Voltaire. (Par DROMGOLD, Irlandais.) Première édition, considérablement retranchée. *Paris*, 1745, in-4.

Cette critique a eu plusieurs éditions. Voy. les « Jugemens sur quelques ouvrages nouveaux », t. VIII, p. 126, et t. X, p. 71.

Réflexions sur un livre intitulé : « Préservatif contre le changement de religion », qui font voir le peu de solidité et de jugement de cet auteur (Jurieu) dans la manière dont il combat l'exposition de la doctrine catholique de M. de Meaux, etc. (Par Ant. ARNAULD.) *Anvers, Nic. Lefevre*, 1682, in-12.

Réflexions sur un prétendu prodige opéré au Port-au-Prince, dans les premiers jours du mois d'août 1820 ; par le Cen C... (COLOMBEL, secrétaire du président de la république d'Haïti). *Au Port-au-Prince, de l'imprimerie du Gouvernement*, petit in-4.

Réflexions sur une déclaration que M. l'archevêque de Paris a donnée aux religieuses de Port-Royal pour expliquer la signature du formulaire qu'il leur demande. (Par Ant. ARNAULD.) *S. l.* (1664), in-4, 12 p.

Réflexions sur une délibération de quelques prélats assemblés à Paris le 2 d'oct. 1663. (Par Noël DE LA LANE.) *S. l.*, 3 nov. 1663, in-4, 18 p.

Réflexions sur une lettre adressée à M. l'évêque de Senez, au sujet de son Oraison funèbre de Louis XV. Suivies d'un Post-Scriptum contenant d'autres réflexions sur une seconde lettre du même auteur au même prélat, à l'occasion de son Discours prononcé à l'ouverture de l'Assemblée du clergé, le 7 juillet dernier. (Par l'abbé Chrétien LE ROY, professeur de rhétorique au collége du Cardinal-Lemoine.) *Louvain*, 1776, in-8.

Cet ouvrage avait été par erreur attribué à l'abbé Edme FERLET, dans la 2° éd. du « Dictionnaire ».

Réflexions sur une lettre de Mgr l'archevêque provisoire de Toulouse, etc.; par un prêtre catholique en exil pour la foi (l'abbé LE CORDIER). *Londres*, 1802, in-8, 35 p.

Réflexions sur une pétition de la Chambre de commerce de Strasbourg, relative à l'impôt du tabac. (Par Louis HUBERT.) *Paris, imp. de J. Smith*, 1819, in-8, 6 p.

Réflexions théologiques sur le premier volume des Lettres de M. l'abbé de ***

(Villefroy) à ses élèves. (Par C.-F. Le Roy, ex-oratorien.) *S. l.*, 1752, in-8, 32 p.

Le P. Louis de Poix et trois autres jeunes capucins ont répondu à Le Roy. V. ces mots : « Réponse à la lettre », etc.

Réflexions théologiques sur les écrits de M. l'abbé de V. (Villefroy) et de ses élèves, les jeunes Pères Capucins. (Par l'abbé Jér. Besoigne.) *Paris*, 1752, in-12.

Réflexions utiles sur la question de savoir si, lors de la tenue des États-Généraux, les voix des députés doivent être recueillies par ordres ou par têtes. (Par Charles Eléonore du Friche de Valazé.) *S. l. n. d.* (*Alençon*, 1789), in-8, 14 p.

Réformateur (le). (Par Sim. Cliquot de Blervache.) *Amsterdam, Arkstée et Merkus*, 1756, 2 part. in-12. *Douteux.*

La « France littéraire » de 1769, II, 504, indique une édit. datée de 1766, 2 vol. in-12, avec le « Réformateur réformé ».

Réformateurs (des) et des Changements qu'ils proposent d'introduire dans le culte israélite. (Par Benj. Gradis.) *Paris, Desforges*, 1846, in-8, 16 p.

Réformation (la) au XIXᵉ siècle. (Par Edm. Schérer.) *Genève*, juillet 1845-décembre 1848, 4 vol. gr. in-4 à 2 col.

Réformation de l'Université de Paris. (Composée en 1599 par ordre du roi, par René de Beaune, archevêque de Bourges.) *Paris, J. Mettayer*, 1601, in-8, 159 p.

Réformation (de la) du théâtre, par Louis Riccoboni, et des Moyens de rendre la comédie utile aux mœurs, par M. de B*** (L.-F. Nouel de Busonnières). *Paris, de Bure père*, 1767, in-12.

Réformation pour imposer silence à un certain bélitre nommé Antoine Catelan, jadis cordelier d'Albigeois. (Par Jean Calvin.) *Genève*, 1566, in-8.

Réforme à faire dans la manière d'écrire la musique... Par un ignorant qui frissonne au seul nom de bémol. (Par H.-B. Aigre.) *Paris, Ladvocat*, 1830, in-8, 16 p. et 1 planche.

Réforme (la) au collège, drame en un acte, à l'usage des collèges, petits séminaires... Par l'abbé L... (l'abbé Lebardin), professeur de belles-lettres. *Bordeaux, Chaumas*, 1858, in-12, 24 p.

Réforme (de la) dans la législation militaire. (Par P.-A. Odier, sous-intendant militaire.) *Paris, Testu*, 1818, in-8.

Réforme de l'instruction publique, lettre d'un professeur à un membre de l'administration supérieure, par A. A. (Alvin, professeur au collège d'Auxerre). *Auxerre, Ch. Gallot*, 1852, in-8, 16 p.

Réforme (la) de la peinture. *Caen, Briard*, 1681, in-12.

La dédicace est signée J. R. (Jacques Restout), peintre.

Réforme (de la) des lois concernant la contrainte par corps en matière de commerce; Lettres à un député par un ancien avocat (L.-J. Claveau). *Paris, Dentu*, juin 1820, in-8.

Catalogue de Nantes, nᵒ 9855.

Réforme (la) des théâtres, ou vues d'un amateur sur les moyens d'avoir toujours des acteurs à talents sur les théâtres de Paris et des grandes villes du royaume... Par M. M*** (Jacques-Thomas Mague) de Saint-Aubin. *Paris, Guillot*, 1787, in-8, IV-125 p. et 1 f. de privilège.

Réforme (la) du Calendrier faite par ordre du pape Grégoire XIII, par Ed. T. (Edouard Terwecoren, jésuite). *Bruxelles, Vandereydt*, 1853, in-12, 2 parties, 36 et 72 p.   J. D.

Réforme (la) électorale. (Par Dumouchel, receveur des contributions.) *Rouen, F. Baudry, s. d.* (1836), in-8, 24 p.

Réforme (la) électorale en Belgique. (Par Ed. Ducpétiaux.) *Bruxelles, Decq*, 1860, in-8, 40 p.   J. D.

Réforme (de la) électorale, ou réponses au « Courrier de la Meuse », publiées dans le « Journal de Verviers », par G...... C....... de V....... (Georges Clermont, de Verviers). *Liège, Desoer*, 1837, in-8, 43 p.   J. D.

Réforme électorale, par un électeur (Achille Antheunis-Leirens, avocat). *Gand, Vanderhaegen, s. d.* (1863), in-8, 11 p.   J. D.

Réforme (la) en Italie au XVIᵉ siècle, ses progrès et son extinction, par Th. Maccrie; traduit de l'anglais (par Frédéric Lullin de Chateauvieux). *Paris et Genève, A. Cherbuliez*, 1834, in-8.

Réforme (la) en 1560, ou le tumulte d'Amboise, scènes historiques. (Par S. Germeau.) *Paris, Levavasseur*, 1829, in-8.

Réforme financière. Plus d'impôts ni de patente. Organisation du crédit national.

Extinction du paupérisme. (Par François-Marie-Ernest DUMONT, né à Libourne le 20 février 1808.) *Paris, imp. Guiraudet*, 1850, in-8, 36 p.

Cet auteur a publié des brochures sous ce nom ou sous celui de DUMONT DE LA FONTAINE, ou encore sous celui de F. DUMONS, de la Gironde.

Réforme (de la) politique des Juifs, par M. C. G. DOHM, conseiller de guerre du roi de Prusse, traduit de l'allemand (par Jean BERNOULLY). *Dessau*, 1782, in-8.

La préface du traducteur est signée.

Réforme (de la) radicale de la loi des élections, par M. A. L. B. (V.-L.-S.-M. ANGLIVIEL LA BEAUMELLE). *Paris, imp. Dondey-Dupré*, 1819, in-8, 35 p.

Réforme radicale. Nouvel eucologe à l'usage de l'Eglise catholique française. Deuxième édit., revue et corrigée. *Paris, Prévot*, 1835-36, in-32, 280 p. plus 4 p. non chiffrées.

La prem. édit., publ. en 1834, in-32, IV-352 p., portait : Par A.-B. SAINT-ESTÈVE.

Réforme scientifique de la locomotion terrestre et maritime. (Par Hoené WRONSKI.) *Metz*, 1850, in-4.

Réforme (la) théâtrale. *Paris, impr. de Delcambre*, 1845, in-8.

Cette brochure, qui n'est qu'une diatribe dirigée contre Auguste Cavé, alors directeur des Beaux-Arts, a été attribuée à un nommé Louis-Philippe TROYEAU, qui prétendit n'être que l'intermédiaire d'un individu de Saint-Denis, appelé Renon. N'ayant pu faire constater l'identité de ce dernier, TROYEAU fut condamné à trois mois de prison, comme diffamateur.   D. M.

Réforme théâtrale. Projet d'une nouvelle organisation des théâtres dans les départements et principalement dans les grandes villes. (Par Ludovic CHAPPLAIN.) *Nantes, imp. de Mellinet*, 1833, in-8.

Extrait du « Breton ».

Réforme universitaire. Plus de collèges communaux ! Plus de bourses à la charge de l'Etat et des villes !... Par un ancien inspecteur des études (Léon CHAUVIN). *Paris, A. Appert*, juillet 1841, in-8, 136 p.   D. M.

Réformes ! *Besançon, imp. de J. Jacquin* (1849), in-8, 4 p.

Signées : C. (CHIFLET).

Réformes à apporter à l'institution notariale. Par un notaire. *Angers, Cosnier et Lachèse*, 1846, in-8.

Signées : E. M. (Emile MAILLARD, notaire à Ancenis).

Réformes (des) à opérer dans l'exploitation des chemins de fer, et des Conséquences qui peuvent en résulter soit pour l'augmentation du revenu des Compagnies, soit pour l'abaissement des prix de transport, l'organisation de l'industrie voiturière et la constitution économique de la société. (Par P.-J. PROUDHON.) *Paris, Garnier*, 1855, in-18.

Réfugié (le) espagnol. *Marseille, Camoin frères*, 1819, 2 vol. in-12.

Mémoires politiques de J.-E. DABAYTUA, auteur dramatique et romancier, né à Madrid.

Refus de sépulture. (Par Laurent-Emile RENARD.) *Liége, Collardin*, 1841, in-8, 10 p.   J. D.

Refus (du) des subsides. (Par le marquis DE LA GERVAISAIS.) *Paris, Pihan-Delaforest*, 1829, in-8, 52 p.

Refus (du) du budget. (Par Benj. GRADIS.) *Paris, Delaunay*, 1830, in-8, 14 p.

Refus (le) par amour, comédie par P. F. (MAURIN DE POMPIGNY). *Paris*, 1809, in-8.

Réfutation abrégée du livre de Volney, intitulé : « les Ruines, ou Méditations sur les révolutions des empires », par M. D. N. (l'abbé MARTIN DE NOIRLIEU), aumônier de l'Ecole royale polytechnique ; extraite de la seconde édition des « Etudes d'un jeune philosophe chrétien ». *Paris, Méquignon junior*, 1823, in-8.

Réfutation abrégée du livre qui a pour titre : « Traité du schisme », où l'on justifie, par le seul fait de la dispute de saint Cyprien avec le pape saint Etienne, les évêques et les théologiens qui refusent d'accepter la Constitution *Unigenitus* de Clément XI, du crime de schisme que leur impute l'auteur de ce traité. (Par F.-D. MÉGANCK.) *S. l.*, 1718, in-12.

Le « Traité du schisme » est du P. Longueval, jésuite.

Réfutation complète de l'opinion opposée au système de forts détachés, sous les deux rapports militaire et politique, par l'auteur de l'ouvrage intitulé : « du Projet de fortifier Paris »... (RICHARDOT). *Paris, J. Corréard*, janvier 1844, in-8, 40 p.

Réfutation d'Emile...

Voy. « Réfutation du nouvel ouvrage... », col. 184, b.

Réfutation d'un article de l'Aurora, ayant pour titre : « Bataille de Waterloo... », par un vétéran de l'armée française (le comte DE GROUCHY). *Philadelphie*, 1818, in-18.

Réfutation d'un écrit favorisant la comédie. (Par le P. DÉ LA GRANGE, docteur en théologie.) *Paris, E. Couterot*, 1694, in-12, 1 f. de tit. et 87 p.

Le nom de l'auteur se trouve dans le privilége.

Réfutation (ironique) d'un écrit intitulé « Lettre (de Fréron) sur l'Oraison funèbre du cardinal de Fleury », ou défense du P. de Neuville, adressée à Mme la marquise de B***. *S. l. n. d.*, in-4, 12 p. — Troisième édit., revue et corrigée sur le manuscrit de l'auteur. *Issi*, 1743, in-4, 2 ff. de tit. et 12 p.

Cette Réfutation, signée le chevalier de M***, est de A.-G. MEUSNIER DE QUERLON.

Réfutation d'un libelle impie intitulé : « l'Evangile du jour » .... (Par le P. Etienne DE LA CROIX, S. J.) *Liége, J. Dessain*, 1769, 4 vol. in-12.

Réfutation d'un libelle imprimé l'an 1676, qui a pour titre : « Prescriptions touchant la conception de Notre-Dame ». (Par l'abbé TREVET.) *Rouen, Maurry*, 1709, in-4.

Voy. pour les « Prescriptions.. », VI, 1006, c.

Réfutation d'un libelle (de Voltaire) intitulé : « la Voix du sage et du peuple ». (Par l'abbé J.-B. GAULTIER.) *S. l.*, 1751, in-12.

Réfutation d'un nouveau système de métaphysique proposé par le P. M... (Malebranche), auteur de la « Recherche de la vérité ». (Par le P. DU TERTRE, jésuite.) *Paris, Mazières*, 1715, 3 vol. in-12.

Ce jésuite s'était rendu le disciple du P. Malebranche, par une lecture assidue de ses ouvrages, ce qui lui avait attiré la disgrâce de ses supérieurs. Pour se réconcilier avec eux, il s'engagea à réfuter les sentiments où il avait été jusqu'alors. On croit que sa « Réfutation » a passé par l'examen de plusieurs réviseurs de sa Compagnie, qui l'ont gâtée. Voy. la « République des lettres », 1717, p. 781.

Réfutation d'un paradoxe littéraire de M. F. A. Wolf sur les poésies d'Homère. (Par G.-E.J. GUILHEM DE CLERMONT-LODÈVE, baron DE SAINTE-CROIX.) *Paris, Kœnig*, 1798, in-8.

Réimprimée dans le « Magasin encyclopédique », t. VI, p. 427.

Réfutation d'un passage du Traité des opérations de chirurgie en anglois, publié par Sharp, sur la taille latérale. (Par S.-F. MORAND.) *Paris*, 1739, in-12, 24 p.

Réfutation d'une brochure qui a pour titre : « Avertissement, etc., » avec des réflexions sur un libelle intitulé : « Ana-

lyse du serment », etc. (Par D.-L. BEGUELIN.) 1793, in-8.

Voy. pour l' « Avertissement », IV, col. 352, c.

Réfutation de Bélisaire et de ses oracles, J.-J. Rousseau, Voltaire, etc. (Par Fr. AUBERT, chanoine de Saint-Antoine.) *Basle (Paris)*, 1768, in-12. V. T.

Réfutation de l'abus prétendu et la découverte de la véritable ignorance et vanité du Père François Garasse. (Par J. DUVERGIER DE HAURANNE, abbé de Saint-Cyran.) *S. l.*, 1626, in-8, 1 f. de tit., 51 p. et 1 f.

Réfutation de l'écrit de M. le comte de Montlosier, intitulé : « Mémoire à consulter », par M*** (COURTELIN). *Paris, C.-J. Trouvé*, 1826, in-8, 48 p.

Réfutation de l'écrit des médecins, intitulé : « la Subordination des chirurgiens aux médecins, démontrée par la nature des deux professions et par le bien public ». Par M*** (Ant. LOUIS), chirurgien de Paris. *S. l.*, 1748, in-4, 32 p.

Réfutation de l'écrit du R. P. Tassin, bénédictin de Saint-Ouen, sur la « Notice des manuscrits de l'église métropolitaine de Rouen ». (Par l'abbé Jean SAAS.) *Rouen, J.-J. Le Boullenger*, 1747, in-12, 49 p.

Réfutation de l'écrit intitulé : « Histoire de l'esprit révolutionnaire des nobles en France... », par M. DE M*** (DE MÉRY), référendaire de la commission du sceau.) *Paris, Le Normant*, 1819, in-8, 108 p.

Réfutation de l'hérésie de Calvin par la seule doctrine de MM. de la R. P. R., pour affermir sans dispute les nouveaux convertis dans la foi de l'Eglise catholique... (Par l'abbé BLACHE, prêtre à Saint-Sulpice.) *Paris, Lambin*, 1686, in-12.

Réfutation de l'opinion de M. Delneufcour, sur les projets de jonction du canal de Mons avec l'Escaut, ou par Ath ou par Antoing. (Par LARIVIÈRE, ancien inspecteur général des travaux publics.) *Mons, Hoyois*, 1817, in-8, 4 p. J. D.

Réfutation de l'opinion de M. Necker, relativement au décret de l'Assemblée nationale concernant les titres, les noms et les armoiries. Par un citoyen du district des Cordeliers. (Par J.-A. DULAURE.) *S. l.* (1790), in-8, 15 p.

Réfutation de l'opinion émise par M. Napoléon Landais sur L mouillé, dans son « Dictionnaire général et grammatical des

Dictionnaires français » (1834); par E. D. (E. DE LAQUERIÈRE), de l'Académie royale des sciences, belles-lettres et arts de Rouen. *Rouen, imp. de I.-S. Lefevre*, 1839, in-8, 10 p.

Réfutation de l'ouvrage de M. C.-A. Lenormand, intitulé : « Description de la maison de force de Gand... » (Par Pierre-François-Joseph BROGNIEZ.) *Bruxelles*, 1828, in-8, 28 p.
J. D.

Réfutation de l'ouvrage de M. l'abbé Sieyes, sur les biens ecclésiastiques, par M. S**** (A.-J.-M. SERVAN). *Paris, Desray*, 1789, in-8, 24 p.

Réfutation de l'ouvrage de M. l'évêque-duc de Langres, ayant pour titre : « Sur la forme d'opiner aux États-Généraux »; par M. L. D. S. M. C. A. C. (M. l'abbé Louis DE SAINT-MARTIN, conseiller au Châtelet). *S. l.*, 1789, in-8, 54 p.

Réfutation (par le P. Bern. LAMBERT) de l'ouvrage posthume de M. Pel... (Pelvert), intitulé : « Défense de la dissertation sur la nature et l'essence du saint sacrifice de la messe ». 1779, in-12.

Réfutation de l'ouvrage (de l'abbé Galiani) qui a pour titre : « Dialogues sur le commerce des bleds. ». (Par l'abbé And. MORELLET.) *Londres (Paris)*, 1770, in-8.

Dans un nouvel avertissement, daté de novembre 1774, l'auteur dit que son ouvrage était imprimé dès le mois d'avril 1770, mais que des motifs qu'il ne peut pénétrer en empêchèrent la publication.

Réfutation de la brochure de M. de Chateaubriand en faveur de la Restauration. (Par Hippolyte BONNELIER.)

Voy. « Réfutation de la dernière brochure... »

Réfutation de la « Dénonciation au roi » de M. Méhée de La Touche; suivie de notes. Par un baron sans baronnie et non sans épée (le baron D'ICHER-VILLEFORT). *Paris, imp. veuve Migneret*, 1814, in-8, 2 ff. de tit. et 120 p.

L'auteur a signé à la page 103.

Réfutation de la dernière brochure de M. de Chateaubriand, par un secrétaire du gouvernement provisoire de 1830 (Hippolyte BONNELIER). Première partie. *Paris, Delaunay, s. d.*, in-8, 20 p. — Réfutation de la brochure de M. de Chateaubriand en faveur de la Restauration. Seconde partie. *S. l.* (1831), in-8, 20 p.

Réfutation de la Doctrine. Par un vieux soldat du drapeau tricolore (le général

C.-T. DE MONTHOLON). *Paris, Houdaille*, 6 décembre 1835, in-8, 37 p.

Réfutation de la fausse relation du P. Ferrier, jésuite ... (Par Antoine ARNAULD et Noël DE LA LANE.) *S. l.*, 1664, in-4.

Réfutation de la « Lettre à un seigneur de la cour », servant d'apologie à monseigneur l'archevêque d'Ambrun (Georges d'Aubusson; par P. NICOLE). *S. l.* (4 août 1668), in-4.

Réfutation de la lettre (de Dupont de Nemours) adressée à la Chambre de commerce de Normandie. (Par Barth. LE COUTEULX DE CANTELEU.) *S. l.*, 1788, in-8.

Réfutation de la « Philosophie du socialisme... par A. Guépin ». (Par le Dr Aristide PADIOLEAU.) *Nantes, imp. Guiraud, s. d.* (1854), in-8, 23 p.

Réfutation de la réponse de M. l'évêque d'Angers à la lettre de M. Dublineau... (Attribuée à dom Gilles DIDON, bénédictin de la congrégat. de Saint-Maur.) *S. l.* (20 mai 1719), in-8.

Réfutation de la response et escrit de M. Denys Bovthiller, contre la défense du priuilege de S. Romain archeuesque de Rouen. Avec une brefue response aux mensonges du sieur Bouase. Par les doyen, chanoines et chapitre de l'église métropolitaine de Rouen. (Par A. BEHOTTE.) *Rouen, imp. de R. du Petit-Val*, 1609, in-8.

Réfutation de la « Vie de Napoléon » de sir W. Scott. Par M*** (J.-F. CAZE). *Paris, Baudouin frères*, 1827, 2 vol. in-12.

Réfutation de la « Vie de Napoléon, par sir Walter Scott »; par le général G*** (Gaspard GOURGAUD). *Paris, Locard et Davi*, 1827, in-8.

Réfutation de M. le duc de Rovigo, ou la vérité sur la bataille de Marengo. *Paris, imp. de Lefebvre*, 1828, in-8, 19 p.

Signée : Un ami de la vérité (le général Fr.-Etienne KELLERMANN, duc DE VALMY).

Une seconde Réfutation a paru sous ce titre : « Deuxième et Dernière Réplique d'un ami de la vérité. » *Paris, Rosier*, 1828, in-8, 18 p. Voy. IV, 931, a.

Réfutation des arguments avancés contre la liberté du commerce des habitants des Pays-Bas autrichiens. (Par Marc MACNENY, procureur fiscal du conseil des finances.) *Bruxelles, E.-H. Fricx*, 1723, in-4.

Réfutation des calomnies répandues dans un écrit imprimé à Metz en forme de requête adressée à S. A. R. sous le nom des supérieur et chanoines réguliers de l'ordre S. Antoine de Pont-à-Mousson au sujet de l'établissement des Jésuites dans la même ville, dans l'église et la maison qu'ils y occupent. (Par le P. J.-J. PETITDIDIER, jésuite.) *Nancy, Fr. Midon*, 1728, in-fol.

Réfutation des critiques de M. Bayle sur saint Augustin. (Par le P. MERLIN, jésuite.) *Paris, Rollin fils*, 1732, in-4.

Réfutation des erreurs contenues dans l' « Histoire de tous les muscles du corps humain » ; par un écolier en chirurgie (Gabr. BERTRAND). *S. l.*, 1613, in-8.

Réfutation des erreurs de Benoît de Spinosa, par FÉNELON, le P. LAMY, bénédictin, et BOULAINVILLIERS, avec la vie de Spinosa, écrite par J. COLERUS, augmentée de beaucoup de particularités, tirées d'une vie manuscrite de ce philosophe, faite par un de ses amis (le sieur LUCAS, médecin à La Haye). (Le tout recueilli et publié par l'abbé Nic. LENGLET DU FRESNOY.) *Bruxelles (Amsterdam)*, 1731, in-12.

Réfutation des erreurs de M. Micheli du Crest. Par M. Jaq** F******* D* L** (Jacques François DE LUC). *Cologne*, 1747, in-8.

Réfutation des erreurs de Voltaire. Voy. « Supplément aux erreurs de Voltaire ».

Réfutation des erreurs répandues sur l'entendement humain et sur la morale naturelle de l'homme, par C. A. M. (MICHEL). *Paris, Laurent jeune*, an XIII-1804, in-8, 38 p.

Réfutation des faux principes et des calomnies avancées par les Jacobins, pour décrier l'administration de nos rois, et pour justifier les usurpations de l'autorité royale et du trône. Par un vieux Français (Alexandre BERGASSE). *Lyon, J. Bettend*, 1816, in-8.

Réfutation des lettres adressées à messieurs les commissaires nommés par le roi, pour délibérer sur l'affaire présente du Parlement, au sujet du refus des sacrements, ou des Lettres prétendues pacifiques. *S. l.*, 1753, in-12.

Tout le monde attribua dans le temps cette Réfutation à dom Louis-Bern. DE LA TASTE. Elle lui est encore attribuée par dom Clémencet, dans ses « Lettres à Morénas », et par dom Chaudon, dans son « Dictionnaire historique ». Cependant, dans une note insérée à la fin de la septième des « Lettres pacifiques », on prétend qu'elle est du jésuite Louis PATOUILLET.

Réfutation des Mémoires du général Du-

mouriez. *Hambourg et Leipzig*, 1794, 2 vol. in-8.

M. le comte de Firmas Périès, qui a bien voulu m'envoyer cet article, ainsi que plusieurs autres, explique ainsi les lettres initiales qui se trouvent au bas de l'Avertissement, A. G. D. D. D. A. E. G. de 1789 (Alphonse, comte DIGOINE DUPALAIS, député aux États généraux de 1789). Le G, seconde lettre, est une faute d'impression, ou il signifie GRAF, comte, etc. L'ouvrage a été probablement imprimé à Constance, ville que l'auteur habitait en 1791.

Voici le titre de deux autres ouvrages contre Dumouriez, qui ne sont pas cités par Œttinger et dont les auteurs ne sont pas connus :

1° Réponse aux Mémoires du général Dumouriez. *Londres*, 1795, 2 part. de 77 et 128 p., plus 1 f. d'errata ;

2° Lettres sur l'ouvrage intitulé : la Vie du général Dumourier (*sic*), avec une carte de la forêt d'Argonne. *Londres, R. Faulder*, 1795, in-8.

Réfutation des Observations (de Van Gheert) sur les libertés de l'Eglise belge. (Par le chanoine VAN CROMBRUGGHE, l'abbé HÉLIAS D'HUDDEGHEM et le chanoine DESMET.) *Alost, Spitaels*, 1827, in-8, 116 p.   J. D.

Réfutation des « Paroles d'un croyant » selon l'Eglise romaine. Par un catholique (l'abbé WRINDTS). *Paris, Jeanthon*, 1834, in-8.

Même ouvrage avec titre réimprimé que « les Paroles d'un croyant, revues, corrigées et augmentées. Par un catholique. » Voy. VI, 794, *c*. Le titre fut changé à la suite d'un procès intenté par l'éditeur de l'abbé de Lamennais, qui craignait que la Réfutation ne fût confondue avec l'ouvrage réfuté.

Réfutation des « Pensées philosophiques » (de DIDEROT) par les seules lumières de la raison et les principes de la saine philosophie. *Amsterdam, Wertin et Smith*, 1750, in-12, 6 ff. prélim. et 216 p.

Chaque réfutation est précédée de la Pensée réfutée ; mais il y en a sept qui ne l'ont pas été : ce sont celles qui portent les nᵒˢ 32, 39, 40, 49, 52, 53 et 54.

Cet ouvrage doit être celui de George DE POLIER DE BOTTENS, dont une édition antérieure, *La Haye*, 1746, porte le titre de « Pensées philosophiques et Pensées chrétiennes... » Voy. VI, 827, *b*.

Réfutation des pétitions de M. Madier de Montjau, par M. A. P. (Ad. DE PONTÉCOULANT). *Nismes, Gaude fils*, 1820, in-8, 40 p.

Réfutation des prétentions du pape sur Avignon et le comté Venaissin. (Par J.-N. MOREAU.) *Liége*, 1769, in-12, 62 p.

Réfutation des principales erreurs des quiétistes, contenues dans les livres censurés par l'ordonnance de Mgr l'archevêque de Paris, du 16 octobre 1694. *Paris, Guill. Desprez*, 1695, in-12.

Cette Réfutation, faite à la sollicitation de Bossuet, est le dernier ouvrage sorti de la plume de Pierre NICOLE.

Réfutation des principaux faits rapportés par M. Mazure dans sa « Vie de Voltaire ». (*Paris*), *impr. de Goetschy* (1821), in-12, 16 p.

Signée : L'auteur de la « Vie politique, littéraire et morale de Voltaire » (E.-M.-J. LEPAN).

Réfutation des principes hasardés dans le « Traité des délits et des peines », etc. (Par P.-F. MUYART DE VOUGLANS.) *Lausanne et Paris, Desaint*, 1767, in-12.

Réfutation des prophéties faussement attribuées à S. Malachie sur les élections des papes depuis Célestin second jusqu'à la fin du monde. (Par le P. Claude-François MENESTRIER.) *Paris, Q.-J.-B. de La Caille*, 1689, in-4.

Réimprimée dans le « Recueil de pièces curieuses et nouvelles ». *La Haye*, 1695, in-12, t. III, p. 168 et 629, et t. IV, p. 105.

Réfutation des raisons par lesquelles M. P. Cayer prétend d'impugner les trois thèses proposées par M. Cassegrain à M. d'Evreux... par G.-C.-D.-P.-S. (George PACARD). *Niort, Thom. Portau*, 1559, in-8, 200 p.

Réfutation des sentimens relachez d'un nouveau théologien touchant la comédie. (Par Me Laurent PÉGURIER, prêtre de la communauté de Saint-Sulpice.) *S. l. n. d.*, in-12, 2 ff. et 190 p.

Réfutation du Celse moderne, ou objections contre le christianisme, avec des réponses. (Par l'abbé Jos. GAUTIER.) *Lunéville*, 1753; — *Paris*, 1765, in-12.

C'est la même édition.

Réfutation du discours du citoyen de Genève, qui a remporté les prix à l'Académie de Dijon, en l'année 1750, par un académicien de la même ville (Claude-Nicolas LECAT, secrétaire de l'Académie des sciences de Rouen). Nouvelle édition. *Londres (Rouen), Ed. Kelmarneck*, 1751, in-8.   D. M.

Réfutation du livre des « Règles pour l'intelligence des saintes Ecritures ». (Par l'abbé M.-A. LÉONARD.) *Paris, Vincent*, 1727, in-12.

Réfutation du livre du P. Annat, contenant des Réflexions sur le mandement de

M. l'évêque d'Alet... (Par Noël DE LA LANE et P. NICOLE.) *S. l.*, 1666, in-4.

On a réimprimé à part une des pièces de ce recueil, sous ce titre : « l'Idée d'un évêque qui cherche la vérité », par feu M. Nicole. *S. l.* (1726), in-4.

Réfutation du livre du R. P. dom Pierre de S.-Joseph, religieux feuillant, intitulé : « Défense du formulaire ». (Par Noël DE LA LANE.) *S. l.* (1662), in-4, 34 p.

Réfutation du mémoire publié en faveur de l'appel de quatre évêques, adressée à M. l'évêque de Mirepoix...(Attribuée à Cl. LE PELLETIER.)*Bruxelles*, 1718, 3 tomes en 2 vol. in-8.

Réfutation du nouvel ouvrage de J.-J. Rousseau, intitulé : « Emile ou de l'Education ». (Par l'abbé ANDRÉ, bibliothécaire de M. d'Aguesseau.) *Paris, Desaint*, 1762, in-8, 2 ff. de tit. et 277 p.

La seconde partie est intitulée : « la Divinité de la religion chrétienne... » Voy. IV, 1100, c.

Réfutation du pamphlet Girod, ayant pour titre : « Egarement de l'Eglise romaine au sujet de la sainte Eucharistie ». (Par l'abbé MEYNDERS.) *Bruxelles, chez l'auteur*, 1846, in-12, 100 p.   J. D.

Réfutation du rapport de M. Thiers sur le projet de fortifier Paris, par A.-J. F. (A.-J. FOSSARD). *Paris, F. Didot*, 1841, in-8, 33 p.

Réfutation du sentiment de M. de Voltaire, qui traite d'ouvrage supposé le « Testament politique » du cardinal de Richelieu. (Par Léon MÉNARD.) *S. l.*, 1750, in-12, 31 p.

Réfutation du système de M. Faydit sur la Trinité. (Par l'abbé L.-C. HUGO.) *Luxembourg, Chevalier*, 1699, in-8.

Réfutation du système des monades. (Par l'abbé G.-J. VALLÉ.) *Paris, Thiboust*, 1754, in-12, XII-79 p.

Réfutation du Traité de la pratique des billets entre les négocians (de N. Le Correur, par N. LE MAIRE, chanoine de Beauvais). *Paris*, 1702, in-12.

Réfutation par le raisonnement d'un livre (de Boursier) intitulé : « de l'Action de Dieu sur les créatures », etc. *Paris, Osmont*, 1714, in-12.

Cette Réfutation a été attribuée, suivant l'abbé Goujet, à D'ARNAUDIN, neveu du docteur en théologie. Boursier y a répondu.

Réfutation succincte d'un article de

M. Adolphe Dechamps, inséré dans la « Revue de Bruxelles », contre les Sociétés secrètes. (Par DEFRENNE.) *Bruxelles*, 26 décembre 1839, in-8, 7 p.   J. D.

Réfutation suivie et détaillée des principes de M. Rousseau de Genève, touchant la musique françoise, adressée à lui-même, en réponse à sa lettre. (Par l'abbé J.-L. AUBERT.) *Paris*, 1754, in-8.

Régalle (la) des cousins de la cousine, comédie. Par le sieur DE B. (MARCOUREAU DE BRÉCOURT). *Francfort, Isac Wam*, 1674, in-12.

Catalogue Soleinne, n° 1335.

Regardant à Jésus. (Par le pasteur Théodore MONOD.) *Paris, Ch. Meyrueis* (1862), in-8, 8 p.

Extrait des « Archives du christianisme » du 20 février 1862. Souvent réimprimé.

Regards (les) d'un chrétien tournés vers le Saint-Sépulcre de Jérusalem, ou Invitation aux rois et aux princes souverains de l'Europe de se coaliser et de prendre des mesures pour garantir à jamais le tombeau de Notre-Seigneur des insultes des infidèles... Par C.-A. C. (C.-A. CROUZET, plus connu sous le nom de Père LACOMBE, cordelier)... *Paris, Delaunay*, 1819, in-8, 24 p.

Régence (la) à Blois, ou les derniers moments du gouvernement impérial. (Par J.-B.-G. FABRY.) *Paris, Le Normant*, 1814, in-8.

Régence (de la). Ses dangers imminens. (Par Fréd.-Ernest-Otto, prince DE SALM-KYRBOURG.) *Bruxelles, H. Remy*, 1831, in-8, 15 p.

Régénérateur (le). (Par le marquis J.-B.-M.-F. DE CHABANNES.) *Paris, imp. de Gœtschy*, 20 juin 1829 - 7 août 1830, 38 numéros in-4.

Régénération des comédiens en France, ou leurs droits à l'état civil. (Par J.-L. LAYA.) *Paris*, 1789, in-16, 50 p.

Régénération sociale, ou traité sur la possibilité de donner à l'association humaine de nouvelles bases propres à détruire les abus qui retardent les bienfaits de notre Révolution. Par M. R*** L*** (RAYBAUD-LANGE). *Paris, imp. de Moreau*, 1833, in-12.

Régicide (le). (Par J.-M.-V. AUDIN, de Lyon, libraire à Paris.) *Paris, Le Monnier*, 1820, in-12.

a | Régime de Pythagore, traduit de l'italien du docteur COCCHI (par P.-F. DE PUISIEUX). *Paris, Gogué*, 1762, in-8.

Réimprimé dans le « Recueil de pièces de médecine » de cet auteur. Voy. ci-dessus, col. 74, *d*.

Régime de santé pour conserver le corps humain et vivre longuement... *Imprimé à Paris, par A. Lotrian et D. Janot, s. d.*, in-4. — *Rouen, Robinet Macé, s. d.*, *b* | in-4. — *Paris, imp. nouvellement par P. Le Noir*, 1526, in-4.

Cet ouvrage a été imprimé à diverses reprises sous le titre de « le Régime très-utile et très-proufitable pour conserver et garder la santé du corps », ou sous celui de « Retardement de la mort par bon régime. » (Voir le « Manuel du libraire », 5ᵉ édit., t. V, 1229.) C'est une traduction du célèbre « Regimen sanitatis » fort souvent imprimé sous le nom d'ARNAUD DE VILLENEUVE (ARNALDUS DE VILLANOVA), qui n'en *c* | fut que l'éditeur et le commentateur. On a attribué la composition de ce poème à JEAN DE MILAN, vers la fin du XIᵉ siècle. Voir, dans l'ouvrage du docteur Darenberg « la Médecine, histoire et doctrines », un mémoire intéressant (p. 123-172) sur l'École de Salerne.

Régime de santé pour se procurer une longue vie et une vieillesse heureuse, fondé sur la maxime de médecine *a lœdentibus et juvantibus*, contre un livre intitulé : « le Médecin de soi-même. » Par *d* | le sieur D. L. C. (DE LA COUR, François PINSONNAT). *Paris, M. Villery*, 1686, in-12. — 2ᵉ édit. 1690, avec le premier de ces deux noms sur le titre.

Régime de vie spirituelle pour conserver et augmenter le fruit de la mission, etc., par les RR. PP. missionnaires capucins. (Composé par le P. HONORÉ, de Cannes.) *S. l.* (*Paris*), *P. de Bresche, s. d.* (1679), in-12.

e | Régime (le) de vivre et de prendre médecine, que l'on doibt observer en tout temps et principalement en temps de peste. Traduit de latin (de Jean GONTHIER, d'Andernach) en françoys par Anthoine-Pierre DE RIEUX, avec aulcunes annotations faites par le dict traducteur. *Poictiers, à l'enseigne du Pélican* (1544), in-16.

Le privilège est du 23 juillet 1543.
f | Traduction du traité « de Victus et Medicinæ ratione, cum alio, tum pestilentiæ tempore observanda commentarius, per Ioannem GUINTERIUM Antoniacenum. » *Argentorati Wind. Rihelæus*, 1547, in-8.

L'auteur en donna lui-même une traduction française sous le titre de : « Instruction très-utile.... » *Argentine*, 1547, in-8.

Régime (du) de vivre pythagoricien, à l'usage de la médecine. Discours d'Antoine COCCHI de Mugello, traduit de l'italien (par DE BENTIVOGLIO). *Genève, frères Cramer*, 1750, in-8.

De Puisieux a publié une nouvelle traduction de ce morceau curieux. Voy. ci-dessus, col. 186, *a*.

Régime (le) décemviral, fait historique, drame en trois actes, en prose, par Joseph R*** (A.-J.-N. DE ROSNY). *Paris, an V-1797*, in-12, 3 ff. lim. et 126 p.

Régime (le) douanier en 1860. (Par Léon TALABOT.) *Paris, impr. Poitevin*, 1860, in-8, 189 p..

Régime (le) du carême considéré par rapport à la nature du corps et des aliments (ou réponse au Traité des dispenses du carême, de Philippe Hecquet, par Nicolas ANDRY). *Paris, Coignard*, 1710, in-12.

Régime (du) municipal et de l'Administration de département. (Par Jos. PARENTRÉAL.) *Paris, Barrois aîné*, 1818, in-8, 285 p. — Seconde édition. *Paris, le même*, 1821, in-8, viij-285 p.

Imprimé de nouveau en 1831, avec le nom de l'auteur.

Régime (du) parlementaire, ou réponse à M. de Gerlache, par un paysan de la Hesbaye (Louis GILLODS, de Bruges). *Liége, Ledoux*, 1852, in-8, 55 p.

C'est la réfutation de la brochure intitulée : « Essai sur le mouvement des partis en Belgique. »

UL. C.

Régiments (les) suisses de Naples, dans les années 1848 et 1849, par un officier du régiment bernois (Eug. DE FROBERVILLE). *Neufchâtel*, 1851, in-8, 274 p.

Registre alphabétique des noms des auteurs dont les pièces sont insérées dans les différents recueils publiés par l'Académie impériale des sciences de Saint-Pétersbourg, depuis sa fondation jusqu'à l'an 1846. (Par P.-H. FUSS.) (*Saint-Pétersbourg*), *impr. de l'Acad. imp. des sciences*, 1846, gr. in-8, XII-80 p.   A. L.

Registre criminel du Châtelet, du 6 septembre 1389 au 18 mai 1392. Publié pour la première fois par la Société des bibliophiles françois. *Paris, imp. par Ch. Lahure*, 1861-1864, 2 vol. in-8.

Les observations préliminaires sont signées H. D.-A. (H. DUPLÈS-AGIER).

Registres du Parlement de Dijon, de tout ce qui s'est passé pendant la Ligue. (Par Jacques DE VARENNE.) (*Paris, Desventes de La Doué*), in-12.

Ce volume ne porte ni date, ni lieu d'impression, ni nom de libraire ; une note écrite sur mon exemplaire par Popon de Maucune, amateur de livres très-éclairé, indique qu'il a été imprimé en 1763, tandis que le Catalogue des livres de la bibliothèque de M. de Fontette le présente comme ayant paru en 1771, l'exemplaire y étant accompagné d'une dénonciation faite le 12 juillet de cette année.

J'ai demandé des renseignements sur cet ouvrage à M. Leschevin, commissaire du gouvernement pour les poudres et salpêtres à Dijon, qui joignait l'étude de l'histoire littéraire à celle des sciences. Il m'a fait une réponse très-satisfaisante, que j'insérerai ici, en la combinant avec la note de Maucune, la « Notice historique » sur Malesherbes, par Dubois, et la partie des « Mémoires pour servir à l'histoire du droit public de la France en matières d'impôts », intitulée : « Affaire de Varenne. » (Voy. VI, 249, *b*.)

Varenne avait publié en 1762 le fameux Mémoire pour les élus généraux des États du duché de Bourgogne. Cet écrit ayant été brûlé par le bourreau, en vertu de l'arrêt du Parlement de Dijon du 7 juin 1762, et sur la dénonciation qui en avait été faite le 10 mai précédent, Varenne craignit pour sa liberté et vint se réfugier à Versailles. La Cour des aides de Paris le fit décréter d'ajournement personnel. Varenne opposa aux huissiers un ordre du roi qui lui enjoignait de rester à Versailles. Malesherbes, premier président de la Cour des aides, fit continuer la procédure dans Versailles même, et Varenne fut condamné par contumace.

Les ministres, dit Dubois, persuadèrent au roi que cet acte de rigueur devait être réprimé ; Louis XV, pour en témoigner son mécontentement, décora le coupable du cordon de Saint-Michel. Aussitôt Malesherbes le fit décréter de prise de corps, et le jugement définitif allait être rendu, lorsque le monarque fit expédier des lettres d'abolition qu'il envoya à l'enregistrement de la Cour des aides. Varenne fut obligé d'y paraître à genoux, et Malesherbes prononça de son tribunal ces paroles remarquables : *Le roi vous accorde des lettres de grâce ; la cour les entérine* : *retirez-vous, la peine vous est remise, mais le crime vous reste.* L'arrêt d'entérinement est daté du 29 août 1763. Pour donner au Parlement de Bourgogne une sorte de satisfaction, la place de Varenne fut supprimée. La protection du prince de Condé lui procura en 1766 la place de receveur général des finances des États de Bretagne.

Ce fut pendant son séjour à Paris, en 1763, que Varenne fit imprimer des pièces qu'il avait recueillies dans les archives du Parlement de Dijon, sous ce titre : « Registres du Parlement de Dijon, etc. »

L'éclat que son affaire avait eu l'empêcha de donner de la publicité à ce volume. Il se contenta d'en confier quelques exemplaires à des amis ; mais, en 1771, le chancelier Maupeou, cherchant toutes les occasions possibles d'humilier les Parlements, fit engager Varenne à répandre toute l'édition. Celui-ci saisit avidement l'occasion de se venger ; le volume fit une grande sensation. Ayant été dénoncé le 12 juillet au Parlement de Dijon, il fut supprimé le 13, comme tendant à donner une idée fausse de la conduite et des sentiments des magistrats. Le même arrêt porte que l'Avertissement en sera tiré pour être lacéré et brûlé par l'exécuteur de la haute justice, arrêt qui eut son exécution le 15. Il existe des exemplaires de ce volume ainsi intitulé : « Monumens précieux et intéressans pour l'histoire de Bourgogne sous le règne de Henri IV. ». *Paris*, 1772.

La dénonciation de l'ouvrage en est une solide réfutation. Elle est faite avec beaucoup d'art ; son auteur est GUÉNICHOT DE NOGENT, conseiller au Parlement. Elle a été imprimée et publiée avec l'arrêt, en 75 pages in-12.

Varenne est mort à Paris dans un âge fort avancé ; un de ses fils, le célèbre et infortuné Varenne de Fénille, a péri sous la guillotine de Lyon, le 26 pluviôse an II (14 février 1794).

Voy. aussi « le Parlement outragé », VI, 791, e.

Règle artificielle du temps pour connoître toutes sortes d'horloges et de montres, par H. S. (Henry SULLY). *Vienne en Autriche*, 1714, in-8. V. T.

Règle de perfection réduite en un seul point de la volonté de Dieu, par B. DE CANFELD, augmentée de la vie de l'auteur et d'un éclaircissement par un capucin (Zach. BOUERIUS). *Paris*, 1666, in-12. V. T.

Règle (la) de Saint BENOÎT, avec les statuts d'Étienne PONCHER, évêque de Paris, pour les religieuses de Chelles ; traduite en françois (par dom Jean MABILLON). *Paris*, 1697, in-18.

Règle (la) de Saint BENOÎT, traduction nouvelle (par MAISNE). *Paris, Muguet*, 1689, in-12.

Note manuscrite relevée par Moysant.

Règle (la) de Saint BENOÎT, traduite et expliquée par l'auteur du livre des « Devoirs de la vie monastique » (dom Arm.-J. LE BOUTHILLIER DE RANCÉ). *Paris*, 1689, 2 vol. in-4.

Règle de tous les devoirs que la nature inspire à tous les hommes. (Par l'abbé L. DE BONNAIRE.) *Paris, Briasson*, 1758, 4 vol. in-12.

Règle (de la) de vérité et des Causes du fanatisme. *Paris, Maradan*, 1808, in-8.

Cet écrit, de l'abbé J.-B. MONTMIGNON, n'a pas été mis en circulation à l'époque où il fut imprimé. Il est resté sans frontispice.

Règle de vie d'une dame chrétienne, par un barnabite (Hyacinthe COLIN). *Paris*, 1719, in-12. V. T.

Règle des associés à l'enfance de Jésus, modèle de perfection pour tous les états... (Par DE BERNIÈRES.) *Lyon, Ant. Briasson*, 1690, in-18, 139 p. et 2 ff.

Règle des marchands. Sensuit la règle des marchans nouvellement translatée de latin en françoys. *Provins, par Guill. Tavernier. A la requeste de Jaquette Lebee*,

veufve de feu Jehan Herault, 1496, in-4, 52 ff. goth.

Traduction de la *Summa confessionum* Joannis LECTORIS ou LE LISEUR, auteur qui, selon Duverdier, aurait lui-même traduit son ouvrage en français.

Règle (la) des mœurs contre les fausses maximes de la morale corrompue, par D. G. (dom Gabr. GERBERON). *Cologne*, 1682, in-12.

Règle (la) et Constitution des chevaliers de l'ordre de la Magdelaine. (Par J. CHESNEL, sieur DE LA CHAPPRONNAYE.) *Paris, Toussaint du Bray*, 1618, in-8.

Avec titre gravé représentant les armes de l'auteur entourées du cordon de l'ordre, dont il fut et le premier et le dernier représentant.

Règle maçonnique à l'usage des Loges réunies et rectifiées, arrêtée au couvent général de Wilhelmsbad. 1782, in-8, 24 p.

Souvent réimprimée, notamment à *Bruxelles*, 1798, in-8, 18 p. — *Besançon*, 1806, in-16, 37 p. — *Genève*, 1811, in-8 (sous le titre de « Maximes maçonniques »). — *Paris, Chamerot*, 1822, in-24, 36 p. — *Ibid., Dondey-Dupré*, 1829, in-8. L'auteur de cette « Règle » est le baron Jean DE DURCKHEIM et non WILLERMOZ, comme on l'a dit parfois.

(Klotz, « Bibliographie der Freymaurerei », n° 438.)

Règlement (du) de la dette. (Par le marquis DE LA GERVAISAIS.) *Paris, A. Pihan de La Forest*, 1834, in-8, 68 p.

Règlement de la R∴ L∴ de Saint-Jean, sous le titre distinctif de l'*Etoile de Chaudfontaine*, à l'Orient de Liége. (Par J.-H. PUYZEYS, avoué à Liége.) *Liége, Collardin*, 1817, in-8, 104 p. Ul. C.

Règlement de la Société libre d'émulation, fondée le 29 avril 1779, par le prince évêque de Liége, Charles de Velbruck, pour l'encouragement des lettres, des sciences et des arts. (Publié par U. CAPITAINE.) *Liége*, 1853, in-8, 40 p.

Règlement de la vie utile à toute sorte de personnes, par un Père du collége de Fribourg en Suisse. (Par M. Louis GOTTOFREY, natif d'Échallens, au canton de Vaud, et professeur en théologie au collége de Fribourg.) In-16.

Règlement de vie selon les maximes de la perfection chrétienne, et des vertus selon saint Thomas. (Par Fr. MESPOLIÉ.) *Paris*, 1713, in-12. V. T.

Règlement donné par une dame de haute qualité (Jeanne DE SCHOMBERG, duchesse

DE LIANCOURT) à M***, sa petite-fille (la princesse de Marsillac), pour sa conduite et pour celle de sa maison. (Publié avec la vie de Mme de Liancourt, par l'abbé J.-Jacques BOILEAU.) *Paris, Florentin Delaulne*, 1698, in-12, 218 p. et 2 ff. de priv. — *Paris, Aug. Leguerrier*, 1698, in-12, 1 f. de tit. et 234 p. — *Paris*, 1779, in-12. — *Paris*, 1814, in-12.

Règlement du conseil, précédé de l'explication des différens articles compris dans chacun des chapitres; avec les formules des procédures qu'on y suit et celles des arrêts ou jugemens qui s'y rendent. (Par DE TOLOSAN.) *Paris, Moutard*, 1786, in-4.

Règlement (le) du sort, contenant la forme et la manière de procéder à l'eslection des officiers de la ville de Marseille, revu et augmenté de nouveau de plusieurs autres règlemens et ordonnances de police. *Marseille, Cl. Garcin*, 1654, in-4, 163 p.

Ce recueil, qui avait eu une première édition, *Marseille, C. Garcin*, 1652, in-4, a été probablement formé par Antoine DE RUFFI le père, dont les recherches et les fonctions se rapportaient aux mêmes sujets et qui avait publié chez Cl. Garcin, en 1642, une « Histoire de Marseille ».　　　G. M.

Règlement général pour dresser les manufactures en ce royaume, et couper le cours des draps de soye et autres marchandises qui perdent et ruynent l'Estat... ensemble le Moyen de faire les soyes par toute la France. *Paris, Cl. de Monstr'œil*, 1597, in-8.

Le Traité qui termine ce volume est de Barthélemy DE LAFFEMAS, dit BEAUSEMBLANT, valet de chambre du roi Henri IV. Réimprimé dans le t. XIX, p. 528, de la « Collection de dissertations et mémoires historiques » de Leber.

Règlement pour l'Opéra de Paris, avec des notes historiques. (Par A.-G. MEUSNIER DE QUERLON.) *Utopie, T. Morus*, 1743, in-12, 68 p.

Règlement pour le jeu de la galoche. (Par Henri DELMOTTE.) *Mons, Hoyois Derely, s. d.*, in-32, 4 ff. non chiffrés. J. D.

Règlement pour le pensionnat de l'École centrale de l'Eure. (Par F. REVER.) *Evreux, s. d.*, in-8.

Règlement pour les Écoles vétérinaires de France. (Rédigé par Cl. BOURGELAT.) *Paris, imprimerie royale*, 1777, in-8.

Règlement provisoire sur le service des pontonniers. (Par le capitaine Auguste-Scevola GUILLAUMOT.) *Bruxelles, Hayez*, 1840, in-8, 340 p., avec un atlas de planches.　　　　　　　J. D.

Règlement provisoire sur le service intérieur des troupes à cheval, dont l'exécution est ordonnée par S. Exc. M. le duc de Feltres... (Par le général C.-A.-H. DE PRÉVAL.) *Paris, Magimel*, 1816, in-8, XLIV-388 p.

Règlement sur l'organisation des gardes champêtres, avec commentaires. (Par G.-F. PRAT.) *Arlon, Bruck* (1839), in-12, 269 p.　　　　　　　　J. D.

Règlement sur la police intérieure des bains d'Aix (en Savoie, par PULLINI). *Chambéry*, 1826, in-8.　　　G. M.

Règlement sur le service des subsistances militaires du 1er septembre 1827. (Par le baron THIRAT DE SAINT-AIGNAN.) *Paris, Anselin*, 1827, in-8.

Règlement sur le service militaire de la place de Paris, établi par demandes et par réponses, par B... (P.-A.-F. BLOT), chevalier de la Légion d'honneur, sous-adjudant au palais des Tuileries. *Paris, Blot*, 1855, in-16.

Règlemens de l'abbaye de Notre-Dame de la Trappe, en forme de constitutions. Avec des réflexions, et la carte de visite faite à Notre-Dame des Clairets, par le R. P. abbé de la Trappe (Arm.-Jean LE BOUTHILLIER DE RANCÉ). *Paris, F. Delaulne*, 1718, in-12, 4 ff. lim., 203 p. et 2 ff. de privilége.

Règlemens de Sa Majesté impériale Catherine II, pour l'administration des gouvernemens de l'empire des Russies, traduits de l'allemand. (Par FUESLIN.) *Liége, Plomteux*, 1777, in-4.

Règlemens des petites Écoles de Paris. (Par Antoine DORSANNE.) *Paris*, 1725, in-12.　　　　　　　　V. T.

Règlemens (les) maritimes de la France vengés des atteintes des partisans de l'Angleterre. (Par PÉRIGNON, avocat.) *Paris, Porthmann*, an VI-1798, in-4, 66 p.

Règlemens pour messieurs les pensionnaires des Pères de la Doctrine chrétienne de la maison d'Aix. (Par le P. Jacques CHAILLOT.) *Aix*, 1715, in-24.

Règlemens sur les scellés et inventaires. (Par Cl.-Jos. PREVOST.) *Paris*, 1734, 1756, in-4.

Règles chrétiennes pour faire saintement toutes ses actions. (Par Ambroise PACCORI.) *Orléans et Paris*, 1727, in-12.

Souvent réimprimées pour les Écoles chrétiennes.

Règles de l'équité naturelle et du bon sens pour l'examen de la constitution du 8 sept. 1713... (Par l'abbé Nicolas PETITPIED.) *S. l.* 1714, in-12. — Nouv. édit., rev. et corrigée. 1717, in-12, 256 p. — Autre édit. de même date (30 juin 1717), de 330 p., dont quelques exempl. ont reçu un nouv. titre., *à la sphère* et avec la date de 1731, in-12.

Règles de la discipline ecclésiastique, etc. (Par le P. GUILLARD D'ARCY, de l'Oratoire.) *Paris, Josset*, 1663 in-12. — Nouv. édit., augm. *Paris*, 1679, 1714, in-12.

C'est le P. Pasquier QUESNEL qui a publié et augmenté cet ouvrage.

Règles de la morale chrétienne, recueillies du Nouveau Testament, par saint BASILE le Grand, traduites du grec en françois, avec des explications (par Guill. LE ROY, abbé de Haute-Fontaine). *Paris, Savreux*, 1663, in-12.

Règles (les) de la prononciation françoise, par M. B*** (BILLECOQ). *Paris*, 1711, in-12.

Règles (les) de la santé, ou le véritable régime de vie que l'on doit observer dans la santé et dans la maladie, par A. P. (Ant. PONCHON), docteur en médecine. *Paris, M. Villery*, 1684, 1688, in-12.

Règles (les) de la vie chrétienne, tirées de l'Écriture sainte et des Pères de l'Église. (Par l'abbé Nic. LE TOURNEUX.) *Paris, Foucault*, 1689, in-12.

Règles de vie chrétienne pour conduire les ames à Dieu dans tous les états, tirées principalement de saint FRANÇOIS DE SALES. (Par l'abbé J.-B.-L. DE LA ROCHE.) *Paris, Gissey*, 1753, in-12.

Règles diététiques. Manuscrit légué à mes amis. (Par Jean-H. MEISTER.) 1822, in-8.

Règles (les) du jeu du canal Royal, avec l'explication de tous les travaux qui composent ce grand ouvrage, dédié à Mgr le cardinal de Bonzy, archevêque de Narbonne. (Par F. ANDRÉOSSY.) *Castelnaudary, P. Chrestien*, 1682, pet. in-12.

Dans ce petit ouvrage, l'ingénieur Fr. Andréossy a eu l'idée bizarre de donner, sous la forme d'un jeu imité de celui de l'oie, la description du canal du Lan-

guedoc, dont les travaux venaient d'être terminés et auxquels il avait puissamment coopéré. Il fallait pour ce jeu deux dés et une carte du canal dressée par le même auteur.

Cet Andréossy est le même ingénieur pour lequel un de ses descendants, le général Andréossy, revendiquait, au détriment de P. de Riquet, la gloire de l'invention et de l'exécution du canal des Deux-Mers. Dans le privilége placé à la fin de l'ouvrage, Fr. Andréossy est simplement désigné comme « ayant travaillé à la construction du canal Royal, sous les ordres du feu sieur de Riquet. »

(Catalogue Walckenaer, 1853, nº 2600.)

Règles (les) du médiateur, recueillies et expliquées pour l'utilité du beau sexe, par M. V*** (VETILLARD). *Paris, Delaguette*, 1752, in-12.

Règles (les) et Préceptes de santé de PLUTARQUE, trad. par AMYOT, avec des notes de l'abbé BROTIER (et de SIMONET, D.-M.). *Paris, Cussac*, 1785, in-8.

Règles pour discerner les bonnes et les mauvaises critiques des traductions de l'Écriture sainte en françois, pour ce qui regarde la langue, avec des réflexions sur cette maxime : Que l'usage est la règle et le tyran des langues vivantes. (Par Ant. ARNAULD.) *Paris, Huguier*, 1707, in-12.

Règles pour former un avocat, tirées des plus fameux auteurs anciens et modernes... (Par BIARNOY DE MERVILLE.) *Paris, Jollet*, 1711, in-12, 6 ff. lim., 329 p. et 3 ff. de priv. — *Id.*, 1742, in-12. — Nouv. édition, contenant une histoire abrégée de l'ordre des avocats, etc. (Par A.-G. BOUCHER D'ARGIS.) *Paris, Durand*, 1753, in-12. — Autre édition, très-augmentée. (Publiée par E.-F. DROUET.) *Paris, Durand*, 1778, in-12.

Règles pour l'exercice du saint ministère dans les circonstances présentes, par le préposé au gouvernement du diocèse de Bordeaux (l'abbé BOYER, grand vicaire de M. de Cicé). *S. l.* (1798), in-8, 56 p.

Règles pour l'intelligence des saintes Écritures. (Par J.-J. DUGUET, avec une préface par l'abbé J.-V. BIDEL D'ASFELD.) *Paris, J. Estienne*, 1716, in-12. — 2e édition. 1716, in-16.

Cet ouvrage donna lieu à une réfutation qu'Étienne Fourmont publia sous le pseudonyme de Rabbi Ismael Bèn Abraham. Voy. « Supercheries », II, 847, *c*.

Règles pour la prononciation des langues françoise et latine. (Par l'abbé DE MOULES ou MOULIS.) *Paris, Lottin l'aîné*, 1761, in-12, VIII p., 2 ff. et 239 p.

Règles pour travailler utilement à l'éducation chrétienne des enfans. (Par A. Pac-cori.) *Paris*, 1726, in-12.

. Règles pour vivre chrétiennement dans l'engagement du mariage et dans la conduite d'une famille. (Par Amb. Paccori.) *Paris*, 1641, in-12. — *Paris, Desprez*, 1726, in-12.

· Regnaud de Montlosier, accusateur, ou les jésuites, les mémoires et le parti jaloux ; par un bourgeois de Paris (Hippolyte Regnier-Destourbet). *Paris, Bricon*, décembre 1827, in-8.

Règne (le) de Buonaparte, quatorze satires en vers français ; par un imitateur de Juvénal (Bertr. Verlac). *Paris, Laurens aîné*, juin-août 1814, in-8.

Règne (le) de douze heures, opéra-comique en deux actes et en prose, imité d'un conte de madame de Genlis. Paroles de M. E. de P. (F.-A.-Eugène de Planard). Musique de M. Bruni. Représenté, pour la première fois, sur le théâtre de l'Opéra-Comique... le 8 décembre 1814. *Paris, Vente*, 1815, in-8, 35 p.

Règne de Henri IV. Chronologie locale des événemens du règne depuis 1589 jusqu'en 1610.... (Par François Crespin de La Roche.) *Paris, l'auteur*, 1783, in-4, 1 f. de tit., 29 p. et 5 cartes.

Règne (le) de Louis XVI mis sous les yeux de l'Europe. (Par Mignonneau, ancien commissaire des gardes du corps du roi.) *S. l.*, 1791, in-8, 32 p. — *Rouen, Le Héribel, s. d.*, in-8, 16 p.

Terminé par ces mots : « Par un Français dont un des pères a eu le bonheur de réunir les Rochellois à leur roi. »

Règne de Louis XVII, contenant des détails sur la régence de Monsieur... par un ancien professeur d'histoire en l'Université royale de France (Ant. Seryeis). *Paris, Plancher*, 1817, in-8.

Règne (le) de Louis XVIII comparé à la dictature de Napoléon, depuis le 20 mars 1815 jusqu'au 31 mai suivant, par M. E. de B*** (Eugène de Bray). *Paris, A. Opigez*, juin 1815, in-8, 48 p. — 2° éd. *Id.*, juin 1815, in-8, 48 p.

Règne (du) des vrais principes : moyens de le préparer et d'écarter les obstacles qui s'y opposent ; suivis d'une notice de divers ouvrages propres à former l'esprit et le cœur de la jeunesse : seconde édition... Par ***, auteur des « Lectures

chrétiennes » (le chev. Cardon de Montreuil). *Paris, Le Clère*, 1822, in-12.

Regret sur les misères advenues à la France par les guerres civiles, avec deux prières à Dieu. Par H. H. (Hieron. Hennequin, Parisien). *Paris, Denis du Pré*, 1569, in-4, 12 ff.

Regretz (les) damours faitz par ung amant dict le Deconforte, contenant le mal et le bien des femmes, avec plusieurs enseignementz donnez audit Desconforte contre folle amour ; ausquels est adiouté le dard de jalousie, ensemble lhistoire de lamour parfaict de Guiscardus et Sigismond par laquelle est congneu la fin damour estre souuent variable, le tout fort ioyeulx et recreatif, franc et loyal, 1538. (A la fin) : *Fin des Regretz damour nouuellement imprimez à Paris, par Alain Lotrian*, in-8, 80 ff.

Les « Regrets d'amour » sont d'Ant. Prévost, qui les a fait paraître, avec son nom, sous le titre de : « l'Amant desconforte... »

Regrets d'une ame touchée d'avoir abusé long-temps de la sainteté du Pater. (Par le P. Proust.) *Paris*, 1679, in-24. — *Orléans*, 1691, in-12. — *Paris*, 1737, in-24.

Cet ouvrage parut pour la première fois à *Beauvais*, en 1678. Son véritable auteur est le P. Proust, théatin. C'est par erreur que l'abbé Goujet, dans le « Dictionnaire de Moréri », l'a attribué à Paccori. Ce pieux ecclésiastique a pu donner ses soins à l'édition qui parut à Orléans en 1691, et qui renferme en effet quelques pièces additionnelles.

Regrets de M*** (Joseph-François Peronnet de Gravageux, avocat à Lyon) sur la mort de sa femme. *S. l.*, 1761, in-12, 42 p.

Regrets de M. D*** (Dupas), citoyen français expatrié. *Londres*, 1774, in-8.

Regretz et Complainte de Nicolas Clereau, avec la mort d'icelluy. *S. l. n. d.*, pet. in-8, 4 ff. goth., fig. s. b.

Pièce de vers de dix syllabes avec le nom de Gilles Corrozet en acrostiche, dans les initiales des treize avant-derniers vers. Réimprimée par M. de Montaiglon dans le t. I de son « Recueil des poésies françaises » (Bibliothèque elzévirienne.)

Regretz (les) et Tristes Lamentations du comte de Mongommery, sur les troubles qu'il a esmeuz au royaume de France, depuis la mort du roi Henri deuxiesme de ce nom jusques au 26° de juing, qu'il a esté executé. Avec la consultation des dieux sur la prinse dudit Mongommery, par C. Dem. P. (Cl. Demorenne, successivement curé de Saint-Médéric, prédicateur ordin. du roy et plus tard évêque de Séez). Rouen, Martin Le Mégissier, 1574, pet. in-8, 16 ff.

Regrets facétieux et Plaisantes Harengues funèbres sur la mort de divers animaux... traduictes de toscan (d'Ortensio LANDO) en françois, par Thierry DE TIMOPHILE (François D'AMBOISE), gentilhomme picard. Paris, Nicolas Chesneau et Jean Poupy, 1576, in-16. — Paris, Nic. Bonfons, 1583, in-12.

Pour deux autres traductions également anonymes, voy. « Harangues facétieuses... », V, 603, f, et « Harangues lamentables... », V, 604, b.

Regrets funebres sur la mort d'un asne ligueur. (Par Gilles DURANT, sieur DE LA BERGERIE.) S. l., 1594, in-8, 8 p.

Régulateur (le) des marchés dans le département de la Moselle... (Par L.-Phil. MANGAY.) Metz, Pierret, an X-1802, in-12.

Régulateur (le) du Hainaut. (Par Alexandre CAREMELLE, ancien notaire.) Mons, Hoyois-Derely, 1831, in-12, LXVIII-156 p.
J. D.

Régulateur (le) du maçon, pour les grades d'apprenti, de compagnon et maître. (Par Prosper MOUTIER.) Hérédan, l'an de la G. L. 5801, in-4.　　　D. M.

Réhabilitation d'Estienne Dolet, célèbre imprimeur de Lyon, brûlé à Paris, le 3 août 1546... (Par Louis-Aimé MARTIN.) Paris, imp. de J. Tastu, 1830, in-16, 16 p.

Tiré à 60 exemplaires.

Réimpression d'un poëme en vers languedociens, de la plus grande rareté. (Par Pierre-Gustave BRUNET.) Paris et Toulouse, 1846, in-8.　　　　D. M.

Réimpression (la). Étude sur cette question, considérée principalement au point de vue des intérêts belges et français. (Par Ch. HEN.) Bruxelles, Decq, 1851, gr. in-18, 116 p.　　　　　J. D.

Reims pittoresque, ancien et moderne. (Par Ant.-Louis PARIS et J.-H. FLEURY.) Reims, Cordier (1835), in-8, 80 p.

Reine (la) de Benni, nouvelle historique. (Par J.-P.-L. DE LA ROCHE DU MAINE, marquis DE LUCHET.) Amsterdam et Paris, Grangé, 1766, in-12.

Reine (la) de Golconde, conte. (Par S.-J. DE BOUFFLERS.) Golconde, 1761, in-12, 44 p. — S. l., 1761, in-8, 47 p. —

Paris, Duchesne, 1767, in-32. — Paris, 1768, in-8.

Réimprimé sous le titre d' « Aline, ou la reine de Golconde », voy. IV, 97, a, et dans les « Œuvres » de l'auteur.

Reine (la) de Golconde, opéra en trois actes. Représenté à Versailles, devant Sa Majesté, le 16 mai 1771. (Par M.-J. SEDAINE.) Paris, imp. de Ballard, 1771, in-8, 6 ff. lim. et 56 p. — Id., 1782, in-8.

Le nom de l'auteur se trouve au verso du titre.

Reine (la) des pauvres, ou une belle vie, une belle vieillesse. Humble histoire dédiée à la jeunesse. Par une sœur de la Madone addolorata (Mlle Sophie MAZURE). Paris, l'auteur, 1839, in-8.

Histoire de Louise Dacla, dame G***, signée : Larecluse du faubourg Saint-Germain.

Reine (la) des tilleuls, grand imbroglio en prose, mêlé de couplets, par M. Francis B. (Francis BALGARY) et des collaborateurs de l' « Entr'acte », représenté à Lyon, pour la première fois, au Gymnase dramatique, le 27 novembre 1838... Lyon, Chambet aîné, 1838, in-8, 24 p.

Reine et Béatrice. Ballade scandinave, par le comte Camille de R. (le comte Camille DE RENESSE). Liége, Carmanne, 1858, in-8.

Tiré à part du journal « la Meuse ».

Reine (la) Marie Leczinska. Etude historique par Mme la comtesse D'*** (D'ARMAILLÉ), née (Marie-Célestine-Amélie) DE SÉGUR. Paris, Didier, 1864, in-18, 2 ff. de tit., 312 p. et 1 f. de table.

Réimprimée avec le nom de l'auteur.

Reine (la). Tableau de sa vie et de sa mort. (Par Alphonse RASTOUL DE MONGEOT.) Bruxelles, Jamar, 1850, in-8, 79 p., avec portraits.　　　　　J. D.

Rejet (du) de la loi amendée sur la révision des listes. (Par le marquis DE LA GERVAISAIS.) Paris, impr. de Pihan-Delaforest, 1828, in-8, 7 p.

Réjouissances (les) de la paix faites dans la ville de Lyon, le 20 mars 1660. (Par le P. C.-F. MENESTRIER.) Lyon, G. Barbier et J. Justet, 1660, in-folio.

Réimprimé sous le titre de « les Réjouissances de la paix »; avec un recueil de diverses pièces sur ce sujet. Dédié à MM. les prévôt des marchands et échevins de la ville de Lyon, par le P. C.-F. M... » Lyon, B. Corral, 1660, in-12.

Réjouissances faites dans la ville de

Dijon, au sujet de la naissance de Monseigneur, duc de Bourgogne. (15-30 août. Par M. MOREAU.) *Dijon, J. Grangier*, 1682, in-4, 27 p.

Rekeuil d'opera ligeois, ki conten li Voëgge di Chôfontaine, li Ligeoi égagi, li Fiesse de Hoûte-si-Flori et les Ypoconte. (Paroles et musique de M. J.-N. HAMAL.) *Liége, s. d.*, in-32.

Réimprimé sous le titre de « Theate ligeoi ». Voy. ces mots.   G. M.

Relaciu en verses patoises de l'augusto proucessiu qu'es estado facho à Bezies, lou dimenge la Passiu de l'an 1738, après la retrato des homes et de las fennos, que moussu Brydaine, missiounari rouyal, l'y avio dounat... (Par GOUDAL.) *S. l. n. d.*, in-8.

Relation abrégée concernant la république que les religieux, nommés jésuites, des provinces de Portugal et d'Espagne, ont établie dans les pays et domaines d'outre-mer de ces deux monarchies, et de la guerre qu'ils y ont excitée et soutenue contre les armées espagnoles et portugaises. (Par Seb.-Jos. DE CARVALHO, marquis de POMBAL ; trad. du portugais par P.-O. PINAULT.) *Paris*, 1758, in-8. — *Amsterdam*, 1788, in-8. — *En Portugal, s. d.*, in-12.

Il y en a encore une autre édition de La Haye, sous le titre de : « la République des Jésuites au Paraguay... »

Relation abrégée de ce qui s'est fait depuis un an pour terminer les contestations présentes qui sont entre les théologiens. (Par Claude GIRARD.) *S. l.* (1663), in-4, 7 p.

Relation abrégée de l'origine, etc., de la Société établie à Londres en 1754, pour l'encouragement des arts, des manufactures et du commerce, par un membre de ladite Société ; trad. de l'anglois (par DE MONTICOURT) avec des notes (par L.-P. ABEILLE, le texte en regard). *Londres et Paris, Regnard*, 1764, in-8.

Notes manuscrites.

Relation abrégée de la maladie et de la mort du R. P. Pasquier Quesnel. (Par Jacques FOUILLOU.) *S. l.*, 1719, in-12, 12 p. — *S. l.*, 1720, in-12, 8 p.

Relation abrégée de la vie de Mme de Combé, institutrice de la maison du Bon-Pasteur ; avec les règlements de la communauté. (Par Jean-Jacques BOILEAU.) *Paris, F. et P. Delaulne*, 1700, in-12.

Donnée précédemment sous le titre inexact de : « Abrégé... » Voy. IV, 32 b.

Relation abrégée de la vie et de la mort de Mme Marie-Elisabeth Tricalet, veuve de M. Le Bœuf... (Par l'abbé C.-P. GOUJET.) *Paris, A.-M. Lottin*, 1761, in-12.

Relation abrégée du voyage de La Peyrouse, pour faire suite à l' « Abrégé de l'histoire générale des voyages » de La Harpe. (Par Ch. DE VILLERS.) *Leipsick*, 1799, in-8.

Relation authentique et Appréciation raisonnée de la croix céleste apparue à Migné, en 1826. (Par Louis-Philibert MACHET.) *Paris, Hivert*, 1843, in-8.

Extrait de « la Religion constatée ». Voy. ce titre.

Relation circonstanciée de la chute du tonnerre sur le Pont-Royal et sur les Invalides, près de Vaugirard. (Par Charles RABIQUEAU.) 1756.

Le registre manuscrit de la police pour les permissions tacites n'indique pas le format de ce livre. V. T.
Il est probable que l'opuscule dont il est ici question a paru sous le titre de « Relation curieuse et intéressante pour les progrès de la physique », 1756, in-8.

Relation circonstanciée de la dernière campagne de Buonaparte... Quatrième édition... Par un témoin oculaire. *Paris, J.-G. Dentu*, 1816, in-8.

Les trois premières éditions sont intitulées : « Relation fidèle et détaillée... » Voy. ces mots.

Relation circonstanciée de la situation des prisonniers français détenus dans l'île de Cabrera, depuis le 5 mai 1809 (jusqu'au 16 mai 1814). *Paris, imp. de Setier fils, s. d.*, in-8, 8 p.

Signée : Par un prisonnier de l'île de Cabrera (DUDUC). Réimprimée sous le titre de « Relation de la situation des prisonniers.... » Voy. ci-après, col. 217, a.

Relation concernant les événemens qui sont arrivés à un laboureur de la Beauce, dans les premiers mois de 1816. (Par Louis SILVY.) *Paris, imp. d'A. Egron*, 1817, in-8, 1 f. de tit. et 114 p. — *Londres, imp. de Cox fils*, 1819, in-8, IV-103 p. — *Besançon, imp. de Cabuchet*, 1820, in-8, 92 p.

Plusieurs fois réimprimée sous le titre de « Relation concernant les événements qui sont arrivés au sieur Martin, laboureur à Gallardon... »

Relation contenant l'histoire de l'Académie françoise. *Paris, P. Le Petit,* 1653, in-8.

Le nom de l'auteur, Paul PELLISSON FONTANIER, figure au privilége, daté du 14 nov. 1652. Ce privilége n'a pas été reproduit dans la réimpression faite par J. Blaeu en 1671 et dont le titre porte : par M. P., seconde édit. 1671. Voy. Peeters, « Ann. des Elseviers », 2ᵉ édit., p. 346. Cet ouvrage a été réimprimé plusieurs fois avec le nom de l'auteur et avec des augmentations par l'abbé Jos. THOULIER d'Olivet.

Relation curieuse de l'estat présent de la Russie, traduite d'un auteur anglais (Samuel COLLINS) qui a esté neuf ans à la cour du Grand Czar, avec l'histoire des révolutions arrivées sous l'usurpation de Boris, et de l'imposture de Demetrius. *Paris, L. Billaine,* 1679, in-12.

Le privilége du roi, daté du 26 juin 1678, est au nom de « notre ami Antoine DES BARRES. » L'ouvrage anglais est intitulé : « The present State of Russia ». London, 1671, ou 1698.

Relation curieuse et nouvelle de Moscovie, contenant l'état présent de cet empire, les expéditions des Moscovites en Crimée en 1689, les causes des dernières révolutions. Leurs mœurs et leur religion. Le récit d'un voyage à Spotarus, par terre, à la Chine. (Par FOY DE LA NEUVILLE.) *Paris,* 1698, in-12, 2 ff. prél., 231 p. et 2 ff. de table. — *La Haye, Meyndert Uytwerf,* 1699, in-12, 6 ff. prélim., 231 p.

Le *Moréri* de 1759 attribue à tort cet ouvrage à Adrien BAILLET. Foy de La Neuville avait été chargé d'une commission en Moscovie par le gouvernement français. Voy. les Mémoires de Charles Ancillon, p. 294.

Sur le titre d'une trad. holland., *Utrecht, Ant. Schouten,* 1699, in-8, le nom de l'auteur est traduit en celui de Nieuwstadt. Voy., pour d'autres détails sur cet ouvr., R. Minzloff : « Pierre le Grand dans la littérature étrangère ». Saint-Pétersbourg., 1872, in-8, p. 117-119.

Relation d'un séjour à Alger, contenant des observations sur l'état actuel de cette régence, les rapports des Etats barbaresques avec les puissances chrétiennes, et l'importance pour celles-ci de les subjuguer. (Composée en italien par PANANTI, littérateur toscan ; traduite en anglais par Edward BLAQUIÈRE, à qui l'on doit les « Lettres écrites de la Méditerranée », traduite de l'anglais par Henri LA SALLE.) *Paris, Lenormant,* 1820, in-8.

Relation d'un voyage à Bruxelles et à Coblentz (1791). (Par LOUIS XVIII.) *Paris, Baudouin frères,* 1823, in-8.

Il en a paru dix éditions la même année.

Relation d'un voyage à l'abbaye de Notre-Dame de la Trappe du port du Salut. (Par l'abbé Mar.-Léandre BADICHE.) *Fougères, Vᵉ Varrier, et Paris, Tourneux,* 1825, in-18.

Relation d'un voyage d'Espagne, où est exactement décrit l'état de la cour de ce royaume et de son gouvernement. (Par l'abbé BERTAUT.) *Paris, C. Barbin,* 1664, in-12, 6 ff. lim. et 262 p. — *Paris, L. Billaine,* 1664, in-12.

Voy. « Journal d'un voyage d'Espagne... », V, 1008, *a*.

Relation d'un voyage de Bruxelles à Vienne, Prague et Carlsbad, fait en 1828. (Par J.-J. DE CLOET.) *Bruxelles, Rémy,* 1829, in-8, 71 p.

Tirée à petit nombre. J. D.

Relation d'un voyage de Coppenhague...

Voy. « Relation du voyage de Brême ».

Relation d'un voyage de Dantzick à Marienwerder, 1734. (Par STANISLAS Iᵉʳ, roi de Pologne.) *Paris, Raynal,* 1823, in-8. — 2ᵉ éd. *Id.,* 1823, in-8.

Relation d'un voyage de Paris à Gand en 1815. (Par M. DE SAINT-MARCELLIN.) Cet ouvrage est précédé d'une notice de M. DE CHATEAUBRIAND, et suivi de quelques poésies de M. DE FONTANES. Publiée par M. Alfred F*** (FAYOT). *Paris, Mᵐᵉ Seignot,* 1823, in-8, 114 p.

Relation d'un voyage en Espagne dans les années 1811, 1812, 1813, 1814, par un officier d'artillerie (le général HOVEN). *Namur, Gérard,* 1818, in-18. J. D.

Relation d'un voyage en Romélie. (Par SAGGER.) *Paris, F. Didot,* 1834, in-8.

Relation d'un voyage fait à Madrid en 1789 et 1790 par Mᵘᵉ DE *** (DE PONS, alors âgée de seize ans). *Paris, imprimerie de Monsieur,* 1791, in-16, 68 p.

Tirée à douze exemplaires.

Relation d'un voyage fait au Levant, dans lequel il est curieusement traité des Etats sujets au Grand Seigneur... par M. (Jean) THEVENOT (neveu de Melchisedech). *Paris, L. Billaine,* 1664, 1674 et 1684, 3 vol. in-4.

On croit que François PETIS DE LA CROIX a été l'éditeur de ces Voyages. Il en existe deux autres éditions in-12, l'une de *Paris* et l'autre d'*Amsterdam,* 5 vol. Voy. les mots : « Voyages de M. de Thévenot », etc.

Relation d'un voyage fait en Angle-

terre... (Par Samuel Sorbière.) *Paris,*
L. Billaine, 1664, in-12, 1 f. de tit., 8 p.,
14 ff. et 232 p. — *Paris, Thomas Jolly,*
1664, in-12. — *Cologne, P. Michel,* 1666,
in-12, 4 ff., 180 p. et 2 ff. de table. —
Id., 1669, in-12.

L'auteur a signé l'épître.

Relation d'un voyage fait en Provence,
contenant les antiquités les plus curieuses de chaque ville et plusieurs histoires
galantes, par M. L. M. D. P. (Par DE PRÉ-
CHAC.) *Paris, Barbin,* 1683, 2 part. in-12.

Relation d'un voyage forcé en Espagne
et en France, dans les années 1810 et
1814, par le général-major lord Blayney,
prisonnier de guerre, trad. de l'anglais
avec des notes du traducteur (A.-J.-P.-L.
Cohen). *Paris, A. Bertrand,* 1815, 2 vol.
in-8.

Une critique sévère de l'ouvrage original a paru
dans la « Quarterly Review », XIV, 112-120, et XV,
183-187.

Relation d'un voyage littéraire dans les
Pays-Bas français et autrichiens, par
Adam-Anselme Berthod (publiée par
A. Voisin). *Gand, Hebbelynck,* 1838, in-8.
J. D.

Relation d'une expédition à la baie Botanique... avec des observations sur les
habitants de cette contrée... traduite de
l'anglais, du capitaine Watkin Tinch, par
C** P** (Charles Pougens). *Paris, Khapen*
fils, 1789, in-8, 8 ff. lim. et 136 p.

Relation d'une expédition entreprise en
1816 sous les ordres du capit. J.-K. Tuc-
key, pour reconnaître le Zaïre... trad. de
l'anglais par l'auteur de « Quinze Jours à
Londres » (A.-J.-B. Defauconpret). *Paris,*
Gide, 1818, 2 vol. in-8 et atlas in-4.

Relation d'une mission faite nouvellement par Mgr l'archevêque d'Ancyre à
Ispahan en Perse, pour la réunion des
Arméniens à l'Eglise catholique. (Par Go-
dreau.) *Paris, Jean de Nully,* 1702, in-8.

Relation de ce qu'ont souffert pour la
religion les prêtres français insermentés,
déportés en 1794, dans la rade de l'isle
d'Aix, près Rochefort. (Par l'abbé P.-G.
Labiche de Reignefort, chanoine de Limoges.) *Paris, Le Clerc,* 1796, in-8,
VIII-72 p. — 2e édition, augmentée. *Paris,*
1802, in-8.

Réimprimée en 1823, dans le 26e volume de la
Collection des Mémoires relatifs à la Révolution française.

Relation de ce qui a été fait en la ville
de Grenoble pour la réception de Messei-
gneurs les Princes. *S. l.* (1701), in-4, 9 p.

Signé : L'Ermite de Saint-Giraud (Guy Allard).

Relation de ce qui s'est passé à l'arrivée
de la reine Christine de Suède à Essone.
(Par l'abbé DE L'Escalopier.) *Paris,*
1656, in-4.
V. T.

Relation de ce qui s'est passé à l'établissement de l'Académie des belles-lettres, dans la ville d'Angers (en 1685). (Par
N. Petrineau des Noulis.) *Angers,* 1733,
in-4.

Relation de ce qui s'est passé à la Chine
en 1697, 1698 et 1699, à l'occasion d'un
établissement que M. l'abbé de Lyonne a
fait à Nien-Tcheou. *Liége, Davée Moumal,*
1700, in-12, 44 p.

Dans l'avertissement, il est dit : « On m'a assuré
que le P. DE Fontaney, supérieur des Jésuites français
de la Chine, était l'auteur de cette Relation... »
(De Backer, 2e édit., t. II, in-fol., col. 1908.)

Relation de ce qui s'est passé à la promotion de l'illustre saint Martin, proclamé généralissime du régiment de la
Calotte au château de L***, le 28 mai
1731. (Par l'abbé C.-M. DE Launay.) *La*
Haye (Paris), Néaulme, 1731, in-12.

Relation de ce qui s'est passé à Lyon
au passage de M. le duc de Bourgogne,
avec les dessins, les devises et les inscriptions des feux d'artifice. (Par Dominique
DE Colonia.) *Lyon,* 1701, in-4 et in-12.

Relation de ce qui s'est passé à Rome
dans l'envahissement des États du Saint-
Siége par les Français, et fermeté du Saint-
Père pour défendre l'Église, ou pièces officielles et authentiques qui ont paru à ce
sujet. *Londres, de l'imprimerie de R. Juigné,*
1812, in-8. — *Londres,* 1812, 3 vol. in-12.

L'éditeur est le Révérend P. Aug. DE L'Estrange,
abbé de la Trappe. Ce vénérable religieux a eu sans
doute de bonnes et pieuses intentions ; mais il ne s'est
pas aperçu qu'en voulant défendre Pie VII, il fournissait
contre lui des armes victorieuses. En effet, les pièces
imprimées le montrent en perpétuelle contradiction
avec lui-même.

Relation de ce qui s'est passé au royaume
de Sophie, depuis les troubles excités par
la rhétorique et l'éloquence. (Par Charles
Sorel de Souvigny.) *Paris, Ch. de Sercy,*
1659, in-12, 5-156 p.

Relation de ce qui s'est passé au siége
de Namur ; avec le plan des attaques...
Paris, D. Thierry, 1692, in-fol.

Par Jean Racine. Attribuée à tort à Louis XIV.
Voy. « Supercheries », II, 824, b.

Relation de ce qui s'est passé au sujet de messire Christophe Mathanasius (Mirabaud) à l'Académie françoise. (Par l'abbé P.-F. Guyot-Desfontaines.) *Paris*, 1727, in-12. *Douteux.*

Voy. le « Chef-d'œuvre d'un inconnu », avec des notes, par Leschevin, *Paris*, 1807, in-8, t. II, p. 515. Cette Relation se trouve dans les dernières éditions du « Dictionnaire néologique ». Voy. IV, 980, *d*.

Relation de ce qui s'est passé aux honneurs funèbres de feu monseigneur... Charles de Montchal, archevêque de Toulouse; par M. D. R. P. D. S. A. (Michel de Reillac, prieur de Saint-Amans). *Toulouse, imp. de A. Colomiez*, 1651, in-4, 31 et 5 p.

On trouve après la page 31 : « In obitum Caroli de Monte-Calvo, archiepiscopi tolosani ». (Par Jean Sam-blancat.)

Relation de ce qui s'est passé dans l'affaire de la paix de l'Eglise sous le pape Clément IX. Avec des lettres, actes, mémoires et autres pièces qui y ont rapport. (Par Alex. Varet.) *S. l.*, 1706, 2 vol. in-12.

Publiée par le P. Pasquier Quesnel, auteur de la Préface apologétique qui se trouve en tête du 1er volume et du supplément à la fin du second.

Relation de ce qui s'est passé dans l'assemblée générale de la Congrégation de la mission tenue à Paris le 1er août 1724. (Par l'abbé J.-B. Cadry.) *S. l. n. d.*, in-4, 44 p.

Relation de ce qui s'est passé dans la nouvelle découverte du royaume de Frisquemore. *Paris, Th. Jolly*, in-12, 5 ff. et 118 p., avec une carte.

Ouvrage allégorique que M. Paul Lacroix attribue avec beaucoup de vraisemblance à Ch. Sorel. Voy. « Bulletin du bibliophile », 1858, p. 903, n° 462.

Relation de ce qui s'est passé dans le royaume de Maroc, depuis l'année 1727 jusqu'en 1737. (Par A.-M. de Mairault.) *Paris, Chaubert*, 1742, in-12.

Relation de ce qui s'est passé dans les îles et terre ferme de l'Amérique, pendant la dernière guerre avec l'Angleterre, et depuis, en exécution du traité de Bréda; avec un journal du dernier voyage du Sr de La Barre en la terre ferme et île de Cayenne... Le tout recueilli... par J. C. S. D. V. (J. Clodoré, secrétaire de vaisseaux). Où est joint le journal d'un nouveau voyage fait en Guinée... *Paris, Clouzier*, 1671, 2 vol. in-12.

Relation de ce qui s'est passé dans les Indes orientales en ses trois provinces de Goa, de Malabar, du Japon, de la Chine et autres pays nouvellement découverts par les Pères de la Compagnie de Jésus. Présentée à la sainte congrégation de la Propagation de la foi, par le P. Jean Marucci, procureur de la province de Goa, au mois d'avril 1649. (Traduit de l'italien par le P. Jacques de Machault.) *Paris, S. Cramoisy*, 1651, in-8.

Relation de ce qui s'est passé dans une assemblée tenue au bas du Parnasse, pour la réforme des belles-lettres. (Par l'abbé Ant. Gachet d'Artigny.) *La Haye, Paupie*, 1739, in-12.

Réimprimée dans le tome 7e des « Mémoires critiques d'histoire et de littérature » du même auteur.

Relation de ce qui s'est passé depuis quelques années jusques à l'an 1644, au Japon, à la Cochinchine, au Malabar, en l'île de Ceylan et en plusieurs autres îles et royaumes de l'Orient, compris sous le nom de provinces du Japon et du Malabar... Divisée en deux parties... *Paris, M. Hénault*, 1645-1646, in-8.

1re partie. Relation de la province du Japon, écrite en portugais par le P. François Cardin... Traduite et revue en françois. — 2e partie. Relation... de la province de Malabar... écrite en italien par le P. François Barretto... Traduite et corrigée en françois. Les deux parties ont été traduites par le P. Jacques de Machault, S. J.

Relation de ce qui s'est passé en Catalogne. *Paris, G. Quinet*, 1678, in-12, 4 ff. lim., 194 p. et 1 f. de privilége. — Suite de la Relation de ce qui s'est passé en Catalogne depuis le commencement de la guerre jusques à la paix. II. partie. *Paris, G. Quinet*, 1679, in-12, 2 ff. lim. et 190 p.

L'épître est signée : D. C. (de Caissel), et ces initiales sont reproduites dans le privilége.

Relation de ce qui s'est passé en Flandre durant la campagne de l'année 1646. (Par Isaac-Arnauld de Corbeville.) *Paris, veuve Jean Camuset*, 1647, in-4, 56 p.

Voy. Cousin, « la Société française et le Grand Cyrus », 2e édition, t. I, p. 106.

Relation de ce qui s'est passé entre le roy et M. le comte de Belle-Isle, au sujet de l'échange de la ville de Beaucaire... par M. de R*** (d'Arbaud de Rougnat). *Avignon, C. Giroud*, 1723, in-8.

Relation de ce qui s'est passé pendant la maladie de Mme la duchesse de Rochechouart. (Par l'abbé Gourlin.) *S. l.*, 1752, in-12, 1 f. de tit. et 38 p.

Relation de ce qui s'est passé pendant le séjour du roi à Dijon et depuis qu'il en est party, jusqu'au 8 avril 1631. *S. l.*, 1631, in-8, 32 p.

Le P. Lelong croit que cette Relation a été rédigée par le cardinal DE RICHELIEU.

Relation de ce qui s'est passé touchant l'affaire de la régale, dans les diocèses d'Alet et de Pamiers, jusqu'à la mort de M. l'évêque d'Alet. (Par l'abbé DU VAUCEL.) *S. l.* (*Hollande*), 1681, in-12, 252 p. et 3 ff. de table.

Relation de différents voyages dans les Alpes du Faucigny. Par MM. D. et D. (André DELUC, physicien, et Jean DENTAND, pasteur). *Maestricht, J.-E. Dufour*, 1776, in-12.

Relation de DOURRY EFENDY, ambassadeur de la Porte ottomane auprès du roi de Perse; trad. du turk, et suivie de l'extrait des Voyages de PÉTIS DE LA CROIX, rédigé par lui-même. (Publié par L.-M. LANGLÈS.) *Paris*, 1810, in-8.

Catal. Langlès, n° 2309.

Relation de faits singuliers et intéressants. (Par Denise REGNÉ.) *S. l.*, 1761, in-12, 3 ff. lim. et 160 p.

Même ouvrage que : « Anecdotes aussi sûres que curieuses touchant la conduite tyrannique et barbare qu'on a exercée sur Denyse Regné à la Bastille » (17 mars 1733-28 août 1737). *S. l.*, 1760, in-12, 1 f. de tit., VIII-160 p.

Relation de l'accident arrivé à Chartres par le feu qui a pris à l'un des clochers de l'église cathédrale... (Par l'archidiacre J. ROBERT.) *Chartres, R. Boquet*, 1675, in-8, 40 p.

Relation de l'accroissement de la papauté et du gouvernement absolu en Angleterre, particulièrement depuis la longue prorogation de novembre 1675... jusques à présent. Traduit en françois de la copie angloise (d'André MARUEL). *Hambourgh, Pierre Pladt*, 1680, in-12.

Relation de l'affaire de Larache. (Par BIDÉ DE MAURVILLE.) *Amsterdam*, 1775, in-8.

L'auteur se nomme lui-même p. 22.

Relation de l'ambassade de Mehemet-Effendi à la cour de France, traduite en françois (par J.-C. GALLAND). *Paris*, 1757, in-12.

Voy. la « Méthode historique » de l'abbé Lenglet, in-12, t. XII, p. 330.

Relation de l'appareil dressé dans le second monastère de la Visitation dit Saint-

Georges d'Avignon, à l'occasion de la solemnité faite pour la canonisation de saint François de Sales. (Par Fr. D'ELBENE.) *Avignon, Chastel*, 1666, in-4.

Relation de l'apparition visible de Jésus-Christ au Saint-Sacrement, arrivée à Marseille, dans l'église des Cordeliers, à la Pentecôte. (Par le P. BONHOMME.) 1754, in-12. V. T.

Relation de l'entrée de l'éminentissime cardinal Flavio Chigi, neveu de Sa Sainteté et son légat, dans la ville de Lyon. (Par le P. Cl.-Fr. MENESTRIER.) *Lyon, Ant. Juilleron*, 1664, in-fol., 31 p. et 1 f.

Le nom de l'auteur se trouve dans la permission.

Relation de l'établissement de la Compagnie françoise pour le commerce des Indes orientales. (Par François CHARPENTIER.) *Paris, S. Cramoisy*, 1665, in-4, 8 ff. lim. et 124 p. — *Amstredam* (*sic*), *de l'imp. et aux dépens de Simon Moinet*, 1666, in-12, 132 p.

L'auteur a signé l'épître.

Relation de l'état de la religion, etc., tirée de l'anglois du chevalier Edwin SANDIS, avec des additions notables (extraites de Paolo Sarpi, le tout traduit en françois par Jean DIODATI). *Genève, P. Aubert*, 1626, in-8. — *Amsterdam, Elzevier*, 1641, in-12.

On lit à tort dans le « Borboniana », à la suite des « Mémoires historiques, critiques et littéraires » de feu Bruys, *Paris*, 1751, in-12, t. II, p. 251, que l'ouvrage en entier a été composé par Fra Paolo. Voy. la notice sur cet auteur, par le P. Le Courayer, en tête de la traduction de l' « Histoire du concile de Trente ».

La première édition de cette traduction est de *Genève, P. Aubert*, 1626, in-8. L'édition la plus complète du texte est de *London*, 1634, in-4.

Relation de l'État du Danemarck...

Voy. « Etat du royaume de Danemarck... », V, 207, *e*.

Relation de l'état présent de la ville d'Athènes, ancienne capitale de la Grèce, bâtie depuis 3400 ans; avec un abrégé de son histoire et de ses antiquités. *Lyon, L. Pascal*, 1672, in-12, avec une carte.

Cet ouvrage a été attribué à J. SPON, qui n'en a composé aucune préface; il est du P. Jacq.-Paul BABIN, jésuite. M. Léon de La Borde, n'ayant pu se procurer cet ouvrage à Paris, l'a fait réimprimer en 1855, parce qu'il n'en connaissait que deux exemplaires en Europe. Depuis, M. Monfalcon lui a fait savoir que la bibliothèque de Lyon en possédait, à elle seule, trois exemplaires en parfait état. Voy. « Manuel du bibliophile lyonnais », p. 74.

Relation de l'expédition de Carthagène faite par les François, en 1697. (Par Jean

Bernard DESJEANS, baron DE POINTIS.) *a* *Amsterdam, chez les héritiers Schelte*, 1698, in-8. — *Sur l'imprimé à Amsterdam, chez les héritiers d'A. Schelte*, 1698, in-12.

Il a été publié de cet ouvrage une traduction anglaise à Londres, en 1740, in-8. Un officier de l'escadre que commandait de Pointis publia, mais sans y mettre son nom, une autre « Relation de ce qui s'est fait à la prise de Carthagène, située aux Indes espagnoles, par l'escadre commandée par M. de Pointis. » *Bruxelles, J. Fricx*, 1698, in-12, 1 f. de tit. et 141 p.

Le capitaine du Casse, gouverneur de Saint-Domingue, répondit à l'ouvrage de Pointis par une « Relation *b* fidèle de l'expédition de Carthagène ». *S. l.*, 1699, in-12, 89 p.

Relation de l'expédition de Moka, en l'année 1737, sous les ordres de M. de La Garde-Jazier, de Saint-Malo (mise en ordre et publiée par l'abbé P.-F. GUYOT DESFONTAINES). *Paris, Chaubert,* 1739, in-8.

Relation de l'expédition scientifique en Egypte en 1798. *Paris, impr. de Duverger,* (1841), in-8, 12 p.

Signée : J.,M.D (E.-F. JOMARD). Extrait de l' « Encyclopédie des gens du monde », tome XIV, 2° partie, pages 740 et suivantes.

Relation de l'isle de Bornéo (ou lettre écrite de Batavia touchant une guerre civile qui s'est élevée dans l'île de Bornéo, attribuée à FONTENELLE, dans le mois de janvier 1686 des « Nouvelles de la républi- *d* que des lettres », par Bayle, p. 88-92).

Cette Relation, qui ne contient que quatre pages, est écrite avec le talent et la finesse d'esprit qui distinguent Fontenelle. Elle renferme l'histoire allégorique et critique des Eglises de Rome et de Genève : l'Eglise de Rome y est désignée sous le nom de MERO, celle de Genève sous celui d'ENEGU.

La Harpe prétend, dans sa « Philosophie du dix-huitième siècle » (« Cours de littérature », t. XV, p. 36), que l'auteur de l' « Histoire des oracles » ne peut passer pour un des précurseurs de ce qu'il appelle la *secte philosophiste* ; et il le prouve, tant par la circonspection qui était naturelle à cet auteur, que parce qu'il n'a jamais avoué *deux petites brochures oubliées depuis longtemps, et qu'on lui attribue sans preuve, quoiqu'elles n'aient jamais été insérées dans aucune édition de ses œuvres, pas même dans celles qui ont paru depuis sa mort.* De la « Relation de l'île de Bornéo », qui n'est que l'*Histoire de Méro et d'Enegu*, ou de Rome et de Genève, La Harpe faisait deux brochures différentes.

Ai-je besoin de faire remarquer qu'il y a dans ce jugement et dans cette citation autant d'erreurs que de mots? Les noms mêmes y sont défigurés ; rien d'ailleurs n'est plus connu que le journal de Bayle, où se trouve la Relation, puisqu'on l'a réimprimé dans les « Œuvres diverses » de cet auteur. Or, Bayle dit positivement que c'est Fontenelle qui a écrit la « Relation de l'île de Bornéo ». Pouvait-on, sous l'ancien gouvernement de la France, insérer cette pièce dans la collection des œuvres de Fontenelle ?

La « Relation de l'Ile de Bornéo » a été attribuée à Mlle BERNARD pendant quelque temps ; cette opinion n'a plus de partisans aujourd'hui, Voy. le « Manuel » de Brunet, 5e édition, au mot *Fontenelle.*

Cette « Relation » se trouve aussi dans un volume intitulé : « Supplément aux œuvres de M. de Fontenelle », *Neufchâtel*, 1768, in-12, et elle a été encore réimprimée dans l' « Esprit des journaux », novembre 1817, pages 212 - 215, avec le nom de Fontenelle.

Gabriel Peignot en a donné une édition : *En Europe,* 1807, in-12, 48 p., *imprimée chez P. Didot,* et tirée à 100 exemplaires. Il a fait précéder d'une préface de 6 pages la lettre de FONTENELLE, datée de Batavia, 27 novembre 1684.

Le nouvel éditeur y a joint une lettre de sa façon, datée aussi de Batavia, mais du 16 mai 1806 (p. 24-40). Vient ensuite une lettre à l'éditeur (p. 41-47), signée Judeus APELLA.

Relation (la) de l'isle Imaginaire; et l'histoire de la princesse de Paphlagonie. (Par Mlle DE MONTPENSIER.) *S. l.,* 1659, *c* in-8. — *Sur l'imprimé* de 1659, in-16. — *Paris, Prault,* 1754, in-12.

Ces deux ouvrages ont été réimprimés à la suite du « Segraisiana » et dans la collection des « Voyages imaginaires », tome XXVI (1788).

On trouve dans le « Segraisiana », édition de Paris, 1721, une clef de l' « Histoire de la princesse de Paphlagonie ».

Galland, dans son journal, 28 juin 1710, dit qu'il n'a été tiré que 100 exemplaires de cet ouvrage. « ce « que j'avais appris, ajoute-t-il, à Caen, de M. de « Segrais, qui l'avait fait imprimer à Bordeaux par « ordre de Mlle de Montpensier, dans le temps que « la cour était au voyage des confins d'Espagne, pour « le mariage du Roi avec Marie-Thérèse , infante « d'Espagne. » (« Nouvelle Revue encyclopédique », tome III, p. 313.)

Relation de l'inondation arrivée à Avignon en 1755. (Par F. MOREHAS.) *Avignon,* 1755, in-12. V. T.

Relation de l'Inquisition de Goa. (Par C. *e* DELLON.) *Leyds, Goasbeek,* 1687, in-12. — *Paris, Horthemels,* 1688, in-12. — *Amsterdam, Mortier,* 1697, in-12.

Dellon, médecin français, ayant entrepris un voyage dans les Indes, fut mis en suspicion auprès du gouverneur portugais de Daman ; déféré à l'Inquisition, il fut emprisonné, soumis aux rigueurs de la procédure du Saint-Office et condamné à servir sur les galères du Portugal pendant cinq ans. Son procès, ayant été instruit de nouveau devant le grand inquisiteur de Lisbonne, *f* fut révisé et Dellon mis en liberté ; il s'était trouvé en situation de bien observer l'organisation et les pratiques du ténébreux tribunal ; il a exposé le résultat de ses observations avec une impartialité et une modération qui lui font honneur.

Cet ouvrage fut mis à l'*Index* le 29 mai 1690.

Il existe une édition avec le nom de l'auteur, formant le tome II des « Voyages de M. DELLON... » *Cologne, P. Marteau,* 1709, 2 vol. in-12.

Relation de l'interdiction portée par le

grand maître des loges des francs-maçons de France sur celles de la ville de Lyon. Par le F⁷ᵉ DE M....EUX (DE MANNEVIEUX), ancien frère terrible. *Genève*, 1777, in-8.

Relation de l'Islande. (Par Is. DE LA PEYRERE.) *Paris, Louis Billaine,* 1663, in-8, avec une carte. *Amsterdam,* 1715, in-8.

Cette dernière édition est un extrait du vol. I du « Recueil de voyages au Nord », avec un titre particulier.

Relation de l'ordre de la Jarretière, ou la comtesse de Salisbury. (Par D'ARGENCES.) *Lyon,* 1703, 2 vol. in-12.

Notes manuscrites de Lenglet du Fresnoy sur la « Biblioth. des romans ». Voy. « la Comtesse de Salisbury », IV, 003, b.

Relation de l'origine, du progrès et de la condamnation du quiétisme répandu en France... (Par l'abbé Jean PHELYPEAUX.) *S. l.,* 1732 (et 1733), 2 part. in-12.

On disait vaguement que cet ouvrage avait été flétri et supprimé par un jugement de police et un arrêt du conseil, qui ordonnèrent qu'il serait brûlé par la main du bourreau ; et que trois particuliers, convaincus d'avoir participé à son impression, furent condamnés a être mis et attachés au carcan. Voy. l' « Histoire de Fénelon », par M. le cardinal de Bausset, édition de 1809, t. I, p. 577. Voy. aussi la « Biographie universelle », article *Phelipeaux.*

Ce n'est que dans une longue note de l' « Histoire générale de l'Eglise pendant le dix-huitième siècle » (par M. l'abbé Aimé Guillon), *Besançon,* 1823, in-8, t. I, p. 514 et suiv., que se trouvent des détails satisfaisants sur cet objet. J'en tracerai le précis à mes lecteurs.

L'abbé Phelipeaux, official de l'Église de Meaux, seul grand-vicaire de Bossuet, et supérieur de plusieurs communautés religieuses, était à Rome avec le neveu de Bossuet, au commencement de l'affaire du quiétisme. L'illustre évêque de Meaux le chargea d'y rester pour suivre cette affaire. Phelipeaux en écrivit une relation dont le manuscrit fut communiqué à Bossuet, qui l'approuva, sauf quelques légers retranchements qu'il prit la peine d'indiquer. Les détails de cette Relation étaient défavorables à Fénelon et durent déplaire à ses amis, mais surtout à sa famille.

L'abbé Phelipeaux n'avait poussé son récit que jusqu'en 1700 ; il mourut en 1708, après avoir exigé que ses héritiers ne fissent pas imprimer son ouvrage avant vingt ans, et, en effet, cette Relation n'a vu le jour qu'en 1732 et en 1733, c'est-à-dire à une époque où les esprits étaient fort agités relativement à la bulle *Unigenitus,* publiée en 1713. Le travail de Phelipeaux ne pouvait avoir rapport à cette bulle ; mais le gouvernement, qui avait exigé alors du marquis de Fénelon la suppression de l' « Examen de conscience pour un roi », voulut lui donner quelque consolation, en vengeant la mémoire de l'archevêque de Cambrai, *outragée* par l'abbé Phelipeaux. La « Relation », imprimée à Sainte-Menehould, devint donc, avec les « Lettres provinciales » et le premier volume des « Anecdotes sur l'état de la religion dans la Chine », imprimées aussi à Sainte-Menehould, l'objet de la plus singulière con-

damnation dont l'histoire des livres prohibés offre l'exemple.

On chercherait vainement dans les plus riches collections des arrêts du conseil celui qui a flétri la Relation de l'abbé Phelipeaux. Il n'en existe point ; ainsi l' « Histoire de Fénelon » et la « Biographie universelle » contiennent une fausse allégation à ce sujet. Ce fut par une simple lettre de cachet que le lieutenant de police Hérault eut l'autorisation de poursuivre les trois ouvrages dont il est ici question. Ce magistrat fit enlever dès cinq heures du matin, le 24 avril 1733, dans la ville de Sainte-Menehould, Gabriel Deliège, libraire, avec son fils et trois de ses ouvriers. Des exemplaires des trois ouvrages désignés ci-dessus furent saisis en même temps. Deliége, son fils et les trois compagnons furent liés, traînés à Paris et enfermés à la Bastille. Sept mois après fut formée, dans le sein de cette redoutable prison, une commission pour juger les malheureux accusés. Elle se composait de quelques conseillers du Châtelet, que devait présider Hérault. La sentence fut prononcée le 29 décembre, à l'insu des accusés. La femme Deliége, que le lieutenant de police avait impliquée dans l'affaire, *fut mise hors de cour ;* un *plus ample informé de trois mois* fut décrété à l'égard du fils et d'un des compagnons. Deliége et les deux autres compagnons furent condamnés à être mis et attachés au carcan en la place publique de la ville de Sainte-Menehould. En outre, chacun des condamnés devait payer une amende et être banni pour trois ans. Les « Lettres provinciales » et les autres ouvrages saisis, sans désignation, devaient être lacérés et brûlés, les caractères de l'imprimerie de Deliége confisqués, apportés et vendus à Paris. On fit partir de Paris les trois condamnés, le 11 décembre, sans leur avoir notifié le jugement, qu'ils étaient loin de soupçonner, et en leur disant que ce voyage avait pour but unique de nouvelles enquêtes à Sainte-Menehould.

La femme Deliége, qui connaissait la sentence, était venue les attendre à la Villette, près de Paris, pour informer son mari de la peine qu'ils allaient subir. Elle lui recommanda de mettre toute sa confiance en Dieu, qui lui donnerait le courage de supporter l'ignominie à laquelle il était destiné. Quand les trois condamnés passèrent par Châlons, l'un d'eux, nommé Claude Larcher, s'évada, et les deux autres, arrivant à Sainte-Menehould le 16, trouvèrent sur la place trois carcans dressés. Tous les habitants étaient dans la consternation. Chacun se tint renfermé chez soi ; et l'exécution de la sentence n'eut pour témoins que le commissaire de Hérault, ses recors, ses archers et le bourreau. Quelques gens de bien eurent la touchante hardiesse d'aller avancer l'horloge de la ville, afin d'abréger le supplice de leur compatriote ; leur espoir fut trompé ; les exécuteurs, réglant sur leurs montres le temps de l'exposition, rendirent inutile ce pieux stratagème.

La sentence fut affichée dans les lieux ordinaires ; mais Hérault défendit à l'imprimeur de la police, à Paris, d'en délivrer aucun exemplaire : de là l'impossibilité d'en trouver un seul. En effet, elle n'est indiquée d'une manière obscure dans les anciennes Tables de Prault, qui faisaient partie de la riche collection d'Ordonnances formée par de Saint-Genis, laquelle existait au dépôt central des *Bibliothèques particulières du roi,* galerie du Louvre.

Relation de l'origine et succès des chérifs et de l'état des royaumes de Maroc, Fez (*sic*) et Tamdant, écrite en espagnol par Diego DE TORREZ ; faite et mise en françois, par M. C. D. V. D. d'A. (Charles DE VALOIS, duc D'ANGOULÊME). *Paris, Camusat*, 1636, in-4.

Réimprimée à la suite de l' « Afrique de MARMOL », de la traduction de Nic. PERROT D'ABLANCOURT. Voy. IV, 77, *f*.
L'édition originale de TORREZ est de *Sevilla, Lopez*, 1586, in-4.

Relation de l'ouragan de Champagne. (Par P. NICOLE.) *Châlons*, 1669, in-4, 4 p.

Cet ouragan renversa onze grands clochers dans le voisinage de Vitry-le-Français. Voy. la « Vie de Nicole », par Goujet, édition de 1767, in-12, p. 191.

Relation de la bataille d'Austerlitz, gagnée le 2 décembre 1805 par Napoléon, contre les Russes et les Autrichiens, sous les ordres de leurs souverains ; accompagnée de plans indicatifs des différents mouvements des troupes, levés géométriquement par les officiers du corps impérial des ingénieurs géographes, et dressés au Dépôt général de la guerre. (Rédigée par L.-M.-P. TRANCHANT DE LAVERNE.) *Paris, Impr. imp.*, 1810, gr. in-4.

Cet ouvrage n'a été tiré qu'à quatre exemplaires d'épreuves.

Relation de la bataille de Rocroy en 1643. (Attribuée à Louis DE BOURBON, duc D'ENGHIEN.) *Paris*, 1643, in-fol.

Catalogues de J.-B. Colbert, n° 2647; de Hoym, n° 3905.

Relation de la bataille gagnée par l'armée du roi, commandée par le maréchal-duc de Luxembourg... (Par Charles CATON DE COURT.) *Montpellier, imp. de J. Martel*, 1690, in-4.

Relation de la campagne de Flandres en 1678, et en Allemagne jusqu'à la paix, par D. C. (DE CAISSEL). *Paris, Quinet*, 1679, 2 vol. in-12.

Relation de la campagne de Flandre et du siége de Namur, en l'an 1695, avec les cartes et les plans nécessaires... (Par J. TRONCHIN DU BREUIL.) *La Haye, H. Van Bulderen*, 1696, in-fol., 61 p. et 4 cartes. — Seconde édit. *Ibid., id.*, 1696, in-fol. Imprimée par ordre du roi (d'Angleterre).

L'exemplaire de Meermann, vendu en 1824, contenait cette note d'une écriture contemporaine : « Par M. DOPH, quartier-maître général, et après général des dragons. » Il est probable que J. TRONCHIN DU BREUIL a rédigé les notes de Doph.

Relation de la campagne de Sicile en 1849, par un aide de camp du général Mieroslawski. *Paris, Garnier frères*, 1849, in-8, 64 p.

Signée : J. J. (Par Louis MIEROSLAWSKI.)

Relation de la campagne de Syrie, spécialement des siéges de Jaffa et de Saint-Jean-d'Acre ; par un officier d'artillerie de l'armée d'Orient, avec un atlas composé de plans, cartes et vues. (Par RICHARDOT.) *Paris, J. Corréard*, 1839, in-8, avec atlas in-4.

Relation de la captivité de la famille royale à la tour du Temple, par la duchesse D'ANGOULÊME, publiée pour la première fois dans son intégrité et sur un manuscrit authentique. *Paris, Poulet-Malassis*, 1862, in-18, 126 p.

La préface, qui occupe 7 pages, est signée M. DE L., initiales de Mathurin DE LESCURE. Voy. « Mémoires particuliers », VI, 232, *d*.

Relation de la captivité de la Mère Des-Forges, annonciade de Boulogne. (Par J.-B. GAULTIER.) 1741, in-12.

Relation de la captivité de S. A. S. le duc DE MONTPENSIER pendant les années 1793, 1794, 1795, 1796, écrite par lui-même. (Publiée par les soins de son frère Louis-Philippe D'ORLÉANS.) *A Twickenhan, imprimerie de G. White*, 1816, in-8, 144 p.

De curieux renseignements qui complètent cette « Relation » ont été publiés dans la « Revue politique et littéraire », 26 juillet 1873, où il est établi que les prénoms du duc de Montpensier sont Alphonse-Hodgard.

Relation de la cérémonie funèbre qui a eu lieu à Metz, le 22 juillet 1848, en l'honneur d'Auguste Dornès, représentant le département de la Moselle à l'Assemblée nationale. *Metz, Nouvian*, 1848, in-8, 47 p. et 1 planche.

L'avertissement est signé : S........ (le docteur Henri SCOUTETTEN).   H. DE L'ISLE.

Relation de la conduite que la duchesse douairière de Marlborough a tenue à la cour... traduite de l'anglois (de Nathaniel HOOKE). *La Haye et Paris*, 1742, in-8.

Relation de la conversion et de la mort édifiante d'une jeune fille complice d'un assassinat, exécutée à Paris, le 12 janvier 1737. (Par LE BLANC, administrateur des aumônes des prisons.) *S. l. n. d.*, in-4, 13 p.

Relation de la conversion et du baptême d'un célèbre rabbin d'Allemagne (Jean-Joseph KEIDECK, composée par lui-même et traduite en françois par le P. Bernard LAMBERT). suivie de l'exhortation prononcée à la cérémonie du baptême d'un juif (composée par le P. LAMBERT). 1783, in-12, 52 p.

Relation de la cour de Portugal sous D. Pèdre II... avec des remarques sur les intérêts de cette couronne par rapport aux autres souverains et l'histoire des plus considérables traités qu'elle ait faits avec eux ; traduite de l'anglais (de COLBATCH). *Amsterdam, Lombrail*, 1702, in-12.

L'original anglais, également anonyme, a paru à *Londres*, chez *Bennet*, en 1700.

Relation de la dernière éruption du Vésuve, arrivée au mois d'août 1779. (Par Michel TORCIA.) En italien et en français. *Naples, Raimondi*, in-12.

Relation de la descente des Anglois en l'isle de Ré, du siège mis par eux au fort ou citadelle Sainct-Martin, et de tout ce qui s'est passé de iour en iour, tant dedans que dehors, pour l'attaque, défense et secours de ladite place, et iusques à la défaite et retraite desdits Anglois. (Par Michel DE MARILLAC.) *Paris, E. Martin*, 1628, in-8.

Relation de la dispute de l'auteur du livre de « l'Antiquité des temps » (le P. Pezron), contre le défenseur du texte hébreu et de la Vulgate. (Par le P. Jean MARTIANAY.) *Paris, Imbert de Bats*, 1707, in-12, 47 p.

Relation de la feste de Versailles du 18 juillet 1668. (Par A. FELIBIEN, sieur DES AVAUX.) *Paris, P. Le Petit*, 1668, in-4, 60 p. — *Paris. imp. royale*, 1679, in-fol., 37 p., fig.

Il y a eu deux tirages différents de l'édition in-4, en 1668. Le second est augmenté d'un feuillet de privilège dans lequel on trouve le nom de l'auteur.

Ce fut dans cette fête célèbre que la troupe de Molière représenta pour la première fois la comédie de « Georges Dandin ».

Relation de la guerre de Flandres en l'année 1667. (Par le sieur DE VANDEUVRES.) *Paris, C. Barbin*, 1668, in-12.

Relation de la maladie, de la confession, de la mort et de l'apparition du Jésuite Bertier. (Par VOLTAIRE.) *S. l. n. d.*, in-8, 14 p. — *S. l. n. d.*, in-8, 30 p. — Avec la relation du voyage du Frère Garassise, et ce qui s'ensuit, en attendant ce qui s'ensuivra. *S. l.*, 1760, in-12, 54 p.

Réimprimée dans le « Recueil des facéties parisiennes ». Voy. ci-dessus, col. 101, *e*.

Relation de la maladie et de la guérison miraculeuse, opérée le 14 juin 1759, à la suite d'une neuvaine au Saint-Sacrement, sur Marie-Anne Pigalle, épouse du sieur Denys Mascrey, paroisse de Saint-Roch,

à Paris (avec un avertissement théologico-moral, par l'abbé C.-M. DE L'ÉPÉE, prêtre; et des réflexions théologico-médicales du même, mais extraites en partie d'une dissertation manuscrite sur ledit miracle, faite par H. GAUTIER, médecin de Montpellier). (*Paris*), 1759, in-12.

Catalogue manuscrit de l'abbé Goujet.

Relation de la mission des prisons d'Aix en 1820. (Par l'abbé VACHIER.) *Aix, G. Mourel*, 1820, in-8, 15 p.

Catalogue de Nantes, n° 35952.

Relation de la mort du chevalier de La Barre, par monsieur CASS***, avocat au conseil du Roi, à M. le marquis de Beccaria, écrite en 1766. (Par VOLTAIRE.) Nouvelle édition. *Amsterdam*, 1768, in-8, 30 p.

La 1re édition, *s. l.*, 1766, in-8, 24 p., porte le nom de CASSEN. Voy. « Supercheries », I, 653, *a*.

Relation de la mort du feu Pape (Innocent XIII) et du Conclave assemblé pour l'élection de Benoît XIII son successeur. (Par l'abbé Anthelme TRICAUD.) *Nancy, Cusson* (*Lyon*), 1724, in-12.

Relation de la nouvelle découverte d'une source qui coule depuis peu dans la ville de Coulange-la-Vineuse en Bourgogne. (Par RICHER.) *Paris, C. Jombert*, 1712, in-8, 30 p.

Relation de la peste de la ville de Toulon en 1721, avec des observations instructives pour la postérité. (Par D'ANTRECHEUS.) *Paris, Estienne*, 1756, in-12.

Relation de la procession solennelle faite à Aix, le 24 avril 1820, pour la plantation de la croix de la mission. (Par l'abbé VACHIER.) *Aix, G. Mourel*, 1820, in-8, 17 p.

Catalogue de Nantes, n° 35953.

Relation de la querelle de M. de La Beaumelle avec M. de Voltaire ; par M. R. *Hanovre*, 1755, in-8.

Imprimée dans toutes les éditions du « Siècle politique de Louis XIV ».

Beuchot, d'après Meusel, intitule cet écrit : « Lettre de M. R. sur la part qu'il a eue aux démêlés de MM. de Voltaire et de La Beaumelle. »

L'auteur se nommait Jacques-Emmanuel ROQUES DE MAUMONT DE LA ROCHEFOUCAULT, né en 1727, mort le 16 mars 1806. C'est le même auquel sont adressées plusieurs lettres de la correspondance générale, années 1752 et 1753.

Quérard, « Bibliographie voltairienne », n° 889.

Relation de la retraite de M. Arnauld dans les Pays-Bas, en 1679... (Par François

GUELPHE, secrétaire d'Ant. Arnauld.) Mons, Migeot fils, 1733, in-12, 4 ff. lim. et 171 p.

Le nom de l'auteur se trouve dans l'avertissement.

Relation de la révolution de Gênes. (Par POUSSIELGUE.) *Gênes,* 1797, in-8.

Relation de la situation des prisonniers français détenus dans l'île de Cabrera, depuis le 5 mai 1809 jusqu'au 7 juin 1814. (Par DUBUC.) *Caen, imp. de N.-G. Dedouit,* 1815, in-8, 8 p.

Une première édition, signée : Un prisonnier de l'île de Cabrera, a été publiée sous le titre de « Relation circonstanciée... *(Paris),* Setier fils (1814), in-8, 8 p. Voy. ci-dessus, col. 200, *d.* Cette édition ne va que jusqu'au 10 mai 1814. Une réimpression faite en 1823, *Bordeaux, impr. de V° J.-B. Cavazza,* in-8, 8 p., est signée par l'auteur.

Relation de la translation du corps de saint Roland, replacé solennellement le 28 mai 1834 dans l'église de Chézery... (Par J.-I. DEPÉRY.) *Bourg, imp. de Bottier* (1834), in-8, 16 p.

Relation de la vie et de la mort de Frère Arsène de Janson, religieux de la Trappe, nommé dans le monde le comte de Rosemberg, mort dans l'abbaye de Buon Sollazzo, en Toscane, traduite de l'italien (de dom Alexis D'AVIA; par Antoine LANCELOT). *Paris, F. Delaulne,* 1711, in-12, 8 ff. lim. et 76 p.

Les préliminaires se composent d'un avertissement, de la dédicace au cardinal de Janson signée : l'Abbé et les Religieux de Buon-Sollazo, de l'approbation et du privilége.

Une autre traduction également anonyme, mais dans laquelle il n'y a aucune de ces pièces, a paru sous ce titre : « Abrégé de la vie de Frère Arsène de Janson ». Voy. IV. 33, *b.*

Relation de la vie et de la mort de Frère Palémon, religieux de l'abbaye de la Trappe, nommé dans le monde le comte de Santena. (Par A.-J. LEBOUTHILLIER DE RANCÉ.) *Paris, E. Josset,* 1695, in-12. — 2e édit. *Id.,* 1696, in-12. — 2e édit. (sic). *Paris, C. Clavelin fils,* 1712, in-12.

Relation de la vie et de la mort de ma- dame de Clermont (de Tonnerre), abbesse de l'abbaye de N.-D. de S.-Paul, près Beauvais. (Par l'abbé Jacques DE GUIJON.) *Paris, Mariette,* 1709, in-12.

Relation de la visite pastorale de Mgr de Gualy, évêque de Saint-Flour, dans le canton de Montsalvy, en l'année 1832; par A. B*** (A. BOULANGER), desservant de Ladinhac (Cantal). *Rodez, imp. de Ratery,* 1833, in-18, VIII-41 p.

Relation de ma fuite des prisons de la république de Venise appellées (sic) les Plombs; histoire intéressante et instructive pour les jeunes personnes. (Par J.-Jacq. CASANOVA DE SEINGALT.) Rédigée par un Français et publiée par K.-Ch. ANDRÉ. *Halle, Gebauer,* 1797, gr. in-8, 170 p.

C'est vraisemblablement cette édition châtiée que le même libraire a réimprimée en 1823; voy. Quérard, France litt., II, 68.   A. L.

Relation de Phihihu, émissaire de l'em- pereur de la Chine en Europe, traduite du chinois. *Cologne, Pierre Marteau,* 1760, in-12, 29 p.

Phihihu voyage à Constantinople et à Rome. Il écrit de là six lettres à l'empereur de la Chine, où il critique les mœurs des Turcs : il s'y élève avec une violence extrême contre l'Église romaine, qui croit la Trinité, l'Incarnation, la Transsubstantiation, etc. Il se moque de tout le cérémonial des Papes et s'irrite de la protection que le souverain pontife accorde aux jésuites portugais, qui sont, dit-il, les assassins du roi de Portugal. Le roi de Prusse, FRÉDÉRIC II, auteur de cette brochure mal faite et fort impie, en a fait tirer fort peu d'exemplaires. (Article du P. Brotier.)

Cette « Relation » n'a point été insérée dans les « Œuvres primitives » de Frédéric II, en quatre volumes in-8.

Relation de quatre voyages aux pays des Hottentots et dans la Caffrerie pendant les années 1777, 1778 et 1779, par le lieutenant général Guillaume PATTERSON. Traduit de l'anglois par M. T... M***** (Th. MANDAR). *Paris, Le Tellier (Orléans),* 1790, in-8, 3 ff. lim. et 213 p.

Relation de quelques aventures mari- times. (Par L. MAROT.) *Paris,* 1673, in-4.

Relation de Rome, tirée d'un des plus curieux cabinets de Rome. (Par le P. Charles LE COINTE.) *Paris, Th. Joly,* 1662, in-12.

La dédicace est signée C. C.

Relation de tout ce qui s'est fait depuis 1653, dans les assemblées des Évêques au sujet des cinq propositions. (Par P. DE MARCA.) *Paris,* 1657, in-4.   V. T.

Relation de tout ce qui s'est passé au voyage des gallères de France, en 1638. (Par P.-A. MASCARON, avocat de Marseille.) *Aix,* 1630, in-4.

Relation de tout ce qui s'est passé sur le fait et expédition de la Valteline, traduite du sieur DE S. M. (Abel DE SAINTEMARTHE), par L. G. A. *Paris, J. Villery et A. de Sommaville,* 1626, in-8.

Le texte latin a paru sous le titre de « Expeditio Valtelinaea, auspiciis Ludovici Justi..... suscepta ». *Paris, R. Stephanus,* 1626, in-4.

Relation de toutes les cérémonies qui s'observent en la création des chevaliers de l'ordre du S.-Esprit... (Par Fr. COLLE-TET.) *Paris, J.-B. Loyson, s. d.* (1661), in-4, 24 p.

Le nom de l'auteur se trouve dans le privilége.

Relation de toutes les particularités qui se sont faites et passées dans la célèbre entrée du roi et de la reine.... (Par François COLLETET.) *Paris, J.-B. Loyson,* 1660, in-4, 16 p. — *S. l. n. d.,* in-4, 8 p.

Relation des blocus et siéges de Glogau, soutenus par les Français contre les Russes et les Prussiens en 1813 et 1814. (Par le général NEMPDÉ.) *Paris, imp. de E. Pochard,* 1827, in-8, 2 ff. de tit., iv-73 p. et 2 cartes.

Relation des campagnes de Rocroi et de Fribourg en l'année 1643 et 1644... *Paris, F. Clousier aîné et P. Aubouin,* 1673, in-12.

Réimprimée dans le « Recueil de pièces en vers et en prose » publié par La Monnoye, en 1714, 2 vol. in-12, et de nos jours, avec le nom de l'auteur, dans la « Collection de petits classiques français » publiée par Ch. Nodier. *Paris, Delangle,* 1826, in-16.

A en croire l'abbé de Mazières de Monville, dans une note de son « Histoire de Louis II, prince de Condé (p. 291-384, des « Mélanges de poésie, de littérature et d'histoire de l'Académie de Montauban », 1750, in-8, p.373), cet écrit, bien que réimprimé avec le nom de Henri DE BESSÉ, sieur DE LA CHAPELLE-MILON, est l'œuvre de François DE GOYON DE MATIGNON, marquis DE LA MOUSSAYE; DE BESSÉ en a seulement retouché le style.

Cette rectification a été renouvelée récemment par M. Chéruel dans la « Revue de la Normandie » d'avril-mai 1870.

Voy. « Bulletin du bibliophile », 36ᵉ année, p. 476.

Relation des cérémonies faites dans la ville d'Annessy à l'occasion de la solennité de la canonisation de saint François de Sales, évêque et prince de Genève, fondateur de l'institut de la Visitation Sainte-Marie. (Par le P. Claude-François MENES-TRIER.) *Grenoble, R. Philippe,* 1666, in-4.

Relation des cérémonies qui ont eu lieu lors de l'inauguration de la statue de Stanislas, sur la place royale de Nancy, le 6 novembre 1831. (Par Justin LAMOU-ROUX.) *Nancy, imp. de Vᵉ Hissette,* 1834, in-8, 2 ff. de tit., vi-65, 80 p.

Relation des conquêtes faites dans les Indes par D. P. M. d'Almeida, marquis de Castel-Nuovo, comte d'Assumar, etc., vice-roi et capitaine général des Indes. Traduite (par le P. B.-G. FLEURIAU) du portugais de D. Emmanuel DE MEIRELLES, qui s'y est trouvé présent, et de l'italien

d'un auteur anonyme, imprimé à Rome en 1748. *Paris, Bordelet,* 1749, in-12.

Relation des cours de Prusse et de Hanovre... Traduite de l'anglois de J. T. (Jean TOLAND). *La Haye, Johnson,* 1706, in-8, 3 ff. lim. et 162 p.

Relation des délibérations de la Faculté de théologie de Paris, au sujet de l'acceptation de la bulle Unigenitus. Avec une relation particulière des assemblées de la maison de Sorbonne pour l'élection d'un professeur à la place de M. Witasse. (Par l'abbé DE LA MORLIÈRE.) *S. l.,* 1704, in-12.

Relation des délibérations du Clergé sur les constitutions des Papes Innocent X et Alexandre VII, contre le livre de Jansénius. (Par P. DE MARCA). *Paris, Josse,* 1667, in-4.

Même ouvrage que « Relation de tout ce qui s'est fait... » Voy. ci-dessus, col. 218, *e.*

Relation des derniers événements de la captivité de Monsieur et de sa délivrance, par M. le comte d'Avaray, le 21 juin 1791. *Paris, Le Normant,* 1823, in-8, 110 p. et 2 portraits.

Cet écrit, attribué à Louis XVIII, est précédé d'une Notice historique sur le duc d'Avaray, capitaine des gardes du corps du roi, mort à Madère le 4 juin 1811 (par M. DE FONTENEUILLE, et revue par M. le comte DE PRADEL).

Relation des derniers moments de Louis XVI, écrite par M. l'abbé Edgeworth DE FIRMONT. Édition destinée à faire suite au testament de Louis XVI. (Publiée par Gabriel PEIGNOT.) *Dijon, Noëllat,* avril 1816, in-8, 22 p.

Relation des deux missions de Dijon, l'une en 1737, l'autre en 1824; par M. L* T. I. D. E. (Gabr. PEIGNOT). *Dijon, V. Lagier,* 3 mai 1824, in-8. — Nouvelle édit. *Id.,* 20 mai 1824, in-12.

Relation des entrées des évêques de Chartres et des cérémonies qui l'accompagnent, avec des remarques historiques, par M. J. D. F. (J.-Fr.-Aug. JANVIER DE FLAIN-VILLE), avocat. *Chartres, impr. de Deshayes,* 1780, in-8.

Relation des événements arrivés à Sainte-Hélène postérieurement à la nomination de sir Hudson Lowe au gouvernement de cette île, en réponse à une brochure intitulée : « Faits démonstratifs des traitements qu'on a fait éprouver à Napoléon Bonaparte, confirmés par une correspondance et des documents officiels », etc., par BARRY E. O'MEARA, ex-chirurgien de Napoléon (traduit de l'anglais. par Ed. Beaupoil Saint-Aulaire). *Paris, Chaumerot jeune,* juillet 1819, in-8, 308 p.

Relation des événements mémorables arrivés dans l'exploitation de houille de Beaujone, près de Liége, le 28 février 1812, suivie du précis de ce qui s'est passé le 14 janvier précédent dans celle de Horlot... (Par de Micoud d'Umons, préfet de l'Ourthe.) *Liége, Latour,* 1812, in-12.

J. D.

Relation des événements qui ont précédé et suivi le licenciement de la garde nationale de Paris. (Par F. de Montrol.) *Paris, Ponthieu,* 1827, in-8, 87 p.

Relation des faits miraculeux concernant la Révérende Mère Emmerich, religieuse du couvent des Augustines de Dulmen en Westphalie, avec les témoignages qui constatent ces faits subsistants depuis onze années (rédigée et publiée par Louis Silvy, ancien magistrat). *Paris, Beaucé,* 1820, in-8, 24 p.

Relation des fêtes données par la ville de Paris, et de toutes les cérémonies qui ont eu lieu dans la capitale, à l'occasion de la naissance et du baptême de S. A. R. Mgr le duc de Bordeaux. (Publiée par R. Alis-san de Chazet.) *Paris, Petit,* 1822, in-12, 1 f. de tit. et 91 p.

Relation des fêtes en l'honneur de la B. Françoise d'Amboise, célébrées les 29, 30 avril et 1er mai (1866) à Nantes et aux Couëts. (Par Jacques Bodin Desplantes.) *Nantes, imp. Bourgeois,* 1866, in-12, 38 p.

Extraite de « l'Espérance du peuple ».

Relation des fêtes ordonnées par MM. les élus généraux des États de Bourgogne à l'occasion de l'heureux accouchement de la reine et de la naissance de monseigneur le Dauphin, exécutées à Dijon, le lundi 7 et le dimanche 13 janvier 1782. (Par Raral de police.) *Dijon, Defay* (1782), in-4, 26 p.

Relation des fêtes qui ont eu lieu à Gand à l'occasion de l'ouverture du chemin de fer, octobre 1837. (Par J. Coomans.) *Gand, P.-J. Van Ryekegem-Hovaere,* 1837, in-8, 55 p.

J. D.

Relation des fêtes qui ont eu lieu dans le diocèse de Coutances, à l'occasion de la béatification du B. Thomas Hélye, prêtre de Biville. (Par l'abbé Gilbert, vicaire général de l'évêque de Coutances.) *Coutances, Daireaux,* 1859, in-8, 43 p.

Relation des formalités observées au sacre des rois de France. (Par l'abbé Regnault, Rémois, chanoine de Saint-Symphorien, curé de Bezannes.) *Rheims, Cazin,* 1774, in-12. — *Liége, J. Dessain,* 1774, in-12.

Relation des massacres d'Aurai et de Vannes après l'affaire Quiberon. *S. l. n. d.,* in-8, 40 p.

Le titre de départ porte « Relation de M. de C***, officier de la marine, échappé aux massacres d'Aurai et de Vannes, suivie de quelques observations sur l'esprit public en Bretagne ».

Une autre édition est intitulée : « Relation de M. de Chaumereix, officier de la marine ».

Corréard, dans son « Naufrage de la Méduse », rapporte le procès intenté au capitaine commandant cette frégate. Ce dernier y est nommé Hugues Dunoys de Chaumareys ; il déclare être né à Vars (Corrèze) et être âgé de cinquante-un ans.

Relation des miracles de saint Paris, avec un abrégé de la vie du saint. (Par le P. G.-H. Bougeant.) *Bruxelles, Utrecht,* 1731, in-12.

Réimprimée avec le nom de l'auteur.

Relation des missions du Paraguay, traduite de l'italien de M. Muratori. *Paris, Bordelet,* 1754, in-12, 1 f. de tit., xxiv-402 p., 2 ff. de priv. et 1 carte. — *(Senlis, imp. de N. des Roques),* 1757, in-12, sans carte.

Cette traduction a été successivement attribuée par Quérard au P. Lombert, jésuite, et à l'abbé F.-E. de Lourmel.

Relation des opérations de l'artillerie française en 1823, au siége de Pampelune et devant Saint-Sébastien et Lérida, suivie d'une Note sur les opérations de l'artillerie dans la vallée d'Urgel en 1823. (Par Jean-Pierre Born, depuis colonel d'artillerie.) *Paris, Corréard jeune,* 1835, in-8, 112 p., avec 1 pl.

Relation des particularités de la rébellion de Stenko-Razin contre le grand-duc de Moscovie (trad. de l'anglois par C. des Mares). Épisode de l'histoire de Russie au xviie siècle, précédé d'une introduction et d'un glossaire par le prince Augustin Galitzin. *Paris, J. Techener,* 1856, in-16, avec vignette et 1 carte.

La première édition est de *Paris, Fréd. Léonard,* 1672; elle a été reproduite par H. Ternaux-Compans, dans ses « Archives des voyages, ou collection... » (1840), II, 154-176.   A. L.

Relation des réjouissances faites à Dijon pour la naissance de Mgr le Dauphin. (Par

François PETITOT.) *Dijon, Augé*, 1730, in-12.

En patois. Voy. Mignard, « Histoire de l'idiome bourguignon », p. 332.

Relation des réjouissances faites à Saint-Jean-de-Lône, le 3 novembre 1736, à l'occasion de l'année séculaire du siége mis par les Impériaux devant cette ville, le 25 octobre 1636, et levé le 3 novembre. (Par BOISOT, professeur en l'Université de Dijon.) *Dijon, de Fay*, 1736, in-8. — Supplément en forme de réponse à la « Relation des réjouissances », etc. (Par Cl. JOLICLERC, ancien maire.) 1737, in-8.

Relation des réjouissances faites à Sedan, pour la naissance de Mgr le Dauphin. (Par J.-B.-L. DE LA FEUILLE.) *Sedan, A. Thesin*, 1729, in-8, 15 p.

Relation des réjouissances faites en l'Université de Caen, pour la naissance de monseigneur le Dauphin, le 23 novembre 1729. (Par Charles BOULLARD.) *Caen, A. Cavelier*, 1730, in-4.

Relation des réjouissances qui se sont faites à Dijon à la naissance de Mgr le Dauphin (7 sept. - 13 nov.). (Par l'abbé PETIT.) *Dijon, A. de Fay*, 1729, in-4.

Relation des révolutions arrivées à Siam dans l'année 1688. (Par le capitaine DE FARGES.) *Amsterdam*, 1691, in-12.

Traduit presque intégralement en latin dans les *Acta erudit.* an. 1691, p. 110-119. Voy. Struve, *Biblioth. hist.*, II, pars II, 94.　　　　A. L.

Relation des siéges et défenses d'Olivença, de Badajoz et de Campo-Mayor, en 1811 et 1812, par les troupes françaises de l'armée du Midi en Espagne. Par le colonel L*** (LAMARE). *Paris, Anselin et Pochard*, 1825, in-8, avec 3 plans.

Réimprimée avec le nom de l'auteur, *Paris, Anselin*, 1837, gr. in-8.

Relation des troubles arrivez dans la cour de Portugal en l'année 1667 et en l'année 1668... (Par BLOUIN DE LA PIQUETIERRE.) *Paris, F. Clousier*, 1674, in-12, 6 ff. lim. et 336 p. — *Amsterdam, suivant la copie*, 1674, in-12, 1 f. de tit. et 272 p.

Relation des véritables causes et des conjonctures favorables qui ont contribué au rétablissement du roy de la Grande-Bretagne. (Par D. RIORDAN DE MUSERY.) *Paris, A. Courbé*, 1661, in-folio, 2 ff. lim. et 46 p. — *Id.*, 1661, in-12, 4 ff. lim. et 158 p.

Relation des voyages de M. de Brèves

tant en Grèce, Terre-Sainte et Égypte qu'aux royaumes de Tunis et Alger... Le tout recueilli par le S. D. C. (Jacques DU CASTEL). *Paris, N. Gasse*, 1628, in-4.

Relation des voyages et découvertes que les Espagnols ont faits dans les Indes occidentales, écrite en espagnol par D. B. DE LAS-CASAS (traduite en françois par l'abbé J.-B. MORVAN DE BELLEGARDE); avec la relation curieuse des voyages du sieur de Montauban en Guinée, l'an 1695. *Amsterdam, Delorme*, 1698, in-12.

Cette traduction parut d'abord sous le titre de « Découverte des Indes occidentales par les Espagnols, etc. » Voy. IV, 848, c.

Relation détaillée des faits qui se sont passés à Paris dans la journée du 3 juin 1822, à l'occasion de l'anniversaire de la mort de Lallemant. (Par M. Alain ROUSSEAU.) *Paris*, 1822, in-8, 16 p.

Relation divertissante d'un voyage fait en Provence; envoyée à Mme la duchesse de Chaunes-Villeroy. *Paris, C. de Sercy*, 1667, in-12.

J'ai un exemplaire avec ces mots écrits : « Par un « capucin noir ou petit-père de la maison proche la « place des Victoires. »
(Article communiqué par M. Boissonade.)

Relation du bannissement des jésuites de la Chine. (Par VOLTAIRE.) S. l. n. d., in-8, 31 p. — Par l'auteur du « Compère Mathieu ». *Amsterdam*, 1768, in-8, 28 p.

Relation du chapitre général des Bénédictins tenu à Marmoutier en 1735. (Par l'abbé C.-P. GOUJET.) S. l., 1736, in-4.

Relation du combat de la frégate française *la Surveillante* contre la frégate anglaise *le Québec*. *Paris, F. Didot*, 1817, in-8, 68 p., avec 3 pl. — *Lorient, E. Corfmat*, 1858, in-8, 60 p. et 1 pl.

La dédicace est signée : Le Cher DE L..... (LOSTANGES), officier de *la Surveillante*.

Relation du combat de M'bilor (au Sénégal) et des événements qui l'ont précédé et suivi. (Par A. VÈNE.) S. l. n. d., in-8, 24 p. et 1 carte.

Extraite du « Spectateur militaire ».
Catalogue de Nantes, no 46448.

Relation du concile provincial tenu à Avignon au mois de décembre 1849. (Par Augustin CANRON.) *Avignon, imp. de Seguin aîné*, 1850, in-12.

L'aperçu historique sur l'église d'Avignon placé en tête de cet écrit est signé A. C.

Relation du Danemark...

Voy. « Etat du royaume de Danemarck... », V, 297, e.

Relation du différend élevé entre les archevêques et les évêques d'Allemagne, et les nonces du pape à Munich et à Cologne... (Par l'abbé Gab. DU PAC DE BELLEGARDE.) Paris, Le Clerc, 1787, in-12, 2 ff. de tit., 229 p. et 1 f. de privilége.

Relation du Groenland. (Par LA PEYRÈRE.) Paris, Aug. Courbé, 1647, in-8. — Paris, Th. Jolly, 1663, in-8.

Réimprimée dans le tome I du « Recueil des voyages au Nord ».

Relation du miracle arrivé le 31 mai 1725, jour de la fête du Saint-Sacrement, à la procession de la paroisse de Sainte-Marguerite au faubourg de Saint-Antoine, à Paris, en la personne d'Anne Charlier, femme de François de La Fosse... (Par l'abbé Charles BERTIER.) Paris, Babuty, 1726, in-4, 34 et 12 p. — Id., in-4, 46 p.

Relation du monde de Mercure. (Par le chevalier DE BÉTHUNE.) Genève, Barillot, 1750, 2 vol. in-12.

Réimprimée dans la collection des « Voyages imaginaires », tome XVI.

Relation du naufrage d'un vaisseau hollandois sur la coste de l'isle de Quelpaerts; avec la description du royaume de Corée. Traduite du flamand (de Henry HAMEL), par M. MINUTOLI. Paris, Ch. Jolly, 1670, in-12.

Il y a des exemplaires avec les noms de Louis Billaine et de Simon Benard, auxquels Jolly avait cédé une partie de son privilége.

Relation du nouvel archipel septentrional découvert depuis peu par les Russes, dans les mers du Kamtschaka (sic) et d'Anadir; par M. J. DE STAEHLIN, trad. en anglais de l'original allemand et de l'anglais en français (par C. HEYDINGER). Paris, Knapen, 1782, in-12, 60 p., avec une carte dressée par Kitchin.

Voy. « Histoire de Saint-Kilda », V, 734, a. L'original allemand a paru dans le Calendrier géographique de Saint-Pétersbourg pour 1774 (St-Petersburgischer Kalender?). Il a été reproduit à Stuttgart, 1774, in-8.
Voy. Struve, « Bibliotheca hist. », édition de Meusel, III, part. II, 105-106.   A. L.

Relation du Parnasse sur les cérémonies du baptême de Mgr le duc de Bourbon, fils de Mgr le duc et petit-fils de S. A. S. Mgr le prince de Condé, faite en Saint-Germain-en-Laye, le 16 janvier 1680.

(Par le P. Claude-François MENESTRIER.) Paris, A.-J.-B. de La Caille, 1680, in-4, 1 f. de tit. et 14 p.

Relation du passage de la Bérésina, par un officier présent à l'affaire (l'amiral Paul-Vasilievitch TCHITCHOGOFF). Paris, 1814, in-8.

Quérard a-t-il raison quand il considère cette publication, « Supercheries », II, 1285, b, comme une nouvelle édition de la « Relation impartiale... » (de Guillaume de Vaudoncourt)? Voy. ce titre.

Relation du passage du Rhin, effectué le 1er floréal an V, entre Kilsett et Diersheim, par l'armée de Rhin-et-Moselle, sous le commandement du général Moreau; on y a joint une carte très-exacte du cours du Rhin dans cette partie; par l'auteur du « Mémoire militaire sur Kehl » (le général DEDON). Strasbourg, F.-G. Levrault, an V-1797, in-8.

Relation du second voyage de Mesdames Adélaïde et Victoire (en Lorraine). (Par DE LA BLACHERIE.) Lunéville, Messey, 1762, in-12.

Relation du second voyage de Mesdames de France en Lorraine, en 1762. (Par FILLION DE CHARIGNEU.) Nancy, Haener (1762), in-8.

Voy. « Journal de ce qui s'est passé à l'arrivée... », V, 1010, b.

Relation du séjour des Français à Moscou et de l'incendie de cette ville en 1812, par un habitant de Moscou (François-Joseph D'YSARN VILLEFORT, chevalier de Saint-Louis, mort le 25 décembre 1840, âgé de 77 ans), suivie de divers documents relatifs à cet événement, le tout annoté et publié par A. GADARUEL (A. LADRAGUE). Bruxelles, F.-J. Ollivier, 1871, in-12, xv-191 p. et plan de Moscou.

Les pages 132-159 contiennent une réimpression de l'écrit de E. VON PFUEL, traduit en français sous le titre de « Retraite des Français ». Voy. ces mots. M. A. Ladrague, auquel la 3e édition du « Dictionnaire des anonymes » doit de nombreuses additions, a fait paraître divers articles bibliographiques sous le pseudonyme de Gadaruel, notamment dans « le Quérard ».

Relation du siége de la citadelle d'Anvers par l'armée française, en décembre 1832. Par I. W. T. (THEMEN). Bruxelles, Berthot, 1833, in-8, 111 p.

Relation du siége de Lyon, contenant le détail de ce qui s'y est passé, d'après les ordres et sous les yeux des représentants

du peuple français. (Par Paul-Emilien Bé-
RAUD.) (*Neufchâtel en Suisse*), 1794, in-8.

Réimprimée sous le titre de « Histoire du siége de
Lyon... » Voy. V, 793, *a*.

Relation du siége de Prague par les Autrichiens, en 1742. *Chartres, imp. de Garnier*, 1863, in-16, 20 p.

La préface, qui donne le nom de l'auteur, Henri-
Guillaume DE MAZADE, seigneur DE SAINT-PREST, est
signée : K. L. M. (Kergestein-Lucien MERLET). Tiré
à 100 exemplaires.

Relation du siége et de la prise de la
ville et citadelle de Fribourg, mise en par-
tition selon les règles de la critique, par
J. D. S. (Jean DE SOURDIER). *Paris*, 1677,
in-4.   V. T.

Relation du sixième jubilé séculaire de
l'institution de la Fête-Dieu, célébré au
mois de juin 1846, à l'église primaire de
Saint-Martin, à Liége. Par l'auteur des
« Esquisses historiques sur la Fête-Dieu,
sainte Julienne et l'église Saint-Martin »
(Ed. LAVELLEYE). *Liége, H. Dessain*, 1846,
in-12, 84 p.

Terminée par une bibliographie, une numismatique
et une iconographie du jubilé. Les impressions sont au
nombre de 32; les médailles, ainsi que les estampes,
sont au nombre de 15. Ce travail était incomplet, et
M. U. Capitaine a fait imprimer en octobre 1848, à 8
exemplaires, 3 p. in-12, un supplément à cette bibliographie.

Relation du voyage d'Espagne. (Par
M.-C. LE JUMEL DE BERNEVILLE, comtesse
D'AULNOY.) *Paris, C. Barbin*, 1691, 3 vol.
in-12. — *Id.*, 1697, 3 vol. in-12.— *Paris,
veuve C. Barbin*, 1699, 3 vol. in-12.— *La
Haye, J. Van Bulderen*, 1693, 3 vol. in-12.
— *Id.*, 1715, 3 vol. in-12. — *Londres et
Paris*, 1774, 3 vol. in-12.

Relation du voyage de Brême, en vers
burlesques. (Par CLÉMENT.) *Leyde, veuve
de Daniel Boxe*, 1676, pet. in-12. —*Leyde,
Pecker*, 1677, in-12.

Réimprimée sous le titre de « Relation d'un voyage
de Coppenhague à Brême, en vers burlesques ». *Brême,
Claude Le Jeune*, 1705.

Relation du voyage de Mesdames Adélaïde et Victoire à Plombières, depuis leur
départ de Marly, le 30 juin 1761, jusqu'à
leur retour à Versailles, le 28 septembre
de la même année. (Par DELESPINE, huissier ordinaire du cabinet.) *Paris, imp. de
G. Desprez*, 1762, in-8, 4 ff. lim., 104 p.
et 2 ff.

L'auteur a signé l'épître.

Relation du voyage de M. le marquis
Le Franc de Pompignan, depuis Pompi-

a gnan jusqu'à Fontainebleau, adressée au
procureur fiscal du village de Pompignan.
(Par VOLTAIRE.) *S. l.* (1763), in-32, 4 p.

Relation du voyage de Moscovie, Tartarie et de Perse, traduit de l'allemand
d'OLEARIUS, par L. R. D. B. (le résident
de Brandebourg, c'est-à-dire DE WICQUE-
FORT). *Paris*, 1656, in-4.

b Relation du voyage de Perse et des Indes orientales ; traduite de l'anglois de
Thomas HERBERT (par DE WICQUEFORT),
avec les révolutions du royaume de Siam
en 1648, traduites du flamand de Jérémie
VAUVLIET (par le même DE WICQUEFORT).
Paris, Dupuis, 1663, in-4.

c Relation du voyage de Sa Majesté Britannique en Hollande et de la réception
qui lui a été faite... avec un récit abrégé
de ce qui s'est passé de plus considérable
depuis l'arrivée de Sa Majesté en Hollande, le 31 de janvier, jusqu'à son retour
en Angleterre, au mois d'avril 1691, et
l'heureux succès de l'expédition d'Irlande...
(Par J. TRONCHIN DU BREUIL.) *La Haye,
Arnout Leers*, 1692, in-fol.

d Relation du voyage des Religieuses Ur-
sulines de Rouen à la Nouvelle-Orléans.
(Par la sœur HACHARD de Saint-Stanislas,
Ursuline.) *Rouen*, 1728, in-12.

Catal. manuscrit des Barnabites.   V. T.

Relation du voyage du prince de Montberaud dans l'île de Naudely. (Par Pierre
DE LESCONVEL.) *Merinde*, 1706, in-12.

Réimpression de l' « Idée d'un règne doux... » Voy.
V, 876, *e*.

e Relation du voyage et retour des Indes
orientales pendant les années 1690 et
1691, par un garde de la marine, servant
sur le bord de M. Duquesne (Claude-Mi-
chel POUCHOT DE CHANTASSIN). *Paris, J.-B.
Coignard*, 1692, in-12. — *Bruxelles, de
Backer*, 1693, in-12.

Relation du voyage mystérieux de l'isle
de la Vertu. Nouvelle édition. (Par J.-Th.
HÉRISSANT fils et L.-T. HÉRISSANT.) *Paris,
f* Hérissant père, 1760, in-8.

« Les premières éditions de ce roman spirituel sont de
Mons et de la fin du XVIIe siècle; ma part dans cette
réimpression se réduit à une quarantaine de vers
alexandrins distribués p. 24, 47 et 48. Je n'ai pas besoin de vous dire qu'ils se ressentent de l'âge d'un écolier. » (Note de L.-T. Hérissant.)

Relation en forme de journal d'un
voyage fait en Danemarck, à la suite
de M. l'envoyé d'Angleterre (Vernon, par

DE LA COMBE DE VRIGNY, son secrétaire). *Roterdam, Abr. Hacher,* 1706, in-12.

« Œuvres de Bayle », t. IV, p. 795.

Les traducteurs de la « Géographie » de Busching, *Zullichow,* 1768, t. I, p. 106, présentent le fameux LA HONTAN comme rédacteur de ce Voyage.

Relation en forme de journal du voyage pour la rédemption des captifs aux royaumes de Maroc et d'Alger, pendant les années 1723, 1724 et 1725. (Par Cl. MASSAC.) *Paris,* 1727, in-12.   V. T.

Relation, en forme de lettre, sur les dépenses suggérées par un goût outré pour des curiosités passagères ou par une passion désordonnée pour différens genres de compilations. (Par YON, avocat.) 1757, in-12.

Relation exacte de ce qui s'est passé à la porte Cornavin (de Genève), le 8 avril, et notes diverses sur les principaux faits arrivés la même nuit. (Par LAVABRES.) 1782, in-8.

Relation exacte de ce qui s'est passé à la porte Neuve (de Genève), le 8 avril 1782... (Par DECOMBES.) In-8.

Relation exacte des événements qui ont eu lieu à Marseille, depuis le 3 mars jusqu'au 18 juillet 1815. (Par BRUNIQUEL.) *Paris, imp. de d'Hautel,* 1815, in-8, 30 p.   G. M.

Relation exacte et fidèle de ce qui s'est passé de plus remarquable à Marseille au sujet de la peste... (Par Fr. CHICOYNEAU, VERNY et SOULIER.) *Sur l'imprimé de Marseille, Nancy, N. Baltazard* (1721), in-8, 32 p.

Les premières éditions étaient intitulées « Relation succincte touchant... » Voy. ci-après, col. 235, *d.*

Relation exacte et véritable de tout ce qui vient de se passer à Rome, et découverte d'un grand ouvrage mis à l'index de Rome, par le Pape et les inquisiteurs, contenant les noms et les portraits d'après nature des prêtres, nobles et agioteurs de France et d'Europe. (Par F.-B. TISSET.) *A Rome et à Paris, chez le citoyen Tisset,* 1798, in-8, 32 p.

Relation, extraite d'un vieux manuscrit, de la bataille de Rocroy, gagnée par les Français sur les Espagnols, le 19 mai 1643. (Par le comte D'ESTRÉES.) *Paris, Ponthieu,* 1825, in-8, 16 p. et 1 pl.

La 2e édition, *Lyon, F. Guyot,* 1830, in-8, 16 p., porte le nom de l'auteur.

Relation fidèle de l'expédition de Carta-

gène. (Par le capitaine DU CASSE, gouverneur de Saint-Domingue.) *S. l.,* 1699, in-12, 89 p.

Réponse à la « Relation » de M. de Pointis. Voy. ci-dessus, col. 208, *f.*

Relation fidèle de la dispute élevée entre les docteurs de théologie de Louvain, à l'occasion d'une thèse *de impedimentis matrimonii:* (Par MARANT, docteur de Louvain.) *Lille,* 1786, in-8.

Relation fidèle de la manière dont s'est opérée la révolution du pays de Porentrui, et sa réunion à la France. (Par Fr. AMWEG.) *Porentrui,* 1793, in-8.

« France littéraire » de Ersch. Suppl. de 1802.

Relation fidèle de tout ce qui s'est passé en Italie en l'année 1630, entre les armes de la France et celles de l'empereur d'Espagne et du duc de Savoye jointes ensemble. (Par Armand J. DU PLESSIS, cardinal DE RICHELIEU.) *Paris,* 1631, in-8. V. T.

Relation fidèle des troubles arrivés dans l'empire de Pluton, au sujet de l'Histoire de Séthos, en IV lettres écrites des Champs-Elysées à M. l'abbé *** (Terrasson), auteur de cette Histoire. (Par le P. ROUTH.) *Amsterdam, Wetstein,* 1731, in-8, 212 p.

Relation fidèle du miracle opéré au Saint-Sacrement, en la paroisse des Ulmes-saint-Florent, près de Saumur, le 2 juin 1668... Par R. C... P. (René CERVEAU, prêtre). *Paris, chez l'auteur,* 1779, in-8.

Relation fidèle du voyage du roi Charles X, depuis son départ de Saint-Cloud jusqu'à son embarquement. Par un garde du corps (le vicomte Joseph-Jacques DE NAYLIES). *Paris, G.-A. Dentu,* 1830, in-8, 1 f. de tit. et 54 p. — 2e éditoin. *Id.,* in-8, 1 f. de tit. et 58 p.

Attribuée par erreur par M. de Manne, dans sa 1re édition, à Théod. ANNE. L'ouvrage de ce dernier est intitulé « Journal de Saint-Cloud à Cherbourg..... », et il porte le nom de l'auteur.

Relation fidèle et détaillée de l'arrestation de S. A. R. Madame, duchesse de Berry. (Par Achille GUIBOURG.) *Nantes, C. Merson,* nov. 1832, in-8, 40 p.

Relation fidèle et détaillée de la dernière campagne de Buonaparte, terminée par la bataille de Mont-Saint-Jean, dite de Waterloo ou de la Belle-Alliance: par un témoin oculaire. *Paris, J.-G. Dentu,* 1815, in-8, 2 ff. de tit. et 93 p. — 2e éd. *Id.,* 1815, in-8, 2 ff. de tit., 106 p., 1 f. d'errata et 2 planches. — 3e éd. *Id.,* 1815, in-8. — 4e éd. Relation circonstanciée de la dernière campagne... *Paris, J.-G. Dentu,* 1816, in-8, 2 ff. de tit., IV-297 p. et 2 planches.

Attribuée par Quérard, dans la « France littéraire », à René Bourgeois, et dans les « Supercheries » à F.-Th. Deldare.

Relation fidèle et historique du voyage de M. le comte de Falckenstein dans nos provinces. (Par A.-J. Ducoudray.) *Paris, Ruault,* 1777, in-12, 120 p.

Le faux titre porte « Relation historique formant la seconde partie des Anecdotes dédiées à la reine ». Voy. « Anecdotes intéressantes et historiques... », IV, 184, f.

Relation historique de la découverte de l'isle de Madère, traduite du portugais (de Franç. Alcaforado). *Paris, Cl. Barbin,* 1671, in-12, 8 ff. lim. et 185 p.

L'auteur de cette Relation étant l'auteur des « Lettres portugaises », dont la traduction anonyme fut publiée chez Cl. Barbin, en 1674, ces deux traductions françaises sortent probablement de la même main.
Le nom de l'auteur est indiqué à la page 96 de cet ouvrage.

Relation historique de la grande révolution arrivée dans la république des Provinces-Unies en 1747. (Par Jean Rousset de Missy.) *Amsterdam, L. Ryckhoff, s. d.,* in-4.   **V. D.**

Relation historique de tout ce qui s'est passé à Marseille pendant la dernière peste. (Par J.-B. Bertrand, d'Aix, médecin à Marseille.) *Cologne,* 1721, in-12. — *Cologne, Pierre Marteau,* 1723, in-12, 472 p.

Réimprimée avec le nom de l'auteur, *Amsterdam et Marseille, J. Mossy,* 1779, in-12.

Relation historique des événements de l'élection du comité du Lac des deux montagnes, en 1834. Episode propre à faire connaître l'esprit public dans le bas Canada. (Par M. H. Leblanc de Marconnay, rédacteur en chef du journal « la Minerve », imprimé à Montréal, bas Canada.) *Montréal,* 1835, in-8, 36 p.

Relation historique des événements funèbres de la nuit du 13 février 1820. (Par J.-B.-A. Hapdé.) *Paris, Dentu,* 1820, in-8, 2 ff. lim. et 43 p.

Réimprimée plusieurs fois avec le nom de l'auteur.

Relation historique des journées mémorables des 27, 28 et 29 juillet 1830, en l'honneur des Parisiens, ornée d'un plan de Paris... (Par A.-M. Perrot.) *Paris, H. Langlois fils,* 1830, in-8.

Relation historique des obsèques de M. Manuel, ancien député de la Vendée.

(Par François-Auguste-Alexis Mignet, Jacques Laffitte et Jean-Baptiste Manuel jeune.) *Paris, de l'imprimerie de Gaultier-Laguionie* (1827), in-8, 30 p. — *Bruxelles (Paris),* 1827, in-8, 30 p. (Contrefaçon.)

Relation historique du tremblement de terre survenu à Lisbonne le 1er novembre 1755... (Par Ange Goudar.) *La Haye, chez Philanthrope, à la Vérité,* 1756, in-12, x-216 p.

Relation historique et critique de la campagne de 1799 des Austro-Russes en Italie ; par B*** (Dmitri Boutourlin), officier des chevaliers gardes. *Saint-Pétersbourg, A. Pluchard,* 1812, in-8, VIII-180 p.

Relation historique et galante de l'invasion de l'Espagne par les Maures... (Attribuée à Nic. Baudot de Jully.) *La Haye, Moetjens,* 1699, 4 part. in-8. — *Id.,* 1703, 4 vol. in-12. — *Paris, P. Witte,* 1722, 4 vol. in-12.

Jacques Bernard, dans les « Nouvelles de la république des lettres », mars 1700, p. 342, dit que cet ouvrage est de Gabr. de Brémont, traducteur de « Gusman d'Alfarache ».
Le rédacteur de la « Bibliothèque universelle des romans », juillet 1781, deuxième volume, présente cet ouvrage comme ayant été imprimé en 1640, et il l'attribue, d'après cette fausse date, à Félix de Juvenel, dont on a « Dom Pélage, ou l'entrée des Maures en Espagne », *Paris,* 1644, 2 vol. in-8.
Les personnes qui le donnent à Baudot de Jully sont aussi dans l'erreur, d'après une lettre adressée en ces termes au célèbre P. Le Long, auteur de la « Bibliothèque historique de la France » :
« Au R. P. Le Long, bibliothécaire de l'Oratoire.
« Si je n'ay pas mis mon nom à mes ouvrages, Monsieur, ce n'a été que par la juste défiance que j'ay eüe de moy-mesme. L'opinion que vous paroissez avoir de ces ouvrages me doit un peu rassurer. Je crains néantmoins encore que vous ne soyez laissé séduire par vostre bonté et par ce caractère gracieux qui règne dans toutte vostre lettre. Cependant vous interrogez de trop bonne grace pour ne pas vous répondre catégoriquement ; et si l'on donnoit de pareils commissaires à tous les criminels, il seroit plus facile de les déterminer à dire la vérité. Ouy, Monsieur, je suis l'autheur des « Histoires de Philippe-Auguste » (voy. V, col. 730, d) et de « Charles Sept » (V, 664, e), et des trois petites nouvelles intitulées « le Connestable de Bourbon » (V, 833, c), « Caterine de France » (V, 663, b) et « Germaine de Foix » (V, 543, a) : mais, de tous ces livres, permettez-moy de vous supplier de ne m'attribuer que vostre ouvrage que « Philippe-Auguste ». J'ai composé si jeune l' « Histoire de Charles Sept », que si l'on y découvre quelque feu, j'ay sujet de craindre qu'on y aperçoive en mesme temps des fautes de jugement, et j'appréhende mesme de n'avoir pas choisy les mémoires avec assez de discernement. Pour les trois nouvelles, je ne sçay si elles me font beaucoup d'honneur. Le sujet, à la vérité, est tiré de l'histoire, et tout est vray dans les principaux événements : mais ce sont toujours des ouvrages de

galanterie ; et quoy qu'il n'y ait rien contre la pureté, ce sont des bagatelles qui ne conviennent qu'à un certain âge, et que dans un autre on ne veut plus avoüer. J'ay encore fait l' « Histoire de la conqueste d'Angleterre par Guillaume duc de Normandie » (V, 693, f). C'est Brunet qui l'a imprimée ; mais ce n'est qu'un petit livre et de péu de considération. Mon nom de baptesme est Nicolas. Je ne suis point l'autheur de l' « Histoire des deux reines de Naples, comtesses de Provence », imprimée en 1700. J'ay lu qu'on l'attribue à M. Desfontaines des Guyots (V, 764, e). Voilà, ce me semble, Monsieur, tout ce que vous désirez sçavoir.

« Au reste, si je n'ay rien donné au public depuis l' « Histoire de Philippe-Auguste », ce n'est pas que j'aye cessé de travailler. J'ay toujours cru qu'un honeste homme, quand il ne composeroit que pour s'instruire et pour s'occupper, auroit plus d'honneur de le faire, que de passer son temps dans l'oisiveté ou dans les vains plaisirs du monde. Mais c'est que j'ay entrepris un ouvrage d'une longue haleine. Je puis bien, Monsieur, le confier à vostre discrétion. C'est l' « Histoire des rois de Castille et de Léon ». Je l'ay enfin finie, après dix ans de travail. Elle sera en quatre ou cinq volumes in-12 ; et il ne me reste plus qu'à corriger les négligences du style. Je l'envoyeray ensuitte à Paris. Si mesme vous vouliez avoir la bonté de m'inbliquer un libraire qui fût honeste homme et raisonnable, je vous en serois très-redevable ; car je dois vous avoüer que je n'ay pas eu lieu d'estre content de ceux que j'ay employés. Voilà ce que vous attire vostre curiosité, ou, pour parler plus juste, vostre bonté et vostre politesse. J'ay l'honneur d'estre, avec beaucoup de reconoissance et de respect, Monsieur, vostre très-humble et très-obéissant serviteur.

« *Signé* : BAUDOT DE JULLY.
« A Sarlat, ce 20 de may 1715. »

Réflexions sur la lettre précédente.

La lettre autographe de Baudot de Jully nous apprend ce qui a occasionné la faute que j'ay reprochée au P. Le Long. Ç'a été la difficulté de lire l'écriture de Baudot, qui a écrit *des Guyots* et non pas *des Huyots*.

L' « Histoire des rois de Castille et de Léon », annoncée ici par Baudot, n'a point vu le jour.

Relation historique et morale du voyage du prince de Montbéraud dans l'île de Naudely, par l'auteur des « Aventures de Télémaque ». *Mérinde* (*Paris*), *P. Fortuné*, 1709, in-12, fig.

Cet ouvrage, qui est de Pierre DE LESCONVEL, se rencontre aussi sous ce titre : « Voyage de l'isle de Naudely, ou l'idée d'un règne heureux ». *Caseres*, 1703, et *Messine*, 1705, ou bien « Voyage du prince de Montberaud... » *Merinde* (*Paris*), 1706, in-12.

Relation impartiale du passage de la Bérésina, par l'armée française, en 1812 ; par un témoin oculaire (le général F. GUILLAUME DE VAUDONCOURT). *Paris*, *Barrois l'aîné*, 1814, in-8, IV-48 p.

Réimprimée dans la même année avec le nom de l'auteur. Elle est insérée en entier dans les « Mémoires pour servir à l'histoire de la guerre entre la France et la Russie... » Voy. VI, 239, d.

Relation inédite de la dernière maladie

de Louis XV. (Par le duc F.-A.-F. DE LA ROCHEFOUCAULD-LIANCOURT.) *Paris*, *imp. de Fournier* (1846), in-8, 23 p.

Cette relation devait paraître dans la « Revue des Deux-Mondes » ; mais, par des considérations particulières, elle n'y a pas été insérée, et le tirage en a été restreint à 30 exemplaires.

Relation médicale de l'expédition de Podor (Sénégal). Extrait de la « Revue coloniale », mai 1856. *Paris*, *imp. Paul Dupont*, in-8, 51 p.

Comprend : 1° Rapport sur le service de santé dans les troupes de l'expédition de Podor, par M. MARGAIN (Jules-Prosper), chirurgien de 1re classe de la marine ; 2° Rapport sur le service de santé à l'hôpital Saint-Louis, pendant l'expédition de Podor, par M. BERENGUIER, chirurgien de 1re classe.

Relation nouvelle d'un voyage à Constantinople, enrichie de plans levés par l'auteur sur les lieux... (Par Guillaume-Joseph GRELOT.) *Paris*, *P. Rocolet*, 1680, in-4.

Relation nouvelle et curieuse des royaumes de Tunquin et de Lao..., trad. de l'italien du P. MARINY, Romain, par L. P. L. C. C. (le Père Fr. LE COMTE, célestin). *Paris*, 1666, in-4.

Quelques exemplaires portent le titre suivant : « Histoire nouvelle et curieuse des royaumes, etc. »

Relation nouvelle et exacte d'un voyage de la Terre-Sainte, ou description de l'état présent des lieux où se sont passées les principales actions de la vie de Jésus-Christ. (Attribuée à Pierre DE LA VERGNE DE TRESSAN, dit SAINT-GERMAIN.) *Paris*, *Antoine Dezallier*, 1688, in-12.

Cet écrivain, protestant d'abord, ensuite catholique, austère pénitent, sous la conduite de M. Pavillon, évêque d'Alet, mourut au mois d'avril 1684 ; il était né en 1618.

Relation ou détail historique de la concession d'une portion du corps de saint Medard, faite, par Monseigneur l'évêque et le chapitre de Dijon, à la paroisse de Salency, et de la translation de cette sainte relique dans l'église dudit Salency. (Par Nicolas-Adrien ROGER, curé de Saint-Hilaire de Noyon.) *Noyon*, *P. Rocher*, 1774, in-12.

Relation ou journal d'un officier françois au service de la confédération de Pologne, pris par les Russes et relégué en Sibérie (le chevalier Fr. Aug. THÉSBY DE BELCOUR). *Amsterdam*, 1776, in-12.

Même ouvrage que « Journal d'un officier... » Voy. V, 1007, e.

Relation ou journal d'un voyage fait aux

Indes orientales... *Paris, Et. Michallet,* 1677, in-12.

Par M. DE L'ESTRA. L'exemplaire de la Bibliothèque nationale porte écrit à la main : Par M. DALENCÉ (signataire du privilége). Il a été réimprimé des titres avec le nom de M. DE LESTRA.

Relation patriotique faite aux provinces belgiques du massacre et de la cruauté que commirent les soldats des régimens de Clairfayt, Vierzet et d'autres, dans la ville de Gand, capitale de la Flandre, la nuit du 14 au 15 et du 15 au 16 novembre 1789. (Par SCHELLEKENS, greffier du comité général des Pays-Bas.) In-8, 4 p.

Relation singulière, ou le courier des Champs-Élysées. *Cologne, et Paris, Ch. Guillaume,* 1771, in-12, 2 ff. de tit. et 126 p.

J'ai trouvé, dans le registre manuscrit des permissions tacites, que l'auteur de cette brochure est l'abbé Cl.-Fr. LAMBERT. V. T.

Relation sommaire des merveilles que Dieu fait en France, et dans les Cévennes et dans le bas Languedoc, pour l'instruction et la consolation de son Eglise désolée. (Par Claude BROUSSON.) 1695, in-8. V. T.

Relation succincte du siége et reddition d'Arras, envoyée d'Amiens. (Par le cardinal DE RICHELIEU.) *Paris, S. Cramoisy,* 1640, in-fol., 8 p. — *Id.,* 1640, in-8, 15 p.

Relation succincte touchant les accidens de la peste de Marseille, son prognostic et sa curation. (Par Fr. CHICOYNEAU, VERNY et SOULIER, médecins de Montpellier.) *Paris, L.-D. Delatour et P. Simon,* 1720, in-8, 31 p.

Le nom des auteurs se trouve au verso du titre. Réimprimée avec le nom de M. CHICOYNEAU sur le titre, *sur l'imprimé à Marseille, Lyon, Bruyset frères,* 1721, in-12, 46 p.

Pour une autre édition, voy. ci-dessus, « Relation exacte et fidèle... », col. 229, *d.*

Relation très-exacte des malheurs que le débordement du Rhône a causés à la ville d'Arles, par P. T. D. M. C. (Thomas DE MARTIGUES, capucin). *Arles,* 1755, in-4. V. T.

Relation véritable de ce qui s'est passé de remarquable dans la ville d'Arles en Provence, durant le fléau de la peste de 1720; par un citoyen, témoin oculaire (Fr. PEILHE). *Arles,* 1724, in-4.

Relation véritable de ce qui se passa le mardi deuxième de juillet au combat donné au faubourg Saint-Antoine... *Paris, N. Vivenay* (1652), in-4, 31 p.

Par MARIGNY, suivant la « Bibliographie des mazarinades ».

Relation véritable de la mort de M. du Vair... Ensemble ses dernières paroles et celles que le roi a dites sur son trépas. *Paris, A. Saugrain,* 1621, in-8, 16 p.

Cette relation est de A. SAUGRAIN, d'après une lettre de Malherbe à Peiresc, du 21 août 1621.

Réimprimée sous le titre de « Récit véritable de la mort de M. du Vair... » *Rouen, J. Besongne,* 1621, in-8, 16 p.

Relation véritable et remarquable du grand voyage du Pape en paradis et en enfer, suivie de la translation du clergé aux enfers. *Paris, impr. de Fiévée,* 1791, in-18. — Nouv. édit. S. d., in-32, 29 p., avec le nom de FELLER sur le titre.

Cet écrit a été attribué à J. FIÉVÉE, alors imprimeur. Voy. « Supercheries », II, 27, *a.*

Relations curieuses de différens pays nouvellement découverts ; par monsieur *** (JOS. DU FRESNE DE FRANCHEVILLE). *Paris, Mérigot,* 1741, in-8, 30 p.

Relations de deux siéges soutenus par la ville de Sarlat en 1587 et 1652, publiées par J.-B. L. (Jean-Baptiste LASCOUX). *Paris, impr. de Everat,* 1832, in-8.

L'auteur de la « Relation » du second siége est CASTEL.

Relations de la Louisiane et du fleuve Mississipi... (Par le chevalier DE TONTI.) *Amsterdam, J.-F. Bernard,* 1720, 2 vol. in-12.

Relations de la mort de quelques religieux de l'abbaye de La Trappe. (Par A.-J. LE BOUTHILLIER DE RANCÉ.) *Paris, E. Michallet,* 1678, in-12. — 2º éd. *Id.,* 1678, in-12. — 3º éd. *Id.,* 1683, in-12. — *Id.,* 1691, in-12. — *Paris, F. et P. Delaulne,* 1696, 4 vol. in-12.—Nouv. éd., augmentée de plusieurs vies, avec une description abrégée de cette abbaye. *Paris, G. Desprez,* 1755, 5 vol. in-12.

La « Description » qui se trouve dans cette dernière édition est d'André FÉLIBIEN, et la « Relation d'un voyage fait à La Trappe... », qui est à la suite, du P. Toussaint DESMARES.

Relations de M. le marquis de *** (DE ROBIAS D'ESTOUBLON) écrites pendant son voyage d'Italie... *Paris, Claude Barbier,* 1677, in-8, IV-396 p.

Réimpression des « Lettres de M. le marquis de *** ». Voy. V, 1258, *b.*

Relations de plusieurs voyages à la côte

d'Afrique, à Maroc, au Sénégal... tirées des journaux de M. Saugnier (par J.-B. de La Borde); on y a joint une carte réduite de la grande carte d'Afrique du même de La Borde. *Paris, Gueffier jeune*, 1791, in-8. — *Maestricht, J.-P. Roux*, 1792, in-8.

Relations morales de M. I. P. C. (J.-P. Camus), evesque de Bellay. *Paris, I. Cottereau*, 1631, in-8. — *Rouen, C. Malassis*, 1638, in-8.

Relations nouvelles du Levant, ou traités de la religion, du gouvernement et des coutumes des Perses... composés par le P. G. D. C. (le Père Gabriel de Chinon) et donnés au public par le P. L. M. D. E. T. (Louis Moréry, docteur en théologie). *Lyon, Jean Thioly*, 1691, in-12.

Relations sur la vie de la Révérende Mère Marie des Anges (née Suireau), morte en 1658, abbesse de Port-Royal, et sur la conduite qu'elle a gardée dans la réforme de Maubuisson, étant abbesse de ce monastère. (Par la Sœur Sainte-Eustochie de Brégy, sur les mémoires de la Sœur de Sainte-Candide Le Cerf, religieuse de Maubuisson. Revues par Nicole.) *Paris*, 1737, in-12.

Voy. «Modèle de foi... », VI, 319, d.

Relations véritables et curieuses de l'île de Madagascar (par François Cauche) et du Brésil (par Roulox Baro), avec l'Histoire de la dernière guerre faite au Brésil entre les Portugais et les Hollandais (par Pierre Moreau). Trois relations d'Égypte (par César Lambert, Jacques Albert et Santo Seguezzi) et une du royaume de Perse (par un gentilhomme de la suite de l'ambassadeur d'Angleterre). *Paris, A. Courbé*, 1651, in-4.

Editées par Morisot. La traduction du voyage de Roulox Baro est de P. Moreau. L' « Histoire des derniers troubles du Brésil entre les Hollandais et les Portugais », par P. Moreau, a un titre particulier.

Relatiou deu siege de Laictoure, lou dabriou, neit deu dixjaux sant 1649. *Bordeaux, impr. de Durand* (1847), in-8. 7 p.

L'avertissement est signé : A. M.-T. et G. B. (Alfred Moquin-Tandon et Gustave Brunet). Tiré à 30 exemplaires.

Religieuse (la) cavalier, époux et chanoine, histoire galante et tragique. (Par J.-A. de Chavigny.) *Cologne (à la Sphère)*, 1717, in-12.

Religieuse (la) dans la solitude : re-

traite spirituelle de dix jours, par l'auteur du « Directeur dans les voies du salut » (le P. J.-P. Pinamonti, S. J.), traduit de l'italien sur la 12ᵉ édit. (par le P. J. de Courbeville, S. J.). *Amiens, L. Godart*, 1731, in-12.

Réimprimée avec les noms des auteurs.

Religieuse (la) en chemise, ou la nonne éclairée, avec un discours préliminaire. (Par l'abbé J. Barrin.) *Paris et Londres, chez les marchands de nouveautés*, 1860, in-16, 64 p.

Réimpression partielle de « Vénus dans le cloître »; voy. ci-après, ce titre.

Religieuse (la) intéressée et amoureuse, avec l'histoire du comte de Clare... (Par Mᵐᵉ de Tenain.) *Cologne, chez ***, 1695, in-12, 206 p. — *Cologne, Pierre le jeune*, 1715, in-12, 1 f. de tit. et 136 p.

Catalogue de Courtanvaux, nᵒ 1541.

Religieuse (la) malgré elle, par M. B** de B** (Brunet de Brou). *Amsterdam (Paris)*, 1720, in-12.

Religieuse (la), par l'abbé ***, auteur du « Maudit ». *Paris, Lib. internationale*, 1864, 2 vol. in-8.

Voy. « le Maudit », VI, 87, e.

Religion (la) à l'Assemblée du clergé de France, poëme. (Par l'abbé Louis Guidi.) *En France*, 1762, in-12.

Catalogue manuscrit de l'abbé Goujet.

Religion (la) à l'Assemblée nationale. (Par A.-A. Clément de Boissy.) *Paris, impr. de veuve Desaint*, 1790, in-8, 7 p.

Religion (de la) à l'Assemblée nationale. Discours philosophique et politique où l'on établit les principaux caractères qu'il importe d'assigner au système religieux pour le réunir au système politique dans une même constitution, et où l'on examine si ces caractères peuvent également convenir à la religion catholique. (Par Gaspard-Jean-André-Jos. Jauffret, depuis évêque de Metz.) *Paris, Le Clère*, 1790, in-8, 146 p. —2ᵉ édit. *Ibid.*, in-8. — 3ᵉ édit., sous ce titre : « de la Religion, aux législateurs. » 1791.—4ᵉ édit., sous ce titre : « de la Religion, aux Français. » *Paris, Le Clère*, an X-1802, in-8. — 5ᵉ édit. Metz, 1820, pet. in-8.

Religion (la) aisée, simple discours de l'abbé Paul. Extrait de « l'Art d'être malheureux ». (Par Jules Tardieu, de Saint-Germain.) *Paris, Jules Tardieu* (1859), in-32.

Religion (la) ancienne et moderne des Moscovites. Enrichie de figures. *Cologne, P. Marteau*, 1698, pet. in-8, IV-154 p., avec 6 fig.

C'est la traduction d'un ouvrage publié en allemand sous le titre latin de « Universa religio ruthenica sive moscovitica », *Freystad, Joh. Pietersen*, pet. in-8, avec frontispice gravé, où l'auteur est nommé Theophilus WAHRMUNDUS, noms que M. Minzloff dit cacher celui de G.-A. SCHLEUSING. Voy. « Pierre le Grand dans la littérature étrangère » (1872), pages 367-369.

Il existe au moins quatre éditions différentes de la traduction française, dont la dernière est de *Cologne, P. Marteau*, 1705, petit in-8, avec 7 figures de B. Picart.

Les traductions anglaises et hollandaises ont été faites sur la traduction française.

Religion (de la), aux Français... *Paris, Le Clère*, an X-1802, in-8.

Voy. ci-dessus, « Religion (de la) à l'Assemblée nationale », col. 238, *e*.

Religion (de la), aux législateurs. *Paris*, 1794, in-8.

Voy. ci-dessus, « Religion (de la) à l'Assemblée nationale ».

Religion (de la) catholique dans le canton de Genève. Mémoire présenté à Mgr l'évêque de Lausanne et de Genève, par le clergé catholique de Genève, sur les piéges tendus par l'hérésie à la foi de la population catholique. (Par VUARIN, curé de Genève.) Ouvrage dédié aux évêques de France et de Suisse. *Genève*, 1835, in-8. — *Paris*, *Dentu*, 1838, in-8.

Religion (la) catholique soutenue en tous les points de sa doctrine, contre le livre adressé aux rois, potentats et républiques par Jacques I, roi d'Angleterre. *Paris*, 1610, in-8, 96 p.

Dans le Catalogue manuscrit de la bibliothèque des Barnabites, le nom de PELLETIER est écrit à côté de ce livre. V. T.

Religion (la) catholique triomphant de l'erreur par les décisions des Pères de l'Eglise, des Conciles et des Papes. (Par C.-J. SAILLANT, médecin, ancien curé de Villiers-le-Bel.) *Paris*, 1805, in-12.

Religion (la) chrétienne démontrée par la conversion et l'apostolat de saint Paul ; traduit de l'anglois de G. LITTLETON (par l'abbé Ant. GUÉNÉE). *Paris, Tilliard*, 1754, in-12.

Religion (la) chrétienne démontrée par la Résurrection de Notre-Seigneur Jésus-Christ... Avec un supplément où l'on développe les principaux points de la religion naturelle, par M. Homfroi DITTON....

trad. de l'anglois, par A. D. L. C. (Arman BOISBELAU DE LA CHAPELLE). *Paris, Chaubert*, 1729, in-4.

Religion (la) chrétienne éclairée des lumières de l'intelligence par le dogme et par la prophétie. *Paris, veuve Delatour*, 1744, 2 vol. in-12.

Le privilége, en date du 18 mai 1743, est au nom de l'abbé JOLY. Ces deux premiers volumes ont été suivis de trois autres volumes portant ce titre un peu plus court : « la Religion chrétienne éclairée par le dogme et par la prophétie ». *Paris, V° Delatour (Dijon, impr. de Hucherot)*, 1752-1754.

Religion (la) chrétienne méditée dans le véritable esprit de ses maximes. (Par l'abbé L. DEBONNAIRE et le P. François JARD.) *Paris*, 1745, 1763, 6 vol. in-12.

Religion (la) chrétienne prouvée par l'accomplissement des prophéties et du Nouveau Testament. (Par le P. J.-F. BALTUS, jésuite.) *Paris*, 1728, in-4.

Religion (la) chrétienne prouvée par les faits. (Par Cl.-François HOUTTEVILLE.) *Paris*, 1722, in-4.

Réimprimée plusieurs fois avec le nom de l'auteur.

Religion (la) chrétienne prouvée par un seul fait, ou dissertation dans laquelle on démontre que les catholiques à qui Hunéric, roi des Vandales, fit couper la langue, parlèrent miraculeusement. (Par Pierre RULIÉ, curé à Cahors.) *Paris, Barbou*, in-12.

« Le Catalogue Van Hulthem cite cet ouvrage, ou du moins un du même titre ; il l'attribue au chanoine LEPOINTE. L'édition est de Londres, 1798 (I, p. 94, n° 1148). Serait-ce un ouvrage différent ? »

Ce Lepointe me paraît être le même que celui dont parle Quérard (V, 102).

Note du n° 1354 de la table des matières des Mémoires de Trévoux, par le P. Sommervogel, seconde partie, t. I, p. 127.

Religion (la) constatée universellement, à l'aide des sciences et de l'érudition modernes. Par M.·. ·. (Louis-Philibert MACHET), de la Marne. *Paris, Hivert*, 1833, 2 vol. in-8.

Religion (la) d'argent. (Par Napoléon ROUSSEL.) *Paris, J.-J. Risler*, 1839, in-16, 16 p.

Souvent réimprimée.

Religion (la) d'un honnête homme qui n'est pas théologien de profession... traduite de l'anglois (d'Edouard SYNGE). *Amsterdam, P. Brunel*, 1699, 2 vol. in-12.

Religion (la) d'un philosophe, ou sentimens raisonnables sur diverses matières de religion et de morale, par l'auteur du «Méchanisme de l'esprit» (G.-L. Le Sage). Londres, 1709, in-12.

Religion (de la) dans l'instruction publique, ou essai sur les développemens qu'exige l'éducation religieuse et sur les limites où il convient de la renfermer (par A. Person de Teyssèdre); publié par M. Aug. Gady. Paris, Dentu, 1822, in-8, 104 p.

Religion (la) de Dieu et la Religion du diable, précédées du sermon civique aux gardes nationales. (Par Antoine Gabet, dit Dorfeuille, comédien.) S. l. 1791, in-8.
D. M.

Religion (de la) de l'Etat et de la Religion catholique considérée sous ce rapport. (Par Thomas-Jacques de Cotton.) Paris, Maire, 1828, in-8, 2 ff. de tit. et 277 p.
D. M.

Religion (la) défendue contre l'incrédulité du siècle, contenant un précis de l'Histoire sainte, précédée de quelques réflexions, par l'auteur de «l'Ecole du bonheur.» (Jean-René Sigaud de La Fond). Paris, Cuchet, 1785, 6 vol. in-12.

Voy. l' «Economie de la Providence... », V, 22, e.

Religion (la) défendue contre les préjugés...

Voy. la «Religion expliquée», ci-après, col. 243, b.

Religion (la) défendue, poëme. (Par Fr.-Mic.-Chrét. Deschamps, auteur tragique.) 1733, in-8, 46 p.

Poëme en vers libres contre l' «Epître à Uranie» de Voltaire.

Religion (la) des dames, par un théologien de l'Église anglicane (J. Locke). Amsterdam, 1690, in-12.

Religion (la) des Gaulois, tirée des plus pures sources de l'antiquité, par le R. P. dom *** (dom Jacques Martin), religieux bénédictin de la Congrégation de Saint-Maur. Paris, Saugrain, 1727, 2 vol. in-4.

Religion (la) des Hollandois, représentée en plusieurs lettres écrites par un officier de l'armée du roy (Stoupé, ou P. Stuppa, officier suisse), à un pasteur et professeur en théologie de Berne. Cologne, P. Marteau, 1673, in-12, 144 p. — Paris, F. Clousier, 1673, in-12, 4 ff. lim. et 204 p.

Le nom de l'auteur est donné sur le titre d'une réfutation intitulée : « la Véritable Religion des Hollandais... par Jean Brun ».
Pieters, par suite d'une transcription incomplète du titre de cette réfutation, attribue à tort « la Religion des Hollandais » à Jean Brun et laisse la réfutation anonyme.

Religion (la) des Jésuites, ou réflexions sur les inscriptions du P. Menestrier .... (Par P. Jurieu.) La Haye, 1689, in-12. — 2e éd. La Haye, A. Troyel, 1691, in-12.

Religion (de la) des kouakers en Angleterre. (Par Philippe Naudé.) Paris, J. Petit (à la Sphère), 1699, petit in-12.

C'est une reproduction, avec un nouveau titre, de l' « Histoire abrégée de la naissance... » Voy. V, 632, a.

Religion (la) des Mahométans exposée par leurs propres docteurs, avec des éclaircissements sur les opinions qu'on leur a faussement attribuées, tirée du latin de M. Adrien Reland (par David Durand), et augmentée d'une confession de foi mahométane. La Haye, Isaac Vaillant, 1721, in-12, fig.

Religion (de la), du Clergé et des Jésuites, par un magistrat, ancien élève de la Compagnie de Jésus. Paris, Roret, 1844, in-8, 48 p.

Attribué, par le « Catalogue de l'histoire de France » de la Bibliothèque nationale, à M. Philippot de Tayac. Voy. tome V, p. 385, n° 4938.
Quérard, « France littéraire », XI, p. 66, le donne à Nic.-J.-B. Boyart, ancien président de la cour d'Orléans, ancien député.

Religion (la) du cœur exposée dans les sentiments qu'une tendre piété inspire, etc.; par M. le chevalier D*** (DE Lasne d'Aiguebelles). Paris, Delalain, 1767, in-12. — Lyon et Paris, Périsse, 1826, in-12.

Réimprimée en 1827 avec le nom de l'auteur.

Religion (la) du médecin, par Thomas Brown (traduite de l'anglais en latin par Jean Merriveater, et en françois par Nicolas Le Febvre). La Haye, 1668, in-12.

Religion (la) du roi d'Angleterre. (Par Jean-Maximil. de Baux, seigneur de Langle, pasteur de l'Église réformée à Rouen.) Genève, 1660, in-8.

Frère, « Manuel du bibliophile normand », II, 149.
Réimprimée avec le nom de l'auteur, Leyde, J. Chouet, 1660, in-8, 58 p.

Religion (la) du sage. (Par dom Sébastien-François Bonnard du Hanlay.) Nantes, A.-J. Malassis, an V, in-8, iv-160 p.

Religion (la) est le fondement de la société. Par un curé de la banlieue. Paris, Delaunay, 1834, in-8.

Par l'abbé Colonna, curé d'Asnières, d'après M. de Manne.
Par l'abbé Debauve, curé des Prés-Saint-Gervais, d'après les « Supercheries »; voy. I, 817, a.

Religion et Bonheur. Par M. D. L. (Guil.-Simon GUENNARD DELAHAYE, ancien bâtonnier de l'ordre des avocats). *Paris, Lamy,* 1821, in-18.

Religion (la) et la Politique rappelées à leur centre commun de l'unité constitutive des lois de l'ordre universel. (Par F.-J. DUFAURE, ancien président du tribunal civil du 7e arrondissement de Sambre-et-Meuse.) *Namur, Martin,* 1804, in-8.

J. D.

Religion et Patrie ; histoire des vicissitudes de l'Eglise vaudoise de 1580 à 1658. (Par Alexis MUSTON.) *Paris, M. Ducloux,* 1851, in-12.

Religion (la) expliquée catholiquement et défendue contre les erreurs théologiques les plus accréditées en Europe. (Par L.-Philib. MACHET, de Reims.) *Paris, Hivert,* 1836, 2 vol. in-8.

Il y a des exemplaires avec la même date, mais avec l'adresse de *Ladrange* et intitulés « la Religion défendue contre les préjugés et la superstition ». C'est sous ce titre que cet ouvrage a été condamné par décret de l'Index du 20 juin 1844.

Religion (la) muhammedane comparée à la païenne de l'Indostan, par Ali-Ebn-Omar MOSLEM ; épître à Cinkniu, Pramin de Visapour, traduite de l'arabe (attribuée à Albert RADICATI, comte DE PASSERAN). *Londres, Compagnie (Hollande),* 1737, in-8, 56 p.

Religion (la) naturelle et révélée, ou dissertations philosophiques, théologiques et critiques contre les incrédules. (Par Guillaume MALLEVILLE, curé de Domme en Périgord.) *Paris, Nyon,* 1756-1758, 5 vol. in-12.

Religion (la) naturelle, poëme en quatre parties, au roi de Prusse. Par M. V*** (VOLTAIRE). *Genève,* 1756, in-12, 24 p. — Nouvelle édition, augmentée de plusieurs pièces curieuses. *Genève,* 1756, in-12, 78 p. — *Genève,* 1760, in-12.

Religion (de la), par un homme du monde, où l'on examine les différents systèmes des sages de notre siècle... (Par P.-L.-Gl. GIN.) *Paris, Moutard,* 1778-1780, 5 vol. in-8.

Réimprimée avec le nom de l'auteur, en 1830, sous ce titre : « la Religion du vrai philosophe »; le faux titre porte : « Collection des œuvres de P. L. G. GIN, n° 1. »

Cette publication n'a pas eu de suite.

Religion, poëme. (Par Louis RACINE.) *Paris, Coignard et Desaint,* 1742, in-8.

Souvent réimprimé avec le nom de l'auteur.

Religion (la), poëme, avec un discours (en prose) pour disposer les déistes à l'examen de la vérité, et quelques autres ouvrages. *Paris, Fr.-Guill. L'Hermitte,* 1725, in-8, 151 p.

La « France littéraire » de 1769, t. II, p. 3, donne ce poëme à l'abbé Gilles-Thomas ASSELIN, de Vire. Quérard a reproduit cette attribution dans sa « France littér. », t. I ; mais, au t. V, il le donne au libraire L'HERMITTE, probablement pour cette seule raison que le privilége, en date du 2 sept. 1727, est au nom du libraire-éditeur.

Religion (la) prouvée aux incrédules, avec une lettre à l'auteur du « Système de la nature », par un homme du monde (l'abbé FANGOUSE). *Paris, Debure l'aîné,* 1780, in-12.

Réimprimée sous le titre de « Réflexions importantes sur la religion... » Voy. ci-dessus, col. 132, c.

Religion (la) révélée, poëme en réponse à celui de la « Religion naturelle » (de Voltaire), par M. DE S****** (L.-E. BILLARDON DE SAUVIGNY). *Genève (Paris),* 1758, in-12, 64 p.

Religion saint-simonienne. A tous. (Par B.-P. ENFANTIN.) *Paris, Lib. saint-simonienne,* avril 1832, in-8, 33 p.

Religion (de la) saint-simonienne. Aux élèves de l'Ecole polytechnique. (Par Abel TRANSON.) *Paris, Alex. Mesnier,* 1830, in-8, 72 p.

Religion saint-simonienne. Aux femmes sur leur mission religieuse dans la crise actuelle. (Par Mlle Palmyre BAZARD.) *Rouen, imp. de D. Brière* (1831), in-8, 8 p.

Religion saint-simonienne. Aux ouvriers, par un ouvrier (M. HASPOTT). *Paris, imp. de Everat* (1831), in-8, 12 p.

Religion saint-simonienne. Économie politique et politique. Articles extraits du « Globe ». (Par B.-P. ENFANTIN.) *Paris, au bureau du Globe,* juillet 1831, in-8, XI-176 p. — 2e éd. *Id.,* 181 p. et 1 f. de table.

Religion saint-simonienne. La Marseillaise. Extrait de « l'Organisateur », du 11 septembre 1830. (Par M. Michel CHEVALIER.) *Paris, imp. de Everat* (1832), in-8, 4 p.

Religion saint-simonienne. La Presse. Articles extraits du « Globe ». (Par M. Michel CHEVALIER.) *Paris, au bureau du Globe,* 1831, in-8, 28 p.

Religion saint-simonienne. Les lanciers du préfet de police. (Par M. MACHEREAU.) *Paris, imp. de Everat* (1832), in-8, 2 p.

Religion (la) vengée. (Ouvrage posthume du cardinal F.-J.-P. DE BERNIS, publié par le chevalier D'AZARA et le cardinal H.-S. GERDIL.) *Parme, Bodoni*, 1795, petit in-folio et in-4.

Religion (la) vengée des impiétés de la thèse et de l'apologie de M. l'abbé de Prades; ou recueil de neuf écrits contre ces deux pièces et contre les impiétés des libertins de notre siècle, précédé d'une préface intéressante de l'éditeur. (Par l'abbé PARIS, chanoine de Lectoure, exilé en Hollande.) *Montauban (Utrecht)*, 1754, in-8.

La « France littéraire » de 1769 attribue ce recueil à l'abbé Pierre LE CLERC, qui était en Hollande à la même époque. J'ai suivi l'opinion de l'abbé Goujet, dans son Catalogue manuscrit.

Religion (la) vengée, ou réfutation des auteurs impies, par une société de gens de lettres (Jean SORET, avocat, le P. J.-N.-H. HAYER et autres). *Paris, Chaubert*, 1757-1761, 21 vol. in-12.

Relique (la) de Fécamp. Messe, litanies et histoires du précieux sang de N.-S. Jésus-Christ, suivies du récit de guérisons récentes opérées à l'ancienne fontaine où aborda la souche de figuier dépositaire de cet inestimable trésor. (Par l'abbé BIAND.) *Paris, imp. Carion*, 1866, in-12, 24 p.

Plusieurs fois réimprimée avec le nom de l'auteur.

Reliques (les) de Jean du Verger de Hauranne de Saint-Cyran; extraites des ouvrages qu'il a composés. (Par le P. PINTHEREAU, jésuite.) *Louvain, veuve de Jacques Gravius*, 1646, in-fol.

Reliques (les) juives et païennes de M. l'archevêque de Paris. (Par Napoléon ROUSSEL.) *Paris, imp. de Lacour* (1846), in-12, 12 p.

Cet ouvrage avait déjà paru en 1845 avec le nom de l'auteur.

Remarciman dé brave Barozay de Dijon fay par Gregore Gouy au gran Roa Lovy quaitoze. *Dijon, A. Michard*, 1682, in-12.

Attribué à TASSINOT, conseiller au Parlement de Metz. Voir Mignard, « Histoire de l'idiome bourguignon », p. 265.

Remarques agronomiques sur un voyage en Suisse, lues à la Société d'agriculture, en 1819. (Par A. PUVIS.) *Bourg*, 1820, in-8, 37 p.

Remarques amiables sur le pouvoir qu'ont les religieux d'ouïr les confessions, par J. P. C. P. (Jean-Pierre CAMUS, Parisien, évêque de Belley). *S. l.*, 1642, in-8.

a Remarques chrétiennes et catholiques sur le livre de la fréquente communion. (Attribuées à Henri DE BOURBON, père du grand Condé.) *Paris, par commandement, chez P. Rocolet*, 1644, in-8.

Voy. les « Œuvres » du docteur Arnauld, préface hist. et crit. du t. XXVI. Ces remarques ont eu deux éditions dans la même année.

b Remarques critiques sur « l'Histoire de la poésie françoise » du sieur Mervesin. (Par Fr. DE REMERVILLE DE S. QUENTIN.) 1706, in-12.

Voy. V, 706, *d*.

Remarques critiques sur l'histoire de saint Willibrord, archevêque des Frisons, par A.-J. BINTERIM; traduit de l'allemand (par l'abbé DE RAM). *Louvain, Van Linthout et Vandezande*, 1831, in-8. J. D.

c Remarques critiques sur la « Bibliothèque générale des écrivains de l'ordre de St-Benoît », par un religieux bénédictin de St-Vannes (dom François), adressées aux rédacteurs de l' « Esprit des journaux ». (Par Barth. MERCIER DE ST-LÉGER.) *S. l.*, 1778, in-12, 29 p.

Le même auteur a publié : « Nouvelles Remarques critiques sur les deux premiers volumes de la « Bibliothèque générale des écrivains de l'ordre de Saint-Benoît ». (Signé l'abbé DE ST-L***.) *S. l.*, 1778, in-12, 72 p.

d

e Remarques critiques sur la nouvelle édition du « Dictionnaire historique de Moréry », donnée en 1704. (Par l'abbé Anthelme TRICAUD et le P. Alexis GAUDIN.) *Paris, R. Mazières*, 1706, in-12, 8 ff. lim., 147 p. et 2 ff. de privilége. — 2e édition (précédée d'un long avertissement, par P. BAYLE). *Rotterdam, Jean Hofhout*, 1706, in-8, XXVIII p., 5 ff., 92 p. et 2 ff. de table.

VAULTIER a été l'éditeur du *Moréri* de 1704.

Ces « Remarques » ont été insérées dans l'édition du « Dictionnaire historique et critique » de Bayle publié en 1740.

Jacques ÉDOUARD, désigné comme auteur par La Monnoye, n'y a eu aucune part. C'était un simple garçon imprimeur. (Le P. Baizé.)

Prosper Marchand se trompe aussi en attribuant cette critique au P. ANGE DE SAINTE-ROSALIE, augustin déchaussé, dans le monde Fr. VAFFARD. Voy. la fin de *f* l'article *Torrentinus* de son « Dictionnaire historique ».

Remarques critiques sur le Dictionnaire de Bayle. *Paris (Dijon)*, 1748, 2 tomes en 1 vol. in-folio.

Le nom de l'auteur, l'abbé Ph.-L. JOLY, se trouve dans le privilége.

Remarques critiques sur le « Tableau

historique et politique de la colonie de Surinam », ou lettre d'un inconnu à Ph. Fermin. (Par le baron EBERSTEIN et CHION DU VERGIER.) *Londres (Amsterdam)*, 1779, in-8. **V. T.**

Remarques critiques sur les « Æthiopiques » d'Héliodore, lues au mois de juillet 1791 à l'Académie des belles-lettres. (Par P.-H. LARCHER.) In-18, 31 p.

Ce *Mémoire* devait paraître dans la « Bibliothèque des romans grecs ». On ignore les motifs qui ont pu déterminer l'auteur à le supprimer. Chardon de La Rochette se proposait de le faire réimprimer dans le quatrième volume de ses « Mélanges ».

Remarques critiques sur les Œuvres d'HORACE, avec une nouvelle traduction (par André DACIER). *Paris, Denis Thierry*, 1681, 1689, 1697, 10 vol. in-12.

Réimprimées plusieurs fois avec le nom du traducteur, sous le titre d' « Œuvres d'Horace ».

Remarques critiques sur un livre de M. l'abbé de Vallemont, intitulé : « Dissertation du secret des mystères ». (Par l'abbé Nic. BAUDOUIN, chanoine de l'église collégiale de Saint-Michel de Laval.) *Bruxelles*, 1717, in-12.

Remarques curieuses sur l'art de bien chanter... Par B. DE B. (B. DE BACILLY). *Paris, Ballard*, 1668, in-12.

Quelques exemplaires ont été augmentés d'une épître de 2 feuillets qui porte la signature de l'auteur.

On a réimprimé des titres qui portent : « Traité de la méthode ou art de bien chanter... Par B. DE B. » *Paris, G. de Luynes*, 1671. Un frontispice gravé porte le premier titre « Remarques.... »

On trouve le nom de l'auteur sur des frontispices datés de 1679 ; ils sont suivis d'une réponse de Bacilly à la critique de son ouvrage.

Remarques d'histoire sur le « Discours de la vie et de la mort de saint Livier », et le « Récit de ses miracles », nouvellement publiés par le sieur de Ramberviller, lieutenant général au bailliage de l'évêché de Metz, avec diverses approbations des docteurs. (Par Paul FERRY, ministre protestant.) *S. l.* (*Metz*), 1624, in-8.

Bayle, art. *Ferri*, parle de cet ouvrage, ainsi qu'Ancillon, t. II, p. 269, de son « Mélange critique ».

Remarques d'un anonyme (le président J. BOUHIER) mises en marge d'une « Consultation sur le Traité de l'impuissance et du congrès ». *Dijon*, 1739, in-8.

Voy. « Consultation pour M. l'abbé de *** », IV, 737, *d*.

Remarques d'un Courlandois (le comte Henri-Christian DE KEYSERLINGK) sur le

Mémoire donné relativement aux affaires de la Courlande. (*Varsovie*), 1763, in-4.
A. L.

Remarques d'un docteur en théologie sur la protestation des jésuites ; avec une réponse au nouveau libelle de ces Pères contre la censure de Sorbonne. (Par le P. Charles LE GOBIEN.) *S. l.* (1709), in-4, 14 p. — *S. l. n. d.*, in-12.

Remarques d'un François, ou examen impartial du livre de M. Necker sur l'administration des finances ; pour servir de correctif et de supplément à son ouvrage. (Par le comte L.-G. DU BUAT-NANCAY.) *Genève*, 1785, in-8.

L'auteur, dans sa « Lettre d'un anti-philosophe... » (voy. V, 1141, *a*), fit une réponse pleine de sel à une critique de son ouvrage, insérée dans la « Gazette de Leyde ».

Remarques d'un gentilhomme prussien sur celles d'un gentilhomme polonais à l'occasion de la prise de possession de la Prusse polonaise. (Par le comte H.-C. DE KEYSERLINGK.)

Note de Quérard, sans aucune indication bibliographique.

Remarques d'un ministre de l'Évangile sur la troisième des « Lettres écrites de la Montagne » (par J.-J. Rousseau), ou considérations sur les miracles. (Par D. CLAPAREDE.) *Genève*, 1765, in-8.

Remarques d'un officier d'artillerie hollandois (M. DE MUSLY) sur une brochure qui a pour titre : « Observations et Expériences sur l'artillerie. » *Maëstricht*, 1776, in-8.

Remarques d'un profane sur deux homélies maçonniques prononcées dans la R.·. L.·. de.... D.·. de.... le 27e du 10e mois de l'an de la vraie lumière, 5820. (Par F.-A. BURDIN, ouvrier compositeur d'imprimerie.) *Besançon, J. Petit*, 1822, in-8, 157 p.

Remarques d'un seigneur polonais (le comte PONIATOWSKI) sur l' « Histoire de Charles XII, roi de Suède », par monsieur de Voltaire. *La Haye, A. Moetjens*, 1741, in-8, 4 ff. et 186 p.

Voy. « Supercheries », III, 630, *c*.

Remarques d'un théologien sur le « Traité historique », etc., de M. Maimbourg. (Par Jacques BOILEAU.) *Cologne, P. Marteau*, 1688, in-12.

Nouvelle édition de « Considérations sur le Traité... » (voy. IV, 721, *f*), augmentée des deux tiers.

Remarques d'un voyageur moderne au Levant. (Par le baron J.-H. DE RIEDE-SEL.) *Amsterdam (Stuttgardt)*, 1773, in-8.

Voy. Struve, édition Meusel, II, pars I, 271, qui nous apprend que cette édition française a précédé l'édition allemande imprimée l'année suivante à Leipzig.

A. L.

Remarques de chimie, touchant la préparation de différents remèdes usités dans la pratique de la médecine. (Par Nicolas ANDRY.) *Paris, Didot*, 1735, in-12.

Remarques de la cour de Prusse concernant le droit à la succession d'Ost-Frise. Traduites de l'allemand (par J.-H.-S. FORMEY). *Berlin*, 1746, in-4.

Remarques de Pierre LE MOTTEUX sur Rabelais, traduites librement de l'anglois par C**** D* M**** (César DE MISSY), et accompagnées de diverses observations du traducteur; édition revue, corrigée et augmentée. *Londres*, 1740, in-4.

Cet ouvrage est le même, dans le fond, que celui qui a été inséré dans le troisième volume de l'édition in-4 des « Œuvres de Rabelais », publiée à Amsterdam par J.-F. Bernard.

Remarques diverses sur la prononciation et sur l'orthographe. Par M*** (A.-X. HARDUIN), de la Société littéraire d'Arras. *Paris, Prault*, 1757, in-12, 2 ff. lim. et 124 p.

Remarques du droit françois sur les Instituts de l'empereur Justinien, etc., ou la porte et l'abrégé de la jurisprudence françoise, par Me H. M. (Hierome MERCIER). *Paris*, 1655, in-4. — *Paris, Th. Girard*, 1672, in-4.

Réimprimées en 1682, avec le nom de l'auteur.

Remarques envoyées à M. Stockmans, pour servir de réponse à la seconde partie de son Traité du droit de dévolution. (Par Guy JOLY.) *Paris, Cramoisy*, 1668, in-12.

Remarques et Commentaires sur la « Description de la ville et du port de Rouen », poème en vers français, par Symon; par M*** (Alex. LESGUILLEZ). *Rouen, Renault*, 1821, in-8, 27 p.

Remarques et Décisions de l'Académie françoise, recueillies par M. L. T. (Louis TALLEMANT). *Paris, Coignard*, 1698, in-12, 7 ff. et 157 p.

Remarques et Observations sur le livre intitulé : « Artillerie nouvelle, » pour les articles seulement relatifs à l'exécution de la fonte des canons et mortiers. (Par Jean-François BÉRENGER, né à Douay en 1725, mort dans la même ville en 1802.) 1773, in-8.

Remarques générales sur un livre qui a pour titre : « Lettres, Mémoires et Négociations de M. le comte d'Estrades... » (Par Daniel DE LARROQUE.) *Paris, Delaulne*, 1709, in-12, 76 p.

Remarques grammaticales. (Par Ét. SAINTE-MARIE.) *Lyon, Yvernault et Cabin*, novembre 1810, in-8.

Remarques historiques, critiques et satyriques d'un cosmopolite, tant en prose qu'en poésie sur différens sujets. (Par A.-F. DESLANDES, publiées par son fils.) *Cologne (Nantes)*, 1731, in-12. *Très-rare*.

Note de l'abbé Le Beuf, ami de Deslandes, communiquée à l'abbé de La Porte, pour son supplément de 1778 à la « France littéraire ».

Remarques historiques et anecdotes sur le château de la Bastille. (Par BROSSAIS DU PERRAY.) *S. l.*, 1774, in-12, 2 ff. lim., 48 p. et 1 planche.

Remarques historiques et critiques faites dans un voyage d'Italie en Hollande en 1704. (Par Casimir FRESCHOT.) *Cologne, Jacques le Sincère*, 1705, 2 vol. in-8.

Critique du « Nouveau Voyage d'Italie... » Voy. VI, 524, d.

Remarques historiques et critiques sur les abbayes, collégiales, paroisses et chapelles supprimées dans la ville et faubourgs de Paris, d'après le décret de l'Assemblée constituante du 11 février 1791. (Par François JACQUEMART.) *Paris, bureau de la Société bibliographique*, 1792, in-8.

Réimprimées sous le titre de « les Ruines parisiennes depuis la révolution de 1789 ». Voy. ce titre.

Remarques historiques et critiques sur les trente-trois paroisses de Paris, d'après la nouvelle circonscription décrétée par l'Assemblée nationale le 4 févr. 1791; par un citoyen de la section des Lombards. (Par François JACQUEMART.) *Paris, Blanchon*, 1791, in-8.

Remarques historiques et philosophiques sur le Nouveau Testament. *La Haye*, 1742, 2 vol. in-4.

Ouvrage posthume d'Isaac DE BEAUSOBRE, publié par le ministre Arm. BOISBELEAU DE LA CHAPELLE, qui y a joint une vie de l'auteur. Suivant Meusel, le pasteur Samuel LAFONT aurait été l'éditeur, peut-être co-éditeur.

Remarques historiques et politiques sur

le tarif du Traité de commerce conclu entre la France et l'Angleterre, avec des observations préliminaires, traduites de l'anglois par M. D. S. D. L. T. (DE SERRES DE LA TOUR, avec des notes par Jacq. MALLET DU PAN). *Paris, Buisson,* 1788, in-8.

Remarques historiques et politiques sur les Grecs. (Par M. le comte CAPO D'ISTRIA.) *Paris, Le Normant,* 1822, in-8.

Remarques historiques, politiques, mythologiques et critiques sur la Henriade de Voltaire, par le sieur L** (LE BRUN). *La Haye, de Block,* 1741, in-8.

M. Van Thol, dans ses notes, attribue cet ouvrage à Michel LINANT, ce qui est peu vraisemblable.

Remarques historiques sur l'Église et la paroisse de Saint-Sulpice, tirées du premier volume des Instructions et Prières à l'usage de ladite paroisse. (Par l'abbé H.-F. SIMON DE DONCOURT.) *Paris, Crapart,* 1773, in-12.

Remarques historiques sur l'état de la ville et du territoire d'Arles, extraites de Moreri, Nostradamus, Bouchet et autres auteurs provençaux. (Par DE FOURCROY.) *S. l. n. d.;* in-4, 30 p.

Remarques historiques sur la cause des Grecs. *Paris, Lenormant,* 1822, in-8, 64 p.

Attribuées au comte CAPO D'ISTRIA ou à P. KODRIKA, d'Athènes.

Remarques importantes sur le nouveau Catéchisme que M. Languet, archevêque de Sens, a donné à son diocèse. (Par l'abbé Jér. BESOIGNE.) *S. l.* (1732 et 1733), 3 part. in-4.

Remarques judicieuses sur le livre intitulé « de la Fréquente Communion». (Par le P. Jacq. DE LA HAYE, jésuite.) *Paris, Cramoisy,* 1644, in-8.

Le P. de Backer, 2ᵉ édit., reproduit cette attribution dans son article Jacques DE LA HAYE (t. II, col. 70), et cite Barbier comme autorité, mais à l'article Nouet il dit que Bayle attribue au P. Jacq. NOUET un libelle intitulé : « Remarques judicieuses sur le livre de la Fréquente Communion », tandis que Baillet dit que cet ouvrage est d'un prêtre français, François RENARD.

Remarques morales, philosophiques et grammaticales sur le Dictionnaire de l'Académie française. P* P* P*. (Par Gab. FEYDEL.) *Paris, A.-A. Renouard,* 1807, in-8, VI-420 p.

Voy. « Observations sur un ouvrage anonyme... », VI, 640, e, et « Supercheries », III, 230, d.

C'est à tort que, dans certains catalogues, cet ouvrage est attribué à E.-G. PEIGNOT.

Remarques nouvelles sur la langue françoise. *Paris, Séb. Mabre-Cramoisy,* 1675, in-4.

La dédicace à Patru est signée B. J. Le privilége, daté du 1ᵉʳ mars 1675, est au nom du P. BOUHOURS, de la Compagnie de Jésus. Voir le détail des différentes éditions dans de Backer, 2ᵉ édit., I, col. 812, où l'on trouve aussi l'indication des diverses publications suscitées par celle du P. Bouhours.

Voy. aussi « Discussion de la suite des remarques... », IV, 1051, e.

Remarques ou réflexions critiques, morales et historiques... *Paris, A. Seneuse,* 1690, in-12. — *Lyon, J. Lyons,* 1693, in-12.

L'épître est signée : B. Le privilége désigne l'auteur par les initiales L. B. (Laurent BORDELON). Réimprimé avec le nom de l'auteur.

Remarques patriotiques, par la citoyenne auteur de la « Lettre au peuple » (Mᵐᵉ Olympe DE GOUGES). (*Paris*, 1788), in-8, 48 p.

Remarques pour servir de réponse à deux écrits (de Stockmans) imprimés à Bruxelles, contre les droits de la reine sur le Brabant et sur divers lieux des Pays-Bas. (Par Guy JOLY.) *Paris, Mabre-Cramoisy,* 1667, in-12.

Voy. ci-dessus, « Remarques envoyées à M. Stockmans... », col. 249, e.

Remarques pour servir de supplément à l'Essay sur l'histoire générale, et sur les mœurs et l'esprit des nations, depuis Charlemagne jusqu'à nos jours. (Par VOLTAIRE.) *S. l.,* 1763, in-8, 1 f. de tit. et 86 p.

Remarques pouvant servir d'éclaircissemens historiques et géographiques sur l'origine de Saint-Jean-de-Losne, Saint-Jean-de-Pontailler, Saint-Jean-de-Dijon. (Par JOANNE.) *Dijon,* 1847, in-8, 13 p.

Remarques succinctes et pacifiques sur les écrits pour et contre la loi du silence. (Par J. TAILHÉ.) *S. l.,* 1760, in-12.

Remarques sur ce corollaire de M. Steyaert. (Par Antoine ARNAULT.) *S. l.,* 1692, in-12.

Le titre de départ porte en sus : « Formula juramenti ab Alexandro papâ contra Jansenium proscripta util\[it\]er proponitur et juratur, et hoc ipsum facere est moris in Galliis... »

Remarques sur différens articles du premier (du 2ᵉ et du 3ᵉ) vol. du « Dictionnaire » de Moreri, de l'édition de 1718.

(Par l'abbé L.-J. LE CLERC.) *S. l.* (*Orléans, veuve Borde*), 1717, 1720 et 1721, 3 part. in-8.

Remarques sur Homère, avec la traduction de la préface de l'Homère anglais de M. POPE (par Ant.-Rob. PERELLE) et d'un essai sur la vie et les écrits de ce poëte par le même auteur (traduit par P.-F. GUYOT DESFONTAINES). *Paris, G. Martin,* 1728, in-12, VI-256 p. et 1 f. de privilége.

Remarqués sur l'abus des purgatifs et des amers au commencement et à la fin des maladies... (Par Phil. HECQUET.) *Paris, Cavelier,* 1729, in-12.

Remarques sur l' «Almanach des Muses de Lyon et du midi de la France, pour l'année 1822. » (Par Et. SAINTE-MARIE.) *Lyon, Kindelem,* 1822, in-8, 24 p.

Remarques sur l'architecture des anciens, par WINCKELMANN; traduites de l'allemand (par H. JANSEN). *Paris, Barrois* aîné, 1783, in-8.

Remarques sur l'enseignement simultané de la prononciation, de l'orthographe et de la lecture des mots français. *A Paris,* 1811, in-8, XVI et 295 p.

Sans nom d'imprimeur. Le nom de l'auteur PAIN *se trouve dans les pièces qui sont à la fin du volume.*

Remarques sur l' « Essai général de tactique » de Guibert. Pour servir de suite aux commentaires et remarques sur Turpin, César et autres auteurs militaires, anciens et modernes: par le G. de W....y (Ch.-Emm. DE WARNERY). *Varsovie,* 1782, in-8, 216 p.

On trouve quelques observations sur les ouvrages du général-major de Warnery dans « Journal extraordinaire en un seul volume, ou extraits de quelques ouvrages assez intéressans, les uns philosophiques, les autres militaires ». Genève, 1784, in-8, VIe extrait, p. 99 et suiv. A. L.

Remarques sur l'état des Provinces-Unies des Pays-Bas, par le chevalier TEMPLE, traduites de l'anglois (par A. LE VASSEUR). *La Haye, Steucker,* 1674, in-8.

Le nom du traducteur se lit dans le privilége du roi de l'édition de Paris, 1670, in-12. L'ouvrage anglais : « Observations upon the United Provinces of the Netherlands », London, 1673, a été plusieurs fois réimprimé.

Remarques sur l'état présent de l'Angleterre, faites par un voyageur inconnu dans les années 1713 et 1714. (Par G.-L. LESAGE.) *Amsterdam, Frish et Bohm,* 1715, in-12.

Remarques sur l' « Histoire de Charles XII » de Voltaire. (Par Joachim-Christophe NEMEITZ.) *Francfort,* 1738, in-8.

Remarques sur l'instruction de M. d'Aubenton pour les bergers et pour les propriétaires de troupeaux. (Par L. IDELOT, publiées et rédigées par Cl. CARLIER.) 1785, in-8.

Remarques sur l'instruction des enfants illustres qui sont destinés au gouvernement. (Par CRUSEN.) *Helmstadt,* 1731, in-8. V. T.

Remarques sur la «Bibliothèque des auteurs ecclésiastiques » de M. Dupin, par un bénédictin de Saint-Vanne (dom Mathieu PETIT-DIDIER). *Paris, Daniel Hortemels,* 1691 et ann. suiv., 3 vol. in-8.

Remarques sur la cavalerie. Par Mr. de W. (Ch.-Emm. DE WARNERY), général-major. *Lublin,* 1781, in-8, 4 ff. lim. et 278 p.

Remarques sur la conduite du sieur Mesmer, de son commis, le P. Hervier, et de ses autres adhérents, où l'on tâche de venger la médecine de leurs outrages. A Messieurs ***. Par M. J. D. F. D. M. (Julien DUFAU, docteur en médecine), de plusieurs Académies. *S. l.* (1784), in-8, 30 p.

Remarques sur la culture et le commerce intérieur du Bengale ; traduit de l'anglais de M. COLEBROOK, par M. R*** (ROUL), officier du génie. *Nantes, impr. Mellinet-Malassis,* 1819, in-8.

Remarques sur la langue française. (Par M. DE TRIVIO, président au Parlement de Grenoble.) *Vienne,* 1821, in-12.

Remarques sur la langue françoise, à l'usage de la Lorraine, par monsieur *** (l'abbé DUBOIS DE LAUNAY, ex-jésuite de Nancy). *Paris, libraires associés (Nancy),* 1775, in-12.

Remarques (les) sur la langue françoise, pour parler à la mode et selon l'air du temps. (Par. J. DE VUEPY.) *Pont-à-Mousson,* 1634, in-8.

Remarques sur la langue françoise, utiles à ceux qui veulent bien parler et bien escrire. *Paris, Veuve J. Camuset,* 1647, in-4.

La dédicace est signée : C. F. D. V. (Claude FAVRE DE VAUGELAB). Souvent réimprimées avec le nom de l'auteur.

Remarques sur la langue russienne et sur son alphabet, avec des pièces relatives à la connaissance de cette langue. (Par Erofée Karjavine.) Publiées et augmentées (d'un précis historique sur l'introduction des lettres en Russie, etc., etc.) par Pheodore Karjavine. *Saint-Pétersbourg*, 1791, in-8, 109 ff. non paginés.

Théodore ou Pheodore Karjavine dit, dans son avis, que l'ouvrage a été écrit à Paris, par son oncle Erofée Karjavine, en 1755, à la sollicitation de MM. Delisle, Buache et Barbeau, mais qu'il ne fut pas imprimé faute de caractères russes ou slavons dans les imprimeries de Paris. On trouve à la fin du travail d'Erofée l'approbation de de Guignes et de Burigny. Outre les additions de Pheodore Karjavine, on trouve dans le volume « Mémoire d'observations sur quelques lettres russiennes à rendre exactement en françois, présenté à l'Académie françoise par le professeur d'histoire et de politique J.-L. Barbeau de La Bruyère d'Elvar (*sic*), en mars 1762, revu et corrigé par l'éditeur en 1789 ».

T. Karjavine aurait dû nous faire connaître l'imprimeur qui lui donna de si singulières raisons pour ne pas paginer son livre ; voy. la dernière page.   A. L.

Remarques sur la lettre adressée à l'auteur du « Journal des beaux-arts et sciences » au sujet des « Observations sur la nouvelle collection des procès-verbaux du clergé. » (Par l'abbé M.-A. de Villiers.) *S. l.* (mars 1770), in-4, 8 p.

Remarques sur la lettre-circulaire de M. Charrier de La Roche, en date du 18 mai 1791. (Par l'abbé Guillaume-André-René Baston.) (*Rouen*, 1791), in-8.
            D. M.

Remarques sur la lettre du R. P. de Waudripont... du 17 juillet 1691... touchant l'affaire de Douay... (Par Ant. Arnauld.) *S. l.*, 1692, in-4, 80 p. — *S. l.*, 1692, in-12, 142 p.

Remarques sur la lettre pastorale de M. l'archevêque de Paris aux nouveaux réunis de son diocèse, avec une préface. (Par Jean Tronchin du Breuil.) *Amsterdam* (*Paris*), 1700, in-12.

Remarques sur la prononciation et sur l'orthographe. (Par de Granval.) *Paris*, 1757, in-12.

N'est pas cité par Firmin Didot dans ses « Observations sur l'orthographe », 2e édit., 1868, in-8.

Remarques sur la reddition de Dunkerque entre les mains des Anglois. (Par Hugues de Lionne.) *Paris, imp. de S. Cramoisy*, 1658, in-4, 20 p. — *S. l. n. d.*, in-4.

Remarques sur la réponse du marquis de... à l'Orfévre sur sa « Pierre de touche ». (Par Fr. Dumont.) *Landreci*, 1713, in-12.

a   Remarques sur la requeste présentée au roy par Monseigneur l'archevesque d'Ambrun contre la traduction du Nouveau Testament imprimée à Mons. (Par Pierre Nicole.) *S. l.* (1668), in-4, 71 p.

Remarques sur la rétractation de Pierre Jarrige, ré-jésuitisé. (Par Ezéchiel Daunois, Compiénois, ministre du saint Evangile.) *Leyde, Fr. Mayaert*, 1651, in-12.

b   Remarques sur la situation de la France au 1er mai 1815. (Par le général L.-C.-A.-A. Morand.) *Paris, Lenormant*, 1815, in-8, 1 f. de tit. et 34 p.

Remarques sur la théologie du P. Gaspard Juénin, par un docteur en théologie. (Par Jean-Joseph Petit-Didier, jésuite.) *Nancy, Charlot*, 1708, in-12.

c   Remarques sur la traduction de Virgile de M. l'abbé Desfontaines. (Par J.-B. Gibert.) (1745), in-8, 16 p.

Remarques sur la traduction du Nouveau Testament publiée par M. Huré, par M*** (Claude Le Pelletier). *Lyon*, 1715, in-12.

Remarques sur la tragédie de Sophonisbe de M. Corneille, envoyées à madame la duchesse de R**. Par M. L. D. (l'abbé d'Aubignac). *Paris, C. de Sercy*, 1663, in-12, 36 p.

d   Remarques sur le dernier supplément du grand Dictionnaire historique et géographique imprimé à Paris en 1735. (Par Rocques, ministre français à Bâle.) *S. l. n. d.* (1737), in-fol., 7 p.

Remarques sur le Dodoneus de M. Van Meerbeek. (Par Félix-Victor Goethals.) *S. l. n. d.*, in-8, 84 p.   J. D.

e   Remarques sur le formulaire du Serment de foi qui se trouve dans le procès-verbal du clergé. (Par Pierre Nicole.) *Paris*, 1660, in-4, 14 p.

Remarques sur le gouvernement du royaume durant les règnes de Henri IV... de Louis XIII... et de Louis XIV... (Par Gatien Sandras de Courtilz.) *Cologne, Marteau*, 1688, in-12. Douteux.

f   Remarques sur le livre d'un protestant (le ministre Claude), intitulé : « Considérations sur les lettres-circulaires de l'assemblée du clergé de France, de l'année 1682 »... (Par J.-B. d'Antecourt, chanoine régulier.) *Paris, A. Dezallier*, 1683, in-12.

Remarques sur le militaire des Turcs et sur la façon de les combattre. (Par Ch.-

Emm. DE WARNERY.) *Leipsick et Dresde*, *M. Groell*, 1770, in-8. — Nouv. édit., augmentée de remarques sur le militaire des Russes, etc. *Korn*, 1771, in-8, avec le nom de l'auteur.

Remarques sur le patois (de l'arrondissement de Douai), suivies du vocabulaire latin-français de Guillaume BRITON (XIVe siècle), par E.-A. E... (ESCALLIER). *Douai, Adam Daubers*, 1851, in-8, 735 p. D. M.

Cette curieuse publication contient d'ingénieuses recherches sur le patois de Douai et des conjectures fort heureuses sur l'origine de certaines locutions. Le vocabulaire de Briton est plein d'intérêt pour l'histoire de notre ancienne langue.

(Note manuscrite de Gratet-Duplessis, placée sur un exemplaire de cet ouvrage lui ayant appartenu.)

Réimprimées avec le nom de l'auteur. *Douai, Wartelle*, 1856, gr. in-8.

Remarques sur le *Poggiana* de Lenfant. (Par Bern. DE LA MONNOYE.) *Paris*, 1722, in-12.

Lenfant a répondu dans la « Bibliothèque germanique », t. IV, p. 70 et suiv. Il passe condamnation sur plusieurs articles. Voy. le *Ducatiana*, t. I, p. 69.

On trouve encore dans la « Bibliothèque germanique », t. I, et dans le « Choix des Mercures », t. LIII, p. 166, une lettre de Lenfant à La Motte-Houdart sur Lucius-Colutius Salutatus de Stignano, pour servir de supplément au *Poggiana*.

Remarques sur le système gallican ou sur les articles de la Déclaration du clergé de France, assemblé en 1682, par R. P. S. (H.-J. SCLAIN, curé primaire de Seraing [Liége]). *Mons, Liége*, 1803, in-12, 227 p.

Remarques sur le « Traité de l'usure et des intérêts » (voy. ces mots) (1769), avec l'analyse des « Réflexions sur le prêt de commerce » (1771), pour servir de supplément à la « Dissertation théologique sur l'usure » (1767). (Par le P. Pierre LE COQ, général des Eudistes.) *Amsterdam, Compagnie*, 1775, in-12.

Remarques sur le voyage que Mgr de Louvois, ministre et secrétaire d'Etat, a fait au comté de Bourgogne en 1679. (Attribuées à Charles-Achille MOUCHET BALTEFORT, comte DE LAUBESPINE.) In-12.

Remarques sur les « Anecdotes » de Mme la comtesse du Barri, par Sara G... (Sara GOUDAR). *Londres*, 1777, in-12.

Voy. « Anecdotes sur Mme la comtesse du Barri », IV, 188, c.

Remarques sur les circonstances de la guerre, telles qu'elles paroissent être dans la quatrième semaine du mois d'octobre.

(Traduct. de l'anglois de lord W.-E. AUCKLAND.) *Londres*, 1795, in-8.

Justification de l'expédition de Quiberon ; l'original anglais n'est pas anonyme. A. L.

Remarques sur les « Mémoires de l'Académie de chirurgie »... (Par C.-N. LECAT.) *Amsterdam*, 1745, in-12. V. T.

Remarques sur les nouvelles « Réflexions » touchant la poétique. (Par le P. Fr. VAVASSEUR.) *Paris, L. Billaine*, 1775, in-12, 1 f. de tit. et 141 p.

Voy. ci-dessus, col. 154, e.

Remarques sur les Observations de M. Lebeuf, au sujet des peuples diablintes et de leur pays, particulièrement par rapport à l'histoire de la ville de Mayenne. (Par l'abbé J.-B. GUYARD DE LA FOSSE.) *Paris, Mouchet*, 1740, in-12.

Remarques sur les ouvrages du Salon. *Paris, Knapen fils*, 1789, in-8, 14 p. — Supplément aux « Remarques... » *Paris, Knapen fils*, in-8, 4 p.

Le titre de départ porte : Par le C. D. M. M., de plusieurs Académies, etc. (le comte DE MENDE-MAUPAS).

Remarques sur les principales difficultez que les estrangers ont en la langue françoise, avec un recueil alphabétique de plusieurs mots choisis pour leur faciliter l'orthographe et la prononciation, qui peut servir de dictionnaire. *Paris, Est. Loyson*, 1672, in-12, 6 ff. prélim. n. chiff. et 382 p.

Le nom de l'auteur, Alcide DE SAINT-MAURICE, se trouve dans le privilége, daté du 23 mai 1672 et qui occupe un f. non chiffré. En 1673, les exemplaires non vendus reçurent un nouveau titre d'où l'on fit disparaître ce qui s'appliquait aux étrangers, et l'ancienne préface de 7 pages fut réduite à 2.

Remarques (de D'HUISSEAU) sur les « Remarques » faites depuis peu (par de La Bastide) sur le livre intitulé : « la Réunion du christianisme », etc. 1670, in-12, 73 p.

Cette réponse fit perdre à d'Huisseau son ministère et sa chaire. Voy. ci-après, col. 260, a.

Remarques sur les Tusculanes de Cicéron, avec une dissertation sur Sardanapale, dernier roy d'Assyrie. (Par le président J. BOUHIER.) *Paris, Gandouin*, 1737, in-12.

Remarques sur plusieurs auteurs militaires et autres, par le G. DE W. (le général Ch.-Emm. DE WARNERY). *Lublin, Staroludzki*, in-8.

Remarques sur plusieurs branches de commerce et de navigation. (Par O'Heguerty, comte de Magnières.) 1757, 1764, 2 vol. in-12.

Je tire ce renseignement du Catalogue de la Bibliothèque royale de Nancy, où se trouvent les deux éditions de l'ouvrage, *ex dono domini d'Heguerty auctoris*, suivant la note de M. Marquet, rédacteur de ce Catalogue. C'est donc à tort que la « France littéraire » de 1769 attribue ces « Remarques » à Ch. de Peyssonnel le père.

L'auteur O'Heguerty, comte de Magnières, d'origine irlandaise, devenu directeur général du commerce, président du conseil supérieur et gouverneur de l'île Bourbon, avait francisé son nom en d'Heguerty.

Remarques sur quelques articles de l'« Essai de tactique » (du comte de Guibert, par de Silva). *Turin, frères Reycend*, 1773, in-8, 172 p.

Remarques sur quelques articles du 1er vol. d'un nouveau Dictionnaire géographique, par J. E. H. (Humbert). *Leyde*, 1821, in-8.

Remarques sur quelques points d'un écrit intitulé : « Réflexions d'un Polonois sur le duché de Courlande ». (Par C. von Mannteufel-Szoge.) *S. l.* (1789), in-8.
A. L.

Remarques sur quelques tableaux historiques et sur les circonstances qui ont amené la destruction des uns et le déplacement des autres. (Par C.-J. Nieuwenhuys.) *Bruxelles, Mertens, s. d.*, in-8, 26 p.
J. D.

Remarques sur un écrit intitulé : « Compte rendu des constitutions des Jésuites », par M. Louis-René de Caradeuc de La Chalotais. (Par le P. Henri Griffet.) *S. l.* (1762), in-12.

Ces « Remarques » ont été condamnées par le Parlement de Paris le 22 avril 1762, par celui de Bretagne le 27 avril et par celui de Rouen le 6 mai 1762. Un anonyme a publié : « Lettre de M. de *** à M. de *** au sujet des « Remarques... » *S. l. n. d.*, in-12, 99 p.

Remarques sur un écrit posthume de Peuchet intitulé : « Recherches pour l'exhumation du corps de Louis XVII ». (Par J. Eckard.) *Paris, Delaunay*, 1835, in-8, 24 p.

Tirées à 100 exemplaires.

Remarques sur un livre (de Voltaire) intitulé : « Dictionnaire portatif », par un membre de la Société pour la propagation de la doctrine chrétienne. (Attribuées à A. Dubon, professeur à Lausanne.) *Lausanne*, 1765, in-8.

Biblioth. Hagana., t. II, p. 652. (Article de M. Boissonade.)

Remarques (par Marc-Ant. de La Bastide) sur un livre intitulé : « la Réunion du christianisme, ou la manière de rejoindre tous les chrétiens sous une seule confession de foy », imprimé à Saumur, chez René Péan. *S. l.*, 1670, in-12, 70 p.

Remarques sur un livre intitulé : « Observations sur l'architecture », de M. l'abbé Laugier. Par M. G...... (C.-A. Guillaumot), architecte. *Paris, de Hansy le jeune*, 1768, in-8, 80 p.

Remarques sur un nouveau système de fortifications, proposé par le comte de Saxe dans ses « Mémoires sur l'art de la guerre ». (Par Horst.) *La Haye, P. Gosse*, 1757, in-8, 1 f. de tit., VIII-73 p.

Remarques sur un ouvrage (de Raoul Rochette) intitulé : « Antiquités grecques du Bosphore Cimmérien ». (Par Henri-Charles-Ernest de Koehler.) *Saint-Pétersbourg*, 1823, in-8, 148 p.

Remarques sur une critique de l' « Histoire des Provinces-Unies » insérée dans le « Monthly Review ». (Par A.-M. Cerisier.) *Amsterdam*, 1778, in-12.

Remarques sur une lettre de M. Spon, contenant les raisons qui font prendre aux protestans la religion catholique pour nouvelle et la leur pour ancienne. (Par Ant. Arnauld.) *Anvers*, 1681, in-12.

Remarques sur une thèse soutenue en Sorbonne, le samedi 30 octobre 1751, par M. l'abbé de Loménie de Brienne, présidée par M. Buret, professeur royal en théologie. (Par l'abbé Claude Mey.) *S. l. n. d.*, in-12, 29 p.

Remarques sur Virgile et sur Homère, et sur le stile poétique de l'Ecriture sainte..... (Par l'abbé P.-V. Faydit.) *Paris, Jean et Pierre Cot*, 1705, in-12, 9 ff., 606 p. et 19 ff.

Le privilége est au nom de l'auteur.

Remarques théologiques et critiques sur l' « Histoire du peuple de Dieu depuis la naissance du Messie », etc., par le P. Berruyer. (Par l'abbé Henri Montignot, chanoine de Toul.) *Aléthopolis (Toul)*, 1755, in-12.

L'abbé de Montignot était de l'Académie de Nancy, dont les jésuites ont tenté inutilement de le faire exclure, à cause de ce livre. (*Catal. de Goujet.*)

Remarques véritables et très-remarquables sur les « Audiences de Thalie ou Molière à la nouvelle salle » (comédie de La Harpe), avec une Défense des femmes et des réflexions sur les spectacles, par une femme qui se fait gloire d'être le chevalier de son sexe, si son esprit n'a pas l'avantage d'en être l'ornement. (Par le chevalier C.-G.-L.-A.-A.-T. d'EON DE BÉAUMONT.) *Bruxelles, Boubert,* 1782, in-8.

Remboursement (du) de la dette, de l'agriculture, du commerce et des arts. (Par VIRLET.) *Paris, Ponthieu,* 1824, in-8.

Remboursement des rentes 5 pour 100, 4 1/2 et 4 pour 100. (Par Léon FAUCHER.) *Paris,* 1850, in-8, 24 p.

Remboursement (du) et de l'Amortissement. (Par le marquis DE LA GERVAISAIS.) *Paris, Pihan Delaforest,* 1830, in-8, 39 p.

Remboursement (du), ou de la réduction de l'intérêt de la dette 5 pour 100. (Par le duc DE VALENTINOIS.) *Paris, impr. de Terzuolo,* janvier 1838, in-8, 15 p.

Remède (le) anglois (de Talbot) pour la guérison des fièvres, publié par ordre du roi, avec les observations de M. le premier médecin de Sa Majesté (DAQUIN) sur la composition, les vertus et l'usage de ce remède. Par Nicolas DE BLÉGNY... *Paris, chez l'auteur,* 1682, in-12.

Remède (le) contre l'amour, poëme en quatre chants, dédié aux dames aimables. (Par J.-Fr. CAILHAVA-D'ESTENDOUX.) *S. l.,* 1762, in-8, 28 p.

Remède contre le choléra, de M. DEF... (DEFONTAINE), curé doyen de Valenciennes..... *Verdun, imp. de Lallemand,* 1854, in-18, 4 p. — *Bar, imp. de Laguerre, s. d.,* in-8, 2 p.

Remède tres utile contre fievre pestilencieuse et autre maniere de epydemie, approuvé par plusieurs docteurs en medecine. (Par KAMINTUS.) *S.l.n.d.,* in-4, 6 ff. — *Paris, Brière, s. d.,* in-8, 8 ff.

Les différentes éditions de l'original latin portent le nom de l'auteur.

Remède unique aux maux de l'Eglise et de l'Etat, par un curé de campagne. (Par l'abbé JACQUEMONT, curé de Saint-Médard, dans le Forez; publié par Louis SILVY.) *Paris, Egron,* 1816, in-12, 64 p.

Cet opuscule a eu quatre éditions.

Remèdes (les) charitables de Mme Fouquet (et de DELESCURE, médecin à Agde). *Lyon, J. Certe,* 1681, in-12. D. M.

Plusieurs fois réimprimés.

Remedes choisis de l'herboriste d'Atti-

gna (Ant. GOLLETI)... *Lyon, Thioly,* 1695, 3 vol. in-12.

Remèdes contre la peste. (Par Adrien HELVÉTIUS, publiés par J.-Cl.-Adrien HELVÉTIUS, son fils.) *Paris, Le Mercier,* 1721, in-12, 109 p.

Remedes contre le mal reiglé mespris, l'oubliance et la trop grande apprehension de la mort, cueillis au jardin de la vie. (Par L. TRECLAT, Fr. LANSBERGUE, D. TOUSSAIN, G. PERKINS.) *S. l. (Genève), pour Jacques Chouet,* 1604, in-12.

Remèdes des pauvres. Cures extraordinaires; relations des cures extraordinaires et surprenantes faites par les remèdes des pauvres dans les terres de Mgr le duc de Montausier... (Par SAGOT.) *S. l. n. d.,* in-4, 8 p.

Remercîment à l'auteur de l' « Année littéraire », de la part de l'éditeur des « Lettres du pape Ganganelli » (L.-A. CARACCIOLI). *Londres et Paris, Monory,* 1777, in-12, 80 p.

Remercîment à l'auteur de l' « Avis aux gens de lettres ». (Par Robert ESTIENNE, libraire.) *Bouillon (Paris),* 1770, in-8, 16 p.

Voy. « Avis aux gens de lettres », IV, 361, *e.*

Remerciement à messire Michel Le Masle, conseiller du roi en ses conseils d'Etat et privé... au nom de la Faculté de médecine de Paris, par l'un de ses docteurs (R. MOREAU), pour le rétablissement de leurs écoles. *S. l.,* 1643, in-4, 34 p.

Remerciement au roy. (Par Pierre CORNEILLE.) *Paris,* 1663, in-4, 4 p.

Edition originale du remerciement que Corneille adressa à Louis XIV ; il avait été compris pour une pension annuelle de 2000 livres sur la liste des soixante-deux savants européens auxquels des gratifications étaient accordées. Cette pièce a été réimprimée en 1666, 1667 et 1669, à la suite du poëme sur les victoires du roi ; voir l'édition des Œuvres de P. Corneille, publiées dans la collection des « Grands Ecrivains de la France », t. X, p. 175.

Remerciement au roy. (Par J.-B. P. MOLIÈRE.) *Paris, Guill. de Luyne et G. Quinet,* 1663, in-4, 7 p.

Remercîment au roi sur la délivrance de M. le Prince. *Paris, F. Jacquin,* 1619, in-8, 23 p.

Signé : I. D. (Jean DAULTRUY), docteur de la Faculté de Paris et professeur des saintes lettres aux escholes de Sorbonne.

Réimprimé la même année avec le nom de l'auteur. *Paris, F. Jacquin*, 1619, in-8, 22 p.

Remerciment de Candide à M. de Voltaire. (Par Louis-Olivier DE MARCONNAY.) *Halle, et se trouve à Amsterdam, J.-H. Schneider*, 1760, in-8, 30 p.

Remerciment (le) des Bovrdelois au roy sur le sujet de la paix. (Par FONTENEIL.) *Iouxte la copie imprimée à Bourdeaux par I. Millanges*, 1650, in-4, 8 p. — *Paris, N. Bessin*, 1650, in-4, 8 p.

Remerciment des habitants de la ville de Paris à Sa Majesté au sujet de l'achèvement du Louvre. (Par LAFONT DE SAINT-YENNE.) *S. l.*, 1749, in-8, 16 p.

Remerciment (le) et la Harangue des païsans de Sarcelles à Mgr de Vintimille, leur archevêque, avec les réflexions des mêmes païsans sur l'arrêt du Parlement d'Aix (rendu en faveur du P. Girard) et le Brevet de Momus pour douze juges du même Parlement. (Par J.-N. JOUIN DE SAUSEUIL.) *Sarcelles, aux dépens de la Société, chez Claude Fétu*, 1731, in-12, 56 p.

Remerciment fait à Mgr le Coadjuteur par une demoyselle parisienne (Élisabeth FALÈRE). *Paris, veuve Pépingué*, 1649, in-4.

Remerciment sincère à un homme charitable. (Par VOLTAIRE.) *Amsterdam (sic), chez Le Vray*, 10 mai 1750, in-12, 15 p.

Remerciment sincère au R. P. C., qui s'est donné la peine d'examiner les observations sur un ouvrage intitulé : « Cas de conscience», etc. (Par RIVIÈRE DE COLOMBIERS.) *Rotterdam et Paris*, 1768, in-18.

Voy. « Lettre à l'auteur des observations... », V, 1087, a.

Réminiscences d'Horace WALPOLE. (Traduites de l'anglais par DELATTRE.) *Paris, Mongie*, 1826, in-12, 1 f. de titre, XLVIII-208 p.   D. M.

Réminiscences par l'auteur de « la Fiancée de Messine » (J.-G.-J. ROENTGEN). *Paris*, 1843, in-12, 20 p.

Remonstrance à la reine mere du roy, par ceux qui sont persecutez pour la parole de Dieu... (Par Aug. MARLORAT.) *S. l.*, 1561, in-8.

Remonstrance à madame Bourcier, touchant son apologie, contre le rapport que es médecins ont faict, de ce qui a causé la mort déplorable de Madame. *Paris, I. Jacquin*, 1627, in-8, 15 p.

« Par Charl. GUILLEMEAU, M. ordre du Roy et des pairs », d'après une note manuscrite contemporaine.

Remonstrance à MM. de la religion prétendue réformée, sur les plaintes par eux faites à M. le Garde des Sceaux, par L. R. P. A. D. (le R. P. Ange DE RACONIS). *Paris, I. Mesnier*, 1620, in-8, 16 p. — *Lyon, jouxte la copie imp. à Paris*, in-8.

Le nom de l'auteur se trouve dans le privilége.

Remonstrance à Mgr l'archevêque de Reims (Charles-Maurice Le Tellier) sur son ordonnance du 15 de juillet 1697, à l'occasion des deux thèses de théologie soutenues, dans le collège des Jésuites de la même ville, les 5 et 17 de déc. 1696. (Par le P. Gabriel DANIEL.) *S. l. n. d.*, in-4, 24 p. — *S. l. n. d.*, in-8, 23 p. — *Id.*, 30 p. — *S. l. n. d.*, in-12, 39 p.

Remonstrance à Monsieur par un François de qualité. (Attribuée au cardinal DE RICHELIEU.) *S. l.*, 1631, in-8, 44 p.

Remonstrance au conseil de surveillance de la censure. (Par DE LA GERVAISAIS.) *Paris, Pihan-Delaforest*, 1827, in-8, 18 p.

Remonstrance au peuple. (Par l'abbé Guillaume-André-René BASTON.) (*Rouen*, 14 juillet 1791), in-8, 16 p.   D. M.

Remonstrance au peuple françoys, sur la diversité des vices qui règnent en ce temps, avec le remède d'iceux. P. F. B. I. (Par Clément MARCHANT.) *S. l.*, 1586, in-8. — *S. l. n.*, in-8. — *S. l.*, 1587, in-8.

Avait déjà paru en 1576 et réimprimée en 1588, avec le nom de l'auteur.

Remonstrance au peuple, suivant les édits et ordonnances des roys, à cause du luxe et superfluité des soyes, clinquants en habits, ruine générale. Faite par B. D. L. (Barthélemy DE LAFFEMAS.) *Paris, par N. Barbote*, 1601, in-8, 16 p.

Le nom de l'auteur se trouve dans le privilége.

Remonstrance au Roy très-chrestien Henry III... sur le faict de deux édicts de Sa Maiesté donnez à Lyon... touchant la nécessité de paix et moyens de la faire. (Par Innocent GENTILLET.) *Francfort*, 1574, in-8. — *Aygenstein, par G. Jason*, in-8.

Remonstrance aux habitans de Marseille, servant d'instruction salutaire aux François, qu'il n'y a rien de meilleur et plus profitable que de se conserver souz l'obeyssance de leurs Roys naturels : faicte le vingt-troisiesme iour de decembre 1596. (Par Guillaume DU VAIR.) *Lyon, T. Soubron,* 1597, in-8, 28 p.

Réimprimée sous les titres suivants :

Remontrance faite aux habitants de Marseille, par G. D. V., 1596. *Paris, par D. Salis,* 1597, in-8, 27 p.

Remonstrance aux habitants de Marseille... Faite par M. DU VER... le XXII de fevrier mil cinq cents quatre vingts dix sept. *Rouen, R. du Petit-Val,* 1597, in-8, 20 p.

Remontrance aux Pères Jésuites, touchant un libelle qu'ils ont fait courir dans Paris sous ce faux titre : « le Manifeste de la véritable doctrine des jansénistes, telle qu'on la doit exposer au peuple, composé par l'assemblée du P. R.» (Par Ant. ARNAULD.) *Paris,* 1651, in-4, 50 p.

Remontrance aux peuples de Flandres, avec les droicts du Roi sur leurs provinces. (Par Charles SOREL.) *Paris, N. de Sercy,* 1642, in-8, 1 f. de tit., 4 p. d'avertissement, texte paginé 175 à 349 et 1 f. de priv.

Fait suite à la « Défense des Catalans.... » Voy. IV, 860, d.

Le nom de l'auteur se trouve dans le privilége.

Remontrance aux princes françoys de ne faire poinct la paix avec les mutins et rebelles. A Monseigneur le duc d'Aumale. (Traduit de latin de LÉGER DU CHESNE, par Franç. DE BELLEFOREST.) *S. l.,* 1587, in-8, 8 ff. — *Faict jouxte la forme et exemplaire imp. à Paris par Denys du Pré,* 1587, in-8, 12 ff. — *Lyon, Michel Jove,* 1587, in-8, 8 ff.

La dédicace de la première édition est signée F. D. B. Dans les deux autres, ces initiales sont remplacées par le nom du traducteur.

Remonstrance aux trois Estats de la France et à tous les peuples chrétiens pour délivrer le pauvre et les orphelins. — Accusation des juges présentée au Roy par quatre fois. — Accusation contre le chancelier Brisson et La Guesle... — Remonstrance au roy sur l'accusation qui lui a esté présentée, laquelle il n'a onc voulu ouyr... In-8.

L'auteur de ce recueil satirique, François LE BRETON, fut pendu dans la cour du Palais, le 22 nov. 1586. Le-ber a donné l'histoire de Le Breton, p. 62 et suiv., « de l'Etat de la presse depuis François Ier ».

Ce recueil de pièces n'a pas d'autre titre que trois versets des ps. 11, 139 et 9, et dont le premier est : « Levez-vous, Monseigneur mon Dieu, ne mettez en oubli les pauvres. » Ps. 9. Voy. V., 1307, b.

Remontrance charitable aux dames et damoiselles de France sur leurs ornements dissolus..., par F. A. E. M. (Frère Ant. Es-

TIENNE, minime). *Paris, Nivelle,* 1585, in-8. — Réimpression textuelle. *Genève, J. Gay et fils,* 1867, in-12.

Remontrance chrétienne à l'auteur de la traduction des Homélies de saint Chrysostome, à l'occasion de l'avertissement qu'il a donné au public touchant quelques fautes de sa traduction. (Par le P. Barth. GERMON, d'Orléans, jésuite.) *S. l.,* 1693, in-12, 18 p.

Remontrance de l'Église gallicane à notre Très-Saint-Père le Pape Urbain VIII, traduite de latin en françois, par P. L. C. (P. LE COMTE). *Paris,* 1625, in-8, 40 p.

Remontrance de la nécessité de rétablir les Universitez pour le restablissement de l'Estat, et des moyens de ce faire. (Par G. MARAN, de Tholose.) *Paris, Gilles Blaisot,* 1615, in-8.

Remontrance du fidelle apothiquaire à des confrères. *Paris, L. Voysin, s. d.* (1624), in-8, 14 p.

Attribuée à Philibert GUYBERT, auteur du « Médecin charitable ».

Remontrance envoyée au Roy par la noblesse de la religion réformée du païs et comté du Maine, sur les assassinats, pilleries, saccagements de maisons, séditions, violements de femmes et autres excès horribles commis depuis la publication de l'édit de pacification dedans ledit comté : et présentée à Sa Majesté à Rossillon le Xe iour d'aoust 1564. *S. l.,* 1564, in-8.

Rédigée par Gervais LEBARBIER, sieur DE FRANCOURT, d'après M. Hauréau, « Histoire littéraire du Maine », 2e éd., tome VII.

Remontrance et Advertissement à la noblesse, tant du parti du Roy que des rebelles. (Par Jean DU TILLET.) *Paris, A. Remy,* 1585, in-8, 16 ff. non chiffrés.

Même ouvrage que « Avertissement à la noblesse.... » Voy. IV, 348, a.

Remontrance faite au roi et à nosseigneurs de son conseil par la ville de Clermont. (Par J. SAVARON.) *S. l. n. d.,* in-8, 13 p.

Remontrance faite aux habitans de Marseille...

Voy. « Remonstrance aux habitans... », col. 264, f.

Remontrance faite le 5 novembre 1780, au sujet de la représentation du 20 octobre 1780. (Par DU ROVERAY.) *Genéve,* 1780, in-8.

Remontrance faite le 11 décembre 1780, sur une représentation verbale à lui adressée le 1er décembre, et incidemment sur celle du 23 nov. précédent. (Par DU ROVERAY.) *Genève*, 1780, in-8.

C'est pour cette *Remontrance* que l'auteur fut destitué de tous ses emplois.

Remonstrance ou Advertissement à la noblesse.

Voy. « Advertissement à la noblesse... », IV, 348, *a*.

Remonstrance pour le Roy à tous ses subiects qui ont pris les armes, par I. D. L. T. D. B. (Jean DE LA TAILLE DE BONDAROY), escuyer. *Paris, Morel*, 1562, in-8, 8 p.

Remonstrance sur la prinse de Calais et Guine, faicte premièrement en vers latins par un excellent personnage, et depuis mise en françois par un des poetes de ce temps (Michel DE L'HOPITAL). *Paris, imp. de F. Morel*, 1558, in-4, 4 ff.

Remontrance tres-humble faite au serenissime prince Charles II.... sur la conjonction présente des affaires de Sa Majesté. (Par Rob. MENTET DE SALMONET.) *Paris, A. Vitré*, 1652, in-fol., 1 f. de tit. et 72 p.

Le nom de l'auteur se trouve dans l'approbation de J. F. P. de Gondy, coadjuteur de l'archevêque de Paris.

Remontrances à un journaliste, sur la manière d'envisager les querelles politiques qui agitent la France, par un ami de tout le monde et de la vérité. (Par A.-J.-M. SERVAN.) *S. l.*, 1790, in-8, 29 p.

Remontrances au gouvernement français, sur la nécessité et les avantages d'une religion nationale. (Par le P. Bern. LAMBERT.) *Paris, Le Clerc*, 1800, in-8.

Cet ouvrage n'est, en grande partie, qu'une répétition de celui du même auteur qui a pour titre : « Apologie de la religion ». Voy. IV, 239, *f*.

Remonstrances au Roy des députez des trois Estats de son duché de Bourgoigne sur l'édict de la pacification, par où se monstre qu'en un Royaume deux religions ne se peuvent soutenir, et les maulx qui ordinairement adviennent aux Roys et provinces où les hérétiques sont permis et tolerez. (Par J.-B. Agneau BÉGAT, président au Parlement de Bourgogne.) *Anvers, G. Silvius*, in-4, 16 ff. — *Ibid., F. Helman*, in-8.

Cette pièce ayant été imprimée à l'insu de l'auteur

et avec beaucoup de fautes, il la corrigea, mit en marge la citation des passages, et elle reparut chez Silvius sous ce titre :

Remonstrances faites au Roy de France par les députez des trois Estats du duché... Reveu, corrigé et amplifié sur meilleur exemplaire, avec annotation et citation des passages en marge. *Anvers, G. Silvius*, 1564, in-8, deux éditions. — Autre édit. *Toulouse, Colomiès*, 1565.

Cet écrit fut traduit en latin, sous ce titre :

Responsum conventus trium ordinum ducatus Burgundiae, de edicto pacis nuper in causa religionis factae, ad... Galliarum regem Carolum nonum, anno 1563. *Cracoviae*, 1564, in-8.

Remonstrances aux catholiques de tous les Estats de France, pour entrer en l'association de la Ligue. (Par Louis D'ORLÉANS.) *S. l.*, 1586, in-8, 23 ff.

Remonstrances chrétiennes aux Pères de l'Oratoire de la maison de Paris sur la prétendue réconciliation touchant la doctrine avec les Jésuites, par un ecclésiastique de leurs amis (Jean COURTOT). 1653, in-4.

Remonstrances des comédiens françois au roi. Par M. M*** (Jean-Henri MARCHAND). 1753, in-12.

Remonstrances des malades aux médecins de la Faculté de Paris. (Par J.-F. FOURNEL, bâtonnier du barreau de Paris en 1816.) *Amsterdam*, 1784, in-8, 103 p.

Remonstrances, Discours et Arrêt interlocutoire du Conseil privé du roi. Pour la réformation et règlement des officiers et ministres de justice, secrétaires du roi, et avocats audit Conseil privé : suivant l'avis contenu aux cahiers de la dernière assemblée générale des trois Estats de France, tenue à Paris, ès années 1614 et 1615. *Imprimé à Paris pour l'auteur*, 1621, in-8, 63 p.

Signé : C. M. (Claude MALINGRE).

Remonstrances du clergé de France, assemblé en 1788, au roi, sur l'édit du mois de novembre 1787, concernant les non-catholiques. (Rédigées par J.-M. DULAU, archevêque d'Arles.) *Paris*, 1788, in-8, 47 p. — *Paris, G. Desprez*, 1788, in-8, 47 p.

Remonstrances du corps des pasteurs du Gévaudan, à Antoine-Jean Rustan, pasteur suisse à Londres. (Par VOLTAIRE.) *Amsterdam*, 1768, in-8, 29 p.

Voy. « Supercheries », I, 790, *a*.

Remonstrances du grenier à sel. (Par VOLTAIRE.) *S. l.* (1771), in-8, 14 p.

Pièce en faveur du parlement Maupeou. Voltaire

composé quelques autres écrits sur le même sujet et dans le même sens. (Note de M. Beuchot.)

Remontrances (les) du parterre, etc., par M. Bellemare, ci-devant Jérôme Le Franc, ci-devant commissaire général de police à Anvers; réfutées par M. H. D. (P.-M.-F. HUVIER DESFONTENELLES), otage de Louis XVI. *Paris, Panckoucke*, 1814, in-8, 39 p.

Voy... « Supercheries », II, 387, e.

Remontrances du pays de Gex au roi. (Par VOLTAIRE.) *S. l. n. d.*, in-8, 7 p.

Signées : « Tous les citoyens de Gex sans exception. » C'est une réponse aux remontrances du Parlement de Dijon sur l'édit des franchises du pays de Gex.

Remonstrances faictes au roy de France.

Voy. ci-dessus, « Remonstrances au Roy des députez... », col. 267, e.

Remontrances (les) faictes au roy Loys unzieme sur les privileges de l'Eglise gallicane et les plainctes et doléances du peuple, etc. (Par Jean DE RELY.) *Paris, Sertenas*, 1561, in-8.

Remontrances faites par l'ambassadeur de la Grande-Bretagne (EDMONDES) au roi et à la reine sa mère, en juin 1615. *S. l.*, 1615, in-8, 16 p.

Plusieurs fois réimprimées.

Remonstrances très-humbles au roy de France.... Henry troisiesme de ce nom, par un sien fidele officier et subiect, sur les desordres et miseres de ce royaume, causes d'icelles et moyens d'y pourvoir... (Par Nicolas ROLLAND, sieur DU PLESSIS.) *S. l.*, 1588, in-8.

Plusieurs fois réimprimées.

Renaissance (la) des lys, ou le Petit Chansonnier royaliste. (Par F.-M. MAYEUR DE SAINT-PAUL.) *Paris, Lefuel*, 1814, in-32, 64 p., avec figures.

Renard (le) démasqué. Cinquième. Traduit de l'original anglais. (Par Eustache LE NOBLE.) *Jouxte la copie imprimée à La Kénoque, chez Guillaume Beau-Projet*, 1692, in-12, 36 p.

Dernière pièce d'un recueil ainsi composé :
1° La Fable du rossignol et du coucou ; avec la lettre de maître Pasquin à maître Jacquemar. *Jouxte la copie imprimée à la ville aux Anes*, 1692, in-12, 24 p. Voy. V, 408, a.
2° Dialogue de la Samaritaine avec le Grenier à sel, et la Fable du sapin et du buisson. *Rouen, H.-F. Viret*, 1692, in-12, 28 p.
3° Le Renard pris au trébuchet. Troisième lettre. *Jouxte la copie imprimée à Steinkerque, chez Guil-*

laume l'Eveillé, *rue Beaujeu, au Coup manqué*, 1692, in-12, 24 et 11 p. Voy. ci-après.
4° Le Paroli à la Samaritaine, ou le censeur savetier. Quatrième. *Jointe la copie imprimée à la Grange-Baudet, Nicaise Protocole, rue du Grenier à sel, au nouveau Midas*, 1692, in-12, 28 p. Voy. VI, 795, f.
5° Le Renard démasqué. Cinquième...

Renard (le), ou le procès des bêtes (traduit de l'allemand d'un ouvrage écrit, originairement en français). *Bruxelles et Paris, Desaint*, 1739, in-8.

Cet ouvrage a été réimprimé en 1788, à Paris, sous ce titre : « les Intrigues du cabinet des rats, apologue national, destiné à l'instruction de la jeunesse et à l'amusement des vieillards ; ouvrage traduit de l'allemand en françois et enrichi de vingt-deux planches gravées en taille-douce », *Paris, Leroi*, 1788 in-8, av. 22 pl.; et en 1803, sous celui-ci « le Renard, ou le procès des animaux ; nouvelle édition, remise en meilleur ordre et considérablement augmentée, par M. S. B. (S. BOULARD) », *Paris, Boulard*, an XI-1803, in-18.

Il est vraisemblable que le « Procès des bêtes » a été rédigé en allemand par Henri D'ALKMAR d'après le roman du *Renard*, composé en vers par Jaquemart GIÉLÉE de Lille, en 1290. Ce roman a été imité en prose par Jean TENESSAX et imprimé en caractères gothiques à Paris, par *Philippe Le Noir*. Voy. « le Livre de maistre Regnard... », V, 1326, e.

Le « Procès des bêtes » a été traduit en vers latins par Hartman Schopper, qui le publia à Francfort en 1567, in-4.

Au reste, quoique l'auteur allemand et l'écrivain français aient travaillé sur le même sujet, ils ont traité bien différemment leur matière. Le premier paraît n'avoir eu pour but que de tracer un conte imaginé à plaisir, et l'autre voulait nous tracer l'histoire d'un brigand célèbre (Rginard ou Reinard, comte lorrain, sur la fin du neuvième siècle), en déguisant seulement les noms des principaux acteurs de la scène. Voy. la préface d'*Eccard*, qui précède les *Leibnitii collect. etymologica*, *Hanoveræ*, 1717, in-8.

Voy., pour de plus amples détails, Brunet, « Manuel du libraire », 5e édit., IV, col. 1221 et suiv.

Renard (le) pris au trébuchet. Troisième lettre. (Par Eustache LE NOBLE.) *A Steinkerque, chez Guillaume l'Eveillé*, 1692, in-12, 24 et 11 p.

La dédicace est signée AGNOSTET.
Voy. ci-dessus, « le Renard démasqué... », col. 269.

Renards (les) de Samson, mâchoire d'âne; corbeaux d'Élie; les quatre monarchies; l'Antechrist. *Helmstadt, Herse*, 1707, in-8, 133 p.

Attribué par Barbier à Herman VON DER HARDT, d'après une note manuscrite.
Réimpression, avec quelques différences, de quatre des pièces qui forment le recueil intitulé « Histoire de Bileam ». Voy. V, 662, c.
Nodier, dans ses « Mélanges extraits d'une petite bibliothèque », page 33, attribue ces dissertations à G.-G. LEIBNITZ et conteste l'attribution à VON DER HARDT.

Brunet n'accepte pas l'opinion de Nodier, et, tout en reconnaissant que l'autorité de la note manuscrite est douteuse, il pense que l'attribution à LEIBNITZ doit être écartée.

Renaud de Montlosier accusateur, ou les Jésuites, les mémoires et le parti jaloux. Par un bourgeois de Paris (Hippolyte REGNIER-DESTOURBET). *Paris, Bricon*, décembre 1827, in-8, 52 p.

Rencontre (la) de M. Servin et du P. Coton au voyage de l'autre monde. (Par Antoine RÉMY, avocat au Parlement.) *Avec privilège de Radamante, et se vend sur les rives du Cocyte*, 1626, in-8, 16 p.

Rencontre de Zurich et de Genève. (Par D. DE ROCHES.) *Genève*, 1630, in-4, vij-32 p.

Rencontre (la) des Muses de France et d'Italie. A la Reyne. *Lyon, J. Roussin*, 1604, in-4, 91-14 p. et 1 f. de privilége.

Le titre de départ, page 5, porte : Les sonnets françois sont de M. D. P. (Philippe DESPORTES).

Rencontre (la) imprévue, ou la surprise des amants, comédie en trois actes et en prose, représentée par les comédiens françois ordinaires du roi, etc. (Par Thomas LAFFICHARD.) *Paris, veuve Cailleau*, 1753, in-12, 1 f. de tit., 34 ff. paginés 49 à 115 et 1 f. de privilége.

Rencontre (la) merveilleuse de Piedaigrette avec M° Guillaume, revenant des Champs-Elisées, avec la généalogie des Coquilberts, traduit de chaldeam en françois. (Par Noël MAURAISIN.) 1606, in-8.

Cette pièce est reproduite dans les « Variétés historiques et littéraires » d'Edouard Fournier, tome III, page 165, et le nom de l'auteur, donné par un acrostiche dans une pièce de vers qui termine la brochure, est indiqué dans le tome VII de la même collection, page 267.

Rencontre (la) un jour de la Saint-Charles, désordre poétique. Par R. D. T. (RANDON DU THIL), auteur des R. P. (« Rêveries poétiques »). *Paris, Ponthieu*, 1826, in-8, 24 p.

Rencontres, Fantaisies et Coq à l'asnes facetieux du baron de Grattelard, tenant sa classe ordinaire au bout du Pont-Neuf, ses gaillardises admirables, ses conceptions inouïes et ses farces joviales. *Paris, Jullien Trostolle, vis-à-vis du Cheval de bronze, s. d.*, in-12. — *Troyes, veuve de J. Oudot et J. Oudot fils* (1736), in-12, 18 ff. — *Paris, A. de Rafflé, s. d.*, in-12, 24 ff.

La dédicace de la première édition est signée Julien TROSTOLLE. Elle ne se trouve pas dans l'édition de

Troyes. Dans la troisième édition, elle est signée E. TROSTOLE.

A l'époque où florissait Tabarin, vers 1620, un empirique nommé Désiderio Descombes ou Décombes débitait des drogues sur un théâtre établi à l'entrée du Pont-Neuf et de la rue Dauphine. Il s'était gratifié, lui ou son bateleur, du titre de baron de Gratelard. Ces « Rencontres » ou « Fantaisies » furent publiées comme un extrait du répertoire de son théâtre en plein vent, extrait qui se réduit à peu de chose, si l'on considère que sur quatorze demandes ou questions, sept, dont une seule présente une solution différente, appartiennent au « Recueil général ».

Les « Rencontres » ont été insérées dans l'édition des « Œuvres complètes » de Tabarin publiée par G. Aventin (Veinant). *Paris, Jannet*, 1858, tome II, p. 157 et suiv.

Il en a été donné une réimpression, *s. l. n. d.* (*Bruxelles, J. Gay*, vers 1866), tirée à 150 exempl. numérotés, in-18, 54 p. Les p. 50-54 sont occupées par une notice non signée, qui a pour auteur M. G. BRUNET.

Rendez à César ce qui appartient à César ; introduction à une nouvelle histoire des papes. 1783, in-8, 149 p.

Même ouvrage que l' « Histoire de la papauté ». Voy. V, 705, c.

L'édition publiée en italien a été mise à l'*Index*, le 31 mars 1788.

Rennois (le) à Paris, ou le critique Salgues réfuté. (Par DARRAGON.) *Paris*, 1809, in-8.

Renommée (la) littéraire, nouvel ouvrage périodique. (Par J.-E. ESCOUCHARD, dit LE BRUN DE GRANVILLE.) *Paris, Laurent Prault* (1762 et 1763), 2 vol. in-12.

Renouvellement (le) du bail, opéra-vaudeville. Par J. F. L. P. (Jacques-François LEPITRE). *Paris*, 1795, in-8.

Renouvellement (du) intégral. (Par M. DE CHATEAUBRIAND.) *Paris, Lenormant*, 1823, in-8, 27 p. — *Id.*, 20 p.

Renseignements pour servir à l'histoire d'une Société de charité ou de bonnes œuvres, fondée et dirigée par l'abbé Legris-Duval. (Par le docteur A.-R. PIGNIER.) *Paris, veuve Bouchard-Huzard*, 1861, in-8, 91 p.

La dédicace est signée : A. R. P.

Renseignements sur le service des ponts et chaussées en Prusse et dans les Pays-Bas... (Par N.-R.-D. LE MOYNE.) *Metz, veuve Thiel*, 1829, in-8.

Renseignements utiles sur l'embouchure du canal du duc d'Angoulême à Saint-Valery-sur-Somme ; par P. S. G. (P.-S. GIRARD, membre de l'Institut). *Paris, Rignoux*, 1822, in-8.

Rente (la) de Seris. (Par Nic. CATHERI-NOT.) *Bourges*, 20 janvier 1683, in-4, 4 p.

Rente (la) non épave. (Par Nic. CATHE-RINOT.) *S. l.* (1687), in-4.

Renversement (le) de la morale de J.-C. par les erreurs des calvinistes touchant la justification. (Par A. ARNAULD.) *Paris*, 1672, in-4.

Renversement de la religion et des lois divines et humaines par toutes les bulles et brefs donnés depuis près de deux cents ans contre Baius, Jansenius, les cinq propositions, pour le formulaire, et contre le P. Quesnel, ou recueil de toutes ces bulles. (Par l'abbé P. LE CLERC.) *Rome (Rouen)*, 1756, 2 vol. in-12.

On joint comme troisième volume à cet ouvrage celui intitulé : « Idée de la vie et des écrits de G. de Witte.... » Voy. V, 878, c.

Renversement (du) des libertés de l'Eglise gallicane dans l'affaire de la constitution *Unigenitus*. (Par l'abbé Nicolas LE GROS.) *S. l.*, 1716, 2 vol. in-12. — *S. l.*, 1717, 2 vol. in-12.

Le « Mémoire sur les libertés de l'Eglise gallicane », qui se trouve dans le second volume, n'est pas le même que celui qui a été publié sous le titre de « Mémoire sur les libertés de l'Eglise gallicane, trouvé parmi les papiers d'un grand prince ». (Par Claude HENNEQUIN.)

Renvoy du discours de l'Union, contre la publication du concile de Trente. (Par DE GRIEUX.) *S. l.*, 1607, in-8, 8 p. — *S. l.*, 1607, in-8, 16 p. — *S. l. n. d.*, in-4, 4 p.
V. T.

Réorganisation de la marine nationale en Belgique. (Par A.-H. BRIALMONT.) *Bruxelles*, Lebègue, 1861, in-32, 77 p.
J. D.

Réorganisation ou désorganisation dont est menacée l'intendance militaire. (Par Nic.-Val. HAUSSMANN, sous-intendant militaire.) *Paris*, Anselin, déc. 1833, in-8, 1 f. de titre et 62 p.

Répaich (lè) campestré, ou l'empouisounoment del barréou dé Carcassouno, pouèsèguit d'élegios et dé pouésios dibersos per J. D. D. aoutou dé « Las Matinados ». *Carcassonne*, C. Lobau, s. d. (1823), in-8, 88 p.

Par J. DEGRAND, avoué à Carcassonne, d'après Quérard. Par J. DAVEAU, d'après le Catalogue Burgaud des Marets, n° 1104.

Repaires (les) du crime, ou histoire de

brigands fameux en Espagne, en Italie, en Angleterre... par le rédacteur du « Petit Conteur de poche » (Mme GUÉNARD). *Paris*, Longchamps, 1812, in-18. — 2e éd. *Paris*, Ledentu, 1814, in-18.

Répartie du corps de la cité de Liége, à certain manifeste imprimé soubs le nom de Son Altesse sérénissime en date du 27 mars 1636. (Par Sébastien DE LA RUELLE.) *Liége*, G. Ouwerx, 1636, in-4. Ul. C.

Réimprimée à Liége, en l'an VII, sous le titre de : « Histoire tragique, ou relation véritable de l'assassinat commis en la personne de feu le bourgmestre La Ruelle, de glorieuse mémoire. » M. Mathieu Polain a fait paraître, en 1836, une brochure sur le même sujet.
Voy. de Theux, « Bibliographie liégeoise », p. 358.

Réparties succinctes à l'Abbrégé des controverses de M. Charles Drelincourt, ministre de Charenton. Ensemble les Antithèses protestantes... Par I. P. C. E. de Belley (J.-P. CAMUS, évêque de Belley). *Caen*, P. Poisson, 1638, in-8.

Le nom de l'auteur se trouve dans le privilège. Les « Antithèses » ont un titre particulier et une pagination spéciale.

Repas (le) des clercs, ou la dinde aux louis, comédie en un acte et en prose, mêlée de vaudevilles. (Par J.-B. RADET.) *Paris*, 1783, in-8.

Repentance (la) du mariage de Robin, et complaincte sus (*sic*) sa fustigacion, auec la chanson nouuelle. (A la fin :) *A Paris*, par Guill. Nyverd, imprimeur, pet. in-8 goth., 8 ff.

Au verso du premier feuillet se trouve une épître de l'auteur, le seigneur B. DE GOURMONT.

Repentir (le), comédie en un acte et en vers, et autres pièces de poésie, par M. L. D. S. F. (A.-M. LOTTIN). *Paris, veuve Pissot*, 1751, in-8.

L'auteur, fort jeune alors, prenait le nom de LAMBIN DE SAINT-FÉLIX.

Repentir (le) d'amour de Dieromène, pastorale imitée de l'italien de L. G. C. d'H. (Luigi GROTO, ciecho d'Hadria), par R. B. G. T. (Rolland BRISSET, gentilhomme tourangeau). *Paris, Abel L'Angelier*, 1595, in-12, 108 ff.

Une première édition avait paru en 1592 sous le titre de : « la Dieromène, ou le repentir d'amour ». Voy. IV, 989, e.

Repentir (le) de Lyon. Respect. Pitié. (Par le marquis DE LA GERVAISAIS.) *Paris*, A. Pihan-Delaforest, 1831, in-8, 16 p.

Repentir (le) des amans, par M*** (J.-Fr. DE BASTIDE). *Amsterdam*, 1764, 1766, ou 1776, in-8.

Nouvelle édition de la « Trentaine de Cythère ». Voy. ces mots.

Voy. aussi la « Bibliothèque universelle des romans », avril 1781, t. I, p. 189.

Repentir (le) inutile, conte moral en vers. (Par DE LA VIEVILLE.) *Amsterdam* (*Paris, L. Jorry*), 1776, in-8, 16 p.

Repentir (le), ou confession publique de M. de Voltaire. (Par J.-H. MARCHAND.) *Lausanne*, 1771, in-12.

Repentir (le), ou suite des lettres originales, contenant les aventures de César de Perlencour, intitulées « le Crime »; par l'auteur de « l'Aventurier français » et du « Philosophe parvenu » (R.-M. LE SUIRE). *Paris, Defer de Maisonneuve*, 1789, 4 vol. in-12.

Repentirs (les) de l'année 1788, suivis de douze petites lettres écrites à qui l'on voudra. *Londres, et Paris, Briand* (1789), in-18.

Attribués à L.-A. BEFFROY DE REIGNY, dit « le Cousin Jacques », par M. P. L. (Paul Lacroix). (« Bulletin du bibliophile », 13° série, p. 457.)

Répertoire anglais, ou revue de littérature, d'histoire et d'anecdotes anglaises. (Par CHOMEL DE SAINT-ANGE.) *Paris, Knapen et fils*, 1789, 2 vol. in-12.

Répertoire de l'orateur, contenant 250 discours... sur un grand nombre de sujets divers, à l'usage des personnes appelées à parler en public. (Par l'abbé O.-J. THIMISTER.) *Liége, Spee-Zelis (Bossy)*, 1860, in-18, 247 p.   Ul. C.

Répertoire de la littérature ancienne et moderne, contenant le Lycée de LA HARPE, les Eléments de littérature de MARMONTEL, un choix d'articles littéraires de ROLLIN, VOLTAIRE, BATTEUX, etc. *Paris, Castel de Courval*, 1824-1825, 30 vol. in-8.

Les principaux rédacteurs sont : MM. PATIN, dont plusieurs articles sont signés H. P.; Félix DESCURET, qui signe ses articles de la lettre F.; Philippe TAVIAND, qui signe Ph. T.

Répertoire des opinions sur l'économie politique, le commerce et les finances ; rédigé par MM. A. A*** (Camille SAINT-AUBIN.) *Paris, Mᵐᵉ Pascal*, 1817, in-8.

Répertoire domanial, ou recueil de décisions rendues par le ministre des finances et la régie. (Par RIPPERT.) *Paris, an VII-1799, in-8.

Répertoire du théâtre français, ou détails sur 360 tragédies ou comédies. (Par J.-B. COLSON, régisseur du théâtre de Bordeaux.) *Bordeaux, Foulquier, s. d.* (vers 1815), 3 vol. in-8.

Répertoire du théâtre français, ou recueil des tragédies et comédies restées au théâtre depuis Rotrou, etc., avec des notices sur les auteurs et des examens des pièces, par M. PETITOT (et par J. FIÉVÉE, pour la partie philosophique). *Paris, Perlet*, an XI-1803 et ann. suiv., 23 vol. in-8.

Réimprimé avec des augmentations en 1817-1819, 25 vol. in-8.

Répertoire (le) du Vaudeville, ou recueil des meilleures pièces en vaudevilles, précédées de discours historiques et de notes explicatives. *Iéna, Frommann*, 1800, 2 vol. in-8.

Edité par Th.-F. WINCKLER, auquel A.-L. MILLIN fournit beaucoup de renseignements.

Répertoire général de toutes les pièces de théâtre qui se représentent ordinairement tant à Paris que dans la plupart des autres grandes villes du royaume de France... Par M. C. DU C. (DUCOUDRAY). *S. l. n. d.* (*Paris, Ruault*, 1784), in-8.

Répertoire général des livres français sur l'agriculture, l'économie domestique, rurale et politique, la médecine vétérinaire, avec des notes typographiques sur quelques ouvrages. (Par A.-J. MARCHANT.) Première partie. *Paris, A.-J. Marchant*, 1810, in-8.

Contient 600 articles.

Répertoire général. La loi civile et la loi de l'enregistrement comparées. Doctrine et jurisprudence. Nouveau dictionnaire des droits d'enregistrement, de transcription, de timbre, de greffe et des contraventions dont la répression est confiée à l'administration de l'enregistrement, par M*** (D. GARNIER). *Arras, E. Lefranc*, 1854-1857, 3 vol. in-4.

Les éditions suivantes portent le nom de l'auteur.

Répertoire grammatical et philologique. Principes de grammaire générale, par A.-I. Silvestre DE SACY. Huitième édition, revue et annotée par un professeur (l'abbé LOUIS). *Bruxelles, Verteneuil*, 1849, in-18, 238 p.   J. D.

Répertoire méthodique des instructions relatives à la tenue des registres de population. (Par E. JAMME.) *Liége, Ledoux*, 1861, in-8, 14 p.   Ul. C.

Répertoire nécessaire aux propriétaires, régisseurs ou cultivateurs.... (Par Le-Doux.) *Paris, Leblanc*, 1825, in-4 obl.

Répertoire, ou almanach historique de la Révolution française, depuis l'ouverture de la première Assemblée des notables, le 22 février 1787... (Par L.-J. Hullin de Boischevalier.) *Paris, Lefort*, an VI-1807, 6 vol. in-12.

La troisième partie est intitulée : « Répertoire, ou série exacte et complète... », et la sixième partie : « Répertoire historique de l'empire français... »

Répertoire (le), prologue en vers donné à La Haye pour la rentrée du Théâtre françois; par l'auteur de « la Fausse Coquette » (Biancolelli). *La Haye, H. Constapel*, 1762, in-8.

Répertoire universel, historique, biographique des femmes célèbres, mortes ou vivantes, qui se sont fait remarquer dans toutes les nations... Par une société de gens de lettres, auteurs du « Dictionnaire universel ». (Par Louis Prudhomme.) *Paris, A. Desauges*, 1826-1827, 4 vol. in-8.

Répétition (la) interrompue, ou le petit-maître malgré lui, opéra-comique. (Par C.-S. Favart et C.-F. Pannard.) *Paris, N.-B. Duchesne*, 1758, in-8.

Répétition (la), prologue (en prose, par J.-L. Brousse - Desfaucherets), représenté à Cernay, le 11 novembre 1774. *S.l.*, 1775, in-8.

Respit (le) de la mort, nouvellement imprimé à Paris. (Par Jean Lefebure ou Lefebvre.) *Paris, Vérard*, 1506, pet. in-4 goth.

Van Praet, « Catalogue des livres sur vélin de la bibliothèque du roi », t. IV, p. 180, n° 247. — Réimprimé avec le nom de l'auteur. *Paris*, 1533, pet. in-8 goth.

Réplique à Gros-Jean au sujet de la réponse qui n'en est pas une. (Par l'abbé J. Vaudouer.) *Paris*, 1846.

Signé : Un catholique normand. L'ouvrage auquel il est répondu a été imprimé à Weissembourg.

Réplique à l'écrit que M. Abelly... a publié pour défendre son livre de « la Vie de M. Vincent ». (Par Martin de Barcos.) *S. l.*, 1669, in-4.

Réplique à la brochure intitulée « l'Emprunt de vingt millions ». Etudes sur Bordeaux; par L... L.... (L. Lamothe). *Bordeaux, imp. de Vᵛᵉ J. Dupuy*, 1861, in-8, 23 p.

Réplique à la défense du projet de sentence dressé par monseigneur l'éminentissime cardinal de La Rochefoucaut pour la réformation de l'ordre de Citeaux, etc. Par les religieux profès de l'abbaye de Citeaux, mère de l'ordre, appelants, contre les soi-disant réformés, intimés. (Par Nic. de Chevanes.) *S. l. n. d.*, in-4.

Réplique à la « Réponse aux deux lettres écrites sur l'Histoire de saint Sigebert, IIIᵉ du nom, 12ᵉ roi d'Austrasie ». (Par le P. Benoist, de Toul.) *S. l. n. d.*, in-8.

Réplique à la réponse de M. Magnier aux « Observations d'un officier de l'état-major russe ». (Attribuées au général, baron Henri de Jomini.) *Paris*, 1829, in-8, 40 p.

Une deuxième réplique, *ibid.*, 1829, in-8, 44 p., porte le nom de l'auteur, Jacques-Nicolaevitch Tolstoy.

Réplique à la réponse que le traitant de la nouvelle monnaie fait publier sous le faux titre de « la Vérité découverte » contre les moyens d'opposition que les six corps des marchands ont présentés à la cour de Parlement sur la vérification de l'édit du 23 de décembre de la dernière année 1655. (Par Aut. de La Pierre.) *S. l.*, 1656, in-4, 40 p.

Réplique à M. Charrier de La Roche, sur le décret du 13 avril 1790, concernant la religion. (Par G.-N. Maultrot.) 1791, in-8.

Réplique à M. de Potter, par l'anonyme de Gand (Ch. Durand). *Gand, Mestre*, juillet 1829, in-8, 31 p.   J. D.

Réplique au « Développement » de M. Camus sur la constitution civile du Clergé. (Par H. Jabineau.) *S. l.*, 1790, in-8, 1 f. de tit. et 38 p.

Réplique au général Ruhle de Lilienstern sur la critique qu'il a insérée dans la « Gazette d'État de Prusse » relativement au tableau analytique des combinaisons de la guerre du général Jomini. Par un ancien capitaine de son état-major. (Par le général H. de Jomini lui-même.) *Paris*, décembre 1832, in-8.

Réplique au libelle de R. P. Denis Manay. (Par Guill. Ruisson.) (*Liége*), 1729, in-4.   Ul. C.

Réplique au mémoire (de Clément) sur le rang que tiennent les chapitres cathédrales dans l'ordre ecclésiastique. (Par l'abbé Claude SALOMON, curé de Saint-Regnobert, d'Auxerre.) *S. l.*, 1779, in-8.

Réplique au nom de M. Desgrouais (par l'abbé Jacq. DESTRÉES) à la lettre de l'abbé Desfontaines, insérée dans le VI⁰ volume des « Jugemens de M. Burlon de La Busbaquerie ». *Avignon, P. Girou*, 1745, in-12.

Réplique aux additions faites par M. Drelincourt, ministre de Charenton, à son escrit, touchant l'honneur qui est deub à la saincte Vierge Marie. Par J. P. C. E. de Belley (J.-P. CAMUS, évêque de Belley). *Paris, G. Aliot*, 1643, in-8, 4 ff. lim. et 294 p.

Réplique aux apologies des jésuites. (Par l'abbé H.-Ph. CHAUVELIN.) *S. l.*, 1761-1762, 3 part. in-12, 54, 55 et 45 p.

Réplique aux attaques de la presse contre l'armée. (Par le lieutenant-colonel Ch. MARTIN, du 1ᵉʳ chasseurs.) *Paris, imp. de E. Martinet*, 1865, in-8, 53 p.

Réplique aux deux lettres qui servent d'apologie du Traité historique sur l'origine de la maison de Lorraine, avec la suite des remarques critiques sur le même Traité. (Par Benoist PICART, capucin, connu sous le nom de P. BENOIST.) Tom. 2⁰. *Toul, Rollin*, 1713, in-12.

Voy. « Supplément à l'Histoire de la maison de Lorraine ».

Réplique aux tolérants de ce temps, qui soutiennent que la communion ecclésiastique avec les vrais hérétiques et schismatiques notoires n'est défendue que de droit ecclésiastique, où l'on démontre qu'elle est défendue de droit divin et naturel, par un religieux de l'ordre de Saint-François (le Père André DE GRAZAC, capucin). *Avignon*, 1729, in-8.

Il y a des exemplaires où l'on trouve une lettre écrite à l'auteur, le 20 septembre 1730, par le cardinal Banchieri, de la part du pape Clément XII, pour approuver son ouvrage.

Réplique de M. de La Mennais. (Par Alph. VIOLLET.) *Paris, Duvernois*, 1834, in-8, 24 p.

Réplique de M. le maire de Strasbourg (DE KENTZINGER) à la réponse de la commission administrative des hospices. *Strasbourg, imp. de Levrault*, 1823, in-8.

Réplique des abbés et religieux bénédictins de Lorraine et Barrois aux réponses des chanoines réguliers des mêmes pays, au sujet de la préséance dans les assem-blées tant ecclésiastiques que civiles. (Par dom Mathieu PETIT-DIDIER.) *S. l. n. d.* (1699), in-4, 118 p. et 1 f. d'avertissement.

Réplique des religieux bénédictins de la province de Bourgogne au deuxième écrit des chanoines réguliers de la même province. (Par dom Jean MABILLON.) *S. l. n. d. (Paris*, 1687), in-4. — *Liége, F.-A. Barchon*, 1733, in-4.

Réplique du bibliophile.

Voy. « Découvertes d'un bibliophile », IV, 849.

Réplique faite à la sommaire réponse à l' « Examen d'un Discours publié contre la maison royale de France » (de Pierre de Belloi, par le même Pierre DE BELLOI), 1587, in-8.

Réplique pour le catholique anglois, contre le catholique associé des huguenots. (Par Louis D'ORLÉANS.) *S. l.*, 1587, in-8, 20 ff. — *S. l.*, 1588, in-8, 23 ff.

Voy. « Supercheries », I, 354, e.

Répliques à un imprimé qui s'intitule : « Réponse à un libelle », etc. (Par dom FARON DE CHALLUS.) *S. l.* (1645), in-4, 28 p.

Réponse à ce qu'on a écrit contre le livre intitulé : « Instruction pour les nouveaux catholiques ». (Par le P. DOUCIN, jésuite.) *Caen*, 1687, in-12.　　V. T.

Réponse à des Mémoires qui ont paru contre l'établissement d'une Académie de belles-lettres à Toulouse. (Par Adrien MARTEL.) *Montpellier*, 1692, in-8.
　　　　　　　　　　　V. T.

Réponse à deux écrits, l'un intitulé : « Réflexions sur l'état de défaveur des pavillons neutres en France » ; l'autre « Esquisse des abus de la jurisprudence en matière de prises ». Par l'auteur de l'ouvrage intitulé : « les Règlemens français vengés des atteintes des partisans de l'Angleterre. » (Par PÉRIGNON.) *Paris, de l'imp. de Porthmann* (an VI), in-4, 1 f. de tit. et 38 p.

Réponse à divers contradicteurs sur la coéternelle existence de la matière, etc. (Par David GRADIS.) *Bordeaux et Paris, Pougens*, 1799, in-8.

Réponse à l'Adresse aux provinces. (Par CONDORCET.) *S. l.*, 1789, in-8, 22 p.

L' « Adresse aux provinces » avait été attribuée à M. l'abbé DE MONTESQUIOU. Voy. IV, 74, f.

Réponse à l'ami de la religion des jésuites, où l'on expose les causes véritables de leur suppression... par M. S*** (Louis Silvy), ancien magistrat. *Paris, A. Egron,* 1819, in-8, 70 p.

Reponce à l' « Anti-espagnol », semé ces iourz par les rües et carrefours de la ville de Lyon, de la part des coniurez qui auoyent conspiré de liurer la dicte Ville en la puissance des heretiques et de la distraire du party de la Saincte-Union. *Lyon, Pillehotte,* 1590, in-8, 63 p. — *Paris, Echar,* 1590, in-8, 48 p.

La dédicace est signée : D. C. R. — Par Claude DE Rubys, d'après le P. Lelong.

Réponse à l'Apologie pour la Réformation, pour les réformateurs et pour les reformez ; où l'on traite de l'état monastique, des veuves tant séculières que religieuses, des 2, 3, 4 et autres noces, du célibat des ecclésiastiques, et de quelques autres matières de religion. (Par Louis Ferrand, avocat.) *Paris,* 1685, in-12.

Voy. « Nouvelles de la république des lettres », 1685, juillet, p. 808 et suiv.

Réponse à l'apologiste des ultramontains, qui se dit l'ami de la religion et du roi... Par M. S*** (Louis Silvy), ancien magistrat. *Paris, A. Egron,* 1819, in-8, 22 p.

Réponse à l'article signé de La Haye, médecin-docteur à Bruges, inséré dans le « Journal de Gand », dimanche 16 septembre (1821). (*Gand, de Goesin-Verhaeghe*), in-8, 8 p.

Signée : Le professeur J. G. G. (J.-G. Garnier).

Réponse à l'article sixième des Mémoires de Trévoux, du mois de janvier 1737. (Par l'abbé C.-P. Goujet.) *S. l. n. d.,* in-8, 16 p.

Réponse à l'auteur : « de l'Amour des femmes pour les sots », par la comtesse Mathilde de Ellocnol-Vilanja, ancienne lectrice de S. M. l'Impératrice de Russie. (Par A.-J. Alvin, lieutenant-colonel, commandant la place de Liége.) *Liége, Ledoux,* 1859, in-18.

J.-A. Alvin est décédé le 23 janvier 1862. Il était frère de M. Louis Alvin.   Ul. C.

Réponse (du P. Bern. Lambert) à l'auteur de la « Dissertation sur la nature et l'essence du sacrifice de la messe » (l'abbé Pelvert). *S. l.,* 1779, in-12.

Réponse à l'auteur de la « Suite de la Défense de l'église de Troyes » ... sur ce

qu'il a écrit contre l'auteur du « Doute proposé aux savants au sujet des auteurs des Annales de Saint-Bertin », imprimées dans le « Mercure » de décembre 1736. (Par P.-A. Lévesque de La Ravalière.) *S. l.* (1738), in-12, 24 p.

Réponse à l'auteur des « Doutes d'un provincial proposés à MM. les médecins commissaires chargés par le roi de l'examen du magnétisme animal ».(Par le docteur J.-J. Paulet.) *Londres,* 1784, in-8, 70 p.

Réponse à l'auteur des « Paradoxes littéraires » sur la tragédie d'Inès de Castro. Par monsieur **** (René de Bonneval). *Paris, P. Prault,* 1723, in-8, 2 ff. lim., 44 p. et 2 ff. de privilége.

Réimprimée dans le tome II des « Amusemens du cœur et de l'esprit ».

Responce à l'avertissement donné par les pasteurs de l'église protestante de Castre, touchant ceux qui sont sollicitez à s'en retirer et se rendre à la religion catholique. *Toulouse,* 1618, in-12.   D. M.

Cet ouvrage anonyme est de Pierre Girardel, religieux de l'ordre de Saint-Dominique, mort à Rome, le 8 février 1633.

Réponse à l' « Avis aux réfugiés », par M. D. L. R. (Isaac de Larrey). *Rotterdam, Reinier Leers,* 1709, in-12.

Réponse à l' « Éclaircissement authentique de la question : Sous quel jour se présente Berne quant à ses prétentions sur l'Argovie et Vaud » ; traduite de l'allemand (par F. Correvon de Martines). *Lausanne,* 1814, in-8.

Réponse à l'écrit de M. Barruel intitulé : « du Principe et de l'Obstination des Jacobins », en réponse au sénateur Grégoire, par une Française (Mlle Fanny Raoul). *Paris,* 1814, in-8, 8 p.

Réponse à l'écrit de M. Mehée de La Touche, ayant pour titre : « Dénonciation au roi des actes et procédés par lesquels les ministres de Sa Majesté ont violé la Constitution » ; par D. L. M. (de La Mothe). *Paris, Lenormant,* 1824, in-8, 38 p.

Réponse à l'écrit intitulé : « Exposé de la conduite de la cour impériale de Russie vis-à-vis la sérénissime république de Pologne », avec la déduction des titres sur lesquels elle fonde sa prise de possession d'un équivalent de ses droits et prétentions à la charge de cette puissance. (Par Félix Loyko.) 1773, in-4.   A. L.

Réponse à l'écrit intitulé : « Lettre d'un homme du monde », à un théologien, au sujet des calomnies qu'on prétend avoir été avancées contre saint Thomas. (Par le P.-Jos. THÉAS, dominicain.) *S. l. n. d.*, in-12, 67 p.

Réponse à l'écrit intitulé : « Plan général de l'œuvre des convulsions ». (Par Fr.-Hyac. DELAŃ.) *S. l.*, 1733, in-4, 1 f. de tit. et 21 p.

Responsè à l'Epistre de Charles de Vaudemont, cardinal de Lorraine, jadis prince imaginaire des royaumes de Jérusalem et de Naples, duc, et conte par fantasie d'Anjou et de Provence, et maintenant simple gentilhomme de Hainault. *S. l.*, 1565, in-8.

Attribuée à l'amiral DE CHATILLON dans le Catalogue de Secousse, nº 2364, et à Louis REGNIER DE LA PLANCHE par Prosper Marchand.

L'Epître à laquelle il est répondu est intitulée : « Lettre d'un seigneur du pays de Haynault ». Voy. V, 1165, *f.*

Réponse à l' « Essai sur les ponts et chaussées, la voierie et les corvées ». (Par Victor RIQUETTI, marquis DE MIRABEAU.) *S. l.*, 1760, in-12.

Forme la 6º partie de l' « Ami des hommes ».

Réponse à l' « Examen de la physique du monde » (du baron de Bernstorff, par E.-C. DE MARIVETZ). *Paris*, 1784, in-4.

L' « Examen » parut en 1783, in-8.

Réponse à l' « Examen de la possession des religieuses de Louviers », à M. Levilin. (Par LEMPERIERE et MAIGNART, médecins agrégés.) *Évreux, par J. de La Vigne*, 1643, in-4, 14 p.

Voy. « Examen », *y*, 345, *f.*

Réponse à l' « Exposé des droits de S. M. le roi de Prusse sur le duché de Pomérélie et sur plusieurs autres districts du royaume de Pologne ». (Par F. LOYKO.) (1773), in-4. — Le même (avec traduction allemande). 1773, in-4.   A. L.

Réponse à l' « Exposé préliminaire des droits de la couronne de Hongrie sur la Russie rouge et sur la Podolie, ainsi que de la couronne de Bohême sur les duchés d'Oswietzim et de Zator ». (Par F. LOYKO.) In-4.   A. L.

Réponse à l'extrait du mémoire présenté à l'Académie des sciences par M. Navier, docteur en médecine à Chaalons-sur-Marne. (Par MAILLOT, chirurgien de l'Hôtel-Dieu de Châlons.) *S. l.*, 1757, in-4, 4 p.

Réponse à l' « Histoire des oracles » de Fontenelle (par le P. J.-F. BALTHUS, jésuite), et Suite. *Strasbourg, Doulssecker*, 1707-1709, 2 vol. in-8.

Réponse à l'ouvrage qui a pour titre : « Sur les actions de la Compagnie des eaux de Paris », par M. le comte de Mirabeau... Par les administrateurs de la Compagnie des eaux de Paris. (Par P.-A. CARON DE BEAUMARCHAIS.) *Paris, imp. de Ph.-D. Pierres*, 1785, in-8, 1 f. de tit. et 58 p.

Réponse à la Bibliothèque janséniste, avec des remarques sur la réfutation des critiques de M. Bayle... (Par le P. TRANQUILLE, de Bayeux, capucin nommé OSMONT, et dans sa retraite en Hollande DU SELLIER.) *Nancy (Paris), J. Nicolaï*, 1740, in-12.

Quelques bibliographes attribuent cette Réponse à l'abbé Nic. LE GROS; mais elle n'est pas mentionnée dans le Catalogue de ses ouvrages. Voy. Moréri.

Mis à l'*index* le 2 mars 1752.

Réponse à la brochure de M. de Breza sur la « Russomanie dans le duché de Posen ». (Par Aug. HATZFELD.) *Posen*, 1846, in-8.

« De la Russomanie dans le grand-duché de Posen », par Eug. de Breza, a paru à Berlin en 1846, in-8.
                              A. L.

Réponse à la brochure intitulée : « l'Ordre profond et l'Ordre mince considérés », etc., etc. (Par DE MESNIL-DURAND.) *Paris, Jombert*, 1776, in-8.

Réponse à la brochure : « l'Armée et ses Fournisseurs », par un officier supérieur (P.-V.-U. LANDEAU, ex-officier d'administration du service des subsistances). *Lyon, imp. Richard*, 1864, in-8, 23 p.

Responseà la « Contre-Satyre », par l'auteur des « Satyres du mariage » et « Thimethelie » (*sic*). (Par Thomas SONNET, sieur DE COURVAL.) *Paris*, 1609, in-8, 28 p.

Cette pièce se trouve parfois à la suite de la « Défense apologétique du sieur de Courval », 1609, in-8; la « Satyre Ménippée, ou discours contre le mariage », et la « Thimetelie, ou censure des femmes », ont paru en 1609, in-8.   G. M.

Réponse (de C.-A. DE CALONNE) à la Correspondance de M. C*** (Cérutti) et le comte de Mirabeau. 1788, in-8, 50 p.

Signée : Cérutti. Note manuscrite.

Réponse à la critique de l' « Histoire de saint Sigisbert XII, roi d'Austrasie ». (Par le P. Ch.-L. HUGO.) *S. l. n. d.*, in-8, 44 p.

Réponse à la critique de monsieur ***, contre un nouveau système de chant; par monsieur*** (DEMOTZ DE LA SALLE, prêtre). *Paris, Quillau*, 1727, in-12, 42 p.

Réponse à la critique du premier tome de l' « Histoire générale de la province d'Artois », insérée n° 33 de l' « Année littéraire », 1786. (Par L.-A. DEVERITÉ.) *S. l.*, 1787, in-8, 19 p.

Réponse à la critique publiée par M. Guillet, sur le voyage de Grèce de Jacob Spon. (Par SPON.) *Lyon, A. Cellier*, 1679, in-12.

Réponse à la critique que M. Fréron a faite de l' « Examen de la latinité du P. Jouvenci » dans son « Année littéraire », feuille du 30 mars 1766. (Par l'abbé Jos. VALART.) (*Paris*, 1766), in-12, 28 p.

Réponse à la déclaration du Congrès américain. Traduite de l'anglois (de LINDE, par A.-F.-J. FRÉVILLE). *Londres, T. Cadell*, 1777, in-8, 1 f. de tit., v-124 p. et 2 ff. d'errata.

Réponse à la « Défense de mon oncle », précédée de la relation de la mort de l'abbé Bazin; et suivie de l'apologie de Socrate, traduite du grec de XÉNOPHON. (Par P.-Henri LARCHER.) *Amsterdam, Changuion*, 1767, in-8, 64 p.

Réponse à la dissertation de M. C. R. (Robin), sur l'antiquité de l'église de Saint-Pierre d'Angers. (Par RANGEART.) *Angers*, 1765, in-18. V. T.

Réponse à la dissertation de M. de La Monnoye, sur le livre des « Trois Imposteurs ». *La Haye, Henri Scheurléer*, 1716, in-12, 18 p.

Cette « Réponse » est signée des lettres J. L. R. L., et l'on ajoute, dans un *post-scriptum*, qu'elle est du sieur Pierre-Frédéric ARPE. C'est une fausseté. Prosper Marchand la croit de Jean ROUSSET. Ferai-je remarquer qu'en ôtant deux L de la signature, les lettres qui restent sont les initiales de Jean Rousset ?
Elle a été réimprimée dans l'édition du « Menagiana », Amsterdam, *de Coup*, 1717, à la fin du quatrième volume, ainsi qu'à la suite du « Traité des trois imposteurs » dans plusieurs éditions de ce dernier ouvrage.
Le Catalogue du prince Michel Galitzin (*Moscou*, 1800) décrit, sous le n° 156, une édition même lieu, même nom, même date, ayant 21 p. et ne contenant pas le *post-scriptum* signalé par Barbier.

Réponse à la dissertation qui est à la fin du livre « de la Perpétuité de la foi » (par Arnauld), touchant le livre « du Corps et du Sang du Seigneur », publié sous le nom de Bertram, et touchant l'autorité de J. Scot ou Erigène (par P. ALLIX), avec

quelques augmentations (par J. CLAUDE). *Rouen*, 1671, in-4. V. T.

Réponse à la « Dissertation sur l'air maritime ».
Voy. ces mots, IV, 1064, d.

Réponse à la « Dissertation (du P. Mauduit) sur la goutte », par M*** (OZON), docteur en médecine. *Paris, Horthemels*, 1690, in-12.
Catalogue manuscrit des Barnabites. V. T.
Voy. IV, 1071, f.

Réponse à la grande question....
Voy. « Discours à lire au conseil... », IV, 999, d.

Réponse à la harangue de Gaspard Dinet, evesque de Mascon, prononcée devant le roy, contre les habitants de la ville de Montpellier et ceux du païs de Bearn (par LE FAUCHEUR). *Orthez, Guillaume du Bois*, 1617, in-8, 40 p.

Réponse à la harangue faite par l'illustrissime cardinal du Perron, à Paris, l'an 1615, par M. V. D. C. C. D. (VIOLE D'ATHYS, conseiller au conseil d'État). *S. l. n. d.*, in-8.
Réimprimée avec le nom de l'auteur. *Paris, Velut*, 1616, in-8.

Response à la justification de la ville de Marseille. (Par le chevalier DE VALBELLE.) *S. l.* (*Marseille*, 1658), in-4, 11 p. G. M.

Réponse à la « Lettre à un confesseur, touchant le devoir des médecins et des chirurgiens, au sujet des miracles et des convulsions ». (Par Philippe HECQUET.) *S. l.* (1733), in-12, 34 p.

Réponse à la lettre adressée le 5 février 1832 par M. de Potter à S. M. Léopold I, roi des Belges, précédée de la susdite lettre de M. DE POTTER, par C. L. (Félix DE MÉRODE). *Louvain, Van Linthout et Vandenzande*, 1832, in-8, 24 p. J. D.

Réponse à la lettre d'un actionnaire du Waux-Hall de Mons, par l'Actionnaire de ses amis (Adolphe FRANKART, avocat à Mons). *Bruxelles, Tircher et Manceaux*, 1863, in-8, 12 p.

Réponse à la « Lettre d'un Espagnol à un François », au sujet de la contestation qui est entre les princes du sang et les légitimés. (Par l'abbé Jean DE VAYRAC.) *S. l.*, 1716, in-8, 1 f. de tit. et 14 p. — *Id.*, 1716, 16 p. V. T.

Réponse à la « Lettre d'un Français au

roi ». *Paris, imp. de Dondey-Dupré,* 1815,
in-8, 14 p.

Signée P*** (J. PASSERON).

Réponse à la « Lettre d'un François au
roi ». Par L. A. M. (Louis-Aimé MARTIN).
Paris, H. Nicolle, 1815, in-8, 14 p.

Response à la lettre d'une personne de
condition touchant les regles de la con-
duitte des saints Peres dans la composition de leurs ouvrages, pour la deffense
des veritez combattues, ou de l'innocence
calomniée. (Par Antoine ARNAULD.) (1654),
in-8, 104 p.

Se trouve aussi à la suite des « Enluminures du fameux Almanach des Jésuites », *Liége,* 1683, in-8, et
dans la collection des Œuvres de l'auteur, t. XXVII,
nº 1.

J'ai eu tort d'attribuer cette Réponse à M. DE SACY
dans ma « Notice du Catalogue raisonné de l'abbé Goujet » ; mais l'abbé Goujet lui-même, dans ce Catalogue,
m'avait induit en erreur.

Réponse à la lettre de M. de B. touchant
la question, si un prince peut en recevoir
et protéger un autre, etc. (Par DE GOBEL,
conseiller aulique à Helmstadt.) 1736,
in-4. V. T.

Réponse à la lettre de M. Guillaume de
Houppeville...

Voy. « la Génération de l'homme... », V, 533, *f.*

Réponse à la lettre de M** (le Roy), insérée dans le « Journal de Verdun », page
84, février 1752, contre les lettres de
monsieur l'abbé de Villefroy. Par les capucins ses élèves (le P. Louis DE POIX et
autres). *Paris, G.-F. Quillau,* 1752, in-12,
71 p.

Réponse à la lettre de M. Jaussain en
forme de dissertation, accompagnée de
remarques au sujet des nouvelles « Formules de pharmacie pour les hôpitaux
militaires », par un docteur en médecine
(S.-F. MORAND). *S. l.,* 1748, in-8, 26 p.

Réponse à la lettre de M. le baron Ter-
neaux, député, négociant du département
de la Seine, par un électeur éligible (Armand PHILPIN). *Paris, G.-C. Hubert,* octobre 1821, in-8, 15 p.

Réponse à la lettre de M. le vicomte de
Chateaubriand, du 23 août, par L... D...
LA... (Louis DE LA BORDÈRE.) *Paris, Don-
dey-Dupré,* 15 sept. 1835, in-8, 37 p.

La Lettre de Chateaubriand, relative aux lois prépa-
rées contre la presse, a été insérée dans la « Quotidienne » du 24 août.

Réponse à la lettre de M. R... (Ricco-

boni), sur la comédie de l' « École des
amis » (de La Chaussée, par Jean-Alexis
LE LUREZ). 1737, in-12.

La Lettre de Riccoboni, composée en italien, a été
traduite en français (par FLONCEL) et parut sous le titre
de « Lettre à M. Muratori », etc., 1737, in-12.

Réponse à la lettre du sieur Pierre Re-
notte, apostat de la foy catholique, écrite
au magistrat de Soumagne. (Par Jean
JACOBY, récollet.) *Liége, Grison,* 1683,
in-12. Ul. C.

Réponse à la lettre du théologien (le
P. Caffaro), défenseur de la Comédie. (Par
Jean LELÉVEL.) *Paris, Girard,* 1694, in-12,
2 ff. lim. et 46 p.

Voy. « Lettre d'un théologien illustre... », V,
1169, *a.*

Réponse à la lettre écrite par Henri
d'Orléans à Son Altesse impériale et royale
monseigneur le prince Napoléon. (Par
Henri TERNAUX-COMPANS.) *Bruxelles, Rozez,* in-32, 15 p.

Cet opuscule a paru aussi avec ce titre : « Réponse
d'un belge à Henri d'Orléans ». *Bruxelles, Rozez,*
in-32, 15 p.

Réponse à la « Lettre » écrite par un
théologien (Condorcet) à l'auteur du « Dictionnaire des trois siècles » (l'abbé Sabatier de Castres). (Par C.-L. RICHARD.)
Paris, 1775, in-8.

Voy. V, 1167, *c.*

Response à la lettre et au discours de
Balsac, sur une tragédie de Heins, intitu-
lée : « Herodes infanticida ». (Par Jean DE
CROÏ.) (*Genève*), 1642, in-8, 189 p.

Voy. Bayle, art. « Croï ».

Réponse (de l'abbé N.-S. BERGIER) à la
lettre insérée dans le « Recueil philosophique », au sujet du livre intitulé : « la
Certitude des preuves du christianisme ».
Rome et Paris, Humblot, 1771, in-12, 68 p.

Réponse à la lettre pastorale de Mgr
Van Bommel, évêque de Liége, datée du
10 février 1836 ; par un prêtre catholique
belge (BEECKMAN). *Bruxelles, Lejeune,*
1836, in-8, 24 p.

Réponse à la lettre pastorale de Mgr
Van Bommel, par la miséricorde divine...
évêque de Liége ; par un laïc (E.-Laurent
RENARD). (*Liége, Collardin,* 1830), in-8,
27 p. Ul. C.

Réponse à la lettre raisonnée de
Louis XX (Adrien de La Croix), médecin

de la Faculté de Perpignan, par M. P...
(Th. CABRERE), D. M. S. l., 1743, in-4,
31 p.

Responce à la prétendue « Remonstrance » de Mᵉ Louys Nourry... sur les prétendues contraventions des apotiquaires de cette dite ville. (Par J. LE SIGNERRE.) Rouen, P. Maille, 1657, in-4, 25 p.

Réponse à la protestation des exécuteurs testamentaires du feu roi Louis-Philippe contre le décret du 22 janvier. (Par A.-S.-G. COFFINIÈRES.) Paris, impr. de Nap. Chaix, 1852, in-18, 36 p.

La première édition est in-4. Paris, impr. Plon, 1852, 40 p.

Réponse à la quatrième lettre d'un docteur de Sorbonne à un homme de qualité, touchant les hérésies du XVIIᵉ siècle. (Par Louis HABERT.) Paris, 1714, in-12.

Voy. V, 1149, a.

Réponse à la question : Pourquoi allez-vous à l'église française? Paris, Prévot, 1835, in-8, 14 p.

Signé : H. (le colonel HARRIOT, Irlandais).

Réponse à la récréance du ministre de La Ferté contre la proposition présentée à la reine pour réduire les François de la religion prétendue reformée à la foi catholique, apostolique et romaine. Dédiée à la reine, par P. B. D. M. (Pierre BURÉE, druide-médecin). Paris, Fleury Bourriquant (1611), in-8, 48 p.

L'auteur a signé la dédicace.

Réponse à la Réponse de M. de Champcenetz, au sujet de l'ouvrage de Mᵐᵉ la B. de S*** (la baronne de Staël) sur Rousseau. S. l. n. d., in-8, 27 p.

Attribuée à tort au comte Ant. DE RIVAROL.
Voy. ci-après, « Réponse aux Lettres sur le caractère... »

Réponse à la Requête de contredits de M. le procureur général, signifiée le 15 septembre 1664. (Par N. FOUQUET.) S. l. n. d. (1664), in-4, 20 p.

Réponse à la Satire X du sieur D*** (Despréaux, par Nic. PRADON). Paris, 1694, in-4.

Réponse à la seconde attaque de M. de Boissieu. (Par M. le docteur A. DE COMARMOND, conservateur des antiques de Lyon.) Lyon, impr. de F. Dumoulin (1855), in-4, 3 p.

Réponse à MM. Mauguin et d'Argout : la France et les colonies, ou le sucre indigène. Par M. Édouard DE P*****Y (Éd. DE POMPERY). Paris, Ebrard, 1836, in-8, 36 p.

Réponse à Mgr l'évêque de Meaux sur sa lettre pastorale (aux nouveaux catholiques, par Jacq. BASNAGE). Cologne, 1686, in-12.

Réponse à M. Ch. de Montalembert sur les affaires de Rome. (Par N.-F.-A. MADIER DE MONTJAU.) Bruxelles, Samuel, 1856, in-12, 53 p.   J. D.

Réponse à M. de Potter sur l'union des catholiques et des libéraux, 2ᵉ édition, augmentée d'une Réfutation des notes de M. de Potter. (Par Ch. DURAND.) Gand, Mestre, juillet 1829, in-8, 31 p.   J. D.

Réponse à M. de Voltaire sur son poëme de la bataille de Fontenoy, par M. L. M. DE TR..... (L.-E. DE TRESSAN), maréchal des camps et armées de Sa Majesté. Paris, Gandouin (1745), in-4, 1 f. de tit. et 5 p. — S. l., impr. de la veuve de C.-M. Cramé, s. d., in-4, 4 p.

Réponse à M. Émile de Girardin, suivie de Quelques Mots aux croisés orthodoxes. Paris, impr. E. Brière, 1855, in-8, 16 p.

Signée : un Polonais. Attribuée à M. Charles-Edmond CHOÏECKI, plus connu sous le nom de Charles EDMOND.

Réponse à M. Ernest Renan sur la « Vie de Jésus », par un libre croyant (Alcide MORIN). Paris, E. Dentu, 1863, in-8, 30 p.

Réponse à M. F. Grille. (Par H. BEAU, imprimeur à Saint-Germain en Laye.) Saint-Germain en Laye, 1853, in-8, 8 p.

Réponse à M. G*** (Galland), où l'on examine plusieurs questions d'antiquité, et entre autres la dissertation publiée depuis peu sur le Galien d'or du cabinet du Roy. (Par Ch.-César BAUDELOT DE DAIRVAL.) Paris, Aubouin, 1698, in-12.

Réponse à M. Hoffmann, ou dernier examen du procès intenté par le public à M. Etienne. (Par Lambert LALLEMANT.) Paris, Nouzou, 1812, in-8, 30 p.

Réponse à M. l'abbé des Roches, adressée à M. le vicomte Guiton de La Villeberge. (Par C. DE GERVILLE.) Valognes, imp. veuve H. Gomont, 1845, in-8, 24 p.

Réponse à M. l'évêque de Pistoie. (Par H. JABINEAU.) S. l., 12 juillet 1791, in-8, 14 p.

Réponse à M. le chevalier Alphonse de Vizien, auteur de la brochure intitulée : « la Rentrée de Bonaparte à Troyes et la Mort du chevalier de Gouault ». Par J. B. S. (SIMON fils, négociant), de Troyes. *Genève*, 1814, in-8, 35 p.

Réponse à M. le secrétaire perpétuel de la Société d'archéologie lorraine. (Par Ch.-Emm. DUMONT, juge à Saint-Mihiel.) *Saint-Mihiel, veuve Casner* (1866), in-8, 5 p.

Réponse à Napoléon III. César apprécié à sa juste valeur. (Par Eugène HACKIN.) *Liége, Gnusé*, 1865, in-8, 16 p.   Ul. C.

Response a plusieurs injures et railleries ecrites contre Michel, seigneur de Montagne, dans un livre intitulé : « la Logique, ou l'art de penser », contenant, outre les regles generales, plusieurs observations particulieres, propres à former le jugement de la deuxième édition. Avec un beau Traité de l'éducation des enfans, et cinq excellens passages tirez du livre des « Essais », pour montrer le mérite de cet auteur. (Par Guillaume BÉRANGER.) *Rouen, Laurens Maurry*, 1667, in-12. — *Paris*, 1668, in-12.

Les exemplaires, datés de Paris portent le nom de l'auteur sur le frontispice.

Response à quelques difficultez proposez à un théologien, sur la publication qui a été faite d'un jubilé particulier à l'église de Saint-Jean, à Lyon... *Lyon, Ant. Jullieron*, 1666, in-4, IV-40 p.

La dédicace est signée F. D. L. C. I. (François DE LA CHAISE, Jésuite).

Réponse à quelques objections concernant la concession du canal de Mons à la Sambre. (Par Valentin VAN DER ELST.) *Mons, Piérart*, 1845, in-8, 19 p.   J. D.

Réponse à quelques observations sur les haras. Réflexions sur l'élève du cheval en Normandie. (Par Ephrem HOUEL.) *Saint-Lô, Potier*, 1835, in-8, 45 p.

Réponse à quelques pamphlets sur la Constitution. (Par C.-B. DUNOYER.) *Paris, Dentu*, 1814, in-8, 16 p.

Réponse à tous mandemens, lettres pastorales, bulles, brefs, etc., tirée de l'Ecriture sainte. (Par l'abbé LE FESSIER, depuis évêque constitutionnel de Séez, département de l'Orne.) *Paris, Boulard*, 1791, in-8.

Réponse à un ami sur une célèbre aca-

démie qu'il avait vue à Malines au XIIᵉ siècle et sur l'époque des constitutions des chambres de rhétorique, etc. (Par DE VIVARIO.) *S. l.*, 1787, in-8.   D. M.

Réponse à un ami touchant les lettres qu'on attribue au cardinal Doria dans la suite des « Nouvelles ecclésiastiques », nº 29, 19 mai 1740. (Par le P. BREMOND, dominicain.) *S. l.*, in-4, 24 p.

Réponse à un article de M. Saint-Marc Girardin. (Par Nic. GRETSCH.) *S. l. n. d.* (*Carlsruhe*, 1844), in-8.   A. L.

Réponse à un article inséré dans le journal « le Globe », 17 août 1826, sous ce titre : « Annales du moyen âge ». *Dijon, de l'impr. de Frantin*, 1826, in-8, 13 p.

Par l'imprimeur J.-M.-F. FRANTIN, auteur des « Annales ». Voy. IV, 106, d.

Réponse à un Belge anonyme, prétenduement ami de la vérité et affirmant n'ayant point encore dépouillé sa raison, ou réfutation de la brochure intitulée : « Réponse à M. Vandenbossche... » Par un Belge non dépourvu de quelque sens commun (VANDENBOSSCHE). *Alost, Ducaju-Devylder*, 1837, in-8, 62 p.   J. D.

Responce à un certain escrit publié par l'admiral et ses adherans, pretendans couvrir et excuser la rupture qu'ils ont faite de l'edict de pacification... (Par Antoine FLEURY.) *Paris, C. Frémy*, 1568, in-8, 36 ff.

Réponse à un écrit anonyme (de Gibert) intitulé : « Mémoire sur les rangs et les honneurs de la cour » (ou Mémoire de M. de Soubise, par l'abbé J.-F. GEORGEL). *Paris, Le Breton*, 1771, in-8.

Voy. VI, 170, a.

Réponse à un écrit anonyme intitulé : « Une partie des employés aux jeux au défenseur des maisons de jeu. » (Par Henri-Alexis CAHAISSE.) *Paris, imp. de Doublet*, 1821, in-8, 12 p.

Réponse à un écrit intitulé : « Conduite et Réclamation de la garde, par Paul, soldat de l'ex-garde impériale », par S. M... (S. MABILEAU). *Paris, Mongie*, 1844, in-8, 12 p.

Réponse à un écrit intitulé : « Eclaircissements demandés à M. l'archevêque d'Aix (M. de Boisgelin) par un prêtre catholique français (l'abbé de Château-Giron)... » (Par L.-Matthieu DE BARRAL, alors évêque de Troyes, depuis archevêque de Tours.) *Londres, Lhomme,* 1801, in-8.

Réimprimée à Paris en 1802.

Réponse à un écrit intitulé : « Tabacs ». *Paris, impr. royale,* 1819, in-4, 12 p.

D'après Quérard, cet écrit a été attribué à tort à L. HUBERT.

Responce à un escrit publié sur le sujet des miracles qu'il a plu à Dieu de faire à Port-Royal depuis quelque temps par une sainte épine de la couronne de Notre-Seigneur. *Paris,* 1656, in-4, 2 ff. lim. et 27 p.

Attribuée par le P. Lelong à l'abbé Séb.-Jos. DU CAMBOUST DE PONT CHASTEAU.

Réponse à un électeur du département de l'Oise. (Par Nicolas TRONCHON.) (*Paris*), *impr. de Fain* (1816), in-8, 37 p.

Réponse à un imprimé qui a pour titre : « Mémoire sur un nouvel artifice des Jésuites ». (Par SABOUREUX DE LA BONNETERIE.) *S. l.* (1762), in-8, 13 p.

Réponse à un infâme pamphlet écrit par un Bruxellois peint par lui-même. (Par Eugène BARATTIN.) *Bruxelles, chez les principaux libraires,* 1863, in-8, 13 p.   J..D.

Réponse (du P. CLOUZEIL) à un libelle contre Marie d'Agreda, intitulé : « Lettre à MM. les doyen, syndic, etc., de la Faculté de Paris » (par l'abbé Lenglet du Fresnoy). 1696, in-18, 84 p.

Voy. Lenglet du Fresnoy, « Traité historique et dogmatique sur les apparitions, etc. », *Paris,* 1751, t. II, p. 27 et p. 199-229, la reproduction de la lettre de l'abbé Lenglet du Fresnoy, accompagnée d'autres pièces relatives à l'étrange écrit qui porte le nom de Marie d'Agreda.

Réponse à un libelle intitulé : « Idée générale des vices principaux de l'institut des Jésuites.... » (Par l'abbé Théodore LOMBARD.) *Avignon, Chambeau,* 1761, in-12.

L' « Idée générale », etc., est de l'abbé Coudrette; voy. V, 880, e.

Responce à un livre intitulé : « l'Office du Saint-Sacrement », etc. (Par Matthieu DE LA ROQUE.) *Charenton, Lucas,* 1665, in-8.

Voy. VI, 702, d.

Réponse à un opuscule de M. Blanc, pasteur à Mens, tendant à prouver que saint Pierre n'est jamais allé à Rome. (Par l'abbé TABARDEL, vicaire à Mens.) *Grenoble, Baratier,* 1838, in-12, 24 p.

Réponse à un pamphlet manuscrit. (Par le chevalier A.-J.-U. HENNET.) *Paris, Delaunay,* 1815, in-8, 60 p.

Il s'agit du Rapport attribué au duc d'Otrante, qui l'a désavoué. Pour d'autres réfutations, voy. le « Catalogue de l'histoire de France » de la Bibliothèque nationale, t. III, p. 340-341.

Réponse à un pamphlet répandu au Havre, le 25 février 1824. *Le Havre, Faure* (1824), in-8.

Signée : Un électeur havrais (M. CHAMBRELAND, secrétaire en chef de la sous-préfecture, d'après une note manuscrite contemporaine).

Réponse à un prélat sur le refus que M. le cardinal de Noailles a fait de continuer ses pouvoirs aux Jésuites. (Par l'abbé Bernard COUET.) *S. l.,* 1715, in-8.

Response à un sermon prononcé par e P. Brisacier, jésuite, dans l'église de Saint-Solene, à Blois, le 29 mars 1651. (Par Etienne LOMBARD, sieur DU TROUILLAS.) *S. l. n. d.,* in-4, 80 p.

Réponse à un sermon prononcé par M. le curé d'Outrebois, à Licheux, le 2 octobre 1831. (Par FROIDEVAL, officier de santé.) *Doullens,* 1831, in-8.

Réponse à un vicaire général sur ces paroles : « Je ne prends point de parti ». Lettre dogmatique. (Par le P. J.-François ALIXANT, religieux récollet.) *S. l.,* 1722, in-4, 186 p. et 3 ff. de table et d'errata.

Réponse à une brochure (imprimée au Mans) intitulée : « la Secte connue sous le nom de Petite Eglise convaincue de schisme, d'erreur, de calomnie et de mauvaise foi » (par M. Chevalier, docteur de l'Université d'Angers). *Londres,* 1816, in-8.

L'auteur de la « Réponse » est l'abbé BLANCHARD

Réponse à une brochure intitulée : « Lettres concernant l'inoculation ». (Par ACTON.) *Besançon, impr. de C.-J. Daclin,* 1765, in-8, 51 p.

La même année, l'auteur publia une seconde Réponse....

Réponse à une brochure intitulée « Questions sur le droit d'hérédité, spécialement considéré dans la monarchie et dans la pairie ; par M. le baron Massias ». (Par H. FOURNEL.) *Paris, impr. de Guiraudet,* in-8, 30 p.

Réimpression d'articles publiés dans « le Globe » des 26 juin, 26 août et 27 septembre 1831.

Réponse à une critique de l'art du

monnayage. (Par N.-F.-M. Angot Desno-tours.) *S. l.* (1789), in-8, 93 p.

Réponse à une des principales objections qu'on oppose maintenant aux partisans de l'inoculation de la petite vérole. (Par le marquis Fr.-Jean DE CHASTELLUX.) (*Paris*, 1763), in-12, 24 p.

Réponse à une dissertation contre les mariages clandestins des protestants de France, ou lettres à l'auteur d'un écrit intitulé : « Dissertation sur la tolérance des protestants, ou réponse à deux ouvrages, dont l'un a pour titre : « l'Accord parfait », et l'autre : « Mémoire au sujet des mariages clandestins des protestants de France ». *S. l.*, 1756, in-12, 34 p.

L'auteur, que l'on croit être l'abbé Jér. Besoigne, a encore publié : « Seconde Réponse à des Dissertations contre la tolérance pour les mariages des protestants, ou Lettre à l'auteur de deux mémoires, l'un intitulé : « Mémoire politico-critique, etc. », et l'autre : « la Voix du vrai patriote catholique, etc. » *S. l. n. d.*, in-12, 36 p.

Réponse à une Lettre du R. P. dom Mathieu Petit-Didier, président de la congrégation de Saint-Vanne, du 18 novembre 1723, où l'on réfute la dernière instruction pastorale de M. le C. de Bissy. (Par le P. Julien-Benj. DE GENNES, de l'Oratoire.) (*Troyes*), 1724, in-4.

Réponse à une Lettre imprimée dans « le Mercure » de janvier 1723, sur la nouvelle traduction de Denys d'Halicarnasse du R. P. L. J. D. L. C. D. J. (du R. P. Le Jay, de la Compagnie de Jésus, par le P. Hongnant, jésuite). *Paris, Dupuis*, 1723, in-12.

Cette Réponse a été attribuée à tort au P. G.-H. Bougeant. Voy. « Supercheries », III, 407, *c*.

Réponse à une lettre imprimée, signée : Jul. V. Klaproth. (Par Antonio Montucci.) (*Berlin*, 1809), in-4.

En réponse à une des trois lettres de Klaproth : « Schreiben an Herrn Sinologus Berolinensis ». A. L.

Réponse à une ode sur la royauté, par Ch. P. (Charles Potvin). *Bruxelles, Raes* (1849), in-8, 6 p. J. D.

Réponse à une question de médecine, dans laquelle on examine si la théorie de la botanique est nécessaire à un médecin. Par J. B., garçon apothicaire. (Par Thomas Carrère.) *S. l.*, 1740, in-4, 28 p.

Réponse apologétique à l'« Anti-Cotton » et à ceux de sa suite... où il est montré que les auteurs anonymes de ces libelles diffamatoires sont atteints des crimes d'hérésie, lèse-majesté, perfidie, sacrilège et très-énorme imposture; par un Père de la Compagnie de Jésus. *Au Pont, Michel Gaillard*, 1610, in-8.

Le P. Cotton, auteur de cette « Apologie », craignant sans doute qu'on la lui attribuât, ce qui l'eût affaiblie aux yeux de ses adversaires, la fit paraître avec le même titre, sous le nom de François Bonald, de la Compagnie de Jésus, au Pont, 1611.
Plusieurs fois réimprimée.

Réponse apologétique à l'auteur des « Réflexions critiques et historiques sur le panégyrique de saint Agricol ». (Par le P. Eusèbe Didier.) 13 septembre 1755. *S. l. n. d.*, in-4, 25 p.

Réponse apologétique à MM. du clergé de France sur les actes de leur assemblée de 1682 touchant la religion. (Par DE LA Bastide.) *Amsterdam, H. Desbordes*, 1683, in-12.

V. Bayle : *Epistola de scriptis adespotis*, dans le tome IV de ses « Œuvres diverses », p. 156.

Réponse au contradicteur de la brochure intitulée : « le Pour et le Contre ». (Par Dubucq.) *Londres*, 1785, in-4.

Réponse au « Coup d'œil du solitaire qui avait pris pour devise : *Abyssus abyssum invocat.* » (Par Guy-Marie Deplace.) *Lyon, Pitrat*, 1825, in-8, 24 p. D. M.

Le « Coup d'œil du solitaire » était un pamphlet dirigé contre M. de Pins, alors archevêque de Lyon. Quérard attribue par erreur cette réponse à Antoine Faivre, auteur d'une autre réplique au même pamphlet intitulée : « le Solitaire aux prises avec le sens commun... » Voy. ce titre. Voy. aussi « Supercheries », I, 210, *c*.

Réponse au « Coup d'œil sur le compte présenté par Berne contre le canton de Vaud » (de M. César Soulier); par l'auteur du « Coup d'œil politique sur l'Helvétie » (F.-C. DE LA HARPE). *Berne*, 1er décembre 1814, in-8.

Réponse au « Cri » de V. Hugo. (Par Lucien Travers.) *Caen, impr. A. Domin*, in-8, 3 p.

Extrait du journal « l'Ordre et la Liberté » du 26 mai 1871.

Réponse au discours de mylord Stanhope, sur l'occupation de la France par l'armée étrangère. (Par Charles Dupin.) *Londres, Ridgway*, 1818, in-8, VIII-32 p. — 2e édit. *Paris, L'Huillier*, février 1818, in-8, 51 p.

Réponse au discours de S. Exc. M... de Villèle... sur le projet de remboursement. (Par LEWAL.) *Paris, imp. H. Til-liard*, 1824, in-8, 23 p.

Réponse au discours fait au roi pour l'assemblée d'un nouveau concile. (Par DE GRIEUX.) 1607, in-8.

Réponse au discours sur les sciences et les arts, par un citoyen de Genève. (Par le roi STANISLAS et le P. Jos. DE MENOUX, jésuite.) *Genève*, 1751, in-8, 34 p.

Voy. les « Confessions » de J.-J. Rousseau, liv. 8, édit. de *Paris*, 1800, *chez Didot*, t. XV, p. 120. Le P. de Backer, 2e édit., t. II, col. 1252, indique le numéro 933 du Catalogue Dacier comme contenant des « Observations » de J.-J. Rousseau sur cette Réponse.

Réponse au factum de la demoiselle Petit, ci-devant actrice de l'Opéra, pour Mlle Jacquet, accusée d'imposture et de calomnie. (Attribuée à A. G. MEUSNIER DE QUERLON.)

Voy. le t. II des « Causes amusantes et connues ».

Réponse au factum des réguliers d'Agen, pour servir au procès pendant au conseil privé du roy entre M. l'évêque d'Agen et lesdits réguliers. (Par M. DE LAUNOY.) *S. l. n. d.*, in-4, 28 p. — *S. l. n. d.*, in-4, 47 p.

Réponse au « Frondeur désintéressé », par un autre frondeur désintéressé (Fr. DAVENNE). *S. l.*, 1650, in-4, 12 p.

Réponse au général baron de Richemont, député de l'Allier, par J. W. (WILSON, industriel). *Bruxelles, Van Kempen*, 1829, in-8, 48 p.　　　J. D.

Cet ouvrage avait été attribué par erreur à LIBRI-BAGNANO.

Réponse au « Jean qui pleure » et au « Jean qui rit », à M. de Voltaire. (Par l'abbé C.-H. DE FUSÉE DE VOISENON.) 176..

Article donné ainsi incomplet par Ersch, « France littéraire », t. III.

Réponse au jésuite auteur de la « Lettre au sujet de la conjuration formée contre le roi de Portugal ». (Par L.-A. LE PAIGE.) *S. l.* (1759), in-12.

Le Paige était dans l'erreur, puisque Bury était le véritable auteur de la « Lettre » qu'il réfute. Voy. V, 1129, c.

Réponse au libelle de Samuel Parker, etc. (Par Guillaume BURNET.) *Cologne*, 1688, in-12.

Response au libelle intitulé « Bons Advis sur plusieurs mauvais advis ». (Par Louis

LE LABOUREUR.) *S. l.*, 1650, in-4, 32 p.

Voy. « Bons Advis... », IV, 448, b.

Response au libelle intitulé : « Don pacifique d'Avranches, rempli d'erreurs et de calomnies, contre la saincte mémoire de feu Monseigneur l'Evesque de Belley, et contre tous les curez de Paris, » composé et distribué par les Iésuites, en l'an 1654. *S. l.*, 1654, in-4, 58 p.

Les rédacteurs du Catalogue de la Bibliothèque du Roi, *Théologie*, t. II, D, 1297, attribuent cette Réponse à Ant. ARNAULD. On ne la trouve point dans la collection des « Œuvres » de ce docteur.

Response (la) au libelle intitulé : « la Chasse aux larrons, ou pressouer des financiers ». Par J. G. (Jean GUÉRIN), ci-devant président en la cuisine de la reyne Marguerite. *S. l.*, 1623, in-8, 16 p.

Réponse au libelle intitulé : « Très-humble, très-véritable et très-importante remontrance au roi ». (Attribuée à Achille DE HARLAY, sieur de Sancy, évêque de Saint-Malo.) *S. l.*, 1632, in-4, 174 p. — *Ibid.*, in-8, 143 p.

Réponse au livre de M. Arnauld, intitulé : « la Perpétuité de la foy. » (Par Jean CLAUDE.) *Quevilly, Lucas*, 1670, in-8.

Réponse au livre de M. de Condom, de « l'Exposition, etc. » (Par Marc-Ant. DE LA BASTIDE.) *Rouen*, 1672, in-12.

L'auteur a fait paraître une « Seconde Réponse » en 1680. Voy. ces mots.

Réponse au livre de M. l'évêque de Lavaur contre la fréquente communion. (Par Ant. ARNAULD.) 1644, in-4.

Réponse au livre de M. l'évêque de Meaux, « de la Communion sous les deux espèces. » (Par Mathieu DE LARROQUE.) *Rouen*, 1683, in-12.

Réponse au livre de M. l'évêque de Meaux, intitulé : « Conférence avec M. Claude. » (Par J. CLAUDE.) *Charenton, Lucas*, 1683, in-8. — *La Haye, Leers*, 1683, in-8.

Réponse au livre du P. Nouet sur le sujet du saint sacrement de l'Eucharistie. (Par Jean CLAUDE.) *Amsterdam, Raphael Smith*, 1678, in-8.

Réponse au livre intitulé : « Apologie pour l'Université de Paris, contre le discours d'un Jésuite. » (Par le P. Jacques DE LA HAYE, jésuite.) *Paris*, 1643 in-8.

L' « Apologie » est de Godefroy Hermant. Voy. IV

251, *b*. Il répliqua par une « Seconde Apologie pour l'Université de Paris... » Voy. ce titre.

Réponse au livre intitulé : « Extraits des assertions dangereuses et pernicieuses en tout genre, que les soi-disant jésuites ont, dans tous les temps et persévéramment, soutenues, enseignées et publiées dans leurs livres, avec l'approbation des supérieurs et généraux ; vérifiés et collationnés par les commissaires du Parlement.» *S. l.*, 1763-1765, 3 vol. in-4.

Le P. SAUVAGE, jésuite, a présidé à cet ouvrage, mais le P. Jean GNOU a eu la plus grande part à sa rédaction. Voy. « Extraits des assertions... », V, 404, *c*.

Réponse au livre intitulé : « la Conduite de la France depuis la paix de Nimègue ». (Par G. SANDRAS DE COURTILZ.) *Cologne, P. Marteau*, 1683, in-12, 144 p.

Deux éd. la même année. Voy. IV, 672, *a*.

Réponse au livre intitulé : « le Véritable Père Josef, contenant l'histoire anecdote du cardinal de Richelieu», imprimé à Saint-Jean-de-Maurienne, et aux autres critiques de la vie de ce fameux capucin. (Par l'abbé René RICHARD.) (*S. l.*), 1703, in-12, 1 f. de tit. et 26 p.

Réponse au livre (de J. Le Clerc) intitulé : « Sentimens de quelques théologiens de Hollande sur l'Histoire critique du Vieux Testament, » par le prieur de Bolleville (Richard SIMON). *Rotterdam, Reinier Leers*, 1686, in-4.

Réponse au Manifeste de Louis XVIII. Par R...... (RASPAIL). *Paris, Rochette*, an VIII, 2 vol. in-18.

Voy. « Supercheries », III, 285, *f*.

Réponse au Manifeste du roi de Prusse. (Par ANDRÉ D'ARBELLES, auteur des articles politiques du journal intitulé « l'Argus ».) *Paris*, 15 novembre 1806, in-8, 44 p.

M. GENTZ passe pour le rédacteur du Manifeste.

Réponse au Manifeste publié par les perturbateurs du repos de l'État. (Par Nicolas COEFFETEAU.) *Paris, A. Estienne*, 1617, in-8, 16 p. — *Ibid., id.*, 32 p. — *Lyon, A. Bergier*, 1617, in-8, 16 p.

Réponse au Manifeste qui court sous le nom de S. A. E. de Bavière, ou réflexions sur les raisons qui y sont déduites pour la justification de ses armes. (Par Casimir FRESCHOT.) *A Pampelune, Jacques l'Enclume*, 1705, in-12.

Voy. « Manifeste de S. A... », VI, 31, *e*.

Réponse au Mémoire de la Chambre de commerce d'Ypres, sur les projets de jonction de la Haine à la mer du Nord, par la Lys et l'Yperlée ; par un habitant du Hainaut (LEGRAND-GOSSART, négociant à Mons). *Mons, Piérard*, 1834, in-4, 15 p. J. D.

Réponse au Mémoire de M. Boistel-Duroyer, touchant l'affaire du commissaire de police. (Par M. DUNOYER, préfet, 28 février 1835.) *Amiens, Machart*, 1835, in-8.

Réponse au Mémoire de M. l'abbé Morellet, sur la Compagnie des Indes, imprimé en exécution de la délibération de MM. les actionnaires, prise dans l'assemblé générale du 8 août 1769. (Par J. NECKER.) *Paris, impr. roy.*, 1769, in-4.

Réponse au Mémoire publié par messire Guillaume de Juliard, prevot de l'église métropolitaine de Toulouse, contre le livre qui a pour titre: « Histoire de la congrégation des filles de l'enfance. » (Par Simon REBOULET.) *Amsterdam, F. Girardi*, 1737, in-12, 348 p. et 25 p. d'additions.

Réponse au nom de M. Degrouais à la lettre de l'abbé Desfontaines, insérée dans le sixième volume des Jugements de M. Burlon de La Busbaquerie. (Par l'abbé Jacq. DESTRÉES.) *Avignon, P. Giroux*, 1745, in-12.

Réponse au pauvre diable. (Par VOLTAIRE.) *Genève*, 1760, in-12, 23 p.

Réimpression de : « Pièces échappées du portefeuille de M. DE VOLTAIRE, comte de Tournay. » *Lausanne, aux dépens de M. le Comte*, 1759, in-12, 23 p.

Réponse au P. Annat, provincial des Jésuites, touchant les cinq propositions attribuées à M. l'évêque d'Ypres ; divisée en deux parties. (Par Ant. ARNAULD et P. NICOLE.) *S. l.*, 1654, in-4, 15 et 21 p.

Réponse au P. Ferrier, jésuite, sur son « Idée du jansénisme ». (Par Martin DE BARCOS.) 1664, in-4, 12 p. — Seconde Réponse. 1664, in-4, 15 p.

Réponse au Père Tournemine sur son extrait d'un livre intitulé : « le Jansénisme démasqué. » (Par G. PLANTAVIT DE LA PAUSE, abbé DE MARGON.) *S. l.*, 1716, in-12, 72 p.

Réponse au premier plaidoyer de M. d'E......... dans l'affaire du comte de Lally. Par un ami de Voltaire (CONDORCET). *Londres*, 1781, in-8, 49 p.

Avait paru d'abord en 1780 sous le titre de : « Un

ami de Voltaire à monsieur d'Eprémesnil.... » Voy. ces mots.

Réponse au public.

Voy. « Avis au public », IV, 358, f.

Réponse au représentant Proudhon, par un de ses disciples (M. Prosper POITEVIN, rédacteur du « Paysan du Danube »). Dieu. *Paris, de l'impr. de Claye et Taillefer, s. d.* (25 juillet 1848), in-fol., 2 p. à 3 colonnes.

Cet écrit a formé quelques jours plus tard le 5e numéro du « Paysan du Danube ».

Réponse au Rêve d'un philosophe... (Par madame L. VILDÉ.)

Article cité ainsi par Quérard sans description bibliographique.

Réponse au sieur Jean Molines, dit Fléchier, ou examen des motifs qu'il a publiés de son changement de religion, par M. D. R. P. P. T. (Franç. DE ROCHES, pasteur, professeur, à Genève). *A Villefranche*, 1753, in-12.

L'écrit réfuté est intitulé : « Lettre, Abjuration et Profession de foi de M. Molines, ci-devant ministre de la religion prétendue réformée ». *Montauban*, 1752, in-8.

Réponse au sujet d'une lettre anonyme. (Par BOUCHOTTE.) *Paris, impr. nat.*, 1789, in-8, 20 p.

Réponse au « Supplément du Siècle de Louis XIV ». (Par L. ANGLIVIEL DE LA BEAUMELLE.) *Colmar*, 1754, pet. in-8, 173 p.

Réponse au « Traité de la mouvance de Bretagne » (de Vertot, par dom Guy-Alexis LOBINEAU). *Nantes, J. Mareschal*, 1712, in-8.

Réponse au traité de M. l'évêque de Meaux : « de la Communion sous les deux espèces, » en deux parties. (Par AUBERT DE VERSÉ.) *Cologne*, 1683, in-12.

Réponse au « Traité des études monastiques » du P. Mabillon. (Par l'abbé A.-J. LEBOUTHILLIER DE RANCÉ.) *Paris, F. Muguet*, 1692, in-4.

Réponse au Véritable Etat de la question de la promesse à la Constitution. (Par L.-M. DE BARRAL, alors évêque de Troyes.) *Londres, L'Homme*, 1800, in-12.

Réponse aux adversaires du service obligatoire en Belgique. (Par le colonel d'état-major belge A. BRIALMONT.) In-8.

Réponse aux alarmes des bons citoyens.

(Par le comte DE MIRABEAU.) *S. l.* (1789), in-8, 49 p. — *Id.*, in-8, 51 p.

L'abbé Barth. MERCIER DE SAINT-LÉGER a communiqué à l'auteur une note pour justifier le Parlement de Paris, accusé d'avoir repoussé l'imprimerie, tandis qu'au contraire il en a favorisé les progrès par ses priviléges contre les contrefacteurs. Cette note se trouve à la fin du deuxième tirage de la brochure dont il est ici question.

Réponse aux allégations anglaises sur la conduite des troupes belges en 1815, par un officier général (le général-major RENARD). *Bruxelles, Muquardt*, 1855, in-8, 96 p.   J. D.

Réponse aux articles du « Journal des Débats » contre le magnétisme animal. *Paris, J.-G. Dentu*, 1816, in-8, 24 p.

Signée : L. B. (le baron E.-F. D'HÉNIN DE CUVILLERS).

Réponse aux assertions contenues dans l'ouvrage du R. Fr. La Fascia (pseudon. de Beyerlé, de Nancy), ayant pour titre : *de Conventu generali*, etc., ou nouveau compte rendu à la IIe province, dite d'Auvergne, des opérations du convent général de Wilhelmsbad de l'année 1782, en redressement des faits présentés dans le susdit ouvrage. (Par MILANÈS, avocat du roi à Lyon.) *Imprimé à Lyon, sur la minute déposée aux archives du* +, 1784, in-fol., 28 ff.

Voy. Georg. Kloss, « Bibliographie der Freimaurerei », 1848, in-8, n° 2319. Thory indique cet ouvrage format in-8; se trompe-t-il? ou existe-t-il une seconde édit. in-8?

Je profite de l'occasion pour rectifier la note de feu Lerouge dans les « Supercheries » de Quérard, tome I, p. 30 de la 1re édit., tome I, col. 1243, e, de la seconde. Le pseudonyme de Beyerlé n'est pas *Eques a Flore*, mais *Ludov. a Fascia*; voici, du reste, le titre exact : R. Fr. Ludov. a Fascia Præf. + Loth. et Vis. Pr. Austrasiæ de Conventu generali Latomorum, apud aquas Wilhelminas, prope Hanauviam oratio. *S. l.*, 1782, in-8, 256 p. La traduction française du titre latin, puisque Quérard a trouvé à propos de la donner, aurait dû être entre parenthèses, car, quoique l'ouvrage soit en français, le titre est entièrement latin.

Il en existe, comme le dit Lerouge, une réimpression, *s. l. n. d.* (*Frankfurt, Brönner*, 1782), in-8, et une traduction allemande pour laquelle je renvoie au n° 483 du « Catalogue-spécimen de la bibliothèque Ouvaroff, Sciences secrètes ».   A. L.

Réponse aux calomnies aussi grossières qu'absurdes contenues dans les quatre premières pages du second volume d'un prétendu roman intitulé : « Barthèle » (par Duronceray), par H....T (HUBERT, ex-chirurgien en chef des hôpitaux civils). *S. l. n. d.*, in-8, 14 p.   L. D. L. S.

Response aux calomnies naguères malicieusement inventees contre I. G., sous le nom faulsement deguizé de M. A. Guymara Ferrarois, aduocat de M. I. Charpentier. (Par Jaq. Grevin.) *Paris, Challot Billet*, 1564, in-4, 16 p.

Responce aux déclarations et protestations de MM. de Guise, faictes sous le nom de Mgr le cardinal de Bourbon, pour justifier leur iniuste prise des armes. (Par du Plessis-Monnay.) *Nouvellement imprimé*, 1585, in-8.

Même ouvrage que : « Advertissement sur l'intention et le but de Messieurs de Guise... » Voy. IV, 352, *d*.

Réponse aux détracteurs de la brochure intitulée : « Exposition de Nantes en 1825 ». (Par Vincent Gache et Gustave-Antoine Richelot.) *Nantes, imp. Hérault* (1825), in-8, 15 p.

Cat. de Nantes, n° 63063.

Réponse aux deux traités intitulés : « la Perpétuité de la foy touchant l'Eucharistie ». (Par Jean Claude.) *Paris, A. Cellier*, 1665, in-8. — *La Haye, J. Ramazeyn*, 1666, in-12. — *Charenton, Varennes*, 1667, in-12.

Cet écrit du ministre Claude parut avant la publication des traités auxquels il sert de réponse et motiva cette publication d'un ouvrage qui avait paru primitivement comme préface de la première édition de l'*Office du Saint-Sacrement*, de MM. Arnauld et Nicole. La réponse de Claude à cette préface fut ce qui obligea Nicole à faire imprimer sa préface en corps de livre, avec la réfutation de celui de Claude. (Ch. Weiss.) Voy. « Perpétuité (la) de la foy... », VI, 835, *d*.

Réponse aux différens écrits publiés contre la comédie des Philosophes, ou parallèle des Nuées d'Aristophane, des Femmes sçavantes, du Méchant et des Philosophes; par M. D. L. M. C. (Ign. Hugary de Lamarche-Courmont). *S. l.*, 1760, in-12, 76 p.

Voy. VI, 875, *b*.

Réponse aux docteurs modernes, ou apologie de l'auteur de la Théorie des lois... (Par S.-N.-H. Linguet.) *Londres*, 1771, in-12.

Réponse aux doutes d'un philosophe, par M. de T*** (le baron Herman de Trappé), de Namur. *Namur, Gérard*, 1825, in-8, 16 p.

Réponse aux « Éclaircissements » du R. P. Matthieu Texte. (Par l'abbé Henri Prévost.) *S. l. n. d.* (1742), in-12.

Réponse aux écrits anglois sur les limites de l'Amérique. (Par M.-F. Pidansat de Mairobert.) 1755, in-12.

Réponse aux entretiens composés par Bayle contre la conformité de la foi avec la raison. (Par I. Jaquelot.) *Amsterdam*, 1707, in-12.

Réponse aux évêques. Le pouvoir temporel des papes. (Par Serge Souschkoff.) 3ᵉ édition, augmentée de la lettre de Napoléon III au pape et de la lettre de Louis-Napoléon Bonaparte à Edgar Ney. *Bruxelles, Van Meenen*, 1860, in-12, 73 p.

La première édition, publiée en 1859, a 85 p.
J. D.

Réponse (la) aux injustes plaintes des ministres de Charenton; ensemble l'arrest du privé conseil donné sur le sujet de leur livre intitulé : « Défense de la confession de foy des Églises prétendues de France ». Par C. de R. (Charles de Raymond), abbé de la Frenade. *Imprimé à Paris pour l'auteur*, 1617, in-8, 66 p.

Réponse aux insinuations de la presse contre les fabriques des églises. (Par C.-R.-A. Van Bommel.) *Liége*, 1841, in-8, 68 p.

Réponse aux invectives contenues en un livre intitulé : « le Grand Colisé bâti d'injures contre les camarades et compagnons de Jésus-Christ », imprimé à Saint-Gervais en chrétienté en l'an 1611. Par M. D. L. *S. l. n. d.* Imprimé pour la troisième fois, in-8.

Signée : G. Baile, de la Compagnie de Jésus.

Réponse aux « Lettres contre l'immunité des biens ecclésiastiques ». *S. l.*, 1750, in-8. — *Amsterdam*, 1750, in-8. — Nouv. édit., corrigée. *S. l.*, 1750, in-12. — *S. l. n. d.*, in-12.

Voy. « Lettres. *Ne repugnate*... », V, 1280, *f*.
Dans ses notes de police, l'inspecteur de la librairie, d'Hémery, dit au sujet de l'abbé Ant. Duranthon, principal du collége de Mⁿ Gervais et docteur de Sorbonne: Il est auteur de trois lettres que Barrois a imprimées pour réfuter celles qu'on a écrites contre le clergé. Le magistrat en a eu connaissance et en a permis l'impression en prenant beaucoup de précautions. Le 15 sept., le même libraire a donné la suite de la réponse aux lettres contre l'immunité du même auteur.

Réponse aux « Lettres d'un chanoine pénitencier à un chanoine théologal », avec un *post-scriptum*. (Par Josse Le Plat, docteur en droit à Louvain.) *Lille*, 1786, in-12.

Voy. « Supercheries », I, 094, *a*.

Réponse aux « Lettres » de M. de Voltaire. (Par l'abbé J.-B. Molinier, ex-oratorien.) *La Haye, Scheurleer*, 1735, in-12, 78 p.

L'édition de Paris est intitulée : « Lettres servant de réponse... » Voy. V, 1288, e.

Réponse aux Lettres de M. Filtz-Moritz (par l'abbé Brigault, Lyonnois, mis à la Bastille en 1717), à la fin de la seconde édition de ces Lettres, publiée à *Amsterdam*, 1718, in-12.

Réponse aux « Lettres (de J.-R. Tronchin) écrites de la campagne ». (Par d'Ivernois.) 1764, in-8.

Voy. « Lettres populaires... », V, 1285, f.
C'est par erreur que cet ouvrage a été placé, dans la table de la précédente édition, parmi ceux de Francis d'Ivernois.

Réponse aux « Lettres écrites de la montagne » ; publiée à Genève, sous ce titre : Sentiment des citoyens. (Par Voltaire.) *Genève et Paris, Duchesne*, 1765, in-8, 22 p.

Cette édition fut donnée par J.-J. Rousseau, qui la supprima peu de jours après.

Réponse aux « Lettres provinciales » de L. de Montalte, ou entretiens de Cléandre et d'Eudoxe. (Par le P. G. Daniel.) *Cologne, P. Marteau*, 1696, in-12. — *Amsterdam (Rouen)*, 1697, in-12.

Voy. ci-dessus, « Entretiens de Cléandre et d'Eudoxe », V, 127, a.
Réimprimée avec quelques modifications dans le tome II de « Documents historiques, critiques, apologétiques, concernant la Compagnie de Jésus ». *Paris*, 1830, in-8.
Voy. aussi Dupin, « Table des auteurs du XVIIe siècle », p. 2410, et Ribadeneira, ou plutôt Sotwell, « Biblioth. scriptor. Soc. Jesu », p. 380. Ces deux derniers auteurs se trompent toutefois sur la date de la publication de Nouet, qu'ils font paraître en 1647, dix ans avant les « Provinciales ». (P. Varin, « la Vérité sur les Arnauld ». *Paris*, 1847, 2 vol. in-8.)

Réponse aux lettres (de Mme de Staël) sur le caractère et les ouvrages de J.-J. Rousseau. Bagatelle que vingt libraires ont refusé de faire imprimer. (Par Champcenetz.) *Genève*, 1789, in-8, 63 p.

Voy. « Lettres sur les ouvrages et le caractère... », V, 1304, b.

Réponse aux « Lettres sur les Hollandois », précédée d'une lettre à l'auteur de cette Réponse. (Par François Bruys.) *Amsterdam*, 1735, in-12, 61 p.

Réponse aux libellistes. (Par l'abbé H. Grégoire.) *Paris, Egron*, 1814, in-8, 24 p.

Réponse aux moyens de nullité publiez par le chappitre de Rouen, contre les sta-

tuts de monseigneur le cardinal de Joyeuse leur archevesque. (Par J. de Montereul.) *Paris, S. Cramoisy*, 1610, in-8, 6 ff., 118 p. et 1 f. de privilége.

L'épître dédicatoire est signée par l'auteur.

Réponse aux notes critiques de Napoléon sur l'ouvrage intitulé : « Considérations sur l'art de la guerre. »(Par le général Jos. Rogniat.) *Paris, Ancelin et Pochard*, 1823, in-8.

Les notes de Napoléon se trouvent dans les « Mémoires » publiés par MM. Gourgaud et Montholon, « Mélanges », t. II.

Réponse aux nouveaux écrits de MM. des missions étrangères contre les Jésuites. (Par le P. J.-P. Lallemant.) *S. l.*, 1702, in-12.

Réponse aux objections contenues dans l'article relatif au projet d'une loterie d'immeubles, inséré au « Bulletin universel des sciences et de l'industrie », du mois de novembre 1829... (*Paris*), *impr. de Porthmann, s. d.*, in-8, 24 p.

Signée P. F. (P. Fabre).

Réponse aux objections qui se font pour empêcher la réception du Concile de Trente. (Par Pierre Grégoire, jurisconsulte de Toulouse.) *Paris*, 1615, in-8.

Réponse aux objections tirées de la prescience divine. (Par Siméon, administrateur de l'hospice de Châlons-sur-Marne.) *Châlons-sur-Marne, impr. de E. Martin*, 1857, in-16, 168 p.

Tirée à 50 exemplaires.

Réponse aux Observations d'un habitant des colonies sur le Mémoire en faveur des gens de couleur ou sang mêlé. (Par l'abbé Ant. de Cournand.) *S. l.*, 1789, in-8.

Réponse aux Observations de M. le lieutenant général vicomte Rogniat sur l'ouvrage intitulé « du Projet de fortifier Paris »... Par l'auteur de cet ouvrage (Ch. Richardot)... *Paris, J. Corréard*, 1840, in-8, 39 p.

Réponse aux Observations des auteurs du « Journal des Savans » sur la « Lettre » à M. de Lavau touchant la latinité des modernes, avec la réfutation du système de Pluche sur l'étude des langues et un cours parallèle de l'éducation publique et particulière. (Par Chrétien Le Roy.) *Paris, Thiboust*, 1757, in-12.

Voy. « Lettre de M*** à M. de Lavau... », V, 1178, c.

Réponses aux Observations faites sur le livre intitulé : «•Artillerie nouvelle », pour les articles relatifs à l'exécution des fontes. (Par Ch. Tronson Ducoudray.) *Paris*, 1774, in-8.

Voy. « Artillerie nouvelle... », IV, 303, *d*.

Réponse aux «Observations générales» publiées contre le livre intitulé : « Dissertation historique et critique sur l'origine et l'ancienneté de l'abbaye de S.-Bertin... » *S. l.*, 1738, in-12, 53 p.

Cette Réponse est de dom Cléty et de dom Lemerault, qui sont aussi les auteurs de la « Dissertation » (voy. IV, 1058, *f*). L'auteur des « Observations » n'est pas connu. C'est une pièce in-4.

Réponse aux « Observations (de l'abbé de La Porte) sur l'Esprit des lois ». (Par François Risteau.) *S. l.*, 1751, in-12.

Réimprimée à la suite des « Lettres familières du président de Montesquieu »..., édition de 1768. Voy. V, 1270, *f*.

Réponse aux Observations sur l'ouvrage intitulé : « Essai sur l'histoire littéraire de Pologne », etc. (Par J.-B. Dubois.) *Varsovie*, 1779, in-8. A. L.

Réponse aux Observations sur la réplique de l'auteur anonyme à la réponse aux deux lettres critiques contre l'histoire de saint Sigebert, IIIᵉ du nom et 12ᵉ roi d'Austrasie. (Par le P. Benoist, de Toul.) *S. l. n. d.*, in-8, 36 p.

Réponse aux Observations sur le décret de M. l'évêque de Limoges, et sur la Lettre de M. Tabaraud au sujet de ce décret. (Par M.-M. Tabaraud.) *Limoges, Bargeas*, 1820, in-8, 45 p.

Réponse aux Observations sur les contributions indirectes, contenues dans l'écrit intitulé : « Examen impartial du budget. » (Par M. Boursi, chef aux contributions indirectes.) *Paris, P. Mongie l'aîné*, 1816, in-8, 57 p.

Response aux observations touchant le « Festin de pierre » de monsieur Molière. *Paris, G. Quinet*, 1663, pet. in-12, 32 p.

Il n'existe qu'une édition de cette pièce, qu'on ne peut attribuer qu'à Molière ou à quelqu'un de ses amis qui l'aurait écrite sous son inspiration. Elle a été réimprimée à la suite des « Observations » de Rochemont sur le « Festin de pierre » dans la collection moliéresque, publiée par l'éditeur J. Gay. *Genève*, 1869, pet. in-12.

Réponse aux plaintes des protestants touchant la prétendue persécution de France, où l'on expose le sentiment de Calvin et de tous les célèbres ministres sur les peines dues aux hérétiques. (Par Denis de Sainte-Marthe.) *Paris*, 1688, in-12.

Réponse aux prétendus droits de la maison électorale de Bavière sur le royaume de Hongrie et de Bohême. (Par D. Knorr.) *S. l.*, 1741, in-fol.

Réponse aux prétentions de MM. les sociétaires de l'Opéra-Comique. *Paris, imp. de David*, 1826, in-4, 4 p.

Signée : le directeur du théâtre royal de l'Opéra-Comique (R.-C. Guilbert, de Pixérécourt).

Réponse aux principales objections contenues dans l' « Examen et Réfutation des leçons de physique expliquées par M. de Molières, par Sigorgne. » (Par l'abbé P. Le Corgne de Launay.) *Paris*, 1742, in-12.

Voy. « Examen et Réfutation... », V, 359, *e*.

Réponse aux principales questions qui peuvent être faites sur les États-Unis de l'Amérique, par un citoyen adoptif de Pensylvanie (J.-E. Bonnet). *Lausanne, H. Vincent*, 1795, 2 vol. in-8.

Réimprimée avec le nom de l'auteur sous le titre « États-Unis de l'Amérique à la fin du XVIIIᵉ siècle », *Paris, Maradan, s. d.*, 2 vol. in-8.

Réponse aux principaux articles et chapitres de l'Apologie du Belloy, faulsement et à faux titre inscrite Apologie catholique pour la succession de Henry, roi de Navarre, à la couronne de France. Traduite nouuellement du latin sur la copie imprimée à Rome, par M. M. S. l., 1588, in-8.

Le texte a paru sous le pseud. de Franciscus Romulus (voy. ce nom aux « Supercheries », III, 1255, *e*) et aurait pour auteur, suivant le P. Lelong, le cardinal Robert Bellarmin.

Réponse aux Questions d'un provincial. (Par P. Bayle.) *Rotterdam, R. Leers*, 1704-1707, 5 vol. in-12.

Réponse (de l'abbé J. Novi de Caveirac) aux « Recherches historiques concernant les droits du Pape sur la ville et l'État d'Avignon » (brochure publiée à Rome, réimprimée à Paris, et suivie de la Défense des « Recherches historiques ». par C.-F. Pfeffel, auteur de ces Recherches), *S. l.*, 1769, in-8.

Voy. ci-dessus, « Recherches historiques... » col. 20, *e*.

Réponse aux « Réflexions » de M. Necker sur le procès intenté à Louis XVI, par M. M*** (C.-F.-L. de Montjoye). *Paris*, 1792, in-8, 1 f. de tit. et 46 p.

Réponse aux « Réflexions (de l'abbé d'Espagnac) sur Suger et son siècle », par M. l'abbé *** (L.-P. DE SAINT-MARTIN), avocat en Parlement (et depuis conseiller-clerc au Châtelet). *Paris*, 1780, in-8, 27 p.

Réponse aux Remarques d'un anonyme... (Par J.-B. FROMAGEOT.) *S. l. n. d.* (*Dijon*, 1739), in-12 de 66 p., sans l'avertissement qui en a six.

Voy. « Consultation pour M. l'abbé de *** », IV 737, *d*, et « Eponge des notes », V, 165, *b*.

Réponse aux « Remarques de M. Scalberge sur les nouveaux pseaumes ». (Par P. R. M. (Pierre RIVAL, ministre). *Londres, Roger*, 1703, in-4.

Voy. F. Bovet, « Hist. du Psautier des Églises réformées ». *Neufchatel, Sandoz*, 1872, in-8, p. 244 et 343.

Réponse aux « Remarques sur le Nouveau Bréviaire de Paris ». (Par Cl. CHASTELAIN.) *Paris*, 1680, in-8.

Réponse aux remontrances de la Cour des aides, par un membre des nouveaux conseils souverains. (Par VOLTAIRE.) *S. l.* (1771), in-8, 6 p. — *S. l. n. d.*, in-8, 7 p.

Réponse aux ultra-royalistes, ou réfutation de la note secrète exposant les prétextes et le but de la dernière conspiration ; par un royaliste constitutionnel (M.-A. JULLIEN). *Paris, Foulon et Cᵉ; imprimerie de Plassan* (lisez *Baudouin frères*), 1818, in-8, 1 f. de faux titre et 49 p.

C'est A. Baudouin, dans ses « Anecdotes historiques. du temps de la Restauration », p. 1-14, qui nous apprend que ce fut lui qui imprima cette Réponse en y mettant le nom d'un de ses confrères au lieu du sien. Il en agit de même dans l'impression de la « Note secrète » (*Paris, les mêmes*, 1818, in-8 de 60 p.), qui avait été dérobée aux meneurs du parti ultra-royaliste. Ce chapitre des Anecdotes est utile à consulter pour connaître le complot connu sous le nom de *con-spiration du bord de l'eau*.   A. L.

Réponse aux vers de M. Gresset sur les tableaux exposés à l'Académie royale de peinture, au mois de septembre 1737. (Par DU CHATEAU, avocat.) *Paris, Leclerc*, 1737, 11 p.

En vers.

Réponse charitable à l'antidote catholique de Barth. d'Astroy, par H. C. M. D. S. E. (Henri CHROUET, ministre du saint Evangile). *Maestricht, Boucher*, 1656, in-12.

Voy. « Supercheries », II, 240, *a*.

Réponse critique au projet de réunion de tous les cultes. (Par Ant. FAIVRE.) *Lyon*, 1819, in-8.

Réponse critique d'un académicien de Rouen à l'académicien de Bordeaux, sur le plus profond de la musique. (Par le P. L.-B. CASTEL.) *S. l.*, 1734, in-12.

L'auteur se répond à lui-même. Voy. V, 1234, *f*.

Réponse d'Abaillard à Héloïse. (Par H.-L. D'ERBIGNY DE THIBOUVILLE.) *Paris*, 1758, in-12.

Réponse d'Ariste aux « Conseils de l'amitié » (de Soubeyran de Scopon), imprimés à Lyon en 1747. (Par le roi STANISLAS.) *S. l.*, 1750, in-12, 234 p. et 1 f. de table.

Réponse d'un ancien magistrat à un curé sur la constitution civile du clergé. (Par F.-C. DUCHEMIN DE LA CHENAYE.) *Paris*, 1791, in-8.

Réponse d'un ancien troupier à la lettre du duc d'Aumale adressée au prince Napoléon. (Par Pierre-Napoléon BONAPARTE.) *Paris, Dubuisson*, 1861, in-8, 22 p.

Réponse d'un aumônier des rois Henri IV et Louis XIII à ses amis, sur la solitude et sa retraite de la Cour. (Par Guill. DU PEYRAT.) *Troyes*, 1624, in-8.   V. T.

Réponse d'un Belge (le major VANDEVELDE) aux « Limites de la France ». *Bruxelles*, 1853, in-8, 20 p.   J. D.

Reponse d'un bourgeois de Paris à la lettre de Mgr le légat, du vingtseptiesme Ianvier mil cinq cens nonante quatre. (Par Guillaume DU VAIR, évêque de Lisieux.) *Paris*, 1594, in-8, 45 p.

Réponse d'un Brayon à des lettres parisiennes, par B*** (BEAUVAIS-DESJARDINS). *Forges-les-Eaux, Gy*, 1860, in-12, 82 p.
     H. de l'Isle.

Réponse d'un chirurgien de Saint-Côme à la première lettre de M. Astruc, au sujet du « Mémoire des chirurgiens sur les maladies vénériennes ». (Par PETIT.) *S. l.* (1737), in-4, 99 p.

Réponse d'un citoyen à un citoyen. (Par Louis BRESSON, lieutenant général du bailliage de Darney en Lorraine.) *Nancy, Thomas*, 1761, in-12.

C'est la réfutation des « Lettres d'un citoyen à un magistrat... » Voy. V, 1236, *d*.

Réponse d'un Courlandois aux remarques d'un de ses compatriotes faites sur le Mémoire donné relativement aux affaires de Courlande. (Par Emerich DE VATTEL.) *S. l.*, 1764, in-4. A. L.

Réponse d'un cultivateur du département du Rhône (J. PASSERON, de Lyon) à l'auteur de la « Lettre d'un Français au roi ». *Paris, Dondey-Dupré*, in-8, 14 p.

Réponse d'un curé de campagne à la motion scandaleuse d'un prêtre (l'abbé Cournand), faite dans l'assemblée générale du district de Saint-Etienne-du-Mont, pour le mariage des prêtres. (Par l'abbé Marc-Antoine REYNAUD.) *Paris, les frères Leclère, lib.*, 1790, in-12, 49 p.

Réponse d'un démocrate belge (Joseph GOFFIN) à la dernière brochure de Joseph Boniface, juillet 1860. *Verviers, Gonay*, in-8, 8 p. J. D.

Réponse d'un démocrate verviétois (Joseph GOFFIN) à la brochure intitulée : « du Parti libéral et de ses Diverses Nuances », par J.-M.-G. Funck, avocat. *Verviers, Goffin*, 1858, in-8, 8 p. J. D.

Réponse d'un docteur à la lettre de M***, au sujet de la prétendue relique de saint Godegrand. (Par EROUARD, archidiacre de Séez.) *S. l.*, 1735, in-8.

Voy. « Supercheries », I, 966, f.

Réponse d'un docteur en théologie à M. Chamillard, contenant un esclaircissement solide de plusieurs passages de saint Augustin... alleguez mal à propos pour l'establissement d'une grace de possibilité distincte de l'efficace, dont on ne peut sçavoir si elle a jamais eu aucun effet. (Par Toussaint DES MARES.) *S. l.*, 1756, in-4.

Signée : L. D. G.

Réponse d'un Espagnol naturalisé Français (SOUFFLOT DE MEREY) à M. Fiévée. *Paris, Bouveret*, 1815, in-8, 34 p.

Réponse d'un jeune penseur à Mme la comtesse de B***. (Par Michel DE CUBIÈRES.) *Amsterdam et Paris, Monory*, 1774, in-8, 19 p.

Réponse d'un jeune poëte qui veut abandonner les Muses, à un ami qui lui écrit pour l'en détourner. (Par CHABANON DE MAUGRIS le cadet.) *Paris, Lacombe*, 1774, in-8. D. M.

Réponse d'un major d'infanterie à un intendant de province. *S. l. n. d.*, in-12.

Attribuée à PERRIN, l'un des secrétaires du maréchal de Belle-Isle, d'après une note manuscrite de Jamet.

Réponse d'un médecin anglois (Louis DE SANTEUL) à la critique de la thèse de M. Maloet. *Paris, veuve Delatour*, 1736, in-12, 22 p.

Réponse d'un médecin de Paris (D.-R. DE HORNE) à un médecin de province sur le prétendu magnétisme animal de Mesmer. *Vienne et Paris*, 1781, in-8, 16 p.

Réponse d'un nouveau converti à la lettre d'un réfugié, etc. *Paris, Etienne Noel*, 1689, in-12.

Attribuée faussement à Paul PÉLISSON.

Réponse d'un officier du génie (BRIALMONT) à M. Vandevelde, pour faire suite à l'ouvrage intitulé : « Faut-il fortifier Bruxelles? ou réfutation de quelques idées sur la défense des Etats. » *Bruxelles, Périchon*, 1850, in-8, 184 p. J. D.

Réponse d'un pasteur à certaines questions importantes qui lui ont été faites par une personne qui a succombé sous l'effort de la persécution. (Par DE SOUSTELLE.) *Rotterdam*, 1686, in-12. V. T.

Réponse d'un professeur de Louvain à un professeur de Douay, pour servir de supplément à sa critique du « Dictionnaire historique portatif » de M. l'abbé Ladvocat. (Par l'abbé P. BARRAL.) *Louvain*, 1763, in-8, 17 p.

Voy. la préface du nouveau Dictionnaire historique de Chaudon, édition de l'abbé Saas. *Amsterdam (Rouen)*, 1769, in-8, p. VI, note.

Réponse d'un professeur de théologie (dom Jean GOMAUT), de la congrégation de Saint-Maur, qui persiste dans son appel, à la « Lettre d'un ancien professeur de théologie, de la même congrégation » (dom Vincent Thuillier), qui a révoqué le sien. *S. l.* (1727), in-4, 38 p.

Voy. « Lettre d'un ancien professeur... », V, 1140, a.

Réponse d'un républicain français au libelle de sir Francis d'Yvernois, naturalisé anglais, contre le premier consul de la République française, par l'auteur de la « Lettre d'un citoyen français à lord Grenville » (Bertrand BARÈRE). *A Paris*, frimaire an IX, in-8, 119 p.

Réponse d'un solitaire de la Trappe (J.-F. LA HARPE) à la lettre de l'abbé de Rancé. *S. l.*, 1767, in-8.

Réponse d'un théologien au docte proposant des autres questions. (Par Jean Tu-

BERVILE DE NEEDHAM.) S. l., in-12, 23 p.

Réponse d'un Turc à la note sur la Grèce de M. le vicomte de Chateaubriand, membre de la Société en faveur des Grecs. (Par LIBRI-BAGNANO.) Bruxelles, Baudouin, 1825, in-8, 76 p.
　　　　　　　　　　　　　　J. D.

Réponse de l'auteur de l' « Abrégé de l'histoire de la Dombe » (Ch. DE NEUVE-ÉGLISE) à la critique de M*** (Collet) et à la lettre du R. P. Menestrier, jésuite, insérée dans le « Journal des savants » du mois d'août 1697. Trévoux, imp. de S. A. S. Mgr. prince souverain de Dombe, 1698, in-8, 79 p.

L'auteur a signé la dédicace.

Réponse de l'auteur de l' « Essai sur l'usage de l'artillerie » (DU PUGET) à l'auteur d'un livre intitulé : « Artillerie nouvelle. » Paris, 1773, in-8.

Voy. « Artillerie nouvelle », IV, 303, d.

Réponse de l'auteur de l' « Histoire de l'expédition de Russie » (le marquis G. DE CHAMBRAY) à la brochure de M. le comte de Rostopchin, intitulée : « la Vérité sur l'incendie de Moscou. » Paris, Pillet aîné, 1823, in-8, 2 ff. de tit. et 18 p.

Réponse de l'auteur de l'ouvrage intitulé : « l'Ordre profond » (Ch. TRONSON-DUCOUDRAY), à la critique de cet ouvrage insérée dans le cahier du « Journal des sciences et des beaux-arts » (par Joly de Maizeroy). Paris, 1776, in-8.

Réponse de l'auteur de l'ouvrage intitulé : « le Bon Sens » (le comte Armand-Guy-Simon DE KERSAINT), à la lettre (du comte Alexandre de Lameth) qu'il a reçue à cette occasion. S. l., 1788, in-8, 25 p.

Cet auteur a été tantôt désigné sous les noms de Armand-Guy-Simon LECHAT, comte DE KERSAINT, tantôt sous ceux de Gui-Pierre DE COETNEMPREN, comte DE KERSAINT.

Voy. « Supercheries », II, 158, c.

Réponse de l'auteur de la Ladrerie à l'espion des jésuites. (Par AUGIER-DUFOT.) S. l., 1759, in-12, 46 p.

Voy. « les Jésuites atteints et convaincus... », V, 992, e.

Réponse de l'auteur des « Hexaples ».

Voy. à ce dernier mot, V, 626, d.

Réponse de l'auteur du livre de la Véritable Éloquence (Balthasar GIBERT) à la lettre d'un juriste (Edme Pourchot). Paris, 1703, in-12.

Réponse de l'auteur du « Parallèle » à quelques reproches qu'on lui a faits, et sa justification par les jésuites. (Par le P. Fr. BOYER.) S. l., 1726, in-8.

Voy. « Parallèle... », VI, 778, d.

Réponse de l'auteur du « Siècle littéraire de Louis XV » à la critique de M. de Caux. (Par Joseph DAQUIN DE CHATEAULYON.) S. l., 1754, in-12.

Réponse de l'historien de Languedoc (dom F.-J. VAISSETTE) aux journalistes de Trévoux. S. l. n. d., in-4, 25 p.

Réponse de l'un des maires de Paris aux explications de M. de Chateaubriand sur les 12,000 francs offerts par la duchesse de Berri aux indigents attaqués par le choléra. (Par LE SECQ, adjoint au maire du IXe arrondissement.) Paris, imp. de Plassan, 1832, in-8, 16 p.

Réponse de l'Université d'Orléans au Mémoire sur les moyens de rendre les études de droit plus utiles. (Par BRETON DE MONT-RAMIER.) Orléans, 1764, in-4, 24 p.

Réponse de l'Université de Paris à l'Apologie pour les Jésuites, qu'ils ont mise au jour sous le nom du Père Caussin. (Par Godef. HERMANT.) Paris, 1644, in-4,

Cette réponse fait suite, avec titre particulier, à la « IIIe requête de l'Université de Paris... », signée : Du Monstier, recteur.

Réponse de la Champenoise à M. de***, son correspondant moral, politique et littéraire, à Paris. Nos 1-7. (Par Émile DESCHAMPS.) A Arcis-sur-Aube, chez le marchand de nouveautés ; et Paris, Dalibon, 1817, in-8, 28 p.

Réponse de la messe par les femmes, en réponse à une lettre anonyme. (Par l'abbé François-Michel FLEURY, curé de Lignière-la-Carelle.) S. l. (Alençon, Malassis le jeune), 1778, pet. in-8, 16 p.

Réponse à une lettre qui courait manuscrite ; l'abbé Fleury avait posé dans le « Journal ecclésiastique » d'avril 1774 le cas : « Si une femme, au défaut d'homme, peut répondre la messe », et il en avait donné la solution dans le numéro du mois de juin suivant du même journal, en concluant pour l'affirmative.

Voy. l'art. « Lettre à monsieur le curé de Lignière-la-Carelle », V, 1112, c, et « Supercheries », I, 313, e.

Réponse de la sainte église métropolitaine de Tours à la lettre de M. l'évêque de Soissons contre le mandement et l'acte d'appel de ce chapitre. (Par l'abbé VINOT.) Tours, J. Masson, 1719, in-4, 36 p.

Réponse de Mme *** (G.-E. Le Tonnelier de Breteuil, marquise du Chatelet) à la lettre que M. de Mairan lui a écrite le 18 février 1741, sur la question des forces vives. *Bruxelles, Foppens*, 1741, in-8, 45 p.

Réponse de Mme M*** (Mme Duguet-Mol) à la « Lettre de M. l'abbé d'Eaubonne ». *S. l.* (1734), in-12, 22 p.

Réponse de Mme M*** (Duguet-Mol) à la onzième lettre de M. Poncet et au discours de M. Le Gros sur les « Nouvelles ecclésiastiques ». *S. l.*, 1735, in-12, 68 p.

Réponse de Mgr l'archevêque de Paris (le cardinal de Noailles) aux Quatre Lettres de Mgr l'archevêque de Cambray (attribuée communément à Jean Racine). *S. l. n. d.* (1697), in-12.

Note de la main du président Bouhier.

Réponse de M*** (C.-M. Lacondamine) à la lettre de M. Bouguer. *Paris*, 1754, in-4, 12 p.

Réponse de M*** à M. l'évêque de *** sur cette question : « Y a-t-il quelque remède aux maux de l'Eglise de France ? » (Par le P. Joseph Massillon, prêtre de l'Oratoire.) *S. l.*, 1778, in-12.

Réponse de M***, acteur du théâtre des Arts, à la lettre de M. D... Z., au sujet de don Errata, gentilhomme castillan, et sur l'écrit intitulé : « la Voix du parterre. » (Par MM. Gentil et Raoul Chapais.) *Rouen, Frère l'aîné*, 1804, in-8, 16 p.

Voy. « Supercheries », I, 102, c.

Réponse de M*** (Joseph Mestais), avocat au Parlement, à la lettre par lui reçue de M***, docteur en théologie de la Faculté de Paris, du 18..... 1752, sur la prétention de l'assemblée du clergé de 1750... (*Paris*, 1752), in-12.

Réponse de M. D*** (des Roziers), maître chirurgien d'Orléans, au médecin auteur du « Baillon » (Hunauld). *S. l.* (1737), in-4, 12 p.

Réponse de M. de*** (le vicomte L.-A.-G. de Bonald), pair de France, à la « Lettre » qui lui a été adressée par M. de Frénilly au sujet du dernier ouvrage de M. l'abbé de La Mennais. *Paris, A. Leclère*, 1829, in-8, 23 p.

Réponse de M. J. (H. Jabineau) à M. M*** (Maultrot), relativement à l'opinion de M. Camus. *S. l.*, 1791, in-8, 50 p.

Réponse de par messieurs de Guyso à un Advertissement. (Par Pierre d'Espinac.) *S. l.*, 1585, in-8, 24 p.

Il y a au moins quatre éditions. Voy. « Réponse aux déclarations et protestations... », ci-dessus, col. 303, a.

Réponse de plusieurs électeurs extra muros à M. Gaulthier de Rumilly. (Par Joseph Mancel.) *Amiens*, 1839, in-8.

Réponse de Valcour à Zéila, précédée d'une lettre de l'auteur à une femme qu'il ne connaît pas. (Par N.-E. Framery.) *Paris*, 1764, in-8.

Réponse de Voltaire à M. J. Chénier. (Par Auguste d'Aldeguier.) *Paris*, 1806, in-8.

Réponse demandée par M. le marquis de*** à celle qu'il a faite aux réflexions sur l'écrit intitulé : « Richesse de l'État ». *Londres* (*Paris*), 1763, in-8, 26 p. — *S. l. n. d.*, in-4, 8 p.

Signée : D. P. (P.-S. Dupont, de Nemours).

Réponse des auteurs du « Journal étranger » à la feuille des « Nouvelles ecclésiastiques » du 3 juillet 1754. (Par François-Vincent Toussaint.) *Paris*, 1754, in-12, 9 p.   D. M.

Response des catholiques aux questions du « Catéchisme de la grâce ». (Par le P. Claude Boucher, jésuite.) *Paris*, H. Lambert, 1650, in-12.

Voy. « Catéchisme de la grâce », IV, 528, f.

Réponse des chanoines réguliers de la province de Bourgogne à un écrit des Religieux Bénédictins de la même province, touchant la préséance dans les États. (Par Jean-Baptiste d'Antecourt.) *S. l. n. d.*, in-4.

Réponse des chanoines réguliers de Lorraine à la réplique des RR. PP. Bénédictins, touchant la préséance dans les cérémonies, tant ecclésiastiques que civiles. (Par le P. Hugo.) *S. l. n. d.*, in-fol., 48 p.

Réponses des chanoines réguliers de Lorraine au mémoire des abbés et religieux bénédictins des mêmes États, touchant la préséance dans les cérémonies publiques, tant ecclésiastiques que civiles. (Par le P. Hugo.) *S. l.*, 1699, in-4.

Réponse des chanoines réguliers de Lorraine aux Apostilles des RR. PP. Bénédictins, touchant la préséance. Ce 15 octobre 1700. (Par le P. Hugo.) *S. l. n. d.*, in-4.

Réponse des différents propriétaires opposants à l'établissement projeté par le sieur Muller d'une verrerie dans l'ancien jardin des Minimes de Nantes, à la Consultation donnée à Paris, pour ledit sieur Muller. (Par GÉDOUIN aîné.) *Nantes, chez Despilly*, 1791, in-4, 30 p.

Réponse des Pères Dominicains aux remarques insérées dans le « Journal des Savans ». (Par Ch.-L. RICHARD.) 1761, in-12.

Réponse des religieux bénédictins de la province de Bourgogne à un écrit des chanoines réguliers de la même province, touchant la préséance dans les États. (Par dom Jean MABILLON.) *S. l. n. d.*, in-4.

Responce des vrays catholiques françois à l'Avertissement des catholiques anglois pour l'exclusion du roy de Navarre de la couronne de France; descouvrant les calomnies, suppositions et ruses contenues ès déclarations... Traduicte du latin. *S. l.*, 1588, in-8.

Par LOUIS D'ORLÉANS, d'après Chaudon. Attribuée avec plus de probabilité par le président de Thou à Denis BOUTHILLIER, avocat. Voy. « Bibliothèque historique de la France », tome II, n° 18541.

Réponse du chapitre d'Angers au livre intitulé : « Plainte apologétique pour monseigneur l'évêque d'Angers ». *Paris, imp. de Durand*, 1626, in-8.

Catalogue manuscrit de l'abbé Goujet.
Par Jacq. EVEILLON, d'après le P. Lelong. Par SYETTE, d'après une note manuscrite sur l'exemplaire de la Bibliothèque nationale.

Réponse du chevalier de l'Écritoire au chevalier de la Rabasse sur le livre d'Apicius et à la lettre à lord Barimborough. (Par Charles DE RIBBE.) *Aix*, 1861, in-8, 25 p.

Voy. « Supercheries », I, 712, d.

Réponse du coin du roi au coin de la reine. (Par l'abbé C.-H. DE FUSÉE DE VOISENON.) *Paris*, 1753, in-8. — 2° édition. *S. l. n. d.*, in-8, 8 p.

Réponse du Correspondant à son banquier. (Par le marquis V. DE MIRABEAU.) *S. l.*, 1759, in-4, 32 p.

Voy. « Lettre d'un banquier », V, 1142, c.

Réponse du Curé à la « Lettre du Marguillier sur la conduite de monseigneur le Coadjuteur ». (Par Ol. PATRU.) *Paris*, 1651, in-4, 35 p.

Voy. « Lettre du Marguillier... », V, 1103, c.

Réponse du curé de Droogenbosch (DAVIDTS) à maître Van Lerius, avocat à Anvers. *Bruxelles, Devroye*, 1861, in-8, 32 p.

Réponse à deux articles intitulés : « Etudes sur les tendances de l'art chrétien exclusif », publiés dans le tome II de la « Revue d'histoire et d'archéologie ».
J. D.

Réponse du général des Jésuites à un jeune Père. (Par le baron Frédéric-Auguste-Ferdinand-Thomas DE REIFFENBERG). *Bruxelles, Tarlier*, 1826, in-8, 12 p.   J. D.

Réponse du P*** D*** (le Père G. DANIEL, jésuite) à la lettre que le R. F. Serry... luy a écrite. *S. l.*, 1705, in-12, 57 p.

Un ouvrage intitulé : « La véritable tradition de l'Église sur la prédestination et la grâce », attribué au Père Launay, et qui parut en 1702, donna lieu à cette polémique entre Daniel et Serry, qui avait entrepris de le réfuter et de venger saint Augustin des attaques dont il l'y croyait l'objet.   D. M.

Réponse du portier du collége philosophique. (Par le baron Frédéric DE REIFFENBERG.) *Bruxelles, s. d.*, in-8.   J. D.

Réponse du public à l'auteur d' « Acajou ». (Par E.-C. FRÉRON.) *Londres (Paris)*, 1751, in-12. — *S. l. n. d.*, in-4, 12 p. — *A Minutie*, 1770, in-8.

Réponse du roi de Prusse à la lettre du prince son frère mourant. (Par F.-A. CHEVRIER.) *Littau en Moravie (Francfort)*, 1758, in-8, 16 p.

Réponse du souffleur de la comédie de Rouen à la Lettre du garçon de café. (Par J.-D. DUMAS D'AIGUEBERRE.) *Paris*, 1730, in-12.   V. T.

C'est là ce qui constitue la première lettre composée par Dumas d'Aigueberre. Voy. les mots : « Seconde Lettre... »

Réponse du Sténographe parisien (HENRI DE LATOUCHE) à une note de Mme Manson, insérée dans son plan de défense adressé à tous les cœurs sensibles. *Paris, Pillet*, 1818, in-8, 27 p.

Réponse du traducteur des « Antiquités normandes » (A.-L. LÉCHAUDÉ D'ANISY) au post-scriptum imprimé à la fin des Recherches sur la tapisserie de Bayeux, par l'abbé de La Rue. *Caen*, 1827, in-8.   G. M.

Réponse du vrai patriote à la Lettre d'un bon Normand prétendu. (Par J.-G. THOURET.) *Rouen*, 1789, in-8, 8 p.

L'auteur réfute une critique anonyme de son « Avis aux bons Normands ».

Réponse en forme de lettres au mémoire des raisons qui ont porté le Synode des Églises wallonnes des Provinces-Unies des Pays-Bas, etc. (Par J.-F. OSTERWALD.) *Londres, Delage*, 1700, in-12.

Réponse faite à un curieux sur le sentiment de la musique d'Italie, escrite à Rome le 1er octobre 1639. (Par André MAUGARS, prieur d'Enac et interprète de la langue anglaise.) In-8, 32 p.

> Réimprimée dans le volume intitulé : « Maugars, célèbre joueur de viole... par Er. Thoinan ». *Paris, Claudin*, 1865, in-8 carré, 43 p., tiré à 100 ex.

Réponse faite en forme de correction fraternelle (par Hardouin LEBOURDAYS) à quelques écrits ci-devant mis en lumière sous le nom de Fr. J. B. (Boucher). *Au Mans, Fr. Olivier*, 1618, in-8.

> Voy. Hauréau, « Histoire littéraire du Maine », 2e édit., t. VII, p. 95.

Réponse faite par un très-docte personnage et professeur de la Compagnie de Jésus sur le fait des Carmélites de Bourges. (Par le P. Et. BAUNY.)

> Nous mentionnons cette attribution d'après Tabaraud, « Vie du cardinal de Bérulle », tome I, p. 113 ; mais il n'indique point de date. (P. de Backer, 2e édit. in-fol.)

Response générale à l'auteur des lettres qui se publient depuis quelque temps contre la doctrine des Jésuites, par le prieur de Sainte-Foy (le P. Andoche MOREL, S. J.), prestre théologien. *Lyon*, 1656, in-4.

Réponse générale au nouveau livre de M. Claude (contre la « Perpétuité de la foi », par Ant. ARNAULD et P. NICOLE). *Paris, veuve Claude Savreux*, 1671, in-12.

Réponse laconique aux « Observations sommaires » de M. l'abbé Sieyes sur les biens ecclésiastiques, et Doutes sur les principes concernant la Constitution. (Par l'abbé J.-A. BRUN.) S. l. n. d., in-8, 48 p.

Réponse ou critique des « Lettres philosophiques de M. de V*** » (de Voltaire), par le R. P. D. P. B*** (P. Fr. LE COQ DE VILLERAY). *Basle (Reims), C. Revis*, 1735, in-12, 1 f. de tit., 250 p. et 1 f. de table.

> L'abbé C.-P. GOUJET a revu l'ouvrage du prétendu bénédictin, avec l'auteur, avant l'impression. Il y a des exemplaires qui portent ce titre : « la Critique des Lettres philosophiques de Voltaire », par M. l'abbé P***. *Cologne*, 1737, in-12. Voy. IV, 822, f.

Une note manuscrite de l'abbé Sepher a attribué ce livre à D. PERREAU, bénédictin.

Réponse par anticipation aux journalistes qui doivent déchirer mon ouvrage, par l'auteur de « Léon » (F.-B. HOFFMANN). S. l. (1798), in-4.

Réponse pour la critique à la préface du second volume de la Recherche de la vérité, où l'on examine le sentiment de M. Descartes touchant les idées. (Par l'abbé Simon FOUCHER.) *Paris, de La Caille*, 1679, in-12.

> Voy. « Critique de la Recherche... », IV, 822, c. On doit encore à cet auteur : « Nouvelle Dissertation sur la recherche de la vérité... » Voy. VI, 546, f.

Réponse pour le Parlement de Dijon au dernier mémoire de la Chambre des comptes, communiqué le 8 juillet 1726. (Par BOUHIER DE LANTENAY.) *Paris*, 1726, in-fol.

Response pour les députez des trois Estatz du pays de Bourgoingne : contre la calumnieuse accusation publiée soubz le tiltre d' « Apologie de l'édit du roi pour la pacification de son royaume ». (Par J.-B.-Agneau BÉGAT, président au Parlement de Bourgogne.) S. l. (1563), in-8.

Réponse pour les religieux Carmes au livre intitulé : « les Moines empruntés. » *Cologne, E. Etmuler*, 1697, in-12.

> Signée : F. P. DU S. S. (le P. Jean DEVAU DU SAINT-SACREMENT).

Réponse sérieuse à M. L*** (Linguet), par l'auteur de la « Théorie du paradoxe » (l'abbé And. MORELLET). *Amsterdam (Paris)*, 1775, in-12.

Réponse sommaire à la « Défense anticipée » du sieur de Courteilles. S. l. n. d., in-4.

> Extrait paginé 700-740 de l'ouvrage intitulé : « les Vies des évêques du Mans... par dom Jean BONDONNET. »

Réponse sommaire au livre intitulé : « Avis important aux réfugiés, » par M. G. N. (G. NIZET), A. à M. (avocat à Mastricht). *Mastricht*, 1690, in-12, 75 p., sans l'Avis au lecteur et la Préface (écrite par DE ST-MAURICE, professeur en théologie à Mastricht).

Réponse sur la loterie, adressée aux deux Conseils. (Par GOURBILLON-DIANCOURT.) *Paris, imp. de Renaudière*, s. d., in-4, 4 p.

Réponse très-précise au mémoire et à

des observations de M. de La Tour. (Par Etienne CHOMPRÉ.) *Marseille, Mossy*, 1790, in-8, 16 p.

Relative à l'opuscule suivant : « Mémoire de M. de La Tour, premier président du Parlement de Provence, au sujet des événements arrivés à Marseille depuis le mois de mars 1789 ». *Marseille*, 1790, in-8.

G. M.

Réponse très-sommaire aux observations de M. Clavière, sur le projet d'une refonte générale des monnoyes. (Par N.-F.-A. ANGOT DESROTOURS.) 1790, in-8, 16 p.

Réponses à M. Geoffroy, relativement à ses articles sur l'opéra d' «Adrien». (Par F.-B. HOFFMANN.) *Paris, Huet*, 1802, in-8, 46 p.

Réimprimées dans le tome III des « Œuvres » de l'auteur.

Réponses à quelques objections concernant l'institut des Jésuites.

Voy. « Précis pour servir de réponse », VI, 986, *f*.

Responses aux « Lettres provinciales » publiées par le secrétaire du Port-Royal contre les PP. de la Compagnie de Jésus sur le sujet de la morale desdits Pères. (Par les PP. Jacques NOUET et Fr. ANNAT, jésuites.) *Liége. J.-M. Hovius*, 1657, pet. in-12, 86-450 et 3 ff. table ; 1658, pet. in-12 de 332 p. et 3 ff. ; 1659, pet. in-12.

Les éditions originales publiées in-4, sous le simple titre de : « Réponse aux Lettres provinciales », sont très-rares ; elles ne s'appliquent qu'aux XV premières 1657. provinciales ». La réimpression de Liége, XVII, contient en plus les réponses aux lettres XVI et ment, qui ne paraissent pas avoir été publiées séparétions et les « Responses d'un théologien aux proposicurés de Rouen ». Voy. de Backer, 2e édit., t. I, in-fol., col. 183.

Réponses aux Quand, aux Si et aux Pourquoi. (Par J.-J. LE FRANC DE POMPIGNAN.) *Bruxelles*, 1760, in-12.

Réponses aux raisons qui ont obligé les prétendus réformés de se séparer de l'Église catholique et qui les empêchent maintenant de s'y réunir, par Mlle de B***. (Par Mlle DE BEAUMONT.) *Paris, Cavelier*, 1718, 1749, in-8.

Responces catholiques aux questions proposées dans le prétendu Catéchisme de la grâce. (Par le P. DORISY.) *Paris, F. Lambert*, 1650, in-12, 66 p. et 1 f. de privilége.

Réponses de l'auteur des trois examens (L. DEBONNAIRE) aux lettres d'un ami. —

---

a Suite des « Réponses... » *S. l.*, 1er mars-23 mai 1734, 5 part. in-4.

Réponses de M. l'évêque du département des Vosges à diverses questions qui lui ont été faites par des ecclésiastiques et des fidèles de son diocèse, dans le cours de ses visites, sur les principaux points de la nouvelle Constitution. (Par *b* l'abbé Jean-Antoine MAUDRU, évêque constitutionnel.) *Saint-Dié, Joseph Charlot*, 1792, in-8, 344 p.   D. M.

Réponses et Solutions des 1316 questions et problèmes contenus dans le Nouveau Traité d'arithmétique décimale, par P...... F......, à l'usage des écoles chrétiennes. *Paris, Moronval*, 1830, in-8.

Souvent réimprimées.
Par Philippe BRANSIET et Claude-Louis CONSTANTIN, d'après M. de Manne.
c Par Pierre FOURNIER et Léon CONSTANTIN, d'après Quérard, « Supercheries », III, 92, *d*.

Réponses généreuses et chrétiennes de quatre gentilshommes protestans, avec quelques entretiens sur les affaires de ceux de la religion reformée qui sont en France. (Par Gédéon FLOURNOIS.) *Cologne, P. Marteau* (1682), in-12.

Repos-(le). (Par J.-C. VULLIEMOZ.) *Lausanne*, 1835, in-8.

d Repos (le) de Cyrus, ou l'histoire de sa vie, depuis sa seizième jusqu'à sa quarantième année. (Par l'abbé Jacq. PERNETTI.) *Paris, Briasson*, 1732, 3 tomes en 1 vol. in-8, avec 4 planches.

Repos de plus grand travail. (Par Guillaume DES AUTELZ.) *Lyon, Jean de Tournes*, 1550, in-8, 141 p.

e Représentants du peuple, vos concitoyens en vous honorant de leurs suffrages... *S. l. n. d.* (an VI), in-8, 4 p.

Adresse sans titre, signée à la main RAMBAUX, contre les arrêtés des Conseils ordonnant le payement comptant des transactions entre particuliers.

Représentation à M. le lieutenant général de police de Paris sur les courtisanes à la mode et les demoiselles de bon *f* ton. *Paris, de l'imp. d'une société de gens ruinés par les femmes*, 1762, in-12, ix-117 p.

Attribuée par M. P. L. (Paul Lacroix) à TURMEAU DE LA MORANDIÈRE. Voir le « Bulletin du bibliophile » 13e série, p. 1308.

Représentation du procédé tenu en l'instance faicte devant le roy par MM. de Courtenay pour la conservation de l'hon-

neur de leur maison... (Par Hélie DU TIL-
LET, sieur DE GOVES.) *Paris*, 1608, 1613,
in-8.

Représentation (de la) nationale dans
les journées du 21 et du 22 juin 1815.
(Par Marc-Antoine JULLIEN, sous-inspec-
teur aux revues.) *Paris*, *E.* *Baboeuf*,
25 juin 1815, in-8, 24 p.   D. M.

Représentations adressées à M. Necker
sur son livre de l' « Importance des opinions religieuses ». (Par l'abbé Et. BRE-
MONT, chanoine de l'Église de Paris.)
Paris, *Varin*, 1788, in-8.

Représentations aux magistrats, contenant l'exposition raisonnée des faits relatifs à la liberté du commerce des grains,
et les résultats respectifs des règlements
et de la liberté. (Par l'abbé P.-J.-A. Rou-
BAUD.) (*Paris*), 1769, in-8, 2 ff. de tit.,
504 p. et 2 ff. d'errata.

Représentations (des) en musique, anciennes et modernes. (Par le P. Claude-
François MENESTRIER.)*Paris*, *R. Guignard*,
1681, in-12.

Représentations par les habitans des
sept villes de Bleu (en Normandie) au gouvernement. (Par Adrien DE LA CROIX.)
Paris, *Fain*, an XII-1804, in-4, 60 p.

Répression (de la) du duel. (Par Joseph
COOMANS.) *Gand*, 1836, in-8.   J. D.

Reprise de l'isle Sainct-Georges sur le
duc d'Espernon (Par le P. BONNET.) *S. l.*,
1650, in-4, 8 p.

Reprise (la) de Rome par les Français.
Strasbourg, *impr. de Levrault*, *s. d.*, in-8.
Signée : S. B. (Sébastien BOTTIN).

Repsima, essai d'une tragédie domestique (en trois actes et en prose ; par Mlle
BOUILLÉ, fille d'un réfugié d'Amsterdam,
morte à Lausanne en 1816). *Lausanne*,
1767, in-8, 70 p.

Républicain (le) catholique, ou entretiens sur les préjugés du temps contre la
religion. (Par DURANT.) *Epernay*, *Warin*,
1799, in-12.

Républicain (le), journal des hommes
libres de tous les pays, rédigé par un député à la Convention nationale et par plusieurs autres écrivains patriotes.
Voy. « Journal des hommes libres », V, 1020, *d*.

Républicain (le), ou le défenseur du
gouvernement représentatif, par une so-

ciété de républicains (Th. PAYNE, Achille
DU CHATELET et CONDORCET). *Paris*, *au
bureau du Courrier de Provence*, 1791, 4 n[os]
in-8, 80 p.
Voy. « Supercheries », III, 692, *a*.

République (la). (Par le marquis DE
LA GERVAISAIS.) *Paris*, *Pihan-Delaforest*,
1833, in-8, 24 p.

République (la) aux enfers, par un ami
du diable. (Par C.-J.-B. JACQUOT, connu
sous le nom d'Eugène DE MIRECOURT.)
Paris, *Tresse*, 1851, in-16, 160 p.

République (la) considérée par rapport
à l'Italie, par un réfugié italien (J.-B. MA-
ROCHETTI). *Paris*, *Delaunay*, 1834, in-8,
42 p.

République (la) dans le ménage. Imité
de l'espagnol de Rubi. (Par Mlle Mathilde
DANDELY.) *Liége*, *Desoer*, 1860, in-16,
98 p.
Publiée d'abord en feuilleton dans le « Journal de
Liége ».   Ul. C.

République (la) de 1830. Par J....
P...... (Julien PAILLET), ex-professeur de
législation. *Paris*, *Roland*, octobre 1830,
in-8, 14 p.

République (la) de PLATON, traduite du
grec (par l'abbé Jean GROU). *Paris*, *Humblot*, 1762 ; *Amsterdam*, *Rey*, 1763, 2 vol.
in-12.
Voy. « le Premier Alcibiade... », VI, 903, *a*.

République (la) démocratique, ou la
Constitution de l'an 50, par l'auteur du
« Cours réformateur des sciences ». (DU-
RAN, médecin à Saint-Girons, département
de l'Ariége). Fragmens n°s 1 et 2. (*Tou-
louse et Saint-Girons*), an VIII, in-8.

République (la) des Hébreux. *Amsterdam*, *P. Mortier*, 1705, 3 vol. in-12.
Le premier volume contient la traduction de l'ouvrage de CUNEUS, « de Republica Hebræorum », par
G. GOÉRÉE, qui en avait déjà donné une traduction flamande. Le deuxième et le troisième volume contiennent
des travaux du père de G. Goérée complétés par lui,
ainsi qu'une traduction de G. OUTRAM, « de Sacrificiis
libri II ». *Londini*, 1677, in-4.
Il y a des exemplaires de ces trois volumes à l'adresse
des *frères Chatelain*, 1713.

République (la) des jésuites au Paraguay renversée, ou relation authentique,
etc. *La Haye*, 1758, in-8.
Même ouvrage que « Relation abrégée concernant... »
Voy. ci-dessus, col. 199, *c*.

République (la) des Suisses, décrite en

latin par Josias Simler, de Zurich, et nouvellement mise en françois (par Innocent Gentillet). *Paris, Jacques du Puys,* 1578, in-8.

République (la) en vaudevilles, précédée d'une notice des principaux événemens de la Révolution, pour servir de calendrier à l'année 1793. (Par Fr. Marchant.) *Paris, chez les marchands de nouveautés,* 1796, in-16, 158 p.

République et Prospérité. (Par Th.-P. Gazeau de Vautibault.) *Paris, imp. P. Libéral* (1874), in-12, 23 p.

République (la) littéraire, ou description allégorique et critique des sciences et des arts, ouvrage posthume de dom Diego Saavedra Fajardo... Traduit de l'espagnol (par Fr. Grasset) sur l'édition la plus correcte, publiée en 1733. *Lausanne, Fr. Grasset,* 1770, in-12, xxiv-162 p.

Le texte espagnol a été réimprimé plusieurs fois en Espagne.

République (de la), ou du meilleur gouvernement, ouvrage traduit de Cicéron (par J.-E.-D. Bernardi). *Paris, J.-J. Fuchs,* an VI-1798, in-8.

Réimprimée en deux volumes in-12, avec le nom du traducteur.

Bernardi n'a-t-il pas plutôt entrepris de restituer la République de Cicéron, dont nous n'avions que des fragments très-courts, et qu'aujourd'hui même, malgré les découvertes d'Ang. Mai, nous ne possédons pas en entier?

République (la) ou la guerre civile. (Par M. Auguste Callet, représentant de la Loire.) *Paris, Garnier frères,* 1848, petit in-12, 30 p.

République (la) ou la monarchie à pile ou face, par un grand homme tombé de haut (G.-M. Mathieu-Dairnvaell). *Paris, G. Dairnvaell,* 1849, in-18, 23 p.

République (la), ou le livre de sang. (Par Victor-Louis-Amédée Pommier.) *Paris, Dentu, imp. Raynal,* 1836, in-8, 272 p. avec la table.

Titre rouge et noir. Un nouveau titre en noir porte le nom de l'auteur et la date de 1837.

République (la) rouge. Paraissant le dimanche, le mardi et le vendredi de chaque semaine. (10-13 juin 1848.) (Par Melvil-Bloncourt, Léon Danicourt et Charles Fillieu.) *Paris, rue des Boucheries-Saint-Germain,* 38, 2 nos in-fol.

République (la) sous les formes de la monarchie, ou nouveaux éléments de la

liberté politique, sommairement exposés. suivant la méthode des géomètres. (Par J.-A.-F. Massabiau.) *Paris, Delaunay,* 1832, in-8, 48 p.

République (de la), traité de Jean Bodin, ou traité du gouvernement; revu sur l'édition latine de *Francfort,* 1591 (par C.-A. L'Escalopier de Nourar). *Londres et Paris, veuve Quillau,* 1756, 2 vol. in-12.

Requête à tous les magistrats du royaume de France, composée par trois avocats d'un Parlement. (Par Voltaire.) S. l. n. d. (1769), in-8, 15 p.

Voy. « Supercheries », III, 856, d.

Requeste au roy et à nosseigneurs de son Conseil, pour les Etats de Bretagne, contre les fermiers généraux des fermes-unies de Sa Majesté, au sujet des droits de traites, ports et havres, entrées et sorties de la province de Bretagne. (Par le chevalier de Boisbilly, député desdits Etats.) *Paris, imp. de J.-B. Coignard,* 1730, in-4.

Requête au roy pour le curé d'Antouin contre le curé de Fontenoy. *Gand, Jean Content, au Roy de France,* 1745, in-4, 8 p.

Cette requête en vers est une réponse très-spirituelle à la « Requête du curé de Fontenoy au roy », par l'avocat Marchand. Voy. ci-après, col. 328, b. Son auteur est J.-B. Carsillier, avocat au Parlement, né à Paris le 27 mars 1705, décédé à Paris le 6 juillet 1760.

J.-B. Carsillier a fait imprimer en 1728, chez d'Houry, à Paris, une pièce de poésie latine en 6 pages (in-4) intitulée *Ecloga.* Cette églogue virgilienne a pour sujet le jardin de *La Perle,* qui existe encore aujourd'hui à Mantes-sur-Seine, patrie originaire de l'auteur. Un personnage qui y figure sous le nom de Damon n'est autre que l'abbé Bignon, propriétaire de l'Isle-Belle, près de Meulan, où il mourut en 1743.

A. B. D.

Requête au roi pour les serfs de Saint-Claude. (Par Voltaire, 1777.)

Requeste au roy, pour servir de réponse au Mémoire des sieurs commissaires députez des Estats de Bretagne touchant les droits d'amirauté de cette province. (Par M. Valincourt, secrétaire général de la marine.) *Paris, chez Fr. Muguet,* 1699, in-fol., 37 p.

Catalogue de Nantes, no 48038.

Requête d'un vieil amateur de la Bibliothèque de Saint-Victor à M. de Marbeuf, évêque d'Autun, en vers. (Par l'abbé F.-V. Mullot.) *Paris,* 17.., in-8.

Requête de l'auteur de l' « Art du

tour » (Ch. Lebois, avocat) à MM. les journalistes. *Paris, imp. Didot*, 1819, in-8, 16 p.

Requête de Vivien Outrepasse, juré et huissier jureur privilégié. (Par M. de La Rochette, chevalier de Malte.) *S. l.*, 1753, in-4.

Requête des curés d'Amiens, présentée à Monseigneur leur évêque, le 5 juillet 1658, contre un livre intitulé : « Apologie des casuistes, » avec le factum qu'ils lui ont présenté le 27 du même mois, et les extraits des écrits dictés dans le collége d'Amiens par trois jésuites professeurs des cas de conscience, contenant les mêmes ou semblables erreurs que l' « Apologie ». (Par Blaise Pascal.) *S. l.* (1658), in-4, 19 p.

Requête des curés de Nevers, présentée à Monseigneur leur évêque, le 5 juillet 1658, contre un livre intitulé : « Apologie pour les casuistes, etc. », imprimé à Paris l'an 1657, avec le factum qu'ils lui ont aussi présenté et la censure de mondit seigneur contre le même livre. (Par Blaise Pascal.) *S. l.* (1658), in-4, 8 p.

Requête des curés du diocèse de Rouen à M. l'archevêque, pour lui demander la censure des ouvrages du P. Berruyer. (Par G. Ricourt.) *Rouen*, 1760, in-12.

Requête des fiacres de Paris contre les cabriolets. (Par Jean-Henri Marchand.) *S. l. n. d.*, in-8; 15 p.

Requête des fidèles à nosseigneurs les évêques de l'assemblée générale du Clergé de France. (Par le P. Bern. Lambert.) *S. l.* (1780), in-12.

Voy. « Supercheries », II, 30, *f*.

Requête des filles de Paris à l'Assemblée nationale. Deuxième édition. *Paris, Blanchon* (1789), in-8, 8 p.

La première édition, *Paris, Blanchon*, in-8, 7 p., porte : Par Baret.

Requeste des maîtres ès arts, professeurs et regens de l'Université de Paris, présentée à la Cour souveraine du Parnasse (composée par François Bernier d'Angers), ensemble l'arrêt intervenu sur ladite requeste, contre tous ceux qui prétendent faire enseigner ou croire de nouvelles découvertes qui ne soient pas dans Aristote (composé par Nic. Boileau-Despréaux). *A Libreville, chez Jacques Le Franc*, 1702, in-12, 24 p.

Requête des religieuses de Port-Royal-des-Champs à monseigneur l'archevêque

de Paris, pour le supplier de déclarer nettement si, par les termes de soumission et d'aquiescement, il n'entend point renfermer la créance intérieure, comme il l'a témoigné à plusieurs personnes de mérite. (Par Pierre Nicole.) *S. l.* (1664), in-4, 4 p.

Requête des sous-fermiers du domaine au roi, pour demander que les billets de confession soient assujettis au contrôle. *S. l. n. d.*, in-4, 19 p. — *S. l.*, 1752, in-12, 51 p. — *S. l. n. d.*, in-12, 48 p.

La « France littéraire » de 1778, t. III, 1re part. p. 139, et 2e part., p. 190, attribue cet écrit à l'avocat J.-H. Marchand, censeur royal. Barbier a admis cette attribution en ajoutant : « On dit que l'abbé Claude Mey a coopéré à cette facétie, condamnée par arrêt du Parlement en date du 22 juillet 1752. »

Requête du curé de Fontenoy au roy. (Par J.-H. Marchand.) *Dijon, A. de Fay*, 1745, in-4, 8 p. — *Fontenoy*, 1745, in-8, 10 p. — *Lille, A.-J. Panckoucke*, 1745. in-8, 12 p.

Requête du Parlement à monseigneur le duc d'Orléans, régent du royaume. (Par l'abbé Menguy.) *S. l. n. d.*, in-8, 36 p.

Contre les prétentions des pairs. Il y a deux éditions sans titre qui commencent par ces mots : *Monseigneur, le Parlement se flatte...*

Requeste du Rhin à monseigneur le Prince. In-4, 2 p.

Traduction par le P. de Vallogne, S. J., d'une pièce de vers latins du P. Commire.

Requête du Tiers-État au roi. (Par J.-B. Huet de Froberville.) *Orléans*, 1er décembre 1788, in-8, 8 p.

Requête en vers d'un auteur de l'Opéra au prévôt des marchands. (Par L. Travenol.) 1758, in-12.   V. T.

Requeste pour factum à nosseigneurs du Parlement. (Par Nicolas Catherinot.) *S. l. n. d.*, in-4.

Requête présentée à la régence de Liége au nom de la navigation de la Meuse, sur la direction du nouveau quai de halage. (Par Charpentier, de Damery.) *Liége, Desoer*, 1837, in-8, 8 p.   Ul. C.

Requeste présentée au roy par les ecclésiastiques qui ont esté à Port-Royal, pour répondre à celle que monseigneur l'archevesque d'Ambrun a présentée contr'eux à Sa Majesté. (Par Antoine Arnauld et Noël de La Lane.) *S. l.*, 1668, in-4, 32 p. — *S. l.*, 1668, in-8, 36 p. — *S. l. n. d.*, in-12, 38 p.

Requête présentée au roi par MM. les princes légitimés. *S. l. n. d.* (1716), in-8, 6 p.

Rédigée par N. TARTARIN, avocat au Parlement, suivant le P. Lelong.

L'édition que l'on peut dire officielle n'a pas de titre et commence ainsi : « Au roi. Sire, Louis-Auguste de Bourbon, duc du Maine, et Louis-Alexandre de Bourbon, comte de Toulouse, princes légitimés de votre sang, remontent à Votre Majesté... »Elle est in-folio, *s. l. n. d.*, 1 f.

Requête présentée par les dictionnaires à messieurs de l'Académie pour la réformation de la langue françoise. (Par Gilles MÉNAGE.) *Imprimé l'année de la réforme*, in-8, 21 p.

Réimprimée dans le « Recueil des factums d'Antoine Furetière, publiés avec des notes par M. Ch. Asselineau ». *Paris*, 1859, tome II, p. 331-346.

Requête présentée par les grandes-dames et supérieures des deux béguinages à MM. les président et membres du conseil communal de Gand. (Par l'abbé Coomans et MM. DEPAEPE et BAY, avocats.) *Gand, Vanderschelden*, 1862, in-8, IX-70 p.

J. D.

Requête présentée par les jésuites contre l'Université de Paris, et observation importantes sur cette requête. (Par G HERMANT.) *Paris*, 1643, in-12.

Catalogue manuscrit de l'abbé Goujet.
Voy. « Observations importantes... », VI, 608, *b*.

Réquisitoire ou projet de règlement sur la manière dont on pourroit traiter à l'avenir les soi-disant philosophes. Par M. C. (J.-M.-B. CLÉMENT). *Paris*, 1786, in-8.

Catalogue Berkenrode.   V. T.

Rescrit de l'empereur de la Chine. (Par VOLTAIRE.) *S. l. n. d.*, in-8, 4 p.

Resolution claire et facile sur la question tant de fois faite de la prise des armes par les inférieurs, où il est monstré, par bonnes raisons tirées de tout droit divin et humain, qu'il est permis et licite aux princes, seigneurs et peuple inférieur, de s'armer, pour s'opposer et résister à la cruauté et félonie du prince supérieur, voire même nécessaire, pour le debvoir duquel on est tenu au pays et république. *A Basle, par les héritiers de Iehan Oporin*, 1575, pet. in-16 de 103 p. et l'errata. — Autre édition. *A Reims, par Jean Mouchar*, 1577, in-32, 163 p.

Dans l'édition de Reims, qui n'est évidemment qu'une contrefaçon, l'on a supprimé tous les passages imprimés en grec, ainsi que les quatorze vers imprimés au verso du titre sous l'intitulé : « Paraenétique à la noblesse et à tous autres Françoes de bon cœur, armés

pour résister à la tyrannie. Les lettres initiales O. D. L. N, placées comme signature au bas de ces vers, ont fait attribuer l'ouvrage à Odet DE LA NOUE. Voy. plus loin : « Vive Description de la tyrannie ».

Résolution de cas de conscience que fait naître le serment civil en France... par l'auteur des « Helviennes » (l'abbé Aug. BARRUEL). *Paris*, 1790, in-8.

Résolution de cette difficulté : s'il suffit de n'avoir point lû Jansenius pour en pouvoir signer la condamnation en conscience. (Par DE LA LANE et Ant. ARNAULD.) *S. l.*, 1er juillet 1664, in-4, 8 p.

Résolution de plusieurs cas de conscience sur la coutume de Normandie. Par M*** (Joseph DUFORT), prêtre. *Caen*, 1764, in-12. — *Caen, G. Le Roy*, 1773, in-12.

Le nom de l'auteur se trouve dans une notice biographique en tête de l'édition de 1773.

Résolution de trois cas proposés à M. D. S. B. (DE SAINTE-BEUVE), docteur de Sorbonne, sur le serment que MM. les docteurs en médecine de la Faculté de Paris ont fait de ne jamais consulter avec aucun docteur en médecine des autres Universités. *Montpellier et Rouen, H.-F. Viret*, 1678, in-8. — *Montpellier, J. de La Porte*, 1678, in-8.

Résolution (la) des deux questions proposées à Fontainebleau le jour de l'Ascension, année 1600, à savoir : quelle est la vraie Eglise qu'il faut suivre, et quelle est la Bible qu'il faut croire, par P. V. P. C. (P.-Victor-Palma CAYET). *Paris, Binet*, in-8.

Résolution du problème proposé dans le Journal de Trévoux pour la construction de nouveaux thermomètres, par M. G*** (Nic. GAUGER). *Paris, Quillau*, 1710, in-8.

Voy. « Théorie des nouveaux thermomètres ».

Résolution (la) inutile, ou les déguisements amoureux, comédie en un acte et en prose, mêlée de vaudevilles. (Par Joseph PATRAT.) *Paris, A. Cailleau*, 1783, in-8.

C'est par erreur que cette pièce a été attribuée à DORVIGNY dans la deuxième édition du Dictionnaire.

Résolutions de cas de conscience sur la vertu de justice et d'équité. (Par le P. Gaspard JUÉNIN; publié par le P. DESMOLETS.) *Paris*, 1741, 3 vol. — Nouvelle édition, augmentée. *Paris, Hérissant*, 1761, 4 vol. in-12.

Respect et Vérité aux mânes d'un grand homme. (Par LA FLIZE, avocat, exconstituant.) *Saint-Nicolas*, 1821, in-8, 17 p. — *Paris, P. Mongie*, 1821, in-8.

Respects (les) de la ville de Paris en l'érection de la statue de Louis le Grand, justifiés contre les ignorances et les calomnies d'un hérétique françois réfugié en Hollande. (Par Cl.-Fr. MÉNESTRIER.) *Lyon*, 1690, in-12, 1 f. de tit. et 84 p.

Responsabilité (de la) dans la guerre (par l'archiduc ALBERT), trad. de l'allemand par L. DUFOUR. *Vienne*, 1869, in-8.

Responsabilité (de la) des agens du gouvernement et des Garanties des citoyens contre les décisions de l'autorité administrative, par un membre du conseil d'Etat (LAHAIE DE CORMENIN). *Paris, Baudouin*, 1819, in-8, 58 p.

Responsabilité (de la) des ministres, par M. R. D. (RICARD D'ALLAUCH), ancien magistrat. *Paris, imp. d'A. Boucher*, 1819, in-8, 18 p.

Responsabilité (de la) des ministres : question à l'ordre du jour ; examen du projet de loi du 27 janvier 1819. (Par Aug. DE STAEL.) *Paris, Plancher*, 1819, in-8, 46 p.

Responsabilité (de la) ministérielle d'après le droit public du royaume des Pays-Bas. (Par VAN MEENEN, de Louvain.) *Bruxelles, Brest van Kempen*, 1829, in-8.
D. M.

L'auteur a été l'un des rédacteurs de « l'Observateur belge ».

Responsabilités (les), lettres d'un gentilhomme de province à Mgr le comte de Chambord. (Par M. Auguste CALLET.) *Paris, Dentu*, 1875, in-8, 85 p.

Response.

Voy. Réponse.

Ressorts (les) amoureux d'Arlequin, farce comique en deux actes. Représentée sur le théâtre des Boulevards de Paris, pour la première fois, le 22 octobre 1768, par les comédiens des Menus-Plaisirs du roi. (Par J.-B.-F. ANSART.) *Paris, des Ventes de Ladoué*, 1769, in-8, 2 ff. lim. et 44 p.

Ressource contre l'ennui, ou l'art de briller dans les conversations. (Par l'abbé Jos. DE LA PORTE.) *Paris, veuve Duchesne*, 1766, 2 vol. in-12.

Attribué à tort à P.-A. ALLETZ, cet ouvrage est le même que le « Magasin récréatif ». Voy. VI, 11, b.

Ressource (la) des Théâtres, pièce en un acte, par M. C***, représentée pour la première fois, sur le théâtre de l'Opéra-Comique, le 31 janvier 1760. (Par Ch.-Sim. FAVART.) *Paris, Duchesne*, 1760, in-8, 42 p.

Une autre édition ne diffère de celle-ci que par la suppression des mots : Par M. C***, sur le titre.

Ressource immense et légitime pour la libération des dettes de l'Etat. *S. l.* (1789), in-8, 12 p.

Signée : le marquis D. L. S. (le marquis DE LA SALLE-D'OFFEMONT).

Ressources (les) de l'Amour. (Par J.-F. DE BASTIDE.) *Amsterdam (Paris)*, 1752, 4 vol. in-12.

Ressources (les) de la vertu, par l'auteur des « Mémoires de milady B*** » (Mlle DE LA GUESNERIE). *Amsterdam et Paris, Mérigot le jeune*, 1782, 2 vol. in-12.

Ressources (des) que l'Administration peut offrir aux finances, par le B... R... (le baron ROLLAND), ancien préfet. *Paris, Delaunay*, 1817, in-8, 80 p.

Ressouvenir sur la Russie. (Par Alexis W. NARISKINE.) *S. l.*, 1792, in-8, 132 p. — *S. l.*, 1792, in-4.

Le « Catalogue de la section des Russica... » de la Bibliothèque impériale publique de Saint-Pétersbourg, 1872, tome II, p. 13, cite 3 éditions dont deux avec le titre de « Ressouvenirs... » *S. l.*, 1791, in-24. — *Id.*, 1792, in-4.

Restauration de l'agriculture, par un cultivateur, député à l'Assemblée nationale (DUBUISSON). *S. l.*, 1790, in-8.

Restauration (la) de l'autorité, ou l'opération césarienne, par un ex-représentant du peuple (Th. THORÉ). I. La Révolution de février. — II. L'Usurpation bonapartiste. — III. La Constitution de 1852. *Bruxelles, Tarride*, 1852, in-8, 24 p.
J. D.

Restauration de l'église des Minimes. (Par Jacques BODIN DESPLANTES.) *Nantes, imp. de Ch. Gailmard*, s. d., in-4, 4 p.

Catalogue de Nantes, n° 37929.

Restauration (la) de l'État. (Par Mathieu DE MORGUES.) *S. l.*, 1617, in-8, 15 p.

Réimprimée trois fois en 1618 sous trois titres différents, savoir : « le Rétablissement de l'État. » *En France, chez le bon Français*, 1618, in-8, 32 p. — « Consolation aux bons Français, vrais et fidèles serviteurs du roi, sur la manutention et restauration de l'État. » *S. l.*, 1618, in-8, 32 p. — « Le Manifeste de la reine mère. » *Bloys*, 1618, in-8, 22 p.

Restauration (de la) de la société française. (Par H. DE LOURDOUEIX.) *Paris*, 1833, in-8.

Résultat d'expériences sur les moyens les plus efficaces et les moins onéreux au peuple pour détruire l'espèce des bêtes voraces, par l'auteur des « Mémoires » sur ce même objet en 1766 et 1768 (DE-LISLE DE MONCEL). *Paris, Guillyn*, 1771, in-8.

Résultat de l'expérience contre le jury français, et projet succinct d'un nouvel ordre judiciaire, par M*** (J.-B. SELVES) *Paris*, 1808, in-8.

Résultat de la politique de l'Angleterre dans ces dernières années. (Par le comte A.-M. BLANC D'HAUTERIVE.) *Paris*, an XI, 1803, in-8, 66 p.

Résultat des assemblées provinciales, à l'usage des États d'une province (l'Artois). *Bruxelles (Chartres)*, 1788, in-8.

Par le marquis DE CRÉQUY, d'après une note manuscrite. — Ce marquis DE CRÉQUY serait Charles-Marie de Créquy, décédé à Périgueux le 19 frimaire an IX (10 déc. 1800). Il était fils de Louis-Marie de Créquy et de Renée-Caroline de Froullay, le premier mort le 24 février 1741, et la seconde le 13 pluviôse an XI (2 fév. 1803).

Résultat (du) des élections de la première série... faisant suite au «Coup d'œil sur la véritable position des partis en France », par le même auteur (Isid.-Marie-Brignolles GAUTIER, du Var). *Paris, Pillet*, 1822. in-8, 1 f. de tit. et 36 p.

Résultat (du) des élections du 8 juin (Par Pierre KERSTEN.) *Liége, Spée*, 1847, in-8, 8 p.

Extrait du « Journal historique et littéraire ». Ul. C.

Résultat des États généraux, prédit par Minerve. (Par F.-M. MARTINET.) *S. l.*, 1789, in-8, 57 p.

Résultat (le) des moyens de finance indiqués dans la brochure intitulée:«Moyens sûrs d'acquitter promptement, et avec avantage, les dettes de la France», rendu évident et mis à la portée de tout le monde. Par l'auteur des « Moyens ... » (REVERDY). *Paris, Audin*, 1817, in-8.

Résultat des taxes exagérées sur les denrées de consommation générale. (Par M. Pierre-Gustave BRUNET.) *Bordeaux*, 1844, in-8.

a

Résultats de la liberté et de l'immunité du commerce des grains, de la farine et du pain. (Par l'abbé Nic. BAUDEAU.) *Paris, Desaint*, 1768, in-12, 48 p.

Résultats (des) de la loi sur la révision des listes. (Par le marquis DE LA GERVAISAIS.) *Paris, imp. d'A. Pihan-Delaforest*, 1828, in-8, 31 p.

b

Résumé analytique des règlements de police en vigueur dans la ville de Liége, fait à l'usage des nouveaux agents de police chargés du service de la voirie. (Par Hyacinthe KIRSCH, commissaire en chef.) *Liége*, 1852, in-8, 30 p.   Ul. C.

Résumé biographique sur Simon Stevin, de Bruges, par un Brugeois (Octave DELEPIERRE).*Bruges, Vande Casteele-Werbrouck*, 1840, in-8.

c

Résumé d'études sur les principes généraux de la fortification des grands pivots stratégiques. Application à la place d'Anvers. (Par A. BRIALMONT.) *Bruxelles, Guyot et Stapleaux*, 1856, in-8, 55 p. et une planche.   J. D.

Extrait du « Journal de l'armée ».

Résumé de l'histoire d'Alsace, par M. V*** (J.-A. VINATI). *Paris, Lecointe et Durey*, 1825, in-18.

d

Résumé de l'histoire d'Auvergne. Par un Auvergnat (TAILLANDIER). *Paris, Lecointe et Durey*, 1826, in-18.

Résumé de l'histoire d'Italie. Première, partie : Lombardie. (Par Aug. TROGNON.) *Paris, Lecointe et Durey*, 1824, in-18.

Réimprimé l'année suivante avec le nom de l'auteur.

e

Résumé de l'histoire de Bordeaux, suivi d'un itinéraire du voyageur dans cette ville. Par M. G. A. (GASSIOT aîné). *Bordeaux, Gassiot aîné*, 1835, in-12, 240 p.

Résumé de l'histoire de Bretagne, jusqu'à nos jours, par M. D......, avocat (L.-R.-D. BERNARD et LEGORREC). *Paris, Lecointe et Durey*, 1826, in-18.

f

Résumé de l'histoire de Charleroy. (Par Emm. HOYOIS, anc. imprimeur à Mons.) *Mons, Hoyois*, 1850, in-8.

Résumé de l'histoire de Chine, par M. DE S*** (E.-P. DE SENANCOUR). *Paris, Lecointe et Durey*, 1825, in-18.

Résumé de l'histoire de la littérature espagnole. (Par Aug. RICARD.) *Paris, L. Janet* (vers 1827), in-18.

Résumé de l'histoire de la littérature française, depuis son origine jusqu'à nos jours. (Par A. Baron.) *Bruxelles, Galand et Lejeune*, 1826, in-18, 417 p.   J. D.

Résumé de l'histoire de la régénération de la Grèce. (Par A. Beckaus.) *Paris, Lemoine*, 1826, in-32.

Résumé de l'histoire de Naples et de Sicile. Par S. D. (le comte Joseph-Hippolyte Santo-Domingo). *Paris, Lecointe et Durey*, 1826, in-18.

Résumé de l'histoire de Stanislas, roi de Pologne, duc de Lorraine et de Bar... (Par Mme L. de Saint-Ouen.) *Nancy, Grimblot*, 1831, in-16.

     Réimprimé avec le nom de l'auteur.

Résumé de l'histoire des traditions morales et religieuses chez les divers peuples, par M. de S*** (Étienne-Pierre Pivert de Sénancour). *Paris, Lecointe et Durey*, 1825, in-18. — 2e éd. *Id.*, 1827, in-18, 428 p.

     Condamné en 1827 par un jugement qui fut cassé par un arrêt de la Cour royale du 22 janv. 1828.

Résumé de l'histoire et de la littérature françaises (traduit de l'allemand, de F. Bouterweck, et continué depuis le commencement du XIXe siècle), par Loève-Veimars. *Paris, Janet*, 1826, in-18.

Résumé de l' « Histoire générale » de Voltaire. *Paris, Lecointe et Durey*, 1825, in-18.

     L'introduction est signée : Fx B. (Félix Bodin).

Résumé de l'histoire romaine, par M. de S*** (E.-P. de Sénancour). République romaine. *Paris, Lecointe et Durey*, 1827, 2 vol. in-18.

Résumé de l'opinion publique, ou revue des journaux depuis la mort de Louis XVIII jusqu'à ce jour ; par M. L. B. D. S. (le baron de Satgé). *Paris*, 1er janvier 1826, in-8.

Résumé de la Défense de la langue flamande contre la restauration du néerlandais. (Attribué à l'abbé de Foere.) *Bruxelles, Rampelbergh.* 1843, in-12, 36 p.
                       J. D.

Résumé de la doctrine des Jésuites, ou extraits des assertions dangereuses et pernicieuses soutenues par les Jésuites dans leurs ouvrages dogmatiques, recueillies et imprimées par ordre du Parlement en 1762. (Par Roussel de La Tour, l'abbé

Minard et l'abbé Cl.-P. Goujet.) *Paris, Bourgeois*, 1826, in-18.

     Réimpression des « Extraits des assertions... » Voy. V, 404, c.

Résumé de la jurisprudence de la Cour royale de Rennes, en matière de terres vaines et vagues. Extrait de la Table des arrêts de cette Cour. (Par Henri Richelot.) *Rennes, A. Marteville, s. d.*, in-8, 52 p.

Résumé de la vie du prisonnier de Sainte-Hélène, contenant le récit de ses actions depuis sa naissance jusqu'à sa mort, arrivée dans cette île..., par Émile D***. (Par C.-Y. Cousin, d'Avallon.) *Paris, Locard et Davi*, 1827, in-18. — 2e éd. *Id.*, 1829, in-18.

Résumé des Mémoires sur les moyens de détruire la mendicité en France. (Par l'abbé de Malvaux.) Nouv. édition, augm. *Châlons-sur-Marne, Seneuze*, 1780, in-8.

     La première édition est de 1779. Ce travail a encore été réimprimé sous ce titre : « les Moyens de détruire la mendicité. » Voy. VI, 375, a. Un concours avait été proposé sur ce sujet par l'Académie de Châlons, et environ cent treize mémoires lui furent adressés.

Résumé des Observations essentielles sur les biens du Clergé, par l'auteur de l' « État des personnes sous les deux premières races de nos rois » (l'abbé de GoURcy). *Paris, Debray*, 1790, in-8.

Résumé des préceptes de rhétorique, à l'usage des établissements où les jeunes gens se préparent à l'examen d'élève universitaire. (Par Van Hemel, vicaire général à Malines.) *Louvain, Fonteyn*, 1832, in-8, 40 p.   J. D.

Résumé des tarifs douaniers des diverses nations traduits d'après les documents originaux et coordonnés à l'usage du commerce français. *Bordeaux, Chaumas*, 1836, in-8.

     L'avertissement est signé : G. B. (Pierre-Gustave Brunet).

Résumé des vues économiques de M. de La Gervaisais, par M. F*** (Théodore Fix). *Paris, A. Pihan de La Forest*, 1835, in-8.
                       D. M.

     En 1834, on a publié : « Exposé de la ligne politique de M. de La Gervaisais » (voy. V, 383, f). Ces deux écrits ne sont pas mentionnés dans l'ouvrage sur La Gervaisais publié par M. Damas-Hinard en 1850, sous le titre : « Un prophète inconnu », et où l'auteur a fait une singulière confusion signalée par « l'Intermédiaire » du 10 février 1876, t. IX, col. 91.

Résumé du rapport de M. l'ingénieur en chef Desart sur le chemin de fer de Tournai à Jurbise, accompagné de notes. (Par Schollaert, capitaine du génie.) *Ath, Themon-Dessy*, 1844, in-8.   J. D.

Résumé en vers de la géographie de France, par A. D.-L... (Dubois-Loiseau). *Paris, C. Pocquel*, 1836, in-8, 1 f. de tit. et 31 p.

Résumé général concernant les différentes formes et les diverses applications des redoutes casematées, des petits forts... par J.-G.-W. Merkes, trad. du hollandais par R..... (Fr.-X.-J. Rieffel). *Paris, Corréard*, 1843, in-8, 112 p.

Résumé général des principaux écrits qui ont paru à l'occasion de la prochaine convocation des Etats-Généraux, ou lettres d'un habitant de Paris à un provincial. Première partie. (Par de Beaugeard.) *S. l.*, 1789, in-8.

Résumé général ou extrait des cahiers de pouvoirs, instructions, demandes et doléances, remis par les divers bailliages, sénéchaussées et pays d'États du royaume à leurs députés à l'assemblée des États-Généraux, ouverts à Versailles, le 4 mai 1789. Avec une table raisonnée des matières. Par une société de gens de lettres (L. Prudhomme et Laurent de Mezières). *Paris, chez l'éditeur*, 1789, 3 vol. in-8.

Le tome Ier est particulier au Clergé, le second à la Noblesse, et le troisième au Tiers-État.

Le *Discours préliminaire*, formant 33 pages, est de Jean Rousseau, mort sénateur.

Cet ouvrage fut trouvé tellement séditieux, qu'il fut saisi par la police dans un temps où les plus audacieux écrits circulaient librement.

Résumé historique des campagnes des Français contre les Russes, depuis 1799 jusqu'en 1814, suivi d'une ode composée sur les ruines de Sébastopol, par E. P*** (Eugène Pick), ancien officier de la grande armée au 4e hussards. *Paris, E. Pick*, 1856, in-8, 32 p.

La couverture imprimée sert de titre.

Résumé pour les quatre-vingt-quatre prisonniers détenus à la tour de Caen depuis le 5 novembre. (Par L.-E. Regnaud.) (*Paris*), imp. de Demonville (1791), in-8, 16 p.

Résumé sur la question du divorce, par l'auteur du « Divorce considéré au XIXe siècle » (M. le vicomte L.-G.-A. de Bonald). *Paris, Le Clere*, 1801, in-8.

Résumé synoptique et étymologique des noms des communes de la province de Liége. *S. l. n. d.*; in-8.

Par M. Louis Fabri Roscius, suivant un *ex dono*, daté de 1869.

Résurrection d'Atala et son voyage à Paris. (Par Raimond). *Paris, Renard*, 1802, 2 vol. in-12.

Rétablissement (du) de l'Empire. 15 août. (Par Henry d'Escamps.) *Paris, Plon frères*, 1852, in-8.

La 2e éd. porte le nom de l'auteur.

Rétablissement (du) de l'empire germanique tel qu'il était avant 1792 : par un tréfoncier de Liége. (Par P.-Fr.-Théoph. Jarry.) *Paris, imp. de Ballard*, 1814, in-8.

Rétablissement (le) de l'Etat. (Par Mathieu de Morgues.) *En France, chez le bon Français*, 1618, in-8.

Même ouvrage que « la Restauration de l'Etat ». Voy. ci-dessus, col. 332, *f*.

Rétablissement (le) de la monarchie. (Par le comte Antoine de Ferrand.) *S. l.*, septembre 1793, in-8. — 2e édit. *Liége*, 1794, in-8.

On trouve une analyse de cet ouvrage dans le « Journal littéraire » de Lausanne, t. I, p. 170.

Rétablissement (du) des Jésuites en France, par M. S*** (Louis Silvy), ancien magistrat. 2e édit., augm. *Paris, imp. A. Egron*, 1816, in-8.

Rétablissement (du) des Jésuites et de l'Education publique. (Par l'abbé Louis-Abel de Fontenay, ex-jésuite.) *Emmerick, J.-L. Romen*, 1800, in-8, VI-249 p.

On a prétendu que cet ouvrage était de l'abbé L.-B. Proyart.

Rétablissement des manufactures et du commerce d'Espagne ... traduit de l'espagnol de don Bernardo de Ulloa... (par Plumard de Dangeul). *Amsterdam (Paris, Estienne)*, 1753, 2 part. en 1 vol. in-12.

Rétablissement (du) en Algérie des Dames sœurs hospitalières de Saint-Jean de Jérusalem. Par M. D. (Ducas). *Paris*, 1852, in-8.

Retenue (de la) exercée sur les traitements des employés et des fonctionnaires publics. Par M*** (le baron A.-I. Silvestre de Sacy), ancien membre de la Chambre des députés, ancien administrateur, etc. *Paris, Delaunay*, 1832, in-8, 15 p.

Retouches au « Nouveau Dictionnaire

des ouvrages anonymes et pseudonymes de M. E. de Manne », par l'auteur des « Supercheries littéraires dévoilées » (J.-M. QUÉRARD). *Paris, typ. Hennuyer*, juillet 1862, in-8, VIII-46 p.

Retour (le) à la Charte. (Par le marquis DE LA GERVAISAIS.) *Paris, Pihan Delaforest*, 1830, in-8, 32 p.

Retour (du) à la religion, par P. D. (Paul DIDIER). 1802, in-8.

Cette brochure, dédiée au premier Consul, fut réimprimée quelque temps après avec le nom de l'auteur.

Didier, avocat à Grenoble, fut en 1816 le chef d'une conspiration dirigée contre les Bourbons ; livré par le gouvernement piémontais, il fut condamné à mort et exécuté.   L. DE L. S.

Retour au bonheur, par A. F. R. C—L—CHATEAU-VIEUX (A.-F.-R. DE CHOSON DE LACOMBE DE CHATEAU-VIEUX). *Paris, Debray*, 1814, in-12.

L'année suivante, l'auteur a publié un opuscule intitulé : « Honneur et Patrie! Vive Louis XVIII! » *Rouen, l'auteur*, in-8, 16 p., qui porte tous ses noms.

Retour (le) au département, pièce en un acte, mêlée de couplets. Par MM. Pᵖ° TOURNEMINE et Edouard D... (Edouard DAMARIN et A. BOURGEOIS). Représentée pour la première fois sur le théâtre de l'Ambigu-Comique, le 3 novembre 1828. *Paris, Duvernois*, 1828, in-8, 58 p.

Retour (le) d'Espagne, vaudeville en un acte. Par L. M. D. P. (L.-M.-D. PINARD). *Paris, Lavocat*, 1824, in-8.

Retour (le) d'un acteur, vaudeville en un acte, par Mᵐᵉ Olympe et M*** (Par Th.-M. DU MERSAN, seul.) Représenté pour la première fois sur le théâtre Montansier, le lundi 9 juin 1806. *Paris, Mᵐᵉ Masson*, 1806, in-8, 23 p.

Retour (le) d'un croisé, ou le portrait mystérieux, grand mélodrame en un petit acte, avec tout son spectacle, etc., etc., de M. Alex. D. (Alex.-Vinc. PINEUX-DUVAL). Représenté pour la première fois sur le théâtre de l'Impératrice, le 27 février 1810. *Paris, Vente*, 1810, in-8, 1 f. de tit. et 32 p. — *Id.*, 1823, in-8, 32 p.

Retour (le) de l'isle d'Amour. (Par P. AUBERT.) *Leyde, Elzevier*, 1666, in-12.

Retour (le) de l'île d'Elbe, par A. Thiers... de Vaulabelle... de Chateaubriand... (Par M. F. PERRON.) *Paris, Lachaud et Burdin*, 1873, in-8, 93 p.

Retour (le) de l'ombre de Molière ; comédie en un acte et en vers, représentée pour la première fois par les comédiens françois, le 21 novembre 1739. (Par l'abbé C.-H. DE FUSÉE DE VOISENON.) *Paris, Prault*, 1739, in-12. — *Paris, Chaubert*, 1740, in-8, 1 f. de tit. et 32 p. — *La Haye, A. Van Dole*, 1740, in-12.

Retour (le) de l'opéra-comique, en un acte. Par M*** (Ch.-Sim. FAVART). Représenté pour la première fois sur le théâtre de l'Opéra-Comique de la foire Saint-Laurent, le 28 juin 1759. *Paris, Duchesne*, 1759, in-8, 56 p.

Retour de la fontaine de Vaucluse, contenant l'histoire de cette source et tout ce qui est digne d'observation dans cette contrée, par l'auteur du « Voyage à Vaucluse » et du « Pétrarque à Vaucluse » (l'abbé F. D'ARNAVON). *Avignon, Vve Guichard*, 1805, in-8.

Retour (le) de la paix, poëme. Par M. DE LA P*** (DE LA PORTE). *La Haye*, 1748, in-8, 14 p.

Réimprimé avec le nom de l'auteur. *Paris, S. Jorry*, 1748, in-8, 14 p.

Retour de Louis XVIII. (Par A. ANTIGNAC.) *S. l. n. d.*, in-8.

Retour (le) de mon pauvre oncle, ou relation de son voyage dans la lune, écrite par lui-même et mise au jour par son cher neveu. (Composée et publiée par J.-A. DULAURE.) *Ballomanipolis et Paris, Lejay*, 1784, in-8, 58 p.

Retour (le) de Rome (en vers, par F.-V. VIGNON RESTIF DE LA BRETONNE). *Paris, Dentu*, 1862, in-8, 30 p.

Retour (le) de Saint-Cloud par mer et par terre. (Par A.-M. LOTTIN l'aîné.) *Paris*, 1750, in-12? — 2° édit. *Paris, Duchesne*, 1753, in-12.

Retour (le) de Stanislas, ou la suite de Michel et Christine, comédie-vaudeville en un acte. Par M. J. P. C. (J.-P. CHARRIN). *Paris, Duvernois*, 1826, in-8, 27 p.

Retour (le) de tendresse, comédie en un acte et en vers, mêlée d'ariettes, représentée pour la première fois sur le théâtre des comédiens italiens ordinaires du roi, le samedi 1ᵉʳ octobre 1774. (Par ANSEAUME.) *Paris, veuve Duchesne*, 1774, in-8, 72 p.

Réimprimé avec le nom de l'auteur au verso du faux titre. *Paris, imp. de P.-R.-C. Ballard*, 1777, in-8, 2 ff. de tit. et 64 p.

Retour (le) de Zéphirin, divertissement. (Par François JEANNIN, petit-fils du président Jeannin.) *Dijon, Ant. Defay*, 1728, in-8.

Retour (le) des Bourbons, ouvrage envoyé au concours de l'Académie de Lyon, ouvert pour ce glorieux événement. (Par Stéphen ARNOULT.) *Paris, imp. de Demonville*, 1816, in-8, 16 p.

Retour (le) des Bourbons, poëme en dix chants. (Par A. D'EGVILLY, maître d'hôtel.) *Paris*, 1816, in-12.

Retour (le) des Bourbons, sujet de prix proposé par l'Académie de Lyon, le 1er novembre 1814. Ode au Roi. (Par DE BARRIN, membre de la Cour royale et de la Société des sciences et des arts de Grenoble.) *Grenoble, imp. de C.-P. Baratier, s. d.*, in-8, 16 p.

Retour (le) des Bourbons, sujet du prix extraordinaire de poésie proposé en 1815 par l'Académie... de Lyon. Résumé du concours. (Par Joseph DUMAS, secrétaire perpétuel.) *Lyon, Ballanche*, 1816, in-8, 32 p.

Retour (le) des Nassau, poëme. (Par l'abbé LABYE.) *Liége, Jeunehomme frères*, 1837, in-18, 64 p.   J. D.

Retour (le) des pièces choisies, ou Bigarrures curieuses. (Publié par P. BAYLE, suivant plusieurs bibliographes.) *Emmerick*, 1687, 2 part. in-12.

Prosper Marchand trouve cette attribution fort ridicule. Voy. son « Dictionnaire historique », article Saint-Réal, t. II, p. 169. Voy. aussi « Recueil des pièces choisies... », ci-dessus, col. 105, e.

Bayle analyse la première partie de ce recueil dans les « Nouvelles de la république des lettres », déc. 1686, art. IV.

Retour des Pyrénées, suivi de Fragments et de Pensées diverses, par l'auteur du : « Voyage aux Pyrénées » (la comtesse DE LA GRANDVILLE, née DE BEAUFORT). *Lille, Lefort*, 1850, in-12.   D. M.

Plusieurs fois réimprimé.

Retour (le) du conscrit, ou le rétablissement de Louis XVIII sur le trône de ses ancêtres, comédie en trois actes, par M. D*** (Alexandre DELANNOY). *Boulogne, imp. de Leroy-Berger*, 1814, in-8, 36 p.   D. M.

Retour (le) du fumiste, tragi-comédie. (Par Emmanuel DES ESSARTS). *Sens, impr. Duchemin* (1863), in-8, 27 p.

Facétie très-rare.

Retour (le) du philosophe, ou le village abandonné; poëme imité de l'anglois du docteur GOOLDSMITH, par le chevalier R*** (J.-J. RUTLIDGE). *Bruxelles, J.-L. de Boubers*, 1772, in-8, 59 p.

Retour (le) du printemps. (Par F.-G. DUCRAY-DUMINIL.) *Paris*, 1788, in-12.   V. T.

Retour (le) du printems, pastorale, représentée pour la première fois, sur le théâtre de Rouen, le jeudi 13 mars 1755. (Par Ch.-Sim. FAVART.) *Rouen, Machuel*, 1755, in-8.

Attribué par Quérard à Den. BALLIÈRE DE LAISEMENT.

Retour (le) du seigneur, ou la dot, ballet villageois, pant. (Par Eugène HUS.) Dédié à M. Trouvé, représenté à Carcassonne, le 23 février 1810. *Carcassonne, s. d.*, in-8.

Retour (le) du soldat français, vaudeville. (Par COLLENO.) *Nantes*, 1823, in-8, 31 p.

Retour (le) imprévu, comédie. (Par Jean-François REGNARD.) *Paris, P. Ribou*, 1700, in-12, 56 p.

Retour (lou), ou lou sargeant la gargousso, coumedio mesclado de chanto, per un membro courrespounden de l'Academio de Beziers. (Par M. RICARD-BERARD.) *Marseille, imp. M. Olive*, 1846, in-8, 43 p.

Rétractation publique du Concordat, par M. DE GEILH, prêtre, chanoine de l'église collégiale de Massat et succursaliste de Biest, diocèse de Conserans, suivie d'un Commentaire. (Par l'abbé P.-L. BLANCHARD.) *Londres, Juigné*, 1816, in-8.

Retraite chrétienne sur les vérités du salut. (Par l'abbé TIBERGE.) *Paris*, 1704, 1742, 2 vol. in-12.

Retraite de dix jours, à l'usage de MM. les ecclésiastiques et des religieux... par M. l'abbé*** (le P. P.-N. VANBLOTAQUE, ex-jésuite, connu sous le nom de l'abbé DE SAINT-PARD). *Paris, Berton*, 1773, in-12.

Retraite de dix jours, à l'usage des religieuses de Sainte-Aure. (Par N.-M. VÉRON, ex-jésuite.) *Paris*, 1788, in-16.

Retraite de dix jours en forme de méditations sur l'état de l'homme sans Jésus-Christ, pour se disposer à célébrer saintement la fête de Noël. (Par le P. V. DE LA BORDE.) *Paris*, 1755, in-12.

Retraite de dix jours sur les principaux devoirs de la vie religieuse. (Par dom Rob. Morel.) *Paris, Vincent*, 1750, in-12.

Retraite de huit jours, par l'auteur de la « Vie sacerdotale» (l'abbé J.-B. Lasausse). *Paris, Guillot*, 1783, in-12.

Retraite de huit jours, sur les principales vertus chrétiennes et religieuses. (Par l'abbé Nic. Le Gros, revue et publiée par l'abbé Nic. Cabrisseau.) *Paris, Osmont*, 1728, in-12.

Retraite (la) de la marquise de Gozanne, contenant diverses histoires galantes et véritables. *Amsterdam*, 1735, 2 tomes in-12.

La dédicace à la duchesse de Brunswick est signée D. L. B. — M. Paul Lacroix (« Bulletin du bibliophile », 13e série, p. 290) y voit Antoine DE LA BARRE DE BEAUMARCHAIS, auteur d'autres romans du même genre.

Retraite des Français (depuis Moscou jusqu'à Vilna), trad. de l'allemand (de Ern. von Pfuel). *Saint-Pétersbourg, imp. de Fr. Drechsler*, 1813, in-8. — Autre édit. *Saint-Pétersbourg, A. Pluchart et Cie*, 1813, in-12, 35 p.

Cette dernière édition a été reproduite p. 139-159 de la « Relation du séjour des Français à Moscou ». Voy. ci-dessus, col. 226, d.

Retraite ecclésiastique. (Par l'abbé Tiberge.) *Paris, Delespine*, 1708, 1737, 2 vol. in-12.

Retraite (la), petit poëme. (Par Marie-Joseph de Chénier.) *Paris, Dabin* (juin 1806), in-24. · D. M.

Une autre édition in-18 a été publiée en 1809 par le même libraire.

Retraite pour les ordinans, ou traité des dispositions qu'on doit apporter aux ordres. Par M. le curé de S. Sulpice de Paris (J. Trotté de La Chétardie). *Paris, R. Mazières*, 1709 à 1711, 4 vol. in-12.

Le nom de l'auteur se trouve dans le privilége. Les tomes III et IV sont intitulés « Entretiens ecclésiastiques tirez de l'Ecriture sainte... ou suite de la Retraite... »

Retraite pour se préparer aux vacances, ou méditations pour les élèves des séminaires... Par un professeur de séminaire (le P. Alexis Possoz, jésuite). *Lille, Lefort*, 1832, in-12.

Retraite spirituelle, ou Entretiens familiers selon l'esprit de saint François de Sales et de sainte Chantal. (Par l'abbé

A.-B. d'Icard Duquesne.) *Paris, Simon*, 1772, in-12.

Retraites (des) dans l'armée de mer. (Par M. de Bonnefoux, capitaine de vaisseau en retraite.) *Paris, de l'imp. de Mme Bouchard-Huzard*, 1847, in-8, 32 p.

Réunion (la) de l'amitié, de la nature et de la reconnaissance, petite pièce en un acte, mêlée d'ariettes et de vaudevilles. (Par Fr. Le Prévost d'Exmes.) *A Ivry, chez Marie-Louise*, 1763, in-4.

Réunion (la) de la Belgique à la Hollande serait-elle avantageuse ou désavantageuse? (Par Jean-Joseph Van Bouchout.) *Bruxelles*, 1814, in-8, 83 p. J. D.

Réunion (la) des amours, comédie héroïque. (Par Marivaux.) *Paris, Chaubert*, 1732, in-12, 52 p. · /

Réunion (la) du christianisme, ou la manière de rejoindre tous les chrétiens sous une seule confession de foy. *Saumur, René Péan* (1670), in-12, 12 ff. lim. et 208 p.

Cet ouvrage a été attribué au ministre d'Huisseau, qui a nié en être l'auteur.

D'après une note manuscrite contemporaine sur l'exemplaire de la Bibliothèque nationale, « ce ministre fut déposé par le consistoire pour avoir écrit ce livre. Capel le fils et Tan. Le Febvre furent excommuniés pour avoir eu part à l'édition. D'Huisseau mourut peu de temps après. »

Réunion (la) du Roi, au retour de ses lieutenants de guerre, faite au regard du mariage de M. le duc de Longueville et de Mlle de Soissons, la veille de mai seize cent dix-sept, suivant le recueil fait par P. B. S. D. V. (Pierre Beaunis, sieur des Viettes)... *Paris, J. Guerreau*, in-8, 7 p. — *Lyon*, 1617, in-8, 7 p. — *Tours, imp. de J. Vatard*, 1617, in-8, 8 p.

Réunion du Valais à la France. Extrait de pièces officielles. (Par le chevalier Derville-Maléchard, ancien chargé des affaires de France et préfet du Simplon.) *Lyon, de l'impr. de L. Boget*, juillet 1816, in-8, 60 et viij et 51 p.

Réunions (les) publiques à Paris en 1868-1869. *Paris, Dentu*, 1869, in-8, 96 p.

Le nom de l'auteur, M. Aug. Vitu, alors rédacteur en chef de l' « Etendard », a été révélé au cours du procès intenté au libraire Dentu par M. F. Cantagrel, pour compte rendu infidèle.

Réunissons-nous!!! par A. B*** (A. Bignan). *Paris, imp. d'A. Foucher*, 1818, in-8, 11 p.

Réussite de la culture de la canne à sucre en France, démontrée infaillible, ou précis sur la canne à sucre, sa culture, ses produits... par un propriétaire qui a habité pendant douze ans les Antilles (Antoine-Joseph REY DE MORANDE). *Paris, Mme Huzard*, 1831, in-8, 16 p.

D. M.

Revanche (la), comédie en trois actes et en prose. (Par J.-F. ROGER et A. CREUZÉ DE LESSER.) *Paris, Vente*, 1809, in-8.

Nouvelle édit., avec le nom des auteurs. *Paris, Vente*, 1817, in-8. Réimprimé dans le premier volume des « Œuvres diverses » de Roger. *Paris, Fournier*, 1834, 2 vol. in-8.

Revanche (la) de la France. (Par le prince Romuald GIEDROYC.) *Paris*, 1872, in-8, 16 p.

Revanche (la) de Waterloo. Les Napoléon et l'Angleterre. (Par Charles ROMEY.) *Paris, E. Dentu*, 1861, in-8, 32 p.

D. M.

Revanche (la) du mari, comédie en deux actes et en prose. (Par le baron Jérôme DAVID.) *Bordeaux, impr. de Gounouilhou*, 1858, in-18, 60 p.

Rêve d'un ami de la France. (Par l'abbé VAULTRIN, chanoine régulier.) *Nancy*, 1788, in-8.

Rêve d'un bon citoyen (A. DIANNYÈRE) sur nos lois, sur un Code national et sur les Parlemens, à l'usage de ceux qui veillent pour la nation. *S. l. (Paris)*, 1789, in-8, 36 p.

Rêve d'un goutteux, ou le principal. (Par Victor DE RIQUETTI, marquis DE MIRABEAU.) *S. d.* (vers la fin de 1788), in-8.

Rêve (le) d'un homme de bien, adressé aux illustres représentants de la nation française. Ouvrage où l'on indique la véritable cause du mal moral, ainsi que ce qui doit arriver de la révolution présente; par M. TRI*** (TRIAU), ancien gendarme. *Paris*, 1789, in-8, 40 p.

Rêve d'un pauvre moine. (Par l'abbé F.-V. MULLOT, chanoine régulier et bibliothécaire de Saint-Victor de Paris.) 1789, in-8.

Rêve (le) d'un philosophe, ou voici toute mon ambition, par A.-J. ROSNY, suivi de la réponse, par l'auteur de « Betzy » (J.-H. MEISTER). *Paris, an VIII*, in-18, 144 p.

Rêve (le), ou la vérité voilée, second

supplément aux « Quatre Repas ». (Par le vicomte A.-B.-L. DE MIRABEAU.) *S. l. n. d.*, in-8, 11 p.

Voy. « Déjeuner du mardi », IV, 870, d.

Rêve (le) singulier, ou la nation comme il n'y en a point; par M. DE B. (Charles-Hélion DE BARBANÇOIS), tome Ier (et unique). *Paris (Châteauroux, impr. de Migné)*, 1808, in-8.

Tiré à 50 exemplaires.

Réveil (le). (Par Henri-Florent DELMOTTE.) *Mons, Hoyois-Derely*, 1830, in-8, 8 p.

Dithyrambe de 103 vers sur la révolution de septembre. J. D.

Réveil (le) d'Apollon, ou galerie littéraire. (Par F.-M. POULTIER D'ELMOTTE.) *Paris, an IV-1796*, 2 vol. in-12.

Réveil (le) d'Épiménide, comédie par M. le président HÉNAULT; avec d'autres pièces intéressantes. *Berlin*, 1755, in-8.

Sous le nº 1800 du Catalogue de la librairie d'Ét. de Bourdeaux, J.-H.-S. FORMEY se donne comme l'éditeur de ce recueil de pièces, dans lequel, outre celle du président HÉNAULT, on trouve un fragment historique lu par MONTESQUIEU dans une assemblée de la Société royale de Nancy, des « Pensées sur les dangers de l'esprit » (par FRÉDÉRIC II), et enfin l' « Invocation » de CLÉANTHE, mise en vers français par DE BOUGAINVILLE, lisez par L. RACINE, d'après une traduction en prose par DE BOUGAINVILLE.

Réveil (le) d'Épiménide en Brabant. (Par Jean-Joseph VAN BOUCHOUT.) *Bruxelles*, 1814, in-8, 36 p. J. D.

Réveil (le) de Chyndonax, prince de Vacies, druides celtiques dijonnois... Par I. G. D. M. D. (J. GUENEBAULT, docteur-médecin dijonnais)... *Dijon, impr. de C. Guyot*, 1621, in-4.

Réimprimé avec le nom de l'auteur sous le titre de « le Réveil de l'antique tombeau de Chyndonax..... » *Paris, J. Daumalle*, 1623, in-4.

Réveil (le) de J.-J. Rousseau, ou particularités sur sa mort et son tombeau. P. A. J. B*** (BRARD) D. V.......... *Genève et Paris, Hardouin*, 1783, in-8, 59 p.

Réveil de l'observateur des maisons de jeux. (Par Henri-Alexis CAHAISSE.) *Paris, impr. de Renaudière*, 1821, in-8, 24 p.

Réveil (le) de Thalie, comédie en un acte et en vers, avec un divertissement. Représentée pour la première fois, par les comédiens italiens, le 19 juin 1750. *Paris, veuve Delormel*, 1750, in-8, 36 p.

Généralement attribué à l'abbé C.-H. FUSÉE DE VOISENON.

Par P.-A. Le Fèvre de Marcouville, d'après une note manuscrite contemporaine sur l'exemplaire de la Bibliothèque nationale.

Réveil du Belge, chant guerrier en neuf strophes, à une et deux voix et à chœurs, par J.-B.-J. C. (Jean-Bapt. Caroly), citoyen belge montois... Bruxelles, Dupon (4 août 1831), in-8, 15 p., plus un feuillet de musique gravée.   J. D.

Réveil (le) du. lion, ou Paris dans les immortelles journées des 27, 28 et 29 juillet 1830; précis des événements, heure par heure... suivi d'un chant triomphal... Par un patriote de 89. (Par Adolphe de Ribbing.) Paris, Lerosey, 1830, in-18.

Resveille-matin charitable, par E. D. B. (Edmond de Beauval), pasteur en l'église de Leval, aux pauvres fidelles des Pays-Bas souffrant le joug de l'Inquisition. Sedan, 1607, petit in-8, 39 p.

Réveil-matin (le) et Mot du guet des bons catholiques. (Par Pierre-Ive Magistri, curé de Lude.) Douai, 1591, in-8.

Réveil (le), ouvrage périodique, moral et littéraire, dans le genre anglais, par M. de R. M. (G.-H. de Romance-Mesmon). Hambourg, 1798-1799, 3 vol. in-8.

Réveillez-vous. (Par C.-G. Morel de Vindé.) S. l. n. d. (1790), in-12, 24 p.

Révélations cabalistiques d'une médecine universelle tirée du vin, etc., avec une dissertation sur les lampes sépulchrales. (Par Gosset.) Utrecht, 1735, in-12.   V. T.

Révélations d'un militaire français sur les agraviados d'Espagne, où sont dévoilées les véritables causes de l'insurrection de la Catalogne en 1827. (Par le comte Armand Durfort, maréchal de camp.) Paris, Levavasseur, 1829, in-8, 176 p.

Révélations d'une dame de qualité sur les années 1830 et 1831. (Par E.-L. de Lamothe-Langon.) Paris, Mame-Delaunay, 1831, 2 vol. in-8.

Révélations (les) de l'Hermite solitaire sur l'état de la France. (Par J. Chesnel, sieur de La Chappronnaye.) Paris, T. du Bray, 1617, in-8.

Révélations de Napoléon Bonaparte, contenant : ses discours, ses conversations et ses entretiens confidentiels... Par C*** (Ch.-Yv. Cousin, d'Avallon). Paris, Tiger, s. d., 2 vol. in-18.

Révélations (les) de sainte Brigitte, princesse de Suède, traduites pour la première fois du latin en français, par un ancien vicaire général (l'abbé J.-P.-J. Lesurre). Paris, Gaume, 1834, in-8.

Révélations (les) indiscrètes du XVIIIe siècle, par le cardinal de Bernis, Bossuet, Cabanis, Cérutti, Champcenetz, la marquise du Chatelet, Chénier, Diderot, Duclos, Franklin, M. Garat, Mme Geoffrin, Hérault de Séchelles, le R. P. Lachaise, Laharpe, M. Mercier, J.-J. Rousseau, Saint-Martin (l'illuminé), Thomas, Voltaire, Washington, etc. Le tout précédé des confessions, lettre apologétique sur l'état présent de la littérature (par P.-R. Auguis). Paris, Guilet, 1814, in-18.

Révélations scandaleuses. (Par A.-A. Fiérard.) Paris, L.-G. Michaud (1815), in-8, 46 p.

Pamphlet contre Bernard, entrepreneur des jeux.

Révélations sur la Russie, ou l'empereur Nicolas et son empire en 1844. Par un résident anglais (Richard Hildreth, Américain). Ouvrage traduit de l'anglais par M. Noblet et annoté par M. Cyprien Robert. Paris, J. Labitte, 1845, 3 vol. in-8.

Revenant (le) de Bérézule, imité de l'anglais (de Maria-Lavinia Smith), par le traducteur de la « Fugitive de la forêt » (Malherbe). Paris, Plassan, 1805, 4 vol. in-12.

Une édition, datée de 1807, a pour titre : « le Revenant du château de Bérézule ».

Revenant (le), ou les préparatifs inutiles, divertissement en 1 acte, en prose. (Par le président C.-J.-F. Hénault.) S. l. (Paris), 1788, in-4.   G. M.

Revenants (les) de la chaumière, ou le mariage interrompu, trad. de l'anglais, par Mlle L... G... de C*** (Mlle L. Girard de Caudenberg), auteur de « Wilmina, ou l'Enfant des Apennins... » Paris, Locard et Davi, 1821, 2 vol. in-12.

Revenants (les), ou suite de la liste des ci-devant ducs, marquis. (Par Louis Brossard.)

Voy. « Métamorphoses... », VI, 289, a.

Revenants (les) véritables, ou aventures du chevalier de Morny. Par l'auteur de « la Forêt et le Château de Saint-Alpin » (le marquis de Laubépine). Paris, Barba, an XIV-1806, 2 vol. in-12.

Revenons à l'Évangile. (Par Pierre-Marie-Alfred SIRVEN.) *Paris, Marpon,* 1862, in-8.   **D. M.**

Pamphlet dont l'auteur a été condamné par les tribunaux, le 25 août 1862.

Revenu de deux millions pour l'État par une répartition plus équitable de l'impôt-patente. (Par A. GODIN.) *Liége, Redouté,* 1847, in-8, 16 p.   **Ul. C.**

Reverbères (les), chroniques de nuit du vieux et du nouveau Paris, publiées par la comtesse de B***, auteur des « Chroniques de l'Œil-de-Bœuf ». (Par G. TOUCHARD-LAFOSSE.) *Paris, Lachapelle,* 1833-1834, 6 vol. in-8.

La couverture porte : Publiées par G. TOUCHARD-LAFOSSE. Le nom de l'auteur se trouve sur les titres à partir de la 3e édition.

Rêveries (les) académiques. (Par J.-B.-A. D'ALDÉGUIER.) *Toulouse,* in-8.

Rêveries, dizain, par un Luxembourgeois (J.-F. PONCIN, juge de paix). *Arlon, Bourgeois,* 1843, in-8, 16 p.   **Ul. C.**

Rêveries maternelles, par Mme *** (POLLONNAIS). *Paris, Plon,* 1865, in-8, 79 p.   **D. M.**

Rêveries poétiques sur des sujets différents...

Voy. « Épîtres diverses... », V, 163, a.

Rêveries (les) renouvelées des Grecs, parodie d' « Iphigénie en Tauride », représentée pour la première fois sur le théâtre des comédiens italiens ordinaires du roi, le samedi 26 juin 1779. (Par Ch.-Sim. FAVART.) *Paris, imp. de P. de Lormel,* 1779, in-8, 51 p.

Rêveries sérieuses et comiques, par M*** (BOSCHERON), en prose et en vers. *Paris, Langlois,* 1728, in-8.

Rêves (les) d'Aristobule, philosophe grec, suivis d'un abrégé de la vie de Formose, philosophe françois. (Par P.-Ch. LEVESQUE.) *Paris,* 1761, in-12.

Insérés dans la collection des « Voyages imaginaires », t. XXXI, p. 189-246.

Rêves (les) d'un homme de bien, qui peuvent être réalisés, ou les vues utiles et praticables de M. l'abbé DE SAINT-PIERRE (recueillies par P.-A. ALLETZ). *Paris, Duchesne,* 1775, in-12.

Rêves (les) d'une femme de province sur le magnétisme animal, ou essai théorique et pratique sur la doctrine à la

mode. (Par Mlle DE LA FAVRYE.) *Paris,* 1785, in-8, 42 p.

Rêves (les) de ma vie, ou mes souvenirs, élégie. Extrait des « Lunes parisiennes ». *Paris, imp. de Bailleul,* 1822, in-8, 8 p.

Signés : M. A. J. (Marc-Antoine JULLIEN, de Paris).

Rêves et Caprices poétiques. (Par Gustave BOGAERT.) *Bruxelles, Bogaert,* 1855, in-8, 430 p.   **J. D.**

Rêves et Réalités, poésies par Mme B. (Mme A.-M. BLANCHECOTTE), ouvrière et poëte. *Paris, Ledoyen,* 1855, in-12.

Le nom de l'auteur se trouve sur le titre de la 2e édition.

Révision de l' « Histoire du ciel », pour servir de supplément à la première édition. (Par N.-A. PLUCHE.) *Paris, veuve Etienne,* 1760, in-12, 1 f. de titre et 123 p.

Révision de la carte de l'Europe. Ouvrage saisi à Paris par la censure. (Par Charles FLOR, rédacteur de « la Gazette belge ».) *Bruxelles, Rosez,* 1854, in-12, 31 p.   **J. D.**

L'ouvrage original, imprimé à *Paris, chez Plon* frères, en 1854, a été retiré de la circulation. On l'a attribué à l'empereur NAPOLÉON III.

Révision (la) de la Constitution. (Attribuée à L.-N. BONAPARTE, depuis NAPOLÉON III.) *Paris, typogr. de Plon frères,* 1851, in-8, 47 p.

Réimprimée dans « la Patrie » du 3 décembre 1851 et dans l' « Indépendance belge » du 1-2 janvier 1852, comme supplément.

On a aussi, au moment de la publication de cette brochure, indiqué comme auteur M. Ad. GRANIER DE CASSAGNAC.

Révision (de la) des lois sur l'expropriation pour cause d'utilité publique en Belgique, par M. Ch. D. M. (le baron Charles DEL MARMOL, avocat). *Bruxelles, Bruylant-Christophe et Cie,* 1864, in-8, 76 p.   **J. D.**

Révision du concile de Trente, contenant les nullités d'icelui, les griefs des princes chrétiens, de l'Eglise gallicane, etc. (Par Guill. RANCHIN.) (*Genève*), 1600, in-8, 8 ff. lim., 428-409 et 22 p.

Révision du procès du maréchal Ney. (Par A.-M.-J.-J. DUPIN aîné.) *Paris, Pihan de La Forest,* 1831, in-8.   **D. M.**

Révolution belge, 1830. (Par MACKIN-

TOSCH.) *Bruxelles*, 1831, in-32, 139 p., avec 2 grav.

Une seconde édition a paru en 1846 avec le nom de l'auteur. J. D.

Révolution (de la) belge en 1830 et de ses conséquences, par un négociant de Liége (Eugène BEAUJEAN). *Liége, Charron* (1855), in-8, 16 p.

Trois éditions de cette brochure furent publiées en quelques mois.

Révolution (de la) dans ses rapports avec ses victimes, et particulièrement avec les émigrés ; ouvrage où se trouve la véritable politique à l'usage des restaurations. (Par Antoine MADROLLE.) *Paris, Ponthieu*, 1824, in-8.

Révolution (la) de France prophétisée, ainsi que ses causes infernales, ses effets sinistres et ses suites heureuses, qui seront une restauration générale et une réforme complète de tous les abus en 1792. — Suite de la « Révolution de France prophétisée... » — Supplément à la « Révolution de France prophétisée... » (Par CHAILLON DE JONVILLE.) *Paris*, 1791, 3 vol. in-8.

Imprimé aux frais du cardinal de Rohan, retiré à Ettenheim.

Révolution de juillet 1830. Caractère légal et politique du nouvel établissement fondé par la charte constitutionnelle acceptée et jurée par Louis-Philippe Ier, roi des Français, en présence des deux Chambres, le 9 août 1830. (Par A.-M.-J.-J. DUPIN aîné.) *Paris, impr. de Demonville*, nov. 1832, in-8, 1 f. de tit., 31 p. et 1 f. — *Paris, Fanjat aîné*, 1833, in-8, 3 ff. lim. et 146 p.

La 3e édition, *Paris, Joubert*, 1835, in-18, porte le nom de l'auteur.

Révolution de Malte en 1798 ; gouvernement, principes, lois, statuts de l'ordre. Réponse au manifeste du prieuré de Russie. Par M. le chevalier DE M*** (MEYER). *S. l.*, 1799, in-4, 142 p. et 1 f. d'errata. D. M.

Révolution (la) de Portugal, tragédie. (Par J.-A. TEISSIER, baron DE MARGUE-RITTES.) *Amsterdam*, 1775, in-8.

Révolution des Welches, prédite dans les jours anciens. (Par Jean-Martin-Bernard CLÉMENT.) *Paris, chez les marchands de nouveautés*, an du monde 5796, in-18, 2 ff. de tit., IV-74 p. — Autre édit. *Paris, A.-E. Durand*, an du monde 5797, in-12, 74 p.

Révolution (la) du 7 août devant la France, par le lieutenant-colonel N*** (le comte DE LOCMARIA), secrétaire particulier de S. A. R. Madame, duchesse de Berry. *Paris, Dentu*, 1831, in-8, 1 f. de tit. et 61 p.

Révolution et Monarchie légitime. La vérité à tous les partis politiques de la France, par un disciple savoyard du comte de Maistre (Louis BERTHET). *Paris, Palmé*, 1873, gr. in-8, 71 p.

Le nom de l'auteur se trouve à la page 60.

Révolution (la) française de 1848. Lettre à M. Gérard sur son article intitulé : « des Causes du rétablissement de l'empire français ». (Par M. MADIER DE MONTJAU.) *S. l. n. d.*, in-8.

Tiré à part de la « Revue trimestrielle ». J. D.

Révolution (la) française et Bonaparte, ou les Guise du XVIIIe siècle, tragédie en cinq actes et en vers. (Par le marquis Frédéric-Gaëtan DE LA ROCHEFOUCAULD-LIANCOURT.) *Paris, Locard et Davy*, 1818, in-8, 1 f. de tit., VI-92 p.

Révolution impériale de Louis XIV, Dieudonné, contenant les liens de sa démarche pour parvenir à l'empire romain. Predict par l'oracle françois Michel Nostradamus. (Par Jacq. MENGAU.) *Paris, J. Papillon*, 1652, in-4, 14 p. et 1 f. blanc.

XIe avertissement. Voy. le détail de la série complète des « Avertissements » de J. Mengau, IV, 348, d.

Révolution (la), ou le triomphe de la république française, opéra en cinq actes. Par le citoyen G*** (GODINEAU). *Paris, Cerioux*, an VII, in-8, 52 p.

Révolution (de la) piémontaise. (Par SANCTORRE, comte SANTA-ROSA.) *Paris, imp. de Huzard-Courcier*, novembre 1821, in-8, 183 p. — 2e édit. *Paris, A. Corréard*, 1822, in-8, 2 ff. de tit. et 224 p.

Voy. sur l'auteur un article de M. Cousin dans la « Revue des Deux-Mondes » du 1er mars 1840, p. 640-688.

Révolution (la) vengée, ou considérations politiques sur les causes, les événements et les suites de la révolution belge, par un catholique patriote de Bouillon (l'abbé C. LOUIS). *Louvain, Vanlinthout*, 1832, in-8, 96 p. J. D.

Révolutionnaires (des) et du Ministère actuel, par M*** (Attribué à M. J.-B. DE SAINT-VICTOR.) *Paris, Nicolle*, 1815, in-8.

Révolutions d'Angleterre, depuis la

mort du protecteur Olivier jusques au rétablissement du roy. (Par Ant. DE BONDEAUX.) *Paris, C. Barbin*, 1670, in-12, 7 ff. lim et 256 p. — *Paris, P. Pepie*, 1689, in-12, 7 ff. lim. et 256 p.

Révolutions (les) de l'univers, ou remarques et observations sur une carte géographique destinée à l'étude de l'histoire générale. (Par E.-A. PHILIPPE DE PRÉTOT.) *Paris*, 1763, in-12, 1 f. de tit., 174 p. et 1 f. de privilége.

La carte a été dressée la même année par Michel Picaud, de Nantes.

Révolutions de Liége sous Louis de Bourbon. (Par le baron DE GERLACHE.) *Bruxelles, Henri Hayez*, 1831, in-8, 184 p.
J. D.

Révolutions de Paris, dédiées à la nation et au district des Petits-Augustins. (Rédigées par Armand LOUSTALOT, Sylvain MARÉCHAL, P.-F.-J. ROBERT, P.-F.-N. FABRE D'EGLANTINE.) Publiées par le sieur PRUDHOMME à l'époque du 12 juillet 1789. Avec gravures et cartes des départements du royaume. *Paris, Prudhomme*, 12 juillet 1789-février 1794, 17 vol. in-8.

Les quinze premiers numéros avaient été rédigés par L. PRUDHOMME, en collaboration avec Ant. TOURNON. A partir du n° 16, l'auteur principal s'étant brouillé avec son collaborateur, Tournon publia de son côté une continuation du journal.

Révolutions de Paris, ou récit exact de ce qui s'est passé dans la capitale, et particulièrement de la prise de la Bastille, depuis le 11 juillet 1789 jusqu'au 23 du même mois, par M. D.... C.... (DE COURTIVE, avocat au Parlement). *S. l.*, 1789, in-8, 40 p.

Révolutions des Provinces-Unies sous l'étendard des divers stadhouders (attribuées à J.-H. MANDRILLON). *Nimègue*, 1788, 3 vol. in-8.
V. T.

Révolutions (des) du globe, conjecture formée d'après les découvertes de Lavoisier sur la décomposition et la recomposition de l'eau; par M..EL DE V...DÉ (C.-G. MOREL DE VINDÉ). *Paris, Dupont*, 1797, in-8, 30 p.

Réimprimé avec le nom de l'auteur en 1798 et en 1811.

Révolutions (les) du théâtre musical en Italie, depuis son origine jusqu'à nos jours, traduites et abrégées de l'italien de dom ARTEAGA (par le baron Charles-André-Hippolyte LAVALLEY DE ROUVROU, émigré, puis maréchal de camp honoraire). *Londres, Nardini*, 1802, in-8, 102 p.

La préface est signée : « le baron de R. » Cet abrégé a été fait d'après une troisième édition du texte original que Fétis n'a jamais vue. La deuxième édition est de *Venise*, 1785, 3 vol. in-8.

Révolutions (des) militaires et de la Charte. (Par Armand MALITOURNE.) *Paris, imp. de J. Gratiot*, 1820, in-8, 29 p.

Revue amusante, ou nouveau choix d'histoires amusantes, etc., le tout recueilli par M****** (l'abbé VIXEGE, vicaire à Pers, Cantal). *Aurillac, imp. Ferary*, 1853, in-8, 480 p.

Revue analytique des ouvrages écrits en centons depuis les temps anciens, jusqu'au XIXᵉ siècle. Par un bibliophile belge (VAN DE WEYER). *Londres, Trübner*, 1868, pet. in-4, 2 ff. lim., 505 p. et 1 f. de table.

Revue anecdotique des lettres et des arts, paraissant le 5 et le 20 de chaque mois. Documents biographiques de toute nature, nouvelles des librairies et des théâtres, bons mots, satires, épigrammes... *Paris*, avril 1855-octobre 1862, 15 vol. in-12.

Cette revue, fondée par M. Lorédan LARCHEY, fut en grande partie rédigée par lui jusqu'en janvier 1862. Ses collaborateurs réguliers étaient MM. Edouard GOEPP, Georges DUPLESSIS et Louis ENAULT. Il la céda en 1862 à l'éditeur M. Aug. POULET-MALASSIS, qui la continua avec l'aide de deux collaborateurs nouveaux, Ch. ASSELINEAU et Ch. BEAUDELAIRE. La publication fut interrompue à la fin du mois d'octobre de la même année.

Revue bibliographique de l'année 1845 (et 1846), par Ch. P. (Ch. POISSON, sous-préfet à Vouziers). *Vouziers, imp. de Flamant*, 1846-1847, 2 vol. in-12.

Revue bibliographique. Journal de bibliologie, d'histoire littéraire, d'imprimerie et de librairie, publié par deux bibliophiles (J.-M. QUÉRARD et Serge POLTORATZKY). *Paris, imp. de F. Didot*, 1839, in-8.

Il n'a paru que le tome I, contenant 10 numéros.

Revue chronologique de l'histoire de France, depuis la première convocation des Notables jusqu'au départ des troupes étrangères; 1787-1818. (Par l'abbé G.-H. ROCQUES DE MONTGAILLARD.) *Paris, F. Didot*, 1820. — Seconde édit., revue et augm. *Paris, F. Didot*, 1823, in-8.

Revue (la) (ci-devant Chronique parisienne), ou Correspondance politique...

(Par LABLÉE.) *Paris, imp. de Patris*, 1817, in-8.

Revue de bibliographie analytique, ou compte rendu des ouvrages scientifiques et de haute littérature, publiés en France et à l'étranger. (Par MM. MILLER, Ad. AUBENAS et autres.) *Paris, Marc-Aurel frères*, 1839-1845, 12 vol. in-8.

Revue de Caen, 1832. Prospectus. *Caen, Bonneserre, imprimeur*, in-8, 8 p.

Ce prospectus, très-rare et très-remarquable, était l'œuvre de M. Edelestand DU MÉRIL, voué depuis à des travaux d'érudition. Cette *Revue* n'eut qu'un numéro. Le directeur était G.-S. TRÉBUTIEN.
L. D. L. S,

Revue de l'histoire de la licorne, par un naturaliste de Montpellier (P.-Jos. AMOREUX). *Paris, Goujon*, 1818, in-8, 48 p.

Revue de l'histoire universelle moderne, ou tableau sommaire et chronologique des principaux événements arrivés depuis les premiers siècles de l'ère chrétienne jusqu'à nos jours. (Par le comte Emm. DE LAUBESPIN, aidé de M. BATELLE.) *Paris, Verdière*, 1827, 2 vol. in-12.

Revue de l'Opera Buffa, ou lettre d'un amateur à son ami. (Par Edme BOCHET, conservateur des hypothèques à Paris.) *Paris*, 1810, in-8, 15 p.

Revue de la marine française, depuis son origine jusqu'à nos jours, par le C. B*** (BAJOT), ancien commis de marine. *Paris, Lottin*, an IX, in-8, 72 p.

Revue de Lorraine. (Rédacteur en chef, M. CHOLEY.) *Nancy*, mai 1835 à mai 1837, 2 vol. in-8.

On y trouve plusieurs articles de R.-T. TROPLONG.

Revue de morale et de charité. *Liège, E. Noël*, 1853, in-8.

Recueil mensuel de 16 p. Je ne connais que 4 numéros parus, de févr. à mai. Le rédacteur principal était M. X. BOUGARD. Ces numéros paraissaient aussi sous le titre de : « Mélanges d'économie politique et sociale, recueil mensuel. » Enfin, pour les écouler, on leur mit le titre de : « Almanach politique et social pour 1854 », en y ajoutant un calendrier de 8 p.

Bougard a encore publié la même année plusieurs brochures imprimées par *E. Noël* : 1° Mélanges politiques, 32 p. — 2° Mélanges socialistes, 16 p. — 3° Causes et Effets économiques, 16 p. — 4° Chants des martyrs, 8 p. — 5° Etudes d'économie politique, 16 p.
De Theux.

Revue des auteurs vivans grands et petits ; coup d'œil sur la république des lettres en France ; 6° année de la République française, par un impartial, s'il en est. (Par J.-M.-P. BUHAN.) *Lausanne et Paris*, 1796, in-18, 86 p.

Ce pamphlet fut attribué à tort à Fabien PILLET et lui fit beaucoup d'ennemis.

Revue des comédiens, ou critique raisonnée de tous les acteurs, danseurs et mimes de la capitale, par M***, vieux comédien (A.-B.-L. GRIMOD DE LA REYNIÈRE), et par l'auteur de la « Lorgnette des spectacles » (Fabien PILLET). *Paris, Fabre*, 1808, 2 vol. in-18.

Revue des écrits relatifs aux monuments de Bordeaux, par L. L*** (Léonce DE LAMOTHE). *Bordeaux, T. Lafargue*, 1849, in-8, 28 p.

Revue (la) des feuilles de M. Fréron ; lettres à M. de ***. (Par Fr. LE PRÉVOST D'EXMES et autres.) 1756, in-12.

Prévost était bien jeune en 1756 ; il est très-probable que DE LEYRE l'a aidé dans ce travail. Aussi Grimm, dans sa « Correspondance », 1re partie, t. II, p. 93, présente-t-il DE LEYRE comme auteur de cette « Revue ». Voy. mon « Supplément à la Correspondance de Grimm », p. 315.

La Harpe attribue cette « Revue » à l'abbé J.-B. DE LAPORTE.

Revue des Quarante, par une société d'académiciens caennais (Fréd. DEGEORGE). *Paris, imp. Brasseur*, 1821, in-8, 40 p.

Revue des questions les plus importantes sur l'établissement des chemins de fer en France, et proposition d'un règlement pour le concours général des projets et la concession directe de ces entreprises aux auteurs du projet adopté. (Par Charles TESTU.) *Paris, Delaunay*, 1835, in-4, 36 p.

Revue des romans. Recueil d'analyses raisonnées des productions remarquables des plus célèbres romanciers français et étrangers... par Eusèbe G*** (Eusèbe GIRAULT DE SAINT-FARGEAU). *Paris, F. Didot*, 1839, 2 vol. in-8.
D. M.

Revue des théâtres, ou suite de « Melpomène et Thalie vengées ». (Par Fabien PILLET.) *Paris, Marchand*, an VIII, in-18.

Revue du cabinet des médailles de feu M. Leclercqz. (Par Joach. LELEWELL.) *Bruxelles*, 1838, in-8.

Revue et Complément du Dictionnaire de la manutention des employés de l'enregistrement et des domaines et forêts.

(Par P.-C. Désormeaux.) *Guéret, imp. de Bétoulle*, 1818, in-8.

Forme le tome IV du « Dictionnaire de la manutention des employés... »

Revue explicative des principes fondamentaux et des beautés de la langue néerlandaise. (Par D. Snatich.) *Bruxelles*, 1827, 2 vol. in-8.   J. D.

Revue française. *Paris, A. Sautelet*, janvier 1828-juillet 1830, 16 vol. in-8.

Cette publication remarquable avait adopté le système des Revues anglaises ; les articles ne portaient aucune signature.

Les éditeurs ont publié en 1830, en commençant le n° 13, un prospectus contenant une table des douze premiers numéros, et indiquant pour le plus grand nombre des articles les noms des auteurs. Ce prospectus ayant aujourd'hui à peu près disparu et ne se trouvant plus que dans fort peu d'exemplaires, nous avons pensé qu'il était utile de relever ici ces noms pour la plupart illustres, avec les titres des articles rédigés par chacun d'eux. Nous avons vu, d'un autre côté, un exemplaire contenant des indications manuscrites contemporaines sur les auteurs de plusieurs des articles des numéros 14 et 15.

Année 1828. — N° 1.

Introduction. (Par Ch. de Rémusat.)
État de la France. (Par F. Guizot.)
Mœurs politiques anglaises. (Par de Guizard.)
Voyage en Italie et en Sicile, par M. Simond. (Par J.-J. Ampère.)
De la Piraterie. (Par A.-C.-L.-V. de Broglie.)
Salon de 1827. (Par Scheffer.)
Histoire des maires du Palais, par G.-H. Pertz. (Par F. Guizot.)
Voyage en Grèce, par M. Lebrun. (Par de Guizard.)

N° 2.

Histoire constitutionnelle de l'Angleterre, par M. Hallam. (Par F. Guizot.)
Des Vases grecs et du Musée Charles X. (Par Ch. Lenormant.)
Statistique judiciaire comparée. Compte général de l'administration de la justice criminelle en France, pendant les années 1825 et 1826. (Par F. Rossi.)
De M. Rossini et de l'Avenir de la musique. (Par L. Vitet.)
De l'Interprétation des lois. (Par A.-C.-L.-V. de Broglie.)
Des Réformes commerciales de M. Huskisson. (Par T. Duchatel.)
De la Comédie historique. Comédies historiques, par M. N. Lemercier. Les Soirées de Neuilly, par M. de Fongeray. (Par Saint-Marc Girardin.)
De l'Espagne et de sa Révolution. (Par Armand Carrel.)

N° 3.

Des Assemblées nationales en France. (Par Aug. Thierry.)
De l'État actuel de la physiologie. (Par Royer-Collard.)
Du Sens de Rabelais. (Par de Guizard.)

Philosophie française au XIX° siècle. (Par Ch. de Rémusat.)
De la Guerre d'Espagne en 1823. (Par Armand Carrel.)
Du Siècle de Louis XIV. (Par A.-G.-P. Brugière de Barante.)
Du Droit de succession, par M. Gans. (Par E. Lerminier.)
L'Épicurien, roman par Th. Moore ; les Fiancés, par Manzoni. (Par A.-F. Villemain.)

N° 4.

Histoire de la révolution des Pays-Bas, par Schiller, traduction nouvelle, par M. de Châteaugiron. (Par P. Rossi.)
Du Renouvellement des générations. (Par C.-B. Dunoyer.)
De l'État du théâtre. (Par Ch. de Rémusat.)
De la Peinture sur verre. (Par Ch. Lenormant.)
Statistique des délits de la presse. (Par A.-C.-L.-V. de Broglie.)
De la Théorie des jardins. (Par L. Vitet.)
Histoire de France au XVIII° siècle. (Par A.-G.-P. Brugière de Barante.)

N° 5.

Du Droit de punir et de la Peine de mort. (Par A.-C.-L.-V. de Broglie.)
Considérations sur le développement du fœtus humain. (Par H. Royer-Collard.)
Œuvres inédites de P.-L. Courier. (Par Armand Carrel.)
Éducation progressive, ou études du cours de la vie, par Mme Necker de Saussure. (Par F. Guizot.)
Des Dettes publiques et de l'Amortissement. (Par T. Duchatel.)
De l'État des opinions. (Par Ch. de Rémusat.)
Mémoires tirés des papiers d'un homme d'État (le prince de Hardenberg) sur les causes secrètes qui ont déterminé la politique des cabinets dans la guerre de la Révolution, depuis 1792 jusqu'en 1815. (Par de Guizard.)
De la Session de 1828. (Par F. Guizot.)

N° 6.

Histoire de l'émancipation des catholiques d'Irlande, (Par Prosper Duvergier de Hauranne.)
De la Juridiction administrative. (Par A.-C.-L.-V. de Broglie.)
De la Philosophie écossaise ; Œuvres de Th. Reid, chef de l'École écossaise, publiées par M. Jouffroy, avec des fragments de M. Royer-Collard et une introduction de l'éditeur. (Par Ch. de Rémusat.)
De la Législation des Visigoths. (Par F. Guizot.)
De l'Administration communale. (Par A.-G.-P. Brugière de Barante.)
Œuvres inédites de Mme Guizot, publiées par M. Guizot. (Par A.-F. Villemain.)

N° 7.

Histoire des Français, par M. de Sismondi. (Par Aug. Trognon.)
De l'Entretien et de l'Achèvement des routes en France. (Par T. Duchatel.)
Journal d'un voyage dans le Fayoum. (Par Léon de Laborde.)
Histoire du droit romain au moyen âge, par M. de Savigny. (Par E. Lerminier.)

Struensée, par Michel Beer. (Par le comte DE SAINTE-AULAIRE.)

Des Juges auditeurs. (Par A.-C.-L.-V. DE BROGLIE.)

De la nouvelle Ecole poétique et de M. Victor Hugo. (Par DE GUIZARD.)

De la Politique de la France. (Par Ch. DE RÉMUSAT.)

No 8.

Des Effets et de l'Abolition graduelle de l'esclavage colonial. (Par PASSY.)

De l'Etat actuel de la botanique générale. (Par A.-P. DE CANDOLLE.)

La Conspiration de 1821, par M. le duc de Lévis. (Par Armand CARREL.)

Rénovation de la science du droit romain au XIIᵉ siècle. (Par E. LERMINIER.)

Voyage dans l'intérieur de l'Afrique. (Par J.-B.-B. EYRIÈS.)

De la Police politique. (Par Ch. DE RÉMUSAT.)

La Jouvencel, roman du XVᵉ siècle. (Par A.-G.-P. BRUGIÈRE DE BARANTE.)

De l'Administration communale et départementale. (Par DE GUIZARD.)

No 9.

Histoire de Russie et de Pierre le Grand, par M. de Ségur. (Par le comte Al. DE SAINT-PRIEST.)

Examen critique des dictionnaires français, par M. Nodier. (Par N. DUGAS-MONTBEL.)

Tableau de la Grèce en 1827. (Par BECKER.)

Formes et Relations des volcans. (Par Elie DE BEAUMONT.)

Revue musicale. (Par F.-H.-J. CASTIL-BLAZE.)

De l'Enquête commerciale. (Par T. DUCHATEL.)

De l'Agriculture dans ses rapports avec le gouvernement. (Par A.-E.-P. DE GASPARIN.)

De la Littérature islandaise. (Par RAULIN.)

De l'Etat des cabinets européens. (Par F. GUIZOT.)

No 10.

De l'Etat comparé de l'agriculture en France et en Angleterre. (Par PASSY.)

De l'Age des éligibles à la Chambre des députés. (Par Prosper DUVERGIER DE HAURANNE.)

De la Mort de Henri III et des Drames historiques. (Par A.-G.-P. BRUGIÈRE DE BARANTE.)

Histoire des ducs de Bretagne, par M. de Roujoux. (Par BILLIARD.)

Du Mouvement de la matière primitive. (Par H. ROYER-COLLARD.)

Des Jésuites, de leur institut et de leur histoire. (Par DE GUIZARD.)

Histoire de la chapelle-musique des rois de France. (Par P.-H.-J. CASTIL-BLAZE.)

Œuvres diverses de M. le baron Auguste de Staël. (Par A.-G.-P. BRUGIÈRE DE BARANTE.)

Des Forçats libérés et des Peines infamantes. (Par A.-C.-L.-V. DE BROGLIE.)

No 11.

Monuments historiques de l'ordre de Malte, par le vicomte de Villeneuve-Bargemont. (Par A. THIERRY.)

Voyage de M. Cunningham à la Nouvelle-Galles. (Par J.-B.-B. EYRIÈS.)

Des Biographies françaises. (Par J. TASCHEREAU.)

Des Moyens d'améliorer le sort des classes inférieures. (Par L. VITET.)

Des Mémoires du duc de Saint-Simon. (Par DE SAINTE-AULAIRE.)

L'Enlèvement d'une redoute. (Par Prosper MÉRIMÉE.)

De la Correspondance de Grimm et des derniers Salons du XVIIIᵉ siècle. (Par F. GUIZOT.)

De l'Omnipotence du jury. (Par le comte J.-J. SIMÉON.)

No 12.

De l'Organisation militaire de la France. (Par PASSY.)

Traité de droit pénal, par M. Rossi. (Par Ch. DE RÉMUSAT.)

Monuments, Souvenirs, Mœurs de l'Espagne. (Par le comte Al. DE SAINT-PRIEST.)

Esquisse de la basse Nubie. (Par Ch. LENORMANT.)

Des Mémoires du maréchal Gouvion Saint-Cyr. (Par M. L.-Ad. THIERS.)

Ulysse-Homère, par Constantin Koliadès. (Par N. DUGAS-MONTBEL.)

Des Sermonaires des XVᵉ et XVIᵉ siècles. (Par RAULIN.)

Post-scriptum. (Par F. GUIZOT.)

No 14.

Statistique criminelle comparée de la France et de l'Angleterre. (Par A.-C.-L.-V. DE BROGLIE.)

Du Droit chez les Étrusques. (Par Ch. LENORMANT.)

Hernani. (Par Ch. DE RÉMUSAT.)

De la Lecture des hiéroglyphes. (Par J.-J. AMPÈRE.)

No 15.

De l'État actuel de la littérature. (Par L. VITET.)

Des Causes de l'état de l'Irlande. (Par Prosper DUVERGIER DE HAURANNE.)

Mémoires de Saint-Simon. (Par DE SAINTE-AULAIRE.)

Traité de législation. (Par Ch. DE RÉMUSAT.)

La « Revue française » cessa de paraître à la révolution de juillet 1830. Une nouvelle publication sous le même titre et sur les mêmes bases parut en juin 1837 et dura jusqu'au mois de juin 1839, 12 vol. in-8.

Revue historique des cinq départements de l'ancienne province de Normandie...

Suite de la « Revue trimestrielle du département de l'Eure ». Voy. ci-après, col. 302, b.

Revue historique, scientifique et morale de la franc-maçonnerie. (Rédigée par le Fr. F.-T.-B. CLAVEL.) Paris, 1830-1833, in-8, 288 p.

Klosz appelle toujours cet écrivain F.-T. BÈGUE-CLAVEL ; tous les ouvrages non anonymes sont indiqués sur le titre F.-T.-B. Clavel.   A. L.

Revue impartiale des opérations administratives de la campagne de 1823... Par le lieutenant-colonel Aug. d'A...... (Augustin D'AULNOIS), ancien inspecteur général des subsistances des armées. — Revue impartiale.... Supplément... Paris, Pichard, 1826, in-4, ij-38 et 48 p.

Le Supplément porte le nom de l'auteur sur le titre.

Revue maçonnique. (Rédigée par le F....

PEIGNÉ.) *Paris, imp. Decourchant,* septembre 1834 à mars 1837, 3 vol. in-8.

Revue (la) méridionale, journal littéraire. (Par M. D'ALDEGUIER.) *Toulouse, Benichet,* 1822-1827, in-4.

Revue méridionale. Provence, Languedoc, Corse, Algérie, Méditerranée, Colonies. (Rédigée par F. VESIN.) *Marseille,* 1853, 3 vol. in-8, fig. et musique.

On avait publié, en juillet 1848, un recueil littéraire et artistique sous le même titre : « Revue méridionale », dont il n'a paru qu'un seul fascicule in-8, 96 p.   G. M.

Revue nécrologique. Théodore Wenstenraed, H.-F. Prume. Par Ed. W. (Edouard WACKEN). *Bruxelles, Raes,* 1849, in-4, 6 p.

Tirage à part de la « Revue de Belgique ».

Revue nouvelle. Littérature, critique, actualités, chronique satirique des hommes et des choses, par H. L. A. AA. C. V.. (THOORIS, CLOQUET, VAN BRUYSSEL, VAN BEMMEL, SCHUERMANS, EVENEPOEL). *Bruxelles, Biénez,* 1851-1852, 2 vol. gr. in-8.   J. D.

Revue philosophique, littéraire et politique, par une société de gens de lettres. Continuation de la « Décade philosophique ». Voy. IV, 842, b.

Revue politique de l'Europe en 1825. (Par Pierre-François-Xavier BOURGUIGNON D'HERBIGNY.) *Paris et Leipzig, Bossange frères,* 1825, in-8, 96 p.

Il parut dans la même année cinq éditions de cet écrit, et une traduction espagnole fut publiée à Bordeaux. Cette « Revue » fut attribuée successivement aux personnages les plus éminents de l'opposition libérale à cette époque, notamment au baron L.-E. BIGNON et au comte Sophie-Edouard DUNOD DE CHARNAGE.

Revue politique de la France en 1826, par l'auteur de la « Revue politique de l'Europe en 1825 » (P.-F.-X. BOURGUIGNON D'HERBIGNY). *Paris, A. Dupont,* 1827, in-8. — 2° édit. *Id.,* 1827, in-8.

Revue politique du siècle, par M. le vicomte de St-P... (DE SAINT-PONCY, auteur de l'Eloge poétique de Delille). *Clermont-Ferrand, imp. de Thibaud-Landriot,* 1833, in-8, 31 p.

Revue politique en l'année 1817, par M***** (F.-I.-H. DE COMBEROUSSE). *Paris, Plancher,* 1817, in-8.

Revue rétrospective et sommaire touchant la question de la peine de mort, ac-

compagnée de considérations présentées pour l'abolition de cette peine, par un ancien membre des Etats généraux et du Congrès national (Théophile FALLON, président de la Cour des comptes). *Bruxelles, Decq,* 1863, in-8, 141 p.   J. D.

Revue théâtrale. Le Trouvère, Martha, le Troisième Larron, les Artistes. (Par LOVINFOSSE, imprimeur.) *Liège, Dethier et Lovinfosse,* 1859, in-12, 18 p.

Tirée à part du journal « la Meuse ».   Ul. C.

Revue trimestrielle du département de l'Eure. (Publiée sous la direction de M. A. CANEL.) *Pont-Audemer, imp. A. Lecomte,* 1835, in-8.

Continuée sous le titre de « Revue historique des cinq départements de l'ancienne province de Normandie... » *Pont-Audemer, imp. A. Lecomte,* 1836-1837, 2 vol. in-8.

Rézéda, ouvrage orné d'une post-face, par M. B*** (Fr. BÉLIARD). *Amsterdam,* 1751, 2 vol. in-16.

Rhétima, ou la belle Georgienne. (Par DU HAUTCHAMP.) *Paris, Musier,* 1735, 6 part. in-12.

Rhétorique (la) d'ARISTOTE, traduite en françois (par Franç. CASSANDRE). *Paris, D. Thierry,* 1675, in-12.

Rhétorique (la) de CICÉRON, ou les trois livres du Dialogue de l'orateur, traduits en françois (par l'abbé CASSAGNE). *Paris, Barbin,* 1673 ; — avec le texte en regard. *Lyon, Molin,* 1692, in-12.

Rhétorique (la) des putains, ou la fameuse maquerelle ; ouvrage imité de l'italien. (Composé par Ferrante PALLAVICINO.) *Rome,* 1771, in-18, 320 p., avec 3 fig. — *Rome, aux dépens du Saint-Père,* 1794, 2 part. in-12. — Autre édition. *Rome,* in-12, 369 p., sans fig., même texte.

Réimpr. en 1836 à 50 exempl. avec préface, notes et les portraits de 12 courtisanes célèbres.

Rhétorique (la) enseignant la manière à bien discourir de chacune chose (par le cardinal DU PERRON) ; revue, corrigée et augmentée depuis la dernière édition. *Paris, Bourriquant,* 1606, in-12.

Réimprimée en 1657, in-18, à la suite du « Tableau de l'éloquence françoise » du P. Charles DE SAINT-PAUL, général des Feuillants.

Rhétorique françoise à l'usage des colléges... (Par J.-B. VOLFIUS.) *Dijon, C.-N. Frantin,* 1781, in-12, 1 f. de tit. et 219 p.

Rhétorique françoise à l'usage des jeunes demoiselles... Seconde édition... (Par Gabr.-H. GAILLARD.) *Paris, Ganeau,* 1748, in-12, 7 ff. lim., 465 p. et 1 f. de privilége.

Plusieurs fois réimprimée sous ce titre. La 1re édit. était intitulée : « Essai de rhétorique françoise.... » Voy. V, 212, e.

Rhétorique françoise, très-propre aux gens qui veulent apprendre à parler et écrire avec politesse. (Par LEVEN DE TEMPLERI.) *Paris, Jouvenel,* 1698, in-12.

Rhétorique (de la) selon les préceptes d'Aristote, de Cicéron et de Quintilien, avec des exemples. (Attribuée à Ant. HOUDARD DE LA MOTTE, mais composée par BRETON, curé de Saint-Hippolyte, à Paris.) *Paris,* 1703, in-12.

Rhin (le). (Par Eugène MINORET.) *Paris, Faure,* 1866, in-8, 32 p.

Rhin (le) au Roy. Par le médecin de monseigneur le cardinal de Guyse (Jean LEBON). *Paris, D. du Pré,* 1568, in-8, 8 ff.

Rhin (le) et la Vistule. (Attribué au prince Ladislas CZARTORYSKI.) *Paris, Amyot,* 1861, in-8, 16 p.

Rhineceros (le), poëme en prose divisé en six chants. Par Mlle de ***.(Par GUYARD DE SERVIGNÉ.) *S. l.,* 1750, in-8, 80 p.

Rhinsault et Saphira, histoire magique, avec les Quatre Fleurs, conte. (Par Ant. HAMILTON.) *Paris,* 1736, in-12.

Rhodienne (la), ou la cruauté de Soliman, tragédie. (Par Pierre MAINFRAY.) *Rouen, David du Petit-Val,* 1621, pet, in-12.

Riboteurs (les). (Par DESCHAMPS DE SAINTE-SUZANNE.) 1749.

Note manuscrite de la police à la bibliothèque du roi. V. T.

Ricardo le Proscrit, traduit de l'anglais par M*** (DUBERGIER), auteur et traducteur de plusieurs ouvrages. *Paris, Boulland,* 1825, 4 vol. in-12.

Ricco, comédie en deux actes et en prose, représentée pour la première fois à Paris, sur le théâtre du Palais-Royal, le 26 novembre 1789. (Par J.-And. BOURLAIN DUMANIANT.) *Paris, Cailleau et fils,* 1789, in-8, 64 p. — *Bruxelles, J.-L, de Boubers,* 1794, in-8, 43 p.

Richard Cobden, roi des Belges, par un ex-colonel de la garde civique (Sylvain VANDE WEYER). Dédié aux blessés de septembre. *Bruxelles, Jamar,* 1862, in-8, 51 p. J. D.

Richard converti, ou entretien sur les objets les plus importants du Code rural. (Par le baron P.-Ch.-Mart, DE CHASSIRON.) 1801, in-8.

Richard et Sara, par le chevalier D. G. N. (du Grand-Nez) (B.-J. MARSOLLIER DES VIVETIÈRES). *Genève, et Paris, Valade,* 1772, in-8.

Richard III, tragédie en cinq actes et en vers, par Mme LEM. (LE MAIGNEN). *Paris, Égron,* 1818, in-8.

Richardet, poëme. (Traduit en vers françois de l'italien de CARTEROMACO, masque de FORTIGUERRA, par Anne-François DUPERRIER-DUMOURIEZ, père du général.) *La Haye, et Paris, Lacombe,* 1766, 2 vol. in-8. — *Liége, Plomteux,* 1766, 2 vol. in-12. — *Londres,* 1781, 2 vol. in-18.

Richardet, poëme italien de CARTEROMACO, traduit en vers français (par L.-J. MANCINI-NIVERNOIS). *Paris, Didot jeune,* 1796, 2 vol. in-8.

Riche (le) mécontent, ou le noble imaginaire. (Par Sam. CHAPUZEAU.)

Même pièce que « le Partisan dupé ». Voy. VI, 799, b.

Richecourt, tragi-comédie, représentée par les pensionnaires des RR. Pères Bénédictins de Saint-Nicolas, 1628. *Imprimé à Saint-Nicolas, par Jacob François,* 1628, pet. in-8, 76 p.

Pièce rare, qui a pour auteur Simplicien GODY, religieux de la Congrégation de Saint-Vanne, né à Ornans (Doubs) et mort à Besançon en 1662. Une réimpression qui reproduit l'édition originale page pour page et ligne pour ligne a été faite par les soins de M. Beaupré. *Saint-Nicolas-du-Port, typogr. de Trenel,* 1860, in-8 ; elle n'est tirée qu'à 100 exempl.

Richelieu. (Par M. le comte ROGUET, général de brigade.) *Paris, J. Dumaine,* 1869, in-12, 206 p.

Voy. l'article Bacon, IV, 370, a.

Riches, n'ôtez pas son pain à l'ouvrier... Chanson nouvelle, par l'auteur des « Papillons de la présidence ». *Paris, rue St-Jacques,* 41 (1849), in-fol. plano.

Signé : L. C. (Léon GUILLEMIN, connu sous le pseudonyme de Léon DE CHAUMONT).

Richesse (la) de l'Angleterre, contenant les causes de la naissance et des progrès de l'industrie, du commerce et de la marine de la Grande-Bretagne...(Par J. Acca-RIAS DE SERIONNE.) *Vienne, J.-T. de Trattnern*, 1771, in-4.

Richesse (la) de l'État. (Par ROUSSEL DE LA TOUR.) *S. l.*, 1763, in-4, 8 p. — *S. l. n. d.*, in-8, 31 p. — *Id.*, in-12. 20 p.

L'auteur publia la même année : « Développement du plan intitulé : Richesse de l'État », in-4 et in-8, et c'est contre les idées qu'il y émet que Voltaire a fait paraître « l'Homme aux quarante écus », et J.-N. Moreau les « Doutes modestes... » Voy. IV, 1118, *a*, et « Entendons-nous... », V, 118, *f*.

Richesse de l'État par la navigation intérieure. (Par J.-M. LEQUINIO.) *Paris*, 1792, in-8.

Richesse (la) de la Hollande, ouvrage dans lequel on expose l'origine du commerce et de la puissance des Hollandais... (Par Jos. ACCARIAS DE SERIONE.) *Londres*, 1778, 2 vol. in-8. — Nouv. édit., revue et augmentée (par El. LUZAC et Fr. BERNARD). *Londres (Hollande), aux dépens de la Compagnie*, 1778, 5 vol. in-12.

Richesse (la) des cultivateurs, ou dialogues entre Benjamin Jachère et Richard Trefle... Trad. de l'allemand (par Fr. BARBÉ-MARBOIS). *Metz, veuve Antoine et fils*, 1793, in-8. — *Paris, Marchant*, an XI-1803, in-8.

Richesse (la) du cultivateur, ou les secrets de Jean-Nicolas Benoit. Publié par C.-J.-A. MATHIEU DE DOMBASLE. *Paris, Mme Huzard*, 1832, in-12, 71 p.

Article extrait du « Calendrier du bon cultivateur, » par Mathieu de Dombasle. »
Dans le Calendrier, le titre porte en plus : Par A. L. A. LEMERCIER, cultivateur).
Réimprimé à *Nancy, imp. de veuve Raybois*, 1835, in-12, 64 p. Le titre de cette dernière édition porte simplement : Par C.-J.-A. MATHIEU DE DOMBASLE.

Richesse du roi de France, fondée uniquement sur le zèle de ses sujets. (Par ROUSSEL DE LA TOUR.) 1775, in-4.

Richesse (de la) et des Impôts, ou usure et travail. Par l'auteur du « Bilan de la France » (PERREYMOND). *Paris, Librairie sociétaire*, 1850, in-16.

Richesses (des) du pauvre et des Misères du riche, par Mme Sophie P*** (Sophie PANNIER, née TEISSIER, depuis épouse de M. DE LOURDOUEIX). *Paris, Pillet aîné*, 1829, in-12.   D. M.

Rideau (le) déchiré. Théâtre français.

Décembre 1820. (Par C.-M. DE VILLEMAREST.) *Paris, Ponthieu*, 1821, in-8, 32 p.

Rideau (le) levé, ou l'éducation de Laure. (Par le marquis DE SENTILLY.) *A Cythère (Alençon, Jean-Zacharie Malassis)*, 1786, 2 vol. in-12, VI-98 et 122 p.

Souvent réimprimé et attribué à tort à MIRABEAU. Louis Dubois, bien au fait des mystères de la typographie alençonnaise clandestine, a révélé le nom de l'auteur dans une note que possède M. Léon de La Sicotière. Sentilly est une commune de l'arrondissement d'Argentan (Orne).

Rideau (le) levé, ou petit diorama de Paris; description des mœurs et usages de cette capitale. Par un lynx magicien. (Par J.-P.-R. CUISIN.) *Paris, Eymery*, 1823, in-12, 305 p.

Même ouvrage que « le Peintre des coulisses ». Voy. VI, 812, *b*.

Rideau (le) levé, ou petite revue des grands théâtres... (Attribué à Ch.-L. DE SEVELINGES.) *Paris, Maradan*, 1818, in-8.

Pour une réponse à cet écrit, voy. « Supercheries », I, 784, *b*.

Ridicule (le) de la vanité, ballet en trois actes. (Par JOBERT.) 1729.

Représenté au collège de La Flèche. Catalogue Soleinne, tome III, p. 282.

Ridicule (le) du moment. A nos seigneurs, nos très-honorables et très-puissants jeunes gens, nos seigneurs les élèves de l'École polytechnique, droit, médecine, etc. (Chanson en sept couplets, par le baron Antoine-Elisabeth MALLET DE TRUMILLY, ancien officier supérieur.) *S. d.* (1830), in-8.   D. M.

Ridicules (les) du siècle. (Par F.-A. CHEVRIER.) *Londres*, 1752, in-12, 3 ff. lim. et 152 p.

Ce livre, dit Peignot, a été proscrit dans sa nouveauté.

Rien (le), parodie des parodies de « Titon et l'Aurore ». Représentée sur le théâtre de l'Opéra-Comique, le 10 avril 1753. (Par J.-J. VADÉ.) *Paris, Duchesne*, 1753, in-8, 16 p. — *S. l. n. d.*, in-8, 16 p.

Rien pour lui, comédie-féerie en trois actes, sans interruption... par l'auteur de la « Lampe merveilleuse » (FAUR)... Représentée pour la première fois, à Paris, sur le théâtre des Jeunes-Artistes, en vendémiaire an XIV. *Paris, Fages*, 1805, in-8, 38 p.

Rien qu'un peu d'expérience, par Mme

S. B. (Mᵐᵉ Louise BELLOC, née SWANTON).
Paris, Devarenne, 1856, in-12, 2 ff. de tit.,
VII-201 p. et 1 f. de table.

Riens (les) ou tout ce que l'on voudra,
par J.-J. L.... (LUCET). *Paris* (1810),
in-12.

Riens qui vaillent, extraits du portefeuille d'un carliste, trouvé sur le chemin
d'Holy-Rood. (Par J.-D. CASSINI DE THURY,
né en 1748.) *Clermont-Oise, A. Carbon*
(1852), in-8.

Ce volume, tiré à petit nombre, se compose de trois
numéros. La pagination recommence plusieurs fois.

Rimailleur (le) bruxellois, ou résultat
inutile de vingt-cinq ans de délassement.
(Par E.-J. TRIPONETTY.) *Lausanne, s. d.*
(*Brux.*, 1805), in-8.

Rime (la), par D... (Auguste-Prosper-
François GUERRIER DE DUMAST). *Paris,
Patris*, 1819, in-8.   ' D. M.

En vers.

Rimes de D'ARBAUD PORCHÈRES, un des
vingt premiers membres de l'Académie
française en 1635, éditées pour la première
fois avec ses notes scientifiques et un fac-
simile de son écriture (par M. D'ARBAUD
PORCHÈRES, d'Aix, l'un des descendants
de l'auteur, mort vers 1864). *Paris, Téche-
ner*, 1855, in-8, 132 p.

Tirées à 100 exemplaires.   G. M.

Rymes de gentile et vertueuse dame
de Pernette DU GUILLET, Lyonnoise. (Publiées par J.-B. MONFALCON.) *Lyon, imp.
de L. Perrin*, 1856, in-8.

Tirées à 125 exemplaires.

Rimes (les) du mange-florin (mazarinade
provençale par Lazare DE CORDIER). *S. l.
n. d.* (vers 1653), pet. in-4, 6 p.   G. M.

Rimes légères. Chansons et odelettes.
(Par Aug. BARBIER.) *Paris, E. Dentu*,
1851, in-12.

La deuxième édition, *Paris*, 1861, in-12, porte
le nom de l'auteur.

Rinaldo Rinaldini, chef de brigands,
histoire romanesque de notre siècle ; traduite de l'allemand (de C.-A. VULPIUS, par
J.-J.-M. DUPERCHE). *Paris, Dufour*, 1816,
2 vol. in-18.

La 3ᵉ éd., *Paris, Lecointe et Durey*, 1823, 4 vol.
in-12, porte le nom du traducteur.

Rinaldo Rinaldini, chef de voleurs ; roman historique du XVIIIᵉ siècle, avec des
romances et des gravures ; imité de l'al-

lemand (de C.-A. VULPIUS), par L.-H.
DELAMARRE. *Paris, Desenne*, 1801, 3 vol.
in-12.

L'ouvrage original est de 1799.

Rions un moment. Epître aux haricots,
dédiée au beau sexe de tous les pays, par
un citoyen honnête et reconnaissant, qui
leur doit la vie durant la Révolution (MO-
LIN). *Paris, an VI*, in-8, 65 p.

Riote (lo) du monde, le roi d'Angleterre
et les jongleurs d'Ely, XIIIᵉ siècle. (En
prose et en vers, publié par M. Francisque MICHEL.) *Paris, Silvestre*, 1834, in-8,
VIII-46 p.

Tiré à 100 exemplaires.

Riparographie (la). (Par Etienne DU-
RAND.)

Libelle diffamatoire contre la personne du roi et relatif aux affaires du temps.

Un arrêt du Grand Conseil, en date du 19 juillet
1618, condamna l'auteur à être rompu vif, et cette
terrible sentence reçut son exécution. On ne connaît
encore, jusqu'à présent, aucun exemplaire imprimé ou
manuscrit de ce libelle. Voir dans le « Bulletin du bibliophile », 1859, p. 456, un article reproduit dans
les « Variétés bibliographiques » de M. Ed. Tricotel.

Riquard Blavoet et Héribert de Wul-
veringhem. (Par Hippolyte VANDEVELDE.)
Bruges. Vande Casteele-Werbrouck, 1847,
in-8, 19 p.   J. D.

Riquet à la houpe, opéra-pantomime-
féerie en trois actes. Paroles de *** (J.-B.
DUBOIS). Musique de Foignet fils. Mise en
scène par Eugène Hus. Représenté pour la
première fois sur le théâtre des Jeunes-
Artistes, le 22 frimaire an XI. *Paris, J.-F.
Girard*, 1802, in-8, 48 p.

Rituel de Lyon, imprimé par l'autorité
de Monseigneur Antoine DE MALVIN DE
MONTAZET. (Rédigé par le P. Bernard
LAMBERT.) 1787, in-4.

Rituel (le) des esprits forts, ou le
voyage d'outre-monde, en forme de dialogues. (Par l'abbé J.-M.-A. GROS DE BES-
PLAS.) *S. l.*, 1759, in-12, XII-168 p. —
Paris, Berthier, 1760, in-12. — *Id.*, 1762,
in-12.

Rituel du diocèse de Quebec, publié par
l'ordre de Monseigneur l'évêque (LACROIX
DE ST-VALLIER). *Paris, Langlois*, 1703,
in-8.

On remarque dans ce livre le rétablissement de l'administration des saintes huiles avant le viatique. Ce
Rituel est rare, parce que les exemplaires qu'on en envoya en Amérique furent submergés pour la plupart.

(Notice copiée sur l'exemplaire de l'abbé Fenel, de l'Académie des inscriptions, et écrite de sa main.)

Rituel (le) romain du pape Paul V, à l'usage du diocèse d'Alet, en latin, avec les instructions et les rubriques en françois, par M. Nic. PAVILLON, évêque d'Alet (ou plutôt par Vincent RAGOT, son grand vicaire). *Paris, Savreux*, 1667, in-4.

On lit dans le « Dictionnaire de Chaudon », 7e éd., art. PAVILLON, à propos du Rituel : « Cet ouvrage, attribué au docteur ARNAULD, est un des mieux faits qu'on connaisse en ce genre. Il fut examiné à Rome avec sévérité et enfin condamné par le pape Clément IX; le décret est de 1668. »

On lit aussi p. 293 du tome V des « Œuvres de J. Racine » publiées par Aimé Martin, *Paris*, 1822, 6 vol. in-8, dans les « Fragments sur Port-Royal »: « M. d'Aleth demanda à M. ARNAULD un Rituel ; mais M. ARNAULD n'étant pas assez préparé sur cette matière, M. NICOLE persuada à M. d'Aleth de s'adresser à M. DE SAINT-CYRAN (Martin DE BARCOS), ou de lui écrire pour cela une lettre pleine d'estime. M. DE SAINT-CYRAN prit cette lettre pour une vocation, et fit le livre; M. ARNAULD le revit avec M. NICOLE et adoucit plusieurs choses qui auraient paru excessives ; entre autres, M. DE SAINT-CYRAN avait écrit un peu librement sur l'abstinence de la viande pendant le carême, et prétendait que l'Église ne pouvait pas faire des règles qui obligeassent sous peine de péché mortel. »

Rival (le) en l'air, vaudeville en un acte, par M. Jules D* L*** G. (Jules DULONG). Représenté pour la première fois à Paris, sur le théâtre de l'Ambigu-Comique, le 1er mars 1825. *Paris, Mme Huet*, 1825, in-8, 36 p.

Rival (le) obligeant, comédie par *** (Mme DE BAWR). *Paris*, 1803, in-12.

Rival (le) secrétaire, comédie d'un acte en vers, représentée pour la première fois par les comédiens françois, le 12 novembre 1737. Par M. D*** (DESFORGES). *Paris, Dupuis*, 1738, in-8, 2 ff. lim. et 66 p.

On a quelquefois attribué cette comédie à Claude-Florimond BOIZARD DE POINTEAU et à PARMENTIER.

Rivale (la) travestie, ou les aventures galantes arrivées au camp de Compiègne, avec tous les mouvements de l'armée. *Paris, Michel Brunet*, 1699, in-12, 6 ff. lim. et 355 p.

La dédicace est signée N. (François NODOT). Le nom de l'auteur est dans le privilége.

Rivalles (les), comédie. (Par QUINAULT.) Suivant la copie imp. à *Paris*, 1657, in-12, 92 p. — *Paris, G. de Luyne*, 1661, in-12, 2 ff. lim. et 88 p.

Rivaux (les), comédie de SHERIDAN, en cinq actes, traduite par un paysan fla-

mand (BELLEROCHE). *Bruxelles, Leemans*, 1865, in-24, 124 p.   J. D.

Rivaux (les) de village, ou la cruche cassée, opéra-comique en un acte. (Par J.-J.-B. VIOLLET D'EPAGNY.) *Paris, Barba*, 1820, in-8.

Rivaux (les). Imité de l'anglais. (Par P.-D. DANDELY et Mlle DANDELY.) *Liége, Desoer*, 1861, 3 vol. in-16.

Publié d'abord en feuilleton dans le « Journal de Liége ».   Ul. C.

Rives (les) du Léman, ou épître à un Suisse sur l'amour de la patrie, par H. F. (H. FAVRE). *Lausanne, Blanchard*, 1814, in-8, 51 p.

Rob-Roy. Par l'auteur des « Puritains d'Écosse », etc. (Walter SCOTT), et précédé d'une notice historique sur Rob-Roy, Mac Grégor Campbell et sa famille. Par A. J. B. D. (DEFAUCONPRET). *Paris, Nicolle*, 1818, 4 vol. in-12.

Robe (la) feuille-morte, pièce en un acte, mêlée de couplets. Par M. M*** (J.-B. DUBOIS et C.-F.-J.-B. MOREAU). Tirée des « Conseils à ma fille », par M. Bouilly. Représentée sur le théâtre de la Gaîté, le 29 mai 1819. *Paris, Barba*, 1819, in-8.

Robert d'Arbrissel, ou l'institut de l'ordre de Fonte-Evraud, poëme en douze chants (avec des notes historiques, par F. CHAUDEAU, prieur de La Paye). *Paris*, 1779, in-8.

Ce volume rare n'est pas mentionné dans la « France littéraire » de Quérard, ni dans la « Bibliographie biogr. » d'Œttinger.

Robert de Gallardon, scène de la vie féodale au XIIIe siècle. (Par Kergestain-Lucien MERLET.) *Chartres, Petrot-Garnier*, 1860, in-8.

Il en a été tiré quelques exemplaires avec le nom de l'auteur.

Robert Emmet. (Par Mme la comtesse D'HAUSSONVILLE, née DE BROGLIE.) *Paris, Michel Lévy*, 1857, in-12, 221 p.

Robert et Blanche, ou les effets de l'orgueil, par l'auteur de « Selisca » (Mme DE SAINT-VENANT). *Paris, J. Garnier*, 1803, 2 vol. in-12.

Robert Helias d'Huddeghem. (Par KERVYN DE VOLKAERSBEKE.) *Gand, Hebbelynck*, 1851, in-8, 16 p.

Extrait du « Messager des sciences historiques de Belgique ».   J. D.

Robert le Rouge, Mac-Grégor, ou les montagnards écossais. Par l'auteur des « Puritains d'Écosse » (W. Scott), traduit de l'anglais (par H. Villemain). *Paris,* J.-G. Dentu, 1818, 4 vol. in-12.

Robert Macaire. Mémoires et souvenirs. (Par Raban.) *Paris, Mareschal et Girard,* 1838, 2 vol. in-8.

Reproduit la même année sous le titre de « le Nouveau Robert-Macaire » et avec le nom de l'auteur.

Robertine, par l'auteur d'« Isidore », etc. (J. Aymard). *Paris, Méline,* 1815, 3 vol. in-12.

Robespierre. (Par Edouard Bengou-nioux, de Séez, Orne.) *Paris, Gerdès,* 1847, in-8, 15 p.   D. M.

Extrait de la « Revue de Paris » du 6 juin 1847.

Robespierre aux frères et amis, et Camille Jordan aux fils légitimes de la monarchie et de l'Eglise. *Paris, imp. de Gratiot* (1798), in-8, 1 f. de tit. et 24 p.

La première partie est signée : Pérac, et la seconde : Pasteur.

Une note manuscrite de P.-Q. Beuchot dit que Guyot des Herbiers, auquel cet écrit a été attribué dans la seconde édition du Dictionnaire, n'en est pas l'auteur.

Robin-des-Bois, le grand chasseur, peint par lui-même, chanson avec des notes scientifiques, historiques et philosophiques. Par un amateur (Edm. Marcotte de Quivières, directeur des douanes à Marseille). *Paris, imp. de Setier,* 1825, in-8, 16 p.

Satire contre Charles X. Il y a eu deux éditions la même année.

Robineautiade (la), ou coup d'œil critique sur le théâtre du Luxembourg; satire en deux chants, par un avorton du Parnasse (Auguste Imbert). *Paris, Mansut,* 1830, in-8, 16 p.

Robinson (le) chinois, ou mémoires d'un sauvage trouvé dans une île inconnue, écrits par lui-même en chinois et traduits en français par A*** R****** (André Rabbouin). *Paris, Pigoreau,* 1830, 2 vol. in-12.   D. M.

Les initiales A. R., avec un nombre d'astérisques calculé à dessein, avait pour but de faire attribuer cette traduction supposée au célèbre sinologue Abel Rémusat.

Robinson Crusoé, par Daniel de Foe. Traduction de l'anglais, entièrement revue et corrigée, par F. d'A. (le docteur Fr.-Gabr. Boisseau). *Paris, Crevot,* 1825, 2 vol. in-12.

Robinson dans son île. (Par l'abbé Savin.) *Londres et Paris,* 1774, in-12.

Même ouvrage que « l'isle de Robinson Crusoé » publié sous le pseudonyme de Montreille. Voy. « Supercheries », II, 1199, a.

Robinson (le) du faubourg Saint-Antoine, ou relation des aventures du général Rossignol et de M. A. C., son secrétaire, déportés en Afrique à l'époque du 8 nivôse... (Par A.-P.-F. Ménégault.) *Paris, Ménard et Desenne,* 1817, 4 vol. in-12.

Robinson du jeune âge, d'après Robinson Crusoë de Feutry, par M. B. (Mlle E. Brun). *Lille, E. Lefort,* 1825, in-8.

Plusieurs fois réimprimé.

Robinson (le) suisse, ou histoire d'une famille suisse jetée par un naufrage dans une île déserte, par M. Wyss; avec la suite donnée par l'auteur lui-même. Nouvelle traduction de l'allemand, par M. Victor J.... (Pierre-Victor Jaillant). *Besançon, Déis,* 1836, 2 vol. in-12.   D. M.

Roc de la Roche, gouverneur de la Tortue, premier chef des flibustiers, aventuriers et boucaniers d'Amérique; par M. A*** (J.-Fr. André, des Vosges). *Paris, Tiger* (1812), in-18, 107 p.

Roc l'exterminateur, mélodrame comique en trois actes; par MM. Théodore N*** (Nézel) et Adrien P*** (Payn) ... Représenté pour la première fois à Paris, sur le théâtre de l'Ambigu-Comique, le 29 juillet 1828. *Paris, Bezou,* 1828, in-8, 60 p.

Rocambolini, préfet du second Empire, comédie-drame en cinq actes. (Par H. Denizot, avoué à Châlons-sur-Marne.) *Bar-le-Duc, Guérin,* 1871, in-8, 2 ff. de titre et 120 p.

Roche (la) du diable. (Par L.-P.-P. Le Gay.) *Paris, Guillaume,* 1809, 5 vol. in-12. — Nouvelle édit. *Paris,* 1821, 4 vol. in-12.

Roche-Noire (la) et les Deux Proscrits, drame en trois actes. (Par C. Populus.) *Moscou, imp. de Semen,* 1835, in-8, 4 f.-v. 151 p.

Rocheloise (la), tragédie (en quatre actes et en vers), où se voit les heureux succez et glorieuses victoires du roi très-chrétien Louys XIII, depuis l'avénement de Sa Majesté à la couronne de France jusques à présent, par P.-M. *Troyes, Jean Jacquard, jouxte la copie impr. à Rouen,* 1629, pet. in-8, 22 p.

Attribuée à P. MATHIEU dans le catalogue Soleinne, n° 1038, ce qui paraît fort hasardé à l'auteur du « Manuel du libraire », 5° édit., IV, 1343.

Rocher (le) des amours, ou le parjure puni. Par l'auteur du « Berceau de roses sauvages », du « Fantôme blanc », d'« Armand et Angéla » (Mlle Désirée CASTÉRA). Paris, Béchet, 1816, 3 vol. in-12.

Roderic, dernier roi des Goths, poëme traduit de l'anglais de R. SOUTHEY, esq., poëte lauréat, par M. le chevalier*** (P.-H. AMILLET DE SAGRIES). Paris, Delaunay, 1821, in-8.

Roderic, ou le démon marié; nouvelle historique. (Traduite de MACHIAVEL.) Baratropolis, 1745. — Mitra, ou la démone mariée; nouvelle hébraïque et morale (par Mlle Catherine-Charlotte PATIN, fille de Guy-Patin.) Demonopolis (Paris), 1745, 2 part. pet. in-12.

Une édition de la seconde pièce, postérieure, est intitulée : « le Démon marié, ou le malheur de ceux qui violent les préceptes de leurs parents; nouvelle hébraïque et morale, traduite de la langue hébraïque, d'Abraham Maïmonide. » La Haye, J. Neaulme, 1748, in-12.

La première édition, intitulée : « Mitra, ou la démone mariée », avait une dédicace signée de l'auteur et datée de Padoue, 1er janvier 1688. Il va sans dire que cette traduction est supposée.

Roderick, le dernier des Goths, par Robert SOUTHEY, trad. de l'anglais par M. le baron de S*** (BRUGUIÈRE DE SORSUM). Paris, 1821, 2 vol. in-12.

Publié l'année précédente sous le titre de « Œuvres poétiques de Robert Southey », etc., 3 vol. in-12.

Rôdeur (le) français. (Attribué à M. G.-T. VILLENAVE.) Paris, 22 novembre 1789-mars 1790, 43 numéros in-8.

L'auteur a signé l'épître.

Rôdeur (le) français, ou les mœurs du jour. Orné de deux gravures. (Par M.-N. BALLISSON DE ROUGEMONT.) Paris, Rosa, 1816-1827, 6 vol. in-12.

Le nom de l'auteur se trouve sur le titre à partir du tome IV. Plusieurs fois réimprimé.

Rodogune, princesse des Parthes, tragédie. (Par Pierre CORNEILLE.) Rouen et Paris, T. Quinet, 1647, in-4, 8 ff. et 115 p. — Rouen et Paris, Quinet, 1647, in-12, 10 ff. lim. y compris le titre gravé et 87 p.

Rodolphe de Francon, ou une conversion au XVIe siècle. (Par Albert DU BOYS.) Paris, Renduel, 1835, in-8.

Rodolphe et Pauline, ou les fiancés; tra-

duit de l'allemand de Gustave SCHILLING. sur la troisième édition, par Léon A**** (Léon ASTOIN), traducteur de la « Prison d'Etat », etc. Paris, Lecointe et Durey, 1823, 3 vol. in-12.

Rodolphe, ou le sauvage de l'Aveyron. (Par J.-A. NEYER.) Paris, 1800, in-18.
V. T.

Roger-Bontemps en belle humeur. (Attribué au duc A.-G.-J.-B. DE ROQUELAURE, mort en 1738 doyen des maréchaux de France.) Amsterdam, 1670, in-12. — Nouv. édit. Amsterdam, 1732, 2 vol. in-12.

Il est très-probable que Roquelaure n'est pas plus l'auteur de ce recueil de facéties que du « Momus françois », publié pour la première fois en 1718 en Hollande, par le sieur L. R., et très-souvent réimprimé. Ces deux lettres initiales pourraient désigner le sieur Le Roy, fameux plagiaire. Voy. le « Magasin encyclop. », t. LV, p. 348.

Dans la préface de l' « Etat général et particulier du royaume d'Alger », Le Roy se vantait d'avoir publié des ouvrages anonymes bien accueillis du public.

Roger de Sicile, ou le roi troubadour, opéra en trois actes, représenté pour la première fois sur le théâtre de l'Académie royale de musique, le 4 mars 1817. (Par J.-H. GUY.) Paris, Roullet, 1817, in-8, 4 ff. lim. et 30 p.

Rogériade (la), poëme héroï-comique (Par Philippe-Auguste WUILLOT.) Bruxelles, Descamps, 1853, in-8, 43 p. J. D.

Roi (le) Audren, Monseigneur de Saint-Yves, légendes. Rennes, Vatar, 1841, in-12. D. M.

L'auteur de cet opuscule et de plusieurs autres sur l'idiome breton est feu Aimé-Marie-Rodolphe, baron DU TAYA, ancien conseiller à la Cour de Rennes.

Roi (le) d'Yvetot, légende burlesque en un acte, mêlée de couplets; par M. Eugène VANEL (et R.-C. DAUTREVAUX). Paris, imp. de Pollet, 1841, in-8.

Interdit par la censure.

Roi (le) de Naples et le prince de Capoue. (Par C.-B. HOURY.) Bruxelles, Rosez, 1857, in-8, 42 p. J. D.

Roi (le) de Naples François II et l'Europe. (Par P.-Th. CHÉRON, dit DE VILLIERS.) Paris, Dentu, 1861, in-8, 30 p.

Roi (le) de pique, comédie en un acte et en vers, par G. A. P. (PAIN). Représentée à Paris, au théâtre des Jeunes-Artistes. Paris, Pernier, an VII, in-8, 47 p.

Roi (le) de Portugal, conte; suivi des

Deux Achilles, conte dédicatoire. (Par BONNET DE MARTANGES.) *Neuwied*, 1788, in-8, fig.

Roi (le) de village, comédie en un acte et en prose, mêlée de vaudevilles, par MM*** (J.-F.-A. ANCELOT et P.-F.-A. CARMOUCHE). Représentée pour la première fois à Paris, sur le théâtre des Variétés, le 23 août 1819. *Paris, Mme Huet*, 1819, in-8, 35 p.

Roi (le) des Français et sa Famille, par un patriote de 1789 (le comte A. DE RIBBING). *Paris, Barba*, 1833, in-8.

Roi (le) doit modifier les loix contre les protestans. Démonstration des avantages que la France tirerait de cette modification. (Par J.-P. RABAUT DE SAINT-ÉTIENNE et CONDORCET.) *Londres*, 1784, in-8.

Roi (le) et la Grisette, par l'auteur des « Mémoires de Mme Dubarry » (le baron Étienne-Léon DE LAMOTHE-LANGON). *Paris, Lachapelle*, 1836, 2 vol. in-8.

Roi (le) et le Confident, nouvelle historique. (Par Alexis-Étienne-Pierre-Henri, plus connu sous le nom de Stéphen ARNOULT.) *Paris, Fournier*, 1803, in-18.

Roi (le) et le Pâtre, comédie-vaudeville en un acte; par M*** (J. HÉLITAS DE MEUN, J.-G.-A. CUVELIER DE TRIE et DUCIS neveu). Représentée pour la première fois à Paris, sur le théâtre du Vaudeville, le 20 juillet 1820. *Paris, J.-N. Barba*, 1820, in-8, 35 p.

Roi et non tyran, ou ce que doit être l'homme dans ses relations avec les animaux, par G. C*** (l'abbé Guillaume CHARDON). *Paris, Lecoffre*, 1862, in-18, 287 p. D. M.

Roi (le) glorieux au monde, ou Louis XIV, le plus glorieux de tous les rois du monde. (Par Pierre ROULLÈS ou ROULLÉ, curé de Saint-Barthélemy.) *S. l. n. d.* (*Paris, Gilles Gourault*, 1664), in-12, 91 p.

L'édition entière de ce pamphlet, dirigé contre Molière, fut saisie et détruite par ordre du roi; un seul exemplaire s'est conservé, celui qui fut offert à Louis XIV et qui se trouve actuellement à la Bibliothèque nationale. Ce livre n'est qu'un extrait d'un ouvrage rarissime du même auteur, mais signé : « l'Homme glorieux, ou la dernière perfection de l'homme achevée par la gloire éternelle ». *Paris, Gilles Gourault*, 1664, in-12, 12 ff. et 691 p.

« Le Roy glorieux » a été réimprimé à 100 exemplaires en 1867, *Turin, Goy*, avec une notice de M. Paul Lacroix, petit in-12, XIV et 68 p.

Voy. pour plus de détails sur cet ouvrage la « Revue rétrospective », 2e année, 1835, tome IV, p. 464; l'«Histoire de la vie et des ouvrages de Molière, par J. Taschereau », 3e éd., p. 119 et p. 251, note 3; l' « Athenœum français » du 16 février 1856, et la « Bibliographie moliéresque », par Paul Lacroix, p. 261 à 263.

Roi (le) Guiot, histoire nouvelle, tirée d'un vieux manuscrit poudreux et vermoulu. (Composée par VESQUE DE PUTLINGEN.) *S. l.*, 1791, in-12.

Roi (le), la Chambre, le Ministère, le Pays. (Par M. CARDONNE.) *Paris, Bohairé*, 1839, in-8, 80 p.

Roi (le) règne et ne gouverne pas. Par l'auteur de « Feu Timon » (G.-Mathieu DAIRNWAELL). *Paris*, 1846, in-32.

Roi (le) règne et ne gouverne plus. Dissertation sur le régime parlementaire en Belgique, entre Jean d'Outremeuse et Paul de Clervaux, ancien membre du Congrès de Bruxelles en 1830. Par le bourgeois de Liége (Eug. BEAUJEAN). *Liége, Redouté*, 1860, in-8, 128 p. Ul. C.

Roi (le) règne et peut gouverner, par H. BL.....T. (Par L.-Fr. LHÉRITIER, dit de l'Ain.) *Paris, chez l'auteur*, 1838, in-8, 80 p.

L'auteur, voulant se cacher sous le pseudonyme de H. BL....T (Hippolyte BLONDET), écrivit au « Constitutionnel » une lettre pour déclarer que cette brochure était bien l'œuvre dudit H. BLONDET. D. M.

Roi, royaume, capitale, palais. Avec un plan d'emplacement d'un palais des rois belges. (Par MEEUS-VANDERMAELEN.) *Bruxelles, Labroue et Mertens*, 1860, in-8, 31 p. J. D.

Roi (le) Victor-Emmanuel II et l'Autriche devant l'Europe. Considérations historiques, politiques et légales en faveur de l'annexion du duché de Parme, du Modenais et de la Toscane au royaume de Sardaigne. *Paris, E. Dentu* (1859), in-8, XVI-103 p.

L'avant-propos est signé G. N.. (G. NAZ).

Roy (le) victorieux à Fontenay et à Tournay. Poëme à Sa Majesté. (Par Alex. TANEVOT.) *Noyon, Pierre Rocher*, 1745, in-4, 7 p. — *Paris, Prault père*, 1745, in-4, 8 p.

Roi (le) voyageur, ou examen des abus de l'administration de la Lydie. (Par Jean-André PERREAU.) *Londres, F.-P. Cadel*, 1784, in-8.

Roland de Lattre, drame historique en

un acte et en vers, mêlé de chants. (Par A.-Ch.-Gh. MATHIEU, de Mons.) *Mons, Hoyois*, 1851, in-8, 76 p. — *Bruxelles*, 1852, in-16.

Réimprimé avec le nom de l'auteur.

Roland furieux, composé premièrement en ryme thuscane, par messire Loys ARIOSTE, noble Ferrarois, et maintenant traduict en prose françoyse... *Lyon, Sulpice Sabon*, 1543, in-fol. — *Paris, J. Longis*, 1555, in-8. — *Paris, Buon*, 1575, in-8.

Cette traduction, généralement attribuée à Jean DES GOUTTES, auteur de l'épître dédicatoire placée en tête du volume, pourrait bien être de Jean MARTIN. Voy. J.-Ch. Brunet, « Manuel du libraire », 5e éd., I, 441.

Roland furieux, composé... par L. ARIOSTE... et maintenant traduit en prose françoise (par Fr. DE ROSSET). (*Paris*), *par la veuve Fr. Regnault*, 1555, pet. in-8.

Roland furieux, mis en françois de l'italien de Loys ARIOSTE... augmenté de figures et de cinq chantz traduictz de l'italien du même auteur (par Gabriel CHAPPUYS). *Lyon, B. Honorat*, 1577, in-8. — *Id.*, 1582, 2 part. in-8. — *Lyon, P. Rigaud*, 1604, 3 part. in-8. — *Id.*, 1608, in-8.

Roland furieux (suite de), contenant la mort de Roger... mise d'italien (de J.-B. PESCATORI) en françois par Gabriel CHAPPUYS, Tourangeau. *Lyon, pour Est. Michel*, 1583, in-8.

Roland furieux, poëme héroïque de l'ARIOSTE, traduction nouvelle par M*** (J.-B. DE MIRABAUD). *La Haye, P. Gosse* (*Paris, Barrois*), 1741, 1758, 1775, 4 vol. in-12.

Roland, parodie nouvelle. (Par BAILLY.) *S. l. n. d.*, in-8, 48 p.

Rôle (du) des femmes dans l'agriculture. Esquisse d'un institut rural féminin, par P. E. C. (P.-E. CAZEAUX). *Paris, lib. du Magasin pittoresque*, 1869, in-12, VI-196 p. — *Id.*, 1872, in-12.

Attribué par erreur à M. Ed. CHARTON par les « Supercheries », III, 62, d.

Rôle des présentations faites aux grands jours de l'éloquence françoise. Première assise. Lundy 13 de mars 1634. (Par Charles SOREL.) *S. l. n. d.*, in-8, 10 p.

Sorel a décliné la paternité de cet opuscule, publié dès le début de l'Académie française, mais on a persisté à le lui attribuer.

Rôles saintongeais, suivis de la table alphabétique générale des nobles des élections de Saintes et de Saint-Jean-d'Angély maintenus par d'Aguesseau (1666-1667)... Publiés par M. Th. DE B. A. (Théophile DE BRÉMOND D'ARS). *Niort, Clouzot*, 1869, in-8, 2 ff. de tit., VI-262 p. et 1 f. de table.

Rollin (le) de la jeunesse... (Par Ant. CAILLOT.) *Paris*, 1809, 2 vol. in-12. — 2e édit. *Paris, Delaunay*, 1816, 2 vol. in-12.

Romaine de Todi, épisode du IVe siècle, par un pèlerin de Rome (l'abbé L. BAUNARD). *Paris, Josse*, 1864, in-32, 182 p.

Romalino, ou les mystères du château de Monte-Rosso, par l'auteur de «la Tombe et le Poignard ». *Paris, Pigoreau*, 1821, 2 vol. in-12.

Pigoreau cite ce roman dans sa « Bibliographie », mais il ne dit rien du nom de l'auteur. Il n'en est pas de même dans la « France littéraire » de Quérard, où on lit, t. XI, p. 13, à l'article AUGIER (Victor) : « ... M. Victor Augier avait bien fait l'abandon de ses manuscrits de ses romans à M. Dourille, mais rien ne l'obligeait de mettre son nom à des livres qu'il n'avait pas composés. »
En 1825, le « Journal de la librairie » annonce : « l'Espagnol, ou le tombeau et le poignard », par M. J. DOURILLE, auteur de « Romalino ». *Paris, Leterrier*, 2 vol. in-12.

Roman (le) bourgeois, ouvrage comique. (Par Ant. FURETIÈRE.) *Paris, C. Barbin*, 1666, in-8. — Nouv. édit. (revue par J.-B. CUSSON). *Nancy, Cusson*, 1713, in-12.

Souvent réimprimé avec le nom de l'auteur.

Roman (le), comédie en trois actes, en vers, par MM. P. C. (Michel PROCOPE-COUTEAUX) et G. (GUYOT) DE MERVILLE, représentée par les comédiens italiens ordinaires du roy. *Paris, J. Clousier*, 1746, in-8, 124 p. et 1 f. de privilége.

Roman (le) d'un jour, comédie en un acte et en prose, mêlée de vaudevilles, par MM. DUMOLARD et Mario C*** (Aug.-Mario COSTER); représentée pour la première fois sur le théâtre du Vaudeville, le 2 avril 1812. *Paris, Mme Masson*, 1812, in-8.

Roman (Sencuyt le) de Edipus, filz du roi Layus... *Paris, Potier* (1858). in-16, 82 p.

Édition en caractères gothiques, terminée par une note signée A. V. (Aug. VEINANT).

Roman (le) de Jason et Médée. (Par Raoul LE FÈVRE.) *S. l. n. d.*, in-fol. goth.

Voy., pour la description des diverses éditions fort rares de cet ouvrage, Brunet, « Manuel du libraire », 5ᵉ éd., III, col. 928.

Roman (le) de Jean de Paris, roy de France... (traduit en françois par Pierre DE LA SIPPADE). *Paris, veuve de Jean Bonfons, in-4 goth. — Lyon, Nic. Oudot, in-8.*

Voy., pour la description des diverses éditions, Brunet, « Manuel du libraire », 5ᵉ éd., III, col. 923 à 525.

M. de Montaiglon, dans l'excellente édition qu'il a donnée de ce charmant ouvrage dans la nouvelle collection Jannet (*Paris*, 1867, in-18), nomme Pierre SALA, écrivain lyonnais, comme auteur présumable (jusqu'à meilleur informé) du Roman de Jehan de Paris. Le même éditeur a fait suivre sa préface (p. XLI et suiv.) d'une très-bonne notice bibliographique.

Romant (le) de l'infidèle Lucrine, par N. G. G. D. (GOUGENOT). *Paris, Colombel, 1634, in-8.*

Roman de la cour de Bruxelles, ou les aventures des plus braves chevaliers... (Par PUGET DE LA SERRE.) *Spa, par Jean Tournay (Liége), 1628, in-8, 7 ff., 726 p. et 1 f. d'errata, titre gravé par Valdor.*

Un exemplaire avec la clef, donné comme unique, a été vendu 440 fr. De Jonghe, II, 6310.

Voyez dans la « Revue trimestrielle », t. XXVI, l'article intéressant de M. Camille Picqué sur cet ouvrage.

Roman de la Pretieuse...

Voy. « la Pretieuse... », VI, 1011, *e*.

Roman (le) de la Rose. (Par Guillaume DE LORRIS et JEAN de Meun.) *Paris, Jehan Petit, 1503, in-fol. — Le même (revu par Clément MAROT). Paris, Galiot du Pré, 1529, 1539, in-8.*

Voy., pour le détail des éditions, Brunet, « Manuel du libraire », 5ᵉ éd., tome III, col. 1170-1177.

Roman (le) de la Rose, par Guillaume DE LORRIS et JEAN de Meun, dit CLOPINEL, revu sur plusieurs éditions et sur quelques anciens manuscrits, accompagné de plusieurs autres ouvrages, d'une préface historique, de notes et d'un glossaire (par l'abbé Nic. LENGLET DU FRESNOY). *Paris, veuve Pissot, 1735, 3 vol. in-12.*

Voy. « Supplément au Glossaire, etc. »

Roman (le) de Merlin l'Enchanteur, remis en bon françois et dans un meilleur ordre. (Par S. BOULARD.) *Paris, 1797, 3 vol. in-12.*

Romant (Sensuyt le) de Richart, filz de Robert le Diable, q. fut duc d'Normandie. *Paris, Silvestre (1838), in-16.*

Réimpression en caractères gothiques publiée par Aug. VEINANT.

Roman (le) de Rou et des ducs de Normandie, par Robert WACE... publié pour la première fois d'après les manuscrits de France et d'Angleterre, avec des notes... par Fréd. PLUQUET (et un commentaire historique par Aug. LE PRÉVOST). *Rouen, Ed. Frère (Paris, de l'impr. de Crapelet), 1827, 2 vol. in-8, avec 2 planches.*

Roman (le) des lettres. Dédié à S. A. R. Mademoiselle. (Par l'abbé Fr. HÉDELIN D'AUBIGNAC.) *Paris, J.-B. Loyson, 1667, in-8.*

Roman (le) des trois Dames, avec plusieurs dits et exemples notables d'amour (trad. du latin de Nicolas BOURBON l'ancien, par Jean DESCAURRES). *Paris, 1572, in-8.*

« Bibliothèque univ. des romans », juillet 1783, 1ᵉʳ vol.   V. T.

Romant (le) des trois pelerinaiges. Le premier pelerinaige est de l'homme durant qu'est en vie. Le second, de l'âme séparée du corps. Le tiers est de N. S. Jésus... ... fait et composé par Frère Guill. DE GUILEVILLE, moine de... Cisteaux. (Publié et revu par Pierre VIRGIN, moine de Clairvaux.) *S. l. n. d. (Paris, fin du XVᵉ siècle), in-4 goth.*

Le premier livre a été imprimé en 1511 par A. Vérard, petit in-fol. goth., sous le titre : « le Pelerinage de l'homme ». (Voy. Catal. La Vallière, nᵒ 2762.) L'ouvrage de Guileville et Virgin, écrit en vers, a été mis en prose par Jean GALLOPEZ, avec une quatrième partie, sous le titre : « le Pelerin de vie humaine ». Voy. VI, 813, *c*. Il a été traduit en castillan (1490) et en anglais la même année.

Roman (le) du jour, pour servir à l'histoire du siècle, par M. le chevalier D*.** *Londres, 1754, 2 vol. in-12.*

La « France littéraire » de 1769, t. I, p. 375, donne cet ouvrage à A.-G. MEUSNIER DE QUERLON, et t. II, p. 519, à P.-A. DE SAINTE-FOIX, chevalier D'ARCQ. C'est cette dernière attribution qui a été adoptée par Barbier.

Roman (le) espagnol, ou nouvelle traduction de la Diane de MONTEMAYOR (par LE VAYER DE MARSILLY). *Paris, Briasson, 1735, in-12.*

Roman oriental. (Par H.-B. DE BLANES.) *Paris, Huart, 1753, 2 part. in-12.*

Inséré dans le « Cabinet des fées », tome XXXVII, p. 307.

Roman politique sur l'état présent des affaires de l'Amérique, ou Lettres de M* à M***, sur les moyens d'établir une paix solide et durable dans les colonies... (Par SAINTARD.)** *Amsterdam, et Paris, Duchesne, 1756, 1779, in-12.*

Romant royal, ou histoires de nôstre temps, ausquelles sous noms feints et empruntés sont représentés les divers effects de l'amour; par le sieur PILOUST. *Paris, Loyson*, 1621, in-8.

Vertron, auteur de la « Nouvelle Pandore, ou les femmes illustres du siècle de Louis le Grand », *Paris*, 1698, 2 vol. in-12, affirme que ce roman est de la princesse de Conti. (Voy. t. I, p. 471.) Il y a pourtant beaucoup de différence entre le style de ce roman et celui de l'« Histoire des amours de Henri IV » composée par cette princesse. Si l'on adopte l'opinion de Vertron, il ne faut pas croire, avec dom Chaudon, que l'« Histoire des amours de Henri IV » parut d'abord sous le titre de « Romant royal, etc. »; car ces deux ouvrages n'ont entre eux d'autre ressemblance que de contenir le récit d'aventures amoureuses.

Roman (le) sans titre, histoire véritable ou peu s'en faut, par un philosophe du Palais-Royal. (Par Fr. MARCHANT.) *S. l.*, 1788, 2 vol. in-12.

Romance du troubadour parisien (D'EAUBONNE). *S. d.* (vers 1788), in-8, 3 p., musique notée.

Romancero de Champagne. (Publié par Prosper TARBÉ.) *Reims, Dubois*, 1863-1864, 5 vol. in-8.

Romances (les) du Cid, imitées de l'espagnol (en vers français, par le baron AUG. CREUZÉ DE LESSER) ; nouv. édition. *Paris, Delaunay*, 1823, in-32.

La première édition, publiée en 1814, n'est pas anonyme.

Romances et chants divers tirés de la « Philosophie du bonheur » (de J.-B. C. ISOARD, connu sous le nom de DE L'ISLE DE SALES). Musique de d'Ennery. *Paris*, an XI de la République, in-8, 16 ff.

Romances et poésies diverses, par Mlle S*** (Sophie GRANGÉ). *Lyon, Barret*, 1826, in-8.
D. M.

Romances mises en musique, par S. M. L. R. H. (Sa Majesté la reine Hortense). In-4 obl. gravé.

Voy. « Supercheries ». III, 658, a.

Romans américains. Wieland, ou la voix mystérieuse ; par BROCKDEN BROWN, avec une notice sur la vie de l'auteur. *Paris, Coquebert*, 1841, 2 vol. in-8.

Traduction faite sur la dernière édition de Londres, par MM. Auguste GALLET et JAVELIN-PAGNON, connus sous le nom pseudonyme d'Eugène DELISLE.

Romans (les) appréciés, ouvrage qui n'est rien moins qu'un roman. (Par MAILLARD.) 1756, in-12.

Romans (li) de Baudoin de Sebourc, troisième roy de Jhérusalem, poëme du XIVe siècle, publié pour la première fois d'après les manuscrits de la bibliothèque royale (par M.-L. BOCA). *Valenciennes, impr. de Henry*, 1841, 2 vol. gr. in-8.

Romans du Nord, imités du russe et du danois de KARAMSIN et SUHM. (Par le baron Henri-Louis COIFFIER DE VERSEUX.) *Paris, Frechet*, 1808, 3 vol. in-12.

Une nouvelle édition, revue par le traducteur, a paru dans la même année.

Romans héroïques, traduits de l'italien de MARINI, par le comte DE CAYLUS et M. DE SÉRÉ (précédés d'une notice sur les romans, par F.-A. DELANDINE). *Lyon, Bruyset*, 1787, 4 vol. in-12.

Romans moraux pour servir de supplément à la « Bibliothèque de campagne ». (Par A.-G. CONTANT D'ORVILLE.) *Amsterdam (Paris), Dufour*, 1768, 2 vol. in-12.

Romans traduits de l'anglois (de G. LYTTLETON et de Mme G.-C. BEHN, par Mme G.-C. THIROUX D'ARCONVILLE). *Amsterdam*, 1761, in-12.

Rome. *Paris, Hetzel*, 1865, in-8, 419 p.

Signé : A. L. M. C. (Mme Adélaïde-Louise D'ECKMUHL, marquise DE BLOCQUEVILLE).

Rome convaincue d'avoir usurpé tous les droits qu'elle s'attribue injustement sur l'Eglise chrétienne. Lettres écrites à M. l'archevêque de Paris, pour servir de réponse à la Lettre pastorale qu'il a adressée aux nouveaux réunis de son diocèse au mois de mars 1699. (Par David MARTIN.) *Utrech, G. à Poolsum*, 1700, in-12.

Rome (la) des papes, son origine, ses phases successives, ses mœurs intimes, son gouvernement, son système administratif, par un ancien membre de la Constituante romaine, traduit de l'italien. *Bâle*, 1859, 3 vol. in-12.

L'auteur de cet ouvrage est M. Louis PINCIANI, docteur en droit, ancien administrateur des douanes dans les Etats romains. D. M.

Rome et Florence, par l'auteur de « Naples et Venise » (la baronne de MONTARAN, née Marie-Constance-Albertine MOISSON DE VAUX). *Paris, Delloye*, 1838, in-8.

Rome et la France en 1867. (Par Octave BORELLI.) *Marseille, imp. Vve Marius Olive*, 1867, in-8, 16 p.

Rome et la Liberté de l'Italie. (Par Charles ROMEY.) *Paris, E. Dentu*, 1860, in-8, 32 p.   D. M.

Rome et la Papauté, par l'auteur de « Pie IX et son Pontificat » (RASTOUL DE MONGEOT). *Bruxelles, Hen*, 1863, in-12, 252 p.   J. D.

Rome et le Congrès, par un Romain. (Par FALCONI.) *Paris, Dentu*, 1860, in-8, 32 p.

Plusieurs fois réimprimé.

Rome et Lorette, par l'auteur des « Pèlerinages en Suisse, » etc. (Par Louis VEUILLOT). *Paris, Olivier Fulgence*, 1841, 2 vol. in-12.

Plusieurs fois réimprimé.

Rome et Paris. Impressions et souvenirs de l'avocat Jean-Baptiste CASONI... 3e édition italienne, augmentée par l'auteur et traduite par le Fr. B. M. (le Rév. Fr. Bonaventure DUMAINE). *Bruxelles, Bogaerts*, 1863, in-8, 75 p.

Extrait de la « Revue belge et étrangère ».
           D. R.

Rome et ses Papes, histoire succincte du grand pontificat. Par M. F. G. (François GOUIN). *Paris, Brière*, 1829, in-8.
           D. M.

Une prétendue seconde édition a paru peu de mois après ; mais les titres seuls étaient changés, et l'on avait ajouté aux exemplaires restés de la première édition un avant-propos et une table des matières.

Attribué à tort à F. GUIZOT par la « Littérature contemporaine ».

Rome galante, ou histoire secrète sous les règnes de Jules César et d'Auguste, par L. C. D. M. (le chevalier DE MAILLY). *Paris, Guignard*, 1696, 2 vol. in-12.

Réimprimée sous le titre des « Amours des empereurs romains, etc. » Voy. IV, 152, a.

Rome, l'Italie et la France ; réfutation en style Laguéronnière de la brochure « la France, Rome et l'Italie », par un ami sincère du droit et de la liberté de tous (Victor VANDENBROEK). *Bruxelles, Decq*, 1861, in-8, 25 p.

Extrait de la « Revue belge et étrangère ».
           J. D.

Rome. 1843. (Par le comte S. OUVAROF.) Réimprimé sur l'édition de Paris. *Saint-Pétersbourg*, 1845, in-12, 45 p.

Je ne crois pas qu'il y ait d'édition de Paris séparée ; celle indiquée ici n'est autre, sans doute, que la première imprimée dans la seconde édition des « Etudes de philologie et de critique », *Paris*, 1845. Ce court

résumé des impressions du comte S. Ouvarof sur Rome se trouve encore dans ses « Esquisses politiques et littéraires », *Paris*, 1848.

Rome païenne. (Par Napoléon ROUSSEL.) *Bruxelles, Méline*, 1838, in-18, 36 p. — *Paris, L.-R. Delay*, 1844, in-18, 36 p.

Réimprimée avec le nom de l'auteur.

Rome, Paris et Madrid ridicules (de SAINT-AMANT, Cl. LE PETIT et DE BLAINVILLE), avec des remarques historiques et un recueil de poésies choisies, par M. DE B*** (BLAINVILLE). *Paris, Pierre le Grand*, 1713, in-12, front. gr.

Voy. « Supercheries », I, 431, e.

Rome pleurante, ou les entretiens du Tibre et de Rome. (Par Gregorio LETI.) Traduit de l'italien, par M. B. A. *Leyde, de Lormel*, 1666, in-12, 68 p.

Rome protestante, ou témoignage de plusieurs catholiques romains, en faveur de la créance et de la pratique des protestans. (Par Paul COLOMIÈS.) *Londres (France)*, 1678, in-12.

Rome (la) ridicule, caprice. (Par Marc-Antoine DE GIRARD, sieur DE SAINT-AMANT.) *S. l. (Hollande)*, 1649, petit in-12, 46 p.

Il existe plusieurs éditions de cette satire. Voir le « Manuel du libraire », t. V, col. 35. Elle a été réimprimée dans les Œuvres de l'auteur.

Rome sous Néron. Etude historique. Par A. M. (Arthur MANGIN). *Tours, Mame*, 1856, in-8.

Collection de la bibliothèque des écoles chrétiennes. La couverture seule porte le nom de l'auteur.

Roméo et Juliette, drame en cinq actes et en vers libres. (Par D'OZICOURT.) *Paris, Lejay*, 1771, in-8, VIII-95 p.

Roméo et Paquette, parodie en cinq actes et en vers burlesques de « Roméo et Juliette », par M. R***. *Vérone, Vve Ravenel (Dijon, Defay)*, 1773, in-8.

Par CARRIÈRE-DOISIN, connu sous le pseudonyme de A. CROISIER, ou sous celui de ROSIRECCI, dont il a donné ici l'initiale.

Le Catalogue Soleinne avait attribué cette pièce à J.-B. RADET.

Romia, fragment de l'histoire orientale, traduite par M. V*** (Et.-René VIEL), avocat au Parlement de Paris. *Hermopolis*, 1783, in-8.

Rominaf, traduit de l'arabe. (Composé par G.-A.-J. HÉCART). *Cacadouillopolis (Valenciennes, Prignet)*, an IX-1801), in-12.

Tiré à peu d'exemplaires.

Rondeaux au nombre de trois cent cinquante, singuliers à tous propos. (Attribués à P. GRINGORE.) *Paris, Galliot du Pré*, 1527, in-8, goth., 8 et CXII ff. — *Paris, Alain Lotrian* (vers 1530), pet. in-8, goth., 106 ff. et 6 ff. de table. — *Lyon, Ollivier Arnoullet*, 1533, in-8, goth., 6 ff. et le texte coté jusqu'à CVI. — *Paris, Pierre Sergent, s. d.*, in-16, 106 ff.

Ce recueil renferme la plus grande partie des rondeaux compris dans une autre collection intitulée « Rondeaux nouveaux ». Voy. ces mots.

Rondeaux et Ballades inédits d'Alain Chartier, publiés d'après un manuscrit de la Bibliothèque Méjanes, à Aix. *Caen, Félix Poisson*, 1846, in-12, V-11 p.

Tiré à 120 ex. Avant-propos signé Ph. DE CH. (Philippe DE CHENNEVIÈRES).

Rondeaux nouueaux damour au nombre de cent et troys. *Lyon, Iehan Lambany, s. d.*, in-16, goth.

Le « Manuel du libraire », t. IV, col. 1371, indique deux autres éditions : « Rondeaux nouueaux jusques au nombre de cent troys, *s. d.*, pet. in-8, et « Fleur et Triomphe de cent et cinq rondeaulx », *Lyon, Iehan Mousnier*, pet. in-8 goth., 48 ff. Ces rondeaux se retrouvent presque tous dans le recueil publié par Galliot du Pré sous le titre de « Rondeaux au nombre de trois cent cinquante », attribué à Pierre GRINGORE. Voy. ci-dessus, même colonne.

Ropyeurs (les) dé Mons, ou lés pétotes dé dix-huit-cint quarante-chincq.. (Par Pierre MOUTRIEUX.) *Mons, imp. de F. Levert*, 1848, in-8, 36 p.   J. D.

Rosa mystica ; par un missionnaire (l'abbé Léon BARBEY D'AUREVILLY). *Caen, Hardel*, 1856, in-16, VI-43 p.

La préface est signée : G.-S. TRÉBUTIEN.

Rosalina, ou les méprises de l'amour et de la nature. Par l'auteur d'« Illyrine » (Mme Suzanne GIROUX DE MORENCY). *Paris, Bertrandet*, an IX-1801, 2 vol. in-12.

Rosalinde (la), imitée de l'italien. (Par Gasp.-Moïse DE FONTANIEU.) *La Haye* (*Paris*), *Guérin*, 1732, 2 vol. in-12.

L'original italien, dont celui-ci n'est en effet qu'une imitation, a été donné sous le nom du chevalier Bernard MORANDO. Fontanieu soupçonne que c'est un moine masqué. (*Catalogue manuscrit de Goujet.*) — Il existe une édition in-4 imprimée à Grenoble en 1730, et dont on n'a tiré que 15 exemplaires ; le manuscrit fut volé à l'auteur par un valet et imprimé furtivement. (*Note manuscrite de l'abbé Lenglet.*)

Rosaline et Floricourt, comédie en deux actes et en vers libres, par M. le vicomte DE Sé....(A.-J.-P. DE SÉGUR). Représentée pour la première fois sur le Théâtre-Fran-

çais, le 17 novembre 1787. *Paris, Desenne*, 1790, in-8, 51 p.

Rosario, histoire espagnole, faisant suite à « Lorenzo » et aux « Solitaires d'Isola-Doma ». (Par E.-S. DRIEUDE.) *Lille, L. Lefort*, 1835, 3 vol. in-18.

Souvent réimprimé avec le nom de l'auteur.

Rosaura de Viralva, ou l'Homicide, par Maria CHARLTON ; traduit de l'anglais sur la troisième édition, par Mme de S***y (SARTORY, née DE WIMPFEN). *Paris, Dentu*, 1817, 3 vol. in-12.   D. M.

Rosaure, ou l'arrêt du destin ; traduit de l'allemand d'Auguste LAFONTAINE, par Mme la comtesse de M*** (Elise DE MONTHOLON). *Paris, A. Eymery*, 1818, 3 vol. in-12.   D. M.

Rose d'amour, comédie héroïque en trois actes, en style gaulois (en vers libres). (Par Alph. DUCONGÉ DUBREUIL.) *Paris, Vente*, 1779, in-8.

Rose d'amour, ou Zemire et Azor. (Conte en prose mêlé de vers, par F.-M. MAYEUR DE SAINT-PAUL.) *Paris, Lefuel*, 1813, in-24.

Rose de Counival, ou la chronique de la vallée ; suivie d'une Notice sur Agnès Sorel. Par M. Ph. DE PAS... (Ph.-J. GAUCHER DE PASSAC). *Paris, Lecointe et Durey*, 1823, 3 vol. in-12.

Rose (la) de Jéricho, imité de l'allemand (de David HESS), par Mme la baronne DE MONTOLIEU, avec la figure coloriée. *Paris, A. Bertrand*, 1819, in-12.

Rose (la) de la vallée, ou la maçonnerie rendue à son but primitif et renfermée dans ses seuls vrais grades. (Par Th.-Pasc. BOULAGE, professeur à l'Ecole de droit de Paris.) *Paris, Maugeret fils*, 1808, in-18.

Rose de Valdeuil, ou les Ecueils de l'inexpérience, par l'auteur de « Olympie » (Mme DE SAINT-VENANT). *Paris, Pigoreau*, 1808, 5 vol. in-12.

Rose des Alpes, légende. *Bordeaux, imp. de Gounouilhou*, 1856, in-18.

Un autre titre de cette légende a été imprimé à *Paris, chez Bonaventure*. Il porte : par Jules DE GERÈS.

Rose et Colas, comédie en un acte, prose et musique, représentée pour la première fois par les comédiens italiens ordinaires du roi, le 8 mars 1764. (Par

Michel-Jean Sedaine.) *Paris, C. Hérissant,* 1764, in-8, 4 ff. lim. et 62 p.

Réimprimé plusieurs fois. Il y a même une édition de *Copenhague*, 1767, in-8.

Rose et Damette, roman pastoral, traduit du hollandais de M. Loosjes (par Henri Jansen). *Paris, Schoell*, 1806, in-12.

Rose et Gustave. 1858. (Par le Dr Chevillion d'Eurville.) *Chaumont, typ. de Ch. Cavaniol,* 1858, in-8, 2 p.

Tiré à 100 exemplaires.

Rose (la) et l'Abeille. (Par Gustave Mouravit.) Rêverie. L'an des roses 6866. *Bordeaux, imp. Delmas,* 1866, in-8, 20 p.

En vers ; tiré à 12 exemplaires, 6 sur vélin bristol et 6 sur papier rose ; non mis dans le commerce.

Rose et Mérival, ou les deux rivales généreuses. (Par J.-R. Ronden.) *Paris, Chaumerot,* 1816, 3 vol. in-12.

Rose et Noir, une Nouvelle dite très-ancienne et une Chinoise. (Par le baron J.-C.-F. de La Doucette.) *Paris, Cretté,* an IX-1801, in-12, 254 p.

Rose Mulgrave, par Mme Adèle de C...... (Cueullet). *Paris,* 1806, 3 vol. in-12.

Réimprimé en 1822, avec le nom de l'auteur.

Rose (la), ou la feste de Salency. (Par Edme de Sauvigny.) *Paris, Gauguery,* 1770, in-8.

Rose, ou les effets de la haine, de l'amour et de l'amitié. (Par J.-A. Julien, connu sous le nom de Desboulmiers.) *Londres; et Paris, Robin,* 1765, 2 vol. in-12.

Même ouvrage que « l'Éducation de l'amour... » Voy. V, 33, *b*.

Roze (la), ou les festes de l'hymen, opéra-comique, représenté sur le théâtre de l'Opéra-Comique, le 8 mars 1752. (Par Alexis Piron.) *Paris, Duchesne,* 1754, in-8, 56 p.

Rose Summers, ou les dangers de l'imprévoyance, traduit librement de l'anglais. (Par l'abbé de Tressan.) *Paris, Renard,* 1809, 4 vol. in-12.

Rosebelle, historiette du XIIIe siècle. (Par P.-B. Blanchard, de Dammartin.) *Paris, Le Prieur,* an VIII-1800, in-12.

Roseline de Villeneuve. Souvenirs de Provence. (Par l'abbé L. Baunard.) *Paris, Josse,* 1862, in-32.

Roseline, ou de la nécessité de la religion dans l'éducation des femmes. (Par

Mme Tarbé des Sablons.) *Paris, Jeanthon,* 1835, 2 vol. in-12.

Roselma, ou le prieuré de Saint-Botelph, traduit de l'anglais de T.-J. Horsley Curties, auteur d'« Ethelwina... » Par M. Ph. de Pas... (Ph.-J. Gaucher de Passac). *Paris, Pigoreau,* 1821, 4 vol. in-12.

Rosemonde, poëme. (Par le vicomte Gabr. de Moyria.) *Bourg, s. d.,* in-8.

Tiré à 25 exemplaires.

Roses (les) de l'éducation, ou variétés utiles et amusantes, par M. D***, l'un des Quarante de l'Académie française. (Par Carrière-Doisin.) *Paris, Laurent,* 1790, in-8.

C'est une reproduction du premier volume des « Fables mises en action », par M. Croisier (pseudonyme de Carrière-Doisin), *Paris*, 1783, 2 vol. in-8. L'attribution de ce volume à un membre de l'Académie est une ruse de libraire.

Roses (les) et les Epines du mariage, par R. de La B. (N.-E. Restif de La Bretonne). Ouvrage revu et corrigé. *Paris, marchands de nouveautés,* 1847, in-18. — *Id.,* 1849, in-18.

Nous ne trouvons pas cet ouvrage parmi ceux de Restif de La Bretonne. Il a été seulement extrait des œuvres de ce fécond écrivain.

Roses (les). Etrennes aux dames. (Par Armand Séville?) *Paris, Hocquart,* 1813, in-18.

Rosier (le) et le Brouillard, conte par le même auteur de (sic) « l'Oreille » (Mlle Fontette de Sommery). *Paris, Cailleau,* 1791, in-8.

Rosier (le) historial...

Voy. « Rozier ».

Rosière de Passais, ou piété filiale de Jeanne Closier récompensée... (Par l'abbé Guill.-Ant. Le Monnier.) *Caen, Poisson,* 1787, in-8, 22 p. — *Paris, Jombert et Didot,* 1788, in-8, 104 p.

Rosière (la) de Rosny, vaudeville impromptu, à l'occasion de la fête de saint Henri, représenté, pour la première fois, au palais des Tuileries, devant Leurs Altesses royales, par les acteurs du Gymnase-Dramatique, le 15 juillet 1823. (Par Eug. Scribe.) *Paris, imp. de Dondey-Dupré,* 1823, in-8, 40 p.

Rosière (la) de Salency, opéra lyri-comique, en quatre actes, représenté devant Sa Majesté, à Fontainebleau, le samedi 23 octobre 1773. (Par le marquis Masson de Pezay.) (*Paris*), *imp. de Ballard,* 1773, in-8, 2 ff. de titre et 84 p.

Rosière (la) de Salenci, pastorale en trois actes, mêlée d'ariettes ; représentée, pour la première fois, par les comédiens italiens ordinaires du roi, le lundi 28 février 1774... (Par le marquis Masson de Pezay.) *Paris, Delalain,* 1774, in-8, xxviii-67 p. — *Paris, veuve Duchesne,* 1775, in-8. — *Paris, Delalain,* 1778, in-8, 54 p. — *Paris, Delalain,* 1788, in-8. — *Parme, imprimerie royale* (1790), in-8, 69 p.

Une édition de 1781, *Paris, veuve Duchesne,* in-8, 154 p., porte le nom de l'auteur.

Rosières (les). (Par P.-J.-B. Nougaret.) *Paris, Lefuel,* 1820, in-18.

Rosières en Santerre. (Par Ferd. Pouy.) *Amiens, Alfred Caron,* 1864, in-8, 23 p.

Rosine, comédie lyrique, en 3 actes. (Paroles de N. Gersin, musique de Gossec.) *Paris, Delormel,* 1786, in-4.

Rossignol (le), les roses blanches et rouges, imité de l'allemand du chanoine Schmid, par l'abbé H... (l'abbé T.-F.-X. Hunckler). *Paris, Gaume frères,* 1839, in-32.

Rossignol (le), opéra-comique en un acte, de MM***** (l'abbé Gabr.-Ch. de Lattaignant et un anonyme). Représenté pour la première fois le 15 septembre 1752 et jours suivans, jusqu'à la clôture du théâtre du faubourg Saint-Laurent, et continué le 3 février 1753, pour l'ouverture du théâtre du faubourg Saint-Germain. *S. l.,* 1753, in-8, 2 ff. lim. et 32 p. — *S. l.,* 1753, in-8, 32 p.

Rossignol (le), opéra-comique. Représenté pour la première fois sur le théâtre de Rouen, le vendredi 8 octobre 1751. (Par Den. Ballière de Laisement.) *Rouen, E.-V. Machuel,* 1752, in-8, 39 p.

Rossignols (les) spirituels liguez en duos, dont les meilleurs accords relèvent du Seigneur, etc. *Valenciennes, Vérdiet,* 1616, petit in-12, 231 p., 7 de musique et 6 pour la table. — *Id.,* 1631, in-12, 257 p. et 3 ff.

L'auteur de ce livre, que Barbier attribue à tort à Gérard Montanus, est le Révérend Père Guillaume Marc. D. M.

Rostoptchine (le comte Théodore). 1765-1826. Notice littéraire et bibliographique sur ses ouvrages. *S. l. n. d. (Leipzig,* 1854), in-8, 64 p.

Signé : S. P. (Serge Poltoratzky).

Roue (la) de fortune, ou l'héritière de Beauchamp. Par Fielding. Traduit de l'anglais par Ch. Def** (Ch.-Aug. Defauconpret), traducteur de la « Prison d'Edimbourg » ... *Paris, Corbet,* 1819, 3 vol. in-12.

L'attribution à Fielding est inexacte.

Roué (le) vertueux, poëme en prose en quatre chants, propre à faire en cas de besoin un drame à jouer deux fois par semaine. (Par C.-G. Coqueley de Chaussepierre.) Orné de (cinq) grav. *Lausanne,* 1770, in-8. — Seconde édition, à laquelle on a joint la « Lettre d'un jeune métaphisicien ». *Lausanne,* 1770, in-8, 2 ff. de tit., 52 et 16 p.

Rouen. Revue monumentale, historique et critique ; par E. D. (Eustache Delaquérière), membre de plusieurs Sociétés littéraires et archéologiques. *Rouen, Brière,* 1835, in-18, 247 p.

Extrait du « Journal de Rouen ».

Rouenueries. Une clef dans un bureau. De l'introduction de l'élément scientifique dans le roman. Abeilles et fleurs de lis. Le Barreau devant le Parlement de Normandie. Un acteur anglais. Poésies. (Par Henri Frère, avocat et juge suppléant au tribunal civil de Rouen.) *Rouen, Le Brument,* 1862, in-12, vi-232 p.

Rouges (les) jugés par eux-mêmes. (Par Léon Pillet.) *Paris, Garnier frères,* 1849, in-12.

Rougyff, ou le Franc en vedette. *De l'impr. de Rougyff,* juillet 1793 - 9 prairial an II, 150 numéros in-4.

Rougyff est l'anagramme du nom de l'auteur, A.-B.-J. Guffroy.

Roulette (la), ou histoire d'un joueur. (Par Jacq. Lablée.) *Paris, Moutardier,* 1802, in-12. — 5e édition, revue et augmentée. *Paris, Dentu,* 1814, in-12. — 6e édit. *Paris, imp. de Testu,* 1816, in-18.

Rousseau juge de Jean-Jacques. Dialogue. (Par J.-J. Rousseau lui-même.) *Londres,* 1780, petit in-8, x p., 1 f. et 251 p.

Ce curieux ouvrage de Rousseau fut imprimé pour la première fois subrepticement dans une petite ville de province en Angleterre ; l'édition ainsi publiée, et dont M. Vergnaud-Romagnési a fait mention dans un article inséré au « Bulletin du bouquiniste » d'Aubry, t. XIII, p. 3-5, est celle même dont nous venons de donner la description. Les exemplaires en sont d'une excessive rareté ; quelques-uns portent sur le titre la rubrique suivante : *A Lichfield, et se vend à Londres.* Je ne connais que deux exemplaires de cette édition, l'un avec la rubrique précitée et l'autre avec la seule rubrique de : *Londres.*

— Réimprimé sous le titre de « Rousseau, juge de Jean-Jacques. Dialogue, d'après le manuscrit de M. ROUSSEAU, laissé entre les mains de M. BROOKE BOOTHBY ». A. Lichfield, J. Jackson, 1780, in-8, 4 ff. lim., 150 p. et 1 f. de table.

Rousseau n'a-t-il rien fait pour sa patrie? ou démonstration du cercle vicieux dans lequel tourne l'opinion, aussi erronée que déshonorante pour les Genevois, que professe sur cette question un professeur de notre Académie. (Par D. DUNANT.) Genève, D. Dunant, 1828, in-8, 24 p.

Rousseau vengé, ou observations sur la critique qu'en a faite M. de La Harpe, et en général sur les critiques qu'on fait des grands écrivains. Par M. l'A. D. G. (l'abbé DE GOURCY), de la Société royale des sciences et belles-lettres de Nancy, V. G. de B. (vicaire général de Bordeaux). Paris, Delalain, 1772, in-8, 2 ff. de titre et 59 p.

Routes (les) de France, contenant la description historique et topographique des villes, bourgs, places fortes... par M. de S** A**... (M. le baron DE BACCARAT). Paris, Delaunay, 1828, 11 vol. in-8.

Plusieurs volumes ont eu une seconde édition qui porte le nom de l'auteur.

Roxane, poëme héroï-comique en cinq chants, suivi de pièces fugitives du même auteur (Ch. VERNY). Besançon, 1788, in-8.

Royal (le) Mazarin lui faisant voir par la raison et par l'histoire: 1° que l'autorité des rois sur la vie et sur le bien des sujets est fort limitée, à moins qu'elle ne soit tyrannique; 2° que l'autorité des princes du sang est essentielle dans le gouvernement... (Par DUBOSC-MONTANDRÉ.) S. l., 1652, in-4, 32 p.

Royale (la) Captive, imitation de la romance espagnole du chevalier Palomazey. (Par JOS. FAURE.) Gap, imp. de Genoux, s. d., in-8, 7 p.

Royale (la) Liberté de Marseille, dédiée au roy, par le sieur D. D. (DE DEIMIER). Anvers, héritiers de Jehan Morin, 1615, in-8.   V. T.

Royalisme (le), ou mémoires de du Barri de Saint-Aunez et de Constance de Cézelli, sa femme, anecdotes héroïques sous Henri IV, par M. DE L.... (DE LIMAIRAC). Paris, Valade, 1770, in-8.

Quelques exemplaires portent le nom de l'auteur sur le frontispice et au bas de l'épître dédicatoire.

Quérard a reproduit cette attribution, tome V, page

310 de sa « France littéraire », après avoir, dans le tome IV, page 505, donné cet ouvrage à C.-J.-L.-A. ROCHETTE DE LA MORLIÈRE.

Royalisme (le) régicide. « Quotidienne », « Gazette ». (Par le marquis DE LA GERVAISAIS.) Paris, Pihan-Delaforest, (6 mars) 1833, in-8, 20 p.

Royaume (du) d'Yvetot. Mémoire lu dans une séance particulière de l'Académie royale des sciences, belles-lettres et arts de Rouen, le 11 avril 1811. Rouen, imp. de D. Brière, 1835, in-8, 31 p.

Tiré à 75 exemplaires. Signé: D. (DUPUTEL).

Royaume (le) de Bohême et l'État autrichien. (Par M. Ladislas RIEGER.) Prague, Ed. Grégr., 1867, in-8.

Cette brochure contient la traduction d'un discours prononcé par M. Rieger à la Diète de Bohême, le 13 avril 1867. L'éditeur n'y a ajouté qu'une courte introduction.

Royaume (le) de Dieu et le Vray Chemin pour y parvenir, par le R. T. SANCHEZ, traduit par F. G. L. (F. GUILLAUME, lévite). Pont-à-Mousson, 1609, 2 vol. in-8.

Royaume (le) de Westphalie, Jérôme Bonaparte, sa cour, ses favoris et ses ministres. Par un témoin oculaire. (Par Vinc. LOMBARD, de Langres.) Paris, 1820, in-8, 274 p.

Royaume (le) mis en interdit, tragédie. (Par P.-P. GUDIN DE LA BRUNELLERIE.) S. l. n. d. (Paris, 1800), in-8, 88 p.

La première édition est intitulée « Lothaire, roi d'Austrasie... », et la deuxième « Lothaire et Valrade ». Voy. V, 1343, f, et 1344, a.

Royauté (la). (Par le marquis DE LA GERVAISAIS.) Paris, Pihan-Delaforest, 1829, in-8, 58 p.

Royauté (la) belge. Poëme. Hommage à S. M. Léopold Ier, à l'occasion du 25e anniversaire de son règne, en vers. (Par CORDIER.) Bruxelles, Labroue, 1856, in-8, 16 p.   J. D.

Royauté (la) de Juillet et la Révolution, par l'auteur de « Deux Ans de règne » (Alphonse PÉPIN, avocat). Paris, Dezauche, 1837, 2 vol. in-8. — 2° édit. Paris, E.-B. Delanchy, 1839, 2 vol. in-8.

Quérard dit que le roi LOUIS-PHILIPPE a eu part à la rédaction de cet ouvrage. Voy. « Supercheries », II, 953, a.

Royauté (la) possible. (Par le marquis DE LA GERVAISAIS.) Paris, Pihan-Delaforest, 1835, in-8, 40 p.

Rozainville, ou le divorce inutile. Par l'auteur de « la Religieuse d'Alençon » (Mme L. Vildé). *Paris, Maison l'aîné*, an XIII-1805, 3 vol. in-12.

Rozier (le) historial de France, contenant deux Roziers : le premier Rozier contenant plusieurs belles rozes et boutons de instructions et beaulx enseignmens pour roys, princes, chevaliers... Le second Rozier, autrement Croniques abregées, contient plusieurs belles rozes et boutons extraictz et yssus de la maison de France et d'Angleterre... *Paris*, 1522, in-fol.

Selon plusieurs bibliographes, l'auteur du « Rozier historial », qui ne s'est pas nommé directement, aurait placé son anagramme dans les quatre derniers vers de la pièce qui se lit au bas de la figure imprimée au 2ᵉ folio de son livre.

La Croix du Maine et Gab. Naudé y ont trouvé le nom d'Etienne Porchier, tandis que d'autres y ont lu, mais moins exactement, Pierre Chenisot. Toutefois il est fort douteux que le personnage désigné dans ces vers soit véritablement l'auteur du Rozier.

M. Paulin Paris, dans les « Manuscrits françois de la Bibliothèque du roi », tome IV, p. 116 et suivantes, donne le détail des manuscrits et des différentes éditions de cet ouvrage, et, rejetant les attributions ci-dessus indiquées, il n'hésite pas à l'attribuer au roi Louis XI.

Réimprimé sous le titre de « Rozier ou Epithome historial de France... » *Paris, F. Regnault*, 1528, in-fol. Voy., pour le détail complet de ces différentes éditions, Brunet, « Manuel du libraire », 5ᵉ édition, IV, col. 1440 et 1441.

Le président d'Espagnet était donc dans l'erreur, lorsqu'il a cru publier cet ouvrage pour la première fois sous ce titre : « le Rozier des guerres, ou instruction composée par le roi Louis XI pour le dauphin Charles son fils, mis en lumière sur le manuscrit trouvé au château de Nérac dans le cabinet du roi, par le président d'Espagnet ; avec un Traité de l'institution du jeune prince, par le même d'Espagnet. » *Paris, Buon*, 1616, in-8.

Rubens rétablissant la paix entre l'Espagne et l'Angleterre, 1630. Notice pour servir de légende au tableau de M. de Biefve. (Par Alphonse Rastoul de Monjot.) *Bruxelles, Wahlen et Cⁱᵉ*, 1848, in-8, 16 p.
J. D.

Rubicon (le), ou le libertin de qualité. (Par H.-G. Riquetti, comte de Mirabeau.) In-8.

Même ouvrage que « le Libertin de qualité ». Voy. V, 1312, f.

Rubicon (le), par l'auteur du « Bon Sens » (le comte A.-G.-S. de Kersaint). S. l., janvier 1789, in-8, VIII-97 p.

Rubriques ferules et bleuettes provinciales, par deux jumeaux des XVIIIᵉ et XIXᵉ siècles, le centenaire Candidalma et le chevalier de Saint-Vincent de Paul, avec des notes de l'éditeur responsable (Thᵉ Princeteau). *Bordeaux, imp. de H. Gazay*, 1843, in-8, 498 p.

Annoncé comme premier volume.

Ruche (la) provençale, recueil littéraire. (Par Louis-François Jauffret.) *Marseille, imp. J.-F. Achard*, 1817-1822, 6 vol. in-8.

Jauffret a longtemps exercé les fonctions de bibliothécaire à Marseille. Il cessa de diriger cette publication après le quatrième volume. Un professeur au lycée de Marseille du nom de Gaudet en entreprit la continuation ; à cette époque, « le Caducée » et « le Journal de la Méditerranée » remplissaient la ville de leurs débats. Le continuateur du recueil de Jauffret lança un prospectus imprimé qui se terminait ainsi : « Heureux si le propriétaire actuel de la « Ruche provençale » peut justifier l'ancien proverbe : *Inter duos litigantes tertius* Gaudet ! »
G. M.

Rude, sa vie, ses œuvres et son enseignement. Considérations sur la sculpture. (Par le Dʳ Maximien Legrand.) *Paris, Dentu*, 1856, in-18.

Rudiment français à l'usage de la jeunesse des deux sexes pour apprendre en peu de temps sa langue par règles. (Par l'abbé Bouchet.) *Paris*, 1759, in-12.

Rudimenta, ou principes de la langue hollandaise; ouvrage publié par la Société : *Tot nut van't Algemeen*. Trad. en franç. par J. B. L. G. (Géruzet). *Bruxelles, Luneman*, 1826, in-12.

Rudimens de la langue française et Principes de grammaire, par M. C. M*** (Morel de Thurey), conseiller au Parlement de *** (Besançon). *Paris, Brocas*, 1782, in-8, VIII-230-XVIII-22 p.

Rudimens (les) de la langue latine, avec des règles pour apprendre facilement et en peu de temps à lire, décliner et conjuguer, par Gn. (Antoine Garnier, de Langres, mort en 1710). *Langres (vers 1710)*, in-8. —Nouvelle édition, corrigée et augmentée de trois degrés de comparaison, *sur l'imprimé à Langres. Metz, veuve de Jean Collignon*, 1737, in-8. — Nouvelle édition, considérablement augmentée dans cette sixième édition (par François Bistac, son disciple et son successeur, mort en 1752). *Langres, Personne*, 1745, in-8.

Ce Rudiment, ainsi augmenté par Bistac, a été réimprimé dans plusieurs villes de France, notamment à *Chaumont*, à *Lyon*, à *Avignon*, à *Auxerre*, etc., etc. Bistac avait déjà fait des corrections à l'édition de Langres, 1717.

Rudimens (les) du christianisme réduits et traitez en forme de cantiques spirituels composez d'un air et d'un style familier, par un missionnaire du couvent des FF. Prêcheurs d'Amiens (A. MAZENOD). *Amiens*, 1681, in-12.   V. T.

Rue (la) du Carrousel, ou le musée en boutique, vaudeville en un acte. Par Théodore ANNE et *** (LASSAGNE et Alph. VULPIAN). Représenté pour la première fois sur le théâtre du Vaudeville, le 5 octobre 1824. *Paris, Quoy,* 1824, in-8, 36 p.

Rue (la) Saint-Denys, comédie. (Par Charles CHEVILLET, sieur DE CHAMP-MESLÉ.) *Paris, Jean Ribou,* 1682, in-12, 2 ff. lim. et 68 p.

Le nom de l'auteur se trouve dans le privilége.

Ruelle (la) mal assortie, ou entretiens amoureux d'une dame éloquente avec un cavalier gascon, plus beau de corps que d'esprit, et qui a autant d'ignorance comme elle a de sçavoir. (Par MARGUERITE DE VALOIS.) *Paris, A. Aubry,* 1855, in-16, XIII-21 p.

L'introduction est signée : L. L. (Ludovic LALANNE). Cette pièce avait été imprimée en 1842 par M. GUESSARD sous le titre de « la Ruelle mal assortie, dialogue d'amour entre Marguerite de Valois et sa bête de somme », *Paris,* imp. *Crapelet,* 1842, in-8, d'après un manuscrit de la Bibliothèque nationale.

Le savant éditeur qui donnait ce dialogue comme inédit ignorait qu'il avait été publié dans un volume de Charles Sorel ayant pour titre « Nouveau Recueil des pièces les plus agréables de ce temps... » *Paris, Nicolas de Sercy,* 1644, in-12. La Ruelle y est annoncée sous le titre reproduit par M. Lalanne, avec cette addition : Dialogue vulgairement appelé la Ruelle de la R. M.

Le texte donné par Sorel, qui est celui reproduit par M. Lalanne, diffère sensiblement de celui du manuscrit reproduit par M. Guessard.

L'attribution à la reine Marguerite de Valois, désignée par les initiales ci-dessus, n'est pas incontestable, mais elle offre de grandes probabilités, et elle est généralement adoptée.

Rues (les) de Bruxelles débaptisées par ses édiles, en l'an III, l'an VI et l'an VII de la République, et rebaptisées en 1806, 1851 et 1852. (Par Charles DE CHÉNEDOLLÉ.) *Bruxelles,* 1853, in-12.   D. M.

Rues (les) de Madrid, poëme en six chants, dédié au marquis Del Baille, gouverneur de Valence. *Madrid (Liége, G.-I. Broncart),* 1730, in-8 de 64 p.

Édition originale de ce poëme du baron DE WALEFF. Il a été réimprimé dans le t. V. de la collection de ses « Œuvres »; en 1731. Une autre édition parut la même année sous ce titre : « les Rues de Madrid avec plusieurs satires, et autres pièces, par l'auteur des Titans ». *Liége, G.-I. Broncart,* 1731, in-8 de 4 ff. et 212 p. Cette édition, rare, qui porte aussi la ru-

brique *Tome V,* n'est pas cependant un simple tiré à part de ce volume des « Œuvres »; elle a subi de nombreux remaniements. Enfin une nouvelle édition a paru sous le même titre que la précédente, *chez G.-I. Broncart,* 1735, in-8 de 212 p. C'est, dit M. Helbig, une supercherie de libraire, un amalgame de l'édition de 1731 avec le « Catholicon de la basse Germanie ».

Rues (les) de Paris, avec les quais, ponts... le tout marqué par tenants et aboutissants... nouvelle édition, corrigée et augmentée des Académies... et de plusieurs particularités historiques. (Par Fr. COLLETET, revu par Élisabeth GAUDIN.) *Paris, veuve Jombert,* 1722, in-12.

Une édition antérieure avec le nom de l'auteur est intitulée : « la Ville de Paris, contenant le nom de ses rues, de ses faubourgs.... Ouvrage revu, corrigé et augmenté... ». *Paris, A. de Raffle,* 1677, in-12. Son permis d'imprimer est daté du 28 juillet 1671.

Rues (les) et les Environs de Paris... par ordre alphabétique. (Par J.-B.-M. RENOU DE CHEVIGNÉ, plus connu sous le nom de JAILLOT.) *Paris, Valleyre,* 1745, 2 vol. in-12. — *Id.,* 1757, 2 vol. in-8. — *Paris, P.-D. Langlois,* 1777, 2 vol. in-12.

Ruillière (la), épître à monsieur ***. (Par Laurent GARCIN.) *Paris, Lambert,* 1760, in-12, 32 p.

Ruine de Babel, c'est-à-dire la religion prétendue réformée combattue par elle-même. (Par P. TREPPIER, orfévre.) *Paris,* 1664, in-12.

Catalogue manuscrit de la Bibliothèque des Barnabites.   V. T.

Ruine (la) des maisons de jeu, le hasard complétement anéanti par le calcul. (Par T.-J. DERICHON.) *Liége, Bossy,* 1865, in-12, 24 p.   J. D.

Ruine (la) et Disette d'argent, commune aujourd'huy par toute la France, par les desordres et les injustices de la guerre, avec le remede certain qui n'a point esté connu aux plus rafinez et inventifs iusques à présent. Fait par B. D. L. F. (Barthélemy DE LAFFEMAS). *Paris, rue d'Escosse, aux Trois-Cramillères,* 1652, in 4, 7 p.

Ruines de l'église de Saint-Nicolas en Glain, par Ed. L. L. L. (Edouard LAVALLEYE). *Gand,* 1837, in-8, 5 p. et 1 planche.

Tiré à part à 15 exemplaires du « Messager des sciences historiques ».   Ul. C.

Ruines (les) de Lyon, ode. (Par J.-M. CHASSIGNON.) *S. l. n. d.,* in-8, 7 p.

Ruines (les) de Poestum, autrement

Posidonie, ville de l'ancienne Grande-Grèce, au royaume de Naples. Ouvrage contenant l'histoire ancienne et moderne de cette ville ; la description... avec des observations sur l'ancien ordre dorique. Traduction libre de l'anglais (de Thomas Major, par Jacq. Varenne), imprimée à Londres par M***. *Paris, Jombert*, 1769, in-fol.

Cette traduction renferme 28 gr. pl. et 6 petites (la pl. 19 est répétée). Ces planches sont de Gab.-Martin Dumont, architecte, qui en avait publié sept dès 1764. L'édition originale de *Londres*, 1767, in-fol. max., ne contient que dix feuillets de texte, avec 4 planches seulement. Il existe aussi une traduction libre par Dumont. *Paris*, 1769, gr. in-4, fig.

Ruines (les) du château de Dunnismoyle, ou les malheurs de la famille du lord Saint-Rathleen ; par l'auteur de « Edmond le Rebelle », traduit de l'anglois par M*** (Dubergier), auteur et traducteur de plusieurs ouvrages. *Paris, Corbet*, 1822, 5 vol. in-12, fig.

Ruines (les) parisiennes depuis la révolution de 1789 et années suivantes, avec des remarques historiques. (Par Franç. Jacquemart.) *Paris*, an VII-1799, in-8.

Même ouvrage que « Remarques historiques.... » Voy. ci-dessus, col. 250, *d*.

Rupture (de la) des glaces du pôle arctique, ou observations géographiques, physiques et météorologiques sur les mers et les contrées du pôle arctique... par M. A. A. (Antoine Aubriet, premier huissier de la Chambre des députés). *Paris, Baudouin*, 1818, in-8, 96 p.   D. M.

Rus torigniacum, ode. Sur le séjour de Torigny, ode. (Par Ant. Godeau.) *S. l. n. d.*, in-12.

Ruse (la) inutile, comédie en un acte, en prose. Par l'auteur des « Ombres anciennes et modernes » (Maurin de Pompigny). *Paris, Cailleau*, 1784, in-8.

Ruses (les), comédie en trois actes, d'après Molière, arrangée pour un divertissement de jeunes gens et adaptée au théâtre du Collége de Cambray (par Alteyrac, ancien professeur de rhétorique du Collége de Cambray). *Cambray, Hurez*, 1806, in-12.

Cette pièce est tirée des « Fourberies de Scapin ». M. Alteyrac a arrangé pour le même objet : '
En 1805 : 1° « Molière avec ses amis », par M. Andrieux ; 2° « les Plaideurs », de Jean Racine ;
En 1806 : 1° « l'Avare », de Molière ; 2° « le Matamade imaginaire », du même ; 3° « le Bourgeois gentilhomme », du même.
On trouve le titre détaillé de toutes ces pièces dans la « Bibliographie cambrésienne », par M. Arthur Dinaux. *Douay, Wagrez aîné*, 1822, in-8. ¡

Ruses (les) de guerre de Polyen, traduites du grec en françois, avec des notes, par D. G. A. L. B. D. L. C. D. S. M. (dom G.-A. Lobineau, bénédictin de la Congrégation de Saint-Maur), avec les Stratagèmes de Frontin (traduits par Nic. Perrot d'Ablancourt ; le tout publié par le P. Desmolets). *Paris, Ganeau*, 1739, 1743, 2 vol. in-12. — *Paris, veuve David*, 1770, 3 vol. in-12.

Ruses (les) des filous et des escrocs dévoilées. (Par J.-F. Tissot.) *Paris, G. Mathiot*, 1811, 2 vol. in-12.

Plusieurs fois réimprimé.

Ruses (les) innocentes dans lesquelles se voit comment on prend les oiseaux passagers et les non passagers, et de plusieurs sortes de bêtes à quatre pieds... par F. F. F. R. D. G. (Frère François Fortin, religieux de Grandmont), dit le Solitaire inventif. *Paris, C. de Sercy*, 1688, in-4. — *Amsterdam, Daniel de La Fueille*, 1695, in-12.

Russe (le) à Paris. (Par Voltaire.) *S. l. n. d.*, in-4, 15 p. — *S. l. n. d.*, in-8, 16 p.

Le titre de départ porte en plus : « Petit Poëme en vers alexandrins, composé à Paris au mois de mai 1760, par M. Ivan Aletiiof, secrétaire de l'ambassade russe ». Voy. « Supercheries », I, 255, *e*.

Russie (la) en 1844. Système de législation, d'administration et de politique de la Russie, en 1844. Par un homme d'Etat russe (V. Peltschinsky). *Leipzig, Michelsen*, 1845, in-8, 142 p.

Deux éditions.

Russie (la) envahie par les Allemands. Notes recueillies par un vieux soldat, qui n'est ni pair de France ni député. *Paris*, 1844, in-12.

Par Philippe Wiegel, ancien directeur du département des cultes, en Russie, et non Wigel, comme le nomme Quérard, « Supercheries », III, 955, *d*.
Cet ouvrage avait d'abord été attribué par erreur, par Quérard, au comte Suzon, et ensuite au roi Louis-Philippe Ier.

Russie (de la) et de la France, entretiens politiques par un inconnu (Ambeylard). *Paris, Dumont*, 1842, in-8, 313 p.   A. L.

Russie (la) et l'Equilibre européen, par un homme d'Etat. *Paris, Ledoyen*, 1854, in-8, 168 p. — 2° éd. *Id.*, 1854, in-8.

Par le docteur Wendel-Hippler, d'après M. O. Lorenz.
Par Herman Ewerbeck, d'après les « Supercheries », II, 300, *a*.

Russie (la) et la Pologne. Esquisse historique par Th. DE K. (KNORRING). *Berlin,*
1834, in-8.

Russie (la) et les Chemins de fer russes.
(Par Eugène PÉGOT-OGIER.) *Paris, Garnier
frères,* 1857, in-8, 240 p.

Une seconde édition publiée la même année porte le
nom de l'auteur.

Russie (la) jugée par un Russe (Bas.-Serg.
NÉCLUDOW), en réponse à la Russie jugée
par M. de Mazade. *Paris, Mellier,* 1862,
in-8, 55 p.

Rutger Velpius, imprimeur à Mons.
(Par Renier CHALON.) *S. l. n. d.,* in-8,
4 p.

Tirage à part du « Bulletin du bibliophile belge ».
J. D.

S

S'il est permis d'employer les devises
dans les décorations funèbres. (Par le
P. Claude-François MENESTRIER.) *Paris,
R. Pépie,* 1687, in-12.

A aussi paru sous le titre de « Lettre sur l'usage
d'exposer les devises dans les églises ». Voy. V,
1205, e.

Sabar. Histoire de l'église de Sabar...
Documents inédits et des plus intéressants
relatifs à cette église et à tout le haut pays
de Foix..., par l'auteur des « Etudes historiques sur le pays de Foix et le Couseran »
(Adolphe GARRIGOU). *Sabart, M. Vergé,*
1849, in-8.

Sabats (les) jacobites. (Par Fr. MAR-
CHANT.) *Paris, Blanchon,* 1791-1792, 75
numéros formant 3 vol. in-8.

Sabina d'Herfeld, ou les dangers de
l'imagination; lettres prussiennes, recueillies par R*** ST-CIR, (le baron J.-A. DE
RÉVÉRONI SAINT-CYR)... 4° édition... *Paris,
P. Barba,* 1814, 2 vol. in-18.

La première édition a paru en l'an V.

Sabine et Aurélie; par l'auteur d'« Adhémar de Belcastel » (Mme J. DE GAULLE,
née MAILLOT). *Lille, Lefort,* 1844, 2 vol.
in-18.

Sabine, ou matinée d'une dame romaine
à sa toilette, à la fin du premier siècle de
l'ère chrétienne; traduit de l'allemand de
C.-A. BOETTIGER (par CLAPIER). *Paris,
Maradan,* 1813, in-8.

Sabinus, tragédie lyrique. (Par RICHER.)
1734, in-4, 60 p.

Sable (le) et l'Emanché, mémorial raisonné pour les traités du blason. (Par
l'abbé J.-M.-J. THOMASSEAU DE CURSAY.)
1770, in-8, 24 p.

Sabot (le) de Noël. Décembre 1864. (Par
le marquis DE CHENNEVIÈRES-POINTEL.)
Paris, Henri Plon, 1864, in-8, 16 p., avec
une eau-forte de M. Legrip.

Sabot (le) fidèle, mélodrame en 3 actes
et en prose, par l'auteur de la « Cinquan-
taine » (FAUR). *Paris, Mme Masson,*
an XIV-1805, in-8.

Sabots (les), opéra-comique en un acte,
mêlé d'ariettes. Par MM. C.... (Jacq. CA-
ZOTTE) et SÉDAINE. Représenté pour la
première fois par les comédiens italiens
ordinaires du roi, le mercredi 26 octobre
1768. *Paris, C. Hérissant,* 1768, in-8,
32 p.

Sac (le) de nuit du prince Menschikoff,
trouvé dans sa tente après la bataille de
l'Alma. Traduit de l'anglais par A. NOBLET.
Paris, Amyot, 1855, in-8.

Les *Russica* de la bibliothèque de Saint-Pétersbourg
attribuent cet ouvrage au romancier T. DINOCOURT; ce
ne serait donc pas une traduction.
A. L.

Sac (le) de Rome, écrit en 1527 par
Jacques BONAPARTE, témoin oculaire; traduction de l'italien, par N.-L. B... (Napoléon-Louis BONAPARTE, frère aîné de Na-

poléon III, mort en 1831). *Florence, imp. grand-ducale*, 1830, in-8, XVII-91 p.

Cette traduction a été reproduite dans la collection des « Chroniques nationales » faisant partie du « Panthéon littéraire », avec un supplément du prince Louis-Napoléon-Charles Bonaparte et une notice historique de M. Buchon. L'ouvrage italien publié sous la rubrique de *Colonia*, 1756, est à très-peu près la même chose qu'une relation écrite par Luigi Guicciardini.

Sacerdoce (le) de la loi nouvelle. (Par l'abbé A.-C. THOMAS.) *Paris, Berton*, 1750, in-12.

Sacerdoce (du) et de la Philosophie, par Edouard Generès S**** (SOURVILLE) fils. *Paris, Beaucé-Rusand*, 1822, in-8.

Le nom de l'auteur se trouve dans le prospectus.

Sacre (du). (Par M. l'abbé GODINOT.) *Paris, imp. de Testu* (1819), in-8, 16 p.

Sacre (le) de Louis XV dans l'église de Reims, le dimanche 25 octobre 1722 (rédigé par Ant. DANCHET, sous l'inspection de MM. J.-P. BIGNON et Cl. GROS DE BOZE; les plans levés et dessinés par D'ULIN, avec un grand nombre d'estampes de différents graveurs). *S. l. n. d.*, grand in-fol.

Sacre (le) de Sa Majesté l'Empereur Napoléon dans l'église métropolitaine de Paris, le 11 frimaire an XIII, dimanche 2 décembre 1804. *De l'imprimerie impériale*, grand in-fol.

On trouve à la page 28 et suivantes les inscriptions composées en style lapidaire par Louis PETIT-RADEL, alors historiographe de la ville de Paris. Ces inscriptions, imprimées en latin et en français, sont connues sous le titre de *Fasti Neapolionei*. Elles décoraient la salle du festin donné le 16 décembre par le corps municipal de Paris.

On trouve, après la page 56, un second frontispice ainsi conçu : « Description des tableaux et Explication des costumes ». (Rédigées principalement par Et. AIGNAN.)

Les tableaux et costumes ont été dessinés par MM. ISABEY, PERCIER, FONTAINE et autres, et gravés par DEQUEVAUVILLER, DUPRÉEL, LAVALÉ, DELVAUX, SIMONET, PAUQUET, MALEBESTE, TARDIEU, RIBAULT, AUDOIN, PETIT, Jean et Urbain MASSARD, PIGEOT, GUTTENBERG, GODEFROY et DIEN.

Ce volume n'a commencé qu'en 1822 à être non pas vendu, mais donné en présent.

Sacre (du) des rois de France, ou de l'inauguration de Pharamond, et exposition des lois fondamentales de la monarchie française, avec les preuves de leur exécution, perpétuées sous les trois races de rois. Réimprimé sur l'édition de 1772. Publié par P.-J.-S. DUFEY (de l'Yonne), avocat. *Paris, Béchet ainé*, 1822, in-8, VIII-115 p.

Réimpression d'un ouvrage de MORIZOT. Voy. ci-

après : « le Sacre royal... » L'éditeur ne paraît pas bien connaître les hommes célèbres de France ; car, dans sa préface, il appelle Yvon Carnot l'évêque de Chartres, si connu sous le nom d'Yves de Chartres.

Sacre et Couronnement de Louis XVI, roi de France et de Navarre, à Rheims, le 11 juin 1775, précédé de recherches sur le sacre des rois de France, depuis Clovis jusqu'à Louis XV (par Nic. GOBET); et suivi d'un journal historique de ce qui s'est passé à cette auguste cérémonie (par l'abbé Th.-J. PICHON). Enrichi d'un très-grand nombre de figures en taille-douce, gravées par le sieur PATAS, avec leurs explications. *Paris, Vente*, 1775, in-4. — *Id.*, 1775, in-8.

Sacre (le) et Coronnement du roy de France. Auec toutes les ceremonies, prieres et oraisons, qui se font ausdits sacre et coronnement, en l'église métropolitaine et archiepiscopale de Rheims. (Par Jean DE FOIGNY.) *Rheims, J. de Foigny*, 1575, in-8.

L'auteur a signé l'épître.

Sacre (le) et Couronnement du roi Henri, deuxième de ce nom, à Reims, l'an 1547, au mois de juillet. (Par Claude CHAPPUYS.) *Paris, A. Roffet*, 1549, in-4.

Sacre (le) et Reims. (Par l'abbé Antoine BENTIN, curé de Saint-Remi, à Reims.) *Reims, imp. de Delaunois*, janvier 1819, in-8, 15 p.

Sacré (le) Miroir de virginité, par J. D. L. (Jacques DE LAVARDIN, abbé de l'Etoile). *Paris, N. Buon*, 1605, in-8.

Publié d'abord sous ce titre : « Recueil de la vie et conversation de la Vierge Marie, mère de Dieu. » *Paris, G. Chaudière*, 1585, in-8.

Sacré (le) Rosaire de la Vierge Marie, extrait de plusieurs autres, et divisé en trois livres. (Par Etienne LECLOU.) *Valenciennes, Jean Véruliet*, 1615, in-16. D. M.

Sacre royal (le), ou les droits de la nation françoise reconnus et confirmés par cette cérémonie. *Amsterdam*, 1776, 4 part. qui se relient ordinairement en 2 vol. in-12.

Une note manuscrite m'a appris que cet ouvrage était de MORIZOT, avocat, le même sans doute qu'une autre note m'avait signalé comme auteur de l'« Inauguration de Pharamond ». (Voy. V, 008, b.) Et, en effet, ces deux ouvrages sont écrits dans les mêmes principes et ont le même but, celui de prouver la souveraineté du peuple.

Les recherches que j'ai faites sur la personne de l'auteur m'ont appris que Morizot, né à Avallon en

1744, était fils d'un avocat instruit et plein de délicatesse, mort en 1783 à Avallon ; que ce fils fut reçu avocat au Parlement de Paris en 1769 ; qu'il suivit le barreau jusqu'en 1771, et se retira vers cette époque dans sa ville natale. Il ne fut point membre de la compagnie des avocats de Paris ; à l'en croire, il exerçait la profession d'avocat dans son cabinet, par humanité pour les malheureux. Il ne se chargeait des affaires que pour les concilier, et jamais pour les plaider, *parce que le barreau de Paris était une forêt.* Jamais Morizot ne reçut aucun honoraire ; aussi éprouva-t-il toujours les rigueurs de la fortune. En 1785, il fut obligé de prendre une place de commis dans les bureaux du contrôleur général de Clugny, dont il était parent. A cette époque, il publia un mémoire de 82 p. in-4, sur les privilèges des avocats. L'aigreur et la présomption se font remarquer dans cet écrit. Il paraît que dès lors Morizot contracta l'habitude d'attaquer les hommes les plus qualifiés ; car, au mois de novembre 1788, M. de Maissemy, directeur général de la librairie, écrivit une circulaire pour informer les imprimeurs que les intentions du garde des sceaux étaient qu'il ne fût imprimé aucun mémoire ou autre pièce semblable en faveur du sieur Morizot, avocat, contre des personnes de qualité, avant que le directeur de la librairie en eût été instruit et eût reconnu qu'il n'y avait aucun inconvénient. La révolution de 1789 permit à Morizot de donner un libre essor à ses préventions contre les grands fonctionnaires. Necker surtout devint l'objet de ses dénonciations, ainsi que son successeur Lambert ; il voulait leur brûler la cervelle, parce qu'ils refusaient de lui payer douze années consacrées au service de l'administration. Le 9 juillet 1790, il y eut dans le sein de l'Assemblée nationale une discussion sur les dénonciations de Morizot ; on le représenta comme un homme violent et emporté qui venait chez les membres de l'Assemblée un pistolet à la main et qui menaçait de se faire justice lui-même. Un emploi de 1800 fr. lui avait été ôté, en lui conservant toutefois une pension de 900 fr. Peu de temps après, Morizot publia une « Dénonciation contre les Comités des rapports de l'Assemblée nationale ». Il fit paraître ensuite : 1° un « Appel au roi, contenant un essai historique des empires troublés ou renversés par les compagnies d'avocats » ; 2° un « Placet à la reine, en invoquant l'attention des augustes maisons de Bourbon et d'Autriche ». A l'époque du voyage de Varennes, il écrivit au président de l'Assemblée nationale, pour être l'un des gens de loi qu'il était convenable de nommer pour aider le roi et la reine à se tirer des embarras où ils se trouvaient. Cette demande n'eut pas de suite. Les Français ne se montrant pas dociles aux avis de Morizot, il fit paraître un « Mémoire aux nations étrangères ». Ces différents écrits exposèrent leur auteur à des tracasseries de toute espèce ; mais il ne se découragea pas, et publia le « Tableau abrégé des espiègleries de la cour », in-8 de 122 p. Le 9 août 1792, Morizot écrivit au président de l'Assemblée législative, pour demander à défendre Louis XVI, dont on voulait prononcer la déchéance. Le 13 août, des ordres furent donnés pour arrêter Morizot. Il fut enfermé à l'abbaye Saint-Germain, et peu après transféré à la Force, d'où il sortit pour être conduit à l'Hôtel-Dieu. Morizot rentra dans son domicile le 5 septembre, et il apprit qu'il était redevable de la vie à Mme Danton et à son mari. Ce dernier conseilla à Morizot d'émigrer, ajoutant que, sans cela, il ne répondait pas de lui. Au lieu de suivre ce sage conseil, Morizot fit imprimer un « Placet au citoyen Rolland, ministre de l'intérieur. »

Le procès du roi s'entama alors, et Morizot demanda à Danton de le proposer à l'Assemblée pour être le défenseur de Sa Majesté. Pendant l'instruction de ce procès, Morizot fut expulsé de l'arrondissement où il demeurait. Comme on lui écrivit de Suisse pour lui offrir un asile, il se décida à profiter de cette offre. Un passe-port lui fut délivré pour l'hôpital militaire de Bourbonne-les-Bains. Après avoir passé quelque temps dans cette petite ville, il obtint une évacuation pour l'hôpital militaire de Luxeuil, où il ne demeura que six mois. Il partit pour la Suisse au mois d'août 1793. Enfin il se retira à Francfort, où il fit imprimer en 1795 une brochure de 124 p. in-8, intitulée : « Notices historiques sur M. Morizot, avocat de Paris, qui, pendant la révolution de 1789, défendit le roi et la reine de France, etc., dédiées aux souverains » ; avec cette épigraphe : *Donec eris felix, multos numerabis amicos.* (OVIDE.) J'ai tiré de cette brochure les principaux détails contenus dans la présente note. Morizot n'y parle ni de l'« Inauguration de Pharamond », ni du « Sacre royal ». On sent la raison de ce silence ; l'ardent adversaire de la révolution de 1789 a dû rougir d'avoir composé des écrits dont les principes ont pu hâter cette révolution.

Sacrés-Cœurs (des) de Jésus et de Marie, précédés de quelques observations sur la nouvelle édition du Bréviaire de Paris, par un vétéran du sacerdoce (M.-M. TABARAUD). *Paris, Delaunay,* 1823, in-8.

Sacrifice (le) d'Abraham. (Par J.-L. MALLET.) *Genève, de l'imprimerie des successeurs Bonnant,* 1810, in-8.

L'épître dédicatoire, signée par l'auteur, a été par lui déchirée dans presque tous les exemplaires.

Sacrifice (le) de l'amour, ou la messe de Cythère, suivi du Sermon prêché à Gnide (à la cérémonie du Mai, par le berger Sylvain [Sylv. MARÉCHAL]), et d'un nouveau dictionnaire d'amour, dans lequel on trouvera plusieurs pièces inédites ou peu connues, telles que l'Art de prendre les oiseaux, ou les leçons de l'amour, poëme anacréontique ; les articles les plus piquants du Dictionnaire d'amour du berger Sylvain (S. MARÉCHAL); la plus grande partie de ceux du Dictionnaire d'amour (de J.-F. DREUX DU RADIER) qui parut à La Haye en 1741 ; et une foule de morceaux extraits des meilleurs écrivains anciens et modernes. *Sybaris, l'imprimeur ordinaire du plaisir (Bordeaux, Lawalle jeune ; Paris, Guillemet ; Frechot ; Martinet),* 1809, in-12, 315 p.

L'ouvrage a été cartonné aux pages 13-14, 19-20, 20-30, 35-36, 43-44 et 53-54, c'est-à-dire dans ce Sacrifice ; selon moi, il y aurait eu encore plus à cartonner.

Cette parodie de la messe vaut bien celle donnée par Griffet de La Beaume ; l'auteur n'en est pas connu. La « Bibliographie des ouvrages relatifs à l'amour » dit que cette première édition a été donnée par le docteur

J.-B. DE SAINT-CRICQ. Je suis bien tenté de croire que l'éditeur est en même temps l'auteur du Sacrifice, auquel il aurait joint le Dictionnaire de Dreux du Radier et les divers articles tirés des œuvres érotiques de Sylv. Maréchal, pour le faire passer.   A. L.

Sacrifice (le) des Muses. (Par Fr. LE METEL DE BOISROBERT.) *Paris, Cramoisy,* 1635, in-4.

Sacrifice perpétuel de foi et d'amour au très-saint Sacrement par rapport aux mystères et aux différentes qualités de N.-S. J.-C., énoncées dans l'Ecriture sainte, etc.; troisième édition, revue, corrigée et augmentée par un chanoine régulier de l'abbaye de Saint-Victor (le P. Simon GOURDAN). *Paris,* 1719, in-12.
Souvent réimprimé.

Sacrifices (les) de l'Amour, ou Lettres de la vicomtesse de Sénanges et du chevalier de Versenay. (Par Cl.-Jos. DORAT.) *Paris, Delalain,* 1771, 2 vol. in-8.

Sage (le) Chrétien, ou les principes de la vraie sagesse. (Par le P. Abr. LE ROYER, jésuite, missionnaire du Tonquin, mort vers 1720; publié par le P. J.-B. DU HALDE.) *Paris, Nic. Le Clerc,* 1724, in-16.

Sage (le) Clergé de Marseille démasqué et confondu par le fol ermite des tom-beaux.... (Par le Père JOSEPH.) *Marseille, imp. nat.,* 1848, in-12.

Sage (le) dans la solitude, ou méditations religieuses sur divers sujets, ou-vrage traduit de l'allemand (de Martin CHUGOTT), par Gabriel SEIGNEUX DE COR-REVON); nouv. édit., augm. *Lausanne,* 1770, in-8; 1775, in-12.
La première édition porte ces mots au frontispice, après les mots « divers sujets » : Par l'auteur des « Nuits d'Young », *Londres,* 1770, in-12.

Sage (le) dans sa retraite, comédie en cinq actes et en prose, mêlée d'ariettes, traduite de l'espagnol (de don Juan DE MATHOS FRAGOSO), par M. LINGUET, mise au théâtre françois par M. Delainval, musique de N. Grétry; représentée pour la première fois au Théâtre-François à La Haye, pour le bénéfice de M. de Bray, le 19 septembre 1782. *La Haye, H. Constapel,* 1782, in-8, 71 p.

Sage (le) politique, instruisant son jeune prince de toutes les choses qui le peuvent fortifier dans une belle éducation. (Par Robert DE BONNECASE DE SAINT-MAU-RICE.) *Paris, Champhoudry,* 1658, in-8.

Sage (le) réfléchissant sur l'éternité et

la charité envers Dieu et envers le prochain. (Par l'abbé Jean-Baptiste LASAUSSE.) *Paris, Saint-Michel,* 1813, in-24.

Sage Résolution de feue la reine, épouse de Frédéric II (ELISABETH-CHRISTINE de Brunswick, veuve de Frédéric II). *Berlin,* 1776, in-8.

Sages (les) Enseignements tirez des philosophes Pythagoras, Aristote, Caton et Plutarque, avec les Quatrains du sieur DE PIBRAC, MATHIEU, président FAURE (du sieur DE LA VALBONNE). *Rouen, Cail-loué,* 1629, in-16 obl.

Sages (les) Entretiens d'une ame qui désire faire son salut. (Par l'abbé GUIZAIN, prêtre de Saint-Sulpice, et directeur du séminaire Saint-Irénée de Lyon.) *Paris,* 1668, 1679, 1691, in-24.
La première approbation donnée à ce livre est datée de Caen le 8 mai 1668.
Une sixième édition, datée de Paris, 1722, *chez la veuve Maugé,* porte un frontispice ainsi conçu : « les Sages Entretiens d'une ame devote et desireuse de son salut ». Ce titre me paraît être celui qui a été donné à l'ouvrage par l'auteur lui-même, d'autant plus qu'on trouve dans cette édition : 1° une courte notice sur l'auteur ; 2° des citations latines qui semblent avoir été omises dans les autres éditions.
On voit dans la notice que l'auteur est mort *depuis quelques jours.* Mais cette notice peut avoir été faite pour une édition antérieure ; ce qui me le prouve, c'est qu'il a paru dès 1719, à Nancy, une édition des « Sages Entretiens », avec beaucoup de changements. Une autre édition, publiée à Paris en 1719 chez la *veuve Nicolas Belley,* contient aussi des corrections et des aug-mentations. Il est donc très-probable que M. Guizain est mort vers 1700. On ne se sera permis qu'après sa mort de faire des changements importants à son ou-vrage. Les réimpressions qui ont lieu depuis soixante ans sont généralement conformes à l'édition de 1719 ; j'ai pourtant une édition de 1779, à Toulouse, sem-blable à l'édition de Paris, 1722.
On a retranché dès nouvelles éditions quelques his-toires apocryphes, telles que celle du chanoine ressuscité en présence de saint Bruno.

Sages (les) Leçons d'un père à son fils, ou les moyens assurés de faire des pro-grès dans la vertu, les belles-lettres et les bonnes mœurs. (Par J.-B. SALMON.) *Nancy, an VI de la République* (1798), in-8, 52 p.
C'est la traduction en vers français d'un poëme de Nic. MERCIER. professeur de l'ancienne Université de Paris, *de Officiis scholasticorum.* Nous en avions déjà une traduction en prose dans « les Fleurs morales et épigrammatiques... » Voy. V, 471, *f.*

Sagesse (la) angélique sur l'amour divin et sur la sagesse divine ; traduit du latin d'Emmanuel SWEDENBORG, par A. J. P. (A.-J. PERNETY). *S. l. (Berlin, G.-J. Decker; Paris et Lyon, Perisse),* 1786, 2 vol. in-8.

Sagesse de Louis XVI, manifestée de jour en jour, enseignée à ses peuples... ouvrage moral et politique sur les vertus et les vices de l'homme. (Par l'abbé J.-R. DE PÉTITY.) *Paris, Gueffier,* 1775, 2 vol. in-8.

Sagesse (la) des Petites-Maisons. *Paris, veuve Mazuel,* 1711, in-12.

Attribué à CHEVRIER DE MAREUIL.

Sagesse (la) et la Folie, poésies diverses. *Amsterdam et Paris, Vincent,* 1766, pet. in-12 en deux parties.

La première partie, de 46 p. y compris le titre général, car il n'y a pas de titre particulier, contient la Sagesse, qui est indubitablement de l'auteur de la seconde. La seconde partie, la Double Folie (par J.-B.-M. MAGNY), de XVI-152 p., a un titre séparé : *s. l. n. adr.,* 1756 ; c'est le même ouvrage que celui indiqué t. IV, col. 1110, *b,* malgré la différence de date qui est indiquée, 1758. A. L.

Sagesse (la) humaine, ou Arlequin Memnon, comédie en deux actes, en prose, mêlée de chant. Représentée pour la première fois au théâtre des Jeunes-Artistes, le 14 vendémiaire an VI. (Par Charles-Nic.-Jos.-Justin FAVART et l'abbé François-Valentin MULLOT.) *Paris, Gueffier,* in-8, 52 p.

Réimprimé sous les noms de CHARLES et VALENTIN, prénoms des deux auteurs.

Sagesse (la) profonde et l'infaillibilité des prédictions de la révolution qui nous menace, démontrées par l'accomplissement littéral des nombreuses prédictions de la révolution qui nous est arrivée, ou le memento des rois. *Paris, J.-J. Blaise,* 1820, in-8, 150 p.

Par A.-M. MADROLLE pour le titre, le plan et les principaux documents, et J.-J. BLAISE pour la rédaction.

Sagesse (de la), trois livres, par P. CHARRON. *Dijon, Frantin,* 1801, 4 vol. in-12.

Cette édition, qui contient d'importantes additions, est due à l'abbé BERTHIER, chanoine de Semur, en Auxois.

Saines (les) Affections. *S. l.,* 1591, in-8, 4 ff. lim., 83 p. et 1 f. n. chiff.

M. P. Lacroix attribue cet ouvrage à Mlle DE GOURNAY, et il le qualifie de « chef-d'œuvre de philosophie ». Le docteur Payen ne le croyait pas de la fille d'alliance de Montaigne. Voy. « Bulletin du bibliophile », juin 1860, p. 1288.

Saint-Alme, par l'auteur de « Blançay » (GORGY). *Paris,* 1790, 2 vol. in-18, fig.

Saint Augustin contre l'incrédulité, ou discours et pensées recueillies des divers écrits de ce Père... (Par l'abbé Louis TROYA D'ASSIGNY.) *Paris, A.-M. Lottin,* 1754, in-12.

Pour une suite, voy. « Plan de la religion... », VI. 912, *e.*

Saint Augustin, de l'Ouvrage des moines, ensemble quelques pièces de saint Thomas et de saint Bonaventure sur le même sujet. Le tout rendu en notre langue et assorty de réflexions sur l'usage de notre temps. Par J. P. CAMUS, évêque de Belley. *Rouen, Adr. Ouyn,* 1633, in-8.

Ouvrage qui fut saisi par ordonnance du conseil privé du roi du 14 juillet 1633. Il a été mis à profit par Claude Pithoys pour son « Apocalypse de Méliton », ce qui a fait à tort attribuer ce dernier ouvrage à J.-P. Camus. Voy. « Supercheries », II, 1101, *d.*

Saint AUGUSTIN, de la Grace et du Libre Arbitre, traduit en françois par L. P. C. J. D. T. P. C. (le P. CHARLES-JOSEPH, de Troyes, provincial capucin). *Paris, Cailloué,* 1683, in-12.

Saint BASILE, de la Morale chrétienne, traduit en françois (par God. HERMANT). *Paris,* 1661, in-12.

Saint-Charles (la), ou le Parrain de rencontre, par A. M. et L. (Alexandre MARTIN et LOIGNON). *Paris, Fages,* 1825, in-8. D. M.

Saint-Clair des Isles, ou les exilés à l'île de Barra, roman traduit librement de l'anglais (de mistr. Elis. HELME) par Mme DE MONTOLIEU... *Paris, H. Nicolle,* 1808, 4 vol. in-12.

Saint Clair, ou l'héritière de Desmond, par miss S. OWENSON (depuis lady MorGAN); traduit de l'anglais par M*** (Henri VILMAIN). *Paris, J.-G. Dentu,* 1813, 2 vol. in-12.

Saint Cosme vengé (où critique du traité d'Astruc *de Morbis venereis;* par Julien-Offroy DE LA METTRIE). *Strasbourg, Doulseker,* 1774, in-12.

Saint CYPRIEN consolant les fidèles persécutés de l'Eglise de France, traduit en français (par M. l'abbé L.-E. DE LA HOGUE). *Londres, Spilsbury,* 1797, in-8.

Seconde édition, augmentée.

Saint (le) déniché, ou la banqueroute des marchands de miracles, comédie. (Par le P. G.-H. BOUGEANT, jésuite.) *La Haye,* 1732, in-12, 168 p. — *La Haye, Pierre l'Orloge,* 1732, in-12, 144 p. — *S. l. n. d.,* in-12, 184 p. — *Bruxelles, P. Prudent, s. d.*, in-12, 146 p. — *Paris, Touquet,* 1826, in-32.

Saint (le) Dévouement, ou les dévoués de Jésus et de Marie; instruction à l'usage des associés, etc. (Par AUBRIOT DE LA PALME, évêque d'Aoste.) *Lyon, Rusand,* 1808, in-12.

Saint-Domingue. Appel à la justice, et courtes observations. Par un ancien colon (A. REVERDI jeune). *Paris,* 1825, in-8, 8 p.

Saint-Domingue (de) et de son Indépendance; par M. DAG..... (DAGNEAUX), créole, colon propriétaire. *Paris, C.-J. Trouvé,* mai 1824, in-8, 19 p.

Saint Eleuthère, évêque et patron de Tournay. Sa vie, ses miracles, sa mort, d'après les meilleures autorités, par un Tournaisien (Frédéric HENNEBERT). *Tournay, Casterman,* 1839, in-18, 102 p.

                     J. D.

Saint-Eustache pendant la Commune. (Par M. l'abbé COULLIÉ, second vicaire de Saint-Eustache.) *Paris, imp. de P. Dupont,* 1871, in-8, 2 ff. de tit. et 71 p.

Réimprimé avec le nom de l'auteur.

Saint-Evremoniana, ou dialogues des nouveaux dieux... (Par Charles COTOLENDI.) *Paris, Michel Brunet,* 1700, in-12.

Plusieurs fois réimprimé.

Saint-Flour et Justine, ou histoire d'une jeune Française du XVIIIᵉ siècle... Par M. DE F*** (le marquis Ch.-Elie DE FERNIÈRES). *Paris, Huet,* 1792, 2 vol. in-12.

Saint François-Xavier, apôtre des Indes et du Japon. Lettres traduites sur l'édition latine de Bologne de 1795, précédées d'une notice historique sur la vie de ce saint et sur l'établissement de la Compagnie de Jésus, par A. M. F. (FAIVRE). *Bruxelles,* 1838, 2 vol. in-12.

Réimpression des « Lettres » publiées en France en 1828, avec un supplément en 1830. Voy. V, 1261, *b.*

                     J. D.

Saint-Géran, ou la nouvelle langue française, anecdote récente (par Ch.-L. CADET-CASSICOURT). 1807, in-12. — Suite de Saint-Géran, itinéraire de Lutèce au mont Valérien, en suivant le fleuve Séquanien et revenant par le mont des Martyrs (par le même). 1811, in-12. — 2ᵉ édit. (des deux opuscules réunis). *Bruxelles, Weissembruck, et Paris, Colas,* 1812, in-8, VIII-139 p.

Ces deux opuscules avaient paru d'abord dans l'« Esprit des journaux », qui s'imprimait à Bruxelles.

On trouve des détails sur cet ouvrage dans la « Revue analytique des ouvrages écrits en centons par un bibliophile belge (M. Van de Weyer). *Londres,* 1868, p. 424-438.

Saint Gerlac. (Par le chanoine DERAM.) *S. l. n. d.,* in-8, 8 p.

Extrait de la « Revue catholique ».   J. D.

Saint-Germain, ou les amours de M. D. M. T. P., avec quelques autres galanteries. (*Hollande, Elzevier*), petit in-12.

Voici ce que dit sur cet ouvrage M. Paul Lacroix dans une note à la suite du nº 1305 du Catalogue Pixérécourt, *Paris,* 1838 :

« Aucun bibliographe n'avait encore remarqué que ce roman satirique n'est autre que celui de « Lupanie », attribué à Corneille BLESSEBOIS. Voy. V, 1353; *d.*

« Dans cette réimpression de « Lupanie », on a changé seulement le titre, en supprimant l'épître dédicatoire et en ajoutant plusieurs pièces de vers orduriers. On ne saurait dire si « Lupanie » était dirigée originairement contre Mᵐᵉ de Montespan, ou bien si, dans « Saint-Germain », on n'a fait que reproduire un ancien ouvrage sous la forme d'une satire contre cette favorite, qu'on est forcé de reconnaître dans les initiales D. M. T. P. et surtout dans leur emploi aux premiers vers d'un sonnet qui suit immédiatement le roman :

    M. T. P., le bruit est que tu n'as plus d'honneur.

« Cependant, comme « Lupanie » offre des initiales Mᵐᵉ D. P., qu'on ne peut expliquer de même, le rafraîchissement du titre d'un ancien roman par la supercherie d'un éditeur ou par la malice d'un ennemi de Mᵐᵉ de Montespan nous paraît très-vraisemblable. »

Cet ouvrage se retrouve aussi sous le titre d'« Alosie ». Voy. ci-devant, IV, 116, *e.*

Saint Herménigilde, royal martyr, tragédie. (Par LES ISLES LE BAS.) *Caen, J.-J. Godes,* 1700, in-8, 64 p.

Frère cite une édition de 1673. Voy. « Manuel du bibliographe normand », t. II, p. 101.

Une autre édition, portant le nom de l'auteur, a pour titre : « le Royal Martyr ». *Saint-Lô,* 1664, in-8.

Saint-Hubert (la), ou quinze jours d'automne dans un vieux château de Bourgogne. (Par le marquis L.-A. LE VER.) *Paris, imp. de Maulde,* 1842, in-4, fig.

Tiré à 200 exemplaires et non mis dans le commerce.   G. M.

Saint-Jacques et Panthéon. Un épisode du 24 février 1848. (Par le colonel DENIZET.) *Paris, imp. de Gros* (1848), in-8, 15 p.

Saint-Johnstoun, ou le dernier comte de Gowrie, roman nouveau, tiré de l'histoire d'Ecosse; traduit de l'anglais (de sir Ed. MACCAULEY) par l'auteur de «Jeanne Maillotte » (A.-J.-B. DEFAUCONPRET)... *Paris, Gosselin,* 1824, 4 vol. in-12.

Saint-Julien, ou histoire de famille, trad. de l'allemand (d'Aug. Lafontaine) par L. de Lamare. *Paris, Maradan,* an IX-1800, 3 vol. in-12, avec gravures.

Saint-Julien, roman trad. d'Aug. Lafontaine (par le baron Henri-Louis Coiffier de Verseux). *Paris,* 1798, 2 vol. in-12.

Saint-Louis (la), ou le songe d'un royaliste. (Par Mallet Butigny.) *Genève, Paschoud,* 1816, in-8.

Saint Luc aux Nancéyens, épître première et dernière. (Par Gentilliatre.) *A Paris, de l'imprimerie de la « Gazette ecclésiastique »,* et se vend à Nancy, chez *l'abbé Dufay,* 1792, in-12.

Saint Napoléon au paradis et en exil, poëme, avec des notes ; suivi d'une Epître au diable, par le R. P***, ignorantin et membre correspondant de l'Académie des bonnes-lettres. (Par Louis de Potter.) *Paris (Bruxelles),* 1824, in-12. — Seconde édition. *Bruxelles,* 1827, in-18.   J. D.

Saint Napoléon chassé du paradis. (Par L. de Potter.) *Bruxelles,* 1827, in-18.

Saint-Pierre de Saintes, cathédrale et insigne basilique. Histoire, documents, brefs, indulgences, prières. *Saintes, Mme Z. Mortreuil,* 1871, in-8, 287 p.

La préface est signée Louis Audiat.

Saint-Pierre-du-Queyroix de Limoges. Notice historique et descriptive sur cette église. (Par M. Maurice Ardant.) *Limoges et Paris, M. Ardant frères,* 1851, in-8.

Le nom est sur la couverture imprimée.

Saint Prosper, disciple de saint Augustin, de la Vocation des gentils, où la doctrine catholique de la liberté et de la grâce est déclarée contre les erreurs des hérétiques ; traduit en françois avec des réflexions, par le P. Ant. Girard, jésuite. *Paris,* 1649, in-8.

Le *Liber de vocatione gentilium* a été attribué par le P. Quesnel à saint Léon et par l'abbé Antelmi à saint Prosper. (Journal des savants, 1689-1690.)

Saint (le) réfugié, ou la vie et la mort édifiante de Wernerus, mort l'an 1699. (Publ. par P. Poiret.) *Cologne,* 1701, in-12.

Saint-Roch et Saint-Thomas, nouvelle (en vers). (Par François-Guillaume-Jean-Stanislas Andrieux.) *Paris, Dabin,* an XI-1802, in-8, 16 p.

Saint-Siége (le) et la Russie. (Par le prince Augustin Galitzine.) *Paris, A. Franck,* 1864, in-18, 44 p.

Tiré à 200 exemplaires.

Saint-Simoniens (les), comédie en trois actes et en prose, représentée dans une réunion particulière, le 2 janvier 1835. Par M. C. C. (C. Cornède), licencié en droit. *Cahors, C. Cornède,* 1835, in-8.

Saint-Simoniens (les), satire en vers en forme de réfutation, par L. M. P....' (L.-M. Perénon), de Lyon. *Lyon, Roubier,* 1831, in-8.

Saint Stanislas Kostka. Par l'auteur de « Sainte Radegonde, reine des Francs » (Mme Mathilde Bourdon). *Lille, Lefort,* 1853, in-18.

Saint Vincent de Paul, l'apôtre des affligés, ouvrage renfermant les événements les plus mémorables des règnes de Henri IV, de Louis XIII et de la minorité de Louis XIV ; avec des anecdotes inédites... publiées d'après des Mémoires authentiques, par Mme G*** (Guénard), baronne de Méré. *Paris, Locard et Davi,* 1818, 4 vol. in-12.

Saint Vite, martyr, tragédie... représentée par les escolliers du Collége de la Compagnie de Jésus, à Luxembourg... le ... sept. 1663. (Par le P. Martin du Cygne.) *Trève, impr. de Christ.-Guill. Reulandt,* 1663, in-4, 4 p.

Sainte (la) Agagomachie, ou le saint célibat combattu, servant d'apologie au sieur C. P. (Popion). *A Cosmopoli, chez André Akakias, à l'enseigne de l'Innocence reconnue,* 1675, in-8.

Voir, au sujet de ce livre singulier, la note insérée au « Bulletin du bibliophile », 1855, page 519.

Sainte-Alliance (de la) et du prochain Congrès. (Par Poly.) *Paris, Ponthieu,* 1822, in-8, 36 p.

Sainte-Alliance (la). Ode adressée à S. M. Frédéric-Guillaume, roi de Prusse, sur la guerre de la Grèce, par l'ermite de la Berlière (François-Joseph-Narcisse-Robert baron de Saint-Symphorien). *Mons, Hoyois,* 1821, in-8.   J. D.

Sainte Angèle de Foligny, traduction libre du latin en français. Par M. l'abbé P. (Périer). *Paris, Bélin-Mandar,* 1825, in-12.

Sainte Angèle, fondatrice des Ursulines.

(Par l'abbé Adolphe BLOEME.) *Cassel, imp. Wackernie,* 1841, in-18.

Sainte (la) Bible.

Voyez : Bible.

Sainte (la) Colline de Fourvières, histoire de son sanctuaire vénéré... Par un serviteur de Marie (Louis-Léopold BÉCOULET). *Lyon et Paris, Perisse frères,* 1860, in-32.

La deuxième édition, publiée en 1861, porte le nom de l'auteur.

Sainte (la) Communion, ou la manière de bien communier, par un Père capucin de la province de Liége (Martin JACOBI). *Malmédy, Thonon,* 1713, in-8, 418 p.

Les lettres F. M. D. L. C. I., placées au bas de la dédicace, signifient Frère MARTIN, de Liége, capucin indigne.

Saincte (la) et treschrestienne Résolution de Monseigneur l'illustrissime et reverendissime cardinal de Bourbon pour maintenir l'Eglise catholique et romaine. Par F. I. B. (Jacques BESSON)... *Paris, G. Julien,* 1586, in-8, 6 ff. lim. et 39 p.

L'auteur a signé la dédicace.

Sainte (la) Etole vengée par un membre de la Confrérie de Saint-Hubert (le P. Victor DESCHAMPS, rédemptoriste), ou logique curieuse de M. Girod, pasteur d'une Eglise qui se dit chrétienne, à Liége. *Liége, Dessain,* 1845, in-12, 80 p.   J. D.

Sainte (la) Face de N.-Seigneur au monastère de Montrœil-les-Dames, et maintenant au bas de Laon, sur l'extrait d'un livre fort approuvé, qui porte en titre : « les Rayons éclatants du Soleil de justice ». *S. l. n. d.,* in-12. — *Laon, A. Rennesson, s. d.,* in-16.

Signé : P. P. D. S. Q. C. (le P. P. DE SAINT-QUENTIN, capucin). Les approbations sont de juillet 1660 et du 18 janvier 1661.

Sainte Filomène, sa vie et ses miracles. (Par MULSANT.) *Lyon, Sauvignet,* 1834, in-12.

Sainte Franciade (la), contenant la vie, gestes et miracles du bienheureux patriarche saint François. (Par Jacques CORBIN.) *Paris, Nicolas Rousset,* 1634, in-8.

Sainte Geneviève, patronne de Paris. (Par Mme BOURDON, née Mathilde LIPPENS, mariée d'abord à M. FROMENT et en secondes noces à M. Hercule Bourdon.) *Lille, L. Lefort,* 1852, in-18, 108 p.

Plusieurs fois réimprimé.

Sainte-Hélène : Blaye. Faisant suite à « la Captive ». (Par le marquis DE LA GERVAISAIS.) *Paris, imp. de A. Pihan-Delaforest,* 1833, in-8, 32 p.

Voy. ci-dessus, « la Captive » et « de la Captivité de Mme la duchesse de Berry », IV, 490, e et f.

Sainte (la) Larme de Selincourt, notice historique et bibliographique, par un bibliophile picard (M. Ferdinand POUY). *Amiens, impr. Douillet,* 1876, in-8.

Sainte (la) Liberté des enfans de Dieu et frères du Christ, etc. (Par le P. MEYNIER, jésuite.) 1655, 1658, in-12.

Charles Drelincourt opposa à cet écrit le « Faux Pasteur convaincu », etc., 1656, in-8, parce qu'en effet le jésuite Meynier avait adopté le langage d'un ministre protestant.
Baillet eût mis cet écrivain parmi les fourbes plutôt que parmi les pseudonymes.

Sainte Marguerite de Cortone. (Par Mlle Stéph. BIGOT.) *Lille, Lefort,* 1862, in-12, 180 p.

Sainte Marthe, hôtesse de Jésus-Christ, sa vie, son apostolat en France et son culte jusqu'à nos jours. *Paris, Douniol,* 1868, in-12, xvi-279 p., fig. photogr.

L'avant-propos est signé : E. DE F. (le marquis E. DE FLOIRAC.)   G. M.

Sainte Nitouche, ou histoire galante de la tourière des Carmélites... *Londres,* 1784 (*Paris,* 1830), in-18, 118 p. — *Paris,* 1830, in-18, 404 p.

Cet ouvrage, attribué à A.-G. MEUSNIER DE QUERLON, avait d'abord paru sous le titre de « Histoire de la tourière.... » Voy. V, 712, c.

Sainte Philomène. Recueil des hymnes, oraisons, litanies et cantiques composés en l'honneur de cette sainte, précédé d'une notice sur sa vie et sur la dévotion envers elle, et du décret du pape qui autorise son culte. (Par M. GOUBERT.) *Paris, J.-A. Toulouse,* 1853, in-32, 32 p.

Sainte (la) Philosophie, avec plusieurs autres traités de piété. (Par G. DU VAIR, depuis évêque de Lisieux.) *Paris, A. L'Angelier,* 1596, pet. in-16. — *Rouen,* 1603, in-24.

Sainte Radegonde, reine des Francs, par l'auteur de « Sainte Geneviève, patronne de Paris » (Mme Mathilde BOURDON). *Lille, L. Lefort,* 1853, in-18, 107 p.

Plusieurs fois réimprimé.

Saintes (les) Croix des dames illustres. (Par DERIANS.) *Aix,* 1708, in-12.   V. T.

Saintes (les) Occupations du chrétien pendant le carême, ou cantiques spirituels sur divers sujets de piété, sur des airs choisis. *Dijon, Ant. de Fay,* 1709, in-12 de 48 p.

Publié sans la participation de l'auteur, le P. Spiridion POUPART, religieux pénitent du tiers-ordre Saint-François de Picpus, ce qui fit que cette édition fut « gâtée ». (Note manuscrite de l'auteur.)

Saintes (les) Occupations (pseaumes, cantiques, liturgies, etc.). *Francfort,* 1674, gr. in-12. Musique.

Édition rare, dit Heberlé, à l'usage de l'Église française de Francfort-sur-le-Mein. (Par RITTER.)

Sainteté (la) de l'état monastique, où l'on fait l'histoire de l'abbaye de Marmoutier et de l'église royale de Saint-Martin de Tours, depuis leur fondation jusqu'à notre temps; pour servir de réponse à la « Vie de saint Martin » composée par M. l'abbé Gervaise... Par D. E. B. P. E. M. B. D. L. C. D. S. M. (dom Et. BADIER, prêtre et moine bénédictin de la Congrégation de Saint-Maur). *Tours, J. Barthe,* 1700, in-12.

Sainteté (la) des saints prise dans sa source, qui est la prédestination, prêchée le jour de la Toussaint dans une des églises de la ville d'Alençon. (Par l'abbé LE NOIR.) *Paris,* 1650, in-4, 16 p.

Ce Sermon a été, suivant une note manuscrite, l'origine des malheurs de l'auteur.

Sainteté (de la) et des Devoirs de la vie monastique. (Par l'abbé A.-J. LEBOUTHILLIER DE RANCÉ.) *Paris, Muguet,* 1683, in-4. — *Id.,* 1684, 2 vol. in-12.

Saints (les) du Passais normand, par Hector DE L. (Hector DE LA FERRIÈRE-PERCY). *S. l.* (1848), in-8, 8 p.

Voy. « Supercheries », II, 462, e.

Saints (les) enlevés et restitués aux jésuites, par un professeur de théologie et docteur en droit canon (le P. J.-Jos. PETITDIER, jésuite). *Luxembourg,* 1738, in-18.

Saints (les) inconnus. Lettre d'un Parisien à un ami de Provins. *Paris, L.-R. Delay,* 1845, in-18, 36 p.

Signé : H. L. (Henri LUTTEROTH).

Sainville et Ledoux, ou sagesse et folie. Par l'auteur de « Pauline » (L.-P. P. LEGAY). *Paris, André,* an X-1802, 3 vol. in-12.

Sainville et Zulmé, ou les Français en Egypte. Histoire moderne. Par l'auteur

de « Maria », etc. (F.-J. VILLEMAIN D'ABANCOURT). *Paris, Ouvrier,* an XI-1803, 2 vol. in-12.

Saisons (les) imitées de Thompson; Héro et Léandre, poëme; Caton, tragédie en 5 actes et en vers. (Par JOLIN?) *Paris, marchands de nouveautés; Orléans, imp. Jacob,* 1818, in-8, 1 f. de tit., 239-71-14 p. et 1 f.

Catalogue Soleinne, n° 2670.

Saisons littéraires, ou mélanges de poésie, d'histoire et de critique. (Par Mlle Marie-Anne BARBIER.) *Paris, Fr. Fournier,* 1714, in-12.

Il devait paraître un deuxième volume trois mois après le premier; il n'a paru qu'en 1722, à Rouen, chez Machuel, et Mlle Barbier y fut nommée sur le frontispice; le titre est : « Recueil des saisons littéraires, dissertation critique sur la tragédie d'Atrée et Thyeste. » (Note de L.-Th. Hérissant.)

Saisons (les), ou extraits des plus beaux endroits de tous les poëmes connus sur les Saisons, etc. (Par P.-J.-B. NOUGARET.) *Paris, Desnos,* 1775, in-24. V. T.

Saisons (les), poëme; Abenaki, Sara T. et Ziméo, contes. Pièces fugitives en vers et fables orientales en prose. (Par SAINT-LAMBERT.) *Amsterdam, et Paris, Pissot,* 1769, in-8 avec fig., et in-12 sans fig.

Souvent réimprimé.

Saisons (les), poëme de THOMPSON; traduction nouvelle avec des notes, par F.... B...... (Nicolas FREMYN DE BEAUMONT). *Paris, Lenormant,* 1806, in-8, 2 ff. de tit., VII-303 p.

Saisons (les), poëme traduit de l'anglois, de THOMPSON (par madame BONTEMPS). *Paris, Chaubert,* 1759, in-8. — *Londres,* 1788, in-12.

Souvent réimprimé.

Salade (la), nouvellement imprimée, laquelle fait mention de tous les pays du monde. (Par Antoine DE LA SALLE.) *Paris, Michel Le Noir,* 1521, in-fol. — *Paris, Phil. Le Noir,* 1527, in-fol.

Dans sa dédicace signée, adressée à Jean d'Anjou, duc de Calabre, l'auteur dit qu'il nomme « ce petit livre la Salade, parce que en la salade se met plusieurs bonnes herbes, et aussi en ce livret iay mis une partie de bonnes et plaisantes choses que iai veues et leues au plaisir de Dieu. »

Une notice sur cet ouvrage se trouve dans le « Bulletin du bibliophile belge », tom. VI, p. 5 et suivantes.

Salamandre (la), nouvelle allégori-comique. (Par Th. LAFFICHARD.) *Venise* (*Paris*), 1744, in-12.

Salazar, ou la chapelle expiatoire du très-saint Sacrement de miracle de Bruxelles, par Ed. T. (Edouard TERWECOREN, jésuite). *Bruxelles, H. Goemaere,* 1852, in-12, 59 p.   D. R.

Salle (la) de récréation.

Voy. « Muraille parlante », VI, 378, *c*.

Salle de spectacle de Mons, inaugurée le mercredi 18 octobre 1843. Manuel de l'amateur. (Par Ad. MATHIEU.) *Mons, Piérart,* 1843, in-32, 52 p.   J. D.

Salle (la) des maréchaux. (Par J. BRISSET, garde du corps de la compagnie d'Havré.) *Paris, Gueffier,* 1818, in-8.

En vers.

SALLUSTE, autheur romain, de la Guerre que les Romains firent à l'encontre de Jugurtha, roi de Numidie; de la Guerre catilinaire, le tout nouvellement imprimé à *Paris, Galliot du Pré,* 1532, in-4.

Avant la Révolution, on ne connaissait à Paris qu'un exemplaire de cette traduction ; la Bibliothèque de Saint-Victor le possédait ; il se trouve aujourd'hui à la Bibliothèque Mazarine.

Du Verdier fait connaître une seconde édition de cette traduction, imprimée chez *Ambroise Giraud,* 1539, in-8.

Fabricius en a, dans sa *Bibliotheca latina,* tout à fait dénaturé le titre. Il a présenté cette traduction comme étant d'Ambroise GIRAUD : il a donc confondu l'imprimeur avec le traducteur. Lottin a copié, dans sa « Notice des éditions de Salluste », la méprise de Fabricius.

Jordan, dans son « Essai sur les versions des auteurs latins » (Bibliothèque germanique, t. XLVII, p. 94), nomme aussi Ambroise GIRAUD l'ancien traducteur de Salluste.

On est d'autant plus fondé à attribuer cette traduction à Guillaume MICHEL, dit de Tours, que la dédicace est adressée, et dans les mêmes termes quant à l'intitulé, à Charles, duc de Vendosmois, comme celle de Suetone, due à G. Michel.

Salluste aux Français de 1792. Essai de traduction, ou comment on doit traduire et ce que l'on doit traduire depuis le 10 auguste dernier, par un san-culotte (sic). (Par François MARLIN.) *Paris, Garnery,* an I, in-8, 17 p.

Voy. ci-devant, « Petite Histoire de France », VI, 855, *d*.

SALLUSTE, de la Conjuration de Catilina et de la Guerre de Jugurtha contre les Romains; traduction nouvelle (avec le latin à côté). *Paris, Barbou,* 1726, in-12.

C'est une nouvelle édition de la traduction de l'abbé

DE CASSAGNE. Voy. « Histoire de la guerre des Romains... », V, 699, *e*.

Salmigondis contenant l'essai sur l'administration générale des colonies, dédié aux puissances européennes qui vont coloniser l'Afrique ; suivi de plusieurs pièces imprimées au Canada, en différens tems. Par un ancien capitaine du régiment de la Nouvelle-Ecosse (A.-G. DOUGLAS). *Au Mans, imp. de Fleuriot,* 1834, in-12.

Salmigondis (le), ou le Manège du genre humain. (Par François BEROALDE DE VERVILLE.) *Liège, Louis Lefort,* 1698, in-12, 347 p.

Cet ouvrage est le fameux « Moyen de parvenir », et l'édition est la même que celle qui a pour titre « le Coupecul de la mélancolie ». Voy. IV, 792, *f*; VI, 371, *e*, et 654, *a*.

On a varié le frontispice, dit le P. Niceron, pour faire acheter le livre deux fois à ceux qui n'y prennent pas garde de si près.

Salmigondis, par un maître d'hôtel (S.-P. MERARD DE SAINT-JUST). *S. l.,* 1785, in-18.

Tiré à très-petit nombre. Merard de Saint-Just était maître d'hôtel de Monsieur, comte de Provence.

Salomon Gessner. Traduit de l'allemand de M. HOTTINGUER (par J.-H. MEISTER). *Zurich, H. Gessner,* 1797, in-12, VIII-288 p.

Salomon, ou la politique royale. (Par l'abbé COTIN.) *S. l. n. d.,* in-8.

« Ce sont, dit l'abbé D'OLIVET dans l'« Histoire de l'Académie françoise », t. II, 1730, in-12, p. 194, trois discours en prose d'environ 60 p. chacun, imprimés séparément et sans date. »

Salon (le). (Par Jacques LACOMBE.) *S. l.,* 1753, in-12, 39 p.

Salon (le) belge. Journal des dames et des demoiselles, publié sous la direction de Mme M..... C..... (la comtesse DE MARSEILLE-CIVRY). Littérature, etc. *Bruxelles,* 1849-1851, 3 vol. pet. in-fol.   D. R.

Salon de l'année 1806. Peinture. Extrait de la « Revue philosophique, littéraire et politique ». *S. l. n. d.,* in-8.

Signé : Fab*** (Fabien PILLET).

Salon (le) de Liége en 1858, par J. H. (Jules HELBIG). *Liège, Carmanne,* 1858, in-8.   Ul. C.

Salon (le) de Merlin, ou les confessions, comédie en une scène (en prose). (Par J. LABLÉE.) *Paris,* an X-1802, in-12.

Salon de 1824. Revue de l'exposition. (Par P.-A. VIEILLARD.) *Paris, Pillet*, 1825, in-8.

Salon de 1842. Une guêpe exilée, revue complète et analyse de tous les tableaux de l'exposition. (Par Eugène LANDOY.) *Bruxelles,* 1842, in-18, 122 p.

Cette revue du Salon parut en deux livraisons ; la première est seule anonyme.   **J. D.**

Salon (le), le Boudoir, le Théâtre et l'Hospice, par Mme M*****. *Paris, Moreau-Rosier*, 1830, 2 vol. in-8.

Ce roman, qui a été attribué, lors de son apparition, à Mme MONTESSU, danseuse renommée de l'Opéra, n'est point d'elle. Ce n'est pas davantage « l'hommage galant d'un de nos écrivains », ainsi que l'a supposé M. Quérard.

Ce roman est l'œuvre d'un jeune étudiant, nommé Jacques SAGNIER, dont le père, ami du mari de Mme Montessu, était directeur de l'école d'enseignement mutuel à Châlon-sur-Saône. Le libraire, éditeur de cet ouvrage, ne consentit à le publier qu'autant que la célèbre artiste ne s'opposerait pas à ce que le bruit fût répandu à dessein, dans le public, qu'elle en était l'auteur : ce qui eut lieu et assura le succès du livre au point de vue de la vente.   **D. M.**

Salons (les) de Vienne et de Berlin, par l'auteur des « Hommes du jour » (M. et Mme Henri BLAZE DE BURY). *Paris, Lévy frères*, 1861, in-12, 2 ff. de tit. et 317 p.

Salpêtres et Poudres. *Paris, imp. P.-D. Pierres*, 1790, in-4. 10 p.

Signé : H..., député de II....... (HELL, député de Haguenau).

Salubrité (de la) de la ville de Paris, par Alphonse L... (Alphonse LESCOT), piéton parisien. *Paris, Mme Huzard*, 1826, in-8, 28 p.

Salut à messieurs les maris, ou Rose et Linsval, par l'auteur de « la Rentière » (Mme DE COLLEVILLE, née A. DE SAINT-LÉGER). *Paris, G. Desenne*, 1810, in-12.

Salut (le) de la France. *Paris, imp. de Gueffier* (1790), in-8, 4 p.

Signé : L'abbé ci-devant dom DEV..... (J.-B. AGNEAUX DEVIENNE).

Salut (le) de la France. (Attribué au P. J.-N. LORIQUET, jésuite.) *Poitiers, F.-A. Barbier*, 1815, in-8, 23 p.

Plusieurs fois réimprimé.

Salut (du) de la France; par un ancien officier de la maison du roi (le marquis Amédée DE BEAUFORT). *Paris, Patris,* 1815, in-8, 97 p.

Salut (le) et la Gloire de la France, par

M. l'abbé D*** (DOURDON). *Paris, Egron,* 1821, in-8.

Salut (le), par un ancien républicain (M. F. PERRON). *Paris, Amyot*, 1871, in-16, 79 p.

Réimprimé en 1872.

Salut (le) public, ou la Vérité dite à la Convention par un homme libre. (Par J.-F. DE LA HARPE.) *Paris, Migneret,* an III-1795, in-8, 58 p.

Salutation à la royne de France Loyse de Lorraine sur son arrivée et sa bienvenue à Paris, le vingt septiesme de fevrier mil cinq cens septante cinq. *Paris, par Denys du Pré, imprimeur*, 1575, in-8, 32 p.

Les 11 premières pages sont occupées par une épître adressée à Louise de Lorraine, signée François DU TERTRE. A la page 12 commence le « Chant pastoral », en vers de dix syllabes.

La Croix du Maine (« Bibliothèque françoise », t. I, p. 249) attribue le « Chant pastoral » à Franç. DU TERTRE, tandis qu'au t. II, p. 5, il donne la « Salutation » à Nicolas DUMONT, de Saumur.

Cette double attribution a été également faite pour le « Discours sommaire du règne de Charles IX... » Voy. IV, 1031, e.

Salvator Rosa. (Par le chevalier DE ANGELIS.) *Paris, Everat*, 1824, in-18.

Tiré à petit nombre ; n'a pas été mis dans le commerce.

SALVIEN, de la Providence, traduction nouvelle (par J.-B. DROUET DE MAUPERTUY). *Paris, Guérin*, 1701, in-12.

Samarobriva, ou examen d'une question de géographie ancienne, par M. DE C... (Louis-Nicolas-Jean-Joachim DE CAYROL, ancien sous-intendant militaire). *Amiens, imp. de R. Machart*, 1832, in-8. 128 p.

Samiens (les), conte traduit de l'anglais; le Phénix, apologue arabe; Calliste et Philetor, fragment d'une nouvelle grecque; traduits l'un et l'autre de l'italien (par Mme Gen.-Ch. THIROUX D'ARCONVILLE). *Paris, Knapen et fils*, 1781, in-12.

Samon, roi de Sens. Par un Senonais (LALOURCEY, D.-M. de la Faculté de Paris). S. l., 1846, in-8, 8 p.

Samson le Fort, tragédie nouvelle, contenant ses victoires, sa prise, etc. (Par DE LA VILLE-TOUSTAIN.) *Rouen, Abraham Couturier* (vers 1620), in-12.   **D. M.**

Samson, pantomime en trois actes, mêlée de danses, représentée pour la première fois à Paris, sur le théâtre de la Porte-Saint-Martin, le 3 août 1816. (Par Louis HENRY.) *Paris, Barba*, 1816, in-8, 16 p.

Samuel, ou le livre du Seigneur. Traduction d'un manuscrit de la Bibliothèque ci-devant impériale. Histoire authentique de l'empereur Apollyon (Napoléon) et du roi Behemont (Louis XVIII), par le très-Saint-Esprit (Jean-Baptiste-Marcellin BORY DE SAINT-VINCENT). *Liège, Collardin; et Paris, frères Michau* (sic), 1816, in-18, LVI-232 p.   J. D.

San Pietro, dit Bastelica, ou la nuit infernale, drame historique en trois actes et quatre trableaux, par M. G..... D.... (Gustave DELAHAYE), représenté sur le théâtre dirigé par M. Dorsay, le 10 mai 1837. *Paris, Marchant*, 1837, in-8.

Sancho-Pança, gouverneur, poëme burlesque, par Mme L*** (LÉVÊQUE, née Louise CAVELIER). *Amsterdam, Desbordes*, 1738, in-12, 26 p.

Sanction (de la) de l'ordre naturel. (Par J.-Fr.-Maxime DE CHASTENET, marquis DE PUYSÉGUR.) *Paris, Marchands de nouveautés*, 1778, 4 part. in-12.

Sanctuaires (les) de la Mère de Dieu dans les arrondissements de Cambrai, Valenciennes et Avesnes, suivis d'une notice sur Notre-Dame de Fives... A. M. D. G. (Par le P. A. Possoz, jésuite.) *Lille, Leleu*, 1848, in-12, 270 p.

Sanctuaires (les) de la Mère de Dieu dans les arrondissements de Douai, Lille, Hazebrouck et Dunkerque. A. M. D. G. (Par le P. A. Possoz, jésuite.) *Lille, L. Lefort*, 1847, in-12, XVI-242 p. et 1 f. d'errata.

Sand, ou les étudiants allemands, tragédie en cinq actes, par E. R., étudiant en médecine (E. RUFZ DE LAVISON, docteur en médecine, agrégé de la Faculté de Paris). *Paris, Paul Dupont*, 1835, in-8, 103 p.

Sandfort et Merton (par Thomas DAY); traduction libre de l'anglois, par M*** (Arn. BERQUIN). *Paris*, 1786 et 1787, 7 parties in-18.

L'ouvrage anglais a été souvent réimprimé. La première édition que cite Lowndes est de 1783. — Cette traduction a été réimprimée en 1803, 1821 et 1825, avec le nom du traducteur.

Sandrin (le), ou verd galant, où sont naïvement déduits les plaisirs de la vie rus-

tique. *Paris, imp. d'A. du Breuil*, 1609, in-8.

Ce recueil a été publié par le libraire Anthoine DU BREUIL, qui a signé de l'anagramme de son nom (BATI LIEU D'HONNEUR) l'épître dédicatoire. Il comprend sept pièces en vers et en prose de Claude GAUCHET, Fr. BEROALDE DE VERVILLE, Nicolas RAPIN. On l'a réimprimé à *Bruxelles, A. Mertens*, 1863, in-12, 139 p., à 100 exemplaires, avec une très-bonne notice anonyme (par M. Ed. TRICOTEL).   G. M.

Sanfrein, ou mon dernier séjour à la campagne. (Par Ch.-Fr. TIPHAIGNE DE LA ROCHE.) *Amsterdam (Paris)*, 1765, in-12, 189 p.

Reproduit quelques années après sous ce titre : « la Girouette, ou Sans Frein, histoire dont le héros fut l'inconséquence même », *Paris, Humaire*, 1770, in-12. Voy. V, 544, d.

Sanglante (la) Chemise de Henry le Grand. (Par le ministre PÉRISSE.) *S. l.*, 1615, in-8, 15 p.

Avait paru d'abord sous le titre de « la Chemise sanglante ». Voy. IV, 580, c.

Sannazar. (Par le chev. DE ANGELIS.) (*Paris, Everat*, 1824), in-18.

Tiré à petit nombre et non vendu. La pagination de cette notice commence au chiffre 24, parce que l'auteur l'a fait imprimer pour faire suite à celle de « Salvator Rosa ». Voy. ci-desssus, col. 420, d.

Sans devant derrière, par le prince DE *** (LIGNE). *Sur l'imprimé de Belœil, Bruxelles*, 1867, in-8, VII-75 p.

Tiré à 70 exemplaires.

Sans titre, par un homme noir, blanc de visage. (Par Xavier FORNERET, dit l'*Homme noir*.) *Paris, Duverger*, 1838, in-8.

Santé (la) du prince, ou le soin qu'on y doit observer. (Par Raoul LE MAISTRE.) *S. l.*, 1616, in-12.

Santé (de la). Ouvrage utile à tout le monde. (Par l'abbé Arm.-Pierre JACQUIN.) *Paris, Durand*, 1762, in-12.

Plusieurs fois réimprimé. Les éditions suivantes portent le nom de l'auteur.

Santeuil pénitent. (Par Ch. ROLLIN.) *S. l.* (1696), in-12, 7 p.

Santeüilliana, ou les bons mots de M. de Santeüil, avec un abrégé de sa vie. (Publié par PINEL DE LA MARTELLIÈRE.) *La Haye, Jos. Crispin*, 1708, in-8, 2 ff. prélim., 166 et 102 p.

Les 102 dernières pages sont occupées par : « Mélange de littératures (sic) écrites à M. de Santeuil sur ses ouvrages. Autre édition ». *Ibid., id.*, 1710, in-12, 224 et 140 p.

Une nouvelle édition corrigée et considérablement augmentée porte ce titre :

« La Vie et les Bons Mots de M. de Santeuil, avec plusieurs pièces de poésies... » *Cologne, Abraham L'Enclume*, 1735, 2 vol. in-12, 2 ff., 252 p. et table, 188 p. et table. — Autre édition. *Ibid., id.*, 1737, 1738, 2 vol. in-12. — Autre édition, qualifiée de sixième. *Ibid., id.*, 1742, 2 vol. in-12.

Santoliana, ou recueil des aventures, anecdoctes, bons mots et plaisanteries de SANTEUL, avec des notes et des remarques. Par C. d'Avall... (COUSIN d'Avalon). *Paris, Brasseur*, an IX-1801, in-18.

Santolio victorino linguarium. Le Baillon mis à la langue de M. Santeuil de S. Victor. (Par le P. J. COMMIRE.) *S. l.*, 1694, in-8.

Saône (la) et ses bords depuis Gray jusqu'à Lyon. Publié par M. Alex. MURE DE PELANNE. *Paris, impr. d'Everat*, 1835-1836, in-8, av. 14 pl.

La « Littérature française contemporaine » a fait erreur en attribuant la rédaction de cet album à Charles NODIER. Il a été écrit, en grande partie, par M. DE TROGOFF, employé à la préfecture de la Seine ; M. André BOREL D'HAUTERIVE y a pris aussi quelque part.

D. M.

Saphir, contes humoristiques. Traduction de Mᶫᶫᵉ Mathilde D*** (DANDELY). *Leipzig, Schnée*, 1858, in-32, 150 p.

J. D.

Saphir (le), morceaux inédits de littérature moderne. (Par H. DE BALZAC, E. ROGER DE BEAUVOIR, J. JANIN, J. DE RESSÉGUIER, E. SUE, etc., publié par Urb. CANEL.) *Paris, U. Canel*, 1832, in-18, portr.

Sapho. Par A. H. (A. HOPE). *Paris, Barba*, 1836, in-8.

Sapho, tragédie en cinq actes, en vers, de Franz GRILLPARZER, représentée pour la première fois à Vienne, en 1818. Traduit de l'allemand par M. DE L.... (LABÉDOYÈRE?). *Paris, J.-N. Barba*, 1821, in-8.

Catalogue Soleinne, n° 5040.

Sapho, tragédie lyrique en trois actes, reçue à l'Académie royale de musique, le 12 août 1818. (Par EMPIS et COURNIOL.) *Paris, P. Didot*, 1819, in-8, 47 p.

Sapience (la) du ciel, estimée folie des gens du monde... (Par Franç. DAVENNE.) (*S. l.*), 1651, in-4, 30 p.

Sapor, roi de Perse. (Par DU PERRET.) *Paris, Le Clerc*, 1730, 5 vol. in-12.

Sara, ou la fermière écossaise, comédie en deux actes et en vers, mêlée d'ariettes;

par M. C.... D.... M.... (J.-B. COLLET DE MESSINE). Représentée pour la première fois par les comédiens italiens ordinaires du roi, le 8 mai 1773... *Paris, J.-A. Durand Dufrenoy*, 1773, in-8, 2 ff. de tit. et 64 p.

Sara, ou les heureux effets d'une éducation chrétienne. Par Mᵐᵉ *** (TARBÉ DES SABLONS), auteur d' « Eudolie », etc. *Paris, A. Jeanthon*, 1837, 2 vol. in-12.

Sara T., nouvelle (soi-disant) traduite de l'anglais. (Composée par SAINT-LAMBERT.) *S. l.*, 1765, in-8.

Réimprimée à la suite d'« Abaneki » et plus tard à la suite des « Saisons ».

Sarah Mortimer, ou l'expérience de la vie, par l'auteur de « Amy Herbert » (miss Elisabeth SEWELL); traduit de l'anglais. *Neufchâtel, Leidecker*, 1858, in-12.

Sarcus, département de l'Oise (Picardie). (Par le comte DE SARCUS.) *Paris, impr. de Chaix*, 1858, gr. in-8.

Sardaigne (de la) ou États sardes, à propos de la convention établissant la réciprocité des droits de navigation sur le pied des navires nationaux dans les ports de Sardaigne et de Belgique. (Par Auguste MOREL.) *Anvers, Dewever*, 1839, in-8, 71 p.

D. J.

Sargines et Sophie d'Apremont, ou l'élève de l'amour; anecdocte française tirée de l'histoire de la chevalerie, par P. C. (J.-P.-R. CUISIN). *Paris, Vauquelin*, 1819, 2 vol. in-18.

Cet ouvrage a été aussi attribué à Pierre COLAU.

Sarrasins (les) en France, poëme en XV chants, avec des notes historiques, par le colonel DE M.... (Pierre MASSON). *Nuremberg, F. Campe*, 1815, 2 vol. in-8.

Sarsfield, ou égarement de la jeunesse, par John GAMBLE; trad. de l'anglais par M. Henri V*** (VILMAIN). *Paris, Dentu*, 1816, 3 vol. in-12.

Sartange, anecdote du temps des croisades. (Par Herman-Jean, baron DE TRAPPÉ DE LOZANGE.) *Liége, Teichmann*, 1818, in-8, 30 p.

J. D.

Satan au « Libéral liégeois ». Réprimande de Satan. Humble confession du « Libéral ». (Par J.-B. DUFAU.) *Liége, J.-G. Lardinois*, 1848, in-8, 16 p.

Satire contre le vice, ou tableaux satiriques et épisodiques de mœurs, au commencement du xixᵉ siècle, par Hugue-Nelson C*** (COTTREAU). *Paris*, 1808, in-8.

Satire contre les femmes et les chimères qui les ont perverties, par Ch. D*** (DELANAUX). *Paris*, 1804, in-12.   V. T.

Satire contre les maris, par le sieur R. T. D. F. (REGNARD, trésorier de France). *Paris*, 1694, in-4, 15 p.

Satyre contre les parvenus. (Par F. DE LA POMMERAYE.) *Paris, imp. Le Normant*, 1818, in-8, 7 p.

Satyre (la) d'Euphormion, composée par Jean BARCLAY et nouvellement mise en françois (par Jean BERAUT). Avec les observations qui expliquent toutes les difficultés contenues en la première et seconde partie. *Paris, Jean Guignard*, 1640, in-8.

Satyre de PÉTRONE, chevalier romain. Nouvelle traduction, par le citoyen D***** (DURAND, censeur des études à Moulins), suivie de considérations sur la Matrone d'Éphèse. *Paris, Bertrandet*, 1803, 2 vol. in-8.

On a attendu longtemps avec une vive et juste impatience une nouvelle traduction de Pétrone, accompagnée du texte latin, par le savant La Porte du Theil. Le premier volume était imprimé en 1798, ainsi que 80 pages du second (voy. le « Magasin encyclopédique », 4ᵉ année, t. IV, p. 494 et suiv.); mais l'auteur a supprimé ce travail par respect pour les mœurs.

Satyre (la) de PÉTRONE, traduite en françois avec le texte latin, suivant le nouveau manuscrit trouvé à Bellegarde en 1688, ouvrage complet, contenant la galanterie et les débauches de l'empereur Néron et de ses favoris, avec des remarques curieuses (par Fr. NODOT). *Cologne, Pierre Marteau*, 1694, 2 vol. in-12.

Le nom du traducteur est en tête de sa lettre à Charpentier. Voy. « Petrone », VI, 864, d.

Satyre (la) des satyres. *S. l.*, 1778, in-8, 48 p.

Attribuée généralement à Pierre-Louis GINGUENÉ. Nous croyons que cette attribution est inexacte : une lettre adressée à l'auteur porte que cet ouvrage a été dérobé pendant 30 ans à l'admiration. En 1778, Ginguené n'avait que 30 ans. L'auteur dit dans les premiers vers mes *quatre-vingts hivers*.

Un exemplaire de la Bibliothèque nationale porte une note manuscrite qui l'attribue à M. DE GUIBERT.

Dans une des notes de cette brochure, on reproche durement à l'abbé Grosier d'avoir signalé sa haine contre les philosophes modernes par une diatribe contre Duclos, en tête d'une nouvelle édition des « Considérations sur les mœurs de ce siècle ». J'ai été curieux de vérifier ce fait ; mais l'abbé Grosier m'a assuré n'avoir rien écrit contre Duclos. L'auteur l'a sans doute confondu avec l'ex-jésuite MARÉCHAL, dit DE LA MARCHE,

qui en effet a invectivé les philosophes modernes dans une Notice sur Duclos, en tête de la sixième édition des « Confessions du comte de *** », *Paris, Costard*, 1772, in-8.

Satyre (la) des satyres du temps. (Par DUBOSC-MONTANDRÉ.) *Paris, F. Noel*, 1650, in-4, 10 p.

Satire des vœux de JUVÉNAL, traduite en vers françois par A. DE LA CH... (A. DE LA CHATAIGNERAYE). *Paris, impr. de F. Didot*, 1812, in-8.

Satire du dix-neuvième siècle, par un officier de dragons (le marquis ROGER DE GINESTOUS). *Paris, Dentu*, 1821, in-8, 32 p.

Satire littéraire contre MM. Kirsch, Ramoux, Fourdrin, Morren, Lagarde, etc. (Par Eugène BORGUET.) *Liège, Denoel*, 1845, in-8, 8 p.   J. D.

Satyre Ménippée de la vertu du catholicon d'Espagne et de la tenue des Estatz de Paris. *S. l.*, 1593, in-8.

Nous croyons inutile d'entrer dans aucun détail sur ce livre célèbre, et nous nous bornerons à indiquer, d'après une tradition qui nous paraît mériter toute créance, la part prise par chacun des auteurs dans la composition de l'ouvrage :

L'idée première et le plan appartiennent à Pierre LE ROY ; la harangue du Cardinal est de Jacques GILLOT ; celle du cardinal de Pelevé est de Florent CHRESTIEN ; celles de Monsieur de Lyon et du recteur Rose sont de Nicolas RAPIN ; enfin celle de d'Aubray est de Pierre PITHOU.

Quant aux vers, ils ont été pour la plupart composés par Jean PASSERAT : le reste appartient à Nicolas RAPIN.

Voir, pour de plus amples renseignements, la notice sur les auteurs qui accompagne l'édition, plusieurs fois réimprimée, donnée par Charles LABITTE, *Paris, Charpentier*, in-18.

Brunet entre dans de grands détails sur les nombreuses éditions et contrefaçons de cette célèbre satire. Voy. « Manuel du libraire », 5ᵉ édit., t. V, col. 143

Voyez aussi le « Catalogue de l'histoire de France » de la Bibliothèque nationale, tome I, page 379 et 380.

Réimprimé en 1664 avec des remarques et explications des endroits difficiles (par Pierre DU PUY). *Ratisbonne, M. Kerner* (Hollande, Elzevier), 1664, in-12. — Nouvelle édition, imprimée sur celle de 1677, corrigée et augmentée d'une suite de remarques sur tout l'ouvrage...... (par J. LE DUCHAT). *Ratisbonne, M. Kerner* (Amsterdam, Desbordes), 1696, in-12. — Id., 1699, in-12. — Id., 1709, 3 vol. in-8.

Nouvelle édition, augmentée de nouvelles remarques (par P. DU PUY, J. LE DUCHAT, Prosper MARCHAND, avec des tables rédigées par J. GODEFROY). *Ratisbonne, chez les héritiers de M. Kerner* (Bruxelles, Foppens), 1726, 3 vol. in-8.

Satire nouvelle contre les femmes, imitée de Juvénal, par le sieur L. D. (DE LOSME DE MONCHESNAY). *Paris, Osmont*, 1698, in-4.

Satire ou essai poétique sur les saint-simoniens. (Par DE BONNEVAL.) *Clermont-Ferrand, impr. de Thibaud-Landriot,* 1832, in-8.

Satire, ou feu à l'épreuve de l'eau, pour consommer ce chiffon intitulé : « Réponse des vrais frondeurs au faux frondeur soi-disant désintéressé. » (Par Fr. DAVENNE.) *S. l.* (1650), in-4, 12 p.

Satire, par le comte DE R*** (Claude-François DE RIVAROL). *Paris, Delaunay,* 1832, in-8.

Satire première sur le XIXᵉ siècle, adressée à M. le comte d'Arcourt, par l'Ermite de la Berlière (François-Joseph-Narcisse-Robert, baron DE SAINT-SYMPHO-RIEN). *Mons, Hoyois,* 1822, in-8, 8 p.

J. D.

Satyre sur la corruption du goût et du style. (Par P.-L. D'AQUIN DE CHATEAU-LYON.) *Liége,* 1759, in-8, 29 p.

Satyre sur le dix-neuvième siècle, dialogue entre un homme du monde et l'auteur. (Par M. BIGELOT, notaire à Nancy.) *S. l. n. d.,* in-8, 18 p.

Satyre sur le théâtre. In-8.

Il y en a deux. La première commence ainsi : « Sont-ce là ces beautez ! Sont-ce là ces merveilles... » ; et la seconde : « Les siffleurs déclaroient une éternelle guerre... »

Ces deux pièces, paginées 22-24, sont terminées par un permis d'imprimer daté du 18 février 1705. Elles sont l'œuvre du P. Spiridion POUPART, religieux pénitent du tiers-ordre Saint-François de Picpus. Je les ai rencontrées dans un Recueil factice formé par ce religieux lui-même.

Satyre sur les abus du luxe, suivie d'une imitation de Catulle. Par M. C*** (J.-M.-B. CLÉMENT). *Genève et Paris, Le Jay,* 1770, in-8, 19 p.

Satyre sur les hommes, par M. le comte de B*** (M.-A.-J. ROCHON DE CHABANNES). imitation de la dixième Satyre de JUVÉNAL. *Paris, veuve Jorry,* 1758, in-12.

Satire troisième sur le XIXᵉ siècle. Les projets, par l'Ermite de la Berlière (François-Joseph-Narcisse-Robert, baron DE SAINT-SYMPHORIEN). *Bruxelles, Dekeyn,* 1822, in-8.   J. D.

Satyre (la) universelle, prospectus dédié à toutes les puissances de l'Europe. (Par J.-A.-J. CÉRUTTI et P.-A. GROUVELLE.) *Paris,* 1788, in-8, 33 p.

Pamphlet très-piquant contre Rivarol, réimprimé dans les « Œuvres diverses » de Cérutti, publiées chez

Desenne en 1793, 3 vol. in-8, qui contiennent sans réimpression les divers écrits de Cérutti publiés par le libraire Desenne avant et depuis la Révolution.

Satyres amoureuses et galantes, et l'ambition de certains courtisans nouveaux venus, et gens de fortune, par le S. B*** (par Claude D'ESTERNOD). *Amsterdam, Adr. Moetjens,* 1721, in-12, 168 p.

Voy. « Supercheries », I, 430, c.

Satyres chrétiennes de la cuisine papale, avec un colloque en note duquel sont interlocuteurs M. notre maître Friquandouille, frère Thibauld et messire Nicaise. (Par Pierre VIRET.) *Genève, Badius,* 1560, in-8.

Le duc de La Vallière, ou plutôt Marin, dans la « Bibliothèque du Théâtre françois », t. III, p. 273, dit : « Cette pièce est si scandaleuse, que je n'ose en donner l'extrait, etc., etc. »

Selon M. Gaullieur, « Typographie genevoise », ces satyres seraient de Conrad BADIUS, l'imprimeur.

Réimprimé à *Genève,* pour M. Gustave Revilliod, par J.-G. Fick, 1857, in-8, 131 p.

Satires contre les astronomes. (Par L.-S. MERCIER.) *Paris, Terrelonge,* an XI-1803, in-8.

Satyres contre Racine et Boileau. (Par L.-S. MERCIER.) Dédiées à A.-W. Schlegel, auteur de « Comparaison entre la Phèdre de Racine et celle d'Euripide ». *Paris, Hénée, impr.-libr.,* 1808, in-8, XII-60 p.

Satyres d'HORACE, traduites en vers français par I. L. D. B. (J. LE DÉIST DE BOTIDOUX). *Moulins et Paris, Lebour,* an XII-1804, in-8.

Satyres (les) de JUVÉNAL, en latin et en françois, de la traduction de M. D. M. A. D. V. (DE MAROLLES, abbé de Villeloin). *Paris, G. Deluyne,* 1653, in-8.

Satyres (les) de JUVÉNAL et de PERSE, avec des remarques en latin et en françois (par l'abbé DE MAROLLES). *Paris, Guil. Deluyne,* 1671, in-12.

Satyres de JUVÉNAL, traduites en français par B*** (E.-C. BAILLOT, ancien magistrat), avec des notes. *Paris, Decourtière,* 1823, in-8.

Satyres de JUVÉNAL, traduites en français par M. M*** (MAUPETIT), avec le texte, des notes et un index. *Paris, imprimerie de Monsieur,* 1779, in-4.

Satires de JUVÉNAL, traduites en vers français, par A. DE LA CH... (A. DE LA CHATAIGNERAYE). Les Vœux et le Turbot. *Paris, F. Didot,* 1812, 2 part. in-12.

La traduction de chacune de ces satires a été publiée séparément.

Satires (les) de l'ARIOSTE; traduites en français, avec le texte en regard (par J.-Julien TRÉLIS); précédées d'un aperçu sur l'auteur et accompagnées de notes explicatives. *Lyon, Laurent,* 1826, in-8.

Satyres de M. le prince CANTEMIR, avec l'histoire de sa vie. Traduites en françois (par l'abbé Oct. DE GUASCO). *Londres, J. Nourse,* 1749, in-8, 432 p.

Réimprimé en 1750 sous le titre de « Satyres du prince CANTEMIR... » *Londres, J. Nourse,* 2 part. en 1 vol. in-12.

Satires (les) de PERSE, en nombre six, translatées de latin en rime françoise, par un traducteur qui ne s'est voulu nommer et qui a pour devise : *Moyen ou trop,* avec arguments en rime, sur chacune satyre, et annotations en marge. *Imprimées à Paris par Jacques Gareau,* 1544, in-4.

Cette traduction, la première de toutes, écrite en vers de dix syllabes, est due à Abel FOULON, valet de chambre de Henri II, ingénieur, poëte et philosophe, né à Loué-au-Maine, en 1513, et mort en 1563. La dédicace à J.-J. de Mesme, lieutenant civil au Châtelet de Paris, est signée : *Moyen ou trop,* ce qui, suivant La Croix du Maine, est la devise d'Abel FOULON.

Satyres de PERSE, traduites en françois, avec des notes (par J.-R. SINNER) et avec le texte en regard. *Berne, chez B.-L. Walthard,* 1765, in-8.

Le titre françois ci-dessus se trouve sur une jolie gravure de I.-H. Holzhalb d'après S.-H. Grimm. Le titre imp. est en latin. Ce joli volume contient 7 petites gravures sur cuivre et plusieurs fleurons sur bois.

Satires de PERSE, traduites en français, par P. P. (P. PIETRE). *Paris, Didot le jeune,* an VIII, in-8, 3 ff. lim. et 71 p.

Le nom du traducteur se trouve dans l'avertissement.

Satyres de PERSE, traduites en vers françois par M. D. D. R. A. A. P. (J.-F. DREUX DU RADIER, avocat au Parlement). *Paris, veuve Duchesne,* 1772, in-8.

Satyres du prince CANTEMIR...

Voy. ci-dessus, « Satyres de M. le prince CANTEMIR. »

Satyres du sieur D*** (Nicolas BOILEAU-DESPRÉAUX). *Paris, Billaine,* 1666, in-12, 71 p.

Première édition. Elle contient sept satires.

Voy., pour la description des éditions originales ou des contrefaçons de ces satires, la notice de Berriat Saint-Prix en tête de son édition des « Œuvres » de Boileau, 1834, page CXXXIII et suivantes.

Satyres et autres Œuvres de Mathurin REGNIER, avec des remarques (de Claude BROSSETTE). *Londres, Lyon et Woodmar,* 1729; — *Amsterdam, Humbert,* 1730, in-4. — *Londres (Paris),* 1731, in-8.

Satyres et autres Œuvres de REGNIER, avec des remarques historiques; nouvelle édit., considérablement augm. (par l'abbé Nic. LENGLET DU FRESNOY). *Londres, Jacob Tonson,* 1733, in-fol. et in-4.

Les exemplaires de format in-fol. sont en très-petit nombre.

L'abbé Lenglet a intercalé dans l'*Avertissement* de Brossette un alinéa de dix lignes, commençant par ces mots : « Je suis fâché... » Voy. p. VII.

Satyres (les) et l'Art poétique d'HORACE en vers françois par F. H. D. B. (François HABERT d'Issoudun). *Paris,* 1583, in-12.

Satyres et poésies diverses. Par G. J*** de R. (G. JAMET, commis de la marine à Rochefort). *Paris, Lerouge,* in-8.

Satires et Réflexions sur les erreurs des hommes et les nouvellistes du temps. (Par Pierre DUCAMP, sieur D'ORGAS.) *Paris, Gabr. Quinet,* 1690, in-12.

Le privilége est au nom du sieur P. D. S. D. La dédicace est signée D. D. Cette édition a un frontispice gravé dans le haut duquel on lit, dans une banderole : « les Nouvellistes du temps ». Voy. « Superch. », III, 61 e, ou mieux le « Bulletin du bibliophile » de 1862, p. 980, et celui de 1870-71, p. 349, article de M. O. W.

Satires Ménippées sur les principaux événements de la Révolution française, avec des notes critiques et historiques, par un ancien troubadour (GAUDEMARD DE MATAURÉ, mort vers 1820, à l'hospice des Vieillards, faubourg Saint-Martin), 1re satire. *Paris, impr. de Béraud,* 1816, in-8, XII-60 p.

Antony BÉRAUD, l'imprimeur, a fait quelques changements sur le manuscrit de l'auteur, ce qui lui a fait attribuer l'ouvrage.

Satyres nouvelles du sieur D*** (J. DE LOSME DE MONCHENAY), sur l'esclavage des passions et sur l'éducation des enfants. *Paris, Osmont,* 1698, in-4.

Satyres nouvelles et autres pièces de littérature. (Par Guillaume BAILLET, baron DE SAINT-JULIEN.) *Londres (Paris),* 1754, in-8, 42 p.

Satyres nouvelles (savoir : les Travaux d'Apollon, les Auteurs, le Nouvelliste, par Ant. BAUDERON DE SENECÉ). *Paris, Auboyn,* 1695, in-12.

Satyres, ou choix des meilleures pièces

de vers qui ont précédé et suivi la Révolution. (Par Camille DESMOULINS.) *Paris*, an Ier de la Liberté (1789), in-8, 32 p.

Satires, par le sieur DE B*** (Nic. BOILEAU-DESPRÉAUX). *Cologne, Raphael Vaubel*, 1672, in-8, 84 p. — *Id.*, *ibid.*, 90 p.

Ce sont les seules éditions où Boileau est appelé DE B***. Voy., pour leur description, l'édition des « Œuvres de Boileau » publiée par Berriat Saint-Prix, tome I, p. CXL.

Satires. Par M. C***(J.-M.-B. CLÉMENT). *Amsterdam ; et se trouvent à Paris, chez les marchands de nouveautés*, 1786, in-8, XXXVI-175 p.

Satires politiques. (Par Philippe-Auguste WUILLOT.) *Bruxelles, Van Buggenhoudt*, 1849, in-12, 300 p.   J. D.

Satyres sur les cerceaux, paniers, criardes et manteaux volants des femmes, et sur leurs autres ajustements; avec la réponse des femmes. (Par le chevalier J.-F. D'HÉNISSART.) *Paris, Thiboust*, 1727, in-12.

Satyres sur les femmes bourgeoises qui se font appeler Madame, avec une distinction qui sépare les véritables d'avec celles qui ne le sont que par le caprice de la fortune, la bizarrerie et la vanité de ce siècle ; par M. le chevalier D... (Jean-Félix D'HÉNISSART).*La Haye, ou Paris*, 1713, 2 part. en un vol. in-8, 8 ff. lim., 500 p. et 2 ff. n. chiffrés.

Satires fort curieuses sur les mœurs parisiennes du temps. C'est un volume rare et très-recherché. La plupart des exemplaires ont le titre déchiré avec le nom du libraire et le lieu de vente enlevés. Ce livre fut saisi par la police lors de son apparition ; c'est ce qui en explique la rareté. Voy. « Supercheries », I, 834, f.
L'épître aux dames est signée : le chevalier D***.
Le privilége, daté du 15 juin 1712, est au nom de Jean Félix, escuyer, sieur D'***.
L'approbation, qui est du 10 mars 1712, donne à l'ouvrage le titre de « Satyre historique, etc. » Le « Manuel du libraire », 5° édit., V, col. 147, fait observer que l'auteur se nommait non pas DE NISART, comme le disait Barbier dans sa précédente édition, mais D'HÉNISSART, ainsi qu'on peut le voir sur les exemplaires dont le titre n'est pas mutilé et qui portent sa signature autographe.

Satyres toulousaines, ou Satyres contre l'Athénée de Toulouse. *Bruxelles (Toulouse)*, an XII-1804, in-8, 71 p..

Ces Satyres, distribuées en manuscrit de mois en mois, sont dirigées contre une foule d'écrivains obscurs, et surtout contre M. Baour-Lormian, qui commençait à être célèbre.
Les notes dont elles sont accompagnées sont encore plus caustiques que les vers.
M. Baour répliqua par une « Epître à l'auteur ano-

nyme des six Satyres toulousaines », *Toulouse*, an XIII, in-8. Cette réponse s'imprimait lorsque l'anonyme publia son recueil, qui fut recherché avec le plus grand empressement.

On a imputé les « Satyres toulousaines » à trois jeunes gens, MM. TAJAN, SENS, BENABEN, le premier avocat, le second fils d'un libraire, et le troisième ci-devant professeur d'éloquence au collége de Foix. D'autres curieux mettent de cette société satyrique M. TRENEUIL ; mais on peut s'être trompé dans ces diverses conjectures.   (*Article de M. Chaudon.*)

Satyrique (le) berné, en prose et en vers, par L. D. I. et D. D. (l'auteur du « Jonas » et du « David », Jacques DE CORAS). *Sur l'imprimé à Paris*, 1668, pet. in-8, 60 p.

Satyrique (le) françois. (Par le sieur DE MESNIER, Dauphinois.) *S. l.* (1615), in-8, 88 p.

Satyrique (le) françois expirant, ou les fautes du Satyrique français. (Attribué à Nicolas PRADON.) *Cologne, Pierre Marteau*, 1689, in-12.

C'est, à quelques légers changements près, une réimpression du « Triomphe de Pradon ». Voy. ces mots.

Satiriques (les) du XVIII° siècle. (Par Ch.-Jos. COLNET.) *Paris, Colnet*, 1800, 7 vol. in-8.

Saturnales (les) françoises, roman comique, intéressant par la diversité et par quelques pièces de théâtre qui n'ont jamais paru. *Paris, Prault fils*, 1736, 2 vol. in-12.

La « France littér. » de 1769 donne les « Saturnales » à l'abbé Jacq.-Franç. DE LA BAUME DESDOSSAT. Les pièces de théâtre, au nombre de quatre, sont de Thomas CROQUET ; en voici les titres : « le Médisant », c. 3 a.; « les Effets de la prévention », c. 1 a.; « le Triomphe de l'amitié », c. 3 a.; « l'Inégal », c. 1 a. Toutes en prose.

Saturnales (les) modernes, ou la soirée de carnaval, comédie en deux actes et en prose. Représentée pour la première fois à Paris, sur le théâtre du Palais-Royal, le 16 mai 1787. (Par Nicolas-Marie-Félicité BODARD DE TEZAY.) *Paris, Cailleau*, 1787, in-8, VIII-46 p.   D. M.

Satyre.

Voy. « Satire ».

Satyricon (le) de T. Petrone. Traduction nouvelle, par C. H. D. G. (Ch. HÉGUIN DE GUERLE), avec les imitations en vers et les recherches sceptiques sur le *Satyricon* et sur son auteur, de J. N. M. DE GUERLE. *Paris, Panckoucke*, 1834, 2 vol. in-8.

Sauce (la) au verjus. *Strasbourg* (à la Sphère), 1674, in-12, 83 p. — *Cologne*, 1674, in-12, 82 p.

La dédicace au prince d'Osnabrug est signée François DE WARENDORP, pseud. du baron DE LISOLA. Dans une édition de *Strasbourg*, 1675, le traité principal est précédé d'une lettre de 16 p. signée de Verjus et qui a pour titre : « Raison politique touchant la guerre d'Allemagne des années 1673-74 et 75. » Voy. ci-dessus, col. 5, *b*.

Sausse (la) Robert, ou avis salutaire à messire Jean Robert, grand archidiacre de Chartres. (Par l'abbé J.-B. THIERS.) *S. l.*, 1676-1678, 2 parties in-8, 13-22 p. — La Sausse Robert justifiée. (Par le même.) *S. l.*, 1679, in-8, 25 p.

Saül, hyperdrame héroï-comique en cinq actes. Par M. DE V. (VOLTAIRE). *S. l. n. d.* (*Nancy, imp. J.-B.-H. Leclerc*, 1764), in-8.

Saül, tragédie, par M. L. N. (l'abbé Augustin NADAL). *Paris*, 1705, in-12.
                                D. M.

Réimprimée avec le nom de l'auteur.

Sauvage (le) de Taïti aux François, avec un envoi au Philosophe des sauvages. (Par Nic. BRICAIRE DE LA DIXMERIE.) *Paris, Le Jay*, 1770, in-12.

Sauvage (le) hors de condition, tragédie allégorico-barbaresque, en un acte et en vers. (Par Ant.-Fabio STICOTTI.) *Imprimé à Londres, débité à Berlin et à Paris*, in-8.

Catalogue Soleinne, n° 2002.

Sauvages (les) de l'Europe. (Par R.-M. LE SUIRE et LOUVEL.) *Berlin*, 1760, in-12, 3 ff. de tit., 137 p.

Réimprimé sous le titre de :

« Le Paquet-Bot de Calais à Douvres, roman politique et moral, trouvé sur une échoppe de bouquiniste du quai des Ormes ; par J.-J. REGNAULT-WARIN ». *Paris, André*, an X-1802, in-12, XII-183 p., avec 1 gravure.

Dans les « Eclaircissements », composés de XII p. prélim., Regnault-Warin raconte qu'il aurait trouvé en bouquinant un exemplaire de cet ouvrage, privé de couverture ainsi que de frontispice, le premier feuillet portant tracés au crayon les mots : « le Paquebot de Calais à Douvres », et cependant le titre de départ est : « les Sauvages de l'Europe ».

La part de Regnault-Warin à cette publication s'est bornée à lui donner un nouveau titre, à remplacer le nom d'un des personnages, Delouaville, par celui de Célition de 1760, n'en a pas.

Pigoreau nous semble avoir été dupe d'une mystification quand il dit que la vente du « Paquebot de Calais à Douvres », ne fut permise qu'à la condition de faire des cartons à toutes les pages. Voy. Pigoreau, « Bibliographie biographico-romancière », p. 293.

Sauveur (le) de la France, ou Louis XVIII le Désiré. Détail historique des événements intéressants arrivés à ce prince, depuis sa naissance jusqu'à ce jour. Publié par J. M. G. (J.-M. GASSIER). *Paris, H. Vauquelin*, 1815, in-18.

Plusieurs fois réimprimé sous le titre de « Louis XVIII le Désiré, ou le sauveur de la France... »

Sauvez-nous ou sauvez-vous ! adresse à MM. les députés à l'Assemblée nationale et à MM. les députés bretons en particulier, par un de leurs concitoyens (J.-G. PELTIER). *Paris*, août 1789, in-8, 40 p. — Seconde édit., augm. *Paris*, août 1789, in-8, 40 p. — Troisième édit. *Ibid., id.*, in-8, 40 p.

Savant (le) de société, ou petite encyclopédie des jeux familiers. (Par P.-J. CHARRIN.) 4° édit... *Paris, Béchet aîné*, 1823, 2 vol. in-12.

La première édition parut en 1816.

Savants (les) et les Gens d'esprit. (Par DUMERSAN.) *Paris, imp. de Bélin* (1839), in-8, 7 p.

Extrait d'un feuilleton du « Journal de Paris ».

Savetier-avocat (le), comédie en un acte et en vers, suivie d'un divertissement par R... (J.-B. DE LA ROSE, sieur DE ROSIMOND), 1670. Retouchée, augmentée et remise au théâtre par M. Taconet en 1763. *Paris, C. Hérissant*, 1763, in-8.

Une note manuscrite sur un exemplaire donne à cet auteur le nom de ROLIMOND.

Savetier (le) dupé, ou les amours de Jérôme, pièce mêlée de chants, en un acte, par ARN.... (Jean-François ARNOULD, artiste et auteur dramatique, connu au théâtre sous le nom de MUSSOT). *Paris, Claude Hérissant*, 1763, in-8.

Savetier (le) enrichi, ou trois mois de Niperc (Crépin). Par Mme L. V*** (VILDÉ), auteur de « Betzi »... *Paris, Mme Masson*, an X-1802, in-12, fig.

Savetier (le) et le Financier, comédie en deux actes. Par M*** (Max.-Jean BOUTHILLIER). *La Haye*, 1761, in-12, 59 p.

Savetier (le) et le Financier, opéra-comique en deux actes, en prose, mêlée d'ariettes ; représenté devant Leurs Majestés à Marly, en octobre 1778. (Par J.-B. LOURDET DE SANTERRE.) *Paris, imp. de P.-R.-C. Ballard*, 1778, in-8, 2 ff. de tit. et 75 p.

Savoie (la) doit-elle être française ? (Par

M. Bertier.) *Lyon, imp. veuve Mougin-Rusand*, 1859, in-8, 31 p.

Savoie (la) et la Monarchie constitutionnelle. (Par M. Albert Blanc.) *Chambéry, Baudet*, 1859, in-8, 110 p.

Savoir-vivre (du) en France au XIXᵉ siècle, ou instruction d'un père à ses enfants; par Mᵐᵉ la comtesse de B.... (de Bradi). *Strasbourg et Paris, Levrault*, 1838, in-18, 2 ff. de tit. et 228 p.

Plusieurs fois réimprimé avec le nom de l'auteur.

Saxe (la) et la Prusse et la Prusse et la Saxe, ou le véritable *Suum cuique*. (Par M.-S.-F. Schoell.) *Paris, Gide*, 1815, in-8.

La « Bibliographie de la France », en annonçant cet ouvrage, le donne comme une traduction de deux brochures publiées à Vienne, en nov. 1814.

Saxe (la) galante. (Par le baron Charles-Louis de Poellnitz.) *Amsterdam, aux dépens de la Compagnie*, 1734, 2 vol. in-12.

Plusieurs fois réimprimé.

La « France littéraire » ... pour 1758 (p. 173, 3ᵉ part.) mentionne ce volume avec l'indication suivante : par M. de S...... Cette indication se rapporte au chevalier Pierre-Joseph de La - Pimpie de Solignac ; toutefois, le même recueil avait constaté (2° part., p. 134) que le secrétaire de l'Académie de Nancy (littérateur d'ailleurs fort capable d'avoir commis « la Saxe galante ») désavouait la paternité de cet ouvrage.

M. Claudin, en annonçant un exemplaire dans les « Archives du bibliophile », n° 35037, décembre 1867, le fait suivre de cette note :

« Cet ouvrage curieux n'est, à notre sens, que le plus impudent plagiat qui se soit jamais produit dans les lettres françaises, ce qui doit le faire classer, à juste titre, parmi les livres singuliers. La plus grande partie de ce roman est *copiée mot à mot* dans la *Princesse de Clèves*, comme on le peut voir dès les premières pages, sauf quelques alinéas omis par le plagiaire, dont le travail n'a pas tout à fait les proportions du chef-d'œuvre de Mᵐᵉ de La Fayette. Une telle supercherie n'a pas encore été, que nous sachions, signalée par les bibliographes. »

Sbogar, comédie en un acte, mêlée de couplets. Par MM***** (Michel-Nic. Balisson de Rougemont, Fréd. Dupetit-Méré et Eug. Cantiran de Boirie). Représentée pour la première fois à Paris, sur le théâtre des Variétés, le 26 décembre 1818. *Paris, Fages*, 1819, in-8, 38 p.

Scaligerana, ou bons mots, rencontres agréables, et remarques judicieuses et scavantes de J. Scaliger. Avec des notes de M. Le Fevre et de M. de Colomies. Le tout disposé par ordre alphabétique en cette nouvelle édition. *Cologne. chez ****, 1695, in-12, 5 ff. lim. et 418 p.

Il y a deux recueils sous ce titre, publiés ensemble ou séparément, quelquefois même confondus, comme dans l'édition d'*Amsterdam*, 1695. Le premier, presque entièrement latin, sera mentionné dans les Anonymes latins. Le second, en grande partie français, a paru, avant le premier, à La Haye, sous la rubrique supposée de *Genève*, en 1666. Ce second « Scaligerana » fut rédigé, d'après les conversations de Scaliger, par les neveux des Pithou, Jean et Nicolas Vassan, qui remirent leur recueil entre les mains des Dupuy. Ceux-ci le prêtèrent à Sarrau, conseiller au Parlement de Paris, et par le fils de ce dernier, Claude Sarrau, né à Bordeaux, mort aux environs de cette ville, en 1713, à Bègles, où il était ministre protestant, une copie du second Scaligerana parvint à Daillé (Bernadau, « Hist. de Bordeaux », 1839, p. 375, et le « Viographe bordelais », 1844, p. 176). Daillé, ayant transcrit ladite copie, en classa les matières par ordre alphabétique ; cette transcription passa à Isaac Vossius, qui y mit la dernière main. D'après un passage, reproduit par Peignot, d'un « Recueil de lettres » publ. à Amst., en 1730, le second Scaligerana serait dû à Dumoulin. Les éditions de ce recueil sont consignées dans le « Répertoire des bibliographies spéciales » de Peignot (1810, in-8, p. 252-56).

G. M.

Scaligerana, Thuana, Perroniana, Pithoeana et Colomesiana, ou remarques historiques, critiques, morales et littéraires de Jos. Scaliger, J.-Aug. de Thou, le cardinal du Perron, Fr. Pithou et P. Colomies. Avec les notes de plusieurs savants. *Amsterdam, Covens et Mortier*, 1740, 2 vol. in-12.

Publié par P. des Maizeaux, qui signe l'épître.

Scamno-manie (la). ou le banc, poëme héroï-comique, par M. L. R. (Le Roy, ex-jésuite, décédé chanoine de Sainte-Honorine de Conflans, vers 1789, natif d'Angers). *Amsterdam*, 1763, in-12.

Scandales (les) du jour. Révélations édifiantes et curieuses sur les hommes et les choses. Par Satan (Georges-Mathieu Dairnvael). *Paris, imp. de Beaulé*, 1847, in-8, 36 p. — 2ᵉ éd. *Id.*, 1847, in-18, iv-36 p.

Scanderberg. (Par Chevreau.) *Paris, Toussainct Quinet*, 1644, 2 vol. in-8.

Scanderberg, ou les aventures du prince d'Albanie. (Par Chevilly.) *Paris, Delespine*, 1732, 2 vol. in-12.

Scanderberg, tragédie représentée pour la première fois, par l'Académie royale de musique, le jeudi 27 octobre 1735. (Par Ant. Houdart de La Motte.) *Paris, J.-B. C. Ballard*, 1735, in-4.

Réimprimé avec le nom de l'auteur au verso du titre. *Paris, imp. C. Ballard*, 1763, in-8, 4 ff. lim. et 62 p.

Scapin, ou l'école des pères, comédie en cinq actes et en vers. Par Auguste L. DE B*** (Auguste-Louis DE BEAULIEU). Chartres, Noury-Coquard, 1862, in-12, XII-136 p.

Scaramouche, ou la statue du Commandeur, pantomime en deux actes, à grand spectacle, représentée pour la première fois sur le théâtre de la Porte-Saint-Martin, le 19 août 1826. (Par M. ANIEL.) Paris, Quoy, 1826, in-8, 16 p.

Scarroniana, ou recueil d'anecdotes, bons mots... de Paul SCARRON... par le C. C. (COUSIN) d'Avalon. Paris, Helde jeune, 1801, in-18.

Scatabronda, coumedio noubèlo et historiquo coumpousado per M. DE V. B. DEL P. G. Paris, Pierre Marteau, 1697, in-12.

Cette pièce, dont l'auteur est l'abbé FABRE, du séminaire de Cahors, allait être représentée en cette ville, lorsque l'abbé Bonel écrivit à un des acteurs pour le menacer de lui faire ôter la place qu'il avait au séminaire, s'il ne s'opposait pas à la représentation. L'auteur se vengea en publiant la lettre de l'abbé dans un prologue où il s'en moque.(Catalog. Soleinne, no 3964.)

Deux autres éditions, Rotredam (sic), Pierre Marteau, 1687 (pour 1697), in-8, et Roterdam, 1687 (édition plus récente et avec une orthographe rajeunie); portent : per M. V. B. D.

Voy. Brunet, « Manuel du libraire », 5e édit., tome V, col. 187, et Noulet, « Essai sur l'histoire littéraire des patois du Midi », p. 237.

Sceaux (les), couplets chantés à une réunion de référendaires. (31 janvier 1855.) Paris, imp. de Mme Smith (1855), in-8, 8 p.

Signé : A. F. (Alexandre FROYEZ).

Sceaux (les) des comtes de Flandre, et Inscriptions des chartes par eux publiées, trad. du latin (d'Olivier DE WRÉE) par L. V. R. Bruges, 1641, in-fol.

Scène ajoutée à l' « Epée de Jeanne d'Arc », à l'occasion de la pièce jouée à Feydeau. (Par Eugène LAFFILARD, dit DÉCOUR, Alexandre-Marie MARÉCHALLE et Ch. HUBERT.) Paris, Quoy, 1821, in-8, 8 p.

Voy. « l'Epée de Jeanne d'Arc », V, 138, f.

Scène lyrique (en vers) à l'occasion du traité de paix signé à Campo-Formio... représentée à Nantes, le 20 nivôse an VI... (Paroles de F.-G.-U. BLANCHARD DE LA MUSSE.) Nantes, Malassis, an VI, in-8, 14 p. et 2 ff.

Catalogue de Nantes, no 29902.

Scène politico-tragico-comique qui se renouvelle souvent en prose sur le théâtre du monde; par Auguste B.....E (Auguste BERNÈDE, de Nantes). Paris (imp. Ballard), 1814, in-8, 16 p.

Catalogue de Nantes, no 30063.

Scènes champêtres et autres ouvrages du même genre; par M. P*** (J.-A. PERREAU). Amsterdam; et Paris, Gauguery, 1782, in-8, 112 p.

Scènes d'intérieur sous l'Empire. Les Amours de Napoléon III. (Attribué à P. VÉSINIER.) (Paris, 1871), in-8.

Scènes de la vie d'artiste. (Par Emile CHEVALET.) Paris (vers 1857), in-8.

D. M.

C'est la réunion de plusieurs articles de l'auteur, insérés dans divers recueils.

Scènes de la vie des animaux, par M. G. P. (Georges PENNETIER), naturaliste. Lille, Lefort, 1863, in-8.

Scènes de la vie du grand monde, par miss EDGEWORTH... Traduit de l'anglais, par le traducteur d' « Ida », du « Missionnaire » et de « Glorvina » (DUBUC). Paris, Nicolle, 1813-1814, 7 vol. in-12.

Collection de trois ouvrages ayant chacun un sous-titre particulier :

L'Absent. 3 vol.
Emilie de Coulanges. 1 vol.
Vivian. 3 vol.

Scènes de la vie intime, par l'auteur de : « Elisa Rivers », « Marguerite Lindsay, »... (Mme BRUNTON ; traduit de l'anglais, par la comtesse MOLÉ DE CHAMPLATREUX, née DE LA BRICHE). Paris, Canel, 1834, 2 vol. in-8.

Scènes de Paris. (Par Alexandre TARDIF.) Paris, Quéry, 1829, in-32.

Scènes dramatiques et proverbes. Par Mla B. (Marcelin BARDONNAUT), ancien élève de l'Ecole polytechnique. Paris, René, 1868, in-8, 173 p.

Scènes du grand monde. Une inclination. Un mariage. Un amour. Par l'auteur d' « Elisa Rivers », « Laure de Montreville »... (Mme BRUNTON ; traduit par la comtesse MOLÉ DE CHAMPLATREUX, née DE LA BRICHE). Paris, Thoisnier-Desplaces, 1832, 2 vol. in-8.

Scènes féodales. La Jacquerie, par l'auteur du « Théâtre de Clara Gazul » (Prosper MÉRIMÉE); seconde édition. Paris,

A. Mesnier, 1829, in-8, 8 ff., 422 p. et la table.

Une 1ʳᵉ édit. avait paru en 1828, sous le titre de : « la Jacquerie, Scènes féodales... » Voy. V, 977, *a*.

Scènes historiques des prétendus réformateurs Châtel, Auzou, Fabré-Palapra et Roch ; par P.-E. H.....t (HUMBERT), R....x. F.......N. *Paris, A. Jeanthon*, 1834, in-12.

Scènes populaires en Irlande. (Par M. SHIEL ; recueillies et trad. de l'anglais par Mᵐᵉˢ Louise SWANTON-BELLOC et Adélaïde DE MONTGOLFIER.) *Paris, Sédillot*, 1830, in-8, 2 ff. de tit., 389 p. et 1 f. de table.

Scénologie de Liége, ou lettre sur les théâtres et leurs modifications, depuis la fin du moyen âge jusqu'à nos jours... (Par Frédéric ROUVEROY.) *Liége, imp. de N. Redouté*, 1844, in-12, 280 p.

Ouvrage devenu assez rare, l'auteur ayant retiré les exemplaires mis dans le commerce. La plus grande partie des renseignements que donne Rouveroy sur la musique et le théâtre à Liége au xvııⁱᵉ siècle a été empruntée à un travail inédit de H. Hamal, dernier maître de musique de la cathédrale Saint-Lambert...
Ul. C.

Sceptre (le) de France en quenouille par les regences des reynes, faisant voir par de naïves représentations d'histoires : I, les désordres du pouvoir absolu des femmes en France : II, la mauvaise éducation des roys ; III, la pernicieuse conduite de l'Estat ; IV, les horribles factions qui s'y sont eslevées et qui ont souvent mis cette monarchie à deux doigts de sa ruine ; V, et le moyen infaillible de remedier à tous ces désordres, si l'on veut s'en servir efficacement et dans l'usage des loix fondamentales. *S. l.*, 1652, in-4, 8 p. y compris le titre, 2 ff. non chiff. et 110 p.

Cet ouvrage n'est autre chose que celui publié par Robert LUYT, conseiller, prédicateur et aumônier ordinaire du roi, sous ce titre : « la Régence des reynes en France, ou les régentes ». *Paris, Jean Hénault*, 1649, in-4 de 8 ff. prélim., non chiff., pour le titre, l'épître dédicatoire à la reine régente, des Remarques touchant les régentes de France, Avertissement, Privilége, daté du 7 juin 1649, et Table des régentes. Dans la nouvelle publication, une Préface très-hostile à Anne d'Autriche remplace la dédicace obséquieuse du volume de 1649. La réclame par laquelle se termine la p. 4 des Remarques touchant les régentes de France : *Avant*, a été remplacée au compositeur par : *la Régence*, mots par lesquels commence le titre d'entrée en matière du volume de Luyt. A la p. 96 et dernière, après le mot : *Fin*, on a imprimé au compositeur les mots : *Il n'y a*, qui servent de réclame au texte ajouté pages 97 à 110 et qui est très-hostile à Mazarin. Les continuateurs du P. Lelong attribuent cet ou-

vrage à DUBOSC DE MONTANDRÉ. Leber a reproduit cette attribution sous le nᵒ 5311 de son Catalogue. DUBOSC pourrait bien être l'éditeur du « Sceptre de France » ainsi que de la publication intitulée : « la Tutelle des rois mineurs » (voy. ces mots). Les nouveaux titres de ces publications affectent la même forme ; on retranche, on ajoute par le même procédé. Cela sort évidemment de la même main.

Schneider der Entlehner, pamphlet financier et épisodique. (Publié par M. DE HOFFMANNS.) Suivi d'une correspondance inédite avec M. de Chateaubriand. *Paris et Bruxelles (Bruxelles), Deprez-Parent*, 1842, in-8, 41 p.

La Correspondance se compose de deux lettres de M. MAFFIOLI et de trois réponses de M. DE CHATEAUBRIAND.

Science (la) de l'histoire, avec le jugement des principaux historiens, tant anciens que modernes. *Paris, L. Billaine*, 1665, in-12

Ce petit ouvrage, qui renferme des jugements assez justes, a été faussement attribué à Charles SOREL par plusieurs bibliographes, et principalement par les continuateurs du P. Le Long. (« Biblioth. hist. de la France », t. II, nᵒ 19726.) Sorel avait publié en 1664 sa « Bibliothèque françoise », et l'on y trouve des jugements sur les histoires de France opposés à ceux que renferme la « Science de l'histoire ». D'ailleurs le style de l'auteur de la « Bibliothèque françoise » n'est pas aussi rocailleux que celui de l'anonyme qui a publié la « Science de l'histoire ».

Science (la) de l'oraison mentale, ouvrage très-utile aux ecclésiastiques, aux religieuses et aux simples fidèles. (Par l'abbé J.-B. LASAUSSE.) *Lyon et Paris, Rusand*, 1821, in-12.

Science de la guerre. (Par DE BUBILAN.) *Turin, imprimerie roy.*, 1754, 2 vol. in-8.

Science (la) de la législation, par Gaetano FILANGIERI, ouvrage traduit de l'italien, d'après l'édition de Naples de 1784 (par J.-Ant. GAUVAIN-GALLOIS) ; sec. édit., revue et corr. *Paris, Dufart*, an VII-1799, 7 vol. in-8.

Les premiers vol. de la première édition parurent en 1786.

Science (la) de la noblesse, ou la nouvelle méthode du blason, par le P. C.-F. MENESTRIER, et augmentée des principales familles du Païs-Bas, d'Hollande, d'Allemagne, d'Italie et d'Espagne, par Mr... (J.-B. CHRISTYN). *Paris, Etienne Michallet*, 1691, in-12, 9 ff. lim., 204 p. et 8 ff. pour la table, avec dix planches.

Science (la) de régner, discours en vers du chancelier DE L'HÔPITAL, adressé au jeune roi de France François II, à l'époque de son sacre en 1559; traduit du latin en vers français. Par M. DE L. (le chevalier DE LESPINASSE DE LANGEAC). *Paris, imp. de Boucher*, 1826, in-8.

Science des choses corporelles. (Par Ch. SOREL.) *Paris, P. Billaine et Ch. Rouillard*, 1634-1641, 2 vol. in-4.

Réimprimée avec le nom de l'auteur, sous le titre de « Science universelle », *Paris, Quinet*, 1641, 3 vol. in-4.

Science (la) des grands, l'honneur des savants et des magistrats, et le contentement des curieux et amateurs des histoires et affaires publiques... dans le vrai et sincère usage de la politique. (Par ALEXIS.) *Paris, F. Noël*, 1631, in-4, 16 p.

Science (la) des médailles. (Par le P. Louis JOBERT.) *Paris, Louis Lucas*, 1692, 2 vol. in-12. — *Amsterdam*, 1693, 2 vol. in-12. — Nouv. édit., très-augmentée par l'auteur. *Paris, Boudot*, 1715, 2 vol. in-12. — Nouv. édit., avec des remarques (par Jos. BIMARD DE LA BASTIE). *Paris, Debure*, 1739, 2 vol. in-12.

Science (la) des personnes de la cour, de l'épée et de la robe, etc., par le sieur DE CHEVIGNY; 4ᵉ édit., augmentée de plusieurs cartes de géographie, etc., avec une idée des études et des bibliothèques (par H.-P. DE LIMIERS). *Amsterdam*, 1713, 3 vol. in-12.

Voy. « Idée générale des études... », V, 880, d.
On ignore le nom de la personne qui a dirigé la nouvelle édition très-augmentée de cet ouvrage, publiée à Paris en 1752, 8 vol. in-12. La première édition, donnée en 1706, n'avait que 3 vol.

Science des princes, ou considérations politiques sur les coups d'Etat, par Gabr. NAUDÉ, avec des réflexions historiques, morales, chrétiennes et politiques de L. D. M. C. S. D. S. E. D. M. (Louis DU MAY, conseiller-secrétaire du sérénissime électeur de Mayence). *S. l.*, 1673, in-8; — 1752, 3 vol. in-12.

Voy. « Supercheries », II, 713, d.

Science (la) des saints, ou la parfaite instruction de l'âme religieuse. (Par Jean DE SAINTE-CATHERINE, feuillant.). *Paris*, 1668, in-8.

Catal. manuscrit des Barnabites.   V. T.

Science (la) du bonhomme Richard, ou moyen facile de payer les impôts, traduit de l'anglais (de Benj. FRANKLIN, par F.-A. QUÉTANT et J.-B. LÉCUY). *Paris, Ruault*

1778, in-12. — *Lausanne*, 1779, in-12. — Nouvelle édition, avec un abrégé de la vie de l'auteur (par J.-B. SAY). *Paris*, an II-1794, in-12.

La traduction de l'interrogatoire de Franklin est, pour la plus grande partie, de P.-S. DUPONT de Nemours.

Le texte est signé : Richard SAUNDERS.

Science du calcul des grandeurs en général, ou les éléments de mathématiques, par l'auteur de « l'Analyse démontrée » (le P. C.-R. REYNEAU, de l'Oratoire, avec l'éloge de l'auteur par l'abbé C.-P. GOUJET). *Paris, J. Quillau*, 1714-1735, 2 vol. in-4. — 2ᵉ éd. *Id.*, 1739, 2 vol. in-4. — *Venise*, 1739, 2 vol. in-4.

Science (la) du crucifix, en forme de méditations, divisée en deux parties, par le R. P. MARIE, de la Compagnie de Jésus. Nouvelle édition, revue et corrigée par le R. P. G*** (Jean-Nicolas GROU). *Paris, Didot*, 1783, in-12, XXIV-177 p.

Plusieurs fois réimprimée.

Science (la) du cultivateur américain. Ouvrage destiné aux colons et aux commerçants... par Gᵉˡ CHAST**** (Gabriel CHASTENET) DESTERE. *S. l.*, 1800, in-8, 363 p. et 1 pl.

Science (la) du gouvernement, par M. DE RÉAL. (Publiée par l'abbé B. DE BURLE RÉAL DE CURBAN, son neveu.) *Aix-la-Chapelle (Paris)*, 1764, 8 vol. in-4.

Le 8ᵉ vol. de cet ouvrage, contenant la *Bibliographie* des auteurs qui ont écrit sur le droit public, est rempli de fautes de toute espèce.

Science (la) du maître d'hôtel confiseur, à l'usage des officiers, avec des observations sur la connoissance et les propriétés des fruits. (Par MENON.) *Paris*, 1768, 1777, in-12.

Science (la) du maître d'hôtel cuisinier, avec des observations sur la connoissance et les propriétés des alimens. (Par MENON, précédée d'une dissertation sur la cuisine moderne, attribuée à Ét. DE FONCEMAGNE.) *Paris*, 1749, 1768, 1776, in-12.

Science (la) du salut, ou principes solides sur les devoirs les plus importans de la religion, tirés des « Essais de morale » de M. Nicole. (Par l'abbé J.-O. JOLY DE FLEURY.) *Paris, G. Desprez*, 1746, in-12.

Science (la) et la Pratique du plainchant, par un religieux de la Congrégation de

Saint-Maur (dom DE JUMILHAC). *Paris, Billaine*, 1673, in-4.

Les PP. Bouillard et Le Cerf ont avancé que le P. de Jumilhac a seulement dirigé l'impression de cet ouvrage, et que dom LE CLERC en est l'auteur ; mais leur assertion est combattue par dom Martène, qui, dans l' « Histoire manuscrite de la Congrégation », attribue au P. de Jumilhac la « Science et la Pratique du plainchant ».Voy. l' « Histoire littéraire de la Congrégation de Saint-Maur » (par dom Tassin), p. 99.

Science naturelle, Science exacte. Extrait de la 2ᵉ partie du « Dressage naturel et immédiat du cheval.... » (Par Cas. NOEL.) *Meaux, Carro*, 1854, in-8, 18 p.

Science nouvelle. Lettre d'un disciple de la Science nouvelle aux religionnaires, prétendus saints-simoniens, de l' « Organisateur » et du « Globe », par P.-C. R.....x (Prosper-Charles ROUX). *Paris, imp. de Goetschy*, 1832, in-8, 124 p.

Science (la) nouvelle, par VICO, traduite par l'auteur de l' « Essai sur la formation du dogme catholique » (la princesse Christine DE BELGIOJOSO). *Paris, J. Renouard*, 1844, in-8.

Science (la), ou les droits et les devoirs de l'homme, par L. D. H. (l'ami des hommes, V. RIQUETTI, marquis DE MIRABEAU). *Lausanne, Grasset*, 1774, in-12.

Science (la) pratique de l'imprimerie... *Saint-Omer, M.-D. Fertel, impr.-libr.*, 1723, in-4. — Nouv. édit., refondue, corrigée et augmentée de différents procédés nouveaux et utiles (par ANNOY-VANDEVYER). *Bruxelles, Delemer*, 1822, in-4, fig.

L'auteur, Martin-Dominique FERTEL, a signé l'épître de l'édition originale.

Science (la) pratique du crucifix, dans l'usage des sacremens de pénitence et d'eucharistie, pour servir de suite à la « Science du crucifix », par l'abbé G*** (Jean-Nic. GROU). *Paris, Onfroy*, 1789, in-12.

Voy. ci-dessus, col. 442, b.

Science (la) universelle de la chaire, ou dictionnaire moral, contenant, par ordre alphabétique, des sujets de sermons sur toutes les matières de morale. *Paris, L. Guérin*, 1712, 5 vol. in-8. — *Paris*, 1714, 8 vol. in-12. — *Paris*, 1718, 6 vol. in-8. — *Paris*, 1730, 6 vol. in-8.

L'édition de 1718 est intitulée : « Dictionnaire moral ou la science de la chaire ».

Jean RICHARD, né à Verdun en 1694, mort âgé de 81 ans, reçu avocat à Orléans, est l'auteur de cet ouvrage. Voici ce qu'en dit le « Nouveau Dictionnaire historique » (de Chaudon), *Caen et Lyon*, 1780, in-8 :

« ... Quoique laïque et marié, il choisit un genre d'occupation que l'on prend très-rarement dans cet état (celui d'avocat). Il se fit auteur et marchand de sermons. Il prêcha toute sa vie de son cabinet, ou du moins il eut le plaisir de s'entendre prêcher. »

Sciences morales. (*Bar-le-Duc, imp. Laguerre*, 1864), in-8, 21 p.

Extrait du « Progrès » par F. ALLIOT.

Scipion à Carthage, opéra en 3 actes (et en vers libres), mêlé de chant et de déclamation. (Par Jacques LACOMBE.) *S. l. n. d.*, an III-1795, in-8, 62 p.

Scipion, ou le beau-père, comédie-vaudeville en trois actes, par M. ROCHEFORT (et Ach. DARTOIS) ; représentée sur le théâtre des Variétés, le 15 décembre 1836. *Paris, Nobis*, 1836, in-8.

Scrupules (les) d'un électeur. (Par le marquis DE LA GERVAISAIS.) *Paris, A. Egron*, 1824, in-8, VIII-58 p.

Scrupules (les) littéraires de Mᵐᵉ la baronne de Staël, ou réflexions sur quelques chapitres du livre de « l'Allemagne ». (Par Alexandre SOUMET.) *Paris, Delaunay*, 1814, in-18, 104 p.

Scrutin (le) belge. (Par le marquis DE LA GERVAISAIS.) (*Paris*), impr. de Pihan Delaforest (1831), in-8, 7 p.

Sculptures (les) ou graveures sacrées d'ORUS Apollo, Niliaque, c'est-à-dire voisin du Nil, lesquelles il composa luy-mesme en son langage égyptien, et PHELIPPE les meit en grec, nouuellement traduict du latin en françois... *Paris, B. Prevost*, 1553. in-16, 112 ff.

C'est la traduction de Jean MARTIN, déjà indiquée à l'article « Orus Apollo » (voy. VI, 752, e), mais remaniée pour la rendre plus intelligible.

Scythes (les), tragédie. (Par VOLTAIRE.) *S. l.*, 1767, in-8, 75 p. — Nouvelle édition, corrigée et augmentée sur celles faites à Genève, à Paris et à Lyon. *Paris, Lacombe*, 1768, in-8, XXIV - 78 p.

Se dévouer c'est aimer. (Par Mᵐᵉ Clémentine DE LA MORSE, baronne DE CHABANNES.) *Lille, L. Lefort*, 1868, in-18.

Séance extraordinaire du grand conseil des pamphlétaires, libellistes, faiseurs de caricatures, etc., tenue à Paris, sous la présidence de l'auteur de l' « Histoire secrète du cabinet de N. Bonaparte », le 11 juin 1814. Par un tachygraphe (L. DUBROCA). *Paris, Dubroca*, 1814, in-8, 48 p.

Séances (les) de Melpomène et de Thalie à la rentrée de la Comédie-Françoise. (Par CARRIÈRE-DOISIN.) *Paris, Esprit*, 1779, in-8, 42 p.

Cette comédie en un acte et en prose a reparu dans un autre ouvrage du même auteur, « les Fables mises en action », publié sous le pseudonyme de CNOISIER et dont le titre a été modifié trois fois. Voy. P. Lacroix, « Bibliographie moliéresque », p. 277.

Seau (le) enlevé, poëme héroï-comique, par TASSONI, traduit de l'italien en françois (par P. PERRAULT). *Paris, de Luyne*, 1678, 2 vol. in-12.

Seau (le) enlevé, poëme héroï-satiro-comique, nouvellement traduit de l'italien de TASSONI (par DE CÉDORS), le texte à côté. *Paris, Le Prieur*, 1759, 3 vol. in-12.

Second Advertissement à messieurs les prévost des marchands et eschevins de Paris sur le retour funeste de Mazarin, comme aussi de la descente que les Anglois prétendent faire en France du costé de La Rochelle... predict par Michel Nostradamus. (Par Jacq. MENGAU.) *Paris, J. Boucher*, 1651, in-4, 24 p.

Voy., pour le détail de la série complète des « Avertissements » de J. Mengau, IV, 348, d.

Second Avertissement contre une doctrine préjudiciable à la vie des hommes, enseignée dans le collége de Clairmont... (Par Godefroy HERMANT.) *S. l. n. d.*, in-8, 77 p.

Voy. IV, 354, a, « Avertissement contre une doctrine... »,

Second Avis impartial aux citoyens, ou contre-poison. *Versailles, Baudouin* (1789), in-8, 8 p.

Signé : Le chev. Q... DE B... (QUESNAY DE BEAUREPAIRE), anc. command. du dist. des Mathur. L' « Avis impartial... » porte la signature de l'auteur.

Second Coup d'œil sur l'unité d'origine des trois branches mérovingienne, carlienne et capétienne, par A. D. (Alexandre DRUDES DE CAMPAGNOLLES, chevalier de Saint-Louis, et l'un des ôtages de Louis XVI). *Vire, Adam*, 1817, in-8.

Voy. « Coup d'œil... », IV, 788, a.

Second Coup d'œil sur ma patrie. Traduit de l'anglois. (Par Ant. POLIER DE SAINT-GERMAIN.) *Amsterdam*, 1758, in-8, 12 p.

Voy. « Coup d'œil... », IV, 701, f.

Second Cours de lecture à l'usage des écoles primaires, par L. M. (L. MALCIIAISE).

Voy. « Premier Cours de lecture », VI, 993, f.

Second Discours d'un membre de l'Assemblée nationale à ses co-députés. (Par le comte E.-L.-H. DELAUNAY D'ENTRAIGUES.) *S. l.*, 1789, in-8, 1 f. de tit. et 46 p.

Second Discours sur les avantages des sciences et des arts, par M. B*** (Ch. BORDE)... *Avignon, Girard*, 1753, in-8, 126 p.

Voy. « Discours sur les avantages... », IV, 1045, d.

Second Éclaircissement du droit de Sa Majesté sur les cinq abbayes de Chezal-Benoît. Au roi. *S. l.* (1683), in-4, 36 p.

Signé : F. F. C. M. B. (Frère François CHAPPE, moine bénédictin).

Second (le) Enfer d'Étienne Dolet, suivi de la traduction des deux dialogues platoniciens l'Axiochus et l'Hipparchus, notice bio-bibliographique, par un bibliophile. (G. BRUNET.) *Paris et Bruxelles, C. Muquardt*, 1868, petit in-8, 2 ff. de titre, XI-108 p.

Second Entretien de Christine et de Pélagie, maîtresses d'école, sur la constitution *Unigenitus*. (Par le P. J.-Cl. FABRE.) *S. l.*, 1719, in-12, 86 p.

Voy. « Entretiens de Christine... », V, 120, f.

Second Gémissement d'une âme vivement touchée.

Voy. « Gémissement d'une âme... », V, 527, d.

Second (la) Livre des chansons folastres et prologues tant superlifiques que drolatiques des comédiens français, par Estienne BELLONNE, Tourangeau. *Rouen*, 1612, petit in-8.

Une réimpression, à 106 exemplaires, *Bruxelles, Mertens*, 1864, in-18, 122 p., avec une notice signée P. L. (Paul LACROIX).

Second (le) Mariage du duc de Savoye, sous l'allégorie des nopces d'Alpin et de Nemorine. (Par le P. Claude-François MENESTRIER.) *S. l. n. d.*, in-4 et in-fol.

Second Mémoire adressé à la Sorbonne touchant la nouvelle « Bibliothèque des autheurs ecclésiastiques » de M. du Pin. (Par RIVIÈRE.) *S. l.*, 1693, in-12, 118 p.

Second Mémoire physique et médicinal, montrant des rapports évidens entre les phénomènes de la baguette divinatoire, du magnétisme et de l'électricité. Avec des éclaircissemens sur d'autres objets non moins importans, qui y sont relatifs. Par M. T***, D. M. M. (Pierre Thouvenel, docteur-médecin de la Faculté de Montpellier). *Paris, Didot le jeune*, 1784, in-8, 2 ff. de tit. et 268 p.

Voy., pour le premier « Mémoire », VI, 140, *f*.

Second Mémoire pour le P. Girard, etc. (Par Pazery Thorame.) *Marseille, D. Sibié*, 1731, in-fol., 68 p.

Catalogue de Nantes, n° 7181.

Second Mémoire pour les chirurgiens. (Par Petit.) *S. l.* (1735), in-4, 30 p.

Le titre de départ porte en plus : « où l'on résout le problème proposé par la Faculté de médecine, savoir si c'est aux médecins qu'il appartient de traiter les maladies vénériennes, et si la sûreté publique exige que ce soient les médecins qu'on charge de la cure de ces maladies. »

Second Mémoire pour les recteurs de Nantes, contre les vénérable doyen, chanoines et chapitre de l'église cathédrale de la même ville. (Par Marc de La Chénardaie.) *S. l. (Rennes). impr. Julien-Ch. Vatar*, 1760, in-12, 153 p. — Addition pour les recteurs de Nantes... (Par le même.) *Id.*, 1763, in-12, 21 p. et 1 f.

Catalogue de Nantes, n° 37873.

Second Mémoire pour MM. les PP. (Plénipotentiaires). Juste idée que l'on doit se former des Jésuites. (Par l'abbé Jér. Besoigne.) *S. l.* (1729), in-4, 24 p.

Voy. « Mémoire pour MM. les Plénipotentiaires... », VI, 147, *a*.

Le P. Carayon, dans sa « Bibliographie historique de la Compagnie de Jésus », a attribué ce « Second Mémoire » à l'abbé Nic. Petitpied.

Second Mémoire sur le mariage des protestans. (Par Guil. de Lamoignon de Malesherbes.) *Londres (Paris)*, 1787, in-8.

Voy. « Mémoire sur le mariage des protestans... », VI, 167, *b*.

Second Rapport du Comité de mendicité. Etat actuel de la législation du royaume relativement aux hôpitaux et à la mendicité. Imprimé par ordre de l'Assemblée nationale. (Par La Rochefoucauld-Liancourt.) *Paris, impr. nationa'e*, 1790, in-8, 1 f. de tit. et 29 p.

Sept rapports. Le premier porte le nom de l'auteur.

Second (le) Réveil du peuple. (Par J.-M. Souriguières de Saint-Marc.) *Paris, impr. de Vaucluse*, 1814, in-8, 8 p.

Le « Réveil du peuple » se compose de strophes

mises en musique par Gaveaux, en 1794. Voy. « Biographie Rabbe », p. 1559.

Second Supplément aux Mémoires concernant l'histoire, les sciences, les arts, les mœurs, les usages, etc., des Chinois, par les missionnaires de Pékin... *Paris, Nyon aîné*, 1786, in-8.

Même ouvrage que « Recherches sur le nouveau monde... », par J.-B. Schérer, 1777, in-8.

Second (le) volume des motz dorez du grand et saige Cathon, lesquelz sont en latin et en francoys auecques aucuns bons et tres utiles adaiges, authoritez et dictz moraux des saiges; proffitables à ung chascun... *Paris, imp. par Denys Janot pour Jehan Longis*, 1533, in-8, 8 ff. lim. et cxiv ff.

On croit que cette traduction des distiques du prétendu Caton est de Jehan Le Fèvre de Therouenne, auteur du Mathéolus.

Seconde Apologie contre les calomnies des Impériaux : sur les causes et ouverture de la guerre. (Par Pierre Danès, évêque de Lavaur.) *Paris, C. Estienne*, 1552, in-4.

Seconde Apologie pour l'Université de Paris, imprimée par le mandement de M. le recteur donné en Sorbonne, le sixième octobre 1643, contre le livre fait par les Jésuites pour répondre à la première Apologie... (Par Godefroy Hermant.) *Paris*, 1643, in-8.

Voy. « Apologie pour l'Université de Paris... », IV, 251, *b*, et « Réponse au livre intitulé : « Apologie... » ci-dessus, col. 208, *f*.

Seconde aux grands...

Voy. « Première aux grands », VI, 997, *d*.

Seconde Conversation entre le gobe-mouche Tant-pis et le gobe-mouche Tant-mieux. (Par Alph.-T.-J.-A.-M.-M. de Fortia de Piles.) *Paris, A. Garnier, septembre* 1814, in-8, 80 p.

Voy. « Conversation... », IV, 756, *a*.

Seconde Leçon aux « Débats ». (Par le marquis de La Gervaisais) *Paris, A. Pihan de La Forest*, 1834, in-8, 7 p.

Au sujet d'un article du « Journal des Débats » du 14 février 1834, sur l'opuscule de M. Clément Desormes relatif à l'impôt du sel.

Voy. « Une Leçon aux Débats ».

Seconde Lettre à madame *, sur les peintures, les sculptures et les gravures exposées dans le Sallon du Louvre cette année. (Par J.-C. Mathon de La Cour.) S. l., 1763, in-12, 22 p.

Voy. « Lettres à madame *** », V, 1089, d.

Seconde Lettre à M****, conseiller au Parlement de *****. Sur l'édit du roi d'Espagne pour l'expulsion des Jésuites. (Par D'Alembert.) S. l. (1767), in-12, 38 et 4 p.

Voy. « Lettre à M*** », V, 1094, d.

Seconde Lettre à M. Cerutti sur les prétendus prodiges et faux miracles employés dans tous les temps... Par l'auteur ou éditeur des « Pièces intéressantes et peu connues » (P.-A. de La Place). Paris, 1790, in-8, 68 p.

Voy. « Lettre à M. Cérutti... », V, 1098, c.

Seconde Lettre à M. Charrier de La Roche, curé d'Ainai de Lyon. (Par l'abbé Aimé Guillon.) Paris, Crapart, 1791, in-8, 63 p.

Voy. « Lettre à M. C... », V, 1098, a.

Seconde Lettre à monsieur D. V. (Voltaire), par un de ses amis, sur l'ouvrage intitulé l' « Evangile du jour ». (Par Jac.-Jos. Ducarne de Blangy.) Paris, Gueffier, 1772, in-8, 86 p.

Il y a eu une première et une troisième lettre. Voy. « Lettre à monsieur D. V. », V, 1101, c.

Seconde Lettre à M. de Bausset, pour servir de supplément à son « Histoire de Fénelon ». (Par M.-M. Tabaraud.) Limoges, Barbou, 1810, in-8.

Voy. « Lettre à M. de Bausset... », V, 1102, e.

Seconde Lettre à M. Faure, avocat au Parlement, sur sa consultation du 27 mai 1790, dans laquelle il décide que l'Assemblée nationale peut ériger et supprimer des évêchés. (Par Gab.-Nic. Maultrot.) Paris, Le Clère, 1790, in-8, 59 p.

Voy. « Lettre à M. Faure... », V, 1105, c.

Seconde Lettre à M. l'évêque de Viviers. (Par le P. Bernard Lambert.) Paris, Crapart, 1791, in-8.

Voy. « Lettre à M. l'évêque de *** », V, 1109, f.

Seconde Lettre à un ami sur l'assemblée des notables. (Par l'abbé Gabriel Brizard.) De l'impr. de la Vérité, 1787, in-8, 39 p.

Voy. « Première Lettre... », VI, 1000, e.

Seconde Lettre (de l'abbé F.-A.-A. Pluquet) à un ami, sur les affaires actuelles de la librairie. Londres, 1778, in-8.

Voy. « Lettre à un ami... », V, 1110, c.

T VII.

Seconde Lettre au rédacteur du « Courrier de Londres » ... (Par T.-G. de Lally-Tollendal.)

Voy. « Première Lettre... », VI, 1000, f.

Seconde Lettre d'un abbé à M. Arnauld, docteur de Sorbonne, sur le sujet de celle qu'il a écrite à une personne de condition. S. l. (1655), in-4, 34 p. et 1 f. d'errata.

Signée : P. C. (l'abbé Tronson).
Voy. « Lettre d'un abbé... », V, 1137, a.

Seconde Lettre d'un anonyme à M. J.-J. Rousseau, contenant un examen suivi du plan d'éducation que cet auteur a proposé dans son ouvrage intitulé : « Emile, ou de l'Éducation. » (Par E. Luzac.) Paris, Saillant (Leyde), 1767, in-12.

Voy. « Lettre d'un anonyme... », V, 1140, f.

Seconde Lettre d'un défenseur du peuple à Joseph II. (Par G.-H. Riquetti Mirabeau.) Dublin, 1785, in-8.

Seconde Lettre d'un théologien (M.-M. Tabaraud, supérieur de l'Oratoire de La Rochelle) à M. l'évêque de La R...., sur l'ordonnance de ce prélat du 26 février 1788. S. l. n. d., in-8, xi-34 p.

Voy. « Lettre d'un théologien... », V, 1167, d.

Seconde Lettre de l'auteur de la dissertation sur l'époque du rappel des Juifs. (Par l'abbé François Malo.) S. l. (1783), in-12, 128 p.

Seconde Lettre de l'auteur du « Discours sur les Nouvelles ecclésiastiques » (Nic. Legros), à l'auteur des écrits intitulés : « Système du mélange, etc., » et « Système des discernants, etc. » S. l. (1736), in-4, 7 p.

Voy. « Lettre de l'auteur... », V, 1174, f.

Seconde Lettre de M*** à un homme de qualité qui lui a proposé des doutes sur la première lettre que l'auteur lui avait écrite touchant l'affaire des princes. (Par Louis Le Gendre.) S. l., 1717, in-8, 48 p. — Id., in-8, 32 p.

Voy. « Lettre de M****** ... », V, 1179, f.

Seconde Lettre de monsieur M*** à monsieur J***, sur un écrit intitulé : « Opinion de M. Camus dans la séance du 31 mai 1790, sur le plan de constitution du clergé, proposé par le comité ecclésiastique. » (Par Gabriel-Nicolas Maultrot.) Paris, Le Clère, 1790, in-8, 56 p.

Voy. « Lettre de M. M*** ... », V, 1187, e.

Seconde Lettre du correcteur des Bouffons à l'écolier de Prague, contenant quelques observations sur l'opéra de « Titon », le « Jaloux corrigé » et le « Devin de village ». (Par J.-B. JOURDAN.) *Paris*, 1753, in-8.

Seconde Lettre du P. D... (Gabriel DANIEL) au R. P. Serry, touchant un nouveau libelle d'un de ses confrères contre les Jésuites. *S. l.* (1705), in-12, 33 p.

Voy. « Lettre du P. D°°°... », V, 1193, *f.*

Seconde Lettre du souffleur de la comédie de Rouen au garçon de café, ou entretien sur les défauts de la déclamation. *Paris, Tabarie*, 1730, in-12.

Cette seconde lettre est demeurée inconnue jusqu'à nos jours, où elle vient d'être réimprimée par M. Jules BONNASSIES à la suite de la « Lettre à mylord °°° ». Le nouvel éditeur n'hésite pas à l'attribuer à J.-D. DUMAS D'AIGUEBERRE, comme la première, qui est intitulée : « Réponse au souffleur. » Voy. ci-dessus, 318, *d.*

Seconde Lettre écrite à Musala, homme de loi à Hispahan. De Louis XIV, de l'ambassadeur du roi de Perse, des officiers de la couronne de France, caractère de la noblesse, raisonnements sur la grâce, sentiments sur les jésuites et les jansénistes. (Par Joseph BONNET.) *S. l.* (1716), in-12, 22 p.

Voy. « Lettre écrite à Musala... », V, 1196, *a.*

Seconde Lettre pour justifier...

Voy. « Lettre à M*** sur la description... », V, 1096, *a.*

Seconde Lettre pour rassurer l'univers contre les critiques de la première. En réponse à messieurs les auteurs des « Réflexions sur les ouvrages de littérature ». (Par le P. L.-B. CASTEL.) *Paris*, 1737, in-12, 27 p.

Voy. « Lettre philosophique... », V, 1202, *b.*

Seconde Lettre sur le livre du P. Norbert. (Par le P. Louis PATOUILLET.) *S. l.*, 1745, in-12.

Voy. « Lettre sur le livre... », V, 1210, *e.*

Seconde Ode sur la guerre d'Autriche. (Par N.-B. MONVEL.) *Paris, impr. de Porthmann* (1809), in-8, 3 p.

Seconde (la) partie de l'Argenis. *Paris, Nic. Buon*, in-8.

Le privilége, daté du 3 juillet 1624, attribue cette suite à M. DE M. L'épître dédicatoire à Henriette d'Angleterre est signée A. M. D. M. (DE MOUCHEMBERG). Le même auteur a encore publié une troisième partie de ce roman, *Paris*, 1626, 1638, in-8.

Seconde partie de l' « Aveuglement de la

France depuis la minorité ». (Par DUBOSC-MONTANDRÉ.) *S. l.*, 1650, in-4, 31 p.

Voy. IV, 355, *c.*

Seconde Proposition.

Voy. « Troisième Mémoire... »

Seconde Relation de ce qui s'est fait et passé devant la ville d'Angers, par M. le duc de Rohan et les habitants, contre les troupes du cardinal Mazarin. D'Angers, les 21 et 23 février 1652. (Par DUBOSC-MONTANDRÉ.) *Paris, imp. de V° J. Guillemot*, 1652, in-4, 7 p.

Seconde Réponse à des dissertations contre la tolérance pour les mariages des protestans, ou Lettre à l'auteur de deux Mémoires... *S. l.* (1756), in-12, 36 p.

Attribuée à l'abbé Jér. BESOIGNE. Voy. « Mémoire politico-critique... », VI, 141, *a*, et « Réponse à une dissertation... », ci-dessus, col. 295, *a.*

Seconde Réponse au livre de M. de Condom, etc. (Par Marc-Antoine DE LA BASTIDE.) *S. l.*, 1680, in-12.

Voyez ci-dessus, « Réponse au livre de M. de Condom... », col. 208, *d.*

Seconde (la) Savoisienne...

Voy. « Première et Seconde Savoisienne... », V, 999, *a.*

Secourisme (le) détruit dans ses fondemens. (Par l'abbé REGNAUD.) *S. l.*, 1759, in-12.

Secret (le). (Par PRÉCHAC.) *Paris*, 1683, pet. in-12.

Secret (le) d'État, comédie-vaudeville en un acte, par MM. F. DE VILLENEUVE, Eugène S*** (SUE) et Edouard M*** (Guill.-Ed.-Désiré MONNAIS). Représentée pour la première fois sur le théâtre des Nouveautés, le 20 avril 1831. *Paris, R. Riga*, 1831, in-8, 24 p.

Secret (le) d'être heureux, ou mémoires d'un philosophe qui cherche le bonheur. (Par R. LE SUIRE.) *Paris*, 1797, in-8. V. T.

Secret (le) d'estre toujours belle. *Paris, Claude Barbin*, 1666, 5 ff. lim., 80 p. et 2 ff. de privilége.

Le privilége est donné au sieur DE SOMAISE, et l'épître dédicatoire est signée D. S.

Secret (le) de l'Église trahi, ou le Catéchumène, ouvrage peu connu, d'un des plus grands philosophes de nos jours. *S. l.*, an III-1794, in-18.

Cette nouvelle édition d'un opuscule qui a fait beaucoup de bruit, et qui parut en 1768 sous le titre de « le Catéchumène » (voy. IV, 535, e) et sous celui de « le Voyageur catéchumène » (voy. ces mots), est suivie du « Songe de Platon », par le même auteur.

Secret (le) de l'État, ou le dernier cri du vrai patriote. (Par l'abbé J.-B. FIARD.) 1796, in-8.

Réimprimé en 1815 à 100 exemplaires, Dijon, Frantin, in-8.

Secret (le) de la jeune fille. Par A. P. F. N... (A.-P.-F. CLAUDE, dit NANCY), auteur d' « Alphonse de Coucy ». Metz, Devilly, 1821, 4 vol. in-12.

Secret (le) de Madeleine, par Marie-Ange DE T*** (Just-Jean-Étienne ROY). Tours, Mame, 1864, in-12. — Tours, Mame, 1870, in-12.

Secret (le) de mon oncle, vaudeville en un acte, par M. VARIN (Étienne ARAGO et Armand CHAPEAU, connu sous le nom de DESVERGERS); représenté sur le théâtre national du Vaudeville, le 10 janvier 1837. Paris, imp. Dondey-Dupré, 1837, in-8.

Secret (le) de M. Lebrun-Tossa, ou lettre à l'auteur de « Mes Révélations », par Henri L... (J.-Henri LA SALLE); suivie des variantes qui existent entre le manuscrit de M. Lebrun-Tossa et le manuscrit de « Conaxa ». Paris, Michaud frères, 1812, in-8.

Secret (le) de retarder la vieillesse, ou l'art de rajeunir et de conserver la santé, selon les maximes des plus célèbres auteurs de la médecine. (Par P. DALICOURT.) Paris, Ve G. Alliot et G. Alliot fils, 1668, in-12.

Même ouvrage que : « le Bonheur de la vie... » Voy. IV, 445, e.

Secret (le) des finances divulgué. S. l. (1764), in-8, 27 p.

Cet écrit, publié par VIEILH, depuis garde des archives de la Compagnie des Indes, fit mettre son auteur à la Bastille, le 18 juin 1764.

La note manuscrite qui m'a révélé le nom de ce courageux écrivain m'apprend aussi qu'au milieu de la Révolution il a été arrêté comme suspect de fédéralisme et conduit à Chartres.

Secret (le) des francs-maçons. (Par l'abbé PÉRAU, PERAULT ou PÉREAU.) Genève, 1742, in-8. — Nouv. édit., rev., corr. et augmentée. 1744, in-12, XI-125 p. et 23 p. de musique.

Sous le n° 276 du Catalogue Ouvarof, on trouve : « les Secrets de l'ordre des francs-maçons dévoilés et

mis au jour (le Secret de la Société des Mopses dévoilé et mis au jour), par M. P*** (l'abbé Gabr.-Louis-Calabre PÉRAU). Nouv. édit. de « l'Ordre des francs-maçons trahi... », Amsterdam, 1745, 2 part. ensemble de XXVI-240-34 p. avec 14 pl. dont 5 de musique. »

L'épître dédicatoire est signée en caractères mystiques : l'abbé Pérau.

La composition de ces deux édit. est la même; on trouve p. 30-33 de l'édit. de 1745, p. 24-30 de l'édit. de 1778, le complément de remerciement de l'abbé Fréron fait le jour de sa réception.

L'abbé Larudan a donné une suite à cet ouvrage, sous le titre de : « les Francs-Maçons écrasés. » Voy. V, 506, d.

Dans la note qui accompagne le n° 277 du Catalogue Ouvaroff Spécimen, M. A. Ladrague cite un fragment des Mémoires de Casanova, édit. de 1863, t. II, p. 166, suivant lequel G.-G. BOTTARELLI se donnait à Londres comme étant l'auteur du « Secret des francs-maçons dévoilé ».

Secret (le) des médecins, ou manuel anti-syphilitique..... Par M*** (L.-A. DE CÉZAN), docteur-régent de la Faculté de médecine en l'Université de Paris. Paris, Costard, 1775, in-12.

Secret (le) des passions, ou l'étude du cœur. (Par l'abbé CUNEAUX, décédé chanoine de l'église cathédrale de Soissons, le 28 octobre 1786.) Londres, 1786, in-12, 286 p.

Secret (le) dévoilé, dialogue entre l'évêque Y et l'abbé Z. (Par SAUTEREAU.) S. l. (1789), in-8, 53 p.

Secret document historique sur la révélation des destinées providentielles des nations slaves et des destinées actuelles du monde, par l'opposition historique, philosophique, religieuse et politique, entre l'Occident et l'Orient, entre l'ancien monde civilisé et le nouveau monde éclairé, par l'auteur de la « Réforme du savoir humain » (Hoëné WRONSKI). Metz, Alcan, 1851, in-4.

Secret (le) du gouvernement jésuitique, ou abrégé des constitutions de la Société de Jésus. Lettre de M. le duc DE ***. (Par J.-L. JOLIVET, médecin.) S. l., 1761, in-12.

Secret (le) du Jansénisme découvert et réfuté par un docteur catholique. (Par le P. Etienne DESCHAMPS.) Paris, S. Cramoisy, 1651, in-4. — 2e éd. Paris, 1651, in-12. — 3e éd. Paris, 1653, in-8.

Secret (le) du ménage, comédie. (Par Aug. CREUZÉ DE LESSER.) Paris, Vente, 1809, in-8.

Réimprimé en 1817 avec le nom de l'auteur.

Secret (le) ou les véritables causes de la détention... de MM. les princes de Condé...

Voy. « Histoire de la prison... », V, 707, d.

Secret (le), par l'auteur de « Charles de Blois » (Mᵐᵉ Mathilde BOURDON). *Lille, Lefort*, 1857, in-12, 72 p.

Secret pour composer en musique par un art nouveau, si facile, que ceux mêmes qui ne savent pas chanter pourront en moins d'un jour composer à quatre parties sur toute sorte de basses ; donné au public par un maistre de musique. (Par DU RENAU.) *Paris, Jacq. de Sanlecque*, 1658, in-4, 46 p.

Secreta monita, ou avis secrets de la Société de Jésus. (Par Jérôme ZAOROUSKI.) *Paderborne*, 1661, in-12, 191 p. — *Amsterdam, J.-L. de Lorme*, 1702, in-12, 90 p.

Voy. aux anonymes latins, « Monita privata Societatis Jesu ».

Secrettaire (le), comprenant le stile et methode d'escrire en tous genres de lettres missives..... illustré d'exemples..... extrait de plusieurs sçavans hommes, par G. C. T. (Gabr. Chappuis, Tourangeau). *Paris, Abel L'Angelier*, 1568, in-8.

Secrétaire (le) de l'ami de province à l'auteur des deux lettres sur les deux oraisons funèbres de Louis XV, l'une par M. de Boismont, l'autre par M. l'évêque de Senez. (Par l'abbé Chrétien LE ROY, professeur de rhétorique au collége du cardinal Lemoine.) *Genève et Paris, Després*, 1774, in-8.

Secrétaire (le) des enfants, ou correspondance entre plusieurs enfants, propre à les former au style épistolaire, par D*** (Pierre BRAHAIN-DUCANGE père). *Paris, Alexis Eymery*, 1821, in-18.

D. M.

Secrétaire (le) du Parnasse, ou recueil de nouvelles pièces fugitives, en vers et en prose, accompagnées de notes critiques et impartiales. (Par Louis DE LAUS DE BOISSY.) *Paris, Le Jay*, 1770, in-12, tome 1ᵉʳ et unique.

Secrète (la) Politique des jansénistes, et l'état présent de la Sorbonne de Paris, découverts par un docteur, lequel, ayant appris le jansénisme lorsqu'il étudioit en théologie sous la conduite d'un professeur qui l'enseignoit publiquement, s'est enfin désabusé et suit maintenant le party des catholiques. *Troyes, Chrestien Romain, à la vraie foi, près la grande église*, 1667, in-12.

Censuré par la Faculté de théologie de Caen le 24 janvier 1668, et flétri par un arrêt du Parlement le 7 septembre de la même année. La Faculté de Caen a cru censurer un ouvrage du fameux MARANDÉ ; mais le véritable auteur est le jésuite Etienne-Agard DE-CHAMPS, suivant l' « Histoire du collége de Douai », 1702, in-12.

Les noms de lieu et d'imprimeur sont supposés. Cet ouvrage paraît avoir été imprimé à Bordeaux, chez J. Mongiron. Voy. pag. 112 et 113 de Socard, « Livres populaires imprimés à Troyes de 1600 à 1800 ». *Paris, Aubry*, 1864, in-8.

Secrets (les) de l'ordre des francs-maçons dévoilés et mis au jour. Par M. P*** (l'abbé G.-L.-C. PÉRAU). *Amsterdam (les frères Van Duren)*, 1745, in-8.

Même ouvrage que l' « Ordre des francs-maçons trahi... » Voy. VI, 737, f.

Secrets de la maçonnerie dévoilés, par un franc-maçon (E.-J. CHAPPRON), au très-saint Père le Pape Pie VII, ou observations sur sa bulle portant excommunication des francs-maçons... *Paris, l'auteur*, 1814, in-8, 32 p.

Secrets (les) de la médecine des Chinois, consistant en la parfaite connaissance du pouls, envoyés de la Chine par un François, homme de grand mérite. *Grenoble, P. Charvys*, 1671, in-12.

Par HARVIEU, d'après Choulant.

Secrets du parti de M. Arnauld, découverts depuis peu. (Par l'abbé TOURNELY.) 1691, 1692, in-12.

Cet ouvrage a paru en 1691 sous le nom du docteur ARNAULD, avec le titre à un « Lettre à un docteur de Douay... » Voy. « Supercheries », I, 385, e.

Secrets (les) et les Fraudes de la chymie et de la pharmacie modernes dévoilés..... (Par Robert DOSSIE.) Ouvrage traduit de l'anglois. *La Haye, P. Gosse*, 1759, in-8, 1 f. de tit., XII-370 p. et 5 ff. de table.

L'ouvrage anglais, également anonyme, a paru en 1758, sous le titre de « the Elaboraty laid open, or, the Secrets... » La traduction allemande, publiée à Altenbourg, en 1783, porte le nom de DOSSIE. Quérard donne l'ouvrage à P. SHAW et attribue la traduction à Mᵐᵉ THIROUX D'ARCONVILLE.

Secrets (les) et Lois de mariage, composez par le secrétaire des dames. S. l. n. d., pet. in-8 de 20 ff. goth., fig. s. b.

On trouve le nom de l'auteur, Jehan DIVRY, dans un acrostiche en dix vers qui termine le volume.

Secrets magiques pour l'amour, octante et trois charmes, conjurations, sortiléges et talismans, publiés d'après les manuscrits de Paulmy. *Paris, Académie des bibliophiles*, 1868, in-12, XII-102 p.

L'avant-propos est signé : C. J. Bibliomane (Jules Cousin).

Secrets (les) Miracles de nature et divers enseignemens de plusieurs choses par raison probable et artiste conjecture, expliqués en deux livres, par Levin LEMNE, traduit en françois (par Ant. DU PINET). *Lyon*, 1566, in-8.

Secrets touchant la médecine. (Par Anne-Marie D'AUVERGNE.) *Paris, Vaugon,* 1668 (*sic*, 1678), in-12, 7 ff. lim., 280 p. et 4 ff. de table.

Secte (la) connue sous le nom de Petite Église, convaincue de schisme, d'erreur, de calomnie et de mauvaise foi. (Par M. CHEVALIER, chanoine du Mans.) *Au Mans, Monnoyer*, 1816, in-12, 56 p.

L'auteur a été victorieusement réfuté par l'abbé BLANCHARD, dans sa « Réponse à une brochure... » Voy. ci-dessus, col. 204, d.

Secte des simples adorateurs de Dieu, ouverte à ceux qui n'ont plus de religion. Par un vieux soldat (GAUDISSART). *Paris, imp. de G.-A. Dentu* (1845), in-8, 16 p.

Sédan en 1870. La bataille et la capitulation. Par un Sédanais (F.-G.-D. FRANÇOIS-FRANQUET). Ouvrage inédit. *Paris , E. Dentu*, 1872, in-8, 144 p. et 1 carte.

L'auteur a signé la préface.

Sédan. Les La Marck, les deux Turenne. Par J.-C. V. (J.-C. VILLET). *Sédan, Laroche-Jacob*, 1862, in-16.

La 2e édit., publiée en 1863, porte le nom de l'auteur.

Sédécias, tragédie en trois actes, dont l'auteur est inconnu. (Par Charles-Philippe RONSIN.) Cette pièce est revue, corrigée et mise au jour par Simien DESPRÉAUX DE LA CONDAMINE, ancien professeur de belles-lettres au collége royal de Louis-le-Grand, et précédée d'une dissertation intéressante sur les liaisons d'Ozael, princesse d'Egypte, avec Sédécias, dernier roi de Juda. *Paris, F. Didot*, 1829, in-8, XXIV-49 p.

Cette pièce avait déjà paru dans le « Théâtre de M. Ronsin ». *Paris, imp. de Cailleau,* 1786, in-12.

Sédition (de la) arrivée en la ville de Dijon le 28 février 1630, et Jugement rendu par le roi sur icelle. (Par Charles FEVRET.) *Paris, E. Martin*, 1630, in-8, 31 p. — *Lyon, imp. de I. Barlet, id.,* in-8, 39 p.

Séductions (les) de la femme, par l'auteur de « Ce que vierge ne doit lire » (le marquis Eugène DE LONLAY). *Paris, imp d'Alcan Lévy*, 1867, in-12, 36 p.

Séductions (les), ou méfiez-vous des apparences, traduit de l'allemand d'Auguste LAFONTAINE, par le traducteur de « Rosaure » et des « Deux Amis » (la comtesse Elise DE MONTHOLON). *Paris, Corbet aîné*, 1824, 2 vol. in-12.

Séductions (les). Par Mme Jenny L. G. D. (Mme Jenny LEGRAND). *Paris, Ladvocat*, 1820, 4 vol. in-12.

Séductions (les) politiques, ou l'An MDCCCXXI. Roman par l'auteur des F..... du S..... « Folies du Siècle » (H. LELARGE DE LOURDOUEIX). *Paris, Pillet aîné*, 1822, in-8, VIII-416 p.

Segraisiana, ou mélange d'histoire et de littérature, recueilli des entretiens de SEGRAIS (par Ant. GALLAND, chez M. Foucault, intendant à Caen, corrigé par FRÉMONT avec des notes de Bernard DE LA MONNOYE, de P.-B. MOREAU DE MAUTOUR, de l'abbé L. BORDELON et du correcteur.., le tout publié avec une préface par DE LA MONNOYE), avec la relation de l'Ile imaginaire et l'histoire de la princesse de Paphlagonie (par Mlle DE MONTPENSIER). *Paris*, 1720, in-12. — *La Haye*, 1720, in-12. — *Paris*, 1721, in-12. — *La Haye*, 1722, in-12. — *Amsterdam* (*Paris*), 1722, in-12. — *Amsterdam*, 1723, in-12.

Le duc de Noailles, qui a trouvé que Mme de Maintenon n'était pas traitée avec assez de respect dans cet ouvrage, a obtenu du chancelier d'Aguesseau la saisie de tous les exemplaires, ce qui a été exécuté, à l'exception d'environ deux cents.

Séide. (Nouvelle, par Rigomer BAZIN.) *Au Mans, chez l'auteur*, 1816, in-8, 24 p.

Seigneur (le) est mon partage, ou lettres sur la persévérance après la première communion, par l'auteur du « Grand Jour approche » (l'abbé J. GAUME). *Paris, Gaume*, 1836, in-18.

Seïla, fille de Jephté, juge et prince des Hébreux. Par Mme DA*** (Mme Marie-Thérèse PEROUX D'ABANY). *Paris, Leclère*, 1801, 2 vol. in-12.

Seine (la) au roi, réclamation contre le projet extraordinaire de faire servir de l'eau du Jourdain au baptême de S. A. R. le duc de Bordeaux. (Par M. VASSEUR, chef des bureaux de la mairie du premier arrondissement.) *Paris, Ladvocat,* 1821, in-8, 18 p.

Seine (la) et le Danube, poëme. Par M******* (A.-P.-F. MÉNÉGAUT aîné). *Paris, Hocquet,* 1810, in-8, 32 p.

Quelques exemplaires portent le nom de l'auteur.

Seine-Inférieure (la) avant et depuis la Restauration, ou réflexions sur le nouvel annuaire statistique de ce département, soumises aux électeurs ; par un électeur du canton de Boos. (Par Emmanuel GAILLARD.) *Rouen, E. Périaux,* 1824, in-8, 34 p.

Seize (les) Boules blanches. (Par le marquis DE LA GERVAISAIS.) *Paris, Pihan Delaforest,* 1830, in-8, 15 p.

Seize (les) livres des Annales de TACITE, avec des notes historiques et politiques, etc.

Voy. les mots : « Tacite, avec des notes... »

XVIe (le) Anniversaire de la révolution polonaise. (Par Philippe-Auguste WUILLOT.) *Bruxelles, Parys,* 1846, in-8, 8 p.
                                    J. D.

Seizième (la) Joye du mariage, publiée pour la première fois avec préface et glossaire. *Paris, Académie des bibliophiles,* 1866, in-16, 31 p. dont 3 pour le glossaire.

C'est un pastiche composé par Pierre JANNET. Un très-court « Avis de l'éditeur » annonce que ce morceau a été trouvé dans un vieux manuscrit à la suite des « Quinze Joyes de mariage ». Pour en faciliter la lecture, on a modifié légèrement l'orthographe et rajeuni quelques expressions.

Seizième Lettre du proposant. (Par VOLTAIRE.) In-8, 8 p.

Voy. « Questions sur les miracles », VI, 1160, b.

Seizième siècle (le) en mil huit cent dix-sept, par l'auteur du « Paysan et le Gentilhomme » (R.-T. CHATELAIN). *Paris, Brissot-Thivars,* in-8. — 2e éd. *Id.,* 1819, in-8.

Séjour à Lyon des armées autrichiennes. Événements qui se sont passés pendant cette époque. Départ de toutes les troupes alliées le 9 juin 1814. (Par le marquis J.-B.-D. MAZADE D'AVÈZE.) *Lyon, J.-M. Barret* (1814), in-8, 59 p.

Séjour d'un officier français en Calabre, ou lettres propres à faire connaître l'état ancien et moderne de la Calabre, le caractère, les mœurs de ses habitants, etc. (Par DURET DE TAVEL, lieutenant-colonel en retraite.) *Paris, Béchet aîné,* 1820, in-8.

Séjour de Cagliostro à Lyon de 1784 à 1785. *Lyon, imp. de G. Rossary, s. d.,* in-8, 8 p.

Signé : A. P. (Ant. PERICAUD).

Séjour (du), de l'Episcopat et du Martyre de saint Pierre à Rome, à M. T. (Taillefer), ministre de l'Eglise prétendue réformée d'Athis (Orne). *Paris, Adrien Le Clère,* 1845, in-8, 52 p.

Par l'abbé E. BISSON, vicaire d'Athis. L'auteur a mis son nom sur une publication faisant suite à celle-ci et portant le même titre, avec cette addition : Deuxième Lettre à M. Taillefer..., *Caen, Lecrène,* 1846, 164 p. in-12.

Cette polémique a donné lieu à d'autres publications : 1° Simple Réponse...,; 2° Saint Pierre a-t-il jamais été à Rome ? Réponse à un défi de M. l'abbé Bisson, *Caen, Pagny,* 1845, IV et 159 p. gr. in-8e; 3° Saint Pierre changé en Juif-Errant par la tradition, *Paris, Delay,* 1846, 22 p. in-16 ; ces trois brochures composées et signées par M. Louis Taillefer, pasteur à Athis; 4° Un Ami de la vérité, *Condé-sur-Noireau, Auger,* 1845, 8 p. in-8e, réfutation anonyme, très-violente, de la « Simple Réponse », etc.
                                    L. D. L. S.

Séjour (le) de Napoléon à l'île d'Elbe. Détail de ce qui s'est passé en France, à l'île d'Elbe et au Congrès de Vienne, pendant l'année mémorable de son exil. Faits incroyables, recueillis par l'auteur du « Bonapartiana ». P. C. *Paris, H. Vauquelin,* 1815, in-18.

L'auteur du « Bonapartiana » est Ch. Yves Cousin, d'Avallon, auquel ce nouvel ouvrage a été par conséquent attribué par le « Catalogue de l'histoire de France » de la Bibliothèque nationale.
Les « Supercheries », d'après les initiales du titre, le donnent à Pierre COLAU.

Séjour de trois mois dans les montagnes près de Rome, pendant l'année 1819, par Maria GRAHAM, traduit de l'anglais sur la seconde édition (par F.-J.-L. RILLIET DE CONSTANT). *Paris, Béchet,* 1822, in-8, avec une planche.

Séléna, ou la famille samanéenne. (Par Jean-Antoine GLEIZES.), *Paris, Desforges,* 1838, in-8.
                                    D. M.

C'est une nouvelle édition des « Nuits élyséennes ». Voy. VI, 588, c.

Seleucus, opéra qui doit être représenté à Oranienbaum, par ordre de S. A. I. Mgr le grand-duc (Paul) de toutes les Russies (la poésie est de M. le doct. Bo-

NECHI; la musique est de M. Fr. Araya).
Saint-Pétersbourg, 1761, in-4.

En italien et en français.

Seligny, ou l'accusé de rapt; suivi du
Tocsin et l'Homme à la mode, par M. L***
(Jacques LABLÉE). Paris, an IX-1801,
in-12. V. T.

Selim et Selima, poëme imité de l'allemand (de C.-M. WIELAND), suivi du
Rêve d'un musulman, trad. d'un poëte
arabe. (Par C.-J. DORAT.) Leipsick (Paris),
1769, in-8, 66 p., avec des grav. — Nouv.
édit. 1770, avec gravures.

Sélim, ou le pacha de Salonique. (Par
BRASSEUR.) Lille, Lefort, 1848, in-18.

Souvent réimprimé.

Selisca, ou le prieur des Bénédictins.
(Par Mme DE SAINT-VENANT.) Paris, Société
typographique, 1802, 2 vol. in-12.

Selmours de Florian, comédie en trois
actes ét en vers, représentée pour la
première fois sur le théâtre Favart, par
les comédiens sociétaires du théâtre royal
de l'Odéon, le 3 juin 1818. Par M***
(Emile DESCHAMPS et H. DE LATOUCHE).
Paris, Dalibon, 1818, in-8, 43 p.

Selva, ou recueil de matériaux, de discours et d'instructions pour les retraites
ecclésiastiques, suivi d'une instruction sur
l'office divin, par saint Alphonse de LI-
GUORI. Nouvelle traduction par l'abbé
J. G. (Joseph GAUME). Paris, Gaume
frères, 1833, 2 vol. in-18. — 2e éd. Id.,
1835, 2 vol. in-18.

Semailles évangéliques, ou Recueil de
morceaux divers et inédits sur les vérités
de la parole de Dieu... par l'éditeur de
« Théogène » (le pasteur César MALAN).
No 1. Genève, 1830, in-8.

Sepmaine (la) d'argent, contenant l'histoire de la seconde création ou restauration du genre humain. Sedan, Jacques de
Turenne, 1629, in-8.

Violet-le-Duc, « Biblioth. poétique », p. 435,
1632, cite une édition de Sedan, Jean Jannon,
1632. Il attribue ce poëme au sieur Abel D'ARGENT,
parfaitement inconnu de tous les biographes, dit-il.

Semaine (la) de Montalvan, ou les mariages mal assortis, contenus en 8 nouvelles, etc., trad. de l'esp. (par VANEL).
Paris, 1684, 2 vol. in-12. — Suiv. la cop.
impr. à Paris (à la sphère), 1685, 1686,
in-12.

Le texte espagnol : « Para todos exemplos morales »,
a eu de nombreuses éditions.

Semaine (la) de trois jeudis, suivie de
la solution de ce paradoxe : comment peut-
il arriver que, de deux jumeaux qui seraient nés et morts en même temps, l'un
aurait vécu deux jours plus que l'autre?
(Par RAYNAUD.) Paris, Delaunay, 1831,
in-8.

Semaine (la) des amours, roman-vau-
deville en sept chapitres, par Philippe D.
(DUMANOIR) et Julien de N. Bruxelles,
1828, in-18. J. D.

Semaine (la), gazette littéraire, par un
comité secret de rédaction. Paris, F. Didot,
1824-1825, 4 vol. in-8.

Aucun article n'est signé. Les principaux rédacteurs ont été Victorin et Aug. FABRE et M.-G.-T. VIL-
LENAVE.

Semaine littéraire...

Voy. « Amusements d'un homme de lettres... »,
IV, 157, a.

Semaine (la) nocturne. Sept nuits de
Paris. (Par N.-Ed. RÉTIF DE LA BRE-
TONNE.) Paris, Guillot, 1790, in-12, gra-
vures.

C'est la première suite des « Nuits de Paris », t. XV.

Semaine sainte à l'usage de Rome, traduction nouvelle en prose et en vers français; par T. C. D. (J.-R.-T. CABARET-DU-
PATY), avec le texte latin, accompagné
d'un grand nombre de pièces détachées
du paroissien romain, en vers français;
par le comte DE CAUSENS et T. C. D. Pau,
imp. Vignancour, 1859, in-18, 537 p.

Semaines (les) évangéliques, qui contiennent des réflexions morales pour
chaque jour. (Par l'abbé L. DE BONNAIRE.)
Paris, 1735, 2 vol. in-8.

Semelé, tragédie représentée pour la
première fois par l'Académie royale de
musique, le mardi neuvième jour d'avril
1709. (Par Ant. HOUDART DE LA MOTTE.)
Paris, C. Ballard, 1709, in-4, XII-43 p. —
Amsterdam, 1711, in-12.

Semelion, histoire véritable. 1700,
1715, in-12. — Amsterdam, Th. Boetman,
1716, in-12. — Rouen, 1733, in-12. —
Nouv. édit., augm. d'une 3e et 4e parties
qui n'avaient pas encore été publiées,
par le marquis DE BELLE-ISLE (le tout
donné par Simon CHARDON LA ROCHETTE).
Hambourg (Paris), L. Collin, 1807, 2 vol.
in-12.

Semi-concordatisme (le). (Par R.-F.-X.
BEAUNIER.) Vendôme, impr. de Henrion
(1844), in-8, 1 f. de tit. et 28 p.

Sémiramis, tragédie en cinq actes. (Par Jean-Ch.-Franç. BIDAULT DE MONTIGNY.) *Amsterdam, P. Mortier*, 1749, in-8, 1 f. de tit. et 30 p.

Parodie de la « Sémiramis » de Voltaire.

Sémiramis, tragédie en cinq actes, précédée d'une dissertation sur la tragédie ancienne et moderne à S. Exc. Mgr le cardinal Quirini, noble Vénitien, évêque de Brescia, bibliothécaire du Vatican, avec quelques pièces de littérature. (Par VOLTAIRE.) *Paris*, 1749, in-12.

Semire, tragédie traduite du russe (de SOUMAROCOW, en prose française, par le prince A. DOLGOROUKY). *S. l. n. d. (Saint-Pétersbourg)*, in-8, 2 ff. et 72 p.

Catalogue Soleinne, nº 5092.

Semonce générale de paix et de réunion à l'Eglise et à sa Chaire apostolique, adressée à toute la nation des Juifs; par François-Guillaume ***, catholique françois. (Par François-Guillaume QUÉRIAU.) *Avignon*, 1765, in-8.

Voy. « Supercheries », III, 1055, f.

Sénat (le) et encore une constitution. (Par le chev. DE L'ESPINASSE DE LANGEAC.) *Paris*, avril 1814, in-8, 23 p. — Autre édit. *Saint-Pétersbourg, impr. de Pluchart*, 1814, in-8, 35 p.

Le permis d'imprimer est daté de Saint-Pétersbourg, 30 mai 1814 ; l'édition de Paris n'est pas annoncée dans la « Bibliographie de la France ».

Sénat (le) romain. (Par François FYOT DE LA MARCHE, baron DE MONTPONT, Dijonnois.) *Paris, P. Emery*, 1702, in-12, 4 ff. lim., 229 p. et 1 f. de priv.

Seneque (le) chrestien, où se voyent les divers effets de la vie et les moyens de bien mœurs (*sic*). Le tout à l'imitation de Seneque payen. *A Paris, chez Daniel Guillemot*, 1610, in-12.

Le privilége porte : « le Seneque chrestien, par F. F. » Placcius (nº 2476) fait observer que ce livre, qui ne contient que cent pensées, avec une petite préface, a été depuis réimprimé, augmenté de deux cents autres sentences sous ce titre : « le Seneque chrestien, ou considérations philosophiques et applications morales, tirées de l'anglois de M. Joseph HALL. » *Genève*, 1619, in-24, 570 p.

Sénèque (le) exilé consolant les bourgeois de la ville de Paris sur l'assassin de leurs citoyens... (Par DU CREST.) *Paris*, 1652, in-4, 15 p.

Sennemours et Rosalie de Civraye, histoire françoise. (Par le chevalier DE

BRUIX.) *Paris, Delalain*, 1773, 3 vol. in-12.

Sens (le) commun de M. Gerbet, ou examen de ses doctrines philosophiques dans ses rapports avec les fondements de la théologie ; suivi de deux appendices sur le sens commun de M. de La Mennais et de M. Laurentie ; par M*** (l'abbé JAMMES, alors aumônier de l'Ecole polytechnique). *Paris, Brunot-Labbe*, 1827, in-8, 277 p.

Sens (le) commun. Ouvrage adressée aux Américains et dans lequel on traite de l'origine et de l'objet du gouvernement, de la constitution angloise, de la monarchie héréditaire et de la situation de l'Amérique septentrionale. Traduit de l'anglois de Thomas PAINE... (par A.-G. GRIFFET DE LA BAUME). *Paris, Gueffier*, 1791, in-8, 1 f. de tit., IV-113 p. — 2º éd. *Id.*, in-8, 1 f. de tit., II-96 p.

L'édition originale de ce livre parut à Charlestown en 1776. Réimprimé à Philadelphie en 1777 avec des additions et une « Adresse aux quakers ». Une 9º édition, *London*, 1792. La prudence a fait retrancher dans les impressions faites en Angleterre divers passages qui se trouvent dans les éditions américaines.

Sens (le) littéral de l'Ecriture sainte défendu contre les principales objections des antiscripturaires et des incrédules modernes, traduit de l'anglois de M. STACKHOUSE (par Charles CHAIS), avec une dissertation du traducteur sur les démoniaques. *La Haye, Gallois*, 1741, 3 vol. in-12.

Sens (les), poëme en six chants. (Par Barn. FARMIAN DE ROSOI, connu sous le nom de DUROSOI.) *Paris, Lesclapart*, 1766, in-8. — *Londres*, 1767, in-8. — *Bruxelles*, 1822, in-18.

Sens (le) propre et littéral des Psaumes de DAVID, exposé brièvement... (Par le P. J.-P. LALLEMANT, jésuite.) *Paris*, 1723, in-12. — *Paris, Montalant*, 1728, in-12. — 12º édit. *Paris, Lottin*, 1772, in-12.

Souvent réimprimé avec le nom de l'auteur.

Sens spirituel de l'Oraison dominicale, expliqué par divers passages des écrits d'Emmanuel SWEDENBORG (par CLOW, traduit de l'anglais par J.-P. PARRAUD). *Paris, Lanoë*, 1818, in-12, 48 p.

Sensibilité (la), ode. (Par C.-F.-X. MERCIER, de Compiègne.) *Paris, Favre*, 1797, in-8.

Sensible (le) et l'Indifférent. (Par Nicolas KARAMSIN.) Trad. du russe (par

Arsène Khvostoff). *Saint-Pétersbourg*, 1806, in-12.

Sentence rendue contre l'un des plus respectables citoyens de la capitale, en faveur de Charles-Henri Sanson, bourreau de Paris... Extr. du « Courrier de Paris dans les provinces ». (Par A.-J. Gorsas.) *S. l. n. d.*, in-8, 8 p.

Sentences et Élévations spirituelles. (Par Yves DE MONTI, seigneur DE LA CHA-LONNIERE, ancien maire de Nantes.) *Poitiers, H. Houdin, s. d.*, in-64, 216 p.

Catalogue de Nantes, nº 60950.

Sentencieuse (la) loy que l'ange escrit à l'honnorée royne mère, mère des censibles, qui conteste l'Ante-Christ invisible. (Par DES VIETTES.) *Par la revelation des advertans, en l'an du Ius-pillé seize cens vingt-quatre, à la foire, à Paris*, in-8.

Sentiment d'un citoyen sur les cancers héréditaires. Par E. F. (Frédéric DE-GEORGE). *Paris, Brasseur aîné*, 1821, in-8, 8 p.

Deux éditions la même année.

Sentiment d'un évêque sur la réforme à introduire dans le temporel et la discipline du clergé. (Par G.-L. DU TILLET, évêque d'Orange.) *S. l. n. d. (Paris, 1790)*, in-8, 12 p.

Sentiment d'un harmoniphile sur différents ouvrages de musique. (Par A.-J. LABBET, abbé DE MORAMBERT, et Ant. DE LÉRIS.) *Amsterdam et Paris, Jombert*, 1756, in-12.

Sentiment d'un inconnu sur l' « Oracle des nouveaux philosophes », pour servir d'éclaircissement et d'*errata* à cet ouvrage. Dédié à M. de Voltaire. (Par A.-J. DE CHAUMEIX.) *Villefranche, chez Philalete, à la bonne foi*, 1760, in-8, VI-98 p.

Voy. « l'Oracle des nouveaux philosophes... », VI, 724, f.

Sentiment des jésuites touchant le péché philosophique. (Par le P. Dom. BOUHOURS.) *Paris, veuve Sebast. Mabre-Cramoisy*, 1640, in-4, 8 p. — Même titre. Seconde lettre. 26 p. — Même titre. Troisième lettre. 20 p. — Autre édit. in-12 de 15, 59 et 51 p. — Autre édit. *Dijon, Repayre*, 1690, in-12. — *Orléans, J. Borde*, 1690, in-12.

Voy. de Backer, 2e édit., t. I, col. 817, nº 25, et t. II, art. Maes.

La seconde lettre est attribuée à Michel LE TELLIER.

par les rédacteurs du « Catalogue des livres imprimés de la Bibliothèque du roy ».

Sentimens affectueux de l'âme envers Dieu.... par le chevalier de *** (le chevalier DE LASNE D'AIGUEBELLES). *Avignon, veuve Girard*, 1765, in-12. — *Paris, La Porte*, 1777, in-12.

La première édition était intitulée : « Sentimens d'une âme dégoûtée de la vie... »

Sentimens chrétiens, pour le tems de l'affliction et les jours de la miséricorde, ou paraphrases de diverses parties des Livres saints... (Par le chevalier CARDON DE MONTREUIL.) *Paris, Nicolle*, 1815, in-24.

Sentimens chrétiens propres aux personnes malades et infirmes, pour se sanctifier dans les maux et se préparer à une bonne mort; par M. F. (Marin FILASSIER). *Paris, Vatel*, 1723, in-12. — 6e édition. *Paris, Boudet*, 1749, in-12. — *Paris*, 1754, in-12.

Sentimens chrétiens sur les principaux mystères de Notre-Seigneur, etc. (Par Mlle FEUILLET.) *Paris, Roulland* (vers 1689), in-12.

Sentimens critiques d'un chanoine (le P. J.-Fr. DE COURBEVILLE, jésuite), avec la réponse, sur divers traités de morale, à l'auteur du « Traité sur la prière publique » (Duguet). *Bruxelles, Walinghen*, 1708, in-12.

Il y a des exemplaires, avec la même date, qui portent : « Sentimens de critique d'un chanoine... » Voy. ci-après, col. 469, c.

Sentimens critiques sur les Caractères de M. de La Bruyère. *Paris, Michel Brunet*, 1701, in-12, 2 ff. lim., 600 p. et 3 ff. de table et de privilége.

Cet ouvrage est en 36 lettres, dont 18 contre les Caractères et 18 contre le Théophraste moderne.

Brunet fait observer que Gabr. Martin, dans ses Catalogues, attribue toujours cet ouvrage à Pierre-Charles BRILLON, avocat, l'auteur anonyme du « Théophraste moderne » ; mais L.-Th. Hérissant, dans une note adressée à A.-A. Barbier, et qui a fait supprimer celle qui accompagnait le nº 10734 de la 1re éd. du « Dictionnaire des anonymes », dit : « Une preuve décisive contre l'attribution des « Sentimens critiques » à Brillon est la forme même de ces « Sentimens », où le « Théophraste » est plus attaqué que les « Caractères de La Bruyère. »

Coste, dans sa « Défense de La Bruyère », dit qu'on regardait communément VIGNEUL-MARVILLE (N.-B. D'ARGONNE) comme l'auteur des « Sentimens critiques. » Voy. les « Caractères de La Bruyère », t. II, p. 569, édit. de Paris, 1740.

Plusieurs passages des « Mélanges critiques » de

VIGNEUL-MARVILLE ont fait aussi croire à l'abbé de Saint-Léger que les « Sentimens critiques » étaient du religieux caché sous ce nom.

Enfin cet ouvrage a aussi été attribué à Pierre DE VILLIERS.

M. G. Servois, dans l'édition de La Bruyère donnée par lui dans la collection des « Grands Ecrivains », *Paris, Hachette,* 1865, tome I, pag. 99 et suivantes, combat ces dernières attributions et persiste à nommer comme auteur Pierre-Charles BRILLON.

Sentimens d'Erasme, conformes à ceux de l'Eglise catholique, sur tous les points controversés. (Par Jean RICHARD, ancien curé de Triel.) *Cologne, Le Jeune (Paris),* 1688, in-12.

Voy. l'Épître dédicatoire. L'ouvrage a été réimprimé en 1715 sans cette Epître, ce qui le rend tout à fait anonyme pour cette édition.

Sentimens d'un amateur sur l'exposition des tableaux du Louvre, et la Critique qui en a été faite. (Par l'abbé GARRIGUES DE FROMENT.) *S. l.* (1753), in-12, 44 p.

Sentimens d'un chrétien touché d'un véritable amour de Dieu, tirez de divers passages de l'Ecriture sainte, et représentez par quarante-six figures en taille-douce. Par un solitaire des Sept-Fonts. (Par J.-B. DROUET DE MAUPERTUY.) Troisième édition. *Paris, R. Mazières,* 1708, in-12, 94 p.

La première édition est de 1702. Souvent réimprimé. C'est par erreur qu'aux « Supercheries », III, 707, c, cet ouvrage est attribué à l'abbé DE LA CHETARDIE.

Sentimens d'un cœur pénitent. (Par le duc DE SAINT-AIGNAN.) *Paris,* 1680, in-12.

Sentimens (les) d'un fidèle sujet du roi sur l'arrêt du Parlement du vingt-neuvième décembre 1651. *S. l. n. d.,* in-4.

Anthyme-Denys COHON a toujours passé pour l'auteur de ce manifeste ; quelques bibliographes cependant ont cru pouvoir l'attribuer à MARTINEAU, évêque de Bazas, et à d'autres. Voy. Moreau, « Bibliographie des mazarinades », t. III, p. 173 ; Hauréau, « Hist. littér. du Maine », 2ᵉ édit. (1871), t. V, p. 126.

Pour les critiques de cet écrit, voy. « Catalogue de l'histoire de France » de la Bibliothèque nationale, t. II, p. 133, nᵒˢ 2087 et 2088.

Sentimens (les) d'un franc et véritable Liégeois sur les discours de M. Descarrières touchant la neutralité du pays. (Par le baron F.-P. DE LISOLA.) (*Liége,* 1674), in-4, 24 p.

Voy. de Theux, p. 127.

Sentimens d'un Français sur le projet de constitution. *Lyon, Ballanche,* 1814, in-8, 26 p.

Signé A. C., avocat (ARCIS-CHAZOURNE).

Sentimens d'un homme de guerre sur le nouveau système du chevalier de Folard. (Par DE SAVORNIN.) *Paris, Briasson,* 1733, in-4. — *Paris, Jombert,* 1739, in-4.

Sentimens d'un républicain sur les assemblées provinciales et les états-généraux. Suite des « Lettres d'un citoyen des Etats-Unis à un Français, sur les affaires présentes ». (Par CONDORCET.) *Philadelphie,* 1788, in-8, 30 p.

Voy. « Lettres d'un citoyen... », V, 1236, e.

Sentimens d'un spectateur. (Par l'abbé CAHAGNE.) *S. l.,* août 1742, in-8.

Au sujet du « Mahomet » de Voltaire.

Sentimens d'un vrai républicain sur le procès de Louis Capet. (Par VERNIER.) *S. l.,* 1792, in-8, 11 p.

Sentimens d'une âme dégoutée de la vie...

Voyez « Sentiments affectueux de l'âme... », ci-dessus, col. 466, a.

Sentimens d'une âme pénitente sur le pseaume *Miserere mei, Deus,* et le retour d'une âme à Dieu, sur le pseaume *Benedic, anima mea.* Accompagnées (sic) de réflexions chrétiennes. Par Mᵐᵉ D***. *Paris, veuve T. Girard,* 1698, in-12, 2 ff. lim. 134, 184 et 50 p.

La 2ᵉ partie a un titre particulier qui porte : « Les sentimens d'une âme qui retourne à Dieu. Sur le pseaume 102, *Benedic, anima mea...* »

Souvent réimprimé.

Attribué par le Catalogue de Nantes à Mᵐᵉ DU-NOYER. Barbier, d'après une note manuscrite sur un exempl. de l'édit. de 1711, le donnait à dom Louis PISANT.

Sentimens d'une âme pénitente sur le pseaume *Miserere.* Par Mᵐᵉ D***, traduits en vers. *Dresde,* 1764, in-4, 96 p.

Cet ouvrage, qui est une traduction en vers des Pseaumes de DAVID, a été publié en français et en allemand. Le titre gravé porte les initiales I. K. H. Fr. E. T. A. S., qui signifient Ihre Königliche Hoheit Fraulein Ermelinda Thalea, Arkad. Schaeferin, c'est-à-dire S. A. R. Mˡˡᵉ Ermelinde THALEA, bergère d'Arcadie, qui n'était autre que la princesse électorale de Saxe, MARIE-ANTOINETTE WALPURGIS de Bavière, princesse royale de Pologne.

Pour une seconde édit. de cet ouvrage, voy. ci-dessus, « la Laïs philosophe », V, 1065, f.

Sentimens d'une âme qui désire vivre de J.-C., ou le manuel des chrétiens divisé en quatre livres (traduit du latin par l'abbé DE BRICOURE). *Paris, Berton*, 1774, in-12.

Note manuscrite.

Sentimens (les) d'une âme qui retourne à Dieu...

Voy. « Sentimens d'une âme pénitente... », ci-dessus, col. 468, c.

Sentimens de Charles II, roi de la Grande-Bretagne, sur la véritable religion et les motifs de la conversion de la duchesse d'Yorck... (Publiés par l'abbé DE FOURCROY.) *Paris, C. Cellier*, 1705, in-12, 6 ff. lim. et 98 p.

Sentimens de CLÉARQUE sur la « Manière de bien penser dans les ouvrages d'esprit », et sur les « Lettres à une dame de province ». (Par Nic. ANDRY DE BOISREGARD.) Sec. édit. *Paris, L. d'Houry*, 1693, in-12.

Sentimens de critique d'un chanoine (le P. J.-Fr. DE COURBEVILLE, jésuite), sur divers traités de morale, à l'auteur de « la Prière publique » (Duguet). *S. l.*, 1708, in-12.

Même ouvrage que « Sentimens critiques d'un chanoine... » Voy. ci-dessus, col. 466, d.

Sentimens (les) de l'Académie françoise sur la tragédie du Cid. (Par CHAPELAIN et CONRART.) *Paris, Camusat*, 1638, in-8, 192 p. — *Paris, Quinet*, 1678, in-12, 183 p.

Sentimens de l'Eglise et des saints Pères, pour servir de décision sur la comédie et les comédiens. *Paris, Coignard*, 1694, in-12.

Par Pierre COUSTEL; attribué d'abord au P. CAFFARO, qui le désavoua. (Filippi, 198.)

Sentimens de M*** (Dav.-R. BOULLIER) sur la « Critique des Pensées de Pascal », par M. de Voltaire. In-12.

Réimprimés dans les « Lettres critiques sur les lettres philosophiques... » Voy. V, 1232, e.

Sentimens de piété, où il est traité de la nécessité de connoître et d'aimer Dieu, etc. (Par FÉNELON.) *Paris, Babuty*, 1719, in-12.

Réimprimés avec le nom de l'auteur. Il existe une édition de *Paris*, 1713, in-12, donnée contre l'assentiment de Fénelon et qui contient des passages qui ne sont pas de lui. Voy. « Mémoires de Trévoux », sept. 1713, p. 1668, et aussi sept. 1734, p. 1723.

Sentimens de piété, par le P. CHEMINAIS. (Publiés par le P. Fr. BRETONNEAU.) *Paris*, 1691, 1734, 1756, in-12.

Sentimens de piété sur la profession religieuse, etc. (Par le P. Fr. LAMI, bénédictin.) *Paris*, 1697, in-12.

Sentimens de quelques théologiens de Hollande sur l'«Histoire critique du Vieux Testament » (de Richard Simon, par Jean LE CLERC). *Amsterdam*, 1685, in-8.

Sentimens de saint Thomas sur le précepte de l'aumône. (Par le P. ROUX, dominicain.) *Limoges*, 1710, in-12.

V. T.

Sentimens des catholiques de France sur le Mémoire au sujet des mariages des protestans. (Par l'abbé Marc-Albert DE VILLIERS.) *S. l.*, 1756, in-8, 14 p.

Sentimens des citoyens. (Par VOLTAIRE.) *Genève* (1765), in-8.

Voy. Quérard, « Bibliographie voltairienne », n° 264. Réimprimé sous le titre de « Réponse aux lettres... » Voy. ci-dessus, col. 305, b.

Sentimens des philosophes sur la nature de l'âme.

Voy. « Evangile de la raison », V, 327, f.

Sentimens des six conseils établis par le roi, et de tous les bons citoyens. (Par VOLTAIRE.) *S. l.* (1771), in-8, 8 p.

Sentimens désintéressés sur la retraite des pasteurs de France, ou examen d'un livre qui a pour titre : « Histoire et Apologie de la retraite des pasteurs à cause de la persécution de France ». (Par Gabriel D'ARTIS.) *Deventer, chez les héritiers de P. Hamel*, 1688, in-12.

« Œuvres de Bayle », in-fol., tome IV, p. 604.

Sentimens et Maximes sur ce qui se passe dans la société civile. *Paris, Louis Josse*, 1697, in-8, 44 p.

Ces pensées, composées par l'un des amis de la marquise de Sablé, furent d'abord publiées à la suite des maximes de cette dame : suivant Brunet et la Biogr. Michaud, leur auteur serait M. D'AILLY, chanoine de Lisieux.

Sentimens et pratiques de piété, pour les jours de l'Avent. (Par le P. J.-B.-E. AVRILLON.) *Vienne*, 1774, pet. in-12, 268 p.

Sentimens (les) françois, ronde. (Par Nic. JOUIN.) *S. l.* (1757), in-8, 4 p.

Sentimens intimes. Emmerik de Mauroger. Première jeunesse. Par l'auteur de « Marguerite Aymon » et des « Trois Soufflets » (Mme A. DE CUBIÈRES, née BUFFAULT). *Paris, V. Masson*, 1837, 2 vol. in-8.

Sentimens qu'il faut inspirer à ceux qui s'engagent dans la profession religieuse. (Par le P. CHARTONNET.) *Paris, Estienne*, 1710, in-12.

Sentimens sur la danse, tirés de la sainte Ecriture, des saints Pères, des conciles, etc. (Par le P. PAUL, de l'Oratoire.) *S. l.* (vers 1694), in-12, 24 p.

Sentimens sur le ministère évangélique, avec des réflexions sur le style de l'Ecriture sainte et sur l'éloquence. (Par l'abbé DU JARRY.) *Paris, Thierry*, 1689, in-12.

Sentiments sur les historiens de Provence. (Par PITTON, médecin ; retouchés par Jos. DE TEMPLERY, seigneur DE LEVEN, auditeur des comptes.) *Aix*, 1682, in-12.

Pitton est mort en 1690, et Templery en 1706.

Sentimens sur les lettres et sur l'histoire, avec des scrupules sur le style. (Par DU PLAISIR.) *Paris, Blageart*, 1683, in-12, 3 ff. lim. et 304 p. — *Lyon, Amaulry*, 1683, in-12.

Sentimens sur quelques ouvrages de peinture, sculpture et gravure. (Par DE LA FONT DE SAINT-YENNE.) *S. l.*, 1754, in-12.

Sentinelle (la). *Paris, de l'imp. du Cercle social*, 1792, in-8 et in-fol.

Ce fut d'abord un journal-affiche ; ensuite, chaque numéro paraissait en même temps dans les deux formats. Il était rédigé par J.-B. LOUVET.

Après une interruption, il reparaît sous le titre : « la Sentinelle », par J.-B. LOUVET (du Loiret), représentant du peuple. *Paris, Louvet*, 6 messidor an III-pluviôse an VI, 4 vol. in-4.

En l'an V, les titres portent : par J.-J. LEULIÈTE ; et en pluviôse an VI : par une société de gens de lettres.

P.-C.-L. BAUDIN, des Ardennes, rédigeait les séances ; P.-C.-F. DAUNOU, les mélanges de philosophie et de politique.

Voy., pour plus de détails sur ce journal, Hatin, « Bibliographie de la presse », page 236.

Sentinelle (la) de la noblesse, par un plébéien qui se fait gloire de l'être. (Par MONSODIVE ?) *Demophilopolis* (Rennes), *s. d.*, 2 nos in-8, 19 et 30 p.

Catalogue de Nantes, n° 60561.

Sentinelle (la) du peuple. Aux gens de toutes professions, sciences, arts, commerce et métiers, composant le tiers état de la province de Bretagne. *S. l.*, 10 nov.-25 déc. 1788, 5 nos in-8.

Pamphlet contre la noblesse. Le titre de la réimpression porte : « Par un propriétaire en ladite province » (MONSODIVE). On dit que VOLNEY était son collaborateur.

Séparations (les), ou l'Eglise justifiée contre ceux qui s'en sont séparés, par un prêtre (l'abbé ARMELY). *Bourg, Janinet*, 1809, in-8, 388 p.

Attribué à BOCHARD dans le « Catalogue de la bibliothèque lyonnaise » de M. Coste, n° 2158.

Sept chapitres sur les changements proposés à la loi des élections, par A. L. B. (V.-L.-S.-M. ANGLIVIEL DE LA BEAUMELLE). *Paris, Dondey-Dupré*, 1820, in-8, IX-144 p.

Sept (le) Décembre, ou la sœur de charité, anecdote dédiée à d'illustres mânes, par l'auteur des « Mémoires d'une contemporaine » (Ida SAINT-ELME). *Paris, impr. de Setier*, 1827, in-8, 12 p.

Prospectus. L'ouvrage était annoncé en 4 vol. in-8.

Sept (sensuivent les) degrez de leschelle de penitance, figurés et exposés au vray sur les sept Pseaulmes penitentielz... composés par ... maistre Pierre DE ALIACO. *S. l. n. d.*, in-4, 36 ff. — *Id.*, in-4, 19 ff. — *Lyon, Denys de Harsy*, 1542, in-16.

Cet ouvrage a été écrit en latin par le cardinal Pierre D'AILLY ; du Verdier attribue la traduction à Antoine BÉLARD.

Sept (les) Douleurs de Marie, par N***, prêtre (VANDERHEYDEN). *Gand, Rousseau père* (1845), in-32.   J. D.

Sept et le va à l'as de pique, ou le ponte en bonne fortune, anecdote parsemée de contes en vers. *Pharaonis, aux dépens de la Banque*, 1784, in-18.

Attribué à MÉRARD DE SAINT-JUST dans le Catalogue Pixérécourt, n° 1401. Voy. ci-devant, « le Calembourg en action », IV, 475, f.

Sept (le) juillet 1853 à Mattaincourt, relation descriptive dédiée à M. l'abbé Madol, curé de Mattaincourt... (Par M. Justin BONNAIRE.) *Nancy*, in-8, 16 p.

Sept lettres d'un théologien françois à un théologien des Pays-Bas, sur l'institut et la proscription des Jésuites. (Par Pierre SARTRE, ancien prieur et docteur de Sorbonne.) *S. l.*, 1766, in-12.

Sept (les) Livres de la Diane de George DE MONTEMAYOR, traduits en françois avec l'espagnol à côté, par P. S. G. P. (PAVILLON). *Paris, du Breüil*, 1611, 1613, in-8.

Sept Nouveaux Contes, par l'auteur des « Œufs de Pâques » (l'abbé Christ. SCHMID, trad. de l'allemand). *Strasbourg et Paris, Levrault*, 1833, in-18.

Sept (les) Pseaumes de la pénitence de DAVID, par P. ARETIN; traduictz d'italien en langue françoyse *d'ung vray zele*. (Par Jean DE VAUZELLES, maître des requêtes de la reine de Navarre.) *Paris, Janot*, 1541, in-8.

Sept (les) Pseaumes de la pénitence, en forme de paraphrase. (Par Marie-Eléonor DE ROHAN, abbesse de Malnoüe.) *Paris, Boudot*, 1697, in-16.

Sept (des) Sacrements de l'Eglise, etc., par Barthélemy CARRANZA, archevêque de Tolède, traduit de l'espagnol (par Nic.-Jos. BINET, recteur de l'Université). *Paris, Hérissant*, 1692, in-12.

Sept (les) Sages de Rome (tirés du latin de D. JEHAN, moine de l'abbaye de Haute-Selve). *Genève*, 1492, in-fol. goth.

L'ouvrage a été composé dans l'origine par l'Indien SINDEBAD, un siècle avant l'ère chrétienne. Il a été successivement traduit en persan, en arabe, en hébreu, en syriaque, en grec.

Voir, au sujet du roman des « Sept Sages » et de ses diverses rédactions, la notice de M. Loiseleur-Deslongchamps sur les « Contes turcs » traduits par Petis de La Croix (les « Mille et un Jours », *Paris*, 1841, gr. in-8, p. 286).

Voy. aussi, pour la description des diverses éditions de ce livre, Brunet, « Manuel du libraire », 5° édit., V, col. 205 à 207.

Septembre et Juillet, ou le triomphe de la liberté. (Par MANGEZ, avocat.) *Anvers, Manceaux*, 1857, in-8, 20 p.   J. D.

Septembre 1834, chants. (Par MALEK DE WERTHENFELD.) *Bruxelles*, 1834, in-8.
J. D.

Septembriseurs (les). Scènes historiques. (Par H. REGNIER D'ESTOURBET.) *Paris, Delangle*, 1829, in-8, VIII-402 p.

Septième publication du « Populaire ». Moyen d'améliorer l'état déplorable des ouvriers... *Paris, imp. de L.-E. Herhan* (1833), in-8, 8 p.

Signé: C... (Etienne CADET).

Septième rapport du Comité de mendicité, ou résumé sommaire du travail qu'il a présenté à l'Assemblée. (Par F.-A.-F. DE LA ROCHEFOUCAULD-LIANCOURT.) Imprimé par ordre de l'Assemblée nationale. *Paris, imp. nationale* (1790), in-8, 48 p.

Sept rapports. Le premier porte le nom de l'auteur.

Sépulcres (les) de la grande armée, ou tableau des hôpitaux pendant la dernière campagne de Buonaparte. Seconde édition, augmentée de plusieurs faits importants, et contenant une note essentielle relative au comte de ***. (Par J.-B.-Augustin HAPDÉ.) *Paris, Eymery*, 1814, in-8, 64 p.

La première édition doit être de la même année.

Sépultures des anciens, où l'on démontre qu'elles étaient hors des villes, et où l'on expose les effets de la putréfaction sur l'air et sur nous. (Par OLIVIER.) *Marseille, Mossy*, 1771, in-18.

Sérail (le) à l'encan, comédie en un acte et en prose, représentée pour la première fois à Paris, sur le théâtre de l'Ambigu-Comique, en 1781. *Amsterdam et Paris, Cailleau*, 1783, in-8, 56 p.

Ersch attribue cette pièce à J.-M. SEDAINE l'oncle; Quérard dit qu'elle serait plus vraisemblablement de J.-F. SEDAINE DE SARCEY; on l'attribue aussi à N.-M. AUDINOT et J.-F. ARNOULD, connu au théâtre sous le nom de MUSSOT.

Seraskier (le) Bacha, nouvelle du temps, contenant ce qui s'est passé au siége de Bude. (Par PRECHAC.) *Paris, C. Blageart*, 1685, in-12.

Serbes (les) de Hongrie, leur histoire, leurs priviléges, leur Eglise, leur état politique et social. (Par M. Emile PICOT.) *Prague, Grégr et Dattel*, 1873, in-8, 474 p. et 1 f. de table.

Serbie (la) après le bombardement de Belgrade, par un Serbe (Abdolonyme UBICINI). *Paris, Franck*, 1862, in-8.

Voy. « Supercheries », III, 633, *f*.

Serbie (la) dèvant la Conférence, pour faire suite à « la Serbie après le bombardement de Belgrade », par un Serbe (Abdolonyme UBICINI). *Paris, Franck*, 1863, in-8.

Sérénade (la), comédie. (Par J.-F. REGNARD.) *Paris, Th. Guillain*, 1695, in-12.

Première édition.

Seria et Joci, ou recueil de plusieurs pièces sur divers sujets. (Par Jean LE MIÈRE, sieur DE BASLY.) *Caen, Jean Cavelier*, 1662 et 1668, pet. in-12. — *Caen, Claude Le Blanc*, 1664, pet. in-12.

Voy. Frère, « Manuel du bibliographe normand », t. II, p. 205.

Série de quelques faits relatifs à l'octroi de Rouen. (Par L.-F. LESTRADE.) *Paris, impr. de L.-G, Michaud,* 1816, in-4, 8 p.

Série des colonnes. (Par P.-Jos. ANTOINE.) *Dijon, L.-N. Frantin,* 1782, in-8.

Serin (le), conte pour les enfants. Par l'auteur des « Œufs de Pâques » (le chanoine Chr. SCHMID). Traduit de l'allemand. *Strasbourg, Levrault,* 1829, in-18.

Serin (le) de Canarie, ouvrage dans un genre nouveau. (Par le P. DE BERAULT-BERCASTEL, jésuite.) *Londres (Paris),* 1754 ou 1755, in-12. — Nouv. édit., augmentée de notes et d'un bon choix de poésies peu connues. *Paris, Mercier de Compiègne,* 1792 ou 1795, in-18.

Mercier de Compiègne nomme l'auteur l'abbé BÉRAUD.

Serio-Jocosa, ou opuscules sérieux et badins. Par un prolétaire (N.-R. CAMUS-DANAS). *Paris, Rouanet,* 1836, in-8, 72 p.

Serment d'un médecin prononcé le jour de sa réception dans les écoles, en face d'une église et près d'un hôpital. (Par P.-J.-G. CABANIS.) *S. l.* (1783), in-8, 8 p.

Serment (le) de haine et le Schisme considérés dans une lettre de M. le nonce de Cologne, du 2 janv. 1801, à quelques prêtres sermentés. (Par le curé d'Afden, S.-P. ERNST.) *En Europe,* an IX-1801, in-8, 38 p.

Serment des juges, satire. Par César B... (BERTHOLON). *Paris et Lyon, imp. d'Ayné,* 1830, in-8, 7 p.   D. M.

Serment (le) du Jeu de paume, 20 juin 1789. (Par GERMAIN, avocat.) *Paris, imp. de David,* 1823, in-8, 31 p.

Serment (du) en matière politique et religieuse, suivi d'une réfutation des principes politiques de MM. de Cormenin et de Chateaubriand, par M. DE L. B... (DE LA BORDÈRE). *Paris, Auffray,* 1833, in-8.

Serment (du) politique depuis 1789 jusqu'en 1830, écrit offert aux électeurs de 1834, par un ancien député (J.-C. CLAUSEL DE COUSSERGUES). *Paris, imp. de A. Pihan-Delaforest,* 1er juin 1834, in-8, 48 p.

Réimprimé le 8 juin 1834, avec le nom de l'auteur, sous le titre de : « Considérations historiques sur les serments.... »

Serments (les) d'un lévite. *Bourg, imp. Milliet-Bottier,* 1863, in-8, 8 p.

Signé : C. F. (C. FERRAND).

Sermon (le) de GUICHARD DE BEAULIEU (XIIIe siècle), publ. pour la première fois d'après le manuscrit unique de la bibliothèque du roi (par G.-S. TRÉBUTIEN). *Paris, Techener,* 1834, in-8, texte goth., 32 p.

Tiré à 125 exemplaires.

Sermon de saint CYPRIEN sur l'oraison de Nostre-Seigneur, *Pater noster,* etc.; de la traduction de M. D. D. (du duc DE LUYNES). *Paris,* 1663, in-12.

Sermon des cinquante. (Par VOLTAIRE.) in-8.

Inséré dans le « Journal encyclopédique », tome V, pages 112 à 120.

Réimprimé dans le recueil intitulé : « Ouvrages philosophiques pour servir de preuves... », voy. VI, 756, *a;* dans le « Recueil nécessaire... », voy. ci-dessus, col. 113, *b.*

Voy. « Supercheries », I, 732, *a.*

Sermon, ou discours sur l'Eglise. (Par l'abbé SIMON.) *Paris, imp. de N.-T. Dehansy,* 1815, in-8.

Sermon pour le jour de l'Assomption Nostre-Dame, au retour de la procession générale établie par le roy Louis XIII, en l'an 1638. (Par Louys MACHON.) *Paris,* 1641, in-8.

Sermon prêché à l'Hôtel-Dieu de Paris, le 2 septembre 1777, par M. M*** (François-Valentin MULOT), chanoine régulier, bibliothécaire de l'abbaye royale de Saint-Victor. *S. l.,* in-12.   D. M.

Sermon prêché à Lunéville, le 3 septembre 1815, sur l'évangile du jour. Par un des vicaires de la paroisse de Lunéville (l'abbé F.-R. ROHRBACHER). *Metz, Pierret,* in-12.

Sermon prêché le jeudi 10 avril 1783, en l'église de Saint-Eustache à Paris, pour le baptême d'une famille juive... (Par l'abbé MAFFRE DU CARLAT, chanoine de l'Ile-Jourdain.) *Paris, Méquignon junior,* 1783, in-12, 48 p.

Sermon prononcé à l'occasion de la mort de S. A. R. Mgr le prince Frédéric-Chrétien-Henri-Louis de Prusse. (Par MOLIÈRE, Genevois.) *Berlin, Unger,* 1790, in-8.

Sermon sur l'altération de la foi. (Par l'abbé J.-A. GUIOT, ex-victorin.) *Paris,* 1805, in-8, 32 p.

Sermon sur l'amour de la patrie, composé pour le jour anniversaire de la restauration de notre république. (Par Jean HUMBERT.) *Genève*, 1821, in-8.

Sermon sur le rétablissement de la religion, et la fête de saint Napoléon, prononcé le jour de l'Assomption, par l'abbé M*** (MARGAILLAN, chanoine de Bourges). *Bourges* (1806), in-8, 18 p.

Sermon sur le zèle qu'on doit apporter à la prière dans les tristes circonstances actuelles, prononcé le dernier dimanche de l'année 1792, par le R. P. ALBERT, capucin, auteur du « Sermon de l'arbre de la liberté française », dont celui-ci fait le supplément. Traduit de l'allemand en français (par HOLTZMANN). *Vienne*, 1793, in-8, 31 p.

Sermon sur les paroles de Jésus-Christ à saint Pierre, Matth., XVI, XVIII, prononcé le dimanche 15 novembre 1682. (Par J. CLAUDE.) *Rotterdam, Leers*, 1684, in-8, 56 p.

Sermons choisis de divers auteurs, avec un fragment de la Vie de M. Jaquelot (par D. DURAND), et une Oraison funèbre de la reine Marie, traduite du latin de GRÆVIUS (par le même; le tout publié par David DURAND). *Londres, Coderc*, 1726, in-8. — Les mêmes. Seconde édit., augmentée d'un Sermon sur la mort du roi George Ier, etc. (Par D. DURAND.) *Londres*, 1728, in-8, chez l'éditeur.

La prétendue seconde édition n'est autre chose que la première, augmentée du Sermon prononcé par l'éditeur en 1727.

Sermons choisis de L. STERNE, traduits de l'anglois par M. D. L. B. (A.-G. GRIFFET DE LA BAUME). *Londres et Paris*, 1786, in-12.

Sermons choisis de M. D. T. P. D. L. (Séb. DUTREUIL, prêtre de l'Oratoire). *Lyon*, 1759, 2 vol. in-12.

Sermons choisis de saint JEAN CHRYSOSTOME, traduits du grec en françois (par l'abbé DE BELLEGARDE). *Paris, Pralard*, 1690, 2 vol. in-8.

Sermons choisis du R. P. P*** (Sylvain PÉRUSSAULT). *Lyon, Duplain*, 1758, 2 vol. in-12. — *Lyon*, 1760, 2 vol. in-12. — *Besançon, Métoyer*, 1780, 2 vol. in-12.

Sermons choisis pour le caresme. (Par J.-B. SURIAN, évêque de Vence, revus et publiés par l'abbé Fr. ILHARAT DE LA CHAMBRE.) *Liége, Broncart (Paris, Guérin)*, 1738, 2 vol. in-12.

Sermons (dix) choisis sur divers sujets, par DE FÉNELON (publ. par le chevalier A.-M. DE RAMSAY). *Paris*, 1718, in-12.

Sermons choisis sur les mystères, les vérités de la religion... (Par le P. J.-B. MOLINIER, de l'Oratoire.) *Paris, Mercier*, 1732-1734, 14 vol. in-12.

Sermons de carême, trad. de l'italien de Fr. PANIGAROLE, par J. D. M. L. (Jean DE MONTLYARD). *Lyon*, 1599, in-4.

Du Verdier, t. III, p. 663.

Sermons de messire Jean-Louis DE FROMENTIÈRES, évêque d'Aire (publiés par Jean RICHARD, avocat). *Paris, Couterot et Guérin*, 1688-1696, 6 vol. in-8.

Sermons de M. l'abbé LEGRIS-DUVAL, précédés d'une notice sur sa vie, par M. L. C. D. B. (M. le cardinal L.-F. DE BAUSSET). *Paris, Le Clère*, 1820, 2 vol. in-12.

Sermons de M. l'abbé POULLE. (Publiés par l'abbé POULLE, son neveu.) *Paris, Mérigot le jeune*, 1778, 2 vol. in-12.

Sermons de M. MASSILLON, évêque de Clermont (publiés par l'abbé Joseph MASSILLON, son neveu). *Paris, Estienne*, 1745-1748, 15 vol. in-12.

La « Biographie universelle » attribue au P. JANNART la préface générale. Le 15e vol. est composé de « Pensées sur différentes sujets... » Voy. VI, 828, *d*.

On a encore le Discours inédit « sur le danger des mauvaises lectures », par J.-B. MASSILLON, suivi de diverses pièces (publié par M. l'abbé P. D'HESMIVI D'AURIBEAU), in-12 et in-8; et à la fin de l'édition des « Œuvres de Massillon ». *Paris, Beaucé*, 1817, 4 vol. in-8.

On trouve en tête de cette édition une notice qui impute à Massillon, encore novice, certains écarts de jeunesse. Dom Chaudon regardait ces détails comme dignes de foi. Cette notice est attribuée à J.-M.-V. AUDIN, libraire.

Sermons (les) de saint AUGUSTIN sur le Nouveau Testament; traduits en françois sur l'édition latine des PP. Bénédictins (par GOIBAUD-DUBOIS et LA BONODIÈRE). *Paris, veuve Coignard*, 1694 et 1700, 4 vol. in-8.

Sermon de saint AUGUSTIN sur les Pseaumes, traduits en françois (par Ant. ARNAULD); nouv. édit., augmentée. *Paris, Barrois*, 1739, 14 vol. in-12.

La première édition parut en 1683, 7 vol. in-8, avec le nom du traducteur.

Sermons de saint AUGUSTIN sur les sept Pseaumes de la pénitence, traduits en françois par D. T. (Gaspard DE TENDE), S. DE LESTANG. *Paris, P. Le Petit*, 1661, in-12.

Sermons de saint BASILE le Grand, avec les Sermons de saint ASTÈRE (trad. par l'abbé DE BELLEGARDE). *Paris, Pralard*, 1691, in-8.

Sermons (les) de saint BERNARD sur le Cantique des cantiques, traduits nouvellement en françois par le sieur DE RIMENTEL (Pierre LOMBERT). *Paris, Dupuis*, 1663, in-8. — Nouv. édit., revue et augmentée. *Paris*, 1686, 2 vol. in-8.

La seconde édition est anonyme.

Sermons (les) de saint BERNARD sur le pseaume *Qui habitat in adjutorio*, etc., avec les deux Sermons de saint AUGUSTIN sur le même pseaume ; trad. en françois (par l'abbé G. LE ROY). *Paris, Savreux*, 1658, 1710, in-8.

Sermons de saint BERNARD, traduits par J. T. A. P. (J. TOURNET, avocat, Parisien). *Paris, Joly*, 1620, 2 vol. in-4.

Sermons de saint CÉSAIRE, évêque d'Arles, traduits en françois sur l'édition des PP. Bénédictins (par l'abbé DUJAT DE VILLENEUVE). *Paris, Savoye*, 1760, 2 vol. in-12.

L'original de ces Sermons est dans l'appendice du t. V des « Œuvres » de saint Augustin.

Sermons de saint GRÉGOIRE de Nazianze, traduits en françois (par l'abbé DE BELLEGARDE). *Paris, Pralard*, 1693, 2 vol. in-8.

Sermons de S. LÉON, pape, traduits en françois (par l'abbé DE BELLEGARDE). *Paris, Pralard*, 1698, in-8.

Sermons des festes des saints. Par le Père *** (Julien LORIOT), prêtre de l'Oratoire. *Paris, Edme Couterot*, 1700, 2 vol. in-12.

Sermons, discours, exhortations et allocutions sur divers sujets de circonstance, à l'usage du clergé, recueillis et publiés par un prêtre du diocèse de Liége (O.-J. THIMESTER, chanoine honoraire de la cathédrale de Liége). *Liége, Spée*, 1858, in-8, IX-578 p. — 2ᵉ éd. *Liége*, 1866, 2 vol. in-8.

Sermons (les) doctes et éloquens de R. P. Cornelio Mussso, evesque de Bitonte... mis en françois par M. G. C.

(Gabr. CHAPPUIS, de Tours). *Paris, J. Fouet*, 1614, 2 vol. in-8.

Sermons du feu P. TERRASSON (André), de l'Oratoire, pour le carême et sur différens sujets (publiés par le P. Jean GAICHIÉS). *Paris, Babuty*, 1726, 4 vol. in-12.

Sermons du P. BOURDALOUE. (Publiés par le P. Fr. BRETONNEAU.) *Paris, Rigaud*, 1707-34, 16 vol. in-8, portr.

Sermons du P. BRETONNEAU (publiés par le P. I.-J. BERRUYER). *Paris, Guérin*, 1743, 7 vol. in-12.

Sermons du P. Charles FREY DE NEUVILLE (publiés par les abbés Y.-M.-M. DE QUERBEUF et AVRIL, dit MAI, ex-jésuites). *Paris, Mérigot le jeune*, 1776, 8 vol. in-12.

Sermons du Père CHEMINAIS (publiés par le P. Fr. BRETONNEAU). *Paris*, 1690-1729, 5 vol. in-12. — Nouvelle édition. *Paris, Josse*, 1764, 5 vol. in-12.

Sermons du P. Claude FREY DE NEUVILLE l'aîné, dédiés au roi (par les abbés Y.-M.-M. DE QUERBEUF et AVRIL, dit MAI, ex-jésuites). *Paris, Moutard*, 1778, 2 vol. in-12.

Sermons du P. GIROUST, jésuite (publiés par le P. Fr. BRETONNEAU). *Paris*, 1704, 5 vol. in-12.

Sermons du P. HUBERT, prêtre de l'Oratoire (publiés par le P. DE MONTEUIL, son confrère, et non par le P. DESMOLETS). *Paris, Roulland*, 1725, 6 vol. in-12.

Voy. la correction envoyée par l'abbé Goujet à l'auteur du « Journal de Verdun », en 1764.

Voy. aussi la « Bibliothèque françoise » du même Goujet, t. II, p. 296.

Sermons du P. J. DE LA ROCHE, prêtre de l'Oratoire (publiés par le P. DESMOLETS). *Paris, Moreau*, 1725, 1729, 6 vol. in-12.

Sermons du P. PALLU, de la Compagnie de Jésus (publiés par le P. Guill. DE SEGAUD). *Paris, Chardon*, 1744, 6 vol. in-12.

Sermons du P. SEGAUD (publiés par le P. I.-J. BERRUYER). *Paris, Bordelet*, 1750, 6 vol. in-12.

Sermons du R. P. L. DE GRENADE pour l'avent, le carême, l'octave du Saint-Sacrement, etc., traduits de l'espagnol (par Nic.-Jos. BINET). *Paris, de Nully*, 1698, 3 vol. in-8.

Sermons et Oraison funèbre de Mme De-leau, sup. des sœurs de la Charité. (Par G.-J.-A.-Jos. JAUFFRET, évêque de Metz.) *Metz*, 1820, in-8. G. M.

Sermons et Oraisons funèbres de M. BOSSUET (publiés par les soins de dom J.-P. DEFORIS et Louis SILVY). *Paris, Boudet*, 1772, et *Lamy*, 1790, 6 vol. in-4 et 17 vol. in-12.

Sermons et Panégyriques de M. l'abbé DE CICÉRI, prédicateur du roi et de la reine (publiés par l'abbé Alex.-Jos. DE BASSINET). *Avignon*, 1761, 6 vol. in-12.

L'abbé Paul-César de Cicéri est mort le 27 avril 1759, âgé de quatre-vingt-un ans, dans le temps qu'il s'occupait de l'édition de ses Œuvres.

Sermons nouveaux sur divers sujets. (Par le P. Henri BOILLOT, jésuite.) *Lyon*, 1714, 2 vol. in-12.

Sermons nouveaux sur les vérités les plus intéressantes de la religion. (Par le P. D'ALEGRE, doctrinaire.) Nouv. édit., rev. et cor. *Avignon, Chambeau*, 1765 et 1768, 3 vol. in-12.

Souvent réimprimés.

Sermons ou discours sur différens sujets de piété et de religion, par le P. LE CHAPELAIN, jésuite (publiés par l'abbé T.-J. ANSQUER, de Londres, ex-jésuite). *Paris, Le Mercier*, 1768, 6 vol. in-12.

Sermons, Panégyriques et Oraisons funèbres de messire Jean-Baptiste-Charles-Marie DE BEAUVAIS, évêque de Senez (publiés par l'abbé GAILLARD), précédés d'une notice sur la vie et les écrits de ce prélat (par l'abbé Et.-Ant. BOULOGNE). *Paris, Le Clère*, 1807, 4 vol. in-12.

Il faut joindre à ces quatre volumes l'Eloge de M. de Beauvais, par l'abbé GAILLARD. *Paris, de l'imprimerie de l'Institution des sourds-muets*, 1807, in-12, 60 p.

Sermons pour des cérémonies religieuses, à l'usage des religieuses de Sainte-Aure. (Par l'abbé N.-M. VÉRON, ex-jésuite.) *Paris*, 1789, in-12.

On trouve dans l'épître dédicatoire de ce volume une notice sur la vie et les ouvrages de l'abbé Grisel, mort en..., oublié par MM. les rédacteurs de la « Biographie universelle ».

Sermons pour l'octave du Saint-Sacrement. Par le Père *** (Julien LORIOT), prêtre de l'Oratoire. *Paris, Edme Couterot*, 1700, in-12.

Sermons pour les fêtes de l'Église chré-tienne. (Par Elie BERTRAND.) *Yverdun, Félice*, 1777, 2 vol. in-8.

Sermons pour les jeunes dames et les jeunes demoiselles, par M. James FORDYCE, traduits de l'anglois (par Robert ESTIENNE, libraire). *Paris, frères Estienne*, 1778, in-12.

L'année suivante, le libraire Dufour, de Maestricht, publia une édition de ces Sermons en 2 vol., dans laquelle un anonyme (le professeur ROUX) a rétabli les passages omis par le traducteur de Paris.

Sermons pour les principales fêtes de l'année, par l'auteur de la « Religion méditée » (le P. Fr. JARD). *Paris*, 1775, 5 vol. in-12.

Sermons prêchés à la Mission françoise d'Amsterdam pendant l'avent et le carême. (Par le P. GIRARDOT, carme déchaussé.) *Bouillon et Paris, Le Jay*, 1770-1775, 3 vol. in-12.

Sermons sur divers sujets, par Jacques FOSTER, traduits de l'anglois sur la 3e édition (par J.-N.-S. ALLAMAND). *Leyde, C.-J. Luzac*, 1739, in-8, tom. Ier, le seul qui ait paru.

Sermons sur divers textes de l'Ecriture sainte, par Amédée LULLIN (publiés avec une préface par J. VERNET). *Genève*, 1761, 1767, 2 vol. in-8.

Sermons sur divers textes de l'Ecriture sainte, par Jean-Edme ROMILLY (publiés par J.-J. JUVENTIN). *Genève*, 1780, 2 vol. in-8.

Sermons sur les Epîtres de tous les dimanches de l'année. (Par le P. Julien LORIOT, de l'Oratoire.) *Paris, Robustel*, 1713, 3 vol. in-12.

Sermons sur les évangiles du carême, par le R. P. *** (le P. Ch. DE LA RUE). *Trévoux*, 1706, in-12.

Sermons sur les mystères de la sainte Vierge. Par le Père *** (Julien LORIOT), prêtre de l'Oratoire. *Paris, Edme Couterot*, 1700, in-12.

Sermons sur les mystères de Notre-Seigneur. Par le Père *** (Julien LORIOT), prêtre de l'Oratoire. *Paris, Edme Couterot*, 1700, 2 vol. in-12.

Sermons sur les plus importantes matières de la morale chrétienne, à l'usage de ceux qui s'appliquent aux Missions, par le P*** (Julien LORIOT), de l'Oratoire. *Paris, E. Couterot*, 1695 et an. suiv., 7 tomes en 8 vol. in-12.

On appelle ordinairement ces Discours les Sermons corrigés du P. LE JEUNE, de l'Oratoire, parce que le P. Loriot déclare, dans la préface, avoir suivi les mêmes plans que son célèbre confrère et lui avoir quelquefois emprunté des morceaux. Aussi a-t-on mis le nom du P. LE JEUNE au frontispice d'une nouvelle édition publiée à *Paris* en 1750, 10 vol. in-12.

Sermons sur les vérités les plus importantes de la religion et de la morale. (Par le P. J.-Gasp. DUFAY, jésuite.) *Paris, Costard*, 1775, 9 vol. in-12.

C'est un frontispice renouvelé, car ces Sermons ont paru sous le nom de l'auteur, à Lyon, en 1762, 9 vol. in-12. Voy. les « Annales typographiques » pour 1763, tome II, p. 391.

Sermons sur tous les sujets de la morale chrétienne, par le P. *** (VINC. HOUDRY), de la Compagnie de Jésus. *Paris, J. Boudot*, 1696 et ann. suiv., 20 vol. in-12.

Serpent (le) d'airain, anneau sacré des chiffres de la pensée. (Par Ph.-A. AUBÉ.) *Elbeuf, Barbé*, 1856, in-8, 36 p.

Sertorius, tragédie. (Par Pierre CORNEILLE.) *Rouen et Paris, Aug. Courbé et Guill. de Luyne*, 1662, in-12, 6 ff. et 82 p.

Le nom de l'auteur se trouve dans le privilége.

Servante (la) justifiée, opéra-comique de MM. F*** et F*** (C.-B. FAGAN et C.-S. FAVART). *Paris, Prault*, 1744, in-8, 48 p. — *Paris, P.-R.-C. Ballard*, 1773, in-8.

Servante (la) maîtresse, comédie en deux actes mêlée d'ariettes, parodie de la *Serva padrona*, intermède italien; représentée pour la première fois par les comédiens italiens ordinaires du roi, le 14 août 1754. (Par Ch.-Simon FAVART.) *S. l. n. d.*, in-8, 72 p.

Serventois et sottes chansons couronnées à Valenciennes, tirées de manuscrits de la bibliothèque du roi, suivies d'une pièce inédite de Mme DESHOULIÈRES. (Publié par Gab.-Ant.-Jos. HÉCART.) *Valenciennes, imp. de Prignet* (1827), in-4. — 2e éd. *Id.*, 1833, in-8, 112 p. — 3e éd. *Paris, Mercklein*, 1834, in-8, 145 p.

Service de l'administration des vaisseaux du roi, ou recueil des lois, ordonnances et instructions ... par un administrateur en chef de la marine (J.-C.-C. SANSON, commissaire général de la marine). *Toulon, Laurent*, 1828, in-4.   D. M.

Service (du) de la cavalerie de la garde nationale. (Par Camille MELLINET.) *Nantes, imp. de C. Mellinet*, 1834, in-18, fig.

Service (du) des postes et de la taxation

des lettres au moyen d'un timbre. (Par M. A. PIRON, sous-directeur des postes.) *Paris, imp. de H. Fournier*, 1838, gr. in-8, XI-148 p. et tableau double formant note 5.

Il y a des exemplaires avec le nom de l'auteur.

Service (du) obligatoire en Belgique. *Bruxelles, C. Muquardt*, 1867, in-8.

Signé : « Par un colonel de l'armée » (Alexis BRIALMONT).

Services (des) que les femmes peuvent rendre à la religion, ou vies des dames françaises les plus illustres en ce genre dans le XVIIe siècle. (Publié par G.-J.-A.-Jos. JAUFFRET, depuis évêque de Metz.) *Paris, veuve Nyon*, 1801, in-12.

Réimprimé souvent, à partir de 1817, par les soins de l'abbé G.-T.-J. CARRON, sous le titre de « Vies des dames françaises qui ont été les plus célèbres dans le XVIIe siècle... » Voy. ce titre.

Servient. (Par Guy ALLARD.) *S. l. n. d.*, in-4.

Servilie à Brutus, après la mort de César, héroïde qui a remporté le prix de l'Académie de Marseille, le 25 août 1767, par M. D... (DURUFLÉ, avocat). *Paris*, 1767, in-8.

Servitude (la) abolie, discours en vers, pièce qui ne concourra pas pour le prix de l'Académie françoise. (Par le chevalier DE LESPINASSE DE LANGEAC.) *La Haye et Paris, Bélin*, 1780, in-8.

Servitude (de la) temporaire des noirs, et d'une Colonisation de militaires à Saint-Domingue... (Par Gaetan DE RAXIS DE FLASSAN.) *Paris*, 1802, in-8, 20 p.

Il y a des exemplaires qui portent sur le titre : Par le cit. FLASSAN. C'est donc à tort que cette attribution a été contestée par Quérard.

Session annuelle de l'Association normande. *Caen, Pagny*, 1839, in-8, 43 p.

Compte rendu des séances tenues par l'Association à Avranches et à Mortain, par M. Léon DUCHESNE DE LA SICOTIÈRE. Extrait du « Mémorial » de Caen. — Non mis dans le commerce.

Sethos, histoire ou vie tirée des monumens anecdotes de l'ancienne Égypte, traduite d'un manuscrit grec. (Composée par l'abbé Jean TERRASSON.) *Paris, Guérin*, 1731, 3 vol. in-12. — *Amsterd.*, 1732, 2 vol. in-12. — *Paris, Desaint*, 1767, 2 vol. in-12. — *Paris*, an III-1794, 2 vol. in-8. — Nouv. édit., rev., corr. et précédée d'une notice histor. et littér. sur la vie et les ouvrages de l'auteur. *Paris, d'Hautel*, 1813, 6 vol. in-18.

Voy. ci-devant, col. 230, c, « Relation fidèle des troubles... » On prétend que le roman de Terrasson a servi de base au « Salambo » de Gust. Flaubert.

Séthos, tragédie nouvelle. Dédiée au grand Corneille. (Par Alexandre TANEVOT.) *Paris, veuve Pissot,* 1739, in-8, 7 ff. lim. et 91 p.

Seul (du) Moyen de faire avec succès la guerre à l'Angleterre. Par un officier de la marine (J.-P.-G. LAIGNEL). *Paris, Petit et Mongie,* juin 1815, in-8, 43 p.

Seule (la) Religion véritable, démontrée contre les athées, les déistes et tous les sectaires. *Paris, M. Bordelet,* 1744, in-12.

Dans quelques exemplaires, la dédicace à l'archev. de Cambrai est signée : Jean LEFEBVRE. — Dans l'approbation donnée par le provincial, on lui donne le nom de Jacques.

Seule (la) vraie Religion ; traduit de l'allemand de J.-M. DE LOEN (par J.-G. DE BENISTANT). *Bayreuth,* 1750, in-8. — Sec. édit. *Hof,* 1755, in-8.

L'ouvrage original, qui ne porte pas le nom de l'auteur, est intit.: « Die einzige wahre Religion...» *Leipzig,* 1750, in-8.

Sévigniana, ou recueil de pensées ingénieuses, d'anecdotes littéraires, historiques et morales, tirées des Lettres de Mᵐᵉ DE SÉVIGNÉ (par l'abbé P. BARRAL). *Grignan (Paris),* 1756, 1767, 1788, in-12. — *Paris, Belin,* an VI, 2 vol. in-12.

Sexe (le) triomphant, poëme. (Par Marc-Ferd. DE GROUBENTALL DE LINIÈRES.) *Paris,* 1760, in-8.

Seyssel et Chasse, article tiré d'un Dictionnaire manuscrit du Dauphiné, suivi du détail de ce qui s'est passé à Chasse lors de la bénédiction du drapeau national, année 1789. (Par Nic.-Fr. COCHARD.) *S. l.,* in-8, 20 p.

Sganarelle, ou le cocu imaginaire, comédie, avec les arguments de chaque scène. *Paris, J. Ribou,* 1660, in-12, 6 ff. lim. et 59 p.

Cette pièce de MOLIÈRE, publiée par NEUF-VILLE-NAINE, se rattache à un fait unique dans son genre, sur lequel je me contenterai de citer le passage suivant de l'Avertissement, mis par Bret en tête de la pièce dans l'édition qu'il a donnée des « Œuvres » de Molière :

« Un particulier nommé NEUVELLEN aîné (sic), après les cinq ou six premières représentations, se vit en état d'écrire presque toute la pièce et de la communiquer à ses amis ; mais, comme il apprit qu'on se disposait à abuser de la confiance qu'il avait eue en laissant courir son manuscrit, il prit la résolution de la faire imprimer lui-même telle qu'il l'avait, et de la dédier à M. DE MOLIER. C'est ainsi qu'il écrit le nom de l'illustre auteur.

« Les arguments que le sieur de Neuvellen aîné mit à la tête de chaque scène rendent cette édition précieuse, parce qu'ils notent en quelque sorte la pantomime théâtrale de la pièce, qu'ils rendent le compte le plus étendu de tout le jeu de Sganarelle, et qu'ils suppléent aux vides que la mémoire de l'éditeur avait laissés. »

(Article communiqué par M. PONS, de Verdun.)

Voy., pour le détail des différentes éditions, P. Lacroix, « Bibliographie moliéresque », pages 4 à 7.

SHAKESPEARE, traduit de l'anglois, dédié au roi. *Paris,* 1776-1782, 20 vol. in-4 ou in-8.

L'épître dédicatoire est signée : le comte DE CATUELAN, LE TOURNEUR, FONTAINEMALHERBE.

Le privilège, du 8 février 1775, est au nom de ces trois personnes. A partir du troisième volume, tous les titres portent : traduit par M. LETOURNEUR.

Si la meilleure religion est d'être honnête homme et de ne faire tort à personne. (Par Napoléon ROUSSEL.) *Paris, imp. de J. Smith* (1844), in-12, 12 p.

Si (les), les Pourquoi. (Par l'abbé A. MORELLET.) *Lyon, J.-M. Bruyset,* 1760, in-12.

Réimprimé dans le « Recueil des facéties parisiennes »; voy. ci-dessus, col. 101, e.

Une critique anonyme a paru sous ce titre : « les nouveaux Si et Pourquoi, suivis d'un dialogue en vers entre MM. Le Franc et de Voltaire. Parodie de la scène 5 du IIᵉ acte de la tragédie de Mahomet ». *Montauban,* 1760, in-12, 24 p.

Sibylle (la) de Chateaubriant, ou la Pénélope chrétienne, tragédie en cinq actes. (Par LE COQ-KERNEVEN.) *Nantes, A. Guéraud,* 1856, in-12, XIV-61 p.

Sibylle (la), ou la mort et le médecin, féerie, en trois actes, mêlée de chants et de danses, par MM. BOIRIE, LÉOPOLD (Léopold CHANDEZON) et *** (J.-B. DUBOIS); ballets de M. Hullin; représentée à Paris pour la première fois, sur le théâtre de la Gaîté, le 18 janvier 1815. *Paris, Barba,* 1815, in-8, 52 p.

Sibylle (la), parodie, par M. H*** (HARNY DE GUERVILLE). *Paris, Delormel,* 1758, in-8.

Sicaires (les) de la réaction au pilori. Réponse aux deux brochures : « les Mystères de l'Hôtel-de-Ville », « le Gouvernement provisoire et l'Hôtel-de-Ville dévoilés », de Drevet et Delavarenne; par l'auteur de la « Réponse aux deux libelles de Chenu et Delahodde » (Jules MIOT). *Paris, imp. F. Malteste,* 1850, in-12, 34 p.

Sidnei et Silli, ou la bienfaisance et la reconnoissance, histoire angloise, suivie d'odes anacréontiques par l'auteur de « Fanni ». (Par F.-T.-M. DE BACULARD

D'ARNAUD.) *Paris, Dessain junior*, 1766, in-12, 1 f. de tit. et 179 p.

Sidney, comte d'Avondel, par mistriss WERT, traduit de l'anglais par le traducteur d'« Ida », du « Missionnaire » et de « Glorwina » (DUBUC). *Paris, Nicolle*, 1813, 4 vol. in-12.

Sidney, Patty et Warner, deux nouvelles traduites de l'italien, de Francesco SOAVE, par Mlle DE V. T. (VILLENEUVE-TRANS). *Nancy, Thomas*, 1840, in-18.

Sidonie, ou l'abus des talents, par madame *** (TARDÉ DES SABLONS). *Paris, H. Nicolle*, 1820, 4 vol. in-12. — *Paris, Jeanthon*, 1838, 2 vol. in-12.

La 2º éd. de ce « Dictionnaire » avait attribué par erreur cet ouvrage à Mme DE SAINT-CRICQ. Cette fausse attribution a été reproduite dans les « Supercheries », III, 1102, f.

Siècle (le) d'or et autres vers divers. (Par Béranger DE LA TOUR. d'Albenas.) *Lyon, J. de Tournes et Guill. Gazeau*, 1551, petit in-8, 230 p.

Siècle (le) de fer des Jésuites, ou les persécutions après décès. (Par J.-F. BELLEMARE.) *Paris, Dentu*, 1828, in-8.

Siècle (le) de l'absurde. (Par le marquis DE LAGERVAISAIS.) *Paris, Pihan-Delaforest*, 1832, in-8, 48 p.

Siècle (le) de Louis le Grand (poëme en VIII chants), avec Thémire ou l'Actrice nouvelle sur le théâtre d'Athène (poëme en XII chants), par l'auteur des « Titans » (Bl.-H. DE CORTE, baron DE WALEFF). *Liége, E. Kints*, 1731, in-8.

Siècle (le) de Louis XIV. (Par VOLTAIRE.) Publié par M. (Jos. DUFRESNE) DE FRANCHEVILLE... *Paris, C.-F. Henning*, 1751, 2 vol. in-12.

Édition originale de cet ouvrage.

Pour la description des nombreuses réimpressions, avec ou sans le nom de l'auteur, voy. Quérard, « Bibliographie voltairienne », nº 391, et le « Catalogue de l'histoire de France » de la Bibliothèque nationale, tome II, pages 6 et 7.

Siècle (le) de Louis XIV, par M. de Voltaire. Nouvelle édition, augmentée d'un très-grand nombre de remarques par A. DE LA B*** (Laurent ANGLIVIEL DE LA BEAUMELLE, continuées par le chevalier G. DE MAINVILLIERS)... *Francfort, veuve Knoch et J.-G. Eslinger*, 1753, 3 vol. in-12. — *Metz, Bouchard le jeune*, 1553, 3 vol. in-8.

Siècle (le) de Louis XIV, ou vie de personnages célèbres qui ont illustré ce siècle. (Par F.-Th. DELBARE.) *Paris, Gide fils* (1823), in-18.

Réimprimé en 1824, avec le nom de l'auteur.

Siècle de Pierre le Grand, ou actions et hauts faits des capitaines et des ministres qui se sont illustrés sous le règne de cet empereur, avec des remarques explicatives du traducteur ; orné de 22 port. gr. par les meilleurs artistes. Traduit du russe de M. DE KAMENSKY, par un officier russe (Jean WOLFF). *Moscou, imp. d'Aug. Semen*, 1822, 2 vol. in-8.

Siècle (le) des ballons, satire nouvelle. Par Mme DE F*** (Mme CLARET DE FLEURIEU, née Aglaé DESLACS D'ARCAMBAL, plus tard Mme BACONNIÈRE DE SALVERTE). *L'an des Ballons le IIe* (1784), in-18.

Siècle (le) des lumières. (Par le vicomte G. DE MOYRIA.) *Lyon, Chambet*, 1816, in-8, 16 p.

Siècle (le) des lumières réduit à sa juste valeur. Dédié à MM. les députés de 1821. Par M. Théophile D. (Pierre-Théophile-Robert DINOCOURT). *Paris, Garnier*, 1821, in-8, 52 p. **D. M.**

Siècle (le) jugé par la foi, ou des mœurs, de la morale et de la religion, par P. F. D. (P.-F. DELESTRE). *Paris, Toulouse*, 1838, in-8.

Siècle littéraire de Louis XV... (Par P.-L. D'AQUIN DE CHATEAU-LYON.)

Voy. « Lettres sur les hommes célèbres... », V, 1303, e.

Siècle (le), ou les Mémoires du comte de Solinville, par Mme L*** (LEVÊQUE, née Louise CAVELIER). *La Haye (Paris)*, 1736, 1741, in-12.

Siècle (le) politique de Louis XIV, ou lettres du vicomte DE BOLINGBROKE sur ce sujet (traduit de l'anglais), avec les pièces qui forment l'histoire du « Siècle » de M. Fr. de Voltaire et de ses querelles avec MM. de Maupertuis et de La Beaumelle, suivies de la disgrâce de ce fameux poëte (le tout publié par J.-H. MAUBERT DE GOUVEST). *S., l.* 1753, in-12, 64 p. n. chiff. et 431 p. chif. — Autre édition. *Siéclopolis*, 1754, 2 vol. in-12. — *Dresde, Walther*, 1755, in-12.

Le faux titre de l'édit. de 1753 porte : « Nouveaux volumes du Siècle de Louis XIV, pour suppléer à ce qui manque à cet ouvrage de M. F. de Voltaire ». Les deux Lettres de Bolingbroke qui composent la première partie de cet ouvrage ne sont autre chose que le tome second de la traduction des « Lettres sur l'histoire », du même auteur, par BARBEU DU BOURG. Voy. V, 1292, e.

Siècles (les) chrétiens, ou histoire du christianisme dans son établissement et ses progrès. (Par l'abbé G.-M. DUCREUX.) Paris, Moutard, 1775, 1777, 10 vol. in-12. — Paris, Gueffier, 1787, 10 vol. in-12.

Siècles (les) payens, ou Dictionnaire mythologique, héroïque, littéraire et géographique de l'antiquité payenne, par M. l'abbé S*** (Ant. SABATIER) de Castres. Paris, Moutard, 1784, 9 vol. in-12.

Siége (le) d'Amiens en 1597 et les Jésuites. (Par Albert DE BADTS DE CUGNAC.) Amiens, Lenoel-Hérouart, 1873, in-8.

Siége (le) d'Amiens, roman historique du XVIᵉ siècle. par M. T. (E.-F.-A. MACHART, ancien avocat général). Amiens, N. Machart, 1830, 4 vol. in-12.

Siége (le) de Calais, nouvelle historique. (Par la marquise C.-A. GUÉRIN DE TENCIN et PONT-DE-VESLE.) La Haye, Néaulme, (Paris), 1739 ; — La Haye, de Hondt, 1740, 2 vol. in-12.

Siége de Casan, trad. de l'« Histoire de Russie » de M. KARAMSINE, par P. H. M... (P.-H. MATHIEU). Saint-Pétersbourg, 1818, in-12.

Siége (le) de Corinthe, tragédie lyrique en trois actes, représentée pour la première fois sur le théâtre de l'Académie royale de musique, le 9 octobre 1826. (Par J.-L. BALLOCHI et A. SOUMET.) Paris, Roullet, 1826, in-8, 54 p.

Siége (le) de Dantzig en 1813, par M. DE M****** (L.-A.-F. DE MARCHANGY). Paris, Chaumerot jeune, 1814, in-8.

Siége (le) de Harlem, publié par M*** (V. DEFLINNE). Bruxelles, Tarlier, 1827, in-12, 66 p.   J. D.

Siége (le) de Landrecy, dédié au roi. Paris, M. Soly, 1637, in-8, 4 ff. lim. et 63 p.

L'auteur est désigné dans le privilége par les initiales I. D. B. (le P. Jacques DE BILLY).

Siége (le) de Mets, en l'an MDLII. (Par Bertrand DE SALIGNAC.) Paris, Ch. Estienne, 1553, in-4, signat. A-Y par 4 ff. et 1 plan. — Metz, P. Collignon, 1665, in-4.

Pour une édition moderne, voy. « Journal du siége de Metz », V, 1028, b.

Siége de Mons en 1691. (Par H. ROUSSELLE.) S. l. n. d., in-8, 12 p.   J. D.

Siége (le) de Paris, et les vers de la « Henriade » de Voltaire, distribués en une tragédie en cinq actes, terminé par le couronnement de Henri IV ; par l'auteur d'« Eulalie, ou les Préférences amoureuses» (BOHAIRE - DUTEIL, de La Ferté - sous-Jouarre). Paris, veuve Duchesne, 1780, in-8, 40 p.

Siége (le) de Paris. Faits et gestes d'un bataillon de mobiles. (Par le comte Gontran DE LA BAUME-PLUVINEL.) Paris, Dentu, 1871, in-18.

Siége (le) de Paris, journal d'un officier de marine attaché au *** (8ᵉ) secteur. (Par Francis GARNIER, mort dans l'Indo-Chine, en 1874.) Accompagné de pièces justificatives et de documents inédits. Paris, Ch. Delagrave, 1871, in-18, 2 ff. de tit. et 203 p.

Avait d'abord paru en feuilleton dans le journal « le Temps ».

Siége (le) de Paris. La déclaration de guerre. La chute de l'Empire. Le blocus. Les Prussiens de Paris pendant le bombardement. Souffrance des Parisiens devant la famine. Tarifs des denrées pendant la famine. Par A. D. (Alph. DUCHENNE). Paris, A. Duchenne, 1871, in-8, 8 p.

L'auteur a signé.

Siége (le) de Pavie, ou la gloire de Charlemagne, tragédie nationale. (Par M.-J.-A. BOYELDIEU, avocat.) (Paris, vers 1808), in-8.

Pièce tirée à petit nombre et non représentée.

Siége (le) de Poitiers, drame lyrique, en trois actes, en vers, à grand spectacle, représenté pour la première fois à Poitiers, le 14 janvier 1785. Poitiers, imp. M.-V. Chevrier, 1785, in-8, XVI-71 p.

L'épître dédicatoire est signée : PL..... D..... (PLUCHON-DESTOUCHES).

C'est par erreur que ce drame avait été attribué d'abord à P.-A.-L.-P. PLANCHER DE VALCOUR.

Siége de Provins par Henri IV, pièce de théâtre en un acte ; par M. O... (Chr. OPOIX), pour faire suite à l'« Histoire et Description de Provins » du même auteur. Provins, imp. de Lebeau, 1824, in-8.

Siége (le) de Rennes, 1356-57. Légende rennaise, par E. D. (Emile DUCREST DE VILLENEUVE). Rennes, 1831, in-16, 62 p.

Siége (le) de Rhodes, grand opéra en trois actes, par L. B. D. R. S. C. (le baron

J.-A. DE RÉVÉRONI SAINT-CYR). *Paris, imp. de Hocquet*, 1817, in-8, 31 p.

Siége (le) de Rupelmonde, ou la croisade brabançonne, poëme héroï-comique en vingt-six chants ; dédié à S. A. R. la princesse héréditaire d'Orange, par l'ermite du Mont-Saint-Pierre (F.-N. ROBERT DE SAINT-SYMPHORIEN). *Mons, Piérart*, 1826, in-12, 12 p.   J. D.

Siége (le) de Sébastopol, 1854-1855, par l'auteur de « René » (J. AYMARD). *Lille, L. Lefort*, 1856, in-12, 144 p.

Plusieurs fois réimprimé.

Siége (le) de Tournay. (Par J.-A. DE LA MORLIÈRE.) *Paris*, 1745, in-12.

Siége (le) du Havre sous Charles IX, en 1563, précédé d'une préface historique et suivi de pièces justificatives. *Havre*, 1859, in-8, IX-39 p.

Réimpression à 151 exemplaires.
La préface est signée : V. T. (Victor TOUSSAINT).

Siége du trésor royal par les pensionnaires, poëme enrichi de notes. (Par LABRUT.) *S. l.*, 1791, in-8, 30 p.

Siége (le) et la Bataille de Leucate ; avec le plan de la place assiégée, du camp des ennemis et du combat. (Par PAULHAC, avocat.) *Tolose, par A. Colomiez*, 1637, in-4. — *Paris, T. Quinet*, 1638, in-8. — *Paris, A. de Sommaville*, 1638, in-8.

Les deux dernières éditions sont intitulées : « la Prise et la Bataille de Leucate... »

Siége et Prise de Rome par l'armée française sous le commandement du général Oudinot, satire en vers, par l'auteur du « Coucou » (Henri CARPENTIER). *Bruxelles, Artigue*, 1849, in-18, 8 p.   J. D.

Siége (le), ou l'héroïne républicaine, mélodrame en prose, à grand spectacle, suivi d'un vaudeville et d'un divertissement, par un citoyen de Ville-Affranchie (MACONS). *Ville-Affranchie (Lyon)*, an II, in-8.

Sieger de Gullechem, docteur en théologie de l'Université de Paris, au XIIIe siècle. (Par Charles CARTON.) *Bruges, Vande Casteele-Werbrouck*, 1855, in-8, 8 p.   J. D.

Siéges de Mons en 1709 et en 1746. (Par H. ROUSSELLE.) *Mons, Hoyois, s. d.*, in-8.   J. D.

Siéges de Troyes par les Jésuites, ou mémoires et pièces pour servir à l'his-

toire de Troyes pendant le XVIIe siècle (par P.-J. GROSLEY), précédés du discours de Jean PASSERAT, Troyen, prononcé au Collége royal de Paris en 1594. *Paris, imp. de Cardon*, 1826, in-12.

Réimpression faite par M. GADAN des « Mémoires pour servir de supplément aux antiquités... » Voy. VI, 251, d.

Siéges (les), les Batailles... de Mgr le prince de Condé...

Voy. « Eloge historique de Mgr le prince duc d'Anguien... », V, 71, f.

Siéges soutenus par la ville de Paris, depuis l'invasion des Romains dans les Gaules jusqu'au 30 mars 1814 ; par N. L. P. (Noël-Laurent PISSOT). *Paris, Blanchard*, 1815, in-8.

Siegwart, trad. de l'allemand (de J.-M. MILLER). *Bâle*, 1783, 1784, 2 vol. in-8.

Publié aussi sous le titre de : « Siegwart, dédié aux âmes sensibles. Roman trad. de l'allemand, par M. DE LA VEAUX ». *Paris, Volland*, 1785, 2 vol. in-12.

Sigismar, par madame ***, auteur de « Villeroy » ; traduction de l'anglais, par E** A** (Étienne AIGNAN). *Paris, Ouvrier*, an XI-1803, 3 vol. in-12.

Sigismond, duc de Varsau, tragi-comédie. (Par GILLET DE LA TESSONNERIE.) *Sur l'imprimé à Paris, chez Touseaint Quinet*, 1647, in-8, 4 ff. et 98 p.

Sigismond, ou les rivaux illustres, mélodrame en trois actes et à spectacle, par MM. HUBERT (Phil.-Jacq. DE LA ROCHE) et *** (E.-F. VAREZ) ; représenté pour la première fois sur le théâtre de l'Ambigu-Comique, le 6 octobre 1820. *Paris, Quoy*, 1820, in-8, 51 p.

Signalement et Condamnation des factieux régicides qui détruisent le royaume. (Par F.-L. SULEAU.) *S. l.*, 1791, in-8, 27 p.

Signaux de jour, de nuit et de brume, à l'ancre et à la voile, et imprimés par ordre du Roi sous le ministère de M. de Castries. *Paris, imp. royale*, 1786, in-8.

Il y a quelques exemplaires qui portent le nom de l'auteur, Ed. MISSIESSY-QUIÈS, plus connu sous celui de BURGUES-MISSIESSY.

Signaux sans place fixe ; vocabulaire des termes de marine et de ceux qui sont les plus usités dans la langue françoise. (Par le comte Ch.-B. D'ESTAING.) *Paris*, 1778, in-8.   V. T.

Signification (la) de l'ancien jeu des

chartes pythagorique, et la déclaration de deux doubtes qui se trouvent en comptant le jeu de la paume. Lesquelles cognoissances ont esté longtemps cachées par cy devant : mais depuis peu de jours, sont retrouvées, et expliquées, par I. G. (I. GOSSELIN). *Paris, Gilles Gorbin,* 1582, in-8, 28 ff.

L'auteur a signé l'épître.

Silence (du) considéré comme tactique parlementaire. (Par Alph. MAHUL.) *Paris, imp. de Boucher,* 1823, in-8.

Silence (du) et de la Publicité. Lettre aux rédacteurs de l' « Espérance, courrier de Nancy » du 30 déc. 1845. (Par A.-P.-F. GUERRIER-DUMAST.) *S. l. n. d.,* in-8, 8 p.

Silhouettes des partis en Belgique, par un ancien diplomate (Joseph GOFFIN). 1re partie, 1830-1850. *Bruxelles, Office de publicité,* 1862, in-12, 143 p.   J. D.

SILIUS ITALICUS, quinzième chant de la seconde guerre punique. Traduit en vers français avec le texte en regard. Sommaire du poëme. Notice biographique et littéraire sur Silius Italicus, par M. L........ (Philippe LESBROUSSART), professeur à l'Université. *Liége, Oudart,* 1842, in-8.
        J. D.

SILIUS ITALICUS, quinzième chant de la seconde guerre punique. Traduit en français avec le texte en regard (par J.-G. MODAVE). *Liége, Oudart,* 1842, in-8.   J. D.

Siloé des Alpes, ou sources vives de la grâce jaillissantes dans l'Eglise vaudoise depuis les premiers siècles jusqu'à la Réformation. (Par Al. MUSTON.) *Paris, imp. Marc Ducloux,* 1849, in-12.

Silphe (le), comédie en un acte et en prose. Représentée pour la première fois le 5 février 1743. (Par G.-F. POULLAIN DE SAINT-FOIX.) *Paris, Prault fils,* 1743, in-8, 37 p. et 1 f. d'approbation.

Silva, ou l'ascendant de la vertu. Par l'auteur de « Lorenzo ». G. T. D. (E.-S. DRIEUDE). *Lille, Lefort,* 1836, in-18.

Souvent réimprimé.

Silves païennes en prose. *Castelnaudary, imp. de L. Labadie,* 1872, in-8, 24 p.

On lit en tête du titre les initiales de l'auteur : A. F. (Auguste FOURÈS).

Silvie. *A Londres (Paris, Prault),* 1743, in-8, 78 p. y compris le titre.

L'auteur, C.-H. WATELET, le célèbre artiste et littérateur, reconnaît, dans sa dédicace à Mme ***, avoir emprunté son sujet à l'Aminte du Tasse.

Cette édition a été faite *con amore.* On y trouve neuf gravures (compris celle du frontispice), plus 4 gr. à mi-page et 2 culs-de-lampe.

« Silvie » a été réimprimée dans le « Recueil de quelques ouvrages de M. WATELET ». *Paris, Prault,* 1784, in-8, 446 p.

Silvie, tragédie en prose et en un acte. (Par Paul LANDOIS.) *Paris, Prault fils,* 1742, in-8, 2 ff. de tit. et 44 p.

Silvine, fille séduite, au général Blainville, son séducteur, histoire récente. (Par Jacq. LABLÉE.) *Paris, Moutardier* an IX-1801, in-12, 2 ff. de tit. et 77 p.

On a réimprimé un nouveau titre qui porte en plus : Mise en ordre et publiée par J. LABLÉE.

Silvius et Valéria, ou le pouvoir de l'Amour, traduit de l'allemand d'Auguste LAFONTAINE (par Mme Élise VOIART). *Paris, Plancher,* 1819, 2 vol. in-8.

Simiade, ou les aventures de Micou, poëme. (Par Firmin DOUIN, de Caen.) Édition première, avec préface et sans figures. *Paris, Cailleau,* 1759, in-12, 74 p. — Dernière édition. 1761, in-12.

Simon Maurice, ou noble et paysan. (Par G.-M.-Mathieu DAIRNVAELL.) *Marseille,* 1839, in-18, 64 p.

Simon, ou des facultés de l'âme... (Par Fr. HEMSTERHUYS.) *La Haye,* 1762, in-12.

Simple Avis au peuple sur la nomination de ses bourguemestres, par un vieux patriote (M.-L. POLAIN). *Liége, Desoer,* 1842, in-8, 10 p.   Ul. C.

Tiré à part du « Journal de Liége ».

Simple (le) Bon Sens, ou coup d'œil sur quelques tableaux exposés au musée Rath, en 1829. (Par Rodolphe TOPFFER.) *Genève, Bonnart,* 1829, in-8.

Simple Bouquet. (Par Auguste GÉNIN, ingénieur civil, à Lyon.) *Lyon, Scheuring,* 1851, in-8.

Simple Coup d'œil sur la législation des céréales. (Par le marquis Charles DE TINGUY DE NESMY.) *Nantes, imp. de Forest,* 1865, in-8, 46 p.

Simple Document sur l'Afrique; par un officier attaché à l'armée d'Afrique sous le premier commandement de M. le maréchal Clausel (T.-R. BUGEAUD, depuis maréchal de France). *Paris, imp. de L.-E. Herhan et Bimont,* 1838, in-8, 15 p.

Simple Esquisse biographique. Jules, Juliette et Julia Delepierre, violonistes, âgés de quatre, six et neuf ans. (Par Marcellin SABATIER.) *Cambrai, imp. de A. Regnier-Farez,* 1858, in-8, 8 p.

Simple Histoire. (Par Élisabeth SIMPSON, plus connue sous son pseudonyme de mistress INCHBALD, traduction de J.-M. DESCHAMPS et de J.-B.-D. DESPRÉS.) *Paris, imp. Didot,* 1826, 2 vol. in-32.

Simple Histoire de Napoléon, d'après les notes et mémoires de MM. Las-Cases, de Ségur, Fain... et autres historiens de l'Empire... (Par François-Charles FARCY.) *Paris, Béthune et Plon,* 1840, 4 vol. in-32.
D. M.

Simple Récit des événements arrivés en Piémont, dans les mois de mars et d'avril 1821, par un officier piémontais. *Paris, Méquignon fils aîné,* 1822, in-8, 212 p.

MM. les auteurs du « Mémorial catholique » ayant dit, dans leur numéro du mois d'avril 1824, que Mlle DE MAISTRE, si l'on en croyait quelques curieux indiscrets, avait publié, sous le masque d'*un officier piémontais,* une relation de la dernière révolution du Piémont, j'ai cru que le « Simple Récit » était l'ouvrage auquel nos journalistes faisaient allusion ; mais j'ai appris de M. le comte de Maistre que mademoiselle sa sœur n'avait rien publié sur la révolution du Piémont ; il a écrit à M. le comte O'Mahony pour le prier de démentir cette fausse annonce, mais sa réclamation est restée sans effet.

Simples Conseils aux ouvriers, par un de leurs véritables amis (Ch. DE CHENEDOLLÉ). *Bruxelles, Devroye,* 1853, in-18, 12 p.
J. D.

Simples Contes, applicables aux enfants et propres à leur inspirer l'amour de la vertu et l'horreur du vice. Traduction libre de l'anglais. Par P. C. B. (P.-Cés. BRIAND). *Paris, Ledentu,* 1824, 2 vol. in-18, ornés de 8 gravures.

Simples Notes pour servir à l'histoire du second siége de Paris, 1870-1871. Par un volontaire de 1870-1871 (M. DE LAVIGERIE). *S. l., imp. de J.-J. Le Roy,* 1872, in-8, 2 ff. lim. et 17 p.

Simples Notions d'administration militaire en réponse à un article inséré au « Spectateur militaire » du 15 févr. *1834.* (Par Paul CHAUDRU DE RAYNAL.) *Paris, Dondey-Dupré,* 1834, in-8, 2 ff. de tit. et 56 p.

Extrait du « Spectateur militaire », 15 février 1834.

Simples Notions religieuses. Introduction à une religion universelle basée sur la croyance à un seul Dieu. *Paris, imp. Napoléon Chaix,* 1865, 2 vol. in-12.

Tiré à 200 exemplaires environ, qui ont tous été donnés. Le tome II contient la réimpression des huit Discours sur l'histoire ecclésiastique de l'abbé Cl. FLEURY.

Simples Observations de Jean-Louis, membre de la Société d'agriculture de l'Eure, à MM. les membres du conseil municipal de la ville de Vernon. *Paris, Schneider et Langrand,* 1843, in-18, 42 p.

L'auteur de cette brochure, M. DELAVIGNE, s'y livre à une critique assez virulente des actes de l'autorité municipale de Vernon.
D. M.

Simplicité (la) de la vie chrétienne, et quelques autres œuvres spirituelles de Jérôme SAVONAROLE, traduites du latin par P. C. (Phil. CHAHU, jésuite). *Paris, Cramoisy,* 1672, in-12.

Simplification (de la) des principes constitutifs et administratifs, ou commentaire nouveau sur la Charte constitutionnelle ; par M. L. D. D. L. V. (le duc DE LA VAUGUYON). *Paris, F. Didot,* 1820, in-8, 122 p.

Simplification et Généralisation des finances, suppression de l'arbitraire dans l'impôt... présenté à l'Assemblée de la noblesse de la prévôté et vicomté de Paris, par M. le C. de B. (A.-L.-M. LOMÉNIE DE BRIENNE), mestre de camp de cavalerie, l'un des membres de cette Assemblée. *Paris, Gastelier,* 1789, in-4, VIII-106 p. et 2 tableaux.

Simplon (le). Promenade pittoresque de Genève à Milan. (Par Ch. MALO.) *Paris, L. Janet,* 1824, in-18, avec 12 grav.

Simulachres (les) et historiées faces de la mort, autant élégamment pourtraictes que artificiellement imaginées. *A Lyon, M. et G. Trechsel frères,* M.D.XXXVIII, petit in-4, 4 et 43 ff.

Ces gravures sur bois, attribuées à Holbein, ont chacune, en bas, un quatrain en français dont Gilles COROZET est regardé comme l'auteur.

Les mots : « Salut d'un vraye zele », qui se lisent à l'épître dédicatoire, sont la devise de Jean DE VAUZELLES, lequel, très-probablement, est l'auteur de cette épître et peut-être aussi des quatrains.

Voy., pour plus de détails sur les diverses éditions de cet ouvrage célèbre, Brunet, « Manuel du libraire », 5e éd., III, col. 254 et suiv.

Sinaï (le) et Jérusalem. La parole de Dieu avant Jésus-Christ... par un professeur de philosophie (l'abbé L.-V. BLUTEAU). Paris, A. Vaton, 1857, in-32, VIII-376 p.

Sinaïb et Zora, où l'héritière de Babylone; par Mᵐᵉ G... V... (GRAND-MAISON VAN-ESBECQ), auteur d' « Adolphe, ou la famille malheureuse ». Paris, Ouvrier, 1801, 2 vol. in-12.

Sincère et libre discours, par supplications et remontrances très-humbles, au roi. (Par CHALAS.) S. l., 1625, in-8, 33 p.

Deux éditions la même année, dont une porte la signature de l'auteur au bas de la dédicace.

Singe (le) de La Fontaine, ou contes et nouvelles en vers, suivies de quelques poésies. (Par Marie-Alex. DE TNÉIS.) Florence, aux dépens des héritiers de Bocace à la Reine de Navarre, 1773, 2 vol. in-12.

Singe (le) de Napoléon. (Par Léonard GALLOIS.) Paris, imp. de Guiraudet (1821), in-8, 15 p.

La seconde édition est intitulée : « Histoire du singe de Napoléon ». Voy. V, 793, d.

Singe (le) et le Roquet. Apologue. (Par le conseiller de Brabant DE VILLEGAS.) S. l., 1ᵉʳ février 1790, in-8, 4 p.

Singularités anglaises, écossaises et irlandaises, ou recueil d'anecdotes curieuses... extraites et traduites pour la plupart des journaux anglais et des voyages les plus récents. (Par J.-T. VERNEUR.) Paris, Delaunay, 1814, 2 vol. in-12.

Singularités (les) de la nature. Par un académicien de Londres, de Boulogne, de Pétersbourg, de Berlin, etc. (Par VOLTAIRE.) Basle, 1768, in-8, VII-131 p. — Amsterdam (Paris), 1769, in-8.

L'édition de Londres, 1772, in-8, porte le nom de l'auteur. Réimprimé dans le tome IV de l'«Évangile du jour », voy. V, 328, b. Voy. aussi « Supercheries », I, 473, c.

Singularités diverses, en prose et en vers. (Par Pierre LE FEVRE DE BEAUVRAY.) Cosmopolis, 1753, in-12, 2 ff. lim. et 211 p.

Singularités historiques et littéraires, contenant plusieurs recherches, découvertes, etc., sur un grand nombre de difficultés de l'histoire ancienne et moderne. (Par dom Jean LIRON.) Paris, Didot, 1734-1740, 4 vol. in-12.

Singularités historiques, ou tableau critique des mœurs, des usages et des événemens de différens siècles, contenant ce que l'histoire de la capitale et des autres lieux de l'Île-de-France offre de plus pi-

quant et de plus singulier... Par J. A. D*** (Jacq.-Ant. DULAURE). Londres et Paris, Lejay, 1788, in-12.

Singulier et proufitable exemple pour toutes femmes mariées qui veullent (sic) faire leur devoir en mariage envers Dieu et leurs marys et avoir louange du monde. Histoire de dame Griselidis, jadis marquise de Saluces. (Traduit du latin de PÉTRARQUE.) (Lyon, vers 1500), pet. in-fol. ou gr. in-4 de 13 ff. goth.

Même ouvrage que « Grande et Merveilleuse Patience... » Voy. V, 567, b.

Singulière Profession de foi d'un vieil actionnaire de l'Ambigu-Comique, composée en 1828. Ouvrage qui devait être posthume. (Par BONNAIRE.) Paris, Auffray, 1832, in-8, 20 p.

L'auteur de cette brochure en vers l'a composée par suite d'un pari. Elle offre cette singularité de n'avoir qu'une seule rime féminine, quoi qu'en dise M. Bonnaire, qui, par erreur sans doute, la qualifie de masculine.   D. M.

Sir André Wylie, roman écossais (par J. GALT), traduit de l'anglais par le traducteur de « Péveril du Pic » (A.-J.-B. DEFAUCONPRET). Paris, Gosselin, 1823, 4 vol. in-12.

Sire (le) d'Aubigny, nouvelle historique, par le sieur L... (Pierre LESCONVEL). Paris, Girin, 1698, in-12. — Amsterdam, André de Hoogenhuysen, 1700, in-12.

Voy. « Anecdotes secrètes... », IV, 186, f.

Sire (le) de Gavres. Bruxelles, Van Dale, 1845, in-4.

E. GACHET, chef du bureau paléographique, a dirigé la publication de cette reproduction autographique d'un beau manuscrit, orné de toutes ses gravures enluminées. Il l'a enrichi d'un glossaire et d'un avertissement dans le style de l'époque. Son nom se trouve caché dans ce vers, imprimé en lettres rouges, dans les pièces préliminaires :

Soubs grand labeur faible Gaschiet.

Quelques privilégiés ont reçu leurs exemplaires ornés d'une planche qui représente le libraire faisant au roi Léopold l'hommage de son œuvre. Dans le groupe des personnages figure Gachet, dont le profil a été très-fidèlement croqué.

(Note sur Emile Gachet, par M. Loumyer.)
                                    D. M.

Sire (le) de Saive, nouvelle liégeoise, par L. L. L. (Edouard LAVALLEYE fils). Liége, Demarteau, 1858, in-8, 38 p.

Tiré à part de la « Gazette de Liége ».
                                    Ul. C.

Sirène (la) de la Vendée, ou la comète de l'Annonciade. Esquisse de la mer et de l'avenir. Dédiée à Henri, comte de Chambord. Par l'auteur des « Souvenirs d'Agnès de Bourbon » (le comte Charles O'KELLY). *Paris, Dentu,* 1834, in-8, 156 p.

La dédicace au comte de Chambord est signée.

Sirènes (les), ou discours sur leur forme et figure. A monseigneur le Chancelier. (Par M. l'abbé Cl. NICAISE.) *Paris, Jean Anisson,* 1691, in-4, 3 ff. lim., 78 p. et 1 f. de table.

Le nom de l'auteur se trouve dans le privilége.

Sires (les) d'Audenarde pendant le XIVᵉ et le XVᵉ siècle. (Par le P. PRUVOST.) *Bruxelles, Devroye,* 1861, in-8, 26 p.

Tiré à part de la « Revue d'histoire et d'archéologie ». J. D.

Sires (les) de Beaujeu, ou Mémoires historiques sur le monastère de l'île Barbe... Extrait d'une chronique du XIVᵉ siècle, par l'auteur de « Paris, Versailles... » (le marquis J.-L.-M. DU GAST DE BOIS DE SAINT-JUST). *Lyon, Tournachon-Molin,* 1810, 2 vol. in-8.

Sirius. Aperçus nouveaux sur l'origine de l'idolâtrie. Introduction. (Par M. LE QUEN D'ENTREMEUSE.) *Paris, V. Didron, et Nantes, imp. L. et A. Guéraud,* 1852, in-8.

Sirop-au-cul, ou l'heureuse délivrance, tragédie héroï-merdifique. Par M***, comédien italien. (Par C.-F. RAGOT, dit GRANDVAL fils.) *Au temple du Goût, s. d.,* in-8, titre gravé, 1 f. lim. et 59 p. — *S. l. n. d.,* in-8, 48 p.

Réimprimé à 104 ex. *Berg-op-Zoom (Bruxelles, J. Gay,* 1864), in-12, 48 p.

Sistème.

Voy. « Système ».

Situation (la). (Par Paul BOITEAU.) *Paris, Perrotin,* avril 1861, in-18, 68 p.

Situation (la). (Par M. MILLET.) *Provins, imp. de Lebeau,* 22 avril 1871, in-8, 30 p.

Situation actuelle de la France. Mai 1850. *Bruxelles, imp. de J.-H. Briard,* 1850, in-8, 34 p.

Signé : F. D. (FUMINON-DARDENNE), ancien administrateur.

Situation actuelle des finances de la France et de l'Angleterre.(Par DE MAISONCELLE.) *Paris, Briand,* 1789, in-4.

Situation actuelle des partis dans le royaume des Pays-Bas. (Par Charles

TESTE.) *Bruxelles et Liége, Collardin,* 1829, in-8, 88 p. Ul. C.

Situation (la) actuelle du commerce et de l'industrie en France. (Par Alphonse CÉZARD.)*Nantes, imp. Mangin,* 1861, in-8, 246 p.

La couverture imprimée porte le nom de l'auteur.

Situation de la France avec les souverains de l'Europe, par D.... (le comte Sophie-Edouard DUNOD DE CHARNAGE). *Paris, Delaunay,* 1818, in-8, 72 p.

Situation de la France sous l'empereur Napoléon III. Extrait du recueil périodique anglais « The New quarterly review ». (Par M. Jules CHEVALIER.) *Paris, Librairie nouvelle,* 1858, in-8, 40 p.

Situation de la Valachie sous l'administration d'Alex. Ghika, etc., etc. (Par M. DE CROZE, d'Aix.) *Bruxelles,* 1842, in-8, 25 p., avec un portrait.

Situation des catholiques en Belgique. Franc-maçonnerie. Mission de Till. Evénements de Liége et de Verviers. (Par Pierre KERSTEN.) (Extrait du « Journal historique et littéraire ».) *Liége, Kersten,* mai 1838, in-18, 33 p.

Situation des finances de l'Angleterre en 1768. *Londres et Paris, Lacombe,* 1769, in-4.

Cet ouvrage, dit l'auteur des « Ephémérides du citoyen », semble le fruit du travail de l'écrivain français (Israël MAUDUIT) auquel nous devons la traduction du « Mémoire de Grenville sur l'administration des finances de l'Angleterre », *Mayence (Paris),* 1768, in-4.

Situation (de la) des gens de couleur libres aux Antilles françaises. (Par Valère DARMIANT.) *Paris, Mac-Carthy,* 1823, in-8, 32 p.

Cette brochure a été condamnée le 12 janvier 1824, par arrêt de la Cour royale de la Martinique. D. M.

Situation (de la) du paradis terrestre. (Par P.-D. HUET, évêque d'Avranches.) *Paris,* 1691, in-12.

Réimprimé plusieurs fois avec le nom de l'auteur.

Situation financière de la ville de Liége en 1806 comparée à celle de 1858. (Par L.-A. NIHON, avocat.) *Liége, Desoer,* 1858, in-8, 14 p.

Tiré à part du « Journal de Liége ». Ul. C.

Situation (la). Les causes et les moyens. Suffrage universel. Instruction. Etudes politiques par un patriote indépendant. *Paris, imp. Schiller*, 1872, in-16, 95 p.

Signé : N. L. (N. LESCANNE).
Réimprimé la même année avec le nom de l'auteur.

Situation militaire de la Grande-Bretagne, par A. B. (Alexis BRIALMONT), capitaine d'état-major. *Paris, Tanera*, 1860, in-8, 48 p.

Extrait du « Journal de l'armée belge ».

              J. D.

Situation politique actuelle de l'Europe, considérée relativement à l'ordre moral, pour servir de supplément à l'« Ordre moral ». (Par J. ACCARIAS DE SERIONNE.) *Augsbourg, Stage*, 1781, in-8.

Voy. l'«Ordre moral », VI, 739, c.

Situation politique d'Avignon et du comtat Venaissin, dans le moment actuel. (Par DUCROS, agent du comtat Venaissin.) *Paris, imp. de Froullé*, 1791, in-8.

Situation politique du pays d'Erguel. (Par Théod.-F.-L. LIOMIN.) 1792, in-8.

Voy. « Adresse au pays d'Erguel », IV, 70, e.

Situation présente de l'Angleterre, considérée relativement à la descente projetée par les Français. (Par Félix BODIN.) *Paris, Desenne*, an VI, in-8, 1 f. de tit. et 30 p.

Situation. Reconstitution de l'Europe et nouvelle organisation sociale et politique, ou nouveau système gouvernemental, financier, administratif et judiciaire... Par D. DE LA F. (Dumont DE LA FONTAINE). *Paris, impr. de Guiraudet et Jouaust*, 1849, in-8, 15 p.

Six (les) Anges aux douze ailes bleues et blanches. (Par L.-S. MERCIER.) *S. l. n. d.*, in-12.

Six Années de la Révolution française, ou précis des principaux événements correspondant à la durée de ma déportation, de 1792 à 1797 inclusivement. Par F. D****, prêtre, mort en 1798 (l'abbé Fr. DELESTRE). *Paris, Dentu*, 1819, in-8.

Mis en ordre et publié par T.-Fr. DELESTRE-BOULAGE, neveu de l'auteur.

Six Balafres, ou la soirée des casernes, par G*** (GUINAUD), officier des volontaires royaux, sous les ordres du général prince de Croï-Solre. *S. l.* (1815), in-8, 15 p.

              D. M.

Six Chansons maçonniques au profit des pauvres. (Par N. BURJA.) *Berlin, G.-J. Decker*, 1777, in-8, 16 p.

Six Chapitres de l'histoire du citoyen Benjamin Quichotte de la Manche; traduit de l'espagnol et mis en lumière par M. B** (Jos. BERCHOUX). *Paris, Boucher*, 1821, in-18, 139 p. et 1 pl.

Six (les) Comédies de TÉRENCE, très-excellent poëte comique, mises en françoys, en faveur des bons espritz studieus des antiques recréations (par Jean BOURLIER). *Anvers, Jean Wuesberghe*, 1566, pet. in-8.

Cette traduction a été réimprimée à *Paris, chez Michel Clopejau*, 1567, in-16, et aussi sous le titre :

« Les six Comédies de Terence... avec les fleurs, phrases, sentences et manières de parler très-excellentes dudit autheur, mises en la fin de chacune scène; le tout, latin et françois, correspondant l'un à l'autre, en faveur des jeunes enfants désireux de la pureté et intelligence de la langue latine ». *Paris, Claude Micard*, 1574, in-16, 6 ff. prélim. et 364 p.

Commence par une dissertation intit. : Qu'est-ce que les anciens appeloyent fable, tragédie, satyre, comédie vieille et comédie nouvelle ?

Six Discours prononcés en allemand, par M. J. F. W. JÉRUSALEM, traduits par un anonyme (le comte DE MANTEUFEL). *Leipsick*, 1748, in-8.

Six (les) Fuites de Bonaparte, y compris la dernière qui sauva la France. (Par P.-J.-B. NOUGARET.) *Paris, Lerouge*, 1815, in-8.

Six Lettres à S.-L. Mercier, de l'Institut national de France, sur les six tomes de son « Nouveau Paris », par un Français (le comte A.-T.-J.-A.-M.-M. DE FORTIA DE PILES). *Paris, marchands de nouveautés*, an IX-1801, in-12.

Six Lettres inédites de Voltaire. *Bourg, impr. de Dufour* (1874), in-8, 28 p.

Ces Lettres, en la possession de M. Griollet, de Genève, ont été publiées avec son assentiment, par M. Cl. PERROUD, qui les a annotées.

Six (les) Livres de LUCRÈCE de la Nature des choses, trad. en vers (par l'abbé Michel DE MAROLLES). *Paris, J. Langlois*, 1677, in-4, portrait.

Six (les) Livres de saint AUGUSTIN contre Julien, défenseur de l'hérésie pélagienne, traduits en françois (par l'abbé François DE VILLENEUVE DE VENCE). *Paris, Babuty*, 1736, 2 vol. in-12.

Six Mois à Londres en 1816, suite de l'ouvrage ayant pour titre : « Quinze Jours à Londres à la fin de 1815 »; par le même auteur (A.-J.-B. DEFAUCONPRET). *Paris, Eymery*, 1817, in-8.

Six Mois d'exil, ou les orphelins par la Révolution.(Par Anne-Jeanne-Félicité D'Ormoy. dame Mérard de Saint-Just.) *Paris*, 1803, 3 vol. in-12.

Six Mois de constance, comédie en un acte, mêlée de couplets, par MM. Armand Ov... (Overley), Constant B... (Berrier) et Théodore N... (Nezel). Représentée pour la première fois à Paris, sur le théâtre de la Gaîté, le 17 février 1825. *Paris, Quoy*, 1825, in-8, 40 p.

Six Mois de drapeau rouge à Lyon. *Lyon, P. N. Josserand*, avril 1871, in-16, 105 p.

Signé : J. G. (Joannes Guetton).
Plusieurs fois réimprimé avec le nom de l'auteur.

Six mois suffisent-ils pour connaître un pays? ou observations sur l'ouvrage de M. Ancelot, intitulé : « Six Mois en Russie. » Par J. T..... y (Jacques-Nicolaevitch Tolstoy). *Paris, Ledoyen*, 1827, in-8, 32 p.

Six (les) nouvelles de l'enfance, par Mlle Julie B.... *Paris, Eymery*, 1814, in-18.

Plusieurs fois réimprimé avec le nom de l'auteur, Mme Julie Delafaye-Bréhier.

Six nouvelles en vers, par *** (Bauduin-Gaviniès, dit Florville, artiste dramatique), auteur des « Rêveries poétiques ». *Paris, Chaumerot*, 1833, in-18.   D. M.

Six nouvelles, par Joseph C. M. (Cherade de Montbron), auteur des « Scandinaves ». *Paris, Gide*, 1815, 3 vol. in-12.

Six panégyriques de sainte Ursule et des onze mille vierges. *Liége, P. Danthez* (1679), in-8, 170 p.

L'approbation qui nomme l'auteur, le P. Bex, S. J., est datée de Liége, 19 juin 1679.
                                        De Theux.

Six (les) petits livres du Père Lami...

Voy. « Petits Livres du Père Lami... », VI, 862, c.

Six pièces nouvelles. Par l'auteur des « Préludes poétiques. » (Amédée de Loy). *Besançon, imp. de Montarsolo*, 1830, in-8, 32 p.

Six Semaines avec les Prussiens. (Par Hippolyte de Vonne.) *Tours, imp. de Mame*, 1871, in-12, 83 p.

Six Semaines de la vie d'un officier suisse pendant le cours de 1792. (Par Daniel Picot.) *Paris, Debray*, 1803, in-18.

Cet ouvrage a été donné dans la seconde éd. du Dictionnaire sous le nom de de Candolle, d'après Van Thol.

Six Sermons traduits de l'allemand de A. F. W. Sack (par Elisabeth Charlotte de Brunswick, veuve de Frédéric II, roi de Prusse). *Berlin*, 1778, in-8.

Six tragédies de P. Corneille, retou-touchées pour le théâtre (par Jos.-L. de Lisle, ancien conseiller au Parlement de Provence, et Audibert, de Marseille). *Paris, Deseine*, 1802, in-8.

Réimprimées plus correctement la même année, avec une septième tragédie, « Héraclius », dans quelques exemplaires.
Audibert, cité ici, et qui est décédé en 1805, à Saint-Germain-en-Laye, était oncle de feu Hilarion Audibert, ancien maître des requêtes et littérateur fort connu.
                                        D. M.

Sixième Avertissement à Son Altesse royale Monseigneur le duc d'Orléans... (Par Jacq. Mengau.) *Paris, F. Huart*, 1652, in-4, 11 p.

Voy. pour le détail de la série des « Avertissements » de J. Mengau, IV, 348, d.

Sixième Lettre sur les miracles, laquelle n'est pas d'un proposant. — Septième Lettre de M. Covelle, sur les miracles. (Par Voltaire.) In-8, 8 p.

Voy. « Questions sur les miracles », VI, 1160, b.

Sixième Rapport du Comité de mendicité sur la répression de la mendicité, imprimé par ordre de l'Assemblée nationale. (Par F.-A.-F. de La Rochefoucauld Liancourt.) *Paris, imp. nationale*, 1791, in-8, 46 p.

Voy. ci-dessus, « Septième Rapport... », col. 473, f.

Slaves (les) d'Autriche et les Magyars. Études ethnographiques, politiques et littéraires sur les Polono-Galliciens, Ruthènes, Tchèques ou Bohêmes, Moraves, Slovaques, Sloventzis ou Wendes méridionaux, Croates, Slavons, Serbes, etc., et les Hongrois proprement dits ou Magyárs. (Par M. Ladislas Rieger.) *Paris, Passard*, 1861, in-8, 175 p.

M. Rieger a recueilli dans ce volume une série d'articles insérés d'abord dans le journal « le Nord » (août 1860).

Slaves (les) occidentaux. (Par Alexandre Feodorovitch.) *Paris, A. Franck*, 1858, in-8, 108 p.

Sobriété (de la) et de ses Avantages, etc. ; traduction nouvelle de Lessius et de Cornaro, avec des notes par M. D. L. B. (de La Bonodière). *Paris, Coignard*, 1701, in-12.

Ce traducteur n'a inséré dans ce volume que la traduction d'un Traité de Cornaro, savoir, celui qui a pour titre « des Avantages de la vie sobre ». La traduction du même Traité, avec celle de trois autres du même auteur, avait paru quelques mois auparavant sous ce titre : « Conseils pour vivre longtemps ». Voy. IV, 701, *d*.

Le libraire de Paris Edme reproduisit en 1772 la traduction de Lessius par La Bonodière, et il y joignit celle des « Conseils ».

Les auteurs du « Journal des savans » (déc. 1772), trompés par ces mots du frontispice : *traduction nouvelle*, ont loué le traducteur comme un écrivain vivant.

Socialisme conservateur. Essai de fraternité chrétienne et pratique. Par deux soldats. *Paris, Dentu*, 1851, in-8, 63 p.

L'avertissement est signé : G. DE LEYSSAC et E.-H. DE LA PIERRE. — C'est par erreur que le premier de ces auteurs a été désigné dans les « Supercheries » sous le nom de G. DE LEYNAC. Voy. I, 930, *c*.

Socialisme (le) devant le bon sens populaire, ou simples questions à MM. les socialistes, par n'importe qui. (Par M. Adolphe BAUDON.) *Paris, imp. de Bailly, Divry et Cie*, 1849, in-18, 36 p.

Socialisme (le) en Russie. Etude contemporaine. (Par Ch. MARCHAL.) *Neuilly, imp. Guiraudet*, 1860, in-8, 480 p.

Socialisme (le) et le Christianisme, dans les circonstances actuelles; par P. J. JALAGUIER). *Montauban, Lapie-Fontanel, imp.*, 1848, in-8, 81 p.

Socialisme (le), par les rédacteurs de l'« Harmonie ». (Par X. BOUGARD.) *Liége, E. Noël*, 1854, in-8, 16 p.   Ul. C.

Socialistes (les), satire par un ouvrier (Abram CAST, riche propriétaire). *Paris, Dentu*, 1852, in-8, 16 p.

Société (la) à l'état de paix. (Par le marquis DE LA GERVAISAIS.) *Paris, Pihan-Delaforest*, 1833, in-8, 40 p.

Société de fructification générale de la terre et des eaux de la France, ayant pour but la régénération généralement désirée et qui peut s'effectuer dans l'espace de dix ans... (Par RAUCH.) *Paris, imp. de Trouvé*, 1824, in-4.

Société de la « Voix des femmes ». (Par Mme Eugénie NIBOYET.) *Paris, imp. de N. Chaix*, 1848, 2 placards in-fol.

Avis en date du 8 juin et annonce d'une séance pour le 18 du même mois.

Société de Saint-François Xavier de Compiègne. Séance du 20 janvier 1867. Epître familière aux membres de la Société. (Par le conseiller BAZÈNERY.) *Compiègne, imp. Valliez*, 1867, in-8, 8 p.

Cet auteur a fait imprimer sous le même titre deux autres épîtres adressées aux membres de la même Société, dans les séances du 16 févr. 1808 et du 17 janvier 1869, in-8 de 4 et de 8 p.

(A. de Marsy, «Bibliographie complégnoise », n°s 367-369.)

Société (la) de Saint-Vincent-de-Paul en Espagne. *Malines, Dessaint*, 1861, in-8, 28 p.

La préface est signée : E. D. K. (Eugène DE KERCKOVE).   J. D.

Société (la) des amis de la Constitution, séante aux Jacobins, à Paris, aux Sociétés affiliées. (Par F.-M.-J.-I. ROBESPIERRE.) *Paris, imp. du Patriote français*, 1791, in 8, 10 p.

Société des progrès agricoles. Un mot aux électeurs avant le 1er août 1846. (Par D. DE LA CHAUVINIÈRE.) *Paris, Schneider et Langrand, s. d.*, in-8, 16 p.

Société (la) des Rosati d'Arras, 1778-1788. (Par Arthur DINAUX.) *A la vallée des Roses, de l'imprimerie anacréontique, l'an 1000 800 50 (Valenciennes, imp. de Prignet*, 1850), in-4.

Extrait de la 3e série des « Archives du Nord ».

Société libre d'émulation de Liége. Le Salon de 1858, par J. H....G (Jules HELBIG). *Liége*, 1858, in 8, 54 p.   J. D.

Société nantaise d'horticulture, fondée en 1828... Catalogue de la bibliothèque. (Par Charles EVELLIN.) *Nantes, veuve C. Mellinet*, 1870, in-8, 24 p.

Société (la) neuchâteloise pour la traduction d'ouvrages chrétiens allemands, son œuvre, ses principes, son plan et ses vœux. (Par M. Frédéric DE ROUGEMONT.) *Neuchâtel, Michaud*, 1843, in-8, 64 p.

Société parisienne. Esquisse de mœurs, par un jeune provincial. (Par Mme Marie-Bénigne-Esther LETISSIER.) *Paris, Amyot*, 1842, in-18.

Société (la) possible. (Par le marquis DE LA GERVAISAIS.) *Paris, Pihan-Delaforest*, 1835, in-8, 40 p.

Société pour l'extinction de la mendicité dans la ville de Nantes, sous les auspices de S. A. R. Madame, duchesse de Berry. (Par L.-F. DE TOLLENARE.) *Nantes, imp. de Mellinet-Malassis*, 1829, in-8, 8 p.

Société pour la publication de brochures. La Chambre de 1830 répudiée

par tout le monde. (Par DE LISLE.) *Paris, Dentu*, 23 mars 1831, in-8, 63 p.

Sociétés (des) anonymes en Belgique, ou réponse au discours de rentrée de M. le procureur général de la Cour d'appel de Bruxelles (15 octobre 1840), et réfutation de l'arrêt de la même Cour du 19 mai 1841. (Par DE BONNE, avocat.) *Bruxelles, Deltombe, s. d.*, in-8.　　　J. D.

Sociétés (des) bibliques formées par des femmes. (Par Charles DUPIN.) *Paris, imp. Setier*, 1824, in-8, 14 p.

Sociétés (les) secrètes de France et d'Italie, ou fragments de ma vie et de mon temps. Par Jean WITT. (Traduit de l'allemand par A. BULOS.) *Paris, Levavasseur*, 1830, in-8.

C'est une traduction de l'ouvrage publié en allemand sous ce titre : « Johann Witt, genannt von Döring. Fragments aus meinem Leben und meiner Zeit. » *Braunschweig*, 1827.

Il en a paru un extrait analytique dans la « Revue britannique », août 1820.

Comme on voit, c'est à tort que Quérard a présenté le nom de Witt comme un pseudonyme. Voy. « Supercheries », III, 1000, *b*.

Sociétés (des) secrètes en Allemagne et en d'autres contrées, de la secte des illuminés, du Tribunal secret, de l'assassinat de Kotzbue, etc. (Par Vinc. LOMBARD, de Langres.) *Paris, Gide fils*, 1819, in-8, 259 p.

Sociétés (les) secrètes et la Société, ou philosophie de l'histoire contemporaine, par l'auteur du « Monopole universitaire destructeur de la religion et des lois ». *Avignon, Séguin aîné*, 1874, 2 vol. in-8.

Le « Monopole universitaire » est attribué par le P. de Backer (« Biblioth. des écrivains de la Compagnie de Jésus », t. III, col. 2135) au P. Nicolas DESCHAMPS, jésuite, auteur d'un grand nombre d'ouvrages de polémique religieuse.

C'est donc à tort que nous avons attribué cet ouvrage (voy. VI, 338, *b*) à Nic. DESGARETS, qui ne nous paraît pas être un pseudonyme et qui, sans doute, n'aura été que l'éditeur.

L'attribution du « Paganisme dans l'éducation... » (voy. VI, 759, *b*) à Nic. DESGARETS doit également être rectifiée, et ce nom doit être remplacé par celui de Nic. DESCHAMPS.

Cette question d'attribution a été discutée dans l'« Intermédiaire », tomes IX et X.

Socrate en délire, ou dialogues de Diogène à Sinope, traduits de l'allemand de M. WIELAND par B. de M. (par le comte Fr. BARBÉ DE MARBOIS). *Dresde, et Paris, Delalain*, 1772, in-12. — *Paris, Rochette*, 1797, in-18.

Réimprimé en 1798 chez *Le Vacher*, sous le titre de « Socrate fou », in-12.

Socrate (le) rustique, ou description de la conduite économique et morale d'un paysan philosophe, traduit de l'allemand de M. HIRZEL par un officier suisse (J.-R. FREY DES LANDRES). *Zuric et Limoges, Barbou*, 1763, in-8. — 2e édition. *Zurich*, 1764, in-8. — 4e édition, augmentée. *Lausanne, Fr. Grasset*, 1777, 2 vol. in-8.

Socrate, tragédie en cinq actes. (Par S.-N.-H. LINGUET.) *Amsterdam, M-M. Rey*, 1764, in-8, XXII-75 p.

Sœur (la) Adélaïde, ses égarements, ses vertus, ses faiblesses et son repentir. Ouvrage posthume du plus éloquent écrivain de ce siècle. *Le Paraclet et Neuchâtel, J. Witel*, 1785, in-12, XIV-269 p.

On a voulu faire passer cet ouvrage comme étant de J.-J. ROUSSEAU.

Sœur (la) Anne, ou le billet à payer, intermède en un acte mêlé de couplets, par M. Aug. I. (J.-B.-Aug. IMBERT). Représenté pour la première fois sur le théâtre de l'Hôtel des Fermes, le 31 décembre 1820. *Paris, C. Ballard, imp.*, 1820, in-8, 20 p.

Sœur (la) de charité, tableau d'un hôpital. Par un voyageur homme de lettres. *Bordeaux, imp. de H. Faye*, 20 juillet 1826, in-8, 16 p. — *Orléans, imp. de Danicourt-Huet*, 1827, in-8, 16 p. — *Marseille, imp. de Rochon*, 1827, in-8, 16 p. — *Toulouse, imp. de Bellegarrigue*, 1828, in-8, 16 p. — *Toulon, imp. de Duplessis-Ollivault*, 1830, in-8, 16 p.

Plusieurs éditions ont un Avis aux lecteurs signé: Ls M*** (Louis MOINARD).

Sœur (la) de la Miséricorde, ou la veille de la Toussaint, par Sophie FRANCES, traduit de l'anglais par Mme DE V*** (Mme DE VITERNE). *Paris, Dentu*, 1809, 4 vol. in-12.

Sœur Saint-Saturnin. Gabrielle-Louis Praud de La Nicollière, fille de la Sagesse. Esquisse biographique, suivie d'une notice historique et archéologique sur l'église paroissiale de Saint-Saturnin... de Nantes; par S. P. D. L. N. (S. PRAUD DE LA NICOLLIÈRE). *Nantes, A. Guéraud*, 1862, in-8, 64 p.

Tiré à 30 exemplaires.

Sœurs (les) de charité en Orient, par l'auteur du « Siège de Sébastopol »,

(Mme Mathilde BOURDON). *Lille, L. Lefort,* 1857, in-12.

Réimprimé avec le nom de l'auteur.

Sœurs (les) de la Charité, ou beautés de l'histoire des dames, filles et sœurs de la Charité. (Par Charles MALO.) *Paris, L. Janet* (1823), in-18.

Soi-disant (le) Pasteur de l'Eglise de Lyon, M. Monnot (*sic*, pour Monod), aux prises avec lui-même et avec ses coreligionnaires; par un catholique romain, M. A. F. (Antoine FAIVRE). *Lyon, Guyot,* 1835, in-8, 112 p.

Réimprimé l'année suivante sous le titre : « le Ministre protestant... » Voy. VI, 306, *a*; voy. aussi « Supercheries », I, 211, *a*.

Soirée d'un diable au bal costumé de S. A. R. Mme la princesse d'Orange à La Haye, le 17 février 1841; par un secrétaire de légation (E. DE LA ROZIÈRE). *S. l.,* in-18, VI-150 p.

Recueil de pensées et de maximes. Tiré à petit nombre.

Soirée (la) des boulevards, ambigu mêlé de scènes, de chants et de danses. Représenté pour la première fois par les comédiens italiens ordinaires du roi, le 13 novembre 1758. (Par C.-S. FAVART.) *Paris, N.-B. Duchesne,* 1759, in-8. 36 p. — *Avignon, Louis Chambeau,* 1759, in-8, 32 p.

Soirée (la) du carnaval, ou les folies du jour. (Par Aug. JACQUINET.) *Paris,* 1811, in-8.

Pièce jouée au théâtre des Jeux-Forains. Catalogue Soleinne, n° 3440.

Soirée perdue à l'Opéra. (Par Pascal BOYER.) *Avignon; et Paris, Esprit,* 1776, in-8, 26 p.

Réimprimée dans les « Mémoires pour servir à l'histoire de la révolution opérée dans la musique.... » Voy. VI, 240, *a*.

Soirées (les) amusantes, ou entretiens sur les jeux à gages et autres. (Par Pierre-Marie-François HUVIER DES FONTENELLES.) *Paris, veuve Duchesne,* 1788, in-12. — Nouv. édit. 1790, in-12.

L'auteur est mort le 21 octobre 1823, âgé de soixante-dix ans, maire de la commune de Mouroux, près de Coulommiers. Elève du collège de Juilly, il avait passé plusieurs années dans la Congrégation de l'Oratoire. Il la quitta vers 1780 pour aider son père, bailli de Coulommiers et subdélégué de l'intendance. Les leçons, les exemples d'un père très-instruit auraient fait de M. Huvier des Fontenelles un excellent administrateur; mais l'éloignement qu'il professa constamment pour les principes de la Révolution l'empêcha d'accepter aucune

place avant le retour de la maison de Bourbon. La culture des lettres a rempli presque tous ses moments. Personne n'a mieux su que lui intéresser les sociétés qu'il fréquentait par le récit d'anecdotes piquantes et variées, ou les amuser par ces jeux dont il a fait la description. Son ouvrage fut accueilli très-favorablement; il est à regretter que l'auteur n'en ait pas, dans une nouvelle édition dirigée par lui-même, fait disparaître des négligences de style et des réflexions peu mesurées qui lui ont été justement reprochées. A son insu, Lacombe l'a inséré en 1799 dans la 66° livraison de l' « Encyclopédie méthodique », contenant les jeux mathématiques et les jeux familiers. Il se contente de dire que ces entretiens sont tirés des « Soirées amusantes », sans même donner la date de l'ouvrage. M. Huvier des Fontenelles a publié quelques brochures politiques sous le voile de l'anonyme. Voyez les mots : « Remontrances du parterre (voy. ci-dessus, col. 269, *a*) et « la Targétade ».

Il envoya, en mars 1799, à la Société des Diners du Vaudeville, une liste d'airs dont M. Capelle paraît avoir profité pour la composition de l'ouvrage qu'il a publié sous ce titre : « la Clef du caveau, à l'usage de tous les chansonniers français », etc., par G***, du Caveau moderne. *Paris, Capelle et Renand,* 1811, in-8 oblong. Les auteurs des « Diners du Vaudeville » adressèrent à mon compatriote un reçu en trois couplets très-flatteurs pour lui.

Lorsque les troupes alliées se sont approchées de Coulommiers, le village de Mouroux fut incendié ; la maison de M. Huvier des Fontenelles, qui en est éloignée d'une demi-lieue, a été pillée par les Cosaques. Il s'enfuit dans les bois qui l'avoisinent ; mais les Cosaques ont fouillé ces bois et ont dépouillé complètement les malheureux fuyards, *défaisant les culottes et troussant les jupons.* Le nouvel ordre de choses qui s'ouvrait pour M. Huvier des Fontenelles, et qui était si conforme à ses vœux, l'empêcha de se plaindre.

Une liaison de plus de quarante ans avec cet homme estimable m'avait fait découvrir en lui de précieuses qualités de l'esprit et du cœur ; aussi je partage tous les regrets que sa mort presque subite a inspirés à sa respectable famille.

Soirées amusantes, ou recueil choisi de nouveaux contes moraux. (Par J. IMBERT, FLORIAN et autres.) *Amsterdam,* 1785, 3 vol. in-12.

Voy. la « Nouvelle Bibliothèque des romans », 2° année. *Paris,* 1799, t. V, p. 148.

Soirées (les) au logis, ou l'ouverture du portefeuille de la jeunesse... traduites de l'anglais (de John AIKEN et de mistr. A.-Laet. BARBAULT, sa sœur). *Genève, J.-J. Paschoud,* 1797, 4 vol. in-12.

Soirées (les) au village, ou conseils de M. David aux habitants de la campagne. (Par l'abbé M.-J.-G. DEBENEY.) *Lyon, Girard,* 1853, in-12.

Soirées (les) bermudiennes, ou entretiens sur les événemens qui ont opéré la ruine de la partie française de Saint-Domingue... Par F. C*** (Félix CARTEAUX), un de ses précédens colons. *Bordeaux, Pellier-Lavalle,* an X-1802, in-8.

Soirées (les) bretonnes, nouveaux contes de fées. (Par T.-S. GUEULLETTE.) *Paris, Saugrain*, 1712, in-12.

Soirées (les) bretonnes, ou la famille de Kéralbon ; par Mme L. V*** (VILDÉ), auteur de « Betzi, ou l'infortunée créole », de « la Religieuse d'Alençon », etc. *Paris, Egasse, Debray*, 1810, 3 vol. in-12.

Soirées bruxelloises. Histoire littéraire de l'année. Etudes critiques et biographiques, etc. (Par MM. GILMAN, E. GOFFART, H. KUBORN et N. PEETERMANS.) *Bruxelles, Decq*, 1854, in-8.   Ul. C.

Soirées chrétiennes. (Par Louis SEGOND.) *Genève, Carey*, 1850-1851, 2 vol. in-12.

Soirées (les) d'Aarau, par Henri ZSCHOKKE, traduites de l'allemand, par le traducteur de ses romans et de ses contes (A. LOEVE-VEIMARS). *Paris, Barbezat*, 1829, 4 vol. in-12.

Les faux titres portent : « Romans et Contes de Henri ZSCHOKKE », tomes XIV à XVII.

Soirées (les) d'automne, par l'auteur des « Mémoires d'une contemporaine » (Elzélina VAN AYLDE JONGHE). *Paris, Moutardier*, 1827, 2 vol. in-8.

Soirées d'hiver d'une femme retirée à la campagne (Mme SUARD, née PANCKOUCKE); extrait des feuilles du « Journal de Paris », des 4, 8, 11, 14, 17, 20 et 24 novembre 1786, in-4, 10 p. — *Orléans (Paris)*, 1789, in-12.

Réimprimées par les soins de Mme DE MONTMORENCY, dans le recueil intitulé : « Lettres de Mme SUARD à son mari sur son voyage de Ferney »; suivies de quelques autres insérées dans le « Journal de Paris ». *Dampierre*, an X-1802, in-4.

Soirées (les) d'un homme honnête, ou mémoires pour servir à l'histoire du cœur, par l'auteur des « Caractères des femmes » (Louis LESBROS DE LA VERSANE, de Marseille). *Londres; et Paris, Fetil*, 1770, 1772, in-12.

Soirées (les) de Cythère et les Récréations d'une jolie fille. (Par F. Charlemagne GAUDET.) 1763, in-12.

Soirées de famille. (Par Mlle Herminie CHAVANNES, de Genève.) *Genève, Suz. Guers*, 1836-39, 4 vol. in-12.

Soirées (les) de famille, contes, nouvelles, traits historiques et anecdotes; recueil philosophique, moral et divertissant. (Par J.-P. CHARRIN et J.-F.-N. DUSAUL-

CHOY DE BERGEMONT.) *Paris, Béchet*, 1817, 3 vol. in-12.

Soirées de famille, par P. D. (M. P. DELEVAL, receveur des finances à Pontoise, puis receveur général à Tulle). *Alger, Juillet Saint-Lager*, 1869, in-8.

Soirées de Ferney, ou confidences de Voltaire, recueillies par un ami de ce grand homme (SIMIEN DESPRÉAUX). *Paris, Dentu*, an X-1802, in-8.

Soirées de Frascati, ou mémoires de feu le chevalier de Saint-Fulchrand, publiés par L. E. A. R**** (RADIER et BATIGNOT). *Paris, Ponthieu*, in-12.

Soirées (les) de la campagne, ou choix des chansons grivoises, bouffonnes et poissardes. (Par A.-Ch. CAILLEAU.) *Paris*, 1766, in-12.

Soirées (les) de la chaumière, ou les leçons du vieux père. (Par F.-G. DUCRAY-DUMINIL.) *Paris*, 1794, 4 vol. in-18.

Réimprimées en 1806, 8 vol. in-8, avec le nom de l'auteur.

Soirées (les) de la jeune Lodoïska, ou révélations anecdotiques et morales des jeunes demoiselles. Par Mme Gabrielle DE P.... (PABAN). *Paris, Locard et Davi*, 1819, in-18, fig.

Soirées de Madrid, ou recueil de nouvelles historiettes et esquisses morales, politiques et littéraires, publiées par Amédée DE B*** (Amédée DE BAST). *Paris, Guillaume*, 1824, 4 vol. in-12.

Soirées de mélancolie, par M. L. (J.-M. LOAISEL, ou LOISEL-TRÉOGATE). *Amsterdam (Paris)*, 1777, in-8.

Soirées de Rothaval... ou réflexions sur les intempérances philosophiques de M. le comte J. de Maistre dans les « Soirées de Saint-Pétersbourg... » (Par J.-B.-M. NOLHAC.) *Lyon, L. Perrin*, 1843-44, 3 vol. gr. in-8.

Le troisième vol., intitulé : « Nouvelles Soirées de Rothaval... », contient les Réflexions sur l'ouvrage « du Pape », du même auteur.

Soirées de S. M. Charles X, recueillies et mises en ordre par M. le duc D*** auteur des « Soirées de S. M. Louis XVIII » (le baron Etienne-Léon DE LAMOTHE-LANGON). *Paris, Spachmann*, 1836, 2 vol. in-8.

Soirées de S. M. Louis XVIII, recueillies et mises en ordre par le duc de ***. *Paris, Werdet*, 1835, 2 vol. in-8.

Cet ouvrage de LAMOTHE-LANGON a été refondu et récrit en totalité par Félix DAVIN.   D. M.

H. Tarlier (s. d., 1821?), in-32, xxxij-177 p.

Page xxiv de l'Introduction, l'auteur dit avoir « recueilli, pendant un séjour de plusieurs années à Rio-de-Janeiro et à Buenos-Ayres, des documents précieux sur le gouvernement des Jésuites dans ces belles contrées... Ces documents trouveront leur place dans l'Histoire générale des Jésuites dont nous nous occupons depuis longtemps et qui va être livrée à l'impression. »

Mais l'auteur (F.-E. GARAY DE MONGLAVE) oublie complétement de nous dire que le volume auquel il a donné le titre de « Soirées de Saint-Acheul » n'est qu'une reproduction de l'ouvrage intitulé : « les Mystères des Pères Jésuites, par interrogations et réponses, extraites fidèlement des écrits par eux publiés ». Villefranche, par Eleuthère Philalethe, 1624, in-8, 104 p. Scioppius a publié de ces Mystères une traduction latine, sous le titre de « Mysteria Patrum Societatis Jesu ». Voy. ce titre aux Anonymes latins.

Soirées (les) de Saint-Pétersbourg, ou entretiens sur le gouvernement temporel de la Providence; suivis d'un Traité sur les sacrifices, par M. le comte Jos. DE MAISTRE (publiées par J.-M.-B. BINS DE SAINT-VICTOR). Paris, imp. de Cosson, 1821, 2 vol. in-8.

Soirées (les) de société, ou nouveaux proverbes dramatiques, par Mme Victorine M** (MAUGIRARD), auteur de « Clotilde, reine de France », et du « Rêve allégorique sur les fleurs ». Paris, Crapelet, 1813, 2 vol. in-12.

Soirées de S. A. R. Msr le duc de Bordeaux, Henri de France, publiées sur des documents authentiques et inédits, par un royaliste quand même, et revues par un ministre d'Etat. (Par le baron Etienne-Léon DE LAMOTHE-LANGON.) Paris, Dubey, 1841, 2 vol. in-8.

Soirées de vacances. Récréations de la jeunesse, par B*** (J.-B. BERGER). Limoges, Barbou, 1855, gr. in-8, 192 p.

La couv. imp. porte : Soirées de vacances, par M. DE SAINT-AURANT ; mais ce nom est un pseudonyme.

Soirées (les) des auberges. Paris, Loyson, 1665 ou 1669, in-12.

Recueil de quatre nouvelles, dont deux, « les Soirées des auberges » et « l'Apothicaire de qualité », avaient déjà paru dans les « Diversités galantes ». Voy. IV, 1098, d. On les a réimprimées toutes les quatre sous le titre de : « Galanteries diverses ». Voy. V, 515, d.

Soirées (les) du bois de Boulogne, ou nouvelles françoises et angloises, par

---

M. le comte de *** (le comte DE CAYLUS). La Haye (Paris), 1742, 2 vol. in-12. — Londres (Cazin), 1782, 2 vol. in-18.

Réimprimées dans le tome V des « Œuvres de CAYLUS », Paris, 1787, 12 vol. in-8.

Soirées du jeudi. Par l'auteur d'« Emma ou la prière » (Mme Z. LONG). Paris, Ducloux, 1855, in-12.

Soirées (les) du Palais-Royal, ou les veillées d'une jolie femme. (Par J.-A.-J. DESBOULMIERS.) Paris, 1762, in-12.

Soirées (les) du presbytère, par l'auteur de « l'Inconnu, ou l'expiation » (Philippe-Irénée BOISTEL D'EXAUVILLEZ). Lille, Lefort, 1842, in-18.   D. M.

Soirées du roi de Prusse, ou entretiens sur l'art de régner. Londres, 1774, in-8, 63 p.

Même ouvrage que les « Matinées... » Voy. VI, 83, e.

On trouve après la 5e soirée quelques opuscules (de Voltaire).

Soirées (les) en famille, par A. M. Tours, Mame, 1855, in-8.

Souvent réimprimé. La couverture de l'édition de 1875 porte au dos : Par J.-J.-E. ROY. Attribué par M. de Manne à Arthur MANGIN.

Soirées (les) helvétiennes, alsaciennes, fran-comtoises. (Par le marquis MASSON DE PEZAY.) Amsterdam; et Paris, Delalain, 1771, in-8, 419 p. — Londres, 1772, 2 vol. in-12.

Soirées littéraires de M. Charles Durand. Seconde séance du cours. Philosophie ancienne. Nantes, imp. de Mellinet-Malassis, s. d., in-8, 8 p.

Signé : L. F. D. T. (L.-F. DE TOLLENARE).

Soirées littéraires, ou mélanges de traductions nouvelles des plus beaux morceaux de l'antiquité... (Par l'abbé J.-M.-L. COUPÉ.) Paris, Honnert, 1795-1800, 19 vol. in-8.

Le tome IV contient une traduction nouvelle des Préceptes de PHOCILIDE, et le nom de cet auteur est travesti en celui de Procylide. Voy. VI, 971, d.

Soirées (les) lyriques, pour faire suite aux deux premières années des « Soupers lyriques », par les mêmes auteurs (Pierre TOURNEMINE et Paul-Emile DEBRAUX). Paris, Vauquelin, 1821-1824, 4 vol. in-18.

Voy. ci-après, « les Soupers lyriques », col. 537, b.

Soirées (les) philosophiques du cuisinier du roi de Prusse. Sans-Souci, 1788, in-8, iv-164 p.

Composé de divers articles, surtout d'entretiens extraits des œuvres philosophiques de VOLTAIRE. A.L.

Soirées (les) politiques, ou simples conversations sur les principes libéraux, par l'auteur du « Bon Curé », du « Bon Paysan », etc. (P.-I. BOISTEL D'EXAUVILLEZ). *Paris, Gaume frères*, 1829, in-32, 128 p.

Soixante ans du théâtre français, par un amateur né en 1769 (J.-Nic. BOUILLY). *Paris, Gosselin*, 1842, in-18.

Attribué par M. de Manne à Louis-Jean-Bapt.-Math. COUTURE. Cet auteur a, en effet, publié un article intitulé : « Souvenirs du théâtre français », dans les « Mémoires de l'Académie des sciences... du département de la Somme », décembre 1841, p. 561-77. *Amiens, Duval*, 1841, in-8 ; c'est ce qui explique cette erreur.

Soixante devises sur les mistères de la vie de Jésus-Christ et de la sainte Vierge. (Par le P. Claude-François MENESTRIER.) *Lyon*, 1663, in-4.

Soldat (le) chrétien, ouvrage posthume de l'abbé FLEURY. (Publié par J.-B. DARAGON.) *Paris, Durand*, 1772, in-12.

Modifié par le chevalier GARDON DE MONTREUIL, cet ouvrage a reparu sous ce titre : « Manuel du militaire chrétien, dédié, sous les auspices du Dieu des armées, aux défenseurs de l'empire français ». *Paris, Adr. Leclerc*, 1809, in-32, titre gravé.

Soldat (le) citoyen, ou vues patriotiques sur la manière la plus avantageuse de pourvoir à la défense du royaume. (Par Joseph SERVAN.) *Dans le pays de la liberté (Neufchâtel)*, 1780, in-8, IV-640 p. et un feuillet d'errata.

Attribué par Ersch à J.-A.-H. DE GUIBERT.

Soldat (le) du pape, ou le rôle de l'armée sous le ministère Faucher-Barrot... (Par Albert MAURIN.) *Paris, imp. Desoye*, (1848), in-16, 16 p.

Il y a eu, la même année et chez le même imprimeur, deux autres éditions, dont l'une est signée : Par l'auteur des « Petits Livres rouges » ; l'autre porte le nom de l'auteur.

Soldat (le) en retraite, ou les coups du sort, drame en deux actes, par M. JOUSLIN DE LASALLE (Ch. DUPEUTY et T.-F. VALLOU DE VILLENEUVE); représenté pour la première fois à Paris, sur le théâtre de la Gaîté, le 10 juin 1826. *Paris, Bezou*, 1826, in-8, 50 p.

Soldat (le) et le Courtisan, ou l'auberge du Point-du-Jour, comédie-vaudeville, en un acte et en prose, par MM. Emile C' (COTTENET) et J. BEUZEVILLE (LELARGE); représentée pour la première fois sur le

théâtre du Vaudeville, rue de Chartres, le jeudi 29 mai 1817. *Paris, imp. de Nouzou*, 1819, in-8, 40 p.

Soldat (le) françois. (Par Pierre L'HOSTAL.) *S. l.*, 1604, in-12.

Plusieurs fois réimprimé.

Soldat (le) français, chanson nouvelle. (Par J. ROGER.) *Lyon, J. Roger, imp.* (1806), in-8, 4 p.

Soldat (le) laboureur, mimo-drame en un acte, représenté pour la première fois à Paris, sur le théâtre du Cirque-Olympique, le 10 mars 1819..(Par Louis PONET et H. FRANCONI.) *Paris, Fages*, 1819, in-8, 19 p.

Soldat (le) magicien, opéra-comique en un acte ; représenté pour la première fois sur le théâtre de l'Opéra-Comique de la foire Saint-Laurent, le 14 août 1760. (Par ANSEAUME.) *Paris, Duchesne*, 1760, in-8, 76 p. — *Amsterdam, J. Bruyn, imp.*, in-8, 59 p.

Soldat (le) malade, pièce faite au sujet d'un jeune soldat devant passer en conseil de guerre comme convaincu d'avoir frappé l'un de ses chefs. Par M. F. (M. FORTIN, de Libourne). *Libourne, imp. de Trouché*, 1829, in-8.

Soldat (le), ou le métier de la guerre considéré comme le métier d'honneur, avec un essai de bibliothèque militaire. (Par J.-M. DE LOEN.) *Francfort*, 1743 ou 1751, in-8.

C'est la même édition. Les exemplaires datés de 1751 portent le nom de l'auteur.

Soldat (le) parvenu, ou mémoires et aventures de Verval, dit Bellerose, par M. DE M*** (E. MAUVILLON). *Dresde, G.-C. Walther*, 1753, 2 vol. in-12.

Plusieurs fois réimprimé. Il existe des traductions italiennes et allemandes.

C'est dans ce roman que M. Amédée Achard a puisé le sujet de « Bellerose ». Voy. « Supercheries », I, 177, e.

Soldat (le) piémontais racontant du camp devant Turin ce qui s'est passé en la campagne d'Italie de l'année mil six cent quarante. (Par Michel BAUDIER.) *Paris, P. Rocolet*, 1641, in-8.

Soldat (le) suédois, ou histoire véritable de ce qui s'est passé depuis la venue du roi de Suède en Allemagne jusqu'à sa mort. (Par Fréd. SPANHEIM.) *Genève, Pierre Albert*, 1633, in-8. — *S. l.*, 1634, in-8. — *Rouen, Berthelin*, 1634,

in-8. — *Paris, Oliv. de Varennes*, 1642,
in-8. — *Paris, J. Cailloué*, 1642, in-8.

Un second volume a été publié en 1642 par Fr. DE
GRENAILLE.

Soldats (les) chrétiens. (Par Théod.
PERRIN.) *Le Mans, Fleuriot*, 1830, in-18.

Soldats (les) du pape, petit catéchisme
à l'usage des catholiques romains. (Par
Napoléon ROUSSEL.) *Paris, imp. de Lacour,*
1846, in-32, 16 p.

Plusieurs fois réimprimé avec le nom de l'auteur.

Solénopédie, ou révélation d'un nouveau
système d'éducation phrénologique pour
l'homme et les animaux. (Par Aristide BAR-
BIER.) *Paris, Labé*, 1838, in-16, 2 ff. de tit.
et 110 p.

La préface est signée : Comte DALBIS.

Solide (la) dévotion du rosaire. (Par
le P. Fr. BOYER.) *Paris, Lottin*, 1727,
in-12.

Soliloques (les), le Manuel et les Médita-
tions de saint AUGUSTIN, traduites du latin
par le sieur D. L. C. C. (l'abbé DE LA
CROIX-CHRIST). *Paris, Savreux*, 1663, in-12.
— *Bruxelles, E.-H. Fricx*, 1676, in-12. —
Paris, Desprez, 1691, in-12.

Cette traduction a été reproduite par Buchon dans le
« Choix d'ouvrages ascétiques » qui fait partie du
« Panthéon littéraire ».

Soliloques (les), les Méditations et le
Manuel de saint AUGUSTIN, traduction
nouvelle par le traducteur des « Sermons
de saint Augustin » (LA BONODIÈRE), avec
des notes (par TILLEMONT). *Paris, de Bats,*
1696, in-12. — 2ᵉ édit., revue et retouchée par l'auteur. *Paris, Coignard,* 1696,
in-12.

Comme GOIBAUD-DUBOIS a traduit deux volumes des
Sermons de saint Augustin sur le Nouveau Testament,
la traduction des « Soliloques » lui a été assez généralement attribuée ; mais La Bonodière, traducteur des
deux autres volumes des mêmes Sermons, réclame celle
des « Soliloques » dans le Catalogue de ses ouvrages, à
la fin de sa traduction en vers du « Cantique des
cantiques ». *Caen*, 1708, in-8.
Il existe une édition de ces traductions, *Paris, de*
l'Imprimerie royale, 1759, 2 vol. in-12, avec le
nom de DUBOIS. Cela prouve seulement que le directeur
de l'Imprimerie royale a suivi l'opinion vulgaire.
Ces « Soliloques » et ces « Méditations » sont deux
ouvrages modernes tirés des vrais « Soliloques » et des
« Confessions » de saint Augustin, ainsi que des
écrits de Hugues de Saint-Victor. On en peut dire
autant du « Manuel » ; c'est un recueil de pensées de
saint Augustin, de saint Anselme, etc.

Soliloques ou lamentations du docteur
(William) DODD, dans sa prison, suivi du
discours adressé à ses juges avant de
subir son supplice. Traduit de l'anglois
(par Joseph DE LANJUINAIS). *A Mon-
don, chez la Société typographique,* 1777,
in-12.

Soliloques sceptiques. (Par François DE
LA MOTHE LE VAYER.) *Paris, L. Billaine,*
1670, in-12, 92 p. et 1 f. de privilége.

Le nom de l'auteur se trouve dans le privilége.

Soliloques sur le pseaume 118 : *Beati
immacculati,* contenant les heures cano-
niales. *Paris, Josset,* 1685, in-12.

Traduit du latin de J. HAMON par l'abbé S.-J. DU
CAMBOUT DE PONT-CHATEAU. Une nouv. trad. plus
complète porte ce titre : « Gémissements d'un cœur
chrétien ». Voy. V, 528, *a*, et « Entretiens d'une
âme », V, 126, *c*.

Soliman second, comédie en trois actes,
en vers, représentée pour la première
fois par les comédiens italiens ordinaires
du roi, le 9 avril 1761. Et remise au
théâtre le 19 décembre de la même année.
(Par Ch.-Sim. FAVART.) *Paris, veuve
Duchesne,* 1766, in-8, 120 p.

Plusieurs fois réimprimée avec le nom de l'auteur.

Soliman (le), tragi-comédie. (Par VION
D'ALIBRAY.) *Paris, Toussainct Quinet,*
1627, in-4, 2 ff. lim. et 112 p.

Solitaire (le) aux deux désintéressés.
(Par J.-F.-P. DE RETZ.) *S. l.,* 1651, in-4,
8 p.   **V. T.**

Solitaire (le). Coup d'œil sur l'église de
Lyon, du 15 février 1824 au 15 février
1825. (Par M. PUY, curé.) *Lyon, imp. de
Boursy,* 1825, in-8, 31 p.

Solitaire (le) de la tour d'Avance. (Par
le vicomte DU GOUT D'ALBRET.) *Paris,
Dentu,* 1863, in-18, 408 p.

Solitaire (le) des Pyrénées, ou mémoires
pour servir à la vie d'Armand, marquis de
Felcourt, par G... L... (GAUDIN DE LA
GRANGE). *Paris, Maradan,* an IX-1801,
3 vol. in-12.

Solitaire (la) des rochers. (Par le P. NI-
COLSON, jacobin.) *Chateaufort,* 1787, in-12.

Cet ouvrage renferme la vie et la correspondance de
Jeanne-Marguerite de Montmorency, née à Paris en
1645, morte vers 1700.

Solitaire (le) (de Terrasson), nouvelle ;
par M. D. M. (Mᵐᵉ BRUNEAU DE LA RABA-
TELLIÈRE, marquise DE MERVILLE). *Paris,
Barbin,* 1677, 2 vol. in-12. — *Paris, Trabouillet,* 1680, 2 vol. in-12.

Voy. la Table du « Journal de Verdun », au mot
SOLITAIRE.

Réimprimé sous ce titre : « le Solitaire de Terrasson ». *Amsterdam (Paris), Prault,* 1735, in-12.

Solitaire (le) philosophe, ou mémoires du marquis de Mirmon, par L. M. D. (le marquis J.-B! DE BOYER D'ARGENS). *Amsterdam,* 1736, in-12.

Solitaire premier, ou prose des muses et de la fureur poétique. Plus quelques vers lyriques. (Par PONTHUS DE THYARD.) *Lyon, J. de Tournes,* 1552, pet. in-8. — Sec. édit., augmentée. *Paris, Galiot du Pré,* 1575, in-4.

Terminé par les mots : *Amour immortel.* Voy. « Supercheries », I, 314, *e.*

Solitaires (les) d'Isola-Doma, suite de « Silva, ou l'ascendant de la vertu »; par l'auteur de « Lorenzo ». G. T. D. *Lille, Lefort,* 1834, 2 vol. in-18. — *Lille, Lefort,* 1841, in-12, 285 p. — 3° éd. *Id.,* 1846, in-12, 283 p.

Souvent réimprimé. Les dernières éditions portent le nom de l'auteur, E.-S. DRIEUDE, sur le titre.

Solitaires (les) en belle humeur, entretretiens recueillis des papiers de M. le marquis de M***. *Paris (Hollande),* 1722-1723, 2 vol. in-12.

Par l'abbé L. BORDELON, d'après M. Paul Lacroix. Voy. « Supercheries », II, 1006, *f.*

Solitude (la) chrétienne. (Par l'abbé DUMINY.) *Auxerre, Fournier; et Paris, Villette,* 1769, in-12.

Solitude (la) chrétienne, où l'on apprendra, par les sentiments des saints Pères, combien on doit désirer de se séparer du monde... (Par l'abbé Guill. LE ROY.) *Paris, Savreux,* 1658, 3 vol. in-12.

Plusieurs fois réimprimé.

Solitude (la) de dix jours sur les plus solides vérités et maximes de l'Evangile. (Par le P. Paul LE JEUNE.) *Paris, Florentin Lambert,* 1664, in-12.

Souvent réimprimé.

Solitude intérieure dans laquelle le solitaire fidelle, comme aussi tout chrétien, trouvera le moyen de vivre, mourir et espérer en Dieu; par un prêtre solitaire (Hubert JASPART). *Paris,* 1678, in-16.

Catal. manuscrit des Barnabites. V. T.

Solitude (de la), par M. HAMON. 2° édition (augmentée d'une préface, par Laurent BLONDEL). *Amsterdam (Paris),* 1735, in-12.

Solitude (la) sans chagrin, ouvrage historique et galant, par un comte hongrais

(*sic*) (le comte Georges DE FEKETI, vice-chancelier de Hongrie). *Lausanne,* 1789, 2 vol. in-12.

Seconde édition de « Mes Rapsodies... » Voy. VI, 282, *c.*

Solliciteur (le), ou l'art d'obtenir des places, comédie en un acte, mêlée de vaudevilles; par M. Eugène S..... (SCRIBE) et M*** (H. DUPIN, A.-F. VARNER, J.-G. YMBERT, C.-G. DELESTRE-POIRSON). Représentée pour la première fois sur le théâtre des Variétés, le 7 avril 1817. *Paris, Mme Ladvocat,* 1817, in-8, 30 p.

Plusieurs fois réimprimé.

Sologne (de la) et du moyen de l'améliorer sans la canalisation, réplique d'un cultivateur solonais à M. Machart, ingénieur en chef du service spécial d'amélioration de la Sologne. (Par G. BAGUENAULT DE VIÉVILLE.) *Orléans, Pagnerre,* 1850, in-8, 27 p.

Solution d'un cas de conscience proposé par quelques-uns de MM. les chapelains de l'église cathédrale de Rouen. (Par l'abbé Guillaume-André-René BASTON.) (*Rouen,* 1791), in-8. D. M.

Solution d'une question de droit canonique, par un docteur de Sorbonne (M. l'abbé G.-A.-R. BASTON). *Paris, Pichard,* 1821, in-8, 80 p.

Solution de divers problèmes très-importants pour la paix de l'Eglise, tirée du « Problème ecclésiastique »... *Cologne, P. Marteau,* 1699, in-12. — Suite de la Solution de divers problèmes... *Id.,* 1700, in-12.

L'abbé Goujet donne ces deux ouvrages à dom Gab. GERBERON. Barbier a attribué le premier au P. Pasquier QUESNEL.

Voy. « Problème ecclésiastique... », VI, 1045, *e.*

Solution de grands problèmes, mise à la portée de tous les esprits... Par l'auteur de « Platon polichinelle » (l'abbé A. MARTINET). *Paris, Poussielgue-Rusand,* 1843-1844, 2 vol. in-18.

Plusieurs fois réimprimé.

Solution de la question d'Orient, et neutralité perpétuelle de l'Egypte, par l'auteur de l' « Histoire de la diplomatie française »... (le comte Gaëtan DE RAXIS DE FLASSAN). *Paris, Dentu,* 1840, in-8.

Solution de la question savoisienne. (Par M. J.-J. REY.) *Chez les princip. libr.*

de la Savoie et de l'étranger, 1860, in-8, 8 p.

Solution démonstrative et constitutionnelle des grandes questions qui agitent la France, aux noms du comte de Chambord et de l'abbé Genoude, des jésuites et de l'Université, de l'ultramontisme et de la Révolution. Par l'auteur du « Tableau de la France et de ses moyens de grandeur » (Ant. MADROLLE). *Paris, Hivert*, 1844, in-4.

Solution (la) donnée par le président de la République, aux sinistres complications politiques qui pressaient la France avant le 2 décembre 1851, peut-elle être considérée comme définitive? (Par Lazare AUGÉ.) *Paris, Ladrange*, janvier 1852, in-8, 27 p. — 2ª éd. *Id.*, in-8, 27 p.

Solution du grand problème social : Pourquoi des riches? Pourquoi des pauvres? (Par P.-I. BOISTEL D'EXAUVILLEZ.) *Paris, Gaume frères*, 1848, in-8, 16 p.

Solution du problème proposé par la Société de l'agriculture de Cassel pour l'an 1776, ayant pour objet les moyens de rétablir la valeur des immeubles, maisons, jardins et terres cultivables, tombés au-dessous de la moitié de leur juste prix; par M. F. G. F. (Fréd.-Guill. FÜHRER). *S. l.*, 1777, in-8.

Solution et Éclaircissement de quelques propositions de mathématiques, entre autres de la duplication du cube et de la quadrature du cercle. (Par JOUVIN.) *Paris, J. Langlois*, 1658, in-4, 4 ff. lim., 76 p. et 1 planche.

L'auteur a signé l'épître.

Solutions des problèmes de l'Abrégé de géométrie en usage dans les écoles chrétiennes, par F. P. B. (Mathieu BRANSIET, en religion frère PHILIPPE). *Tours, Mame*, 1854, in-12.

Solvique et Phonique, c'est-à-dire le mécanisme de la parole dévoilé, et écriture universelle au moyen de quarante et huit phonins ou lettres... Précédées d'une esquisse de l'histoire de l'écriture, et suivies d'une méthode de noter la déclamation... Par Ch. L. B. D. M.-G. (Charles-Louis, baron DE MECKLEMBOURG). *Paris, F. Didot*, 1829, in-12.　　D. M.

Solyman et Almena, traduit de l'anglois (du docteur D. LANGHORNE), par M. D. L. F. (DE LA FLOTTE). *Paris, Mérigot*, 1765, in-12.

Sommaire annotation des choses les plus mémorables advenues de jour à autre ès XVII provinces des Pays-Bas, dès l'an 1566, jusqu'au premier jour de l'an 1579. *Anvers, Plantin*, 1579, pet. in-8.　　D. M.

Selon une note manuscrite de Van Hulthem, le célèbre graveur Philippe GALLE est l'auteur de cet opuscule, devenu extrêmement rare.

Sommaire : c'est une briève déclaration d'aulcuns lieux fort nécessaires à un chacun chrestien... (Par Guill. FAREL.) 2ª éd. 1537, in-8.

La date de la 1ʳᵉ édit. est inconnue.

Sommaire d'un cours d'histoire de Belgique. (Par Ch.-Jos.-Ad. BORGNET.) *Liége, Carmanne*, 1854, in-8, 32 p.　　J. D.

Sommaire d'un cours d'histoire du moyen âge. (Par Ch.-Jos.-Adolphe BORGNET, professeur à l'Université de Liége.) *Liége, Redouté*, 1845, in-8.　　Ul. C.

Sommaire d'un cours de philosophie morale. Seconde édition. (Par Émile TANDEL.) *Liége, Dessain*, 1843, in-8, 80 p.　　J. D.

Sommaire d'un opuscule intitulé : « Essai théorique et pratique sur la conservation des bibliothèques publiques ». (Par F.-M. FOISY.) *Paris, impr. de Lachevardière, s. d.* (1853), in-8, 36 p.

Sommaire d'un plan de colonisation du royaume d'Alger... (Par le général DU BOURG.) *Paris, Daubrée*, 1836, in-8.

Sommaire de la défense des princesses Marie et Anne, filles héritières en France de Charles Iᵉʳ, duc de Mantoue et de Montferrat, leur père, contre la prétention de Charles II, duc de Mantoue et de Montferrat, leur neveu, petit-fils dudit défunt, sur les biens de sa succession en France. (Par DE MONTSOLON, avocat au Parlement.) *Paris*, 1640, in-fol., 51 p.

Sommaire de la doctrine du P. Berruyer. (Par le P. GUÉNARD, jésuite.) In-12, 32 p.

Voy. « le P. Berruyer justifié... », première partie, p. 94 et 115.

Sommaire de la géographie des différens âges et Traité abrégé de sphère et d'astronomie à l'usage des maisons d'éducation. (Par le P. J.-N. LORIQUET.) *Lyon, Rusand*, 1807, in-8, VIII-135 p. et 3 pl.

Réimprimé en 1823 avec les initiales A. M. D. G. sur le titre.

Sommaire de la médecine chimique... Avec un recueil de divers secrets de médecine.. (Par François DU SOUCY.) *Paris, Billaine*, 1632, in-8.

Sommaire de la vie, actes et faits de très-heureuse memoire Henry IIII... (Par Pierre MATHIEU.) *Caen, I. Mangea*, 1610, in-8.

Même ouvrage que « Inscription faite... » Voy. V, 923, *e*.

Sommaire de la vie admirable de sainte Aldegonde, vierge angélique, patronne de Maubeuge, par un Père de la Compagnie de Jésus (André TRIQUET, de Maubeuge). *Liége, Tournay*, 1625, in-8.

Réimprimé avec le nom de l'auteur.

Sommaire de la vie de saint Bernard... (par Nic. HACQUEVILLE.) *Dijon, P. Palliot*, 1653, in-18.

Sommaire des faits que Pierre Fumarols, Romain, expose humblement aux pieds de S. S. Pie IX, heureusement régnant. (Traduit de l'italien par M. Paul LACROIX). *Paris, imp. Edouard Proux*, 1847, in-8, 48 p.

Sommaire des leçons publiques de M. Jacotot, par S. V. D. W. (Sylvain VANDEWEYER). *Louvain*, 1822, in-8.   J. D.

Sommaire des principales preuves de la vérité et de l'origine surnaturelle de la religion chrétienne (par OZON, trad. par P.-Fr. AUBIN). *Paris*, an XI-1803, in-8.   V. T.

Sommaire des remarques chronologiques, touchant la supériorité, prééminence et authorité du révérendissime abbé de Cisteaux, chef et supérieur général de son ordre, dit de Cisteaux. (Par dom Jean-François PELLETIER, abbé de Foucardimont). *S. l. n. d.*, in-4.

Sommaire des vérités chrétiennes; par Mme la comtesse R. (ROSTOPCHINE). *Paris, H. Fournier*, 1829, in-18, IV-112 p.   A. L.

Sommaire Description de la France, Allemagne, Italie et Espagne. Avec la guide des chemins et postes, pour aller et venir par les provinces et aux villes plus renommées de ces quatre régions. A quoy est adjousté un recueil des foires plus célèbres presque de toute l'Europe, et un traicté des monnoyes et leur valeur esdits pays, provinces et villes. *Rouen, Clément Malassis*, 1642, in-12, 404 p.

L'épître dédicatoire au seigneur Jean Pournas est signée Théodore DE MAYERNE TURQUET et datée du

12 juin 1603, ce qui fait supposer une édition antérieure à celle-ci.

Sommaire du procès de M. René Dorsanne, sieur du Souchet, contre S. A. S. monseigneur le prince, au bureau des finances. (Par Nicolas CATHERINOT.) *S. l.*, 15 juillet 1662, in-4.

Sommaire et Abbrégé des degrez de l'oraison, par lesquels l'âme monte à la parfaite contemplation, extraict des livres de la B. Mère TÉRÈSE de Jésus... par le R. P. F. THOMAS de Jésus... traduit d'espagnol en françois par G. C. T. A. (Gabr. CHAPPUIS, Tourangeau). *Paris, Robert Fouet*, 1612, 2 vol. in-12, frontisp. gravé par L. Gaultier.

Sommaire et Vrai Discours de la félonie et inhumanité commise à Lyon par les catholiques romains sur ceux de la religion réformée. (Par Pierre-Marie GONON.) *A Lyon, sur le Rhosne, par J. Nigon*, 1847, in-8.   D. M.

Réimpression.

Sommaire historique de l'influence française en Orient depuis Charlemagne et Haroun-al-Raschid jusqu'à nos jours. (Par le Dr BARRACHIN.) *Paris, imp. de Sapia*, 1843, in-8, 16 p.

Sommaire ou argument général du dernier des manifestes du dernier des serviteurs de Jésus-Christ, à toutes les Eglises de la chrétienté. (Par CHAIS DE SOURCESOL.) *Wilmington, R. Porter*, 1817, in-12.

Sommaire pour un cours d'histoire du moyen âge. (Par Ad. BORGNET.) *Liége, Redouté*, 1845, in-8, 59 p.   J. D.

Sommaire Recueil des signes sacrez, sacrificés et sacremens instituez de Dieu, depuis la création du monde. Et de la vraye origine du sacrifice de la messe. *S. l.*, 1561, in-8, 143 p. — Autre édition. Revu et corrigé de nouveau; avec une table mise à la fin. *A Genève, par Olivier Fordrin*, 1569, in-16, 186 p. et 7 ff. de table. — Autre édition. *Quevilly, Claude le Villain*, 1616, in-8.

Cet écrit, dirigé contre l'Eglise romaine, est attribué à Théodore DE BEZE.

Sommaire Traité des melons, par J. P. D. E. M. (Jacques PONS, docteur en médecine). *Lyon, de Tournes*, 1583, in-8. — *Lyon, Rigaud*, 1586, in-16.

Sommaire très-singulier de toute médecine et chirurgie.... composé par un des plus fameux docteurs de son temps (maître Nicolas DE HOUSSEMAINE), en faveur des pauvres malades. *S.l.n.d*, in-12, goth.

Somme des fautes et faussetés contenues en la Somme théologique du Père François Garasse... (Par J. DU VERGIER DE HAURANNE, abbé DE SAINT-CYRAN.) *Paris, J. Bouillerot*, 1626, 2 vol. in-4.

Somme (la) des vices et des vertus. *Paris, Ant. Vérard* (vers 1490), in-4.

Le titre de départ porte : « Ce présent livre intitulé la Somme des vices et vertus a composé un vénérable docteur de l'ordre des Prescheurs (le frère LORENS ou LAURENT, confesseur de Philippe le Hardi), à la requeste du roy Philippe de France. »

Somme politique du Journal historique et littéraire de Liége, par un ancien professeur (l'abbé KEMPENEERS). *Liége*, 1857, in-8.

Une seconde édition, publiée en 1858, porte le nom de l'auteur.   J. D.

Sommeil (le), essai poétique, par M. B. (BARROIS). *Paris, L.-G. Michaud*, 1826, in-18, XIV-68 p.

Somnambule (le), comédie représentée la première fois par les comédiens françois, le 19 janvier 1739. *Paris, Prault fils*, 1739, in-8, 2 ff. lim. et 53 p. — *Paris, veuve Duchesne*, 1783, in-8, 64 p.

On lit sur cette pièce l'anecdote suivante dans l' « Esprit du Mercure de France », *Paris, Barba*, 1810, in-8, t. III, p. 37 :

« Feu M. le comte DE CAYLUS était lié d'amitié avec M. SALLÉ, homme de beaucoup d'esprit ; il lui proposa de travailler ensemble à mettre un somnambule sur la scène. Un tel personnage ne parut pas moins susceptible de situations comiques à M. Sallé qu'à M. de Caylus ; les deux amis s'occupèrent de ce dramatique projet. L'ouvrage achevé, il fut lu devant M. DE PONT DE VEYLE, qui le trouva assez agréable pour proposer aux auteurs des avis capables d'ajouter à sa perfection. Sa proposition fut acceptée ; la pièce fut retouchée conformément à ses observations et représentée avec un succès décidé. Comme M. de Pont de Veyle se chargea de tous les soins qu'exigeait la lecture, la réception et la représentation d'une comédie et que les premiers auteurs ne se nommèrent pas, on a cité le premier, sans parler des autres. »

Somnambule (le), œuvres posthumes (par la comtesse F. DE BEAUHARNAIS) en prose et en vers, où l'on trouve l'histoire générale d'une isle très-singulière découverte aux grandes Indes en 1784. *A l'Isle-de-France, et Paris, P.-Fr. Didot le jeune*, 1786, in-8.

Cet ouvrage est un de ceux qu'Ersch, « France littéraire », t. I, p. 393, attribue à P. DIDOT, et dont Quérard, « France littéraire », t. II, s'est dit autorisé à déclarer l'attribution mal fondée.

Somnambulisme, ou supplément aux journaux dans lesquels il a été question de ce phénomène physiologique. (Par M. l'abbé DE VELY.) *Paris, Brébant*, 1813, in-8, 2 ff. lim. et 84 p.

Somptueuse (la) et magnifique entrée du très-chrestien roy Henri III de ce nom, roy de France et de Pologne, grand-duc de Lithuanie, etc., en la cité de Mantoüe, avec les portraits des choses les plus exquises ; par B. D. VIGRE (Blaise DE VIGENÈRE). *Paris, Nic. Chesneau*. 1576, in-4, 48 ff., avec 8 planches en taille-douce.

Son Bouquet et vos Etrennes, hommage à Mᵐᵉ Bailli. (Par G.-F. DE BURE et S.-P. MÉRARD DE SAINT-JUST.) *Pour tous les tems* (*Paris*), 1789, in-18.

Tiré à 12 exemplaires.

Songe (le) creux, ou le génie créateur des mensonges. (Par le comte DE LA TOURAILLE.) *Paris*, 1789, in-12.

Songe (le) d'Alcibiade, traduit du grec (composé par l'abbé Jean PIC, publié par L.-Jos. D'ALBERT, prince DE GRIMBERGHEN). *Paris, Didot*, 1735, in-12.

Songe (le) d'Athalie, par M. G. R. I. M... DE LA R. E. Y. N., avocat au Parlement. *S. l.* (1787), in-8, 20 p.

Pamphlet dirigé contre Mᵐᵉ de Genlis ; il a pour auteur Ant. RIVAROL et CHAMPCENETZ.

Ces initiales devaient faire lire le nom de GRIMOD DE LA REYNIÈRE ; c'est une petite noirceur que les véritables auteurs se sont permise, mais qui n'en a imposé à personne.

Il y a des éditions sans initiales.

Songe d'Horace. (Par Ch. BRIFAUT.) *Paris* (1816), in-8, 7 p.

Songe (le) d'Irus, ou le bonheur, conte en vers, à Jean-Jacques Rousseau ; suivi de Silvestre, conte en prose, de quelques apologues, etc. (Par F.-J. MARTEAU, avocat.) *Paris, J.-P. Costard*, 1770, in-8, 112 et 8 p. de table et de privilége.

Songe d'un Anglais fidèle à sa patrie et à son roi, traduit de l'anglais (par T.-R. GÉRARD, marquis DE LALLY-TOLLENDAL). *Londres, Elmorey*, 1793, in-8, 30 p.

Réimprimé dans la « Collection des meilleurs ouvrages qui ont été publiés pour la défense de Louis XVI... par A.-J. Dugour... », tome II, pages 251 à 286.

Songe (le) de Boccace. (Par DE LARGENTIÈRE.) *La Haye*, 1737, in-12.

Songe (le) de BOCCACE, traduit d'italien en françois (par DE PRÉMONT). *Paris*,

Charpentier, 1698, in-12. — *Amsterdam, Schelte,* 1702, in-12.

Réimprimé avec le nom du traducteur dans les « Voyages imaginaires », tome XXXI. *Amsterdam (Paris),* 1788, in-8.

Songe (le) de Clydamis (contenant un voyage de Cythère, par Th. LAFFICHARD). 1732, in-12.

Songe (le) de Gerontius, par le R. P. John NEWMAN, traduction accompagnée du texte anglais (par Mlle Mathilde AUMONT, de Rennes) et publiée par l'éditeur d'Eugénie de Guérin (F.-G.-S. TRÉBUTIEN). *Caen,* 1869, in-18, VII-132 p.

Songe (le) de la Thoison dor faict et composé par Michault TAILLEVENT. *Imprimé nouvellement à Paris (impr. Crapelet),* in-16, 14 ff.

Opuscule en vers, publié pour la première fois en 1841, dans la « Collection de poésies, romans, chroniques », mise au jour par l'éditeur Silvestre (13e livraison). Une notice bibliographique qui occupe les deux derniers feuillets est signée G. D. (GRATTET DUPLESSIS).

Songe (le) de Pasquin, ou le bal de l'Europe. Second dialogue sur les affaires du temps. (Par Eustache LE NOBLE.) *Jouxte la copie imprimée à Londres, chez J. Benn,* 1689, in-12, 46 p.

Forme le second numéro de « la Pierre de touche politique ». Voy. VI, 894, c.

Songe (le) de Pantagruel avec la deplo- ration de feu messire Anthoine du Bourg, chevalier, chancellier de France. *Imprimé à Paris, par Adam Saulnier* (1542), pet. in-8, signat. A-E par 4 ff., car. ital.

Le privilége, qui se trouve au verso du titre, est au nom de M. Anthoine DE CHANTEAULX. La dédicace en vers porte le nom de François HABERT.

Songe de saint Jérôme. (Par Antoine PÉRICAUD.) *Lyon, J.-M. Barret,* 1826, in-8, 4 p.

C'est une note destinée à la deuxième édition du « Ciceronania, ou recueil des bons mots et apophthegmes de Cicéron ». *Lyon,* 1812, 1 vol. in-8, tiré à 100 exemplaires.

Songe (le) du vergier, qui parle de la disputation du clerc et du chevalier. *Lyon, J. Maillet,* 1491, in-fol., goth., 127 ff. — *Paris, Jehan Petit* (vers 1500), in-fol., goth.

Cet ouvrage remarquable, composé vers l'an 1375, a été reproduit dans le deuxième volume des « Traités des droits de l'Eglise gallicane », 1751, in-fol. Il a été successivement attribué à différents auteurs, parmi lesquels nous citerons Charles DE LOUVIERS, Raoul DE PRESLES, Philippe DE MEZIÈRES, Jean DE VERTUS, Jean DE LIGNANO.

M. Eliot Hodgkin, de Liverpool, a fait dans les « Notes and queries » d'août 1863, et ensuite dans l' « Intermédiaire » du 25 janvier 1866, appel à la discussion pour savoir si cet ouvrage n'est pas un dérivé du *Dialogus inter clericum et militem super dignitate papali et regia,* attribué à Guillaume OCCAM, mort en 1347.

Plusieurs notes ont été échangées à ce sujet entre le questionneur et M. Léopold Marcel, auteur d'un ouvrage dans lequel la paternité du « Songe du vergier » est revendiquée pour Charles DE LOUVIERS. Voy. l' « Intermédiaire », V, col. 26, 346, 666, et VI, col. 53.

Pour la description plus détaillée des éditions et traductions de ce livre, voy. « Brunet, « Manuel du libraire », 5e éd., V, col. 440.

Le savant bibliographe y donne aussi des détails au sujet des différentes attributions, sur lesquelles nous nous abstiendrons, comme lui, de conclure.

Songe énigmatique sur la peinture uni- verselle, fait par H. P. P. P. (Hilaire PADER, peintre, poëte), Tolosain. *Tolose, Arnaud Colomiez,* 1658, in-4, 2 ff. lim. et 47 p.

Songe (le), ou la chapelle de Glenthern, mélodrame en trois actes et à grand spectacle, par MM. MELESVILLE (A.-H.-J. DUVEYRIER) et *** (E. SCRIBE et C.-G. DELESTRE-POIRSON)... Représenté pour la première fois à Paris, sur le théâtre de l'Ambigu-Comique, le 22 juillet 1818. *Paris, Fages,* 1818, in-8, 48 p. — 2e éd. *Id.,* 1818, in-8, 48 p.

Songe (le), ou la conversation à laquelle on ne s'attend pas, scène critique; la scène est au Salon de 1783. (Par J.-B. PUJOULX.) *Rome (Paris),* 1783, in-8, 2 ff. lim. et 35 p.

Songe prophétique des futures victoires du roy de France et de Navarre, Loys XIII. Disposé par personnages. Par M. P. D. S. (Pierre SAUZEA). *Imprimé à Paris, pour l'autheur,* 1624, in-8, 56 p.

Réimprimé la même année avec le nom de l'auteur.

Songe sounou Christen... (Par le P. Dom. BOUHOURS.) *Morlaix, imp. de Plœsquellec,* 1699, in-8.

Pensées chrétiennes pour tous les jours du mois. — En breton.

Songes d'un hermite. (Par L.-S. MERCIER.) *A l'Hermitage de Saint-Amour (Paris, Hardy),* 1770, 2 vol. in-12.

Réimprimés sans nom d'auteur, dans le tome XXXI des « Voyages imaginaires ». *Amsterdam (Paris),* 1788, in-8.

Songes (les) drolatiques de Pantagruel, où sont contenues plusieurs figures de l'invention de maistre François Rabelais. *Paris, Tross,* 1869, in-8.

Reproduction de l'édition originale de 1565. L'introduction est signée E. T. (Edwin Tross). Les planches dessinées, et gravées sur bois par M. Flegel, de Leipzig, sont plus fidèles que celles de l'édition Dalibon.

Songes du printemps. (Par F. Turbén.) 174., in-8.

Songes philosophiques, par l'auteur des « Lettres juives » (J.-B. DE BOYER, marquis D'ARGENS). Berlin, 1746, in-12.

Songes physiques. (Par l'abbé L.-M. MOREAU DE SAINT-ELIER, frère de Maupertuis.) Amsterdam et Paris, 1753, in-12.

Sonnet. (Par J. DES MARETS DE SAINT-SORLIN.) S. l. n. d., in-4, 1 p.

Sur la mort du cardinal de Richelieu. Ce sonnet commence ainsi :

Si tu pouvais, Armand, hors du plomb qui t'enserre,
Lever ton front auguste...

Sonnet pour l'arsenal de Brest. (Par le P. Claude-François MENESTRIER.) S. l. n. d., in-4.

Sonnets. (Par Léon-Louis-Frédéric BARBEY D'AUREVILLY, ancien rédacteur en chef du « Momus normand ».) Caen, imp. de Pagny, 1836, in-18, 72 p.

Sonnets à la Vierge. (Par ALEXANDRE JEANNIARD DU DOT.) Présentés aux Jeux floraux et non couronnés. Painbœuf, imp. E. Fétu, avril 1864, in-16, 4 p.

« Catalogue de Nantes », n° 63776.

Sonnets amoureux, par C. D. B. (Charles D'ESPINAY, Breton). Paris, G. Barbé, 1559, in-8.

Sonnets de Mi... DE G... (J.-A) ; avec Vir et les mystères par ipse. Paris, Pillet (1827), in-18, 131 p.

Ces initiales doivent se traduire : MIGNON DE GALLIA, VEL, pseudonyme de Jean-Justin-Aristippe BOUTET DE MON-

Sonnets des grands exploicts victorieux de hault et puissant seigneur Maurice, prince d'Orange, comte de Nassau, etc., par I. F. L. P. G. D. B. (Jean-François LE PETIT, greffier de Béthune). S. l., 1598, in-4.

« Supercheries », II, 329, b.

Sonnets et Eaux-fortes. (Publié par Ph. BURTY.) Paris, Lemerre, 1869, in-4, 95 p. et 42 planches.

Tiré à 350 exemplaires.

Sonnets (première partie des) exotériques de G. M. D. I. (Gérard-Marie

IMBERT). Bordeaux, S. Millanges, 1578, in-8.

Voy. « Supercheries », II, 190, b.

Sonnets, Prières et Devises en forme de pasquins, pour l'assemblée de MM. les prélats et docteurs, tenue à Poissy. Paris, Mich. Morel, 1562, pet. in-8.

L'épître dédicatoire est signée S. (sœur Anne DE MARQUETZ).

Sonnettes (les), ou mémoires du marquis D***. (Par J.-B. GUIARD DE SERVIGNÉ.) Utrecht, 1749, in-12. — Berg-op-Zoom (Londres), 1751, 2 part. in-18. — Londres (Cazin), 1781, in-18, 212 p.

Réimprimé en 1803, sous le titre de « Félix, ou le jeune amant... » Voy. V, 443, e.

Sopha (le), conte moral. (Par C.-P. JOLYOT DE CRÉBILLON le fils.) 1745, 2 vol. in-12.

Souvent réimprimé.
Beaucoup d'éditions portent le nom de l'auteur.

Sophie de Beauregard, ou le véritable amour. Par L. C. L. G. (Mme la comtesse DE LA GRAVE). Paris, Le Prieur, an VI-1798, 2 vol. in-12.

Sophie de Pierrefeu, ou le désastre de Messine, fait historique, en trois actes, paroles de M. R. S. C. (J.-A. DE RÉVÉRONY SAINT-CYR), musique de Martini. Paris, Ballard, 1804, in-8.

Sophie de Valençay, ou la beauté persécutée. Par l'auteur des « Capucins... » (Mme GUÉNARD). Paris, Marchand, 1809, 4 vol. in-12.

Sophie Francourt, comédie en quatre actes et en prose. Représentée pour la première fois par les comédiens italiens ordinaires du roi, le 18 février 1783. (Par le marquis DE LA SALLE.) Paris, Brunet, 1783, in-8, VI-86 p.

L'auteur dans sa préface, dit que cette pièce a été tirée d'un roman de même titre publié par lui quinze années auparavant et attribué à tort à B.-J. SAURIN.

Sophie, ou de l'éducation des filles. (Par Mme Marie-Joséphine DE L'ESCUN SYDOW.) Berlin, 1777, in-8.

Sophie, ou le triomphe des Grâces sur la Beauté, imité de l'anglois (de Ch. LENNOX, par DE LA FLOTTE). Paris, 1770, 2 vol. in-12.   V. T.

Sophie, ou les sentiments secrets, pièce en trois actes et en vers. (Par Mme DE STAEL.) 1786, in-8.

Sophie, ou Lettres de deux amis.

Voy. « Lettres de Sophie et du chevalier de *** », V, 1262, b.

Sophie, ou mémoires d'une jeune religieuse, écrits par elle-même ; adressés à la princesse de L***, et publiés par madame G*** (Mme GAUTIER-LACÉPÈDE). *Paris, Belin*, 1790, in-8. — 2e édition. 1792, in-8.

Sophie, ou mémoires intéressans pour servir à l'histoire des femmes du XVIIIe siècle. (Par A.-G. CONTANT D'ORVILLE.) *Amsterdam ; et Paris, Mérigot le jeune*, 1779, 2 part. in-12.

Sophie, par M. D. B. (DESBIEFS). *Paris, Hochereau*, 1756, 2 part. in-12.

Sophie, roman, par M. R..... (F.-J.-L. RILLIET DE CONSTANT). *Genève*, 1839, 2 vol. in-12.

Voy. « Supercheries », III, 294, f.

Sophio-Polis, sur la côte méridionale de Crimée, entre Simos et Alupka. (Par le comte Jean POTOCKI.) *Saint-Pétersbourg*, in-8.

Renseignement fourni par le *Catalogus libr. biblioth. Cæs. universitatis S.* Vladimiri, n° 46475. Les *Russica* de la bibliothèque imp. de Saint-Pétersbourg, en indiquant l'ouvrage, mais sans nom d'auteur, marquent : S. l. et a., in-fol. obl. Serait-il question d'un texte in-8 et d'un atlas in-fol. obl. ? A. L.

Sophisme (le) dévoilé, ou recueil de différentes lettres propres à faire ouvrir les yeux aux ecclésiastiques qui se sont conformés à l'arrêté du préfet du département de Sambre-et-Meuse du 24 messidor an X. Seconde édit.... (Par Corneille STEVENS.) *S. l.* (19 juillet-28 août 1802), in-8.

Sophismes (les) d'un prélat contemporain, ou réfutation, phrase par phrase, du mandement de Mgr l'archevêque de Paris, portant condamnation du journal « le Bien social » ; par un ami du droit canon. *Paris, Leconte*, 1845, in-8, 233 p.

Par le chanoine CLAVEL, d'après les « Supercheries », I, 310, a.
Par l'abbé P. MATALÈNE, d'après M. Otto Lorenz.

Sophologe damours, œuvre plaisante et récréative. (Par Antoine VIAS, licencié ès lois.) *Lyon, Claude Nourry, s. d.*, pet. in-8, 22 ff.

L'auteur se nomme dans le prologue. Ce livret a été réimprimé en 1542, à la suite d'un traité intitulé : « la Définition et Perfection d'amour. »

Sophonisba. Tragédie très-excellente,
tant pour l'argument que pour le poly langage et grandes sentences dont elle est ornée : représentée et prononcée devant le roy, en sa ville de Bloys. *Paris, imp. de P. Danfrie*, 1559, in-8, 47 ff.

On lit à la fin : « Sois adverty, lecteur, qu'en imprimant la présente tragédie, nous avons esté faictz certains que feu MELLIN DE SAINCT-GELAIS en a esté le principal autheur... »
Cette tragédie a été traduite de l'italien de G.-G. TRISSINO et publiée par Gilles CORROZET, dont on trouve le nom en tête de l'avis au lecteur.
Elle a été par erreur attribuée à Franç. HABERT, dans l'ancien « Catalogue des livres imprimés de la bibliothèque du roy ».

Sophonisbe, tragédie de Mairet, réparée à neuf. (Par VOLTAIRE.) *Paris, veuve Duchesne*, 1770, in-8, XII-59 p.

Voy. « Supercheries », II, 1031, d.

Sophronime, ou les aventures d'Aristonoüs, par l'auteur de « Télémaque » (FÉNELON). *S. l.*, 1700, in-12.

Presque toujours réimprimé depuis à la suite du « Télémaque ».

Sophronius. Quatrième et dernière lettre. Résumé des débats. (Par le libraire Fortuné ROUSTAN.) *Paris et Versailles, s. d.*, in-8, 15 p.

Voy. ci-dessus, « Quels sont les auteurs de Sophronius... », VI, 1148, f.

Sophyle, ou de la philosophie. (Par Fr. HEMSTERHUIS.) *Paris (La Haye)*, 1778, in-12.

Sorbonne (la) au roy, sur de nouvelles thèses contraires à la vérité, outrageuses aux libertés de l'Eglise gallicane. (Par Jean DUVAL.) *S. l. n. d.*, in-4, 16 p.

Sorcier (le). (Par GOUX.) *Agen, imp. Pasquier*, 1862, in-16, 71 p.

En vers.

Sorcier (le), comédie lyrique, mêlée d'ariettes, en deux actes. Représentée pour la première fois par les comédiens italiens ordinaires du roi, le lundi 2 janvier 1764. (Par Antoine-Alexandre-Henri POINSINET.) *Paris, veuve Duchesne*, 1768, in-8, 96 p.

L'auteur a signé la dédicace.

Sorcier (le), par Henri ZSCHOKKE, suivi de Lichtenstein, par M. W. HAUFF (traduit par Jules LAPIERRE et suivi des « Deux Nonnes », par Ed. CASSAGNAUX). *Paris, Audin*, 1834, 5 vol. in-12.

Sorcière (la), comédie-vaudeville en un acte et en prose ; par le cit. R**** (Antoine-

André RAVRIO). Représentée pour la première fois au théâtre du Vaudeville, le 28 fructidor an VII. *Paris, Huet*, an VIII, in-8, 46 p.

Sorcière (la) pour rire, parodie en vers comiques, par l'auteur des « Misérables pour rire ». 1re partie. (Par Gustave MARX.) *Paris, Aniéré*, 1862, in-32, 29 p.

Sort (le) de la langue françoise. *Paris, veuve de Cl. Barbin*, 1703, in-12, 39 ff. prél. dont le dernier blanc, 161 p. et 3 ff. non chiffrés.

Le privilége du roi, daté du 27 décembre 1702, est au nom de l'auteur, T. A. D. L. C. S. D. R. (Thom.-Arm. DE LIONNIÈRE, chevalier, sieur DE RIONVILLE), qui a signé l'épître à l'abbé Bignon : DE LIONNIÈRE.

Sort (le) de la poésie françoise. (Par Thomas-Arm. L'HÉRAULT DE LIONNIÈRE, sieur DE RIONVILLE.) *Paris, veuve Barbin*, 1703, in-12.

Sort (le) des femmes, suivi des Infortunes de deux jeunes amants. (Par Antoine GALLAND.) *Paris, Conort*, 1797, in-12.

Réimprimé en 1798, sous le titre de : « le Sort des femmes, ou l'infortunée Enize. Nouvelle apologie du beau sexe, » par un typographe, auteur d' « Antonio ». *Paris, Favre*, an VI-1798, in-18. Voy. « Supercheries », III, 866, e.

Cette édition avait été à tort attribuée par Quérard, dans la « France littéraire », à Claude-Fr.-X. MERCIER. Il a rectifié cette erreur dans le tome XI, page 316.

Réimprimé de nouveau, avec le nom de l'auteur, sous ce titre : « le Sort des femmes, ou le club d'amour, suivi des Infortunes de deux jeunes amants. » Nouv. édit. *Paris, Galland*, 1809, in-12.

Sort (du) des minorités dans les gouvernements représentatifs.... (Par Benj. GRADIS.) *Paris, Delaunay*, 1830, in-8, 2 ff. de tit. et 39 p.

Sottise à huit personnages; c'est assavoir : le monde, abuz... (*Paris, Guill. Eustace*, vers 1514), pet. in-8 goth., 38 ff.

Attribué à P. GRINGORE ou à J. BOUCHET. Voy. « Manuel du libraire », 5e édit., II, 1749.

Sottises de la semaine. (Par SÉGUIER frères.) *De l'impr. de la veuve Vérité* (1790), 30 nos in-8.

Sottises (les) du temps, ou mémoires pour servir à l'histoire générale et particulière du genre humain. (Attribué à P. CLÉMENT de Genève.) *La Haye, Nicolas Van Daalen*, 1754, 2 vol. in-8.

Voy. Saverien, « Histoire des sciences intellectuelles », *Paris*, 1777, in-8, p. 473.

On sera convaincu que Clément de Genève est véritablement auteur des « Sottises du temps », si l'on veut bien parcourir cet ouvrage, et particulièrement la page 86 du tome deuxième, dans laquelle l'auteur rappelle le séjour qu'il a fait en Angleterre.

Sottises (les) et les Folies parisiennes, par M... (P.-J.-B. NOUGARET). *Paris, veuve Duchesne*, 1781, 2 vol. in-12.

Il y a des exemplaires avec le nom de l'auteur.

Sou (le) bien employé, ou les Bibles des pauvres nègres. (Par le pasteur César MALAN.) *Paris, Servier*, 1827, in-8.

Forme le no 22 des « Traités religieux ».

Soucis de la terre, préparation pour le ciel; par l'auteur de la « Case de l'oncle Tom » (Mme H. BECHER STOWE). *Toulouse, Soc. des traités religieux*, 1854, in-18.

Souffleurs (les), comédie. (Par Michel CHILLIAT.) *Paris, veuve Ch. Coignard*, 1694, in-12, 143 p. — *Mons, A. Barber*, 1696, in-12, 90 p.

On nommait souffleurs, par dérision, les alchimistes.

Souffrances (les) du jeune Werther, en deux parties. Traduit de l'original allemand (de J.-W. GOETHE) par le B. S. d. S. (baron DE SECKENDORF). *Erlang, Wolfgang Walther*, 1776, pet. in-8, VIII-214 p.

Première traduction de ce roman célèbre. Pour d'autres traductions, voy. « Werther ».

Souffrances (les) du jeune Werther, par GOETHE, traduction nouvelle (par le comte H. DE LA BÉDOYÈRE). *Paris, impr. Didot*, 1809, in-8, VIII-234 p., avec 3 fig. de Moreau le jeune.

C'est la deuxième édit. de cette traduction; la première avait paru en 1804, sous ce simple titre : « Werther » (voy. ce mot). La réimpression de cette même traduction publiée à Paris en 1845, et qui porte sur le titre : « par M. le comte Henri DE LA B......, deuxième édition », est donc en réalité la troisième.

G. M.

Souffrances et Consolations. Méditations à l'usage des malades. Par Mme*** (TARBÉ DES SABLONS), auteur d' « Eudolie » et de « Roseline ». *Paris, A. Jeanthon*, 1836, in-18. — *Paris, Canuet*, 1839, in-18. — *Bruxelles*, 1839, in-18.

Souffrances (les) maternelles, roman imité de l'allemand (par A.-G. GRIFFET DE LABEAUME). *Paris*, 1793, 4 vol. in-18.

Souhait (le) d'Henriette, ou l'esprit de domination, par l'auteur de « l'Héritier de Radclyffe » (miss Charlotte-Mary YONGE). Traduit de l'anglais. *Neuchâtel, Leidecker*, 1858, in-12.

Souhaits (les) d'une heureuse année, suivie de plusieurs autres, adressés à M. de … à Abbeville, en réponse au nouveau « Projet d'un canal dans la Picardie », et d'un canal à Amiens, qui entraîneroient la destruction d'Abbeville et de Saint-Valery… (Par DE CALONNE, avocat.) *Amsterdam; et Paris, Vincent*, 1765, in-8, 38 p.

Souliers (les) de l'abbé Maury. N° 1. *De l'imp. de Jean Bart*, s. d., in-8, 8 p.

Attribué à N.-E. RESTIF DE LA BRETONNE par le Catalogue Fontaine, 1875, n° 2140.

Souliers (les) mors-dorés, ou la cordonnière allemande, comédie lyrique, en deux actes, représentée pour la première fois sur le théâtre des comédiens italiens ordinaires du roi, le jeudi 11 janvier 1776. (Par DE FERRIÈRES.) *Paris, Vente*, 1776, in-8, 88 p.

Soumission apparente des jansénistes qui souscrivent le formulaire, promettant la foy pour les dogmes et le respect pour les faits, par un théologien catholique (le P. Jean FERRIER, S. J.). *Paris, F. Muguet*, 1666, in-4.

Souper (le) de Beaucaire. (Par Napoléon BONAPARTE.) *Avignon*, août 1792, in-8, 20 p.

Pour des détails relatifs à l'impression de cet opuscule, voy. l'article de N. Rapetti, « Nouvelle Biographie » publiée par Didot, t. XXXVII, col. 447.

Souper (le), ouvrage moral. (Par J.-F. DE CAILHAVA D'ESTENDOUX.) *Londres et Paris, Bastien*, 1772, 2 part. in-12.

Permission tacite.   V. T.

Réimpr. sous ce titre : « Contes en vers et en prose de feu l'abbé de Colibri, ou le soupé. » *Paris, Didot le jeune*, 1797, 2 vol. in-18 ». Voy. « Supercheries », I, 763 a.

Souper (le) poétique. (Par J.-B. DUPUY-DEMPORTES.) *Amsterdam (Paris)*, 1748, in-8.

Soupers (les) de Daphné et les Dortoirs de Lacédémone ; anecdotes grecques, ou fragments historiques publiés pour la première fois et traduits sur la version arabe imprimée à Constantinople, l'an de l'hégire 1110 et de notre ère 1731. (Par A.-G. MEUSNIER DE QUERLON.) *Oxfort (Paris)*, 1740, in-8.

Le « Manuel du libraire », 5e édit., V, 464, signale deux réimpressions, l'une sous ce titre : « Soupers de Daphene », pet. in-8, sous la même date et avec la clef des noms en 1 f.; l'autre, sous le même titre, *Oxford*, 1746, pet. in-8, n'a que 78 p. y compris la clef, qui diffère de celle donnée ci-après.

C'est une satire sur les soupers de Marly ou sur ceux que Samuel Bernard donnait à Passy. Querlon l'a composée en trois jours : Monnet avait ramassé les anecdotes et les avait remises à l'auteur. Monnet fit imprimer l'ouvrage à ses frais ; il se vendait dans le temps jusqu'à 12 livres. On en a fait plusieurs éditions.

Il serait assez curieux d'en avoir une clef complète. En voici une esquisse, telle qu'il a été possible de se la procurer, avec quelques éclaircissements.

Page 1. *Daphné*, Marly.

Page 10. *Syrie*, France.

Ibid. Antioche, Paris.

Ibid. Fleuve Oronte, la Seine.

Pages 11 et 12. *Ce bois enchanté*, le bois de Boulogne.

Page 15. *Pompée*, Louis.

Page 17. *Ampelide*, Samuel Bernard.

Page 24. *Albionice*, Mlle de La Touche. Ce fut un riche Anglais qui l'enleva. Elle était femme d'un secrétaire du roi, et sœur de Mme du Pin, femme d'un fermier général, toutes deux bâtardes du juif Samuel Bernard.

Page 25. *Chlore*, Mlle de Moras.

Ibid. Arsinoé, Mme de Moras la mère, l'une des filles de M. Séchelles.

Ibid. Agathias, M. de Bouflers.

Ibid. La femme du vice-préteur, Mme Hérault, épouse du lieutenant général de police, l'une des filles de M. Séchelles.

Page 27. *Cette petite femme*, Mme la présidente Portal, épouse de M. Portal, président à mortier, fils du premier président de ce nom. Elle était fille d'un ancien et riche financier que l'on nommait le vieux Fontaine.

Ibid. La femme de Strabon, Mme de Mailly.

Pages 27 et 28. *Ce jeune homme*, M. d'Arboulin, l'amant de Mme la présidente Portal. Elle était aussi des parties de M. le duc de Richelieu, qui avait tâché de la procurer au roi : il la fit même souper avec Sa Majesté. Mais le roi ne s'en soucia pas; il la trouva trop évaporée.

Page 34. *Glycère*, Mlle Le Maure, de l'Opéra.

Page 37. *Artémise*, Mme la jeune Duchesse.

Page 38. *Le prince d'Arménie*, le roi Louis XV.

Page 40. *Les bâtisseurs*, les francs-maçons.

Page 42. *L'épouse d'Aristomaque*, Mme la princesse de Rohan.

Page 43. *Samothrace*, l'Angleterre.

Page 55. *La Mule*, aventure arrivée à Mme la duchesse de Ruffec. Elle était fille de M. d'Angervilliers, ministre de la guerre. Elle avait d'abord épousé M. le président de Maisons, président à mortier, et ensuite M. le duc de Ruffec. Son esprit et son enjouement la faisaient désirer à la cour; mais elle l'avait quittée pour vivre à Paris avec M. le marquis de Trévoux, lieutenant aux gardes-françaises, à qui elle paya la compagnie, lorsque son tour vint de l'obtenir.

Page 60. *Cotytto*, déesse des plaisirs.

Soupers (les) de la cour, ou l'art de travailler toutes sortes d'alimens pour servir les meilleures tables… (Par MENON.) *Paris, Guillyn*, 1755, 4 vol.; — nouvelle édition. *Paris, Cellot*, 1778, 3 vol. in-12.

Soupers (les) de Momus, recueil de chansons inédites. (Publié par P.-J. CHARRIN.) *Paris, Barba*, 1814-1828, 15 vol. in-18.

Soupers (les) de Vaucluse, par M. R. D. L. (Renaud de La Grelaye), de plusieurs Académies. *Ferney; et Paris, Buisson*, 1788, 3 vol. in-12.

C'est à tort qu'Ersch, dans sa « France littéraire », attribué cet ouvrage à N.-E. Restif de La Bretonne.

Une contrefaçon a donné lieu à un procès intenté à Joly, imp. à Avignon. Voy. Dalloz, « Jurisprudence générale du royaume », 1830, in-4, XI, 480 et note.

Soupers (les) du jeudi, ou étrennes à ces dames pour l'année 1789. *Genève; et Paris, Prault*, 1789, in-18.

Par le baron P.-C.-F.-A.-H.-D. Thiébault, depuis général de division, d'après Quérard.
Par C.-L. Cadet-Gassicourt, d'après le Catalogue Soleinne.

Soupers (les) lyriques. *Paris, Vauquelin*, 1819-1823, 4 vol. in-18.

La préface est signée : Pierre T. et P. Émile D. (Pierre Tournemine et Paul-Emile Dedraux). Continué sous le titre de : « les Soirées lyriques ». Voy. ci-dessus, col. 514, f.

Soupirs (les) amoureux de F. B. (Fr. Beroalde de Verville); avec un discours satyrique de ceux qui écrivent d'amour, par N. Le Digne. *Rouen, du Petit-Val*, 1597, in-12.

Ce recueil avait déjà paru séparément à Paris en 1583, in-12, et il est joint quelquefois aux « Appréhensions spirituelles » du même auteur. *Paris, Timothée Jouan*, 1584, in-12.

Soupirs (les) d'Euridice aux Champs-Elysées. (Par A.-F. Sticotti.) *La Haye; et Paris, Costard*, 1770, in-8.

Soupirs (les) de l'Europe à la veüe du projet de paix contenu dans la harangue de la reine de la Grande-Bretagne à son Parlement, du 6-17 juin 1712. (Par Jean Dumont, baron de Carlscroon.) *S. l.*, 1712, in-12. — *S. l.*, 1713, in-12.

Soupirs (les) de la France esclave qui aspire après la liberté. *Amsterdam*, 1689, in-4.

On lit au verso du titre : « Le libraire au lecteur. — Ce Mémoire que je vous donne m'a été envoyé de France, et, comme on me fait espérer que j'en pourrai avoir autant toutes les quinzaines, ce sera avec plaisir que j'en ferai part au public. »

Ce doit être la première édition. La Bibliothèque nationale n'en possède que les huit premières pages du premier Mémoire, mais elle a une édition complète, *t. l.*, 1689, in-4 de 238 p., qui donne 15 Mémoires, dont le dernier est daté du 15 septembre 1690. On lit au verso du titre : « L'imprimeur au lecteur. — L'ouvrage que je vous donne m'a été envoyé de France tout entier, avec une parfaite liberté d'en faire ce que je voudrois. C'est pourquoi, au lieu de le donner entier tout à la fois, je le donneray par parcelles,

ayant appris par expérience que les feuilles volantes pénètrent, se lisent et se débitent beaucoup mieux que les livres. Je donneray donc les chapitres comme je les ay trouvés divisés les uns après les autres, et à divers jours; et au lieu du nom de chapitre, de l'avis des intelligents, nous avons pris celui de Mémoire, qui convient beaucoup mieux à des feuilles détachées. On en donnera deux ou trois tous les mois, plus ou moins, selon le loisir de nos presses, et selon que le public y trouvera du goût, et qu'on en tirera de l'utilité. »

Il existe au moins deux autres éditions de cet ouvrage intéressant, savoir : une in-4 de 228 p. en caractères plus fins et plus nets; et une d'Amsterdam, 1689, in-8.

Les 13 premiers Mémoires de cet ouvrage ont été réimprimés un siècle plus tard, sous ce titre :

« Vœux d'un patriote ». *Amsterdam*, 1788, in-8, XVI-282 p.

Dans son Avertissement, le nouvel éditeur dit que : « il n'a pas cru devoir se permettre aucune note ni aucune réflexion; il s'est contenté de retrancher une digression de quelques pages sur la cour de Rome comme inutile et capable de distraire du grand objet qui doit occuper la nation. »

Un certain nombre d'exemplaires de la réimpression faite en 1788, sous le nouveau titre : « Vœux d'un patriote », en ont reçu un autre, celui avec lequel l'ouvrage portait à l'origine : « les Soupirs de la France esclave qui aspire après la liberté », *Londres, s. d.*, auquel on a ajouté une citation tirée du XIII° Mémoire. Ce changement de titre a forcément amené la réimpression du premier feuillet de l'Avertissement.

Cette publication fut naturellement l'objet d'une surveillance spéciale de la police de Louis XIV. On détruisit avec le plus grand soin tous les exemplaires sur lesquels on put mettre la main; et elle devint si rare, qu'en 1772 le chancelier Maupeou en acheta un exemplaire dans une vente au prix de cinq cents livres sur l'enchère du duc d'Orléans.

Il existe un ouvrage manuscrit intitulé : « Recueil de Mémoires curieux, concernant les progrès de la puissance des rois de France sur tous les corps de l'État. X Mémoires, 1690. »

Ce manuscrit, disent les continuateurs du P. Le Long (t. V, p. 19), était ci-devant dans la bibliothèque de M. Perrot, maître des comptes : il est aujourd'hui dans celle de M. le président Rolland. Il paraît que c'est une partie du recueil que P. Jurieu a intitulé « les Soupirs de la France ». Il l'a sans doute arrangée et augmentée selon ses idées.

En lisant les « Soupirs de la France esclave » avec attention, on est convaincu que Jurieu n'a pu en être que l'éditeur. En effet, les principaux Mémoires dont l'ouvrage est composé annoncent un écrivain élevé dans les principes du catholicisme et ennemi des maximes ultramontaines. Quel motif eût porté Jurieu, qui écrivait dans un pays libre, à simuler ces principes et ces maximes? Il y a plus de vraisemblance dans l'opinion de ceux qui attribuent les « Soupirs de la France » à Michel Le Vassor, qui quitta la congrégation de l'Oratoire et renonça au catholicisme pour embrasser la religion anglicane. Cet auteur dit en effet, dans la préface de son « Histoire de Louis XIII, » que depuis la mort de Henri IV on a travaillé à ruiner le peu de liberté qui restait en France; à opprimer le clergé, la noblesse et le peuple; et à jeter les fondemens de cette puissance énorme qui a fait peur en nos jours à toute l'Europe ». C'est là ce que prouve avec énergie l'auteur de ces Mémoires.

Du reste, il est probable que Jurieu est auteur des derniers Mémoires, car, suivant Bayle, le bruit avait couru qu'on avait fait entendre à Jurieu qu'il eût à discontinuer les « Soupirs de la France », les derniers qu'il avait poussés ayant été, disait-on, fort désobligeans pour S. M. B. le roi Guillaume, etc. Voy. les « Œuvres diverses de Bayle », tome II, p. 661.

Ch. Nodier a consacré à cet écrit le chap. XLVI de ses « Mélanges extraits d'une petite biblioth. », p. 356 ; il le signale comme très-remarquable, comme dicté par un zèle passionné pour les intérêts et les libertés du pays, par une connaissance très-approfondie de ses titres, de ses lois et de son histoire.

La plupart des bibliographes attribuent les « Soupirs » à Jurieu, dont ils se rapprochent sous quelques rapports ; mais on remarque surtout dans les premiers Mémoires une richesse de documents historiques à laquelle les études familières de Jurieu, dirigées d'un tout autre côté, ne lui auraient pas facilement permis de s'élever. L'écrivain, d'ailleurs, est plutôt un janséniste ou un gallican violemment opposé aux Jésuites et aux ultramontains, qu'un réformé fanatique, pour qui ultramontains et gallicans étaient également odieux. Quelques critiques ont attribué les « Soupirs » à Le Vassor ; mais le style mou, lourd et prolixe de cet auteur justifie mal cette supposition. Les « Soupirs », sans être bien écrits, se distinguent par beaucoup de netteté, de précision et de vigueur, qualités qui manquent essentiellement à Le Vassor. Il semble donc que la question reste à décider.

Soupirs (les) du cloître, ou le triomphe du fanatisme. (Par Claude GUYMOND DE LA TOUCHE.) Londres, 1765, 1770, in-8. — 3e édition, augmentée d'une notice sur la vie et les ouvrages de l'auteur. (Par C.-F.-X. MERCIER de Compiègne.) Paris, 1795, in-18.

Soupirs et Pratiques d'un cœur chrétien, par l'auteur du « Vrai Pénitent » (l'abbé J.-B. LA SAUSSE). Paris, Périsse, et Tulle, Chirac, 1787, in-12. — Paris, Demoraine, 1803, in-12.

Soupirs français sur la paix italienne. Iouxte la copie imp. à Anvers, 1649, in-4, 8 p.

Plusieurs fois réimprimé. Cet écrit, que la « Bibliographie des mazarinades » attribue à François DAVENNE, avait été donné dans la 2e éd. du « Dictionnaire » à Jean DUVAL, auteur du « Calvaire profané ».

Soupirs (les), poésies inédites, par Auguste B*** (BOISSEAUX, imprimeur). Bruxelles, Pécot et Boisseaux, 1833, in-8.
J. D.

Source (la) d'honneur, pour maintenir la corporelle élégance des dames, en vigueur, florissant et prix inestimable... Lyon, de Harsy, 1532, in-8.

Niceron a donné cet ouvrage à Olivier DE LA MARCHE, parce qu'il a cru que c'était la même chose que le « Parement des dames » de ce poëte ; mais il s'est trompé.

Source (de la) de l'autorité. (Par l'abbé N.-S. BERGIER.) Paris, 1789, in-12.

Sourd (le), comédie-proverbe en un acte et en prose. (Par A.-E.-X. POISSON DE LA CHABEAUSSIÈRE.) Paris, Cailleau, 1783, in-8.

Sourd-muet (le) entendant par les yeux, ou triple moyen de communication avec ces infortunés, par des procédés abréviatifs de l'écriture ; suivi d'un projet d'imprimerie syllabique. Par le père d'un sourd-muet (REWING). Paris, Roret, 1829, in-4, avec 8 planches.

Sourd (le), ou l'auberge pleine, comédie de DESFORGES, réduite en un acte et arrangée pour l'état actuel du théâtre, par M*** (Ch.-G. POIRSON, connu sous le nom de DELESTRE-POIRSON, DESGROISEILLEZ et E. CATIN). Représentée sur le théâtre de Madame, par les comédiens ordinaires de S. A. R., le 6 juillet 1824. Paris, Aimé André, 1824, in-8, 46 p.

Sous clé, comédie-vaudeville en un acte, jouée par Mlle Déjazet toute seule, et représentée pour la première fois à Paris, sur le théâtre du Palais-Royal, le 22 mai 1833. (Par DUMANOIR, A. DE LEUVEN et A. DEFORGES.) Paris, J.-N. Barba, 1833, in-8, 16 p.

Sous le porche de l'abbaye, traditions des comtés de Bourgogne et de Neufchâtel. Pontarlier, Laithier, 1834, in-8, 324 p.

Cet ouvrage, dont l'avertissement est signé E. Ch. W., a pour auteurs MM. Edouard et Charles WILLEMIN, de Morteau (Doubs).

Souscription en faveur des ex-pensionnaires de la liste civile. Paris, imp. d'A. Pihan Delaforest, 1831, in-8, 24 p.

Signé : Alphonse DE B.... (Alphonse DE BÉRARD).

Soutenement des griefs des religieux de Citeaux. Tiré de l'évidente contrariété de leur Institut, avec le projet de la nouvelle réforme... (Par Nicolas DE CHEVANES.) Dijon, impr. de G.-A. Guyot, 1643, in-4.

Souterrain (le) du monastère, ou la vengeance paternelle, traduit de l'anglais de Charlotte SMITH par le traducteur du « Testament de la vieille cousine » (Mme Hortense CERÉ, depuis dame BARBÉ). Paris, G. Mathiot, 1826, 3 vol. in-12.

Souterrain (le), ou Mathilde, par miss Sophie LÉE, traduit de l'anglais sur la 2e édition (par P.-B. DE LA MARE). Paris, Th. Barrois, 1787, 3 vol. in-12.

Réimprimé plusieurs fois.

Souterrains (les) de la roche de Baume, ou le fantôme et les brigands. (Par J.-B. GOURIET.) *Paris, Lerouge*, 1811, 3 vol. in-12.

Souvenir. Alexandre Dumas en manches de chemise, avec un croquis de famille à la plume, par Mᵐᵉ Marie Dumas. (Par Aug. SCHNÉE.) *Bruxelles, Schnée*, s. d. (1874), in-8, 8 p.

Le « croquis de famille » est le fac-simile d'un dessin-charge de Mᵐᵉ Marie Dumas, où elle s'est représentée avec son père et son frère.

Souvenir de Ad. R. (Adolphe ROLLAND). *Metz*, 21 août 1836, in-8, 285 p.

Souvenir de Louise-Marie-Thérèse-Charlotte d'Orléans, première reine des Belges, morte à Ostende, le 11 octobre 1850, par Mˡˡᵉ Aᵈᵉ B. (Mˡˡᵉ Adélaïde BEHAEGEL). *Bruges, Beyaert Defoost*, 1851, in-8, 11 p.

En vers.

J. D.

Souvenir de monseigneur l'évêque de Liége (Van Bommel). Détails sur sa vie, sa maladie, ses derniers moments et l'inhumation. Extraits de la « Gazette de Liége », avec portrait et fac-simile. (Par J. DEMARTEAU.) *Liége, Dessain*, 1832, in-32, 64 p.

J. D.

Souvenir des dernières expéditions russes contre les Circassiens, précédé d'une esquisse rapide des mœurs. (Par Emmanuel DE PINA.) *Valence, Borel*, 1837, in-8, x-84 p.

Souvenir (le) des ménestrels, contenant une collection de romances inédites... (Par Ch. LAFFILÉ.) *Paris, l'éditeur*, 1814-1829, 16 vol. in-18.

Souvenir douloureux, ou récit du naufrage de cinq jeunes lycéens. (Par Gabr. POPOFF.) *Saint-Pétersbourg*, 1854, in-8.

A. L.

Souvenir du 21 février 1868. *Amiens, Lenoel-Herouart*, pet. in-4, 12 p.

En vers. Signé : « Le maire de Fouilly-les-Oies » (M. Gustave LE VAVASSEUR).

Souvenir pour des voyageurs chéris; œuvre posthume de LAVATER; publiée sur le manuscrit signé par l'auteur (par B.-L. BELLET). *Paris, rue Vivienne, n° 2 bis*, 1829, in-18, 72 p., avec un portrait et un fac-simile.

Souvenirs à l'usage de tous les Français.

Lyon, imp. de J.-M. Barret (1827), in-8, 28 p.

Signé : Z. (J. PASSERON).

Souvenirs à l'usage des habitants de Douai, ou notes pour servir à l'histoire de cette ville jusque et incluse l'année 1821. (Par P.-A.-S.-J. PLOUVAIN.) *Douai, Deregnaucourt*, 1822, in-12, 800 p.

Souvenirs. A mes amis. (Par Augustin DURIEU.) *Paris, A. Moëssard*, 1830, in-12.
D. M.

Souvenirs (par Mᵐᵉ DE MANNE), accompagnés de notes (par M. E. DE MANNE). *Paris, Crapelet*, 1845, in-8.

En vers.

Une nouvelle édition, sortie des presses de L. Perrin, revue, corrigée et très-augmentée, a paru en 1862, à *Lyon, chez Scheuring*. D. M.

Souvenirs d'Angleterre et Considérations sur l'Eglise anglicane, par M. R*** (l'abbé J.-F. ROBERT), chanoine honoraire de Tours. *Lille, Lefort*, 1841, 2 vol. in-18.

Plusieurs fois réimprimé.

Souvenirs d'Emmanuel. *Lyon, L. Perrin*, 1861, in-8.

Livre imprimé avec luxe, non mis dans le commerce et tiré à très-petit nombre. Ce volume est une sorte de monument littéraire élevé à la mémoire d'un fils chéri, par M. Adolphe GARNIER.

Souvenirs d'Eugène Devéria. (Par Mᵐᵉ DE GALOP.) *Tarbes, impr. de J.-A. Lescamela*, 1868, in-12, ix-239 p.

Souvenirs d'exil. (Par le baron LEMERCHER D'HAUSSEZ.) *Paris*, 1833, in-12.
D. M.

Souvenirs d'Italie, par un catholique (le marquis L.-L.-A. DE BEAUFORT). *Bruxelles, Méline*, 1838, in-8, fig.

Souvenirs d'Ostende, rues, marines, paysages, costumes. (Texte par Th. THORÉ.) Dédié à S. A. R. la duchesse de Brabant par l'éditeur. *Ostende, Daveluy* (1854), in-4 oblong, lithogr. en couleur par Gerlier.

Souvenir d'un barde, poésies diverses. (Par L.-A.-M. MIGER.) *Paris, Marcilly*, 1821, in-18.

Souvenirs d'un beau jour, ou la première communion, par l'auteur des « Lettres à Théotime » (T. ROUSSEL). *Sainte-Menehould, impr. Duval-Poignée*, 1854, in-32.

Souvenirs d'un bibliothécaire, ou une vie d'homme de lettres en province. (Par

J.-B. Monfalcon.) *Lyon, imp. de J. Nigon*, 1853, gr. in-8, 4 ff. lim. et 416 p.

Autographié.

Souvenirs d'un citoyen. (Par J.-H.-S. Formey.) *Berlin, F. de La Garde*, 1789, 2 vol. in-8 et une grav. d'après Babiez.

Souvenirs d'un émigré de 1797 à 1800. (Par Hippolyte de La Porte.) *Paris, Fournier*, 1843, in-8, XI-322 p.

N'a pas été mis dans le commerce.

Souvenirs d'un ex-officier (Jacques-François Martin, depuis pasteur à Chêne et à Genève, où il est mort en 1874, âgé de 80 ans.) *Paris et Genève, Cherbuliez*, 1867, in-12, VIII-334 p.

Voy. « Supercheries », I, 1277, c.

Souvenirs d'un exilé en Sibérie (le prince Eugène Obolensky), traduits du russe par le prince Augustin Galitzin. *Leipzig*, 1862, in-12, VI-88 p.

Souv'nirs d'un homme d'Douai de l'paroisse de Wios Saint-Albin, aveuc des belles z'images. Croquis historique en patois douaisien, par L. D. (L. Dechristé). *Douai*, juin 1857-mai 1861, 2 vol. in-12,

Le titre du t. II porte le nom de l'auteur. Il en est de même de la seconde édition, publiée en 1863.

Souvenirs d'un homme de cour, ou mémoires d'un ancien page... écrits en 1788 par ***** (M. de La Gorse). *Paris, Dentu*, an XIII-1805, 2 vol. in-8.

Une note manuscrite indique comme auteur un M. de Tersan.

Souvenirs d'un homme du monde, ou recueil de pensées diverses, d'observations, de bons mots, de faits singuliers, d'anecdotes et d'opuscules. (Attribué à Jos. de Maimieux.) *Paris, Maradan*, 1789, 2 vol. in-12.

Souvenirs d'un jeune prêtre (Grangé). *Bruxelles, Parys*, 1838, 2 vol. in-18.
J. D.

Souvenirs d'un jeune voyageur, ou récits et faits remarquables tirés des plus célèbres voyageurs français et étrangers. Recueillis par M. J. O. D. (Joseph Odolant Desnos). *Paris, Lavigne*, 1834, in-12.
D. M.

Souvenirs d'un médecin (de Samuel Warren), précédés d'une lettre à M. le docteur Amédée Pichot, par Philarète Chasles... *Paris, Lib. nouvelle*, 1857, in-18, 311 p.

Souvent réimprimé.

Souvenirs d'un militaire des armées françaises dites de Portugal ; par l'auteur de l' « Essai sur l'état militaire en 1825 » (A. d'Illens, adjudant-major au 17e léger). *Paris, Anselin et Pochard*, 1827, in-8.

Réimprimé sous le titre de « Souvenirs militaires du temps de l'Empire... » Voy. ces mots.

Souvenirs d'un mobile du Vexin. Tablettes de la 2e compagnie. Cantons d'Étrépagny et de Gisors. 1er bataillon, 39e régiment (Eure). (Par M. Olivier de Saint-Foix.) *Paris, F. Henry*, 1871, in-12, 111 p.

Souvenirs d'un officier du 2e zouaves. *Paris, M. Lévy frères*, 1859, in-18, 2 ff. de tit. et 284 p. — 2e éd. *Ibid., id.*, 1859, in-18. — Nouv. éd. *Ibid., id.*, 1869, in-18, 2 ff. de tit., XX-315 p.

Ouvrage attribué au général Jean-Joseph-Gustave Cler, mais rédigé sur ses notes par M. Albert du Casse et publié d'abord dans « le Spectateur militaire » sous le nom de Forville, l'un des pseudonymes de M. du Casse. Voy. la préface de l'éd. de 1869.

Souvenirs d'un officier royaliste, contenant son entrée au service, ses voyages en Corse et en Italie, son émigration, ses campagnes à l'armée de Condé, et celle de 1815 dans la Vendée ; par M. de R... (Romain), ancien colonel d'artillerie. *Paris, A. Egron*, 1824-1829, 4 vol. in-8.

Le tome IV est intitulé « Récits de quelques faits concernant la guerre de la Vendée... » Voy. ci-dessus, col. 39, e.

Souvenirs d'un oisif. (Par J.-M. Raymond-Latour, ancien professeur de chimie.) *Lyon, Ayné*, 1836, 2 vol. in-8.

Souvenirs (les) d'un oisif, ou l'esprit des autres, recueil d'anecdotes la plupart secrètes, inédites et peu connues. Publié par C. J. Ch. (Ch.-J. Chambet). *Lyon, Chambet*, 1824, in-18.

Souvenirs d'un pianiste, réponse aux souvenirs d'une Cosaque. (Attribué à l'abbé F. Listz.) *Paris, Lachaud*, 1874, in-18, 255 p.

Souvenirs d'un roi pendant son voyage de Chaltenham, Glocestre, Worcestre et leurs environs, dans l'année 1788. Ouvrage traduit de l'anglais, d'après la onzième édition, par M. B.... *Orléans, imp. de Darnault et Maurant*, 1791, in-8.

Ersch a attribué à tort à A.-M.-H. Bouland la traduction de cet ouvrage.

Souvenirs d'un voyage dans le bas Languedoc, le Comtat et la Provence (automne 1834). Par Maxime ***, du Gard

(C.-M.-J.-Maxime FOURCHEUX DE MONT-ROND). *Paris, Gaume*, 1835, in-12.

Souvenirs d'un voyage dans les Pyrénées. (Par Auguste CLAVÉ.) *Paris, Debécourt*, 1835, in-12.   D. M.

Souvenirs d'un voyage en Angleterre. (Par Jacques-Henri MEISTER.) *Paris, Gattey*, 1791, in-18, 168 p.

Souvenirs d'un voyage en Hollande et en Angleterre, par le P. A. K. (le prince Alexandre-Borrisovitch KOURAKINE, 1751-1818), à sa sortie de l'Université de Leyde. *Pétersbourg, imp. de Pluchart*, 1815, in-8, 221 p.

Souvenirs d'un voyage en Livonie, à Rome et à Naples, faisant suite aux « Souvenirs de Paris », par A. KOTZBUE (traduits de l'allemand par R.-C. GUILBERT-PIXÉRÉCOURT). *Paris, Barba*, 1806, 4 vol. in-12.

Les exemplaires de cet ouvrage portés sous les nos 747 et 748 du Catalogue Pixérécourt avaient dans le t. I les deux chapitres intitulés : « l'Empereur Alexandre » et « Nouvelles Constitutions des paysans en Livonie », que la censure fit supprimer, ainsi que le commencement du chapitre de Nuremberg.

Souvenirs d'un voyageur en Asie, depuis 1802 jusqu'en 1815 inclusivement. (Par DE CLODONÉ.) *Paris, Nepveu*, 1822, in-8, 200 p.

Souvenirs d'un voyageur, par C. DE N. (Charles DE NUGENT). *Paris, E. Dentu*, 1857, in-12.

Souvenirs d'un voyageur solitaire. (Par Auguste DE BELISLE.) *Paris, Franck*, 1844, 2 vol. in-8.   D. M.

Souvenirs d'une demoiselle d'honneur de la duchesse de Bourgogne. (Par Mme la comtesse D'HAUSSONVILLE, née Louise DE BROGLIE.) *Paris, Michel Lévy*, 1861, in-18.

Souvenirs d'une première communion au pensionnat du Sacré-Cœur. (Par François-Marie-César SÉGUIN.) *Avignon, Séguin aîné*, 1862, in-16.

Souvenirs d'une promenade en Suisse pendant l'année 1827. Recueillis pour ses amis, par Charles C******* (CUCHETET). *Paris, imp. Duverger*, 1828, in-8, 2 ff. de tit. et 247 p.

Tiré à 30 exemplaires.

Souvenirs de A. R. (Adrien RAÇON). *Metz, Lamort*, 1836, in-8.   D. M.

Souvenirs de Bade. (Par le marquis

L.-L.-A. DE BEAUFFORT.) (*Bruxelles, Delfosse, s. d.*), in-8, 21 p.

Tiré à 15 exemplaires.   J. D.

Souvenirs de Berlin en 1833. (Par Mlle Herm. CHAVANNES.) *Neufchatel, J.-P. Michaud*, 1841, in-8, 85 p.

Souvenirs (les) de Blangini, 1787-1834. (Par C.-Max. DE VILLEMAREST.) *Paris, Allardin*, 1835, in-8.

Souvenirs de captivité. De l'instruction en Allemagne, par un officier général (le général DE WIMPFEN). *Paris, E. Lachaud*, 1872, in-12, 76 p.

Souvenirs de conférences entendues en 1831 et 1832, sur les sacrements de Pénitence et d'Eucharistie. (Par l'abbé LANDRIEUX, curé de Sainte-Valère.) *Paris, A. Vaton*, 1837, in-12.

1re livraison. Pages 1 à 264. Cette édition n'a pas été continuée.

Souvent réimprimés en 2 vol. in-12 sous le titre de « Souvenirs de conférences, prônes et instructions entendus à Sainte-Valère, de 1830 à 1835. » Toutes les éditions, à partir de la 2e, sont précédées d'une notice sur l'abbé Landrieux, mort le 24 décembre 1835.

Souvenirs de deux anciens militaires, ou recueil d'anecdotes inédites et peu connues. (Par le comte A.-T.-J.-A.-M.-M. DE FORTIA DE PILES et GUYS DE SAINT-CHARLES.) *Paris, Porthmann*, 1812, in-12.

Souvenirs de Jean BOUHIER, président au Parlement de Dijon, extraits d'un manuscrit inédit et contenant des détails curieux sur divers personnages des XVIIe et XVIIIe siècles. (Publiés par MM. MABILE, employé au département des manuscrits de la Bibliothèque nationale, et Lorédan LARCHEY.) *Paris, chez tous les libraires bibliophiles* (1866), in-18, xxv-180 p.   D. M.

Souvenirs de l'ancienne Eglise d'Afrique. Ouvrage traduit en partie de l'italien (du P. MORCELLI), par un Père de la Compagnie de Jésus (le P. Charles CAHIER). *Paris, Périsse frères* (1862), in-18, 431 p.

Souvenirs de l'armée d'Orient. Beaux traits, anecdotes, correspondance ; par l'auteur du « Siège de Sébastopol » (J. AYMARD). *Lille, Lefort*, 1856, in-8.

Plusieurs fois réimprimé.

Souvenirs de l'Empire, anecdotes sur Napoléon. (Par Emile-Marc HILAIRE, connu sous le nom de Emile MARCO DE SAINT-

HILAIRE.) *Troyes*, *Boudot* (1841), in-18, 12 p.

La couverture imp. porte : « Grande Revue de Napoléon Bonaparte... »

Souvenirs de l'histoire de la Suisse, présentés sous la forme de dialogue, et dédiés aux jeunes Vaudois qui fréquentent les écoles cantonales, par un citoyen du canton de Vaud (le général Fréd.-César LA HARPE). *Lausanne*, 1823, in-8.

« Bibliographie de la France », par M. Beuchot, samedi 28 juin 1823, p. 379.

Souvenirs de l'histoire, ou le Diurnal de la révolution de France pour l'an de grâce 1797, contenant pour chaque jour un précis analytique et succinct des principaux événements qui ont eu lieu le jour correspondant pendant le régime révolutionnaire. Première partie, contenant les 6 premiers mois de 1793. *Paris*, *G. Bridel*, in-12, 258 et 298 p.

Ouvrage devenu rare. On en retrouve plusieurs passages dans celui qui porte le titre de : « Essais historiques sur les causes et les effets de la Révolution » (voy. V, 274, *f*), qui est de Cl.-Fr. BEAULIEU. C'est pour cela, sans doute, que M. Dauban s'est cru autoriser à attribuer le « Diurnal » à Beaulieu. Il en a reproduit la préface dans le volume qu'il a publié sous ce titre : « la Démagogie en 1793 à Paris... » *Paris*, *H. Plon*, 1868, in-8.

Souvenirs de la fin du XVIII° siècle et du commencement du XIX° siècle, ou Mémoires de R. D. G. (René-Nicolas DUFRICHE DES GENETTES). *Paris*, *F. Didot*, 1835-1836, 2 vol. in-8.

Publication interrompue par la mort de l'auteur, arrivée le 3 février 1837.
Le 3° vol., dont il n'a été imprimé que 368 p., n'a pas été livré au public.

Souvenirs de la Pologne, historiques, statistiques et littéraires, publiés par une réunion de littérateurs polonais. (Rédigés par M. et Mme HOFMANN, NATWATZKI, nonce de la diète polonaise, et BRUNIKOWSKI, ancien directeur de la police à Varsovie.) *Paris*, *imp. de Lachevardière*, 1833, in-8.

Le tome 1er seul a été publié.

Souvenirs de Léonard, coiffeur de la reine Marie-Antoinette. (Rédigés et publiés par Gustave LEVAVASSEUR.) *Paris*, *Levavasseur*, 1838, 4 vol. in-8.

Souvenirs de Londres en 1814 et 1816, suivis de l'histoire et de la description de cette ville dans son état actuel; avec 12 planches et un pl n de Londres. (Par

G.-A. CRAPELET.) *Paris*, *Renouard*, 1817, in-8.

Souvenirs de lord ELDERLE, suivis du chant de Moïna. (Par Mme la comtesse DE MONTHOLON-SÉMONVILLE.) *Paris*, *imp. de Didot*, 1823, in-12.

Tiré à cent exemplaires.

Souvenirs de Lulworth, d'Holy-Rood et de Bath. (Par le comte Etienne-Romain DE SÈZE, ex-maître des requêtes.) *Paris*, *Dentu*, 1831, in-8, 2 ff. de tit. et 35 p.
D. M.

Souvenirs de ma vie, depuis 1774 jusqu'en 1814 ; par M. DE J*** (DE JULLIAN). *Paris*, *Masson*, 1815, in-8.

L'auteur publia à Bruxelles en 1817 une suite de ces Souvenirs, sous le titre de « Considérations politiques sur les affaires de France et d'Italie, pendant les trois premières années du rétablissement de la maison de Bourbon sur le trône de France. »

Souvenirs de ma vie littéraire, recueil de vers et de prose. (Par Louis ALVIN.) *Bruxelles*, *Lesigne-Meurant*, 1843, in-12, 250 p.
J. D.

Souvenirs (les) de madame DE CAYLUS (publiés par les soins de VOLTAIRE, avec une préface et des notes). *Amsterdam*, (*Genève*), *Jean Robert*, 1770, in-8. — *Amsterdam*, *M.-M. Rey*, 1770, in-8. (Édit. encadrée avec des notes, mais sans préface.) — 2° éd., avec des notes de M. de Voltaire... augmentée de la « Défense de Louis XIV, pour servir de suite à son Siècle ». *Au château de Ferneï*, 1770, in-12, 194 p. — Nouvelle édition (avec une Notice sur madame de Caylus, par L.-S. AUGER. *Paris*, *Colnet*, an XII-1804, in-8 et in-12. — Autre édition (avec la précédente Notice, la Préface et toutes les notes de VOLTAIRE, et un Avertissement par A.-A. RENOUARD). *Paris*, *Renouard*, an XIII-1804, in-12, sur papier vélin, avec quatre portraits.

Voltaire écrivait au maréchal de Richelieu, le 3 décembre 1769 : « Enfin, monseigneur, voici les « Souvenirs de madame de Caylus », que j'attendais depuis si longtemps; ils sont détestablement imprimés. » Voltaire est donc le premier et le véritable éditeur de ces « Souvenirs », avec des notes.

Les nouveaux éditeurs n'ont pas à faire le même aveu que Voltaire; leurs éditions sont très-soignées; mais ils ne paraissent pas avoir connu un portrait de madame de Caylus, inséré dans les « Œuvres diverses de l'abbé Gedoyn », à la suite du morceau intitulé « de l'Urbanité romaine »; il est précédé de cette note de l'abbé Gedoyn : « S'il arrivait qu'on réimprimât mon discours de l' « Urbanité », je désirerais fort qu'on y ajoutât l'Éloge de madame la comtesse de Caylus, tel que je l'ai transcrit. De toutes les personnes que j'ai connues, il n'y en a point qui ait porté à un si haut degré ce que je conçois par le mot d' « urbanité ».

« L'auteur de l'Éloge, c'est M. Rémond (frère de Rémond de Montmort), qui a l'esprit orné de tout ce que les Grecs nous ont laissé de meilleur, et qui cependant n'écrit point, quoique sa paresse lui soit éternellement reprochée par tous ses amis. »

Le portrait de madame de Caylus a quatre pages.

Souvenirs de Mme Jenny D*** (Marie-Hélène Dufourquet). *Paris, Vente*, 1821, in-12.

« Ce petit roman larmoyant, dit M. A. Rochas dans son excellente « Biographie du Dauphiné », est le début de son auteur dans les lettres : Hugues-Marie Humbert Bocon DE LAMERLIÈRE, mieux connu sous le pseudonyme plus léger d'Eugène, qu'il adopta par euphonie ou par condescendance pour Mme Jenny Bastide. »
D. M.

Souvenirs de mes voyages en Angleterre. (Par J.-H. MEISTER.) *Zurich, et Paris, Aubin*, 1795, 2 vol. in-8. — *Zurich, Orell, Gesner*, 1795, 2 vol. in-12.

Les premières lettres, qui avaient paru d'abord dans le « Journal des indépendants », ont fait l'objet d'une première publication sous le titre : « Souvenirs d'un voyage... », voy. ci-dessus, col. 545, a.

Souvenirs de mon dernier voyage à Paris. (Par J. H. MEISTER.) *Zurich, Orell, Gessner*, 1797, in-12, VI-364 p. — *Paris, Fuchs*, an V-1797, in-12, 364 p.

Souvenirs de Mgr l'évêque de Liége. Détails sur sa vie, sa maladie, ses derniers moments et son inhumation. (Par J. DE-MARTEAU.) *Liége, Dessain*, 1852, in-8, 64 p.
D. M.

Cet évêque est Richard-Antoine-Corneille Van Bommel, né à Leyde, le 5 avril 1790, mort à Liége, le 7 avril 1852. Dans son « Nécrologe liégeois pour 1852 », M. Ulysse Capitaine a consacré à ce prélat une notice intéressante et fort étendue.

Souvenirs de M. L***. *Paris, J. Didot*, 1806, in-18.

Recueil de chansons et d'épigrammes, tiré à petit nombre.

Par LE HUY, d'après M. de Manne.
Par LIANCOURT, d'après les « Supercheries », II, 469, d.

Souvenirs de Paris en 1804, par Auguste KOTZEBUE. Traduits de l'allemand sur la deuxième édition, avec des notes, (par R.-C. GUILBERT DE PIXÉRÉCOURT). *Paris, Barba*, 1805, 2 vol. in-12.

Le chapitre intitulé « le Premier Consul et ses Entours », dont la censure impériale avait exigé la suppression dans tous les exemplaires, a été réimprimé dans la « Gazette bibliographique », *Paris, A. Lemerre*, 1868-69, pag. 63 à 68.

Souvenirs de Pologne et Scènes mili-

taires de la campagne de 1812, par A. DE S*** (Aug. DE SAYVE), ancien officier de cuirassiers. *Paris, P. Dufart*, 1833, in-8, 2 ff. de tit., VIII-456 p.

Souvenirs de quarante ans, 1789-1830. Récits d'une dame de Mme la Dauphine. *Paris, Lecoffre*, 1861, in-18.

Signés : H. B. (Mme la comtesse A. DE BÉARN, née Pauline DE TOURZEL). Réimprimés en 1868, avec le nom de l'auteur. M. A. NETTEMENT passe pour avoir pris part à la rédaction de cet ouvrage.

Souvenirs de Saint-Acheul... ou vie de quelques jeunes étudiants. (Par le P. J.-N. LORIQUET.) *Amiens, Caron-Vitet*, 1828, in-18, IV-471 p.

Sec. édit. des « Particularités édifiantes... » Voy. VI, 797, c.
Réimprimé plusieurs fois en France et en Belgique sous ce titre ou sous celui de « Souvenirs des petits séminaires de Saint-Acheul, Sainte-Anne... »

Souvenirs de Tusculum, ou entretiens philosophiques et religieux de deux amis, près des ruines de la maison de campagne de Cicéron, par l'abbé *** (MARTIN DE NOIRLIEU), ancien sous-précepteur de S. A. R. le duc de Bordeaux. *Paris, Gaume frères*, 1834, in-12, V-369 p.

Souvenirs de vacances. Rome, Naples et Florence, en 1853, par H. D. (Henri DUFAY, avoué à Paris). *Senlis, Ch. Duriez*, 1854, 1 vol. in-12.
D. M.

Souvenirs de Van Spaendonck, ou recueil de fleurs lithographiées, d'après les dessins de ce célèbre professeur ; accompagné d'un texte rédigé par plusieurs de ses élèves. (Par M. Auguste-Philibert CHALONS-D'ARGÉ.) *Paris, Castel de Courval*, 1825, in-4 oblong, avec 20 planches.

La vie de Van Spaendonck est, en grande partie, extraite d'un article inséré dans le « Journal des Débats », et attribué à A. JAL.
Il s'agit ici de Gérard Van Spaendonck, membre de l'Académie des beaux-arts et professeur au Muséum d'histoire naturelle. Il avait un frère, Corneille Van Spaendonck, comme lui peintre de fleurs, mais ayant moins de réputation.
D. M.

Souvenirs de voyage, ou les vacances en Auvergne. Itinéraire du Puy-de-Dôme... Par l'abbé E. J. C***. *Clermont-Ferrand, F. Thibaud*, 1857, in-12.

Par l'abbé Jean CHAUMETTE, d'après M. O. Lorenz.
Par l'abbé Etienne-Joseph COSSE, d'après M. de Manne.

Souvenirs de voyage, ou lettres d'une voyageuse malade. (Par la comtesse DE LA GRANDVILLE, née DE BEAUFORT.) *Lille, L. Lefort, et Paris, Adr. Leclerc*, 1836,

2 vol. in-8. — *Lille, Lefort*, 1856, 2 vol. in-18. D. M.

Souvenirs de voyage. Une visite à quelques champs de bataille de la vallée du Rhin. (Par Robert d'Orléans, duc de Chartres.) *Paris, Dentu*, 1869, in-18.

Souvenirs de voyages, 1837. Promenade sur les bords du Rhin. (Par le marquis Alexandre-Auguste de Gallifet, ancien colonel de cavalerie.) *Paris, Didot*, 1839, grand-8.

Opuscule tiré à cent exemplaires seulement.
D. M.

Souvenirs des Antilles, voyages en 1815 et 1816 aux Etats-Unis et dans l'archipel Caraïbe; aperçu de Philadelphie et New-Yorck... Par M... (le baron de Montlezun). *Paris, Gide fils*, 1818, 2 vol. in-8.

Souvenirs des bords de la mer. (Par Antoine de Latour.) *Paris, Fain*, 1838, in-32, 57 p. D. M.

Récit d'un voyage à Dieppe.

Souvenirs des campagnes d'Italie et de Hongrie, par le général marquis Georges de Pimodan. Deuxième édition (avec une notice sur l'auteur, signée A. de Crécy). *Paris, Dentu*, 1861, in-12, xiv-266 p.

La 1re édit. est de 1851. Ce volume est la reproduction presque intégrale de deux articles publiés par l'auteur dans la « Revue des Deux-Mondes » des 15 août et 15 janvier 1851. Adolphe de Crécy, l'éditeur de la 2e édit., après avoir terminé l'éducation du marquis de Pimodan, vint en Russie faire celle de M. le comte Alexis Ouvaroff. Il est mort à Paris, en 1863.
A. L.
Voy. ci-devant, « Fragments sur les campagnes d'Italie... », V, 494, f.

Souvenirs des dernières expéditions russes contre les Circassiens, précédés d'une esquisse rapide des mœurs de ce peuple. (Par Emm. de Pina.) *Paris, Vaton*, 1837, in-8.

Souvenirs des petits séminaires de Saint-Acheul, Sainte-Anne... (Par le P. J.-N. Loriquet.)

Voy. ci-dessus, « Souvenirs de Saint-Acheul... », col. 550, b.

Souvenirs du Directoire et de l'Empire, par Mme la baronne de V***. *Paris, imp. de Cosson*, 1848, in-8, 90 p.

Par Mme de Viel-Castel, ancienne dame d'honneur de l'impératrice Joséphine, d'après M. de Manne.
Par Mme la baronne de Vellexon, ou plutôt de Vaudey, d'après les « Supercheries », III, 887, f.

Souvenirs du jubilé de 1846. Pot pourri. (Par Ad. Picard, avocat.) (*Liége, Oudart*), 1846, in-8, 8 p. Ul. C.

Souvenirs du pays Basque et des Pyrénées en 1819 et 1820, par M. E. B***** (Et. Boucher de Crèvecoeur). *Paris, imp. de Goetschy*, 1823, in-8.

Souvenirs et Causeries, par le président B*** (Boyer, pair de France). *Paris, Guiraudet*, 1844, in-8, vii-259 p.
D. M.

Souvenirs et Correspondance tirés des papiers de Mme Récamier. (Par Mme veuve Ch. Lenormant.) *Paris, M. Lévy frères*, 1859-1860, 2 vol. in-8.

Souvenirs et Exemples, petites notices offertes aux jeunes chrétiennes. (Par l'abbé G.-C.-L.-P. Chalandon, depuis archevêque d'Aix.) *Metz, Pallez et Rousseau*, 1845, in-18.

Réimprimés avec le nom de l'auteur.

Souvenirs et Impressions d'un ex-journaliste, pour servir à l'histoire contemporaine. (Par Louis Nouguier père.) *Paris, Michel Lévy*, 1856, 2 vol. in-8.

Souvenirs et impressions d'un officier russe (le prince N.-B. Galitzin) pendant les campagnes de 1812, 1813 et 1814, avec la relation de la bataille de Borodino. *Saint-Pétersbourg, imprimerie française*, 1849, in-8, vi-126 p. A. L.

Souvenirs et Impressions d'un proscrit, par un Roumain (Jean-Héliade Radulesco). *Paris, imp. de Prève*, 1850, in-4, 16 p.

Souvenirs et Indiscrétions. Le dîner du vendredi-saint, par C.-A. Sainte-Beuve... publiés par son dernier secrétaire (M. Jules Troubat). *Paris, M. Lévy*, 1872, in-18, 2 ff. de tit. et 354 p.

Souvenirs et Journal d'un bourgeois d'Evreux (Nic.-P.-Christ. Rogue). 1740-1830. *Evreux, imp. de Hérissey*, 1850, in-8.

L'avant-propos de l'éditeur est signé : T. B. (T. Bonnin).

Souvenirs et Leçons de l'enfance, ou recueil de fables et d'autres morceaux de poésie à la portée du premier âge... Par C. L. M. (C.-L. Michel). *Paris, Brunot-Labbe*, 1825, in-18.

Souvenirs et Monuments de la bataille de Nancy, 5 janvier 1477. (Par J. Cayon.)

Impr. de Prosper Tresnel, à Saint-Nicolas-du-Port, 1837, in-4, 18 ff. non chiffrés.

Souvenirs et poésies diverses, par T. V. B. D. M. (madame T.-V.-B. DE MANNE et M. Edmond DE MANNE). *Lyon, M. Scheuring*, 1863, in-8.

Ce recueil avait déjà été publié une première fois sous le titre de : « Souvenirs, poésies, avec notes », *Paris, Crapelet*, 1845, in-8.

Souvenirs et Regrets du vieil amateur dramatique, ou lettres d'un oncle à son neveu sur l'ancien Théâtre-Français... (Par Antoine-Vincent ARNAULT, de l'Académie française.) *Paris, Ch. Froment*, 1819, 2 vol. in-12, avec figures.

On avait annoncé, comme devant y faire suite, les « Souvenirs et Jouissances d'un jeune auteur dramatique ». Cet ouvrage n'a point paru.   D. M.

Souvenirs historiques. Annales montoises du XIX° siècle, 1800-1850. (Par Charles ROUSSELLE.) *Mons, Piérart*, 1862, in-8, 88 p.   J. D.

Souvenirs historiques. De Braine à Waterloo. Campagnes de 1815. (Par Paul LANDOY, ancien rédacteur du « Constitutionnel » de Mons, plus tard attaché à l' « Indépendance », et Adolphe DUMONT, employé à Mons.) *Mons, veuve Piérart*, 1855, in-12, 67 p.   J. D.

Souvenirs historiques. Des procès de sorcellerie à Mons. (Par Charles ROUSSELLE, avocat.) *Mons, veuve Piérart*, 1854, in-8, 25 p.   J. D.

Souvenirs (les) historiques du château d'Angoulême, recueillis par un membre du Conseil municipal de cette ville et commune (M. Charles CHANCEL, juge au tribunal civil d'Angoulême). *Angoulême, typ. d'Eug. Grobot fils*, 1853, in-8, 2 ff. lim. et 148 p.

Souvenirs historiques. Louis XVIII à Mons. (Par Charles ROUSSELLE, avocat à Mons.) *Mons, Piérart*, 1854, in-12, 15 p.   J. D.

Souvenirs historiques. Marguerite de Valois à Mons. (Par Charles ROUSSELLE.) *Mons, Piérart*, 1855, in-8, 16 p.   J. D.

Souvenirs historiques. Mons depuis la seconde invasion républicaine jusqu'au Consulat, 1794-1799. (Par Charles ROUSSELLE.) *Mons, Piérart*, 1862, in-12, 24 p.   J. D.

Souvenirs historiques. Mons pendant

l'occupation française de 1691 à 1697. (Par Charles ROUSSELLE.) *Mons, veuve Piérart*, 1856, in-8, 30 p.   J. D.

Souvenirs historiques, ou coup d'œil sur les monarchies de l'Europe et sur les causes de leur grandeur et de leur décadence. (Par V.-D. MUSSET-PATHAY.) *Paris, Colas*, 1810, in-8, 2 ff. de tit., 190 p. et 1 f. d'errata.

Souvenirs historiques. Siége de Mons par les Espagnols en 1572. (Par Alph. ROUSSELLE.) *Mons, Piérart*, 1858, in-8, 41 p.   J. D.

Souvenirs historiques sur Bourgoin, Saint-Chef et Maubec; par L. F* (L. FOCHIER). *Bourgoin, C. Vauvillez*, 1853, in-18, VI-185 p.

Souvenirs intimes et anecdotiques d'un garde du corps des rois Louis XVIII et Charles X, publiés par M. Xavier DE MONTÉPIN. *Paris, Cadot*, 1857-1859, 10 vol. in-8.   D. M.

Ces Souvenirs, signés à la dernière page X. H., sont de M. Xavier HUVELIN.

Souvenirs militaires du temps de l'Empire (campagnes d'Espagne et de Portugal), par un officier du 2° corps (A. D'ILLENS). *Paris, Depotter*, 2 vol. in-8.

Réimpression des « Souvenirs d'un militaire... » Voy. ci-dessus, col. 544, *a*.

Souvenirs militaires. Napoléon à Waterloo, ou précis rectifié de la campagne de 1815, avec des documents nouveaux et des pièces inédites, par un ancien officier de la garde impériale qui est resté près de Napoléon pendant toute la campagne. *Paris, J. Dumaine*, 1866, in-8, 2 ff. de tit., LV-491 p.

Signé : G. DE P. (G. DE PONTÉCOULANT).

Souvenirs numismatiques de la Révolution de 1848. Recueil complet des médailles, monnaies et jetons qui ont paru en France depuis le 22 février jusqu'au 20 décembre 1848. (Par Louis-Joseph-Félicité CAIGNART DE SAULCY.) *Paris, J. Rousseau* (1850), in-4, pl.

Souvenirs (les), ou de quelques exemples de la manifestation des caractères de la beauté... (par Eug. DANDRÉ.) *Paris*, 1807, in-8, 58 p.

Souvenirs, par A. H. (A. HOPE). *Paris, marchands de nouveautés*, 1834-1836, 6 part. in-8.

Souvenirs. Par P. M. C. *Paris, Jury,*

1843, in-8, 16 p. — *Id.*, 1844, in-8, 16 p. — *Id.*, 1845, in-8, 16 p.

Réimprimés sous le titre de « Souvenirs de monseigneur le duc d'Orléans », par JURY. *Paris, imp. de Beaulé*, 1846, in-8, 16 p.

Souvenirs patriotiques, ou fragments d'essais analytiques sur la nature et le système du monde, les principes constitutifs des sociétés civiles, etc., par L. F. D. (L.-F. DETHIER), député en l'an VI, par le département de l'..... (l'Ourthe), au ci-devant Corps législatif. Premier cahier (et unique). *Paris*, 1800, in-8, 28 p.

Souvenirs, poésies, avec notes.

Voy. ci-dessus, « Souvenirs et poésies diverses... », col. 553, *a*.

Souvenirs (les), poésies, par Camille V......E (VALETTE), de la Lozère. *Paris, Perrotin*, 1839, in-8.   D. M.

Souvenirs poétiques de Achille TAUNAY. *Alençon, de Broise*, 1865, XLVI-84 p. in-12.

Non mis dans le commerce.

La notice signée Ch. B. est en réalité de Mlle TAUNAY, sœur du jeune poëte, mort à 22 ans, en 1863.

Souvenirs poétiques de 1830. Par M. de...... (les frères ROULLET DE LA BOUILLERIE, dont l'un, François-Alexandre, devint évêque de Carcassonne). *Paris, Dentu*, 1832, in-8.

Souvenirs (les) poétiques, ou recueil de poésies de M. F. D. L. P. (F. DE LA POMMERAYE). *Paris, Eymery*, 1821, in-18, 198 p.

La 2e éd., *Paris, Trouvé*, 1825, in-18, porte le nom de l'auteur.

Souvenirs politiques, signés V... (Auguste-Théodore VISINET). *Rouen, Brière* (1857), in-8, 23 p.

Extraits du « Journal de Rouen », dont Visinet était alors rédacteur en chef. A la révolution de 1848, il fut nommé, le 7 juillet, préfet du département de l'Orne, par le général Cavaignac. Destitué en novembre 1849, après moins de deux années d'exercice dans ses fonctions, il est retourné à Rouen, où il est mort depuis.   D. M.

Souvenirs relatifs au siége de Lyon. (Par J. PASSERON.) *Lyon*, 1832, in-8.

Souvenirs sur le banquet d'adieu offert à M. l'archiviste Lacroix, le jeudi 16 mars 1854, et Coup d'œil sur les archives du Hainaut. (Par Ph. MÉVIUS.) *Jemmapes, Pinguet, s. d.*, in-8.   J. D.

Souverain (le). Considérations sur l'ori-

gine, la nature, les fonctions, les prérogatives de la souveraineté, les droits et les devoirs réciproques des souverains et des peuples. Par A. L. H. M. J. (l'abbé JOLY), ancien professeur d'histoire. *Paris, Renault*, 1868, in-8, 535 p.

Souveraine (la) Perfection de Dieu, dans ses divins attributs, et la Parfaite Intégrité de l'Ecriture, prise au sens des anciens réformez, défendue par la droite raison contre toutes les objections du manichéisme répandües dans les livres de M. Bayle. Par P. N. D. L. S. R. D. B. E. P. E. M. D. L. A. I. (Phil. NAUDÉ, de la Société royale de Berlin, et professeur dans l'Académie illustre). *Amsterdam, E. Roger*, 1708, 2 vol. in-12.

Souveraineté (la) des rois défendue contre l'Histoire latine de Melchior Leydecker, calviniste, par lui appelée « Histoire du jansénisme ».(Par le P. Pasquier QUESNEL.) *Paris, Josset*, 1704, in-12, 4 ff. lim., 126 p. et 3 ff. de privilége.

On lit le nom de l'auteur sur les exemplaires qui portent la date de 1712, chez *Cavelier fils*.

Souveraineté (de la) des roys, poëme épique divisé en trois livres, A la reine, mère du roy, régente de France. (Par P. DE NANCEL.) *S. l.*, 1610, in-8.

Souveraineté (la) du peuple unie au droit divin d'après l'Ecriture et la raison. Par l'auteur des « Recherches sur les antiquités judaïques » (L.-P. GARAPON). *Lyon, imp. de Barret*, 1830, in-12.

Souveraineté (de la) et des Formes de gouvernement ; essai destiné à la rectification de quelques principes politiques; par Frédéric ANCILLON, de Berlin, accompagné de notes du traducteur (François-Pierre-Guillaume GUIZOT). *Paris, Le Normant*, 1816, in-8.

Souverains (les) du monde, ouvrage qui fait connoître la généalogie de leurs maisons... (trad. de l'allemand de Ferdinand-Louis BRESLER, conseiller à Breslau), le tout conduit jusqu'au tems présent. *Paris, G. Cavelier*, 1718, 4 vol. in-12. — *Amsterdam*, 1721, 4 vol. in-12. — *La Haye*, 1722, 4 vol. in-12. — Nouv. édit., augmentée. *Paris*, 1734, 5 vol. in-18.

Spa. A M. Charles Rogier, ancien ministre de l'intérieur. (Par Adolphe MATHIEU.) (*Bruxelles*, 1864), in-12, 20 p.

Pièce de vers demandant la suppression des maisons de jeux.   J. D.

Spa, son histoire, ses fontaines, ses monuments et ses environs. *Spa, Wollesse*, 1853, in-12, 20 p.

Extraits de différents auteurs, recueillis par Brutus Durant, contrôleur des contributions.   Ul. C.

Spahis (les). (Par Ant. Camus.) *Paris, Th. Moronval* (1863), in-8, 15 p.

Spartacus, tragédie représentée pour la première fois par les comédiens françois ordinaires du roi, le 20 février 1760. (Par B.-J. Saurin.) *Paris, Prault*, 1760, in-8, 2 ff. de tit., xii-66 p. et 1 f. d'approbation.

Plusieurs fois réimprimé avec le nom de l'auteur.

Spécialité (de la) des journaux en matière de publications judiciaires. (Par Trois-Œufs-Halligon, ancien tribun.) *Paris* (vers 1820), très-mince brochure in-8.   D. M.

Spécifique important, ou sujet de consolation dans une longue et accablante maladie, avec un avis sur le régime à Mad. Harbin, 1 aoust MDCCXVIII. — La Mort illustre mise à profit, ou réflexions sur le décès inopiné du roi de Suède, dirigées expres pour l'instruction de S. A. R. Monseigneur le duc de Glocester, à S. Exc. M. le B. de G., en le remerciant de quelque bon office. — L'Enchérissement des femmes mauvaises; l'accariatre ou la S.... d'Herrenhuasen.... (Par le comte J.-A. de Bucquoy.) *S. l. n. d.*, in-12, 47 p.

Specimen de nouveaux caractères de la fonderie et de l'imprimerie de Pierre Didot l'aîné, chevalier de l'ordre royal de Saint-Michel, dédié à Jules Didot fils, chevalier de la Légion d'honneur. (Par Pierre Didot.) *A Paris, chez P. Didot*, 1819, grand in-8.

C'est en même temps un recueil des poésies de l'auteur; elles sont signés : P. D.

Specimen du Catalogue raisonné des Russica de la Bibliothèque impériale publique de Saint-Pétersbourg. Publication concernant A. D. Menchikow. (Par R. Minzloff, conservateur à la Biblioth. impér. de Saint-Pétersbourg.) *Saint-Pétersbourg, J. Glasounoff*, 1866, in-8, 42 p.

Spectacle de l'homme. (Par J.-L.-V. de Mauléon de Causans.) *Paris, Briasson*, 1751, in-8, 2 ff. de tit., 78 p. et 1 f. de priv.

Spectacle (le) de la nature, ou entretiens sur les particularités de l'histoire naturelle... (Par l'abbé Noël Pluche.) *Paris, veuve Estienne*, 1732-1750, 8 tomes en 9 vol. in-12.

Réimprimé depuis avec le nom de l'auteur.

Spectacle (le) des beaux-arts. (Par Jacques Lacombe.) *Paris, Hardy*, 1758, 1762, in-12.

Spectacle en famille. Première série. Les Mariages manqués. Les Deux Lièvres, proverbes en un acte, par G. M... (Millot). 1re livraison. *Châlon-sur-Saône, A. Dussieu*, 1862, in-8, 48 p.   D. M.

Spectacle historique, ou mémorial des principaux événements tirés de l'histoire universelle. (Par A.-C. Cailleau.) *Paris, Valeyre*, 1764, 2 vol. in-12.

Spectacles (les) de Paris, ou calendrier historique et chronologique de tous les théâtres (commencé en 1751 et continué jusqu'en 1778 inclusivement, par l'abbé Jos. de La Porte.) *Paris, Duchesne*, un volume in-24 par année.

Le volume de 1794 est intitulé 43e partie; la 44e partie est de 1800 ; la 45e (par R.-C. Guilbert de Pixérécourt) est de 1801 ; la 46e et dernière partie est de 1815.

Spectacles des foires et des boulevards de Paris, ou calendrier historique et chronologique des théâtres forains... (Par P.-J.-B. Nougaret.) *Paris, Bastien*, 1773-1788, 8 vol. in-24.

Spectacles (les) nocturnes, ouvrage épisodique. (Par Jean-Bapt.-Michel Magny, chirurgien.) *Paris, Duchesne*, 1756, in-12.

Spectateur (le) américain, ou remarques générales sur l'Amérique septentrionale et sur la république des 13 Etats-Unis. Suivi de Recherches philosophiques sur la découverte du nouveau monde. Par M. Jh M********* (Joseph Mandrillon). *Amsterdam, héritiers E. van Harrevelt*, 1784, in-8, xvi-307 p., plus 91 p. pour les Recherches, 2 feuillets de table et 1 carte. — Second. édit., avec le nom de l'auteur. *Ibid*, 1785, in-8, xx-519 p., y compris une table alphabétique pour le Spectateur et les Recherches.

Cet ouvrage n'est rien autre que le remaniement de l'ouvrage d'A. Cluni, traduit l'année précédente sous le titre de : « le Voyageur américain ». Voy. ces mots.

Spectateur (le) de Londres, journal politique, philosophique et littéraire. *Londres*, 1er juillet-15 octobre 1848, 16 nos in-fol.

Attribué à M. F. Guizot. Voy. Hatin, « Bibliographie de la presse », p. 498.

Spectateur (le) du Nord, journal politique, littéraire et moral. *Hambourg, P.-F. Fauche*, janvier 1797-décembre 1802, 24 volumes in-8. *Très-rares.*

M.-J.-L.-A. Baudus et Ch. de Villers ont été les principaux collaborateurs de ce journal. On y trouve des articles de Ant. Rivarol, de l'abbé Jacq. Delille, de G.-H. de Romance-Mesmon, de Dominique Dupour de Pradt, du comte Joseph de Maistre, etc., etc. Pendant les sept premiers mois de son existence, c'est-à-dire jusqu'au 18 fructidor, ce journal fut réimprimé à Paris par numéro ; mais ensuite le Directoire en interdit sévèrement l'entrée en France. Voir Hatin, « Histoire politique de la presse », tom. VII, p. 577.

Spectateur (le) françois. (Par P. de Marivaux.) *Paris, Prault*, 1728, 2 vol. in-12.

Spectateur (le) français. (Par Jos. Marchéna et J. de Valmalette.) An V-1796, in-12, tom. Ier et unique.

Spectateur (le) français depuis la restauration du trône de saint Louis et de Henri IV, ou variétés politiques, morales et littéraires, recueillies des meilleurs écrits périodiques... *Paris, au bureau du Censeur des censeurs*, 1815-1817, 3 vol. in-8.

Attribué à tort à J.-B.-G. Fabry.

Spectateur (le) français, ou le nouveau Socrate moderne, annales philosophiques, morales, politiques, historiques et littéraires, où l'on voit le tableau de ce siècle. (Par J.-F. Delacroix.) *Paris, J.-J. Rainville*, 1791, in-8.

Spectateur (le) inconnu, (Par l'abbé Fr. Granet.) *Paris, Musier*, 1724, in-12.

On trouve dans ce journal un examen critique de la « Henriade » de Voltaire.

L.-T. Hérissant l'attribuait au P. Claude Buffier.

Spectateur (le) littéraire. *Paris*, 1728, in-12.

Cet ouvrage périodique, qui n'eut qu'une courte durée, fut attribué à l'abbé Louis Mangenot, connu depuis par de charmantes poésies ; mais il le désavoua publiquement. On signala aussi comme auteurs D.-F. Camusat et Mariveaux. Le « Spectateur littéraire » apportait dans ses critiques une vivacité qui le fit supprimer.

Spectateur (le) littéraire sur quelques ouvrages nouveaux. (Par Favier.) *Paris*, 1746, in-12.

Spectateur (le) marseillais. Recueil littéraire. (Périodique, fondé par Léon Vidal, qui l'a dirigé en partie.) *Marseille,*

imp. *d'Achard*, 1823-1825, 4 vol. in-8.
G. M.

Spectateur (le), ou le Socrate moderne, traduit de l'anglois ; nouvelle édition, augmentée d'un nouveau volume. *Paris, Leloup*, 1754 et 1755, 3 vol. in-4 et 9 vol. in-12.

La traduction française ne contient qu'une partie des 635 discours que renferment les dernières éditions de l'original. L'édition primitive, 1711-12, in-folio, publiée en feuilles périodiques, est devenue excessivement rare. Parmi les nombreuses réimpressions, on distingue celle donnée par Chalmers, *Londres*, 1806, 6 vol. in-8 (réimpr. en 1822), avec des notices.

Steele, l'éditeur original du « Spectateur », fut principalement aidé dans cet ouvrage par Addisson, Hughes, Budgel, sous la lettre X, et Eusden, comme Steele le reconnaît dans le dernier numéro. On trouve aussi, entre ceux qui ont contribué au succès de cet ouvrage, les noms respectables de Pope, Pearce, évêque de Rochester ; de Bynon, de Grove, de Tickell, qui a été reconnu pour l'auteur de plusieurs Essais longtemps attribués à différents auteurs. Voy. l'édition anglaise du « Spectateur », *Londres*, 1790, 8 vol. in-12.

Les éditions de la traduction française publiées en Hollande ne forment que 8 vol. Le premier volume parut à Amsterdam en 1714, le 6e en 1726, le 7e en 1750, et le 8e en 1754. Le traducteur des six premiers volumes n'est pas connu ; la « France littéraire » de Formey attribue à Elie de Joncourt la traduction du 7e volume. On peut lui attribuer aussi celle du 8e. La « France littéraire » de 1769 présente J.-P. Moet comme le traducteur des derniers volumes. Ce renseignement paraît dénué de fondement.

Spectateur (le) suisse. (Par l'abbé Desfourneaux.) *Paris*, 1723, in-12.

Spectatrice (la) danoise, ou l'Aspasie moderne, ouvrage hebdomadaire. *Copenhague, aux dépens de l'auteur*, 1749-1750, 3 vol. in-8.

Le tome III porte sur le titre : Par M. Anglivel de La Beaumelle.

Spectatrice (la), ouvrage traduit de l'anglois (d'Elis. Haywood, par J.-A. Trocheneau de La Berlière). *Paris, Rollin fils*, 1751, 2 vol. in-12.

Il existe une autre traduction de cet ouvrage, *La Haye*, 1749-1751, 1 vol. in-12.

Spectre (le) de la galerie du château d'Estalens, ou le sauveur mystérieux, traduit de l'anglais, par le baron G*** (Etienne-Léon de Lamothe-Langon). *Paris, Corbet*, 1820, 4 vol. in-12.

Traduction supposée.

Spectre (le) de la montagne de Grenade. Par l'auteur du « Marchand forain ». *Paris, L. Collin*, 1809, 3 vol. in-12.

Pigoreau dans sa « Petite Bibliographie biographico-romancière », p. 163, donne ce roman à Mlle Désirée CASTELLERAT, lisez CASTÉRA, et p. 236, à L.-P.-P. LEGAY.

Quérard a reproduit ces deux attributions dans sa « France littéraire ». La dernière est la bonne.

Spectre (le) noir. (Par Amédée GAYET DE CÉSENA.) *Paris, Dentu,* 1868, in-18, 35 p.

Spéculatif, ou dissertation sur la liberté du commerce des grains; par M. DE S. M. (DE SAINT-MARS, inspecteur des vivres). *Amsterdam; et Paris, Lesclapart,* 1770, 2 vol. in-12.

Sphère (la) de Jehan DE SACROBOSCO, traduicte en langue françoyse (par Martin DE PERER, Béarnois). *Paris, Jehan Loys,* 1546, in-8, fig. s. bois.

Sphère (de la) et des Constellations de l'ancienne astronomie hiéroglyphique. (Par Charles-Hippolyte DE PARAVEY.) *Paris, Treuttel et Wurtz,* 1835, in-8, 76 p., avec un tableau gr. in-fol.

Sphères de Copernic et Ptolémée, avec l'usage et construction des tables sphériques de Regiomontanus... (Par Jacques HUME.) *Paris,* 1637, in-8.

L'auteur a signé la dédicace, et il est nommé dans le privilége.

Splendeur et Souffrance, roman traduit de l'anglais de T.-S. SURR, par le traducteur du « Polonais » (M. et Mme DE SENNEVAS). *Paris, Maradan,* 1807, 3 vol. in-12.

Stabilité (de la) des loix constitutives de la monarchie en général; du rang qu'y tiennent les lois criminelles, et plus particulièrement de celles qui règlent la puissance judiciaire, qui fixent la compétence, qui assurent la permanence des tribunaux et réprouvent l'établissement de toute commission extraordinaire en matière criminelle. Discours ou Mémoire, avec notes, publié en 1766, et imprimé en 1789. (Par Pierre Louis CHAILLOU.) *S. l.,* 1789, in-8.

Réimpresion de l'écrit intitulé : « des Commissions extraordinaires... » Voy. IV, 651, c.

Dans une lettre du 15 décembre 1766, Voltaire dit qu'il voudrait bien savoir le nom de l'auteur du petit ouvrage sur les *Commissions*. Il ajoute qu'on l'a attribué à M. LAMBERT, conseiller au Parlement, mais que c'est ce dont il doute beaucoup.

Stafford, drame en 5 actes et en prose, tiré des Mémoires du docteur Harisson. (Par Charles BOUVIER et Hippolyte BIDAL.) *Besançon, Cyprien Monnot,* 1838, in-8.

Stances à MM. les confrères de la Misé-

ricorde, à Mons, présentées par un ancien de la confrérie le jour de la décollation de saint Jean-Baptiste, 29 août 1809. (Par Louis-Charles-Albert DELOBEL, chanoine de l'église Saint-Germain, à Mons.) *Mons, Monjot* (1809), in-8, 13 p.   J. D.

Stances à M. Aug. Renardy, abbé du célèbre monastère de Saint-Jacques, à Liége, au sujet de son élection. Par J. B. (J. BASTIN, avocat à Liége). *Liége,* 1781, placard in-fol.

Stances à M. Basile Moreau (et Stances à une jeune pianiste, etc., par F.-J. GRILLE). *Saint-Germain-en-Laye, Beau, s. d.,* in-8, 2 p.

Stances à M. Corneille sur l'Imitation de J.-C. (Par M.-A. DE GIRARD DE SAINT-AMANT.) *Paris, Le Petit,* 1656, in-4, 24 p.

Stances à monsieur l'abbé L*****, par J. R. (Jean Rigoleur). (*Paris*), *imp. de A. Guyot* (1852), in-8, 5 p.

Jean Rigoleur est le pseudonyme de Lambert-Ferdinand-Joseph VANDENZANDE. Tiré à 25 exemplaires.

Stances à M. Tollon, juge au tribunal de première instance de Marseille, en réponse à une épître en vers. (*Paris*), *imp. de A. Guyot* (1852) in-8, 4 p.

Signé : F. V. (Lambert-Ferdinand-Joseph VANDENZANDE). Tiré à 25 exemplaires.

Stances à un céladon des bords de l'Orne. *S. l. n. d.* (Alençon, 17 novembre 1827), in-8, 4 p.

Signé : J.C. (Jean CLOGENSON).

Stances adressées à la légion du Gard sur les Pâques de 1818. (Par Jos. FAURE.) *Gap, Genoux,* 1818, in-8, 3 p.

Stances adressées à Son Altesse royale Mgr le duc d'Angoulême, lors de son passage à Verdun, le 25 novembre 1818. (Par VARAIGNE, avocat à Verdun.) *A Verdun, de l'imp. de Christophe* (1818), in-8, 4 p.   H. de l'Isle.

Stances chrétiennes mises en musique à I, II et III parties. Quelques seconds couplets en diminution. Récits de hautes tailles : basses contraintes, avec plusieurs Noëls. Dédiez au roy. Par un solitaire. *Paris, Roussel,* 1705, in-4 obl., 2 ff. lim. et 104 p.

La dédicace est signée : Le solitaire P. E. C. (DESFORÊTS).

Stances chrétiennes sur divers passages de l'Escriture sainte et des Pères. (Par l'abbé J. Testu.) *Paris, D. Thierry et Cl. Barbin*, 1669, in-8, nombr. culs-de-lampe et têtes de chapitre.

Souvent réimprimé avec le nom de l'auteur sur le titre ou dans le privilége.

Stances contre le duel, par M. D. M*** (Jean-Gab. Montaudouin de La Touche, Nantais). *S. l. n. d.* (*Nantes*, octobre 1776), in-12, 36 p.

b Stances d'advertissement, aux François, du danger où ils sont de perdre leur liberté et de tomber en domination estrangere, s'ils ne se reunissent ensemble par une bonne paix. *Caen, P. Le Chandelier*, 1591, in-4.

Signé : L. E. S. D. C. (Louis Ernaut, seigneur de Chantores).

Stances d'un vieillard (J.-H. Meister) à sa jeune amie. *S. l. n. d.*, in-8.

Stances en l'honneur de la naissance et du baptême de S. A. R. Mgr le duc de Bordeaux, par F.... D.... (Frédéric Donnat), de Montpellier. *Montpellier*, 1821, in-8.

Stances en quatrains libres faisant suite aux « Dernières Considérations sur l'auteur de la grande œuvre de l'Imitation latine...» (Par Jean-Baptiste-Modeste Gence.) *Paris, l'auteur*, 1839, in-8, 24 p.   D. M.

Stances funèbres sur la mort de M. Mestrezat, pasteur en l'église réformée de Paris, décédé le mercredy 2. jour de may 1657, à la 65e année de son aage...(Par A. Lombard.) *S. l.*, 1657, in-8, 8 p.

Une autre édition porte la signature de l'auteur.

Stances irrégulières sur le spectacle de Lille, ou étrennes à M. Branchu... (Par L.-P. Decroix.) *Lille, Blocquel*, 1819, in-8.

Stances pour le 24 août 1772. Par M. de V... (Voltaire). *S. l. n. d.*, in-8, 3 p.

Stances pour ma fête, le 30 novembre 1815. *S. l.*, in-8, 3 p. — Stances pour ma fête, le 30 novembre 1816, faisant suite à celles de 1815. *S. l.*, in-8, 7 p.

Signé : A. M. (l'abbé And. Morellet).

Stances sur l'incursion de Buonaparte en Russie. (Par Guillaume Rouvier.) *Saint-Pétersbourg*, 1812, in-4.   A. L.

Stances sur la mort du général Foy, par un Lyonnais (Claudius Billiet). *Lyon, imp. de Brunet*, 1825, in-8, 3 p.

Stances sur la victoire obtenue par le

a roy contre les ennemis de son Estat. (Par Scevole de Sainte-Marthe.) *S. l.*, 1590, in-8, 6 p. et 1 f. — *Tours, Jamet Mettayer*, 1590, in-4, 3 ff.

Stances sur les élections de 1820, par un habitant des Hautes-Alpes (Joseph Faure). *Gap, Genoux*, 1820, in-8, 7 p.

b Stanislas, ou la suite de « Michel et Christine », comédie-vaudeville en un acte. Par MM. de Viellerglé Saint-Alme (Aug. Le Poitevin de Saint-Alme) et Etienne A*** (Etienne Arago). Représentée sur le théâtre de l'Ambigu-Comique, le 5 juin 1823. *Paris, Barba*, 1823, in-8, 32 p.

c Stanislas, roi de Pologne, mélodrame en trois actes. Paroles de M*** (J.-B. Dubois), musique de M. Alex. Piccini, ballets de M. Aumer, tous deux de l'Académie impériale de musique. Représenté pour la première fois sur le théâtre de la Porte-Saint-Martin, le 16 prairial an XIII. *Paris, Barba*, an XIV-1805, in-8, 43 p.

Station (la) centrale, par un centripète (L.-A. Nihon, avocat à Liége). *Liége, Desoer*, 1861, in-8, 15 p.

Tiré à part du « Journal de Liége ».   Ul. C.

d Statique de la guerre, ou principes de stratégie et de tactique, suivis de mémoires militaires inédits et la plupart anecdotiques... ou nouvelle édition du Mécanisme de la guerre, considérablement augmentée. Par le baron R. de Saint-C*** (Jacques-Antoine Révérony Saint-Cyr). *Paris, Anselin et Pochard*, 1826, in-8.   D. M.

e Même ouvrage que « Essai sur le mécanisme de la guerre... » Voy. V, 251, e.

Statique (la) des végétaux, et l'Analyse de l'air, ouvrages traduits de l'anglois de Hales (par de Buffon). *Paris, Debure*, 1735, in-4.

Statistique administrative des lois, décrets, arrêtés et autres actes généraux, par H. D. K. (Henri de Kerckove). *Gand, Vanryckegem-Hovaere*, 1834, 2 vol. in-8.   J. D.

f Statistique archéologique du département du Nord, arrondissement de Douai. Extr. du « Bulletin de la Commission historique du dép. du Nord ». (Par Félix Brassart.) *Lille, imp. de Danel*, 1865, in-8.

Réimprimée en 1867 et 1868.

Statistique bretonne. (Par L.-F. DE TOLLENARE.) *Nantes, imp. de Mellinet-Malassis* (1827), in-8, 4 p.

Statistique de Guatemala... son commerce, son industrie, son sol, sa température... (Par OBERT.) *Bruxelles*, 1840, in-8 avec pl. et cartes.

Statistique de la commune de La Celle-lez-Saint-Cloud... Rédigée par M. le V. D. M.,V. P. D. F. (le vicomte C.-G. DE MOREL-VINDÉ (pair de France), l'un de ses habitants. *Versailles, Dufaure*, septembre 1834, in-8, 34 p.

Statistique de Saône-et-Loire (par P.-G. DE ROUJOUX), publiée par ordre du ministre de l'intérieur. *Paris, Leclère* (vers 1802). in-8.

Statistique des communes du ressort de la ville de Douai. (Par Pierre-Antoine-Samuel-Joseph PLOUVAIN.) *Douai, Deré-gnaucourt*, 1824, in-16.   D. M.

Statistique du canton de Vaud. (Par Fr. RECORDON.) *Lausanne*, 1827, in-12.

Statistique du département du Var, par *** (N. NOYON), chef de division à la préfecture du Var. *Draguignan, imp. de H. Bernard*, 1838, in-8.

Statistique du personnel de l'armée pour la période décennale de 1851 à 1860. (Par le général GUILLAUME.) *Bruxelles*, 1862, in-fol.; 129 p.   J. D.

Statistique industrielle du canton de Creil, à l'usage des manufacturiers de ce canton. (Par le duc François Alexandre-Fréd. DE LA ROCHEFOUCAULD-LIANCOURT.) *Senlis, imp. de Tremblay*, 1826, in-8, 126 p.   D. M.

Statolatrie, ou le communisme légal, par l'auteur de la « Solution de grands problèmes » (l'abbé Ant. MARTINET). *Paris, Lecoffre*, 1848, in-18.

Statu quo d'Orient, revue des événements qui se sont passés en Turquie pendant l'année 1838, (Par JOUANNIN, premier secrétaire interprète.) *Paris, Didot*, 1839, in-8.   G. M.

Statu quo (le) et l'Inconnu à propos des élections. (Par Th. JUSTE.) *Bruxelles, Decq*, 1850, in-8, 16 p.

Statue (la) de Louis le Grand placée dans le temple de l'Honneur. Dessin du feu d'artifice dressé devant l'hostel-de-

ville de Paris, pour la statue du roy qui doit y être posée. (Par le P. Claude-François MENESTRIER.) *Paris, N. et C. Caillou*, 1689, in-4, 29 p., 1 f. de privilége et 1 grav. in-fol. — *S. l. n. d.*, in-4, 4 p.

C'est à tort que cette pièce a été attribuée à BEAUSIRE, architecte du roi.

Statue (la) de Louis XIV, place Belle-cour, sera-t-elle ou non enlevée ? Récits des émotions que cette question a causées à Lyon. (Par CHAMBET aîné, libraire.) *S. l.* (mai 1848), in-8, 4 p.   D. M.

Statue (la) de Pitt, ou le charlatan du XVIIIe siècle terrassé par l'homme du XIXe. (Par B.-S.-L. DEBAUVE.) *Paris*, an XII-1803, in-8, 96 p.

Statue (la) équestre de Louis le Grand placée dans le temple de la Gloire. Dessin du feu d'artifice élevé sur la rivière de Seine, par les ordres de messieurs les prevost des marchands et échevins de la ville de Paris, le jeudy 13 aoust 1699. Avec l'explication des figures, médailles et bas-reliefs (Par le P. Claude-François MÉNESTRIER.) *Paris, imp. de Ve Vaugon*, 1699, in-4, 12 p. et 4 planches.

Statut (le) de la pairie. (Par le marquis DE LA GERVAISAIS.) *Paris, impr. de Pihan-Delaforest*, 1828, in-8, 26 p.

Statuts de l'ordre de Saint-Georges, au comté de Bourgogne, et la liste de tous MM. les chevaliers dudit ordre, depuis l'an 1390. (Par Ant. PONTHIER DE GONHILAND.) *Besançon, impr. de J.-F. Churmet*, 1768, in-8.

Statuts de l'ordre maçonnique en France. (Par DESVEUX, garde des archives du Grand-Orient.) *Paris*, 1807, in-8.   D. M.

Statuts (les) de la congrégation des pénitens de l'Annonciation de Nostre-Dame. Par le commendement et privilége du roy. (Rédigés par le P. Edmond AUGER.) *Paris, Jamet Mettayer*, 1633, in-8, 70 p.

Réimprimés dans le tome X (p. 435-459) des « Archives curieuses de l'histoire de France », 1re série.

Statuts de la Société anonyme d'assurances mutuelles contre l'incendie, pour la ville de Metz. (Par le baron N.-D. MARCHANT.) *Metz*, 1820, in-8, 16 p.

Statuts et Offices de la confrérie de la

Pénitence, établie en l'église paroissiale de Saint-Nicolas de Nancy. (Par l'abbé LANGE, curé de Saint-Nicolas.) *Nancy, Vagner*, 1847, in-12, 36 p.   D. M.

Statuts et Priviléges de la noblesse franche et immédiate de la basse Alsace, accordés par les anciens empereurs, confirmés et augmentés par le roy. (Par J.-H. WIELANDT.) *Strasbourg*, 1713, in-fol.

En allemand et en français.

Statuts et Règlements de la R∴ L∴ de Saint-Jean, sous le titre distinctif de la Parfaite Intelligence et de l'Etoile réunies à l'O∴ de Liége. (Par J.-H. PUTZEYS.) *Liége, Jeunehomme*, 5836, in-8, 108 p.
Ul. C.

Statuts, Ordonnances et Règlemens de la communauté des Rôtisseurs de Paris, du mois de juin 1744, rédigés par l'abbé L. M. (J.-B. LE MASCRIER). *Paris*, 1747, in-4.   V. T.

Statuts synodaux. (Par Scipion-Jérôme BEGON, évêque de Toul.) *Toul, Laurent*, 1724, in-8.

Stein et Pozzo di Borgo. (Par le comte Serge OUVAROF.) *Saint-Pétersbourg*, 1846, in-12, 36 p. — Autre édit. *Paris, impr. de L. Martinet*, 1847, in-8, 36 p.

Réimprimé dans les « Esquisses politiques et littéraires » de l'auteur. Traduit en anglais, *Londres*, 1847, in-8.

Stella, histoire anglaise. Par Mᵐᵉ de F*** (Mᵐᵉ CLARET DE FLEURIEU, née Aglaé DESLAIS D'ARCAMBAL, plus tard Mᵐᵉ BACONNIÈRE DE SALVERTE). *Paris, Maradan*, an VIII-1800, 4 vol. in-12.

Stellino, ou le nouveau Werther. (Par C. GOURBILLON, secrétaire du cabinet de Madame, belle-sœur du roi.) *Paris, Debure et Valade*, 1791, 2 part. in-8.

Sténographe (le) parisien. Affaire Castaing; accusation d'empoisonnement. Recueil des pièces de la procédure, des débats et des plaidoiries; précédé de notices nécrologiques et biographiques sur les deux frères Ballet et le docteur Castaing, et orné de leurs portraits. Publié par un témoin (H.-N. RAISSON). *Paris, Delongchamps*, 1823, in-8, 276 p. et 3 portraits.

Stéphanie, ou les folies à la mode, mémoires singuliers d'un jeune homme à bonnes fortunes, pris pour dupe. *Paris, Bertrandet*, an X-1802, 2 vol. in-12.

Même ouvrage que la « Folle de Paris », par P.-J.-B. NOUGARET.

Stéphaninn, ou le mari supposé, opéracomique en un acte, en prose, avec des airs parodiés. (Par P.-L.-A. VEAU DE LAUNAY.) *Tours*, 1791, in-8.

Stéphano. Remords et expiation; par M. l'abbé *** (l'abbé Théodore BOULANGÉ), chanoine honoraire. Episodes dans l'histoire de la révolution de Rome, 1848, 1849 et 1850. *Paris, Poussielgue-Rusand*, 1852, in-8.

Réimprimé en 1860 sous le titre de « Stéphano, épisode et scènes de la révolution de Rome... » *Paris, Putois-Cretté*, in-18, VII-352 p.

Stéphanor, ou les aventures d'un jeune Portugais; par A. P. F. M. D. G. (A.-P.-F. MENEGAULT, de Gentilly). *Paris, Leprieur*, an VI-1798, 2 vol. in-18.

Sterne (le) de Mondego, ou le Français en Portugal, trad. du portug. par une réfugiée (Mᵐᵉ Caroline WUIET, baronne AUFDIENER). *Paris, Demantin*, 1809, in-8.

Stiepan Annibale d'Albanie à Frédéric-Guillaume de Prusse. Epitre pathétique, philosophique, historique, etc., ou l'Alcoran des princes destinés au trône. Traduit de la 10ᵉ édition italienne, par main de maître. *Saint-Pétersbourg*, 1783, in-8.

On sait que la formule : par main de maître, qu'on lit sur le titre de ce volume, désigne les productions littéraires des souverains du Nord. Celui-ci est donc de CATHERINE II. Suivant une note de Charles Nodier, placée à la suite du n° 277, dans le Catalogue de Guilbert de Pixérécourt, ce livre serait d'une excessive rareté et aurait échappé même aux recherches de Barbier.   D. M.

Stigmates (les). (Par E.-A.-D. PILETTE) *Tournai, Robert*, 1835, in-8.

Pamphlet violent, tiré à 60 exempl., et dont il ne subsiste plus que 5. (Quérard, « France littéraire », XI, 450.)

Stimmimachie (la), ou le grand combat des médecins modernes touchant l'antimoine, poëme historico-comique... par le sieur C. C. (CARNEAU, célestin). *Paris, Paslé*, 1656, in-8, 8 ff. lim. et 131 p.

Strasbourg. Quarante jours de bombardement, par un réfugié strasbourgeois (A. SCHNEEGANS). *Neufchâtel*, 1871, in-8.

Stratagème et Valeureuse Entreprise du marquis de Spinola pour reconnaitre les forteresses de la ville de Sedan, par M. C. D. (C. D'ACREIGNE), Tullois, advocat en Parlement. *Paris, J. Bourriquant*, 1615, in-8, 8 p.

Stratagèmes (les) des échecs, ou collection des coups d'échecs les plus brillans et les plus curieux, etc., avec des planches où l'on trouve notée la position de chaque coup : par un amateur (MON-TIGNY). *Paris et Strasbourg, Amand Kœnig, an X-1802,* in-16, 93-122 p.

Il existe une traduction anglaise qui, de 1816 à 1826, a obtenu cinq éditions ; une traduction allemande parut à Strasbourg en même temps que le texte français ; elle a été plusieurs fois réimprimée avec des augmentations. Voy. Anton Schmid, « Literatur des Schachspiels », p. 325.

Stratagèmes (les) et les Ruses de guerre, tirez des historiens grecs, latins et français... *Paris, Fr. Eschart,* 1694, in-18.

La dédicace est signée DE LA FÉ.

Stratagèmes (les), ou ruses de guerre, recueillis par FRONTIN, traduits en françois par un ancien officier (DE LA COMBE, libraire). *Paris, Didot aîné,* 1772, in-12.

Voy. « Supercheries », I, 337, f.

Stratonice. *Paris, Aug. Courbé,* 1640, in-8 de 10 ff. prélim. y compris le titre gr., 350 p. et 4 ff. n. chiff. pour l'errata et le privilége.

Une seconde édition, avec date de 1641, se compose de 7 ff. prél. y. c. le titre gr. et 304 p. ; après quoi vient : « La suite de la Stratonice. *Paris, Aug. Courbé,* 1641, in-8 de 2 ff. prél. dont l'un pour le titre et l'autre blanc. On trouve ensuite le privilége, daté du 31 mars 1640, le même que celui de la première édition, puis : Achevé d'imprimer le 1er juillet 1641. L'édition originale du texte paraît être celle de *Parme,* 1635, in-8. Le nom de l'auteur italien, Lucas ASSA-RINO, est imprimé tantôt ASSERINI, tantôt ASSERINO. Pélisson, dans son « Histoire de l'Académie françoise », assure que cette traduction a été donnée, par l'académicien MALLEVILLE, à D'AUDIGUIER le jeune, qui s'en est rendu l'éditeur.

Stratonice et son Peintre, ou les deux portraits, conte qui n'en est pas un ; suivent Phryné devant l'Aréopage, Pradon à la comédie, etc. (Par Joseph-Marie-Nicolas DÉGUERLE.) *Paris,* 1800, in-8. D. M.

C'est une satire en vers à l'occasion d'un portrait épigrammatique de Mlle Lange (actrice de la Comédie-Française), peint par Girodet, et exposé au Salon en l'an VII.

Stratonice (la), ou le malade d'amour, tragi-comédie en 5 actes et en vers. (Par DE BROSSE.) *Paris, Antoine de Sommaville,* 1644, in-4.

Stratonice, tragi-comédie. *Imprimé à Rouen, et se vend à Paris, chez Guillaume de Luyne,* 1660, in-12, 5 ff., 80 p. et 2 pour le privilége.

Ce privilége est donné à Philippes QUINAULT, qui a signé l'épître à Jeannin de Castille, trésorier de l'épargne.

Strelitz (les), mélodrame en trois actes et à grand spectacle ; par J.-J.-M. DUPERCHE (et le baron L.-Fr. DE BILDERBECK)... Représenté pour la première fois à Paris, sur le théâtre de l'Ambigu-Comique, le 12 mai 1808. *Paris, Barba,* 1808, in-8, 47 p.

Structure (la) du ver à soye, et de la Formation du poulet dans l'œuf. Contenant deux dissertations de MALPIGHI, philosophe et médecin de Boulogne... mises en françois par *** (SAUVALLE), docteur en médecine. *Paris, M. Villery,* 1686, in-12, 2 ff. lim., 384 p., 4 planches et 6 ff. de texte explicatif.

Stud Book français, registre des chevaux de pur sang nés ou importés en France, publié par ordre du ministre des travaux publics, de l'agriculture et du commerce. (Par M. D. PONTET, employé au ministère du commerce.) *Paris, impr. royale,* 1838-1875, 9 vol. in-8.

Stultitiana, ou petite biographie des fous de la ville de Valenciennes, par un homme en démence. (Par G.-A.-J. HÉCART.) (*Valenciennes*), 1823, in-8, 24 p.

Tiré à 45 exemplaires.

Stile et Règles de procédure des différens tribunaux du royaume en matière civile, criminelle, etc. (Par Guy DU ROUSSEAUD DE LA COMBE.) *Paris,* 1749, in-4.

Style du Parlement, de la Chambre des comptes et de la Chambre des finances. (Par Cl. RAVAY, de Dijon.) *Dijon,* 1711, in-12.

Styles (les), poëme en quatre chants. (Par l'abbé Ant. DE COURNAND.) *Paris, veuve Duchesne,* 1782, in-8.

Quelques exemplaires portent le nom de l'auteur. — Nouvelle édition, corrigée et très-augmentée. La première est intitulée : « Essai sur les différents styles... » Voy. V, 256, d.

Sublime (le) des auteurs, ou pensées choisies rédigées par matière. (Par l'abbé J.-B. MORVAN DE BELLEGARDE.) *Paris, J. Guignard,* 1705, in-12.

Subtilités (les) de la librairie parisienne. La bande noire et la révision ; question de probité commerciale entre un libraire de Paris et un libraire de province. (Par le libraire H.-Jos.-Fortuné ROUSTAN.) *Versailles, Roustan,* 1864, in-8.

Succès (les) d'un fat. (Par Mme Marie-

Françoise ABEILLE DE KÉRALIO.) *Paris, Lesclapart*, 1762, 2 part. in-12.

Succession chronologique des ducs de Bretagne... (Par Arthur DE LA GIBONAIS.) *Nantes, veuve A. Querro*, 1723, in-fol.

Succession chronologique des évêques de Bâle. (Par le pasteur LIOMIN.) *Neufchâtel*, 1777, in-8.

Succession (la) et l'Héritier, ou l'oncle et le neveu. Par l'auteur du « Marchand forain... » (L.-P.-P. LEGAY). *Paris, Lecointe et Durey*, 1821, 2 vol. in-12.

Succession (la), opéra-comique en un acte, mêlé de vaudevilles, par l'auteur de « Piron avec ses amis » et de la « Revanche forcée » (J.-M. DESCHAMPS et J.-B.-D. DESPRÉS). *Paris, A.-C. Forget*, an IV-1796, in-8, 43 p. — *Id.*, 1796, in-8, 56 p.

Suceuse (la) convulsionnaire, ou la Psylle miraculeuse. (Par P. HECQUET.) *S. l.*, 1736, in-12.

Catalogue manuscrit de l'abbé Goujet.

Sucreries indigènes. La question des sucres à propos du projet de loi sur l'abolition des octrois. (Par le baron DE CHESTRET, ancien sénateur.) *Liége, Dethier et Lovinfosse*, 1860, in-8, 24 p. Ul. C.

Suédois (les) à Prague, ou un épisode de la guerre de Trente-Ans. Roman historique, traduit de l'allemand de Mme Caroline PICHLER (par Aug. LAGRANGE). *Paris, Pélicier*, 1827, 4 vol. in-12.

Suédois (le), ou la prédestination; traduction libre d'Auguste LAFONTAINE. Par Mme Elise V*** (VOIART). *Paris, A. Eymery*, 1819, 4 vol. in-12.

SUÉTONE Tranquille, des faits et gestes des douze Césars, translaté du latin en françois (par Guillaume MICHEL, dit de Tours). *Paris, Abel Langelier*, 1540, 1542, in-8.

Deux éditions antérieures, *Paris, Pierre Vidoue*, 1520, pet. in-8 ; *ibid., Pierre Leber*, 1530, in-4 ; portent le nom du traducteur.

Suger, moine de Saint-Denis. (Par le chevalier LESPINASSE DE LANGEAC.) *S. l.*, 1779, in-8, 88 p.

Suicide (du) considéré sous le double rapport de la philosophie et de la morale; de ses causes et de ses effets sur l'économie sociale. Par B. V. F. (Benoît-Victor FRANKLIN, avocat). *Paris, Delaunay*, 1835, in-8.

Suicide (le) de l'empire ottoman. (Par Benoît BRUNSWIK.) *Paris, Dentu*, 1869, in-8, 32 p.

Suisse (la) dans l'intérêt de l'Europe, ou examen d'une opinion énoncée à la tribune par le général Sébastiani. (Par Charles PICTET, de Rochemont.) *Paris, Anselin et Pochard*, 1821, in-8, IV-125 p., avec une carte.

Un anonyme a publié : Lettre à l'auteur de « la Suisse... », *Bâle*, 1822, in-8. Pictet publia une Réplique. *Genève*, 1822, in-8.

Trompé par la voix publique, Barbier, dans son « Dictionn. des anonymes », avait attribué cet ouvrage au général H. DE JOMINI, et Quérard avait reproduit cette attribution dans son article Jomini, mais il s'est corrigé à l'article Pictet, « Fr. littér. », t. VII, p. 159, et XI, p. 438.

Suisses (des). (Par F.-J.-L. RILLIET DE CONSTANT.) *Paris, Paschoud*, 1818, in-8, 16 p.

Suite à « l'An 1787 ».

Voy. « Lettres à un ami... », V, 1119, *b*, et « l'An 1787... », IV, 161, *f*.

Suite à la polémique de « l'Observateur » relative au quartier Léopold. (Par Henri DANDELIN.) *Saint-Josse-ten-Noode, Lesigne*, 1852, in-8, 8 p.   J. D.

Suite au « Mémorial de Sainte-Hélène », ou observations critiques, anecdotes inédites, pour servir de supplément et de correctif à cet ouvrage. (Par Joseph-François GRILLE et Victor-Donatien MUSSET-PATHAY.) *Paris, Raynal*, 1824, 2 vol. in-8. — *Id.*, 1824, 2 vol. in-12.

Suite aux « Observations » sur un vocabulaire géorgien-français et sur une grammaire géorgienne, publiés par M. de Klaproth. (Par Marie-Félicité BROSSET, membre de la Société asiatique.) Décembre 1829, in-8.   D. M.

Voy. « Observations adressées au Conseil... », VI, 506, *c*.

Suite d'un bal masqué, comédie en un acte et en prose, par *** (Mme la baronne A.-S. DE BAWR). Représentée pour la première fois sur le Théâtre-Français, le 9 avril 1813. *Paris, Vente*, 1813, in-8.

Réimprimée avec le nom de l'auteur.

Suite de l'analyse des ouvrages de M. Charrier de La Roche. (Par l'abbé Guillaume-André-René BASTON.) *Rouen*, 1791, in-8.   D. M.

Suite de l' « Apologie de M. l'abbé de Prades », ou réponse à l'instruction pastorale de Mgr l'évêque d'Auxerre. Troisième partie. (Par Denis DIDEROT.) Berlin (Paris), 1752, in-8.

Cette thèse, qui fit alors grand bruit, fut attribuée à Diderot, et peut-être n'était-il pas étranger à l'affaire. S'il y a mis la main, il n'a pas dû être le seul, et il serait assez difficile d'en dégager ce qui peut lui appartenir. Il est assez souvent maltraité dans l'Apologie (peut-être était-ce ruse de guerre ?).

Cette suite a été insérée dans le tome Ier des « Œuvres » de Diderot, édition donnée par M. J. Assézat. Paris, Garnier, 1875, in-8.

Voyez « Apologie de M. l'abbé de Prades... », IV, 242, d.

Suitte (la) de l'extraordinaire de la va- leur des François, contenant la relation des deux combats donnez sur mer par les armées de France et d'Angleterre, contre les armées de Hollande, les 7 juin et 7 aoust 1673. Avec les remarques de ceux qui s'y sont signalés. (Par le sieur DE SAINT-BLAISE.) Paris, imp. de Nego, 1674, in-12. 1 f. de tit., 66 p. et 1 f. de privi- lége.

L'auteur est nommé dans le privilége.

Suitte (la) de l'extraordinaire de la va- leur des François, ou journal du siége et prise de la ville de Mastrich, par le roy en personne. le dernier juin 1673. Descript en vers heroïques et demiburlesque. (Par le sieur DE SAINT-BLAISE.) Paris, imp. de Nego, 1674, in-12, 10 p., 2 ff., 162 p. et 1 f.

L'auteur signe la dédicace et est nommé dans le privilége.

Suite de l'histoire de France. Concer- nant la mort deplorable de Henry IIII.... (Par Pierre MATTHIEU.) Genève, P. Mar- ceau, 1620, in-8.

C'est la continuation de « l'Histoire de France et des choses memorables aduenues... durant sept années de paix », par le même. Voy. V, 670, a.

Suite de l' « Histoire de l'empire de Russie sous Pierre le Grand », par l'auteur de « Charles XII » (VOLTAIRE). Tome second. (Genève), 1764, in-8.

Voy. ci-devant, V, 682, e, et Minzloff, « Pierre le Grand dans la littérature étrangère », Saint-Pé- tersbourg, 1872, p. 55.

Suite de l' « Histoire de la rébellion... » (Par Claude MALINGRE.)

Voy. « Histoire de la rébellion... », V, 707, d.

Suite de l'histoire du chevalier des Grieux et de Manon Lescaut, de l'abbé Prevost. (Par DE COURCELLES.) Amsterdam, M.-M. Rey, 1762, 2 vol. in-12.

Suite de l'Imitation de J.-C., entre-

tiens... par le P. C. D. L. C. D. J. (le P. CHARENTON, de la Compagnie de Jésus). Paris, N. Le Clerc, 1714, in-12. 309 p.

Même ouvrage que « Entretiens de l'âme... » Voy. V, 127, d. Le frontispice seul a été changé.

Suite (la) de l' « Innocence opprimée dans les filles de l'enfance », ou relation du procès de Peissonel, médecin de Mar- seille... Toulouse, P. de La Noue, 1691, in-12. — Amsterdam (Rouen), P. Brunet, 1718, in-12.

L'abbé Goujet dit, dans son Catalogue manus- crit : « On assure que cette Suite est du Sr Pierre DE PORRADE, gentilhomme de Marseille. »

Voy. « l'Innocence opprimée... », V, 922, b.

Suite de l' « Oracle des nouveaux philo- sophes », pour servir de suite et d'éclair- cissement aux « Œuvres de Voltaire ». (Par l'abbé Cl.-M. GUYON.) Berne, 1760, in-8.

Voy. « l'Oracle des nouveaux philosophes... », VI, 724, f.

Suite de la brochure de M. P.-E. Le- montey intit. : « Moyen sûr et agréable de s'enrichir, ou quatre nouvelles visites de M. Bruno... » (Par J.-Ch. BAILLEUL.) Paris, Renard, 1824, in-8.

Suite de la « Civilité françoise », ou traité du point d'honneur et des règles pour se conduire sagement avec les incivils et les fâcheux. (Par Ant. DE COURTIN.) Paris, Josset, 1675, in-12. — Lyon, H. Baritel, 1696, in-12. — Paris, Josset et Robustel, 1717, in-12.

Suite de la « Clef », ou journal histo- rique sur les matières du temps... » Par le sieur C. J. (Claude JORDAN). (Années 1717-1776.)

Voy. « la Clef du cabinet des princes de l'Eu- rope... », IV, 614, f.

Suite de la conclusion de la conference tenuë à Thonon entre les R. P. Capucins et les ministres de Genève. (Par P.-V. PALMA-CAYET.) Paris, 1599, in-8.

V. T.

Voy. « la Conférence accordée... », IV, 674, c.

Suite de la correspondance entre Mme DE B.... (la princesse L.-M.-T.-B. D'ORLÉANS, duchesse DE BOURBON) et M. R... (RUFFIN), et divers petits contes moraux de Mme DE B... (BOURBON); tome deuxième. (Barce- lone), 1812, in-4.

Voy. « Correspondance », IV, 773, a.

Suite de la découverte de la cause du

mouvement qu'on n'a jamais pu com- | a
prendre. (Par Bosc.) *Paris*, l'an VII-1800,
in-12.　　　　　　　　　　　V. T.

Suite de la « Défense de l'Esprit des lois »
(de Montesquieu lui-même, voy. IV,
853, c), ou examen de la replique du Ga-
zetier ecclésiastique à la « Défense de
l'Esprit des lois ». (Par L. ANGLIVIEL DE
LA BEAUMELLE.) *Berlin*, 1751, in-12, 76 p.
— Autre édition, avec simple titre de dé- | b
part. In-8, 76 p.

Réimprimé dans la seconde édition des « Observations sur l'Esprit des lois » par l'abbé de Laporte,
Amsterdam, 1751, 2 vol. in-12, et dans le vol.
intit. : « Pièces pour et contre l'Esprit des lois »,
Genève, 1752, in-8. Ce volume se divise en trois
parties ; l'écrit de La Beaumelle forme la seconde.

Suite de la défense du droit du roi et
de la possession dans laquelle est Sa Ma-
jesté de donner à la ville de Seez un gou- | c
verneur autre que l'évêque... (Par Jean
LE NOIR.) *S. l.* (1677), in-4, 4 ff.

Suite de la Grammaire françoise du
P. BUFFIER, jésuite, ou traité philosophique et pratique de poésie. *Paris*,
1728, in-12.

On trouve à la fin de ce volume une tragédie en
cinq actes et en vers, intitulée *Sylla*, que le P. Buffier attribue à un homme qui, dit-il, est devenu
illustre par des talents plus relevés et plus respectables, mais qui a laissé son nom et sa profession à
deviner.
Cet auteur se nommait MALLET DE BRESME : il est
mort en 1750, âgé de quatre-vingts ans, lieutenant
général de Calais. Il a fait imprimer lui-même sa
tragédie de *Sylla*, à Amsterdam, chez Ryckoff, 1745,
in-12. Il avait désiré que le libraire n'en tirât qu'un
très-petit nombre d'exemplaires. On ne doit donc
pas être étonné de la rareté de cette pièce. L'auteur a
mis en tête un avertissement dans lequel il fait | e
connaître les changements qui ont été faits à sa tragédie par un jésuite ou par tout autre réviseur. Ces
changements la défigurent jusqu'à la difformité. De La
Place, beau-frère de Mallet de Bresme, a fait réimprimer cet avertissement dans le t. III de ses
« Œuvres mêlées, tant en prose qu'en vers »
(*Bruxelles, Boubers*, 1773, in-12), à la suite d'une
lettre adressée à Duclos.
Mallet de Bresme et son beau-père en ont imposé
au public, car c'est encore la pièce du P. Ch. DE LA
RUE, qui avait été représentée plusieurs fois dans les
collèges avant 1671, et qui avait été de nouveau | f
représentée sur le théâtre du collège de Caen en 1671.
Mallet de Bresme a fait de nouveaux changements, à
la vérité ; mais la pièce est la même que celle dont
nous avons vu plusieurs manuscrits du temps qui
portent le nom du Jésuite, et la même que celle
imprimée dans le volume publié par le P. Buffier.
Le P. Buffier a inséré aussi, dans la « Suite de sa
Grammaire », *Damocle*, ou le *Philosophe roi*, comédie en trois actes, en prose. C'est une pièce qu'il a
traduite du latin du P. G.-F. LE JAY, son confrère.

Suite de la Laïs philosophe.

Voy. V, 1065, f.

Suite de la liste des noms de famille.

Voy. « les Métamorphoses... », VI, 289, a.

Suite de la matière médicale de M. Geoffroy ; par M*** (Ant. BERGIER), docteur en
médecine... *Paris*, *Cavelier*, 1750, 3 vol.
in-12.

Cette suite avait été, par erreur, dans la 2e éd. de
ce Dictionnaire, attribuée à ARNAULT DE NOBLEVILLE
et SALERNE.
Ces deux auteurs ont publié avec leur nom une
« Suite », contenant le règne animal. *Paris, Desaint
et Saillant*, 1756-1757, 6 vol. in-12. De là la
confusion.

Suite de la nouvelle Ciropédie, ou réflexions de Cyrus sur ses voyages (ouvrage
de la princesse DE CONTI, du duc D'AIGUIL-
LON, de l'abbé DE GRÉCOURT et du P. Modeste VINOT, de l'Oratoire). *Amsterdam*
(*Rouen*), *Frères Wetstein*, 1728. in-8, 256 p.

On trouve dans la « Bibliothèque universelle des
Romans », décembre 1775, des lettres inédites du
P. VINOT à la comtesse d'Agenois, sur le même ouvrage de Ramsay, et la réponse de celui-ci à cette
critique judicieuse et polie de l'oratorien.

Suite de la « Nouvelle Relation », contenant la marche de Leurs Majestés pour
leur retour en leur bonne ville de Paris...
(Par François COLLETET.) *Paris, J.-B.
Loyson*, 1660, in-4, 8 p. — *Id.*, 1660,
in-4, 12 p.

Voy. « Nouvelle Relation... », VI, 560, b.

Suite de la « Politique du clergé de
France... » (Par Pierre JURIEU.)

Voy. VI, 944, e.

Suite de la Pucelle d'Orléans, en 7 chants,
poëme héroï-comique, par de Voltaire,
trouvé à la Bastille, le 14 juillet 1789.
(Par P.-J.-B. NOUGARET.) *Berlin et Paris,
Laurens*, 1790, in-18, 10 et 102 p.

Suite de la « Révolution de France prophétisée... » (Par CHAILLON DE JONVILLE,
conseiller d'Etat.) *Paris* (*Ettenheim*), 1791,
in-8.

Voy. ci-dessus, « la Révolution de France... »,
col. 351, c.

Suite de la table chronologique des
édits, déclarations, lettres patentes sur
arrêts, registrés au Parlement de Metz,
ensemble des arrêts de reglemens rendus
par ladite Cour et autres arrets du Conseil. (Par Louis CHENU, ancien conseiller-
échevin et avocat au Parlement de Metz.)
Metz, Jos. Collignon, 1769, pet. in-4, 110p.

Suite de la troisième partie sur la religion essentielle à l'homme...

Voy. « Lettres sur la religion essentielle... », V, 1297, c.

Suite de la vie du R. P. Pierre-Joseph-Marie Chaumont, de la Compagnie de Jésus, par un Père de la même Compagnie (le P. Sébastien RULE), avec la manière d'oraison du vénérable Père, écrite par lui-même. *Nouvelle-York, île de Manate, à la presse Cramoisy de J.-M. Shea*, 1860, in-8.

La 1re partie est intitulée : « la Vie du R. P. Pierre-Joseph-Marie CHAUMONT, ... écrite par lui-même... »

Suite de portraits des ducs et duchesses de la maison royale de Lorraine, dessinés et gravés d'après les médailles de Saint-Urbain, par les plus habiles maîtres de Florence. (Par l'abbé VILLEMIN DE HELDENFELD.) Avec la « Dissertation historique et chronologique » de dom Augustin CALMET... *Florence, F. Moucke*, 1762-1763, 2 vol. in-fol.

Suite des « Bagatelles anonymes » (de Dorat). (Par MASSON, marquis DE PEZAY.) *Genève et Paris*, 1767, in-8.

Suite des Caractères de Théophraste et des Mœurs de ce siècle. *Paris, veuve Est. Michallet*, 1700, in-12, 229 p. et 4 ff. de table et de privilége.

Le rédacteur de la « République des lettres », avril 1770, page 466, attribue à ALLEAUME, avocat à Rouen, cette suite, qui a été réimprimée dans la 11e éd. des « Caractères de La Bruyère », *Paris, David*, 1714, 2 vol. in-12, et dans plusieurs éditions du même livre publiées en Hollande.

Il ne faut pas confondre cet ouvrage avec le suivant, qui est complétement différent.

Suite des Caractères de Théophraste et des Pensées de M. Pascal. (Par P.-J. BRILLON.) *Paris, E. Michallet*, 1697, in-12, 4 ff. lim., 251 p. et 1 f. de table.

Même ouvrage que « Ouvrage nouveau dans le goût des Caractères... » (voy. VI, 755, c), mais complétement différent du précédent.

Suite des « Conseils de la sagesse », ou du recueil des maximes de Salomon les plus nécessaires à l'homme, pour se conduire sagement, avec des réflexions sur ces maximes. (Par le P. Michel BOUTAULD.) *Paris, S. Mabre Cramoisy*, 1683, in-12. — 2e éd. *Id.*, 1684, in-12. — *Paris, C. et N. Hérissant*, 1689, in-12. — *Paris, libraires associés*, 1727, 2 vol. in-12. — *Paris, Hérissant*, 1749, 2 vol. in-12.

Dans le Catalogue du comte d'Hoym, on a à tort at-

tribué cette seconde partie au P. Pierre GORSE, jésuite. Pour la 1re partie, voy. « Conseils de la sagesse... », IV, 699, f.

Suite des « Considérations politiques ». (Par MIGNONNEAU.) *S. l.* (1787), in-8, 172 p.

Voy. « Considérations politiques », IV, 706, d.

Suite des « Dons de Comus », ou l'art de la cuisine réduit en pratique. (Par MARIN, avec une préface par A.-G. MEUSNIER DE QUERLON.) *Paris, veuve Pissot*, 1742, 3 vol. in-12.

Voy. « Dons de Comus », IV, 1113, c.

Suite des « Entretiens sur l'état actuel de l'Opéra de Paris », ou lettres à M. S..., auteur de l'extrait de cet ouvrage dans le « Mercure ». (Par C.-P. COQUÉAU.) *S. l.* (1779), in-8, 48 p.

Voy. « Entretiens... », V, 135, c.

Suite des Erreurs et de la Vérité, ou développement du livre des hommes rappelés au principe universel de la science, par un Ph... Inc... *A Salomonopolis, chez Androphile, à la Colonne inébranlable*, 1784, in-8, IV-435 p.

Attribué au chevalier Ch. DE SUZE par M. Ladrague dans la note jointe au n° 140 de son « Catalogue spécimen de la bibliothèque Ouvaroff », *Moscou*, 1870, in-4.

Suite des Etudes sur les armes et armures du moyen âge. (Par C.-N. ALLOU.) Extrait d'un ouvrage inédit sur cette matière. *Paris, imp. de Duverger*, 1838, in-8, 72 p., avec 2 lithographies.

Extrait des « Mémoires de la Société royale des antiquaires », recueil dans lequel ont paru les premiers fragments.

Suite des Exercices de ce temps, contenant plusieurs satyres contre le joug nuptial... Par L. S. D. C. (Thomas DE COURVAL-SONNET). *Rouen, G. de La Haye*, 1627, in-8.

Voy. « Exercices de ce temps... », V, 308, c.

Suite des expériences de Gambius sur les blés noirs ou cariés. (Par Clém.-Ch.-Fr. DE L'AVERDY.) *S. l.*, 1788, in-8.

Suite des lettres de M. l'abbé *** à M. l'abbé Houtteville... *Paris, N. Pissot*, 1722, in-12, 1 f. de tit. et 103 p.

Voy. « Lettres de M. l'abbé *** ... », V, 1257, d.

Suite des « Lettres secrètes sur l'état actuel de la religion... »

Voy. « Lettres secrètes... », V, 1288, a.

Suite des « Lettres » sur la musique françoise. En réponse à celle de Jean-Jacques Rousseau. (Par Ozy.) *Genève*, 1754, in-8.

Catalogue Soleinne, V, n° 566.

Suite des « Loisirs d'un soldat » : le guerrier, d'après l'antique et les bons originaux modernes. *Amsterdam*, 1769, in-12.

Les « Loisirs d'un soldat » sont de Ferd. Desni-vières, dit Bourguignon. Voy. ci-dessus, « Essais sur le vrai mérite de l'officier », V, 282, a.

Suite des médailles impériales, où l'on voit les empereurs, les impératrices, leurs proches parentes. (Par Pierre Lorrain, connu sous le nom de l'abbé de Valle-mont.) *S. l.*, 1706, in-12.

Suite des Mémoires et Aventures d'un homme de qualité qui s'est retiré du monde. (Par l'abbé A.-F. Prévost.) *Amsterdam (Paris)*, 1733, in-12.

Voy. les « Mémoires et Aventures... », VI, 220, c.
Cette édition est bien la première de Manon Lescaut. Celle de 1731 (*Amsterdam*), pet. in-12, a été évidemment antidatée, pour faire suite à l'édition de même date et de même format des « Mémoires et Aventures... » Il y a une deuxième édition sous la date de 1733 moins soignée ; on la distingue aux pages 1 et 269, où le titre est en quatre lignes au lieu de trois, comme ici.
La preuve que Manon Lescaut n'a paru qu'en 1733 se tire des passsages suivants des « Nouvelles à la main », dites « Journal de la ville et de la cour », impr. dans la « Revue rétrospective », 2° série, t. VII, p. 95 :
« 3 octobre 1733. On a imprimé ici, depuis quelques jours, l' « Histoire de Manon Lescaut...» Le héros est un escroc; l'héroïne est une c... L'auteur, cependant, trouve le secret d'intéresser d'honnêtes gens... — Cet. 1733. Ce livre, qui commençait à avoir une grande vogue, vient d'être défendu. »
(Note de M. le baron J. Pichon, n° 730 du Catalogue de sa vente du 10 avril 1869.)

Suite des « Observations apologétiques de l'auteur des Examens critique, physique et théologique des convulsions » (L. Debonnaire). Troisième partie. Sur trois nouvelles lettres sous le titre de « Recherche de la vérité », etc. Quatrième et dernière partie. Sur un extrait de la Dissertation de M. de L. contre ces mêmes convulsions. *S. l.* (1733), in-4, paginé 33 à 78.

Voy. « Observations apologétiques.. », VI, 597, a.

Suite des observations du citoyen. *S. l.* (1781), in-8, 48 p. — *S. l.*, 1781, in-12, 51 p.

Voy. « Sur l'administration de M. N***... »

Suite des Réflexions d'Euthyme et de

Théagène sur des matières de morale, par M. (l'abbé de Bellegarde). *Paris, A. Seneuse*, 1688, in-12, 443 p.

Suite des Réflexions préliminaires, à l'occasion des Docteurs modernes. (Attribué à d'Espréménil.) *S. l.*, 1774, in-8, 8 p.

Suite des Remarques nouvelles sur la langue françoise. (Par le P. Dom. Bouhours.) *Paris, Josse*, 1692, in-12.

Voy. ci-dessus, « Remarques nouvelles... », col. 252, a.

Suitte des rencontres de M. Guillaume en l'autre monde. (Par L'Estane, maître de la Monnaie de Paris.) *S. l.*, 1609, in-8, 52 p.

Suite des « Trente premières années de la vie de Henri V le Bien-Aimé, roi de France et de Navarre... (Par Alex. Mazas.) *Paris, J.-G. Dentu*, décembre 1820, in-8.

Voy. ci-après, « Trente Premières Années... »

Suyte (la) du banny de Lyesse, où se trouve le Jugement de Pàris contre les trois déesses, l'adjudication de la pomme d'or à Vénus, plusieurs epistres, rondeaux et ballades, avec les Visions fantastiques. (Par François Habert, et publié par Jean Guilloteau.) *Paris, D. Janot*, 1541, in-8.

La pièce du « Jugement contre les trois déesses » a été imprimée depuis, soit en totalité, à la suite de la « Déploration sur la mort d'Antoine du Prat » (*Lyon*, 1545, in-8), et sous le titre : « les Trois Nouvelles Déesses » (voy. ces mots, ci-après), soit par parties : 1° « la Nouvelle Juno, présentée à madame la Dauphine » (*Lyon*, 1545 et 1547. in-8); 2° « la Nouvelle Pallas, présentée à monseigneur le Dauphin » (*Lyon*, 1545, p. in-8); 3° « la Nouvelle Vénus, par laquelle est entendue pudique amour » (*id.*, 1547, petit in-8).
                                 G. M.

Suite du « Catéchisme historique et dogmatique ». (Par l'abbé Louis Troya d'Assigny.) *Utrecht*, 1751, 2 vol. in-12.

Cet ouvrage a été aussi attribué à l'abbé Nic. Le Gros.

Voy. « Catéchisme historique... », IV, 532, f.
Il existe une autre suite du même ouvrage intitulée « Suite du Catéchisme historique, etc., tomes 3, 4 et 5. *Nancy (Toulouse)*, 1768, 3 vol. in-12. Cette nouvelle suite est de l'abbé J.-B.-R. de Fourquevaux, auteur des deux premiers volumes, dont il existe une nouvelle édition, revue, corrigée et augmentée (par Louis-Pàris Vaquier). *Nancy (Utrecht)*, 1736, 2 vol. in-12.

Voy. « Bibliothèque historique de la France », t. I, n° 5566.

Suite (la) du comte de Gabalis, ou nouveaux entretiens sur les sciences secrètes, touchant la nouvelle philosophie. Ouvrage posthume. (Par l'abbé Montfau-

CON DE VILLARS.) *Amsterdam, Pierre Mortier*, in-12. D. M.

Voy. « Nouveaux Entretiens... », VI, 520, f.

Suite du « Dialogue sur les droits de la reine », par où se découvre la vanité des prétentions de la France sur les Pays-Bas, etc. (Par le baron F.-P. DE LISOLA.) S. l., 1667, in-12. — S. l., 1668, in-12, 232 p.

Réfutation du « Dialogue... » Voy. IV, 947, e.

Suite du « Dialogue » sur les mariages des protestants...

Voy. « Dialogue entre un évêque et un curé... », IV, 945, d.

Suite du livre des 14 lettres...

Voy. « Système des anciens et des modernes... », ci-après, col. 618, e.

Suite (la) du Menteur, comédie. (Par Pierre CORNEILLE.) *Imprimé à Rouen, et se vend à Paris, chez A. de Sommaville et A. Courbé*, 1645, in-4, 6 ff. et 136 p. — *Paris, A. de Sommaville*, 1645, in-12, 6 ff. et 93 p. — *Paris, T. Quinet*, 1648, in-12, 6 ff. et 93 p.

L'auteur a signé la dédicace.

Quoique annoncée comme une « Suite du Menteur », cette comédie ne s'y rattache nullement. Corneille lui-même nous apprend qu'elle est tirée d'une pièce de Lope de Vega.

Voir E. Picot, « Bibliographie cornélienne », p. 45-48.

Suite du nouveau Panurge, livre second ; dédié à messieurs de la religion prétendue réformée. *La Rochelle, Michel Gaillard*, s. d., in-12, 12 ff. lim. et 305 p.

Livre très-rare et presque inconnu. Voy. « le Nouveau Panurge », VI, 505, e.

Suite du Poëme des jardins, ou Lettre d'un Président de la province à M. le comte de Barruel, capitaine de dragons (avec le Chou et le Navet, dialogue en vers, par le comte Ant. DE RIVAROL). 1782, in-8, 28 p.

Barbier, dans sa table de la 2ᵉ édition du « Dictionnaire », donne cet opuscule au comte A.-J. BARRUEL-BEAUVERT. Quérard, dans la « France littéraire », conteste cette attribution. « Notre bibliographe, dit-il, aura été vraisemblablement induit en erreur par Barruel lui-même, qui se l'attribuait sans façon. »

Suite du quatrième livre de l'Odyssée d'Homère, ou les Aventures de Télémaque, fils d'Ulysse. *Paris, veuve de Claude Barbin*, 1699, 5 vol. in-12.

Voy. « Aventures de Télémaque... », IV, 339, c.

Suite du « Sophisme dévoilé ». (Par Corneille STEVENS.) S. l. (1803), in-12.

Voy. ci-dessus, col. 531, d.

Suite du Spectateur, ouvrage traduit de l'anglois, du livre intitulé : « le Monde », etc. *Leyde ; et Paris, Didot jeune*, 1758, 2 vol. in-12.

Nouveau frontispice mis à l'ouvrage intitulé : « le Monde », par Adam FITZ-ADAM. Voy. VI, 334, e.

Suite du « Système sur l'état des âmes séparées des corps... »

Voy. « Système des anciens et des modernes... », ci-après, col. 618, e.

Suite du traitement magnétique de la demoiselle N...

Voy. « Journal du traitement magnétique... », V, 1029, a.

Suite du Virgile travesti. Livres VIII, IX, X, XI et XII. *La Haye (Paris)*, 1767, in-12, XII-257 p.

La préface est signée : P. B.... A. d. C. (Pierre BRUSSEL, auditeur des comptes).

Moreau de Brasey avait déjà donné en 1706 une suite du « Virgile travesti », dont Scarron n'avait publié que VII livres.

Chavray de Boissy, dans l'ouvrage intitulé « l'Avocat, ou Réflexions sur l'exercice du barreau », *Paris*, 1778, in-8, cite quelques petites pièces de cette suite. Celle de la page 97 est accompagnée des réflexions suivantes : « Cet ami de la philosophie caresse tour à tour les Muses ; il est leur favori : belles-lettres, poésie, musique, peinture, toutes lui sont également familières. Elles remplissent alternativement les doux loisirs de ce mortel chéri de la nature.

« Nous devons à cet amateur distingué la « Suite complète du Virgile travesti », ainsi que la « Promenade utile et récréative de deux Parisiens, ou Relation de leur voyage en Italie », ouvrages gais et burlesques qui rappelleront toujours avec un nouveau plaisir ces génies inimitables des Scarron, des Bachaumont, les illustres modèles de Brussel. » Voy. VI, 1081, c.

Pierre Brussel est mort vers 1780. Il était neveu d'un autre auditeur des comptes du même nom, auteur du « Nouvel Examen de l'usage général des fiefs en France, pendant les onzième, douzième, treizième et quatorzième siècles », *Paris*, 1727 ou 1750, 2 vol. in-4, ouvrage cité avantageusement par le président Hénault et par l'abbé de Mably.

Le président Hénault appelle *Bruset* l'auteur de l'« Examen des fiefs ». Cette orthographe est conforme à l'origine anglaise de ce nom.

Suite du voyage de l'Amérique, ou dialogues de M. le baron de La Hontan et d'un sauvage de l'Amérique... (Par Nicolas GUEUDEVILLE.) *Amsterdam, veuve de Boeteman*, 1728, in-12, 257 p.

Suite (la) du voyage des deux rois de France et d'Espagne, et leur rendez-vous dans l'île de la Conférence, pour l'accomplissement du mariage de Sa Majesté ; ensemble leur route et les grands préparatifs pour iceluy ; avec la dispense de Rome, envoyée par Sa Sainteté, et les épousailles de l'infante en la ville de

Burgos. (Par F. DE BOCK.) *Paris, J. Brunet,* 1660, in-4, 8 p.

Suite du Voyage du monde de Descartes, ou nouvelles difficultés proposées à l'auteur de ce Voyage touchant la connoissance des bêtes, etc. (par le P. Gabr. DANIEL, jésuite); plus l'Histoire de la conjuration faite à Stockolm contre Descartes(par GERVAISE). *Amsterdam, Mortier,* 1696, in-12.

Cet ouvrage avait déjà été imprimé sous le titre de « Nouvelles Difficultés proposées par un péripatéticien... » Voy. VI, 569, *f.*

Suite et Grands Effets du bouquet... Par N. V. R. (ROYER), auteur du « Chant national » et de « V'la le bouquet ». *Paris, imp. de Renaudière,* 1815, in-8.

Voy. « Supercheries », II, 1277, *b.*

Suite (la) et le Mariage du Cid, tragicomédie. (Par Urbain CHEVREAU.) *Paris, Toussaint Quinet,* 1638, in-4, 4 ff. et 108 p. — *Paris, T. Quinet,* 1638, in-12, 4 ff. et 83 p. — *Jouxte la copie à Paris,* 1638, pet. in-8, 88 p.; 1640, in-8, 88 p.; 1640, pet. in-8, 78 p. et 1 f.; 1646, in-12, 82 p. — *Caen, J. Goddes,* 1682, in-12, 60 p.

La dédicace « à madame la duchesse de Lorraine » est signée C.; l'auteur espérait peut-être amener ainsi le public à attribuer l'œuvre à Corneille.

Suite et quatrième partie de l'Agréable Conférence...

Voy. « Agréable Conférence... », IV, 80, *d.*

Suite nouvelle et véritable de l'Histoire et des Aventures de l'incomparable don Quichotte de la Manche, traduite d'un manuscrit espagnol de Cid Hamet BENENGELI, son véritable historien. *Paris,* 1714, 7 vol. in-12. — *Paris,* 1722, 6 vol. in-12.

Il s'en faut bien que cette suite vaille le premier ouvrage de Michel de Cervantes; cependant on la prend et on la lit, parce qu'il s'agit de don Quichotte, dont le nom seul a fait la fortune de cette continuation.

On a longtemps attribué cette suite à A.-B. LE SAGE ; c'est une erreur.

Suite sur la religion essentielle à l'homme...

Voy. « Lettres sur la religion essentielle... », V, 1297, *c.*

Suite véritable des conférences de Piairot...

Voy. « Agréable Conférence... », IV, 80, *d.*

Suite véritable des Intrigues de la paix et des négociations de M. le Prince à la Cour jusques à présent. (Par Guy JOLY.) *S. l.,* 1652, in-4, 7 p.

Voy. « Intrigues de la paix... », V, 958, *d.*

Suites (les) d'un moment d'erreur, ou lettres de Mlle de Kéresmont, publiées par Mme de *** (DE BOISGIROUX). *Amsterdam, Changuion; et Paris, Le Jay,* 1775, 2 part. in-12.

Suivante (la), comédie. (Par Pierre CORNEILLE.) *Paris, Aug. Courbé ou Targa,* 1637, in-4, 5 ff. et 128 p.

L'auteur a signé l'épître.

Sujet d'un tableau national. A monsieur le chevalier de Theux, ministre de l'intérieur et des affaires étrangères. (Par le colonel CARTON DE VILLEROT.) *S. l.,* 1837, in-8.   J. D.

Sujet de l'appareil funèbre du cœur de M. le prince, inhumé dans l'église de Saint-Louis. (Par le P. Claude-François MENESTRIER.) *Paris,* 1687, in-4.

Sujets (les) d'emportement que M. Thoynard donne à M. Arnauld. (Lettre attribuée au P. Edme RIVIÈRE, jésuite, 3 décembre 1694.) *S. l.,* in-12, 72 p.

« Bibliothèque françoise » de Goujet, tome I, p. 167.

Sujets d'oraison pour les pécheurs sur les saints et les saintes les plus remarquables, etc., par un pécheur (le P. Fr. DE CLUGNY). *Lyon, Briasson,* 1696, 2 vol. in-12.

Suivant une note manuscrite de Leschevin, ce livre serait du P. E.-B. BOURNÉE, de l'Oratoire, et non du P. Fr. DE CLUGNY, auquel il fut attribué par le P. Niceron et par l'abbé Goujet.

Sujets d'oraison pour les pécheurs, tirés des épîtres et évangiles de l'année, et sur tous les mystères de N.-S. J.-C., par un pécheur (le P. Fr. DE CLUGNY). *Lyon, Briasson,* 1696, 5 vol. in-12.

Sujets de méditations pour tous les jours de l'année; par M. l'abbé *** (revus et publiés par l'abbé G.-L. CALABRE-PÉRAU). *Paris, Alix,* 1736, 2 vol. in-12.

Sujets de piété pour les conférences ecclésiastiques du diocèse de Châlon-surSaône pour l'année 1682. (Par le P. E.-B. BOURRÉE, de l'Oratoire.) *Lyon, J. Certe,* 1682, in-12.

Sully, ou la vengeance d'un grand homme, comédie en trois actes et en prose. (Par Jean-Charles-Claude BAILLEUL.) *Paris, Ant. Bailleul,* 1804, in-8.   D. M.

Cette pièce, qui n'a point eu de succès, n'a été jouée qu'une seule fois.

Sultan (le) Misapouf et la princesse Grisemine. (Par l'abbé C.-H. DE FUSÉE DE

Voisenon.) *Londres (Paris)*, 1746, 1760, in-12.

Réimprimé dans les « Œuvres » de l'auteur, *Amsterdam*, 1781, t. V, p. 1-71.

Sultane (la) Rozrea, ballade traduite de lord Byron, par Exupère P......, élève du petit séminaire de La Fère-en-Tardenois. *S. l. n. d*, in-18.

Opuscule libre imprimé à Bruxelles vers 1870 ; l'auteur est Albert GLATIGNY. Inutile d'ajouter que l'attribution à BYRON est une plaisanterie.

Sultanes (les) de Guzarate, ou les songes des hommes éveillés, contes mogols. (Par T.-S. GUEULETTE.) *Paris, Mouchet*, 1732, 3 vol. in-12.

Même ouvrage que les « Mille et une Soirées, contes mogols ». Voy. VI, 301, *f*.

Supercherie (la) d'amour, comédie, par le sieur de Ch*** (CHAZAN). *Paris, G. Citerne*, 1627, in-8.

Supercheries (les) de Satan dévoilées, ou la confession des incrédules, par une Eminence rouge (M. Félix POMYAN WISCHERSKI). *Rome (Bruxelles), de l'imp. de Sa Sainteté*, in-8, 67 p., avec 4 figures libres.

Supercheries (les), ou elle voulait, elle ne voulait pas, comédie en cinq actes et en vers. Par M. Ph.-L. C..... (Philippe-Louis CANDON). *Marseille, impr. d'Aug. Guion*, 1809, in-8, 136 p.   D. M.

Supériorité (la) aux échecs mise à la portée de tout le monde, et particulièrement des dames. (Par V. ZUYLEN VAN NYEVELT.) *Campen*, 1792, in-8.

Superstition (la) du temps reconnue aux talismans, figures astrales et statues fatales, avec la poudre de sympathie soupçonnée de magie, et les véritables moyens dont plusieurs, tant saints que prophanes, ont communiqué avec leurs amis absens et eloignez de plus de cent lieues. (Par le P. Fr. PLACET.) *Paris*, 1672, in-12.

Superstitions anciennes et modernes (d'après le P. Pierre LE BRUN et l'abbé J.-B. THIERS, avec des remarques par J.-F. BERNARD). *Amsterdam, J.-F. Bernard*, 1733, 2 vol. in-fol.

Superstitions et Prestiges des philosophes, ou les démonolâtres du siècle des lumières, par l'auteur des « Précurseurs de l'Ante-Christ » (l'abbé Jean WENDEL-WURTZ). *Lyon, Rusand*, 1817, in-8.

Superstitions orientales, ou tableau des erreurs et superstitions des principaux peuples de l'Orient, de leurs mœurs, de leurs usages et de leur législation. Ouvrage orné de plusieurs gravures en taille-douce. Par une société de gens de lettres. (Par J.-C. PONCELIN DE LA ROCHE-TILHAC.) *Paris, Royez*, 1785, in-fol., VIII-112-196 p.

L'auteur est nommé dans le privilège.

Supplément à l' « Abrégé de la vie des plus fameux peintres ». (Par A.-J. DEZALLIER D'ARGENVILLE.) *Paris*, 1752, in-4.

Voy. « Abrégé... », IV, 35, *f*.

Supplément à l'accusation de Laurent Lecointre, pièce trouvée dans les papiers de Robespierre. (Par BARRÈRE DE VIEUZAC.) *S. l.* (1794), in-8, 12 p.

Supplément à l'Acte d'accusation de M. de Cazes (Elie), ministre de la police et de l'intérieur. *Paris, Ponthieu*, 1819, in-8, 23 p.

Voy. « Projet d'acte d'accusation... », VI, 1061, *e*.

Supplément à l' « Adresse aux amis de la paix », ou l'unique moyen de sauver la France. (Par A.-J.-M. SERVAN.) *S. l.*, 1790, in-8.

Voy. « Mémoires pour servir à l'histoire de la ville de Lyon pendant la Révolution », par M. l'abbé A. Guillon. *Paris*, 1824, tome I, p. 35.

Supplément à l' « Année merveilleuse ».

Voy. « Année merveilleuse », IV, 202, *a*.

Supplément à l' « Art de vérifier les dates ».

Voy. « Art de vérifier... », IV, 296, *f*.

Supplément à l' « Avis aux fidèles sur le schisme dont l'Eglise de France est menacée » (par le P. L.-G. MINARD), en réponse à l'auteur de la Quatrième Lettre aux ministres de la ci-devant Eglise constitutionnelle (le P. Bern. Lambert), où l'on réfute les sophismes et les erreurs d'un écrit qui a pour titre : « Avis aux fidèles ». *Paris, imprim.-librairie chrétienne*, 1796-an IV, in-8.

Voy. « Avis aux fidèles... », IV, 361, *b*.

Supplément à l'Encyclopédie, ou dictionnaire raisonné des sciences, des arts et des métiers, par une société de gens de lettres ; mis en ordre et publié par M*** (J.-B.-R. ROBINET). *Amsterdam, Rey (Paris)*, 1777, 5 vol. in-fol.

Voy. « Supercheries », III, 1068, *f*.

Supplément à « l'Espion anglois, » ou lettres très intéressantes sur la retraite de M. Necker, sur le sort de la France et de l'Angleterre, et sur la détention de M. Linguet à la Bastille... Par l'auteur de « l'Espion anglois » (Joseph LANJUINAIS). *Londres, J. Adamson*, 1781, in-8. — *Id.*, 1782, in-8.

Supplément à l'Esquisse géologique du département de la Somme. (Par C.-J. BU-TEUX.) *Paris, impr. L. Martinet* (1855), in-8, 12 p.

Supplément à l'Essai de morale, etc. (Par l'abbé Guillaume-André-René BAS-TON.) (*Rouen*, 1792), in-8. **D. M.**

Supplément à l' « Essai sur la police générale des grains » (de Herbert ; par J.-G. MONTAUDOUIN DE LA TOUCHE). *La Haye*, 1757, in-12, 48 p.

Voy. précédemment, V, 244, b.

Supplément à l'Hérodote de Larcher, ou chronologie d'Hérodote, conforme à son texte, en réfutation des hypothèses de ses traducteurs et commentateurs. Par C. F. V*** (Constantin-François CHASSE-BOEUF DE VOLNEY). *Paris, Courcier*, 1808, in-8.

Voyez ci-dessus, « Recherches nouvelles sur l'histoire ancienne... », col. 25, b.

Supplément à l' « Histoire d'Alençon ». (Par l'abbé J.-J. GAUTIER.) *Alençon, Poulet-Malassis*, 1821, in-8, 175 p.

Voy. « Histoire d'Alençon », V, 652, c.

Supplément à l' « Histoire de l'imprimerie », de Prosper Marchand, ou additions et corrections pour cet ouvrage. (Par le P. Barth. MERCIER, depuis abbé DE SAINT-LÉGER.) *Paris, Pierres*, 1773, in-4, 55 p. — Édit. revue et augmentée, avec un Mémoire sur l'époque certaine du commencement de l'année à Mayence durant le XVᵉ siècle (par le même). *Paris, id.*, 1775, in-4, VIII-221 p.

Supplément à l'Histoire de l'Inquisition françoise ou de la Bastille. (Par C. DEL-LON.) *Amsterdam, B. Lakeman*, 1724, in-12.

Supplément à l'ouvrage intitulé : « l'Inquisition française, ou l'histoire de la Bastille », par M. Constantin DE RENNEVILLE. *Amsterdam, E. Roger*, 1719, 4 vol. in-12.

Supplément à l' « Histoire de la maison de Lorraine », imprimée à Toul en 1704, avec des remarques sur le « Traité historique et critique de l'origine et la généalogie de cette illustre maison », imprimée à Berlin en 1711. (Par Benoist PICART, capucin, connu sous le nom de P. BENOIT, de Toul.) *Toul, L. et E. Rolin*, 1712, in-12.

Voy., pour une suite à cet ouvrage, « Réplique aux deux lettres... », ci-dessus, col. 279, c.
L'ouvrage publié par le P. Benoît en 1704 est intitulé : « l'Origine de la très-illustre maison... » Voy. VI, 744, f.
Le « Traité historique... », par Balaicourt, porte le nom de l'auteur.

Supplément à l'Histoire des guerres civiles de Flandres sous Philippe II, de Famien STRADA. *Amsterdam, Michiels*, 1729, pet. in-8.

Cet ouvrage existe aussi sous le titre de : « Procès criminels du comte d'Egmont... » (voy. VI, 1049, c). Voici en quels termes Borlut de Noortdonck, à la suite du nº 3649 du Catalogue de sa bibliothèque, tome Iᵉʳ page 133, discute l'attribution du « Dictionnaire des anonymes » :
« M. Barbier prétend que l'éditeur du procès du comte d'Egmont, etc., ou du supplément de Strada, est Jean GODEFROY ou Jean DUBOIS, procureur général à Malines.
« J.-F. Foppens, qui avait commencé une bibliothèque historique des Pays-Bas, qui se trouve en manuscrit à Bruxelles, dit que le supplément a été imprimé à Bruxelles, chez Pierre Foppens, et qu'il est tiré d'un vieux manuscrit appartenant au conseiller Wynants. Jean Godefroy, qui, vers ce temps, publia à Bruxelles et chez le même P. Foppens les Mémoires de Commines, etc., etc., aura pu surveiller l'impression de ce manuscrit. Quant à Jean Dubois, on aura pris le procureur général du Grand Conseil et du Conseil des troubles, qui instruisit en 1568 les procès des comtes d'Egmont et de Hornes, pour la personne qui en donna les pièces au public 160 ans plus tard, c'est-à-dire en 1729. »
Voy. aussi de Reiffenberg, « Histoire de l'ordre de la Toison d'or », Bruxelles, 1830, in-4, p. 508.

Supplément à l' « Histoire du ciel » (de l'abbé Pluche, par N.-A. PLUCHE lui-même). *Paris et La Haye*, 1741, in-12.

Supplément à l'Optique de Smith. (Par Nic.-Cl. DUVAL LE ROY.) *Brest*, 1785, in-4.

Supplément à la dernière édition du « Tarif des douanes » de feu M. Magnien. (Par R. DEVAUX.) *Paris, Ant. Bailleul*, 1812, in-8.

Supplément à la dernière édition du « Théâtre des Grecs », par le P. Brumoy, ou lettres critiques d'un professeur de l'Université (J.-A. LETRONNE) sur la traduction des fragments de Ménandre et de Philémon, par M. Raoul Rochette... *Paris, Bobée*, 1827, in-8, XVI-102 p. et un f. d'errata.

Supplément à la Galerie de l'Assemblée nationale. (Attribué à E.-L.-A. DUBOIS DE CRANCÉ.) *S. l.*, octobre 1789, in-8,

49 p. — 2ᵉ édition. S. l., octobre 1789, in-8, 40 p.

Supplément à la généalogie de la maison de Cornulier... (Par E.-F.-P.-Th. DE CORNULIER-LUCINIÈRE.) Nantes, A. Guéraud, 1860, in-8, VII-335 p. — Second Supplément... (Par le même.) Orléans, imp. de Chenu, 1863, in-8, 164 p.

Supplément à la généalogie de la maison de La Rochefoucauld. (Par P.-L. LAINÉ.) Paris, imp. de Plassan, 1828, in-4.

Supplément à la Géographie.... Par M. l'abbé D. S*** (B. DE SAIVE).

Voy. « Géographie universelle... », V, 540, e.

Supplément à la « Manière d'écrire l'histoire », ou réponse à l'ouvrage de M. l'abbé de Mably, par M. G** de L. B*** (P.-P. GUDIN DE LA BRENELLERIE). Imprimerie de la Société littéraire typographique, 1784, in-12, VI-216 p.

Supplément à la nouvelle édition du « Petit Almanach de nos grands hommes ». (Par L.-P. MANUEL.)

Voy. « Petit Almanach... », VI, 838, f.

Supplément à la « Philosophie de l'histoire » de feu l'abbé Bazin (Voltaire, par P.-H. LARCHER). Amsterdam, 1767, in-8. — Nouv. édit., augmentée. Amsterdam, Changuion, 1769, in-8.

Voy. « la Philosophie de l'histoire », VI, 876, b.

Supplément à la première édition du « Manuel lexique », ou dictionnaire portatif des mots françois dont la signification n'est pas familière à tout le monde... (Par PRÉVOST.) Paris, Didot, 1755, in-12, 2 ff. de tit., 292 p. et 1 f. de privilége.

Supplément à la « Quinzaine angloise », ou mémoires de M. de Provence. (Par le chevalier J.-J. RUTLIDGE.) Paris, 1787, 2 vol. in-12.

Voy. « la Quinzaine anglaise... », VI, 1163, a.

Supplément à la « Révolution de France prophétisée » ... (Par CHAILLON DE JONVILLE.)

Voy. ci-dessus, « Révolution de France... », col. 351, c.

Supplément à la « Théorie de l'impôt ». (Par Victor DE RIQUETTI, marquis DE MIRABEAU.) La Haye, P.-Fréd. Gosse, 1776, in-12.

On lit ces mots p. 63 : « Les vrais principes du droit de l'impôt sont en quelque sorte aujourd'hui

rebattus. Il pourrait être permis à celui qui le premier les mit au jour de les retracer dans l'occasion sans se montrer plagiaire. »

Supplément à mes « Observations sur les finances », par un député de Paris (DUCLOZ DUFRESNOY). 8 avril 1790. Paris, Imp. nationale (1790), in-8, 22 p. et 1 f.

Les « Observations » portent le nom de l'auteur sur le titre.

Supplément à mes Pensées, ou addition de la 5ᵉ à la 6ᵉ édition. (Par Laurent ANGLIVIEL DE LA BEAUMELLE.) Berlin, 1753, in-12.

Supplément au « Catéchisme de l'empire français ». (Par F.-M. GUINCHARD.) Paris, 1807, in-12.

Supplément au Catéchisme de Malines. (Par Josse LEPLAT, docteur de Louvain.) Saint-Trond, Imp. archiépiscopale, in-8.

Supplément au Code civil, ou collection raisonnée des lois et décrets rendus depuis 1789 et qui se rattachent au Code civil, avec des notes explicatives de la relation que ces lois ont entre elles ou avec le Code civil. (Par le baron G.-J. FAVARD DE LANGLADE, conseiller d'État.) Paris, Firmin Didot, 1821, 2 vol. in-12.

Supplément au « Dictionnaire historique » de l'abbé F.-X. DE FELLER, formant la suite de la nouvelle édition, revue et corrigée sur la troisième et augmentée de quatre volumes. (Par J. BOCOUS, J.-B. L'ECUY, M.-J.-P. PICOT et autres.) Paris Méquignon fils aîné, 1819, 4 vol. in-8.

Supplément au « Dictionnaire historique et bibliographique portatif » de M. l'abbé Ladvocat. (Par Charles-Guil. LE CLERC, libraire.) Paris, l'auteur, 1789, in-8.

Supplément au « Dictionnaire universel françois et latin » (vulgairement appelé « Dictionnaire de Trévoux », par l'abbé BERTHELIN, VALDRUCHE, l'abbé DU MASBARET, l'abbé L.-J. LECLERC, LAUTOUR DU CHATEL, etc.). Paris, libr. associés, 1752, in-fol.

Voy. « Dictionnaire universel... », IV, 980, f.

Supplément au « Glossaire du Roman de la Rose », contenant des notes critiques, historiques et grammaticales, etc. (Par J.-B. LANTIN DE DAMEREY.) Dijon, J. Sirot, 1737, in-12, 344 p.

Voy. « Roman de la Rose... », ci-dessus, col. 379, e.

Supplément au « Grand Dictionnaire historique, généalogique, géographique », etc., de M. Louis Moréri, pour servir à la dernière édition de l'an 1732 et aux précédentes. (Par l'abbé C.-P. Goujet.) *Paris, veuve Lemercier*, 1735, 2 vol. in-fol.

L'abbé Goujet possédait un exemplaire sans aucun des 74 cartons que l'on a faits à ce Supplément, qui sont du S. abbé Thierry, chanoine de l'église de Paris, et qui sont remplis de mensonges, de faussetés et de calomnies. Ce fut M. le cardinal de Fleury qui obligea ledit sieur à faire ces cartons, sur le refus constant que l'auteur du Supplément fît de s'y prêter. (Catalogue manuscrit de l'abbé Goujet.)

Supplément au « Journal de Trévoux » du mois de mars 1727. (Par le P. André de Grazac.) *S. l. n. d.*, in-8, 64 p.

Supplément au Mémoire sur la fabrication des eaux-de-vie de sucre. (Par Jos.-Fr. de Charpentier-Cossigny.) *A l'Isle-de-France, Imp. royale*, 1782, in-4, 92 p.
D. M.

Supplément au « Mémoire sur les villes et les voies romaines en basse Normandie ». (Par M. de Gerville.) *Valognes, Carette-Bondessin* (1841), in-8, 31 p.

Le « Mémoire » porte le nom de l'auteur.

Supplément au « Nécrologe de l'abbaye de Notre-Dame de Port-Royal-des-Champs »... Première partie... (Par Ch.-H. Le Fèvre de Saint-Marc.) *S. l.*, 1735, in-4.

Cette première partie est tout ce qui a paru.
Voy. « Nécrologe de l'abbaye... », VI, 405, *a.*
L'abbé C.-P. Goujet a eu part à la composition de ce Supplément, ainsi qu'il l'avoue dans son Catalogue manuscrit.

Supplément au « Nobiliaire des Pays-Bas et du comté de Bourgogne », par M. D. S. D. H. *Louvain, Jean Jacobs*, 1775, 6 vol. in-8.

Voy. « Nobiliaire des Pays-Bas... », VI, 416, *c.*

Supplément au « Polissonniana ». 1725, in-12.

Jamet le jeune cite plusieurs fois ce Supplément, dans les notes manuscrites qu'il a placées sur un exemplaire du « Traité de l'excellence du mariage », par Jacq. Chaussé, *Paris*, 1685, in-12. Il l'attribue à la duchesse douairière et à l'abbé J.-B.-J. Willart de Grécourt. Voy. « Maranzakiniana », VI, 50, *d.*
Dans ces mêmes notes, Jamet présente l'abbé R.-F. Guyot-Desfontaines comme auteur de « Polissonniana ». Voy. VI, 940, *f.*

Supplément au Recueil des lettres de M. de Voltaire (avec un avis de l'éditeur et des notes, par L.-S. Auger). *Paris, Xhrouet,* 1808, 2 vol. in-8 et in-12.

Supplément au recueil intitulé : « le Porte-feuille d'un rentier », contenant la traduction des Distiques de Caton, de sentences tirées tant de Syrus que de divers auteurs, par le C. P. S. S. (Poan-Saint-Simon). *Paris, Imprimerie chrétienne,* an VII-1799, in-12.

Voy. les mots : « de la Tolérance... »

Supplément au « Siècle de Louis XIV », Catilina, tragédie, et autres pièces du même auteur (Voltaire). *Dresde, Conrad Walther,* 1753, in-8, VIII-184 p.

Voy. « Bibliographie voltairienne », n° 392. La Beaumelle publia, en 1754, « Réponse au Supplément... » Voy. ci-dessus, col. 301, *d.*

Supplément au « Théâtre choisi de feu M. de Kotzebue », avec le portrait de l'auteur, un *fac-simile* de son écriture et un avant-propos, contenant une courte notice sur sa vie... Par MM. J. B. de M. et W. (L.-F. Jauffret, bibliothécaire de Marseille, et Math. Weiss). *Marseille, Masvert,* 1820, in-8.

Supplément au traité « de l'Inamovibilité des pasteurs du second ordre ». (Par M.-M. Tabaraud.) *Paris, Brajeux,* 1822, in-8, 56 p.

Voy. « Inamovibilité (de l') des pasteurs... », V, 908, *a.*

Supplément au Traité dogmatique et historique (par le P. Thomassin) des édits dont on s'est servi pour maintenir l'unité de l'Eglise catholique, par un prêtre de l'Oratoire (le P. Ch. Bordes, d'Orléans). *Paris, Imp. royale,* 1703, in-4.

Supplément au « Véritable État »..., ou lettre à l'auteur de cet ouvrage, avec la réponse. (Par le P. François-Xavier de Feller.) *Dusseldorff, P. Kaufmann,* 1787, in-8.

Voy. « Véritable Etat... »

Supplément au Voyage de M. Sonnerat, par un ancien marin (Foucher d'Obsonville). *Amsterdam et Paris,* 1785, in-8, 32 p.

Foucher d'Obsonville, né en 1734, est mort à Meaux le 25 nivôse an II (14 janvier 1802).
Voy. la notice historique sur sa vie et ses ouvrages, lue à la Société d'agriculture, sciences et arts du département de Seine-et-Marne, à Meaux, par M. Carangeot, secrétaire de la Société. *Meaux, Dubois,* an XI-1803, in-8.

Supplément aux « Considérations sur la réforme des armes » (par de Saint-Auban). 1775, in-8.

Voy. « Considérations... », IV, 718, *e.*

Supplément aux « Crimes des papes ». (Par G. Touchard-Lafosse.) *Paris, Lemoine*, 1830, in-18.

Supplément à l'édition de l'ouvrage de V. La Vin-comterie, publiée chez le même libraire, 1830, 2 vol. in-18.

Supplément aux « Découvertes d'un bibliophile », ou réponse à l'écrit intitulé : « les Découvertes d'un bibliophile réduites à leur juste valeur ». (Par M. Fréd. Busch.) *Strasbourg, Silbermann*, 1843, in-8, 154 p.

Voy. « Découvertes d'un bibliophile... », IV, 849, c.

Supplément aux deux Rapports de MM. les commissaires de l'Académie et de la Faculté de médecine, et de la Société royale de médecine. (Par Ch. Deslon ou d'Eslon.) *Amsterdam; et Paris, Gueffier*, 1784, in-4, 77 p. et 1 f.

Supplément aux dictionnaires bretons. Étude récréative et sérieuse : histoire, physiologie, linguistique, orthographe, vocabulaire, etc., par le traducteur breton du *Mensis marianus* du P. Jacolet... (l'abbé V. Roudaut). *Landernau, Desmoulins*, 1872, in-4, viii-111 p.

Supplément aux diverses éditions des Œuvres de Molière, ou lettres sur la femme de Molière, et poésies du comte de Modène, son beau-père. (Par le marquis A.-J.-F.-X.-P.-E.-S.-P.-A. de Fortia d'Urban.) *Paris, Dupont et Roret*, 1825, in-8.

Supplément aux « Droits des curés et des paroisses considérées sous leur double rapport spirituel et temporel ». (Par l'abbé Liger.) *Bruxelles et Paris*, 1786, in-8.

Voy. « Droits des curés... », IV, 1124, f.

Supplément aux « Erreurs de Voltaire », ou réfutation complète de son « Traité sur la tolérance chrétienne... », par un ecclésiastique du diocèse de Reims (l'abbé H.-M. Loisson, curé de Vrisy). *Liège et Paris*, 1779, in-12.

Voy. « Erreurs de M. de Voltaire... », V, 171, d.

Supplément aux « Esquisses historiques de la première époque de la révolution de la Belgique en 1830 ». (Par Auguste de Wargny.) *Bruxelles*, 1831, in-8. J. D.

Supplément aux Journaux des Savans et de Trévoux, ou lettres critiques sur les divers ouvrages périodiques de France.

(Par J.-B.-A. Suard et Alex. Deleyre.) *Amsterdam, M.-M. Rey*, 1758, in-12.

Voy. « Journal des savans... », V, 1024, c.

Supplément aux Lettres angloises de miss Clarisse Harlove, traduit de l'anglois (de Sam. Richardson, par J.-B.-A. Suard), avec l'éloge de l'auteur par Diderot. *Lyon (Paris)*, 1762, in-12.

Supplément aux Lyonnois dignes de mémoire (de l'abbé Pernetti, par Pierre Laurès, chirurgien de Lyon). *A Marnioule, chez Martin Frettagolit, à l'enseigne de la Grande-Mesure* (1757), in-12.

Supplément aux Mémoires de l'histoire civile et ecclésiastique du Beauvoisis, de M. Ant. Loisel et de M. P. Louvet. (Par Denis Simon.) *S. l.*, 1718, in-12.

Supplément aux « Mémoires » de messire Ph. de Comines, contenant l'Addition à l'histoire du roi Louis XI (par G. Naudé), avec plusieurs pièces, lettres, etc., et Remarques critiques et historiques sur le même sujet (par Jean Godefroy). *Bruxelles*, 1713, in-8.

C'est aussi Gabriel Naudé qui a publié l'édition des « Mémoires de Phil. de Comines », à *Bruxelles* en 1704, 4 vol. in-8, avec les notes de Denis Godefroy, père de Jean Godefroy.

La première édition du livre de Naudé a paru sous ce titre : « Addition à l'histoire de Louis XI, contenant plusieurs recherches curieuses sur diverses matières. » *Paris*, 1630, in-8.

Supplément aux « Mémoires de M. Palissot pour servir à l'histoire de notre littérature », ou lettre à M. Palissot sur un article de ses Mémoires. *Londres et Paris, Cailleau*, 1775, in-8, 73 p.

L'article critiqué est celui où il est question de Cerfvol, auteur d'écrits sur le divorce et l'éducation des enfans. J'attribue le Supplément à ce même écrivain, quoiqu'il parle de lui en tierce personne.
(L.-T. Hérissant.)

Supplément aux « Mémoires de Sully ». Nouvelle édition, considérablement augmentée (par les abbés J.-G. Petit de Montempuis et C.-P. Goujet.) *Amsterdam, B. Paff*, 1762, in-12.

La première édition est intitulée : « Observations sur la nouvelle édition des « Mémoires de Sully » ... Voy. VI, 622, f.

Supplément aux « Mémoires du duc de Saint-Simon sur le règne de Louis XIV ». (Publié par J.-L. Giraud Soulavie.) *Paris, Buisson*, 1789, 4 vol. in-8.

Supplément aux notices sur Serpanne. (Par Laurent Mansuy.) *Pont-à-Mousson, Thierry*, 1818, in-8. D. M.

Supplément aux « Œuvres de Charlotte de Corday », publiées par un bibliophile normand en 1863. *Caen, Le Gost*, 1864, in-8, VIII-22 p.

La préface est signée : Ch. R. (Ch. RENARD). L'ouvrage de 1863 est intitulé : « Œuvres politiques de Charlotte de Corday, décapitée à Paris le 17 juillet 1793, réunies par un bibliophile normand, avec un fac-simile inédit ». *Caen, Le Gost*, 1863, in-8, XXII-50 p. La dédicace à la mémoire de l'aïeul de l'auteur, Claude-Joseph Renard, est signée : Ch. R.

Le même éditeur a publié, sous le titre d'un « collectionneur normand », la brochure suivante :

« Charlotte de Corday et Doulcet de Pontécoulant ». *Caen, Le Gost-Clerisse; Paris, Charavay*, 1860, in-8, 23 p.

A la suite de la correspondance relative à la défense de Ch. Corday devant le tribunal·révolutionnaire, qu'elle avait voulu confier à Doulcet de Pontécoulant, se trouve une bibliographie des ouvrages relatifs à cette femme célèbre, qui ne fait que reproduire en partie seulement, et sans la citer, celle qui avait paru dans « le Quérard », t. II, p. 440 et suiv., 488 et suiv.

Enfin M. Renard a donné : « Fêtes et Solennités de toutes les églises de Caen avant la Révolution, d'après un manuscrit de l'Abbaye-aux-Dames, annoté par Charlotte Corday. » *Caen, Massif; Paris, veuve E. Delaroque*, 1869, in-8, 30 p.

Ce manuscrit n'est que la copie d'un petit volume devenu fort rare : « Almanach spirituel et historique de la ville de Caen pour l'année 1761, contenant les fêtes, solennités, dévotions, indulgences, sermons et saluts de toutes les églises, auquel est joint l'origine et l'établissement de toutes les paroisses, abbayes et communautés de la ville et fauxbourgs ». *Caen, Chalopin*, in-24.

L'introduction est signée Ch. Renard.

L. D. L. S.

Supplément aux Œuvres de Jacques-Henri Bernardin de Saint-Pierre, précédé d'un avant-propos de l'éditeur (Sylvain VANDEWEYER). *Louvain, Demat*, 1823, in-8, x-32 p.   J. D.

Supplément aux « Œuvres de M. L* F**** » (J.-J. LE FRANC DE POMPIGNAN). S. l., 1758, in-12.

Voy. « Œuvres diverses de M. L* F*** », VI, 657, c.

Supplément aux « Œuvres de M. Rousseau », contenant les pièces que l'auteur a rejettées de son édition, donné au public par M. D. *S. l. n. d.*, in-12.

D'après le rédacteur du Catalogue Soleinne, cette initiale désignerait Nic. LENGLET-DUFRESNOY, qui est probablement aussi l'éditeur de l'édition des « Œuvres diverses de M. Rousseau... », *Bruxelles*, 1733, 2 vol. in-12, pour laquelle ce Supplément a été imprimé.

Supplément aux « Œuvres » du P. La BERTHONIE. (Publié par dom M.-J.-J. BRIAL.) *Paris*, 1811, in-12.

Supplément aux Racines de la langue latine. (Par Maurice MAHOT.) *Nantes, imp. de Busseuil jeune*, 1823, in-12.

Supplément aux « Recherches historiques sur la ville de Gournay-en-Bray ». Par N.-R. P. (POTIN) DE LA MAIRIE. *Gournay, veuve Folloppe*, 1844, in-8.

Le nom entier de l'auteur se trouve sur le titre des « Recherches », publiées en 1842, 2 vol. in-8.

Supplément aux « Réflexions d'un Portugais » (voy. ci-dessus, col. 127, b); ou réponse de l'ami de Rome à son ami de Lisbonne, traduit de l'italien (par l'abbé C.-P. GOUJET, avec une préface du même). *Gênes (Paris), Simon*, 1760, in-12.

P.-O. PINAULT a eu quelque part à cette traduction pour les premières pages et la révision du tout.

Supplément aux « Remarques sur les ouvrages exposés au Salon », par le C. de M. M. (le comte DE MENDE MAUPAS), de plusieurs Académies, etc. *(Paris), Knapen* (1789), in-8.

Voy. ci-dessus, « Remarques sur les ouvrages... », col. 258, c.

Supplément aux « Rêveries », ou Mémoire sur l'art de la guerre de Maurice, comte de Saxe, par le baron D. P. N. (J.-B.-J. DAMARZIT DE SAHUGUET, baron D'ESPAGNAC). *La Haye, Gosse*, 1757, in-8.

Supplément aux six volumes de « Recueils de médailles de rois, de villes, etc. », publiés en 1762, 1763 et 1765, avec des corrections relatives aux mêmes volumes. (Par J. PELLERIN.) *Paris, H.-L. Guérin et L.-F. Delatour*, 1765-1767, 4 parties in-4, fig.

Voy. « Recueil de médailles de rois... », ci-dessus, col. 70, e.   G. M.

Supplément aux Tableaux de Philostrate. (Par B.-H. DE CORTE, baron DE WALEFF.) *Paris*, S. *Mabre-Cramoisy* (*Liége, G.-I. Broncart*), 1733. (A la fin:) *Cette brochure se vend à Coronmeuse, à la Barbe d'or*, in-8, 40 p.

Cette brochure, dirigée contre Delille, médecin liégeois, peut se joindre à la collection des Œuvres de l'auteur, publ. en 1731.   D. T.

Supplément aux Tablettes royales de renommée et d'indication des négociants, artistes célèbres et fabricants des six corps, arts et métiers de la ville de Paris et autres villes du royaume, etc. (Par ROZE DE CHANTOISEAU.) Premier trimestre, pour servir d'addition et d'errata aux omissions et changements survenus pendant et depuis l'impression de cet ouvrage. *Paris, Desnos*, 1775, in-8, 80 p.

Supplément aux variétés littéraires du citoyen T*** (le baron Herman-Jean DE

TRAPPÉ), né à Liége. *Paris (Liége),* an X-1802, in-8, 81 p.   D. M.

Supplément aux Vies des Pères, martyrs et autres principaux saints, de l'abbé Godescard... par l'abbé D*** (J.-M. DONEY, depuis évêque de Montauban), chanoine théologal et vicaire général. *Besançon, Gauthier,* 1835, 3 vol. in-8.

Supplément contenant en abrégé l'institution et fondation des vingt universitez de France, etc. (Par Ant. BRUNEAU.) *Paris,* 1686, in-12.

C'est un Supplément au « Nouveau Traité des criées », publié par le même auteur en 1678; mais il n'y est nullement question des « criées ».

Supplément de « l'Année merveilleuse ». (Par l'abbé COYER.) *Pégu,* 1748, in-4.

Voy. « l'Année merveilleuse », IV, 202, a.

Supplément de « l'Offrande à la patrie », ou discours au tiers état sur le plan d'opérations que ses députés aux états généraux doivent se proposer... (Par J.-P. MARAT.) *Au temple de la Liberté,* 1789, in-8, 62 p.

Voy. « Offrande à la patrie... », VI, 705, a.

Supplément de la Clef, ou journal historique sur les matières du temps... Par le sieur C. J. (Claude JORDAN). *Verdun, C. Muguet,* 1713, 2 vol. in-8.

Voy. « la Clef du cabinet des princes de l'Europe », IV, 614, f.

Supplément de la « Dévotion à la sainte Vierge ». Paraphrase de quelques-unes des prières que l'Église a consacrées à Marie... (Par B.-L. ENFANTIN, chef des Missions.) *Valence, imp. de J.-F. Joland,* 1821, in-12.

L'auteur avait publié la même année, en y mettant son nom, un ouvrage sous le titre de « Dévotion à la sainte Vierge »; celui-ci en est le supplément.

Supplément (le) de Tasse-Roussi-Friou Tilave aux femmes ou aux maris pour donner à leurs femmes. (Par l'abbé L. BorDELON.) *Paris, veuve Barbin,* 1713, in-12, XXIX p., 1 f. de priv. et 338 p.

Supplément des « Essais de littérature ». (Par l'abbé P.-V. FAYDIT.) *Paris, Pierre Ribou,* 1703 et 1704, 2 vol. in-12.

L'auteur a mis son nom à la quatrième partie et aux suivantes, qui sont très-rares. J'en connais six. La cinquième et la sixième sont partagées en deux sections. Voy. « Essais de littérature... », V, 268, f.

Supplément des « Nouvelles ecclésiasti ques.) (Par le P. Louis PATOUILLET, jé suite.) *S. l.,* 1733-1748, 16 tomes en 4 vol. in-4.

Supplément du « Discours aux Wel ches », avec une lettre du libraire de « l'Année littéraire » à M. V. et la réponse de M. V. à cette lettre. (Par VOLTAIRE.) *S. l.,* 1764, in-8, 21 p.

Supplément du volume des journaux de médecine de l'année 1686, ou nouvelles conjectures sur les organes des sens, où l'on propose un nouveau système d'optique avec une théorie particulière du mouve ment. Par le S. B. (BRUNET). *Paris, d'Hor temels,* 1687, in-12.

Supplément en forme de réponse à la relation des réjouissances faites à Saint-Jean de Lône, le 3 novembre 1736, à l'oc casion de l'année séculaire du siège mis par les Impériaux devant cette ville, le 25 octobre 1636, et levé le 3 novembre suivant. Dijon, décembre 1736. (Attribué à Claude-Christophe JOLICLERC, ancien maire de Saint-Jean de Lône.) *Paris,* 1737, in-12, 54 p.

Supplément nécessaire à un écrit inti tulé : « le Philadelphien à Genève », etc., ou Lettre à l'auteur anonyme de cette brochure. (Par MALLET.) *Genève,* 16 août 1783, in-8.

Suppléments à l' « Almanach d'Alsace ».

Voy. « Almanach de Strasbourg », IV, 103, f.

Suppléments et corrections à faire dans l'édition in-12 des « Lettres pacifiques », prises de l'édition in-4. (Par L.-A. LE PAIGE.) *S. l. n. d.,* in-12, 36 p.

Suppression (de la) de l'impôt sur les boissons et de son Remplacement par l'amé lioration des contributions directes. (Par LEPEINTRE.) *Paris, imp. de Moreau,* 1830, in-8.

Suppression (de la) de l'octroi à Bru xelles, par un ancien receveur des con tributions (CORNET). *Bruxelles, Vanderau wera,* 1854, in-8, 32 p.   J. D.

Suppression (la) de tous les droits féodaux, par un gradué de campagne (BERNARD, conseiller au bailliage de Bourg-en-Bresse). *S. l.,* 1790, in-8, 68 p.

Suppression (de la) des cloches, dialo gue entre un marguillier de Saint-Eusta che et un député à l'Assemblée nationale, sur l'origine et l'usage des cloches, les prétendus miracles qu'elles ont opérés, les abus, les accidents qu'elles occasionnent journellement et les avantages qui résul teraient de leur destruction. (Par Ch.-Et.

GAUCHER.) *A Philarmonie* (*Paris, Cailleau*), 1790, in-8, 16 p.

Suppression (de la) des impôts sur les vins et des Moyens de les remplacer. (Par MAUD'HUY AÎNÉ, conseiller de préfecture du département de la Moselle.) *Metz, imp. Dosquet*, 1829, in-8. D. M.

Suppression (de la) des octrois et des impôts, par un ancien ministre de l'Evangile (Xavier BOUGARD). *Liége, Bougard*, 1860, in-16, 4 p.

Suppression du dernier couplet de la Marseillaise, et captivité de Rouget de l'Isle en 1793. *Lyon, imp. de L. Boitel* (1841), in-8, 4 p.

Par René MOREL, médecin à Lyon, d'après M. de Manne.

Par P.-M. GONON, d'après OEttinger.

Suprême conseil des gg.·. insp.·. gén.·. 3° et degré souv.·. du rit écos.·. et acc.·. pour la Belgique et les autres pays soumis à son obédience. (Par Charles HOORICKX.) *Or.·. de Bruxelles, imp. du sup.·. Cons.·.*, 5851, in-18, 24 p. J. D.

Sur deux traductions nouvelles de l'Imitation de J.-C., et principalement sur celle de M. Genoude. (Par M. l'abbé Aimé GUILLON.) *Paris, imp. de Baudouin*, 1820, in-8, 20 p.

Cette brochure est signée C. D. La seconde traduction, examinée par M. l'abbé Guillon, est celle de M. Gence, qu'il trouve bien supérieure à celle de M. Genoude, laquelle est une espèce de contrefaçon de la traduction du P. Lallemant, jésuite. On peut porter le même jugement de la nouvelle traduction publiée en 1824 par M. l'abbé de La Mennais.

Sur Frédéric le Grand, et mes entretiens avec lui peu de jours avant sa mort; traduit de l'allemand de ZIMMERMANN (par J.-B. MERCIER). *Lausanne, Lacombe*, 1790, in-8.

Le véritable traducteur paraît être HALLERBACH, dont le nom se trouve sur les frontispices originaux. Le libraire Desray l'a fait disparaître des frontispices qu'il a réimprimés.

Sur l'accord de la morale avec la politique, ou quelques considérations sur la question : Jusqu'à quel point est-il possible de réaliser la morale de la vie privée dans le gouvernement d'un Etat, par M. GARVE; traduit de l'allemand (par le comte F.-A. DE ZINZENDORF, ambassadeur de Saxe à Berlin). *Berlin, imprimerie royale*, 1789, in-8.

Sur l'administration de M. N*** (Necker),

par un citoyen français. *S. l.* (1781), in-12, 50 p.

Ce pamphlet a eu trois suites :
1° Suite des observations du citoyen ;
2° Seconde Suite des observations du citoyen ;
3° Troisième Suite des observations du citoyen, appelée vulgairement les Pourquoi, ou la Réponse verte.

Réimprimé dans la « collection complète de tous les ouvrages pour et contre M. Necker... », *Utrecht*, 1781, 3 vol. in-8, dont le « Catalogue de l'histoire de France » de la Bibliothèque nationale donne le détail, t. II, p. 65, n° 293.

Attribué à DOIGNY DU PONCEAU.

J.-M. AUGEARD se reconnaît l'auteur de ces écrits. Voy. p. 99 de ses « Mémoires secrets », publiés par M. Evar. Bavoux, *Paris*, 1866, in-8.

Sur l'affranchissement des serfs, concernant les provinces baltiques de la Russie. (Par Guill. DE FREYGANG.) *Güttingue, Dietrich*, 1803, in-8. A. L.

Sur l'Allemagne, deux lettres adressées en août 1848 à « l'Espérance, courrier de Nancy ». Par P.G. D. (A.-F.-G. GUERBIER DE DUMAST). *Nancy, Vagner*, 1848, in-8, 19 p.

Sur l'amortissement. A la Chambre des pairs. (Par le marquis DE LA GERVAISAIS.) *Paris, A. Pihan Delaforest*, 1831, in-8, 24 et 28 p.

Sur l'art des jardins. Extrait du Lycée armoricain, 68° livraison. (Par L.-F. DE TOLLENARE.) *Nantes, imp. de Mellinet-Malassis*, 1828, in-8, 14 p.

Sur l'avilissement de la milice française. (Par Jean-François LAMBERT, frère aîné de l'abbé Pierre-Thomas Lambert.) *Au Champ-de-Mars*, 1772, in-12.

Sur l'écrit de M. le vicomte de Chateaubriand, relatif au bannissement de Charles X et de sa famille, par un bourgeois de Paris. *Paris, imp. de Plassan*, 1831, in-8, 51 p.

Signé : S. L. F..., rue Tire-Chape, n° 17. Par A.-V. ARNAULT. Voy. « Supercheries », I, 567, f.

Sur l'édit du mois d'avril 1598, publié le xv février 1599. (Par RIBBIER.) *S. l. n. d.*, in-8, 29 p.

Sur l'éducation nationale dans les Etats-Unis d'Amérique. (Par P.-S. DUPONT, de Nemours.) Seconde édition. *Paris, Le Normant*, 1812, in-8.

Sur l'éducation nationale et publique, opuscule esquissé par un père riche de six enfans (THIROUX). *S. l.*, 1791, in-8.

Sur l'éducation nationale. Notions géné-

rales qui peuvent et doivent être adap-
tées à tous les degrés d'instruction, par
*** (J.-Fr. CHAMPAGNE). *Paris*, 1802, in-8,
41 p.

Sur l'émancipation des paysans dans
les provinces de la Baltique. 1820-1822.
Notice publiée (en allemand) en 1821 par
un anonyme (N. T.) dans le recueil allemand « Hermès », précédée de l'article de
Depping dans la « Revue encyclopédique »,
1822, à l'occasion du Mémoire de Merkel,
imprimé en 1820 à Riga. (Réimpression due
aux soins de M. S. POLTORATSKY.) *Franc-
fort-sur-Mein*, 1855, in-8. A. L.

Sur l'endiguement du Démer et de la
Dyle, par un ingénieur agronome (MOREAU,
à Louvain). *Bruxelles, Decq*, 1846, in-8,
51 p. J. D.

Sur l'établissement d'une comptabilité
propre en toutes circonstances à réformer
les abus. (Par LHOSTE DE BEAULIEU.) *Paris, Gattey*, 1791, in-8, 39 p.

Sur l'établissement d'une constitution
républicaine en France et quelques considérations sur ce qui s'est passé aux Etats-
Unis et en France depuis 1789. *Paris, E.
Dentu*, 1873, in-18, 70 p.

Signé : « Un propriétaire dans l'arrondissement de
Mortain, où il paye trente centimes d'impôt, ce qui
lui donne le droit d'être nommé conseiller général de
la Manche » (M. DE GASTÉ).

Sur l'état présent du Japon. *Paris, imp.
de Bourgogne et Martinet*, 1846, in-8, 8 p.

Signé : J-D. (E.-F. JOMARD).
Extrait du « Bulletin de la Société de géographie »,
août 1846.

Sur l'étude des autorités et l'autorité
unique de M. l'abbé J.-Fr. de La Mennais...
(Par M. l'abbé THOREL, auteur « de l'Origine des sociétés et de l'Absurdité de la
souveraineté des peuples », etc.) *Paris,
A. Pihan Delaforest*, 1829, in-8, IV-132 p.

Cet opuscule porte pour faux titre : « Dialogues entre
deux missionnaires de la Chine, sur l'étude des autorités et les systèmes inouïs de l'abbé J.-F. de La
Mennais. »

Sur l'excellence de l'architecture. Par
M*** (MATHIEU), secrétaire-adjoint de l'Académie de Dijon... *Dijon, imp. de Frantin*,
1819, in-8, 24 p.

Sur l'importance des études classiques,
traduit de l'allemand de Frédéric THIERSCH,
par N. J. S..... (SCHWARTZ, professeur à
l'Université). (*Liége, Kersten*), 1839, in-8,
34 p.

Tiré à part du « Journal historique ». Ul. C.

Sur l'oreiller, par l'auteur de : « Entre
onze heures et minuit » (Alphonse BROT et
Emile-Marc HILAIRE). *Paris, Vimont*, 1834,
in-8. D. M.

Sur l'ouvrage intitulé : « de mes Rapports avec J.-J. Rousseau ». (Par A. JOUR-
DAN.) *S. l. n. d.*, in-8, 13 p.

Extrait du « Moniteur », 11 messidor an VI (1798),
n° 281.

Sur l'usage de la raillerie et de l'enjouement dans les conversations qui roulent
sur les matières les plus importantes; traduit de l'anglois (par H. SCHEURLEER). *La
Haye*, 1710, in-12.

Sur la Banque de France, les causes de
la crise qu'elle a éprouvée... (Par P.-S.
DUPONT, de Nemours.) *Paris, Delance*, 1806,
in-8, 70 p.

Sur la bête monstrueuse et cruelle du
Gévaudan. Poëme. *S. l.*, 1765, in-8, 16 p.

La dédicace est signée : le baron DE R..... (le
baron DE RHODES).

Sur la censure facultative et la suspension judiciaire. (Par le marquis DE LA GER-
VAISAIS.) *Paris, A. Pihan Delaforest*, 1828,
in-8, 26 p.

Sur la colonne de la place Vendôme.
(Par l'abbé P. D'HESMIVY D'AURIBEAU.)
Paris, Anth. Boucher, 1819, in-8, 8 p.

Sur la confédération suisse et sur les
prétentions de Berne, écrit en mai 1814.
(Par Albert RENGGER, ancien ministre de
l'intérieur en Helvétie, député du canton
d'Argovie au congrès de Vienne; traduit
de l'allemand, par D.-A. DE CHAVANNES.)
Genève, 1814, in-8, 64 p.

Sur la contrainte par corps pour dettes,
telle qu'elle a été établie par la loi du
15 germinal an VI, par M. L. P. D. L. F.
(L.-P.-D. LAFAGE), ancien jurisconsulte.
Paris, imp. L.-G. Michaud, 1812, in-8,
48 p.

Cette attribution, donnée par Quérard dans la
« France littéraire », est reproduite dans les « Supercheries », I, 956, f, et cependant le même ouvrage est
attribué, probablement par erreur, à GINDRE, dans le
tome II, 975, f.

Sur la décoration des églises. (Par
Paulin GILLON.) *Bar-le-Duc, imp. de madame Laguerre*, novembre 1859, in-8, 16 p.

Sur la destruction des Jésuites en France.
Par un auteur désintéressé. (Par J. D'A-
LEMBERT.) *S. l.*, 1765, in-12. — *S. l.*,
1767, in-12.

Réimprimé sous le titre « de la Destruction des Jésuites en France ». Voy. IV, 913, f.

Sur la devise pacifique des trois guirlandes, avec cette inscription : *Triplici sors nexa corolla ;* présentée au roy pour l'année de paix 1599. *S. l. n. d.,* in-4, 6 ff.

Signé : C. P. P. (Cl. PALLIOT, Parisien).

Sur la diète actuelle de la Courlande et la légalité de ses prorogations et limitations. (Par Heinr.-C. VON HEYKING.) 2e édit. *S. l. (Varsovie),* 1789, in-4.   A. L.

Sur la formation des Eglises. (Par M. John DARBY, pasteur.) *Lausanne,* 1841, in-12.

Sur la formation des jardins, par l'auteur des « Considérations sur le jardinage » (Ant.-Nic. DUCHESNE). *Paris, Dorez,* 1779, in-8, 104 p.

Sur la France et sur la Responsabilité ministérielle. (Par le marquis DE VILLAINES.) *Paris, J.-G. Dentu,* 1815, in-8, 1 f. de tit. et 33 p.

Sur la lecture des mauvais livres et des mauvais journaux. (Par le P. BOONE, jésuite.) *Liége,* 1841, in-32, 32 p.   J. D.

Plusieurs fois réimprimé sous le titre : « les Mauvais Livres et les Mauvais Journaux... » Voy. VI, 89, e.

Sur la législation et le commerce des grains. (Par Jacq. NECKER.) *Paris, Pissot,* 1775, in-8.

Sur la légitimité du serment exigé des ecclésiastiques fonctionnaires publics, par un membre de la Société des amis de la Constitution de la ville de Saint-Mihiel, etc. (Par dom DIDELOT, anc. bénédictin.) *Saint-Mihiel,* 1791, in-8, 88 p.

Sur la liberté de la presse. (Par L. HUBERT.) *Paris, Patris,* 1814, in-8, 24 p.

Sur la liste électorale du département de la Meuse. A messieurs les membres de la Société ayant pour devise : Aide-toi, le Ciel t'aidera. (Par Charles-Guillaume ETIENNE.) *(Paris), imp. de Guiraudet* (1827), in-8, 16 p.

C'est une réimpression. L'auteur avait fait paraître cette lettre dans le département de la Meuse.

Sur la mort d'Eugène Sue, humble avis d'un démocrate. (Par F. TAPON-FOUGAS.) *(Bruxelles), typ. de Ch. Vanderauwera* (1857), in-32, 48 p.

Sur la mort imaginaire et véritable de Molière, en vers libres. (Par D'ASSOUCY.)

Paris, O. Desvarennes, 1673, in-4, 8 p. — *Metz, J. Antoine,* 1673, in-4, 4 p.

C'est une réimpression de l' « Ombre de Molière » du même auteur. Voy. VI, 708, f.

Sur la naissance de monseigneur le comte d'Artois, par la Muse limonadière du Café allemand, rue Croix-des-Petits-Champs (Mme C.-R. BOURETTE). *S. l.* (1757), in-8, 1 p.

Sur la naissance de Mgr le duc de Bourgogne et sur la reddition à l'obéissance du roi des villes de Casal et de Strasbourg. (Par VOSTAIN DE CHEVRIÈRES.) *S. l.,* 1682, in-4, 7 p.

Sur la navigation de la Loire. Nécessité de son rétrécissement, par M. R. D. L. M. (ROGER DE LA MOUCHETIÈRE). *Nantes, imp. de Busseuil aîné,* 1822, in-8.

Sur la nécessité d'abroger les anciennes lois rendues contre le duel, à l'occasion de celui qui a eu lieu entre MM. Dufay et Saint-Morys ; par l'auteur du « Cri de l'armée » (Édouard DE SAINT-AULAIRE). *Paris, imp. de Renaudière,* 1818, in-8, 40 p.

Sur la nécessité d'appliquer aux rues de Nancy, lors du renouvellement de leur nomenclature, le système des noms historiques qui commence partout à prévaloir. (Par P. GUERRIER-DUMAST.) *Nancy, A. Lepage,* 1857, in-8, 56 p.

Sur la pacification des districts polonais. (Par le baron Aug. VON HAXTHAUSEN.) *S. l.,* 1856, in-4, lithographié.   A. L.

Sur la peinture, ouvrage succinct qui peut éclairer les artistes sur la fin originelle de l'art... (Par PAUL.) *La Haye ; et Paris, Hardouin,* 1782, in-12, 143 p.

Permission tacite.   V. T.

Sur la police des remèdes secrets, et sur les mesures les plus avantageuses au public à prendre à leur égard. Deux projets de discours qui avaient été destinés à être prononcés au Conseil des anciens, en réponse aux rapports des citoyens Baraillon, Cabanis et Hardy. Par un ancien représentant du peuple, décédé en Hollande (G.-C. WURTZ). Ouvrage posthume. *Amsterdam, chez l'héritier Guérin,* 1807, in-8, 2 ff. de titre et 143 p.

Sur la porte de Hal. (Par Pierre-Joseph BRUNELLE.) *Bruxelles, Beugnies,* s. d., in-8, 16 p.   J. D.

Sur la querelle des abeilles et des frelons, ou sur la situation respective des producteurs et des consommateurs non producteurs. (Par H. DE SAINT-SIMON.) Paris, imp. de Cosson, 1819, in-8, 22 p.

Extrait de la onzième livraison du « Politique ». Voy. VI, 947, e.

Sur la réorganisation de la garde nationale de Paris, par un chef de bataillon. Paris, Éverat, 1821, in-8, 16 p.

Une autre édition porte : Par M. DE S.....Y, chef de bataillon, 3e légion (le vicomte Jos. DE SAMBUCY).

Sur la révision des listes électorales. (Par le marquis DE LA GERVAISAIS.) (Paris), imp. de Pihan Delaforest, 1827, in-8, 11 p.

Sur la séance nationale du 25 juin et Lettre à M. le comte d'Artois sur la séance royale du 23. (Par L.-P. MANUEL.) S. l., 1789, in-8, 12 p.

Sur la situation de la France, opinion d'un député. (Par le général Gilbert-Désiré-Joseph BACHELU.) Paris, imp. de Gaultier-Laguionie, 26 février 1831, in-8, 27 p.

Réimprimé avec le nom de l'auteur.

Sur la Suisse à la fin du dix-huitième siècle. (Par J.-H. MEISTER.) Lunéville (Zurich), 1801, in-12, 205 p. et 1 f. de table. — Strasbourg, frères Levrault, 1801, in-12, 205 p. et 1 f. de table.

Sur la théorie de la population, ou observations sur le système proposé par M. Malthus et ses disciples. (Par le vicomte Ch.-G. MOREL DE VINDÉ.) Paris, imp. de Huzard, 1829, in-8, 30 p.

La 2e édition, publiée la même année, porte le nom de l'auteur.

Sur la tombe d'un ami (Reiffenberg). 14 novembre 1795-18 avril 1850. (Par Ad. MATHIEU.) S. l. n. d. (Mons, Hoyois, 1850), in-8, 7 p.   J. D.

Sur la tombe de dona Maria II, reine de Portugal. (Par Ch. KAMPF.) Bruxelles, 1854, in-8.

Sur la tombe de Lesbroussart, à Ixelles, le 7 mars 1855. (Par Ad. MATHIEU.) S. l. n. d. (Bruxelles, Hayez, 1855), in-12, 13 p.   J. D.

Sur la treizième et dernière leçon de 1828, du cours de philosophie de M. Victor Cousin. (Par L.-F. DE TOLLENARE.) Nantes, imp. de Mellinet-Malassis, 1828, in-8, 8 p.

Sur la trève entre la France et la Savoye. Madrigal. — Sur la paix entre la France

et la Savoye. Madrigal. (Par Mlle DE SCUDÉRY.) S. l. (1713), in-4, 2 p.

Sur la Vénus de Milo, précédé d'un discours préliminaire, par M. DE S. V. (Jacques-Maximilien BINS DE SAINT-VICTOR). Paris, Didot, 1823, in-folio.   D. M.

Sur la victoire de M. le duc d'Aiguillon. (Par A. TANEVOT.) S. l. n. d., in-4, 3 p.

Sur le bonheur des sots. (Par Jacques NECKER.) Paris, imp. de Didot l'aîné, 1782, in-18. — S. l., 1788, in-18, 33 p.

Sur le chemin de fer de Cologne à Anvers, traduit de l'allemand. (Par George-Louis-Joseph HEUSSCHLING.) Bruxelles, 1834, in-8.   J. D.

Sur le citoyen Emile de Girardin. (Par GILLES, ex-employé au Comptoir d'escompte.) Paris, imp. de J. Juteau (1848), in-fol. plano.

Sur le divorce, considéré chez les Israélites. (Par Michel BERR.) Paris, imp. de Fain (1816), in-8, 8 p.

Sur le goût des habitants de Valenciennes pour les lettres et les arts. (Par G.-A.-J. HÉCART.) Valenciennes, Lemaitre, 1826, in-8, 31 p.

Sur le grade d'élève universitaire. Examen de la loi du 15 juillet 1849, par un ami des lettres belges (le R. P. BROECKAERT, S. J.). Bruxelles, Decq, 1854, in-8, 20 p.

Sur le luxe. (Par VOLTAIRE.) S. l. n. d., in-12, 12 p.

Sur le mannequin. Discours dans lequel on traite de son invention, de sa perfection et de son usage. Par un ami des arts (E.-J.-J. BARILLET). Paris, au Bureau des « Annales du Musée », 1809, in-8, 23 p.

L'auteur a signé la dédicace. Il a été par erreur, dans les « Supercheries », I, 308, b, désigné sous le nom de BARILLET.

Sur le mariage de monseigneur le Dauphin avec Marie-Josèphe, princesse de Pologne. (Par L.-G. BAILLET DE SAINT-JULIEN.) S. l. (1747), in-8, 3 p.

Sur le mode d'avancement réglé par la loi de recrutement du 10 mars 1818. (Par le marquis Georges DE CHAMBRAY.) Paris, Dentu, 1819, in-8, 24 p.

Sur le « Moniteur » du 26 février 1833. Paris, Dentu, 1833, in-8, 16 p.

Signé : E. S. J. (Emmanuel DE SAINTE-JAMES).

Sur le nouveau projet de loi relatif à la presse. (Par F. Guizot, alors secrétaire général du ministère de l'intérieur.) *Paris, Le Normant*, 1814, in-8, 27 p.

Sur le « Petit Almanach de nos grands hommes ».

Voy. « Petit Almanach... », VI, 838, *f*.

Sur le pourtraict de dom Ruade, Père vicaire des Chartreux de Paris. *Paris, Jean Libert*, 1613, in-8, 8 p.

Par Hollandre. Le nom se trouve dans un sonnet adressé à l'auteur.

Sur le pouvoir du roi de publier, par une ordonnance, le concordat du 11 juin 1817. (Par le cardinal C.-G. de La Luzerne.) *Paris, Ad. Egron* (1821), in-8, 15 p.

Sur le projet d'une statistique générale des différents pays. (Par Adolphe Quételet.) *Bruxelles, Hayez*, 1863, in-18, 17 p.

Extrait de l' « Annuaire de l'observatoire royal de Bruxelles » pour 1862.   J. D.

Sur le quartier Léopold. (Par Henri Dandelin, ancien échevin à Saint-Josse-ten-Noode.) *Saint-Josse-ten-Noode*, 1852, in-8, 10 p.   **J. D.**

Sur le recouvrement de la sainte couronne d'épines rendue au chapitre de Notre-Dame pour le sacre et le couronnement de l'Empereur. Inscriptions pour les portraits et statues de Napoléon et de Pie VII. (Par l'abbé Guyot.) *Senlis, Tremblay, s. d.*, in-8, 2 ff.

Sur le respect dû aux tombeaux et l'indécence des inhumations actuelles, par le C. N. S. G. (N.-S. Guillon). *Paris*, an VII-1799, in-8, 39 p.

Sur le sacre de Louis XVIII. (Par Louis Dessain.) *Reims, imp. de Lebatard*, 1814, in-8, 15 p.

Voy. l'« Intermédiaire », IX, 509.

Sur le Salon de l'an VIII. (Par Esménard.) *S. l.*, in-8.

Sur le soleil, par quelqu'un qui n'est pas physicien, à l'usage de ceux qui ne le sont pas. (Par le vicomte J.-Fr. de La Rochefoucauld, comte de Surgères.) *S. l. n. d. (Sens, imp. de Tarbe)*, in-12, 19 p.

Neuvième traité des « Ramassis » ; voy. ci-dessus, col. 5, *e*.

Sur le système continental et sur ses rapports avec la Suède. *Hambourg*, févr. 1813, in-8, VI-92 p. — *Altenbourg, Brock-*

haus, 1813, in-12. — *Paris et Genève, Paschoud*, 1814, in-8.

La première édition a été publiée à Stockholm. Cet écrit a été réimprimé avec d'autres pièces du même auteur, dans les « Essais historiques et littéraires » de Aug. Wilh. Schlegel. *Bonn, Weber*, 1842, in-8. L'auteur y a fait quelques suppressions peu importantes, relatives à la Suède.

Spéculant sur la célébrité du nom de madame de Staël, le libraire Pluchart, de Saint-Pétersbourg, fit imprimer cette brochure avec le nom de l'auteur de *Corinne* et l'indication de *Brunswick*, 1814, in-8.

Sur le théâtre de Dijon. (Par P.-L. Baudot.) *Paris, imp. de M*me *Huzard*, 1809, in-8.

Sur les affaires du temps. (Par M. le comte C.-L. de Belderbusch.) *Cologne*, 1795, in-8.   V. T.

Sur les caisses d'amortissement. Décembre 1825. *S. l. n. d.*, in-8, 4 p.

Signé : L.-F. de T. (L.-F. de Tollenare).

Sur les doubles élections de Poitiers, département de la Vienne. *Paris, imp. de C. Tutot* (1798), in-8, 16 p.

L'exemplaire de la Bibliothèque nationale est signé à la main : Pinaud, ad. du dép.

Sur les droits des deux puissances, leur origine, leur distinction, leur légitimité et leur inviolabilité... (Second prospectus.) (Par l'abbé Thorel.) *Paris, Leclère*, 1825, in-8, 16 p.

Le premier prospectus est intitulé : « Deux Mots nécessaires... » Voy. IV, 927, *d*.

Sur les effets physiologiques et thérapeutiques généraux de la pepsine. (Par Lucien Corvisart.) *Batignolles, imp. Hennuyer* (1855), in-8, 16 pag.

Sur les élections au Congrès national, par un ami du peuple (Maubach, avocat). *Mons, Hoyois*, 1830, in-8, 12 p.   J. D.

Sur les élèves ambidextres et sur la nécessité d'en former dans les arts de l'écriture et du dessin et dans les différents métiers mécaniques, par un amateur (Antoine Duchesne). *S. l. (Paris)*, 1786, in-8, 22 p.

Sur les femmes qui se sont distinguées dans la poésie anglaise. (Par H. Lambert.) *Caen, imp. Poisson*, 1843, in-8.

Sur les finances, le commerce, la marine et les colonies, par M. M... (Ch.-E. Micoud d'Umons). *Paris, Agasse*, 1803, 2 vol. in-8.

Sur les fonctions des états-généraux et

des autres assemblées nationales. (Par CONDORCET.) S. l., 1789, 2 vol. in-8.

Sur les grands et petits chevaux de Lorraine. Nancy, imp. de A. Lepage, 1861, in-8, 7 p.

Signé : P. G.-D. (P. GUERRIER DU MAST).

Extrait du « Journal de la Société d'archéologie lorraine ».

Sur les haras du Pin, ou de la ci-devant Normandie... Par un propriétaire du Calvados (André DE LA FRESNAYE). Falaise, Brée, 1796, in-8. — Id., 1803, in-8, XIV-106 pag.

L'auteur est à tort désigné dans les « Supercheries », III, 264, b, sous le nom de VAUQUELIN DE LA FRESNAYE.

Sur les lettres de Henri VIII à Anne Boleyn, publiées par M. Crapelet. Dijon, imp. de Noellat, 1826, in-8, 23 p.

Signé G. P****** (Gabriel PEIGNOT). Tiré à 10 ex. sur papier de paille.

Sur les libelles. (Par FRÉDÉRIC II, roi de Prusse.) Paris (Berlin), 1759, in-12, 20 p.

Sur les nopces du roy et de la royne. Pris du latin de M. PASSERAT. Par M. I. D. (Jean DAURAT), advocat en la Cour. S. l. n. d., in-4, 2 ff.

Sur les pauvres mendiants. (Par l'abbé C.-I. CASTEL DE SAINT-PIERRE.) Paris, imp. de P. Emery (1724), in-8, 27 p. et 1 f. de privilége.

Le nom de l'auteur se trouve dans le privilége.

Sur les prédicateurs du carême à Paris en 1835. Lettre de lady BREW... O' CL...R à ses fils en Irlande. Traduite de l'anglais par M. H. G........D (Hippolyte GAUCHE-RAUD). Paris, A. Vaton, 1835, in-8, 3 ff.-lim. et 48 p.

Sur les progrès de la sculpture française depuis le commencement du règne de Louis XVI jusqu'aujourd'hui. (Par Emeric DAVID.) (Paris), imp. de J. Tastu (1825), in-8, 12 p.

Extrait du 2e cahier de la « Revue européenne ».

Sur les prophéties de Mlle Labroussais. (Par l'abbé Dom. RICARD.) S. l., 1789, in-8.

Sur les puits forés ou puits artésiens. (Par L.-F. DE TOLLENARE.) Nantes, imp. de Mellinet-Malassis, s. d., in-8, 8 p.

Sur les spectacles, par l'auteur de « Podolire » et de l'« Aristénète français » (F.-F. NOGARET). Paris, an XII-1804, in-8.

Sur les troubles d'une célèbre monarchie. (Par C.-G. TOUSTAIN DE RICHEBOURG.) S. l., 1790, in-8.   V. T.

Sur les victoires du roi en l'année 1677. (Par Pierre CORNEILLE.) S. l., in-4, 4 p.

Sur Louis XIV. (Par L.-P.-J. JOLY DE BÉVY.) Dijon, Frantin, 1820, in-8, 71 p.

Sur ma vieillesse, à M***. Paris, Lottin, 1727, in-12.

Ces stances sont de l'abbé P. DE VILLIERS. Il y a dans ce petit cahier deux pièces de vers sur le même sujet.

Sur Mme de Krudner, en réponse à l'article sur cette dame et contre M. de Bonald, inséré dans le « Journal de Paris » du vendredi 30 mai. (Par J.-Et.-Fr. MARIGNIÉ.) Paris, Le Normant, 1817, in-8.

Sur plusieurs questions d'intérêts publics. Paris, Dentu et Delaunay, 1821, in-8, 20 p.

Signé : C***, à la solde de l'Etat de père en fils (COLLIÈRE, de Varangeville).

Sur quelques contrées de l'Europe, ou lettres du chevalier de *** à Mme la comtesse de ***. (Par le chevalier DE LA TREMBLAYE.) Londres, 1788, 2 vol. in-8.

Sur Saint-Domingue et des moyens de le rétablir, par J. B. D. (J.-B. DESMAULANTS). Paris, J.-G. Dentu, 1814, in-8.

Sur saint Hermenégilde, patron de l'ordre militaire institué par S. M. Ferdinand VII. Par U. A. T. D. L. (un ancien tréfoncier de Liége, l'abbé P.-F.-T. JARRY). Paris, 1817, in-8, 1 f. de tit. et 68 p.

Réponse à un article du « Journal des Débats ».

Sur un grand sceau du XVIe siècle qui porte le nom d'un roi de la basoche. (Par P.-L. BAUDOT.) Dijon, Frantin, 1809, in-8.

Sur une diatribe. (Par le marquis DE LA GERVAISAIS.) Paris, imp. de Pihan-Delaforest, 1826, in-8, 24 p.

A propos d'un feuilleton d'Aimé Martin, dans le « Journal des Débats » du 3 juillet 1826. On trouve p. 3-7 une lettre adressée à l' « Aristarque » le 30 juille 1826 et signée D. L. G.

Sur une question proposée par le ministre de l'intérieur à un jury choisi par les artistes pour juger lesquels d'entre eux méritent le prix d'encouragement. Paris, imp. de Panckoucke (s. d.), in-4, 4 p.

Signé F. P. (François POMMEREUL). Réimprimé dans ses « Oisivetés ».

Sur une tombe de l'église de Ville-neuve-l'Archevêque. *Sens, imp. de Duchemin, s. d.*, in-8, 8 p.

Signé : Un Sénonais (M. l'abbé Robin, aumônier des sœurs de l'hôpital de Charenton).

Suréna, général des Parthes, tragédie. (Par Pierre Corneille.) *Paris, de Luyne,* 1675, in-12, 2 ff. et 72 p.

Le nom de l'auteur est au privilége.

Surfaces (les), ou les quatre cousins, comédie en trois actes et en prose, par L.-B. Picard... et M*** (Malmonté); représentée pour la première fois à Paris, sur le théâtre de l'Odéon, le 15 décembre 1825. *Paris, Duvernois,* 1826, in-8, 94 p.

Surprise (la) de l'amour, comédie représentée par les comédiens italiens de S. A. R. Mgr le duc d'Orléans. (Par P. de Marivaux.) *Paris, veuve Guillaume,* 1723, in-12, VI et 110 p.

Plusieurs fois réimprimée.

Surveillant (le), par une société de patriotes. *Lyon, imp. de Périsse,* août-septembre 1791, 14 numéros in-4.

Ce journal a été publié sous la direction d'Ant.-Ath. Royer-Collard.

Surveillant (le) politique et littéraire. (Par J.-J.-A. Darmaing.) *Paris,* février-août 1818, in-8, 312 p.

Surville, ou le fils méconnu, par Mme D*** (Dacheu). *Paris, Cretté,* 1822, 3 vol. in-12.

En 1825, on a ajouté à ce roman l'anecdote intitulée : « Minuit, ou le moment fatal », *Paris,* 1824, in-12, et l'on a fait alors un nouveau frontispice, qui porte : « le Fils méconnu, ou histoire du jeune Surville, suivi de Minuit, ou le moment fatal, par Mme Dacheu ». *Paris, Cretté,* 4 parties en 2 vol. in-12.

Susanne. Imité de l'anglais, par l'auteur de la « Vie d'Elisabeth Fry » (Mlle H. Chavannes). *Genève, Cherbuliez,* 1853, in-12.

Susanne, ou le triomphe de l'innocence (en prose), suivi des Amans babyloniens et de Phrosine et Mélidore (en vers). (Par Pierre Colau.) *A Paris, Mme Bouquet-Quillau, s. d.*, in-18, avec gravures.

Susette et Colinet, ou les amans heureux par stratagème, comédie en un acte, mêlée d'ariettes. Présentée à Son Altesse sérénissime Mgr le duc de Beaujolais. Par M. P... de B... (L.-C. Person de Bérainville). La musique est de M. Piccini fils. Représentée pour la première fois par les comédiens de Son Altesse sérénissime, au Palais-Royal, le 25 juillet 1786. *Paris, Cailleau,* 1786, in-8, 32 p.

La dédicace est signée : P... de Bérainville.

Suzette et Perrin, ou les dangers du libertinage. (Par P.-J.-B. Nougaret.) *Londres et Paris,* 1777, 2 vol. in-12.

Voy. « Lucette... », V, 1350, a.

Suzon. *Londres (Paris),* 1830, in-18, 145 p.

C'est le même ouvrage que l'«Histoire de la tourière des Carmélites », attribuée à A.-G. Meusnier de Querlon. Voy. V, 712, d.

Sybarite (le), ou le voluptueux, comédie en trois actes et en vers, par L. B. D. R. S. C. (le baron J. A. de Reverony Saint-Cyr). *Paris, imp. de Hocquet,* 1817, in-8, 47 p.

Sybarites (les), roman historique du moyen âge de l'Italie, traduit de l'allemand (de Conrad), par H. C. (le baron Henri-Louis Coiffier de Verseux). *Paris, Poignée,* an IX-1801, 2 vol. in-12, avec grav.

Sycophantie thériacale découverte dans l'apologie du Parallele des viperes et herbes lyonnoises, avec les romaines et candiotes : illustrée de quatre nouveaux paradoxes : du vin, du miel, de la squille, et du temps auquel la thériaque doit estre composée... (Par Claude Pons, D. M.) *Lyon. S. Iasserme,* 1634, in-8, 4 ff. lim. et 252 p.

L'auteur a signé l'épître et est nommé dans l'approbation.

Sylla, dictateur romain, tragédie (en cinq actes et en vers ; nouvelle édition, avec des changements). Par M*** de B*** (Mallet de Bresme). *Amsterdam, J. Rickhoff,* 1745, in 12.

On trouve en tête une dédicace signée par l'auteur, ou du moins par le correcteur, car cette pièce est la même que celle du P. Ch. de La Rue, jésuite. Elle avait déjà été publiée à la fin de la « Suite de la Grammaire françoise du P. Buffier... » Voy. ci-dessus, col. 575, c.

Sylla, pièce dramatique, mise en vers italiens, pour l'accomoder au goût de la musique, et qui paroîtra à Berlin, sur le Théâtre du roi, le 27 mars, jour de naissance à S. M. la reine-mère. (Par Frédéric II.) *Berlin, Etienne de Bourdeaux,* 1753, in-12.

Un avis au lecteur est signé : Jean-Pierre Taglia-Zucchi, poëte du roi.

Titre copié dans le Catal. d'Etienne de Bourdeaux.

Suivant Quérard, « France littéraire », il y en a deux autres éditions de chez le même éditeur, de la même année, toutes deux de 48 p. in-8 et portant sur le titre, pour nom d'auteur, l'une : « *de main de maître* », et l'autre : « *par main de maître* ».

Sylla, tragédie en cinq actes et en vers, précédée d'une dissertation dans laquelle on cherche à prouver par la tradition, par l'histoire, par des anecdotes particulières et par un examen du style et des caractères, que cette pièce est du grand Corneille; publiée d'après un manuscrit du XVII° siècle, par DE CUBIÈRES-PALMEZEAUX. *Paris, Masson*, 1805, in-8.

Voy. ci-dessus, « Sylla, dictateur... », col. 612, *d*.

Syllabaire (le) chrétien, ou nouveaux éléments de lecture composés d'après les meilleurs auteurs. (Par Charles DUVIVIER.) *Liège, Duvivier*, in-18, 84 p.   J. D.

Syllabaire classique, ou Nouveau Traité élémentaire de lecture française, divisé en 32 leçons... Par J. M. D. de M. C. (DE MULEIN-CAZAL), auteur de l' « Essai sur l'éducation... » *Paris, Rapet*, 1816, in-8.

Syllabaire dactylologique, ou tableau d'une langue manuelle à l'usage des sourds-muets. (Par J.-B.-A. RECOING). *Paris, Verret*, 1823, in-4, avec 16 pl.

Sylphe (le), ou le mari comme il y en a peu, comédie en vers libres et en trois actes, mêlée d'ariettes, par M. M*** DE CH*** (P.-E. MARTIN DE CHOISY, depuis juge à la Cour d'appel de Montpellier). *Montpellier*, 1778, in-8.

Sylphe (le), ou songe de madame de R*** (Par C.-P. JOLYOT DE CRÉBILLON le fils). *Paris, Delatour*, 1730, in-12.

C'est le premier ouvrage de l'auteur : on ne le trouve pas dans la collection de ses Œuvres. Réimprimé dans le tome Ier des « Amusements du cœur et de l'esprit ».

Sylphe (le), traduit de l'anglois (par Pierre LE TOURNEUR). *Paris, Mérigot jeune*, 1784, 2 vol. in-12.

Sylphide (la), ou l'Ange gardien, traduit de l'anglais (de la duchesse DE DEVONSHIRE, par Mᵐᵉ DE MONTOLIEU). *Lausanne et Paris*, 1795, in-18.

Réimprimé sous le titre de « Alice, ou la Sylphide... » Voy. IV, 96, *e*.

Sylvain Bailly... Hommage à sa mémoire; précédé de la préface générale d'une édition projetée d'œuvres dramatiques et littéraires, et suivi d'un essai sur la nature et les éléments de l'éloge,

ainsi que de divers opuscules. Ouvrage imprimé au nombre de 15 exemplaires et destiné à servir de tribut à l'amitié. (Par DELISLE DE SALES.) *S. l. n. d.*, in-8.

Sylves (les) et l'Achilléide de STACE, avec des remarques en latin et en françois. (Par l'abbé DE MAROLLES.) *Paris, Sébastien Huré*, 1658, in-8.

Sylvie, fragments du journal d'un voyageur. 1847-1849. (Par le comte E. STACKELBERG.) *Paris, imp. Meyrueis*, 1870, in-8, 211 p.

Tiré à 50 exemplaires et non mis dans le commerce.

Sylvius et Valeria, ou le pouvoir de l'amour, traduit de l'allemand d'Auguste LAFONTAINE (par Mᵐᵉ Anne-Elisabeth-Elise PETIT-PAIN, dame VOIART). *Paris, Plancher*, 1819, 2 vol. in-12.

Symbole de foi d'un royaliste, un peu différent de celui de M. de Lally. (Par DUVAL-SANADON.) *Francfort*, 1793, in-8, 36 p.

Symbole des épouses fidèles et infidèles. (Par l'abbé J.-B. LE SCÈNE DES MENILLES D'ETTEMARE.) *S. l.*, 1734, in-12.

Symbole des Etats, ou profession de foi nationale, par M. A. C. de C., député du bailliage de C. aux Etats-Généraux (AUBERT, curé de Couvignon, député du bailliage de Chaumont). *S. l.* (1789), in-8, 43 p.

Symbole héroïque pour le roi, sur les préparatifs de la guerre. (Par Oronce FINÉ DE BRIANVILLE.) *Paris, S. Mabre-Cramoisy*, 1667, in-fol.

Symbole héroïque pour les dernières conquêtes du roi. (Par Oronce FINÉ DE BRIANVILLE.) *Paris, C. de Sercy*, 1668, in-fol.

Sympathie (la) des âmes, ouvrage traduit de l'allemand de M. WIELAND (par JOS.-P. FRENAIS). *Amsterdam et Paris, Dehansy le jeune*, 1768, in-12. — *Liége*, 1770, in-12.

Symphonie (de la) des symphonies de Beethoven et de leur Exécution. (Par Edme-François-Marie-Antonin MIEL.) *Paris*, 1833, in-8.   D. M.

Synaïb et Zora, par Mᵐᵉ G.... V.... (GRANDMAISON-VAN-ESBECQ). *Paris*, 1800, 2 vol. in-12.

Roman allégorique. Réimprimé sous le titre de « Sinaïb et Zora... » Voyez ci-dessus, col. 497, *a*.

Synathrisie...

Voy. « Premier Livre de synathrisie... », VI, 995, f.

Syndicat (le) du pape Alexandre VII avec son voyage en l'autre monde, traduit de l'italien (de Grégorio LETI). S. l., 1669, in-12, 5 ff. prélim., texte p. 5 à 282 et 1 f. d'errata.

Quelques bibliographes attribuent aux Elzeviers l'impression de ce volume; mais M. Pieters (« Annales », 2ᵉ édit., p. 436) croit qu'il est étranger à leurs presses.

Synonymes anglais, ou différence entre les mots réputés synonymes dans la langue anglaise, avec la traduction française en regard, etc., traduit par P. L. (Pierre LABARTHE). S. l., 1803, in-8.

Synonymes nouveaux, français, moraux, galants et politiques. (Par Gabr. DE BOURBON-BUSSET, dit BOURBON-LEBLANC.) Dijon, Causse, 1789. in-12.

Tiré à 50 exemplaires.

Syntaxis, ou construction de la langue hollandaise, publié par la Société « Tot Nut van't Algemeen », trad. en français par J. B. L. G... (GÉRUZET). Bruxelles, Luneman, 1828, in-12.

Syphilis, ou le mal vénérien, poëme latin de Jérôme FRACASTOR, avec la traduction en françois et des notes (par MACQUER et Jacques LACOMBE). Paris, Quillau, 1753, in-8. — Paris, Lucet, 1796, in-18.

Syroës et Mirame, histoire persane. Paris, Barbin, 1692, 1698, 2 vol. in-12.

L'auteur de ce roman, tombé dans un profond oubli, est l'abbé Franç. RAGUENET, qui, peu de temps auparavant, avait vendu au libraire Barbin les « Aventures de Jacques Sadeur, abrégées de « la Terre australe », de Gabriel de Foigny ». Voy IV, 334, f.
Les « Aventures de Sadeur » eurent un prompt débit. Barbin, qui devait en partager le profit avec Raguenet, ne lui tint pas parole, prétextant que l'ouvrage ne se vendait pas. L'abbé chercha à se venger, en « croquant » un roman qu'il intitula « Syroës et Mirame ». Il se contenta d'en bien écrire les huit ou dix premières pages; le reste était détestable. Ayant communiqué son projet de vengeance à plusieurs amis, trois personnes, savoir, un laquais, un valet de chambre et un homme bien vêtu, se présentèrent successivement chez Barbin pour savoir s'il imprimait un livre fort connu à la cour, intitulé « Syroës et Mirame », et dans quel temps paraîtrait cette histoire persane, ouvrage d'une dame de la cour, qu'on mettait au-dessus de la « Princesse de Clèves ». Barbin alla demander à plusieurs de ses confrères si l'on était venu leur offrir un manuscrit intitulé « Syroës et Mirame ». Après vingt-quatre heures d'inquiétudes, un homme qui avait un manteau sur le nez s'approcha de lui d'un air mystérieux et lui dit tout bas qu'il voudrait lui montrer un manuscrit. Notre libraire fit un bon accueil au porteur,

et, voyant sur la première page du manuscrit les mots chéris de « Syroës et Mirame », il demanda combien on voulait le vendre. La dame qui l'avait composé se contentait d'un présent de 1200 fr. pour ses filles de chambre. Barbin offrit la moitié de la somme comptant, et un billet payable dans quinze jours pour l'autre moitié. Le marché fut conclu. Barbin lut le manuscrit avec avidité. Tandis qu'il se félicitait de son emplette, arriva un homme d'esprit de ses amis, qu'il consultait ordinairement sur les ouvrages qu'il voulait faire imprimer. L'ami en lut le commencement avec plaisir, ce qui lui donna envie d'emporter l'ouvrage pour le lire avec attention. Il revint dès le lendemain et dit au libraire qu'on l'avait trompé. Il faut, ajouta-t-il, que vous ayez mécontenté quelque auteur. Je ne puis, répondit le libraire, soupçonner aucun de ces messieurs de m'avoir joué ce tour, à moins que ce ne soit un abbé dont j'ai imprimé un ouvrage à mes frais, et qui, devant partager avec moi le profit, s'imagine que je ne lui tiens pas un compte fidèle des exemplaires que je débite. — Voilà justement l'affaire, s'écria l'homme d'esprit. Ne cherchez point ailleurs l'auteur de « Syroës et Mirame »; mais pourquoi avez-vous acheté ce manuscrit sans me le faire lire auparavant? — J'avoue mon tort, dit le libraire; mais on m'a fait accroire que l'ouvrage était d'une femme de qualité. Gardez-moi le secret; je payerai mon billet sans dire mot, et je mettrai incessamment sous presse « Syroës et Mirame »; ce ne sera pas le premier mauvais livre que j'aurai fait imprimer, ni, s'il plaît à Dieu, le dernier; j'en retirerai pour le moins ce qu'il m'a coûté, puisque les ouvrages les plus pitoyables trouvent des sots qui les achètent.

(Extrait de la « Valise trouvée », par Le Sage, 1740, in-12, p. 46 et suiv.)

Système anglais d'instruction, etc., par Joseph LANCASTER, traduit de l'anglais (par le duc L.-A. DE LA ROCHEFOUCAULD-LIANCOURT). Paris, madame Huzard, 1815, in-8.

Système approfondi sur les moyens de rétablir les finances et de payer la dette en changeant la forme des impôts, par M. le comte DE L*** (DE LAMERVILLE). Paris, Potier de Lille, 1790, in-4.

Système chronologique sur les trois textes de la Bible... (Par Pierre MICHEL.) Toul, Vincent, 1730, in-4.

Le tome I seul a paru.

Système complet d'assistance publique, ou essai de solution pacifique de la question du droit au travail. Par un ami de l'ordre et du progrès. Paris, Paulin, janvier 1850, in-8, 88 p.

Signé : A. P. (A. PICARD). La couverture porte : Assistance publique et droit au travail.

Système (du) conservateur. Examen de la politique de M. Guizot et du ministère du 29 octobre 1840, par un homme d'État (Ferdinand SÉGOFFIN). Paris, Amyot, 1843, in-8.

Système d'épuration, réduit à sa juste valeur, par un membre de la majorité de la Chambre des députés de 1815 (le vicomte Sosthène DE LA ROCHEFOUCAULD). *Paris, Le Normant*, 1817, in-8, 13 p.

Système d'imposition et de liquidation des dettes de l'Etat, établi par la raison, par M. le chevalier DE F..... (DE FORBIN). *S. l.*, 1763, in-12.

Système (du) d'impôts attentatoire au principe représentatif. (Par le marquis DE LA GERVAISAIS.) *Paris, A. Pihan de La Forest*, 1834, in-8, 32 p.

Système d'un médecin anglais sur la cause de toutes les espèces de maladies; avec les surprenantes configurations des différentes espèces de petits insectes qu'on voit au moyen d'un bon microscope dans le sang et dans les urines des différents malades, et même de tous ceux qui doivent le devenir. Recueilli par M. A. C. D. — Suite du « Système d'un médecin anglais... » (Par BOYLE.) *Paris, A.-X.-R. Mesnier*, 1727, in-8.

Système (le) de défense nationale et les Fortifications d'Anvers, au point de vue de l'existence constitutionnelle de la Belgique. (Par DELLAFAILLE.) *Anvers, Buschmann*, 1862, in-8, 39 p.   J. D.

Système (du) de fermage simple des chemins de fer comparé au système de fermage avec fourniture et pose de rails. Réponse aux observations publiées par M. F. Bartholony, sous le titre de : « Résultats économiques des chemins de fer. » Par une compagnie de fermage simple. (Par L. BONNARDET.) *Paris, A. Blondeau*, 1844, in-8.   G. M.

Système de l'idéalisme transcendental ; par M. DE SCHELLING.... traduit de l'allemand par Paul GRIMBLOT. *Paris, Ladrange*, 1843, in-8.

Avec une longue introduction par Jacques-Eugène FORCADE.

Système (du) de l'opposition en France, et Aperçu des principaux événements survenus en Europe en 1825. (Par J.-A.-M. D'AURÉVILLE.) *Paris, A. Desauges*, 1826, in-8, 68 p.

Système (du) de la loi naturelle, considéré comme une hérésie de la religion chrétienne catholique. Par M... (Louis-Philibert MACHET), de la Marne. *Paris, Hivert*, 1826, in-18.

Système de la raison, ou le prophète philosophe. (Par J.-L. CARRA.) *Londres,*

Kearby, 1773, in-12. — Bouillon, 1782, in-12. — Paris, 1791, in-8.

Système de législation, d'administration et de politique de la Russie en 1844, par un homme d'Etat russe (V. PELTCHINSKY). *Paris, Comptoir des imprimeurs unis*, 1845, in-8.

Réimprimé sous ce titre : « la Russie en 1844; système.. » Voy. « Supercheries », II, 300, c.
     A. L.

Système de Longomontanus, disciple de Ticho. (Par F.-D. RIVARD.) *S. l.*, 1766, in-12.

Système de philosophie morale de HUTCHESON. Traduit de l'anglois, par M. E*** (Marc-Ant. EIDOUS). *Lyon, Regnault*, 1770, 2 vol. in-12.

Système de prononciation figurée applicable à toutes les langues et exécuté sur les langues françoise et angloise. Par M. l'abbé *** (J.-B. MONTMIGNON). *Paris, Royez*, 1785, in-8, 4 ff. lim., 143 p., 1 tableau, 3 ff. de table et de privilége.

Système de suppression des tribunaux de 3ᵉ classe, de rétablissement des tribunaux de département, avec 13 Cours royales et la Cour de cassation ; par un avocat de 1782, magistrat de 1805 (LOUET, juge au tribunal civil de Bar-sur-Aube). *Paris, Pillet aîné*, déc. 1826, in-8. — 2ᵉ éd. *Paris, Pillet aîné*, mai 1828, in-8, 2 ff. lim. et 191 p.

Système décimal et métrique, etc., avec ses tables de transformation des nouveaux poids et mesures en quintaux, livres, onces, etc. (Par Armand GABORRIA.) *Bruxelles*, an VIII, in-8.   D. M.

Système (le) défensif néerlandais. (Par A. BRIALMONT.) *Bruxelles, Muquardt*, 1865, in-8, 52 p. et 2 cartes.   J. D.

Sistème (le) des anciens et des modernes, concilié par l'exposition des sentimens différens de quelques théologiens sur l'état des âmes séparées des corps. En quatorze lettres. Nouvelle édition, augmentée par des notes et quelques pièces nouvelles. (Par Mˡˡᵉ Marie HUBER.) *Amsterdam, Wetstein et Smith*, 1733, in-12, XII-310 p.

La première édition est de 1731; elle a probablement le même titre; mais la troisième est intitulée : « le Sistème des théologiens anciens et modernes... » *Londres*, 1730, VIII-258 p. — Suite du Système sur l'état des âmes séparées des corps. Servant de réponse au livre intitulé : « Examen de l'origénisme », par M. le professeur R... (Ruchat). Seconde édition, augmentée de diverses pièces. *Londres*, 1739, pet. in-8.

Je ne connais pas la première édition. Je n'ai trouvé

que la seconde à la Bibliothèque nationale; elle a CIV p., terminées par la réclame PRE.

Mis à l'*index* le 13 avril 1749. Voy. « Examen de l'origénisme... », V, 343, *a*.

Système (le) des billets de banque, poëme. Par N. L. B. (BOURGEOIS). *Amsterdam, Lhonoré et Châtelain*, 1737, pet. in-8.

Système (du) des doctrinaires. (Par Fr. MALEBOUCHE.) *Paris, Delaunay.* 1831, in-8, 116 p.   H. de L'Isle.

Système (du) des doctrinaires, ou observations sur un écrit de M. Guizot intit. : « du Gouvernement de la France depuis la Restauration, et du Ministère actuel. » (Par A.-J.-Ph.-L. COHEN.) *Paris, A. Egron*, octobre 1820, in-8, 52 p.

Sistème des théologiens anciens et modernes...

Voy. ci-dessus, « Sistème des anciens et des modernes... », col. 618, *f*.

Système du cœur, ou la connaissance du cœur humain. Seconde édition, de beaucoup augmentée. *Paris, M. Brunet*, 1708. in-12, 12 ff. lim., 294 p. et 1 f. de privilége.

L'épître est signée : DE C***.
La 1re éd., *Paris*, D. Dupuis, 1704, in-12, porte sur le titre : Par monsieur DE CLARIGNY (pseudonyme de l'abbé E.-S. DE GAMACHES).

Système du monde. *Bouillon, Société typogr.*, 1770, pet. in-8, 188 p. — *Paris, veuve Duchesne*, 1784, in-8, avec les noms des auteurs.

C'est un extrait fait par J.-B. MÉRIAN et traduit par lui de l'ouvrage publié en allemand par J.-H. LAMBERT, sous le titre de : « Cosmologische Briefe... » Augsb., 1761, in-8. Voy. « Lettres cosmologiques... », V, 1230, *e*.

Système du philosophe chrétien, par M. DE G*** (E.-S. DE GAMACHES). *Paris, Jombert*, 1746, in-8.

Système financier colonial, ou plan de deux grands établissements industriels, indispensables au développement de la prospérité de la France, par Auguste L*** (Auguste LAMBERT). *Paris, Remoissenet*, 1832, in-8.   D. M.

Système floral ; par l'auteur de l' « Atlas botanique » (L.-F.-H. LEFÉBURE). *Paris, Delaunay*, 1820-22, in-8.

Système Fonteneau pour les armes à percussion. Notice historique sur l'origine et les progrès de cette découverte. (Par Eugène TALBOT.) *Nantes, imp. Charpentier*, 1852, in-8, 100 p.

Sistème général de bibliographie alfabétique, appliqué au tableau enciclopédique des connaissances humaines, et en particulier à la phitologie. (Par le marquis A.-J.-F.-X.-P.-E.-S.-P.-A. DE FORTIA D'URBAN.) *Paris, Lebègue*, octobre 1819, in-12, 3 ff. lim. et 82 p.

Toute cette brochure est écrite avec le système particulier d'orthographe dont le titre ci-dessus peut donner l'idée.

Système général de philosophie, extrait des ouvrages de Descartes et de Newton. (Par l'abbé A.-H. PAULIAN.) *Avignon et Paris*, 1769, 4 vol. in-12.

Système (du) général des finances ; par M. I. D. D. L. V. (le duc DE LA VAUGUYON). *Paris, Didot l'aîné* (1820), in-8, 28 p. — 2° édit. *Id., s. d.*, in-8, 25 p.

Système général ou révolution du monde, contenant tout ce qui doit arriver en France la presente année 1652 ; avec le progrès des armes de M. le Prince prédit par l'oracle latin et l'oracle françois Michel Nostradamus. A MM. les prévôt des marchands et échevins de Paris. (Par Jacq. MENGAU.) *Paris*, 1652, in-4, 16 p.

4e Avertissement. Voy., pour le détail de la série des « Avertissemeuts » de J. Mengau, IV, col. 348-349.

Système général, physique et économique des navigations naturelles et artificielles de l'intérieur de la France et de leur coordination avec les routes de terre. (Par le baron E.-C. DE MARIVETS et L.-J. GOUSSIER.) 1re partie. *Paris*, 1788, in-8.

La seconde partie n'a pas été publiée.

Système moderne de cosmographie et de physique générale. (Par l'abbé A.-F. DE BRANCAS-VILLENEUVE.) *La Haye (Paris)*, 1747, in-4.

C'est un frontispice changé pour ressusciter un ouvrage mort-né, dit de Lalande dans sa « Bibliographie astronomique ». La réflexion de Lalande ne peut s'appliquer qu'aux « Lettres sur la cosmographie », *La Haye et Paris*, 1745, in-4, lesquelles ont eu un nouveau frontispice ainsi conçu : « Cours complet de cosmographie, etc. », *Paris*, 1775, in-4.

Système (du) monétaire à Genève et en Suisse. Mémoire lu à la Société d'utilité publique, le 3 février 1843, par E. L. (E. LOMBARD). *Genève*, 1843, in-8.

Système naturel du règne animal, par classes, familles ou ordres, d'après la méthode de KLEIN, ARTÉDI et LINNÉ, etc. (Par F.-A. AUBERT DE LA CHENAYE DES BOIS.) *Paris, Bauche*, 1754, 2 vol. in-8.

C'est à tort que la « Biographie universelle », dans son article « Klein », donne cet ouvrage à M.-J. BRISSON. ..

Système (du) philosophique de M. de La Mennais et de quelques écrits publiés en faveur de ce système. (Par Jean-Baptiste-N. NOLHAC.) *Lyon, Boursy*, 1825, in-8, 59 p.   D. M.

Système politique de la régence d'Amsterdam exposé dans un vrai jour, et sa conduite justifiée avec décence contre l'accusation du chevalier Yorke, dans une lettre à un membre de la régence de Zéelande. (Par M. CALKOEN, avocat à Amsterdam.) Traduit du hollandois sur la 3ᵉ édition. *Amsterdam*, 1781, in-8.

Une réplique à cette apologie de la régence d'Amsterdam fut publiée en hollandais par le parti orangiste. Un extrait en fut donné en français sous ce titre : « L'Esprit du Système politique de la régence d'Amsterdam, ou Lettre contenant un précis détaillé d'un Mémoire hollandois fort peu répandu et très-intéressant sur les affaires présentes » (par M. VAN GOENS, conseiller et échevin de la ville d'Utrecht). Deuxième édition, revue, corr. et augm. *La Haye*, 1781, in-8.

Système (du) politique de MM. Azaïs et de Chateaubriand envers le ministère. Par M. R. D. (RICARD, d'Allauch). *Paris, Delaunay*, 1818, in-8, 23 p.

Système social, ou principes naturels de la morale et de la politique, avec un examen de l'influence du gouvernement sur les mœurs (par le baron D'HOLBACH). *Londres (Amsterdam)*, 1773, 2 vol. in-12.
— *Londres*, 1774, 3 vol. in-8.

Ouvrage mis à l'index le 18 août 1775.

Dans l'édition de *Paris, Servière*, 1795, 2 vol. in-8, on trouve à la fin du second volume : 1° le « Système du bonheur » ; c'est l'ouvrage de Louis de Beausobre qui a pour titre : « Essai sur le bonheur » (voy. V, 248, *e*) ; 2° « Système républicain » ; c'est l'opuscule (de Saige, de Bordeaux) intitulé : « Caton, ou Entretien sur la liberté et les vertus politiques », traduit du latin par S*** ». *Londres (Bordeaux)*, 1770, in-8.

Par jugement du tribunal de première instance du département de la Seine, du 29 novembre 1822, M. Niogret, libraire à Paris, a été déclaré coupable d'outrages à la religion de l'Etat, et d'attaque contre la personne du roi, pour avoir fait imprimer et avoir mis en vente le « Système social », en 2 vol. in-18.

Réimprimé sous le titre de « Principes naturels de la morale et de la politique... » Voy. VI, 1038, *d*.

Système tiré de l'Ecriture sainte sur la durée du monde, depuis le premier avénement de Jésus-Christ jusqu'à la fin des siècles. (Par Claude LESQUEVIN, chanoine de Noyon.) *Paris, Huart*, 1733, in-12.

Sistèmes (les). (Par VOLTAIRE). *S. l. n. d.*, in-8, 8 p.

Systèmes (les) et les Cabales, avec des notes instructives, ensuite la Bégueule, et Jean qui pleure et Jean qui rit. (Par VOLTAIRE.) *S. l.*, 1772, in-8, 54 p.

Ta nature n'est pas la nôtre. (Par A.-V. Tissot fils cadet.) *Paris, imp. Dondey-Dupré*, 1819, in-4, 4 p.

Tabac (le) vengé, physiologie du tabac, de la pipe, du cigare, de la cigarette et de la tabatière. Seul ouvrage complet. (Par Georges Dairnwael.) Vignettes par les premiers artistes, gravées par Porret. *Paris, tous les libraires*, 1845, in-12, 2 ff. et 140 p.

Tabatière (la) vengée, réponse rimée à l'auteur de l' « Art de fumer » ; par un priseur de Brienne (Chavance). *Paris, Lallemand-Lépine*, 1844, in-8, 43 p.

Table alphabétique des dictionnaires en toutes sortes de langues et sur toutes sortes de sciences et d'arts. (Par le président Durey de Noinville.) *Paris, Hug. Chaubert*, 1758, in-8.

L'abbé de Saint-Léger a fait peu de notes sur l'exemplaire de cette brochure, qui est à Sainte-Geneviève, et, le jour où il la lut pour la première fois, il ne voyait point de pages où il n'y eût deux ou trois corrections à faire. C'était ce qu'il tenait à la main lorsque je vis pour la première fois la Bibliothèque de Sainte-Geneviève. J'étais bien jeune alors, mais sa colère me frappa ; peu s'en fallut qu'il ne renvoyât le livre au P. Chaubert.   (Note de L.-T. Hérissant.)

Table alphabétique des matières contenues dans les 15 vol. de l' « Histoire générale des voyages ». (Par E.-M. Chompré.) *Paris*, 1761, in-4, et 4 vol. in-12 pour les 60 vol. de la même « Histoire » imprimée dans ce format.

Table alphabétique des villes, bourgs, villages et hameaux de Lorraine et du Barrois. (Par Nicolas Lutton-Durival.) *Nancy*, 1748, in-12. — *Nancy*, 1749, in-8. — *Nancy, impr. de Thomas*, 1766, in-8.

Est attribuée mal à propos à P.-C. Jamet dans le Catalogue de Secousse, p. 250. Elle est due à Durival, qui l'a fait réimprimer avec un grand nombre d'additions dans le tome III de sa « Description de la Lorraine ».

Table alphabétique et chronologique... Voy. « Table générale alphabétique et abrégée... », col. 626, a.

Table alphabétique, historique et descriptive des communes, des hameaux... du Loiret... (Par C.-F. Vergnaud-Romagnési.) *Orléans, Pagnerre*, 1850, in-18.

Table alphabétique raisonnée et analytique des « OEuvres de J. Delille ». (Par Duvau.) *Paris, L. Michaud*, 1819, in-8.

Table analytique et raisonnée des matières contenues dans les 33 vol. in-fol. de l'Encyclopédie... (Par Pierre Mouchon.) *Paris*, 1780, 2 vol. in-fol. — *Lyon*, 1782, 6 vol. in-4.

Table chronologique de la rédaction ou de la réformation de toutes les coutumes de France. A messieurs les avocats au Parlement. *Paris, impr. d'Ambr. Cramoisy*, 1699, in-4, 15 p.

On lit à la fin de la page 15 : A. B. (Antoine Bruneau) Caprosinus.

Table chronologique des édits, déclarations, lettres patentes et arrêts imprimés au Parlement de Metz, depuis sa création jusqu'en 1740. (Par Nic.-Fr. Lançon.) *Metz, Fr. Antoine*, 1740, in-4, 339 p.

Cette Table a une continuation intitulée : « Suite de la Table chronologique »... *Metz, J. Collignon*, 1769, pet. in-4 de 110 p. Malgré cette date de 1769, cette suite va jusqu'au 24 octobre 1771. Elle a été dressée par Louis Chenu, avocat au Parlement de Metz, censeur royal et inspecteur de la librairie.

(Teissier, p. 129, note.)

Table chronologique des ordonnances des rois de France de la 3ᵉ race, depuis Hugues Capet jusqu'en 1400. (Par E.-J. DE LAURIÈRE, BERROYER et C.-A. LOGER, avocats.) *Paris, Imp. roy.*, 1706, in-4.

Table des matières contenues dans le procès de R. F. Damiens. In-4 et in-12.

Voy. « Pièces originales et Procédures... », VI, 802, a. Sur un exemplaire qui était dans la bibliothèque du ministre de l'intérieur, on avait écrit que cette Table a été faite par un homme mort à Paris en 1779 ou 1780 sous le nom de DUMONT ; il avait été à la Bastille. Son véritable nom est J.-P. VIOU, dominicain, chassé de son ordre pour ses opinions religieuses.   V. T.

Table des matières contenues dans les 10 premiers volumes de l'Histoire et des Mémoires de l'Académie royale des ins- criptions et belles-lettres. *Paris, Impri- merie royale*, 1740, in-4, formant le tom. XI de la collection des Mémoires de cette Académie.

Il parut un 2ᵉ volume de table en 1756 : il forme le 22ᵉ de la collection ; un 3ᵉ en 1770, formant le tome 33ᵉ ; enfin un 4ᵉ en 1793, composant le 44ᵉ vo- lume.

Les tomes 2 et 3 ont été rédigés par T.-F. DE GRACE, et le 4ᵉ par P.-D. DUBOY-LAVERNE.

Table des matières contenues dans les ordonnances des ducs de Lorraine, depuis le règne du duc Léopold jusqu'en 1773, par M. A** R*** (Albert RISTON, avocat, et depuis substitut du procureur général). *Nancy, Babin*, 1769-1773, 2 vol. in-4.

Table des matières devançant un ou- vrage sur des machines, par l'auteur de Deux Plaintes rendues à la fin de 1784... 1786, in-12, LXXXVIII-145 p.

Cet ouvrage est d'un fou nommé BUREAU. Voy. ci- devant, « Mémorial pour servir à l'histoire de la catino- manie... », VI, 264, d. Voy. aussi le « Bulletin du bibliophile » de décembre 1866, p. 617-624.

Table des matières pour le recrutement, rédigée par un sous-intendant militaire (JULLIEN). *Metz, Verronnais*, 1833, in-8.

Voy. « Supercheries », III, 716; f.

Table généalogique des maisons de France, d'Alsace, de Lorraine, etc., par D. P. D. S. C. R. F. (dom Pierre DE S. CHARLES, religieux feuillant). *Paris*, 1649, in-fol.   V. T.

Table générale alphabétique du « Jour- nal des savans », depuis son commence- ment, en 1665, jusqu'à l'année 1753 in- clusivement, pour l'édition de Hollande. (Par J.-B.-R. ROBINET.) *Amsterdam, M.-M. Rey*, 1765, 2 vol. in-12.

Robinet a encore rédigé un volume de tables qui con-

duit jusqu'à l'année 1736 inclusivement. Voy. ci- dessous, « Table générale des matières contenues dans le « Journal des savans... »

Table générale alphabétique et abrégée des édits, déclarations, lettres patentes, ordonnances, règlemens et arrêts du Conseil, imprimés à Dijon depuis 1666, jusques et compris 1735. (Par Maur. GOUGET, procureur.) *Dijon, P. Marteret*, 1738, in-4.

Suite qui embrasse depuis 1736 jusqu'à 1778, in- titulée : « Table alphabétique et chronologique des édits, déclarations et lettres patentes enregistrés, et des ar- rêts de règlement et notables rendus au Parlement de Bourgogne ». (Par B. LUCAN, avocat.) *Dijon, Causse*, 1780, in-4. La « Table chronologique » embrasse de- puis 1556 jusqu'à octobre 1780 inclusivement.

Table générale, alphabétique et raison- née du « Journal historique » de Verdun, sur les matières du temps, depuis 1697 jusques et compris 1756. (Par J.-Fr. DREUX DU RADIER.) *Paris, Ganeau*, 1759- 1760, 9 vol. in-8.

Voy. « la Clef du cabinet des princes de l'Europe », IV, 614, f.

Table générale analytique et raisonnée, par ordre alphabétique et chronologique, des matières, des lois, ordonnances, dé- cisions ministérielles et autres actes ad- ministratifs, insérés dans la partie officielle du « Journal militaire » du 1ᵉʳ avril 1814 au 30 avril 1834 ; publié avec approbation de M. le maréchal ministre de la guerre. Par un sous-intendant militaire (LAIR). *Paris, Anselin*, 1834, in-8.

Table générale de l'état des arche- vêchés.

Voy. « Catalogue alphabétique des archevêchés... », IV, 515, c.

Table générale des matières contenues dans l'Histoire et les Mémoires de l'Aca- démie royale des sciences de Paris, de- puis 1699 jusqu'en 1734 inclusivement. (Par Pierre MASSUET.) *Amsterdam, Pierre Mortier*, 1741, in-4 et 4 vol. in-12.

Cette Table, qui contient plus de trois volumes de la Table de l'édition de Paris, est plus complète, plus commode et mieux ordonnée. Elle est d'ailleurs adaptée aux éditions de Paris et de Hollande. On regrette que le rédacteur ne l'ait pas fait partir de l'année 1666. J.-B.-R. ROBINET en a publié une suite depuis 1735 jusqu'à 1751 inclusivement, in-12.

Table générale des matières contenues dans le « Journal des savans », de l'édi- tion de Paris, depuis 1665 jusqu'en 1750 (par l'abbé DE CLAUSTRE), suivie d'un Mémoire historique sur le Journal des savants (par L. Dupuy). *Paris, Briasson,* 1753-1764, 10 vol. in-4.

Voy. ci-dessus, « Table générale alphabétique du Journal des savans... », col. 625, *f*.

Table générale des matières contenues dans les 18 volumes des Sermons et autres opuscules du P. Bourdaloue, jésuite. (Rédigée par L.-E. Rondet.) *Paris,* 2 vol. in-12.

Table générale des matières contenues dans les 36 tomes de l'Histoire ecclésiastique de l'abbé Fleury et du P. Fabre. (Par L.-E. Rondet.) *Paris,* 1758, in-4, et 4 vol. in-12.

Table générale des matières contenues dans les 23 volumes de l' « Histoire des auteurs sacrés et ecclésiastiques » de dom Ceillier. (Par L.-E. Rondet.) *Paris, Crapart,* 1783, 2 vol. in-4.

Le nom de Rondet se lit sur les frontispices datés de 1782.

Table générale des matières des quinze premiers volumes de l'Histoire de France (de Velly, par Louis Rondonneau). *Paris, veuve Dessain,* an VII, in-4.

Tome XVI. — Publiée aussi en 3 vol. in-12 pour l'édition en 30 vol. in-12.

Table générale des Traités de droit françois (de Davot et Bannelier), à l'usage de la Bourgogne. (Par Voisin, professeur à l'Université de Dijon.) *Dijon, Causse,* 1767, in-12.

Table générale par ordre alphabétique de matières des lois, sénatus-consultes, décrets... publiés dans le « Bulletin des lois » et les collections officielles, depuis l'ouverture des Etats-Généraux, au 5 mai 1789, jusqu'à la restauration de la monarchie française, au 1er avril 1814. (Par Louis Rondonneau.) *Paris, Impr. royale,* 1816, 4 vol. in-8.

Un 5e volume, publié en 1819, contient la Table depuis le 1er avril 1814 jusqu'au 1er janvier 1819.

Table géographique du martyrologe romain, par dom T... L... (Théodore Lissoir, bénédictin de Saint-Vanne). *Paris, Gogué,* 1777, in-12.

Table ou Abrégé des 135 volumes de la « Gazette de France », depuis son commencement, en 1631, jusqu'à la fin de l'année 1765. (Par E.-J. Genet.) *Paris,* 1766-1768, 3 vol. in-4.

Table pour trouver les supputations de toutes sortes de nombre, etc., par le sieur

D. B. (du Buisson), Lionnois. *Paris,* 1693, in-12.

Voy. « Supercheries », I, 869, *b*.

Table qui danse et table qui répond, expériences à la portée de tout le monde. Traduit de l'allemand (par Louis Hymans et Flatau). *Bruxelles, Mayer et Flatau,* 1853, in-12, 29 p.

Table raisonnée des matières contenues dans l' « Esprit des journaux », depuis 1772 jusqu'en 1784 inclusivement. (Par l'abbé Pierre Lambinet.) *Paris, veuve Valade ; Liége, Tutot, s. d.,* 4 vol. in-12.

Table raisonnée des ordonnances, édits, etc., registrés au Parlement de Bretagne depuis son érection jusqu'en 1750. (Par L.-P. Abeille.) *Rennes,* 1757, in-4.

Table raisonnée et alphabétique des « Nouvelles ecclésiastiques », depuis 1728 jusqu'en 1760 inclusivement. (Par de Bonnemare). (*Paris*), 1767, 2 vol. in-4.

Une 3e partie, depuis 1761 jusqu'en 1790 inclusivement (par l'abbé Hautefage), a paru chez Le Clere en 1791, in-4.

Table (la) ronde, poëme. (Par le baron Auguste Creuzé de Lesser.) 4e édition, plus complète que les précédentes. *Paris, Aimable Gobin,* 1829, in-8.   D. M.

Cette édition est augmentée d'un article de M. de Boufflers, et d'une pièce de vers d'Arnault, adressée à l'auteur au sujet de son poëme. Les deux premières éditions (de 1812 et 1814) étaient in-18, et intitulées : « les Chevaliers de la Table ronde ». Elles portaient le nom de l'auteur.

Table universelle des auteurs ecclésiastiques et de leurs ouvrages vrais ou supposés. (Par L.-E. du Pin.) *Paris, Pralard,* 1704, 5 vol. in-8.

Tableau aide-mémoire des connaissances utiles... *Paris, chez l'auteur* (1860), in-fol. plano.

Signé à la main : Emile Saint-Pierre, ingénieur civil.

Tableau analytique et raisonné de la doctrine céleste de la nouvelle Jérusalem. (Par B. Chastanier.) *Londres, La Haye, Gosse,* 1786, in-8.

A. Ladrague, « Bibliothèque Ouvaroff, Catalogue spécimen », Moscou, 1870, in-4, note du n° 119, fait observer que cet ouvrage n'est pas, comme le dit Quérard, « France littéraire », article Swedenborg, le même ouvrage que « la Vraie Religion ». Voy. ce titre.

Tableau chronologique de l'histoire universelle, continué jusqu'à ce jour, à l'usage des colléges et des pensionnats. (Par J. Humbert.) *Paris*, 1830, in-8.

Tableau chronologique des peintres les plus célèbres depuis la renaissance de l'art jusqu'à la fin du XVIIIe siècle, distribué par écoles et par siècles. *Anvers*, H. P. Vander Hey (1810), gr. in-fol. plano, 3 ff.

Par J.-A. Sneyers et Van Brée, d'après M. J. Delecourt.

Par J.-G. Schweighæuser, selon Quérard dans fa « France littéraire », d'après une note de Van Praet.

Tableau chronologique des personnes notables qui ont pu se transmettre l'histoire de la création par tradition verbale... A la suite est une pièce de vers sur le repentir... (Par M. Hommey, ancien notaire à Alençon.) *Séez, Valin*, 1834, in-4, 7 p.

Tous les vers de la *Pièce sur le Repentir* riment en *té*.

L. D. L. S.

Tableau (le) comique, ou l'intérieur d'une troupe de comédiens, par Joseph R*** Y (Joseph Rosny). *Paris, Marchand*, an VII-1799, in-18.

V. T.

Tableau comparatif des demandes contenues dans les cahiers des trois ordres remis à MM. les députés aux Etats-Généraux. (Par P.-S. Dupont, de Nemours.) *S. l. (Paris)*, 1789, in-8.

Extrait du « Résumé général ou extrait des cahiers », publié la même année en 3 vol. in-8. Voy. ci-dessus, col. 337, c.

Tableau d'un bal de Paris, pot-pourri. (Par A.-L.-P. de Taugris.) *Paris, imp. Dondey-Dupré*, 1818, in-8.

Tableau de Bruxelles, ou description de cette ville et de ses environs. (Par J. Chateigner.) *Bruxelles, Huyghe*, 1803, in-12.

J. D.

Tableau de Cayenne, ou de la Guiane française, contenant des renseignements exacts sur son climat, ses productions, les naturels du pays... (Par le vicomte de Galand-Terraube.) *Paris, veuve Tilliard et fils*, an VII, in-8, 230 p.

« Journal des Débats », mardi 6 janvier 1818.

Tableau (le) de Cebes, de Thebes... premièrement escript en grec et maintenant exposé en ryme françoyse (par Gilles Corrozet). 1543. *Paris, G. Corrozet.* (A la fin) : *Imprimé... à Paris, par Denis Ionot, imprimeur du roy, en langue françoise*, pet. in-8, 69 ff.

J.-J. Garnier a publié dans les « Mémoires de l'Ins-

titut » (littérature, t. XVIII, p. 155) une Dissertation dans laquelle il propose de considérer comme l'auteur du Tableau non Cébès, de Thèbes, mais un stoïcien du même nom, né à Cysique, se fondant sur ce qu'en dit Athénée au livre IV des Diepnosophistes.

Tableau (le) de Cébès (traduit du grec par Gilles Boileau). *Paris*, 1653, in-8.

Le traducteur a ajouté des remarques et un petit traité paradoxal de sa composition intitulé : « la Belle Mélancolie. »

Tableau de l'administration intérieure de la Grande-Bretagne, par M. le baron de Wincke, et Exposé de son système de contributions, par M. de Raumer ; traduits de l'allemand (par M. Thérémin, qui a ajouté à la fin de l'ouvrage une dissertation d'Edouard Christyan sur l'origine des deux Chambres du Parlement, traduite de l'anglais par M. A.-T. Barbier). *Paris, Gide fils*, 1819, in-8.

Tableau de l'Allemagne et de la littérature allemande, par un Anglais, à Berlin, pour ses amis à Londres (traduit de l'allemand de Dik, libraire à Leipsick, et de Jean-Charles Wetzel, par Huber le fils). *S. l.*, 1782, in-8.

Tableau de l'Amour considéré dans l'estat du mariage. Divisé en quatre parties, *Amsterdam, Jean et Gilles Jansson a Waesberge*, 1687, in-12. — *Parme, F. Gaillard*, 1696, in-12.

Dans un avis au lecteur, l'auteur, Nicolas Venette, dont le nom paraît sur les éditions ultérieures, se cache sous le nom d'un prétendu médecin de Venise, du nom de Salocini.

Nouvelle édition... augmentée de remarques importantes par M. F. P. D. E. M. (François Planque, docteur en médecine). *Londres*, 3 vol. in-12. — Par J.-R.-J. D. (Duduisson), médecin. *Paris, L. Duprat-Duverger*, 1812, 4 vol. in-12.

Pour le détail des nombreuses éditions de cet ouvrage, voy. le « Catalogue des sciences médicales » de la Bibliothèque nationale, tome I, page 410.

Tableau de l'ancien Sénat romain... (Par François Fyot.) Seconde édition, revue, corrigée et augmentée. *Paris, Mazuel*, 1713, in-12, 7 ff. lim., 291 p. et 2 ff. de privilége.

La première édition était intitulée « le Sénat romain ». Voy. ci-dessus, col. 463, d.

Tableau de l'Angleterre et de l'Italie, par M. d'Archenholz, traduit de l'allemand (par le baron L.-F. Bilderbeck). *Gotha, Ettinger*, 1788, 3 vol. in-8. — *Id.*, 3 vol. in-12.

Tableau de l'Angleterre, relativement à son commerce et à ses finances, présenté au roi et aux deux Chambres du Parlement, par M. DE GRENVILLE, ex-ministre de ce département. (Traduit de l'anglais par GUYARD, de Troyes.) *Londres et Paris, Desaint,* 1769, in-8.

Tableau de l'École botanique du Jardin des plantes de Paris, ou catalogue général des plantes qui y sont cultivées et rangées par classes, ordres, genres et espèces d'après les principes, la méthode de A.-L. Jussieu, par un botaniste (MOREL). *Paris,* an VIII-1800, in-8.

Tableau de l'Égypte pendant le séjour de l'armée française, par A. G...... D (Ant. GALLAND). *Paris, Cérioux,* 1803-1804, 2 vol. in-8.

Tableau de l'empire germanique. (Par THIRIOT ou P.-F. GUYOT-DESFONTAINES.) *Paris, Desaint,* 1741, in-12.

Note manuscrite.

J'ai vu une lettre du 28 février 1741, par laquelle le maréchal de Belle-Isle remercie Thiriot de lui avoir envoyé *son livre sur l'élection de l'empereur en 1658;* ce qui est le sujet du présent Tableau.

Tableau de l'empire ottoman, etc. (Par l'abbé Jos. DE LA PORTE.) *Paris, Duchesne,* 1757, in-12.

Voy. « Etat actuel de l'empire ottoman », V, 286, *e.*

Tableau de l'esprit français sur la Révolution française. (Par l'abbé Ant. SABATIER, de Castres.) *Aix-la-Chapelle,* 1792, in-8.

On retrouve dans ce vol. le « Tocsin des politiques », ouvrage du même auteur, publié pour la première fois à *Neuwied,* en 1790, in-12, et réimprimé à *Paris,* en 1791, *chez Royez,* in-32 de 104 p., avec le nom de l'auteur.

Tableau de l'Europe en juin 1795. (Par Marie-Jean-Louis-Amable BAUDUS.) *Hambourg,* 1795, in-8.

Ersch, « France littéraire », t. IV, attribue au même auteur un autre « Tableau » daté de janvier 1796.

Tableau de l'Europe en novembre 1795, et Pensées sur ce qu'on a fait et qu'on n'aurait pas dû faire, sur ce qu'on aurait dû faire et qu'on n'a pas fait, sur ce qu'on devrait faire et que peut-être on ne fera pas. *Londres, J. de Boffe, s. d.,* in-8, 143 p.

Réimpression d'articles publiés successivement dans le « Courrier de l'Europe » (voy. IV, 797, *e),* et dont le principal rédacteur paraît avoir été l'abbé DE CALONNE, frère du ministre.

L'année suivante, cet ouvrage était publié avec le nom de l'auteur, sous ce titre: « Tableau de l'Europe jusqu'au *commencement* de 1796; et Pensées sur ce

qui peut procurer promptement une paix solide. Suivi d'un appendice sur plusieurs questions importantes. » *Londres, impr. de W. et C. Spilsburg,* mars 1796, in-8 de lxiv et 215 p.

Tableau de l'Europe, pour servir de supplément à l' « Histoire philosophique et politique » (de Raynal, rédigé par Al. DELEYRE). *Amsterdam,* 1774, in-8.

Ce volume, revu et augmenté par le même *Deleyre,* forme en grande partie le 10e vol. de la nouvelle édition de l' « Histoire philosophique et politique ». Voy. V, 823, *f.* Il compose le 7e de l'édition de 1774. C'est la famille même de M. Deleyre qui m'a transmis le renseignement que je dépose ici.

Les augmentations de ce 10e vol. sont de DIDEROT.

Tableau de l'histoire de France, depuis le commencement de la monarchie jusqu'à la fin du règne de Louis XIV... (par P.-A. ALLETZ); nouvelle édition, corrigée et augmentée (par A.-P. LOTTIN le jeune et L.-T. HERISSANT). *Paris, Lottin le jeune,* 1769, 2 vol. in-12.

Souvent réimprimé.

Tableau de l'histoire de l'Église, contenant les événemens les plus intéressans et les faits les plus curieux de cette histoire, depuis le 1er siècle jusqu'au XVIIe inclusivement. (Par P.-A. ALLETZ.) *Paris, Desprez,* 1773, 4 vol. in-12.

En 1782, le libraire Nyon l'aîné a annoncé cet ouvrage sous ce titre : « Tableau des événemens les plus intéressans de l'histoire de l'Eglise, depuis la première assemblée des apôtres jusqu'à la fin du XVIIe siècle inclusivement ».

Tableau de l'histoire et principauté d'Orange. Divisé en quatre parties, selon les quatre races qui y ont régné souverainement depuis en 793, commençant à Guillaume au Cornet, premier prince d'Orange, jusques à Frederich-Henry de Nassau, à présent régnant. Illustré de généalogies et enrichi de plusieurs belles antiquités avec leurs tailles-douces. *La Haye, impr. de Théod. Maire,* 1640, in-fol.

L'auteur a signé la dédicace. Sur un frontispice gr. par Chrét. de Pas et daté de 1638, il est appelé Joseph DE LA PISE, seigneur DE MAUCOIL; après la dédicace vient un avertissement du fils de l'auteur (4 feuillets non chiffrés). Quelques exemplaires ont de plus 2 feuillets n. chiff. occupés par des vers à l'honneur de l'auteur.

Tableau de l'histoire générale de l'Europe, depuis 1814 jusqu'en 1830. (Par Ed. ALLETZ.) *Paris, Vimont,* 1834, 3 vol. in-8. — Sec. édit. (nouv. titres seulement, avec le nom de l'auteur.) *Paris, Ch. Gosselin,* 1836.

Tableau de l'histoire moderne, par le chevalier DE MÉHÉGAN, nouvelle édition (revue et précédée d'une Notice sur la vie de l'auteur, par E.-F. DROUET). *Paris,* 1778, 3 vol. in-12.

Tableau de l'histoire universelle jusqu'à l'ère chrétienne, en vers français. (Par le comte DE DION.) Dédié à la princesse de Galles. *Londres,* 1807, in-8.

                     D. M.

Souvent réimprimé. L'édition de 1826, qui est la quatrième, porte le nom de l'auteur.

Tableau de l'horrible naufrage de la frégate la *Méduse.* Par C. D. (Ch.-Yv. COUSIN, d'Avallon). *Paris, veuve Demoraine et Boucquin* (1828), in-18.

Tableau de l'humanité et de la bienfaisance, ou précis historique des charités qui se font dans Paris. (Par P.-A. ALLETZ.) *Paris, Musier,* 1769, in-12.

Tableau (le) de l'isle de Tabago, ou de la Nouvelle-Oualchre, l'une des isles Antilles de l'Amérique, dépendante de la souveraineté... des Provinces-Unies des Pais-Bas. (Par DE ROCHEFORT.) *Leyde, J. Le Carpentier,* 1665, in-8, 8 ff. lim. et 144 p.

L'auteur a signé l'épistre.

Tableau de l'inconstance et instabilité de toutes choses. (Par Pierre DE LANCRE.) *Paris, Abel L'Angelier,* 1607, in-8.

La seconde édition, publiée chez le même éditeur en 1610, in-4, porte le nom de l'auteur.

Tableau de la campagne d'automne en 1813, en Allemagne, etc., par un officier russe (D.-P. DE BOUTOURLIN, revue par le baron H. DE JOMINI). *Paris, Arthus Bertrand,* 1817, in-8.

Réimprimé avec le nom de l'auteur, *Paris,* 1818, in-8.

Tableau de la conduite de l'Assemblée prétendue nationale, adressé à elle-même par l'auteur d'un ouvrage intitulé : « Nullité et Despotisme... » (Par Ant. FERRAND.) *Paris,* 1790, in-8, 80-48 p.

Une autre édition de la même date porte le titre : « Par un vrai citoyen. »

Tableau de la Confédération germanique, traduit de l'allemand de Jean DE MULLER (par G. A. H. Hermann VON CALLENBERG). *Berlin,* 1789, in-8.

L'ouvrage original est anonyme et intitulé : « Deutschlands-Erwartungen vom Fürstenbunde. » *S. l.,* 1788, pet. in-8, 61 p.

Tableau de la Constitution de la princi-

pauté de Neufchâtel et de Vallengin, par un bourgeois de Vallengin (Jonas DE GÉLIEU). *S. l.,* 1793, in-8.

Tableau de la Constitution du royaume d'Angleterre, par Georges CUSTANCE; traduit de l'anglais sur la troisième édition (par MM. LOYSON et J.-J. GUIZOT le jeune). *Paris, Maradan,* 1817, in-8.

Tableau de la Constitution française. (Par le duc DE LA VAUGUYON, pair de France.) *Paris, Didot aîné,* 1816, in-8, 56 p. — *Paris, id.,* 1817, in-8, 42 p.

Tableau de la Convention nationale, contenant : 1° la liste des députés...; 2° les noms des présidents de la Convention; 3° ceux des huissiers de la Convention...; 4° une instruction sur les travaux dont sont chargés les différents comités... Le tout suivi d'une table générale des matières. Édition faite d'après les notes des députés. *Paris, Guillaume jeune,* 1793, in-8, 2 ff. lim. et 106 p.

Une note manuscrite sur le faux titre de l'exemplaire de la Bibliothèque nationale porte : « Rédigé par les citoyens GUYOT et CHAMPION aîné. »

Tableau de la cour de Rome, dans lequel sont représentés au naturel sa politique et son gouvernement, tant spirituel que temporel, par le sieur J. A. (Jean AYMON). *La Haye, C. Delo,* 1707, 1726, 1729, in-12.

Tableau de la doctrine des Pères et des Docteurs de l'Eglise. (Par P.-A. ALLETZ.) *Lyon et Paris, Fournier,* 1785, 2 vol. in-8.

Tableau de la durée de la vie de l'homme, figurée dans ses phases par les saisons de l'année et par les quatre parties du jour. Gravé et colorié. Précédé d'une explication. Extrait de la Mappemonde physico-climatologique du docteur W. Butte, par J.-N. C. (J.-N. CHAMPION). *Paris, Pelicier,* 1827, in-8, 7 p.

Même ouvrage que « Echelle physiologique... » Voy. V, 4, d.

Tableau de la fièvre pétéchiale maligne. (Par Hugues MARET, médecin.) *Dijon,* 1762, in-4.   V. T.

Tableau de la Grande-Bretagne, de l'Irlande et des possessions anglaises dans les quatre parties du monde. (Par le baron A.-B.-F. de P. DE BAERT.) *Paris, Jansen,* an VIII-1800, 4 vol. in-8. — *Paris, Maradan,* an X-1802, 4 vol. in-8.

Tableau de la guerre de la pragmatique

sanction en Allemagne, et en Italie, avec une relation originale de l'expédition du prince Charles-Édouard en Ecosse et en Angleterre. Par un aide de camp général dans l'armée d'Espagne (le chevalier POWERER). *Berne, chez la nouvelle Société typographique*, 1782, 2 vol. in-8.

Tableau de la |littérature du XVIᵉ siècle jusqu'à 1610.(Par le comte H. DE BOULAIN-VILLIERS.) *Paris, Pillet aîné*, 1828, in-8.

Tableau de la monnaie de |Metz et de ses justiciables, etc. (Par Louis CHENU, avocat.) *Metz, J.-B. Collignon*, 1781, in-4, 46 p. — *Id.*, 1785, in-4, 81 p.

Tableau (le) de la mort, par l'auteur de la « Jouissance de soi-même » (L.-A. CARACCIOLI). *Francfort (Paris, Nyon)*, 1761, in-12.

Tableau (le) de la nature. '(Par l'abbé E.-J. DESNOYERS.) *Londres et Paris, Humblot*, 1760, in-8, 24 p.

Tableau (le) de la nature, ou l'univers considéré sous ses rapports physique et mécanique. 3ᵉ édition. Par J. D. M. (J.-D. MRSTIVIER), notaire de campagne. *Blois, imp. Dezairs*, 1830, in-8. — 4ᵉ éd. *Id.*, 1831, in-8.

Les deux premières éditions portent le nom de l'auteur.

Tableau de la parole, ou nouvelle manière d'apprendre à lire aux enfants en jouant. Par Mˡˡᵉ P*** de N. S. S. (POULAIN, de Nogent-sur-Seine). *Paris, Nyon l'aîné*, 1783, in-12.

Tableau de la situation actuelle des colonies, présenté à l'Assemblée nationale. (Par David DUVAL-SANADON.) *S. l.* (1789), in-8, 12 p.

Une troisième édition, imprimée en 1814, porte le nom de l'auteur.

Tableau de la terre, ou exposition de ce que les voyages ont appris de plus remarquable et curieux... *Abbeville, L.-A. Deverité*, 1787, 2 vol. in-12.

Cet ouvrage avait d'abord été, d'après Van Thol, attribué à L.-A. DEVÉRITÉ; mais de nouveaux renseignements donnent la certitude qu'il est de l'abbé DE LAPORTE, curé d'Aumatre, mort vers 1813.

Tableau (le) de la volupté, ou les quatre parties du jour, poëme en vers libres, par M. D. B. (P.-U. DU BUISSON). *Cythère (Paris)*, 1771, in-8.

Tableau de Lisbonne en 1796 (par J.-B.-F. CARRÈRE); suivi de « Lettres écrites

de Portugal sur l'état ancien et actuel de ce royaume ». (par miss Ph. STEVENS; publié par H. JANSEN). *Paris, H.-J. Jansen*, 1797, in-8.

Réimprimé sous le titre de « Voyage en Portugal ». Voy. ces mots. Voy. aussi « Lettres écrites de Portugal... », V, 1267, in-8.

Tableau de Lyon. (Par l'abbé Jacques PERNETY.) *S. l.*, 1760, in-8.

V. T.

Tableau de Marseille, tome premier (et unique, par Cl.-Fr. ACHARD). *Marseille*, 1770, in-8.

Tableau de nos poëtes vivans, par ordre alphabétique. Année 1790. (Par Jacq. LABLÉE.) *Paris, Desenne*, 1790, in-8.

Tableau de parentage entre l'auguste maison impériale de toutes les Russies et la sérénissime maison ducale de Méclenbourg-Schwerin et Gustrow. (Par F.-A. RUDLOFF.) *Schwerin*, 1800, 1 feuille in-plano.

Tableau de Paris. (Par L.-S. MERCIER.) *Hambourg, Virchaux*, 1781, 2 vol. in-8.

Plusieurs fois réimprimé.

Sachant que quelques personnes étaient inquiètes à l'occasion de son ouvrage, Mercier alla trouver le lieutenant de police Lenoir, en lui disant : « Ne cherchez pas plus longtemps l'auteur de cet ouvrage : c'est moi ; et, comme peut-être vous ne le connaissez pas, je vous l'apporte ». Cette démarche faillit le faire enfermer à la Bastille, et il fut obligé de se réfugier en Suisse pour éviter la détention.

Tableau (le) de Paris au commencement de l'année 1799. Satire. *Hambourg, 1800*, in-12, 24 p.

Attribué au vicomte Claude-François DE RIVAROL, par M. P. L. (Paul Lacroix). Voir le « Bulletin du bibliophile », XIVᵉ siècle, p. 1774.

Tableau de Paris dans les quinze premiers jours de juin 1820, par M. J. J. E. R. (J.-J.-E. ROY). *Paris, Brissot-Thivars*, 1820, in-8, 2 ff. de tit. et 39 p.

Tableau de Paris en 1797, par Mᵐᵉ S. S. Lettre 1ʳᵉ (et 2ᵉ). Tivoli, sa description, son origine. *Paris, Mˡˡᵉ Durand*, 1797, in-8, 9 p.

Une note manuscrite sur l'exemplaire de la Bibliothèque nationale porte : Par le citoyen TESSIER.

Tableau de Paris, en vaudeville, par l'auteur de « la Queue, en vaudeville ». *Paris, rue Percée, nᵒˢ 20 et 21, s. d.* (an III), 10 nᵒˢ in-8.

A partir du nᵒ 3, le titre devient : Tableau de Paris

en 94, ou Tableau de Paris en vaudeville. Signé: L.-A. Pit... (L.-A. Pithou, dit de Valenville).

L'auteur de ce journal a été condamné à la déportation quelque temps après le 18 fructidor an V (4 septembre 1797), pour avoir chanté ses vaudevilles sur les places et quais de Paris. La journée du 18 brumaire an VIII (9 novembre 1799) lui a fait obtenir son retour en France.

Tableau de Paris pour l'année 1759, formé d'après les antiquités, l'histoire, la description de cette ville, etc... (Par Jèze.) Paris, C. Hérissant, 1759, in-12, 2 ff. lim., 290 p. et 4 ff. de table.

Continué sous le titre de: « Etat ou Tableau de la ville de Paris... », V, 299, e.

Tableau (le) de Raphaël, ou à trompeur trompeur et demi; comédie-proverbe, en un acte et en vaudevilles, par J.-A. Jacquelin et Philidor R*** (J.-H. Flacon, dit Rochelle), représentée pour la première fois à Paris, sur le théâtre des Jeunes-Artistes, le 17 vendémiaire an IX. Paris, Fages, an IX-1800, in-8, 26 p. — Bruxelles, 1820, in-8. — 3e éd. Paris, Fages, 1821, in-8, 24 p.

Tableau de Rouen, contenant ses divers accroissements... les noms et demeures des curés et prêtres de chaque paroisse, ses édifices publics... Rouen, E.-V. Machuel, 1774, in-12.

Réimprimé chaque année sous forme d'Annuaire jusqu'en 1780. — Frère, dans son « Manuel », et M. de Manne, d'après lui, l'attribuent à Etienne-Vincent Machuel. Van Thol, dans la 2e éd. du « Dictionnaire », le donnait à Jallier.

Tableau de tous les traitements et salaires payés par l'Etat, d'après le budget de 1830, par un membre de la Société de statistique de France (L.-F. Benoiston de Chateauneuf). Paris, Hautecœur-Martinet, 1831, in-8, 32 p.

D. M.

Tableau (le) de tous les traités de paix, ou l'abrégé de l'histoire de ce temps... (Par du Peschier.) Paris, J. Laquehay, 1644, in-8, 15 p.

L'auteur a signé l'épître dédicatoire.

Tableau de toutes les villes, villages, etc., du royaume des Pays-Bas, par M. B. (Bauvois). Bruxelles, 1821, in-8.

J. D.

Tableau des arts et des sciences, depuis les temps les plus reculés jusqu'au siècle d'Alexandre, traduit de l'anglais de Bannister (par A.-M.-H. Boulard, ancien notaire). Paris, Maradan, 1786, in-12.

a   Tableau des avocats au Parlement de Paris, depuis 1392 jusqu'en 1790... (Par F.-F. Poncelet.) Lyon, imp. de Brunet, 1825, in-4, 4 p. — Paris, veuve Janet, 1826, in-8, 1 f. de tit. et 24 p.

Tableau des beautés de la nature. Ouvrage traduit de l'allemand de M. Sulzer (par le pasteur J.-E. Roques). Francfort-sur-le-Mein, 1755, in-8.

b   Tableau (premier) des campagnes des Français, depuis le 8 septembre 1793... jusqu'au 15 pluviôse an III, imprimé en exécution de la loi du 30 brumaire an V... — Second Tableau... du 15 pluviôse an III au 1er ventôse an V... (Par L.-N.-M. Carnot.) Paris, imp. de J. Gratiot, s. d., 2 tableaux in-fol. plano.

Tableau des contradictoires opposées
c   aux cent propositions condamnées par la bulle Unigenitus. (Par L.-E. Rondet.) S. l., 1760, in-12.

Tableau des degrés de parenté suivant le droit civil, le droit canon et le droit français, rapporté à la personne de Louis XIV. (Par Ant.-Nic. Caziot, avocat.) Paris, 1752, in-8.

Tableau des écoles élémentaires. (Par
d   MM. Edme-François Jomard, Alexandre-Etienne Choron et l'abbé A.-E.-C. Gaultier.) Paris, 1816, in-folio.

D. M.

Tableau des écrivains français, par E. N. F. D. S. (Et.-Nic. Fantin-Desodoards). Paris, Debray, 1809, 2 vol. gr. in-16.

La 2e éd. est intitulée: « Tablettes biographiques des écrivains français... Par N. A. G. D. B... »
e   Voy. ce titre. Ces initiales ont fait aussi attribuer cet ouvrage à Nic.-Am.-G. de Bray, qui en a été l'éditeur.

Tableau des événemens les plus intéressans, etc.

Voy. ci-dessus, « Tableau de l'histoire de l'Eglise... », col. 632, c.

Tableau des grandeurs de Dieu dans l'économie de la religion, dans l'ordre de la société et dans les merveilles de la na-
f   ture. (Par l'abbé de Lacan.) Paris, Berton, 1769, in-12.

Cet ouvrage a reparu sous ce titre: « le Divin Contemplateur, ou tableau, etc. » Paris, 1771, in-12.

Tableau des guerres de Frédéric le Grand, traduit de l'allemand de Louis Muller (par J.-C.-T. de Laveaux). Strasbourg et Paris, 1788, in-4.

Les exemplaires datés de *Berlin*, 1786, portent le nom du traducteur, ainsi imprimé : DE LA VEAUX.

Tableau des guerres de la Révolution, de 1792 à 1815, par P. G. (Paul GAYANT, inspecteur divisionnaire des ponts et chaussées), ancien élève de l'Ecole polytechnique. Ouvrage accompagné de 20 cartes géographiques et orné de trente portraits... *Paris, Paulin*, 1838, in-8.

D. M.

Un premier essai, publié en 1833, est intitulé : « Atlas historique des guerres de la Révolution (de 1792 à 1815) ; par P. G., ancien élève de l'Ecole polytechnique. *Paris, Paulin*, in-4, 24 p. de texte et 4 cartes. C'est tout ce qui a paru.

Tableau des libraires et imprimeurs des principales villes de l'Europe. (Par N.-A.-G. DEBRAY, libraire.) *Paris, Debray*, 1804, in-12.

Tableau des maladies... trad. du latin de LOMMIUS, avec des remarques (par J.-B. LE BRETHON). *Paris, Jombert*, 1712, in-12. — Traduction nouvelle, par M. l'abbé LE MASCRIER. (Revue par L.-D. ARNAULT DE NOBLEVILLE.) *Paris, de Bure*, 1760, in-12. — *Id.*, 1792, in-12.

Tableau des maladies vénériennes, par M. C. E. T. D. L. C. (Claude-Esprit THION DE LA CHAUME). *Paris, Bastien*, 1776, in-12.

Publié dès 1773, avec le nom de l'auteur.

Tableau des malheurs du peuple juif, depuis sa sortie d'Egypte jusqu'à la prise de Jérusalem par Titus, inclusivement. Suivi de quelques vers. Par R. N. C. (Nicolas-René CAMUS-DARAS). *Paris, imp. de Cellot*, 1808, in-8, 79 p. et 1 f. d'errata.

D. M.

Tableau des maréchaux de France et d'Empire, depuis que cette charge acquit sous Philippe-Auguste, en 1185, l'éclat qu'elle conserve de nos jours. (Par M. PHILIBERT, ancien administrateur des armées.) *Paris, s. d.*, in-fol. plano.

Tableau des mœurs américaines, mises en comparaison avec les mœurs françaises. (Par PEPIN DE DEGROUHETTE, de Rouen.) *Paris, Dupuis*, 1774, in-8.

Tableau des mœurs au xe siècle, ou la cour et les lois de Howel le Bon, roi d'Aberfraw, de 907 à 948, suivi de cinq pièces de la langue française aux onzième et treizième siècles, telle qu'elle se parlait en Angleterre après la conquête de Guillaume de Normandie, et terminé par

une notice sur la langue anglaise depuis son origine jusqu'au XVIIe siècle. (Par Gab. PEIGNOT.) *Paris, Crapelet*, 1832, gr. in-8.

Ce volume forme le t. X de la « Collection des anciens monuments de l'histoire de la langue française », publiée par Crapelet.

Tableau des mœurs d'un siècle philosophe ; histoire de Justine de Saint-Val, par M. F. C. L. R. D. L. (François-Candide LE ROY DE LOZEMBRUNE). *Manheim ; et Paris, veuve Duchesne*, 1786, deux parties in-12.

Une autre édition, *Leipzig, Sommer, s. d.*, in-8, porte le nom de l'auteur.

C'est à tort que Ersch, dans sa « France littéraire » (*Hambourg*, 1797, t. I, p. 195), et Pigoreau (*Petite Bibliographie biographico-romancière*, 1821, p. 295) ont classé cet ouvrage parmi ceux de N.-E. RESTIF DE LA BRETONNE.

Tableau des mœurs de ce siècle, en forme d'épître, suivi du tombeau et de l'apothéose de J.-J. Rousseau, etc. (Par BAUMIER.) *Londres et Paris, Le Tellier*, 1788, in-8.

Tableau des mœurs du temps dans les différens âges de la vie. (Par J. LE RICHE DE LA POPELINIÈRE.) *S. l. n. d.*, in-4.

Tiré à un seul exemplaire, qui a longtemps appartenu au prince Galitzin.

On en lit la description suivante à la page 63 de la Notice des manuscrits, livres rares, etc., tirée du cabinet de ce prince, et mise en ordre par G. de Laveau. *Moscou, de l'imprimerie d'Auguste Semen*, 1820, in-8 de v et 99 *pages*.

« Tableau des mœurs du temps, dans les différens âges de la vie, 1 vol. grand in-4, rel. m. r.

« Unique exemplaire, imprimé sous les yeux et par ordre de M. de La Popelinière, fermier général, qui en fit aussitôt briser les planches ; ouvrage critique, remarquable par 20 miniatures de format in-4, dont seize en couleurs et quatre au lavis, de la plus grande fraîcheur et du plus beau faire, représentant des sujets libres. M. de La Popelinière y est imprimé sous divers points de vue et d'après nature, dans les différens âges de la vie. Cet ouvrage est d'un prix infini, par cela même qu'il est le *nec plus ultrà* de ce que pouvaient produire le luxe et une imagination déréglée. » Il

Ce livre a cessé d'appartenir au prince Galitzin. Il a été apporté en France, et il a passé dans plusieurs mains.

Un manuscrit indiqué comme l'original a figuré dans un Catalogue de curiosités bibliographiques publié en 1837 à Paris, par le libraire Leblanc.

Charles Monselet a le premier fait connaître cette singulière production dans l' « Artiste » (numéro du 16 septembre 1855), et il en a donné une analyse chapitre par chapitre. Le livre est une série de dialogues où figurent surtout deux jeunes femmes qui, après avoir été amies de pension, se marient et ne se conforment que trop *aux mœurs du temps*. L'œuvre de M. de La Popelinière est d'ailleurs sortie de l'obscurité où elle était restée près d'un siècle, car il en a été fait une

Belgique deux réimpressions, l'une et l'autre tirées à petit nombre, 1863, in-18, et 1867 (*imprimerie des ci-devant fermiers généraux*), 2 vol. petit in-8.

Tableau des mœurs françaises aux temps de la chevalerie ; tiré du roman de sire Raoul et de la belle Ermeline... Par L. C. P. D. V. (le comte P.-L. Rigaud de Vaudreuil). *Paris, A. Égron*, 1825, 4 vol. in-8.

Tableau des mœurs. Mariage des Tatars de la Crimée, extrait d'une lettre de Soudac, du 9 janvier 1829. (Par C.-N. Amanton.) *Dijon, imp. d'Odobé*, 1829, in-8.

Tiré à 30 exemplaires.

Tableau des papes de Rome pour bien juger la Constitution de Clément XI du 8 septembre 1713 contre les « Réflexions morales sur le Nouveau Testament, par le P. Quesnel », avec une lettre préliminaire sur la même Constitution... *Cologne*, 1714, in-8, CIX-336 p.

Ouvrage attribué au ministre Daniel Desmarets et publié par le ministre Chion, qui est l'auteur de la « Lettre préliminaire ».

Cet ouvrage est curieux par beaucoup d'endroits. Le « Tableau des papes » paraît être d'une main protestante, et par là il est étrange qu'on le donne comme l'ouvrage d'un défenseur de Quesnel ; et, de plus, il tend à détruire non pas seulement les opinions par lesquelles les molinistes diffèrent des jansénistes, mais toute la religion chrétienne. Ce volume n'est pas de la controverse entre des chrétiens jansénistes et molinistes ou catholiques et protestants ; mais on peut le placer dans la collection de Marc-Michel Rey.
(Note manuscrite de l'abbé Morellet.)

Tableau des persécutions de l'Eglise pendant les trois premiers siècles de l'ère chrétienne, publié par M. l'abbé H*** (T.-F.-X. Hunkler). *Paris, Gaume*, 1832, in-18.
D. M.

Tableau des poids et mesures de Marseille, comparés aux nouveaux poids et mesures de la République. (Par Cl.-Fr. Achard.) *Marseille*, 1800, in-8.
V. T.

Tableau des preuves de l'antiquité du droit municipal en France, par V. de V*** (Aug. Vallet de Viriville). *Lyon, imp. de Perrin*, 1852, in-8.

Tableau des prisons de Paris sous le règne de Robespierre, pour faire suite à l' « Almanach des prisons », contenant différentes anecdotes sur plusieurs prisonniers... — Second tableau... — Troisième tableau... (Par Coissin.) *Paris, Michel* (1794-1795), 3 vol. in-18.

T. VII.

a

Tableau des progrès de la Société en Europe, traduit de l'anglais de Gilbert Stuart (par A.-M.-H. Boulard, ancien notaire). *Paris, Maradan*, 1789, 2 vol. in-8.

Tableau des provinces situées sur la côte occidentale de la mer Caspienne entre les fleuves Terck et Kour. (Par Marschall de Bieberstein.) *Saint-Pétersbourg*, 1798, in-4, 1 f. de titre et 120 p.

b

Tableau des révolutions de l'empire d'Allemagne, depuis Othon le Grand jusqu'à nos jours. (Par J.-H.-D. Briel.) *Amsterdam et Paris, Froullé*, 1787, 2 vol. in-8.

Tableau des révolutions de l'Europe depuis le bouleversement de l'empire d'Occident jusqu'à nos jours. (Par Ch.-Christ. Koch.) *Lausanne, Bauer et compagnie*, 1771, in-8, x-380 p. — Nouvelle édition, corrigée, augmentée et continuée jusqu'à la restauration de la maison de Bourbon ; par l'auteur de l' « Histoire (abrégée) des traités de paix » (M.-S.-F. Schoell). *Paris*, 1823, 3 vol. in-8.

c

Plusieurs fois réimprimé avec le nom de l'auteur. L'édition de 1823 porte le nom de Koch sur le titre.

Tableau des révolutions de la littérature ancienne et moderne, par Charles-J.-M. Denina, ouvrage traduit de l'italien (par le P. T. de Livoy), sur la seconde édition faite à Glascow en 1763. *Paris, Desventes*, 1767, in-12.

d

Voy. « Discours sur les vicissitudes de la littérature... », IV, 1049, d.

Tableau (le) des riches inventions couvertes du voile des feintes amoureuses, qui sont représentées dans le Songe de Poliphile, dévoilées des ombres du Songe, et subtilement exposées par Béroalde. *Paris, Guillemot*, 1600, in-fol.

e

C'est, avec des retouches, la traduction de l'ouvrage de Franciscus Columna attribuée à Jean Martin, et publiée en 1546, sous le titre d' « Hypnerotomachie » ; voy. V, 873, a. Ce volume ne s'étant pas vendu, on y mit en 1657 un nouveau frontispice.

Tableau des rues, places, passages, quais, ponts et ports de la ville de Lyon et de ses faubourgs, avec l'origine de leurs noms et leurs aboutissants. (Par C. Breghot du Lut.) *Paris, Maison*, 1839, in-18.

f

Tableau des saints, ou examen de l'esprit et des personnages que le christianisme propose pour modèles. (Par le baron d'Holbach.) *Londres (Amsterdam, M.-M. Rey)*, 1770, 2 vol. in-8.

Tableau des successions, par M. C*** (Castel), suivi du texte de la coutume de Paris et des principales ordonnances du royaume en matière civile, criminelle, ecclésiastique, du commerce, des eaux et forêts, etc., etc., avec des notes par M. Boucher d'Argis et M. C*** (A.-G. Camus), avocat au Parlement, et c. r. (censeur royal). *Paris, Le Boucher,* 1785, 1788, 16 vol. in-32.

Tableau des trois époques, ou les philosophes avant, pendant et après la Révolution. (Par l'abbé Théard, de Nantes.) *Paris, Rusand,* 1829, in-8. — *Paris, Vᵉ Poussielgue-Rusand,* 1857, in-8, xvi-737 p.

Tableau des verbes grecs défectifs et irréguliers, complétés dans tous leurs temps et expliqués dans toutes leurs formes d'après les principes de MM. Mathieu et Burnouf; suivi d'une théorie simplifiée des verbes réguliers, etc. Par un professeur de l'Académie d'Aix (J.-E. Henry, régent au collège de Digne). *Avignon, Séguin aîné,* 1840, in-4, 76 p.

Tableau dicho-synoptique de l'histoire ancienne, fondé sur les lois philosophiques de l'histoire, par L*****A***(Lazare Augé). *Paris, Garnier,* 1839, in-fol. plano.

Tableau du christianisme, contenant le précis de la vie de Jésus-Christ et des mœurs de ses vrais disciples, rédigé par l'auteur du « *Memoriale vitæ sacerdotis* » (l'abbé Claude Arvisenet). *Troyes, imp. de Cardon,* 1824, in-12.

Réimprimé avec le nom de l'auteur.

Tableau du cœur et de l'esprit. (Par le chevalier de Saint-Mars.) *Paris, Prault le jeune,* 1755, in-12.

Une édition, avec le nom de l'auteur, avait paru l'année précédente à *Genève, chez Fabri et Batillot.*

Tableau du commerce et des possessions des Européens en Asie et en Afrique. (Par J.-Ch. Poncelin de La Roche-Tilhac.) *Paris, Lamy,* 1783, 2 vol. in-12.

Tableau (le) du couronnement. Ode à M. David, peintre de LL. Majestés, par un artisan sans lettres (M. Grosjean). *Paris,* 1808, in-8.

Tableau du gouvernement actuel de l'empire d'Allemagne, ou abrégé du droit public de l'empire, par J.-J. Schmauss, traduit de l'allemand avec des notes historiques et critiques, par M*** (le comte L.-G. Dubuat-Nançay). *Paris, veuve Bordelet,* 1755, in-12.

Tableau (le) du gouvernement présent, ou éloge de Son Eminence. Satyre de mille vers. Nouv. édit., revue et exactement corrigée. *Paris, 27 mars 1649,* in-4, 15 p.

Cette pièce est connue sous le nom de « Milliade ». Voy. « le Gouvernement présent... », V, 554, a.

Tableau du ministère de Colbert. (Par Fabre de Charrin.) *Amsterdam et Paris, Le Jay,* 1774, in-8.

Tableau du nouveau Palais-Royal. Première et seconde parties. *Londres et Paris, Maradan,* 1788, 2 vol. pet. in-12 de 219 et 212 p., avec deux vues gr. in-8 obl.

Attribué à F.-M. Mayeur de Saint-Paul.

Tableau (le) du premier jour de l'an, ou je vous la souhaite bonne et heureuse, esquisse de mœurs parisiennes. (Par J.-P.-R. Cuisin et P. Blanchard.) *A l'île des Bonbons, chez Friandet, marchand de caramels. Paris, Blanchard,* 1816, in-18.

Tableau du siècle de Louis XII, par Mᵐᵉ de M.... *Amsterdam,* 1769, in-12.

L'opinion publique ayant attribué cet ouvrage à Mᵐᵉ de Méhégan, veuve de l'auteur du « Tableau de l'histoire moderne », cette dame le désavoua par une lettre adressée au rédacteur du « Mercure » en avril 1769. L'année suivante, les libraires placèrent le nom de Voltaire sur un nouveau frontispice, et ils citèrent dans un Avertissement le désaveu de Mᵐᵉ de Méhégan.

Il est facile de s'assurer que le « Tableau du siècle de Louis XII » est en effet tiré en grande partie de l' « Essai de Voltaire sur les mœurs et l'esprit des nations ».

Mis à l'Index le 19 mai 1760.

Tableau du siècle. Par un auteur connu. *Genève (Paris),* 1759, in-12, 1 f. de tit., xx-227 p.

Cet ouvrage, attribué à Laval, comédien, dans la « France littéraire » de 1769, est de Nolivos de Saint-Cyr, ancien capitaine d'infanterie et chevalier de Saint-Louis, neveu de Nolivos, ancien gouverneur de Saint-Domingue.

M. de Saint-Cyr, avec lequel j'étais lié pendant les dix dernières années de sa vie, avait été autrefois de la société d'Holbach, avec la veuve duquel il a conservé une liaison que la mort seule termina.

Je lui ai entendu dire que son livre avait eu les honneurs de l'interdiction et de la contrefaçon. La bonne édition, assez rare, est précédée d'une Epître dédicatoire au chancelier Maupeou.

Il est mort à l'âge de soixante-huit ans, il y a deux ans, à l'hôtel des Invalides, où les pertes que la Révolution lui avait fait éprouver l'avaient obligé de chercher un asile.

(Note communiquée en 1807.)

Tableau (le) du socinianisme, dans lequel on voit l'impureté et la fausseté des dogmes des Sociniens, et les pernicieux desseins de ceux qui soutiennent qu'on doit les tolérer. (Par P. Jurieu.) *La Haye, Troyel*, 1691, in-12.

On joint ordinairement à cet ouvrage l' « Avis sur le Tableau du socinianisme ». (Par Isaac Jaquelot.) 1690, in-8.

Tableau économique avec son explication, et des maximes générales du gouvernement économique, sous le titre d' « Extrait des Economies royales de Sully ». (Par le docteur François Quesnay.) (*Versailles*, 1758), in-4.

L'édition de 1758 fut imprimée avec luxe à Versailles sous les yeux et dans le palais même du roi, qui, dit-on, en tira des épreuves de sa main. On assure que cet ouvrage fut si strictement séquestré qu'il n'en restait pas même un exemplaire à la famille de l'auteur.

Cet ouvrage a été réimprimé dans l' « Ami des hommes », dont il forme la suite de la 6e partie, ce qui l'a fait aussi attribuer à Victor Riquetti, marquis de Mirabeau. Voy. IV, 133, b.

Tableau fidèle des papes.....

Voy. « Imposture sacerdotale », V, 905, e.

Tableau. généalogique et héraldique de la famille Estienne, originaire de Provence, depuis l'an 1270 jusqu'en 1826... de laquelle sont issus les savants et illustres typographes de ce nom. (Par Antoine-V. Estienne.) *Paris, imp. F. Didot frères*, 1852, in-folio plano.

Tableau général de l'empire othoman... Par M. de M*** (Ignace Mouradja) d'Ohsson. *Paris, imp. de Monsieur*, 1787-1790, 2 vol. gr. in-folio. — *Id.*, 1788-1791, 4 tom. en 5 vol. in-8.

Suivant la « Biographie universelle », Mouradja d'Ohsson fut aidé dans la rédaction des deux premiers volumes par Jacq. Mallet-Dupan et par la plume plus expéditive d'un abbé qu'il avait à ses gages.

Un tome III, *Paris, imp. de F. Didot*, 1820, in-fol., porte en plus : Publié par les soins de M. C. D'Ohsson, fils de l'auteur.

Cette suite forme les tomes V-VII de l'éd. in-8°. *Paris, imp. de F. Didot*, 1824.

Tableau général de la noblesse des bailliages de Blois et Romorantin en 1789. *Paris, A. Aubry; Lyon, imp. de L. Perrin*, 1863, in-8, vii-19 p.

Signé L. D. L. S. (Louis de La Saussaye). Tiré à 200 exemplaires.

Tableau général de la Russie moderne, et situation politique de cet empire au commencement du xixe siècle. Par V. C*** (Victor Delpuech - Comeyras), continuateur de l' « Abrégé de l'histoire des voyages ». *Paris, Treuttel et Wurtz*, an X-1802, 2 vol. in-8. — *Id.*, 1807, 2 vol. in-8.

Tableau général des différentes collections que renferme le dépôt des archives de l'État dans la province de Liége. (Par Mathieu-Lambert Polain.) *Liége, Denoël*, 1845, in-8.   Ul. C.

Tirage à part du « Mémorial administratif de la province de Liége ». Une seconde édition de ce Tableau a été publiée en 1859, avec quelques changements, par M. Schoonbroodt, successeur de M. Polain dans la garde des archives.

Tableau général des principales conversions qui ont eu lieu parmi les protestants depuis le commencement du xixe siècle. (Par l'abbé R.-Fr. Rohrbacher.) *Paris, r. du Pot-de-Fer, no 4*, 1827, in-12. — *Paris, Saintin*, 1837, in-12.

Tableau général du *Maximum* de la République française, décrété par la Convention nationale le 6 ventôse. (Rédigé par J.-M. Monborgne.) *Paris, Belin*, an II-1794, 3 vol. in-8.

Tableau général raisonné et méthodique des ouvrages contenus dans le « Recueil des Mémoires de l'Académie royale des Inscriptions et Belles-Lettres, depuis sa naissance jusques et y compris l'année 1788, servant de supplément aux tables de ce Recueil. Ouvrage nécessaire pour compléter la collection des Mémoires de l'Académie. Par M. D. (C. - C. - F. de L'Averdy et G. Poirier). *Paris, Didot aîné*, 1791, in-4, 2 ff. de tit., xxvii-416 p.

Tableau grammatical, ou idée de la grammaire, à l'usage des jeunes gens. Par J. W. (J. Warelles). *Paris, l'auteur*, 1812, in-plano.

Tableau historique de l'esprit et du caractère des littérateurs françois... Par M. T*** (Ant. Taillefer, avocat). *Versailles, Poinçot*, 1785, 4 vol. in-8.

Tableau historique de l'état et des progrès de la littérature française, depuis 1789. (Par M. J. de Chenier.) 2e éd. *Paris, Maradan*, 1817, in-8.

Cette édition a de plus que celle de 1816 une table alphabétique des auteurs anciens et modernes, nationaux et étrangers mentionnés dans cet ouvrage ; elle a été rédigée par P.-A.-M. Miger.

Tableau historique de l'Orient, dédié au roi de Suède, par le chevalier M*** D*** (Ignace Mouradja d'Ohsson), ministre plénipotentiaire de S. M. le roi de Suède près la Porte othomane. *Paris, imp. de Didot*, an XII-1804, 2 vol. in-8.

La dédicace est signée : M*** d'Ohsson.

Tableau historique de la guerre de la Révolution de France, depuis son commencement en 1792 jusqu'à la fin de 1794... *Paris, Treuttel et Wurtz*, 1808, 3 vol. in-4, avec atlas.

Par le comte Phil.-Henri DE GRIMOARD pour les deux premiers volumes, et par le général. Jos. SERVAN pour le troisième.

Tableau historique de la politique de la cour de Rome, depuis l'origine de sa puissance temporelle jusqu'à nos jours. (Par C.-L. LESUR.) *Paris, A. Galland* (*imp. impériale*), 1810, in-8, 189 p.

Cet ouvrage avait d'abord été attribué à tort à ANDRÉ D'ARBELLES.

Mis à l'Index le 22 mars 1819.

Tableau historique de la ville de Lyon.

Voy. « Lyon tel qu'il était... », V, 1357, d.

Tableau historique des costumes, etc., traduit de l'allemand de M. Rob. DE SPALLART (par le comte Louis DE JAUBERT, bibliothécaire de la ville de Metz). *Metz*, 1804-1806, 7 vol. in-8, avec 2 vol. in-fol. de planches.

Tableau historique des Croisades, servant d'introduction au roman de « Mathilde ». (Par Mme COTTIN.) *Paris, Dabo*, 1818, in-12.

C'est un tirage à part à 25 exempl. sur pap. vélin, extrait de l'édition des « Œuvres » de Mme Cottin, publ. par A. AUGUIS. *Paris*, 1818, 12 vol. in-18.

Tableau historique des découvertes et établissemens des Européens dans le nord et dans l'ouest de l'Afrique jusqu'au commencement du xixe siècle. (Par Jean LEYDEN, M. D.) Traduit de l'anglais par M. CUNY. *Paris*, 1809, 2 vol. in-8.

Tableau historique des événemens qui se sont passés à Lyon depuis le retour de Bonaparte jusqu'au rétablissement de Louis XVIII. (Par J.-M.-V. AUDIN.) *Lyon, imp. de J.-M. Boursy*, 1815, in-8, 118 p. — 2e édit. *Lyon, Guyot frères*, 1815, in-8, 198 p.

Tableau historique des événemens survenus pendant le sac de Rome en 1527, par Jacopo BONAPARTE, gentilhomme de Sanminiato, témoin oculaire ; transcrit du manuscrit original, et imprimé pour la première fois à Cologne en 1756, avec une note historique sur la famille des Bonaparte ; traduit de l'italien par M*** (HAMELIN, avec le texte en regard). *Paris, Gabriel Warée*, 1809, in-8.

Jacques Bonaparte, que l'on présente ici comme auteur de cet ouvrage, était contemporain du sac de Rome et vivait à la cour de Clément VII ; mais le véritable auteur de ce « Tableau historique » ne donne à entendre dans aucun endroit qu'il se soit trouvé présent à l'action. On est porté à croire que Jacques Bonaparte a seulement été possesseur du manuscrit que l'on a imprimé sous son nom. Les faits racontés dans le « Tableau historique » sont tirés d'un petit volume publié à Paris en 1664 sous le titre de : *il Sacco di Roma dal Guicciardini*, c'est-à-dire Louis GUICHARDIN, gonfalonier, frère de François Guichardin. Louis avait lui-même emprunté ces faits à son frère l'historien.

C'est donc à tort qu'on a annoncé dans l'*Avis au lecteur* d'une nouvelle édition de la « Veuve », comédie de Nic. Bonaparte, citoyen de Florence, que le « Tableau historique » imprimé sous le nom de Jacques Bonaparte était tiré du 2e livre de l'« Histoire d'Italie » de François Guichardin. On a voulu dire du 2e livre du « Sac de Rome » de Louis Guichardin..

Le cavalier Baldelli, écrivain exact, dans sa « Vie de Boccace », p. 27, attribue le « Sac de Rome » à Louis Guichardin. D'ailleurs, dans les histoires de Florence, et surtout dans celle d'Ammirato, de l'année 1527, Louis Guicciardini est cité comme gonfalonier.

(Note extraite de ma correspondance avec le célèbre abbé Morelli, bibliothécaire de Saint-Marc, à Venise.)

Tableau historique des gens de lettres, ou abrégé chronologique et critique de l'histoire de la littérature française... Par M. l'abbé DE L*** (Pierre DE LONGCHAMPS). *Paris, C. Saillant*, 1767-1770, 6 vol. in-12.

Les tomes III-VI portent le nom de l'auteur.

Tableau historique des monuments, costumes et usages des Français, depuis les Gaulois jusqu'à nos jours, rédigé d'après Ducange, Montfaucon, Legendre, etc. (Par J.-B. DE ROQUEFORT.) *Paris, Thiériot et Belin*, 1824, in-12.

Tableau historique des ruses et subtilitez des femmes, où sont naïvement représentées leurs mœurs, humeurs, cruautez, tyrannies, feintises, artifices, tromperies... par L. S. R. (le sieur ROLET). *Paris, Billaine*, 1623, in-12.

Tableau historique du Rouergue, suivi de recherches sur des points d'histoire peu connus. (Par le baron DE GAUJAL, président de la Cour royale de Pau.) *Rhodez, imp. de L.-B. Carrère*, 1819, in-8, 2 ff. lim. et 237 p.

Tableau (Ier-VIIe) historique et chronologique de l'histoire de France, donnant la suite des rois de France depuis Pharamond... (Par Mélanie DE BOILEAU.) *Paris, imp. de F. Didot*, 1819, 7 tableaux in-fol. plano.

Tableau historique et moral de la Bible... (Par l'abbé J.-B. LASAUSSE.) *Paris, Rusand*, 1806, in-8, 64 p.

Tableau historique et philosophique de la religion... par l'auteur de la « Théorie des êtres sensibles... » (l'abbé PARA DU PHANJAS). *Paris, Cellot*, 1784, in-8.

Tableau historique et pittoresque de Courtrai, par J. L. P....(Léonard PYCKE). *Bruxelles, Hauman*, 1839, in-12, 148 p.

J. D.

Tableau historique et pittoresque de Paris, depuis les Gaulois jusqu'à nos jours. Par M*** (J.-M.-B. BINS DE SAINT-VICTOR, René TOURLET, etc.). *Paris, H. Nicolle*, 1808-1811, 3 vol. in-4.

Plusieurs fois réimprimé avec le nom de SAINT-VICTOR.

Tableau historique et politique de l'année 1806; précédé d'un coup d'œil sur les cinq premières années du dix-neuvième siècle et accompagné de portraits gravés en taille-douce. (Par le baron H.-L. COIFFIER DE VERSEUX.) *Paris, F. Buisson*, 1806, in-8, 2 ff. de tit., IV-414 p.

Tableau historique et politique de la dernière révolution de Genève. (Par J. MALLET DU PAN.) *Genève*, 1782, in-8.

Tableau historique et politique de la Suisse... traduit de l'anglois (de Temple STANYAN, par N.-P. BESSET DE LA CHAPELLE). *Fribourg; et Paris, Lottin jeune*, 1766, in-12, XII-384 p.

Tableau historique et politique des deux dernières révolutions de Genève. Par M*** (Francis D'IVERNOIS). *Londres*, 1789, 2 vol. in-8.

Tableau historique et politique des révolutions de Genève dans le XVIIIe siècle... Par M.......... (Par Francis D'IVERNOIS.) *Genève*, 1782, in-8, XXIV-400 p.

Tableau historique, généalogique et chronologique des trois cours souveraines de France. (Par Pierre BOUQUET, avocat.) *La Haye et Paris, Merlin*, 1772, in-8.

Tableau historique, géographique et politique de la Moldavie et de la Valachie, par W. WILKINSON... traduit de l'anglais par M*** (J.-B.-M.-A. DEZOS DE LA ROQUETTE)... *Paris, Boucher*, 1821, in-8. — 2e édit., 1824, avec le nom du traducteur.

Tableau littéraire de la France pendant le XVIIIe siècle, sujet proposé en 1806 par la classe de la langue et de la littérature française de l'Institut impérial. (Par

Ch. PICAULT.) *Paris, Delaunay*, 1807, in-8, 91 p. et 1 f. d'errata.

Tableau moral, ou lettres à Lampito, pour servir d'Annales aux mœurs, aux usages, à l'esprit, aux lumières et aux sottises du temps, par M. M*** (Alexis MATON). *Cantorbéry; et Paris, Ruault*, 1778, in-12, 124 p.

Tableau naturel des rapports qui existent entre Dieu, l'homme et l'univers. (Par L.-C. DE SAINT-MARTIN.) *Edimbourg*, 1782, 2 vol. in-8.

Tableau ou description de la Russie. (Par BRACHIER.) *Avignon, Chaillot jeune*, 1813, in-12.

D. M.

Tableau ou exposé des principes simples de l'esprit et de la matière qui sont indécomposables. (Par C. ROMIEUX.) *Paris* (1801), in-8.

D. M.

Tableau (le) parfait de la vie spirituelle et religieuse, ès vies de sainte Bove et sainte Dode, fondatrices de l'abbaye royale de Saint-Pierre de Reims. *Reims, A. Pottier*, 1655, in-8, 13 ff. lim., 233 p. et 2 ff. de table.

Signé : F. P. D. B. P. C. (PAULIN).

Tableau philosophique de l'esprit de M. de Voltaire, pour servir de suite à ses ouvrages et de mémoires à l'histoire de sa vie. (Par l'abbé Ant. SABATIER de Castres.) *Genève*, 1771, in-8. — *Genève, chez les frères Crammer*, 1771, in-12.

Réimprimé en 1802 sous le titre de « Vie polémique de Voltaire... » Voy. ces mots.

Tableau philosophique du genre humain depuis l'origine du monde jusqu'à Constantin. Traduit de l'anglois. (Par Ch. BORDE.) *Londres*, 1770, in-8, 2 ff. lim. et 226 p.

Ce renseignement m'a été donné par Naigeon, qui regardait comme étant dans l'erreur tous les bibliographes qui attribuent cet ouvrage à VOLTAIRE.

Tableau physique et topographique de la Tauride, suivi d'observations sur la formation des montagnes et les changements arrivés à notre globe. Par le professeur PALLAS, pour faire suite à son « Voyage en Russie ». *Paris, Guillaume*, an VII, in-8, 172 p.

Barbier dit dans sa 2e éd. : Rédigé par E. MONTRÉAL et H. DE CHATEAUGIRON, d'après les « Mémoires de M. Charette de La Colinière, ancien secrétaire de la légation de Russie ».

Quérard, « France littéraire », VI, 569, conteste cette attribution, qui est en effet au moins inexacte

TABLEAU　　652

dans la forme. L'ouvrage avait paru d'abord sous le titre de : « Tableau physique et topographique de la Tauride, tiré du journal d'un voyage fait en 1794 » (suivi d'un Catalogue des espèces de végétaux spontanés observés en Tauride), par P.-S. PALLAS. *Saint-Pétersbourg, impr. de l'Acad. imp. des sc.*, 1795, in-4° de IV-59 p. — *Saint-Pétersbourg, J.-Z. Logan*, 1796, in-12, VIII-148 p. — Autre édit. dans les « Nova Acta Acad. scienc. imp. Petropolitanæ », t. X, 1797, in-4°, pages 257-320. — Nouv. édit. *Leipzig, J.-G. Sommer*, 1806, in-12.

MONTRÉAL et CHATEAUGIRON ont édité (mais pas rédigé) l'édition de *Paris*, an VII, qui contient de plus les observations qui ne se trouvent pas dans les quatre édit. précédentes. Les observations sur la formation des montagnes et les changements arrivés au globe, particulièrement à l'égard de l'empire de Russie, par *Pallas*, ont paru dans les « Acta acad. sc. imp. Petropolit. », 1777, t. I, pars I, Histoire, p. 21-64, dont il y a eu des tirés à part. A. L.

Tableau pittoresque de la vallée de Montmorency... Ouvrage orné d'une infinité de planches... (Par J.-C. LE PRIEUR.) *Paris, Laurens le jeune, s. d.*, in-8, IV-43 p. et 26 planches.

Tableau politique de l'Europe, depuis la bataille de Leipsic, gagnée le 18 octobre 1813. (Par le marquis L. DE LA MAISONFORT.) *Londres, Deboffe*, 1813, in-8, 96 p. — *Paris, Dondey-Dupré*, 1814, in-8, 80 p.

Sous le n° 4142, t. I, de son Catalogue, Noel dit que l'édition de *Londres*, 1813, a été imprimée à *Nancy*, en 1815, par les soins de l'abbé Cl.-Fr.-Et. ELQUIN. Une autre éd. porte : Par M. MAISON-FORT. *A Londres ; et se trouve à Paris, chez les libraires qui vendent les nouveautés*, 1814, in-8, 63 p.

Tableau politique de l'Europe, depuis la Révolution française, suivi d'un abrégé de l'histoire de France depuis 1797 jusqu'à présent. (Par le comte D'HAUTEFORT.) *Paris, Boulard*, an VI, in-8, 2 ff. de tit., VIII-172 p.

Tableau politique de l'Europe pendant l'année 1805 et les trois premiers mois de 1806; par S...... *Osnabruch, s. d.* (1806), in-8, 157 p.

Par le comte DE SUCHTELEN, ancien ambassadeur de Russie à Stockholm, ou par le comte Curt VAN STEDINGK, d'après des notes manuscrites contemporaines relevées par M. Ladrague sur deux exemplaires.

Tableau politique des règnes de Charles II et de Jacques II, derniers rois de la maison de Stuart, précédé d'une troisième édit. de l'Essai sur les causes qui, en 1649, amenèrent en Angleterre l'établissement de la République ; sur celles qui devaient l'y consolider, et sur celles qui l'y firent périr. (Par A.-J.-C.-J. BOULAY, de la Meurthe.) *La Haye, de l'impr. bel-*

gique, J.-B.-M. Bory de Saint-Vincent, éditeur, J.-B.-G. Wallez, co-éditeur, 1818, 2 vol. in-8.

Il y a des exemplaires qui portent : *Paris, Foulon*, 1818.

La préface, signée de l'éditeur Bory de Saint-Vincent, a XX p.; mais il ne nomme pas l'auteur.

Cette édit. a été publiée sans l'aveu de l'auteur, qui en fit paraître, en 1822, avec son nom, une seconde augmentée de plusieurs chapitres et d'une troisième partie, mais on n'y trouve plus l' « Essai sur les causes.... »

Tableau politique du voyage de S. A. I. Paul Petrowitz, grand-duc de Russie, dans plusieurs cours de l'Europe. (Par COURTIAL.) *Paris*, 1783, in-8, 28 p.

Tableau racourcy de la vraye noblesse, figuré sur la vie et parens de sainte Begge, par un Père Récollet de l'ordre de Saint-François (Hubert MASSAR). *Liége, Bronckart*, 1661, in-12, 300 p.

Tableau racourci des vertus héroïques de sainte Aye, comtesse de Haynaut, par un Père Récollet (Romain CHOCQUET). *Mons*, 1640, in-8.

Tableau raisonné de l'état actuel de la banque de Saint-Charles. (Par H.-G. RIQUETTI, comte DE MIRABEAU.) *Amsterdam*, 1786, in-8.

Tableau raisonné de l'histoire littéraire du XVIII° siècle, rédigé par une société de gens de lettres. (Par F.-B. DE FÉLICE.) *Yverdun*, 1779, in-4 ou 4 vol. in-8.

Tableau religieux et politique de l'Indostan, ou précis historique des révolutions de l'Inde, suivi de deux Mémoires présentés en 1781 à Louis XVI par l'auteur de cet ouvrage, contenant un plan pour anéantir la puissance anglaise dans l'Inde, et d'un troisième sur les moyens actuels d'y parvenir encore; par M. C*** (DE COURCY), lieutenant général des armées françaises, gouverneur général de l'Isle de France, ayant commandé dans l'Inde ; publié et enrichi de notes par A. B. DE B*** (DE BASSELIN), auteur de l' « Examen du Discours de M. Necker, à l'ouverture des Etats généraux », d'une « Lettre à M. Pitt », de la traduction des « Ouvrages de M. BURKE », des « Vérités à ceux qui les aiment », etc., et de beaucoup d'autres ouvrages politiques. *Paris, Marchant*, 1803, in-8, XXIV-472 p.

Tome I, seul publié.

Je ne puis me rappeler dans quel ouvrage j'ai trouvé les noms de COURCY et de BASSELIN ; mais, s'ils ne sont pas imaginaires, on doit considérer ceux qui les portent comme de hardis plagiaires, puisque le « Tableau religieux et politique de l'Indostan » n'est, jusqu'à la p. 280, que la transcription des « Mémoires historiques, politiques et économiques sur les révolutions anglaises dans l'Indostan », par J.-A. PALLEROT DE SAINT-LUBIN, tome Ier et unique. *Utrecht, Wild* 1782, in-8, 220 p.

Tableau (le) satyrique des pères de la société. (Par Théophile VIAUD.) *S. l. n. d.*, in-8, 30 p.

Tableau slave du vᵉ siècle. (Par la princesse Zénéide VOLKONSKY.) *Paris, Renard*, 1824, in-8, XII-212 p. et 2 ff. d'errata.

Réimprimé avec le nom de l'auteur. *Moscou, A. Semen*, 1826, in-12, XII-220 p.

Tableau sommaire et philosophique du génie, du caractère, des mœurs, du gouvernement et de la politique des Bataves, traduit de l'anglais. (Par Ch. MILLON.) *La Haye*, 1789, in-8.

Tableau spéculatif de l'Europe. *S. l.*, février 1798, in-8, 160 p.

Cet écrit est généralement attribué à DUMOURIEZ ; un baron D'ANGELY s'en est dit l'auteur. Note copiée sur l'ex. de M. Boulard. Le rédact. de son Catal., t. III, nᵒ 2150, attribue formellement cet ouvrage à D'ANGELY.

Tableau statistique du département de la Dyle... publié par M. D. B... (le chevalier DE BOUGE). *Bruxelles, imp. de E. Flon*, an XIII-1804, gr. in-fol.   D. M.

Tableau statistique et comparatif des enfants trouvés, dans les trois départements formant le ressort de la cour... Par M. B. (BLANDIN), ancien bâtonnier de l'ordre des avocats... *Pau, imp. de E. Vignancour* (1850), in-16, 16 p.

L'auteur a signé.

Tableau synoptique des principaux cultes exercés par les habitants actuels de la terre, suivi d'un Tableau de la propagation du christianisme dans les cinq parties du monde. (Par R.-H. DE REUTLINGER.) *Zuric*, 1840, in-fol.

Tableaux accomplis de tous les arts libéraux ; par Christophe DE SAVIGNY. (Publié par Nicolas BERGERON.) *Paris, Gourmont*, 1587, in-fol. — *Paris, Libert*, 1619, in-fol.

La première édition est rarissime.

Tableaux d'arithmétique linéaire du commerce, des finances et de la dette nationale d'Angleterre, traduits de l'anglais de William PLAYFAIR (par H. JANSEN). *Paris*, 1789, in-4.

Tableaux d'un poëte. Poésies d'un peintre. (Par Prosper MARCHAND.) *A Pittorescofolis, s. d.*, in-8, 44 p. et 1 f.

Tableaux de commandemens des manœuvres des batteries de campagne. (Par BOUSSON.) *Paris, Anselin et Pochard* (1823), in-fol. oblong.

Ces Tableaux se rapportent aux « Manœuvres des batteries de campagne, à l'usage de l'artillerie de la garde royale, » *Paris, Anselin et Pochard*, 1822 (rédigées, d'après celles que l'on connaissait déjà, avec quelques additions, par une commission composée de MM. Tournemine, Bousson, Legendre, de Sers et A. Thierry).

Tableaux de concordance des instructions et circulaires de l'administration de l'enregistrement et des domaines. (Par OBISSIER.) *Paris, A. Durand*, 1858, in-8.

Tableaux de famille, ou journées de Charles Engelman, traduit de l'allemand d'Auguste LAFONTAINE, par l'auteur de « Caroline de Litchfield » (Isabelle POLIER DE BOTTENS, baronne DE MONTOLIEU). *Paris, de Bray*, an IX-1801, 2 vol. in-12.

Tableaux de famille, par l'auteur des « Récits d'une grand'mère » (Mᵐᵉ Zélia LONG, née PELON). *Paris, Délay*, 1843, in-12.

Tableaux de la bonne compagnie, ou traits caractéristiques, anecdotes secrètes, morales et littéraires, recueillies dans les sociétés du bon ton, pendant les années 1786-1787, accompagnés de planches en taille-douce, dessinées et gravées par M. Moreau le jeune et d'autres célèbres artistes. *Paris*, 1787, 2 vol. in-12.

Par N.-E. RESTIF DE LA BRETONNE. C'est la première édition de cet ouvrage, et le texte est fort différent de celui des « Tableaux de la vie ». Voy. ci-après, col. 655, a.

Tableaux de la composition des armées européennes sur le pied de guerre, dressés d'après les documents officiels les plus récents. I. L'Autriche. II. La France. (Par VANDENSANDE.) *Bruxelles, Muquardt*, 1859, in-fol. plano.

Tableaux de la Fable, ou nouvelle histoire poétique des dieux, demi-dieux et héros de la Fable, représentée par figures et accompagnée d'explications. Par MM. J. GRASSET DE SAINT-SAUVEUR et Sylvain M*** (MARÉCHAL). *Paris*, 1785-87, 9 vol. in-18.

Les deux auteurs ont signé la dédicace. A partir du tome II, le titre ne porte plus que le nom de Sylvain M—L.

Tableaux (les) de la nature, par M. R. D. L. (Renaud de La Grelaye), de diverses Académies. *Paris, veuve Duchesne,* 1775, in-8.

Réimprimés en 1784 sous le titre de « Promenades de Chloé ».

Tableaux de la Révolution française, ou collection de 48 gravures représentant les événements qui ont eu lieu en France depuis la transformation des Etats généraux en Assemblée nationale. *Paris, Briffault de La Charprais,* 1791-1804, in-fol.

Le titre se rencontre modifié ainsi :
« Tableaux historiques de la Révolution française, ouvrage orné de 222 grav., avec des Discours ». *Paris, Auber,* 1791-1804, 3 vol. in-fol.
Les Discours sont de l'abbé Cl. Fauchet, S.-R.-N. Champfort et P.-L. Ginguené pour les 25 prem. livr., et de F.-X. Pagès pour la suite.
Le texte primitif des 80 premiers tableaux, rédigé avec une certaine exagération, fut modifié plus tard. Sous sa première forme, il a 380 p.; il en a 384 sous la seconde. On rencontre des exemplaires avec ces deux textes.
Il existe aussi des exemplaires avec ce titre : « Collection complète des tableaux historiques de la Révolution française ». *Paris, imp. de Didot l'aîné,* 1798, 3 vol. in-fol. Enfin cet ouvrage a reparu en 1817 sous le titre de « Tableaux historiques de la Révolution française... » Voy. ci-après, col. 656, c.

Tableaux de la vie, ou les mœurs du dix-huitième siècle. Avec 17 fig. en taille-douce. *A Neuwied-sur-le-Rhin, chez la Société typographique, et à Strasbourg, chez J.-G. Treuttel,* s. d., 2 vol. in-18. — Nouv. édit. *Ibid.* 1791, 2 vol. in-18 de 168 et 186 p., sans gravures.

Réimpression du texte publié primitivement par N.-E. Restif de La Bretonne, sous le titre de : « Monuments du costume physique et moral... » Voy. VI, 348, f.
Voy. aussi « Tableaux de la bonne compagnie... », ci-dessus, col. 654, d.

Tableaux de physique et d'histoire naturelle. Notions usuelles sur les phénomènes de la nature... par l'auteur des « Eléments d'histoire naturelle à l'usage des collèges ». (Par C. Saucerotte.) *Lunéville, imp. de Mme veuve Bastien,* 1836, 24 tableaux in-fol., ou 2 vol. in-16.

Tableaux des sciences et des vertus morales, par le S. B. (Baudoin), de l'Académie françoise. *Paris, Loyson,* 1679, 3 vol. in-12.

Même ouvrage que les « Emblèmes » du sieur Baudoin, *Paris,* 1638, 3 vol. in-8.

Tableaux (les) du maréchal Soult. (Par Louis Enault.) *Caen, imp. de E. Poisson* (1853), in-16, 32 p.

Tableaux et Leçons de morale chrétienne, ou choix de préceptes, de récits, etc. (Par N.-J. Gilbert.) *Bruxelles, de Gensl,* 1827, in-18.

J. D.

Tableaux généalogiques de la maison royale de France et le Blason royal des armoiries des rois, reines, dauphins, fils et filles de la maison royale de France... (Par le P. Ph. Labbe.) *La Haye, A. Ulacq,* 1654, in-12, 4 ff. lim. et 279 p.

Les éditions originales de Paris, 1652, portent le nom de l'auteur.

Tableaux historiques. (Par Mlle Gallot.) *Paris, Meyrueis,* 1858-1859, 6 vol. in-18.

Péricla. 1 vol.
La Fille des cèdres. 2 vol.
Isabelle de Mélindor. 3 vol.

Tableaux historiques de la Révolution française, ou analyse des principaux événemens qui ont eu lieu en France (par P.-A.-M. Miger), depuis la première Assemblée des notables, tenue à Versailles en 1787; contenant 160 sujets gravés à l'eau-forte et au burin par les premiers artistes de Paris, ainsi que 65 portraits des hommes célèbres qui ont le plus marqué dans la Révolution, soit par leurs vertus, soit par leurs crimes ; chacun de ces portraits est accompagné d'une notice historique (par le même) et d'un camée composé et gravé à l'eau-forte par J. Duplessi-Bertaux. *Paris, Le Blanc et Aubert,* 1817, 2 vol. in-fol.

Même ouvrage que « Tableaux de la Révolution française... » Voy. ci-dessus, col. 655, a.

Tableaux historiques des campagnes de Napoléon, en Italie, en Egypte et en Allemagne. (Par P.-A.-M. Miger.) *Paris,* 1810, in-fol., fig.

Tableaux historiques et politiques des anciens gouvernemens de Zurich et de Berne, et des époques les plus intéressantes de l'histoire de la Suisse. (Par J. Schulthess.) *Paris, Renouard,* 1810, in-8, 2 ff. de tit., 486 p. et 1 f. de table.

Tableaux-Lois. *Paris, Paul Dupont,* 1843, 12 tableaux gr. in-fol.

Ces Tableaux ont été composés sous la direction de M. L.-M. de Cormenin par MM. Alf. Blanche et Hipp. Dieu.

Tableaux mnémoniques de l'histoire de France, composés de médaillons chronologiques... par Mme de *** (L. Boen de Saint-Ouen). *Paris, L. Colas,* 1822, in-12.

En 1826, on a réimprimé des titres avec le nom de l'auteur.

Tableaux où sont représentées la passion de N. S. Jésus-Christ et les actions du prêtre à la sainte messe, avec des prières correspondantes aux tableaux. (Par L. MENGIN.) *Metz, F. Bouchard*, 1680, in-12, avec 35 planches gravées par S. Leclerc.

Tableaux politiques. (Par F. DE MONTHEROT.) *Lyon, imp. de Perrin* (1832), in-8, 8 p.
                                   G. M.
En vers.

Tableaux (les) raccourcis de la vie. Par R. D. L. C. (René DE LA CHAISE). *Paris*, 1699, in-12.

Tableaux septennaires pour jouer avantageusement les extraits sur les loteries... (Par MATHELIN.) *Paris, veuve Galletti*, an X, in-8, 128 p.
                                   D. M.

Tableaux sommaires faisant connaître l'état et les besoins de l'instruction primaire dans le département de la Seine... Par M****** (Edme-François JOMARD). *Paris, L. Colas*, 1828, in-8, 32 p.
                                   D. M.

Tableaux statistiques et autres. Seconde édition. (Par N.-A.-G. DEBRAY.) *Paris, Debray*, 1804, pet. in-8.

Tableaux (les), suivis de l'histoire de M¹¹ᵉ de Syane et du comte de Marcy. (Par le marquis MASSON DE PESAY.) *Paris, Delalain*, 1771, in-8.

Tableaux synchroniques de l'histoire du moyen âge, depuis la mort de Charlemagne jusqu'à la prise de Constantinople par les Turcs. (Par le P. OLIVIER, jésuite.) *Liège*, 1854, in-4, 65 p.

Tableaux synoptiques de géographie ancienne et moderne des diverses parties du globe. (Par l'abbé DANIEL.) *Coutances, Voisin*, 1822, in-fol. oblong.

La 4ᵉ édition, 1826, in-fol., a pour titre : « Tableaux synoptiques de géographie ancienne et moderne comparées. »

Tableaux synoptiques de l'école de peloton, d'après le règlement d'exercice pour l'infanterie de la Confédération, arrêté en 1823. Par un officier vaudois (GRAND D'HAUTEVILLE). *Genève, Cherbuliez*, 1828, in-8.
                                   D. M.

Tableaux tirés de l'Iliade, de l'Odyssée d'Homère et de l'Énéide de Virgile ; avec des observations générales sur le costume.

(Par le comte DE CAYLUS.) *Paris, Tilliard*, 1757, in-8, 2 ff. de tit., CII-396 p. et 2 ff. de privilége.

Le nom de l'auteur se trouve dans l'approbation.

Tableaux topographiques, pittoresques, physiques, historiques, politiques et littéraires de la Suisse. (Par J.-B. DE LABORDE et B.-F.-A.-J.-D. ZURLAUBEN, avec table analytique par F.-A. QUÉTANT.) *Paris, Clousier*, 1780-1788, 4 vol. in-fol.

Les dissertations physiques répandues dans cet ouvrage sont de BESSON, intendant général des mines de France.

Tables alphabétique et chronologique des pièces représentées sur l'ancien théâtre Italien depuis son établissement jusqu'en 1697... *Paris, imp. de Prault*, 1750, in-8, XIV-8-116 p. et 4 ff. de table et de privilége.

Le privilége est au nom de N. B. D. G.
L'épistre est signée DU GÉRARD.

Tables alphabétiques ou méthode pour faire apprendre aux enfants le sens de ce qu'on lit, tant en latin qu'en françois, en même temps qu'on leur apprend à lire. (Par LE FÈVRE, ancien professeur au collége des Grassins.) *Paris, Boudot*, 1704, in-8.

Voy. « Supercheries, » II, 774, f.

Tables astronomiques calculées pour le méridien de Paris, sur les observations les plus exactes faites jusqu'à l'année 1770. (Par Jérôme DE LALANDE.) *Paris, veuve Desaint*, 1771, in-4. — Nouvelle édition. (Par J.-B.-J. DELAMBRE, DE LALANDE et W. MASON.) *Paris, veuve Desaint*, 1792, in-4.

Se trouvent dans les deux éditions de l'Astronomie de DE LALANDE.

Tables chronologiques et synoptiques des écoles de peinture de l'Italie. (Par A. MEJAKOFF.) *Moscou, imp. de W. Gautier*, 1850, in-8, IV-IX-110 p. de tables chronol. et synopt. et XXXII p. de tables des peintres.
                                   A. L.

Tables chronologiques pour servir à l'histoire universelle et à celle des Etats de l'Europe. (Par Frid.-Rudolf. SALZMANN.) *Strasbourg, J.-F. Stein*, 1774, in-4.

Tables de l'histoire sacrée et profane, depuis le commencement du monde jusqu'en 1730, avec une table de pensées diverses. (Par Antoine COINTREAU, Parisien, avocat.) *Paris*, 1730, in-4.

Tables de logarithmes pour les sinus et

tangentes, etc. (Par les abbés N.-L. DE LA CAILLE et J.-F. MARIE, avec des additions par J. DE LALANDE.) *Paris*, 1781, an VII-1799, an XI-1804, in-8.

Tables de rapport entre les mesures républicaines et les mesures anciennes le plus généralement employées en France... (Par J.-T.-H. POITEVIN DE MAUREILLAN.) *Paris, imp. de la République*, an III, in-8, 16 p.

Tables des logarithmes, contenant les logarithmes des nombres, depuis 1 jusqu'à 102100, etc., par GARDINER (extrait du Manuel de l'abbé Gabriel MOUTON, et publié par les PP. Esprit PEZENAS, DUMAS et BLANCHARD). *Avignon, Aubert*, 1770, in-fol.

Dans la Connaissance des temps, pour l'année 1775, calculée par de La Lande, on trouve un *errata* des Tables des logarithmes de Gardiner, édition d'Avignon, 1770 : on y a ajouté l'*errata* de l'édition de Londres de 1743, ainsi qu'un supplément à l'*errata* des grandes Tables d'Ulacq. C'est à MM. Cartaut et L'Emery que le public est redevable de cet *errata*. (Note tirée du Catalogue de la bibliothèque publique d'Orléans, 1777, in-4, p. 253.)

Le P. Blanchard a traduit la préface de ces Tables.

Tables du toisé des bois et du poids des fers, à l'usage de MM. les officiers du corps royal de l'artillerie, calculées par les officiers du même corps. (Par DE ROSTAING.) *Dijon. Frantin*, 1777, in-12.

Rostaing est encore l'auteur d'une « Relation d'un voyage fait aux Indes », insérée dans la « Collection historique ». Voy. IV, 634, *c*.

Tables généalogiques des augustes maisons d'Autriche et de Lorraine, et leurs alliances avec l'auguste maison de France, précédées d'un mémoire sur les comtes de Habsbourg, tiges de la maison d'Autriche. (Par B.-F.-A.-J.-D. DE ZURLAUBEN, baron DE LA TOUR CHATILLON.) *Paris, Desaint*, 1770, in-8, XIV-320 p.

Le nom de l'auteur est donné dans l'approbation.

Tables généalogiques des héros de romans, avec un catalogue des principaux ouvrages en ce genre, par M. L. D. (Louis DUTENS). *Londres, Edwards, s. d.*, in-4, 12 p. — 2ᵉ éd. *Londres*, 1796, in-4.

Tables généalogiques des maisons souveraines de l'Europe. (Par C.-G. KOCH.) *Strasbourg, Treuttel*, 1782, in-4.

Tables historiques, généalogiques et géographiques contenant l'histoire du peuple de Dieu, de la France, de la Lorraine, de l'Autriche, de l'Egypte.... (Par l'abbé

I.-J. BOUVIER, dit LYONNOIS.) *Nancy, George Henry*, 1771, in-fol.

Tables pour faciliter l'extraction des racines, avec une méthode pour trouver par approximation celles des quarrés et des cubes imparfaits, sans recourir aux fractions décimales. Par N. C**** (N. CARON). *Paris*, 1758, in-8, 14 p.

Tables sacrées, ou nouvelle méthode pour lire avec fruit toute l'Ecriture sainte dans le courant d'une année, en y employant un quart d'heure par jour. (Par GASNIER DU FOUGERAY, curé au diocèse d'Amiens.) *Paris, Lottin*, 1761, in-8.

Tables synchroniques de l'histoire de France, ou chronologie des princes et Etats contemporains sous les diverses périodes de la monarchie française, pour servir de suite à toutes les histoires de France. Par M. de V. (J.-B. VIENOT DE VAUBLANC, de Montargis). *Paris, Janet et Cotelle*, 1818, in-8.

Forme le tome X de l' « Histoire de France... » par Anquetil. *Paris, Janet et Cotelle*, 1817, 10 vol. in-8.

La 2ᵉ édit., *Paris, Janet et Cotelle*, 1820, in-8, porte le nom de l'auteur. Elle forme le tome XIII de l' « Histoire de France » d'Anquetil, éd. de *Janet et Cotelle*, 1826-1828.

Tables synchroniques de l'histoire de Lorraine, ou chronologie abrégée de ses princes et des monarques contemporains de France et d'Allemagne; avec les agrandissements successifs de Nancy depuis l'origine de cette ville, ses monuments, ses édifices publics, ses monastères et ses environs, par M. N*** (NICOLAS), officier en retraite. Ouvrage augmenté d'une table comprenant, par ordre de dates, les grands hommes de France et d'Allemagne, les archevêques de Trèves, les évêques de Toul, Metz et Verdun, précédé d'une introduction par M. X. M*** (MAIRE). *St-Nicolas-de-Port, P. Trenel*, 1844, in-4.

Tablettes anecdotes et historiques des rois de France, depuis Pharamond jusqu'à Louis XV... par M. D. D. A... (J.-F. DREUX DU RADIER). *Paris, C. Robustel*, 1759, 3 vol. in-12. — *Paris, Vᵉ Duchesne*, 1766, 3 vol. in-12.

Tablettes autrichiennes, contenant la chronique secrète des cours d'Allemagne, par un témoin oculaire (SANTO-DOMINGO). *Bruxelles, Tarlier*, 1830, in-18, avec portraits.

J. D.

Tablettes biographiques des écrivains français, depuis la renaissance des lettres

jusqu'à ce jour.... Par N. A. G. D. B. 2e
édition. *Paris, G.-A. Debray*, 1810, 2 vol.
in-8.

La 1re éd. est intitulée : « Tableau des écrivains
français », par E. N. F. D. S. (Et.-Nic. FANTIN-
DESODOARDS).Voy. ci-dessus, col. 638, d. Les initiales de
la seconde édition l'ont aussi fait attribuer à Nic.-Am.-
G. DE BRAY, qui en a été l'éditeur.

Tablettes chronologiques contenant les
noms des principaux personnages de l'histoire sacrée ecclésiastique, de celle de
l'Eglise de Besançon en particulier, avec
les noms des empereurs romains, des rois
de France, etc. (Par ETHEVENY, directeur
du séminaire de Besançon.) *Besançon*,
1785, in-16.

Tablettes chronologiques de l'histoire
universelle sacrée et profane, etc., par
l'abbé LENGLET DU FRESNOY ; nouvelle
édition, revue et augmentée (par l'abbé
J.-B. LE MASCRIER et J.-L. BARBEAU DE
LA BRUYERE). *Paris, de Bure*, 1763, 2 vol.
in-8.

Voy. les « Mémoires sur Lenglet du Fresnoy » (par
Michault), p. 131, et la préface des « Tablettes »,
édition de 1778.

Tablettes chronologiques, généalogiques
et historiques des maisons souveraines
de l'Europe. Par M. V**** (Nic. VITON
DE SAINT-ALLAIS). *Paris, Mme Ve Petit*,
1812, in-18.

Tablettes chronologiques pour servir à
l'histoire de la ville de Lyon.(Par Antoine
PÉRICAUD.) *Lyon, imp. de M.-P. Rusand*,
1831-1835, 6 part. in-8.

1700-1750, 31 p.
1751-1789, 48 p.
1790-1800, 125 p.
1801-1805, 38 p.
1801-1814, 52 p.
1814-1825, 72 p.

Extraits des Almanachs de Lyon, tirés, les deux
premiers à 100 exemplaires, et les quatre derniers à
50 seulement.

Plusieurs de ces extraits sont signés : A. P.

Tablettes chronologiques utiles à l'étude
de l'histoire et à la révision des matières
historiques des différents examens, y compris celui du baccalauréat. Par un agrégé
de l'Université (M. GOURGAUD, professeur
au lycée de Versailles). *Versailles, imp.
de A. Montalant*, 1860, in-18, 34 p.

La 2e éd., *Paris, Bechet fils*, 1864, in-18,
35 p., porte le nom de l'auteur.

Tablettes classiques, recueil de morceaux choisis dans les meilleurs écrivains
français, depuis Malherbe et Balzac jusqu'à nos jours. (Par Charles BERRIAT-SAINT-

PRIX.) *Paris, Fanjot*, 1825, 2 vol. gr.
in-32.

Tablettes (les) d'un curieux, ou le por-
tefeuille de MM. DE VOLTAIRE et DE FON-
TENELLE (publié par D'AQUIN DE CHATEAU-
LYON). *Paris, Duchesne*, 1757, 2 vol. in-12.

Le 1er volume a été réimprimé sous le titre de « le
Portefeuille trouvé... » Voy. VI, 956, c.

Tablettes d'un curieux, ou Variétés historiques, littéraires et morales. (Publiées
par C.-S. SAUTREAU DE MARSY.) *Bruxelles,
Dujardin*, 1789, 2 vol. in-12.

Tablettes d'une révolution, par un
homme d'Etat (J.-B.-H.-R. CAPEFIGUE).
Bruxelles, 1850, in-18.

Voy. « Supercheries », II, 297, a.

Tablettes de Figaro, ou son voyage en
Espagne; nouvelle édition, augmentée de
plus des deux tiers. (Par Jérémie-Charle-
magne FLEURIAU, connu sous le nom du
marquis DE LANGLE.) *Neufchâtel, imp. de
Fauche fils aîné*, 1785, 2 parties petit
in-8.

C'est le même ouvrage que le « Voyage de Figaro
en Espagne ». Voy. ces mots. La première édition de
ce Voyage fut condamnée à être brûlée, par arrêt du
Parlement du 26 février 1788. Il est devenu assez
rare, mais il n'offre d'ailleurs rien de bien piquant.

G. M.

Tablettes de Thémis... (Par Louis CHA-
SOT DE NANTIGNY.) *Paris, Legras*, 1755, 3
part. in-12.

La 1re partie a été réimprimée en 1756, *Paris,
Giffart*, in-12.

Tablettes de Zisphé. (Par J.-P.-L. DE
LA ROCHE DU MAINE, marquis de LUCHET.)
S. l., 1766, in-12.

Tablettes des paillards... *S. l.*, 1762,
in-24.

Attribuées, dans les « Mémoires secrets » de Bachaumont, t. 16, p. 178, à A.-A.-H. POINSINET le
jeune et à DE PRESSIGNY, fils du fameux Maisonrouge.
Voy. aussi le t. I, p. 167.

Tablettes (les) du Juif errant, ou ses
récriminations contre le passé, sans préjudice du présent, écrites par lui-même.
(Par Edgar QUINET.) *Paris, Beraud*, 1823,
in-8.

Tablettes et Etrennes généalogiques,
historiques et chronologiques...(Par Louis
CHASOT DE NANTIGNY.) *Paris, Legras*,
1748, in-12.

Tablettes fantastiques, ou bibliothèque
très-particulière pour quelques pays et
pour quelques hommes, par l'auteur du

« Mémorial d'un mondain »... (le comte Max. DE LAMBERG). *Dessau*, 1782, in-4.

L'épître dédicatoire à M. de Lacépède est signée.

Tablettes gastronomiques de Saint-Pétersbourg, rédigées par un amateur (le prince LABANOFF DE ROSTOFF), et précédées d'une liste d'ouvrages à consulter. *Saint-Pétersbourg, imp. d'Éd. Pratz*, 1856-1858, 2 vol. gr. in-8.

Voy. « Supercheries », I, 201, e.

Tablettes généalogiques des illustres maisons des ducs de Zaeringen, margr. et grands-ducs de Bade. *Darmstadt, Leske*, 1810, in-8.

Par J. DE TURCKHEIM, d'après Quérard, « France littéraire ». Par Nic. VITON DE SAINT-ALLAIS, d'après les « Supercheries », III, 1090, d.

Tablettes géographiques contenant un abrégé des quatre parties du monde et un dictionnaire géographique des villes, abbayes, ordres militaires, chevaleries, etc., par le M. de C... (Louis CHASOT DE NANTIGNY). *Paris, Ganeau*, 1725, in-12.

Tablettes géographiques pour l'intelligence des historiens et des poëtes latins. (Par E.-A. PHILIPPE DE PRÉTOT.) *Paris, Lottin*, 1755, 2 vol. in-12.

Tablettes historiques et littéraires. (Par C.-J. CHAMBET.) *Lyon, imp. de J.-M. Barret*, 1822-1825, 6 vol. in-8.

Tablettes historiques, généalogiques et chronologiques... (Par L. CHASOT DE NANTIGNY.) *Paris, L. Gros*, 1748-1757, 8 vol. in-12.

Tablettes historiques, par M. B. D. L. C. (BOUDIER DE LA COUR). *S. l.*, 1758, in-12.

Tablettes historiques, topographiques et physiques de Bourgogne pour les années 1753-1760. (Par l'abbé Jérôme RICHARD.) *Dijon*, 8 vol. in-16.

Tablettes libérales, contenant les opinions des orateurs, des publicistes et des philosophes moralistes, historiens ou législateurs, sur les questions les plus intéressantes pour l'humanité et le gouvernement des Etats. (Par METTON.) *Bruxelles, Demat*, 1826, in-18, portr.   J. D.

Ce sont des morceaux de Voltaire, J.-J. Rousseau, Montesquieu, Raynal, Mirabeau, de Pradt, etc., de d'Aguesseau, Fénelon, Bossuet, Massillon et Pascal, appropriés au plan que le compilateur s'est tracé. Ce volume n'étant presque exclusivement consacré qu'aux matières religieuses et aux bases de la législation, M. Metton s'était proposé d'en publier un second, qui

eût traité *plus spécialement de la politique; nous ignorons s'il a vu le jour.* (Quérard.)

Tablettes lyriques. (Par T.-G. TACONET.) *Paris*, 1759, in-12.

Tablettes morales et historiques. (Par CHOMEL, frère du médecin.) *Paris, Rozet*, 1762, in-12, XII-322 p.

La « France littéraire » de 1769 attribue cet ouvrage à M. DE GRANDMAISON; mais j'ai cru devoir m'attacher à l'indication donnée par Chavray de Boissy, dans une note de son ouvrage intitulé : « l'Avocat », etc. *Paris*, 1778, in-8, p. 258. Ce littérateur indique M. Ch..., comme l'auteur des « Tablettes morales et historiques », des « Nuits parisiennes » et « des Aménités littéraires ». Voy. IV, 129, d, et VI, 588, c.

Tablettes romaines, contenant des faits, des anecdotes et des observations sur les mœurs, les usages, les cérémonies, le gouvernement de Rome, par un Français qui a récemment séjourné dans cette ville (le comte J.-H. DE SANTO-DOMINGO). *Paris*, 1824, in-8.

Tablettes romantiques, recueil orné de quatre portraits inédits. (Publiées par M. Abel HUGO.) *Paris, Pélicier*, 1823, in-12.

Tablettes spadoises, ou indicateur de Spa, contenant son histoire ainsi que les détails des environs et les adresses. (Par Brutus DURAND, contrôleur des contributions à Spa.) *Spa, Bourdoux*, 1864, in-18, 260 p.   J. D.

Tablettes universelles, ou résumé de tous les journaux et bibliographie générale; répertoire des événemens, des nouvelles et de tout ce qui concerne l'histoire, etc., rédigé par une société d'hommes de lettres, dirigé et publié par J.-B. GOURIET. *Paris*, 1820, 7 vol. in-8.

Pendant deux années, il parut de cet ouvrage un volume par mois; en mai 1822, Jacques COSTE en devint propriétaire et directeur. Il en fit d'abord paraître trois cahiers de deux à quatre feuilles par mois, et ensuite quatre cahiers par mois, sous ce titre : « Tablettes universelles, ou répertoire de documents historiques, politiques, scientifiques et littéraires, avec une bibliographie raisonnée. »

On lut dans le « Constitutionnel » du mercredi 21 janvier 1824 que MM. Fél. BODIN, L.-A.-F. CAUCHOIS-LEMAIRE, Ch. COQUEREL, DEGAEN, DUBOIS, DUMON, A.-J. MAHUL, MALBOUCHIE, F.-A.-A. MIGNET, A. RABBE, Ch. REMUSAT et A. THIERS cessaient de coopérer à ce journal et renonçaient à sa responsabilité morale.

Le Bulletin politique qui, dans les derniers temps, se trouvait en tête de chaque numéro des « Tablettes universelles », avait donné quelque célébrité à ce journal. Il était rédigé par M. Thiers, d'après les notes que recueillait M. Coste dans les salons et les antichambres des ministres.

Depuis la déclaration du 21 janvier, les « Tablettes universelles » ont été rédigées par J.-B.-J.-I.-P. REGNAULT-WARIN, Jules MARÉCHAL et ADAIR.

La 68e et dernière livraison a paru le 20 mars 1824. Les propriétaires en donnent pour raison « toute l'ingratitude du sol qu'ils se proposaient d'exploiter au profit du bien public ». Les rédacteurs déclarent dans la même livraison qu'ils sont étrangers à l'avis donné par les propriétaires.

Tableu (le) de la bido del parfet crestia, que represento exercici de la fe... Fait par le P. A. N. C. (AMILHA), reg. de l'ordre de S. Aug. *Toulouso, Jean Boudo, 1673, in-8. — Toulouso, la Beuso de J.-J. Boudo, 1703, in-8.— Toulouso, A. Birossu, 1759, in-8.*

Le nom de l'auteur se trouve dans l'approbation.

TACITE, avec des notes politiques et historiques, par AMELOT DE LA HOUSSAYE. *Amsterdam*, 1716 et 1721; — *La Haye*, 1731 et 1734, 10 vol. in-12.

A partir du tome V, le titre porte : Par Mr. L. C. D. G*** (François BRUYS). La continuation de Bruys forme les six derniers volumes. Voy. « Mœurs et Coulumes... », VI, 323, c.

Les initiales qui sont sur le frontispice sont peut-être celles du véritable auteur, car Bruys s'est contenté de prêter son nom au libraire qui possédait le manuscrit.

Voy. « Journal des savants », édit. de Hollande, juin et août 1752.

TACITE, de la vie d'Agricola son beau-père, traduit en françois par I. H. (Ithier HOBIER). *Paris, Camusat*, 1639, in-12.

Balzac, dans ses *Lettres*, dit beaucoup de bien de cette traduction.

Tacite, historien du roi et de la Révolution...

Voy. « Caius C. Tacite... », IV, 474, f.

Taconet, ou mémoires historiques pour servir à la vie de cet homme célèbre. (Par J.-B. ARTAUD.) *Amsterdam (Paris)*, 1775, in-12, 53 p.

Tactique (la). (Par VOLTAIRE.) *S. l. n. d.*, in-8, 6 p.

Cette satire, composée en 1772, a été réimprimée, avec une longue note, à la suite de « Don Pèdre, roi de Castille, tragédie, et autres pièces », 1775, in-8.

Tactique (la) de tribune. (Par le marquis DE LA GERVAISAIS.) *Paris, Hivert*, 1826, in-8, 26 p.

Voy. « Contre-note », IV, 753, e.

Tactique électorale, à l'usage de l'opposition, où sont indiqués et développés tous les moyens légaux de diriger et concentrer les forces de l'opposition dans les

colléges électoraux, et faire triompher son candidat. (Par Alph. MAHUL.) *Paris, Brissot-Thivars*, 1821, in-8, 46 p. — 2e éd. *Id.*, 1822, in-8, 44 p.

Réimprimé en 1824, sous le titre de « Instructions électorales... » Voy. V, 945, f.

Tactique navale à l'usage de l'armée du roi commandée par le comte d'Orvilliers. *Brest, R. Malassis*, 1779, pet. in-fol., fig.

Cet ouvrage et le suivant, composés par Jean-François DUCHEIRON, chevalier DU PAVILLON, ont été mis en ordre et imprimés par les soins et sous la conduite de P.-N. FOURNIER.

Les exemplaires de ces deux ouvrages qui se trouvent à la bibliothèque de la ville de Nantes (Catalogue, 1861, t. II, nos 19655 et 19656) sont enrichis de notes de P.-N. Fournier, parmi lesquelles on remarque une notice nécrologique sur l'auteur.

Tactique navale. Signaux de jour et de nuit. (*Brest, R. Malassis*, 1778), pet. in-fol.

Voy. l'article précédent.

Tactique (la), ou discipline selon les nouveaux réglemens prussiens; nouvelle édit., par M. D*** G*** (DE GISORS). *Francfort et Leipsick*, 1759, 2 vol. in-12. — 4e éd. *Id.*, 1770, 2 vol. in-12.

Tactique prussienne, ou système militaire de la Prusse, orné du portrait du roi de Prusse, avec 93 pl. *Paris, Maradan*, 1789, in-4.

L'avis des éditeurs nous apprend que ce volume n'est autre que la publication à part du septième livre de la «Monarchie prussienne», par Honoré-Gabriel RIQUETTI, comte DE MIRABEAU, formant la 2e partie du t. IV de l'édit. in-8 ou de l'édit. in-4.

Voy. « Supercheries », II, 1158, b, et VI, 333, c.

Tailleur (le) patriote, ou les habits des jean-foutres. *S. l.*, 1790, 23 numéros in-8.

Ce journal est de Jean DUFFAY, victorin, né à Nasey, près de Besançon, le 16 mars 1757, depuis curé de Cézarville, diocèse d'Orléans. Il a publié en 1792 une brochure in-8 contre un projet sur les inhumations, par M. de Moy, curé de Saint-Laurent, à Paris.

Talent et Ignorance, par F*** (Clara FILLEUL DE PÉTIGNY). *Limoges, F.-F. Ardant frères*, 1859, in-16.

Tallardiade (la), ou les faits et gestes du chartreux dom Raymond, surnommé de Vars, pendant son séjour à Tallard. Poëme en six chants, avec des notes. (Par Joseph FAURE.) *Gap, Allier*, 1825, in-8, 101 p.

La seconde édition, revue, corrigée et augmentée, *ibid.*, 1839, in-8, porte le nom de l'auteur.

Talma. Anecdotes et particularités concernant ce tragédien célèbre et le voyage qu'il fit, en 1817, à Boulogne-sur-Mer. *Paris, Ladvocat,* 1827, in-8, 40 p.

Cette notice, signée P. H. (Pierre-François-Nicolas Hédouin), a été réimprimée, avec des additions et des suppressions, dans un recueil signé du même écrivain, intitulé : « Mosaïques, peintres, musiciens, littérateurs, artistes dramatiques, à partir du xve siècle jusqu'à nos jours ». *Valenciennes,* 1856, in-8.

La pièce de vers, adressée à Talma, qui termine cette brochure, est signée F. T... (François Thueux).

Tambour (le) de Logrono, ou jeunesse et valeur, tableau historique en un acte, mêlé de couplets, par MM. Adolphe C*** (Ad. Capelle) et Gombault. Représenté, pour la première fois, par les jeunes acteurs du théâtre de M. Comte, le 16 déc. 1823. *Paris, Mme Huet,* 1824, in-8, 23 p.

Taméha, reine des îles Sandwich, morte à Londres, en juillet 1824, ou les revers d'un fashionable... Par l'auteur de « Sabina d'Erfeld » (J.-A. de Réverony-St-Cyr). *Paris, Lecointe,* 1825, 2 vol. in-12.

Tanastès, conte allégorique, par Mlle de... (Mlle Marie-Madelaine Bonafous). *La Haye,* 1745, in-12. — Suite. 1745, in-12.

Voy. « Supercheries », III, 1119, b.

Tancrède, ou la conquête de l'épée de Roland, par l'auteur de « Décence et Volupté » (Louis-Rose-Désiré Bernard). *Paris,* 1808, 2 vol. in-12.   D. M.

Tancrède, tragédie, en vers croisés et en cinq actes; représentée par les comédiens français ordinaires du roi, le 3 sept. 1760. (Par Voltaire.) *Paris, Prault,* 1761, in-8, 80 p., av. portrait. — *Paris, Duchesne,* 1763, in-12, 93 p. et 1 f. de priv.

Réimprimé avec le nom de l'auteur.

Tant mieux pour elle; conte plaisant. Il y a commencement à tout. (Par l'abbé C.-H. de Fusée de Voisenon.) *S. l. n. d.,* in-12, 137 p. et 1 f. de table. — *S. l.,* 1761, in-12.

Cet ouvrage a aussi été attribué à Ch.-Alex. de Calonne.

Tante (la) et la Nièce, roman trad. de l'allemand par Mme Isabelle, baronne de Montolieu. *Paris, A. Bertrand,* 1825, 4 vol. in-12.

L'auteur de cet ouvrage est Mme Johanna Schopenhauer, mère du philosophe sur lequel M. Paul Janet a publié une intéressante étude dans la « Revue des Deux-Mondes » du 15 mai 1877.

Tante (la) Marguerite, par Marie-Ange de T*** (Just-Jean-Etienne Roy). *Tours,* Mame, 1864, in-8. — *Tours, Mame,* 1868, in-8.

Tante (la) supposée, nouvelle inédite de Michel Cervantes Saavedra, traduite pour la première fois en français, suivie de Gaudebert, ou l'auteur détrompé, comédie en un acte et en vers, et de dixhuit fables politiques. (Par J.-B.-V. Pirault des Chaumes.) *Paris, Fontaine,* 1831, in-12.

Tanzaï et Néadarné, histoire japonoise. (Par Crébillon fils.) *Pékin (Paris), LouChou-Chu-Lu, seul imprimeur de S. M. chinoise pour les langues étrangères,* 1733, 2 vol. in-18.

Plusieurs fois réimprimé. Les premières éditions étaient intitulées : « l'Ecumoire, histoire japonaise... » Voy. V, 29, f.

Satire du cardinal de Rohan, de la Constitution *Unigenitus* et de la duchesse du Maine. (Note manuscrite de l'abbé Sepher.)

L'auteur a été pendant quelque temps enfermé au château de Vincennes pour avoir composé ce roman. Voyez une anecdote sur cet emprisonnement dans le t. IV, p. 302, des « Pièces intéressantes et peu connues », par de La Place.

Tapis (les) de Bourgogne à Berne. *Berne, imp. de Haller,* 1870, in-8, 27 p.

Traduit du « Münsterbuch » du Dr Stanz. *Bern, Dalp,* 1866 (par M. Luçon).

Tapisserie (la), comédie-folie en un acte et en prose. Par A. D. (A.-V. Pineux-Duval). *Paris, Vente,* 1808, in-8.

Tapisserie (la) de l'église chrestienne et catholique : en laquelle sont dépaincts la Nativité, Vie, Passion, Mort et Résurrection de notre Sauveur et Rédempteur Jésus-Christ. Avec un huictain (par Gilles Corrozet) soubz chaque histoire pour l'intelligence d'icelle. *Paris, de l'imp. d'Est. Groulleau,* 1551, in-16.

Avec 190 grav. s. b. dont 20 se trouvent en 1541 dans le « Traité du très hault et excellent mistère de l'Incarnation... » Voy. ce titre.

Targétade (la), tragédie un peu burlesque, parodie d' « Athalie » de Racine. (Par P.-M.-F. Huvier des Fontenelles.) *Paris,* 1791, in-8, 75 p.

Voy. ci-dessus, « Soirées amusantes », col. 509, f.

Tarif (du) d'importation des bestiaux étrangers. (Par Pelletier Dulac ?) *S. l. (Bourges), Jollet-Souchois,* 1838, in-8, 12 p.

Tarif des frais et dépens, conféré avec le Code de procédure civile... Par M. C***

(CABISSOL), ex-avocat. *Toulouse, Gallon-Fatou*, 1821, in-8.

Tarif du prix dont on est convenu dans une assemblée de notables, tenue en présence de messieurs les princes, pour récompenser ceux qui délivreront la France de Mazarin... (Par l'abbé DE MARIGNY.) *Paris, Nic. Vivenay*, 1652, in-4, 15 p.

Voir C. Moreau, « Bibliographie des mazarinades », n° 3752, et supplément, « Bulletin du bibliophile », 1862, p. 827. D'après une lettre de Marigny, le prince DE CONDÉ et le duc D'ORLÉANS collaborèrent à cette cruelle facétie.

Tarif général des prix moyens des matériaux et des journées d'ouvriers employés dans les bâtimens à Paris, suivant le cours des 6 premiers mois de l'an 1808. (Par M.-S. MARTIN.) *Paris, au bureau des « Annales de l'architecture »*, 1808, in-8, 35 p.

Tarif pour le toisé des planches, réduit à la toise, pieds et pouces superficiels. (Par LANCELOT.) *Troyes, Laloy*, 1834, in-8, 36 p.
D. M.

Tarifs (les) en matière criminelle, précédés de la loi du 1er mai 1849 sur les tribunaux de police simple et correctionnelle... (Par MAERTENS, ancien avoué.) *Bruxelles*, 1853, in-8, 130 p.
J. D.

Tarquin le Superbe, avec des considérations politiques et morales sur les principaux événemens de sa vie, traduit de l'italien du marquis DE MALVEZZI (par Ch. VION DALIBRAY). *Paris, Jean le Bouc*, 1644, in-8, 4 ff. lim., 204 p. et 1 f. priv. — *Paris*, 1650, in-12.

Tarsis et Zélie. (Par Rolland LE VAYER DE BOUTIGNY.) *Paris, Th. Jolly*, 1665, 4 vol. in-8. — *Paris, de Luyne*, 1669, 2 vol. in-8. — Nouvelle édition, revue, corrigée (par l'abbé J.-B. SOUCHAY). *La Haye (Paris), A. Moetjens*, 1720, 6 vol. in-8. — Nouv. éd. (revue par L.-D. COLSON), *Paris, Musier fils*, 1774, 6 vol. in-8.

Le privilége, daté du 6 décembre 1664, est au nom de LE REVAY, anagramme de LE VAYER. Ce nom a été imprimé plusieurs fois par erreur DE REVAYS.

M. Hauréau a reproduit dans la 2° édit. de son « Histoire littéraire du Maine », t. VII, p. 213, la clef trouvée par M. Desportes sur un exemplaire de ce roman, qui a pour sujet les obstacles que rencontra le mariage de l'auteur.

Tarsis et Zélie, tragédie. (Par J.-L.-Ignace DE LA SERRE.) *Paris, J.-B.-C. Ballard*, 1728, in-4.

La musique est de Rebel et Francœur.

Tartare (le) à Paris, par M. l'abbé A*** (J.-F. ANDRÉ). *Paris, Maradan*, 1788, in-8.

Tartempion (le).

Voy. « le Gaulois », V, 523, *a*.

Tartuffe épistolaire démasqué, ou épître très-familière à M. le marquis Carraccioli, colonel (in partibus), éditeur et comme qui diroit auteur des Lettres attribuées au pape Clément XIV (Ganganelli), etc. *Liége*, 1777, in-8, XVI-517 p. et 1 f. d'errata.

On lit en tête de l'avertissement : « Monsieur KOKERBOURN, bas Breton, ancien curé de Kerledec, diocèse de Quimper-Corentin, est auteur de cet ouvrage. » Ce nom est le pseudonyme de l'abbé J.-B. BONNAUD.

Tartuffe (le), par MOLIÈRE, avec de nouvelles notices historiques, critiques et littéraires, par M. ÉTIENNE (et Jules TASCHEREAU). *Paris, C.-L.-F. Panckoucke*, 1824, in-8.

Cette édition devait faire partie du « Théâtre français », avec un nouveau commentaire », dont il n'a été imprimé que deux livraisons.

Tartufes (les) politiques, par un ami du roi, des Bourbons et de la Charte. *Paris, A. Egron*, 1820, in-8, 1 f. de titre et 38 p.

Par Hipp. FLEURY, de Lisieux, d'après Barbier. Par Hipp. VALLÉE, d'après Quérard.

Cette dernière attribution n'est pas admise par M. Frère dans son « Manuel du bibliographe normand ».

Tasse (le), épisode historique du XVI° siècle, par J. B. D. (Jules DU BERN). *Paris, Truchy*, 1848, in-8.

Taureau (le) blanc. Traduit du syriaque. (Par VOLTAIRE.) S. *l.*, 1774, in-8, 83 et L p. — *A Memphis*, 1774, in-8, 48 p. — *A Memphis*, 1774, in-8, LXIV p.

Une autre édition porte : Traduit du syriaque par dom CALMET. A *Memphis*, 1774, in-8, 97 p. Voy. « Supercheries », I, 634, *a*. Une autre : Traduit du syriaque par M. MAMAKI, interprète du roi d'Angleterre pour les langues orientales. A *Londres*, 1774, in-8, 2 ff. de tit. et 68 p. Voy. « Supercheries », II, 1041, *b*.

Cet écrit a été réimprimé dans le t. III des « Pièces détachées », ainsi que dans le t. XI et dans le t. XII de « l'Évangile du jour ».

Taxation (de la) du sel. Extraits de deux écrits. (Par le marquis DE LA GERVAISAIS.) *Paris, imp. A. Pihan de La Forest* (1834), in-8, 8 p.

Taxe de la Chancellerie romaine, traduite de l'ancienne édition latine, avec des remarques, et augmentée d'une nouvelle préface (par J.-B. RENOULT, ex-cordelier, depuis ministre du S. E.). *Londres*, 1701, in-8.

Nouvelle édition retouchée de l'article suivant.

Réimprimé sous le titre de : « Taxe de la Chancellerie romaine, ou la Banque du pape, dans laquelle l'absolution des crimes les plus énormes se donne pour de l'argent ». *A Rome, à la Tiare, chez Pierre La Clef*, 1744, in-8.

Pour plus de détails sur cet ouvrage, voy. Haag, « la France protestante », tome IV, p. 441 ; Gaullieur, « Études sur la typographie génevoise du XVe au XIXe siècle », *Genève*, 1855, in-8, p. 143 ; Jung, « de l'Authenticité du fameux livre des taxes de la Chancellerie de Rome et préalablement de l'origine des indulgences », pag. 541 à 547 du « Bulletin de la Société de l'histoire du protestantisme français », 1857, et « Taxa Cancellariæ romanæ notis illustr. acc. index latino-barbarus ». Auctore Laur. Banck. *Franck*, 1651, in-8.

Taxe des parties casuelles de la boutique du pape (ou de la Chancellerie et Pénitencerie romaine), en latin et en françois, avec annotations.... par A. D. P. (Antoine DU PINET, sieur DE NAUROY). *Lyon*, 1564, in-8, 173 p. et 5 ff. de table. — *Leyden*, 1607, in-8, 140 p. et 1 f. de table.

Réimprimé sous le titre suivant :

Taxes des parties casuelles de la boutique du pape, rédigées par Jean XXII, et publiées par Léon X, selon lesquelles on absout, argent comptant, les assassins, les parricides, les empoisonneurs, les hérétiques, les adultères, les incestueux, etc. Avec des cas de conscience décidés par les jésuites, un faisceau d'anecdotes y relatives, des commentaires aux taxes, des pièces antidotiques, composées par les jésuites de Picardie, et le texte latin du tarif ; publié par M. JULIEN DE SAINT-ACHEUL. *Paris, chez les libraires de théologie*, 1820, in-8, VIII-328 p. Édition publiée par Jules GARINET et J.-A.-S. COLLIN DE PLANCY, sous le pseudonyme de JULIEN DE SAINT-ACHEUL.

Voy. « Supercheries », I, 196, e, et 197, a.

Taxe personnelle et unique, et suppression générale de tout impôt. *S. l.*, 1789, in-8, 2 ff. de tit. et 43 p. — Supplément à la brochure intitulée : « Taxe personnelle... » (Par MUGUET DE CHAMPALIER.) *Paris*, 1789, in-8.

Tecserion, par M. D. DE S. *Paris*, 1737, in-12.

Dans le tome 37, ou table du « Cabinet des Fées », on fait dire au marquis de P... (de Paulmy) que les contes avoués par mademoiselle DE LUBERT, et dont il peut parler d'après elle, sont : 1° « Tecserion », qui avait été attribué au comte de S. : même ouvrage que « Sec et Noir, ou la Princesse des Fleurs » ; 2° « le Prince des Autruches », conte, avec un Discours préliminaire qui contient l'apologie des contes des fées. *La Haye (Paris)*, 1743, in-12.

Téglis, tragédie représentée pour la première fois par les comédiens françois

le 19 septembre 1735, par M. DE M... (Pierre DE MORAND). *Paris, P. Ribou*, 1735, in-8. — *Paris, Prault fils*, 1737, in-8.

Teinturier (le) parfait, ou l'art de teindre les soyes, laines, fils, chapeaux, etc... (Par DE LORMOIS ou DELORMOIS.) *Paris, C. Jombert*, 1716, 2 vol. in-12.

Telamire, tragédie. (Par Henri-Lambert D'ERBIGNY, marquis DE THIBOUVILLE.) *Paris*, 1739, in-12.

Télémacomanie (la), ou la censure et critique du roman intitulé : « les Avantures de Télémaque... » (Par l'abbé P.-V. FAYDIT.) *Eleuterople, Pierre Philalèthe*, 1700, in-12, 477 p.

Télémaque à Tyr, tragédie par M. Félix.... (F.-M.-S. CARADEUC DE KERANROY), auteur de « Philippe de Macédoine ». *Berlin*, 1752, in-12.

Télémaque (le) moderne, ou les intrigues d'un grand seigneur pendant son exil. (Par DE GRANDCHAMP.) *Cologne*, 1701, in-12.

D'après une note du Catalogue de Pixérécourt, n° 1317, le personnage mis en scène sous le nom de Télémaque serait le célèbre Lauzun.

Télémaque (le) spirituel, ou le roman mystique sur l'amour divin et sur l'amour naturel, condamné par N. S. P. le pape Innocent XII. (Par l'abbé P.-V. FAYDIT.) *S. l.*, 1699, in-12.

Télémaque, tragédie en cinq actes et en vers, par M*** (DESTIVAUX, architecte). *Paris, Mérigot le jeune*, 1770, in-8.

Crébillon le fils dit, dans l'approbation de cette pièce, qu'il n'y en a pas qui lui ait paru approcher davantage du *Tremblement de terre de Lisbonne*, par M. André, perruquier (voy. ces mots). Les prétendus vers de M. Destivaux sont des lignes rimées à douze ou quinze syllabes.

Téléphanie, tragédie héroï-burlo-historique en un acte et en vers, par X. L. (Xavier LORIAUX). *Paris*, 1836, in-8.

Voy. « Supercheries », III, 1007, f.

Téléphe, en XII livres. (Par J. DE PECHMÉJA.) *Londres et Paris, Pissot*, 1784, in-8. — *Londres*, 1785, 2 vol. in-12.

Téléphe, tragédie représentée pour la première fois par l'Académie royale de musique, le mardy vingt-huitième novembre 1713. (Par Ant. DANCHET.) Mise en musique par M. Campra. *Paris, P. Ribou*, 1713, in-4, 62 p. et 1 f. de privilége.

Téléphonte, tragi-comédie. Représentée par les deux trouppes royales. *Paris, Toussaint Quinet,* 1643, in-4, 2 ff. lim. et 98 p.

La dédicace est signée : G. G. (Gabriel GILBERT).

Telliamed, ou Entretiens d'un philosophe indien avec un missionnaire françois, sur la diminution de la mer, la formation de la terre, l'origine de l'homme, etc., mis en ordre sur les Mémoires de M. DE MAILLET, par A. G*** (J.-Ant. GUERS). *Amsterdam, L'Honoré,* 1748, 2 vol. in-8. — Nouv. édit., augmentée sur les originaux de l'auteur, avec une vie de M. de Maillet (par l'abbé J.-B. LE MASCRIER). *Paris, Debure,* 1755, 2 vol. in-12.

Maillet avait envoyé son manuscrit à l'abbé LE MAS-CRIER pour en surveiller l'impression. Mais celui-ci, occupé de la rédaction de quelques autres ouvrages, confia cette tâche à GUERS. Néanmoins il donna sept ans après une nouvelle édition, augmentée sur les originaux de l'auteur, et précédée de sa vie. Le titre de l'ouvrage est l'anagramme du nom de Maillet. (Quérard, « France littéraire ».)

Témoignage (le) de la raison et de la foi contre la constitution civile du clergé. (Par Jean-François VAUVILLIERS.) *Paris, veuve Desaint,* 1791, in-8.

Réimprimé avec le nom de l'auteur.

Témoignage (du) de la vérité dans l'Eglise. Dissertation théologique... (Par le P. Vivien DE LA BORDE, de l'Oratoire.) *S. l. (Paris),* 1714, in-12, XVI p., 4 ff. de table et 333 p. — 2e éd. *Amsterdam,* 1718, in-12.

Réimprimé à *Paris,* en 1754, 2 vol. in-12, avec des augmentations et le nom de l'auteur.

Témoignage des Chartreux contre la constitution *Unigenitus,* ou relation de ce qui s'est passé en France dans l'ordre des Chartreux au sujet de la constitution *Unigenitus.* (Par J.-B. CADRY.) *S. l.,* 1725, in-12.

Témoignage que rendent les mathématiques à la gloire du roy. *Paris, F. Muguet,* 1681, in-8.

La dédicace est signée : L'abbé DE C. (l'abbé DE CATELAN).

Témoignages authentiques contre le serment de haine à la royauté. (Par l'abbé P. D'HESMIVY-D'AURIBEAU.) *Venise,* 1799, in-8.

Témoins (les) de la résurrection de J.-C. examinés et jugés selon les règles du barreau, traduit de l'anglois (de Thomas SHER-

LOCK), par A. LE MOINE. *La Haye,* 1732, in-8. — *Paris, Tilliard,* 1753, in-12.

Tempérament (le), tragédie-parade, traduite de l'égyptien en vers françois et réduite en un acte. A Charlotte de Montmartre, en octobre 1755. (Par C.-F. RAGOT DE GRANDVAL.) *Au Grand Caire,* 1756, in-8, 29 p.

Tempêtes (les) de la France, poëme en six chants, par un vieux soldat (le comte DE ROCHELINE). *Paris, G.-A. Dentu,* 1847, gr. in-8, VIII-124 p.

Temple (le) de bonne renommée, et repos des hommes et femmes illustres, trouvé par le traverseur des voies périlleuses (Jean BOUCHET), en plorant le très-regretté décès du feu prince de Thalemont... *Paris, Galliot du Pré,* 1516, in-4.

Temple (le) de Dieu, ou discours de l'Église, de son origine et de son progrès. (Par Christophe JUSTEL.) *Sedan, J. Jannon,* 1618, in-8.

Temple (le) de Gnide. (Par MONTESQUIEU.) *Paris, Simart,* 1725, in-16, 6 ff., 82 p. et 1 feuillet.

Souvent réimprimé avec le nom de l'auteur. Les éditions publiées du vivant de Montesquieu sont seules anonymes.

Temple (le) de Gnide, poëme (imité de Montesquieu, par Jean-de-Dieu-Raymond DE BOISGELIN DE CUCÉ, archevêque d'Aix). *S. l. n. d.,* in-8.

Temple (le) de Gnide, poëme imité de Montesquieu, par L. DE L. (L. DE LIMOGES). *S. l.,* 1782, in-8.

Temple (le) de l'Hymen, dédié à l'Amour. (Par Sylvain MARÉCHAL.) *Genève et Paris, Rozet,* 1771, in-12.

Temple (le) de la Critique, par M...... (l'abbé Nic. MARÉCHAL, dit LA MARCHE, ex-jésuite). *Amsterdam et Paris,* 1772, in-12, 68 p.

Temple (le) de la Félicité publique, figuré par le feu de joie élevé par les soins de MM. les lieutenant, gens du Conseil, échevins, gouverneur de la ville de Reims... pour la naissance de monseigneur le duc de Bourgogne, le lundi 18 octobre 1751. (Par l'abbé P. DE SAULX.) *Reims, R. Florentain,* 1751, in-4, 21 p.

Temple (le) de la Gloire, poëme historique, dédié à S. M. I. Catherine la Triomphante, seconde du nom. (Par Louis-Franç.

DE LA TIÈRCE.) *Sur la copie de Saint-Pétersbourg. Francfort-sur-le-Mayn*, 1773, in-4.   A. L.

Temple (le) de la Mort, poëme. (Par Phil. HABERT.) *Paris*, 1637, in-8. — *Paris*, 1646, in-4.

Inséré dans beaucoup de recueils de poésies.

Temple (le) de la Paresse, ou le triomphe du travail, comédie en un acte et en vers, avec un prologue et un divertissement... (Par Adrien-Claude LÉFORT DE LA MORINIÈRE.) *Paris, Prault*, 1753, in-12, 2 ff. lim. et 48 p.

Non représentée.

Temple (le) de la Piété et Recueil d'œuvres diverses de l'auteur de l' « Esprit de la religion chrétienne » (l'abbé COMPAN). *Paris, Cl. Hérissant*, 1765, in-12.

L'auteur a signé la dédicace.

Temple (le) de la Sagesse, allégorie représentée par les escoliers du collége de la Compagnie de Jésus, en la reception des magistrats fondateurs de ce collége de la très-sainte Trinité. (Par le P. Claude-François MENESTRIER.) *Lyon, P. Guillemin*, 1663, in-4.

Temple (le) de la Science, songe. (Par G.-A.-J.-H. HÉCART.) *Paris, Desray (Valenciennes, Prignet père)*, 1791, in-8, 24 p.

Temple (le) de la Vérité. (Par l'abbé Gabr. GAUCHAT.) *Dijon, Desaint*, 1748, in-12.

Temple (le) de la Victoire, ou l'élite des guerriers français, par P. C. (J.-P.-R. CUISIN), auteur de la « Guerre d'Espagne », de la « Vie du général Foy » et d'autres ouvrages militaires... *Paris, Corbet jeune*, 1829, in-12.

Attribué par le « Catalogue de l'histoire de France » de la Bibliothèque nationale à Pierre COLAU.

Temple (le) de Mars. (Par Jehan MOLINET.) *S. l. n. d. (Cologne ou Belgique, vers 1480)*, in-fol., 7 ff., caract. goth. — *Paris, Jehan Trepperel, s. d.*, in-4, 8 ff. — *Id.*, in-4, 6 ff. — *Paris, le Petit Laurens, s. d.*, in-4, 8 ff. — *Paris, s. d.*, in-4, 7 ff.

Temple (le) de Mémoire, ou visions d'un solitaire. (Par Cl.-Mar. GIRAUD.) *Londres et Paris, Ruault*, 1775, in-8, 2 ff. de tit. et 174 p.

Réimpression du 1er volume des « Visions de Sylvius Gryphaletès ».

Temple (le) de Pudicité. A la royne,

mère du roy. Par I. D. R. G. S. D. R. (Jules DE RICHI). *Paris, S. Moreau*, 1616, in-8, 9 p.

Temple (le) de Ronsard, où la légende de sa vie est briefvement descrite. (Par Jacques GRÉVIN.) *S. l.*, 1563, in-8, 7 ff.

Temple (le) de Vénus. (Par CRÉBILLON fils.) *Londres*, 1777, in-8.

Temple (le) des Muses, orné de LX tableaux où sont représentés les événemens les plus remarquables de l'antiquité fabuleuse, dessinés et gravés par B. Picart Le Romain et autres habiles maîtres, et accompagnés d'explications et de remarques (par Ant. DE LA BARRE DE BEAUMARCHAIS). *Amsterdam, Z. Chatelain*, 1733, 1742, 1749, in-fol.

Temple (le) du Bonheur, ouvert au public pour ses étrennes, par M. le chevalier de ***. (Par J.-F. DREUX DU RADIER.) *Paris, P. Clément*, 1740, in-12, 43 p.

C'est par une confusion de titre qu'on a souvent attribué au même auteur l'ouvrage suivant : « le Temple du Bonheur, ou recueil des plus excellents traités sur le bonheur, extraits des meilleurs auteurs anciens et modernes ». *Bouillon, Société typographique, et Paris, Lacombe*, 1769, 3 vol. in-8. — *Bouillon, Société typographique*, 1770, 4 vol. in-8.

Dans la table de la première édition, le premier morceau du t. I était donné comme tiré de divers traités de Plutarque. Dans une note qui accompagne ce morceau dans la 2e édit., L. CASTILHON s'en reconnaît l'auteur, et il déclare n'avoir ni copié ni traduit Plutarque. Le nom de l'éditeur de cette réunion d'opuscules divers n'est pas révélé par M. J.-B. Douret dans sa « Bibliographie bouillonnaise ». Voy. « Bibliophile belge », t. III, 1868.

Temple (le) du Goust. (Par VOLTAIRE.) *Chez Hierosme Print-All*, 1733, in-8, 64 p.

Temple (le) du Goût, comédie en un acte (en vers). Représentée pour la première fois par les comédiens italiens ordinaires du roi, le 11 juillet 1733. (Par J.-A. ROMAGNÉSI et NIVEAUX.) *Paris, Briasson*, 1733, in-8, 4 ff. lim. et 48 p.

Attribué par le Catalogue Soleinne à l'abbé L.-J.-C. SOULAS D'ALLAINVAL.

Temple (le) du mont Claros, ou les oracles rendus en forme d'horoscope sur la naissance de Monseigneur, duc de Bourgogne. (Par le P. C.-F. MENESTRIER.) *Paris, rue Saint-Jacques, aux Trois-Cailles*, 1682, in-4, 19 p.

Temples anciens et modernes, par M. L. M. (l'abbé AVRIL, ex-jésuite, nommé ensuite MAI). *Paris, Musier fils*, 1774, in-8.

Templier (le), le juif et l'arabe, imité librement de l'allemand par le C. Henri DE L...... (Henri VERDIER DE LACOSTE). *Paris, Arthus Bertrand*, 1818, 2 vol. in-12.

Forment les tomes 1-2 des « Chroniques allemandes ». Voy. ci-dessus, IV, 601, *b*. Voy. aussi « Supercheries », II, 475, *d*.

Temps (le) perdu, ou histoire de M. C***. (Par C.-C.-F. THOREL DE CAMPIGNEULLES.) *Paris*, 1756, in-12.

Temps (les) prophétisés, ou histoires des temps chrétiens, tirés des symboles des diverses prophéties. (Par DE BARBE, ancien conseiller au Parlement de Bordeaux.) *Paris, A. Leclère*, 1824, in-8.

Tome I, seul paru.

Temps (le) qui court. *Paris, Corréard*, 13 mai 1820, in-8, 16 p.

Le libraire fut condamné à 3 mois de prison et 400 fr. d'amende, et l'auteur J.-L. BOUSQUET-DES-CHAMPS, par défaut, à 500 fr. d'amende.

Tenderie (la) à la bécasse. Lettre à M. le ministre de l'intérieur. (Par D. GARCIA DE LA VEGA.) *Namur, Douxfils, s. d.*, in-8, 12 p.   J. D.

Tendre (le) Olivarius, nouvelle galante, par M. B** DE B*** (BRUNET DE BROU). *Amsterdam (Paris)*, 1717, in-12.

Tendresse (la) villageoise, comédie en deux actes, mêlée de vaudevilles et de divertissements. (Par L.-C. PERSON DE BÉRAINVILLE.) *Paris, veuve Duchesne*, 1779, in-8.

Tenedares (les), ou l'Européen et l'Indienne. (Par Lucien BONAPARTE.) *Paris, Chaumerot*, 1802, 2 vol. in-12.

Réimpression, donnée comme une traduction de l'anglais de Mrs HELME, de la « Tribu indienne... » Voy. ces mots.

Teneur (le) de livres, opéra-comique en deux actes, paroles de M*** (le baron Jules DE SAINT-GENOIS), musique de M. Fr. Schermers, d'Anvers. Représenté pour la première fois sur le grand théâtre de Gand, le 21 avril 1853. *(Gand, Hoste*, 1853, in-24, 45 p.   J. D.

Tentation (la) ballet-opéra en cinq actes, par MM. *** (A. CAVÉ) et CORALY, représenté pour la première fois, à Paris, sur le théâtre de l'Académie royale de musique, le 20 juin 1832. *Paris, J.-N. Barba*, 1832, in-8, 6 ff. lim. et 76 p.

Tentation (la) de saint Antoine, ornée

de figures et de musique. (Par M.-J. SEDAINE.) *Londres (Paris)*, 1784, in-8.

Ouvrage entièrement gravé. Suivi du « Pot-Pourri de Loth ». Voy. VI, 961, *f*.

Teratoscopie du fluide vital et de la mensambulance, ou démonstration physiologique et psychologique de la possibilité d'une infinité de prodiges réputés fabuleux ou attribués par l'ignorance des philosophes et par la superstition des ignorants à des causes fausses ou imaginaires. (Par C.-R.-H. HANNAPIER, HANAPIER, ou HANNEPIER, prêtre.) *Paris, Béchet jeune*, 1822, in-8, 2 ff. de tit., 392 p. et 1 f. d'errata.

Térée, tragédie en cinq actes et en vers. (Par J.-B. GUYS.) *Paris*, 1753, in-12.

Térence, Cicéron, César, Salluste, etc., justifiés contre la censure de M. Rollin, avec des remarques sur son « Traité de la manière d'enseigner et d'étudier les belles-lettres ». (Par Den. GAULLYER.) *Paris, J.-B. Brocas*, 1728, 2 vol. in-12.

Le second volume porte le nom de l'auteur.

TÉRENCE, en françois, prose et rime, avecques le latin. *Paris, Ant. Vérard* (vers 1500), in-fol. goth.

Voy. « Grant Therence », V, 564, *c*.

Terminologie botanique, à l'usage des élèves de l'école centrale du département de l'Escaut. (Par Bern. COPPENS, médecin à Gand.) *Gand*, 1797, in-8.

Terne (le) à la loterie, ou les aventures d'une jeune dame, écrites par elle-même et traduites de l'italien (de l'abbé P. CHIARI) par LEBRUN-TOSSA. *Paris, Debray*, 1800, in-18.

Terpsichore, petit guide à l'usage des amateurs de ballets, par un abonné de l'Opéra (M. Georges DUVAL). Précédé d'une préface de Mlle Rita Sangalli, de l'Académie nationale de musique. *Paris, Tresse*, 1875, in-32, 125 p.

Terrasse (la) de l'Anglar, poëme, suivi de plusieurs autres pièces de poésie. (Par M. HENNEQUIN, membre du Corps législatif.) *Paris*, an XIV-1805, in-12, 70 p.

Terre (la) australe connue, c'est-à-dire la description de ce pays inconnu jusqu'ici, de ses mœurs et de ses coutumes, par M. SADEUR; avec les aventures qui le conduisirent en ce continent, et les particularités du séjour qu'il y fit durant trente-cinq ans et plus, et de son retour; réduites et mises en lumière par les soins et la conduite de G. DE F. (Gabriel DE FOIGNY). *Vannes, par Jacques Verneuil, rue Saint-Gilles, 1676, in-12.*

SADEUR est un pseudonyme de Gabriel DE FOIGNY. Voy. « Supercheries », III, 494, c.

Terre (la) de servitude et la terre promise, ou les vallées vaudoises depuis le séjour de Félix Neff dans les Alpes jusqu'à l'émancipation civile et politique des Vaudois du Piémont. (Par Alexis MUSTON.) *Paris, M. Ducloux, 1851, in-12.*

Terre (la) est un animal, opuscule philosophique. avec figure en taille-douce. (Par Fr.-Félix NOGARET.) *Versailles, Colson, an III-1795, in-18, xx-102 p.*

Peu après sa publication, cet opuscule fut rajeuni par la substitution à l'ancien d'un nouveau titre qui porte : « Conversation d'une courtisane philosophe, ou la terre est un animal ».
La 3e édition, publiée en 1805, porte le titre suivant : « la Terre est un animal, développement du système de Platon ; ouvrage suivi d'une épître à M. de Buffon sur les trois règnes, par l'auteur de « l'Aristenète français ». *Paris, Ve Lepetit, an XIII-1805, in-12.*
Cet ouvrage forme aussi le 3e volume de la seconde édition du « Fond du sac ». Voy. V, 478, e.

Terre sainte (la) et les Lieux illustrés par les apôtres, vues pittoresques, d'après Turner, Hardung et autres célèbres artistes. Histoire, description, mœurs actuelles... par M. l'abbé GR. (GRAND), du diocèse de Versailles, et A. EGRON, l'un des collaborateurs aux « Annales des voyages ». *Paris, Audot, 1837, gr. in-8. — Paris, L.-E. Hivert, 1854, gr. in-8. — Paris, A. Rigaud, 1868, gr. in-8.*

Terre (la) sainte, ou description des lieux les plus célèbres de la Palestine, accompagnée du texte de l'Ecriture sainte relatif à chaque monument. (Par J.-B.-A. HOLANDRE.) *Metz, C. Lamort, 1819, in-8.*

Terreur (la) blanche, poëme héroï-comique en cinq chants. 1815 et 1816. (Par Augustin BLANCHET.) *Grenoble, impr. de David, 1819, in-8, 47 p.*

Terreurs (les) paniques de ceux qui pensent que l'alliance d'Espagne doive mettre la guerre en France. (Par Ant. ARNAULD, avocat au Parlement de Paris.) *Paris, N. Alexandre, 1615, in-8, 39 p.*

Plusieurs fois réimprimé.

Terrier (le) de Provence....

Voy. « Mémoire à monseigneur... », VI, 124, a.

TERTULLIAN. De la Patience et de l'Orai-

son. *Paris, veuve Jean Camusat, 1640, in-12, 12 ff. lim. et 116 p.*

La dédicace du traducteur est signée HOMIER. Cette traduction est à tort attribuée à CONRART dans le Catalogue de la Bibliothèque de Nantes.

TERTULLIEN. Des prescriptions contre les hérétiques ; de l'habillement des femmes, de leur ajustement et du voile des vierges ; de la traduction de M. H. (HÉBERT). *Paris, S. Trouvin, 1683, in-12.*

L'épître est signée par le traducteur.

Testament (le), comédie en cinq actes et en prose. (Par Jean-Bapt. KNAPP.) *Bruxelles, veuve Braeckenier, 1818, in-12.*
J. D.

Testament (le) dvng amoureux qui mourut par amour, composé nouvellement. C'est le *De profundis* des amoureux. *Paris, Techener, achevé d'imprimer le 10 octobre 1832, par Garnier fils, imprimeur demeurant à Chartres, in-16, 4 ff.*

Tiré à 50 exemplaires. L'avis de l'éditeur est signé : H. (C.-C.-F. HÉRISSON).

Testament d'un émigré, publié par H** C** (le baron Henri-Louis COIFFIER DE VERSEUX). *Hambourg (Paris, Poignée), 1800, in-12, 113 p.*

Testament d'un républicain (le vicomte P. DE JOUVENCEL). *Bruxelles, Samuel, 1853, in-32, 153 p.* J. D.

Testament de Jésus-Christ mourant, suivi de celui de la sainte Vierge ; nouvelle édition, augmentée de l'acceptation de l'âme fidèle, par l'abbé A. M. (A. MARTEL), chanoine de Gap. *Gap, imp. de Jouglard, 1856, in-16.*

Testament (Sensuyt le) de la guerre qui regne a present sur la terre. (Par J. MOLINET.) *On les vend à Lignan, près du grant pont de boys, à l'enseigne des Deux Jousteux (s. d.), in-8, 4 ff.*

Testament (du) de Louis XVI, par M. (P.-E. MORLANNE). *Metz, 1828, in-8, 9 p.*

Testament de Louis XVI, précédé de quelques réflexions, tant sur cet acte que sur d'autres écrits de Sa Majesté, et accompagné de notes historiques (par G. PEIGNOT). *Dijon, 21 janvier 1816, in-8, 35 p. — Nouv. éd., augmentée de détails sur les derniers instans de Louis XVI et de pièces relatives au deuil général qui doit avoir lieu en expiation du parricide commis le 21 janvier 1793. Dijon, Noellat, 30 janvier 1816, in-8, 45 p.*

La 1re édition n'a été tirée qu'à 75 exemplaires, la seconde à 500.

Testament (Sensuit le) de Lucifer, fait et composé par Pierre GRINGORE, dit mère Sotte. Et nouvellement imprimé à Paris. *Paris, Silvestre*, 1845, in-16, 7 ff.

La note de l'éditeur est signée : A. V. (Aug. VEINANT).

Testament de Marie-Antoinette-Josèphe-Jeanne de Lorraine, archiduchesse d'Autriche, reine de France et de Navarre, née à Vienne, le 2 novembre 1755, morte martyre le 16 oct. 1793. Ce testament, découvert en février 1816, accompagné de réflexions, de notes historiques et de toutes les pièces qui y sont relatives, fait suite au testament du roi, qui a été publié dans le même genre un mois auparavant (par G. PEIGNOT). *Dijon, Noellat*, février 1816, in-8, 31 p.

Testament de M. le maréchal de Schombert. (*Tours, Louis Vauquer*), s. d., in-4, 4 p.

Pièce de vers imprimée vers 1689. M. Paul Lacroix l'attribue au comte Antoine HAMILTON. Voy. « Bulletin du bibliophile », 16e série, 1859, p. 63.

Testament de Pierre le Grand, ou plan de domination européenne laissé par lui à ses descendants et successeurs au trône de Russie, déposé dans les archives du palais de Peterhoff, près de Saint-Pétersbourg. Edition suivie de documents historiques et de pièces justificatives. (Par Cyprien ROBERT.) *Paris, Passard*, 1860, in-8, 28 p.

Testament (le) du diable, suivi d'autres poésies; par Em. B*** DE M*** (Em. BOUZON DE MAIRET). *Paris, Guibert*, 1822, in-12.

Testament du patriarche Jacob, ou les prophéties de malédictions et bénédictions prononcées par Jacob au lit de sa mort, sur ses douze enfans, prêché à Paris en l'église de Saint-Médéric en 1620 (par le P. SUFFREN). *Paris*, 1623, in-8.

Testament du Publiciste patriote, ou précis des « Observations de M. l'abbé de Mably sur l'histoire de France ».(Par dom MALHEBBE, ancien bibliothécaire du Tribunat, et VERNES.) *La Haye et Paris, Bleuet fils aîné*, 1789, in-12.

Testament histori-morali-politique de M. R*** (Ramponeau, fameux cabaretier, par J.-H. MARCHAND, avocat). *La Courtille*, 1760, in-12.

Note manuscrite.

Testament littéraire, ou précis exact des écrits de toute nature publiés par C. L. (Jean-Michel-Constant LEBER), d'Orléans. *Orléans*, 1853, in-4, 6 p.

Tiré à 12 exemplaires. Réimprimé avec le nom de l'auteur, *Orléans, Herluison*, 1860, in-8.

Testament moral. *Paris, F. Didot*, 1850, in-8, 2 ff. de tit. et 376 p.

L'auteur de ce livre est Mme Woldemar-Victoire MICHEL DE GRILLEAU, née à Orléans, femme de Charles-Gabriel-Jean ROUSSEAU DE THELONNE, décédée à Paris (2e arrondissement), le 9 avril 1848, à l'âge de 64 ans, et inhumée dans le cimetière du Pecq, près de Saint-Germain-en-Laye.

Si ce livre est anonyme, c'est que le vœu formel et constant de Mme Rousseau a été respecté par sa famille.

Mais une circonstance indépendante de la volonté de l'auteur avait depuis longtemps mis les bibliographes sur la voie de son nom. En effet, bien avant que son travail fût terminé et dès les premières années de la Révolution française, Mme Rousseau avait communiqué son manuscrit à l'un des habitués les plus intimes de son salon, Pierre-Louis Rœderer, qui devint plus tard comte de l'Empire. Celui-ci, croyant être agréable à l'auteur, se permit d'en publier un extrait en 96 pages in-8, sous ce titre : « Conseils d'une mère à ses filles, 1789, par W. M**, épouse de J. R** », avec une *Eptre de l'éditeur à J. R.* datée du 10 thermidor an 2e (28 juillet 1794). « Voy. Supercheries », II, 1118, a, et III, 1000, d.

Mme Rousseau se plaignit très-vivement de cette indiscrétion, bien que l'extrait n'eût été *imprimé que pour les amis de l'auteur et de l'éditeur* et *tiré à 50 exemplaires*. Pour calmer dans une certaine mesure cette trop légitime plainte, P.-L. RŒDERER dut ajouter au malencontreux opuscule un *Avertissement* (cet avertissement a été reproduit dans les «Supercheries », III, 1000, d) daté à Paris du 9 thermidor an 4e (27 juillet 1796), où, par un complaisant mensonge, il prit sur lui la paternité de l'œuvre de Mme Rousseau (voir à ce sujet le « Bulletin des arts », tome VI, pages. 359 et 360, année 1848).

Le baron Rœderer, persévérant dans cette voie, a reproduit l'*Avertissement*, l'*Eptre* et l'*Extrait* dans l'édition complète des *Œuvres* de son père (*Paris, Didot*, 1853 à 1859, 8 vol. gr. in-8 à 2 col.; voy. tome VIII, p. 3 à 25).

Il est probable que cet opuscule a vu, pour la première fois, le jour en l'an 2e, date de l'*Eptre*, et que, après la réclamation de Mme Rousseau, P.-L. Rœderer y ajouta l'*Avertissement* daté de l'an IV, en réimprimant le titre, terminé ainsi : *De l'imprimerie de Rœderer et Corancez... an quatrième*.

Ajoutons que P.-L. Rœderer, sans doute pour faire droit à quelque autre réclamation de Mme Rousseau, remplaça par cinq cartons les feuillets paginés 51-52, 59-60, 65-66, 69-70, 87-88. Ces cinq cartons sont en papier très-inférieur au papier du corps de l'opuscule. C'est leur texte qui a été reproduit dans l'édition complète des « Œuvres » de P.-L. Rœderer.

Mme Rousseau avait permis que son ouvrage, écrit et mené à fin de 1789 à 1806, fût publié après sa mort, sous la condition formelle de l'imprimer tel qu'il était sorti de sa plume, sauf la correction des fautes de style et la suppression des répétitions oiseuses. On dit que M. C.-B. DUNOYER, membre de l'Institut de France, chargé par la famille de la révision du manuscrit, en a usé plus librement, et que le style original de l'auteur y a perdu une partie de sa couleur et de son nerf. Quoi qu'il en soit, cette édition n'a été tirée qu'à une centaine d'exemplaires, dont aucun n'a été mis dans le commerce.

Il existe un portrait de Mme Rousseau, lithographié par Grevedon et imprimé par Cattier. Il ne porte pas le nom de cette respectable femme, n'ayant été tiré qu'avant la lettre.

Mme Rousseau a été inhumée au Pecq, où elle possédait une maison de campagne. Son épitaphe est ainsi conçue :

« Ci-gît Woldémar-Victoire Michel de Grilleau, veuve de Ch.-Gabriel-Jean Rousseau de Thelonne, décédée à l'âge de 94 ans, le 9 avril 1848, qui fut bonne fille, bonne femme, bonne mère, bonne amie. Elle fut longtemps la plus heureuse des mères ; mais elle fut cruellement frappée. Quelques-uns de ses enfants lui durent la vie ; à d'autres, elle donna des soins maternels. Elle fut en paix avec elle-même. Sans jamais rien oublier, elle pardonna. Ni la haine ni l'envie ne troublèrent ni déchirèrent son âme.

« Passant, ne pleure pas sur cette tombe. Les larmes des autres ont toujours augmenté les douleurs de celle qui y repose et peut-être troubleraient sa condre.»

Qui a lu cette épitaphe, composée peut-être par Mme Rousseau elle-même, connaît l'esprit du « Testament moral ».

Testament morali-histori-politique de M. R*** (Ramponeau). 1770, in-12.

Même ouvrage que « Testament histori-morali-politique.... » Voy. ci-dessus, col. 681, f.

Testament (le), ou les mystères d'Udolphe, drame en cinq actes. (Par J.-H.-F. La Martellière.) Paris, Fages, an VI, in-8.

Testament (le) poétique d'un Belge au pays de Liége, ou adieux aux beaux-arts, à la liberté, à la patrie. (Par L.-B. Coyon, avoué.) A Huy, 1824, in-8, 24 p.

Texte latin en regard de la traduction française.

Ul. C.

Testament politique. (Par le comte de Revel.) Paris, chez tous les marchands de nouveautés (Turin), 1826, in-8, II-266 p.

Une seconde éd. dans laquelle le titre seul a été réimprimé porte : Par le comte R. de P. Paris, Fantin, 1826.

Attribué par les « Supercheries », III, 346, e, à l'empereur Alexandre, de Russie.

Testament politique d'un vieux soldat français, royal, républicain et consulaire, ou revue de la Révolution française. (Par Belot.) Paris, Delaunay, nov. 1819, in-8, 2 ff. de tit. et 87 p.

Signature manuscrite.

Testament politique de l'Angleterre. (Par J.-P. Brissot de Warville.) Philadelphie, 1779, in-12. — S. l., 1780, in-12.

Testament politique de l'année 1821, ou avis et leçons à ma fille, ouvrage posthume. (Par le vicomte Gallard de Terraube.) Paris, Charles Gosselin, 1822, in-8, 48 p.   D. M.

Testament politique de Mesmer, ou la précaution d'un sage, avec le dénombrement des adeptes. Le tout traduit de l'allemand par un Bostonien (Bruck, médecin). Leipsick et Paris, 1785, in-8, 50 p.

Voy. « Supercheries », I, 564, a.

Testament politique de M. de Silhouete. S. l., 1772, in-12, 156 p.

Attribué à Le Seure.

Testament politique de M. de V***. (Par J.-H. Marchand, avocat.) Genève, 1770, in-8, 1 f. de titre et 68 p. — Genève, 1772, in-12, 71 p. — Nouv. éd., rev., corrigée et augmentée de son codicile, avec des notes historiques et critiques, par M. M. B. Genève, 1772, in-8, 79 p.

Cet ouvrage a été aussi imprimé sous le titre de « Testament politique de M. de Voltaire ». Genève, Cramer, 1771, in-12, 1 f. de tit. et 73 p. — Paris, 1778, in-12, 73 p.

Testament politique de S. E. le comte de Mercy-Argenteau, ambassadeur de S. M. I. à la cour de France, décédé à Londres, le 26 août 1794. (Publié, avec des notes, par Errard de L'Isle, émigré français.) Londres, Elmsley, 1794 et 1795, 2 vol. in-8.

Testament spirituel, ou derniers adieux d'un père mourant à ses enfans, ouvrage posthume du chevalier de*** (Lasne d'Aiguebelles), auteur des « Sentiments affectueux » et de la « Religion du cœur ». (Avec une préface de l'éditeur, l'abbé Jos. Reyre.) Marseille, J. Mossy, 1776, in-12, XL-432 p.

L'auteur était père de l'abbé d'Aiguebelles, mort à Paris en 1823, attaché à l'église de Saint-Philippe du Roule.

Testaments (les) de nos derniers souverains. (Par F. Perron.) Paris, Pérignon, 1873, in-18, 89 p.

Tête-à-tête (le) de Lucine, c'est-à-dire circonstances remarquables d'un accouchement tel qu'il n'en fut jamais, par un homme étranger à l'art (Perrault). Francfort, 1819, in-12.

Voy. « Supercheries », II, 302, c.

Têtes (les) folles. (Par J.-F. de Bastide.) Paris, Tilliard, 1753, in-12, 4 ff. lim. et 189 p.

Texte (le) d'alchimie et le Songe vert (de BERNARD, comte DE LA MARCHE TRE-VISANE). *Paris, Laurent d'Houry,* 1695, in-12; fig.

Texte de la coutume de Normandie, avec des notes sur chaque article. On y a joint les observations sur les usages locaux des provinces de Normandie, etc., par M. N*** (Nic. NUPIED). *Paris, Durand,* 1743, 1749, in-12. — 2° édit. *Paris, Durand neveu, et Rouen, veuve Besongne,* 1765, in-12, 563 p.

Texte de la prophétie d'Orval, d'après six copies datant de 1792 à 1794 (recueillies par l'abbé Timothée LACOMBE). *Bordeaux, Th. Lafargue,* 1850, in-18, 36 p.

Texte explicatif et planches supplémentaires des spécimens de l'art ornemental de Louis GRUNER, choisis parmi les meilleurs modèles des époques classiques, illustrés par 80 planches in-fol., par Émile Braun. (Traduit par Daniel RAMÉE.) *Paris, A. Franck,* 1850, in-4.

Textes choisis, contenant les principaux fondements de la religion chrétienne, extraits des saintes Ecritures, et tracés pour son usage personnel et celui de ses amis dans la foi, par A.-M.-J.-J. D*** (André-Marie-Jean-Jacques DUPIN). *Paris, Plon,* (1858), in-32, 123 p. · D. M.

Thaïra et Fernando, ou les amours d'une Péruvienne et d'un Espagnol. (Par P. GAL-LET.) *Paris, Fuchs,* an X-1802, in-12.

Thalie à la campagne, ou suite des Propos de table, par M. L. B. DE M. (L.-Bernard DE MONTBRISON), première soirée. *Montpellier, Aug. Ricard,* février 1805, in-8.

Voy. « Propos de table », VI, 1087, *b.*

Thalie corrigée, pièce en vers libres (en un acte) qui a servi de prologue à une comédie représentée sur le théâtre de Nismes au mois de mars 1752. (Par l'abbé A.-T.-V. LEDEAU DE SCHOSNE.) *Au Parnasse, Dulaurier,* 1752, in-12, 4 ff. lim. et 24 p.

L'auteur a signé la dédicace.

Thama, ou le sauvage civilisé, histoire d'un Taïtien. (Par J.-M. MAUDUIT-LARIVE, entièrement refondu par J.-L.-M. PORTH-MANN, imprimeur.) *Paris, Lenormant,* 1812, 2 vol. in-12.

Thamar, tragédie en trois actes. Par B*** C**** (Bernard CAMPAN). *Montpellier, imp. de Boehm,* 1849, in-8.

Tiré à 150 exempl. qui n'ont pas été destinés au commerce.

Thamar, tragédie tirée de l'Ecriture sainte, par M. L. C. R. (le chevalier J.-J. RUTLIDGE), officier lyonnois. *Bruxelles et Paris, Lacombe,* 1769, in-8.

Thaumaturge (la) du XIX° siècle, ou sainte Philomène, vierge et martyre. *Lausanne, Samuel de Lisle,* 1834, in-18. — 2° édit. *Paris, Gaume,* 1835, in-18.

L'avis est signé J. F. B. D. L. C. D. J. (Jean-François BARELLI, de la Compagnie de Jésus). Fribourg, 23 juin 1834.

Thé (le) de l'Europe, ou les propriétés de la véronique, tirées des observations des meilleurs auteurs, et surtout de celles de M. FRANCUS, médecin allemand. (Par Nic. ANDRY, dit DE BOISREGARD.) *Paris, imp. de Boudot,* 1704, in-12. — *Reims, Delaistre,* 1746, 1747, in-12.

Thé (le), ou le journal des dix-huit. (Par BERTIN D'ANTILLY.) *Paris, chez la citoyenne Ragoulleau,* du 27 germinal au 18 fructidor an V, 142 n°s in-4.

Le sous-titre disparaît au n° 26 ; il est remplacé au n° 42 par celui-ci : « Ou le contrôleur général ». Une reprise, du 15 au 24 thermidor an VII, a eu 11 numéros in-4°.

Théagène, par Mlle G....... (Jeanne GAL-LIEN, plus tard dame WYTTENBACH). *Paris, imp. d'Hautel,* 1815, in-12.

Réimprimé en 1825, in-12, avec le nom de l'auteur.

Théagène, tragédie en cinq actes, représentée par les comédiens françois en 1762. (Par C.-J. DORAT.) *Paris, Séb. Jorry,* 1766, in-8, paginé 67 à 147.

Theate ligeoi. (Par J.-N. HAMAL.) *Lige,* 1827, in-18. — *S. d.,* in-18. — 1847, in-8. — Nouvelle édition, augmentée d'une pièce inédite, revue par F. BAILLEUX, précédée d'une introduction par M. Ulysse CAPITAINE. *Liège,* 1854, in-12.

Même ouvrage que « Rekueil d'opera... » Voy. ci-dessus, col. 199, *a.* G. M.

Théâtre à l'usage des colléges, dés écoles royales militaires et des pensions particulières. (Par P.-J.-B. NOUGARET.) *Paris, Defer de Maisonneuve,* 1789, 2 vol. in-12.

Théâtre à l'usage des jeunes personnes. (Par Mme DE GENLIS.) *Paris, Michel Lambert,* 1779, 4 vol. in-8. — *Paris, id.,* 1785, 4 vol. in-12. — *Id.,* 7 vol. in-12.

Réimprimé sous le titre de « Théâtre pour servir à l'éducation ». Voy. ci-après, col. 694, *b.*

Théâtre allemand, ou recueil de diverses pièces traduites de l'allemand en prose et en vers, avec des remarques, par C** D** (CARRIÈRE DOISIN). *Amsterdam*, 1769, in-12.

Théâtre (le) anglois (ou choix de plusieurs tragédies angloises, traduites en françois par P.-A. DE LA PLACE). *Londres et Paris*, 1746-1749, 8 vol. in-12.

Théâtre bourgeois, ou recueil des meilleures pièces de différents auteurs qui ont été représentées sur des théâtres bourgeois. *Paris, Duchesne*, 1755, in-12.

Ce recueil contient les pièces suivantes : 1° le Marchand de Londres, traduit de l'anglois de LILLO (par P. CLÉMENT, de Genève); 2° Momus philosophe, comédie en un acte et en vers (par C.-P.-F. BONTEMPS DE RIVERY); 3° Electre, tragédie, traduite du grec d'Euripide (par P.-H. LARCHER); 4° Abailard et Héloïse, pièce dramatique en cinq actes et en vers (par J.-B. GUYS).

Théâtre complet et particularisé de la guerre du Nort, ou cartes géographiques des païs exposez à la présente guerre, avec une instruction géographique touchant ces Etats, les caractères des souverains qui y règnent à présent, et une table très-ample pour trouver aisément tous les endroits marquez dans ces cartes, par le sieur R** DE L. *La Haye, H. Scheurleer*, 1711, in-8, 3 ff. prélim., 48 p. de texte, 11 ff. de table et 17 cartes gravées par J. van Lugtenburg.

Le sieur DE L. est, d'après Strahlenberg (« das Nord- und Ostliche Theil von Europa und Asia », p. 101), le géographe DE L'ISLE.

Théâtre critique, ou discours différents sur toutes sortes de matières, pour détruire les erreurs communes. Traduit de l'espagnol du Révérend Père dom Benoît-Gérôme FEIJOO, bénédictin, par le traducteur de l' « Histoire de D. Joan de Ferreras » (VAQUETTE D'HERMILLY). *Paris*, P. Clément, 1742, 15 parties en 2 vol. in-12.

Théâtre d'amour. (Par-Alexandre-Louis-Bertrand ROBINEAU, dit DE BEAUNOIR.) *Cythère et Paris*, 1783, 2 vol. in-24.

Théâtre d'histoires, où, avec les grandes prouesses et adventures étranges du noble et vertueux chevalier Polimantes, prince d'Arfine, se représentent au vray plusieurs occurrences fort rares et merveilleuses, tant de paix que de guerre, arrivées de son temps, ès plus célèbres et renommés païs et roïaumes du monde. (Par Philippe

DE BELLÉVILLE.) *Bruxelles, R. Volpius*, 1610, in-4. — *Id.*, 1613, in-4.

Théâtre d'un amateur. (Par DE DAMPIERRE DE LA SALLE.) *Paris, veuve Duchesne*, 1787, 2 vol. in-12.

Voy. « Supercheries », I, 287, c.

Théâtre d'un inconnu (ou trois comédies de Ch. GOLDONI, traduites en françois par Ch. SABLIER). *Paris, Duchesne*, 1765, in-12.

C'est le même ouvrage que les « Œuvres de M*** ». Voy. VI, 655, e.

Théâtre d'un poëte de Sybaris, traduit pour la première fois du grec, avec des commentaires, des variantes et des notes, pour servir de supplément au « Théâtre des Grecs » (ouvrage composé par DELISLE DE SALES). *Sybaris (Orléans), Couret de Villeneuve*, 1788, 3 vol. in-18. — Nouvelle édition, rectifiée. *Paris*, 1790, 3 vol. in-12.

Réimprimé en 1809 dans les « Œuvres dramatiques et littéraires » de l'auteur.

Voy. « Supercheries », III, 198, b.

Théâtre de campagne, ou les débauches de l'esprit. (Recueil attribué à Nic. RAGOT DE GRANDVAL le père.) *Londres et Paris, Duchesne*, 1755, in-8. — *Id.*, 1758, in-12. — *Nugopolis et Paris, veuve Duchesne*, 1767, in-8.

Ce recueil contient des pièces plaisantes ou espèces de parades, jouées sur des théâtres bourgeois, avec des vaudevilles et les airs notés, telles que l'*Eunuque*, *Agathe*, *Syrop-au-cul : le Pot de chambre cassé*, Mme *Engueule*. Quelqu'un a écrit dans un exemplaire, au titre de *Syrop-au-cul : par* GRANDVAL *f.*, c'est-à-dire C.-F. RAGOT DE GRANDVAL fils; et au titre de *Pot de chambre cassé : par* GRANDVAL *p.*, c'est-à-dire GRANDVAL père. La tragédie d'*Agathe* porte dans le titre imprimé : par GRANDVAL le père, et la date de 1756; ce qui va assez mal avec la date de 1755 du titre général. —Dans ce recueil, l'*Eunuque* (voy. V, 324, a) porte pour date 1755, à Montmartre.

Théâtre de campagne, par l'auteur des « Proverbes dramatiques » (N. CARMONTELLE). *Paris, Ruault*, 1775, 4 vol. in-8.

Théâtre de l'Europe, le Congé, drame héroï-comique à grand spectacle et ballet, destiné à être représenté sur le grand théâtre de l'Europe et dont l'annonce a été faite au public en septembre 1814. (Par L. DUBROCA.) *Paris, Delaunay*, 1815, in-8.

Théâtre de l'hermitage de Catherine II, impératrice de Russie, composé par cette princesse, par plusieurs personnes de sa société intime et par quelques ministres étrangers. (Publié par Jean Castéra.) *Paris, F. Buisson,* an VII-1799, 2 vol. in-8.

L'édition originale, *s. l. n. d. (Saint-Pétersbourg,* 1788-89), 4 vol. in-8, contient diverses pièces de plus que le recueil publié par Castéra; quelques-unes ont subi d'importantes coupures. (Voy. le « Bulletin du bibliophile belge », 2e série, tome III, p. 98-09.) Pour le détail des pièces contenues dans ce recueil et les noms de leurs auteurs, voy. « Supercheries », I, 059, c.

Théâtre (le) de l'univers, poëme. Par M. le marquis DE LA CER*** (DE LA CERVELLE, marquis DU DÉSERT et DE LA BARRE, en la ville d'Alençon). *Amsterdam, aux dépens de la Compagnie,* 1746, in-8, 2 ff. lim., 154 p. et 1 f. d'errata.

Théâtre de la guerre présente en Allemagne... (Par D'HEULLAND.) *Paris, Duchesne,* 1758-1761, 5 vol. in-12.

La 2e éd., *Paris, Langlois,* 1763, 4 vol. in-12, est intitulée : « Théâtre de la guerre dernière en Allemagne...»

Suivant M. Van Thol, cette collection a été continuée jusqu'en 1778 inclusivement par L. BRION DE LA TOUR et forme 7 vol. in-12.

Théâtre de la jeunesse, ou fables nouvelles et dialogues, par Elle et Moi (Mme DE BUSSIÈRES). *Grenoble, imp. de Prudhomme,* 1845, in-18.

Théâtre (le) de la noblesse de Brabant, représentant les érections des terres, seigneuries et noms des personnes et des familles titrées; les créations de chevalerie et octroys de marques d'honneur et de noblesse accordez par les princes souverains dans le Brabant jusques au roy Philippe V..., divisé en trois parties, enrichi de généalogies, alliances, quartiers, épitaphes, et d'autres recherches anciennes et modernes. *Liége, J.-F. Broncart,* 1705, in-4.

Chiffré jusqu'à la 224e p. et formant en tout 690 p., plus 8 ff. lim. et 15 p. non chiff. de table.

Ce livre a pour auteur Jos. VAN DEN LEENE, premier roi d'armes du Pays-Bas. La censure en fit beaucoup de corrections sur la plainte des familles, et les exemplaires non châtrés sont assez rares. M. de Jonghe, dans l'Introduction des *Listes des titres de noblesse,* Bruxelles, 1847, donne les moyens de les reconnaître aisément. Ul. C.

Théâtre (le) de la rue de la Santé, son histoire. (Par M. A. POULET-MALASSIS.) *Batignolles (Bruxelles),* 1866, in-18.

C'était un théâtre de marionnettes installé aux Batignolles chez M. Amédée Rolland.

Théâtre de M. J. CHÉNIER, précédé d'une notice. (Publié par P.-C.-F. DAUNOU.) *Paris, Foulon et Cie,* 1818, 2 vol. in-8.

Théâtre de M. FAGAN et autres œuvres du même auteur (publiés par C.-E. PESSELIER, avec l'éloge historique de l'auteur et l'analyse de ses œuvres). *Paris, Duchesne,* 1760, 4 vol. in-12.

Théâtre (le) de P. CORNEILLE (publié par les soins de Fr.-Antoine JOLLY, censeur royal). *Paris, Martin,* 1738, 6 vol. in-12.

Le même éditeur publia la même année les « Poëmes dramatiques » de Thomas Corneille. Voy. « Œuvres de Pierre et Thomas Corneille... », VI, 669, e.

Théâtre de P. CORNEILLE, avec des commentaires (par VOLTAIRE). *S. l. (Genève),* 1764, 12 vol. in-8.

Théâtre de Séraphin ou des ombres chinoises... (Par L.-V. FLAMAND-GRÉTRY.) *Paris,* 1806, 2 vol. in-32.

Plusieurs fois réimprimé.

Théâtre de société, ou recueil de petites pièces...

Voy. ci-dessus, « Recueil de pièces dialoguées... », col. 74, e.

Théâtre de société. Par D*** (Edme BILLARD-DUMONCEAU). Tome I (et unique). *S. l. n. d.,* in-8, 302 p.

Voy. « Supercheries », I, 844, c.

Théâtre de société... par l'auteur de la « Partie de chasse d'Henri IV » (Ch. COLLÉ). *Paris,* 1767, 2 vol. in-8, avec gravures. — Nouvelle édition, augmentée. *Paris, Gueffier,* 1777, 3 vol. in-12.

Théâtre de société, par l'auteur du « Théâtre des jeunes personnes » (Mme DE GENLIS). *Paris, Lambert,* 1781, 2 vol. in-8.

Théâtre (le) des animaux, auquel, sous plusieurs diverses fables et histoires, est représenté la plus-part des actions de la vie humaine, enrichy de belles sentences tirées de l'Escriture sainte et orné de figures pour ceux qui ayment la peinture. (Par P. DESPREZ.) *Paris, pour S. Douget,* 1595, in-4, 11-100 ff. — *Paris, J. Le Clerc,* 1613, in-4. — *Paris, G. Le Bé,* 1644, in-4, 104 p.

Dans la première édition, l'auteur a signé l'avant-propos.

Théâtre (le) des bons engins, auquel sont contenus cent emblèmes. (Par Guillaume DE LA PERRIÈRE.) *Paris, D. Janot,* 1539, in-8.

Plusieurs fois réimprimé.

Théâtre des boulevards, ou recueil de parades. *Mahon, de l'imprimerie de Gilles Langlois, à l'enseigne de l'Etrille,* 1756, 3 vol. in-12..

L'éditeur est un nommé CORBIE. Nous ne le connaissons que par l'anecdote suivante, tirée d'un manuscrit autographe de Collé, qui, se plaignant de la manière infidèle dont plusieurs de ses parades sont imprimées dans ce recueil, s'exprime ainsi :

« Soyez sûrs et certains, mes chers lecteurs, que toutes les parades qui sont zenterrés vives dans ce damné Théâtre des boulevards sont de la faciende de M. DE SALLÉ (secrétaire de Maurepas), à l'exception de l' « Isabelle grosse par vertu », qu'est de FAGAN ; une qu'est de MONTCRIF, en vers (l'Amant Cochemard), une qu'est de PIRON (le Marchand de merde), et trois ou quatre autres de moi, qui m'ont été volées par un Savoyard décroteur, qui a substitué des cochoneries de la Halle za des gravelures agréables t'é qui zont le ton de tout le monde. Le Ciel l'en a puni, car z'il n'y a point de grace pour ces crimes-là ; il a fait fortune, banqueroute, et z'est devenu fou : la première lettre de son nom est CORBIE. »

Les pièces de Collé sont : « l'Amant poussif », « la Mère rivale », « Léandre grosse », « Léandre hongre » ; le vrai titre de cette dernière est « Razibus ». Duclos en appelait plaisamment l'auteur le grand « Corneille », et sa pièce le *cidre* de la parade.

Le manuscrit de Collé dont il est ici question forme 2 vol. in-4 assez épais. Il m'a été prêté par M. Després, ancien conseiller de l'Université.

Théâtre des cruautés des hérétiques de notre temps (traduit du latin de Richard VERSTEGAN). *Anvers, Hubert,* 1588, in-4.

Voy. *Theatrum crudelitatum.*

Théâtre (le) des divers cerveaux du monde, auquel tiennent place toutes les manières d'esprits et humeurs des hommes, tant louables que vicieuses, déduites par discours doctes et agréables, traduit d'italien (de Thomas GARZONI) par G. C. D. T. (Gabriel CHAPPUIS, de Tours). *Paris, Le Mangnier,* 1586, in-16. — *Paris, Houzé,* 1586, in-16.

Théâtre des écoles primaires. Par l'auteur du Syllabaire chrétien (l'abbé Ch. DUVIVIER). *Liége, Gradmont-Donders,* 1835, in-18, 206 p.

Réimprimé en 1846 avec le nom de l'auteur.

Théâtre des États de S. A. R. le duc de Savoye, prince du Piémont, traduit du latin (de Jean BLAEU) en françois (par Jacques BERNARD). *La Haye, Adrian Moetjens,* 1700, 2 vol. in-fol.

Cet ouvrage a reparu en 1725 sous le titre de « Nouveau Théâtre... » Voy. VI, 519, *f.*

Théâtre des familles. La Cabane mystérieuse, ou la plage de Blankenberghe, comédie en trois actes et cinq tableaux.

(Par M. BOICHOT.) *Bruxelles, Briard, s. d.* (1870), in-18, 56 p.

Théâtre (le) des Grecs, par le R. P. BRUMOY ; nouvelle édition, revue, corrigée et augmentée (par le P. B.-G. FLEURIAU, jésuite). *Paris, libraires associés,* 1763, 6 vol. in-12. — Nouvelle édition (rédigée par André-Charles BROTIER neveu), enrichie de très-belles gravures et augmentée de la traduction entière des pièces grecques dont il n'existe que des extraits dans toutes les éditions précédentes.... par MM. DE ROCHEFORT et DU THEIL... et par M*** (Pierre PREVOST et A.-C. BROTIER, qui a traduit Aristophane). *Paris, Cussac,* 1785, 13 vol. in-8.

La seconde édition complète... revue... par M. Raoul Rochette... *Paris, Brissot-Thivars,* 1826, 16 vol. in-8, a un volume de « Supplément » par J.-A. LETRONNE. Voy. ci-dessus, col. 588, *f.*

Théâtre des jeunes personnes, par Mme ** (Clarice BEAUDOUX). *Paris, Maison,* 1837, in-12, 2 ff. de titre et 220 p.

Théâtre des marionnettes italiennes. L'Ane et les Trois Voleurs, proverbe garibaldien, en un acte et en vile prose. (Par M. Math. DE LESCURE.) *Paris, Poulet-Malassis et de Broise,* 1860, in-8, 16 p.

Théâtre (le) des plans et jardinages, avec un traité d'astrologie. (Par Cl. MOLLET.) *Paris, de Sercy,* 1652, in-4.

Théâtre du P. DU CERCEAU, à l'usage des colléges, précédé d'une notice sur cet auteur (par J.-F. ADRY). *Paris, Duprat-Duverger,* 1807, 2 vol. in-12.

Théâtre (le) espagnol, traduit en françois (par A.-R. LE SAGE). *Paris, Moreau,* 1700, in-12.

Réimprimé à *La Haye* la même année.

Théâtre espagnol, traduit en françois (par S.-N.-H. LINGUET). *Paris, de Hansy,* 1770, 4 vol. in-12.

On trouve au Catalogue Soleinne, t. IV, nº 4865, la liste des 20 pièces contenues dans ces quatre volumes.

Théâtre (du) et des Causes de sa décadence, épître aux comédiens françois et au parterre. (Par BILLARD.) *Londres et Paris, Valade,* 1771, in-8, 16 p.

M. Van Thol assure, dans ses notes, que F.-J. DUSAUSSOIR a publié cette brochure par permission tacite.

Théâtre et Œuvres philosophiques égayés de contes nouveaux dans plus d'un genre. (Par J.-G. DUBOIS-FONTANELLE.) *Londres et Paris,* 1785, 3 vol. in-8.

Même ouvrage que « Nouveaux Mélanges... » Voy. VI, 532, c.

Théâtre (le) françois divisé en trois livres, où il est traité : I. de l'usage de la comédie ; II. des auteurs qui soutiennent le théâtre ; III. de la conduite des comédiens. (Par Samuel CHAPPUZEAU ou CHAPUZEAU.) Lyon, Mich. Mayer, 1674, in-12. — Paris, R. Guignard, 1674, in-12. — Nouv. édit. (avec notes de M. Ed. FOURNIER.) Bruxelles, A. Mertens et fils, 1867, in-18, 180 p., tirée à 106 exemplaires.

La dédicace est signée C.

Théâtre (le) Français, Mlle Georges Weimer et l'Odéon appréciés dans l'intérêt de l'art dramatique. Par M. Ferdinand S. L. (F.-Simon DE LABOULLAYE, secrétaire du préfet de police). Paris, Ladvocat, 1822, in-8, 32 p.   D. M.

Théâtre (le) français, où sont comprises les chartes générales et particulières de la France, à chacune desquelles avons adjousté l'origine de la province..... de leur antiquité et choses remarquables... enrichy et orné sur chacune charte d'excellens vers héroïques. (Par Maurice BOUGUEREAU.) Tours, M. Bouguereau, 1594, in-fol., frontispice gravé, 7 ff., 16 cartes avec texte au dos, plus 4 ff.

                                     G. M.

Théâtre lyonnais de Guignol. (Par Laurent MOURGUET, Jacques MOURGUET, son fils, Louis JAUSSERAND, son gendre, Louis et Laurent MOURGUET, ses petits-fils, et Victor-Napoléon VUILLERME-DURAND, beau-frère du dernier.) Publié pour la première fois avec une introduction et des notes (par M. Claude-Anne-François BROUCHOUD, avocat). Lyon, Scheuring, 1865-1870, 2 vol. in-8, frontispice gravé et vignettes en tête de chaque pièce.

                                     G. M.

Théâtre lyrique, avec une préface, où l'on traite du poëme de l'Opéra, par le sieur LE B...... (Antoine-Louis LE BRUN). Paris, Ribou, 1712, in-12.

Théâtre lyrique de LA J. (VENARD DE LA JONCHÈRE). Paris, Barbou, 1772, 2 vol. in-8. — Id., 1775, 2 vol. in-8.

Théâtre moral à l'usage des jeunes personnes, par Mme H. L. (Hermance LESGUILLON). Paris, Lehuby, 1836, in-12.

Théâtre moral, ou pièces dramatiques nouvelles ; précédé d'un Essai sur la comédie. (Par le chevalier Michel CUBIÈRES DE

PALMEZEAUX.) Paris, Belin et Duchesne, 1784 et 1786, 2 vol. in-8.

Théâtre (du), ou Nouvel Essai sur l'art dramatique. (Par L.-S. MERCIER.) Amsterdam, E. Van Harrevelt, 1773, in-8.

Théâtre posthume de M. J. DE CHÉNIER, précédé de considérations sur la liberté du théâtre en France. (Publié par P.-C.-F. DAUNOU.) Paris, Foulon et Cie, 1818, in-8.

Théâtre pour servir à l'éducation. (Par Mme DE GENLIS.) Paris, Michel Lambert, 1780, 5 vol. in-12.

Même ouvrage que « Théâtre à l'usage des personnes ». Voy. ci-dessus, col. 686, f.
Réimprimé avec le nom de l'auteur.

Théâtre républicain, posthume et inédit de L.-B. PICARD. (Publié par Ch. LEMESLE, avec des notices par M. Paul LACROIX.) Paris, veuve Béchet, 1832, in-8.

Théâtre (le) sacré des Cévennes, ou récit des diverses merveilles opérées dans cette partie de la province de Languedoc. Première partie. Londres, R. Roger, 1707, in-8.

Durand Faye, un prophète des Cévennes, a fourni le fond de cet ouvrage, qui tient plus du roman que de l'histoire et dont Maximilien MISSON a été le rédacteur.
Une nouvelle édition a été publiée de nos jours, sous ce titre : « les Prophètes protestants, réimpression de l'ouvrage intitulé : « le Théâtre sacré des Cévennes... » Londres, 1707, avec une préface et des notes de A. BOST ». Paris, Delay (1847), in-8.
Pour une suite à cet ouvrage, voy. « Éclair de lumière... », V, 6, a.

Théâtre (le) sacré : Dina, ou le ravissement ; Josué, ou le sac de Jéricho ; Debora, ou la délivrance. (Par Pierre DE NANCEL.) Paris, Cl. Morel, 1607, in-8.

L'auteur a signé la dédicace.

Théâtre (le), satyre par B...... C..... (Bernard CAMPAN). Montpellier, imp. de Boehm, 1846, in-8.

Tiré à 150 exemplaires non destinés au commerce.

Théâtre satirique et bouffon, par M. C**. (A.-C. CAILLEAU), contenant différentes comédies et parodies nouvelles de nos meilleures tragédies. Criticomanie, chez la Vérité (Paris, l'auteur), 1766, in-12.

Ce volume contient sept pièces dont les titres sont détaillés dans la « France littéraire » de Quérard, au mot Cailleau.

Théâtréide, poëme épi-comique, en six chants, par M. C*** A*** D*** (C.-A. DEVINEAU DE ROUVROY). Paris, imp. de Brasseur aîné, 1812, in-8, 90 p.

Théâtres, acteurs et actrices de Paris. Biographie des artistes dramatiques et notices historiques sur les théâtres de Paris... *Paris*, 1842, in-18.

Attribué à Ad. Poujol par le Catalogue Soleinne, me V p. 172, nº 749.

Théâtres de guerre de l'Autriche et de a Russie dans la Turquie d'Europe. Par M. F. DE CIRIACY, major au service de Prusse (traduit par le général M.-J.-D. RAVICHIO DE PERETODORF). *Paris, F.-G. Levrault*, 1828, in-8.

Théâtres (les) de Paris. Histoire des Délassements-Comiques.

Voy. V, 744, f.

Théâtres (les) de société de Rouen. (Par Jules-Edouard BOUTEILLER.) *Rouen, E. Schneider*, 1877, in-8, 3 ff. lim. et 152 p.

On trouve en tête du titre les initiales de l'auteur : J.-E. B.

Théâtres (des) et de leur organisation légale. (Par Michel HENNIN.) *Paris, Merlin*, 1819, in-8, 55 p.

Théâtres (les). Lois, règlements, instructions, salles de spectacle, droits d'auteurs, correspondants, congés, débuts, acteurs de Paris et des départements. Par un amateur (Joseph-François GRILLE). *Paris, A. Eymery et Delaunay*, 1817, in-8, 288 p.   D. M.

Thébaïde (la) de STACE... en latin et en françois. (Traduit par l'abbé Michel DE MAROLLES.) *Paris, S. Huré*, 1658, 2 vol. in-8.

Thébaïde (la) des Grèves. Reflets de Bretagne. (Poésies par Hippolyte-Michel DE LA MORVONNAIS.) *Paris, Gab. Roux*, 1838, in-24, 312 p.

Une nouvelle édition, avec le nom de l'auteur, suivie de poésies posthumes, a été donnée en 1864 (par les soins de M. Amédée DUQUESNEL), *Paris, Didier*, in-12, xxxv-304 p.

Thécla de Thurne, ou scènes de la guerre de Trente Ans. Par l'auteur de « Walter de Montbarey » (Mᵐᵉ Benedict NAUBERT), traduit en français par Mᵐᵉ DE P** (DE CERENVILLE, née M.-E. DE POLIER), chanoinesse du Saint-Sépulcre. *Paris, Pillet*, 1815, 3 vol. in-12.

Malgré l'assertion contraire, nous tenons pour certain, d'après 'e témoignage de ses fils, que le baron Jean-Etienne-Nicolas DE BOCK a pris part à la traduction de cet ouvrage.   D. M.

Théisme (le), ou introduction générale à l'étude de la religion. (Par le marquis

C.-E. DE FERRIÈRES.) *Paris, Poinçot*, 1785, 2 vol. in-12.

Réimprimé en 1790 avec le nom de l'auteur.

Thélamire, tragédie représentée pour la première fois sur le Théâtre-François, le 6 juillet 1739. (Par H.-L. D'ERBIGNY, marquis DE THIBOUVILLE, ou par Mˡˡᵉ Denise LE BRUN.) *Paris, Le Breton*, 1739, in-8, 3 ff. lim. et 64 p.

Thémidore. (Par GODART D'AUCOURT.) *La Haye*, 1745, 1747, 1748, 1760, 1775, 1776, trois parties in-12.—*Londres (Cazin)* 1781, 1782, 1785; — *Paris, Dentu*, 1797, in-18, 158 p.

Ce livre, dans lequel on trouve l'histoire du président Dubois, non-conformiste, a fait mettre à la Bastille le libraire Mérigot.

(*Note manuscrite de l'abbé Sepher.*) Ouvrage condamné les 10 mai 1815 et 16 novembre 1816.

Thémis, ou bibliothèque du jurisconsulte ; par une réunion de magistrats, de professeurs et d'avocats. *Paris, Baudouin frères*, 1819-1831, 10 vol. in-8.

Une table de cette importante collection fait partie du vol. publié sous le titre de « Tables analytiques de la « Revue de législation » et de la « Revue critique de législation et de jurisprudence », précédées des tables de la « Thémis » et de la « Revue de droit français et étranger » par MM. Coin-Delisle et Ch. Million... Avec une introduction historique par M. Laferrière. *Paris, Cotillon*, 1860, in-8.

Cette table donne la nomenclature suivante des rédacteurs de la « Thémis » :

J. BERRIAT SAINT-PRIX, BIENER, professeur à Berlin, J. BIRNBAUM, professeur à Louvain, H. BLONDEAU, BLUHME, BOURLET, docteur en droit (ce nom est un pseudonyme ; les articles donnés sous cette signature ont été rédigés pour la plupart par MM. DU CAURROY, JOURDAN et BLONDEAU), BRET, substitut du procureur général d'Aix, DE BROGLIE, CAILLOUÉ, G.-L.-J. CARRÉ, CLONARES, CLOSSIUS, LAHAIE DE CORMENIN, L.-B. COTELLE, Vict. COUSIN, CRALLE, J.-L. CRIVELLI, avocat à Nîmes, DALIGNY, président à la Cour royale de Caen, V.-A.-D. DALLOZ, DELPON, avocat à Figeac, DELVINCOURT, A.-M. DEMANTE. P.-J. DESTRIVEAUX, DEWEZ, F.-J. DOUBLET DE BOISTHIBAULT, A.-M. DUCAURROY DE LA CROIX, DUFOUR, avocat à Mayence, DUFRAYER, ancien magistrat, A.-M.-J.-J. DUPIN aîné, P.-S. DUPIN jeune, DUPONT, avocat à Liége, A. DURANTON, FAURE-BEAULIEU, FERRY, FRÉMERY, J.-M. DE GERANDO, GIROD, de Genève, E.-V. GODET, GESCHEN, professeur à Berlin, J. GRENIER, premier président de la Cour de Riom, GUENOUX, GUY, avocat à Paris, HAENEL, A.-L.-M. HENNEQUIN, HOFTIUS, HUA, Gust. HUGO, professeur à l'Université de Gœttingue, F.-A. ISAMBERT, A.-J. LÉGER JOURDAN, KELLER, le vicomte DE LAROCHEFOUCAULD, LAUTH, LE BOYS DES GUAYS, J.-M.-S. LEGRAVERAND, E. LERMINIER, D.-B. LEROY, A.-J. LHERBETTE, LONGUEVILLE, L. MACAREL, J. MACKINTOSH, MARCHAND, docteur en droit, MARTIN, professeur à l'Université d'Iéna, A.-J. MASSÉ, ancien notaire à Paris, J.-D. MEYER, avocat à Amsterdam, MEYNIER, MICHELS

DE KESSENICH, MILLAR, J.-E. MILLELOT, MITTER-MAIER, NIEBUHR, J.-L.-E. ORTOLAN, J.-M. PARDESSUS, PELLAT, PETIT, F.-F. PONCELET, Aug. PORTALIS, REGNARD, avoué à Senlis, le baron F.-A.-F.-T. DE REIFFENBERG, Ch. RENOUARD, J.-J.-F. ROLLAND DE VILLARGUES, ROMANAZZI, P. ROSSI, SAUTELET, F.-C. DE SAVIGNY, SCHRŒTER, STUTTON-SHARPE, le comte J.-J. SIMEON, le baron G.-J.-A. DE STASSART, A.-H. TAILLANDIER, VERNET, L.-A. WARNKŒNIG, Ch. WEBER, docteur en droit à Heidelberg, ZEYS, ZIMMERN, docteur en droit à Heidelberg.
Les articles signés A. T. H. sont pour la plupart de DU CAURROY ou de JOURDAN ; ceux qui sont signés R. ont été faits par M. MILLE, avocat du roi.

Themisiana, ou recueil en vers et en prose d'aventures plaisantes du Palais, réparties singulières, gasconnades, bons mots des juges, des avocats et de leurs cliens... Rédigé par M. B. *Chicanopolis et Lyon, Chambet,* 1813, in-18.

Cet ouvrage doit être de Mathurin BIE ou de Mathurin BONAFOUS, plus vraisemblablement du premier. (Note de M. P. Rostain, n° 607 du Catalogue Randin et Rostain (de Lyon), *Paris, Claudin,* 1873.)

Thémistocle, tragédie par L. P. F. J. (le Père Fr.-Melch. FOLARD, jésuite). *Lyon,* 1729, in-8, 2 ff. lim., 102 p. et 1 f. de priv. — *La Haye, Van-Dolle,* 1733, in-8.

J.-F. SODRY a réimprimé cette pièce, avec des changements et une dédicace à Bonaparte, *Paris, J.-F. Sobry,* an V, in-8, XVI-72 p.

Théodore Cyphon, ou le Juif bienfaisant ; trad. de l'angl. (de Georges WALKER) par P.-L. LEBAS. *Paris,* 1799, 2 vol. in-12.

Théodore, ou la piété filiale. (Par l'abbé T.-F.-X. HUNCKLER.) *Vienne, de l'impr. méchitaristique,* 1837, in-12.

Théodore, ou le petit savoyard, traduit (librement) de l'allemand (de SPIESS) par l'auteur de « Cyane » (le baron L.-F. DE BILDERBECK). *Paris, Deroy,* 1797, 3 vol. in-18.

Théodore Sinclair, imité de l'anglais par le traducteur de la « Famille Mourtray » (E. AIGNAN). *Paris, Ouvrier,* an XI, in-12.

Théodore, vierge et martyre, tragédie chrétienne. (Par Pierre CORNEILLE.) *Rouen et Paris, Quinet et autres,* 1646, in-4, 4 ff. et 128 p. — *Ibid., id.,* in-12, 82 p.

L'auteur a signé la dédicace.

Théologie astronomique, ou démonstration de l'existence et des attributs de Dieu, par l'examen et la description des cieux, etc., par G. DERHAM, traduit de l'anglois (par l'abbé BELLANGER). *Paris,* Chaubert ; *La Haye, de Merville,* 1729, in-8.

Théologie (la) chrétienne. (Par S. SECRÉTAN.) *Lausanne,* 1774, 3 vol. in-8.

Théologie curieuse, contenant la naissance du monde, traduite du latin d'Ozorio, par le Ch. D. J. (le chevalier DE JANT). *Dijon, Palliot,* 1666, in-12.

Théologie de l'amour, ou la vie et les œuvres de sainte Catherine de Gênes. (Par Pierre POIRET.) *Cologne, Jean de La Pierre,* 1691, in-12.

On doit à l'éditeur une préface apologétique de la doctrine de sainte Catherine. Il a fait aussi des corrections aux éditions publiées en 1646 et en 1667 par les Chartreux de Bourg-Fontaine.

Théologie de l'eau, ou essai sur la bonté de Dieu, etc., traduit de l'allemand de J.-Alb. FABRICIUS (par le docteur BURNAND). *La Haye, P. Paupie,* 1741, in-8. — *Paris,* 1743, in-8.

Théologie (la) de l'Ecriture sainte, ou la science du salut, comprise dans une ample collection de passages du V. et du N. T. *La Haye,* 1752, 2 vol. in-8.

Le texte anglais a paru pour la première fois à Londres en 1676. P. CHAIS, pasteur à La Haye, a fait sa traduction sur la 4e édition, publiée en 1725. (Formey, sous le no 2011 du « Catal. raisonné de la librairie d'Et. de Bourdeaux, t. IV, p. 80.) Ersch, « France littéraire », t. II ; p. 312, attribue cet ouvrage au pasteur J.-L. MAIZONNET, mort à Delft en 1783, et ne le donne pas comme une traduction. Quérard a reproduit ces deux attributions dans sa « France littéraire ».

Théologie des chemins de fer, de la vapeur et du feu... où l'on démontre la religion unique qui a prédit... jusqu'à l'explosion du 8 mai. Par un fidèle qui l'avait annoncé lui-même. (Par Ant. MADROLLE.) *Paris, Th. Pitrat,* 1842, in-8, XX-147 p.

Théologie (la) des dames. (Par G. LAFEUILLE.) *Paris,* 1700, in-12.   V. T.

Théologie des insectes, ou démonstration des perfections de Dieu dans tout ce qui concerne les insectes ; traduit de l'allemand de LESSER, avec des remarques par P. LYONNET ; nouvelle édition (avec de nouvelles remarques par R.-A. FERCHAULT DE RÉAUMUR). *Paris,* 1745, 2 part. in-8.

Théologie (la) des peintres, sculpteurs, graveurs et dessinateurs... Par M. l'abbé MÉRY D. L. C. (J. MÉRY DE LA CANORGUE). *Paris, H.-C. de Hansy,* 1765, in-12.

Théologie (la) du cœur, contenant le Berger illuminé, etc. (Par P. POIRET.) *Cologne, J. de La Pierre,* 1696 et 1697, 2 vol. in-16.

Théologie (la) familière. (Par G. LA-
FEUILLE.) *Paris*, 1706, in-4.   V. T.

Théologie (la) germanicque, livret auquel est traité comment il faut dépouiller
le vieil homme et vestir le nouveau (traduit
en françois par Sébastien CASTALION).
Anvers, Chr. Plantin, 1558, in-8.

L'ouvrage original allemand est intitulé : Eyn Teutsch
Theologia... *Wittenberg, Joh. Grünenberg*, 1518,
in-4°, avec une courte préface de Luther. Il en existe
plusieurs éditions. Le nom de l'auteur est resté inconnu.

Castalion a fait paraître la même année, chez le
même éditeur, une traduction latine, sous le pseudonyme de Theophilus. Voy. « Supercheries », III,
1272, *b*.

Théologie (la) germanique, traduite en
françois. (Par P. POIRET.) *Amsterdam*, 1676,
in-18.

Réimprimée sous le titre de « Théologie réelle... »
Voy. ci-après, col. 700, *c*.

Théologie morale. (Par le P. Gaspard
JUÉNIN, de l'Oratoire.) *Paris, Hérissant*,
1761, 6 vol. in-12.

Théologie morale de saint Augustin, où
le précepte de l'amour de Dieu est traité
à fond, par E. B. (E. BOURDAILLE), S. M.
R. D. *Paris, Guill. Desprez*, 1686, in-12.

Théologie morale des Jésuites, extraite
fidèlement de leurs livres, contre la morale
chrétienne en général. (Par Ant. ARNAULD,
à la sollicitation de François HALLIER,
évêque de Cavaillon, alors son ami, ou par
HALLIER lui-même.) *Paris*, 1644, in-8, 61 p.

Mise à l'Index le 10 avril 1666. Réimprimée sous le
titre de « la Théologie morale des Jésuites, et nouveaux
casuistes, représentée par leur pratique et par leurs
livres, condamnée il y a déjà long-temps par plusieurs
censures, décrets d'universités et arrêts de cours
souveraines, nouvellement combattue par les curés de
France, et censurée par un grand nombre de prélats et
par des Facultés de théologie catholiques ; composée ci-
devant de cinq parties, et augmentée d'une sixième
dans cette dernière édition. » *Cologne, N. Schouten*,
1699, 6 parties en 4 vol. in-8.

Théologie morale (dite de Grenoble), ou
résolution des cas de conscience selon
l'Écriture sainte, les Canons et les SS. Pères.
(Par François GENET.) *Paris*, 1676, 6 vol.
— Nouv. édit., revue et augm. *Paris,
Pralard*, 1715 ; — *Rouen, veuve Ferrand*,
1739, 8 vol. in-12.

LA VERGNE DE TRESSAN a eu part à cet ouvrage.

Théologie morale par demandes et par
réponses. (Par le P. Gaspard JUÉNIN.)
Paris, 1741, 2 vol. in-12.

Théologie physique, ou démonstration

de l'existence et des attributs de Dieu,
tirée des Œuvres de la création, accompagnée d'un grand nombre de remarques
et d'observations curieuses, par Guill.
DERHAM, traduite de l'anglais (par Jacq.
LUFNEU, médecin). *Rotterdam, J. Daniel
Beman*, 1726, 2 vol. in-8.

Réimprimée à Paris en 1732, avec le nom du traducteur.

Théologie (la) réconciliée avec le Patriotisme, ou lettres théologiques sur la
puissance royale et sur l'origine de cette
puissance. (Par l'abbé P.-G. HERLUISON.)
Troyes, veuve Gobelet, 1790, in-12. — *Paris,
Le Clere*, 1791, 2 vol. in-12.

Cet ouvrage donna lieu à Maultrot de publier la
« Lettre d'un homme de loi à M***, réconciliateur de
la Théologie et du Patriotisme », 1791, in-12,
110 p.

Théologie (la) réelle, vulgairement dite
la Théologie germanique (traduite en françois), avec quelques autres traités de
même nature, une Lettre et un Catalogue
sur les écrivains mystiques. (Par P. Poi-
RET.) *Amsterdam, Wetstein*, 1700, in-12.

Voy. ci-dessus, « Théologie germanique », col. 699, *b*.

Théologie (la) suppliante aux pieds du
Souverain-Pontife, pour lui demander
l'intelligence et l'explication de la Bulle
Unigenitus... (Traduit du latin du P. J.-H.
SERRY, dominicain, par L.-A. LE PAIGE.)
Cologne, Pierre Marteau (Paris), 1756,
in-12.

Théologien (le) dans les conversations
avec les sages et les grands du monde
(ou Petit Abrégé de théologie tiré des
manuscrits du P. COTON, par le P. Bou-
TAULD, jésuite). *Paris, Cramoisy*, 1683,
in-4. — *Id.*, 1689, in-12. — *Lyon*, 1696,
in-8. — *En Hollande*, 1704, in-12.

Théologien (le) philosophe. (Par l'abbé
Fr. CHAMPION DE PONTALLIER.) *Paris,
Guillot*, 1786, 2 vol. in-8.

Théologien (le) politique, pièce curieuse
sur les affaires du temps, pour la défense
des bons Français. (Par BROUSSE, curé de
Saint-Roch.) *Paris, G. Loyson*, 1649, in-4,
11 p.

Théophante, ou la rencontre des dieux
en l'entrée du marquis de Saint-Chamond
dans la ville d'Aix. (Par J. PASTOURANE.)
Aix, 1638, in-4.   V. T.

Théophilanthrope (le) dévoilé. *Paris,
imp. des Amis réunis* (1799), in-8, 7 p.

Signé : Par Fr. J*** (Nic.-François JACQUEMART,
libraire).

Théophile de Solincour, ou la vertu sacrifiée. Par P. J. B. (Paul-Jean BOISARD). *Paris, Lenormant*, an XI, in-12.

Théophile, ou de l'amour divin ; traité contenant cinq degrez, cinq marques, cinq aides de l'amour de Dieu. (Par Pierre DU MOULIN le père.) *S. l. n. d.*, in-12. — *La Rochelle*, 1609, 1610, in-8.

Théophile, ou le jeune ermite. (Traduit de l'allemand du chanoine Christ. SCHMID.) *Strasbourg et Paris Levrault*, 1831, in-18.

Théophile (le) paroissial de la messe de paroisse, par L. R. P. B. B. C. P. (le Révérend Père Bonaventure BASSEAN OU DE LA BASSÉE, capucin prédicateur), traduit du latin de l'auteur par Benoît PUYS, docteur en théologie. *Lyon*, 1649, in-8.

Voy. l' « Anti-Théophile... », IV, 225, b.

Théophraste au cabaret. Ode bachique sur les sciences et sur les caractères, employs et attachemens des hommes. (Par M. BRISSEAU.) *Douay, Willerval*, 1726, in-8.

Brisseau se déclare lui-même l'auteur de « Théophraste » dans la lettre apologétique qui précède la « Buvette des philosophes », publiée la même année dans la même ville. Voy. IV, 468, b.

Théophraste (le) moderne, ou Nouveaux Caractères des mœurs. (Par J.-Ch. BRILLON.) *Paris, Mich. Brunet*, 1699, 1700, 1701, in-12. — *La Haye, Meindert Uytwerf*, 1700, in-12.

Théophron, ou l'Etude des choses, de la nature, de l'homme et de la société, par J.-Henri *** (J.-H. VENEL), d'Orbe. *Paris, Sédillot*, 1832, in-8.

Théorie de l'ambition, par feu HÉRAULT DE SÉCHELLES, avec des notes par J.-B. S**** (Jacq.-Barthélemy SALGUES). *Paris, Bouquet*, 1802, in-8.

M. Salgues, avant la Révolution, était professeur d'éloquence au collège de Sens, sa patrie.

On prétend que la « Théorie de l'ambition » est de M. Antoine DE LA SALLE, qui l'avait communiquée à Hérault de Séchelles et qui, n'ayant pu ravoir son manuscrit, le fit imprimer de mémoire dans sa « Mécanique morale », sous le titre de « Théorie du charlatanisme ».

Voy. « Codicille politique et pratique... », IV, 628, b.

Théorie de l'art des jardins, par C. C. L. HIRSCHFELD (traduit de l'allemand par Fréd. DE CASTILLON fils). *Leipsick*, 1779-1785, 5 vol. in-4.

Théorie de l'imagination, par le fils de l'auteur de la « Théorie des sentiments

agréables » (Jean-Simon LÉVÊQUE DE POUILLY). *Paris, Bernard*, an XI-1803, in-12, XVI-261 p.

Théorie de l'impôt. (Par Victor DE RIQUETTI, marquis DE MIRABEAU.) *S. l.*, 1760, in-4. — *S. l.*, 1760, in-12. — *S. l.*, 1761, in-12. — *Avignon*, 1761, in-12. — *Amsterdam, Arktée et Merkus*, 1761, in-12.

Voy. ci-dessus, « Supplément à la Théorie de l'impôt... », col. 589, f.

Théorie (la) de l'intérêt de l'argent, tirée des principes du droit naturel, de la théologie et de la politique, contre l'abus de l'imputation d'usure. *Paris, Barrois l'aîné*, 1780, in-12.

Le fond de cet ouvrage est de l'abbé Pierre RULIÉ, curé de Saint-Pierre de Cahors ; il a été refait par l'abbé J.-L. GOUTTES, depuis curé d'Argeliers, aidé du ministre A.-R.-J. TURGOT. Il en a paru en 1782 une seconde édition, augmentée, avec une défense, etc.

Théorie de la figure humaine, considérée dans ses principes, soit en repos, soit en mouvement; ouvrage traduit du latin de RUBENS (par C.-A. JOMBERT), avec 44 pl. gravées par P. Aveline. *Paris, Jombert*, 1773, in-4.

Théorie de la guerre... avec l'application des principes à la grande tactique, suivie de démonstrations sur la stratégique. (Par P.-G. JOLY DE MAIZEROY.) *Lausanne*, 1777, in-8. — *Nancy*, 1777, in-12, avec le nom de l'auteur.

Théorie (de la) de la manœuvre de vaisseaux. (Par le chevalier Bernard RENAU D'ELIÇAGARAY, rédigée par JOS. SAUVEUR.) *Paris, E. Michallet*, 1689, in-8.

Théorie de la poussée des terres contre les murs de revêtement... par J.-P. DELPRAT.... (Traduit du hollandais par F.-X.-J. RIEFFEL.) *Paris, Corréard*, 1846, in-8, 48 p. et 1 planche.

Théorie de la royauté, d'après la doctrine de Milton. *S. l.*, 1789, in-8, lxxviij-96 p.

La seconde partie est intitulée : « Doctrine de Milton sur la royauté, d'après l'ouvrage intitulé : Défense du peuple anglais ». Il y a des exemplaires dont le titre porte : « par M. le comte DE M******* », initiale trompeuse pour faire attribuer cette publication à MIRABEAU, tandis qu'elle est l'œuvre de J.-B. SALAVILLE.

Théorie de la surface actuelle de la terre, de Noël ANDRÉ, précédée de la vie de l'auteur, par M. L... (LECOS). *Paris, J.-J. Blaise*, 1813, in-8.

Théorie des banques d'escompte. (Par Germain GARNIER.) *Paris*, 1806, in-8, 42 p.

Théorie des bénéfices (contenant le « Traité des bénéfices » de Fra PAOLO SARPI, traduit en françois, avec des notes, par A.-N. AMELOT DE LA HOUSSAYE, et l' « Histoire de l'origine et du progrès des revenus ecclésiastiques », par R. SIMON, avec un avis au lecteur par P.-J. GROSLEY). *S. l.* (*Troyes, Gobelet*), 1767, 2 vol. in-12.

Notice sur la vie de M. Grosley, par Simon, p. 28, en tête des « Mémoires hist. et crit. pour l'histoire de Troyes », *Paris*, 1811, 2 vol. in-8.

Théorie des couleurs et de la vision, traduite de l'anglois de PALMER (par D.-B. QUATREMÈRE D'ISJONVAL). *Paris*, 1777, in-8.

Théorie des ellipses latines, ou Didactique sur l'évidence. (Par l'abbé Antide MARTIN.) *Paris*, 1814, in-8.

Théorie des Etats-généraux, ou la France régénérée. (Par N. CHAUVEAU-LAGARDE, avocat.) *Paris* (1789), in-8.

Théorie (la) des fleuves, avec l'art de bâtir dans leurs eaux et d'en prévenir les ravages, traduit de l'allemand de Jean-Isaïe SILBERSCHLAG (par Cl.-Fr.-Jos. D'AUXIRON). *Paris, Jombert*, 1767, in-4.

Théorie des institutions sociales. Par J. Ch. B. (Jacques-Charles BAILLEUL). *Paris, Moutardier*, 1801, in-8, 4 ff. lim. et 143 p.

Attribué par erreur à MOUTARDIER, l'éditeur, par Quérard, « France littéraire ».

Théorie des jardins. (Par J.-M. MOREL.) *Paris, Pissot*, 1776, in-8.

Réimprimé en 1802, 2 vol. in-8, avec le nom de l'auteur.

Théorie des lois civiles, ou Principes fondamentaux de la société. (Par S.-N.-H. LINGUET.) *Londres*, 1767, 2 vol. in-12. — *Paris*, 1774, 3 vol. in-12.

Théorie des lois politiques de la monarchie française. (Par Mˡˡᵉ Marie-Pauline DE LÉZARDIÈRE.) *Paris, Nyon aîné et fils*, 1792, 8 vol. in-8.

Ces huit volumes ne furent mis en vente que longtemps après leur date, vers 1801 ; deux seulement parurent en 1791 ; ils étaient intitulés : « Esprit des lois canoniques et politiques qui ont régi l'Eglise gallicane dans les premiers siècles de la monarchie », Voy. V, 190, a.

Réimprimé avec le nom de l'auteur. « Nouvelle édition considérablement augmentée et publiée sous les auspices de MM. les ministres des affaires étrangères et de l'instruction publique, par le vicomte DE LEZARDIÈRE », *Paris*, 1844, 4 vol. in-8.

Voir sur cet ouvrage Gaillard, « Journal des savants », avril 1791 ; Pougens, « Bibliothèque française », 1ʳᵉ année, n° 9, pages 50 à 50 ; Aug. Thierry, « Revue des Deux-Mondes », 1ᵉʳ janvier 1839, page 22 ; «le Droit,» 25 février 1844, art. S. Z.

Théorie des nouveaux thermomètres, augmentée d'un second problème et de sa solution. (Par Nic. GAUGER.) *Paris, Quillau*, 1722, in-12.

Cet ouvrage parut en 1710, sous le titre de « Résolution du problème », etc. Voy. ci-dessus, col. 330, e.

Théorie des quatre mouvements et des destinées générales. (Par Ch. FOURIER.) *Leipzig* (*Lyon, Pelzin*), 1808, in-8, 425 p. et table.

Réimprimé avec augmentations et corrections comme tome I des « Œuvres complètes » de l'auteur, *Paris*, 1841, 5 vol. in-8.

Théorie des ressemblances, ou Essai philosophique sur les moyens de déterminer les dispositions physiques et morales des animaux, d'après les analogies de formes, de robes et de couleurs, par le Chᵉʳ DE G. M... (J.-J. DA GAMA MACHADO). *Paris, Treuttel et Wurtz*, 1836-1838, 4 vol. in-4.

La quatrième partie porte le nom de l'auteur.

Théorie des révolutions, rapprochée des principaux événemens qui en ont été l'origine, le développement ou la suite ; par l'auteur de l' « Esprit de l'histoire » (le comte Ant. FERRAND). *Paris, Impr. roy.*, 1817, 4 vol. in-8.

Théorie des sentiments agréables, où, après avoir indiqué les règles que la nature suit dans la distribution du plaisir, on établit les principes de la théologie naturelle et ceux de la philosophie morale. (Par Louis-Jean LEVESQUE DE POUILLY, avec une préface par J.-J. VERNET.) *Genève, Barrillot et fils*, 1747, in-12. — *Paris, David le jeune*, 1748, in-12. — *Paris, Debure père*, 1774, in-12.

L'édition de 1774 est augmentée de l'Eloge historique de l'auteur, par l'abbé Pierre DE SAULX.

Cet ouvrage avait paru d'abord sous le titre de « Réflexions sur les sentiments agréables... » Voy. ci-dessus, col. 169, c.

Il a été réimprimé dans le « Temple du bonheur ». Voy. ci-dessus, col. 676, c.

Théorie des tourbillons cartésiens, par FONTENELLE (publié avec une préface par Camille FALCONET). *Paris*, 1752, in-12.

Théorie du bonheur, par l'auteur du « Comte de Valmont » (l'abbé L.-P. Gérard). *Paris, Bossange*, 1801, in-12.

Ce volume forme le 6ᵉ des nouvelles éditions du « Comte de Valmont ».

Théorie (la) du jardinage, par M. l'abbé Roger SCHABOL, ouvrage rédigé après sa mort, sur ses Mémoires, par M. D*** (DE LA VILLEHERVÉ). *Paris, Debure père*, 1771, in-8.

La dédicace est signée par l'éditeur.

Théorie du libelle, ou l'art de calomnier avec fruit, dialogue philosophique pour servir de supplément à la « Théorie du paradoxe ». (Par S.-N.-H. LINGUET.) *Amsterdam* (*Paris*), 1775, in-12.

Voyez ci-dessous.

Théorie du luxe, ou traité dans lequel on entreprend d'établir que le luxe est un ressort, non-seulement utile, mais même indispensablement nécessaire à la prospérité des États. (Par G.-M. BUTEL-DUMONT.) *S. l.*, 1771, 2 vol. in-8. — *Londres et Paris*, 1775, 2 vol. in-8.

Théorie du mesmérisme, par un ancien ami de Mesmer, où l'on explique aux dames ses principes naturels... (Par Ch. HERVIER.) *Paris, au Magasin des livres rares*, 1817, in-8, 2 ff. de titre, IX-148 p.

Théorie du monde et des êtres organisés, suivant les principes de M*** (MESMER); gravée par d'A :-Ol : *Paris*, 1784, in-4, 3 cahiers gravés.

Résumé qui servit à faire deux cours dans lesquels Mesmer recueillit 220,000 livres. Cet ouvrage a été par erreur attribué à BERGASSE dans la 2ᵉ édition du « Dictionnaire », sans doute par suite d'une confusion avec celui qui parut la même année sous le titre de « Considérations sur le magnétisme animal, ou sur la théorie du monde et des êtres organisés, d'après les principes de M. Mesmer, par M. BERGASSE, avec des pensées sur le mouvement, par M. le marquis DE CHASTELLUX. » *La Haye*, 1784, in-8.

Théorie du mouvement de l'eau dans les vases. (Par Louis-Alexandre-Olivier DE CORANCEZ.) Précédée d'une notice nécrologique sur l'auteur (par le baron Jean-Baptiste-Joseph FOURIER, membre de l'Institut). *Paris, Bachelier*, 1830, in-4.

D. M.

Théorie du paradoxe. (Par l'abbé André MORELLET.) *Amsterdam* (*Paris*), 1775, in-12, 214 p.

Voyez ci-dessus, « Théorie du libelle ».

Théorie du pouvoir politique et religieux dans la société civile, démontrée par le raisonnement et par l'histoire, par M. D. B.... (L.-G.-A. DE BONALD), gentil-

homme français. *S. l.* (*Constance*), 1796, 3 vol. in-8.

Le Directoire exécutif de la République française défendit la vente de cet ouvrage.

Théorie et pratique des assignats. Mémoire lu à la Société de 1789, les 5 et 6 septembre 1790. (Par le général Et. DE SENOVERT.) (*Paris*), *imp. de Vezard et Le Normand*, 1790, in-8, 42 p.

Théorie et Pratique des longitudes en mer, publiées par ordre du roi. (Par DE CHARNIÈRES, lieutenant des vaisseaux du roi.) *Paris, Imprimerie royale*, 1773, in-8.

Théorie et Pratique des sacremens. (Par le P. JUENIN.) *Paris*, 1713, 1722, 1725, 3 vol. ; 1736, 1761, 4 vol. in-12.

Théorie (la) et Pratique du jardinage, où l'on traite à fond des beaux jardins appelés communément les jardins de propreté... *Paris, J. Mariette*, 1709, in-4, 5 ff. et 208 p., avec planches.

Le privilége est du 8 mai 1709. Toutes les pl. portent: *Mariette excud.*

— Nouvelle édition. *Ibid.*, *id.*, 1713, in-4, 4 ff. et 293 p. Le titre de cette édition, qui est très-augmentée, porte : Par L. S. A. I. D. A. (le sieur Antoine-Joseph DEZALLIER D'ARGENVILLE).

— Troisième édition. *Ibid.*, *id.*, 1732, in-4. Mêmes initiales sur le titre. Même nombre de pages que dans l'édition de 1713 ; mais c'est une réimpression véritable.

— Quatrième édition, revue, corrigée, augmentée considérablement et enrichie de nouvelles planches. *Paris, Pierre-Jean Mariette*, 1747, in-4, 482 p. et 1 f. pour le privilége. Le titre porte : Par M. ***, de l'Académie royale des sciences de Montpellier. Cette édition commence par un avis de l'auteur où il raconte « les malheurs littéraires » de son ouvrage : « En 1722, on vit paroître une troisième édition avec le nom d'Alexandre LE BLOND, à la place des premières lettres de celui de l'auteur, qui se trouvent avec des points dans la seconde édition. Cet habile architecte français, mort en Moscovie en 1719, n'a cependant d'autre part à ce livre que d'avoir fourni les dessins de la plus grande partie des planches dont il est orné. L'auteur, qui a puisé le goût de l'architecture dans les leçons du sieur Le Blond, a inventé et dessiné environ le quart des planches, et plusieurs de cette édition sont de sa main.

« On a suivi cette erreur dans les trois éditions qui ont été contrefaites à La Haye, chez le sieur Husson, et dans la traduction anglaise qu'en a faite M. James, de Greenwich, dont il a paru trois éditions à Londres, la dernière en 1743.

« Une méprise aussi considérable a subsisté pendant plusieurs années. Sitôt que l'auteur s'en aperçut, il fit faire un carton pour distribuer à ceux qui achetaient cette troisième édition, plus de la moitié enlevée. Faible ressource contre la publication de cette édition et de celles qui avaient paru dans les pays étrangers. Il écrivit ensuite en Hollande, en Angleterre et aux journalistes de France, qui publièrent sa lettre en avril 1739, dans laquelle il fut obligé de se déclarer l'auteur de cet ouvrage.

« La république des plagiaires, si nombreuse en ce siècle et si pernicieuse au progrès des lettres, se serait oubliée, si elle eût épargné l'auteur. Un conseiller en l'élection d'Orléans qui a donné des observations sur l'agriculture et le jardinage a trouvé la diction de cet ouvrage assez bonne pour en copier plusieurs passages de suite, sans y rien changer (tome I, *Paris*, 1740, p. 286, 287, 288, etc.). Le compilateur de la « Maison rustique », accoutumé depuis longtemps aux larcins llttéraires, non content de rapporter sans aucune citation les proportions et les principes contenus dans ce traité, a fait copier dans les deux dernières éditions de 1732 et de 1740 trois planches entières de ses dessins. C'est à l'illustre chef de la justice, aussi distingué par son profond scavoir que par son attention à maintenir les lettres, qu'est due la suppression de ces trois planches avec leurs descriptions. A l'égard des maximes générales touchant les beaux jardins, elles sont répandues dans le quatrième livre du second volume de la *Maison rustique*, et l'on n'a pu en arrêter le cours. »

Cette méprise a encore été reproduite de nos jours. Quérard n'a pas admis Le Blond dans ses « Supercheries », et dans sa « France littér. » il lui attribue non-seulement l'édition de 1709, mais aussi la 4e, celle de 1747, celle d'où avons extrait les citations ci-dessus, et cela après avoir attribué à Ant.-Jos. Dezallier d'Argenville et l'édition de 1709 et celle de 1747, mais en disant que l'une est in-8 et l'autre in-12.

Théorie générale de Fourier. Mémoire de M*** (TAMISIER, capitaine du génie), lu dans la 5e section du Congrès par M. V. Considérant. *Lyon, Nourtier*, 1841, in-8, 16 p.

Théorie générale de toutes les chasses, au fusil, à courre et à tir... par une société de chasseurs et corrigée par l'auteur de l'« Aviceptologie » (J. CUSSAC). *Paris, Corbet*, 1823, in-12.

Attribuée par Quérard, « France littéraire, » à J.-P.-R. CUISIN.

Theorique (la) des cielz, mouvements et termes practiques des sept planetes. noùvellement et tres clerement redigee en langaige francois. Avec les figures tres utiles en leurs lieux proprement inserées. (Par Oronce FINÉ DE BRIANVILLE.) *Imprime a Paris, par maistre Simon du Bois, imprimeur en la rue Judas, pour Jehan Pierre de Tours, lan mil cinq cens vingt huyt le dernier jour du mois daoust*, in-fol. goth., fig. sur bois, XLV ff.

Plusieurs fois réimprimé avec le nom de l'auteur.

Therence...

Voy. « Terence ».

Theresa, histoire italienne. (Par F.-T.-M. DE BACULARD D'ARNAUD.) *La Haye (Paris)*, 1745, in-12. — *Glascow*, 1773, 2 vol. in-18. — *Londres*, 1785, 2 vol. in-18.

Thérésa Milanollo et Maria Milanollo de

Savigliano. *Nantes, Camille Mellinet*, avril 1840, in-8, 16 p.

Extrait du journal de Nantes « le Breton » ; signé C. M. (Camille MELLINET).

Thérèse Aubert, par l'auteur de « Jean Sbogar » (Ch. NODIER). *Paris, Ladvocat*, 1819, in-12. — *Paris, Gide*, 1820, in-12.

Réimprimée dans le 2e volume des « Œuvres » de l'auteur.

Thérèse, nouvelle, par H. L. B. (H. LE BART, avocat à Mortagne). *Mortagne, imp. Daupeley frères*, 1865, in-8, 140 p.

D. M.

Thérèse, ou l'expiation, par Marie-Ange DE T*** (J.-J.-E. ROY). *Tours, Mame*, 1864, in-18, 143 p.

Plusieurs fois réimprimé.

Thérèse, ou la pieuse ouvrière, par l'auteur de « René » (J. AYMARD). 8e édition. *Lille, Lefort*, 1859, in-18, 105 p.

Plusieurs fois réimprimé.

Thérèse, par l'auteur des « Réalités de la vie domestique » (Mme Zélia LONG, née PELON). *Genève, Cherbuliez*, 1852, in-12, 340 p.

Thérèse philosophe, ou Mémoires pour servir à l'histoire de D. Dirrag et de Mlle Eradice. *La Haye* (vers 1748), 2 part. in-8. — *Londres* (*Reims, Cazin*), 1785, 2 vol. in-16. — *Constantinople, de l'impr. du sérail*, 17000000, in-32, 100 p.

C'est le procès du P. Girard et de sa pénitente la belle Cadière qui a servi de cadre à cet ouvrage, et les noms de ces deux personnages sont ici anagrammatisés en Dirrag et Eradice.

D'après une note manuscrite de l'abbé Sepher, l'auteur serait DE MONTIGNY, commissaire des guerres, qui aurait été huit mois à la Bastille à cause de cet ouvrage.

D'après les notes de M. Van Thol, le fameux marquis de Sade dit que l'auteur est le marquis J.-B. DE BOYER D'ARGENS; mais l'opinion de l'abbé Sepher paraît plus conforme à la vérité que celle de l'auteur de « Justine ». Le marquis de Sade est plus croyable lorsqu'il avance que ce fut le comte de Caylus qui grava les estampes de cet ouvrage infâme.

Réimprimé à *Bruxelles*, 1869, sous la rubrique : *La Haye*, 186., in-18, XII-180 p.

L'auteur de l'avant-propos penche pour l'attribution à D'ARGENS, lequel, fils d'un procureur général au Parlement d'Aix, avait vu les procédures les plus cachées de l'affaire du P. Girard et de la Cadière, mis en scène dans la 1re partie du livre.

Toute la partie philosophique de cet ouvrage est empruntée à deux ouvrages connus. Les réflexions sur les passions, sur la liberté de l'homme, sur le mot nature, sur l'amour-propre ; l'examen de la religion, etc., etc., se trouvent textuellement dans les pièces imprimées à la suite de l'« Examen de la religion », par La Serre, édition originale, *Londres, Cook*, 1745, in-8, et dans les « Doutes sur les religions révélées », imprimés pour la première fois sans lacunes, *Paris*, 1792, in-8.

Thérésia, ou les souterrains du château de Zeintelberg. Par Mme DE S*** (Mme DE SAINT-VENANT). *Paris, Pigoreau*, 1808, 2 vol. in-12.

Thériacade (la), ou l'Orviétan de Léodon (de *Leoduna*, nom latin de la ville de Lons-le-Saulnier), poëme héroï-comique en six chants. — La Diabotanogamie, ou les noces de Diabotanus, autre poëme héroï-comique en huit chants. (Par Cl.-Mar. GIRAUD.) *Genève et Paris, Merlin*, 1769, 2 vol. in-12.

La première édition du premier de ces poëmes parut sous le titre de « Diabotanus ». Voy. IV, 939, *e*.

Thermomètre du jour, par une société de gens de lettres. *Paris, Langlois fils, etc.*, 11 août 1791-7 juillet 1793, 7 vol. in-8.

A partir du n° 92 de 1792, les titres portent en plus : Par J.-A. DULAURE et B. CHAPER, et à partir du n° 200 de la même année : Par J.-A. DULAURE, député à la Convention nationale.

Thermomètre (le), ou chaud et froid, par l'auteur de « la Lanterne magique de la rue Impériale », de « N'en parlons plus et parlons-en toujours », etc. (Ant. CAILLOT). *(Paris), imp. de Cellot* (1814), in-8, 8 p.

Thermopyles (les), tragédie de circonstance. (Par le comte Ch.-B. D'ESTAING.) *Paris, Didot jeune*, 1791, in-8, 157 p. et 3 ff.

Théroigne de Méricourt, la jolie Liégeoise. Correspondance (apocryphe), publiée par le vicomte DE V.....Y (VARICLERY; par le baron Etienne-Léon DE LAMOTHE-LANGON). *Paris, Allardin*, 1836, 2 vol. in-8.   D. M.

Thèse (la) des dames, ou le triomphe de Colombine, comédie en trois actes, par B. (C.-I. BRUGIÈRE DE BARANTE). *Paris*, 1695, in-8.

Thésée, ou le prince reconnu, tragi-comédie en prose. (Par Jean PUGET DE LA SERRE.) *Paris, Ant. de Sommaville, A. Courbé*, 1644, in-4, 100 p.

Thésée, parodie nouvelle de Thésée, représentée pour la première fois sur le théâtre de l'Opéra-Comique, le 17 février 1745. Par MM. F... P... L... (Ch.-Sim. FAVART, PARVY et P. LAUJON). *Paris, Prault*, 1745, in-8.

Le nom de PARVY a été, par erreur, remplacé par celui de PARNY dans les « Supercheries », II, 73, *c*.

Thésée, tragédie en musique (par Ph. QUINAULT), ornée d'entrées de ballet, de machines et de changements de théâtre, représentée devant Sa Majesté à Saint-Germain en Laye, le dixième jour de janvier 1675. *Paris, C. Ballard*, 1675, in-4, 7 ff. lim. et 76 p. — *Paris, veuve P. Ribou*, 1720, in-4, XVI-79 p.

Thesmographe (le), ou idées d'un honnête homme sur un projet de règlement proposé à toutes les nations de l'Europe pour opérer une réforme générale des lois; avec des notes historiques (par N.-E. RESTIF DE LA BRETONNE). *Paris, Maradan*, 1789, in-8, 590 p.

Cet ouvrage forme le 5ᵉ volume des « Idées singulières ». Le bibliophile Jacob pense que tous les *graphes* sont de P.-L. GINGUENÉ, de S.-N.-H. LINGUET et de G.-M. BUTEL-DUMONT, qui, en les faisant imprimer par Restif, lui en laissaient la responsabilité et lui laissaient aussi la liberté d'y ajouter ce qu'il voulait (voy. P. Lacroix, « Bibliographie et Iconographie de Restif de La Bretonne », *Paris*, 1875, p. 320).

Theuerdank (le), poëme allégorique. (Par Charles CARTON.) *Bruges, Vande Casteele-Werbrouck*, 1843, in-8, 10 p.   J. D.

Thiamy, ou la cachette de mon oncle ; histoire de quatre enfants du mystère et de leurs parents. (Par Henri-François DE LA SOLLE.) *Paris*, 1754, in-18.   D. M.

Thibault, comte de Champagne, vaudeville historique en un acte, représenté sur le théâtre du Vaudeville, le 27 septembre 1813. (Par A.-E. SCRIBE et G. DELAVIGNE.) *Paris, Mme Masson*, 1813, in-8, 34 p.

Thiérache (la), recueil de documents concernant l'histoire, les beaux-arts... de cette ancienne subdivision de la Picardie. *Vervins, imp. de Papillon*, 1849, in-4.

Publié par L. et Th.-F. PAPILLON. Les articles signés A. P. sont d'Amédée PIETTE.

Thiérée, ou l'ex-caissier du Tocsin. *Paris, impr. de L.-E. Herhan*, 1830, in-8, 1 p.

Signé : Par DE TH. DESG. (DE THOLOSE DESGUERINELLES).

Thionoé, tragédie en cinq actes et en vers, par M. G*** (GAY). *Paris*, 1815, in-8.

Thoison (la) d'or.

Voy. « Toison d'or », ci-après, col. 716, *c*.

Thomas Kenbrook, ou l'enfant perdu, histoire angloise, traduite par M. D. L. P.

(P.-Ant. DE LA PLACE). *Londres* (*Paris*), 1754, 1773, 2 part. in-12.

Voy. « Supercheries », I, 959, *e*.

Thomas Martin. (Par Louis SILVY.) *Marseille, imp. de M. Olive* (1830), in-32, VI-129 p.

Même ouvrage que « Relation concernant les événements... » Voy. ci-dessus, col. 200, *f*.

Thomas Morus, lord chancelier du royaume d'Angleterre au XVI° siècle. (Par Mme la princesse DE CRAON, née DU CAYLA.) *Paris, Gosselin*, 1833, 2 vol. in-8.

Une éd. de la même année, *Paris, Moutardier*, 2 vol. in-8, porte le nom de l'auteur.

Thomas Morus, tragédie... représentée par les escoliers du collége de la Compagnie de Jésus, à Luxembourg, le ... septembre 1656. (Par le P. Martin DU CYGNE.) *Trève, impr. de H. Reuland*, in-4, 4 p.

Thomet, ou le brouillamini, parodie en un acte de « Mahomet I » de M. de Voltaire, par M. C*** (COLLIER), représentée pour la première fois sur le théâtre de ***, le 7 mars 1755. *Londres*, 1755, in-8, 48 p.

Thomisme (le) triomphant par le bref *Demissas preces* de Benoît XII, ou justification de l' « Examen critique des Réflexions » sur ce bref, contre une Lettre anonyme adressée à l'auteur de l'Examen, avec ledit bref, du 6 novembre 1724, en latin et en françois. (Par le P. J.-Fr. BILLUART, dominicain.) In-4.

Cet écrit a été faussement attribué au P. J.-P. VIOU, dominicain.

Thomisme (le) vengé de sa prétendue condamnation par la constitution *Unigenitus*, adressé en forme de lettre à un abbé, par un religieux de l'ordre de Saint-Dominique (le P. J.-Fr. BILLUART). *Bruxelles, Jean Léonard*, 1720, in-12.

Threicie (la), ou la seule voie des sciences divines et humaines, du culte vrai et de la morale. (Par G.-A. AUCLER.) *Paris, Moutardier*, an VII-1799, in-8, 440 p.

Thrésor.

Voy. « TRÉSOR ».

THUCIDIDE. Guerre du Péloponèse. Texte grec, avec sommaire français et index, par V. B. (Victor BÉTOLAUD). Livre second. *Paris, A. Delalain*, 1828, in-12.

Thuileur des trente-trois degrés de l'écossisme du rite ancien, dit *accepté*...

(Par F.-H.-Stan. DE L'AULNAYE.) *Paris, Delaunay*, 1813, in-8.

Tibère, drame en cinq actes (et en vers, par Ch. MUQUARDT, libraire à Bruxelles). *Bruxelles, Delevingne et Callewaert*, 1860, in-12, 141 p.

Tiré à petit nombre ; n'a pas été mis dans le commerce. J. D.

Tibère, parodie de Tibère et Serenus (tragédie de Fallet) en deux actes, en prose et en vaudevilles. (Par J.-B. RADET.) *Paris, T. Brunet*, 1782, in-8.

Tibère, tragédie. (Par l'abbé S.-J. PELLEGRIN et le président DUPUIS ou DUPUY.) *Paris, Flahaut*, 1727, in-8. — *La Haye, A. Van Dole*, 1733, in-12, 3 ff. lim. et 60 p.

Tideric, prince de Galles. *Paris, Barbin*, 1677, 2 vol. in-12.

Une note manuscrite de Lenglet-Dufresnoy attribue ce roman au sieur DE CURLI ; une autre note d'une main inconnue dit : DE CUBLY.

C'est par erreur que la « Bibliothèque des romans » de Lenglet-Dufresnoy donne à cet ouvrage le titre de « Frideric ».

Tiers État (le) pour jamais établi dans ses droits par la résurrection des bons rois et la mort éternelle des tyrans, ou états généraux de l'autre monde. (Par Jean-Marie CHASSAIGNON.) *Langres* (*Lyon*), 1789, 2 vol. in-8.

J.-M. CHASSAIGNON, né à Lyon, vers 1705, est mort à Thoissey (Ain) vers 1795. D. M.

Tiers État (le) soulagé, ou vœu d'un citoyen pour la conversion des dîmes en un impôt territorial perçu au profit de l'État. (Par Guill.-Fr.-Roger MOLÉ, avocat au Parlement de Paris.) *S. l.*, 1788, in-8, 15 p.

Cette brochure a paru aussi sous le titre : « Vœu d'un citoyen » ; voy. ce titre.

Tige de myrte et Bouton de rose, histoire orientale, traduite dans l'origine sous les yeux d'un Arabe du grand désert. Ouvrage publié en Europe par les soins de l'auteur de la « Philosophie de la nature » (J.-B.-C. DELISLE DE SALES). *Paris, Arthus Bertrand*, 1809, 2 vol. in-8.

Cet ouvrage (qui forme les tomes IV et V des « Œuvres dramatiques et littéraires » de Delisle de Sales) est une nouv. éd., rectifiée dans toutes ses parties, de : « le Vieux de la Montagne », publié en 1799, 4 vol. in-12.

Tigres (les) couronnés, ou abrégé des crimes des rois de France, depuis Pharamond, le premier roi, jusqu'à Louis, le dernier, par ordre chronologique, la durée de leur règne, etc. Quatrième édition, revue et augmentée. *Paris, L. Martin*, an II, in-8, 48 p.

Les premières éditions, *Paris, Gouriet*, in-12, 48 p., portent à la fin : Par LE VASSEUR.

Tigresse (la) Mort-aux-rats, ou poison et contre-poison, médecine en quatre doses et en vers. Par MM. DUPIN (Henri) et Jules (Jules-Henri VERNOIS, marquis DE SAINT-GEORGES). Représentée sur le théâtre des Variétés, le 22 février 1833. *Paris, J.-N. Barba*, 1833, in-8, 35 p.

Parodie de « Lucrèce Borgia ».

Timandre instruit par son génie, traduction du grec, avec une lettre écrite à l'auteur par M*** (par Joseph-Albert DE LUYNES, prince DE GRINBERGHEN, ou plutôt par son précepteur, l'abbé J. PIC). *Paris, F. et P. Delaulne*, 1702, in-12, 1 f. de tit. et 37 p. — Suite de Timandre, ou lettres de M. le C** D**, avec les réponses. *Id.*, 1702, in-12, 72 p.

Timandre, pastorale représentée au collége de Louis-le-Grand, à l'honneur de Philippe de France, duc d'Anjou, pour son heureux avénement à la couronne d'Espagne. (Par le P. G.-F. LE JAY, jésuite.) *Paris*, 1701, in-8.

Timbres-poste. Catalogue méthodique et descriptif des timbres-poste proprement dits. (Par Oscar BERGER-LEVRAULT.) *Paris et Strasbourg, veuve Berger-Levrault*, 1867, in-12, XIII-149 p.

Timoclée, ou la générosité d'Alexandre, tragédie-comédie. *Paris, Ch. de Sercy*, 1658, in-12.

L'auteur de cette tragédie se nommait MOREL.

                                D.M.

Timoléon, tragédie en cinq actes et en vers. (Par J.-B. Timothée BAUMES.) *Montpellier*, 1813, in-8.

Timon le Misanthrope, comédie en trois actes, précédée d'un prologue. Par le sieur D*** (L.-F. DELISLE DE LA DREVETIÈRE). *Paris, C.-E. Hochereau*, 1722, in-8. — *Amsterdam, H. Dusauset*, 1723, in-8. — *Paris, Briasson*, 1732, in-12.

Tir à la carabine. Traité sur le jeu de domino, réflexions sur les jeux de récréation et sur la trente-et-quarante. (Par A. LAURENT.) *Mons, Masquillier et Lamir*, 1858, in-12, 224 p.   J.D.

Voy. « Supercheries », I, 229, e.

Tir (le) au pistolet, causeries théoriques, par M. A. D'H. (C.-F.-A. D'HOUDETOT). Deuxième édition... *Paris, Tresse*, 1843, in-18, 132 p.

Réimprimé avec le nom de l'auteur.

Tir (le) et le Restaurant, comédie-vaudeville en un acte, par MM. Théodore N*** (NEZEL), Armand Ov*** (OVERNAY) et Adrien (PAYN), représentée pour la première fois à Paris, sur le théâtre de la Gaîté, le 11 septembre 1831. *Paris, Quoy*, 1831, in-8, 36 p.

Tircis et Doristée, pastorale, parodie d'Acis et Galatée, représentée pour la première fois par les comédiens italiens ordinaires du roi, le 4 septembre 1752. Nouvelle édition. (Par Ch.-Simon FAVART.) *Paris, N.-B. Duchesne*, 1759, in-8, 60 p.

Tissage semi-automatique pour remplacer le tissage à la main dans la pluralité des tissus de soie, coton et laine, par H. V..... (Horace VERZIER), manufacturier à Lyon. *Lyon, impr. d'A. Vingtrinier*, 1859, in-12, 48 p.

Titans (les), ou l'ambition punie, et les Deux Jumeaux. (Par B.-H. DE CORTE, baron DE WALEFF.) *Liége, Greemme*, 1725, 2 vol. in-8.

Tite-Antonin le Pieux, résumé historique; Marc-Aurèle Antonin, sommaire historique; et fragments relatifs à la vie et au règne, à la politique et à la morale de l'empereur Marc-Antonin. (Par L.-M. RIPAULT.) *Paris, Allais*, 1823, in-8.

Abrégé de « Marc-Aurèle ... » Voy. VI, 59, f.

Titime? histoire de l'autre monde. Par Eugène CHAPUS et Victor CH. (Victor CHARLIER). *Paris, Eugène Renduel*, 1833, in-8.

Titres (les) de la dynastie napoléonienne. (Attribué à l'empereur NAPOLÉON III.) *Paris, Impr. impériale*, 1868, in-4, 76 p.

On a imprimé des extraits de cette brochure sous le même titre, *Paris, Chardon aîné*, 1869, in-fol. plano, — *Paris, Claye* (1869), in-fol. plano.

Enfin, on a imprimé un abrégé sous le titre de : « Les Titres de la dynastie impériale », par Edouard GUILLEMIN, *Paris, Lachaud et Burdin*, 1874, in-8, 35 p.

Titres et autoritez pour la milice hospitalière de l'ordre ancien du Saint-Esprit. (Par Nicolas DE BLEGNY.) *S. l. n. d.*, in-4, 36 p.

Titres justificatifs du droit appartenant au duc de La Tremouille en la succession

universelle de Frideric d'Aragon, roi de
Sycile, Naples, Hiérusalem... (Par David
BLONDEL.) *Paris, P. des Hayes*, 1654, in-4,
1 f. de tit., 165 p. et 2 tableaux.

Tobiade (la), ou Tobie secouru par
l'ange, poëme en dix chants, par M. l'abbé
L*** (Nic. LE ROY), prêtre, licencié, des-
servant l'hôpital de Sedan, depuis curé de
Marville, près d'Yvois-Carignan. *Sedan,
Morin*, 1786, in-12.

Tocsin (le).

Voy. le « Gaulois », V, 523, a.

Tocsin (le). (Par Louis DUTENS.) *S. l.*,
1769, in-8, 47 p. — *Paris, Molin*, 1773,
in-12. — *Londres*, 1798, in-12.

Réimprimé dans les « Œuvres diverses » de l'auteur,
Genève, 1784, in-8, sous le titre d'« Appel au bon
sens ».

Tocsin (le) au roy, à la royne regente
mère du roy, aux princes du sang, à tous
les Parlemens, magistrats, officiers et
bons et loyaux subjects de la couronne de
France, contre le livre de la Puissance
temporelle du pape, mis n'agueres en lu-
miere par le cardinal Bellarmin, jésuite.
Par la statue de Memnon. Avec permission du bon génie de la France. (Par l'avocat LE JAY.) *On les vend à Paris, à l'enseigne de la Quadrature du cercle, en la rue
du Tonneau-des-Danaides*, 1610, in-8, 63 p.

Plusieurs fois réimprimé.

Tocsin (le) fribourgeois, pour être entendu de la ville et de la campagne. Poëme
avec des notes et des réflexions hist., polit.
et satir., en prose, contre les secrets, par un
citoyen inspiré par la patrie (Nic. CAS-
TELLA). *Fribourg*, mars 1783, in-8.

Toilette (la), comédie en un acte, en
vers. (Par FARIN DE HAUTEMER.) *S. l.*
(1766), in-8.

Toilette de Flore, ou essai sur les plantes et fleurs qui peuvent servir d'ornement aux dames, par M. B*** D. en M.
(P.-Jos. BUCHOZ, docteur en médecine).
Paris, Valade, 1771, in-12.

Même ouvrage que « Chimie champêtre et végétale ».
Voy. ci-dessus, IV, 585, a.

Toilette de M. l'archevêque de Sens, ou
réponse au « Factum » des filles Sainte-
Catherine-lès-Provins, contre les Pères
cordeliers. (Par Jean BURLUGUAY.) *S. l.*,
1669, in-12.

Voy. « Factum pour les religieuses », V, 420, c.

Toilette des dames, ou encyclopédie de

la beauté... Par A. C. D. S. A. (Aug. CA-
RON). *Paris, A.-G. Debray*, 1805, 2 vol.
in-18.

Toilette du philosophe, ou Ziri et Ziria.
(Par P. ESTÈVE.) *Londres*, 1751, in-12.

Toilette (la) galante de l'amour. (Par
l'abbé TORCHE.) *Paris, Estienne Loyson*,
1670, in-12, 2 ff., 246 p. et 1 f. pour le
privilége, avec front. gr.

C'est la seconde partie de la « Cassette des bijoux ».
Voy. IV, 506, b.

Toinette Le Vasseur, chambrière de
Jean-Jacques, à la femme philosophe, ou
réflexions sur « Tout le monde a tort ».
(Par le P. Isid. MIRASSON, barnabite.) *A
l'hermitage de Jean-Jacques Rousseau*, 1762,
in-12, 36 p.

Voy. ci-après, « Tout le monde a tort », col. 725, e.

Toinon et Toinette, comédie en deux
actes, en prose, mêlée d'ariettes. Représentée pour la première fois par les comédiens italiens ordinaires du roi, le 20
juin 1767. (Par J.-A. JULLIEN, connu sous
le nom de DESBOULMIERS.) *Paris, veuve
Duchesne*, 1767, in-8, 52 p.

Thoison (le premier-le second volume
de la) d'or, composé par Reverent Pere en
Dieu Guillaume (FILASTRE), par la permis-
sion divine iadis evesque de Tournay...
Paris, F. Regnault, 1510, 2 vol. in-fol.
— *Paris*, 1530, 2 vol. in-fol.

Toison (la) d'or, tragédie représentée
par la troupe royale du Marests, chez
M. le marquis de Sourdean, en son chasteau de Neufbourg, pour rejouïssance publique du mariage du roy et de la paix
avec l'Espagne, et en suite sur le théâtre
royal du Marest. *Rouen et Paris, A.
Courbé et G. de Luyne*, 1661, in-12,
5 ff. et 105 p., plus 1 f. n. chiff.
Toison (la) d'or, trag. en machines de
M. DE CORNEILLE l'aisné (prologue nouveau par DE LA CHAPELLE, et description
des décorations, entreprise sous la conduite du sieur Dufort). *Paris, veuve Adam*,
1683, in-4.

Le nom de l'auteur est au privilége.

Tolérance (la). (Par Ch.-J. PALLIN.)
Paris, Boucher, 1825, in-4.

Couplets datés de Nevers, 1818; tirés à 100 exemplaires.

Tolérance (la) chrétienne opposée au
tolérantisme philosophique, ou lettres
d'un patriote au soi-disant curé sur son
« Dialogue au sujet des protestans. » (Par

l'abbé PEY.) *Fribourg, lib. associés*, 1784, in-8. — *Fribourg et Malines, P.-J. Hanicq*, 1785, in-12.

Tolérance (de la) dans la religion, ou de la liberté de conscience, par CRELLIUS (ouvrage traduit du latin). — L'Intolérance convaincue de crime et de folie, ouvrage traduit de l'anglois (de l'*Independent Whig* de Th. GORDON et J. TRENCHARD, par le baron D'HOLBACH). *Londres (Amsterdam, M.-M. Rey)*, 1769, in-12.

L'original latin de l'ouvrage de Crellius parut en 1637, sous ce titre : *Junii Bruti, Poloni, Vindiciæ pro Religionis libertate*. Voy. « Supercheries », I, 587, e.

Ch. LE CÈNE, ministre protestant, en donna en 1687 une mauvaise traduction, qu'il fit imprimer à la suite de ses « Conversations » (voy. IV, 757, f). — J.-A. NAIGEON l'a retouchée et rectifiée en une infinité d'endroits, pour la publier avec l'« Intolérance », etc.

Tolérance des religions. (Par Henri BASNAGE, Sr DE BEAUVAL.) *Rotterdam, Henri de Graef*, 1684, in-18.

Tolérance (de la) ecclésiastique et civile, ouvrage traduit du latin de Thadée DE TRAUTMANSDORF (par POAN-SAINT-SIMON). *Paris, imprim.-libr. chrétienne*, 1796, in-8.

Voy. ci-dessus, col. 592, a.

Tolérantisme (du) et des Peines auxquelles il peut donner lieu suivant les lois de l'Eglise et de l'Etat. (Par l'abbé B. BAUDRAND.) *Bruxelles et Paris*, 1789, in-8.

Même ouvrage que les « Réflexions sur le tolérantisme », 1787, in-8. Voy. ci-dessus, col. 162, b.
Ces « Réflexions » ont été imprimées à la suite de l'« Histoire abrégée de la naissance, des progrès, de la décadence et de la dissolution prochaine de la réforme de Luther, tirée de l'Apocalypse de saint Jean et des monuments historiques. Ouvrage traduit de l'anglais de Ch. Walmesley qui le publia vers l'année 1777 sous le nom de Pastorini. Nouvelle édition, augmentée de Notes, d'une Préface et des Réflexions.... » *Malines, Hanicq*, 1819, in-12, XLVII-216 p.

Tom Jones, ou histoire d'un enfant trouvé, par FIELDING; traduction nouvelle et complète (par le comte H. DE LA BÉDOYÈRE). *Paris, Didot*, 1833, 4 vol. in-8.
D. M.

Tombeau (le) de François II, duc de Bretagne, par Michel Columb (1507). *Nantes, P. Sebire*, 1839, in-8. — *Nantes, imp. de C. Mellinet, s. d.*, gr. in-4, 8 p.
Signé Th. L... (Thomas LOUIS).

Tombeau de Jacques Molai, ou le secret des conspirateurs, à ceux qui veu-

lent tout savoir. Œuvre posthume de C. L. C. G. D. L. S. D. M. B. C. D. V. (C.-L. CADET DE GASSICOURT, de la section du Mont-Blanc, condamné de vendémiaire). *Paris, les marchands de nouveautés*, an IV, in-8, 31 p. — 2e édit. *Paris, Desenne*, an V, in-18, 162 p.

L'auteur a signé la préface de la 2e édition.

Tombeau (le) de Jean-Baptiste de Vassi, sieur du Gast, recueilli de divers auteurs, par R. A. S. D. L. (Robert ANGOT, sieur DE L'ESPERONIÈRE, avocat au présidial de Caen). *S. l.*, 1612, in-4, 18 p.

Voy. « Supercheries », III, 323, c.

Tombeau (le) de J.-J. Rousseau, stances, par Sylvain M*** (MARÉCHAL). *Ermenonville et Paris*, 1779, in-8, 8 p.

Tombeau (le) de Jésus-Christ, ou explication du mystère de la sépulture suivant la concorde... (Par Jacq.-Jos. DUGUET.) *Bruxelles*, 1735, in-12, XXXIX-520 p.

Tombeau (le) de la messe. P. D. D. (par David DERODON). *Amsterdam, D. Dufresne*, 1682, in-12, 2 ff. lim., 232 p. et 1 f.

Avait paru précédemment avec le nom de l'auteur, *Genève, P. Aubert*, 1654, in-8, 120 p. — *Id.*, 1662, in-8, 139 p.

Tombeau (le) de la pauvreté, dans lequel il est traité clairement de la transmutation des métaux et du moyen qu'on doit tenir pour y parvenir, par un philosophe inconnu (D'ATREMONT, gentilhomme françois, suivant l'abbé Lenglet)... *Francfort, Droullmann*, 1672, in-12. — *Paris, d'Houry*, 1673, in-12. — *Id.*, 1681, in-12. — *Lyon*, 1684, avec une clef, in-12.

Le Catalogue Ouvaroff, sous le nº 1227, indique une 2e édition, revue et augmentée de la clef ou explication des mots obscurs, avec un songe philosophique sur le sujet de l'art. *Paris, L. d'Houry*, 1681, pet. in-12 de XXIV (non chiff.) -163-XV (non chiff.) p.

Tombeau de la réélection. (Par J.-P.-T. TREMBLEY, citoyen de Genève.) *Frontenex (Genève)*, 10 octobre 1780, in-8.

Tombeau (le) de la Sorbonne. *A Constantinople*, 1753, in-12, 22 p.

On a inséré cet écrit dans le Voltaire de Beaumarchais, tome LXIV; mais, dans une note, on déclare que VOLTAIRE l'a constamment désavoué. Aussi l'abbé Jean-Martin DE PRADES en est-il considéré comme le véritable auteur.
(Lettres inédites de Voltaire, publiées par M. Boissonade, p. 162.)

Tombeau (le) de Marguerite de Valois, faict premierement en disticques latins par les trois sœurs (Anne, Marguerite et Jeanne DE SEYMOUR), princesses en Angleterre; depuis traduictz en grec, italien et françois par plusieurs des excellentz poëtes de la France... (Publié par Nic. DENISOT, dit comte D'ALSINOIS.) *Paris, Michel Fezendat, 1551, in-8, 104 ff.*

Voy. Brunet, « Manuel du libraire », 5ᵉ édition, tome V, col. 879.

Tombeau de monsieur de Santeul, cy-devant chanoine régulier de Saint-Augustin... et l'éloge de ce grand poëte... (Par l'abbé P.-V. FAYDIT.) *Paris, veuve Robert de Nain, 1698, in-4, 2 ff. lim. et 35 p.*

Tombeau de Napoléon Iᵉʳ érigé dans le dôme des Invalides par M. Visconti, architecte de S. M. l'Empereur. (Par Auguste-Philibert CHALONS-D'ARGÉ.) *Paris, Curmer, 1853, in-18, avec gravures.*

D. M.

Tombeau (le) de Narcissa, suivi d'une Réponse à l'article inséré dans la « Gazette médicale de Montpellier » du 15 avril 1850. (Par Alfred DE TERREBASSE.) *Lyon, L. Perrin, 1850, in-8.*

Tombeau (le) de Rob. et Ant. Le Chevalier frères, sieurs d'Aigneaux... le dit tombeau recueilli de plusieurs doctes poëtes par P. L. S. (probablement Pierre-Lucas SALLIÈRE)... *Caen, P. Le Chandelier, 1591, in-8, 111 p.*

Tombeau (le) de saint Martin, évêque de Tours, et la Grotte de Marmoutier; poésie par J. R. (l'abbé J. RUÉ). *Tours, Ladevèze, 1860, in-8, 8 p.*

Tombeau (le) de toutes les philosophies, tant anciennes que modernes, ou exposition raisonnée d'un nouveau système de l'univers... Par R. B. (RENAULT-BÉCOUR, ancien officier comptable des hôpitaux militaires). *Briey, impr. de Bancias, 1834, 1 f. de titre, xxxvi-224 p. et 1 f. de table.*

Tombeau (le) de très-hault et très-puissant seigneur messire Jean de Voyer, marquis de Paulmy, seigneur d'Argenson, en plusieurs langues (grec, latin, italien et françois, par Ant. VALET, P. DE LA ROCHE, NOUVELLET, JODELLE et autres). *Lutetiæ, apud J. Benenatum, 1571, in-4, 43 p.*

G. M.

Tombeau (le) de Turenne, ou l'armée du Rhin à Sarpach, fait historique en un acte (et en prose), mêlé de vaudevilles. (Par J.-G.-A. CUVELIER DE TRIE, J.-N. BOUILLY et H. CHAUSSIER.) *Paris, Barba, 1799, 1809, in-8.*

a Tombeau (le) de Watteau à Nogent-sur-Marne. Notice historique sur la vie et la mort d'Antoine Watteau, sur l'érection et l'inauguration du monument élevé par souscription en 1865. (Par M. Jules COUSIN.) *Nogent-sur-Marne, Evecque, octobre 1865, in-8, 68 p.*

Tombeau (le) des romans, où il est discouru : 1° contre les romans; 2° pour les romans. (Par FANCAN, auteur des « Mystères de l'éloquence françoise ».) *Paris, Cl. Morlot, 1626, in-8.*

b Cet ouvrage parut aussi avec le nom de l'auteur, sous le titre de « Discours pour et contre les romans ». *Paris, 1626, in-8.*

Tombeau (le) des trépassés, par N. D. M. (Nicolas DE MAILLEFILLAST). *Paris, Binet, 1600, 2 vol. in-8.*

c Tombeau (le) du feu roy très-chrestien Charles IX, prince très-débonnaire... Par P. DE RONSARD et autres excellents poëtes de ce temps (Amadis JAMYN et R. GARNIER). *Paris, Fréd. Morel, 1574, in-4, 8 ff.* — *Lyon, Ben. Rigaud, 1574, in-8, 8 ff.* — *Poictiers, impr. d'Em. Mesnier et Ant. Delacourt, suivant la copie impr. à Paris, 1574, pet. in-4, 8 ff.*

d Tombeau (le) du prince Léopold de Brunswick. (Par VEILLON.) *En Suisse, in-4.*

Tombeau (le) du sens commun, ou le renversement des idées de tous les sages : 1° justifiant la détention des princes; 2° prouvant la nécessité du retour de Mazarin... (Par DUBOSC-MONTANDRÉ.) *S. l. (1650), in-4, 42 p.*

e Même ouvrage que « Paradoxes d'Etat... » Voy. VI, 776, b.

Tombeau (le) du socinianisme, ou nouvelle méthode d'expliquer les mystères de la Trinité, par L. S. D. L. A. M. (Noël AUBERT DE VERSÉ), avec le Nouveau Visionnaire de Rotterdam, par THÉOGNOSTE DE BERÉE (le même Noël AUBERT DE VERSÉ). *Francfort, 1687, in-12.*

Mis à l'Index le 15 janvier 1714. Voy. « Supercheries », I, 512, f.

f Tombeau (le) philosophique, ou histoire du marquis de ***, par M. le chevalier DE LA B***. (Par J.-F. DE BASTIDE.) *Amsterd., 1751, 2 part. in-12.*

Tombeaux (les) de Saint-Denis, ou description historique de cette abbaye célèbre, des monuments qui y sont renfermés... Par J. A**** (J.-Abel HUGO). *Paris, F.-M. Maurice, 1825, in-18.*

Tombeaux (les) de Saint-Denis, ou le retour de l'exilé, ode lue le 24 avril 1817 à la séance générale des quatre Académies... (Par L. DE FONTANES.) *Paris, Le Normant,* 1817, in-4, 16 p.

Tombeaux (les) des hommes illustres qui ont paru au Conseil privé du roy catholique des Pays-Bas. (Par J.-B. CHRISTYN.) *Liége, P. Highins,* 1673, in-8. — *Amsterdam,* 1674, in-12.

Tombeaux (les), ou les entretiens de la nuit. A M. Guélon-Marc, otage de Louis XVI. Par un Français (F.-A. HENRY). *Troyes, de l'impr. de Gobelet; s. d.* (vers 1820), in-8, 16 p.

Tombeaux (les), poëme imité d'HERVEY (par Jean-Phil.-Louis BRIDEL). *Lausanne,* 1779, in-8.

Le texte anglais parut en 1755 sous le titre de « Meditations among the Tombs »; il a été plusieurs fois réimprimé.

Ton (le) de la bonne compagnie, ou règles de la civilité, à l'usage des personnes des deux sexes, par M. P. D** (Louis DUBROCA). *Paris, Rondonneau, an X-1802,* in-18, 144 p.

Ton (du) et des Manières d'un ecclésiastique dans le monde, par un homme du monde (M. DE CHANGAR). *Paris, Perisse frères,* 1830, in-18.

Tonnelier (le), opéra-comique, mêlé d'ariettes. Représenté par les comédiens italiens ordinaires du roy, le 16 mars 1765. (Par N.-M. AUDINOT et F.-A. QUÉTANT.) *Paris, Duchesne,* 1765, in-8, 56 p.

Tonnelier (le), pantomime comique en un acte, par (LEFEBVRE). Musique de M. Représentée pour la première fois à Paris, sur le théâtre de la Gaîté, le mai 1824. *Paris, Quoy,* 1824, in-8, 16 p.

Tontine théâtrale ou caisse des pensions de retraite. Projet. (Par J.-B.-A. HAPDÉ.) *Paris, imp. de Ragueneau,* 1819, in-8.

Il y a des exemplaires avec le nom de l'auteur.

Tony Brenner, récit alsacien, par Mme C. E. (Caroline ERNST). *Périgueux, Bonnet,* 1872, in-18.

Topographie des saints, où l'on rapporte les lieux devenus célèbres par la naissance, la demeure, la mort, la sépulture et le culte des saints. (Par Adrien BAILLET.) *Paris, L. Roulland,* 1703, in-8.

Topographie historique de la ville et du diocèse de Troyes, par M. COURTALON-

DELAISTRE, ... *Troyes, veuve Gobelet,* 1783-1784, 3 vol. in-8.

E.-T. SIMON, qui fut depuis bibliothécaire du Tribunat, a coopéré à cet ouvrage.   V. T.

Torrent (le) des passions, ou dangers de la galanterie, aventures du général-major comte de G*** dans les diverses contrées de l'Europe; mémoires récens d'un général allemand. (Par le baron J.-A. REVERONY-SAINT-CYR.) *Paris, Barba,* 1818, 2 vol. in-12.

Torts (les) apparents, ou la famille américaine (sic), comédie en prose et en trois actes. Par M. G...Y (Jean-Claude GORGY). Représentée pour la première fois à Paris, sur le théâtre du Palais-Royal, le 15 mars 1787. *Paris, Cailleau,* 1787, in-8, 53 p.   D. M.

Totale (la) et vraie Description de tous les passaiges, lieux et détroits par lesquels on peut passer et entrer des Gaules en Italie, et signamment par où passèrent Hannibal, Julien, César et les très-chrétiens, magnanimes et très-puissans roys de France, Charlemagne, Charles VIII, Louis XII, et le très-illustre roy François à présent régnant, premier de ce nom... (Par Jacques SIGNOT.) *Paris, Toussains Denis,* 1515, in-4 goth., 40 feuillets.

Voy. le 4e feuillet. Cet ouvrage a été inséré par Camusat, d'après un manuscrit, dans ses « Mélanges historiques », sous le nom de Jacques SIGAULT. Voy. VI, 117, b.
Ce livret a été plusieurs fois réimprimé. Voy. les détails étendus que donne Brunet, « Manuel du libraire », 5e édition, tome V, col. 900.

Totinet, parodie de « Titon et l'Aurore ». Par MM. P*** et P*** (A.-A.-H. POINSINET jeune et PORTELANCE). *Paris, veuve Delormel,* 1753, in-8.

Toujours Blaye. (Par le marquis DE LA GERVAISAIS.) *Paris, imp. de A. Pihan Delaforest,* 1833, in-8, 40 p.

Voy. ci-dessus, « de la Captivité de Mme la duchesse de Berry », IV, 496, f.

Toujours la guerre à l'impôt sur les boissons, comme contraire à la Charte, ou la suite de l'Histoire d'une barrique de vin; par M. D. P. (G. AUBERT DU PETIT-THOUARS), ancien membre du Conseil général... d'Indre-et-Loire. *Paris, Delaunay,* 1830, in-8, 61 p.

Voy. « Notice sur les vignobles de la Touraine... », VI, 479, a.

Toulon, l'arsenal et le bagne. Petit guide toulonnais, par l'auteur des « Rues de

Toulon » (Octave Teissier). *Toulon, typ. L. Laurent*, 1873, in-32, 32 p.

Toulon, le 19 mai 1830. (Par le marquis Ch. DE SALVO.) *Marseille, imp. d'Achard*, 1830, gr. in-8, 28 p.

Récit du départ de la flotte française pour Alger.

Toulousaines (les), ou lettres historiques et apologétiques en faveur de la religion réformée et de divers protestans condamnés dans ces derniers temps par le Parlement de Toulouse ou dans le Haut-Languedoc. (Par Ant. COURT DE GÉBELIN.) *Edimbourg (Lausanne)*, 1763, in-12.

Il y a deux tirages, l'un de 444 p. et l'autre de 458; ce dernier contient quelques courtes additions.

Tour (la) d'Unspunnen (Oberland bernois), chroniques et légendes. (Par M. Laurent DE CROZET, de Marseille.) *Marseille, veuve M. Olive*, 1862, in-8, 21 p.

Tiré à cinquante exemplaires.　　G. M.

Tour (la) de Babel, revue épisodique en un acte, par MM.... Représentée sur le théâtre des Variétés, le 24 juin 1834. *Paris, Marchant*, 1834, in-8.

Cette pièce est attribuée par le Catalogue Soleinne, tome III, page 204, n° 3439, à MM. ADAM, J.-E. ALBOIZE DE PUJOL, Jos. AUDE, H. BLANCHARD, A. BOURGEOIS, Nic. BRAZIER, Léon LHÉRIE dit BRUNSWICK, Jul. CHABOT DE BOUIN, C.-T. et J.-H. COGNIARD frères, Fréd. DE COURCY, Am. et Ach. DARTOIS, DESLANDES, DIGLÉ, Adolphe RIBBING dit LEUVEN, Victor LHÉRIE jeune, Julien DE MALLIAN, E.-G. ROCHE, C.-L.-M. ROCHEFORT, J.-H. DE SAINT-GEORGES, Barthélemy THOUIN et 4 anonymes.

Tour (le) de faveur, comédie en un acte et en vers, représentée pour la première fois sur le théâtre Favart, par les comédiens ordinaires du théâtre royal de l'Odéon, le 23 novembre 1818. (Par Emile DESCHAMPS et H. DE LA TOUCHE.) *Paris, Ladvocat*, 1818, in-8, 48 p.

Tour (le) de France du fils de Giboyer, ou recueil complet des jugements exprimés par les principaux journaux politiques et littéraires de Paris, de la province et de l'étranger, au sujet de la comédie de M. Emile Augier (le Fils de Giboyer); suivi de vers satiriques, des polémiques, des scènes de désordre, des actes administratifs, des procès, etc., que cette pièce a suscités. (Par Evariste THÉVENIN.) *Paris, Gosselin*, 1864, in-18, 180 p.

Tour de France. Première partie. Rouen, le Havre, Dieppe. Promenade descriptive, historique et statistique de ces trois villes

et le pays intermédiaire. Par le rédacteur de l'ancien « Phare du Havre » (Placide JUSTIN, de Caudebec). *Paris, Sautelet*, 1827, in-18.

Il n'a paru que cette première partie.

Tour (la) de Nesle, drame en cinq actes et en neuf tableaux. Par MM. GAILLARDET et *** (Alexandre DUMAS). Représenté pour la première fois à Paris, sur le théâtre de la Porte-Saint-Martin, le 29 mai 1832. *Paris, J.-N. Barba*, 1832, in-8, 4 ff. lim. et 98 p.

Voy. « Supercheries », I, 1002, e.

Tour (la) de Pise, du D. A. GUADAGNOLI. Trad. en vers français par J. C. (J. CELLARIER). *Livourne, Vannini*, 1839, in-8.

Tour (la) de Sainte-Waudru à Mons. *Fac-simile* du plan original, 6 feuilles in-plano et notice historique par R. C. (Renier CHALON). *Bruxelles, Vandale*, 1844, in-8.　　　　　　　　　　　J. D.

Tour (la) des Miroirs, ouvrage historique de M. I. P. C. E. de Belley (J.-P. CAMUS, évêque de Belley). *Paris, R. Bertauld*, 1633, in-8.

Tour (la) du Bog, ou la sévérité paternelle, par l'auteur de « la Roche du Diable », du « Marchand forain » (Louis-Pierre-Prudent LE GAY). *Paris, Hubert*, 1819, 4 vol. in-12.　　　　　　　　　　　　　　D. M.

Tour (la) du connétable au château de Ham... (Par M. Ch. GOMART.) *Caen, imp. de A. Hardel* (1861), in-8.

Tirage à part du « Bulletin monumental », paginé 141 à 164.

Tour (la) ténébreuse et les Jours lumineux, contes anglois... (Par Mlle Marie-Jeanne L'HÉRITIER.) *Paris, veuve Cl. Barbin*, 1705, in-12, figures. — *Amsterdam, Desbordes*, 1708, 2 part. pet. in-8.

L'auteur est nommé dans le privilège de l'édition originale.

Touriste (le). Liége et ses environs, contenant tous les renseignements indispensables aux étrangers. (Par DE THIER et LOVINFOSSE.) *Liége, de Thier et Lovinfosse*, 1864, in-32, 128 p.　　　　　　　J. D.

Touristes (les) à Spa. De la santé, des jeux, par A. L. (LAURENT), auteur de l' « Essai sur les jeux d'agrément ». *Bruxelles, typ. de Marlaert*, 1863, in-18.　　　　　　　　　　　　　　　J. D.

Tournely convaincu d'erreur et de mauvaise foy sur les matières de la grâce. (Par dom Pierre Mougenot, bénédictin.) *Cologne* (*Nancy*), 1764, 3 vol. in-12.

Tours (les) de maître Gonin. (Par l'abbé L. Bordelon.) *Paris, Le Clerc,* 1713, 2 vol. in-12. — *Anvers,* 1714, 2 vol. in-12. — *Amsterdam, L. Renard,* 1734, 2 vol. in-12.

Dans le III° vol., page 53, et dans le V°, page 209, de ses « Variétés » (Bibliothèque elzevirienne), M. Ed. Fournier donne des renseignements curieux sur les farceurs qui se sont fait appeler maître Gonin.

Tours, ses monuments, son industrie, ses grands hommes. Guide de l'étranger dans cette ville et ses environs. Par Alex. G... (Alexandre Giraudet). Orné des vues des principaux monuments. *Tours, O. Lecesne,* 1844, in-18.

Tourterelles (les) de Zelmis, poëme en trois chants, par l'auteur de « Barnevelt » (Cl.-Jos. Dorat). *S. l. n. d.* (*Paris, Jorry,* 1766), in-8, 56 p.

L'ouvrage mentionné dans le titre est intitulé : « Lettre de Barnevelt, dans sa prison, à Truman, son ami... » *Paris, Jorry,* 1764, in-8. — A.-M. Lemierre est auteur de « Barnevelt, tragédie... », Lyon, 1784, in-8, ce qui lui a fait attribuer quelquefois à tort ce poëme.

Tous les synodes nationaux des Eglises réformées de France. (Par Jean Aymon.) *La Haye, Delo,* 1710, 2 vol. in-4.

Tout à propos de rien. Sans gravures et sans vignettes. (Par Pierre Dupuy.) *Paris, Pillet ainé,* 1824, in-12. — 2° édit., revue et augmentée d'une petite explication et d'un grand chapitre. *Id.,* 1825, in-12.

C'est par erreur que l'auteur a été désigné sous le nom d'Ulysse Dupuis dans la 2° édition du Dictionnaire.

Tout est au mieux, car on le dit. (Par Deleau, de Spa, avocat.) *Liége,* 1789, in-8, 59 p.
                                               De Theux.

Tout le monde a tort, ou jugement impartial d'une dame philosophe sur l'affaire présente des jésuites. (Par le P. Abrasse-vin, jésuite.) *En France,* 1762, in-12.

Voy. « Supercheries », I, 857, f.

Tout pour l'amour, ou le monde bien perdu, tragédie traduite de l'anglois (de John Dryden), par l'auteur des « Mémoires d'un homme de qualité » (l'abbé A.-F. Prévost). *Paris, Didot,* 1735, in-12.

Tiré du « Pour et Contre », ouvrage du traducteur, tome VII et suivants.

Tout s'arrange à la fin, ou histoire de M. Melfort, écrite dans le courant de 1790.

(Par Mlle Haudry.) *Pithiviers, Cocatrix,* 1795, 2 vol. in-12.

Tout (de) un peu, ou les amusemens de la campagne, par l'auteur de « Rose » (J.-A. Jullien, connu sous le nom de Desboulmiers). *Paris, Lesclapart,* 1766, in-12.

Le titre de cet ouvrage a été rafraîchi en 1776, sous la rubrique d'*Amsterdam et Bordeaux, chez Romain Lemattre.*

Toute la vérité sur la journée du 13 juin, par un soldat de l'ordre (Louis-Alexandre Pillon). *Paris, imp. de Lacombe,* 1849, in-8, 32 p.

Toute-puissance (de la) de Dieu et de sa volonté. Traitté auquel est exposé comment la toute-puissance de Dieu et sa volonté doivent reigler nostre foy, au poinct du sainct sacrement. Par P. D. M. (Pierre du Moulin). *A La Rochelle,* 1617, in-8, 21 p.

Toute puissance est faible à moins que d'être unie. Lettre à la Société de cotisation lyonnaise, pour l'impression de brochures constitutionnelles. — Seconde lettre... (Par Al. de Jussieu.) *Lyon, imp. de C. Coque* (1827), in-8, 8 et 16 p.

Toutes les épigrammes de Martial, en latin et en françois... (de la traduction de l'abbé de Marolles). *Paris, G. de Luyne,* 1655, 2 vol. in-8.

Toutes les épigrammes de Martial, en latin et en français, distribuées dans un nouvel ordre, avec notes, éclaircissements et commentaires, publiées par M. B*** (Aspaïs-Jean-Benoît Beau). *Paris, Gié-Boullay,* 1843, 3 vol. in-8.

Trac (le), journal des peureux. (Rédigé par Angélo de Sorr.) *Paris, imp. de Dubuisson,* 22-29 novembre 1870, 2 numéros in-fol.

Voy. Firmin Maillard, « Histoire des journaux publiés à Paris pendant le siége et sous la Commune », p. 82.

Tracas (le) des comédiens, opéra-comique (en un acte et en vers), par M. C*** (Carrière-Doisin). *Amsterdam, H. Constapel,* 1764, in-12, 46 p. et 1 f. d'errata.

Traces du magnétisme. (Par Jacq. de Cambry.) *La Haye,* 1784, in-8, 48 p. et 1 figure.

Tradition catholique, ou traicté de la croyance des chrestiens d'Asie, d'Europe et d'Afrique ez dogmes principalement controversez en ce temps, par Th. A. J. C. (Morton EUDES, Anglais). *S. l.*, 1609, in-12.

Tradition de l'Eglise opposée aux opinions du nouveau rituel de Paris, sur la conception immaculée de la sainte Vierge, et sur son assomption au ciel en corps et en âme. (Par l'abbé A.-J.-C. CLÉMENT.) *S. l. n. d.*, in-12. •

Tradition de l'Eglise sur l'institution des évêques. Par M. l'abbé L*** (J.-M. ROBERT DE LA MENNAIS). *Paris, Ad. Leclère*, 1814, 3 vol. in-8. — *Liége, Le Marié*, 1814, 3 vol. in-8.

Fr. DE LA MENNAIS a aidé son frère dans ce travail.

Tradition de l'Eglise sur le silence chrétien et monastique. Contre l'intempérance de la langue et les paroles inutiles en général, et en particulier contre la trop grande fréquentation des parloirs des religieuses. Le tout tiré de l'Ecriture, des Conciles, des saints Pères, des Règles monastiques et de plusieurs ouvrages de piété. (Ouvrage de Godefroy HERMANT, terminé et publié par l'abbé MUGUET.) *Paris, Fr. Muguet*, 1697, in-12, 12 ff. lim., 341 p. et 1 f. de priv.

Table du « Journal des savans », par l'abbé de Claustre, au mot Hermant.

Tradition de l'Eglise touchant l'extrême onction... (Par DRAPIER, docteur de Sorbonne.) *Lyon, C. Bachelu*, 1699, in-12.

Le nom de l'auteur se trouve dans le privilége.

Tradition des faits qui manifestent le système d'indépendance que les évêques ont opposé, dans les différents siècles, aux principes invariables de la justice souveraine du roi sur tous ses sujets indistinctement... *S. l.* (1753), in-4. — *S. l. n. d.*, in-12.

Réimprimé en 1825 sous le titre : « des Evêques, ou tradition... » Voy. V, 335, *b*.
Attribué à l'abbé H.-Ph. CHAUVELIN. Cet ouvrage contient beaucoup d'assertions hasardées, comme le démontre l'auteur anonyme de l' « Examen d'un libelle qui a pour titre : Tradition des faits... », 1754, in-12, réimprimé sous le titre de « Lettres critiques et historiques, ou examen... », 1754, in-12. Cet ouvrage a été mis à l'index le 11 mars 1754.

Tradition du château, ou scènes de l'île d'Emerande, par Mar.-Rég. ROCHE, traduit de l'anglais par M*** (DUBERGIER), auteur et traducteur de plusieurs ouvrages, tels que : « l'Incendie de Moscou », « la Famille Bertrand »... *Paris, Boulland*, 1824, 3 vol. in-12.

Tradition ou histoire de l'Eglise sur le sacrement de mariage. (Par J.-P. GIBERT.) *Paris, Mariette*, 1725, 3 vol. in-4.

Traditionalisme (le) et l'anti-traditionalisme sont deux systèmes incertains, par un Belge (COLLAES, professeur de religion). *Bruxelles, Demaertelaer et Delafonteyne*, 1859, in-8, 14 p.   J. D.

Traditions (les) liégeoises sur Charlemagne, à propos d'un rapport présenté à l'Académie royale de Belgique. (Par Ferdinand-Jules HÉNAUX.) *Liége, Desoër*, 1858, in-8, 32 p.   Ul. C.

Traducteur (le), ou traduction de diverses feuilles choisies tirées des papiers périodiques anglois. (Par ROGER, secrétaire du baron de Bernsdorf.) *Copenhague, héritiers de Berling*, 1753-1757, 4 vol in-4.

Traduction del premie, second, quatrieme et sixieme livre de l'Eneide de VIRGILE, par L. E. (L. D'ESTAGNIOL), avocat de Besiès. *Besiès, Henric Martel*, 1682, in-12.

Traduction abrégée de la « Storia pittorica della Italia » de l'abbé LANZI, ou histoire des principaux peintres des écoles d'Italie... (par T. FRANCILLON). *Paris, Rey et Gravier*, 1822, in-8.

Traduction complète des psaumes en vers français, sur les textes hébreux des LXX et de la Vulgate; G. G. (par Georges ENLART DE GRANVAL). *Paris, L. Janet*, 1819, in-8.   D. M.

Traduction d'Alcibiade, d'après l'original allemand du professeur MEISSNER, par un amateur qui désire faire connaître aux François un génie d'Allemagne (le comte Aloys-Fréd. DE BRUHL). *Dresde, Walther*, 1787-1791, 4 vol. in-8.

Traduction d'un article des « Transactions philosophiques » sur le corail (par Charles PEYSSONNEL). *Londres (Paris)*, 1756, in-12.

Traduction d'un discours de la réformation de l'homme intérieur, prononcé par C. JANSENIUS, évêque d'Ypres, à l'établissement de la réforme d'un monastère de bénédictins (par Robert ARNAULD D'ANDILLY). *Paris, veuve Camusat*, 1644, in-12.

L'original latin a paru en 1628. La première édition de la traduction est de 1642.

Traduction d'un excellent discours de saint ATHANASE, contre ceux qui jugent de la vérité par la seule autorité de la multitude, avec des réflexions (par l'abbé Guill. LE ROY). *Paris*, 1651, in-4.

Réimprimé en 1740, in-12, avec des augmentations par un anonyme et avec le nom du traducteur.

Traduction d'un manuscrit portugais sur le mariage des prêtres. (Par N.-C. DUVAL LE ROY.) *Brest*, 1789, in-8.

Traduction d'un morceau de poésie armoricaine, composée le lendemain de la cérémonie qui a eu lieu le 11 juillet 1819, entre Ploermel et Josselin, dans la lande de Mi-voie. (Par le comte A.-B.-L. MAUDET DE PENHOUET.) *Vannes, Galles*, 1819, in-4, 12 p.

Traduction d'un ouvrage anonyme ayant pour titre : « Riflessioni filosofico-morali. Pensées philosophiques morales »; imprimé à Turin en 1816. Par L. C. F. D. L. (le comte J.-P. FABRE, de l'Aude). *Paris, Laurens aîné*, 1817, in-12.

Avec le texte italien en regard.　　　　D. M.

Traduction (par le P. N.-E. SANADON) d'une ancienne hymne sur les fêtes de Vénus... (attribuée à CATULLE et à d'autres auteurs.) *Paris, de La Roche*, 1728, in-12.

On la trouve souvent à la suite de l'édition d'Horace publiée la même année par le même jésuite.

Traduction d'une épistre latine d'un excellent personnage de ce royaume (Guy DU FAUR, sieur DE PIBRAC), faite par forme de discours sur aucunes choses depuis peu advenues en France. *Paris, Fréd. Morel*, 1573, in-4, 52 p.

C'est la traduction de *Ornatissimi Viri...* Voy. ces mots. Elle se trouve reproduite sous le titre de : Lettre sur les affaires de France écrite à Stanislas Eidius par un personnage très-distingué, avec notices et remarques de l'éditeur, p. 233-293 du t. III de la Bibliothèque d'histoire et de littérature étrangère ». *Paris*, 1823, 3 vol. in-8.

Traduction d'une ode latine (de l'abbé BOUTARD, par Mlle E.-S. CHÉRON). *S. l. n. d.* (*Paris, Le Mercier*, 1696), in-8.

Texte et traduction. Les titres de départ portent : Trianœum. Description de Trianon.

Traduction de deux excellents traités de saint BERNARD, « l'Echelle du cloître », « l'Apologie à Guillaume, abbé de Saint-Thierry », par M. L. N. D. C., prêtre (Ant. LE MAISTRE). *Paris, Ch. Savreux*, 1650, in-12.

Voy. Moréri, « Dictionnaire historique ».

Traduction de différents traités de morale de PLUTARQUE (par l'abbé Jacq. GAUDIN). *Paris, Debure fils aîné*, 1777, in-12.

Traduction de l'éloge funèbre composé en latin par les religieux de l'abbaye de Saint-Germain-des-Prez, à la mémoire de messire Michel Le Tellier, chevalier, chancelier, garde des sceaux de France. A l'occasion du service solennel qu'ils firent pour luy dans leur église le 17 novembre 1685. (Par DU PRADEL.) *S. l. n. d.*, in-4, 10 p. — *Paris, A. Fournot, imp.*, 1686, in-4, 10 p.

Traduction de l'Enéide de VIRGILE en vers français, suivie de notes littéraires et morales, par l'auteur de la « Traduction libre des Odes d'Horace » en vers lyriques (Cl. DELOYNES D'AUTROCHE). *Orléans et Paris*, an XII-1804, 2 vol. in-8. — La même avec le texte latin, 3 vol. in-8.

Traduction de la comédie de PLAUTE intitulée « Mostellaria », avec le texte revu sur plusieurs manuscrits et sur les meilleures éditions (par le P. J.-H. DOTTEVILLE). *Versailles, Jacob; et Paris, frères Levrault*, an XI-1803, in-8.

Cette traduction est l'œuvre d'une réunion d'ex-oratoriens qui se proposaient de donner une édition complète de Plaute. Après DOTTEVILLE, M. VOYAUME (Arloing) a pris le plus de part à ce travail. Il possède cinq autres comédies de Plaute, traduites par la même réunion et restées manuscrites. (Note d'Eus. Salverte.)

Traduction de la lettre d'EUSÈBE ROMAIN (le P. J. MABILLON) à Théophile François sur le culte des saints inconnus (par DE BOIN, suivant le P. Baizé). *Paris, Musier*, 1698, in-12.

Voy. « Supercheries », I, 1265, f.

Traduction de la lettre pastorale de l'inquisiteur D. Jos.-Marie DE MELLO, évêque d'Algarve (par Pierre-Louis BLANCHARD). *Londres*, in-8, 19 p.

Traduction de la Paedotrophie de Scévole DE SAINTE-MARTHE, ou poëme sur l'éducation des enfants en bas âge (par YSABEAU DE BRÉCON-VILLIERS). *Paris, Barrois aîné*, 1777, in-12.

Traduction de la première partie de la Préface de l'HOMÈRE anglois de POPE (par Ant.-Rob. PERELLE). In-12.

Voy. « Remarques sur Homère », ci-dessus, col. 253, a.

Traduction de quelques strophes du *Stabat mater* (et de quelques strophes du *Dies iræ*). (Par LENORMAND DE BRETTEVILLE.) *Paris, imp. de Setier*, 1819, in-8.

Traduction des églogues de POPE et de son ode sur la musique, en vers françois et latins, et de quelques pièces fugitives du même auteur, traduites en vers françois par M. DE R. DE B. (DE ROCQUIGNY

DE BULONDE, frère de l'abbé de Bulonde, prédicateur de la reine). *Paris, J.-G. Mérigot jeune*, 1789, in-8.   D. M.

Traduction des églogues de VIRGILE, avec des notes critiques et historiques (par le P. Fr. CATROU). *Paris, Estienne,* 1708, in-12.

Traduction des églogues de VIRGILE en vers (par Ch. LE PUL). *Béziers,* 1701, in-12:

Traduction des épîtres (et des élégies amoureuses) d'OVIDE en vers françois (par l'abbé Jean BARRIN). *Paris, Barbin,* 1666; — *Rouen,* 1676, 1686, 1696, in-12.

Voy. « Epîtres d'OVIDE », V, 162, *b;* « Nouvelle Traduction des épîtres d'OVIDE », VI, 563, *d;* « Œuvres galantes et amoureuses d'OVIDE », VI, 686, *e.*

Traduction des fables d'YRIARTE, et poésies françaises au profit de l'œuvre de Châtel (Jura), destinée à répandre l'instruction religieuse dans les campagnes, par Mlle S... B... (Sophie BALLYAT). *Lonsle-Saunier, Gautier,* 1859, in-8.   D. M.

Mlle Sophie Ballyat est une pieuse et charitable rentière, fort connue à Lyon par ses bonnes œuvres.

Traduction des fables de FAERNE (par Charles PERRAULT, de l'Académie française). *Paris, J.-B. Coignard,* 1699, in-12. Le traducteur a signé l'épître.

Traduction des lettres de saint LOUP, évêque de Troyes, et de saint SIDOINE, évêque de Clermont (par l'abbé Remi BREYER). *Troyes,* 1706, in-12.

Traduction des modèles choisis de la latinité, tirés des meilleurs écrivains (par P.-Ch. CHOMPRÉ). *Paris,* 1746; — *Nyon,* 1778, 6 vol. in-12.

Traduction des odes et de l'Art poétique d'HORACE, en vers français. Par M. DE *** (BALLAINVILLIERS, depuis conseiller d'Etat). *Paris, Migneret,* 1812, in-12.   D. M.

Traduction des œuvres d'HORACE en vers françois, avec des extraits des auteurs qui ont travaillé sur cette matière, et des notes pour l'éclaircissement du texte (publiée par l'abbé SALMON). *Paris, Nyon fils,* 1752, 5 vol. in-12.

Traduction des œuvres médicales d'HIPPOCRATE sur le texte grec d'après l'édition de Foes (par le docteur GARDEIL; publiée par Dom.-Jér. TOURNON). *Toulouse,* 1801, 4 vol. in-8.

Traduction des partitions oratoires de CICÉRON, accompagnée de notes pour l'éclaircissement du texte, et de remarques suivies d'exemples sur toutes les parties de la rhétorique; avec la harangue de CICÉRON, de la divination contre Q. Cécilius (par Fr.-Nic. CHARBUY). *Paris, Debure aîné,* 1756, in-12.

Traduction des pseaumes de DAVID, selon la nouvelle version latine du texte hébreu, imprimée en 1753, par le P. Houbigant (par F. GRATIEN). *Lyon,* 1767, in-12.

Voy. le « Jugement » de l'abbé Ladvocat.

Traduction des pseaumes et des trois cantiques du Nouveau Testament en vers françois, sur des airs choisis, anciens et nouveaux, par M. G*** (GAUNÉ DE CANGY, chevalier de Saint-Maurice). *Paris, Berton,* 1763, in-12.

Note manuscrite.

Traduction des quatorze épîtres de saint PAUL et des sept épîtres catholiques, avec des notes (par Auguste PRUNELLE DE LIERRE). *Paris, Migneret,* 1825, in-8.   D. M.

Traduction des quatre premiers titres du quatrième livre du Digeste... avec un abrégé de l'histoire du droit et des jurisconsultes (par LE DUC). *Paris, Auroy,* 1689, in-8.

Le nom de Le Duc a été indiqué à M. Hulot en 1765 par L.-T. Hérissant d'après un exemplaire où on l'avait écrit.

Traduction du compte rendu de la dernière représentation de Mlle Fanny Elssler, inséré dans la « Gazette de police » du 23 février; par Mme la comtesse DE ROSTOPTCHINE. (Traduit du russe par Eugène MOREAU, alors acteur au Théâtre français de Moscou.) *Moscou, imp. de W. Gautier,* 1851, in-16, 23 p.   A. L.

Traduction du livre de saint AUGUSTIN, de la Correction et de la Grâce (par Ant. ARNAULD). *Paris,* 1725, in-12.

Traduction du livre de saint AUGUSTIN, des Mœurs de l'Eglise catholique, avec les sommaires de la doctrine contenue dans chaque chapitre (par Ant. ARNAULD). *Paris, Alexis de La Roche,* 1725, in-16.

Traduction du pamphlet qui a fait mourir l'usurpateur Cromwell, intitulé : « Tuer n'est pas assassiner ». Dédié à Napoléon Bonaparte. *Londres, imp. de Cox fils et Baylis,* 1804, in-8.

C'est la traduction de l'écrit publié par le colonel Silas TITUS, sous le pseudonyme de William ALLEN. Voy. « Supercheries », I, col. 271, et Lowndes, col. 2688.

Traduction du poëme de Childe-Harold, par M. P.-A. Deguer. *Nantes, imp. de Mellinet-Malassis* (1828), in-8, 12 p.

Compte rendu par L.-F. DE TOLLENARE.

Traduction du premier livre des odes d'HORACE (attribuée, suivant l'abbé Goujet, à Géraud VALET DE REGANHAC, de Cahors). *Toulouse, Crozat,* 1754, in-12.

Traduction du Système d'un docteur espagnol (Louis DE LÉON) sur la dernière Pâque de Notre-Seigneur Jésus-Christ, avec une dissertation sur la discipline des Quarto-Décimans pour la célébration de la Pâque (par le P. Gab. DANIEL). *Paris, Benard,* 1695, in-12.

Voy. « Lettre d'un docteur de Sorbonne... », V, 1148, f.

Traduction du Théâtre anglois depuis l'origine des spectacles jusqu'à nos jours. *Paris, veuve Ballard,* 1784, 12 vol. in-8.

Traduit par Cornélie WOUTERS, baronne DE VASSE ou VASE, et revu par le président BOYER, qui ne savait pas un mot d'anglais. Voy. p. 45 de l'ouvrage anonyme de ce dernier intitulé : « Mémoires, Souvenirs et Causeries d'un émigré », 1840.

Traduction du traité de l'Amitié de CICÉRON, par le sieur L*** (LANGLADE). *Paris, Debure,* 1764, in-12.

Traduction du traité de LACTANCE : « de la Mort des persécuteurs de l'Eglise » (par l'abbé François DE MAUCROIX). *Lyon,* 1699, in-12.
                                                D. M.

Voy. Niceron, t. XXXII, p. 74.

Traduction en prose de CATULLE, TIBULLE et GALLUS, par l'auteur des « Soirées helvétiennes » (le marquis de PEZAY). *Paris, Delalain,* 1771, 2 vol. in-8.

« MASSON DE PEZAY, mestre de camp de dragons, chevalier de l'ordre de Saint-Louis, mort en 1777, s'est fait honneur de cette traduction ; mais elle est de M. DAVID, commissaire ordonnateur des guerres, et premier secrétaire de M. le prince de Montbarrey, ministre de la guerre. » (Note trouvée sur l'exemplaire de Desprez de Boissy.)

Traduction en prose et en vers d'une ancienne hymne (attribuée à CATULLE) sur les fêtes de Vénus, intitulée *Pervigilium Veneris. Londres et Paris, Barbou,* 1766, in-8, 47 p.

La dédicace à Mme la comtesse d'Estaing est signée L. D. P. (peut-être l'abbé ANSQUER DE PONÇOL).

Traduction en vers bas-poitevins de la première églogue de VIRGILE (par l'abbé François GUSTEAU). *Fontenay-Vendée, imp. de Robuchon,* 1858, in-8, 4 p.

L'introduction est signée B. F. (Benjamin FILLON). Tirée à 12 exemplaires.

Traduction en vers de VIRGILE et de plusieurs autres poëtes... par M. D. M. A. D. V. (Michel DE MAROLLES, abbé de Villeloin). *Paris,* 1671, 2 vol. in-8.

Traduction en vers françois de l'Art poétique d'HORACE, des satyres IV et X de son premier livre, de la première épître de son livre II et de quelques autres endroits qui regardent aussi les poëtes et auteurs anciens, et qui sont tirez tant du même Horace que d'Ovide, de Perse, de Petrone, de Juvénal et de Martial; avec des notes à la suite de chaque partie. *Paris, Aubert,* 1711, in-12.

Cet ouvrage est dû au sieur Alexandre DE PREPETIT DE GRAMMONT P., ancien recteur de l'Université de Paris, professeur émérite en l'éloquence. On y trouve (p. 274-279) l'imitation, en vers de douze syllabes, du commencement de la cinquième satire de Perse, avec des notes explicatives.

(J. Tarlier, « Notice bibliographique sur les traductions de Perse ». *Bruxelles,* 1848.)

Traduction en vers françois des fables complètes de PHÈDRE et de trente-deux nouvelles fables publiées d'après le manuscrit de PEROTTI; avec le texte en regard et des notes (par DE JOLY). *Paris, Duprat-Duverger,* 1813, in-8.

Voy. « Fables de Phèdre », V, 413, a.

Traduction en vers latins de la méditation sur le psaume 79, extraite des « Œuvres chrestiennes » de Nicolas Le Digne, par I. A. D. D. S. (Jean ARNOUL, doyen de Sens). *Sens, G. Nivard,* 1614, in-8.

Voy. « Supercheries », II, 323, e.

Traduction entière de PÉTRONE, avec le texte latin à côté, des remarques, etc. (par Franç. NODOT). *Cologne, Groth (Paris),* 1694, 2 vol. in-8 et in-12, frontispice gravé et figures.

Voy. « Pétrone, latin et français... », VI, 864, d, « et Satyre de Pétrone... », ci-dessus, col. 425, c. Voy. aussi « Supercheries », III, 90, b.

Traduction libre de LUCRÈCE (par Ch.-Jos. PANCKOUCKE). *Amsterdam, Chatelain,* 1768, 2 vol. in-12.

Traduction libre des odes d'HORACE en vers françois, suivie de notes historiques (par Cl. DELOYNES D'AUTROCHE). *Orléans, Jacob,* 1789, 2 vol. in-8.

Traduction libre des trois premières églogues de Virgile en vers patois (du Quercy, par Romain PELISSIER). *Cahors, s. d.* (vers 1775), in-12, 20 p. G. M.

Traduction libre du premier chant de Fingal, poëme d'OSSIAN (par le comte Stan. DE CLERMONT-TONNERRE). *Paris, Gueffier,* 1786, in-8, 71 p. et 1 f. d'errata.

Traduction libre en langue nationale, avec amendements et sous-amendements, d'une adresse strasburgico-française... (par le chanoine RUMPLER). *S. l.* (26 janv. 1790), in-8, 7 p.

Traduction libre en vers d'un fragment des Métamorphoses d'OVIDE, précédée de Lettres philosophiques et suivie de quelques poésies fugitives. Par M. P¹ DE GOURCY. *Metz, C.-M.-B. Antoine,* 1806, in-18.

L'avis de l'éditeur est signé : D. M. L. (ᴿᴱ MAINVILLE l'aîné). Il était le neveu de l'auteur, qui s'appelait Paul-Joseph DE GOURCY DE MAINVILLE.

Traduction libre en vers d'une partie des œuvres de M. GESNER... (par P.-Fr. DE BOATON). *Berlin, Decker,* 1775, in-8.

Traduction libre en vers des nouvelles idylles et du Daphnis de M. GESNER... (par le capitaine DE BOATON). *Copenhague, Hallager,* 1780, in-12, 8 ff. prélim. y compris le titre et 260 p.

Traduction libre en vers français d'un poëme latin de M. C*** (Pierre CROUZET)... au sujet du couronnement de l'Empereur, par P. CHANIN. *Paris, Le Normant,* an XIII, in-8.

Traduction littérale des œuvres d'HORACE, par M*** (Nic. ADAM). *Paris, Morin,* 1787, 2 vol. in-8.

Cette traduction fait partie des « Grammaires élémentaires » de l'auteur.

Traduction nouvelle de l'Imitation de Jésus-Christ, divisée en quatre livres composez par Thomas A KEMPIS. *Paris, P. Variquet,* 1677, in-8.

Cette traduction anonyme, qui se fait reconnaître parmi toutes les autres parce qu'elle est précédée de cette dédicace : *Au sage inconnu auteur du livre de l'Imitation de J.-Ch.,* est de René DE VOYER, seigneur D'ARGENSON, auteur du « Traité de la sagesse chrétienne ». *Paris,* 1651. Il l'écrivit, ainsi que ce dernier traité, pendant la prison de six mois qu'il eut à subir à Milan, en 1640, comme prisonnier de guerre, étant alors intendant de l'armée française en Italie.

Plusieurs fois réimprimée sous ce titre ou sous celui de « Nouvelle Traduction... » Voy. VI, 561, *c.*

Traduction nouvelle de l'oraison de

CICÉRON pour le poëte Archias, suivie de quelques odes d'HORACE en vers français, par Al. L. B... (Alex.-Louis BAUDIN). *Paris, Guilleminot,* 1804, in-8, 47 p.

Traduction nouvelle des Elégies de Sextus-Aurélius PROPERCE, chevalier romain (par PLAISANT DE LA HOUSSAYE). *Amsterdam et Paris, Jombert fils,* 1785, in-12.

Traduction nouvelle des épîtres de saint PAUL, avec un commentaire (par LAUGEOIS DE CHASTELLIER). *S. l.,* 1772, in-12.

Traduction nouvelle des psaumes de DAVID, en vers français, avec le latin de la Vulgate en regard, suivie de celle des cantiques adoptés par l'Eglise dans les offices de la semaine. Par M. D'A*** (Cl. DELOYNES D'AUTROCHE, d'Orléans). *Paris, A. Leclère,* 1820, in-8.

Traduction nouvelle des pseaumes de DAVID, selon l'hébreu, par M. l'abbé D*** (J.-V. BIDEL D'ASFELD); avec une préface et des sommaires (tirés des ouvrages de Jacq.-Jos. DUGUET). *Bruxelles (Paris),* 1731, in-12.

Note manuscrite.

Traduction nouvelle des satyres de PERSE et de JUVÉNAL (par le P. Hierosme TARTERON, de la Compagnie de Jésus). *Paris, C. Barbin,* 1689, in-12.

Le nom de l'auteur se trouve dans l'approbation. Plusieurs fois réimprimée.

Traduction nouvelle du livre de Job. Par l'auteur de la traduction nouvelle des prophéties d'Isaïe (A.-Eug. GENOUDE). *Paris, Adr. Leclère,* 1818, in-8.

Tragédie (la) au Vaudeville, en un acte, en prose, mêlée de couplets; suivie de Après la confession, la pénitence, petit épilogue à l'occasion d'un grand prologue. Représentée pour la première fois le 27 ventôse an IX. (Par P.-Yon BARRÉ, J.-B. RADET et G.-F. FOUQUES DESHAYES, plus connu sous le nom de DESFONTAINES DE LA VALLÉE.) *Paris, Brunet,* an IX, in-8, 1 f. de tit. et 49 p.

Tragédie (la) d'EURIPIDE nommée Hecuba, traduicte du grec en rhythme françoyse. *Paris, Robert Estienne,* 1544, in-8, 104 p.

Du Verdier attribue cette traduction à Claude BOUCHETEL; mais La Croix du Maine fait remarquer que Lazare DE BAÏF a, dans cette dernière, formé son nom des lettres capitales d'un dizain, et dans Hecuba s'est désigné par sa devise : *Rerum vices.* Une autre édition, 1550, porte le nom de BAÏF.

Tragédie d'Octavie, femme de l'empereur Néron (5 a. v.), faite et composée par celui qui porte son nom tourné : Ung à luy m'ellut à gré (Guillaume REGNAULT). Enrichie d'une farce. *Rouen, Jean Petit, 1599, pet. in-12, 23 ff.*

La farce annoncée ne se trouvait ni dans l'exempl. de La Vallière ni dans celui de Soleinne (n° 872). Il est probable qu'elle n'a jamais existé.

C'est par erreur que dans le « Catalogue des livres de M*** » (Méon), *Paris, Bleuet, an XI-1803, in-8, n° 2055,* l'auteur a été désigné sous le nom de LOUVAN GELIOT.

Tragédie de la divine et heureuse victoire des Machabées sur le roi Antiochus (Par DU GRAVIER.) *Rouen, du Petit-Val, 1611, in-12.*

Tragédie (la) de Pasiphae, par le sieur THÉOPHILE, précédée d'une notice sur le sujet de la pièce (par G. BRUNET) et suivie d'un appendice contenant plusieurs poésies du même auteur. *Paris, J. Gay, 1862, in-18, XII et 84 p.*

Imprimé à 105 exemplaires, plus 2 sur vélin.

Voy. « Supercheries », III, 795, f.

Tragédie (la) de sainte Agnès, par le sieur D'AVES, publiée sur l'imprimé de David du Petit-Val (Rouen, 1615). *Paris, Lib. des bibliophiles, 1875, in-16, VIII-119 p.*

L'avertissement est signé : J. D. (J. DESCHAMPS fils).

Tragédie (la) de Sémiramis, et quelques autres pièces de littérature. (Par VOLTAIRE.) *Paris, P.-G. Lemercier, 1749, in-12, 1 f. de tit., 182 p. et 1 f. de privilége.*

Tragédie de SOPHOCLE, intitulée Electra, contenant la vengeance de l'inhumaine et très-piteuse mort d'Agamemnon, roy de Mycenes la Grand, faicte par sa femme Clytemnestra et son adultère Egistus (par Lazare BAÏF). *Paris, pour Estienne Roffet, 1537, in-8.*

Une pièce de vers adressée au lecteur donne par acrostiche le nom du traducteur.

Tragédie (la) de Zulime, en cinq actes et en vers; petite pièce nouvelle d'un grand auteur. (Par And.-Charles CAILLEAU.) *A Satyricomanie, chez Severe-Mordant, rue du Bon-Conseil, à la Franchise, 1762, in-8, 32 p.*

Tragédie (la) des rebelles, où sont les noms feints, on void leurs conspirations, machines, monopoles, assemblées, prattiques et rebellions descouvertes... *Paris, veuve Ducarroy, 1622, in-8, 31 p.*

La dédicace est signée : P. D. B. (P. DE BRINON), Parisien.

Tragédie du marquis d'Ancre, ou la victoire du Phébus françois. (Par Pierre MATTHIEU.) *Paris (1617), in-8, 31 p.*

Voy. « Supercheries », I, 549, b.

Tragédie du roy franc-arbitre, nouuellement traduit d'italien en françois. (*Genève*), chez *Jean Crespin, M.D.LVIII, in-8, 4 ff. pag. 17-308 et 1 f. d'errata.* — *Villefranche, 1559, in-8, 426 pag.*

C'est la traduction de la « Tragedia di M. Francesco NEGRO, bassanese intitolata *Libero arbitrio* », 1546, in-4; il existe plusieurs éditions de cette pièce singulière. (Voir le « Dizionario » de Melzi, t. II, p. 127, et le « Manuel du libraire », t. IV, col. 34.) Apostolo Zeno (« Lettere », t. II, p. 470) regarde Pierre-Paul VERGERIO comme le véritable auteur.

Tragédie françoise, à huit personnages, traitant de l'amour d'un serviteur envers sa maîtresse et de tout ce qui en advint. Composé par Jean BRETOG, sieur DE SAINT-SAUVEUR, né à Saint-Laurent-en-Dyne. *Lyon, Noël Granson, 1571, in-16, 24 ff.*

Cette édition est beaucoup moins rare que la première, qui date de 1561. Une nouvelle édition, imprimée à *Chartres, chez Garnier,* a été publiée en 1831, par les soins de GRATET-DUPLESSIS, et n'a été tirée qu'à soixante exemplaires.

D. M.

Tragédie françoise de Philanire, femme d'Hypolite. (Par Claude ROILLET.) *Paris, N. Bonfons, 1577, in-8, 44 ff.*

C'est la traduction en vers d'une tragédie du même auteur qui avait paru en 1556 dans un volume intitulé : *Claudii Roilleti Belnensis varia poemata.* La Croix du Maine dit expressément que C. Roillet lui-même mit en vers français le texte latin qu'il avait composé. Sa traduction parut pour la première fois à *Paris, chez Thomas Ricard,* en 1563. Voy. le « Bulletin du bibliophile », XVe série, p. 1171.

Tragédie fransoise des amours d'Angélique et Medor, avec les furies de Rolland et la mort de Sacripan, le roy de Syracye, et plusieurs beaux effects contenües en la dite tragédie, tirée de la Rioste (*sic*). *Troyes, N. Oudot, 1614, in-8, 31 p.*

Roger BAUTER, dit MELIGLOSSE, qui a écrit plusieurs tragédies sur des sujets tirés de l'Arioste, est peut-être l'auteur de cette pièce (Brunet, « Manuel du libraire », 5e éd., V., col. 910).

Tragédie françoise du Sacrifice d'Abraham, nécessaire à tous chrétiens pour trouver consolation au temps de tribulation et d'adversité. (Par Théod. DE BEZE.) *Lyon, Fr. Dupré, s. d., in-12.*

Plusieurs fois réimprimée avec le nom de l'auteur.

Tragédie nouvelle de Samson le Fort, contenant ses victoires, sa surprise, par la trahison de son épouse Dalide, qui lui couppa les cheveux et le livra aux Philistins, desquels il occit trois mil à son trépas. (Par VILLE-TOUSTAIN.) Rouen, Abr. Cousturier, in-8, 32 p. y compris 2 ff. préliminaires.

Tragédie sainte, divisée en trois théâtres, ou autrement les Evangiles de Jésus-Christ mis en poëme, par F. D. P. (Fr. DAVESNES, Parisien). Paris, Boisset, 1632, in-12, 7 ff. lim. et 312 p.

Tragédies (les) de M. de Voltaire, ou Tancrède jugée par ses sœurs, comédie nouvelle en un acte et en prose. (Par André-Ch. CAILLEAU.) Paris, Cailleau, 1760, in-12, 54 p.

Tragédies et œuvres mêlées de *** (L.-P. DE COLONIA, jésuite). Lyon, Jacques Guerrier, 1697, in-12.

Voy. « Supercheries », III, 1027, b.

Tragédies, fables et pièces en vers, par M*** L. M. DE T. (le marquis Marc-Louis DE TARDY), ancien adjudant général, ancien député, etc. Roanne, impr. E. Perisse, 1839, in-8.   D. M.

Tragédies-opéra de l'abbé METASTASIO, traduites en françois par M. (C.-P. RICHELET). Vienne (Paris), 1751-1756, 12 vol. in-12.

Tragiques (les) donnés au public par le larcin de Prométhée. (Par Théodore-Agrippa D'AUBIGNÉ.) Au désert, par L. B. D. D., 1616, in-4.

Plusieurs fois réimprimé avec le nom de l'auteur. Les initiales sont interprétées : « Le Bouc du désert », surnom sous lequel l'auteur s'est désigné plusieurs fois.

Trahison (la) d'Emile Ollivier. Une page d'histoire contemporaine. (Par M. Alphonse DAUDET.) Paris, Dentu, 1864, in-8, 32 p.

Trahison (la) du maréchal Bazaine antérieure à la capitulation de Metz, par un officier d'état-major attaché à l'armée du Rhin. (Par M. A. DE VERNEUIL.) Bruxelles, Briard, imp., 1871, in-8, 25 p.

Traict (le) françois en guerre et en marchandise, passant de l'une mer à l'autre par la transnavigation des rivières royales... (Par Charles DE LAMBERVILLE.) S. l., 1638, in-8.

Traicté.

Voy. « Traité ».

Train (le) de Paris, ou le bourgeois du temps, comédie. (Par le chevalier J.-J. DE RUTLIDGE.) Yverdun, 1777, in-8.

Train de practique (le), ou l'ordre judiciaire, contenant la forme de procéder en toutes les instances de jugement, nécessaire à tous praticiens... En Avignon, par François Tachet, 1551, in-16.

Grillet, dans son « Dictionnaire des départements du Mont-Blanc et du Léman », donne comme auteur de ce traité Jean MILES, premier président des pais de Genevois et Faucigny.

Traité abrégé de l'acacia, du mélèze et de leurs cultures, avec une dissertation sur la chicorée sauvage considérée comme fourrage, par M. P... agronome (Eugène PIROLLE, cultivateur-amateur). Metz, Verronnais, s. d. (vers 1825), in-8.   D. M.

Tiré à petit nombre.

Traité (le) anglo-belge et l'Avenir de l'industrie cotonnière. (Par PEETERS-BARTSOEN, avocat à Gand.) Bruxelles et Liége, 1862, in-8, 55 p.   J. D.

Traité classique des participes français, par P. P. M. (P.-P. MATHIEU). Thiers, 1829, in-12.

Traicté complet d'économie domestique à l'usage de ceux qui ont encore quelque chose, par un homme qui n'a plus rien (L.-G. PETITAIN). Paris, an VIII-1800, in-8, 14 p.

Traité complet d'électricité, par M. Tibère CAVALLO ; traduit de l'anglais sur la seconde édition (par l'abbé DE SILVESTRE). Paris, 1785, in-8.

« France littéraire » de Ersch, t. III.

Traité complet de diplomatie, ou théorie générale des relations extérieures de l'Europe, d'après les plus célèbres autorités ; par un ancien ministre (le comte DE GARDEN). Paris, Treuttel et Wurtz, 1833, 3 vol. in-8.

Traité complet de fortification. Première partie. Par M*** (Gasp. NOIZET DE SAINT-PAUL), capitaine en second de la seconde classe, au corps royal du génie. Paris, Barrois l'aîné, 1792, in-8.

La seconde partie, également anonyme, a été publiée à Paris, chez Barrois l'aîné, en l'an VII. Le titre porte : « Par un officier au corps de génie. »
Il y a une seconde édition du premier volume, avec le nom de l'auteur, publiée en l'an VIII, chez le même libraire.
La 3e éd., Paris, Barrois l'aîné, 1818, 2 vol. in-8, porte aussi le nom de l'auteur.

Traité complet de la culture, fabrication et vente du tabac. Par un ancien cultivateur (DE VILLENEUVE). *Paris, Buisson,* 1791, in-8.

Traité complet de la peinture, par M. P*** (Jacques-Nicolas PAILLOT) DE MONTABERT. *Paris, Bossange père,* 1829, 10 vol. in-8.
                   D. M.

Traité complet de mnémonique, ou art d'aider et de fixer la mémoire en tous genres d'études et de sciences... Par Mr*** (Jules DIDIER)... *Lille, Thomas Naudin,* 1808, in-8.   D. M.

Traité complet du jeu de trictrac... (Par N. GUITON l'aîné.) *Paris, L.-G. Micaud,* 1816, in-8. — Sec. édit., suivie d'un traité du jeu de Backgammon. *Paris, Barrois l'aîné,* 1822, in-8, fig.

Traité complet sur l'aberration des étoiles fixes, par FONTAINE DES CRUTES (avec un Discours sur l'histoire de l'astronomie, et une méthode pour les éclipses, par Pierre-Charles LE MONNIER). *Paris,* 1744, in-8.

Traité contre l'amour des parures et le luxe des habits, par l'auteur du « Traité contre les danses et les mauvaises chansons » (l'abbé Fr.-L. GAUTHIER). *Paris,* 2ᵉ édit. *Id.,* XII-228 p. — *Lottin aîné,* 1779, in-12, XII-250 p.

Traité contre l'indifférence des religions. (Par Benedict PICTET.) *Amsterdam,* 1692, in-12.
Voy. « Preuves contre l'indifférence des religions... », VI, 1013, f.

Traité contre le luxe des hommes et des femmes et contre le luxe avec lequel on élève les enfans de l'un et de l'autre sexe. (Par DUPRADEL, avocat.) *Paris, M. Brunet,* 1705, in-12.

Traité contre les danses et les mauvaises chansons. (Par l'abbé GAUTHIER, curé de Savigny.) *Paris, Boudet,* 1765, in-12. — *Id.,* 1769, in-12. — (Revu par L.-E. RONDET.) 1775, 1785, in-12.

Traité critique du plain-chant, usité aujourd'hui dans l'Eglise, contenant les principes qui en montrent les défauts et qui peuvent conduire à le rendre meilleur. *Paris, P.-G. Le Mercier,* 1749, in-12.
Ce Traité est de M. COUSIN DE CONTAMINE, laïc, employé dans les fermes. L'auteur l'adresse à M***, auteur des « Règles de la composition du plainchant » : c'est M. Poisson, curé de Marchangis, au diocèse de Sens. La vignette allégorique, représentant

un *bœuf* piqué par un *cousin,* a offensé M. l'abbé Le Beuf, qu'on a voulu désigner, en effet, et qui a écrit avec assez de vivacité à l'auteur. On a aussi attaqué divers endroits importants du même Traité de M. de Contamine, dans une lettre de M. Roulleau, chanoine de Saint-Michel de Beauvais, imprimée dans le « Mercure de France », mai 1750. Cette lettre est datée de Beauvais, le 18 octobre 1749. M. Roulleau s'y dit disciple de M. L'Allouëtte, maître de musique et bénéficier de l'Eglise de Paris, et ajoute qu'il y a environ trente-six ans qu'il étudie la musique, et que c'est lui qui a travaillé au chant du « Nouveau Bréviaire de Beauvais ». Le Traité de M. Cousin de Contamine n'a que 69 pages, sans l'Avertissement, qui en a 24.
(Extrait du Catalogue manuscrit de l'abbé Goujet.)

Traitté curieux de l'astrologie judiciaire, ou préservatif contre l'astromantie des genethliaques. Auquel quantité de questions curieuses sont résoluës pour la satisfaction des esprits curieux. *A Montbelliard, par Jacques Foylet,* 1646, in-8.
Nouveau frontispice mis à l'ouvrage intitulé : « Traitté curieux... des esprits curieux. » Par C. PITHOYS, professeur en philosophie en l'Académie de Sedan et prefect de la bibliothèque de Son Altesse. *A Sedan, par Pierre Jannon,* 1641, in-8.

Traité curieux sur les cataclysmes ou déluges, les révolutions du globe, le principe sexuel et la génération des minéraux. Par un membre de l'Académie de Cortonne (Charles POUGENS). A M. Ferdinand Mazzanti. *St-Germain-en-Laye, Goujon,* 1791, in-8, 108 p.
Cette brochure a été rajeunie par le titre suivant : « Essais sur divers sujets de physique, de botanique et de minéralogie, ou traités curieux sur les cataclysmes, les révolutions du globe, le principe sexuel et la génération des minéraux. Composés à Richmond, en 1787, par Charles POUGENS, de plusieurs Académies. A Ferdinand Mazzanti. » *De l'imprimerie de Goujon, à Saint-Germain-en-Laye, et se trouve à Paris, chez Desenne,* 1793, in-8.

Traité d'algèbre, et de la manière de l'appliquer, traduit de l'anglois de MACLAURIN (par LE COZIC). *Paris,* 1753, in-4.

Traité d'économie politique, dédié à la France. (Par le vicomte Ch. LEFÈVRE DE LA MAILLARDIÈRE.) *Paris, Morin et Le Noir,* an VIII-1800, 3 part. in-8.
La première partie de cet ouvrage parut en 1782 sous ce titre : « le Produit et le Droit des communes ». Voy. VI, 1056, f. Le « Journal des savans » en rendit un compte très-avantageux, en juin 1782. La 2ᵉ partie fut publiée en 1783, sous le titre de « Traité d'économie politique » ; cette même année, on divisa la première partie en deux volumes, et on y mit des titres datés de 1783. Il y a des exemplaires avec la date de 1780.

Traité d'éducation chrétienne et littéraire. (Par P. COUSTEL.) *Paris, Delespine,* 1749, 2 vol. in-12.
Même ouvrage que les « Règles de l'éducation des

enfans », *Paris*, 1687. C'est aussi la même édition. On en a seulement changé le titre et supprimé l'épître dédicatoire au cardinal de Furstemberg, dont l'auteur avait élevé les neveux. On y a mis une préface nouvelle, avec l'abrégé de la vie de Coustel, tiré du Supplément de Moréri de 1735.

Traité d'éducation civile, morale et religieuse, à l'usage des élèves du Collége royal de La Flèche, par un prêtre de la doctrine chrétienne (le P. CORBIN, depuis précepteur du Dauphin). Nouv. édition. *Paris, Desaint,* 1788, in-12.

La première édition avait paru l'année précédente à Angers, avec le nom de l'auteur.

Traité d'optique, où l'on donne la théorie de la lumière dans le système newtonien, avec de nouvelles solutions des principaux problèmes de dioptrique et de catoptrique. (Par Gaspard LE COMPASSEUR DE CRÉQUY-MONTFORT, marquis DE COURTIVRON.) *Paris, Durand,* 1752, in-4, 1 f. de titre, VI-192 p. et 2 ff. de privilége.

Traité d'optique, par M. SMITH, professeur d'astronomie et de philosophie expérimentale à Cambridge, traduit de l'anglois et considérablement augmenté (par N.-C. DUVAL-LE-ROY). *Brest, R. Malassis,* 1767, in-4.

Traité d'ornements, divisé en deux parties, par M. T*** (Fr. THIOLLET). *Paris, Engelmann,* 1819, in-fol.

Cet ouvrage devait être composé de huit cahiers, chacun de quatre planches avec texte, mais les deux premiers seulement ont été publiés.

Traité d'ortographe françoise. (Par l'abbé COURNAULT, ex-jésuite.) *Dijon, Defay,* 1771, in-8.

Le titre de cet ouvrage a été rafraîchi en 1788, à Paris, par les libraires Durand neveu et Bastien, qui ont nommé l'auteur.

Traité d'un auteur de la communion romaine touchant la transubstantiation... (Composé par l'abbé Louis DUFOUR DE LONGUERUE, et publié par P. ALLIX.) *Londres, J. Cailloué,* 1686, in-12.

Longuerue n'a jamais avoué cet ouvrage, et il est permis de croire que l'éditeur Allix y a introduit des changements notables.

Traité (le) d'Utrecht réclamé par la France, ou coup d'œil sur le système maritime de Napoléon Bonaparte, etc. (Par M. BIEDERMANN.) *Leipsic, Brockhaus,* 1814, in-8, 94 p. et 85 p. de pièces justificatives.

Traité de BERTRAM, prestre, du corps et du sang de N. S. Jésus-Christ (mis en françois par Augustin MARLORAT). *Lyon,* 1558, in-8 ; 1561, in-16. — *Saumur,* 1594, in-8.

Voy., pour une autre traduction, « Ratramne », ci-dessus, col. 15, d.

Traité de botanique élémentaire et de peinture à l'aquarelle, ou l'art de peindre les fleurs d'après nature, par deux élèves de MM. Desfontaines et Redouté (Charles LE COUPPEY, docteur en médecine, et Mlle Augustine DUFOUR). *Paris, Lequien,* 1827, in-4.

Voy. « Supercheries », I, 928, e.

Traité (du) de commerce et de la prohibition, ou mémoire en faveur des consommateurs. (Par Emmanuel GAILLARD.) *Rouen, imp. de Périaux,* 1814, in-8.

Traité de deux imperfections de la langue françoise ; une prononciation incertaine ; nécessité de la fixer ; l'impossibilité de trouver la prononciation par l'écriture ; moyens de l'indiquer sans toucher à l'orthographe. (Par l'abbé BOUCHOT.) *Paris, Mérigot père,* 1759, in-12.

Traicte (le) de exemplaire penitence. *Paris, Ambroise Girault* (vers 1530), in-8, 7-124 ff. goth.

Ce Traité a été composé au commencement du XVIe siècle, mais il n'a été imprimé que quelque temps après la mort de son auteur, frère Jehan CLERICI, religieux profes en l'ordre Saint-François, du couvent de Biez, en Artois, et confesseur des sœurs de l'Annonciade, à Béthune. Du Verdier cite de cet ouvrage une édition de 1528.

Traité de galvanoplastie ; par J. L....., (N.-M.-P. LEREBOURS). Juin 1843. *Paris, Lerebours,* 1843, in-8. — 2e édit. *Paris, Bossange,* 1845, in-8.

Traité de l'abandon des biens dans la province du Languedoc ; par Me Pr Pr*** (maître Pierre POLIER), docteur et avocat. *Nismes, Castor Belle,* 1777, in-8.

Traité de l'absolution de l'hérésie. (Par J.-B. THIERS.) *Lyon, Plaignard,* 1695, in-12.

Traité de l'action de l'orateur, ou de la prononciation et du geste (par Michel LE FAUCHEUR), publié par Valentin CONRART. *Paris, Courbé,* 1657, in-12.

Voy. la « Biographie universelle ».

Traité de l'adoption, avec le recueil complet des lois et des arrêtés qui ont organisé cette institution. (Par P.-A. GAR-REZ.) *Paris, Garnery*, 1802, in-12.

Traité de l'adoption, par F.-J.R.... (RIF-FÉ), substitut du procureur impérial à Versailles. *Paris, Nève*, 1813, in-8, VIII-141 p.

Traité de l'aiman, par M. D*** (DA-LENCÉ). *Amsterdam, Wetstein*, 1687, in-12, fig. de Schoonebeck.

Traité de l'âme, auquel on a joint divers opuscules. (Par l'abbé SAINT-MARTIN, professeur de Sorbonne.) *Paris, Barrois l'aîné*, 1785-1787, 3 vol. in-12.

Traité de l'âme des bêtes, avec des réflexions physiques et morales, par M. l'abbé M*** (MACY). *Paris, Le Mercier*, 1737, in-12.

On assure que M. Macy n'est presque que l'éditeur de cet ouvrage, qui m'a paru très-bon, et que le fond et la forme sont du célèbre P. NICOLE. (Catalogue manuscrit de l'abbé Goujet.)

Moréri attribue cet ouvrage à Jacq. ROHAULT.

Traité de l'âme et de la connaissance des bêtes, par A. D. (A. DILLY, prêtre). *Lyon*, 1676, in-12. — *Amsterdam*, 1691, in-12. — *Amsterdam, G. Gallet*, 1771, in-12.

Même ouvrage que « l'Ame des bêtes... » Voy. IV, 126, f.

Traité de l'amélioration des terres...

Voy. V, 226, c. « Essai sur l'amélioration des terres »,

Traité de l'amitié, traduit de CICÉRON par M. le bailli DE *** (DE RESSÉGUIER). *Avignon, L. Chambeau*, 1776, in-8.

Traité de l'amour de Dieu, divisé en douze livres... selon la doctrine, l'esprit et la méthode de saint François de Sales. (Par le P. Bernard-Thomas FELLON, de la Société de Jésus.) *Paris, Jacquenod*, 1738, 3 vol. in-12. — *Paris, Guérin*, 1747, 4 vol. in-12.

Le nom de l'auteur se trouve dans le privilége.

Traité de l'amour de Dieu, nécessaire dans le sacrement de pénitence; ouvrage posthume composé en latin par BOSSUET, dernier évêque de Meaux, avec la traduction françoise (du P. Philibert-Bernard LENET, génovéfain); publié par BOSSUET, évêque de Troyes. *Paris*, 1736, in-12.

Traité de l'amour de Dieu. Par le comte F.-L. DE STOLBERG ; traduit de l'allemand avec des notes par MM. WAILLE et G. D*** (G. DUCKETT). *Paris, Ed. Bricon*, 1829, in-18, avec le portrait de l'auteur.

Traité de l'amour du souverain bien, qui donne le véritable caractère de l'amour de Dieu, opposé aux fausses idées de ceux qui ne s'éloignent pas assez des erreurs de Molinos, etc. (Par le P. AME-LINE, de l'Oratoire.) *Paris, Léonard*, 1699, in-12.

Traité de l'analyse ou de la résolution de la foi divine et catholique dans son premier principe. (Par Ch. DUPLESSIS D'AR-GENTRÉ.) *Lyon*, 1698, 2 vol. in-12.

Traité de l'antiquité, vénération et privilége de la Sainte-Chapelle du Palais-Royal de Paris, par M. Séb. R. (Sébastien ROUILLARD). *Paris*, 1606, in-8, 68 p.

L'auteur a signé.

Traicté de l'apostasie, faict par J. D. L. (J. DE L'ESPINE), ministre de la parole de Dieu en l'Eglise d'Angers. *S. l., imprimé nouvellement*, 1583, in-8.

Traité de l'art métallique, traduit de l'espagnol de BARBA (par Ch. HAUTIN DE VILLARS). *Paris*, 1730, in-12.

Traité de l'asthme... Par Jean FLOYER... Traduit de l'anglais (par A.-F. JAULT). *Paris, P.-F. Didot jeune*, 1761, in-12. — *Paris, Servière*, 1785, in-12.

Traité de l'autorité des parents sur le mariage des enfants de famille. Par M. V. J. R. A. E. P. (Valentin-Jean RENOUL, avocat en Parlement). *Londres*, 1773, in-8, XIV-179 p. et 1 f. de table.

Il a été réimprimé des titres portant : « Traité particulier de l'autorité.... » Voy. ci-après. L'ouvrage a reparu de nouveau sous ce titre : « les Droits de l'homme sur le lien conjugal, ou Traité... », par RENOULT DE BASCHAMP.

Traité de l'autorité du pape, dans lequel ses droits sont établis et réduits à leurs justes bornes et les principes de l'Eglise gallicane justifiez. (Par Jean LE-VESQUE POUILLY DE BURIGNY.) *La Haye, A. de Rogissart*, 1720, 4 vol. in-12. — 2e édit., revue, corrigée et considérablement augmentée. Par M*** (P. CHINIAC DE LA BASTIDE), conseiller du roi, lieutenant général civil et de la police de la sénéchaussée d'***... *Vienne (Paris)*, 1782, 5 vol. in-8.

Le titre de la 2e édit. porte : Par M. L*** DE B***, de l'Académie royale des Inscriptions et Belles-Lettres. Mis à l'index le 29 juillet 1722.

Traité de l'eau minérale de La Coninaie (source près de Dinan), suivant les principes des chimistes et philosophes modernes... Par F. F. (François Fanoix). *Dinan, J. Le Peigneur*, 1682, in-12, 61 p.

Catalogue de Nantes, n° 49194.

Traité de l'éducation de monseigneur le Dauphin, au Roy. *Paris, Hénault*, 1664, in-12.

Signé : P. H. D. C. (Paul Hay du Chastelet).

Traité de l'éducation des animaux qui servent d'amusement à l'homme, savoir : le singe, le chien, le chat... Par M*** (P.-J. Buc'hoz). *Paris, Lamy*, 1780, in-12, 280 p.

Traité de l'éducation des femmes, et Cours complet d'instructions. (Par Mme Anne d'Aubourg de La Bove, comtesse de Miremont.) *Paris, Pierres*, 1779-1789, 7 vol. in-8.

Traité de l'éducation des vers à soie au Japon, traduit du japonais par Léon de Rosny... Seconde édit., revue et corrigée et accompagnée de 12 planches nouvelles et d'un frontispice imprimé en couleur. *Paris, Maisonneuve*, 1869, in-8, lxvi-171 pages.

La première édition, imprimée en 1869 à l'imprimerie impériale, porte sur le titre le nom de l'auteur Sira-Kawa; elle est accompagnée de 24 planches et de 2 cartes.

Traité de l'efficace des causes secondes contre quelques philosophes modernes. (Par P. de Villemandy.) *Leyde*, 1686, in-12.

« Nouvelles de la République des lettres », 1686, p. 925.

Traité de l'Eglise de J.-C. (Par l'abbé F. Ilharat de La Chambre.) *Paris*, 1743, 6 vol. in-12.

Traité de l'élégance et de la versification latine ; A. M. D. G***. (Par le P. J.-N. Loriquet.) *Lyon, Rusand*, 1822, in-12, 144 p.

Le faux titre porte : « Collection des classiques à l'usage de la jeunesse. Ouvrages élémentaires, t. IV. »

La 1re édition est antérieure à 1810; les éditions postérieures de 1838 à 1844, ayant toutes le même nombre de pages, portent, au lieu des lettres A. M. D. G., une vignette représentant le soleil qui se lève au-dessus de la mer, avec ces mots en bannière : *Lucet non nocet.*

Traité de l'éloquence dans tous les genres, par M. G*** (Graverelle). *Paris, Brocas*, 1757, in-12.

On trouve dans ce volume trois ou quatre cents pages transcrites mot à mot du « Traité des études » de Rollin.

Traité de l'enchantement qu'on appelle vulgairement le nouement de l'esguillette en la célébration des mariages en l'Eglise réformée, et des remèdes à l'encontre pour le soulagement des fidèles. *A La Rochelle, par Hierosme Haultin*, 1591, petit in-8, 87 p.

L'épistre dédicatoire à messieurs les ministres et anciens de l'Eglise de La Rochelle est signée : L. H. H. M. D. L'E. (Hiérome Haultin, ministre de l'Evangile).

Traité de l'esclavage des chrétiens au royaume d'Alger, par M***. *Amsterdam, Henry du Sauzet*, 1732, in-12.

C'est l'ouvrage de Laugier de Tassy, intitulé : « Histoire du royaume d'Alger ». Voy. « Histoire des Etats barbaresques ». V, 750, b.

Traité de l'espérance chrétienne, contre l'esprit de pusillanimité, et de défiance contre la crainte excessive. (Par le Père Gilles Vauge, de l'Oratoire.) Nouvelle édition, revue, corrigée et augmentée. *Paris, Lottin*, 1732, in-18; — 1777, in-12.

Traité de l'esprit des sociétés nationales, suivi d'un plan de contrat social et de constitution de gouvernement, présenté au Comité de constitution de la Convention nationale, le 16 messidor an III de la République française. (Par Urbain-François Piault.) *Paris, Pernier*, an VIII, in-8, xij-484 p.

Traité de l'état des personnes, suivant les principes du droit françois et du droit coutumier de la province de Normandie pour le for de la conscience. (Par P. Le Coq, général des Eudistes.) *Rouen*, 1776, 1777, 2 vol. in-12.

Traité de l'étude des conciles et de leurs collections. (Par Fr. Salmon.) *Paris, Hortemels*, 1724, in-4.

Réimprimé avec le nom de l'auteur, *Londres*, 1726, in-8.

Traité de l'Eucharistie, ou réponse à l'écrit de M. C. (Claude), ministre de Charenton, sur la présence réelle. (Par l'abbé A.-L. Bonnin de Chalucet.) *Paris, Cramoisy*, 1682, in-12.

Traité de l'expérience en général, et en particulier dans l'art de guérir ; par M. George Zimmermann. Traduit de l'allemand par M. Le Febvre de V. (Villebrune), D. M. *Paris, Vincent*, 1774, 3 vol. in-12. — *Avignon, Ve Séguin*, 1800, 3 vol. in-12. — *Paris, Crochard*, 1817, 2 vol. in-8. — *Montpellier, Ve Picot*, 1818, 3 vol. in-8.

Traité *sur l'aumône* de l'homme, par M. le curé de*** (l'abbé Dubois Saint-Sevrin). *Paris, Debécourt*, 1841, in-12.

Traité de l'imagination, tiré du latin de J.-Fr. Pic de la Mirandole, par J.-A. D. B. (Jean-Ant. de Baïf). *Paris, Wechel*, 1577, in-8.

Traité de l'immaculée Conception de la très-sainte vierge Marie, traduit de l'espagnol du P. Vincent-Justinien Antist, dominicain, par le sieur D*** (Antoine Thomas), avec une addition. *Paris, Cusson*, 1706, in-12.

Traité de l'impôt. (Par Durban, ancien directeur de la régie, et premier commis des finances sous Calonne.) *Paris, Bleuet et Cherfils*, an VI-1797, in-8.

Traité de l'incertitude des sciences, traduit de l'anglois (de Thomas Baker, par Nic. Berger). *Paris, P. Miquelin*, 1714, in-12. — *Amsterdam, J. Boom*, 1715, in-12.

Traité de l'indult du Parlement de Paris, ou du droit que le chancelier de France, les présidents, maîtres des requêtes, conseillers et autres officiers du Parlement ont sur les prélatures... (Par Melch. Cochet de Saint-Vallier.) *Paris, J. et M. Guignard*, 1703, 2 vol. in-12.

Réimprimé en 1747, avec le nom de l'auteur, *Paris, Didot*, 3 vol. in-4.

Traité de l'intonation des commandements sur l'exercice et les manœuvres de l'infanterie... par un officier supérieur d'infanterie de l'armée belge (le major Louis Herbart). *Bruxelles, Vandooren*, 1837, in-12, 164 p.   J. D.

Traité de l'obéissance des chrétiens aux puissances temporelles. (Par D.-A. Brueys.) *Utrecht (Paris, Briasson)*, 1735, in-12.

Le libraire a eu permission de ne le faire paraître que sous l'apparence d'une édition étrangère, de sorte qu'on a ôté le Privilége, l'Approbation et la Lettre de Fléchier qui se trouvent dans l'édition originale, imprimée à *Montpellier* en 1709 avec le nom de l'auteur.

Traité de l'obéissance des chrétiens envers les magistrats et princes souverains. (Par Philippe Codurc.) *Paris, Simon Piget*, 1645, in-4, 10 ff. lim. et 158 p.

Voy. la *Bibliographia parisina* du P. Jacob pour l'année 1646, p. 33.

Traité de l'octroi de l'impôt en France, par M. D**. *S. l.*, 1797, in-8.

Ecrit très-rare dont J.-M. Augeard se reconnaît l'auteur. Voy. p. 360 de ses « Mémoires secrets », publiés par M. Evar. Bavoux. *Paris*, 1866, in-8.

Traité de l'olivier, contenant l'histoire et la culture de cet arbre, les différentes manières d'exprimer l'huile d'olive, celles de la conserver, etc. (Par P.-J. Amoreux fils, médecin.) 2ᵉ édition. *Montpellier, veuve Gontier*, 1784, in-8.

Traité de l'opinion, ou Mémoires pour servir à l'histoire de l'esprit humain. (Par Gilbert-Charles Le Gendre, marquis de Saint-Aubin.) *Paris, Briasson*, 1733, 6 vol. in-12.

La 2ᵉ édition parut dès 1735, avec le nom de l'auteur. La 4ᵉ édition, publiée en 1758, est composée de 9 volumes.

Traité de l'oraison, divisé en sept livres. (Par P. Nicole.) *Paris, Gosset*, 1679, 1680, in-8.

Réimprimé sous le titre de « Traité de la prière ». Voy. ci-après, col. 766, c.

Traité de l'oraison et méditation, composé en espagnol par Pierre d'Alcantara; traduit en français par R. G. A. G. (René Gautier, avocat général). *Paris*, 1613, in-12; 1643, in-24.

Traité de l'oraison mentale. (Par l'abbé C.-H.-P.-A. Vanberwaer, chanoine de la cathédrale de Liége.) *Liége, Dessain*, 1848, in-18, 132 p.   J. D.

Traité de l'orangerie, des serres chaudes et des châssis; par M. L. B*** (R. Le Berryais). *Caen et Paris*, 1788, in-8, 522 p.

Traité de l'origine, ancienne noblesse et droits de Hugues Capet.... extrait des « Paradoxes de l'histoire françoise de J. G. » (Jean Guyart de Chenezay). *Tours, C. de Montr'œil*, 1590, in-4, 4-13 ff.

Traité de l'origine des cardinaux du Saint-Siége, et particulièrement des François, avec deux Traités curieux des légats *a latere*. (Par Guillaume du Peyrat.) *Cologne, Ab. Egmont (Bruxelles, Fr. Foppens)*, 1665, in-12.

Une 2ᵉ édition plus complète porte ce titre : « Origine des cardinaux du S.-Siége ». Voy. VI, 745, b.

Traité de l'origine des glaires... avec l'exposé de la méthode à suivre pour les guérir... par M. D...... (Sébastien Guillié), Dr en médecine... *Paris*, 1822, in-12.

Plusieurs fois réimprimé avec le nom de l'auteur.

Traité de l'origine des jeux floraux de

Toulouse... (Par Simon DE LA LOUBÈRE.) *Toulouse, C.-G. Lecamus*, 1715, in-8, 4 ff. lim. et 208 p.

Le nom de l'auteur se trouve dans la préface.

Traité de l'origine et perfection de la religion chrétienne. (Par Joseph DE BEAUFORT, Parisien, ancien archidiacre de Châlons, confesseur du cardinal de Noailles.) *Châalons, Seneuze*, 1696, in-12.

Traité de l'orthographe françoise, en forme de dictionnaire, enrichi de notes critiques et de remarques sur l'étymologie et le genre des mots... (Par Ch. LE ROY.) *Poitiers, J.-F. Faulcon*, 1739, in-8.—Nouv. éd. (avec un avertissement, par l'abbé C.-P. GOUJET). *Poitiers, J.-F. Faulcon*, 1747, in-8. — 4ᵉ éd., considérablement augmentée... par M. RESTAUT... *Poitiers, J.-F. Faulcon*, 1752, in-8. — *Id.*, 1770, in-8. — Nouvelle éd. (augmentée de nouveau par L.-E. RONDET). *Poitiers, J.-F. Faulcon*, 1775, in-8.

Plusieurs fois réimprimé.

Traité de l'orthographe françoise, ou l'orthographe en sa pureté. (Par B. DE SOULE.) *Paris, Michallet*, 1689, in-12.

Traité de l'usure, avec les réponses au « Traité de la pratique des billets » et à une dissertation sur les intérêts des deniers pupillaires, selon l'usage de Bretagne. *Rennes, Nic. Audran*, 1699, in-12.

L'épître est signée : Fr. J. H. (Jacques HARNIO, de l'ordre des Frères prêcheurs). Le nom de l'auteur se trouve dans le privilège.

C'est par erreur que, dans la 2ᵉ édit. du « Dictionnaire », cet ouvrage a été attribué à René LE FEUVRE DE LA FALUÈRE, auquel il est dédié.

Traité de l'usure et des intérêts, augmenté d'une défense et de diverses observations sur les écrits qui l'ont combattu. (Par l'abbé Paul-Timoléon DE LA FOREST, curé de Ste-Croix, à Lyon.) *Lyon, P. Bruyset*, 1776, in-12.

Traité de l'usure, ouvrage utile à tous les chrétiens, mais principalement aux marchands et aux négociants, par feu M. NICOLE. *Paris, F. Babuty*, 1720, in-12.

Par Louis BULTEAU. Voy. « Supercheries », II, 1248, *f*. Voy. aussi « le Faux Dépôt... », V, 439, *d*.

Traité de la calomnie, des calomniateurs et des calomniés. (Par le P. Nic. COLLIN.) *Paris, Guillot*, 1787, in-12.

Traité de la cause et de l'origine du péché, où sont examinées les opinions des philosophes païens, des juifs, des autres hérétiques, Luther, Calvin et autres nouveaux qui ont traité cette matière. (Par Daniel TILENUS.) *Paris, Jalliot*, 1621, in-8.

Traité de la céphalotomie, ou description anatomique des parties que la tête renferme... par J. B*** (Jean BONHOMME), chirurgien. *Avignon, F. Girard*, 1748, in-4.   V. T.

Traité de la Chambre des comptes, de ses officiers et des matières dont elle connaît. (Par LEUFFROY.) *Paris, J. Morel*, 1702, in-12, 12 ff. lim. et 259 p.

Traité de la charité, selon saint Paul. (Par l'abbé Et.-Fr. VERNAGE.) *Paris*, 1711, in-12.

Réimprimé en 1712 avec un Traité de la loi nouvelle (par l'abbé Ambr. PACCORI).

Traité de la chasse, composé par ARRIAN, Athénien, appelé XÉNOPHON le jeune, et par OPPIEN (trad. par Sam. DE FERMAT). *Paris, D. Hortemels*, 1690, in-12, 6 ff. lim. et 215 p.

L'épître est signée : F.

Traité de la circulation des esprits animaux. Divisé en quatre parties. Par un religieux de la congrégation de Saint-Maur. *Paris, veuve L. Billaine*, 1682, in-12. — *Paris, Guérin*, 1684, in-12.

Par dom Noël-Philib. JAMET ; publié par dom Ant.-Jos. MEGE, d'après Barbier.
Une note manuscrite de Falconnet attribue cet ouvrage à Jean BONET.

Traité de la circulation et du crédit... par l'auteur de l' « Essai sur le luxe » et de la Lettre sur les jeux de cartes, qu'on a ajoutés à la fin. (Par Isaac DE PINTO ; publié par C.-G.-F. DUMAS.) *Amsterdam, M.-M. Rey*, 1771, in-8, xvi-368 p.— Nouvelle éd., corrigée et augmentée de notes. *Amsterdam, Rey*, 1773, in-12.

L'éditeur a signé la préface. Quérard, dans sa « France littéraire », donne par erreur cet ouvrage à G.-M. BUTEL-DUMONT et plus loin à DE PINTO, comme l'avait fait Ersch dans la sienne.

Traité de la comédie et des spectacles, selon la tradition de l'Eglise. Tiré des conciles et des saints Pères. (Par Armand DE BOURBON, prince DE CONTY.) *Paris, L. Billaine*, 1666, in-12.

Traité de la communauté, auquel on a joint un Traité de la puissance du mari sur la personne et les biens de la femme, par l'auteur du « Traité des obligations » (Rob.-Jos. POTHIER). *Paris, Debure*, 1770, 2 vol. in-12.

Traité de la communauté entre mari et femme, par LE BRUN (ouvrage posthume, publié par HIDEUX) : nouvelle édit., augmentée (par Math. AUGEARD et J.-B. BRUNET). *Paris*, 1755, 1776, in-fol.

Traité de la communication des maladies et des passions, avec un Essai pour servir à l'histoire naturelle de l'homme, par monsieur **** (l'abbé Louis-Malo MOREAU DE SAINT-ELIER). *La Haye, Jean Van Duren,* 1738, in-8, 2 ff. lim. et 236 p.

Traité de la comparaison de la virginité et du martyre, trad. du latin d'ERASME (par Cl. Bosc, conseiller d'Etat). *Paris, de Nully,* 1712, in-12.

Traité de la composition des vernis en général (traduit de l'italien du P. BONANNI, Jésuite). *Paris, Nyon,* 1780, in-12. — *La Haye, libraires associés,* 1802, in-12, IV-128 p.

Nouveau frontispice mis au « Traité des vernis ». Voy. ces mots.

Traité de la composition et de l'ornement des jardins. (Par J. SCHOUBIN.) En français et en russe. *Moscou, typogr. d'Aug. Semeen,* 1831, 6 cah. in-4 obl. ensemble de 100 p., avec 36 pl. A. L.

Traité de la concordance du participe prétérit, ou distinction entre le participe prétérit et le supin. *Genève,* 1777, in-8, 123 p.

L'épître est signée : M. (Pierre MOREL, depuis correspondant de l'Institut).

Réimprimé en 1805, à la suite de l' « Essai sur les voix de la langue française, etc. », in-8, avec le nom de l'auteur.

Traité de la conduite à tenir après la persécution. (Par l'abbé Alex.-S. SAUSSOL, vic. gén. de Lavaur, depuis évêque de Séez, né à Dourgne [Languedoc], en 1759, mort à Séez, le 7 février 1836.) *Florence,* 1800, 2 vol. in-12. — *Séez, Valin,* 1835, 2 part. in-8.

Traité de la confession des Moniales. (Par G.-N. MAULTROT.) *S. l.,* 1786, 2 vol. in-12.

Traité de la confiance en la miséricorde de Dieu, pour la consolation des âmes que la crainte jette dans le découragement. *Paris, R. Mazières,* 1715, in-12, 11 ff. lim. et 318 p.

Souvent réimprimé. Les éd. suivantes portent : Par M. l'évêque de Soissons (Jean-Joseph LANGUET DE LA VILLENEUVE DE GERGY, depuis archevêque de Sens).

Traité de la conscience, où l'on découvre

les véritables marques auxquelles tous les chrétiens qui sont séparés de l'Eglise peuvent connoître que ce n'est pas par les mouvemens de leur conscience qu'ils tiennent à leurs erreurs et qu'ils s'oppiniâtrent dans leurs schismes. (Par Jean FRAIN DU TREMBLAI.) *Paris, F. Fournier,* 1724, in-12, 3 ff. lim., 371 p. et 1 f. de privilége.

Traité de la conservation de santé par un bon régime et légitime usage des choses requises pour bien et sainement vivre. (Par Gui PATIN.) Seconde édition, augmentée de la moitié. *Paris, J. Jost,* 1632, in-12.

Traité de la construction des vaisseaux, par F. CHAPMAN, traduit du suédois (sur l'édition de 1775, par Pierre-Charles LEMONNIER). *Paris, Saillant,* 1779, in-fol.

Traité de la contrition nécessaire pour obtenir la rémission des péchés... (Par Jacq. BOILEAU.) *Louvain, veuve de Bern. Masius,* 1676, in-12, 9 ff. lim. et 400 p.

Traité de la correction fraternelle. (Par l'abbé Joach. TROTTI DE LA CHÉTARDIE, curé de Saint-Sulpice.) *Paris, Couterot,* 1676, in-12.

Table du « Journal des savans » par l'abbé de Claustre, au mot *Chétardie.*

Le même curé publia en 1706 une homélie pour servir de correctif au livre de Mortier sur la « Correction fraternelle, ou obligation d'empêcher les autres de mal faire, quand on le peut, par soi ou par d'autres. »

Traité de la cour. (Par Eustache DU REFUGE.) *S. l. n. d.,* in-8. — *S. l.,* 1616, in-8. — *S. l.* 1617, in-8. — *Paris, I. Saugrain,* 1618, in-8. — *Id.,* 1619, in-8. — *Id.,* 1622, in-8. — *Paris, N. Trabouillet,* 1636, in-8.

L'édition de *Leide, chez les Elzévier,* in-12, porte le nom de l'auteur.

Réimprimé sous le titre de « Nouveau Traité de la cour ». Voy. VI, 521, c.

La 1re éd. de ce Traité est très-rare. Voy. « Anonymes latins », les mots *Aulicus inculpatus,* et « Supercheries », II, 1099, b.

Traité de la croix de N.-S. J.-C., ou explication du mystère de la passion de Notre-Seigneur Jésus-Christ, suivant la Concorde, par l'auteur de « Jésus crucifié » (l'abbé Jacq.-Jos. DUGUET). *Paris,* 1733, 9 tomes en 14 vol. in-12.

Voy. « Explication du mystère de la passion... », V, 380, b.

Traité de la culture de différentes fleurs. (Par Jean-Nic.-Marcellin GUÉRINEAU DE SAINT-PÉRAVI.) *Paris, Saugrain jeune,* 1765, in-12, 316 p.

Traité de la culture de l'auricule, ou oreille d'ours, par un curieux de province (GUÉNIN, directeur des aides d'Amiens). *Bruxelles*, 1735, in-12.

Traité de la culture des pêchers. (Par DE COMBES.) *Paris, Delaguette*, 1750, in-12, XVI-188 p. et 1 f. de privilége. — *Paris, Delalain*, 1770, in-12, XVI-198 p.

Plusieurs fois réimprimé avec le nom de l'auteur, qui a été écrit à tort, par ses éditeurs, DE COMBES.

Traité de la culture des renoncules, des œillets, des auricules et des tulipes, par Mr..... (J.-P. MOET). *Paris*, 1754, in-12.

Traité de la défense des places par les contre-mines, avec des réflexions sur les principes de l'artillerie. *Paris, C.-A. Jombert*, 1768, in-8, VIII-176 p. et 5 planches.

Suivi d'un « Mémoire sur les charges et les portées des bouches à feu, au sujet des observations du sieur Belidor, par rapport aux épreuves faites à son instigation en 1740. »

Cet ouvrage a été généralement attribué à Jean-Florent VALLIÈRE, officier général d'artillerie, mort en 1759. On a aussi désigné le marquis DE SAINT-AUBAN ou Joseph-Florent DE VALLIÈRE fils; mais la première attribution paraît plus probable.

Traité de la dépouille des curés, par un docteur en droit (J.-B. THIERS). *Paris, Desprez*, 1683, in-12.

Traité de la différence des biens, meubles et immeubles de fonds et de gagières dans la coutume de Metz. (Par Joseph ANCILLON.) *Metz*, 1698, in-8, 22-274 p. et 6 ff. de table.

Traité de la discipline et police chrestienne. (Par Jean MORELY.) *Lyon*, 1661, in-4.   V. T.

Traité de la dissolution du mariage par l'impuissance et froideur de l'homme ou de la femme. (Par Antoine HOTMAN.) *Paris, Mamert Patisson*, 1581, in-8. — *Paris, R. Estienne*, 1610, in-8. — *Paris, J. Millot*, 1610, in-8, 52 ff. — *Paris, E. Pépingué*, 1656, in-8.

Traité de la dissolution du mariage pour cause d'impuissance, avec quelques pièces curieuses sur le même sujet. (Par le président J. BOUHIER.) *Luxembourg, Kragt (Genève)*, 1735, in-8.

Les pièces dont parle le titre sont un factum d'Est. Pasquier pour Marie de Corbie contre maistre Est. de Bray, la relation de la dissolution du mariage de Ch. de Quellenec, baron du Pont, avec Cath. de Parthenay, fille du sieur de Soubise, et un traité des procédures autrefois en usage en France pour la preuve de l'impuissance de l'homme.

Réimprimé en 1756 avec les « Principes sur la nullité du mariage... » Voy. VI, 1040, b.

Traité de la divinité de Jésus-Christ prouvée par des raisonnements tirés des saintes Ecritures, par M*** (Est. ROUXELIN, curé à Fremecourt). *Paris, Fr. Muguet*, 1707, in-12.

Traité de la fin du monde, par le sieur P. V. (PERRIÈRES-VARIN). *Lyon, Rigaud*, 1608, in-8.

Voy. « Supercheries », III, 275, a.

Traité de la foi des simples. (Par l'abbé REGNAUD.) *Auxerre*, 1770, in-12.

Traité de la foi humaine. (Par Pierre NICOLE et Ant. ARNAULD.) *S. l.*, 1664, in-4. — Nouvelle édition à laquelle on a joint le jugement équitable de saint Augustin sur la grâce (par Ant. ARNAULD) et plusieurs autres pièces par le sieur DAMVILLIERS.(NICOLE). *Liége, Beyers*, 1692, in-12. — *Mons*, 1693, in-12.

Traité de la formation des métaux et de leurs matrices ou minières, par LEHMAN, traduit de l'allemand (par le baron D'HOLBACH.) *Paris, Hérissant*, 1759, in-12.

Forme le 2e volume du recueil intitulé : « Traité de physique, d'histoire naturelle, de minéralogie et de métallurgie », 3 vol. in-12.

Traité de la formation mécanique des langues et des principes physiques de l'étymologie. (Par le président DE BROSSES.) *Paris, Saillant*, 1765, 2 vol. in-12. — *Paris, Terrelonges*, an IX, 2 vol. in-12.

Traité de la fortune, par M. DE*** (DE LA BRUYÈRE, ingénieur). *Paris, Le Breton*, 1732, in-8, VI-50 p.

Voy. ci-dessus, « Réflexions sur différents sujets... », col. 141, e.

Traité de la garance, ou recherches sur tout ce qui a rapport à cette plante; ouvrage également utile aux cultivateurs et aux teinturiers. Par M. de L*** (Louis LESBROS DE LA VERSANE), de Marseille. *Paris, veuve Pierres*, 1768, in-8.

Traité de la garantie des rentes. (Par Charles LOYSEAU.) *Paris*, 1599, in-8.

Traité de la grâce. (Par l'abbé Fr. ILHARAT DE LA CHAMBRE.) *Utrecht (Paris)*, 1746, 4 vol. in-12.

Traité de la grammaire françoise. (Par Robert ESTIENNE.) *Paris, J. du Puis*, 1569, in-8.

On trouve ordinairement dans le même volume la traduction latine de ce Traité, imprimée la même année. Voy. *Gallicae grammatices libellus*.

Traité de la grande tactique prussienne,

ses défauts et son insuffisance, et proposition d'une méthode meilleure et plus sûre, par C. F. DE LINDENAU, ci-devant aide de camp du roi de Prusse Frédéric II; traduit de l'allemand par l'auteur de l'« Art militaire chez les nations les plus célèbres de l'antiquité et des temps modernes » (L.-M.-P. DE LAVERNE, ancien officier de dragons). Seconde édition. *Paris, Legras et Cordier,* 1808, in-12.

Traité de la grandeur et de la figure de la terre. (Par Jacq. CASSINI.) *Paris, Impr. roy.,* 1718, in-4.

Traité de la guérison des fièvres par le quinquina. (Par François DE MONGINOT.) *Lyon, G. Barbier,* 1679, in-12, 1 f. de tit. et 74 p.

Voy. « Guérison des fièvres...», V, 577, e.

Traité de la guerre, ou politique militaire. Par M. P. H. S. D. C. (Paul HAY, sieur DU CHASTELET). *Paris, J. Guignard,* 1668, in-12, 3 ff. lim., 277 p. et 7 ff. de table et de privil. — *Amsterdam, G. Wolfganck, s. d.,* in-12, 203 p. et 2 ff. de table.

L'auteur a signé l'épître, et il est nommé dans le privilége. — Réimprimé sous le titre de « Politique militaire... » Voy. VI, col. 946, f.

Traité de la hiérarchie céleste, pris de monseigneur saint Denys, martyr, apostre et patron de France. (Par Fr. MARILLAC.) *Tolose, Jacq. Colomiès,* 1555, in-4.

Traité de la jalousie, ou moyens d'entretenir la paix dans le mariage. (Par Ant. DE COURTIN.) *Paris, H. Josset,* 1674, in-12, 5 ff. lim., 182 p. et 5 ff. de table et d'errata. — *Id.,* 1685, in-12, 8 ff. lim., 526 p. et 5 ff. de table et d'errata.

Traité de la jurisdiction des présidiaux, tant en matière civile que criminelle. Avec un recueil chronologique des principaux édits, ordonnances... Par M*** (Daniel JOUSSE), conseiller au présidial d'Orléans. *Paris, Debure,* 1757, in-12. — Nouvelle édit., revue, corrigée et augmentée. *Id.,* 1764, in-12.

Traité de la jurisdiction des trésoriers de France, tant en matière de domaine et de voierie, que de finance. Par M*** (Daniel JOUSSE). *Paris, Debure,* 1777, 2 vol. in-12.

Traité de la jurisdiction ecclésiastique contentieuse, ou théorie et pratique des officialités, etc., par un docteur de Sorbonne (l'abbé Ign. MOLY DE BREZOLLES). *Paris, Desprez,* 1769, 2 vol. in-4.

Reproduit en 1781 chez *Lamy,* sous le titre de « Pratique des officialités ».

Traité de la juridiction volontaire et contentieuse des officiaux et autres juges d'Eglise, tant en matière civile que criminelle; où l'on traite de leur compétence, fonctions et devoirs, et de la manière de se pourvoir contre leurs ordonnances et jugements. Par M*** (Daniel JOUSSE). *Paris, Debure,* 1769, in-12, XIX-520 p.

Traité de la iuste et canonique absolution de Henri IIII, tres-chrestien roy de France et de Navarre. (Par Pierre PITHOU.) *Paris, par C. de Montr'œil et J. Richer,* 1595, in-8, 16 p.

Le titre de départ, page 3, porte : « Raisons pour lesquelles il est prouvé que les évêques de France ont pu, de droit, donner l'absolution à Henri de Bourbon... »

Traduction de « De Iusta et canonica absolutione Henrici IIII... ex exemplari in Italia excuso ». *Lutetiæ,* M. Patisson, 1594, in-8.

Une autre traduction est intitulée : Avis de quatre fameuses universités d'Italie... Voy IV, 336, c.

Traité de la lecture chrétienne, par dom Nicolas JAMIN, bénédictin. Nouvelle édition, précédée d'une notice sur sa vie et ses ouvrages (publiée par Etienne-Gabriel PEIGNOT). *Dijon et Paris, V. Lagier,* 1825, in-12.   D. M.

Le faux titre porte : « Œuvres de dom Jamin, tome III. »

Traité de la lecture de l'Ecriture sainte, avec une dissertation, etc., par l'évêque de Castorie (Jean DE NEERCASSEL), de la traduction de M. L. R. A. D. H. F. (Guil. LE ROY, abbé de Haute-Fontaine). *Cologne, d'Egmond (Paris),* 1680, in-8.

Traité de la lecture des Pères de l'Eglise, ou méthode pour les lire utilement. (Par dom Bonaventure D'ARGONNE, chartreux.) *Paris, Couterot,* 1688, in-12.

Réimprimé sous le titre : « de la Lecture des Pères de l'Eglise...» Voy. V, 1076, e.

Traité de la légitimité du prêt lucratif. (Par M. l'abbé DORLHAC.) *Londres (Lyon),* 1788, in-12.

Traité de la liberté de conscience, ou de l'autorité des souverains sur la religion des peuples, opposé aux maximes impies de Hobbes et de Spinosa, adoptées par le sieur Jurieu dans son Histoire du papisme et dans son Système de l'Eglise. *Cologne, P. Marteau,* 1687, in-12.

L'épître dédicatoire est signée : L. D. L. G. (Léon DE LA GUITONIÈRE, masque de Noël AUBERT DE VERSÉ).

Traité de la liberté, de la science et de l'autorité, où l'on voit que les personnes du sexe, pour en être privées, ne laissent pas d'avoir les qualités qui les en peuvent rendre participantes, par G. S. (Gabrielle Suchon, religieuse de Semur), aristophile. *Paris, Rob. Pepie*, 1694, in-4.

Traité de la lumière, où sont expliquées les causes de ce qui lui arrive dans la réflexion et dans la réfraction; par C. H. D. Z. (Christian Huygens de Zuylichem). *Leyde*, 1690, in-4.

Traité de la maison de Rye, ou description sommaire de son antiquité, dignitez, emplois, alliances et autres grandeurs. *S. l.* (1614), in-fol., 3 ff. lim. et 40 p.

La dédicace est signée : I. C. (Jules Chifflet).

Traité de la majorité de nos rois et des régences du royaume. Avec les preuves, tirées tant du Trésor des chartes du roi que des registres du Parlement et autres lieux. Ensemble un Traité des prééminences du Parlement de Paris. Par M. Dupuy.... *Paris, Vᵉ M. du Puis*, 1655, in-4. —*Amsterdam, Jansons à Waesberge*, 1722, 2 vol. in-8.

Recueilli par P. du Puy, et donné au public par Jacq. du Puy, son frère.

Traité de la maladie vénérienne, par Ch. Musitan, de Naples ; traduit de l'italien avec des remarques, par M. D. V. (Jean de Vaux). *Trévoux*, 1711, 2 vol. in-12.

Traité de la manière d'imiter les bons prédicateurs, avec les tables pour les différens usages qu'on peut faire des sermons sur tous les sujets de la morale chrétienne, composé par le R. P. V. H... (Vincent Houdry), de la Compagnie de Jésus. *Paris, J. Boudot*, 1702, in-12.

Traité de la manière dont chacun se doit disposer aux sciences, et l'incertitude dans le choix qu'on en fait, trad. de l'anglois (de Th. Baker, par Nic. Berger). *Lyon*, 1721, in-12.

Traité de la matière des relèvemens selon les ordonnances, droict et coustumes de France, contenant la manière comment ès chancelleries de France sont les lettres de relief chascun jour expédiées. *En Avignon, par François Tachet*, 1549, pet. in-16.

Gillet, dans son « Dictionnaire des départements du Mont-Blanc et du Léman », attribue cet ouvrage à Jean Miles, président de Genevois et de Faucigny.

Le Catalogue Taschereau, nº 1055, attribue cet ou-

vrage à Jean Baret, de Tours. L'édition décrite sous ce numéro est intitulée : « Traicté sur la matière des relèvemens... » *Paris, V. Sertenas*, 1548, in-8.

Traité de la matière médicale ou de l'histoire, des vertus, du choix et de l'usage des remèdes simples, par M. Geoffroy.... Traduit en français par M*** (Ant. Bergier), Dʳ en médecine. *Paris, Dessaint et Saillant*, 1743, 7 vol. in-12.

Voy. « Suite de la matière médicale... », ci-dessus, col. 576, a.

Traité de la matière médicale, par Boerhaave, traduit en françois (par Julien Offroy de La Mettrie). *Paris*, 1739, in-12.

Traité de la méchanique, composé par M. Descartes. De plus l'Abrégé de la musique du mesme autheur, mis en fransiçois. Avec les éclaircissemens nécessaires. Par N. P. P. D. L. (Nicolas Poisson, prêtre de l'Oratoire). *Paris, Angot*, 1668, in-4, 127 p.

N. Poisson a signé l'épître.

Traité de la médecine, par Celse, latin français en regard, texte conforme à celui de l'édition de Léonard Targa, traduction de Henri Ninnin, revue et corrigée par M. L*** (L.-P.-N.-M. Lepage de Lingerville), docteur en médecine. *Paris, A. Delalain*, 1821, 2 vol. in-12.

Cette traduction a été reproduite en 1824 sous les noms des docteurs A. Fouquier et F.-S. Ratier. Voy. « Supercheries », II, 69, a.

Traité de la mélancolie, savoir si elle est la cause des effets que l'on remarque dans les possédés de Loudun, tiré des réflexions de M. (de La Mesnardière), sur le discours de M. D. (Duncan). *La Flèche, M. Guyot*, 1635, in-4.

Traité de la Messe de paroisse, où l'on découvre les grands mystères cachés sous le voile des cérémonies de la Messe publique et solennelle. (Par P. Floriot.) *Paris, Josset*, 1679, in-8.

Traité de la Messe et de l'Office divin, par J. G. (Jean Grancolas). *Paris, Vincent*, 1713, in-12.

Traité de la méthode de nombrer ou de la numération. (Par Jean Marrois.) *Orléans, Frémont*, 1632, in-4.

Traité de la méthode ou art de bien chanter... Par B. de B. (B. de Bacilly). *Paris, G. de Luyne*, 1671, in-12.

Titre réimprimé pour les « Remarques curieuses

sur l'art de bien chanter... » Voy. ci-dessus, col. 247, d.

Traité de la mignature pour apprendre aisément à peindre sans maître et le secret de faire les plus belles couleurs, l'or bruny, et l'or en coquilles. Seconde édition. *Paris, Christophe Ballard*, 1674, in-12. — *Paris, C. Ballard*, 1711, in-12.

L'auteur a signé l'épître à mademoiselle Fouquet des initiales C. B. (Claude BOUTET).

Souvent réimprimé sous le titre de « l'Ecole de la mignature ». Voy. V, 15, a.

Traité de la morale et de la politique... par G. S. (Gabrielle SUCHON, religieuse de Semur). *Lyon, Vignien*, 1693, in-4.

Traité de la musette, avec une nouvelle méthode pour apprendre de soy-même à jouer de cet instrument facilement et en peu de temps. (Par Charles-Emmanuel BORJON.) *Lyon, J. Girin et B. Rivière*, 1672, in-fol., 5 ff. lim., 39 et 19 p. et 4 pl. grav. — *Paris, L. Vendosme*, 1678, in-fol.

Falconet a mis sur son exemplaire : Par Charles BOURGEON, du pays de Brosse.

SIRAND, « Bibliographie de l'Ain », dit : Par Pierre BORJON DE SCELLERY.

Traité de la mythologie ou de l'histoire poétique, qui contient les principes de la fable en général... (Par l'abbé J.-J. BOUVIER, connu sous le nom de LIONNOIS.) *Nancy*, 1767-68, in-4, avec beauc. de grav. de Nicole et de Colin fils.

Une nouv. édit., avec le nom de l'auteur, *Nancy*, 1788, in-8, donne les mêmes gravures (180), mais copiées par J. Hegé. Enfin une sixième édit., *ibid.*, 1816, in-8, donne 216 grav.

Traité de la nature de l'âme et de l'origine de ses connoissances, contre le système de M. Locke et de ses partisans. (Par l'abbé Ant.-Martin ROCHE, ex-oratorien.) *Paris, veuve Lottin et J.-H. Butard*, 1759, 2 vol. in-12.

A été revu et publié par l'abbé GOURLIN, qui a mis en tête une notice sur la vie et les vertus de l'auteur.

Traité de la nature, de la culture et de l'utilité des pommes de terre, par un ami des hommes (Sam. ENGEL). *Lausanne*, 1771, in-12, 82 p.

Traicté de la nature des viandes et du boire, avec leurs vertus, vices, remèdes et histoires naturelles, utile et délectable en tous bons esprits ; de l'italien du docteur Balthazar PISANELLI, mis en nostre vulgaire par A. D. P. (Antoine DE POUVIL-

LON). *A Arras, chez Gilles Bauduyn*, 1606, in-16, 244 p. D. M.

Traité de la nature et curation des playes de pistolle, harquebouze et autres bastons à feu. Ensemble les remedes des combustions et bruslures externes et superficielles. Par I. LE P. (Julien LE PAULMIER), docteur en médecine. (*Paris*), imp. de G. de Nyverd, s. d., in-8, 4 ff. lim., 57 ff. chiffrés et 3 ff. de table.

Réimprimé avec le nom de l'auteur, *Caen, Philippe*, 1569, in-4.

Traité de la nature et de la grâce, par l'auteur de « la Recherche de la vérité » (le P. Nic. MALEBRANCHE). *Roterdam, Léers*, 1684, in-12.

En 1687, Jurieu publia un ouvrage sous le même titre, contre les nouvelles hypothèses de M. P. (Pajon) et de ses disciples, in-8.

Traité de la nature et du gouvernement de l'Eglise. (Par l'abbé Jacq. TAILHÉ.) *Berne*, 1778, 3 vol. in-12.

Traité de la navigation et des voyages de descouverte et conqueste modernes, et principalement des François... le tout recueilli de divers autheurs... (Par P. BERGERON.) *Paris, de Heuqueville*, 1629, in-8,

Ce Traité a été réimprimé comme Introduction en tête du tome I des « Voyages faits principalement.... » Voy. ces mots.

Traicté de la noblesse, auquel il est amplement discouru de la plus vraye et parfaite noblesse, et des qualitez requises au vray gentil-homme ; tiré de l'italien du magnifique docteur et chevalier de César, M. Jean-Bapt. NENNA, par A. L. F. (LE FEVRE) DE LA BODERIE. *Paris, Abel L'Angelier*, 1583, petit in-8, 5 ff. lim., 226 ff. num. et 1 f. de privilége.

Il ne faut pas confondre cet ouvrage avec le Dialogue de la noblesse de Torquato Tasso, que le même Le Fèvre de La Boderie a également traduit en français (« Manuel du libraire », 5e édit., IV, 38).

Traité de la noblesse des capitouls de Toulouse (avec le Catalogue des anciennes familles de Capitouls ; par Germain de LA FAILLE). *Toulouse, J.-François Forest*, s. d., in-4.

Réimprimé avec le nom de l'auteur. Le « Manuel du libraire », 5e édition, tome III, donne comme première édition celle de 1673, qui est la seconde.

Traité de la noblesse, où sont ajoutez deux discours, l'un de l'origine des fiefs, et l'autre de la foy et de l'hommage. (Par Robert HUBERT, chanoine de l'église royale

de Saint-Agnan.) *Orléans, Jean Royer,*
imp. et lib., 1681, in-8, 4 ff. lim. et 222 p.
— *Id.*, 1682, in-8, 4 ff. lim., 222 p. et
1 f. d'errata.

Le nom de l'auteur se trouve dans la permission.

Traité de la noblesse, suivant les préju-
gez rendus par les commissaires deputez
pour la vérification des titres de noblesse
en Provence, avec la declaration de S. M.,
arests et reglements du Conseil sur le fait
de ladite vérification. *S. l.* (*Paris*), 1669,
petit in-8, 8 ff. et 188 p. — *Paris, J. Mo-*
rel, 1700, in-12, 6 ff. lim. et 189 p.

Le privilége est accordé à Alexandre BELLEGUISE,
bourgeois de Paris, et l'épître dédicatoire est signée :
A. BELLEGUISE.

Traité de la paix de l'âme et du contentement de l'esprit (par Pierre DU MOU-
LIN); revu et corrigé par P. D. M. F.
(Pierre DU MOULIN fils). *Paris, L. Ven-*
dosme, 1671, in-8.

Traité de la paix de l'âme et du contentement de l'esprit, de M. DU MOULIN,
retouché quant aux expressions suran-
nées (par Catherine GUICHARD DE PERAY,
morte directrice de la Société du Cloître,
à La Haye, le 9 mai 1744). *La Haye*, 1720 ;
Amsterdam, 1729, in-8.

Traité de la paix intérieure, en quatre
parties. (Par le P. AMBROISE, de Lombez,
capucin.) *Paris, C. Hérissant*, 1757, in-12.

Souvent réimprimé, avec le nom de l'auteur.

Traité de la Pâque, ou Lettre d'un docteur de Sorbonne, touchant la traduction
du Système d'un théologien espagnol sur
la Pâque. (Par Charles WITTASSE.) *Paris,*
J. de Nully, 1695, in-12.

Voy. « Traduction du Système d'un docteur... »,
ci-dessus, col. 733, b.

Traité de la paresse, ou l'art de bien
employer le temps en toute sorte de con-
ditions. (Par Ant. DE COURTIN.) *Paris,*
Hélie Josset, 1667, 2 vol. in-12. — 4° édit.
(Publiée avec la vie de l'auteur, par l'abbé
C.-P. GOUJET.) *Paris*, 1743, in-12.

Le faux titre porte : « l'Art de bien employer le
temps... »

Il est dit, dans l'avertissement, que cet ouvrage a
été accompagné de trois autres Traités..., savoir :
« Nouveau Traité de la civilité qui se pratique en
France parmi les honnêtes gens », le second : « Suite
de la civilité française, ou traité du point d'honneur »,
et le troisième : « Traité de la jalousie, ou moyen
d'entretenir la paix dans le mariage »... Ces quatre
Traités ne sont qu'un ouvrage divisé en quatre parties
dont l'une ne doit point être séparée de l'autre.
Le privilége, daté du 16 novembre 1670, est au

nom du sieur I. M. (Voy. ci-dessus, « Nouveau Traité
de la civilité », VI, 521, a.)

Traité de la parole. *Paris, Pierre Ribou,*
1705, in-12, 2 ff. lim. et 47 p.

D. M.

Une note manuscrite de l'avocat Maillard, sur un
exemplaire qui lui a appartenu, et que possède la Bibliothèque nationale, dit que ce Traité a été composé
par Denis LE BRUN, ancien avocat au Parlement de
Paris, mort le 16 avril 1706.

Traicté de la pauvreté évangélique. Par
I. P. C. E. de Belley (J.-P. CAMUS, évêque
de Belley). *Besançon, I. Thomas*, 1634,
in-8, 4 ff. lim., 386 p. et 1 f. de table.

Ce Traité est ordinairement suivi du « Traité de la
désappropriation claustrale », par I.-P. CAMUS, évêque
de Belley. *Besançon, I. Thomas*, 1638, in-8, 4 ff.
prélim. et 355 p. Ce second ouvrage est rattaché au premier par une *réclame* à la fin du « Traicté de la pauvreté évangélique ».

Traité de la peine du péculat, selon les
lois et usages de France. (Par LE VAYER
DE BOUTIGNY.) *S. l.*, 1665, in-4.

Composé pour la défense de Fouquet. Voy. « Observations sur un manuscrit... », VI, 640, d.

Traité de la peinture de Léonard de
VINCI, donné au public et trad. de l'italien
en françois, par R. F. S. D. C. (Roland
FRÉART, sieur DE CHAMBRAY). *Paris, J.*
Langlois, 1651, in-fol. — Nouv. édit.,
augm. de la Vie de l'auteur (par Martin
DE CHARMOY). *Paris, Giffard*, 1716, in-12.

Traité de la peinture et de la sculpture,
traduit de l'anglois de RICHARDSON père
et fils (par UYTWERF, et revu par RUTGERS
le jeune et TENKATE). *Amsterdam, Uytwerf*,
1728, 3 vol. in-8.

Traité de la péremption d'instance, par
feu J. MELENET, ancien avocat ; nouvelle
édition, augmentée d'un Traité du président BOUHIER sur la même matière, avec
des additions et des notes (par le président L.-P.-J. JOLY DE BÉVY). *Dijon, Fran-*
tin, 1787, in-8.

Traité de la perfection de l'état ecclésiastique, par un directeur de séminaire
(le P. BELON, jésuite). *Lyon*, 1747, 2 vol.
in-12. — Nouvelle édition, revue, corrigée et considérablement augmentée (par
l'abbé Jos. DEVOYON, chanoine de Limoges).
Lyon, 1759, 2 vol. in-12. — *Saint-Malo*,
1781, 2 vol. in-12.

Traité de la peste, où, en répondant aux
questions d'un médecin de province... on
fait voir le danger des baraques et des in-
firmeries forcées; avec un problème sur
la peste. Par un médecin de la Faculté de

Paris (Ph. Hecquet). *Paris, G. Cavelier fils,* 1722, in-12, 4 ff. lim., 301 p. et 7 ff. de table et de privilége.

L'auteur a signé l'épître.

Traité de la petite vérole, par Théophile Lobb... Traduit de l'anglois sur la seconde édition par M. P. B. (Boyer de Pébrandien). *Paris, G. Cavelier,* 1749, 2 vol. in-12.

Traité de la petite vérole, tiré des Commentaires de G. Van Swieten, sur les Aphorismes de Boerhaave, avec la méthode curative de M. de Haen... (par Etienne Grossin Duhaume).*Paris, d'Houry,* 1776, in-12.

Duhaume a signé la dédicace.

Traité de la poësie françoise. *Paris, Guillaume de Luynes,* 1685, in-12, 6 ff. et 189 p.

Le privilége est donné au R. P. Michel Mongues, de la Compagnie de Jésus. L'auteur est appelé Mourcues sur les titres des éditions de son livre de 1724, 1729 et 1754, revues, corrigées et augmentées (par le P. P. Brumoy).

Traité de la politesse et de l'étude. (Par A.-A. Augier Dufot.) *S. l.,* 1757, in-12.
V. T.

Traité de la politique de France, par M. P. H., marquis de C. (Paul Hay du Chastelet). *Cologne, P. du Marteau (Amsterdam, Elzevier),* 1669, in-12. — Le même, revu, corrigé et augmenté d'une seconde partie. *Utrecht, P. Elzevier,* 1670, in-12. — Le même, augmenté d'une seconde partie, avec quelques réflexions sur ce Traité, par le sieur L'Ormegregny (P. du Moulin le jeune). *Cologne, du Marteau,* 1677,

Cet ouvrage a eu deux éditions en 1669. M. Hauréau, « Histoire littéraire du Maine », 2e édition, tome VI, p. 94, dit : « L'exemplaire manuscrit de ce Traité qui fut présenté par l'auteur à Louis XIV est aujourd'hui le n° 2358 des manuscrits français à la Bibliothèque nationale. Ayant reçu cet exemplaire, le roi ne goûta pas l'ouvrage et donna l'ordre d'incarcérer le trop libre conseiller. Paul du Chastelet fut donc envoyé sur-le-champ à la Bastille, où il demeura quinze jours. »

Traité de la politique privée, tiré de Tacite et de divers auteurs. (Par Louis Poinsinet de Sivry.) *Amsterdam, M.-M. Rey,* 1768, in-12, 2 ff. de titre, VI-146 p.

Traité de la ponctuation, extrait de divers auteurs, avec un Essai sur l'usage des lettres capitales et un Modèle de la ponctuation... par M. J. H. M. (Jean-Henri Masmejan). *Lausanne,* 1781, in-8. — 3e édit. *Paris, Pichard,* 1783, in-12.

Ces deux éditions sont citées par Ersch et par Quérard, qui n'indiquent pas une autre, *Genève, Chappuys,* 1784, in-8 de 122 p., dont le titre porte le nom de l'auteur.

Traité de la pratique des billets, entre les négociants. (Par Le Correur.) *Louvain (à la Sphère), Louis du Prat,* 1682, in-12. — *Mons (Paris),* 1684, in-12.

Traité de la prédication à l'usage des séminaires, par un supérieur de séminaire (André-Jean-Marie Hamon, alors supérieur du séminaire de Clermont-Ferrand, depuis curé de Saint-Sulpice à Paris). *Clermont-Ferrand, Thibaud-Landriot,* 1846, in-8. — 2e édit. *Paris, J. Lecoffre,* 1849, in-8. — 3e édit. *Id.,* 1854, in-8. — 4e édit. *Id.,* 1860, in-8. — 5e édit. *Id.,* 1869, in-8.

Traité de la preuve par comparaison d'écritures. (Par Le Vayer de Boutigny.) *Paris,* 1666, in-4; 1704, in-12.

Réimprimé depuis en 1715 dans le « Traité de la preuve par témoins », par Danty, in-4.

Traité de la prière (extrait des ouvrages de J.-J. Duguet, par A.-A. Clément de Boissy). *Paris,* 1788, in-12.

Traité de la prière... (Par P. Nicole.) *Paris, E. Josset,* 1695, 2 vol. in-12. — Nouv. édit., aug. : 1° du Traité de l'Oraison mentale, publié sous un nom déguisé par la Mère Angélique de Saint-Jean Arnauld ; 2° des Sentimens de l'abbé de Philerème (voyez « Supercheries », III, 106, *f*); 3° de la Réfutation de ces Sentimens, par Nicole. *Anvers,* 1698, 2 vol. in-12.

Je n'ai pu me procurer cette édition ; on en trouve la notice dans la « Vie de Nicole », par Goujet, édit. de 1767, pages 257-262.

Traité de la prière continuelle. Par M. H*** (Jean Hamon). *Paris, C.-J.-B. Hérissant,* 1735, 1738, 1739, 2 vol. in-12.

Traité de la prononciation de la langue françoise, ou essai d'observations sur les vices de modulation reprochés aux provinces gasconnes.... par M. L*** (Etienne Lamontagne, médecin, mort en 1769, âgé de 45 ans). *Bordeaux,* 1768, in-12.

Traité de la prosodie française, par l'abbé d'Olivet, avec les notes de Dumarsais. (Publié par J.-P.-A. Parison.) *Paris,* 1810, in-12.

Traité de la Providence, par G. Sherlock, traduit de l'anglois (par Elie de Joncourt). *La Haye,* 1721, in-8.

Traité de la Providence, traduit du grec de saint Jean Chrysostome (par Godefroy Hermant). *Paris, Savreux*, 1658, in-12.

Traité de la puissance du pape sur les princes seculiers (traduit du latin de Guill. Barclay). *Cologne, P. du Marteau*, 1687, in-12, 4 ff. lim., 393 p. et 2 ff.

Traité de la puissance ecclésiastique et temporelle. (Par Louis-Ellies Dupin.) *S. l.*, 1707, in-8.

Réimprimé avec le nom de l'auteur sous ce titre : « Traité de l'autorité ecclésiastique et de la puissance temporelle... » revu et augmenté par M. l'abbé Di- nouart. *Paris, Desaint*, 1768, 3 vol. in-12.

Traité de la raison humaine, traduit de l'anglois (de Clifford, directeur de la Chartreuse de Londres, par Pöppel), et augmenté d'une préface du traducteur qui contient plusieurs autorités justificatives des sentimens de l'auteur. *Amsterdam, J. Van Dyck*, 1682, in-8. — 2ᵉ édit., revue et corr. *Amsterdam* (1699), in-8. — 3ᵉ édit., revue et corr. *La Haye*, 1705, in-12. — Autre édit. *Francfort, F. Warrentrapp*, 1744, in-8, 28 ff. lim. et 78 p.

« Bibliothèque universelle » de Le Clerc, t. XVII, p. 387.

Bayle parle de cet ouvrage dans sa « Réponse aux questions d'un provincial ».

Traité de la régale, imprimé par ordre de M. l'évêque de Pamiers (Franc. de Caulet) pour la défense des droits de son église. (Par l'abbé du Buisson, grand-vicaire de Chaalons.) *Paris*, 1680, in-4. — *Cologne, N. Schouten*, 1680, in-12. — 3ᵉ édit. *Ibib.*, 1681, in-12.

Traité de la reliure des livres. (Par Capperonnier de Gauffecourt.) *S. l.* (vers 1763), in-12, 72 p.

Ce volume fut imprimé à un très-petit nombre d'exemplaires, à Montbrillant, aux environs de Ge- nève, par cet auteur amateur dont on cite une autre impression (voy. ci-dessus, « Réflexions sur les senti- ments agréables », col. 169, c).

Gauffecourt a été l'ami de Diderot, de Rousseau et de Saint-Lambert. Mᵐᵉ d'Epinay en parle dans ses Mémoires. Voy. aussi Nodier, « Mélanges extraits d'une petite bibliothèque », page 205.

Traité de la satire, où l'on examine comment on doit reprendre son prochain, et comment la satire peut servir à cet usage. (Par l'abbé P. de Villiers.) *Paris, J. Anisson*, 1695, in-12, 3 ff. lim. et 356 p.

L'auteur est nommé dans l'extrait du privilége. En 1716, l'ouvrage fut réimprimé à *La Haye, chez Van Duren*, avec ces mots sur le frontispice, par M. de S***. On l'attribuait alors en Hollande à l'auteur des « Traités de la gloire et de l'amitié », c'est-à-dire à Louis de Sacy, traducteur de Pline le Jeune.

Traité de la seigneurie féodale universelle et du franc-aleu naturel. Ouvrage posthume de J.-B. Furgole. *Paris*, 1767, in-12.

L'avertissement est de L.-Th. Hérissant, suivant une note autogr. de ce laborieux éditeur.

Traité de la simplicité de la foi. (Par le P. C.-J. Develles, théatin.) *Paris, La- mesle*, 1733, in-12.

Traité de la sphère et du globe artificiel... (Par l'abbé Savy, vicaire général.) *Toulouse, Vieusseux*, 1811, in-12.

Plusieurs fois réimprimé.

Traité de la sphère, par Jean Boulanger, lecteur du roi (nouvelle édition, retouchée et augmentée par Jacq. Ozanam). *Paris, Jombert*, 1688, in-12.

Traité de la subrogation de ceux qui se succèdent au lieu et place des créan- ciers... Par M. Ph. D. R. (Philippe de Renusson), advocat en parlement. *Paris, N. Le Gras*, 1685, in-4.

Le privilége désigne l'auteur sous le nom de Phi- lippes Dernusson.

Traité de la succession des mères en vertu du l'édit de Saint-Maur du mois de mai 1567. (Par le président J. Bouhier.) *Paris, Briasson*, 1726, in-8.

Traité de la toilette...

Voy. ci-après, « Traité de toilette ».

Traité de la toute-puissance spirituelle et de l'impuissance du clergé de France, et, par conséquent, de sa solidarité et de sa responsabilité, même temporelles... Par l'auteur du « Prêtre devant le siècle » (A. Madrolle). *Paris, Hauquelin*, 1845, in-4.

Traité de la transpiration des humeurs, ou la méthode de guérir les malades sans le triste secours de la fréquente saignée. Discours philosophique. (Par L. Cussac.) *Paris, chez l'auteur*, 1682, in-12.

L'auteur a signé l'épître.

Traité de la tribulation, écrit en espagnol, par le P. Ribadeneira, mis en françois par F. S. L. (Fr. Soulier, Limousin). *Lyon*, 1606, in-12.

Traité de la venue d'Elie. (Par l'abbé J.-B. Desessartz.) *S. l.*, 1734, in-12.

Traité de la véritable éloquence, ou réfutation des paradoxes sur l'éloquence avancés par l'auteur de la « Connaissance de soi-même ». (Par B. Gibert.) *Paris, David*, 1703, in-12.

Traité de la véritable religion contre les athées, les déistes, etc. (Par l'abbé F. ILHARAT DE LA CHAMBRE.) *Paris, Guérin,* 1737, 5 vol. in-12.

Traité de la vérité de la religion chrétienne, où l'on établit la religion chrétienne par son propre caractère, par Jacques ABBADIE. Nouvelle édition, avec des notes explicatives ou critiques par M. L...... (l'abbé LACOSTE), théologal et V. G. du diocèse de Dijon. *Dijon, V. Lagier,* 1826, 4 vol. in-12.

Traité de la vérité de la religion chrétienne, par H. GROTIUS, avec les citations et les remarques de l'auteur même, traduit par P. L. J. (Pierre LE JEUNE, ministre à Espence). *Utrecht, van de Water,* 1692, in-12, 384 p.

Voy. Le Clerc, « Bibliothèque universelle » (1692), XXII, p. 71-75.　　　　　　　　　　　　　A. L.

Traité de la vérité de la religion chrétienne, par Hugues GROTIUS, traduit du latin de l'auteur (par Etienne CHARDON DE COURCELLES). *Amsterdam, J. Blaeu,* 1636, in-18.

C'est la première des cinq traductions françaises de l'ouvrage de Grotius, qui écrivait à son frère en décembre 1636 : *De Cordesii labore in vertendis iis quæ pro veritate religionis christianæ laboravimus, jam audieram : gaudebo et videre.* On pourrait regarder Jean DE CORDES, chanoine de Limoges, connu par d'autres traductions, comme auteur de celle-ci. Mais pourquoi l'eût-il fait imprimer en Hollande? Il est plus vraisemblable que l'auteur de la traduction dont il s'agit est Etienne de Courcelles, protestant genevois, originaire de Picardie, mort en 1659. Bayle l'avait entendu dire. D'ailleurs Senebier nous apprend que Courcelles se retira à Amsterdam chez Blaeu. (« Histoire littéraire de Genève », t. II, p. 163.)

Traité de la vérité de la religion chrétienne, tiré en partie du latin de J.-A. TURRETIN (par J. VERNET). *Genève,* 1730, in-8.

L'auteur et traducteur a publié successivement neuf autres volumes ; le dernier a paru en 1788. Les deux volumes qui traitent des miracles ont été réimprimés avec le nom de VERNET, revus et corrigés par un théologien catholique. *Paris, Garnier,* 1753, 2 vol. in-12. Ce théologien catholique est probablement Pierre COLLET, lazariste, qui faisait débiter tous ses ouvrages par Garnier.

Traité de la vérité de la religion chrétienne, traduit du latin de GROTIUS, avec des remarques (une préface sur l'ouvrage de Grotius, les traductions françaises qui avaient précédé, et la vie de l'auteur, par l'abbé C.-P. GOUJET). *Paris, Lottin,* 1724, in-12.

L'édition de *Paris,* 1754, 2 vol. in-12, porte le nom du traducteur.

T. VII.

Traité de la vie que doivent mener ceux qui aspirent à devenir membres réels de la Nouvelle Jérusalem, d'après les préceptes du Décalogue (traduit du latin d'E. SWEDENBORG par Benedict CHASTANIER). *Londres, impr. de T. Spilsbury ; La Haye, P.-F. Gosse; Moscou, Uhthoff et Bieber, etc.,* 1787, in-8, II-XXII-114 p.

Le titre courant indique mieux l'ouvrage : « Doctrine de vie pour la nouvelle Jérusalem, d'après les préceptes du Décalogue. » Cette traduction forme le 1er no d'un journal noviJérusalémite entrepris par Chastanier. (Ladrague, « Bibliothèque Ouvaroff, Spécimen, » no 116.)

Traité de la vie spirituelle, traduit du latin de saint VINCENT FERRIER, avec des exercices de piété, etc. (par Mme Renée-Susanne DE LONGUEUIL DE MAISONS, abbesse de Sainte-Perrine de la Villette, morte le 28 mars 1733, dans sa 76e année). *Paris, Cellier,* 1704, in-12.

Voy. la première partie des « Pièces fugitives d'histoire et de littérature », 1704, p. 158.

Traité de la virginité, où l'on explique, selon l'Ecriture sainte, les conciles et les Pères, tout ce qui appartient à cette sainte profession. (Par Louis DE ROUGEMONT, prêtre.) *Paris, Florentin et Pierre Delaulne,* 1699, in-8.

L'auteur est nommé dans le privilége.

Traité de la vocation chrétienne des enfants, par feu M. l'archevêque duc de Cambray. *Paris, Barbou,* 1754, in-12.

Ce traité a été publié à *Paris, A. Pralard,* 1685, in-12, 6 ff. lim. et 284 p., par Jean FRAIN DU TREMBLAI, académicien d'Angers; il n'a pas fait une grande sensation dans le public. Ce fut sans doute pour se débarrasser des exemplaires qui restaient dans ses magasins, que Joseph Barbou en fit réimprimer le frontispice avec le nom de l'immortel archevêque de Cambrai. Cette ruse n'a pu induire en erreur que des amateurs de province et des étrangers. Elle est très-condamnable, quoiqu'elle se reproduise souvent dans la librairie.

Traité de la volonté, de ses principales actions, de ses passions et de ses égarements. (Par le P. AMELINE, de l'Oratoire.) *Paris, G. Desprez,* 1684, in-12, 6 ff. lim., 306 p. et 1 f. de privilége.

Mal à propos attribué à P. NICOLE par Bayle dans ses « Nouvelles de la république des lettres », janvier 1685, p. 111.

Traité de la vraie théorie de l'impôt. Extrait d'un ouvrage où l'on traite de l'impôt en général... *Pont-à-Mousson, F.-D. Thierry, s. d.,* in-8, IV-51 p.

Signé : P. N. J. S. (P.-N.-J. SARRAZIN).

Traité de météorologie, ou explication des phénomènes de l'atmosphère. La pluie, les vents, la foudre, etc. Par M. A. (le vicomte J.-B.-F.-E. Ajasson de Grandsagne). *Paris, imp. de A. Pinard*, 1832, in-18, 120 p.

Forme la 5e livraison de la « Bibliothèque populaire, ou l'instruction mise à la portée de toutes les classes ».

Traité de mignature pour apprendre aisément à peindre sans maître. (Par Claude Boutet.) *Paris, Ballard*, 1672, 1674, in-12.

Souvent réimprimé sous ce titre ou sous celui de « École de la mignature ». Voy. V, 15, a.

Traité de morale. (Par le P. Nic. Malebranche.) *Cologne*, 1683, in-12. — *Rotterdam*, 1684, in-12.

Traité de morale à l'usage des écoles primaires, par un membre de l'Université (A.-M.-M. Rendu). *Paris, P. Dupont*, 1834, in-18.

Réimprimé avec le nom de l'auteur.

Traité de morale religieuse, par un membre de l'Université (A.-M.-M. Rendu). *Paris, P. Dupont*, 1834, in-18.

Réimprimé avec le nom de l'auteur.

Traité de morale sur la valeur, par A. D. C. A. F. (Cassaigne, acad. français). *Paris, Cramoisy*, 1674, in-12.

Traité de Palæphate touchant les choses incroyables, traduit du grec avec une préface et des notes du traducteur C. G. P. D. B. (Charles-Godefroi Polier de Bottens). *Lausanne*, 1771, in-12.

Traité de perspective linéaire à l'usage des jeunes gens. (Par Gabriel-Antoine-Joseph Hécart.) *Charleville*, 1778, in-8.
D. M.

Traité de plain-chant, à l'usage des séminaires. (Par Théodore Devroye, chanoine et grand chantre de la cathérale de Liége.) *Liége, Kersten*, 1831, in-12, 62 p.
Ul. C.

Traité de Plutarque sur la manière de discerner un flatteur d'avec un ami, et le Banquet des sept Sages, dialogue du même auteur, revu et corrigé sur des manuscrits de la bibliothèque du roi (en grec), avec une version françoise et des notes (par F.-J.-G. de La Porte du Theil). *Paris, imp. roy.*, 1772, in-8.

Traité de prononciation grecque mo-

derne, à l'usage des Français. *Par J. B. X.* (Jules Berger de Xivrey, de l'Institut). *Paris, Dondey-Dupré*, 1828, in-12.
D. M.

Traité de religion contre les athées, les déistes et les nouveaux pirrhoniens. (Par le P. Michel Mauduit, de l'Oratoire.) *Paris*, 1678, in-12. — Nouv. édit., augm. *Paris*, 1698, in-12.

Traité de style épistolaire, ou modèles pour toutes sortes de lettres ; par C. G. (Constant Guimard). *Nantes, imp. de Charpentier*, 1866, in-18, 103 p.

La 2e édition, publiée en 1875, porte le nom de l'auteur.

Traité de tactique, ou méthode artificielle pour l'ordonnance des troupes, ouvrage publié et imprimé à Constantinople par Ibrahim Effendi, officier mutteferrika de la Porte ottomane, l'an de l'hégyre 1144, qui est la première année après la dernière rébellion et la déposition du sultan Ichmet, arrivée l'an 1730 de l'ère chrétienne, traduit du turc (par le comte C.-E. de Rewicki). *Vienne, J.-T. de Trattnern*, 1769, in-8, xliv-224 p.

Réimprimé en France sous la même date, in-12.

Traité de Tertullien sur l'ornement des femmes, les spectacles, le baptême et la patience, avec une lettre aux martyrs, traduit en françois (par le P. Mathieu Caubere). *Paris, Rolin*, 1733, in-12.

Cette indication, prise dans le « Nouveau Dictionnaire historique » de Chaudon, se retrouve dans le Catalogue de l'abbé Lequien de La Neuville (1845). Il n'y a pas d'article Caubere dans la Bibliothèque du P. de Backer. Quérard, « Fr. littér. », IX, 384, indique une traduction avec les mêmes indications comme étant du sieur Chaubert.

Traité de thérapeutique, ou la méthode de guérir, pour l'instruction des élèves en chirurgie, par I. G. (Isaac Gardon, chirurgien). *Bordeaux*, 1755 ; — *Toulouse*, 1757, in-12.

Cet ouvrage fut supprimé par arrêt du Parlement de Bordeaux, du 27 mars 1756, comme étant une infidèle traduction de la « Thérapeutique » d'Astruc.

Traité de toilette à l'usage des dames, par Mme Emile M. de S. H*** (Émile-Marc Hilaire, connu sous le nom de Marco de Saint-Hilaire). *Paris, Constant-Chantpie*, 1835, in-32.

La 3e éd., *Paris, Constant-Chantpie*, 1844, in-32, est intitulée « Traité de la toilette ».

Traité de toutes les espèces de coliques. (Par Jean Purcell.) Traduit sur la seconde édition angloise par M. E. (M.-A. Eidous). *Paris, Lacombe,* 1767, in-12.

Traité de toutes les plantes, ou nouvelle méthode de les employer utilement à la teinture et à la peinture. J. P... (P. Jos. Buchoz). *Paris, Artaud,* an XI-1801, in-8.

Traité de vénerie et de chasse. (Par Goury de Changran.) *Paris, Hérissant,* 1769, in-4.

Traité (du) de Westphalie et de celui de Campo-Formio, et de leur rapport avec le système politique des puissances européennes et particulièrement de la France, par l'auteur de la « Théorie du pouvoir politique et religieux dans la société civile » (le vicomte L.-G.-A. de Bonald). *Paris, Le Normant,* an IX, in-8, 59 p.

Traité des abeilles, où l'on voit la véritable manière de les gouverner et d'en tirer du profit... par M. D. L. F. (de la Ferrière, prêtre). *Paris, C. Jombert,* 1720, in-18.

Voy. « Supercheries », I, 956, *c.*

Traité des accidens qui arrivent dans le sabot du cheval, avec un supplément sur le traité de la maladie de la morve, imprimé en 1749, etc. (Par Et.-Guill. La Fosse.) *S. l.,* 1754, in-8, 89 p.

Traité des accords et de leur succession, selon le système de la basse fondamentale... (Par l'abbé P.-J. Roussier.) *Paris, Duchesne,* 1764, in-8.

Traité des actions. (Par le P. P. Le Coq.) *Rouen,* 1778, in-12.

Traité des anciennes cérémonies, ou histoire contenant leur naissance et accroissement, leur entrée en l'Église, et par quels degrés elles ont passé jusqu'à la superstition. *Amsterdam,* 1646, in-8. — *S. l. n. d.,* in-8, 24 ff. lim. et 118 p. — A *Charenton, chez Olivier de Varennes* (Genève), *s. d.,* in-8. — *Ibid.,* 1662, in-8. — *Quévilly, J. Lucas* (1673), in-12.

L'épître dédicatoire est signée Jonas Porre ou Porne, qui déclare n'être l'auteur que des illustrations de l'ouvrage, dont l'auteur lui est inconnu.

Mis à l'Index le 3 avril 1669.

Réimprimé sous le titre de « Histoire des cérémonies et des superstitions... » Voy. V, 741, *d.*

Traité des anges bons et mauvais. (Par le président Joly.) *Dijon, Edme Bidault,* 1770, 3 vol. in-12.

Traité des annates. (Par l'abbé Béraud,

aidé de l'abbé Louis Dufour de Longuerue.) *Amsterdam (Rouen),* 1712, in-12, 275 p.

Traité des arbres fruitiers. (Composé sur les Mémoires de H.-L. Duhamel du Monceau et de son frère, par R. Leberriays.) *Paris,* 1768, 2 vol. in-4, fig.

Traité des arbres fruitiers, extrait des meilleurs auteurs, par la Société économique de Berne, traduit de l'allemand et considérablement augmenté par un membre de la Société économique de Berne (Jean Bertrand). *Yverdon,* 1768, 2 vol. in-12.

Traité des armes et de l'ordonnance de l'infanterie. (Par P.-G. Joly de Maizeroy.) *Paris, Jombert,* 1776, in-8.

Traité des armes portatives ou de toutes espèces de petites armes à feu et blanches, etc.; par Fr. Muller, baron Palombini. Traduit de l'allemand (par F.-X.-J. Rieffel). *Paris, Corréard,* 1846, in-8, avec 1 pl.

Traicté des athéistes, déistes...

Voy. « Histoire de la naissance... », V, 704, *b.*

Traité des bandages et appareils propres à chaque maladie, par M*** (J.-J. Sue), chirurgien. *Paris, d'Houry,* 1746, in-12.

Traité des banques, de leur différence réelle, et des effets qui en résultent dans leur usage et leur administration, traduit de l'allemand de Jean-Georges Busch; par François de L. C. (de Las-Cases, frère de l'auteur de l' « Atlas historique »). *Paris, Dondey-Dupré,* 1814, in-8.

Traité des baromètres, thermomètres et notiomètres ou hygromètres; par M. D*** (Dalencé). *Amsterdam, H. Weistein,* 1688 in-12, 5 ff. lim., 139 p. et 2 ff. de table. — *Amsterdam, Paul Marret,* 1708, in-12.

Traité des bénéfices ecclésiastiques, par M. P. G. (P. Gohard), curé de Montfort-l'Amaury. *Paris,* 1734, 3 vol. in-4. — 2e édition, publiée par l'abbé de Brezolles. *Paris,* 1763, 1765, 7 vol. in-4.

Traictié (le) des bestes, oyseaux, poissons, pierres precieuses et orines du jardin de santé. (Par Jean Cuba.) Trad. de latin en françois. *Paris, A. Vérard, s. d.,* in-fol., fig.

Cet ouvrage forme le tome II de « *Ortus sanitatis* translaté de latin en françois. » Voy. Brunet, « Manuel du libraire », 5e éd., tome II, col. 342.

Traité des bornes de la puissance ecclésiastique et de la puissance civile... Par un conseiller de grand'chambre (DELPECH DE MÉRINVILLE). *Amsterdam, F. Changuion,* 1734, in-8.

Même ouvrage, sauf quelques changements, que celui de Le Vayer de Boutigny qui a pour titre « Dissertations sur l'autorité légitime des rois... » Voy. IV, 1091, e.

Traité des cas réservés au pape. (Par G.-N. MAULTROT.) *S. l.,* 1785, 2 vol. in-12.

Traité des cas réservés aux évêques. (Par G.-N. MAULTROT.) *S. l.,* 1786, 2 vol. in-12.

Traité des causes, des accidents et de la cure de la peste, avec un recueil d'observations... (Par Jean SENAC.) *Paris, Pierre-Jean Mariette,* 1744, in-4, 878-IV p.

C'est par erreur que divers bibliographes ont indiqué Fr. CHICOYNEAU comme collaborateur de Senac dans la rédaction de cet ouvrage.

Traité des causes du ris...

Voy. « Traité du ris... »

Traité des causes et raisons de la prise d'armes faite en janvier 1589, et des moyens pour appaiser nos présentes afflictions. *S. l.,* 1589, 1590, in-8.

Réimprimé dans le tome II, page 1 des « Mémoires » de Louis DE GONZAGUE, duc DE NEVERS, qui en est l'auteur. Paris, 1665, in-folio.

Traité des causes physiques et morales du rire, relativement à l'art de l'exciter. (Par Louis POINSINET DE SIVRY.) *Amsterdam, Rey,* 1768, in-8, 134 p.

Traité des cérémonies superstitieuses des Juifs tant anciens que modernes (traduit du latin de SPINOSA, par DE SAINT-GLAIN). *Amsterdam, Jacob Smith,* 1678, in-12, 15 ff. lim., 531 p., 14 ff. de table, 1 f. d'errata et 30 p. pour les remarques.

Il existe 2 éditions sous la même date, qui n'offrent que des différences typographiques insignifiantes. Cet ouvrage a paru sous trois titres. Voy. « Clef du sanctuaire », IV, 615, e, et « Réflexions curieuses », ci-dessus, col. 121, d.

Traité des communes, ou observations sur leur origine et état actuel... *Paris, Desaint,* 1770, in-8. — *Paris, Colombier,* 1776, in-8.

C'est le « Traité politique et économique des communes », publié en 1770 par le comte D'ESSUILE. Cependant le libraire Colombier a joint à ses exemplaires un privilége daté du 9 juillet 1777.

Traité des conformités du disciple avec son maître, c'est-à-dire de saint François avec Jésus-Christ, etc. Le tout recueilli par un Frère mineur récollet (Valentin MARÉE). *Liége,* 1658-60, 4 parties en 3 vol. in-4.

Ouvrage dont il est très-rare de rencontrer les quatre parties réunies. C'est une traduction du célèbre *Liber conformitatum* de Barth. ALBIZZI.

Traité des connoissances nécessaires à un notaire, contenant des principes sûrs pour rédiger avec intelligence toutes sortes d'actes et de contrats ; avec des formules dressées sur ces mêmes principes. (Par BLONDELA.) *Paris, Edme,* 1774-1790, 6 vol. in-12.

Cet ouvrage est demeuré incomplet ; le 6e volume n'est point de Blondela.

Traité des contrats de mariage. (Par GUERIN DE TUBERMONT.) *Paris, Beugnié,* 1718, in-12.

Traité des couleurs pour la peinture en émail et sur la porcelaine, précédé de l'art de peindre sur l'émail, ouvrage posthume de M. D'ARCLAIS DE MONTAMY. (Publié avec des augmentations par D. DIDEROT.) *Paris, Cavelier,* 1765, in-12.

Traité des courbes algébriques. (Par M.-B. GOUDIN et A.-P. DIONIS DU SÉJOUR.) *Paris, Charles-Antoine Jombert,* 1756, in-12.

Traité des criées, ventes des immeubles et des offices par décret. (Par J.-A. TABAULT.) *Dijon,* 1747, 2 vol. in-4. — *Paris,* 1761, 2 vol. in-4.

Traité des danses, auquel est amplement résolue la question de savoir s'il est permis aux chrétiens de danser. (Par Lambert DANEAU.) *S. l.,* par Fr. Estienne, 1579, in-8. — *S. l.* (Genève), 1580, in-8, 99 p. — *S. l.,* 1582, in-12, 97 p. et 1 f. de table.

Traité des danses, auquel il est démontré qu'elles sont des accessoires et dépendances de paillardises, et par conséquent ne doivent point être en usage parmi des chrétiens. (Par Frère Ant. ESTIENNE, minime.) *Paris, Chesneau,* 1564, in-8.

On a du même auteur : « Remontrance charitable aux dames et damoiselles de France sur leurs ornemens dissolus, etc. » *Paris, Nivelle,* 1585, in-8. Voy. ci-dessus, col. 265, f.

Traité des délits et des peines (de César BONESANA, marquis DE BECCARIA), traduit de l'italien (par l'abbé André MOREL-LET), d'après la troisième édition, revue, corrigée et augmentée par l'auteur. Avec des additions de l'auteur qui n'ont pas encore paru en italien. *Lausanne*, 1766, in-12, XXXII-286 p. — *Amsterdam, E. van Harrevelt, s. d.*, in-8. — *Philadelphie*, 1766, in-8, XXVIII-148 p. — Nouvelle édition, corrigée ; précédée d'une correspondance de l'auteur avec le traducteur ; accompagnée de notes de DIDEROT, et suivie d'une théorie des lois pénales, par Jérémie BENTHAM, traduite de l'anglais par SAINT-AUBIN (le tout publié par les soins de P.-L. ROEDERER). *Paris, imprimerie du Journal d'économie publique*, an V-1797, in-8.

La première édition du texte est de *Milan*, 1764. Il y en eut 32 en Italie seulement en quelques années.

Traité des délits et des peines, traduit de l'italien de BECCARIA, par M. E. C. D. L. B. (E. CHAILLOU DE LISY, bibliothécaire), auquel on a joint plusieurs pièces intéressantes, savoir : « Jugement d'un professeur » ; « Réponse à un écrit intitulé « Notes et Observations sur le livre des Délits et des Peines ». *Paris, Bastien*, 1773, in-12.

Voy. « Observations sur un ouvrage traduit de l'italien... », VI, 641, c.
On trouve les noms du traducteur sur vingt-cinq exemplaires.

Traicté (le) des deux amans cest assavoir Guiscard et la belle Sigismonde. (Traduit du latin de Leonardus ARETINUS, en vers français, par Jehan FLEURY, dit FLORIDUS.) *Rouen, Th. Laisne, s. d.*, in-4, 18 ff. — *Aix, imp. de Pontier*, 1834, in-12, 19 ff. — (Tiré à 67 exemplaires.)

Cette traduction a été aussi publiée sous le titre de « Livre des deux amants », voy. V, 1328, *d*, ou sous celui de « Traicté tres plaisant et recreatif... » Voy. ces mots.

Traité des devoirs des pénitents et des confesseurs. (Par Fr.-Flor. BRUNET.) *Metz et Paris*, Onfroy, 1788, in-12.

Traité des diamants et des perles, par David JEFFRIES, traduit de l'anglois, sur la 2e édition. *Paris, de Bure*, 1753, in-8.

Le traducteur a signé l'épître dédicatoire: CHAPOTIN SAINT-LAURENT, de la Bibliothèque du roi.

Traité des différentes espèces de biens. (Par le P. P. LE COQ.) *Rouen*, 1778, in-12.

Traité des dixmes en général, suivant la jurisprudence ancienne et nouvelle ;

par M. L. M. (Jacq. LE MAIRE, avocat). *Paris, Mouchet*, 1731, 2 vol. in-12.

Traité des dispenses de carême, dans lequel on découvre la fausseté des prétextes qu'on apporte pour les obtenir... (Par Philippe HECQUET.) *Paris, F. Fournier*, 1709, in-12. — Seconde édition, augmentée de deux dissertations, l'une sur les macreuses, l'autre sur le tabac. *Ibid.*, 1710, 2 vol. in-12. — Nouvelle édit. *Cologne* (*Paris*), *Roderique*, 1741, 2 vol. in-12.

Traité des dispenses, divisé en deux parties. (Par Hubert LOYENS.) *Cologne*, 1687; *Paris*, 1693, in-12.

Voy. la table de Dupin.
P. Collet, dans la préface de son « Traité des dispenses », cite les deux éditions du Traité dont il s'agit ici, sans nommer leur auteur.

Traité des dispenses en général et en particulier, par le C. D. T. (le continuateur de Tournély, Pierre COLLET). *Paris*, 1742, 2 vol. in-12. — *Paris*, 1742, 2 vol. in-12. — *Paris*, 1758, 3 vol. in-12, et 1759, in-4. — Nouvelle édition, revue, refondue et corrigée par M. C*** (COMPAN), prêtre de la même Congrégation. *Paris, Varin*, 1788, 2 vol. in-8.

Traité des droits de l'État et du prince sur les biens possédés par le clergé. (Par l'abbé Etienne MIGNOT.) *Amsterdam* (*Paris*), *Arkstée et Merkus*, 1755-1757, 6 vol. in-12. — *Paris*, 1766, 6 vol. in-12.

Mis à l'*Index* le 21 nov. 1757.

Traité des droits de la reyne très-chrétienne sur divers Etats de la monarchie d'Espagne. (Par Ant. BILAIN, avocat.) *Paris, Impr. royale*, 1667, in-4, 273 p. — *Suivant la copie de l'Imp. royale* (*Amsterdam, Elzevier*), 1678, in-12, 318 p. et 3 ff.

L'abbé DE BOURZEIS a coopéré à cet ouvrage, qui a été traduit en latin (par J.-B. DUHAMEL). Il l'a été aussi en espagnol et en allemand. Plusieurs bibliographes attribuent cet ouvrage à Guy JOLY ; mais, suivant une note d'écriture ancienne trouvée par L.-T. Hérissant sur un exemplaire de l'édition in-12, Bilain reçut de Louis XIV 22,000 liv. pour ce travail. On a fait un abrégé de ce Traité sous le titre de « Dialogue sur les droits de la reine très-chrétienne ». *Paris, A. Vitré*, 1667, in-12, 67 p. Voy. IV, 947, *c*. Pour une réfutation de cet abrégé, voy. ci-dessus, « Suite du Dialogue », col. 581, *a*.

Traité des droits des communes et des bourgeoisies, contenant l'origine des titres et des qualités de nobles, bourgeois, de serf... Par M*** (César-Franç. VARSAVAUX)... *Paris, Saugrain fils*, 1759, in-12.

Traité des droits du génie, dans lequel ou examine si la connaissance de la vérité est avantageuse aux hommes et possible au philosophe. (Par Seguier de Saint-Brisson.) *Carolsrouhe*, *Macklott*, 1769, in-8.

Catalogue des livres rares et singuliers de M. *** (Le Duc). *Paris*, *de Bure frères*, 1819, in-8, nº 1745.

Une note écrite sur la première page de l'exemplaire de M. Le Duc révélait en effet le nom de Seguier.

C'est donc par une erreur typographique qu'on lit dans le Catalogue le mot *Regnier*, au lieu de *Seguier*. J.-J. Rousseau, dans ses « Confessions » et dans ses « Lettres », donne quelques détails sur la vie et les opinions de Seguier de Saint-Brisson.

Traité des droits du roi sur les bénéfices de ses Etats. Par M*** (Dominique Simonel). *S. l.* (*Paris*), 1752, 2 vol. in-4.

Mis à l'*Index* le 11 mars 1754.

Traité des eaux minérales d'Attancourt en Champagne. Avec quelques observations sur les eaux minérales de Sermaise. (Par Baugier.) *Châlons*, *Seneuze*, 1696, in-8, 20 ff. lim., 44 p. et 4 ff. d'approbations et de table.

L'auteur a signé l'épître. Réimprimé en 1864 à *Chaumont*, par J. Carnandet, in-8.

Traité des eaux minérales de Baignoles, contenant une explication méthodique sur toutes leurs vertus, leur situation et la route pour y arriver de toutes parts, par M***. (Attribué à Hélie de Cerny, lieutenant général du bailliage de Falaise.) *Alençon*, *Malassis aîné*, 1740, in-8, 52 p.

Traité des eaux minérales de Digne, où l'on examine leur nature et leurs propriétés, par M. Ric. (Ricavy), docteur en médecine. *Aix*, *les frères Mouret*, 1789, in-8, 56 p.

Traité des eaux minérales de Merlange, contenant : 1° l'analyse desdites eaux ; 2° plusieurs pièces qui tendent à constater l'état de leurs sources... (Publié par J. Tondu de Nangis, propriétaire des eaux.) *Paris*, *impr. de Quillau*, 1766, in-12, 1 f. de titre, vi-194 p. et 1 f.

Traité des élections d'héritiers contractuelles et testamentaires, par M. de Vulson ; nouv. édit., avec des notes et des augmentations, par M. (Théodose Sudre). *Toulouse*, 1753, in-4.

Traité des empêchemens du mariage, où l'on fait voir que le droit qu'ont les rois et les princes d'en établir à l'égard de leurs sujets n'a pu leur être ôté par violence ou par piété ; par un professeur en théologie (Jacques Boileau). *Cologne*, 1691, in-8.

Traité des énergumènes (par le cardinal de Bérulle), suivi d'un Discours sur la possession de Marthe Brossier, contre les calomnies d'un médecin de Paris (Marescot), par Léon d'Alexis. *Troyes*, 1599, in-8, 83 p.

Quérard a pris cet article tel qu'il était conçu dans le « Dictionnaire des anonymes », 2e édition. Il a, en conséquence, donné Léon d'Alexis comme pseudonyme du cardinal de Bérulle. Voy. « Supercheries », I, 260, d.

Mais le « Manuel du libraire », 5e édit. (t. II, col. 758), fait justement observer que, si le « Traité des énergumènes » a été réimprimé dans les « Œuvres du cardinal de Bérulle », il n'en est pas de même du Discours, et il peut se faire que ce nom de Léon d'Alexis soit un nom d'auteur véritable ou cache un autre auteur que le cardinal de Bérulle.

Pour l'ouvrage de Marescot, voy. « Discours véritable sur le faict de Marthe... », IV, 1051, a.

Traité des enfants naturels. (Par J.-Jos.-Fr. Rolland de Villargues.) *Paris*, *A. Bavoux*, 1810, in-8.

Traité des études, par Rollin ; nouvelle édition, stéréotypée d'Herhan, précédée de la Vie de l'auteur, accompagnée de notes historiques, et suivie d'une table des matières. Publié par M. G. de M. (Ph. Guéneau de Mussy) et A. R. (Ambroise Rendu). *Paris*, 1811, 4 vol. in-12.

D. M.

Traité des eunuques, dans lequel on explique toutes les différentes sortes d'eunuques, quel rang ils ont tenu... Par M*** D***. *S. l.* 1707, in-12.

La dédicace est signée : C. d'Ollincan (anagramme de Ch. Ancillon).

Traité des excommunications, par M. Phbt C. (Philibert Collet). *Dijon*, *aux dépens de l'autheur*, 1682, in-12.

Traité des feux artificiels pour la guerre et pour la récréation ; avec plusieurs belles observations, abrégez de géométrie, fortifications, horloges solaires et exemples d'arithmétique, en faveur des nouveaux étudiants ès mathématiques ; par le sieur F. D. M. (François de Malthe, connu plus tard sous le nom de Malthus). *Paris*, *Guillemot*, 1629, in-8.

Voy. « Supercheries », II, 24, a.

Traité des feux d'artifice pour le spectacle. (Par Perrinet d'Orval.) Nouvelle édition, toute changée et considérablement augmentée par M. F*** D. D. F. D. B.

(Amédée-Fr. FREZIER). *Paris, Nyon, 1747,* in-8, LIV p., 1 f. de priv., 496 p. et 13 planches.

L'édit. de *Berne, Wagner et Muller,* 1750, in-8, porte la signature de PERRINET D'ORVAL au bas de la dédicace.

Traité des fiefs, par BILLECOQ... Nouvelle édition, revue, corrigée et augmentée de notes considérables, par M*** (Ant.-Gasp. BOUCHER D'ARGIS), avocat au Parlement. *Paris, Durand,* 1749, in-4.

Traité des fièvres, où l'auteur découvre l'erreur des médecins anciens et modernes, tant en leur théorie que dans leur pratique. (Traduit du hollandois de Corneille BONTEKOE.) *Utrecht, Ribbius,* 1682, in-8.

Traité des fièvres, par HUXHAM; traduction françoise, revue et corrigée sur la dernière édition angloise de l'auteur (par Jean GOULIN). *Paris, d'Houry,* 1768, in-12.

Traité des finances et de la fausse monnoie des Romains (par DE CHASSIPOL), avec une dissertation sur la manière de discerner les médailles antiques d'avec les contrefaites (par Guill. BEAUVAIS). *Paris, Briasson,* 1739, in-12.

Traité des fonctions, droits et priviléges des commissaires enquêteurs... Par M*** (Daniel JOUSSE), conseiller au présidial d'Orléans. *Paris, de Bure l'aîné,* 1759, in-8.

Traité des fonds de commerce, ou jeu d'actions. (Par Isaac DE PINTO, juif portugais.) *Londres,* 1772, in-12.

Même ouvrage que « Traité de la circulation... » Voy. ci-dessus, col. 752, *d.*

Traité des fortifications, ou architecture militaire... *Paris, J. Hénault,* 1650, in-12. — 2e édit. *Amsterdam, J. Jeanson à E. Waesberge,* 1668, in-12. — *Mayence, L. Bourgeois,* 1668, in-12. — 4e éd. *Paris, J. Hénault,* 1668, in-12.

La dédicace de ce petit volume est signée des lettres L. P. G. F. D. L. C. D. J. (le Père Georges FOURNIER, de la Compagnie de Jésus).

Voy. « Supercheries », II, 976, *c.*

Traité des grueries seigneuriales. (Par J. HENRIQUEZ.) *Paris,* 1786, in-12.

Cet ouvrage forme le 2e vol. du « Code des seigneurs ». Voy. IV, 626, *a.*

Traité des hernies ou descentes, divisé en deux parties... (Par George ARNAUD.) *Paris, P.-G. Le Mercier,* 1749, 2 vol. in-12.

Traité des honoraires et rétributions des notaires pour toutes les opérations de leur ministère, mis en rapport avec le tarif de frais et dépens du 16 février 1807 et autres dispositions en vigueur. (Par DE COCQUIEL, ancien notaire.) *Anvers, Jouan,* 1840, in-8, 52 p.   J. D.

Traité des hydropisies ascite et encophlegmatique qui régnaient dans les marais du département de la Vendée, suivi de quelques observations particulières sur ces maladies, faites dans les pays circonvoisins. (Par TILLIER, D.-M. à Fontenay, Vendée.) *Paris, Croullebois, an XII-1804,* in-8.

Traité des indulgences contre le décret du Concile de Trente (traduit du latin de Martin CHEMNITZ). *Genève, Chouet,* 1599, in-8.

Traité des indulgences et du jubilé... (Par l'abbé J.-F.-H. OUDOUL.) *Paris, Pihan Delaforest,* 1826, in-12. — 2e éd. *Id.,* 1826, in-18.

Traité des jardins, ou le nouveau de La Quintinye... Par M. L. B*** (René LE BERRYAIS.) *Paris, Bélin,* 1775-1787, 4 vol. in-8.

L'auteur a publié un « Abrégé » de cet ouvrage, *Caen (Paris), Bélin,* 1793, 2 vol. in-12.

Traité des jugemens. (Par PONCET.) *Dijon,* 1820, 2 vol. in-8.

Traité des légions, ou mémoires sur l'infanterie. Quatrième édition. *La Haye, aux dépens de la Compagnie,* 1753, in-18, XXIV et 101 p. — Même édition. *La Haye et Paris, Prault,* 1757, in-18.

L'avis qui occupe XXIV pages est consacré par les libraires à expliquer comment et pourquoi, lors de la publication de la première édition, en 1753, ils ont cru pouvoir donner cet écrit comme un ouvrage posthume du maréchal de Saxe. Le véritable auteur est Ant. DE RICOUART, comte D'HEROUVILLE DE CLAYE.

Voy. « Supercheries », III, 611, *b.*

Traité des libertés de l'Eglise gallicane, laquelle composition montre la pureté et sincère intelligence de ces libertés. (Par LANIER DE L'EFFRETIER.) *Paris, G. Robinot,* 1608, in-12.

Le P. Le Long, qui paraît n'avoir connu l'édition de ce Traité que par les manuscrits de Dupuy, entre lesquels se trouve aussi une copie de cet ouvrage, est mon garant pour le nom de l'auteur; mais, en le faisant connaître au public, il n'aurait pas dû l'indiquer de manière à faire croire que l'ouvrage n'est pas anonyme. J'ai ce livre entre les mains, en écrivant ceci; et, sans le P. Le Long, je ne saurais pas de qui il est.

(Note de L.-T. Hérissant.)

Traité des loix civiles, par M. DE P. DE T. (C.-A. DE PILATI DE TASSULO). *La Haye*, *Gosse*, 1774, 2 vol. in-8.

Traité des loix, de CICÉRON, traduit par MORABIN (revu par P.-C.-L. BAUDIN, des Ardennes). *Paris*, 1772, in-12.

Traité des majorités coutumières et d'ordonnances ; par M*** (Pierre DE MERVILLE), ancien avocat au Parlement. *Paris, J. de Nully*, 1729, in-8.

Traité des maladies de la peau en général... Traduit de l'anglois du docteur TURNER, par M*** (P. BOYER DE PEBRANDIER). *Paris, J. Barrois*, 1743, 2 vol. in-12.

Traité des maladies des enfans, par UNDERWOOD, membre du Collége royal des médecins de Londres, traduit de l'anglois (par J.-B. LE FEBVRE DE VILLEBRUNE). *Paris, Théophile Barrois*, 1786, in-8.

Traité des maladies des femmes, par Jean VARANDÉE... reveu, augmenté d'annotations, et traduit en françois par J. B. (BONAMOUR). *Paris, R. de Ninville*, 1666, in-8.

Le traducteur a signé la dédicace.

Traité des maladies particulières aux pays orientaux et dans la route et leurs remèdes. Par M. C. D. (C. DELLON) D. E. M. *Amsterdam*, 1699, in-12.

Tirage à part de l'appendice du tome II de Dellon, « Relation d'un voyage des Indes orientales...» *Paris*, 1685. Réimprimé à la suite du « Nouveau Voyage aux grandes Indes...», par le sieur Luillier, *Rotterdam*, 1726.

Traité des maladies vénériennes... traduit du latin de M. ASTRUC... (par BOUDON et A.-F. JAULT, et retouché par l'auteur). *Paris, Cavelier*, 1740, 3 vol. in-12. — 3e éd. *Paris, veuve Cavelier*, 1754-1755, 4 volumes in-12. — 4e éd. *Paris, P.-G. Cavelier*, 1777, 4 vol. in-12.

La 1re édit. de cette traduction parut en 1734, in-4.

Traité des marques des possédés, et la preuve de la véritable possession des religieuses de Louviers. Par P. M. Esc. D. en M. (Par Simon PIETRE, sous les initiales de Michel MARESCOT, son beau-père.) *Rouen, Ch. Osmont*, 1644, in-4, 4-94 p.

Traité des matières bénéficiales, par M*** (Louis FUET). *Paris*, 1721, 1723, in-4.

Traité des matières criminelles, suivant l'ordonnance du mois d'août 1670. (Par

Gui DU ROUSSEAUD DE LACOMBE.) *Paris*, 1732, in-4.

Camus, dans sa « Bibliothèque de droit », ne cite que les éditions postérieures, qui portent le nom de l'auteur.

Traité des melons, par Jacques PONS (nouvelle édition, retouchée par Jacques SPON). *Lyon, Cellier*, 1680, in-12.

L'édition originale de ce Traité est de *Lyon*, 1583, in-8.

Traité des mésus, à l'usage du duché de Bourgogne, etc. (Par J.-B. LUCAN, avocat.) *Dijon, Causse*, 1772, in-8.

Traité des miracles, dans lequel on examine: 1° leur nature, et les moyens de les discerner d'avec les prodiges de l'enfer; 2° leurs fins; 3° leur usage. (Par l'abbé HERVIEUX DE LA BOISSIÈRE.) *Paris*, *Despilly*, 1763, 2 vol. in-12.

Traité des molécules premières, ou parties simples des corps. (Par M. le chevalier DE MARTILLAT.) *Clermont-Ferrand; et Paris, Béchet aîné*, 1819, in-8, 160 p.

Traité des monnoyes, par J. BOISARD, avec les traités d'alliage (par HINDRET DE BEAULIEU, inspecteur général des monnoyes de France). *Paris*, 1711, 1714, 2 vol. in-12.

Traité des monnoies pour un conseiller d'État; par Henry POULLAIN (revu par LE VERRIER). *Paris, F. Léonard*, 1709, in-12.　　　　　V. T.

La première édition est de 1621, in-8.

Traité des mouches à miel. *Paris*, 1690, in-12.

Dans l'exemplaire qui est à la Bibliothèque de l'Ecole de médecine de Paris, il y a beaucoup de notes manuscrites; une, entre autres, porte que ce Traité est fait par le curé de Courpalais, près de Rosoy-en-Brie.

Le village de Courpalais était, avant 1789, du diocèse de Sens.

Traité des moyens de rendre les rivières navigables... (Par BOUILLET, ingénieur.) *Paris, E. Michallet*, 1693, in-8, 4 ff. lim., 102 p., 1 f. de table et 12 planches.

Il y a eu une seconde édition en 1696.

Traité des mûriers, ou règles nouvelles sûres et faciles, pour les semer, planter et faire croître promptement... Par l'auteur du « Traité de la garance » (Louis LESBROS DE LA VERSANE). *Paris, veuve Pierres*, 1769, in-8.

Traité des négoces et traffiques ou contracts qui se font en choses meubles. Reiglement, et administration du bureau, ou chambre politique des marchahs. Prins des *Mémoires de L. D. M......* (Louis DE MAYERNE). *S. l. Pour I. Chouet*, 1599, in-8.

Traité des obligations selon les règles tant du for de la conscience que du for extérieur. (Par R.-J. POTHIER.) *Paris, Debure père*, 1761, 1764, 1768, 1774, 2 vol. in-12.

Traité des œillets. (Par le P. J.-P.-R D'ARDÈNE, de l'Oratoire.) *Avignon*, 1762, in-12.

Traité des peintures, applications, et procédés employés sur bois, sur étoffes, sur papier, orné de 30 planches... Par Armand R.... (Armand ROBIN). Deuxième édition. *Paris, imp. de Locquin*, 1833, in-18.

La 1ᵉ édit., publiée en 1832, porte le nom de l'auteur.

Traité des pétrifications. (Par Louis BOURGUET et Pierre CARTIER.) *Paris, Briasson*, 1742, in-4.

Traité des prairies artificielles, des enclos et de l'éducation des moutons de race angloise. (Par DE MANTE.) *Paris, Hochereau*, 1778, in-4.

Traité des prêts de commerce, où l'on compare la doctrine des scholastiques sur ces prêts avec celle de l'Ecriture sainte et des saints Pères. Par M*** (l'abbé Etienne MIGNOT), docteur de la Faculté de théologie de Paris. *Lille, P. Mathon*, 1738, in-4. — *Paris, Vincent*, 1759, 4 vol. in-12. — *Amsterdam, Vincent*, 1767, 4 vol. in-12.

Suivant Picot, dans la « Biographie universelle », art. Mignot, ce Traité, attribué d'abord à l'abbé Boudon, aurait pour auteur Aubert, docteur de la Sorbonne et curé de Chanes, au diocèse de Mâcon. Celui-ci étant mort, son travail aurait été revu par l'abbé Mignot.

Mignot a publié en 1770, *Paris, Knapen*, in-12, un 5ᵉ volume pour répondre à l'abbé de La Porte, qui avait attaqué le « Traité » dans ses « Principes théologiques, canoniques et civils sur l'usure ». Voy. VI, 1040, f.

Traité des principes de la foi chrétienne. (Par Jacq.-Jos. DUGUET, avec un avertissement par le P. P.-B. LENET, génovéfain.) *Paris, Guérin*, 1736, 3 vol. in-12.

Traité des projectiles appliqué au tir des bouches à feu, par le citoyen Jean-Louis LOMBARD, professeur aux écoles d'artillerie, à Auxonne (l'avertissement et la préface, rédigés par C.-N. AMANTON, avocat, ancien maire d'Auxonne). *Dijon, Frantin*, an V-1797, in-8.

Voy. « Recherches biographiques sur le professeur Lombard », note 18, p. 43.

Traité des propres réels, réputez réels et conventionnels... Par P. H. D. R. (Philippe DE RENUSSON), avocat au Parlement. *Paris, Nic. Le Gras*, 1681, in-fol.

Traité des propriétés communes à toutes les courbes, suivi d'un mémoire sur les éclipses du soleil. (Par M.-B. GOUDIN.) *Paris, Didot l'aîné*, 1788, in-4.

Traité des quantités incommensurables où sont décidées plusieurs belles questions des nombres... I. N. T. Q. L. (Par Jacq.-Alex. LE TENNEUR.) *Paris, Dedin et Boulanger*, 1640, in-4, 6 ff. lim., 289 p. et 1 f. d'errata.

Voy. « Histoire de l'Académie françoise », par Pélisson, édition de d'Olivet, 1730, in-12, tome I, p. 182.

Traictié (le) des quatre degrez d'amour et charité violente. (Par Thomas GAILLARD.) *Imprimé au Champ-Gaillard*, 1507, pet. in-8 goth.

Voy. Brunet, « Manuel du libraire », 5ᵉ édit., II, 1441.

Traité des refus publics et secrets de la communion à la sainte table ou en maladie... avec des maximes sur la distinction et les droits des deux puissances, spirituelle et temporelle. (Par Dominique SIMONEL ou SIMONEL.) *Avignon*, 1754, 2 vol. in-12.

Traité des renoncules. (Par le P. J.-P.-R. D'ARDÈNE.) *Paris, Lottin*, 1746, in-8. — *Avignon*, 1763, in-12.

Traité des restitutions des grands, avec une lettre touchant quelques points de la morale chrétienne. (Par Claude JOLY.) *Hollande, Elzeviers*, 1665, in-12, 96 et 228 p. non compris le titre.

Il existe quatre éditions avec la même date. Voy. Pieters, « Annales de l'imprimerie des Elzevier », 2ᵉ édit., *Gand*, 1858, p. 330 et p. 464.

Le *Catalogus biblioth. Bultellianæ*, sous le numéro 697, attribue, par erreur, cet ouvrage à Armand DE BOURBON, prince DE CONTI. Il est à remarquer que l'ouvrage publié après la mort de ce prince, en 1665, sous le titre de « Devoirs des grands », est accompagné de son Testament, lequel est suivi de l' « Ordre des restitutions qu'il entend être faites pour réparer les fautes et les dommages faits par ses ordres ou par ses troupes ».

Traité des richesses.... (Par Ach.-Nic. Isnard, ingénieur.) *Lausanne, Fr. Grasset*, 1781, 2 vol. in-8.

Traité des rivières et des torrens, par le P. Frisi, traduit de l'italien, avec un Traité des canaux navigables (par Deserrey). *Paris, imp. roy.*, 1774, in-4.

Traitté des scrupules, de leurs causes, de leurs espèces, de leurs suittes dangereuses, de leurs remèdes généraux et particuliers, par l'auteur du « Traité de la prière publique » (Jacq.-Jos. Duguet). *Paris, Estienne*, 1717, in-12, 5 ff., 364 p. et la table. — *Ibid.*, 1718, in-12.

Voir sur ce livre un article du « Magasin pittoresque », année 1865, p. 64, et, dans le même recueil (1863, p. 391), une notice sur Duguet.

Traité des septante semaines de Daniel, du vœu de Jephté, etc. (Par Jean Le Blanc, ministre à Copenhague.) *Amsterdam, Royer*, 1708, in-12.

Même ouvrage que « Examen des septante semaines.... » Voy. V, 354, *a*.

Traité des servitudes, des héritages rustiques et urbains. (Par L. Astruc.) *Nimes*, 1775, in-12.

Traité des sons de la langue françoise. (Par l'abbé Boulliette.) *Paris, Hérissant*, 1760, in-8. — *Paris, Varin*, 1788, in-8.

Traité des sources de la corruption qui règne aujourd'hui parmi les chrétiens. (Par J.-Frédéric Osterwald.) *Amsterdam, Desbordes*, 1699, in-8. — *Amsterdam, Brunel*, 1709, 2 vol. in-12.

Réimprimé avec le nom du célèbre auteur.

Traité des successions, obligations et autres matières contenues dans les 3ᵉ et 4ᵉ livres des Institutes de Justinien... Par M. A*** (Jean-Ant.-Xav. Emery). *Avignon, F. Séguin*, 1787, in-4.

Traité des successions... par feu M. Denis Le Brun. Avec de nouvelles décisions et des remarques critiques. Par Mʳᵉ François-Bernard Espiard de Saux... Nouvelle édition, augmentée par M*** (Joseph-Adrien Sérieux), ancien avocat au Parlement. *Paris, Knapen*, 1775, in-fol.
D. M.

Traité des symboles, ou de l'invariable et perpétuelle foi et croyance des catholiques romains, par A. F. T. D. F. (Par Aug.-Fr. Thomas du Fossé.) *Imprimé à Genève, sur les cendres de Michel Servet*, 1806, in-8, 76 p.

Un abrégé de cette brochure, imprimé à Caen l'an III

de la République française, est intitulé : « Catéchisme des catholiques romains. »

Traité des systèmes, par l'auteur de l' « Essai sur l'origine des connoissances humaines » (l'abbé Et. Bonnot de Condillac). *La Haye, Néaulme*, 1749, 2 vol. in-12.

Souvent réimprimé.

Traité des taillables ou mainmortables, par monsieur *** (Spectable-Gaillard Bailly, avocat au souverain Sénat de Savoie). *Dijon, Ant. de Fay*, 1712, in-4, 33 p.

Traité des talismans ou figures astrales, dans lequel est montré que leurs effets et vertus sont naturels, enseigné la manière de les faire et de s'en servir avec un profit et avantage merveilleux ; ou les talismans justifiés ; la poudre de sympathie victorieuse, et l'apologie du grand œuvre, ou elexir des philosophes, dit vulgairement pierre philosophale. Par D. B. (Jean-Alb. Belin). *Paris, de Bresche*, 1658, in-12. — 3ᵉ éd. 1674, in-12.

Traité des tentations, ouvrage posthume du R. P. J. Michel, de la Compagnie de Jésus, revu et publié par un membre de la même Compagnie (le P. Féraud). *Avignon, Séguin aîné*, 1840, in-18, 1 f. de tit. et 48 p.

Réimprimé à la suite du « Traité du découragement... » Voy. ci-après, col. 792, *c*.

Traité des tournois, joustes, carrousels et autres spectacles publics. (Par le P. Claude-François Menestrier.) *Lyon, J. Muguet*, 1669, in-4, vign.

Traité des transactions, d'après les principes du Code civil ; suivi de la discussion du projet de loi sur les transactions... Par J.-B.-F. M*** (Jean-Baptiste-Firmin Marbeau), avocat à la Cour royale de Paris. *Paris, Nève*, 1824, in-8.
D. M.

Traité des trois imposteurs. *S. l. n. d.* (*Amsterdam, M.-M. Rey*, vers 1768), in-8. — *Yverdon*, 1768, in-8. — *Amsterdam*, 1775, in-8. — *Id.*, 1776, in-8, 140 p. *Id.*, 1777, in-8. — *En Suisse, de l'imp. philosophique*, 1793, in-12, 1 f. de tit., 168 et III p.

Le titre de ce livre a suffi pour lui donner de la vogue, bien des lecteurs ayant pu le considérer comme la traduction du fameux ouvrage latin *de Tribus Impostoribus*, dont l'existence a été longtemps un problème. Voy., parmi les anonymes latins, les mots de *Tribus Impostoribus*.

Quant à l'ouvrage français du même titre, ce n'est que « la Vie et l'Esprit de M. Benoît Spinoza », rédigé suivant Prosper Marchand, par VROÈS, conseiller de la cour de Brabant à La Haye, et revu, pour la partie du style, par Jean AYMON et J. ROUSSET. Le même Prosper Marchand prouve assez bien que ce dernier ouvrage ne peut être du médecin LUCAS, disciple de Spinoza.

L' « Esprit de Spinoza » ne consistait d'abord qu'en six chapitres, dans l'ordre suivant : Chapitre I. De Dieu. — Chapitre II. Des Raisons qui ont porté les hommes à se figurer un être invisible, ou ce qu'on nomme communément Dieu. — Chapitre III. Ce que signifie ce mot Religion ; comment et pourquoi il s'en est glissé un si grand nombre dans le monde. — Chapitre IV. Vérités sensibles et évidentes. — Chapitre V. De l'Ame. — Chapitre VI. Des Esprits qu'on nomme démons.

Que l'on ouvre le « Traité des trois imposteurs », et l'on y remarquera ces six chapitres avec tous leurs paragraphes.

On ajouta différents morceaux à cet ouvrage, et, en 1719, on le fit imprimer en Hollande, le tout formant vingt-un chapitres, en y ajoutant la « Vie de Spinoza », qui avait paru pour la première fois à *Amsterdam*, la même année 1719, dans le tome X des « Nouvelles littéraires » de du Sauzet.

L' « Esprit de Spinoza » fut réimprimé en 1720 sous ce titre : *de Tribus Impostoribus, « des Trois imposteurs. » A Francfort-sur-le-Mein, aux dépens du traducteur*, in-4. Ces deux éditions sont très-rares.

Ce ne fut qu'en 1768 environ que l'on redonna l'ouvrage sous le titre de « Traité des trois imposteurs ». L'édition non tronquée de la « Vie de Spinoza », avec des notes d'un autre disciple de Spinoza (Richer LA SELVE), sous la date de 1735, à *Hambourg*, n'est autre chose que la première partie du volume imprimé en 1719, l'autre ayant été brûlé par Prosper Marchand, au nombre de trois cents exemplaires. Voy. le « Dictionnaire historique » de Prosper Marchand, au mot Impostoribus.

Crevenna possédait un manuscrit du « Traité des trois imposteurs » et de la Dissertation sur ce Traité, le tout daté de 1716. Voy. son précieux Catalogue, 1776, in-4, t. l, p. 145.

Cet ouvrage a été mis à l'index le 28 août 1783.

Traité des trois imposteurs, des religions dominantes et du culte, d'après l'analyse conforme à l'histoire. (Par C.-F.-X. MERCIER, de Compiègne.) *Philadelphie et Paris, Mercier de Compiègne*, 1796, in-8, 80 p., avec trois gravures.

Traité des tulipes, avec la manière de les bien cultiver, leurs noms, leurs couleurs et leur beauté. *Paris, C. de Sercy*, 1678, in-12, 118 p.

C'est l'ouvrage de Ch. DE LA CHESNÉE-MONSTEREUIL, publié à Caen en 1654, in-8, sous le titre de « Floriste françois. » Voy. « Bibliographie agronomique » (par M. Musset-Pathay), *Paris, Colas*, 1810, in-8, p. 90.

Traité des tulipes, qui non-seulement réunit tout ce qu'on avoit précédemment écrit de raisonnable, etc. (Par le P. J.-P.-R. D'ARDÈNE.) *Avignon*, 1760, in-12.

Traité des tumeurs et des ulcères...

(Par J. ASTRUC.) *Paris, P.-G. Cavelier*, 1759, 2 vol. in-12.

Traité des tutelles et curatelles, avec un commentaire sur l'édit des secondes noces et celui des mariages clandestins, par J. G. (Jean GILLET). *Paris*, 1656, 1686, in-4.   V. T.

La première édition de ce Traité est de 1623, in-8, avec le nom de l'auteur.

Traité des usures, ou explication des prêts et des intérêts par les lois qui ont été faites en tous les siècles ; avec permission. (Par Philibert COLLET, avocat.) *Lyon*, 1690, in-12. — *Paris, Guignard*, 1693, in-12.

Traité des vernis, où l'on donne la manière d'en composer un qui ressemble parfaitement à celui de la Chine... (Traduit de l'italien du P. BONANNI, jésuite, par A.-J. DEZALLIER D'ARGENVILLE, ou par DUFAY, du Jardin des plantes.) *Paris, L. d'Houry*, 1723, in-12, 6 ff. lim., 206 p. et 1 f. d'errata.

En 1780, on a mis un nouveau frontispice à cette traduction. Voy. « Traité de la composition des vernis... », ci-dessus, col. 753, b. Elle a été réimprimée en 1802.

Traité des vertus et des récompenses, par Hyacinthe DRAGONETTI, trad. en françois par un capitaine d'artillerie du roi et de la république de Pologne (J.-C. PINGEBON). Italien et françois. *Naples, J. Gravier*, 1767, in-8.

Le traducteur revint à Paris la même année ; ayant remarqué de graves incorrections, soit dans le texte de cet ouvrage, soit dans la traduction qu'il avait laissée manuscrite entre les mains du libraire Gravier, il publia une nouvelle édition de ce texte et de sa traduction, *Paris*, 1768, in-12, avec son nom sur le frontispice.

Traité des vertus médicinales de l'eau commune... Par M. SMITH... (Traduit par P. NOGUEZ.) On y a ajouté le Traité de l'eau du docteur HANCOK, intitulé : « Febrifugium magnum... » Traduit de l'anglois (par le P. J.-P. NICERON). Avec les thèses de messieurs HECQUET et GEOFFROY sur l'eau. *Paris, G. Cavelier fils*, 1725, in-12. — 2e éd. *Id.*, 1726, in-12.

NOGUEZ a signé l'épître.

La 1re édition de la traduction du « Grand Fébrifuge » parut en 1724.

Ce Traité a été réimprimé dans l'ouvrage intitulé : « Vertus médicinales.... » Voy. ces mots.

Traité des voitures, etc., avec la construction d'une berline nommée l'inversable. (Par Fr.-Alex. GARSAULT.) *Paris, Damonneville*, 1756, in-4.

Traité dogmatique et historique de la constitution *Unigenitus*. (Par l'abbé F. IL-HARAT DE LA CHAMBRE.) *Utrecht (Paris)*, 1738, 2 vol. in-12.

Traité dogmatique et moral de l'espérance chrétienne. (Par l'abbé Louis TROYA D'ASSIGNY.) *Avignon (Paris)*, 1753, 1755, 2 vol. in-12.

Traité dogmatique et moral de la justice chrétienne. (Par le P. Bernard LAMBERT, dominicain.) *En France*, 1788, in-12.

Cet ouvrage serait mieux intitulé : « Traité de la perfection chrétienne. » L'auteur, en effet, a pour but de former les chrétiens à la pratique de toutes les vertus.

Traité dogmatique sur les faux miracles du temps (de Fr. Pâris, par l'abbé J.-B.-N. LE ROUGE, doct. de Sorbonne). *S. l.*, 1737, in-4.

Traité du beau. — De la Philosophie des Chinois. (Par Denis DIDEROT.) *Amsterdam*, 1772, in-8.

Traité du bonheur, par M. F*** (FOR-MENTIN). *Paris, J. Guilletat*, 1706, in-12.

L'épître est signée par l'auteur.

Traité du célibat. (Par L.-P. DE LON-GUE.) *Andrinople*, 1734, in-12.

Même ouvrage que les « Princesses malabares... » Voy. VI, 1026, c.

Traité du choix et de la méthode des études, par l'abbé FLEURY ; nouvelle édition, revue, corrigée et augmentée de plus d'un tiers, d'après un manuscrit de l'auteur, nouvellement recouvré. (Publiée par René LEPRINCE le jeune.) *Nismes et Paris*, 1784, in-12.

Traité du commencement et première invencion des monnoyes. *Bruges, Colard Mansion, s. d.*, in-4.

C'est la traduction française anonyme de l'ouvrage intitulé : *de Mutatione monetarum ac variatione facta per reges*, que Nicolas ORESME composa pour Charles V et qui parut imprimé pour la première fois à *Paris, Thomas Keet*, in-4, au commencement du XVIe siècle. (Van Praet, p. 64 de sa notice sur Colard Mansion.)

Traité du commerce de terre et de mer. (Par COUCHOT.) *Paris*, 1710, 2 vol. in-12.

Traité (de la) du commerce des nègres, traduit de l'anglois de CLARKSON (par MAUBERT). *S. l.* (vers 1788), in-8.

Traité du contrat de change, de la négociation qui se fait par la lettre de change, des billets de change et autres billets de commerce. (Par R.-J. POTHIER.) *Paris, Debure*, 1763, in-12, VIII-258 p. et 2 ff.

Traité du contrat de constitution de rente. Par l'auteur du « Traité des obligations » (R.-J. POTHIER). *Paris, Debure*, 1763, in-12, VIII-275 p.

Traité du contrat de mariage, par l'auteur du « Traité des obligations » (R.-J. POTHIER)... Suivi d'un commentaire sur les dispositions du Code Napoléon relatives au mariage... Par M*** (J.-B.-J. PAILLET), avocat. *Paris, Letellier*, 1813, 2 vol. in-8.

Traité du contrat de mariage suivant les principes du Code civil, avec des modèles et formules des contrats de mariage, inventaires, liquidations et partages, suivant le régime en communauté et suivant le régime dotal. Par l'auteur du « Nouveau Style des notaires de Paris ». *Paris, chez J.-A. COMMAILLE, homme de loi*, 1804, 2 vol. in-8.

Tous les exemplaires sont signés par l'auteur.

Traité du découragement dans les voies de la piété, suivi du Traité des tentations, ouvrage posthume du R. P. J. MICHEL, de la Compagnie de Jésus. Revu par un membre de la même Compagnie (le P. FÉRAUD). *Avignon, Séguin aîné*, 1840, in-18, 108 et 48 p.

Ces deux Traités ont été aussi publiés chacun avec un titre particulier.

La 1re édition, *Marseille*, 1788, in-12, porte le nom de l'éditeur.

Traité du délit commun et cas privilégié, ou de la puissance légitime des juges séculiers sur les personnes ecclésiastiques, par B. M. (Benigne MILLETOT). *Dijon*, 1611, in-8.

Réimprimé en 1615, avec des additions considérables.

Traité du déluge, par l'auteur de la « Méthode d'un thermomètre universel » (SCHMIDT). *Basle, Tourneisen*, 1761, in-4.

Traité du département de Metz. (Par Nic.-Fr.-Xav. STEMER, secrétaire de l'intendance.) *Metz, Colignon*, 1756, in-4, 474 p., avec une carte.

L'auteur a signé la dédicace.

Traité du devoir et de la vie des évêques, traduit de l'espagnol de Louis DE GRENADE, dominicain (par Jacques BOILEAU). *Paris, Léonard*, 1670, in-12.

Traité du discernement des esprits, par

le card. Bona; trad. en françois par l'A.
D. H. F. (l'abbé G. Le Roy, abbé de
Haute-Fontaine). *Paris, Billaine*, 1675,
in-12. — *Paris*, 1701, in-12.

Traité du douaire, par l'auteur du
« Traité des obligations » (R.-J. Pothier).
Paris, Debure, 1770, in-12.

Traité du droit d'habitation, des donations et du don mutuel, avec l'interprétation de l'art. 68 de la coutume de Dunois,
par l'auteur du « Traité des obligations »
(R.-J. Pothier). *Paris, Debure*, 1771,
in-12.

Traité du droit de bâtir moulin et des
bannalités en général. Par M. L. C. M.
(L.-C. Manesse), avocat au Parlement
de Douai. *Paris, Prault*, 1785, in-12, 1 f.
de titre, xviii-287 p. et 2 ff. d'approb.

Le nom de l'auteur se trouve dans l'approbation.

Traité du droit de chasse. (Par F. de
Launay.) *Paris, G. Quinet*, 1681, in-12,
5 ff. lim. et 185 p.

L'auteur a signé l'épître.

Traité du droit de domaine de propriété, par l'auteur du « Traité des obligations » (R.-J. Pothier). *Paris, Debure*,
1772, in-12.

Traité du formulaire, où l'on examine
à fond l'affaire du jansénisme quant au
fait et quant au droit. (Par l'abbé Fr.
Ilharat de La Chambre et l'abbé J.-O.
Joly de Fleury.) *Utrecht, N. Le Fèvre*,
1736, 3 vol. in-8.

Traité du fouet et de ses effets sur le
physique de l'amour, ou aphrodisiaque
externe. Ouvrage médico-philosophique...
Par D**** (F.-Amédée Doppet), médecin.
S. l., 1788, in-8.

Cet ouvrage a paru la même année sous le titre :
« Aphrodisiaque externe... » Voy. IV, 233, c.

Traité du gouvernement spirituel et
temporel des paroisses, par M*** (Dan.
Jousse). *Paris, Debure*, 1769, in-12.

Traité du jauge de la marine et de la
navigation, scavoir : navires de guerre,
flibots, galiottes, heux, barques, vaisseaux, bellandes et autres. (Par Ant.
Montoiret de Blainville.) *Rouen*, 1698,
in-12, 48 p.

Catalogue de Nantes, n° 62692.

Traité du jeu du whisth, en forme de
vocabulaire raisonné. (Par Sourdes.)
Paris, 1809, in-12.

Traité du mal et de la réparation. (Par
le président Joly.) *Dijon, Bidault*, 1770,
2 vol. in-12.

Traité du mariage et de sa législation,
par M. P. D. T. (C.-A. de Pilati de Tassulo). *La Haye, Gosse*, 1776, in-8.

Traité du mélo-drame, ou réflexions
sur la musique dramatique. (Par Laurent
Garcin.) *Paris, Vallat-La-Chapelle*, 1772,
in-8, xxxii-380 p. et 2 ff. de privilège.

Voy. mon « Supplément à la correspondance de
Grimm », 1814, in-8, p. 373.

Traité du mélodrame, par MM. A! A! A!
(Abel Hugo, Armand Malitourne, J. Ader).
Paris, Gillé, 1817, in-8, 80 p.

Traité du parallèle et équilibre des me-
sures et poids dont on se sert en France...
(Par Scellier de Malfosse.) *Rennes, Fr.
Vatar*, 1693, in-8, 6 ff. et 47 p., fig.

Traité du poëme épique, par le P. Le
Bossu, génovéfain; sixième édition, augmentée de remarques, d'un Discours préliminaire sur l'excellence de l'ouvrage
(par Hyacinthe Cordonnier, plus connu
sous le nom de Themiseul de Saint-Hyacinthe), et d'un Abrégé historique de la
vie de l'auteur (par le P. P.-F. Le Courayer). *La Haye, H. Scheurleer*, 1714,
in-8.

Traité du point d'honneur. (Par Ant.
de Courtin.)

Voy. ci-devant, « Traité de la paresse », col. 763, e.

Traité du pouvoir absolu des souverains, pour servir d'instruction, de consolation et d'apologie aux Eglises réformées de France qui sont affligées. (Par
Elie Merlat, ministre réfugié à Lausanne.)
Cologne, Cassander, 1685, in-12, 336 p.

Traité du pouvoir de l'Eglise et des
princes, sur les empêchemens du mariage.
(Par Jean Gerbais.) *Paris*, 1698, in-4.

Traité du pouvoir des évêques, lorsqu'il
y a empêchement de s'adresser au Saint-
Siége; traduit du portugais d'Antonio
Pereira, de la Congrégation de l'Oratoire
(par P.-O. Pinault), avec des notes du
même. *Lyon*, 1772, in-8.

Traité du pouvoir du magistrat politique sur les choses sacrées, traduit du
latin de Grotius (par C.-A. Lescalopier
de Nourar). *Londres (Paris)*, 1751, in-12.

Traité du purgatoire, auquel sont con-
sultées les opinions des nouveaux évan-

gélistes de ce temps. (Par Gentian HERVET.) *Reims*, 1562, in-8.

Traité du récitatif dans la lecture, dans l'action publique, dans la déclamation et dans le chant; avec un Traité des accents, de la quantité et de la ponctuation. (Par J.-L. LE GALLOIS, sieur DE GRIMAREST.) *Paris*, 1707, in-12. — Nouvelle édition, augmentée. *Amsterdam*, 1740, in-12.

Traité du ris, contenant son essance (*sic*), ses causes, et mervelheus (*sic*) effais, curieusement recherchés, raisonnés et observés, par Laur. JOUBERT..., item la cause morale du ris de Democrite, expliquee et temognee par HIPPOCRATE (trad. du grec en français, par M.-J. GUICHARD); plus un dialogue sur la cacographie fransaise (*sic*) (par JOUBERT), avec des annotacions sur l'ortographie de M. JOUBERT (par Christophle DE BEAUCHATEL). *Paris*, *Nicolas Chesneau*, 1579, in-8.

Le premier livre de cet ouvrage, *Lyon, Jean de Tournes*, 1560, parut sous le titre de « Traité des causes du ris... »

On ne connaît qu'un exemplaire de cette édition, comme le constate M. R. de Chantelauze dans son « Supplément aux Œuvres du chanoine Papon » (voy. « Supercheries », II, 500, e). Cet exemplaire a figuré sous le numéro 781 du Catalogue de la vente Randin et Rostain. *Paris, A. Claudin*, 1873, in-8.

L'auteur déclare, dans son épître dédicatoire à la reine de Navarre, qu'il avait écrit cet ouvrage en latin, et que c'était sa première œuvre. Il assure que Louis PAPON, fils puîné du jurisconsulte Papon, traduisit le premier livre presque à la dérobée et le fit imprimer. Les deux autres livres furent traduits longtemps après, ajoute l'auteur, par Jean-Paul ZANGMAISTRE, jeune Allemand, son disciple. La Croix du Maine, à l'article de ce dernier, cite plusieurs passages des lettres de Joubert, qui prouvent que le « Traité du ris » a été composé en français et que la traduction de Zangmaistre est une supposition. C'est sans doute cette assertion de La Croix du Maine qui a déterminé Baillet à placer Papon et Zangmaistre dans sa « Liste des auteurs déguisés ». On doit regretter de ne trouver aucune discussion sur cet article dans la « Notice historique et bibliographique sur la vie et les ouvrages de Laurent Joubert » par M. AMOREUX, médecin naturaliste, ancien bibliothécaire, etc. *Montpellier*, 1814, in-8.

Traité du sacrifice de Jésus-Christ. (Par l'abbé Fr. PLOWDEN.) *Paris*, *veuve Desaint*, 1778, 3 vol. in-12.

Traité du saint sacrifice de la messe, adressé à une dame de qualité nouvellement convertie. (Par l'abbé Th. GOULD.) *Paris*, *J.-B. Coignard*, 1724, in-12.

Traité du schisme... (Par le P. Jacq. LONGUEVAL.) *Bruxelles*, *S. T° Serstevens*, 1718, in-8.

Voy. « Réfutation abrégée... », ci-dessus, col. 176, d.

Traité du scorbut... Traduit de l'anglois de M. LIND... (par Jacques SAVARY et Th. CARRÈRE, médecins), auquel on a joint la traduction du Traité du scorbut de BOERHAAVE, commenté par M. VAN SWIETEN. *Paris*, *Ganeau*, 1756, 2 vol. in-12. — *Paris*, *Méquignon*, 1788, 2 vol. in-12.

Traité du scorbut, où l'on peut connaître la plupart des maladies qui arrivent sur la mer... (Par Nicolas VENETTE.) *La Rochelle et Paris*, *S. Benard*, 1671, in-12, 8 ff. lim., 219 p. et 2 ff. d'approbation et de privilége.

L'épître est signée N. V., méd. de La Rochelle.

Traité du second avénement du Fils de Dieu, contenant sept sermons recueillis des exhortations capitulaires du P. Guillaume BOURGLABBÉ, prieur-vicaire de l'abbaye de Saint-Victor-lès-Paris (par F.-J. HEURTAULT). *Paris*, *J. Corbon*, 1597, in-12.

Traité du secret de la confession, pour servir d'instruction aux confesseurs et pour rassurer les pénitens, avec un supplément. (Par Estienne LOCHON.) *Paris*, *Simart*, 1708 et 1710, 2 vol. in-12.

Traité du Sénat romain, traduit de l'anglois de MIDDLETON, avec des notes. Par M. D*** (A.-M. DAIGNAN D'ORBESSAN). *Montauban*, *et Paris*, 1753, in-12.

Traité du sens littéral et du sens mystique des SS. Ecritures. (Par l'abbé M.-A. LÉONARD.) *Paris*, *Vincent*, 1727, in-12.

On croit, dit l'abbé Goujet, « Catalogue manuscrit de sa bibliothèque, » que l'abbé BOIDOT a eu part à cet ouvrage, ainsi qu'à la « Réfutation du livre des Règles... » Voy. ci-dessus, col. 183, f.

Traicté du soulphre, second principe de nature. Faict par le mesme autheur (Michel SENDIVOGIUS) qui a mis en lumière le premier principe, intitulé : « le Cosmopolite ». Traduit de latin en françois par F. GUIRAUD. Avec plusieurs autres opuscules du mesme suject. *Paris*, *Ab. Pacard*, 1618, in-8.

Voy. « le Cosmopolite », IV, 780, c.

Traité du soufre, traduit de l'allemand de STAHL (par le baron D'HOLBACH). *Paris*, *Didot*, 1766, in-12.

Traité du sublime ou du merveilleux dans le discours; traduit du grec de LONGIN; par M. D. (Nic. BOILEAU-DESPRÉAUX). *Paris*, *Thiboust*, 1694, in-12.

Traité du tabac, ou nicotiane, panacée, pétun, autrement herbe à la reine... composé premièrement en latin, par Jean NÉANDER.... et mis de nouveau en françois, par I. V. (Jacques VEYRAS). Œuvre très-utile... auquel avons ajouté un Traité de la thériaque (par L. CATELAN). *Lyon, Vincent*, 1626, in-8.

Traicté du tres hault et excellent mistere de l'incarnation du Verbe divin, extrait du Vieil et Nouveau Testament, demonstrant le chemin de l'œternelle fœlicité. (Par Jehan CABOSSE.) *Paris, Denis Janot*, 1541, pet. in-8.

Avec vingt jolies petites gravures sur bois qu'on retrouve en 1551 dans la « Tapisserie de l'église... » Voy. ci-dessus, col. 668, *d*.

Traité du triangle arithmétique. (Par Blaise PASCAL.) *Paris*, 1665, in-4.

Traité du tribunal de famille... (Par A.-C. GUICHARD.) *Paris*, 1791, in-8, 340 p.

Traité du véritable esprit de l'Eglise dans l'usage de ses cérémonies, ou réfutation du Traité de dom Claude de Vert (intitulé : « Explication simple, littérale et historique des cérémonies de l'Eglise », par l'évêque de Soissons, LANGUET DE LA VILLENEUVE DE GERGY). *Paris*, 1715, 1721, in-12.

Traité du vrai mérite de l'homme, considéré dans tous les âges et dans toutes les conditions; avec des principes d'éducation propres à former les jeunes gens à la vertu. (Par C.-F.-N. LE MAÎTRE DE CLAVILLE.) *Paris, Saugrain*, 1734, in-12.

Plusieurs fois réimprimé avec le nom de l'auteur.

Traité économique et physique des oiseaux de basse-cour... (Par P.-J. BUC'HOZ.) *Paris, Lacombe*, 1775, in-12.

Le nom de l'auteur se trouve dans le privilége. Réimprimé en 1782 et en 1783, avec le nom de l'auteur, sous le titre de « Trésor des laboureurs dans les oiseaux de basse-cour ».

Traité économique et physique du gros et menu bétail... (Par P.-J. BUC'HOZ.) *Paris, Lacombe*, 1778, 2 vol. in-12.

Traité économique sur les abeilles, par un curé comtois (J.-B. LAPOUTRE). *Besançon, Couché*, 1763, in-12.

Traité élémentaire d'algèbre, par un professeur de mathématiques (P. AUBERT, jésuite). *Bruxelles, Greuse*, 1847, in-8.

J. D.

Traité élémentaire d'arithmétique. (Par

SPITZ, professeur à Nancy.) *Nancy*, an IX, in-8.

Réimprimé en 1805, avec le nom de l'auteur.

Traité élémentaire d'arithmétique, à l'usage de l'Ecole centrale des Quatre-Nations. Deuxième édition. *Paris, Duprat*, an VIII, in-8.

La préface est signée L. C. (S.-F. LACROIX). Souvent réimprimé avec le nom de l'auteur.

Traité élémentaire d'arithmétique, contenant des tables pour la conversion des anciennes mesures en nouvelles... Suivi de notions de géométrie, d'arpentage et de toisé, par F. SEURET-GONZALÈS. Seconde édition, entièrement refondue. par M*** (Isidore MOINE). *Paris, Verdet*, 1826, in-8.

Plusieurs fois réimprimé avec le nom de l'éditeur.

Traité élémentaire d'arithmétique générale, avec les principales applications au commerce et à la banque ; par J. ADHÉMAR et A. J. DE GR... (J.-B.-F.-E. AJASSON DE GRANDSAGNE). *Paris, imp. de Baudouin*, 1841, in-18.

« Bibliothèque des sciences et arts », n° 27.

Traité élémentaire de chimie théorique et pratique... (Par DE LORME.) *Paris, Nyon*, 1784, in-8.

Le nom de l'auteur se trouve dans le privilége.

Traité élémentaire de géographie astronomique, naturelle et politique... (Par E.-H. GARNIER-DESCHÊNES, ancien notaire.) *Paris, imp. d'A. Bailleul*, an VI, in-8.

Traité élémentaire de morale, dans lequel on développe les principes d'honneur et de vertu, et les devoirs de l'homme envers la société. Pièce qui a remporté le prix à l'Académie de Dijon, en 1766. Par M*** (J.-B. ROSE), prêtre, docteur en théologie. *Besançon, Charmet*, 1767, 2 vol. in-12.

Traité élémentaire de morale et du bonheur, pour servir de prolégomènes ou de suite à la collection des moralistes. (Par J.-Z. PARADIS DE RAYMONDIS.) *Paris, l'an troisième*, 1795, 2 vol. in-16.

Deleyre, bien capable de juger un ouvrage de cette nature, en parle ainsi dans une note de la Vie de Thomas :

« C'est le meilleur livre peut-être qu'on ait écrit sur le bonheur. Il peut y en avoir, sur cette matière, de plus ingénieux ou plus élégant, mais pas un qui soit aussi philosophique, aussi vrai, aussi utile à méditer, et d'où l'on puisse retirer autant de fruit. L'auteur est M. Paradis de Raymondis, qui, par une sage appréciation du bonheur, n'a point attaché le sien au succès de son livre. Il était né à Bourg en 1746, et est mort à Lyon le 15 décembre 1800. »

Outre ce Traité, qui parut pour la première fois en 1784, à *Lyon, chez Barret*, il publia en 1789 un « Traité sur l'amélioration des terres » (voy. ce titre), et en 1797 une petite brochure sous ce titre : « des Prêtres et des Cultes » (voy. VI, 1013, *a*). Le nom de Raymondis est célèbre dans les fastes de la marine.

Traité élémentaire de numismatique ancienne, grecque et romaine, composé d'après celui d'Eckel... Par Gérard-Jacob K. (Kolb). *Paris, A. André,* 1825, 2 vol. in-8.

Traité élémentaire de psychologie expérimentale. (Par l'abbé J.-A.-A. Manier.) *Paris, imp. de F. Didot,* 1849, in-8.

La 2e édition, également anonyme, est intitulée : « Traité élémentaire de psychologie intellectuelle pour servir d'introduction et de complément à la logique, par l'auteur du *Compendium philosophiæ ad usum seminariorum.* 2e édition. *Paris, J. Lecoffre,* 1858, in-18, XII-580 p.

Traité élémentaire de tactique et de stratégie... (Par Boulade.) *Namur, Guyaux et Feuillien,* 1845, 3 parties in-18.
J. D.

Traité élémentaire de traduction, ou choix d'exemples propres à donner les moyens de traduire avec élégance et fidélité; par un ancien professeur d'éloquence (dom F.-P. Gourdin). *Paris, A. Delalain,* 1809, in-12.

Voy. « Supercheries », I, 341, *b*.

Traité élémentaire du jeu des échecs... Par Ulysse D* (Ulysse Desroches).** *Paris, Masson,* 1823, in-18.

Traité élémentaire et complet d'arithmétique, à l'usage des écoles secondaires... Par G* (C. Guépratte).** *Paris,* 1809, in-12.

Traité en abrégé de l'essence, cause et indication générale de la guérison des fièvres... (Par Jourland.) *Soissons, N. Hanisset* (vers 1724), in-8.

Traité en forme de lettre à un ami, sur la lecture des Pères et sur la justification, par J. C. M. D. S. E. (J. Claude, ministre du saint Evangile). *Amsterdam,* 1685, in-12.
V. T.

Traité en forme de lettres, contre la nouvelle rhabdomancie, ou la manière nouvelle de deviner avec une baguette fourchue. *Lyon, H. Baritel,* 1694, in-12.

L'Epître dédicatoire est signée : P. V. I. (P. Violet, jésuite).

Traité et Advis sur les désordres des monnoyes et diversité des moyens d'y remédier... Par F. L. B. (Fr. Le Begue) conseiller et avocat général de Sa Majesté en sa cour des monnoyes. *Paris,* 1600, in-8, 4 ff. lim. et 56 p.

Traite (de la) et de l'Esclavage des noirs et des blancs; par un ami des hommes de toutes les couleurs (H. Grégoire). *Paris, Egron,* 1815, in-8, 84 p.

Traité et Exercices sur les difficultés de la langue française, par D. B. (de Beauclas). *Bruxelles, Demat,* 1828, in-16, 178 p. — 2e édit. *Bruxelles, Berthot,* 1834, in-16, 178 p.
J. D.

Traité général de la régale. (Par Franç. de Caulet, évêque de Pamiers.) *S. l.,* 1681, in-4.

Cet ouvrage fut publié par les soins de l'abbé Louis-Paul Du Vaucel, théologal d'Alet. Le *Moréri* de 1759 nomme les différents auteurs qui y ont coopéré. D'ailleurs, ce Traité est plutôt un nouvel ouvrage qu'une nouvelle édition de celui qui parut en 1680 sous le titre de « Traité de la régale ». Voy. ci-dessus, col. 707, *d*.

Traité général du commerce de l'Amérique, contenant l'histoire des découvertes des Européens dans cette partie du monde, etc., par M. C* (Chambon).** *Amsterdam; et Marseille, Mossy,* 1783, 2 vol. in-4.

Même ouvrage que « le Commerce de l'Amérique... » Voy. IV, 649, *b*.

Traité général du commerce, par Samuel Ricard; nouvelle édition, augmentée par M. de M* (T.-A. de Marien).** *Amsterdam,* 1781, 2 vol. in-4.

Traité général du style, avec un traité particulier du style épistolaire; par l'auteur des « Remarques sur les germanismes » (E. Mauvillon). *Amsterdam, P. Mortier,* 1751, in-8.

Traité historique contenant le jugement d'un protestant sur la théologie mystique, sur le quiétisme et sur les démêlez de l'évêque de Meaux avec l'archevêque de Cambray; jusqu'à la bulle d'Innocent XII: et l'assemblée provinciale de Paris, du 13 de may 1699 inclusivement. Avec le Problème ecclésiastique contre l'archevêque de Paris. (Par P. Jurieu.) *S. l.,* l'an 1699, in-8.

Traité historique de l'origine et nature des dixmes, par E. D. L. P. D. F. (Edme de La Poix de Freminville). *Paris, Valleyre,* 1752, in-12.

Le nom de Fréminville se trouve dans l'approbation.

Traité historique de la mouvance de Bretagne... (Par l'abbé René Aubert de Vertot.) *Paris, P. Cot*, 1710, in-12.

Traité historique de la souveraineté du roi et des droits en dépendans... Par F. D. P. L. (Fr.-de-Paule de La Garde). *Paris, Durand*, 1753, 2 vol. in-4.

Même ouvrage et même édition que l'article suivant.

Traité historique des droits du souverain en France, et principalement des droits utiles et domaniaux. (Par François-de-Paule de La Garde.) *Paris*, 1767, 2 vol. in-4.

Il y a des exemplaires dont le titre porte : Par F. D. P. L.

Traité historique des excommunications, dans lequel on expose l'ancienne et la nouvelle discipline de l'Eglise au sujet des excommunications et des autres censures. (Par Louis-Ellies Dupin.) *Paris, Jacques Estienne*, 1715, 2 vol. in-12.

Mis à l'index le 29 juillet 1722. Le second volume a été supprimé par arrêt du Conseil du 8 janvier 1743. (Catalogue manuscrit de l'abbé Gouget.)

Traité historique du chapitre général de l'ordre de Citeaux, par lequel on fait voir quelle est son autorité et sa véritable discipline. (Par Jean-Ant. Macusson, religieux bernardin.) *S. l.*, 1737, in-4.

Traité historique du jubilé des juifs, par C. G. D. B. (Claude Gros de Boze). *Paris, Dubois*, 1702, in-12.

L'auteur publia cet ouvrage à l'âge de vingt-deux ans ; il est bien écrit. Fabricius, dans la *Bibliographia antiquaria*, le présente comme un in-8. Saxius, dans son *Onomasticon*, déclare ne l'avoir jamais vu. Tout cela prouve la rareté de ce petit volume. M. de Bougainville en parle avantageusement dans l'Eloge de M. de Boze, inséré au tome XXV des « Mémoires de l'Académie des Inscriptions et Belles-Lettres ».

Traité historique du quiétisme. *La Haye, Van Duren*, 1700, in-8.

Cet ouvrage, indiqué dans les Catalogues de Hollande, serait-il celui de J. Bion, dont parle Jordan dans son « Voyage littéraire », comme ayant été publié en 1709, sous le titre d' « Histoire des quiétistes de Bourgogne » ?

Traité historique et critique de l'élection des évêques, par le P. *** (M.-M. Tabaraud), prêtre de l'Oratoire. *Paris, Dufresne*, 1792, 2 vol. in-8.

Traité historique et dogmatique des édits et des autres moyens spirituels et temporels dont on s'est servi dans tous les temps pour établir et pour maintenir l'unité de l'Eglise catholique; par le feu P. Thomassin (mis en ordre et publié par le P. Ch. Bordes, de l'Oratoire), avec un supplément (par le même P. Bordes), pour répondre à divers écrits séditieux des prétendus réformés, etc. *Paris, J. Anisson*, 1703, 3 vol. in-4.

Presque toute la première partie de cet ouvrage avait paru dès 1686, en un volume in-8, sous le titre de « Traité de l'unité de l'Eglise ».

Traité historique et dogmatique des fêtes principales et mobiles et des temps de pénitence de l'Eglise. (Par Ant. Faivre.) *Lyon, Rivoire*, 1819, 2 vol. in-8. — *Lyon et Paris, Périsse*, 1844, 2 vol. in-12.

L'édition de 1844 forme les tomes XIII et XIV des « Vies des Pères... Traduction libre d'Alban Butler, par l'abbé Godescard ». *Lyon et Paris, Périsse*, 1844, 12 vol. in-12.

Traité historique et dogmatique des priviléges et exemptions ecclésiastiques. (Par Louis Pisant, bénédictin.) *Luxembourg (imp. de Chevalier)*, 1715, in-4.

Traité historique et politique des alliances entre la France et les XIII Cantons, depuis Charles VII jusqu'à présent. Par M. V. G. J. D. G. S. (Vogel, grand juge des gardes suisses). *Paris, veuve Saugrain*, 1733, in-8.

Traité historique et pratique de la cuisine. (Par Menon.) *Paris*, 1758, 2 vol. in-12.

Traité historique et très-curieux des anciennes enseignes et étendards de France... Par Auguste Galland... Ouvrage suivi d'une Dissertation très-importante sur le même sujet, par M. P*** (J.-Ch. Poncelin de La Roche-Tilhac). *Paris, Lamy*, 1782, in-16.

Voy. « des Anciennes Enseignes... », IV, 175, d.

Traité historique sur le sujet de l'excommunication et de la déposition des roys, dans lequel on fait voir : 1° que l'Eglise de Rome enseigne que le pape peut excommunier et déposer les roys, etc. (traduit de l'anglois de Thomas Barlow, évêque de Lincoln, par J.-B. de Rosemond). *Paris, Barbin (Genève)*, 1681, in-8.

Même ouvrage que « les Principes et la Doctrine de Rome... » Voy. VI, 1036, d.

Traité juridico-politique sur les prises maritimes, par F.-J. d'Abreu, traduit de l'espagnol par Poncet de La Grave; seconde édition, augmentée de notes conformes à la législation actuelle (par G. BONNEMANT). *Paris*, 1802, 2 vol. in-12.

Traité mathématique sur le bonheur, par Irénée KRANTZOVIUS (nom masqué); ouvrage traduit de l'allemand en anglois (composé en anglois), avec des remarques par A. B., et traduit de l'anglois en françois, avec une Lettre préliminaire, par le traducteur françois (Ét. DE SILHOUETTE). *Londres, G. Darrès*, 1741, in-12, 66 p.

Réimprimé à la suite de la « Dissertation sur Elie et Enoch », par Boulanger, XVIIIe siècle, in-8, pages 203 à 284.

Traité métaphysique des dogmes de la trinité, de l'incarnation, de l'eucharistie, de la grâce, du péché originel, de la résurrection des corps. Par M. M. (Louis-Philibert MACHET), de la Marne. *Paris, Hivert*, 1827, in-18.

Traité ou dissertation sur les eaux minérales et thermales de Luxeuil... (Par dom Timothée GASTEL.) *Besançon, Charmet*, 1761, in-8.

Traité où il est prouvé que les anges et les saints connoissent nos nécessités, qu'ils prient pour nous; que nous avons des anges gardiens, et que nous devons honorer et vénérer les reliques et les images des saints; par F. F. D. R. C. (frère François DUHAN, religieux cordelier). *Paris, de La Caille*, 1675, in-12.

Traité où l'on réfute la nouvelle explication que quelques auteurs donnent aux mots de *messe* et de *communion*, qui se trouvent dans la règle de saint Benoît. (Par dom Jean MABILLON.) *Paris, Coignard*, 1689, in-12.

Traité ou Manuel vétérinaire des plantes qui peuvent servir de nourriture et de médicamens aux animaux domestiques. (Par P.-J. BUC'HOZ.) Seconde édition. *Paris, Pernier*, 1801, in-8.

Traité paraenetique, c'est-à-dire exhortatoire. Auquel se montre par bonnes et vives raisons, argumens infaillibles, histoires très-certaines, et remarquables exemples, le droit chemin et vrais moyens de résister à l'effort du Castillan, rompre la trace de ses desseins, abbaisser son orgueil et ruiner sa puissance... Par un Pelerin espagnol, battu du temps, et persécuté de la fortune. Traduit de langue castillane en langue françoise. Par I. D. DRALYMONT, seigneur DE YARLEME (Jean DE MONTLYARD, seigneur DE MELERAY). *Imprimé aux Aux*, 1597, in-12, 12 et

120 ff. — *Imprimé à Agen*, 1598, in-12, 12 et 180 ff. — *Imprimé nouvellement*, 1598, in-8, 5 et 71 ff. et 3 ff. de table.

Prosper Marchant, article *de Montlyard*, dit que le pseudonyme *Un Pèlerin espagnol battu du temps* cache le P. Joseph DE TEXEIRA, dominicain portugais, qui s'est aussi désigné sous les initials P. OL. (abrégé du pseudonyme Pierre OLIM; Barbier a écrit Pierre OLINI). Cette dernière affirmation est inexacte, au moins pour cet ouvrage, qui ne porte pas ces initials. Les « Supercheries », III, 64, d. attribuent avec plus de raison ce pseudonyme *Un Pèlerin espagnol* à Antonio PEREZ, ancien conseiller du roi Philippe II, alors attaché à la cour de Henri IV.

Cet ouvrage a été réimprimé sous le titre de « *Fuora villaco, c'est-à-dire la liberté de Portugal...* » 1641, in-12, 6 ff. lim., 206 p. et 5 ff. de table.

C'est peut-être dans le titre de cette réimpression qu'il faut chercher la raison de l'attribution au P. J. DE TEXEIRA.

Traité particulier de l'autorité des parens sur les enfans de famille, au sujet des mariages qu'ils peuvent contracter. Par M. V. (Valentin-Jean RENOUL DE BAS-CHAMPS). *Lausanne*, 1777, in-8, XIV-179 p. et 1 f. de table.

Publié d'abord sous ce titre : « Traité de l'autorité des parents... », voy. ci-dessus, col. 746, d, et réimprimé sous cet autre titre : « les Droits de l'homme sur le lien conjugal... »

Traité philosophique de la foiblesse de l'esprit humain, par M. HUET (publié par A.-H. DE SALLENGRE). *Amsterdam, du Sauzet*, 1723, in-12.

Lettre autographe de l'abbé d'Olivet au président Bouhier.

Traité philosophique sur la nature de l'âme et ses facultés... (Par M. J.-G.-E. O'EGGER.) *Paris, imp. de J.-M. Eberhart*, 1823, in-12, 2 ff. lim. et 184 p.

Traité philosophique, théologique et politique de la loi du divorce, demandée aux États-Généraux par S. A. R. Mgr Louis-Philippe-Joseph d'Orléans, premier prince du sang, où l'on traite la question du célibat des deux sexes, et des causes morales de l'adultère. (Par H.-J. HUBERT DE MATIGNY.) (*Paris*), juin 1789, in-8, XII-147 p.

Dans la « Pétition à l'Assemblée nationale », par Montaigne, Charron, etc., 1791, in-8, p. 28, cet auteur est nommé mal à propos MARTINI.

Traité politique d'éducation publique, par l'auteur de la « Revue de l'Europe en 1825 » (Pierre-Franç.-Xav. BOURGUIGNON D'HERBIGNY). *Paris, Jules Lefèvre*, 1836, in-8, 136 p.

Traité politique et économique des cheptels, par un ancien avocat au Parlement de Bourgogne (Henri COLAS). *Dijon, Causse*, 1765, in-12.

Camus, dans sa « Bibliothèque de droit », à la suite de ses « Lettres sur la profession d'avocat », n° 832, attribue ce Traité à Jean BANNELIER, tandis que Bouchet d'Argis, dans son « Indèx des principaux livres de jurisprudence », à la suite des « Règles pour former un avocat », p. 453, l'attribue à COLAS. D'après les avocats de Dijon contemporains de COLAS, et d'après la notoriété au barreau de cette ville, c'est Bouchet d'Argis qui a raison. (Note communiquée par M. Amanton.)

Traité politique et économique des communes, ou observations sur l'agriculture, sur l'origine, la destination et l'état des communaux. (Par le comte D'ESSUILE.) *Paris, Desaint*, 1770, in-8.

Voy. col. 775, *f*. « Traité des communes... », ci-dessus,

Traité politique et historique du gouvernement de France, selon les trois races. (Par P. DE MARIVAUX.) *Amsterdam, J. Covens et C. Mortier*, 1734, in-12.

Traité politique sur la tolérance, où l'on examine si la persécution n'est pas contraire au droit des gens, etc. *Genève*, 1762, 2 vol. in-8.

Voy. VI, 1159, *e*. Même ouvrage que « Questions sur la tolérance... »

Traité politique sur les ambassadeurs. (Par Ferdinand GALARDI.) *Cologne*, 1666, in-12.

Traicté pour oster la crainte de la mort et la faire désirer à l'homme fidèle. P. M. I. D. L'E. (Par I. DE L'ESPINE.) Plus, une brieve déclaration de la résurrection des morts, avecques quèlques prieres et méditations. *S. l., imprimé nouvellement*, 1583, in-32.

Traité pratique de la culture du dahlia, traduit de l'anglais de Joseph PAXTON (par Mme Am. LENORMANT). *Paris, Leleux*, 1838, in-18.

Traité pratique des maladies nerveuses; leurs causes, leurs symptômes, leur traitement... Par A. D. (Alexandre-Philippe DOUSSAINT). *Bruxelles, l'auteur*, 1856, in-8.
J. D.

Traité pratique du bail à loyer... (Par Jules-Henri BATON.) *Bruxelles, Leemans*, 1862, in-8.
J. D.

Traité raisonné sur la structure des organes des deux sexes destinés à la génération. Par M. *** (Claude BRUNET, médecin). *Paris, L. d'Houry*, 1696, in-12.

Traité singulier de métallique, contenant divers secrets touchant la connoissance de toutes sortes de métaux et minéraux... Traduit de l'original espagnol de Perez de Vargas, imprimé à Madrid en 1568, in-12. Par G. G. (Gaspard GAUTIER). *Paris, Prault père*, 1743, 2 vol. in-12.

Traicté sommaire de l'élection des papes. Par H. B. P. (Hierosme BIGNON, Parisien). Plus le plan du conclave et une liste des cardinaux qui s'y sont trouvez... *Paris, David Le Clerc*, 1605, in-8, 22 ff.

L'auteur a signé l'épître.

Traité sommaire de l'institution du corps et communauté des marchands orfèvres sous Philippe de Valois, par P. D. R. (Pierre DE ROSNEL). *Paris*, 1662, in-4.
V. T.

Traité sommaire de l'origine et progrès des offices tant de trésoriers de France que de généraux des finances... (Par Ch. DU LYS.) *S. l.* (1618), in-4.

Traité sommaire tant du nom et des armes que de la naissance et parenté de la Pucelle d'Orléans et de ses frères... Fait en octobre 1612 et reveu en 1628. (Par Ch. DU LYS.) *S. l. n. d.*, in-4, 52 p. — *Paris, E. Martin*, 1633, in-4, 60 p.

Traité sur l'acier d'Alsace, ou l'art de convertir le fer de fonte en acier. (Par BAZIN l'aîné.) *Strasbourg, J.-R. Dulssecker*, 1737, in-8, 6 ff. lim. et 115 p.

Traité sur l'amélioration des terres.

Voy. « Essai sur l'amélioration... », V, 226, *c*.

Traité sur l'arpentage, à l'usage du géographe et du militaire. (Par AUGÉ.) *Vienne*, 1798, in-8.   A. L.

Traité sur l'art de conserver la santé. (Par J.-Marie PINOT.) *Dijon*, 1749, in-12.

Traité sur l'*Ave Maria*... Par un prêtre du diocèse de Valence (l'abbé J.-F. BLETTON). *Lyon, imp. de J.-M. Barret*, 1835, in-18.

Réimprimé avec le nom de l'auteur.

Traité sur l'époque de la fin du monde et sur les circonstances qui l'accompagneront ; par un solitaire (Auguste GOUAZÉ, mort à Toulouse le 30 novembre 1812). *Paris, Le Normant*, 1814, in-8.

Traité sur l'homme, en quatre propositions. (Par l'abbé LOISELEUR.)

Voy. « Apologie pour la religion... », IV, 251, *c*.

Traité sur l'immaculée conception de la Mère de Dieu, toujours vierge, par le P. Passaglia. Traduit du latin par l'abbé *** (Ducruet). curé de Belleau, diocèse de Soissons. Tome I. *Paris, L. Vivès,* 1855, in-8.

Traité sur l'usage des colombiers et des volières en Bourgogne. (Par J.-B. Lucan, avocat.) *Dijon, Causse,* 1772, in-8.

Traité sur la cause des maux qui affligent l'humanité et des moyens de s'en garantir, par un anonyme (Ibert, employé de l'enregistrement). *Gap, J. Allier,* 1829, in-8, 1 f. lim. et 29 p.

Traité sur la connoissance et la culture des jacinthes. (Par le P. J.-P.-R. d'Ardène.) *Avignon,* 1760, 1765, in-12.

Traité sur la constitution des troupes légères, et sur leur emploi à la guerre. (Par de Gugy, pour la partie systématique, et par le comte P.-H. de Grimoard, pour la partie dogmatique.) *Paris, Nyon,* 1782, in-8.

Traité sur la culture des mûriers blancs, la manière d'élever les vers à soie, et l'usage qu'on doit faire des cocons. (Par Pommier.) *Orléans, Couret de Villeneuve,* 1763, in-8, 300 p.

Traité sur la Déclaration du roy pour les droits de prérogative de Mgr le cardinal de Bourbon. (Par A. Hotman.) *Paris,* 1588, in-8. — *Paris, G. Bichon,* 1588, in-8.

Catalogue de Bellanger, n° 2936.

Traité sur la goutte et le rhumatisme. Par L.-E. V. (L.-E. Vialla), docteur médecin de Lyon. *Lyon, imp. de J.-M. Barret,* 1831, in-12, 48 p.

Traité sur la liberté.

Voy. « Evangile de la raison », V, 327, f.

Traité sur la magie, le sortilége, les possessions, obsessions et maléfices... Ouvrage très-utile aux ecclésiastiques, aux médecins et aux juges. Par M. D*** (Ant.-Louis Daugis ou Dangy). *Paris, Pierre Prault,* 1732, in-12, 304 et 18 p.

Traité sur la manière de lire les auteurs avec utilité. (Par Charles-Louis Bardou-Duhamel.) *Paris, Ph.-N. Lottin et J.-H. Butard,* 1747-1751, 3 vol. in-12.

Traité sur la manière de rappeler à la vie les noyés, de même que ceux qui sont vanouis par la fumée de charbon et des minières de soufre, par les exhalaisons de la cuvée des vins, des bierres qui fermentent, par P. F. B. (Pierre-François Bruand, médecin). *Besançon, Couché,* 1763, in-8.

Traicté sur la matière des relevemens selon les ordonnances...

Voy. « Traité de la matière des relevemens... », ci-dessus, col. 750, f.

Traité sur la meilleure manière de cultiver la navette et le colsat et d'en extraire une huile dépouillée de son mauvais goût et de son odeur désagréable. Par l'auteur du « Journal d'observations sur la physique, sur l'histoire naturelle et sur les arts et métiers » (l'abbé François Rozier). *Paris, Ruault,* 1774, in-8.

L'auteur a signé la dédicace.

Traité sur la mendicité, avec le projet d'un règlement propre à l'empêcher... Par un citoyen. (Publié avec beaucoup d'additions et des changemens notables, par l'abbé F.-X. de Feller.) *Liége,* 1775, in-8.

Traité sur la miséricorde de Dieu... suivi de l'office et des litanies de la miséricorde de Dieu... Par un prêtre du diocèse de Valence (l'abbé J.-F. Bletton). *Lyon, Fr. Guyot,* 1834, in-16.

Traité sur la nature et le traitement de la goutte et du rhumatisme... Par Charles Scudamore... Traduit de l'anglais sur la dernière édition, par C. G. F. (C.-G. Finot) et G. B. D. m. P. *Paris, Béchet jeune,* 1819, 2 vol. in-8.

Traité sur la peinture (par du Puy des Grés), pour en apprendre la théorie et se perfectionner dans la pratique. *Toulouse,* 1699, in-4.

Il est suivi d'un petit Traité d'optique sur des principes nouveaux, et dont l'auteur se flatte d'être l'inventeur.

Traité sur la police de Londres, par P. Colquhoun, docteur en droit, magistrat en exercice pour les comtés de Midlesex, etc., traduit de l'anglais sur la sixième édition, par L. C. D. B. (M. Le Léopold Coigneux de Belabre). *Paris, Léopold Collin,* 1807, 2 vol. in-8.

Traité sur la répression de la licence dans les écrits, les emblèmes et les paroles. Extrait de l'anglais (de Starkie) par L. Hubert. *Paris, chez l'auteur,* 1817, in-8.

Traité sur la tolérance. (Par VOLTAIRE.) S. l., 1763, in-8, IV-211 p. — S. l., 1764, in-8, IV-210 p. — S. l., 1765, in-12, 139 p. et 1 f. de table.

Le titre de départ porte en plus : à l'occasion de la mort de Jean Calas.

Condamné en 1766 par la cour de Rome. Voy. « Bibliographie voltairienne », p. 17, n° 56.

Traité sur le bonheur public, par M. Louis-Antoine MURATORI... Traduit de l'italien sur l'édition de Lucques, 1749, avec sa vie et le catalogue de ses ouvrages, par M. Jean-François SOLI-MURATORI, son neveu; le tout extrait et traduit aussi de l'italien sur l'édition de Venise, 1756. Par L. P. D. L. B. (le Père Timothée HUREAU DE LIVOY, barnabite). Lyon, veuve Reguilliat, 1772, 2 vol. in-12.

Traité sur le climat de l'Italie... Par le Dr T*** (Pierre THOUVENEL), ancien inspecteur des hôpitaux militaires et des eaux minérales de France... Vérone, imp. de Giulari, 1797-98, 4 vol. in-8.

Traité sur le mariage. (Par Pierre LE RIDANT.)

Voy. « Examen de deux questions... », V, 341, c.

Traité sur le petit nombre des élus. (Par l'abbé Cl. LEQUEUX.) Paris, Robustel, 1760, in-12.

Traité sur le venin de la vipère, sur les poisons américains, sur le laurier-cerise et sur quelques autres poisons végétaux... Par M. Félix FONTANA... (Traduit de l'italien en français par Jean DARCET.) Florence, et Paris, Nyon, 1781, 2 vol. in-4.

Le traducteur a signé la dédicace.

Cet ouvrage a été également traduit en anglais, en 1787, par Joseph SKINNER, chirurgien.   D. M.

Traité sur les différens degrés de la certitude morale, par rapport aux connoissances humaines, par M. D. (A.-F. BOUREAU-DESLANDES). Paris, Quillau, 1750, in-12, 17 p.

Traité sur les fièvres aiguës. (Par Et. LAMONTAGNE.) Bordeaux, 1762, in-12.

Traité sur les genealogies, alliances et faicts illustres de la maison de Montmorancy. Paris, Pierre Chevillot, 1579, in-8, 38 ff.

Par Françoise ROSE, ou par Jean DE LA GESSÉE, d'après le P. Lelong.

Traité sur les moyens de connoître la vérité dans l'Eglise; imprimé par l'ordre de Monseigneur l'archevêque de Sens, pour l'utilité de son diocèse. (Par l'abbé HÉBERT.) Paris. J.-B. Garnier, 1749, in-12, 4 ff. lim. et 291 p.

La 1re édition avait été publiée en 1743 sous le pseudonyme de François ROMAIN. Voy. « Supercheries », III, 447, b.

Traité sur les obligations divisibles et indivisibles, selon l'ancienne et la nouvelle loi. (Par M. COURVOISIER fils, avocat.) Besançon, 1807, in-12.

Cet ouvrage devait être composé de deux parties ; la première seule a été imprimée.

Traité sur les toiles peintes, dans lequel, on voit la manière dont on les fabrique aux Indes et en Europe... Par M. Q*** (le chevalier DE QUARELLES). Amsterdam; et Paris, Barrois, 1760, in-12, 109 p. et 1 f. de table.

Traité sistématique touchant la connaissance de l'état du saint empire romain de la nation allemande, ou le droit public de cet empire tiré des loix fondamentales de la jurisprudence politique et des auteurs les plus célèbres et les plus désintéressés. (Par SCHEID.) Hanôvre, imp. de Schlüter, 1751-1754, 4 vol. in-8.

Traité théologique adressé au clergé du diocèse de Meaux, par Son Eminence Monseigneur le cardinal de Bissy, évesque de Meaux; conformément à ce qu'il a promis dans sa dernière instruction pastorale. (Par le P. Thomas DUPRÉ, jésuite.) Paris, veuve Raymond Mazières, 1722, 2 vol. in-4.

Traité théologique, dogmatique et critique des indulgences et jubilés de l'Eglise catholique. (Par l'abbé BOIDOT, revu par l'abbé C.-P. GOUJET.) Avignon (Paris), 1751, in-12.

L'abbé Vinc. LOGER, curé de Chevreuse, est auteur des Avis qui sont à la fin de l'ouvrage.

Traité théologique et philosophique de la vérité. (Par Louis-Ellies DUPIN.) Utrecht, 1731, in-12.

Publié par les soins de dom P. PERRAULT, bénédictin, qui a écrit les derniers chapitres.

Traité théologique, où l'on démontre que les fidèles ne peuvent communiquer en matière de religion avec les ennemis déclarez de la bulle Unigenitus. (Par le P. André DE GRAZAC.) Nancy, Barbier, 1726, in-8, XVIII p. lim., 1 f. de table et 215 p.

Il y a des exemplaires où l'on trouve une lettre

écrite à l'auteur par le cardinal Lercari, de la part du pape Benoît XIII, le 18 septembre 1726, pour approuver son ouvrage. Cette lettre est suivie de l'approbation du cardinal Palucci et de Monseigneur Mayella, archevêque d'Emèse.

Traité théorique et pratique des changes. (Par C.-J. PANCKOUCKE.) *Lille et Paris*, 1760, in-12.

Traité théorique et pratique du plain-chant, appelé grégorien, dans lequel on explique les vrais principes de cette science suivant les auteurs anciens et modernes... (Par Léonard POISSON, curé de Marsangis.) *Paris, Lottin et Butard*, 1750, in-8, 4 ff. lim., 419 p. et 2 ff. de table et de privilége.

Traité touchant la préservation des villes qui sont dans l'appréhension de la peste. (Par G. WYON.) *Douay*, 1647, in-12.

Traicte tres plaisant et recreatif de l'amour parfaicte de Guisgardus et Sigismunde, fille de Tancredus, prince des Solernitiens. (Traduit du latin de Leonardus ARETINUS, en vers français, par Jehan FLEURY, dit FLORIDUS.) *Paris, Ant. Vérard*, 1493, in-fol., 20 ff.

Cette traduction a été aussi publiée sous le titre de « Livre des deux amans », voy. V, 1328, *d*, et sous celui de « Traicte des deux amans... », voy. ci-dessus, col. 777, *d*.

Traité très-utile, contenant les moïens pour préserver et guérir la peste, accommodé à l'usage tant des pauvres que des riches, et fondé sur l'autorité des plus savants et plus graves médecins. (Par Michel-Charles LAMELIN.) *Valenciennes, Jean Boucher*, 1648, in-8. D. M.

Traitement public et gratuit des enfants attaqués de la maladie vénérienne, administré par ordre de M. le lieutenant général de police. (Par J.-J. GARDANE, docteur régent de la Faculté de médecine de Paris.) *Paris, Gueffier*, 1770, in-4, 3 p.

Traités choisis de saint AUGUSTIN... sur la grâce de Dieu, le libre arbitre de l'homme et la prédestination des saints; fidèlement traduits... (par l'abbé Cl. LEQUEUX). *Paris, P.-G. Cavelier*, 1757, 2 vol. in-12.

Traités d'alliance, de trèves, de paix, de garantie et de commerce conclus depuis la paix de Munster jusqu'à l'année 1709. (Recueillis par J. DUMONT.) *Amsterdam*, 1710, 2 vol. in-12.

Traités de CICÉRON sur l'amitié et la vieillesse. (Traduits en français par l'abbé V. MIGNOT, abbé de Scellières et neveu de Voltaire.) (*Paris, Didot l'aîné*), 1780, in-12, 3 ff. lim et 205 p.

Il n'existe que 50 exemplaires de cet ouvrage.

Traités de l'utilité de l'histoire et des devoirs de l'historien (recueillis par J.-L.-H.-S. DEPERTHES, avocat). *Reims, Jeunehomme*, 1787, 2 part. in-8.

Le même auteur a rédigé la collection connue sous le nom d' « Histoire des naufrages », dont les premiers essais avaient paru à *Reims, Jeunehomme*, 1787, 3 part. in-8.

Traitez de la chasse, composez par ARRIAN, Athénien, appelé XÉNOPHON le jeune, et par OPPIAN. (Traduits en françois par Samuel DE FERMAT.) *Paris, D. Hortemels*, 1690, in-12.

La dédicace est signée F. C'est par erreur que cet ouvrage a été donné ci-dessus, col. 752, *c*, sous le titre de « Traité de la chasse... »

Traitez de MAXIME de Tyr, philosophe platonicien, autheur grec... De nouveau mis en francois (par GUILLEBERT). *Rouen, J. Osmont*, 1617, in-4.

Le traducteur a signé l'épître.

Traitez de métaphysique demontrée selon la méthode des geometres. (Par DE LA COUDRAYE.) *Paris, A. Pralard*, 1694, in-12, 16 ff. lim. et 220 p.

Catal. Boissier, n° 4456.

Traitez de morale de saint AUGUSTIN, pour tous les états qui composent le corps de l'Eglise... (Traduits par Jean HAMON.) *Paris, H. Josset*, 1680, in-12.

Traitez de pénitence... Par M. H**** (Jean HAMON). *Paris, C.-J.-B. Hérissant*, 1734, in-12.

Traités de physique, d'histoire naturelle, de minéralogie et de métallurgie (traduits de l'allemand de J.-G. LEHMANN, par le baron D'HOLBACH). *Paris, Hérissant*, 1759, 3 vol. in-12.

Chaque volume de ce recueil a paru sous un titre spécial. Le premier est intitulé : « l'Art des mines, » Voy. IV, 298, *c*. Le second volume est intitulé : « Traité de la formation... » Voy. ci-dessus, col. 756, *c*. Le troisième volume a pour titre particulier : « Essai d'une histoire naturelle... » Voy. V, 206, *b*.

Traitez de piété. (Par Jean HAMON.) Tomes second et troisième. *Paris, G. Desprez*, 1689, 2 vol. in-8.

Traités de saint AUGUSTIN sur l'Evangile de saint Jean, et son Epistre aux Parthes; traduits en françois sur l'édition des pp. Bénédictins de la congrégation de Saint-Maur, avec des sommaires à la marge... (par le P. GOLEFER, génovéfain). *Paris, J.-B. Coignard*, 1700, 4 vol. in-8.

Les rédacteurs du « Catalogue des livres imprimés de la Bibliothèque du roy » attribuent cette traduction à Ph. GOISBAUD DU BOIS.

Elle est dédiée au cardinal de Noailles; le traducteur lui offre les fruits de sa solitude, ce qui ne peut s'entendre de DU BOIS, qui était répandu dans le monde. Il est donc probable que cette traduction est en effet de GOLEFER, qui était prieur-curé dans quelque endroit dont le nom ne nous a pas été transmis.

Traités des contrats aléatoires, selon les règles tant du for de la conscience que du for extérieur. Par l'auteur du « Traité des obligations » (R.-J. POTHIER). *Paris, Debure aîné*, 1767, in-12, VIII-357 p.

Traités des contrats de bienfaisance, selon les règles tant du for de la conscience que du for extérieur. Par l'auteur du « Traité des obligations » (R.-J. POTHIER). *Paris, Debure aîné*, 1766-1767, 2 vol. in-12.

Traités des droits et libertés de l'Eglise gallicane. — Preuves des libertés de l'Eglise gallicane. (Par Pierre DUPUY.) *S. l.*, 1639, 2 vol. in-fol. — 2° éd. *Paris, S. et G. Cramoisy*, 1651, 2 vol. in-fol. (Cette édition ne se compose que des « Preuves ».) — 3° éd. (Publiée par J.-L. BRUNET.) *S. l.*, 1731, 4 vol. in-fol.

Traités du cosmopolite, nouvellement découverts, où, après avoir donné une idée d'une Société de philosophes, on explique dans plusieurs Lettres de cet auteur la théorie et la pratique des vérités hermétiques. *Paris, d'Houry*, 1691, in-12.

Par Michel SENDIVOGIUS. Voy. « Supercheries », I, 701, f.

Traités élémentaires de calcul différentiel et de calcul intégral, traduits de l'italien de Mlle AGNESI, avec des additions. (Traduit par P.-Th. D'ANTELMY, sous les yeux et avec quelques notes de l'abbé Ch. BOSSUT.) *Paris, C.-A. Jombert*, 1775, in-8.

Traités élémentaires de législation et de procédure, à l'usage des élèves de la Faculté de droit de Dijon; par le professeur de législation et de procédure en cette Faculté (M. PONCET). *Dijon, Bernard Defay*, 1817, in-8.

Traités élémentaires de mathématiques dictés en l'Université de Paris; trad. du latin de l'auteur et augm. par M. A. DE V.

(A. DE VAUGEAULD ou VAULGEARD, professeur en l'Université de Paris); seconde partie. *Paris*, 1761, in-8.

Traités géografiques et historiques pour faciliter l'intelligence de l'Ecriture sainte, par divers auteurs célèbres. (Publiés par A.-A. BRUZEN DE LA MARTINIÈRE, auteur de la préface.) *La Haye*, 1730, 2 vol. in-12.

Le premier volume contient un nouveau traité sur la situation du paradis terrestre, par le P. HARDOUIN (traduit du latin par J.-B. DESROCHES DE PARTHENAY, auteur de l' « Histoire du Danemarck »). On trouve dans le second un commentaire sur les navigations de Salomon, par HUET, évêque d'Avranches (traduit du latin par le même DESROCHES).

Traités historiques et polémiques de la fin du monde, de la venue d'Elie et du retour des Juifs. (Par L. DE BONNAIRE et BOIDOT, ou plutôt par l'abbé Etienne MIGNOT.) *Amsterdam, Beman*, 1737 et 1738, 3 vol. in-12.

Traités philosophiques (savoir: la constance et consolation ès calamités publiques; la philosophie morale des stoïques, le manuel d'Epictète, les réponses d'Epictète aux demandes de l'empereur Adrien, par G. DU VAIR). *Paris, L'Angelier* (vers 1600), in-8.

Réimprimés en 1607.

Traitez spirituels, du profit spirituel, de la défiance de soy-mesme; de la mortification, de la présence de Dieu. Composez en esp. par le R. P. Franç. ARIAS, de la C. de Jés.; trad., revus et corrig. par F. N. B. de Par. (frère Nicolas BERNARD, célestin de Paris). *Paris*, 1608, in-12. — *Lyon*, 1609, 2 vol. in-12.

Un jésuite de Douai a revu ces œuvres, *Douay*, 1616, in-16. On voit dans les « Mémoires de Trévoux », juin 1740, page 1108, qu'elles ont été de nouveau traduites de l'espagnol, *Lyon*, 1740, 2 vol. in-12; et dans le « Journal des savans », avril précédent, que le traducteur est le P. BELON, jésuite.

Traités sur divers sujets de politique et de morale. (Par Georges-Louis SCHMIDT.) (*Paris*), 1760, in-12.

Réimprimé sous le titre de « Essais sur divers sujets... » Voy. V, 278, *b*, et sous celui de « Essais sur les philosophes... » Voy. V, 282, *e*.

C'est par erreur que ces Traités sont assez généralement indiqués comme des productions du savant HALLER, qui les a désavoués en indiquant leur véritable auteur. « Année littéraire » de Fréron (1761).

Traitez sur la prière publique et sur les dispositions pour offrir les saints mystères et y participer avec fruit. (Par

Jacq.-Jos. DUGUET.) *Paris, J. Estienne,* 1707, in-12.

Souvent réimprimé.

Traités sur le commerce et sur les avantages de la réduction de l'intérêt de l'argent, par Josias CHILD; avec un petit Traité contre l'usure, par le chevalier Thomas CULPEPER. Traduits de l'anglois (par Vincent DE GOURNAY et G.-M. BUTEL-DUMONT). *Paris, Guerin,* 1754, in-12, XII-243 p.

Traités touchant les droits du roi très-chrétien sur plusieurs Etats et seigneuries possédés par divers princes voisins... Par M. DUPUY... (et Th. GODEFROY). *Paris, A. Courbé,* 1655, in-fol. — *Rouen, imp. de L. Maurry,* 1670, in-fol.

Traits caractéristiques de l'histoire de Russie. *Paris. imp. de Didot jeune,* an XI-1804, in-8, XX-187 p.

La dédicace est signée : CLAUSEN, cons. de cour.

Traits d'histoire sur les révolutions. (Par BOUCHARD DE LA POTERIE.) *Paris, Michaud,* 1814, in-8.

Il y a des exemplaires avec le nom de l'auteur. (Article de M. Beuchot.)

Traits d'ingratitude et de perfidie, sans exemple dans l'histoire des familles, ou leçon aux parents qui, par un amour mal entendu de leurs enfants, négligent leur éducation. (Par C. VAN SCHOREL DE VYL-RYCK.) *S. l.,* 1816, in-4, fig.   D. M.

Traits (les) de l'histoire universelle, sa-crée et profane, d'après les plus grands peintres et les meilleurs écrivains. (Par LE MAIRE, graveur, et l'abbé J.-L. AU-BERT.) *Paris,* 1759, 6 vol. in-8.

Traits remarquables sous le rapport re-ligieux, recueillis des premières années du XIXᵉ siècle. Troisième édition. *Lille, Lefort,* 1843, in-18, 102 p.

Les éditions suivantes portent le nom de l'auteur, T. PERRIN.

Tranquillité sur les subsistances, ou moyens pour parer dans tous les temps à la cherté des grains en France. (Par J.-B.-A. MALISSET D'HERTEREAU.) *Paris, Née de La Rochelle,* 1789, in-8, 52 p.

Translation de l'épistre du roy tres-chrestien FRANÇOIS premier de nom, à notre Sainct Pere Paul troisiesme, par la quelle est respondu aux calomnies conte-nues en deux lettres envoyées au dict Sainct Pere, par Charles cinquiesme em-pereur, l'une du XXV jour d'aoust, l'autre du XVIII octobre M.D.XLII. *Paris, imp. de Robert Estienne,* 1543, in-8, 5 ff.

Cette lettre parut la même année en latin, chez Robert Etienne, in-8. On l'attribue à Petrus CASTELLA-NUS (Pierre DU CHASTEL, évêque de Mâcon. « Dictionnaire » de Bayle.

Translation des reliques de saint Augustin, par M. X***, membre de la Société de Saint-Vincent-de-Paul, d'Alençon (M. VACQUERIE, ancien professeur). *Alençon, Poulet-Malassis et de Broise,* 1857, in-8.
D. M.

Translation du tombeau de sainte Geneviève en l'église de Saint-Etienne-du-Mont. Traduction libre d'un poëme latin. (Par l'abbé J.-A. GUIOT, victorin.) *Paris, imp. A. Egron,* 1804, in-8, 8 p.

Le poëme latin a pour titre : *B. Genovefae tumulus in eccl. S. Stephani de Monte translatus (Carmen),* in-8, 11 p. Le nom de l'auteur est indiqué à la fin du poëme.

Ces 11 pages se trouvent ordinairement à la suite de la traduction.

Transmission (de la) des offices, des contre-lettres, et des poursuites discipli-naires auxquelles elles peuvent donner lieu. Par Adolphe T..... (Ulysse-Romain-Adolphe TENCÉ), avocat à la cour royale. *Paris, Delamotte,* février 1840, in-8, 1 f. de titre et 21 p.

Transmission (la), origine du monde et progrès de la civilisation... (Par LE TEL-LIER.) *Paris, imp. de Eberhart,* 1817, in-12.

Transport (le) du Dauphiné fait à la maison et couronne de France, par mon-seigneur le Dauphin, l'an 1343. (Par J. BALESDENS.) *S. l. n. d.,* in-4, 35 p. — *Autre édition. S. l. n. d.,* in-4, 38 p. — *Paris, André Soubron,* 1639, in-8, 6 ff. lim. et 42 p.

L'éditeur a signé l'épître de l'édition in-8.

Trapiste (le), poëme; par l'auteur des « Poëmes antiques et modernes », « le Somnambule », « la Femme adultère », « la Fille de Jephté », « Héléna », etc. (Alfred DE VIGNY). *Paris,* 7 juillet 1822, in-4, 16 p. — *Paris, Guiraudet,* 1823, in-8, 26 p.

Trappe (la) mieux connue, ou aperçu descriptif et raisonné sur le monastère de la Maison-Dieu, Notre-Dame de la Trappe, près Mortagne, diocèse de Séez; par M. P., p. (PÉQUIGNY, prêtre); précédé d'une in-troduction par M. l'abbé DEGUERRY; suivi d'une ode par M. le comte DE MARCELLUS, et orné d'un portrait de l'abbé de Rancé, gravé sur acier, et d'un *fac-simile* de son écriture. *Paris, Gaume frères*, 1834, in-8, 2 ff. de tit., XVI-212 p.

Cet ouvrage, d'après M. de Manne (3ᵉ édition de son Dictionnaire), est du Père FRANÇOIS DE SALES, connu avant son entrée en religion sous le nom de Pierre PÉQUINOT.

Dans sa 2ᵉ éd., il l'avait nommé Pierre PICQUIGNOT.

Trapue, reine des Topinamboux, ou la maîtresse femme, conte. (Par J.-Aug. JULLIEN, connu sous le nom de DESBOUL-MIERS.) *Paris, Lejay*, 1771, in-12.

Travaux (les) d'Hercule. *Paris, C. Mazuel*, 1693-1694, 21 parties in-12.

Fait partie des Dialogues d'Eustache LE NOBLE.

Travaux (les) de Jésus, par L. I. L. B. G. N. (LES ISLES LE BAS, gentilhomme normand). *Paris, du Pont*, 1677, in-12.

Travaux (les) de Napoléon, empereur des Français et roi d'Italie. Ode. *Paris, Ogier*, 1806, in-8, 1 f. de tit. et 18 p.

Signé : « Par un employé du trésor ». L'exemplaire de la Bibliothèque nationale porte sur le titre la note manuscrite suivante : « De la part de l'auteur, DAR-RUMAJOU ».

C'est par erreur que de Manne a lu et écrit ce nom DAMINAJON.

Travers (les) d'un homme de qualité, ou les mille et une extravagances du comte de D***, mémoires rédigés et publiés par M. N*** (P.-J.-B. NOUGARET). *Bruxelles, H. Dujardin, et Paris, Defer*, 1788, 2 vol. in-12.

Trèfle (du) et de sa Culture; chapitre tiré d'un manuscrit qui a pour titre : « Entretiens d'un vieil agronome et d'un jeune cultivateur », par M. B. (B. BLAN-CHOT). *Londres et Paris*, 1786, 1801, in-12.

Treize (le) mai 1849! Pour qui voterons-nous? *Paris, Chaix*, in-fol., 2 p. — *Ibid., id.*, in-12, 12 p.

Signé : « Un délégué du comité central de l'Union électorale du département de la Seine, vice-président du comité du 2ᵉ arrondissement » (L.-M. MOREAU-CHRISTOPHE).

Trémaine, ou les raffinemens d'un homme blasé, traduit de l'anglais (de WARD), sur la quatrième édition, par le traducteur de « Dunallan » (Mˡˡᵉ Clémentine SALADIN). *Paris, Barbezat*, 1830, 4 vol. in-12.

Tremblement (le) de terre de Lisbonne,

tragédie en cinq actes et en vers. Par M. ANDRÉ, perruquier... (Par J.-H. MARCHAND, avocat.)

Voy. « Supercheries », I, 346, c.

Tremblement (le) de terre, par Robert HELLER ; traduit de l'allemand (par P.-D. DANDELY et Mˡˡᵉ DANDELY). *Liége, Desoer*, 1863, 2 vol. in-16.

Publié d'abord en feuilleton dans le « Journal de Liége ».   J. D.

Trentaine (la) de Cythère. (Par J.-Fr. DE BASTIDE.) *Londres*, 1753, in-12.

Réimprimé sous le titre de « le Repentir des amans ». Voy. ci-dessus, col. 275, a.

Trente années de la vie d'Henri IV, son séjour et celui de sa cour à Nérac, par M. R. DE L... (J.-B. ROUGIER DE LA BERGERIE). *Agen, P. Noubel*, 1826, in-8.

Le verso du faux titre porte : « Cet ouvrage, tiré à un très-petit nombre d'exemplaires, ne sera pas mis en vente ».

XXXV anagrammes sur l'auguste nom de Sa Majesté très-chrétienne, Louis quatorzième du nom... (Par J. DOUET, d'après la « Bibliographie des mazarinades ».) » *Paris, F. Noel*, 1649, in-4, 11 p.

Trente-cinq (les) contes d'un perroquet, ouvrage publié à Calcutta, en persan et en anglais, traduit sur la version anglaise (de M. GERRANT) par Mᵐᵉ Marie D'HEURES (Mᵐᵉ Clotilde-Marie COLLIN, de Plancy). *Paris, Mongie*, 1826, in-8.   D. M.

Trente et un (les) paragraphes de l'article 2 du règlement sur la police, la discipline et le service de la gendarmerie nationale, commentés et expliqués par un officier de l'armée (C. BERTH). *Bruxelles, Lesigne*, 1853, in-8.   J. D.

Trente-huit (les) millions de souverains et leurs prouesses, par H. G. des princes DE P. (prince GRIFEO). *Paris, chez tous les libraires*, 1874, gr. in-8, 36 p.

Trente Lettres d'un vétéran russe de l'année 1812 (le prince P.-A. VIAZEMSKI) sur la question d'Orient, publiées par P. D'OSTAFIEVO (pseud. du prince). *Lausanne, D. Martignier*, 1855. — Appendice aux Lettres d'un vétéran russe publiées par P. D'OSTAFIEVO. *Ibid., id.*, 1855, ensemble in-8 de 450 p.

C'est vraisemblablement cette même édition qui a reparu avec un nouveau titre : « Lettres d'un vétéran russe de l'année 1812, sur la question d'Orient, publiées par P. D'OSTAFIEVO. » *Lausane, D. Martignier*, 1855, in-8, 447 p.

Attribué à tort par les « Supercheries », III, 935, *a*, au prince Nic. GALITZINE.

Voy. « le Quérard », 1855, p. 542. A. L.

Trente (les) premières années de la vie d'Henri V le Bien-Aimé, roi de France et de Navarre, ci-devant duc de Bordeaux. Récit fait en 1857, par un octogénaire né en 1776, contenant un aperçu des règnes de Louis XVIII, Charles X, Louis XIX, et le commencement de celui d'Henri V. *Paris, J.-G. Dentu*, octobre 1820, in-8. — Suite des « Trente premières années de la vie d'Henri V le Bien-Aimé, roi de France et de Navarre, ci-devant duc de Bordeaux ». (Par Alex. MAZAS.) *Paris, J.-G. Dentu*, déc. 1820, in-8.

Trente-sept (les) vérités opposées aux trente-sept impiétés de Bélisaire, par un bachelier ubiquiste (TURGOT). *Paris*, 1767, in-4.

Réimprimé de format in-8, et in-12, avec les pièces relatives à Bélisaire.

Cet ouvrage, qui est une fine plaisanterie, a été pris pour une censure émanée de la Sorbonne par J.-A. Eberhard, dans son « Examen de la doctrine touchant le salut des païens ». Voy. V, 344, *a*.

Il n'a pas été reproduit dans l'édition des Œuvres de Turgot, *Paris, Guillaumin*, 1844. M. J. Tissot l'a réimprimé dans l'ouvrage sur Turgot publié en 1862, et qui a été couronné par l'Académie des sciences morales et politiques.

Trente-six ans. *Caen, imp. de A. Hardel*, 1856, in-16, 7 p.

Le titre de départ porte : « Trente-six ans. A madame Louise T...... Sonnet en prose. » — Signé G.-S. T. (G.-S. TRÉBUTIEN). Tiré à 36 exemplaires.

Trente-six espèces de vols en 1838, ou les ruses, astuces, stratagèmes des voleurs, filous, floueurs, escrocs... Par Coco L.... (Coco LATOUR), l'un des successeurs de Vidocq. *Paris, imp. de Mme Huzard*, 1838, in-32, 320 p.

. Trente-unième anniversaire de l'indépendance nationale. Il nous faut des armes. Lettre d'un garde civique (Jules GUILLERY, avocat, membre de la Chambre des représentants) à M. le ministre de l'intérieur. *Bruxelles, veuve Parent et fils*, 1861, in-8, 11 p. J. D.

Trespas (le), obseques et enterrement de très hault, très puissant et très magnanime Françoys, par la grace de Dieu roy de France, très chrestien, premier de ce nom, pere des ars et sciences. Les deux sermons funebres prononcés esdictes obseques, l'ung à Nostre-Dame de Paris, l'autre à Sainct-Denys en France. (Par Pierre DU CHASTEL, évêque de Macon et grand aumonier.) (*Paris*). *imprimerie de Robert Estienne* (1547), in-4. — *Id.*, in-8.

Trespas (le), obseques et pompe funebre faictes pour l'enterrement de... François, fils de France, frère unicque du roy, duc d'Anjou, d'Alençon, de Berry, etc. *Paris, J. Richer*, 1584, in-8, 58 p. et 1 f.

Recueilli et rédigé par H. DE MARLE, sur les mémoires mis en ses mains par Jehan TRUMEL et Jehan DAUVERGNE, hérault d'armes du titre d'Alençon.

Trépied (le) étymologique, par A. O. (Alexandre OLIVIER), médecin (de l'Orne). Première livraison (il n'y en a pas eu d'autre). *Paris*, 1809, in-8.

Voy. « Supercheries », I, 367, *f*.

Très-ample (la) et vraye exposition de la reigle monsieur saint Benoist, très-utile et nécessaire à tous gens de religion, et spécialement à dévotes sanctimoniales. (Par Thibaud ARTAUD, célestin, mort en 1499.) *Paris, P. Vidoue pour Simon Vostre, s. d.*, in-fol. de 175 ff. à 2 col., goth.

Voy. Brunet, « Manuel du libraire », 5e édit., II, col. 1138.

Très-ancienne (la) et très-auguste ville d'Autun, couronnée de joie, d'honneur et de félicité par la nouvelle et heureuse promotion de monseigneur Louys Dony d'Attichy dans son siége épiscopal... *Châlon-sur-Saône, P. Tan*, 1653, in-4.

Signé : F. L. B. M. (Frère Léonard BERTAUD, minime).

Très (les) élégantes sentences et belles authoritez de plusieurs sages princes, rois et philosophes grecs et latins. (Traduites de l'italien de N. LIBURNIO, par Gilles CORROZET.) *Paris, G. Corrozet*, 1546, pet. in-8. — *Lyon, J. Temporal*, 1551, in-16.

Très-excellent discours sur les observations de la comète, présenté au duc de Lorraine ; par le P. I. L. (Jean LEURECHON), de la Compagnie de Jésus. Avec les figures célestes selon l'astrologie et mathématique. *Paris, A. Saugrain*, 1619, in-8, 24 p. et 2 pl.

L'auteur a signé la dédicace.

Très-haute (la) et très-souveraine science de l'art et industrie naturelle d'enfanter. Contre la maudicte et perverse impericie des femmes que l'on appelle saige femmes... Nouvellement recherchée et mise en lumière par G. D. L. T. (Gervais DE LA TOUSCHE), gentilhomme poictevin. *Paris, Didier Millot*, 1587, in-8, 19 ff.

L'auteur a signé la dédicace.

Très-humble et très-importante remontrance au roi, sur la remise des places maritimes de Flandres entre les mains des Anglois. (Par le cardinal DE RETZ.) *Jouxte la copie imprimée à Paris*, 1637, in-4, 14 p.

Très-humble remontrance au roi par les gentilshommes de Lorraine créés depuis l'an 1610, présentée à Sa Majesté au mois de septembre 1697. *Au Pont-à-Mousson, Maret*, in-4, 7 p.

Signé P. D. R. (PILLEMENT DE RUSSANGE). Voy. Catal. Noel, n° 4423, et p. 851.

Pièce de 176 vers. Il en a été donné une réimpression, avec le nom de l'auteur, *Paris, Aubry*, mars 1850, petit in-8, 16 p., tirée à 152 exemplaires. Un avertissement de 4 pages est signé D. DE L. (DURAND DE LANÇON), ancien membre de la Société des bibliophiles français.

Tres-humble remonstrance, et requeste des religieux de la Compagnie de Iesus. Au tres-chrestien roy de France et de Navarre, Henry IIII. (Par Louis RICHEOME.) *Bourdeaus, S. Millanges, imp.*, 1598, in-8.

Très-humble supplique d'un paysan champenois, qui ne veut pas que sa fille paie les dettes de défunt son mari... (Par DE COLMONT, ancien receveur général.) *Paris, imp. de Cosse*, 1856, in-8.

D. M.

Très-humble, très-véritable et très-importante remontrance au roi. (Par Mathieu DE MORGUES, sieur DE SAINT-GERMAIN.) *S. l.*, 1631, in-4, 134 p.

Très-humbles et très-respectueuses remontrances de la Cour des aydes de Paris, sur l'édit de décembre 1770, et l'état actuel du Parlement de Paris. (Par LAMOIGNON DE MALESHERBES.) *S. l.* (1771), in-12, 20 p.

Très-humbles et très-respectueuses remontrances du grenier à sel.

Voy. « Remontrances du grenier à sel », ci-dessus, col. 208, f.

Très-humbles et très-respectueuses remontrances que présentent au roi, notre très-honoré souverain et seigneur, les gens tenant sa Cour des aides, à Paris.

(Rédigées par LAMOIGNON DE MALESHERBES.) *S. l.*, mai 1775, in-12, 180 p.

Très-humbles et très-respectueuses représentations de la Faculté de médecine en l'Université de Paris, au roi, contre la Société royale de médecine. (Rédigées par J.-Ch. DES ESSARTS.) *S. l.* (1779), in-8, 32 p.

Très-humbles remontrances à la cohue, au sujet de la tragédie de « Denis le Tyran » (de Marmontel, par le chevalier C.-J.-L.-A. ROCHETTE DE LA MORLIÈRE). *S. l.* (1748), in-12, 11 p.

Très-humbles remontrances à tous les évêques concordatistes de France, élus depuis 1801 jusqu'à ce jour 1819, sur la demande irrégulière et trop tardive de rétractation que ces évêques et leurs grands-vicaires font faire dans tout ce royaume aux jureurs de la constitution civile du clergé, sous peine de destitution, sans forme de procès. (Par l'abbé P.-L. BLANCHARD.) *S. l. n. d. (Londres, et réimprimé en France)*, in-8, 31 p.

L'auteur parle au nom des prêtres constitutionnels, et il fait voir à ceux qui demandent ces rétractations comme nécessaire qu'ils sont inconséquents en exigeant aujourd'hui ce qu'ils ont jugé inutile en 1802.

Tresplaisante et recreative hystoire du trespreulx et vaillant chevallier Perceval le Galloys... (translatée de ryme en prose de l'ancien auteur CHRÉTIEN DE TROYES, ou plutôt commencée par GAUCHIER DE DOUDAIN et achevée par MENESSIER, au nom de Jehanne, comtesse de Flandre, dont il étoit l'orateur et le chroniqueur). *Paris, Jehan Sainct-Denis et Jehan Longis*, 1530, in-fol. goth.

Tres-saincte (de la) Cene de Nostre-Seigneur Jesus et de la Messe qu'on chante communement. *S. l. n. d. (Neufchâtel, vers 1534)*, in-16 goth., 96 p.

Volume dont Guill. FAREL est très-vraisemblablement l'auteur, quoique son nom ne soit pas indiqué.

Trésor (le) caché, ou la joie de la solitude. (Par le comte DE BUCQUOY.) *S. l. n. d.*, in-12, 4 ff.

Trésor clérical pour acquérir et conserver la sainteté ecclésiastique, par un officier de l'archevêché de Lyon (DEMIA, directeur général des Ecoles de Lyon). *Lyon, Certe*, 1682, in-8.

Réimprimé avec le nom de l'auteur.

Trésor de bonheur, trouvé et découvert en la dévotion envers saint Antoine de

Padoue, composé premièrement par un récollet de la province de Tyrole (Félix RENECCIUS) ; remis de rechef en allemand (par Pacifique REUTGEN), puis en latin par un Père du couvent de Mayence (le même) et traduit icy en françois par un autre Père du même ordre de la province de Flandre (Sébastien BOUVIER, du couvent de Namur). *Liége, Hoyoux,* 1676, in-12, 194 p.

Thrésor de chartes, contenant les tableaux de tous les pays du monde, enrichi de belles descriptions, et nouvellement mis en lumière. (Traduit du flamand de Josse HONDIUS par J. DE LA HAYE.) *La Haye, Corneille Nicolas, s. d.,* in-8 oblong.

Le traducteur a signé la dédicace.

Thresor de devotion contenant plusieurs oraisons devotes et exercices spirituelles... *Douai, imp. de J. Bogard,* 1574, i n-8 goth., gr. s. b.

On lit à la fin de la préface : « Cedict livret premièrement fut escript en flameng par un frère mineur natif de Malines, puis après par Jean VERBRUGGEN, avec d'aucuns bourgeois de la mesme ville, produict en lumière et maintenant mis et traduict en françois par M. Nicolas DE LEUSE dict DE FRESNE, licencié en théologie. »

Trésor de Evonime PHILIATRE (Conrad GESNER) des remedes secretz... (Traduit par Barthel. ANEAU.) *Lyon, Arnoullet,* 1555, in-4.

Le P. Nicéron n'a pas connu cette traduction.

Trésor (le) de l'ame, extrait des saintes Ecritures, translaté de latin en françois (par ROBERT). *Paris, Vérard, s. d.,* in-fol. goth.

Trésor (le) de l'histoire de France, réduit par tiltres et lieux communs, divisé en 2 parties, la 1re composée par G. C. (Gilles CORROZET), augmentée et enrichie de plusieurs curieuses recherches... par L. C. (Louis COULON). *Paris, F. Clousier,* 1645, in-8.

Trésor de l'histoire de France, réduit par titres et lieux communs, divisé en deux parties : la première composée par G. C. (Gilles CORROZET) ; la deuxième est une nouvelle augmentation... avec l'histoire des rois de France, et leurs portraits contenus en la deuxième page ; par C. M. H. D. F. (Cl. MALINGRE, historiographe de France). *Paris, F. Clousier,* 1639, in-8.

Trésor de l'histoire des langues de cet univers, par le président DURET (publié par Pyrame DE CANDOLE). *Cologny,* 1613,

et Yverdon, *Société helvétique caldoresque,* 1619, in-4.

C'est la même édition sous deux adresses différentes, l'éditeur ayant quitté Cologny pour se retirer à Yverdon.

Trésor de la cuisinière et de la maîtresse de maison... Par A. B., de Périgord (H.-N. RAISSON). *Paris, Comon,* 1852, in-12.

Trésor de vertu, où sont contenues toutes les plus nobles et excellentes sentences et enseignemens de tous les premiers auteurs hébreux, grecz et latins, pour induire un chacun à bien et honnêtement vivre. *Lyon, J. Temporal,* 1555, in-16. — *Paris, Caveiller,* 1556, in-16. — *Lyon, J. Temporal,* 1560, in-16. — *Paris, Nicolas Bonfons,* 1581, in-16. — *Lyon,* 1583, in-16.

Compilation dont l'auteur se nomme dans un acrostiche qui forme un des quatre huitains par lesquels se termine le volume. C'est Pierre TRÉDÉHAN, Angevin, secrétaire du cardinal du Bellay.

L'attribution à Gilles CORROZET par La Croix du Maine n'est donc pas plus juste que celle du « Manuel du libraire » (5e édition, V, 939) ; qui donne cette compilation à Jean TEMPORAL ; quant au texte italien, il est de Bartholomé MARAFFI, de Florence.

Ce même livre a été aussi réimprimé en français seulement sous un titre un peu différent, en *Anvers, chez Jehan Laet,* et aussi chez *Jean Bellere,* 1560, petit in-12. (Voy. le « Manuel du libraire », loc. cit.)

Cette rectification est donnée par M. W. O. dans le « Bulletin du bibliophile », décembre 1875, p. 574.

Trésor des âmes pieuses, à l'usage des confréries, par M. V...... (l'abbé C.-J. VAUCHOT). *Besançon, Turbergue,* 1840, in-18.

Le nom de l'auteur se trouve dans l'approbation. Plusieurs fois réimprimé.

Trésor des antiquités de la couronne de France, représentées en figures d'après leurs originaux, soit en pierre, dans les bâtiments anciens, soit en or, argent, cuivre ou autre métal ou matière, dans les palais des rois.... soit enfin en telle autre matière ou manière que ce puisse être. Collection très-importante de plus de trois cents planches, et de très-grande utilité pour l'intelligence parfaite de l'histoire de France. *La Haye, P. de Hondt,* 1745, 1 vol. in-fol.

C'est un tirage avec titres et tables, mais sans texte, de l'ouvrage de Bernard DE MONTFAUCON, les « Monuments de la monarchie françoise ». *Paris,* 1723-1733, 5 vol. in-fol.

Trésor (le) des artistes et des amateurs des arts, ou le guide des peintres... (Par J.-B. HUET.) *Paris, Costes,* 1810, 3 vol. in-12.

Trésor des dames, ou choix de pensées, maximes et réflexions extraites des ouvrages des femmes qui se sont fait un nom dans le monde et dans la littérature. (Par Joseph-François-Gabriel HENNEQUIN.) *Paris, Edouard Le Roy,* 1826, in-32.

La 2ᵉ édition, *Paris,* P. *Ledoux,* 1829, in-18, porte le nom de l'auteur.

Thrésor (le) des estudians latins par diagrames, d'une construction méthodique des meilleurs textes. (Par Cl. WAFLART.) *Paris,* 1637, in-12.

Trésor (le) des harangues, remonstrances et oraisons funèbres des plus grands personnages de ce temps; rédigées par ordre chronologique par Mᵉ L. G. (L. GILBAULT), advocat au Parlement. *Paris,* M. *Bobin,* 1654, in-4, 7 ff. lim., 232, 190, 45 p. et 1 f. de privilége. — *Paris,* Le *Gras,* 1680, 2 vol. in-12.

Le nom de l'éditeur est au privilége.

Trésor des ménages, recueil d'expériences intéressantes et utiles, relatives à l'économie rurale et domestique... (Par B. GASC.) *Paris,* **Friedel** et *Gasc,* 1823, in-18, 144 p.

La préface est signée : L. Fr. (L. FRIEDEL). Plusieurs fois réimprimé.

Thrésor des remedes secrets pour les maladies des femmes, pris du latin et faict françois. (Par Jean LIEBAULT.) *Paris,* du *Puys,* 1585, in-8. — *Paris, Sonnius,* 1617, in-8.

L'ouvrage original a paru en 1582, sous le titre de *De sanitate, fecunditate et morbis mulierum.*

Trésor des saints, ou choix des plus belles prières tirées des Pères de l'Eglise et des saints... *Dijon, Loireau-Feuchot,* 1847, in-32, 712 p.

L'auteur est désigné dans l'approbation par les initiales A. M. (A. MAGOT-GRETTON).

2ᵉ édition, revue et corrigée par M. l'abbé S*** (SAUTEREAU), de l'école ecclésiastique des Carmes. *Dijon, Loireau-Feuchot,* 1850, in-32, 755 p.

La 3ᵉ édition, *Dijon,* A. *Maître,* 1853, in-32, porte le nom de l'abbé Sautereau.

Trésor (le) du fidèle, ou manuel de piété, contenant les prières pendant la messe, etc., par J.-Ch. P*** (Jean-Charles PERRIN), ancien missionnaire des Indes, etc. *Paris,* Ant. *Bouvier,* 1807, in-18.

                    D. M.

Trésor (le) du Parnasse, ou le plus joli des recueils. (Par Martin COURET DE VILLENEUVE et L.-P. BÉRENGER.) *Londres et Paris, Delalain,* 1762-1770, 6 vol. in-12.

Trésor généalogique de la Picardie, ou recueil de documents inédits sur la noblesse de cette province; par un gentilhomme picard (M. René DE BELLEVAL). *Amiens, imp. de veuve Herment,* 1859-1860, in-8.

Trésor politique, contenant les relations, instructions et traités appartenans à l'intelligence de la raison d'Etat (traduit de l'italien de Comino VENTURA, par Nic. DU FOSSÉ). *Paris, Nic. du Fossé,* 1608, in-4. — *Paris, Chevalier,* 1611, in-4.

Thrésor spirituel, contenant les obligations que nous avons de nous disposer à la mort, et les règles nécessaires pour vivre en parfait confrère de la dévote et illustre confrérie des agonisants. (Par Joseph DELACROIX.) *Valenciennes, Jean Boucher,* 1668, petit in-12.   D. M.

Trésors des ménages, ou récits touchans, désolans, effrayans, extravagans, jamais insignifians, des bonnes fortunes, mésaventures, gestes et faits, dits notables, naïfs, badins, épigrammatiques, inédits, des époux, veufs, veuves, vieilles filles, jeunes sottes, folles de leur corps, etc. (Par Etienne-François BAZOT.) *Paris,* 1818, in-18.

Une partie de l'édition a été brûlée dans un incendie, l'autre a été saisie par la police.

Tresse (la) de cheveux donnée, poëme en dix-huit chants, traduit de l'italien de L. PIGNOTTI, par P. A. M**** (P.-A.-M. MIGER). *Paris, Molini,* 1809, in-12, XII-259 p.

Tréteaux (les) et les Crédules. *Dijon, imp. de D. Prugnot* (1843), in-8, 8 p.

Signé : Le Fou. (Par le docteur BLAGNY.)

Tribu (la) indienne, ou Edouard et Stellina, par le C. L. B. (le citoyen Lucien BONAPARTE). *Paris, Honnert,* an VII-1799, 2 vol. in-12.

Tribulations (les) de M. le préfet. Scènes électorales. (Par M. Léon DE MALEVILLE.) *Paris, Baudouin frères,* 1828, in-8, VII et 107 p.

Tribun (le) du peuple. (Par Nic. DE BONNEVILLE.) *Paris, Le Jay,* 1789, in-8, 166 p.

Tribun (le) du peuple au peuple. (Par M.-A.-B. DE MANGOURIT.) *Paris,* 1788, 42 p.

Voy., pour une suite, « les Gracchus français », V, 551, f.

Tribunal (le) d'Apollon, ou jugement en dernier ressort de tous les auteurs vivans; libelle injurieux, partial et diffamatoire, par une société de Pygmées littéraires (principalement par Joseph Rosny). *Paris, Marchand*, an VII-1799, in-16.

Les articles signés C. M., ou M., ou C. M. D. C., sont de C.-F.-X. Mercier, de Compiègne. Les lettres F. N. désignent F. Nogaret.

Tribunal (le) de l'Amour, ou les causes célèbres de Cythère, par le chevalier DE LA B*** (par J.-F. Bastide). *Cythère*, 1749, 2 part. in-12. — *Cythère*, 1750, 2 part. in-8.

Tribunal (du) révolutionnaire, considéré à ses différentes époques. (Par J.-B. Sirey.) *Paris*, an V-1797, in-8.

Tribunal (le) secret, drame historique en cinq actes (en prose), précédé d'une notice sur cet étrange établissement; traduit de l'allemand (de Mme Benedicte Naubert) par le baron Jean-Nicolas-Etienne DE Bock. *Metz, imp. de Cl. Lamort*, 1791, in-8, 2 ff. lim., x-166 p.

Forme aussi le troisième volume du roman intitulé : « Hermann d'Una... » Voy. V, 615, e.

Tribunal (le) secret, ou les Francs-juges (roman dramatique), traduit de l'allemand de Veit-Weiber (pseudonyme de Phil.-L.-Léonard Wachter, voy. « Supercheries », III, 923, c; par Mme E. Bulos). *Paris, U. Canel*, 1830, 2 vol. in-12.

Tribune (la) dramatique. Revue théâtrale, artistique et littéraire, paraissant le dimanche. (Par Jacq. Arago.) *Paris, Bohaire*, 1841-1842, in-8.

Tribune (la) et le Cabinet. (Par le marquis DE La Gervaisais.) *Paris, Hivert*, 1826, in-8, 31 p.

Tribune (la) prolétaire. (Par Marius Chastaing.) *Lyon, Perret*, 1834-35, in-fol.

Tribut d'un Français (Henri-Joseph Dalmas) offert à S. M. I. Alexandre I. *Saint-Pétersbourg*, 31 juillet 1814, *imp. de Pluchart*, in-4, 8 p.

Tribut (du) de la terre. (Par Nicolas-Louis-Marie Magon, marquis DE La Gervaisais.) *Paris, A. Pihan de La Forest*, 1834, in-8, 68 p. D. M.

Tribut (le) des Muses, ou choix de pièces fugitives, tant en prose qu'en vers... (Par Louis DE Laus DE Boissy.) *Paris, Grangé*, 1779, in-12, 10 ff. lim. et 292 p.

Tribut (le) du cœur, divertissement (en un acte et en vers libres, par Planterre,

acteur à Paris, mort en 1800). *Strasbourg, Levrault* (1786), in-8.

Tribut en vers au prince Salm. (Par A.-N. Traunpaur.) *Vienne*, 1786, in-8.

Tributs offerts à l'Académie de Marseille. (Par le marquis Emm. DE Pastoret.) *Marseille*, 1782, in-8.

Triglotte (la) classique. Commencement de la panglotte. Dictionnaire étymologique par familles de mots français, latin, grec et mots avancés en sanscrit et en chinois... Par un ancien lexicographe. *Versailles, imp. de A. Montalant*, 1859, gr. in-8, 2 ff. de tit., IV-67 p.

Signé : J.-H. K. (J.-H. Kaltschmidt).

C'est par erreur que cet ouvrage a été attribué par les « Supercheries », I, 332, c, à M. Bersot.

Trinité principe, compendium. (Par Le Bailly Grainville.) *Paris, imp. de madame Huzard*, 1834, in-8.

Trio (le) merveilleux, ou la théologie embourbée, la cure embéguinée et la canonicité boiteuse, conte burlesque, par un chevalier thébain (l'abbé J.-R.-Sébastien DE Sérent). *S. l.*, 1756, in-12.

Triolets (les) du temps, selon les visions d'un petit-fils du grand Nostradamus. Faits pour la consolation des bons. François et dédiés au Parlement. *Paris, p. Langlois*, 1649, in-4, 11 p. — *S. l. n. d.*, in-4, 8 p.

Cette mazarinade passe pour être d'un prêtre nommé Jean Duval, mort le 12 décembre 1680. Il se pourrait pourtant, dit M. Ed. Fournier, que J. Duval n'y fût pour rien et que le véritable auteur fût Marigny. Il est du moins certain que quelques-uns de ces triolets, sinon tous, sont de ce dernier. C'est ce que M. Ed. Fournier a noté, au passage, dans la réimpression de cette pièce qu'il a donnée dans le tome V des « Variétés historiques et littéraires », publiées dans la Bibliothèque elzévirienne.

Triumphant (le premier et le second volume du) mystere des Actes des apostres translaté fidelement à la verite historiale et escripte par saint Luc a Theophile, et ilustré de legendes autenticques et vies de sainctz recues par leglise, tout ordonné par personnages. (Par Arnoul et Symon DE Greban, avec quelques corrections de Pierre Cuvret ou Curet.) *Imprime a Paris pour Guillaume Alabat, bourgeoys et marchand de la ville de Bourges, par Nicolas Couteau*, 1537, 2 vol. in-fol. — *Paris, Arnoul et Charles Les Angeliers*, 1537, 2 vol. in-4. — *Paris, les mêmes*, 1541, 3 vol. in-fol.

Cette dernière édition comprend : « Mystère, L'Apo

calypse saint Jehan Zébédée... » (par Louis Cuoquet), qui n'est pas dans les deux autres. Voy. VI, 386, d.

Triomphe (le) de Daphné, divertissement. (Par Carolet.) *Paris, J.-F. Josse*, 1727, in-4.

Catalogue Soleinne, n° 3585.

Triomphe (le) de Jésus-Christ et de son Eglise, et la fin des impies très-proche; vérités démontrées par l'accomplissement actuel des prophéties, extraites des livres saints, et adressées à tous les hommes de l'univers, par F. N. M. (dom F.-N. Mongès, bernardin). *Paris, l'auteur*, 1818, in-8.

Dom Mongès, dans le cours de la Révolution, prit le nom de l'abbé Rose.

Triomphe de l'amitié, conte moral. Par B. V. (le baron Ant.-Melchior Vattier). *Boulogne, imp. de P. Hesse*, 1824, in-32, 27 p.
                           D. M.

Triomphe (le) de l'amitié, histoire galante. (Par Prechac.) *Paris, C. Barbin*, 1679, in-12, 4 ff. lim. et 159 p.

L'auteur a signé la dédicace et est nommé dans le privilége.

Triomphe (le) de l'amitié, ouvrage traduit du grec (composé par Mlle Fauque). *Londres et Paris, Bauche*, 1751, in-12.

Triomphe (le) de l'amour, ballet dancé devant Sa Majesté à Saint-Germain, le jour de janvier 1681. (Par Benserade et Ph. Quinault.) *Paris, C. Ballard*, 1681, in-4, 24 p. — *Suivant la copie imprimée à Paris*, 1682, in-12.

Triomphe (le) de l'amour divin dans la vie d'une grande servante de Dieu, nommée Armelle Nicolas, décédée l'an de Notre-Seigneur 1671. Fidèlement écrite par une religieuse du monastère de Sainte-Ursule de Vennes, de la congrégation de Bordeaux, et divisée en deux parties. (Par Jeanne de la Nativité, ursuline, ou plutôt par D. Olivier Echallard, bénédictin.) *Vennes, J. Galles*, 1676, in-8.

Voy. ci-devant, « Ecole du pur amour », V, 20, b.

Triomphe (le) de l'amour, ou heures de Cythère.

Même ouvrage que la « Journée de l'amour ». Voy. V, 1040, e.

Triomphe (le) de l'amour, ou le serpent caché sous les fleurs : *Qui legitis flores*, etc. (poëme en prose en douze chants, par Michel, de Saint-Sauveur-le-Vicomte). *Londres et Paris, Duchesne*, 1755, 2 vol. in-12.

La 2ᵉ partie a été réimprimée sous la rubrique :

Londres ; et Paris, Mérigot jeune, 1777, in-12. Elle consiste dans un petit roman intitulé : « la Brochure à la mode »; ensuite viennent des pensées détachées qui ont pour titre : « Nos pensées », et le tout est dédié à une femme sensée, par l'anonyme même, qui signe votre respectueux admirateur ***. (Cet article m'a été fourni par L.-T. Hérissant.) (Voy. IV, 462, c.)

Triomphe (le) de l'amour sur les mœurs de ce siècle, ou lettres du marquis de Murcin au commandeur de Saint-Brice. (Par N. Carmontelle.) *Paris, Musier fils*, 1773, 2 part. in-8.

Triomphe de l'anarchie. *S. l.* (1790), in-8.

La dédicace est signée : D. A. R. (Ant. Rivarol).

Triomphe (le) de l'Eglise romaine contre ceux de la R. P. R. (Par le P. Louis du Laurens, de l'Oratoire.) *Paris, Thiboust*, 1657, in-12.

Un Gascon appelé L'Esclassan, qui a eu soin de l'impression de l'ouvrage, a changé le titre de ce livre, dont l'auteur était trop modeste pour en avoir mis un aussi impertinent. (Simon, « Lettres choisies », t. I, p. 9.)

Triomphe (le) de l'Eucharistie, contre la réfutation des ministres. (Par Balth. Pavillon.) *Saumur*, 1668, in-8.

Triomphe de l'évangile, ou mémoires d'un homme du monde revenu des erreurs du philosophisme moderne... Traduit de l'espagnol (d'Olivadès, comte de Pilo) sur la septième édition par J. F. A. B..... des E...... (J.-F.-A. Buynand des Echelles). *Lyon, Bruyset*, 1805, 4 vol. in-8.

Souvent réimprimé avec le nom du traducteur.

Triomphe de l'harmonie, ballet héroïque représenté par l'Académie royale de musique, pour la première fois, le neuf mai 1737. Remis au théâtre le jeudi quatorze juillet 1746. (Par J.-J. Lefranc de Pompignan.) *Paris, veuve Delormel*, 1746, in-4, viii-45 p. et 1 f. de priv.

Triomphe (le) de l'intérêt, comédie en un acte et en vers, avec un divertissement. (Par Louis de Boissy.) *Paris, Prault père*, 1730, in-8. — *Londres, Samuel Harding*, 1741, in-12.

Triomphe de l'intolérance, ou Anecdotes de la vie d'Ambroise Borely, mort à Londres, âgé de cent trois ans, recueillies par W. Jestermann; ouvrage traduit de l'anglois et trouvé parmi les papiers de M. de Voltaire (composé par Rabaut de Saint-Etienne), suivi de la Tolérance au pied du trône, ou réflexions d'un citoyen catholique sur les lois de France relatives aux protestans (par CONDORCET). *Londres,* 1779, in-8.

Réimprimé sous ce titre : « Justice et Nécessité », etc. (voy. V, 1058, *d*), et sous celui du « Vieux Cévenol... » Voy. ces mots.

Triomphe (le) de la bienfaisance, pantomime en cinq actes, par le citoyen G*** (GARNOS-ROSNAY). *Paris, imp. de Desveux,* an VII-1799, in-8, 24 p. D. M.

Triomphe (le) de la bonne cause, le vrai bonheur rendu au peuple par la glorieuse possession de son souverain légitime et par une alliance auguste. Apologue imité de Saady (par LAUTREY-DELISLE). *Paris, A. Dubray,* 1816, in-8, 2 ff. de tit. et 8 p. D. M.

Triomphe (le) de la capitale, par l'auteur du « Fanal » (LE TELLIER, avocat). *Paris, Cressonnier* (1789), in-8, 6 p.

Réimprimé sous le titre de « le Triomphe des Parisiens ».

C. Desmoulins nous apprend dans son « Discours de la lanterne aux Parisiens », 2e édit., p. 40, que cet auteur fut arrêté en 1789, comme aristocrate, pour avoir publié « le Triomphe de la capitale », où il annonçait que cette ville allait devenir aussi déserte que l'ancienne Babylone.

Le district des Cordeliers sollicita et obtint la mise en liberté de M. Le Tellier.

Triomphe (le) de la charité chrétienne dans le pardon des injures. Vie de Claire Gambaccorti. (Par l'abbé François-Marie TRESVAUX.) *Lille, Lefort,* 1840, in-18. D. M.

Triomphe (le) de la charlatanerie, dédié au grand T***. (Par Louis COQUELET.) *Paris, A. de Heuqueville,* 1730, in-12, 46 p.

Triomphe (le) de la fidélité, drame pastoral en musique. Par E. T. B. D'A. (Ermelinda TALIA, bergère d'Arcadie, c'est-à-dire MARIE-ANTOINETTE WALPURGIS de Bavière, princesse royale de Pologne, électrice de Saxe). *Dresde, Walther,* 1767, in-4, 52 p.

Triomphe de la foi catholique sur les erreurs des protestans, contenues dans les œuvres polémiques de M. Bénédict Pictet. Par un nouveau converti (François VERNET). *Lyon, G. Regnault,* 1649, 4 vol. in-12.

L'auteur a signé l'épître.

Triomphe (le) de la France. Nécessité, possibilité et moyens de l'obtenir. (Par l'abbé CHARPENTIER, curé de Saint-Hilaire-de-Briouze, Orne.) *Alençon, de Broise,* 1870, in-8, 12 p.

Triomphe (le) de la générosité, comédie en vers libres ; par M***(CARRIÈRE-DOISIN). *Amsterdam, B. Ulam,* 1758, in-8.

Triomphe (le) de la grâce dans la conversion et la mort de Basiline (Mme Tiquet). (Par Fr. GASTAUD.) *S. l. (Paris),* 1699, in-12.

Même ouvrage que « Oraison funèbre de Mme T. » Voy. VI, 731, *f.*

Triomphe (le) de la grace dans une âme qui, l'ayant perdue, la recouvre dans la retraite, ou histoire de sœur Pelagie, par M. l'abbé J. D. C. (Jean DOUSSEAU, clerc, neveu et masque de Philippe DE MADIRAN, frère capucin). *Montauban,* 1786, in-12.

Triomphe (le) de la grâce, ou la vie de Jésus-Christ. (Attribué à DESMARETS DE SAINT-SORLIN.) *S. l.,* 1678, in-12, 194 p.

Voy. Brunet, « Manuel du libraire », 5e éd., t. II, col. 634.

Triomphe (le) de la jeunesse, ou le tribut du cœur, prologue dédié à Mme la comtesse de Montmorency ; représenté le 22 septembre 1765. (Par RAFIN, DESCHENNES et Guill. BELIARD.) *S. l. n. d.,* in-8.

Catalogue Soleinne, n° 3582.

Triomphe (le) de la liberté, drame en trois actes et en vers. Dédié aux défenseurs de la patrie. Par l'ermite de Neustrie (LEYS). *Paris, Leys,* 1833, in-8.

Triomphe (le) de la Ligue, ou la France à la veille de souscrire à la paix ; où l'on découvre les secrets que la politique italienne a enseignés à Louis le Grand pour assujétir les princes de l'Europe. *Paris, J. Duchéne,* 1696, pet. in-12.

C'est le même ouvrage que l' « Alcoran de Louis XIV », ou le testament politique du cardinal Jules MAZARIN », traduit de l'italien (ou plutôt composé en français par un réfugié). *Rome (Hollande),* 1695, pet. in-12. Il n'y a de changé que le feuillet 27-28, où le titre d'Alcoran de Louis XIV se trouvait répété.

(Cat. Leber, n° 4593.)

Triomphe (le) de la Ligue. Tragœdie nouvelle. *Leyde, imp. de Thomas Basson,* 1607, in-8, 8 ff. lim. et 136 p.

La dédicace est signée : DE N. N.

Cette pièce a donné lieu à différentes attributions. Les deux noms principaux mis en avant sont ceux de Pierre MATHIEU, avocat au présidial de Lyon, et Rich. Jean DE NÉRÉE.

C'est à ce dernier nom qu'il faut s'arrêter, pensons-nous ; c'est celui adopté par l'auteur de la « Bibliothèque du Théâtre français », et nous le trouvons en tête d'une pièce de vers latins, placée au commencement du me et adressée *Doctissimo* R. I. NEREO, *pro galtragœdia.*

oy.., pour la discussion des différentes attributions, «percheries », III, 433, *c.*

riomphe (le) de la miséricorde de Dieu un cœur endurcy, ou les confessions l'Augustin de France converti, écrites luymesme. *Paris, veuve P. Bouillerot,* 3, in-12, 365 p. — 3ᵉ édit., revue, corée et augmentée de quelques-unes de lettres spirituelles. *Rouen, veuve Jean* rsel, 1708, in-12, 323 et 60 p.

e privilége de l'édition de 1683 est au nom de Mi-CHILLIAT, qui dit lui-même n'être que l'éditeur de livre. L'Augustin de France est-il un personnage ou imaginaire, et n'y aurait-il là qu'une superche-

e privilége du roi et l'approbation du censeur de ition de 1708 attribuent cet ouvrage à un jésuite, . Jean MAILLARD. Ce dernier est-il réellement l'au- du livre, ou est-il seulement l'éditeur de cette sième édition, comme Michel Chilliat l'aurait été de remière?

Réimprimé en 1766, sous le titre de « l'Augustin France ». Voy. IV, 316, *c.* Voy. aussi « Super- ries », II, 980, *d.*

Triomphe (le) de la nature, roman nou- au. (Par DESMARETS, fermier général.) nsterdam et Paris, Belin, 1783, in-12.

Ce livre, composé et imprimé en quinze jours, a été pour sauver une femme qui se trouvait dans la cir- stance peinte dans ce roman, c'est-à-dire qui avait é un homme aimable sans manquer à ses devoirs. ote manuscrite de M. Guidi, censeur royal.)

Triomphe (le) de la pauvreté et des miliations, ou la vie de Mˡˡᵉ de Bellere Tronchay, appelée communément sœur uise; avec ses lettres. (Par le P. Jean AILLARD, jésuite.) *Paris, G. Martin,* 732, in-12.

Triomphe (le) de la perfidie. (Par S.-P. ÉRARD DE SAINT-JUST.) *Paris, 1763,* -12.

Triomphe (le) de la piété contre les us qui s'y commettent. *Paris, Nicolas* épie, 1712, in-12.

La dédicace est signée du nom de l'auteur, E. ROUXE- N.

Triomphe de la pureté sous les auspices e Jésus et de Marie. Ouvrage présenté ous une forme plus correcte, plus élé- ante et considérablement augmenté. Par V. (l'abbé Auguste VIRET). *Lyon, imp.* Storck, 1856, in-18.

Triomphe de la raison sur les préjugés. Par Simon DE BIGNICOURT.) *Rheims, s. d.,* -12.

Triomphe de la religion chrétienne, ou les préjugés de l'Inde vaincus, par Mᵐᵉ Aline F*** (Aline FABRÉGAT). Anecdotes bédariciennes. *Lodève, imp. de Grillières,* 1843, in-12.   D. M.

Triomphe (le) de la religion sous Louis le Grand, représenté par des inscriptions et des devises, avec une explication en vers latins et françois. (Par le P. G.-F. LE JAY, jésuite.) *Paris, G. Martin,* 1687, in-8, grav.

L'auteur a signé la dédicace.

Triomphe (le) de la république, ou le camp de Grand-Pré, divertissement lyri- que en un acte. Représenté par l'Académie de musique, le 27 janvier, l'an deuxième de la République française... (Par M.-J. CHÉNIER.) *Paris, Baudouin* (1793), in-8, 23 p.

Triomphe (le) de la saine philosophie, ou la vraie politique des femmes, par la cit. B*** (BOOSER). *Paris, Debray, an V-* 1797, in-8, 117 p.

Triomphe (le) de la vérité, ou mémoire de M. de La Villete. Par Mᵐᵉ LE PRINCE D. B. (Marie LE PRINCE DE BEAUMONT). *Nancy, H. Thomas,* 1748, in-12.

Triomphe (le) de la vertu, ou voyages sur mer, et aventures de la comtesse de Bressol. (Par le marquis J.-B. DE BOYER D'ARGENS.) *La Haye, Gallois,* 1741, 3 vol. in-12.

Triomphe (le) de la ville de Guise en 1650, ou histoire de son siége, avec le ta- bleau de ses localités anciennes et mo- dernes: poëme. Par un Guisard (MAGNIER fils aîné). *Saint-Quentin, an II,* in-16.

Triomphe (le) de Pradon. (Par Nicolas PRADON.) *Lyon,* 1684, in-12.

Cette diatribe renferme l' « Epître à Alcandre », que l'on trouve reproduite dans les « Nouvelles Remar- ques », etc., du même auteur.

Il existe une autre édition que celle-ci, également imprimée à Lyon, dans l'année 1686. Elle présente une légère addition dans le titre, qui est ainsi conçu : « le Triomphe de Pradon sur les satires du sieur D*** (DESPREAUX)», et quelques différences assez notables dans le texte.   D. M.

Voy. « le Satyrique françois expirant... », ci-des- sus, col. 432, *c.*

Triomphe (le) de sainte Geneviève. (Par Charles PERRAULT.) *Paris, J.-B. Coignard,* 1694, in-4, 16 p.

Triumphe (le) de très-haulte et puis- sante dame Verole, royne du pays d'amour, nouvellement composé par l'inventeur des menus plaisirs honnestes. *Lyon, F. Juste,* 1539, in-8, 42 ff., avec 42 fig. sur bois. — *Paris,* 1540, in-16, 44 ff.

Pièce en prose et en vers. Des deux éditions qui ont paru en deux ans, il ne semble exister que deux exemplaires de l'une et un seul de l'autre. Voy. Brunet, « Manuel du libraire », 5ᵉ édition, III, col. 966.

Le « Triomphe » a été reproduit dans les « Anciennes Poésies françaises » éditées par M. A. de Montaiglon (*Paris, Jannet*), t. IV, p. 214. La partie médicale des notes a été revue par le docteur J.-F. Payen.

Après avoir donné d'amples descriptions bibliographiques, M. de Montaiglon aborde une question insoluble, peut-être : qui est l'auteur du « Triumphe » ? Les bibliographes le cataloguent d'ordinaire sous le nom de Jean LE MAIRE, mais il est certain que le lourd et traînant auteur de l' « Amant vert » et des « Illustrations de Gaules » était incapable de trouver sous sa plume les habiletés et les élégances des deux préfaces, qui sont la partie la plus remarquable et la plus importante du livre. Duverdier, dans sa « Bibliothèque françoise », a bien dit qu'il s'agissait d'une traduction de l'italien, mais personne n'a jamais signalé en Italie, comme auteur, le prétendu Martin DORCHESINO, *l'inventeur des menus plaisirs honnêtes*, et l'aisance du style, peu compatible avec l'idée d'une traduction, les allusions à des localités françaises, démontrent qu'il s'agit d'un ouvrage français.

L'éditeur discute ensuite une opinion qui a été mise en avant par M. Lacroix, et qui attribuait le « Triumphe » à Rabelais. Elle est séduisante; mais, tout bien examiné, il ne pense pas qu'elle repose sur des bases assez solides. (Bibliographie du comte d'I***, 3ᵉ édit.)

Triomphe (le) des arts, ballet (en 5 actes et en vers libres, par Ant. HOUDART DE LA MOTTE). *Paris, Chr. Ballard,* 1700, in-4. — *Amsterdam,* 1701, in-12.

Triomphe (le) des beaux-arts pendant la paix. Balet qui sera dansé à la tragédie de Flavius sur le théâtre du collége de la Compagnie de Jésus pour la distribution des prix donnez par Mgr Bignon, conseiller d'Etat, intendant de Picardie... le 27 août 1698. (Par le P. DE CROIXMARE.) *Amiens, imp. de Guislain Le Bel,* 1698, in-4, 7 p.

Triumphe (le) des dames. *Paris, Pierre Le Caron* (vers 1530), in-4 goth., 20 ff.

D'après le prologue, on voit que cet ouvrage a été composé en espagnol par un gentilhomme nommé Jehan Rodigue DE LA CHAMBRE. On croit que le traducteur français se nommait Ferdinand DE LUCENNE.

Triomphe (le) des dames, ou le nouvel empire littéraire. (Par Et.-André PHILIPPE, connu sous le nom de Philippe DE PRÉTOT.) *Paris,* 1755, in-12, 23 p.

Triomphe (le) des dames. Traduit de langlois de Miledi P**** (par Philippe-

Florent DE PUISIEUX). *Londres,* 1751, in-12, 140 p.

Même ouvrage que celui publié l'année précédente sous ce titre : « La femme n'est pas inférieure à l'homme » (voy. V, 445, *f*). Le titre seul a été enlevé et remplacé par un frontispice gravé.

Triomphe (le) des femmes, ouvrage dans lequel on prouve que le sexe féminin est plus noble et plus parfait que le sexe masculin. (Par C. GARDETON.) *Paris, Delaunay,* 1822, in-18.

Triomphe (le) des « Lettres d'un chanoine pénitencier de la métropole de *** à un chanoine de la cathédrale de ***, sur les affaires de la religion ». Avec des observations sur la réponse aux Lettres... *S. l.,* 1786, in-8, 231 p.

C'est une réimpression des « Lettres d'un chanoine pénitencier...» (par le P. Pierre DEDOYAR, DU DOYART ou DES DOYARDS, jésuite). Voy. V, 1236, *c*.

L'année suivante, cet auteur a encore publié : « le Nouveau Triomphe des « Lettres d'un chanoine pénitencier », etc., et Observations sur la réponse qu'on a cru y faire. Supplément aux dix-huit éditions qu'on a fait des lettres de ce pénitencier. » *A Avignon, chez Orthodoxe, libraire, rue de la Vérité* (*Liége*), 1787, in-12, 89 p.

Triomphe des libertés gallicanes, ou traité historique sur les prérogatives et les pouvoirs de l'Eglise de Rome et de ses évêques. (Par Louis MAIMBOURG.) Nouvelle édition, revue, corrigée et augmentée. Par M. DE ROQUEFFEUIL, curé-desservant de la commune de Marzy. *Nevers, Delavau, imp.,* 1831, in-8, xv-336 p. et 1 f. d'errata.

Triomphe (le) des médecins. (Par Blaise-Henri DE CORTE, baron DE WALEFF.) *Lille, Paul Maret, et Liége, J.-P. Gramme* (s. d.), in-8. — Autre édit. *Liége, G.-I. Broncart,* 1733, in-8.

Voy. de Theux, « Bibliographie liégeoise », 1859, p. 225.

Triomphe (le) des omnibus, poëme héroï-comique. (Par Léon GOZLAN.) *Paris, A. Dupont,* 1828, in-8, 16 p.

Triomphe (le) des Parisiens, par l'auteur du « Fanal » (LE TELLIER, avocat). (*Paris*), *Cressonnier* (1789), in-8, 6 p.

Même ouvrage que « le Triomphe de la capitale ». Voy. ci-dessus, col. 831, *b*.

Triomphe (le) divin de Louis le Grand sur l'hérésie; par la justice et la sainteté de ses loix contre les prétendus reformez, prouvée par les plus beaux endroits de saint Augustin. (Par J. GANIER.) *Tours, Jacques Flosceau,* 1687, in-12.

Triomphe (le) du bilboquet, ou la défaite de l'esprit, de l'amour et de la raison. (Par MARIVAUX.) *S. l.*, 1714, in-12.

Triomphe (le) du Calvaire, ou histoire de la mort de Jésus-Christ. P. P. S. *Paris*, 1655, in-12.

Ouvrage tout à fait singulier et rare. Il y en a une notice dans le « Conservateur » d'octobre 1758. C'est une espèce de poëme en prose et en vers, par le bourreau de Paris. La bibliothèque de l'Arsenal en possède un exemplaire indiqué dans le Catalogue du duc de La Vallière, par Nyon, sous le n° 14061.

A.-A. Barbier l'attribue à P. SANSON. G. Peignot, dans un article inséré dans le « Bulletin du bibliophile » de 1839, p. 448 à 450, conteste cette attribution et indique comme auteur Jean-Guillaume, dit SAINT-AUBIN, qui occupait la charge de bourreau de Paris à l'époque où le livre a paru.

Triomphe (le) du christianisme, ballet (en cinq actes, par GAYET). *S. l. n. d.*, in-4.

Représenté au collège de Reims, le 29 février 1696. Catalogue Soleinne, n° 3653.

Triomphe (le) du corbeau. (Par A. UZIER, curé d'Einville). Réimprimé chez P. Trenel, à Saint-Nicolas-du-Port. Conforme à l'édition originale. *Nanci, Cayon-Libault*, 1839, in-8.

L'édition originale est de Nancy, 1619.

Triomphe (le) du Nouveau-Monde; réponses académiques, formant un nouveau système de confédération, fondé sur les besoins actuels des nations chrétiennes commerçantes, et adapté à leurs diverses formes de gouvernement; par l'Ami du corps social (Jos.-And. BRUN). *Paris, veuve Hérissant*, 1785, 2 vol. in-8.

Cet ouvrage donna lieu à un procès entre l'auteur et le général de l'Oratoire; il a fait rejeter l'auteur du sein de cette congrégation.

Triomphe (le) du Saint-Sacrement sur le démon. (Par JOVET.) *Laon*, 1682, in-12.

Triomphe (le) du sexe, ouvrage dans lequel on démontre que les femmes sont en tout égales aux hommes. On y examine les avantages de leur commerce et quel doit être l'amour réciproque des deux sexes. (Par l'abbé J.-A.-T. DINOUART.) *Amsterdam* (Arras), *Ignace Raçon*, 1749, in-12, xiv p., 2 ff. de table et 94 p.

Triomphe (le) du temps selon les visions d'un petit-fils de Nostradamus, fait pour la consolation des bons François, et dédié au Parlement. (Par Jean DUVAL.) *Paris, Denys Langlois*, 1649, in-4, 11 p.

Triomphe (le) du tres chestien roy de

France xij de ce nom, contenant lorigine et la declination des Veniciens avec larmee du roy... (Par Symphorien CHAMPIER.) *Lyon, Claude Dauost*, 1509, in-4 goth.

Triumphe (le) et cérémonies du baptesme de Mgr le Daulphin et de mes Dames ses sœurs... *Paris, Fleury Bourriquant* (1606), in-8, 14 p. — *Lyon, Claude Morillon*, 1606, in-8, 15 p. — *Angers, Ant. Hurault*, 1606, in-8, 12 p.

Signé : C. D. BASS. (Claude DE BASSECOURT).

Triomphe (le) et les malheurs de Goffin, poëme élégiaque, par M. R....N-M..L (RANXIN-MUEL, de Ligny, fabricant de draps). *Chaumont, imp. de Cousot*, 1814, in-8, 12 p.

Triomphe (le) hermétique, ou la pierre philosophale victorieuse. Traitté plus complet et plus intelligible qu'il y en ait eu jusques ici touchant le magistere hermétique. *Amsterdam, H. Wetstein*, 1699, in-12, xiv-153 p., avec 1 pl. — 2e édit., rev., corr. et augm. *Amsterdam, J. Desbordes*, 1710, pet. in-8, xvi-153 p., avec 1 pl.

Voici le détail de ce que contient cet ouvrage :

L'Ancienne Guerre des chevaliers, ou le triomphe hermétique..., composé originairement en allemand et traduit nouvellement du latin.

Entretien d'Eudoxe et de Pyrophile sur l'ancienne guerre des chevaliers.

Lettres aux vrais disciples d'Hermès, contenant six principales clefs de la philosophie secrète.

On lit à la fin du volume :

« Le nom de l'auteur est en latin dans cette anagramme : *Dives-sicut-ardens*, S*** (LIMOJON, sieur DE SAINT-DIDIER). »

Réimprimé dans la « Bibliothèque des philosophes chimiques » (voy. IV, 415, *a*), t. III (1741), p. 184-321.

Le texte allemand de l'ancienne guerre, « Uralter Ritter-Krieg », a été reproduit d'après l'édition de Leipzig, 1604, avec la traduction française de Limojon de Saint-Didier en regard, dans une traduction allemande du Triomphe hermétique, « Der hermetische Triumph ». *Leipzig, U. Gœrlitz, J.-G. Laurentio*, 1707, in-8, 224 p. avec une pl.

Triomphe (le) royal érigez à La Haye à l'honneur de Guillaume III. (Par B. BECK.) *La Haye*, 1691, in-12.

Catal. del Marmol, n° 2549.   V. T.

Triomphes (les) de la noble et amoureuse dame. Et lart de honnestement aymer. Composé par le Traverseur des voyes perilleuses (Jean BOUCHET). *Paris, imp. G. de Bussozel*, 1536, in-fol. — *Paris, imp. J. Real*, 1541, in-8. — *Paris*, 1545, in-8. — *Paris, Arnoul L'Angelier*, 1555, in-8.

Ces « Triumphes » sont un ouvrage mystique, en

vers et en prose, où il s'agit de l'amour de Dieu; l'amoureuse dame est notre âme.

Triomphes (les) de Louys le Juste en la réduction des Rochelois et des autres rebelles de son royaume. Dédiés à Sa Majesté par un religieux de la Compagnie de Iésus du collége de Reims. *Reims, Nic. Constant,* 1629, in-4. — *Rheims, Constant,* 1630, in-12.

Par le P. Florent Bon, d'après le P. Lelong. Le P. de Backer, dans sa 2ᵉ édit., in-fol., tome II, col. 1393, dit que cette pièce de vers se trouve, sous le titre de l'Hydre défaite, dans les « Œuvres poétiques » du P. Pierre Le Moyne.

Triomphes (les) de saint François de Paule, instituteur et fondateur de l'ordre des Minimes, faits en la ville de Naples... Composé en italien par le cavalier César Capaccio, et traduit en françois par F. A. G. (frère Ambroise Granjon, minime). *Paris, J. Villery,* 1634, 2 part. en 1 vol. in-4.

L'épître est signée par le traducteur.

Triomphes du génie dans la Grèce antique et dans la Grèce moderne, poëme dithyrambique... (Par Florimond Levol.) *Paris, Delaunay,* 1825, in-8.

Triomphes (les) du roi. Desdié à Mgr d'Espernon, duc, pair et colonel de France. *Paris, Gilles Robinot,* 1609, in-8.

On lit au bas de la dédicace : P. L. A. D. L. F. Bayle, dans ses « Réponses aux questions d'un provincial » (« Œuvres diverses », t. III, p. 615), cite ce volume avec le regret d'en pouvoir indiquer l'auteur. La « Bibliothèque historique de la France » nous apprend qu'il se nommait Charles de Ræmond, abbé de La Frenade.

Triomphes (les) du tres-chrétien roy de France et de Navarre, Louys le Juste, digne héritier et successeur du roy sainct Louys. (Par Garnier.) *Paris, Nic. Alexandre,* 1618, in-8, 16 p.

Imprimé la même année sous le titre « Triomphe du roy », avec la signature de l'auteur.

Triumphes (les) et magnificences faictes à l'entrée de Monseigneur, filz de France et frère unicque du roy, en sa ville de Tours, le vingthuictieme iour d'aoust M.D.LXXVI. Par les maire, eschevins, manans et habitans de ladicte ville de Tours. (Par Nic. de Nancel.) *Tours, imp. de René Siffleau,* 1576, in-4, 39 p. et 2 pl.

Triumphes (les) de messire Françoys Petracque (*sic*). Translatez de langaige tus-

can en françois. *Paris, Berthelemy Verard,* in-fol.

Dans le Catalogue du château d'Anet, 1723, George de La Forge est nommé comme l'auteur de cette traduction.

Triple hommage que rend à la souveraineté, à la foi et à la théologie un curé de Westreich (Knoepfler, curé de Both). *S. l.,* 1775, in-8.

Voy. « Supercheries », I, 820, f.

Triple (le) Rosaire augmenté, savoir : le Grand Rosaire, le Perpétuel et le Quotidien. (Par le jacobin Bernard, du Rosaire.) *Tolose, Bernard Bosc,* 1676, in-12.

Triplici nodo triplex cuneus. Ou apologie pour le serment de fidélité. Contre deux brefs du pape Paul cinquiesme et la lettre du cardinal Bellarmin n'aguéres escrite à Blackwell, archiprestre... (Par Jacques I, roi d'Angleterre.) *S. l.,* 1609, in-8.

Pour le texte original, voy. les « Anonymes latins ».

Triste elegie ou deploration lamentant le trespas de feu tres hault et puissant prince Francoys de Valloys duc de Bretaigne et daulphin de Viennoys, filz aisné du roy tres chretien Francoys premier... *Paris, Jehan André et Gilles Corrozet,* 1536, in-8, 15 ff.

Ces poésies sont attribuées à Gilles Corrozet, au nom duquel est le privilége et qui a signé le dizain placé sur le dernier feuillet.

Triste (le) jour de Marie, au pied de la croix, tenant son Jésus sur ses sacrés genoux. Par P. M. (Pierre Marchedieu), parisien. *Paris,* 1655, in-16, 43 p.

Triste (la) Journée, ou le lendemain de noces, comédie en prose, par l'auteur de « Fanfan et Colas » (A.-L.-B. Robineau, dit Beaunoir). *Paris,* 1785, in-8.

Triste (la) Journée, ou petite pièce du Champ-de-Mars, suivie du grand convoi du fameux Loustaleau, de son oraison funèbre, et du petit mot d'un sans-souci au terrible Lameth, par l'auteur de « la Joyeuse Semaine », etc., etc. (le chevalier Fenon de Litany). *Paris, de l'imp. des révolutions infernales,* 1790, in-8, 28 p.

Tristes (les) airs et funebres escris de C. P. P. (Claude Palliot, Parisien), en memoire du feu roy. A la postérité. *Tours, J. Mettayer,* 1589. — Suite des tristes airs de C. P. P. en mémoire du feu roy pour la continuation des obseques qui luy sont ordonnees par la Cour es convents des mendiants, de trois mois en trois mois, l'un d'iceux escheant a ce premier jour de février 1590... *Tours, Jamet Mettayer,* 1590, in-4, 36 et 28 p.

Signé à la fin : Cl. Pal. Par.

Tristesses (les) humaines, par l'auteur des « Horizons prochains » (Mme Agénor de Gasparin, née Valérie Boissier). *Paris, Michel Lévy,* 1863, in-18, 329 p.

Plusieurs fois réimprimé.

Triumvirat (le) redévoilé à la nation assemblée. *S. l.,* 1789, in-8, 70 p. — Supplément au « Triumvirat ». *S. l. n. d.,* in-8, 24 p.

Réimpression d'une partie des « Lettres secrètes sur l'état actuel de la religion... » attribuées aux abbés Nic. Thyrel de Boismont et Jean-Siffrein Maury. Voy. V, 1288, a.

Troc (le), opéra-comique, parodie des « Trocqueurs » (en un acte, tout en ariettes et en vaudevilles, par Fabin de Hautemer). *Paris, Duchesne,* 1756, in-8.

Trocqueurs (les). Conte par M. D. L. F. (Jean de Lafontaine.) *S. l. n. d.,* in-8, 8 p.

Troglodites (les), tragédie en cinq actes. *Paris, Delalain,* 1770, in-8, 2 ff. lim. et 67 p.

Attribué à L.-P. Couret de Villeneuve.

Trois (les) Ages de l'amour, ou le portefeuille d'un petit maître. (Par Dièbes, avocat.) *Paphos,* 1769, in-12.

Cet ouvrage a reparu en 1802 comme supplément à la « Galerie des femmes » d'Et. Jouy. Voy. « Supercheries », I, 287, f.

Trois (les) Ages de la monarchie françoise, ou tableau historique, politique et juridique de la monarchie françoise, dans ses trois âges. (Par L.-V. de Goezmann.) *Paris,* 1775, in-4.

Prospectus de l' « Histoire politique du gouvernement.... » Voy. V, 826, f.

Trois (les) Ages, ou les jeux olympiques, l'amphitéâtre et la chevalerie, poëme en VI chants, avec des notes. (Par Roux de Rochelle.) *Paris, F. Didot,* 1816, in-12.

Réimprimé en 1838, avec le nom de l'auteur.

Trois Ans à Paris, ou l'éducation à la mode, comédie-vaudeville en un acte, représentée sur le grand théâtre de Marseille, le 29 juin 1829. (Par Rey de Foresta et Eug. Guinot.) *Marseille, Anfonce,* 1829, in-18.

Trois Ans en Italie, suivis d'un voyage en Grèce, par une Brésilienne (Mme de Faria, née Nisida-Floresia Brasileira-Augusta). *Paris, Dentu,* 1864-1871, 2 vol. in-8.

Trois (les) Armes, ou tactique divisionnaire du colonel prussien Decker ; traduit en français sur la traduction anglaise du major J. Jones, et annoté par A. de M*** (Victor-Amédée de Manne, capitaine d'artillerie). *Paris, J. Corréard,* 1851, in-8.

Trois (les) Aveugles, comédie-parade en un acte et en prose ; représentée pour la première fois à Paris, sur le théâtre des Variétés amusantes, le 4 décembre 1782. (Par Goullinet.) *Paris, Cailleau,* 1783, in-8, 46 p.

Catalogue Soleinne, n° 3220.

Trois (les) B, ou histoire d'un borgne, d'un boiteux et d'un bossu. (Par Jean-Armand Charlemagne.) *Paris,* 1809, 4 vol. in-12.   D. M.

Trois (les) Bélisaires. (Par V. D. de Musset, dit Musset-Pathay.) *Paris,* 1808, in-8.

Ces trois Bélisaires sont : le véritable, celui de Marmontel et celui de Mme de Genlis.

Trois Cartouches. Epîtres à l'Académie d'Amiens. (Par M. A. Bouthors, ancien greffier en chef du tribunal civil, conseiller de préfecture.) *Amiens, Yvert,* 1854, in-18, 34 p.

Troys cens cinquante rondeaulx (sensuyvent les) moult singuliers a tous propos nouvellement imprimés. (Par Pierre Gringore.) *Lyon, Olivier Arnoullet,* 1533, in-8, 6 ff. lim. et 106 ff. numérotés.

Trois cent seize jours d'infortune, ou lettres que j'ai écrites à ma famille et à mes connaissances, lors de mes trois séjours à l'hospice du château royal de Bicêtre. (Par Benoist l'aîné.) *Paris, Moronval,* 1816, in-12.

Trois (les) cent soixante-cinq. Annuaire de la littérature et des auteurs contemporains, par le dernier d'entre eux (Emile Chevalet). *Paris, G. Havard,* 1858, in-12, 371 p.

Chaque jour de l'année est consacré à un auteur; l'auteur s'est réservé le dernier, et c'est ainsi qu'est justifiée la qualification qu'il se donne.

Trois chansons protestantes du siècle passé, publiées par Ch.-L. Frossart. *Paris, Grassart,* 1854, in-12, 36 p.

L'éditeur a ignoré que ces trois cantiques avaient

déjà été publiés, en 1713, par leur auteur, qui n'est autre que Bénédict Pictet. C'est un in-12 de 40 p., contenant, outre les trois cantiques ci-dessus mentionnés, un quatrième intitulé : « Exhortation aux Nicomédistes ou temporiseurs. » La note citée par M. Frossard ne s'y trouve pas.

« Bulletin de la Société de l'histoire du protestantisme français », décembre 1854, p. 511.

Trois (les) Chapitres, ou la vision de la nuit du mardi gras au mercredi des Cendres. *S. l. n. d.*, in-8, 36 p.

J.-J. Rousseau avait formé pour sa bibliothèque un recueil de brochures sur la querelle des Bouffons écrites par ses amis d'alors et par lui-même; il en est trois sur le titre de chacune desquelles Rousseau a écrit de sa main : par M. Diderot. Le présent écrit est une de ces brochures. La seconde est intitulée : « Au petit prophète de Bœhmischbroda ». Ces deux pièces existent dans la collection des manuscrits de Diderot conservés à l'Ermitage. La 3e pièce est intitulée : « Arrêt rendu à l'amphithéâtre de l'Opéra sur la plainte du milieu du parterre intervenant dans la querelle des deux coins », *S. l.*, 1753, in-8 de 16 pages. Elle a été attribuée à d'Holbach (voy. IV, 279, *a*), ce qui paraît être une erreur.

Ces trois pièces ont été réimprimées par M. Assézat dans le tome XII de son excellente édition des Œuvres de Diderot.

Trois chapitres sur les deux arrêtés du 20 juin 1829, relatifs au collége philosophique, par un père de famille pétitionnaire (Richard-Antoine-Corneille Van Bommel, évêque de Liége). *Bruxelles, Vanderborgh*, 1829, in-8, vii–90 p.

Quérard attribue cet écrit à MM. Vilain XIIII, l'évêque de Liége Van Bommel, et autres. C'est une erreur; elle est de Van Bommel seul.

Trois (les) Chiens, conte en vers, enrichi de figures. (Par le marquis René-Alexandre de Culant.) *Paris, Rollin*, 1722, in-8, 4 ff. lim. et 60 p.

Le titre a été rafraîchi en 1789.

Trois (les) Consécrations, ou exercices de piété pour se renouveler dans l'esprit du baptême, de la profession religieuse et du sacerdoce. (Par le P. Pasquier Quesnel.) *Liége*, 1693, in-12.

Trois Consuls. *Paris*, septembre 1848, *imp. de Plon*, in-8, 32 p.

Attribué au général C.-T. de Montholon et aussi à J. Lingay.

Trois (les) Dames, avec plusieurs dits et exemples notables d'amour (trad. du latin de Nicolas Bourbon l'ancien, par Jean Descaurres). *Paris*, 1572, in-8.

« Bibliothèque universelle des romans », juillet 1783, 1er vol., p. 3. V. T.

Trois (les) Damis, comédie en un acte

et en vers. (Par Nicolas-Marie-Félicité Bodard de Tezay.) *Paris, Cailleau*, 1785, in-8.

Trois (les) Dialogues de l'orateur, adressés par M. T. Cicéron à son frère Quintus; traduction nouvelle par M. P*** (J.-A. Pannelier), ancien professeur. *Paris, Aug. Delalain*, 1818, 2 vol. in-12.

Trois Dialogues de M. Pierre Messie, touchant la nature du soleil, de la terre et de toutes les choses qui se font en apparoissent en l'air. (Traduits de l'italien en françois par Marie de Coste-Blanche.) *Paris, F. Morel*, 1579, in-8, 32 ff.

L'épître du traducteur est signée : M. D. C.

Trois dixains de contes gaulois. (Par M. Léon Jaybert, avocat à la Cour de cassation.) *Paris, P. Malassis*, 1862, in-8, 280 p.

Ce volume, tiré à 300 exemplaires pour les seuls sousscripteurs, devait être orné d'eaux-fortes par Bracquemond; mais ces planches, qui existent encore, n'ont pas servi.

Ce livre, même sans gravures, est fort recherché aujourd'hui. Voy. l' « Adultère dans les différents âges », IV, 74, *d*.

Trois (les) Ecueils de la femme, l'amour, la science et la jalousie, par James Hogg; traduit de l'anglais (par Dubergier); suivi du Tableau, ou les regrets maternels, nouvelle par Mme de Flesselle; de la Méprise heureuse, nouvelle; de la Rose et de l'Œillet, ou la puissance des fleurs. *Paris, Hautecœur et Gayet*, 1825, 4 vol. in-12.

Trois Eoliennes. Par une société de gens de lettres. (Par Eugène Aroux, ancien député de la Seine-Inférieure.) *Paris, imp. de Gaultier-Laguionie*, 1825, in-8, 74 p.

Trois (les) Epoques des tems modernes, ou les révolutions religieuse, politique et commerciale. (Par d'Eyraud.) *Paris, Ad. Bossange*, 1826, in-8.

Trois (les) Espagnols, ou les mystères du château de Montillo, roman traduit de l'anglais de Georges Walker par le traducteur de « Théodore et Olivia » et des « Visites nocturnes » (P.-L. Lebas). *Paris, Pigoreau*, 1823, 4 vol. in-12.

Trois (les) Espiègles, ou les arts et la folie, comédie en trois actes, par le cit. J. H. F. L. (J.-Henri-Ferdinand La Martellière). *Paris, Page*, an VI, in-8.

Trois Essais sur le beau pittoresque;

sur les voyages pittoresques; et sur l'art d'esquisser le paysage; suivi d'un poëme sur la peinture du paysage par M. William GILPIN, chanoine de Salisbury, etc. Traduit de l'anglais par le baron DE B*** (le baron DE BLUMENSTEIN). *Breslau, imp. de G.-T. Korn*, 1799, in-8.

Trois (les) Etats de l'homme par rapport à l'Eglise. (Par Cl.-Fr. DESFOURS DE GENETIERE.) (*Lyon*), 1786, in-12; — 1788, in-8.

Trois (les) Exemples de l'importance des choix en politique, en amour et en amitié, par M. le comte DE LA T*** (DE LA TOURAILLE). *Paris, Belin*, 1787, in-12.

Trois fables : Egalité, Fraternité, Liberté. (Par JOBART.) *Bruxelles*, 1849, gr. in-8, 6 p.   J. D.

Tiré à petit nombre.

Trois femmes poëtes inconnues. (Par Emile SOUVESTRE.) *Nantes, Mellinet-Malassis*, 1829, in-18, 132 p.

Trois (les) Filles de la Bible. *Paris, Michel Lévy*, 1863-1868, in-8.

Se compose de huit parties. L'avertissement placé en tête de la première est signé JACOB. Le nom de l'auteur, Hippolyte RODRIGUES, se trouve sur le titre à partir de la sixième.

Trois (les) Frères de Combabus, contes en vers, suivis de Floricourt. (Par C.-J. DORAT.) *Amsterdam*, 1765, in-8, av. 2 gr.

Trois (les) Frères rivaux, comédie par Mr D. L. F. (Joseph DE LAFONT). *Paris, P. Ribou*, 1713, in-12, 3 ff. lim. et 41 p.

L'auteur a signé l'épître. Plusieurs fois réimprimé.

Trois (les) Gascons, comédie de M. B*** (Nic. BOINDIN et Ant. HOUDART DE LAMOTTE). *Paris, P. Ribou*, 1702, in-12, 47 p.

Trois (les) Henri. Vaudeville historique en un acte. Par A. H. (HOPE). *Paris, Barba*, 1837, in-8, 25 p.

Trois (les) Héroïnes chrétiennes, ou vies édifiantes de trois jeunes demoiselles; par M. l'abbé *** (G.-T.-J. CARRON). *Paris, B. Morin*, 1782, in-12.

Souvent réimprimé sous ce titre ou sous les suivants : « les Héroïnes chrétiennes... » Voy. V, 621, c, « les Quatre Héroïnes chrétiennes... », voy. VI, 1123, f.

C'est à tort que plusieurs contrefacteurs attribuent cet ouvrage à l'abbé Jos. REYRE. Voy. « Journal de la librairie », 1820, p. 279.

Trois Heures d'amusement, ou le nou-

veau Comus, contenant les tours de cartes et de subtilité les plus surprenans, etc.; par le citoyen DU...LY (S.-J. DU COEUR-JOLY). *Paris, Guilleminet*, an X-1801, in-12.

Plusieurs fois réimprimé avec le nom de l'auteur.

Trois (les) Hommes illustres, ou dissertations sur les institutions politiques de César Auguste, de Charlemagne et de Napoléon Bonaparte, par M. B****** (L.-R. BARBET), nouvelle édition. *Paris, Michelet*, an XII-1804, in-12.

Trois (les) Inconnus, comédie en trois actes et en vers, mêlée d'ariettes. (Par G.-Fr.-Fouques DESHAYES, connu sous le nom de DESFONTAINES DE LA VALLÉE.) *Paris, Brunet*, 1783, in-8.

Trois (les) Infortunés. (Par Louis-Sébastien MERCIER.) *Paris, Poinçot*, 1787, in-8.

Trois Jésuitiques...

Voy. « Jésuitiques », V, 994, a.

Trois Jours au monastère de la Trappe de Meilleray. (Par l'abbé Charles-Auguste-Parfait DE VILLEFORT, chanoine honoraire de Saint-Denis.) *Paris, Trouvé*, 1824, in-8.

Cette brochure est extraite en partie des « Annales de la littérature et des arts ». Elle a eu, en 1826, une seconde édition qui porte le nom de l'auteur et qui offre de nombreuses additions.   D. M.

Trois Jours dans la Forêt-Noire. Lettres adressées à Mme ***. (Par le prince Serge GALITZIN, secrétaire d'ambassade à Stuttgard.) *Bruxelles*, 1855, in-32, 85 p.
       J. D.

Trois Jours de promenade d'un étudiant en droit, par M. B*** (Antoine-Nicolas BÉRAUD). *Paris, Plancher*, 1822, in-8, 30 p.   D. M.

Trois (les) Jumeaux vénitiens, comédie italienne en quatre actes, dialoguée en françois, en faveur des sociétés et des troupes de province, représentée pour la première fois le 7 décembre 1773, par les comédiens italiens ordinaires du roi. (Par A. COLALTO, comédien italien ordinaire du roi.) *Paris, veuve Duchesne*, 1777, in-8.

Cette pièce n'était originairement qu'un canevas imaginé par Colalto. Le dialogue, fait d'après le programme, est de Th. DHELL ou D'HÈLE et de J.-F. CAILHAVA D'ESTENDOUX, quoique, d'après le titre, il semble l'ouvrage de Colalto seul.

(*Article de M. Solvet.*)

Trois (les) Justaucorps, conte bleu, tiré

de l'anglois de Jonathan SWIFT (par René MÂCÉ). *Dublin*, 1721, in-8.

Publié dans le « Recueil de pièces sérieuses... » Voy. ci-dessus, col. 79, *c*. Il en a été tiré des exemplaires paginés séparément.

Trois (les) Léandres, ou les noms changés, comédie (en un acte et en prose). Par M. S...... (J.-H. SEDAINE DE SARCEY). *Paris, Cailleau*, 1786, in-8.

Trois lettres d'un homme à trois grands vicaires, pour les prêtres... nommés fidèles, relativement au serment de haine, à la promesse de fidélité et au schisme. (Par Simon-Pierre ERNST.) *Maestricht*, an VIII-1800, in-8, 100 p.

Trois lettres sur la guerre à la justice dans la fonderie de canons à Liége et sur l'état militaire en Belgique. (Par J.-D. ANCION, lieutenant-colonel pensionné.) *Liége, Carmanne*, 1861, in-8, 24 p.
Ul. C.

Trois lettres sur le Congrès, ou considérations philosophiques sur la raison d'être, le but et l'avenir de ces assemblées; par Eugène F. (Eugène FLOTARD). *Lyon, Giberton et Brun*, 1841, in-8.

Trois lettres touchant l'état présent d'Italie; la Iᵉ regarde Molinos et les quiétistes; la IIᵉ l'Inquisition; la IIIᵉ la politique (par Jean CORNAND DE LA CROSE), pour servir de supplément aux lettres du docteur Burnet, trad. de l'anglois. *Cologne, P. Marteau*, 1688, in-8.

Mis à l'*Index* le 17 janvier 1691 et le 19 mars 1692.

Trois livres de l'humanité de Jésus-Christ, divinement décrite, et au vif représentée par P. ARETIN, traduits en françois (par Jean DE VAUZELLES). *Lyon, M. et G. Trechsel*, 1539, in-8, 7 ff. lim., 358 p. et 1 f. d'errata.

A cet ouvrage se trouve ordinairement réuni le livre intitulé : « la Passion de Jésus-Christ, vivement décrite par le divin engin de Pierre Arétin, Italien, et traduite en françois (par J. DE VAUZELLES) ». *Lyon, M. et G. Trechsel*, 1539, in-8, 119 p.
Réimprimé sous le nom de l'auteur sous le titre suivant : « Les trois livres de l'humanité de Jésus-Christ, commençans à sa saincte et miraculeuse conception, et finissans à sa divine et admirable ascension au ciel vers Dieu son père ; traduits d'italien en françois par P. DE LARIVEY, *Troyes, Pierre Chevillot*, 1604, in-8. Cette traduction est celle de J. DE VAUZELLES, dont LARIVEY a seulement retouché le style.

Trois (les) livres de SÉNÈQUE sur la colère (traduits du latin par Ange CAPPEL,

sieur DU LUAT). *Paris, J. Mettaier*, 1585, in-8.

Le nom du traducteur se trouve dans le privilége.

Troys (les) livres des illustrations de Gaule et singularitez de Troye. (Par Jean LE MAIRE DE BELGES.) Nouvellement reveues et corrigées oultre les précédentes impressions. *Paris, Galliot du Pré*, 1531, in-8.

Trois (les) livres des meteores avecques autres œuures poëtiques. Au roy de France et de Pologne. *Paris, J. Richer*, 1585, 2 part. in-12.

Le nom de l'auteur Isaac HABERT se trouve dans l'extrait du privilége daté du 7 novembre 1584.

Trois (les) Maréchaux. MM. Saint-Arnaud, Magnan, Castellane. (Par le colonel CHARRAS.) *Bruxelles, Verteneuil*, in-16, 48 p.

Extrait du journal « la Nation » des 8, 9, 11, 13 décembre 1852.
Cette brochure avait d'abord été attribuée par M. Delecourt à Hipp. MAGEN.

Trois (les) Moines. Par l'auteur des « Forges mystérieuses », des « Capucins », etc. (Mᵐᵉ GUÉNARD). *Paris, Marchard*, an X, 2 vol. in-12.

Réimprimé en 1815 et en 1821, avec le nom de DE FAVEROLLES sur le titre. Ce nom est un pseudonyme de Mᵐᵉ GUÉNARD.

Trois Mois de Napoléon, ou relation des événements politiques et militaires qui ont amené la belle journée du 8 juillet 1815. Examen de la conduite de la Chambre des représentants... (Par J.-B.-J. BRETON DE LA MARTINIÈRE.) *Paris, Gueffier jeune*, 1815, in-8.

La 2ᵉ édition, publiée la même année, porte le nom de l'auteur.

Trois Mots d'un paysan flamand (Joseph HAUMONT) sur des choses importantes. *Paris, J. Géruzet*, 1842, in-18.
J. D.

Trois Mots de réponse aux douze questions proposées au citoyen Huleu, par un ci-devant notaire des Pays-Bas (DE GAND, d'Alost). *Gand*, vendémiaire an VII-1798, in-8, 24 p.

Trois (les) Musées de l'enfance, contenant le spectacle de la nature, le spectacle de la société humaine, le spectacle des arts et des sciences, par l'inventeur de la pasigraphie (J. DE MAIMIEUX). Nᵒ 1 (et unique). *Paris*, an VI, in-4.

Trois (les) Napoléon, poëme. (Par Jules BAILLY.) *Mons, Manceaux-Hoyois*, 1852, in-12, 7 p.

J. D.

Attribué par les « Supercheries » à MARSIGNY, professeur de poésie à Mons. Voy. II, 1197, *f*.

Trois (les) Nations, recueil de contes. (Par Nic.-Et. FRAMERY.) *Paris*, 1765, 2 vol. in-12.

Trois notes relatives à la théorie de la terre. Extrait de philosophie religieuse. (Par Jean REYNAUD.) *Paris, imp. de Duverger*, 1854, in-8, 1 f. de tit. et 36 p.

Extrait de l'« Encyclopédie nouvelle ».

Trois nouveaux contes de fées, par Mme D*** (DE LINTOT, née Catherine CAILLAUT), avec une préface qui n'est pas moins sérieuse (par l'abbé A.-F. PRÉVOST). *Paris, Didot*, 1735, in-12.

Trois (les) nouvelles déesses, Pallas, Juno, Vénus. (Par Fr. HABERT.) *Paris, imp. de Marnef*, 1546, in-16.

Voy. « Suite du banny de liesse », ci-dessus, col. 580, c.

Trois nouvelles, par l'auteur d' « Agnès de Lilien » (Mme Caroline WOHLZOGEN), et traduites de l'allemand. *Paris, Paschoud*, 1812, 2 vol. in-12.

Mme KUNKLER, à qui cet ouvrage est attribué, n'en a probablement été que le traducteur.

Trois nouvelles politiques. (Par Mlle Mélanie DE BOILEAU.) *Paris, Tenon*, 1824, in-8.

Trois nouvelles, publiées par une Polonaise (Mme NARWASKA). *Varsovie, Glukinsberg*, 1821, in-12. — Suite. *Id.*, 1822, in-12.

Trois (les) Olynthiennes, texte grec, avec analyse et notes en français, par V. H. (VAN DEL HEYL). *Bruxelles, s. d.*, in-12.

J. D.

Trois (les) Ordres en voyage. (Par N.-M.-F. BODARD DE TEZAY.) *S. l.*, 1789, in-8, 31 p.

Trois ouvrages de goût, sçavoir : I. Dissertation sur un ancien usage de la ville de Troyes (par P.-J. GROSLEY); II. L'Art de péter... (par P.-T.-N. HURTAULT, voy. IV, 293, *b*); III. Syrop-au-cul, tragédie héroï-merdifique (par C.-F. RAGOT, dit GRANDVAL fils, voy. ci-dessus, col. 499, *d*). *Au Temple du goût*, 1752, in-8.

Trois (les) Périls de l'homme : amour, guerre et sorcellerie, par James HOGGS, auteur du « Songe de la reine »; traduit de l'anglais, par M*** (DUBERGIER). *Paris, Masson*, 1824, 5 vol. in-12.

Trois (les) Poëmes (sur l'éducation, les jardins d'ornemens et les ressources du génie, par Fr.-Et. GOUGE DE CESSIERES). *Paris, Langlois*, 1769, in-8.

Trois (des) pour cent. Premier aperçu. (Second aperçu. — Troisième aperçu. — Derniers aperçus.) (Par le marquis DE LA GERVAISAIS.) *Paris, A. Egron*, 1825, in-8, VI-42 p., VI-38 p., VI-54 p., 94 p.

Troys (les) premiers livres de Claude GALIEN de la composition des medicamens en general. Redigez en epitome, ou abregé du grec en langage françoys (par Jean BRÈCHE, de Tours), au proffit et commodité de touts chirurgiens et apothicaires... Aultre petit traicté du boys de l'esquine, et la maniere d'en preparer le brevaige et d'user d'iceluy (par Thibault LESPLEIGNEY). *Tours, Jehan Rousset*, 1545, in-8, 4 ff. lim. et 137 p.

Trois (les) Principes de l'essence divine, ou de l'éternel engendrement sans origine de l'homme; d'où il a été créé et pour quelle fin... par Jacob BÈHME (BOEHME). Traduit de l'allemand sur l'édition d'Amsterdam de 1682, par le Philosophe inconnu (le marquis L.-C. DE SAINT-MARTIN). *Paris, Laran*, 1802, 2 vol. in-8.

Trois (les) Procès dans un, ou la religion et la royauté poursuivies dans les jésuites. (Par J.-F. BELLEMARE.) *Paris, J.-G. Dentu*, 1827, in-8, 210 p.

La 3e édition, publiée en 1828, porte le nom de l'auteur.

Trois (les) Promenades philosophiques. Poésies détachées. Par M. A. J. (Marc-Antoine JULLIEN). *Paris, imp. de Plassan*, 1823, in-8, 8 p.

Les deux premières pièces sont signées : M. A. J.; la troisième : M.-A. JULLIEN, de Paris.

Trois proverbes : l'Humeur, proverbe en deux actes; Tout vient à point à qui sait attendre, proverbe en trois parties; Chacun son métier, proverbe en trois actes. (Par Mme BOURDON, née Mathilde LIPPENS.) *Lille, Lefort*, 1861, in-12, 72 p.

Plusieurs fois réimprimé avec le nom de l'auteur.

Trois (les) Romans, ou contes d'aujourd'hui, composés de l' « Héritière de Riversdale », des « Sœurs » et de « Julienne »; traduits de l'anglais de mistriss ISAAKS par le traducteur de l' « Orpheline du presbytère » (A.-J.-B. DEFAUCONPRET). *Paris, Nicolle*, 1817, 4 vol. in-12.

Trois (les) Sergents. *Besançon, imp. de Jacquin* (1849), in-8, 4 p.

Signé : C. (CHIFLET).

Trois (les) Siècles de notre littérature, ou tableau de l'esprit de nos écrivains depuis François I jusqu'en 1772 : par ordre alphabétique. (Par Ant. SABATIER, de Castres.) *Paris, Gueffier*, 1772, 3 vol. in-8.

Plusieurs fois réimprimé sous le titre de : « les Trois Siècles de la littérature françoise... /» Pour le détail de ces éditions, dont plusieurs portent l'initiale S*** sur le titre, voy. « Supercheries », III, 486, b.

Trois (les) Sœurs, par Mme A. L*** (Adèle LAYA). *Paris, Sautelet*, 1827, 2 vol. in-12.

Une seconde édition, qui porte le nom de l'auteur, a paru en 1828.

Trois sortes d'examens très-utiles pour faire une confession générale et particulière. (Par Fr. MESPOLIÉ.) *Paris, E. Couterot*, 1706, in-12. V. T.

Trois (les) Soufflets, par l'auteur de « Marguerite Aimond » (Mme DE CUBIÈRES). *Paris, Marc*, 1824, 2 vol. in-12.

Trois (les) Spectacles, ou Polixène, tragédie ; l'Avare amoureux, comédie ; Pan et Doris, pastorale héroïque. (Par Jean D'AIGUEBÈRE.) *Paris, Tabarie*, 1729, in-8.

Réimprimé dans le tome XII du « Théâtre françois ».

Trois (les) Sultanes, comédie en vers libres, de FAVART, mise en un acte et en vaudeville, par MM. *** (H. DUPIN et T.-M.-F. SAUVAGE). Représentée pour la première fois, à Paris, sur le théâtre de Madame, par les comédiens ordinaires de S. A. R., le 2 décembre 1825. *Paris, J.-N. Barba*, 1826, in-8, 38 p.

Trois (les) Vérités contre les athées, idolâtres, juifs, mahométans, hérétiques et schismatiques ; le tout traité en trois livres. (Par Pierre LE CHARRON.) *Bourdeaus, Millanges*, 1593, in-8. — *Paris, Leger Delas*, 1594, in-8. — Seconde édition. *Bourdeaus, Millanges*, 1595, in-8, avec le nom de l'auteur sur le titre. — Autre seconde édition. *Lyon, Jean Didier*, 1596, pet. in-12. — Autre seconde édition. *Paris, veuve de Pierre Bertault*, 1620, in-8. — Troisième édition. *Paris, Rob. Bertault*, 1625, in-8.

Il existe aussi une édition de *Bruxelles, Rutger Velpius*, 1595, in-8, avec le nom de Benoît VAILLANT, advocat de Sainte-Foy, comme auteur. Voy. « Supercheries », III, 894, d.

On a publié à propos de cet ouvrage :

Response à un livre nouvellement mis en lumière, intitulé : les Trois Veritez. *La Rochelle, Haultin*, 1504, in-12.

La Replique de maistre J.-L. Charron sur la Response faite à sa troisième vérité. *Paris, de La Noue*, 1595, petit in-12.

Trois (les) Visites de M. Bruno. (Par P.-E. LÉMONTEY.) S. l. (vers 1818), in-12.

Opuscule relatif aux caisses d'épargne et de prévoyance. Il a eu plusieurs éditions.

Troisième Apologie, ou réponse de l'Université de Paris à l'Apologie pour les jésuites, mise au jour sous le nom du P. Caussin, au manifeste du P. Le Moine, etc. (Par Godefroy HERMANT. chanoine de Beauvais.) S. l., 1644, in-4.

Voy. « Apologie pour l'Université... », IV, 251, b; « Seconde Apologie... », ci-dessus, col. 448, c.

Troisiesme Advertissement a MM. les prevost des marchands et eschevins de la ville de Paris, contenant la trefve ou paix generalle predicte par Michel Nostradamus... (Par Jacq. MENGAU.) *Paris, J. Brunet*, 1651, in-4, 24 p.

Voy. pour le détail de la série complète des « Avertissements » de J. Mengau, IV, 348, d.

Troisième Conversation entre le gobe-mouche Tant-Pis et le gobe-mouche Tant-Mieux. *Paris, Eymery*, sept. 1815, in-8.

Signé : Athanase FÈTU (Alp.-T.-J.-A-M.-M. DE FORTIA DE PILES).

Voy. « Conversation », IV, 756, a, et « Seconde Conversation », ci-dessus, col. 448, e.

Troisième Décade de TITE-LIVE, contenant la deuxième guerre punique d'Annibal ; traduit en franç. par J. HAMELIN, depuis B. D. V. (Blaise DE VIGENERE). *Paris, Nic. Chesneau*, 1583, 2 vol. in-fol.

Troisième (et quatrième) Dissertation contenant le poeme dramatique, en forme de remarques : Sur la tragédie de M. Corneille intitulée l' « OEdipe »... (Par HÉDELIN D'AUBIGNAC.) *Paris, I. du Breuil*, 1663, in-12, 185 p. et 1 f. de privilége.

Voy. « Deux Dissertations... », IV, 921, a.

Troisième (-neuvième) Ecrit des curés de Paris. Où ils font voir que tout ce que les jésuites ont allégué des SS. Pères et docteurs de l'Eglise, pour autoriser leurs pernicieuses maximes, est absolument faux et contraire à la doctrine de ces saints. (Par Ant. ARNAULD et Blaise PASCAL.) S. l. (1659), in-4, 120 p.

Troisième Eloge de La Fontaine, discours qui a eu l'*accessit* à l'Académie des belles-lettres, sciences et arts de Marseille. (Par G.-H. GAILLARD.) *Paris, Durand,* 1775, in-8.

Imprimé aussi dans le « Recueil » de l'Académie de Marseille.

Troisième Gémissement d'une âme vivement touchée...

Voy. précédemment, « Gémissement d'une âme... », V, 527, d.

Troisième Lettre à M. D. V. (Voltaire) par un de ses amis, sur l'ouvrage intitulé l' « Evangile du jour ». (Par Jacq.-Jos. DUCARNE DE BLANGY.) *Paris, Gueffier,* 1773, in-8, 59 p.

Il y a eu une première et une seconde lettre. Voy. « Lettre à monsieur D. V. », V, 1101, c.

Troisième Lettre à M. le curé de ... (Par l'abbé J. LABOUDERIE.) *Paris, Plassan,* 1830, in-8, 16 p.

Voy. « Lettre à M. le Curé... », V, 1112, b.

Troisième Lettre à M. le rédacteur du « Globe » sur le prospectus du « Catholique », ouvrage périodique, publié par M. le baron d'Eckstein. (Par Théod. JOUFFROY.) *Paris, Sautelet,* 1826, in-8, 24 p.

Les deux premières lettres ont paru dans le « Globe ».

Troisième Lettre au rédacteur du « Courrier de Londres. »... (Par T.-G. DE LALLY-TOLLENDAL.)

Voy. « Première Lettre au rédacteur... », VI, 1000, f.

Troisième Lettre d'un théologien au R. P. de Grazac, où, en réfutant son dernier ouvrage, on continue d'examiner si les hérétiques sont excommuniés de droit divin. (Par Pierre COLET.) S. l., 24 janvier 1738, in-8, 32 p.

Voy. « Lettre d'un théologien... », V, 1168, d. La « 2ᵉ Lettre... », datée du 9 janvier 1738, a 32 pages.
Pour la « 4ᵉ Lettre... », voy. VI, 1129, b. La « 5ᵉ Lettre... », datée du 12 avril 1738, a 23 pages.
Voy.; pour la réunion des différentes « Lettres d'un théologien... », V, 1244, b.

Troisième Lettre de M****** à un homme de qualité qui lui a demandé son sentiment sur le grand Mémoire qui a paru sous le nom de M. le duc, de M. le comte de Charolais et de M. le prince de Conti. (Par Louis LE GENDRE.) S. l., 1717, in-8.

Voy. « Lettre de M****** », V, 1179, f, et « Seconde Lettre », ci-dessus, col. 450, e.

Troisième Lettre du P. D..... (Gabriel

DANIEL) au R. P. Serry. *S. l.* (1715), in-12, 36 p.

Voy. « Lettre du P. D. », V, 1193, f, et « Seconde Lettre... », ci-dessus, col. 451, a.

Troisième Lettre du proposant à M. le professeur en théologie. (Par VOLTAIRE.) *S. l. n. d.,* in-8, 13 p.

Voy. « Questions sur les miracles », VI, 1160, d.

Troisième Lettre où l'on traite encore des constitutions et du crédit... (Par l'abbé Jean TERRASSON.)

Voy. « Lettres sur le nouveau système... », V, 1300, c.

Troisième Mémoire des princes légitimés. *S. l.,* 1717, in-fol.

Une note manuscrite de M. de Nointel qui se trouve sur l'exemplaire de la Bibliothèque nationale attribue la rédaction de ce Mémoire à la duchesse DU MAINE, aidée du sieur D'AVIZAR, avocat général au Parlement de Pau. — Commencé à imprimer le 19 juin 1717 et achevé le 5 août suivant.
La même Bibliothèque possède aussi deux réimpressions partielles de ce mémoire sous les titres ci-dessous :
— Seconde proposition : La loi commune n'exclut pas les bâtards légitimés de toutes sortes de successions. *S. l. n. d.,* in-fol.
— Cinquième proposition : Qu'il n'y a présentement aucune forme juridique pour juger l'édit de 1714 et la déclaration de 1715. *S. l. n. d.,* in-fol.

Troisième partie de l' « Agréable Conférence »... (Par RICHER.)

Voy. « Agréable Conférence... », IV, 80, d.

Troisième partie de l' « Aveuglement de la France pendant la minorité ». (Par DUBOSC-MONTANDRÉ.) *S. l.,* 1651, in-4, 32 p.

Voy. « Aveuglement de la France », IV, 355, c, et « Seconde partie... », ci-dessus, col. 451, f.

Troisième Rapport du Comité de mendicité. Bases constitutionnelles du système général de la législation et de l'administration de secours. (Par F.-A.-F. DE LA ROCHEFOUCAULD-LIANCOURT.) Imprimé par ordre de l'Assemblée nationale. *Paris, imp. nationale,* 15 janvier 1791, in-8, 45 p.

Une éd. de 1790 porte le nom de l'auteur.

Troisième supplément aux « Mémoires concernant l'histoire, les sciences, les arts, les mœurs, les usages, etc., des Chinois, par les missionnaires de Pékin », contenant l'état civil, politique et commerçant du Bengale... *Paris, Nyon aîné,* 1788, in-8.

Avait paru à La Haye en 1775, sous le titre de

« Etat politique et commerçant du Bengale », ouvrage traduit de l'anglais de BOLTS, par DEMEUNIER.

Voy. « Mémoires concernant l'histoire... », VI, 182, f; « Lettres d'un missionnaire... », V, 1241, b; « Second supplément... », ci-dessus, col. 448, a.

Troisième Voyage de Cook, ou voyage à l'océan Pacifique, ordonné par le roi d'Angleterre, pour faire des découvertes dans l'hémisphère Nord... Exécuté sous la direction des capitaines Cook, Clerke et Gore... Traduit de l'anglois par M. D******** (J.-N. DEMEUNIER)... *Paris, hôtel de Thou*, 1785, 5 vol. in-4.

Tromperies dont usent les mieux affétées courtisanes à l'endroit d'un chacun, principalement des jouvenceaux desbauchez qu'elles attirent en leurs filets, faisans que sous propos emmielez perdent honneur et chéent en pauvreté. OEuvre partie en dialogue, orné de saincts enseignemens, conseils et avis à la jeunesse, pour éviter les deceptions, tromperies et traverses de telles femmes. Traduit d'italien (de Pierre ARETIN) en françois. Plus, la Courtisane de Joachim DU BELLAY. *Paris, P. Chevillet*, 1580, in-16, 88 ff., plus 11 pour la Courtisane.

Imitation des deux premières parties des *Ragionamenti*. Réimprimé sous le titre suivant : « Histoire des amours feintes et dissimulées de Laïs et Lamia, récitées par elles-mêmes ; mise en forme de dialogue par P. ARÉTIN, où sont découvertes les fallaces et communes tromperies dont usent les mieux affectées courtisannes de ce temps à l'endroit des jeunes amis, etc., et augmentée de « la Vieille Courtisanne » de J. DU BELLAY. *Paris, Ant. du Breuil*, 1595, petit in-12 de 96 ff. en tout. — *Lyon*, 1599, in-12. — *Lyon, Cl. Lacarpe*, 1609, in-12. — Réimprimé aussi sous le titre : « Amours faintes et dissimulées de Laïs et Lamia ». *Paris*, 1601, in-12. (« Bibliographie des ouvrages relatifs à l'amour... »)

Trompette (la) du jugement. (Par J.-G. PELTIER.) *S. l., au Sallon d'Hercule*, 1er septembre 1789, in-8, 40 p.

Trompette (le) françois. (Par le comte DE BOMBASTE.) *S. l.*, 1609, in-12.

Trompeur (le) trompé, comédie en trois actes et en prose. Par M. DE LA R***, ancien capitaine au service de la France. *Liége, J.-J. Tutot*, 1779, in-12.

Catalogue Soleinne, n° 2256. L'auteur du Catalogue avait d'abord attribué cette pièce à DE LA RIVIÈRE; mais dans la dernière partie, page 77 des additions et corrections, il dit que l'auteur est DE LA ROCHE.

La première attribution a été par erreur reproduite dans les « Supercheries », II, 664, c.

Trompeur (le) trompé, ou à bon chat bon rat, comédie de société, en un acte et en prose. Par M. le chevalier D. G. N.

(DU GRAND-NEZ, nom sous lequel on désignait B.-J. MARSOLLIER DES VIVETIÈRES et sous lequel il paraît qu'il se désignait lui-même). *Paris, Valade*, 1772, in-8, 62 p. et 1 f. d'approbation.

Tronchet, Feray et Poirier, dialogue. (Par A.-M.-J.-J. DUPIN l'ainé.) *S. l. n. d.*, in-12, 22 p.

Trône (le) belge. (Par le marquis DE LA GERVAISAIS.) *Paris, imp. d'A. Pihan-Delaforest* (1831), in-8, 8 p.

Trône (le) de Dieu dans une âme juste, où l'idée d'une parfaite religieuse et d'une sainte abbesse, dans la vertueuse vie et les grandes actions de Mme Magdeleine de Sourdis, abbesse du monastère de Notre-Dame de Saint-Paul lez Beauvais ; par un Père capucin de la province de Paris. (Par le P. JOSEPH de Dreux, sur les Mémoires du P. Pacifique POSTEL.) *Paris, D. Thierry*, 1612, in-8.

Trop est trop. Capitulation de la France avec ses moines et religieuses de toutes les livrées. Avec la revue générale de leurs patriarches. (Par J.-H. MAUBERT DE GOUVEST.) *La Haye, Staatman*, 1767, in-12.

« Journal encyclopédique », mars 1768, p. 90 et suivantes.

Trophée (le) d'armes héraldiques, ou la science du blason. Avec les figures en taille-douce et les armoiries de plusieurs familles qui n'ont point été encore imprimées. Troisième édition, revue, corrigée et de beaucoup augmentée par l'autheur. *Paris, Nic. et Jean de La Coste*, 1659, in-4 de 3 ff. prélim., y compris un titre gravé, 99 p., 2 ff. de table et 31 p. d'armoiries gravées, la dernière formant le recto de la p. 51 du texte.

Le privilège, daté du 17 mai 1649, est au nom de M. DE P. (Jean LE ROYEN DE PRADES.)

La deuxième édition est de 1655, et le « Manuel du libraire », 5e édition, t. IV, col. 852, indique une quatrième édition de 1672. La première est de 1650. C'est la seule qui contienne, p. 47, l'application des principes de l'auteur aux armes de Jésus-Christ.

Trophée (le) de la guerre. A Monseigneur frère de Sa Majesté. (Par GARNIER.) *Paris*, 1622, in-8, 13 p.

Réimprimé la même année avec la signature de l'auteur.

Trophée (le) de la justice, élevé sur le polyandre des nobles, par le sieur D. N. J. D. L. (Denys NAULT, juge de Lyon). *Lyon*, 1667, in-12.

Trophées de gloire, ou lauriers remportés par les guerriers de Cypris dans la milice de Cythère. Par M. L** (E.-M. LAUGIER), auteur des Moyens qui ont fait cesser la peste à Marseille en 1769. *Paris, chez l'auteur*, 1785, in-8, 101 p.

Le nom de l'auteur se trouve dans le privilége et dans les approbations.

Trophées (supplément aux) tant sacrés que profanes du duché de Brabant, de M. BUTKENS... (Par JAERENS, héraut d'armes.) *La Haye, C. Van Lom*, 1726, 2 vol. in-fol.　　　　　　　　　　　　V. T.

Les « Trophées... », *La Haye, C. van Lom*, 1724, forment également 2 vol. in-f°.

Troubadour (le), ou Guillaume et Marguerite. Histoire provençale, suivie de notices sur la ville de Mons-Seleucus et sur le souterrain du Mont-Viso, par J. C. F. L*** (Jean-Charles-François DE LADOUCETTE). *Paris, Masson*, 1824, in-12.

Troubadours (les) modernes, ou amusemens littéraires de l'armée de Condé. (Publiés par M. DE TERMONVILLE, chasseur noble.) *Constance*, 1797, in-8.

Troubadours (les), poëme en quatre chants. (Par le comte Amédée DE PASTORET.) *Paris, F. Didot*, 1813, in-8.

Troupiers (les) en cotillons. Vaudeville en trois actes, à grand spectacle. Par MM. Auguste L. (Aug. LECERF) et G. (GUILLEMÉ) ; représenté sur le théâtre dirigé par M. Dorsay, le 13 janvier 1836. *Paris, Bezou*, 1836, in-8.

Trouvailles bibliographiques. Molière, l'académicien Cordemoy et M. A. Dumas fils, Peignot et M. Alphonse Karr, par un bibliophile du quartier Martainville (M. COUEN, ingénieur du département de la Seine-Inférieure). *Rouen, imp. E. Cagniard*, 1870, in-8 de 12 p.

Extrait de la « Revue de Normandie », déc. 1870; tiré à 100 exemplaires.

Trouvères, Jongleurs et Ménestrels du nord de la France et du midi de la Belgique. (Par Arthur DINAUX.) *Paris, J.-A. Mercklein*, 1836-1843, 3 vol. in-8.

Tryvelyan, par l'auteur d' « Elisa Rivers » et du « Mariage dans le grand monde ». *Paris, A. Guyot*, 1834-1835, 3 vol. in-8.

Cet ouvrage a été successivement attribué à différents auteurs, lady Charlotte BURY, miss BAILLIE, miss M.-Hamst, dans l'ouvrage intitulé : « Handbook of fictitious names », page 127, l'attribue à lady C.-L. SCOTT.

Traduit par la comtesse MOLÉ, née DE LA BRICHE, ou plutôt par Charles-Frédéric-Alfred FAYOT.

Tué à Sedan. Lettres d'un sous-lieutenant recueillies par un ami ; précédées d'une lettre de M. Guizot et d'une préface de Jules Janin. (Par Emile BOISSIÈRE.) *Paris, Sauton*, 1875, gr. in-8.

Tuileries (les), description en vers, suivie de notes historiques. (Par le marquis J.-B.-D. MAZADE D'AVEZE.) *Paris, imp. de Plassan*, juillet 1818, in-8, 16 p.

Tuileries (les) et le Palais-Royal ; par le vicomte S. DE L......... (Ch.-Max. CATHERINET, plus connu sous le nom DE VILLEMAREST). *Paris, C. Vimont*, 1833, in-8.

Tuileur (le) expert des 7 grades du rite français ou moderne, 33 degrés du rite écossais anc. et accepté... Avec une notice... (Par Et.-Fr. BAZOT.) *Paris, Boiste*, 1828, in-12.

Tuileur portatif des trente-trois degrés de l'écossisme du rite ancien et accepté : suivi du Tuileur des trois grades symboliques écossais, etc. (Par Ant. CAILLOT.) *Paris*, 1819, in-18. — *Paris*, 1828, in-18.

Voy. ci-dessus, « Thuileur... », col. 711, f.

Tuindag. (Par Alphonse VANDENPEEREBOOM.) *Ypres, Lambin fils*, 1854, in-12, 44 p.

La fête du Tuindag a été instituée en commémoration de la délivrance de la ville d'Ypres. On la célèbre le 8 du mois d'août.　　　　　J. D.

Tumeurs (des) oultre le coustumier de nature. Opuscule nouvellement traduict (de GALIEN) de grec en latin : et de latin en francoys (par Pierre TOLET). *Lyon, Est. Dolet*, 1544, in-8, 26 p. et 2 ff.

Tumne et Quercolodora. (Par l'abbé DERIDDER, vicaire de l'église des Minimes, à Bruxelles.) *S. l. n. d.*, in-8, 7 p.

Tiré à part de la « Revue d'histoire et d'archéologie ».　　　　　　　　　　　J. D.

Tumulte (le) d'Amboise. (Par GERMEAU, sous-préfet.) *Paris*, 1829, in-8.
　　　　　　　　　　　　　　D. M.

Turbot (le), anecdote. (Par F. DE MONTHEROT.) *Lyon, imp. de Rossary* (1831), in-8, 8 p.

Turbot (le), satyre de JUVENAL, traduite en vers français, par A. DE LA CH***

(A. DE LA CHATAIGNERAYE fils). *Paris, Firmin Didot*, 1812, in-8, 46 p.

Voy. ci-dessus, « Satires de Juvénal.... », col. 428, *f*.

Turc (le) et le Militaire français, dialogue sur l'expédition d'Egypte, et analyse des dépêches de Menou, relatives à l'assassinat du général Kléber, commandant en chef l'armée d'Orient. *S. l.* (1800), in-8, 19 p.

Signé : M. BERNARD, ancien militaire.

Pamphlet contre Napoléon, attribué à METGE par Salgues dans ses « Mémoires pour servir à l'histoire de France » (1814), t. III, p. 556.

Turlubleu, histoire grecque tirée du manuscrit Gris-de-lin trouvé dans les cendres de Troye. (Par MENIN, conseiller au Parlement de Metz.) *Amsterdam*, 1745, in-12, 2 ff. de titre et 104 p.

Cet ouvrage a aussi été attribué à l'abbé C.-H. DE FUSÉE DE VOISENON.

Turlupin, ou les comédiens du XVIᵉ siècle, comédie anecdote en un acte, mêlée de couplets, par MM. DÉSAUGIERS, (BALISSON DE) ROUGEMONT et *** (Théophile MARION DU MERSAN). *Paris, veuve Cavanagh*, 1808, in-8, 32 p.   .D. M.

Turnus, tragédie en cinq actes et en vers. (Par Pierre GÉRARD.) *Bruxelles, Slingeneyer*, 1848, in-18.

Il n'existe, dit-on, qu'un seul exemplaire de cet ouvrage.   J. D.

Turpitudes académiques et ministérielles, ou nouveaux documents sur l'incomparable justice et l'éclatante protection accordées en France aux sciences et à l'industrie, avec notes et pièces justificatives à l'appui, et un mémoire sur les effets de la température dans la végétation. Ouvrage instructif et moral, par un amateur de l'industrie et de la science, et qui n'a jamais été sous le joug ni sous l'influence d'aucune coterie, auteur d'une « Nouvelle Théorie de la végétation » (par Antoine-Joseph REY DE MORANDE). *Paris, Mme Huzard*, 1833, in-8, 64 p.

D. M.

Turpitudes du département de la guerre en Belgique, dévoilées par le journal « le Lynx ». (Par REBOUX.) *Bruxelles, J.-B. Koeselen*, 1837, in-8.   J. D.

Turquie (la), ses ressources, son organisation municipale, son commerce, suivis de considérations sur l'état du commerce anglais dans le Levant; par P. URQUHART, secrétaire d'ambassade à Constantinople.

Traduit de l'anglais par Ch.-Xav. RAYMOND. Ouvrage précédé d'une introduction par M. G. D'E. (M. Gustave D'EICHTAL), ex-membre du bureau politique à Athènes. *Paris, Arthus Bertrand*, 1836, 2 vol. in-8.

L'introduction de M. d'Eichtal a été imprimée à part sous le titre « les Deux Mondes... » *Leipzig, F. G. Brockaus*, 1837, in-8.

Tusculanes (les) de CICÉRON à M. Brutus, livre 5ᵉ, que la vertu suffit pour être heureux. *S. l.*, 1727, in-4.

Cette traduction est de DE LASTRE DOBY, conseiller au grand conseil, mort le 10 mars 1729.

Cinq académiciens de l'Académie française s'étant proposé de donner une traduction des « Tusculanes », ils partagèrent le travail entre eux; mais un des cinq ayant manqué, M. Doby se chargea de sa partie.

(Article de M. Solvet.)

Tutelle (la) des rois mineurs en France, avec les Réflexions politiques sur le gouvernement de l'Etat, de chaque roy mineur. Premièrement que tous les roys qui ont esté dans la minorité ont eu des tuteurs jusqu'à l'aage de 25 ans, soit par choix ou par usurpation, mais tousiours par necessité. II. Que Charles V n'a réglé la minorité à 14 ans que pour changer de regents, et non pour abolir la régence. III. Que la reine contrevient formellement à la constitution de ce sage roy, et à la loy salique, faisant un tort irréparable à l'authorité royale. IV. Qu'elle ne tient le pouvoir qu'elle a que par usurpation, et le veut maintenir par la force des armes du roy, desquelles elle fait mauvais usage et est tenue d'en rendre compte à l'Estat. V. Qu'enfin il s'ensuit que sa puissance est tyrannique, puisqu'elle subsiste contre toute sorte de loix, et que toute la France est obligée de s'y opposer pour l'interest de la couronne. *S. l.*, MDCLII, in-4.

Ce volume se termine à la page 210, mais il renferme deux traités dont le premier, composé de 64 pages, est celui de « la Tutelle des rois mineurs », qui pourrait bien être de DUBOSC DE MONTANDRÉ (voy. ci-devant, « le Sceptre de France », col. 439, *d*). La page 64 et dernière porte la réclame *Panégy.*, qui appelle le 2ᵉ traité, dont le titre de départ est « le Roy mineur, ou Panégyrique.... » Ce 2ᵉ traité n'est autre que l'ouvrage de François DE BRETAIGNE, conseiller du roi en ses conseils d'Etat et privé. Il avait paru avec son nom sous ce titre : « le Roy mineur, ou Panégyrique sur la personne et l'éducation de Louis XIV Dieudonné, roy de France et de Navarre ». *Paris, J. Hénault*, 1651. Il y a de plus un frontispice gravé par Cochin. Bien que ce volume soit daté de 1651, on lit à la fin : « Achevé d'imprimer le 27 mai 1652 », mais le privilège au nom de l'auteur est du 11 mai 1651.

Le volume de François de Bretaigne a subi les modifications suivantes : on a supprimé la dédicace ainsi que le privilége, et à la page 180 on a remplacé le mot fin par deux lignes qui servent de transition pour des additions où la reine et le cardinal Mazarin sont vivement attaqués, et qui vont jusqu'à la page 210.

Tuteur (le), comédie. *Paris, Thomas Guillain*, 1695, in-12, 2 ff., 72 p.

Le privilége est donné au libraire pour les œuvres de théâtre du sieur D** (F.-C. DANCOURT).

Tuteur (le) jaloux, opéra bouffon en vaudevilles et ariettes, par M. DE G*** (Michel-Philippe LÉVÊQUE DE GRAVELLE). *Marseille, Pierre Mossy*, 1759, in-8.

Tuteur (le), par Mme Emilie CARLEN. Traduit du suédois (par P.-D. DANDELY et Mlle DANDELY). *Liége, Desoer*, 1860, 4 vol. in-16.

Publié d'abord en feuilleton dans le « Journal de Liége ».
Ul. C.

Tuteur (le) trompé, comédie en trois actes et en prose. *Liége, J.-J. Tutot*, 1780, in-12.

Catalogue Soleinne, n° 2256. L'auteur du Catalogue avait d'abord attribué à DE LA RIVIÈRE cette pièce; ainsi que « le Trompeur trompé » (voy. ci-dessus, col. 855,f); mais dans la dernière partie, page 77 des additions et corrections, il dit que l'auteur de ces deux comédies est DE LA ROCHE.
La première attribution a été par erreur reproduite dans les « Supercheries », II, 664, c.

Typhon ou la Gigantomachie, poëme burlesque... (Par Paul SCARRON.) *Paris, J. Quinet*, 1644, in-4.

Typographie (la), poëme. Notes historiques et observations sur le goût pratiqué dans cet art et sur la puissance morale de la presse... (Par H.-L. PELLETIER.) *Genève, imp. de A.-L. Vignier*, 1833, in-8, 250 p.

Il y a des exemplaires avec le nom de l'auteur.
Voy. « Supercheries », III, 1126, c.

Tyr et Sidon, tragi-comédie divisée en deux journées (chacune en cinq actes et en vers), par Jean DE SCHÉLANDRE). *Paris, imp. de Robert Estienne*, 1628, in-8, titre gravé.

Voy. « Supercheries », I, 320, c.
Voy. aussi l' « Intermédiaire », 1876, t. IX, p. 422, 476 et 505.

Tyran (le) municipal, ou la journée d'un maire, scènes rurales, à l'imitation des « Soirées de Neuilly », accompagnées de notes et observations à l'usage de tous ceux qui s'occupent de l'organisation municipale. (Par Stéphen ARNOULT.) *Paris, Delaunay*, 1829, in-8, 96 p.

Tyrannie (de la) de Carnot, ou les Carnutes, anecdote druidique, écrite il y a 2000 ans, dans laquelle les événements de de la Révolution française, depuis le 14 juillet 1789 jusqu'au 18 fructidor an V, sont prophétisés. (Par M.-A.-B. DE MANGOURIT.) *Paris, imp. de l'Ami des lois*, an VI, in-8, 2 ff. de tit. et 52 p.

Tyrannie (la) des fées détruite, dédiée à la duchesse de Bourgogne (par Louise DE BOSSIGNY, comtesse D'AUNEUIL). *Paris, Chevillon*, 1702, in-12. — Nouv. édit. (dédiée par Mlle DE LUBERT à M. de B***, probablement M. de Bachaumont). *Amsterdam et Paris, Hochereau*, 1756, 2 part. in-12.

C'est à tort que ce volume est présenté, dans la « France littéraire » de 1769 et dans plusieurs autres ouvrages, comme étant de Mlle DE LUBERT.

Mme d'Auneuil n'est mentionnée ni dans l' « Histoire littéraire des femmes françoises » de l'abbé de LA PORTE, ni dans le « Dictionnaire historique des femmes », par Mme BRIQUET. Elle a un article dans le 37e volume du « Cabinet des fées ». Cette dame est morte le 18 janvier 1710. On lui doit plusieurs autres petits romans.

Tyrannie (la) des préjugés, ou réflexions sur le fragment d'une lettre de Mlle Marie du Moulin. (Par Louis DU MOULIN.) *Londres*, 1678, in-12.   V. T.

Tyrannie (de la), par ALFIERI; ouvrage traduit de l'italien (par MERGET). *Paris, Molini*, 1802, in-8.

Tyrtéennes (les). (Par Gabriel HUGELMANN.) *Paris, Lemerre*, 1872, in-12, XII-315 p.

U

Uchronie (l'Utopie dans l'histoire). Esquisse historique apocryphe du développement de la civilisation européenne tel qu'il n'a pas été, tel qu'il aurait pu être. (Par M. Charles Renouvier.) *Paris, imp. Martinet,* 1876, in-8, xvi-417 p.

Ugolin, comte de Gherardesca, ou la tour de la faim, tragédie en cinq actes, traduite de l'allemand de Gerstenberg (par Ch. Cramer). *Paris, C.-F. Cramer, s. d.* (1806), in-16.

Ulamor et Feltidie, histoire allégorique, traduit de l'arabe, par R.... (A.-J.-N. de Rosny). *Paris,* 1789, 2 vol. in-12.

Traduction supposée.

Uldaric, ou les effets de l'ambition, roman historique, par l'auteur de « Armand et Angéla » (Mᵐᵉ Désirée de Castéra). *Paris, Léopold Collin,* 1808, 2 vol. in-12.
                   D. M.

Ulenspiegel. De sa vie, de ses œuvres, et des merueilleuses aduentures par lui faictes et des grandes fortunes qu'il a euz ... nouuellement translaté et corrigé de flamant en françoys. *Imprimé nouuellement à Paris* en l'an mil CCCCCXXXII, petit in-4, 40 ff. — *Paris, Alain Lotrian, s. d.,* in-4, 40 ff. — *Paris, veuve Bonfons, s. d.,* in-4, 32 ff.

Ce sont les plus anciennes éditions de ce recueil facétieux, souvent réimprimé sous le nom d' « Aventures joyeuses » et d' « Histoire joyeuse ». (Voy. Brunet, « Manuel du libraire, » 5ᵉ édit., t. V, col. 1003.) L'auteur est Thomas Murner, ainsi que l'a établi M. J.-M. Lappenberg dans son édition allemande, *Leipzig,* 1854, in-8; il y indique 110 impressions en diverses langues.

Ulissipeade (l'), poëme, ou les calamités de Lisbonne par le tremblement de terre, l'incendie... (Par J.-D. Ramier.) *S. l, n. d.* (*Berlin*), in-8, 165 p. et 1 f. d'*errata*.

Ultimatum de la saine partie (désarmée quant à présent) aux provinces et surtout aux bailliages. (Par Chaillon de Jonville, imprimé par l'ordre des princes.) *Francfort,* 12 déc. 1790, in-12.

Ultimatum (l') du parti révolutionnaire. (Par A.-C. Quatremère de Quincy.) *S. l. n. d.* (*imprimé en* 1815, *pendant les Cent-Jours*), in-8, 15 p.

Ultra (l'), ou la manie des ténèbres, comédie en un acte et en vers dont la représentation n'a pas été autorisée par le ministre de la police. (Par F.-I.-H. de Comberousse.) *Paris, Ladvocat,* 1818, in-8, 32 p. — 2ᵉ édit. *Id.,* 1819, in-8, 32 p.

Ulysse dans l'isle de Circé, ou Euriloche foudroyé, tragi-comédie, représentée sur le théâtre des machines du Marais... (Par Claude Boyer.) *Paris, T. Quinet,* 1650, in-4, 4 ff. lim. et 131 p.

L'auteur a signé la dédicace.

Ulysse et Pénélope, tragédie en cinq actes, par R*** (Romégou), d'Angers. *Paris, imp. de Chaigneau jeune,* 1823, in-8, 48 p.

Un à propos sur les circonstances actuelles. Lettre écrite en 1814 par un patriote belge (Jacques Anneet) à son ami F*** S*** (Ferdinand Stielemans). *Bruxelles,* sept. 1830, in-8, 8 p.   D. R.

Un acte de vertu, comédie en un acte et en vers. (Par le comte Quebekoff.) *Paris, imp. de Pillet fils,* 1869, gr. in-8, 57 p.

Tiré à 60 exemplaires numérotés et non mis dans le commerce.

Un ami de Voltaire à M. d'Eprémesnil, neveu de M. de Leyrit et conseiller aux enquêtes du parlement de Paris, au sujet d'un plaidoyer qu'il a prononcé au Parlement de Rouen contre le général Lally et contre son fils M. de Tolendal. Dans ce plaidoyer, on outrage gratuitement la mémoire de M. de Voltaire. (Par CONDORCET.) *Londres et Paris, chez l'Esprit, lib. au Palais-Royal*, 1780, in-4, 68 p.

Réimprimé sous le titre de . « Réponse au premier plaidoyer de M. d'E....... » Voy. ci-dessus, col. 300, f.

Un an et un jour; traduit librement de l'anglais (de mistriss PANACHE) par Mᵐᵉ DE MONTOLIEU. *Paris, Arthus Bertrand*, 1820, 3 vol. in-12.

Un ancêtre de Trissotin. (Par Xavier GARENNE.) *Paris, imp. de Balitout*, 1867, in-12, 8 p.

Réimprimé en 1868, in-8, 7 p., avec le nom de l'auteur.

Un ancien chef vendéen, vieillard octogénaire, à ses compatriotes des départements de l'Ouest. (Par Alfred PÉRON.) *Paris, imp. de David*, 1832, in-8, 12 p.

Réimprimé la même année avec le nom de l'auteur.

Un ancien membre du Congrès et le droit sur les successions en ligne directe. (Par W. FRÈRE-ORBAN.) *Liége, Desoer*, 1855, in-8, 32 p.   J. D.

Un ange au sixième étage, comédie-vaudeville en un acte, par MM. THÉAULON et Stéphen A*** (ARNOULT). *Paris, Barba*, 1838, in-8.

Un autre ministre. (Par le marquis DE LA GERVAISAIS.) *Paris, imp. d'A. Boucher*, 1827, in-8, 39 p.

Un autre monde. Transformations, visions, incarnations, ascensions, locomotions, explorations, etc., par GRANVILLE. *Paris, H. Fournier*, 1843-44, gr. in-8, 296 pages et 36 planches isolées, plus le frontispice.

Le texte de cet ouvrage est de Taxile DELORD, dont le nom se trouve au-dessous du chiffre du dessinateur J.-J. GRANVILLE, placé à la page 292.

Un autre mystère de Paris, où il vient de faire un puff qui ne passera pas. Par un médecin dentiste (BAUDOUIN). *Paris, chez Baudouin, dentiste*, 1845, in-12, 34 p.

Contre M. Williams Rogers.

Un avis de plus sur l'organisation du travail, adressé au citoyen Louis Blanc...

Par G. O. (G. OLIVIER). *Paris, Prunier*, 1848, in-8, 14 p.

Un bonheur mérité. M. T. M. (Par Mᵐᵉ Th. MIDY.) *Lille, L. Lefort*, 1859, in-18, 103 p. — 2ᵉ édit. *Id.*, 1860, in-18.

Un caprice de femme, opéra comique en un acte, paroles de M J. LESGUILLON (et René ALISSAN DE CHAZET). Musique de M. Paer. Représenté sur le théâtre de l'Opéra-Comique le 23 juillet 1834. *Paris, Marchant*, 1834, in-8.

Un carnaval. Vaudeville historique en un acte. Par A. H. (HOPE). *Paris, Barba*, 1837, in-8, 22 p.

Un chalet à Marseille aux Aygalades. *Marseille, imp. de Feissat*, 1837, in-8, 4 p.

Signé : S. B. (S. BERTEAUT).

Un chapitre de plus au mérite des femmes. Souvenir de la Terreur à Lyon, en 1793; par Maurice DE L. (Maurice DE LONGEVIALLE). *Lyon, imp. de Rey*, 1844, in-8, 70 p.

Un chrétien contre six juifs. (Par VOLTAIRE.) *La Haye*, 1777, in-8, 303 p. — *Londres*, 1777. in-8, 1 f. de tit. et 188 p.

C'est une reproduction de l'écrit intitulé : « le Vieillard du mont Caucase », et sous ce nouveau titre, il a été réimprimé, soit séparément, soit dans les « Œuvres de Voltaire ».

Un citoyen français à la Convention nationale. Sur le procès du ci-devant roi. Ce 21 décembre 1792, l'an I de la République française. (Par Ant. DINGÉ.) *S. l. n. d.*, in-8, 22 p.

Un coin de la Normandie. *Rouen, imp. de A. Péron, s. d.*, in-8, 15 p.

Signé : J.-E. D. (J.-E. DECORDE). Extrait de la « Revue de Rouen et de la Normandie », octobre 1846.

Un coin du monde. (Par Mᵐᵉ PISCATORY.) *Paris, Calman Lévy*, 1876, in-18.

Un compagnon de Chambéry (M. DÉNARIÉ) à ses amis les ouvriers. *Chambéry, imp. du Gouvernem.* (1860), placard in-4.

Un congrès et non la guerre. (Par M. DE GEREBTZOFF.) *Paris, Amyot*, 1858, in-8, 2 ff. de titre et 64 p.

Un conspirateur, imitation libre de Ridderstad, par Mathilde D*** (Mlle Mathilde DANDELY). *Bruxelles, Lebègue*, 1858, 2 vol. in-18.   J. D.

Un court voyage à Plombières et à travers une petite partie de la Suisse par M. L. C. D. B. D. L. V. A. D. G. *Metz, typ. de Dembour et Gangel*, 1842, in-8.

La couverture porte : Impressions d'un rapide voyage à Plombières... par le comte DE B. DE L. V. A. C. D. G. (DE BONY).

La dédicace est signée : CHERLPAMAN.

Un de mes plus précieux souvenirs. (Par COMYNET.) *Bruxelles (Laurent)*, 1837, in-8, 23 p.

Tiré à 50 exemplaires.　　　　J. D.

Un de plus, roman à la mode. par un vaudeviliste. (Par MM. Théodore ANNE et Auguste ROUSSEAU.) *Paris, Pigoreau et Corbet*, 1832, 4 vol. in-12.　　D. M.

Ce roman n'est autre que celui mis en vente, le 5 novembre précédent, sous le titre de « la Baronne et le Prince », où les noms des auteurs étaient alors mentionnés. Ce livre n'ayant point obtenu de succès, l'éditeur l'a reproduit comme un nouvel ouvrage, après avoir toutefois changé son titre et fait réimprimer la première page de chaque volume. Cette fraude a donné lieu à une réclamation insérée dans le « Bibliologue ».

Un débris du bon vieux temps à Aix, 1849-1854, par un ci-devant cadet d'Aix (Ch. DE RIBBE, d'Aix). *Aix*, 1862, in-8, 45 p.

Voy. « Supercheries », I, 730, c.

Un défenseur du peuple à l'empereur Joseph II, sur son règlement concernant l'émigration, ses diverses réformes, etc. (Par P. BRISSOT.) *Dublin*, 1785, in-8, 51 pages.

Un défenseur du roi. L'Ami des lois aux quatre-vingt-trois départements français. (Par F. DARBAUD.) *Paris, imp. de l'Ami des lois*, 1793, in-8, 14 p.

Réimprimé avec le nom de l'auteur. *Paris, imp. d'A. Égron*, 1814, in-8, 15 p.

Un déjeuner à Ferney en 1765, ou la veuve Calas chez Voltaire, esquisse dramatique en un acte et en vers, par le petit-fils de Calas (A. DUVOISIN-CALAS)... Représentée au Mans, pour la première fois, le 3 janvier 1832. *Le Mans, imp. de Monnoyer*, 1832, in-8, 48 p.

L'auteur a signé la préface.

Un démocrate du Roux (François LANCELOT) à l'apprenti socialiste de l' « Indépendance » : *Bruxelles*, 6 février 1849, in-8, 4 p.　　　　　　　J. D.

Un député à un député. (Par Jean-Paul-Ange-Henri MONNIER DE LA SIZERANNE, depuis sénateur.) *Paris, Amyot*, 1845, in-32, 8 p.　　　　　　D. M.

Un dernier mot à M. Quénault. (Par le comte DE SESMAISONS, propriétaire à Flammenville.) *Cherbourg, Beaufort*, 1837, in-8. D. M.

Un dernier mot sur la défense de Paris, d'après les principes militaires et stratégiques. (Par Charles RICHARDOT, officier supérieur d'artillerie.) *Paris, J. Corréard*, 1841, in-8, 40 p.

La couverture imprimée porte en plus : « Suivi d'un résumé relatif au même sujet, de la philosophie de la fortification du lieutenant-colonel du génie Tellaage ; par l'auteur de l'ouvrage intitulé : « du Projet de fortifier Paris ».

Un dernier mot sur la presse et le jury, par M. R. B. (RICARD D'ALLAUCH), auteur de l' « Institution du jury en France et en Angleterre » et d'un autre écrit sur le régime de la presse sous un gouvernement représentatif. *Paris, Delaunay*, 1818, in-8, 32 p.

Un dernier mot sur la taxe du sel. (Par le marquis DE LA GERVAISAIS.) *Paris, imp. d'A. Pihan de La Forest* (1833), in-8, 16 p.

Un dernier mot sur le port et sur la ville de Rouen. (Par E. DELAQUERIÈRE.) *Rouen, imp. de D. Brière*, 1841, in-8, 22 p.

Extrait du « Courrier de Rouen » du 27 août 1840.

Un dernier mot sur les élections, adressé à la conscience de chacun des électeurs du département de la Seine, par un membre d'un collège électoral d'arrondissement et de la Légion d'honneur (A. JULLIEN). *Paris, Babeuf*, 22 août 1815, in-8, 16 p.

Un dîner politique en 1875. (Par M. VINGTAIN, ancien député d'Eure-et-Loir.) *Chartres, Edouard Garnier*, 1876, in-8, 55 p.

Un disciple de Socrate aux Athéniens, héroïde. (Par J.-F. MARMONTEL.) *Athènes, olymp. xxv, an I (Paris, août 1768)*, in-8, 15 p.

Fréron critiqua vivement cette pièce ; Voltaire y trouva des vers admirables, tout en disant que la poésie était un peu raide. Voy. la « Correspondance générale », t. VII, p. 176 et 224 de l'édition in-12.

Marmontel n'a pas inséré cette héroïde dans le recueil de ses « Œuvres » ; mais Mercier de Compiègne l'a réimprimée en 1795, à la suite des « Opuscules » de Guimond de La Touche, in-18.

Un duel en 1605. (Par le comte DE VILLERMONT.) (*Bruxelles, Devroye*, 1864), in-8, 18 p.

Tiré à part de la « Revue d'histoire et d'archéologie », où cet article a paru avec le nom de l'auteur. J. D.

Un éclair avant la foudre, ou le communisme et ses causes. Par l'auteur du « Monopole universitaire destructeur de la religion et des lois », de « l'Université jugée par elle-même »... (le P. Nicolas DESCHAMPS, jésuite). *Avignon, Séguin*, 1848-1849, 2 vol. in-8.

Voy. ci-après la note de l'article « l'Université jugée par elle-même. »

Un électeur à ses collègues. (Par Alex. LAMETH.) *Paris, Gaultier-Laguionie*, 1824, in-8, 15 p.

Réimprimé avec le nom de l'auteur.

Un électeur à ses pairs. (Par PINGUET, négociant à Mariembourg.) *Bruxelles, Devroye*, 1864, in-8, 11 p.   **J. D.**

Un électeur de Paris au général Lafayette. (Par LOUIS-PHILIPPE Ier.) *Paris, imp. de Renouard*, 30 juin 1832, in-8, 19 p.

Un empereur romain à un roi des Gaules. (Par A.-L. MILLIN.) *S. l.* (1789), in-8, 8 p.

Un enfant de Marie, ou le vénérable Jean Berchmans, de la Compagnie de Jésus; par un Père de la même Compagnie (le P. Léonard CROS). *Paris, Régis-Ruffet*, 1863, in-18, 324 p.

Un enfant, drame en quatre actes, imité du roman de M. Ernest Desprez. Par MM. Charles DESNOYERS et *** (El. DE VAULABELLE). Représenté sur le théâtre de la Gaîté, le 21 juin 1834. *Paris, Marchant*, 1834, in-8.

Un enterrement au XIIᵉ siècle. (Par M. Paul MARCHEGAY.) *Angers, imp. de Cosnier et Lachèse* (1852), in-8, 12 p.

Un enterrement au village. (Par Jean Bernard BRISSEBARRE, acteur, connu sous le nom de JOANNY.) *Paris*, juillet 1844, in-8, 4 p.   **D. M.**

En vers.

Un épisode de l'histoire du libre échange en Belgique. La réforme douanière au XVIIIᵉ siècle. (Par Gustave DE MOLINARI.) *Bruxelles, Verbruggen*, 1858, in-8, 40 p.   **J. D.**

Un épisode de la question jésuitique. Demande d'autorisation au Conseil d'Etat pour poursuivre Mgr l'évêque de Beauvais; par un prêtre de son diocèse (E. BAEBION, prêtre). *Paris, imp. de Baudouin*, 1845, in-8.

L'auteur a signé.

Un épisode du 24 février 1848; par Mᵐᵉ DE V*** (la baronne DE VELLEXON, ou plutôt DE VAUDEY). *Paris, imp. de Cosson*, 1851, in-8.

Voy. « Supercheries », III, 888, a.

Un esprit fort. (Par Mᵐᵉ YÉMÉNIZ, née RUBICHON.) *Lyon, L. Perrin*, 1850, in-12. — *Paris, C. Douniol*, 1851, in-18.   **D. M.**

Un été, ou Walter Wart; par E. G. (Elise GEISER). *Genève, Georg*, 1861, in-12.

Un étranger aux Français. (Par le comte Féodor GOLOWKIN.) *Paris, imp. de d'Hautel*, 1814, in-8, 32 p.   **D. M.**

Un étranger aux Suisses. (Par le comte Féodor GOLOWKIN.) (*Lausanne ou Genève*), 1814, in-8.

Un franc électeur à ses concitoyens. (Pamphlet électoral, par M. COGET aîné, avocat à Evreux.) *Evreux*, 1836, in-8, 24 p.   **D. M.**

Un Français aussi au ministère. (Par le marquis DE LA GERVAISAIS.) *Paris, imp. de Pihan-Delaforest*, 1827, in-8, 31 p.

Un Français en Espagne sous Philippe V, comédie en cinq actes et en prose; par Ad. G.... (GRASE). *Paris, imp. d'Ad. Mœssard et Jousset*, 1842, in-8, 4 ff. lim. et 71 p.

Un Français sur l'extrait des Mémoires de M. Savary relatifs à M. le duc d'Enghien. (Par Jean-François MIELLE.) *Paris, Ponthieu*, 1823, in-8, 52 p.

Attribué à tort par la « Littérature française contemporaine » à Edme-Marie-François-Antoine MIEL.

Un grain de bon sens. Réflexions électorales, par un paysan. (Par G. BRACCINI.) *Paris, Michel Lévy frères*, 1849, in-8, 14 p.

Un heureux chronogramme à Liége. *Liége, imp. de L. de Thier et F. Lovinfosse* (1859), in-8, 12 p.

Signé : A. C. (Aristide CRALLE).

Un hiver à Londres ; par T. S. SURR; trad. de l'anglais par Mᵐᵉ DE *** (SENNEVAS). *Paris, Pillet*, 1810, 3 vol. in-12.

Un homme de douze ans, nouvelle. (Par Jules MASSÉ.) *Paris, Gaume*, 1841, in-18.

Un homme de trop. (Par le marquis DE LA GERVAISAIS.) *Paris, imp. de Pihan-Delaforest*, 1827, in-8, 47 p.

Un (d') impôt nouveau nommé l'impôt-emprunt, et du crédit public. (Par MAIN

DE SAINTE-CHRISTINE.) *S. l. (Paris, imp. de J.-L. Scherff)*, mars 1816, in-4, 28 p.

Un inconnu, ou une révolution à Moscou ; suivi de Une fête près de Rome. Par A. H. (HOPE). *Paris, Barb t*, 1837, in-8, 35 p.

Le nom des imprimeurs Herhan et Bimont est suivi de la qualification de. Imprimeurs de M. A. Hope.

Un indépendant de l'ordre des avocats, sur la décadence du barreau en France. (Par J.-P. BRISSOT.) *Berlin*, 1781, in-8.

Réimprimé dans le tome VI de la « Bibliothèque philosophique du législateur », par le même.

Un jésuite par jour. (Par Nicolas BOQUILLON, journaliste.) *Paris, imp. de Plassan*, 1825, in-18, 2 ff. de tit. et 163 p.

D. M.

Un jeune Suisse en Australie. Suite des « Soirées de famille », par l'auteur de la « Vie de Mᵐᵉ Fry » (Mˡˡᵉ Herminie CHAVANNES). *Genève*, 1853, in-12. — Nouv. édit., *Toulouse, imp. de Chauvin*, 1858, in-18.

Voy. ci-dessus, col. 511, f.

Un jour à Rome, ou le jeune homme en loterie, comédie-vaudeville en un acte, par MM** (E.-J.-E. MAZÈRES et G. DE LURIEU). Représentée pour la première fois, à Paris, sur le théâtre du Vaudeville, le 29 mai 1821. *Paris, J.-N. Barba*, 1821, in-8, 32 p.

Un jour de massacre ; par un témoin oculaire (Christien OSTROWSKI). *Paris*, 1838, in-8.

Pièce de vers, réimprimée, avec le nom de l'auteur, sous le titre « le Massacre de Praga », 2ᵉ éd. *Paris, imp. de Latné et Havard*, 1866, in-12, 339 p.

Un Liégeois à 4.500 pieds sous terre. (Par Ferdinand HENAUX.) *Liége, Jeunehomme*, 1838, in-8, 16 p.

Tiré à part de la « Revue belge ».   J. D.

Un livre pour les femmes mariées. Ouvrage populaire. Par l'auteur du « Mariage au point de vue chrétien » (Mᵐᵉ Agénor DE GASPARIN). *Paris, Delay*, 1845, in-12. — 2ᵉ éd. *Toulouse, imp. de Chauvin*, 1852, in-18.

Un Lorientais à ses concitoyens. (Par C.-G. HELLO, alors avocat à Lorient.) *Lorient, imp. de V. Feutray, s. d.*, in-8, 14 p.

Bibliothèque de Nantes, nᵒ 49,432.

Un maire de Nantes en 1644 et l'Imitation de N. S. Jésus-Christ. (Par Hippo-

lyte THIBEAUD père.) *Nantes, imp. de M. Bourgeois*, 1862, in-12, 12 p.

Extrait de « l'Espérance du peuple » des 4 et 5 avril 1862, tiré à petit nombre.

Un maître d'école; par un négociant de Marseille (PAYEN). *Lille, L. Lefort*, 1844, 2 vol. in 18.

Plusieurs fois réimprimé.

Un mariage du grand monde, traduit de l'anglais de miss BAILLIE, par Mᵐᵉ*** (la comtesse MOLÉ, née DE LA BRICHE, ou plutôt par Charles-Frédéric-Alfred FAYOT), traducteur d' « Elisa Rivers », « Marguerite Lindsay », « Laure de Montreville », « Osmont », etc., etc. » *Paris, J. Barbezat*, 1830, 4 vol. in-12.

Cet ouvrage a été attribué par la « Littérature française contemporaine » à miss Charlotte BURY. Hamst dans l'ouvrage intitulé « Handbook of fictitious names », p. 127, l'attribue à lady C.-L. SCOTT.

Un mariage sous Louis XV, comédie en cinq actes, par Alexandre DUMAS (Adolphe DE LEUVEN et Léon LHÉRIE BRUNSWICK), représentée pour la première fois sur le Théâtre-Français le 1ᵉʳ juin 1841. *Paris, Marchand*, 1841, in-8, 2 ff. lim. et 140 p.

Un militaire, ami de la liberté, aux Français, à l'époque des 24, 25 et 26 juin 1791... (Par A.-P. JULIENNE DE BEL-AIR.) *Paris, imp. du Cercle social*, 1791, in-8, 30 p. et 1 f.

Un premier titre porte : « Extrait du registre des délibérations du club des Cordeliers, ou adresses aux Français, sur des objets de la plus grande importance.... »

Un militaire aux Français. (Par le comte J.-G. LACUÉE DE CESSAC.) *Paris*, 1789, in-8.

Un million. Nouvelle. (Par Mᵐᵉ YÉMÉNIZ, née RUBICHON.) *Lyon, L. Boitel*, 1851, in-12.

D. M.

Un missionnaire républicain en Russie. *Paris, Amyot*, 1852, 3 vol. in-8.

Cet ouvrage est d'un M. ROHR, ancien étudiant en droit, né en Alsace, venu en Russie vers 1847, retourné en France en 1849. L'interlocuteur dont il est fréquemment question dans l'ouvrage, est un M. Eugène Rallet, d'abord précepteur, ensuite fabricant de parfumerie à Moscou ; ce dernier, né à Château-Thierry (Aisne), est aussi retourné en France après avoir fait fortune en Russie.

Il existe une clef manuscrite indiquant les noms des personnes dont il est parlé dans l'ouvrage ; elle n'a quelque mérite que dans le pays.

Le « Journal des Débats » a rendu dans le temps un compte avantageux de l'ouvrage.   A. L.

Un mois à Bagnères, ou le médecin sans

le savoir, vaudeville en un acte. Par M. Hipp. R*** (Hippolyte ROLAND). *Bordeaux, J.-B.-P. Lavignac*, 1819, in-8.

Un mois de folie, poëme en huit chants. (Par A. D'EGVILLY.) *Vaucluse (Avignon, Chambeau), et Paris, Lamy*, 1803, in-12, VIII-184 p.

Imité d'un ouvrage de KOTZEBUE, intitulé : « les Bijoux dangereux ».

Un mois de pieuses lectures. (Par le comte DE LAMBEL.) *Lille, Lefort*, 1855, in-12.

Réimprimé avec le nom de l'auteur.

Un mot à J. Boniface, à l'occasion de la brochure intitulée : « de la Liberté de la chaire »; par un libéral entre deux âges (E. DE BRONCKART). *Bruxelles, Decq*, 1859, in-8, 25 p.   J. D.

Un mot à l'adresse de la papauté, à l'occasion de la guerre actuelle. (Par Ed. PANCHAUD, ministre protestant.) *Bruxelles, lib. chrét.*, 1859, in-8, 24 p.   J. D.

Un mot à l'oreille des académiciens de Paris. (Par J.-P. BRISSOT DE WARVILLE.) *S. l.*, 1784, in-8, 24 p.

Un mot à la législation sur l'entrée de faveur des céréales par les bureaux de Flauck, Teuven et Arlon. (Par Th. FLÉCHET.) *Liége, Collardin, s. d.*, in-8.   J. D.

Un mot à M. le professeur Gonod, sur l'édition des « Mémoires de Fléchier», et sur sa brochure en réponse à l'examen critique; par un éthophile (le docteur IMBERT GOORBEYRE). *Clermont-Ferrand, imp. de Perol*, 1845, in-18.

Un mot à M. Pastoret, un rien à M. Gaudin, sur le rapport qu'ils ont fait à l'Assemblée nationale au mois de février 1792 concernant le tribunal de l'Université de Paris, la Faculté de théologie et la Société de Sorbonne... Par un homme de l'Université (l'abbé Ant.-Aug.-Lambert GAYET DE SANSALE, bibliothécaire de Sorbonne). *Paris, imp. de Crapart*, 1792, in-8, 28 p.

Un mot à M. Polain, membre de l'Académie des sciences, au sujet de la publication d'une nouvelle édition du « Miroir des nobles de la Hesbaye », par l'auteur de cette édition (Jacques-Antoine-Abraham VASSE). (*Liége, Desoer*, 1850), in-8, 5 p.   J. D.

Un mot à propos des fortifications de Paris, par P. A. B. (BRINCHON). *Bruxelles, Beugnies*, 1843, in-8.   J. D.

Un mot à propos des récents événements de Rome, par C. V. W. (VAN WYMELBEKE). *Gand, Van der Schelden*, 1849, in-8, 28 p.   J. D.

Un mot à ses concitoyens, par un électeur unioniste (Louis DUVIVIER). *Liége (Veuve Duvivier)*, 1832, in-8, 16 p.   Ul. C.

Un mot au gouvernement, par l'auteur d' « Un mot à ses concitoyens » (L. DUVIVIER). *Liége*, 1832, in-8.   J. D.

Un mot au Sénat. (Par C.-J. COLNET.) *Paris, chez les marchands de nouveautés*, 1814, in-8, 32 p.

Un mot aux cultivateurs. Véritable hygiène du cheval. (Par Cas. NOEL.) *Paris, Leneveu*, 1855, in-8, 32 p.

Un mot aux Rouennais à propos de la République et des élections... (Par A. LEPLIEUX.) *Rouen*, 1848, in-8, 18 p.

Un mot de réponse à MM. Dübner et Lecoffre, l'un auteur, l'autre éditeur de deux brochures contre la grammaire de M. Burnouf. (Par Jules DELALAIN.) *Paris, imp. de Delalain*, 20 octobre 1856, in-4, 3 p.

Catalogue de Nantes, n° 22,587.

Un mot en faveur de la noblesse, par M. le baron de M****** (MÉRY). *Paris, Dentu*, 1818, in-8, 1 f. de titre et 17 p.

Un mot pour deux individus auxquels personne ne pense et auxquels il faut penser une fois. *Paris, chez les marchands de nouveautés*, an III, in-8.

Signé : G. P*** (Germain PETITAIN), de la section de la République.
Les deux individus étaient Louis XVII et sa sœur.

Un mot sur de grands événements et sur de grands et de petits personnages, par B........, chevalier de la Légion d'honneur, faisant partie de la 5e compagnie du bataillon sacré (BOYER). *Dijon, Bidault fils*, mai 1815, in-8.

Note manuscrite sur l'exemplaire de La Bédoyère.

Un mot sur deux leçons d'un professeur d'histoire ecclésiastique à Lyon. *Lyon, imp de Dumoulin, Ronet et Sibuet*, 1845, in-8, 41 p.

Signé : S. C. (CHOLETTON), chanoine, ancien vicaire général.

Un mot sur l'administration militaire en campagne, par H. R. D. (Hippolyte-Romain-Joseph DUTHILLOEUL, ancien administrateur militaire supérieur , depuis conservateur de la bibliothèque de Douai). *Douai, Weynesa,* 1822, in-8. D. M.

Un mot sur l'adresse. (Par le marquis DE LA GERVAISAIS.) *Paris, Pihan-Delaforest,* 1830, in-8, 8 p.

Un mot sur l'affaire d'Haïti ; par un intéressé dans l'emprunt négocié à Paris par cette république en 1825. *Paris, Renard,* 1832, in-8, 36 p.

Signé : G. P. (G. PAUL).

Un mot sur l'agriculture au XIXᵉ siècle, ses besoins. (Par Ch.-Oct. GUERMONPREZ.) *Saint-Omer, imp. de Guermonprez,* 1865, in-8, 51 p.

Un mot sur l'ancien personnel de l'administration militaire, pour servir à rectifier l'opinion de certains économistes et à éclairer la justice de S. Exc. le ministre de la guerre. (Par TOUCHARD-LAFOSSE.) *Paris, imp. de Hérissant Ledoux,* 1 f. de titre et 23 p.

Un mot sur l'expédition de M. le duc d'Aumont. Par Mˡˡᵉ Adèle R...... DE B...Y. Histoire de ma première condamnation à mort, par le chevalier R....... DE B...Y. *Paris, imp. de L.-P. Setier,* 1816, in-8, 80 p.

Le nom de famille des deux auteurs est ROCHELLE DE BRÉGY.

Un mot sur l'hérédité de la pairie. (Par le Dʳ Ange GUÉPIN.) *Nantes,* 1831, in-8, 20 p.

Un mot sur l'indication révolutionnaire, par Ed. T. (Edouard TERWECOREN, jésuite). *Bruxelles, Goemaere,* 1852, in-12, 36 p. D. R.

Un mot sur l'infanticide en Chine. (Par HURDEBISE.) 2ᵉ édit., revue par l'auteur. *Liége, Dessain,* 1855, in-18, 84 p.
J. D.

Un mot sur l'institution des concours, adressé à MM. les représentants et à MM. les membres des députations permanentes des conseils provinciaux. (Par C.-J. VAN NERUM.) *Gand, Gyselynck,* 1846, in-8.
J. D.

Un mot sur l'ouvrage de M. de Custine intitulé : « La Russie en 1839 », par un Russe (Xav. LABENSKY). *Paris, Didot,* 1843, in-8, 96 p. — 2ᵉ édit., *Paris, Dauvain et Fontaine,* 1845, in-8, 99 p.

Voy. « Supercheries », III, 477; f.

Un mot sur la bureaucratie, satire. A mon ami G***, officier d'artillerie... par Maximilien L* R* Y (LE ROY). *Paris, Corréard,* 1818, in-8, 16 p. D. M.

En vers.

Un mot sur la campagne d'Amérique, par un soldat français (Nicolas PIERQUIN DE GEMBLOUX). *Paris,* 1789, in-8.

Un mot sur la censure à Nantes, ou le triomphe de Massillon ; par le sieur B*** (BOULLAULT). *Nantes, V. Mangin,* 1827, in-8, 16 p.

Un mot sur la charte et le gouvernement représentatif, par M. le comte DE F..... P.... (A.-T.-J.-A.-M.-M. DE FORTIA DE PILES), auteur du « Nouveau dictionnaire français ». *Paris, imp. de Porthmann,* 1820, in-8, 24 p.

Un mot sur la comptabilité des finances de l'Etat, par un ancien fonctionnaire du département des finances (JADOT). *Bruxelles, Decq,* 1845, in-8. J. D.

Un mot sur la conduite politique des catholiques belges, des catholiques français et de l'ouvrage de M. de La Mennais intitulé : « des Progrès de la révolution et de la guerre contre l'Eglise » (par le comte Félix DE MÉRODE); suivi d'un article sur le génie de M. de La Mennais, extrait du « Catholique », publié par M. le baron D'ECKSTEIN. *Paris, J.-G. Dentu,* 1829, in-8.

Un mot sur la Constitution, par un vicaire de Paris (l'abbé Jean LABOUDERIE). *Paris, J. Moronval,* 1814, in-8, 16 p.

Un mot sur la convenance de voter des subventions en faveur de la Légion d'honneur; par un membre de l'ordre, ancien élève de l'Ecole polytechnique, ancien auditeur au Conseil d'Etat (le baron DE BEAUMONT). *Paris, Pélicier,* 1828, in-8, 15 p.

Un mot sur la dynamique animale. (Par Cas. NOEL.) *Meaux, Carro,* 1857, in-8, 8 p.

Un mot sur la jonction du canal de la Haine à l'Escaut et de l'importance des canaux. (Par DELNEUFCOUR.) *Mons, Hoyois* (1818), in-8, 11 p. J. D.

Un mot sur la liberté de l'enseignement. (Par J. DAVID.) *Rennes,* mars 1847, in-32, 3 ff. lim. et 32 p. — 2ᵉ éd., *Nantes, imp. de V. Mangin,* 1847, in-32, 4 ff. lim. et 32 p.

Un mot sur la loi de la presse, par le

comte A. DE M*** (Anat. DE MONTESQUIOU). *Paris, imp. de J. Trouvé, 1821, in-8.*

Un mot de la nouvelle médecine l'homœopathie et sur la vie de Samuel Hahnemann, son fondateur; par un de ses premiers disciples (F. PERRUSSEL). *Valence, imp. de J. Céas, 1872, in-8, 28 p.*

L'auteur a signé la lettre en tête de la brochure.

Un mot sur la Philippique de M. de Chateaubriand. (Par LAFAGE.) *Paris, Delaunay, 1818, in-8, 23 p.*

Un mot sur la question napolitaine, par quelqu'un qui n'est pas homme d'État (Jules GORDON, journaliste). *Bruxelles, Guyot et Stapleaux, 1857, in-8, 24 p.*

Un mot sur la Russie. (Par le prince Augustin GALITZIN.) *Versailles, imp. de Beau, 1859, in-8, 23 p.*

Un mot sur la Turquie et ses réformes. (Par M. ROBIN.) *Paris, galeries de l'Odéon, (Rome), 1876, in-8, 31 p.*

Un mot sur le choléra, traitement rationnel de cette maladie, moyens simples de s'en préserver; par M. G. DE C. (GALAU DE CUENDIAS). *Toulouse, Martegoute, 1835, in-8, 16 p.*

Un mot sur le « Mérite des femmes », poëme de G. Legouvé, membre de l'Institut national, par G. J. (Gabr. JOUARD). *Paris, l'auteur, an X-1801, in-12, 127 p.*

Un mot sur le passé, le présent et l'avenir, par un politique dont les prévisions se sont toujours accomplies (Maxime POITEVIN, de Saint-Jean-d'Angély). *Paris, Delaunay, 1831, in-8, 56 p.*

Un mot sur le procès intenté par la famille La Chalotais contre le journal l'« Étoile ». Par un ancien avocat du barreau de Rennes (Louis-Jérôme GOHIER, ancien membre du Directoire). *Paris, imp. de Lachevardière, 1826, in-8, 37 p.*

L'auteur a signé la dédicace.

Un mot sur le projet de loi relatif à l'organisation du jury, sur le code militaire, etc., par un magistrat (DE BERNY?). *Paris, 1817, in-8.*

Un mot sur les armées étrangères et sur les troupes suisses, par M. le comte DE F..... P.... (A.-T.-J.-A.-M.-M. DE FORTIA DE PILES), auteur du « Nouveau Dictionnaire français ». *Paris, imp. de Porthmann, 1820, in-8, 30 p.*

---

a — Un mot sur les associations d'ouvriers, par un ami de la vérité (Jean KATS). *Anvers, Mienikus, 1860, in-12, 18 p.*

J. D.

Un mot sur les « Entretiens de village » (de M. de Cormenin, par BOUTON). *Paris, imp. de Mme de Lacombe, 1846, in-12, 24 p.*

b — Un mot sur les fabriques étrangères de soieries, à propos de l'exposition de leurs produits faite par la Chambre de commerce de Lyon. Par M. A. D. (ARLÈS-DUFOUR, négociant à Lyon). *Lyon, imp. de Boitel, 1834, in-8.*   D. M.

Dans les « Supercheries », I, 182, *f*, et 183, *a*, cet ouvrage est attribué successivement à M. J.-B. ARLÈS-DUFOUR et à M. A. DERVIEU.

c — Un mot sur les mœurs publiques, par M. le comte DE F..... P.... (A.-T.-J.-A.-M.-M. DE FORTIA DE PILES), auteur du « Nouveau Dictionnaire français ». *Paris, imp. de Porthmann, 1820, in-8, 27 p.*

Un mot sur les nombreux pamphlets et libelles qui ont paru dans les provinces méridionales du royaume des Pays-Bas, à l'occasion du projet de la loi fondamentale. (Par Ignace VAN TOERS.) *Gand, Debusscher (1815), in-8, 31 p.*   J. D.

d — Un mot sur les régicides et autres bannis de la France, repairés en Belgique; suivi de l'analyse d'un procès intenté aux rédacteurs du « Nain jaune » par Mme Henriette de Saint-Charles, née Vulliamoz, de Lausanne en Suisse, et par M. Dasies, son parent. *Paris, imp. de veuve Jeunehomme, 1817, in-8, 2 ff. de tit. et 52 p.*

Signé : H. K. S. (Henri-Alexis CAHAISSE).

e — Un mot sur les Vendéens, ou la vérité dévoilée. (Par Mme ROCHELLE DE BRÉCY.) *Paris, P. Gueffier, 1816, in-8, 1 f. de tit. et 34 p.*

Un mot sur nos chemins de fer départementaux. *Le Mans, Monnoyer, 1872, in-8, 20 p.*

Cet opuscule, signé : « un habitant de Marolles-les-Braux, », est de M. CHARON, représentant au conseil *f* — général de la Sarthe du canton de Marolles, et auteur d'ouvrages historiques estimés.   L. D. L. S.

Un mot sur, pour et contre le rapport fait à la Chambre des pairs par M. le duc de Lévis. (Par Louis-Nicolas-Marie MAGON, marquis DE LA GERVAISAIS.) *Paris, imp. d'A. Egron, mai 1824, in-8, 21 p.*

D. M.

Un mot sur quatre mots; par M. le

comte DE F.... P.... (A.-T.-J.-A.-M.-M. DE FORTIA DE PILES), auteur du « Nouveau Dictionnaire français ». *Paris, imp. de Porthmann*, 1820, in-8, 31 p.

Un mot sur quelques femmes célèbres, par Mᵐᵉ J. B. (Jenny BENARD). *Paris, F. Henry*, 1863, in-12, 108 p.

Un nabab hongrois; par JOKAI. Imité du hongrois (par P.-D. DANDELY et Mˡˡᵉ DANDELY). *Liége, Desoer*, 1860, 2 vol. in-16.

Publié d'abord en feuilleton dans le « Journal de Liége ».   Ul. C.

Un Normand socialiste, ou indignation prophétique de l'homme de la montagne. A. L. G. (LE GALLOIS), dix-décembriste. *Argenteuil, imp. de Picard* (1850), in-fol., 2 p.

Un nuage noir se forme à l'horizon, ou des signes précurseurs du fanatisme religieux; suivi de quelques observations sur le danger de tous les fanatismes en général; par M. D* (J.-F. DUBROCA). *Paris, G. Mathiot*, 1814, in-8, 32 p.

Un orateur du peuple à tous les rois, princes, généraux, etc., qui oseront attaquer la France. *Bar-le-Duc, Choppin* (1792), in-4, 2 p.

Signé : J. J. R — N (J.-J. RANXIN-MUEL).

Un pauvre diable à M. le marquis de Chabannes, à l'occasion de son départ pour Paris, annoncé dans sa dernière brochure. (Par J. FRÉMOLLE, cordonnier et poëte.) *Bruxelles, Tallois*, 1829, in-8, 7 p.
              J. D.

Un paysan champenois à Timon, à l'occasion de son petit pamphlet sur le projet de constitution. *Paris, Michel Lévy frères*, septembre 1848, 63 p.

Signé : Jean le Champenois (DE COLMONT).
Voy. « Supercheries », III, 47, e.

Un pèlerinage à Notre-Dame de Liesse. Lettres d'un pèlerin à son ami. (Par J. DUFOUR.) *Paris, A. Le Clère*, 1855, in-8, 32 p. et 1 pl.

Un petit livre très-sérieux; par un futur tabellion (C. CHARMOT). *Chambéry*, 1857, in-8.

Ouvrage tiré à petit nombre.

Un petit mot à l'oreille de l'Académie royale de médecine, au sujet du rapport présenté par elle à S. E. le ministre de l'intérieur concernant les médicaments indiqués dans la médecine curative du chi-rurgien Leroy. Par l'auteur du « Charlatanisme démasqué, ou la médecine appréciée à sa juste valeur ». (Par Louis LEROY.) *Se trouve au bureau de la « Gazette des malades »*, 1824, in-12, 35 p.

Un petit mot à Louis XVI, sur les crimes de ses vertus... Par un ami des trois ordres (François SULEAU). *S. l.*, 1789, in-8, 29 p.

L'auteur a signé la lettre au roi qui termine la brochure.

Un petit mot sur les colonies. La France possède des colonies à sucre et elle en retirera encore des denrées coloniales. (Par E. MILLOT, colon de Saint-Domingue.) *S. l. n. d. (Paris, an VIII-1800)*, in-4, 54 p.

Un peu de tout. (Par Ferdinand TANDON, lib. à Paris.) *Paris, imp. de Poupart-Davyl*, 1862, in-18, 279 p.

Un peu de tout; par L. B. DE B. (l'abbé Fr.-Lambert BONNEFOY DE BONYON). *Paris*, 1788, in-8.

Le nom de l'auteur se trouve en entier sur quelques exemplaires. On a donc eu tort d'attribuer cet ouvrage au baron DE BOCK.

Un peu du temps passé, un peu du temps présent, ou quelques vérités dont il faut convenir; par J. C........ (Charles-Denys COLLEVILLE, ancien capitaine de cavalerie). *Paris, Debray*, 1804, in-18, 70 p.

Un peuple volé par un roi. Documents recueillis et publiés par une société de patriotes belges (J. MEEUS-VANDERMAELEN?). *Bruxelles, François*, 1838, in-8, 123 p.   J. D.

Un phalanstérien (membre de l'Union harmonienne) aux hommes de bonne foi de toutes les opinions. *Lyon, Deleuze*, 1839, in-8.

Publié par M. A. BRAC DE LAPÉRIÈRE, cet ouvrage contient deux lettres anonymes : la première, signée St. A., d. m., est du docteur Stanislas AUCAIGNE; la deuxième, signée P. F., est de M. Prudent FOREST.

Un pharmacien de Paris à un ami de province. *Paris, imp. de Wittersheim* (1844), in-8, 8 p.

Signé : Th. Dᵛᵛᵛ (Th. DEIBL).
Réimprimé, avec le nom de l'auteur, sous le titre « les Pharmaciens dévoilés », 1847, in-8.

Un plaidoyer religieux, ou le dogme de la confession attaqué par un vieil officier et défendu par un jeune avocat. T. P. *Paris, Rusand*, 1828, in-18.

Réimprimé sous les différents titres cités précédemment, VI, 903, *a*, et aussi sous celui de « la Divinité de la confession ».

Malgré l'affirmation de Quérard, dans le tome XII de la « France littéraire », nous n'avons vu le nom de l'auteur sur aucune des éditions de cet ouvrage.

Un poëte. (Par Ad. MATHIEU.) *Mons,* juillet 1843, in-12, 31 p. J. D.

Un poëte pseudonyme. (Par QUÉRARD.) *S. l. n. d. (Paris, 1852)*, in-8.

Notice sur Van den Zande, extr. des « Supercheries littéraires ». G. M.

Un point curieux des mœurs privées de la Grèce. (Par M. Octave DELEPIERRE.) *Paris, J. Gay*, 1861, pet. in-8, 29 p.

Tiré à 245 exemplaires.

Un prêtre des montagnes du Jura, à M. Rouillé d'Orfeuil, préfet du département. *Lons-le-Saunier, imp. de F. Gauthier* (1831), in-8, 15 p.

Signé : L. Ex. - C. D'E. T. F. V. P. P. (l'abbé FREGNIER, professeur de morale à Lons-le-Saulnier).

Un procès de sorcellerie en Belgique. (Par VANDERTAELEN, receveur à Anvers.) *Bruxelles, Devroye*, 1863, in-8, 14 p.

Tiré à part de la « Revue d'histoire et d'archéologie ». J. D.

Un (d') projet d'exposition départementale à Alençon. (Par M. Léon DUCHESNE DE LA SICOTIÈRE.) *Alençon, Poulet-Malassis*, 1841, in-8, 7 p.

Extrait de la « Revue de l'Orne » ; non mis dans le commerce.

Un prolétaire catholique républicain (Jules GUÉRIN) au peuple souffrant de Paris. *Paris, imp. de Claye et Taillefer* (1848), in-8, 4 p.

Un proverbe. *Besançon, imp. de J. Jacquin* (1849), in-8, 4 p.

Signé : C. (CHIFLET).

Un provincial à Paris pendant une partie de l'année 1789. *Paris, La Villette,* *s. d.*, in-12.

La dernière lettre est signée : A.-H. DAMPMARTIN.

Un resve de M. Th. de Beze. Dicté par lui-même. *Genève, imp. de Fick*, 1864, in-8.

L'exemplaire de la Bibliothèque nationale est signé à la main : HORNUNG.

Un riverain de Grand-Lieu aux adversaires du desséchement. (Par Gabriel Hu-

GELMANN.) *Nantes, imp. de Merson*, 4 mai 1860, in-8, 78 p.

Un roman comme un autre ; par Moi (A. ANTOINE). *Paris, Hedde aîné*, 1800, 2 vol. in-12, avec fig.

Un royaume et un homme. (Par le marquis DE LA GERVAISAIS.) *Paris, imp. de Pihan-Delaforest*, 1827, in-8, 54 p.

Un saint prêtre, ou notice historique sur la vie, les miracles et les travaux apostoliques du vénérable curé d'Ars, évêché de Belley, par l'auteur des « Plaies sanglantes du Christ ». (Par A.-N. VEYLAND.) *Metz, imp. de C. Dieu et V. Maline,* 1852, in-18. — *Lyon, Gautier*, 1858, in-18.

Un second Théâtre-Français, ou le kaléidoscope théâtral, revue en un acte, mêlée de couplets, par MM. *** (H. DUPIN). Représentée, pour la première fois, sur le théâtre des Variétés, le 20 juillet 1818. *Paris, Mlle Huet-Masson*, 1818, in-8, 28 p.

Un secret. Traduit librement de l'anglais (de mis Charlotte-Mary YONGE). Ouvrage pour la jeunesse. *Lausanne, L. Meyer*, 1866, in-12.

Un séjour en France, de 1792 à 1795. Lettres d'un témoin de la Révolution française ; trad. par M. TAINE. *Paris*, 1872, in-18, x-301 p.

L'original anglais, publié à Londres en 1796, sous ce titre : « A Residence in France, etc., » avait été composé de lettres écrites, à ce qu'on croit, par une dame anglaise, et réunies simplement, puis publiées par John-Richard GREEN sous le nom supposé de John GIFFORD ; cependant il est assez probable que si ce dernier a été réellement étranger à la rédaction primitive, il n'en a pas moins eu une grande part dans l'établissement du texte imprimé à Londres sur lequel M. Taine a fait sa traduction. G. M.

Un siècle en huit jours, ou Lyon pendant l'inondation de 1840. Revue quotidienne, par J.-B. PA... (Jean-Baptiste PASSERON). *Lyon, Giraudier*, 1840, in-8, 30 p. D. M.

Extrait des « Archives statistiques du Rhône ».

Un soir des fameuses journées de mai 1857. (Par Philippe VAN DER HAEGHEN.) *Bruxelles, Decq*, 1857, in-8, 38 p. J. D.

Un songe. *Tourcoing, imp. de J. Mathon,* 1854, in-8, 2 p.

En vers.

Avec une note explicative signée : L. D. (Louis DESTOMBE).

Un songe d'Alexandre, fragment d'un poëme d'Arrien, retrouvé et publié par Am. D. (Amaury Duval). *S. l.*, 1810, in-8.

Le prétendu poëme d'Arrien n'est qu'une supposition.

Un sonnet en patois angevin du XVIIᵉ siècle (publié, avec quelques notes, par Ch.-L. Livet). *Angers, Cosnier, s. d.* (1854), in-8, 4 p.

Catalogue de Nantes, nᵒ 27,386.

Un tableau de famille, ou la maison paternelle, comédie en un acte, mêlée de couplets, par MM. Adolphe de L... (Leuven) et *** (H.-A. Cavé et A.-D.-A. Dittmer). Représentée pour la première fois, à Paris, sur le théâtre du Vaudeville, le 10 mars 1829. *Paris, J.-N. Barba*, 1829, in-8, 46 p.

Un tour en Espagne, de 1807 à 1809, ou mémoires d'un soldat fait prisonnier à la bataille de Baylen. (Par J. Quantin.) *Paris, Brianchon*, 1820, 2 vol. in-12.

Un trait de Fanchon la Vielleuse, comédie anecdotique en un acte et en vaudevilles, par Th. D. (Théophile-Marion du Mersan). *Paris, Mᵐᵉ Georges*, 1804, in-8.
　　　　　　　　　　　　D. M.

Un trait de la vie de Charlemagne, nouvelle. (Par Mᶫᶫᵉ Lafeuille.) *Paris*, 1810, in-18.

Un trait de lumière venu à propos. Au tems et à la vérité. Vrais disciples du Sauveur, réjouissez-vous, le règne de votre Père arrive. *Paris, Delaunay*, 1829, in-8, 24 p.

Signé : Par l'auteur du « Triomphe de la vérité en Jésus-Christ » (M. Bouis).

Un type bruxellois (Mattau). (Par A. Baron.) *Bruxelles, Polack-Duvivier*, 1857, in-32, 29 p. 　　　　　　J. D.

Un (d') varlet et de la dame au baron. Conte du XIVᵉ siècle, publié d'après le manuscrit. (Composé par Ch.-J. Richelet.) *Paris, chez les bibliophiles; Le Mans, imp. de Fleuriot*, 1829, in-8, 12 p.

Le même auteur a publié trois autres pastiches de fabliaux, imprimés au Mans, sur papier de Hollande, à 29 exemplaires, et édités à Paris, chez J. Techener, en 1832: « Li Neps del pastur »; « Li Molnier de Nemor »; et « du Baro mors et vis », 15, 16 et 15 p. in-8. Ces trois opuscules sont annoncés comme des ouvrages originaux du XIᵉ et du XIIᵉ siècle, et portent le nom de Ch.-J. Richelet comme éditeur.
　　　　　　　　　　　　G. M.

Un vieux ouvrier aux ouvriers. *S. l. n. d. (Paris*, 1849), in-18.

Signé : L. P. M. B. (le Petit Manteau bleu, Edme Champion). 　　　　　　D. M.

Un voyage à Versailles. (Par Alex. de Ferrière.) *Paris, Colnet*, an XI, in-18.

Réimprimé avec le nom de l'auteur, *Paris*, 1806, in-8.

Un voyage à Cachemire, par le docteur B. (Bernier). *Limoges, Barbou*, 1853, 1854, in-12.

Un voyage. 1854. (Par Antoine de La Tour.) *Paris, imp. de S. Raçon*, 1855, in-12, 36 p.

Recueil de vers tiré à 100 exemplaires.

Une académie de fous. (Par Anatole Coomans.) *Bruxelles, Schnée*, 1861, in-8, 246 p. 　　　　　　J. D.

Une actrice; par Adrien H*** (Hope). *Paris, chez les marchands de nouveautés*, 1834, in-8, 12 p.

Une âme de Bourbon. *Paris, imp. de J. Didot aîné*, 1837, in-12.

Fragments de lettres de Louise-Adélaïde de Bourbon Condé, publiées par le marquis de La Gervaisais. Voy. pour la publication complète de ces lettres, ci-dessus, V, 1267, e.

Une année à la campagne; par Mᵐᵉ Antonia W... (Minel). *Paris, Delaunay*, 1828, in-8, 80 p. 　　　　　　D. M.

En vers.

Une année à Londres; par l'auteur de « Quinze jours » et de « Six mois à Londres » (A.-J.-B. Defauconpret). *Paris, Gillé fils*, 1819, in-8.

Une année à Paris, ou les contradictions; par M. le chanoine H...... (Hunckler). *Vienne, de l'imprimerie méchitaristique*, 1837, in-12, 236 p.

Cet ouvrage forme le tome II d'une « Bibliothèque de la jeunesse » qui devait avoir 12 volumes; nous ignorons s'il en a paru plus de deux. (Quérard.)

Une année à Rome, impressions d'un catholique. (Par le vicomte d'Andigné.) *Paris, Bray*, 1866, in-12.

Une année de bonheur, ou les récompenses méritées. (Par Mᵐᵉ Van der Burch.) *Paris, Ledentu*, 1818, in-18.

Une année de la vie de l'empereur Napoléon, ou précis historique de tout ce qui s'est passé depuis le 1ᵉʳ avril 1814 jusqu'au 20 mars 1815, relatif à Sa Majesté et aux braves qui l'ont accompagnée

Par A.-D.-B. M*** (MONIER), lieutenant aux grenadiers. *Paris, Eymery*, 1815, in-8. — 2e éd. *Ibid., id.*, 1815, in-8.

Une année mémorable de la vie d'Auguste de Kotzebue, publiée par lui-même et trad. de l'allemand (par C.-J.-F. GIRARD DE PROPIAC et J.-B. DUBOIS). *Paris*, 1802, 2 vol. in-12.

Publié aussi sous ce titre : « l'Année la plus remarquable de ma vie... » Voy. IV, 201, *d*.

Une autre Chambre. (Par le marquis DE LA GERVAISAIS.) *Paris, imp. d'A. Boucher*, 1827, in-8, 20 p.

Une aventure de Faublas, ou le lendemain d'un bal masqué, comédie-vaudeville en un acte, représentée pour la première fois à Paris, sur le théâtre du Vaudeville, le 19 février 1818. Par MM. T. SAUVAGE et N. L. C. (N. LECOUTURIER). *Paris, Mlle Huet-Masson*, 1818, in-8, 40 p.

Une aventure de Saint-Foix, ou le coup d'épée, opéra en un acte. Paroles du C. Alex. DUVAL et d'un anonyme (SAINT-CHAMANT). Musique du cit. Tarchi. Représentée pour la première fois sur le théâtre national de l'Opéra-Comique, rue Feydeau, le 8 pluviôse an X. *Paris, Huet*, an X-1802, in-8, 2 ff. de tit. et 51 p.

Une bataille dans un salon, proverbe en un acte, en prose, par H*** (Alfred HAYE, officier, tué en 1871 au siége de Paris). *Aix-en-Provence, imp. de Marius Illy*, 1869, in-16, 16 p.

Une (d') caisse générale de retraites et de pensions pour les travailleurs invalides; par P. C. (P.-E. CAZEAUX), ancien ingénieur au service de l'Etat. *Paris, Lecointe*, 1842, in-8, 67 p.   D. M.

Une (d') caisse générale des invalides de l'industrie, ou caisse générale de retraite pour les travailleurs invalides, par P. C. (P.-E. CAZEAUX). *Paris, Bourgogne*, 1832, in-8.

Voy. « Supercheries », III, 52, *a*.

Une chansonnette des rues et des bois. (Par Charles MONSELET.) *A Chaillot, et se trouve à la librairie du « Petit Journal »*, 1865, in-16, 32 p.

Parodie des « Chansons des rues et des bois », de Victor HUGO. Elle a eu trois tirages successifs; le premier est de deux strophes à la page.

Une conquête, comédie en un acte, par A. D. S. (Henri DUPIN et E. DE MANNE). *Paris, Barba*, 1838, in-8.   D. M.

Une conspiration en 1868. (Par Ed. BAZIRE.) *Paris, imp. de Vallée*, 1868, in-18, 31 p.

Une conversion, nouvelle franc-comtoise, par X. M. (le comte Xavier DE MONTÉPIN). Septembre 1846. *Paris, imp. de Proux*, 1848, in-8, 40 p.

Une corinthienne. Dédié à M. Cas. Delavigne. (Par Théoph. FÉBURIER.) *Paris, Masson fils aîné*, 1823, in-8, 20 p.

Une course à Chamounix, fantaisie artistique, pour servir de supplément aux « Lettres d'un voyageur ». Par N'importe (Adolphe PICTET). *Paris, Duprat*, 1840, in-12.

Faux titre, titre et préface imprimés pour le rajeunissement d'un ouvrage publié en 1838 avec le nom de l'auteur.

Une critique kazanienne. (Par Edw.-P. TURNERELLI.) *S. l. n. d. (Saint-Pétersbourg*, 1844), in-8.   A. L.

Une découverte extraordinaire; par un chrétien (O. DONELLY). *Bruxelles*, 1860, in-8, 8 p.   J. D.

Une doctrine, ou le chaos remplacera l'ordre, puis le temps mettra fin à nos aberrations. Dieu, destinée, équité. Par l'équité accomplir notre destinée, la volonté de Dieu. (Par S.-J. GENTIS.) *Bruxelles*, 1834, in-8, 15 p.   J. D.

Une élection à Soignies. Souvenirs du 27 juillet 1846. (Par Ad. MATHIEU.) *Mons, Piérart*, 1846, in-12, 18 p.   J. D.

Une émeute en 1649 (1er mars). Mazarinade. *Reims, imp. de L. Jacquet*, 1842, in-18.

La préface est signée : L. P. (Louis PARIS).

Une enfant de Marie, ou notice sur a vie et la mort de Mlle Antoinette Delcourt, décédée à Saint-Amand-les-Eaux, le 12 décembre 1835. (Par l'abbé DRUBAIX.) *Lille, Lefort*, 1837, in-18, 104 p.

Souvent réimprimé. Les dernières éditions portent le nom de l'auteur.

Une enfant de Marie, ou vie d'une jeune pensionnaire. Relation authentique offerte aux jeunes personnes chrétiennes, par M. l'abbé C.-H. A*** (C.-H. ALIX). *Paris, Douniol*, 1854, in-18.

Une erreur, ou mille et mille erreurs, évitables ou inévitables, de mille et mille historiens, écrivains, discoureurs, sur des chiliades de notes éparses ou entassées au travers de millions de fiévreux révolutionnaires ou de politiques en convalescence. (Par GIROUST, ancien député d'Eure-et-Loir à la Législative et conventionnel.) *Nogent, imp. de Cardon*, 1816, in-8.

Une (l') et l'autre, ou la noblesse commerçante et militaire. Avec des réflexions sur le commerce et les moyens de l'encourager. (Par L.-Edme BILLARDON DE SAUVIGNY.) *Mahon, de l'imp. française, aux dépens de W. Blakeney*, 1756, in-12.

Une étude sur l'immaculée conception de la bienheureuse vierge Marie, par un membre de l'Oratoire (le Père A.-J.-A. GRATRY). *Paris, Douniol*, 1854, in-8.

Une exception (a noble life). Par l'auteur de « John Halifax » (miss Dinah-Maria MULOCH) Traduit de l'anglais. *Paris, Lévy*, 1867, in-12.

Une excursion dans la haute Kabylie, par un juge d'Alger en vacances. *Strasbourg, imp. de veuve Berger-Levrault*, 1854, in-8, 2 ff. de tit. et 173 p.

Signé : F. H. (Félix HUN).
Une seconde édition, publiée en 1859, est intitulée : « Expédition dans la haute Kabylie... » Voy. V, 366, f.

Une excursion dans les Cévennes... Par l'auteur des « Réalités de la vie domestique » (Mme Zélia LONG). *Toulouse, Société des livres religieux*, 1867, in-12, 160 p.

Une excursion électorale; par un habitant de Château-Thierry (Fern. GIRAUDEAU). *Paris, Amyot*, 1863, in-12, 137 p.

L'avis au lecteur est signé : Casimir P***, de Château-Thierry.

Une excursion sur le boulevard de l'Entre-deux-Villes, à Charleroi. (Par l'abbé Aristide PIÉRARD.) *Charleroi*, 1855, in-8.
J. D.

Une existence d'artiste, essai biographique sur Charles Kuwassey, peintre; suivie de la Biographie universelle, poésies. Par J. B. H. N..... C..... (Jean-Bapt.-Hugues NELSON-COTTREAU). *Paris, Delloye*, 1843, in-8, 45 p. et un portrait.

Une famille au XVIe siècle, document original, précédé d'une introduction par Ch. de Ribbe et d'une lettre du R. P. Félix. *Paris, G. Albanel*, 1867, in-18, 2 ff. de tit. et 132 p.

Reproduction d'un manuscrit de la bibliothèque d'Aix intitulé : « Généalogie de MM. du Laurens, descrite par moy Jeanne du Laurens, veufve à M. GLEYSE, et couchée nayvement en ces termes. »

Une famille française chez les Iroquois. (Par M. l'abbé E. TILLETTE.) *Lille, Lefort*, 1841, 2 vol. in-18.
D. M.

Une faute; par l'auteur des « Scènes du grand monde », etc. (Mme la comtesse MOLÉ DE CHAMPLATREUX, née de La Briche). *Paris, Thoisnier-Desplaces*, 1833, 2 vol. in-8.
D. M.

Ouvrage traduit de l'anglais.

Une femme vindicative. Imité du suédois de Ridderstad. (Par P. D. DANDELY et Mlle DANDELY.) *Liége, Desoer*, 1861, in-16, 224 p.

Publié d'abord en feuilletons dans le « Journal de Liége ».
Ul. C.

Une fête pour les pauvres. (Par A. DUBOSCH.) *Gand*, 1832, in-8, 14 p.
J. D.

Une fleur sur sa tombe. (Par F. PÉNARON.) 1842, in-8, 8 p.
L. B.

Une grande diplomatie pour une messe basse, ou la reconnaissance a quelquefois ses inconvénients. Proverbe historique en deux actes et en sept tableaux. Par Aug. GOS (Augustin GANDAIS). *Amiens, typ. de E. Yvert*, 1851, in-8, 23 p.

C'est à Fontainebleau que la scène se passe.

Une guerre de femmes pour un banc d'église. Trilogie héroï-comique, par le solitaire de la montagne aux ours (BOUILLON). *Bruxelles, Sères*, 1853, in-8, 31 p.
J. D.

Une heure à Calais, pièce en un acte, mêlée de couplets, par MM. Hippolyte LEV*** (LEVESQUE) et Alexandre M. (MARTINEAU). Représentée pour la première fois sur le théâtre de la Gaîté, le 5 août 1824. *Paris, Quoy*, 1824, in-8, 40 p.

Une heure à Notre-Dame de Chartres. Guide du touriste et du pèlerin, par un des rédacteurs de « la Voix de Notre-Dame de Chartres ». *Chartres, F. Dubois*, 1860, in-18, 72 p.

Signé : Un humble servant de Marie (l'abbé VCHARD).

Une heure à Port-Sainte-Marie, à-propos-vaudeville, représenté pour la première fois au palais des Tuileries, devant Leurs Altesses royales, le 19 décembre 1823, par les acteurs du Gymnase-Dramatique (Par Eug. SCRIBE.) *Paris, Dondey-Dupré*, 1823, in-8, 42 p.

Une heure de Jocrisse, comédie en deux actes et en prose, par M. R... M.... (Honoré-Antoine RICHAUD-MARTELLY). Représentée pour la première fois sur le théâtre Montansier-Variétés, le 23 pluviôse an IX. *Paris, Hugelet*, an XII-1804, in-8, 37 p.

Une heure de séjour à Fresnes. (Par Ch. DELESCLUZE.) *Valenciennes, imp. de A. Prignet*, 1846, in-18, 26 p.

Une heure de veuvage, comédie-vaudeville, par MM. *** (E.-J.-E. MAZÈRES, Eugène LEBAS et L.-M.-J.-T. BENAZET). Représentée pour la première fois sur le théâtre du Gymnase-Dramatique, le 22 octobre 1822. *Paris, Godin*, 1822, in-8, 40 p.

Une histoire contemporaine, par l'auteur des « Réalités de la vie domestique » (Mme LONG, née Pelon). *Genève, E. Beroud*, 1842, in-12.

Une imposture littéraire. Appendice aux « Mélanges philologiques de Chardon de La Rochelle, d'après son manuscrit complété par R.-F. Servan de Sugny. *Lyon, imp. de Mougin-Rusand*, 1842, in-8, 24 p.

Cet opuscule, qui n'a été tiré qu'à un très-petit nombre d'exemplaires non destinés au commerce, est de M. F. ROSTAING, notaire à Lyon, auteur des « Matanasiennes ». (« Moniteur de la librairie », 1842, n° 621.)

Une intrigue de fenêtre, par personne (l'abbé PEURETTE). *Bruxelles*, 1844, 3 vol. in-18.   J. D.

Une jeune fille, drame en trois actes. Par A. H. (HOPE). *Paris, Barba*, 1836, in-8, 70 p.

Une journée de Henri IV, comédie en trois actes, en prose. (Par J.-F. WILLEMAIN D'ABANCOURT.) *Paris*, 1792, in-8.

Une journée de Paris. (Par Louis-Madeleine RIPAULT.) *Orléans et Paris, Johanneau*, an V, in-18.

Une kermesse de village. Silhouettes, caricatures et portraits. N° 1. (Par Ad. MATHIEU.) *Mons, Piérard* (1829), in-18, 46 p.   J. D.

Une langue nouvelle; par un amateur de la langue française (le comte DE CHARBONNET). *Besançon, Jacquin*, 1863, in-8, 20 p.

En vers.

Une lanterne pour chercher le soleil en plein midi, par un ancien allumeur de réverbères (Philippe VAN DER HAEGHEN). *Bruxelles, Decq*, 1857, in-18, 38 p.   J. D.

Une larme à la mort de Napoléon. (Par M. L.-A. JACQUIER DE TERREBASSE.) *Paris, Plée*, 1821, in-8, 8 p.

Une leçon aux « Débats ». Économie politique. Impôt du sel (14 février 1834). (Par le marquis DE LA GERVAISAIS.) *Paris, imp. de A. Pihan-Delaforest*, 1834, in-8.

Voy. « Seconde leçon... » ci-dessus, col. 448, f.

Une légende d'Argyle, ou il y a cent ans de cela. Traduit de l'anglais. Par M*** (DUBERGIER). *Paris, Boulland*, 1825, 4 vol. in-12.

Une légende de Montrose, ou l'officier de fortune, conte de mon hôte; par sir Walter SCOTT. Traduction nouvelle (par MM. CHAILLOT). *Avignon, Chaillot jeune*, 1828, 2 vol. in-18.

Une lettre de Jeanne d'Arc aux Tournaisiens, 1429. (Par Frédéric HENNEBERT.) *Gand*, 1837, in-8, 11 p.   J. D.

Une lettre sur l'éducation du Dauphin, attribuée à Louis XVI, est-elle authentique? ou observations sur les « Recueils de lettres » publiés en 1803 et en 1817, sous le nom de ce prince. Par l'auteur des « Mémoires historiques sur Louis XVII » (J. ECKARD). *Paris, H. Nicolle*, 1819, in-8.

Une lettre venue de l'autre monde; par l'auteur des « Mémoires d'un ange gardien » (Jules MASSÉ). *Paris, Gaume frères*, 1840, in-18.

La couverture imprimée portait : « par M. ZAGHELLI », pseudonyme de M. Jules Massé.

Réimprimé à Bruxelles en 1857.

Une loi historique. *Nancy, imp. de Vagner* (1849), in-8, 1 f. de tit. et 18 p.

Signé : D. (P. GUERRIER DE DUMAST.)

Une maîtresse de Kléber; par J. F. M., auteur de « la Princesse Borghèse » (Jean-François MAIRE). *Paris, La Chapelle*, 1836, 2 vol. in-8, ou 4 vol. in-12.

Une (d') manière presque agréable de payer un fort impôt sur le revenu et de hâter la délivrance du territoire... (Par P.-E. CAZEAUX.) *Paris, Rouquette*, décembre 1871, in-8.

Une matinée au Luxembourg, ou promenade d'un observateur dans ce jardin. (Par MAZADE D'AVÈZE.) *Paris, Crapelet*, 1830, in-8.

Une matinée au Salon, ou les peintres de l'école passés en revue... (Par N. B. F. P. (Fabien PILLET). *Paris, Delaunay*, 1824, in-8, 80 p.

Une matinée d'un ambitieux, comédie en un acte, par A. P.-B. (A. Poeschiers-Bisson), ancien conseiller, secrétaire général de la préfecture de Strasbourg. *Paris, imp. de Cosse et Gaultier-Laguionie*, 1838, in-8, 40 p.

Une mauvaise économie. (A la fin) : *Imprimerie impériale*, mai 1870, gr. in-8, 10 p.

Cet écrit, dont l'édition entière a été trouvée aux Tuileries après le 4 septembre 1870, a été attribué à Napoléon III.

Une mission des jésuites. La confession auriculaire. Une page des mystères de Grammont.

Voy. ci-après « Une page des mystères de Grammont », col. 892, b.

Une nièce à marier, vaudeville en un acte, par M. P***, E*** (E.-M. Pehant), imité d'une nouvelle de Frédéric Soulié. Représenté pour la première fois sur le grand théâtre de Nantes, le 10 mars 1846. *Nantes, imp. de Mme veuve C. Mellinet* (1846), in-8, 32 p.

Une nouvelle Madeleine ; par l'auteur d' « Une femme laide » (la marquise Della Rocca). *Paris, Lévy*, 1862, in-12.

« Une femme laide » porte le pseudonyme de Camille Henry.

Une nuit d'Ulm, tableau historique, par E. M. G. L. (Lesage) D. (directeur et) artiste dramatique. *Chartres, Lacombe*, 1805, in-8.

Une nuit de Gustave Wasa, ou le batelier suédois, opéra comique en deux actes, représenté pour la première fois sur le théâtre de l'Opéra-Comique, le 29 septembre 1827. Paroles de M*** (Jean-Michel-Constant Leber et Charles-Guillaume Étienne). Musique de M. Gasse. *Paris, Barba*, 1827, in-8, 49 p.

Une nuit de la garde nationale, tableau-vaudeville en un acte, par MM. Eugène S... (Scribe) et Delestre-Poirson. Représenté pour la première fois sur le théâtre du Vaudeville, le samedi 4 novembre 1815. Seconde édition. *Paris, Fages*, 1816, in-8, 32 p.

Une nuit de Paris, comédie en un acte, avec un prologue. (Par Hébert d'Artigues.) *Bruxelles, F. Foppens*, 1740, in-12, 88 p.

Une orgie sous Néron, poëme lyrique qui a remporté le prix à l'Académie des

Jeux floraux, par M. D..... (Durand de Modurange, de Marseille). *Paris, Delaunay*, 1835, in-8, 12 p.   D. M.

Une page d'histoire, de 1845 à 1865. (Par Tindemans.) *Bruxelles, Office de publicité*, 1866, in-16, 29 p.   J. D.

Une page de l'histoire des partis. Extrait de la revue « la Belgique ». (Par Ad. Dechamps.) *Bruxelles*, 1858, in-8.   J. D.

Une page des mystères de Grammont pendant la mission des jésuites. (Par René Spitaels.) *Grammont*, 1844, in-8, 59 p. — 2e éd. *Bruxelles, de Wallens*, 1844, in-8.

Réimprimé sous ce titre : « Une mission des jésuites. La confession auriculaire. Une page des mystères de Grammomt ». *Bruxelles, Rosez*, 1858. in-18, 75 p.   J. D.

Une parole au pays ; par un Savoisien (l'abbé Antoine Martinet). *Chambéry, Puthod*, mai 1849, in-12.

Une peccadille de M. A.-M.-J.-J. Dupin, agent de la famille d'Orléans, au mépris de l'article 86 du Code de procédure civile. (*Paris*), imp. de *Wittersheim*, 1850, in-8, 31 p.

Signé : L. T. (Léon Tripier).
Tiré à 100 exemplaires.

Une perle archéologique. Notice sur l'église Saint-Séverin en Condroz. (Par Édouard Lavalleye.) *Liége, Demarteau*, 1857, in-18, 18 p.   J. D.

Une (d') peste au païs de cocquaigne. *Paris, Jouaust*, 1873, in-16, 2 ff. de tit., 116 p. et 1 f.

Une édit. in-12, 2 ff. de titre et 108 p., publiée la même année par le même éditeur, porte en plus sur le titre : « Ceste cronicque a esté translatée en prose par dom Ed. O' Farell, Hirlandoys ».

Une pichenette, ou les fantômes, orientale de M. Victor Hugo, avec un commentaire en faveur des Français qui n'entendent que leur langue maternelle; par un jeune bachelier ès lettres (Chompré). *Paris*, 1829, in-8.

Une plaie sociale, pochade adressée aux électeurs par un électeur de Brienne (Chavance, propriétaire à Brienne-le-Château). *Troyes, Leroy*, 1842, in-8, 15 p.

En vers.

Une préface de M. de Lamartine. (Extrait de l' « Union provinciale » des 18,

20 et 23 juillet 1850.) *Dijon, imp. de Lo-
reau-Feuchot, s. d.,* in-8, 19 p.

Signé : C. M. (Charles MUTEAU).

Une provinciale, comédie en trois actes
et en prose, par M. Adolphe G***** (Adolphe GONDINET). *Paris, Tresse,* 1847,
in-8.

Une promenade au Luxembourg; par
Marie-Ange DE T*** (Just-Jean-Étienne
Roy). *Tours, Mame,* 1863, in-12. — *Tours,
Mame,* 1868, in-12.

Une question d'histoire littéraire résolue. Réfutation du paradoxe bibliographique de M. R. Chantelauze : « le Comte
Joseph de Maistre, auteur de l' « Antidote
au Congrès de Rastadt ». Par l'auteur des
« Supercheries littéraires dévoilées » (J.-
M. QUÉRARD). *Paris, l'auteur,* 1859, in-8,
48 p.

Voy. ci-dessus, IV, 211, *b.*
Voici ce que dit l'abbé de Pradt lui-même, p. 3
et 4 du « Congrès de Carlsbad ». *Paris,* 1819, in-8 :
« Si je n'ai pas eu l'honneur de faire partie *intra
muros* d'aucun des congrès qui se sont succédé en
« Europe depuis plus de vingt ans, du moins ne me
« contestera-t-on pas d'y avoir pris part *extra muros,*
« témoin l' « Antidote au Congrès de Rastadt *,* le
« Congrès de Vienne », « l'Europe après le Congrès
« d'Aix-la-Chapelle ».

Une question qui intéresse le repos et
l'avenir de la Belgique, ou quelques mots
sur la main-morte. (Par Jules MALOU.)
Bruxelles, Géruzet (octobre 1841), in-8,
24 p.   J. D.

Une résurrection. A.-J.-C. Roman, for-
çat libéré réhabilité. (Par Édouard SERVAN
DE SUGNY.) *Lyon,* 1847, in-8, 21 p.

Voy. « Supercheries *,* II, 62, *f.*

Une résurrection. Lettre au directeur
du « Bulletin (du bibliophile belge) ». (Par
Nicolas LOUMYER.) *Bruxelles, Heussner,
s. d.,* in-8, 12 p.

Tiré à part du « Bulletin du bibliophile belge »,
tome IX. Dans cet article, l'auteur fait connaître un volume manuscrit de poésies dont quelques-unes sont très-
remarquables. Ce recueil, qu'il possède, a, suivant lui,
pour auteur un poète inconnu jusqu'ici, Christine Goffin,
Ce nom se trouve dans un cartouche à la première page
du volume, avec la date 1671.   J. D.

Une réunion d'électeurs, ou le vœu
unanime; par l'auteur du « Voyage d'un
étranger en France » et du « Paysan et le
Gentilhomme » (R.-T. CHATELAIN). *Paris,
L'Huillier,* 1817, in-8, 134 p.

Une révolution au chef-lieu de Saône-
et-Loire. *Chalon-sur-Saône, J. Duchesne*
(1840), in-8, 8 p.

Signé : P. C. OR... (P.-C. ORDINAIRE).

Une saison à Paris; par Mme R*** K***
(Mme RIMSKY-KORSAKOW). *Paris, Dentu,*
1863, in-18, 238 p. et portrait.

Une saison à Plombières, par M. le baron de M***. *Paris, Lecointe et Durey,*
1825, in-18. — 2e éd. *Plombières, H. Hé-
risé,* 1830, in-18.

Par le baron Pierre-Charles-Joseph DE MENGIN-FON-
DRAGON, d'après Quérard.
De Manne donne à l'auteur de ce livre le nom de
François-Timothée MENGIN-FONDRAGON.

Une scène du conseil des ministres.
Séance du vendredi 27 juillet 1821. Par
M. J. E. F. *Paris, imp. de Cosson,* sep-
tembre 1821, in-8.

On prétend que cette satire a été attribuée à tort au
marquis A.-F. DE FRÉNILLY.

Une séance académique, 3 avril 1843.
(Par MM. Th. MASSOT et SORBIER.) *Caen,
B. Mancel,* 1843, in-8, 16 p.

Une semaine à Moulins, ou mes souvenirs; par A. B. (Mlle Anna BLANC). *Moulins, imp. de Desrosiers,* 1852, in-18.

Réimprimé à *Tournai,* 1865, in-12, avec le nom
de l'auteur.

Une semaine de l'histoire de Paris. Dédié aux Parisiens. Par M. le baron DE L***
I.*** (Étienne-Léon DE LAMOTHE-LANGON).
Paris, Mame et Delaunay-Vallée, 1830,
in-8, x-389 p. — *Bruxelles, Canongette,*
1830, in-12, 288 p.

Une seule faute, ou mémoires d'une de-
moiselle de qualité. (Par J.-P.-L. DE LA
ROCHE DU MAINE, marquis DE LUCHET.)
Paris, 1788-1790, 2 vol. in-12.

Une société caennaise du XVIIIe siècle
(la Société des francs-péteurs) et les écrits
qu'elle a inspirés. (Par A. CANEL.) *En
Prusse, l'année scatologiq.* 5869 (*Caen,*
1869), in-8, 8 p.   G. M.

Une sœur, comédie en un acte et en
vers. (Par Jean-Paul-Ange-Henri MONNIER
DE LA SIZERANNE.) *Valence, Borel,* 1837,
in-8.   D. M.

Tirée à part. Cette pièce avait d'abord été insérée
dans le tome I de la « Revue du Dauphiné ».

Une soirée à Fontainebleau. Divertissement (à l'occasion de la naissance du roi
de Rome), proverbe et prologue en un
acte. (Par J.-J. VALADE.) *Paris, imp. de
Valade,* 1812, in-8, 2 ff. et 40 p.

Une soirée de deux prisonniers, ou Voltaire et Richelieu. Comédie en un acte, mêlée de vaudevilles. Par MM. D****** (J.-B.-D. DESPRÉS) et D******** (J.-M. DESCHAMPS). Représentée pour la première fois sur le théâtre du Vaudeville, le 6 germinal an XI. *Paris, J.-F. Girard, an XI-1803, in-8, 48 p.*

Une soirée de la bonne compagnie de 1804. (Par Louis-Madel. RIPAULT.) *Paris, F. Cocheris fils, an XIII-1804, in-12, 2 ff.* de tit. et 168 p.

Une soirée de lecture. (Par Adrien FEYTEAU.) *Lyon, imp. de Boitel, 1834, in-8,* 20 p.   D. M.

Une soirée de Rennes, histoire, conte... Ouvrage qui n'est ni en prose ni en vers, par un ex-homme du monde. (Par MAMPON et BRIAND jeune, méd. à Rennes.) *Rennes, Cousin-Danelle, s. d., in-8, 11 p.*

Une solution de la question romaine, ou la papauté et la liberté. (Par J. CARNANDET.) *Paris, Ledoyen, 1860, in-8, 31 p.*

Une solution pour la Savoie, ou les soirées du hameau; par un solitaire (M. AGNELLET). *Annecy, L. Thesio (1860),* in-8, 16 p.

Une tempête dans un verre d'eau. Extrait des petites causes célèbres, dédié aux sociétés de chant de Belgique par leur sœur la société musicale de Dison. (Par Dieudonné Joseph CLOSSET.) *Verviers, Nautet, 1857, in-8, 46 p.*   J. D.

Une traversée, ou sensations d'un passager, par F. D. B. (François DURET, Bordelais, ancien négociant), membre de la Table ovale de l'île de France. *Paris, Lecointe et Pougin, 1833, in-8.*   D. M.

Une vengeance de l'amour, ballet-pantomime en un acte, à spectacle. (Par E.-F. VAREZ et THIERRY.) Musique composée et arrangée par M. Lanusse. Représenté pour la première fois à Paris, sur le théâtre de l'Ambigu-Comique, le   mars 1813, par les élèves de l'école de danse de ce théâtre, dirigée par M. Tiery. *Paris, imp. de J.-G. Dentu, 1813, in-8, 13 p.*

Une vie de femme liée aux événements de l'époque; par Mᵐᵉ DE *** (GERCY), auteur de « Marguerite d'Alby ». *Paris. Corbet,* 1835, 2 vol. in-8.   D. M.

Une vie pour une vie; par l'auteur de « John Halifax ». Imité de l'anglais (de miss

Muloch, par P.-D. DANDELY et Mˡˡᵉ DANDÉLY). *Liége. Desoer, 1862, 3 vol. in-16.*

Publié d'abord en feuilleton dans le « Journal de Liége ».   Ul. C.

Une visite à Charenton, folie-vaudeville, en un acte, par MM***. Représentée pour la première fois sur le théâtre des Variétés, le 24 juin 1818. (Par P.-F.-A. CARMOUCHE, N. GERSIN, Henri-Simon DAUTREVILLE et DURIEU.) *Paris, J.-N. Barba, 1818, in-8,* 36 p.

Une visite à ma tante, ou la suite des perroquets, comédie en un acte, mêlée de couplets, par MM. Jules VERNET et *** (JOUSLIN DE LA SALLE). Représentée pour la première fois à Paris, sur le théâtre des Variétés, le 8 décembre 1818. *Paris, J.-N. Barba, 1819, in-8, 40 p.*

Une visite à Notre-Dame de Bon-Port. (Par l'abbé Armand PATRON.) *Nantes, imp. de Forest, 1860, in-18.*

Une visite au roi Louis-Philippe. (Par Edouard LEMOINE.) *Paris, Martinon, 1849,* in-16, 32 p.

C'est par erreur que le « Catalogue de l'histoire de France » de la Bibliothèque nationale a attribué cet ouvrage à Gustave LEMOINE.

Une visite aux ruines du château d'Arques, à-propos par M. Al. L...T (Al. LAMBERT-BOUQUIER), représenté par les artistes du théâtre du Vaudeville, devant S. A. R. Madame, duchesse de Berry, le 19 août 1826. *Rouen, imp. d'E. Périaux fils aîné.* 1826, in-8, 32 p.

Une voix du Nord aux amis de l'Autriche. (Par L. TEGOBORSKI.) *Saint-Pétersbourg, 1854, in-8.*   A. L.

Une voix perdue. Réimpression des œuvres de Paul DELASALLE. *Paris, Charpentier, imp. de Jahyer, 1847, gr. in-8, 408 p.*

La notice biographique anonyme en tête du livre est de Émile SOUVESTRE.

Union antinomienne. (Par Hoëné WRONSKI.) *Paris, imp. de Poussielgue, 1831,* in-4, 4 p.

Voy. « Messianisme », VI, 280, *e.*

Union (de l'). Coup d'œil historique sur l'esprit, la marche et les rapports des partis politiques en Belgique, par un ancien membre du Congrès (le baron J.-H.-L. DE WAHA). *Bruxelles, Decq, 1855, in-8,* 60 p.   J. D.

Union (de l') de l'Eglise et de l'Etat

traduit du latin d'Isaac HABERT, par Louis GIRY). *Paris*, 1641, in-8.

Union (l') des lys, chansonnier de la cour, de la ville et des départements, à l'occasion du mariage de S. A. R. Mgr le duc de Berri avec la princesse Marie-Caroline de Naples, le 17 juin 1816. (Recueilli par A.-M. COUPART.) *Paris, imp. de Chaignieau*, 1816, in-18.

Union (l') du clergé et de l'Université; par un catholique universitaire (L. MACÉ). *Paris, Dentu*, 1858, in-8, 160 p.

Union (l') entre le lion royal de Belgique et l'aigle impériale d'Autriche, par l'auguste mariage de S. A. R. Mgr Léopold-Louis-Philippe-Marie-Victor, duc de Brabant, etc., avec S. A. I. et R. Mme Marie-Henriette-Anne, archiduchesse d'Autriche, etc. (Par l'abbé MEYNDERS.) *Bruxelles*, 1853, in-12, 8 p., en vers.   J. D.

Union et confiance, ou lettre à un émigré de mes amis. (Par Pierre-Claude-François DAUNOU.) *Paris, chez les marchands de nouveautés*, 1792, in-8, 1 f. de titre et 33 p.

Union (l') et les États généraux; par un citoyen indépendant (Charles SOUDAIN DE NIEDERWERTH). *Bruxelles*, 1830, in-8. J.D.

Union (l') fraternelle. Projet d'association qui aurait pour effet le bien-être des travailleurs et la réduction des sommes à employer à l'assistance publique. (Par LAMBERT.) *Besançon, veuve C. Deis*, 1849, in-8, 94 p.

Union (l') villageoise, scène patriotique en prose et vaudevilles, ajoutée à la suite de plusieurs pièces, sur le théâtre du Vaudeville, et représentée pour la première fois, à la suite du Prix, le vendredi 9 août 1793. (Par G.-F. FOUQUES-DESHAYES, plus connu sous le nom de DESFONTAINES, Aug. DE PIIS et P.-Yon BARRÉ.) Seconde édition, augmentée. *Paris, au théâtre du Vaudeville*, an II, in-8, 12 p.

Unique et parfait tuileur, pour les trente-trois grades de la maçonnerie écossaise, sans aucune exception; traduit de l'anglais... *Paris, imp. de Nouzou*, 1812, in-8, 80 p.

Attribué au F.'. ABRAHAM, d'après la dénonciation qui en a été faite par une circulaire imprimée du sup.'. Conseil du 33e degré, du 12 septembre 1812; mais on a des raisons de croire que P.-F. TISSOT en est l'auteur.

Unique (l') moyen de soulager le peuple

et d'enrichir la nation françoise; par M. DE G*** (Henri DE GOYON DE LA PLOMBAGINE). *Paris*, 1775, in-8, 100 p.

Unité (de l') catholique, ou nouveaux développements apologétiques de la religion; par P. L. B. A. (P.-L. BOUSSOT, avocat à Cadenet). *Avignon, Magne*, 1826, in-8.

Tome I et partie du tome II. L'ouvrage n'a pas été terminé.

Unité (de l') dans le ministère; par un ancien sous-préfet. *Paris, Brissot-Thivars*, 1818, in-8, 1 f. de titre et 41 p.

Attribué à J, VATOUT.

Unité de Dieu. (Par le baron Augustin-François THOMAS, baron DUFOSSÉ.) *S. l. n. d.*, in-8, 116 p.

Unité (de l') de l'Église, ou réfutation du nouveau système de M. Jurieu. (Par P. NICOLE.) *Paris, G. des Prez et E. Jossel*, 1687, in-12.

Réimprimé avec le nom de l'auteur.

Unité (l') du culte public, principe social chez tous les peuples. (Par A.-A. ROUX LABORIE, ancien avocat et ex-oratorien.) *Paris, Le Clere*, 1789, in-8, 26 p.

Unité (de l') du pouvoir monarchique. (Par le marquis DE BEAUPOIL SAINT-AULAIRE.) *S. l.*, 1788, in-8, 76 p.

Unité (de l') et du fédéralisme considérés comme bases de la constitution future de l'Helvétie. Par B.-F. KUHN. Traduit de l'allemand (par FITTE). *Berne, Gessner*, juin 1800, in-8, 66 p.

Unité (de l') germanique, ou de la régénération de l'Allemagne. Par un cosmopolite (J.-H. SCHNITZLER). *Strasbourg*, *Heitz*, 1832, in-8, 101 p.

Unité islamique. (Par Benoît BRUNSWIK.) *Paris, Amyot*, 1871, in-8.

Unité (l'), la visibilité, l'autorité de l'Église et la vérité renversées par la constitution de Clément XI, *Unigenitus*, et par la manière dont elle est reçue. (Par J. BASNAGE DE BEAUVAL.) *Amsterdam*, 1715, in-8.

Unité (de l'), ou aperçus philosophiques sur l'identité de la science mathématique, de la grammaire générale et de la religion chrétienne... (Par Martin ETCHEGOYEN.) *Pau, Vignancourt*, 1836-1842, 4 vol. in-8.

Le dernier volume porte 1 e nom de l'auteur.

Univers (l') en miniature, ou voyages

du petit André sans sortir de sa chambre. Publié par A. E. D. S. (Alexis Eymery, de Saintes) et Mᵐᵉ A. S. (Alida Savignac). *Paris, Mlle Eymery*, 1838, 6 vol. in-32.

Univers (l') jugé par lui-même, ou études et documents sur le journal « l'Univers », de 1846 à 1855. (Par Joseph Cognat.) *Paris, E. Dentu*, 1856, in-8.

Univers (l'), ou discours des parties et de la nature du monde. *A Lion, par Ian de Tournes et G. Gazeau*, 1557, in-4.

Au verso du titre, le portrait de l'auteur P. D. T. en son an 31. La dédicace est signée : P. D. T. (Pontius de Thyard).

Univers (l') perdu et reconquis par l'Amour, suivi d'Iphis et Amarante, ou l'Amour vengé. (Par Carné.) *Amsterdam*, 1758, in-8.

Univers (l'), poëme en prose et en douze chants, suivi de notes et d'observations sur le système de Newton et la théorie physique de la terre. (Par P.-C.-V. Boiste.) *Paris*, 1801, in-8.

Réimprimé en 1802 et en 1805, 2 vol. in-8, avec le nom de l'auteur.

Universalité (de l') de la langue française, discours qui a remporté le prix à l'Académie de Berlin. (Par le comte Ant. Rivarol aîné.) *Berlin, et se trouve à Paris, chez Bailly et Dessenne*, 1784, in-8, 92 p. — Seconde édition. *Paris, Prault et Bailly*, in-12, 148 p.

Réimprimé dans les « Œuvres complètes » de Rivarol, 1808, t. II.

Universel (l'), journal (quotidien) de la littérature, des sciences et des arts. (Du 1ᵉʳ janvier 1829 au 27 juillet 1830.) *Paris*, 4 vol. in-fol.

Ce journal a eu pour fondateurs : Abel Rémusat, Saint-Martin et Raoul Rochette. La partie politique fut confiée au comte de Courchamps, l'auteur des « Mémoires de la marquise de Créqui », l'intrépide éditeur du « Val funeste » (si bien qualifié de Vol funeste, « Supercheries », I, col.617 et suiv.), puis à Charpentier et à Damery, qui signait Zimmermann, quand il signait. Ce dernier est devenu le collaborateur de O' Mahony à l' « Inflexible » de Fribourg.

La partie littéraire a été rédigée par MM. Alfred Nettement, Paulin Paris, F. Génin, qui signait Oméga, Adolphe Lemoine, depuis auteur dramatique et directeur du Gymnase sous le nom de Montigny, et son frère.

Université de Liége. Honneurs funèbres rendus à la mémoire de M. le professeur Wagemann, recteur magnifique. (Publié par Destriveaux.) *Liége, Collardin*, 1825, in-8, 35 p.   J. D.

Université (l') de Louvain et le christia-

nisme, ou jésuitisme et socialisme. (Par Louis Defré, avocat.) *Bruxelles, Lelong*, 1850, in-12, 30 p. — Seconde édition, précédée d'une lettre de Mazzini à Montalembert... suivie de la Belgique socialiste ou cosaque. (*Bruxelles*), *Lelong*, 1850, in-12, 36 p.   J. D.

Université (de l') de Paris, et qu'elle est plus ecclésiastique que séculière. *Paris, A. Langelier*, 1587, in-8, 36 ff.

On lit au verso du dernier feuillet : Extraict d'un plaidoyé faict en parlement par M. A. L. (Ant. Loisel) les vendr. six. et treziesmes luing, et mard. vingt. Iuill. et deuziesme Aoust M. D. LXXXVI.

Université (l') jugée par elle-même, ou réponse à ses défenses. *Lyon, imp. de Lesne*, 1843, in-8, 224 p.

L'avant-propos est signé : N. Desgarets, chanoine.

La « Bibliothèque des écrivains de la Compagnie de Jésus », par les PP. de Backer, nous apprend, t. III, 2135, que l'auteur est le P. Nicolas Deschamps, mort à Aix le 29 mai 1872.

Trompés, comme tous les bibliographes, par la signature de cet ouvrage, et croyant à l'existence véritable d'un écrivain du nom de Desgarets, nous avons attribué à cet auteur différents ouvrages, tels que « le Monopole universitaire » et « le Paganisme dans l'éducation ».

Voy. « l'Intermédiaire », tomes IX et X.

Université (l') jugée par le Conseil d'État dans l'affaire de Mgr l'évêque de Châlons. (Par le P. Nic. Deschamps, jésuite.) *Lyon, L. Lesne*, 1843, in-8, 8 p.

Voy. la note de l'article précédent.

Université (de l') nouvelle, fille aînée de la Révolution. Par l'éditeur des « Documents historiques... concernant la Compagnie de Jésus » (J.-M.-B. Bins de Saint-Victor). *Paris, Mlle Carié de La Charie*, 1828, in-8, 136 p.

Cette brochure a été jointe plus tard aux « Documents.... ».

Universités (les) libres et les universités de l'État. Réponse au « Moniteur de l'enseignement ». (Par Dejaer, professeur à l'Université de Louvain.) *Tirlemont, Merkx*, 1854, in-8, 12 p.

Extrait de la « Revue catholique ». Le même auteur avait publié en 1853, sous le même titre et dans la même revue, un article également tiré à part. J. D.

Urgence (l'). — I. La crise. Le bonapartisme, la république, le septennat. II. L'issue de la crise. Les impossibilités de la royauté. (Par M. Amédée de Margerie.) *Paris, Dentu*, 1874, in-8, 99 p.

Urne (l') dans la vallée solitaire (traduit

de l'allemand de Louis-François DE BIL-DERBECK), par Mᵐᵉ de S. W. (SARTORY-WIMPFEN). *Paris, Maradan*, 1806, 3 vol. in-12.

                    D. M.

Uroscopie. Traitement des maladies par l'inspection des urines. Système employé par Mᵐᵉ Lafay-Midon, dite la médecinière de Bussières. Par R. B. (R. BALERIN, pharmacien), de Tarare. Première édition, 1873. Guérison simple et facile de toutes les maladies chroniques. *Roanne, imp. de Ferlay* (1873), couverture imprimée servant de titre et 16 p.

Ursula, princesse britannique, d'après la légende de Hemling. (Par le baron DE KEVERBERG DE KESSEL.) *Gand, Houdin*, 1818, in-8.   J. D.

Us et Coutumes de la mer, de la navigation, du commerce naval, et Contracts maritimes de la jurisdiction de la marine, etc. (Par CLEIRAC.) *Bourdeaux, G. Millanges*, 1647, in-4. — *Rouen*, 1671, in-4.

Cet ouvrage a été revu et remis au jour par M. PARDESSUS : « Us et Coutumes de la mer ». *Paris, imp. royale*, 1847, 2 vol. in-4.

Usage (de l') de célébrer le service divin dans l'Église en langue non vulgaire. (Par N.-Raimond CHAPPONEL D'ANTECOURT, génovéfain.) *Paris, Muguet*, 1687, in-12.

Usage (de l') de l'histoire. (Par l'abbé Cés. VISCHARD DE SAINT-RÉAL.) *Paris*, 1672, in-12.

Usage (de l') de la fumée dans les vignes contre les gelées tardives du printemps. (Par P.-X. LESCHEVIN DE PRÉCOUR.) *Paris, mad. Huzard*, an XIII-1805, in-8.

Usage (l') de la sphère, du globe et des cartes pour la géographie. (Par Pierre VIOLIER, ministre de Genève.) *Genève*, 1704, 1706, in-12.

Usage de la raison, ou réflexions sur la vie et les sentimens des anciens philosophes. (Par Charles-Joseph PANCKOUCKE.) *Amsterdam, Compagnie*, 1753, in-12.

Même ouvrage que « Essais sur les philosophes... » Voy. V, 282, f.

Usage (l') des eaux de Barèges et du mercure pour les écrouelles, ou dissertation sur les tumeurs scrophuleuses, qui a remporté un prix à l'Académie royale de chirurgie, en 1752. (Par Théoph. BORDEU.) *Paris, Debure l'aîné*, 1757, in-12, 11 ff. et 228 p.

Usage (de l') des expressions négatives

dans la langue française. Par C*** (Fr. COLLIN D'AMBLY). *Paris, Bailly*, an X, in-8.

Réimprimé avec le nom de l'auteur.

Usage (de l') des parties du corps humain, livre XVII, escripts par Claude GALIEN, et traduits fidellement du grec en françois (par Claude DALÉCHAMPS). *Lyon, G. Rouillé*, 1566, in-8.

Plusieurs éditions.

Usage des postes chez les anciens et les modernes, contenant tous les édits, déclarations, lettres patentes, arrêts, ordonnances et règlements que nos rois ont faits jusqu'à ce jour pour perfectionner la police des postes. Nouvelle édition... (Par Jean LE QUIEN DE LA NEUFVILLE.) *Paris, L.-D. Delatour*, 1730, in-12.

La première édition, qui porte le nom de l'auteur, est intitulée : « Origine des postes chez les anciens et les modernes ». *Paris, P. Giffart*, 1708, in-12. Le commencement de l'Avertissement apprend aux lecteurs que l'imprimeur de la ferme générale des postes a été obligé de réimprimer cet ouvrage avec des augmentations, vu le peu d'exactitude que l'on a remarqué dans la première édition ; toute la partie historique est pourtant conservée dans la nouvelle.

Usage (de l') des sacrements de pénitence et d'eucharistie selon les sentiments des saints Pères, des papes et des conciles. (Par François PÂRIS, curé de Saint-Lambert.) *Sens*, 1673, in-12. — *Paris, G. Desprez*, 1674, in-12.

On dit qu'ARNAULD et NICOLE ont travaillé à cet ouvrage.

Usage (de l') des statues chez les anciens. (Par l'abbé Octavien DE GUASCO.) *Bruxelles, de Boubers*, 1768, in-4.

Usage (l') des talents, épître à Mˡˡᵉ de Sainval, jeune débutante au Théâtre-Français. (Par Barn. FARMIAN DE ROSOI, dit DUROSOI.) *S. l.*, 1766, in-8.

Usage (de l') du caphé, du thé et du chocolate. *Lyon, Jean Girin*, 1671, in-12, 12 ff. lim. et 188 p.

Par Jacob SPON, d'après Barbier. Il y a, ajoute ce dernier, des éditions au devant desquelles se trouve le nom de Philippe-Sylvestre DUFOUR, masque de Spon. Il est probable que Barbier a commis une erreur. L'ouvrage qui porte le nom de Dufour est différent de celui-ci. Il est intitulé : « Traités nouveaux et curieux du café... » *Lyon*, 1685, in-12. Il a été plusieurs fois réimprimé, et Dufour en est très-probablement l'auteur. Il a été traduit en latin sous le titre de : *Tractatus novi de potu caphe, de Chinensium the et de chocolata. Parisiis, P. Muguet*, 1685, in-12. Il y a tout lieu de supposer que cette traduction est de J. SPON, et que la méprise de Barbier vient de ce qu'il a pris l'ouvrage qui fait l'objet de cet article pour une traduction de ce traité latin.

DUFOUR pourrait bien être aussi l'auteur du premier ouvrage.

Usage du planétaire ou sphère mouvante de Copernic (inventée en 1770, par Fr. PASUMOT), construite par FORTIN, ingénieur mécanicien. *Paris, veuve Thiboust,* 1773, in-12, 33 p.

Usages locaux de la ville de Toul et pays toulois, homologués et autorisés par lettres patentes du 30 septembre 1747; ensemble le procès-verbal de rédaction. (Rédigé et mis en ordre par N.-Fr. LANÇON.) *Metz, F. Antoine* (1748), in-12.

Usages locaux du département de l'Orne. *Alençon, Poulet-Malassis et de Broise,* 1859, in-8, 68 p.

Par M. Émile PILLOT, né à La Flèche, ancien architecte de l'Orne et percepteur en 1868. Ce travail a paru d'abord dans l' « Annuaire de l'Orne » pour 1846, p. 85-152. Il a été reproduit avec quelques annotations par M. LEVAVASSEUR-BAUDRY, avocat à Alençon, dans l' « Almanach de l'Orne » pour 1852 et 1853, et il a reparu avec son texte primitif dans l' « Annuaire de l'Orne » pour 1859, dont la brochure ci-dessus n'est qu'un tirage à part.   L. D. L. S.

Usages (les); par M. TR. D. V. (TREYSSAT DE VERGY), citoyen de Bordeaux. *Genève (Paris),* 1762, 2 vol. in-12. — *Genève,* 1763, 2 vol. in-12.

Usages ruraux du canton du Louroux-Béconnais (Maine-et-Loire). *Angers, imp. de P. Lachèse, Belleuvre et Dolbeau,* 1868, in-8, 24 p.

La couverture imprimée sert de titre. Recueillis par une commission nommée par le préfet et rédigés par M. Hippolyte-Louis-Jean-Baptiste SAUVAGE, juge de paix.

Usong, histoire véritable, par M. le baron DE HALLER; traduite de l'allemand par M. S. D. C. (Gabriel SEIGNEUX DE CORREVON). *Lausanne, Grasset,* 1772, in-12.

Usure (l') condamnée par le droit naturel, réponse à M. Formey. (Par l'abbé Fr.-Hyac. DELAN.) *Paris, Le Mercier,* 1753, in-12.

Usure (de l') considérée dans ses rapports avec l'intérêt du commerce et celui de l'État. (Par Claude SARTRE, commissaire pour l'administration publique, près la régie de l'octroi de Lille.) *Lille, Jacqué,* 1803, in-8.

Usure (l') considérée relativement au droit naturel, etc. (Par G.-N. MAULTROT et par l'abbé H. JABINEAU.) *Paris, Morin,* 1787, 4 vol. in-12.

« Journal encyclop. », mars 1788, p. 358.

Usure (de l'), intérêt et profit qu'on tire du prêt, ou l'ancienne doctrine opposée aux nouvelles opinions. (Par Jean-Arthur DE LA GIBONNAIS.) *Paris, Delaulne,* 1710, in-12, 2 ff. de tit., 554 p. et 4 ff.

Usurpateur (l'), ou testament historique et politique d'Alompra, empereur des Birmans, dans l'Inde, traduction libre de la traduction latine du Père LEBRET, jésuite portugais. Par M. le baron DE B*** auteur du « Précis historique » ... *Paris, Germain-Mathiot,* 1818, 3 vol. in-8.

Composé en français par Ch. DORIS, de Bourges. C'est, sous un nom supposé, une histoire de Napoléon.

Usurpation (de l') et de la Révolution. (Par DE ROUGEMONT.) *Paris, Pillet aîné,* 1825, in-8, 37 p.

Usurpations (des) de titres nobiliaires, au double point de vue de l'histoire et du droit pénal; par le vicomte Robert D'E........ (D'ESTAINTOT). *Paris, E. Dentu,* 1858, in-18.

Utile (l') emploi des religieux et des communalistes, ou mémoire politique à l'avantage des habitans de la campagne. (Par Joachim FAIGUET DE VILLENEUVE.) *Amsterdam, M.-M. Rey,* 1770, in-8, 2 ff. de tit. et 127 p.

Utile et salutaire avis au roi (Louis XIII) pour bien régner. (Par Antoine ARNAULD, avocat.) *S. l.* (1612), in-12.

« Mémoires d'Arnauld d'Andilly », son fils, p. 14.

Utilité (de l') de la flagellation dans les plaisirs du mariage et dans la médecine, et dans les fonctions des lombes et des reins. Ouvrage curieux, traduit du latin de MEIBOMIUS (par C.-F.-X. MERCIER, de Compiègne), orné de gravures en taille douce, et enrichi de notes historiques et critiques, auxquelles on a joint le texte latin. *Paris, J. Girouard,* 1792, in-12, 168 p. — *Paris, C. Mercier,* 1795, in-12, 156 p. — *Londres (Besançon, Métoyer aîné),* 1801, in-8, 100 p.

Cette traduction a été aussi publiée sous le titre « De la flagellation dans la médecine et dans les plaisirs de l'amour; ouvrage singulier, traduit du latin de J.-H. MEIBOMIUS. Nouvelle édition, revue, corrigée et augmentée du joli poëme de l'Amour fouetté ». *Paris, Mercier,* an VIII-1800, in-12, 148 p.

Utilité (de l') de la foi; par saint Augustin (traduit en françois par le P. Estève, mathurin). *Paris, Desaint,* 1741, in-12.

Même ouvrage que « Livre de saint Augustin... ». Voy. V, 1327, e.

Utilité de la marine militaire; par A. B.
(Alexis BRIALMONT). *Bruxelles, Guyot,*
s. d., in-8, 16 p.   J. D.

Utilité (de l') des voyages; par BAUDE-
LOT DE DAIRVAL (nouvelle édition, avec
des notes, par Nic. MAHUDEL). *Rouen,*
Ferrand, 1727, 2 vol. in-12.

La première édition parut à Paris en 1686.

Utilité (de l') du bélier hydraulique.
(Par Jos. MONTGOLFIER.) *S. l.*, an XIII-
1805, in-8, 18 p., av. pl.

Utilité (l') du pouvoir monarchique,
contenant l'histoire de PHALARIS, avec
ses lettres sur le gouvernement et les
conseils d'ISOCRATE, ou le modèle des ministres; par M. C. DE S. M. *S. l.*, 1726,
2 vol. in-12.

Cet ouvrage est attribué à l'abbé COMPAIN DE SAINT-
MARTIN, traducteur de l' « Ane d'or », d'Apulée, ou à
M. DE SAINT-MARTIN, membre de l'Académie politique,
qui se tenait en 1724 dans la bibliothèque du cardinal
de Rohan. (« Bibliothèque historique de la France »,
t. I, n° 852.)

Utilité (de l') qu'on peut tirer de l'étude
comparative des cartes de géographie.
Paris, imp. de Bourgogne et Martinet
(1841), in-8, 15 p.

Extrait du « Bulletin de la Société de géographie »,
mars 1841. Signé : J-D. (E.-F. JOMARD).

V

VACANCES   VADE-MECUM

Vacances (les) de M. L. P. (Louis PRO-
TAT), avoué près la cour impériale de Paris. C'est à savoir : Serre-fesse, tragédie-
parodie; Examen de Mlle Flora, etc., etc.
Précédés d'un avertissement sur l'auteur.
Au Palais, sous les robes (*Bruxelles, Pou-*
let-Malassis), 1867, in-12, front. de Rops.

C'est le même frontispice que celui du « Serre-
fesse », édition de 1864. Il y a eu plusieurs tirages
successifs de cet ouvrage. L' « Épitaphe pour un beau-
père », qui termine ce volume, est une épigramme de
M. Roger de Beauvoir. (« Bibliographie des ouvrages
relatifs à l'amour... »)

Vaccination (de la) et des effets du vac-
cin. *Tours, imp. de Vauquer-Lambert* (vers
1800), in-8.

Par DOURIAT, secrétaire général de la Société médicale de Tours, suivant une note sur l'exemplaire de la
Bibliothèque nationale.

Vaccine (la) combattue dans le pays où
elle a pris naissance, ou traduction (par
M. DEPPING) de trois ouvrages anglais,
savoir : 1° De l'inefficacité et des dangers
de la vaccine, traduit sur la 3° édition du
Dr W. ROWLEY; 2° Discussion historique
et critique sur la vaccine, par le D^r Mo-
SELEY; 3° Observations sur l'inoculation
variolique, tendant à prouver qu'elle est
plus salutaire que la vaccination, par R.
SQUIRREL... *Paris, Giguet et Michaud,*
1807, in-8, avec 2 gravures.

Vaccine (la) et autres pièces (en vers)
sur divers sujets; par G. A. J. H. (Gabriel-Antoine-Joseph HÉCART). *Valencien-*
nes, Prignet, 1813, in-16, 63 p.

Tiré à 8 exemplaires.

Vache (la) et le Veau. (Par DE SALLÉ.)

Parodie insérée dans le « Théâtre des boulevards »,
1756, t. II.

Vade-mecum constitutionnel, ou recueil de réflexions politiques à l'usage des
gouvernants et des gouvernés au XIX° siècle. (Par Charles SOUDAIN DE NIEDER-
WERTH.) *Bruxelles*, 1829, in-16.   J. D.

Vade-mecum des joueurs de whist,
par un amateur (le vicomte PERNETY).
Paris, Didot, 1839, in-12, 24 p. — *Paris,*

Duprat, 1845, in-16, 96 p. — 3ᵉ éd. *Bru-xelles, Wahlen*, 1845, in-4, 80 p.

Vade-mecum (le) du botaniste voyageur aux environs de Paris... rédigé par D... (DES HAYES). *Paris*, an XII-1803, in-12.

Vade-mecum (le) du médecin, traduit de l'anglais (par M. CORAY). *Charenton, Laveaux*, 1796, in-8.

Vade-mecum, ou description de Bruxel-les et de ses environs, avec des notices sur ce qui s'y trouve de plus remarqua-ble; par le capitaine D. K. (E.-J. DEKIN). *Bruxelles, de Mat*, 1830, in-12, 116 p.
                      J. D.

Vade-mecum (le) parlementaire, ou « the Parliamentary Pocket-Book »; par M. S*** (Franç. SOULÈS). *Londres et Paris*, 1789, in-8.

Vadime, conte slavon. Traduit du russe (de JOUKOFFSKY) et dédié à monsieur G. de Sofonow, par A. DE DANILEVSKY. *Mos-cou, Semen*, 1819, in-8, 20 p.

Vagabond (le), ou l'histoire et le charac-tère de la malice et des fourberies de ceux qui courent le monde aux dépens d'autruy; avec plusieurs récits facétieux sur ce su-jet pour déniaiser les simples. *Paris, Jac-ques Villery*, 1644, in-8, 4 ff. lim. et 192 p.

Traduction de « Il vagabondo... Data in luce per avvertimento de semplici, dal sig. Rafaele FRIANONO ». *Venetia, Arzolo Reghettini*, 1627, in-8. — Frianoro est le pseudonyme de Giacinto NOBILI, de l'ordre de Saint-Dominique.

Réimprimé à *Genève, J. Gay et fils*, 1867, in-18, avec une notice bibliographique par M. P.-L. JA-COD, bibliophile (Paul LACROIX). Tiré à 100 exemplai-res.

D'après M. Paul Lacroix, le traducteur de ce livre serait DESFONTAINES, gentilhomme provençal, auteur de l' « Entretien des bonnes compagnies », qui a paru d'abord à la suite du « Vagabond », mais sans nom d'auteur.

Vaïege en Angleterre à l'occasion de l'exposition universelle de 1851, pé in afant de Noësfelle. (Par l'abbé H. VION, vicaire à Noiseville.) *Metz, imp. lith. d'Étienne* (1851), in-8, 60 p.

Ce poème, écrit en patois, a été autographié à un petit nombre d'exemplaires.

Vain (le) triomphe des jésuites. (Par Antoine ARNAULD.) *S. l.*, 1692, in-12, 56 p. — *Ibid.*, in-12, 44 p.

Vainqueur (le) de la mort, ou Jésus mourant, poëme de P. L. B. (P.-L. BIGRES). Enrichy de figures. *Paris. C. de Sercy*, 1652, in-8, 1 f. de tit. et 68 p.

Le nom de l'auteur est donné dans le privilége. Cet ouvrage avait précédemment été imprimé sous le titre de : « Jésus mourant ». Voy. V, 995, *a*.

Réimprimé sous cet autre titre : « la Passion de J.-C. mise en vers ». *Paris*, 1653, in-8, avec fig. de Callot.

Vains efforts des défenseurs du ser-ment, ou réplique à M. l'abbé B. (Bail-let). (Par Gabriel-Nicolas MAULTROT.) (*Paris*), *Dufresne* (2 avril 1791), in-8, 47 p.

Vains efforts des jésuites contre la « Jus-tification des Réflexions sur le N. T. », composée par feu M. J. B. Bossuet, etc. (Par le P. QUESNEL.) *S. l.*, 1713, in-12. — *S, l.*, 1717, in-12.

Il existe une édition in-4 de la « Justification des Réflexions », par Bossuet, destinée à faire partie de la collection de ses œuvres; mais on ne la trouve, dit l'abbé Goujet dans son « Catalogue manuscrit », que dans les exemplaires où l'on a eu la précaution de la faire relier.

Vains efforts des mélangistes ou discer-nants dans l'œuvre des convulsions pour défendre le système du mélange. (Par l'abbé D'ASFELD.) *S. l.*, 1738, in-4, 208 p.

Vaisseau (le) amiral, ou Forbin et Del-ville, opéra en un acte, paroles de M. R. S. C. (RÉVÉRONI SAINT-CYR). *Paris, Hen-richs*, an XIII-1805, in-8.

Vaisseau de guerre de 80 canons à Paris, tel qu'il est en rade de Brest, ou rêve d'un marin à Paris, rêve s'il en fut jamais. Dédié aux Parisiens, par leur compatriote L. A. B., ancien lieutenant de vaisseau... *Paris, chez les marchands de nouveautés*, an XII-1804, in-8, 26 p.

L'exemplaire de la Bibliothèque nationale est accom-pagné d'une lettre de l'auteur signée : BESSON.

Val (le) d'or; par M. L... H... (l'abbé T.-F.-X. HUNKLER). *Paris, Société catho-lique*, 1831, 1834, in-12.

Valachie (la), la Moldavie, et de l'in-fluence politique des Grecs du Fanal. (Par Charles PERTUSIER.) *Paris, Painparré*, 1822, in-8, 108 p.

Valaisanne (la), anecdote historique. (Par le pasteur César MALAN.) *Paris, imp. de Smith*, 1828, in-18, 30 p.

Valcour et Pauline, ou l'homme du jour, anecdote. (Par J. LABLÉE.) *Paris*, 1792, in-12.

Valentine, ou l'ascendant de la vertu; par Mˡˡᵉ Eulalie B. (BENOÎT). *Paris, Gaume frères*, 1837, in-18.

La couverture imprimée portait le nom de l'auteur.

Valérie, ou lettres de Gustave de Linar à Ernest de G..... (Par la baronne DE KRUDNER.) *Londres, Decouchy (s. d.)*, 2 vol. in-18.

Réimprimé avec le nom de l'auteur.

Valérie, ou lettres de Gustave de Linar à Ernest de G..., continuées par S. A. le P. DE L.... (le prince DE LIGNE). *Dresde, Walther*, 1807, petit in-8, 32 p.

Valet (le) à deux maîtres, ou le mari à deux femmes, comédie en un acte et en prose. (Par EVRA.) *Paris, Cailleau*, 1784, in-8.

Valet (le) à tout faire, farce. *Lyon, P. Delaye*, 1606, in-8 de 16 p.

Pièce licencieuse en vers, de Jacques CORDIN, dont l'anagramme, *Roc bien acquis*, se trouve au bas de l'épître dédicatoire.

Cet opuscule a été réimprimé sous le titre de : « le Matois », *Paris, A. Du Breuil*, 1604, petit in-8, 16 p., sans autre changement que quelques mots ajoutés au commencement.

Valet (le) de chambre financier, ou mémoires de M. Provence. (Par le chevalier DE RUTLIDGE.) *Londres et Paris*, 1788, 2 vol. in-12.

Même ouvrage que : « Supplément à la « Quinzaine angloise ». Voyez ci-dessus, col. 589, e.

Valet (le) du fermier, poëme champêtre, trad. de l'anglais de BLOOMFIELD (par Et.-Fr. ALLARD). *Paris, Dentu*, 1800, in-12, avec gravures.

Valet (le) par circonstance, ou le panorama de quelques maisons de Paris vues dans l'intérieur. Par l'auteur du « Marchand forain », de la « Roche du diable », etc., etc. (L.-P.-P. LEGAY). *Paris, Ledoux et Tenré*, 1817, 4 vol. in-12.

Valet (le) philosophe, comédie en prose, en trois actes, par M. S. D. L. M. (le marquis L. DE LA MAISONFORT). *Paris, an XIII-1805*, in-8, 87 p.

Valet (le) rusé, ou Arlequin muet, comédie parade, par V. L. C. (VALIGNY?). *Paris, Cailleau*, 1786, in-8, 32 p.

Catalogue Soleinne, n° 3495.

Valétudinaire (le) de Paris à Nice, comédie en 3 actes et en prose. (Par GODINEAU.) *Nice*, an X, in-8.

Catalogue Soleinne, n° 3000.

Valeur (de la). (Par l'abbé DE SAINT-RÉAL.) *Cologne, Le Jeune*, 1689, in-12, 96 p. et un f. d'errata.

Réimprimé dans les « Œuvres » de l'auteur et dans

les « Mémoires de littérature » , par DE SALLENGRE, t. II, 2ᵉ partie, p. 105.

Valida, ou la réputation d'une femme; par Mᵐᵉ la marquise d'E..... (D'EPINAY SAINT-LUC). *Paris, A. Levavasseur*, 1833, 2 vol. in-8, avec deux gravures sur bois d'après Foussereau et Chatillon.

Valise (la) trouvée. (Par LE SAGE.) 1740, 2 parties in-12.

La seconde partie contient les « Lettres d'ARISTE-NÈTE, traduites par LE SAGE ». Voy. V, 1271, f.

Réimprimée avec le nom de l'auteur : Nouvelle édition, à laquelle on a joint la Journée des Parques (par le même), et le Bijoutier philosophe, comédie traduite de l'anglois (DE DODSLEY, par Mᵐᵉ D'ARCONVILLE). *Maëstricht, Dufour*, 1779, in-12.

Valize (la) ouverte. *Paris, veuve d'Olivier de Varennes*, 1680, in-12, 6 ff. prélim. et 166 p.

La dédicace et le privilège portent le nom de l'auteur, DE PRÉCHAC. Il y a des exemplaires avec un nouveau titre : « les Intrigues découvertes ». Voy. V, 958, e.

Vallée de la Meuse. Voies de communication, moyens de transport, messageries, barques et bateaux à vapeur. (Par H. GUILLERY.) *Bruxelles, Van Dooren*, 1843, in-8.
            J. D.

Vallée (la) de Tempé. (Par WATELET.) *S. l.*, 1747, in-12.

Réimprimée en 1784, in-18, à la suite de la seconde édition d' « Aabba ». Voy. IV, 11, f.

Vallée (la) de Sarnen. (Par Mᵐᵉ J. BASTIDE.) *Paris*, 1821, in-12.

On assure que cet ouvrage n'a été tiré qu'à 500 exemplaires, dont 475 ont été détruits par l'auteur.
            (Quérard.)

Vallée (la) des anges, ou Avezoete, légende du XIIIᵉ siècle. (Par Charles CARTON.) *Bruges, Vande Casteele-Werbrouck*, 1847, in-8, 7 p.

Tiré à part des « Annales de la Société d'émulation de Bruges ».
            J. D.

Vallo, livre contenant les appartenances aux capitaines pour retenir et fortifier une cité avec bastillons, avec nouveaux artifices de feu adioustez. *Lyon, Jaques Moderne de Pinguento*, 1529 et 1531, in-4.

L'auteur est nommé dans la préface Battista DELLA VALLE DI VENAFRO. Voy., pour le détail des éditions de cet ouvrage, Brunet, « Manuel du libraire », 5ᵉ éd., t. V, col. 1063.

Vallon (le) fortuné, ou Rasselas (de Samuel JOHNSON) et Dinarbas (suite de Rasselas, par Mᵐᵉ E.-Cornélie KNIGHT); traduit de l'anglais par M. M*** C*** (MAC-CARTHY). *Paris, Plancher*, 1817, 3 vol. in-12.

Vallonades; par M. Justin ***. Lettre à M. Justin Trois-Étoiles. (Par Joseph DE-MARTEAU.) *Liége, Demarteau*, 1845, in-8, 13 p.

Tiré à part de la « Gazette de Liége ». Ul. C.
Voy. ci-après : « Wallonades ».

Valmor et Lydia, ou voyage autour du monde de deux amans qui se cherchent. *Paris, Pigoreau*, an VII, 3 vol. in-12.

Ce roman est une reproduction abrégée d' « Aline et Valcour », du marquis DE SADE ; la forme épistolaire a été remplacée par un récit suivi.

Valombré, comédie en cinq actes et en prose. (Par Étienne-Pierre PIVERT DE SÉNANCOUR.) *Paris, Cérioux*, 1807, in-8, 64 p.

Valromey; par J. P. (J. PIZARRO). *Paris, Dentu*, 1865, in-12.

Valsain et Florville, comédie en trois actes et en vers, représentée à Paris par les comédiens français de l'Odéon. Par M*** (L.-Cl. CHÉRON). *Paris, Huet*, an XI-1803. in-8, 86 p.

Cette pièce, composée d'abord en 5 actes, sous le titre de « l'Homme à sentiments... » (voy. V, 852, e), fut réduite par l'auteur en 3 actes et donnée sous le titre du « Tartuffe de mœurs », puis sous celui de « Valsain et Florville » ; enfin, en 1805, il la remit en 5 actes sous le titre définitif du « Tartuffe de mœurs ».

Vampire (le), mélodrame en trois actes, avec un prologue. Par MM*** (P.-Fr.-Ad. CARMOUCHE, Ch. NODIER et Ach. JOUFFROY), musique de M. Alex. Piccini... *Paris, Barba*, 1820, in-8, 56 p.

On a publié la même année une critique en vers de ce mélodrame sous le titre de « le Vampire, mélodrame en 3 actes. Paroles de M. Pierre de La Fosse, de la rue des Morts ».

Vampire (le), opéra en quatre actes. (Par VOLBRUCK.) Traduction et paroles françaises de Mich.-Jos. RAMOUX. *Liége*, 1843, in-8.

Vanbrock, ou le petit Roland, poëme héroï-comique en huit chants. (Par Alexis MATON.) *Birmingham et Bruxelles, Flon*, 1776, in-8, 4 ff. et 93 p.

Vanda, ou la superstition, roman historique. (Par la princesse Hélène PONENSKA.) *Paris, Bossange père*, 1834, 2 vol. in-8.

Vanda, reine de Pologne, tragédie; par L*** (Michel LINANT). *Paris, Cailleau*, 1751, in-12.

Vanina d'Ornano, fait historique du XVI° siècle; par Mme *** (Rosine MAME,

d'abord lady LATTEMORE CLARKE, ensuite Mme Ch. GOSSELIN). *Paris, Mame et Delaunay-Vallée*, 1825, 2 vol. in-12.

Vanité (la). (Par VOLTAIRE.) *S. l. n. d.*, in-8, 4 p.

Vanité (la) bonne à quelque chose, ou les mots *pas moins*, employés utilement, anecdote, conte, historiette, poëme ou tout ce qu'on voudra. (Par J. BAUDRAIS.) *Tours et Paris*, 1782, in-8, 30 p.

Vanité (de la) des biens et des avantages du monde, discours prononcé à Châlons, et dédié à M. de La Rochefoucault. (Par le P. Pierre MAUBERT.) *Paris, Musier*, 1765, in-12, 87 p.

Vanité (la) des grandeurs du monde, comédie représentée par les écoliers du collége de la Compagnie de Jésus. (Par le P. Thomas DESPRET.) *Trèves, Reulant*, 1666, in-4.

Vanité (la) des sciences, ou réflexions d'un philosophe chrétien sur le véritable bonheur (attribuées à Isaac PAPIN). *Amsterdam*, 1688, in-12.

Niceron, t. X, 2° partie, p. 122.

Vanité, ou en quête d'un mariage, comédie en trois actes, en vers. (Par E.-D. BERNABO.) *Paris, Tresse* (1856), gr. in-8, 27 p.

Vanité (la); par un Frère de la Doctrine chrétienne. (Par VOLTAIRE.) *S. l. n. d.*, in-4, 4 p. — *S. l. n. d.*, in-8, 4 p. — *S. l. n. d.*, in-8, 7 p.

Réimprimé dans le « Recueil de facéties parisiennes ».

Vanités (les) de la cour, traduites du latin du Polycratic de Jean DE SALISBURY, par D. M. *Paris, Quinet*, 1640, in-4.

Cette traduction des six premiers livres du *Polycraticus*, qui est de Fr. Eudes DE MÉZERAY, a reparu sous ce titre : « Salisbery, evesque de Chartres, sur les vanitez de la cour ». *Paris, Quinet*, 1647, in-4.

Vanneaux (les), poëme héroï-comique. (Par le P. VALLÉE, jésuite.) *S. l.*, 1775, in-8, 4 ff. et 43 p.

M. Chalon, « Bulletin du bibliophile belge », t. II, p. 121, indique l'auteur d'après une note manuscrite qui se trouve sur son exemplaire. Ce volume, sans nom de lieu, a tout à fait le cachet des impressions montoises de cette époque.

Vapeurs (les), comédie en un acte et en vers; et des vaudevilles notés à la fin. (Par Adrien-Claude LE FORT DE LA MORT-

NIÈRE.) *Paris, Prault jeune*, 1753, in-12, 1 f. de tit., 43 p. et 1 p. de musique.

Vaporeux (le), comédie en deux actes, en prose, par M. M. D. (MARSOLLIER DES VIVETIÈRES). *Paris, Brunet*, 1782, in-8.

Variantes de l'édition de 1797, comparée avec celle de 1814. In-8.

Ce volume commence à la page 395 et finit à la page 564. Il contient donc 169 pages. Il s'agit de l'ouvrage de M. de Chateaubriand intitulé : « Essai historique, politique et moral sur les révolutions... ». Voy. V, 216, *e.*

Ces pages sont destinées à compléter l'édition publiée à *Paris*, en 1814, sous la rubrique de *Londres*.

Variations sentimentales sur les vingt-quatre lettres de l'alphabet, par César C. (CHARMOT). *Chambéry, Bachet*, 1855, in-8.
Prose et vers.

Variétés. (Par le comte D'HARTIG.) *Imprimé à Cythère*, in-18.

Variétés bordelaises, ou essai historique et critique sur la topographie ancienne et moderne du diocèse de Bordeaux. (Par l'abbé J. BAUREIN.) *Bordeaux*, 1784-86, 6 vol. in-12.

Le nom de l'auteur est dans l'approbation. Cet ouvrage estimé, qui était devenu rare, a été réimprimé à *Bordeaux* en 1875-1876.

Variétés d'un philosophe provincial; par M. CH...... le jeune (l'abbé CHAMPION DE PONTALIER, ex-jésuite). *Bruxelles (Paris, Dehansy)*, 1767, in-12.

Variétés historiques, physiques et littéraires, ou recherches d'un savant, contenant plusieurs pièces curieuses et intéressantes. *Paris, Nyon fils*, 1752, 3 vol. in-12.

Recueil de pièces extraites par l'avocat BOUCHER D'ARGIS du « Mercure de France » et d'autres journaux littéraires.

Variétés ingénieuses, ou recueil et mélange de pièces sérieuses et amusantes, par M. D*** (par Louis DE COURT, publiées par MANOURY, avocat). *Paris, David*, 1725, in-12.

On trouve dans ce volume le « Portrait d'un savant connu dans la république des lettres », Charles-Caton de Court, frère de Louis, publié séparément en 1698, in-8, par l'abbé GENEST.
Il existe des exemplaires avec ce titre : « Recueil et mélange de pièces sérieuses et amusantes ».

Variétés instructives et morales, par M. L. B. (LAFUITE). *Lille, Lefort*, 1831, 2 vol. in-18.

Voy. « Supercheries », II, 696, *d.*

Variétés littéraires (et historiques, par l'abbé COUPÉ). *Paris*, 1786-1787, 8 vol. in-8.

Cet ouvrage se distribuait périodiquement.

Variétés littéraires du citoyen T. (baron DE TRAPPÉ DE LOZANGE), né à Liége. *Paris (Liége)*, an X-an XI, 3 parties in-12.

La seconde partie porte pour titre : « les Débris d'un naufrage, essais littéraires de la jeunesse du citoyen T. », et la troisième : « Supplément aux Variétés littéraires du citoyen T. »   J. D.

Variétés littéraires, galantes et amusantes. (Par J.-F. DE BASTIDE.) *Paris, Monory*, 1774, 2 part. in-8.

Quérard, dans sa « France littéraire », après avoir attribué cet ouvrage à de Bastide, le donne également à Gaspard-Guillard DE BEAURIEU.

Variétés littéraires, ou recueil de pièces, tant originales que traduites, concernant la philosophie, la littérature et les arts. (Par l'abbé Fr. ARNAUD et SUARD.) *Paris, Lacombe*, 1768, 4 vol. in-12.

On trouve dans le 3ᵉ volume de cette collection les « Lettres sur les animaux », de LE ROY. Voy. V, 1302, *d.*
C'est TURGOT qui a traduit de l'anglais de MACPHERSON les fragments de poésies lyriques qui se lisent dans le t. I, p. 219 et suiv. L'abbé MORELLET a traduit dans le t. II, p. 220, le Dialogue de Lucien, intitulé : « Jupiter le Tragique », et dans le t. III, le *Peregrinus* du même auteur.
La traduction en prose de l'élégie de Gray sur un cimetière de campagne, et le « Portrait de mon ami », dans le t. IV, p. 486 et suiv., sont de Mᵐᵉ NECKER.

Variétés littéraires, ou recueil des meilleures pièces fugitives du temps, dédiées à S. A. S. monseigneur le margrave régnant de Brandebourg-Anspach et Culmbach. (Par Wolfgang WALTHER.) *Erlang, Walther*, 1770, 4 vol. in-12.

Variétés morales et amusantes, tirées des journaux anglais, traduction nouv. (par l'abbé BLANCHET, publiées par DUSAULX). *Paris, Debure*, 1784, 2 vol. in-12, avec portraits.

Variétés morales et philosophiques. (Par J.-N. MOREAU, historiographe.) *Paris, imprimerie de Monsieur, aux dépens de l'auteur et pour ses seuls amis*, 1785, 2 vol. in-12.

L'auteur a réimprimé dans ce recueil ses « Lettres du chevalier de *** » (voy. V, 1264, *d*), et le « Nouveau Mémoire pour servir à l'histoire des cacouacs » (voy. VI, 503, *f*).

Variétés ou divers écrits, par M. D* Sˣ H*. *Amsterdam*, 1744, in-12.

Voy. « Recueil de divers écrits sur l'amour... », ci-dessus, col. 60, *c.*

Variétés philosophiques et littéraires. (Par l'abbé ANSQUER DE LONDRES, ex-jésuite.) *Londres et Paris, Duchesne,* 1762, in-12.

Il existe un exemplaire sur lequel on a rétabli tous les passages supprimés par la censure. (Note ms. de A.-A. Barbier.)

Variétés poétiques et littéraires, historiques et morales, politiques et militaires, généalogiques et religieuses. (Par le vicomte Charles-Gaspard DE TOUSTAIN RICHEBOURG.) *En France, chez un ami de l'auteur qui ne le vend pas, an X⁰ de la République et 1802 de la Rédemption,* in-8, 3 ff. et 902 p., plus, dans le corps du volume, 78 p. chiffrées 491*-568*.

Catalogue de la bibliothèque de Nantes, nº 54,887.

Variétés religieuses, ou choix de poésies provençales, avec notes. (Publiées par M. Damase ARBAUD.) *Aix, Makaire,* 1860, petit in-8.   G. M.

Variétés sérieuses et amusantes. (Par SABLIER.) *Amsterdam et Paris, Musier,* 1765, 3 vol. in-12.

On trouve le nom de l'auteur en tête de la seconde édition, 1769, 4 vol. in-12.

Varon, tragédie ; par le vicomte DE G. (DE GRAVE). *Paris,* 1752, in-12.

Vasconiana, ou recueil des bons mots, des pensées les plus plaisantes et des rencontres les plus vives des Gascons. (Par DE MONTFORT.) *Paris, Brunet,* 1708, in-12. — 2ᵉ éd. *Ibid.*, 1710, in-12.

Vasta, reine de Bordelie. (Tragédie burlesque, en trois actes en vers, attribuée à Alexis PIRON.) Par M. le M*** de L***. *S. l.,* 1773, in-8. — *Lausanne,* 1777, in-8, 52 p. (la comédie n'occupe que 15 pages).

Réimprimée dans le « Théâtre gaillard », édition de *Londres,* 1788, 1803.

Vathek, conte arabe. (Par W. BECKFORD.) *Lausanne,* 1786, in-8. — *Paris, Poinçot,* 1787, in-8, 2 ff. lim. et 190 p.

Une traduction anglaise de cet ouvrage fut publiée, sans le consentement de l'auteur, avant le texte original, sous le titre : « History of calif Vathek ».
Réimprimé à Londres en 1815, avec un avertissement signé par l'auteur, et en 1817, à Paris, sous le titre : « Histoire du calife Vathek ».

Vatican (le) vengé, apologie ironique, pour servir de pendant à l' « Étrenne au pape », ou lettre d'un père à son fils, à l'occasion de la bulle de Benoît XIV, avec les notes et commentaires, par le chevalier D. L. (DE LUSSY, masque du baron DE

TSCHOUDY). *La Haye, Van Cleef,* 1752, in-8.

Voy. ci-dessus, V, 306, a.

Vauban expliqué en ce qui concerne les moyens de défense de Paris... *Paris, Corréard,* 1841, in-8.

Signé : L'auteur de l'ouvrage intitulé : « du Projet de fortifier Paris » (Ch. RICHARDOT). Voy. ci-dessus, VI, 1071, e.

Vaucluse, Pétrarque et Laure. Notice historique. (Par Louis DE BONDELON.) *Vaucluse, V. Imbert,* 1863, in-8, 16 p.

Quatre éditions de 1863 à 1868.

Vauclusienne (la). *S. l. n. d.,* in-8, 14 p.

Par MOYNE. La signature de l'auteur se trouve au verso du titre.

Vaudeville (le), poème didactique; par M. S. (Michel-Jean SEDAINE). *Paris,* 1756, in-12.

Vaudevilles et chansons du bouquet des moissonneurs, divertissement-mascarade. (Par CASTAING.) (*Alençon*), 1783, in-8.

Vaudevires (les), poésies du XVᵉ siècle par Olivier BASSELIN; avec un discours sur sa vie et des notes... (Par M. Aug. ASSELIN.) *Vire (Avranches, F. Lecourt),* 1811, in-8.

Ces poésies, attribuées généralement à Olivier BASSELIN, sont de Jean LE HOUX, qui en fut le premier éditeur. Voy. V, 1326, a.
Voy. pour plus de détails, Frère, « Manuel du bibliographe normand », I, 72, et II, 199. L'attribution de ces poésies à Jean LE HOUX a été adoptée par M. Armand Gasté dans l'édition qu'il en a donnée chez Lemerre en 1875.

Vaudois (les) des Alpes italiennes, de 1685 à 1694. Poëme. Les premiers chants. *Paris, Paulin et Lechevalier,* 1855, in-8, 8 ff. lim. et 197 p.

Les treize premiers chants seulement.
L'ouvrage a été repris et complété sous ce titre : « Valdésie, poëme, par A. MUSTON ». *Paris, Hachette,* 1863, in-12.

Vedette (la) cambraisienne. (Par CARDON DE GARSIGNIES, BOULY, DE LESDAIN et A.-A. LE GLAY.) *Cambrai,* 1819, in-8.

Veille (la) de Noël. Conte pour les enfants. Par l'auteur des « Œufs de Pâques » (l'abbé Christ. SCHMID). Traduit de l'allemand. *Strasbourg et Paris,* 1829, in-18.

Souvent réimprimé.

Veille (la) des vacances, comédie-vaudeville en un acte et en vers. (Par Louis-Vincent RAOUL.) *Tournai, Casterman,* 1816, in-12.   J. D.

Veille (la) du sacre; par l'auteur de « la Voix mystérieuse », anc. membre des assemblées nation. (M. Aug. CALLET, ancien représ. de la Loire). *Londres, libr. étrangère de W. Jeffs, Meppel, impr. de Bahler,* 1853, in-12, 44 p.

Voy. ci-devant IV, 200, *b,* l'article « Anne-Paule ».

C'est donc par erreur que M. Delecourt, sous le numéro 2813, attribue cet écrit à M. Hipp. MAGEN.

Veillée (la), drame en un acte, extrait de l'« Idée de l'éducation du cœur ». (Par PITHOUD.) *La Haye et Paris, l'auteur,* 1781, in-12.

Catalogue Soleinne, nº 2274. Voy. V, 877. *b.*

Veillée (la) galante, par mademoiselle DE L*** (DE LUBERT). *La Haye (Paris),* 1747, in-12.

Veillées (les) africaines, ou Pseaumes de David, mis en vers françois (par SIMOND, pasteur au cap de Bonne-Espérance). *Amsterdam,* 1703, in-8. V. T.

Veillées (les) d'une captive; publiées par Mme ***. *Paris, Pillet jeune,* 1818, 2 vol. in-12.

Cet ouvrage, attribué d'abord à tort à Mme MANSON, est de MM. Antony RÉNAUD, L.-F. L'HÉRITIER et Aug. IMBERT. Voy. « Supercheries », II, 1045, *b.*

Veillées (les) de Cayenne, contes moraux, traduits de l'italien (de Francesco SOAVE) par un déporté (P.-M.-A. MIGER). *Paris, Lefort,* an VI-1798, in-12.

Veillées (les) de Thessalie. (Par Mlle Marguerite DE LUSSAN.) *Paris,* 1731, 1732, 2 vol.; 1741, 4 vol. in-12.

Souvent réimprimées.

Veillées (les) de village. (Par Ch. GROUBER DE GROUBENTHAL.) *Blois,* 1850, in-16.

Veillées (les) du château, ou cours de morale à l'usage des enfans; par l'auteur d'« Adèle et Théodore » (Mme DE GENLIS). *Paris, Lambert,* 1784, 3 vol. in-8 et in-12.

Souvent réimprimées avec le nom de l'auteur.

Veillées (les) du coteau; par l'auteur d'« Adrien et Émile » (Mlle Stéph. BIGOT). *Lille,* 1860, 1861, in-18.

Veillées (les) du couvent, ou le noviciat d'amour, poëme éroti-satirique en prose et en cinq livres, par C. F. X. M. D. C. (Claude - François - Xavier MERCIER, de Compiègne). Deux édit. *Paris, Mercier,* 1793, in-18.

Veillées (les) du village, ou dialogues sur divers sujets, pour l'instruction et l'amusement des habitants de la campagne; par **** (le comte Jean-Dom. DE CASSINI). *Lille, Lefort,* 1830, 2 parties en 1 vol. in-18.

La 3e édition, 1853, porte le nom de l'auteur.

Veillées (les) françaises. (Par POIRIÉ DE SAINT-AURÈLE, colon de la Guadeloupe.) *Paris, Gosselin,* 1826, in-8.

Donné par erreur à MAURET DE POURVILLE par les « Supercheries », III, 1023, *a.*

Velleville et Juliette, ou les étourderies d'une jolie femme; par J. R. R. (J.-R. RONDEN), auteur de « Rose et Mérival », d'« Henriette et Sophie », etc. *Paris, Chaumerot,* 1817, 3 vol. in-12.

Vendange (la) normande, ou les deux voisins, vaudeville en un acte, par MM. GENTIL et *** (BARRIÈRE frères). Représenté... sur le théâtre des Variétés, le 18 mars 1817. *Paris, Mlle Huet-Masson,* 1817, in-8, 35 p.

Vendanges (les) de Bretigni, nouvelle galante. (Attribuée par Lenglet du Fresnoy, dans ses notes manuscrites, à MAUGIN DE RICHEBOURG.) *Paris,* 1731, in-12.

Vendanges (les) de Champagne, ou la garnison dans les vignes, divertissement en un acte, mêlé de couplets. Par MM. ***. Représenté... sur le théâtre des Variétés, le 5 octobre 1818. (Par SCRIBE, BRAZIER et DUMERSAN.) *Paris, Mme Huet-Masson,* 1818, in-8, 32 p.

Vendanges gaillardes, recueil de contes en vers, chansons, épigrammes, etc. (Par DE HULSTÈRE, HUBIN, VAN DEN ZANDE et MERCX.) *Paris (Bruxelles),* an XII, in-18.
J. D.

Vendangeurs (les), ou les deux baillis, divertissement en un acte et en vaudevilles. Représenté pour la première fois à Paris, le mardi 7 novembre 1780, et à Versailles, devant Leurs Majestés, le vendredi suivant, par les comédiens italiens ordinaires du roi. (Par AUGUSTE.) *Paris, Vente,* 1780, in-8.

Vendée (la), poëme élégiaque, par M. D* K*. (Nic. LE DÉIST DE KÉRIVALANT). *Nantes, imp. de V. Mangin,* 1814, in-8, 8 p.

Vendée (de la) militaire, avec cartes et plans; par un officier supérieur (le général ROGUET, alors chef de bataillon au 14e léger). *Paris, Corréard,* 1833, in-8.

La suite de cet ouvrage, publiée l'année suivante sous le titre d'« Essai théorique sur les guerres d'insurrection... », porte le nom de l'auteur.

Vendéen (le). *Nantes, imp. de Mellinet-Malassis* (1822), in-4, 3 p.

Signé : W.... (le vicomte J.-A. WALSH).

Vendéen (le), épisode. (1793.) Par A. E. D. S. (Alexis EYMERY, de Saintes). *Paris, Moutardier*, 1832, 2 vol. in-8, avec 2 grav.

Vendéen (le), ou l'éplucheur politique, moral et littéraire. (Par J. DELANDINE DE SAINT-ESPRIT.) *Paris, Beaucé-Rusand*, 1819, 7 nos in-8.

Vendelin, ou le catholique romain devenu catholique ; par l'auteur de « Pourrai-je entrer dans l'Église romaine aussi longtemps que je croirai toute la Bible ? » (le pasteur César MALAN). *Genève*, 1844, in-12.

Vendeurs d'argent (les), ou les deux portefeuilles, comédie... Par M. C... (COLLOT D'HERBOIS). *Nyon, A. Garrigou*, an III, in-8.

Voy. « Supercheries », I, 606, b.

Vendredi (le) d'un usurier, comédie en un acte, par MM. Henri (VILMOT) et Jules (DULONG). Représentée... sur le théâtre de l'Ambigu-Comique, le 11 avril 1823. *Paris, Pollet*, 1823, in-8, 30 p.

Vendredi (le). Imité de l'allemand de E. Lomar, par M. l'abbé H... (le chanoine T.-F.-X. HUNKLER). *Paris, Gaume*, 1839, in-32.

Vénérable (la) abbaye de Bongovert de Grenoble sur la rejouissance de la paix et du mariage du roy. *Grenoble, imp. d'A. Gales*, 1660, in-4, 13 ff. n. chiff.

Le nom de l'auteur, Jean MILLET, se trouve dans le Permis d'imprimer.

Vénérable histoire du Très-Saint-Sacrement de Miracle...

Voy. « Histoire du Saint-Sacrement... », V, 794, e.

Venerie (la) de Jacques DU FOUILLOUX et la Fauconnerie de Jean FRANCHIÈRES et autres divers autheurs, reveues, corrigées et augmentées de chasses non encore par cy devant imprimées ; par J. D. S., gentilhomme P. (Jean DE SANSICQUET, Poitevin). *Paris, A. L'Angelier*, 1585, 2 tom. en 1 vol. in-4.

Vénerie (la) de Jacques DU FOUILLOUX, précédée de quelques notes biographiques et d'une notice bibliographique (par PRESSAC). *Angers, C. Lebossé*, 1844, gr. in-8, fig. sur bois.

Venez ! comédie en un acte et en vers, imitée de l'allemand, par MM. E. YVERT et

*** (BREUIL). *Amiens, E. Yvert*, 1841, in-8.

« Catalogue de la Bibliothèque d'Amiens », Supplément, p. 349.

Vengeance (la) contre soi-même, ou le chat amoureux ; par M. D. (Mme DURAND). *Paris*, 1712, in-12.   V. T.

Vengeance (la) de Nostre-Seigneur, par personnages. *Paris, A. Verard*, 1491, in-fol., 212 ff. non chiffrés.

Mystère attribué à P. BLANCHET, et qui se compose de 32,000 vers environ.

Réimprimé sous le titre de : « la Vengeance et destruction de Hierusalem ». *Paris, J. Trepperel*, 1510, in-4. Voir au « Manuel du libraire », t. V, col. 1120 et suiv., la description des diverses éditions de cet ouvrage.

Vengeance (la) de Pluton, ou suite des Muses rivales, en un acte, en vers et en prose (suivie de pièces détachées). (Par Michel CUBIÈRES DE PALMEZEAUX.) S. l. (1779), in-8, 61 p.

Vengeance (la) des marquis, ou réponse à « l'Impromptu de Versailles » (de Molière), comédie en prose, en un acte (par DE VILLIERS, comédien de l'hôtel de Bourgogne), représentée (à la fin de l'année 1663) sur le théâtre de l'hôtel de Bourgogne. *Paris, Loyson*, in-12, ou *Quinet*, 1664, in-12.

Cette comédie a été réimprimée à *Turin, chez J. Gay et fils*, en 1869, in-18, viii-34 pages et une page pour l'Avis au lecteur. La petite Notice préliminaire est signée de M. Paul Lacroix. Ce bibliophile regarde comme fort douteuses deux éditions qui ont été signalées comme ayant paru en 1664, à Paris, l'une chez F. Loyson, l'autre chez Quinet. Beauchamp observe qu'elle parut sans privilège ; il est probable que le privilège fut refusé à l'auteur ou à l'imprimeur en raison des traits satiriques très-violents, dirigés contre Molière et sa femme. Le libraire Quinet, pour la mettre au jour, dut la cacher, pour ainsi dire, dans un volume de nouvelles intitulé : « les Soirées des auberges » (voy. ci-dessus, col. 513, f), qui est aujourd'hui fort difficile à rencontrer ; elle y occupe les pages 79 à 155.

Voy. aussi : « Diversités galantes », IV, 1098, d.

Vengeance (la) des Satyres, pastorale. (Pièce libre en cinq actes, en vers, par Isaac DU RYER.) *Paris, P. Des Hayes*, 1624, in-16.

Venise et les Autrichiens ; par mistress TROLLOPE. Trad. par Achille M. (MONTSEAU). *Bruxelles*, 1838, 3 vol. in-12.

Venise. 1843. (Par le comte Serge OUVAROFF.) *Saint-Pétersbourg*, 1845, in-12, 28 p.

Venise (de). Remarques sur la musique et la danse, ou lettres de M. à milord Pembroke.— Supplément aux Remarques.

— Supplément au Supplément sur les Remarques. *Venise*, 1773-74, 3 part. en 1 vol. in-12.

D'après Fétis, l'auteur de ces lettres est Mme Sara Goudar.

Venise sauvée, tragédie, imitée de l'anglais d'Otway. Représentée par les comédiens françois, le 5 décembre 1746. (Par Pierre de La Place.) *Paris, Clousier, 1747*, in-8. 4 ff. lim. et 84 p. — *Paris, S. Jorry*, 1769, in-8.

Vénitienne (la), comédie-ballet (en trois actes et en vers libres, par Ant. Houdart de La Motte). *Paris, C. Ballard, 1705*, ou *Paris, Delormet*, 1768, in-4.

Venue (de la) de l'Antechrist, comment et en quel temps il viendra ; de la consommation du monde et du second avénement de Notre-Seigneur Jésus-Christ. *Paris, Richer*, 1602, in-8, 22 ff. non chiffrés et 27 ff. chiffrés.

L'épître est signée : P. V. C. (Pierre-Victor Palma-Cayet).

Le nom de l'auteur est dans l'extrait du privilége.

Venue (la) et rencontre de Bon Temps avec le banissement des chieres saisons. *Lyon, chez Grand Jean Didier, s. d.*, petit in-8.

M. de Montaiglon a réimprimé dans le tome IV de son recueil de « Poésies françoises du xve et du xvie siècle », ce livre qu'il croit pouvoir attribuer à Claude Mermet, auteur du « Desespoir des usuriers ».

Vénus dans la vallée de Tempé. *Larisse et Metz*, 1773, in-8.

Ouvrage posthume du baron Théodore-Henri de Tschoudy. Voyez ci-dessus la note de l'article : « Etrenne au pape, ou les francs-maçons vengés... », V, 306, a.

G. M.

Vénus dans le cloître, ou la religieuse en chemise, entretiens curieux ; par l'abbé Duprat (l'abbé Barrin). *Cologne*, 1683, in-12.

Voy. « Supercheries », I, 1182, e, et, pour le détail des différentes éditions, la « Bibliographie des ouvrages relatifs à l'amour... ».

Réimprimé, en partie seulement, en 1860, sous le titre : « la Religieuse en chemise ». Voy. ci-dessus, col. 238, a.

Vénus et Adonis. (Par le chevalier de Fauchet.) 1791, in-8.   V. T.

Vénus et Adonis, poëme sur l'origine, la cause, les symptômes et le traitement de la vénusalgie ou maladie de Vénus. (Par J.-F. Sacombe.) *Bordeaux, chez l'auteur*, 1816, in-8, xxv-144 p.

Dès 1814, l'auteur avait déjà traité le même sujet ;

son poëme n'avait alors que 3 chants, et il lui avait donné le titre de : « la Vénusalgie, ou la maladie de Vénus ; par le docteur Sacombe ». *Paris, l'auteur*, juin 1814, in-12, 270 p.

La 3e édition est intitulée : « Maladie de Vénus ». *Paris, chez l'auteur*, 1819, in-18. La 4e : « Mal de Vénus ». *Paris, chez l'auteur*, 1821, in-18. La 5e, sous le même titre, porte le nom de l'auteur, *Paris, chez le fils de l'auteur*, 1826, in-18.

Vénus la populaire, ou apologie des maisons de joie. *Londres, chez A. Moore (Hollande)*, 1727, petit in-8.

L'original anglais : « A modest defense of public stews », est attribué à B. Mandeville.

Ouvrage souvent réimprimé.

L'édition de *Paris, chez l'auteur*, 1797, in-18, a été donnée par Claude-Fr.-X. Mercier, de Compiègne.

Vénus métaphysique, ou essai sur l'origine de l'âme humaine ; par M. L.... (Julien-Offroy de La Mettrie). *Berlin, Voss*, 1752, in-12.

Vénus pèlerine, comédie en un acte et en prose... (Par Alex.-L.-Bertr. Robineau, dit de Beaunoir.) *Paris*, 1777 ; *Amsterdam et Paris*, 1782, in-8.

Vénus pèlerine, comédie épisodique en un acte et en prose, mêlée de chants et de danses. (Par A.-J. Ducoudray.) *Paris, Desventes et Esprit*, 1778, in-8.

Vénus physique. (Par Pierre-Louis Moreau de Maupertuis.) *S. l.*, 1745, in-12, 4 ff. lim. et 194 p.

Plusieurs fois réimprimée.

Vénus vengée, ou le triomphe du plaisir, poëme. (Par Morandet.) *Paris*, 1757, in-8.

Ver (le) luisant, conte pour les enfants. Par l'auteur des « Œufs de Pâques » (l'abbé Christ. Schmid, trad. de l'allem.). *Strasbourg et Paris*, 1828, 1835, in-18.

Verger (le), poëme, par M. de Fontanes ; avec des notes critiques par M. le baron B**t de R**n (Baut de Rasmon), de l'Académie royale des sciences, arts et belles-lettres d'Orléans. *Gand, Goesin*, 1791, in-8, 66 p.

Véridique (le), ou l'antidote des journaux. 1792-1793, in-4.

Ce journal, attribué par Barbier et par Deschiens à Husson, rédacteur du « Courrier universel », serait, d'après Leber, de Jacques-Corentin Royou, l'un des rédacteurs de « l'Ami du roi ». Voy. « l'Intermédiaire », VII, col. 605.

Une note de A.-A. Barbier sur son exemplaire du « Dictionnaire des anonymes », dit que cette publication a eu 13 numéros.

Vérification de la bonne foy de M. Patrice de Bassecourt, par cy devant deux fois prebstre de la papauté, et maintenant un très-digne promoteur du schisme et de sédition es Eglises et en l'Estat de ce pays. (Par Charles DE NIELLES.) *S. l.* Imprimé l'an 1610, in-4.   V. D.

Verita (la) desplegado. Per un pouéto villageois (J.-Baptiste RÉMUSAT). *Marsillo, J. Missy,* 1790, in-8, 15 p.

Véritable (le) abbé commendataire; par le R. P. Louys François, de Nuits, cap. prédicateur (Louis-François MICAULT). *Dijon, Grangier,* 1674, in-12.

Véritable (le) almanach de Mons et du Hainaut. (Par Emmanuel HOYOIS.) *Mons, Hoyois,* 1848-1853, 6 vol. in-18.
                                   J. D.

Véritable (le) almanach nouveau pour l'année 1733, ou le nouveau calendrier jésuitique, extrait de leur martyrologe, ménéloge et nécrologe. *Trévoux, pour la plus grande gloire de la Société,* in-32.

La « France littéraire » de 1769 donne cet opuscule à Nicolas JOUIN; mais j'ai plus de confiance dans une note écrite de la main du médecin Falconet, qui l'attribue aux frères QUESNEL de Dieppe, sous le titre d' « Etrennes jansénistes », son faux titre.

La même note attribue aux mêmes auteurs un « Abrégé chronologique » et nn « Calendrier ». Falconet a voulu sans doute parler des ouvrages suivants, qui semblent sortis de la même imprimerie :

1° « Abrégé historique et chronologique », dans lequel on démontre par les faits, depuis le commencement du monde jusqu'en l'année 1733, que la vraie religion a toujours été et sera toujours combattue, etc. ». *Francfort,* 1732, in-24.

2° « Etrennes jansénistes », ou journal des principaux faits du prétendu jansénisme, depuis son origine et des miracles opérés par l'intercession du B. H. Pâris, en forme d'almanach pour l'année 1733 ». In-24.

3° « Le Calendrier ecclésiastique pour l'année 1736, avec le nécrologe des personnes qui, depuis un siècle, se sont le plus distinguées par leur piété, leur attachement à Port-Royal, etc. *Utrecht,* 1736, in-24.

Un semblable calendrier parut en 1738.

La note manuscrite de Falconet dont il est ici question, m'a donné des détails neufs sur les deux frères QUESNEL, dont l'un, auteur de l' « Almanach du diable », mourut à la Bastille vers 1739, tandis que l'autre se retira en Hollande, où il termina sa vie en 1774. L'un de ces deux frères, suivant Falconet, est auteur de l' « Histoire admirable de don Inigo de Guipuscoa » (dont Charles LEVIER a été seulement l'éditeur). *La Haye,* 1736, 2 vol. in-12, Voy. « Supercheries, » III, 323, *f.*

Voici le vrai titre de l'ouvrage publié par un des frères QUESNEL : « Almanach du diable; contenant des prédictions très-curieuses et absolument infaillibles pour l'année 1737 », par M. DE CASTRES DU CRENAY. Nouvelle édition, augmentée de plusieurs fautes qui ne se trouvent pas dans les précédentes éditions. *Aux enfers.* (Voy. IV, 110, *b.*)

Cet almanach a occasionné les deux brochures suivantes :

1° « Clef des prédictions carminifiques de l'Almanach du diable ». *De l'enfer, par un courrier extraordinaire,* 1737.

2° « La critique et la contre-critique de l'Almanach du diable, pour l'année 1737 », *imprimé aux enfers.*

Voy. le t. III, p. 1337, du Catalogue des livres rassemblés par Jean-Christ.-Gottfr. Jahn. *Francfort,* 1754-1771, 4 vol. in-8, avec des notes en allemand.

Ce catalogue est remarquable pour le choix des ouvrages, l'exactitude des titres et l'importance des notes.

Véritable (le) ami, comédie en trois actes et en prose, par M. le docteur GOLDONI avocat; traduite de l'italien en françois par M. l'abbé **, chanoine de l'église de Saint-Luc. (Par Alexandre DELEYRE.) *Avignon (Paris),* 1758, in-8, 6 et 166 p.

Voy. « Supercheries », III, 1120, *a.*

Véritable (le) ami des enfants; par l'auteur de l' « École du Val-d'Amont » (le pasteur César MALAN). Seconde édition, considér. augm. *Genève,* 1832, 3 vol. in-12.

Véritable (le) ami du peuple; par un sacré B..... de sans-culotte qui ne se mouche pas du pied, F....., et qui le fera voir. (Par Roch MARCANDIER.) *De l'imp. du Véritable ami du peuple,* 10 mai-26 juillet an II, 12 nos in-8.

Le nom de l'auteur se trouve dans le titre, à partir du numéro 5.

Véritable (le) ami du public. (Par François DAVENNE.) *S. l.* (1649), in-4.

Cette brochure fait partie d'un recueil des opuscules de l'auteur formé par Cangé, et qui se trouve à la Bibliothèque nationale.

Véritable (le) ami, ou la vie de David Simple. Traduit de l'anglois (de miss. Sarrah FIELDING, par DE LA PLACE). *Amsterdam (Paris),* 1749, 2 vol. in-12.

Cette traduction a été réimprimée dans les « Œuvres complètes de Fielding », 1797, in-18.

Véritable (le) art du blason, où les règles des armoiries sont traitées d'une nouvelle méthode plus aisée que les précédentes, les origines expliquées et establies par de solides raisons et de fortes authoritez, les erreurs de plusieurs auteurs corrigées, la pratique de chaque dination examinée et les causes de leur diversité fidèlement rapportées. (Par le P. Claude-François MENESTRIER.) *Lyon, B. Coral,* 1659, in-24.

Voy., pour les détails relatifs à cet ouvrage, Brunet, « Manuel du libraire », 5e éd., t. III, col. 1625 et 1626.

Véritable (le) Augustin, dans ses quatre livres du symbole de la foi. (Par le P. Meynier, jésuite.) *Tolose*, 1655, in-4.

Voy. « Augustin supposé », IV, 317, a.

La « Biographie universelle » a confondu cet ouvrage du P. Meynier avec un autre du même, intitulé : « la Sainte liberté des enfants de Dieu... ». Voy. ci-dessus, col. 414, b.

Véritable calendrier chronologique.(Par Monseignat de Bréville.) *Paris*, 1727, in-24.

Véritable (le) chemin de la fortune. (Par le marquis J.-L.-M. du Gast de Bois de Saint-Just.) *Lyon*, 1812, in-8.

Imitation de la « Science du bonhomme Richard », de Benj. Franklin.

Véritable (la) clef de l'Apocalypse. (Par Noël Aubert de Versé.) *Cologne (Amsterdam)*, 1690, in-12.

Véritable clef de l'histoire de l'homme au masque de fer. (*Turin*), 10 niv. an II, in-8.

Signé : Reth. Attribué par Œttinger au baron de Servières.

Véritable (la) connaissance de soy-même... Trad. de l'italien du P. Signeri (par le P. Cl. Buffier). *Paris, Rob. Pepée*, 1694. — *Liége, Streel*, 1691, in-12.

Véritable (la) conspiration dévoilée, ou réflexions sur un ouvrage de M. de Chateaubriand, par un ami de la monarchie constitutionnelle (Alexandre Goujon). *Paris, L'Huillier*, 1816, in-8, 47 p.

Véritable constitution d'une république. Trad. de l'anglais de Marchamont Needham (par le chev. Ch.-G.-L.-Aug.-André-Timothée d'Eon de Beaumont). *Paris*, an VIII-1800, in-8, 180 p.

Véritable (de la) constitution française, déduite des principes fondamentaux qui ont gouverné la France, depuis le règne de Charlemagne jusqu'en 1789; par un député du clergé de Paris aux États généraux de 1789 (l'abbé Chevreuil). *Hambourg*, 1799, 2 vol. in-8.

Véritable construction d'un théâtre de l'Opéra à l'usage de la France. (Par le chevalier de Chaumond.) *Paris*, 1766, in-12.
V. T.

Véritable (le) crédit agricole et la France régénérée par la transformation des impôts.(Par Paul Véret, capitaine cantonnal des sapeurs-pompiers, à Roye.) *Montdidier, imp. de Merot*, 1871, in-8, 56 p.
H. de l'Isle.

Véritable (la) croyance de l'Eglise catholique, et les preuves de tous les points de sa doctrine, fondées sur l'Ecriture Sainte. (Par Thomas Gould.) *Paris, Moreau*, 1709, in-12.

Réimprimé avec le nom de l'auteur.

Véritable déclaration de tout ce qui s'est passé...

Voy. ci-après : « Véritable narration... ».

Véritable déclaration faite au roi... des richesses et inestimables trésors nouvellement découverts dans le royaume de France; présentée à Sa Majesté par L. B. D. S. (la baronne de Beausoleil). *S. l.*, 1632, in-8.

Voy. « Bibliot. phys. de la France », par L.-A.-P. Hérissant, numéros 282, 283.

Véritable (la) dévotion au Sacré-Cœur de Jésus-Christ; par le P*** (Franç. Froment), de la Compagnie de Jésus. *Besançon*, 1699, in-12.

Véritable (la) dévotion, traité traduit de l'italien de Muratori (par J.-B.-Marie Guidi). *Paris, Lambert*, 1778, in-12.

Véritable discours du mariage de... Charles neuviesme de ce nom, roy de France, et de... madame Elizabeth, fille de l'empereur Maximilian, faict et célébré en la ville de Mezieres, le XXVI iour de nouembre 1570. (Par Pinart.) *Paris, J. Dallier*, 1570, in-8.

Véritable doctrine des jansénistes. (Par Ant. Arnauld.) *Paris*, 1652, in-4.

Véritable (le) duc de Normandie, ou réfutation de bien des impostures. (Par Gabriel Bourdon-Leblanc, avocat consultant.) *Paris*, 1835, 1836, *imp. de Pihan-Delaforest (Morinval)*, in-8, VIII-460 p.

Cet ouvrage devait avoir 4 volumes, le premier seul a été publié.

Véritable éducation du roi, opposée à la politique et aux maximes du cardinal Mazarin. (Par Claude Joly.) *Amsterdam*, 1695, in-12.

Même ouvrage que « Recueil de maximes véritables », ci-dessus, col. 70, c.

Véritable (du) esprit de l'Eglise dans l'usage de ses cérémonies, ou réfutation du Traité de D. Cl. de Vert. (Par Joseph Languet.) *Paris*, 1715, in-12; 1721, in-8.

Véritable (le) esprit des nouveaux disciples de saint Augustin. Lettres d'un abbé, licencié de Sorbonne, à un vicaire général d'un diocèse des Pays-Bas. (Par le P. Jacques-Philippe LALLEMANT, jésuite.) *Bruxelles, Claudinot,* 1706-1707, 4 vol. in-12.

Les deux premiers volumes ont été réimprimés la même année. Voy. le P. de Backer, 2ᵉ édit., in-fol., t. II, col. 584, nᵒ 4.

Véritable (le) esprit des religieuses adoratrices perpétuelles du Très-Saint-Sacrement de l'autel. (Par la vén. mère CATHERINE DE BAR, dite en religion sœur MECTHILDE du Saint-Sacrement.) *Paris, Couterot,* 1683, in-16.

Véritable (le) esprit du catéchisme, à l'usage de toutes les églises de l'empire françois, qui vient d'être publié par M. Buonaparte. Instruction familière, par demandes et par réponses, adressée aux fidèles de France, par un prêtre françois (Pierre-Louis BLANCHARD). *Londres,* 1806, in-8, 60 p.

Véritable estat de la France…

Voy. « Estat de la France », V, col. 202, *f.*

Véritable état de la question de la promesse de fidélité à la constitution demandée aux prêtres, d'après les actes authentiques et légaux des gouvernement et Corps législatif actuels de France. (Par DE BÉTHISY, évêque d'Uzès.) *Londres, A. Dulau,* 1800, in-12.

Voy. pour une Réponse à cet ouvrage, ci-dessus, col. 304, *f.*

Véritable état du différend élevé entre le nonce apostolique de Cologne et les trois électeurs ecclésiastiques. (Par le P. Franç.-Xav. DE FELLER.) *Dusseldorf,* 1787, in-12.

Voy. pour le Supplément publié la même année, ci-dessus, col. 592, *e.*

Véritable (la) étude des souverains, dédiée à monseigneur le Dauphin. (Par Edm. BOURSAULT.) *Paris, Billaine,* 1671, in-12.

Véritable (la) explication, en prose et en vers…

Voy. « Description des arcs de triomphe », IV, col. 898, *e.*

Véritable (la) fatalité de Saint-Cloud. (Par Jean GODEFROY.) *S. l.,* 1715, in-12.

C'est une réponse à l'ouvrage intitulé : « Fatalité de Saint-Cloud, près Paris » (du P. Bernard Guyart). Voy. V, 436, *f.*

Véritble (le) gouvernement de l'ordre de Citeaux, pour servir de réponse à plusieurs libelles et factums qui ont été don-

nés au public contre la vérité du régime de cet ordre, et au préjudice de la juridiction de l'abbé de Citeaux, qui en est le père, le chef et le supérieur général. (Par dom Louis MESCHET, abbé de la Charité.) *Paris, Mabre-Cramoisy,* 1678, in-4.

Véritable (la) grandeur d'âme, avec un traité du vrai et du faux point d'honneur; par le marquis DE *** (MAGNANNE). *Paris, Delusseux,* 1725, in-16. — 3ᵉ édit. *Ibid.,* 1740, in-12.

Véritable histoire de Louise Fleuriot, ou le Beau-Toquat. *Troyes, Anner-André,* 1852, in-8.

Cette pièce, signée : Antoine CHALIGNES (et non Chaligues), est, suivant Quérard (« France littéraire », t. XII, 264), de M. REYMOND DES MÉNARS.

Véritable idée du schisme contre les faux principes de M. Camus et des pasteurs constitutionnels. (Par Gabriel-Nic. MAULTROT.) *Paris, Dufresne,* 1791, in-8, 80 p.

Véritable (le) inventaire de l'histoire de France, par Jean DE SERRES; avec la continuation jusqu'en 1648 (par Claude MALINGRE, dit DE SAINT-LAZARE). *Paris,* 1648, 2 vol. in-fol.

Véritable (le) journal des magnifiques cérémonies qui se sont faites et passées à la création du Saint-Esprit, cette présente année 1662… (Par Fr. COLLETET.) *Paris,* 1662, in-4.

Véritable (de la) légitimité, ou libertés de la nation et garanties du prince; par un ami de la liberté et de la paix. *Paris, L. Colas,* 1815, in-18.

Par MONTGAILLARD, d'après une note manuscrite sur l'exemplaire de la Bibliothèque nationale.

Véritable (la) manière d'instruire les sourds et muets, confirmée par une longue expérience. (Par l'abbé Ch.-Mic. DE L'ÉPÉE.) *Paris, Nyon l'aîné,* 1784, in-12.

Publié d'abord sous ce titre : « Institution des sourds et muets… ». Voy. V, 937, *e.*

Véritable (la) manière de prêcher selon l'esprit de l'Évangile. (Par le P. ALBERT de Paris, capucin.) *Paris, Couterot,* 1691, in-12.

Réimprimé sous le titre de : «Manière de prêcher…» Voy. VI, 29, *d.*

Véritable (le) messager des amants, recueil de lettres galantes, badines et sérieuses… Par un ancien instituteur (THOMAS A., neveu de l'historien Anquetil, dont il prend le nom). *Liége, Hothier,* 1851, in-18.   J. D.

Véritable narration de ce qui s'est passé depuis la prise des faux bourgs de Paris sur la fin d'octobre 1589 jusques au mois de juillet 1593, tant à La Ferté Bernard, et armée commandée par le mareschal de La Chastre en Berry, qu'en la ville d'Orléans. Divisée en trois parties. *Imprimé à P. (Paris), s. d.*, in-4, 175 p.

Sous le n° 19,489, le P. Lelong cite une édition d'*Orléans*, 1593, qui serait intitulée : « Véritable déclaration de tout ce qui s'est passé... » et il nomme comme auteur Paul COMNÈNE.

Véritable nature du mariage, droit exclusif des princes d'y apposer des empêchemens dirimans. (Par Gab.-Nic. MAULTROT.) *S. l.*, 1788, 2 vol. in-12.

Véritable (la) origine de la très-ancienne ... maison de Sohier. (Par Jean CARPENTIER.) *Leyden, F. Hacke*, 1661, in-fol., portr., fig., sceaux.

Véritable (la) origine des très-illustres maisons d'Alsace, de Lorraine, d'Autriche, de Bade, etc. (Par Jérôme VIGNIER.) *Paris, Méturas*, 1649, in-fol.

Véritable (le) passe-temps, contenant 150 histoires nouvelles, fort plaisantes et récréatives, exemptes de toutes paroles sales et déshonnêtes, composées pour tous ceux qui aiment la langue françoise. (Par Ch. EUBELIN.) *Dresden*, 1719, in-12.

A. L.

Véritable (le) pénitent. (Par l'abbé GIRARD DE VILLETHIERRY.) *Paris, Seneuze*, 1689, in-12.

Véritable (le) pénitent, ou apologie de la pénitence, tirée de l'Écriture, des Pères et des conciles ; par D. G. G. (dom Gabriel GERBERON). *Cologne, d'Egmond*, 1692, in-12.

Véritable (le) Père Josef, capucin, nommé au cardinalat, contenant l'histoire anecdote du cardinal de Richelieu. (Par l'abbé René RICHARD.) *Saint-Jean-de-Maurienne, G. Buttler*, 1704, in-12, et 1750, 2 vol. in-12 ; — *suivant la copie de Paris, La Haye, de Voys*, 1705, in-12.

Véritable (le) philanthrope, ou l'île de la philanthropie... Précédé de détails peu connus sur J.-J. Rousseau, avec une réfutation de son prétendu suicide. Par M. D. C. (MOUTONNET DE CLAIRFONS). *Philadelphie (Paris, Cailleau)*, 1790, in-8.

Véritable (la) philosophie. (Par ANDRY.) *Paris, A. Leclère*, 1818, in-8.

Véritable (la) politique des personnes de qualité. (Par RÉMOND DES COURS.) *Paris, Boudot*, 1692, in-12. — *Paris et Bruxelles*, 1722, in-12. — *Strasbourg*, 1764, in-12. — 3° éd., *Nuremberg*, 1777, in-8.

Cet ouvrage a été traduit en italien et en allemand. L'édition de *Strasbourg* est en français et en italien. On l'a réimprimé dans ces derniers temps sous ce titre : « l'Honnête Homme à la cour et dans le monde ». *Lyon, Rusand*, 1816, in-12.

L'auteur du « Journal des savants », en rendant compte, le lundi 13 mai 1697, des « Véritables devoirs de l'homme d'épée » (V. ces mots), dit que le dernier Entretien est suivi d'un « Traité de la politique des personnes de qualité », dont il donne une courte analyse. Il paraît que les deux ouvrages ont été reliés ensemble et envoyés par l'auteur au rédacteur du journal. Or, j'ai prouvé, dans mon « Examen critique », au mot *Héloïse*, que les « Véritables devoirs » étaient de Rémond des Cours. C'est donc lui aussi qui a composé la « Véritable politique ».

Véritable (le) portrait de Guillaume-Henry de Nassau, nouvel Absalom, nouvel Hérode, nouveau Cromwel, nouveau Néron. (Par A. ARNAULD.) *Paris, s. d.*, in-12.

Plusieurs fois réimprimé.

Le « Journal des savants » de Paris contient une analyse de cet ouvrage, qui a été envoyé à toutes les cours de l'Europe. On ne trouve point cette analyse dans la réimpression de ce journal faite en Hollande ; le motif d'une telle suppression se fait aisément sentir. Racine, qui avait lu l'ouvrage du docteur Arnauld, y trouvait la force et l'éloquence des « Philippiques » de Démosthène.

L'abbé Goujet, dans son premier « Supplément au Dictionnaire de Moréri », avait assuré, et avec connaissance de cause, que cette satire était du docteur Arnauld ; Voltaire, dans sa « Liste des écrivains du siècle de Louis XIV », a soutenu, et Condorcet a répété, d'après lui, dans la première « Lettre d'un théologien à l'auteur du Dictionnaire des trois siècles », p. 29, que le docteur Arnauld n'avait point composé ce libelle. Les éditeurs de la collection des Œuvres d'Arnauld ont prouvé la fausseté de la dénégation de Voltaire et de Condorcet, en insérant dans le tome XXXVI le « Véritable Portrait », qui, en effet, fut rédigé par Antoine Arnauld, d'après l'autorisation positive de Louis XIV.

Voltaire est parti du faux reproche qu'il avait adressé à l'abbé Goujet, pour dire, à l'article « Moréri », qu'on avait fait à son Dictionnaire des « Suppléments » remplis d'erreurs. C'est une injustice ajoutée à une méprise.

Voy., pour une Réponse à cet ouvrage : « Apologie pour LL. SS. MM. Britanniques... », IV, 254, b.

Véritable (le) portrait de nos législateurs, ou galerie des tableaux exposés à la vue du public le 5 mai, jusqu'au 1er octobre 1791. (Par Edm.-L.-Alexis DUBOIS-CRANCÉ.) *Paris*, 1792, in-8.

Véritable (le) portrait des prétendus docteurs de Sorbonne et des nouveaux théologiens de nos jours. (Par l'abbé BOURGE.) *Avignon (Paris)*, 1756, in-12.

Même ouvrage que la première « Lettre à messieurs les docteurs de la Faculté de théologie, sur les droits de Dieu ». *En France*, 1756, in-12.

Véritable portrait du très-fameux seigneur messire Quinquenpoix. *S. l. n. d.*, in-fol. plano.

Planche gravée, avec légende en vers ; attribuée à B. PICART.

Véritable (la) prophétie du vénérable HOLZHAUSEZ... Avec l'explication, par M. V*** (l'abbé Pierre-François VIGUIER). *Paris*, 1815, in-12.

Véritable récit de ce qui s'est passé au bouleversement des Grisons pour la restitution de la Valteline, comtez de Chiauenna et de Bornio. (Par J.-J. duc DE ROHAN.) *Paris*, 1640, in-4.   A. L.

Véritable (la) relation de ce qui s'est passé entre les habitants de la ville d'Angers et les troupes du cardinal Mazarin... (Par DUBOSC-MONTANDRÉ.) *Paris, imp. de veuve J. Guillemot*, 1652, in-4.

Véritable relation des justes procédures observées au fait de la possession des Ursulines de Loudun et au procès de Grandier, par le R. P. TR. R. C. (le P. TRANQUILLE, religieux capucin). *Paris*, 1634, in-8. — *La Flèche, G. Griveau*, 1634, in-8, avec le nom de l'auteur sur le titre.

Réimprimé, avec des additions tirées de l' « Histoire des diables de Loudun », par Aubin et autres, dans les « Archives curieuses de l'histoire de France », de Cimber et Danjou, II° série, V, 183-223.

Véritable (de la) religion. (Par Michel LEVASSOR.) *Paris, Barbin*, 1688, in-4.

Véritable (la) religion, unique dans son espèce, universelle dans ses principes, corrompue par les disputes des théologiens, divisée en plusieurs sectes, réunies en Christ. *Francfort et Leipzig, J.-F. Fleischer*, 1751, 2 part. in-8.

Ouvrage d'une valeur réelle, traduit en français par l'auteur lui-même, J. M. DE LOEN, président de la régence de Tecklenbourg et Lingen (Westphalie). Chaque partie a une dédicace particulière ; celle de la première partie est adressée à Frédéric II, roi de Prusse, celle de la seconde au landgrave de Hesse, Guillaume.

Pour une autre traduction, voy. « Seule vraie religion... », ci-dessus, col. 185, c.

Voy. aussi « Supercheries », II, 93, a.

Véritable (le) Sancho Panza, ou choix de proverbes, dictons, adages, colligés pour l'agrément de son neveu E. L. (Édouard Lockroy), par A. J. (Auguste JULLIEN), amateur. *Paris, L. Hachette*, 1856, in-16, 2 ff. de titre et 240 p.

Véritable (le) secret de la paix à la reyne ; par le sieur B. E. S. D. P. P. (BOYER, écuyer, sieur DU PETIT-PUY). *Paris*, 1651, in-4.

Véritable (le) sens du serment de haine à la royauté, irrévocablement fixé par le législateur lui-même, pour servir de suite à la « Question du serment, traitée mathématiquement », et au « Recueil de pièces justificatives ». (Par DE GAND, d'Alost.) *Gand, de Goesin*, brumaire an VIII (1800), in-8, 22 p.

Voy. VI, 1153, c, et ci-dessus, col. 78, b.

Véritable tradition de l'Église sur la prédestination et la grâce ; par M. DE LAUNOY (ou plutôt par Louis MARAIS). *Liège, Le François*, 1702, in-12.

On assure que Richard Simon a été l'éditeur de cet ouvrage.

Véritable (le) usage de l'autorité séculière dans les matières qui concernent la religion. Par M. l'évêque D. P. (LE FRANC DE POMPIGNAN, du Puy). *Avignon*, 1753, in-12.

Véritable (la) vie d'Anne-Geneviève de Bourbon, duchesse de Longueville ; par l'auteur des « Anecdotes de la constitution Unigenitus » (Fr.-Jos. BOURGOING DE VILLEFORE). *Amsterdam, Joly*, 1739, 2 vol. in-12.

L'édition de 1738, publiée sous le titre : « Vie de Mme la duchesse... » (voy. ces mots), ne renferme pas les détails de la conversion du prince de Conti et des relations de Mme de Longueville avec Port-Royal.

Véritables (les) amours de MM. de Grandlieu et de Mlle de Beauval. (Par Jean MARTIN.) *Paris, Houzé*, 1604, in-12.

Véritables (les) auteurs de la révolution de France de 1789. (Par SOURDAT, de Troyes.) *Neufchâtel, chez les libraires associés, et Paris, chez les marchands de nouveautés*, 1797, in-8.

Véritables (des) causes qui ont amené la ruine de la colonie de Saint-Domingue, et des moyens certains d'en reprendre possession et de vivre tranquillement à l'abri de nouveaux ouragans politiques ; par un observateur, ami de la paix, de la justice et de la vérité, témoin de tous les événements (ALBERT). *Paris, Dentu*, 1814, in-8.

Véritables (les) devoirs de l'homme d'épée ; par l'auteur de la « Lettre d'Éloïse

à Abeilard » (Nic. Rémond des Cours). *a*
*Suivant la copie de Paris, Amsterdam,
Braakman,* 1697, in-12.

Voy. V, 1136, *f.*

Le frontispice de l'édition de *Paris, Boudot,* 1697, in-12, ne contient que ces mots : « les Véritables Devoirs des hommes d'épée ».

Véritables (des) intérêts de la patrie. (Par le comte de Forges.) *Roterdam,* 1764, in-12.

Véritables (les) jouissances d'un être raisonnable vers son déclin, avec des observations sur les moyens de se conserver sain de corps et d'esprit jusqu'à l'âge le plus avancé. (Par P. Patte.) *Paris, Langlois,* an X (1802), in-12.

Une 2e éd., de l'an XI, porte le nom de l'auteur.

Véritables (les) lettres d'Abeilard et d'Héloïse, avec le latin à côté, traduites *c* par l'auteur de leur vie (dom Gervaise). *Paris, Barrois,* 1723, 2 vol. in-12.

Réimprimées en 1706 sous le titre de : « Lettres d'Héloïse et d'Abailard... ». Voy. V, 1234, *c.*

M. Turlot, de la Bibliothèque du Roi, n'a aucunement profité des renseignements que renferme mon « Examen critique des Dictionnaires historiques » sur Rémond des Cours, auteur de la fameuse « Lettre d'Héloïse à Abailard ». Voy. son ouvrage qui a pour titre : « Abailard et Héloïse, avec un aperçu du XIIe siècle comparé sous tous les rapports avec le siècle actuel, et une vue de Paris tel qu'il était alors ». *Paris, Janet,* 1822, in-8.

C'est à tort que dans le Catalogue de la bibliothèque Quatremère (1859), 2e partie, n° 649, on dit : « La plupart de ces lettres sont de l'invention du prétendu traducteur Rémond des Cours... ».

Il y a là confusion avec la publication intitulée : « Histoire d'Éloïse et d'Abélard » ou « Lettre d'Héloïse à Abélard ».

Voy. V, 656, *c*, et V, 1136, *f.*

Véritables (les) maximes des saints sur l'amour de Dieu, tirées de l'Écriture et des saints Pères. (Par Antoine Leget, supérieur du séminaire d'Aix.) *Paris, Mariette,* 1699, in-12.

Véritables (les) motifs de confiance que doivent avoir les fidèles dans la protection de la sainte Vierge, divisés en quatre livres. (Par le P. Paul Le Clerc, jésuite.) 9e édition. *Paris,* 1786, in-24.

Souvent réimprimé.

Véritables (les) motifs de la conversion de l'abbé de la Trappe, avec quelques réflexions sur sa vie et sur ses écrits, ou les entretiens de Timocrate et de Philandre sur un livre qui a pour titre : « les S. Devoirs de la vie monastique ». *Cologne, Pierre Marteau,* 1685, in-12.

Cet ouvrage, qui est généralement attribué à Daniel de La Roque, est peut-être du P. Broissard. Voy. la note qui accompagnait cet article dans la 2e édition du « Dictionnaire des anonymes », et qui est reproduite en entier dans les « Supercheries », II, 666, *f.*

Voy. aussi P. Varin : « la Vérité sur les Arnauld ». *Paris,* 1847, 2 vol. in-8, t. I, p. 120-121.

Véritables (les) précieuses, comédie (en un acte et en prose, par Ant. Bodeau de Somaize). *Paris, J. Ribou,* 1660, in-12. *b*

Voy. pour le détail des éditions de cet ouvrage, Brunet, « Manuel du libraire », 5e éd., t. V, col. 433.

Véritables (les) promesses faites au peuple juif et à toute l'Église, etc. (Par l'abbé Ch.-J. Saillant.) *Paris,* 1807, in-12.

Véritables (les) prophéties de Nostradamus, en concordance avec les événements de la Révolution ; par L. P*** (Louis Pissot). *Paris, Lesné,* 1816, 2 vol. in-12.

Véritables (les) sentiments d'État pour la paix et sur le sacre du roi Louis XIV... Par Me H. de B. P. D. Paris (H. de Barroys, prêtre de Paris). *Paris,* 1652, in-4. *c*

Véritables (les) sentimens de Bossuet rétablis par les manuscrits originaux, etc.; par M. S*** (Louis Silvy), ancien magistrat. *Paris, Égron,* 1815, in-8, 46 p. *d*

Véritables (les) sentimens de saint Augustin et de l'Église touchant la grâce ; par M. Claude François, docteur en théologie (par Morel et Le Moyne). *Paris,* 1650, in-4.

Le docteur Arnauld a réfuté cet ouvrage. Voy. IV, 254, *a.*

Véritables (les) stations du chemin de la croix d'après la Sainte Écriture, avec l'examen critique des stations usitées communément. (Par l'abbé J.-J. Laborde.) *Corbeil, Creté,* 1850, in-12. *e*

Vérité (la).

Voy. « les Mystères du christianisme approfondis... », VI, 388, *a.*

Voici ce qu'en dit Diderot, « Œuvres », éd. Assézat, t. IV, p. 37 : « On attribue cet ouvrage à un homme de qualité, appelé le comte de Bescour. On n'a pas une idée de la folie de cette production, quand on ne la connaît pas soi-même... ». *f*

Barbier, d'après une note manuscrite de Moet, avait nommé l'auteur Bedescour.

Vérité (la) à côté du mensonge, ou redressement des erreurs et contradictions contenues dans l'édit de S. M... pour sa province de Brabant, en date du 19 octobre 1789. Par un ami de la patrie (H.-I. Van der Hoop, avocat). *Berlin,* 1789, in-8, 23 p.

Note manuscrite sur l'exemplaire de la Bibliothèque nationale.

Vérité (la) à la commission des Onze. (Par Germain PETITAIN.) *Paris, Desenne,* an III (1795), in-8, 64 p., plus une planche,

Vérité (la) au cabaret ; par un vrai patriote belge (l'abbé MEYNDERS). *Bruxelles, Verteneuil,* 1857, in-8, 24 p.   J. D.

Vérité (la) au duc de Bordeaux ; par le subrogé tuteur des enfants du duc de Normandie, dernier roi légitime de France (GRUAU DE LA BARRE). *Bruxelles, Guyot,* 1859, in-8, 105 p.   J. D.

Vérité (la) au pied du trône. *Paris,* 1790, 2 vol. in-8.

Même ouvrage que : « Nouvelles pièces intéressantes ». Voy. VI, 581, *f.*

Vérité (la) aux actionnaires de la tontine perpétuelle d'amortissement... (Par SIMONOT, anc. employé de la tontine perpétuelle.) *Paris, Ponthieu,* 1825, in-8, 16 p.

La 2ᵉ édit., publiée la même année, porte le nom de l'auteur.

Vérité (la) aux électeurs de 1818 ; précédée d'une lettre à Benjamin Constant, par les auteurs des « Annales historiques des sessions du Corps législatif » (Isidore-Marie-Brignolles GAUTIER, du Var, et J.-A.-M. D'AURÉVILLE). *Paris, imp. de Lebègue,* 1818, in-8, 52 p.

Vérité (la) aux électeurs de 1820. Réflexions sur la nouvelle loi des élections et sur les avantages de la dissolution de la Chambre des députés, par M. GAUTIER, du Var (et J.-A.-M. D'AURÉVILLE). *Paris, Pélicier,* 1820, in-8, 52 p.

Vérité (la) aux monarques chrétiens, à leurs ministres et à leurs ambassadeurs. (Par le chevalier Augustin D'AULNOIS.) *Paris, Dentu et Petit,* octobre et novembre 1822; 2 parties in-8.

Vérité (la) catholique sur le mystère du Fils de Dieu incarné, contre le P. Berruyer, ou défense du « Projet d'instruction pastorale » (par l'abbé J.-R.-A. DUHAMEL). 1756, in-12.

Vérité (la) combattue et victorieuse, ou prières et instructions sur l'état présent de l'Église ; neuvaine. (Par l'abbé PILÉ.) 1779, in-12.

Vérité (la) dans son jour...

Voy. « Apologie, ou les véritables Mémoires de Mᵐᵉ Marie Mancini... », IV, 240, *f.*

Vérité (la) de l'histoire de l'église de Saint-Omer et son antériorité sur l'abbaye de Saint-Bertin, ou réfutation de la « Dissertation historique et critique sur l'origine et l'antiquité de l'abbaye de Saint-Bertin ». (Par l'abbé DEBONNAIRE.) *Paris,* 1754, in-4.

Plus tard a paru : « Addition à la Vérité de l'histoire de l'église de Saint-Omer, dans laquelle on examine la légende de S. Kerkembode, *Paris* (s. d.), in-4, dont le permis d'imprimer est du 10 juin 1758.

Vérité (la) de l'histoire ecclésiastique rétablie par des monuments authentiques contre le système d'un livre intitulé : « Mémoires pour servir à l'histoire ecclésiastique pendant le XVIIIᵉ siècle ». Par M. S** (L. SILVY), ancien magistrat. *Paris, Méquignon,* 1814, in-8, 128 p.

Vérité de la religion catholique, apostolique, romaine, démontrée dans sa source... Par un prêtre de la vallée d'Aure (l'abbé J.-E.-A. GOSSELIN). *Paris,* 1822, in-12. — 2ᵉ éd., *Toulouse,* 1823, in-12. — 4ᵉ éd. *Paris,* 1840, in-12.

Vérité (la) de la religion catholique, démontrée contre les protestants. (Par dom Benoît SINSART.) *Strasbourg, Le Roux,* 1746, in-8.

Vérité (la) de la religion catholique, ou démontrée contre toutes les sectes, deuxième partie du livre intitulé : « l'Incrédule conduit à la religion catholique » (Par l'abbé H. POSTEL, ex-jésuite.) *Tournay, Serré,* 1772, in-8.

Voy. V, 911, *b.*

Vérité (la) de la religion catholique prouvée par l'Écriture Sainte et la tradition ; par M. DESMAHIS, chanoine d'Orléans (nouv. édit., considérablement augm. par l'abbé Fr. GEOFFROY). *Paris,* 1713, 3 vol. in-12.

L'Éloge qui se trouve en tête du premier volume est du P. QUESNEL. L'ancienne édition est de *Paris,* 1690, 2 vol. in-12. Il existe une édition de *Lille,* 1708, 1 vol.

Vérité (la) de la religion cherchée et trouvée. (Par l'abbé L. BORDELON.) *Paris,* 1707, in-12.

Vérité (la) de la religion chrétienne mise en évidence. (Par Fr. DUPUIS.) *Paris, Lemarchand,* 1810, in-12. Seconde édition, considérablement augmentée par l'auteur (publiée par Fr. MARTIN). *Paris, Delaunay,* 1812, in-12.

Vérité (la) de la religion chrétienne, ouvrage traduit du latin de GROTIUS (par

MÉZERAY). *Paris, de l'imprimerie des nouveaux caractères de Pierre Moreau, écrivain* (1644), in-8.

L'exemplaire de la bibliothèque du Conseil d'État (transportée au château de Fontainebleau) contient l'extrait du privilége accordé à Mézeray, le 22 mai 1641, pour faire imprimer cette traduction.

Il est dit au bas de l'extrait que l'impression n'a été finie que le 8 juin 1644. On y trouve aussi la cession faite par Mézeray à P. Moreau des droits que le privilége lui donne sur l'ouvrage.

Cette pièce ne laisse aucun doute sur le véritable auteur de la traduction ; mais elle manque à beaucoup d'exemplaires, notamment à celui de la Bibliothèque du Roi ; aussi les rédacteurs du Catalogue l'ont-ils attribuée en 1742, « Théologie », t. II, n° 7215, au P. TALON, de l'Oratoire. Bayle, dans son « Dictionnaire », article *Grotius*, la donne, sur ouï-dire, à Étienne de Courcelles. (V. le n° 18,090.) L'abbé Goujet, dans sa préface de la traduction du même ouvrage de Grotius, édition de 1724, déclara ignorer la date de l'impression et le nom de l'auteur de la traduction imprimée par P. Moreau.

L'abbé d'Olivet, qui publia en 1729, in-4, l' « Histoire de l'Académie françoise », par Pellisson, avec une suite, depuis 1652 jusqu'à 1700, dit, dans une note relative à Mézeray, qu'on gardait dans la bibliothèque de M. Séguier deux registres in-folio où étaient tous les priviléges obtenus de son temps ; il y vit que Mézeray demanda, en mai 1641, un privilége pour l'impression d'une traduction par lui faite de l'ouvrage : « *De Veritate religionis christianæ* », par Grotius. « Je ne sais, ajoute d'Olivet, si elle a été imprimée ». Cette note ne se trouve pas dans la seconde édition de l' « Histoire de l'Académie françoise », publiée en 1730, 2 vol. in-12 ; mais la traduction du Traité de Grotius y est placée au rang des ouvrages de Mézeray, sous la date de 1644, ce qui n'a pu être fait que d'après l'indication de quelques amis, ou la vue de l'extrait du privilége accordé à Mézeray.

Camusat avait dit, en 1732, dans le Discours préliminaire sur les « Mémoires historiques et critiques » de Mézeray, que ce célèbre historien avait fait paraître en 1644, in-8, une traduction du fameux traité de Grotius sur la « Vérité de la religion chrétienne ».

L'abbé Goujet ne manqua pas, dans la préface de la seconde édition de sa traduction, en 1754, de citer la traduction attribuée à Mézeray par d'Olivet et par Camusat ; mais il ne paraît pas encore avoir été convaincu à cette époque que la date de 1644 était celle de la traduction imprimée par P. Moreau : cette traduction, toute médiocre qu'elle est, est chère dans les ventes, sans doute à cause de la rareté des exemplaires ; mais elle n'est connue aujourd'hui des gens de lettres que par la méprise relevée par Lamothe Le Vayer dans son « Hexameron rustique », p. 43 de l'édition de Paris, 1670, in-12. » Grotius, dit Lamothe Le Vayer, a nommé « Philo Biblius », dans son livre « de la Religion chrétienne » : *Philon le libraire*, au lieu que *Biblius* signifie natif de Biblis, ville des Milésiens, dans la Carie.

Si l'abbé d'Olivet, dans sa seconde édition de l' « Histoire de l'Académie françoise », eût ajouté à la description du titre de la traduction du traité de Grotius par Mézeray, ces simples mots : *imprimé avec les nouveaux caractères de P. Moreau*, il eût fixé les idées de l'abbé Goujet sur cette traduction, et je n'aurais pas aujourd'hui à entrer dans des détails aussi longs sur un sujet que beaucoup de lecteurs pourront

trouver minutieux. Je dirai cependant encore que l'on trouve dans le « Dictionnaire » de Prosper Marchand, article *Lannel*, à la fin de la note A, une description exacte du titre de la *traduction* de Mézeray.

(Note extraite en grande partie de ma « Notice du Catalogue des livres de l'abbé Goujet », « Magasin encyclopédique », 8e année (1803), t. V, p. 182 et suiv.

Vérité (la) de la religion chrétienne réformée. (Par Jacques ABBADIE.) *Rotterdam, Boom*, 1717, in-8.

On trouve en tête de ce volume la table des chapitres du tome second, qui n'a point paru.

Vérité (la) de la religion chrétienne. De l'italien de M. le marquis DE PIANESSE. (Traduit par le P. dom BOUHOURS, jésuite.) *Paris, S. Mabre-Cramoisy*, 1672, in-12.

L'Épître est signée : B. I. Dans l'édition de *Paris, veuve S. Mabre-Cramoisy*, 1688, in-12, l'épître est signée : BOUHOURS.

Vérité (la) de retour de Vienne, chez les Brabançons, le 21 septembre 1787. *S. l. n. d.*, in-8, 3 p.

En vers. Par l'avocat TRIPONETTI, d'après une note manuscrite sur l'exemplaire de la Bibliothèque nationale.

Vérité (la) défendue des sofismes de la France, et réponse à l'auteur des prétentions du roi très-chrétien sur les États du roi catholique. (Traduit de l'italien de Domin. FEDERICI.) 1668, 2 parties, petit in-12. V. T.

On a publié une analyse de cet ouvrage sous le titre de : « Tableau raccourci de la vérité défendue, où un chacun pourra reconnaître comme par abrégé et en pourtrait les droits indubitables du roi Charles II ès Pays-Bas et ailleurs, et la vanité des prétentions de celui de France au contraire ». *Charleville, Hermann, Roseau*, 1672, in-12.

Vérité (la) défendue ; ensemble quelques observations sur la conduite du cardinal de Richelieu. (Par Matthieu DE MORGUES, sieur DE SAINT-GERMAIN.) *S. l.* (1635), in-4.

Vérité (la) défendue et prouvée par des faits, contre les calomnies anciennes et nouvelles. (Par le P. Louis ROSAVEN, jésuite.) *Polocz*, 1817, in-8. — Sec. édit., *Avignon, Aubanel*, 1825, in-12.

Vérité (la) déguisée, persécutée et reconnue, en trois parties ; histoire chrétienne. (Par TEMPLERY.) *Cologne, B. Egmond*, 1698, in-12.

« Catalogue de la bibliothèque de Montpellier », Belles-Lettres, n° 3213.

Vérité (la) des miracles opérés à l'intercession de M. Pâris et autres appellants, démontrée contre M. l'archevêque de Sens (Languet, par CARRÉ DE MONGERON). 1737-1741, 2 vol. in-4. — *Cologne*, 1745-1747, 3 vol. in-4, avec gravures d'après les dessins de Restout.

Vérité (la) des oracles de l'Apocalypse, ou la révolution française prédite, il y a dix-huit siècles, par saint Jean. *S. l.*, an V-1797, in 8;

Signé : P. MONTOPOSÉ.

Vérité (la) dévoilée. (Par CHAILLON DE JONVILLE.) *Cosmopolis*, 1789, in-8, 2 ff. de titre et de table et 202 p.

Note manuscrite de Barbier.

Vérité (la) dévoilée. (Par l'abbé Jean ROY.) *S. l.*, 1790, in-8, un f. de titre et 26 p.

Le titre de départ, page 1, porte : « La vérité dévoilée, ou mémoire d'une victime de l'aristocratie ».

Vérité (la) diplomatique. (Par le marquis DE LA GERVAISAIS.) *Paris, imp. de A. Pihan-Delaforest*, 1831, in-8, 68 p.

Vérité (la) du magnétisme prouvée par les faits; extrait des notes et papiers de Mme Adelina d'Eldir ... Par un ami de la vérité (M.-G.-T. VILLENAVE) ... *Paris, imp. de Migneret*, 1829, in-8, xx-103 p.

Voy. « Supercheries », I, 305, *c*.

Vérité (la) économique de l'impôt, du crédit. Aux députés des provinces. (Par Nicolas-Louis-Marie MAGON, marquis de LA GERVAISAIS.) *Paris, A. Pihan-Delaforest*, 1831, in-8, 72 p.

Vérité (la) économique. Une pensée de quarante ans, 1790, 1814-1816, 1829-1831. (Par le marquis DE LA GERVAISAIS.) *Paris, Pihan-Delaforest* (1831), in-8, 95 p.

Vérité (de la) et des devoirs qu'elle nous impose. (Par l'abbé HERVIEUX DE LA BOISSIÈRE.) *S. l. n. d.*, in-12.

Vérité (la) et l'équité de la constitution *Unigenitus* démontrée contre la cent-une propositions de Quesnel. (Par le P. DUCHESNE, jésuite.) *Hollande*, 1737, in-12.

Note manuscrite.

Vérité (la) et l'innocence vengées contre les erreurs et les impostures d'un livre anonyme (du sieur Picot), intitulé : « Mémoires pour servir à l'histoire ecclésiastique pendant le XVIII° siècle » ; par le P. B. L. (le P. Bernard LAMBERT). *Paris, Brajeux*, 1811, in-8.

Vérité (la) et l'innocence victorieuses de l'erreur et de la calomnie; lettre à un ami sur la « Réalité du projet de Bourg-Fontaine ». (Par dom CLÉMENCET, bénédictin.) *Cologne (Paris), chez le Sincère, à la Vérité*, 1758, 2 vol. in-12.

Voy. ci-dessus, col. 16, *e*.

Vérité (la) et la religion en visite chez les théologiens, en y cherchant leurs filles la charité et la tolérance. (Par le comte de NIEMERITZ.) *S. l.*, 1695, in-8.

Placcius, n° 2245.

Vérité (la) et la sainteté du christianisme vengées contre les erreurs du livre intitulé : « Origine de tous les cultes », par Dupuis. (Par le P. Bern. LAMBERT, dominicain.) *Paris, Le Clere*, 1796, in-8.

Vérité (la) établie par les faits; par un ancien membre du congrès national belge (le baron J.-H.-L. WAHA DE BAILLONVILLE, ancien sénateur, né à Liége, le 10 juillet 1800). *Liége, Depain*, 1851, in-8, 16 p.

Vérité évidente de la religion chrétienne. (Par dom Fr. LAMY, bénédictin.) *Paris, Couterot*, 1694, in-12.

Vérité (la), ou petite brochure pour servir à une grande histoire; avec le portrait du comte de Lille. Ouvrage qui a été le motif de l'arrestation et du jugement de plusieurs imprimeurs, libraires et hommes de lettres. (Par P.-R. AUGUIS.) *Paris*, 1815, in-8, 18 p.

3 éditions la même année.

Vérité (la) partant pour Vienne. *S. l. n. d.* (1787), in-8, 8 p.

Par l'avocat TRIPONETTI, d'après une note manuscrite sur l'exemplaire de la Bibliothèque nationale.

Vérité (la) persécutée par l'erreur, ou recueil de divers ouvrages des SS. Pères sur les grandes persécutions des huit premiers siècles de l'Église, pour prémunir les fidèles contre la séduction et la violence des novateurs. (Par dom Ch.-Fr. TOUSTAIN, bénédictin.) *La Haye, Vanlom*, 1733, 2 vol. in-12.

Vérité (la) politique. De la chambre inamovible. (Par le marquis DE LA GERVAISAIS.) *Paris, Pihan-Delaforest*, 1831, in-8.

Vérité (la) provençale au roy. Discours contenant sommairement l'état de la Provence avant la naissance de Jésus-Christ, et après soubs les romains empereurs, roys goths, rois de France et comtes du dit pays... Par L. S. D. N. G. P. (le sieur DE NIBLES, gentilhomme provençal). Aix, David, 1631, in-4, 16 p.

Vérité (la) rendue à son jour, contre les déguisements de la passion et du mensonge; par un esprit sincère et sans flatterie. S. l. n. d., in-4, 58 p.

Attribué à Augustin NICOLAS, de Besançon, sur lequel on peut consulter le « Menagiana » et les recueils du temps.

Vérité (la) rendue sensible à tout le monde, ou entretiens familiers d'un curé avec un marchand, sur les contestations dont l'Église est agitée, et en particulier sur la constitution Unigenitus (par DUSAUSSOY ou DUSAUSSOIR, curé de Haucourt, en Normandie), 1719, in-12. — 5° édit., en 1724, avec une deuxième partie qui commence à l'article VI.— Nouv. édition (augmentée par GRILLOT, chanoine de Chablis), 1743, 2 vol. in-12.

Mathieu Marais, dans son « Journal », attribue cet ouvrage à GOY, curé de Sainte-Marguerite, à Paris. Mis à l'index le 7 septembre 1737.

Vérité (la) révélée. Traduit de l'anglois (par E.-J. GENET). Londres, 1755, in-8.

Vérité (la) sur Haïti, ses deux emprunts, ses agents, ses finances, son crédit et ses ressources; réponse à la lettre d'un colon, à l'usage de S. Exc. le ministre des finances et des capitalistes. (Par NONAY.) Paris, imp. de Moreau, 1828, in-8, 44 p.

Vérité (la) sur l'Angleterre; par un Français (M. DE LA VAUGUYON fils aîné). Publiée et dédiée à la nation anglaise par J.-A. VIÉVARD. Londres, Schulz, 1817, 2 part. in-8.

Vérité (la) sur l'empereur Nicolas, histoire intime de sa vie et de son règne; par un Russe (N. SASONOFF). Paris, Librairie nouvelle, 1854, in-18.

Vérité (la) sur l'essai de restauration monarchique; événements qui se sont accomplis du 5 août au 5 novembre 1873. (Par Ernest DAUDET.) Paris, Dentu, 1873, in-12.

Vérité (la) sur l'hospice de Roulers; par un bourgeois de Roulers (VAN HOVE, supérieur du petit séminaire de cette ville). Gand et Bruxelles, Neut (1857), in-8, 64 p.   J. D.

Vérité (la) sur la question d'Orient. (Par Jacques TOLSTOY.) Bruxelles, Kiessling, 1855, in-8.   J. D.

Vérité sur la situation militaire de la

Belgique en 1871. Bruxelles, Muquardt, 1871, in-8.

Signé : « Par un colonel de l'armée » (Alexis BRIALMONT).

Vérité (la) sur la situation militaire en Belgique; par le rapporteur de la loi de 1845 (le prince DE CHIMAY). Bruxelles, Decq, 1852, in-8, 39 p.   J. D.

Vérité (la) sur le canon rayé. Bruxelles, chez tous les libraires, 1861, in-8, 16 p.

Cette facétie est du général Henri-Louis-Gustave GUILLAUME.   J. D.

Vérité (la) sur le cardinal Fesch, ou réflexions d'un ancien vicaire général de Lyon (l'abbé J.-F. CATTET) sur l'histoire de Son Éminence par M. l'abbé Lyonnet. Lyon, Lesne, 1842, in-8.

L'année suivante, l'auteur publia : « Défense de la Vérité... » Voyez IV, 858, e. Le nom de l'auteur y a, par erreur, été imprimé CALLET.

Vérité (la) sur le choléra à Lyon. Avertissements et conseils, par M. T. (ASTIER), ex-chirurgien de la marine. Lyon, Chanoine, 1849, in-8, 16 p.

Vérité (la) sur le différend turco-russe; par M*** (GRETSCH). Bruxelles, Muquardt, 1853, in-12, 67 p.   J. D.

Vérité (la) sur le hasard, ou explication de la loi sur la roulette, offrant des moyens infaillibles de vaincre toutes les banques de jeux de hasard et de jouer à la roulette avec la certitude absolue de gagner. (Par le baron MOLROGUIER DE BRUSLE.) Spa, Bourdoux (1874), in-8.

« Bulletin du bibliophile belge », 1874, p. 85.

Vérité (la) sur le notariat; par un anonyme (HUBERT, rédacteur du « Contrôleur »). Bruxelles, 1845, in-18, 33 p.   J. D.

Vérité (la) sur le procès du prince Pierre Dolgoroukow, par un Russe (le prince DOLGOROUKOW lui-même). Londres, Smith (Bruxelles, Lacroix), 1862, in-32, 143 p.

Vérité (la) sur le procès Lafarge; par un avocat du barreau de Paris (J. FORSELIER). Paris, Lavigne, 1840, in-8.

Vérité (la) sur le recensement. Grenoble, imp. de Baratier (1841), in-8, 14 p.

Signé : Un contribuable (J.-A. AMOUROUX).

Vérité (la) sur le socialisme; par *** (Ch. NARDIN). Paris, imp. de d'Aubusson, février 1850, in-16.

Réimprimé la même année, avec le nom de l'auteur sur le titre.

Vérité (la) sur les cent-jours, principalement par rapport à la renaissance projetée de l'empire romain; par un citoyen de la Corse. *Bruxelles, H. Tarlier*, 1825, in-8, x-226 p.

Cet ouvrage, qui contient deux pièces, l'une de Melchior DELFICO, l'autre du comte Louis CORVETTO, a été publié par le comte LIBRI-BAGNANO.

Vérité (la) sur les événements de Lyon au mois d'avril 1834. (Par MM. GENTON, GRÉPPO et ALLERAT.) *Paris, Dentu*, 1834, in-18.

Vérité (la) sur les hommes et les choses du royaume d'Italie. Révélations. *Bruxelles*, 1867, in-8.

Ce pamphlet, dont GRISCELLI se dit l'auteur (p. 182-183 de ses « Mémoires »), aurait été suivant lui corrigé.

Vérité sur les insurrections de l'armée pendant l'été de 1790. (Par Adr. DE GASPARIN.) *(Paris), Boulard* (1790), in-8.

Vérité (la) sur les marchés Ouvrard, ou question européenne renfermée dans l'affaire de Bayonne. (Par Ant.-Marie HENNEQUIN.) *Bruxelles, Galand*, 1827, in-8.
J. D.

Attribué à tort à LIBRI-BAGNANO. Voy. « Supercheries », I, 738, d.

Vérité (la) sur les sessions, années 1815 et 1816, et aperçu sur les élections de 1817; par les auteurs des « Annales historiques des sessions du Corps législatif » (MM. D'AURÉVILLE et GAUTIER, du Var). Seconde édition. *Paris*, 1818, in-8.

La première édition a paru en 1817 ; elle portait le nom de GAUTIER, du Var.

Vérité (la) sur les spectacles de Lyon, satire. (Par Ph.-Fr.-Nazaire FABRE D'ÉGLANTINE.) *S. l.*, 1785, in-8, 16 p.

Catalogue Coste, nº 12,456.

Vérité (la) sur Marie Stuart, d'après des documents nouveaux; par l'auteur de l' « Essai sur l'Allemagne » (l'abbé MENEVAL). *Paris, imp. de E. Plon*, 1877, in-18, 2 ff. de tit., 254 p. et 1 f. de table.

Vérité (la) sur Rome. *Besançon, imp. de Jacquin* (1849), in-8.

Signé : C. (CHIFLET).

Vérité (la) telle qu'elle est, contre « la Pure vérité »; par une société d'honnêtes gens. (Par URIOT.) *Stougard*, 1765, in-8.

Voy. VI, 1111, c.

On a encore : « Lettres wurtembergeoises, ou la vérité sans fard opposée à la « Pure vérité » et à la « Vérité telle qu'elle est ». *Vraibourg*, 1766, in-8.

Vérité (la) toute nue, ou avis sincère et désintéressé sur les véritables causes des maux de l'État et les moyens d'y apporter le remède. (Attribué au P. FAURE.) *Paris*, 1652, in-4, 23 p.

Voy., pour une réponse à cet ouvrage, « l'Avocat général... », IV, 372, d.

Vérité (la) toute nue, ou réponse par les faits à tous les mensonges imprimés et manuscrits de Jacques Cherest contre les Tonnerrois. (Par M. FOURCADE, député de l'Yonne.) *Paris*, an V-1797, in-8.

Vérité (la) vengée en faveur de saint Thomas par saint Thomas même. (Par le P. TOURON.) *S. l.* (1763), in-12, 69 p.

Vérité (la) vengée, ou Lettre d'un ancien magistrat à M. l'abbé de Feller, rédacteur du « Journal historique et littéraire ». (Par Ant. SABATIER, de Castres.) *Liége*, 1789, in-8, 76 p.

Vérité (la) vengée, ou réponse à la « Dissertation sur la tolérance des protestants de France »; par l'auteur de « l'Accord parfait », etc. (le chevalier DE BEAUMONT). 1756, in-12, 97 p.

Vérité (la). Vertu et vérité. Le cri de Jean-Jacques et le mien. (Par l'abbé DU LAURENS.) *Pékin*, 1786, in-8, 320 p.

Voy. « Supercheries », II, 467, d.

Vérité (la) vraie sur la Pologne; par un conseiller d'État (Jacques TOLSTOY). *Paris*, 1861, in-8.
A. L.

Vérité (la) vraie sur la question de Savoie. (Par M. MONTMAYEUR.) *Annecy, J. Prévost*, 1860, in-8.

Vérités à l'ordre du jour, ou nouvelle critique raisonnée tant des acteurs et actrices des théâtres de Paris que des pièces qui y ont été représentées pendant le cours de l'année dernière. *Paris, Garnier*, an VI, in-32.

Attribué à Fabien PILLET. Voy. « Melpomène et Thalie vengées », VI, 121, e.

Vérités académiques, ou réfutation des préjugés populaires dont se servent les jésuites contre l'Université de Paris. (Par Godefroy HERMANT.) 1643, 1646, in-8.

Veritez chrestiennes au roi très-chrétien. (Par Mathieu DE MORGUES, sieur DE S.-GERMAIN.) *S. l.*, 1620, in-8.

Quatre éditions la même année.

Veritez (les) de la religion prouvées et défendues contre les anciennes hérésies par la vérité de l'eucharistie... (Par l'abbé PETIT.) *Paris*, 1686, in-12.

« Nouvelles de la république des lettres ».

Vérités divines pour le cœur et l'esprit; par M. DE D........ (le marquis A. ESMONIN DE DAMPIERRE). *Lausanne, D. Petillet (Paris, Barrois)*, 1823-1824, 2 vol. in-8.

Vérités élémentaires sur l'impôt communal, à propos du projet d'extension de l'octroi comme droit de consommation à tout le pays. (Par DE GRONCKEL.) *Bruxelles, Van Meenen*, 1860, in-8, 29 p.

Vérités (les) en petits contes (en vers), dédiées au prince Louis de Lorraine. (Par DOURCHE.) *Nancy, Gaydon*, 1708, in-12.

Vérités (les) françoises opposées aux calomnies espagnoles; par un gentilhomme de Picardie (DE BINVILLE). *Beauvais*, 1635, 1637, 1639, 3 vol. in-8. — *Paris*, 1643, in-4.

Vérités importantes sur la fin de l'homme.... *Lyon, Valfray*, 1734, in-12, 179 p.

Le nom du P. GALIFFET, jésuite, est exprimé dans l'approbation.

Vérités littéraires sur la tragédie d'Hérode et de Marianne, de M. de Voltaire. (Par l'abbé P.-Fr. GUYOT DESFONTAINES et Franç. GRANET.) *Paris, Musier*, 1725, in-8.

Vérités philosophiques et patriotiques sur les affaires présentes. (Par Jacques-Guillaume THOURET.) 1788, in-8.

La brochure dont il s'agit ici est citée dans l' « Introduction au Moniteur », p. 229 ; mais M. Thouret fils m'a déclaré n'avoir aucune connaissance de cet écrit, attribué sans doute trop légèrement à son illustre père.

Vérités philosophiques tirées des Nuits d'YOUNG et mises en vers libres, etc.; par M. DE M*** (Alexandre-Guillaume MOUSLIER DE MOISSY). *Paris, Pillot*, 1770, in-8.

Veritez (les) plaisantes, ou le monde au naturel. *Rouen, Maurry*, 1702, in-12, 524 p., plus 16 ff. prélim.

Le privilége accordé à Pierre Ferrand, imprimeur ordinaire du roi à Rouen, remonte à l'année 1696 ; mais ce livre ne fut complétement imprimé qu'en avril 1702. Cet ouvrage a été attribué à David FERRAND, ce qui ne peut être qu'une erreur, puisque dans ce volume se trouve une pièce de vers sur la mort de Letellier, peintre, qui mourut vers 1690, tandis que le poëte imprimeur est mort vers 1660. Un bibliophile du siècle

dernier attribue la composition des « Veritez plaisantes » à un avocat au parlement de Normandie, du nom de DUTUIT.

Voy. Frère, « Manuel du bibliographe normand », II, p. 596.

Vérités positives. Rapports entre les vérités physiques et les vérités morales. (Par Constance FUSNOT.) *Bruxelles, Mahieu*, 1854, in-18, 31 p.　　　J. D.

Vérités satyriques en dialogues. (Par l'abbé Pierre DE VILLIERS.) *Paris*, 1725, in-12.

Attribué aussi à BORDELON.

Vérités sensibles de la religion. Maximes d'un philosophe chrétien. Gémissements d'un solitaire, sur les désordres de la plupart des chrétiens. *Paris, Butard*, 1768, in-12.

En prenant les lettres initiales des phrases du dernier de ces trois ouvrages, on trouve François PICARD DE SAINT-ADON, prêtre du diocèse de Rhodez, de la ville de Saint-Cosme en Rouergue, docteur de Sorbonne, doyen du chapitre royal de Sainte-Croix et de la chrétienté d'Étampes, diocèse de Sens en Bourgogne.

Vérités sur les landes de la Gascogne et sur la culture forestière des pins; par un paysan des Landes (DALLIÈS, de Bordeaux). *Paris, Bouchard-Huzard*, 1841, in-8, 114 p., plus 5 p. non chiffrées et 2 tableaux.

Vérités sur les mœurs, en vers, par T... (TEISSIER). *Paris, Bernard*, 1694, in-12.

Réimprimé, avec le nom de l'auteur, sous ce titre : « le Théophraste en vers, ou vérités sur les mœurs ». *Paris, Brunet*, 1701, in-12.

Vermansai, comédie en un acte (et en prose, par DELAULNE). *Paris*, 1788, in-8.

Vermont et Floricourt, ou le choix délicat; suivi de l'École de l'humanité, de l'Amour et la nature, et de la Force d'une première inclination. Par M*** (DUBERGIER). *Paris, Tiger*, 1822, in-18.

Vernisseur (le) parfait, ou manuel du vernisseur; par l'auteur du « Nouveau teinturier parfait » (DE LOMMOIS). *Paris, C.-A. Jombert*, 1771, in-12, 2 ff. de tit., 232 p. et 2 ff. de privilége.

Vérolette (la), ou petite vérole volante; par M** (J.-B. HATTÉ). *Paris*, 1759, in-12.

Véron, ou le hibou des jésuites opposé à la corneille de Charenton; par J. M. (Jean MESTREZAT). Avec la messe trouvée au treizième chapitre des Actes des apôtres, par ledit hibou, nommé Véron. *Villefranche, Selon* (1678), pet. in-12 de 32 et 82 p.

Voy. « Supercheries », II, 408, *l* ; et « Catalogue Leber », t. I, n° 452.

Verre (le) d'eau. Imité de l'allemand, par l'abbé H. (l'abbé T.-F.-X. HUNKLER). *Paris, Gaume frères*, 1839, in-32, 64 p. et une gravure.

Vers à l'occasion du passage dans les Hautes-Alpes de S. A. R. le duc d'Angoulême, en 1816. (Par J. FAURE.) *Gap*, 1816, in-8, 2 p.

Quelques exemplaires portent le nom de l'auteur.

Vers à soie. Régénération, cause de l'épidémie, moyen de la combattre; par un piocheur, L. P. M. (Louis-F. PERNY). 3° édition. *Toulouse, imp. de Troyes*, 1868, in-8, 31 p.

Extrait de l' « A B C de l'agriculture », du même, dont la 4° édition a été publiée en 1869 avec le nom de l'auteur.

Vers adressés aux députations des loges françaises à l'O.·. de Gand, le 14 décembre 1844. (Par C.-A. VERVIER.) *Gand*, in-4, 2 ff.

Vers burlesques envoyés à M. Scarron sur l'arrivée du convoy à Paris. *Paris, Boudeville*, 1649, in-4, 4 p.

Mazarinade que M. C. Moreau, si bien au fait de la bibliographie de ces sortes d'écrits, croit de SAINT-JULIEN.

Vers citez par S. Grégoire, E. de Tours, dans le IV° livre de son Histoire. (Par Michel DE MAROLLES.) *S. l. n. d.*, in-8, 8 p.

Voy. « Catalectes, ou pièces choisies des anciens poëtes latins... », t. IV, col. 508, *a*.

Vers du ballet du triomphe de la beauté, dansé par Mademoiselle. (Par Fr. HÉDELIN, abbé d'Aubignac.) *Paris, M. Brunet*, 1640, in-4, 35 p.

Vers du ballet royal dansé par Leurs Maiestez entre les actes de la grande tragédie de l' « Hercule amoureux ». Avec la traduction du prologue et des arguments de chaque acte. (Par Isaac DE BENSERADE.) *Paris, Robert Ballard*, 1662, in-4.

Vers françois de feu Estienne DE LA BOETIE. (Publiés par Michel MONTAIGNE, qui les a fait précéder d'une épître.) *Paris, F. Morel*, 1572, in-8, 7 ff.

Vers leipogrammes et autres ouvrages en poésie de S. C. S. D. R. (Salomon CER-

TON, secrétaire du roi). *Sedan*, 1620, in-12.

Vers pour monseigneur le Dauphin, au sujet d'une aventure arrivée entre lui et le petit marquis de Brancas. (Par le P. J.-Antoine DUCERCEAU.) *Paris, J. Estienne*, 1714, in-8, 1 f. de titre et 5 p.

Vers presentez au roi, sur sa campagne de 1676. (Par Pierre CORNEILLE.) *Paris, G. de Luyne*, 1676, in-4, 3 p.

Vers (les) satyriques et énigmatiques du nouveau Théophile. (Par Pierre DE COTIGNON, sieur DE LA CHARNAYS.) *Paris, Hulpeau*, 1626, in-12.

Voy. « Supercheries », II, 1273, *e.*
Voy. aussi Brunet, « Manuel du libraire », 5° éd., t. II, col. 327.

Vers solitaires et autres de diverses espèces, dont il est traité dans le livre : « De la génération des vers », représentés en plusieurs planches... (Par Nicol. ANDRY.) *Paris, d'Houry*, 1818, in-4.

Vers sur l'exil de Henri V. 1838. *Paris, Dentu*, 1848, in-8, couverture imprimée servant de titre et 4 p.

Signé : DE M..... (DE MULLER), ancien garde du corps, auteur du « Chant du sacre ».

Vers sur l'hommage qui va être rendu au grand Corneille, par l'érection d'une statue sur une des places publiques de Rouen, au moyen d'une souscription. (Par DENIÉPORT.) *Rouen, N. Périaux*, 1834, in-8.

Vers sur la mort, par THIBAULT, de Marly, publiés sur un manuscrit de la Bibliothèque du roi. (Par Dominique-Martin MÉON.) *Paris, Crapelet*, 1826, gr. in-8. — 2° édit., augmentée du « Dit des trois mors et des trois vifs » et du « Mireur du monde ». *Paris, Bohaire*, 1835, in-8.

Vers sur la mythologie d'Ossian, lus au premier consul chez le consul Lebrun, le 23 vendémiaire an IX. *S. l. n. d.*, in-8, 4 p.

Par le C° Auguste CREUZÉ, d'après une note manuscrite contemporaine.

Vers sur la naissance et le baptême de S. A. R. Msr le duc de Bordeaux. Par M. Edmond DE M... (DE MANNE fils). *Paris, Le Normant*, 1821, in-8.

Vers sur la promenade de S. M. l'empereur et roi au milieu de son peuple de Paris, le matin du 5 avril 1813. (Par Aug. HUS.) *Paris, imp. de Moreau*, in-8.

Vers sur le mariage de Mᵍʳ le Dauphin. (Par Regnault, de Bar-le-Duc.) *Paris, impr. de Valleyre* (1770), in-4, 8 p.

Vers sur le mariage du roy, au roy Stanislas. (Par le P. Couprye.) *Blois, s. d.* (vers 1725), in-4, 8 p.

Vers (en latin) sur un séjour favori. (Par Ralph Carr, né à Londres en 1794.) *S. l. n. d. (Paris,* 1819), in-8, 15 p.

Vers sur Voltaire et sur son apothéose au Parnasse. (Par Michel-Paul Guy de Chabanon.) *Paris,* 1778, in-8, 16 p.

Versailles dévoilé par « la Mode ». *Paris, bureau de la Mode,* 1837, in-8.

Signé : N. (Alfred-François Nettement).

Versailles et son musée historique, ou description complète et anecdotique de la ville, du palais, du musée, du parc et des deux Trianons ; précédé d'un itinéraire de Paris à Versailles, et orné de plans et de vues gravées sur bois. (Par Jules Janin.) *Paris, Bourdin* (1837), in-18.

Versailles, seigneurie, château et ville, depuis le xiᵉ siècle jusqu'à nos jours. Essai historique, avec planches et fac-simile. Par un membre titulaire de la Société des sciences morales, lettres et arts de Seine-et-Oise. *Versailles, J. Augé,* 1839, in-8, 158 p.

Signé : E. B. S. (E. B. de Sainte-James, marquis de Caucourt.)

Version de quelques pièces de Virgile, par Mˡˡᵉ de G. (Mˡˡᵉ de Gournay). *Paris, F. Bourriquant,* 1619, in-8.

Versions latino-syntaxiques de Perse et de quelques morceaux de Tacite... Par l'éditeur du « Cours de latin en deux ans » (l'abbé Antide Mangin). *Paris, Delalain,* 1812, in-8.

Vert-Galant (le), comédie. (Par Dancourt.) *S. l.* (1714), in-12, 1 f. de tit. et 30 p.

Note manuscrite.

Vert-Vert, ou le voyage du perroquet de Nevers, poëme héroïque. *Rouen,* 1734 ; — *Amsterdam,* 1735 ; — *s. l. (imprimé par Adrien Sellier, à Soissons),* 1735 ; — *au Perroquet,* 1736, in-12.

Signé : G*** (Gresset). Réimprimé avec le nom de l'auteur et compris dans les éditions de ses Œuvres.

Vertu (la) angélique, traité rédigé par l'auteur du « Memoriale vitœ sacerdotalis » (l'abbé d'Arvisenet). *Troyes, Cardon,* 1822, in-32.

Vertu (la) chancelante, ou la vie de Mˡˡᵉ d'Amincourt. *Paris, Gauguery,* 1778, in-12.

D'après une note insérée au « Feuilleton du Journal de la librairie » du 5 octobre 1833, cet ouvrage aurait été composé en société par Pierre-François-Cantien Baugin, Rossel, Mercier et Mérard de Saint-Just. Mᵐᵉ d'Ormoy n'y aurait coopéré qu'en donnant le titre, bien qu'elle ait passé pour en être l'auteur.

Vertu (la) du catholicon d'Espagne ; avec un abrégé de la tenue des Estats de Paris, convoquez au x de février 1593 par les chefs de la ligue, tiré des Mémoires de madamoiselle de La Lande, *alias* la Bayonnoise, et des secrettes confabulations d'elle et du P. Commelaid. *S. l.,* 1594, in-8.

Voy. « Satyre Ménippée... », col. 420, c.

Vertu (de la) ; par Sylvain Marechal. Précédé d'une notice sur cet écrivain. (Par Mᵐᵉ Gacon Dufour.) *Paris, L. Collin,* 1807, in-8.

Vertu (la) vengée par l'amitié, ou recueil de lettres sur J.-J. Rousseau ; par Mᵐᵉ de *** (Latour de Franqueville).

Imprimé dans le 30ᵉ volume de l'édition des « Œuvres » de J.-J. Rousseau, publiée par les soins de du Peyrou, à Genève, en 1782.

Ce Recueil renferme dix-neuf lettres. L'auteur convient en avoir écrit plusieurs sous différents noms : par exemple, sous ceux de madame la comtesse du Riest-Genest, de madame la comtesse de La Motte, de madame de Saint-G***. Les principales de ces lettres, adressées au rédacteur de l' « Année littéraire », ont pour objet la Notice nécrologique sur J.-J. Rousseau insérée par La Harpe dans le « Mercure de France », le passage de l' « Éloge » de mylord Maréchal, par d'Alembert, injurieux à J.-J. Rousseau ; enfin, la fameuse « Note » contre Rousseau, insérée par Diderot dans l' « Essai sur la vie de Sénèque ». La première de ces lettres fut adressée en 1766 à l'auteur de la justification de M. Hume. La onzième est intitulée : « Errata de l'Essai sur la musique ancienne et moderne » (de M. de La Borde). Si l'on en croit le rédacteur de l'article Gaviniès, dans la « Biographie universelle », le fonds de cette lettre a été fourni à madame de Franqueville par ce célèbre musicien, qui était un admirateur de J.-J. Rousseau.

Le libraire Poinçot a réimprimé la moitié de ces lettres dans le t. XXVIII de son édition de Rousseau. L'autre moitié se trouve dans le 30ᵉ volume.

Vertueuse (la) Portugaise...

Voy. « Pieuse (la) paysanne... », VI, 800, e.

Vertueuse (la) Sicilienne, ou mémoires de la marquise d'Albelini ; par l'auteur des « Mémoires d'une dame de qualité » (l'abbé Cl.-Fr. Lambert). *La Haye,* 1743, 2 vol. in-12. — *La Haye, Van Cleef,* 1759, in-12.

Vertueux (le) mourant, drame en trois actes et en prose. (Imité d'Young, par

MOUSLIER DE MOISSY.) *Paris, Bailly*, 1770, in-8, 79 p.

Catalogue Soleinne, Suppl., p. 75.

Vertus (les) chrétiennes et les vertus militaires en deuil. Dessin de l'appareil funèbre dressé... pour la cérémonie des obsèques de... Henry de La Tour d'Auvergne, vicomte de Turenne... (Par le P. Claude-Fr. MÉNESTRIER.) *Paris, E. Michallet*, 1675, in-4, 28 p.

Vertus (les) du beau sexe; par M. F*** D*** C***. Ouvrage posthume. *La Haye, J. Van den Kieboom*, 1733, in-12, VIII-327 p.

Attribué à François BRUYS dans le Catalogue Dinaux, 1re partie, no 3299, mais non indiqué dans le catalogue des ouvrages de cet auteur joint à ses « Mémoires historiques » publiés en 1751 par l'abbé Ph. de Joly.

Vertus (les) du peuple, ou beaux traits de religion et de vertu choisis dans les plus humbles conditions de la société.... (Par Théod. PERRIN.) *Le Mans, Dureau*, 1829-30, 3 vol. in-18.

Vertus et pratiques des réparations. (Par l'abbé J.-B. LASAUSSE.) *Paris*, 1805, in-24.

Vertus (les), le pouvoir, la clémence et la gloire de Marie, Mère de Dieu; par D. A. J. P. A. D. B. (dom Ant.-Jos. PERNETTI, abbé de Burgel). *Paris*, 1790, in-8.

Vertus (les) médicinales de l'eau commune, ou recueil des meilleures pièces qui ont été écrites sur cette matière (par Fréd. HOFFMANN, SMITH, J. HANCOCKE, GEOFFROY, HECQUET, NOGUEZ, Bern.-Marie DE CRESCENZO. Traduit du latin, de l'anglois et de l'italien par NOGUEZ, NICERON, etc.). Auxquelles on a joint la Dissertation de M. DE MAIRAN sur la glace, et celle de Fréd. HOFFMANN sur l'excellence des remèdes domestiques. Traduit du latin (le tout recueilli et publié par BOUDON). *Paris, Cavelier*, 1730, 2 vol. in-12.

Voy. « Traité des vertus médicinales... », ci-dessus, col. 790, e.

Vertus morales des deux éléphants, mâle et femelle, nouvellement arrivés à la ménagerie du Jardin des plantes... (Par VIGNER.) *Paris, Gueffier*, an VI-1798, in-8, 20 p.

Voy. « Supercheries », III, 685, c.

Vesper; par l'auteur des « Horizons prochains » (Mme Agénor DE GASPARIN). *Paris, Lévy frères*, 1855, in-12.

Vestiges de l'homme et de la nature, ou essais philosophiques; par G. D. D. S. (le général DESDORIDES). *Metz, Collignon*, an IX-1801, 2 vol. in-12.

Vétéran (le) des vétérans sous les armes, ou vie de J. Colembinski (Golembiewski). (Par N.-A. KUBALSKI). *Paris*, 1846, in-8.
A. L.

Vétéran (le) en civisme comme en service militaire à ses concitoyens; par un propriétaire agriculteur (DE LA MAILLARDIÈRE, mort vers 1804). *S. l. n. d.*, in-8, 56 p.

Vétérans (les). Scènes armoricaines; par M. L..... (LOIGEROT). *Paris, Gaume frères*, 1835, in-18.

Veuvage (le) de Figaro, ou la fille retrouvée, comédie en 3 actes et en prose. (Par André-Charles CAILLEAU.) *Paris*, 1785, in-8.

Veuvage (le) du Cigne, conte; par M. GR. (GRIMOND). *Besançon*, 1787, in-4.

Ce M. Grimond était de Besançon; il est mort en Russie, où il était passé au commencement de la Révolution, à la suite des princes. Il est auteur de quelques autres pièces de vers.

Veuvage et célibat. (Par Mme Zélia LONG, née PELON.) *Genève, Béroud*, 1847, 2 vol. in-12.

Veufve (la) à la mode, comédie. *Paris, N. Pipingli* (sic), 1668, pet. in-12, 69 p.

On lit à la dernière page : « Fin de la Veufve à la mode, comédie de M. MOLIÈRE ». Cette comédie, présentée en 1667, eut beaucoup de succès; on l'attribua d'abord à Molière, puis on hésita entre Villiers et DE VISÉ. Ce dernier finit par être regardé comme seul auteur de la pièce, et on soupçonna qu'il n'avait fait que versifier un canevas fourni par Molière lui-même.

Voy. la « Bibliographie moliéresque », par M. Paul Lacroix, 1875, p. 132.

Veuve (la) anglaise, ou la retraite de Lesley Wood; par l'auteur des « Mémoires d'une famille émigrée, etc. » (Mlle J.-Fr. DE POLIER DE BOTTENS). *Genève; et Paris, Paschoud*, 1812, 2 vol. in-12.

Veuve (la) Barnaby, roman de mistress TROLOPPE, traduit de l'anglais par Mme B. (Betsy BELPAIRE, née TEICHMANN). *Anvers, Debacker*, 1855, 2 vol. in-8.
J. D.

Veuve (la) en puissance de mary, nouvelle tragi-comique. Avec deux divertissements, dont l'un a pour titre : « les Casements prices de l'amour », et l'autre : « la Duppe de soi-mesme ». Par Mme L. G. D. R. (LE GIVRE DE RICHEBOURG). *Paris, Pierre Prault*, 1732, in-12, 2 ff., 388 p.

Dans quatre ou cinq endroits de ses additions manuscrites à sa « Bibliothèque des romans », l'abbé Lenglet du Fresnoy prétend que MAUGIN DE RICHEBOURG est l'auteur des ouvrages assez généralement attribués à madame Le Gendre ou Le Givre de Richebourg.

Veuve (la) mère, comédie en un acte, en vers. *Paris, Delaunay,* 1825, in-8, 55 p.

La dédicace est signée : Alexandre PIEYRE.

Veuve (la) rusée, comédie en prose, de Charles GOLDONI, traduite de l'italien par D. B. D. V. (DE BONNEL DU VALGUIER). *Paris, veuve Quillau,* 1761, in-8.

Vefve (la), ov le Traistre trahy, comédie. (Par Pierre CORNEILLE.) *Paris, Fr. Targa,* 1634, in-8 de 20 ff. et 144 p.

Le nom de l'auteur est à l'épître adressée à Mme de La Maison-Fort.

Veuve (la) sur son bidet. (Par BOYER, âgé de 45 ans, principal commis dans le bureau des vivres.) Vers 1749.

Note de l'inspecteur de la librairie, d'Hemery.

Veuves (les), comédie en un acte et en prose. (Par G.-F. POULLAIN DE SAINT-FOIX.) *Amsterdam, P. Mortier,* 1750, in-12.

Vevey et ses environs. (Par J. COINDET.) *Genève et Vevey,* 1842, in-8, avec 4 lithogr.

Veynes. (Par Guy ALLARD.) *S. l. n. d.,* in-4.

Guigard, « France héraldique », nº 4762. Généalogie de la famille Lebrun Veynes.

Viager (le), ou le capitaliste du cent pour cent, comédie en un acte, par M. l'avocat Sografi. Traduction de Mme C. P. (Catherine PADOVANI ANGELINI, de Padoue). *Padoue.* 1812, in-8. Melzi.

Viat (le) du salut, très-nécessaire et utile à tous les chrétiens. (Par Guillaume PARVI ou PETIT.) *Troyes, J. Lecocq, s. d.* (vers 1526), pet. in-8, 47 p.

Ouvrage plusieurs fois réimprimé dans le cours du XVIe siècle. On connaît une édition de *Longeville devant Bar-le-Duc,* 1527, et d'autres de *Troyes, Paris et Lyon,* de 1526 à 1540. (Voir le « Bulletin du bibliophile », 1877, p. 72.)

Vice (le) et la foiblesse, ou mémoires de deux provinciales, rédigés par l'auteur de « la Quinzaine anglaise » (le chevalier J.-J. RUTLIDGE). *Lausanne; et Paris, Regnault,* 1785, 2 vol. in-12.

Vice (le) puni, ou Cartouche, poëme, nouvelle édition. (Par Nic. RAGOT DE GRANDVAL père.) *Paris, Prault,* 1725, in-8.

Publié d'abord en 1723 sous ce titre : « Cartouche

---

ou le vice puni... ». (Voy. IV, 504, d.) Cet ouvrage a été souvent réimprimé, et notamment en 1837, avec le nom de l'auteur.

On trouve à la suite du poëme un Dictionnaire argot-français, suivi d'un Dictionnaire français-argot.

Voir, pour des détails bibliographiques, « Étude de philologie comparée sur l'argot... Par Francisque Michel ». Paris, 1856, in-8.

Vice-roi (le) de Catalogne.

Voy. « le Double cocu », IV, 1115, a.

Vices (les) communs à tous les concordats. (Par l'abbé P. FEUILLADE.) *Paris,* 1818, in-8.

Vices de l'administration actuelle des subsistances militaires, et réponse à un ancien directeur des vivres; par un intendant militaire (ROSTAING). *Paris, L. Colas,* 1817, in-8.

Vices et intrigues de la maison de détention de Vilvorde. (Par J. DE JUMME.) *Bruxelles,* 1835, in-18.　　　J. D.

Vicissitudes (les) de l'Église catholique des deux rites en Pologne et en Russie. Ouvrage écrit en allemand par un prêtre de la congrégation de l'Oratoire (le P. Aug. THEINER), précédé d'un avant-propos par le comte DE MONTALEMBERT. *Paris, Debécourt,* 1843, 2 vol. in-8.

Vicissitudes (les) de la fortune, ou cours de morale mise en action pour servir à l'histoire de l'humanité. (Par Jacques-Philibert ROUSSELOT DE SURGY.) *Paris, Delalain,* 1769, 2 vol. in-12.

Vicomte (le) de Barjac, ou mémoires pour servir à l'histoire de ce siècle. (Par le marquis DE LUCHET.) *Dublin, Wilson, et Paris,* 1784, 2 vol. in-18.

Une clef imprimée manque à beaucoup d'exemplaires. Plusieurs éditions différentes la même année ; l'une d'elles porte sur le frontispice : « Par M. C... DE L..., auteur des « Liaisons dangereuses ». C'est une fausseté.

Victime (la) d'estat, ou la mort de Plautius Silvanus, préteur romain. Tragédie, par le sieur D. P. (DE PRADO). *Paris, Nic. et J. de La Coste, ou P. Targa,* 1649, in-4, avec titre gravé.

Victime (la) de l'imagination, ou l'Enthousiaste de Werther, traduit de l'anglais de HILL (par Antoine-Gilbert GRIFFET DE LABEAUME et François NOTARIS). *Paris,* 1794, 2 vol. in-18.

Victimes (les) de l'amour. (Par Claude-Joseph DORAT.) *Amsterdam; et Paris, Delalain,* 1776, in-8.

Victimes (les) de l'amour et de l'inconstance, ou lettres de Mme de Blainville. (Par Mme Lory de Narp.) *Paris, Laurens jeune*, 1792, 2 vol. in-12.

Victimes (les) de l'intrigue, ou l'héroïsme dans le malheur. (Par Marie-Victoire Frescarode, dame Clo.) *Paris, 1805*, 2 part. in-8.

Victimes (les) du despotisme épiscopal, ou les pucelles d'Orléans, poëme en six chants. (Par P.-H. Robbé de Beauveset.) *Paris, Prault*, 1792, in-8, 119 p.

Même ouvrage que « les Pucelles d'Orléans... ». Voy. VI, 1109, b.

Victimes (les), poëme héroïque en quatre chants. (Par Alexis Maton.) *Amsterdam (Paris, Delalain)*, 1768, in-8.

Victoire de Martigues, ou suite de « la Rentière ». (Par Mme de Colleville.) *Paris, 1804*, 4 vol. in-12.

Voy. « Mme de N***, ou la rentière », V, 6, b.

Victoire (la) du roy contre les Vénitiens. *Paris, A. Vérard*, 1510, in-4, 32 ff.

L'auteur, Claude de Seysset, est nommé au verso du titre.

Victoire (la) et la Paix, comédie en 2 actes et en prose, par un membre de la Société dramatique de Gap (Jean-Pierre Ducolombier). *Gap, J. Allier*, an V, in-8, 52 p.

Catalogue Soleinne, n° 2936.

Victoire (la) et triumphe d'argent contre Cupido, dieu d'amours, naguierres vaincu dedans Paris. (Par Almanque Papillons.) Avec la responce (par Charles Fontaine). *Lyon, F. Juste*, 1537, in-16.

Victoires, conquêtes, revers et guerres civiles des Français, depuis les Gaulois... Par une société de militaires et de gens de lettres (le général Beauvais, V. Parisot et autres). *Paris, Panckoucke*, 1821-1833, 35 vol. de texte et 2 vol. de portraits, in-8.

Voy., pour le détail des éditions de cet ouvrage, le « Catalogue de l'histoire de France » de la Bibliothèque nationale, tome VII, page 578, et « Supercheries », III, 686, a.

M. le lieutenant-général Thiébault a fourni d'utiles matériaux pour cet ouvrage. On doit encore à M. le général Beauvais la publication de l'ouvrage intitulé : « Correspondance inédite, officielle et confidentielle de Napoléon Bonaparte avec les cours étrangères, etc. ». *Paris*, 1819 et 1820, 7 vol. in-8. Il a puisé ces lettres dans la collection manuscrite que Napoléon avait fait copier avec beaucoup de soin et relier avec magnificence au nombre d'environ 30 volumes in-folio

et in-4. On croit que cette collection a été ensuite envoyée au prince Eugène.

Un volume plus précieux encore que cette correspondance renfermait les lettres autographes et confidentielles écrites à Napoléon par plusieurs souverains d'Europe. Napoléon l'avait recommandé d'une manière particulière à son frère Joseph ; mais cet important recueil s'égara. Il fut transporté à Londres et acheté la somme de 700,000 francs par le ministre d'une grande puissance, qui fut remboursé de ses avances en cédant à divers ministres les lettres de leurs souverains respectifs. On peut croire que ces lettres ne seront jamais imprimées.

Victoires mémorables des François, ou les descriptions des batailles célèbres, depuis le commencement de la monarchie jusqu'à la fin du règne de Louis XIV. *Paris, Nyon fils*, 1754, 2 vol. in-12.

Ce sont de simples extraits de divers auteurs. La dédicace au marquis de Paulmy est signée : Alletz.

Victor-Amédée, tragédie en cinq (*sic*) actes et en vers, par l'auteur de la « Minéralogie sicilienne » (le comte de Borch). *Varsovie*, 1789, in-8.   A. L.

Victor Hugo en Zélande. (Par Charles Hugo.) 2e édition. *Paris, Michel-Lévy*, 1868, in-18.

La première édition a paru dans « la Liberté », sous le pseudonyme de Paul de La Miltière.

1802-1841. Victor Hugo raconté par un témoin de sa vie (Mme Victor Hugo, née Adèle Foucher). *Paris, librairie internationale*, 1863, 2 vol. in-8.

Souvent réimprimé.

Victor, poëme en cinq actes, par M*** (Servan de Sugny). *Paris, Amyot*, 1835, in-12.

Victorine, histoire très-véridique d'une jolie femme du quartier Bréda. (Par le libraire H.-Jos.-Fortuné Roustan.) *Imp. de Caron Noel*, 1854, in-12, 128 p.

Victorine, ou la nouvelle Nina, drame en un acte, mêlé de couplets. (Par Hocquet fils.) *Paris, imp. de Hocquet*, 1824, in-8.

Victorine; par l'auteur de « Blançay... » (Gorgy). *Paris, Guillot*, 1789, 2 vol. in-18. *Paris*, 1794, 2 vol. in-18.

Vie (la) de Pierre **Abeillard**, abbé de Saint-Gildas de Ruis... et celle d'Héloïse, son épouse... (Par dom Franç.-Arm. Gervaise.) *Paris, Barois*, 1720, 1728, 2 vol. in-12.

Vie de Marguerite **Acarie**, dite du Saint-Sacrement... fille de la bienheureuse sœur

Marie de l'Incarnation, religieuse du même ordre; écrite par M. T. D. C. (TRONSON DE CHENEVIÈRES). *Paris, Sevestre,* 1689, in-8.

Voy. ci-après « Vie de... Marie de l'Incarnation », et la « Bibliothèque historique de la France », t. IV, p. 372.

Vie (la) de sainte **Adile**, vierge, extraite d'un ancien manuscrit d'Orp le Grand (par Jean DU MONCEAUX DE HANNUT, jésuite). *Liége,* 1614, in-12.

Vie d'**Agathocle** (tyran de Syracuse), avec des réflexions sur là conduite des usurpateurs modernes, traduite de l'anglois de Richard PERRINCHIEFE (par M.-A. ÉIDOUS). *Paris,* 1752, in-8.

L'ouvrage original a paru sous ce titre : « The Sicilian tyrant, or the life of Agathoclès ». *Londres,* 1661, in-8.

Vie de la vénérable Mère **Agnès** de Jésus (Agnès Galand), religieuse de l'ordre de Saint-Dominique, par un prêtre du clergé (Ch.-L. DE LANTAGES). Avec l'abrégé de la vie de la Mère Françoise des Séraphins... (par Marie-Madelaine DE MAUROY). *Paris, Delagarde frères,* 1665, in-4. — *Le Puy, Fosse,* 1666, in-4. — 3ᵉ édition. *Le Puy, Clet,* 1718, in-8.

Réimprimé avec le nom de l'auteur, *Paris, Poussielgue Rusand,* 1863, 2 vol. in-8.

Vie (la) de Jules **Agricola**, descripte à la vérité par Cornelius TACITUS, son gendre (traduite en françois par Ange CAPPEL DU LUAT). (*Paris*), 1574, in-4.

Cette traduction est dédiée à la reine d'Angleterre Élisabeth. On lit le nom de l'imprimeur *Denis Du Pré* dans une vignette qui se trouve au haut du 5ᵉ feuillet. La Croix du Maine avait dit que cette traduction avait été imprimée à Paris, sans citer ni l'année de l'impression ni le nom de l'imprimeur. L'exemplaire de la Bibliothèque du Roi m'a fait connaître toutes ces particularités.

Vie de Julius **Agricola**, par TACITE; traduction nouvelle, par DES.... (Martial-Borge DESRENAUDES). *Paris, Laran et A. Bailleul,* an V-1797, in-12.

Vie d'**Agricola**, par TACITE, traduction nouvelle (par Ambroise RENDU). *Paris, Xrouet,* 1806, in-18. — 2ᵈ édition. *Paris, Nicolle,* 1808, in-18. — 3ᵉ édition. *Paris, Gosselin,* 1822, in-12.

Vie d'**Agricola**, par TACITE, traduite en français par un officier du corps royal d'état-major (COOLS DESNOYERS). *Paris, Firmin Didot,* 1819, in-8, 126 p.

Vie d'**Agricola**, par TACITE, traduite par N. L. B. (Napoléon-Louis BONAPARTE).

Florence, G. Piatti, 1829, in-8, 54 p., plus 8 p. de notes et un f. d'errata.

Le traducteur a dédié son travail à sa cousine Mˡˡᵉ Juliette de V.... (Villeneuve).
La lithographie qui se trouve au bas de la page 54 est signée : à G. Charlotte. C'est le prénom de la seconde fille de Joseph, femme de N.-L. Bonaparte. A droite, L. S., nº 621.

Vie (la) de Marguerite de Lorraine, duchesse d'**Alençon**... *Paris, Cramoisy,* 1628, in-8.

Par le P. Pierre DU HAMEAU, jésuite, suivant le P. Lelong. Réimprimée par les soins de Mᵐᵉ DE TIERCEVILLE sous ce titre : « la Vie de la bienheureuse Marguerite de Lorraine, duchesse d'Alençon... ». *Paris, Hénault,* 1658, in-8.

Vie d'**Alexandre** Iᵉʳ, empereur de Russie... Par A. E. (A.-C. ÉGRON). *Paris,* 1826, in-8, 428 p. et un portrait.

Égron a tout simplement copié, pour ce qui concerne la littérature russe dans cet ouvrage, l'Introduction placée par Lemontey en tête de « Fables russes, tirées du recueil de M. Kriloff... publiées par M. le comte Orloff ». *Paris,* 1825, 2 vol. in-8.   A. L.

Vie de Victor **Alfieri**, écrite par lui-même, et traduite de l'italien par Mᵛˣ (Claude-Bernard PETITOT). *Paris, Nicolle,* 1809, 2 vol. in-8.

Vie (la) du roy **Almanzor**, écrite par le vertueux capitaine Aly ABENÇUFIAN, vice-roy et gouverneur des provinces de Deuque en Arabie (trad. de l'espagnol par le P. François DOBEILH, de la Compagnie de Jésus). *Amsterdam, D. Elzevir,* 1671, pet. in-12, 6 ff. lim., 202 p. et 1 f. non chiffré.

Le nom du traducteur est véritablement DOBEILH et non d'Obeilh, quoiqu'il le soit anobli, selon l'usage, sur plusieurs titres de traductions. Cet ouvrage apocryphe n'est rien autre que la traduction de « Vida del rey Jacob Almançor », qui se trouve dans la seconde partie de « la Verdadera Historia del rey don Rodrigo », d'Abuleacim, qui est acceptée pour être un ouvrage du prétendu traducteur espagnol Miguel de Luna.   A. L.

Vie du Père Balthazar **Alvarez**, de la Compagnie de Jésus; par le P. DUPRAT, traduite par l'abbé P*** (PIOT), ancien vicaire général d'Évreux. *Clermont-Ferrand,* 1842, 2 vol. in-12. — 2ᵉ édition. *Paris et Tournay,* 1846, 2 vol. in-12.

Carayon, nº 1452.

Vie (la) du bienheureux **Amédée**, duc III de Savoie. Dédiée à madame Chrestienne de France, sœur du roy et princesse de Piedmont; par un Père de la Compagnie de Jésus. *Paris, S. Chappelet,* 1619, in-4.

Signé : E. B. (Étienne BINET).

Vie (la) miraculeuse du P. Joseph **Anchieta**, de la Compagnie de Jésus, écrite en portugais, par le P. Rodriges, puis en latin par le P. Sébastien Beretaire, et mise en françois par un religieux de la même Compagnie (Pierre d'Outreman). *Douay, Wyon,* 1619, in-12.

Vie de saint **Anthelme**, évêque de Belley. (Par J. Clermont.) *Belley,* 1839, in-12.

Vie de saint **Antoine**, père du désert; par M. L..... H..... (l'abbé T.-F.-X. Hunkler). *Paris, Soc. cath.,* 1831, in-12.

Vie d'**Apollonius** de Thyane, par Philostrate, avec les Commentaires donnés en anglois par Charles Blount (tirés des papiers de Herbert de Cherbury, le tout traduit de l'anglois par de Castilhon). *Berlin,* 1774. — *Amsterdam,* 1779, 4 vol. in-12.

L'Épître dédicatoire (ironique) au pape (par Frédéric II) est signée : Philalethes.

Vie (la) de messire Jean d'**Aranthon** d'Alex, évêque et prince de Genève... (Par dom Innocent Le Masson, général des chartreux.) *Lyon, Comba,* 1697, in-8. — 2ᵉ édit., augm.

Le même auteur a publié : « Éclaircissements sur la vie... ». Voy. V, 11, *b*.

Voy. aussi : « Avis à l'auteur de la Vie... », IV, 356, *e*.

Vie de Jeanne d'**Arc**; par l'auteur de : « Madame la duchesse d'Orléans » (Mᵐᵉ la marquise d'Harcourt, née Paule de Saint-Aulaire). *Paris, Lévy frères,* 1864, in-12.

Vie de messire Antoine **Arnauld** (rédigée par Noel de Larrière, sur les Mémoires de l'abbé de Bellegarde). *Paris; et Lausanne, S. d'Arnay,* 1782-1783, in-4 et 2 vol. in-8.

Vie de saint **Arnoul** et de sainte Scariberge, son épouse; par L. P. J. M. (le Père Jean-Marie du Cernot, du tiers ordre de Saint-François). *Paris, Méturas,* 1676, in-24.

Vie de saint **Augustin**... tirée de ses Confessions. (Par J.-Fr. Bleton.) *Lyon, Rusand,* 1828, in-18.

Vie (la) et miracles de la bienheureuse vierge sainte **Aure**... (Par Jacques Quétic.) *Paris, J. Mestais,* 1623, in-8. — 2ᵉ édit. *Paris, D. de Cay,* 1625, in-8.

L'auteur a signé la préface de la 2ᵉ édition.

Vie (la) du révérend Père d'**Avila**, par le P. L. de Grenade; traduite de l'espagnol (par le P. de Saint-Jure). *Paris,* 1641, in-12.

Vie de M. **Bachelier**, de Gentes. (Par dom Claude Bretagne.) *Reims, Pottier,* 1680, in-8.

Réimprimée la même année avec le nom de l'auteur.

Vie du chancelier François **Bacon**. (Traduite de l'anglois de David Mallet, par Pouillot.) *Amsterdam (Paris, Saillant),* 1755, in-12, 1 f. de titre et 308 p.

Voy., pour une autre traduction de cet ouvrage : « Histoire de la vie et des ouvrages... », V, col. 715, *a*.

Vie de la vénérable Mère Catherine de Bar, dite en religion Mecthilde du S.-Sacrement, institutrice des religieuses de l'Adoration perpétuelle. (Par l'abbé Arn. Bern. d'Icard Duquesne.) *Nancy, Lamort,* 1775, in-12.

Le nom de l'auteur est au privilége.

Vie de **Barberousse**... (Par Adrien Richer.) *Paris, Belin,* 1781, in-12. — *Avignon, Joly,* 1817, in-24.

Vie de dom **Barthelemy** des Martyrs, tirée de son Histoire, écrite en espagnol et en portugais par le P. de Grenade et autres (par Thomas du Fossé et Le Maistre de Sacy). *Paris, Le Petit,* 1663, in-8. — 1664, in-4.

Vie (la) du P. Gaspard **Barzée**, Zélandois, de la Compagnie de Jésus, et compagnon du R. P. Xavier aux Indes... Traduict du latin du R. P. Nic. Trigault, de la mesme Compagnie, par D. F. D. R. T. (de Riquebourg-Trigault). *Douai, imp. de Noel Wardavoir,* 1625, in-8.

Vie (la) et les gestes du preux chevalier **Bayard**, contenant plusieurs victoires par luy faictes durant le règne des rois de France... (Par Symphorien Champier.) *Paris, pour J. Bonfons (s. d.),* in-4, 58 ff.

Le nom de l'auteur est en tête de la dédicace, datée de 1525.

Vie (la) de Guillaume **Bedell**, évêque de Kilmore en Irlande, traduite de l'anglois de Burnet, par M. D. M. (L. du Mesnil). *Amsterdam, Savouret,* 1687. — La vie de M. Hale, grand justicier d'Angleterre, traduite du même (par le même). *Amsterdam, Savouret,* 1688, in-18.

Vie du cardinal **Bellarmin**, de la Compagnie de Jésus. (Par le P. Nicolas Fri-

ZON.) *Nancy*, 1709, in-4. — *Bruxelles*, 1718, in-4.

Il fallut mettre 15 cartons pour que l'ouvrage fût admis à circuler en France.

Vie (la) politique et militaire de M. le maréchal duc de Bell'-Isle, publiée par M. D. C** (DE CHEVRIER). *La Haye, veuve Van Duren*, 1762, in-8.

Plusieurs fois réimprimée.

Vie et aventures du comte Maur.-Aug. Beniowski, résumées d'après ses Mémoires, par N. A. K, (KUBALSKI). Nouvelle édit. *Tours*, 1856, in-12.   A. L.

Vie (la) de Jean Berchmans, de la Compagnie de Jésus, par le P. N. F. (Nic. FRIZON). *Nancy, Barbier*, 1706, in-8.

Souvent réimprimée, et parfois avec le nom de l'auteur.

Vie de monseigneur saint Bernard, dévot chapelain de la vierge Marie et premier abbé de Clerevaulx, translatée de latin en françoys et mise en sept livres distinctz par ung ancien religieux dudict Clerevaulx. *Troyes, Jehan Lecoq, s. d.*, in-4, goth.

Attribué à Guillaume FLAMENG.

Vie (la) de saint Bernard, premier abbé de Clervaux, divisée en six livres, dont les trois premiers sont traduits du latin de trois célèbres abbés de son temps (GUILLAUME, abbé de S.-Thiérry de Reims; BERNARD, abbé de Bonnevaux; et GEOFFROY, religieux de Clervaux); et contiennent l'histoire de sa vie, et les trois derniers sont tirés de ses ouvrages... *Paris, A. Vitré*, 1648, in-4.

Le nom de LAMY, mentionné dans l'Approbation comme étant celui de l'auteur, est le pseudonyme d'Antoine LEMAISTRE.

Souvent réimprimée.

Vie de saint Bernard... Par M. l'abbé F*** (FOISSET). *Paris, Gaume*, 1839, in-18.

Vie (la) du cardinal de Bérulle. (Par Louis-Ant. DE CARACCIOLI.) *Paris, Nyon*, 1764, in-12.

Chaudon et l'abbé de Feller, dans leurs « Dictionnaires historiques », attribuent faussement à l'abbé Goujet cette « Vie de Bérulle ».

L'abbé Goujet avait écrit, à la vérité, une Vie du même cardinal, sur des mémoires manuscrits qui lui avaient été fournis par le P. de La Valette, supérieur général de la congrégation de l'Oratoire. Ce général lui dit en les lui remettant : « Vous y trouverez souvent les jésuites, et toujours en laid ». L'abbé Goujet laissa les jésuites tels qu'ils étaient, et le P. La Valette n'osa faire imprimer son travail, dans la crainte

a que les jésuites ne nuisissent à la congrégation de l'Oratoire, qu'en effet ils n'ont jamais aimée. Dégoûté des retards que le P. La Valette mettait à la publication de son manuscrit, l'abbé Goujet finit par lui en faire le sacrifice.

Au reste, ce sacrifice n'a été nullement gratuit ; c'est-à-dire que le manuscrit a été payé à l'auteur, qui s'est bien gardé de parler de cette circonstance dans ses « Mémoires ».

On fut si mécontent, dans l'Oratoire, de cette « Vie du cardinal de Bérulle » par Goujet, que le fameux P. Houbigant en avait composé une autre, qui était prête *b* à être imprimée ; mais le censeur désira quelques corrections, et l'auteur n'ayant pas voulu les faire, son ouvrage est resté manuscrit, ainsi que celui de Goujet, et un autre plus ancien, d'après lequel Goujet et Houbigant avaient travaillé. Ces trois Vies manuscrites du cardinal de Bérulle étaient dans la bibliothèque de l'Oratoire-Saint-Honoré lors de la Révolution. Elles sont tombées fort heureusement dans les mains de M. Tabaraud, qui s'en est servi pour la composition de son « Histoire du P. de Bérulle ». *Paris, Égron*, 1817, 2 vol. in-8.

c Les reproches faits par l'abbé Goujet, dans ses « Mémoires », au P. La Valette, relativement à sa « Vie manuscrite du cardinal de Bérulle », ont été relevés par le P. Jannart, bibliothécaire de l'Oratoire-Saint-Honoré, mort en 1794, dans une lettre insérée au « Journal ecclésiastique » de 1767, et dont il a été tiré quelques exemplaires séparément, in-12, 4 p.

Vie et ouvrages de M. Lazare-André Bocquillot. (Par Henri-Hubert LETORS.) *S. l.*, 1745, in-12.

d L'article Bocquillot, dans le 2e supplément de Moréri en 1749, a été rédigé sur des Mémoires plus certains que la présente Vie.

Vie (la) de Bonaparte, premier consul de la république française... depuis sa naissance jusqu'au 18 brumaire an X, époque de la paix générale... (Par L. DUBROCA.) *Paris, Bonneville et Dubroca*, an X, in-12, 132 p. et un portrait.

e Vie de Charles-Melchior Artus, marquis de Bonchamps, général vendéen ; par P.-M. CHAUVEAU... (et J.-Fr. ANDRÉ). Suivie de l'Éloge prononcé sur sa tombe... *Paris, Bluet*, 1817, in-8.

Vie de M. François-Léandre Martin de Bonnefond... curé de Marmande... (Par le comte DE MARCELLUS.) *Bordeaux, imp. de veuve Cavazza*, 1810, in-12.

f Réimprimé avec le nom de l'auteur. *Paris*, 1856, in-8.

Vie anecdotique de Henri-Charles-Ferdinand-Marie-Dieudonné d'Artois, duc de Bordeaux, depuis sa naissance jusqu'à ce jour... (Par René-Alissan DE CHAZET.) *Paris, Hivert*, 1832, in-12.

Vie de César Borgia, descrite par Thomas THOMASI ; traduite de l'italien (par le protestant Freschot). *Monte-Chiaro, J.-B. Vero (Hollande)*, 1671, petit in-12, 495 p.

Vie de saint François de **Borgia**, troisième général de la Compagnie de Jésus. (Par le P. Turien Le Fevre.) *Douay*, 1671, in-12.

Carayon, n° 1620.

Vie (la) de saint François de **Borgia**, de la Compagnie de Jésus. (Par Antoine Verjus.) *Paris, Villery*, 1672, in-4. — *Lyon*, 1691, 2 vol. in-12.

Vie de saint François de **Borgia**, troisième général de la Compagnie de Jésus (trad. de l'italien de Virg. Cepari). Nouvelle édition. *Lyon et Paris, Périsse frères*, 1824, 2 vol. in-12.

Vie de Mgr **Borie**, évêque nommé d'Acanthe, vicaire apostolique du Tong-King occidental... Par un prêtre du diocèse de Tulle (Pierre-Dumoulin-Henri Borie, son frère). *Paris, Gaume*, 1844, in-12. — 2e éd. *Paris, Sagnier et Bray*, 1846, in-12.

Vie (la) de saint Charles **Borromée**; par messire Antoine Godeau... Nouvelle édition, corrigée dans le style et augmentée de notes... (par l'abbé Pierre-Jacques Séphier). *Paris, Grangé*, 1748, 2 vol. in-12.

Vie de **Bossuet**... rédigée d'après l'«Histoire de Bossuet» de M. de Bausset, par F.-J. L. (F.-J. Lafuite). *Lille, Lefort*, 1826, in-12.

Plusieurs fois réimprimée. La 2e édit., 1836, est indiquée à tort par les « Supercheries », II, 46, b, et ci-dessus, V, 662, d, sous le titre d' « Histoire de Bossuet ».

Vie d'Edme **Bouchardon**, sculpteur du roi. (Par le comte Anne-Claude-Philippe de Caylus.) *Paris*, 1762, in-12, 1 f. de titre et 130 p.

Vie (la) de M. Henri-Marie **Boudon**, grand archidiacre d'Évreux; par M*** (Pierre Collet). *Paris, Hérissant*, 1753, 2 vol. in-12.

La 2e éd., *Paris*, 1762, porte le nom de l'auteur.

Vie (la) de monsieur **Bouray**, prestre, instituteur de la congrégation des religieuses hospitalières de l'ordre de Saint-Augustin... (Par Mlle Consul, sœur hospitalière.) *Paris, G. Valleyre*, 1714, in-12.

Vie de Louis de **Bourbon**, surnommé le Bon; par Nicolas Coustureau, sieur de La Jaille (mort en 1596); mise au jour avec des additions, plusieurs lettres et

autres pièces servant à l'histoire (par Jean du Bouchet). *Rouen*, 1642, in-4; 1645, in-8.

Vie (la) du Père **Bourdaloue**. (Par Mme de Pringy.) *Paris, Ribou*, 1705, in-4, 2 ff. lim. et 20 p.

Le nom de l'auteur est au privilége.

Vie de M. **Bourdoise**, premier prestre de la communauté de Saint-Nicolas du Chardonnet. (Par Philib. Descourveaux, sur les Mémoires de Courtin.) *Paris, Fournier*, 1714, in-4.

La 2e éd., *Paris, Morin*, 1784, in-12, n'est qu'un abrégé de celle-ci, par l'abbé Bouchard.

Vie de la sœur **Bourgeoys**, fondatrice de la congrégation de N.-D. de Villemarie en Canada; suivie de l'histoire de cet institut jusqu'à ce jour. (Par l'abbé Faillon.) *Villemarie, chez les sœurs de la congrégation (Paris, Poussielgue-Rusand)*, 1853, 2 vol. in-12.

Vie (la) de damoiselle Antoinette **Bourignon**, écrite partie par elle-même, partie par une personne de sa connaissance (Pierre Poiret, ministre). *Amsterdam, J. Riewerts et P. Arents*, 1683, 2 vol. in-8.

Vie de demoiselle Anne-Charlotte **Bourjot**, épouse de M. Quatremère l'aîné. (Par dom P.-Dan. Labat.) *Paris, Méquignon junior*, 1791, in-12.

Vie de Poggio **Bracciolini**, secrétaire des papes Boniface IX, Innocent VII, Grégoire XII, Alexandre V, Jean XXIII, Martin V, Eugène IV, Nicolas V, prieur des arts et chancelier de la république de Florence; par M. W. Shepherd. Traduite de l'anglais (par le comte Emmanuel de Laubespin); avec des notes du traducteur. *Paris, Verdière*, 1819, in-8.

Vie du bienheureux Laurent de **Brindes**, général des capucins. (Traduite de l'italien de Marconi, par l'abbé J.-M. Roubaud.) *Paris, Durand*, 1784, in-12.

Vie secrète et politique de **Brissot**. *Paris, imp. de Francklin*, an XI, in-8, 47 p. et un portrait.

Imprimée aussi sous le titre : « Vie privée et politique de Brissot »; par Turbat, du Mans.

Voy. ci-après : « Vie... de J.-R. Hébert ».

Vie (la) et le caractère du comte de **Bruhl**, premier ministre du roi de Pologne et électeur de Saxe, pièce échappée du feu. (Par Jean-Henri-Gottlob Justi.) 1760, in-8.

Voy. la « Prusse littéraire » de l'abbé Denina, au mot *Justi*.

Vie et fin déplorable de Mme de **Budoy**, trouvée, en janvier 1814, entièrement nue et vivante, sur les hautes montagnes du canton de Vicdessos, Ariége. (Par Ch. Doris, de Bourges.) *Paris, G. Mathiot, 1817*, 2 vol. in-12.

Vie (la) de Nicolas **Buonaparte**, potpourri, par M. C. J. R. (de D.) (ROUGE-MAÎTRE, de Dieuze). *Paris, 1814*, in-8, 12 p.

Vie du très-révérend P. D. Augustin **Calmet**, abbé de Senones; avec un catalogue raisonné de tous ses ouvrages... (Par dom FANGÉ, son neveu.) *Senones, Pariset, 1762*, in-8.

Vie d'Esprit **Calvet**; suivie d'une notice sur ses ouvrages et sur les objets les plus curieux que renferme le muséum dont il est le fondateur. (Par Jean GUÉRIN.) *Avignon, J. Séguin, 1825*, in-12.

Vie de **Cambacérès**, ex-archichancelier; par M. A. A****** (Ant. AUBRIET). *Paris, Tourneux, 1824*, in-18.

La 2ᵉ éd., publiée l'année suivante par le même libraire, porte le nom de l'auteur.

Vie (la) du révérend Père Pierre **Canisius**, de la Compagnie de Jésus. (Par le P. Jean DORIGNY.) *Paris, Giffart, 1707*, in-12.

Vie privée, politique et morale de Lazare-Nicolas-Marg. **Carnot**... Par M. le baron DE B*** (Charles DORIS). *Paris, G. Mathiot, 1816*, in-12.

Vie (la) du marquis Galiace **Carracciolo**, mort à Genève le siècle passé : histoire des plus curieuses (traduite de l'italien de Nicolas BALBANI, par MINUTOLI). *Genève, 1681*, in-12.

Vie de **Cassiodore**, chancelier et premier ministre de Théodoric le Grand et de plusieurs autres rois d'Italie, ensuite abbé de Viviers; avec un abrégé de l'histoire des princes qu'il a servis, et des remarques sur ses ouvrages. (Par dom Denis DE SAINTE-MARTHE.) *Paris, 1694*, in-12.

Vie de saint **Castor**, évêque d'Apt. (Par l'abbé Antoine RIVOIRE.) *Paris, 1768*, in-12.

Vie de Jacques **Cathelineau**, premier généralissime des armées catholiques et royales de la Vendée. *Paris, Lenormant, 1821*, in-8.

Cet ouvrage est, croyons-nous, de M. DE GENOUDE, depuis rédacteur en chef de la « Gazette de France » et député. Il lui est formellement attribué dans la notice du poème de « la Vendée », par M. LE PRÉVÔT D'IRAY.

Vie de **Catherine II**, impératrice de Russie... (Par Mlle Désirée DE CASTÉRA.) *Paris, Buisson*, an V-1797, 2 vol. in-8.

Réimprimée avec le nom de l'auteur.

Vie (la) de sœur **Catherine** de Jésus, religieuse de l'ordre de Notre-Dame du Mont-Carmel... (Par la Mère MADELEINE DE SAINT-JOSEPH, dont le nom était Madeleine DUBOIS DE FONTAINE-MARANS.) *Tolose, imp. de Boude, 1625*, in-8.

Le nom de l'auteur est sur le titre de la 4ᵉ édition. *Paris, Lepetit, 1656*, in-8.

Vie (la) de sainte **Catherine** de Sienne, etc.; avec plusieurs miracles faits à son intercession et requeste, etc. (Par le R. P. Jean-Giffre DE RÉCHAC?) Nouvellement revue et corrigée. *Lyon, C. Chancey, 1664*, in-8.

Catalogue de Nantes, 36,955.

Vie (la) de la séraphique vierge sainte **Catherine** de Sienne; par un religieux des Frères Prêcheurs (Vincent DEMANDON). *Arles, 1715*, in-12.

Vie de M. de **Catinat**. (Par le marquis DE CRÉQUY.) *Amsterdam, 1772*, in-12. — *Lausanne, aux dépens de la Société, 1774*, in-8. — *S. l. n. d.*, in-8.

Les deux dernières éditions portent : « Vie de Nicolas de Catinat ».

Réimprimé sous le titre de « Mémoires pour servir à la vie... ». Voy. VI, 251, *a*.

Vie de M. **Caulet**, curé de Mireval, mort en 1736. (Par l'abbé Bertrand DE LA TOUR.) *1745, 1762*, in-12.

Vie de M. l'abbé de **Caulet**. 3ᵉ édition, revue et augmentée d'un avant-propos, de notes et de pièces justificatives, ainsi que d'un fac-simile : par M. L. LAFFON-MAYDIEU. *Castelnaudary, imp. de Labadie, 1846*, in-12, XXXVI-388 p.

L'éditeur attribue cet ouvrage à l'abbé Michel LASTRAPES. La 1ʳᵉ édition, dont il déclare n'avoir rencontré que quelques exemplaires incomplets des premiers feuillets, aurait été publiée dans le format in-12. La 2ᵉ édition, imprimée à *Rodez, 1745*, in-18, n'est, paraît-il, qu'un abrégé de l'édition primitive.

Cet ouvrage ne serait-il pas le même que celui attribué par les continuateurs du P. Lelong et par Barbier à l'abbé Bertrand de La Tour, et dont le nouvel éditeur paraît avoir ignoré l'existence?

Vie de M. de **Caylus**, évêque d'Auxerre.

(Par l'abbé Dettey.) *Amsterdam, Arkstée et Merkus*, 1765, 2 vol. in-12.

Vie de Michel de **Cervantes**, traduite de l'espagnol (de don Gregorio Maians y Siscar, par Pierre Daudé). *Amsterdam*, 1740, 2 vol. in-12.

Vie (la) du comte de **Chabo**, lieutenant-général des armées du roi, écrite sur ses journaux et ses correspondances militaires. (Par le comte Charles-Gaspard de Toustain de Richebourg.) *Londres*, 1782, in-8, 92 p.

Vie de la vénérable servante de Dieu, Marcelle **Chambon**, dite madame Germain (morte le 14 septembre 1661), fondatrice des religieuses de Saint-Joseph de la Providence, à Limoges ; par un prêtre du diocèse (l'abbé Roby, ex-jésuite). *Limoges*, 1770, in-12.

Vie (la) en abrégé de Mᵐᵉ de **Chantal**... (Par Bussy-Rabutin.) *Paris, S. Bernard*, 1697, in-12.

La dédicace de l'éditeur, qui s'intitule « petite-fille de Mme de Chantal », est signée : L. de R. (Louise de Rabutin). Réimprimée avec le nom de l'auteur. *Bruxelles, F. Foppens*, 1698, in-18.

D'autres éditions sont intitulées : « Abrégé de la vie de la bienheureuse Mère Jeanne-Françoise Frémiot de Chantal... » *Paris, Hérissant*, 1752, 1772, in-12. — « Abrégé de la Vie de sainte Jeanne-Françoise de Chantal... » *Nancy, F. Baltazard*, 1769, in-8.

Vie (la) de la bienheureuse Jeanne-Françoise Fremiot, baronne de **Chantal**. (Par Pierre Bois, curé de Noyers.) *Avignon, Delorme*, 1751, in-12.

Vie abrégée de la bienheureuse Mère de **Chantal**, extraite de celle de M. l'abbé Marsollier. (Par le P. J.-Fr. Jannart, de l'Oratoire.) *Paris, Babuty*, 1752, in-12.

Vie (la) de la bienheureuse J.-Fr. Fremiot de **Chantal**... Avec des notes tirées de ses lettres. (Par l'abbé C.-S. Cordier.) *Orléans, Couret de Villeneuve*, 1752, in-12.

Réimprimée en 1768, sous le titre : « la Vie de sainte Frémiot de Chantal... ».

Vie (la) de **Charlemagne**, traduite du latin d'Éginhart (par Léonard Pournas). *Paris, C. Sévestre*, 1614, in-12.

Vie (la) de **Charles V**, duc de Lorraine et de Bar, généralissime des troupes impériales... (Par Jean de La Brune.) *Amsterdam, J. Garrel*, 1691, in-12, 343 p. — Seconde édition, revue et corrigée, *ibid., id.*, in-12, 447 p., avec portr. et front. grav. s. cuivre. — Troisième édit., rev. et corr., *ibid., id.*, 447 p.

Voy. « Mémoires pour servir à l'histoire de Louis de Bourbon... », VI, 240, *f*.

Vie (la) de l'empereur **Charles V**, traduite de l'italien de Grégoire Leti (par ses filles). *Bruxelles*, 1702, 1710, 4 vol. in-12.

Vie anecdotique de Monsieur, comte d'Artois, aujourd'hui S. M. **Charles X**... depuis sa naissance jusqu'à ce jour. (Par Abel Hugo,) *Paris, Maurice*, 1824, in-18. — 2° édition, *ibid., id.*, 1824, in-18.

Vie de **Charles X**, roi de France et de Navarre. (Par P. Cuisin.) *Paris, Vernarel Tenon*, 1825, in-8, avec 2 grav.

Vie privée, anecdotique et militaire de **Charles X**. (Par Charles Laumier.) *Paris, Ledoyen*, 1830, in-18.

Vie de **Charles le Bon**. Dissertation du docteur Megenen, traduite du danois, par un bollandiste (le P. J. Van Hoeke, S. J.). *Bruges, Van de Castecle-Werbrouck*, 1864, in-8.

Vie de **Charles** de Navarre, prince de Vianne. (Par la baronne de Pont-Wullyamoz.) *Lausanne*, 1788, in-12.

Vie privée, ou apologie de Mgr le duc de **Chartres**... Par une société d'amis du prince (Charles Theveneau de Morande). *A cent lieues de la Bastille (Londres, J. Hodges)*, 1786, in-8, vi-101 p.

Trois tirages différents la même année.

Vie de J. **Chazard** de Matel, fondatrice des religieuses du Verbe incarné. (Par Antoine Boissieu.) *Lyon*, 1692, in-8.

Vie du cardinal André-Jean-Marie de **Cheverus**, archevêque de Bordeaux. (Par Hamon.) 3° édit., revue, corr. et augm. *Paris, Périsse frères*, 1842, in-8 et in-12.

Les deux premières éditions, publiées en 1837 et 1841, ont paru sous le pseudonyme de J. Huen-Dubourg. A partir de la 5° édition, le titre porte : « Par M. le curé de Saint-Sulpice, auteur de la « Vie de saint François de Sales ».

Vie de M. l'abbé de **Choisy**. (Par l'abbé Joseph Thoulier d'Olivet.) *Lausanne et Genève, Bousquet (Paris)*, 1748, in-8.

Vie (la) du **Cid**, traduite de l'espagnol de Quintana, par O. P...... (Portrait); avec notes du traducteur. *Rouen, Baudry*, 1847, in-8, 2 ff. lim. et 63 p.

Vie (la) du pape **Clément XIV** (Ganganelli). (Par le marquis Louis-Ant. de Caraccioli.) *Paris, veuve Desaint*, 1775, in-12, xi-387 p.

Le nom de l'auteur est au privilége.

Vie (la) de madame Magdelène de **Cler-mont-Tonnerre**. (Par le P. Fr. MALIN-GHEN, de l'Oratoire.) *Paris, de Nully.* 1704, in-12.

Vie de sainte **Clotilde**, reine de France... Nouvelle édition. *Tours, Mame,* 1846, in-12.

Souvent réimprimée.

Les deux premières éditions, *Paris, C[t]. Villet,* 1809 et 1829, portent le nom de l'auteur, Mme DE RENNE-VILLE.

Vie (la) et les miracles de saint **Cloud**... tissue en discours panégyrique... (Par George BOUCHAREL.) *Paris, de Huqueville,* 1647, in-12.

Le nom de l'auteur est à l'approbation.

Vie (la) de saint **Cloud**, prêtre, petit-fils de Clovis. *Paris, J. Langlois,* 1696, in-12.

La dédicace est signée : P. P. (Pierre PERRIER, prêtre).

Vie (la) de Jacques **Cochois**, dit Jas-min, ou le Bon Laquais; par le R. P. T. DE S. L. (le R. P. TOUSSAINT DE SAINT-LUC). *Paris, Varin,* 1696, in-12.

Réimprimé avec le nom de l'auteur, sous le titre : « Le Bon Laquais... ».

Vie de messire André **Colbert**, ci[e] évê-que d'Auxerre. (Par M. André POTEL, chanoine.) 1772, in-12, 69 p.

Vie (la) de J.-B. **Colbert**, ministre d'État sous Louis XIV. (Par Gatien SANDRAS DE COURTILZ.) *Cologne,* 1695, in-12 (3 éditions différentes avec cette date); 2e édit. *Colo-gne, Pierre-le-Vray,* 1696, in-12.

Bayle, dans une lettre du 2 juin 1695, cite cette Vie, qu'il attribue à l'auteur du « Testament politique de M. de Louvois », et il pense que cet auteur est celui à qui on devait les « Galanteries des rois de France », c'est-à-dire, le sieur Vannel. Bayle confond ici, les « Galanteries des rois de France », ou les « Intrigues galantes des rois de France », publiées en 1695, avec les « Intrigues amoureuses de la France », données en 1684 par Sandras de Courtilz et réimprimées en 1694. Comme il est constant que le même Sandras est l'au-teur du « Testament politique de Louvois », c'était à lui aussi que Bayle voulait attribuer la « Vie de Col-bert ». Les auteurs de la « Bibliothèque hist. de la France », t. II, n° 24,303, ont cité le passage de Bayle sans donner l'explication dont il a besoin. Cependant Pr. Marchand avait fait remarquer dans son édition des « Lettres de Bayle », t. II, p. 487, que l'auteur des « Galanteries des rois de France » n'était point celui de la « Vie de Colbert ». La « Biographie universelle », comme je l'ai déjà dit dans mon « Examen critique des Dictionnaires historiques », au mot *Colbert*, n'a pas soupçonné la méprise de Bayle; aussi, en lisant son article *Colbert*, on est forcé d'attribuer à Vannel l'ou-vrage de Courtilz.

M. Leber (« Catalogue », n° 4463) apprécie trop sévèrement cet ouvrage en disant que c'est un écrit sa-tirique, calomnieux, et auquel la biographie ne peut rien devoir, une des iniquités de Gatien de Courtilz; le fait est, ainsi que l'a observé M. Clément, que cette « Vie » n'est point écrite dans un sentiment d'hostilité systématique; Colbert y est franchement loué en quel-ques endroits, et l'ouvrage renferme plus d'un fait curieux, plus d'une anecdote intéressante. Il a été re-produit en entier dans les « Archives curieuses de l'histoire de France », 2e série.

Vie (la) de messire Gaspard de **Coligny**. (Par Fr. HOTMAN.) Augmentée de quelques annotations et de plusieurs pièces du temps servant à l'histoire. *Amsterdam, pour les héritiers Commelin,* 1643, in-4. — Autre édit.: *Leyde, B. et A. Elzevier,* 1643, in-12, 4 ff., 143 et 88 p.

Le texte original latin a été attribué par le P. Lelong à Jean DE SERRES, et par d'autres à Jean DE VILLIERS-HOTMAN ou à François HOTMAN. La traduction porte ce dernier nom au titre de départ.

L'épître adressée par le traducteur au maréchal de Chatillon, datée de Paris 15 nov. 1642, est signée : D. L. H.

Cette traduction a aussi paru sous le titre de : « Mé-moires de messire Gaspar de Coligny ». *Paris, C. Bar-bier, ou F. Mauger,* 1665, in-12. Mais l'épître du traducteur est remplacée par une préface de 4 pages.

Voy. aux anon. latins : « Gasparis Colonii... vita ».

Vie (la) de Gaspard de **Coligny**... (Par Gatien SANDRAS DE COURTILZ. *Cologne, P. Marteau (Amsterdam, Van Bulderen),* 1686, 1690, 1691, in-12. 8 ff. lim. et 402 p.

M. Née de La Rochelle, dans le t. VIII° de la « Bi-bliographie » de de Bure, paraît avoir confondu cette Vie avec la précédente.

Cette erreur existe aussi dans les « Observations sur les ouvrages cités dans l'Esprit de la Ligue », de L.-P. Anquetil, p. 84, troisième édition.

Vie de Gaspard de **Coligny**, avec ses Mémoires sur ce qui se passa au siége de Saint-Quentin ; nouv. édit., augm., de re-marques. (Par Ch.-Guil. DASSDORF.) *Dresde,* 1783, in-8.

Vie de M. Théodore **Collardé**, curé de Liverdun, ou histoire religieuse de Liver-dun pendant quatre-vingts ans. (Par l'abbé COLLIN, curé de Liverdun.) *Nancy, Va-gner,* 1862, in-12, 57 p. et 1 f. de table.

Vie (la) et la mort de Louis de Bourbon, prince de **Condé** et premier prince du sang. (Par le P. François BERGIER, jésuite.) *Cologne,* 1691, in-12.

Cet ouvrage parut à Paris en 1689, avec le nom de l'auteur et une traduction latine vis-à-vis du texte, par le P. de Saligny, aussi jésuite. On a détaché le français du latin, pour former l'exemplaire dont je donne la description. Les pages sont en effet numéro-tées 3 et 4, 7 et 8, 11 et 12, etc., jusqu'à 327 et 328. C'est donc un frontispice anonyme adapté au texte ori-ginal.

Le P. Bergier avait joui pendant trente ans de la confiance du prince.

Vie (la) du Père Charles **Condren**, second supérieur général de la congrégation de l'Oratoire de Jésus... composée par un prêtre (Denis AMELOTTE). *Paris, Sara,* 1643, in-4. — *Paris, Huré,* 1657, in-8.

Vie (la) du R. P. de **Condren**, deuxième général de la congrégation de l'Oratoire de France; par l'auteur de la « Vie du cardinal de Bérulle » (Louis-Antoine DE CARACCIOLI). *Paris, Nyon,* 1764, in-12.

Vie et œuvres spirituelles de M. **Cormeaux**, curé en Bretagne... (Par l'abbé J.-B. LASAUSSE.) *Paris, Pichard,* 1796, 3 part. en 2 vol. in-12.

Vie (la) de Mᵐᵉ **Courcelle de Pourlan**, dernière abbesse titulaire et réformatrice de l'abbaye de N. D. de Tart... (Par le P. Edme-Bernard BOURÉE.) *Lyon, J. Certe,* 1699, in-8.

Vie de la marquise de **Courcelles** écrite en partie par elle-même (et pour la suite, tirée des notes du président BOUHIER); suivie de ses lettres et de la correspondance italienne de Gregorio LETI, relative à cette dame, avec la traduction française à côté (le tout publié par CHARDON DE LA ROCHETTE). *Paris, Xhrouet,* 1808, in-12.

Réimprimée dans la « Bibliothèque elzévirienne » avec une notice de M. Paul Pougin. *Paris,* 1855, in-16.

Vie de la bienheureuse Germaine **Cousin**... d'après les actes de la procédure canonique, par un prêtre du diocèse de Bourges... 1579, 1601, 1854. (Par l'abbé MOULINET.) *Bourges, Vermeil,* 1854, in-18. — 2ᵉ éd. *Bourges, Vermeil,* 1854, in-16. — 3ᵉ éd. *Châteauroux, Galliot,* 1856, in-16.

Vie de vénérable J. **Crétenet**, instituteur des missionnaires de Saint-Joseph de Lyon; par un ecclésiastique (l'abbé ORAME). *Lyon,* 1680, in-8.

M. Œttinger indique une édition de 1711 et donne comme auteur VILLEMOT.

Vie de messire Pierre **Crétey**, prêtre curé de la paroisse de Barenton, du diocèse d'Avranches. (Par Joseph GRANDET.) *Rouen, Guill. Behourt,* 1722, in-12, avec un portr.

L'auteur a signé.

Vie de Louis-Balbe-Berton de **Crillon**... et mémoires des règnes de Henri II, François II... pour servir à l'histoire de son temps. (Par Mˡˡᵉ DE LUSSAN.) *Paris, Pissot,* 1757, 2 vol. in-12.

Vie de Louis de Berton de **Crillon** Des Balbes... (Par l'abbé DE CRILLON.) Suivie de notes historiques et critiques (par le marquis DE FORTIA D'URBAN). *Paris, Dupont et Roret,* 1825-1826, 3 vol. in-8.

Ouvrage non terminé, dont on a cependant publié un abrégé, avec le nom de l'auteur. *Paris,* 1826, in-12.

Vie (la) de sainte **Cristine**, vierge et martyre, patrone de Cuers en Provence. (Par l'abbé J.-B. CAPRIS DE BEAUVEZER, ex-jésuite, né à Cuers en Provence.) *Avignon, s. d.,* in-12.

Catal. Martial Millet, 1872, nº 704.

Vie (la) de saint **Cyprien**, évêque de Carthage, avec la critique de ses ouvrages. *Amsterdam,* 1689. — La Vie de Prudence, avec la critique de ses ouvrages. *Amsterdam,* 1689. — Essai de critique, où l'on tâche de montrer en quoi consiste la poésie des Hébreux. *Amsterdam,* 1688, in-12.

Ces trois morceaux ont été tirés, à petit nombre, de la « Bibliothèque universelle » de Jean LE CLERC.

Vie (la) de saint **Cyprien**, docteur de l'Église, etc.; avec l'abrégé des ouvrages de ce Père et des notes. (Par dom Franç.-Arm. GERVAISE.) *Paris, Estienne,* 1707, in-4.

Vie de **Dalayrac**, chevalier de la Légion d'honneur et membre de l'Académie royale de Stockholm, contenant la liste complète des ouvrages de ce compositeur célèbre; par R. C. G. P. (René-Charles GUILBERT-PIXÉRÉCOURT). *Paris, Barba,* 1810, in-12.

Vie (la) de Jean-Jacques **Daumond**, écolier d'humanité au grand collége de Toulouse de la Compagnie de Jésus... par un Père de la même Compagnie (le P. BONAFFOS DE LA TOUR). *Toulouse, P. Robert* (1745), in-12.

Réimprimée sous les titres suivants : « le Parfait écolier », par l'abbé PROYART, *Rouen,* 1858, in-12; « l'Enfant vertueux », *Toulouse,* 1864, in-32; et « Jean-Jacques, ou l'enfant vertueux », *Limoges,* 1864, in-18.

Vie anecdotique de S. A. R. Mgr. le **Dauphin** (Louis-Antoine de Bourbon, duc d'Angoulême), depuis sa naissance jusqu'à ce jour. (Par E. BARATEAU.) *Paris, Delaunay,* 1824, in-18, avec un portr.

Vie de madame la **Dauphine** (Marie-Josèphe-Albertine de Saxe), mère de S. M. Louis XVIII, contenant un plan inédit d'éducation, tracé de sa main, pour Mgr le Dauphin, depuis Louis XVI, un extrait de son Oraison funèbre et du Discours de

Mgr l'évêque de Sens (*lisez* DE BOULOGNE, évêque de Troyes), prononcé en 1816 devant S. A. R. Madame, duchesse d'Angoulême. Publiée par M. l'abbé SICARD (ou plutôt par SERIEYS). *Paris, Audot*, 1817, in-12. — *Lyon*, 1819, in-12; 1847, in-32.

Vie (la) de la vénérable Mère Marie-Agnès **Dauvaine**, l'une des premières fondatrices du monastère de l'Annonciade céleste de Paris; par un jésuite ami de cet ordre (le P. DE LA BARRE). *Paris, Michallet*, 1675, in-4.

Vie de **David**; par M. A. Tn*** (Aimé THOMÉ). *Paris*, 1826, in-8, 172 p. — *Bruxelles, Tarlier*, 1828, in-18, 245 p. et un portrait.

Cet ouvrage a été par erreur attribué, par M. Délecourt, à THIBAUDEAU, dont Thomé était le neveu.

Vie, poésies et pensées de Joseph **Delorme**. (Par SAINTE-BEUVE.) *Paris, Delangle*, 1830, in-8.

Réimprimée avec le nom de l'auteur.

Vie de M. **Démia**, instituteur des sœurs de Saint-Charles; suivie de l'esprit de cet institut... (Par l'abbé FAYON.) *Lyon, Russand*, 1829, in-8.

Œttinger.

Vie de **Derues**, exécuté à Paris en place de Grève, le 6 mai 1777. (Par Fr.-Th.-Mar. DE BACULARD D'ARNAUD.) *Paris, chez tous les libraires*, 1777, in-12.

Vie privée et criminelle d'Antoine-François **Desrues**... (Par André-Ch. CAILLEAU.) *Paris, Cailleau*, 1777, in-12. — *Paris, Tiger* (1816), in-18.

Vie de **Desaix**. (Par A. MAZURE.) *Clermont*, 1848, in-18.

Catalogue Desbouys, n° 466.

Vie (la) de M. **Des-artes**. *Paris, D. Hortemels*, 1691, 2 vol. in-4.

L'épître est signée : A. B. (Adrien BAILLET).

Vie (la) de M. **Des Cartes**... réduite en abrégé. (Par Adrien BAILLET.) *Paris, G. de Luynes*, 1692, in-12. — *Paris*, 1693, in-12.

L'auteur a signé l'épître.

Vie (la) de **Dieu** seul, proposée aux personnes qui tendent à la perfection. (Par l'abbé TAVERNIER.) *Bruxelles*, 2 vol. in-12.

En 1810, le libraire Aubanel d'Avignon, ayant acquis le restant de l'édition, fit faire de nouveaux frontispices portant le nom de l'auteur.

Vie d'Étienne **Dolet**, imprimeur à Lyon dans le XVI° siècle; avec une notice des libraires et imprimeurs auteurs que l'on a pu découvrir jusqu'à ce jour. (Par Jean-Franç. NÉE DE LA ROCHELLE.) *Paris, Gogué et Née de La Rochelle*, 1779, in-8, VIII-202 p. et 3 ff.

Vie (la) du révérend Père **Dominique** de Saint-Thomas, Ottoman, fils d'Ibrahim, empereur des Turcs, de l'ordre des Frères prêcheurs; composée en italien par le révérend P. Octavien BULGARINI, Napolitain, et traduite en françois par un religieux du même ordre (le P. Jacques BULLET). *Besançon, Gauthier*, 1709, in-12.

Vie de sainte **Dorothée**. (Par Jean D'ASSIGNIES, abbé de Nizelles.) *Douay, veuve Laurent Rellam*, 1625, in-12.

Vie privée du cardinal **Dubois**... (Par Ant. MONGEZ.) *Londres*, 1789, in-8, 389 p.

Réimprimée en 2 vol. in-18.

Vie de messire Gabriel **Dubois de La Ferté**, gentilhomme angevin, chevalier de Malte... (Par Joseph GRANDET.) *Paris, de Launay*, 1712, in-12, XX-177 p. et 6 ff. de table.

L'auteur a signé la dédicace.

Vie (la) de Pierre **du Bosc**, ministre du saint Évangile; enrichie de lettres, harangues, dissertations et autres pièces importantes, qui regardent ou la théologie ou les affaires des Églises réformées de France, dont il avoit été longtemps chargé. *Rotterdam, Reinier Leers*, 1694, in-8, 4 ff. et 614 p. avec la table.

L'épître dédicatoire au marquis de Ruvigni est signée de P. LE GENDRE, ci-devant pasteur à Rouen, qui avait épousé en Hollande une fille de Pierre Du Bosc.

Voyez « L'Intermédiaire » du 25 mai 1871, pages 298-99.

Vie, mort et obsèques de Charles-Éléonore **Dufriche-Desgenettes**, curé de Notre-Dame-des-Victoires, à Paris. (Par S. PAGNON.) *Paris, chez tous les libraires* (1860), in-18.

Réimprimée la même année avec le nom de l'auteur.

Vie de René **Du Guay-Trouin**... (Par Adrien RICHER.) *Avignon, J.-A. Joly*, 1811, in-18.

La première édition, *Paris*, 1784, in-12, porte le nom de l'auteur, ainsi que toutes les éditions postérieures à 1811.

Vie de M. **Duguet**, prêtre de la congrégation de l'Oratoire; avec le catalogue de ses ouvrages. (Par l'abbé Claude-Pierre GOUJET.) *S. l.*, 1741, in-12.

Vie de **Du Quesne**. (Par Adrien RICHER.) *Avignon, Joly*, 1817, in-18.

› Souvent imprimée avec le nom de l'auteur.

Vie (la) de saint **Edme**, archevêque de Cantorbéri, tirée des manuscrits de l'abbaye de Pontigni. (Par Edme CHAMILLARD, curé de Gurgi.)*Auxerre, Fournier*, 1793, in-12, 72 p.

On dit que toutes les dates de cet ouvrage ont été vérifiées par l'abbé MIGNOT, grand-chantre d'Auxerre.

Vie (la) de l'impératrice **Éléonore**, (Magdeleine-Thérèse, princesse palatine de Neubourg), mère de l'empereur régnant (Charles VI), trad. du latin du P. Fr. WAGNER, S. J., en italien (par le P. Th. CEVA) et de l'italien en françois par un Père de la Compagnie de Jésus (le P. BRUMOY). *Paris*, 1723-1725, in-12.

› Plusieurs fois réimprimée.

Vie (la) d'**Élisabeth**, reine d'Angleterre. (Par Gr. LETI). Nouv. édit., augm. du Véritable caractère d'Élisabeth et de ses favoris (par Rob. NAUTON, trad. de l'angl. par J. LE PELLETIER). *Amsterdam*, 1703. 2 vol. in-12.   A. L.

Vie de madame **Élisabeth** de France, sœur de Louis XVI. (Par PARISOT.) *Paris, Vauquelin*, 1814, in-18.

Vie (la) de la vénérable Mère **Élizabeth** de l'Enfant-Jésus (Mᵐᵉ de Baillou), religieuse de l'ordre de Saint-Dominique au monastère de Saint-Thomas d'Aquin, à Paris. (Par Marie-Magd. DE MAUROY.) *Paris, Cramoisy*, 1680, in-8.

Réimprimée en 1702 comme tome II du « Chrétien réel, ou vie du marquis de Renty... » Voy. V, 593, c.

Vie (la) et les sermons de saint **Éloy**, évêque de Noyon. (Par l'abbé LEVESQUE.) *Paris, Coignard*, 1693, in-8, 10 ff. lim., 281 p. et 4 ff. de table.

Vie de M. **Émery**, neuvième supérieur du séminaire et de la Compagnie de Saint-Sulpice; précédée d'un Précis de l'histoire de ce séminaire et de cette compagnie depuis la mort de M. Olier. (Par l'abbé J.-E.-A. GOSSELIN.) *Paris, A. Jouby*, 1861-62, 2 vol. in-8.

Vie (la) d'**Émilie**, dédiée à Mᵐᵉ la duchesse de La Vallière. (Par Fr.-Th. AUMERLE DE SAINT-PHALIER, dame DALIBARD.) 1749.

 Note de l'exempt de police d'Hemery, du 16 mai 1749.

Vie (la) de la rév. Mère Marie-Thérèse **Érard**, supérieure du monastère de N.-D. du Refuge de Nancy. (Par le P. Charles-Louis HUGO, prémontré.) *Nancy, D. Gaydon*, 1704, in-8.

Vie d'**Érostrate**, découverte par Alexandre VERRI... traduite de l'italien par A. C. (J.-A.-S. COLLIN, de Plancy). *Paris, Mongie*, 1820, in-12.

Voy. « Supercheries », I, 170, e.

Vie (la) du duc d'**Espernon**... Par M*** (Guillaume GIRARD). *Amsterdam*, 1736, 4 vol. in-12.

L'auteur a signé l'épître.
Les premières éditions portent le titre de : « Histoire de la vie... ». La première seule, *Paris*, 1655, in-folio, ne porte pas le nom de l'auteur sur le frontispice.

Vie et lettres de mademoiselle d'**Etcheverry**, première supérieure de la maison d'Hasparrein, et de mademoiselle Bazabon, seconde supérieure. (Publ. par l'abbé B. DE LA TOUR.) *Avignon*, 1773, in-12.

La première édition avait été publiée en 1751 sous le titre de : « Lettres et vie... ». Voy. V, 1270, d. Réimprimée à *Bayonne*, 1857, in-12.

Vie de saint **Estienne**, evesque de Die, tirée de Surius et d'un manuscrit trouvé dans les archives de l'évêché de Dye, avec un extrait du procès-verbal touchant l'état où fut trouvé son corps, tiré des registres d'un notaire du siècle passé, et la chronologie des évêques de Dye. (Par L. DE GILBERT.) *Grenoble*, 1688, in-12.

Vie du R. P. Jean **Eudes**, 1ᵉʳ apôtre de la dévotion aux SS. Cœurs... (Par R. P. A. L. D. (Ange LE DORÉ), de la congrégation de Jésus et Marie. *Redon, Guillet*, 1869, in-32.

Réimprimée, ou plutôt refondue avec le nom de l'auteur.

Vie du P. Jean **Eudes**... Par M. l'abbé P**** (PETIT). *Lille, Lefort*, 1839, in-18.

Réimprimée en 1861 avec le nom de l'auteur.

Vie (la) et aventures d'**Euphormion**, écrites sur de nouveaux mémoires, par S. S. S. J. P. R. V. L. E. R. E. (Par DROUET DE MAUPERTUY.) *Amsterdam*, 1733, 3 part. in-12.

Même ouvrage que « les Aventures d'Euphormion » (Voy. IV, 332, f.) Le travail de l'abbé de Maupertuy ne peut être considéré comme une traduction de Barclay: il le dit assez positivement dans sa préface; d'ailleurs, il a fait des augmentations et des changements au roman latin.

Vie du R. P. Charles **Faure**; abbé de Sainte-Geneviève de Paris... (Commencée par le P. LALLEMANT, terminée et publiée par le P. CHARTONNET.) *Paris, J. Anisson*, 1698, in-4.

Vie (la) de sainte **Fébronie**, vierge et martyre, traduite du grec, avec des remarques, par le P. J. F. B. (BALTUS, jésuite). Nouvelle édition. *Avignon, Girard*, 1730, in-12.

Vie (la) de saint **Félix** de Cantalice, capucin; par M. l'abbé G** P** DE S** (GERVAISE, chanoine de Saint-Martin de Tours). *Tours, J. Masson, s. d.*, in-12, portrait.

Vie de **Fénelon**, rédigée d'après l' « Histoire de Fénelon » de M. de Bausset, par F. J. L. (F.-J. LAFUITTE). *Lille, Lefort*, 1822-1828, in-12.

Réimprimée sous le titre d' « Histoire de Fénelon ». Voy. V, 667, *b*.

Vie (la) de saint **Ferdinand**, roi de Castille et de Léon. (Par le P. Franç. DE LIGNY.) *Paris, Butard*, 1759, in-12.

Vie militaire du maréchal prince **Ferdinand**, duc de Brunsvic et Lunebourg, etc., pendant la guerre de sept ans en Westphalie. (Par Christophe DE SCHAPER.) 1er tome, *Magdebourg*, 1796; 2e tome, *Nuremberg*, 1798, in-8.

Vie de Jean de **Ferrières**, vidame de Chartres, seigneur de Maligny; par un membre de la Société des sciences historiques et naturelles de l'Yonne (Jean-Denis-Léon DE BASTARD d'ESTANG). *Auxerre, Perriquet et Rouillé*, 1858, in-8.

Vie (la) du vénérable Frère **Fiacre** (Denis Antheaume), augustin déchaussé. (Par le P. GABRIEL DE SAINTE-CLAIRE.) *Paris, Amaulry ou Hortemels*, 1722, in-12.

Vie (la) et les miracles de saint **Fiacre**, patron de la Brie; par l'abbé R*** (Jacques-Marie TRICHAUD), aumônier à Carpentras. *Paris*, 1863, in-12.

G. M.

Vie de M. l'abbé **Flottes**... par M. l'abbé C. D. (DURAND, chanoine théologal), *Paris, Durand*, 1866, in-8, VIII-308 p.

Vie du bienheureux Nicolas de **Flue**, dit le père Klaus. Par M. L*** H*** (l'abbé T.-F.-X. HUNKLER). *Paris, Bricon*, 1831, in-12.

Vie de la vénérable Mère Louise-Eugénie de **Fontaine**, religieuse du monastère de la Visitation de Sainte-Marie (de Paris)... (Par Jacqueline-Marie DU PLESSIS, femme de M. BONNEAU.) *S. l.* (1694), 1696, in-12.

L'édition de 1696 porte sur le titre : « Composée par une dame de qualité ».
Voy. « Supercheries », I, 856, *f*.

Vie du vénérable Frère Pierre-Joseph **Formet**, mort en 1784 en odeur de sainteté... Par M. M*** (MOUGEOLLE), curé de Ventron. *Raon-l'Étape, imp. de J.-C. Docteur*, 1842, in-12.

Le titre de la deuxième éd. *Luxeuil*, 1854, in-12, porte : « Par J. C. D*** (DOCTEUR). »

Vie de **Fouché**, duc d'Otrante, depuis son entrée à la Convention nationale jusqu'à sa mort; avec son portrait. (Par SÉRIEYS.) *Paris, G. Mathiot*, 1821, in-18.

C'est une nouvelle édition de « Fouché (de Nantes)... » Voy. V, 487, *a*.

Vie (la) du révérend Père Pierre **Fourrier**... *Paris, Billaine*, 1678, in-12. — *Paris, A. Warin*, 1687, in-12.

Signé : Sœur I. de B. R. I. (sœur Jacqueline BOUETTE, de Blémur, religieuse indigne).

Vie, ou Éloge historique du bienheureux P. **Fourier**, dit vulgairement le P. de Mattaincourt, etc. (Par le P. FRIANT, mort vers 1730.) *Nancy*, 1746, in-12.

Vie du bienheureux P. **Fourier**, curé de Mattaincourt; par l'auteur du « Cours d'histoire A. M. D. G. » (le P. LORIQUET). *Paris, Poussielgue-Rusand*, 1838, in-12, VIII-304 p.

Vie militaire et politique du général **Foy**, avec des extraits de tous ses discours; ornée d'un portrait et d'un fac-simile. Par L. V. (L.-J. VIDAL). *Paris, Thoisnier-Desplaces*, 1826, in-18.

Vie militaire, politique, et anecdotique du général **Foy**; par P. C..... (P. CUISIN). *Paris, Chassaignon*, 1826, in-12, fig. — *Paris, Delarue*, 1826, 2 vol. in-18.

Vie (la) de bienheureux Père **François-Xavier**, premier de la Compagnie de Jésus qui a porté l'Évangile aux Indes et au Japon. Divisée en six livres par Horace TURSELIN, de la Compagnie de Jésus, et traduite en françois par un Père de la même Compagnie (le P. Martin CHRISTOPHE). *Douay, B. Bellere*, 1608, in-8.

Vie (la) de saint **François-Xavier**, apôtre des Indes et du Japon. (Par le P. BOUHOURS.) *Paris*, 1682, in-4; 1683, 2 vol. in-12. — Nouv. édit., augm. de quelques opuscules de piété et de littérature, par l'abbé F. X. DE F. (Fr.-Xav. DE FELLER). *Liége*, 1788, 2 vol. in-12.

Souvent réimprimée.

Vie de la V. Mère **Françoise** des Séraphins (d'Argombat de Saliné), religieuse de l'ordre de Saint-Dominique... Par un ecclésiastique (Ch.-L. DE LANTAGE). *Clermont, imp. de Jacquard*, 1669, in-8. — *Paris, Rouillié*, 1671, in-8. — *Toulouse*, 1851, in-18.

Vie de la Mère **Françoise** de la **Croix**, (Mᵐᵉ Gauguier), institutrice des religieuses hospitalières de la Charité de Notre-Dame. (Par le P. PIN, genovéfain, mort à Auxerre.) *Paris, Barrois*, 1745, in-12.

Note manuscrite de Beaucousin sur mon exemplaire de la « Bibliothèque historique de la France ».

Vie de **Frédéric II**, roi de Prusse, accompagnée d'un grand nombre de remarques, pièces justificatives et anecdotes dont la plupart n'ont pas encore été publiées. *Strasbourg, J.-G. Treuttel*, 1787-1789, 7 vol. petit in-8.

Les tomes V-VII ont été publiés sous le titre ci-dessus, ou avec une tomaison spéciale sous le titre de : « Lettres sur Frédéric II ». (Voy. V, 1290, d.) Ces volumes ont été imprimés petit in-8 pour servir de complément à l'édition de 1787, ou grand in-8 pour l'édition publiée dans ce format par le même libraire, en 1788.

Compilation attribuée à J.-Ch. Thiébault DE LAVEAUX. La dédicace du libraire éditeur est signée : TREUTTEL, conseiller de cour.

Vie d'**Élisabeth Fry**, extraite des Mémoires publiés par deux de ses filles et enrichie de matériaux inédits; par l'auteur des biographies d'Albert de Haller, J.-G. Lavater, etc. (Mᵐᵉ Herminie CHAVANNES). *Genève*, 1850, in-8, 643 p., avec un portrait.

Vie (la) de saint **Fulcran**, évêque de Lodève... (Par François BOSQUET.) *Paris, Blaizot*, 1651, in-8.

Réimprimée à Lodève en 1820 et en 1836, avec le nom de DEDOUSQUET sur le titre.

Vie de saint **Gaetan** de Thienne, instituteur... des Théatins. (Par dom BERNARD.) *Paris, Coignard*, 1698, in-12.

Vie de l'abbé **Gagelin**, missionnaire en Cochinchine et martyr... Par Fr. P******* (Franç. PÉRENNÈS). *Besançon, Outhenin-Chalandre*, 1836, in-12.

Vie (la) inestimable du grand **Gargantua**, père de Pantagruel; jadis composée par l'abstracteur de quintessence... (Fr. RABELAIS). *Lyon, Fr. Juste*, 1537, in-16.

Premier livre du roman de Rabelais. La première édition, publiée par le même libraire en 1535, porte en tête du titre ci-dessus : « Gargantua ». Voy. V, 522, b.

Vie de David **Garrick**; suivie de deux lettres de M. de Noverre à Voltaire sur ce célèbre acteur.... (trad. de l'anglais de MURPHY, par MARIGNIÉ). *Paris, Riche et Michel*, an IX, in-12, 1 f. de titre et 324 p.

Vie de Pierre **Gassendi**. (Par le P. Joseph BOUGEREL, de l'Oratoire.) *Paris, Vincent*, 1737, in-12.

Vie (la) et la mort du maréchal de **Gassion**. (Par Th. RENAUDOT.) *Paris, au bureau d'adresse*, 1647, in-8.

Vie (la) du maréchal de **Gassion**. (Par l'abbé DE PURE.) *Paris, G. de Luyne*, 1673, 3 tomes en 4 vol. in-12.

Réimprimée en 1696 sous le titre de : « Histoire du maréchal de Gassion ». Voy. V, 782, e.

Vie du révérendissime Jean-Baptiste **Gault**, de la congrégation de l'Oratoire... Par un prêtre de la même congrégation (J.-Fr. SENAULT). *Paris, veuve Camusat*, 1647, in-12.

Vie (la) et la mort du révérend Père en Dieu messire Jean-Baptiste de **Gault**, évesque de Marseille. (Par Jean PUGET DE LA SERRE.) *S. l. (Paris, J. de La Caille)*, 1649, in-fol., frontispice gravé et 17 p.

Le nom de l'auteur est à l'approbation.

Vie (la) de la révérende Mère Madelaine **Gautron**, prieure du monastère de la Fidélité de Saumur. (Par le P. Jean PASSAVANT.) *Saumur, Fr. Ernou*, 1690, in-8.

Vie et lettres de **Gellert**, traduites de l'allemand par Mᵐᵉ D. L. F*** (Marie-Élisabeth DE LA FITE). *Utrecht*, 1775, 3 vol. in-8.

La « Vie » est de Jean-André CRAMER, professeur de théologie, mort en 1788.

Vie (la) de sainte **Geneviève**, écrite en latin dix-huit ans après sa mort, et traduite par le R. P. LALLEMAND, prieur de l'abbaye de Sainte-Geneviève, etc. (2ᵉ édition, publiée avec des remarques et une dédicace à Mᵐᵉ de Miramion, par le P. DU MOULINET). *Paris, Dezallier*, 1683, in-12.

La première édition de cette traduction de la plus ancienne « Vie de sainte Geneviève » qui nous soit parvenue, avait été publiée en 1663 par le P. Lallemant et avec son nom. Sur la vraie antiquité de l'original latin, voyez la première des « Dissertations de l'abbé Lebeuf sur l'Histoire ecclésiastique et civile de Paris ». (L.-T. Hérissant.)

Suivant le P. Lelong, cet ouvrage est attribué par les uns à Salvius, et par d'autres à Genesius. Réimprimée en 1697 à la suite de : « Histoire de tout ce qui est arrivé au tombeau de sainte Geneviève ». Voy. V, 737, a.

Vie (la) de sainte **Geneviève** ; avec l'Éloge de Mme de Miramion. *Paris, N. Pepie*, 1697, in-16, 12 ff. lim., 224 p. et 8 ff. de table et d'errata.

La dédicace est signée : Des Coutures.

Vie de sainte **Geneviève**, avec de courtes réflexions... (Par J.-Fr. Maugras, doctrinaire. *Paris, Estienne*, 1725, in-12, 47 p.

Vie (la) et doctrine de David **George** (qui depuis s'est fait appeler Jehan de Bruclz), Hollandois et chef des hérétiques, écrite par le recteur et Université de Basle, du mandement des magistrats. (Traduit du latin de Cœlius-Secundus Curio.) S. l., 1560, in-4, 70 p.

Vie de S. **Géraud**, comte d'Aurillac, écrite en latin par S. Odon... et traduite en françois par M*** (Compaing). *Aurillac, imp. de L. Viallanes*, 1715, in-8.

Vie de M. **Germain**, curé de Roussillon, diocèse de Grenoble... (Par l'abbé Albert, curé de Voiron.) *Lyon, Sauvignet*, 1834, in-12.

Vie de S. **Ghislain**... (Par Jacques Simon.) *Mons*, 1686, in-18.
Œttinger.

Vie (la) de la bienheureuse vierge sainte **Godeberte**, patronne et tutélaire de la ville de Noyon. Extraite d'un ancien manuscrit latin (de Ratbode ou Radbode) étant en la bibliothèque de l'église cathédrale dudit Noyon, et traduite en françois par Louis DE Montigny... *Paris, P. de Bresche*, 1630, in-8.

Vie d'Antoine **Gohier**, clerc tonsuré, mort au séminaire de Bayeux, le 1er mars 1832. (Par V. Hugot.) *Paris, imp. de Le Clere*, 1832, in-12.

La 2e édition, Caen, 1851, in-18, porte le nom de l'auteur.

Vie (la) du vénérable Père Simon **Gourdan**... (Attribuée à dom Fr.-Arm. Gervaise.) S. l., 1755, in-12.

Vie admirable de la B. sœur Grace **Valentinoise**, du tiers ordre du glorieux P. S. François de Paule. Extraicte et recueillie fidèlement de deux chroniques de l'ordre des PP. minimes et enrichie de quelques discours spirituels ; par V. P. F. F. V. (François Victon), religieux du mesme

ordre. *Paris, Cramoisy*, 1622, in-12, 24 ff. lim., 371 p. et 2 ff.

L'auteur a signé la dédicace.

Vie et martyre du P. **Grégoire** de S.-Loup. (Par l'abbé Jean-Jos.-Claude Descharrières, ex-jésuite.) *Bâle (Paris), s. d.*, in-12, 90 p.

Vie de M. **Gresset**, de l'Académie françoise et de celle de Berlin, écuyer, chevalier de l'ordre du roi et historiographe de l'ordre royal et militaire de Saint-Lazare ; par L. D. (Louis Daire), anc. bibl. des C. (Célestins). *Paris, Berton*, 1779, in-12, 84 p.

Vie (la) de messire Louis-Marie **Grignion de Montfort**, prêtre, missionnaire apostolique ; composée par un prêtre du clergé (Joseph Grandet). *Nantes, Verger*, 1724, in-12.

Vie (la) de sainte **Gudule**, vierge, patronne de l'église collégiale et de la ville de Brusselles. (Par E. Ruth d'Ans.) *Brusselles*, 1703, in-8. — *Bruxelles, Société nationale*, 1837, in-32, 70 p.

Vie (la) de la très-illustre et très-religieuse princesse Philippe de **Gueldres**, épouse de René II, roy de Jérusalem et de Sicile, duc de Lorraine... depuis religieuse de Sainte-Claire, au monastère de Pont-à-Mousson... (Par Nicolas Balthazard.) *Nancy, chez N. Balthazard*, 1721, petit in-8.

Cet ouvrage a pour auteur le libraire lui-même.

Vie (la) de la bienheureuse Philippe de **Gueldres**, reine de Sicile, duchesse de Lorraine et de Bar, depuis religieuse au monastère de Ste-Claire du Pont-à-Mousson. (Par le P. Roland, cordelier.) *Toul, C. Vincent*, 1736, in-12, xvi-201 p.

Vie (la) de François de Lorraine, duc de **Guise**. (Par J.-B.-Henri du Trousset de Valincour.) *Paris, Cramoisy*, 1681, in-12. — *Suivant la copie*, 1681, in-12. — S. l. n. d., in-12.

Vie (la) de Mme J. M. B. de La Mothe **Guyon**, écrite par elle-même. *Cologne*, 1720, 3 vol. in-8.

L'abbé DE Brion a rédigé cette Vie sur les papiers de Mme Guyon.   V. T.

Il est plus vraisemblable que P. Poiret a été l'éditeur de cette Vie ; c'est lui qui a fait la longue et ennuyeuse préface qui est à la tête. Niceron, tome X, p.142.

Réimprimée dans les « Œuvres » de l'auteur, Paris, 1790, in-8.

Vie (la) de **Guzman** d'Alfarache (traduite de l'espagnol de Matheo Aleman, par Gabr. Bremond). *Paris, Ferrand,* 1696; *Ribou,* 1709, 3 vol. in-12.

Voy. V, 584, *e.* Bremond n'a fait que retoucher la traduction de Chapelain.

Vie (la) de saint **Hadelin**, confesseur, patron du ci-devant chapitre de Visé, publiée au bénéfice des pauvres, par un habitant des environs de Visé (Henri Delvaux). *Liége, Oudart,* 1843, in-16, 16 p.

C'est la reproduction quasi textuelle de l' « Abrégé de la vie de saint Hadelin » de l'abbé Peeters.

Vie (la) de **Haïder Ali-Khan**, traduite de l'anglais de Fr. Robson (par Th.-P. Bertin). *Paris, Regnault,* 1787, in-12.

Vie (la) de M. **Hall**, grand-justicier d'Angleterre. Traduit de l'anglois de Burnet (par L. du Mesnil). *Amsterdam, Savouret,* 1688, in-12.

Vie de saint Étienne **Harding**, abbé et principal fondateur de l'ordre de Cîteaux ; par J. Dalgairns, éditée par le révérend J.-H. Newman. Ouvrage traduit de l'anglais, par l'abbé E. V. (E. Vignonet). *Paris, Lecoffre,* 1846, in-12.

Vie (la) de Marie de **Hautefort**, duchesse de Schomberg, dame d'atours de la reine Anne-Marie-Mauricette d'Autriche ; par une de ses amies. Ouvrage imprimé pour la première fois par G. E. J. M. A. L. (G.-E.-J. Montmorency, Albert-Luynes), sur un manuscrit tiré de la bibliothèque de M. Beaucousin; avec une préface et des notes, par J. F. A. O. (Jean-Félicissime Adry, oratorien). *S. l. (Dampierre),* an VIII-1799, in-4, 77 p.

Réimprimée en 1807, in-12, à la suite de l' « Histoire de Vittoria Accorambona ». Voy. V, 738, *c.*

Vie privée et politique de J.-R. **Hébert**, auteur du « Père Duchène », pour faire suite aux Vies de Manuel, Pétion, Brissot et d'Orléans. *Paris, imp. de Francklin,* an II, in-8, 35 p.

Sur le titre le monogramme D. T. (Turbat, du Mans, auteur du « Procès des Bourbons ».
Les Vies de Manuel et de Pétion ont été publiées ensemble sous le titre : « Histoire de deux célèbres législateurs du xviiiᵉ siècle, contenant plusieurs anecdotes curieuses et intéressantes ». *Paris, imp. de Franklin,* s. d., in-8, 63 et 31 p. et deux portraits.
Voy. pour la « Vie... de Brissot », ci-dessus, col. 964, *f*; pour la « Vie de L. P. J. Capet, ci-devant duc d'Orléans », ci-après, art. **Orléans**; et pour le « Procès des Bourbons », VI, 1050, *d.*

Vie (la) de M. **Hecquet**, docteur régent, et ancien doyen de la Faculté de médecine de Paris, contenant un catalogue raisonné de ses ouvrages. (Par Charles-Hugues Le Fèvre de Saint-Marc.) *Paris,* 1740, in-12.

a Réimprimée comme tome IV de « la Médecine, la chirurgie et la pharmacie des pauvres », *Paris,* 1749, in-12.

Vie (la) de madame **Helyot**. (Par le P. Jean Crasset, jésuite.) *Paris, Michallet,* 1683, in-8.

Une 2ᵉ édition, revue et augmentée, parut la même année, et une 3ᵉ l'année suivante. Réimprimée à *Paris,* 1700, in-12.

b Vie de l'infant dom **Henri** de Portugal... trad. du portugais (du P. Francisco-Jozé Freire), par l'abbé de Cournand. *Paris, Laporte,* 1781, 2 vol. in-12; *Paris, Nyon,* 1785, 2 vol. in-12.

L'auteur portugais avait publié son ouvrage en 1758, in-fol., sous son nom de membre de l'Acad. des Arcades, Candido lusitano.

Vie (la) privée d'un prince célèbre, ou détails des loisirs du prince **Henri** de *c* Prusse dans sa retraite de Reinsberg. (Par Guyton de Morveau, frère du chimiste, connu dans la maison du prince Henri sous le nom de Brumore.) *Veropolis,* 1781, in-12, 96 p. — *Berlin,* 1785, in-18.

M. de Manne dit, par erreur, que cet ouvrage a été attribué à Mirabeau.

Vie privée, politique et militaire du prince **Henri** de Prusse. (Par Louis-Joseph-*d* Amour de Bouillé du Charol.) *Paris, Delaunay,* 1809, in-8.

Cet ouvrage a été aussi attribué par erreur à Jean-Franç. Rogen.

Vie (la) et faits notables de **Henry** de Valois, tout au long, sans rien requérir, où sont contenues les trahisons, perfidies, sacriléges, exactions, cruautés et hontes de cet hypocrite et apostat ennemi de la *e* religion catholique. *S. l.,* 1589, in-8.

Le « Manuel du libraire », V, col. 1207, fait observer que ce pamphlet a été attribué sans preuves à Jean Boucher. Six éditions différentes la même année.

Vie militaire et privée de **Henri IV**... d'après ses lettres inédites au baron de Batz... (Par V.-D. de Musset-Pathay.) *Paris, F. Louis,* an XII-1803, in-8.

Vie (la) de très-haute et très-puissante princesse **Henriette-Marie** de France, *f* reine de la Grande-Bretagne. *Paris, Guerout,* 1690, in-8.

La dédicace est signée : C. C. (Charles Cotolendi). Publiée aussi sous le titre : « Histoire de Henriette-Marie de France... ». Voy. V, 673, *f.*

Vie de François **Hirn**, 55ᵉ évêque de Tournay, par A.-A.-M. (Adrien-Alexandre-Marie Hoverlant de Beauwelaere). *Courtrai,*

Gambart de Courval, 1820, in-8, 198 p. J.D.

Vie (la) de E. T. A. **Hoffmann**, d'après les documents originaux; par le traducteur de ses œuvres (Loeve-Veimars). *Paris, Renduel*, 1833, in-12, 212 p., portr.

Vie (la) de sainte **Honorine**, vierge et martyre, patronne du prieuré de Conflant; avec plusieurs prières et oraisons... *S. l. n. d.*, in-12, 66 p.

Par Baudin, prêtre chapelain dudit prieuré, d'après une note manuscrite contemporaine sur l'exemplaire de la Bibliothèque nationale.

Vie (la) de monseigneur saint **Hubert** Dardeine. *Paris, chez les de Marnef, s. d.* (de 1510 à 1530), in-8, 32 p.

Cette Vie, composée par Hubert Le Prevost, de « Légende de saint Hubert », a été réimprimée sous le titre de : « Légende de saint Hubert », précédée d'une préface bibliographique et d'une introduction par Édouard Fétis, *Bruxelles, Jamard*, 1846, in-12, xxi et 182 p.

Vie (la) de M. Abraham **Hügi**, calviniste converti, ci-devant capitaine dans le régiment de Sparre. (Par dom Joseph De Lisle, bénédictin.)*Nancy*, 1731, in-12.

Vie (la) de David **Hume**, écrite par lui-même, traduite de l'anglois (par Suard). *Londres (Paris)*, 1777, in-8.

Vie (la) du R. P. **Ignace** de Loyola. Nouvellem. trad. (par le P. Fr. Favard, jésuite) du latin du R. P. Ribadeneira et enrichie de plus. choses tirées du R. P. Pierre Maffée. *Avignon, imp. de Jacques Bramereau*, 1599, in-8. — Autre édit. *Arras*, G. *de La Rivière*, 1607, in-8.

Vie (la) de saint **Ignace**... Par le P. Dominique Bouhours.)*Paris, Cramoisy*, 1679, in-4 ou in-12; *Varin*, 1758, in-18.

La dédicace est signée par l'auteur. Nombreuses réimpressions.

Vie (la) de saint **Irénée**, second évêque de Lyon... (Par dom François Gervaise.) *Paris, Barois*, 1723, 2 vol. in-12.

Vie du Frère **Irénée** des Écoles chrétiennes (Lancelot Dulac de Montisambert). Éloge historique de M. de Chamflour, évêque de Mirepoix, et abrégé de la vie de M. Bourdoise... (Par l'abbé De La Tour.) *Avignon, Domergue*, 1774, in-12.

La « Vie du Fr. Irénée » a été réimprimée avec le nom de l'auteur. *Paris, Belin*, 1854, in-18.

Vie (la) d'**Isabelle** de France, sœur de saint Louis. (Par l'abbé Le Couturier.) *Saint-Quentin et Paris, Brocas*, 1772, in-8.

Vie (la) de S. **Isidore**, patron des laboureurs, et de la bienheureuse Marie de

Cabeça, sa femme; par un Père de la Compagnie de Jésus. *Verdun*, 1631, in-12.

Traduction de l'espagnol de Jérôme Quintana, par Jean Cachet.

Vie privée et publique de **Jacquemin**, dit cousin Charles de Loupoigne, chef de brigands dans les neuf départements réunis; par le Cⁿ B. (Barafin). *Bruxelles, de l'imprimerie républicaine, place de la Liberté*, an X, 62 et 2 p. J. D.

Vie de saint **Jacques**, franciscain. (Par le P. Lachère.) *Dijon*, 1728, in-12.

Vie (la) de saint **Jean de Dieu**, instituteur et patriarche de l'ordre des religieux de la Charité. (Par Jean Girard de Villethierry, prêtre.) *Paris, Hortemels*, 1691, in-4.

L'abbé de Claustre, dans la table du « Journal des savants », attribue cette Vie au P. Augustin de la Victoire, religieux prêtre de l'ordre de la Charité; il a mal lu l'analyse des journalistes.
(Note manuscrite de A. A. B.)

Vie admirable de sainte **Jean de la Croix**, religieuse du 3ᵉ ordre... du séraphique S. François; traduite de l'espagnol par un Père du même ordre. *Paris, Chaudière*, 1614, in-12. — *Lyon*, 1624, in-12.

Le nom de l'auteur, Antoine Daça, se trouve à l'approbation. L'édition de 1624 a été revue par Fr. de Sosa.

Vie du bienheureux **Jean de la Croix**, traduite de l'espagnol du P. Joseph de Jésus-Maria, par le P. E. S. B. (le P. Élizée de Saint-Bernard, carme). *Paris*, 1642, in-8.

Vie (la) de S. **Jean de la Croix**, premier carme déchaussé... avec trente réflexions tirées de sa vie et de ses maximes. Nouv. édition, rev., corr. et augm. par N. R. R. *Paris*, 1810, in-12.

Cet ouvrage n'est autre que le « Tableau racourcy de la vie du bienheureux Père Jean de la Croix, par le P. Jérôme de Saint-Joseph, carme » (*Bruxelles*, 1674), retouché. A. L.

Vie (la) de **J.-C.** dans l'Eucharistie. (Par Girard de Villethierry.) *Paris, Pralard*, 1702, in-12.

Vie (la) et la doctrine de **Jésus-Christ**, rédigées en méditations pour tous les jours de l'année, T. D. L. D. P. A. (traduit du latin du Père Avancin, jésuite), par M. l'abbé de Saint-Pard, ex-jésuite. *Paris, Berton*, 1775, 2 vol. in-12.

Vie (la) de **Jésus** rappelée à sa simplicité, suivie de maximes tirées de l' « Imitation » de Jésus. (Par Ant.-Théodore

CHEVIGNARD DE LA PALLUE.) *Paris*, 1795, in-12.

Cet ouvrage a reparu avec le nom de l'auteur, sous ce titre : « Exemple de vertu, et Instructions élémentaires.pour tous les peuples ». *Paris*, Déterville, 1805, in-12.

Vie de **Jésus-Christ**, tirée de l'Évangile, selon la concorde, et mise dans la bouche de J.-C.; suivie de réflexions et d'une prière après chaque lecture. (Par l'abbé J.-B. LASAUSSE.) *Paris, l'auteur (Lyon et Paris, Rusand)*, 1806, 2 vol. in-12.

Vie de **Jésus-Christ** d'après la concorde évangélique... (Par Jean-François-Hilaire OUDOUL.) *Paris, Pihan-Delaforest*, 1827, 3 vol. in-32.

Vie (la) de messire Benigne **Joly**, prêtre chanoine de Saint-Étienne de Dijon, etc.; par un religieux bénédictin de la congrégation de Saint-Maur (Ant. BEAUGENDRE). *Paris*, 1700, in-8.

Réimprimée à *Paris*, 1854, in-18.

Vie de S. **Joseph**, époux de la sainte Vierge Marie et père nourricier de Jésus-Christ; par un ancien curé (N. SALEMLIET). *Roubaix*, 1837, in-18.

Vie de **Judas**; par l'abbé *** (Charles MARCHAL, dit DE BUSSY). *Paris, Martin-Beaupré*, 1864, in-18.

Vie du pape **Jules** second, grand ennemi du bon roy Louis douzième, roy de France. *S. l.*, 1615, in-8.

Traduction, avec modifications, de l'ouvrage latin attribué à Ulric DE HUTTEN et intit. : « Julius II ». Voy. ce titre aux anonymes latins.

Vie (la) de **Julien** l'Apostat. *Cologne*, 1688, in-12.

Voy. « Julien l'Apostat », V, 1053, *c*.

Vie de l'empereur **Julien**. (Par l'abbé J.-Phil.-René DE LA BLÉTERIE.) *Paris, Prault*, 1735, in-12.

Réimprimée souvent avec le nom de l'auteur.

Vie (la) du bienheureux Stanislas **Kotska**, novice de la Compagnie de Jésus. (Par le P. Pierre-Joseph D'ORLÉANS.) *Paris, Michallet*, 1672, in-12. — *Lyon*, 1694, in-12.

Le nom de l'auteur se trouve à la dédicace. Réimprimée avec le nom de l'auteur sur le titre.

Vie édifiante de Benoît-Joseph **Labre**, mort à Rome, en odeur de sainteté, le 16 avril 1783, composée par ordre du saint-siége, etc., par M. M*** (MARCONI; traduite de l'italien, par l'abbé DE MONTMIGNON). *Paris, Servière*, 1784, in-12.

Vie de Benoît-Jos. **Labre**, mort à Rome en odeur de sainteté. Traduit de l'italien de M. MARCONI (par le Père HAREL). *Paris, Guillot*, 1784, in-12.

Vie et tableau des vertus de Benoît-Joseph **Labre**, mort à Rome, le 16 avril 1783, en odeur de sainteté. Ouvrage composé en italien par l'abbé MARCONI; traduction nouvelle et complète (par ROUBAUD). *Paris, Berton*, 1785, in-12.

Vie (la) de François Philibert, dit La **Feuillade**, soldat du régiment de Vexin. *Caen, A. Cavelier*, 1713, in-16.

Par le P. Jean PICHON, suivant une note manuscrite sur l'exemplaire de Huet. Plusieurs fois réimprimée.

Vie de madame **Lafosse**, guérie miraculeusement, le 31 mai 1725, à la procession du S. Sacrement de la paroisse Sainte-Marguerite. (Par le P. LAURENT, de l'Oratoire.) *En France (Paris, imp. de Ballard)*, 1769, in-12.

Vie politique de M. le colonel Frédéric-César de La **Harpe**. (Par DE GINGINS-PILLICHODY.) *S. l.*, 1815, in-8.

Vie (la) et la doctrine spirituelle du P. L. **Lallemant**... (Par le P. Pierre CHAMPION, jésuite.) *Paris, Michallet*, 1694, in-12. — *Lyon, Valfray*, 1735, in-12.

L'auteur a signé la dédicace. Le Recueil des maximes formant la doctrine spirituelle a été réuni par le P. RIGOLEU, et les additions sont du P. J.-J. SEURIN. Réimprimée sous ce titre ou sous celui de : « Doctrine spirituelle du P. Lallemant, précédée de sa vie ».

Vie de de **Lanoë-Ménard**, prêtre du diocèse de Nantes... (Par Jean GOURMEAU.) *Bruxelles, Vander Agen (Paris)*, 1734, in-12.

Vie de M. de **Lantages**, prêtre de Saint-Sulpice, premier supérieur du séminaire de Notre-Dame-du-Puy. (Par l'abbé FAILLON.) *Paris, imp. de A. Le Clere*, 1830, in-8. — *Lyon, Sauvignet*, 1830, in-12.

Vie (la) de M. Jean-Baptiste de La **Salle**, instituteur des Frères des Écoles chrétiennes; par M. *** (l'abbé BLIN, chanoine de Noyon). *Rouen, Machuel*, 1733, 2 vol. in-4.

Vie du vénérable J.-B. de La **Salle**, fondateur de l'institut des Frères des Écoles chrétiennes; suivie de l'histoire de cet institut jusqu'en 1734. Par un Frère des Écoles chrétiennes (le Fr. LUCARD). *Rouen, Fleury*, 1874, gr. in-8.

Vie du bienheureux **Laurent de Brin-**

des, général des capucins ; par un académicien des Arcades de Rome (ROUBAUD). *Paris, Durand*, 1784, in-12.

Vie de saint **Lautein**, abbé de Silèze ; par M. l'abbé T*** (TISSIER), curé de Saint-Lautein. *Arbois, imp. de A. Javel*, 1848, in-32.

Vie (la) de **Lazarille** de Tormes, traduite de l'espagnol en françois (par P. B. P. pour la 1re partie, et par L. S. D. (D'AUDIGUIER le jeune) pour la 2e partie. *Paris, Boutonné*, 1620, 2 vol. in-12.

Voy. « Supercheries », II, 982, *a*.

Voy., pour plus de détails sur les différentes traductions de cet ouvrage, Brunet, « Manuel du libraire », 5e édit., tome III, col. 383-386.

Vie (la) et aventures de **Lazarille** de Tormes, écrites par lui-même en espagnol, traduction nouvelle (par DE BACKER). *Bruxelles, de Backer*, 1698, 1702, 1716, 1744, 2 part. in-12.

Voy. « Lazarille de Tormes », V, 1072, *c*.

Vie (la) de la vénérable Mère Alix **Le Clerc**, qui a concouru à fonder la congrégation de Notre-Dame... 1773, in-8.

Par le P. Timothée GAUTRELLE, carme de Nancy, d'après une note manuscrite de l'abbé Grégoire.

Vie (la) du P. Joseph **Le Clerc** Du Tremblay... (Par l'abbé René RICHARD). Seconde édit., rev., corr. et augm. de la réponse (par l'abbé RICHARD lui-même) au livre intitulé : « Le Véritable Père Josef »... *Genève, I. Grudesol*, 1704, in-8.

La première édition, intitulée : « Histoire de la vie du R. P... » porte le nom de l'auteur ; elle est de 1702. L'auteur a refait presque entièrement son ouvrage sous le titre de : « Le Véritable Père Joseph ». (Voy. ce titre.)

Voy. ci-dessus, 209, *c*.

Les capucins, ayant dessein de poursuivre la canonisation du Père Joseph, cherchèrent un historien qui pût leurrer le public, et le trouvèrent dans l'abbé Richard, lui promettant de travailler pour lui à la cour. L'histoire de la vie du P. Joseph s'imprima, et le bon abbé n'eut aucun signe de reconnaissance de la part des capucins. Piqué de leur ingratitude, Richard composa une nouvelle Vie du P. Joseph, qu'il intitula: « Le Véritable P. Joseph », et où il le montra du mauvais côté. Les capucins devinrent sages un peu tard ; ils se radoucirent et se rapprochèrent de l'abbé Richard, qui eut la complaisance de réfuter lui-même, dans une seconde édition de sa Vie du P. Joseph, ce qu'il avait dit très-sincèrement dans son « Véritable Père Joseph ». (Catal. Borluut, n° 3361.)

Vie (la) de Guillaume **Le Maire**, évêque d'Angers, par un académicien de la même ville (l'abbé DE GOVELLO.) *Angers*, avril 1730, in-4, 28 p.

Tirée principalement d'un manuscrit dont la plus grande partie a été imprimée dans le 10e vol. du « Spicilége » de d'Achery.

Vie (la) de dom Pierre **Le Nain**, religieux et ancien sous-prieur de la Trappe... Par M. D*** (D'ARNAUDIN, neveu du docteur de ce nom, sur les mémoires du chevalier D'ESPOY). *Paris, Delaulne*, 1715, in-12.

Vie de M. **Lenain** de Tillemont, avec des réflexions sur divers sujets de morale et quelques lettres de piété. *Cologne*, 1711, in-12.

Par Michel TRONCHAY, suivant le P. Lelong.

Cet ouvrage a aussi paru sous ce titre : « La vie et l'esprit de M. Lenain de Tillemont ». (*S. l.*), 1713, in-12.

Vie (la) de Michel **Le Noblets**, prêtre et missionnaire. *Paris, Muguet ou J. Cusson*, 1666, in-8.

Signé : ANTOINE DE SAINT-ANDRÉ (Antoine VERJUS, jésuite).

Réimprimée en 1836 avec le véritable nom de l'auteur.

Vie (la) de **Léon X**, traduite du latin de Paul JOVE, par M. M. D. P. (Michel DE PURE). *Paris, Couterot*, 1675, in-12.

Vie (la), translation et miracles du glorieux sainct **Leonard**, confesseur, extraite de divers auteurs, par I. C. (Jos. CHALARD)... *Saint-Léonard de Noblac, E. Roland*, 1624, in-12.

Vie de dom Augustin de **Lestrange**, abbé de la Trappe ; par un religieux de son ordre (dom GUERBES). *Paris, Rusand*, 1829, in-12.

La 2e édition est intitulée : « Vie du vénérable abbé... » *Aix, Pontier*, 1834, in-12.

Vie (la) de Stanislas **Leszczinski**, surnommé le Bienfaisant, roi de Pologne ; par M. *** (A. AUBERT), avocat aux conseils du roi de Pologne et de la cour souveraine de Lorraine. Divisée en deux parties. *Paris, Moutard*, 1769, in-12.

Vie de François **Lévesque**, prêtre de l'Oratoire. (Par Jean-Paul BIGNON.) *Paris, Le Petit*, 1684, in-12.

Vie de Michel de **L'Hôpital**, chancelier de France. (Par LEVESQUE DE POUILLY fils.) *Londres (Paris, Debure)*, 1764, in-12. — *Amsterdam, M.-M. Rey*, 1767, in-8.

Vie du R. P. **Libermann**... Par l'auteur de l' « Histoire de Saint-Léger » (dom J.-B. PITRA). *Paris, Julien, Lanier et Cie*, 1855, in-8.

Vie (la) de saint **Lié**, solitaire de la Beausse. (Par Claude Proust.) *Orléans, veuve J. Boyer*, MDCCXIV (*sic*, 1694), in-8.

Vie (la) de M. **Litaud**, prêtre (de l'Oratoire), modèle des ecclésiastiques et père des pauvres. *S. l. n. d.*, in-12.

Signé : Jean Maillard.
Le permis d'imprimer est du 16 avril 1687.

Vie et l'éloge de M. Jean **Litoust**, curé de Saint-Saturnin de Nantes... (Par l'abbé Travers.) *Imprimé en France (Nantes)* (vers 1729), in-12.

Cat. de Nantes, n° 37,885.

Vie de Mme la duchesse de **Longueville**. (Par Joseph Bourgoin de Villefore.) *S. l.*, 1738, 2 vol. in-12.

Réimprimée sous le titre de : « Véritable vie...». Voy. ci-dessus, col. 932.

Vie (la) de Grégoire **Lopez** dans la Nouvelle-Espagne, composée en espagnol par François Losa, prêtre, icencié, et jadis curé de l'église cathédrale de Mexico, et traduite nouvellement en françois par un Père de la Compagnie de Jésus (Louis Conard). 2e édit. *Paris, Hénault*, 1655, in-12.

Vie veut dire ici séjour. Le privilége accordé à J. Hénault est du 4 août 1644.

Vie du R. P. **Loriquet**, de la Compagnie de Jésus, écrite d'après sa correspondance et ses ouvrages inédits. (Par le baron Mathieu-Richard-Auguste Henrion.) *Paris, Poussielgue-Rusand*, 1845, in-12.

Vie (la), légende et miracles du roi saint **Louis**... (Par Clovis Eve.) *Paris, C. Eve*, 1610, in-8, 48 p.

L'auteur a signé la dédicace.

Vie (la) de saint **Louis**, roi de France. (Par Nicolas Promontorio.) *S. l.*, 1650, in-4, 39 p.

Une autre édition, *Paris, T. La Carrière*, 1651, in-4°, porte le nom de l'auteur à la dédicace.

Vie de saint **Louis**, roi de France ; par un prêtre du diocèse de Valence (l'abbé Jean-François Bleton). *Lyon, Rusand*, 1828, in-18.

Vie de saint **Louis**, religieux de l'ordre de S.-François et évêque de Toulouse ; par un citoyen de Brignolles (le P. Calixte, capucin de Marseille). *Avignon, Aubanel*, 1780, in-12.

Note manuscrite sur l'exemplaire de la Bibliothèque nationale.

Vie privée de **Louis XV**, ou principaux

événements, particularités et anecdotes de son règne. (Par Moufle d'Angerville, avocat). *Londres, Lyon*, 1781, 4 vol. in-12. — *Ibid., id.*, 1781, 1788, 4 vol. in-12.

Maton de La Varenne a faussement prétendu qu'Arnoux Laffrey était auteur de cet ouvrage. Voyez le prétendu « Siècle de Louis XV », par Arnoux Laffrey, *Paris*, 1796, 2 vol. in-8.

Voy. « Supercheries », II, 493, d.

Vie de **Louis XV**, roi de France et de Navarre... ou recueil historique des principaux événements de son règne ; suivis de nombre d'anecdotes intéressantes sur ce prince. Publié par J.-M. G. (J.-M. Gassier). *Paris, Montaudon*, 1815, in-18.

Vie de **Louis XVI**. (Par Fr. Babié de Bercenay.) *Paris, Barba*, 1800, 2 vol. in-8.

Vie impartiale de **Louis-Philippe**. (Attribuée à Edme-Théod. Bourg, dit Saint-Edme.) *Paris*, 1831, in-32.

Une ordonnance de non-lieu fut le résultat des poursuites du parquet de Paris contre cet ouvrage. (Quérard.)

Vie de **Louis-Philippe** d'Orléans, fils de Philippe-Égalité. (Par Théodore Nisard.) *Paris, chez tous les marchands de nouveautés*, 1848, in-18, 18 p.

Réimprimée sous le titre : « Histoire de Louis-Philippe ».

Vie de **Louise** d'Orléans, reine des Belges. (Par Paul Roger, ancien sous-préfet). *Bruxelles, tous les libraires*, 1851, gr. in-8, 200 p.

J. D.

Vie de très-haulte, très-puissante et très-illustre dame, Madame **Loyse** de Savoye, religieuse au couvent de Mme Sainte-Claire d'Orba, escrite en 1507 par une religieuse (Catherine de Sauly). Précédée d'une notice et suivie de documens et de notes historiques, par l'abbé A.-M. Jeanneret. *Genève, G. Fick*, 1860, in-8, 2 ff. de titre et 201 p.

Le nom de l'auteur est donné dans la préface de l'éditeur.

Vie (la) du bienheureux Pierre, cardinal de **Luxembourg**, évêque de Metz, etc. (Par le P. Martin de Bourey, célestin.) 2e édition, revue et augm. (par Étienne Carneau). *Paris, Mettayer*, 1650, in-12, 124 p. et un portrait.

Vie (la) du bienheureux Pierre de **Luxembourg**. (Par Nic. Le Tourneux, prieur de Villiers, sur les Mémoires de

Bonaventure Bauduit, célestin.) *Paris, Josset, 1681, in-12.*

Vie (la) de sœur **Magdeleine** (Lucat) du S.-Sacrement, religieuse carmélite du voile blanc; avec des réflexions sur l'excellence de ses vertus. (Par dom Jean Martianay.) *Paris, veuve A. Lambin, 1711, in-12.*

Il y a des exemplaires dont le titre porte le nom de l'auteur, lequel se trouve aussi dans le privilége.

Vie (la) de la Mère **Magdeleine** de Saint-Joseph, religieuse carmélite deschaussée... Par un Père de l'Oratoire de J.-C. (le P. Jean-François Senault). *Paris, Camuzat, 1645, in-4. — Nouv. édit.,* revue et aug. (par le P. Talon). *Paris, Le Petit, 1670, in-4.*

Vie (la) admirable de très-haute, très-puissante Charlotte-Marguerite de Gondy, marquise de **Magnelais**... Fait par le P. M. C. P. (le P. Marc de Bauduen, capucin, prédicateur). *Paris, veuve N. Buon, 1666, in-12.*

Vie de l'imposteur **Mahomet**, recueillie des auteurs arabes, persans, hébreux, etc. (traduite de l'anglois de Prideaux, par Daniel de Larroque). *Paris, Musier, 1699, in-12,* 8 ff. lim., 320 p. et 18 ff. de table.

On lit dans la « Biographie universelle », à l'article *Daniel de Larroque*, que cette traduction parut pour la première fois à Amsterdam en 1698; c'est une erreur qu'il faut attribuer à l'abbé d'Olivet dans sa lettre au président Bouhier, en date du 6 juillet 1738. Voy. le « Recueil d'opuscules littéraires », *Amsterdam* (Paris), 1767, p. 198.
La traduction imprimée à *Amsterdam* est toute différente de celle de Larroque, qui est écrite par un protestant converti.

Vie de madame de **Maintenon**. (Par La Beaumelle.) Tome I. *Nancy, H. Brenneau (Francfort-sur-le-Mein), 1755, in-12.*

Au lieu de continuer cet ouvrage, La Beaumelle publia quelque temps après les « Mémoires pour servir à l'histoire » de son héroïne. Voy. VI, 242, a.

Vie (la) de madame de **Maintenon**, institutrice de la royale maison de Saint-Cyr... (Par Louis-Ant. de Caraccioli.) *Paris, Buisson, 1786, 2 vol. in-12,* avec le nom de l'auteur.

Vie de Michel-Charles **Malbeste**, chanoine honoraire de Paris, ancien curé de Sainte-Élisabeth; par M. l'abbé Z. F. (Z. Frappaz), du clergé de cette paroisse. *Paris, Debécourt, 1843, in-12,* 244 p. et portrait.

Réimprimée en 1845 avec le nom de l'auteur.

Vie (la) de dame Olympe **Maldachini**, princesse Pantile, nouvellement traduite de l'italien de l'abbé Gualdi (Gregorio Leti); avec des notes, par M. J. (Jean-Bapt. Jourdan). *Genève et Paris, veuve David, 1770, 2 part. in-8.*

Voy., pour une autre traduction: « Histoire de Dona Olympia... », V, 666, e.

Vie de Chrétien-Guillaume Lamoignon-**Malesherbes**, premier président de la cour des aides... *Paris, Barba, an X-1802, in-12.*

Quérard (Fr. littér., t. V) attribue cet ouvrage à Martainville, tandis que, suivant M. P. Lacroix, il serait d'Étienne. Voy. n° 1195 bis du « Catalogue de la bibliothèque de M. M*** (Millot) », 1847, in-8.

Vie du célèbre jurisconsulte **Malfait**, décédé à Bruxelles; son testament, sa mort, son enterrement, etc. (Par F. de Vos.) *Bruxelles, an XII-1804, in-8.*

Œttinger.

Vie de saint **Mamez**, patron de Langres; par A. C. (Antoine Cordier), chanoine de Langres. *Paris, Cramoisy, 1650, in-8.*

Vie de Mlle **Mance** et histoire de l'Hôtel-Dieu de Villemarie dans l'île de Montréal, en Canada. (Par l'abbé Faillon.) *Villemarie, 1854, 2 vol. in-8.*

Vie (la) du révérend Père dom Jérôme **Marchant**, prieur de la Grande-Chartreuse... (Par Claude Delle.) *S. l. (1699), in-12.*

Vie (la) de sœur **Marguerite** (Parigot) du Saint-Sacrement, carmélite de Beaune (morte en 1648); composée par un prêtre de la congrégation de l'Oratoire (le P. Amelotte)... *Paris, Le Petit, 1654, 1655, 1679, in-8.*

Voy. « Supercheries », III, 238, f.

Vie (la) en abrégé de sœur **Marguerite** du Saint-Sacrement...en cinq parties; par le Sr A. Ph. D. L. C. (A. Phérotée de La Croix)... *Lyon, Gautherin (1685), in-12.*

L'auteur a signé.

Vie (la) de la très-sainte Vierge **Marie**, selon les quatre évangélistes. (Par Mme la princesse de Craon.) *Paris, à l'Œuvre de la Miséricorde, 1837, in-18.*

Vie (la) de la Vierge **Marie**, de maître Wace; suivie de la vie de saint George, poëme inédit du même trouvère. (Publiées par V. Luzarche, de Tours.) *Tours, J. Bouserez, 1859, in-12.*

Vie (la) de M. Gilles **Marie**, curé de S.-Saturnin de Chartres... (Par François Janvier.) *Chartres, N. Besnard, 1736, in-12.*

Vie (la) des trois **Maries**, de leurs pères et de leurs mères, de leurs maris et de leurs enfans (écrite d'abord en rimes françoises par J. Venette, carme, l'an 1327, puis translatée de rime en prose par Jean Droyn, bachelier en droit). *Rouen, pour Jehan Burges* (vers 1511), *in-4, goth., 108 ff.*

Voy., pour le détail des éditions du xvie siècle, Brunet, « Manuel du libraire », V, col. 1119 et 1120.

Cet ouvrage, souvent réimprimé à Troyes, fait partie de la « Bibliothèque bleue ».

Vie (la) de la vénérable Mère **Marie** de l'Incarnation... (dans le monde Marie Guyard, veuve Martin), tirée de ses lettres et de ses écrits. (Par son fils dom Claude Martin.) *Paris, L. Billaine, 1677; et avec un nouveau titre : Paris, A. Warin, 1696, in-4, un portr.*

L'auteur est nommé dans les « Approbations ».

Vie (la) de la Mère **Marie** de l'Incarnation (dans le monde Marie Guyard, veuve Martin), institutrice et première supérieure des Ursulines de la Nouvelle-France. *Paris, A.-C. Briasson, ou L.-A. Thomelin, 1724, in-8. — Paris, 1735, in-8. — Nouv. édit. Clermont-Ferrand, F. Thibaud, 1862, in-12.*

L'auteur est le P. de Charlevoix, qui a signé l'Épître à la reine d'Espagne.

Une traduction italienne de cette vie a été donnée par le P. Girolamo Arnolfini, *Lucca*, 1727, in-8.

Vie de **Marie - Antoinette** - Josèphe - Jeanne de Lorraine, archiduchesse d'Autriche, reine de France et de Navarre. (Par Fr. Babié de Bercenay.) *Paris, Capelle et Renaud, an X-1802, 3 vol. in-12.*

Le 1er avril 1826, Capelle m'a dit que Babié n'avait fait que ramasser les matériaux pour la vie de Marie-Antoinette, dont les véritables auteurs étaient Sulpice Laplatière et lui, Capelle.

(Note manuscrite de J.-Q. Beuchot.)

Vie de **Marie de Médicis**. (Par Mme Thiroux d'Arconville.) *Paris, Ruault, 1774, 3 vol. in-8.*

Vie, miracles et translation de sainte **Marie** d'Oignies. (Par Bernard Mouchet.) *Louvain, Rivius, 1670, in-8.*

Vie politique de **Marie-Louise** de Parme, reine d'Espagne. (Par Jean-Nicolas Barba.) *A la cour d'Espagne (Paris)*, 1793, in-18.

Vie de la révérende Mère **Marie-Thé**-

rèse, supérieure du monastère de Notre-Dame-du-Refuge, à Nancy. (Par le P. Hugo, prémontré.) *Nancy, 1704, in-12.*

Vie (la) et miracles de monseigneur saint **Martin**, translatée du latin (de Sulpice Sévère) en françoys. *Tours, Jehan du Liege, 1496, pet. in-fol., 100 ff.*

Voyez, pour le détail des éditions de cette traduction, Brunet, « Manuel du libraire », 5e édit., tome V, col. 1194.

Vie de saint **Martin**, évêque de Tours... (Par dom N. Gervaise.) *Tours, Barthe, 1699, in-4.*

L'auteur a signé.

Vie (la) du vénérable P. dom Claude **Martin**, religieux bénédictin, décédé en odeur de sainteté au monastère de Marmoutier, le 9 du mois d'août 1696; écrite par un de ses disciples (dom Edmond Martène). *Tours, Masson, 1697. — Rouen, 1698, in-8.*

Ce livre a été supprimé par ordre des supérieurs de l'auteur. « Histoire littéraire de la congrégation de Saint-Maur », p. 547.

Vie de Henri **Martyn**, missionnaire aux Indes orientales et en Perse; traduite de l'anglais (de John Sargent) sur la 6e édition. *Paris, Delay, 1846, in-8.*

L'ouvrage original a paru sous le titre de : « Memoirs of Henry Martyn... ».

Vie (la) de saint **Materne**, évêque, apôtre de Namur (par J. Dupont, prêtre); revue et augmentée (par Charles Wilmet, professeur au séminaire de Namur). *Namur, Wesmael, 1848, in-12, 72 p.*

La première édition de cet ouvrage parut à Namur vers la fin du xviie siècle.　　Ul. C.

Vie de sainct **Mathurin** de Larchant. Historiée. *Paris, Jacques Nyverd, s. d. (1489), pet. in-4, 16 ff.*

En vers de 8 syllabes. L'auteur dit qu'il a traduit cette légende du latin ; il se nomme à la fin : « messire Jehan, vostre prestre ».

Vie de **Maupertuis**; par L. Angliviel de La Beaumelle. Ouvrage posthume, suivi de Lettres inédites de Frédéric le Grand et de Maupertuis, avec les notes et un appendice (publié par Maurice Angliviel, bibliothécaire du Dépôt de la marine). *Paris, Ledoyen, 1856, in-18, viii-496 p.*

L'appendice contient une bibliographie des Œuvres de Maupertuis.

Vie (la) de M. saint **Maur**. (Par Jacques Du Bois.) *Paris, imp. de J. Barbote,* 1621, in-8, 70 p.

L'auteur a signé à la page 68.

Vie des vierges sainte **Maure** et sainte Brigide... *Paris, imp. de Casimir,* 1825, in-18.

Signé : A.-G. H. (A.-G. Houbigant).

Vie (la) et victoires du très-illustre prince **Maurice**, avec la généalogie et les lauriers de Nassau. (Par J. Commelyn.) *Amsterdam, Janssen,* 1624, in-fol.

Vie privée de l'abbé **Maury**, écrite par lui-même, pour joindre à son « Petit Carême ». (Par Jacques-René Hébert, dit le Père Duchêne.) *S. l.* (Paris), *imp. de J. Grand,* in-8, 28 p.

Ce pamphlet a eu une « Suite ». *Paris, chez les marchands de nouveautés, imp. de J. Grand,* 1790, in-8, 24 p.

Vie (la) des bienheureux martyrs saint **Mauxe** et saint Vénérand, patrons du diocèse d'Évreux. (Par J.-B. Chemin.) *Évreux,* 1752, 1777, in-12.

Vie (la) de Laurent de **Médicis**, traduite du latin de Nicolas Valori (par l'abbé Claude-Pierre Goujet). *Paris, Nyon,* 1761, in-12.

Vie (la) du R. P. Marin **Mersenne**... Par F. H. D. C.... (Hilarion de Coste). *Paris, Cramoisy,* 1649, in-8.

L'auteur a signé.

Vie (la), les aventures et le voyage de Groënland du R. P. cordelier Pierre de **Mesange** (rédigés par Simon Tyssot de Patot). *Amsterdam, Roger,* 1720, 2 vol. in-12.

Vie de Marguerite de **Mesples**, première directrice des Filles orphelines de la ville de Saint-Paul; par dom C. T. (Christophe Tachon), bénédictin de la congrégation de Saint-Maur. *Toulouse,* 1691, in-12.

Vie (la) de François-Eudes de **Mézeray**... Par M*** (Daniel de Larroque). *Amsterdam, Brunel,* 1726, in-8.

Vie de **Milton** et jugement sur ses écrits, ouvrage traduit de l'anglais de Samuel Johnson (par Ant.-Marie-Henri Boullard). *Paris, impr.-libr. chrétienne, an V-* 1797, in-12.

Vie (la) de **Mina**, son origine, les principales causes de sa célébrité... Par un miquelet transfuge. *Paris, Peytieux,* 1823, 2 vol. in-12.

Présenté par l'auteur, P. Cuisin, comme la traduction d'un ouvrage espagnol.

Vie (la) de Mme de **Miramion**. (Par l'abbé Fr.-Tim. de Choisy.) *Paris, A. Dezallier,* 1706, in-4 et in-12. — *Orange, J. Escoffier,* 1838, in-12, avec le nom de l'auteur.

Vie de Fr.-René **Molé**, comédien français, membre de l'Institut national de France. *Paris, Desenne,* an XI-1803, in-12.

Biographie faite en commun par M. Ch.-G. Étienne et Gaugiran Nanteuil.

Vie (la) de M. de **Molière**. (Par Jean-Léonard Le Gallois, sieur de Grimarest.) *Paris, Jacq. Le Febvre,* 1705, in-12, 4 ff., 314 p., plus la table. — *Paris, chez Jacques Le Fefebvre, dans la grand' Salle du Palais, au Soleil d'or,* 1705, in-12, 101 p. et 6 p. non chiff. pour la table. — *Lyon, chez Jacques Lions, libraire, rue Mercière, au Bon Pasteur,* avec permission, très-petit in-8, 101 p. et 6 p. non chiffrées pour la table.

Il est très-certain que cette dernière édition, sous la rubrique de *Lyon,* est une contrefaçon antidatée de la seconde de Paris (1705,101 p.), qu'elle reproduit page pour page ; cette dernière, que je crois être le premier à signaler, n'est point indiquée dans la « Bibliographie moliéresque » de M. P. Lacroix. Je les possède l'une et l'autre et j'ai pu en faire une comparaison minutieuse, qui ne laisse subsister aucun doute. Les deux volumes sont au premier aspect semblables en tout : même format apparent, même nombre de pages, même disposition typographique ; mais l'édition de Paris a les caractères un peu plus gros ; celle de Lyon est, d'ailleurs, moins jolie, les caractères en sont usés, le tirage bien moins bon, elle copie jusqu'à l'orthographe et aux fautes de l'édition de Paris, et si l'on y rencontre quelques corrections, on y lit, en revanche, des erreurs, qui trahissent aux yeux du bibliographe expérimenté la main du contrefacteur. L'existence de l'édition de Paris, 1705, en 101 pages, démontre clairement la supposition de l'édition de Lyon, 1602, qui n'en est que le calque. Maintenant, comment cette dernière est-elle devenue d'une rareté si grande, que son existence même a pu être mise en doute? Les éditeurs de Paris en obtinrent-ils la suppression ? Mais, d'autre part, l'édition identique de Paris (plus rare peut-être encore, puisqu'elle n'avait pas été signalée jusqu'ici), doit-elle être aussi considérée comme une publication subreptice, faite en fraude des légitimes éditeurs, ou bien l'exiguïté du volume, et son bon marché qui le destinait à des acheteurs généralement peu soigneux, ont-ils été ses seules causes de destruction, causes qui pourraient aussi fort bien expliquer la disparition de la contrefaçon? Tout cela mériterait des développements qui trouveront leur place ailleurs. Je ne crois pas ces détails oiseux, parce que cette vie de Molière, la première en date, a retrouvé sinon toute la faveur qu'elle mérite, du moins l'attention des hommes d'étude. Il est bon de ne pas oublier que, contrefait à l'étranger (*Bruxelles*, 1706), traduit en hollandais (*Amsterdam*, 1705), et en allemand (*Augsbourg*, 1711), l'ouvrage de Grimarest a figuré *huit fois* en tête de diverses éditions de Molière, de 1709 à 1747, c'est-à-dire à une époque où la tradition touchant le grand homme était encore, si j'ose le dire, toute vivante. Niceron, dans le 29e vol. de ses « Mémoires », publié dans cet intervalle, ne se faisait donc que l'écho d'un sentiment généralement adopté, et que la critique moderne paraît disposée à partager, à la suite de Desprès, qui osa le premier, en 1822, réimprimer Grimarest.   G. M.

M. Aimé Martin a donné de l'ouvrage de Grimarest une nouvelle édition élucidée, complétée et suivie d'une histoire de la troupe de Molière, sous le titre de : « Mémoires sur la vie de Molière, par GRIMAREST, publiés avec des notes par Aimé Martin ». Paris, Lefèvre, 1824, in-8. C'est un tirage à part et à petit nombre des préliminaires de l'édition des Œuvres de Molière, *Paris, Lefèvre*, 1824, 6 vol. in-8.

Réimprimée avec une notice de M. A. Poulet-Malassis, *Paris, I. Lisieux*, 1877, in-18.

Vie (la) de Jean-Baptiste Poquelin de Molière, très-fameux comédien, tant par son personnage au théâtre que par les ouvrages qu'il a composés. *Bruxelles, Jean Smed*, 1706.

Mercier, dans sa préface de « Molière, drame », *Amsterdam*, 1776, cite cet ouvrage comme un ouvrage nouveau, mais M. Taschereau s'est assuré qu'il n'était qu'une reproduction exacte de l'ouvrage de GRIMAREST.

Vie de Molière, avec des jugements sur ses ouvrages. (Par VOLTAIRE.) *Paris, Prault*, 1739, 2 ff. de tit., 120 p.

Réimprimée avec le nom de l'auteur.

Cette vie a été insérée dans quelques éditions des Œuvres de Molière.

Vie (la) du général **Monk**, duc d'Albemarle, etc., le restaurateur de Sa Majesté britannique Charles II. Traduite de l'anglois de Thomas GUMBLE, docteur en théologie et autrefois un des chapelains du général. (Par Guy MIÈGE.) *Londres, R. Scot (Hollande)*, 1672, in-12, 6 ff. et 406 p. — *Rouen, Lucas*, 1672, in-12.

L'ouvrage original a paru à *Londres* en 1670, in-8.

Vie littéraire du général **Montalembert**. (Par Sulpice IMBERT DE LA PLATIÈRE et DELISLE DE SALES.) *Paris*, 1801, in-4.

Publié aussi sous le titre : « Éloge historique ». Voy. V, 82, *b*.

Vie de B.-A. **Montano**. (Par Jean-François LOUMYER.) *Bruxelles*, 1842, in-8.

Vie de M. le duc de **Montausier**, pair de France, écrite sur les Mémoires de la duchesse D'UZÈS, sa fille, par N*** (le P. Nicolas LE PETIT, jésuite.) *Paris, Rollin*, 1729, 2 vol. in-12.

Le tome II contient « la Guirlande de Julie ».

Réimprimée sous le titre de : « Mémoires ». Voy. VI, 210, e.

Vie (la) de madame la duchesse de **Montmorency**, supérieure de la Visitation de Sainte-Marie de Moulins. (Par Charles COTOLENDI, avocat.) *Paris, Barbin*, 1684, in-8. — *Tours, Mame*, 1837, in-12. — *Tournai*, 1855, in-18.

Vie (la) de madame la duchesse de **Montmorency**, supérieure de la Visitation Sainte-Marie de Moulins, tirée des manuscrits conservés dans ce monastère. (Par l'abbé GARREAU.) *Clermont-Ferrand, P. Vallanes*, 1769, 2 vol. in-12.

Une nouvelle édition de cet ouvrage fait partie de la « Bibliothèque catholique de la Belgique ». *Louvain, Vanlinthout et Vandenzand*, 1824, in-8. Les nouveaux éditeurs ne parlent nullement de l'édition originale de 1769. Ils n'y ont apporté d'autre modification que celle de supprimer les cinq premières pages de la préface, de telle sorte que cette réimpression belge commence ainsi : « On avait déjà une vie de Mme de Montmorency, publiée en 1684... ».

Vie (la) de M. **Morel**, curé de Villiers-Vineux, proche de Tonnerre. (Par l'abbé DU FAÏS.) *Troyes, J. Febvre*, 1702, in-12.

Imprimée à la suite d'une « Vie de M. Roy » (par Morel). Voy. ci-après, col. 1011, *f*.

Vie du comte de **Munnich**, général, feld-maréchal au service de Russie; ouvrage traduit librement de l'allemand de Gérard-Ant. DE HALEN, son compatriote. (Par le baron J.-F. BOURGOING.) *Paris, Nicolle*, 1807, in-8.

Vie de Joachim **Murat**, et relation des événements politiques et militaires qui l'ont précipité du trône de Naples; par M**** (Mme ROLLY). *Paris, Pillet*, 1815, in-8.

Vie publique et privée de Joachim **Murat**, composée d'après des matériaux authentiques... Par M*** (Ant. SÉRIEYS). *Paris, Dentu*, 1816, in-8.

Vie et aventures de Joachim **Murat**... Par M. L....... (A.-L.-J. GODIN). *Paris, Ménard et Desenne*, 1816, 1817, in-12.

Vie de M. **Musart**...

Voy. « le Modèle des pasteurs », VI, 320, *a*.

Vie historique et impartiale de **Napoléon** Bonaparte, ex-empereur des Français; par J. M. G. (GASSIER). *Paris, Vauquelin*, 1814, in-18, 142 p. et un portrait.

Vie politique et militaire de **Napoléon**, racontée par lui-même au tribunal de César, d'Alexandre et de Frédéric. (Par le général Henri DE JOMINI.) *Paris, Anselin*, 1827, 4 vol., in-8.

Vies et révélations de la sœur de la **Nativité** (Jeanne Le Royer)... religieuse converse au couvent des Urbanistes de Fougères, écrites sous sa dictée par le rédacteur de ses Révélations (l'abbé GE-NET, prêtre du diocèse de Rennes). *Paris, Beaucé*, 1817, 3 vol. in-12.— 2ᵉ édit. *Ibid., id.*, 1819, 4 vol. in-12. — 3ᵉ édit. *Paris et Lyon, Périsse*, 1849, 4 vol. in-12.

Vie privée et ministérielle de M. **Necker**, directeur général des finances; par un citoyen (James RUTLIDGE). *Genève, Pellet*, 1790, in-8, avec un supplément.

Vie de saint Philippe de **Néri**, Florentin; traduite de l'italien du P. Pierre-Jacques BACCI, Aretin, de l'Oratoire. (Par Fr. DOULÉ, prêtre.) *Paris, Desprez*, 1685, in-8, 1686, in-12.

L'original italien parut à Rome en 1622.

Vie (la) d'illustrissime... Camille de **Neufville**. (Par Germain GUICHENON.) *Lyon, Molin*, 1695, in-12.

L'auteur a signé.

Vie du Rév. J. **Newton**; trad. de l'anglais par le trad. de « Omicron » et de « Cardiphonia » (Mˡˡᵉ DE CHABAUD-LATOUR). *Paris, Delay*, 1842, 2 vol. in-12.

Vie du maréchal **Ney**... (Par Raymond-Balthazard MAIZEAU.) *Paris, Pillet*, 1816, in-8.

Deux éditions la même année.

Vie du grand et incomparable saint **Nicolas**, évêque de Myre et patron de Lorraine. (Par N. DURMOY.) *Nancy*, 1704, in-12.
V. T.

Vie (la) de **Nicolas** (Napoléon-Bonaparte). Grand pot-pourri, en trois parties; par l'auteur de l' « Ogre de Corse » (C.-J. ROUGEMAITRE). *Paris, Louis*, août 1815, in-18, 72 p.

Vie (la) de M. **Nobletz**...

Voy. ci-dessus, col. 990, *b*.

Vie (la) de saint **Norbert**, archevêque de Magdebourg et fondateur de l'ordre des Chanoines prémontrés; avec des notes pour l'éclaircissement de son histoire et de celle du XIIᵉ siècle. (Par Louis-Charles HUGO.) *Luxembourg*, 1704, in-4.

Vie (la) du fameux Père **Norbert**, ex-capucin, connu aujourd'hui sous le nom de l'abbé Platel; par l'auteur du « Colpor-

teur » (Fr.-Ant. CHEVRIER). *Londres, Nourse*, 1762, in-12, 144 p. — *Ibid., id.*, 1763, in-12, 144 p.

Vie de **Nostradamus**; par Pierre-Joseph (DE HAITZE). *Aix*, 1712, in-12.

Vie (la) et le testament de Michel **Nostradamus**... avec l'explication de plusieurs prophéties très-curieuses. (Par Edme CHAVIGNY, connu sous le nom de JANUS GALLICUS.) *Paris, Gattey*, 1789, in-12.

Vie (la) et les opinions de maître Sébaltus **Nothanker**. Trad. de l'allemand par un ami du héros. (Par Christophe-Frédéric NICOLAÏ.) *Londres*, 1774, in-8; — 1777, 3 vol. in-12.

Vie (la) de M. Jean-Jacques **Olier**, prêtre, curé du fauxbourg de Saint-Germain à Paris... (rédigée par le P. GIRY, minime, sur les mémoires fournis par M. LECHASSIER, successeur de M. Olier). *S. l.*, 1687, in-12, 5 ff. lim. et 154 p.

L'auteur est nommé dans l'Avis préliminaire.

Vie de M. **Olier**, curé de Saint-Sulpice à Paris. (Par l'abbé François-Charles NAGOT.) *Versailles, Lebel*, 1818, in-8.

Vie de M. **Olier**, fondateur du séminaire de Saint-Sulpice; accompagnée de notices sur un grand nombre de personnages contemporains. (Par l'abbé FAILLON.) *Paris, Poussielgue-Rusand*, 1841, 2 vol. in-8.

Vie (la) de Philippe d'**Orléans**, régent du royaume de France; par M. L. M. D. M. (LA MOTHE, dit DE LA HODE, ex-jésuite). *Londres*, 1736-1737, 2 vol. in-12.

Vie de L. P. J. Capet, ci-devant duc d'**Orléans**, ou Mémoires pour servir à l'histoire de la révolution française. *Paris, imp. de Francklin*, an II, in-8, 56 p. et un portrait.

Par TURDAT, du Mans. Voy. « Vie... de J.-R. Hébert », ci-dessus, col. 983, *e*.

Vie politique de Louis-Philippe-Joseph d'**Orléans** Égalité, premier prince du sang et membre de la Convention. (Par René ALISSAN DE CHAZET.) *Paris, Hivert* ou *Dentu*, 1832, in-8, 152 p.

Vie (la) et la mort du duc d'**Orléans**, prince royal; par Th. M.... (Théodore MURET). *Paris, Mˡˡᵉ Eymery*, 1842, in-18.

Vie (la) de S. A. R. Ferdinand-Philippe d'**Orléans**, duc d'Orléans, prince royal racontée au 5° bataillon des chasseurs d'Orléans. *Nantes, imp. de C. Mellinet,* 1842, in-32, 62 p.

Signée : C. M. (Camille MELLINET).

Vie du cardinal d'**Ossat**. (Par Mme THIROUX D'ARCONVILLE.) *Paris, Hérissant,* 1771, 2 vol. in-8.

Vie (la) de J.-Frédéric **Ostervald**, pasteur de Neufchâtel; par David DURAND. (Ouvrage posthume, publié avec une préface sur la vie et les ouvrages de l'auteur, par Samuel BEUZEVILLE.) *Londres, T. Payne,* 1778, in-8.

J'ignorais l'existence de cet ouvrage, lorsque je publiai en 1802, dans la 8e année du « Magasin encyclopédique », t. IV, p. 487, une « Notice sur la vie et les écrits de David Durand ». Depuis, j'en ai possédé un exemplaire. La lecture réfléchie que j'en ai faite me porte à le regarder comme un morceau aussi curieux que celui dont je parlai d'après le « Voyage littéraire » de Jordan, et que celui-ci présente comme un manuscrit de la Vie de Jaquelot, dont plusieurs endroits devaient ne pas faire plaisir aux amis de Bayle. David Durand parle souvent aussi de Bayle dans la « Vie de J.-F. Ostervald ». La permission qu'il avait donnée à deux ou trois amis de tirer copie de quelques-uns de ses manuscrits, nous a conservé celui dont il est ici question, les autres ayant péri peu de temps après la mort de l'auteur, dans un de ces incendies qui sont si fréquents et quelquefois si funestes dans la ville de Londres.

M. Beuzeville assure, dans sa Préface, que sa copie de la « Vie d'Ostervald » a été revue par David Durand et signée de sa propre main dans l'année 1761.

M. David-Henri Durand, pasteur, depuis l'année 1760, de l'église appelée l'Église française de Londres, neveu paternel de David Durand, ayant reçu ma Notice sur la vie et les écrits de son oncle, par les soins obligeants de M. Marron, m'a fait le plaisir de m'adresser des détails très-curieux sur la vie de David Durand. J'en ai profité pour la nouvelle édition de ma Notice insérée dans mon « Examen critique des Dictionnaires historiques ».

Le manuscrit de la « Vie de Jaquelot » a été également conservé; il a même été imprimé à Londres en 1785, in-8.

Vie (la) de saint **Ovide**; par P. M. (MÉDARD), capucin. *Paris, Prest,* 1680, in-12.

Vie du vénérable dom Jean de **Palafox**, évêque d'Angelopolis et ensuite évêque d'Osme, dédiée à S. M. catholique. (Par Jean-Antoine-Touss. DINOUART.) *Cologne et Paris, Nyon,* 1767, in-8, LVI-576 p. — *Ibid., id.,* 1772, in-8, XLIV et 436 p., avec portr. et 3 fig.

Le P. Champion, jésuite, mort en 1701, avait commencé à faire imprimer une Vie de Palafox; l'impression fut arrêtée à la 7° feuille, à cause de la franchise de l'historien. Le docteur Arnaud s'est beaucoup servi de ces 7 feuilles pour l'histoire de Palafox qui forme le IV° vol. de la « Morale pratique des jésuites ». L'abbé DINOUART se procura le manuscrit entier du P. Champion, qui se trouvait parmi les manus-

crits du collége de Clermont; il lui a été fort utile pour la composition de sa « Vie de Palafox », publiée en 1767 sous le voile de l'anonyme. («Examen crit. des dict. hist. »)

Voy. « Histoire de don Jean Palafox », V, 666, *b.*

Vie (la) de M. de **Pâris**, diacre. (Avec des réflexions servant de préface, par le P. BOYER, de l'Oratoire.) *Amsterdam, Foppens, M.D.CC.XXI* (sic, *Paris,* 1731), in-12.

Condamnée à Rome par décret du 22 août 1731.

Un ouvrage contemporain, publié sous le titre de « Relation des miracles de S. Pâris... par le docteur Mathanasius », attribue cette Vie à Jacques-Jos. DUGUET et à CHARPENTIER, curé de Saint-Leu.

Vie de M. François **Pâris**, diacre. (Par BARBEAU DE LA BRUYÈRE.) *S. l.,* 1731, in-12, 80 p.

Barbeau de La Bruyère m'a dit plusieurs fois qu'une Vie où M. de Pâris était qualifié de saint, était un des ouvrages qu'il avait composés pour la bonne cause, pendant son séjour en Hollande. (Article communiqué par L.-T. Hérissant.)

L'abbé Goujet ne connaissait pas l'auteur de cette « Vie de François Pâris ». J'en possède une édition datée de 1732, in-12, 96 p.

Vie de M. de **Pâris**, diacre du diocèse de Pâris. (Par Barthélemy DOYEN, prêtre; avec des réflexions.) *En France,* 1731. — Nouv. édit., augm. (d'après le manuscrit de l'abbé GOUJET). *En France,* 1732, 1733, 1738, in-12.

Réimprimée avec beaucoup d'augmentations, *Utrecht,* 1743; et *Paris,* 1788, avec de nouvelles additions.

Vie (la) et les vertus de messire Ant. **Pâté**, prêtre, bachelier en théologie, curé de Cherbourg et doyen de La Hague, décédé en odeur de sainteté; où se trouve recueillie l'histoire abrégée de plusieurs autres personnages recommandables en piété...(Par l'abbé Ch. TRIGAN.) *Coutances, Fauvel,* 1747, in-8.

Vie de saint **Patrocle**, fondateur de Colombier; par M. P. C. (P. CHEVALIER), curé de Colombier. *Moulins, imp. de A. Ducroux et Gourjon Dulac,* 1871, in-32, 2 ff. de titre et 93 p.

Vie (la) de saint **Paul**. (Par dom Franç.-Arm. GERVAISE.) *Paris,* 1735, 3 vol. in-12.

Vie du P. **Paul** (Sarpi) de l'ordre des serviteurs de la Vierge et théologien de la sérénissime république de Venize, trad. de l'italien (de Fulgenzio MICANZIO) par F... G... C... A... P... D... B... *A Leyde, Jean Elsev.,* 1661, pet. in-12, 12 ff., 391 p. et 3 p. de texte. — *Amsterdam,* 1664, 1673; — *Venise,* 1665, in-12.

Le texte italien a été publié sans nom d'auteur, *Leida,* 1646; *Venez.,* 1658, 1677, in-12. Quant à la traduction française, elle a été attribuée à Fr. GRAVEROL, qualifié de conseiller au parlement de Bordeaux, ce qui est une erreur, Graverol n'ayant jamais rempli ces fonctions. (Voy. A. Claudin, « Archives du bibliophile », n° 121.)

Vie de saint **Paulin**... évêque de Nole... Ensemble les vies de saint Victrice et de saint Apre, tirées des écrits de saint PAULIN; avec des dissertations et des remarques. (Par LE BRUN DES MARETTES; publ. par le P. FRASSEN, cordelier.) *Paris, Coulerot*, 1686, 1696, in-8.

Vie (la) de saint **Paulin**... avec l'analyse de ses ouvrages et trois dissertations sur quelques points importants de son histoire. (Par dom Franç.-Arm. GERVAISE.) *Paris, Giffard*, 1743, in-4.

Vie de M. **Pavillon**, évêque d'Alet (par Ch.-Hugues LE FÈVRE DE SAINT-MARC et Ant. DE LA CHASSAGNE, sur les Mémoires faits la plupart ou revus par DU VAUCEL). *Saint-Miel (Chartres)*, 1738, 2 parties en 3 vol. in-12. — *Utrecht (Paris)*, 1739, 3 vol. in-12.

Vie (la) de **Pedrille del Campo**, roman comique dans le goût espagnol; par M. T....... G. D. T. (THIBAULT). *Paris*, 1718, in-12. — *Amsterdam, Le Cène*, 1721, in-12.

Réimprimé sous le titre : « Histoire comique et galante... ». Voy. V, 645, f.

Vie (la) de **Pélage** (contenant l'histoire des ouvrages de saint Jérôme et de saint Augustin contre les Pélagiens). 1751, in-12.

On donne cet ouvrage au P. PATOUILLET, jésuite, et il en est digne. C'est en même temps un roman et une satire. L'auteur extravagant n'y fait que des portraits d'imagination : tous ses personnages sont feints ; mais on voit ce qu'il veut dire et à qui il en veut. (Catal. manuscrit de l'abbé Goujet.)

Vie (la) et les vertus de la sœur Jeanne **Perraud**, religieuse du tiers-ordre de Saint-Augustin; par un religieux augustin déchaussé (le P. RAPHAEL). *Marseille, Garcin*, 1680, in-8.

Vie de François **Pétrarque**, célèbre poëte italien, dont les actions et les écrits font une des plus singulières époques de l'histoire et de la littérature modernes; suivis d'une imitation en vers français de ses plus belles poésies. (Par l'abbé J.-J.-T. ROMAN, d'Avignon.) *Vaucluse ; et Paris, Cussac*, 1786, in-8.

Voy. « Génie de Pétrarque », V, 536, c.

Cet ouvrage, à l'exception des poésies, a été réimprimé par les soins de M. le comte FORTIA D'URBAN, sous le titre suivant :

Vie de **Pétrarque** (par l'abbé ROMAN), publiée par l'Athénée de Vaucluse; augmentée de la première traduction qui ait paru en français de la lettre adressée à la postérité par ce poëte célèbre (par François TISSOT, de Mornas). *Avignon, veuve Séguin*, an XIII-1804, in-12.

Vie (la) de **Philippe II**, roi d'Espagne, traduite de l'italien de Gregorio LÉTI (par J.-G. DE CHEVRIÈRES). *Amsterdam, Mortier*, 1734, 6 vol. in-12.

Vie (la) et les miracles de sainte **Philomène**, ou Filumena, surnommée la thaumaturge du XIX° siècle. Ouvrage traduit de l'italien par le P. J. F. B*** (Jean-Fr. BARRELLE), de la Compagnie de Jésus... *Avignon, Séguin*, 1836, in-18.

Vie (la) du Père Antoine **Possevin**, de la Comp. de Jésus, où l'on voit l'histoire des importantes négociations auxquelles il a été employé en qualité de nonce de Sa Sainteté en Suède, en Pologne et en Moscovie, etc. (Par le P. Jean DORIGNY, de la Comp. de Jésus.) *Paris, Étienne Ganeau*, 1712, in-12 de XXIV-541-XXV p.

Les exemplaires à l'adresse de *Ganeau*, possesseur du privilège, sont anonymes, mais il n'en serait pas de même, paraîtrait-il, pour tous ceux qui portent celle de *Jean Musier*.

L'Épître au R. P. Michel-Ange Tamburini, général de la Compagnie, est signée : DORIGNY, que je crois la véritable orthographe de ce nom, quoique les membres de cette famille champenoise qui vivent encore (ou qui vivaient encore il y a une quarantaine d'années), signent maintenant D'ORIGNY. Ce procédé d'anoblissement ou de constatation d'anoblissement était si général au siècle dernier, qu'il est encore fort bien employé dans le nôtre. Si j'ai contre mon opinion le témoignage des PP. Backer, j'ai pour moi celui des bibliographes contemporains et du P. Carayon.

Voy. le « Journal des savants » (2 mai 1712), 240-47.   A. L.

Vie de Charles **Picot** et catalogue du musée qu'il a légué à la ville de Châlons-sur-Marne. *Châlons, imp. de Martin*, 1874, in-16.

La 1re édition, publiée en 1863, porte le nom de l'auteur au titre de départ.

Vie du R. P. **Picot** de Clorivière. (Par Mlle PICOT, sa nièce.) *(Paris, vers 1822)*, in-8.

Vie (la) du R. P. Pierre-Jos. **Picot** de Clorivière... (Par le P. Fidèle GRISEL, S. J.) *Mantes, impr. de Mme veuve Refay*, s. d., in-18, 58 p.

Vie de messire François **Picquet**, consul de France et de Hollande à Alep, en suite évêque de Césarople... (Attribuée à Léonce Anthelmi, évêque de Grasse.) *Paris, veuve Mergé*, 1732, in-12.

Vie de S. **Pierre**, prince des apôtres. (Par l'abbé Jean-Franç. Bleton.) *Lyon, Rusand*, 1830, in-18.

Vie et aventures de **Pigault-Lebrun**, publiées par J. N. B. (J.-N. Barba). *Paris, G. Barba*, 1836, in-8.

Rédigée par Horace Raisson ou par Raban. Voy. « Supercheries », I, 428, c.

Vie de Jean **Pikler**, graveur en pierres fines, traduite de l'italien de Jean-Gérard de Rossi (par MM. Boulard et Millin). *Paris*, an VI-1798, in-8.

Vie (la) et les mémoires de **Pilatre de Rozier**, écrits par lui-même et publiés par M. T*** (Alex. Tournon de La Chapelle). *Paris, Belin*, 1786, in-12.

Vie de Pierre **Pithou**; avec quelques mémoires sur son père et ses frères. *Paris, G. Cavelier*, 1756, 2 vol. in-12.

La dédicace est signée par l'auteur, Pierre-Jean Grosley.

Vie (la) de Thomas **Platter**, écrite par lui-même. (Trad. en français par Ed. Fick.) *Genève, J.-G. Fick*, 1862, gr. in-8.

Vie (la) et les aventures du Petit **Pompée**, histoire critique, traduite de l'anglois (de François Coventry, mort en 1759) par N. Toussaint. *Londres (Paris)*, 1752, 2 vol. in-12.

Le petit Pompée était un chien barbet; son portrait, gravé en taille-douce, est placé en regard du titre du tome I.

L'on dit que le nom de Coventry est un pseudonyme.

Vie du prince **Potemkin**, feld-maréchal au service de Russie sous le règne de Catherine II. (Par Jeanne-Louise-Antoinette Polier, appelée ordinairement Éléonore, dame de Cérenville, morte à Paris en 1807; revue par Tranchant de Laverne.) *Paris*, 1808, in-8.

Vie du R. P. **Potot**, de la Compagnie de Jésus... Par un Père de la même Compagnie... (le P. Achille Guidée). *Paris, Poussielgue-Rusand*, 1847, in-12.

Vie de **Quinault** (en tête du premier vol. du théâtre de M. Quinault.) *Paris, P. Ribou*, 1715, 5 vol. in-12.

Cette Vie de Quinault est dédiée à M. de Versoris, conseiller du roi en ses conseils, maître des comptes, directeur et intendant de l'hôtel royal des Invalides, etc.

L'épître dédicatoire est signée : Bo***.

Bo*** y parle du récit avantageux que M. de Versoris lui avait fait de ce gracieux poëte (Quinault), récit qui n'a pas peu contribué à la hardiesse qu'il prend de dédier l'Histoire de sa vie à M. de Versoris, à qui lui Bo*** a des obligations.

Dans les « Recherches sur les théâtres », par de Beauchamps, 1735, tome II, p. 293, 294, on voit que cette Vie de Quinault est de Germain Boffrand, son neveu, célèbre architecte.

Le Père Niceron, dans ses « Mémoires », tome XXXIII, 1736, page 210, est le premier qui attribue cette Vie de Quinault, de 1715, à Boscheron; les auteurs qui depuis 1736 ont parlé de Quinault, ont également nommé Boscheron comme l'auteur de cette Vie, et sûrement d'après le P. Niceron. Voici ce qui a induit en erreur le P. Niceron: il existe à la bibliothèque du roi un manuscrit in-fº, relié en carton, contenant 93 p., intitulé : « Vie de M. Quinault, de l'Académie française, avec l'origine des opéras; par Boscheron ». Il était dans la bibliothèque du duc de La Vallière, et est indiqué dans son catalogue sous le nº 5636, première partie, tome III.

Dans la « Petite Bibliothèque des théâtres », vol. de 1783, 1784, on a dit que Boscheron, auteur de la première Vie de Quinault imprimée à la tête de ses Œuvres (1715), avait fait encore une seconde Vie de cet auteur et qu'elle était dans la Bibliothèque du duc de La Vallière. Si les éditeurs de cette « Petite Bibliothèque » eussent bien examiné la seconde Vie de Quinault, ils auraient reconnu qu'elle ne pouvait venir de la même main que la première.

(Extrait des notes sur deux Vies de Quinault dans le « Dictionnaire » inédit de l'Académie royale de musique, par M. Beffara.)

Vie (la) de sainte **Radegonde**, jadis reine de France, et fondatrice du royal monastère de Sainte-Croix de Poitiers. *Poitiers, A. Mesnier*, 1621, in-12.

La dédicace est signée : E. L. P. (Piquot, jésuite). L'avant-propos est de Charles Pidoux, sieur du Chaillou, qui a été l'éditeur de l'ouvrage.

Vie (la) de M. **Ragot**... curé du crucifix au Mans. (Par l'abbé Blondeau, curé de Saint-Vincent.) *Le Mans, Olivier* (s. d.), in-12.

Voy. Hauréau : « Histoire littéraire du Maine », 2e édit., 1871, t. II.

Réimprimée en 1853, *Paris, Julien Lanier et Cie*, in-16, avec une notice signée : A. G. (Aug. Dupré).

Vie de la Mère Élisabeth de **Ramfaing**, institutrice des religieuses du Refuge de Nancy. (Par le P. Nicolas Frizon, jésuite.) *Avignon*, 1735, in-8.

« Bibliothèque lorraine » de dom Calmet. L'ex-jésuite Feller a confondu le P. Nic. Frizon avec le P. Léonard Frizon ; le premier était originaire de Reims.

Les éditeurs de la nouvelle édition de la « Bibliothèque historique de la France » ont confondu cette nouvelle Vie de la fondatrice du Refuge avec l'ancienne qui est de Boudon.

Vie (la) de damoiselle Élizabeth **Ranquet**. *Paris, Ch. Savreux*, 1655, in-12, 6 ff. préliminaires et 132 p. — Seconde édition, revue et corrigée. *Paris, Ch. Savreux,* 1660, in-12, de 166 p.

Le faux titre de la 2e édition porte : « La Vie de mademoiselle d'Esturville ».

Le P. Lelong attribue cet ouvrage à Thomas FOR-TIN, proviseur du collège d'Harcourt et parent de M. de Chevreul d'Esturville, mari d'Élizabeth Ranquet, morte en 1654 (t. I, n° 4,817). Il ajoute dans une note (au Supplément, t. IV, p. 269) : « A la tête de cette Vie est un sonnet de P. Corneille ».

Ce sonnet, intitulé : « Épitaphe d'Élizabeth Ranquet », n'a été inséré dans les « Œuvres de Corneille » que fort tard ; il n'a été compris dans les « Œuvres complètes » qu'en 1855, édit. Lefèvre, puis, plus récemment dans l'édition Marty-Laveaux, publiée chez Hachette.

Or, ledit sonnet, où de légers changements, comme le nom d'Éléonore substitué à celui d'Élizabeth Ranquet, avait été publié dans la 1re édition des « Poésies diverses » de Brébeuf, postérieure seulement de trois ans à la 1re édition de la « Vie d'Éliz. Ranquet » ; aussi lui fut-il généralement attribué jusqu'à la découverte de ce volume assez rare. Cependant, on ne saurait guère taxer Brébeuf de plagiat ; son amitié fort intime avec Corneille pourrait faire supposer une collaboration à l'Épitaphe d'une amie commune ; ou bien, Corneille a pu communiquer son travail à Brébeuf, et le manuscrit s'étant trouvé dans les papiers de celui-ci, on l'aura publié, sans sa participation active, avec ses autres pièces.

Les pièces de vers sont imprimées fort incorrectement dans la 1re édition. C'est ainsi qu'au sixième vers de la pièce signée : Corneille, on lit :

Son âme s'élevant *au-dessus* de ses yeux,

au lieu de : *au-delà*, et dans « Une autre épitaphe » :

Passant, celle qui gît en ce *funeste* lieu,

au lieu de : *funèbre*.

Vie (la) de saint Jean-François Regis, de la Compagnie de Jésus ; par le P. A. J. D. L. N. (Anne-Joseph DE LA NEUVILLE), de la même Compagnie. *Paris, Guérin,* 1737, in-12. — *Liége,* 1738, in-12.

Vie (la) et légende de madame saincte Reigne, vierge et martyre. *Troyes, Jehan Lecoq, s. d.,* pet. in-8, 16 ff.

En vers de 10 syllabes. A la fin un acrostiche de 10 vers donne le nom de l'auteur, Jeannes PIQUELIN.

Vie (la) de **Renan**, suite à la « Vie de Jésus » ; par M. M..... (Maurice MARROT). 4e édition. *Toulouse, Delboy,* 1863, in-8.

Les deux premières éditions portent le nom de l'auteur.

Vie (la) de Laurent **Ricci**, dernier général de la Compagnie de Jésus. (Par Louis-Ant. DE CARACCIOLI.) *La Haye,* 1776, in-12.

Vie du cardinal duc de **Richelieu**... (Par Jean LE CLERC.) *Cologne (Amsterdam, Huguetan),* 1695, 1696, 2 vol. in-12.

Les éditions suivantes portent le nom de l'auteur. Des éditions portent le titre : « Vie d'Armand-Jean, cardinal duc de Richelieu... ».

Vie privée du maréchal de **Richelieu**... (Rédigée par M. FAUR, ancien secrétaire du duc de Fronsac.) *Paris, Buisson,* 1790, 3 vol. in-8. — 2e édition. *Ibid., id.,* 1792, 3 vol. in-12.

On assure que le 3e volume, où se trouve l'aventure de Mme Michelin, est entièrement de l'invention de M. Faur.

Vie (la) du duc de **Ripperda**, seigneur de Poelgeest, grand d'Espagne ; par M. P. M. B. (Pierre MASSUET, bénédictin). *Amsterdam, Ryckhoff,* 1739, 2 vol. in-12.

Vie de Mme **Rivier**, fondatrice et première supérieure de la congrégation des sœurs de la Présentation de Marie ; par l'auteur de la « Vie du cardinal de Chevérus » (A.-J.-M. HAMON, curé de Saint-Sulpice). *Avignon,* 1842, in-12.

La « Vie du cardinal de Chevérus » a été publiée sous le pseudonyme de HUEN-DUBOURG.

Vie (la) du bienheureux **Robert d'Arbrissel**... *La Flèche, G. Griveau,* 1648, in-8.

Latin-français. Le texte latin est de BALDERIE et la traduction de Séb. GANOT.

Vie (la) du bienheureux **Robert d'Arbrissel**... divisée en deux parties, et justifiée par titres rares tirés de divers monastères de France, d'Espagne et d'Angleterre. *Saumur, par F. Ernou,* 1666, 1667, in-4.

Signée : B. PAVILLON.

Vie de saint **Robert**, abbé de Molême, instituteur de l'ordre de Citeaux ; avec un office propre pour le jour et l'octave de sa fête. (Par dom FOULON, mort à Paris le 15 juillet 1813.) *Troyes,* 1776, in-8.

Vie secrète, politique et curieuse de Maximilien **Robespierre**. (Par L. DUPERRON.) *Paris, Prévost,* an II, in-12, 36 p., avec une gravure.

L'auteur a signé.

Vie de Maximilien **Robespierre**. (Par l'abbé PROYART neveu.) *Arras, Théry,* 1850, in-12, IV-292 p.

Vie (la) et les aventures de **Robinson** Crusoé... le tout écrit par lui-même, traduit de l'anglois (par VAN EFFEN et THEMISEUL DE SAINTE-HYACINTHE). *Amsterdam, L'Honoré et Chatelain,* 1720, 3 vol. in-12, front. et fig. de B. Picart, cartes.

Voy. « Aventures de Robinson Crusoé... », IV, 388, c, et l'article DE FOË aux « Supercheries », I, 82, f.

Vie (la) et les Aventures de **Robinson** Crusoë, par D. DE FOÉ, ancienne traduction (par VAN EFFEN et SAINT-HYACINTHE), corrigée sur la belle édition donnée par Stockdale en 1790, augmentée de la vie de l'auteur, qui n'avoit pas encore paru (par GRIFFET-LABAUME, avec une préface par l'abbé DE MONTLINOT). *Paris, Mme Panckoucke*, an VII-1799, 3 vol. in-8.

Vie (la) et les très-surprenantes aventures de **Robinson** Crusoé. *A Dampierre, par G. E. J. M. A. L.* (Guyonne-Élisabeth-Joséphine Montmorency ALBERT LUYNES), 1797, 2 vol. in-8.

Texte anglais, avec traduction interlinéaire.

G.-E.-J. de Montmorency-Laval, née le 14 février 1755, avait épousé, le 19 avril 1768, Louis-Joseph-Charles-Amable d'Albert, duc de Luynes et de Chevreuse.

Vie de saint **Roch**... par l'abbé V. (J.-F. VINAS), curé de Saint-Roch. *Montpellier, Seguin,* 1838, in-18.

Une édition augmentée, 1865, 2 vol. in-18, porte le nom de l'auteur.

Vie du dévot Frère Alphonse **Rodriguez**, coadjuteur de la Compagnie de Jésus ; par un R. P. de la mesme Compagnie (le P. Ant. GIRARD). *Paris,* 1656, in-12. — *Liége,* 1696, in-18.

Carayon, 2510-11.

Vie du bienheureux Alphonse **Rodriguez**, frère coadjuteur temporel de la Compagnie de Jésus. (Par le P. ROUDEAU.) *Paris et Lyon,* 1828, in-12.

Carayon, 2522.

Vie (la) de Mr de **Rossillion** de Bernex, évêque et prince de Genève. (Par BOUDET, chanoine régulier de Saint-Antoine.) *Paris, Mich. Lambert,* 1751, 2 tomes en 1 vol. in-12, portr. et fig.

L'auteur a signé.

Vie de **Rossini**, célèbre compositeur... Dédiée aux vrais adorateurs du célèbre maître, par un dilettante (VAN DAMME). *Anvers, librairie nationale et étrangère,* 1839, in-12, 215 p. J. D.

Vie de M. **Roy**, curé de Persé, proche Tonnerre, diocèse de Langres. (Par Jean-Baptiste MOREL, curé de Villiers-Vineux.) Seconde édition (publiée par l'abbé DU FAÏS). *Troyes,* 1702, in-12.

La première édition avait paru sous ce titre : « Réponse de M. Morel à M. le grand-vicaire de Langres, sur la vie et la mort de M. le curé de Persé ». Langres, 1678, in-12.

La 2e édition est suivie d'une « Vie de M. Morel » par l'abbé DU FAÏS. Voy. ci-dessus col. 1000, c.

Vie de P. P. **Rubens**, ouvrage entièrement neuf, d'après les données les plus sûres et les plus authentiques ; par un homme de lettres (GOBERT-ALVIN). *Anvers, Ancelle,* 1848, in-8.

J. D.

Vie de **Rufin**, prêtre de l'Église d'Aquilée. (Par dom Ant. GERVAISE, refondue par l'abbé C.-P. GOUJET.) *Paris, Barrois,* 1724, 2 vol. in-12.

Vie (la) et les actions mémorables du Sr Michel de **Ruyter**... (Par B. PIÉLAT, médecin.) *Amsterdam (Lyon ou Rouen),* 1677, 2 vol. in-12.

Vie de Michel de **Ruiter**, lieutenant-amiral-général de Hollande, traduite du hollandois de BRANDT (par AUBIN). *Amsterdam, Blaeu,* 1698, in-folio.

Vie (la) de saint François de **Sales**, évêque et prince de Genève. (Par Ch. COTOLENDI, avocat.) *Paris, Barbin,* 1687, 1689, in-4.

Vie de saint François de **Sales**... d'après les manuscrits et auteurs contemporains ; par M*** (A.-J.-M. HAMON), curé de Saint-Sulpice. *Paris, Lecoffre,* 1854, 2 vol. in-8.

Souvent réimprimée et traduite en différentes langues. Une édition abrégée a été publiée par le même libraire l'année suivante.

Vie (la) de **Salomon**. (Par l'abbé François-Timoléon DE CHOISY.) *Paris,* 1682, in-8.

Vie de René-François de **Santerre**, prêtre du diocèse d'Orléans, mort en 1732. (Par Joseph DEVOYON.) *Lyon,* 1747, in-8.

Vie (la) et les bons mots de M. de **Santeul**... (Par PINEL DE LA MARTELIÈRE.) *Cologne,* 1738, in-12.

C'est une nouvelle édition du « Santeuilliana ». Voy. ci-dessus, col. 422, f.

Vie de **Sémiramis**. (Par l'abbé P. DANET.) *Londres (Paris),* 1748, in-16, 1 f. de titre et 61 p.

Vie d'André **Serrao**, évêque de Potenza dans le royaume de Naples, ou histoire de son temps ; par M. D. F. D. (DE FORGES D'AYANZATI, évêque de Canosa). *Paris, Stone,* 1806, in-12.

M. Justin Lamoureux a rendu compte de cet ouvrage dans la « Revue philosophique et littéraire », trimestre d'avril 1806.

Vie (la) de monsieur sainct **Servais**, evesque et patron de Maestricht... (Par Jean HÉLIN.) *Liége, L. Streel, 1609, 1612, in-4, fig.*

Vie de saint **Siffrein**, évêque... de Carpentras ; avec pièces justificatives. Par l'abbé R..... (RICARD). *Carpentras, imp. de Rolland, 1680, in-12.*

Vie de saint **Simon** de Crespy. *Besançon, 1728, in-12.*

Attribuée au P. P.-Jos. DUNOD, jésuite.

Vie de M. **Singlin**, directeur des religieuses de Port-Royal. (Par l'abbé Cl.-P. GOUJET.) *Utrecht (Paris), 1736, in-12.*

Imprimée aussi la même année, en tête des « Instructions chrétiennes sur les mystères de N. S. J. C. », par Singlin.

Vie et travaux de Charles de **Sismondi**. *(Paris), imp. de Schneider et Langrand (1845), in-8, 64 p.*

Signée : A. M. (ADÉLAÏDE DE MONTGOLFIER.)

Vie (la) du pape **Sixte V**, par Greg. LETI ; trad. de l'italien (par l'abbé L.-A. LE PELLETIER). *Paris, 1683, 1731, 1758, 2 vol. in-12.*

Vie (la) de messire Jean **Soanen**, évêque de Senez. (Par J.-B. GAULTIER.) *Cologne, 1750, in-12.*

Imprimée la même année avec les « Lettres » de Soanen, 2 vol. in-4°.

Vie (la) de **Socrate**, traduite de l'anglais (de John-Gilbert COOPER, par DE COMBLES). *1751, in-12.*

Vie (la) de **Spinosa** ; par un de ses disciples (Richer LA SELVE). *Hambourg, H. Künrath, 1735, in-12.*

Voy. « Supercheries », I, 949, a.

Vie (la) et l'esprit de M. Benoît de **Spinoza**. *S. l., 1719, in-8, 208 p.*

La Vie est l'œuvre du médecin LUCAS, de Leyde ; elle parut d'abord dans les « Nouvelles littéraires », t. X, p. 40-74.

De cet ouvrage l'on a extrait sous ce titre : « Traité des trois imposteurs » ; presque tout ce qui est compris dans la seconde partie, « Esprit de Spinoza », mais avec des altérations très-graves.

(« Œuvres de Spinoza, trad. par Émile Saisset ». Nouv. édit. *Paris, Charpentier*, 1872, 3 vol. in-12, t. II, p. LXIV.)

Voy. « Supercheries », I, 949, a, et « Traité des trois imposteurs », ci-dessus, col. 788, e.

Vie (la), les amours, le procès et la mort de Marie Stuart, décapitée à Londres le 18 février 1587... d'après les pièces originales. (Par C.-F.-X. MERCIER, de Com-

piègne.) *Paris, Girouard, 1793, in-8, 154 p.*

Même ouvrage que l' « Histoire de Marie Stuart ». Voy. V, col. 724, b.

Cet ouvrage est tiré de la « Cour sainte » du P. Caussin. L'éditeur a rajeuni le style de l'écrivain jésuite, mais il lui a conservé toute son enflure.

Vie du capitaine Robert **Surcouf** ; par M*** (J.-F. MAHÉ DE LA BOURDONNAIS). *Paris, Pélicier et Chatet, 1828, in-18.*

Vie des saints apôtres **Syméon** et **Sabba**, rédigée par DOMITIEN. Fac-simile slave (et traduct. française par Alex. CHODZKO). *Paris, Callet, 1858, in-8.*

Vie de M. **Taisand**, trésorier de France en la généralité de Bourgogne et Bresse. (Par dom Claude TAISAND, son fils.) *Dijon, Augé, 1715, in-4, 17 p.*

Réimprimée, avec des additions, en tête des « Vies des plus célèbres jurisconsultes », etc., par Taisand, 1721, in-4°.

Vie de **Talma** ; par M*** (DUVAL). *Paris, L'Aisné ou Guien, 1826, in-32.*

Vie (la) du **Tasse**. (Par l'abbé DE CHARNES.) *Paris, Michallet, 1691, in-12.*

Vie (la) du **Tasse** ; par J.-B. MANSO ; traduite de l'italien (par la comtesse DE LALAING, née DE MALDEGHEM). *Bruxelles, Hayez, 1842, in-8.*

Tirée à 100 exemplaires qui n'ont pas été mis dans le commerce.   J. D.

Vie (la) de la Mère **Thérèse** de Jésus... nouvellement trad. d'espagnol (de Franc. DE RIBERA) en françoys par J. D. P. B. et L. P. C. D. B. (Jean DE BRETIGNY et Guillaume DE CHEVRE). *Paris, G. de La Noue, 1601, in-8, frontisp. gravé.*

Vie (la), mœurs, esprit, zèle et doctrine de la servante de Dieu, **Thérèse** de Jésus... réduite en sommaires par les Frères Jean de S. Hierosme et Jean de Jesus Maria..., mise en latin par Guillaume GRATIAN de la Mère de Dieu, et rendue françoise par G. D. R. (Guillaume DE REBREVIETTE), gentilhomme.. *Arras, G. de La Rivière, 1610, in-12, 260 p.*

Vie (la) de **Thésée**, trad. du grec de PLUTARQUE (par Tanneguy LE FÈVRE). *Saumur, Lesnier, 1664, in-12.*

Catal. Bulteau, n° 3,515.

Vie de S. **Thibaud**, ermite. (Par F. LE PELLETIER, chanoine régulier.) *Paris, Simart, 1729, in-12.*

Note manuscrite sur l'exemplaire de la Bibliothèque nationale.

Vie (la) et les aventures de Joseph **Thompson**, trad. de l'anglois (d'Édouard KIMBER, par DE PUISIEUX). *Londres et Paris, Charpentier,* 1762, 3 vol. in-12.

Vie du capitaine **Thurot**; par M*** (Nic.-Jos. MAREY). *Paris, impr. du Cercle social,* 1791, in-8.

Cet ouvrage fut traduit en allemand l'année suivante, *Jena,* in-8.

Vie de **Tiel** Ulespiegle, de ses faicts merveilleux et finesses par lui faictes. Nouvellement corrigée et translatée de flamand en françois. *Troyes, Nicolas Oudot,* 1655, pet. in-4.

Traduction d'un livre populaire allemand attribué à Thomas MURNER, et très-souvent réimprimé en diverses langues. Voir le « Manuel du libraire », t. V, col. 1003.

Vie (la) de **Tobie** le fils et de la jeune Sara, son épouse; avec de courtes réflexions. (Par le P. MAUGRAS.) *Paris, Estienne,* 1726, in-12, 48 p.

Vie du maréchal de **Tourville**... (Par J. RICHER.) *Avignon, Joly,* 1817, 2 vol. in-32.

Imprimée en 1783 et plusieurs fois depuis avec le nom de l'auteur.

Vie (la) de Frédéric, baron de **Trenck**, écrite par lui-même, et traduite de l'allemand en français par M. le baron DE B*** (Nic.-Ét. DE BOCK). 2ᵉ édition. *Metz,* 1788, 2 vol. in-12.

Vie (la) et les opinions de **Tristram Shandy**. Traduit de l'anglais de STERNE, par FRÉNAIS (et M. DE BONNAY). *Paris, Volland,* 1785, 1786, 4 vol. in-12.

Vie de S. **Tugal**, evesque de Lexobie en Basse-Bretagne, patron de Tréguier. (Par Pierre DE LA HAYE DE KERLINGAN.) *Rennes,* 1605, in-8.

Œttinger.

Vie de M. **Turgot**. (Par CONDORCET.) *Londres,* 1786, in-8.

Trois tirages différents la même année.

Vie (la) d'Antoine-Marie **Ubaldin**, comte de Montée, par un Père de la Compagnie de Jésus (le P. Paul LE CLERC). *La Flèche,* 1686. — La Vie d'Alexandre Bercius, congréganiste. (Par le même.) — La Vie de Guillaume Ruffin, congréganiste, tirée des Annales de la congrégation de La Flèche.

(Par le même.) *Tours, Ph. Masson,* 1690, 1701, in-12.

Par une méprise singulière, on lit les mots *docteur en théologie,* dans la « Bibliothèque hist. de la France », t. I, nᵒ 11,425, à la suite du nom de *Ruffin,* mort à l'âge de dix-huit ans. Ces trois Vies ont été réimprimées à Paris en 1726, sous le titre de « la Jeunesse sanctifiée ». Voy. V, 999, *f.*

Vie (la) de sainte **Ulphe**, vierge, patronne de la célèbre abbaye de Notre-Dame du Paraclet, au diocèse d'Amiens. *Paris, S. Huré,* 1648, in-12.

La dédicace à la reine régente est signée : « Suzanne de Brasseuse, abesse ind.», mais l'auteur, le P. Simon MARTIN, religieux minime, est nommé dans l'Approbation.

Vie (la) de sainte **Ulphe**... *Amiens,* veuve R. Hubault, 1678, 1684, in-12.

La dédicace de cette nouvelle Vie, adressée à Mademoiselle, est encore signée : Suzanne de Brasseuse. L'auteur, le P. DOBEILH, jésuite, est nommé dans les Approbations de ses supérieurs. Une publication plus récente est intitulée : « Nouvelle Vie de sainte Ulphe...». Par *** A. M. D. G. *Amiens, Ledien fils,* 1841, in-18; le discours préliminaire est terminé par : A. M. D. G. et L. V. H. C'est l'œuvre collective des PP. LORIQUET et SELLIER, jésuites.

Vie de D. Camille, princesse des **Ursins**-Borghèse. (Par le Père Joseph DE COURBEVILLE, jésuite.) *Paris, Ganneau,* 1737, in-12.

Le nom de l'auteur est à la permission du R. P. provincial.

Vie de M. **Van Espen**. (Par l'abbé G. DUPAC DE BELLEGARDE.) *Louvain,* 1767, in-8.

Réimprimée dans le Supplément aux Œuvres de Van Espen, publié par le même éditeur, *Bruxelles,* 1768, in-fol.

Vie (la) de S. **Vaneng**, fondateur de l'abbaye de Fécamp et patron de la ville de Ham. (Par le P. Christophe LABBÉ.) *Paris,* 1700, in-12, 30 ff. et 298 p.

Le nom de l'auteur se trouve dans les approbations.

Vie (la) et les sentimens de Lucilio **Vanini**. (Par David DURAND.) *Rotterdam, Fritsch,* 1717, in-12.

Vie de Carle **Vanloo**. (Par Michel-François DANDRÉ BARDON.) *Paris, Desaint,* 1765, in-12, 69 p.

Le nom de l'auteur est au titre de départ, page 3.

Vie du P. **Varin**... (Par le P. GUIDÉE, jésuite.) *Paris,* 1854, in-12.

La 2ᵉ édition, publiée en 1860, porte le nom de l'auteur.

Vie de M. **Vernet**, prêtre de Saint-Sulpice... (Par l'abbé J. DABERT, depuis évêque de Périgueux.) *Paris, Périsse frères*, 1848, in-8.

Vie (la) et les aventures de Ferdinand **Vertamond** et de Maurice son oncle, etc.; par M. B. I. L. (S. BOULARD, imprimeur libraire.) *Paris, Boulard*, 1792, 3 vol. in-12.

Vie (la) de messire Félix **Vialart de Herse**, évêque et comte de Châlons en Champagne. (Par l'abbé Claude-Pierre GOUJET.) *Utrecht*, 1738, 1739; *Rouen*, 1741, in-12.

Il y a des exemplaires accompagnés d'une *Relation de miracles*, à laquelle Goujet n'a eu aucune part. Voy. les « Mémoires » de sa vie, p. 155.

Vie et lettres du capitaine Hedley **Vicars**. Traduit de l'anglais (de mistress Anna MARSH). 2ᵉ édition. *Paris, Meyrueis*, 1857, in-12, avec portrait.

Vie de la sainte **Vierge**, mère de Dieu; tirée des saintes Écritures et des témoignages des saints Pères. (Par un prêtre du diocèse de Genève, l'abbé CHESNEAU.) 1804, in-12.

Vie intérieure de la très-sainte **Vierge**. Ouvrage recueilli des écrits de M. Olier, fondateur du séminaire de Saint-Sulpice. (Par l'abbé FAILLON.) *Rome, Salviachi*, 1856, 2 vol. in-8.

Vie et conduite spirituelle de la demoiselle Madelène **Vigneron**, sœur du tiers-ordre de Saint-François de Paule, suivant les mémoires qu'elle en a laissés par l'ordre de son directeur. Le tout recueilli par les soins d'un religieux minime (Mathieu BOURDIN). *Rouen, Lebrun*, 1679, in-8.

L'auteur a signé la *Protestation* à la suite de l'avis au lecteur.

Vie (la) de Jean-Baptiste **Villiers**, prêtre, principal du séminaire provincial des évêques à Douay. (Par LEROY.) *Ipres, T.-F. Walwein* (1774), in-12. — *Lille, imp. de E.-J. Henry*, 1788, in-12.

L'auteur est nommé dans la préface de l'édition de 1788, publiée par le P. Ch.-Louis RICHARD.

Vie (la) de saint **Vincent de Paul**. (Par P. COLLET.) *Nancy, Leseure*, 1748, 2 vol. in-4.

Réimprimée avec le nom de l'auteur.

Vie (la) de saint **Vincent de Paul**. (Par l'abbé BÉGAT, ancien curé de Mareuil-les-Meaux.) *Paris, veuve Hérissant*, 1787, 2 vol. in-12.

L'auteur est nommé BÉGANT dans le privilége.

Vie (la) de **Virgile**, écrite en vers (et autres poésies, trad. par l'abbé Michel DE MAROLLES). *Paris*, 1671, in-8.

Vie (la) de **Voltaire**; par M*** (l'abbé T.-H. DU VERNET). *Genève*, 1786, in-8, 355 p., portr. — Autre édit. *S. l.*, 1786, in-12, 367 p.

Réimprimée sous le titre de : « Vie de Voltaire ; suivie d'anecdotes, qui composent sa vie privée. Par T. J. D. V..... » (DU VERNET). *Paris, Buisson*, 1797, in-8.

Pendant la détention à la Bastille que lui valut la publication des « Disputes de M. Guillaume », l'auteur a refondu le travail qu'il avait publié en 1786 ; il y a ajouté une partie entièrement neuve et il a rétabli certains détails qu'il avait été obligé de supprimer à cette époque.

Vie polémique de **Voltaire**, ou histoire de ses proscriptions; par G***. *Paris, Dentu*, 1802, in-8.

Publiée d'abord sous le titre : « Tableau philosophique de l'esprit de M. de Voltaire... ». Voy. ci-dessus, col. 650, d.

Vie privée de **Voltaire** et de Mᵐᵉ Duchatelet, ou six mois de séjour à Cirey; par l'auteur des « Lettres péruviennes » (Mᵐᵉ DE GRAFFIGNY). Suivi (*sic*) de cinquante lettres inédites, en vers et en prose, de Voltaire (avec des notes par DUBOIS, de Carouge près Genève). *Paris, Treuttel et Würtz*, 1820, in-8.

Vie de **Xénophon**; suivie d'un extrait historique et raisonné de ses ouvrages, où se trouve la traduction de plusieurs opuscules de cet auteur qui n'ont point encore paru en français, tels que l'apologie de Socrate, etc. (Par le marquis DE FORTIA D'URBAN.) *Paris*, 1795, in-8.

L'ouvrage est terminé par le « Banquet de Xénophon », traduit en français par P. DE LA MONTAGNE.

Vie de Mᵐᵉ d'**Youville**, fondatrice des sœurs de la Charité de Villemarie dans l'île de Montréal, en Canada. (Par l'abbé FAILLON.) *Villemarie, chez les sœurs de la Charité*, 1852, in-8, xx-491 p., 7 gravures et un fac-simile.

Vie (la) et les aventures de **Zizime**, fils de Mahomet II, empereur des Turcs; par G. D. M. (Claude LA BOTTIÈRE). *Paris*, 1722, 1724, in-12.

Ouvrage différent de celui de Guy Allard intitulé : « Zizime ». Voy. ce titre.

Vie (la) au Ghetto, ou le médecin israélite; par l'auteur de « Broad Shadows on life's pathway ». Traduit de l'anglais, par F. M. (MOUNERON). *Lausanne, Mignot*, 1873, in-12, 373 p.

Vie d'un solitaire inconnu (qu'on a cru être le comte de Moret, fils naturel de Henri IV), mort en Anjou, en odeur de sainteté, le 24 décembre 1691. (Par Joseph GRANDET.) *Paris, U. Cousielier,* 1699, in-12.

L'auteur a signé la dédicace.

Vie d'une courtisanne du XVIII° siècle. (Par Ch. THÉVENEAU DE MORANDE.) *S. l.,* 1776, in-8.

Voy. « Supercheries », I, 990, *f.*

Vie (la) de garçon dans les hôtels garnis de la capitale, ou de l'amour à la minute. Petite galerie galante. Par un parasite logé à pouf dans un grenier (J.-P.-R. CUISIN), *Paris,* 1820, in-18. — 2° éd. *Paris,* 1823, in-18.

Vie (la) de l'esprit, ou explication allégorique de la Genèse. (Par J. DESMARETS DE S.-SORLIN.) *S. l.,* 1680, in-12, 254 p.

Vie (la) de l'hermite de Compiègne, décédé le 18 septembre 1691. (Par le P. Claude BUFFIER.) *Paris, E. Michallet,* 1692, in-12, 48 p.

Vie (la) de l'homme respectée et défendue dans ses derniers moments, ou instructions sur les soins qu'on doit aux morts et à ceux qui paraissent l'être... (Par THIÉRY.) *Paris, De Bure fils aîné,* 1787, in-8.

Vie (la) de mon oncle, et son porte feuille. (Par COUSIN, d'Avallon.) *Paris, André,* an X-1802, 2 vol. in-12, fig.

Vie (la) de mon père; par l'auteur du « Paysan perverti » (N.-E. RÉTIF DE LA BRETONNE). *Neufchâtel,* 1778, 2 vol. in-12. — *Paris,* 1779, 2 vol. in-12, avec grav. — *Neufchâtel; et Paris, veuve Duchesne,* 1788, 2 vol. in-12.

Réimprimée de nos jours sous ce titre : « Monsieur Rétif, ou la Vie de mon père ». *Paris, imp. de De Soye et Bouchet,* 1853, in-4°, 32 p.

Vie (la) de plusieurs hommes illustres tant françois qu'estrangers. *Rouen, Laurens Maurry, impr. pour Aug. Courbé, libr. à Paris,* 1657, in-4, tome I et unique.

La préface est signée : L'abbé DE CAMPION, autrement dit le prieur de Vert-sur-Avre.

Vie (la) de village en Angleterre, ou souvenirs d'un exilé; par l'auteur de « Channing, sa vie et ses œuvres » (M. Ch. DE RÉMUSAT). *Paris, Charpentier,* 1862, in-18.

Vie (la) des fondateurs des maisons de retraite, M. de Kerlivio, le P. Vincent

Huby, jésuite, et mademoiselle de Francheville. (Par Pierre CHAMPION, jésuite.) *Nantes,* 1698, in-8.

Le P. Le Long, t. I, n° 4,766, nomme pour auteur Pierre PHONAMIC. Ce nom est l'anagramme de celui de l'auteur.

Vie (la) des gens mariez, ou les obligations de ceux qui s'engagent dans le mariage, prouvé par l'Écriture, par les saints Pères et par les conciles. (Par l'abbé GIRARD DE VILLETHIERRY.) 4° édit., rev., cor. et augm. *Paris, A. de La Roche,* 1711, in-12 de XXIV-516 p.

L'auteur est nommé dans l'approbation.

Vie (la) des graves et illustres personnages qui ont diversement excellé en ce royaume sous les règnes de Louis XII, François I°r, Henry II, François II, Charles IX, Henry III et Henry IV... (Par Jean LE CLERC.) *Rouen, J. Petit,* 1609, in-8; *Paris, jouxte la coppie impr. à Rouen par J. Petit,* 1609, in-8.

L'auteur a signé la dédicace.

Vie (la) des prédestinez dans la bienheureuse éternité. (Par le P. RAPIN.) *Paris, S. Mabre-Cramoisy,* 1684, in-4.

Vie (la) des saints de l'Ancien Testament. (Par Nic. FONTAINE.) *Paris,* 1679, 1683, 1685. — *Lyon,* 1687, in-8.

L'édition de Lyon a pour titre : « Vie des saints patriarches... ». Ce volume est indiqué souvent comme le V° de l'ouvrage suivant.

Vie (la) des saints pour tous les jours de l'année. (Par Nicolas FONTAINE.) 2° édition. *Paris, Roulland,* 1679, 4 vol. in-8.

Les approbations sont de 1677. L'ouvrage a été réimprimé en 1685 sous le titre de : « Vies des saints... », in-fol., et en 1693, 6 vol. in-12, avec la Vie des saints de l'Ancien Testament, et celle des prophètes, par le même auteur.

Vie (la) des veuves, ou les devoirs et les obligations des veuves chrétiennes. Nouv. édit., rev., corr. et augm. de remarques curieuses sur la viduité, tirées des anciens Pères grecs et latins. (Par l'abbé Jean GIRARD DE VILLETHIERRY.) *Paris, A. Damonéville,* 1736, in-12.

La première édition est de *Paris, Prolard,* 1607. Souvent réimprimée.

Vie (la) des vierges, ou les devoirs et les obligations des vierges chrétiennes. (Par GIRARD DE VILLETHIERRY.) *Paris,* 1693, in-8.

Souvent réimprimée, et quelquefois avec le nom de l'auteur.

Vie du législateur des chrétiens, sans lacunes et sans miracles; par J. M. (J. MOSNERON). *Paris, Dabin, an XI-1803*, in-8.

Il y a des exemplaires qui portent : « Vie de Jésus-Christ... », avec le nom de l'auteur.

Vie (la) du monde élevée à Dieu. Nouv. édit. des « Esquisses religieuses offertes aux gens du monde »; augmentée des tableaux bibliques, la création, la chute, l'exil... etc. (Par Mme la marquise DE GODEFROY MÉNILGLAISE.) *Paris, A. Jouby et Roger*, 1870, in-8, 539 p.

Voy. V, 200, e.

Vie du prêtre, vie de foi. (Par l'abbé VALENTIN.) *Paris*, 1852, in-12.

Vie (la) du soldat français, en trois dialogues, composés par un conscrit du département de l'Ardèche et dédiés à son colonel. (Par LÉMONTEY.) *Munich, de l'imp. électorale*, octobre 1805, in-8. — *Paris, Debray*, 1805, in-8, 32 p. — *Liége, Desoer*, 1805, in-12.

Vie (la) est un songe, tragi-comédie italienne, tirée de l'espagnol de CALDERON DE LA BARCA; traduite de l'italien (par Thom.-Sim. GUEULLETTE). *Paris, Briasson*, 1717, in-12.

Vie et amours d'un pauvre diable. (Par HAUDART.) *Paris et Genève*, 1788, 2 vol. in-12.

Vie (la) et les doléances d'un pauvre diable, pour servir de ce qu'on voudra aux prochains États généraux. « Enfin, toute cette fricassée que je barbouille ici n'est qu'un registre des essais de ma vie, qui est pour l'interne santé exemplaire assez ». (Par L.-A. DU WICQUET D'ORDRE.) *Cambrai, Bertoud*, 1789, in-8.

Réimprimée la même année. On a du même auteur : « Naru, fils de Chinki, histoire cochinchinoise, qui peut servir à d'autres pays, et de suite à celle de Chinki son père ». *Londres*, 1776, in-8.
Suivant le Catalogue Dinaux, 3e partie, no 2,206, l'auteur serait un gentilhomme du Cambraisis nommé DE MAUGÉE.

Vie (la) et les opinions d'un bizon, ouvrage posthume d'un bizon cosmopolite, écrit par lui-même et traduit de la langue du Congo, par A. B. C. D., membre de toutes les sociétés savantes de l'Europe et même de la société littéraire de Gand. (Par J. FERRARY, receveur d'Everghem.) *Paris*, 1804, 2 vol. in-18.

J. D.

Vie et mort d'une jeune israélite. Traduit librement de l'anglais (de miss Ann. FRASER-TYTLER). 2e édition. *Toulouse, Grassart*, 1860, in-18.

Vie (la) heureuse, ou l'homme content, enseignant l'art de bien vivre. (Par Jean PUGET DE LA SERRE.) Nouvelle édition. *Paris, Charpentier*, 1701, in-12, fig.

Vie (la) intérieure, ou expérience du chrétien primitif; par l'auteur de « la Case de l'oncle Tom » (Mme Harriet Beecher STOWE). — *Toulouse, société des livres religieux*, 1862, in-18.

Vie (la) martyre, translation et miracles des martyrs SS. Can, Cantian et Cantianne, les corps desquels reposent enchassez en l'église Nostre-Dame d'Estampes. Par H. B. T., Estampois (dom HARDI, religieux bénédictin de l'abbaye de Morigny; Louis BASTARD, chanoine de l'église Nostre-Dame d'Estampes, et Nicolas TYROIN, chanoine et curé de l'église Saint-Basile de la même ville). *Paris, Martin Vérac*, 1610, in-8.

Vie, pensées et voyages de D. D. (DURAND). *Saint-Étienne, imp. de Gonin*, 1837, in-18, 96 p.

L'auteur se nomme dans un fragment de lettre, imprimée page 1 de son livre ; il était ouvrier tailleur.

Vie politique de tous les députés à la Convention nationale... Par M. R*** (J.-B. Magloire ROBERT, ancien avocat à Rouen). *Paris, L. Saint-Michel*, 1814, in-8.

Il y a des exemplaires avec le nom de l'auteur.

Vie privée des cinq membres du Directoire, ou les puissants tels qu'ils sont. (Par Jos. DESPAZE.) (*Paris*) *imp. du bureau central des abonnements*, s. d., in-8, 8 p.

Vie privée des ecclésiastiques, prélats et autres fonctionnaires publics qui n'ont point prêté leur serment sur la constitution civile du clergé (par DULAURE); pour faire suite à la « Liste des nobles » (par le même auteur). *Paris, Garnery, an IIe de la liberté*, 1791, 3 part. in-8.

Voy. : « Collection de la liste des ci-devant ducs...» IV, 631, d.

Vie privée, politique et militaire des Romains sous Auguste et Tibère. (Traduit de l'anglais de miss Cornélia KNIGHT, par Mme LINDSAY, morte à Angoulême en 1820.) *Paris, Buisson*, 1801, in-8.

Vie (la) pure et sainte par un Père de la Compagnie de Jésus (J.-B. DE MAURAGE).

Mons, Havart, 1699, in-4. — *Dinant (Liége), Wirkay,* 1734, 2 vol. in-12.

Vie sacerdotale et pastorale... Par un directeur de séminaire (l'abbé J.-B. LA-SAUSSE). *Paris, Guillot,* 1781, in-12.

Vieil (le) artiste, ou la séduction, mélodrame en trois actes. Par MM. Frédéric LEMAÎTRE et C***... (Par le baron Alph. DE CHAVANGES, Alex. DE COMBEROUSSE et Aug. MAILLARD.) *Paris,* 1826, in-8.

Viel (le) papiste. (Par CLAVESON.) *S. l. (Paris?),* 1609-1610, 2 parties in-8.

Recueil de sonnets contre les ministres protestants.

Vieillard (le) d'Ellacombe. (Par César MALAN.) *Genéve,* 1817, in-8, 33 p.

Vieillard (le) de Viroflay, tableau villageois en un acte et en vaudevilles. (Par M. DE COURCY et S.... (Charles-Aug. SE-WRIN). *Paris, Brunet,* 1826, in-8.

Vieillard (le) devenu aveugle, stances; par A. M. (And. MORELLET). *S. l. n. d.,* in-8.

Vieillard (le) du mont Caucase aux juifs portugais, allemands et polonais, ou réfutation du livre intitulé : « Lettres de quelques juifs portugais, allemands et polonois », in-12, Paris, 1776. (Voy. V, 1260, *b.*) (Par VOLTAIRE.) *Rotterdam,* 1777, in-12, 2 ff. de tit. et 296 p. — *Londres,* 1785, in-8.

La lettre qui termine ce volume est datée de Perpignan, le 15 septembre 1776, et signée : LA ROUPILIÈRE ; c'est un des derniers masques de Voltaire.
Voy. « Bibliographie voltairienne », no 349.
Réimprimé sous le titre de : « Un chrétien contre six juifs ». Voy. ci-dessus, col. 866, *c*. Cet ouvrage a été donné à tort, au tome IV, col. 326, *a*, sous le titre : « Aux juifs portugais... ».

Vieillard (le) pauvre, élégie. (Par BOUL-LAULT.) *Nantes, s. d.,* in-8.

Catalogue de Nantes, no 27,142.

Vieille (la) fille; par Mme S. P*** (Sophie PANIER, ou plutôt M. LOURDOUEIX), auteur du « Prêtre ». *Paris,* 1821, 2 vol. in-12.

Voy. VI, 1012, *e*.

Vieilles (des) maisons de Montpellier. (Par Jules RENOUVIER.) *Montpellier, impr. de Martel aîné,* 1835, in-8, 24 p., avec deux lithogr. de J.-B. Laurens.

Opuscule anonyme, réimprimé sans planches dans le premier numéro des « Mémoires de la société archéologique du Montpellier », in-4o.

Vieilles (les) nouvelles. (Par PORTE-LANCE.)

Note de l'inspecteur de la librairie d'Hemery, du 1er nov. 1749.

Vieillesse (de la), ou Caton l'Ancien; de l'Amitié, ou Lélius, ouvrages traduits de CICÉRON par le bailli DE R... (DE RESSÉGUIER). *Marseille, Mossy,* 1780, in-8.

Vieillesse (la), stances en vers. (Par l'abbé André MORELLET, alors âgé de 88 ans.) In-8, 15 p.

Vienne et Berlin mis en parallèle. (Par G.-Fr. DE COELLN.) *Leipzig,* 1808, in-8.

Vienne et Bruxelles, ou la maison d'Autriche et la Belgique; par l'auteur de l' « Histoire du roi Léopold » (Alphonse-Simon RASTOUL DE MONGEOT). *Bruxelles, Vanderauwera,* 1854, in-18, 332 p.
J. D.

Vierge (la) chrétienne, ou conseils aux jeunes personnes qui vivent dans le monde. (Par Fréd. TITEU.) *Paris, Gaume,* 1848, in-12.

Vierge (la) des Doms, poëme; par Mme B*** (Laure BERNARD, née de Lagrave). *Avignon,* 1859, in-8, 32 p.

Vierge (la) et les saints. (Par Napoléon ROUSSEL.) *Paris, Delay,* 1843, in-32, 24 p.

Réimprimé avec le nom de l'auteur.

Vierges (les) de la lune, ou Arlequin avalé par la baleine, histoire véritable, renouvelée des Grecs et mise en tableaux, dans le genre de Servandoni, pour le carnaval; précédée d'Arlequin dans un œuf, prologue, et suivie de la Journée vénitienne; tableaux burlesques à grand spectacle, avec un prologue. Par M. Augustin H... (J.-B.-Augustin HAPDÉ). *Paris, Barba,* 1812, in-8.

Vierges (les) folles. (Par Alph. ESQUIROS.) *Paris, Aug. Le Gallois,* 1840, in-32.

Réimprimées avec le nom de l'auteur.

Vierges (les) martyres. (Par Alph. ESQUIROS.) *Paris, Aug. Le Gallois,* 1842, in-32.

Réimprimées avec le nom de l'auteur.

Vierges (les) miraculeuses de la Belgique, histoire des sanctuaires où elles sont vénérées, légendes, pèlerinages, confréries, bibliographie. Publié par A. D. R. (Auguste DE REUME), avec le concours de plusieurs ecclésiastiques et hommes de lettres... *Bruxelles, Parent*, 1856, in-8, VIII-444 p., avec 40 gravures sur bois. J. D.

Vierges (les) sages. (Par Alph. Esquiros.) *Paris, Aug. Le Gallois*, 1841, in-32.

Vies (les) d'Épaminondas, de Philippus de Macédoine... Item les vies de neuf excellents chefs de guerre, prises du latin d'Emilius Probus, mises en lumière par S. G. S. (Simon Goulard, Senlisien)... *Paris, F. Gueffier*, 1622, in-8.

Ce volume est composé des pages 1030-1294 du tome II des « Vies des hommes illustres », publiées par le même. Voy. ci-après, col. 1027, d.

Vies de Haydn, Mozart et Métastase. (Par Louis-Alexandre-César Beyle, ancien auditeur.) *Paris, Delaunay*, 1817, in-8.

Vies (les) de Jean Calvin (écrite en latin par Théodore de Beze) et de Théodore de Beze (écrite en latin par Antoine de La Faye), mises en françois (par Antoine Teissier, de Nismes). *Genève, Widerhold*, 1681, in-12.

Vies (les) de la très-illustre duchesse de Bretagne Françoise d'Amboise et de la bienheureuse Marie-Magdeleine de Pazzi... *Paris, P. Billaine*, 1634, in-8.

La Vie de Françoise d'Amboise a un titre particulier qui porte : « Par Fr. L. (Léon de Saint-Jean [Jean Macé, de Rennes]), religieux carme réformé ».
Cette première partie a été réimprimée en 1669 avec le nom de l'auteur.

Vies de Milton et d'Addisson, auxquelles on a joint un jugement sur les ouvrages de Pope; le tout traduit de l'anglais de Samuel Johnson (par Ant.-Mar.-Henri Boulard, ancien notaire), et suivi de divers morceaux de littérature (composés ou traduits par le même). *Paris, Perlet*, 1805, 2 vol. in-18.

Vies de plusieurs anciens seigneurs de la maison de Mornay, avec leurs généalogies. (Par René de Mornay de La Ville-Tertre, curé de Saint-Germain-en-Laye.) *Paris*, 1689, in-4.

Guigard, « Biblioth. héraldique », n° 4336.

Vies de plusieurs hommes illustres et grands capitaines de France, depuis le commencement de la monarchie jusqu'à présent. (Par l'abbé J.-B. Morvan de Bellegarde). *Paris*, 1726, 2 vol. in-12.

Dubos, avocat au parlement, a écrit celle de M. de Luxembourg, et A. Poudeau de Bellechaume celle de Catinat.

Vies (les) de saint Prudence, évêque de Troyes, et de sainte Maure, vierge. (Par Remi Breyer.) *Troyes, Le Fevre*, 1725, in-12.

Vies de Solon et de Publicola, extraites de Plutarque et retouchées sur les anciens historiens, etc. (Par L.-D. Brequigny, d'Argentan.) *Paris, Barrois*, 1749, in-12.

On a du même auteur une « Dissertation sur la prise de Rome par les Gaulois ». Journal de Verdun, octobre 1749.

Vies des anciens orateurs grecs, avec des réflexions sur leur éloquence et des traductions de quelques-uns de leurs discours. (Par L.-Géo Oudart Feudrix de Bréquigny.) *Paris, Nyon*, 1751, 1752, 2 vol. in-12.

Vies des anciens philosophes, recueillies de divers auteurs et surtout de Diogène Laerce. (Par de Combles.) *Amsterdam* (Paris, Duchesne), 1752, 2 part. pet. in-12.

Vies des dames françaises qui ont été les plus célèbres dans le XVIII° siècle par leur piété et leur dévouement pour les pauvres... 2e édition... (Publié par l'abbé G.-T.-J. Carron.) *Lyon, M.-P. Rusand*, 1817, in-12.

La première édition, publiée par G.-J.-A.-J. Jauffret, était intitulée : « Des services que les femmes... ». Voy. ci-dessus, col. 484, b.
Souvent réimprimées.

Vies des fameux architectes et sculpteurs; par M. D*** (Ant.-Nic. Dezallier d'Argenville). *Paris, De Bure*, 1787; Jombert, 1788, 2 vol. in-8.

Vies (les) des femmes illustres et célèbres de la France. (Par Aublet de Maubuy.) *Paris, Duchesne*, 1762-1776, 7 vol. in-12.

Contient 41 notices.
Les tomes III et V ont été réimprimés, l'un en 1764, l'autre en 1766.

Vies (les) des grands capitaines de la Grèce, de Cornélius Nepos; traduites en françois, avec le latin à côté (par J. Vignancour). *Paris, Lambert*, 1654, in-12.

Voy. « Supercheries », II, 59, b.

Vies des guerriers français, à l'usage des écoles régimentaires d'enseignement mutuel. Ouvrage publié avec l'autorisation de S. Exc. le ministre de la guerre. (Par MM. Boistard, Bousson, Doisy, Lafond et Tournemine, officiers d'artillerie de la garde royale.) *Paris, J. Brianchon*, 1819, in-12.

Le frontispice a été renouvelé en 1824, et orné de 4 vignettes à l'aqua-tinta; mais c'est le même ouvrage.

Vies des Hommes célèbres d'Angleterre, depuis le règne d'Henri VIII jusqu'à nos jours; traduites de l'anglois (de Thomas Mortimer, par A.-F.-J. Fréville). T. Ier (et unique). *Londres; et Paris, Dehansy,* 1771, in-12.

Vies des hommes et des femmes illustres d'Italie, depuis le rétablissement des sciences et des beaux-arts. (Trad. de l'italien de San Severino, par d'Açarq.) *Paris, Vincent,* 1767, 2 vol. in-12. — *Yverdon,* 1768, in-8.

Vies (les) des hommes illustres, comparés les uns avec les autres. (Par A. Richer.) *Paris, Prault,* 1756, 2 vol. in-12.

Vies des hommes illustres d'Angleterre, d'Écosse et d'Irlande, ou le Plutarque anglais. Traduit de l'anglais (de Thomas Mortimer), par Mme de Vasse. *Paris,* an VIII-1800, 12 vol. in-8.

Nouveau frontispice mis au « Plutarque anglais », publié dès 1785.

Vies des hommes illustres de Plutarque (abrégées, d'après la traduction de Dacier, par Nicolas Lemoyne, connu sous le nom de Désessarts). *Paris,* an VI-1798, 3 vol. in-8.

Vies des hommes illustres de Rome... Par Lhomond. Traduction nouvelle (par J.-B. Idt), augmentée de notes critiques... *Lyon, Rusand,* 1809, in-18.

Vies (les) des hommes illustres grecs et romains, comparés l'un à l'autre, par Plutarque, de Chéronée; translatées de grec en françois par M. J. Amyot; auxquelles sont ajoutées les Vies d'Hannibal et Scipion l'Africain, traduites par Ch. de l'Écluse, et les Vies d'Épaminondas, de Philippe de Macédoine, de Dionysius l'aîné, d'Octavius César Auguste, et celles de neuf excellens chefs de guerre, prises du latin d'Æmilius Probus (Cornélius Népos), nouvellement mises en lumière par S. G. S. (Simon Goulart, Senlisien). *Paris,* 1587, 2 vol. in-8.

Réimprimées plusieurs fois. Goulart a aussi publié : « Œuvres morales de Plutarque, revues et corrigées par le translateur (Jacques Amyot), avec des remarques et annotations ». *Paris, de La Noue,* 1584; *Sonnius,* 1597, 2 vol. in-8.

Vies des jeunes personnes célèbres. (Par Pierre-Jean-Bapt. Nougaret.) *Paris, Belin-Leprieur,* 1834, in-12.

Forme le tome II de l'ouvrage publié sous ce titre : « Les Enfants célèbres chez toutes les nations... ». Voy. V, 112, *f*.

a Cet ouvrage avait paru d'abord, avec le nom de l'auteur, sous le titre d' « Histoire des jeunes personnes célèbres... ». *Paris,* 1810, in-12.

Vies (les) des jurisconsultes anciens et modernes. (Par P. Taisand, publiées par dom Cl. Taisand, son fils.) *Paris, Sevestre,* 1721. — Nouvelle édition, augmentée. (Par Claude-Jos. de Ferrière.) *Paris, Prault,* 1737, in-4.

b Vies des justes dans la profession des armes. *Versailles, impr. de J.-A. Lebel,* 1815, in-12.

Signé : L'abbé Carron.
Plusieurs fois réimprimées.

Vies des peintres, sculpteurs et architectes les plus célèbres; par G. Vasari, peintre et architecte aretin. Trad. de l'italien, avec des notes, particulièrement celles *c* de Bottari (par Ch.-Cl. Le Bas de Courmont). *Paris, Boiste,* an XI-1803, 3 vol. in-8.

Vies des Pères, des martyrs et des principaux saints, traduites de l'anglois (de Butler, par les abbés Godescard et Marie, avec des augmentations considérables). *Paris, Barbou,* 1763-1788, 12 vol. in-8.

d Les premiers volumes ont été réimprimés en 1783 et 1784, avec des augmentations. Les douze volumes ont été souvent réimprimés dans ces derniers temps. Un treizième volume, contenant les « Fêtes mobiles », et traduit librement par l'abbé Nagot, sulpicien, a été imprimé à Versailles en 1811. Il a eu aussi plusieurs éditions.

Vies des plus illustres philosophes de l'antiquité, traduites du grec de Diogène Laerce; on y a ajouté la Vie de Diogène Laërce, d'Épictète, de Confucius, etc. (Par *e* J.-H. Schneider.) *Amsterdam,* 1758, 1761, 3 vol. in-12. V. T.

C'est la même édition sous deux dates différentes.

Vies des poëtes grecs en abrégé, par M. Le Fèvre; avec des remarques (par A. Reland). *Amsterdam,* 1700; *Bâle,* 1766, in-12.

Vies des premiers peintres du roi, depuis M. Lebrun jusqu'à présent. (Recueil-*f* lies par Bernard Lépicié.) *Paris, Durand,* 1752, 2 part. in-8.

Les peintres mentionnés dans cet ouvrage sont au nombre de cinq. La Vie de Lebrun et le Discours qui est à la tête de ce recueil sont de Desportes, peintre. Les Vies de Coypel, Mignard et Le Moine sont du comte de Caylus; celle de Boulogne est de Watelet.

Vies des prophètes, avec des réflexions tirées des saints Pères. (Par Nicolas Fon-

TAINE.) *Paris, Robustel*, 1685, in-8; — 1693, in-12.

Vies des quatre evesques engagés dans la cause de Port-Royal, M. d'Alet (Pavillon), M. d'Angers (Henri Arnauld), M. de Beauvais (Choart de Buzenval), M. de Pamiers (de Caulet). (Par Jérôme BESOIGNE.) *Cologne (Paris)*, 1756, 2 vol. in-12.

Vies des saints. (Par l'abbé Jean LABOUDERIE.) *Paris*, 1820, 3 part. in-24, avec gravures sur bois.

Vies des saints, à l'usage de la jeunesse. (Par P.-A. ALLETZ.) *Paris, Brocas*, 1766, in-12.

Vies (les) des saints; avec des réflexions sur la vie de chaque saint. (Par l'abbé REBEYROLIS.) *Lyon*, 1744, in-fol. V. T.

Il est probable que M. Van Thol a voulu parler ici des « Nouvelles Fleurs des Vies des saints et fêtes de l'année, augmentées de réflexions morales et chrétiennes; par un solitaire ». *Lyon, Faucheux et Regnault*, 1743, 1747; *Mauteville*, 1760, 2 vol. in-fol.

Vies (les) des saints de l'Ancien Testament, disposées selon l'ordre des martyrologes... (Par Adr. BAILLET.) *Paris, L. Roulland*, 1703, in-8.

Réimprimées sous le titre suivant :

« Les Vies des saints composées sur ce qui nous est resté de plus authentique et de plus assuré dans leur histoire, disposées selon l'ordre des calendriers et des martyrologes, avec l'histoire de leur culte, selon qu'il est établi dans l'Église catholique. Seconde édition, revue et augmentée par l'auteur (Baillet). *Paris, Jean de Nully*, 1704, 4 vol. in-fol., fig.

Vies des saints de l'Ancien Testament, tirées, etc. (par Nic. FONTAINE et un Père de l'Oratoire), divisées en quatre tomes. *Paris*, 1704, 1730, 1733, 4 vol. in-8.

Les deux premiers volumes au moins sont de Fontaine.

Voy. ci-dessus : « Vie des saints de l'Ancien Testament », et « Vie des saints pour tous les jours de l'année », col. 1020, d.

Vies des saints Jean de Matha et Félix de Valois, patriarches de l'ordre de la Sainte-Trinité. (Par Ignace DILLOUD, trinitaire.) *Paris*, 1695, in-8.

Les exemplaires datés de 1696 portent le nom de l'auteur.

Vies des saints patrons du diocèse de Lisieux. (Par Jean LE PREVOST.) *Lisieux, J.-A. Du Ronceray* (s. d.), in-8.

Vies (les) des saints, patrons, martyrs et évêques d'Autun. (Par P. FORESTIER.) *Paris, Robustel*, 1713, 2 part. in-12.

Vies (les) des saints Pères des déserts et des saints solitaires d'Orient et d'Occident (par Jos.-Fr. BOURGOIN DE VILLEFORE); avec des figures (gravées par MARIETTE). *Paris, Mariette*, 1706-1708, 4 vol. in-12.

Voy., pour le détail des éditions de cet ouvrage, Brunet, « Manuel du libraire », 5e édit., col. 1209.

Vies (les) des saints pour chaque jour de l'année, tirées des auteurs originaux, etc. (Par L. BLONDEL.) *Paris, Desprez*, 1722, in-fol.

Vies des saints pour tous les jours de l'année, avec l'histoire des mystères de Notre-Seigneur. (Par GOUJET, MÉSENGUY et ROUSSEL.) *Paris, Lottin*, 1730, 6 vol. in-12 et 2 vol. in-4. — Nouv. édition, augm. de pratiques et de prières. (Par Laurent BLONDEL.) *Paris*, 1734, 1740, 2 vol. in-4. —Les mêmes en abrégé. *Paris*, 1737, in-12.

C'est l'abrégé de 1737 que l'on a souvent réimprimé, quelquefois en 2 volumes.

Vies des saints pour tous les jours de l'année, recueillies des SS. PP., des auteurs ecclésiastiques, de plusieurs martyrologes et du bréviaire romain. *Rouen; et Paris, Desprez*, 1680, 2 tom. reliés ordinairement en 1 vol. in-4.

Le privilège, daté du 22 janvier 1677, est au nom de J.-B. DU MESNIL, masque de Cl. DE LA ROZE, sieur DE ROZIMON, comédien.

Voy. « Supercheries », I, 1176, e.

Vies des saints pour tous les jours de l'année, tirées des meilleurs et des plus fidèles auteurs; avec des réflexions chrétiennes sur la vie de Jésus-Christ, tirées de saint AUGUSTIN. (Par Nicolas FONTAINE.) *Paris, Roulland*, 1685, in-fol.

Voy. ci-dessus : « Vie des saints... », col. 1029, d.

Vies des saints, traitées au point de vue de la géographie historique. (Par PONTOND'AMÉCOURT.) *Paris*, 1870, in-4.

Vies des surintendans des finances et des contrôleurs généraux, depuis Enguerrant de Marigny jusqu'à nos jours. (Par Adrien RICHER.) *Paris, Debray*, 1791, 3 vol. in-12.

Vies (les) et miracles de S. Spire et S. Leu... (Par Michel DE HAULDEMOND.) *Paris, imp. de E. Pepingué*, 1658, in-8. — *Paris, imp. de Ballard*, 1708, in-12.

Le nom de l'auteur est à l'extrait du privilège.

Vies et offices de saint Vincent, martyr, et de saint Fiacre... (Par le curé MOLLEVAUT.) *Nancy*, 1787, 1 vol. in-8.

Vies (les) et quelques gestes des rois de Navarre. (Par Jos. Techier.) *S. l. n. d.*, in-4, 4 ff. lim., 55 ff. et 1 f. d'errata.

Le nom de l'auteur est au privilége.

Vies intéressantes et édifiantes de plusieurs religieuses de Port-Royal. (Publiées par l'abbé Pierre Le Clerc.) *Utrecht*, 1750-1752, 4 vol. in-12.

Vies intéressantes et édifiantes des amis de Port-Royal, pour servir de suite aux Vies intéressantes et édifiantes des religieuses de cette maison. (Par l'abbé de La Croix, publiées par Pierre Le Clerc.) *Utrecht (Paris)*, 1751, in-12.

Même ouvrage que « Mémoires de la vie de M. Walon de Beaupui... ». Voy. VI, 203, a.

Vies, portraits et parallèles des jurisconsultes Domat, Furgole et Pothier. (Par Bernadau, avocat.) *Eleuthéropolis (Bordeaux)*, 1798, in-12.

Vieux (le) baron anglais, ou les revenans vengés, histoire gothique, imitée de l'anglais de mistriss Clara Reeve, par M. D. L. P*** (P.-Ant. de La Place). *Amsterdam et Paris, Didot*, 1787, in-12.

Voy. « Supercheries », I, 959, f, et « le Champion de la vertu », IV, 557, f.

Vieux (le) Cevenol, ou anecdotes de la vie d'Ambroise Borely, mort à Londres à l'âge de 103 ans. Traduit de l'anglois de W. Jesterman (composées par Rabaut-Saint-Étienne). Suivies de réflexions sur les lois relatives aux protestans (par Condorcet). *Londres*, 1784, in-8.

On trouve encore dans ce volume un opuscule intitulé : « Le Roi doit modifier les lois portées contre les protestants ». C'est sans doute un des trois ouvrages de Condorcet mentionnés dans une note qui s'est trouvée parmi ses papiers.

Voy. « Recueil de pièces sur l'état civil des protestans... », col. 79, e, et « Réflexions d'un citoyen... », col. 122, e.

Vieux (le) château.(Par l'abbé T.-F.-X. Hunkler.) *Paris, Gaume frères*, 1832, in-12.

Vieux (les) châteaux du pays de Liége : Monfort, Poulseur, Royseux. (Par Léon de Thier.) *Liége, de Thier et Lovinfosse*, 1860, in-12, 36 p.

Vieux (le) cheval et son maître, fable. *Paris, imp. de Brière*, 1855, in-8, 2 ff.

Signé : J.-A. D. (J.-A. Delaire).

Vieux (le) conteur. (Publié par Jacq. Lablée.) *S. l.*, 1818, in-12.

Vieux (le) de la Montagne, ou le retour du comte de Walstein à la vertu. (Par l'abbé T.-F.-X. Hunkler.) *Paris, Gaume frères*, 1834, in-12.

Vieux (le) de la Montagne, traduit de l'arabe, ouvrage publié (composé) par l'auteur de la « Philosophie de la nature » (de Lisle de Sales). *Paris, Fuchs*, 1799, 4 vol. in-12.

Vieux (le) drapeau, dédié à la garde royale... (Par Jean Rey.) *Paris, Trouvé*, 1822, in-8.

Vieux (le) garçon, comédie en cinq actes et en vers; par l'auteur de « Thamas Kouli-kan » (P.-N. du Buisson). *Paris, Joubert*, 1782, in-8, 106 p.

Vieux (le) Jérôme, histoire véritable, dédiée à M. le marquis d'Armentières, lieutenant général des armées du roi, etc. (Par Jean-Baptiste-Nicolas de L'Isle, né à Saint-Mihiel, le 23 juin 1735, mort à Paris en 1784.) *(Cambrai)*, 1763, in-32, 16 p.

Réimprimé à Cambrai en 1805-an XIII in-32, 16 p. sur papier azuré.

Ce conte érotique se trouve dans les recueils du temps : « Correspondance secrète » de Métra, tome VIII, p. 387-394; « Muses du foyer de l'Opéra, choix de poésies libres », 1783, in-8, p. première et suivantes.

Lire une lettre sur ce conte dans l'ouvrage intitulé : « Dissertation sur le satyriasis », par A.-P. Duprest Rony, *Paris*, 1804-an XII, in-12, p. 21-23.

H. de L'Isle.

Vieux (le) Liége, ses monuments religieux et civils, ses rues, ses métiers, ses bonnes villes, statistique rétrospective. (Par Henri Vandenberg.) Publié au profit de la société de Saint-Vincent de Paul (par Ed. Lavalleye). *Liége, Demarteau*, 1858, in-18, 142 p.

J. D.

Vieux (le) marinier, récit breton. (Par Hippolyte-Louis de Lorgeril.) *Nantes, V. Forest et Em. Grimaud, s. d.*, in-8.

Vieux (le) solitaire des Pyrénées; par l'auteur du « Marchand forain », etc. (L.-P.-P. Legay). *Paris*, 1830, 3 vol. in-12.

Vieux (le) tribun. (Par Nicolas de Bonneville.) *Paris, imprimerie du Cercle social*, 1791, 2 vol. in-8.

Réimprimé plusieurs fois.

Vieuxtemps, H. Erratum de la « Biographie universelle des musiciens », par M. Fétis. (Par Félix Delhasse.) *Bruxelles, Wouters*, 1844, in-8, 7 p.

Tiré à part du « Débat social ».

J. D.

Vigilles (les) des mors, translatées de

latin en françoys. *Paris, A. Vérard* (avant 1500), pet. in-4, goth., 128 ff.

Dans une de ses notes manuscrites sur Du Verdier, l'abbé de Saint-Léger attribue ces Vigiles à P. Grin-gore. Cette édit. a le texte latin en marge. Pour d'autres Vigiles des morts, voy. le « Manuel du libr. », 5e édit., V, col. 1217.

Vigiles (les) des morts par personnages, assavoir : Creator omnium, Vir fortissimus, Homo natus de muliere, Paucitas dierum. *Paris, par Jean Janot, s. d.,* in-16.

Attribuées par Du Verdier à Jean Molinet.

Village (le) abandonné, poëme d'Olivier Goldsmith ; les chants de Selma et d'Oithona, poëmes d'Ossian, imités de l'anglais, par P. A. L. (Lebrun). *Paris, Hénée,* 1805, in-16.

Village (le) abandonné, poëme ; traduit de Goldsmith, par Alfred P. (Paumier). *Paris, Didot,* 1824, in-24, 24 p.

Village (le) abandonné ; traduit du poëme anglais d'Olivier Goldsmith, par la C. V.... de C.... (Mme Victorine de Chastenay). *Paris, imp. de Réal,* an V-1797, in-18, 35 p.

Village (le) de Jupille, notice historique, par R. G. (l'abbé J. de Groutars). *Liége, Demarteau,* 1858, in-8, 73 p.

Tiré à part de la « Gazette de Liége ».
                       Ul. C.

Village (le) de Valdoré, ou sagesse et prospérité ; imité de l'allemand (par Laurent-Pierre de Jussieu). *Paris, L. Colas,* 1820, 1829, in-18.

Village (le) de Valdoré, ou sagesse et prospérité ; imité de l'allemand, par C. B. H. (Houry). *Soignies, Robyns,* 1828, in-18.
                       J. D.

Village (le), poëme en cinq chants, avec des notes anecdotiques ; suivi de poésies fugitives et de fragmens en prose. Par le chev. D*** de St-E*** (Delandine de Saint-Esprit). *Paris, Pichard,* 1823, in-8.

Il y a des exemplaires qui portent le nom de l'auteur.

Ville (la) au village, ou les hommes tels qu'ils sont, comédie en un acte. (Par F. Grille.) *Paris, Barba* ; 1089 (1809), in-8.

Nous rectifions, d'après une note manuscrite de Quérard, l'attribution faite de cette pièce à Ernest de Clouard dans la « France littéraire », tome II, p. 230.

Ville (la) de Lyon, en vers burlesques, corrigez et augmentez par J. P. B. *Lyon, Bouchard,* 1683, in-12.

Attribué à un sieur J.-P. Bouillon. Le titre ci-après semble annoncer une édition antérieure demeurée inconnue jusqu'à ce jour, mais il en existe de plus récentes. *Lyon, veuve de N. Barret,* 1750, in-12, et aussi à *Lyon,* en 1846, gr. in-12, dans le « Recueil de facéties » tiré à 25 exempl. pour les bibliophiles lyonnais. « Manuel du libr. », 5e édit., V, 1234.

Ville (la) de Paris au roi. Épître. (Par Louis Racine.) *Metz* (1744), in-4.

Ville (la) de Rome, ou description succincte de cette superbe ville. (Par le P. Domin. Magnan.) *Rome, impr. de Casaletti,* 1778, 4 vol. in-fol.

Ville (la) du refuge, rêve philanthropique. (Par Marquet-Vasselot.) *Lille, Bronner-Bauwers,* 1832, in-12.

Ville (la) et la république de Venise. (Par Alexandre-Toussaint de Limojon, sieur de Saint-Didier.) *Paris, Guill. de Luyne,* 1680, in-12.

Une troisième édition, *Amsterdam, D. Elsevier,* 1680, in-12, porte sur le titre : Par le sieur T. L. E. D. M. S. de S. Didier. On a réimprimé les feuillets préliminaires pour le restant de cette édition, en ajoutant le nom de l'auteur, le chevalier de Saint-Didier. Quatrième édit., rev. et corr. par l'autheur. *La Haye, Adr. Moetjens,* 1685.
Voy. « Manuel du libr. », 5e édit., tome V, col. 37.

Ville (la) rebelle, ou récit sommaire des événements qui se sont passés à Bruxelles à la fin du mois d'août 1830 ; précédé de considérations générales sur les causes qui les ont préparés. (Par le comte Libri Bagnano.) (*La Haye*), H.-P. de Swart, 1850, in-8.

Vilna russe. (Par André Mouravieff.) Traduit du russe. *Vilna,* 1865, in-8.
                       A. L.

Vinaigres diachorimiques. (Par Pierre-Antoine Masson-Four.) *S. l. n. d.,* in-12, 16 p.

Vincent de Paul et les sœurs de charité, poëme en quinze chants, par V. D. (Vervat.) *Bruxelles, Hayez,* 1865, in-18, 76 p.
                       J. D.

Vincent, ou le prisonnier plus malheureux que coupable. (Par Jér. Delandine de Saint-Esprit et l'abbé Perrin, aumônier des prisons de Roanne.) *Lyon,* 1813, in-18, 78 p.

Vindicatif (le), drame en cinq actes et en vers. (Par Gérard Dudoyer de Gastels.) *Paris,* 1774, in-8.

Vingt-cinq ans de bonheur et de gloire. Hommage à Sa Majesté Léopold Ier, roi des Belges. (Par Alphonse VANDEWALLE.) *Bruges, Van de Casteele-Werbrouck*, 1856, in-8, 15 p.

En vers. J. D.

Vingt-cinq ans, ou mémoires d'un jeune homme, fidèlement rédigés ou recueillis par lui-même. (Par J.-A. ROSNY, libraire à Paris.) *Paris*, an IV-1796, in-12.

Vingt-cinq (le) d'août, ou comme on fête de bons parens. (Par G. DANLOUX?) *Paris, Hocquet*, 1823, in-8.

Vingt-cinq jours, ou chronique, itinéraire, pièces officielles, documents authentiques sur les événements compris entre le 21 juillet et le 15 août 1831. Précis des faits rapportés jour par jour, heure par heure, en concordance avec le « Moniteur belge », du n° 35 jusqu'au n° 64. (Par le baron VANDEN CRUYCE.) *Bruxelles, J. Greuse*, 1864, in-18, 14 p. D. R.

Vingt-cinquième anniversaire de la fondation de la société des sciences, des arts et des lettres du Hainaut, célébré à Mons le 1er août 1858. *S. l.*, in-8, 4 p.

C'est une satire en vers par Mme DEFONTAINE-COPPÉE. J. D.

Vingt-deux cantiques. (Par l'abbé DALLIN.) *Nantes, s. d.*, in-12, 24 p.

Cat. de Nantes, 63,946.

Vingt-deux mois du ministère de feu le général Buzen, ou tableau historique des griefs de l'armée belge; par un citoyen belge (Adolphe BARTELS). *Bruxelles, Seres*, 1842, in-18, 84 p. J. D.

Vingt et un (le) janvier, ou fragmens pour servir à la continuation de la vie de J.-F. Boursault, publiée par lui-même en 1819. (Par Henri-Alexis CAHAISSE.) *Paris, imp. de Pillet aîné*, 1820, in-8, 16 p.

Vingt et un (le) janvier 1816, élégie héroïque, suivie d'une note historique. (Par Armand PHILPIN.) *Paris*, 1816, in-4.

Vingt-un (le) janvier, ou une heure de Louis Seize dans la Tour du Temple... Par M. D*****, Charles (Charles DE CHIZEAULE), préposé des eaux et forêts de Château-Chinon. *Paris, Dentu*, 1822, in-8, 15 p.

Vingt-un (le) janvier, ou la malédiction d'un père; par l'auteur de « Monsieur le préfet » (le baron Étienne-Léon DE LAMOTHE LANGON). *Paris, Pollet*, 1825, 3 vol. in-12.

XXI (les) epistres d'OVIDE translatées de latin en françoys par reverend Pere en

Dieu monseigneur l'evesque d'Angoulesme (Octavien DE SAINT-GELAIS). *Paris, M. Le Noir*, 1500, in-4, goth.

Voy., pour le détail des éditions de cet ouvrage, Brunet, « Manuel du libraire », 5e édit., t. IV, col. 289 et 290.

Vingt juin 1789. Séance du jeu de paume. (Par SAINT-HILAIRE.) *Paris, Audin*, 1826, in-32.

24 (le) février 1848. A-propos national en deux tableaux, par un enfant de Paris, résidant à Montévidéo (VAILLANT). Représenté pour la première fois sur le théâtre de Montévidéo, et joué par des amateurs français, le 3 septembre 1848. *Montévidéo*, 1848, in-8.

Vingt mois de présidence. (Par Ed. TEXIER.) *Paris, Hetzel*, 1872, in-8.

Vingt-quatre août 1793, première année du règne de Louis XVII; par M. G. DE B. (GAUTHIER DE BRÉCY, lecteur du roi). *Paris*, 1816, in-8.

Vingt-quatre heures d'une femme sensible, ou une grande leçon; par Mme la princesse Constance DE S*** (SALM). *Paris, Arthus-Bertrand*, 1824, in-8.

Réimprimé la même année avec le nom de l'auteur.

Vingt-six (les) infortunes d'Arlequin, comédie italienne, en cinq actes. (Par Ch. Ant. VÉRONÈSE.) *Paris, veuve Delormel*, 1751, in-8.

Vingtième (le) d'un ton, épisodes d'un voyage d'un savant député (Ch. Dupin; pièce en vers, par F. DE MONTHEROT). *S. l. n. d. (Lyon*, vers 1831), in-8, 8 p. G. M.

Vintzenried, ou les mémoires du chevalier de Courtille, pour servir de suite aux « Mémoires de Mme de Warens », à ceux de Claude Anet, et aux « Confessions » de J.-J. Rousseau. (Par Fr.-Amédée DOPPET.) *Lausanne et Paris*, 1789, in-12.

Voy. « Supercheries », III, 992, b.

Violette (en anglais, Heartsease); par l'auteur de « l'Héritier de Redclyffe » (miss Charlotte-Mary YONGE). Traduit de l'anglais. *Paris, Cherbuliez*, 1856, 2 vol. in-18. — *Paris, Grassart*, 1864, 2 vol. in-12. — 3e édit. *Paris, Grassart*, 1864, 2 vol. in-12.

Violier (le) des histoires romaines moraliseez sur les nobles gestes, faictz vertueulx et anciennes cronicques des Rommains, nouvellement translate de latin en françois.. *Paris, J. de La Garde*, 1521, petit in-fol. — *Paris, P. Le Noir, s. d.*, in-4. — *Paris, D. Janot*, 1529, in-4. — Nouvelle édition, revue et annotée par M. G. Brunet. *Paris, Jannet*, 1858, in-16.

Le Violier est une traduction peu fidèle des « Gesta Romanorum », recueil d'historiettes ou de contes empruntés à la littérature sacrée, aux traditions orientales, aux fables accréditées en Europe au douzième siècle. Cette collection eut un grand succès au moyen-âge ; on en connaît de nombreuses éditions publiées à la fin du XVe et au commencement du XVIe siècle. Un passage de l'ouvrage intitulé : « Dialogus creaturarum », semble indiquer un certain Elinandus comme l'auteur de cette compilation : « Elinandus in gestis Romanorum ». Mais il paraît qu'il s'agit d'une chronique composée par Hélinand. Panzer, Wharton, le rédacteur du catalogue en 8 volumes in-8 du *British Museum*, ainsi que Barbier, ont avancé que Robert Gaguin avait donné une traduction française des « Gesta », c'est une méprise causée par une similitude de titre ; l'ouvrage de Gaguin intitulé « les Gestes romains » est une traduction de la troisième décade de Tite-Live ; elle a été imprimée à Paris vers 1504 et en 1515. L'opinion la plus accréditée est celle qui attribue la rédaction des « Gesta » à Pierre BERCHEURE (Petrus BERCHORIUS), prieur du couvent des Bénédictins à Paris, mort en 1362. Simon Glassius, dans sa « Philologia sacra », énonce à cet égard une assertion formelle, que diverses circonstances viennent fortifier ; toutefois, un érudit anglais, F. Douce, croit que la rédaction des « Gesta » est due à un écrivain allemand. Voir l'introduction placée en tête de l'édition de 1858.

Vipère (la) et l'onguent noir. (Par l'abbé GAUME.) *Paris, Gaume frères*, 1847, in-8.

Contre l'instruction universitaire.

Virgile goguenard, ou le douzième livre de l'Énéide travesty (puisque travesty il y a). *Paris, A. de Sommaville*, 1652, in-4.

Le privilège indique Claude PETIT-JEHAN, avocat, comme l'auteur de cette pièce burlesque, tandis que l'épître dédicatoire est signée : L. D. L.

Virgile virai en bourguignon. (Par Pierre DUMAY et Paul PETIT.) *Dijon, A. de Fay*, 1718-1720, 3 parties en 1 vol. in-12.

Il n'a été imprimé que les deux premiers livres et le commencement du troisième jusqu'à la page 24.

Réimprimé en partie avec des extraits des autres livres, avec sommaires et notes, par C.-N. AMANTON, et un discours préliminaire par M. G. P. (Gabriel PEIGNOT). *Dijon, Frantin*, 1831, in-18.

Voy. pour plus de détails, Brunet, « Manuel du libraire », 5e édit., col. 1305 et 1306.

Virginie, ou l'enthousiasme de l'honneur, tiré de l'histoire romaine, avec des notes. (Par Mlle Élisabeth-Félicie CANARD, depuis Mme BAYLE-MOUILLARD.) *Paris, C. Villet*, 1822, 4 vol. in-12.

Virginie, ou le décemvirat. (Par DOIGNY DU PONCEAU.) *La Haye*, 1777, in-8.

Réimprimée dans le tome II des « Œuvres » de l'auteur, *Paris*, 1826, in-8.

Virginie, tragédie en 5 actes et en prose. (Par Louis-Sébast. MERCIER.) *Paris, veuve Duchesne*, 1767, in-8.

Virginie, tragédie en 5 actes. (Par O.-D. MICAULT.) *Besançon*, 1843, in-8.

Virginie, tragédie lyrique en 3 actes. (Par Aug.-Félix DÉSAUGIERS, l'aîné.) *Paris, Barba*, 1823, in-8. — *Paris, Fain*, 1825, in-4.

Une nouvelle édition, avec le nom de l'auteur, a été publiée in-8 la même année, après la représentation de la pièce sur le théâtre de l'Opéra.

Visage (le) de la cour et la contenance des grands, avec leur censure ; et le dialogue du roi et du duc d'Anjou avec la maman, en proverbes . (Par SANDRICOURT.) *Paris*, 1652, in-4, 20 p.

Vision d'Hébal, chef d'un clan écossais, épisode tiré de la « Ville des expiations ». (Par P.-Sim. BALLANCHE.) *Paris, J. Didot*, 1831, in-8.

Vision (la) de Ch. Palissot. (Par A. MORELLET.)

Voy. « Recueil des facéties parisiennes », ci-dessus, col. 101, e.

Vision de Sylvius Graphalètes, ou le Temple de Mémoire. *Londres, Compagnie (Hollande)*, 1707, 2 vol. in-8.

Nul doute que cet ouvrage ne soit de GIRAUD, puisque l'on trouve dans le second volume des poëmes et des pièces de poésie qu'il avait publiés séparément. Ce tome II porte au titre : Contenant les poésies de M. G***. Quant au « Temple de Mémoire », qui ouvre le premier volume, Giraud s'en donne seulement comme l'éditeur, et il avoue y avoir ajouté des notes, peut-être un peu trop multipliées.

M. Miger m'a montré un manuscrit de cet ouvrage qu'il tient indirectement du marquis de Marnesia, et il croit que M. de Marnesia en est le véritable auteur. Quoi qu'il en soit, cet ouvrage a été réimprimé sans notes en 1775, in-8. Voy. ci-dessus « Temple de Mémoire », col. 675, f.

Vision du juif Ben-Esron, fils de Sephar, marchand de tableaux. (Par M. BOYER.) *Amsterdam*, 1773, in-8.

Vision (la) du vieillard dans la nuit du 12 décembre 1791. Stances. (Par E. AIGNAN.) *S. l.* (1810), in-4.

Visionnaire (le), ou la manie des prodiges (trad. de l'angl. de SURE), par Mme DE*** (SENNEVAS), auteur (des traductions) de « Splendeur et souffrance » et « Un hiver à Londres ». *Paris, Pillet,* 1813, 4 vol. in-12.

Voy. ci-dessus, col. 561, *d*, et col. 870, *f*.

Visionnaires (les), comédie. (Par DES MARESTS DE SAINT-SORLIN.) *Paris, Camusat,* 1637, in-4.

Cette pièce, souvent réimprimée, se trouve dans les « Œuvres poétiques » de l'auteur. *Paris, Legras,* 1641, in-4.

Visionnaires (les), ou seconde partie des lettres sur l'hérésie imaginaire, contenant les huit dernières. (Par P. NICOLE.) *Liége, A. Beyers,* 1667, in-12. — *Mons, A. Barbier,* 1693, in-12.

Voy. « les Imaginaires », V, 893, *d*.

Visions (les) d'Ibrahim, philosophe arabe, ou essai sur la nature de l'âme. Relation d'un voyage aux limbes, ou bigarrures philosophiques. (Par Ch.-Fr. TIPHAIGNE DE LA ROCHE.) *S. l.,* 1779, 2 vol. in-8.

Même ouvrage que « les Bigarrures philosophiques », IV, 424, *d*.

Visions (les) de Macbeth, ou les sorcières d'Écosse, mélodrame en 3 actes. Par H**** (Augustin HAPDÉ). *Paris, Delaunay,* 1817, in-8.

Visions (les) de Pasquille, le jugement d'iceluy, ou Pasquille prisonnier; avec le dialogue de Probus (traduit de Cœlius-Secundus CURIO). *S. l.,* 1547, in-8.

Visions (les) du château des Pyrénées, par Anne RADCLIFFE; traduit sur l'édition imprimée à Londres en 1803 (par Germain GARNIER et Mlle ZIMMERMANN). *Paris, Renard,* 1809, 4 vol. in-12.

Visions (les) italiennes, tirées du sieur de DONI (par Gabriel CHAPPUYS). Des escoliers et des pedans, des mal mariez... des riches avares... des p...... et des ruffians, etc. *Paris, J. de Villery,* 1634, in-8.

Visitation (la); par Raphaël. (Extrait du « Moniteur » du 1er décembre 1818.) (Par Émeric DAVID.) (*Paris*), *imp. de veuve Agasse,* in-8.

Visite à Buffon. (Par Mar.-Jean HÉRAULT DE SÉCHELLES.) *Paris,* 1785, in-8, 53 p.

Réimprimé, avec le nom de l'auteur, sous le titre de : « Voyage à Montbar... ». *Paris, Solvet, libraire-éditeur,* an IX-1801, in-8.

Visite à l'hôpital des Invalides. (Par A. DU CASSE.) *Paris, Dentu,* 1863, in-12, 197 p.

Visite à la cathédrale d'Amiens; par M. E. D. (Eugène DUSEVEL). *Amiens, Lenoël-*

Hérouart, 1841, in-12. — Nouvelle édition, entièrement refondue.:. Par un membre de la Société des antiquaires de Picardie (l'abbé ROZE). *Amiens, Lenoël-Hérouart,* 1853, in-12.

Visite à la Sainte-Baume et à Saint-Maximin, par un membre de la Société française d'archéologie pour la conservation des monuments historiques (le comte Gustave D'AUDIFFRET, trésorier payeur général du Var). *Paris, Bachelin-Deflorenne,* 1864, in-16.

La 3e édition, *Paris,* 1868, in-4, porte le nom de l'auteur.

Visite au collége royal de Caen, ancienne abbaye de Saint-Etienne, fondée dans le XIe siècle par Guillaume-le-Conquérant. (Par EDOM, censeur de ce collége.) *Caen,* 1829, in-8, avec 3 planches.

Visite au Musée, ou guide de l'amateur à l'exposition des ouvrages de peinture, sculpture, gravure, lithographie. Par une société de gens de lettres et d'artistes. (Par Alex. MARTIN.) *Paris, Leroi,* 1827, in-18.

Visite au prince Napoléon-Louis. Lettres de Londres. (Par J.-G.-V. FIALIN DE PERSIGNY.) *Paris, A. Levavasseur,* 1840, in-18, 2 ff. de tit. et 114 p.

Une autre édit. est intitulée : « Lettres de Londres ». Voy. V, 1251, *c*.

Visite au salon d'Anvers; par O. M. (Oscar MAX). *Bruxelles, Parys,* 1858, in-12, 27 p.   J. D.

Visite (la) d'été, ou portraits modernes; par l'auteur de « Georges Bateman » et « Maria » (Mme Élisa BLOWER). Traduit de l'anglais par M. DE LA MONTAGNE. *Paris, Knapen,* 1788, 2 vol. in-12.

Visite de madame de Sévigné, à l'occasion de la révocation de l'Édit de Nantes, ou le rubis du Père de La Chaise. (Par Nicolas CHATELAIN, de Rolle, dans le canton de Vaud, Suisse.) *Paris, J. Barbezat,* 1829, in-8, 47 p.

Visite des prisons du département de la Seine. (Par le Vte DE MONTMORENCY.) *Paris, imp. royale,* décembre 1821, in-8.

Visite du canal royal de communication des mers Méditerranée et Océan en Languedoc, faite au mois d'octobre mil sept-cent vingt-trois. (Par BAVILLIER.) *Nancy, imp. de J.-B. Cusson,* 1724, in-4, 24 p.

Réimprimé à *Besançon, imp. de C. Rochet,* 1733, in-4, 24 p., avec la signature de l'auteur. H. de L'Isle.

Visite (la) nocturne ; trad. de l'angl. de R.-M. Roche (par P.-L. Lebas). *Paris, an IX,* 5 vol. in-12.

Visite (la) pastorale dans la maison centrale de Poissy; par un détenu. (Par E.-Constant Piton.) *Paris, Hivert, 1827,* in-8, 56 p.

Visites agréables, ou le Salon vu en beau par l'auteur du « Coup de patte » (N. Carmontelle). *Paris, Knapen et fils,* in-8.

Visites au saint Sacrement et à la sainte Vierge pour chaque jour du mois; par Mgr Alphonse de Liguori, évêque de Ste. Agathe dans le royaume de Naples. Ouvrage nouvellement traduit en français sur la quinzième édition italienne. (Par Pierre Doné, ex-jésuite.) *Nancy, 1788,* in-18. — *Avignon, 1815, in-12.* — Autre édition, revue et augmentée par l'auteur de « l'Ame élevée à Dieu » (l'abbé Baudrand). *Paris, 1816, in-24.*

Pierre Doné, né en 1733 à Longwy, mourut à Nancy, le 22 mai 1816; sa traduction des « Visites », etc., qui parut pour la première fois vers 1774, a été souvent réimprimée.

Visites chez les artistes de Nantes. L'atelier de M. N. Sue. (Par Charles-Louis Lidet.) *Nantes, imp. de Guéraud, s. d.,* gr. 8, 4 p.

Visites (les) ; par Mme D.-K. (F. Abeille, dame de Kéralio). *Paris, 1792, in-8.*

Visiteur (le) des écoles ; par un inspecteur d'Académie (Jacques Matter). *Paris, 1831,* in-8.

Visiteur (le) du pauvre, mémoire qui a remporté le prix proposé par l'Académie de Lyon sur la question suivante : « Indiquer les moyens de reconnaître la véritable indigence et de rendre l'aumône utile à ceux qui la donnent comme à ceux qui la reçoivent ». *Paris, L. Colas, 1820,* in-8.

Cet ouvrage, couronné par l'Académie française, a été réimprimé plusieurs fois avec le nom de l'auteur, le baron J.-M. Degérando.

Visnelda, ou la druidesse des Gaules, tragédie en 3 actes. (Par Mlle Stéphanie Bigot.) *La Rochelle, 1844, in-8.*

Vitraux peints de la cathédrale du Mans, ouvrage renfermant les réductions des plus belles verrières et la description complète de tous les vitraux de cette cathédrale, publié par M. Eugène Hucher. *Paris, Didron,* 1865, in-fo.

Le prospectus in-8 publié en 1863 porte, ainsi que les planches, le titre de : « Calques des vitraux peints de la cathédrale du Mans ». Le texte a été rédigé par l'abbé Lottin.

Vitres (les) cassées par le véritable Père Duchêne, député aux États généraux. *Paris, imp. de Chálon, 1789, in-8.* — 2e éd., corrigée. *S. l., 1789, in-8, 28 p.* — 4e éd. *Paris, 1791, in-8, 24 p.*

Ce pamphlet a été généralement attribué à Hébert. Suivant M. Hatin, « Bibliographie de la presse », page 191, il serait d'Ant.-Franç. Lemaire et non d'Hébert.

Vittoria Accorambuoni. Nouvelle italienne du xvie siècle. (Par l'abbé de Vallette.) *Paris, imp. de Bailly, 1836, in-12.*

Notice sur Sixte V.

Vivante revision Caën-aise. (Par Pierre Beaunis, sieur des Viettes.) *Au Pays,* 1609, in-8.

Vive description de la tyrannie et des tyrans, avec les moyens de se garantir de leur joug. (Attribué à Odet de La Noue, fils du célèbre La Noue.) *Reims, Mouchart,* 1577, in-16, 96 p.

Les éditeurs de la « Bibliothèque historique de la France », en citant l'attribution ci-dessus, font observer qu'Odet de La Noue était bien jeune en 1577 pour avoir composé un pareil ouvrage, et qu'il a dû au moins être inspiré par François de La Noue lui-même, à qui il a formellement été donné depuis. (Voy. le « Bulletin du bibliophile », 1877, p. 79.)

L'on trouve ordinairement joint à cet ouvrage : « Résolution claire et facile sur la question tant de fois faite de la prise des armes par les inférieurs... ». Voy. ci-dessus, col. 329, e.

Vive l'empire! (Par Ulysse Pic et Jules Hermann.) *Paris, Garnier frères, 1852,* in-18.

Réimprimé avec les noms des auteurs.

Vive le luxe! La comédie de M. Dupignac, réponse à M. Dupin; par une grande dame et une petite dame. (Par Hippolyte Babou.) *Paris, 1865, in-8.*

Vive (le) le roi des Parisiens, sur le retour de son glorieux monarque Louis XIV de ce nom; par N. I. T. (Nicolas Jamin, Tourangeau.) *Paris, 1649, in-4.*

En vers.

Vivian, ou l'homme sans caractère; traduit de l'anglais de miss Edgeworth (par M. Dubuc). *Paris, Maradan, 1813, 3 vol.* in-12.

Imprimé aussi avec le titre général : « Scènes de la vie du grand monde ». Voy. ci-dessus, col. 438, c.

V'la l'bouquet! N'boudons pas! Par

N. V. R. (ROYER), prisonnier de guerre rentré, auteur du « Chant national ». *Paris, imp. de Renaudière*, 1815, in-8.

Voy. « Supercheries », II, 1277, b.

Vocabulaire de guerre, ou recueil des principaux termes de guerre. (Par DUPAIN DE MONTESSON.) *Paris*, 1783, 2 vol. in-8.

Vocabulaire des écoles ; par J. M. (Jacques MARTIN, pasteur). 2ᵉ édition. *Genève*, 1843, in-12.

Publié aux frais de l'État.

Vocabulaire des francs-maçons, suivi des constitutions générales de l'ordre de la franc-maçonnerie, d'une invocation maçonnique à Dieu et de quelques pièces de poésie inédites. Ouvrage indispensable, etc., recueilli et mis en ordre par des francs-maçons (par J.-L. LAURENS, auteur des « Essais historiques et critiques sur la franc-maçonnerie »). *Paris, Nepveu* (1805), in-12.

La 3ᵉ édit. de ce livre parut en 1810 avec le nom de M. BAZOT, sous le titre de : « Vocabulaire des francsmaçons, suivi de règlements basés sur les constitutions générales de l'ordre ». M. Bazot a fait seulement quelques corrections et additions à la première édition.

Vocabulaire des mots usités dans le Haut-Maine, précédé de remarques sur leur prononciation ; par C. R. DE M*** (Charles ROGER DE MONTESSON). *Paris*, 1857, in-16. — Nouvelle édition, augmentée. *Le Mans*, 1859, in-18.

L'auteur est nommé par M. Lorenz ROYER DE MONTESSON, et par les « Supercheries », I, 805, b, le comte Raoul DE MONTESSON.

Vocabulaire des municipalités et des corps administratifs, par M. Q. V. T. (TENNESSON). *Paris*, 1790, in-8. V. T.

Vocabulaire du Berri et des provinces voisines, recueilli par un amateur du vieux langage (le comte H.-Fr. JAUBERT). *Paris, imp. de Crapelet*, 1838, in-8. — *Paris, Roret*, 1842, in-8.

Réimprimé avec le nom de l'auteur sous ce titre : « Glossaire du centre de la France ». *Paris*, 1856-1858, 2 vol. in-8.

Vocabulaire du patois d'Uchon, canton de Mesvres, arrondissement d'Autun ; par M. S. (SIMONET). *Paris, Didot*, 1858, in-8.

Édition donnée par les soins de M. Burgaud des Marets et tirée à très-petit nombre. Une seconde édition, *Paris, Didot*, 1859, porte le nom de l'auteur.

Vocabulaire français-espagnol, à l'usage des deux nations ; précédé d'un petit traité de prononciation, d'un abrégé de la gram-

maire espagnole, et terminé par des dialogues familiers, etc. Par P. B*** (Pierre BEAUME). *Bordeaux*, 1810, in-8.

Vocabulaire françois, ou abrégé du Dictionnaire de l'Académie françoise. (Par Jean GOULIN.) *Paris, veuve Regnard*, 1771, 2 vol. in-8.

Vocabulaire latin pour la sixième classe... (Par Ant. DUVILLARD.) *Genève*, 1811, in-8, 90 p.

Vocabulaire nouveau, ou dialogues français et bretons, etc. (Par l'abbé J. GUILLOME.) *Vannes, s. d.*, in-12.

Catalogue de Nantes, nº 23,530.

Vocabulaire pour l'intelligence de l'histoire moderne... (Par Noël-Laurent PISSOT.) *Paris, Lenormant*, an XI-1803, in-8.

Vocabulaire qui peut tenir lieu de notes mythologiques, historiques et grammaticales sur les Fables de La Fontaine, et servir de supplément à toutes les éditions. *Paris, H. Barbou*, 1806, in-18, 48 p.

Signé : J. F, A. Y. (Jean-Félicissime ADRY).

Vocation (de la) chrétienne des enfants et de la manière dont on se doit conduire pour la bien connaître. (Par FRAIN DU TREMBLAI.) *Paris, N. Pepie*, 1701, in-12, 6 ff. et 284 p.

Voy. ci-dessus : « Traité de la vocation... », col. 770, d.

Vocation (de la) des magiciens et magiciennes par le ministère des démons, et particulièrement des chefs de magie : à sçavoir de Magdelaine de La Palud, Marie de Sains, Louys Gaufridy, Simone Dourlit... *Paris, N. Buon*, 1623, in-8.

J'ai indiqué ce volume comme anonyme dans le « Catalogue spécimen de la bibliothèque de M. le comte Ouvaroff » (Moscou, 1870), nº 1,801, parce qu'il l'est véritablement ; mais depuis, j'ai eu l'occasion de voir qu'il est joint comme seconde partie (quoique rien ne l'indique sur notre exemplaire) à l' « Histoire véritable et mémorable de ce qui c'est (sic) passé sous l'exorcisme de trois filles possédées és païs de Flandre... mis en lumière par Jean LE NORMANT, sieur DE CHIREMONT ». *Paris*, 1623. Il est donc vraisemblable que cette seconde partie est du même auteur. A. L.

Vocographie, art de représenter habilement la voix dans toute la pureté de son expression... Par l'auteur breveté de la « Vocotypographie » (Louis-Auguste RICHARD). *Paris, Lecointe et Durey*, 1832, in-8, 70 p. et 2 planches.

Vœu d'un agriculteur rhéno-français (François HELL, député à l'Assemblée nationale). *S. l.*, 1791, in-8.

Vœu (le) d'un citoyen à MM. les électeurs du département de la Seine-Inférieure; par D. C. (CHERFILS), électeur du district de Caudebec. *Rouen, Ferrand,* 1791, in-8.

Vœu d'un citoyen pour la conversion des dimes en un impôt territorial qui sera perçu au profit de l'État. (Par MOLÉ, avocat au parlement de Paris.) *S. l.,* 1788, in-8, 16 p.

Cette brochure a paru aussi sous le titre : « Le Tiers État soulagé ». Voy. ci-dessus, col. 712, *d*.

Vœu (le) de la France accompli, ou le Français affranchi d'impôts, de barrières et de banqueroutes frauduleuses, et ses finances solidement à jamais rétablies. *Paris, l'auteur, rue aux Ours, n° 48, Lesclapart et Garnery,* 1790, in-8.

L'auteur déclare, p. 3, avoir déjà publié des « Vues simples et patriotiques d'un citoyen pour la régénération de la France, aux États de 1789 ». Ce dernier ouvrage est de DE MAILLOU, avocat. Voy. ci-après ce titre.

Vœu (du) de Louis XIII, et de nos devoirs envers la très-sainte Vierge, patronne spéciale de tout le royaume. (Par l'abbé LESURRE.) *Paris, Rusand,* 1821, in-8, 32 p.

Vœu (le) de toutes les nations et l'intérêt de toutes les puissances dans l'abaissement et l'humiliation de la Grande-Bretagne. (Par P.-Ang. CARON DE BEAUMARCHAIS.) *S. l.,* 1778, in-8. — 2° édition (corrigée par l'auteur). *S. l.,* 1778, in-8.

Vœu des notables habitants de Fresnes, en Woivre. (Par J.-B.-Ant. HOLANDRE.) *Paris, impr. de Michaud,* 1816, in-8, 4 p.

Vœu du peuple belge, pour le salut de la patrie, émis au mois de juin 1815. (Par SERLIPPENS, avocat, ancien échevin à Gand.) *Gand,* 1815, in-8, 15 p.

Vœu (le) général en faveur des créanciers des rentes sur l'État. *Paris, Renaudière,* in-8, 21 p.

Cet écrit est signé : H. DUVEYRIER, mais, suivant une note manuscrite, l'auteur est l'économiste BAROUD, de Lyon, et non Barron, comme il est imprimé dans la 2° édition du « Dictionnaire des anonymes », et dans les « Supercheries ».   Ant. Duveyrier.

Vœu (le), hymne promis à Notre-Dame-de-la-Garde, dans un péril de mer. (Par Jos. MECUS-VANDER-MAELEN). *Bruxelles,* 1841, gr. in-8 de 12 p. n. chiff.

Vœux (les) couronnés de la nation française. Ardent patriotisme des fédérés. Haine implacable envers le département

de Paris et Lafayette. (Par M.-P. BARDIN.) *S. l.* (1792), in-8.

Vœux (les) d'un citoyen, discours adressé au tiers état de Bordeaux, à l'occasion des lettres de convocation pour les États généraux de 1789 ; par M. DE S*** (DE SÈZE), médecin. *Bordeaux,* 1789, in-8.

Note manuscrite sur l'exemplaire de la Bibliothèque nationale.

Vœux (les) d'un habitant de Lyon. Lecteurs, méditez-les dans leur simplicité et leur but ! (par M. LESPOMAREDE, né le 25 juin 1751 à Labouheyre, Landes). *Lyon, Guyot frères,* 1819, in-8, 58 p.

Cet estimable auteur désirait qu'on établît une fête anniversaire de la Charte, à perpétuité.

Vœux d'un magistrat sur les bases des lois organiques et transitoires qui doivent être la conséquence de l'abolition du divorce. (Par P.-J. CHRESTIEN DE POLY, avocat.) *Paris, Le Normant,* 1816, in-8.

Vœux (les) d'un patriote. *Amsterdam,* 1788, in-8.

Nouvelle édition des « Soupirs de la France esclave... ». Voy. ci-dessus, col. 537, *e*.

Vœux d'un patriote, et réflexions soumises à MM. les députés des trois ordres composant les États généraux du royaume, tenant à Versailles, en 1789 ; par M*** (CHEVALIER, député des communes et cultivateur à Argenteuil). *S. l.* (1789,) in-8.

Réimprimé avec le nom de l'auteur.

Vœux d'un patriote sur la médecine en France, où l'on expose les moyens de fournir d'habiles médecins au royaume, de perfectionner la médecine et de faire l'histoire naturelle de la France. (Par THIÉRY.) *Paris, Garnery,* 1789, in-8.

Réimprimé la même année avec le nom de l'auteur.

Vœux d'un prêtre, d'un pasteur et d'un rabbin rapprochés d'une opinion de Napoléon. *Paris, imp. de M. Ducloux,* 2 juin 1848, in-fol. plano.

Par Marc DUCLOUX, d'après une note manuscrite sur l'exemplaire de la Bibliothèque nationale.

Vœux d'un solitaire des Pyrénées (DE SAINT-AMANS, de Toulouse), pour la réunion des cultes. *Paris, Brasseur aîné,* 1809, in-8.

Nous avons encore les « Vœux d'un solitaire pour la réunion de tous les cultes » (par M. CHABRAND, pasteur de l'Église de Toulouse).

Vœux (les) de l'Europe et de la France pour la santé du roi, poëme héroïque sur la petite vérole. (Par Jacq. MARTINEAU DE SOLLEINE.) *Paris*, 1729, in-8, 47 p.

Vœux (les) de l'Europe pour la paix. (Par Gabriel SEIGNEUX DE CORREVON.) *Lausanne*, 1748, 1759, in-12.

Vœux (les) de Louis XII pour les États généraux de 1789. (Par l'abbé CORDIER DE SAINT-FIRMIN.) *En France* (1789), in-8.

Vœux (les) des citoyens patriotes et de tout le peuple marseillais, adressés à Mirabeau. (Par PUGET.) *Marseille*, 1790, in-8.

Vœux et conseils du vrai peuple français à l'Assemblée nationale. (Par J.-F. BOURGOING.) *S. l. n. d.*, in-8, 24 p.

Vœux lancés vers nosseigneurs les États généraux assemblés à Versailles pour la régénération de la première et de la plus généreuse nation de l'univers. (Par ADHE-NET.) *S. l.* (1789), in-8.

Vœux pour Sa Majesté impériale et royale, pour l'empire français et pour le royaume d'Italie ; poëme lyrique en 6 chœurs. (Par A.-X. DE MARILLY DU PRA-GNI.) *Orléans, Marilly*, 1807, in-4, 1 f. de tit. et 40 p.

Vœux (les), satire de JUVÉNAL, traduction nouvelle (en vers), par M. A. L. (M. Amédée LAVALEZERIE). *Paris, Égron*, 1821, in-8.

Vœus (les) satisfaits, ou lou Roumavogi, hommage patriotique en vers français et provençaux, à l'occasion du rétablissement du parlement de Provence. (Par B. BONNEVILLE.) *Aix, Mouret*, 1788, in-8, 28 p.

Voye (la) de laict, ou le chemin des héros au palais de la Gloire, ouvert à l'entrée triomphante de Louis XIII en la cité d'Avignon, le 16 de novembre 1622. (Par Thomas BERTON.) *Avignon*, 1623, in-4.

Voie (la) des bonnes mœurs. (Par Thé-rèse CORNARO, Vénitienne.) *Paris*, 1778, in-8.

Cette nouvelle fut publiée comme l'œuvre d'une plume française ; l'auteur du « Petit Berquin » la reproduisit avec fort peu de changements. Dante Papi en a donné une traduction à Florence en 1828. (Melzi.)

Voie (la) droite ; par l'auteur de la « Charité en action » (Mᵐᵉ Mathilde BOURDON). *Lille*, 1860, in-18.

Voye (la) du salut, ou nouveau livre de piété, etc. ; par l'auteur de l' « Ami des

mœurs, de l'État et de la religion » (VANDELAINCOURT, ancien évêque de Langres). *Paris*, in-12.

Voies (les) de Dieu, ou la lumière et la force dans les consolations et les afflictions spirituelles. (Par le R. P. Jean-Franç. BILLECOCQ.) *Boulogne-sur-Mer*, 1859, in-32.

Voies (les) du sort, trad. de l'allemand d'Aug. LAFONTAINE, par Mᵐᵉ Élise V*** (VOIART). *Paris, A. Eymery*, 1821, 4 vol. in-12.

Voilà ! (les), 1ʳᵉ et 2ᵉ parties. (Par Vict.-Alex.-Christ. LE PLAT DU TEMPLE.) *Londres (Bruxelles) et Paris*, 1814, in-8.

Satires en vers contre Napoléon, les membres de sa famille et les principaux fonctionnaires de son gouvernement.

Voilà vos étrennes. (Par l'abbé COYER.) *S. l.* (vers 1770), in-8.

Voile (le) levé pour les curieux, ou secret de la Révolution révélé à l'aide de la franc-maçonnerie. (Par l'abbé LE FRANC, Eudiste.) *Paris, veuve Valade*, 1791, in-8, 168 p. — Seconde édition. *Paris, Lepetit et Guillemard*, 1792, in-8, 172 p. — Autre édition (portant aussi seconde édition). *Paris, Crapart*, 1792, in-8, 104 p.

Réimprimé à *Liége* sous ce titre : « Le Voile levé pour les curieux, ou histoire de la franc-maçonnerie, depuis son origine jusqu'à nos jours, avec une continuation extraite des meilleurs ouvrages ». *Liége, veuve Duvivier*, 1827, in-8.

Voile (le), ou Valentine d'Alte ; par l'auteur de « Rose Mulgrave » (Mᵐᵉ Adèle CUEULLET). *Paris*, 1813, 3 vol. in-12.

Voirie de Laon. (Par M. A. COMBIER.) *Laon, imp. de H. Jacob, s. d.*, in-8, 28 p.

Voisins (les) de campagne, ou le secret, de miss BURNEY. Trad. par Mᵐᵉ D'E... (D'ESMENARD). *Paris*, 1820, 4 vol. in-12.

Voiture (la) embourbée. (Par l'auteur des deux premiers volumes des « Aventures de ** », c'est-à-dire par MARIVAUX.) *Paris, Huet*, 1714, in-12.

Voix (la) de celui qui crie dans le désert. (Par Samuel PORTA, avocat.) *Lausanne*, 1798, in-8.

Voix de l'évêque.

Voy. « Défense de l'immunité... », IV, 854, a.

Voix (la) de l'humanité et réveil de la liberté en Grèce ; par M. D. M*** (Désiré MARLIN), étudiant. *Bruxelles, Demat*, 1826, in-8, 20 p.

J. D.

Voix (la) de l'impartialité, ou l'alliance du plus pur royalisme avec le vrai patriotisme... Par un homme franc et sincère qu'on taxera probablement de henriquinquisme... (le chev. DE BAROLET DE PULIGNY). *Paris, l'auteur*, 1831, in-8, 40 p.

L'auteur a signé la dédicace.

Voix (la) de la famine. (Par Alph.-Louis CONSTANT.) *Paris, Ballay aîné*, 1846, in-8.

Voix (la) de la France. Réflexions sur notre situation intérieure et extérieure et sur la mission à remplir par le nouveau ministère. (Par M.-A. JULLIEN.) *Paris, Ledoyen*, 1840, in-8.

Voix (la) de la nature, ou les aventures de Mᵐᵉ la marquise de ***, par Mᵐᵉ DE R. R. (Marie-Anne DE ROUMIER, dame ROBERT). *Amsterdam*, 1763, 1774, 5 part. in-12.

Voix (la) de la paix générale, ou considérations sur l'invitation à la tenue d'un congrès, faite par les rois de la Grande-Bretagne et de Prusse ; avec un projet de paix générale. En VI lettres. Par une plume impartiale (CHEVRIER). *Amsterdam, A. Van der Broc*, 1760, in-12, 91 p.

Voix (la) de la raison contre la raison du temps, et particulièrement contre celle de l'auteur du « Système de la nature », par demandes et par réponses. (Par dom DESCHAMPS, bénédictin, décédé à Montreuil-Bellay en Poitou, en 1780 ou 1781.) *Bruxelles*, 1770, in-8.

Voix (la) de la raison, de la justice et de la vérité. Mémoire adressé aux souverains. (Par le comte D'AUBONNE.) *S. l.*, 10 novembre 1793, in fol., 20 p.

Voix (la) de la religion au XIXᵉ siècle, ou examen des écrits religieux qui paraissent de nos jours. (Par GONTHIER et Louis ROUX.) *Lausanne*, 1802, 3 vol. in-12.

« Bibliothèque vaudoise », page 82.

Voix (la) de la septaine. A la gloire du Père, du Fils et du Saint-Esprit, et à la gloire de la Vierge immaculée, pure et sans tache. (Par l'abbé CHARVOZ, Pierre-Michel VINTRAS, et autres.) *Paris, et Tilly-sur-Seille*, 1842-46, 48 livr. formant 4 vol. in-8.

Voy. « Supercheries », I, 298, d ; II, 659-660 ; III, 152, et « la France mystique », par Erdan, art. « Sectes issues de Rome ».

Voix (la) des cap... (capucins). *S. l. n. d.*, in-8, 6 p.

Attribué à l'abbé HERVÉ, et par l'inspecteur de la librairie d'Hemery à l'abbé DE VILLEVIEILLE.

Réimprimé dans la « Bigarrure », t. VIII, n. 18.

Voix (la) des persécutés, cantate ; précédée d'un discours aux protecteurs de l'innocence. (Par FOUGERET DE MONBRON.) *Amsterdam*, 1753, in-8.

Les Registres de la Bastille attribuent cette brochure à Louis-Joseph DE LA ROCHEGERAULT, auteur de l' « Histoire africaine, ou la vie de Melotta Ossompey ». Voy. V, 638, f.

Voix (la) du chrétien et de l'évêque. (Par BEAUVAIS.) *S. l. n. d.* (1750), in-12.

Voy. « Défense de l'immunité... », IV, 854, a.

Voix (la) du citoyen. *S. L.*, 1789, in-8. 91 p. — *Paris, Bossange et Masson*, 1814, in-8, 95 p.

L'exemplaire de la 1ʳᵉ éd., que possède la Bibliothèque nationale, porte la note manuscrite suivante : « Donné par M. LE BRUN, député de Dourdan à l'Assemblée nationale ».   Des Aulnays.

Voix (la) du citoyen. *S. l. n. d.*, in-8, 100 p.

Une note manuscrite sur l'exemplaire de la Bibliothèque nationale porte : « Par M. VERLAC, avocat. Cet ouvrage était imprimé avant l'ouverture des États généraux ».

Voix (la) du curé sur le procès des serfs du Mont-Jura. (Par VOLTAIRE.) *S. l.* (oct. 1772), in-8, 16 p.

C'est le cinquième écrit de Voltaire en faveur des serfs du Mont-Jura.

Voix (la) du fou et des femmes. (Par OLIVIER.) *Londres*, 1750, in-12.

Reproduit dans le « Recueil des voix ». Voy. ci-dessus, col. 109, f.

Voix du parterre, fragments extraits d'un journal sans titre et sans abonnés. (Par GENTIL èt Raoul CHAPAIS.) *Rouen, Frère l'ainé*, 1804, in-8.

Voy. « Supercheries », I, 162, b.

Voix (la) du pasteur. (Par REGAIS, curé du Hamel.) *S. l. n. d.*, in-8.

Voix (la) du peuple. (Par REGUIS, curé de Gap, ci-devant d'Auxerre.) *S. l.*, 1766, in-8.

D'autres éditions, notamment celle de *Lyon, Leroy*, 1804, portent le nom de l'auteur.

Voix (la) du peuple, au sujet de la cherté et de la diminution des grains. (Par Pierre-Jean-Bapt. NOUGARET.) *Amsterdam et Paris*, 1769, in-8.

En vers.

. Voix (la) du prêtre. *Utrech* (sic), *Chrysos-*

tome-Mis-an-Mitre, à la *Vérité*, 1750, in-12, 69 pages, plus l'errata. — Autre édit. *Ibid.*, *id.*, in-12, 93 p. Les pages 69-93 sont occupées par une réimpression du « B ». (Voy. ce titre, IV, 373, *c.*) — Autre édition. *Utrecht, Chrysostome Misan-Mitre*, 1750, in-12, 48 p.

Cet écrit a été reproduit dans le « Recueil des voix », I (voy. ci-dessus, col. 109, *f*), et dans « la Bigarrure », t. V, n. 8. Il a pour auteur l'abbé CONSTANTIN. Voy. « l'Intermédiaire », t. VI, col. 376.

Voix (la) du sage. (Par Pierre-Victor MALOUET.) *S. l.*, 1790, in-8.

Voix (la) du sage et du peuple. (Par VOLTAIRE.) *Amsterdam, chez le Sincère*, 1750, in-12, 2 édit. de 16 p. — Autre édit. *Amsterdam* (sic), *chez le Sincère*, 1751. — *S. l. n. d.*, in-12.

Cet opuscule est le premier des ouvrages de Voltaire mis à l'index par la cour de Rome (25 juin 1751), et, par un arrêt du conseil du 20 mai 1750, le gouvernement avait eu la déplorable lâcheté de faire supprimer la « Voix du sage et du peuple », écrite pour défendre les droits de l'État contre les prétentions financières du clergé en fait d'impôt. (Courtat, « Défense de Voltaire contre ses amis et contre ses ennemis », 1872, pp. 150 et 152.) Cette condamnation fut une des causes qui déterminèrent Voltaire à partir pour Berlin.

Reproduit dans le « Recueil des voix ». Voy. ci-dessus, col. 109, *f*.

Voix (la) du sage, ou l'intérêt des peuples bien entendu dans l'exercice du droit de guerre et de conquête. (Par Victor COMEIRAS.) *Paris, Lefort*, 1799, in-8.

Voix (la) du vrai patriote catholique, opposée à celle des faux patriotes tolérants. (Par l'abbé BOUNIOL DE MONTÉGUT.) (*S. l.*), 1756, in-8 de 3 ff. prélim. et 230 p.

Réfutation du « Mémoire théologique et politique... ». Voy. VI, 179, *b*.

Voix (la) libre du citoyen, ou observations sur le gouvernement de la Pologne. (Par le roi STANISLAS.) *Paris, J.-T. Hérissant*, 1749, 1753, 1764, 2 part. in-12.

Voix (les) intervenantes ; la voix du pauvre. *La Haye*, 1751, in-12.

Par M. DE LA BARRE, suivant une note manuscrite contemporaine.

Voix (la) mystérieuse. Les proscrits. Le scrutin du 20 décembre. La constitution de 1852. Les conseillers de M. Bonaparte. (Par Auguste CALLET.) *Londres, Jeffs*, 1852, in-18, 91 p.

L'édition est belge et non anglaise.

Vol-au-Vent (le), ou le pâtissier d'As-

nières, folie en un acte ; par un ch. d'Asnières. (Par BRAZIER.) *Paris, Mme Masson*, 1812, in-8.

Vol (le) de l'aigle en France. *Paris, Jehan André* (*s. d.*), pet. 8, goth., 8 ff.

Le privilége, daté de 1539, est accordé à Jean BOICEAU, sieur DE LA BORDERIE, lequel est nommé au recto du 2e feuillet dans une pièce du « Traversin » (de Bouchet), qui lui est adressée.

Vol (le) plus haut, ou l'espion des principaux théâtres de la capitale... (Par DUMONT, comédien.) *Memphis* (*Paris*), *chez Sincère, libraire réfugié au puits de la Vérité*, 1784, in-8, 142 p.

A été attribué aussi à François-Marie MAYEUR DE SAINT-PAUL.

Voleurs (des) en général et des banqueroutiers en particulier ; suivi d'une notice sur la vie originale et sans exemple du fameux baron de Lisleroi. Par Auguste R*** (Aug. ROBERT). *Paris, imp. de Boursy*, 1846, in-8, 46 p.

Tiré à petit nombre.

Voleurs (les), tragédie en prose, en cinq actes : par SCHYLLER (sic), imitée de l'allemand par A. C. D. P. (Auguste CREUZÉ, de Paris). *Paris, an III*, in-8.

M. Auguste Creuzé de Lesser, auteur de cette traduction, a fait de grands changements et des additions très-remarquables à l'original. Voy., entre autres, la scène VIIe du IIIe acte.

On lit page 5 de la préface de l'éditeur : « Quoique Racine se soit dit l'auteur de «Phèdre », j'ai trop peu mis du mien dans l'ouvrage qu'on va lire, pour me dire l'auteur des « Voleurs » ; mais peut-être aussi y ai-je trop mis pour ne m'en dire que l'éditeur ».

Vols (des) politiques, ou des proscriptions, des confiscations, des spoliations faites par les usurpateurs et les rebelles, durant le renversement du gouvernement et de l'autorité légitime et l'envahissement de la souveraineté ; fragments historiques, maximes, pensées diverses, morales et politiques, tirées de différents auteurs tant anciens que modernes. (Par le baron DE ROUVROU.) *Paris, imp. d'Everat*, 1825, in-8.

Volonté (la) de Dieu. (Par l'abbé D'ARVISENET.) *Troyes, Gobelet*, 1820, 1825, in-32.

Volsidor et Zulménie, conte pour rire, moral si l'on veut et philosophique en cas de besoin. (Par Mme Fanny DE BEAUHARNAIS.) *Amsterdam*, 1776, 2 part. pet. in-8, 1 fig. de Marillier.

Voltaire à Ferney, sa *correspondance*

avec la duchesse de Saxe-Gotha; suivie de lettres et de notes inédites publiées par M. Évariste BAVOUX et A. F. (FRANÇOIS). *Paris*, Didier, 1860, in-8. — 2ᵉ édition, 1865, in-8.

Voltaire âne, jadis poëte. (Par le chansonnier GALLET.) *En Sybérie, de l'imprimerie volontaire*, 1750, in-12, 39 p.

Voltaire apologiste de la religion chrétienne. Par l'auteur des « Apologistes involontaires » (l'abbé MÉRAULT). *Paris, Méquignon junior*, 1826, in-8.

Voltaire apprécié, comédie en un acte; par E*** B*** (Edme BILLARD). *S. l.*, 1779, in-8, 61 p.

Voltaire aux Français, sur leur constitution. (Par J.-L. LAYA.) *Paris, Maradan*, 1789, in-8.

L'auteur a signé.

Voltaire chrétien. Preuves tirées de ses ouvrages. (Par VILLIERS.) *Paris, Delaunay*, 1820, in-18, fig.

Catalogue Pixérécourt, nº 206.

Voltaire de retour des ombres et sur le point d'y retourner pour n'en plus revenir. A tous ceux qu'il a trompés. (Par le P. Ch.-L. RICHART.) *Bruxelles; et Paris, Morin*, 1776, in-12. — *Londres*, 1777, in-12. — *Paris et Mons, chez Hoyois*, 1777, in-8.

Réimprimé en 1821 à *Reims, Delaunois*, in-8, 72 p., avec quelques différences.

Voltaire déifié, poëme en deux chants. (Par RANDON, avocat.) *S. l.*, 1771, in-8.
V. T.

Voltaire et Rousseau, ou le procès des morts; conte, si l'on veut. (Par Rigomer BAZIN.) *Au Mans*, 1817, in-8, 16 p.

Voltaire étrangement défiguré par (de Courchamps) l'auteur des « Souvenirs de Mᵐᵉ de Créqui ». (Par Louis-Nicolas-Jean-Jacques DE CAYROL.) *Compiègne, impr. d'Escuyer*, 1836, in-8, 32 p.

Voltaire (le) galant, ou opuscules poétiques qui lui sont échappés en l'honneur des belles. (Publ. par LONGCHAMP, secrétaire de Voltaire.) *Paris, Desnos* (vers 1774), in-18.

Voltaire jugé par les faits. Par M*** (Jean-Antoine LEBRUN-TOSSA). *Paris, Plancher*, 1817, in-8, 2 ff. de tit. et 72 p.

Voltaire, ode, et autres poésies. *Londres, Jean Nours (Tours, Vauquer)*, 1780, in-8, 2 ff. de titre et de table et 71 p.

Mélange de prose et de vers. Les pages 51 et suivantes sont occupées par des « Opuscules posthumes de P. J. P. ».

Un exemplaire de cet écrit avait été donné par l'auteur, VEAU DELAUNAY, né à Tours en 1751, mort en 1814, à un nommé Saullay, qui a pris soin de compter les lignes de prose et les vers contenus dans cette brochure.

Il donne à la dernière page le relevé ci-dessous :

	Prose.	Vers.
M. Delaunay	588 lignes,	524
M. Pontois	250 —	41

Nous avons ainsi l'explication des lettres P. J. P., qui signifient P. J. PONTOIS. Dans l'Avertissement de l'éditeur, p. 53, on nous dit que cet auteur, mort à 24 ans, avait été, à l'âge de 18 ans, chargé de prononcer l'éloge funèbre de Louis XV, qu'il s'en acquitta avec succès, et que son discours a été imprimé à *Poitiers, chez Brault*, en 1755.

VOLTAIRE. Œuvres complètes (publiées par REGNAULT-WARIN). *Paris, Plancher*, 1817 et ann. suiv., 44 vol. in-12.

Édition incomplète, malgré son titre. Le t. XLIV comprend une table analytique très-abrégée.

Voltaire parmi les ombres. (Par le P. Ch.-L. RICARD.) *Genève et Paris*, 1776, in-12, XII-380 p.

Ouvrage en forme de dialogues (15).   G. M.

Voltaire poëte. Nouvelle édition, mise en ordre par un des meilleurs critiques du siècle (PALISSOT). *Paris, Servière*, 1798, 15 vol. in-8.

Voltaire portatif. (Par A.-G. CONTANT D'ORVILLE.) *Paris*, 1766, 2 vol. in-12.

Faux-titre ajouté à des exemplaires des « Pensées philosophiques de M. de Voltaire ». Voy. VI, 826, fₒ

Voltaire. Recueil des particularités curieuses de sa vie et de sa mort. (Par le P. Marie-Maximilien HAREL, en religion P. Élie.) *Porrentruy, J.-J. Goetschy*, 1781, in-8, IV-141 p. et 1 f. d'approb. — 2ᵉ édit. *Porrentruy, J.-J. Goetschy*, 1782, in-8, IV-141 p. et 1 f. d'approbation.

Réimprimé en 1817, *Paris, A. Le Clère*, in-8. Sur le titre de cette dernière édition, l'auteur prend le nom de M. Élie HAREL, de l'Académie des Arcades de Rome.

« Les trois quarts de cet écrit sont composés de citations, et le dernier quart de calomnies ». (Courtat, « Défense de Voltaire contre ses amis et contre ses ennemis ». *Paris, Lainé*, 1872, in-8, p. 21-70.)

Voltaire triomphant, ou les prêtres déçus, tragi-comédie en un acte et en prose. *S. l. n. d.*, in-8, 30 p.

Cette pièce, qui est extraite du « Conteur », 1784, nº 5, pp. 156 à 184, est attribuée à Anacharsis CLOOTZ.

Voltaire turlupiné par Alexandre Dumas. (Par Croton Duvivier.) *Paris*, 1855, in-8.

Voltairimeros, ou première journée de M. de V*** (de Voltaire) dans l'autre monde. (Par l'abbé Baston.) *Bruxelles*, 1779, 2 vol. in-12.

Voltairomanie (la) ; avec le Préservatif et le factum du sieur Claude-François Jore. (Par l'abbé Desfontaines.) *Londres*, 1739, in-8, 4 ff. lim. et 88 p.

Voltairomanie (la), ou lettre d'un jeune avocat, en forme de mémoire, en réponse au libelle du sieur de Voltaire, intitulé : « le Préservatif », etc. (Voy. VI, 1009, *b.*) (Par l'abbé P.-Fr. Guyot Desfontaines.) *S. l.*, 1738, in-12, 48 p.

Voy. p. 417-447 du tome II des « Mémoires sur Voltaire... par Longchamp et Vagnière » : « Écrits du Mme la marquise du Chatelet et de Thirlot, au sujet des libelles de l'abbé Desfontaines ».

Voltariana, ou éloges amphigouriques de Fr.-Marie Arrouet, sieur de Voltaire, gentilhomme ordinaire, conseiller du roi en ses conseils, historiographe de France, etc., etc., etc., etc., discutés et décidés pour sa réception à l'Académie française. *Paris*, 1748, in-8. — Nouv. édit. *Paris*, 1749, 2 part. in-8.

Recueil satirique publié par Travenol et Mannory. L'ouvrage est signé : Timorovilz Ablaben.

Par l'abbé Baston, d'après une note manuscrite sur l'exemplaire de la Bibliothèque nationale.

Volupté. (Roman, par Sainte-Beuve.) *Paris, E. Renduel*, 1835, 2 vol. in-8. Nouv. édit. *Paris, Charpentier*, 1840, in-12.

Réimprimé avec le nom de l'auteur.

Voluptueux (le) hors de combat, ou le défi amoureux de Lygdame et de Chloris ; nouvelles poésies galantes en latin et en français. (Poëme latin apporté en France par le chevalier Venieri, ambassadeur de Venise ; traduit en vers français par Anselin. Il y a quelques vers de l'abbé Jacq. Destrées.) *Cytheropolis, Pierre l'Arretin, imprimeur de l'Académie des Dames, à la Vénus de Gréce, s. d.*, in-8.

Vote (du) de l'impôt. (Par le marquis de La Gervaisais.) *Paris, Pihan Delaforest*, 1829, in-8.

Vote (le) fatal. (Par le marquis de La Gervaisais.) *Paris, Pihan Delaforest*, 1830, in-8.

Vous ne vous trompez pas, sauvez-nous, notre espérance est en vous ; par l'auteur de « V' la l' bouquet, n' boudons

pas » (N. V. Royer). *Paris, Renaudière*, 1815, in-8.

Couplets.

Vox clamantis in deserto. Essai sur le sonnet de haine, etc. Dédié aux président et membres du directoire exécutif de la république française. (Strasbourg, 15 ventôse.) (*S. l.*, an VI), in-8.

La dédicace est signée : L. R... (Louis Rumpler, ex-chanoine, suivant une note manuscrite). Le même sujet avait déjà été traité en 1790 dans la brochure intit. : « Questions sur les serments... ».

Vox in deserto. 1832, in-8.

Volume de vers composé par M. Achille Rousseau, l'auteur de « La Magdeleine ». Voy. VI, 8, *a*.

(« L'intermédiaire », tome VII, 1874, col. 600.)

Voyage à Alger, suivi des souvenirs de l'expédition d'Afrique ; par un officier de l'armée (Duranti). *Bruxelles, Hayez*, 1834, in-18.

J. D.

Voyage à Constantinople, en Italie et aux îles de l'Archipel, par l'Allemagne et la Hongrie. (Par Charles-Marie d'Yrumberry, comte de Salabery.) *Paris, Maradan*, an VII-1799, in-8.

Voyage à Constantinople, fait à l'occasion de l'ambassade de M. le comte de Choiseul-Gouffier à la Porte Ottomane, par un ancien aumônier de la marine royale (Guillaume Martin). *Paris, Janet*, 1819, in-12, 256 p. — Autre éd., par M. l'abbé ** ancien professeur de théologie de l'Université... *Paris, Plée*, 1821, 1824, in-12.

Voyage à Ermenonville, dédié à ma femme ; suivi de poésies diverses. Par F. L. J. (Jourdan). *Paris, Brasseur aîné*, 1813, in-18.

Voyage à Hippone au commencement du v° siècle ; par un ami de saint Augustin (l'abbé Petit). *Paris, A. Leclère*, 1838, 2 vol. in-18.

Voyage à Ianina en Albanie, par la Sicile et la Grèce, trad. de l'angl. de Thomas Smart Hughes, par l'auteur de « Londres en 1819 » (Defauconpret). *Paris, Gide*, 1820, 2 vol. in-8.

Voyage à l'abbaye de la Trappe de Melleraye, par M. Éd. R*** (Édouard Richer). *Nantes*, 1819, in-18. — 2° édit. *Ibid.*

Cet ouvrage, en forme de lettre adressée à M. P*** de N*** (Piet de Noirmoutier), est extrait du « Voyage pittoresque dans le département de la Loire-Inférieure. La 3° édition, ainsi que les suivantes, porte le nom de l'auteur.

Voyage à l'île de France, à l'île de Bourbon, au cap de Bonne-Espérance, etc... Par un officier du roi (J.-Henri BERNARDIN DE SAINT-PIERRE). *Amsterdam; et Paris, Merlin*, 1773, 2 vol. in-8. — *Neuchâtel*, 1773, 2 vol. in-8. — *Paris, Hiard*, 1835, 2 vol. in-18.

Voyage à l'île de Vazivoir, conte fantasique pour les enfants. (Par A. BONNARDOT.) *Paris*, 1848, in-16.

Voyage à la Chine, par J.-C. HUTTNER; traduit de l'allemand (par WINCKLER). *Paris, Fuchs*, 1799, in-18.

Voyage à la Guiane et à Cayenne, fait en 1789 et années suivantes... Par M. L..... M.... B.... armateur. Ouvrage orné de cartes et de gravures. (Par Louis PRUDHOMME.) *Paris, an VI-1797, in-8*.

Deux tirages différents la même année.

Voyage à la Louisiane et sur le continent de l'Amérique septentrionale, fait dans les années 1794 à 1798, par B*** D*** (L.-N. BAUDRY DES LOZIÈRES). *Paris, Dentu*, 1802, in-8.

Voyage à la Martinique, contenant diverses observations sur la physique, l'histoire naturelle, l'agriculture, les mœurs et les usages de cette isle, fait en 1751 et dans les années suivantes. Lu à l'Académie roy. des sciences de Paris, en 1761. *Paris, Bauche*, 1763, in-4, avec une carte.

L'auteur, Thibault DE CHANVALON, a signé l'épître dédicatoire.

Voyage à la Martinique. Vues et observations politiques sur cette île, avec un aperçu de ses productions végétales et animales. Par J. R*** (J. ROMANET), général de brigade. *Paris, L. Pelletier, an XII-1804*, in-8.

Voyage à la mer du Sud, fait par quelques officiers commandans le vaisseau *le Wager*; traduit de l'anglois (de BUKELEY, CUMMINS, Alex. CAMPBELL et Isaac MORRIS, par l'abbé RIVENS, et retouché par l'abbé LAUGIER). *Lyon*, 1756, in-4 et in-12.

Suite du « Voyage autour du monde, fait dans les années 1740 à 1744, par George Anson... ». Voyez ci-après, col. 1061, b.

Voyage à Marseille et à Toulon, suivi de pièces diverses; par M. LE M*** (LE MARCHANT). *Paris* (1789), in-12, 186 p.

Voyez « Supercheries », II, 734, b.

Voyage à Pétersbourg, ou nouveaux mémoires sur la Russie, par M. le comte DE LA MESSELIÈRE ; précédé d'un tableau historique de cet empire, par V. D. M. (Victor DE MUSSET-PATHAY). *Paris*, 1802, in-8.

Les exemplaires avec la date an XI-1803 portent le nom de l'éditeur.

Voyage à Plombières, en 1822; suivi du poëme latin de CAMERARIUS (*de Thermis Plombariis*), texte et traduction par M. P. D. C. (PIRAULT DES CHAULMES). *Paris, Guillaume*, 1823, in-18.

Le poëme de Camerarius se trouve dans le traité *De balneis, omnia quæ extant apud Græcos, Latinos et Arabas. Venetiis*, 1553, *in-fol.*

Voyage à Pompéi, par M. l'abbé Dominique ROMANELLI, conservateur de la Bibliothèque publique de Naples; traduit de l'italien pour la première fois par M. P*** (PRÉJAN, procureur du roi à Avallon). Suivi d'une notice sur la découverte d'un temple romain, en 1822, à Avallon en Bourgogne. *Paris, Houdaille*, 1829, in-12.

Voyage à Saint-Fiacre. (Par Denis LE FÈVRE, ancien secrétaire général du ministère des finances.) *Paris, Imprim. roy.*, 1817, in-8, 63 p.

Voyage à Sorèze. (Par J.-B. LALANNE.) *Dax*, 1802, in-8, 32 p.

Voyage à Surinam et dans l'intérieur de la Guiane, par le capitaine STEDMAN (et Guillaume THOMPSON); traduit de l'anglais par F. P. HENRY. *Paris, Buisson*, 1799, 3 vol. in-8 et atlas in-4.

Voyage à travers les Œuvres d'Ary Scheffer, par M. Lucien D. (DUBOIS). *Nantes*, 1859, in-8, 18 p.

Tirage à part de la « Revue de Bretagne et de la Vendée ».

« Cat. de Nantes », 57,324.

Voyage à travers un livre de dépenses; par M. H. G*** (GOMONT). *Paris, Amyot*, 1858, in-18.

Voyage à Versailles. (Par l'abbé DE BOISJUGAN.) *Saint-Lô*, 1868, in-12.

Poëme comique, qui n'a pas été mis dans le commerce.

Voyage agronomique en Beaujolais, Forez et dans la Limagne d'Auvergne. (Par A. PUVIS.) *Bourg*, 1821, in-8, 55 p.

Voyage agronomique, précédé du parfait fermier, contenant l'état général de la culture angloise. Ouvrage traduit de l'anglois (d'Arthur YOUNG, par A.-F.-J. FRÉVILLE). *Paris*, 1774, 2 vol. in-8.

Plusieurs exemplaires ont un frontispice ainsi

34

conçu : « Recueil d'ouvrages sur l'économie politique et rurale, traduits de l'anglois par M. DE FRÉVILLE ». *La Haye et Paris, Nyon*, 1780. D'autres exemplaires sont intitulés : « Arithmétique politique... ».

Voyage archéologique, fait en Normandie en 1831; trad. de l'angl. de GALLY-NIGHT (par A. CAMPION, de Lisieux).

Imprimé dans le « Bulletin monumental, publié par M. de Caumont », et tiré à part.

Voyage au Canada; traduit de l'anglais de Ed.-A. TALBOT, par M*** (DUBERGIER). *Paris, Boulland*, 1825, 3 vol. in-8.

Il a été réimprimé des titres portant : *Paris, librairie centrale*, 1833.

Voyage au cap Nord par la Suède, la Finlande et la Laponie; par Jos. ACERBI. Traduction d'après l'original anglais (faite par Ph. PETIT-RADEL); revue sous les yeux de l'auteur par Joseph LA VALLÉE. *Paris, Levrault, an XII-1804*, 3 vol. in-8, avec atlas in-4.

Voyage au château de Pescheré (suivi de pièces diverses : le tout en vers, par M. GORY DE BIZÉ). *Paris, imp. de Fain* (1813), in-16, 63 p., avec 4 planches.

Voyage au Chili, au Pérou et au Mexique, pendant les années 1820, 1821 et 1822, par le capitaine B. HALL, officier de la marine royale. Entrepris par ordre du gouvernement anglais. *Paris*, 1825, 2 vol. in-8.

L'avis de l'éditeur a pour signature les initiales B. T. (BRISSOT-THIVARS). La traduction a été faite pour ce libraire, qui, l'ayant trouvée trop mauvaise, l'a refaite presque en entier.

Voyage au labyrinthe du Jardin du roi. (Par LINGUET.) *La Haye* (*Paris*), 1755, in-12.

Voyage au Levant, par Corneille LE BRUYN. Nouvelle édition, revue par l'abbé BANIER. *Rouen, Machuel, et Paris, Bauche*, 1725. — *La Haye*, 1732, 5 vol. in-4.

Voyage au Levant, par l'auteur des « Horizons prochains » (Mme Agénor DE GASPARIN). *Paris, Calman-Lévy*, 1877, in-18.

Voyage au mont Pilat, dans la province du Lyonnois, contenant des observations sur l'histoire naturelle de cette montagne et des lieux circonvoisins; suivies du catalogue raisonné des plantes qui y croissent. (Par Ant.-Louis CLARET DE LA TOURETTE.) *Avignon; et Lyon, Regnault*, 1770, in-8.

Voyage au mont Pila, sur les bords du Lignon et dans une partie de la ci-devant Bourgogne. Ouvrage écrit au commencement de l'an IV; suivi de quelques lettres détachées sur l'Italie et autres pièces détachées. *Paris, Desenne, s. d.*, in-12, 219 p.

Œuvre de deux amis, dont l'un est M. Henri MAYNARD.

Voyage au nord de l'Écosse et dans les isles Hébrides, par Jean KNOX; traduit de l'anglais (par Th. MANDAR). *Paris*, 1790, 2 vol. in-8.

Voyage au pays de Bambouc; suivi d'observations sur les castes indiennes. (Par P. COSTE D'ARNOBAT.) *Bruxelles*, 1789, in-8.

Voyage au pays des roubles, via Munich et Berlin, par un militaire français. *Paris, Arnaud et Labat*, 1877, in-12.

Attribué à Ivan GOLOVINE.

Voyage au pôle arctique, dans la baie de Baffin, fait en 1818 par les vaisseaux de S. M. Britannique *l'Isabelle* et *l'Alexandre*, commandés par le capitaine Ross et le lieutenant PARRY, pour vérifier s'il existe un passage au nord-ouest de l'océan Atlantique, dans la mer Pacifique; traduit de l'anglais par l'auteur d' « Une année de séjour à Londres » (A.-J.-B. DEFAUCONPRET). *Paris, Gide*, 1819, in-8.

Voyage au pôle boréal, fait en 1773, par ordre du roi d'Angleterre, par Jean-Constantin PHIPPS MULGRAVE. (Traduit de l'anglais par DEMEUNIER, revu par CLARET DE FLEURIEU.) *Paris, Panckoucke*, 1775, in-4.

Voyage au séjour des ombres. A Mme D***. (Par l'abbé Jos. DE LA PORTE.) *La Haye, Paris*, 1750, pet. in-8, 90 p. — 2e édit. *Paris*, 1751, in-12; — 1777, in-12.

Réimprimé sous le titre : de « Voyage en l'autre monde ». Voy. ci-après, col. 1085, b.

Voyage autour de la Chambre des députés; par un Slave (J. TANSKI)... *Paris, A. René*, 1845, in-8.

La 2e éd. *Paris*, 1847, in-8, porte le nom de l'auteur.

Voyage autour des galeries du Palais-Royal; par S...E (SELLÈQUE). *Paris, Moller*, 1800, in-18.

Voyage autour de ma chambre, par M. X... (le comte Xavier DE MAISTRE), A. O. A. S. D. S. M. S. (ancien officier au service de Sa Majesté Sarde). *Turin*, 1794, in-8. — *Paris, Dufart, an IV-1796*. — *Hambourg, Fauche*, 1796, in-18. — (Nouv.

édit.), suivie du « Lépreux de la cité d'Aoste » (avec une préface par le comte Joseph DE MAISTRE, frère de l'auteur). *Saint-Pétersbourg*, 1812, in-12. — (Nouvelles éditions des deux ouvrages, avec des notes du comte de Maistre, publiées par A.-A. BARBIER.) *Paris, Delaunay*, 1817, 1821, 1823, in-18.

Une des plus jolies éditions de ce charmant ouvrage a été donnée par J. T. (Jules TARDIEU). *Paris*, 1861, in-18, avec six miniatures de M. Veyssier, gravées par M. Guillaume.

Voy. V, 1083, *f*.

Souvent réimprimé avec le nom de l'auteur.

Voyage autour du lac de Genève, dans les Alpes et en Italie. (Par M. Esprit DE CHASSENON.) *Paris, Cramer*, 1805, in-8.

Voyage autour du monde, fait dans les années 1740, 1. 2, 3, 4, par Georges ANSON... Tiré des journaux et autres papiers de ce seigneur et publié par Richard WALTER... Traduit de l'anglois (par Élie DE JONCOURT). *Amsterdam*, 1749, 1751, in-4. — Le même voyage (de la même traduction, revue par l'abbé DE GUA DE MALVES). *Paris, Quillau*, 1750, in-4 et 4 vol. in-12.

Cet ouvrage a été rédigé par Benjamin ROBINS, auteur des « Nouveaux Principes d'artillerie », dont Dupuy a publié une traduction française, *Grenoble*, 1771, in-8. Voy. « Voyage à la mer du Sud », ci-dessus, col. 1057, *e*.

Voyage autour du monde, fait en 1764 et 1765, dans lequel on trouve une description exacte du détroit de Magellan; traduit de l'anglois par M. R... (SUARD). *Paris, Molini*, 1767, in-12.

Voyage autour du monde sur la frégate du roi *la Boudeuse* et la flûte *l'Étoile*, en 1766-69. (Par BOUGAINVILLE.) *Paris*, 1771, in-4, fig. — Nouvelle édition, augmentée. *Neufchâtel*, 1773, 2 vol. in-12.

Voyage autour du Pont-Neuf et promenade sur le quai aux fleurs. Seconde édition.. (Par Aug. IMBERT.) *Paris, A. Imbert*, 1825, in-18.

La 1re édition, 1824, porte : « Par ROSSIGNOL-PASSE-PARTOUT ».

Voyage aux faubourgs Saint-Marcel et Saint-Jacques, par deux habitants de la Chaussée-d'Antin. Par l'auteur du « Voyage à la Chaussée-d'Antin », etc. (A.-E. ÉGRON). *Paris, Capelle et Renaud*, an XIV-1806, in-18.

Voyage aux îles françaises de l'Amérique, par le R. P. LABAT. Nouvelle édition, d'après celle de 1722 (publiée par

M. CARDINI, capitaine de gendarmerie). *Paris, Lefebvre*, 1831, in-8.

Voyage aux îles Tonga ou des Amis, situées dans l'océan Pacifique, etc., par MARINER; traduit de l'anglais par l'auteur de « Quinze jours à Londres » (A.-J.-B. DEFAUCONPRET). *Paris, Gide*, 1817, 2 vol. in-8.

Voyage aux Indes orientales, par le P. PAULIN DE SAINT-BARTHÉLEMY, missionnaire; traduit de l'italien par M.*** (MARCHENA), avec les observations de MM. ANQUETIL DU PERRON, J.-R. FORSTER et SILVESTRE DE SACY, etc. *Paris, Tourneisen fils*, 1808, 3 vol. in-8.

Voyage aux Moluques et à la Nouvelle-Guinée, fait en 1774, 1775 et 1776, par le capitaine FORREST (traduit de l'anglois par DEMEUNIER). *Paris (Panckoucke)*, 1780, in-4.

Voyage aux pays rouges; par un conservateur (M. François BESLAY). *Paris, H. Plon*, 1873, in-18, 228 p.

La couverture imprimée porte : « Par un conservateur, rédacteur du « Français. »

Voyage aux Pyrénées françaises et espagnoles, dirigé principalement vers les vallées du Bigorre et d'Aragon... Par J. P. P*** (PICQUET). Seconde édition... *Paris, E. Babeuf*, 1828, in-8, 4 ff. lim., VIII-430 p.

La 1re édition est intitulée : « Voyage dans les Pyrénées françaises ». Voy. col. 1070, *c*.

Voyage aux Pyrénées, par l'auteur des « Souvenirs de voyage » (Mme la comtesse DE LA GRANDVILLE, née DE BEAUFFORT). 3e édition. *Lille, Lefort*, 1850, in-12.

Réimprimé en un vol. in-8, avec le « Retour des Pyrénées ». Voy. ci-dessus, col. 341, *c*.

Voyage aux salines de Salzbourg et de Reichenhall, et dans une partie de la haute Bavière, par le chevalier de B... (BRAY, ministre plénipotentiaire de la Bavière en Russie). *Berlin*, 1807, in-8, 180 p.

Voyage chez les morts. Maximes et pensées: (Par DUPONT, secrétaire du marquis de Créquy.) *Paris*, 1839, in-12.

Voyage (le) curieux et sentimental, ouvrage en deux parties, contenant : 1° le voyage de Chantilly et d'Ermenonville; 2° le voyage aux îles Borromées. Par Louis D*** (DAMIN). *Paris, Hamelin*, an IX (1801), in-8.

Voyage (le) curieux fait autour du

monde, par Fr. Drach, admiral d'Angle-terre, augmenté de la 2ᵉ partie (traduit de l'anglois de Pretty, par de Louvencourt). *Paris*, 1641, in-12.

(Catal. Langlès, nᵒ 1993.) 3ᵉ édition du voyage de Dracke. Voy. ci-après, col. 1073, a.

Voyage d'Alcimédon, ou naufrage qui conduit au port. (Par le comte de Marti-gny.) *Amsterdam*, 1760, in-12. — *Nancy (Paris)*, 1768, in-12.

Voyage d'Amathonte. *Londres*, 1750, in-8.

Ouvrage mêlé de prose et de vers, par le chevalier Clément-Jérôme-Ignace de Rességuier, qui était connu comme auteur du quatrain ci-après, fait à l'occasion du château de Bellevue, donné par Louis XV à la marquise de Pompadour :

Fille d'une sangsue et sangsue elle-même,
Poisson, dans son palais, d'une arrogance extrême,
Étale à tous les yeux sans honte et sans effroi
Les dépouilles du peuple et l'opprobre du roi.

La police saisit l'occasion de la mise au jour du « Voyage d'Amathonte » pour faire une descente chez l'auteur. Elle y trouva deux variantes manuscrites de cet ouvrage, qui sont maintenant déposées, ainsi que tous les papiers de Rességuier, à la Bibliothèque de l'Arsenal. M. Bonhomme a publié, en les utilisant, un intéressant article intitulé : « la Marquise de Pompadour et le chevalier de Rességuier ». Voy. « Revue Britannique », juin 1875, pages 359 à 401.

L'exemplaire du « Voyage » que M. Bonhomme a eu entre les mains se compose de 91 pages, y compris un « Discours en vers sur les avantages du travail », placé en tête, et 2 épîtres, également en vers, mises à la fin, dans une addition manuscrite. Sur son exemplaire du Dictionnaire A.-A. Barbier ne donne au Voyage que 73 pages, et le nᵒ 19,252 était accompagné de cette note :

« Delatour, ancien imprimeur, mort à Paris le 9 novembre 1807, possédait l'exemplaire de Berryer, lieutenant de police, et l'on y avait ajouté une deuxième partie manuscrite, qui n'a jamais été imprimée ».

Mis à la Bastille le 8 décembre 1750, puis transféré à Pierre-Encise (et non au château d'If) en octobre 1851, et enfin exilé à Champeaux en octobre 1753, Rességuier est mort à Malte en 1797.

Voyage d'Amérique, dialogue en vers, avec des notes. (Par Louis Gabriel Bour-don, secrétaire interprète du roi.) *Paris*, 1786, in-12.

Voyage d'Angleterre à la Martinique. (Par le Dʳ Jean-Louis Dunieu.) *Paris*, impr. de *Pillet aîné*, 1825, in-8, 2 ff. de titre et 93 p.

Voyage (le) d'Aniers. Lettre à madame de N***. Par M. H. *Bruxelles*, 1748, in-8, 31 p.

Signé : H. X....

Par Hurtaud, d'après une note manuscrite sur un exemplaire de la Bibliothèque nationale ; Hurtaux, d'après un autre exemplaire. Ne faut-il pas lire P.-N.-T. Hurtault, auteur de différents ouvrages indiqués par Quérard ?

Voyage d'Égypte et de Nubie, par Fré-déric-Louis Norden (revu par des Roches de Parthenay). *Copenhague, Imprim. roy.*, 1755, 2 vol. in-fol. — Nouv. édit., avec des notes, par M. Langlès. *Paris, Didot aîné*, 1795, 3 vol. in-4.

Voyage d'Ellis à la baie de Hudson, fait par la galiote le Dobbs et la Californie, en 1746 et 1747, pour la découverte d'un passage au Nord-Ouest.... Traduit de l'anglois (par Godefroy Sellius). *Paris, Ballard*, 1749, 2 vol. in-12.

Voyage d'Espagne à Bender. (Par le chevalier de Bellerive.) *Paris*, 1721, in-12.

Voyage d'Espagne, curieux, historique et politique, fait en l'année 1655 (par Aarsens de Sommerdyck), publié par de Sercy. *Paris, de Niaville*, 1665, 1666, in-4.

Voy., pour le détail des éditions de cet ouvrage, Brunet, « Manuel du libraire », 5ᵉ éd., t. V, col. 1375 et 1376.

M. Faugère, dans son introduction du « Journal du voyage de deux jeunes seigneurs hollandais à Paris en 1657 et 1658 », dit que le « Voyage d'Espagne » est de Brunel.

Cet ouvrage a encore été imprimé sous le titre suivant :

Voyage d'Espagne, contenant, entre plusieurs particularités de ce royaume, trois discours politiques sur les affaires du protecteur d'Angleterre, de la reine de Suède et du duc de Lorraine (par Aarsens de Sommerdyck) ; reveu, corrigé et augmenté sur le manuscrit, avec une Relation de l'état et gouvernement de cette monarchie (par de Saint-Maurice), et une relation particulière de Madrid (par R.-A. de Bon-necase). *Cologne, P. Marteau (Hollande)*, 1666, 1667, in-12.

Voyage d'Espagne, fait en 1755, traduit de l'italien (de Norb. Kaimo) ; avec des notes, par le P. de Livoy. *Paris, Costard*, 1772, 2 vol. in-12.

Voyage d'Innigo de Biervillas, Portugais, à la côte de Malabar, Goa, Batavia et autres lieux des Indes orientales (rédigé par l'abbé Saunier de Beaumont). *Paris, Dupuis*, 1736, in-12.

V. la « Nouvelle Bibliothèque d'un homme de goût ». *Paris*, 1808, t. IV, p. 405. Depuis la publication de ce volume, j'ai acquis des renseignements sur l'abbé Saunier, et je les donnerai dans le second volume de mon « Examen crit. des Dictionnaires historiques ».

Voyage d'Italie, contenant les mœurs des peuples, etc. (Traduit de l'anglais de Richard Lassels.) *Paris, Billaine*, 1671, 2 vol. in-12.

Voyage d'Italie, curieux et nouveau... (Par Huguetan, avocat, et revu par Spon.) *Lyon, Amaulry*, 1681, in-12.

L'auteur est nommé dans l'Avis du libraire.

Voyage d'Italie et de Grèce, avec une Dissertation sur la bizarrerie des opinions des hommes. (Par Mirabal.) *Paris, Guignard*, 1698, in-12.

L'auteur a signé la dédicace.

La « Dissertation sur la bizarrerie des opinions des hommes » a été réimprimée à la suite de la sixième édition des « Amusements sérieux et comiques ». Voy. IV, 160, f.

Voyage d'Italie et de quelques endroits d'Allemagne, fait ès années 1695 et 1696. (Par dom Charles Bourdin ou Bourdon, bénédictin.) *Paderborn, C. Pelerin*, 1699, in-12.

L'auteur a donné son nom en acrostiche à la suite de la Préface.

Voyage d'Orient du R. P. P. (Philippe) de La Trinité (carme déchaussé), composé par lui-même et traduit du latin par un religieux du même ordre (Pierre de Saint-André). *Lyon*, 1652, 1669, in-8.

Catalogue manuscrit des Barnabites.   V. T.

Voyage d'Ulm à Vienne par mer. (Par le comte Jacques-Louis-Henri de Liniers, sieur de Cranchaban et du Grand Breuil, né à Niort le 28 avril 1749, m. à Buenos-Ayres, en 1809.) In-18, iv-84 p.

L'épître dédicatoire à ma femme, datée de Vienne, 25 octobre 1783, est signée : Jacques de La Badaudière. Nous devons cet article ainsi que plusieurs autres à M. Delayant, bibliothécaire de la ville de La Rochelle.

Voyage d'un Allemand à Paris. *Lausanne, Hignou*, 1800, in-8.

La préface est signée : Heinzmann.

Voyage d'un amateur des arts en Flandre, dans les Pays-Bas, en Hollande, en France, en Savoie, en Italie, en Suisse, fait dans les années 1775, 1776, 1777 et 1778, par M. de La R*** (de La Roque, écuyer, ancien capitaine d'infanterie au service de la France). *Amsterdam*, 1783, 4 vol. in-12.

Ce Voyage a été revu et corrigé par Fabri, bourgmestre de Liége.

Voyage d'un catholique autour de sa chambre. (Par M. Léon Gautier.) *Paris*, 1862, in-18.

Voyage d'un Champenois à Paris et ses aventures; suivi de diverses histoires curieuses publiées par lui-même. (Par C.-J.

Rougemaître.) *Paris, G. Mathiot*, 1820, 3 vol. in-12.

Voyage d'un chien à la recherche de son maître, anecdote morale pour l'instruction et l'amusement des enfants; trad. de l'anglais sur la 6e édit. (Par P.-C. Briand, anc. libraire.) *Paris, Lelong*, 1822, in-18, avec 4 grav.

Voyage d'un étranger en France pendant les mois de novembre et décembre 1816. (Par René-Théoph. Chatelain.) *Paris, Lhuillier*, 1817, in-8.

Trois éditions la même année. La 3e porte : « Par l'éditeur du « Paysan et le gentilhomme ». Voy. VI, 310, c.

Voyage d'un ex-officier. Fragments d'une correspondance familière. Nouvelle édition. (Par le pasteur Jacques Martin, de Genève.) *Paris, Cherbuliez*, 1850, in-8.

La première édition a paru dans la « Bibliothèque universelle de Genève », en mars 1838.

Le même auteur a publié en 1867 : « Souvenirs d'un ex-officier ». Voy. ci-dessus, col. 543, b.

Voyage d'un faux derviche dans l'Asie centrale; traduit de l'anglais (d'Arminius Vamberg), par E.-D. Forgues. *Paris*, 1865, gr. in-8.

L'ouvrage anglais a paru en 1864.

Voyage d'un Français aux salines de Bavière et de Salzbourg, en 1776. (Par F. de Barbé de Marbois.) *Paris, Baudouin*, an VI, in-32.

L'auteur a signé la note placée en tête de l'ouvrage.

Voyage d'un Français en Angleterre, pendant les années 1810 et 1811. (Par Louis Simond.) *Paris, Treuttel et Wurtz*, 1816, 2 vol. in-8.

Réimprimé en 1817 avec le nom de l'auteur.

Voyage d'un François en Italie, fait dans les années 1765 et 1766. (Par de La Lande.) *Venise et Paris*, 1769, 8 vol. in-12, avec un atlas in-4.

Réimprimé en 1786, 9 vol. in-12 et atlas in-4, avec le nom de l'auteur.

Voyage d'un Français exilé pour la religion (Durans, du Dauphiné). Avec une description de la Virginie et Marilan dans l'Amérique. *La Haye*, 1687, in-8, 140 p.

Voyage d'un Français fugitif dans les années 1791 et suivantes. (Par le marquis Louis-Ant.-Franç.-Nic. de Messey.) *Paris, Egron*, 1816, 3 vol. in-12.

Voyage d'un gentilhomme irlandais à la

recherche d'une religion; par Th. Moore. Traduit en français par l'abbé D*** (l'abbé H.-N. Didon). *Paris, Gaume*, 1833, in-8.

Réimprimé à *Tours*, 1841, in-12, et dans les « Démonstrations évangéliques » publiées par l'abbé Migne.

Voyage d'un officier français prisonnier en Russie, sur les frontières de cet empire, du côté de l'Asie. Observations intéressantes sur les mœurs, les usages et le caractère des habitants de la rive gauche du Wolga, près de la mer Caspienne. *Paris, Plancher*, 1817, in-8.

Suivant Quérard, « France lit. », VI, 272, cet ouvrage serait du comte de Montravel, chef d'escadron, et aurait été publié par M. Duc, employé à la poste aux lettres.
Le second volume des « Russica » de la bibliothèque de Saint-Pétersbourg le donne à Mikelly.   A. L.

Voyage d'un prince autour du monde, ou les effets du luxe. (Par Rabelleau.) *Rouen, Machuel*, 1772, 2 part. in-12.

Voyage d'un Suisse dans différentes colonies d'Amérique, pendant la dernière guerre; avec une table d'observations météorologiques faites à Saint-Domingue. (Par Girod-Chantrans.) *Neuchâtel, Société typogr.*, 1785, in-8.

Plusieurs fois réimprimé.

Voyage d'une dame française en Russie en 1812, témoin oculaire de l'incendie de Moscou et de la retraite désastreuse de Buonaparte jusqu'à Vilna. *Paris*, 1814, in-8.

Tout me porte à croire que c'est la première édition de « l'Incendie de Moscou, la petite orpheline de Wilna, passage de la Bérésina, et retraite de Napoléon jusqu'à Wilna », par Mme (Louise) Fusil, 2e édit., *Londres*, imp. de Schulze et Dean, 1818 (lisez 1817), in-8 de 96 p., dont il y a une 2e (lisez 3e) édition, rev., corrig. et augm., *Paris, Pillet, Mongie*, 1817, in-8 de 120 p.   A. L.
Pour des détails étendus à ce sujet et sur la personne de l'auteur, voy. le vol. publié par M. Ladrague, sous le titre de : « Relation de l'incendie de Moscou... ».

Voyage d'une Française à Londres, ou la calomnie détruite par la vérité des faits. (Par Mme La Touche de Gotteville.) *Londres, Mesplet*, 1784, in-8, 82 p.

Note manuscrite sur un exemplaire appartenant à Quérard.

Voyage d'une Française en Suisse et en Franche-Comté depuis la Révolution. (Par Mme Gauthier, émigrée française.) *Londres (Suisse)*, 1790, 2 vol. in-8.

Voyage d'une ignorante dans le midi de la France et de l'Italie. Recherches et ob-

servations curieuses, historiques et anecdotiques... (Par Mme Agénor de Gasparin.) *Paris, Paulin*, 1835, 2 vol. in-8.

Voyage dans l'Amérique méridionale, à l'intérieur de la côte ferme... depuis 1808 jusqu'en 1819, etc. Par Julien M***** (Mellet). *Agen, Noubel*, 1823, in-8. — 2e édit., *Paris, Masson*, 1824, in-8, avec le nom de l'auteur.

Voyage dans l'Amérique méridionale, commençant par Buenos-Ayres et Potosi jusqu'à Lima... Par Antoine-Zacharie Helms. Traduit de l'anglais par M. B. B. D. V. (Bertrand Barrère, de Vieuzac). *Paris*, membre de plusieurs académies. *Paris*, 1812, 1815, in-8.

Voyage dans l'empire de Flore, ou élémens d'histoire naturelle végétale, etc. Par L. M. P. T*** (Hanin). *Paris, Méquignon*, an VIII-1800, 2 part. in-8.

Voy. « Supercheries », III, 751, a, et VI, 520, c.

Voyage dans l'intérieur de l'Afrique en 1795-1797, par Mungo-Park; traduit de l'anglais par M. Castera (et M. Benoît). *Paris*, an VIII (1799), 2 vol. in-8.

Voyage dans l'intérieur de l'Afrique septentrionale en 1818, 1819 et 1820, par le capitaine G. F. Lyon; traduit de l'anglais par l'auteur d' « Une année à Londres » (A.-J.-B. Defauconpret). *Paris, Gide fils*, 1822, in-8, fig.

Voyage dans la cour du Louvre, ou Guide de l'observateur à l'exposition des produits de l'industrie française, année 1827. Par une société d'artistes et d'anciens fabricants. (Par Alex. Martin.) *Paris, Dauvin*, 1827, in-18.

Voyage dans la Grèce asiatique, traduit de l'italien de D. Sestini. (Par Pingeron.) *Paris*, 1789, in-8.

Voyage dans la haute Pensylvanie et dans l'état de New-Yorck, par un membre actif de la nation Onéida; traduit et publié par l'auteur des « Lettres d'un cultivateur américain » (J.-Hect.-Saint-John Crève-Cœur). *Paris, Maradan*, an IX-1801, 3 vol. in-8.

Ouvrage original, malgré la mention de traduction.

Voyage dans la Palestine.

Voy. ci-après : « Voyage fait par ordre du roi... ».

Voyage dans la péninsule occidentale de l'Inde et dans l'île de Ceylan; trad. du hollandais (de J. Haafner), par M. J.

Henri JANSEN). *Paris, A. Bertrand*, 1811, 2 vol. in-8.

Voyage dans la vallée du lac de Joux, suivi de quelques courses champêtres et sentimentales; par V**** (Henri VINCENT). *Lausanne*, 1795, in-18.

Voyage dans le boudoir de Pauline. (Par Fr.-L.-Mar. BELLIN LA LIBORDIÈRE.) *Paris*, an IX-1801, in-12.

Voyage dans le Finistère, ou état de ce département en 1794 et 1795 (par CAMBRY). *Paris, libr. du Cercle social*, an VII, 3 vol. in-8. — Nouv. édit., avec le nom de l'aut. et des augment, par Émile SOUVESTRE. *Brest*, 1835-1838, in-4.

Voyage dans le haut Beaujolais, ou aventures d'Arthur et Marguerite; par M. R. D. (R. DE LA ROCHETTE). *Roanne et Thizy*, M. Duvierre (1847), in-8.

Voyage dans le Jura. (Par Jos.-Marie LEQUINIO.) *Paris, Caillot*, an IX, 2 vol. in-8.

Voyage dans le Levant, dans les années 1749, 50, 51 et 52, par Frédéric HASSEL-QUIST, publié par Ch. LINNÆUS, traduit de l'allemand par M. E. (M.-A. EIDOUS). *Paris, Saugrain*, 1768, 2 vol. in-12.

Voyage dans le pays d'Aschantie, ou relation de l'ambassade envoyée dans ce royaume par les Anglais... Par T.-E. BOWDICH... Traduit de l'anglais par le traducteur du « Voyage de Maxwell »... (Ch.-Aug. DEFAUCONPRET). *Paris, Gide fils*, 1819, in-8.

Voyage dans les catacombes de Rome, par un membre de l'Académie de Cortone (Alex.-Franç. ARTAUD DE MONTOR). *Paris, Schoell*, 1810, in-8.

Voyage dans les départemens de la France, par une société d'artistes et de gens de lettres (Jos. LA VALLÉE et J.-B.-J. BRETON, pour la partie du texte, L. BRION, pour la partie du dessin, et L. BRION père, pour la partie géographique), enrichi de tableaux géographiques et d'estampes. *Paris*, 1792-1800, 13 vol. in-8.

Les noms des auteurs se trouvent sur les titres à partir du tome III.

Voyage dans les deux Siciles, par Henri SWINBURNE, en 1777, 1778, 1779 et 1780; traduit de l'anglais par un voyageur français (B. DE LA BORDE). *Paris, Didot*, 1785, 5 vol. in-8.

Voyage dans les espaces imaginaires.

(Par D'ABBES DE CABREROLES.) *S. l.*, 1758, in-12.

Voyage dans les États-Unis de l'Amérique, fait en 1784; traduit de l'anglais de J. F. D. SMITH, par M. DE B.... (DE BARENTIN-MONTCHAL). *Paris, Buisson*, 1791, 2 vol. in-8.

Voyage dans les Hébrides, ou îles occidentales d'Écosse, par le docteur JOHNSON; traduit de l'anglais (par Huchet DE LA BÉDOYÈRE). *Paris, Colnet*, an XII-1804, in-8.

Voyage dans les parties intérieures de l'Amérique, par un officier, traduit de l'anglais (par P.-L. LEBAS). *Paris*, 1790, 2 vol. in-8.

Il y a des exemplaires avec la date de 1792 qui portent le nom du traducteur.

Voyage dans les parties intérieures de l'Amérique septentrionale en 1766, 1767 et 1768, par CARVER; traduit de l'anglois par M. DE C. (par DE MONTUCLA), avec des remarques et quelques additions du traducteur. *Paris, Pissot*, 1784, in-8.

L'initiale C. désigne probablement le nom de Chanla, sous lequel l'auteur s'était caché en 1778, lorsqu'il publia une édition des « Récréations mathématiques » d'Ozanam.

Voyage dans les Pays-Bas espagnols et l'évêché de Liége, par le colonel Duplessis-l'Escuyer, vers 1630. (Par SCHAYES.) *S. l. n. d.*, in-12, 94 p.

Extrait de la « Revue de Bruxelles ».   J. D.

Voyage dans les Pyrénées en 1818. (Par J.-B. JOUDOU.) *Paris, impr. de Plassan*, 1820, in-8.

Voyage dans les Pyrénées françaises, dirigé principalement vers le Bigorre et les Vallées; suivi de quelques vérités nouvelles et importantes sur les eaux de Baréges et de Bagnères. (Par PICQUET.) *Paris, Lejay*, 1789, in-8.

Voyage dans l'hémisphère austral et autour du monde, par le capitaine Jacques COOK; traduit de l'anglais (par SUARD). *Paris*, 1778, 5 vol. in-4.

C'est le second Voyage de Cook. Le premier est intitulé : « Relation des voyages entrepris, etc., traduite de l'anglais de HAUKESWORTH » (par SUARD et DEMEUNIER). *Paris, Saillant*, 1774, 4 vol. in-4. Le troisième Voyage (traduit par DEMEUNIER) a paru en 1785, 4 vol. in-4.

Voyage dans une bibliothèque de province. (Par A.-M. DINAUX.) *S. l. n. d.* (*Paris, impr. de Maulde et Renou*), in-8, 96 p.

Voyage (le) de Bethel (par Jean DE FO-QUEMBERGUES, ministre à Dieppe), avec les préparations, prières et méditations pour participer dignement à la sainte cène ; par divers auteurs (Michel LE FAU-CHEUR, Samuel DURAND, P. DU MOULIN et Raymond GACHES). *Charenton, Lucas, 1663, in-12.*

Voyage de Bourgogne. A M***. (Par le chevalier Ant. DE BERTIN.) *A l'île de Bourbon,* 1777, in-8.

Quérard, après avoir donné cet ouvrage à l'article BERTIN et dit qu'il avait été réimprimé dans les Œuvres de cet auteur, l'attribue mal à propos à PARNY.

Imprimé dans la collection des « Voyages en France et autres pays, en prose et en vers », et dans quelques éditions du « Voyage de Chapelle et de Bachaumont », notamment celle de *Paris,* 1826, in-8.

Voyage de campagne; par la comtesse DE M*** (DE MURAT). *Paris, veuve Barbin,* 1699, 2 vol. in-12.

Je transcris ici cette note d'un contemporain : « M. Hé-cart, dans la liste de ses ouvrages restés manuscrits (Lettre à M. Le Rouge), attribue ce voyage à Mme Durand et rapporte que onze proverbes dramatiques qui s'y trouvent ont été réimprimés dans le tome II des « Œuvres » de cette dame, publiées en 1737. Mme Durand est aussi désignée comme auteur des onze proverbes compris dans ce voyage, par Léris, dans son « Dictionnaire des théâtres ». Ladvocat, dit M. Hécart, attribue effectivement ce voyage à Mme de Murat. Ainsi, *sub judice lis est.* La relation doit être en effet de Mme de Murat, qui y a fait entrer les proverbes de Mme Durand ».   G. M.

Voyage de Chantilly. A M. D** P***. (Par GUICHARD.) *Paris,* 1760, pet. in-8, 21 p.

Voyage de découvertes dans la partie septentrionale de l'Océan Pacifique, fait par le capitaine BROUGHTON, pendant les années 1795-1798 ; traduit de l'anglais par J. B. B. E**** (EYRIÈS). *Paris, Dentu,* 1807, 2 vol. in-8.

Voyage de Constantinople à Bassora, en 1781; traduit de l'italien, de SESTINI (par M. le comte DE FLEURY). *Paris, Dupuy,* an VI-1798, in-8, 332 p.

Cet ouvrage est imprimé sur du papier destiné à la fabrication d'assignats de 20 francs.

Il y a des exemplaires avec des titres nouveaux portant à l'adresse : *Berlin,* 1799.

Voyage de deux amis en Espagne, 1834. (Par MM. Charles FIANE et Achille-Armand LHEUREUX). *Paris, imp. de Fournier,* 1834, in-12.

Tiré à 40 exemplaires.

Voyage de deux amis en Italie par le midi de la France et retour par la Suisse et les départements de l'Est. (Par Ambroise RICHARD et Achille LHEUREUX.) *Paris, Fournier,* 1829, in-12.

Voyage de deux Français en Allemagne, Danemarck, Suède, Russie et Pologne, fait en 1790, 1791 et 1792. (Par M. FORTIA DE PILES.) *Paris, Desenne,* 1796, 5 vol. in-8.

Le chevalier de Boisgelin de Kerdu, qui a été le compagnon de M. Fortia de Piles pendant ce voyage, n'a pris aucune part à la rédaction de l'ouvrage.

Voyage de DIMO et Nicolo STEPHANO-POLI en Grèce, pendant les années 1797 et 1798 ; rédigé par un professeur au Prytanée français (SERIEYS). *Paris,* 1800, 2 vol. in-8.

Voyage de Figaro en Espagne. (Par Jean-Marie FLEURIOT, dit marquis DE LANGLE.) *Séville, l'an premier de la paix en Espagne* (1785), in-12.

Condamné à être brûlé, sur les réclamations du gouvernement espagnol, ce livre eut six éditions françaises et fut traduit en quatre langues.

Voy. « Supercheries », II, 40, *f.,* et 654, *e.* Voy. aussi ci-dessus : « Tablettes de Figaro », col. 662, *c.*

Voyage (le) de Fontainebleau. (Par PRÉCHAC.) *Paris,* 1678, in-12.

L'auteur a signé la dédicace.

Voyage de France, d'Espagne, de Portugal et d'Italie. Par M. S*** (Étienne DE SILHOUETTE), du 22 avril 1729 au 6 février 1730. *Paris, Merlin,* 1768, 1770, 4 vol. in-8.

Voyage (le) de France dressé pour l'instruction et commodité tant des François que des étrangers. (Par Claude DE VA-RENNES.) *Paris, Olivier de Varennes,* 1639, 1643, in-8.

Claude de Varennes, suivant le P. Le Long, était jésuite, et mourut en 1660. Je crains que l'estimable oratorien n'ait confondu cet auteur avec un autre jésuite nommé Gilbert de Varenne, qui mourut réellement en 1660. Ma raison est que, dès 1655, l'historiographe Du Verdier donna une édition du « Voyage de France », corrigée et augmentée, ce qui suppose que le P. de Varennes ne vivait plus à cette époque.

Le P. Le Long n'a pas remarqué non plus que le « Voyage de France » de l'édition de 1643 était le même qui parut en 1639 et que Du Verdier retoucha en 1655.

L'édition de Lyon contient une longue préface sur l'utilité et l'usage des voyages, qu'on ne trouve point dans les éditions de Du Verdier.

L'épître dédicatoire, conservée dans toutes les éditions, est signée des initiales O. D. V. ; sans doute, ce sont celles du libraire Olivier de Varennes, qui le premier mit l'ouvrage au jour.

Le P. Le Long, malgré les fautes où il est tombé, m'a fait connaître l'auteur du « Voyage de France ».

Voyage de Francis DRACKE à l'entour du monde. (Traduit de l'anglais de PRETTY par LOUVENCOURT, sieur DE VAUXCELLES.) *Paris, J. Gesselin*, 1613, pet. in-8, 90 p.

Réimprimé sous les titres suivants : « Voyage de l'illustre... », Voy. ci-après, col. 1074, e, et « Voyage curieux... », ci-dessus, col. 1062, f,

Voyage de François PYRARD, de Laval, contenant sa navigation aux Indes orientales, etc. Nouv. édition (rédigée par Jérôme BIGNON), avec des observations géographiques par DUVAL. *Paris, Billaine*, 1679, in-4.

La première édition est de l'année 1615, 2 vol. in-8. Si l'on s'en rapporte à une note du savant Huet, consignée sur un exemplaire déposé à la Bibliothèque nationale, le véritable auteur est Pierre Bergeron, qui l'écrivit d'après les récits de Pyrard. C'est l'abbé Péraud qui l'attribue à Jérôme Bignon dans la Vie qu'il a publiée de cet érudit (*Paris*, 1756, p. 88).

Voyage de F. HORNEMANN dans l'Afrique septentrionale, depuis le Caire jusqu'à Mourzouk... suivi d'éclaircissements sur la géographie de l'Afrique, par M. RENNELL, traduit de l'anglois (par GRIFFET DE LA BAUME), et augmenté de notes et d'un mémoire (sur les oasis) par L. LANGLÈS. *Paris, Dentu*, an XI-1803, 2 part. in-8.

Voyage de Galeg dans la ville de Yenef à Sindif, 1058 (7 novembre 1780). (Par J.-P. BERENGER.) In-8.

Premier supplément de la « France littéraire », par Ersch, p. 41.

Voyage de Galilée, publié par le Sr DE S. A. (Savinien D'ALQUIÉ). *Paris, Lambert*, 1670, in-12. Douteux.

Voyage de Henri SWINBURNE dans les deux Siciles... trad. de l'anglais par un voyageur français (DE LA BORDE). *Paris, Didot*, 1785-1787, 5 vol. in-8.

Voyage de Humphry Clinker; par l'auteur de « Roderic-Randon » (T. SMOLLETT). Trad. de l'angl. par M*** (MERVÉ, ancien officier des gardes du corps). *Paris*, 1826, 4 vol. in-12.

Voyage de Kamtschatka, des isles Kurilski et des contrées voisines; ouvrage de KRACHENINNIKOW, traduit de l'anglois (par M.-A. EIDOUS). *Lyon*, 1771, 2 vol. in-12.

Cette traduction a été publiée d'abord sous le titre : « Histoire du Kamtschatka », voy. V, 784, f.

Voyage de l'Amérique, contenant ce qui s'est passé de plus remarquable dans l'Amérique septentrionale depuis 1534 jusqu'à présent. (Par DE BACQUEVILLE DE LA POTHERIE.) *Amsterdam, Desbordes*, 1723, 4 vol. in-12.

Meusel, dans le tome III de sa *Bibliotheca historica*, publié à Leipsick en 1787, cite (page 298) l' « Histoire de l'Amérique septentrionale », par de Bacqueville de La Potherie, *Paris, Nyon*, 1722, 4 vol. in-12; et page 299, le « Voyage de l'Amérique septentrionale », *Amsterdam*, 1723, 4 tomes in-8. Il renvoie, pour le dernier article, à M. Stuck, auteur d'un « Catalogue des descriptions de pays et de voyages anciennes et modernes »; puis il ajoute : *Praeterea nullibi quidquam de hoc libro reperire licet.* Si l'un ou l'autre de ces bibliographes eût comparé le « Voyage » avec l' « Histoire », il eût reconnu aisément que les deux ouvrages ne différaient que par le titre.

Voyage de l'avocat Mignon de Noyers à Paris, lors de la dernière fête du 14 juillet, poëme héroï-comique en quatre chants. (Par M. DURET, neveu de Vauvilliers.) *Paris, Desenne*, an X-1802, in-8.

Réimprimé dans le tome XXVI de la collection des « Voyages imaginaires ».

Voyage de l'empereur à Metz et dans le département de la Moselle, les 29 et 30 septembre 1857. (Rédigé par DE CHASTELLUX, conseiller de préfecture.) *Metz*, 1857, in-4, 72 p., avec vignettes.

Voyage (le) de l'isle d'amour à Licidas. (Par l'abbé Paul TALLEMANT.) *Paris, Ch. de Sercy*, 1663. — Le second Voyage de l'isle d'amour à Licidas. *Paris, Ch. de Sercy*, 1664, pet. in-12.

Réimprimé dans le «Recueil de quelques pièces nouvelles... » (voy. ce titre), à la suite des « Lettres d'amour d'une religieuse portugaise ». *Lahaye*, 1701 ou 1742.

Voyage de l'isle de Naudely, ou l'idée d'un règne heureux. (Par Pierre LESCONVEL.) *Caseres*, 1703; *Messine*, 1705, in-12.

Ouvrage réimprimé sous les titres suivants : « Idée d'un règne doux et heureux », voy. V, 876, e; « Relation du voyage du prince de Montberaud », ci-dessus, col. 228, d; « Relation hist. et morale... », col. 233, e; et « Voyage du prince de Montberaud ».

Voyage (le) de l'illustre seigneur et chevalier François DRACH, amiral d'Angleterre, alentour du monde. (Traduit de l'anglois de PRETTY par LOUVENCOURT, sieur DE VAUXCELLES.) *Paris*, 1613, 1627, 1641, in-8.

Voy. ci-dessus, col. 1073, a.

Voyage de l'Inde en Angleterre, par la Perse, la Géorgie, la Russie, la Pologne et la Prusse, fait en 1817, par le lieutenant-colonel JOHNSON. Traduit de l'anglais par le traducteur du « Voyage de Maxwell » (A.-J.-B. DEFAUCONPRET). *Paris, Gide fils*, 1819, 2 vol. in-8.

Voyage de la baie de Hudson, fait en 1746 et 1747, pour la découverte du passage du Nord-Ouest ; traduit de l'anglois de Henri ELLIS (par SELLIUS). *Paris, Jorri,* 1749, 2 vol. in-12.

Voyage de la côte de Malabar à Constantinople... trad. de l'angl. de W. HEUDÉ, par le traducteur du « Voyage de Maxwell en Chine » (A.-J.-B. DEFAUCONPRET). *Paris,* 1820, 2 vol. in-8, avec une carte et des plans.

Voyage (le) de la mariée. Imitation contemporaine de la Fiancée du roi de Garbe, en cinq tableaux, mêlée de couplets ; représentée sur le théâtre des Variétés, le 12 septembre 1829. Par Adolphe DE L. (Adolphe comte RIBBING, dit DE LEUVEN), Philippe D. (DUMANOIR) et Julien DE M. (MALLIAN). *Paris, Vente,* 1829, in-8. — *Bruxelles,* 1829, in-18.

Voyage de la Raison en Europe ; par l'auteur des « Lettres récréatives et morales » (Louis-Antoine CARACCIOLI). *Paris,* 1772 ; *Liége,* 1773, in-12.

Voyage (le) de la reine d'Espagne. *Paris, J. Ribou,* 1680, 2 vol. in-12.

L'auteur a signé de son nom, PRÉCHAC, son épître à Mademoiselle.

Voyage de la reine Victoria à Cherbourg. (Par M.-J. BOULLAULT.) *Nantes, s. d.,* in-8.

Cat. de Nantes, n° 26,887.

Voyage (le) de la Terre Sainte ; par M. J. D. (Jean DOUBDAN, prêtre). *Paris, F. Clousier,* 1657, in-4.

Réimprimé en 1661, avec le nom de l'auteur.

Voyage de Languedoc et de Provence, fait en 1740 par MM. LE F. (LE FRANC DE POMPIGNAN), le M. DE M** (marquis DE MIRABEAU), et l'abbé DE M** (MONVILLE). *Amsterdam, Chareau,* 1746, in-12.

Voyage de Levant, fait par le commandement du roi en l'année 1621, par le Sr D. C. (DES HAYES DE COURMESVIN). *Paris, Taupinart,* 1624, in-4. — 2° éd. *Paris,* 1629. — 3° éd. *Paris,* 1645, in-4.

Voyage de Londres à Gênes, en passant par le Portugal, l'Espagne et la France ; traduit de l'anglois de Joseph BARETTI (par Henri RIEU). *Amsterdam, Rey,* 1778, 4 vol. in-12.

Voyage de Louis XVI dans sa province de Normandie en 1786. (Par LE TELLIER.) *Philadelphie (Paris),* 1786, in-16.

Le libraire Lacourrière a donné en 1824 une nouv. édit. de ce Voyage, avec cette addition au titre : Manuscrit trouvé dans les papiers d'un auguste personnage,

dédié à S. A. R. Madame, duchesse d'Angoulême. Il y a de moins dans cette réimpression, page 31, une note assez longue en l'honneur de Louis XVI.

Dans un exemplaire provenant de la vente de Louis-Philippe, on remarquait au recto du faux titre la note suivante, écrite de sa propre main : « On assure que le manuscrit de cet ouvrage a été trouvé dans les papiers du feu roi Louis XVI ».

Frère, « Manuel du bibliographe normand », t. II, p. 229.

Voyage de Lyon à Châlon par la Saône, ou les trois journées ; par M. J.-C. B. (BERTHIER, directeur des domaines). *Lyon, Kindelem,* 1844, 2 vol. in-8.

Voyage de Madagascar, connu aussi sous le nom de l'île de Saint-Laurent ; par M. DE V...., commissaire provincial de l'artillerie de France. *Paris, Nyon,* 1722, in-12.

La dédicace de l'éditeur est signée : CARPEAU DU SAUSSAY.

On lit dans l'approbation que cette relation a été composée en 1663.

Voyage de Madame et de Mme Victoire. (Par Louis-Edme BILLARDON DE SAUVIGNY.) *Lunéville, imp. de Messay* (1761), in-12, 2 ff. lim. et 25 p., avec une eau-forte attribuée à Mme de Pompadour.

L'auteur a signé la dédicace.

Voyage de Mantes, ou les vacances de 17.. Avec figures. (Par GIMAT DE BONNEVAL.) *Amsterdam (Paris),* 1753, in-12, 185 p.

Voyage de Marseille à Lima et dans les autres lieux des Indes occidentales, par le sieur D*** (DURRET). *Paris, Coignard,* 1720, in-12.

Le sieur Durret est du nombre de ces écrivains qui voyagent sans sortir de leurs maisons. Comme il était trop connu, dit le P. Labat en tête de son « Nouveau voyage aux îles de l'Amérique », pour hasarder de dire qu'il avait fait le voyage en personne, il s'est caché sous le nom du sieur BACHELIER, chirurgien de Bourg en Bresse. Ce prétendu voyageur est tombé dans une infinité de bévues et de contradictions. On en trouve une liste très-ample dans la préface du P. Labat.

Voyage (le) de Mercure, satyre. (Par Ant. FURETIÈRE.) *Paris, Chamhoudry,* 1659, in-4 ; *Billaine,* 1662, in-12.

Voyage de Metz à Contrexéville, village dans les Vosges, etc. Par un officier supérieur en retraite (le colonel BROSSET). *Metz, Pierret,* 1829, in-12, 47 p.

Voyage de Moncast Axe (contenant le Voyage de Samuel Gulliver, par SWIFT). *S. l.,* 1775, in-8.

Attribué par Ersch, t. I, p. 145, à BLONDEAU, alors professeur de mathématiques à Brest.

Voyage de M. Candide fils au pays d'Eldorado, vers la fin du XVIIIe siècle ; pour servir de suite aux aventures de M. son père. (Par Fr.-L.-Mar. BELLIN DE LA LIBORLIÈRE.) *Paris, Barba,* an XI-1803, 2 vol. in-8.

Voyage (le) de M. de Cleville. (Par LAFPICHARD.) *Londres (Paris),* 1750, in-12.

Voyage de M. *** (COURTOIS, procureur au parlement de Paris) en Périgord (en vers et en prose). *S. l.,* 1762, in-12, 60 p.

Voyage de M. LE VAILLANT dans l'intérieur de l'Afrique par le cap de Bonne-Espérance. (Composé en grande partie et rédigé par Casimir VARON.) *Paris, Leroy,* 1790, in-4, ou 2 vol. in-8.

Le second voyage de LE VAILLANT, publié par LEGRAND D'AUSSY, parut en 1795, 2 vol. in-4, ou 3 vol. in-8.

Voyage (le) de Munik... (Par Franç. Séraphin REGNIER DES MARAIS.) *Paris, Mabre-Cramoisy,* 1681, in-8.

Voyage de Naples à Amalfi, par E. G. D. D'A. (Louis-Édouard GAULTIER DU LYS D'ARC), extrait d'un voyage inédit en Italie pendant les années 1824-1827, 3e édit. *Paris, imp. de J. Pinard,* 1829.

Envoi d'auteur.

La première édition a paru dans la « Revue encyclopédique », 107e cahier, nov. 1827, tome XXXVI. La deuxième édition se compose des exemplaires qui ont alors été tirés à part.

Voyage de Newport à Philadelphie, Albany, etc. (Par M. DE CHASTELLUX.) *Newport, de l'imprimerie de l'escadre royale,* in-4.

Tiré à 27 exemplaires.

Voyage de Nicolas Klimius dans le monde souterrain, ouvrage traduit du latin (du baron DE HOLBERG), par DE MAUVILLON. *Copenhague, Selt,* 1753, in-12 et in-8.

Réimprimé dans la collection des « Voyages imaginaires ».

Voyage de Paris à La Roche-Guion, en vers burlesques, divisé en 6 chants ; par M. M*** (MÉNARD). 1re édition, revue, corrigée et augmentée. *La Haye* (1759), in-12. — *Paris, Cailleau,* 1759, in-12.

L'Avis au lecteur annonce que l'auteur, nommé NEMARD, porte aussi le nom de Nicolas ou Colin DE LAFFERMIÈRE.

Voyage de Paris à Saint-Cloud par mer (par NÉEL), et retour de Saint-Cloud à Paris par terre (par LOTTIN l'aîné). *Paris, Duchesne,* 1754, 1760 et 1762, 2 vol. in-12.

— Nouvelle édition, revue, corrigée et augmentée d'une notice sur l'auteur (par A.-A. BARBIER). *Paris,* 1797, 2 part. in-18.

La première édition, publiée en 1748, est intitulée : « Voyage de Saint-Cloud par mer et par terre ». Voy. ci-après ce titre.
Ouvrage souvent *réimprimé.*

Voyage de Paris à Strasbourg et principalement dans tout le Bas-Rhin, pour s'assurer de l'état actuel de l'agriculture et des ressources de ce département... publié en l'an IX... par J.-L. F*** (J.-L. FESQUET), du Gard. *S. l. n. d.,* in-8, 4 ff. lim. et 112 p.

Voyage (le) de piété au mont Calvaire de Romans en Dauphiné. (Par DUCHESNE, de Romans.) *Paris, Le Mercier,* 1762, in-18.

Voyage de PIRON à Beaune, publié pour la première fois séparément et avec toutes les pièces accessoires, accompagné de notes historiques. (Publié par Gabriel PEIGNOT.) *Dijon,* 1831, 1847, in-8.

Voyage de Robert ADAM dans l'intérieur de l'Afrique, traduit de l'anglais (par DE FRASANS). *Paris,* 1817, in-8.

Voyage de ROBERTSON aux terres australes, traduit sur le manuscrit anglois. *Amsterdam,* 1766, in-12.

Cette édition est l'édition originale ; on y trouve, p. 145, lig. 18, une tirade contre les parlements, qui se prolonge jusqu'à la p. 154 et finit à la lig. 17 inclusivement. Ce morceau a été supprimé pour obtenir la permission de faire entrer ce livre en France. On a fait faire à la hâte, par M. Mercier, de Sainte-Geneviève, pour M. Hérissant fils, un nouveau texte qui est dirigé contre les auteurs de l' « Encyclopédie », désignés sous le nom de *pansophistes*. A un texte très-médiocre, on en a substitué un plus médiocre encore, et qui ne se sent que trop de la promptitude avec laquelle il a été fait. J'ai un autre exemplaire de cet ouvrage, mieux imprimé que celui-ci et sur de plus beau papier. Cette édition, que je crois de Paris, est de 1767, in-12 ; on y trouve, p. 87, lig. 30, le texte contre les encyclopédistes, désignés sous le nom de *pansophistes,* fait par M. Mercier. Ce texte se prolonge jusqu'à la p. 93 et finit à la lig. 23, à ces mots : « le ministre mettait la main à... » Ainsi, il faut avoir ces deux exemplaires pour posséder l'ouvrage complet. (Note écrite par M..... ex-censeur royal, en tête de son exemplaire de ce Voyage imaginaire.)
La bibliothèque du Corps législatif possède un exemplaire avec les deux textes. (Note ms. de A.-A. B.)

Voyage (le) de Saint-Cloud par mer et par terre. (Par NÉEL.) *La Haye, Compagnie,* 1748, in-12, 66 p.

Réimprimé sous le titre de : « Voyage de Paris à Saint-Cloud... ». Voy. col.

Voy. « l'Intermédiaire » du 10 juin 1869, col. 317

Voyage de Samuel HEARNE du fort du Prince de Galles, dans la baie de Hudson, à l'Océan du Nord ; traduit de l'anglais (par A.-J.-N. LALLEMAND, secrétaire de la marine). *Paris, Patris*, 1799, 2 vol. in-8.

Voyage de Siam des PP. jésuites envoyés par le roi aux Indes et à la Chine, avec leurs observations. (Rédigé par le P. TACHARD) *Amsterd., P. Mortier*, 1687, in-12. La première édition est de *Paris*, 1686, in-4.

L'abbé de Choisy a publié : « Suite du Voyage de Siam, en forme de lettres, fait en 1685 et 1686. Par M. L. D. C. *Amsterdam, Mortier*, 1688, 2 vol. in-12 ». La première édition est de Paris, 1687, in-4.

Voyage de Sophie en Prusse, etc., traduit de l'allemand (de Jean-Timothée HERMÈS, pasteur à Breslau) par LA MARE. *Paris*, 1800, 3 vol. in-8.

Voyage de Sophie et d'Eulalie au Palais du vrai bonheur, ouvrage pour servir de guide dans les voies du salut; par une jeune dame (Mlle LOQUET). *Paris, Berton*, 1781, in-12.

Voyage de Vermont-sur-Orne à Constantine sur l'Oued-Rummel, Sétif, Bougie et Alger ; par une femme (Mme Anne DUTERTRE). *Caen, imp. de Hommais*, 1866, in-12, VI-627 p.

Tiré à part à petit nombre ; le récit avait été inséré en feuilletons dans le « Moniteur du Calvados ».

Voyage de Vienne à Belgrade et à Kilianowa, dans le pays des Tartares Budjiacs et Nogais, dans la Crimée, etc., fait en 1768, 1769 et 1770 par Nicolas-Ernest KLEEMAN (traduit en françois par Henri RIEU). *Neufchâtel*, 1780, in-8.

Voyage de Zurich à Zurich ; par un vieil habitant de cette ville (J.-H. MEISTER). *Zurich, Orell*, 1818, 1825, in-12.

Voyage depuis Saint-Pétersbourg en Russie, dans diverses contrées de l'Asie, par Jean BELL D'ANTERMONY; traduit de l'anglois par M*** (M.-A. EIDOUS). *Amsterdam et Paris, Robin*, 1766, 3 vol. in-12.

Voyage des élèves du pensionnat de l'École centrale de l'Eure dans la partie occidentale du département. (Par REVER, ancien député.) *Évreux, Ancelle*, an X-1802, in-8.

Voyage descriptif et historique de l'ancien et du nouveau Paris...

Voy. l'article suivant.

Voyage descriptif et philosophique de l'ancien et du nouveau Paris. Miroir fidèle qui indique aux étrangers et même aux Parisiens ce qu'ils doivent connaître et éviter dans cette capitale... Par L. P. (Louis PRUDHOMME). *Paris*, 1814, 2 vol. in-18.

Publié d'abord avec le nom de l'auteur sous le titre de : « Miroir de l'ancien et du nouveau Paris ». Réimprimé sous les titres suivants : « Voyage descriptif de l'ancien et du nouveau Paris », et « Voyage descriptif et historique de Paris ».

Voyage du capitaine Maxwell, commandant *l'Alceste...* sur la mer Jaune... Par John MAC-LEOD, chirurgien de l'équipage. Traduit de l'anglais par Charles-Aug. DEF. (DEFAUCONPRET). *Paris, Gide*, 1818, in-8.

Voyage (le) du chevalier errant. *Anvers, J. Bellere*, 1557, pet. in-8.

Roman mystique composé en latin par le Frère Jehan DE CARTHENY. Le « Manuel du libr. », 5e édit., I, 1605, en indique plusieurs éditions, ainsi qu'une traduction anglaise par W. G. (William Goodyeare) *Lond*, 1531, in-4, de 128 pp. C'est, dit-on, cet ouvrage qui a suggéré à Bunyan l'aîné l'idée de son *Pilgrim's progress*.

Voyage du ci-devant duc du Châtelet en Portugal... (rédigé par A. SERIEYS); revu, corrigé sur le manuscrit et augmenté de notes sur la situation actuelle de ce royaume et de ses colonies, par J.-Fr. BOURGOING. *Paris, Buisson*, an VI, 2 vol. in-8.

Le véritable auteur de ce livre est DESOTTEUX, officier de l'état-major de l'armée de Rochambeau, plus connu sous le nom de CORMARTIN. Le duc du Châtelet n'a jamais été en Portugal ; en l'année 1777, où il est censé partir d'Angleterre pour ce voyage, il n'était déjà plus dans ce pays, où il avait été successivement remplacé comme ambassadeur par MM. de Guines et de Noailles. (Note tirée en partie du « Publiciste » et communiquée par M. Solvet, libraire.)

Voyage du duc DE ROHAN, fait en l'année 1600 en Italie, Allemaigne, Pays-Bas Unis, Angleterre et Escosse. (Publié par SORBIÈRE.) *Amsterdam, Louis Elsevier*, 1646, petit in-12 de 256 p. en tout.

Réimprimé à Paris, sur l'imprimé à Leyde, chez J. Elsevier, imprimeur de l'Académie (et réellement fait en Hollande), 1661, in-12, à la suite du « Véritable discours... servant de supplément aux Mémoires du duc de Rohan ».

Voyage du général La Fayette aux États-Unis d'Amérique, en 1824 et 1825. (Par O. BARBAROUX et A. LARDIER.) *Paris*, 1824-26, in-8.

Voyage du gouverneur PHILLIP à Botany-Bay ; auquel on a ajouté les Journaux des lieutenans SHORTLAND, WATS, BALL, et du capitaine MARSHALL; traduit de l'anglais (par A.-L. MILLIN). *Paris, Buisson*, 1791, in-8.

Voyage du monde de Descartes. (Par le P. Gabriel DANIEL.) *Paris, veuve de Simon Bernard*, 1690, in-12.

Voir, pour des détails sur cet ouvrage, le P. de Backer, 2e éd., in-fol., tome I, col. 1513.

Voyage du Mont-Liban, traduit de l'italien du R. P. Jérôme DANDINI... par R. S. P. (Richard SIMON, prêtre). *Paris, E. Billaine*, 1675, in-12. — *La Haye, A. Troyel*, 1684, in-12.

Voyage du pape aux enfers. (Par J. FIÉVÉE.) *S. l.*, 1789, in-8.

Voyage (le) du Parnasse. (Par LIMOJON DE SAINT-DISDIEN.) *Roterdam, Fritsch*, 1716-1717, in-12.

Voyage du prince de Montbéraud...

Voy. « Relation historique et morale... », ci-dessus, col. 233, e.

Voyage (le) du puys Sainct-Patrix, auquel lieu on voit les peines de purgatoire et aussi les ioyes de paradis. (Publié par A. VEINANT et GIRAUD DE SAVINES.) *S. l. n. d.* (*Paris*), 1839, petit in-4.

Réimpression à petit nombre d'un livret fort rare, d'après l'édition publiée à *Lyon, Claude Nourry*, en 1506, dont on ne connaît qu'un seul exemplaire. Une autre réimpression de cet opuscule a été exécutée à *Genève* par *Gay*, 1867, in-18, avec une notice bibliographique par PHILOMNESTE junior (M. Gustave BRUNET).

Voyage du roi à Metz. Relation militaire. (Par le général Eugène-Casimir VILLATTE, comte D'OUTREMONT, né à Longwy le 14 avril 1770, mort à Nancy le 14 mai 1834.) *Metz, Verronnais*, 1828, in-8, 43 p.

Voyage du S. Paul LUCAS, fait en 1714, par ordre de Louis XIV, dans la Turquie, la Grèce, etc. (Rédigé par Ch.-Cés. BAUDELOT DE DAIRVAL.) *Paris, R. Machuel*, 1704, 2 vol. in-12. — Deuxième voyage du sieur Paul LUCAS, fait en 1704, par ordre du roi, dans la Grèce, l'Asie mineure, etc. (Rédigé par Ét. FOURMONT l'aîné).*Paris, Simart*, 1712, 2 vol. in-12.— Troisième voyage du sieur Paul LUCAS, fait en 1714, par ordre de Louis XIV, en Turquie, Asie, Palestine, etc. (Rédigé par l'abbé Ant. BANIER.) *Rouen, R. Machuel*, 1719, 3 vol. in-12.

Voy. pour le « Deuxième voyage », IV, 931, f. Ces trois voyages ont été réimprimés à *Paris*, à *Rouen* et à *Amsterdam*.

Voyage du tour de la France, par feu

Henri DE ROUVIÈRE (donné au public après la mort de l'auteur, avec une préface, par l'abbé DE VALLEMONT). *Paris, Ganeau*, 1713, in-12.

Voyage du tour du monde, traduit de l'italien de GEMELLI CARRERI, par L. M. N. *Paris, Ganeau*, 1719, 1727, 6 vol. in-12.

Le libraire Martin me paraît être le premier qui, dans le Catalogue des livres de Bellanger, publié en 1740, attribua à LE NOBLE cette traduction, imprimée huit ans après la mort de ce second écrivain; il a été suivi par de Bure dans sa « Bibliographie instructive », et par tous les rédacteurs de Dictionnaires historiques. Mais il est à remarquer que les écrivains du temps les plus exacts laissent cette traduction sous le voile de l'anonyme; je puis citer Le Clerc, dans sa « Bibliothèque ancienne et moderne », le « Journal des savans », l'abbé Lenglet Du Fresnoy, dans sa « Méthode pour étudier l'histoire », l'abbé Prévost, dans le t. V de son « Histoire générale des voyages », édition in-4. Il est aussi à observer que Grosley, dans ses « Illustres Troyens », n'attribue pas cette traduction au sieur Le Noble. Sur le frontispice de la seconde édition, publiée en 1727, on lit, par M. L. N. Peut-être est-ce cet ordre de lettres initiales qui aura donné à Martin l'idée de présenter Le Noble comme traducteur de ce Voyage. Il est plus probable que Dubois de Saint-Gelais est ce traducteur. Voy. son article dans le Moréri de 1759.

Voyage (le) du Vallon tranquille, nouvelle historique, par F. CHARPENTIER; nouvelle édition, avec une préface et des notes servant de clef (par ADRY et MERCIER-SAINT-LÉGER). *Paris*, 1796, in-12.

La première édition parut en 1673, in-12, sous le nom d'ERGASTE.
Voy. « Supercheries », I, 1245, b.

Voyage en Abyssinie, par SALT; trad. de l'anglais et extrait des Voyages du lord Valentia (par P. PRÉVOST). *Genève et Paris, Paschoud*, 1812, 2 vol. in-8.

Voyage en Afrique, au royaume de Barcah et dans la Cyrénaïque, à travers le désert; traduit de l'italien du docteur Paul DELLA CELLA, et augmenté de notes historiques, géographiques et botaniques, et d'une notice sur l'ancienne et moderne Cyrénaïque... (Par Adolphe PEZANT.) *Paris, A. Aubrée*, 1840, in-8, avec une carte et sept planches lithogr.

M. d'Avezac, dans les « Nouv. Annales des voyages », LXXXVIII (1840) pp. 109-16, traite impitoyablement le traducteur pour avoir 'cherché à cacher le nom de l'auteur, et se moque de la faiblesse et de la prétention de ses notes.
Ce Voyage avait été traduit précédemment par Eyriès, dans les « Nouv. Annales des voyages », t. XVII et XVIII (1822-23), mais avec le nom de l'auteur.

A. L.

Voyage en Afrique et en Amérique. (Par Mme HOWEN, née Uitenhague de Mist.) *Namur*, 1821, in-8.

Voyage en Allemagne, dans une suite de lettres, par M. le baron DE RIESBECK (lisez Caspar DE RISBECK); traduites de l'anglais (de P.-H. MATY, par LE TOURNEUR). *Paris, Buisson,* 1787, 3 vol. in-8, avec portr., plans et carte.

Une autre traduction, demeurée anonyme, porte le titre de : « Voyages en Allemagne... » . Voy. ces mots. Pour un fragment de traduction, voy. « Lettres d'un voyageur français... », V, 1245, *b*, « Lettres sur l'Allemagne », V, 1200, *f*, et voy. aussi la note qui accompagne l'article « Lettres sur les Allemands », V, 1301, *c*.

Voyage en Allemagne, en Pologne, en Moldavie et en Turquie, par Adam NEALE, docteur en médecine; traduit de l'anglais par Charles-Auguste DEF. (DEFAUCONPRET). *Paris, Gide,* 1818, 2 vol. in-8.

Voyage en Californie. 1850-1851. (Par P.-Ch.-F. SAINT-AMANT.) *Paris, Garnier,* 1851, in-8, 48 p.

Le nom de l'auteur est donné dans les pièces justificatives.

Voyage en Chine, formant le complément du Voyage de lord Macartney, contenant des observations et des descriptions... par John BARROW; suivi de la Relation de l'ambassade envoyée en 1719 à Peking, par Pierre Ier, empereur de Russie (rédigée par John BELL D'ANTERMONY, médecin de l'embassade); trad. de l'angl. avec des notes par (J. CASTERA). *Paris, F. Buisson,* an XIII (1805), 3 vol. n-8 et atlas in-4.   A. L.

Voyage en Espagne en 1775 et 1776, par SWINBURNE; trad. en français (par J.-B. DE LA BORDE). *Paris, Didot,* 1787, in-8.

Voyage en Espagne en 1798, par M. le chevalier DE F..... (FONVIELLE). *Paris, Boucher,* 1823, in-8.

Voyage en Espagne et en Portugal dans l'année 1774, par le major W. DALRYMPLE; traduit de l'anglais par un officier français (le marquis Germain-Hyacinthe DE ROMANCE DE MESMONT). *Paris (Bruxelles),* 1783, in-8.

Voyage en Espagne. 1842. (Par Ch. FURNE.) *Paris, imp. de H. Fournier,* 1843, in-8, 52 p.

Voyage en France de M. le comte de Falckenstein (l'empereur Joseph II). (Par GAUTHIER DE SIMPRÉ.) *Paris, Cailleau,* 1778, 2 vol. in-12.

Voyage en France, en Italie et aux îles de l'Archipel, ou lettres écrites de plusieurs endroits de l'Europe, etc.; traduit de l'anglois (du docteur MAIHOWS, par DE PUISIEUX). *Paris, Charpentier,* 1763, 4 vol. in-12.

Voyage en France et en Italie par le docteur J. MOORE, traduction nouvelle (par Mlle DE FONTENAY). *Paris,* 1806, 2 vol. in-8.

Voyage en Grèce et dans les îles Ioniennes, pendant les six derniers mois de 1821, trad. de l'allem. de Christ. MULLER, par Léon A*** (ASTOUIN.) *Paris, Gueffier,* 1822, in-8.

Voyage en Grèce, pendant les années 1803-1804; par BARTHOLDY. Traduit de l'allemand par A. DU C. (Aug. DU COUDRAY). *Paris, Dentu,* 1807, 2 vol. in-8.

Voyage en Hollande et sur les frontières occidentales de l'Allemagne, fait en 1794; suivi d'un Voyage sur les frontières de Lancastre, de Westmorland et de Cumberland, etc. (Par Anne RADCLIFFE.) Trad. de l'angl., sur la seconde édition, par A. CANTWEL. *Paris, Buisson,* 1797, 2 vol. in-8.

Remis en vente, avec nouveaux titres portant la date de 1799 et l'indication de seconde édition. Le « Magasin encyclopédique », t. VI de 1797, donne une analyse de cet ouvrage, pp. 206-218.

         A. L.

Voyage en Hongrie, par Robert TOWNSON; traduit de l'anglais par CANTWEL (et Th. MANDAR). *Paris,* 1799, 3 vol. in-8.

Voyage en Islande, fait par ordre de Sa Majesté danoise; traduit du danois d'OLAFSEN et POVELSEN (par GAULTHIER DE LA PEYRONIE pour les trois premiers volumes, et par M. BIORNERED, Norwégien, pour les deux derniers.) *Paris, Levrault,* 1801, 5 vol. in-8 et atlas in-4.

Voyage en Italie. (Par Charles RABOU.) *Paris, Cosse,* 1855, in-18.

Tiré à petit nombre.

Voyage en Italie, en Égypte, au mont Liban, en Palestine et en Terre Sainte, fait en 1777 et années suivantes. (Par l'abbé DE BINOS.) *Paris, Boudot,* 1786, 2 vol. in-12.

Voyage en Italie, par Frédéric-Jean-Laurent MEYER. (Traduit de l'allemand par Charles VANDERBOURG.) *Paris, Henrichs,* an X, in-8.

Le nom du traducteur est donné dans l'Avis de l'éditeur.

Voyage en Italie pendant les années 1763 et 1764, par M. L. C. (l'abbé COYER), de diverses académies. *Bruxelles et Paris*, 1789, 2 vol. in-12.

Voyage en Krimée, suivi de la Relation de l'ambassade envoyée de Saint-Pétersbourg à Constantinople en 1793; publié par un jeune Russe (Jos.-Christ. von Struve) attaché à cette ambassade, trad. de l'allemand par L.-H. Delamarre. *Paris, imp. de Crapelet-Maradan*, an X-1802, in-8.

Voyage en l'autre monde, ou nouvelles littéraires de celui-ci. (Par l'abbé de La Porte.) *Londres et Paris*, 1753, 2 part. in-12.

Même ouvrage que : « Voyage au séjour des ombres ». Voy. ci-dessus, col. 1060, *d*.

La « Nouvelle Bigarrure », VII, 61, dit qu'on a mal à propos attribué à l'abbé de La Porte le « Voyage en l'autre monde », dans lequel toutefois est fondu le « Voyage au séjour des ombres ».

Voyage en Moscovie d'un ambassadeur, conseiller de la Chambre impériale (le baron de Mayerberg), envoyé par l'empereur Léopold au grand-duc de Moscovie. *Leyde, Harring*, 1668, in-12.

Voyage en Normandie et en Bretagne, par Ad. G. (Adolphe Gondinet), ancien élève de l'École polytechnique. *Paris, Sédillot*, 1831, in-8.

Le 2e vol., qui devait être consacré à la Bretagne, n'ayant pas paru, on a réimpr. de nouveaux titres avec le nom de l'aut., sans faire mention de la Bretagne. *Paris, libr. encyclopéd.*, 1832.

Voyage en Norwége, avec des observations sur l'histoire naturelle et l'économie; traduit de l'allemand de Jean-Chr. Fabricius (par A.-L. Millin). *Paris, Levrault*, an X (1803), in-8.

Voyage en Norwége, en Danemarck et en Russie, de 1788 à 1791, par A. Swinton (et Guillaume Thompson); traduit de l'anglais par M. P. F. Henry. *Paris*, 1798, 2 vol. in-8.

Voyage en Orient, par A. B. D*** (par Ant. Serieys). *Paris, Obré*, 1801, in-8.

Voyage en Perse, en Arménie, en Asie-Mineure et à Constantinople, fait dans les années 1808 et 1809, par Jacques Morier; traduit de l'anglais par E*** (J.-J.-B. Eyriès). *Paris, Nepveu*, 1813, 3 vol. in-8 et atlas in-4.

Voyage en Perse, fait dans les années 1807, 1808, 1809, en traversant l'Anatolie et la Mésopotamie, etc. (Par M. Adrien Dupré, attaché à la légation du général Gardane.) *Paris, Dentu*, 1819, 2 vol. in-8.

Voyage en Pologne et en Allemagne, fait en 1793 par un Livonien (Schultz); traduit de l'allemand (par J.-J.-B. Eyriès). *Bruxelles et Paris*, 1807, 2 vol. in-8.

Voyage en Pologne et en Russie, par un prisonnier de guerre de la garnison de Dantzick, en 1813 et 1814 (d'Arpentigny). *Paris, Dupont*, 1828, in-8, 270 p.

Voyage en Portugal et particulièrement à Lisbonne, ou tableau moral, civil, politique, physique et religieux de cette capitale, etc., etc. (par J.-B.-F. Carrère); suivi de plusieurs lettres sur l'état ancien et actuel de ce royaume (par miss Ph. Stevens). *Paris, Delerville*, 1798, in-8.

Même ouvrage que : « Tableau de Lisbonne ». Voy. ci-dessus, col. 635, *f*. Voy. aussi « Lettres écrites de Portugal », V, 1267, *a*.

Voyage en Portugal, à travers les provinces d'Entre-Douro et Minho, de Beira, d'Estramadure et d'Alenteju, dans les années 1789 et 1790... Traduit de l'anglais de Jacques Murphy, architecte (par A.-J.-N. Lallemant). *Paris, Denné jeune*, 1797, in-4, avec pl.

Voyage en Provence et autres fantaisies, extraits des mémoires du docteur Éric Olimbarius, par X.... (Laurent de Crozet). *Marseille*, 1866, in-8, 44 p.

Voyage en Provence, ou lettres de M. B. (Bérenger), de plusieurs académies, censeur royal, écrites à ses amis d'Orléans; recueillies par M. C. de V. (Crignon de Vandebergue). *Marseille et Paris*, 1783, in-12.

Voyage en Russie pendant les années 1812, 1813, 1814 et 1815, d'après les mémoires d'un officier français. (Rédigé par Fr. Babié de Bercenay.) *Paris*, 1816, in-8.

Voyage en Savoie et dans le midi de la France, en 1804 et 1805. (Par L.-C. Henri de La Bédoyère.) *Paris*, 1806, in-8.

Réimprimé, avec le nom de l'auteur, sous le titre de : « Journal d'un voyage... ». *Paris*, 1840, in-8.

Voyage en Savoie et en Piémont par la Bourgogne et Lyon et retour par le Bourbonnais en 1821. (Par M. Colas-Delanoue, président de la cour R. d'Orléans.) *Tours, Mame*, 1822, in-16, 192 p.

Voyage en Sicile en 1852, par un voyageur (André-Adolphe Sala). *Paris*, 1852, in-8.

Voyage en Sicile et dans la grande Grèce, adressé par l'auteur à son ami

M. Winckelmann; traduit de l'allemand (du baron Jos.-Herm. DE RIEDESEL), accompagné de notes du traducteur (FREY DES LANDRES), et d'autres additions intéressantes (savoir un mémoire sur la Sicile, par le comte DE ZINZINDORF, et un voyage au mont Etna, traduit de l'anglais D'HAMILTON, par DE VILLEBOIS). *Lausanne, Fr. Grasset*, 1773, in-12.

Voyage en Suède, contenant un état détaillé de sa population, etc.: par un officier hollandois (DREVON). *La Haye, Gosse*, 1789, in-8.

Voyage en Suisse et en Italie, à la suite de l'armée de réserve; par V.-D. M. (Victor-Donatien DE MUSSET-PATHAY). *Paris, Moutardier*, an IX (1800), in-8.

Voyage en Suisse. Impressions d'un photographe. (Par MM. GHÉMAR, photographe à Bruxelles; FLOR O'SQUARR, homme de lettres belge, et Félix TOURNACHON, dit NADAR.) *Paris (Bruxelles)*, 1868, in-8, 86 p.; avec un portrait-charge de M. Ghémar, dessiné par lui-même et gravé sur bois, et une carte géographique.

Quelques ex. ont été ornés de vingt photographies de vues de la Suisse. A la p. 48, on doit trouver intercalée une feuille chiffrée de A à P, qui contient une dissertation scatologique.

Voyage en Suisse, par un iconophile (Herman HAMMAN). Ouvrage publié par la classe des beaux-arts (Société des arts de Genève). *Genève*, 1860, gr. in-4.

Voyage en Suisse, par W. COXE; traduit de l'anglais (par Théophile MANDAR). *Paris, Le Tellier*, 1790, 3 vol. in-8.

Voyage en Turcomanie et à Khiva, fait en 1819 et 1820, par M. N. MOURAVIEV, conten. le journal de son voyage, le récit de la mission dont il était chargé, la relation de sa captivité dans la Khivie, la description géogr. et histor. du pays; trad. du russe par M. G. LECOINTE DE LAVEAU et revu par MM. EYRIÈS et KLAPROTH (avec des notes du docteur PANDER). *Paris, L. Tenré*, 1823, in-8, avec 1 pl. et 1 carte.

Voyage en Turquie, en Perse, en Arménie, etc., par un missionnaire de la Compagnie de Jésus (le P. Jacq. VILLOTTE). *Paris, Vincent*, 1730, in-12.

Des exemplaires portent le titre suivant : « Voyages d'un missionnaire de la Compagnie de Jésus ». Voy. ci-après ce titre.

Voyage en Turquie et en Égypte, fait en l'année 1784 (par le comte J. POTOCKI). *Paris, Royez*, 1788, in-12.

Le comte Potocki est encore auteur d'un « Voyage dans l'empire du Maroc, fait en l'année 1791, suivi du Voyage de Hafez, conte oriental ». *Varsovie*, 1792, in-8. C'est le plus rare de tous les ouvrages du comte Potocki, dit Klaproth.

A. L.

Réimprimé l'année suivante à *Varsovie*, avec : « Voyage en Hollande, fait pendant la révolution de 1787 » (par le même).

Voyage et aventures d'une princesse babylonienne; par un vieux philosophe (VOLTAIRE). *Genève (Paris)*, 1768, in-8.

Imprimé d'abord sous le titre de : « la Princesse de Babilone », voy. VI, 1025, a, et réimprimé sous le titre de : « Voyages et aventures d'une princesse babylonienne... », ou de : « Voyages de la princesse de Babylone et aventures galantes de son cher Amazan ». *Paris*, 1815, 1816, in-18.

Voyage et conspiration de deux inconnus, histoire véritable, extraite de tous les mémoires authentiques de ces temps-ci. *Paris, Valade*, 1792, in-8 de 52 p.

Par M. V. MALOUET, suivant A. A. Barbier; par MALLET DU PAN, suivant un passage de la « Feuille de correspondance du libraire », année 1792, cité par Quérard, « France littéraire », tome V, p. 478.

Voyage (le) et les aventures des trois princes de Sarrendip, ouvrage traduit du persan. *Paris, Prault*, 1719. — *Amsterdam*, 1721, in-12.

Réimprimé dans le t. XXV des « Voyages imaginaires ».

Fréron (« Année littér. », 1767, t. I, p. 145 et suiv.) a accusé Voltaire d'avoir pris dans cet ouvrage le chapitre du roman de « Zadig » intitulé : « Du chien et du cheval ».

C'est un recueil de sept nouvelles dans le genre des Mille et une nuits et qui a été connu en Europe par la traduction italienne publiée sous ce titre : « Peregrinaggio di tre giovani, figliuoli del re di Serendippo, per opera di Christoforo Arimeno, della persiana nell'italiana lingua trapportato ». *Venetia, Mich. Tramezzino*, 1557, in-8.

La version italienne a été réimprimée plusieurs fois et elle a été traduite à son tour dans les principales langues de l'Europe. La traduction française est due au chevalier DE MAILLY.

Voyage (le) et navigation des isles incongneües.

Voy. « Navigation de Panurge », VI, 400, c.

Voyage et navigation faict par les Espagnols ès isles de Mollucques; des isles qu'ilz ont trouvés audict voyage, des rois d'icelles, de leurs gouvernemens et manière de vivre... (Extrait de l'italien d'A. PIGAFETTA en francois par Jacques-Antoine FABRE, Parisien.) *Paris, Simon de Colines* (1522), in-8, goth.

Cet extrait a été traduit en italien, *Venise*, 1534,

1536, in-4. Ramusio a inséré cette traduction presque en entier dans son Recueil de voyages. Voy. le t. I.

Dans le Catalogue de La Vallière, publié en 1783, M. de Bure cite l'ouvrage de Fabre comme la production d'un *anonyme français du XVIe siècle*.

L'abbé Amoretti, bibliothécaire et docteur du collége Ambroisien, a publié pour la première fois le Voyage de Pigafetta en italien, 1800, in-4. Jansen a publié à Paris la traduction française de ce Voyage par AMO-RETTI, avec d'autres pièces curieuses, 1801, in-8.

Ramusio nomme l'abréviateur français « Jacques Fabre »; M. Amoretti a donné à ce traducteur le seul prénom d' « Antoine ». V. sa Préface dans l'édition de Jansen.

Voyage fait à la Terre Sainte en l'année 1719... *Paris, J. B. Coignard*, 1720, in-12,

L'épître dédicatoire est signée : F.-Marcel LADEIRO, vicaire de la Terre Sainte.

Voyage fait au camp devant Fribourg. (Par DE SAINT-DENIS.) *La Haye*, 1745, in-8.

Voyage fait dans les années 1816 et 1817, de New-Yorck à la Nouvelle-Orléans et de l'Orénoque au Mississipi, par les petites et les grandes Antilles; par l'auteur des « Souvenirs des Antilles »(le baron DE MONTLEZUN.) *Paris, Gide*, 1818, 2 vol.in-8.

Voyage fait en 1790 dans une partie de la France et de l'Italie, par le baron Sigismond DE*** (DE ROTHENHAHN). S. l., 1792, in-8.

Voyage fait, en 1813 et 1814, dans le pays entre Meuse et Rhin; suivi de notes, avec une carte géographique. (Par le baron DE LADOUCETTE.) *Paris, Eymery*, 1818, in-8.

Voyage fait en 1819-1820 sur les vaisseaux de S. M. britannique *l'Hécla* et le *Griper*, pour découvrir un passage du nord-ouest de l'Océan atlantique à la mer Pacifique, sous les ordres de Wil. Ed. Parry; trad. de l'anglais par l'auteur de « Quinze jours à Londres » (A.-J.-B. DEFAU-CONPRET.) *Paris, Gide*, 1822, in-8.

Voyage fait par le premier consul en l'an XI... dans les départements de l'Eure, de la Seine-Inférieure et de l'Oise. (Par Ph.-Jacq.-Ét.-Vinc. GUILBERT.) *Rouen,imp. de V. Guilbert* (an XI), 3 part. in-8.

L'auteur a signé la dédicace.

Voyage fait par ordre du roi Louis XIV dans la Palestine, vers le grand émir, chef des princes arabes dans le désert... Avec la description générale de l'Arabie, faite par le sultan Ismael Abulfeda, traduite en français (par le chevalier D'ARVIEUX), avec des notes par M. D. L. R. (Jean DE LA ROQUE). *Paris, Cailleau*, 1717, in-12.

Réimprimé à Amsterdam, l'année suivante, sous le titre de : « Voyage dans la Palestine ».

Voyage (le) forcé de Bécafort, hypocondriaque qui s'imagine être indispensablement obligé de dire ou d'écrire, et qui dit ou écrit en effet, sans, aucun égard. tout ce qu'il pense des autres et de lui-même sur quelque matière que ce soit. (Par l'abbé BORDELON.) *Paris, Musier*, 1709, in-12.

Voyage historique d'Italie. (Par GUYOT DE MERVILLE.) *La Haye, G. de Merville*, 1729, 2 vol. in-12.

Voyage historique de l'Amérique méridionale, fait, par ordre du roi d'Espagne, par dom George JUAN et dom Antoine DE ULLOA; traduit de l'espagnol (par DE MAUVILLON). *Amsterdam*, 1752, 2 vol. in-4.

Voyage historique et littéraire de la Suisse occidentale. (Par Joh. Rud. SINNER.) *Neufchatel*, 1781, 2 vol. in-8. — Nouv. édit., augm. *Berne*, 1788, 2 vol. in-8.

Il n'a paru que les 2 prem. volumes.

Voyage historique et pittoresque dans les ruines de Nasium, à Bar-le-Duc et dans ses environs; par M. R. X. N. (RANXIN). *Bar-le-Duc*, 1825, in-18, 144 p.

Voyage historique et pittoresque de Paris à Rouen et de Rouen à Paris sur la Seine, en bateau à vapeur; par un Rouennais. (Édouard FRÈRE)... *Rouen, Éd. Frère*, 1837-1839, in-18.

La 3e éd. *Rouen, Lebrument*, 1842, in-18, porte le nom de l'auteur. Cet ouvrage a paru aussi sous le titre suivant :

Voyage historique et pittoresque de Rouen à Paris et de Paris à Rouen... (Par Édouard FRÈRE.) *Rouen, É. Frère*, 1837, in-18.

Voyage historique et pittoresque de Rouen au Havre, sur la Seine, en bateau à vapeur; par un Rouennais (Édouard FRÈRE)... *Rouen*, 1838, in-18.

Plusieurs fois réimprimé.

Voyage historique, statistique et descriptions pittoresques dans le département de Loir-et-Cher; par un Orléanois (GARNIER-DUBREUIL). *Orléans, Coignet-Darnault*, 1835, in-8, 63 p.

Voyage hors des barrières, le 8 juillet 1815, par un batelier de la Grenouillère, Pot-pourri rédigé par M. le marquis DE R*** (Maxime DE REDON). *Paris, Martinet*, 1815, in-8, 16 p.

Voyage (le) impromptu, ou sera-t-il médecin? Op. com. en un acte. (Par Th. MARION DU MERSAN et AUBERTIN.) *Paris, Mme Masson*, 1806, in-8.

Voyage (le) interrompu. (Par T. LAFFI-CHARD.) *Paris, Ribou*, 1737, 2 part. in-12.

Inséré avec le nom de l'auteur dans le tome XXX des « Voyages imaginaires ».

Voyage. Irlande en 1846 et 1847... Par Ed. D. (DECHY). *Paris, Comon*, 1847, in-8.

Il y a des exemplaires avec le nom de l'auteur.

Voyage littéraire de deux religieux bénédictins de la congrégation de Saint-Maur (D. MARTÈNE et D. DURAND). *Paris, Delaulne et Montalant*, 1717-1724, 2 vol. in-4.

Cet ouvrage a reparu à Amsterdam en 1730, sous le titre bizarre de : « Voyage littéraire pour la découverte du tour du monde ».

Voyage littéraire de Provence, par M. P. D. L. (l'abbé PAPON, de l'Oratoire). *Paris, Barrois l'ainé*, 1780, in-12. —Nouvelle édition. *Paris, Moutard*, 1787, 2 vol. in-12, avec le nom de l'auteur.

Voyage merveilleux du prince Fan-Férédin dans la Romancie... (Par le P. BOUGEANT.) *Paris, Lemercier*, 1735, in-12, 275 pages sans la dédicace et la table. — *Amsterdam, Wetstein et Smith*, 1735, in-18. — *Paris, Lemercier*, 1738, in-12.

Réimprimé dans le tome XXIX des « Voyages imaginaires ». C'est une critique ingénieuse de « l'Usage des romans », de Lenglet Dufresnoy.

Voyage minéralogique dans le gouvernement d'Aigle. (Par le comte Grég. DE RAZOUMOWSKY.) *Lausanne*, 1784, in-8.

Voyage minéralogique et physique de Bruxelles à Lausanne, par une partie du pays du Luxembourg, de la Lorraine, de la Champagne et de la Franche-Comté, fait, en 1782, par M. le comte Grég. DE R. (RAZOUMOWSKY). *Lausanne, Meurer*, 1783, in-8.

Voyage mystérieux à l'isle de la Vertu. (Par l'abbé MAILLOT, curé de Villers.) *Besançon*, 1788, in-8.

Il existe un ancien ouvrage du même titre à peu près, imprimé dans le XVIIe siècle et réimprimé dans le XVIIIe. L.-T. Hérissadt a fait une quarantaine de vers pour l'édition de 1760, in-8.

Voyage nouveau de la Terre Sainte, enrichi de plusieurs remarques particulières qui servent à l'intelligence de la Sainte Écriture, et de diverses réflexions chrétiennes qui instruisent les âmes dévotes dans la connoissance et l'amour de J. C. (Par le P. Michel NAU, jésuite.) *Paris, A. Pralard*, 1679, in-12.

Réimprimé avec le nom de l'auteur.

Voyage ou relation de l'état présent du royaume de Perse; avec une dissertation curieuse sur les mœurs, religion et gouvernement de cet État. Par M*** (SANSON, missionnaire apostolique.) *Paris*, 1659, in-12, avec fig.

Réimprimé sous le titre d'« État présent du royaume de Perse ». Voy. V. 302, c. A. L.

Voyage par le cap de Bonne-Espérance et Batavia à Samarang, à Macassar... Par J. S. STAVORINUS. Trad. du hollandais (par H. JANSEN)... *Paris, Jansen*, 1799, 2 vol. in-8.

Publié d'abord l'année précédente avec le nom du traducteur sur le titre.

Voyage par mer de Bruxelles à Anvers et retour par terre, exécuté en 178... trad. du flamand de M. VAN DEN SCH*** (SCHRIECK). *Lausanne*, 1782, in-8.

Voyage philosophique d'Angleterre, fait en 1783 et 1784. *Londres*, 1786, 2 vol. in-8. — Autre édition. *Londres et Paris, Poinçot*, 1787, 2 vol. in-8.

L'auteur, DE LA COSTE, n'était pas un écrivain, mais un observateur judicieux. En 1791, l'on a joint à plusieurs exemplaires de ce Voyage les « Promenades d'automne en Angleterre » (par CAMBRY), ce qui a fait attribuer aussi le « Voyage philosophique » à ce dernier. Voy. VI, 1081, f.

Voyage philosophique dans l'Amérique méridionale, rédigé par l'auteur de l'« An 2440 » (le chev. Gér. JACOB, qui a signé plusieurs ouvrages du nom de Jacob Kolb). *Paris, Pillet*, 1830, in-12.

Voyage pittoresque à la Grande Chartreuse, par BOURGEOIS (avec un discours prélimin., par J.-P.-A. PARISON). *Paris, Delpech*, 1821, in-fol.

Voyage pittoresque à la tour de Cordouan... *Bordeaux, imp. de P. Coudert*, 1847, in-8, 22 p.

Signé : H. B. (Henri BURGUET).

Voyage pittoresque autour du monde... rédigé par une société de voyageurs et d'hommes de lettres, sous la direction de M. Dumont d'Urville (par M. Louis REYBAUD). *Paris, Tenré*, 1833, 2 vol. gr. in-8, fig.

Voyage pittoresque aux Glacières. (Par L.-C. BORDIER.) *Genève*, 1773, in-8.

Voyage pittoresque dans le Bocage de la Vendée, ou vues de Clisson et de ses environs, dessinées d'après nature par C. Thienon, peintre; gravées à l'*aqua tinta* par Piringer. On y a joint une notice sur la ville et le château de Clisson (par M. Lemot, sculpteur, et propriétaire des restes du château). *Paris, F. Didot l'aîné*, 1817, in-4.

Voyage pittoresque dans le département des Pyrénées-Orientales, par le chevalier de B*** (Basterot). *Perpignan, impr. de Mlle Tastu*, 1824, in-4, 1re livraison et unique.

Voyage pittoresque dans le royaume des Pays-Bas, composé de vues et monuments lithographiés. (Texte rédigé par M. de Cloet.) *Bruxelles, Jobard*, 1821-25, gr. in-4.

Voyage pittoresque dans le Tyrol, aux salines de Salzbourg et de Reichenhall, et dans une partie de la Bavière; par M. le comte de B... (F.-G. de Bray). *Paris, Gide fils*, 1825, in-fol.

Voyage pittoresque dans les deux Amériques, résumé général de tous les voyages de Colomb, Las Casas, Oviedo... par les rédacteurs du « Voyage pittoresque autour du monde, sous la direction de M. Alc. d'Orbigny ». (Par L. Reybaud.) *Paris, L. Tenré*, 1835-36, 2 vol. gr. in-8 à 2 col. avec 300 grav.

Voyage pittoresque dans les ports et sur les côtes de France...

Voy. « Excursions sur les côtes... », V, 367, *b.*

Voyage pittoresque dans les Pyrénées françaises et les départements adjacents, par M. Melling. *Paris*, 1825, in-fol. obl.

Le texte a été rédigé par M. Cervini.

Voyage pittoresque de Basle à Bienne, par les vallons de Mottiers-Granval, les planches dessinées par P. Birmann, accompagnées d'un texte, par l'auteur de la « Course de Basle à Bienne » (Ph.-Syrac Bridel). *Basle*, 1802-1805, quatre livraisons in-fol.

Voyage pittoresque de Constantinople et des rives du Bosphore, d'après les dessins de M. Melling (avec un texte rédigé par M. Lacretelle le jeune). *Paris, Treuttel et Würtz*, 1807, 1814, grand in-fol.

Voyage pittoresque de l'Oberland, ou description des vues prises dans l'Oberland, district du canton de Berne... (Par

Phil.-Alb. Stapfer.) Avec 15 pl. color. *Paris, Treuttel et Würtz*, 1812, gr. in-4.

Voyage pittoresque de la France, avec la description de toutes ses provinces... (Par de Laborde, Guettard et autres.) *Paris, Lamy*, 1784-1792, 8 vol. gr. in-fol.

Ouvrage commencé sous le titre de : « Description générale et particulière de la France ». Voy. IV, 904, *f.*

Voyage pittoresque de la Grèce. (Par le comte de Choiseul-Gouffier; avec un discours préliminaire, par Chamfort.) *Paris*, 1782-1824, 3 vol. in-fol.

Voy. « Supercheries », I, 719, *f.*

Voyage pittoresque de la Syrie, de la Phénicie, de la Palestine et de la Basse-Égypte. Par Cassas, peintre (Accompagné d'un texte par Laporte-Dutheil et Langlès.) *Paris, chez l'auteur*, an VI, gr. in-fol.

Voyage pittoresque de Naples et de Sicile. (Par l'abbé de Saint-Non. avec un précis sur l'histoire de Sicile, attribué probablement à tort à Chamfort.) *Paris, Clousier*, 1782-1786, 4 tom., 5 vol. in-fol.

Voyage pittoresque de Paris au Havre sur les rives de la Seine. (Par Charles Malo.) *Paris, L. Janet* (1828), in-18, viii-207 p.

Voyage pittoresque de Paris, par M. D*** (Ant.-Nic. Dezallier d'Argenville fils). *Paris, Debure*, 1752, in-12.

Plusieurs fois réimprimé.

Voyage pittoresque de Scandinavie. (Par Bourgevin Vialart de Saint-Morys.) *Londres et Paris, Renouard*, 1802, in-4, avec 24 planches exécutées à l'*aqua tinta* par Mérigot.

Voyage pittoresque des environs de Paris, par M. D. (Ant.-Nic. Dezallier d'Argenville fils). *Paris, Debure*, 1749; 3e édition, 1768, in-12.

Voyage pittoresque du comté de Nice. (Par Beaumont.) *Genève, Isaac Bardin*, 1787, in-fol.

Voyage pittoresque en Sicile, dédié à S. A. R. Mme la duchesse de Berri. (Pa. Achille-Ét. Gigault de La Salle.) *Paris, Osterwald*, 1822-1826, 2 vol. in-fol.

Voyage pittoresque et militaire en France et en Allemagne. (Par Alexis-Nic. Noel.) *S. l.* (1818), in-4 oblong, 13 ff. de texte et 12 planches.

Voyage pittoresque et sentimental dans

plusieurs provinces occidentales de la
France (en prose et en vers, par le maréchal Brune). *Londres et Paris*,1788, in-8 ;
1802, 1806, in-18.

Voyage pittoresque, ou notice exacte de
tout ce qu'il y a d'intéressant à voir dans
la ville d'Amiens; par M. D. V. L. d'A.
(de Vermont l'aîné, d'Amiens). *Amiens*,
1783, in-12.

Voyage pittoresque sur le Rhin, depuis
Mayence jusqu'à Dusseldorf, d'après l'all-
lem. (de M. Nic. Vogt); par M. l'abbé Libert. *Francf.-s.-le-Mein et Paris, Levrault*,
1804-07, in-8, avec 32 grav. et 1 carte.

Voyage pour la rédemption des captifs
aux royaumes d'Alger et de Tunis, fait en
1720, par les PP. François Comelin, Philémon de La Motte et Jos. Bernard. *Paris,
Sevestre*, 1721, in-12.

L'éditeur de ce Voyage est J.-B. de La Faye, mathurin, suivant le Catalogue manuscrit des Barnabites.
V. T.

Le Privilége du roi a été en effet accordé au P. de
La Faye; l'indication du Catalogue des Barnabites m'a
donc confirmé dans l'idée que ce religieux était aussi
l'auteur de plusieurs ouvrages du même genre, et principalement de l' « État des royaumes de Barbarie,
Tripoly, Tunis et Alger ». Voy. V, 207, c.
L'éditeur du Voyage des PP. Comelin, Philémon de
La Motte et Bernard, a mis à la suite la « Tradition
de l'Église », qu'il avait donnée, dit-il, dans la relation de son premier voyage en Barbarie. Le P. Busnot,
autre mathurin, auteur de l' « Histoire de Mouley Ismaël », *Paris*, 1714, in-12, terminée également par
la « Tradition de l'Église », assure que cet ouvrage est
de l'auteur de l' « État des royaumes de Barbarie »,
etc., publié en 1703. Il ne reste donc aucune équivoque sur ce que le P. de La Faye a entendu par la
relation de son premier voyage.

Voyage sans bouger de place, par L. B.
O. F. (Auguste Le Blanc, officier français). *Paris*, 1809, in-8, viii-135 p.

Voyage sentimental, traduit de l'anglais
(de Sterne, par Frénais). *Londres* (*Paris*),
Cazin, 1784, in-12.

Voyage sentimental en France, sous
Robespierre. (Par F. Vernes.) *Genève*,
1799, 2 vol. in-12, fig.

Voyage sur l'Erdre, de Nantes à Niort.
(Par Ludovic Chapplain). *Nantes, s. d.*,
in-18.

Voyage sur le Rhin, depuis Mayence
jusqu'à Dusseldorf. (Par A.-L.-B. Robineau, dit de Beaunoir.) *Neuwied, Metra*,
1791, 2 vol. in-8.

Il paraît certain que Mme de Beaunoir a coopéré à cet
ouvrage.

Voyage sur les bords du Rhin dans l'automne de 1817, ou esquisses des cours et
de la société de quelques États d'Allemagne. Trad. de l'angl. par le traduct. du
« Voyage de Maxwel en Chine » (A.-J.-B.
Defauconpret). *Paris, Gide*, 1818, in-8.

Voyage sur les côtes de l'Arabie Heureuse, sur la mer Rouge et en Égypte,
par Henry Rooke; traduit de l'anglais
(par L.-M. Langlès), d'après la 2e édition.
Londres (*Paris, Royez*), 1788, in-8.

Voyage sur les frontières et à Paris.
(Par Adrien Le Roux.) *Paris, Gaillard*,
1792, in-18.

Voyage vers le pôle arctique dans la
baie de Baffin, fait en 1818 par les vaisseaux de S. M. *l'Isabelle* et *l'Alexandre*,
commandés par le capitaine Ross et le
lieutenant Parry, pour vérifier s'il existe
un passage au nord-ouest de l'océan Atlantique dans la mer Pacifique, rédigé : 1°
sur la relation du capitaine Ross; 2° sur
le Journal publié par un officier à bord de
l'Alexandre; 3° sur la Relation du capitaine
Sabine; 4° sur le Journal publié par un
officier. Par l'auteur d' « Une Année de séjour à Londres » (A.-J.-B. Defauconpret).
Paris, Gide, 1819, in-8.

Voyages à travers l'inconnu, pamphlet
philosophique par un enfant du siècle
(Albert Duveau). *Paris, libr. des bibliophiles*, 1874, in-12.

Voyages autour du monde. La caravane
universelle. Direction : au Grand-Hôtel, à
Paris, (Par le capitaine Bazerque.) *Paris,
imp. de A. Pougin*, 1872, in-8, 15 p.

Voyages chez les peuples sauvages, ou
l'homme de la nature, histoire morale; par
F. Rabié. d'après les mémoires du C. R.
(Jérôme Richard, chanoine de Vezelay).
Paris, Lauras, 1801, 3 vol. in-8.

Voyages d'Ali Bey (Domingo Badia-y-
Leiblich) en Afrique et en Asie, pendant
les années 1803-1807. *Paris*, 1814, 3 vol.
in-8 et atlas in-4 de 83 pl. et 5 cartes.

Cet ouvrage a été revu par J.-B.-B. de Roquefort.

Voyages (les) d'Amour et de Vénus; par
M. le chevalier de Chigny (de Champagny), officier de cavalerie. *Paris, T. Barrois*, 1784, in-12.

Réimprimés sous le titre de : « Voyages du prince
Amour... ». Voy. ce titre.

Voyages d'Emmanuel Crespel dans le
Canada, avec la relation de son naufrage...
(Par J. Uriot.) *Francfort*, 1784, in-8.

Voyages (les) d'Ertelib, conte politique. (Par J.-R. Fuzy.) *Genève*, 1822, in-12.

Ertelib est l'anagramme de *Liberté*,

Voyages d'un étudiant dans les cinq parties du monde...

Voy. « Amusements géographiques et historiques... », IV, 159, *f*.

Voyages d'un Français, depuis 1775 jusqu'à 1807. (Par Fr. Marlin.) *Paris, Guillaume*, 1817, 4 vol. in-8.

Un premier titre gravé porte : « Voyages en France et pays circonvoisins... ». Voy. ci-après ce titre.

Voyages d'un missionnaire de la Compagnie de Jésus (le P. Jacq. Villotte) en Turquie, en Perse, en Arménie et en Barbarie. *Paris, Vincent*, 1730, in-12.

Voy. « Supercheries », II, 1168, *e*, et « Voyage en Turquie », ci-dessus, col.

Voyages d'un philosophe, ou Observations sur les mœurs et les arts des peuples de l'Afrique, de l'Asie et de l'Amérique. (Par Pierre Poivre.) *Yverdon*, 1768, in-12. — Nouv. édit., augm. d'une notice sur la vie de l'auteur (par Dupont, de Nemours). *Paris*, 1786. — Nouv. édit. (augm. de plusieurs morceaux de l'auteur, avec des notes par Langlès). *S. l.*, 1797, in-8.

Voyages d'une Françoise à Londres, ou la calomnie détruite par la vérité des faits. (Par Mme de Godeville, née Marie-Magdeleine Le Vassor de La Touche.) *Londres*, 1774, in-8.

Voyages dans l'Inde, en Perse, etc., par différents officiers au service de la Compagnie anglaise des Indes orientales ; traduits de l'anglais par les C*** (L.-M. Langlès et F.-J. Noel). *Paris*, 1801, in-8.

Voyages dans la Judée, la Perse, etc., avec la description de l'île de Poulo-Pinang ; traduits de l'anglais par les C*** (L.-M. Langlès et F.-J. Noel). *Paris*, 1793, in-8.

Voy. « Supercheries », I, 606, *e*.

Voyages dans la péninsule occidentale de l'Inde et dans l'île de Ceylan, par J. Haafner ; traduits du hollandais par M. J. (Jansen). *Paris, A. Bertrand*, 1811, 2 vol. in-8.

Voyages dans le Levant, dans les années 1749, 1750, 1751 et 1752, par Fréd. Haselquist ; publ. par Ch. Linné et trad. de l'allemand par M** (M. A. Eidous). *Paris, Delalain*, 1769, in-8.

Voyages dans les États-Unis de l'Amé-

rique en 1784, par J.-F.-D. Smith. Traduit de l'anglais par M. de B*** (Barentin de Montchal). *Paris, Buisson*, 1791, in-8.

Voyages dans les Indes orientales, etc., par les missionnaires danois ; trad. de l'allemand (de Niecamp), par Benjamin Gaudard). *Lausanne*, 1777, 3 vol. in-8.

Voyages de Brandebourg, Poméranie, Prusse, Courlande, Russie et Pologne. (Par Jean Bernouilli.) *Varsovie*, 1782, in-8.

Il n'a paru de l'édition française que le premier volume, contenant le « Voyage de Berlin à Dantzig, etc. » L'édition allemande a paru à *Leipzig*, de 1779 à 1780, 6 vol. in-8. La note de Quérard « France littér. », I, 295, est erronée. Heinsius a donné le titre en allemand.

A. L.

Voyages (les) de Céline, poëme ; par Ev. P.... (Évariste Parny). *Paris, Debray*, 1806, in-18, 84 p.

Réimprimés dans les « Œuvres » de l'auteur.

Voyages de Cyrus... Par Ramsay. Nouvelle édition, revue et augmentée de notes, par L. Ph. de La M*** (Philipon de La Madeleine). *Paris, Capelle*, 1807, in-12. — *Paris, Ferra*, 1826, in-12.

Voyages de découvertes à l'océan Pacifique du Nord et autour du monde, ordonné par le roi d'Angleterre et exécuté, en 1790-1795, par le capitaine Vancouver ; traduit de l'anglais (par Demeunier et Morellet). *Paris. imp. de la République*, an VII-1799, 3 vol. in-4.

Voyages de Genève et de la Touraine, suivis de quelques opuscules ; par M*** (Cl. Vandebergue-Seurrat). *Orléans, veuve Rouzeau-Montaut*, 1779, in-12.

Cet ouvrage avait été attribué par erreur à Crignon d'Auzouer.

Voyages de Gulliver ; traduits de l'anglois (de Swift) par l'abbé Desfontaines. *La Haye (Paris), Guérin*, 1727, avec figures. — *Damonneville*, 1762, 2 vol. in-12.

Cette traduction a été dédiée à Mme du Deffant. Voy. ses « Lettres ». *Paris*, 1811, t. IV, p. 186. On assure que l'Irlandais Markan y a eu plus de part que l'abbé Guyot-Desfontaines.

Ce dernier a publié une espèce de suite à l'ouvrage de Swift. Voy. « Nouveau Gulliver », VI, 502, *a*.

Un bibliophile a donné dans une *Lettre* annexée aux « Livres à clef », œuvre posthume de Quérard, publiée par M. G. Brunet (Bordeaux, 1873), p. 206 et suiv., une clef des Voyages de Gulliver, extraite des « Observations sur les Voyages de Samuel Gulliver » qui se trouvent à la fin des anciennes éditions de la traduction de ce roman par Desfontaines. Les quatre lettres composant ces Observations sont signées : Corolini di

Marco, et non Carolini di M., comme écrit le bibliophile. Ces « Observations » sont la traduction de : « *A Key, being Observations and explanatory Notes.... by signor Corolini, a noble Venetian, in a Letter to Dean Swift* », Lond., 1726, in-8, dont on trouve la mention dans le « *Bibliogr. Manual* » de Lowndes, V, 2502. Lowndes ne nous fait pas connaître le véritable nom de l'auteur, qui n'est autre que John Arbuthnot, médecin anglais et écrivain satirique. Le silence du bibliographe anglais n'infirme pas mon renseignement, car il est connu que Lowndes s'est peu livré à la chasse des anonymes et pseudonymes.

                  A. L.

Voyages (les) de Jésus-Christ, ou description géographique des principaux lieux et monuments de la Terre Sainte, par C. M. D. M. (Dubois-Maisonneuve). *Paris, Rusand,* 1831, in-8.

Voyages de J. Ovington, faits à Surate et en d'autres lieux de l'Asie et de l'Afrique; traduits de l'anglois (par le P. Niceron). *Paris, Cavelier,* 1725, 2 vol. in-12.

Voyages de l'empereur de Chine dans la Tartarie, auxquels on a joint une nouvelle découverte au Mexique. *Paris, Michallet,* 1685, in-12.

Il est dit dans l'Épître au roi que ces deux Voyages ont été trad. mot à mot des lettres du P. Ferd. Verbiest. L'auteur de la Nouvelle découverte au Mexique est don Isidore d'Atondo.

Réimprimés dans le « Recueil de voyages au Nord ». Voy. ci-dessus, col. 93, *e.* •

Voyages de la princesse de Babylone et aventures galantes de son cher Amazan. (Par Voltaire.) *Paris,* 1815, 1816, in-18.

Voy. ci-dessus « Voyage et aventures d'une princesse babylonienne », col. 1088, *a.*

Voyages de M. (Jean) de Thévenot (neveu de Melchisédech), tant en Europe qu'en Asie et en Afrique. 2ᵉ édit. *Amsterdam, Le Cène,* 1727, 5 vol. in-12.

La première édition a été publiée (par les soins de Petis de La Croix) sous le titre de « Relation d'un voyage ». Voy. ci-dessus, col. 292, *e.*

Voyages (les) de M. des Hayes, baron de Courmesvin, en Dannemarc; enrichis d'annotations, par le sieur P. M. L. (Promé, libraire). *Paris, Clousier,* 1664, in-12.

Voyages (les) de M. Quiclet à Constantinople par terre; enrichis d'annotations, par le sieur P. M. L. (Promé, libraire). *Paris, Clousier,* 1664, in-12.

Voyages de mylord Céton dans les sept planètes, ou le nouveau Mentor; trad. de l'anglais par Mᵐᵉ de R. R. (Marie-Anne de Roumier, dame Robert). *Paris,* 1765, 7 parties in-12.

Réimprimés dans la collection des « Voyages imaginaires », tome XVII.

Voyages de Pietro Della Valle dans la Turquie, l'Égypte, etc. (traduit de l'italien par les PP. Ét. Carneau et Fr. Le Comte). *Paris,* 1664, 4 vol. in-4. — *Paris,* 1744. — *Rouen,* 1745, 8 vol. in-12.

Voyages de plusieurs émigrés et leur retour en France. (Par Mᵐᵉ Gacon-Dufour.) *Paris,* an X-1802, 2 vol. in-12.

Voyages de plusieurs endroits de France et encore de Terre Sainte...

Voy. « Guide des chemins de France », V, 587, *d.*

Voyages de Pythagore en Égypte, dans la Chaldée, dans l'Inde; suivis de ses lois politiques et morales. (Rédigés par Sylvain Maréchal.) *Paris, Déterville,* an VII-1799, 6 vol. in-8.

Voyages de Richard Pococke en Orient; traduit de l'anglais par une société de gens de lettres (par de La Flotte). *Paris, Costard,* 1773, 7 vol. in-12.

Voyages (les) de Rosine, opéra comique en deux actes. (Par de Piis et Barré.) *Paris, Brunet,* 1783, in-8.

Voyages de sainte Reine et pièces la concernant... (Par Nic. Jurain.) *Dijon,* 1612, in-8.

Catalogue Fevret de Fontette.

Voyages de Siam des Pères jésuites envoyés aux Indes et à la Chine. (Par Guy Tachard.) *Paris,* 1686, in-4.

Le second Voyage du même Père, *Paris,* 1689, in-4, porte le nom de l'auteur.

Ces mêmes Voyages ont été réimprimés à *Amsterdam,* 1689, 2 vol. pet. in-8, auxquels on a joint le « Journal, ou suite du Voyage de Siam » (par l'abbé de Choisy). Voy. V, 1038, *b.*

Voyages de Texeira, ou l'histoire des rois de Perse; traduit d'espagnol en françois (par C. Cotolendi). *Paris,* 1681, 2 vol. in-12.

Voyages de Zulma dans le pays des fées, écrit par deux dames de condition. (Par l'abbé Nadal.) *Amsterdam,* 1734, in-12.

Note manuscrite de l'abbé Lenglet du Fresnoy. Réimprimés dans le « Cabinet des fées ».

Voyages depuis Saint-Pétersbourg en Russie, dans diverses contrées de l'Asie, à Pékin, à la suite de l'ambassade envoyée par Pierre Iᵉʳ à Kamhi, emp. de la Chine; à Ispahan en Perse...... On y a joint une Description de la Sibérie (de Laurent de

LANGE). Par Jean BELL, d'Antermony. Trad. de l'angl., par M*** (M.-A. EIDOUS), avec des remarques histor., géogr., etc. *Paris, Robin,* 1766, 3 vol. in-12, avec une carte.

La Description de la Sibérie, annoncée sur le titre, n'est autre que : « Journal de la résidence de M. Lange, agent de S. M. I. Pierre Ier, à la cour de Pékin, en 1721 et 1722, contenant ses négociations », qui remplit les pp. 125-362 du tome II, tandis que dans l'original anglais, le Journal de Lange est à la fin du travail de Bell. L'éditeur s'est servi du texte du « Journal du sieur Lange, contenant ses négociations à la cour de Chine en 1721 et 1722, avec des remarques de l'éditeur », *Leyde, Abr. Kallewier,* 1726, in-12, texte qui a été traduit en anglais. Eidous s'est-il donné la peine de traduire de nouveau en français ?

La partie de l'ouvrage de Bell d'A. qui concerne la Chine, c'est-à-dire la valeur d'un volume et demi de la présente édition, se trouve encore à la suite du « Voyage en Chine, par John Barrow; trad. de l'angl. par J. Castera » (Paris, 1805).

A. L.

Voyages (les) des papes. (Par Jean DE MULLER.) *Cassel,* 1782, in-8, 44 p. *Très-rare.*

C'est le second ouvrage de cet auteur écrit en français. Voyez pour le premier « Essais historiques », V, 273, e.

Les « Voyages des papes » ont été réimprimés dans le volume qui a pour titre : « Recueil des pièces les plus intéressantes et les plus curieuses qui ont paru à l'occasion du voyage et du séjour de S. S. le pape Pie VI à Vienne ». *Vienne (Suisse),* 1783, in-8. Voy. ci-dessus, col. 105, f.

Voy. les « Lettres » de Muller, trad. en français (par Mme de Steck). *Paris,* 1812, in-8, p. 458 et suiv.

Réimprimé sous ce titre : « les Voyages des papes, trad. de l'allemand de J. de Muller ; revus et annotés par Ad. Delavigne ». *Tournai,* 1859, in-12.

Voyages du capitaine COOK dans la mer du Sud, aux deux pôles et autour du monde; accompagnés des relations de BYRON, CARTERET et WALLIS, etc., de 1764 à 1804. Par M. G.....T (GOURIET). *Paris, Lerouge,* 1811, 6 vol. in-12.

Voyages du capitaine Lemuel Gulliver...

Voy. « Voyages de Gulliver ».

Voyages du capitaine Robert LADE en différentes parties de l'Afrique, de l'Asie et de l'Amérique; traduits de l'anglois (par l'abbé PRÉVOST.) *Paris, Didot,* 1744, 2 vol. in-12.

Voyages (les) du lord Henri, histoire anglaise, par J. H. D. B*** (BRIEL), auteur du « Nouveau petit Pompée » et du « Danger d'une première faute ». *Londres et Paris,* 1785, in-12.

Voyages du prince Amour. (Par le che-valier DE CHAMPAGNY.) *Paris, T. Barrois,* 1789, 2 part. in-12.

Seconde édition des « Voyages d'Amour et de Vénus ». Voy. ci-dessus, col.

Voyages (les) du sieur DU LOIR (revus et corrigés par Fr. CHARPENTIER). *Paris, Clousier,* 1654, in-4.

Voyages en Allemagne du baron DE RISBECK, traduits de l'anglais (de MATY) et revus sur l'original allemand. *Paris, Regnault,* 1788, 2 vol. in-8, avec une carte.

Traduction différente de celle donnée par Le Tourneur sous le titre de : « Voyage en Allemagne... », ci-dessus, col.

Voyages en Asie, en Europe, dans les années 1799 et 1802. Traduit du persan de MIRZA-ABOU-THALEB, par Ch. STEWART, et de l'anglais en français par M. J. C. (JANSEN). *Paris, Treuttel et Würtz,* 1811, 2 vol. in-8.

Voyages en différentes parties de l'Angleterre, par GILPIN; traduits de l'anglais (par GUEDON DE BERCHÈRE). *Paris,* 1789, 2 vol. in-8.

Reproduits avec un nouveau titre en l'an V (1797).

Voyages en différens pays de l'Europe, en 1774, 1775 et 1776, ou lettres écrites de l'Allemagne, de la Suisse, etc. (Par PILATI DE TASSULO.) *La Haye, Plaat,* 1777, 2 vol. in-12. — *En Suisse, libr. associés,* 1778, 2 vol. in-12.

Voyages en Europe, en Asie et en Afrique, par MAKINTOSH; traduits de l'anglais, avec des notes (par J.-P. BRISSOT). *Londres et Paris,* 1786, 2 vol. in-8.

Réimprimés en 1792 avec le nom du traducteur et quelques additions.

Voyages en France et autres pays, par Racine, La Fontaine, Regnard, Chapelle et Bachaumont, Hamilton, Voltaire, etc. (Publiés par LA MÉSANGÈRE.) *Paris, Chaumerot,* 1808, 5 vol. in-18, portr. et fig.

Plusieurs fois réimprimés.

Voyages en France et pays circonvoisins, depuis 1775 jusqu'en 1807. *Paris, Guillaume et Cie,* 1817, 4 vol. in-8, avec grav.

Ce titre est gravé. Le titre imprimé porte : « Voyages d'un Français... ». Le tome I est terminé par les deux lettres F. M., initiales du nom de l'auteur : Fr. MARLIN, de Dijon. Les exemplaires brochés portaient une étiquette où le nom de l'auteur était en anagramme Milran, et non Mitrand, ni Miran, comme il est dit aux « Supercheries », II, 79, b, et 1147, c.

Voyages en France, pendant les années 1787, 1788, 1789 et 1790, par Arthur YOUNG ; traduits de l'anglais par F. S. (SOULÈS), avec des notes et des observations par DE CASAUX. *Paris*, an II-1794, 3 vol. in-8.

Voyages en Orient, dans l'Égypte, l'Arabie, la Palestine, la Syrie, par Richard POCOCKE ; traduits de l'anglois (par DE LA FLOTTE). *Paris*, *Costard*, 1772-1773, 7 vol. in-12.

Voyages en Provence et autres fantaisies, le tout fidèlement extrait et traduit des mémoires inédits du Dr Evic OLIMBARIUS, par X. (L. DE CROZET). *Marseille*, *Olive*, 1866, in-8.

Tiré à 60 exemplaires.

Voyages (les) et aventures d'Aristée et de Telasie ; par Mme D*** (par DU CASTRE D'AUVIGNY). *La Haye (Paris)*, 1731, 2 vol. in-12.

Imprimés aussi sous le titre d' « Aventures d'Aristée.. ». Voy. IV, 332, d.

Voyages et aventures d'une princesse babylonienne, pour servir de suite à ceux de Scarmentado ; par un vieux philosophe qui ne radote pas toujours (VOLTAIRE). *Genève*, 1768, in-8, 2 ff. de titre et 156 p.

Voy. «Voyage et aventures.. » ci-dessus, col. 1038, a.

Voyages et aventures de François LE GUAT et de ses compagnons, etc. *Londres*, *Mortier*, 1708, 2 vol. in-12, avec une préface de 20 p.

L'ex-bénédictin Casimir Freschot est fort maltraité dans cette Préface, et c'est lui qui nous apprend qu'elle a été composée par Maximilien MISSON. Il nous apprend aussi que le Voyage lui-même a été rédigé par Paul Be ..le, de Metz, un des compagnons de voyage de Le Guat. (« Nouvelle Relation de Venise ». *Utrecht*, 1709, in-8, p. 439-455.)

Voyages et aventures de Jacques MASSÉ. (Par Simon TYSSOT DE PATOT.) *Bourdeaux*, *l'Aveugle* ; *Cologne*, 1710, in-8 et in-12. — *L'Utopie*, 1760, in-8.

Voyages et aventures de M. Alfred Nicolas au royaume de Belgique, par Justin (Franç.-Charles-Joseph GRANDGAGNAGE). *Bruxelles*, *Leroux*, 1835, 2 vol. in-12.
　　　　　　　　　　　　　　　　J. D.

Voyages et aventures du docteur Festus. (Par Rod. TOPFFER.) *Genève*, *Ledouble*, 1840, in-8.

Voyages et aventures du noble Romien de Provence. (Par le marquis FALETTI DI BAVOLO. *Turin*, 1824, 2 vol. in-12.

Voyages et mémoires du comte DE BENYOWSKY sur la Pologne (rédigés par J.-Hiac. DE MAGELLAN, et publiés par M. NOEL). *Paris*, *Buisson*, 1791, 2 vol. in-8.

Voyages et réflexions du chevalier d'Ostalis, ou ses lettres au marquis de Simiane. (Par DE BOILEAU.) *Paris*, *Prévost*, 1787, 2 vol. in-12.

Voyages et séances anecdotiques de M. Comte (de Genève), physico-magi-ventriloque le plus célèbre de nos jours, publié par un témoin auriculaire invisible (Alphonse-Aimé BEAUFORT D'AUBERVAL) de tous les dits faits, et tours extraordinaires.. de ce moderne et incomparable enchanteur. *Paris*, *Dentu*, 1816, in-12.

Voyages (les) faits par le sieur D. B. aux îles Dauphine ou Madagascar et Bourbon ou Mascarenne, ès années 1669, 70, 71 et 72... *Paris*, *C. Barbin*, 1674, in-12.

La dédicace est signée : DU BOIS.

Voyages faits principalement en Asie, dans les XIIe, XIIIe, XIVe et XVe siècles... Accompagnés de l'histoire des Sarrazins et des Tartares, et précédés d'une introduction par Pierre BERGERON. (Recueillis par VAN DER AA.) *La Haye*, *Neaulme*, 1735, 2 vol. in-4.

Voy. « Recueil de divers voyages », ci-dessus, col. 62, b, « Traité de la navigation », col. 762, c.

Voyages historiques en Belgique, faits en 1794-95. (Par N.-Fr.-Jos. BOULENGER.) *Louvain*, 1796, in-12.

Voyages historiques et géographiques dans les pays situés entre la mer Noire et la mer Caspienne. S. l., 1798, in-4

Même ouvrage que : « Mémoires historiques et géographiques... ». Voy. VI, 226, e.

Voyages imaginaires, songes, visions et romans merveilleux (recueillis par GARNIER). *Paris*, *Cuchet*, 1787-1789, 39 vol. in-8, avec 76 figures d'après les dessins de Marillier.

Voyages intéressans dans différentes colonies françaises, espagnoles, anglaises, etc., avec des anecdotes singulières qui n'avaient jamais été publiées ; le tout rédigé et mis au jour, d'après un grand nombre de manuscrits (de BOURGEOIS, secrétaire de la chambre d'agriculture du Cap), par M. N*** (NOUGARET). *Paris*, *Bastien*, 1788, 2 part. in-8.

On a imprimé un frontispice particulier pour former de ces deux parties le t. X de la « Collection abrégée des Voyages faits autour du monde », rédigée par Béranger de Genève.

Des exemplaires portent le nom de Nougaret sur le titre.

Voyages intéressans pour l'instruction et l'amusement de la jeunesse, dans le goût du Recueil de M. Campe. (Par Jacques Brez.) *Utrecht, Wild*, 1792, in-12.

Voyages récréatifs du chevalier DE QUEVEDO, écrits par lui-même, rédigés et traduits de l'espagnol (par l'abbé DE BÉRAULT-BERCASTEL). *Paris*, 1756, in-12.

Voyageur (le) à Paris, ou tableau pittoresque et moral de cette capitale. (Par P. DE LA MÉSANGÈRE.) *Paris, Gattey*, 1789, 2 vol. in-12. — 1797, 3 vol. in-12.

Voyageur (le) américain, ou observations sur l'état actuel, la culture, le commerce des colonies britanniques en Amérique... Traduit de l'anglois (d'Alexandre CLUNI), augmenté d'un précis sur l'Amérique septentrionale et la république des treize Etats-Unis, par Jh. M*** (Joseph MANDRILLON). *Amsterdam, Schuring*, 1782, 1783, in-8, avec cartes.

L'original anglais, aussi anonyme, a paru en 1769, sous ce titre : « The american Traveller.» Voy. : « le Spectateur américain... », ci-dessus, col. 558, *e*.

Voyageur (le) bienfaisant, ou anecdotes du voyage de Joseph II dans les Pays-Bas, la Hollande, etc., en 1781 jusqu'à son retour à Vienne. (Par Alexandre LEMARIÉ.) *Paris et Liége, Lemarié*, 1781, in-12.

Voyageur (le) catéchumène. *Londres*, 1768, in-12.

Cet ouvrage, qui a été attribué à BONDE, est de VOLTAIRE. Voy. « le Catéchumène », IV, 535, *e*, et « Secret de l'Église », ci-dessus, col. 452, *f*.

Voyageur (le) curieux et sentimental, ouvrage en deux parties contenant : 1° le Voyage à Chantilly et Ermenonville, 2° le Voyage aux îles Borromée. Par Louis D*** (DAMIN). 5° édit. *Paris, Hamelin*, an IX, in-8.

Voyageur (le) dans les Pays-Bas autrichiens, ou lettres sur l'état actuel de ce pays. (Par DÉRIVAL.) *Amsterdam*, 1782, 6 vol. in-12.

Voyageur (le) fortuné dans les Indes du Couchant, ou découvertes au-delà des trois villes de Tendre, avec l'almanach d'Amour. (Par SCUDÉRY.) *Paris*, 1663, in-12.

Voyageur (le) françois, ou la connoissance de l'ancien et du nouveau Monde,

---

a   4° édition. *Paris*, 1772-1790, 42 vol. in-12.

Les 26 premiers volumes sont de l'abbé DE LA PORTE ; les t. XXVII et XXVIII de l'abbé DE FONTENAY; les suivants de L. DOMAIRON.

Voyageur (le), ou le conte qui n'en est pas un; par C. A. L. J. (Claude AMOUDRU le jeune). *Paris*, 1807, in-12, 44 p.

Critique des ouvrages d'art existant à Dôle, département du Jura et aux environs.

b   Voyageur (le) naturaliste, ou instructions sur les moyens de ramasser les objets d'histoire naturelle et de les bien conserver, ouvrage traduit de l'anglois, de John COAKLEY LETTSOM, docteur en médecine (par le marquis Cl.-Fr.-Adr. DE LEZAY-MARNESIA). *Amsterdam et Paris, Lacombe*, 1775, in-12.

c   Voyageurs (les), intermède en 3 actes. (Par Ch.-A. VERONÈSE.) *Paris*, 1754, in-8.

Voyageurs (les) modernes, ou abrégé de plusieurs voyages faits en Europe, Asie et Afrique; traduits de l'anglois (par DE PUISIEUX). *Paris, Nyon*, 1760, 4 vol. in-12.

Voyageurs (les) savants et curieux, ou tablettes instructives...

Voy. : « Questions proposées... », VI, 1158, *f*.

d   Voydear de Granmont. (Par Guy ALLARD.) *S. l. n. d.*, in-4.

Voye.

Voy. « Voie ».

Vrai (le) Ami des hommes. (Par DUROSOY.) *Amsterdam*, 1772, in-12.

La brochure in-8 qui porte ce titre sous la rubrique *Riom*, 1796, et donnée comme ouvrage posthume de THOMAS, n'est qu'une réimpression de ce morceau.

e   Vrai (le) Bonheur, ou la foi de Tobie récompensée, poëme tiré de l'Écriture sainte. Destiné par l'auteur à sa fille. *An VII* (1798), in-8.

Imprimé au château du Dampierre, par Mme DE LUYNES, née Montmorency.

f   Vrai (le) Brabançon. (Par l'abbé DEDOQUER.) *Bruxelles*, 1790, in-8, 20 n°s, 16 juillet - 26 novembre.

Cat. de la bibl. des représentants, n° 2402.

Vrai (le) Caractère du tyran, ou toutes les maximes du Mazarin contradictoirement opposées à celles de la politique, de la morale et du christianisme; le tout vérifié par des exemples tirés de sa vie. (Par DU BOSC-MONTANDRÉ.) *S. l.*, 1650, in-4, 35 p.

Réimprimé sous ce titre : « Le Caractère de Mazarin,

trouvé dans son cabinet après son départ, apporté à MM. du Parlement, avec sa conférence tenue avec les diables ». Paris, 1651, in-4 de 16 pp.

Vrai (le) Childebrand, ou réponse au traité injurieux de Chifflet, médecin du roi d'Espagne, par un bon François (Ch. DE COMBAULT, baron D'AUTEUIL). *Paris, P. Lamy*, 1689, in-4.

Vrai (le) Citoyen. 3 avril - 2 octobre 1791, 27 nos in-8.

Par J.-A. PERREAU, ancien instituteur des enfants de M. de Caraman, selon la « Chronique de Paris », citée par M. Hatin, p. 204.

Vray (le) Courtisan sans flatterie, qui cherche ce que c'est que l'autorité royale. (Par BROUSSE, curé de Saint-Roch.) *Paris, veuve Caulon*, 1649, in-4.

Vrai (le) Dévot. (Par LOCHON.) *Paris*, 1679, in-8.

Vray (le) Discours de la bataille et victoire...

Voy. « Discours de la bataille du lundy », IV, 1008, b.

Vray Discours de la réduction de la ville de Marseille en l'obéissance du roy, le samedy 17 février 1596. (Par Ét. BENNARD.) *A Marseille, par commandement de Messieurs*, 1596, in-8, 34 p. et 4 ff.

Cette édition contient des pièces de vers latins et marseillais qui ne se trouvent pas dans les deux éditions publiées sous le titre de : « Discours véritable de la réduction... ». Voy. IV, 1050, c.

Vray Discours de la victoire obtenue...

Voy. « Discours de la bataille du lundy », IV, 1008, b.

Vrai (le) et le faux de M. le Prince et de M. le cardinal de Retz. *S. l. n. d.*, 1652, in-4.

Par le cardinal DE RETZ.
La même année parut : « Contre-vérités du vrai et du faux du cardinal de Retz ». Paris, 1652, in-4.

Vrai État de la dispute, ou lettre à un ecclésiastique sur la dispute au sujet du sacrifice. (Par LE PAIGE.) *S. l. n. d.*, in-12, 52 p.

Vrai (le) Intérêt de la Hollande, élevé sur les ruines de celui qui voit le jour, sous le nom de V. D. H.; par J. N. D. P. (DE PARIVAL). *S. l.*, 1662, in-8.

Vray (le) Moyen de bien et catholiquement se confesser; opuscule fait premièrement en latin par ERASME, et depuis traduit en françois (peut-être par Louis DE BERQUIN). *Lyon*, 1542, in-16.

C'est à tort que Du Verdier attribue cette traduction à Dolet, qui n'en a été que l'imprimeur, comme il le fut la même année du « Chevalier chrétien », traduit aussi d'Erasme par de Berquin, suivant toutes les vraisemblances. Voy. IV, 581, d. J'ai eu la satisfaction de trouver l'édition de cette dernière traduction antérieure à celle de Dolet; je n'ai pas été aussi heureux pour le « Vray moyen de bien et catholiquement se confesser ».

Vrai Moyen de payer la dette publique, sans argent et sans impôts. *S. l.*, 1790, in-8.

Par le comte D'AMERVAL, suivant une note manuscrite sur l'exemplaire de la Bibliothèque nationale.

Vrai (le) Pénitent dirigé dans la pratique des vertus (trad. de l'italien), et l' « Année sanctifiée » (trad. libre du « Diario spirituale »). *Paris*, 1785, 2 vol. in-12.

Ces deux traductions de l'abbé LASAUSSE paraissent avoir eu une première édition imprimée à Tulle. Chacune d'elles a été réimprimée séparément depuis 1785.

Vrai (le) Philosophe, ou l'usage de la philosophie, relativement à la société civile, etc. (Par l'abbé BONCERF.) *Paris, Rabuty*, 1762, in-12. — *Amsterdam*, 1766, in-8.

Vrai (du) Principe actif de l'économie politique. (Par HERRENSCHWAND.) *Londres*, 1797, in-8.

Vrai (le) Problème de l'époque est un problème d'éducation. (Par Ét. ROUSSEAU.) *Paris, J. Renouard et Cie*, 1848, in-8, 56 p.

Vrai (le) Recueil des sarcelades, mémoires, notes et anecdotes intéressantes sur la conduite de l'archevêque de Paris, etc., pendant le règne de la ci-devant soidisant Société de Jésus. (Par Nic. JOUIN.) *Amsterdam*, 1764, 3 vol. in-12.

Voy. « Pièces et anecdotes intéressantes », VI, 889, c, et « Première (-cinquième) Harangue... », VI, 999, c.

Vrai (le) Rochefort. (Par Clément CARAGUEL.) *Paris, imp. d'Alcan-Lévy*, 1868, in-8, 7 p., avec port. gravé et fac-simile.

Faussement attribué à M. P. VÉRON.
Il n'y a pas d'autre titre que la couverture avec un dessin lithographié par Adrien Tournachon.
Réimprimé dans le « Figaro » du 22 août 1868.

Vrai (du) Sens de la loi représentative. (Par le marquis DE LA GERVAISAIS.) *Paris, Pihan-Delaforest*, 1834, in-8.

Vrai Sens du vote national sur le consulat à vie. Par le citoyen.... (Camille JORDAN). *Paris, chez les marchands de nouveautés, s. d.*, in-8, IV-52 p.

Vrai (le) Serviteur de Marie... (Par l'abbé J.-B. LASAUSSE.) *S. l. n. d.*, in-18, avec 12 fig.

Vrai (le) Système de l'Église et la véritable analyse de la foi, où sont dissipées toutes les illusions que les controversistes modernes, prétendus catholiques, ont voulu faire au public sur la nature de l'Église, son infaillibilité, et le juge des controverses, pour servir principalement de réponse au livre de M. Nicole, intitulé : « Les prétendus Réformez convaincus de schisme; avec une response abrégée au livre de M. Ferrand contre l'auteur. (Par Pierre JURIEU.) *Dordrecht, T. Gorris*, 1686, in-8.

Analysé longuement par Bayle : « Nouvelles de la rép. des lettres », avril 1686.

                    A. L.

Vray (le) Tableau de l'Église de Jésus-Christ, propre pour la faire reconnoistre d'avec les églises fausses des hérétiques ; par le R. P. M. D. S. Q. (MATHIEU, de Saint-Quentin). *Paris*, 1669, in-12.

Vray (le) Trésor de l'histoire sainte sur le transport miraculeux de l'Image de Notre-Dame de Liesse, composé par quatre pèlerins faisant ce voyage en 1644. (Par DE SAINT-PÈRES.) *Paris, A. Estienne*, 1645, petit in-4, fig.

Réimprimé avec la signature de l'auteur, *Paris, veuve D. Moreau*, 1647, in-4, et, aussi sous le titre : « Histoire miraculeuse de Notre-Dame de Liesse », 1657, 1661, 1672, in-8.

Vrai (le) Trésor du peuple. Petit annuaire des 350 caisses d'épargne de France. (Par Ch. MALO.) *Paris*, 1847, in-18.

Vraie (la) Babylone démasquée, ou entretiens de deux dames hollandaises sur la religion catholique. (Composé d'abord en hollandais, par Mme ZOUTELANDT et traduit en français par elle-même.) *Paris, Pépic*, 1727, in-12.

Vraye (la) Cognoissance du cheval, ses maladies et remèdes ; par J. I. D. E. M. (Jean JOURDIN, docteur en médecine). Avec l'anatomie du RUYNI... *Paris, Thomas de Ninville*, 1647, in-fol., 2 ff. lim., 126 p., 15 ff. pour l'explic. des pl. et 64 pl. — *Paris, Chamhoudry*, 1654, in-fol.

Publié en 1655 avec un titre nouveau portant : « Le parfait Cavalier ». Voy. VI, 785, d.

Vraie (la) Conspiration dévoilée. (Par l'abbé JABINEAU.) 10 août 1790. *S. l.*, in-8, 65 p. — Nouvelle édition, revue et augmentée. (1er septembre 1791.) *S. l.*, in-8.

La 2e édition est entièrement remaniée et augmentée au point de vue de la question religieuse.

Vraie (la) Croix. Récit anecdotique... par l'auteur de : « Ajoutez à la foi la science » (le pasteur César MALAN). *Genève*, 1831, in-12.

Vray (la) disant Advocate des dames. *S. l. n. d.*, in-8, 16 ff. goth.

En réunissant les premières lettres de chaque vers d'un acrostiche qui termine cette pièce, on a le nom de l'auteur, Laurent BELIN. Cette même pièce est imprimée sous le nom de Jean MAROT dans le 5e vol. des « Œuvres des trois Marots », données par Lenglet-Dufresnoy (*La Haye*, 1731, in-12). Mais dans cette réimpression ne se trouve pas l'acrostiche. « Manuel du libr. », 5e édit., V, 1382.

Vraie (la) Doctrine de l'Église, au sujet des abus qui se sont introduits dans son sein. (Par L. TROÏA D'ASSIGNY.) *Utrecht*, 1751, 2 vol. in-12.   V. T.

Même ouvrage que : « Suite du Catéchisme historique et dogmatique.. ». Voy. ci-dessus, col. 580, e.

Vraye (la) et entière Histoire de ces derniers troubles advenus tant en France qu'en Flandres et pays circonvoisins, comprinse en dix livres... (Par DE LA POPELINIÈRE.) *Cologne, A. Birckman*, 1557, pet. in-8.

Voy. pour les différentes éditions de cet ouvrage : « Bulletin de la Société de l'histoire du protestantisme français », 1863, tome XII, p. 251-254.

Voy. aussi : « Histoire de France contenant les plus notables occurrences... », V, 668, e.

Cff. Haureau, « Histoire littéraire du Maine », 2e éd., tome VII, p. 133-138.

Vraie et parfaite Chyromancie et physionomie par le regard des membres de l'homme (traduit du latin de J. D'INDAGINE, par Antoine DU MOULIN.) *Paris, Villery, s. d.*, in-8.

La première édition, *Lyon, de Tournes*, 1549, in-8, porte le nom de l'auteur et celui du traducteur, avec le titre : « Chyromancie... ».

Vraie (la) et solide Piété, expliquée par saint François de Sales, recueillie de ses Épîtres et de ses Entretiens, par M. P. C., Dr de Sorbonne (P. COLLOT). *Paris*, 1728, 1736, in-8 ; 1786, in-12.

Vraie Idée du saint-siége ; par l'abbé don Pierre TAMBURINI, de Brescia, professeur à l'Université de Pavie, etc.; traduit de l'italien par M. JAUBERT, sur l'édition de Milan, 1816. *Paris, Mongie*, 1819, in-8.

Vraie (la) Maçonnerie d'adoption, précédée de quelques réflexions sur les loges irrégulières et sur la société civile, avec notes critiques et philosophiques, et suivie de cantiques maçonniques ; dédiée aux dames par un chevalier de tous.les ordres maçonniques (L. GUILLEMAIN DE SAINT-VICTOR). *Philadelphie, chez Philarèthe, rue de l'Équerre, à l'Aplomb*, 1787, in-8, 144 p.

L'épître dédicatoire est signée : G***.

Vraie (la) Manière d'apprendre une langue quelconque, vivante ou morte, par le moyen de la langue françoi-e. (Par Nicolas ADAM.) *Paris, Morin*, 1779-1787, 10 vol. in-8.

L'auteur a publié, sous ce titre général :

Pour le français : Introduction à la Grammaire française ; Grammaire française nationale.

Pour le latin : Grammaire latine. 2° édition ; les Quatre Chapitres, sous quatre faces, 2 vol ; *id.*, en français seulement, 1 vol.; les Fables latines de Phèdre, sous quatre faces, 2 vol.; les Œuvres d'Horace, 2 vol., traduction littérale.

Pour l'italien : Grammaire italienne ; le Favole di Fedro.

Pour l'anglais : Grammaire anglaise ; Rasselas, prince d'Abyssinie, traduction littérale; Caton, tragédie, traduction littérale ; Essai sur l'homme, traduction littérale ; Lettre d'Héloïse à Abailard, traduction littérale ; la première Nuit d'Young, traduction littérale.

Grammaire allemande.

Démonstration et pratique du nouvel enseignement.

Vraie (la) Méthode pour enseigner à lire. (Par RESTAUT.) *Paris, veuve Lottin*, 1759, in-8.

Vraie Notion des dîmes, suivie d'un appendice. (Par l'abbé GHESQUIERRE.) *S. l.*, 1785, in-8.

Vraye (de la) Origine de la maison d'Autriche, contre l'opinion de ceux qui la font descendre en ligne masculine des rois de France de la race mérovingienne. (Par Théod. GODEFROY.) *S. l.*, 1624, in-4.

‹ Biblioth. Bultelliana ›, n° 7847.

Vraie (la) Philosophie. (Par CHAILLON DE JONVILLE.) *Paris*, juin 1789, in-12.

Vraie (la) Philosophie. Divers sujets classés par ordre de matières et extraits des poëmes de l' « Anti-Lucrèce » et de « Télémaque », traduits en entier en vers français et précédés au premier tome d'une épître à Quintius contre l'athéisme, et au second d'une lettre sur l'éducation, avec quelques réflexions sur l' « Émile » de J. J., par J. H. C*** (CERCEUIL, ancien curé de Poissy.) *Mantes, Refay*, 1810, 2 vol. in-12.

Il y a des exemplaires avec le nom de l'auteur.

Vraie (la) Philosophie ; par M. l'abbé M*** (MONESTIER, ex-jésuite). *Bruxelles, Boubers*, 1774, in-8.

Vraye (la) Procédure pour terminer le

différent en matière de religion. Extrait des sermons faicts à Caen, par le R. P. I. GONTERY, de la Compagnie de Iésus. *Caen, par Charles Macé*, 1607, in-8.

Le Privilége, au nom du libraire Macé, est daté du 21 mars 1606.

L'Épître à Mme d'Aubigny, qui par ses libéralités a fondé le noviciat des PP. jésuites à Rouen, est signée S. IULIAN, qui se donne comme auteur du recueil de ce qui a été discouru par le P. Gontery. Cette épître est datée : De Laer (lisez De Caen), le 16 août 1606.

Une seconde édit., revue et augmentée, fut publiée en 1608, *Paris*, par *Claude Chappelet*, in-12, avec privilége du 22 sept. 1607 et une nouvelle épître, signée : S. I. et adressée au chancelier de France, Brulart de Sillery. Voy. « Supercheries », III, 536, *e*.

Vraie (la) Religion chrétienne, contenant la théologie universelle de la nouvelle Église, prédite par le Seigneur dans Daniel, chap. VII, vers. 13, 14 ; et dans l'Apocalypse, chap. XXI, vers. 1, 2, par Emanuel SWEDENBORG, serviteur du Seigneur J.-C.; traduite du latin sur l'édition d'Amsterdam, 1771 (par M. PARRAUD), tome I (et unique). *Paris, Barrois l'aîné*, 1802, in-8.

Vraie (de la) Représentation. A l'occasion du rapport sur la réforme électorale. (Par le marquis DE LA GERVAISAIS.) *Paris, Pihan-Delaforest*, 1833, in-8.

Vraie (de la) Sagesse, pour servir de suite à l'Imitation de Thomas A' Kempis. (Par l'abbé G.-J.-A.-Jos. JAUFFRET, dep. évêque de Metz.) 4° édit. *Paris*, 1824, in-12.

Vraie (la) Situation. Appel à tous les honnêtes gens. (Par l'abbé Ch. BÉNARD.) *Paris, Lecoffre*, 1871, in-18, 2 ff. de titre et 160 p.

Vraie (la) Suite du Cid, tragi-comédie en 5 actes et en vers, représentée en 1637; (par DESFONTAINES.) *Paris, Ant. de Sommaville*, 1638, in-4.

Vraie Théorie médicale, ou exposé périodique et développement de la théorie de l'incitation. (Par J.-Fr. CHORTET.) *Paris, Allut*, an XII-1803, 3 vol. in-8.

Vrayes (les) Causes des derniers troubles d'Angleterre. Abrégé d'histoire, où les droicts du roy et ceux du parlement du peuple sont naïvement représentés. *Orange, Ed. Raban*, 1653, in-8, 281 p.

La dédicace au comte de Dona est signée : SONDIÈNE.

Vraies (les) Centuries de Me Michel Nostradamus, expliquées sur les affaires de ce temps ; avec l'horoscope impérial de Louis XIV. *Jouxte la copie imprimée chez*

J. Boucher, 1652, in-8, 3 ff. lim., 120 et 16 p.

Réimpression des dix premiers « Avertissements » de Jacq. MENGAU. Voy. le détail de la série complète de ces « Avertissements », IV, 348, *d*.

Vraies (les) Centuries, présages et prédictions de maître Michel Nostradamus, exactement revues sur les premières éditions, précédées de la vie de l'auteur et suivies d'une notice des pricipaux événements accomplis. *Anvers, Peter van Duren (Rouen et Limoges)*, 1792, in-12.

La notice et l'interprétation en vers français sont de M. S. M. (DESDONIEZ DE SAINT-MARS, *de Limoges*), 1792, in-12. Cette édition de Nostradamus est la plus complète qui existe, mais elle est conçue dans un esprit peu conforme aux idées de la Révolution, et elle a été presque entièrement détruite. Voici une note de M. Duputel, de Rouen, reproduite dans le « Bulletin du bibliophile », 1855, p. 557.

Vrayes (les) Chroniques de Jehan-le-Bel, retrouvées et publiées par M. Polain, membre de l'Académie royale de Belgique. (Par M. KERVYN DE VOLKAERSBEKE.) *Bruges, Vande Casteele - Werbrouck*, 1850, in-8, 27 p.

Tiré à part des « Annales de la Société d'émulation de Bruges ».   J. D.

Vrais (les) Barbares. (Par le marquis DE LA GERVAISAIS.) *Paris, imp. de Pihan-Delaforest*, 1831, in-8.

Vrais et faux Catholiques ; par L. A. M. (Louis-Auguste MARTIN). *Paris, Bestel*, 1857, in-8.

Vrais (les) et les faux Libéraux. (Par Ed. DUCPÉTIAUX.) *Bruxelles*, 1853, in-12, 16 p.

La 2e édition, publiée la même année, in-12, 35 p., porte : « Par un catholique libéral ».   J. D.

Vrais (les) Intérêts de l'Allemagne. Traduction (faite par Samuel FORMEY), du fameux ouvrage d'Hippolytus A LAPIDE (DE CHEMNITZ); avec des notes relatives aux conjonctures présentes (traduites de l'allemand d'un jurisconsulte de Halle, par le même FORMEY). *La Haye*, 1762, 3 part. in-8.

Voy. « Supercheries », I, 662, *a*.

Vrais (les) Plaisirs, ou les amours de Vénus et d'Adonis (traduits du cavalier MARIN, par FRÉRON et le duc D'ESTOUTEVILLE). *Paphos (Paris)*, 1748. — *Amsterdam*, 1755, in-12.

Voy. « Adonis », IV, 60, *a*.

Vrais (les) Pourtraits des hommes illustres en piété et doctrine, du travail desquels Dieu s'est servi en ces derniers

temps pour remettre sus la vraye religion... Avec les descriptions de leur vie... Plus XLIV emblemes chrestiens, traduictz du latin de Theod. DE BESZE (par Simon GOULART). *S. l. (Genève), par J. de Laon*, 1581, in-4, fig. sur bois.

Cette traduction contient 48 portraits, 11 de plus que l'édition latine, *Geneva*, 1580. Ces portraits, avec plusieurs autres qu'on y a joints, mais sans explication, ont été reproduits sous le titre de : « Portraits des hommes illustres qui ont le plus contribué au rétablissement des belles-lettres et de la vraie religion », *Genève*, 1677, in-4, 96 feuillets.

Vrais (les) Principes de l'architecture ogivale ou chrétienne, d'après le texte anglais de A. W. PUGIN, par T. H. KING (et traduit en français par P. LEBROCQUY). *Bruges, Noblet*, 1850, in-4, XLVIII et 243 p., fig.

Vrais (les) Principes de l'éducation chrétienne des enfans, écrite à une personne de bonne volonté. (Par P. POIRET.) *Amsterdam*, 1690, in-12.

Réimprimés plusieurs fois.

Vrais (les) Principes de l'Église, de la morale et de la raison, sur la constitution du clergé, renversés... *Paris, Dufrêne*, 1791, in-8.

Par MAULTROT, suivant la « Biographie universelle », M. de Manne et Quérard, d'après lui, l'ont attribué à Jean-François VAUVILLIERS.

Vrais (les) Principes de la langue françoise, ou la parole réduite en méthode conformément aux lois de l'usage. (Par l'abbé Gabr. GIRARD.) *Paris, Lebreton*, 1747, 2 vol. in-12.

Vrais (les) Principes de la monarchie française, par l'ami des lois (MARTIN DE MARIVAUX). *S. l. n. d.*, in-8.

Vrais (les) Principes du gouvernement françois démontrés par la raison et par les faits. Par un François (P.-L.-Claude GIN). *Genève*, 1777, 1782, in-8.

Le faux titre de la 3e édition, *Paris, Royer*, 1787, 2 vol. in-12, porte : « Collection des œuvres de M. GIN ».

Vraisemblable (le) sur la conduite de M. le cardinal de Retz. (Par le cardinal DE RETZ.) *S. l.*, 1652, in-4.

Mémoires de Retz, t. II, p. 247.

Vray.

Voy. « Vrai ».

Vue de l'abbaye de Saint-Denis. Par l'auteur d' « Armand et d'Angela » (Mlle CASTÉRA). *Paris*, 1818, in-12.

Vue de la colonie espagnole du Mississipi ou des provinces de Louisiane et Floride occidentale, en l'année 1802 ; par un observateur résidant sur les lieux, B..., DUVALLON (BERQUIN-DUVALLON), éditeur. *Paris, imp. expéditive*, 1803, in-8.

Vue générale de la constitution de l'Angleterre, depuis son origine jusqu'à nos jours; avec quelques remarques sur l'ancienne et la nouvelle constitution de la France. Par un Anglais (J.-Fraiser FRISELI). 3ᵉ éd., augm. *Paris, veuve Le Normant*, 1835, in-8, xx-200 p.

La première édition est intitulée : « Constitution de l'Angleterre ».

Voy. IV, 731, d.

La Vue rendue aux aveugles, par un bourgeois de Bruxelles (le chanoine DONNET). *Bruxelles, Gœmaere*, 1857, in-12, 49 p.

Vues d'économie politique. (Par Jean-Philippe LA PIE DE LA FAGE, né à Charleville en 1752, ancien libraire à Paris.) *Paris*, 1792, 2 vol. in-8.

L'édition entière, ainsi que le manuscrit, furent saisis par ordre du comité de sûreté générale : l'auteur n'a jamais pu parvenir à en retrouver de traces.

Vues d'un citoyen. (Par Ch.-Humbert PIARRON DE CHAMOUSSET.) *Paris, Lambert*, 1757, 2 parties en un vol. in-12.

Réimprimées dans les Œuvres de l'auteur.

Vues d'un citoyen, ancien député à l'Assemblée législative, sur les sépultures. (Par F. V. MULOT.) *Paris, an V-1797*, in-8.

L'auteur a refondu ces Vues dans le Mémoire sur la question : « Quelles sont les cérémonies à faire pour les funérailles? etc. », mémoire qui a partagé le prix proposé par l'Institut national pour l'année 1800.

Vues d'un citoyen sur la distribution des dettes de l'État, et concordance de ces vues avec celles du docteur Price. (Par HOCQUARD DE COUBRON.) *La Haye*, 1783, in-8, 61 p.

La traduction de l'extrait de l'ouvrage du docteur Price, commençant à la page 34, est de M. DE VILLIERS, médecin.

Vues d'un Français sur les preuves de noblesse et, par occasion, sur divers objets religieux, politiques, moraux, civils et militaires, etc. (Par le Vic. Ch.-Gasp. TOUSTAIN DE RICHEBOURG.) *Rouen, imp. de Mary*, 1816, in-8, 320 p.

L'année suivante, l'auteur publia sous son nom des éclaircissements, corrections et table de ce livre, in-8 de 64 p,

Vues d'un pair de France sur la session de 1821. (Par le comte Antoine FERRAND.) *Paris*, 1821, in-8, 16 p.

Vues (les) d'un patriote, ou la pratique de l'impôt. (Par BELLEPIERRE DE NEUVÉGLISE.) *Avignon*, 1761, in-12.

Vues d'un solitaire patriote. (Par Christ. Léon FÉROUX, bernardin.) *La Haye et Paris*, 1784, 2 vol. in-12.

Vues de Mons et des environs, dessinées et lithographiés par L'Heureux; avec des notices historiques, par A. D. (Adolphe DEMARBAIX, avocat). *Mons*, 1826, in-4.

Tirées à 50 exemplaires.

Vues de Provins, dessinées et lithographiées en 1822 par plusieurs artistes; avec un texte, par M. D. (DU SOMMERARD). *Paris, Gide*, 1822, in-4.

Vues des cérémonies les plus intéressantes du couronnement de L. M. I., l'empereur Nicolas Iᵉʳ et l'impératrice Alexandra à Moscou. (Par Henry GRAF.) *Paris*, 1828, in-fol.   A. L.

Vues des principales villes de France, gravées (par HERM. JUNERS), pour l'usage des jeunes étudians. *Nuremberg, C. Riegel*; (Saumur), 1638, pet. in-12 oblong.

D'après une note du catalogue Pixérécourt, nᵒ 1725, l'exactitude des plans de quelques villes frontières rendit l'ouvrage suspect au cardinal de Richelieu, qui le fit supprimer avant l'impression du discours.

Vues générales et sommaires sur le perfectionnement des études dans les grands établissemens d'instruction publique... (Par BERNARD, professeur d'éloquence à Poitiers.) *Paris, Eymery*, 1817, in-8.

Vues générales sur l'entretien des routes, par un amateur (Ch.-Ant.-Jul. DUMAS, ingénieur en chef du département de la Sarthe.) *Le Mans, imp. de Monnoyer*, 1839, in-8, 48 pages.

Vues générales sur l'histoire naturelle des environs de Clermont. (Par MOSSIER.) *Clermont* (1796), in-8.

Catal. Desbouys, 1865, nᵒ 177.

Vues générales sur l'Italie, Malthe, etc., dans leurs rapports politiques avec la République française. (Par DE POMMEREUL.) *S. l.*, 1796, in-8.

Vues historiques sur l'Aquitaine, ou lettres de Mᵐᵉ Al. DE *** (Mᵐᵉ LAIZER) à Mᵐᵉ la comtesse de W*** (Walsh), *S. l. n. d.*, in-8, fig.

Ouvrage inachevé, imprimé à *Strasbourg*, chez *Levrault*, en 1820.

Vues impartiales sur l'établissement des assemblées provinciales, sur leur formation, sur l'impôt territorial et sur les traités. (Par BOISLANDRY, négoc.) *Paris, Duplain,* 1787, in-8.

Vues importantes sur l'agriculture et l'économie rurale de Languedoc. (Par J.-F.-Ch. DE MOLETTE DE MORANGIÉS.) *S. l.,* 1768, in-4.

Vues nouvelles sur le christianisme. (Par le pasteur Guillaume MONOD.) *Paris, Thorin,* 1872, in-8.

Vues patriotiques sur l'éducation du peuple, tant des villes que de la campagne; avec beaucoup de notes intéressantes. Ouvrage qui peut être également utile aux autres classes de citoyens. (Par Louis PHILIPON DE LA MADELAINE.) *Lyon, P. Bruyset-Ponthus,* 1783, in-12.

Vues patriotiques sur l'établissement, en Bretagne et dans toute la France, d'une académie encyclopédique et populaire. (Par GEORGELIN.) *S. l.,* 1785, in-8, 26 p.

Vues pittoresques de l'Alsace, dessinées, gravées et terminées au bistre, par Walter, et accompagnées d'un texte historique. *Strasbourg,* 1785-90, 7 livrais. in-4.

Le texte des cinq premières livraisons est de l'abbé GRANDIDIER et celui des deux autres de SCHŒLL.

Vues pittoresques des bords de la Meuse depuis Namur jusqu'à Dinant, du trou de Han et des environs de Rochefort; par un officier d'artillerie (le général HOYEN). *Namur, Dieudonné-Gérard, s. d.,* in-4 oblong, 5 p. de texte et 12 pl. gravées à l'eau-forte.   J. D.

Vues politiques. (Par N.-A. DE SALVANDY.) *Paris, Poulet,* mars 1819, in-8.

Réimprimé la même année avec la mention : « Par l'auteur de « la Coalition et la France », *Paris, L'Huillier,* 1819, in-8.

Vues politiques sur le commerce des denrées. (Par Henri DE GOYON DE LA PLOMBANIE.) *Amsterdam et Paris, Vincent,* 1766, in-12.

Vues proposées à l'auteur des « Lettres pacifiques ». (Par l'abbé Louis GUIDI.) *Paris,* 1753, in-12.

Vues relatives au but et aux moyens de l'instruction du peuple, considérée sous le seul rapport des livres élémentaires. (Par F.-P. BARLETTI DE S.-PAUL.) *Paris,* 1784, in-4.   V. T.

Vues remarquables des montagnes de la Suisse, dessinées et coloriées d'après nature, avec leur description. (Par Alb. DE HALLER et WYTTENBACH, publiées par R. HENTZI.) *Amsterdam,* 1785, in-fol.   V. T.

Vues (les) simples d'un bon homme. (Par J.-H. MARCHAND, avocat.) *Paris,* 1776, in-8.

Vues simples et patriotiques d'un citoyen, pour la régénération de la France, dans les États généraux de 1789, où il propose un impôt unique sous la dénomination de droit royal réuni. (Par M. DE MAILLOU, avocat en Parlement.) *S. l. n. d.,* in-4. — Supplément au projet du droit royal réuni, par M. DE MAILLOU, avocat en Parlement. *Paris, V° Hérissant,* in-4.

Vues sur l'éducation de la première enfance. (Par CAVAILLON.) *Amsterdam (Paris), Lesclapart,* 1782, in-8.

Permission tacite.

Vues sur l'éducation nationale, n° 1er. (Par DUPONT, de Nemours.) *S. l.* (vers 1797), in-8, 47 p.

Vues sur l'enseignement de la philosophie. (Par G.-G. MAUGER.) *Paris, Déterville,* 1818, in-8, 50 p.

Vues sur l'impôt. Par M. D. L. F., auteur d'un ouvrage sur la contrainte par corps pour dettes (L.-P.-D. LAFAGE). *Paris, chez l'auteur,* 1814, in-8, 32 p.

Vues sur l'œuvre de la création. Tableau synoptique des systèmes cosmogoniques; par un ami de la vérité (N.-P. GODEFROY). *Paris, Sagnier et Bray,* 1850, in-8.

Vues sur la propreté des rues de Paris. (Par J.-H. RONESSE.) *S. l.,* 1782, in-8.

Vues sur le rapport de M. Mounier, concernant la constitution; par un député de l'Assemblée nationale (le comte DE LA GALISSONNIÈRE). *S. l. n. d.* in-8, 23 p.

Vues sur le second avènement de Jésus-Christ, ou analyse de l'ouvrage de LACUNZA sur cette importante matière. (Par AGIER.) *Paris,* 1818, in-8.

Vues sur les moyens d'exécution dont les représentants de la France pourront disposer en 1789. (Par l'abbé SIEYÈS.) *S. l. n. d.,* 1789, in-8 de 102 p. — 2° édit. in-8 de VIII, 168 p.

Première édition, avec cette épigraphe : « Il faut.

mesurer ses projets sur ses moyens », qui, dans la la 2ᵉ édition, est précédée de : « On peut, on doit même élever ses désirs à la hauteur de ses droits; mais il..... ». Cette seconde édition est augmentée de l'Avis et de notes, dont quelques-unes très-longues.

Vuidangeur (le) sensible, drame en trois actes; par M*** (P.-J.-B. Nougaret et J.-H. Marchand.) *Londres et Paris, Bastien,* 1777, in-8, xv-72 p.

a

Vulgate (la) authentique dans tout son texte, plus authentique que le texte hébreu, que le texte grec qui nous restent; la Théologie de Bellarmin, son apologie contre l'écrit annoncé dans le Journal de Trévoux, article 85, juillet 1750. (Par Charles-Joseph Frevier, ci-devant jésuite, contre le P. Berthier, jésuite, l'un des auteurs du Journal de Trévoux.) *Rome (Rouen),* 1753, in-12.

W

WALLACE

Wallace ou le Ménestrel écossais, opéra comique en trois actes, paroles de M*** (J.-V. Fontanes de Saint-Marcellin). *Paris, Mᵐᵉ Benoit,* 1817, in-8.

Wallonades, par l'auteur d' « Alfred Nicolas » (Joseph Grangagnage). *Liége, Oudard,* 1845, in-8, 156 p.

Tiré à part de la « Revue de Liége ».   J. D.

c

Walter de Monbary, grand maître des templiers, roman historique trad. de l'allem. de l'auteur de « Hermann d'Una » (Mᵐᵉ Bened. Naubert, par Mᵐᵉ de Cerenville). *Paris, Maradan,* an VII, 4 vol. in-22.

Walter Scott. (Par Frantin.) *Dijon,* 1833, in-8 de 27 p.

Walther, ou l'enfant du champ de bataille, trad. de l'allemand d'Aug. Lafontaine, par M. Henri V*** (Villemain).

Warde (la) de Steppes, ou le triomphe de saint Lambert. (Par L. Polain.) *Liége,* 1838, in-8.

Wasprie (la), ou l'ami Wasp (Fréron), revu et corrigé. *Berne, aux dépens de M. Wasp,* 1761, 2 parties in-12.

WAVERLEY

On est dans l'habitude d'attribuer cette satire, ainsi que « l'Ane littéraire », à Jean-Et Le Brun, frère du poëte célèbre de ce nom. L'abbé Sabatier, de Castres, a contribué peut-être à répandre cette opinion; mais M. Chaudon m'a écrit qu'il était convaincu que le poëte P.-D. Le Brun était le véritable auteur de ces deux ouvrages. En les relisant, j'ai partagé l'opinion de mon estimable correspondant.

Le Brun a reproduit, à la fin de son pamphlet, son ode à Voltaire, « l'Ombre du grand Corneille », qui lui avait valu les critiques de Fréron, et sa correspondance avec Voltaire, qui, après l'envoi de cette ode, avait adopté la petite-fille de Pierre Corneille.

Vaux-Hall (le) populaire, ou les fêtes de la guinguette, poëme grivois et poissard-lyri-comique en cinq chants enrichis de rondes de table et vaudevilles nouveaux parodiés sur les ariettes les plus jolies; dédiées à M. de Voltaire. (Par A.-Ch. Cailleau.) *A la Gaîté, chez le compère La Joie (Paris, Cailleau), avec permission des Riboteurs,* 1769, in-8, 127 p.

Voir le « Bulletin du bibliophile », xvᵉ série (1862), p. 1352, nᵒ 113.

Waverley, ou l'Écosse il y a soixante ans, roman historique... (Par W. Scott.) trad. de l'angl. sur la quatrième édition, par Jos. Martin. *Paris, Mᵐᵉ Perronneau,* 1818, 4 vol. in-12.

f

Les titres ont été réimprimés et le nom de M. DE-PAUCONPRET y a remplacé celui de J. Martin.

Waverley, par Walter Scott; trad. nouvelle (par MM. Chaillot). *Avignon, Chaillot*, 1837, 4 vol. in-18.

Welf-Budo, ou les aéronautes, roman trad. d'Aug. Lafontaine, par Mᵐᵉ Élise V*** (Voiart), traducteur des « Aveux au tombeau », de « Ludwig d'Eisach », etc. *Paris, Chevalier*, 1817, 3 vol. in-12.

Werther, traduit de l'allemand (de Goethe), par Deyverdun. *Maestricht, Dujour*, 1784, 2 vol. in-12, avec une vignette à l'eau-forte de Chodowiecki sur le titre.

Cette traduction a été plusieurs fois réimprimée.

Werther, traduit de l'allemand (de J.-W. de Goethe), par L. C. de Salse. *Basle, imp. de J. Decker*, 1800, 2 vol. in-18.

Le nom de Salse ne figure pas dans la « France littéraire ». Je n'ai trouvé cette édition citée nulle part; elle est très-joliment imprimée; elle a été faite d'après l'édition fort augmentée donnée par Gœthe en 1787.

Le traducteur a donné à la fin du t. I la traduction de l'ode de Klopstock, « la Célébration du printemps ».

Werther, trad. de l'allemand de Goethe sur la nouvelle édition. *Bâle, J. Decker; et Paris, Pougens*, 1801, 2 vol., in-8.

« Les bibliographes s'accordent à citer une traduction de Werther par Déjaure; c'est vraisemblablement celle-ci ».

(Quérard, « France littéraire ».)

Werther, trad. nouvelle (de J.-W. Goethe; par le comte H. de La Bedoyère). *Paris, Colnet*, an XII-1804, in-12.

Il n'existe qu'un très-petit nombre d'exemplaires de cette édition.

Réimprimé en 1809 et en 1845 sous le titre de : « Souffrances (les) du jeune Werther... ». Voyez ci-dessus, col. 534, *d.*

Werther. (Traduction de l'allemand de Goethe, par M. Allais.) *Paris, Dauthereau*, 1827, 2 vol. in-32.

Wertherie. (Par P. Perrin.) *Paris, Guillot*, 1791, 2 vol. in-16.

La dédicace de la 2ᵉ édition, *Paris, Louis*, 1792, est signée : Pierre Perrin, de Verdun ; et la 3ᵉ édit., *Paris, Louis*, an II, porte le nom de l'auteur sur le titre.

Whist (le), poëme didactique en quatre chants; par Cléon G..... D..... (Jean-Hyacinthe-Adonis Galoppe, dit Galoppe d'Onquaire). *Paris, Delloye*, 1841, in-18.

Whist (le) rendu facile. Traité complet et approfondi du jeu de whist à quatre et à trois... Terminé par un vocabulaire des termes usités au whist. Par un amateur (Dandely). *Liège, Desoer*, 1851, in-18, XI-323 p.   J. D.

Wideville. Histoire et description. (Par M. le comte de Galard.) *Paris, Claye*, 1874, in-8.

Wilhelmine, ou les dangers de l'inexpérience; imité de l'allemand (de J.-F. Junger, par F.-D. Pernay). *Paris*, 1799, 2 vol. in-12.

William-Hillnet, ou la nature et l'amour; traduit de l'allemand de Miltenberg (A.-H.-J. Lafontaine), par Adeline D. C. (de Colbert). *Paris, Hocquart*, an IX-1801, 3 vol. in-18.

William Shakespeare. (Par Victor Hugo.) *Paris, Lacroix*, 1864, in-8.

William Shakespeare; par Victor Hugo. (Analyse critique, par C.-A. Desoer.) *Liège, Desoer*, 1864, in-8, 8 p.

Wilmina, ou l'enfant des Apennins ; par Mˡˡᵉ L. G.... de C*** (Girard de Caudemberg). *Paris, Locard et Davy*, 1820, 5 vol. in-12.

Wilmington (les); par l'auteur d' « Émilia Wyndham » (Anna Caldwell). Traduit de l'anglais (par Mᵐᵉ Z. Long). *Genève*, 1850, in-8.

Wlaska, ou les Amazones de Bohême; par Vander Velde. Roman traduit de l'allemand, par Léon *** (Léon Astoin). *Paris, Pigoreau*, 1826, 3 vol. in-12.

X

Xavier Jouvin, (Par Ed. REY.) *Grenoble, imp. de Saint-Allier, 1868*, in-18.

XÉNOPHON, de la République des Lacédémoniens et Athéniens ; traduict du grec en françois par G. P. (Claude PINARD, sei- *a* gneur de Cramaille). *Paris, Fed. Morel, 1579*, in-4.

Xiphonomanie (la), ou l'art de l'escrime, poëme didactique ; par L.... (LHOMOND). *Angoulême, 1821*, in-8.

Y

Y a-t-il un Dieu ? Par l'auteur de : « Les déistes sans Dieu » (Nap. ROUSSEL). *Paris, 1844*, in-32.

Yeux (les), le nez et les tétons, ouvrages curieux, galants et badins, composés pour le divertissement d'une certaine dame de qualité ; par J. P. N. DU C. dit V. (Jean-Pierre-Nicolas DU COMMUN, dit VÉRON) ; avec les poésies diverses du sieur DU COMMUN. *Amsterdam, Étienne Roger, 1716, 1717 et 1720*, 3 part. in-8. — Les mêmes ouvrages, nouvelle édition. *Amsterdam, Pauli, 1735, 1760*, in-8.

Voy. « Supercheries », II, 426, e.

Ynkle ou Yariko. Supplément aux Œuvres de GESSNER (trad. par DE MEISTER). *S. l.*, 1790, in-18.

« Correspondance de Grimm », 3⁰ partie, t. V, p. 528.

Il ne faut pas confondre cette traduction avec celle qui a pour titre : « Incle et Yarico, tragédie en un acte, traduite de l'allemand », par Maximilienne, baronne DE LUTGENDORF. *Vienne, Jos. Stahel, 1784*, in-8.

b Yorick, ou le voyageur breton de 1788. (Par dom BERNARD, bénédictin.) *Landerneau, Gognard, imp. des Sages et des Fous, à l'image de la Lune*, in-12.

Youry Miloslawsky, ou la Russie en 1612, roman historique, par (Michel) ZAGOSKINE ; traduit du russe par Mᵐᵉ S. C... (Sophie CONRAD), née D'OTT. *Paris, Gosselin, 1831*, 4 vol. in-12.

c Yphis, ou la Fille crue garçon, opéra comique (en 1 acte, tout en vaudeville, par Fr. NAU). *Amsterdam (Paris, Cuissart), 1757*, in-12.

Ystoire.

Voy. « Histoire ».

Yvrogne (l') corrigé, opéra comique en 2 actes (en prose, mêlé d'ariettes), par *d* MM. ANSEAUME et... (LOURDET DE SANTERRE) ; musique de La Ruette. *Paris, 1759*, in-8.

Zabeth, ou la victime de l'ambition; par l'auteur de « Sophie de Beauregard » (Mme LA GRAVE). *Paris, Le Prieur*, 1798, 2 vol. in-12.

Zacharie, tragédie; les Passions, ballet (par le P. ELEURET, jésuite), seront représentées par Mess. les écoliers du collége d'Avignon, de la Comp. de Jésus, le sept. 1752. *Avignon, Domin. Séguin*, 1752, in-4, 8 p.

Zadig, ou la destinée, histoire orientale. (Par VOLTAIRE.) *S. l.*, 1747, in-12.

Voy. « Bibliogr. voltair. », nº 159, d.

Zadig, ou la destinée, mélodrame héroïque en trois actes, à grand spectacle, tiré des romans de Voltaire... par M. Barthélemy H*** (Mme M.-A. BARTHÉLEMY-HADOT)... Représenté, pour la première fois à Paris, sur le théâtre de la Gaîté, le 7 fructidor an XII (25 août 1804). *Paris, Fages*, an XII-1804, in-8, 26 p.

Zaïde, reine de Grenade, ballet héroïque. (Par l'abbé DE LA MARRE.) Représenté à Versailles. *De l'imp. de Ballard fils* (1745), in-4.

Zaïde, tragédie; par le sieur D. L. C. (DE LA CHAPELLE). *Suivant la copie imprimée à Paris (Hollande, à la Sphère)*, 1681, in-12.

Zaluca à Joseph; suivie de la nouvelle Betzabé et de quelques poésies réimprimées. (Par Jean-Nicolas-Marcellin GUERINEAU DE SAINT-PÉRAVI.) *Genève; et Paris, Delalain*, 1769, in-8, 25 pages, avec gravures.

Zambeddin, histoire orientale. (Par L.-S. MERCIER.) *Amsterdam; et Paris, Delalain*, 1768, in-12.

Zamir, tragédie bourgeoise en 3 actes, en vers dissyllabiques et en rimes croisées et redoublées. Par M. R*** (RANDON). *S. l. n. d.*, 1761, in-8.

Voy. « l'Humanité », V, 969, a.

Zamor et Almanzine, ou l'inutilité de l'esprit et du bon sens. (Par Mme DE PUISIEUX.) *Paris, Hochereau*, 1755, 3 part. in-12.

Zanetti, ou la fille du réfugié, anecdote romaine en trois actes, de MM. SAINT-AMAND (Amand LACOSTE) et *** (BALISSON DE ROUGEMONT), musique de M. Léon. Représentée sur le théâtre de la Gaîté, le 10 août 1830. *Paris, Bezou*, 1831, in-8.

Zanoubé et Floricourt, ou la bataille des Pyramides, mélodrame en 3 actes. (Par THURING.) *Paris*, 1803, in-8.

Catal. Soleinne, t. III, p. 214.

Zatide, histoire arabe; par L. N. (LE NOBLE). *Paris, Ribou*, 1703, in-12.

On prétend, dans les « Pièces fugitives d'histoire et de littérature », *Paris*, 1704, t. I, p. 189, que le véritable auteur de ce médiocre roman est la comtesse D'AUNEUIL.

Zélamire, ou les liaisons bizarres, histoire récente, mise au jour d'après les mémoires de l'héroïne et publ. par l'édit. de « Célestina ». *Paris*, 1791, 2 part. en 1 vol. in-12.

La préface est à la fin de l'ouvrage, mais en tête il y a une préface de l'auteur, signée : Dopp** (DOPPET), lequel se nomme p. 204.

Zelaskim, histoire américaine; par M. B*** (BÉLIARD). *Paris, Mérigot*, 1765, 4 part. in-12.

Zélé (le) serviteur de J.-C., ou l'adorateur du Verbe éternel... (Par l'abbé J.-B. LASAUSSE.) *Paris*, 1810, in-18.

Zélia, drame en trois actes, mêlé de musique, paroles de D*** (Paul-Ulric DUBUISSON). (Tiré de la « Stella » de GOETHE.) *Paris, Barba*, an II, in-8.

Zelica et Nazicaddolé. Dédié aux beaux esprits de Procope. (Par CHAMPAGNE, médecin.) *S. l.*, 1746, in-12.

Zélie dans le désert; par Mme D....... (DAUBENTON). *Londres et Paris*, 1786, 2 vol. in-8; 1795, 1819, 3 vol. in-12. Quatrième édition. *Paris, Guillaume*, 1823, 4 vol. in-18.

Le nom de l'auteur se trouve sur le titre de cette dernière édition; il y est écrit d'Aubenton.

Dans la « France littéraire », t. II, p. 400, Quérard attribue ce roman à la femme du célèbre naturaliste de ce nom et il dit que l'édition de 1787 est la seule avouée par l'auteur.

Dans les « Supercheries », 2ᵉ édit., I, 397, c, le nom de Mᵐᵉ d'Aubenton est donné comme cachant celui de Daubenton, imprimeur.

Zélie, ou le jeune auteur dramatique, comédie en trois actes et en prose, mêlée de chant; par Auguste L. DE B*** (Auguste-Louis DE BEAULIEU). Chartres, Noury-Coquard, 1861, in-18.

Zélinde, comédie, ou la véritable critique de l' « École des femmes » et la critique de la critique. (Par DE VILLIERS.) Paris, G. de Luynes, 1663, in-12. — Amsterdam, R. Smith, 1665.

Cette pièce, qui a été longtemps attribuée à Donneau de Visé, a été réimprimée à Genève, J. Gay, 1868, in-12, avec une notice par M. Paul Lacroix.

Zelindor et Zaïre. (Par Laurent MARCILLY.) La Haye, 1755, in-12.

Zélindor, roi des silphes, ballet représenté devant le roi en son château de Versailles, les 17, 24 mars et 22 décembre 1745. (Par François-Auguste PARADIS DE MONCRIF.) Paris, imp. de Ballard, 1745, in-4, 15 p. — Ibid., id., 1769, in-8, 23 p.

Zelinga, histoire chinoise. (Par PALISSOT.) Marseille, 1749, in-12.

Zélis au bain, poème. (Par le marquis DE PEZAY.) S. l., 1763, in-8.

Réimprimé sous le titre de : « La Nouvelle Zélis... », VI, 564, e.

Zelmir et Osmin, comédie lyrique, en trois actes et en prose, musique de N. Schmitt; par un soldat du régiment du Roi, infanterie (VALOIS). Besançon, J.-F. Chaumet (1777), in-8.

Zéloïde, ou les fleurs enchantées, opéra en 2 actes. (Par ÉTIENNE.) Paris, 1818, in-8.

Zelonide, princesse de Sparte. (Par Ch.-Cl. DE GENEST.) Paris, 1682, in-12.
V. T.

Zély, ou la difficulté d'être heureux (par DE FOURQUEUX), et les amours de Philogène et Victorine (par l'abbé DE VOISENON). Publié par DANTU. Amsterdam et Paris, veuve Duchesne, 1775, in-8.

Zémire et Azor, comédie en vers et en

4 actes, mêlée de chants... (Par MARMONTEL.) Parme, imp. royale, 1782, in-8.

Souvent réimprimé avec le nom de l'auteur.

Zémire et Zilas, poëme en trois chants; suivi de quelques poésies champêtres. Par M. D. DE S. (DESCHAMPS DE SAUCOURT). Maestricht, J.-E. Dufour, 1775, in-8, 156 p., avec frontisp. gravé par J. Porta.

Zémire et Zilas a été réimprimé sous le titre de : « Les Premières Amours... ». Voy. VI, 1003, a.

Zénobie, reine d'Arménie; par Mˡˡᵉ LEGROING-LA-MAISONNEUVE.) Londres, 1795, in-8; Paris, 1800, ir-12.

Quelques exemplaires ont été répandus avec le nom de l'auteur, dans un court Avertissement.

Zénobie, tragédie, où la vérité de l'histoire est conservée dans l'observation des plus rigoureuses règles dramatiques. (Par l'abbé D'AUBIGNAC.) Paris, Sommaville, 1647, in-4.

Cette tragédie est en prose.

Zéphir artillerie, ou la société des Francs-Péteurs. (Par P.-J. LE CORVAISIER.) S. l., 1743, in-8.

Publié de nouveau avec l' « Art de péter ». Voyez IV, 293, b, et réimprimé sous le titre de : « l'Esclavage rompu... » Voy. V, 173, a.

Attribué à Gabriel PORÉ et à M. DE LA CONSONNIÈRE, par l'auteur du poëme intitulé : « les Francs-Péteurs ». Voy. V, 506, e.

Zéphir et Fleurette, opéra comique, ballet en un acte; par DE VILLENEUVE et L*** (LAUJON). S. l., 1750, in-8.

Zéphire et Flore, opéra comique en trois actes. (Par Michel DU BOULAY, secrétaire du duc de Vendôme.) Paris, 1688, in-12. — Leyde (Elzevir), 1688, in-12.

Réimprimé sous ce titre : « Zéphire et Flore, opéra remis au théâtre par l'Académie royale de musique ». Paris, Ribou, 1715, in-4, 44 p.

Zéphire, ou le berceau de Flore, roman imité du grec, par S... (SANCHAMAU). Paris, Maradan, 1797, in-18.

Zéphirine, ou l'époux libertin, anecdote volée par l'auteur d' « Adélaïde » (GARNIER). Amsterdam; et Paris, Costard, 1771, in-8, IV-128 p.

Zerline, opéra-comique en deux actes, paroles de Ch.-R. (Charles RUELENS), musique d'Armand Toussaint. Représenté pour la première fois (en partie), chez Mᵐᵉ Ch. Ruelens, le 8 avril 1866. Bruxelles, imp. de Toint-Scohier, 1866, in-16, 44 p.
J. D.

Zet-naz-bé (Bénazet), ou les jeux en action. Drame historico-fantastique, en cinq actes et en quinze tableaux. Traduit du chinois, par M. D. S. F. (DE SAINT-FÉLIX). *Paris, Barba*, 1837, in-8.

Zilia, roman pastoral. (Par la comtesse Joseph DE BEAUFORT.) *Toulouse*, 1789, in-12; 1797, in-18.

On trouve en tête de quelques exemplaires de la 1re édition des *Vers à la reine*, signés par l'auteur.

Zingis, histoire tartare. (Par Mlle DE LA ROCHEGUILHEM.) *La Haye*, 1692, in-12.

Zisza, histoire orientale, tirée des Annales de la Perse; suivie du Malheureux imaginaire, histoire récente. (Par Stéphen ARNOULT.) *Paris, Fréchet*, 1807, in-12.

Ziska, ou le redoutable aveugle, capitaine général des Bohémiens évangéliques dans le pénultième siècle; avec l'histoire des guerres et troubles pour la religion dans le royaume de Bohême, ensuite du supplice de Jean Huss et de Jérôme de Prague, lors du concile de Constance. (Par J.-B. DE ROCOLLES.) *Leide, J. Moukée*, 1685, in-12, 10 ff. prél. et 162 p.

Zizimi, prince ottoman, amoureux de Philipine Hélène de Sassenage, histoire dauphinoise. *Grenoble, J. Nicolas*, 1673, in-12, XXIX-383 p.

Les initiales de l'auteur L. P. A. (le président AL-LARD) se lisent au bas de l'épître dédicatoire. Des exemplaires portent le titre : « Histoire des amours du prince Zizimi... ». Voy. V, 730, *f.*

Zodiaque (le) expliqué, ou recherches sur l'origine et la signification des constellations de la sphère grecque; traduit du suédois de G. S. (SWARTZ). *Paris, Migneret*, 1807, 1809, in-8.

Zodiaque nouvellement découvert en Égypte, par M. Testa, secrétaire des lettres latines de S. S.; traduit de l'italien, par C. E. S. G. (GAULTIER). *Paris, Leclère*, 1807, in-8, 80 p.

Zoé, ou la femme légère; suivie du Curé de Bérites. Par l'auteur d' « Eudolie » (Mme TARBÉ DES SABLONS). *Louvain, Valinthout et Vandenzande*, 1825, in-8.

Zoloé et ses deux acolythes, ou quelques décades de la vie de trois jolies femmes, histoire véritable du siècle dernier, par un contemporain (le marquis DE SADE).

Turin (Paris), de l'imp. de l'auteur, thermidor an VIII, in-18, XII-142 p.

Voy. « Supercheries », I, 781, *d.*

Zombi (le) du Grand-Pérou, ou la comtesse de Cocagne. (Attribué à Corneille BLESSEBOIS.) *S. l.*

Imprimé aux Antilles, 1697, petit in-12. — Nouvellement imprimé, le 15 février 1697 (*Rouen*), in-12.
Réimprimé à Paris en 1862, avec une notice sur Blessebois, par M. Ed. Cleder.
Voyez, pour des détails sur cet ouvrage, Nodier, « Mélanges tirés d'une petite bibliothèque », p. 366, Brunet, « Manuel du libraire », 5e édition, t. V, col. 1539, et la « Bibliographie des ouvrages relatifs à l'amour ».

Zorib, conte. (Par M. PARAVEY fils.) *Paris*, 1829, in-18.

Tiré à 25 exemplaires.

Zoroastre, histoire traduite du chaldéen. (Publiée par le chevalier DE MÉHÉGAN.) *Berlin, à l'enseigne du roi philosophe*, 1751, in-18.

Réimprimé la même année sous ce titre : « De l'Origine des Guèbres, ou la religion naturelle mise en action » (voy. VI, 746, *e*), ainsi que dans « l'Abeille du Parnasse » (1752, tome V, n°s 3-5), et dans les « Pièces fugitives » de cet auteur.
L'exempt de police d'Hemery, dans ses notes, fait de Méhégan « un jeune abbé de condition et qui a beaucoup d'esprit ». Il a 1,000 liv. de pension sur l'évêché de Saint-Claude et 200 liv. sur le trésor royal. Il a un frère qui fait joliment des vers, qui est major du régiment de la Couronne. Il est clerc tonsuré du diocèse d'Alais, et il aurait pu être évêque, s'« il n'avait pas prêché le déisme, qu'il professe ouvertement ».
Il a fait aussi une critique ou plutôt une apologie de « Zoroastre, qu'il a fait imprimer par Dufour, garçon imprimeur, qui a été arrêté à ce sujet ».
« Le 11 août 1751, l'abbé Méhégan a été arrêté et conduit à la Bastille en vertu de l'ordre du roi précédent » (1er février 1751), à l'occasion de son Zoroastre ».

Zouaves (les) et les chasseurs à pied. Esquisses historiques. (Par le duc D'AUMALE.) *Paris, Michel Lévy frères*, 1855, in-12.

Ce travail a paru d'abord dans la « Revue des Deux-Mondes » des 15 mars et 1er avril 1855, avec la signature : V. DE MARS.
Il a été souvent réimprimé.

Zuléima, par Caroline PICHLER; imité de l'allemand par H. DE C. (le marquis H. DE CHATEAUGIRON). *Paris, Didot*, 1825, in-18, 57 p.

Tiré à 100 exemplaires. Dédié à la Société des bibliophiles français et aux membres du Roxburghe-Club.

Zulmé, ou la veuve ingénue, nouvelle, traduite de l'italien. *Paris*, *Mlle Durand*, an VIII, in-18.

Quérard pense que ce roman est de la composition de Mme GUÉNARD, baronne de Méré.

Zulmis et Zelmaïde, conte. (Par l'abbé C.-H. DE FUSÉE DE VOISENON.) *Amster*-

a dam, 1745, in-12, 2 ff. de tit. et 160 p.

Réimprimé dans le « Cabinet des fées », tome XXXVII.

Zuloé, ou la religieuse reine, épouse et mère sans être coupable ; par M. R. M. (R. MARCÉ). *Paris*, *Béchet*, 1816, 3 vol. in-12.

ANONYMES LATINS

ANONYMES LATINS

A

A. F. P. (POELENBURGI) epistola ad C. H. (Hartsœkerum), in qua liber octavus Summæ controversiarum Joannis Hogenbeechii, qui est adversus remonstrantes, refellitur. *Amstelodami*, *J. Rieverinus*, 1655, in-8.   V. D.

Academia funebris Manfredo Septalio in classe rhetoricæ Bragdensis. (Auct. Thoma CEVA, S. J.) *Mediolani*, 1680, in-4.

Academia Neapolitana scientiarum. Commentarius do Vesuvii conflagratione, quæ mense majo anno 1737 accidit. (Auct. Francisco SERAO.) *Neapoli*, *de Bonis*, 1738, in-4.

Academiæ Parisiensi gratiarum actio græce a Claudio CAPPERONNIER, cum latina versione P. B. (Petri BILLET). *Parisiis*, *Thiboust*, 1706, in-4.

Voy. « Supercheries », III, 1236, b.

Academici undeni Græcenses suo sanguine purpurati.(Auct.Michaele BONBARDI, S. J.) *Græcii*, 1727, in-8.

Academicus ens naturale per quæstiones philosophicas controvertens, nunc ab auctore (Laurentio TAPOLCSANYI, e S. J.) revisus et auctus. *Tyrnav.*, *typis Acad.* S. J., 1726, in-8.

Achillis GAGLIARDI compendium christianæ perfectionis, *Viennæ*, *Rictius*, 1633, in-12.

Traduit de l'italien en latin par le jésuite Jean BUCELLENI.   Melzi.

Acromata nuptialia Balthasari Moreti. (Auct. Jacobo CATERO, S. J., et aliis.) *Antuerpiæ*, *Plantinus*, 1645, in-4.

Acta Ecclesiæ Mediolanensis, tribus partibus distincta (cura P. GALESINII). *Mediolani*, *Pontius*, 1582, in-fol.

Acta et decreta secundæ synodi Ultrajectensis provinciæ (cura et studio Gabrielis DUPAC DE BELLEGARDE in lucem emissa). *Ultrajecti* (*Parisiis*), 1764, in-4 et in-12.

Acta inter Bonifacium VIII et Benedictum XI, PP., et Philippum Pulchr., regem christianiss., nunc primum edita. Accedit historia eorumdem ex variis scriptoribus. S. l., 1613, in-4.

Par Simon VIGOR, d'après le P. Lelong.

Acta legationis Helvetiæ, ab anno 1723 ad annum 1729. *Turini*, *Schellins*, in-8.

Par Dominique PASSIONEI, depuis cardinal.

Acta martyrum (protestantium) eorum qui a Wiclefo et Husso ad nostram hanc ætatem, veritatem evangelicam sanguine suo obsignaverunt. (Auct. Joan. CRISPINO.) *Genevæ*, *Crispinus*, 1556, 1560, in-4.

Acta omnia congregationum et disputationum quæ coram Clemente XIII et Paulo V sunt celebrata in controversia de

Auxiliis. (Edente Theod. DE VIAIXNES, bened.) *Lovanii*, 1702, in-fol.

Acta pacificationis inter legatos regis Hispaniæ et archiducis Mathiæ, ordinumque Belgii legatos Coloniæ habita, in protocollo legatorum descripta. (Auct. ALBADA.) *Lugd. Batavor.*, 1580, in-4.

Voy. « Actes de la pacification de Cologne », IV, 57, c.

Acta passionis et translationis S. Magni, episcopi Tranensis et martyris, ex pervetustissimis codicibus notis illustrata. *Æstii, J. B. de Juliis*, 1743, in-4.

Par le P. Jean MARANGONI.   Melzi.

Acta philosophica Societatis regiæ in Anglia, annis 1665 ad 1669, auct. Henrico OLDENBURGIO anglice conscripta, et in latinum versa interprete C. S* (Christoph. SAND). *Lipsiæ*, 1675, in-4.

Acta Rothomagensis Ecclesiæ, a Francisco (HARLÆO), archiepiscopo, publicata, *Parisiis, Estienne*, 1629, in-8.

Renouard, « Annales de l'imp. des Estienne ».

Acta sanctorum Ungariæ, ex Joan. Bollandi ejusque continuatorum operibus excerpta et prolegomenis ac notis illustrata; semestria I et II. (Auct. J.-B. PRILESZKI, S. J.) *Tyrnav.*, 1743 et 1744, 2 part. in-8.

Acta scitu dignissima docteque concinnata Constantiensis concilii (ab Hieronymo DE CROARIA collecta). — *Parrhysiis, apud J. Parvum*, 1514, in-8, goth., 2 col.

Actii Sinceri SANNAZARII opera latina omnia et integra. Accedunt notæ ad eclogas, elegias et epigrammata. Item trium fratrum AMALTHEORUM, Hieronymi, Joan. Baptistæ, Cornelii carmina (curis Jani BROUKHUSII). *Amstelodami*, 1689, in-12.

On a mis le nom de cet éditeur (Jean BROEKHUIZEN) à l'édition d'*Amsterdam*, 1727, in-8.

Actorum colloquii Ratisponensis ultimi, quomodo inchoatum ac desertum, verissima narratio. (Auct. Joh. HOFMEISTER.) *Ingolstadtii*, 1546, in-4.

Acute dicta omnium veterum poetarum. (Auct. Phil. BRIETTIO.) *Paris*, 1664, in-12.

Ad Anchoram sauciatorum Joan. Cornelii Weeber observationes a medico Ferrariensi (Francisco-Maria NEGRISOLI). *Ferrariæ*, 1687, in-4.

Antiquitates (ad) Etruscas, quas Volaterræ nuper dederunt, observationes.

(Auctore Paganino GAUDENTIO; in lucem edidit H. ERNSTIUS.) *Amstelodami*, 1639, in-12.

On trouve le passage suivant sur cet auteur, dans un ouvrage publié en 1815 par M. Schoell, sous le titre d' « Histoire abrégée de la littérature romaine », t. I, p. 25.

« Un imposteur, qui s'appelait Curzio INGHIRAMI, ou, selon d'autres, qui croient qu'il s'est seulement caché sous ce nom fictif, Thomas FEDRA, ou Guillaume POSTEL, ou Paganinus GAUDENTIUS, publia en 1637 « Etruscarum antiquitatum fragmenta », etc. ». Voy. « Supercheries », III, 1198, c.

Ces réflexions sont aussi obscures qu'inexactes. Richard Simon est l'écrivain qui me paraît s'être exprimé avec le plus de justesse au sujet du recueil de Curzio Inghirami. Il sera mon guide. Cet habile critique convient bien qu'on a attribué à Postel les « Fragments d'antiquités étrusques », mais il affirme que ces sortes de faussetés par inscriptions n'étaient point de son génie. Il serait plutôt porté à croire qu'ils ont été composés par Thomas-Fedra INGHIRAMI, bibliothécaire du Vatican et contemporain du faussaire Annius de Viterbe. Curtius Inghirami, qui en a été l'éditeur, était si jeune lorsqu'il commença à les trouver, qu'à grand'peine pouvait-il les entendre, loin d'être capable de les forger.

Quant à Paganinus Gaudentius, il est simplement auteur des Observations sur ces antiquités, publiées par Henri Ernstius à Amsterdam en 1639, in-12. Voy. la « Bibliothèque critique » de Richard Simon, t. II, p. 100; et Placcius, « de Scriptor. pseudonymis », au mot *Prosper Fesulanus*, p. 523 et 524.

Peu de temps après la publication des « Fragmens », Léon Allatius écrivit avec force contre l'éditeur, qu'il accusa de les avoir fabriqués. Vers le milieu du dernier siècle, le chanoine Niccolo Lisci et le célèbre Muratori ont pris la défense de cet éditeur. Voy. le mot *Inghirami* dans la traduction italienne du « Dictionnaire des hommes illustres » de Chaudon.

Ad assertionem, seu famosum libellum, contra cleros, præsertim episcopos, qui participaverunt in divinis scienter et sponte cum Henrico Valesio rege post cardinalicidium, responsio. *S. l.*, 1590, in-8.

Par Jean PREVOST, Jean LOMMEDÈ et René BENOIST, d'après le P. Lelong.

Ad clarissimum virum Antonium Muliubechium epistola. *Aug. Taurinorum*, 1704, in-4.

Cette lettre, relative à une controverse au sujet de quelques anciens documents, est attribuée au P. Benedetto BACCHINI. Voy. Melzi, « Dizionario », I, 213.

Ad clarissimum virum Jo. Schonerum, de libris revolutionum Nicolai Copernici Torunnæi, per quemdam juvenem mathematicæ studiosum (G.-J. RHETICUM), narratio prima. *Gedani*, 1540, in-4.

Ad concordata nationis Germanicæ integra documentorum fasciculi, etc. (Auct.

HEDDERICH, minorita.) *Francofurti et Lipsiæ*, 1775-1777, 4 vol. in-8.

Ad cujusdam incerti nominis medici apologiam parum philosophicam, pro chirurgis responsio.(Auct. Petro CABALLO.) *Paris.; D. Vallensis*, 1577, in-8, 12 p.

Ad diem XXII novemb. Cæciliæ virgini martyri sacrum, Stephano de Fieux, abbate commendatorio de Bello-Loco... societatis principe et agonothota. (Auct. Joan. COMMIRIO, S. J.) *S. l.*, in-8, 4 p.

Ad disciplinam mechanicam, nauticam et geographicam acroasis critica et historica (P. Jacobi BELGRADI, vel BELLOGRADI, soc. Jesu.) *Parmæ*, 1741, in-4.   Melzi.

Ad dominum abbatem Quintiaci, prior. Cabliaci. (*Parisiis*, 1785), in-8.

Pièce de vers adressée à l'abbé Seguin, prieur de Quincy et chanoine de Chartres, par l'abbé DEMAUGRE, ancien curé de Givet.

Ad Eduardum VI, Angliæ regem, de creatione Julii III, tum quid de ejus papatu spernare possit. (Auct. Petro-Paulo VERGERIO) *S. l.*, 1550, in-8.   Melzi.

Ad Gallum apud Helveticos versantem epistolæ XII, circa verum Europæ statum, etc. (Auct. Joan. DE LA CHAPELLE.) *S. l.*, 1703-1711, 2 vol. in-12.

Voy. « Lettres, mémoires et actes concernant la guerre présente », V, 1270, *e*.

Ad illustrissimos et R. R. Galliæ episcopos, disquisitio theologico-juridica super declaratione cleri gallicani facta Parisiis 19 martii 1682, per quemdam S, T., professorem. *Leodii*, 1682, in-4.

Nicolas DUBOIS, professeur à Louvain, s'est déclaré l'auteur de cet ouvrage ; Bossuet l'a réfuté.

Ad illustrissimum Cæsarem Baronium cardinalem, epistola incerti auctoris, MDCVI, in-4.

Attribué à Alexandre LISCA, gentilhomme de Vérone. Melzi.

Ad impudentiam quorumdam chirurgorum, qui medicis æquari et chirurgiam publice profiteri volunt, pro veteri dignitate medicinæ apologia philosophica.(Auct. Joan. RIOLAN.) *Parisiis, D. Vallensis*, 1577, in-8, 16 p.

Ad persecutores Anglos pro catholicis persecutionem sufferentibus, contra... libellum inscr. : « Justitia britannica ». (Auct. Wilh. ALANO.) *S. l.* (1584), in-8.

Ad præclarissimum Alcorani codicem regiæ Bibl. Parmensis prologus. *Parmæ, ex reg. typogr.*, 1771, in-8.

Opuscule de 10 pages. A la fin les lettres P. M. P. (Paulus-Maria PACIAUDUS).   Melzi.

Ad primum librum Decretalium papæ Gregorii IX prolepsis. (Auct. P. D. Benedicto LAUDATI, bened. cong. Cassinensis.) *Neapoli, de Bonis*, 1698. — Lib. secundus, *ibid.*, 1699. — Lib. tertius, *ibid.*, 1701. — Lib. quartus, *ibid.*, 1703.

Le 5º livre parut à Rome, D. A. Ercoli, 1710, avec le nom de l'auteur.   Melzi.

Ad reverendi P. Claudii Lacroix, Soc. Jesu, Theologiam moralem, alterius ex eadem societate theologi (P. Franc.-Ant. ZACCARIÆ) supplementum. *Bononiæ*, 1749, in-8.   Melzi.

Ad Satyram *Dii vestram fidem*, antisatyra Tyberina neglecti academici Romani (Bartholomæi TORTOLETTI, Veronensis, adversus Nic. Villari). *Francofurti*, 1630, in-8.

Ad Tempe Alnetana ode. (Auct. Dan. HUETIO.) *S. l. n. d.*, in-4.

Ad tirones in academiis, etc. institutio theologica, etc., auctore T. L. (Joan. OPSTRAET), sac. theol. professore. *Leodii*, 1705, 2 vol. in-12.

Ad tractatum de Clericis, præsertim episcopis, qui participarunt in divinis scienter et sponte cum Henrico Valesio post cardinalicidium, responsio. *S. l.*, 1589, in-8, 112 p.

Cette réponse est probablement de Charles FAYE, abbé de Saint-Fuscien, conseiller clerc au parlement de Paris. (« Hist. univ. » de M. de Thou, liv. XCV, p. 596 du t. X de la traduction française, in-4.)

Ad tractatum M. Zampini « De successione prærogativæ primi principis Franciæ » responsio. *S. l.*, 1588, in-8.

Attribué à Fr. HOTMAN.

Adagia optimorum utriusque linguæ scriptorum omnia... *Florentiæ, apud Juntas*, 1575, in-fol. — Altera editio. *Ursellis, Corn. Sutorius*, 1603, gr. in-8 à 2 col., 4 ff. prélimin., 1444 p. et 53 ff. pour les index.

Premières éditions des « Adagiorum chiliades », d'ÉRASME, si bien expurgées, conformément aux prescriptions du Concile de Trente, que le nom de l'auteur n'y paraît pas.

Additiones ad Confessionale Hieronymi Savonarolæ... (Auct. Alexandro Saulio, congr. S. Barn.) *Ticini*, 1565, in-8.

Réimprimé plusieurs fois avec le nom de l'auteur. Melzi.

Adonia, seu mnemosynon Henrici Magni. (Auct. Emerico Cruceo, Parisiensi.) *Paris., J. Libert*, 1613, in-8.

Adumbratio eruditorum Basiliensium. (Auct. J.-W. Herzog.) *Basileæ*, 1780, in-8.

Ægræ animæ et dolorem suum lenire conantis pia in psalmum 118 soliloquia. (Auctore J. Hamon, cum præfatione P. Nicole.) *Leodici Eburonum*, 1684, in-8.

Réimprimé sous le titre de : « Christiani cordis gemitus », etc. Voy. ces mots.
Voy. « Gémissements d'un cœur chrétien », V, 528, a, et « Soliloques sur le psaume 118 », ci-dessus, col. 518, b.

Æneæ Sylvii Piccolominei, postea Pii II papæ, opera geographica et historica, cum præfatione (J. Andr. Schmidt). De ejusdem vita et libris tum editis, tum manuscriptis. *Helmstadii*, 1707 (1699 et 1700), 2 vol. in-4.

Ænigma timorumenon in lutum sanguine maceratum. *S. l.*, 1573, in-4, 48 ff.

L'auteur est Mathieu Wesembek, né à Anvers en 1531. Voy. p. 474 du t. XII du « Bulletin de la Soc. de l'hist. du protestantisme franç. ».

Ænigmati patavino Œdipus e Germania, hoc est Thomæ Reinesii marmoris patavini interpretatio. (Editore Joh. Mauricio Reinesio.) *Lipsiæ*, 1661, in-4.

Une seconde édition de cet ouvrage a été publiée à Paris en 1667, par les soins de Frédéric Brummer.

Æternitatis itinera, in quibus designatur triplex semita ad amorem Verbi divini unitivum deducens, tribus ternariis distincta. (Auct. Fr. Bern. Eretino.) *Romæ, A. Tinassus*, 1670, in-16.

Catal. L. Potier, 2° part. (1872), n. 209.

Affectus duorum Christi amantium, quorum alter ejus ad cunos, alter ad crucem pie su·pirat. *Paris., S. Benard*, 1684, in-4, 8 p.

Signé : J. C. (Joan. Comminius), S. J.

Agnoiæ, amplissimæ magnificentissimæque oligomatum reginæ, panegyricus. (Auctore Agnosto, scilicet J. du Hamel, avec la traduction française à la suite, par le même.) *Parisiis*, 1715, in-12.

En lisant cet ingénieux ouvrage, on voit que l'auteur était professeur de l'Université, et qu'il avait

prononcé antérieurement une harangue *de Eloquentiæ præstantia*.
Voy. « Panégyrique de l'ignorance », VI, 706, e.

Album marianum, in quo prosa et carmine Dei in Austriacos beneficia et Austriacorum erga Deum obsequia recensentur. *Lovanii*, 1641, in-fol.

Par le P. Stanyhurst, jésuite irlandais.

Alcoranus franciscanorum, id est, blasphemiarum et nugarum lerna de stigmatizato idolo quod Franciscum vocant; ex libro conformitatum a fratre Bartholomæo de Pisis conscripto (cura et studio Erasmi Alberi). *S. l.*, 1542, 1543, in-8. — Latine et gallice (per Conradum Badium). *Genevæ*, 1578, in-8.

Voy. « Alcoran des cordeliers », IV, 93, a.

Alcinous puer. (Auct. Antonio Nigro.) *Parma*, 1770, in-8.

Attribué à tort au P. Vela, barnabite, dans les « Nov. della Rep. lett. ». *Venezia*, 1732. Melzi.

Alexander et Aristobulus tragœdia dabitur in theatrum collegii regii Compendiensis S. J., a selectis rhetoribus, die... julii 1671. (Auct. P. de Laistre.) *Parisiis, vidua Ed. Martin*, 1671, in-4, 4 p.

Aliquid de systemate Browniano... (Auct. Samuele Racz, M. D.) *Vacii*, 1799, in-8, 32 p.

Alitophilus παραδειγματιζόμενος, sive vindiciæ Philalethæ et sociorum adversus Lucam Caprimulgum Rudentem Escarbotum, Alitophilum mexicanum ὑπερτραγιζόμενον, in-4.

Réponse de Michel Kirstenius, mal à propos dirigée contre Rodolphe Capellus, qu'il soupçonnait l'avoir attaqué par l'ouvrage intitulé : « Alitophilus, nova antiqua comœdia, etc.» (Dictionnaire de Chaufepié, article Kirstenius, remarque E).

Allegatio theologico-juridica pro opera pia cui destinatæ sunt decimæ papales. (Auct. P. Jo.-Bapt. Francino.) *Mediolani*, 1685, in-4. Melzi.

Allegationes pro ecclesia D. Carolo dicata. *S. l.*, 1615, 1622, in-4. Melzi.

Par le P. Bescapé. Argelati n'a pas compris cet écrit dans la liste des ouvrages de cet auteur. Melzi.

Alloquia amatoria ad Virginem Deiparam, Sanctorum Patrum... verbis expressa. (Auct. Fr. Fulgentio Cunigati, ord. Præ dic.) *Venetiis, Recurti*, 1739, in-8. Melzi.

Alphabetum brammhanicum seu indos-

tanum Universitatis Kasi (Bénarès), a Petro CASSIANO capucino digestum, cura
Stephani BORGIA et Christoph. AMADUTI.
*Romæ, typis sacræ congreg. de Propaganda
fide,*1771, in-12, 172 p.

Alphabetum grandonico-malabaricum
sive sanscridonicum. (A P. PEIANO
digestum, cura Steph. BORGIA et Christ.
AMADUTI impressum.) *Romæ, typ. congreg.
de Propag. fide,* 1772, in-12, 128 p.

Alphabetum Ibericum, seu Georgianum,
cum oratione dominicali, etc. *Romæ, typis
congreg. de Propag. fide,* 1629, in-8.

Publié par le P. Jacques DE STEFANO, théatin.
                           Melzi.

Alphabetum veterum Etruscorum et
nonnulla eorumdem monumenta. (A doctore GORI digestum, cura Steph. BORGIA et
Christ. AMADUTI impressum.) *Romæ, typis
sacræ congreg. de Prop. fide,* 1771, in-12,
32 p.

Alter. sive novus Joseph accrescens,
A. R. P. A. H. C. O. S. † P. (Auctore
R. P. Arnoldo HERTSWORMS, canonico,
ordinis Sanctæ Crucis priore.) *Coloniæ,*
1680, in-12.

Altera apologia pro rege christianissimo
contra cæsarianos, in qua de causis belli
inter regem et Cæsarem recens orti brevissime et verissime agitur. *Lutetiæ, C.
Stephanus,* 1552, in-4.

Attribué à Pierre DANÈS, évêque de Lavaur. Voyez
« Apologia cujusdam regiæ... ».

Altercatio synagogæ et ecclesiæ, in qua
bona omnium fere utriusque instrumenti
librorum pars explicatur. Opus pervetus-
tum, nusquam typis excusum. Interlocutores Gamaliel et Paulus. (Auct. GILBERTO
sive GILLEBERTO, abbate Westmonaste-
riensi.) *Coloniæ,* 1537, in-fol.

V. Fabricium, « Bibl. med. et infim. latin. », t. III,
lib. VII, p. 161. *Hamburgi,* 1735, in-8.

Amaltheum poeticum et historicum, recens emendatum, plurimis vocabulis raris
necessariisque auctum, ac in ordinem multis partibus meliorem redactum. (Auctoribus... et Cl.-Lud. BACHET DE MEZIRIAC.)
Burgi Sebusianorum, 1634, in-24.

Cet ouvrage, imprimé pour la première fois à
Vienne en 1623, in-24, était destiné à faciliter dans
les basses classes la connaissance des premiers éléments de la fable et de l'histoire. Son utilité le fit
adopter dans les colléges. En 1634, Jean Tainturier,
imprimeur libraire à Bourg-en-Bresse, le fit revoir et
augmenter de moitié par un de ses concitoyens qu'il ne
nomme pas, mais que ses « ouvrages avaient déjà rendu

célèbre en France et chez l'étranger ». Cet éloge ne
peut s'appliquer qu'à Bachet de Méziriac, qui mourut à
Bourg en 1638, après avoir publié de savants ouvrages
de mathématiques, et avec la réputation d'un homme
très-versé dans la mythologie, qu'il avait beaucoup
éclaircie par ses commentaires sur les Épîtres d'Ovide.

Des augmentations faites par un aussi habile homme
donnèrent une grande vogue à l' « Amaltheum poeticum ». Il en existe des éditions faites à Rouen en
1647, à Limoges en 1659 et en 1682, à Lyon en 1665,
1673, etc.

La réputation dont cet utile opuscule a joui pendant
plus d'un siècle est donc due à Méziriac, bien plus
qu'à son premier auteur resté inconnu, à moins que ce
ne soit le P. Antoine Dangalières, jésuite, qui publia
à Lyon en 1652 un ouvrage du même format, intitulé : « Amaltheum prosodicum ». Celui-ci eut aussi
beaucoup de succès, puisque l'on en a des réimpressions
faites à Lyon en 1663 et 1684, à Liège en 1671 et
1679, à Nuremberg en 1683. Une édition corrigée et
augmentée parut à Paris en 1729.

On peut croire que l'auteur mourut quelques années
après la publication de la première édition, car les
suivantes sont anonymes. Quant à l' « Amaltheum poeticum », il n'aura pas osé en réclamer la propriété,
vu le succès des augmentations que Méziriac y avait
faites.

Jusqu'à ces derniers temps, l' « Amaltheum poeticum et historicum » n'avait pas été remplacé dans les
colléges. Le « Dictionnaire de la Fable », par Chompré, n'en offre qu'une partie. M. Carpentier, ancien
professeur de rhétorique et auteur du « Gradus français », a cru qu'en y faisant de nouvelles additions,
l' « Amaltheum » serait utile aux élèves de l'Université : c'est ce qui l'a déterminé à le faire réimprimer
à Paris chez Johanneau, 1822, in-18.

Frère, dans son « Manuel du bibliographe normand »,
attribue l' « Amaltheum poeticum » à l'imprimeur
alençonnais Louis HÉBERT, qui a imprimé un ouvrage
portant le même titre, en 1625, in-18, 794 p.

Amedeus Pacificus, seu de Eugenii IV et
Amedei, Sabaudiæ ducis, in sua obe-
dientia Felicis papæ V nuncupati, controversiis commentarius... (Auct. Petro
MONOD.) *Taurini, hæred. J.-D. Tarini,*
1624, in-4. — *Parisiis, S. Cramoisy,* 1626,
in-8.

Amico-criticæ monitionis litura, Franco-
Galli calamo ducta. *S. l.,* 1645, in-4.

Suivant Lenglet Dufresnoy, cet écrit a été attribué
à Mathieu DE MORGUES, sieur DE SAINT-GERMAIN.

Amico-critica monitio ad Galliæ legatos,
Monasterium Westphalorum pacis trac-
tandæ titulo missos, sive observationes
N. N., Germano-Franci, ad epistolas quas
iidem Galliæ legati ad singulos S. R.
imperii principes... scripsere, die VI aprilis
MDCLIV... — *Francofurti ad Mœnum,*
in-4.

Par Antoine BRUN ou BRUEN, d'après le P. Lelong.

Amoenitates literariæ Friburgenses.
(Auct. RIEGER.) *Ulmæ,* 1775-76, 2 vol.
in-8, avec grav.

Amphitheatrum gloriæ seraphicæ S. Matris Theresiæ. (Auct. Angelo-Benedicto DE S. VINCENTIO, carm.) *S. l.*, 1725, in-4. Melzi.

Amplissimi cujusdam viri epistola ad illustriss. principem Francisc. Lotaringum ducem Guisianum. Cui addita est elegia Joch. Bellaii, cum aliquot ejusdem epigrammatis. — *Parisiis, apud Fed. Morellum*, 1558, in-4.

Par Michel DE L'HOSPITAL.

Analecta græca, sive varia opuscula græca, hactenus inedita, etc. (Edentibus D. D. Ant. POUGET, Jac. LOPIN et Bern. DE MONTFAUCON.) Tomus I (et *unicus*). *Parisiis*, 1688, in-4.

Analecta historica de sacra, in die natali Domini, a Roman. pontificibus quotannis usitata ceremonia, ensem et pileum principibus christ. mittendi. (Auct. J. ZALUSKI.) *Varsaviæ*, 1726, in-4.

Analecta variorum pastorum arcadum in pseudo Lucilium, sive Syphæum (id est Antonium Cocchi). (*Romæ*, 1755), in-4. Melzi.

Une grande partie de ces épigrammes sont l'œuvre de François-Marie LORENZINI; les autres furent composées par ses amis. Melzi.

Analysis libri ad utramque aurem dicti. A. J. K. C. E. R. C. et C. (Auctore Josepho KENYERES, cathedralis ecclesiæ Rosnaviensis custode et canonico.) Partes II. *Pestini*, 1796, in-8.

Voy. « Supercheries », III, 1134, *d.*

Analysis repræsentationis J. Com. Gomoriensis circa libertatem preli. (Auct. Lad. TOMPA, canon. Poson.) *Budæ*, 1796, in-8, 96 p.

Analysis triangulorum. (Auctore Friderico-Guilelmo DE OPPEL.) *Dresdæ*, 1746, in-fol.

ANASTASII Bibliothecarii historia ecclesiastica, sive chronographia tripartita (ex SYNCELLO, NICEPHORO et THEOPHANE excerpta, e græco in latinum versa); cum Car. Annibalis FABROTI notis. *Parisiis, e typograp. regia*, 1649, in-fol.

Dans presque toutes les bibliographies ou catalogues de livres, ce volume est indiqué comme étant imprimé en grec et en latin. C'est une faute que l'on commet, parce qu'on ne se donne pas la peine de copier le titre sur l'ouvrage.

Anecdota ecclesiastica et latinitatis elegantioris. (Auct. Ern. Sal. CYPRIANO.) *Gothæ*, 1763, in-8.

Anecdota litteraria ex mss. codicibus erecta (a Jo. Christ. AMADUTIO). *Romæ*, 1773-1783, 4 vol. in-8.

Angliæ notitia, sive præsens status Angliæ succincte enucleatus. (Auct. Th. WOON nepote.) *Oxonii*, 1686, in-12.

Anima brutorum, secundum senioris philosophiæ canones vindicata. *Luccæ*, 1761, in-8. *Rocchius*, Melzi.

Par le P. Jean-Philippe MONTI, barnabite. Cet ouvrage, qui avait déjà paru sans nom d'auteur en 1742, fut, dans cette seconde édition, augmenté et accompagné de notes par le P. SACCHETI, « canonico de S. Salvatore ».

Anima fidelis. *Venezia*, 1505. — *Lione*, 1506, in-16. — *Parisiis*, 1531, in-8.

Sermons composés par le dominicain Antonio Piccioli. Melzi.

Animadversio in sycophantæ cujusdam et chirurgis iniqui medici libellos duos imposturis scatentes, quorum alteri apologia philosophica, alteri comparatio medici cum chirurgo nomen est. (Auct. Andr. MALEZIEUX.) *Paris., M. Prevotius*, 1577, in-8.

Animadversiones in lamellam æneam vetustissimam Musei Victorio. (Auct. Francisco VICTORIO.) *Romæ, Zempel*, 1741, in-4.

Animadversiones in libros Præ-adamitarum, seu anti-exercitatio super versibus XII, XIII et XIV, cap. V epist. S. Pauli ad Rom. (Auct. P. DORMAY.) *Parisiis*, 1657, in-8.

Dictionnaire de Ladvocat, édit. de 1777, au mot *Prieur*.
Chardon de La Rochette a cherché vainement le nom de l'auteur de cette critique. Voy. ses « Mélanges de critique et de philologie». *Paris*, 1812, *in-8*, t. II, p. 310.

Animadversiones in notas, quas nonnullis Pistoriensis synodi propositionibus damnatis in dogmatica constitutione D. N. Pii VI, quæ incipit « Auctorem fidei », clar. Feller clarioris intelligentiæ nomine adjiciendas curavit. *Romæ*, 1795, in-8.

Ouvrage du cardinal GERDIL, contre une brochure publiée par l'abbé de Feller en faveur de l'évêque de Pistoye.

Animadversiones in quædam capitis primi et secundi speciminis Salmasiani. (Auct. Gul. GOESIO.) *Hagæ-Comitis*, 1657, in-8.

« Bibliothèque des auteurs de Bourgogne », par Papillon, article *Saumaise*, p. 263.

Animadversiones in « Vindicias Kempenses », a R. P. (Testelette), canonico regulari, adversus Fr. Delfau, monachum Congreg. S. Mauri, novissime editas. (Auct. J. MABILLON.) *Parisiis*, 1677, in-8.

Réimprimé dans les « Œuvres posthumes » de l'auteur. Voy. « Supercheries », III, 809, *f*.

Animadversiones super votum cardinalis Cavalchini in causa ven. nob. card. Bellarmini. *Mediolani.*

Attribué à Gio. Gaetano BOTTARI (« Antologia romana », t. II, 1775, p. 60).

Annales bellici et triumphales Ludovici Magni. *S. l.*, 1674, in-fol.

Par le baron DE VUORDEN.

Annales congregationum B. V. Mariæ, collecti ex Annalibus Societatis Jesu, opera unius e Societate eadem (Jos. Hier. BAIOLO). *Burdigalæ*, 1624, in-8.

L'épitre dédicatoire est signée : I. H. B. S. I. Suivant le P. de Backer, cet ouvrage a été traduit en français par le P. Ferd. GUYON.

Annales ecclesiastici Cæsaris Baronii, a Lud. AURELIO, Perusino, in totidem libellos brevissime redacti in quot magna volumina opus ab auct. digestum est. Accessit Baronii supplementum chronologicum ad Christi annum 1665. (Auct. Carolo CHAULMER.) *Parisiis*, 1665, 3 vol. in-12.

Annales ordinis cartusiensis. (Auct. Inn. LE MASSON.) *Correriæ*, 1687, in-fol. (tome Ier et unique).

Annotationes ad instrumenta pacis Westphalicæ et Noviomagicæ, loco legum imperii fundamentalium hactenus a paciscentibus eruta et approbata. (Auct. Ahasuero FRITSCHIO.) *Lipsiæ*, 1697, in-8.

Annotationes aliquot unius e Societate Jesu theologi ad excerpta quædam ex assertionibus P. Pii Schilling, ordinis prædicatorum. *Coloniæ*, J. *Engelbert*, 1726, in-12.

Par Barthélemi DES BOSSES.

Annotationes in R. P. F. Joannis Poncii opus, imperfectum quidem, mendisque (quod dolendum est) haud quanquam purgatis, Parisiis editum anno 1653, perutiles ut quæ in illo scripta sunt recte intelligantur; authore R. B. (Rich. BELLING). *Parisiis*, *Pele*, 1654 pet. in-8.

Anonymi Batavi (A. VERWER) idea linguae Belgicæ; curante E. M. DRIEL. *Lugd. Batav.*, 1783, in-8.   V. D.

Anonymi de muliei um loquacitate, nunc

---

a | primum prodit (græc. et lat.), interpret. Fred. Morellio. *Parisiis*, 1593, pet. in-8.

Cet opuscule est de LIBANIUS ; il a été traduit sous le titre de « Plaidoyer sur le caquet d'une femme », *Paris*, 1594, petit in-8, et *Lyon*, 1595.

Anonymi (Benedicti BACCHINI) dialogi tres... (Edente Jac. CANTELLO, ducis Mutinensis geographo.) *Mutinæ*, *hæredes Cassini*, in-32. — Nova editio. *Parmæ*, 1721, in-12.

b | Bacchini rendit lui-même compte de son ouvrage, comme d'une production anonyme, dans ses « Ephemer. litter. » de 1692; mais dans sa « Vie », écrite par lui-même, il s'avoua auteur des trois « Dialogues ».

Anonymi (Fr. BURMANNI) exegesis passionum J. C. *Sylvæ Ducis*, 1752, 2 vol. in-4.

Anonymi (Andreæ NORELII) in bibliothecæ Upsaliensis historiam, anno 1745 c | editam, stricturæ. *Upsaliæ*, 1746, in-8.

Anonymi poetæ græci Argonotica : Thebaïca, sive bellum ad Thebas Beoticas de regno Œdipi Thebani; Troïca, sive bellum Trojanum ; et Ilias parva, carmine heroïco. Necnon Arion dictione dorica. Troïcis subjicitur narratio de bello Trojano, excerpta ex Constantini carmine græco politico, et tunc græce adhuc ineditis. *Lipsiæ*, 1588, in-8.

d | Ce poëte anonyme, sous le nom duquel ont été publiées ces poésies grecques, est RHODOMAN, qui y rapporte en abrégé ce que les auteurs ont dit plus au long des sujets qu'il y traite. (Niceron, *t.* XLII, *p.* 379.)

Anonymi scriptoris historiæ sacræ : ab orbe condito ad Valentinianum et Valentem imp., e veteri codice græco descripta, J. B. BIANCONI latine vertit, nonnulla adnotavit. *Bononiæ*, 1779, in-fol.

e | Un manuscrit plus complet que celui de la bibliothèque de Bologne et qui se trouvait dans celle de Munich a révélé le nom de l'auteur, Jul. POLLUX. Ce ms. a été publié, avec une trad. latine, par Ign. HARDT. *Monachii*, 1792, in-8.

Ante-Nicenismus, seu testimonia patrum Ante-Nicenorum, in quibus elucet sensus Ecclesiæ primævo-catholicæ, quoad articulum de Trinitate. *Cosmopoli*, 1694, in-8.

f | Le Clerc, dans le t. Ier de son « Parrhasiana », p. 406, donne cet ouvrage à Gilbert CLARK, mort peu de temps après sa publication.

Anthologia selecta, gr. lat. (cum notis J. B. ZANOBETTII). *Liburni*, 1753, in-8.

Anthologiæ græcæ a Constantino CEPHALA conditæ libri tres, ad editionem Lipsiensem J. Jac. Reiske expressi (a Th. WARTON). Accedunt interpretatio latina,

Antiquitates Ecclesiæ orientalis, clarissimorum virorum dissertationibus epistolicis enucleatæ, quibus præfixa est vita J. Morini. (A R. SIMONE, seu P. ANGLOSE.) *Londini*, 1682, in-12.

Antiquitates sacræ et civiles Romanorum explicatæ... lat. et gallice. *Hagæ*, 1726, in-fol.

Voy. « Antiquités sacrées et profanes...», IV, 223, *e*.

Antiquitatum Græcarum, præcipue Atticarum, descriptio brevis. (Auct. Lamberto Bos.) *Lugduni Batavorum*, 1740, in-8.

Cet ouvrage, publié d'abord avec le nom de l'auteur et souvent réimprimé, a été traduit en français en 1769, in-12, par Lagrange, traducteur de Lucrèce et de Sénèque.

Antiquitatum liturgicanarum arcana. (Auct. Florentio VAN DER HAER.) *Duaci*, 1605, 3 *vol.* in-8.

On connut cet auteur, dit Baillet, par la devise qu'il fit sur son nom vulgaire, en ces termes : « Floridus castis aris addictus, ab incestis Haris alienus ». (Baillet, « Auteurs déguisés », p. 449 de l'éd. de Paris, in-12.)

Antirosarium, seu refutatio thesium Gothofredi Driellii, Noviomagi. (Auct. Barthol. PITISCO.) *Heidelbergæ*, 1586, in-8.

Antisixtus. (Auct. Michaele HURAULT, domino DUFAY.) S. *l.*, 1590, in-4, 79 p.

Il existe une autre édition, 1590, in-8, sous ce titre : « Anti-Sixtus. Sixti V de Henrici tertii morte sermo Romæ in consistorio Patrum habitus, 11 sept. 1589».

Anti-Sturmius. (Auct. Luca OSIANDRO.) *Tubingæ*, 1579, in-4.

Antitheses Augustini et Calvini, autore F. J. F. C. R. S. T. P. A. P. C. (Fratre Joanne FRONTONE, canonico regulari, sacræ theologiæ professore, Academiæ Parisiensis cancellario). *Parisiis*, 1651, in-12.

Antithesis Christi et Antichristi, videlicet papæ, versibus et figuris illustrata. (Studio Sim. ROSARII edita.) *Genevæ, E. Vignon*, 1578, pet. in-8, 147 p.

Antithesis de præclaris Christi et indignis papæ facinoribus. (*Genevæ*), *Zach. Durantius*, 1557, pet. in-8, 4 fts et 88 p. — 1558, pet. in-8.

Même ouvrage que le précédent, mais le texte est bien moins étendu. Le nom de l'auteur, S. ROSANIUS, se lit en tête de l'épître dédicatoire.

Voy., pour le détail des éditions et des traductions de cet ouvrage, Brunet, « Manuel du libraire », 5e édit., I, col. 323 et 324.

Antithesis doctrinæ Christi et Anti-

christi de uno vero Deo. (Auct. Erasmo JANSSENS, seu JOHANNIS.) *Typis A. Radecii*, 1585, in-8.

Réimprimée avec la réfutation composée par Jérôme Zanchio. *Neostadii*, 1586, in-4.

Anti-Tortor Bellarminianus. (Auct. Georgio STENGELIO, S.-J.) *Ingolstadii*, 1610, in-8.

Anti-Tribonianus Franc. HOTMANNI, seu dissertatio de studio legum, latina ex gallico facta (a Reinholdo BLOMIO. pro-cancellario electoris Palatini). *Hamburgi*, 1647, in-8.

Antonii-Mariæ GRATIANI de vita Joann. Fr. Commendoni cardinalis libri IV, edente Rog. AKAKIA. *Parisiis*, 1669, in-4.

L'article *Fléchier* de nos « Dictionnaires historiques » présente une erreur qu'il est essentiel de signaler. Colomiez avait dit dans sa « Bibliothèque choisie », p. 117, édition de Paris, 1731, au sujet de la « Vie du cardinal Commendon » et du « Traité des chutes des hommes illustres », écrits en latin par Antoine-Marie Gratiani : « Ces deux beaux ouvrages ont été donnés au public par M. Fléchier, de l'Académie française », ce qui n'est vrai que du traité « De casibus illustrium virorum », l'autre ayant été publié par les soins de Roger AKAKIA, fils de Martin Akakia, professeur au Collége de France et ami de l'abbé Séguin, qui avait envoyé d'Italie le manuscrit de Gratiani. Il y a d'ailleurs une équivoque dans la manière dont s'exprime Colomiez. Si FLÉCHIER n'est pas éditeur de la Vie de Commendon, il en est le traducteur. Néanmoins l'assertion de Colomiez a fait supposer que le nom de Roger Akakia était un masque dont se couvrit Fléchier. L'abbé Goujet, dans le supplément au Dictionnaire de Moréri, paraît être tombé le premier dans cette méprise. Elle a été adoptée par Chaudon ; le brillant succès de son « Nouveau Dictionnaire historique » nous a tellement accoutumés à considérer le nom de Roger Akakia comme un masque de Fléchier, que l'abbé de Saint-Léger lui-même donna cette fausse indication à d'A-lembert, qui l'avait consulté sur les ouvrages de Fléchier. J'ai aussi reproduit cette erreur dans la première édition de ce Dictionnaire, et elle se retrouve encore dans la « Biographie universelle ».

Il est à remarquer que dans la préface de sa traduction de la Vie de Commendon, Fléchier ne parle que de Séguin et ne fait aucune mention de l'éditeur Akakia.

Antonius Godellus, episcopus Grassensis, an elogii Aureliani scriptor idoneus, idemque utrum poeta. Altera editio, emendatior. (Auct. Fr. VAVASSORE, S. J.). *Constantiæ, apud Vincentios fratres*, 1650, in-8.

Ces deux questions furent d'abord traitées dans deux écrits séparés : l'un fut publié sans date ; l'autre parut en 1647. Le premier est sous le nom de *Paulus Romanus Candido Hesychio*, et le second sous celui de *Candidus Hesychius Paulo Romano*.

Aonii PALEARII opera. (Curante Jano DE WITT.) *Amstelodami*, 1696, in-8.

Aphorismata opposita aphorismatibus in quatuor articulos declarationis anno 1682 editæ, auctore J. L. (Joanne LABOUDERIE). *Parisiis, Moutardier*, 1826, in-8, 8 p.

Voy. « Supercheries », II, 594, *a*.

Aphorismatibus in quatuor articulos declarationis anno 1682 editæ, ad juniores theologos, auctore F. D. L. M., alia apponuntur aphorismata, auctore J.-B.-M. F. (FLOTTES). *Monspeliensis, Aug. Seguin*, 1826, in-8, 8 p.

Voy. « Supercheries », II, 594, *b*.

Aphorismi de cognoscendis et curandis morbis chronicis, excerpti ex Hermanno BOERHAAVE (a J. N. C., Joanne-Nicolao CORVISART). *Parisiis*, 1802, in-8.

Apocrises, seu historico-juridico diætales recapitulationes de Baudericis Hungaricis. (Auct. Ant. DECSI.) *Viennæ*, 1785, in-8, 79 p.

Appollo Vaticanus. *S. l.* (1767), in-8.

Par Natale DELLE LASTE. Imprimé à *Venise* à fort petit nombre, réimprimé à *Bassano* en 1773, in-8, avec une traduction italienne par le chanoine Sebastiano PAJELLO, sans nom d'auteur ni de traducteur.

Appollonii Veridici catalecta Petrulliana, sive poemata selecta. (Auct. Pet. BURMANO.) *Amst., Menander*, 1710, pet. in-8.

Catalogue Courtois, n° 1847.

Apologeticæ commentationes ad Phyllarcum. (Auct. Nic. BOURBON.) *S. l.*, 1636, in-4.

Le P. Goulu s'était caché sous le nom de Phyllarque pour défendre Balzac.

Voy. « Supercheries », III, 121, *b*.

Apologeticus christianus, quo anonymi convinciatoris error veritate, livor caritate dispellitur. (Auct. Carolo MAJELLO.) *Romæ*, 1709, in-4.

Apologeticus fidei, in duos partes tributus. (Auct. Joanne BAGOT.) *Parisiis, vidua N. Buon et D. Thierry*, 1643, in-fol.

Apologeticus pro rege christianissimo Ludovico XIII, adversus factiosæ admonitionis calumnias, in causa principum fœderatorum. (Auct. Nic. RIGAULT.) *Lutetiæ Parisiorum*, 1626, 1628, 1629, in-4.

Il existe une traduction allemande, *s. l.*, 1629, in-4.

Apologeticus pro jure reginæ christianissimæ Mariæ Theresiæ in Belgicas His-

panicæ ditionis provincias, adversus D. P. Stockmanni deductionem, Clypeum politicum anonymi, aliosque e Belgio libellos. (Joan. DOUJAT scrips.) *Paris.*, 1668, in-12.

Pour le *Clypeus politicus*, voy. l'art. « Bouclier d'État », IV, 450, *e*.

Apologia adversus duos libellos nuper in lucem editos. Anno 1607.

Attribué à un Suisse, nommé SALIS, habitant à Paris. Relatif aux querelles du pape Paul V avec la république de Venise. *Melzi*.

Apologia capituli Andegavensis pro S. Renato, episcopo suo, adversus dissertationem duplicem Jo. de Launoy. (Auct. Jacobo EVEILLON.) *Andegavi*, 1650, in-4.

Apologia civitatis imperialis Colmariensis. (Auct. SCHNEIDER.) *Colmariæ*, 1645, in-4.

Apologia contra imposturas jesuitarum. (Auct. Valeriano MAGNO.) *S. l.*, in-18.

Carayon, 4270.

Apologia cujusdam regiæ famæ studiosi, qua cæsariani, regem christianiss. arma et auxilia turcica evocasse vociferantes, impuri mendacii et flagitiosæ calumniæ manifeste arguuntur. *Lutetiæ, C. Stephanus*, 1551, in-4.

Attribué à Pierre DANÈS, évêque de Lavaur. A paru aussi le même année sous le titre de : « Apologia* de sententia... ». Voy. ces mots. Voyez aussi : « Altera apologia... ».

Apologia de convenientia institutorum Romanæ Ecclesiæ cum evangelica libertate tractatus, adversus Lutherum. *Romæ, 1525, in-4; Venetiis, B. de Vianis; Parisiis, P. Tellerius*, 1552, in-16.

Attribué à tort au dominicain Silvestro DE PRIERIO, maître du Sacré Palais; c'est l'œuvre du général du même ordre, Francesco SILVESTRI, de Ferrare. *Melzi*.

Apologia de sententia christianissimi Francorum regis. (Attribué à Pierre DANÈS, évêque de Lavaur.) *Lutetiæ*, 1551, in-4.

A paru aussi le même année sous le titre de : « Apologia cujusdam regiæ... ». Voy. ci-dessus, col.

Apologia in Hieronymum Tartarottum, nuperum censorem doctrinæ F. Rogerii Baconis. *Venetiis, S. Occhi*, 1752, in-12.

Par le P. Giovanni DEGLI AGOSTINI, de l'Observance. *Melzi*.

Apologia in qua videre est, inviolatis Hippocratis et Galeni legibus, « Remedia chimice præparata tuto usurpari posse ». (Auct. Theodoro TURQUET DE MAYERNE.) *Rupellæ (Parisiis)*, 1603, in-8.

Le 5 décembre 1603, la Faculté de médecine de Paris lança un décret contre cette Apologie, dont les auteurs sont Pierre Séguin et Martin Akakia II, son beau-frère. (Éloy, « Dictionnaire historique de la médecine », t. II, p. 202.)

Apologia pro Alcorano. (Auct. Joan.-Bapt. Duval.) *Paris.*, 1616, in-4.

Apologia pro actis SS. Crescii et soc. *S. l.*, 1708, in-fol.

Attribué au P. Giacome Ledencki, qui avait publié ces *Actes*, dont l'authenticité rencontra des adversaires.

Apologia pro confessione... contra censuram quatuor professorum Leidensium. (Auct. Sim. Episcopio.) *S. l.*, 1629, in-4. V. D.

Apologia pro Joanne Gersonio, pro suprema Ecclesiæ et consilii generalis autoritate, atque independentia regiæ potestatis ab alio quam a solo Deo, adversus scholæ Parisiensis et ejusdem doctoris christianissimi obtrectatores. Per E. R. D. T. P. (Edm. Richerium, doct. theol. Paris.) *Lugduni Batav.*, 1676, in-4.

Apologia pro Julio-Cæsare Vanino. (Auct. P. Frid. Arpe.) *Cosmopoli*, 1712, in-8.

Apologia pro suprema romani pontificis authoritate et pro immunitate ecclesiastica, pariterque pro jure D. Georgii de Cazemajor, canonici et vicarii circa vicariam S. Joannis et Pauli in cathedrali Monasteriensi. (Auct. Gaspar Callerberg.) *Padderbornæ, typ. Joannis Theodori Todt*, 1734, in-4.

Apologia pro voto sanguinario de immaculata Virginis Conceptione, adversus librum præpositi L. Muratorii. (Auct. Gregorio - Pio Milesio, ord. min. conv.) *S. l.*, 1732, in-8. Melzi.

Apparatus brevis ad theologiam et jus canonicum. (Auct. J. N. Faure, jesuita.) *Romæ*, 1751, in-12. — *Venetiis*, 1753, in-12. Melzi.

Apparatus litterarius studio societatis colligentium (scilicet Meinh. Pleskenii, Brem. Saxonis, Polycarpi Lyseni, et aliorum.) *Wittebergæ*, 1717, in-8.

Apparatus omnigenæ eruditionis ad theologiam et jus canonicum. (Auct. Fr. Ant. Zaccharia.) Melzi.

Apparitionum et celebriorum imaginum Virginis Mariæ in civitate et dominio Venetiarum enarrationes. (Auct. Flaminio Cornelio.) *Venetiis, Remondini*, 1760, in-12. Melzi.

Appendix de diis et heroibus poeticis, ou Abrégé de l'Histoire poétique, par le P. Jouvency, jésuite; avec des notes en françois pour en faciliter l'explication (par Nicolas Lallemant). *Rouen*, 1724, in-16.

Ces notes, quoique peu exactes, ont été adoptées par l'Université de Paris. La nouvelle édition qui en a été publiée en 1805 par M. Roger, membre de la commission des livres classiques, a donné lieu aux observations critiques qu'on lit dans le « Magasin encyclopédique », février 1806.

Appendix de diis et heroibus poeticis, ou Abrégé de l'Histoire poétique qui traite des dieux et des héros de la Fable; avec des notes qui servent d'explication au texte latin et aux principales difficultés qui s'y trouvent, mises en françois pour la facilité des commençans (par le P. Fabre, de l'Oratoire). *Paris*, 1726, in-12.

Voy. une note détaillée sur cet ouvrage, aux mots : « Publii Ovidii Nasonis Metamorphoseon... ».

Aquitaniæ minerales aquæ. (Auct. Theoph. de Bordeu.) *S. l. (Parisiis), typis viduæ Quillau*, 1754, in-4.

Ara amicitiæ Parmæ, in foro majori, VII idus junii MDCCLXIX. In-folio.

Opuscule de 6 pag., imprimé par *Bodoni*, à l'occasion de la venue de Joseph II, et composé par le P. Paciaudi. Melzi.

Arbustum. Fonticulus. Spinetum. (Auct Carolo Stephano.) *Parisiis, Stephanus*, 1542, in-4.

Renouard, « Annal. des Estienne », p. 100.

Arcana pacis Westphalicæ, auctore A. A. (Adamo Adami). *Francofurti ad Mœnum*, 1698, in-4.

Voy. « Supercheries », III, 1131, a.

Arcana Societatis Jesu, publico bono vulgata, cum appendicibus utilissimis. (Per Gasp. Scioppium.) *Genevæ*, 1635, in-8.

On trouve dans ce recueil les « Monita secreta Soc. Jesu ». Voy. ces mots.

Scioppius s'est caché dans le même recueil sous les noms de Fortunius Gallindus, d'Augustinus Andinghellus, de Bernardinus Giraldus, et de Daniel Hospitalius.

Niceron, t. XXXV, p. 210.

Arcanum perfidiæ judaicæ revelatum de excessibus Judæorum in Polonia. (Auct. J. Brictio, S. J.) *Vilnæ*, 1727, in-12.

Arcanum punctuationis revelatum, sive diatriba de punctis vocalium et accentuum apud Hebræos vera et germana antiqui-

tate, in lucem edita ab ERPÉNIO: *Lugd.*
Bat., 1624, in-4.

Cet ouvrage est de Louis CAPPEL le jeune, de Sedan, professeur et ministre à Saumur.

Archæologiæ philosophicæ, sive doctrina antiqua de rerum originibus. (Auct. Th. BURNETIO.) *Londini*, 1692, in-4; 1728, 1733, in-8.

Réimprimé à *Amsterdam* en 1694, avec le nom de l'auteur, à la suite de sa « Telluris theoria sacra ».

Archombrotus et Theopompus, sive Argenidis secunda et tertia pars... *Lugd. Batavor.*, *officina Hackiana*, 1669, in-8.

Avec titre gravé, copié sur celui de L. Gautier pour l'Argenis trad. en français, *Paris, Buon*, 1623.
Cette suite a été donnée par dom Gabriel BUGNOT, de la congrégation de S.-Maur.

ARETÆUS. De acutorum ac diuturnorum morborum causis. (Edidit J. GOUPYLUS.) *Parisiis*, 1554, in-8.

Argenis. (Auct. J. BARCLAY.) Nunc primum illustr. a Gabr. BUGNOT. *Lugd. Batavor.*, 1664, in-8.

Voy. « Archombrotus ».

Argonautica, Thebaica, Troica, Ilias parva, poemata græca anonymi (Laur. RODOMANI, primum edita cum argumentis a Mich. NEANDRO). *Lipsiæ*, 1588, in-8.

Argonauticon, opus græcum; cum incerta latini auctoris (Leodisii CRIBELLI) interpretatione. *Basileæ*, *A. Cratander*, 1523, in-4.

ARISTÆNETI epistolæ græcæ; cum latina interpretatione et notis (J. MERCERI DE BORDES). *Parisiis*, 1595, 1606, 1610, in-8.

Aristippus philosophus Socraticus. (Auct. Friderico MENZIO.) *Halæ Magdeburgicæ*, 1719, in-4.

Ariston redivivus e tricis grammatistarum manumissus. (Auct. Nic. SCHIARAVELLI.) *Neapoli*, in-8. Melzi.

Aristophanis Archanenses græce; cum annotationibus (P. ELMSLEY). *Oxonii*, 1809, in-8.

Aristophanis, comici facetissimi, Plutus. *Hagenoæ, ex Academia Anschelmiana*, 1512, in-4.

Édition préparée par Pierre MOSELLANUS, nom latinisé de SCHADE, pour indiquer le lieu de sa naissance.
A. F.-Didot, « Alde Manuce », p. 594.

ARISTOTELIS de rhetorica, seu arte dicendi, libri III gr. lat.; cum scholiis, emendationibus et analysi (cura Th. GOULSTON). *Lond.*, 1619, in-4. — Cum notis variorum (cura Gul. BATTIE). *Cantabr.*, 1728, in-8. — Gr., cum variis lectionibus et notis (W. HOLWELL). *Oxonii*, 1759, in-8.

Aristotelis ethica Nichomacheia (græce.) Ed. A. K. (CORAY). *Parisiis*, 1812, in-8.

Aristotelis Pepli fragmentum, pluribus auctum epitaphiis, nunc primum e codice Harleiano. (Curante T. BURGESS.) *Dunelmiæ*, 1798, in-8.

Arithmetica universalis, sive de compositione et resolutione arithmetica liber. (Auctore Isaaco NEWTON, edente vero Guill. WHISTON.) Cui accessit Halleiana equationum radices arithmetice inveniendi methodus. *Cantabrigiæ et Londini*, 1707, in-8.

Cet ouvrage, plusieurs fois réimprimé, a été inséré dans les « Opera omnia » de Newton, *Londini*, 1779-1785, 5 vol. in-4.

Arithmetices et geometriæ elementa. (Auct. FONDI ex VASALLI.) *Taurini, typis regiis*, 1795, in-8.

Ars longævæ hilarisque vitæ. (Auct. HUFELAND.) *Posonii*, 1805, in-8.

Ars memorandi notabilis per figuras Evangelistarum. *Sine anno*, in-fol., 30 p.

Dans une édition de cet ouvrage, petit in-4, se trouve un Avis au lecteur par Georgius RELMISIUS, Anipimius, masque de Georgius SIMLERUS Vimpinas, ou Wimpinensis, dont il est parlé dans la Bibliothèque de Conrad Gesner, p. 272. A. Voy. David Clément, t. II, p. 141.

Voy., pour les différentes éditions de cet ouvrage, Brunet, « Manuel du libraire », 5e édit., t. I, col. 499.

Ars memorativa. (Auct. Jacobo PUBLICIO, Florentino.) *S. l.*, in-4, goth.

Catal. des livres du duc de La Vallière, première partie, par De Bure, no 1856.

Ars mentiendi calvinistica, cum vero commentario. (Auct. ROMANO, Veronense, id est, Carolo SCRIBANIO, S. J.) *Moguntiæ*, *sumptibus auctoris*, 1602, in-12.

Ars metrica, id est, ars condendorum eleganter versuum, ab uno e Societate Jesu (Laurentio DE CELLIÈRES). *Lugduni*, 1673, in-12.

Réimprimé plusieurs fois avec des changements.

Ars salutis, sive institutio perfecte vivendi. (Auct. Augustino COLTELLINI.) *Coloniæ, per W. Friesem*, 1649, in-8.

Articuli Irenici XXXI. *Argentorati,* 1685, in-12.

Walchius, dans sa « Biblioth. theologica », t. II, p. 360, dit qu'on attribue au P. DEZ, jésuite, cet ouvrage, qui fut condamné à Rome. Voy., pour le détail des publications faites à l'occasion de cet ouvrage, les PP. de Backer, « Bibliothèque des écrivains de la Compagnie de Jésus », in-fol., t. I, col. 1583.

Asceticornm, vulgo spiritualium opusculorum, quæ inter Patrum opera reperiuntur, indiculus... ab ascetâ benedictino congreg. S. Mauri digestus. Editio secunda. (Cura et studio Jacobi REMI, benedictini.) *Parisiis,* 1671, in-4.

La première édition de ce catalogue, qui est de CL. CHANTELOU, parut en 1648, in-4, sous le titre : « Bibliotheca Patrum ascetica ».

Voy. « Supercheries », III, 1141, c.

Asiæ nova descriptio, opus (G. FOURNIER, S. J.), recens exiit in lucem curâ et studio **L. M. S.** *Lutetiæ Parisiorum,* 1656, in-fol.

Asinus in Parnasso. Ad Cl. V. Ægidium Menagium. (*Amstel., Des Bordes,* 1689), in-4, 3 p.

Cette pièce de vers, du jésuite Jean COMMIRE, avait paru dès 1686, dans un journal. Suivant les uns, elle est dirigée contre Baillet ; contre Bergeret, suivant les autres.

De Backer, 2e édit., I, col. 1346.

Assertio juris Imperatoris Caroli V. in Geldriæ ducatu et Zutphaniæ comitatu, edita in comitiis Ratisbonensibus anno 1541, et confutatio oppugnationum Guilelmi Cliviæ ducis, Franckfordiæ exhibitarum anno 1539. (Auctore Vigilio AB AYTTA, Zuichemo.) *Antverpiæ,* 1541, in-8. — *Salengiaci,* 1543, in-fol.

Assertio juris Moguntini contra affectatam justitiam protectionis Saxonicæ, in civitate Erfurtensi. (Auctore Joan. Henr. BOECLERO.) *Moguntinæ,* 1663, in-fol.

Assertio juris Moguntini in coronandis regibus Romanorum. (Auct. Herm. CONRINGIO.) *Moguntia,* 1655, in-4.

Réimprimé avec le nom de l'auteur, *Francfort,* 1656, in-4.

Apertoris gallici, circa salicæ legis intellectum, mens explicata. (Auct. Mario Antonio DOMINICI.) *S. l. n. d.* (1646), in-4.

Astronomiæ physicæ juxta Newtonis principia breviarium. (Auct. SIGORGNE.) *Parisiis,* 1758, in-12.

Cet ouvrage fut trouvé si clair et si commode, qu'on le réimprima à Upsal en 1751 ; à Tyrnau, dans la haute Hongrie, en 1762. Il a été traduit en français par le P. Bertier de l'Oratoire, et inséré dans ses « Principes de physique » en 1764. Il devint classique dans l'Université de Tubingue ; c'est ce qui a occasionné une cinquième édition faite à Tubingue en 1769, in-12, corrigée et augmentée par l'auteur même, et dans laquelle l'éditeur, Aug. Fréd. Boeckius, professeur de philosophie à Tubingue, a ajouté une lettre de trente-deux pages, dans laquelle Sigorgne répond aux objections du célèbre Euler. (« Journal des Savants », année 1770.)

Astrolabium planum in tabulis ascendens. (Auctore Petro DE ALBANO.) *Florentiæ, L.-A. de Giunta,* 1502, in-4, goth.

Athenæ Rauricæ, sive catalogus professorum Academiæ Basiliensis, cum brevi singulorum biographia, et recensione omnium Academiæ rectorum. (Auct. Joh.-Wernero HERZOGIO.) *Basiliæ,* 1778, in-8.

On doit au même auteur ; « Adumbratio eruditorum Basiliensium meritis apud exteros olim hodieque celebrium, appendicis loco Athenis Rauricis addita ». *Basiliæ,* 1780, in-8.

Aucupium carmen. Ad nobilissimum virum D. D. Joan. Bapt. Ferdin. de Ricard, ordinis Militensis equitem fortissimum, ac titulo commendatoris a novavilla recens insignitum, autore P. J. M. S. J. S. (Joan. MASSELOT). *Catalauni, Cl. Bouchard,* 1700, in-8, 31 p.

Aulicus inculpatus, ex gallico auctoris anonymi traductus a Joachimo PASTORIO, med. D. *Amstelodami, Lud, Elzevirius,* 1644, in-24, 6 ff. lim., 204 p. et 18 ff. *d'index.*

Ce petit volume contient la traduction de la seconde partie du « Traité de la cour », ouvrage anonyme d'Eustache DU REFUGE, dont la troisième édition parut en 1618 à Paris, un an après la mort de l'auteur. Voy. ci-dessus, col. 754, d. Abraham MARCONET, professeur de droit, la fit réimprimer sous le même titre à *Halle* en 1664, in-18, en y joignant la traduction de la première partie.

C'est le même ouvrage que les « Institutiones aulicæ », publiées en 1642 par *Louis Elsevier,* sous le nom d'Eusebius Meisnerus. Voy. Pieters, « Annales des Elzeviers », 1858, p. 243 et 248.

AULU-GELLII noctes atticæ, editio nova et prioribus omnibus docti hominis (Joh. Frid. GRONOVII) curâ multo castigatior. *Amstelodami, Elzevier,* 1651, in-12.

Tel est le titre de la bonne édition. On lit, dans la contrefaçon, *Castigtior.*

Aurelia liberata a puella vulgo dicta Jeanne d'Arcq (en vers latins, par DE MÉRÉ); avec la traduction française (par CHARBUY, ancien professeur). *Aureliæ, Couret de Villeneuve,* 1782, in-12.

Aurelii PRUDENTII Clementis V. C. opera omnia, nunc primum cum codd. vaticanis collata, præfatione, variantibus lectionibus, notis, ac rerum verborumque indice locupletissimo aucta et illustrata (studio Jos. TEOLII). *Parmæ, ex regio typographeo (Joan. Bapt. Bodoni)*, 1788, 2 vol. in-4.

L'un des quatre exemplaires imprimés sur papier vélin. Il paraît que M. Lama n'en a pas connu l'existence, car il n'en fait pas mention dans le catalogue des impressions de Bodoni.

Aureum numisma celsissimi principis Ferdinandi, episcopi Paderbornensis... ab eo muneri missum J. C. (Joan. COMMIRIUS) S. J. Kal. janu. 1674, in-4, 4 p.

Aureus de utraque potestate, temporali scilicet et spirituali, libellus, in hunc usque diem non visus, *Somnium Viridarii* vulgariter nuncupatus, etc. (Curante Egidio D'AURIGNY, Bellovaco, in legibus

a| licentjato.) *Parisiis, Galeotus a Prato,* 1816, in-4.

On attribue cet ouvrage à différents auteurs. Voy. le « Songe du Vergier », ci-dessus, col. 527, f. Lancelot pensait que le latin était l'original. Voy. « Mémoires de l'Académie des belles-lettres ». t. XII, p. 659 et suiv.

Austriaca austeritas in regno Hungariæ, cum appendice. (Auct. cancellario comite TEKELI.) *Venetiis*, 1671, in-4.

b| Autoritas pontificia, notissimo Cypriani facto a Neotericis impugnata, sed a Galliæ theologis vindicata, dissertatio hist. dogmatica. (Auct. Vit. Amedeo SOARDI.) *Avenione*, 1749, in-4.

Avisamentum de concubinariis non absolvendis quibuscumque, ac eorum periculis quamplurimis, a theologis Coloniensibus approbatum; cum additionibus c| sacratissimorum canonum. (Auct. J.-M. WIMPHELINGIO.) *Coloniæ*, 1504, 1507, in-4, goth., 14 feuillets.

B

BENEDICTI   BATAVIA

B. D. S. (Benedicti DE SPINOSA) opera posthuma. (Edente JARRIS JELLIS.) *S. l.*, 1677, in-4.

B. H. W. (Bartholdi Henrici WUSTHOFII) bibliotheca juridico-politica, ordine alphabetico distributa. *Lipsiæ*, 1704, in-4.

Baptismi necessitas ex Sacris Literis evidenter asserta. (Auct. P. D. Celestino SFRONDATI, benedictino.) *S. l.*, 1696, in-4. Melzi.

Barnabæ BRISSONII de formulis et solennibus populi romani verbis libri octo, in quibus varii bonor. auctor. loci emendantur, supplentur, notantur, illustrantur. (Ed. Aimar DE RANCONNET.) — *Parisiis, Nivelle*, 1583, in-fol.

Basilica Bruxellensis. (Auct. J.-B. CHRISTINÆO.) Editio aucta (a J.-F. FOPPENS). *Mechliniæ*, 1743, 2 vol. in-8.

BASILIUS Magnus ex integro recensitus, opera et studio R. P. Francisci COMBEFIS (Edidit Paulus DE GOLEFER.) *Parisiis, J. B. de La Caille*, 1679, 2 vol. in-8.

f| Batavia sacra, sive res gestæ apostolicorum virorum, qui fidem Bataviæ primi intulerunt; studio T. S. F. H. H. S. T. L. T. U. T. (Hug. Fr. VAN-HEUSSEN). *Bruxellis*, 1714-1755, in-fol.

Batavia triumphata, anno quo summus arbiter rerum DeposVIt potentes De seDe, et eXaLtaVIt franCos. (Auct. Joanne FRISCHMAN, consiliaro Montis Belligardi.) *S. l.*, 1672, in-8.

L'année 1672 se trouve dans les lettres majuscules et numériques du titre.

Bataviæ, omniumque inter Helium et Flevum gentium atque urbium brevis descriptio. (Auct. Cornelio VAN HAEMRODE.) Cui seorsum accedunt, seu præmittuntur disceptationes aliquot chorographicæ, eodem spectantes ; cura et studio viri veritatis studiosi (Joannis-Isaaci PONTANI). *Hardrovici*, 1617, in-12.

Beati Roberti Arbressellensis... vita (auctore BALDRICO), transitus (auctore ANDREA), epitome vitæ, elogia, miracula (auctore H. L. CHASTAIGNIER DE LAROCHE-POSAI). *Rotomagi, L. Maurry*, 1668, in-8.

Publié par Jeanne-Baptiste DE BOURDON, abbesse de Fontevrault.

Œttinger attribue cet ouvrage à François DE GÉRY.

B. Dominicus. Speculum peccatricis animæ, ab anonymo authore (B. ALANO A RUPE, dominicano), edente R. P. Ludovico LOUMANS. *Antuerpiæ, Crobbarus*, 1635, in-24, 257 p.

Beatus Albertus Magnus, gente Teutonicus... ex familia prædicatorum, recens laudibus illustratus ab religioso ejusdem familiæ (Bernadino GOSSELINI, Veronensi). *Venetiis, G. Valentinus*, 1630, in-8. Melzi.

Bellum grammaticale. (Auct. Andrea GUARNA.) — *Parisiis, Rob. Stephanus*, 1528, in-8.

Ouvrage souvent réimprimé. Voy. Brunet, « Manuel du libraire », 5e édit., II, col. 1778.

Bellum grammaticale, sive nominum verborumque discordia civilis, tragico-comœdia. (Auct. J. SPENCERO.) *Londini, Fawcet*, 1635, in-8.

Bellum inter sacerdotium et imperium perpetuum. (Auct. Christiano THOMASIO.) Vers 1726.

Voy. « Journal des savants », avril 1706.

Bellum sacrum Ecclesiæ militantis contra Turcum, communem hostem christianorum, tessera sacræ militiæ crucigerorum. Auctore sacerdote anonymo (Leonardo DE VAUX, Soc. Jes.)J *Leodii*, 1685, in-8.

Benarnica christianissimi regis quinque dierum expeditio. (Auct. Joan. ARNOUX, S. J.) *Lugduni*, 1620, in-8, 16 p. — *August. Vindelic., S. Mangin vidua*, 1621, in-4.

Bernardini OCHINI dialogi xxx, in duos libros divisi, quorum primus est de Messia,

secundus vero de Trinitate, latine versi (a Seb. CASTILIONE). *Basileæ*, 1540-1563, 2 vol. in-8.

Théophile Raynaud, dans ses « Erotemata de bonis et malis libris », regarde l'évêque de Capo d'Istria (JUSTINOPOLITANUS), nommé Thomas, comme le véritable auteur de ces harangues.

Biblia sacra Arabica, additis e regione Bibliis latinis vulgatis. (Cura Sergii RISII.) *Romæ, typis Congreg. de propag. fide*, 1671, 3 tom. in-fol.

Biblia sacra, carminibus mnemonicis comprehensa, ad usum studiosæ juventutis. (Auctore Francisco - Philippo LALLOUETTE.) *Parisiis*, 1749, in-12, 32 p.

Biblia sacra, complectens :

1° Vetus Testamentum hebræo, chaldaico (targum ONKELOSI, seu expositio in Pentateuchum, cum latina interpretatione ALPHONSI de Zamora), græco (ex versione LXX interpr., cum versione latina interlineari DEMETRII et aliorum) et latino idiomate (ex editione vulgata).

2° Novum Testamentum græce et latine (cum versione interlineari, ex editione vulgata.)

3° Vocabularium hebraicum et chaldaicum totius veteris Testamenti, cum introductione artis grammaticæ hebraicæ, necnon dictionnarium græcum. Studio, opera et impensis cardinalis Francisci XIMENES DE CISNEROS. *Compluti de Brocario (Alcala de Henarès)* 1514-1515, 1517, 6 vol. in-fol.

In hoc opere DEMETRIUS LUCAS, Cretensis, AElius Antonius NEBRISSENSIS, Didacus Lopez STUNICA, Ferdinandus Nonnius PINCIANUS, ALPHONSUS de Zamora, ALPHONSUS, medicus Complutensis, et Paulus CORONELLUS laudabilem quindecim fere annorum, ab anno 1502 ad annum 1517, operam posuerunt.

Voy., pour cet article et pour les différentes Bibles polyglottes, Le Long, « Bibliotheca sacra », in-fol., t. I, p. 8 et suiv., et le « Discours » du même auteur sur les Bibles polyglottes. *Paris*, 1713, *in-8*.

Biblia sacra, cum universis Francisci VATABLI (seu potius Vatabli discipulorum) et variorum interpretum annotationibus. Latina interpretatio duplex est : altera vetus (vulgata), altera nova (SANCTIS PAGNINI), editio postrema, multo quam antehac emendatior et auctior (cura et studio Nic. HENRI, regii hebraicæ linguæ professoris). *Parisiis*, 1729-1745, 2 vol. in-fol.

Biblia sacra vulgatæ editionis, SIXTI V auctoritate recognita (recusa annuente CLEMENTE VIII, cujus præmittitur consti-

tutio et Præfatio Rob. Bellarmini, nondum cardinalis, ipso opus curante). *Romæ,
ex typographia Vaticana*, 1592, 2 vol. in-
fol.

Biblia sacra vulgatæ editionis, Sixti V
et Clementis VIII, pont. max., auctoritate
recognita. Editio nova, notis chronologicis
(ex Jac. Usserio desumptis) et historicis
(Claudii Lancelot) illustrata. *Parisiis,
Vitré*, 1662, in-fol.; — 1666, in-4. —
Dezallier, 1690, in-4.

Bibliographia historico-politico-philolo-
gica curiosa, quid in quovis scriptore
laudem censuramve mereatur, exhibens.
Cui præfixa celeberrimi cujusdam viri
(Joannis-Henr. Boecleri) de studio politico bene instituendo dissertatio epistolica
posthuma. *Germanopoli (Francofurti)*,
1677, in-8.

Ouvrage publié par Samuel Schottelius, sur les
cahiers informes de J. H. Boecler. Jo. Gottlieb
Krause en a donné une bonne édition très-augmentée,
à Leipsick, 1715, in-8.
Les augmentations sont tirées en grande partie des
autres ouvrages de Boecler.
La « Bibliotheca politica contracta », qui termine le
volume de 1677, est de Jean-André Bosius.

Bibliotheca anti-janseniana... (Auct.Phi-
lippo Labbe.) *Parisiis*, 1654, in-4.

Bibliotheca anti - trinitariorum, etc.,
opus posthumum Christophori Chr. Sandii
(continuatum et editum a Benedicto Wis-
sowatio). Accedunt alia quædam scripta.
Freistadii (Amstelodami), 1684, in-8.

On trouve dans ce volume une notice sur la vie et la
mort d'André Wissowatius; c'est donc bien à tort que
Placcius, t. I, p. 302, n° 1187, le présente comme
éditeur de l'ouvrage.

Bibliotheca antiqua Vindobonensis ci-
vica. Pars I. (Auct. Ph.-J. Lambacher.)
Viennæ Austr., 1750, in-4.

Cat. Van Hulthem, 21,725.

Bibliotheca Aprosiana. (Auctore Corn.
Aspasio Antivigilmo, id est, Angelico
Aprosio, de Vintimiglia.) Liber rarissimus
et a nonnullis inter anecdotos numeratus,
jam ex lingua italica latine conversa, cum
notis J. C. Wolfii. *Hamburgi*, 1734, in-8.

Bibliotheca Bigotiana, seu catalogus
librorum quos summa cura et industria
ingentique sumptu congessere Jo. Nic.
et Lud. Emericus Bigotii. (Cura et studio
Prosperi Marchand.) *Paris.*, 1706, in-12.

Bibliotheca Brunsvico-Lunebergensis,
scriptores rerum Brunsvico-Lunebergen-
sium justo materiarum ordine dispositos

exhibens. (Auct. Praun.) *Wolffenbutteli*,
1744, in-8.

Bibliotheca chemica ; contracta est delectu et emendationne Nathanis Albinei,
in qua réperiuntur : 1° Jo. Aurelii Augu-
relli chrysopœia et vellus aureum;
2° Novum Iumen chemicum (a Mich. Sen-
divogio); 3° Enchiridion physicæ restitutæ
et arcanum hermeticæ philosophiæ (a
Joan. Espagnet). *Coloniæ Allobrogum*,
1673, in-8.

Bibliotheca Corboliana, publici juris
facta, kal. julii MDCCXCVIII, latine, gallice et metrice. (Auct. Jos.-And. Guiot.)
Corbolii, 1799, in-16, 20 p.

Bibliotheca critica. (Auct. Daniele Wit-
tenbach .) *Amstelodami*, 1777-1808,
12 part. en 3 vol. in-8.

Bibliotheca critica sacra, circa omnes
fere sacrorum librorum difficultates. Ab
uno ordinis carmelitarum discalceatorum
(P. Cherubino a S. Josepho). *Lovanii*,
1704, 4 vol. in-fol.

Bibliotheca Hagana. (Curante Nic. Bar-
key.) *Bremæ*, 1760-1766, 20 vol. in-8.

Bibliotheca Horatiana, sive syllabus editionum Q. Horatii Flacci, interpretatio-
num, versionum ab anno 1470 ad an.
1770. (Edente J.-W. Neuhaus.) *Lipsiæ,
Sommerus*, 1775, in-8.

Bibliotheca Janiniana S. Benigni Divio-
nis, ope et industriâ P. D. (Pauli Dumay).
Divione, 1621, in-4.

Bibliotheca Lubecensis (ab Henrico
Scharbau, Sam. Gerh. a Melle et Henrico a Seelen collecta). *Lubecæ*, 1725-
1731, 12 vol. in-8.

Bibliotheca mystica clarissimi viri
Ludovici Servini, sex aliis longe ditiori-
bus, scilicet : Arnaldi, Paschasii, Martil-
lerii, Hardivillerii, Turgotii et Tarini,
in antecessum præmissa. *S. l.*, 1626,
in-4.

Par Gabriel Naudé, d'après une note manuscrite contemporaine, sur l'exemplaire de la Bibliothèque nationale.

Bibliotheca nova veterum Patrum, auc-
tuarium Bibliothecæ, authores et opuscula
complectens qui in prior. tomis deside-
rantur. (Studio et labore Æg. Morelli.)
Parisiis, 1639, 2 vol. in-fol.

Bibliotheca Patrum ascetica. (Collectore
D. Claudio Chantelou, benedictino.) *Parisiis*, 1661, 1663 et 1664, 5 vol. in-4.

Cette collection a été faussement attribuée à Luc Da-chery par Ellies Dupin et par Vigneul de Marville. Voy. Hauréau, «Hist. littér. du Maine», 2e édit. (1871), t. III, p. 8. Chantelou étant mort en 1664, une 2e édit. de cet ouvrage parut sous le titre de : « Asceticorum... indiculus ». Voy. ci-dessus, col. 1161, b.

Bibliotheca Pisanorum veneta, annotationibus nonnullis illustrata. (A Ant.-Jo. Bonicello.) Venetis, Curti, 1807, 3 vol. in-8.   Melzi.

Bibliotheca Prustelliana, sive catalogus librorum bibliothecæ viri clarissimi DD. Guil. Prousteau, Aurelianensis Academiæ antecessoris et decani, etc. (Auct. Philippo Billouet et Fr. Méry.) Aurelianis, 1721, in-4.

Dom Louis Fabre publia, en 1777, une nouvelle édition très-augmentée de ce Catalogue.

Bibliotheca selectissima (Baronis de Schomberg). Amstelodami, 1743, 2 vol. in-8.

Bibliotheca, sive antiquitates urbis Constantinopolitanæ. (Curante Joanne Hartung.) Argentorati, 1578, in-4.

Bibliotheca Smithiana, seu catalogus librorum D. Josephi Smithii, Angli. Venetiis, J. B. Pasquali, 1755, in-4.

L'avant-propos donne à entendre que ce catalogue a été rédigé par l'imprimeur Pasquali, mais on dit que les notes sont de P. degli Agostini et de Girolamo Zanetti.   Melzi.

Bibliotheca Telleriana, sive catalogus librorum bibliothecæ Caroli Mauritii Le Tellier, archiepiscopi ducis Remensis (a Philippo Dubois digestus). Parisiis, e typogr. regia, 1693, in-fol.

Ce catalogue a été aussi attribué à tort à Nicolas Clément.

Bibliothecæ casanensis catalogus librorum impressorum. Romæ, 1761-1788, 4 vol. in-fol.

S'arrête à la lettre K. Les Pères Gabriele Fabrecis, préfet de cette bibliothèque, J.-B. Audifredi, Francesco Saverii Timoni et L. A. Zaccagni prirent part à la rédaction de ce catalogue. Quelques feuilles du tome V ont été imprimées, mais elles n'ont pas été publiées.   Melzi.

Bibliothecæ Cordesianæ catalogus. (Auct. Edm. Seureau.) Paris., Ant. Viray, 1643, in-8 ou in-4.

Catal. Van Hulthem, 21,519.

Bibliothecæ Jos. Renati catalogus, una cum altero catalogo scientiarum et artium. (Cura et studio Justi Fontanini.) Romæ, 1711, in-fol.

Hujus catalogi Fontaninius plagiarius potiusquam auctor fuisse perhibetur; Zacagni enim labore, qui Catalogum Bibliothecæ cardinalis Casanatis confecerat, et qui in ipsa Bibliotheca Casanat. originalis adservatur, penitus usus est. Clarius hoc elucet si animadvertatur quod Fontaninius hic habeat excerpta ex omnibus collectionibus, quæ in Zacagni opere reperiuntur, etiamsi collectiones ipsæ apud Card. Imperialem adessent, excerpta autem, quæ Zacagnius non habet (quia penes Card. Casanatem non extabant collectiones illæ) in Fontaninii Catalogo non reperiuntur.

(Catal. Biblioth. Garampii.)

Bibliothecæ publicæ electoralis Academiæ Duisburgensis ut et Bibliothecæ Goorianæ ejusdem Academiæ usibus dedicatæ catalogus. (Auct. Gerh. von Mastrichi.) Duisburgi, 1685, in-fol.

Biennium philosophicum diversarum thesium elucubratione absolutum. (Auct. Barthol. Fedeli, S. J.) Mutinæ, typ. Dem. Degni, 1691, in-4.

Bilinguis musarum alumnus auspice Phœbo, a D. L. B. (Le Brun). Parisiis, 1707, in-12.

Blasii Paschalis scriptoris inter Gallos acutissimi, profundissimique, de veritate religionis christianæ opus posthumum, redditum latinè, interprete P. A. U. J. (Philippo-Adamo Ulrich), professore in Universitate Wirceburgensi. Wirceburgi, 1741, in-8.

Traduction des «Pensées» de Pascal.

Boicæ gentis annales, editæ a Joanne Adzlreitter (auctore Joanne Fervaux, vel Forquevaux). Monachii, 1662, 2 vol. in-fol. Nova editio (cura et studio G. G. Leibnitii). Francofurti, 1710, in-fol.

Voy. Bayle, au mot Fervaux.
J. Fabricius, dans « l'Histoire de sa bibliothèque», 3e partie, p. 142, nomme cet auteur Forquevaux, d'après les « Acta eruditorum » de 1710. Calmet, dans sa « Bibliothèque lorraine », le nomme Forqueraux, d'après Christian Griffius.

Bohemia exoriens, christiana, bellicosa, carminibus representata a collegio S. J. Pragensi, an. 1627, in-fol.

Hunc librum P. Sim. Sidecius, S. J., concepit, et argumenta dedit sociis, ut ea poetice reducerent et laborarent. (Balbini, «Bohemia docta », pars 2, p. 421.)

Boni civis (Gundæi Rosenkransii), ad fidos patriæ cives fidelis admonitio, de justitia et necessitate conjunctionis Danicæ classis navalis cum socia Belgarum classe, in portu Gedanensi. Hafniæ, 1657, in-4.

Bonum universale.

Voy. «Liber qui inscribitur».

Brema literata. (Auct. H. Ikenio, edente Herm. Postio.) *Bremæ*, 1726, in-4, 156 p.

Breve memoriale, extractum ex prolixiore de statu ac progressu jansenismi in Hollandia. (Auct. Lud. Doucin.) *Actum Hagæ*, nov. 1697, in-4. V. D.

Breves positiones, quibus historia fœderati Belgii, a tempore Caroli V usque ad inducias duodecennales illustratur, in usum auditorum conscriptæ. *Traj. ad Rh.*, 1737, in-8. V. D.

L'auteur, A. Drakendorck, se nomme à la 2ᵉ édit., 1757.

Breviarium canonicorum regularium ordinis Præmonstratensis. (Auctore Remaclo Lissoir, abbate Vallis-Dei.) *Nancei*, 1786, 4 vol. in-12 et 2 vol. in-4.

Lissoir a encore rédigé les autres livres liturgiques de son ordre.

Breviarium Colbertinum (singulariter dispositum et editum a Joanne Galloys, ad usum viri ill. J. B. Colbert, regni administri). *Parisiis*, 1679, in-8.

Breviarium ecclesiæ Senonensis, D. Harduini Fortin de La Hoguette, Senon. archiep., autoritate ac ejusd. ecclesiæ capituli consensu editum. (Auct. Burlugay.) *Senonis*, 1702, 4 vol. in-12.

Ce Bréviaire et celui de Clugny ont servi de modèle à ceux qui ont été faits depuis. Burlugay était théologal de Sens. Il mourut à Sens en 1702; il était né à Paris en 1624.

Breviarium ecclesiasticum, clero propositum (ab abbate Urbano Robinet). *Parisiis*, 1745, 4 vol. in-12.

Ce Bréviaire est le même que ceux de Carcassonne, Cahors, Laon et du Mans. L'édition de tous ces Bréviaires a été confiée aux soins de L. Étienne Rondet. Il y a adapté des «propres des saints», assortis aux calendriers de chaque diocèse.

Breviarium ecclesiasticum editi jam prospectus executionem exhibens, in gratiam ecclesiarum in quibus nova facienda erit breviariorum editio. (Auctore Foignardo.) *Embricæ, sumptibus Arnoldi Nicolai* (scilicet *Arnoldi Dubois* et *Phil. Nicolai Lottin*), S. L., 1726, 2 vol. in-12.

Breviarium ordinis Cluniacensis (Pauli Rabusson et Cl. Devert studio confectum). *Parisiis*, 1686, in-8.

Breviarium Parisiense, illustrissimi ac reverendissimi in Christo patris D. D. Francisci de Harlay, etc. editum (curante

potissimûm Claudio Chastelain). *Parisiis*, 1680, 4 vol. in-12.

Dès que ce Bréviaire parut, on fit des *Remarques* pour le *censurer*, L'abbé Chastelain publia, sous le voile de l'anonyme, une «Réponse aux Remarques», etc. *Paris*, 1681, *in*-8.

Breviarium Parisiense, illustriss. et reverend. in Christo patris D. D. Car. Gasparis Guill. de Vintimille, etc., editum. *Parisiis*, 1736, 4 vol. in-4 et in-12.

Le mandement de M. de Vintimille, du 3 décembre 1735, est de Charles Coffin, alors principal du collége de Beauvais à Paris, et auteur des hymnes marquées C., adoptées dans ce Bréviaire, et composées à la prière de M. de Vintimille. Le P. Vigier de l'Oratoire, en 1750, supérieur du séminaire de Saint-Magloire, est le principal auteur du Bréviaire. (*Catalogue de l'abbé Goujet.*)

L'édition publiée en 1745 a été revue et corrigée par l'abbé Mesenguy.

La nouvelle édition, mise au jour en 1822, a donné lieu à des critiques assez vives. Voy. les «Tablettes du clergé», juin, août et octobre. Un de ces articles a été généralement attribué à M. l'abbé Cottret, alors chanoine de l'église de Notre-Dame de Paris.

Voy. aussi le chapitre Iᵉʳ de l'ouvrage de M. Tabaraud, intitulé : «Des sacrés Cœurs de Jésus et de Marie».

Breviarium Romanum, ex decreto sacrosancti concilii Tridentini restitutum (curantibus Mutio Calino, Leonardo de Marinis, etc.), Pii IV, pont. max, jussu editum. *Romæ, Paulus Manutius*, 1564, in-fol.

Breviarium Romanum, ex sacra potissimum Scriptura et probatis sanctorum historiis nuper confectum (per cardinalem Franciscum Quignonium). *Lugduni, Frænus*, 1553, in-12.

Le P. Helyot, religieux picpus, a publié en 1708 une dissertation sur ce bréviaire, réimprimé plusieurs fois, et il prouve que les passages de saint Thomas et de saint Dominique sur l'immaculée conception de la sainte Vierge, ne se trouvent que dans les éditions postérieures à la mort du cardinal.

Breviculum de vita et rebus gestis Francisci de Stanno (Fr. d'Esteing), episc. olim Ruthenensis in Gallia. *Claromonti*, 1660, in-8.

Le Moréri de 1759, d'après un mémoire manuscrit du P. Oudin, attribue cet ouvrage au P. Lacarry, jésuite; mais Beaucousin en avait un exemplaire qu'un ancien possesseur déclarait lui avoir été donné par l'auteur, le Père Le Beau, recteur du collège de Rhodès.

Brevis ac solida responsio : Non esse quod quemquam pœniteat a Zwinglianorum cœtu ad catholicam Ecclesiam rediisse, ad Andreæ Volani orationem. *Coloniæ*, 1610, in-8.

Par Frédéric Bartschius. La 1re édit. de cet ouvrage parut sous le nom de Frédéricus Brussus, theologus.

Brevis disquisitio, an et quomodo vulgo dicti evangelici pontificios ac nominatim « Valeriani Capitale Magni de acatholicorum credendi regula judicium » solide atque evidenter refutare queant. (Auctore Joach. Steagman seniore.) *Eleutheropoli, apud Godfridum Philalethium*, 1633, in-12.

Voy. « Bibl. Anti-Trinitar. », p. 133.
On a cru à tort pendant quelque temps, que cette dissertation était de Jean Hales, Anglais. Voy. l'article de ce dernier dans Moréri.

Brevis et apologetica tractatiuncula de peste, quæ anno 1676 Melitensem insulam invasit. (Auct. Thomas Buscemi.) *Panormi, typis Petri de Isola*, 1681, in-8.

Brevis et methodica utriusque juris epitome... Auth. P. P. (Payen). *Avenione*, 1678, in-16.

Brevis et supplex adhortatio ad regem christianissimum, pro finiendo controversiæ jansenianæ negotio per legitimum de quatuor episcopis summo Pontifici parere recusantibus judicium. *S. l.*, 1668, in-8.

Par le P. Rapin, suivant une note manuscrite de Huet.

Brevis excursus de loco, tempore et authore inventionis typographiæ. (Auctore Jac. Mentelio.) *Parisiis, A. Vitré*, 1644, in-4.

Maittaire, III, p. 908.

Brevis explanatio veteris gemmæ... (Auct. Antonio-Franc. Vettori.) *Romæ, typis Bernabo*, 1732, in-4.   Melzi.

Brevis expositio literæ magistri sententiarum, etc. (Auct. P. Joanne Martinez, jesuita.) *Coloniæ*, 1635, in-8.

Brevis Franciæ regum descriptio... Authore magistro P. de L. (Petro de Loys). *Parisiis, J. Legras*, 1647, in-4.

En vers.

Brevis instructio ad meditandum. *Romæ, typis Zannetti*, 1609. — *Coloniæ, apud Kinkium*, 1658, in-16.

Par Nicolas Berzetto. Traduction de son ouvrage :

« La pratica di ben meditare... », publié sous le pseudonyme de Gio. Alberto Buronzo.

Brevis instructio facili methodo ea complectens quæ ab accedentibus ad examen ordinum suscipiendorum scitu magis necessaria censentur. (Auct. P. Carolo Maria Gabrielli.) *Senogalliæ, Calvani*, 1735, in-12.   Melzi.

Brevis introductio in notitiam legum nauticarum et scriptorum juris reique maritimæ. (Auct. Andreà Langen.) *Lubecæ*, 1713, in-8.

Réimprimée en 1724, avec le nom de l'auteur.

Brevis narratio legationis excel. D. Franc. de Mendoza ad sacr. Cæsar. majestat. et ad Ser. archiduces Mathiam et Maximil., ex diario P. T. S. (Patris Thomæ Sailli) totius itineris, ad P. Patr. de Ribadeneyra, soc. Jesu. *Bruxellæ*, 1598, in-4.

Bruni spongia, seu Wolfgango Ernesto a Papenhausen, libero Germano, Baroni libero, Germano oratori, id est Antonio Bruno declamatori furioso vinculum Hippocratis. *Parisiis*, 1647, in-4.

Matthieu de Morgues est l'auteur de cette violente réponse aux trois écrits anonymes d'Antoine Brun : «Amico-critica monitio», «Oratio libera», «Spongia».

Brutum fulmen Papæ Sixti V, adversus Henricum, serenissimum regem Navarræ, et illustrissimum Henricum Borbonium, principem Condæum; una cum protestatione multiplicis nullitatis. (Auctore Francisco Hotman, advocato.) *S. l. n. d.*, in-8. — *S. l.*, 1585, in-8.

Réimprimé plusieurs fois sous ce titre : « Papæ Sixti V fulmen brutum... » et traduit en français sous le titre de « Protestation et défense pour le roi de Navarre... ».

Bruxellensium jubilus, SS. Sacramento trecentis annis miraculoso exhibitus. (Auct. Guilielmo Burio.) *Mechliniæ*, 1670, in-12.

Paquot, édit. in-fol., t. II, p. 452.

Bulla Leonis X contra errores Lutheri et sequacium; cum notis (Ulrici de Hutten). Circa annum 1520, in-4.

C'est par erreur que ces notes ont été attribuées à Luther par Bossuet, dans son «Histoire des variations», t. I, n° 26.
Niceron, t. XV.

C. Aq. (Canutii Aquilonii) de Danicæ linguæ cum græca mixtione diatriba. *Portuæ*, 1640. — *Idem* de Danicæ linguæ cum latina mixtione. *Ibid.*, 1641, in-8.

C. C. S. (Christophori-Christiani Sandii), problema paradoxum de Spiritu Sancto, an non per illum SS. angelorum genus intelligi possit? *Coloniæ*, 1678, in-8.

C. C. S*** (Schillingii) carminum libri duo. *Lipsiæ*, 1761, in-8, 96 p.

C. Corn. Taciti opera omnia. (Edente H. Homer.) *Londini*, 1790, 4 vol. in-8.

Cet éditeur mourut peu de temps après avoir publié les trois premiers volumes. Le 4e, contenant l'*Index vocabulorum*, parut en 1794, par les soins de ses frères.

C. Crispi Sallustii opera quæ exstant, ad usum scholarum Universitatis parisiensis (cum notis J. Heuzet). *Parisiis*, 1727, 1729, 1767, in-12.

C. H. E. D. (Christ.-Henr. Erndius) de itinere suo Anglicano et Batavo, annis 1706 et 1707 facto, relatio ad amicum D. G. K. A. C., excusa A. 1710, in-8.

Erudius était un médecin de Dresde. Voy. David Clément, « Bibliothèque curieuse », t. I, p. 172.

Voy. les mots : *Epistola ad amicum*...

C. Plinii Secundi epistolæ et panegyricus, cum variis lectionibus et annotationibus (cura Th. Hearne). *Oxon.*, 1703, in-8.

C. Sallustii Crispi opera, cum notis selectissimis variorum (cura Nic. Lallemant). *Rothomagi, Nic. Lallemant*, 1751, 1765, 1773, in-18.

C. Suetonius Tranquillus de xii Cæsaribus, expurgatus ab obscœnitate et varie illustratus (a P. Petro-Jos. De Grainville). *Rothomagi, Le Boullanger*, 1707, in-12.

C. Valerii Flacci Argonautica. Jo.

Baptistæ Pii carmen ex quarto Argonauticon Apollonii. Orphei Argonautica, innominato interprete. *Venetiis, in ædibus Aldi et Andreæ Asulani soceri*, 1523, in-8.

La version d'Orphée est, au rapport de Barthius, *ad Statium*, iii, *Theb.*, 352, de Leodrisio Cribello, ami de Philelphe. Voy. les « Annales de l'imprimerie des Alde », par M. Renouard, t. I, p. 169.

C. Valerii Flacci Argonauticon libri VIII (cum præfatione A. S. I. V. D., Andreæ Schotti, juris utriusque doctoris). *Rothomagi*, 1612, in-12.

Cacocephalus, sive de plagiis opusculum... Authore R. P. J. S. (Jac. Sallier). *Matiscone, Desaint*, 1694, in-12.

Cactæ in horto Dyckensi cultæ. (Auct. principe de Salm Dyck.) *Dusseldorpii*, 1841, in-8, 48 p.

Caii Julii Cæsaris quæ exstant opera, cum Hirtii, sive Oppii commentariis de Bellis Gallico, etc. (curante Joanne Capperonnier). *Parisiis, Barbou*, 1755, 2 vol. in-12.

Caii Sallustii Crispi quæ exstant opera (curante Steph. Andrea Philippe). *Parisiis, typis Cl. F. Simon*, 1744 (quelques exemplaires portent *Barbou*, 1754), in-12.

Les éditions de Barbou, 1761 et 1774, ont été revues par de Wailly.

Caii Velleii Paterculi historiæ romanæ libri duo, cum notis. *Limoges et Paris*, 1714, in-12. — *Rouen*, 1720, in-18.

Les notes qui accompagnent cette édition sont d'un auteur très-versé dans l'antiquité. Si l'on s'arrêtait au Privilége du roi, on les attribuerait au P. Buffier, jésuite; mais on sait que ce Père a été seulement chargé de mettre ces notes entre les mains des libraires. Les journalistes de Trévoux les attribuent à leur confrère le P. de Grainville, dont on a plusieurs dissertations sur les antiquités, et ils invitent ceux qui posséderaient les notes du même auteur sur Valère Maxime, à en faire présent au public, ce qui ne paraît pas avoir été exécuté. (*Journal de Trévoux*, août 1714, p. 1462.)

Caii Velleii Paterculi historiæ romanæ libri duo. L. Annæi Floni epitome rerum romanarum libri IV. (Curante J. N. Lalle-mand). *Parisiis, Barbou*, 1777, in-12.

V. *Paterculus* avait été publié seul en 1746, par les soins de Philippe, et avec un nouveau frontispice en 1754.

Calculi infinitesimalis pars I^a, seu cal-culus differentialis, expositus analysi infi-nite parvorum, D. Marchionis Hospitalii, in latinum conversus a C. S. (Carolo Scherffer, Soc. Jesu). *Vindobonæ* (1764), in-4.

Le traducteur publia la même année une seconde partie, ou le calcul intégral trad. de Bougainville. On doit au même jésuite la traduction latine des « Leçons élémentaires » de l'abbé de La Caille, « sur l'astrono-mie, les mathématiques, la mécanique et l'optique ».

Cancellaria hispanica : adjecta sunt acta publica, hoc est, scripta et epistolæ authenticæ, e quibus partim infelicis belli in Germania, partim proscriptionis in Electorem Palatinum Scopus apparet; ad-jecti sunt sub finem flores Scoppiani, ex classico belli sacri. (Auctore L. Camerario.) *S. L.*, 1622, in-4.

Canones concilii provincialis, celebrati anno 1536; quibus adjectum est enchiri-dion christianæ institutionis (auctore Joanne Groppero). *Coloniæ*, 1538, in-fol.

Canonicæ et reverentissimæ expostula-tiones apud SS. DD. NN. Pium, divina Providentia Papam VII, de variis actis ad ecclesiam gallicanam spectantibus. Editio secunda latina, priori anni 1803 longe emendatior et notis illustrata (ab abbate Le Quien de La Neufville). *S. L.*, 1820, in-8.

Cardinalis Reginaldi Poli et aliorum ad ipsum epistolæ (cura et opera card. Qui-rini). *Brixiæ*, 1744-1752, 4 vol. in-4.

Un 5e volume a été publié en 1757 (par les soins d'Antoine Guelphe, prêtre de Brescia).

Carmen. *Parisiis, typis Fain'(s. d.)*, in-4.

Cet opuscule signé : « A. V., Lycœi imperialis alum-nus », est d'Abel-Fr. Villemain, d'après une note manuscrite sur l'exemplaire de la Bibliothèque natio-nale.

Carmen heroicum de Passione Domini Nostri Jesu Christi. *Basileæ*, 1551, in-fol.

Pièce de 400 vers environ, imprimée avec l'« His-toria apostolica » d'Abdias; elle est de Girolamo Valle de Padoue. Elle a été plusieurs fois réimprimée avec le nom de l'auteur, et sous le titre de *Jesus* ou de *Jesuita*.   Melzi.

Carmen in D. Agatham, virg. et mart.

(Auct. Bartholomæo Petruccio, Soc. Jesu.) *Messanæ, Petrus Bréa*, 1605, in-4. Melzi.

Carmen in Francisci, illustrissimi Fran-ciæ delphini, et Mariæ, Scotorum reginæ, nuptias. (Auct. Michel de L'Hopital.) *Parisiis*, 1560, in-4.

Carmen nuptiale, Brabantiæ duci et Cel-situdini Suæ Imp. Regiæque Mariæ, H. A. Austriacæ, dicatum ac consecratum, (Auct. F. Pieters, presb.) *Gondavi, Lievin-Rous-seau*, 1853, in-8, 11 p.

Vanderhaeghen, « Bibliogr. gantoise », p: 242.

Carmen pastorale ad Bonapartum, prin-cipem Reipublicæ consulem, liberatorem Italiæ, fondatorem pacis. (Auct. A. Lao-nice.) *Parisiis*, 1801, in-4, 45 p.

Carmen philosophicum, id est conclu-siones ex universa philosophia depromptæ. (Auct. Gabriele Gualdo.) *Patavii, Cado-rinus*, 1600, in-4.   Melzi.

Carmina. (Auctore Leullier.) *Sens, impr. de Thomas-Malvin*, 1830, in-8.

La plupart des pièces ont en regard les textes fran-çais dont elles donnent la traduction.

Carmina festiva, oblata ill. domino S. F. Van de Velde, epis. Gandensi. (Auct. E. Remes.) *Gandavi, P. J. Vanryckegem*, 1829, in-8, 6 ff.

Vanderhaeghen, « Bibliogr. gantoise ».

Carmina plura heroica latina et epi-grammata de sanctis. (Auct. P. Basilio de Burgo, ex ord. cappucinorum.) *Panormi*, 1648, in-8.   Melzi.

Carmina varia natalitia principis Etru-riæ. *Bononiæ*, 1613, in-8.

Attribué par les uns au P. Giov. Fransc. Buoni, par les autres au P. Franc. Manfredi, capucin.   Melzi.

Caroli, ducis Arschotani, numismata, brevi commentario illustrata (auct. Al-berto Rubens, Pauli filio), editore Gasp. Gevartio. Accessere Ant. Augustini dia-logi de numismatibus, ex hispanico latine, interprete Andrea Schotto. *Antverpiæ*, 1654, in-fol.

Caroli Molinæi, Franciæ et Germaniæ celeberrimi jurisconsulti, omnia quæ ex-stant opera. Editio novissima, auctior et emendatior (curante Fr. Pinsson). *Pari-siis*, 1681; 5 vol. in-fol.

Caroli noni, Francorum regis, vita. *S. l. n. d.*, in-8.

Par Papyre Masson, suivant le P. Lelong.

Caroli III, seren., potentiss. duc. Lothar... makarismos... (Auct. Carolo Le Pois.) *Ponte ad Monter.*, 1609, in-4.

Catal. Noel, n° 2123.

Carolo Sancta-Mauro, marchioni Montauserio, Normanniæ proregi, adventorium carmen. *S. l. n. d.*, in-4.

Signé : I. C. S. I. (Joanne Commirio, S. J.).

Carolus I, Britanniarum rex, a securi et calamo Miltonii vindicatus. (Auct. Barthol. Morisot.) *Dublini (Divioni)*, 1652, in-12.

Cartesius. *S. l.*, 1720, in-fol., 4 p.

Ode latine sur Descartes, par André Franc. DE BRANCAS-VILLENEUVE. G. M.

Cartesius seipsum destruens. Authore I. T., philosopho Lovaniensi (L. Car. Decker). *Lovanii*, 1675, in-16.

Casus conscientiæ de quodam se dictitante missionarium (J.-B. Salvaroni). *S. l.*, 1787, in-8. Melzi.

Catalogi librorum manuscriptorum Angliæ et Hyberniæ in unum collecti (ab Eduardo Bernard dispositi; cum tabulis quibusdam alphabeticis, ab Humfredo Wanley confectis). *Oxoniæ, e theatro Sheldoniano*, 1697, in-fol.

Catalogi librorum specimen. (Auct. J.-J. Spalding.) *(Berlin, Unger)*, 1790, in-8, VI-76 p.

Tiré à petit nombre pour les amis de l'auteur.

Catalogus bibliographicus librorum in bibliotheca Academiæ Theresianæ extantium (a Jos. DE Sartori digestus); cum indice triplici. *Viennæ*, 1802-6, 13 vol. in-4. Le 14° a paru en 1850.

Le 1er vol. contient, de Mich. Denis, un second supplément à son Histoire de l'imprimerie de Vienne (en allem.).

Ce catalogue, qui n'a été tiré qu'à 100 exemplaires, a un mérite bien plus réel. L'on y a classé systématiquement tous les mémoires et opuscules divers répandus dans les collections académiques, dans les journaux et dans les différents recueils que possède la Bibliothèque Thérésienne.

Catalogus bibliothecæ Augustanæ. (Auct. Georgio Henischio, ejusdem bibliothecæ præfecto.) *Aug. Vindelicorum*, 1599, in-fol.

Cette édition, très-rare, fut réimprimée dans la même ville par les soins d'Élie Ehinger, en 1633, in-fol.

Catalogus bibliothecæ Bunavianæ. (Auct. A.-J.-M. Franckio.) *Lipsiæ, vidua B. Casp. Fritsch*, 1750-1756, 3 tom. en 6 vol. in-4.

L'un des meilleurs catalogues qui existent. Les livres dont il donne l'indication sont maintenant dans la Bibliothèque de Dresde.

Catalogus bibliothecæ Harleianæ. (Auctoribus Samuele Johnson et aliis.) *Londini*, 1743-1745, 5 vol. in-8.

Les deux premiers volumes ont été rédigés par le docteur Johnson, assisté de Mich. Maittaire, dont le nom seul se lit en tête de l'épître dédicatoire ; les trois autres volumes laissent beaucoup à désirer.

Catalogus bibliothecæ hungaricæ Francisci comitis Szechenyi. (Auct. Mich. DE Tiboldt.) *Sopronii*, 1799, 2 vol. gr. in-8.

Voy. le « Manuel du libr. », 5° édition, art. Szechenyi.

Catalogus bibliothecæ Ludewigianæ manuscriptæ. (Auct. Joh. Dav. Michaele.) *S. l. n. d.*, in-8.

Catal. Van Hulthem, III, 21,502.

Catalogus bibliothecæ publicæ Amstelodamensis. (Curante Henr. Constantino Cras.) *Amstelodami*, 1797, in-fol.

Catalogus bibliothecæ publicæ Lugduno-Batavæ. (Cura et studio Frid. Spanhemii filii.) *Lugduni Batav., vidua et hæredes J. Elzevirii*, 1674, in-4.

Catalogus bibliothecæ Smithianæ. (Auct. J. B. Paschalio.) *Venetiis*, 1755, in-4.

Catal. Van Hulthem, 21,763. Cet exemplaire était annoté par Mercier de Saint-Léger.

Catalogus codicum manuscriptorum bibliothecæ regiæ Parisiensis. (Auct. Aniceto Mellot.) *Parisiis, e typogr. regia*, 1739-1744, 4 vol. in-fol.

Catalogus codicum mss. qui sunt in bibliotheca Rep. Augustanæ Vindelicæ, duplo quam antea auctior. (Edente D. Hoeschelio.) *Augustæ Vindelic.*, 1595, in-4.

Catalogus historicus et criticus codd. mss. bibliothecæ metropolitanæ Coloniensis. (Auct. R. P. Hartzheim, S. J.) *Colon. Agripp.*, 1752, in-4.

Catalogus librorum Acad. Rothomagensi. (Cura et studio Vregeon.) *S. l.*, 1784, in-4.

Le portrait de l'auteur, mais sans son nom, tient lieu de frontispice.

Catalogus librorum bibliothecæ baronis de Crassier (per D. Wouters, bibliothec. bibliot. Belgicæ regiæ digestus). *Leodii*, 1754, in-8.

Catalogus librorum bibliothecæ D. Joan.

Giraud (a Prosp. MARCHAND digestus). *a*
Parisiis, Robustel, 1707, in-12.

Catal. Bulteau, n° 8371.

Catalogus librorum bibliothecæ publicæ
quæ est in illustri et præpotenti Frisiæ
ordinum Academia Franequerana (secundum ordinem materiarum digestus ab
Alexandro SAVOIS, cum indice auctorum
alphabetico). *Franequeræ,* 1723, in-fol.

Catalogus librorum italicorum, latinorum et manuscriptorum magno sumptu et
labore Liburni collectorum. *Liburni,* 1756,
in-8.

Catalogue de la Bibliothèque Jackson, rédigé par
l'abbé Bonaventure GIOVENAZZI. Melzi.

Catalogus librorum mystico-politicorum
qui autumnalibus nundinis Francofordien-
sibus anni 1626 in lucem prodibunt. *S. l.,*
in-4.

Par FERRIER, d'après une note manuscrite contemporaine sur l'exemplaire de la Bibliothèque nationale.

Catalogus librorum omnium quos hactenus in lucem emisit aut sub prælo habet
Philippus Labbe, ab amico collectus atque
editus. *Parisiis,* 1656, in-4.

Cet ami du Père LABBE n'est autre que lui-même.

Catalogus librorum rarissimorum ante *d*
annum 1500 excusorum. (Edente JOS.
SMITH.) S. *l. n. d.,* in-8.

Catalogus librorum tam impressorum,
quam manuscriptorum bibliothecæ publicæ Universitatis Lugduno-Batavæ. *Lugd.
Bat.,* 1716, in-fol.

L'imprimeur lui-même a employé sept ans à dresser
ce catalogue, auquel a coopéré Jac. GRONOVIUS, et que
Sigibert HAVERCAMP a enrichi d'une Table des auteurs
et des matières. L'on apprend du P. Niceron, t. XXXIX,
p. 140, qu'on est redevable de la liste des livres
orientaux à Charles SCHAAF. Voÿ. Struvius, p. 271,
« Biblioth. histor. litterariæ », édit. de 1754.

Catalogus mss. codicum collegii Claro-
montani... uterque digestus et notis orna-
tus (a Fr. CLEMENT et Lud. Georg. Oudard
FEUDRIX DE BREQUIGNY). *Parisiis,* 1764,
in-8.

Catalogus numismatum, nummorumque
Caroli Alexandri, ducis Lotharingiæ (digestus a Joan. CHESQUIERO). *Bruxellis,*
1781, in-8.

Chesquière a été aidé par Valentin DU VAL, Érasme
FRŒLICH et Joseph KUELL.

Catalogus nummorum veterum musei
Arigoniani, castigatus a D. S. F. (Dom.
SESTINI, Fiorentino). *Berolini, Car. Quien,*
1808, pet. in-fol.

Catalogus Patrum Societatis Jesu, qui
post obitum S. Franc. Xaverii, ab anno
1581 usque ad annum 1681, in imperio
Sinarum Jesu Christi fidem propugnarunt.
(Auct. P. COUPLET, S. J.) *Paris., de La
Caille,* 1686, in-4, 48 p. — *Dilingæ,*
1687, in-4.

Voy. de Backer, 2º édit., I, col. 1426, n° 8.

Catologus (sic) plantarum horti medic *b*
Oxoniensis, sc. latino-anglicus et anglico-
latinus, eas alphebetico (sic) ordine accurate exhibens. *Excudebat Henricus Hall,
typ. Academiæ Oxoniensis,* 1648, in-16.

Par Robert BOBART, d'après Haller.

Catalogus plantarum in horto regio
Parisiensi et in hortis Batavorum, edente
in lucem S. W. A. (Guill. SHERARD).
Amst., 1689, in-8.

Catalogus provinciarum Societatis Jesu, *c*
domorum, collegiorum, residentiarum,
seminariorum et missionum, quæ in una-
quaque provincia numerabantur anno
1679. (Auct. P. Phil. BUONANNI, S. J.)
Romæ, Ignatius de Lazaris, 1679, in-12,
32 ff. n. chiff.

Catalogus quorumdam de Soc. Jesu qui
pro fide vel pietate sunt interfecti ab anno *d*
1549 usque ad an. 1603. (Auct. J. Joanne
CAMEROTA, Soc. Jesu.) *Neapoli, Th. Longus,*
1606; — *Cracoviæ, Lob,* 1606, in-8. Melzi.

Catalogus selectissimæ bibliothecæ Nic.
Rossi. (Auct. Jo.-Christ. AMADUTIO.)
Romæ, 1786, in-8.

Catalogus universalis librorum in omni
facultate, linguaque insignium et rarissimorum. (Auct. Jo. HARTLEY.) *London,* *e*
1690-1701, 2 vol. in-8.

Catalogus universalis librorum omnium
in bibliotheca collegii Sionii apud Londi-
nenses; una cum elencho interpretum
SS. Scripturæ, casuistarum, theologorum,
etc.; omnia per J. S. (Joan. SPENCERUM),
bibliothecarium... ordine alphabetico disposita... *Londini,* 1650, in-4.

Catechismus ad ordinandos juxta doc- *f*
trinam catechismi concilii Tridentini. (Auctore S. SULPITIO A S. PELAGIA, augustino
discalceato.) *Parisiis,* 1695, 1717, in-12.

Souvent réimprimé.

Catechismus brevis, christianæ disci-
plinæ formam continens, auctoritate regia
(Edvardi VI) commendatus. *Londini,*
1553, in-8.

Attribué et non sans motifs à POYNET, évêque de
Glocester.

Catechismus ex decreto Concilii Tridentini ad parochos, Pii V, pontificis maximi, jussu editus. *Romœ, P. Manutius*, 1556, in-fol. — *Parisiis, Jac. Kerver*, 1567, in-8.

Les Pères du Concile de Trente, sur la fin de la dernière session qui s'ouvrit sous Pie IV, le 3 décembre 1563, avaient décidé que l'on confierait au souverain pontife le soin de faire composer le Catéchisme des curés, et de faire réformer le Missel ainsi que le Bréviaire. Quelques hommes distingués avaient été nommés précédemment pour remplir ce double objet ; mais la brièveté du temps ne leur permit pas de terminer leur travail. Pour ce qui concerne le Catéchisme, Pie IV chargea en 1564 plusieurs évêques et plusieurs théologiens très-habiles de préparer les matières sous la surveillance du cardinal Charles Borromée. Le choix tomba principalement sur Mutius Calinus, mort évêque de Terni ; Léonard de Marinis, d'abord évêque *in partibus* de Laodicée, ensuite archevêque de Lanciano, enfin évêque d'Albe ; Egidio Foscarari, évêque de Modène ; et François Foreiro, dominicain portugais. On assure que le cardinal Scripandus, Michel Medina, observantin espagnol, et P. Galesinus, protonotaire apostolique, furent leurs coopérateurs.

Lorsque ces savants théologiens eurent remis leurs matériaux, on choisit trois rédacteurs renommés par leur habileté dans la langue latine, pour mettre l'ouvrage entier dans un style élégant et convenable à l'importance du sujet ; ces trois rédacteurs furent Mutius Calinus, Pierre Galesinus et Jules Pogianus. Comme l'ouvrage était divisé en quatre parties, le travail fut tellement partagé, que Calinus se trouva chargé des *Articles de foi* et des *Sacrements*, Galesinus du *Décalogue*, et Pogianus de l'*Oraison dominicale*. Ce dernier, dans une lettre écrite au mois de décembre 1564 à Annibal Minalis, assure qu'il a employé à ce travail quatre mois de cette année. L'année suivante, chacun des réviseurs ayant fini sa tâche, les deux premiers remirent leur travail à Pogianus, en l'invitant à le retoucher, pour que l'ouvrage ne parût pas venir de plusieurs mains. Pogianus accepta volontiers la commission, et ne put cependant empêcher qu'avec une attention un peu sérieuse, l'on ne s'aperçût de la différence des styles, surtout dans la dernière partie. Ainsi l'on ne se trompe pas quand on attribue à Pogianus la rédaction de la totalité ou d'une partie seulement du Catéchisme.

Pie IV mourut sur la fin de l'année 1565, et fut remplacé par Pie V. Sous ce nouveau pontife, Charles Borromée ne cessa, comme il avait fait sous Pie IV, qui était son oncle, de presser la publication du Catéchisme. On le confia, pour être revu une seconde fois, au cardinal Sirlet, qui fut autorisé à se faire aider par Calinus et Léonard de Marinis, qui y avaient déjà travaillé ; par Thomas Manrique, dominicain espagnol, maître du sacré palais sous Pie IV, et nommé par Pie V théologien du Vatican ; par Eustache Locatellus, dominicain de Boulogne, confesseur de Pie V ; et par Curtius Francus, chanoine de Saint-Pierre.

Lorsqu'on eut mis la dernière main à un livre aussi utile à l'Église, Paul Manuce, fils d'Alde Manuce, fut choisi pour l'imprimer, et il le fit paraître au bout de quatre mois, dans le format in-fol. et in-8, et sur beau papier. Le même imprimeur publia, l'année suivante, une traduction italienne de ce Catéchisme, par le

P. Alexis Filiuccius, dominicain. Pie V fit encore traduire cet ouvrage en français, en allemand et en polonais. La traduction française, par Gentian Hervet, parut à Paris en 1567. Apostolo Zeno n'a pas eu connaissance de cette date. Quelques savants, entre autres le même Apostolo Zeno, ont prétendu à tort que Paul Manuce, Corneille Amaltheus ou Jean-Baptiste son frère avaient été chargés de revoir le Catéchisme du Concile de Trente ; le P. Lagomarsini a démontré par des témoignages irrécusables le peu de fondement de ces assertions. On est fâché de retrouver dans les « Annales des Alde », par M. Renouard, la plus grande partie des faux renseignements donnés sur ce sujet par Apostolo Zeno. Voy. les notes de ce dernier sur la Bibliothèque de Fontanini.

(Note traduite librement de la préface latine qui se trouve en tête de l'édition du *Catéchisme du Concile de Trente*, publiée à Padoue en 1795, in-8.)

Catechismus ex decreto Concilii Trid. ad parochos, Pii V, pont. m., jussu editus, nunc denuo syncerus et integer, mendisque iterum repurgatus, opera P. D. L. H. P. (P. DE LA HAYE, presbyteri), a quo additus est apparatus ad Catechismum, in quo ratio, auctores, auctoritas, approbatores et usus declarantur. *Parisiis*, 1650, petit in-12. — Secunda editio. *Ibid. et apud eosdem librarios*, 1656, in-12.

Je ne parlerai ici que du nouvel éditeur, P. de La Haye, dont le nom se lit dans le privilège du roi annexé aux deux éditions que je cite. Ce privilège n'ayant pas été reproduit dans les nombreuses éditions qui ont suivi les deux premières, l'éditeur est anonyme aux yeux de presque tous les lecteurs.

Dès l'année 1659, trois libraires de Lyon réimprimèrent le Catéchisme du Concile de Trente, avec la préface de l'abbé de La Haye, mais sans le Privilège du roi. Cette édition étant tombée entre les mains du P. Antonin Regnault, dominicain de Toulouse, ce religieux, qui avait publié en 1648 une édition du même Catéchisme, précédée d'une dissertation sur *son autorité*, remarqua avec surprise que l'*éditeur anonyme* avait copié plusieurs articles de sa dissertation, en y ajoutant des détails absolument faux ; il dévoila ce plagiat et ces faussetés dans une nouvelle édition de sa dissertation, imprimée en 1672. Le P. Regnault accuse l'*éditeur lyonnais* d'avoir supprimé son nom à dessein. On voit que ce reproche ne doit tomber que sur les imprimeurs lyonnais.

L'abbé de La Haye, en abrégeant la dissertation du P. Regnault, a estropié quelques noms propres, entre autres celui de Jules Pogianus, qu'il appelle Jules *Spogiani*. Cette faute se trouve dans toutes les réimpressions, qui sont défigurées par des fautes encore plus graves. Cette préface doit donc être lue avec beaucoup de précaution.

Jean Gillot, professeur en théologie, publia à Paris, chez *Kerver*, en 1578, in-8, une nouvelle traduction française de ce Catéchisme, réimprimée sans le nom du traducteur, avec le latin en regard, à Bordeaux, en 1579, chez *S. Millanges*. La seconde édition de cette réimpression est de l'année 1583, la 4e édition parut en 1620, et la 5e en 1633.

Il existe encore trois autres traductions françaises de ce Catéchisme. Voyez IV, 531, *e*.

On remarque tant de différences entre cet excellent Catéchisme et ceux qui se publient en France depuis cent ans, que l'on croirait que ceux-ci ont pour objet l'explication d'une nouvelle religion. Voy. dans la « Chronique religieuse », *Paris*, 1820, in-8, t. V, p. 5, des *observations critiques* sur les Catéchismes officiellement réimprimés depuis 1817.

Catechismus Judæorum (auct. R. Abraham ben Chonania JAGEL) hebr. et lat., interprete Lud. COMPIEGNE DE VEIL. *Londini*, 1679, in-8.

Plusieurs fois réimprimé.

Catechismus Heidelbergensis. *S. l.*, 1563, in-8.

Rédigé par Zacharie URSINUS et Gaspard OLIVIAN ; adopté par les églises néerlandaises et par le synode de Dordrecht ; Il a donné lieu à de vives controverses.

Catechiticæ versiones variæ, sive catechismus communis quadrilinguis, tam prosa quam carmine, hebraice, græce, latine et anglice, cum præfatione G. S. (G. SANDYS). *Londini*, 1638, in-18.

Catharinæ Mediceæ reginæ matris vitæ, actorum et conciliorum stupenda eaque vera enarratio. *S. l.*, 1575, in-8, 116 p.

Traduction du « Discours merveilleux » (voy. IV, 1020, *d*) attribué à Henri ESTIENNE, à Théod. DE BÈZE ou à Jean DE SERRE.

Catholica querimonia. (Auct. Ildef. DE TUISTANA.) *Matriti*, 1686, pet. in-12.

Carayon, 3,192.

Catholicon rei monetariæ, sive leges monarchicæ generales de rebus nummariis et pecuniariis, redactæ et distinctæ a M. GOLDASTO Haimensfeld. (Nova editio, cura P.-L. AUTHÆI.) *Francofurti*, 1662, in-4.

CATULLUS, TIBULLUS et PROPERTIUS pristino nitori restituti (cura et studio Nicolai LENGLET DUFRESNOY). *Lutetiæ Parisiorum, Coustelier*, 1743 ; — *Barbou*, 1754, in-12.

CATULLUS, TIBULLUS, PROPERTIUS, ad optimorum exemplarium fidem recensiti (cura et studio Michaelis BROCHARD). *Luteliæ Parisiorum, Coustelier*, 1723, in-4.

Causa Arnaldina, seu Antonius Arnaldus, doctor et socius Sorbonicus, a censura anno 1656 sub nomine Facultatis theologiæ Parisiensis vulgata vindicatus suis ipsius et aliorum scriptis, nunc primum in unum volumen collectis, quibus S. Augustini et S. Thomæ doctrina de gratia efficaci et sufficiente dilucide explanatur. (Edente P. QUESNEL.) *Leodici Eburonum*, 1699, in-8.

Causa Janseniana. (Auct. P. NICOLE.) *Coloniæ*, 1682, in-8.

Cat. Voorst, 3,737.

Causa regaliæ penitus explicata, seu responsio ad dissertationem R. P. F. Natalis Alexandri de jure regaliæ. Auctore M. C. (Antonio CHARLAS), S. theologiæ doctore. *Leodii, H. Foppin*, 1685, in-4.

Causa regum heri et hodie inter se belligerantium Galliæ et Hispaniæ, Sueciæ et Poloniæ, exposita et expensa ad juris et status rationem christiano orbi, cum figuris, inscripta a C. F. R. (consiliario FRISCHMAN, residente). *Francofurti*, 1657, in-4.

Cautio criminalis, seu de processibus contra Sagas, auctore incerto theologo romano (Frid. SPÉE, S. J.). *Rinthel.*, 1631 ; — *Francofurti*, 1632, in-8.

Voy. « Avis aux criminalistes », IV, 360, *d*.

Cautiones adhibendæ defensoribus literarum cambii civicarum... (Auct... Petro BALLERINO, presbytero.) *Veronæ, Ramanzini*, 1734, in-8.   Melzi.

Celebris historia monothelitarum, atque Honorii controversia scrutiniis octo comprehensa (cura et studio Jo. Baptistæ TAMAGNINI, scilicet, Ant. Mich. FOUQUERÉ, benedictini). *Parisiis*, 1678, in-8.

Censura candidatorum sceptri Poloniæ. (Auctore Andrea OLSZOWSKI, episcopo Culmensi et procancellario regni.) *S. l.*, 1669, in-12.

Cet ouvrage a été traduit en français. Voy. IV, 550, *c*.

Censura censuræ. *Coloniæ*, 1697, in-8.

Réponse du P. CROZET à la condamnation de sa trad. de l'ouvr. de Marie d'Agréda, prononcée par la Faculté de théologie de Paris. Voy. « Supercheries », II, 1055, *f*.

Censura Euphormionis, auctore anonymo (SETONE, Scoto). *Parisiis*, 1620, in-12.

Pierre Musnier, chanoine de Vézelay, répondit à cette censure par une autre qu'il intitula : « Censura Censuræ Euphormionis ». *Parisiis*, 1620, *in-12* ; mais il répondit mal, dit Niceron, et tous ses efforts ne renversèrent point les attaques de son adversaire.

Cerographia Hungariæ, seu notitia de insignibus et sigillis regni Mariano-apostolici. (Auct. Jos. KOLLER, S. J.) *Tyrnaviæ*, 1734, in-8.

Certamen pacificum inter ecclesiasticos regulares et seculares pro clariori veritatis cognitione... (Auct. P. Marco VIDALI.) *Venetiis*, 1682, in-12.   Melzi.

Certamen triplex, a tribus Societ. Jesu ex provincia anglicana sacerdotibus, R. R. P. P. Thoma Hollando, Rudolpho Corbæo, Henrico Marsæo, intra proximum triennium pro avita fide, religione, sacerdotio, contra veritatis, pietatis, Ecclesiæque hostes susceptum fortiter, decertatum constanter, confectum feliciter Londini in Anglia. — *Antverpiæ, apud J. Maursium,* 1645, in-16.

Par Ambroise Corbie, Corbæus ou Corbintenus.

Charlottæ Amaliæ N. (Petri Burmanni) epistola ad Cl. Everardum Ottonem jureconsultum et antecessorem, data Halæ Magdeburgicæ, 1735, in-8.

Chersonesi Cimbricæ, quæ hodie Holsatia appellatur, annales, ab ultima ejus antiquitate a viro magni nominis collecti (scilicet ab Henr. Ranzovio), et nunc a quodam antiquitatis studioso (K. B. F.) auctores in lucem editi. *Basileæ,* 1606, in-4.

Chorographia sacra Cœnobii S. Michaelis Antverpiensis. (Auct. Macario Simeono, can. reg. ord. Præm.) *Brux.* (1660), in-fol.

Réimprimée dans la « Chorographia sacra » de Sanderus.

Chorus poetarum lustratus et illustratus, cum musæo rhetorico et poetico in omnes poetas. (Cura et studio Alexandri Fichet, S. J.) *Lugduni,* 1616, 2 vol. in-4.

Cette collection est le « Corpus omnium veterum poetarum latinorum », imprimé à Genève en 1611, dont le jésuite Fichet a retranché les obscénités, et auquel il a fait des augmentations. Le P. de Colonia, dans son « Histoire littéraire de Lyon », t. II, p. 708, convient que son confrère, en purgeant le « Corpus poetarum », semble avoir porté la délicatesse un peu trop loin.

Christiadum libellus. (Auct. Joachimo a Beust.) *Witebergæ, J. Crato,* 1571, pet. in-8.

Cat. Courtois, 1503.

Chresthomathia Petronio-Burmanniana. (Auct. Is. Verburgio et T. Hemsterhusio.) *Florentiæ (Amstelodami),* 1734, in-8.

Christiani catholici ad viros pacificos antuerpienses, Actorum sanctorum editores, epistolæ censoriæ. *S. l.,* 1734, in-4. — Viris pacificis antuerpiensibus editoribus « Actorum sanctorum » christianus catholicus salutem... *S. l.,* 20 januar. 1735, in-4.

Ces trois lettres sont du P. Ant. Bremond, de Cassis, en Provence, diocèse de Marseille, général de l'ordre des Dominicains. (Note du P. Arsène, de l'Oratoire.)

Christiani cordis gemitus, seu ægræ animæ et dolorem suum lenire conantis pia in ps. 118 soliloquia, opus eximium (Jo. Hamon, Nova editio, cura et studio D. Socquart in lucem emissa). *Parisiis,* 1732, in-12. — Ejusdem operis tom. secundus, in quo continentur orationes diversæ, spiritu verbisque Scripturarum ac SS. Patrum refertæ et contextæ. *Parisiis,* 1732, in-12.

Voy., pour les traductions françaises de ces deux parties, « Gémissemens d'un cœur chrétien »... Voy. 528, *a,* et « Entretiens d'une âme »... V, 126, *c.*

Christianis litterarum magistris de ratione discendi et docendi. (Auctore Juvencio, S. J.) *Parisiis,* 1692, in-8.

Souvent réimprimé.

Christianismi restitutio... (Auctore Michaele Serveto.) *S. l.,* 1553, in-8, 734 p. et un f. d'errata.

Voy., pour des détails sur cet ouvrage célèbre, Brunet, « Manuel du libraire », 5e édit., t. V, col. 314.

Christianissimi atque invictissimi Ludovici Magni, Francorum regis, gloriæ et triumphi. (Auctore J.-B. Fabri.) *Patavii, Cadorinus,* 1680, in-fol.

Christianissimi regis benignitati gratulatio Galliæ tributo sublevatæ. (Auct. Michaele Girardo.) *Ex Harcuriano,* 1634, in-8.

Christianorum reipublicæ Venetæ civium et amicorum ad antichristianam card. Baroni Parænesim responsio. *S. l.,* 1606, in-4. 50 p.

Une note manuscrite attribue cet ouvrage à D. Tilenus; mais Dupin le donne à Nic. Crassi. C'est probablement le même ouvrage que l'« Antiparænesis ad cardinalem Baronium pro republica Veneta », inséré par Goldast dans le t. III de sa « Monarchia », p. 414.

Christophori Longolii orationes et epistolæ. Liber unus epist. Bembi et Sadoleti. Chr. Longolii vita perdocte atque eleganter ab ipsius amicissimo quodam (cardinali Polo) exarata. *Florentiæ, per hæredes Phil. Juntæ,* 1524, in-4. — *Parisiis, ac-curatione, typis et impensis Jodoci Badii Ascensii,* 1526, in-8.

Voy. « Dissert. epist. de Vitæ Christ. Longolii scriptore, in Frid. Jac. Beyschlagii Sylloge variorum opusculorum ». *Halæ Suevorum,* 1729, in-8, t. I.

Chronica brevis et compendiosa de ministris generalibus et viris illustribus ordinis Prædicatorum... *Venetiis, Lazardus de Soardis,* 1504, in-8.

Attribué au dominicain Albert Castellani.

Chronicon congregationis Oratorii Do-

mini Jesu, per provinciam archiepisco-
patus Mechliniensis diffusæ, ab anno 1626
ad annum 1729. (Auct. Petro DE SWERT.)
Insulis Flandrorum (*Ultrajecti*), 1740,
in-4.

Chronicon et cartularium abbatiæ
Sancti Nicolai Furnensis ediderunt F. V.
et C. C. (le chanoine Félix VANDEPUTTE,
curé à Bœsinghe, et l'abbé Charles CARTON).
Brugis, Vendecasteele-Werbronck, 1849,
in-4.   **J. D.**

Chronicon Gotwicense, seu annales
liberi et exempti monasterii Gotwicensis
ordinis S. Benedicti inferioris Austriæ
(cura et studio Godefridi BESSELII). *Typis
monasterii Tegernseensis*, 1732, 2 vol.
in-fol.

Chronicon Hierosolimitanum de bello
sacro. (Auct. ALBERT seu ALBERIC.) *S. l.*,
1584, 2 vol. in-4.

Réimprimé avec le nom de l'auteur dans le tome I
du Recueil de Bongars « Gesta Dei per Francos ».

Chronicon Sacræ Scripturæ. *Francofurti*, 1606, in-4.

Lipenius attribue cet ouvrage à Philippe BEROALDE
de Bologne, mais il est de Mathieu BEROALDE, Parisien, père de François Beroalde de Verville, et, selon
Niceron, cette chronique fut imprimée pour la première fois à *Genève*, chez *André Chuppin*, 1573,
in-fol.

Chronicon urbis Matissanæ (auctore
Franc. FUSTAILLIER) Philip. BUGNONIUS J.
C. concinnavit. *Lugduni, J. Tornæsius*,
1559, in-8, 53 p.

Réimprimé à Lyon en 1846, avec le nom de l'auteur.

Chronicon Vormeselense, per F. V. et
C. C. (le chanoine Félix VANDEPUTTE, curé
à Bœsinghe, et l'abbé Charles CARTON).
Brugis, Demoor, 1847, in-4.
                     J. D.

Chronologia in Titi Livii historiam,
accommodata ad tabulas capitolinas VER-
NII FLACCI. (Auct. Joach. GRELLIO.) *Francofurti*, 1599, in-8.

Chronologia seriem temporum continens usque ad annum 1200, auctore
anonymo, sed cœnobii S. Mariani Altis-
siodorensis (ROBERTO canonico reg. hujus
abbatiæ, ord. Præm.) *Trecis*, 1608, in-4.

Chronologia, sive series annorum mundi, ducta per Sacram Scripturam et tempora quatuor monarchiarum et olympia-
dum græcorum, atque annorum ab urbe

Roma condita, etc. (Auct. Clemente SCHU-
BERTO.) *Argentorati*, 1575, in fol.

Cat. de Nantes, 34,777.

Cicero relegatus et Cicero revocatus,
dialogi festivissimi. (Auctore Hortensio
LANDO.) *Lugduni, Gryphius*, 1534, in-8.

Cet ouvrage a été faussement attribué au cardinal
ALEANDER. Voy., pour plus de détails, Brunet, « Manuel du libraire », 5ᵉ édit., tome III, col. 812.

Civilium apud Belgas bellorum initia,
progressus, finis optatus. (Auct. Carolo
SCRIBANIO.) *S. l.*, 1627, in-8.

La 1ʳᵉ éd. avait paru en 1624, sous le pseudonyme de VERIDICUS BELGICUS. Voy. III, 1282, *f.*

Clarissimi viri D. DE LA CAILLE lectiones
astronomiæ, traductæ a C. S. (Carolo
SCHERFER), e S. J. *Viennæ*, 1757, in-4.

Le P. Scherfer avait déjà traduit l'optique ; il donna
en 1759 la traduction de la mécanique, et en 1762
celle des éléments de mathématiques. Le P. L. Scherfer, né à Gmunden en Autriche, le 3 novembre 1716,
est mort le 25 juillet 1783.

Classes generales geographiæ numis-
maticæ, seu monetæ urbium, populorum
et regum... (Auct. Dominico SESTINI.)
Lipsiæ, Gleditsch, 1797, 2 vol. in-4.

Cat. Silvestre de Sacy, nº 4,299.

Claudii Fleurii in historiam ecclesiasticam dissertationes... *Lovanii*, 1780, 2 v.
in-8.

Cet ouvrage est de Josse LEPLAT, dit la Biographie
Didot, tome XXX, col. 850, qui ne donne pas de titre
plus étendu.

Clavis Homerica, sive lexicon vocabulorum omnium quæ in Iliade Homeri,
nec non potissima Odysseæ parte continentur. (Auct. Georg. PERKINS.) *Roterodami*, 1655, in-8.

Clavis Scripturæ Sacræ, seu ad illius
notitiam brevis apparatus. (Auct. P. LEON,
Parisino, Augustiniano.) *Parisiis*, 1705,
in-12.

Cleander et Eudoxus, sive de Provin-
cialibus quas vocant litteris dialogi, e
Gallico exemplari (P. G. DANIELIS, S. J.),
Coloniæ edito (et in latinum verso a Jos.
JUVENCIO, ejusdem societatis). *Puteolis,
Jac. Railliard*, 1695; — *Aug. Vindelic. et
Dilingæ*, 1695, in-12.

Clementi XI, P. O. M., seminarium romanum ex universa doctrina litterarium
obsequium D. D. D. (Auct. P. JUVENCIO,
S. J.) *Romæ*, 1702, in-fol.

Clericus Belga (Joannes OPSTRAET) clericum rómanum muniens adversus librum Francolini, jesuitæ, cui titulus est : « Clericus romanus », etc. *Leodii*, 1706, in-12.

Clypeus nascentis Fontebraldensis ordinis. (Auct. P. Joan. DE LA MAINFERME.) *Salmurii (Paris)*, 1684, 3 vol. in-8.

Codex diplomaticus regni Poloniæ et magni ducatus Lithuaniæ. (Auct. Matth. DOGIEL.) *Vilnæ*, 1758, 1759, 1764, in-fol., tomes I, IV et V.

Les tomes II, III, VI, VII et VIII n'ont pas été publiés. Le P. Dogiel, piariste à Vilna, dit Klüber dans son ouvrage sur le droit des gens, en a laissé deux exemplaires complets écrits de sa main, dont l'un a été transporté à Saint-Pétersbourg, et l'autre est conservé au couvent des piaristes à Vilna.

Codex politicus pro monarchia. (Auct. Nicolao PORCINARI.) *Neapoli*, 1818, in-8. Melzi.

Codices manuscripti in bibliotheca Sancti Vedasti, apud Atrebatiam. (Auct. Th. PHILLIPS.) *Parisiis*, 1828, in-8, 78 p.

Cœlestes et inferi. (Auct. Fred. CALVERT, lord BALTIMORE, Anglo.) *Venetiis*, 1771, in-fol.

Cogitata quædam pro Ecclesia. (Auct. J.-B. SALVADORI.) *Monachii*, 1809, in-8. Melzi.

Cogitationum novarum de primo et secondo Adamo, sive de ratione salutis per illum amissæ, per hunc recuperatæ compendium. (Auct. Samuele CRELLIO.) *Amstelodami, apud Irenæum Aspidium*, 1700, in-8.

Cohabitatio triennalis in causa dissolutionis matrimonii ob impotentiam viri, an et quando possit et dispensari debeat accurate disseritur (a Genesio GRIMALDI, jurisc.) *Neapoli, s. a.*, in-8. Melzi.

Collectanea genealog. historica ex Archivis Austriæ et aliis privatis scriniis excerpta. Accessit comment. de hereditariis provinciarum Austriacarum officialibus. (Auct. Wil. DE WURMBRAND.) *Viennæ*, 1705, in-fol.

Collectio bullarum, brevium, allocutionum, epistolarumque felicis recordationis Pii papæ VI contra Constitutionem civilem cleri Gallicani, ejusque authores et fautores... (Edente N***ESNAULT, presbytero Gallo.) *Londini, Cox et Baylis*, 1821, in-8.

Collectio meditationum pro octiduana

collectione in exercitiis S. P. N. Ignatii... (Edente Aloysio PANISSONIO, Soc. Jesu.) *Polociæ, typis Collegii Soc. Jesu*, 1793, in-8. Melzi.

Collectio quorumdam gravium authorum, qui ex professo, vel ex occasione, Sacræ Scripturæ aut divinorum officiorum, in vulgarem linguam translationes damnarunt, una cum decretis summi pontificis et cleri Gallicani, ejusque epistolis, Sorbonæ censuris ac supremi Parisiensis senatus placitis, jussu ac mandato ejusdem cleri Gallicani edita. *Lutetiæ Parisiorum*, 1661, in-4.

Freytag, tome Ier de son « Adparatus litterarius », p. 160, donne une notice de cette collection, sans en nommer l'éditeur. Du Pin, dans sa Table des auteurs ecclésiastiques, l'attribue à Louis DONI D'ATTICHI, évêque de Riez, et depuis évêque d'Autun.

Il est certain, au moins, que ce fut sur la réquisition de cet évêque, dans l'assemblée du clergé de 1660, que ledit recueil fut rédigé et imprimé aux dépens du clergé. Voy. « Défense des versions de l'Écriture... » (par Arnauld). *Cologne*, 1688, in-12, p. 100.

Collectio variarum dissertationum casum Apostoli, I ad Corinth., cap. VII, v. 12 et seqq. illustrantium. *Leodii*, 1779, in-8.

Ce recueil de dissertations canoniques a été donné au public à Louvain (et non pas à Liége), par Josse LE PLAT, docteur en droit et professeur de droit canon à l'Université de Louvain. Il contient une dissertation sur le cas de l'apôtre, par le P. MAUGIS, augustin, professeur de théologie à l'Université de Louvain; différentes pièces du docteur LE PLAT, de GERVASIO et du P. RICHARD, pour ou contre l'indissolubilité du mariage d'un juif converti.

Van Hulthem, note du n° 3,513 de son catalogue, t. I.

Collegii Complutensis S. Cyrilli discalceatorum SS. Ord. B. M. de Monte Carmeli, disputationes in Aristotelis Dialecticam et Philosophiam naturalem, juxta Angelici Doct. D. Thomæ doctrinam et ejus scholam. *Lugo*, 1637, 3 vol. in-4.

Nic. Antonio nous apprend, dans sa *Bibliothèque espagnole*, que cet ouvrage est du Père ANTOINE DE LA MÈRE DE DIEU, carme, à l'exception de la Logique, qui fut composée par son confrère, le Père MICHEL DE LA SAINTE-TRINITÉ.

Collegii romani obsequia Clementi XI pont. exhibita anno 1703. (Auct. P. Ignatio CHIABERGIO, jesuita.) *Romæ*, 1703, in-4.

Réimp. à Turin en 1726, avec le nom de l'auteur et avec d'autres de ses écrits.

Colloquia doctoris Ingolstadiensis de rebus ad Ecclesiæ doctrinam et disciplinam pertinentibus. (Auct. P. DEDOYAR, S. J.) *Dusseldorpii*, 1789, in-8, 239 p.

Voy. de Backer, 2e édit., t. I, col. 1042.

Colloquia scholastica et moralia, latino-gallica. (Auct. Fr. POMEY, S. J.) *Lugduni*, 1668, in-12.

Colloquii quorumdam de tribus primis « Thesauri antiquitatum græcarum » (J. Gronovii) voluminibus ad eorum auctorem relatio. (Auct. Laurentio BEGERO.) *Berolini*, 1702, in-fol.

Colloquium clericorum de modestia vestium clericalium et fictis comis. (Auct. Nicolao RICHARTO.) *Bruxellæ, Strykwant*, *s. d.*, in-8.

« Bulletin du bibliophile belge », 1874, page 78.

Coloniæ Ticiniæ Romanæ commentum exsufflatum, dissertati justi vicecomitis (Joannis-Pauli MAZZUCHELLI) pro regia Ticinensi urbe, *Bergomi, Rubeus*, 1712, in-8.

Comes rusticus ex optimis linguæ latinæ scriptoribus excerptus (cura et studio Claudii LE PELLETIER). *Parisiis*, 1692, in-8.

Comes senectutis, ex sacris et profanis scriptoribus selectus (a D. Claudio LE PELLETIER). *Paris., Mariette*, 1709, in-12.

« Bibliotheca Bultelliana », n° 2,000.

Cometarum omnium fere catalogus, qui ab Augusto usque ad hunc 1566 annum apparuerunt, ex variis historicis collectus (a Lud. LAVATHERO). *Tiguri*, 1556, in-8.

Réimprimé en 1587, avec le nom de l'auteur.

Comitia regnorum ac provinciarum Ungariæ, in palatio reginæ eloquentiæ celebrata. Accedit viridarium eloquentiæ. (Auct. Ladislao TUROTZI, S. J.) *Cassoviæ*, 1717, in-12.

Commentarii ac disputationes in tertiam partem Summæ S. Thomæ, auctore F. Didaco NUNNO CABEZUDO, Hispano. (Cura F. Xantis MARIALES.) *Venetiis*, 1612, in-fol.

Quetif, « Script. ord. Præd. », t. II, p. 389 et 604.

Commentarii de bello Germanico, auctore J. C. S. (Joanne-Carolo SERRA). *Parisiis*, 1806-1807, 2 part. in-8.

Commentarii Lipsienses litterarii. (Scriptore Friderico PLATNERO.) *Lipsiæ*, 1753, 2 vol. in-8.

Commentariola de amplitudine peculiaris provinciæ summi pontificis. (Auct. Justo FONTANIN.) *Romæ, typis Cam. apost.*, 1734, in-4.   Melzi.

Commentariolus quo explicatur qua ratione Dominus pestilentiæ suspicione comminatus sit Veronæ anno M.D.LXXXV. *Veronæ, S. de Donnis*, 1576, in-4.

Attribué par Maffei (« Verona illustrata », II, 229) au cardinal VALERIO, évêque de Vérone.   Melzi.

Commentariorum de rebellione anglicana ab anno 1640 ad annum 1685 pars prima, auctore R. M. (R. MARLIO). *Londini*, 1686, in-8.

Commentariorum de regno aut quovis principatu recte et tranquille administrando libri tres, etc., adversus Nicol. Machiavellum Florentinum. (Auct. Innocentio GENTILLET.) *Lausannæ*, 1577, in-8. — *Genevæ*, 1577, in-12.

Réimprimé à Leyde en 1647, sous le titre de : « De regno adversus Machiavellum libri tres ». Voy., pour les éditions françaises, « Discours sur les moyens de bien gouverner... », IV, 1047, *d*.

Commentariorum Kiloniensium de rebus memorabilibus libelli XX. (Auct. W.-E. CHRISTIANI.) *Kilonii*, 1768, in-8.

Commentarium de origine et statu antiquissimæ civitatis Augustæ Trevirorum. (Auct. Guil. KYRIANDER.) (Absque nota sed Coloniæ, circa 1576-80). In-fol.

Il existe une seconde édit. sous le titre de : « Augustæ Trevirorum annales et commentarii historici » (*Biponti*, 1603, in-fol.), qui n'est pas beaucoup moins rare que la première. Quant à celles de 1604, 1619 et 1625 in-fol., elles ne paraissent différer entre elles que par le frontispice. Voy. Ebert, n°s 11,561, 11,562.

Commentariorum de statu religionis et reipublicæ in regno Galliæ ... libri ... (Auct. J. DE SERRES.) *S. l.*, 1570-1580, 5 vol. in-8.

Voy. « Rerum in Gallia ob religionem gestarum libri tres ».

Commentarium in bullam Pauli III : *Licet ab initio*, etc., qua papa Romanam Inquisitionem constituit. (Auct. J.-B. FAURE, Soc. Jesu.) *S. l.*, 1750, in-12.   Melzi.

Commentarium litterale in omnes ac singulos tam veteris cum Novi Testamenti libros, auct. Augustino CALMET, ord. S. Benedicti, e gallico in latinum sermonem translatum (a P.-D. Francisco VECELLI, congr. Som.). *Venetiis, S. Coleti*, 1730, 9 vol. in-fol.   Melzi.

Commentarius in dominici Boudaei gnomas. (Auct. Carolo SCRIBANIO, Soc. Jesu.) *Antuerpiæ*.

Réimprimé selon Sotwell, à *Leyde, apud Thomam Bassonum*, sous un nom supposé.   Melzi.

Commentarius in finibus utriusque potestatis, ecclesiasticæ et laicæ, in quo media tentatur via ad concordiam sacerdotii et imperii. (Anct. P. LIRUTI.) *Lugani*, 1799, in-4.

Commentatio brevis de unione protestantium in genere, præsertim in Hungaria. (Auct. Joanne MOLNAR.) *S. l.*, 1791, in-8.

Commentatio de primis Vindobonæ typographis. (Auct. Xisto SCHIER.) *Vindobonæ*, 1774, in-4.

Commentatio prima de causis rerum bacchicarum et orphicarum. Explicantur vasa sacra bacchica, orphica; in his crater mundanus mysticus apud Athenæum. (Auct. G.-F. CREUZER.) *Heidelb. J. Mich. Gutmann*, 1807, in-4. — Commentatio altera de rebus bacchicis orphicisque. Explicatur numus in agro Heidelbergensi repertus. (Auct. G.-FRID. CREUZER.) *Heidelbergæ, J.-Ch. Gutmann*, 1808, in-4.

Comœdia nova quæ Veterator inscribitur, alias Pathelinus; ex peculiari lingua in romanum traducta eloquium. (Ab Alexandro CONNIBERTO). *Parisiis, Guill. Eusche* (sic, pour *Eustache*), 1512, in-16, goth., 47 ff. — *S. l. n. d.*, 43 ff. — *Paris, S. Colinæus*, 1543, in-8, 28 ff.

Voy. «Farce de maître Pathelin», V, 433, *f.*

Comparatio medici cum chirurgo. Ad castigandam quorumdam chirurgorum audaciam, qui nec possunt tacere, nec bene loqui. (Auct. Guill. BAILLOU.) *Paris., D. Vallensis*, 1577, in-8.

Compendiaria græcæ grammatices institutio in usum seminarii Patavii. *Patavii, typ. seminarii*, 1757, in-8.

Attribué à Jacques FACCIOLATI ; souvent réimprimé.   Melzi.

Compendiaria logicarum quæstionum complexio, a Josepho Neapoli Mazarensi publice propugnata, 1654. *Panormi, J. Bisagnus*, 1654, in-12.

Attribué au jésuite Jacques SIRACUSA, par Mongitore («Bibl. sicil. », I, 303.)   Melzi.

Compendiolum doctrinæ Ecclesiæ christianæ, nunc in Polonia potissimum florentis. (Auct., juxta quosdam, Conrado VORSTIO.) *S. l.*, 1630, in-12.

Jean Fabricius, « Hist. suæ Bibliothecæ », t. V, p. 20, ne paraît pas persuadé que cet ouvrage soit de C. Vorstius.

Compendiosæ institutiones excerptæ ex contractis prælectionibus M. Honorati

Tournely. (Auct. Urbano ROBINET.) *Parisiis*, 1731, 2 vol. in-8.

Compendiosæ institutiones theologicæ ad usum seminarii Pictaviensis, etc. *Pictavii*, 1708, 2 vol. in-8.

Cette Théologie est en partie l'ouvrage de M. DE LA POYPE DE VERTRIEU, évêque de Poitiers depuis 1702 jusqu'en 1732 : il la forma des cahiers qu'il avait lui-même étudiés au séminaire de Saint-Sulpice, et la fit revoir par les Pères DE LA TOUR et SALTOU, jésuites et professeurs en théologie à Poitiers. Le clergé la reçut après quelques difficultés; enfin elle parut honorée du nom de l'évêque de Poitiers. Peu après 1708, parurent deux éditions de cette Théologie corrigée, en 4 vol. — Autres éditions, 1753, 6 vol. ; 1772, 4 vol. ; 1778, 6 vol. in-12.
Ainsi c'est à Saint-Sulpice que M. de La Poype a pris les éléments de la *Théologie de Poitiers ;* les jésuites l'ont complétée.

Compendium admirabile vitæ S. Rosæ de S. Maria, Limanæ. *Romæ, Tinassi*, 1665, in-8.

Souvent réimprimé ; attribué au dominicain Antoine GONZALEZ, mais selon Sotwell, de Jean. Laurent LUCCHESINI, jésuite.   Melzi.

Compendium chronologicum episcoporum Brugensium, nec non præpositorum, decanorum et canonicorum ecclesiæ cathedralis S. Donatiani. (Auct. FOPPENS.) *Brugis*, 1731, in-12.

Compendium historiæ ecclesiasticæ, in usum gymnasii Gothani, ex SS. Litteris et optimis autoribus compositum. *Lipsiæ*, 1689, 1703, in-8.

L'Histoire de l'Ancien Testament est de Gui-Louis DE SECKENDORF ; et celle du Nouveau, de Jean-Henri BOECLER et de Jean-Christophe ARTOPÆUS.

Compendium juris civilis in usum civitatum ac sedium Saxonicarum in Transylvania collectum. (Auct. Joanne HONTERO, Coronensi Transylvano.) *Impressum in inclyta Transylvaniæ corona*, 1654, in-8.

Compendium moralis evangelicæ, sive considerationes christianæ super textum quatuor evangeliorum, etc., e gallico (P. QUESNEL) latine versum. *Juxta exemplar impr. Parisiis (Lovanii), Ægid. Denique*, 1694, 8 vol. in-12.

Suivant l'abbé Goujet, le traducteur est un récollet flamand.

Compendium philosophiæ. (Auct. J.-A.-A. MANIER.) *Parisiis, F. Didot*, 1847, 2 vol. in-8.

Plusieurs fois réimprimé.

Compendium theologicæ veritatis, cum tabula materiarum per ordinem alphabeti redacta, per Thomam Dorniberg de Memingen, civitatis Spirensis advocatum. (*Spiræ, Petrus Drach, circa* 1472), in-fol., goth.

Même ouvrage que l'article suivant.

Compendium totius theologicæ veritatis, VII libris digestum, auctore anonymo. Prodiit cura et studio Joan. de Combis, ord. Minorum. *Lugduni*, 1573, in-16.

Porrò librum hunc sæpius editum alii Petro de Tarantuesia, ord. Prædic. (qui postea fuit pontifex romanus, sub nomine Innocentii V) adjudicant; alii Ægidio Columnæ, Romano; alii Hugoni de Argentina. Deus viderit. (Note manuscrite de l'abbé Mercier de Saint-Léger sur le 4° vol. de la « Bibliothèque françoise » de Du Verdier, p. 54.)

Compendium vitæ B. Francisci de Borgia. *Insulis*, 1624, in-12.

Par le P. Allard-Le-Roy.

Compendium vitæ et miraculorum sancti Franceschi Borgia, italice compositum, in latinum conversum. (Auct. P. Nicolao Avancino.) *Viennæ*, 1671, in-8.

Carayon, 1616.

Compositio verborum. (Auct. Joh. Sinthis.) *Daventriæ, J. de Breda*, 1492, in-4. — *Ibid.*, 1495, in-4.

Campbell, « Annales », p. 133.

Conamina poetica. (Auct. Z.-H. Alewyn.) *Traj.*, 1769, in-8.

Conciliorum ac doctorum selectæ sententiæ illustrantes decretum sess. XXIV et XXV concilii Tridentini de creatione cardinalium. (*Sine loco, anno et typogr. nomine.*)

Ce recueil fut compilé, par ordre du cardinal Dominique Passioni, par l'abbé Michel-Ange Montagrati ; il fut imprimé à *Lucques*, en 1759, par *Ph.-M. Benedini*. Melzi.

Conciliorum omnium, tam generalium quam particularium, tomi tres. (Cura Petri Crabbe.) *Coloniæ Agripp., J. Quentel*, 1551, in-fol., 3 vol. — Conciliorum omnium... volumina V (curante in primis Dominico Bollano). *Venetiis, ap. Dominicum Nicolinum*, 1585, in-fol., 5 vol.

Concio reverend. P. Stephani (Gardiner), episcopi Vinton., Angliæ cancellarii, habita dominica prima adventus, præsentibus serenissimo rege et reve. legato apost. *Romæ, A. Bladus*, 1555, in-4, 4 fl.

Conciones et orationes, ex historicis latinis excerptæ. (Ex recensione Jac. Venatii.) *Ludg. Bat., ex officina Elzeviriana*, 1649, pet. in-12.

---

a — Les Elzevier ont donné trois autres éditions de ce recueil en 1653, 1662 et 1672 ; celle de 1649 est la plus belle.

Conclusiones et propositiones methodicæ juris civilis et canonici. (Auct. Claud. Boitet.) *Aureliæ, Ægid. Hotot*, 1633, in-4.

Conclusiones ex universa theologia propugnabuntur, Deo duce, etc., in regio Ludovici Magni collegio Societatis Jesu, die XI junii 1754 (a Gabr. Brotier). *Parisiis*, 1754, in-4, 18 p.

L'exemplaire de cet ouvrage qui se trouve à la Bibliothèque nationale est accompagné d'un grand nombre de notes manuscrites.

Concordantiæ majores Bibliorum. *Norimbergæ, Koburger*, 1485 ; — *Bononiæ, Henricus de Colonia*, 1486 ; — *Basileæ*, 1496, in-fol.

On ne sait pas bien si cet ouvrage est du franciscain Arlotto de Prato, désigné dans quelques manuscrits comme fils d'Aldobrando de' Sillani, ou du cardinal Hugues de Saint-Clair. Melzi.

Concordata nationis Germanicæ integra, præmissa introductione historica. (Edente Joanne Horixio.) *Francof. et Lipsiæ*, 1763, in-4.

Horix a publié une nouvelle édition de ce recueil, fort augmentée. *Francfort*, 1771 et ann. suiv., 5 vol. in-8.

Concordia canonica juris ecclesiastici, civilis et Hungarici de testamentis et immunitate ecclesiastica, desumpta ex lib. III Decret., tit. 25, 26 et 47. (Auct. Carolo Schretter, Cremnitz. Hung., S. J.) *Tyrnaviæ*, 1698, in-8.

Concordia librorum Regum et Paralipomenon. (Auct. J.-B. Le Brun Desmarettes, juvante Nic. Le Tourneux.) *Parisiis*, 1682, 1691, in-4.

Concordia pia et unanimi consensu repetita confessio fidei et doctrinæ electorum, principum et ordinum imperii, atque eorundem theologorum, etc., etc. Cum appendice tripartita. (Auct. Rechemberg.) *Lipsiæ*, 1710, in-8.

Concordia rationis et fidei, sive harmonia philosophiæ moralis et religionis christianæ. (Auct. Frid. Wilh. Stroschio, Berolinensi, elect. Brand. secretario camerali.) *Amstelodami (Berolini)*, 1692, in-8.

Voy. pour plus de détails J. Vogt, « Catalogus historico-criticus librorum rariorum », 4° édit., *Hamb.*, 1753, in-8.

Au mois d'août 1846, les libraires Lippert et

Schmidt, de Halle, offraient de céder un exemplaire de cet ouvrage sur la mise à prix de 400 fr. Suivant eux, il n'en existerait que trois exemplaires.

Confessio catholicæ fidei christianæ, sive explicatio confessionis a Patribus factæ in synodo provinciali habita Petrikoyiæ anno 1551, (Auct. Stanislao Hosio.) *Dilingæ*, 1557, in-4. — *Moguntiæ*, 1557, in-fol.

Confessio religionis christianæ Carolo V, in comitiis Augustanis anno 1530 exhibita per legatos civitatum Argentorati, Constantiæ, Memmingæ et Lindaviæ. (Auct. LUTHERO et MELANCHTONE.) *Argentorati*, 1531, in-4.

Editio hæc confessionis Augustanæ, postea Antverpiensis dictæ, prima latina est, quæ publica auctoritate et consensu quatuor civitatum prodiit. Voy. Schelborn, « Amœnit. litt. », t. VI, p. 384 ; D. Clément, t. II, p. 224.

Confessio, sive declaratio sententiæ pastorum, qui in fœderato Belgio Remonstrantes vocantur, super præcipuis articulis religionis christianæ. (Auct. Sim. EPISCOPIO.) *Harder-wiici, ap. Theod. Danielis*, 1622, in-4.　　　　　　V. D.

Confutatio censuræ quorumdam theologorum Parisiensium in quasdam propositiones R. P. Santarellæ. (Auct. Guil. FABRICIO.) *S. l.*, 1627, in-4.

Confutatio cujusdam libelli hæretici, cui titulus : « Capucinus excaputiatur », emissi per Joan. ab Hameostede, ministrum reformatæ religionis. (Auct. Thoma LEONARDI, dominicano.) *Lovanii*, 1662, n-12.

Confutatio Parænetici ad Gallos de schismate cavendo. (Auct. Joa: SAMBLANCATO, Tolosate.) *Tolosæ, P. d'Estey*, (1640?) in-8.

Confutatio Pseudoepistolæ sub nomine P. Henrici Noris per dolum publicatæ. *S. l. n. d.*, in-fol.

Cet écrit est de NORIS lui-même, à ce que dit Mafei, « Verona illustr. », II, 484 ; il est inséré dans le ome I de ses Œuvres, imprimé à Verone. Melzi.

Confutatio stultissimæ Burdonum fabulæ, auctore J. R. (Joan. RUTGERSIO, seù potius Jos. SCALIGERO), Batavo, juris studioso. *Lugd. Batavorum*, 1608, in-12.

Voy. les mots : *Satyræ duæ*... Voy. aussi Niceron, t. XXIII, p. 300.

Scaliger, dans sa lettre à J. Gruter, en date du 11 juin 1608 (Epistolæ, 1627, p. 793) dit : « Occupatissimus hos dies fui in scripto quo adversus Burdonistas adorno. Nomen non apponam, neque meum qui

scripsi... odorem hujus rei ad quamquam emanare nolo, ne furcifer dignum se putet, qui Æneæ manu cadat ».

Conjectura de libris De imitatione Christi eorumque auctoribus. (Auct. Josepho-Maria SUAREZ, episcopo Vasionense.) *Romæ, J. Dragondelli*, 1667, in-4.

Conjecturæ de origine, prima sede et lingua Hungarorum. (Auct. Ferdinando THOMAS.) *Pestini*, 1802, in-8, 38 p.

Conjectura de suburbicariis regionibus et ecclesiis, sive de episcopi urbis Romæ diocœsi. (Auct. Jacobi GODEFROY.) *Francofurti*, 1617, in-8.

Conjecturæ hist. crit. de Sadduceorum secta. (Auct. B.-W.-D. SCHULZE,) *Halæ*, 1779, in-8.

Cat. Van Voorst, n° 894.

Conjuratio inita et extincta Neapoli, anno 1700. *Antuerpiæ, typis J. Frink* (vel. potius *Neapoli*), 1704, in-4.

Relation écrite sous l'inspiration du gouvernement par le chanoine Charles MAJELLO.　　　Melzi.

Connubia florum latino carmine demonstrata, auctore D. DE LA CROIX, M. D. Cum interpretatione gallica D**** (Patricii TRANT, D. M.). *Parisiis*, 1728, in-8.

Voy. « Supercheries », III, 1165, b.

Conradi Samuelis SCHURZFLEISCHII epistolæ selectiores, sine lacunis et cum memoria auctoris (a Jo. Guil. BERGERO renovata) emendatius editæ. *Vitembergæ*, 1729, in-8.

Consilium delectorum cardinalium et aliorum prælatorum de emendanda Ecclesia, S. L. N. D. Paulo III, ipso jubente conscriptum et exhibitum anno 1538. In-8.

Quelques auteurs prétendent que cet écrit fut rédigé par le cardinal POLUS. Voy. le « Journal des savans », édition de Hollande, t. CXXXVI, juillet, 1745, p. 366. On le trouve dans l'« Appendix ad fasciculum rerum expetendarum et fugiendarum », de Brown. *Londini*, 1690, in-fol., p. 231.

De Bure le jeune a eu tort d'attribuer cet opuscule à Jean COCHLÉE, qui en a fait la critique sous le titre d'« Equitatis discussio », laquelle se trouve à la suite du « Consilium » dans l'édition de 1539. Voy. « Bibliographie instructive », Théologie, n° 633.

Consilium politicum præcavendi et extinguendi incendia in urbibus, oppidis et pagis Hungariæ. (Auct. Fred.-Jac. MILLER.) *Cassoviæ*, 1800, in-fol., 70 p.

Conspectus equestrium ordinum per Europam omnem florentium, cum fig.

(Auct. Jos. PINTER, S. J.) *Tyrnavi*, 1742, in-8.

Constantini M. imp. donatio Sylvestro papæ Rom. scripta; non ut a Gratiano truncatim, sed integre edita, cum versione græca duplici Theodori BALSAMONIS, patriarchæ Antiocheni, Matthæi BLASTARIS, J. C. Græci.... commentariis amplissimis illustrata (a Marquardo FREHERO). *Heidelbergæ, typis Gotthardi Voegelini*, 1610, in-4.

Voy. D. Clément, « Bibliothèque curieuse », t. VII, p. 273.

Constantinus, sive idolatria debellata, poema heroicum. (Auct. P. MAMBRUNO.) *Amstelodami*, 1659, in-12.

Le nom de l'auteur se trouve sur le frontispice de l'édition de Paris, 1658, in-4.

Constitutiones et exercitia spiritualia clericorum sæcularium in commune viventium. (Auct. Barth. HOLTZHAUSER.) *Romæ, typis Vaticanis*, 1684, in-8. Melzi.

Constitutiones ordinis Velleris aurei, e gallico in latinum conversæ (a N. GRUDIO). (*Antverpiæ, typ. Plantin.*, circa 1566) in-4, 7 ff. prél. et 91 pp.

Constitutiones Societatis Jesu (cum gallica versione SABOUREUX DE LA BONNETERIE.) *Parisiis*, 1762, 3 vol. in-8 et in-12.

Voy. IV, col. 754, *e*.

La note suivante, qui m'a été remise par Baudouin de Guémadeuc, ancien maître des requêtes, quelques années avant sa mort, me paraît contenir de curieux détails sur l'affaire des jésuites et sur la traduction française de leurs *Constitutions*.

« Quand on fut déterminé à évoquer au conseil l'affaire des jésuites, ces Pères sollicitèrent auprès du chancelier Lamoignon de Blancmesnil, pour avoir un rapporteur à leur dévotion. Le chancelier étoit tout dévoué à cette société, passoit même pour y être affilié. Il avoit un ami dans la personne de Pajot de Nozeau, qui lui proposa son gendre Flesselles.

« Le Dauphin montroit un vif intérêt pour la cause des jésuites. Flesselles, ambitieux, inconnu à la cour, ne douta point que la fortune ne se présentât, s'il s'assuroit la protection de l'héritier présomptif du trône; et ses premiers rapports furent favorables aux jésuites.

« Dans ce travail, il s'étoit associé son cousin, M. Baudouin de Guémadeuc, encore simple conseiller au grand conseil, grand rapporteur en chancellerie, et qui se destinoit à entrer au conseil aussitôt que l'âge le lui permettroit.

« Le parti Choiseul, appuyé de la marquise de Pompadour, commençoit à balancer l'influence du Dauphin. Le crédit de ce prince diminuoit. Le roi, qui se décidoit rarement, resta neutre et laissa faire. L'époque de 1762 fut celle où l'on convint de donner un état légal aux jésuites. Il n'étoit point encore question de les supprimer. Une commission du conseil fut chargée de

dresser un projet, en forme de déclaration, que le roi auroit adopté dans un conseil des dépêches à Marly, le jeudi gras 18 février 1762.

« Le rapport qu'avoit fait au parlement, en 1761, le conseiller Laverdy (rapport si connu sous le nom de *Compte rendu des assertions*), faisoit dans le public l'impression la plus défavorable pour les jésuites, d'autant que les princes et pairs étoient censés avoir affirmé la vérité de ce compte rendu, puisqu'ils avoient fait nombre parmi les opinans.

« Le public ne pouvoit vérifier si les passages étoient ou n'étoient pas tronqués. Il n'existoit à Paris que deux exemplaires des *Constitutions des jésuites*, de l'édition de Prague, 1757, *in-folio*, et le tout en latin. Le Dauphin parut donc en désirer une traduction en françois, et en chargea M. de Guémadeuc, avec lequel il s'ouvroit quelquefois sur l'administration.

« Malheureusement le temps pressoit. On vouloit que l'ouvrage parût avant le conseil indiqué. M. de Guémadeuc choisit M. SABOUREUX, agrégé en droit, et se chargea d'écrire sous sa dictée, pendant que l'abbé Thierry, chanoine de Notre-Dame, corrigeroit à mesure. M. de Guémadeuc *écrivit* onze jours de suite dix-sept heures par jour. Il y eut une permission tacite de M. de Malesherbes; Gibert, de l'Académie des inscriptions et belles-lettres, fut le censeur; Ballart, imprimeur, etc. Le Dauphin eut l'ouvrage quelques jours avant le conseil. La distribution se fit à trois mille exemplaires. Le parlement dénonça l'ouvrage et voulut décréter les collaborateurs. »

On voit, par cette note, que Baudouin de Guémadeuc a seulement *écrit* sous la dictée de Saboureux la traduction française des *Constitutions des jésuites*. Il a eu cependant la hardiesse de mettre de sa main, sur l'exemplaire qu'il présenta au Dauphin, *traduites par M. Baudouin de Guémadeuc*.

M. Renouard, qui possède cet exemplaire, dont il ignorait l'origine, a eu la complaisance de me le montrer. On en trouve la description dans le « Catalogue de la Bibliothèque d'un amateur », t. I, p. 154.

Constitutiones urbanæ Fratr. Min. conventualium. *Romæ, apud imp. Cameral.*, 1628.

Quatre religieux furent chargés de la rédaction de ce travail, qui fut surtout l'œuvre du P. Marc MONACHIO, de Modène.   Melzi.

Consultatio Parisii cujusdam (Jacobi LESCHASSIER) de controversia inter Sanctitatem Pauli V et seren. Rempubl. Venetam, ad virum Cl. Venetum. *S. l.*, 1606, in-8.

Réimprimée dans le t. III « de Monarchia imperii », de Goldast, p. 439.

Conspectus Universitatis Viennens., a fundationis initio 1465 ad præsens tempus. (Auct. Sebastiano MITTERDORFFER.) *Viennæ*, 1722-1725, 3 parties in-8.

Contra libellum Calvini, in quo ostendere conatur hæreticos jure gladii coercendos esse. *S. l.*, 1562, in-8; — 1612, in-8.

Des exemplaires portent le titre suivant : « Dissertatio qua disputatur quo jure, quove fructu heretici sunt coercendi gladio vel igne ».

Attribué à Séb. CASTELLION. Un passage de cet ouvrage dit expressément qu'il a été composé en 1554, mais rien ne prouve qu'il ait été publié à cette époque. On y trouve un blâme à l'adresse de Castellion, qui semble n'être qu'une précaution pour détourner les désagréments que cet écrit aurait pu attirer à son auteur, s'il avait été connu.

L'attribution à CASTELLION est encore confirmée par un ms. autogr. de Castellion, conservé à Bâle, et qui contient les 12 dernières pages de cet écrit. Voy. une lettre de M. F. Buisson dans le « Lien » du 7 nov. 1868, à propos d'un passage du travail sur Castellion, publié par M. Jules Bonnet dans le « Bulletin de la Soc. de l'hist. du protest. français », oct., nov. 1867, janv. et févr. 1868.

Contra papatum romanum a diabolo inventum. (Auct. Mathia FRANCOWITZ.) *S. l.*, 1545, in-8.

Contra usum imaginum in templis.

Ouvrage anonyme de Louis HEIZER, Bavarois, anabaptiste, indiqué par Sandius, « Biblioth. antitrinitaria », p. 17.

Cordiale de quatuor novissimis. (Auct. Gerardo A VLIEDERHOVEN.) *S. l.*, in-4, 72 ff.

Ouvrage plusieurs fois réimprimé au XVe siècle. Voir Campbell, « Annales de la typographie néerlandaise au XVe siècle », 1874, nos 1296-1313.

Corinthiorum archiepiscopo, et in archiepiscopatu Parisiensium coadjutori dignissimo J. F. P. de Gondi... prognosticon..... circa potissimos vitæ suæ casus. (Cecinit C. GODART.) (*S. l.*, 1652), in-4.

Cornelii JANSENII, episcopi Iprensis, Augustinus. (Edente Liberto FROMONDO.) *Lovanii, Zegerus*, 1640; — *Rhotomagi*, 1643, in-fol.

Cornelii JANSENII Augustinus, seu doctrina S. Augustini. Accedit dissertatio Stephani Courlini de Jansenio. (Edente et curante Josepho ZOLA.) *Ticini, P. Guleatius*, 1790, 3 vol. in-4.   Melzi.

Cornelii Nepotis vitæ excellentium imperatorum, ad usum Seren. Principis Siciliarum. (Edente Nicolao IGNARRA.) *Neapoli, reg. typogr.*, 1785, in-8.

Cornelii SCHREVELII lexicon manuale græco-latinum, nova editio (curante Joanne VAUVILLIERS). *Parisiis*, 1752, in-8; — alia editio (edente Philippo Dionysio PIERRES). *Lutetiæ Parisiorum*, 1767, in-8.

CORNELIUS NEPOS, vulgo ÆMILIUS PROBUS, de vita excellentium imperatorum, selectissimis notis variorum illustratus (cura et studio Nicolai LALLEMANT). *Rothomagi, Lallemant*, 1718, in-24.

Plusieurs fois réimprimé.

Cornicen Danicus, seu de cornu aureo Christiani V, poema. (Auct. Petro WINSTRUP, theologo Dano.) *S. l.* (1650), in-fol.

Voy. Joecher, Baillet et Georgi. Le titre que je donne est rédigé d'après ces trois auteurs réunis.

Corpus classicorum poetarum duplex (cura et studio Alex. FICHET). *Lugd.*, 1616, in-4.

Corpus historiæ genealogicæ Italiæ et Hispaniæ. (Auct. Jac. Wilhelmo IMHOFF.) *Norimbergæ, Hoffannus*, 1702, in-fol.

Corpus omnium veterum poetarum latinorum secundum seriem temporum et quinque libris distinctum, etc., cui præfixa est uniuscujusque poetæ vita a P. B. P. G. (Petro BROSSÆO, Patricio Gacensi). *Aurel. Allobr.*, 1640, in-4.

COSMOPOLITÆ (Anton. EVERARDI) historia naturalis, comprehendens corporis humani anatomiam et delineationem fœtus. *Lugd. Batav.*, 1686, in-12.

Crambe, Ion sive Viola, Lilium (Jac. Aug. THUANI poemata). *Lutetiæ, Rob. Stephanus*, 1609, in-8.

Cras credo, hodie nihil, sive modus tandem sit ineptiarum, satyra Menippea. (Auct. Daniele HEINSIO.) *Lugd. Batav.*, ex officina Elzeviriana, 1621, in-12. — *S. l.*, 1622, in-12.

Cette satire a été réimprimée page 265 du « Laus asini », 1629, in-24.

Cremonensium orationes III adversus Papienses, in controversia principatus. (Auct. Mario-Hieronymo VIDA.) *Cremonæ*, 1550, in-8.

Critica vannus in inanes J. Corn. Pavonis (de Pauw) paleas. (Auct. J.-P. D'ORVILLE.) *Amstel.*, 1737, in-8.

Culex, fabula ad auctorem Diarii, ut vocant, eruditorum. (Auct. Cl.-Fr. FRAGUIER.) *S. l. n. d.*, in-8, 2 p.

Cultus clericalis, seu de habitu, tonsura, corona et superpelliceo cleri, secundum sacros canones. *Paris, P. Targa*, 1643, in-12.

Ce recueil de canons est attribué à CHAMILLARD à la fin de « Statuta seminarii S. Nicolaï de Cardineto ». *Paris.*, 1687, p. 69.

Curia judicum regni Hungariæ virtutibus ac meritis illustris, cum offerentium gentilitiis armis æri incisis. (Auct. Carolo PETERFFY, S. J.) *Tyrn.*, 1766, in-8.

Curiosæ quæstiones de ventorum origine et de accessu maris ad littora et portus nostros, et ab iisdem recessu. (Auct. Jo. DORISI.) *Parisiis*, 1646, in-8.

Cyclopædiæ Anticlaudiani, seu de officio viri boni libri novem, heroico carmine conscripti. (Auct. ALANO de Insulis.) *Antverpiæ*, 1611, 1621, in-8.

Voy. ci-dessus, col.

Cynogamia, sive de Cratetis et Hipparches amoribus. (Auct. P. PETITO.) *Parisiis*, 1676, in-8.

Cynosura bipartita universi juris Ungarici de rebus, actionibus et personis, a felici regimine S. Stephani ad moderna usque tempora administratione justitiæ florentissima. (A J.-R. SZEGEDY.) *Jaurini*, 1749, 2 vol. in-4.

CYRILLI, PHILOXENI et aliorum glossaria latino-græca et græco-latina, a Carolo LABRÆO collecta. (Edidit cum præfatione Car. DU FRESNE DU CANGE.) *Lutetiæ Parisior.*, 1679, in-fol.

« Menagiana », 1715, t. IV, p. 266.

D. Antonio Olyssi ponensi, Patavinorum patrono, pro recuperatis ejus beneficio sacris reliquiis votum. *S. l. n. d.*, in-12, 4 p.

Signé : J. C. (JOAN. COMMIRIUS), S. J.

D. Junii JUVENALIS satyræ XVI, et A. PERSII satyræ VI, cum scholiis antiquis. *Parisiis, Rob. Stephanus*, 1549, in-8.

Pour ce qui concerne Perse, les *Scholies antiques* sont celles qui ont été publiées pour la première fois à Venise en 1499, in-fol., sous le nom de Cornutus, philosophe dont Perse avait suivi les leçons avec Lucain.

D. Ruardi Tappart hæreticæ pravitatis primi et postremi per Belgium inquisitoris apotheosis. (Auct. Henrico GELDORPIO.) *Franequeræ*, 1643, in-12.

Dacia siculia brevi compendio exhibita. (Auct. Jos. KUNIES, e S. J.) *Claudiopoli*, 1734, in-12, 80 p.

Daniel, poetica paraphrasis ad prophetiæ ejus caput XIV. *Rotomagi, R. Lallemant*, 1676, in-4, 16 p.

Signé : J. C. (JOAN. COMMIRIUS), S. J., cal. jan.

Daniel secundum septuaginta in tetraplis Origenis, nunc primum editus e singulari Chisiano codice annorum supra DCCC (gr. et latine); cætera ante præfationem indicantur (cura et studio R. P. SIMON. DE MAGISTRIS, nobilis romani, ex

ordine Oratorii S. Philippi de Neri). *Romæ, typis Congr. propagandæ fidei*, 1772, in-fol. et in-8 ; — 2ª editio (cura et studio MICHAELIS). *Gottingæ*, 1773, in-8.

Dans veniam corvis, vexans censura columbas. De immunitate autorum Cyriacorum a censura. (Auct. P. Theoph. RAYNAUD, S. J.) *S. l. n. d.*, in-8.

Davidis GREGORII, M, D., astronomiæ, physicæ et geometricæ elementa, nova editio (curante HUART). *Genevæ*, 1726, 2 vol. in-4.

De adventu Spiritus Sancti oratio, habita a Donato Acciaiolo coram Urbano VIII, pont. max. (Auct. Jean-Bapt. CANULLOT-TOX.) *Romæ, typis Corbelletti*, 1642, in-4.

De amplissima ac vera jurisdictione mendicantium et communicantium in privilegiis et gratiis. (Auct. Jacobo DE ALEXANDRIS.) *S. l. n. d.*, in-4.   Melzi.

De analogia hujus nominis verbum, et quorundam aliorum, et latina lingua græcam antiquiorem non esse. (Auct. Bartholomæo BENVOGLIENTI.) *S. l. n. d.*, in-4.

Opuscule de 10 pages imprimé au XVᵉ siècle. Voy. De Angelis, « Scritt. Sanesi », p. 89.   Melzi.

De animæ immortalitate libri duo. *Venetiis*, 1525, in-8.

Par le cardinal Gasparo CONTARINI, évêque de Bellune.   Melzi.

De annulo pronubo Deiparæ Virginis, qui Perusiæ asservatur, commentarius. (Auct. Giovanni-Battista LAURI.) *Col. Agr.*, 1626, in-12.

De antiqua ecclesiæ Britannicæ libertate atque de legitima ejusdem ecclesiæ exemptione a Romano patriarchatu, diatribe, per aliquot theses diducta. Auctore J. B., SS. theologiæ professore (Isaaco BASERIO). *Brugis*, 1656, in-4.

Kœnig, « Bibl. vetus et nova », 1678, in-fol.

De antiquis Bibractes seu Augustoduni monumentis libellus anonymi cujusdam (Jacobi LEAUTÉ), editus e musæo Edmondi THOMÆ. *Lugduni*, 1650, in-4.

De antiquis et majoribus episcoporum causis liber, etc., auctore theologo Parisiensi, doctore Sorbonico (Jacobo BOILEAU). *Leodii (Lugduni)*, 1678, in-4.

De antiquitate Britannicæ ecclesiæ, et nominatim de privilegiis ecclesiæ Cantuariensis. *Londini*, 1572; — *Hanoviæ*, 1605, in-fol.

La première partie de cette histoire, qui contient les Antiquités, est du docteur ARKWORTH; l'auteur de la seconde partie, qui comprend les Vies des archevêques, est de Jean JOUSSELIN, secrétaire de Matthieu Parker, archevêque de Cantorbéry : le tout a été rédigé et publié par les soins de Thomas PARKER. Cet archevêque ajouta sa Vie à un petit nombre d'exemplaires de l'édition de 1572, destinés pour les bibliothèques publiques et pour ses amis. (D. Clément, « Bibliothèque curieuse », t. V, p. 247.)

De antiquitatibus Cadurcorum dissertatio. *S. l.*, 1746, in-8.

Réimprimé dans le second volume des Œuvres de l'auteur, J. J. LEFRANC DE POMPIGNAN, et dans les Mémoires de l'Académie de Cortone, t. V.

De Apparenti objectorum distantia et magnitudine, excrutatio optica. (Auct. J.-M. ASCLEPI, Soc. Jesu.) *Romæ*, 1769, in-8.　　　　Melzi.

De aqua carmen. (Auct. Francisco FINI.) *Florentiæ*, 1829, in-8.　　Melzi.

De artificiali perspectiva viator. (Joanne PELEGRINO auctore.) *Tulli, opera P. Jac. Presbiteri, incole pagi S. Nicolai*, anno 1505, 1521, in-fol.

Voy. « Supercheries », III, 938, c.

De artificiosa memoria. (Auct. G. NAUTICÆO.) *Castris*, 1607, in-4.

De Arte ditescendi dissertatio prior, ex Havellino ad philosophos in Germania. (Auct. Jo. Balth. SCHUPPIO.) *S. l.*, 1648, in-4.

Heumann, « De anon. et pseud. », p. 184.

De auctore actorum sanctorum perpetuæ et felicitatis africanorum martyrum epistola. (Auct. Nic. CATHERINOT.) *S. l. n. d.*, in-4.

De auctoritate cujuslibet concilii generalis supra papam et quoslibet fideles, ex responsione synodali data Basiliæ oratoribus Eugenii Papæ IV, in congregat. generali III. non. septemb. 1432, et in eam commentarius. (Auctore Simone VIGOR.) *Coloniæ*, 1613, in-8.

Cet ouvrage, qui se trouve dans les Œuvres de l'auteur, *Paris*, 1663, in-4, a été aussi publié sous les titres suivants : 1° « Commentarius in responsionem... », avec le pseudonyme de *Th. Francus*, voy. « Supercheries », II, 90, c; 2° « Ex responsione synodali data Basiliæ... », voy. ci-après ce titre.

De auctoritate Sacræ Scripturæ liber. (Auct. Fausto SORINO.) *Cracoviæ*, 1611, in-8.

L'auteur avait d'abord rédigé cet écrit en italien ; il le traduisit ensuite en latin et en français. Il a été réimprimé plusieurs fois, tantôt sans nom d'auteur, tantôt sous le pseudonyme de Dominique LOPEZ, jésuite.
Melzi.

De belli legibus oratio, præsente supremo senatu, Universitatis nomine habita ad solemnem præmiorum distributionem in majoribus Sorbonæ scholis, ab A. M*** E. P. I. C. D. B. (Ant. MALTOR, eloquentiæ professore in collegio Dormano-Bellovaco), anno 175* (1758). *S. l.*, 1776, in-4, 20 p.

De bello et pace opusculum, christianos principes ad sedandos bellorum tumultus et pacem componendam exhortans. (Auct. J. CLICHTOVEO.) *Paris., sem. Colinæus*, in-4, 100 p.

De bibliothecis atque archivis virorum clarissimorum libelli et commentationes, cum præfatione de scriptis et bibliothecis antediluvianis, antehac edidit J. J. MADENUS, curavit J. A. S. D. (J. A. Schmidt, doctor). — De bibliothecis nova accessio. — De bibliothecis accessio. altera. *Helmestadii*, 1702-5, 3 part. en 1 vol. in-4.

On peut voir le détail de ce que renferment ces trois vol. dans la « Bibliographie » de Namur, t. II, p. 141.

De Bononiensi scientiarum et artium instituto atque Academia commentarii, tomus sextus et septimus. *Bononiæ*, 1783 et 1791, in-4.

Par le professeur Sébastien CAUTERZANI.　　Melzi.

De Caleto recepta et rebus a Francisco Lotharingo, duce Guisio, auspiciis Henrici II gestis, carmen. (Auct. P. GALLANDII.) *Parisiis, F. Morel*, 1558, in-4.

De canonicorum ordine disquisitiones, quibus hujusce ordinis origo, propagatio varia ac multiplex, et natura dilucide, articulateque tractantur. Auct. P*** (LE LARGE), e Gallicana canonicorum congregatione. *Parisiis*, 1697, in-4.

Voy. l' « Histoire des ordres monastiques », par le P. Helyot, t. II.
Cet ouvrage est plutôt du P. Fr. Ant. CHARTONNET.

De causis naturalibus pluviæ purpureæ Bruxellensis cl. vivorum judicia. (Collectore Gott. VENDELINO, canon. Condatensi.) *Bruxellis*, 1647, pet. in-8.

De chirurgia scriptores optimi quique veteres et recentiores plerique in Germania antehac non editi, nunc primum in unum conjuncti volumen (cura et studio Conradi GESNERI). *Tiguri*, 1555, in-fol.

De clericis, præsertim episcopis, qui

participarunt in divinis scienter et sponte cum Henrico Valesio post cardinalicidium, T. P. (theologi Parisiensis, scilicet Gilberti GENEBRARD) assertio. *Parisiis*, 1589, in-8, 46 p.

Voy. « Ad assertionem seu famosum libellum », ci-dessus, col.

De codice latino versionis veteris Evangeliorum. (Auct. D. SCHULZ.) *Vratislaviæ*, 1814, in-4.

De cœlo et ejus mirabilibus, et de inferno, ex auditis et visis. (Auct. Em. SWEDENBORGIO.) *Londini*, 1758, in-4.

Voy. « Les Merveilles du ciel et de l'enfer... », VI, 276, b.

De cometa et duabus eclipsibus anni 1556, elegia (Baldazaris SCHULZII). *Lipsiæ*, 1556, in-4.

De cometarum motu exercitatio astromica, habita in collegio Romano (per J.-M. ASCLEPI, S. J.). *Romæ*, 1770, in-4. — Addenda. *Ibid.*, 1772, in-4.

De confraternitate S. Stellarii B. M. V. tractatus. (Auct. Fr. Francisco QUARESMO, ord. min. obs.) *Panormi*, 1648, in-4. Melzi.

De conjugiis ad solius rationis normam exactis. (Auct. Car.-Ant. CALVI.) *Ticini*, 1782, in-4. Melzi.

De conjunctione religionis et imperii libri duo, quibus conjurationum traducuntur insidiæ fuco religionis adumbratæ. Ad illustrissimam serinissimamque principem D. Mariam, Scotiæ reginam et Galliæ dotariam. (Auct. Adamo BLACUODÆO.) *Parisiis, M. de Roigny*, 1575, in-8.

De controversiis tractatus generales contracti per Adrianum et Petrum DE WALENBURCH, Batavos. (Accedit F. VERONIUS, Soc. Jesu, de regulâ fidei catholicæ, cura et studio abbatis GODESCARD.) *Parisiis*, 1768, in-12.

De conventu generali Latomorum apud Aquas Wilhelminas, prope Hanauviam, oratio. (*Nancy*, 1782), in-8.

Le titre seul est latin; le texte, écrit en français, est de J.-P.-L. BEYERLÉ, de Nancy.

De conversione hominis peccatoris ad Deum libellus, adversus Pelagianorum strophas. (Auct. E. MERLAT.) *Lausannæ*, P. Gentil, 1682, in-12.

De corporibus elasticis disquisitio physico-mathematica. (Auct. Jacobo BEL-

GRADO, Soc. Jesu.) (*Parmæ*, 1747), in-4. Melzi.

De corporibus marinis lapidescentibus quæ defossa reperiuntur; addita dissertatione Fabii COLUMNÆ de Glossopetris. *Romæ*, 1752, in-4.

Traduction exécutée par Mgr BOTTARI. Melzi.

De cruce Cortonensi dissertatio. (Auct. abbate VENUTI.) *Livor.*, 1752, in-4.

De cultu qui sacræ imagini B. Mariæ Viginiis ab Auxilio nuncupatæ centum ab annis Parmæ adhibetur Ὑπόμνημα. (Auct. Josepho PELLESI.) *Parmæ, Carmignani*, 1823, in-8. Melzi.

De cultu sacrosancti cordis Dei ac Domini Nostri Jesu Christi in variis christiani orbis provinciis jam propagato. (Auct. Josepho DE GALLIFET.) *Romæ, apud J.-M. Salviani*, 1726, in-8.

De declaratione difficilium terminorum theologie, philosophie atque logice. (Auct. Armando DE BELLOVISU.) *Lugduni*, N. Wolf, 1500, in-4.

Péricaud, « Bibl. lyonn. », nouv. édit., 1851, p. 49.

De delectatione cœlesti et terrena duplex disputatio. (Auct. Josepho CARPANI, e Soc. Jesu.) *Romæ*, 1756, in-4. Melzi.

De determinanda orbita planetæ ope catoptricæ ex datis vi, celeritate et directione motus in dato puncto... (Auct. R. BOSCOVICH.) (*Romæ*, 1749), in-4. Melzi.

De diluvii universalitate dissertatio prolusoria. (Auct. G.-Gasp. KIRCHMAIER.) *Genevæ*, 1667, in-16.

De dissidio in religione et collatione veterum rituum cum recentioribus. (Auct. Joachimo CAMERARIO.) *Basileæ*, 1598, in-8.

L'auteur composa cet écrit en 1549.

De dissidio inter S. Stephanum et S. Cyprianum super baptismate hæreticorum exorto dissertatio dogmatica. (Auct. Jacobo REVERONI DU CLAUSEL.) *Parisiis, vidua R. Mazicus*, 1724, in-12.

Le nom de l'auteur est au privilége.

De divisione naturæ libri V, auct. J. Scoto ERIGENA, recogn. et emend. (a C.-B. SCHLUETER.) *Monastici Guestphalarum*, 1838, in-8.

De D. Francisci Valesii Delphini demortui laudibus oratio funebris. (Auct. Alex. CHAMAILLARD.) *Parisiis, in officina C. Necheli*, 1537, in-8.

De dolendo, semperque deplorando reverendiss. Patris ac domini Georg. Ambasiani, cardin., Galliarum legati achiepiscopique Rotomagensis, obitu lamentabilis elegia; epitaphium ejusdem. (Anct. Ant. SYLVIOLO.) *Rothom., L. Bonnet* (1510), in-4, 6 ff.

De duabus formis archetypis æneis ad antiquum numisma majoris moduli pertinentibus disquisitio. (Auct. Simone STRALICO.) *Veronæ, ex typ. Giuliari*, 1799, in-8, 38 pages et 1 pl.

De duobus imperatorum Rusciæ nummis. (Dissertatio Bernardi NANI.) (*Venetiis*), 1750, in-4.

Réimpr. en 1752 avec des augmentations. Melzi.

De Ecclesia Christi, in usum alumnorum sacræ facultatis Parisiensis, auctore uno e theologis Parisiensibus (D. LE GRAND). *Parisiis*, 1779, in-8. Tom. Ier et unique.

De ecclesiæ S. Stephani Divionensis antiquitate, dignitate, sacris opibus, statu multiplici, variis casibus et præfectis. dissertatio. (Auct. Petr.-Franc. CHIFFLETIO, S. J.) *Divione*, 1657, in-8, 40 p.

De ecclesiastica et politica potestate libellus. (Auct. Edmundo RICHERIO.) *Parisiis*, 1611. in-4; — 1660, in-12.

Ouvrage traduit en français par l'auteur lui-même. Voy. VI, 1109, f.

De electionis jure quod competit viris portugallensibus in augurandis suis regibus ac principibus. (Auct. Josepho TEXEIRA.) *Lugduni*, 1589, in-8.

Une seconde édition parut l'année suivante à Lyon, sous le nom supposé de Pierre OLIM; les ligueurs de Lyon la firent supprimer, ce qui donna lieu à une 3e édition sous ce nouveau titre : « Speculum Philippi, regis Castillæ, tyrannidis... ». Voy. Brunet, « Manuel du libraire », 5e édition, tome V, col. 690.

Cet ouvrage a été traduit en français sous le titre de « Miroir de la procédure... ». Voy. VI, 310, b.

De episcopali S. Judæ Quiriaci sede problema. (Auct. P.-Franc.-Maria DE PANORMO, capucino.) *Anconæ*, 1758, in-4.

De episcopatu Feretrano. (Auct. F.-J.-D. COUTARINI, ord. Præd.) *Venetiis, Pasquali*, 1653, in-8.

De Eucharistia. (Auct. Joanne LABARDÆO, regis christianissimi apud Helvetios oratore.) *Soloduri*, 1662, in-8.

Réimprimé l'année suivante avec des augmentations et avec le nom de l'auteur.

De existentia Dei et humanæ mentis

immortalitate, secundum Cartesii et Aristotelis doctrinam, disputatio. (Auct. Michaele MORO.) *Parisiis*, 1692, in-12.

De fabula monachatus Benedictini Divi Thomæ Aquinatis. (Auct. B.-M. DE RUBEIS.) *Venetiis*, 1724, in-8.

De falsa et vera unius Dei, P., F. et Sp. Sancti cognitione libri II, auctoribus ministris ecclesiarum consentientium in Sarmatia et Transylvania. *Albæ Juliæ*, 1567, in-4.

Attribué par le cardinal Bellarmin à George BIANDRATA. L'ouvrage parut aussi sous le titre de : « Sententiæ aliquot doctorum de uno Deo », et il fut joint à l'écrit de Lelio SOCIN : « Voces ambiguæ quæ passim in Scripturis reperiuntur ». Melzi.

De falsa regni Yvetoni narratione ex majoribus commentariis fragmentum. (Auct. MORNAC.) *Paris.*, 1615, in-8, 24 p.

Bibliothèque Mazarine, C, 33,567.

De fatis linguarum orientalium, Arabicæ nimirum, Persicæ et Turcicæ commentatio. (Auct. Bernardo DE JENISCH.) *Viennæ*, 1780, in-fol.

C'est la préface, tirée à part, de la nouvelle édition du « Thesaurus linguarum orientalium » de Meninski.

De feudis patriæ (id est Foro Julii) olim per patriarcham concessis.

Ce traité fut publié pour la première fois par Muratori, qui ignorait le nom de l'auteur; mais Apostolo Zeno a montré qu'il émanait d'Antonio BELLONE, auteur d'une Histoire des patriarches d'Aquilée. Melzi.

De foco putridarum febrium continuarum, apologia pro Galeno. (Auct. Alexandro DE VICENTINIS.) *Veronæ*, 1635, in-4.

De fundamentis religionis et de fontibus impietatis libri tres F.-Ant. VULSECCHI, ord. Præd., ex italo idiomate in latinum translati (ab Aloysio GUERRA). *Venetiis, N. Pezzana*, 1767, in-4. Melzi.

De Gallica verborum declinatione. *Parisiis, Rob. Stephanus*, 1540, in-8, 32 ff.

Attribué à Robert ESTIENNE. Renouard ne mentionne qu'une édition de 1547.

De generibus ebriosorum et ebrietate vitanda, cui adjecimus de meretricum in suos amatores (autore Jacobo HARTLIEB) et concubinarum in sacerdotes fide (autore Paulo OLEARIO). *Francofurti ad Mœnum*, 1599, in-8.

Réimprimé à la suite de plusieurs éditions des « Epistolæ obscurorum virorum ».

De geographia libri V. (Auct. GUIDO.) *Parisiis*, 1688, in-8.

Voy. « Supercheries », I, 359, a.

De græcarum syllabarum apud latinos dimensione libellus. (Auct. Alexandro ROTA.) *Venetiis, Lovisa,* 1719, in-12.
Melzi.

De habitu et schemate sacrarum peregrinationum. (Auct. Jacobo LIDERCHI, congr. S. Philippi Nerii.) (*Sine nota, sed circa an.* 1725), in-4. Melzi.

De hæreticis ac eorum hæresibus supplementum, alphabetica serie dispositum. (Auct. NICOLE.) *Constantiis, Bellamy,* pet. in-8.

Cat. Courtois, 1535.

De hellenistis et lingua hellenistica exercitatio pro Daniele Heinsio contra Salmasium. (Auct. Martino SCHOOCKIO.) *Ultrajecti,* 1641, in-8.

Voy. ci-après : « Funus linguæ hellenisticæ ».

De Henrici IV, regis christianissimi, periculis, et notata quædam ad Sfondrati, pontificis romani, litteras monitoriales. (Auct. Gaspardo PEUCER.) *Francofurti,* 1591, in-8.

De Ideis. (Auct. J. BRUCKERO.) *Aug. Vindel.,* 1723, in-8.

Cat. Voorst, 4,899.

De idoneis ad baptismi et pœnitentiæ sacramenta disquisitionibus. (Auct. Celso MIGLIAVACCA.) *Venetiis,* 1753, in-8.

De immunitate ecclesiastica, contra quoddam nomine suppresso opus omnium plausu receptum. *S. l. n. d.,* in-fol.

Attribué par Argelati et Quétif au P. Albert CASTELLANI, de l'ordre des Prédicateurs.

De indebita in precibus festivo dominico paschalique tempore genuflexione dissertatio. (Auct. Joan. LE LOURRAIN.) *Rothomagi,* 1681, in-8.

De initio metropoleos ecclesiasticæ Coloniæ Claudiæ Augustæ Agrippinensium disquisitio. (Auct. Josepho HARTZHEIM.) *Coloniæ Agrippinensium,* 1731, in-4.

De institutione grammatica libri duo... (Auct. P. VAN ISEGHEM, S. J.) *Gandavi,* 1832, in-8. J. D.

De judicio Christi exercitatio. (Auct. Josepho CIOGLIA.) *Neapoli,* 1780, in-8.
Melzi.

De judiciis et pœnis, de officiis vitæ civilis Romanorum libri II; auctore H. F. S. (SALOMON). *Burdigalæ,* in-12.

De jure belli Belgici adversus Philippum, regem Hispaniæ, oratio. (Auct. G. VERHEYDEN.) *S. l.,* 1598, in-4. V. D.

De jure inter gentes, auctore R. Z. (Richardo ZOUCHŒO). *Lugd. Batav.,* 1651, in-18.

De jure magistratuum in subditos... *Lugduni,* 1576, in-8.

Ouvrage attribué à tort à Théod. DE BÈZE. Voy. « Droit des magistrats... », IV, 1122, e.

De justa et canonica absolutione Henrici IV. (Auct. P. PITHOU.) *Lutetiæ, M. Patissonus,* 1594, in-8.

Traduit en français sous les titres suivants :
« Advis de quatre fameuses Universitez... », voy. IV, 366, c; et « Traité de la juste et canonique absolution... », ci-dessus, col. 758, b.

De justa reipublicæ christianæ in reges impios et hæreticos authoritate, justissimaque catholicorum ad Henricum Navarræum et quemcumque hæreticum a regno Galliæ repellendum confæderatione liber. *Parisiis, Bichon,* 1590, in-8.

L'Épître dédicatoire est signée : G. G. R. A. Peregrinus Romanus. La 2e édition, qui porte le nom de Guillelmus ROSSÆUS, est d'*Anvers,* 1592, in-8. On donne assez généralement cet ouvrage au fameux Guillaume ROSE, évêque de Senlis; mais d'Artigny, dans le 6e vol. de ses « Mémoires », p. 178, soutient avec raison qu'il est de Guil. RAINALD (REGINALDUS), Anglais, et il s'appuie de l'autorité de Pits, son compatriote, qui l'a en effet avancé dans l'ouvrage intitulé : « Relationes historicæ de rebus Anglicis », t. I, *Paris.,* 1610, in-4, ajoutant que Rainald, grand ligueur, était alors à Paris, qu'il avait fait son abjuration à Rome, et que, pour cela, il prenait la qualité de *pèlerin romain.* Il faut dire encore que Reginaldus s'appelait aussi ROSSÆUS, suivant son épitaphe, rapportée par D. Clément, t. IX, p. 421. Le P. Le Long et ses continuateurs, t. II, n° 19,230, ont cru faussement qu'on lisait sur le frontispice de la seconde édition : « Auctore Guill. Rose, episcopo Sylvanectensi ».

De Justi Lipsii latinitate. (Auct. Henrico STEPHANO.) *Francofordii,* 1595, in-8.

De lamiis et phitonicis mulieribus. (Auct. Ulr. MOLITORE.) *S. l. n. d.,* in-4, 22 ff., fig. sur bois.

Plusieurs fois réimprimé.

De lapide sepulcrali antiquis Burgundo Sequanorum comitibus Vesontione in S.-Johannis evang. basilica recens posita. Diatriba analytica. (Auctore P.-Andrea A STO NICOLAO.) *Vesontione, J.-G. Benoist,* 1713, in-12, 76 p.

De laudibus Clementis XII, pont. max., panegyris. *Neapoli,* in-8.

En vers hexamètres. Par l'abbé Gio. RUGGIERO.
Melzi.

De laudibus mulierum, *Venetiis*, in-4.

Traduction latine, indiquée par Armellini, d'un opuscule écrit en italien par le P. Benoît GUIDI, moine du mont Cassin, qui vivait au XVIe siècle. Melzi.

De lectione pravorum librorum oratio. *Regii, Davolius*, 1821, in-8.

Par le P. Antoine BRAUS, jésuite. Melzi.

De legato pontificis Leonis Baptistæ Alberti trivia senatoria. *In Academia Veneta*, 1558, in-4.

L'auteur est Giovanni RICCIO; attribué à tort à Rafaelli CALENIO ou à Gio.-Bat. ALBERTI. Melzi.

De Lege, rege et grege. In-fol.

Ouvrage du baron Éric SPARRE, sénateur de Suède dans le XVIe siècle.

Voy. Peignot, « Dict. des livres condamn. », II, p. 128.

De libertate civitatis Florentiæ ejusque dominio. (Auct. Josepho AVERANI.) *Pisis*, 1721, in-8.

Attribué à tort à LAMY par de Potter, dans sa « Vie de Ricci ».

De libertate ecclesiastica liber singularis. (Auct. Isaaco CASAUBONO.) *S. l.*, 1607, in-8.

Cet ouvrage, entrepris par l'ordre de personnes de qualité, est demeuré imparfait par le commandement de Henri IV; il finit à la page 264.

Colomiés, « Recueil de particularités », p. 327 de ses Œuvres, 1709, in-4.

De librorum circa res theologicas approbatione disquisitio historica. (Auct. J. BOILEAU.) *Antverpiæ*, 1708, in-12.

De locis theologicis dissertationes decem theologi Lovaniensis (Joan. OPSTRAET). *Insulis Fland.*, 1737, 3 vol. in-12.

De loco ubi victus Attila fuit olim dissertatio. (Auct. Joan. GRANGIERIO.) *Parisiis*, 1641, in-12. — *Lipsiæ*, 1746, in-4.

De maculis solaribus tres epistolæ; de iisdem et stellis circa Jovem errantibus disquisitio Apellis post tabulam latentis (SCHEINER). *Augustæ Vindelicorum*, 1612; — *Romæ*, 1613, in-4.

De maligna febre... (Auctore Maurit. TIRELLO.) *Venetiis*, 1652, in-4.

De Maria Magdalena, triduo Christi et unæ ex tribus Mar. disceptatio. (Auct. Jac. FABRE.) Tertia emissio. *Parisiis, ex offic. Henrici Stefani*, 1519, p. in-4, 90 ff.

De melancholia et morbis melancholicis. (Auct. A. C. LORRY.) *Lutetiæ Paris.*, 1765, 2 vol. in-8.

De Messiæ duplici adventu dissertationes duæ adversus Judæos. (Auct. Petro ALLIX.) *Londini*, 1702, in-12.

De metropoli Mediolanensi et de successoribus S. Barnabæ in ea ecclesia usque ad an. 1584. *Mediolani, Pontius*, 1592, in-8; — 1596, in-8; — 1628, in-fol.

Par le barnabite Carlo BESCUPE, plus tard évêque de Novare. Melzi.

De milite nobili et ingenuo sæc. XI et XII; una cum vindiciis Marquardi de Grumbach, Dynastæ. A. E. M. A. E. (auct. Eugenio MONTAG, abbate Ebracensi). *Norimbergæ*, 1794, in-8.

Contre l'ouvrage du professeur Samhaberus, intitulé : « Commentatio de statu et nominibus militarium in Germania... ». *Herbipoli*, 1793, in-8.

De monetarum augmento, variatione et diminutione, tractatus varii, ex bibliotheca G.-A. THESAURI, in hoc volumen redacti (a J.-D. TARINO). *Augustæ Taurinorum*, 1699, in-4.

De monetis veronensibus, præsertim sub Ezelino conflatis, epistolæ... (Joan.-Jacobi DIONISI). *Veronæ, hæred. Caraltoni*, 1779, in-8.

De monogrammate D. N. Jesu-Christi et usitatis ejus effingendi modis. (Auct. Josepho ALLEGRANZA, ord. Præd.) *Mediolani, Marelli*, 1773, in-4. Melzi.

De moralibus criticæ regulis compendiosa monita. (Auct. Joan.-Jos. ORSI.) *Coloniæ*, 1706, in-4.

De morte cardinalis Bellarmini. *Audomari*, 1623, in-8.

L'auteur est Édouard COFFIN, jésuite, qui ne s'est désigné que par les lettres initiales C. E., qui signifient *Coffinus Exoniensis*.

De motu gravium rectilineo in medio non resistante... Exercitatio mechanica habita in collegio Romano, 1762 (per J.-M. ASCLEPI, S. J.). *Romæ, J.-G. Salomo*, in-4.

De mutandæ Academiæ doctrinæ in patria nostra necessitate. (Auct. J.-G. GRIM, gymnasii Dordr. correctore.) *Dordraci*, 1840, in-8. V. D.

De mystica Apuleii doctrina. (Auct. J.-P. CHARPENTIER.) *Parisiis*, 1839, in-8.

De natura ac jure bonorum ecclesiasticorum acroama, auctore M. B. (Michaele BUSCHIO). *Franeq.*, 1666, in-12.

De natura et usu litterarum disceptatio philologica, auctore B, A M. D. M. et C. M. (Bernardo A MALLINCKROT); cum notis. *Monasterii*, 1638, in-4.

De nepote rapto et recepto avitum carmen. L'Enfant perdu et retrouvé, poëme latin, par son grand-père. — *Paris, imp. de J. Claye (1864), gr. in-8.*

Signé : E. C. (E.-F. CAUCHY).
La traduction française en regard est de M. PATIN.

De Nithardo, Caroli Magni nepote, ac tota ejusdem Nithardi prosapia, breve syntagma, e PA. P..... otio (Paul PETAU). *Parisiis*, 1613, in-4.

De nova stella, anno 1572, die nov. II vesperi, in asterismo Cassiopeïæ circa verticem existente, annoque insequenti conspicua, sed mense maïo magnitudine et splendore jam diminuta. (Auct. TYCHO-BRAHE.) *Hafniæ*, 1573, in-4.

C'est ainsi que le P. Niceron cite ce livre, qui est extrêmement rare, parce qu'on en tira très-peu, comme Tycho nous l'apprend. L'édition fut donnée par Jo. PRATENSIS.
La Lande, « Bibliographie astronomique ».

De novis inter regem Gallorum et magistratum dissentionibus quid mihi videtur. (Auct. Joan.-Steph. MÜLLER.) *Wetzlariæ, Winklarus*, 1767, in-12, front. grav.

De nuptiis Ferdinandi, archiducis Austriæ, et M. Beatricis Atestinæ gratulatio Mediolani habita, *Mediolani, Morelli*, 1772, in-4.

On trouve dans ce volume un discours anonyme : « De felicitate utilitateque litterarum » (par le P. Calimero CATTANEO) et des « Inscriptiones », qui sont l'œuvre du P. Guido FERRARI. Melzi.

De obligatione recitandi officium parvum B. M. V. pro monachis Camaldulensibus. *Ravennæ*, 1671, in-4.

Par l'abbé Andrea VALLEMANI, Camaldule. Melzi.

De obsidione Rupellæ. *Paris.*, 1619, in-4.

Centon virgilien, dont l'auteur serait Laurent ISNARD. (O. Delepierre, « Tableau de la littérature du centon », *Londres*, 1875, t. II, p. 310.)

De occultis Dei judiciis, auctore H. H. M. (MEYERO). *Francofurti ad Mœnum* 1684, in-8.

De officio hominis christiani in hodiernis istis de religione controversiis. *Irenopoli, typis Theophili Adamidis (Franeckeræ)*, 1610, in-8.

Cet écrit est de Fauste SOCIN ; il fut supprimé, mais l'année suivante il reparut *Racoviæ, Sebastianus Sternacius*, et il fut traduit en hollandais. Melzi.

De officio pii ac publicæ tranquillitatis vere amantis viri in hoc religionis dissidio. (Opus Georgii CASSANDRI, a Francisco BALDUINO editum.) *Basileæ*, 1561, in-8.

L'année suivante furent publiées les Lettres écrites à Calvin par Fr. Baudouin, sous le nom de Petrus ROCHIUS. C'est un recueil qui commence par la pièce intitulée : J. CALVINI *responsio ad Balduini convitia.* 1562, in-4.
Voy. aux « Supercheries » *Veranus Modestus*.

De oleæ cultura et conditura, carmen ab uno e sacerdotibus oratorii Domini Jesu (abbate SABATIER, Montispessulano). *Parisiis*, 1789, in-8.

De optima condendi, interpretandi, dicendique juris ratione liber singularis. (Auct. L.-A. LUPI.) *Genuæ*, 1792, in-8.

De optimo genere disputandi colloquendique, ad Janum Gontaldum Bironem. (Auct. Simone VALAMBERTO, Hæduo Avalonensi.) *Parisiis*, 1551, in-8, 57 p.

De ordine deque priori et posteriori, seu de prædestinatione ac reprobatione. (Auct. Cl. TYPHANO.) *Remis*, 1640, in-4.

Catal. Danès, nº 420.

De origine et incrementis typographiæ Lipsiensis liber singularis... Accedit librorum sec. XV excusorum ad « Maittairii Annales » supplementum. (Auct. Joh.-Henr. LEICH.) *Lipsiæ, Breitkopf (1740), in-4.*

De origine et natura politicarum societatum et imperiorum. (Auct. Paschali AMUTO.) *Ferrariæ, Pomatellus*, 1795, in-4.

De origine et progressu Congregationis oblatorum sanctorum Ambrosii et Caroli. (Auct. Bartholomæo ROSSI.) *Mediolani*, 1734, in-4.

De origine et progressu juris civilis Romani. (Auct. W. Van DER MEULEN.) *Traj. ad Rhenum*, 1721, in-4.

Cat. G. de Wal, nº 1448. V. D.

De origine fontium. (Auct. Hieronymo LAGOMARSINO, Soc, Jesu.) *Venetiis*, 1749, in-8.

Premier (et unique volume) d'un choix de poëtes latins, relatifs aux sciences, composés par des jésuites et publiés avec la traduction du P. BERGANTINI ; les notes anonymes sont du P. Ign. Lod. BIANCHI, théatin. Melzi.

De origine, usu et ratione vulgarium vocum linguæ gallicæ, italicæ et hispanicæ, auctore J. B. (Jacobo BOURGOING). *Parisiis, Prevosteau*, 1583, in-4.

De ortu et processu calvinianæ reformationis in Belgio, auctore C. L. S. V. V. (Corn. Loots). *Coloniæ*, 1673, in-8.

De palæstra Neapolitana commentarius, in inscriptionem Athleticam Neapoli, anno 1764 detectam. (Auct. Nic. Ignarra.) *Neapoli*, 1770, in-4.

De peculio fratrum minorum observantium. (Auct. Petro-Ignatio Perti.) *Venetiis*, 1750, in-8.

De persecutione Anglicana libellus, quo explicantur afflictiones, calamitates, cruciatus... quæ Angli catholici nunc ob fidem patiuntur... *Boloniæ*, 1581, petit in-8. — *Ingolstadt.*, 1582, in-8. — *Romæ*, 1582, in-8.

·Cet ouvrage, écrit au nom du collége anglais de Rome, est de Rob. Parsons ou Persons; Lowndes ajoute *alias* N. Doleman. On l'a réimprimé dans un livre intitulé : « Consecratio Ecclesiæ catholicæ in Anglia ». *Aug. Trevir.*, 1583, in-8, et 1594, in-4. Il existe une traduction française sous le titre de : « Epistre de la persécution ». Voy. V, 156, *e*.

De phialis rubricatis quibus martyrum Romanorum sepulcra dignosci dicuntur observationes V. D. B. *Bruxellis*, 1855, in-8.

Ouvrage du P. Van der Bruck, jésuite, et dont il n'existe que cinq exempl., les autres ayant été détruits par ses supérieurs.

De phialis vitreis ex minimis silicis casu dissilentibus acroasis, experimenti et animadversionibus illustrata. (Auct. P. Jacobo Belgrado, Soc. Jesu.) *Patavii*, 1743, in-4. Melzi.

De phratriis primis Græcorum politicis societatibus tractatus, in quo inscriptiones phratriacæ Neapolitanæ illustrantur. (Auct. Nic. Ignarra.) *Neapoli*, 1797, in-4.

De pietate Aristotelis adversus Deum et homines. (Auct. Fortunato Liceto.) *Utini*, 1645, in-4. Melzi.

De poematum cantu et viribus rhythmi. (Auct. Is. Vossio.) *Oxoniæ*, 1673, in-8.

De postremis motibus Galliæ, varia utriusque partis scripta, scitu dignissima, ex gallico in latinum conversa per T. B. Æ. (fortasse Theophilum Banesium). *Francofurti*, 1586, in-8.

De potestate ecclesiastica diatriba, ad tit. II lib. I Decretalium de Constitutionibus. (Auct. Fr. Hermano - Dominico Christianopulo, ord. Præd.) *Romæ*, 1774, in-4.

De præcipuis græcæ dictionis, ab uno ex P. P. Soc. J. (Francisco Vigero). *Paris.*, Cramoisy, 1627, in-12.

Masson, dans son « Histoire critique de la république des lettres », t. XII, p. 389, dit que cet ouvrage du P. Vigier a été réimprimé en Allemagne.

De præfecto urbis. (Auct. Philippo Cautelorio.) *Romæ*, ·ex typis Cameræ, 1631, in-4. Melzi.

Reproduit dans le « Novus Thesaurus antiquit. Roman. » de Sallengre, t. I, p. 609. Melzi.

De præscriptionibus quæ cum jure civili, tum pontificio continentur, tractatus perutiles, a diversis (Azone, Dyno A Muxello, Guil. Durando, Rogerio, Hostiensi, Johanne Oldendorpio) editi. *Coloniæ Agripp.*, 1568, in-8.

De primatu Romani pontificis. *Londini* (*Amstelodami*), 1769, in-4.

Voy. « Primauté (de la) du pape », VI, 1020, *f*.

De principe gulæ incommodo ejusque remedio dialogus anonymi auctoris. *Coloniæ* (indication supposée), 1743, in-8.

Cet écrit fut attribué au P. Daniel Comina, mais il est de Joseph Torelli, de Vérone. Il fut réimprimé l'année suivante avec un second dialogue sur le même sujet. Un avis préliminaire donne à entendre que ce second dialogue est d'une autre main ; mais ·le style et la finesse de l'ironie attestent l'identité de l'auteur. Les deux dialogues ont été insérés dans les « Opere varie » de Torelli, publiées par Al. Torre. *Pisa, Capurro*, 1834. Melzi.

De principiis vegetationis et agriculturæ et de causis triplicis culturæ in Burgundia disquisitio physica ; auct. E. B. D. (Edm. Beguillet, Divionensi). *Divione*, typ. L.-N. Frantin, 1768, in-8, 135 p.

Cette dissertation a été traduite en français par le frère de l'auteur. On la trouve à la fin du 2° volume des « Variétés littéraires » de d'Orbessan.

De privilegiis et exemptione capituli cathedralis Veronensis dissertatio. (Auct. Petro Ballerini, presbytero.) *Venetiis, A. Mora*, 1753, in-4. Melzi.

De processionibus ecclesiasticis liber. (Auct. Jacobo Eveillon.) *Parisiis*, 1641, in-8.

De purganda medecina a curarum·sordibus. (Auct. Philippo Hecquet.) *Paris.*, 1714, in-12.

De ratione et auctoritate, præcipue D. Augustini, in rebus theologicis. (Auct. Josepho Zola.) *Ticini, Galeatius*, 1788, in-12. Melzi.

De ratione ineundæ concordiæ catholicos inter et heterodoxos. (Auct. P.-S. GERDIL, barbanita, postea card.) Melzi.

De ratione meditandi, juxta exemplar Romæ nuper editum. (Auct. RIOLANO.) Gandav., *Vander Schelden*, in-18, 107 p.

Vanderhaeghen, « Bibl. gantoise », VIII, 136.

De re beneficiaria dissertationes tres. (Auct. Cajetano ARGENTIO.) A. D. 1708, in-4. Melzi.

De re beneficiaria liber singularis, etc.; cura et studio theologi Parisiensis (Jac. BOILEAU), abbatis Sidichembechensis. *S. l.*, 1710, in-12.

De re beneficiaria, sive de non possidendis simul pluribus beneficiis, libri tres (auct. Francisco VIVANT), adversus libr. singularem abbatis personati Sidich. *Parisiis*, 1710, in-12.

On a encore contre l'ouvrage de l'abbé Boileau la Lettre d'un docteur de Sorbonne (LAMBERT), 1710, in-12.

De re herbaria et hortensi. (Auct. Carolo STEPHANO.) *Parisiis*, 1543, in-8.

Renouard, p. 100.

De re ichnographica, cujus hodierna praxis exponitur. (Auct. Joan.-Jac. MARINONI.) *Viennæ Austriæ*, 1751, in-fol. Melzi.

De re sacramentaria contra perduelles hæreticos libri decem, duobus tomis comprehensi. (Auct. Renato-Hyac. DROUIN, dominicano.) *Venetiis*, 1736, 2 vol. in-fol. — 3ª editio, cum auctoris nomine et notis Patrum PATUZZI et RICHARD, ejusdem ordinis. *Parisiis*, 1775, 9 vol. in-12.

De re vestiaria, vascularia et navali, (a Carolo STEPHANO) ex Bayfio in adolescentulorum bonarum literarum studiosorum gratiam excerptus. *Lutetiæ, Carolus Stephanus*, 1553, in-8.

Renouard, p. 106.

De rebus Moscovisticis, ad serenissimum magnum Hetruriæ ducem, Cosmum tertium. (Auct. Jacobo REUTENFELS.) *Patavii*, 1680, in-8, 8 ff. et 280 p.

De rebus Saxoniæ libri II.

Plusieurs éditions. Œuvre de Giovanni GARZONI, et non d'Erasmo STELLA, lequel avait d'ailleurs réuni les matériaux que Garzoni mit en œuvre. Melzi.

De recentiorum medicorum studio dissertatio epistolaris. *Gottingæ*, 1687. Dissertatio secunda. 1693, in-8.

Ces deux dissertations sont de G. Girol. SBARAGLIA.

La première fut réimprimée à *Parme* en 1690, et jointe à la seconde en 1693. Melzi.

De recondita febrium intermittentium et remittentium natura. (Auct. Joanne SENAC.) *Amstelodami*, 1759, in-8.

De recte instituenda juris academia ad Lamindum Pritanum (L. A. Muratorium) epistola (Antonii GATTI). *Venetiis*, 1709, in-8.

De reductione missarum. (Auct. Andrea BIANCHINI.) *Coloniæ* (*Venetiis*), 1765, in-8. Melzi.

De reformandis horis canonicis ac rite constituendis clericorum muneribus consultatio (Claudii JOLY), 1644, in-8. — Editio secunda, auctior. Accessit STELLÆ (ejusdem Cl. JOLY) libellus de officio divino. *S. l.*, 1675, in-12.

De regio Persarum principatu libri tres. Ex adversariis V. C. B. B. S. P. P. (Barnabæ BRISSONII). *Parisiis*, 1591, in-8.

Réimprimé plusieurs fois avec le nom de l'auteur.

De regis expeditione in insulam de Rie, adversus Subisium (de Soubise), per N. P. D. C. H. R. (Nic. PROUST DES CARNEAUX, historiographum regium). *Parisiis*, 1622, in-24.

Réimprimé avec le nom de l'auteur.

De regni Neapolitani jure, pro Tremollio duce. *Paris.*, *P. Des Hayes*, 1648, in-fol.

Par David BLONDEL, suivant Placcius.

De regno adversus Machiavellum libri tres. (Auct. Innocentio GENTILLET.) *Lugd. Bat.*, 1647, in-12.

Cet ouvrage, qui a mérité à son auteur le surnom d'*Anti-Machiavel*, parut dès 1571, sous le titre de « Commentariorum de regno…». Voy. ci-dessus, col. 1194, *b*. L'auteur l'a publié aussi en français. Voy. « Discours d'Estat…», IV, 1004, *d*.

De regno et regis institutione libri tres. (Auct. Sebastiano Foxo MOZZILLO.) *Antverpiæ*, 1536, in-8.

Cet ouvrage parut d'abord sous cette désignation : *incerto auctore*, avec les Discours de Scipion AMMIRATI sur Tacite.

De rosa aurea epistola. Editio altera. *Patavii, Conzatti*, 1759, in-8.

La première édition était sortie la même année des presses du même imprimeur. L'auteur de cette lettre *ad Nepotem juniorem* était le théatin Pierre BUSENELLO, professeur de droit canon à l'Université de Padoue. Melzi.

De rythmo Græcorum liber singularis.

(Auct. Guill. CLEAVER.) *Oxonii*, 1775, 1783, 1789, in-8.

De sacramentali confessione. (Auct. Cherubino DELLE NOCCI.) *Neapoli*, 1516, in-8.   Melzi.

De sacrarum ædium apud christianos amplitudine et ornatu dissertatio. (Auct. Seb. CAPRINIO.) *Cæsenæ, Blasinius*, 1786, in-8.

De sacris imaginibus dissertatio. (Auct. Josepho FROVA.) *Venetiis, Occhi*, 1750, in-8.   Melzi.

De Sarda seu Carneola crucem et pisciculos referente ad quartum lapidis jactum infra Neomazum, non procul a Vahalis, ripa inventa. (Auct. Gisbertito-Cornelio IN DE BETOUN.) *Neomazi, A. Van Goor*, 1785, in-8.   V. D.

De statu confœderatarum provinciarum belgarum. (Auct. M.-Z. BOXHORNIO.) *Hagæ Comitum, Verhoeve*, 1640, in-24.

« Cat. des petites républiques », par de La Faye, p. 12.

De statu, loco et vita animarum postquam discesserunt a corporibus fidelium, anonymi cujusdam (Joan. Christoph. ANTOPOEI, eloq. et hist. in Acad. Argentor. professoris). (Verisimiliter *in Luneburgico ducatu*, versus 1670), in-12. — *Lipsiæ*, 1702, in-8.

On trouve une analyse de cet ouvrage dans Placcius, p. 71.

De statu Ecclesiæ, contra Justinum Febronium. (Auct. abbate DE PELLIZER.) *Bayonne*, 1778, in-12.

De suburbicariis regionibus et ecclesiis, seu de præfecturæ et episcopi urbis Romæ diœcesi conjectura (Jacobi GOTHOFREDI). *Francofurti*, 1618, in-4.

De summi pontificis eligendi forma dissertatio. (Auct. BUSENELLO.) *Patavii*, 1758, in-8.

De suprema romani pontificis auctoritate hodierna ecclesiæ gallicanæ doctrina. (Auct. Victore-Amedeo SUARDI.) *Avenione*, 1747, 2 vol. in-4.

Cet ouvrage, très-hardi dans les principes, et où l'on fait dire à l'Église de France le contraire de ce qu'elle pense et enseigne, a été flétri par plusieurs arrêts. L'auteur a mis à la fin un extrait de la Préface de l'abbé Lenglet du Fresnoy, qui est au-devant du commentaire de Dupuy sur les libertés de l'Église gallicane, 1714, in-4. Cette préface a été supprimée. (*Catalogue de l'abbé Goujet.*)

De suprema Romani pontificis in Ecclesiam universam potestate exercitatio. (Auct. Fr.-Thoma-Maria SOLDATO, ord. Præd.) *Romæ*, 1776, in-4.

De tempore et causa martyrii B. Lamberti diatriba. (Auct. R. SILUSIO.) *Leodii*, 1679, pet. in-8.

De thermis Borboniensibus. (Auct. JUVET.) *Calvo-Monti*, 1774, in-4.   G. M.

De tribus cometis anni 1618 disputatio astronomica, publice habita in collegio Romano Soc. Jesu, ab uno ex Patribus ejusdem societatis (H. GRASSI). *Romæ*, 1619; — *Bononiæ*, 1655, in-4.

De tribus impostoribus. S. *l.*, anno M.D.IIC (1598), pet. in-8, 46 p.

Voir, pour des détails sur cet ouvrage, dont l'auteur est encore à découvrir, Brunet, « Manuel du libraire » 5e éd., col. 944, et la notice bibliographique de M. Gustave Brunet en tête de la réimpression faite sous le titre suivant : « De tribus impostoribus, M.D.II.C. Texte latin, collationné sur l'exemplaire du duc de La Vallière (par MM. Jules-Amédée-Désiré RAVENEL et Paulin RICHARD, conservateurs à la Bibliothèque nationale)... augmenté de variantes de plusieurs manuscrits, etc., et d'une notice philologique et bibliographique par PHLOMNESTE JUNIOR (Gustave BRUNET, de Bordeaux) ». *Paris, J. Gay*, 1861, in-12. Voy. aussi ci-dessus « Traité des trois imposteurs », col. 788, *e*.

De triplici examine ordinandorum, confessariorum et pœnitentium, cum appendice de censuris et impedimentis canonicis. (Auct. Ludovico BAIL.) *Parisiis, vid. P. Chevalier*, 1651, in-8.

Réimprimé avec le nom de l'auteur.

De turco-papismo ; hoc est de Turcarum et papistarum adversus Christi Ecclesiam et fidem conjuratione, eorumque in religione et moribus similitudine, libri IV. (Auct. Mathæo SUTLIVIO.) *Londini*, 1604, in-8.

De una sententia damnata in Acacium episcopum Constantinopolitanum, lata in synodo Romano. (Auct. D. M. DE RUBEIS.) *Venetiis, Javarina*, 1729, in-8.   Melzi.

De vanitate consiliorum liber unus, in quo vanitas et veritas rerum humanarum clare demonstratur ; auctore S. L. (Stanislao LUBOMISKIO, supremo regni Poloniæ mareschallo.) *Warsaviæ*, 1700, in-12.

Struve, « Bibl. philos. », t. II, p. 277.

De vasculis libellus, adolescentulorum causa ex Baifio decerptus. *Parisiis, R. Stephanus*, 1543, in-8.

Cet abrégé d'un ouvrage de Lazare Baëf, imprimé à Bâle en 1541, a été rédigé par Charles ESTIENNE.

De verbis anomalis commentarius. (Auct. G. Morelio.) Prioribus editionibus accessit ingens verborum numerus. *Lugduni*, 1560, in-8.

La première édition de cet ouvrage fut publiée à Paris en 1549, in-8. Celle de Lyon paraît conforme à l'édition de Paris, 1558, in-8.

De ·veteris numismatis potentia et qualitate lucubratio, occasione rubricæ codicis de eodem argumento. (Auct. Euchario-Gottlieb Ringk.) Accessit dissertatio juridica de numo unico. *Lipsiæ et Francofurti*, 1701, in-4.

De vetustate et forma monogrammatis SS. nominis Jesu dissertatio. (Auct. Francisco Victorio.) *Romæ*, *Zempel*, 1747, in-4.   Melzi.

De Virgine Maria sine labe concepta carmen. (Auct. Darailho.) *Tolosæ*, *Pech*, 1676, in-8.

De vita Alexandri Alboni cardinalis. (Auct. Dionysio Sprocchi.) *Romæ*, 1790, in-8.   Melzi.

Réimpr. à Forlì en 1812, avec une traduction italienne sous le titre d' « Elogio », reproduit également dans les « Poesie e prose » de l'auteur. *Faenza*, 1830, in-8.   Melzi.

De vita Caroli Magni et Rolandi historia, Joanni Turpino, archiepiscopo Remensi, vulgo tributa.... illustrata Sebast. Ciampi. *Florentiæ*, *Molini*, 1822, in-8.

Voy. Brunet, « Manuel du libraire », 5° édition, art. « Turpinus ».

L'éditeur attribue cette histoire apocryphe à un certain Geoffroy, prieur du monastère de Saint-André, à Vienne en Dauphiné.

De vita et moribus R. P. Leonardi Lessii, e Soc. Jesu, liber. (A Leonardo Scoots concinnatus, editusque cura et sumptibus Thomæ Curtois.) *Parisiis*, 1644, in-18.

« Index librorum prohibitorum ». *Romæ*, 1704, in-8, p. 201.

L'auteur fait un saint de ce misérable théologien. (*Note man. de l'abbé Goujet.*)

De vita et rebus gestis beati Gregorii Barbadui cardinalis, episcopi Patavini, editio altera. (Auct. Thoma-Augustino Richini, Dominicano.) *Romæ*, 1767, in-8.

De vita et rebus gestis Clementis XI, pontificis maximi. (Auct. Polidoro.) *Urbini*, 1727, in-fol.

De vita et studiis P. Danielis Concinæ, ord. Præd., commentarius ; cura et studio V...F... R... (Vincentii Fassini, Raconiensis). *Venetiis*, 1762, in-8.

De vita Eustachii Zanotti commentarius. (Auc. Aloysio-Paliano Caccianemico.) *Bononiæ*, 1782, in-4.

Une seconde édition porte le nom de l'auteur.

De vita Joannis Chrysostomi Trombelli commentarius. *Bononiæ*, 1788, in-8.

En tête, une lettre signée : V. G. R. (Vincentius Garofolus, religiosus).

De Zacinthi antiquitatibus et fortuna. (A Barth. Remondi.) *Venetiis*, 1756, in-8.

Deambulatio poetica, sive Lutetia recentibus ædificiorum substructionibus his annis magna ex parte renovata, eruta, amplificata. Carmen. (Auct. Nic.-Fr. Guérin.) *Paris.*, 1768, in-4.

Decades virorum illustrium Paraquariæ Societatis Jesu, ex instrumentis litterariis ejusdem provinciæ (a P. Ladislao Orósz collectis) ac in ordinem redactæ a quodam Soc. Jesu sacerdote (Nicolao Smith, Hungaro), pars II. *Tyrnav.*, 1759, in-fol.

Decas casuum clinico-medicorum. (Auct. Christ.-Conrado Sicelio.) *Nordhuniæ*, 1738, in-8.

Decennium Georgii Szecsenyi, metropolitæ Strigoniensis. (Auct. Martino Cseles, Rofindolensi Hungaro.) *Tyrnav.*, 1721, in-12, 63 p.

Decisiones casuum conscientiæ congregationibus diocœsis Mutinensis propositorum. (Auct. P. Jacobo-Franc. Via, Soc. Jesu.) *Mutinæ*, 1659-60, 2 vol. in-8.

Decisiones casuum conscientiæ qui singulis mensibus in congregationibus diocœsis Bononiæ discutiuntur, lectoris theologiæ moralis. (Auct. P. Carolo Zamberti, Soc. Jesu.) *Mutinæ*, *V. Benati*, in-8. Melzi.

Decréta authentica cong. SS. rituum ab anno 1602 ad an. 1848. (Auct. Gardellini.) *Romæ*, 1808-49, 8 vol. in-4.

Decreta, constitutiones et articuli regum I regni Hungariæ ab anno 1035 ad an. post sesquimillesimum octogesimum tertium publicis comitiis edita. *Tyrn.*, 1684, recens impressa (edente Zacharia Monotzy, episcopo Nitriensi), in-fol.

Decretum Gratiani, emendatum et annotationibus illustratum. *Romæ*, *in ædibus Populi Romani*, 1582, in-fol.

Édition donnée par Pierre Ciacconius et Michel Tommasi.   Melzi.

Deditio Realmontii. (Auct. Mich. DÈ SOLARGUES.) *Tolosæ*, 1628, in-8.

Deductio, ex qua probatur clarissimis argumentis non esse jus devolutionis in ducatu Brabantiæ nec in aliis Belgii provinciis ratione principum earum, prout quidam conati sunt asserere. (Auct. Petro STOCKMANS.) *Bruxellis*, 1665, in-4.

Voy. « Remarques pour servir de réponse... », ci-dessus, col. 252, c.

Defensio auctoritatis Ecclesiæ, in qua asseritur gravissimum pondus ejus constitutionum, refellitur novellum quorumdam principium ipsi injuriosum, ac epistola Leodiensis de formula Alexandrina vindicatur. (Auct. H. DENYS.) *Leodii*. — Defensio auctoritatis Ecclesiæ vindicata contra eruditissimum virum*** (Opstraet), Jansenio suppetias ferentem, avitum academicum (Ægidium de Witte), et alios, a quibus impugnatus fuit. (Ab eodem auctore.) *Parthenopoli, heredes Ignatii a Turre*, in-12.

H. Denys était théologal de Liége. Il est encore auteur d'une Lettre anonyme commençant par ces mots : « Reverende admodum Domine, de formula subscribenda ». Fénelon a réfuté ces deux ouvrages dans trois Lettres publiées en 1708 et réimprimées dans le t. XIII de ses « Œuvres complètes ».

Defensio cleri Gallicani ab imposturis adscriptæ Bossueto defensionis.(Auct. Jos.-Mariano PALMA.)*Ferrariæ,Pomatelli*,1785, in-8.

Defensio decreti Sanctæ Congregationis in causa Sinarum, anno 1704, die 20 novembris emanati. (Auct. P. Hieronymo SACCHERO, Soc. Jesu.) In-4. Melzi.

Defensio jurium sedis apostolicæ, pro responsione ad manifestum publicatum ex parte ducis Mutinæ super prætensa occupatione ducatus Ferrariæ. (Auct. Joanne GHINI.) *S. l. n. d.*, in-fol. Melzi.

Defensio pro libris de Purgatorio cardinalis Bellarmini contra ministrum delirantem. *Posnaniæ, typis J. Voralbi*, 1602, in-8.

Placcius, p. 316, attribue cet ouvrage au Jésuite Louis ROGER.

Defensio regia pro Carolo I... (Auct. Cl. SALMASIO. (*Leyde*), *sumptibus regiis*, 1649, in-12, 720 p., non compris le titre.

On croit que Saumaise a traduit lui-même son ouvrage en français. Voy. « Bibliothèque de Bourgogne », par Papillon, et « Supercheries », II, 731, c.

Defensio relationis de Antonia Burignonia, « Actis eruditorum Lipsiensibus »

mensis januarii anni 1686 insertæ, adversus anonymi famosas chartas, Amstelodami sub titulo « Moniti necessarii » publicatas. *Lipsiæ*, 1687, in-4.

Cette Défense est de SECKENDORF, et le « Monitum necessarium » est de POIRET.

Defensio Tridentinorum canonum de Ecclesiæ potestate in dirimentia matrimonii impedimenta, auctore P. D. N. (P. Clem. BLASIO). *Hierapoli (Romæ)*, 1786, in-8.

Defensio variarum lectionum Thomæ Reinesii, contra iniquam censuram poetæ (Lipsiensis, auctore ipsomet REINESIO). *Rostochii*, 1653, in-12.

Defensio vini Burgundiani adversus vinum Campanum. Editio tertia. *Belnæ*, 1705, in-4, 43 p.

Les deux premières éditions ont paru en français. Voy. IV, 867, b.
On trouve dans le « Journal des Savans » de 1706 l'analyse de la version latine, qui paraît être de Hugues DE SALINS, frère de l'auteur.
On lit, dans le même journal de la même année, une analyse piquante d'une lettre publiée sur cette dispute.

Defensiones curatorum contra eos qui se dicant privilegiatos, composite ab episcopo Armachano (Richardo PHILORA-DULPHII.) *Lugduni, J. Trechsel*, 1496, in-fol.

Pericaud, « Bibliogr. lyonnaise », nouv. édit., 1851, p. 31.

Delectus actorum Ecclesiæ universalis, seu nova summa conciliorum, etc.; cum notis (Nic. POISSON). *Lugduni*, 1706, 1738, 2 vol. in-fol.

Delegatio regularium ad sacras confessiones, decem authenticis comprobata. (Auct. P. BOBYNET, S. J.) *Parisiis*, 1648, in-8. — 3a editio. *Parisiis*, 1654, in-8.

Delfinus, Turcarum victor. Ode J. C. (Joan. COMMIRII). S. J. *S. l. n. d.*, in-4, 4 p.

Delineatio justitiæ divinæ, super terra his ultimis diebus (exercendæ), et restitutionis ab hominis lapsu per peccatum. E gallico in latinum sermonem translatum et editum curis N. F. (Nic. FATIO). *S. l.*, 1714, in-8.

Voy. « Plan de la justice de Dieu... », VI, 912, b.

Delitiæ poeticæ, fasciculi VIII. (Edente Laur. VAN SANTEN.) *Lugd. Batav.*, 1783-96, 2 vol. pet. in-8.

Delitiæ poetarum Germanorum, collectore A. F. G. G. (Antverpiano, filio Guilielmi Gruteri, id est, Jano GRUTERO.) *Francofurti*, 1612, 6 vol. in-16.

Delitiæ poetarum Scotorum hujus ævi illustrium. (Edente Joanne — Scoto Sco-TOTARVATIO.) *Amstel.*, 1637, 2 vol. in-12.

Prosper Marchand, t. I, p. 310 de son « Dictionnaire historique », attribue mal à propos l'édition de ce recueil à Arthur JONSTON. Deux pièces de vers de ce dernier, adressées à Scototarvatius, prouvent évidemment que celui-ci en est l'éditeur.

Joannes Scotus Scototarvatius était écuyer, directeur de la chancellerie d'Écosse, et conseiller du roi.

Dementia amorem ducens, fabula, ad Cl. V. Ægidium Menagium. (Auct. Joan. COMMIRIO, S. J.) *S. l. n. d.*, in-4, 3 p.

Democritus ridens, sive campus recreationum honestarum, cum exorcismo melancholiæ. (Auct. J.-P. LANGIO.) *Amstelodami, J. Janssonius*, 1649, 1655, in-12.

Réimprimé avec le nom de l'auteur, *Presburgi*, 1770, in-8.

Demonstrationes chronologico-historico-juridico-canonicæ in C. de indemnit. de electione in 6. Quod abbatissæ canonissarum sæcularium separatim habitantium debeant esse tricenariæ. (Auct. Gaspar CALLENBERG.) *Coloniæ, typis N.-T. Hilden*, 1734, in-4.

Demonstrationes xxx de præsentia et distributione corporis et sanguinis Christi in sacra cœna. *Urcellis, Henricus*, 1565, in-8.

Bèze ayant critiqué cet ouvrage, FRANCOWITZ répliqua par une « Apologia pro suis Demonstrationibus in controversia sacramentaria contra Theod. Bezæ cavillationnes », 1566, in-8.

DEMOSTHENIS et ÆSCHINIS de falsa legatione, orationes duæ cum ULPIANI commentariis gr. lat. (cura Henr. BROOKE). *Oxoniæ, e theatro Sheldoniano*, 1721, in-8.

DEMOSTHENIS oratio prima contra Philippum. *Mutinæ, Ant. Gadaldinus*, 1545, in-4.

Cette traduction fut une œuvre de la jeunesse de Charles SIGONIUS.   Melzi.

Descriptio antiqui monumenti quod nuper in Museum Vaticanum inlatum est. (Auct. Francisco VICTORIO.) *S. l. n. d.*, in-4.

Descriptio nummorum veterum cum multis iconibus, necnon animadversiones ad opus Eckelianum. (Auct. Dominico SESTINI.) *Lipsiæ*, 1796, in-4.   Melzi.

Descriptio particulæ territorii Argenti-

nensis. (Auct. BERNEGGER.) *S. l.*, 1675, in-8.

Descriptio veteris et novæ Poloniæ, cum divisione ejusdem veteri et nova. (Auct. STRYJKOWSKI.) *Cracoviæ*, 1585, in-fol.

Descriptiuncula Avenionis et comitatus Venascini. Cum indice geographico. (Auctore Jos.-Maria SUAREZ.) *Lugduni, G. Barbier*, 1658; — 2ᵃ edit. *Ibid., J. Certe*, 1676, in-4.

Detectio, sive de Maria Scotorum regina, totaque ejus contra regem conjugem conspiratione, fœdo cum Bothuële adulterio, etc., historia. (Auct. Georg. BUCHANANO.) *S. l.*, 1572, in-8.

Voy., pour une traduction de cet ouvrage, « Histoire de Marie... », V, 723, f.

Dialogi de electione, libertate, legibus, moribusque Poloniæ. (Auct. Luca GORNICKI.) *Varsoviæ*, 1752, in-4.

Dialogi sex contra summi pontificatus, monasticæ vitæ, sanctorum, sacrarum imaginum oppugnatores et pseudomartyres, præsertim contra centuriatores Magdeburgenses, martyrologium Anglic. Jo. Foxi et alios (auctore Nic. HARPSFELDO), edente vero Alano COPO, Londinensi (qui obiit Romæ in exilio, anno 1580). *Antverpiæ, Plantinus*, 1573, in-4.

Nicolas Harpsfeld, dit Baillet, était retenu dans les prisons d'Angleterre pour la foi catholique. Il lui en aurait coûté la vie, s'il avait fait imprimer son livre sur les lieux, et il ne lui aurait peut-être pas été possible d'en cacher l'auteur, quand il l'aurait donné anonyme. Il ne se serait pas rendu moins suspect en feignant un nom qu'on n'eût pu attribuer à personne ; mais ayant trouvé moyen d'envoyer son ouvrage à son ami Alanus Copus, qui était en exil hors de l'Angleterre, il le pria de le faire imprimer sous son nom dans un pays catholique, afin que le nom de Copus, qui était connu en Angleterre, pût détourner le soupçon de sa personne, ce qui lui réussit.

Baillet eût pu ajouter, d'après Pitseus, dans le volume intitulé : « Relationum historicarum de rebus anglicis tomus primus, *Parisiis*, 1629, in-4, pp. 780 et 781 », qu'Alanus Copus, afin de ne pas passer pour plagiaire, fit mettre au bas du sixième dialogue ces dix lettres capitales, A. H. L. N. H. E. V. E. A. C., qui ont été ainsi expliquées : « Auctor hujus libri Nic. Harpsfeldus, episcopus Vintoniensis, electus archidiaconus Cantuariensis ».

Dialogus creaturarum... (Auct. Nicolao PERGAMINO.) *Goudæ, G. Leeu*, 1480, in-fol.

Voir, pour des détails sur cet ouvrage, Brunet, « Manuel du libraire », 5ᵉ éd., t. III, col. 674.

Dialogus de moribus philosophorum, auctore J. F. B. (Jo. Fr. BUDDEO.) *Ienæ*, 1695, in-12.

Dialogus de sacra communione, contra Hussitas, auctore N. I. (Nicolao Jacquier, dominicano.) *Tornaci*, 1666, in-12.

Dialogus dictus Malogranatum, compilatus a quodam abbate (creditur is R. P. Oswaldus, Judenburgensis) monasterii aulæ regiæ in Bohemia, ordin. Cisterciensis. 1487, in-fol.

Voy. Catal. Verdussen, p. 73.

Dialogus quo multa exponuntur quæ lutheranis et hugonotis Gallis acciderunt. Nonnulla item scitu digna et salutaria consilia adjecta sunt. (Auct. Nic. Barnaud.) *Oragniæ, excudebat Adamus de Monte*, 1573, in-8.

Traduit en français. Voy. « Dialogue auquel sont traitées plusieurs choses... », IV, 940, *a*.

Dialogus viri cujuspiam eruditissimi festivus sane ac elegans, quomodo Julius II, pontifex maximus, post mortem cœli fores pulsando, ab janitore illo D. Petro intromitti nequiverit, quamquam, dum viveret, sanctissimi, atque adeo sanctitatis nomine appellatus, totque bellis feliciter gestis præclarus, vel Dominum cœli futurum esse speravit. Interlocutores : Julius, Genius, D. Petrus. *Impressum Amauroti, in insula Utopia, cura et impensis R. Hithlodei*, in-16.

Voy., pour des détails sur cet ouvrage attribué à différents auteurs, mais plus généralement à Ulrich DE Hutten, Brunet, « Manuel du libraire », 5° éd., III, col. 390, et pour la traduction française : « Dialogue entre saint Pierre et Jules II... », IV, 944, *e*.

Diarium obsidionis Lovaniensis ab exercitu Gallico et Batavico auspiciis Frederici Henrici, principis Auriaci, a 20 die junii ad 5 julii 1635. (Auct. Joanne Rivio, ord. erem. Sti Augustini.) *Lovanii, Panganius*, 1625.

Cat. Van Hulthem, n° 26,838.

Dicæarchiæ Henrici II, regis christianissimi, progymnasmata. (Auct. Radulpho Spifame.) *S. l. n. d.*, in-8.

Bien que ce titre soit en latin, l'ouvrage singulier et très-rare qui le porte est écrit en français, et a été, suivant La Monnoye, « Bibliothèque de La Croix du Maine », t. I, p. 100), imprimé à Paris en 1556 ou 1558.

C'est un recueil d'arrêts supposés et faits à plaisir, qui se trouve classé dans plusieurs catalogues parmi les livres de jurisprudence ; quelques-uns de ces arrêts ont même été cités comme sérieux et authentiques, notamment par l'arrêtiste Brillon et par les chirurgiens dans leur fameux procès contre les médecins. (Voy. « Querelles littéraires », t. IV, p. 106.) Ils ordonnent différens établissemens et réformes utiles, dont plusieurs ont eu lieu après la mort de l'auteur ;

de ce nombre sont, la fixation du commencement de l'année au 1er janvier, par les ordonnances de janvier 1563 et 9 août 1564 ; le dépôt à la Bibliothèque royale de deux exemplaires de chaque ouvrage qu'on imprime, décrété par Louis XIII, en 1617 ; l'illumination de Paris, etc., etc.

M. Auvray a extrait du livre de Spifame ce qu'il a cru y voir de meilleur, et l'a publié sous le titre de « Vues d'un politique du xvie siècle sur la législation de son tems.. » *Paris*, 1775, in-8.

Il y a dans les « Mémoires de l'Académie des Inscriptions », t. XXIII, p. 371, une notice curieuse de l'ouvrage de Spifame. (*Note communiquée par* M. Pons, *de Verdun*.)

Dictionariolum rerum maxime vulgarium in communem puerorum usum, ex optimis quibusque autoribus congestum ; cum flandrica et gallica interpretatione. (Auct. Joanne Paludano.) *Gandavi, Lambertus*, 1543, in-4.

Dictionarium græco-latinum. *Parisiis*, 1521, in-fol.

Ce Dictionnaire ne porte aucun nom au frontispice. C'est Nicolas Berauld, Orléanais (*Beraldus*), qui prit soin de l'édition, le revit et l'augmenta ; ce qui lui fait dire dans sa préface : « Nostrum hoc Lexicon ». Mais, à la fin du livre, ce Lexicon est attribué à Jean Craston, carme italien, qui en était le premier auteur. Il y est dit aussi que les additions viennent de plus d'une main. Joly, « Rem. crit. sur Bayle », p. 201.

Dictionarium herlovianum, desumptum ex etymologico latino. P.-J. C. (Pauli-Jani Coldingii). *Havniæ*, 1626, in-8.

Dictionarium historicum ac poeticum. *Lutetiæ, Car. Stephanus*, 1553, in-4.

Ce Dictionnaire a été rédigé par Charles Estienne.

Dictionarium latino-armenicum super Sacram Scripturam et libros divi officii ecclesiæ Armeniæ, compositum per D.E.N.T. (Deodatum Nierze-Sovicz). *Romæ, Congreg. de propag. fide*, 1695, in-4.

Dictionarium poeticum, quod vulgo inscribitur Elucidarius carminum. (Auct. Hermanno Torrentino, id est Van Beeck.) *Parisiis*, 1530, in-8.

Cat. de Nantes, n° 24,233.

Dictionarium universale latino-gallicum (opus D. Blondeau, in epitomen redactum a Joanne Boudot). *Parisiis, Boudot*, 1704, in-8.

Souvent réimprimé.

Dido, sive Amor insanus, trag. (5 a., v.; auctore Jac. Taboureto). *Lutetiæ, F. Blanvilleus*, 1609, in-8, 40 p.

Dies ecclesiastica per loca Sacræ Scripturæ progrediens. (Auct. Joanne Scotti,

Jul. Clementis nepote.) *Romæ et Venetiis*, [a]
1724, in-8.

Diffibulatoris Μωρολογία. (Auct. J. CAT-
TIEN, doct. med.) *S. l.*, 1646, in-4, 24 p.

Dilucidatio principiorum quibus præcipue nititur resolutio capituli ecclesiæ
cathedralis Gandavensis S. Bavonis.(Auct.
M. J. DE BAST.) *Gandavi*, 1813, in-8, 72 et
81 p.

F. Van der Haegen, « Bibl. gantoise », IV, 386. [b]

DIONIS CASSII historiarum Romanarum
fragmenta, cum novis earundem lectionibus, a Jacobo Morellio, bibliothecæ Venetæ
præfecto, primum Bassani, apud Remon-
dinos, anno 1798, forma minori vulgata,
nunc castigatius, formaque majori, ad
Scimarianam editionem accomodata, denuo
excusa.(Edente CHARDON DE LA ROCHETTE.)
Parisiis, de Lance, 1800, in-fol.

Dionysii PETAVII rationarium temporum, in partes tres distributum, cum
notis historicis (cura et studio P. LENGLET
DU FRESNOY). *Parisiis*, 1703, 3 vol. in-12.

Dionysii RIKEL, Carthusiani, de vita et
moribus canonicorum liber (cura et studio Jac. BOILEAU in lucem editus). *Coloniæ Agripp.*, 1670, in-16.

Directorium ad spiritualem exercita-
tionem, continens officium directoris et
partes exercitandi (auctore Franc. BOUR-
GOING, congr. orat.); cum ejus Instructione
ordinandorum, etc. *Parisiis*, 1639, in-12.

Directorium humanæ vite, alias para-
bole antiquorum sapientium.(*Absque nota.*)
Pet. in-fol. goth., 82 ff.

Édition imprimée vers 1480; il en existe une autre [e]
également de 82 ff., sans lieu ni date. Voir le « Manuel du libraire », t. I, 937.

Le « Directorium » est une traduction faite au XIIIᵉ
siècle par Jean de Capoue d'un recueil d'apologues in-
diens connu sous le nom de « Calila et Dimna, ou fables
de Bidpay ». L'original, composé en sanscrit, porte le
titre de « Pantcha-Tantra » ; il est attribué au brah-
mane VICHNOU-SARMA. La traduction latine a été faite
d'après une version hébraïque imprim. par extraits au
recueil des « Notices et Extraits des manuscrits ».

Directorium chori, una cum processio-
nali juxta ritum Fratrum Carmelitanorum.
Neapoli, Carlinus, 1604, in-4. — *Romæ,*
1668, in-4.

Par le P. François-Archange PAOLI, selon Negri,
« Scritt. Fior. », p. 207.　　　Melzi.

Directorium officii Sanctæ Inquisitionis.
(Auct. Fr. Thoma TURCO, generali ord.
Prædic.) *Romæ* (1648), in-8.　　Melzi.

Disceptatio de verbo vel sermone Dei,
cujus fit mentio apud Paraphrastes Chal-
dæos. Jonathan, Onkelos et Thargum
Hierosolymitanum. (Auct. Guil.-Henr.
VORSTIO.) *Irenopoli*, 1643, in-8.

Sandius « Bibliotheca Anti-Trinit. », p. 143.

Disciplina ecclesiastica, in usum ecclesiarum unitariarum in Transilvania dis-
persarum conscripta (a Michaele ALMASI,
olim superintendente Unitariorum). *Clau-*
diopoli, 1694, in-8, 30 p.

Discursus consolatorius super concilio
Tridentino, factus inter S. matrem Sor-
bonam et magistrum nostrum Nicolaum
Maillardum... *S. l.*, 1564, 2 parties in-8,
16 p.

Cet opuscule est de Théodore DE BÈZE (« Bulletin
du bibliophile », 1875, p. 64).

Discursus de suprematu, adversus Cæsa-
rinum Furstenerium. *Hyetopoli ad Istrum,*
1687, in-8.

Leibnitz attribue ce Discours anonyme à Henri HEN-
NIGES, alors envoyé du duché de Magdebourg à la diète ;
il dit qu'il est écrit d'une manière fort civile et en
bon latin.

Discursus duo elucidatorii privilegiorum
specialium almæ provinciæ Franciæ et
aliarum ei confœderatarum antiquiorum
Galliæ provinciarum, ordinis Fratrum
minorum... In lucem editi ex communi
consensu, ordinatione et auctoritate Patrum diffinitorii almæ provinciæ Franciæ
præfatæ... (Auct. Petro SERPE.) *Remis,*
F. Bernard, 1646, in-8.

Discursus inter doctorem et pastorem,
quo ostenditur obligatio concionandi et
catechisandi pastorum per se, nonobstan-
tibus stationibus mendicantium. (Auct.
Petro MARCELLIS.) *Parisiis*, 1674, in-12,
16 p.

Dispunctio notarum 40, quas scriptor
anonymus...... Sfondrati libro...... inus-
sit. (Auct. Maria GABRIELI, Fuliensi.) *Colo-*
niæ, 1691, in-4.

Disputatio apologetica de quibusdam
Alexandri Severi numismatibus. (Auct.
Francisco VICTORIO.) *Romæ, Zempel,* 1749,
in-4.

Disputatio astronomica de tribus cometis anni 1618. (Auct. Horatio GRASSI, Soc.
Jesu.) *Romæ*, 1619, in-4.

Disputatio de finito et infinito, in qua
definitur sententia Cartesii, de motu,
spatio et corpore. (Auct. L. VELTHUYSEN.)

Amstelod., Lud. Elzevirius, 1651, in-12, 4 ff. et 80 p.

. Disputatio de supposito, in qua plurima hactenus inaudita de Nestorio tanquam orthodoxo, et de Cyrillo Alexandrino, aliisque episcopis Ephesi in synodum coactis tanquam hæreticis demonstrantur, ut soli Scripturæ Sacræ infallibilitas asseratur. *Francofurti*, 1645, in-8, 358 p.

Cet ouvrage a été attribué tantôt à David DENODON et tantôt à Gilles GAILLARD, son ami. Ch. Nodier pense qu'il est de Jean BRUGNIER, de Nîmes. Voy. « Mélanges tirés d'une petite bibliothèque », p. 169.

Disputatio juridica de lege fundata adversus probabilismum. *S. l. n. d.*, in-4.

Argelati (« Scritt. milan. », II, 1559) indique comme auteur le bénédictin Célestin SFONDRATI, qui devint cardinal.

Disputatio perjucunda, qua anonymus probare nititur mulieres homines non esse; cui opposita est Simonis GEDICCI defensio sexus muliebris, qua singula anonymi argumenta enervantur. *Hagæcomitis*, 1644, in-12.

Jo.-Christ. Leuschner, qui a publié en 1757, à Leipsic, une dissertation « De Valentii Acidalii vita, mœribus et scriptis », in-8, 86 p., tâche d'y prouver qu'ACIDALIUS n'aurait été que l'éditeur du jeu d'esprit qui lui a été attribué, et qui fit sonner le tocsin contre lui par tous les théologiens d'Allemagne.

Voy., pour des détails sur les éditions et les traductions de cet ouvrage, Brunet, « Manuel du libraire », 5e édit., II, col. 759.

Disputatio notarum XL quas scriptor anonymus eminentissimi cardinalis C. Sfondrati libro cui titulus : « Nodus prædestinationis dissolutus » incessit. (Auct. J.-M. GABRIELLI.) *Coloniæ Agrippinæ*, 1698, 1699, in-4.

Disquisitio de analogia juris Germanici civilis communis cum jure provinciali Austriaco, Hungarico, Bohemico, etc., quoad tutelam. (Auct. Jos.-Leon. BANNIZA.) *Vindobonæ*, 1761, in-4.

Disquisitio de auctore vindiciarum contra tyrannos, quæ sub nomine Junii Bruti Celtæ aliquoties editæ sunt. (Auct. Gisberto VOETIO.) *Amstelodami*, 1661, in-12, 36 p.

Réimprimé dans le tome IV des « Disputationes theologicæ » du même auteur.

. Voy., l'article *Brutus* aux « Supercheries », I, 586, c.

Disquisitio in dissertationem cui titulus est : « Tumulus T. Flavii martyris illustratus ». (Auct. Antonio LAISNE, advocato.) *Lugduni*, 1728, in-4, 8 p.

Disquisitio in locum Act. III, 18-26. (Auct. STEUDEL.) *Tubingæ*, 1817, in-4.

Catal. Langlès, no 147.

. Disquisitio philosophico-historico-theologica in quæstionem : « Num sola rationis vi et quibus argumentis demonstrari potest... non esse plures uno deos, etc. », auth. F. X. D. (DE FELLER). *Luxemburgi*, 1780, in-8.

Disquisitio theologica de charitate ad obtinendam veniam peccatorum in sacramento pœnitentiæ per contritionem necessaria. (Auct. Jacobo BOILEAU.) *Embricæ*, 1686, in-8. .

Voy. « De la Contrition nécessaire », IV, 754, c.

Disquisitio theologica de sanguine corporis Christi post resurrectionem, auctore theologo Parisiensi, etc. (Jacobo BOILEAU). *Parisiis*, 1681, in-8.

Disquisitiones biblicæ R. P. J. Cl. FRASSEN, ordinis Minorum, etc., editio altera, plurimis notis et additionibus historicis, criticis et chronologicis illustrata (cura et studio Nicolai VIVIANI, Franciscani). *Lucæ*, 1764, 2 vol. in-fol.

Disquisitiones biblicæ... (Auct. DEULIN, S. J.) *Leodii, J. Dessain*, in-8.

Disquisitiones criticæ de variis per diversa loca et tempora Bibliorum editionibus, quibus accedunt castigationes unius theologi Parisiensis ad opusculum Vossii de Sibyllinis oraculis. (Auct. R. SIMON.) *Londini*, 1684, in-4.

Disquisitiones politicæ, id est, sexaginta casus politici ex omni historia selecti, ubi de singulis variæ sententiæ, ac decreta, variique eventus proponuntur, et exactum de iis judicium fertur. (Auct. Marco-Zverio BOXHORNIO.) *Hagæ-Comitis*, 1650. — Editio secunda, longe emendatior, 1651, in-18. — Editio tertia, 1655, in-12.

Cet ouvrage a été traduit en français par d'Alquié. Voy. « Recherches politiques... », ci-dessus, col. 26, d.

. Dissertatio apologetica, qua S. Bertharii, Casinarum abbatis, sanctitas ejusque martyrii ac diei festi... monumenta ab obtrectatorum conviciis vindicantur. (Auct. Aloysio BOVIO.) *Neapoli*, 1805, in-8.
Melzi.

Dissertatio brevis ac sincera auctoris Hungari de gente Serbica, perperam Rasciana dicta, ejusque meritis ac fatis in Hungaria ; cum appendice privilegiorum eidem genti elargitorum et medio exc. Cancellariæ Aulico-Hungaricæ 1743 confirmatorum. (Auct. Stephano Novakovits.) *S. l.*, 1790, in-8, 80 p.

Dissertatio canonica, utrum aliquid juris competat archiepiscopo circa visitationem ecclesiæ, Dolano ab uno a canonicis]in ejus defensionem conscripta. (Auct. G.-F. Chiffleto.) *Dolæ, Magnin,* 1700, in-12, 81 p.

Dissertatio de Anaximenis vita et physiologia. (Auct. Joh.-Andr. Schmidt.) *Helmst.*, 1689, in-4.

Dissertatio de autore libelli « De monarchia Solipsorum ». (Auct. Johan.-Gottlieb Kneschke.) *Zittau,* 1811, in-4.

Dissertatio de Babrio, fabularum Æsopearum scriptore. Inseruntur fabulæ quædam Æsopeæ nunquam antehac editæ,. ex codice mss. Bodlejano (cura et studio Thom. Tyrwhitti). Accedunt Babrii fragmenta. *Londini,* 1776, in-8.

Réimprimée à Erlangen en 1785, in-8, avec le nom de l'auteur, par les soins de Théoph.-Christ. Harles.

Dissertatio de gratia se ipsa efficaci. (Auct. D. Celso Migliavacca, can. reg.) *Venetiis,* 1727, in-8.   Melzi.

Dissertatio de cœnæ administratione ubi pastores non sunt; item an semper communicandum per symbola. (Auct. H. Grotio.) *S. l.*, 1639, in-8.

Réimprimée à *Londres* en 1685, in-8, avec les réponses de divers auteurs.

Dissertatio de ducatu Castri ex Roncilionis, ejusque justu ac legitima possessione penes Rev. Cam. Apostolicam. (Auct. Justo Fontanini.) *S. l. n. d.*, in-4. Melzi.

Dissertatio de ecclesiastici interdicti sententia, ex occasione censurarum sicularum. (Auct. Nic. Tedeschi et Justo Fontanini.) *S. l.*, 1715, in-4.

Dissertatio de Eugubina cathedra metropolitanæ sedis Urbinatis suffraganea. (Auct. Nic. Antonelli, postea cardinali.) *Urbini, A. Fantazzi,* 1727, in-12.   Melzi.

Dissertatio de fide hereticis non servanda, ex decreto concilii Constantiensis: habita per litteras inter jesuitam Antwerpianum (Heribertum Roswedum) et Danielem Plancium,verbi divini administrum et rectorem scholæ apud Delfenses. *Amsterædami, ex officina Cornelii Nicolaï,* 1608, in-8.

Réimprimé à Anvers en 1610, avec le nom de l'auteur.

Dissertatio de homicidio de pœna mortis puniendo et generalibus crimina publica prævertendi mediis, auctore S. O. (Osgiai). *Vacii,* 1788, in-8, 88 p.

Dissertatio de hygiene tuendæ sanitatis. (Auct. J.-B. Bertrand.) *Valentiæ,* 1710, in-12.

Dissertatio de idolo Hallensi, Justi Lipsii mangonio et phaleris exornato atque producto. *S. l.*,1605, in-12.

Niceron, t. XXIV, p. 132, dit que ce livre, qu'on attribua d'abord à Georges-Michel Lingelsheim, est de Pierre Denaisius, jurisconsulte allemand. Il a été composé contre l'ouvrage de Juste Lipse, intitulé : « Diva Virgo Hallensis, beneficia ejus et miracula fide atque ordine descripta ». *Antverpiæ,* 1604, in-8. De quelque plume qu'il soit sorti, cet écrit n'a pas été connu du P. Le Long, ni de ses éditeurs de 1768.

Au reste, cet ouvrage n'est qu'anonyme ; ainsi Baillet se trompe en présentant le nom de Denaisius comme le masque de Lingelsheim.

Dissertatio de Minerva. (Auct. Joh.-Fried. Heckel.) *Rudolst.,* 1688, in-4.

Dissertatio de Nilo, grammatico adhuc ignoto, ejusque grammatica aliisque grammaticis scriptis. (Auct. Franz Passow.) *Vratisl.,* 1831, in-4.

Dissertatio de religione et juramente Hebræorum. *S. l. n. d.*, in-8.

Attribué à J.-B. Benedetti, avocat à Ferrare.

Dissertatio de servitutibus realibus. (Auct. Carolo-Antonio Piloti.) *Venet., A. Gratiosus,* 1767, in-8.   Melzi.

Dissertatio de Tertulliani vita et scriptis. (Auct. P. Allix.) *S. l.*,1678, in-8.

Voy., pour la traduction française de cet ouvrage, « Apologétique de Tertullien... », IV, 235, c.

Dissertatio de titulis quos S. Evaristus Romanis presbyteris distribuit. (Auct. N. Antonelli.) *Romæ, Mainardi,* 1725, in-8.   Melzi.

Dissertatio de tridentini Concilii interpretatione ex S. Augustini doctrina. (Auct. Dionysio Petavio.) *Parisiis, Cramoisi,* 1649, in-8.

Dissertatio de Trisagii origine, auctore P. A. V. D. M. (Petro Allix, Verbi divini ministro). *Rothomagi,* 1674, in-8 et in-4.

Dissertatio de usuraria trium contractuum pravitate. (Auct. Jacobo Gaitte.) *Lugduni, J. Certe,* 1673, in-12.

Un anonyme a réfuté cette Dissertation dans l'ouvrage intitulé : « Negotiatio et mutuatio licita pecuniœ, seu tractatus de equitate trium contractuum qui exercentur in negotiatione et cambio Lugdunensi. *Coloniœ, J. Piquet*, 1678, in-12, 372 p.

C'est pour répondre à cet anonyme que Gaitte a composé le « Tractatus de usura et fœnore ». *Parisiis,* 1680, in-4, à la suite duquel il a réimprimé la présente dissertation.

Dissertatio de veritate unius religionis christianæ. (Auct. Joanne BAGOT, S. J.) *Parisiis, D. Buchet,* 1661, in-12.

Dissertatio ecclesiastica, apologetica et anticritica adversus Cl. Frassen... (Auct. P. Noel ALEXANDRE.) *Paris., Dezallier,* 1682, in-8.

Dissertatio epistolica de præcipuis Hisperidum scriptoribus. (Auct. Erh. RAUSCHIO.) *Norimbergæ,* 1713, in-fol.

Dissertatio et animadversiones ad nuper inventum Severæ martyris epitaphium. (Auct. Ant.-Maria LUPÉ.) *Panormi,* 1734, in-fol.   Melzi.

Dissertatio glyptographica, sive gemmæ duæ vetustissimæ, emblematibus et græco artificis nomine insignitæ, quæ exstant Romæ in museo Victorio, explicatæ et illustratæ. (Accedunt nonnulla veteris elegantiæ et eruditionis inedita monumenta. (Auct. Franc. VICTORIO.) *Romæ, typ. Zempel,* 1739, in-4, fig.   Melzi.

Dissertatio historica de summo apostolicæ sedis imperio in urbem comitatumque Comachii. (Auct. Laurentio ZACCAGNI.) (*Romæ,* 1709), in-4. — *Francofurti,* 1713, in-4.   Melzi.

Dissertatio historica et apologetica pro doctrina doct. Lutheri de missa. (Auct. Vito-Ludovico DE SECKENDORF.) *Ienæ,* 1686, in-4.

Dissertatio historico-apologetico-critica de aureo libro cum titulo : « Combattimento spirituale ». *Veronæ, Vallarsi,* 1747, in-12.

Rédigée par le théatin Tommaso CONTINI, à l'aide de matériaux réunis par le P. SAVONAROLA.   Melzi.

Dissertatio historico-critica de epistolis quæ Abgari ad Jesum et Jesus ad Abgarum inscribuntur. (Auct. Jordano PALISICCHIO, ord. Præd.) *Neapoli,* 1739, in-8.   Melzi.

Dissertatio historica-juridico, cujus titulus : « Nullum jus pontificis maximi in regno Neapolitano ». (Auct. Nicolao CARAVITA.) *Alethopoli,* in-8.   Melzi.

Dissertatio historico-juridica in quinque quæstiones distributa, de bulla Brabantina et illius extensione. (Auct. M. G. DE LOUVREX.) (*Leodii,* 1733), in-4, 34 p.

Dissertatio philologica, qua nonnulla numismata sacræ vetustatis ex museo Victorio deprompta explicantur. (Auct. Francisco VICTORIO.) *Romæ,* 1751, in-4.   Melzi.

Dissertatio polemica adversus Richoristas de ecclesiastica ac politica potestate. (Auct. J.-B. FAURE, Soc. Jesu.) *Romæ,* 1752, in-8.   Melzi.

Dissertatio polemica de jure regali. (Auct. J.-B. FAURE.) *Romæ,* 1753, in-4.   Melzi.

Dissertatio prima, de quarta canonica episcopali ex piis relictis detrahenda. (Auct. P. Gio.-Ant. BIANCHI.) *Lucæ, Benedini,* 1747. — Dissertatio secunda... *Lucæ, Cuparri,* 1748, in-8.

Dissertatio quintuplex ad capitulum XXXVII de præbendis. (Auct. Carolo GOULU.) *Parisiis,* 1669, in-12.

Dissertatio satyrica physico-medica moralis de pica nasi, sive tabaci sternutatorii moderno abusu et noxa. (Auct. J.-Henr. COHAUSEN.) *Amstelodami,* 1716, in-8.

L'auteur a conservé en manuscrit une seconde partie intitulée : « Nasus picans peccans ».

Dissertatio scholastica de quinque Jansenii propositionibus, etc. (Auct. P. COLLET.) *Parisiis,* 1730, in-12.

Dissertatio super duodecim numismatibus sæcularium ludorum imperatoris Domitiani (auct. RAINSSANT, Rhemensi), italice et latine. *Brixiæ,* 1687, in-8.

Dissertatio super vetere Austriacorum proposito, de occupando mari Balthico, omnibusque et Poloniæ et septentrionalis Germaniæ mercaturis ad se attrahendis, in Galliarum et fœderati Belgii detrimentum. (Auct. Ludovico AUBERIO MAURERIO.) *Parisiis,* 1644, in-4.

Dissertatio triplex : ad L. 51. transfugam D. de acq. rer. Dom., ad Legem unicam cod. de athlet. lib. 10., ad L. 4. D. de usufructu. (Auct. Franc. DE ROYE.) *Aureliæ,* 1652, in-8.

Réimprimée dans le 2ᵉ vol. du « Thesaurus juris rom. » d'Everard Otton.

. Dissertationes de cyclis paschalibus, etc. (Auct. J. VAN DER HAGEN.) *Amstelodami,* 1736, in-4.

Dissertationes de præcipuis religionis fundamentis. etc., ab uno e magistris sacræ facultatis Parisiensis e regia societate doctore theologo, Ecclesiæ metropolitanæ theologo (Carolo-Ludovico Dugard). *Parisiis*, 1780, in-4.

Dissertationes in epistolam contra B. Robertum de Arbrissello... scelerate confictam a Roscelino hæretico, sub nomine Goffridi, Vinnobonensis abbatis... (Auct. P. Joanne DE LA MAINFERME.) *Salmurii, F. Ernou*, 1642, in-8.

Dissertationes physicæ tres. (Auct. B. KÉRI, S. J.) *Tyrnav., typis acad.*, 1753-1754, 3 vol. in-8.

Dissertationes IV de rebus admirandis quæ in Italia nuper contingere. *Romæ, s. d.*, in-4.

Cet opuscule, imprimé dans la première moitié du XVIe siècle, a été attribué à un Napolitain nommé Alexandre, lequel est le même personnage qu'ALEXANDER AB ALEXANDRO, auteur des « Geniales dies ».
Melzi.

Dissertationes tres de re beneficiaria. (Auct. Cajetano ARGENTO.) *Neapoli*, 1708, in-4. Melzi.

Dissertationes tres, quarum prima est de re militari, seu de quibusdam legibus Romanis ad utramque militiam, sacram scilicet et profanam pertinentibus; secunda de auctoritate Homeri apud jurisconsultos; tertia de historia naturali. Accesserunt quædam carmina. S. F. S. T. (Samuele FERMAT, senatore Tolosano) auctore. *Tolosæ*, 1680, in-8.

Ces ingénieuses Dissertations ont été réimprimées, par les soins de Jean L. B. de Meerman, dans le « Supplementum novi Thesauri juris civilis et canonici ». *Hagæ-Comitum*, 1780, in-fol.

Dissertationis V. R. Con. Middletoni, S. T. P. « De medicorum Romæ de gentium conditione ignobili et servili » defensio examinata, ubi omnia quæ contra responsionis auctorem disseruit, infirmata sunt et refutata. (Auct. Jo. WARD.) *Londini*, 1728, in-8.

Diva Virgo Charmensis, nova ejus beneficia et miracula novissima.(Auct. Jac. BERTRAND.) *Lugd.*, 1623, in-4.

Divinæ fidei analysis, seu de fidei christianæ resolutione libri duo, auctore Henrico HOLDEN, editio novissima (curante GODESCARD). *Parisiis*, 1767, in-12.

Divinitas D. N. J. C. manifesta in Scrip-

turis et traditione. (Auct. D. Prud. MARAN.) *Parisiis*, 1746, in-fol.

L'auteur a publié aussi cet ouvrage en français. Voy. IV, 1100, *d*.

Doctoris medici Parisiensis. (D. LE MOINE) oratio. *Paris., F. Muguet*, 1672, in-4.

L'auteur a dit que les médecins sont les vicaires de Dieu, *Dei vicarii*.

DD. virorum epistolæ et reponsa, tum medica, tum philosophica; adduntur encomia medicinæ. (Auct. J. VAN BEVERWYCK.) *Roterodami*, 1665, in-12.

Doctrina christiana (a Rob. BELLARMINO, italice conscripta), græco vulgari idiomato alias tractata, nunc vero latinis litteris mandata, per L. V. (Leonardum VILLARÉ, seu PHILARAM), Atheniensem. *Lutetiæ Parisiorum*, 1633, in-8.

Doctrina quam de primatu, auctoritate et infallibilitate romani pontificis tradiderunt Lovanienses theologi, « Declarationi cleri Gallicani de ecclesiastica potestate » opposita per D. I. A. A. S., th. professorem (Jo.-Ant. D'AUBREMONT, ex ordine Prædicatorum). *Leodii*, 1682, in-4.

Doctrina septem præsulum vindicata, seu epistola Romani theologi (R. P. DUFOUR, ordinis Prædicatorum) ad septem Galliæ præsules de iniquo animadversore, qui catholicam doctrinam in Breviario ab ipsis recens promulgato consignatam notare ausus est. *Avenione*, 1774, in-8.

Doctrinale florum artis notariæ, seu formularium instrumentorum (Stephani MARCILLETI), cum allegationibus utriusque juris, canonici et civilis, additis per magistrum Joannem DE GRADIBUS, utriusque juris professorem... *Lugduni, per Gilbertum de Villiers*, 1521, in-8, 124 feuillets chiffrés et 3 ff. de table.

Le nom de l'auteur est donné par les lettres initiales des 13 premiers chapitres de l'ouvrage. La 1re édition a été publiée à Turin en 1492. Voy. Hain, « Repertorium », tome III, n° 10,750.

Dogma Ecclesiæ circa usuram, seu de reditibus utrinque redimibilibus. (Auct. DD. BARCHMAN, LE GROS et PETITPIED.) *S. l.*, 1730, in-4.

Δοκιμαστής, sive de librorum circa res theologicas approbatione disquisitio historica. (Auct. Jac. BOILEAU.) *Antverpiæ*, 1708, in-12.

Dominici BAUDEI Gnomæ commentario illustratæ (a Carolo SCRIBANIO, S. J.). *Lug-*

duni Batavorum (*Antverpiœ*), 1607, in-12.

Domino Henrico Biffro. Carmen scenilum. (Auct. J.-F. Mondolot.) *S. l.,* 1715, in-4.

a   Dubia juris naturæ. (Auct. Joh.-Frid. Hombergkio.) *Duaci*, 1719 ; *Francof.,* 1724 ; *Jenæ*, 1742, in-4.

Meister, « Biblioth. juris naturæ ». *Goettingæ*, 1740, in-8, p. 332.

E

E. W. (Everhardi Wassenbergi) Gallia in serenissimam domum Lotharingicam, Lotharingiam et orbem reliquum verecunda Germaniœ candide repræsentata. *Hagæ Comitis, J. Laurentius*, 1671, in-12.

Ecclesia gallicana divexata. *Coloniæ,* 1690, in-12.

Le ·P. Baizé attribuait cette satire à Le Noir, théologal de Séez. L'ouvrage est français, quoiqu'il porte un titre latin.

Ecclesia Leodiensis summo pontifici Innocentio XII supplicans pro suo seminario, et doctrinam RR. PP. collegii Anglicani Societatis Jesu Leodii denuntians. (Auct. Joan. Opstraet.) In-12.

Ecclesia Parisiensis vindicata adversus R. P. Bartholomæi Germon duas disceptationes : « De antiquis regum Francorum diplomatibus ». (Auct. Thierry Ruinart.) *Parisiis, C. Robustel*, 1707, in-8.

Ecclesiæ gallicanæ in schismate status ; ex actis publicis. *Parisiis*, 1594, in-8.

Voy. V, col. 3, *d*.

Ecloga Oxonio-Cantabrigiensis, sive catalogi manuscriptorum Academiarum Oxoniæ et Cantabrigiæ. (Auct. Thoma James.) *Londini, A. Hatfield*, 1600, in-4, 284 p.

Edda rhythmica, seu antiquior Sæmundina dicta, dan. lat. (Auct. Petro Suhm.) *Hafniæ*, 1787, in-4.

Effigies et vitæ professorum Academiæ

d   Groningiæ et Omlandiæ... (Auct. Ubon. Cunnio, ed. Henninio.) *Groningæ, J. Nicolaï*, 1654, in-fol.

Effigies virorum eruditorum, atque artificum Bohemiæ et Moraviæ, una cum brevi vitæ operumque ipsorum enarratione. *Pragæ*, 1773 et 1775, 2 vol. in-8.

Ignace de Born a dédié cet ouvrage, dont il a fait en grande partie les frais, à Emmanuel Ernest, évêque de Lantméritz ; le véritable auteur est Adauctus Voigt à S. Germano, clerc régulier des écoles pies.

c   Eicones plantarum seu stirpium, arborum, fruticum, herbarum, etc., in tres partes divisi. (Auct. Jac.·Theod. Taberna Montano.) *Francofurti*, 1590, in-4.

Eidillium de felici et christiana profectione principis Caroli a Lotharingis ad sacrum bellum in Turcas susceptum. (Auct. Claudio Nignault.) *Paris.*, 1572, in-4.

Voy. « Discours sur la chrétienne entreprise... », IV, 1037, *a*.

Εἰκὼν βασιλική, sive imago regis Caroli in illis suis ærumnis et solitudine. (Auct. J. Gauden.) *Hagæ Comitis*, 1649, in-8.

Traduit en français par Porrée. Voy. V, col. 43, *d*.

Elegantiores statuæ antiquæ in variis Romanorum palatiis asservatæ. (Auct. P. Magnan, Minimo.) *Romæ*, 1776, in-4.

Melzi.

Elegia. *S. l. n. d.*, in-8, 3 p.

Par Pierre Daniel Huet. Cette pièce est réimprimée dans les œuvres de l'auteur avec le sous-titre : « De poetis Cadornensibus ».

Elegidia et poematia epidictica, præcipuas præcipuorum et maxime clarorum virorum qui hoc tempore in primis vixerunt et innotuerunt virtutes et actiones instantia, una cum personarum iconibus ad vivum expressis. (Auct. Joachimo RUSTOLF.) *Upsaliæ*, 1621, pet. in-8.

Cat. Courtois, n° 1578.

Elementa Euclidis sine demonstrationibus, omnes et solas assertiones et propositiones principales, quæ in XVI libris elementorum exponuntur. (Auct. Ant. FISCHER.) *Hildesii, typis J.-L. Schlegelii*, S. d., in-12.   Backer.

Elementa juris canonici ad jurisprudentiam comitatus Burgundiæ et aliarum regni provinciarum accommodata. (Auct. D. BELON.) *Vesuntione*, 1784, in-8.

Elementa jurisprudentiæ Hungaricæ loco manuscripti edita (ab Alex. KOVI, prof. Saros. Patak.). *Cassoviæ*, 1800, in-8.

Elementa logices. (Auct. PAVESIO.) *Taurini*, 1793, in-8.   Melzi.

Elementa metaphysices ad subalpinos. (Anct. PAVESIO.) *Taurini*, 1794, in-8.   Melzi.

Elementa metaphysices, auct. A. D. (Andrea DRAGHETTI, Soc. Jesu). *Mutinæ, hæredes Soliani*, 1821, in-8.   Melzi.

Elementa prima artis poeticæ versibus jam olim conclusa in usum juventutis scholasticæ, in Hungaria nunc denuo edita. (Auct. Steph. SZENTGYORGYI.) *Posonii*, 1771, in-8.

Elementa theologiæ, ad omnium scholarum catholicarum usum ordine novo aptatæ. Ab uno e sacerdotibus Congregationis missionis (Fr.-Flor. BRUNET). *Romæ*, 1804, 5 vol. in-4.

Elenchus philol. quo circa textum S. S. disputatur, editus quondam a Cl. H. R. (Hadr. RELANDO). *Luyd. Batav.*, 1755, in-8.

Elenchus plantarum horti botanici Monspeliensis. ann. 1804. (Auct. Aug. BROUSSONET.) *Monspelii*, 1805, in-8.

Elogium funebre illustrissimæ Dominæ Gabrielle de Gedagne, comitissæ de Chevrières, etc. Auctore P. L. (Petro L'ABBÉ, Soc. Jesu). *Luyduni, Vinc. de Cœursillys*, 1620, in-4, 7 p.

Elogium Henrici IIII.... (Auct. Joanne GOUJONO.) *Lugduni*, 1609, in-8.

Elogium P. Jacobi Sirmondi... (Auct. Phil. BRIET.) *Paris., S. Cramoisy*, 1651, in-4.

Elucidatorium ecclesiasticum, ad officium Ecclesiæ pertinentia planius exponens, etc., IV libros complectens. (Auct. Jodoco CLICHTOVEO.) *Parisiis, J. de Roigny*, 1558, in-fol.

Emblemata anniversaria acad. Altorfinæ, studiorum juventutis excitandorum causa proposita et variorum orationibus exposita. (Auct. Livino HULSIO, Gandavensi.) *Norimbergæ*, 1597, in-4.

Emblemata regia. Auctore C. D. L. R. (Carol. DE LA RUE), e Soc. Jesu. *Parisiis, S. Mabre-Cramoisy*, 1668, in-4.

Emeriti militis, et veterani secundæ honoris vindiciæ, cum notatis in apologiam Gaii militis exemeriti, quem præfatur I. H. (Joan. HÉMÉRÉ). S. *l. n. d.*, in-4.

Eminentissimi principis Julii Mazarini, cardinalis, ducis, iconis historicæ specimen. (Auct. Salomone PRIEZAC.) *Parisiis, S. Cramoisy*, 1660, in-4.

Eminentissimo sanctæ romanæ Ecclesiæ cardinali de Noailles, archiepiscopo Parisiensi... quum nobilissimus abbas Julius-Adrianus de Noailles, theses de universa philosophia tueretur in Sorbonæ-Plessæo, sexto calendas augusti an. M.DCCVII. *S. l. n. d.*, in-4, 4 p.

Signé : P. B. E. P. (Petrus BILLET, eloquentiæ professor in col. Sorbonæ-Plessaeo).

Enchiridion ad cruciatus Christi Domini pie recolendos. (Auct. Valentino MANGONIO, Soc. Jesu.) *Perusiæ*, 1609; — *Romæ*, 1645, in-12.

Enchiridion christianum, auctore R. P. J. P. L. (Jac. Phil. LALLEMANT). *Parisiis*, 1692, in-12.

Enchiridion christianum ex Scriptura et patribus depromptum, ad usum convictorum collegii Ludovici Magni. *Parisiis, Coustelier*, 1696, in-12, 210 p. sans la préface et l'index.

« Les approbations et priviléges sont donnés R. P. P. L. S. I.; ce que j'interprète : Reverendo Patri Paulo LECLERC. Cet ouvrage est assez dans le genre de ceux qu'a composé le P. Le Clerc, pour m'engager à le lui attribuer ». (De Backer, 2e édit., tome I, col. 1300.)

Enchiridion physicæ restitutæ, necnon

arcanum hermeticæ philosophiæ opus. (Auct. Joanne d'Espagnet.) *Parisiis*, 1608, in-8.

Voy. « Miroir des alchimistes », VI, col. 311, *c*. Plusieurs fois réimprimé.

Enchiridion sacrum ex Scriptura et Patribus pro linguæ græcæ candidatis (a Matthæo Eisenpeitl, S. J.). *Tyrnav., typis Colleg. Acad. S. J.*, 1771, in-8.

Enchiridion spirituale orationum et meditationum. (Auct. P. Gabriele de Montenovo, ord. Capucc.) *Venetiis*, 1583, in-8.

Encomium urbis, senatus populique Brugensis, necnon celeberrimæ regionis Terræ Francæ. (Auct. G. de Beaucourt de Noortvelde.) *Brugis Flandrorum*, 1786, in-4, portr.

Encyclica S. Congreg. de propaganda fide ad patriarchas et antistites orientales de renovanda fidei professione, arab. et lat. (a Steph. card. Borgia subscripta). *Romæ, typ. ejusd. Congreg.*, 1803, in-4.

Catal. Langlès, n° 204.

Encyclopædia philologiæ Græcorum et Romanorum in usum studiosæ literarum juventutis. (Auct. Daniele Stanislaides.) *Posonii, Weber*, 1803, in-8.

Enthusiasmus super Tricolle Ungariæ (in elegiis, auctore M. Rost, S. J.) *Tyrn.*, 1722, in-12, 49 p.

Ephemerides litterariæ. *Hamburgi, apud B.·C. Langemackium*, 1686, in-4, 40 p.

Joachim-Louis Korben, médecin à Hambourg, était le rédacteur principal de ce journal, publié en même temps en français sous le titre d' « Ephemerides sçavantes ».

Ephemeridum cœlestium motuum Manfredi errata insigniora. *Venetiis, A. Mora*, 1731, in-4.

Par Antonio Ghislieri. Réimpr. la même année avec des additions et avec le nom de l'auteur. Melzi.

Epicedium piis manibus Claudii Pellot, senatus Rotomagensis principis; autore D. D. T. F. (du Tot Ferrare). *Rotomagi*, 1686, in-4.

Epideigma, sive specimen historiæ veteris amplæ civitatis Ubiorum Coloniæ Claudiæ Aug. Agrippinensis, in aliquot primis æreis laminis et horis succisivis, et commentarii rerum civilium partes I et II, quæ sunt originum priscarum et Ubio-Romanarum S. B. A. IC. (Stephani Broelmanni, Agrippinensis jureconsulti). *Apud Coloniam Claudiam Aug. Agrippinen-*

a sem, *sumtibus auctoris*, 1608, in-fol., cum tab. æn. XIV.

Epigrammata antiquæ urbis. *Romæ, Mazzochi*, 1521, in-fol.

Le principal auteur de ce recueil est Angelo Colocci.

Epigrammata et poematia vetera, quorum pleraque nunc primum ex antiquis codicibus et lapidibus, alia sparsim antehac errantia, iam undecumque collecta emendatiore edentur (a Pet. Pithou). *Parisiis, N. Gillius*, 1590, in-12.

Epigrammatum delectus ex omnibus tum veteribus tum recentioribus poetis accurate decerptus (a Cl. Lancelot). Adjunctæ sunt elegantes sententiæ ex antiquis poetis selectæ; cum dissertatione de vera pulchritudine (a P. Nicole). *Parisiis*, 1659, in-12.

c La Dissertation de Nicole a été traduite en français par Germain La Faille.

Voy. « Recueil des plus beaux endroits de Martial », col. 106, *b*.

Epistola ad amicum, qua ea quæ C. H. E. D. (Christ. Henr. Erndius) in relatione de itinere suo anglicano, etc., de Augusta Bibliotheca Wolfenbuttelensi... recenset, examinata, multiplicis redarguuntur falsitatis. (Auct. Joanne-Georgio *d* Burckard.) *Hanoveræ*, 1710, in-8.

Voy. « Supercheries », III, 1158, *b*.

Epistola apologetica, quam (Widenfeldt), author libelli cui titulus : «Monita salutaria B. V. Mariæ » ad culturos suos indiscretos, scripsit ad ejusdem censorem. *Mechliniæ, Lin'sius*, 1674, in-8, 63 p.

Epistola critica ad Franciscum Hare, in qua Horatii loca aliquot et aliorum veterum emendantur. (Auct. Jer. Marklando.) *e* *Cantabrigiæ, typ. Acad.*, 1723, in-8.

Cette lettre a été copiée en grande partie par l'abbé Valart, en tête de son édition d'Horace, *Paris*, 1770, in-8. Voy. la lettre adressée à ce sujet aux auteurs du « Journal des Savans », par M. B*** (Beauzée), année 1771, juin, p. 425 de l'édit. in-4, et août, p. 112 de l'édit. de Hollande, in-12.

Epistola critica ad Gulielmum, episcopum Glocestriensem. (Auct. Jo. Toupio.) *f* *Londini*, 1767, in-8.

Epistola de momentis et pondere orationis D. Van der Kemp, de bona spe ecclesiæ Batavæ. (Auct. N. Goodricke.) *Lugd. Batavor.*, 1767, in-8.

Epistola de tolerantia ad clarissimum virum T. A. R. P. T. O. L. A. (theologiæ apud Remonstrantes professorem, tyrannidis osorem, Limburgium, Amstelodamensem) scripta a P. A. O. P. J. L. A. (pacis amico, persecutionis osore, Joanne LOCKIO, Anglo). *Goudæ*, in-12.

Traduite en français par J. Lé Clerc, dans les « Œuvres diverses de Locke ». *Rotterdam, Fritsch et Bohm*, 1710, in-12. — *Amsterdam*, 1732, 2 vol. in-12.

Epistola doctorum e societate Sorbonnica ad RR. PP. San Germanenses. (Auct. Fr. SALMON.) *Parisiis*, 1735, in-4.

Epistola historica de ortu Lugduni. (Auct. P. LABBE.) *S. l. n. d.*, in-4 et in-8.

Il y a une seconde lettre. Toutes deux ont été réimprimées avec le nom de l'auteur sous ce titre : « Petri Labbe epistolæ duæ de ortu et situ primo Lugduni... » *S. l. n. d.*, in-12.

Epistola informatoria ad Societatem Jesu super erroribus Papenbrochianis. Per J. L. M. H. *Leodii*, 1668, in-8.

Ces capitales ne sont qu'un voile pour cacher le nom de l'auteur, MARIUS DE SAINT-JACQUES, carme d'Anvers, nommé dans le monde DELDARE. (M. *Boulliot*.)

Epistola monitoria ad Academiæ Pariensis perturbatores P. C. P. A. (Petri COSNIER, presbyteri Andegavensis), pro reponenda academicis concordia et pace, etc. *Cadomi*, 1614, in-8.

L'auteur de cet écrit était un partisan de Richer, alors vivement poursuivi par François de Harlai, abbé de Saint-Victor de Paris, et déjà coadjuteur du cardinal de Joyeuse, archevêque de Rouen. Baillet ne peint pas en beau ce prélat dans la vie de Richer; mais il a été aimé à Rouen, et, dans l'*Histoire des archevêques* de cette métropole, raconte, au sujet de ses études, qu'invité par les cordeliers de Paris de célébrer leur messe grecque, il prêcha aussi dans la même langue sans qu'on s'y attendît.

Pour Cosnier, quand il publia cet écrit-ci, peut-être comme docteur de Caen, université affiliée depuis 1587 à celle de Paris (Crevier, t. VII), il demeurait à Paris dans l'hôtel d'Albiac, vis-à-vis Navarre. C'est Richer qui le dit lui-même dans l'histoire de son syndicat, dont j'ai fait insérer ce passage entier dans le nouveau Le Long, t. I, n° 14,288, pour annoncer au moins en français cette lettre monitoriale. Ni les éditeurs, ni moi, nous n'avions point vu l'original latin.

(Note de L. T. Hérissant.)

Epistola occasione folii cui titulus : « Mémoire touchant le dessein qu'on a d'introduire le formulaire du pape Alexandre VII dans l'Église du Pays-Bas ». (Auct. Leodegario-Carolo DECKER.) *Lovanii*, 1707, in-12, 76 p.

Epistola plurium doctorum e societate Sorbonnica, de ratione indicis Sorbonnici seu Bibliothecæ alphabeticæ quam adornant. (Auct. Fr. SALMON.) *S. l.*, 1734, in-4.

Epistola posthuma Josephi II, Rom. condam imperat., ad summum Rom. pontificem, reliquosque Ecclesiæ Romanæ catholicæ episcopos exarata, suadens R. catholicorum unionem cum acatholicis. (Auctore Samuele CSERNANSZKY.) Cum notis editoris S. L. (SCHEMNICII). *S. l.*, 1790, in-8, 29 p.

Epistola, pro pacando super regaliæ negotio, summo pontifice Innocentio XI, ad eminentissimum cardinalem Alderanum Cibo, pontifici status administrum. *S. l.*, 1680, in-12.

Attribuée à l'abbé DE SAINT-FREMIN et au P. MAIMBOURG, cette lettre a été publiée en français, sous le titre de : « Lettre écrite à M. le cardinal Cibo... » Voy. V, 1195, *e*.

Epistola theologi ad virum clarissimum... (Auct. Joanne FRONTEAU.) *S. l.* (1656), in-4.

La traduction française a été publiée sous le titre de : « Lettre d'un théologien à une personne de condition... ». Voy. V, 1168, *c*.

Epistolæ ad J. Kepplerum scriptæ, cum responsionibus Keppleri; opus nunc primum, cum præfatione de meritis Germanorum in mathesim, etc. editum (a M. T. HANSCH). *Lipsiæ*, 1718, in-fol.

Epistolæ duæ ad F. V., professorem Amstelodamensem (scriptæ a Zachar. PEARCE), de editione N. T. a Cl. Bentleio suscepta. *Londini*, 1721, in-4.

Epistolæ heroum et heroidum Ungariæ. (Auct. F. CSERNOVITS, S. J.) *Cassoviæ*, 1725, in-8, 48 p.

Epistolæ jesuiticæ et ad eas responsiones. *Ambergæ*, 1604, in-12.

L'abbé Joly pense que le poëme qu'on trouve à la suite, et intitulé : « Introductio in artem », etc., est de CHAMIER, quoique imprimé sous le nom de Gabriel DE LERME, ex-jésuite.

Epistolæ obscurorum virorum ad venerabilem virum magistrum Ortuinum... variis et locis et temporibus missæ... *In Venetia impressum in impressoria Aldi Manutii* (1516), in-4, goth., 17 ff.

Ouvrage généralement attribué à la collaboration d'Ulric DE HUTTEN et de J. CROTUS RUBIANUS. Impression allemande mise faussement sous le nom d'Alde Manuce. Voir, pour le détail des différentes éditions, Brunet, « Manuel du libraire », 5e éd., tome II, col. 1023-1025.

Epistolæ tres familiares ad auctorem nullitatis animadversionum in libellum cui titulus : « Sóla salvifica », etc. (Auct. G. PRAY.) *Pestini*, 1791, in-8.

Epistolaria narratio nuperi tumultus Amstelredamensis, et dissertatiuncula su per eo. (Auct. Jacobo TAURINI.) *Francofurti*, 1617, in-4.   **V. D.**

Epistolica dissertatio de principiis justi et decori, continens apologiam pro tractatu Hobbœi « De cive ». (Auct. Lamb. VELTHUYSEN.) *Amstelodami, Lud. Elzevirius*, 1651, in-12.

Dans un long catalogue d'ouvrages pour et contre Hobbes, inséré par Blackbourne et Aubrey à la suite de la vie de Hobbes en latin, 1682, in-4, on ne voit que ce volume en faveur du philosophe anglais.

Epithetorum et synonimorum thesaurus. (Auct. P. CASTELLIO, S. J.) *Parisiis*, 1652, 1654, in-8.

Note du P. Baizé.

Epithoma partes in sex juxta mundi sex ætates divisum... *Impressum in urbe Lubicana* (1475), 2 vol. in-fol., goth., fig. sur bois.

Voy. « La mer des histoires », VI, 269, c.

Epitome historiarum et chronicorum mundi. *Lugd., s. d.*, in-8.

Par Achilles PERMINIUS, d'après une note manuscrite.

Epitome rerum Germanicarum, ab anno 1617 ad annum 1643. (Auct. Leonardo PAPPO, canonico Constantiensi.) *S. l.*, 1643, 1669, in-16.

J. Gottl. Boehmius, mort en 1780, a donné en 1760, à Leipsick, une édition soignée de cet ouvrage, I vol. in-12. Dans une longue préface, adressée au P. Barre, génovéfain, il élève des doutes sur l'opinion assez générale qui attribue cet *Epitome* au chanoine Pappus.

Epitome rerum gestarum a Neapoleone Magno, ad usum studiosæ juventutis; auctore J.-F.-C. B*** (BLANVILLAIN), collegii P........, primarii. *Parisiis, Leblanc*, 1811, in-12.

Epitome rudimentorum linguæ hebraicæ, versibus latinis breviter et dilucide comprehensa. (Auct. L. P. Nic. ABRAM.) *Parisiis, M. Henault*, 1645, in-4.

Réimprimé avec le nom de l'auteur, *Divione, Palliot*, 1651, in-4.

Epitome singularium gestorum S. Lodovici Bertrandi Valentini, ord. Prædicat. (Auct P. Jacobo RICCI.) *Romæ*, 1671, in-4.   Melzi.

Epithomata grammatice... (Auct. Roberto DUMAS.) *Cadomi* (1525), in-8.

Erasistratus, sive de sanguinis missione,

a L. A. P. (Lucas-Antonius PORTIUS). *Romæ, typ. Angeli Bernabo*, 1682, 8 ff. lim. et 368 p.

L'auteur a signé la dédicace.

Erotopoegnion, sive priapeia, veterum et recentiorum. (Ed. Fr.-Jos. NOEL.) *Lut. Paris., Patris*, 1798, in-8.

Errata typographiæ Portus Regii.(Auct. Franç. PINTHEREAU.) *Parisiis*, 1645, in-4.

Errores XIII, ex centum et triginta institutionum historiæ civilis, V. A. Ulr. Huberi, ab ejus cavillationibus et clamoribus liberati, et novorum aliquot aucti. (Auct. Jac. PERIZONIO.) *Franequeræ*, 1693, in-8.

Ethicorum Nicomachiorum (ARISTOTELIS) græca paraphrasis incerto autore antiquo et eximio peripatetico (Andronico RHODIO), latine reddita a Daniele HEINSIO; cum notis. *Lugduni Bat.*, 1607, in-4.

Etruscarum antiquitatum fragmenta, quibus urbis Romæ, aliarumque gentium primordia, mores et res gestæ indicantur (a PROSPERO Fesulano olim abscondita), a Curtio INGHIRAMIO reperta Scornelli prope Vulterram. *Francofurti (Florentiæ)*, 1637, in-fol.

Les savants sont assez généralement d'accord aujourd'hui pour reconnaître que PROSPER Fesulanus, prétendu contemporain de Cicéron, est un nom imaginaire, et que l'auteur des fragments contenus dans ce volume ne remonte pas au delà du XVIᵉ siècle. Voy. « Ad antiquitates etruscas... observationes », col. 1130, f.

EUPHORMIONIS Lusinini satyricon. Nunc primum recognitum, emendatum et variis in locis auctum. *Parisiis, F. Huby*, 1605, in-12.

Les éditions suivantes portent le nom de l'éditeur.

EUSEBII - PAMPHILI de demonstratione evangelica libri X, gr. et latine (interprete DONATO, Veronensi). Quibus accessere contra Marcellum, Ancyræ episcopum, libri duo, græce et latine (interprete Richardo MONTACUTIO), de ecclesiastica theologia libri tres (eodem interprete); et liber contra Hieroclem, gr. et latine (Zenobio ACCIOLO interprete), omnia studio R. M. (Richardi MONTACUTII) notis illustrata. *Parisiis*, 1628, in-fol.

EUTROPII breviarium historiæ romanæ; accedunt selectæ lectiones dilucidando auctori appositæ (curante DE LINE). *Pa-*

risiis, Barbou, 1754 (*Mérigot*, 1746), in-12.

L'éditeur, mort vers 1761, rappelle dans sa préface l'accueil que le public a fait aux éditions de Catulle, Salluste, et autres auteurs. Il dit avoir suivi, pour Eutrope, l'édition donnée à Oxford par Th. HEARNE en 1703, in-8. Les vignettes ne sont pas les mêmes dans tous les exemplaires.

EUTROPII breviarium historiæ romanæ, integritati suæ non restitutum modo sed et notis gallicis illustratum in tyronum gratiam (a L.-A. DE PRÉFONTAINE). *Parisiis, Brocas*, 1712, 1721, in-18.

Cette petite édition d'Eutrope est devenue classique; aussi la réimprime-t-on fort souvent. De Préfontaine avait publié en 1710 une traduction française d'Eutrope, que celle de l'abbé Lezeau, donnée en 1717, a fait oublier.

EUTROPII, Sexti AURELII VICTORIS, necnon Sexti RUFI historiæ romanæ breviarium (curante Jo. Augus. CAPPERONNIER). *Parisiis, Barbou*, 1793, in-12.

Ex musæo regis Sueciæ antiquarum e marmore statuarum : Apollinis musagetæ, Minervæ pacificariæ, ac novem Musarum, series integra; adcurante C. F. F. (FREDENHEIMIO). (*Holmiæ*), 1794, 1795, in-fol.

Ex reliquiis venerandæ antiquitatis, Lucii CUSPIDII testamentum (auctore Pomponio LÆTA); item contractus venditionis, antiquis Romanorum temporibus initus (auctore Joviano PONTANO). Edente Francisco RABELÆSO. *Lugd.*, 1532, in-8, 15 p. non chiffrées.

Voy. Niceron et Chaufepié.

Ex responsione synodali data Basiliæ oratoribus D. Eugenii PP. IV in congregatione generali, III non. sept. 1432, de auctoritate cujuslibet concilii generalis supra papam et quoslibet fideles, pars præcipua et in eam commentarius (Simonis VIGORII). *Coloniæ*, 1613, in-8.

Publié aussi sous le titre : « Commentarius in responsionem... », avec le pseudonyme de Th. FRANCUS, Voy. « Supercheries ». II, 90, c ; et aussi sous cet autre titre : « De auctoritate cujuslibet concilii ». Voy. ci-dessus, col. 1207, e.

Examen leprosorum, per anonymum (Jacobum DONDI). *Francofurti*, 1610 ; — *Tiguri*, 1655, in-8.

Examen plusquam barbaræ et monstrosæ respontionis cacurgorum. (Auct. Joane HAULTIN.) *Suispari, G. Souppetardus*, 1577, in-8.

Examen schediasmatis cui titulus : « Sola salvifica... ». (Auct. Franc. KROMMER.) *S. l.*, 1791, in-8.

Examinatio argumenti pro trino et uno Deo, omnium potissimi aut certe usitatissimi... (Auct. Fausto SOCINO.) *S. l.*, 1591, in-8.   Melzi.

Examinationes grammaticales. (Auct. Fr. RHOLANDELLO.) *Tarvisii (G. de Lisa)*, *s. d.*, in-4.

Brunet, « Manuel du libr. », 5° éd., tome II, col. 1129.

Excerpta e Cornelio TACITO, ou Tableaux de la tyrannie sous Tibère et Néron. (Cura et studio P. A. ALLETZ.) *Parisiis*, 1756, in-12.

Excerpta e scriptoribus græcis, ad usum studiosæ juventutis in rhetorica et in secunda audientis accomodata... (a Bart.-Phil. D'ANDREZEL). *Parisiis*, 1814, in-12.

Plusieurs fois réimprimé.

Exempla (incipiunt) Sacræ Scripturæ ex utroque Testamento secundum ordinem literarum collecta (a Joanne CARLI). *Parisiis*, 1477, in-4.   Melzi.

Exemplar virtutum et vitiorum, a præstantissimis auctoribus græcis et latinis conscriptum. (Auct. Agostino DA BIELLA.) *Basileæ, s. d.*, in-4.

Souvent réimprimé.   Melzi.

Exemptio fratrum et conventuum ordinis minor. regularis observantiæ regni Hiberniæ, opera F. F. M. (Fratris Francisci MATTHÆI).*Lovaniæ, typis Coenestinii*, 1632, in-4.

L'auteur ici désigné par les initiales de ses noms, a pris, dans ses autres ouvrages, le nom d'Edmundus URSULANUS (Brunet, « Manuel », III, 1535).

Exercitatio metaphysica adversus religionis osores. (Auct. Fr. Ludovico CIVINI, ord. Præd.) *Romæ*, 1777; in-4.

Exercitatio medica de usu vini emetici in curatione febrium malignarum, ad mentem Hippocratis. Adjuncta est Œconomia Physiologicorum Hippocratis. *Parisiis, J. Dupuis*, 1662, in-12, 4 ff. lim., 96 et 11 p.

La préface est signée : R. R. (Raimundus RESTAURAND).

Exercitationes XII, quibus Severini de Momzambano tractatus de statu imperii Germanici discutitur. (Auct. Martino SCHOOCKIO.) *Cis Veronam, apud Severum Misosycophantam*, 1668, in-12.

Exercitia spiritualia (IGNATII DE LOYALA

ex hispanico in latinum versa ab Andrea FRUSIO). *S. l.*, 1548, in-8. — Eadem. *Parisiis, e Typographia regia*, 1644, in-fol.

Le bénédictin Constantin Cajetan a prétendu que ces « Exercices spirituels » existaient cent cinquante ans avant saint Ignace dans la Bibliothèque du Mont-Cassin, où le fondateur des jésuites avait eu occasion de les voir. Il a même soutenu que cet ouvrage était de Garcias CISNEROS, abbé de Montserrat. Le jésuite de Feller a réfuté cette assertion dans le « Journal histor. et littér. » de Luxembourg, 1er juin 1783, p. 183 ; 1er janvier 1784, p. 11.

Exercitum amoris Dei pro nobis crucifixi, cum salutari admodum pacto de eodem quotidie obeundo. Per quemdam P. Soc. Jesu... (Philippo HANNOTEL). *Duaci, B. Bellerus*, 1634, in-24.

Expeditio Valtelinæa... (Auct. Abelio SAMMARTHANO.) *Paris., R. Stephanus*, 1626, in-8.

Traduit en français la même année sous le titre de : « Relation de tout ce qui s'est passé sur le fait et l'expédition de la Valteline ». Voy. ci-dessus, col. 218, f.

Expositio de morte Tomæ Mori et quorundam aliorum insignium virorum in Anglia. (Auct. David. ERASMO.) *S. l.*, 1535, in-8.

Expositio super canonem missæ. *S. l. n. d.* (*Aug.-Vindel., Gunth. Zainer*, ante 1477), in-fol., 12 ff.

L'auteur est Angelus DE BRUNVICO ou EGGELINGUS.

Expositio verissima et succincta de rebus nuper bello gestis inter Allobrogum regulum et Helveticas regis Galliarum auxiliares copias. (Auct. Simone GOULART.) *Augusti Rauracorum*, 1589, in-4.

Expostulatio ac protestatio Paschasii QUESNEL, Parisini presbyteri, reclamantis adversus decretum quo centum et una propositiones damnatæ sunt. Cum ampla expositione qua declarat veros animi sui sensus, contrarios prorsus falsis sensibus qui sibi pastorali Instructione XL episcoporum perperam affinguntur (hæc omnia in latinum versa a Carolo ROLLIN). *S. l.*, 1716, in-12.

Note mss. d'un contemporain.

Expostulatio apologetica pro Societate Jesu, a P. Lud. RICHEOME gallico data (latine versa ab Andrea VALLADIER, ejusd. Soc.). *Lugduni*, 1606, in-8.

Exequiæ in templo S. Nazari Manfredo Septalio inscriptiones, emblemata, elegia. (Auct. P. Thoma CEVA.) *Mediolani*, 1680, in-4.   Melzi.

Exetasis duarum propositionum excerptarum e gallico libro D. Cl. Le Pelletier, Lugduni evulgato, anno 1715. (Auct. Celso MAGLIAVACCA.) *S. l.* (*Venetiis*), 1716, in-8.   Melzi.

Exetasis in epistolam Scipionis Maffei marchionis ad Gisbertum Cuperum, de fabula equestris ordinis Constantiniani. (Auct. Michaele LAZZARI.) *Venetiis, typ. Montiniana*, 1725, in-4.   Melzi.

Eyckii immortali genio. (Auct. J.-B. CAMBERLYN.) *Gandæ*, 1824, in-8.   J. D.

F

Fabulæ selectæ, e gallico D. DE LA FONTAINE latine redditæ. *Amstelodami* (*Rothomagi*), 1694, in-12, 46 p.

Réimprimées dans le recueil publié par l'abbé Saas en 1738.

Le P. Desmolets, dans une note manuscrite sur un exemplaire de cette traduction, l'attribue au P. DELFAULT, oratorien.

La note du P. Desmolets mérite toute confiance,

puisque j'ai sous les yeux un exemplaire de ces Fables ainsi intitulé : Henrici DELPHATII (H. DELFAULT) selectæ fabulæ, e gallico D. DE LA FONTAINE latine redditæ. Amstelodami, 1604, in-12, 46 p.

L'abbé Saas n'a sans doute vu aucun de ces exemplaires, car il n'a pas nommé ce traducteur.

Fabulæ selectæ (triginta) e gallico D. DE LA FONTAINE, latine redditæ (a Petro TISSART, Modesto VINOT et Henr. DELFAULT), variaque poemata eorumdem et aliorum (editore Joan. SAAS). *Antverpiæ (Rothomagi)*, 1738, in-12.

Les poésies latines d'autres auteurs sont : « Solitudo D. Racan », latine reddita a P. LE FÈVRE; « Solitudo Marci–Antonii » de GÉRARD DE SAINT-AMAND, latino versu reddita a Stephano BACHOT, doct. med. Paris.; ARNAULD D'ANDILLY « Solitudinis deliciæ », lat. vers. a P. BASTIDÆO, Tausiano sacerdote; « Lampyris ecloga », a P. Daniele HUETIO, gallice reddita a Paulo TALLEMANT; « Horologium arenosum, rerum humanarum origo », e gallicis versibus D. DE CAUX latinis redditum a D. D'HÉROUVILLE; Elisii CALENTII, « De bello ranarum et murium », libri tres; ead. pugna, autore P. PILLEVERDIER, jesuita.

Fabulæ selectæ, e gallico (domini DE LA FONTAINE) in latinum sermonem conversæ in usum studiosæ juventutis; auctore patre (GIRAUD), presbytero Orator. D. J. *Rothomagi*, 1765, in-12.

Réimprimé à Rouen en 1775, 2 volumes in-8 et in-12, avec le nom du traducteur.

Fabularum Æsopiarum libri quinque. (Auct. P. DESBILLONS, S. J.) *Glasguæ, R. et A. Foulis*, 1754, in-12, 108 p.

Réimprimé plusieurs fois. L'édition la plus recherchée et la plus belle est celle de *Mannhemii*, 1767, 2 vol. in-8, avec grav. d'E. Verhelft.

Farrago. (Auct. A. HEGIO.) *S. l. n. d.* (*Deventer*, vers 1486), in-4, 16 p.

Campbell, « Annales de la typographie néerlandaise », p. 202, indique diverses éditions de cet opuscule antérieures à l'an 1500.

Fasciculum myrrhæ, sive considerationes de plagis Christi. *Viennæ*, 1635, 1638, in-8.

Traduction faite par le P. Jean BUCELLINI, jésuite, d'un ouvrage italien publié par le P. Vincent CARAFFA.

Fasciculus rerum expetendarum ac fugiendarum (seu historia concilii Basileensis, ab ÆNEA SYLVIO, qui postea papa Pius II fuit; et summorum aliorum virorum epistolæ, tractatus et opuscula in conciliorum celebratione summopere necessaria (edente Orthuino GRATIO). *S. l.*, 1535, in-fol.

Réimprimé, avec beaucoup d'augmentations, par les soins d'Édouard BROWN. *Londini*, 1690, 2 vol. in-fol.

Fasciculus temporum, omnes antiquorum cronicas complectens. (Auct. Wernero ROLEWINCK.) (*Argentorati*, 1483), in-fol.

Voy. V, 434, *f.*

Fasti. (Auct. L. PETIT-RADEL.) *Parisiis, ex mandato præfecti Sequanæ excudebat*

P. Didot natu major, anno XIII-M. D. CCCIV in-4, in-8 et in-12.

Voy. V, 435, *a.*

Fasti Ludovici Magni.

Voy. « Fastes (les) de Louis le Grand », V, 435, *d.*

Fasti Mariani, cum divorum elogiis, in singulos anni dies distributi. Edit. II. *Antverpiæ, J. Cnobbaert*, 1623, in-16.

Ouvrage des PP. BRUNNER et Guil. PFEFFER, jésuites. Réimprimé avec les noms des auteurs.

Fasti Senarioli. (Auct. P. DESBILLONS.) *Bourges*, 1747, in-12.

Fata Robinsonis Crusoëi (auct. Dan. DE FOE), latine reddita (a F.-J. GOFFAUX), ex imitatione operis germanice scripti ab H. Campe. Ad usum tironum. *Parisiis, ex typis J. Farge*, 1809, in-18, avec planches.

Des éd. postérieures portent le nom du traducteur.

Fastorum urbis et templi Jerosolymitani capita VII (auct. J. MILLER, S. J.), a poetis Cassoviensibus dicati, 1750. *Cassoviæ, typis Acad.*, in-8, 41 p.

Fata Telemachi (a Gregorio TRAUTWEIN sermone latino reddita). *Ulmæ*, 1755, pet. in-8.

Cette traduction, à laquelle est joint le texte français, a été reproduite à *Esslingen* sous la rubrique de Stuttgard, 1758, in-8, et à Vienne en 1807, in-8. Dans cette dernière édition, le texte de FÉNELON a été omis et la traduction a subi des changements.

Fata Telemachi, Ulyssis filii, auctore FÉNELON, in latinum versa curante L. N. T. D. B. (DE BUSSY), antiquo institutore. *Parisiis, Delalain*, 1819, in-12.

Voy. « Supercheries », II, 802, *a.*

Fauna insectorum Fridrichsdalina, sive methodica descriptio insectorum agri Fridrichsdalensis. (Auct. MULLERO.) *Hafniæ et Lipsiæ*, 1764, in-8.

Faunæ Lœiguri fragmenta. Auctore M*** S*** (Maximiliano SPINOLA). Decas prima. *Genuæ*, 1805, in-8.

Favus mellis ex variis S. S. Patribus collectus (a P. Alexandro FICHETO, Soc. Jesu). *Lugduni, J. Charvet*, 1617, in-12.

Febris china chinæ expugnata, seu illustrium aliquot virorum opuscula, quæ veram tradunt methodum febres china chinæ curandi. Collegit medicus Ferrariensis (Fr.-Maria NIGRISOLI). *Ferrariæ*, 1687, in-4.

Nigrisoli a mis son nom à l'édition de *Ferrare*, 1700, in-4.

Febrium malignarum historia et curatio. (Auct. Ant. MENJOT.) *Parisiis, G. Meturas*, 1660, in-8, 322 p. et 2 ff. de privilége.

Le nom de l'auteur est au privilége.

Fecialis, sive epistola a remonstrantibus exulibus ad Petrum Molineum missa, qua se ad anatomen ipsius responsuros se permittunt. (Auct. Gasparo BARLÆO.) *S. l. n. d.*, in-4.

FENELONII fabulæ, quas ille scripsit ad usum Burgundiæ ducis, a duobus professoribus Academiæ Parisiensis (DE BUSSY et FREMONT) latine expressæ. *Parisiis, Delalain*, 1818, in-12.

Fennici lexici tentamen. Finsk-Orda-Boks Försök, sammansökt af D. J. (Daniel JUSTENIUS). *Stockh.*, 1745, in-8.

Feralis pompa Ser. Margaritæ Austriacæ, Caroli V imp. F., Parmæ et Placentiæ ducissæ, per monachos S.-Sixti Placentiæ commorantes anno 1586 descripta. *Placentiæ, per Anteum Comitem*, 1586, in-4.

Rédigé par le bénédictin Giacomo TRAMONTANA.
Melzi.

Feriæ forenses et elogia illustrium togatorum Galliæ, ab anno 1500, ex veteribus schedis auctoris (Antonii MORNAC). *Parisiis*, 1619, in-8.

Fidelis Belga, seu Hispano-Belgium restauratum sub regimine Maximiliani Emanuelis, Bavariæ ducis, etc. (Auct. COURCOL DE BAILLANCOURT.) *Colon. Agr.*, 1696, in-8.

Cat. Van Hulthem, 26,913.

Fidelissimæ Picardorum genti.

Voy. aux Anonymes français, V, 457, c.

Filio meo cantus. (Auct. P. Ant. Cl. PAPION, Turonensi.) *S. l. n. d.* (mais vers 1780), in-8, 25 p.

Flandria generosa, e mss. monasterii S. Gisleni collecta, studio D.G.G. (D. Georgii GALOPIN, ejusdem monasterii religiosi). *Montibus*, 1643, in-4, 55 p.

Florentii CONRII, ordinis Minorum, Peregrinus Hyerocontinus, hoc est, liber de natura hominis, feliciter instituta, infeliciter lapsa, miserabiliter vulnerata, misericorditer restaurata. *Parisiis*, 1641, in-4.

Antoine ARNAULD a été l'éditeur de cet ouvrage, et composa la lettre à Clément VIII, qui est en tête; on le dit aussi auteur de la traduction française. Voy. « Abrégé de la doctrine de S. Augustin », IV, 28, f.

Flores Bibliorum, sive loci communes omnium fere materiar. ex Veteri ac Novo Testamento decerpti et alphabetico ordine digesti (a BACONE Verulamio). *Aug.-Taur., Barnabas Brun*, 1791, in-8.

Flores divi Bernardi. (Auct. GUILLELMO Tornacensi, monacho S. Martini.) *Paris.*, 1499, in-4. — *Lugduni*, 1556, in-12.

Flores rhetorices. (Auct. Dominico GAMBERTI, Soc. Jesu.) *Parmæ*, 1654.
Melzi.

Flores seraphici S. Francisci, excerpti fere omnes ex ejus opusculis. *Romæ, Ign. de Lazaris*, 1672, in-12.

Attribué au P. Carlo TOMMASI.
Melzi.

Floretus, in quo flores omnium virtutum et detestationes viciorum metrice continentur; una cum commento (Joannis JARSON, scilicet GERSON). *Lugduni*, 1494, in-4, goth.

Florilegium historico-criticum librorum rariorum, cui multa simul scitu jucunda adsperguntur, historiam omnem litterariam, et cumprimis reformationis ecclesiasticam illustrantia. (Auct. Dan. GERDES.) Editio III, eaque ultima, superioribus auctior longeque emendatior. *Groningæ et Bremæ*, 1763, in-8, 6 ff. et 396 pl.

Florilegium rerum ab Henrico IV immortaliter gestarum, ex variis elogiis quæ illi scripserunt. E gallico in latinum vertit R. B. (Rudolphus BOTEREIUS). *Parisiis*, 1609, in-8.

Ces éloges sont tirés de d'Aubigné, de Capel et de Mathieu.

Florula Hannoniensis, auct. Gab. Ant. Jos. H.... TIO (Gabriele-Antonio-Josepho HECARTIO). *Valencenis*, 1836, in-8.

Voy. « Supercheries », II, 129, a.

Florus Germanicus. (Auct. Everardo WASSENBERGIO.) *Francof.*, 1640; — *Antverpiæ*, 1641, in-16. — *Idem correctior* editus et continatus a P. S. (Petro STREITHAGENO). *Coloniæ*, 1640, in-24.

Flos latinitatis, ex auctorum lat. linguæ principium monumentis excerptus, et tripartito verborum, nominum et particularum ordine, in hunc digestus libellum. Editio nov., cui prima olim inscripserat pro titulo : « Pomarium latinitatis ». Auct. P. F. P., e S. J. (Patre Fr. POMEY). *Lugd.*, 1676, 1710, 1742, in-12.

Fortalitium fidei in V libros. (Auct. Alphons. DE SPINA.) *S. l. n. d.*, in-fol.

Voy. Brunet, « Manuel du libraire », 5° éd., tome II, col. 1348.

Fortuita sacra, quibus subjicitur commentarius de cymbalis. (Auct. Richardo ELLYS.) *Roterodami*, 1727, in-8.

Fortuna ad Montem-Melianum fulminans. *Parisiis, e typ. viduæ G. Martin*, 1692, in-8, 4 p.

Signé : J. C. S. J. (Jean COMMIRE, S. J.)

Fragmenta duo Plutarchi. (Ex cod. ms. qui in Museo Britannico conservatur, edidit Tho. TYRWHITT.) *Londini*, 1773, in-8.

Fragmentum epistolæ pii cujusdam episcopi (Ponti TYARDI, episcopi Cabillonensis), quo pseudo-jesuitæ Caroli (Molinæi) et ejus congerronum maledicta repellit. *Hanoviæ*, 1604, in-8.

Réimprimé à la suite de : « Caroli Molinæi consilium super commodis et incommodis novæ sectæ, seu factitiæ religionis jesuitarum », *Hanoviæ*, 1604, in-8, et dans « Bibliotheca pontificia, edita a Joanne Scherzero », *Lipsiæ*, 1677, in-4, avec la souscription P. T. E. C. Traduit à la page 378 du livre de David Home, intitulé : «. Le Contr'Assassin ». *Lyon*, 1612.

Francisci BACONII exemplum tractatus de justitia universali sive de fontibus juris, extractum ex ejusdem authoris opere de dignitate et augmentis scientiarum (cum præfatione et notis P. C. LORRY). *Parisiis*, 1752, in-18.

Francisci BARBARI et aliorum ad ipsum epistolæ, cum diatriba præliminari (cura et opera card. Ang. Mar. QUIRINI). *Brixiæ*, 1743, 2 vol. in-4.

Francisci PETRARCHÆ opera quæ exstant

omnia, lat. et ital. conscripta (cura Joan. Basil. HEROLDI, Hochstettensis). *Basileæ*, 1581, 4 tom. in-fol.

Fragmentum prolusionis geometricæ. Carmen. (Auct. Petro-Paulo CARAVAGGIO.) *Mediolani*, in-fol.   Melzi.

Fucquetus in vinculis. Ad Dei matrem. (Auct. N. GERVAIS.) *S. l. n. d.*, in-4.

Fulvii ANDROTII, Soc. Jesu, de frequenti communione. Ex italico in latinum translatæ. *Moguntiæ, Joannes Albinus*, 1598.

Traduit par Jean BUYS, plus connu sous le nom de BUSÆUS ou BUSÉE.

Fulvii ANDROTII, S. J., piæ meditationes de passione et morte D. N. Jesu Christi. Ex italico in latinum translatæ (a Joanne BUYS seu BUSÆO). *Coloniæ Agrippinæ, in officina Birckmannica*, 1599, in-12. — *Coloniæ, Petrus Henningius*, 1616, in-12.

Fundamenta pharmaciæ chymicæ, manu methodoque Stahliana posita. (Auct. Georg. Ern. STAHL.) *Budingæ, J.-F. Regelein*, 1728, in-8, 288 p.

Funiculus triplex dissolutus, sive pacificationis Viennensis, Niklsburgensis, Linczensis ab textura Privati Veridici explicatæ, 1790, per publicum A. P. (Fr. NAGY, canon. Veszprimiensem). *Pesthini*, in-8, 47 p.

Funus linguæ Hellenisticæ, sive confutatio exercitationis (Martini Schoockii) de Hellenistis et lingua Hellenistica. (Auct. Cl. SALMASIO.) *Lugduni Batavorum*, 1643, in-8.

Futurorum investigatio. (Auct. VAN DER MEULEN.) *Lugduni Batav.*, 1688, in-4.

G

G. G. R. theologi, ad Ludovicum decimum-tertium, Galliæ et Navarræ regem christianissimum, admonitio fidelissime, humillime, verissime facta, et ex gallico in latinum translata, qua breviter et vervose demonstratur Galliam fœde et turpiter impium fœdus iniisse, et injustum bellum hoc tempore contra catholicos novisse, salvaque religione prosequi non posse. *Augustæ Francorum*, 1625, in-4.

Attribué au jésuite Jacques KELLER ou à André EUDEMON-JOHANNIS.

Voy. « Avertissement au roi », IV, 350, b.

G. V. M. (G. VANDER MEULEN) dissertatio de sanctitate summi imperii civilis, qua examinatur an summo imperanti quibusdam in casibus resistere, eumque imperio exuere et debellare civibus liceat. *Trajecti ad Rhenum*, 1689, in-12, 96 p.

Galeomyomachia, tragœdia græca sic dicta, cum præfatione gr. Aristobuli, apostolici hierodiaconi. *S. l. n. d.* (*Venetiis, Aldus*, vers 1494), 10 ff. pet. in-4.

Le « Catalogue de la Bibliothèque du roi », Belles-Lettres, tome I (p. 561 et 624) attribue cet opuscule à APOSTOLIOS, qui n'en fut que l'éditeur. Villoison, dans les « Anecdota græca », t. II, p. 243, signale comme l'auteur THEODORUS PRODROMUS, auteur du roman de « Rhodantes et Dosiclès ».

GALILÆI systema cosmicum. Ejusdem tractatus de motu, ex italico sermone in latinum versus (per Matt. BRENEGGES). *Lugduni Batav.*, 1699, in-4.

Cat. Potier, 1872, n° 610.

Gallia victrix, annis 1673 et 1674.... (Auct. Joan. PERIGAUD, Soc. Jesu.) *Burdigaliæ, Millangius*, 1675, in-12.

Gallia vindicata, in qua testimoniis exemplisque gallicanæ præsertim ecclesiæ, quæ pro regalia ac quatuor Parisiensibus propositionibus a Ludovico Maimburgo aliisque producta sunt, refutantur. (Auct. R. P. Cœlestino SFONDRATI.) *S. l.*, 1687, in-4.

Une éd. de 1687, in-12, et une autre de 1702 in-4, portent le nom de l'auteur.

Gallicæ Cœlestinorum congregationis, ordinis S. Benedicti, monasteriorum fundationes, virorumque vita aut scriptis illustrium elogia historica... (Auct. Ant. BECQUET.) *Parisiis, F. Delaulne*, 1719, in-4.

Gallicæ grammatices libellus. (Auct. R. STEPHANO.) *Parisiis, Rob. Stephanus*, 1567, in-8.

Voy. « Traité de la grammaire françoise », ci-dessus, col. 756, f.

Gallicana ecclesia divexata. (Auct. Gabr. GERBERON.) *Coloniæ, typ. H. Leero*, 1690, in-12.

Gasparis Colinii Castellonii, magni quondam Franciæ amiralii, vita. *S. l.*, 1575, in-8, 139 p.

Voy. « Vie de messire Gaspard de Coligny... », ci-dessus, col. 970, b.

Gazophilacium Græcorum, hoc est, methodus admirabilis secundum quam intra horæ spatium possit quis addiscere innumera vocabula græca derivata, ita ut numquam eorum obliviscatur, modo hancce methodum apprime calleat. (Auct. Philippo CATTIER; nova editio, impensis Dionysii BALLIERE DE LAISEMENT). *Parisiis*, 1790, in-8.

La première édition de cet ouvrage parut en 1651, in-4. Voy. l'article consacré à cet auteur dans les « Siècles littéraires de la France », t. VII.

Genera plantarum juxta Linneanum systema in gratiam botanices studiosorum in hoc codicillo disposuit A. L. G. M. D. (André-Jos.-Ghislain LEGLAY, D. M.) *Cambrai*, 1818, in-12, 24 p.

Generalis dictionarii latino-gallici epitome. (Auct. J.-Claudio FABRE.) *Lugduni*, 1715, 1726, 1740, 1759, in-8.

Generis heroum familiæ Cattaneæ Navariensis. (Auct. Jac.-Phil. CATTANEO.) *Navariæ*, 1676, in-4. Melzi.

Geneva restituta, sive admiranda reformationis Genevensis historia, oratione æ-

culari explicata a F. S. (Frederico Spanheim). *Genevæ*, 1635, in-4.

Gentis Burrorum notitia. (Auct. Jos.-
Fr. Burro.) *Argentorati*, 1660, in-4.

Genuinus character Reverendi Patris
D. Armandi Joan. Buttilierii Ranexi, abbatis monasterii Beatæ Mariæ, domus Dei
de Trappa. (Auct. P. D. Malachia Ingui-
sabert.) *Romæ*, 1715, in-4.   Melzi.

Geographia nova, versibus technicis et
notis historicis explicata a G. L. (Guilielmo Leonard). *Parisiis*, 1665, in-12.

Geographia Nubiensis, id est, accuratissima totius orbis in septem climata
divisi descriptio, arabice. (Auctore Cheryf-
El-Edrisy.) *Romæ, ex typ. Medicea*, 1592.
— Eadem in latinum versa a Gabriele
Sionita et Jo. Hesronita. *Parisiis*, 1619,
in-4.

Une traduction française de cet ouvrage a été donnée
par M. Amédée Jaubert ; elle forme les tomes V et VI
des « Mémoires de la Société de géographie ».

Georgii Cassandri, Belgæ theologi, opera
quæ reperiri potuerunt omnia. (Edente
Joanne de Cordes.) *Parisiis, Drouart*,
1616, in-fol.

Georgius Ambasius, cardinalis, Lugduni
25 maii 1510 extinctus, olim Corbolii cap-
tivus ; ex fastis Corboliensibus, octavo
kalendas junii. (Auctore J.-A. Guiot.)
*Corbolii, C.-J. Gelé. diem extremum clau-
dente sec.* xviii, in-12.

Genius Luparæ, nobilissimis ad splen-
dorem operibus ampliatæ, novisque insu-
per monetæ ac typographiæ ornamentis
excultæ. Ad virum illustrissimum Franciscum Subletum, regiorum ædificiorum cu-
ratorem meritissimum. (Auct. Joanne
Sirmondo.) *Paris., S. Cramoisy*, 1642,
in-fol.

Genius Stephani Jaworscini, quondam
metropolitæ Rezanensis et Muromiensis,
ex ejus opere posthumo theosophico, Petra
fidei dicto, in epistola familiari develatus.
(Auct. J.-Th. Jablonski.) *S. l.*, 1730, in-4,
28 p.

Vog. Miuzloff, « Pierre le Grand dans la littérature
étrangère » (1872), p. 387, n° 36.

Gesta Dei per Francos, sive orientalium
expeditionum et regni Francorum Hiero-
solymitani histria, a variis, sed illius ævi
scriptoribus litteris commendata, nunc
primum aut editis, aut ad libros veteres
emendatis... (Jacobo Bongars). *Hanoviæ*,
1611, 2 vol. in-fol.

Gesta Romanorum, cum applicationibus
moralisatis ac misticis. *S. l. n. d.*, in-fol.

Voir pour le détail des éditions de cet ouvrage,
Græsse, « Trésor des livres rares », t. III, p. 73 et
suivantes. Ce bibliographe en a donné une traduction
allemande, *Dresden und Leipzig*, 1842-1847, 2 vol.
in-8.

L'on a longtemps attribué cette compilation à Berchorius ou Bersuire, mais un passage du lxviii° chapitre du « Dialogus creaturarum » a révélé le véritable
auteur de ce passage : Elimandus *in gestis Romanorum*.

Globi cœlestis in tabulas planas redacti
descriptio, auctore P. Ignatio Gastone
Pardies, Soc. Jesu, mathematico. Opus
posthumum. (Edidit de Fontaney.) *Parisiis*, 1674, in-fol.

Gloria S. Ignatii fundatoris, seu S. Francisci Xaveri, ejus socii, vita. (Auct. Math.
Bembus.) *Cracoviæ*, 1622, in-8.

Glossæ marginales (Annib. Olivieri) ad
musei Passerii lucernas ; colle reflessioni
di P. Tombi. *Pasero, Gavelli*, 1740, in-4.

Glossarium eroticum linguæ latinæ...
edidit P. P. (P. Pierrugues). *Parisiis*,
1826, in-8.

Voy. « Supercheries », III, 229, *a*.

Cet ouvrage a été réimprimé en 1833 sous le titre
de : « Thesaurus eroticus linguæ latinæ ». *Stuttgar-
tiæ*, sous le nom du docteur Rambach.

Glossarium universale hebraicum, auc-
tore Lud. Thomassino (editum a Carolo
Bordes et Nic. Barat). *Parisiis, ex typogr.
Regia*, 1697, in-fol.

Godefridi Guil. Leibnitii tentamina
theodiceæ de bonitate Dei, etc., latine
versa et notationibus illustrata a M. D. L.
(a Bartholomæo des Bosses, S. J.) *Francof.*, 1719, in-12.

« Mémoires » de Paquot, in-fol , t. II, p. 376.

Goth. G. L. (Goth.-Guil. Leibnitii de
origine Francorum disquisitio. *Hanoviæ*,
1715, in-8.

Gradus ad Parnassum, sive novus synonymorum, epithethorum, phrasium poeticarum ac versuum thesaurus ; ab uno et
Societ. Jesu (Aler). Novissimam hanc editionem recensuit et sexcentis testimoniis
desideratis auxit T. M. (Thomas Morell).
Londini, 1773, in-8.

Le P. Aler publia le « Gradus ad Parnassum » à
Cologne, vers 1680. Voy. son article, dans mon « Examen critique des Dictionnaires historiques ».

Gradus Taurinensis. (Auct. Beccaria.)
Aug. Taurin., 1774, in-4.

Grammatica et præcipui idiotismi linguæ græcæ. (Auct. Sebastiano ZAPPALA.)*Catinæ, typis seminariis*, 1773, 2 vol. in-12.

Melzi.

Grammatica hebraica, a punctis aliisque inventis massorethicis libera. (Auct. Fr. MASCLEF.) *Parisiis, Collombat*, 1716, in-12. — Nova editio (cura Jo. Phil. Renati DE LA BLETERIE). *Parisiis*, 1731, 2 vol. in-12.

Grammaticæ hebraicæ compendiosum exemplar. (Auct. Nicolao HENRI.) *Parisiis*, 1724, in-fol.

Cette grammaire ne contient que trois feuilles d'impression, c'est-à-dire douze pages, et est remarquable par une singularité typographique : elle a eu pour compositeur, à l'imprimerie de Laurent Rondet père, son fils Laurent-Étienne, alors âgé de sept ans et demi ; et ce fait, unique peut-être, d'un enfant en état, à cet âge, de lire l'hébreu et d'assembler sans se méprendre des caractères sur un composteur, est attesté par un privilége de Louis XV, accordé, pour ce motif, le 30 novembre 1724, à Laurent-Étienne Rondet, pour l'impression d'étrennes en écrans. Voyez le « Journal ecclésiastique » du mois d'octobre 1785, pp. 73 et 74.

Grammaticæ primæ partis liber primus Roberti V.V.L.L. *Ex typis Winandi de* *Werdensis*, 1521, in-4, 14 ff. ; — 1522, in-4, 16 ff.

Cette seconde édition donne le nom de l'auteur : « Opusculum Roberti WHITINTONI, Lichfeldiensis, Oxonie laureati ». Ce petit traité, à l'usage des écoles, a été souvent réimprimé. (Johnson, « Typographia », I, 225.)

Gratulatorium carmen R[mo] et Ser[mo] D. Clementi Augusto, archiepiscopo Coloniensi, S. R. J. Electori, magnum Antonici ordinis magisterium adipiscenti. (Auct. Barth. DES BOSSES.) *Coloniæ, Joan. Corn. Gussen*, 1732, in-fol.

Gravamina Germanicæ nationis, cum remediis et avisamentis, ad Cæsaream Majestatem. (Auct. WIMPHELINGIO.) *Salestadii*, 1518, in-4, 12 ff.

Cat. Calvary, de Berlin.

Gravelina ad Gastonem. (Auct. Petro LABBÉ.) *S. l. n. d.* (1644), in-4.

Guillelmi-Rodolphi Gemberlachii, apud Triboces consulis, id est Antonii Bruni, Burgundo-Sequani, spongia, per Francogallum expressa. (Auctore Math. DE MORGUES.) *S. l. n. d.* (1646), in-4.

H

H. M. (Henrici MORI) enchiridion metaphysicum, sive de rebus incorporeis dissertatio. *Londini*, 1671, in-4.

H. T. (Hieronymi TENCKE) instrumenta curationis morborum, deprompta ex pharmacia Galenica. *Lugduni*, 1683, 1687, 1713, 1755, in-12.

Il existe une traduction de cet ouvrage sous le titre : « Formules de médecine tirées de la galénique et de la chimie », *Lyon, J. Certe*, 1684, in-12.

H. V. P. (HADRIANI VAN PAETS) ad B** (Baylium) de nuperis Angliæ motibus epistola, in qua de diversum a publica religione circa divina sentientium disse- ritur tolerantia. *Roterodami*, 1685, in-4 et in-12, en français et en flamand.

« République des lettres », octobre 1685, art. 2.

Hæreseologia, hoc est opus veterum tam græcorum quam latinorum theologorum, per quos omnes hæreses confutantur. (Collectore Jo. HEROLD.) *Basileæ*, 1556, in-fol.

Hæretici quo jure, quove fructu coercendi sunt gladio vel igne, seu dialogus inter Calvinum et Vaticanum, etc., etc. (Auct. Lælio SOCINO.) *(In Belgio)*, in-8.

Samuel Engel, « Bibliotheca selectissima », *Bernæ*, 1743, in-8, au mot *Hæretici*.

Harmonia confessionum fidei, ortho-doxarum et reformatarum ecclesiarum... Additæ sunt ad calcem brevissimæ obser-vationes. *Genevæ*, 1581, in-4.

L'auteur se nommait SALNAR, ministre dans l'église de Castres ; les « Observations » sont de S. GOULART.

Harmoniæ imperscrutabilis chimico-philosophicæ decades, collectæ ab H.C.D. (Hermanno CONDEYSIANO). *Francofurti*, 1625, in-8.

Harpocrates, sive de recta silendi ra-tione. (Auct. Hippolyto A COLLIBUS.) *Lug-duni*, 1603, in-8.

Henoticon christianorum, seu disputa-tionis Mini CELSI Senensis, quatenus in hæreticis coercendis progredi liceat ? Lemmata potissima, recensita a D. Z. (Da-niele ZWICKERO.) *Amstelodami*, 1662, in-8.

Henriados liber octavus (latinis versibus expressus per Alexandrum VIEL). *S. l. n. d.*, in-8.

Réimpr. dans les Mélanges latins de l'auteur.

HENRICI III oratio Blesis habita, latine versa per A.F. (Ant. FABRUM). *Parisiis*, 1577, in-8.

Henrico IV, Galliæ et Navarræ regi chris-tianiss., de abolito nuper pravo singula-rium certaminum more. Silva. (Auct. J. TURNERIO.) *Parisiis, J. Libert*, 1609, in-4.

Hercules gallicus. L'Hercule françois. (Auct. DE VERTRON.) *S. l. n. d.*, in-4, 1 p.

Hercules gallicus, seu lusus Parisinus, auctore G.D.P. *Parisiis, apud Thiboust, s. d.*, in-12.

Ouvrage écrit dans le style macaronique. C'est une satire contre les pédants, et M. Dineux l'attribue, ou à GRANCOLAS, docteur de Paris, ou au Père GOULU, général des feuillants.

Hercules tuam fidem, sive Munsterus hypobolimæus, id est satyra menippea de vita, origine, moribus Gasp. Scioppii Franci. (Auct. Daniele HEINSIO.) *Lugd. Batavorum*, 1608, in-12.

Hermes christianus, sive Bartholomæi JACQUINOTII ars vitæ, ex Dei metu in seculo instituendæ. *Lugduni, H. Cardon*, 1619, in-12.

Traduit en français par le jésuite Pierre MONOD.

Herωologia Anglica, hoc est clarissi-morum et doctissimorum aliquot Anglo-rum, qui floruerunt ab anno Cristi MD

usque ad MDCXX vivæ effigies, vitæ et elogia duobus tomis, auct. H. H. (HOLLAND), Anglo-Britanno. *Impensis Crispini Passœi et Janssonii, London* (1620), 2 part. en 1 vol. in-fol.

Arnold BUCHELIUS a revu cet ouvrage et mis en tête quelques vers.

Hieracosophion, sive de re accipitraria libri duo. (Auct. Jac.-Aug. THUANO.) Edente Elia VINETO. *Burdigalæ*, 1581, in-8.

Réimprimés avec un 3e livre en 1584 et en 1587, à Paris, chez Mamert Patisson.

HIEROCLIS, philosophi Alexandrini, in aurea carmina commentarius, græce et latine, una cum notis subjunctis (a C. ASH-TON). Edidit R. W. S. T. P. colleg. Jes. Cant. nuper socius (R. WARREN). *Lon-dini*, 1742, in-8.

Hieronymi Morlini, Parthenopi, novellæ, fabulæ, comœdia. Edit. tertia, emendata et aucta. (Cura P. JANNET et E.-F. CORPET.) *Lutet. Parisior., Jannet*, 1855, in-16.

Voy. au mot « Additamentum » ci-dessus. Une traduction française des Nouvelles de Morlini a paru à Bruxelles en 1877 sous la rubrique de Naples.

Hieronymi Rorarii, ex-legati pontificii, quod animalia bruta ratione melius utan-tur homine libri II. (Curante Henrico Co-PES.) *Sylvæ Ducis*, 1702, in-8.

Hieronymianæ familiæ et cœnobii S. Pe-tri Hospitaletti Laudensis provinciæ vetera monumenta. (Auct. F.-M. NERINIO.) *Pla-centiæ*, 1754, in-4.

HILARII versus et ludi. (Edente J.-J. CHAMPOLLION-FIGEAC.) *Paris, Techener*, 1838, pet. in-8, xv-64 p.

Hipparchus de religioso negociatore. (Auct. Th. RAYNAUD, S. J.). *S. l.*, 1643, in-8.

Voy. V, 628, c.

HIPPOCRATIS aphorismi ad mentem ip-sius, artis usum, et corporis mechanismi rationem expositi (a Phil. HECQUET). *Pa-risiis, Cavelier*, 1724, 2 part. in-12.

Hippocrates atheismi falso accusatus, contra Gundlingium. (Auct. Daniele-Guillelmo TRILLER.) *Rudolstadii, litteris urbanianis*, 1719, in-8.

Hippotomia, sive modus profligandi mor-bos per sanguinis missionem ab hippopo-tamo monstrans... (Auct. Nic. GERVASIO.) *Paris.*, 1672, in-4, 30 p.

Hispaniæ bibliotheca, seu de academiis ac bibliothecis; item elogia et nomenclator clarorum Hispaniæ scriptorum... *Francofurti*, 1608, 3 tomes en 1 vol. in-4.

La dédicace est signée : A. S. Peregrinus (Andreas Schottus).

Les Éloges des écrivains d'Espagne paraissent être de Valère André. (Foppens, «°Biblioth. Belgica », t. II, p. 1148.

Hispanicæ dominationis arcana, per J.-L. W. (Joan.-Leonard. Weid). *Lugd. Batav.*, 1653, in-12.

Historia Alexandri Magni, regis Macedoniæ, de preliis (Radulpho. S. Albani abbati, adscripta). *Argentinæ*, 1476, in-fol.

Il existe plusieurs autres éditions et on en connaît deux, sans lieu ni date, qui portent le titre de : « Liber Alexandri Magni ».

Cet ouvrage est une traduction du Pseudo-Callisthène, exécutée au Xe siècle par l'archiprêtre Léo. On n'en connaît l'auteur que depuis une dizaine d'années ; il est nommé dans un prologue que contiennent deux manuscrits, l'un à Bamberg, l'autre à Munich.

Historia aliquot sæculi nostri martyrum, cum pia, tum lectu jucunda, nunquam antehac typis excusa. *Moguntiæ, apud S. Victorem, excudebat Franciscus Behem*, 1550, pet. in-4, 75 ff. Autre édit. *Burgis, apud Philippum Juntam*, 1583, in-8.

Deux chartreux, Vitus a Bulken et Gillelmus a Sittont sont les auteurs de ce récit des persécutions et des tortures qu'ont endurées plusieurs prêtres catholiques sous le règne d'Henri VIII.

Historia Belgica, seu rerum in Belgio memorabilium scriptores aliquot. (Éd. Arn. Freytag.) *Francofurti*, 1585, in-8.

Historia calumniæ novercalis, que septem sapientium inscribitur, quod ab iis sit refutata. *Antuerpiæ, per Gerardum Leeu*, MCCCCXC, in-4, 55 ff.

Ce roman célèbre est une imitation des paraboles de Sandabar, ouvrage hébreu, lequel est lui-même tiré de la version arabe d'un recueil originairement composé dans l'Inde et qui a passé dans un grand nombre de langues. Voir le « Manuel du libraire », 5e éd., tome V, 294, et l'ouvrage de M. Loiseleur-Deslongchamps, « Essai sur les fables indiennes », 1838, ainsi que le « Roman de Dolopathos » publié par MM. Ch. Brunet et Anatole de Montaiglon, *Paris*, 1856, pet. in-16.

Historia concertationis de auctore libelli de Imitatione Christi, gallice concinnata a Vincentio Thullerio, latine vero (versa a D. Joanne Hervin, e congreg. S. Mauri), edita opera Thomæ Aq. Erhard, e congr. SS. Angelorum custodum. *Augustæ Vindelicorum*, 1726, in-12.

Le morceau historique de D. Vincent Thuillier, dont

il est ici question, se trouve dans le premier volume des « Œuvres posthumes de D. J. Mabillon et de D. Thierry Ruinart », *Paris*, 1724, 3 vol. in-4.

Historia corporis humani, sive anatomice. (Auct. Alexandro Benedicto.) *Venetiis, Guerraldi*, 1502, in-4.

Historia cultus Sinensium, seu varia scripta de cultibus Sinarum. *Coloniæ*, 1700. Continuatio historiæ. *Ibid.*, 1708, in-8.

Publié par l'abbé Jacques Fatinelli. Melzi.

Historia de antiqua, sancta et miraculosa cruce, quæ in templo S. J. Molshemii asservatur. (Auct. Lyra.) *Molshemii*, 1671, in-12.

Historia de rebus ecclesiæ Ultrajectensis, monumentis authenticis roborata variisque dissertationibus illustrata. (Auct. Hoyinck a Papendrecht.) *Bruxellis*, 1725, in-4.

Historia Deorum fatidicorum. (Auct. Petro Mussard.) (*Genevæ*) *Coloniæ*, 1675, in-8. — *Francof.*, 1680, in-4.

Historia diplomatica de statu religionis evangelicæ in Hungaria, in tres periodos distincta. Accessit appendix, qua continentur acta comitiorum Hungaricorum ann. 1647, 49, 62, 81 et 87, integra quoad punctum religionis evangelicæ. (Auct. Paulo Okolitsanyi.) *S. l.*, 1710, in-fol.

Historia episcopatus Antverpiensis. (Auct. J.-F. Foppens.) *Bruxellis*, 1717, in-4.

Historia episcopatus Silvæ-Ducensis. (Auct. J.-F. Foppens.) *Bruxellis*, 1721, in-4.

Historia episcopatuum fœderati Belgii... per H. F. V. H. (Hug. Fr. Van Heussen). *Antverpiæ*, 1755, 2 vol. in-fol.

Historia et concordia evangelica, opera et studio theologi Parisiensis (Antoni Arnauld). *Parisiis, Savreux*, 1653. Secunda editio, auctior et correctior, 1660, in-12. — Nova editio. *Mechliniæ*, 1819, in-8.

Dans le privilége, l'auteur est nommé : A. B., docteur en théologie.

Voy. « Histoire et concorde.., », V, 801, e.

Historia flagellantium, de recto et perverso flagrorum usu apud christianos. (Auct. Jacobo Boileau.) *Parisiis*, 1700, in-12.

La traduction de cet ouvrage, publiée par l'abbé Granet, porte le nom de l'auteur. Voy. V, 752, a.

Historia Franciæ compendiose disposita, latino sermone donata, tabula præeunte chronologica. *Tours, Mame,* 1819. Edit. secunda, auctior. *Ibid.*, 1820, 2 vol. in-12.

Par l'abbé GLEY, principal du collège de Tours.

Historia Friderici imperatoris Magni, hujus nominis primi, ducis Suevorum, et parentelæ suæ. *S. l. n d. (Aug. Vindel., in monasterium SS. Udalrici et Afræ),* in-fol., 44 ff.

Réimprimé avec le nom de l'auteur, BURCHARDUS Biberacensis, *Ulm,* 1790, in-4.

Historia jesuitici ordinis, in qua de ejus auctore, nomine, gradibus, incremento, vita, votis, privilegiis, etc., tractatur, conscripta ab Elia HASENMULLERO (edita vero a Polycarpo LEYSERO). *Francofurti ad Mœnum,* 1593, in-4.

La pièce intitulée : « Triumphus papalis », qui est au-devant de cette Histoire, n'est point d'Hasenmullerus, comme l'a dit Scaliger (*in Scaligeranis posterioribus,* p. 105), et, après lui, l'auteur du Catalogue de la Bibliothèque d'Oxford. Le public en est redevable à Maximilien PHILON. (Bayle, art. *Jarrige,* note E.)

Historia Mediani in monte Vosago monasterii ordinis Benedicti ex congregatione sanctorum Vitorum et Hidulfi.(Auct. Humb. BELHOMME.) *Dulssecker,* 1724, in-4.

Cat. Noël, n° 1913.

Historia nuperæ mutationis in Anglia, in qua res a Jacobo rege contra leges Angliæ et Europæ libertatem, et ab ordinibus Angliæ contra regem patratæ, duobus libris recensentur. Auctore E. B. (Ezechiele BURRIDGE). *Londini,* 1697, in-8.

Œuvres de Bayle, t. IV, p. 732.

Historia philosophica doctrinæ de ideis, qua tum veterum, imprimis Græcorum, tum recentiorum philosophorum placita enarrantur. (Auct. Jo.-Jac. BRUCKERO.) *Augustæ Vindelic.,* 1723, in-12.

Historia pontificiæ juridictionis, ex antiquo, medio et novo usu. *Paris., Richer,* 1625, in-4.

Cet ouvrage a pour auteur Michel ROUSSEL, qui publia l' « Anti-Mariana », *Rouen,* 1610, in-8. Mis à l'index par décret du 4 février 1627, il n'en eut pas moins une autre édition, *Paris,* 1636, in-4.

Historia rationis, auctore D. P. D. J. U. D. (Domino PHILIBERTO, Dombensi, juris utriusque doctore. seu Philiberto COLLET). *S. l.,* 1695, in-12.

Historia reformationis Polonicæ, auct.

Stan. LUBIENICIO (cui accessit præfatio a J. CLERICO scripta, monente Sam. CRELLIO). *Freistadii,* 1685, in-8.

Historia regni Hungariæ, a probatissimis scriptoribus synoptice deducta (a G.-A. BELNAY). *Posonii,* 1804, in-8.

Historia sacra et profana, a creatione mundi ad Constantinum M. Auctore D. R. B. (BAILLY). *Amstelodami,* 1669, in-fol.

Historia symboli apostolici, cum observationibus ecclesiasticis et criticis ad singulos ejus articulos, ex anglico sermone (Petri KING, Angliæ cancellarii) in latinum translata (a Godofredo OLEARIO). *Lipsiæ,* 1706, in-8.

Historia thaumaturgæ virginis Claudiopolitanæ. (Auct. Ladisl. CSAPAL.) *Claudiop.,* 1737, 3 part. in-12.

Historia Trevirensis diplomatica et pragmatica. (Auct. J.-N. AB HONTHIEM.) *Aug. Vindel.,* 1750-57, 5 vol. in-fol.

Historia trium Gordianorum. (Auct. Gisb. CUPER.) *Daventriæ,* 1697, in-8.
          V. D.

Historiæ Leodiensis universæ compendium in annos digestum. (Auct. J.-E. FOULLON, S. J.) *Leodii, Hovius,* 1655, in-24. — Altera editio, emendata et auctior. *Ibid.,* id., 1656, in-24.

Historiæ parliamenti Angliæ breviarium, authore T. M. (Th. MAY). *Juxta exemplar, Londini,* 1651, in-16.

Historiæ romanæ res memorabiles (cura P.-A. ALLETZ in lucem editæ). Tertia editio, recognita et emendata a D*** (DE LESTRÉ), professore Universitatis. *Parisiis,* 1786, in-12.

Historiarum et chronicorum mundi epitome brevis, catalogus omnium imperatorum et pontificum romanorum. (Auctore Achille P. GASSARO.) *Antverpiæ,* 1533, in-8.

Historica disquisitio de re vestiaria hominis sacri, vitam communem more civili traducentis. (Auct. Jacobo BOILEAU.) *Amstelodami,* 1704, in-16.

Historica narratio incendii Vesuviani anni 1631. (Auct. Bernardino DE GENNARO.) *Neapoli,* 1632, in-8.   Melzi.

Historicæ hodiernæ medicinæ rationalis veritatis λόγος προτρεπτικὸς, ad rationales medicos. (Authore M. C. BOUVARD,

D. M. P. et regis Ludovici XIII medico primario.) *S. l.*, in-4, 299 p.

Liber iste inter raros rarissimus. Il n'était ni à la bibliothèque de M. Sénicourt, ni à celle de M. Falconet, ni à celle des soi-disant jésuites, ni aux autres bibliothèques précédentes. Je ne sache que le cabinet de M. Reneaume de La Garenne, ancien doyen de la Faculté de médecine, actuellement en la possession de M. Reneaume, conseiller au grand conseil, son fils, où ce livre se trouvait. M. Chomel, très-curieux qu'il était de tout ce qui regarde l'histoire de la médecine, le connaissait bien et m'en a souvent parlé; mais il ne l'avait jamais pu trouver. C'est une critique très-forte de la médecine de la cour et de la ville, du temps de Louis XIII, par M. Bouvard, son premier médecin, avec le projet de l'établissement d'une juridiction dans la Faculté de médecine, pour juger avec connaissance de cause tout ce qui regarde la médecine et les médecins. *(Note placée par M. Baron en tête de l'exemplaire qu'il possédait.)*

L'exemplaire qui était dans la bibliothèque de M. Reneaume, vendue à Paris en 1777, a passé dans celle de M. de Villiers, médecin de la Faculté de Paris, qui croyait être le seul qui eût ce livre, ainsi qu'il est dit dans le Journal de médecine du mois de novembre 1777, dans la critique du livre de M. Carrère. A la vente de M. Reneaume, ce livre avait été mis par le libraire dans les paquets qui se vendaient aux bouquinistes.

Un troisième exemplaire se trouve aujourd'hui dans le cabinet de M. Biron, ancien médecin de la Grande Armée. (« Notice et extrait raisonné d'un livre de médecine... par P. Sue, bibliothécaire de l'École de médecine de Paris *». Paris*, 1807, in-8.)

Holmia litterata. (Auct. Richardo von der Hardt.) *Holmiæ*, 1701, in-4. — Eadem, auctior et emendatior, cum appendice de variis rerum Suecicarum scriptoribus. *S. l.*, 1707, in-4.

Homeri Batrachomyomachia, græce; glossa græca, variant., lectionibus, versionibus latinis, etc., illustrata (opera Mich. Maittaire). *Londini*, 1721, in-8.

Homeri Ilias, græce et latine (cura N. Maittaire). *Londini*, 1722, 2 vol. in-12.

Homerici centones, græco (Eudoxiæ adscripti), Virgiliani centones (a Proba Falconia collecti), utrique in quædam historiæ sacræ capita scripti; Nonni paraphrasis evangelii Joannis, græce et latine (interprete Erhardo Hedeneccio). *Excudebat Henr. Stephanus*, 1578, in-16.

Homiliæ in Evangelia, in quatuor partes divisæ, complectentes expositionem Evangeliorum quæ in dominicis aliisque anni festis leguntur; auctore ecclesiæ parochialis S. Sulpitii Paris, rectore (de La Chétardie). *Parisiis*, 1406, 4 vol. in-12.

Horatii opera... (Edente Jac. Talbot.) *Cantabrigiæ*, 1699, in-4.

Horatii opera. (Ed. Mich. Maittaire.) *Londini*, 1715, in-12.

Horatii opera. (Ed. J. Hawkey.) *Dublinii*, 1745, in-8.

Horatii opera, cum variis lectionibus, notis variorum et indice locupletissimo. (Edent. N. Nomer et C. Combe.) *Londini, Browne*, 1792-1793, 3 vol. in-4.

Horatii Flacci edit. Bipont. secunda (cura J.-B.-M. Gence). *Paris., Treuttel et Würtz*, 1828, in-8.

Hortulus devotionis. (Auct. Gerardo Kalckbrenner, alias Hermontano.) *Coloniæ*, 1541, in-12.

Hortus Eystettensis (opera Basilii Besleri et Lud. Jungermanni). *Norimbergæ*, 1613, gr. in-fol.

Voyez des détails très-curieux sur la participation de J. Jungermann à ce grand ouvrage, dans le volume intitulé : « J. Jac. Baieri biographiæ professorum medicinæ qui in academia Altorfina unquam vixerunt », p. 81 et suiv.

Hortus pharmaceuticus Lutetianus. (Auct. Jacobo Grégoire.) *Parisiis, Targa*, 1631, in-12.

Hortus sanitatis.

Voyez « Ortus sanitatis ».

Huberti Langueti vita. (Auct. Philiberto de La Mare.) Edidit. Jo.-Petr. Ludovicus... *Impensis A. Dussarat, bibliop. Hallensis*, 1700, in-12.

Hucbaldi, Elnonensis monachi, de laude calvorum carmen mirabile (edente Et.-Fr. Corpet). *Parisiis*, 1853, in-12.

                       G. M.

Hugoneorum hæreticorum Tolosæ conjunctorum profligatio; a G. (Georgio Bosqueto, jurisconsulto). *Tolosæ, Colomesii*, 1563, in-8.

La traduction de ce livre a paru sous ce titre : « Histoire de G. Bosquet, sur les troubles advenus en la ville de Tolose, l'an 1561, avec les remontrances de l'auteur sur l'édit de janvier 1562 ». *Tolose, Colomiez*, 1563, in-12.

Hugonis Grotii epistolæ ad Gallos, nunc primum editæ (cum præfatione Claudii Sarrau). *Luyd. Batav., Elzevirii*, 1648, 1650, in-12.

Colomiés, « Mélanges curieux », édit. in-4, p. 812.

Hugonis Grotii manes, ab iniquis obtrectationibus vindicati. Accedit scriptorum ejus, tum editorum, tum ineditorum, conspectus triplex. (Auct. LEHMANNO.) *Delphis Batavorum (Lipsiæ)*, 1727, 2 vol. in-8.

Humilitas exaltata, seu Esther regina, oratorion musicum. (Auct. Petro PARIATI.) *Venetiis, M. Rossetti*, 1712, in-4. Melzi.

HYGINI et POLYBII de castris Romanis quæ extant, cum notis et animadversionibus R. H. S. (Rhabodi Hermanni SCHELII), græce et latine. *Amstelodami, Pluymer*, 1660, in-4.

Hymenæus pacifer, sive theatrum pacis hispano-gallicæ, a S. P. Q., Antuerpiensi, ante curiam erectum, cum... ejusdem pacis facta est promulgatio, xv kal. april. anni MDCLX. (Auct. Carp. GEVART.) *Antuerpiæ*, 1661, in-fol.

Hymni ecclesiastici novo cultu adornati. (Auct. Martin. CLAIRÉ, S. J.) *Paris.*, *Seb. Cramoisy*, 1673, in-4, avec vign. et culs-de-lampes gr. au burin. — Auctarium novæ hymnorum editionis, in-8, 16 p.

La dédicace est signée : M.C.S.J.S. Réimprimé avec le nom de l'auteur.

Hymni novi, ad publicum Æduensis ecclesiæ usum conparati. (Auct. Fr. OUDIN.) *Divione*, 1720, in-8.

Hymnus Angelicus, sive doctoris Angelici summæ theologiæ rhythmica synopsis. *Paris.*, 1676, in-16.

C'est la Somme de saint Thomas mise en vers latins par François PENON, dominicain, qui l'a dédiée *Deo uni*

atque trino. L'édition de Paris, 1653, porte le nom de l'auteur.

Hymnus de vicario Bellicence, DD. de La Croix, constituendo episcopo Vapincense, anno Christi MDCCCXXXVII, vita defunctoill. RR. DD. F.-A. Arbaud, religionis ab amico. *Vapinci, ex typis J. Allier*, 1837, in-8, 15 p.

S'il fallait en croire l'hommage mss. qui se trouve sur plusieurs exemplaires offerts en don, l'auteur anonyme, qui s'intitule *un ami de la religion*, serait M. GIROUD, principal du collège de Gap ; mais l'on a su depuis que le véritable auteur était M. BELLY, du Pont-de-Beauvoisin, qui avait chargé M. Giroud d'en être l'éditeur.

Hypnerotomachia, ubi humana omnia non nisi somnium esse docet, atque obiter plurima scitu sane quam digna commemorat. (Opus a Francisco COLUMNA compositum, et a Leon CRASSO, Veronensi, editum.) *Venetiis, Aldus Manutius*, 1499, in-fol., fig.

Voy. le « Manuel du libraire », 5ᵉ édit., IV, 778, et les « Supercheries », à *Poliphile*, III, 202, *b*.

Hypocrisis Marci Antonii de Dominis detecta, seu censura in ejus libros de republica ecclesiastica. Præambula pleniori responsioni. Auctore fideli ANNOSO verementano theologo (Joanne FLOYDO, Anglo, S. J.) *Antverpiæ*, 1620, in-8.

Hypotyposis orbium cœlestium quas apellant theoricas planetarum. (Auct. REINHOLDO.) *Argentorati*, 1568, in-8.

Hypotyposis philosophiæ seu summa. (Auct. P. Aloysio CARNOLI.) *Bononiæ*, 1657; — *Venetiis*, 1660, in-fol.

I

1. G.

1. G. de rebus auspiciis Caroli, Magnæ Britanniæ regis, sub imperio Jacobi Montisrosarum marchionis, supremi Scotiæ gubernatoris, anno 1644 et duobus sequentibus præclare gestis commentarius, interprete A. S. (seu potius auctore A. So-

. 1. G.

PHOCARDIO, anglice WISHART, Montisrosarum capellano). *Londini*, 1647; — *Parisiis*, 1648, in-8.

L'explication de ce titre m'a été donnée très-obligeamment par le savant M. Pinkerton.

L'ouvrage de Wishart a été traduit en français par

l'abbé Gaudin (voy. « Mémoires de James Graham », VI, 195, *f*). On croit qu'il s'est plus servi de la version latine que de l'original anglais.

Icon asini, scriptore S. P. (Salomone Priezac). *Parisiis, J. Julien,* 1659, in-8, 20 p.

Voy. « *Supercheries* », III, 718, *a*.

Icon tyranni, in invectiva contra Mazarinum expressa. *Parisiis,* 1649, in-4, 19 p., ou 20, ou 28 p.

La dédicace est signée : M. D. B. (Mathieu Du Bos).

Quatre éditions.

Traduit en français. Voy. « Icon... », V, 875, *b*.

Idea actionum juridicarum. (Auct. Mich.-Varo de Bagyon, Siculo.) *Claudiopoli,* 1742, 1759, in-8.

Idæa Frambesarianæ academiæ... *Parisiis, apud Michaelem Sonnium,* 1619, in-8, 8 ff.

(Auct. N.-Abrah. La Framboisière.)

Idea publici honoris exhibiti serenissimo principi Ferdinando, cardinali, infanti Hispaniarum, Brugas Flandrorum introeunti. (Auct. Jacobo Catero.) *Brugis,* 1635, in-4.

Ignatii Loyolæ vita, postremo recognita. (Auct. J.-P. Maffeio.) *Antuerpiæ,* 1605, in-8.

Illustris academia Lugduno - Batava. (Auct. Jo. Meursio.) *Lugd. Batav.,* 1613, in-4.

Illustrissimi principis D. D. Guill. Egonis, landgravii Furstembergii, seren. archiep. Elec. Colon. legati, violenta abductio, injusta detentio. (Auct. D. Mich. Gourdin, benedictino.) *Antverpiæ (Parisiis),* 1674, in-12.

Illustrissimis ac venerandis in Christo Patribus, DD. archiepiscopo Strigoniensi, Hungariæ regni primati... omnibusque qui aderunt judices episcopis. *Londini,* 1822, in-8, 20 p.

Cette Lettre datée de Londres, le 1er mai 1822, et signée par vingt prêtres français a été rédigée par l'abbé Blanchard.

Illustrissimo et fortissimo heroi Cæsari-Phœbo Alibreto, Pontium dynastæ, principi Mortaniæ, Franciæ mareschallo, etc., adventorium carmen. (Auct. Joanne Demery.) *Burdigalæ,* 1671, in-fol.

Catalogue de Nantes, nº 25,080.

Illustrium et clarorum virorum episto-

læ selectiores, superiore sæculo scriptæ vel a Belgis vel ad Belgas. (Edente P. Bentio.) *Lugd. Batav., Lud. Elzevirius,* 1617, in-12.

Illustrium et eruditorum virorum epistolæ (ad Sorberium). *Parisiis,* 1669, in-12.

Ce volume commence à la page 433 et finit à la page 600. Sorbière n'en a fait imprimer que soixante exemplaires ; il le regardait sans doute comme la fin du recueil de ses lettres latines, qu'il se proposait de publier, mais qui sont restées manuscrites. L'état d'imperfection dans lequel ce volume paraît être au premier coup d'œil, aura probablement occasionné la perte et même la destruction de plusieurs exemplaires. L'abbé de Saint-Léger ne put le voir qu'un an avant sa mort. M. Van Praet en a trouvé un exemplaire dans la bibliothèque d'une de nos anciennes maisons religieuses. J'en ai découvert un autre dans la bibliothèque de la ci-devant Faculté de médecine de Paris. Il est aujourd'hui dans la bibliothèque du château de Fontainebleau. Un autre exemplaire me tomba sous la main en 1802, dans une de mes promenades bibliographiques. Il en existe un quatrième dans le cabinet d'un amateur. Un cinquième exemplaire, provenant de la bibliothèque de M. le cardinal Fesch, et placé par ses acquéreurs parmi les livres de rebut, s'est présenté à mes recherches en 1818.

J'ai donné mon exemplaire de 1802 à M. De Bure l'aîné, qui possédait les Lettres manuscrites de Sorbière, volume in-fol. de 828 feuillets, intitulé : *Epistolæ Samuelis Sorbiere ad illustrissimos et eruditos viros scriptæ, in quibus multa continentur ad rem litterariam sui temporis illustrandam, scilicet ad historiam naturalem, philosophiam, theologiam, et ad hominum mores dignoscendos. Accedunt illustrium et eruditorum virorum ad eum epistolæ; itemque catalogus et index rerum et verborum locupletissimus. Cura et opera Henrici Sorbiere, auctoris filii. Parisiis.* 1673.

Les Lettres contenues dans le petit volume imprimé n'ont pas été copiées dans le recueil manuscrit. On s'est contenté d'en citer les commencements et de renvoyer aux pages de l'imprimé où elles se trouvent.

M. De Bure possédait aussi une Notice du manuscrit, faite par l'abbé de Saint-Léger. Le tout se trouve aujourd'hui à la Bibliothèque nationale.

Illustrium et solemnium observationum Cameræ imperialis apospasma prodromon. (Auct. Joan. Thilmanno de Benignis, scilicet Joan. Goeddeo.) *Ursellis,* 1600, in-fol.

L'auteur publia l'année suivante « Apospasma syndromon », in-fol.

Imago heroum qui de cognatis excellentissimis et illustrissimis prosapiis Páltfi ab Erdőd et z Erdődi de Monyorókerek, sago et toga inclyti, ad ætatem hanc in reipublicæ emolumenta longe maxima floruere. (Auct. E. Tolvay.) *Tyrnav.,* 1729, in-8.

Imago primi sæculi Societatis Jesu a provincia Flandro-Belgica ejusdem societatis repræsentata. (Auctoribus TOLLENA-RIO, HENSCHENIO et BOLLANDO ; cum versibus Sidr. HOSCHII.) *Antverpiæ*, 1640, in-fol.

Les vers flamands sont d'Adrien DE POIRTRES.

Imago... Armandi Joannis Le Bouthillier de Rancé,... — Portrait de Dom Armand-Jean Le Bouthillier de Rancé... (Par Louis D'ACQUIN,. évêque de Séez. *Paris, F. Muguet*, 1701, in-12.

Un abrégé a été publié sous le même titre, à peu près en 1708, in-8.

Imago Vechiana, Alexandro VII, pont. max., dicata. (Auct. Gabr. GOSSART.) *Parisiis, ex offic. Cramosiana*, 1656, in-fol.

Imperii Germanici jus ac possessio in Genua Ligustica ejusque ditionibus, etc. (Auct. H.-Christ. DE SENCKENBERG.) *Hanoveræ,. 1751, in-4.

« Tableau des révolutions de l'Europe » (par KOCH). *Lausanne*, 1771, in-8, p. 183.

In Arnaldi librum de frequenti communione dissertatio præclarissimi theologi (J.-B. FAURE, ex-jesuita). *Romæ*, 1791, in-4.

Cette dissertation, restée inachevée, fut revue et terminée par un autre ci-devant jésuite, Napolitain.
                Melzi.

In augustissimum missæ sacrificium expositio, ab uno sacerdote Soc. Jesu (Renato RAPIN). *Parisiis*, 1682, in-12.

In christianæ doctrinæ nobilitatem, ode ; cecinit magistro docilis Deo A. M..... P. P. P. (MIGEOT. presbyter, philos. professor). *Remis*, 1769, in-4, 4 p.

In diem luctuosissimum 21 mensis januarii 1793, ode sacra. (MASSON scripsit.) *Paris, Lebègue*, 1817, in-8.

In dissertationem Italiæ medii ævi censuræ tres, cum resp. III, pro anonymo Mediol. belli diplomatici historia, etc. *Mediolani*, 1729, in-4.

Melzi dit que cet ouvrage, attribué à tort par Barbier à ARGELATI, est du bénédictin J.-G. BERETTA.

In divum Franciscum Salesium, nupera apotheosi consecratum, odæ panegyricæ. Auctore I. D. L. F. S. S. C. M. (Jacobo DE LA FOSSE, sacerdote missionis sacræ congreg. Sancti Lazari). *Trecis, ex typ. Nic. Oudot*, 1668, in-4, 1 f. de titre et 36 p.

In divum Maximum martyrem, cujus ossa in æde sacra regii Societatis Jesu collegii Ludovici Magni adservantur, ode

ionica. (Auct. Natali-Stephano SANADON.) *Lutetiæ Parisiorum*, 1715, in-12.

.Cat. de Nantes, n° 25,142.

In Ecclesiæ perennitatem ode sponsa ad sponsum cecinit sponsæ alumnus bene memor A. M..... P. P. P. (Ant. MIGEOT, presbyter, philos. prof.). *Remis*, 1767, in-4, 4 p.

In Francisci, illustriss. Franciæ delphini, et Mariæ, Scotorum reginæ, nuptias, viri cujusdam ampliss. carmen. (Auct. Michele DE LHOSPITAL.) *Parisiis, F. Morel*, 1558, in-4, 4 ff.

In honorem et pro festis S. Exuperii et S. Lupi, Bajocensium episcoporum et Corbolii patronorum, hymni et prosæ.

Hymnes et proses en l'honneur et pour les fêtes de S. Spire et de S. Leu, évêques de Bayeux et patrons de Corbeil. (Par Simon GOURDAN.) *Corbeil, imp. de C.-J. Gelé, s. d.*, in-18, 36 p.

In Jonæ prophetæ historiam paraphrasis. *Rothomagi, typis Maurrianis*, 1673, in-4, 8 ff.

Signé : J. C. S. J. (Joan. COMMIRIUS, S. J.).

In levem morbum salpetriæ nymphæ cantilliacæ epigramma. *S. l. n. d.*, 1 f. in-8.

Signé : S. V. (SANTOLIUS, Victorinus).

In libros Quintiliani 12 commentarii valde succincti et elegantes. *Parisiis*, 1556, in-4.

Gibert, dans le 2° volume de ses « Jugemens des savans », p. 31, attribue à Turnèbe ces Commentaires sur Quintilien. Voici ce que Beaucousin a écrit sur son exemplaire, à cet endroit du livre de Gilbert :

« L'édition est de 1554, in-4, avec un changement de date au frontispice en 1556. Elle a été rajeunie en 1586 par un faux frontispice, qui porte : « In M. Fabli Quintiliani, etc., breves admodum et elegantes commentarii, quos Adriano Turnebo, viro doctissimo, plerique volunt adscribi, nunc demum ab omni typographiæ labe, in studiosæ juventutis gratiam purgati ». *Parisiis, ex officina Thomæ Brumennii*, 1586. Pour cacher l'imposture, ce dernier libraire a manuellement altéré, au bas de l'ancien Avertissement de Thomas Richard, les chiffres 1554 pour en former 1586.

« Ces Commentaires n'appartenant pas à Turnèbe, ils n'ont pas été insérés dans la collection de ses œuvres, donnée par son fils Étienne Turnèbe, à Strasbourg, 1600, in-fol. »

Cette édition est présentée comme formant trois éditions dans les Notices littéraires qui se lisent dans le *Quintilien* de Deux-Ponts et dans celui de Spalding ; j'ai corrigé cette faute dans l'édition publiée par M. Lemaire.

In librum Joannis Launoii qui inscribitur : « Regia in matrimonium potestas » observationes. (Auct. D. Leullier.) *S. l.*, 1678, in-4.

In naufragio incendium, oratio de S. Maria Magdalena pedes Christi ungente. (Auct. Aloysio-Boleslao Balbino.) *Olomucii*, 1653, in-8.

In numismata regum et imperatorum Romanorum, a Romulo et C. Julio Cæsare usque ad Justinianum Augustum, perpetuus et succinctus commentarius. *Antverpiæ*, 1654, in-fol.

« On a longtemps attribué cet ouvrage à Jean-Gaspard Gevart ; mais il n'y a eu d'autre part que de le mettre entre les mains de l'imprimeur. Le véritable auteur est Albert Rubens, qui a avoué l'avoir composé lorsqu'il était encore fort jeune ». (*Niceron*, t. XXXVIII, p. 27.)

In nuptias serenissimor. princip. Ludovici Augusti, Galliarum delphini, et Mariæ-Antoniæ, Austriæ archiducissæ, Versaillis celebratas, die 16 mai 1770, dialogus duorum humanistarum collegii regii Aurelianensis. (Auct. J.-J. Chapuis du Pilier, humanitatis professor in collegio.) *Aureliæ*, *Vᵃ Rouzeau-Montaut*, 1772, in-12.

In perantiquam sacram tabulam græcam, insigni sodalitio Sanctæ Mariæ caritatis Venetianum ab ampliss. card. Bessarione dono datam, dissertatio (Jo.-Bap. Schioppalalbæ). *Venetiis*, 1766, in-fol.

In præmaturam mortem Joannis Verjusii, ode expostulatoria. (Auct. P. Claudio-Franç. Menestrier.) *S. l.*, 1663, in-4.

In primum tomum antiquitatum Romanarum J. G. Grævii critice. (Auct. Joh.-Franc. Corradino de Allio.) Cum supplementis, quibus accedit senatus Romana topographia. *Venetiis*, 1738, in-4.

In quator articulos declarationis anno 1682 editæ, aphorismata ad juniores theologos. Auctore F.D.L.M.(F. de La Mennais). *Paris, au bureau du « Mémorial catholique »* (1826), in-8, 8 p.

In Rami insolentissimum decanatum cujusdam oratoris Philippica secunda. *Parisiis*, 1567, in-4.

C'est une diatribe virulente contre l'infortuné Ramus, professeur au Collège de France. On y loue beaucoup Jacques Cartier, devenu son confrère après avoir été son disciple ; ce qui a fait croire que cette satire était de cet homme atroce, qui désigna son ancien maître aux poignards des assassins de l'horrible journée de la Saint-Barthélemi.

In regem victorem pacificum, ode. *Paris.*, *S. Bernard*, in-4, 4 p.

Signé : J. C. (Joan. Commirius), S. J.

In sepulcralem lapidem Sexti Varii Marcelli in agro Veliterno excusum observationes (Maxim. Zampini). *Romæ*, 1765, in-4.   Melzi.

In serenissimæ Delphinæ obitum ode lugubre canebat A. M..... P.P.P. (Antonius Migeot, presbyter, philos. professor). *Remis*, 1767, in-4, 4 p.

In sollennitate Domini nostri Jesu-Christi cum hominibus conversantis officium, ritu Romani breviarii. *S. l. n. d.*, in-8.

Une note manuscrite sur l'exemplaire de la Bibliothèque nationale porte : Authore P. Francisco Penon.

In Testamenti Novi majorem partem, hoc est, in Evangelia et Epistolas Pauli omnes, poemata carmine disertissimo a variis cum præteriti, tum nostri temporis poetis (Jo. Spangenbergius, Nerdessianus, in Evangelia ; Jo. Calceatus, minorita, de Passione Domini ; Arator, subdiaconus cardinalis, in Acta apostolorum ; Fr. Bonadus, Angeriæ presbyter, in omnes Epistolas Pauli ; A. Prudentii enchiridion Novi et Veteris Testamenti ; H. Buschii carmen de Christo mediatore) collecta et edita (cura Carth. Westhemeri, Phorzensis). *Basileæ*, 1542, in-8.

In victoriam Steinkerkensem, ode. (S. l., 1693), in-8.

Signé : J. C. S. J. (Joannes Commirius, Societatis Jesu).

Incognitus in psalmos. *Milani*, 1510, in-fol.

Réimprimé plusieurs fois.

Cet ouvrage paraît être d'un carme polonais de la fin du XIVᵉ siècle, nommé Michel Angrianus, ou plutôt de Ayguanis (« Bibl. lat. du moyen âge », de Fabricius, in-8, t. V).

On a aussi attribué ce Commentaire à P. Berchoire.

Index Alexandri VII jussu editum. *Romæ, typ. Cam. apost.*, 1664, in-4.

Revu par le P. Giacinto Libelli, dominicain, maître du sacré Palais. Il reparut en 1665, in-8°, avec des argumentations dues à un autre dominicain, le P. Vincenzo Fano.

                Melzi.

Index auctior et accuratior. *Romæ, typ. Cam. apostol.*, 1681, in-8.

Rédigé par le dominicain Giacinto Ricci ; les éditions de 1684 et de 1700 furent revues par le P. Giulio Maria Bianchi, du même ordre.

                Melzi.

Index bibliothecæ qua Franciscus Barberinus, S. R. E. cardinalis vice-cancellarius, suæ familiæ ad Quirinalem ædes magnificentiores reddidit, tomi tres, libros typis editos complectentes. *Romæ, typis Barberinis,* 1681, 2 vol. in-fol.

Le 3ᵉ volume de ce Catalogue estimé et rare n'a point paru. On croit qu'il devait contenir les manuscrits. La rédaction en est attribuée à Lucas HOLSTENIUS. Voy. l'« Oratio solemnis de præcocibus eruditis », par J. Henri Van Seelen. *Flensburgi,* 1713, in-4, p. 16, et le tome IV du « Catalogus bibliothecæ Casanatensis », *Romæ,* 1788, aux mots : *Index...*

Index expurgatorius librorum qui hoc sæculo prodierunt. Philippi II jussu et auctoritate, atque Albani ducis consilio ac ministerio in Belgio concinnatus. (studio ARIÆ-MONTANI.) *Antverpiæ, Plantinus,* 1571, in-4.

Index funereus chirurgicorum Parisiensium, ab anno 1315 ad annum 1714. Opera M. J. D. V. (Jóanne DEVAUX).. *Trivoltii ; et Parisiis, S. Ganeau,* 1714 in-12.

Index in libros Grotii de jure belli et pacis, scriptus in usus studiosorum qui privatim eos audiebant, explicati a Cl. Bœclero anno 1657. (Auct. Joan. SCHEFFERO.) *Ienæ,* 1673, in-4.

Index librorum prohibitorum, auctoritate Clementis VIII recognitus et publicatus. *Romæ, typ. Cam. apost.,* 1596, in-8.

Rédigé par le P. Paolo Pico, dominicain. L'Index publié sous le pontificat d'Urbain VIII en 1652 fut revu par le P. Francisco Madalene CAPIFERRO.
Melzi.

Index plantarum quæ in horto academ. Groningano coluntur. (Auct. P. DRIESSEN.) *Groningæ,* 1820, in-8.

Index quarundam novitatum, quas Dominus Samuel Puffendorff libro suo de jure naturæ et gentium contra orthodoxa fundamenta edidit. (Auct. Josua SCHWANZ.) *Londini Scanorum,* 1673, in-4.

Chr. Frid. Georg. Meister, dans sa « Biblioth. uris naturæ et gentium », pars tertia, *Goettingæ,* 1757, in-8, pp. 121 et 131, cite trente-six écrits relatifs à la querelle occasionnée par l'ouvrage de Puffendorf, « De Jure naturæ et gentium ».

Index vocabulorum omnium quæ in Eclogis, Georgicis et Æneide Virgilii continentur, novo ordine dispositus (cura et studio abbatis LEZEAU). *Parisiis, Barbou,* 1714, in-12.

L'abbé Lezeau, dans la Préface de la traduction du premier livre des « Fastes d'Ovide », qu'il a publiée la même année chez le même libraire, annonce qu'il est sur le point de mettre au jour un *Index* de Virgile qui lui a coûté beaucoup de soins. L'Avis au lecteur qui précède cet *Index* n'est, pour ainsi dire, que la traduction du passage de sa Préface.

Le libraire Barbou fit réimprimer cet *Index* en 1717, in-4, et, dans un petit Avis au lecteur écrit en latin, il informe le public des soins qui ont été donnés à sa composition. Il rappelle les essais du P. de La Rue, et ajoute que cet habile jésuite, distrait par d'autres occupations, a remis les améliorations qu'il avait recueillies pour cet *Index* entre les mains du savant et spirituel abbé Lezeau. Cette édition de l'*Index* fut placée à la fin de la 3ᵉ édition, in-4, du *Virgile* du P. de La Rue ; la 4ᵉ édition, in-12, du même *Virgile,* publiée en 1726, renferme l'*Index* et l'*Avis au lecteur* de 1714.

Indiculus universalis. (Auct. P. POMEY.) 4ᵉ édit. *Limoges, Barbou,* 1698, in-12.

Cet ouvrage avait été publié d'abord avec le nom de l'auteur.

Indignatio scholæ Parisiensis. (Auct. Ant. CARPENTARIO.) *S. l. n. d.,* in-4, 6 p.

Au sujet de la décision de la Faculté sur la question de l'emploi des purgatifs dans la pleurésie.

Infamia emendationum in Menandri reliquias, auctore Phileleuthero Lipsiensi (Rich. Benteio). *Lugd. Batav.,* 1710, in-12.

Jac. GRONOVIUS est l'auteur de cette critique.

Ingenua et vera oratio ad regem christianissimum perscripta, de eo quod postulatur, ut jesuitæ restituantur in regno Galliæ. *Lugduni,* 1602, in-4. — 2ª edit. *Lugduni Batavorum,* 1603, in-8. — 2ª ed. *Hanoviæ,* 1603, in-8.

Par Antoine ARNAULD. Traduction de « Le Franc et véritable discours... ». Voy. V, 496, *a.*

Initia Cassoviensis Societatis Jesu, ab an. 1601 ad an. circiter 1640. (Auct. Joanne AKAI, S. J.) *Cassoviæ,* 1743, in-12.

Inquisitio et detectio horribilis homicidii comitis d'Essex. (Auct. Roberto FERGUSON.) *S. l. n. d.,* in-8.

Inscriptiones antiquæ basilicæ Monasterii et Horti Sancti Pauli de urbe ad viam Ostiensem. *Romæ, F. Moneta,* 1654, in-fol.

Recueil publié par Dom Cornelio MARGARINI, abbé du Mont-Cassin.
Melzi.

Inscriptiones antiquæ in Etruriæ urbibus exstantes (cum notis Cl. V. Ant. M. Salvinii, cura et studio Antonii-Francisci GORII). *Florentiæ, Manni,* 1726-1743, 3 vol. in-fol.

Inscriptiones sex gentilitiæ ad Ludovicum XVIII. (Auct. P.-V. BELLOC.) *Paris., P. Didot,* in-fol.

Insignium aliquot virorum icones (e. historia, cura et studio Joan. TORNÆSI filii.) *Lugduni, J. Tornæsius,* 1559, in-8.

Insinuationes divinæ pietatis, seu vita et revelationes S. GERTRUDIS, virginis et abbatissæ ordinis S. Benedicti, a mendis quibus scatebant expurgatæ, studio et labore D.N.C.B. (Domni Nicolaï CANTELEU, benedictini.) *Parisiis*, 1662, in-8.

Il y a une autre édition latine de cet ouvrage, par dom MÈGE, bénédictin. *Paris*, 1664, in-12, et deux traductions françaises. *Paris*, 1671, l'une anonyme, in-4, et l'autre par dom MÈGE, in-8.

Instituta collegii Germanici Hungarici (edita a Josepho ZOLA). *Mediolani*, 1783, in-4. Melzi.

Institutio catholica, in qua expenditur fidei veritas, etc., auctore R. P. COTONO. E gallico latine vertit L. CR. (Ludovicus CRESOLLIUS; jes.). *Moguntiæ*, 1618, in-4.

Institutio pro sacerdote celebrante in missa privata. (Auct. Cesare BENVENUTI.) *Romæ*, 1726, 1727, in-4. Melzi.

Institutio reformationis in ordine Præmonstratum. (Auct. Edmundo MACLOT.) *Parisiis, vidua Steph. Chardin*, 1697, in-8.

Institutiones juris canonici et privati, ad usum scholarum accommodatæ; auctore R. DE M. (abbate ROQUETTE). *Paris, Lecoffre*, 1853-1856, 2 vol. in-8.

Institutiones juris publici Germanici Romani, ex ipsis reces-ibus et legibus ejus reipublicæ fundamentalibus adornatæ. (Auct. Jo.-Frid. RHETIO.) *Franc. ad Viadr.*, 1683, *in-8.*

Réimprimé en 1687 avec le nom de l'auteur.

Institutiones linguæ græcæ, in usum scholarum piarum. (Auct. P. Paulo ANTONIOLI.) *Florentiæ, typ. Imp.*, 1759, in-8. Melzi.

Institutiones medicæ ex novo medicinæ conspectu. (Auct. Ludov. DE LA CAZE.) *Lutetiæ Parisiorum, H.-L. Guerin et L.-F. Delatour*, 1755, in-12.

Institutiones philosophicæ. (Auct. Barth. FEDELI, S. J.) *Mutinæ, Barthol. Soliani*, 1706, in-12.

Institutiones philosophicæ breves et faciles. (Auct. LE COZIC.) *Parisiis*, 1746, in-12.

Institutiones philosophicæ, ad usum scholarum accommodatæ. (Auct. Fr. RIVARD, edente vero dom. MONNIOTTE, benedictino.) *Parisiis*, 1778 et 1780, 4 vol. in-12.

Institutiones philosophicæ, ad usum seminarii Tullensis. (Auctoribus CAMIER et

GIGOT, edente D. PARISIS.) *Tulli-Leucorum*, 1769, 5 vol. in-12.

La première édition a été faite à Épinal en 1763, la seconde à Toul en 1769, et la troisième dans la même ville en 1770. Quant à la quatrième, faite aussi à Toul en 1777, l'auteur l'a corrigée, et elle a été soumise à plusieurs examens ; en conséquence, on en a supprimé beaucoup de défauts. (« Recueil de plusieurs ouvrages du président Rolland ». *Paris*, 1783, in-4, p. 140.)

Institutiones philosophicæ, ad usum studiosæ juventutis. (Auct. J. DEMERSO.) *Quebeci, ex typis Tho. Cary et Sorii*, 1835, in-8, 395 p.

L'abbé Demers était alors vicaire général du diocèse de Québec et directeur du séminaire.

Institutiones philosophicæ, auctoritate D. D. archiepiscopi Lugdunensis, ad usum scholarum suæ diœcesis editæ. (Auct. Josepho VALLA, congregationis Oratorii D. J. presbytero.) *Lugduni*, 1782, 5 vol. in-12.

Cet ouvrage a été souvent réimprimé sous ce titre : « Institutionum philosophicarum cursus, ad usum studiosæ juventutis, præsertimque seminariorum accommodatus ». *Lugduni*, 1808 ; *Parisiis*, 1813, 3 vol. in-12.

Le P. Valla, mort à Dijon le 26 février 1790, a professé la théologie à Soissons, sous M. de Fitz-James, et ensuite à Lyon, sous M. de Montazet. Sa Théologie, dite *de Lyon*, est très-estimée. On estime aussi beaucoup sa Philosophie ; mais on a fait des corrections aux nouvelles éditions.

Institutiones philosophicæ, de prolegomenis philosophiæ et logica, in seminario Bajocensi habitæ anno 1839-1840. (Auct. A. NOGET-LACOUDRE.) *Caen, impr. lithogr. de Loisel*, 1841-1842, 3 vol. in-8.

Une seconde édition, avec le nom de l'auteur, a été publiée à Paris en 1842.

Institutiones philosophicæ, in novam methodum digestæ, autore M. P. L. R. I. S. P. S. P. N. N. E. A. M. L. V. S. (P. LE RIDANT). *Auxerre et Paris*, 1762, 3 vol. in-12.

Institutiones regni mineralis, sistentes eorum series. (Auct. J.-V. PETRINI.) *Romæ*, 1794, 2 vol. in-8. Melzi.

Institutiones theologicæ, ad usum seminarii Cænomanensis. (Auct. J. BOUVIER.) *Paris, Méquignon junior*, 1820 et ann. suiv., 4 vol. in-12.

Institutiones theologicæ, auctoritate D. D. archiepiscopi Lugdunensis, ad usum scholarum suæ diœcesis editæ. (Auct. VALLA, TABARAUD et CHARRIER DE LA ROCHE.) *Lugduni*, 1784, 6 vol. in-12. — Eædem nunc primum observationibus illustratæ et notis apologeticis vindicatæ (a P. Molinelli, piarista.) *Lugduni* et *Genuæ*, 1788, 6 vol. in-8.

Le P. Valla avait publié dès 1780 la première édition de cet ouvrage, sans l'autorisation de l'archevêque C'est probablement à lui qu'on doit : « Compendium institutionum theologicarum quæ anno 1780 Lugduni editæ sunt ». *Lugduni*, 1781, 2 vol. in-12.

Institutiones theologicæ, quas e fusioribus suis editis et ineditis, ad usum seminariorum, contraxit Petrus C*** (Collet), theologiæ Tournelianæ continuator : opus ad juris romani et gallici normam exactum. *Parisiis*, 1744 et ann. seqq., 7 vol. in-12.

Iustitutionum militiæ clericalis, ad usum seminarii Rheginis libri IV. (Auct. Josepho Morisani.) *Neapoli, fratres Simoni*, 1773-1777, 3 vol. in-8.   Melzi.

Instructio pastoralis et decretum Versaliensis episcopi die martii 1864. *Versaliis, typ. Beau jun.*, in-8, 27 p.

Par l'abbé Bouix. C'est la condamnation des « Lettres de Sophronius ».Voy. «Supercheries », III,711, d.

Irenicon. (Auct. Ægidio Menagio.) *S. l. n. d.*, in-4.

Irenicum Irenicorum, seu reconciliatoris christianorum hodiernorum norma triplex : sana omnium hominum ratio, Scriptura Sacra et traditiones. (Auct. Daniele Zwickero.) (*Amstelodami*), 1658. — Irenicomastix perpetuo convictus et constrictus (seu refutatio duplex Comenii, Hoornbeckii et aliorum adversariorum, eodem autore). *Amsterodami*, 1661. — Irenicomastix iterato victus et constrictus, imo obmutescens (eodem autore). Anno 1662, 3 vol. in-8.

Irritabilitatis leges nunc primum sancitæ. (Auct. Felice Fontana.) *Senis*, 1767, in-4.   Melzi.

Isidori Clarii epistolæ ad amicos, quas

D. Josepho Olgiato, Parmensi episcopo, ex autographo descriptas D. Maurus Pazzius, abbas ejusdem monasterii et monachi, D. D. (Edente Bened. Bacchini.) *Mutinæ*, 1705, in-4.

Niceron, t. XXXIV, p. 113.

Ismaelis Bullialdi pro ecclesiis Lusitanicis ad clerum Gallicanum libri duo ; accessit ejusdem ad Nic. Rigaltium dissertatio de populis fundis (curante Joanne-Alberto Portner). *Argiropoli*, 1656, in-12.

Italiæ illustratæ, seu rerum italicarum scriptores. (Ed. Andr. Schott.) *Francofurti*, 1600-1603, in-fol.

Iter Gebodinum. (Auct. Buvat de La Sablière.) *Bourges*, 1756, in-8.

Iter pietatis ac doloris per eos gradus quos rex dolorum suis passionibus consecravit. (Auct.Aloysio Spinola,Soc.Jesu.) *Romæ, Zanetti*, 1625, in-12.

Une autre édition, même imprimeur et même année, a pour titre : « Itinerarium pietatis ».   Melzi.

Itinerarii per diversa Galliæ ac Italiæ loca memores notæ, et rerum roman. curiosi ac religiosi indagatoris dies decem. (Auct Antonio de Rombise.) *Montibus, J. Havart*, 1639, pet. in-8.

Voir la note du catalogue Van Hulthem, 23,636.

Itinerarium athei ad veritatis viam deducti, in quo atheizantium objectæ nebulæ lucidissimo veritatis sole disperguntur. (Auct. Joanne Rajcsanyi, S. J.) *Viennæ*, 1704, in-12.

Itinerarium Adriani VI, ab Hispania, unde summus acersitus fuit pontifex, Romam usque ac ipsius pontificatus eventus. (Studio Blasii Ortiz, ejus sacellani.) *Toleti, Jo. ab Ayala*, 1546, in-8.

Itinerarium pietatis...

Voy. « Iter pietatis... ».

J. A. M. L. (Joannis-Aloysii Martini LAGUNA) epistola ad C. G. Heyne de libris Lucani editis, qui seculo quinto-decimo typographorum formulis descripti sunt. *Gottingæ*, 1787, in-8.

J. Ar. C. (Joannis ARTISII, seu DARTIS), animadversiones in Annales Baronii et Casauboni Exercitationes. *Paris.*, 1616, in-8.

Réimprimées sous la même date et avec le nom de l'auteur.

J. B. SANTOLII, Victorini, operum omnium editio tertia. *Parisiis*, 1729, 3 vol. in-12.

On attribue communément cette édition, dit l'abbé Goujet, à M. PINEL DE LA MARTELIÈRE, frère de feu M. Pinel, curé de Saint-Séverin à Paris. Mais M. BILHARD, correcteur d'imprimerie, ci-devant clerc tonsuré, m'a protesté que M. de La Martelière y avait eu beaucoup moins de part que lui. (Catalogue manuscrit) de l'abbé Goujet.

J. CLERICI vita et opera ad annum 1711. (A Joan. LECLERC, semet ipso.) *Amstel.*, 1711, in-8.

J. D. (Joan. DESAINT) Pluteus spirans. 1753, in-8.

Traduction du « Lutrin vivant » de GRESSET.

J. H. C. H. S. D. M. (Joan. Henrici COHAUSEN, Hilderio-Saxonis, doct. medici) clericus medicaster. *Francof. ad Mœnum*, 1748, in-8.

J. LAUNOII opera (collectore Franç. GRANETIO.) *Aureliæ Allobrog.*, *Fabri*, 1731, 10 vol. in-fol.

J. M. V. D. M. (J. MUSÆI verbi divini, ministri) epistola ad amicum, continens censuram libri cui titulus : « Tractatus theologico-potiticus », etc. *Ultrajecti*, 1671, in-4, 48 p.

Joannæ Darciæ, obsidionis Aurelianæ liberatricis, res gestæ, imago et judicium.

(Auct. Leone TRIPPAULT.) *Orléans*, E. Gibier, 1583, in-8.

Accompagné de sa traduction française.

Jacobi CUJACII, J. C., oratio in favore nobiliss. præstantissimique viri Gaspari Chartrei... (a Nicolao Rigaltio ex gallico in latinum versa). *Parisiis, R. Stephanus*, 1610, pet. in-fol.

Jacobi VANIERII prædium rusticum. Nova editio, cæteris emendatior (cura et studio J.-Aug. CAPPERONNIER). *Parisiis, Barbou*, 1774, in-12 ; — 1786, in-8.

Jansenius a Thomistis, gratiæ per seipsam efficacis defensoribus, condemnatus, authore Q. P. F. A. S. I. T. (Q.-P.-Francisco ANNATO, Societatis Jesu theologo).— *Parisiis, apud S. Cramoisy*, 1653, in-4.

Jesuitarum, aliorumque romanæ curiæ adulantium de summi pontificis auctoritate commenta, regnis regibusque infesta, etc., per jurisconsultum Batavum, Ecclesiæ et patriæ amantem (Joan.-Christ. VAN-ERKEL). *Amstelodami*, 1704, in-4, 40 p.

Jesuitas, pontificum romanorum emissarios, falso et frustra negare papam Joannem VIII fuisse mulierem. *S. l.*, 1588, in-8.

Réimprimé sous ce titre : « Jesuitas, singulares SS. pontificiæ majestatis hoc tempore vindices, falso et frustra negare papam Joannem VIII fuisse mulierem. Editio altera, non sine auctario ». 1598, in-4, avec une gravure sur bois.

L'auteur est Hermann WITTEKINDUS, professeur à Heidelberg, qui mourut en 1603.

Jesuitica prima. *S. l. n. d.*, in-8, 21 p. — Jesuitica secunda. Universitas studii Parisiensis sociis et amicis Universitatibus studiorum. (Auctore Michaele GIRARD.) *S. l.*, 1632, in-8, 1 f. de tit. et 22 p.

Jo. MORINI, congreg. Orat. presb., opera

posthuma (curante P. Moret, ejusdem Congregat.). *Parisiis*, 1703, in-4.

Joa. Wallisii grammatica linguæ anglicanæ, cui præfigitur de loquela tractatus. Editio sexta (cura et impensis Th. Hollis atque Aud. Millar, cum præfatione Guil. Bowyer.) *Londini*, 1765, in-8.

L'imprimeur Bowyer reçut du généreux Hollis 20 liv. sterl. pour la préface latine, de quarante lignes.

Joannis Armandi Plessiaci, cardinalis, ducis de Richelieu, fatum emortuale ad senatum Gallicanum. (Auct. Philiberto Dusaut.) *Parisiis*, 1642, in-fol. plano.

Johannis Barclaji pietas, seu publicæ pro regibus et principibus, et privatæ pro Guillielmo Barclajo parente vindiciæ adversus Robertum Bellarminum, in tractatu de potestate summi pontificis in temporalibus. *Parisiis, P. Mettayer*, 1612, in-12.

David Clément, dans sa « Bibliothèque curieuse », attribue cet ouvrage à Robert Bellarmin lui-même.

Joannis Cameronis opera (cum præfatione Fr. Spanheim). *Genevæ*, 1642, in-fol.

Joannis de La Barre antiquitates Corbolienses, bibliothecæ Corboliensi publicæ hacce donatæ die, ex fastis Corboliensibus idib. augusti. Latine, gallice et metrice. (Auctore J.-A. Guiot.) *Corbolii, exc. C.-J. Gelé*, circa ultimas sæc. xviii vindemias, in-12, 16 p.

Joannis Despautini grammatica contracta, adjectis aliquot versibus (ab Adolpho Metkerque et Francisco Bruguin). *Antverpiæ, Plantinus*, 1571, in-8.

Joannis Harduini opera varia (cura et studio abbatis d'Olivet in lucem emissa). *Amstelodami*, 1733, in-fol.

Joan. Henrici Othonis historia doctorum Misnicorum, cum notis harum litterarum studiosi (Hadriani Relandi). *Amstelodami* (1698), in-8.

Joannis Hoornbeek de conversione Judæorum et gentilium libri duo (opus posthumum, a Davide Stuarto editum). Accessit ejusdem vita ab amico (eodem Stuarto) edita. *Amstelodami*, 1669, in-4.

Joannis-Martini Ripaldæ, S. Jesu, vulpes capta per doctores Lovanienses. (Auct. J. Sinnichio.) *Lovanii*, 1649, in-4.

Cette critique est dirigée contre le troisième volume

de l'ouvrage du P. de Ripalda, intitulé : « De ente supernaturali ». *Coloniæ, Corn. ab Egmond (J. Blaeu)*, 1648, in-fol.

Jo. Matth. Gesneri, V.C., Socratis sanctus pæderasta, commentatio societati regiæ Gottingensi prælecta, 5 febr. 1752. Accedit ejusdem V. C. corollarium de antiqua asinorum honestate. (Edidit et præfatus est R.-M. Van Goens.) *Trajecti ad Rhenum*, 1769, in-8, 59 p.

Joannis Wiclefi, viri undiquaque piissimi dialogorum libri IV, quorum quartus Romanæ Ecclesiæ sacramenta, ejus pestiferam dotationem, Anti-Christi regnum, etc., graphice perstringit (edente Othone Brunfels). *S. l.*, 1525, in-4.

De Bure le jeune, « Bibliographie instructive », nº 628, présente ce volume comme sorti des presses de Jean Oporin de Bâle. Il a été réimprimé à Francfort en 1753.

Jobus, sive de constantia libri IV, poetica metaphrasi explicati. (Auct. J.-A. Thuano.) *Lutetiæ*, 1588, in-8.

La Bibliothèque nationale en possède un exemplaire, avec des notes manuscrites de Théodore de Bèze et de Grotius.

Joci, Gulielmo Du Vair, senatus Aquensis principi, dicati. (Auct. Andrea Arnaudo.) *Avenioni*, 1600, in-12.

Josephi II literæ de cœlis missæ, contra impositam sibi epistolam posthumam. (Auct. Tob. Mollik.) *S. l.*, 1790, in-8, 52 p.

Josephi-Mariani Parthenii (Josephi-Mariæ Mazzolari, S. J.) electricorum libri VI (cum notis Hieron. Lagomarsini). *Romæ*, 1767, in-8.

Jubilæi quadrigentesimi Wœringianæ victoriæ mnemosynon. (Auct. J. Jambe.) *Bruxellis, J.-B. Pepermans* (1683), in-4.

Jubilæum, sive speculum jesuiticum, exhibens præcipua Jesuitarum scelera, molitiones, fraudes et imposturas, studio J. L. W. O. P. (Jo.-Lud. Weidnero, Oppenheimense Palat.). *S. l.*, 1643, in-12.

Judicium de P. Joannis de Deo Heidelii opere, quod inscriptum est : « Lex naturalis propugnata ». (Auct. Antonio Pilato.) *Tridenti, Monaunus; — Lugano, l'Agnelli*, 1766, in-8.

Judicium unius e societate Sorbonnica doctoris de propositionibus quibusdam circa antiquam Sinarum religionem ad sacram Facultatem Parisiensem delatis. (Auctore Coulau, doctore sorbonico.) *S. l. n. d.*, in-4, 126 p.

Jugulum causæ, seu nova et expeditissima ratio, per quam papa, ejus imperium, totusque missæ, religionis et Ecclesiæ Romanæ apparatus, una ruina concidere debent. (Auct. Ludovico DU MOULIN.) *Londini*, 1671, 2 vol. in-4.

Jul. Cæs Scaligeri epistolæ aliquot nunc primum vulgatæ. Accedunt præterea alia quædam ejusdem opuscula et fragmenta præfationis in Aristot. Historiam de animalibus. *Tolosæ, D. et P. Bosc*, 1620, in-4, 79 pp.

Le volume commence par une dédicace intitulée : P.I.M. Puteanis fratribus. Ces initiales sont celles de l'éditeur Petrus Jacobus MAUSSAC. En 1621, les libraires ont joint cette pièce à d'autres. avec le titre général de : « Jul. Caes. Scaligeri adversus Desid. Erasmum orationes duæ... una cum ejusdem epistolis et opusculis aliquot nundum vulgatis, quibus de novo etiam accedunt Problemata Gelliana...

Julii Cæsaris SCALIGERI epistolæ et orationes (editore Franc. DOUSA). *Ex officina Plantiniana*, 1600, in-8.

Julius, dialogus viri cujuspiam eruditissimi, festivus sane ac elegans, quomodo Julius II, P. M., post mortem cœli fores pulsando, ab janito illo D. Petro intromitti nequiverit. (Auct. Ulrico AB HUTTENIO.) *S. l. n. d.*, in-8.

Voy. « Dialogus viri... », ci-dessus, col. 1321, c.

Jura et libertates dissidentium in regno Poloniæ. (Auct. D.-E. JABLONSKI.) *Berolini*, 1708, in-fol.

Formey, « Hist. eccl. », t. II, p. 116.

Juris civilis fontes et rivi (collectore Henrico STEPHANO). *(Parisiis), H. Stephanus*, 1580, in-8.

Réimprimé dans le t. I du « Novus Thesaurus » de Meerman. *Hagæ Comit.*, 1751-1780, 8 vol. in-fol.

Juris civilis romani initia et progressus, ad leges XII tabularum brevis commentatio, ex ULPIANI fragm. tituli XXIX, selectis notis illustrati. CAII Institutionum libri duo. (Edente I. CRISPINO.) *S. l.*, 1568, in-12.

Juris et judicii fecialis, sive juris inter gentes et quæstionum de eodem explicatio, opera R. Z. (Rich. ZOUCHŒI). *Hagæ Comitis*, 1659, in-12.

Juris civilis Romani libri XI. (Auct. W. PAAUW.) *Hag. Com.*, 1743, in-8. V. D.

Jurisprudentia, a primo et divino sui ortu ad nobilem Biturigum Academiam deducta (a Barth. ANEAU). *Lugduni*, 1554, in-4.

Jurisprudentia heroica, sive de jure Belgarum circa nobilitatem et insignia. (Auct. P. CHRISTINÆO.) *Bruxellis*, 1668, 2 part. in-fol.

Jurisprudentiæ ecclesiasticæ universæ libri novem. (Auct. Joann. POLITI.) *Venetiis*, 1793, in-4. Melzi.

Jus austriacum, in monarchiam hispanicam assertum. (Auct. Joan.-Fr. BUDDEO.) *Viennæ Austriæ*, 1701; — *Ratisbonæ*, 1701; — *Jenæ*, 1703, in-8.

Jus Belgarum circa bullarum pontificiarum receptionem. (Auct. P. STOCKMANS.) *Leodii*, 1642, 1645, in-12; — 1665, in-4.

Jus Ecclesiæ primarium in constituendis matrimonii impedimentis dirimentibus. Editio altera, auctior. *Trudonopoli, J.-B. Smits* (1789), in-8, 91 p.

M. Pincheart (« Bulletin du bibliophile belge », VI, p. 90), attribue cet ouvrage au P. LEMERS, récollet.

Jus feudale Flandricum vetus, ex codice Bibliothecæ Franekeranæ nunc primum editum (per P. BONDAM). *S. l.*, 1801, in-4. V. D.

Jus patrium, quod Elias GEORCH de Ettre Karcha hungarice edidit, latinitate a quodam veterano juris professore (Adamo BREZANOCZY) donatum. *Posonii*, 1807, in-8.

Jus primatiale Armacanum in omnes archiepiscopos, episcopos, etc., assertum per H. A. M. T. H. P. (Hugonem Ardmachanum MACMAHON, totius Hiberniæ primatem.) *S. l.*, 1728, 2 part. in-4.

Dibdin's Guide, p. 250.

Justi LIPSII oratio de duplici concordia litterarum et religionis, Ienæ habita die 31 julii 1574 (edente in lucem M. H. GOLDASTO). *Lugd. Batav. (Tiguri)*, 1600, in-8.

Juste-Lipse désavoua hautement ce Discours ; ce qui a fait qu'Aubert Le Mire, dans la vie de cet auteur, a prétendu que c'était une production de Goldast. Niceron, t. XXIX, p. 40.

JUSTINI historiarum ex Trogo Pompeii libri XLIV (curante Joan.-Aug. CAPPERONNIER). *Parisiis, Barbou*, 1770, in-12.

JUSTINI historiarum libri XLIV, nova editio, cum sententia D. La Harpe. Accesserunt notæ abbatis DE LONGUERUE, et aliæ tum litterariæ, tum historicæ a studiorum censore (SERIEYS), ad usum lycæorum. *Parisiis*, 1806, in-12.

Justiniani Augusti historia, etc. (curante Simone GOULART, Silvanectensi). *Lugd.*, 1594, in-8.

JUSTINIANI institutiones, cum THEOPHILI paraphrasi, ex versione latina C. A. FA-BROTI, et cum admonitione ibrarii (immo Car. Andr. DUKERI) ad lectorem. *Luyd. Batav.*, 1733, in-8.

JUSTINUS, cum notis variorum : BERNEG-GERI, BONGARSII, etc., accurante S. D. M. P. (Cornelio SCHREVELIO, medico doctore). *Amstel., Elzevirii*, 1659, 1669, in-8.

JUSTINUS : Trogi-Pompeii historiarum philippicarum epitoma. In eumdem notæ,

a   excerptiones chronologicæ et variarum lectionum libellus (studio et opera Jac. BONGARSII). *Parisiis*, 1581, in-8 ; — 1654, in-12.

Justitia protectionis saxonicæ in civitatem Erfurtensem. *S. l.*, 1663, in-4 et in-fol.

b   Placcius attribue, sur diverses autorités, cet ouvrage à SECKENDORF, ainsi que le suivant : « Repetita et necessaria defensio justæ protectionis saxonicæ in civitatem Erfurtensem, adversus assertionem Moguntinam », 1664, in-4 et in-fol.

K

KABBALA   KABBALA

Kabbala denudata, seu doctrina Hebræorum transcendentalis et metaphysica atque theologica (translata ex hebræo

Christ. KNORRI VON ROSENROTH). *Sulzbaci*, 1677; — *Francofurti*, 1684, 3 vol. in-4.

L

L.   L.

L. ASCONII PÆDIANI commentarius in aliquot M. T. Ciceronis orationes, cum notis variorum (cura Th.-J. AB ALMELO-VEEN). *Lugduni Batav.*, 1644, in-12.

Imprimé avec les caractères d'Elzevier.

L. Biberii Curculionis parasiti mortualia ad ritum prisci funeris. (Auct. Nicol. RIGALTIO.) *Lutetiæ*, 1599, 1600. in-12.

f   Réimprimé dans le 2ᵉ vol. de l' « Histoire de P. de Montmaur », par DE SALLENGRE.

Voy. les mots: *Satyra Menippea.*

L. C. D. (Leodeg.-Car. DE DECKER) jansenismi historia brevis. *Lovanii*, 1700, in-12.

L. H. (Ludovici HENSELERI) dissertatio critico-historica de diplomate Caroli M.

dato ecclesiæ Osnabrugensi, etc. *Monast. Westphal.*, 1721, in-4.

Catalogue des auteurs qui traitent de la diplomatique, en tête du 6° volume du « Nouveau Traité de diplomatique », in-4.

L. K. (Ludolphi KUSTERI) diatribe anti-Gronoviana, in qua editio Suidæ Cantabrigiensis defenditur. *Amstelodami*, 1712, in-8. — Epistola in qua præfatio quam V. C. J. P. (J*a*cobus Perizonius) novissimæ dissertationi suæ de ære præposuit, refellitur. *Leydæ*, 1713, in-8.

Labyrinthus, comœdia habita coram seroniss. rege Jacobo in Academia Cantabrigiensi. (Auct. HAWKESWORTH.) *Londini, excudebat H. R.*, 1636, in-12, 2 ff. lim. et 128 p.

Lætus introitur sereniss. principis Ernesti Bavariæ, electi episcopi Leodiensis. *Sylvœducis, T. Turnhout*, 1581, in-4.

L'auteur est Barth. HONORÉ, chanoine de Floreffe.

Lamentationes obscurorum virorum, non prohibitæ per sedem apostolicam. (Auct. Orthuino GRATIO.) *Coloniæ*, 1518, in-8.

Ouvrage souvent réimprimé.

Lampadem vitæ et mortis omniumque graviorum in microscomo παθῶν indicem, hoc est byolichnium sive lucernam ... antehac quidem cura et studio J. E. B. (J.-E. BURGGRAVII) obscure nimis (more philosophico) traditam, nunc dilucidiori stylo S. E. expositurum intimat G. F. MDCS. *Lugduni Batav., Arnoudus Doude*, 1678, in-12, 72 p.

Lapsus primi parentis brevis historia (carmin. ab Emiliano DANTOING). *Leodii* (1722), pet. in-4.

Latinæ linguæ cum græca collatio ex Prisciano. (Auct. Carolo STEPHANO.) *Lutetiæ, Carolus Stephanus*, 1554, in-8.

Larva detracta, hoc est, brevis expositio nominum sub quibus scriptores aliquot pseudonymi, recentiores imprimis, latere voluerunt. (Auct. Frid. GEISLER, juris D. et prof., edente Jac. BECKERO.) *Veriburgi*, 1670, in-12.

Contrefaçon de la dissertation du même auteur « De nominum mutatione », imprimée en 1669, in-4. Voy. la Préface de J. A. Fabricius, en tête de l'édition de Placcius, *Hambourg*, 1708, in-fol.
C'est à tort que Charles Ancillon, dans ses *Mémoires*, pp. 285-286, attribue le « Larva detracta » au célèbre Antoine MAGLIABECHI. Voy. l'article de J. Becker, dans le « Dictionnaire des savants », par Joecher, t. I, in-4, en allemand.

Larva pseudo-catholico detracta, qui declarationem statuum catholicorum Posonii commentus est, anno 1791. (Auct. Stephano KATONA.) *S. l.*, 1791, in-8, 32 p.

Latitudinarius orthodoxus 1° in genere, de fide in religione naturali, mosaica et christ., etc. (Auct. Arth. BURY.) *Londini*, 1697, in-12.

On trouve, dans beaucoup d'exemplaires, une suite ainsi énoncée : « Accedunt vindiciæ libertatis christianæ, ecclesiæ anglicanæ et Arthuri Bury contra ineptias et calumnias P. Jurieu ». *Londini*, 1697.

Laurus flandrica anni MDCXLVI, auspiciis christianissimi regis Ludovici XIV, serenissimi principis Gastonis ductu. (Auct. P. PRATÆO.) *Lugduni Batavor., ex offic. Elzeviriana*, 1646, in-fol.

Laus asini. (Auct. Daniele HEINSIO.) *Lugd. Batav., Elzevir.*, 1623, in-4.

Ouvrage plusieurs fois réimprimé avec le nom de l'auteur et traduit en français.

Lavenicus criticus, seu antiqua judicationum morborum causa rediviva et longissimis observationibus Avenione huc usque factis confirmata, per N. E. D. E. D. F. M. D. (D. FELIS, medicum Avenionensem). *Avenione*, 1645, in-4.

Lectiones theologicæ ad usum diœcesis Rotomagensis, secunda editio. (Auct. TUVASCHE et BASTON.) *Rotomagi*, 1818, 10 vol. in-12.

Les traités de *Ecclesia* et de *Matrimonio* sont de M. Baston. La première édition de ce Cours de théologie parut de 1779 à 1783, sous les auspices du cardinal de La Rochefoucauld, archevêque de Rouen.

Legatio Apollinis cœlestis ad Universitatem Pragensem. (Auct. Aloysio-Boleslao BALBINO.) *Pragæ, typis Academicis*, 1646, in-12.

Legatio marchionis Lavardini Romam, ejusque cum romano pontifice Innocentio undecimo dissidium, ubi... refutantur rationes a Lavardini advocato productæ, in libello gallico, cujus initium : « Si l'auteur, etc. », anno 1688. *S. l.*, 1688, 1697, 1705, in-12.

Par le cardinal Célestin SFONDRATI, suivant le P. Lelong ; l'ouvrage auquel il répond est intitulé : « Réflexions sur le plaidoyer de M. Talon... touchant la bulle de N. S. le pape Innocent XI contre les franchises des quartiers de Rome ». *Cologne, P. Marteau*, 1688, in-12.

Legenda aurea, continens acta, gesta et cabriola leonis Belgici; item ad sepulturam ejus orationem panegyricam. *Lunæpoli*, 1791, pet. in-8 cart.

L'auteur de ce livre, faussement attribué par quelques-uns au professeur LEPLAT, est l'abbé Jean VAN HESE, de Bruges.

Legenda et miracula sancti Goaris. (Auct. WANDALBERTO.) *Moguntiæ*, 1489, in-4.

Legenda S. Catharinæ Mediceæ reginæ matris, vitæ, actorum et consiliorum, quibus universum regni Gallici statum turbare conata est, stupenda eaque vera enarratio. *S. l.*, 1575, in-8.

Attribué à Henri ESTIENNE. Traduction de « Discours merveilleux... ». Voy. IV, 1020, *d*.

Lemmata numismatum romanorum pontificum, a Martino V ad Innocentium XII. (Auct. Philippo BONANNI.) *Romæ, typis D.-A. Herculis*, 1694, in-fol.

Lexicon græco-latinum Joannis CRISPINI, opera et studio E. G. (Edw. GRANT). *Lond.*, 1581, in-4.

Lexicon hebraïco-chaldaico-latino-biblicum; opus observationibus grammaticocriticis conflatum. *Avenione, Joly*, 1765, 2 vol. in-fol.

Un rabbin allemand, nommé MUSELLI, a été chargé de la partie hébraïque de cet ouvrage; la partie latine a été faite par le P. Jean-Marie DOLLONE, carme déchaussé, dont le nom de religion était Jean-Marie DE SAINT-JOSEPH.

Lexicon pharmaceuticum... in duas partes divisum... studio J.-H. J. (Joh.-Helfric. JUNGKEN). *Francofurti, Ziegerus*, 1694, in-8. — *Norimbergæ*, *Ziegerus*, 1699, in-8.

Lexicon Xenophonteum. (Auct. STURZIO.) *Lipsiæ*, 1801, 4 vol. in-8.

Libellus de arte notariatus. (Auct. Joanne DROUYN.) *Lugduni, Cl. Nourry*, 1523, in-8, goth., fig. sur bois.

Libellus de epidemia quam vulgo morbum gallicum vocant. (Auct. Nicolao LEONICENO, Vincentino.) *Venetiis, Aldus Manutius*, 1497, in-4.

Plusieurs fois réimprimé.

Libellus de lapidibus preciosis nuper editus (cur. CUSPINIANO). *Viennæ Pannoniæ, per Hier.-Victorem Philovallem*, 1511, in-4.

Libellus de quatuor virtutibus et omnibus officiis ad bene beateque vivendi. (Auct. MANCINIO.) *Parisiis*, 1494, in-4.

Voy. des détails étendus sur cet ouvrage dans

Græsse, « Trésor des livres rares », t. IV, p. 359.

Libellus in quo omnia quæ anno 1575, cum pestilentiæ suspicione laboraretur, Veronæ acciderunt continentur. (Auct. VALIERO, episc. Veronensi.) *Veronæ*, 1576, in-4.   Melzi.

Libellus recollectorius auctoritatum de veritate conceptionis B. virg. Mariæ. (Auct. Vinc. DE BANDELIS, de Castronovo.) *Mediolani, Valdarfer*, 1475, in-4, 126 ff.

Libellus valde doctus, elegans et utilis, multa et varia scribendarum litterarum genera complectens. (Auct. Urbano VUYSS, Tigurino.) *Tiguri, per Th. Froschoverum*, 1570, p. in-4 obl.

Liber apum, aut de apibus mysticis, sive de proprietatibus apum, seu universale bonum, tractans de prelatu et subditis. (Auct. Thoma CANTIPRATENSI.) (*Parisiis*), *s. d.*, in-fol., goth.

Voy. Brunet, « Manuel du libraire », 5e éd., t. I, col. 1552.

Liber aureus, inscriptus liber conformitatum vitæ B. Francisci, ad vitam Domini Nostri J. C. (Auct. Barthol. DE PISIS, seu ALBIZZI.) *Bononiæ, Benatius*, 1590, in-fol.

Voy. ci-après : « Liber conformitatum... ».

Liber Barlaam et Josaphat, Indiæ regis. (Auct. Joanne DAMASCENO.) *Spiræ*, (ante 1470), in-fol.

Il n'est pas bien certain que S. J. Damascène soit l'auteur de cet ouvrage, bien qu'il ait été imprimé plusieurs fois sous son nom.

Liber conformitatum (vitæ S. Francisci ad vitam J. C., auctore Fr. Bartholomæo DEGLI ALBIZZI. ex recensione Franc. ZENONIS). *Mediolani, Golardus Ponticus*, 1510, in-fol.

Voy. pour le détail des éditions : « Manuel du libraire », 5e éd., tome III, col. 1052 et 1053.

Liber de homine cujus sunt libri duo. (Auct. Hieronymo MANFREDI.) *Bononiæ*, 1474, in-fol.

Le nom de l'auteur se trouve à la dédicace. Ouvrage connu sous le titre de « Il Perchè ».

Liber de remediis utriusque fortunæ, prosperæ scilicet et adversæ, per quendam poetam præstantem necnon sacræ theologiæ professorem (ADRIANUM Carthusianum). *Coloniæ*, 1471, in-4.

Réimprimé avec le nom de l'auteur.

Liber de sacra communione christiani

populi, in utraque specie panis et vini; sitne ejus restitutio catholicis hominibus optanda? etiamsi jure divino non simpliciter necessaria habeatur. (Auct. Georgio Cassandro.) *S. l.*, 1564, in-8.

Liber faceti, docens mores hominum, præcipue juvenum, in supplementum illorum qui a Carhone erant omissi, juvenibus utiles. (Auct. Joanne DE GARLANDIA.) *Daventriæ*, 1496, in-4.

Réimprimé à Basle en 1498, sous le nom de Séb. BRANDT.

Voy. « Livre de facet. » V, 1324, *b*.

Liber Georgicorum VIRGILII, cum commento familiari (Herm. TORRENTINI). (*Parisiis*), *J. Treperel*, 1495, in-4.

Commentaire souvent reproduit avec le texte.

Liber ignium ad comburendos hostes, auctore MARCO Græco, ou Traité des feux propres à détruire les ennemis, composé par MARCUS le Grec. Publié d'après deux manuscrits de la Bibliothèque nationale (par LA PORTE DU THEIL). *Paris*, 1804, in-4.

Liber meditationum ac orationum devotarum, qui antidotarius animæ dicitur. (Auct. Nicolao SALICETI, abbate Pomeriensi.) *Antverpiæ*, 1490, in-8.

Liber memorialis de Caleostro quum esset Roboreti. (*Sine loco et anno, sed Mori, Step. Tetoldini*, 1789), in-8.

Par Clément VANNETTI. Réimpr. dans le tome VII de ses « Opere italiane et latine », *Venetia*, 1831, cet ouvrage a été traduit en italien sous le titre : « Memorie sulla dimora del sig. Cagliostro in Rovereto ». Melzi.

Liber Psalmorum, cum argumentis, paraphrasi et annotationibus (Ludovici FERRAND). *Parisiis, Pralard*, 1683, in-4.

Liber Psalmorum vulgatæ editionis, cum notis, opera et studio U. E. S. F. P. D.F.B.P.L. (unius e sacræ Facultatis Parisiensis doctoribus, Francisco BELLENGER. presbytero Lexoviensi). Accessit appendix ad notas. *Parisiis*, 1729, in-4 et in-12 ; — 1747, 2 vol. in-12.

Libertas Argentoratensium stylo Ryswicensi non expuncta, sive jura libertatis inclytæ Argentoratensium civitatis, etc., (Auct. Ant SCHRAAG.) (*S. l.*), 1704, in-4.

Litterarum latinarum, quas italicas cursoriasque vocant, scribendarum ratio. (Auct. Gerardo MERCATORE.) *Antverp., J. Richard*, 1540, in-4, 28 ff.

G. M.

Liturgia Suecanæ ecclesiæ, catholicæ et orthodoxæ conformis, suecice et latine, cum præfatione latina et notis (Laurentii GOTH, archiepiscopi Upsalensis). *Stocholmiæ*, 1576, in-fol.

LONGI pastoralia, græce (ex recens. D. CORAY). *Paris.*, *P. Didot*, an XI - 1802, in-4.

LONGI Pastoralium de Daphnide et Chloë libri IV, græce et latine. Editio nova, una cum emendationibus uncis inclusis, distincta vigenti-novem figuris æri incisis a B. AUDRAN, juxta delineationes celebris ducis Aurel. Philippi, et tabula ab A. COYPEL delineata. Accedunt alia ornamenta, partim ab A. COCHIN, partim a C. EISEN adornata et a Simone FOKKE in æs eleganter incisa. (Cura et studio Joannis-Stephani BERNARD, D. M.) *Lutetiæ Parisiorum (Amstelodami)*, 1754, in-4.

LONGI Pastoralium de Daphnide et Chloe (græce), cum proloquio de libris eroticis antiquorum. (Auct. PACIAUDI.) *Parmæ*, 1786, in-4.

Lubeca litterata. (Auct. Jac. A MELLE, Lubec. pastore.) *Lubecæ*, 1698, in-8.

LUCIANI dialogi selecti, græce, cum nova versione et notis ab uno e patribus Societatis Jesu (Stephano MOQUOT, Nivernensi). *Augustoriti Pictonum*, 1621, in-8.

Lucius Annæus FLORUS, cum notis integris Claudii SALMASII et selectissimis variorum, accurante S. M. D. C. (Corn. SCHREVELIO, doctore medico). *Amstelodami*, 1654, 1660, 1674, in-8.

Lucubratiuncularum tiburtinarum protonotarii Anglici (Roberti FLEMMYNG) de sanctissimo ac beatissimo in Christo Patre et domino Sixto quarto... libri duo. *Romæ*, 1477, in-4.

Ludibria malevola clerici, vel proscriptio pravæ mercis et mentis pravissimæ, quam exposuit in Minutio Felice Joan. Le Clerc, année 1712, tome XXIV de la « Bibliothèque choisie ». (Auct. Jac. GRONOVIO.) In-8.

Ludov. DE LA FORGE de mente humana, ejus facultatibus, etc., secundum principia Renati Descartes; latine versus ex gallico et auctus per J. F. (Joan. FLAYDERUM). *Bremæ*, 1674, in-4.

Ludovici CAMERARII epistolæ aliquot selectæ, quibus ipse selectus civilis belli auctor, altor et fautor demonstratur; is enim inter principes fuit, qui seditiosos excitavit, moratos impulit, pergentibus et furentibus acclamavit (in lucem emissæ a Jac. KELLERO, S. J.). *S. l.*, 1625, in-4, 70 p.

Ludovici XIII encomion. (Auct. Francisco DESCHAMPS DE MARCILLY.) *S. l. n. d.*, in-8.

« Catalogue de la bibliothèque de Troyes », tome II, p. 539.

Ludovico Magno epinicion. Prolusio academica ad theses philosophicas Claudii Pellot, Lugdunensis, Neustriæ senatus principis filii, in collegio Prellaco-Bellovaco humanæ sapientiæ propugnantis. (Auct. P. Claudio-Fr. MENESTRIER.) *S. l. n. d.*, in-4.

Ludovico XV, regi christianissimo, pio, felici, semper augusto... (Auct. Cl. GROS DE BOZE.) *S. l.* (1738), in-fol. plano.

Ludovico XIII, regi invicto, heroi Armando Richelio, C. D., fortitudini et prudentiæ S. P. (Auct. GAULMIN.) *S. l.* (1628), in-fol., 2 p.

Ludovicus Magnus. Carmen. (Auct. DE LA THUILERIE.) *Parisiis*, 1697, in-4.

Ludovicus moriens. Carmen. (Auct. JAMOAYS.) *Parisiis*, 1715, in-4.

Ludus poeticus epigrammatum. (Auct. Ludovico DE FOURCROY.) *Biturigis, excudebat Joan. Cristo*, 1688, in-8.

Ludus septem sapientium de astrei regii adolescentis educatione, periculis, liberatione, insigni exemplorum amœnitate, iconumque elegantia illustratus. *Francofurti ad Mœnum* (versus 1570), in-8.

Traduction faite par François MODIUS, sur une version allemande de la fin du XIVᵉ siècle, du célèbre roman des « Sept sages de Rome ». Voy. ci-dessus, col. 473, c.

Lugdunum sacro-profanum, seu de claris illustribus, et notis Lugdunensibus, Forensibus et Bellijocensibus indices, argumentum et synopsis. (Auct. Petro BULLIOUD.) *Lugduni, G. Barbier*, 1647, in-4, 12 p.

Lumen rationale medicum, hoc est praxis medica reformata, sive annotationes in Praxin Henrici Regii... (Auct. Theod. CRAANEN.) *Medioburgi, J. de Reede*, 1686, in-8.

Lusus amatorius, sive MUSÆI poema... cui aliæ (tres scilicet) accedunt nugæ poeticæ (Clementis BARKSDALE). *Londini*, 1694, in-4.

Lutetia Parisiorum erudita sui temporis, hoc est annorum hujus seculi XXI et XXII. Auctore G. W. S. (Georgio WALLIN, Sueco). *Norimbergæ*, 1722, in-8.

Lux in tenebris, hoc est prophetiæ donum quo Deus Ecclesiam evangelicam (in regno Bohemiæ, etc.), sub tempus horrendæ ejus pro evangelio persequutionis extremæque dissipationis ornare ac paterne solari dignatus est, etc., e vernaculo in latinum fideliter transtulit (Joan. Amos COMENIUS). *Anno inchoandæ liberationis*, 1657, in-4.

Réimprimé sous le titre de : « Lux e tenebris, novis radiis aucta », 1665, 2 vol. in-4.

Lux mathematica, collisionibus Joh. Wallisii et Thomæ Hobbesii excussa, multis et fulgentibus aucta radiis; auctore R. R. Adjecta est censura doctrinæ Wallisianæ de libra, una cum Roseto Hobbesii. *Londini*, 1672, in-4.

Wallis, qui a répondu à cet ouvrage dans les « Transactions philosophiques » du 14 octobre 1672, p. 5051, prétend qu'il est le fruit de la plume de HOBBES, et que les lettres R. R. du titre signifient *Roseti Repertor*.

Lyra spiritualis adversus Babilonio insultus in Sion, paxillo fideli affixa. (Auct. D. POULET.) *S. l.*, 1617, pet. in-8.

Catalogue Courtois, nᵒ 1798.

M. Ann. LUCANI Pharsalia, cum notis H. GROTII et R. BENTLEII (ed. Ricardo CUMBERLAND). *Strawbery-Hill*, 1760, in-4.

Édition sortie de l'imprimerie particulière d'Horace Walpole.

M. Annæi LUCANI Pharsalia, cum supplemento Th. MAII (curante GOULIN). *Parisiis, Barbou*, 1767, in-12.

M. Juniani JUSTINI ex Trogo POMPEIO libri XLIV, mss. codicum collatione recogniti et annotationibus illustrati (studio Thomæ HEARNE). *Oxonii*, 1705, in-8.

M. O. F. (Friderici Ottonis MENCKENII) specimen animadversionum in Basilii Fabri « Thesaurum eruditionis scholasticæ. » *Lipsiæ*, 1741, in-12.

M. Val. MARTIALIS epigrammata, demptis obscœnis, cum interpretatione ac notis (Jos. JUVENCII). *Parisiis*, 1693, in-12.

M. Valerii MARTIALIS epigrammatum libri, ad optimos codices recensiti et castigati (cura et studio Jo. Baptistæ LE MASCRIER). *Parisiis, Robustel et Le Loup.* 1754, 2 vol. in-12.

M. Val. MARTIALIS epigrammata, ex optimarum editionum collatione concinnata. (Ed. CAREY.) *Londini*, 1816, in-12.

M. Velleii PATERCULI quæ supersunt, cum variis lectionibus optimarum editionum, doctorum virorum conjecturis et castigationibus, et indice locupletissimo. Accedit annotationum libellus (cura et studio Joan. HUDSONI). *Oxoniæ*, 1711, in-8.

C'est le « Paterculus » publié par le même éditeur en 1692, avec des additions.

Macaronicorum carminum rariorum delectus in usum ludorum Apollinarium (ab A. CUNNINGHAM). *Edinburgi*, 1801 et 1803, pet. in-8. — Editio altera, emendata et aucta. *Ibid.*, 1813, in-8.

Macaronicorum poema, BALDUS, ZANI-TONELLA, MOSCHÆA epigrammata. (Auct. Fr. FOLENGO.) *Venetiis, ap. P. Bosellum,* 1555, pet. in-12.

Voy., pour le détail des éditions de cet ouvrage, Brunet, « Manuel du libraire », 5e éd, tome II, col. 1816 et suivantes.

Magna bibliotheca ecclesiastica, sive notitia scriptorum ecclesiasticorum veterum et recentiorum, opera et studio *** (H. P. DE LIMIERS, jur. canon. doctoris et aliorum). *Coloniæ*, 1734, in-fol.

Ce volume, qui comprend la lettre A seulement, n'a point eu de suite.

Magnum speculum exemplorum..... per quemdam patrem e Societ. Jesu. (Joan. MAJOREM, Hannomontanum). *Duaci*, 1603. — Secunda editio, priore castigatior. *Duaci*, 1605, in-4.

Sotvel prétend que le P. Major n'est que l'éditeur de cet ouvrage.

Magnum theatrum vitæ humanæ, auctore Laurentio BEYERLINCK. *Lugduni,* 1666, 8 vol. in-fol.

Cet ouvrage a été conçu par Conrad LYCOSTHÈNE ; il a été augmenté par Théodore et Jacques ZUINGER. Ant. HIERAT, imprimeur de Cologne, est le dernier qui ait contribué à l'augmenter et à le mettre dans l'état où on le voyait avant les recherches de Beyerlinck.

Majoris instauratio, ex fastis corboliensibus, junii decima nona ; latine, gallice et metrice. (Auct. J.-A. GUIOT.) *Corbolii, prœlis Geleanis, prægnante sec. dec. oct.,* in-12, 12 p.

Malleus maleficarum, maleficas et arum heresim ut phramea potentissima conterens. (Auct. Jacobo SPRENGERO.) *Paris.,* Joan. Parvus, s. d., pet. in-8, goth.

Mammetractus, sive expositio in singulis libris Bibliorum, per singula capitula. (Auct. Joanne MARCHESINO, ordinis Fratrum Minorum.) *Moguntiæ, P. Schoiffer,* 1470, in-fol.

De La Serna Santander a prouvé que cette dernière

édition ne pouvait pas être de l'an 1470. Voy. son « Dictionnaire bibliographique », t. III, p. 144.

Voy., pour plus de détails, Brunet, « Manuel du libraire », 5° éd., tome III, col. 1351.

Manifestum sive deductio serenissimi principis Caroli Ludovici, comitis palatini Rheni, etc., ad Romanam Cæsaream majestatem, etc., continens jus successionis in electoratu, etc. (Auct. Joanne-Joachimo A RUSDORF.) *S. l.*, 1637, in-fol.

Mantissa celebrium in Belgio et Gallia scriptorum, ad tractatum cui titulus : « Doctrina Lovaniensium... ». (Auct. J.-Ant. D'AUBREMONT.) *Leodii*, 1683, in-4.

Voy. ci-dessus, col. 1242, c.

Manuale christianorum, in quatuor libros divisum. Opus tum christianis omnibus, tum maxime religiosis atque ecclesiasticis viris perutile. *Parisiis*, 1754, in-18. — Idem opus in septem libros divisum. Editio tertia, auctior et correctior. Opera et studio Natalis Verani AUBRY, pastoris S. Marthæ Tarasconensis. *Avenione*, 1755, in-18.

Les trois derniers livres sont extraits des ouvrages d'Horstius.

Dans un Avis au lecteur, on assure que l'auteur de ce petit livre partage, avec celui de l'*Imitation*, l'avantage précieux, pour un véritable amant de Jésus-Christ, d'être parfaitement inconnu.

La troisième édition nous présente-t-elle le nom du véritable auteur de l'ouvrage, ou simplement celui de son continuateur? C'est ce que je n'ose décider, faute de renseignements suffisants pour établir ma conviction.

Manuale clericorum. (Auct. DE REYRAC.) *Aurelianis, s. d.*, in-12.

Manuale CONCINÆ, seu theologia christiana dogmatico-moralis, *Mutinæ (Venetiis)*, 1763, 2 vol. in-8.

Cet abrégé de l'ouvrage de Concina fut rédigé par le P. GASPARINI.

Manuale curatorum, predicandi prebens modum, tam latine quam vulgari (german. et gallico) sermone illuminatum. (Auct. SURGANT.) *Basileæ, M. Furter*, 1508, in-4.

Manuale vitæ sacerdotalis, a sacerdote gallicano (Claud. D'ARVISENET). *Constantiæ*, 1795, in-12.

Manuductio ad missam. (Auct. P. VACCHETTA.) *Aug. Taurinorum, Paravia*, 1833, in-12.

Manuductio ad Sacram Scripturam... (Auct. Hon.-Jos. BRUNET, ordin. Carmel.) *Parisiis, Coustelier*, 1701, 2 vol. in-8.

Manuductio ad universum jus canoni-

cum et civile. (Auct. Andrea MYLIO.) *Francofurti et Lipsiæ*, 1677, in-12.

Manuductio juvenum ad sapientiam. (Auct. Cl. D'ARVISENET.) *Troyes, André*, 1803, in-18. — *Troyes, Cardon*, 1819, in-24.

Marci Accii PLAUTI comœdiæ quæ supersunt (cura et studio Jo. CAPPERONNIER, cum glossario Josephi VALART). *Parisiis, Barbou*, 1759, 3 vol. in-12.

Marci Tullii CICERONIS Cato major ad Titum Pomponium Atticum (curante VALART). *Lutetiæ, Barbou*, 1758, in-32.

L'imprimeur Lottin l'aîné a publié une critique très-piquante et souvent juste de cette édition.

M. Tullii CICERONIS consolatio, liber quo se ipsum de filiæ morte consolatus est; nunc primum repertus et in lucem editus (a Francisco VIANELLO, Veneto), cum privilegio senatus Veneti ad XXX annos. *Apud. Hieronymum Polum*, 1583, in-8. — *Parisiis (Lugduni)*, 1584, in-12.

Voyez le Discours préliminaire, ou dissertation sur le traité de Cicéron « De consolatione », et sur Sigonius, en tête de la traduction française du traité de la Consolation, par Morabin. *Paris*, 1753, in-12.

Cet ouvrage est moins de Cicéron que de Charles SIGONIUS, érudit célèbre du seizième siècle. Il n'existait que des fragments d'un traité de la Consolation, composé par Cicéron ; Sigonius les lia par des suppléments de sa composition, et fit imprimer le tout sous le nom de Cicéron. Cette supercherie ne fut découverte qu'après un examen long et réfléchi. Cela n'a pas empêché d'insérer dans beaucoup d'éditions des œuvres de Cicéron le traité de la Consolation ainsi restauré.

M. T. CICERONIS de officiis libri tres. (Ed. H. HOMER.) *Londini*, 1791, in-12.

M. Tullii Ciceronis orationes quæ in Universitate Parisiensi vulgo explicantur, cum notis ex MANUTIO, HOTOMANNO, GRÆVIO, etc. selectis et novis aliquot additis (cura et studio Caroli LE BEAU). *Parisiis*, 1748-1751, 3 vol. in-12.

Mare liberum, ex jure naturæ, gentium et civili assertum, vindicatum, redivivum. (Auct. C.-P. PATTYN.) *Mechliniæ, Laur. Vander Elst*, 1720, in-12.

Margarita, scilicet e stercilinio et cloaca Lenonis ἀθεοῦ, cotytti baptæ, spurcidici, barbari solœcistæ, imo holoborbori, holobarbari, holosolœci verberonis Curtii, I. Heroardi, verissimi aniatri, indignissimi, quot fuerunt, archiatri, ut vulgo loquuntur, nepotis purulentia... *S. l. n. d.*, in-4, 32 p.

Par Charles GUILLEMEAU, professeur de Paris, contre Courtaud, professeur de Montpellier.

Marii Nizolii de veris principiis et vera ratione philosophandi, contra pseudo-philosophos libri IV. editore G. G. L. L. (Godefr.-Guilielmo Leibnitio). *Franco-furti*, 1670, in-4.

Marii Servii Honorati centimetrum, ex vetustissimis exemplaribus correctum (cura et studio Laur. Santenii). *Lugd. Batav.*, 1788, in-8.

Marmora Arundellianorum, Seldenianorum, aliorumque Academiæ Oxoniensi donatorum; cum variis commentariis et indice. Secunda editio (edente Mich. Mait-taire). *Londoni, Bowyer*, 1752, in-fol.

Martialis emaculatus (per Anton. Fru-sium, S. J.). *Romæ*, 1558, in-8. — *Lug-duni*, 1598, in-16.

Martini Roa de statu animarum purga torii. *Viennæ, M. Rictius*, 1633, in-16.

Traduction faite par le P. Jean Buccelleno, Jésuite. Melzi.

Martiniana, seu litteræ, tituli chartæ et documenta monasterii S. Martini a Campis. (Auct. Dom Martin Murrier.) *Parisiis, Dufossé*, 1606, in-8.

Martyrologium romanum Gregorii XIII, pont. max., nova edit., aucta et castigata, in qua nonnulla sanctorum nomina in præteritis edit. omissa supplentur, alia item sanctorum et beatorum nomina ex integro adduntur (cura et studio Bene-dicti XIV, S. P.) *Romæ*, 1748, in-fol.

Materia medica and pathology... *Ta-voy, Karen mission press, Bennett*, 1848, in-32.

Par le rév. M. Mason, et publié par le rév. M. Cross.

Mathiæ Corvini, regis Hungariæ, epis-tolæ ad pontifices, imperatores, reges, principes, aliosque viros illustres datæ, nunc primum typis excusæ, et notis etiam quibusdam illustratæ partes 4. (Edente Emer. Kelcz, S. J.) *Cassoviæ*, 1743-1744, in-8.

Mathematica cum tabulis logarithmicis et lunæ solaribus ad investigandas eclip-ses lunares et solares. (Auct. Ægidio La-carry, S. J.) *Parisiis*, 1652, in-12.

Gutrel, « Bibl. scriptorum soc. Jesu ». C'est probablement ce volume qui est indiqué comme anonyme et sans date, sous le n° 1491 du Catalogue des livres de Mairan, *Paris, veuve Barrois et fils*, 1771, in-8. Cet article est ainsi conçu : « Mathematica tabulæ logarithmicæ ». *Paris.*, in-12.

Mausolæum gloriæ, politico-panegyri-cum, xxv principalium virtutum colum-nis erectum, etc., a J. H. C. S. M. D. (Joan.-Henr. Cohausen). *Gosfeldiæ*, 1712, in-8.

Mausoleum potentissimorum, gloriosis-simorum regni apostolici regum, et pri-morum militantis Hungariæ ducum.(Auct. Fr. C. Nadasdy.) *Pottendorf*, 1667, in-4. — Lat. et germanice. *Norimbergæ*, 1664, in-fol.

Le chanoine Michel Ambrosousky a publié de nou-veau cet ouvrage, en latin, avec des corrections. *Agriæ*, 1758, in-8.

Medicina ex pulsu, sive systema doc-trinæ sphygmicæ. (Auct. J. J. Wetsch.) *Vindobonæ, R. Græffer*, 1770, in-8,

Medicina mentis et corporis. (Auct. Waltero Tschirnhaus.) *Amstelodami*, 1687, in-4. — Nova editio, auctior. *Lip-siæ*, 1695, in-4.

L'auteur a signé la dédicace.

Meditationes de origine, indole, effec-tibus atque historia juris reformandi re-gum ac principum, necnon statuum imp. R. G. circa religionem. (Auct. Phil.-Eb. Zech.) *Francof. et Lipsiæ*, 1728, in-8.

Meditationes devotissimæ de passione Christi. *Brixiæ*, 1600, in-8.

Traduction faite par le jésuite Antonio Valentino d'un livre italien de Léon Bartolini, prêtre de Vérone. Melzi.

Meditationes philosophicæ de Deo, mun-do et homine. (Auct. Theodoro-Ludovico Lau.) *S. l.*, 1717, in-8, 48 p.

Cet ouvrage a été supprimé avec grand soin, et son auteur obligé de sortir de Francfort pour son impiété. Vogt fait mourir Lau à Hambourg en 1740. On a réimprimé ces Méditations en 1770, avec une traduc-tion française, sous le titre de Königsberg, pour former le tome VIII de la « Bibliothèque du bon sens portatif ». *Londres*, 1773, in-12. On trouve en tête du volume une Notice sur la vie de l'auteur. Voy. VI, 104, e.

Meditationum ad instrumentum pacis Cæsareo-Suecicum specimina x. (Auct. Henrico Henniges.) *S. l.*, 1706-1712, in-4.

Medulla alchimiæ duabus partibus, carmine descripta. (Auct. Eireneo-Philo-pono Philalete, edente Georgio Star-key.) *Londini*, 1654-1655, 2 vol. in-8.

Memoria posthuma trium insignium ex ungarica Societate Jesu virorum (Adami Fitter, Andreæ Sigra et Pauli Kolosvari; auctore Fr. Kasi). *Tyrnav.*, 1749, in-8, 166 p.

Memoriale novissimorum ex Scriptura et traditione, ad usum sanctuarii, pro singulis mensis diebus; auctore A. C. (A. COLINOT), sacerdote. *Parisiis*, 1720, in-16.

Memoriale vitæ sacerdotum. (Auct. Cl. D'ARVISENET.) Nova editio. *Lugduni*, 1801, in-12..

Menippus, sive dialogorum satyricorum centuria, inanitatum nostratium speculum, cum aliis quibusdam liberioribus. (Auct. Joan.-Valentino ANDREA.) *Helicone, juxta Parnassum (Argentorati)*, 1617, in-12. — Nova editio, *Cosmopoli*, 1618, in-12.

Mensa philosophica. *Heidelbergæ*, 1489, in-4, goth.

Ouvrage attribué à Mich. SCOT ou à Théob. ANGUILBERT. Voy., pour le détail des différentes éditions, Brunet, « Manuel du libraire » 5e éd., tome III, col. 1635 et 1636.

Mercurius Campanus, præcipua Campaniæ Felicis loca indicans. (Auct. ab. D. Celestino GUICCIARDINO.) *Neapoli, N. de Bonis*, 1667, in-8.   Melzi.

Metamorphosis Hungariæ, seu fabulosæ regionis, præsidiorum, aliarumque rerum quarumdam memorabilium origo. (Auct. Petro SCHETZ, e S. J.) *Tyra.*, 1716, in-16, 30 ff.

Methodus facilis veram Ecclesiam lumine rationis inveniendi.., *Venetiis*, 1676, in-12.

Par Albert BURY, qui abjura le calvinisme à Venise.   Melzi.

Methodus juris docendi et discendi. (Auct. Claudio BOITET, advoc.) *Aureliæ, Ægid. Hotot*, 1632, in-4.

Methodus recte gubernandi parochiam et dirigendi animas in S. tribunali pœnitentiæ, partes 2. (Auct. Joanne BACRNKOPF, episc. et canon.) *Tyrnaviæ*, 1803, in-8.

Michaelis BAII opera, cum bullis pontificum et aliis ipsius causam spectantibus, studio A. P. theologi (Gabr. GERBERON). *Coloniæ Agrippinæ, Bartholom. ab Egmond*, 1696, 1710, in-4.

Mich. MAIERI cantilenæ intellectuales de Phœnice redivivo, ou Chansons intellectuelles sur la résurrection du Phénix, par Michel MAÏER. Traduit en françois... par M. L. L. M. (M. l'abbé LE MASCRIER). *Paris*, 1758, in-12.

Microcosmus physico-mathematicus... (Auct. Fr. ESCHINARDI, S. J.) *Perusiæ*, 1658, in-fol., tome I.

Ouvrage non terminé.

Militia Francorum regum pro re christiana, ad magnum Franciæ cancellarium Anto. Pratum. (Auct. Joanne-Pyrrho ANGLEBERMEO.) *(Parisiis), in ædibus ascensianis*, 1518, in-4.

Ministerium card. Richelii et Mazarinii, opus gallicum (Caroli VIALAR), cum observationibus politicis, latinitate donatum. *Herbipoli*, 1652, in-8.

Ce volume est la traduction des « Mémoires pour l'histoire du cardinal de Richelieu », par Charles Vialar, général des feuillans, depuis évêque d'Avranches. Il existe plusieurs éditions de ces Mémoires, soit en 1 vol. in-fol., soit en 2 et en 3 vol. in-12.

Mirabilis anatomia renum, eorumdemque structura, juxta circulationis leges illustrata; cum illorum usu nobilissimo, ad circulationem sanguinis, præparationem seminis et humidi serosi a sanguine segregationem absolute necessario. Opera M. T. P. P. H. S. (Matthiæ TILINGII, professoris publici Hasso-Schaumburgicensis). *Francofurti et Mœnum, J.-A. et P.-W. Stockius*, 1699, in-12.

Une précédente éd. *Francofurti, W.-H. Stockius*, 1672, in-12, porte le nom de l'auteur. Réimprimé sous le titre de : « Nephrologia nova et curiosa... ». Voy. ces mots.

Miracula quæ ad invocationem B. Virginis Mariæ, apud Tungros, Camberones... effulsere ab a. 1081 ad a. 1605. (Auct. Wabr. CAOULT.) *Coloniæ Agripp.*, 1607; pet. in-12.

Miraculi in nova hemorrhoissa perpetrati a Christo in S. Eucharistia præsente, Parisiis, die 31 mai 1725, præconium, ex Scripturæ Sacræ verbis contextum (latine et gallice). *Parisiis*, 1726, in-12, 25 p.

Cette lettre est de Pierre LE ROY, orfèvre à Paris.

Miscellanea Lipsiensia (curante C.-F. PETZOLDO), cum præfatione J.-F. BUDDEI. *Lipsiæ*, 1716-1722, 12 vol. in-8.

Miscellanea Lipsiensia nova (curante F. O. MENCKENIO). *Lipsiæ*, 1742-1748, 10 vol. in-4.

Miscellanea philologica, philosophica et theologica, ex antiquitate eruta. (Auct. Carolo DE MAETS.) *Amstelodami*, 1693, in-4.

Même ouvrage que celui qui a pour titre : « Sylva

quæstionum insignium, philologiam, antiquitates, philosophiam, potissimum vero theologiam spectantium ». *Ultrajecti*, 1650, in-4, avec le nom de l'auteur.

Miscellanea poetica. (Auct. G. ABBATIANO.) *Tolosæ*, 1619, in-8.

Miscellanea Virgiliana, in scriptis maxime eruditorum virorum varie dispersa, in unum fasciculum collecta by a graduate of Cambridge (professeur DONALDSON). *Cantabrigiæ*, 1825, in-8.

Miscellaneæ observationes et criticæ novæ in auctores veteres et recentiores, in Belgio collectæ et proditæ (opera Jac. Philippi D'ORVILLE). *Amstelodami*, 1740-1751, 12 vol. in-8.

Miscellaneæ observationes in auctores veteres et recentiores ab eruditis Britannis anno MDCCXXXI captæ (cura doctoris JORTIN), cum notis et auctario variorum virorum doctorum (opera et studio P. BURMANNI et J.-Phil. D'ORVILLE). *Amstelodami, apud Janssonio-Waesbergios*, 1732-1739, 10 vol. in-8.

Le travail de Jortin, aidé de Pearce, Masson, etc., a été traduit en latin; il ne forme que 2 vol.

On attribue à Burman les articles signés *Sincerus Hollandus* ; les morceaux de d'Orville sont ordinairement signés d'un B.

Missæ ac missalis anatomia, hoc est dilucida ac familiaris ad minutissimas usque particulas missæ ac missalis enucleatio. *S. l.*, 1561, in-8.

Cet ouvrage, publié en italien sous le titre de : « Anatomia della messa, etc. (opera di Agost. MAINARDO), con un sermone della Eucharistia nel fine, per Ant. di ADAMO », 1552, in-4, avait été traduit en français sous le titre : « Anatomie de la messe ». La version latine a été faite sur cette traduction française.

Missale Parisiense, Ludovici Antonii de Noailles, Parisiensis archiepiscopi, autoritate editum. *Parisiis*, 1706, in-fol. — *Desaint*, 1727, 3 vol. in-12.

La plus grande partie des proses sont de l'abbé VIVANT, chanoine de l'église de Paris, et de GOURDAN, chanoine de Saint-Victor.

Le « Missel de Paris » (latin), imprimé par ordre de Mgr l'archevêque de Paris de Vintimille, a été composé par l'abbé MESENGUY. *Paris*, 1738, 4 vol. in-12.

Ce *Missel* a été refait vers 1777 par l'abbé SIMON de Doncourt. Voy. une lettre de cet auteur sur cet objet dans le « Journal ecclésiastique » de l'abbé Dinouart, 1777, mars, p. 200.

Missale sanctæ ecclesiæ Meldensis, Henrici de Thyard DE BISSY, episcopi Meldensis, auctoritate editum (curante Fr. LE DIEU, ejusdem ecclesiæ cancellario). *Lutet. Paris.*, 1709, in-fol.

Ce *Missel* parut pour la première fois en 1402, à Paris, par l'ordre de l'évêque Jean LHUILLIER. Louis DE BREZÉ le fit réimprimer en 1556, avec les corrections de quelques théologiens. Il reparut en 1642, avec de nouvelles corrections ordonnées par Dominique SEGUIER; Bossuet entreprit de le corriger de nouveau, et son travail fut achevé par le cardinal de Bissy.

Fr. Le Dieu ajouta de son autorité privée des *amen* pour le peuple ou pour le répondant, non-seulement aux oraisons de l'Ordinaire de la messe et du canon, mais encore aux paroles de la consécration et de la communion du prêtre; il expliqua aussi, dans les rubriques qui traitent de la messe haute, ces paroles : *submissa voce*, par celles-ci, *id est, sine cantu*. Le cardinal de Bissy condamna ces additions par un mandement public du 22 janvier 1710. Le réviseur en conçut tant de chagrin, qu'il en mourut quelque temps après, le 7 octobre 1713; il avait été secrétaire de Bossuet.

On répondit au mandement du cardinal de Bissy par une lettre sur les *amen* du nouveau missel de Meaux ; cette réponse a été attribuée à Le Dieu. L'abbé Goujet le dit dans son Catalogue manuscrit; mais dans le « Supplément » de Moréri de 1735, il affirme qu'elle n'en est pas.

Monachomachia, sive vindiciæ pro veritate religionis reformatæ adversus Mathiæ Hauzeur, franciscani Leodiensis, ac nonnullorum aliorum monachor. strophas, argutias et calumnias. (Auct. Samuele DESMARETS.) *Groningæ*, 1633, in-8.

Monarchia Gallica, quæ contra calumnias in libello cui titulus : « Bibliotheca Sueco-Gallica » intentatas asseritur et Europæ salutaris futura ostenditur. (Auct. Joan. STELLA.) *S. l.*, 1649, in-4.

Voy. « Supercheries », II, 345, *b*, art. *Irenicus*.

Monita philosophiæ, tyronibus opportuna. (Auct. Julio SCOTTI, Soc. Jesu.) *Ferrariæ, Licinus*, 1636, in-12.   Melzi.

Monita privata Societatis Jesu.

Ouvrage apocryphe, qui parut probablement en 1617 ou en 1618, puisque Gretser en publia une réfutation dès l'année 1618. Il l'attribue en différens endroits à un Polonais plébéien. Mylius (t. II, p. 1856) nomme cet auteur Jérôme ZAONOWSKY, chassé de la société vers 1611. Il en parut une traduction française dans les « Secrets des jésuites », *Cologne*, 1669, in-12, réimprimés sous le titre de : « Cabinet jésuitique ». Jean Le Clerc fit imprimer une partie traduction, avec le texte latin, dans le *Supplément* des « Mémoires de Trévoux » mai et juin 1701. Il en existe une édition particulière sous ce titre : « Les Intrigues secrètes des jésuites, traduites du Monita secreta », *Turin*, 1718, in-8. La même traduction a été reproduite, sauf quelques changemens, avec le texte latin, sous le titre de : « Secreta monita, ou Avis secrets de la Société de Jésus ». *Paderborn (Paris)*, 1671, in-12. Voy. ci-dessus, col. 455, *b*.

On trouve une autre traduction des « Monita privata » dans l'ouvrage de Gabriel Musson, intitulé : « Ordres monastiques ». Voy. aussi : « Instructions secrètes », V. 950, *a*.

Réimprimé dans le vol. intitulé : « Arcana Soc. Jesu, publico bono vulgata... », 1635, in-8, t.

Monita salutaria B. V. Mariæ ad cultores suos indiscretos. (Auct. Adamo WINDELFETS.) *Gandavi*, 1673, in-8, 20 p.

Traduit en français sous les titres : « Avertissements salutaires », ou « Avis salutaires ». Voy. IV, 354, a et 370, b.

Monita salutaria B. V. Mariæ ad cultores suos indiscretos. (Auct. Adame WINDEFETS.) *Gandavi, Franc. d'Erckel*, 1673, in-8.

Monita salutaria, data anonymo authori scripti nuper editi, cui titulus falso inditur : « Monita privata Societatis Jesu ». (Auct. Math. BEMBO, S. J.) *S. l.*, 1615, in-4, 64 p.

Monspeliensis civitatis panegyricus, in Monsp. reg. et Acad. colleg. Soc. Jesu dictus (a P. CHARBONNEAU). *Monspelii, D. Puech*, 1687, in-4, 45 p.

Montis Sereni cœnobii chronicon. *Helmstadii*, 1665, in-4.

Cette chronique, publiée sans nom d'auteur par Joachim Jean MUDER, fut insérée par Mencken dans le second vol. du « Thesaurus rerum germanicarum », Fabricius et Cave l'attribuent à CONRAD, Italien d'origine (CONRADO), qui fut moine au Montserrat et qui vivait vers 1225. Les Allemands l'appelèrent CONRADUS Lauterbergensis, traduisant ainsi le *Monte Sereno* des Italiens.   Melzi.

Montis Atho in Alexandri statuam efformati dimensiones geometricæ exhibitæ. (Auct. Ignatio GUARINI, S. J.) *Romæ, Komarck*, 1712, in-4, 12 p. et 2 pl.

Monumenta ecclesiæ Tridentinæ. *Tridenti, Monatus*, 1775, in-8.

Publiés par les soins du P. Benedetto BONELLI, franciscain.   Melzi.

Monumenta genealogica nobilis familiæ Ravennatis de Guiccioli... *Ravennæ, A.-M. Landi*, 1713, in-fol.

Par Pierre CANNETI, abbé de Classe.   Melzi.

Monumenta illustrium eruditione et doctrina virorum, figuris artificiossimis expressa (curis Sigismundi FEYERABENDT, bibliopolæ, edita). *Francofurti ad Mœnum*, 1585, in-fol.

Monumenta litteraria, sive obitus et elogia doctorum virorum ex historiis illustris viri Jacobi Aug. Thuani, opera C. B. (Clementis BARKESDALE). *Londini*, in-4; — 1671, in-8.

Monumenta monasterii Leonensis, brevi

commentario illustrata... *Romæ, Oct. Piccinelli*, 1759, in-4.

Attribué par Peroni, « Bibliot. Bresciana », à l'abbé Gio.-Lod. LUCHI, bénédictin.   Melzi.

Monumenta Paderbornensia, ex historia romana, francica, saxonica eruta et notis illustrata. (Auct. princ. Ferdinando FURSTENBERGIO, episcopo Paderbornensi.) *Paderbornæ*, 1669, in-4. — *Amstelodami, Elzevirius*, 1672. — Editio tertia, auctior (curante Eucharis-Gottlieb. RINK). *Francofurti et Lipsiæ*, 1713, in-4.

Monumenta pietatis et litteraria virorum in re publica et litteraria illustrium selecta... (Edente Ludov.-Christ. MIEG.) *Francofurti ad Mœnum*, 1701, in-4.

Monumentorum galaticorum synopsis. (Auct. Imberto VOUDIL DE BERRIÆ.) *Liburni*, in-4, 85 p.

Moralium actionum regula in opinabilibus... (Auct. Petr. BALLERINI.) *Venetiis, S. Occhi*, in-4.   Melzi.

Mores eruditorum. *S. l.*, 1750, in-12, 104 p.

« Cet ouvrage de S.-A. KLOTZIUS fit beaucoup de bruit et lui attira des ennemis » (« Bulletin du bouquiniste », 1876, p. 472, n° 2779.)

Μωρίας έγκώμιον : stultitiæ laudatio, Desid. ERASMI declamatio. Editio castigatissima (cura et studio D. MEUSNIER DE QUERLON). *Londini et Parisiis, Barbou*, 1765, in-8; — 1777, in-12.

Moschi Siculi et Bionis Smyrnæi idyllia quæ quidem extant omnia, hactenus non edita (gr. et lat.). (Edente Adolphe DE MEETKERKE.) *Brugis-Flandrorum, H. Goltzius*, 1565, in-4.

Motivum juris pro capitulo cathedrali Harlemensi. (Auct. Z.-B. VAN ESPEN; ed. Mart. DE SWAEN.) *Harl.*, 1703, in-8.   V. D.

Mus exenteratus, hoc est tractatus valde magistralis, etc. (Auct. Wilh. HOLDER.) *Tübingen*, 1593, in-4.

Musa contemplatrix, qua quid præstatur oratio docebit. Autore D. S. G. R. B. (Dom. Symphor. GODY, relig. benedictino). *Lugduni*, 1660, in-16.

Musæi Kircheriani in romano Soc. Jesu collegio ærea notis illustrata (a P. Contuccio CONTUCCI). *Romæ*, 1763-65, 2 vol. in-fol.

On a avancé qu'un autre jésuite, le P. Antonio-Maria

AMBROGI, avait également travaillé à cet ouvrage. Melzi.

Musæi Theupoli antiqua numismata, *Venetiis,* 1736, 2 vol. in-4.

Catalogue accompagné de belles gravures des médailles réunies par la famille Tiepolo ; il a été rédigé par Pietro FONDI.   Melzi.

Museum veronense, hoc est antiq. inscriptionum, etc., collectio. (Edente Scip. MAFFEIO.) *Veronæ,* 1749, in-fol.

Mysteria Patrum jesuitarum, ex eorum scriptis cum fide eruta, in quibus agitur de Ignatii Loyolæ ortu et apotheosi, de societatis dogmatibus circa obedientiam cæcam, circa papæ potestatem in regum et principum personas et status, fidem servandam, sigillum confessionis et æquivocationes, etc. Accesserunt huic editioni auctiori et emendatiori appendices duæ, in quibus continentur narrationes de molitionibus jesuitarum in partibus Orientis. (Auct. G. SCIOPPIO.) *Lampropoli, Rob. Liberus,* 1633, in-12.

Ouvrage traduit en français. Voy. « Soirées de Saint-Acheul », ci-dessus, col. 513, *a.*

Mysteria politica, hoc est epistolæ arcanæ virorum illustrium sibi mutuo confidentium. (Auct. Jacobo KELLERO, S. J.) *Juxta copiam Neapoli impressam, Antuerpiæ,* H. Aertssius, 1625, in-4. — *Juxta copiam in Germania impressam,* 1625, in-4.

N

N.   NAVICULA

N. C. (Nicolai CATHERINOT), fori Bituricensis inscriptio. *Maximæ Biturigum, excudebat I. Cristo,* 1675, in-4.

Naiadis Sammedulphianæ (Saint-Myon) pro salute et incolumitate Odoardi Molé votum. (Auct. Gabr. PASTUREL.) *Claromonti, Barbier,* 1648, in-4.

Cat. de la biblioth. de Clermont, 5778.

Namurcum expugnatum. Ode J. C. (Joan. COMMIRII, S. J.). *S. l.* (1692), in-4, 2 p.

Namurcum expugnatum, Ode ex gallica N**** D**** (Nic. BOILEAU-DESPRÉAUX). *S. l.* (1692), in-8, 8 p.

Signé par le traducteur : LENGLETIUS, regius eloquentiæ professor.

Narratio eorum quæ contigerunt Apollonio Tyrio, latine ex græco incerti auctoris, incerto etiam interprete (SYMPOSIO, juxta quosdam ; editore vero ex membranis vetustis Marco VELSERO). *Augustæ Vindel.,* 1595, in-4.

Narratio fidelis de morte DD. Joannis Stephani Duranti, senatus Tolosani principis, et Jacobi Daffisii, patroni regii. (Auct. A. DU MAY.) *Parisiis,* 1600, in-12, 30 p.

Réimprimé dans l' « Histoire de Languedoc » par dom Vaissette. Voy. les preuves.

Naturæ adverbiorum, ex Prisciani sententia. (Auct. Carolo STEPHANO.) *Parisiis, Franciscus Stephanus,* 1562, in-8.

Naturæ et Scripturæ concordia, commentario de litteris ac numeris primævis illustrata et tabulis æneis depicta. (Auct. J.-Georgio WACHTERO.) *Lipsiæ et Hafniæ,* 1752, in-4.

Navicula pœnitentiæ, seu sermones quadragesimales... (per Joannem GAYLERUM). *Argentorati,* 1512, in-4.

Navigatio libera, seu de jure quod pacatis belligerantium circa commercia competit, dissertatio. Auctore J. G. (Johanne GROENINGIO, S. R. M. S. referendario). *Lipsiæ et Rostochii*, 1693, in-12.

Réimprimé en 1694 avec le nom de l'auteur.

Necrologium aliquot utriusque sexus romano-catholicorum, qui vel scientia, vel pietate, vel zelo pro communi Ecclesiæ bono apud Belgas claruerunt, ab anno 1600 usque 1739. (Auct. P. DE SWERT.) *Insulis Flandrorum (Ultrajecti)*, 1739, in-12.

Nephrologia nova et curiosa, quæ docet admirandum renum structuram eorumque usum nobilem in sanguificatione, seminis præparatione ac humoris serosi a sanguine segregatione consistentem. Ex principiis de circulari sanguinis motu illustrata a M. T. P. (Matthia TILINGIO, professore), nunc publici juris facta cura Johannis Helffrici JUNCKII... *Francofurti ad Mœnum, J.-A. Stock*, 1709, in-12.

Nicolaï MACHIAVELLI, Florentini, de officio viri principis (ex Sylvestri TELII, Fulginatis, traductione), una cum scriptis Machiavello contrariis, de principum virorum potestate officioque contra tyrannos (scilicet vindiciis Steph.-Jun. BRUTI, id est, Hub. LANGUETI, etc.). *Montisbelgardi*, 1599, in-8.

On trouve le nom du traducteur de Machiavel sur une édition de 1589.

Nihil, fere nihil, minus nihilo, seu de ente non ente, et medio inter ens et non ens positiones 26. (Auct. Jac. GAFARELLO.) *Venetiis*, 1635, in-8.

Nobilis Poloni (Joan. LANS, jes. Belgæ) oratio pro clericis Societatis Jesu. *Ingolstadii*, 1590, in-8.

Nobilissimæ Virginis Mariæ a SCHURMAN opuscula hebræa, græca, latina, gallica, prosaica et metrica (edente Frid. SPANHEMIO). Tertia editio. *Trajecti ad Rhenum*, 1652, in-8, 364 p.

Nobilissimo juveni Forsio, Navarrææ legionis tribuno, vulneribus Atrebatensi obsidione acceptis sublato, justa. (Auct. DUNCAN.) *Parisiis*, 1641, in-4, 36 p.

Nobilitas, sive septem tribus patriciæ Antuerpienses. (Auct. J.-B. CHRYSTINO.) *Lugd. Batav.*, 1672, in-8.

Cat. Dinaux, 3e partie, no 2392.

Noctuæ speculum, omnes res memora-

biles variasque et admirabiles Tyli Saxonici machinationes complectens... nunc primum ex idiomate germanico latinitate donatum... Authore Ægidio PERIANDRO... *Francofurti ad Mœnum*, 1567, pet. in-8, fig.

Traduction en vers élégiaques de la Vie de Tiel. Ulespiegle, écrite en allemand, par Thomas MURNER.

Nomenclator autorum omnium, quorum libri vel manuscripti, vel typis expressi exstant in bibliotheca Academiæ Lugduno-Batavæ, cum epistola (P. BERTII) de ordine ejus atque usu, ad Academiæ curatores et consules. Accedit index librorum qui ex donatione et liberalitate aliena bibliothecæ publicæ Lugduno-Batavæ inserti sunt. *Lugd. Batav.*, 1595, in-4.

Hunc nomenclatorem, quem P. Bertius, ut ipse dicit, conscio D. Dousa F. consilioque D. Jo. Houteni, confecit, non indicavit ampl. Royenus in commentario mss. an. 1741. V, J, G. te Water. « Narrat. de rebus Acad. Lugd. Batav. », p. 52, ed. in-4.

Nomenclator Ciceronianus. *Parisiis*, 1757, in-12.

La courte dédicace est de J.M.J.H.S.P.D., c'est-à-dire : *Joannes* MORABIN *Joanni Hulin salutem plurimam dicit.* Hulin est un agent du roi Stanislas, duc de Lorraine, ami de Morabin. (« Catal. manuscrit de Goujet ».)

Nomenclator S. R. Ecclesiæ cardinalium qui ab anno 1000 quippiam commentati sunt. (Auct. Henr.-Lud. CASTANEO DE LA ROCHEPOSAY.) *Tolosæ*, 1614; — *Rotomagi*, 1653, in-4.

Des exemplaires de la première édition portent sur le frontispice : *Poitiers*, 1616, avec le nom de l'auteur.

NONII MARCELLI de proprietate sermonum nova editio. Accedit libellus FULGENTII de prisco sermone (edente Josia MERCERO, domino DESBORDES, cum ejusdem notis). *Parisiis*, 1614, in-8.

NONNI Panopolitani paraphrasis S. Evangelii secundum Joannem, græce et latine. Accedunt notæ P. N. A. (Nic. ABRAMI), S. J. *Parisiis*, 1623, in-8.

Nonnihil de educatione juventutis scholasticæ et studiorum reformationis ditionibus Pannonicis. (Auct. Alex. BARITS.) *Pampelonæ*, 1792, in-8.

Notabilia arithmetica, quæ omnem arithmeticam, ejusque varium usum in aliis multis, tum maxime in geometricis operationibus jucunde proponunt. (Auct. Ant. FISCHER.) *Hildesii, typ. G.-L. Schlegelii*, 1703, in-12.

Notæ breves ac modestæ in propositiones XXXI S. Inquisitionis decreto nuper proscriptas. (Auct. J.-L. HENNEBEL.) Colionæ (Lovanii), 1691, in-4, 16 p.

Notæ breviores ad præfationem et expostulationem paræneticam Joannis Perreau. (Auct. D. GRANGIERIO.) S. l. n. d., in-4, 6 p.

Notæ in librum de regum principumque institutione, suecico-latine. (Auct. Joan. SCHEFFERO.)

« Catalogus Bibliothecæ Bodleianæ », tome II.

Notæ et restitutiones ad commentarium Caroli Molinæi de feudis, opera Steph. R...... (RASSICOD). Parisiis, Le Clerc, 1739, in-4.

Notæ salubres ad monita nec salutaria, nec necessaria a quodam incognito probe cognito ad B. V. Mariæ cultores, ut præ se fert, indiscretos.... appositæ per theologum amatorem genetricis Virginis Mariæ perpetuum. Moguntiæ, 1674, in-8, 48 p.

Par un prêtre séculier nommé VOLUSIUS, Dr en théologie et prédicateur du dôme de Mayence, et qui a autrefois été ministre calviniste à Hanaw. (Note du temps.)

Notæ 64 morales, censoriæ, historicæ, ad inscriptionem, epistolam ad lectorem, approbationem et capita tredecim introductionis ad Historiam concilii Tridentini P. Sfortiæ Pallavicini. (Auct. Julio-Clemente SCOTTI, seniore, jesuita.) Coloniæ (Paduæ), 1664, in-4.

Voy. Niceron, t. XXXIX, p. 80.

Notitia auctorum veterum, ubi de rebus eorumdem, scriptis ac editionibus disseritur. (Auct. Mich. RICHEY.) Ienæ, 1710, in-8.

Notitia editionum quoad libros hebr., gr. et lat. quæ vel primariæ, vel sæc. XV impressæ, vel aldinæ, in Biblioth. Bodleiana adservantur. Oxonii, 1795, in-8.

Cet ouvrage, dont le Dr Bandinelle prépare une nouvelle édition (Lowndes, p. 228), est attribué au Dr RANDOLPH, l'ancien évêque de Londres, et au Dr Wm JACKSON.

Notitia historico-litteraria de libris ab artis typographicæ inventione usque ad annum MCCCCLXVIIII impressis, in bibliotheca liberi ac imperialis monasterii ad SS. Udalricum et Afram Augustæ extantibus. (Auct. Placid. BRAUN.) Augusta Vindelicorum, 1788-1789, 2 part. in-4, av. 8 et 3 pl.

Notitia leonica philosophicarum quæs-

tionum ex nominalium doctrina. (Auct. Franc. MARAZZANI.) Brixiæ, Vignadottus, 1667, in-12.

Réimprimé à Rome sous e titre de : « Margarita philosophica ».

Notitia procerum imperii Germanici. (Auct. Jacobo-Wilhelmo IMHOFT.) Tubingæ, Romenejus, 1684, in-fol.

Notitia rei nummariæ ad erudiendos eos qui nummorum veterum et modernorum intelligentiam studere incipiunt. (Auct. P. JOBERT ; e gallico in linguam latinam translata a C. JUNCKER.) Lipsiæ, 1695, in-8.

Notitia sanctorum Patrum qui duobus primis sæculis floruerunt, acta et scripta eorum compendio exhibens, per quemdam S. J. sacerdotem (Joan. PRILESZKY) in lucem data. Tyrnavii, typis Acad. S. J., 1753, in-8.

Notitiæ historico-diplomaticæ de abbatia Ilbenstadt.... cum figura ænea sigilli Adelberti I, archiep. Mog. (Auct. S.-A. WUNDTWEIN.) Moguntiæ, 1766, in-4.

Catalogue Van de Velde, no 9253.

Nova bibliotheca philologica et critica. (Editore Jo.-Carolo WOLBORTH.) Gottingæ, 1782-1783, in-8.

On attribue à Wolborth : « Bibliotheca philologica », Lipsiæ, 1779-1781, 3 vol. in-8.

Nova librorum rariorum collectio (edent. Hier.-Aug. GROSCHUPFIO et Gotfriedo TILGNERO). Halis-Magdeburg., 1709-1715, 5 parties in-8.

Nova nummi in colonia Karthagine Africana percussi, quem nuper illustrare conatus est Cl. Mahudel, explicatio. (Auct. J.-G. RICHTERO.) Lipsiæ, 1742, in-8.

Nova Rejensium sive Regensium episcoporum nomenclatura. (Auct. Joanne SOLOMET.) Massiliæ, Boy, 1728, in-8.

Novi tractatus de potu caphe, de Chinensium the et de chocolata (auct. Jacq. SPON), a D. M. (MANGET) notis illustrati. Genevæ, Cramer et Perachon, 1699, in-12.

L'ouvrage avait été publié d'abord en français en 1685, sous le pseudonyme de DUFOUR, et traduit la même année par l'auteur lui-même, sous le titre de : « Tractatus novi... ».

Novissima sinica, historiam nostri temporis illustrantia, edente G. G. L. (Got.-Guil. LEIBNITIO). S. l., 1699, in-8.

Novitius, seu dictionarium latino-gallicum. (Auct. Nicolao MAGNIEZ.) *Lutetiæ*, 1721, 2 vol. in-4.

Novorum bibliorum polyglottorum synopsis. *Ultrajecti*, 1684, in-8.

Signé : ADAMANTIUS, pseudonyme de Richard SIMON.

Novum Jesu-Christi Testamentum, ad exemplar vaticanum accurate revisum. *Parisiis (sumptibus Francisci RIVARD, editoris)*, 1746, 1 vol. in-12.

Cette édition très-correcte du Nouveau Testament a été donnée par Philippe-Nicolas Lottin. L'avis : *Typographus lectori*, quoique au nom de cet imprimeur, est de Rivard, qui, sans doute, est un des deux amis qui revirent les épreuves avec le même Lottin, et son fils, Augustin-Martin Lottin. On s'engage, dans l'Avis au lecteur, à faire présent d'un exemplaire à celui qui, dans le cours de l'année, trouvera le premier une faute, et on promet de la corriger par un carton ou par un *errata*. Il n'y a point d'*errata*, mais il y a quatre cartons, tous dans la première partie, E xi, F iv, H ij, P ij.

Novum Jesu-Christi Testamentum, vulgatæ editionis, Sixti V, P. M., jussu recognitum, et Clementis VIII, autoritate editum, notis historicis et criticis illustratum. Accessit præfatio de studio Sacrarum Scripturarum Novi Testamenti ; subnexæ sunt chronologia et geographia sacra (cura LENGLET DU FRESNOY). *Parisiis*, 1703, 1733, 2 vol. in-24.

Il y a des exemplaires sans les notes, en un seul volume, sous ces deux dates.

Novum lumen chymicum... Author sum qui *divi leschi genus amo* (Michael SENDIVOGIUS). *Genevæ*, 1628, 1639, 1673, in-8.

Traduit en français sous ce titre : « le Cosmopolite, ou nouvelle lumière chimique ». Voy. IV, 780, c.

Novum Testamentum arabice et latine (ex versione, ut videtur, Jo.-Bapt. RAYMONDI). *Romæ, in typographia Medicea*, 1591, in-fol.

Novum Testamentum græce, ad editionem J. J. Griesbachii cum scholiis theologicis et philologicis (ed. E. VALPY). *Londini*, 1816, 3 vol. in-8.

Novum Testamentum gr., cum scholiis theologicis et philologicis (ed. HARDY). *Londini*, 1778, 2 vol. in-8.

[Novum Testamentum, post priores Steph. CURCELLÆI, tum et D. D. Oxoniensium labores. Editio Milliana. Variantes præterea ex mss. Vindobonensi ; ac tandem crisis perpetua, qua singulas variantes, earumque valorem aut originem ad XLIII canones examinat G. D. T. M. D. (GERARDUS de Trajecto Mosæ, doctor) ; cum ejus-

dem prolegomenis et notis... *Amst.*, 1711, in-12.

Novum Testamentum regulis illustratum, seu canones Scripturæ Sacræ certa methodo digesti ad N. T. intelligentiam. (Auct. C** H*** [Carolo HUNÉ].) *Parisiis*, 1696, in-12.

Novus apparatus græco-latinus, cum interpretatione gallica, ex Isocrate, etc. concinnatus ab uno e Soc. Jesu (Jos. JUVENCIO). *Parisiis*, 1681, 1754, in-4.

Plusieurs catalogues de libraires attribuent cet ouvrage au P. Gaudin, jésuite. Cette assertion pourrait tout au plus s'appliquer à la première édition, publiée en 1664 ; mais alors le P. Gaudin faisait imprimer à Limoges son « Nouveau Dictionnaire français-latin ». Comment croire qu'il ait pu en même temps envoyer à Paris le manuscrit d'un dictionnaire grec-latin et français ? Ce n'est qu'en 1680, que le P. Gaudin a fait paraître un dictionnaire de ce dernier genre, sous le titre de : « Thesaurus trium linguarum », in-4.

Du reste, l'édition de l'*Apparatus* donnée en 1681 a été tellement refondue, qu'elle forme un ouvrage nouveau, suivant ce que dit le libraire dans le Privilége du roi. (Moréri, 1759, article *Jouvency*.)

Novus apparatus græco-latinus, seu thesaurus trium linguarum, etc., ab uno e Soc. Jesu. Nova editio. *Parisiis, fratres Barbou*, 1728, in-4.

Ce frontispice est de la composition des frères Barbou ; il couvre l'édition originale de l'ouvrage publié en 1680 par le P. Jean GAUDIN, et mentionné dans l'article précédent.

Novus elegantiarum poeticarum thesaurus... auctore R. P. B. (BRIETIO), S. J. *Parisiis*, 1644, in-8.

Novus medicinæ conspectus. (Auct. Phil. HECQUET.) *Parisiis*, 1722, 2 vol. in-12.

Novus synonymorum, epithetorum et phrasium, seu elegantiarum poeticarum thesaurus... opus emendatissimum pariter et politiori elegantia excultissimum, ab uno e soc. Jesu recognitum (CHATILLON). *Parisiis*, 1639, in-8.

Plusieurs fois réimprimé.

Novus thesaurus gemmarum veterum... cum explicationibus. (Auct. J.-B. PASSERIO.) *Romæ, V. Monaldinus*, 1781-1788, 3 vol. in-fol.

Nugæ derelictæ, quas colligerunt J. M. et R. P. (James MAIDMENT et Robert PITCAIRN). *Edimburgi*, 1822, in-8.

Recueil d'opuscules relatifs à l'histoire et aux antiquités d'Écosse, tous imprimés *privately* et dont il n'existe pas plus de six exemplaires complets. (Lowndes.)

Nullum jus romani pontificis in regnum Neapolitanum, dissertatio historico-juridica. *Alethopoli* (*Napoli*, sæc. XVIII), in-4.

Cet ouvrage fut attribué à Matteo EGIZIO, mais il est de Nicolo CARAVITA, qui l'écrivit à la demande du roi de Naples. Melzi.

Numismata ærea selectiora maximi moduli, e musæo Pisano olim Corrario (cum animadversionibus D. Alberti MAZZOLENI, abbatis bened. Casinatis). *In monasterio benedictino Casinati S. Jacobi Pontidæ, agri Bergomatis*, 1740-1741, 2 vol. in-fol.

Numismata cimelii Cæsarei regii Austriaci Vindobonensis, quorum rariora iconismis cætera catalogis exhibita (opera et studio Jos. DE FRANCE, Valent. DU VAL, P. Eras. FROELICH et Jos. KHELL). *Vindobonæ*, 1754-55, 2 vol. gr. in-fol., av. 25 et 112 pl.

a

Numismata virorum illustrium ex Barbadica gente. (Auct. J. Fr. BARBADICO; in latinum vertit F. X. VALCAVIUS.) *Patavii, ex typogr. seminarii*, 1732, in-fol., av. fig.

Numismatum antiquorum sylloge. (Auct. Christ. WREN.) *Londini*, 1708, in-4.

Nummi augg. Caroli VI et Elisabethæ Christinæ Viennæ, cusi, descripti et explanati (a Leop. GRUEBER.) *Viennæ*, 1728, in-8.

b

Nummi Ægyptii imperatorii prostantes in musæo Borgiano Veletris. (Auct. G. ZOEGA.) *Romæ*, 1787, in-4.

Nummorum antiquorum scriniis bodleyanis reconditorum catalogus, cum commentario (Fr. WISE). *Oxonii, e theatro Sheldoniano*, 1750, in-fol.

O

OBSERVATIONES

OBSERVATIONES

Observationes ad loca quædam N. T. graviora. (Auct. G. C. STORR.) *Tubingæ*, 1782, in-8.

Observationes botanicæ, in horto Dickensi notatæ, annis 1820, 1821 et 1822. (Auct. Josepho principe A SALM-DYCK.) *Coloniæ*, 3 part. in-12.

Observationes censoriæ in libellum cui titulus est : « Index naturalis et gentium doctrina asserta a Nic. Concina...». *Patavii*, 1737, in-8.

Attribué au P. Giacomo-Giacinto SERRY. Melzi.

Observationes eugenialogicæ et heroicæ, sive materiem nobilitatis gentilitiæ, jus insignium et heraldicum complectentes. *Colon.-Agrip.*, 1678, in-4.

L'auteur de cet ouvrage est J.-B. CHRISTYN, conseiller au conseil de Brabant. Voy. le « Journal des savans », an, 1679, p. 14.

e

Observationes in bullam Benedicti XIV, qua ritus Sinici iterum damnantur. (Auct. Joan. LAMI.) *Bononiæ*, 1742, in-8.

Melzi.

Observationes in Italicas theses quas R. D. P. Mavertius jampridem de recta diphthongorum pronuntiatione Mutinensi e prælo vulgaverat, ab eo consarcinatæ. (Auct. Pet. Mar. TESEO.) *Bononiæ, Ferronius*, 1667, in-fol. Melzi.

f

Observationes in Prosperi Aquitani chronicon integrum, ejusque cyclum, in anonymi cyclum a Muratorio editum, necnon in anonymi laterculum paschalem, a Bucherio editum. (Auct. Johanne VAN DER HAGEN.) *Amstelodami*, 1733, in-4.

L'auteur a publié, de 1734 à 1736 : « Observationes in veterum patrum et pontificum prologos et epistolas paschales, etc. Observationes in Theonis fastos græcos priores, etc., et Observationes in Heracliti impe ratoris methodum paschalem et in Maximi monachi, computum paschalem, etc. ».

Observationes miscellaneæ in librum Jobi. (Auct. D.-R. BOULLIER.) *Amstelodami*, 1758, in-8.

Observationes politicæ super nuperis Galliæ motibus. *S. l.*, 1649, in-4 ou in-12.

Ouvrage attribué à Ch. DE GROTNITZ ou au baron Schering DE ROSENHANE.

Observationes seu prolusiones in tabulam nummariam musei Victorii. (Auct. Franc. VICTORIO.) *Romæ, de Rubeis*, 1736, in-4.   Melzi.

Observationes seu responsio ad duos tractatus Bruxellis editos adversus reginæ christianiss. jus in Brabantiam. (Auct. G. JOLY.) *Parisiis*, 1667, in-12.

L'auteur publia aussi cet ouvrage en français la même année, et donna l'année suivante d'autres observations pour servir de réponse à la seconde partie du Traité du droit de dévolution de Stockmans. (Voy. « Remarques pour servir de réponse », ci-dessus, col. 252, c.

Observationum divini et humani juris liber. (Auct. Barnaba BRISSONIO.) *Parisiis*, 1564, in-12.

Observationum in relationem Romæ nuper editam in causa beatificationis et canonizationis ven. Rob. card. Bellarmini centuria prima. *Antuerpiæ (Lugdni)*, anc. MDCCLIII, in-8.

Ouvrage attribué au cardinal Domenico PASSIONEI, mais qui est de Giovanni BOTTARI.   Melzi.

Observationum juris civilis romani liber singularis. (Auct. Guilielmo PAUW.) *Hagæ Comitum*, 1743, in-8.

Observationum selectarum ad rem litterariam spectantium tomi decem, cum additamento. (Auct. Jacobo THOMASIO, STAHLIO, BUDDEO, Henrico HENNIGES et aliis.) *Halæ Magdeb.*, 1700-1705, 11 vol. in-8.

Obsidio arcis Viglevanensis. (Auct. Alex. PERLASCA.) *Mediolani, apud impressores archiepiscopales*, 1647, in-4. Melzi.

Obstetrix animorum, hoc est brevis et expedita ratio docendi, studendi et componendi. (Edit. Edm. RICHERIO.) *Paris., A. Drouart*, 1600, in-8.

Oceanus juris, sive tractatus tractatuum juris universi, duce et auspice Gregorio XIII, S. P. (industria MENOCHII, PANCIROLI et ZILETTI) in unum collecti : cum indice generali. *Venetiis*, 1584, 18 tom., 29 vol. in-fol.

Oculi Phyllidis in astra latino metro donati metamorphosis. *Parisiis, apud Franc. Muguet*, 1689, in-12, 47 p.

Français et latin. Le poème français est de Germain HABERT, abbé de Cerisy. Il a été traduit en latin par G. CHAMBON, chanoine de St-Flour.

Officii missæ sacrique canonis expositio et signorum quæ mihi quotidie fiunt, misticæ repræsentationis declaratio, cum periculorum contingere potentium obviacione, in 'alma Universitate Lipsiensi edita. (Auct. Vincentio GRUNNER, dum viveret, anno scilicet 1410, Universitatis Lipsiensis rectore.) In-fol.

Voyez la seconde lettre de l'abbé de Saint-Léger sur la « Bibliographie instructive » de De Bure le jeune. Freytag, dans le tome III de son « Adparat. litter. », p. 485, a donné un article curieux sur Grunner et sur son livre.

Officina apothecariorum, seu leplasiariorum pharmacopolarum ac juniorum medicorum. (Auct. Symph. CHAMPIER.) *Lugd., ap. S. Vincent.*, 1511, in-8, goth.

Réimprimé depuis à la suite des « Castigationes » du même auteur, *Lugduni*, 1592, in-8. Voy. l' « Étude sur Symphorien Champier » de M. Allut, *Lyon*, 1859, in-8.

Officium divinum pro omnibus temporibus anni. *Parisiis, ex typographia regia*, 1780, in-8.

Traduction latine de l' « Office divin abrégé » (voy. VI, 701, f). Suivant une note de l'abbé Pascal, bibliothécaire du duc de Penthièvre, cette traduction est de FLORIAN, qui la fit à la demande de ce prince.

Officium dominicæ Passionis feria sexta parasceve majoris hebdomadæ, secundum ritum Græcorum; nunc primum latine editum cura et studio J. M. C. (Jos.-Mariæ CARO, seu potius TOMMASI). *Romæ*, 1695, in-18.

Officium parvum S. Antonii de Padua, ex divinis Scripturis aptatum. *Patavii*, 1621; *Bononiæ*, 1627, in-8.

Par le P. Jacopo ROGERI.   Melzi.

Officium parvum S. Michaelis. (Auct. Guidone GRANDI, monach. Camald.) *Venetiis*, 1734, in-8.   Melzi.

Officium sacrosanctæ Passionis Domini nostri Jesu Christi. (Auct. STAMPIGLIA.) *Regii, Davolius*, in-16.   Melzi.

Onus Ecclesiæ. *Landshutæ*, 1524; *Coloniæ*, 1531, in-fol.

L'abbé de Saint-Léger me semble avoir très-bien prouvé en 1763, dans sa « Seconde Lettre sur la Bibliographie instructive » de De Bure le jeune, que Jean, prétendu évêque de Chiem (lisez Chiemsee), à qui l'on a attribué cet ouvrage, est une chimère, puisqu'il ne s'en trouve pas un de ce nom dans le XVIe siècle, selon la liste qu'en a publiée Joseph Mezger, à la page 1145 de son « Historia Salisburgensis ». Un an après, l'abbé de Saint-Léger réitéra encore son assertion. Ce fut vers la fin de ses recherches bibliographiques sur quelques éditions des premiers imprimeurs de Rome, au sujet du Catalogue des livres de M. de Boze, où l'« Onus Ecclesiæ » est attribué au même Jean, évêque de Chiem. On ne devait donc plus regarder cet évêque comme auteur de l'« Onus Ecclesiæ », sans réfuter les raisons par lesquelles il avait été présenté comme un être imaginaire, et il y a lieu d'être étonné, lorsque l'on trouve encore l'« Onus Ecclesiæ » attribué purement et simplement à Jean, évêque de Chiem, dans la « Table des anonymes » de la Bibliographie de De Bure, et dans les « Annales typographiques » de Panzer, t. VII, p. 134.

Opera diversa, pleraque de rebus metaphysicis, theologicis et moralibus. (Auct. SAINT-MARTIN.) Berlini et Lutetiæ Parisiorum, 1785, 8 vol. in-12.

Il y a un 9e vol. d'errata pour les fautes, que l'auteur attribue moins à l'imprimeur qu'à lui-même.

Opiologia nova, modernis artis medicæ principiis superstructa, ineffabiles opii... vires et effectus ad... corporis cruciatus... accommodans. Auctore T. (Math. TILLINGIO), M. D. Cum præfatione Joh.-Helff, JUNGKEN... Francofurti ad Mœnum, Stockius, 1697, in-8.

Publié d'abord en 1671 avec le nom de l'auteur sous le titre : « Anchora salutis sacra... ».

OPPIANUS, de natura seu venatione piscium libri V (edente M. MUSURO). Florentiæ, Ph. Junta, 1515, in-8, 64 ff.

Optica invisibilium, seu veritates fidei umbra et naturæ lumine exortæ. (Auct. Alberto FABDILLA, theatino.) Parisiis, J. Boullard, 1666, in-fol. Melzi.

Opus de differentia regiæ potestatis et ecclesiasticæ. (Auct. Edwardo Fox, episcopo Hereford.) Londini, 1534, in-4.

Opus eximium, cui serpenti antiquo nomen est, divini verbi declamatoribus perutile, in quo de septem peccatis capitalibus et vitiis ex illis ortis copiose ac docte tractatur. (Auct. Fr.-Steph. NOBILEAU.) (Lugduni, S. Vincent), 1528, petit in-8, goth.

Catalogue Taschereau, no 904.

Opus insigne, cui titulum fecit autor : Defensorum pacis, quod quæstionem illam, jam olim controversam, de potestate papæ et imperatoris excussissime tractet... (Basileæ), 1522, in-fol.

Après le titre, on trouve... « Licentii Evangeli sacerdotis præfatio ». Suivant Baillet, ce pseudonyme cacherait le nom de Beatus RHENANUS, qui, comme son père, avait abandonné son nom de famille BILDE. Blaufuss (« Beitr. zur Erweiter. der Kentniss seltener Bücher », Jena, 1753-56, t. II, p. 92 et suiv.) croit que ZWINGLI pourrait bien être l'auteur de cette préface, qui n'a pas été reproduite dans les autres éditions. L'« Onus insigne » a pour auteur MARSILIUS Patavinus, qui, suivant le cardinal Zarabella, serait de la famille des MENANDRINI ; son nom se trouve en tête de la préface et dans le titre de départ.

Cet ouvrage a été reproduit sous le titre de : « Legislator de jurisdictione pontificis romani et imperatoris, per Paternonium », 1613, in-8. Voy. « Supercheries », III, 1235, c.

Opuscula ad hierarchicam Ecclesiæ constitutionem spectantia. (Auct. H.-S. GERDIL.) Parmæ, 1789, in-8. Melzi.

Opuscula mythologica, physica et ethica, græce et latine. (Edente Thom. GALE.) Amstelædami, apud Henricum Wetstenium, 1688, in-8, 11 ff., 752 p. et 4 ff. d'index.

Le nom de l'éditeur est en tête de la dédicace et de la préface.

Opuscula philosophica, quibus continentur principia philosophiæ antiquissimæ et recentissimæ. (Auct. F.-M. VAN HELMONT.) Amstelodami, 1690, in-12.

Opusculum de sectione superficiei sphæricæ, per superficiem sphæricam cylindricam, conicam. A. P. C. M. S. J. (auct. Petro COURCIER, mathematico, S. J.). Divione, 1662, in-4.

Opusculum de vero sensu composito et diviso, compositum ab uno ex studiosis scholæ Tolosanæ conventus S. Thomæ Aquinatis (Antonino REGINALDO, Dominicano). Paris, 1638, in-4, 43 p. — Gratianopoli, 1663, in-8, 21 p.

Opusculum theologicum, in quo quæritur : an et qualiter possit princeps, magistratus, dominus catholicus in ditione sua retinere hæreticos, vel contra pœnis eos, aut exilio ad fidem catholicam amplectendam cogere, sumtibus Gabrielis Erbody, episcopi Agriensis, editum, atque particulari commissioni in negotio religionis oblatum. (A quibusdam Samueli TIMON adscribitur.) Tyrnavii, 1721, in-4, 87 p.

Oratio de intemperantia in studiis et eruditorum qui ex ea oriuntur morbis. (Auct. Daniele-Georgio MORHOSIO.) S. l. n. d., in-4.

Réimprimé avec le nom de l'auteur.

Oratio de sententia christianissimi regis, scripta ad serenissimos... spectabiles viros, universosque sacri imperii ordines

Spirae conventum agentes. *Parisiis, R. Stephanus*, 1544, in-4.

Par Jean DU BELLAY, qui l'a donné aussi en français sous ce titre : « Oraison écrite suivant l'intention du roi... ». Voy. VI, 726, c.

Oratio dominica, in diversas omnium fere gentium linguas versa, auth. Joan. CHAMBERLEYNIO; cum dissertatione de linguarum origine (edente D. WILKINS). *Amstelodami*, 1715, in-4.

Oratio dominica, plus centum linguis versionibus aut characteribus reddita et expressa (ed. B. MOTTO). *Londini*, 1700, in-4, 76 p.

Oratio funebris, habita in exequiis religiosissimi Patris Antonii de Arias, e Societate Jesu. *Mexici*, 1603, in-4.

Par le P. Damen-Gonzalez CUETO. Carayon, n° 1482.

Oratio hominis peccatoris, seipsum cognoscentis, versibus scripta. Authore P. A. (Petro ALES) M. G., ad Stephanum Morinum, virum melioris vitæ et salutis æternæ cupidissimum. *Parisiis, ex officina Prigentii Calvarini*, 1551, in-4.

Oratio nobilis Belgæ de jure belli Belgici adversus Philippum, regem Hispaniarum (Phil. MARNIX DE S^r^e ALDEGONDE vulgo adscripta). *Hag. Com.*, 1599, in-4.

Voy. « Discours d'un gentilhomme... », IV, 1005, e.

Oratio Philippica ad excitandos contra Galliam Britannos, sanctiori Anglorum concilio exhibita, anno 1514, incerto auctore (a Mattheo SCHINER, cardinale Sedunensi), nunc edita cum diatriba præliminari et notis Jo. TOLANDI. *Londini*, 1707, in-8.

La seconde édition, donnée par le même Toland en 1709, est augmentée d'une invective contre l'auteur du « Mercure galant » de Paris, intitulée : « Gallus Aretalogus, odium orbis et ludibrium », etc.

Orationes ex SALLUSTII, LIVII, CURTII et TACITI historiis collectæ, ad usum scholarum Universitatis Parisiensis (curante J. HEUZET). *Parisiis*, 1721, in-12.

Réimprimé plusieurs fois.

Orationes quibus pompam exequiarum atque funus Henrici Magni, Galliæ et Navarræ regis, mœrens cohonestavit collegium Rhedonense. (Auct. P. CRESOL, S. J.) *Rhedonis*, 1611, in-8.

Oratorum veterum orationes, ÆSCHINIS, LYSIÆ, ANDOCIDIS,.... græce. Cum

interpretatione latina quorundam. *S. l.*, H. Stephanus, 1575, in-fol.

Les traducteurs sont Jér. WOLFIUS, Denys LAMBIN, Henri ESTIENNE et Simon GOULART. Voir Renouard, « Annales des Estienne », p. 140.

Orbis antiqui tabula scholarum in usum. (Auct. J.-G. DAHLER.) *Argentorati, s. d.*, in-12.

Orbis literatus, germanico-europæus, in synopsi representatus. (Auct. Joh.-Georg. HAGELGANS.) *Francofurti ad Mœnum*, 1737, in-fol.

Catalogue Van Hulthem, n° 20,386.

Orbis sensualium pictus. Le Monde visible renouvelé. En allemand, latin, italien et français. (Par le P. COMENE.) *S. l. n. d.*, in-8.

Nombreuses réimpressions avec le nom de l'auteur.

Ordo eligendi pontificis et ratio. (Auct. P. VERGERIO.) *Tubingæ*, 1556, in-8.

Ordo perpetuus divini officii, juxta ritum breviarii ac missalis sanctæ Romanæ Ecclesiæ. Ordinabat monachus benedictinus e congregatione S. Mauri (Petrus HEBRARD). *Dijon*, 1758; — *Parisiis*, 1759, in-12.

Origines omnium Hannoniæ cœnobiorum, octo libris breviter digestæ. (Auct. Philippo BRASSEUR.) *Montibus, Ph. Waudræus*, 1650, pet. in-8.

Origo collegii Societatis Jesu, ad sanctum Salvatorem Augustæ Vindelicorum Fuggerianæ pietatis in Deum et patriam monumentum perenne. (Auct. P. MANGOLD.) *Augustæ Vindelicorum*, 1786, in-8.

Carayon, n° 314.

Origo plagarum christianum orbem devastantium, ab uno ex familia prædicatorum (P. Ludovico BERTHA) opus collectum. *Brugis*, 1658, in-12.

Ouvrage contre les jésuites.

Ornatissimi cujusdam viri (DU FAUR DE PIBRAC) de rebus gallicis, ad Stanislaum Elvidium (Joann. Camerarium) epistola. *Lutetiæ, F. Morel*, 1573, in-4. — *Lugduni, B. Rigaud*, 1573, in-8.

Traduit en français sous le titre : « Traduction d'une espistre ». Voy. ci-dessus, col. 720, c.

Orthographia N. M. T. (Nicolai MARSCALI THURII) de litteris latinis, de litteris græcis... *Erfordiæ, Wolfgangus, Schenk*, 1501, in-4.

Voir le « Manuel du libraire », 5e éd., III, 1470.

Nicolas Marescal ou Mareschal était surnommé Thurius, et c'est sous ce dernier nom qu'il est placé dans la « Bibliotheca latina medii ævi » de Fabricius, édit . de Mansi, VI, 297 .

Ortulus rosarum, liber devotus. (Auct. Thoma A KEMPIS.) *Parisiis, Dionys. Roce* (*circa* 1500), pet. in-8.

Ortus et progressus collegii Academici Soc. Jesu Claudiopolitani, ab anno 1579. (Auct. Georgio DAROTZY, S. J.) *Claudiopoli*, 1736, in-12.

a   Ortus sanitatis. (Auct. Joanne CUBA.) *Moguntiæ*, 1491, in-fol.

Ouvrage plusieurs fois réimprimé et traduit en français.

Os Domini locutum est, linguarium validum, damnatis a sede apostolica injectum. (Auct. Theophil. RAYNAUDO.) *Lugduni*, 1657, in-4.

OVIDIUS, de arte amandi et de remedio *b* amoris, cum commento (Barth. MERULÆ). *Venetiis, J. de Tridino, alias Tacuinus,* 1494, in-fol. — *Lugduni*, 1497, in-4.

P

P. C.   PALATIUM

P. C. (Pauli CASATI) pyrologia curiosa et experimentalis, id est, ignis scrutinium exactum. *Hanoviæ*, 1689, in-4.

P. P. (Petri PITHOEI) comes theologus, sive spicilegium ex sacra messe. *Parisiis*, 1590, in-12; — 1608, in-16; — 1646, in-12. — Nova editio, auctior (cura et studio Cl. PELLETERII). *Parisiis*, 1684, in-12.

P. P. (Patrum) Ecclesiæ de paucitate adultorum salvandorum consensio. (Auct. P. Fr. FOGGINIO, edente Cl. LEQUEUX.) *Parisiis*, 1759, in-12.

Cet ouvrage a été traduit en français sous le titre de : « Traité sur le petit nombre des élus... ». Voy. cidessus, col. 609, c.

P. (Patris) Pontii-Meropii PAULINI, Nolani episcopi, opera (edente F. B. LE BRUN DES MARETTES). *Parisiis*, 1685, 2 vol. in-4.

Pa. P. (Pauli PETAVII) de epocha annorum Incarnationis Christi , de indictionibus et de variis ab annis Christi supputandi modis. *Parisiis*, 1604, in-4.

Pa. P. (Pauli PETAVII), in Francorum curia consiliarii, antiquariæ supellectilis portiuncula. *Parisiis*, 1610; — ejusdem veterum nummorum γνώρισμα. *Parisiis*,

1610; — ejusdem de Nithardo, Caroli Magni nepote, breve syntagma. *Parisiis*, 1613, in-fol.

Pacificatorium orthodoxæ corpusculum, opus ad connubium unitatis cum *d* veritate sanciendum, a T. P. (Thoma PIERCE), decano Sarisburiensi, concinnatum. *Londini*, 1685, in-8.

Pacis Germano-Gallo-Suecicæ, Monasterii et Osnabrugæ tractatæ, et anno 1648 perfectæ historia, ex ipsis rerum gestarum documentis et commentariis continuata. (Auct. Tob. PFANNERO.) *Gothæ*, 1678; — *Irenopoli*, 1679, in-8.

c   Pæsti, quod Posidoniam etiam dixere, rudera, cum dissertationibus lat. et ital. (P.-Ant. PAOLI). *Romæ*, 1784, in-fol.

Palæstra scholæ publicæ Mechliniensis, sive exercitationes per selectos patrum Oratorii studiosos... (Auct. F. PIROUET, G. CHANEAU et Nic. VAN MECHELEN.) *Antuerpiæ, Ærtssens*, 1639, in-12.

Palatini regni Hungariæ e diversis scriptoribus eruti (a Nic. SCHMITH et Nic. MUSZKA). *Tyrnaviæ*, 1752, in-fol.

Palatium regni Hungariæ... (Auct. Nicol. MUSZKA, S. J.) *Cassoviæ*, 1740, in-8.

Palatium reginæ eloquentiæ. (Auct. P. Le PELLETIER, S. J.) *Lut. Paris.*, 1641, in-fol.

Palatium sub regibus Austriacis.(Auct. Nicolao SCHMITH, S. J.) *Cassoviæ*, 1739, in-8.

Palmæ regiæ invictissimo Ludovico XIII... a præcipuis nostri aevi poetis in tropheum erectæ. *Paris., S. Cramoisy*, 1634, in-4.

Recueilli par Sc. D. GR. (Scipion DE GRAMMONT).

Palmæ Valentianæ, seu Valentiana Joan. Austriaci felicibus auspiciis ab obsidione Gallorum liberata. (Auct. J.-B. MALDONAT.) *Valencennis*, 1660, in-4.

Pandectæ Justinianeæ, in novum ordinem digestæ. (Auct. Rob.-J. POTHIER, curante DE GUYENNE.) *Parisiis*, 1748, 3 vol. in-fol.

Panegyricus Annæ Austriacæ, reginæ augustissimæ, Galliarum regenti, dictus. (Auct. Christophoro DE HENNOT.) *Parisiis*, J. Jacquin, 1644, in-4.

Panegyricus Clementiæ Isauræ, quæ ludos florales Tolosanos instituit. Dictus in publico Academiæ consessu, 3 maii anni 1709. (Auct. DE LALOUBÈRE.) *S. l.*, in-4, 3 p.

Panegyricus Ludovico decimo tertio... pro superatis Alpibus, subacta Sabaudia... (Auct. F. RAGUENEAU.) *Burdigalæ, Millangius*, 1631, in-8.

Panegyris apologetica pro Lusitania vindicata a servitute et tyrannide immani Castellæ. (Auct. Fr. MACEDO.) *Parisiis*, 1641, in-4.

Papatus romanus, seu de origine, progressu atque extinctione ipsius. (Auct. Marco-Antonio DE DOMINIS.)*Londini*, 1617, in-4.

Jean-Tobie MAJOR, dans ses « Annotationes ad Acta apostolorum », p. 29, a affirmé qu'il était l'auteur du « Papatus romanus ».

Parabola de seminatore, ex evang. Matth. in LXXII europæas linguas ac dialectas versa et romanis characteribus expressa (a Lud.-Luc. BONAPARTE). *Londini*, 1837, in-8.

Paradisi amissi (J. MILTONI) liber primus, ex anglicana lingua in latinum conversus. *Cantabrigiæ*, 1691, in-4.

La dédicace est signée : T. P. (Thomas POWER), de Trinity college. La traduction des autres livres est restée inédite.

Paralleli LXXII Augustini catholici et Augustini Mastigis hæretici. (Auct. Prospero STELLARTIO.) *Antverpiæ*, 1618, in-12.

Parasynagma Perthense et juramentum ecclesiæ Scotitanæ, et pro supplici evangelicorum ministrorum in Anglia ad sereniss. regem contra larvatam geminæ Academiæ Gorgonem apologia, sive antitami-cami-categoria, auctore A. M. (Andrea MELVINO, Scoto, et professore in Academia Sedanensi). *S. l.*, 1620, in-4, 47 p.

L'*Anti-tami-cami-categoria* est une pièce de vers latins de 50 strophes.

Parerga historica.(*Dantisci*), 1782, in-4.

L'auteur de cet ouvrage, Jean UPHAGEN, sénateur de Dantzig, n'en a fait tirer qu'un petit nombre d'exemplaires, qu'il a distribués à quelques savants. Voy. le « Journal des savans », décembre 1783, in-4, p. 778 et suiv.

Parochianus obediens, seu de duplici debito parochianorum audiendi scilicet missam et verbum Dei in sua parochia, saltem diebus dominicis et festis majoribus stante commoditate. (Auct. P. Bonav. DE LA BASSÉE, capucino.) *Duaci*, 1633, in-12.

Parochophilus, seu libellus de quadruplici debito... (Auct. P. Bonav. DE LA BASSÉE, capucino, ed. Timotheo CLERITIMO.) *Parisiis, S. Huré*, 1657, in-12.

Parvum B. Virginis sacellum. (Auct. J. ROMOEO.) *Mussiponti, S. Cramoisy*, 1623, in-12.

Pasquillorum tomi duo, quorum primo versibus ac rhythmis, altero soluta oratione conscripta quam plurima continentur, ad exhilarandum, confirmandumque, hoc perturbatissimo rerum statu, pii lectoris animum apprime conducentia (edente Cælio Secundo CURIONE). *Eleutheropoli (Basileæ)*, 1544, 2 vol. in-8, VIII-637 p.

Quelques curieux joignent à ce recueil, qui est rare, un troisième volume composé de morceaux de Conradus ZUTPHANIUS AB ACHTEVELT, qui s'est déguisé sous le nom de PASQUILLUS MERUS. Voy. la « Bibliographie » de De Bure, n° 2868, et ci-dessus, « les Visions de Pasquille », col. 1039, d.

Passio SS. MM. Getulii, Symphorosæ, ac septem filiarum; cum notis. (Auct. Fulvio CARDOLI, S. J.) *Rômæ*, 1585, in-8.

Pastorale Parisiense illustrissimi et rever. DD. Ant.-Eleonori-Leonis Le Clerc de Juigné, archiep. Paris., etc., auctoritate editum. (Auct. abbate REVERS.) *Paris.*, 1786, 3 vol. in-4.

Le « Catalogue des évêques et achevêques » est de

l'abbé CHARLIER, secrétaire et bibliothécaire de M. de Juigné.

Ce Pastoral a donné lieu à une multitude de critiques.

Patelinus, nova comœdia, alias veterator, e vulgari lingua (Petri BLANCHET) in latinum traducta eloquium (per Alexandrum CONNIBERTUM, Joannem REUCHLINUM). *Parisiis, S. Colinæus*, 1543, in-8, 29 ff.

Voy. « Comoedia nova,... », ci-dessus, col. 1195, c.

PATERCULUS, cum notis (Petri-Jos. DE GRAINVILLE). *Limoges, Barbou*, 1714, in-12.

Patrum Ecclesiæ de paucitate adultorum fidelium salvandorum, etc. (Auct. Petr.-Franc. FOGGINI.) *Romæ*, 1752, in-4.
Melzi.

Pauli II, Veneti, pontificis maximi, vita, ex codice Angelicæ bibliothecæ desumpta, præmissis ipsius sanctissimi pontificis vindiciis (cura et studio A.-M. QUIRINI cardinalis). *Romæ*, 1740, in-4.

Réimprimé avec des additions de SCHELHORN, sous ce titre : « Liber de optimorum scriptorum editionibus quæ Romæ primum prodierunt », etc. *Lindaviæ*, 1761, in-4.

Paulo plenior historia juris naturalis. (Auct. Chr. THOMASIO.) *Halæ Magdeburg., vidua Christ. Salfeld*, 1719, in-4.

Pax non pax, seu rationes aliquot, quibus confœderationes evangelicorum cum catholicis pacem nullo modo veram esse pacem breviter ostenditur. (Auct. Math. BEMBO, S. J.) *S. l.*, 1613, in-4, 20 p.

Peccatum originale κατ' ἐξοχὴν sic nuncupatum, philologice elucubratum a Themidis alumno (Hadriano BEVERLANDO). *Eleutheropoli, extra plateam obscuram, sine privilegio auctoris, absque ubi et quando*; in fine : *In Horto Hesperidum, typis Adami Evæ, terræ filii*, 1678, in-8.

Beverland n'est désigné que sous les initiales A. B. Réimprimé avec des retranchements et le nom de l'auteur en 1679, in-8.

Pedantius, comœdia olim Cantabrig. acta in coll. Trinitatis. *Londini*, 1631, petit in-12, 2 ff. et 107 p.

Pièce attribuée soit à Th. BEARD, soit à M. WINGFIELD, et dans le cat. Soleinne à M. BURDENS, dont Lowndes n'a pas fait mention.

Pediluvium, sive de numero pauperum quibus lavandi sunt pedes feria V majoris hebdomadæ. (Auct J.-B. FRESCOBALDI.) *Lucæ, Fredianus*, 1710, in-4.

Il existe une édition précédente, et une cinquième parut en 1720.
Melzi.

Peregrinatio Hamburgo Hierosolymam ad sepulchrum D. N. J. C. instituta.... Redemptor. coronabit. (Auct. Rudolph. CAPEL.) *Hamburgi*, 1683, in-fol. — « Petzholdt's neuer Anz. », 1862, p. 120.

Perpetua crux, sive Passio Jesu-Christi iconibus explicata. (Auct. P. ANDRIES, S. J.) *Antverp., T. Worms*, 1649, 2 vol. in-12, fig.

PERRONIANA, sive excerpta ex ore cardinalis PERRONII, per FF. PP. (fratres PUTEANOS, edente Isaaco VOSSIO). *Genevæ (Hagæ Comitum), Columesius*, 1667, in-12.

Réimprimé en 1669, avec le « Thuana » à la suite.

Persei gladius in caput Medusæ, hoc est oppugnatio Gallutianæ defensionis. (Auct. Josepho PUSTERLA.) *Mediolani, Ghisulphus*, 1683, in-fol.
Melzi.

Pervigilium Veneris, ex editione Petri PITHOEI, etc... AUSONII Cupido cruci adfixus, cum notis Mariangeli ACCURSII... et anonymi (J. CLERICI). *Hagæ Comitum*, 1712, in-8.

Ce petit poème, dont l'auteur est resté inconnu, a été attribué à CATULLE par les premiers éditeurs, parce qu'il se trouvait joint dans un manuscrit à des poésies de cet écrivain. Scaliger le donne à un autre Catulle, dont parlent Martial et Juvénal ; Saumaise l'envisage comme une production plus récente ; la critique moderne y voit un ingénieux pastiche, composé au IIIe ou au IVe siècle.

PETRI, abbatis Cellensis, opera omnia, collecta cura et studio unius S. Mauri congreg. monachi (Ambrosii JANVIER, cum præfatione Jo. MABILLON). *Parisiis, L. Billaine*, 1671, in-4.

Petri-Danielis HUETII commentarius de rebus ad eum pertinentibus (edente DE SALLENGRE). *Amstelodami*, 1718, in-12.

Petri GASSENDI opera omnia, cum indicibus necessariis. *Lugduni*, 1658, 6 vol. in-fol.

Il y a peu d'exemples, dans la république des lettres, d'une collection aussi soignée que celle-ci l'a été ; les savants de ce temps les plus célèbres s'en sont occupés. Voici l'hommage rendu à ces savants par l'abbé de Lavarde, dans sa « Lettre critique et historique à l'auteur de la « Vie de Gassendi » (le P. B. Bougerel) :

« L'illustre de Montmor était dépositaire de ces précieuses dépouilles ; il convoqua, pour donner le jour à ces écrits posthumes, toute l'élite de la république littéraire ; il distribua à chacun leurs opérations, et tous les reçurent avec joie et sans jalousie. Neuré fut prié d'écrire la vie de Gassendi, pour la mettre en tête de l'ouvrage. François HENRI (célèbre avocat au parlement de Paris) traita de l'impression, et conclut avec les libraires de Lyon. Il composa le projet de leur Avertissement au lecteur et celui de M. de Montmor. Le savant Père DE BUSSIÈRES, jésuite, mit en latin la préface des libraires : CHAPELAIN était chargé d'envoyer les originaux, revus par ses soins et ceux de Claude HARDY, d'Henri Bernier et de François HENRI. DE LA POTTERIE, secrétaire du défunt, passa à Lyon pour corriger les épreuves, pendant que M. DE CHAMPIGNY, intendant de la province, présidait à l'exécution de toute l'entreprise.

« Au milieu de ces grands mouvemens, SORBIÈRE ne fut point oisif. Il avait promis son offrande aux mânes de son ami ; il tint parole ; il travailla de toutes ses forces à une préface historique, et la finit le 25 mars 1658. L'impression étant achevée en ce temps, les libraires écrivirent à Chapelain, qui avait la direction de ce grand ouvrage, de leur envoyer la vie de Gassendi. Il en parla à Neuré d'un ton pressant et poli ; mais cet écrivain répondit qu'il ne pouvait pas la donner, attendu qu'il avait des affaires qui ne lui permettaient pas d'y travailler. Cette nouvelle causa de l'émotion et de la surprise à M. de Montmor ; mais cette émotion ne dura pas : Sorbière parut, il suppléa à ce défaut ; il présenta son travail, il n'attendit pas qu'on le lui demandât, il l'offrit de bonne grâce, etc, ».

L'abbé de Lavarde tourne ensuite en ridicule le sieur Neuré, sur la vanité qu'il eut, étant gouverneur des princes de Longueville, d'exiger qu'on supprimât de l'édition des Lettres de Gassendi celle qu'il lui avait écrite en 1643, lorsqu'il était précepteur des enfants de M. de Champigny, intendant de Provence. Il est à remarquer qu'on eut la complaisance de supprimer cette lettre ; mais les cartons en ont subsisté par les soins de François Henri.

Petri PICHERELLI, viri doctissimi, opuscula theologica quæ reperiri potuerunt. (Ed. Andr. RIVET.) Lugd. Batav., Elzevir, in-12.

Petri PETITI de amazonibus dissertatio. Nova editio (cum additionibus auctoris et observationibus criticis Bernardi DE LA MONNOYE). Amstelodami, 1687, in-8.

Petri PITHÆI opera sacra, juridica, historica, miscellanea (edente Carolo LABBÉ, advocato Parisiensi). Paris., ex officina Nivelliana, 1609, in-4.

C'est ce recueil que Grosley, dans sa Vie de Pithou, nomme la collection de Labbé.

PHÆDRI, Aug. liberti, fabularum Æsopiarum libri V, nunc primum in lucem editi (a Pet. PITHOEO). Augustobonæ-Tricassium, J. Odotius, 1596, pet. in-12, 70 p.

Phædri fabularum Æsopiarum libri V (cum notis Nic. RIGALTII). (Parisiis), 1657, in-4.

PHÆDRI, Augusti Cæsaris liberti, fabularum Æsopiarum libri V. Nova editio emendata, notis gallicis selectissimis, appendice ad ejusdem fabulas, Publii SYRI alio-

rumque veterum sententiis aucta (per Claudium FABRE). Parisiis, Barbou, 1731, in-12.

Voy. « Examen crit. des Dictionnaires historiques », au mot FABRE.

PHÆDRI, Augusti liberti, fabularum Æsopiarum libri V, ad optimas quasque editiones emendati, etc. (curante J.-B. LE MASCRIER). Parisiis, Coustelier, 1742, in-12.

PHÆDRI, Augusti liberti, fabulæ. Ad. mss. codd. et optimam quamque editionem emendavit Stephanus Andreas PHILIPPE. Accesserunt notæ ad calcem. Lut. Paris., Grangé, 1747, in-12.

Le frontispice de cette édition a été renouvelé par Barbou en 1754.

Philippe a manqué de délicatesse au point de ne pas citer le P. Sanadon, auteur des notes insérées dans cette édition, notes qui n'avaient pas encore vu le jour.

PHÆDRI, Augusti liberti, fabularum Æsopiarum libri quinque ; cum notis et emendationibus Franc. Josephi DESBILLONS, ex ejus commentario pleniore desumptis. Tertia editio, cui accessere annotationes gallicæ J. F. A.-Y. (Joan. Felicissimi ADRY). Parisiis, 1807, in-12.

Phædrus alter, seu Gabr. FAERNI, Cremonensis, fabulæ ex Æsopo, aliisque priscis autoribus, Pii IV, pont. max., hortatu scriptæ et jussu editæ, anno 1564 ; nunc primum in Gallia novoque ordine prodeunt, ad usum scholarum accommodato (cura et studio N. MAYOLI, presbyteri). Parisiis, 1697, in-12.

Il y a, en tête de cette édition, un Avertissement en français fort instructif et fort bien fait. D'après le « Journal des savans », il paraît que l'on doit au même ecclésiastique la seconde édition de l'ouvrage de Godeau, évêque de Vence, intitulé : « De l'usage que les chrétiens doivent faire de la paix », Paris, 1697, in-12.

PHÆDRUS, triplici appendice suffultus (cura et studio MONCHABLON). Parisiis, 1753, in-12.

Pharmacopoeia Hermetica. (Auct. FULLER.) Londini, 1719, in-12.

Pharmacopoeiæ collegii regalis Londini remedia, succincte descripta, atque serie alphabetica... digesta... cura J. S. (James SHIPTON). Lugduni Batavorum, typ. Lindani, 1681, in-12.

Réimprimé avec le nom de l'éditeur sur le titre.

Pharmacopæa persica, ex idiomate persico in latinum conversa... (a P. ANGELO

A S. JOSEPHO, seu DE LA BROSSE). *Parisiis*, 1681, in-8.

Le docteur Hyde atteste que cet ouvrage a été traduit du persan par le P. MATHIEU, dont le P. Ange a tu le nom, sans oser pourtant y substituer ouvertement le sien. Placé en caractères persans sur le titre de l'ouvrage, ce même nom est en caractères romains en tête de la dédicace. (*Biographie universelle*.) Voy. « Supercheries », I, 352, c.

Philallelia pro fide amicorum reciproca. (Auct. Petro-Andrea PINTO RAMIREZ, S.J.) *Lugduni*, 1647, in 12.

On croit que c'est une traduction du roman français intitulé : « Miles et Amys ».

Philippi MELANCHTHONIS epistolarum liber (edente Frid. SPANHEMIO). *Lugduni Batav., Elzevier*, 1647, in-8.

Philobiblon RICHARDI Dunelmensis, sive de amore librorum et institutione bibliothecæ, cum appendice de manuscriptis Oxoniensibus, opera T.J. (Thomæ JAMES). *Oxoniæ*, 1599, in-4.

Fabricius a fait de vains efforts pour donner cet ouvrage au dominicain HOLKOT, un des familiers les plus intimes de l'évêque de Durham. Le *Philobiblon*, dont la 1re éd. parut en 1473, a été reproduit par Mich. Goldstadt dans ses « Epistolicæ quæstiones ».

Il est reconnu depuis longtemps que Richard DE BURY, évêque de Durham, en est l'auteur. Il a été traduit en français par M. Cocheris, *Paris*, 1856, in-8.

Philomathia, seu miscellaneæ doctrinæ libri I et II. (Auct. D. WYTTENBACHIO.) *Amst.*, 1809, 2 vol. in-8.

Philosophia ad gustum moderni sæculi elaborata, qua Cartesii, Neutonii, Wolfii et aliorum speculationes examinantur. (Auct. J. Nepom. BEZEL.) *Ulmæ*, 1751, 3 part. en 1 vol. in-4.

Catal. Van Hulthem, t. I, n° 3931.

Philosophia non amati seu manuductio ab homine ad Deum. (Auct. Jo. KRAUS.) *Pragæ*, 1709, in-12.

Philosophia principis pedantissimo opposita, scriptore anonymo L. B. (BERTOLDI); cum præfat. Jo. P. LUDEVIG. *Lipsiæ*, 1711, in-8.

Philosophia Sacræ Scripturæ interpres, exercitatio paradoxa. (Auct. Lud. MEYENO.) *Eleutheropoli* (*Amst.*), 1666, in-4.

Philosophia vulgaris refutata. A. J. G. D. P. (Auct. J. GIRONNET). *Francofurti, apud I. Volphangium*, 1668, in-12. — *Parisiis, G. Després*, 1670, in-12.

Philosophiæ Leibnitianæ et Wolffianæ usus in theologia, etc.; authore I. Th. C. (Israele Theoph. CANZ). *Francofurti et Lipsiæ*, 1733, 2 vol. in-4. — Philosophiæ Wolffianæ, ex græcis et latinis auctoribus illustratæ, maxime secundum animæ facultatem cognoscendi consensus cum theologia ; per I. Th. C. (eumdem CANZ). *Francofurti et Lipsiæ*, 1737, in-4.

Philosophiæ rationalis et moralis elementa ; auctore M. A. G...... (GRATACAP), presbytero, philosophiæ professore. *Gratianopoli, Baratier*, 1826, in-8.

Philosophus in utramque partem ; opera L. D. (Laurentii DUHAN). *Paris.*, 1697, in-12.

Réimprimé avec le nom de l'auteur.

Philosophus novus, dialogus primus, mense octobri. (Auct. Gasp. LANGENHERT.) — Le nouveau philosophe, dialogue premier, octobre (traduit du latin par l'abbé REGNIER DESMARAIS). *Paris*, 1701, in-12.

« Dictionnaire social et patriotique » (par Le Fèvre de Beauvray), 1770, in-8, p. 332.

Physicæ specimina. (Auct. C. BARLETTI.) *Mediolani, apud J. Gabatium*, 1772, in-8.

Pia et catholica Christiani hominis institutio. (Auct. HENRICO VIII.) *Londini*, 1543, in-4.

Réimpr. en 1543 in-8, et en 1544 in-4.

Picta poesis. (Auct. Bartholomæo ANULO, Biturigensi.) *Lugd.*, 1552, 1556, 1564, in-8, fig. sur bois.

Le nom de l'auteur se trouve à l'épître dédicatoire.

Pietas lugdunensis erga Deiparam immaculate conceptam. Dictio sacra A. S. H., cum sodales parthenici communi assensu ex nova formula Virgini absque labe originaria conceptæ se religiose auctorarent... (Auct. Th. RAYNAUD.) *Lugduni, G. Barbier*, 1657, in-4.

La dédicace est signée : Andras PIANELLO.

Pietas victrix, sive Flavius Constantinus magnus. Tragœdia. (Auct. Nicolao AVANCINO.) *Viennæ, typis Cosmerovii*, 1659, in-fol.

PINDARI Olympia, Nemea, Pythia, Isthmia, una cum latina omnium versione carmine lyrico per Nicolaum SUDORIUM (ex recensione Ric. WEST et Rob. WELSTED). *Oxonii*, 1697, in-fol.

Pithecologia, sive de simiarum natura carminum libri II. (Auct. Alexandro THO-MASSEN.) *Amstel.*, 1774, in-8, fig.

Planctus Norbertinus. (Auct. J.-B. L'ECUY.) *Parisiis*, 1820, in-8, 4 p.

Voy. « Plainte élégiaque », VI, 904, *f.*

Platonis, Xenophontis, Plutarchi et Luciani symposia gr., cum notis (cura Car. ABRESCH). *Oxonii*, 1711, in-8.

Plutarchi de liberis educandis commentarium, latine redditum a XILANDRO, emendavit V. H. C. (CHAPPUYZI). *Parisiis*, *vidua Maire-Nyon*, 1833, in-12.

Pluteus spirans. *S. l.*, 1753, in-8.

Traduction du « Lutrin vivant » de GRESSET, par J. DESAINT.

Pluto Catellus ad serenissimam principem expostulatio. *S. l. n. d.*, in-4, 4 p.

Signé : S.V. (J.-B. DE SANTEUL).

Plutonis Catelli fatum, ad serenissimam principem illius postrema verba. *S. l. n. d.*, in-4, 4 p.

Signé : S.V. (J.-B. DE SANTEUL).

Poemata aliquot insignia illustrium poetarum recentiorum, hactenus a nullis ferme cognita aut visa (edente G. CO-GNATO, vel COUSIN). *Basileæ*, 1544, 1557, in-12.

Niceron, t. XXIV, p. 63.

Poemata, chronometra, anagrammata, epigrammata et alia his affinia. (Auct. VAN HALEN.) *In Monte Parnasso, typis musicis* (1784), in-8, 292 p.

 Voy., sur ce livre, l'article de M. Chalon, dans le « Bulletin du bibliophile belge », t. I, p. 145.

Poemata didascalica, nunc primum vel edita vel collecta (studiis Fr. OUDIN, in ordinem digesta et emendata a Jos. OLI-VETO). *Parisiis*, 1749, 3 vol. in-12.

 Adry a dirigé la nouvelle édition de ces poèmes, publiée en 1813, 3 vol. in-12, dont les deux premiers renferment les poèmes contenus dans les 3 volumes de l'ancienne édition. Le 3e contient des poèmes recueillis pour la première fois ou inédits.

Poemata et epigrammata vetera, cum notis (P. PITHÆI). *Parisiis*, 1590, in-8.

Poematum Hadriani JUNII liber primus, continens pia et moralia carmina, jam primum in lucem prolata ab authoris nepote (Alberto VERLANIO). *Lugd. Batav.*, *Lud. Elzevirius*, 1598, in-8.

Poetæ rusticantis (Andr.-Fr. DESLANDES) litteratum otium. *Londini*, 1713; — 3a editio, auctior. *Londini*, 1752, in-12.

Philippe fit imprimer de nouveau ces poésies en 1741, dans le t. XII des « Amusemens du cœur et de l'esprit », comme n'ayant point encore été publiées, et sans nommer l'auteur. L'édition de 1752 est plus complète.

Poetarum ex Academia Gallica (HUETII, FRAGUERII, ŒNOPIONIS [BOIVIN], OLIVETI, MONETÆ) qui latine aut græce scripserunt, carmina (edente OLIVETO, dedicationis auctore). *Parisiis*, *Ant. Boudet*, 1738, in-12.—*Hagæ Comitum*, 1740, in-8.

Poggii Florentini facetiarum libellus unicus, notulis imitatores indicantibus et nonnullis sive latinis, sive gallicis imitationibus illustratus (a Fr.-Jos. NOEL). *Londini*, 1798, 2 vol. pet. in-12.

Politicus sceleratus impugnatus, id est, compendium politices novum, sub titulo «Hominis politici », secunda antehac vice editum atque impressum, nunc notis ubique et additionibus ex optimis auctoribus ut plurimum descriptis, illustratum studio C. P. D. et A. N. (Christophori PEL-LERI, doctoris et advocati Norimbergensis). *Norimbergæ*, 1663, 1665, in-8.

Polonia de Turcis ad Chocimum triumphans et in nupera regis electione fortunata, versibus latinis. (Auct. J. PERIGAUD S. J.) *Burdigalæ*, 1675, in-12.

Polonia defensa contra J. Barclaium (a Luca OPALINSKI, postea marschallo curiæ regni Poloniæ). *Gedani*, 1648, in-4.

POLYAENI stratagematum libri VIII, græce (ed. CORAY). *Parisiis*, 1809, in-8.

Porticus Medicæa, ad cardinalem Richelæum. (Auct. MORISOT.) *Parisiis*, 1628, in-4.

Præadamitæ, sive exercitatio super versibus duodecimo, decimotertio et decimoquarto capitis quinti epistolæ D. Pauli ad Romanos. (Auct. Isaaco DE LA PEY-RERE.) *S. l.*, 1655, in-4 et in-12.

 Voy. « Animadversiones in libros », ci-dessus, col. 1148, *d.*

 Voy. aussi Brunet, « Manuel du libraire », 5e éd., t. III, col. 831 et 832.

Præcepta rhetorices, collecta ex libris de Oratore, etc. (cura et studio P.-A. AL-LETZ). *Parisiis*, 1766, in-12.

Præceptiones rhetoricæ, optimis exemplis illustratæ (curantibus præsertim D.

D. Lenglet, Hersan et Rollin). *Parisiis*, 1727, in-12.

Voyez la nouvelle édition donnée en 1764, par Crevier.

· Præcipuæ definitiones, divisiones ac regulæ, ex logica, physica et metaphysica Aristotelis. (Auct. Laurentio Ghiffene, prof. Lovaniensi.) *Lovanii*, 1630, in-24.

Præclara Francorum facinora, variaque ipsorum certamina pluribus in locis.... E.d. (*sic, absque nota*). In-8.

Attribué à Guillaume de Puylaurens par Jean Fornier, p. 2 de sa traduction de cet ouvrage sous le titre de : « L'Histoire des guerres faites en plusieurs lieux de la France ». *Tolose, J. Colomiès*, 1562, in-4.
Cet ouvrage est donné à Pierre V, évêque de Lodève au commencement du xive siècle. Voy. Brunet, « Manuel du libraire », 5e éd., t. IV, col. 853.

Prædicatorii ordinis fides et religio vindicata. (Auct. C.-Joan. Van Bilsen, dominicano.) *Colon.*, 1721, in-12.

Le P. Knippenbert, dominicain, a attaqué cet ouvrage (Paquot, « Mém. littér. »).

Prædium rusticum. (Auct. Carolo Stephano.) *Lutetiæ, Car. Stephanus*, 1554, in-8.

Réimprimé en 1629, *Paris, G. Benard*, in-8, avec le nom de l'auteur.

Prælectiones philosophicæ. (Auct. L. Branchereau.) *Claromon-Ferrandi, Thibaud-Landriot*, 1849, 3 vol. in-12. — 2a ed., auctore L. B., S. Sulpitii presbytero. *Parisiis, Leroux et Jouby*, 1855, 9 vol. in-12.

Prælium Woeringanum Joannis I, Lotharingiæ, Brabantiæ ducis et S. Imp. marchionis, quo memorabili parta victoria anno Domini 1288, die v junij, ducatus Limburgi ad Brabantiam accessio æternum mansit obfirmata. *Bruxellæ, apud Godfr. Schoevartium*, 1641, in-fol.

L'auteur de cette traduction en vers latins, publiée par Ericius Puteanus, est Henri-Charles de Dongelberge. A la fin du volume se trouvent des pièces justificatives, parmi lesquelles plusieurs diplômes. Voy. la « Bibliotheca Hulthemiana », n° 27,302.

Præscriptio pro Montlucio, episcopo Valentino (auctore Jac. Cujas), adversus libellum editum sub falso nomine Furnesteri (Hugonis Doneau). *Antverpiæ*, 1574; — *Lugduni*, 1575, in-8.

Réimprimé à *Lyon* l'année suivante, sous le titre : « Pro Jo. Monlucio... præscriptio... » (voy. ci-après ces mots), cet ouvrage a été traduit sous le titre de : « Défense pour M. de Montluc... ». Voy. VI, 867, f.

a

Praxis bonarum intentionum. *Duaci, J. Bogardus*, 1619, in-12.

Traduction faite par Engelbert des Bois de l'ouvrage de Théophile Bernardin intitulé : « La Pratique des bonnes œuvres ».

Praxis meditandi mysteria Christi Domini nostri. *Viennæ, Rictius*, 1637, in-16.

Sotwel, « Script. Soc. Jesu », n'indique pas nettement si le P. Jean Bucelleni, jésuite, fut l'auteur ou le traducteur de cet écrit.   Melzi.

Praxis solida remittendi et retinendi peccata. (Auct. P. Ant.-Fr. de Bourgongne, S. J.) *Moguntiæ*, 1675, in-12.

Precationes biblicæ sanctorum patrum, illustrium virorum et mulierum utriusque Testamenti, Oth. Br. (Othonis Brunfelsii). *Argentorati, Schottus*, 1528, in-8.

Preces ante et post missam, ad usum sacerdotum. (Auct. d'Arvisenet.) *Troyes*, 1815, in-24.

Preces ex sacris litteris et libris ecclesiasticis collectæ (a Josepho Zola). *Ticini, Bolzani*, 1791, in-12.   Melzi.

Preces privatæ, gr. et lat., aut. Joanne Andrews (edente P. Hall). *Londini, Pickering*, 1839, 1848, etc.

Recueil bien fait de sentences choisies dans l'Écriture et dans les Pères. La 1re édition est d'*Oxford*, 1637, in-18.

Preces selectæ, in forma officii redactæ, in honorem effusionum sanguinis D. N. Jesu Christi. (Auct. P. D. Juvenuli Falconio.) *Romæ*, 1663, in-8.   Melzi.

Pretiosa margarita novella de thesauro, a pretiosissimo philosophorum lapide, artis hujus divinæ typus et methodus. Collectanea ex Arnaldo, Rhaymundo, Rhasi, Alberto, et Michaele Scoto; per Ianum Lacinium Calabrum nunc primum, cum locupletissimo indice, in lucem edita. (Auct. Petro-Ant. Boni.) *Venetiis, apud Aldi filios*, 1546, in-8. — *Venetiis*, 1557, in-8.

Priapeia veterum et recentiorum (collectore Noel). *Lutetiæ Parisiorum, C.-F. Patris*, 1798, in-8.

Prima Scaligerana, nusquam antehac edita (auctore ipsomet Scaligero), cum præfatione (et notis) T. Fabri, quibus adjuncta et altera Scaligerana (colligente Molinæo Patre) quam antea emendatiora, cum notis cujusdam V. D. (viri docti) anonymi (Pauli Colomesii). *Groningæ*, 1669, in-12.

Le second *Scaligerana* est un enfant de Scaliger, dont Grotius, Heinsius et Vorstius ont fait les oreilles (« Recueil de littér. », par Jordan, p. 67).

Primordia Corcyræ post editionem Lyciensem anni 1725. (Auct. Aug. Maria S. R. E. card. QUIRINO.) Ab auctore nuperrime recognita et multis partibus adaucta. *Brixiæ, J. Rizzardi*, 1738, in-4.

Principia adornando systemati rationis rei litterariæ deservitura concepit F.J.F. (FUKER). *Pestini*, 1791, in-8, 24 p.

Principia et problemata aliquot geometrica ante desperata, nunc breviter explicata et demonstrata ; auctore T. H. (Thoma HOBBES), Malmesburiensi. *Londini*, 1574, in-4.

Principia juris publici ecclesiastici catholicorum, ad statum Germaniæ accomodata. (Auct. Jos.-Christophoro NELLER.) *Francofurti*, 1746, in-8.

Principum et regum Polonorum imagines ad vivum expressæ, quibus adjectæ sunt breves singulorum historiæ et res præclare gestæ. (Auct. Arn. MYLIO.) *Coloniæ-Agrippinæ, typis God. Kempensis*, 1594, in-fol.

Volume orné de 43 beaux portraits.

Pro capitulo imperiali bisuntino, super jure eligendi suos archiepiscopos et decanos commentarius. (Auct. J. CHIFFLETO.) *S. l.*, 1672, in-4.

Pro causa italica ad episcopos catholicos, auctore presbytero catholico (P. PASSAGLIA). *Florentiæ*, 1861, in-8.

Pro ecclesiis lusitanicis libelli duo. (Auct. Ismaele BULLIALDO.) *Parisiis*, 1655, in-4.

Plusieurs fois réimprimé.

Pro Jo. Monlucio, episcopo et comite Valentino Diensi, præscriptio adversus libellum quemdam nuper editum Zachariæ Furnesteri subdititio nomine. (Auct. Jac. CUJAS.) *Lugduni, Roussin*, 1575, in-8. — Altera ed., cui adjecta est ejusdem Zachariæ Furnesteri adversus eandem præscriptionem defensio. *S. l.*, 1575, in-8.

Pro lege, rege et grege. (Auct. Ericio SPARRE, Suecico.) *S. l. n. d.*, in-fol.

Pro libertate status et reipublicæ Venetorum, Gallofranci (Lud. SERVIN) ad Philenetum epistola. *Parisiis*, 1607, in-8.

Cet ouvrage a été aussi attribué à Paolo SARPI.

Pro Michaele Legendrio, Præmonstratensi, albicurio. (Auct. Joan. ROENNO.) *Parisiis, ex typ. S. Prevosteau*, 1605, in-8.

Pro rege et populo Anglicano apologia contra Johannis Polypragmatici (alias Miltoni, Angli) defensionem, destructivam regis et populi Anglicani. (Auct. Joanne BRAMHALL.) *Antverpiæ, H. Verdrussen*, 1651, 1652, in-12.

« Méthode pour étudier l'histoire », par l'abbé Lenglet du Fresnoy.

L'épître dédicatoire est signée : *Alienigena et extorris Anglus*.

Pro restitutione Ludovici Magni valetudine Musarum gratulatio. (Auct. P. DE VALONGNES.) *Paris.*, 1687, in-8.

Prodromus ad bibliothecam Hungaricam Francisci comitis Szechenyi. (Auct. P. Mich. DENIS, S. J.) *S. l.*, 1799, in-4.

Prodromus ad opera omnia S. Bonaventuræ. (Auct. Benedicto BONELLI.) *Bassani, Remondinus*, 1767, in-8. Melzi.

Prodromus animadversionum (P. BURMANNI) in novam editionem poetarum rei venaticæ, sub auspiciis viri clarissimi (Sigeb. HAVERKAMPII) proditæ. In-4.

Sig. Haverkampii « Præfat. ad Eutropium ».

Prodromus de P. Scalichii vita, scriptis et placitis præsertim philosophicis. (Auct. Georg. VEESENMEYER.) *Ulm*, 1803, in-4.

Procemium reformandæ Parisiensis Academiæ, ad regem. *S. l.*, 1562, in-8, 82 p.

Cet ouvrage de RAMUS existe aussi en français. Voy. « Avertissements sur la réformation... », IV, 354, *b*.

Progne, tragœdia (auctore Gregorio CORRARIO, Veneto, sum. pont. Gregorii XII nepote, Venetiis anno 1464 demortuo). *In Academia Veneta*, 1558, in-4. *Romæ*, anno 1638, et in opere Ger. Nic. HEERKENS, cui titulus : « Icones ». *Ultrajecti*, 1787, in-8.

Voyez la lettre très-curieuse de mon savant ami et célèbre confrère l'abbé Morelli, garde de la bibliothèque de Saint-Marc, à Venise, à la suite des « Anecdotes littéraires », sur Heerkens, recueillies par Chardon-la-Rochette, et insérées dans le « Magasin encyclopédique », 9° année, t. V, p. 75.

Heerkens prétendait que cette tragédie était de Lucius VARUS, poète tragique du siècle d'Auguste. Trois ans après la publication de *Progne*, Lodovico Domenichi publia une tragédie en italien, sous le même titre, *Florenze*, 1561, in-8. Il la donna comme son ouvrage; mais ce n'est que la traduction de la tragédie latine, aussi élégante que peu connue. (« Annales des Alde », par M. Renouard, t. I, p. 316.)

Adry croyait que la tragédie de *Progne* avait pour auteur Vittorino da Feltri. Corrario n'avait que dix-huit ans à l'époque de sa publication.

Programmata academic. in funere C. L. ab Aldershem. (Auct. Joach. FELLER.) *Lipsiæ*, 1684, in-fol.

Programmata II : Analectica critica de Hadriano VI. (Auct. J.-T.-L. DANZ.) *Jenæ*, 1813, in-4.

Prolegomena ad Novi Testamenti græci editionem accuratissimam e vetustissimis codd. msc. denuo procurandam. (Auct. Jo.-Jac. WETSTENIO.) *Amstelodami*, 1730, in-4.

Promissiones et prædictiones in SS. Literis traditæ, auctore incerto (PROSPERO Aquit.). *Basileæ*, 1538, in-4.

Promptuarii iconum insignorum a seculo hominum, subjectis eorum vitis, per compendium ex probatissimis autoribus desumptis. (Auct. G. ROUILLE.) *Lugduni*, 1553, 1578, 2 part. in-4, fig. G. M.

Promptuarium Carmelitanum. (Auct. P. Romualdo-Maria A STIGMATIBUS.) *Tridenti*, 1723, in-4. Melzi.

Promptuarium selectionum, assertionum historicarum, dogmaticarum ex Sacra Scriptura. (Auct. Joan.-Maria GABRIELLI, card.), *Romæ, P. Moneta*, 1687, in-fol. Melzi.

Promptuarium theologicum, ex naturali animantium historia. (Auct. Jo. BUSTA-MANTINO.) *Lugduni*, 1627, 3 part. in-8.

Pronosticatio latina anno LXXXVIII... (Auct. Joanne DE LICHTENBERGER.) *S. l. n. d.*, in-fol., goth.

Voy., pour le détail des éditions de ces prédictions, Brunet, « Manuel du libraire », 5ᵉ éd., tome III, col. 1071.

Propositio ex animo patriæ studioso profecta : quanam ratione domestica producta in exteras regiones exportari· et in Hungaria aliisve Austriaco-hæreditariis ditionibus activum commercium promoveri possint (ex germ. WIMBRENNERI vertit in latinum Josephus LIMP, rat. consultor). *Posonii*, 1782, in-8.

Propositionum in constitutione Clementis XI, ab exordio dicta Unigenitus, damnatarum collatio cum quibusdam S. S. locis ac S. S. Patrum testimoniis. (Auct.

F.-D. MEGANCK.) *S. l. n. d.*, in-8. V. D.

Propria Sanctorum pro sacro sancta Lateranensi basilica. *Ex typogr. Apostolica*, 1673, in-8.

Attribué au P. Francesco BISCIA, théatin. Melzi.

Prosecutio probationis locum Math. 16 : Tu es Petrus et super, etc., non recte refundi in apostolorum principis successores. (Auct. Ægidio DE WITTE.) *S. l.*, (1685), in-4, 8 p.

Prosodia Bononiensis. (Auct. J.-P. RICCIOLO, S. J.) *Bononiæ*, 1639 et 1640, in-12. Melzi.

Proverbica ommunia, noviter aucta, revisa et emendata. Præterea de tempore quadragesimali libellus elegans, dialogi tres, et alia perpulchra, cum oratione remissionnis plenariæ. Ex Auli Gellii sententiis a N. B. T. collectis (Nicolao BONA SPE ou DUPUY, Trecensi.) *Parisiis, Joan. Marausse* (1513), in-16, 24 ff.

Voy., pour le détail des éditions de cet ouvrage, Brunet, « Manuel du libraire », 5ᵒ éd., tome IV, col. 134 et 135.

Psalmodia sacra, cum litaniis et aliis precationibus singulis hebdomadæ diebus accomodata (a C. GOPPELZIEDER). *Monachii*, 1597, in-12.

Psalmorum Davidis paraphrasis poetica, primum edita authore G. Buchanano. Ejusdem Davidis Psalmi aliquot (VI) a Th. B. V. (Theodoro BEZA VEZELIO) versi. *Parisiis, H. Stephanus*, 1566, in-8.

Renouard, « Annales de l'impr. des Estienne », p. 163.

Psalmorum versio vulgata et versio nova, ad hebraïcam veritatem facta (a Car.-Fr. HOUBIGANT). *Parisiis*, 1746, in-24; — 1757, in-12.

Psalterium græcum, cum latina versione ad verbum e regione posita (editio princeps), curante Joh. (CRESTON), Placentino monaco. *Mediolani*, 1481, pet. in-fol.

Psalterium in quatuor linguis, hebraïca, græca, chaldæa, latina (cura et studio Jo. POTKEN). *Coloniæ*, 1518, in-fol.

Psittaci multiformis metempsicosis satyrica, autore P. B. A. (Petro BARBEROUSSE, Aurelianensi). *S. l. n. d.*, in-12.

On a sous le nom de cet auteur : « Oratio pontificalis ad jucundum introitum episc. Aurelian. ejusque in reis liberandis jus et facultatem. *Aurel.*, 1672, in-12.

Ψυχολογία vera I. B. T. (Jacobi BOEHMI, Teutonici), XL quæstionibus explicata, et rerum publicarum vero regimini, ac earum majestatico juri applicata a Joh. Angelio WERDENHAGEN, I. C. C. *Amstelodami*, 1632, in-16.

Psyches et Cupidinis amores. (Auct. Lucio APULEIO.) — La fable de Psyché (traduite en français par BREUGIERE DE BARANTE, avec une dissertation sur cette fable, par M. DE LAULNAYE), fig. de RAPHAEL. *Paris*, 1802, in-4.

Voy. ci-dessus, tome V, col. 407, *b*.

P. OVIDII Nasonis · Metamorphoseon libri XV expurgati, cum interpretatione, notis et appendice de diis et heroïbus poeticis. Nova editio, accuratissima, tomus primus (et secundus). *Parisiis, sumptibus fratrum Barbou, via Jacobæa* (ce n'est que dans la suite qu'ils ont demeuré rue des Mathurins, dans une maison qui a appartenu à la famille du maréchal de Catinat). *Sub Ciconiis*, 1725, *cum privilegio regis*, 2 vol. in-12.

Il y a un premier frontispice gravé par A. Bormans. Le premier volume est de 352 pages; le second, de 306, sans l'*Index* des Fables ou chapitres du second volume, et l' « Index verborum ». On lit à la fin de ce second *Index: Ex typographia Josephi Barbou*, 1725. Suit l'Approbation donnée par Couture, le 12 décembre 1724, où il y a « relegi » et non « legi », et le Privilége accordé à Jean Barbou (frère de Joseph), daté du 1er juin 1725. Il y est dit que ce libraire souhaiterait faire « imprimer », et non faire réimprimer.

Cette expression « relegi » de l'Approbation; les mots du frontispice : « nova editio accuratissima », et plus encore le catalogue de tous les ouvrages du P. Jouvancy, qui se trouvent chez les mêmes libraires, p. 300, à la fin de l'*Appendix*, semblent n'annoncer qu'une nouvelle édition, et faire croire que l'ouvrage est du P. Jouvancy ; mais il est certain que cet *Ovide* de 1725 et l'*Appendix*, qui débute à la page 229 non chiffrée, et qui finit page 306, ne sont point de ce jésuite.

Le P. Jouvancy, étant à Rome, publia : « P. Ovidii Nasonis Metamorphoseon libri XV, expurgati et explanati, cum Appendice de diis et heroïbus poeticis », in-12, approuvé le 17 mars 1704, par Michael Angelus Tamburinus. On croit que cet ouvrage fut composé par ordre du pape Clément XI, au neveu duquel (Charles Albani) il est dédié par une très-belle épître. Lallemant, imprimeur libraire de Rouen, l'imprima à Rouen en 1705, 1709, 1717, 1732, 1738, en vertu d'un privilége qui fut renouvelé à différentes époques. Le P. Oudin, auteur de l'article *Jouvancy (Joseph de)* dans le « Supplément » de Moreri de 1749, cite une édition de Paris; 1715, 2 vol. in-12. Il y ajoute « que l'*Appendix* a paru séparément, avec les notes de Nicolas Lallemant, fils d'un libraire de Rouen, à Rouen en 1724, in-16; *ibid.*, *Nicolas Lallemant*, 1753, sans notes, in-12, 29 pag.; à Paris en 1726, in-12, et 1731, in-4; à Paris, par les soins de M. César Chesneau du Marsays, qui y a joint une double

interprétation interlinéaire ». Ce Nicolas Lallemant donna lui-même les éditions de 1732 et 1738, toutes deux en deux volumes. L'*Appendix* du P. Jouvancy étant destiné à accompagner les « Métamorphoses d'Ovide », et pouvant servir à l'intelligence de plusieurs autres poètes, on l'a joint à plusieurs éditions du *Juvénal*, du *Térence*, de l'*Horace*, et même du *Virgile* du P. de La Rue. On en a donné un très-grand nombre d'éditions séparées, soit in-12, soit in-16. Ce mot *Appendix*, qui signifie addition, suite, etc., convenait à cet ouvrage, lorsqu'il a été joint à quelque auteur ; mais quand on l'a imprimé séparément, il fallait le remplacer par un autre, et les traducteurs français ont eu tort de le traduire par « Abrégé ». Aussi M. du Marsays, dans l'édition in-4, a substitué le mot « Epitome » à celui d'*Appendix*.

On sait que M. Valart a attaqué vivement la latinité de l'*Appendix* du P. Jouvancy. Sa critique est quelquefois juste; quelquefois elle n'est point fondée, ou du moins elle dégénère en pure chicane, comme l'a fait voir l'abbé Saint-Léger, et encore mieux le P. Desbillons; mais on ignorait que cet *Appendix*, qu'on a traduit plusieurs fois, comme en 1722 et en 1783, est lui-même une traduction presque littérale de l' « Histoire poétique » du P. Gautruche, dont la 14e édition est de 1700. La première est de 1660, *Caen, J. Cavelier*, petit in-12. Le P. Jouvancy, né en 1643, n'avait alors que dix-sept ans, et il venait d'entrer chez les jésuites le 1er septembre 1659. Il professa la rhétorique à Caen, où il était encore en 1673 et 1674 ; et comme l'ouvrage de son confrère avait été bien accueilli, on peut croire que le P. Jouvancy, occupé à Rome, vers 1704, d'affaires plus importantes, se contenta, en publiant son édition d'*Ovide* pour l'éducation du jeune prince Albani, de traduire presque mot à mot l'ouvrage du P. Gautruche, non-seulement dans les articles sur les différens dieux, mais encore dans les réflexions morales du chapitre : « Utilitas e fabulis capienda ». Seulement, en de temps à autre, il passe quelques phrases du P. Gautruche; mais le reste est exactement conforme à l'ordre des faits et aux idées que l'on trouve dans celui-ci. Je ne sais pourquoi il n'a point traduit la troisième partie ou le troisième livre, dans lequel le P. Gautruche parle des honneurs que les païens rendaient à leurs dieux, ce qui renferme les statues, les temples, les sacrifices, les prêtres, les fêtes, les jeux et les spectacles ; ce qui, cependant, eût été fort utile pour la jeunesse. Dans le chapitre dont nous venons de rapporter le titre, et dans le suivant, qui est en même temps le dernier, « Quomodo explicandæ fabulæ », le P. Jouvancy fait un grand éloge de trois de ses confrères, les PP. de Tournemine, Michel Pexenfelderus et Charles de Aquino. M. du Marsays a cru devoir omettre ces deux chapitres.

Revenons au second *Appendix* et à l'édition des « Métamorphoses » qui le précède. La vie d'Ovide qu'on y trouve n'est pas la même que celle qu'a donnée le P. Jouvancy ; les notes sont très-différentes, et l' « *Appendix* est beaucoup plus étendu que le sien. Dans le dernier chapitre, au lieu de citer des auteurs jésuites, on renvoie à l'excellent ouvrage du P. Thomassin, de l'Oratoire : « Méthode d'étudier et d'enseigner les poètes chrétiennement ». L'édition de 1725 est la première. Elle fut donnée par Joseph Barbou, qui venait d'être reçu imprimeur le 2 juillet 1723, mais qui depuis 1717 faisait le commerce de la librairie avec son frère aîné, Jean-Joseph Barbou, reçu libraire dès 1704. Leur neveu, Joseph-Gérard Barbou, reçu imprimeur en 1750, après la démission de la veuve de Joseph Barbou, vit encore en 1808, âgé de quatre-vingts ans ; et c'est à lui principalement que le public est redevable de cette belle collection des auteurs latins, qui rendra immortel le nom de ces imprimeurs.

Il est à croire que les frères Barbou, qui ne pouvaient pas imprimer l'*Ovide* et l'*Appendix* du P. Jouvancy, dont le privilége appartenait à MM. Lallemant de Rouen, adoptèrent un autre *Ovide* et un autre *Appendix*, pour joindre aux autres ouvrages du P. Jouvancy, dont ils avaient un certain nombre d'exemplaires. Mais quel est l'auteur de ce nouvel *Appendix*? L'article du P. Fabre, de l'Oratoire, qui se trouve dans le dernier Moréri, a été, ainsi qu'on en avertit, communiqué par M. l'abbé Goujet, auteur de la Lettre sur le P. Fabre, qu'on lit dans le « Journal de Verdun », janvier 1754, et qui a été mieux informé depuis l'impression de ladite Lettre. Or, on trouve dans cet article, parmi les ouvrages du P. Fabre, une édition des « Métamorphoses d'Ovide », avec des notes, in-12 ; un abrégé latin de la Fable, plus étendu que l' « Appendix » si estimé du P. Jouvancy, jésuite. L'abbé Goujet ne marque point l'année de la première édition. Elle est, comme nous l'avons déjà dit, de 1725, et je remarque que, dans le Catalogue des livres, etc., du Père Fabre, *Paris, Musier*, 1754, in-8, on trouve, article 442 : « Publii Ovidii Nasonis Metamorphoseon », *Parisiis*, 1725, 2 tomes en un vol. in-12. Le nouvel *Appendix* fut si bien accueilli, que le même Joseph Barbou le réimprima séparément l'année suivante, avec des notes qui ne se trouvent point dans les éditions qui font suite aux *Métamorphoses*. Le titre est : « Appendix de diis et heroïbus poeticis, ou Abrégé de l'histoire poétique qui traite des dieux et des héros de la Fable, avec des notes qui servent d'explication au texte latin et aux principales difficultés qui s'y trouvent, mises en français pour la facilité des commençans ». *Parisiis, apud fratres Barbou*, etc., 1726, in-12, petits caractères, de 106 pages. Au verso du frontispice, on trouve le catalogue des ouvrages du P. Jouvancy, et il est répété après le Privilége, qui est à la fin, A la page 3 est un avertissement en français de trois pages. Cet *Appendix* fut encore imprimé séparément, mais sans notes, pour mettre à la fin de quelques auteurs latins, même au « Juvénal » du P. Jouvancy, *Paris, Barbou*, 1729, in-12. Cette édition a 98 p, Dans l' « Avertissement sur cette nouvelle histoire poétique », on a retranché ce qui regardait les notes françaises. Les « Métamorphoses » et les notes latines, et l'*Appendix* sans notes du P. Fabre, furent réimprimés en 1742, 2 vol. in-12, chez la veuve Brocas. L'*Appendix* commence p. 621 non chiffrée, et finit p. 678. Nous avons vu que dans quelques éditions des auteurs latins données par le P. Jouvancy, on avait joint l'*Appendix* du P. Fabre ; il est arrivé aussi que, dans quelques exemplaires des « Métamorphoses d'Ovide », notes du P. Fabre, on a inséré l'*Appendix* du P. Jouvancy. On s'est conformé sans doute au goût des acheteurs et à la préférence qu'ils donnaient à l'un de ces « Appendix » sur l'autre. L'*Appendix* du P. Jouvancy était plus connu, mais trop court. Dans un Avertissement latin, qui a été supprimé mal à propos dans la plupart des éditions, le P. Jouvancy renvoie à des ouvrages plus étendus ceux qui voudront connaître plus à fond la Fable. L'*Appendix* du P. Fabre n'était pas bien répandu ; mais il avait l'avantage d'être plus étendu au moins du double, et on pourrait même ajouter plus exact. Il faut avouer néanmoins que quelques personnes pouvaient être rebutées par un petit

nombre d'expressions et même de phrases qui présentaient des idées peu convenables à la jeunesse, comme ce qui est dit des circonstances qui précédèrent la naissance de Vénus. Pour parer à cet inconvénient, il suffirait de retrancher la valeur d'une demi-page dans tout l'ouvrage du P. Fabre.

L'abbé Valart dit que le P. Pomey, dans la traduction qu'il a faite de l'Histoire poétique du P. Gautruche (il veut parler de son « Pantheum mythicum »), met : « Detur pulcherrimæ » (à la plus belle, en parlant de la pomme d'or), et non : « Detur pulchriori », comme le dit le P. Jouvancy, qui fait ici un solécisme, selon M. Valart, lequel prétend qu'il faut « pulcherrimæ », puisqu'il s'agit de trois personnes et non de deux. Il y a ici au moins deux erreurs. Le « Pantheum mythicum » n'est point une traduction de l'ouvrage du P. Gautruche. En second lieu, celui-ci a mis « detur pulchriori », comme le P. Jouvancy ; on pourrait même dire qu'il y a une troisième faute. Il est vrai que Laurent Valle trouve à redire à ces phrases de l'Écriture : *Minor fratrum honorabilior omnium ; major horum est charitas* ; mais il faudrait donc blâmer aussi Pline, qui dit : *Animalium fortiora ; omnium triumphorum majorem*, et Cicéron, qui, selon Saturnius, a dit : *Cœterarum rerum præstantior*, quoiqu'on se serve plus généralement du superlatif : aussi le P. Fabre a-t-il mis : *Detur pulcherrimæ*. (*Note communiquée par M. Adry*, en 1808.)

P. TERENTII comœdiæ sex, cum notis Antonii MURETI, annotationibus auctis (a Fabricio MARCODURANO), necnon variis lectionibus, studio et labore Theodori PULMANI. *Antverpiæ, Plantinus*, 1565, in-18.

Publii **TERENTII** comœdiæ, nunc primum italicis versibus redditæ (a Nicolao FORTIGUERRA), cum personarum figuris æri incisis. *Urbini*, 1736, in-fol.

Publii **TERENTII** Afri comœdiæ sex (curante Steph.-Andrea PHILIPPE). *Parisiis, Merigot*, 1753, 2 vol. in-12.

Publ. **VIRGILII** opera, nunc emendatiora (ex recensione Dan. HEINSII). *Lugd. Batav., ex officina Elzeviriana*, 1636, in-12.

P. **VIRGILII** Maronis, cum veterum omnium commentariis et selectis recentiorum notis, nova editio (curante Abr. COMMELINO). (*Lugd. Batav., vel Amstel.*), *ex officina Abr. Commelini*, 1646, in-4.

Cette édition de Virgile jouit d'une certaine réputation dans la république des lettres, plus peut-être par la beauté de son exécution que par le mérite des notes qui y sont rassemblées. Beaucoup de bibliographes la citent comme ayant été imprimée à Amsterdam ; mais l'épître dédicatoire d'Abr. Commelin à Gaulthier Valkenier étant datée de Leyde, il est possible qu'elle ait été imprimée dans cette dernière ville. J'observerai encore que cette édition est attribuée tantôt à Corn. Schrevelius, tantôt à Abr. Commelin, comme on le voit dans la « Bibliothèque latine » de Fabricius, édition de 1728, in-4, t. I, p. 248, et même dans la dernière édition qu'en a publiée Ernesti, t. I, pp. 351 et 352. Commelin lève lui-même cette incertitude, puisqu'il déclare avoir imprimé des notes choisies par Corneille Schrevelius.

P. VIRGILII Maronis opera omnia, accuratissimis et selectissimis ABRAMI notis et variorum de novo illustrata, etc. (cura et studio Nic. LALLEMANT). *Rothomagi*, 1710; — *Parisiis*, 1810, in-12.

P. VIRGILII Maronis opera, cum notis brevioribus ad usum scholarum (cura Joan.-Nicolai LALLEMAND). *Parisiis*, 1748, 1788, in-12.

Publii VIRGILII Maronis opera, pristino nitori restituta (curante Joan.-Aug. CAPPERONNIER). *Parisiis, Barbou*, 1790, 2 vol. in-12.

PHILIPPE a dirigé l'édition de 1745, en 3 vol., chez Coustelier.

Puræ religionis characteres et plerophoria fidei christianæ. (Auct. PROBSTIO DE WENDHAUSEN, ducis Brunsvic. et Luneb. consiliario intimo.) *S. l.*, 1715, in-4. — *Brunsvicæ*, 1718, in-8.

Purpura Pannonica, sive vitæ et res gestæ S. R. E. cardinalium, qui aut in ditionibus S. Cornæ Hungariæ, aut regibus sanguine conjuncti, aut episcopatibus Hungaricis potiti fuerunt. (Auctor operis hujus a quibusdam nominatur Georgius SKODA, S. J., ab aliis Samuel TIMON, S. J.) *Tyrnav.*, 1715, in-fol. — *Cassoviæ*, 1745, in-8. — Nova ed. (aucta et emendata). *Claudiopoli*, 1746, in-8.

Pygmæidos libri VIII, seu poeticæ classicæ juventutis pægnia. *Vindocini*, 1676, in-12.

Ce poëme ne parut qu'après la mort de l'auteur, Jacques MOIREAU, de l'Oratoire; mais il avait été composé vers 1625.

On le présente comme un chef-d'œuvre dans le 3e volume des « Mélanges d'histoire et de littérature » de Vigneul-Marville (Bonaventure d'Argone), édition de 1725. L'abbé Banier, auteur de ce volume, dit que l'auteur du poëme latin sur les Pygmées fut précepteur de Scarron, et que ce fut lui sans doute qui donna à son élève tant de goût pour le burlesque.

Q

QUÆ

Quæ regia potestas? quo debent auctore solemnes Ecclesiæ conventus indici cogique?... ex sacris literis.... compendiosa discussio. Cl. G. Præt. Sen. (Cl. GUSTÆO, prætore Senonensi) authore. *Apud Senones*, 1561, in-4, 40 ff.

Quæstio, utrum judex secundum allegata et probata, ut aiunt, judicare debeat, an secundum conscientiam. *S.l.n.d.*, in-12.

Meerman attribue cet opuscule à François DE ROYE, célèbre professeur de droit dans l'Université d'Angers, mort en 1686. Voy. la Préface de Meerman fils, en tête du « Supplementum novi thesauri juris civilis et canonici », *Hagæ Comit.*, 1780, in-fol., dans lequel cet ouvrage a été reproduit.

Quæstiones definitæ ex triplici philosophia, disputatæ ab Octavio FARNESIO, serenissimi ducis Parmæ filio. (Auct. Da-

QUÆSTIONES

rio TAMBURELLO, S. J.) *Parmæ*, 1615, in-fol.

Questiones duæ, quarum 1a est : an liceat catholicis anglicanis, rebus sic se habentibus, et magistratu publico sub gravissimis pœnis id exigente, protestantium ecclesias vel preces adire; 2a, utrum non si precibus, ut concionibus saltem hæreticis, ad easdem vitandas pœnas licite possint interesse, easque audire. In utraque quæstione pars negativa multis argumentis asseritur. Superiorum permissu. (*Audomardi*), 1607, in-8.

L'auteur, p. 35, a signé : Ita sentio, R. P...(Robert PASSONS). •

Quæstiones in quibus varii exponuntur excessus, qui contra indulta et privilegia a sancta sede Univers. Lovaniensi... concessa sensim irrepserunt. (Auct. Nicol. Du Bois.) *Juxta exemplar Romæ*, 1671, in-12.

Quæstiones selectæ et responsa in epistolas sanctorum Christi Domini apostolorum, in dominicas annue occurrentes, ex variis commentariis SS. Patrum et Novi ac Veteris Testamenti interpretum desumpta. Partes 2, opera et studio cujusdam e Soc. J. sacerdotis (Pauli Zamaroczy). *Cassoviæ, typis Acad. S. J.*, 1748-1750, 2 part. in-8.

Quatuor Evangelia et Acta apostolorum malaice (edente Th. Hyde). *Oxonii*, 1677, pet. in-4.

Quatuor Evangelia, arabice et latine (studio Jo.-B. Raymundi). *Romæ, ex typog. medicæa*, 1591, in-fol.

Quatuor novissimorum liber... quem plerique cordiale compellant... (Auct. Dionysio Carthusiano.) *S. l. n. d.*, in-4, 72 ff.

Ouvrage souvent réimprimé. Voy., pour plus de détails, Brunet, « Manuel du libraire », 5ᵉ éd., t. IV, col. 1005-1007.

L'auteur est aussi cité sous les noms de Denis de Leeuvis ou de Rikel.

Querela ad Gassendum, de parum christianis provincialium suorum ritibus, minimumque sanis eorumdem moribus, ex occasione ludicrorum, quæ Aquis Sextiis in solemnitate corporis Christi ridicule celebrantur. *S. l.*, 1645, in-4. — *Juxta exemplar excusum*, 1645, in-12, 61 p.

Par Laurent Mesme, dit Mathurin de Neuré.
Voyez de curieux détails sur cet auteur dans les « Jugemens des savans », de Baillet, in-4, t. Iᵉʳ, p. 340, et dans le t. II du « Chevræana », p. 200. Voyez aussi les « Nouveaux Mémoires » de d'Artigny, t. IV, p. 296.
On trouve une analyse très-détaillée de cette lettre dans le « Conservateur » de juillet 1757 : elle y est attribuée mal à propos à Gabriel Naudé. C'est avec aussi peu de fondement que d'autres bibliographes la donnent à Louis Nublé.

Querela Martini Lutheri, seu somnium. (Auct. Ph. Melanchton.) *Basileæ, Oporinus*, 1554, in-8, 62 p.

L'auteur se nomme lui-même dans un passage de son livre.   G. M.

Quid inter Lodoicum Strebæum et Joachimum Perionium non conveniat in politicorum Aristotelis interpretatione. *Parisiis*, 1543, in-4, 53 ff.

Niceron attribue mal à propos cet ouvrage à Périon. Il est de Jacques-Louis Strébée, né à Estrebay en 1481, mort vers 1550. (*M. Boulliot*.)

Q. Curtii Rufi de rebus gestis Alexandri Magni historiarum libri decem, ad usum scholarum Universitatis Parisiensis (cum notis J. Heuzet). *Parisiis*, 1720, 1754, in-12.

Q. Curtii Rufi de rebus gestis Alexandri Magni libri decem (curante Joanne Capperonnier). *Parisiis, Barbou*, 1757, in-12.

Q. Curtii Rufi de rebus gestis Alexandri Magni libri decem (cum supplem. Christ. Brunonis), selectissimis notis variorum illustrati (a Jos. Valart). *Rothomagi*, 1770, in-18.

Cette édition a été faite d'après celle de Paris, Barbou, 1764, laquelle porte le nom de l'éditeur Valart, et celui de Christophe Bruno, auteur du Supplément. L'imprimeur de Rouen a supprimé ces deux noms, sans doute parce qu'il n'avait pas la permission de réimprimer l'ouvrage.

Quinti Curtii Rufi historia Alexandri Magni, cum notis selectissimis variorum, accurante C. S. D. M. (Cornelio Schrevelio, D. M.) *Lugd. Batav.*, 1658 ; — *Amst., Elzevirius*, 1664, 1672, 1684, in-8.

Q. Curtii Rufi historiarum libri accuratissime editi (a Dan. Heinsio). *Lugd. Batav., Elzevirius*, 1633, in-12.

Q. Horatii Flacci ad Pisones epistola, ad artis poeticæ formam redacta, cum paraphrasi scholiastica Horatianorum versuum locupletissima e regione. *Parisiis*, 1674, petit in-12.

L'Épître dédicatoire à Jérôme Bignon est signée des lettres initiales L.D.R.P.I.C., qui signifient « Ludov.Després, rhetoricæ professor in Cardinalitio ».C'est à ce professeur que l'on est redevable de l' « Horace », du « Juvénal », et du « Perse » *ad usum Delphini*.

Quinti Horatii Flacci carmina, nitori suo restituta (curante Stephano-Andrea Philippe). *Parisiis*, 1746, in-12.

L'édition de 1763 a été donnée par Valart; on doit à Lallemand celle de 1775.

Q. Horatii carmina, cum annotationibus J. Bond, ad usum scholarum (curante Berardier de Bataut). *Parisiis*, 1765, in-12.

Quis est Petrus, seu qualis Petri primatus. (Auct. P. Wolfango Froelich.) *Ratisbonæ*, 1790, in-4.

Quodlibetica decisio perpulchra et devota de septem doloribus christianæ Virginis Mariæ. (Auct. Francisco-Michaele de Insulis.) *Antverpiæ, per Theodoricum Martini* (1494), in-4, 5 ff.

R

R. P. (Roberti PIERRE) Bathonensium et Aquisgranensium thermarum comparatio. *Londini*, 1676, in-12.

R. P. Hermanni BUSEMBAUM theologia moralis, aucta a R. P. Claudio LA CROIX. Editio novissima (studio Fr. DE MONTAUZAN). *Venetiis*, 1730, 2 vol. in-fol.

R. P. JOHANNIS, Abrincensis episcopi, deinde Rothomagensis archiepiscopi, liber de officiis ecclesiasticis, etc., in quo varia antiquitatis ecclesiasticæ monumentis hactenus inedita ex mss. codicibus nunc primum in lucem prodeunt (cura et studio J.-B. LE BRUN DES MARETTES). *Rothomagi*, 1679, in-8.

Rabies ac clades franco-batava, sive nefandum et gehennale Thenarum (Tillemont ou Tirlemont) excidium, exantlata a victoribus Lovaniensibus obsidione, etc., secundis curis concinnabat F. M. (Fr. MERCATOR). *Lovanii*, 1635, in-4.

Ratio aptissima offerendi sacrosanctum missæ sacrificium... (Auct. Aloysio NOVARINI.) *Veronæ, de Rubeis*, 1642, in-8.
Melzi.

Ratio atque institutio studiorum Societatis Jesu. *Romæ, in collegio Soc. Jesu*, 1586, 1591, in-8.

Cet ouvrage a été rédigé en grande partie par le P. Étienne TUCCI, jésuite, l'un des six qui ont été appelés à Rome par le général de la société, Claude Aquaviva, pour faire le choix des opinions qui devaient être enseignées dans la société.

Ratio ineundæ concordiæ inter ecclesias reformatas, etc. (Auct. Petro LOZELERIO VILLERIO.) *S. l.*, 1579, in-4.

Litteræ C. Q. D. A., quibus auctor designatur, notant C. Cephan sive Petrum; Q pro C vel K (more antiquo), primam litteram vocabuli Κωδτον, quod *vellus* significat; D. A., *doctorem aulicum*.
Gerdes, « Florileg. », 1763, in-8, p. 357.

Ratio tradendæ philosophiæ in-scholis provinciæ Siculæ Soc. Jesu. (Auct. Jos.-Mar. GRAVINA, Soc. Jesu.) *Panormi*, 1735, in-4.
Melzi.

Rationarium evangelistarum, omnia in se Evangelia, prosa, versibus, imaginibusque quam mirifice complectens. (Auct. Petro DE ROSENHEIM, cum præfatione Georgii RELMISII.) *Phorcæ*, 1505, in-4, 18 ff.

C'est, sous un autre titre, le même ouvrage que l' « Ars memorandi notabilis ». Voy. ci-dessus, col. 1160, d.

Recensio brevis mutilationum quas patitur Suidas, in editione nupera Cantabrigiæ, etc. (Auct. Jac. GRONOVIO.) *Lugd. Batav.*, 1713, in-8.

Reformatio legum ecclesiasticarum, ab Henrico VIII inchoata et ab Eduardo VI provecta. (Auct. Gualtero HADDONO.) *Londini, impensis Societ. stationariorum*, 1641, in-4.

« Bibliotheca cardin. imperialis », p. 231.

Reformatorium vitæ morumque et honestatis. (Auct. Jacobo PHILIPPI, parocho S. Petri Basileensis, edente vero Seb. BRANDT.) *Basileæ*, 1444 (1494), in-8.

Voyez une Notice sur cet ouvrage dans la « Bibliothèque germanique », t. XXIX, et une autre par l'abbé de Saint-Léger, dans le « Journal de Trévoux », an. 1764, t. I, p. 103.

Refutatio consensus orthodoxi, per theologos Wittenbergicos. (Auct. Jac. ANDREÆ.) *Tubingæ*, 1593, in-8.

Refutatio discursus dicti necessarii, nuper in Poloniæ editi super novi Telonii Marini introductione. (Auct. Jos. CHEMNITIO.) *S. l.*, 1638, in-4.

Refutatio Responsionis ad librum cui titulo : « Motionem juris »... sive elucidatio ulterior jurium ejusdem capituli. (Auct. J.-B. VAN ESPEN; ed. M. DE SWAEN.) *Harlem*, 1703, in-8. V. D.

Regia Parnassi, etc., editio nova, a P. V. (VANIÈRE), S. J. *Parisiis*, 1679, 1683; — *Tolosæ*, 1705, in-8.

Le P. Vanière a aussi dirigé l'édition du « Gradus ad Parnassum », publiée à Paris en 1722.

Regii sanguinis clamor ad cœlum adversus parricidas Anglicanos. (Auct. Petro MOLINOEO, canonico Cantuariensi; curante Alex. MORO.) *Hagæ Comitum, Vlacq,* 1652, in-4 ou in-12.

Reginæ Christianissimæ (Mariæ-Theresiæ Austriæ) jura in ducatum Brabantiæ et alios ditionis Hispanicæ principatus (e gallico Ant. BILAIN in latinum versa a Joanne Baptista DUHAMEL). *Parisiis, e typ. reg.,* 1667, in-4 et in-12.

Voy. « Traité des droits de la reyne... » ci-dessus, col. 778, *d.*

Reginæ Mariæ, inferioris Germaniæ rectricis, ad regem Rom. cæterosque imperii principes contra ducem Cliviensem justificatio, 1543, Nurembergæ exposita. (Auct. VIGLIO.) *Antverpiæ,* 1543, in-12.

Regis pro sua erga urbis mercatores amplioris ordinis munificentia encomium. *Paris., P. Le Petit,* 1674, in-8, 14 p.

Par J.-B. SANTEUL. Avec la traduction en vers français par Pierre CORNEILLE.
Réimprimé avec le nom de l'auteur.

Regni Neapolitani erga Petri Cathedram religio, adversus calumnias anonymi vindicata. (Auct. Caroli MAJELLO.) *Neapoli,* 1708, in-8.   Melzi.

Regulæ grammatices versibus latinis expositæ, cum concordantiis ex Prisciano desumptis. (Auct. FONTINO, Rochlicensi.) *Moguntiæ,* 1468, in-fol.

Catalogue de Gaignat, n° 1398.

Reipublicæ Christianopolitanæ descriptio. (Auct. Joanne-Valentino ANDREÆ.) *Argentorati,* 1619, in-12.

Relatio epistolica (J.-B. SCARAMUCCI) de flagri funiculo et vesica fratris in cœnobio Cappuccinorum. *Tuderti,* 1681, in-4.   Melzi.

Relatio jurium sedis apostolicæ in civitatem Complutensem, complectens varias discussiones. (Auct. Petro-Marcellino CORRADINO.) *Romæ,* 1741, in-fol.   Melzi.

Relationes de libris novis. (Auct. Jo.-Davide MICHAELIS.) *Gottingæ,* 1752-1755, 13 vol. in-8.

Religio medici (opus ex anglico sermone Thomæ BROWNE in latinum conversum a Jo. MERRYWEATHER, Anglo). *Juxta exemplar Lugd. Batavor.* (*Parisiis*), 1644, in-16. — Idem opus cum annotationibus (Levini Nic. MOLTKENII, vel potius ipsiusmet auctoris). *Argentorati,* 1652, 1677, in-8.

Voy. Kettner, « de Religione prudentum », th. 38.

Voy. aussi « la Religion du médecin », ci-dessus col. 242, *d.*

Religio vindicata a calumniis atheismi, auctore S. P. (Samuele PRZICOVIO), contra epistolam F. M.; opus nunc primum ex mss. editum (a Christ. SANDIO, juniore). *Eleutheropoli (Amstelodami),* 1672, in-12.

Religionis christianæ brevis institutio. (Auct. Fausto SOCINO.) *S. l.,* 1634, in-12.

Religionis naturalis et revelatæ principia. (Auct. L.-Jos. HOOKE.) *Parisiis,* 1754, 2 vol.; 1774, 3 vol. in-8 (par les soins de Dom BREWER, bénédictin anglais).

Religiosissimi doctrinaque et eloquentia clarissimi viri P. Lallemantii, prioris S. Genovefæ et Universitatis Parisiensis cancellarii memoria. (Auct. Philib. TITELÈTE.) *Paris.,* 1679, in-4.   OEttinger.

Repertorium juris. (Auct. Joanne DE MILIS, seu ÆMILIO.) *S. l.,* 1470, in-fol.

Réimpr. avec le nom de l'auteur à *Louvain,* en 1475, in-fol.   G. M.

Rerum a Carolo V Cæsare in Africa bello gestarum commentarii. (Editore Corn. SCHEPPERO.) *Antverpiæ,* 1555, in-8.

Paquot, in-fol., t. II, p. 634.

Rerum anglicarum, Henrico VIII, Eduardo VI et Maria regnantibus annales. (Auct. Francisco GODWINO, episcopo Herordicensi.) (*Londini*), *J. Bill,* 1616, in-fol ; — 1628, in-4. — *Hagæ Comit.,* 1653, in-12.

Rerum anglicarum scriptorum veterum tomus primus, in quo continentur : Ingulfi Croylandensis historia, etc. (edente Joanne FELL, episcopo Oxoniensi, et Will. FULMAN). *Oxonii,* 1684, in-fol.

Le second volume n'a pas paru.

Rerum Francicarum decades quatuor, in quibus historia gentis ab origine, imperii Belgarum exordium, progressus et bella aliaque memorabilia usque ad annum M. D.; auctore J. R. (Joanne RIVIO), Lovaniense. *Bruxellis,* 1651, in-4.

Rerum in Gallia ob religionem gestarum libri tres ... *S. l.,* 1570-1590, 5 vol. in-8.

Cet ouvrage est attribué par le P. Lelong à Jean DE SERRES. Il peut avoir été composé par cet auteur pour les trois derniers livres, mais pour les premiers il n'est qu'une traduction de l' « Histoire de notre temps... par le sieur DE LA PLACE ».

Rerum Italicarum scriptores ab ann. M ad annum MCC, ex Florentinar. bibliothecar. codicibus (collegit. Jos.-Mar. TAR-TINIUS). *Florentiæ*, 1748-70, 2 vol. in-fol.

Rerum per Europam gestarum a sancita ad Pyrenæos pace usque ad nuper pactam Ultrajecti, Rastadii et Badæ synopsis. (Auct. Casimiro FRESCHOT.) *Norimbergæ*, 1715, in-8.

C'est une édition augmentée de l'ouvrage de l'auteur qui a pour titre : « Supplementum ad Annales », etc. Voy. ces mots.

Voy. aussi les « Acta eruditorum », mensis aug., 1716, p. 390.

Rerum Sicularum scriptores (ed. Th. FASELLO). *Francofurti ad Mœnum*, 1579, in-fol.

Responsio ad apologiam cardinalis Bellarmini, quam nuper edidit contra præfationem monitoriam serenissimi ac potentissimi principis Iacobi, Dei gratia Magnæ Britanniæ, Franciæ et Hiberniæ regis, fidei defensoris, omnibus christianis monarchis, principibus, atque ordinibus inscriptam. (Anct. Lancelot ANDREWS.) *Londini, R. Barker*, 1610, in-4.

Voy. ci-après « Tortura Torti... ».

Responsio ad J. Carpentarii calumnias. (Auct. Jac. GREVIN.) *S. l.*, 1564, in-8, 8 ff.

Responsio ad Theophilum Alethinum. *Bononiæ, Pizarri*, 1711, in-4.

Cet écrit a été attribué au P. LAURENZI, de l'ordre des Servites, mais à tort, car il était mort en 1705. On croit qu'il est du marquis Jean-Joseph Orsi ; l'épître dédicatoire est de Grégoire MALISARDI.

Responsio (Jo. CALVINI) ad versipellem mediatorem qui pacificandi specie rectum Evangelii cursum in Gallia abrumpere molitus est. *S. l.*, 1561, in-12.

Traduit en français sous ce titre : « Response à un cauteleux et rusé moyenneur, qui, souz couleur d'appaiser les troubles touchant le fait de la religion, a tenté tous les moyens d'empescher et rompre le cours de l'Evangile par la France », 1561, in-8.

Responsio christianorum jurisconsultorum ad Francisci Duareni commentarios de ministeriis Ecclesiæ atque beneficiis. (Auct. Fr. BALDUINO, Atrebatensi.) *Argentorati*, 1556, in-8.

Responsio fidelis servi (Bart. CLERKE) subdito infideli ; cum examine errorum N. Sanderi in lib. de visibili Ecclesiæ monarchia. *Londini*, 1573, in-4.

Responsio historico-theologica ad cleri gallicani de potestate ecclesiastica declarationem, ex summorum pontificum documentis, decretis ac gestis excerpta per

quemdam S. Th. professorem (Nic. DU BOIS). *Colon. Agripp.*, 1683, in-8.

Responsio præcursoria tractatui pleniori de vera origine ducatus et ducum Brabantiæ mox secuturo, præmissa ad vindicias papianas a quodam Tabularum consarcinatore sub nomine *Veridici* editas. (Auctore Huberto LOYENS.) *Bruxellis*, 1670, in-8.

Voy. « Supercheries », III, 926, f.

Responsum ad libellum cui titulus : « Motivum juris pro capitulo cathedrali Harlemense ». (Auct. GOVAERS.) *Bruxellis, s. d.*, in-8.   V. D.

Responsum conventus trium ordinum ducatus Burgundiæ de edicto pacis nuper in causa religionis factæ, ad... Galliarum regem Carolum nonum, anno 1563. (Auct. J. BEGAT.) *Cracoviæ*, 1564, in-8.

Respublica Galliæ. (Auct. J. DE LAET.) *Lugduni Batavorum, Elzevirius*, 1629, in-24.

« Cat. complet des républiques », par de La Faye, 1842, p. 14.

Respublica Hollandiæ. (Auct. Petro SCRIVERIO.) *Lugd. Batav., Maire*, 1630, in-24.

« Cat. complet des républiques », par de La Faye, 1842, p. 18.

Respublica Lutzenburgica, cum repub. Hannoniæ et Namurensi edita. (Auct. J. BERTELIO.) *Amst., Janssen*, 1634, in-12. — *Ibid., Blaeu*, 1635, in-12.   V. D.

Respublica Moscoviæ et urbes. Accedunt quædam latine nunquam antehac edita. (Auctore Zuerio BOXHORNIO.) *Lugduni Batavorum, ex officina J. Maire*, 1630, in-32, 6 ff. lim., 565 p. et 2 ff. d'index.

Respublica Russia, sive Moscovia, itemque Tartaria... (Auct. Zuerio BOXHORNIO.) *Amst., Elzevir.*, 1630, in-24.

Rhetorici canones, per N. T. (Nicol. TAVERNIER). *Parisiis*, 1657, 1691, in-24.

Tavernier a été professeur de grec au Collège de France. Sa « Rhétorique » a échappé aux recherches de l'abbé Goujet, pour l'article qu'il lui a consacré dans son « Mémoire sur le Collège de France » ; pendant longtemps elle ne m'a été connue que par la citation vague qui se trouve à la fin du 3° vol. de l'ouvrage de Gibert, intitulé : « Jugemens des savans sur les principaux auteurs qui ont parlé de la rhétorique ».

Rituale Ambrosianum. *Mediolani, ex off. Pacifici Pontii*, 1589.

Rédigé par le P. Carlo BESCAPÉ, barnabite. Melzi.

Rituale Romanum, Pauli V, pont. max., jussu editum. *Romæ*, 1614, in-8.

Rédigé par le P. Jean-Antoine GADUSIO, chanoine régulier de Saint-Paul, et revu par une congrégation de cardinaux. Melzi.

Rituale Theatinarum virginum et sanctimonialium in congregatione degentium sub titulo sanctissimæ Dei genitricis Mariæ... *Antuerpiæ, J. Meursius*, 1630, in-8.

Rédigé par le P. F.-M. MAGGIO. Melzi.

Rituum ecclesiasticorum, sive sacrarum cerimoniarum S. S. romanæ Ecclesiæ libri tres, non ante impressi. (Auct. Augustino PATRICIO PICCOLOMINÆO, episcopo Pientino.) *Venetiis*, 1516, in-fol. — *Coloniæ Agripp.*, 1557, in-8.

David Clément, « Bibliothèque curieuse », t. VII, p. 26 et suiv.

Riverius reformatus, sive praxis medica, methodo riverianæ non absimilis, juxta recentiorum tum medicorum tum philosophorum principia conscripta... (Auct. Franç. DE LA CALMETTE.) *Genevæ, S. de Tournes*, 1688, in-8. — *Lugduni, J. Certe*, 1690, in-8.

Rob. BELLARMINI, L. R. E. C., epistolæ familiares (collectæ et vulgatæ a P. Jacobo FULIGALI). *Romæ*, 1650, in-12.

Carayon, nº 1533.

Rogeri ASCHAMI epistolarum libri tres... Item : « Oratio, ed. G., (GRANT), de vita et obitu Rogeri Aschami ». *Londini*, 1578, in-8.

Réimpr. en 1581 et en 1590. L'édition d'*Oxford*, 1703, a été publiée par Elstob.

Romanorum inscriptionum fasciculus, cum explicatione notarum, in usum juventutis. (Collegit Joan.-Domin. POLCASTRUS.) *Patavii, Cominus*, 1774, in-8. Melzi.

Romani pontificis privilegia adversus novissimos osores vindicata, duplex dissertatio, cum duplici appendice. (Auct. Aloysio-M. LUCINO.) *Venetiis, B. Javarina*, 1734, in-8.

Une seconde édition, *Venise*, 1738, in-8, porte le nom de l'auteur. Melzi.

Rosa anglica practices medicinæ, a capite ad pedes noviter impressa et emendata. (Auct. Jo. ANGLICO, alias DE GADDESDEN.) *Papiæ*, 1492, in-fol.

Voy. « Supercheries ».
Ouvrage souvent réimprimé.

Rosetum exercitiorum spiritualium et sacrarum meditationum. (Auct. Joan. MAUBURNO , canon. regulari.) *Basileæ*, 1504, in-fol.

Une édition de 1491, et d'autres postérieures à celle de 1504, portent le nom de l'auteur.

Roseum memoriale divinorum eloquiorum Novi videlicet ac Veteris Testamenti. (Auct. Petro DE ROSENHAIM.) *Norimbergæ, Kreusner*, 1493, in-4.

Rostochium litteratum, exhibens litteratorum qui Rostochii annis 1698 et 1699 vixerunt vivuntque syllabum. (Auct. Andrea-Daniele HABICHORST, doctore theologo.) *Rostochii*, 1700, in-8, 480 p.

Rudimenta cognitionis Dei et sui (auct. P. SEGUIER), e musæo J. BALESDENS. *Parisiis*, 1636, in-12.

P. Seguier mourut le 25 octobre 1580. L'éditeur, qui, dans la Préface, dit que l'ouvrage est d'un auteur *incerti, sed in litteris versatissimi*, l'a dédié au chancelier P. Seguier, sans se douter que l'auteur fût l'aïeul de son Mécène. L'ouvrage de P. Seguier a été traduit en français par G. Colletet, sous le titre d' « Éléments de la connaissance de Dieu et de soi-même »,1637. (*Notes manuscrites de l'abbé de Saint-Léger, sur l'article de La Croix du Maine* touchant P. Seguier.)

Rudimenta fidei christianæ, sive catechismus gr. et lat. (Auct. Jo. CALVINO.) (*Genevæ*), *H. Stephanus*, 1550, in-16, 124 p.

Plusieurs fois réimprimé. La traduction grecque est de Henri ESTIENNE.

Rudimenta linguæ arabicæ, cum catechesi christiana. (Auct. J.-S. ASSEMANO.) *Romæ, typis Congr. de propag. fide*, in-4.

Plusieurs fois réimprimé. Melzi.

S

S. D. B. (Salmasii de Burgundia) disquisitio de mutuo, qua probatur non esse alienationem. *Lugd. Batav.*, 1645, in-8.

S. R. imperii pax licita demonstrata. (Auct. Jos. Caramuele.) (*Viennæ*), 1648, in-4.

Sabaudiæ respublica et historia (Lamberti Vanderburchii). *Lugd. Bat.*, *Elzevirius*, 1627, in-24, 8 ff. et 315 p.

Sacerdos parochialis rusticus. (Auct. Burton.) *Londini*, 1758, in-8.

Sacra Biblia vulgatæ editionis, Sixti V, P. M., jussu recognita, in tres partes divisa, adjectis... librorum, psalmorum et quorumdam capitum argumentis, etc., ope et opera D. F. C. P. C. (Francisci Cheminant, presbyteri Cenomanensis). *Paris.*, *Coustelier*, 1664, 2 vol. in-12.

Sacrarum apodixeon, seu Euclidis christiani libri II. (Auct. Guill. Postello.) *Parisiis*, 1543, in-8.

Ouvrage trad. en vers français, sous ce titre : « Les premiers élémens de l'Euclide chrétien ». *Paris*, *Martin*, 1579, in-8.   G. M.

Sacrarum ceremoniarum, sive rituum ecclesiasticorum S. R. Ecclesiæ libri tres. Nova editio, recognita (edente Christ. Marcello, electo archiep. Corcirensi). *Venetiis*, 1573, in-8.

Même ouvrage que « Rituum ecclesiasticorum... libri tres ». (Auctore Augustino Patricio,) Voy. ci-dessus, col. 1367, *b*.

Sacræ theologiæ theses. (Auct. Jos.-Maria Pujati.) *Romæ*, 1770, in-8.
                    Melzi.

Sacri Romani imperii pacis licitæ demonstratæ prodromus et syndromus. *Francofurti*, 1648, in-4.

Attribué à Jean Caramuel.   Melzi.

Salustius (edente Mich. Maittaire). *Londini*, 1713, in-12.

Souvent réimprimé,

Sancti Ambrosii, Mediolanensis episcopi, opera, ad manuscriptos codices necnon ad editiones veteres emendata, studio et labore monachorum ordinis Sancti Benedicti, e congregatione Sancti Mauri. (D. Jacobi du Frische et D. Nicolai Le Nourry.) *Parisiis*, 1686-1690, 2 vol. in-fol.

Sancti Anastasii Sinaitæ anagogicarum contemplationum in Hexameron liber XII, hactenus desideratus, gr. et lat., interprete A. Dacerio. Cui præmissa est (P. Allix) expostulatio de S. Joannis Chrysostomi epistola ad Cæsarium monachum adversus Apollinarii hæresim, a Pariensibus aliquot theologis non ita pridem suppressa. *Londini*, 1682, in-4.

Sancti Arnobii, Afri, adversus gentes libri VII, cum integris omnium commentariis (cura A. Thysii). *Lugd. Bat.*, 1651, in-4.

Plusieurs auteurs attribuent cette édition à Cl. Saumaise ; c'est l'opinion de l'abbé Papillon, dans sa « Bibliothèque des auteurs de Bourgogne ».

Sancti Augustini... Enchiridion de fide, spe et charitate (edente J.-B. Faure). *Romæ*, 1755, in-4.

Sancti Augustini, Hippon. episcopi, libri XIII Confessionum. Nova editio, cum notis B. (forte Th. Blampin, monach. bened.) *Parisiis*, 1687, in-12.

Sancti Augustini opera, studio et labore monachorum ordinis S. Benedicti (Fr. Delfau, Th. Blampin, P. Coutant et Claudii Guesnié). *Parisiis*, *Muguet*, 1679-1701, 11 vol. in-fol.

Sancti Augustini opuscula selecta (edente Cl. Lequeux, juxta exemplar Romæ editum a P. Fr. Fogginio). *Parisiis*, 1758, 2 vol. in-12.

Sancti Aurelii Augustini de gratia Dei et libero arbitrio hominis. Editionem emendatissimam... curavit P. F. F. (Petrus-Franciscus Foggini). *Romæ*, 1754, 2 vol. in-8.

Sancti Aurelii Augustini opera. Nova editio, multis mendis purgata (curante Joanne Le Clerc). — *Antverpiæ, sumpt. Societ.*, 1700-1703, 12 tomes in-fol.

Sancti Basilii opera omnia, studio monachorum ord. S. Benedicti congregationis S. Mauri (Juliani Garnier et Prud. Maran). *Parisiis*, 1721-1730, 3 vol. in-fol.

Sancti Bernardi, abbatis Clarevallensis, doctrina de romani pontificis jurisdictione in universam Ecclesiam adversus nostri temporis scriptores vindicata. *Romæ, Cannetus,* 1791, in-4.

L'auteur était un monsignore Brivio ou Brjvi, Milanais. On a avancé qu'il s'était approprié le travail d'un abbé Fulenti. Melzi.

Sancti Christophori Parisiensis elegia. (Auct. Jos.-And. Guiot.) (*Parisiis*, 1784), in-8, 12 p.

Cette élégie est relative à la statue colossale de saint Christophe, qui était adossée à l'un des piliers de la cathédrale de Paris.

Sancti Cypriani opera, ex recognitione Stephani Baluzii, cum præfatione et vita Cypriani (per D. Prud. Maran, benedictinum.) *Parisiis, e typogr. regia*, 1726, in-fol.

Sancti Cyrilli, Hierosolymorum archiepiscopi, catecheses, ex bibliotheca Henrici Memmii libellorum supplicum in regia magistri, græce.(Accedit ad calcem versio latina J. Grodecio auctore.) *Parisiis*, 1564, in-8.

Grodecius était doyen de Glogau, en Silésie.

Sancti Ephraem, Syri, opera omnia græce, syriace et latine (ex recognitione Aug. Mariæ, card. Quirini, cum præfationibus Jos.-Sim. Assemanni). *Romæ, ex typographia vaticana,* 1732, 6 vol. in-fol.

Jos-Sim. Assemani a publié les tom. I à III, F. Benedetti les tom. IV et V, et Est.-Ev. Assemani le tom. VI.

Sancti Eusebii Hieronymi opera omnia, studio et labore monachor. ordin. S. Benedicti (D. Joann. Martianay et D. Bara). *Parisiis, L. Roulland*, 1693, 5 vol. in-fol.

Brunet attribue cette édition à Martenay et à Ant. Pouget.

Sancti Fulgentii, Ruspensis episcopi, opera (edente Luca-Urbano Mangeant). *Parisiis*, 1684, in-4.

Sancti Gregorii Magni opera, studio et labore monachorum ordinis S. Benedicti

(Dionysii de Sainte-Marthe, Bartholomæi de La Croix et Guillelmi Bessin). *Parisiis*, 1705, 4 vol. in-fol.

Sancti Gregorii Magni, papæ I, liber de cura pastorali, ex antiquis codicibus mss. expressus et variis lectionibus illustratus, opera et studio theologi Parisiensis (Jacobi Boileau). *Parisiis, Fred. Leonardus*, 1668, in-24.

Sancti Guislenii, episc. Hannoniæ, vita et miracula. (Auct. Van Meerbeecke.) *Tornaci*, 1731, in-8.

Cat. Van Hulthem, n° 25,438.

Sancti Hilarii, Pictavorum episcopi, opera, studio et labore monachorum ordinis S. Benedicti... (præcipue Petri Coustant). *Parisiis*, 1693, in-fol.

Sancti Justini, martyris, opera græce et latine, ex editione unius ex benedictinis S. Mauri (Prud. Maran). *Parisiis*, 1742, in-fol.

Sancti Leonis opera omnia... ed. nonnullis aucta, emend. et sex indic. compl. (Ed. Pasch. Quesnel.) *Lugd., J. Certe*, 1700, 2 vol. in-fol.

La 1re édition, *Paris, Coignard,* 1675, 2 vol. in-4, porte le nom de l'éditeur.

Sancti Leonis, papæ I, cognomento Magni, opera omnia. Pars I, sermones ad populum romanum habiti. Præfationem, vitam S. Leonis et notas aliquas adjecit quispiam e S. J. sacerdos (J.-B. Prileszky). Editio prima in Hungaria. *Tyrnav.*, 1766, in-8.

Sancti Patris nostri Athanasii, archiep. Alexandrini, opera omnia quæ extant vel circumferuntur, ad mss. codices gallicanos, vaticanos, etc., castigata; gr. et lat. nova interpretatione, præfationibus, notis, etc., illustrata; opera et studio monachorum ordinis S. Benedicti, e congreg. S. Mauri (Loppin, de Montfaucon et Pouget). *Parisiis*, 1698, 3 vol. in-fol.

Sancti Prosperi, Aquitanici, opera omnia (studio et labore Joan. B. Le Brun des Marettes, edente Luc.-Urb. Mangeant). *Parisiis*, 1711, in-fol.

Sancti Prosperi de gratia Dei opera omnia (edente Cl. Lequeux, juxta exemplar Romæ editum a P. Fr. Fogginio). *Parisiis*, 1760, in-12.

Sancti Thomæ Aquinatis opera omnia (curantibus Vincentio Justiniano, cardinali, et Thoma MANRIQUE, sacri palatii magistro; cum tabula Petri DE BERGAMO). *Romæ*, 1570-1571, 19 vol. in-fol.

SS. PP. LEONIS Magni... opera omnia quæ reperiri potuerunt... Ed. præter cæt. recogn. auctiorq., c. scholiis Vossii ad S. Leonem, tum variis hactenus ad S. Fulgentium factis. Accesserunt... libri de prædestin. et gratia recens Fulgentio vind. a T(heoph.) R(AYNAUDO). *Lugd.*, *Landry*, 1623, in-fol.

Sancto Livino. *Gandavi, C.-J. Vanderschilden*, 1857, in-8, 8 p.

Poème en distiques latins, par G. REMES, prêtre. Vanderhaeghen, «Bibliogr. gantoise», VIII, p. 134, n° 9065.

Sanctum Jesu Christi Evangelium, notis illustratum, cum Actibus apostolorum, pari methodo expositis (cura et studio Caroli HUNÉ). *Rotomagi*, 1695, 2 vol. in-12.

Sanctus AUGUSTINUS per se ipsum docens catholicos et vincens pelagianos. (Auct. Honor. COLIN DU JUANNET.) *Parisiis*, 1647, in-12.

Sanctus CYPRIANUS ad martyres et confessores. Ad usum confessorum ecclesiæ gallicanæ (edente cum notis D. DE LA HOGUE). *Londini*, 1794, in-12.

Sanctus Vincentius fundator et primus abbas Altimontensis. (Auct. Philippo BRASSEUR.) *Montibus*, 1613, in-12.

Santolius pœnitens. (Auct. Car. ROLLIN.) *Coloniæ, N. Schout*, 1696, in-12, 12 p.

Sapientia christiana. (Auct. ARVISENET.) *Lingonis, Bournos*, 1803, 2 vol. in-12.

Satyra de moribus Parhisiorum et Frisiæ. (Auct. Gerardo-Nicol. HEERKENS.) *Lugd. Batav. et Groningæ*, 1750, in-4, 27 p.

Satyra in perfidam chirurgorum quorumdam a medicis defectionem. (Auct. Bonav. GRANGER.) *Paris., J. de Bordeaux*, 1577, in-8, 8 p.

Satyra Menippea. Somnium. L. Biberii Curculionis Parasiti mortualia. (Auct. Nic. RIGALTIO.) *Augustoriti Pictonum*, 1596, in-8.

« Bibliothèque du Poitou », par Dreux du Radier, t. III, p. 84.
L'opuscule de Rigault a été réimprimé plusieurs fois, notamment dans l' « Histoire de P. de Montmaur », par de Sallengre: Voy. le t. I, Préface, p. 41 ; et le t. II; p. 285.

Satyræ duæ : Hercules tuam fidem, sive

« Munsterus hypobolimœus », et « Virgula divina », cum brevibus notis (Danielis HEINSII). Accedunt vita Gasparis Scioppii, Burdonum fabulæ confutatio (per J. RUTGERSIUM), Isaaci CASAUBONI epistola de quodam Scioppii libello. *Lugd. Batav.*, 1609, 1614, 1617, in-12.

Voy. ci-dessus : « Confutatio stultissimæ Burdonum fabulæ... », col. 1199, *f*.
Voir le « Manuel du libraire », tom. V, col. 143, au sujet de ce recueil de pièces écrites contre Scioppius et dont Daniel Heinsius fut l'éditeur. Celle qui a pour titre : « Munsterus hypobolymœus », est de Joseph SCALIGER, qui passe également pour l'auteur de l' « Accurata Burdonum fabulæ confutatio ».

Scaligeriana, sive excerpta ex ore Josephi SCALIGERI. Per F.F. P.P. (fratres PUTEANOS). *Genevæ, apud P. Columesium* (*La Haye, Vlac*), 1666, in-12, 2 ff. lim. et 368 p.

Recueil rédigé par Jean et Nicolas VASSAN, et publié par VOSSIUS. Voy. ci-dessus l'édition française, col. 435, *f*.

Scena motuum in Gallia nuper excitatorum, virgilianis et homericis versibus expressa. (Auct. Jacobo CAPPELLO, in Academia Sedanensi professore.) *S. l.*, 1616, in-8.

Scepticismus debellatus, seu humanæ cognitionis ratio ab imis radicibus explicata, etc. (Auct. Petro DE VILLEMANDY.) *Lugduni Batav.*, 1697, in-4.

Schenckelius detectus, seu memoria artificialis hactenus occultata, nunc primum luce donata a J. A. P. G. S. P. D. (Joanne PAPIO GALBAÏCO). *Lugduni*, 1617, in-16.

Schola botanica, sive catalogus plantarum quas in horto regio indigitavit Joseph PITTON TOURNEFORT, ut et Pauli HERMANNI Paradisi Batavi prodromus; edente S. W. A. (Sim. WARTON, Anglo, scilicet Gul. SHERARD). *Amstelodami*, 1689, in-12.

Schola latinitatis, ad copiam verborum et notitiam rerum comparandam; usui pædagogico accommodata. *Gothæ*, 1662, 1672, in-8.

Gui-Louis DE SECKENDORF a fait la partie théologique et les deux derniers chapitres de la partie morale; Job LUDOLF a fait le reste.
Niceron, t. III, p. 58, dit que cet ouvrage a été faussement attribué à Jean-Henri BOECLER et à André REYHER.

Scholia hellenistica in Novum Testamentum e Philone et Josepho, patribus apostolicis aliisque Ecclesiæ antiquæ scriptoribus, necnon libris apocryphis

maxime deprompta instruxit atque orna-
vit Novi Testamenti hellenistice illustrati
recens editor (G. GREENFIELD). *Londini*,
Pickering, 1844, 2 vol. in-8.

Scrinium poeticum latino-gallicum.
(Auct. N. LAMBILOT.) *Turnhout*, 1805,
in-8, 300 p.   J. D.

Scriptores provinciæ Austriæ Societatis Jesu. Collectio scriptorum ejusdem Societatis universa, tomus primus. *Viennæ*,
typ. Mechitaristicæ, 1856, in-8.

  L.-P. STOEGER est l'éditeur de ce recueil, qui n'a
pas été continué.
  Carayon, n° 336.

Scriptores rerum Hungaricarum (cura
Jac. BONGARSII). *Francofurti*, 1600, in-fol.

Secreta monita, ou Avis secrets de la
Société de Jésus. A. *Paderborn* (*Paris*),
1761, in-12.

  Voy. « Monita privata », ci-dessus, col. 1316, e.

Sejani et Rufini dialogus de Laderchia-
na historia S. Petri Damiani. *Parisiis*, B.
Didier, 1705, in-4.

  La date est supposée. L'abbé Guido GRANDI a des-
avoué cet écrit, mais il en est indubitablement
l'auteur.   Melzi.

Selecta e recentioribus poetis carmina...
ad studiosæ juventutis documentum, ab
uno ex professoribus in regia Galliarum
Universitate (Ant. SERIEYS). *Parisiis*, 1815,
in-12.

Selecta ex græcis scriptoribus, in usum
studiosæ juventutis. *Florentiæ*, 1774,
in-8.

  Recueil fourni par le P. Carlo ANTONIOLI, mais qui
fut annoncé comme une simple révision du travail du
P. NICOLI. Un livre publié sous le même titre en 1762
est attribué au P. Odoardo CORSINI.   Melzi.

Selecta ex latinis scriptoribus et poetis,
ad usum studiosæ juventutis (ab Andrea
Coi). *Patavii*, 1803, in-8.   Melzi.

Selecta historica et litteraria. (Auct.
Mich. LILIENTHALIO.) *Regiomonti et Lipsiæ*, 1715, in-8.

Selecta poemata Italorum qui latine
scripserunt, cura cujusdam anonymi (Fr.
ATTERBURY, Roffensis episcopi) anno 1684
congesta, iterum in lucem data, una cum
aliorum Italorum operibus (accurante A.
POPE). *Londini*, 1740, 2 vol. in-8.

  Le silence de Pope sur cet *anonyme* est d'autant
plus étonnant, que, quatorze ans avant la publication
de son édition, il avoua à Walter Harte que l'*anonymus quidam* était le docteur Atterbury. Peut-être
que celui-ci ne voulait pas que l'on connût les amuse-

mens de sa jeunesse. « Correspondance épistolaire,
discours et mélanges de Fr. Atterbury », t. IV. *Londres*, 1788, in-8.

Selecta SS. Patrum opuscula de sacrorum ministrorum officiis, cum novis præfationibus ac notis (cura Francisci A PUTEO,
orat. D. J. C.) *Romæ*, 1764 et 1767, 2 vol.
in-8.

Selecta SENECÆ opera, latine et gallice,
interprete P. F. X. D. (P.-Fr.-Xav. DE-
NIS). *Parisiis*, *Barbou*, 1761, in-12.

Selectæ CICERONIS ad T. Pomponium
Atticum epistolæ, capitibus gallicis illustratæ, brevibusque notis enucleatæ (cura
et studio P.-A. ALLETZ). *Parisiis*, 1762,
in-12.

  On doit au même auteur : « Selecta e CICERONE
præcepta », *Parisiis*, 1751, 1762, in-18.

Selectæ e Novo Testamento historiæ ex
ERASMI paraphrasi (cura et studio P.-A.
ALLETZ). *Paris.*, 1763, in-12.

Selectæ e profanis scriptoribus historiæ
(edente J. HEUZET). *Parisiis*, 1727, 1764,
1802, avec le nom de l'auteur. — Idem
opus, curante B*** (BÉRARD). *Parisiis*,
1805. — Nova edit., *Philadelphiæ*, 1805,
in-12.

  Dès 1728, Kappius publia à Leipsick une édition
de cet excellent recueil, dans laquelle il rétablit les
passages des auteurs tels qu'ils se trouvent dans les
originaux. Cette édition a été reproduite en 1734,
1765, 1777 et 1784, in-8.

Selectæ fabulæ ex libris Metamorphoseon OVIDII Nasonis... (curante P.-A. AL-
LETZ). *Parisiis*, 1762, 1768, in-12.

Selectæ nostrates recentioresque e scriptoribus tum græcis tum latinis historiæ.
Accesserunt poemata J. ALBINI, de mutatione imperiorum ; J. CAMPANI, de Turcarum imperatoribus, et CISNERI, de ludis
apud Germanos, cum notis gallice (ab
Ant. SERIEYS). *Parisiis*, 1814, in-18.

Selectæ orationes panegyricæ Patrum
Societatis Jesu, collectæ ab A. V, e S. J.
(Antonio VERJUS, e Societate Jesu.) *Lug-
duni*, 1667, 2 vol. in-12.

Selecti psalmi Davidici, ex iis scilicet
qui sublimi genere dicendi elucent, et ad
leges artis rhetoricæ accomodatius exi-
guntur ; cum argumentis et notis ad usum
candidatorum rhetorices. Accesserunt
quædam odæ sacræ vatis Gallici ROUS-
SEAU, quarum argumentum ab iisdem
psalmis selectis petitum est (cura et studio P.-A. ALLETZ). *Paris.*, 1770, in-12.

Selectiores dicendi formulæ ex trium-viris latinitatis Plauto, Terentio, Arbi-tro... collectæ... *Lucæ*, 1666, in-12.

Ce travail est du P. Barth. BEVERINI.

Melzi.

Semita sapientiæ, sive ad scientias com-parandas methodus; nunc primum latini juris facta ab Abrahamo ECCHELLENSI. *Parisiis*, 1646, in-12.

Hoc opus arabice compositum fuit a BORHANEDDINO ALZER NOUCHI, si fides Adr. Relando. Vide « Enchi-ridion studiosi », *Traj. ad Rhenum*, 1709, in-8.

Sententia contra reipublicæ Venetæ episcopos, Pauli V interdicto non obtem-perantes. (Auct. Ascanio COLUMNA, card.) *Romæ, Zanettus*, 1606, in-4.

· Melzi.

Sententiæ selectiores ex Plautinis co-mœdiis, cum scholiis in loca obscuriora. *Gandavi, J. Lambertus*, 1536, in-8.

D'après Swertius, Foppens, etc., cet opuscule serait de George VAN CASSANDT ou CASSANDER, né à Bruges en 1515, mort en 1566. (Vanderhaegen, « Bibliogr. gantoise, » t. I, p. 58.)

Sepulcrum Hermetis, sive de opere Her-metico libri tres authoris anonymi, qui tamen delitescit hic sub anagrammate perstringente opus ipsum, SAT PULVIS HALES PURPURÆ... *Venetiis, A. Poletti*, 1715, in-8.

Cet anagramme cache un chanoine de Lorette, Petrus Paulus RAPHAELIUS. Melzi.

Sequentiæ et hymni per totum annum. *Antuerpiæ, Gerardus Leeu*, 1487, in-4, 38 ff.

Cet ouvrage est de Notger, évêque de Liège. Camp-bell, « Annales de la typographie néerlandaise au XVᵉ siècle », nᵒˢ 1527-1533, en décrit diverses éditions.

Series professorum et lectorum, nec non secretariorum et bibliothecariorum Academiæ Frisiacæ. (Auct. Emone-Lucio VRIEMOET.) *Franequeræ*, 1745, in-12.

C'est un avant-coureur d' « Athenarum Frisiacarum libri duo ». *Leovardiæ*, 1758, in-4.

Seriola ad M. Antonium Grimanum. (Auct. FARSETTO.) *Venetiis*, 1766, in-8, 4 ff., portr. G. M.

Sermo ad populum predicabilis, in festo Præsentacionis beatissime Marie semper virginis, noviter cum magna diligentia ad communem usum multorum sacerdotum, presertim curatorum collectus. *Et idcirco per impressionem multiplicatus, sub hoc cur-rente anno Domini Mᵒ CCCCᵒ LXXᵒ ....*

... *in civitate Coloniensi, per discretum virum Arnoldum Therhoernem...* in-4, car. goth.

Une note manuscrite sur l'exemplaire de la Biblio-thèque nationale porte : « Hujus sermonis author putatur Wernerus ROLEVINCK, carthusian ».

Sermones de sanctis perutiles, a quo-dam fratre Hungaro (MICHAELE de Hunga-riis) ordinis minorum de observantia, com-portati, Biga salutis intitulati, feliciter in-cipiunt. *Hagenoæ*, 1497, in-4.

Biga salutis est mis pour *ambigua salutis*, les incertitudes du salut.

Sermones discipuli (Jo. HEROLT, ordi-nis prædicatorum) de tempore. *Rostock, fratres presbiteri et clerici Viridis Horti*, 1476, in-fol.

Souvent réimprimés. ·

Sermones : Dormi secure. *S. l. n. d.*, in-fol.

Ouvrage souvent réimprimé à la fin du XVᵉ siècle.
Ce recueil a été souvent attribué à un carme anglais, Richard MAIDSTON, qui vivait dans la seconde moitié du XIVᵉ siècle, mais une grande incertitude enveloppe encore les commencements de ce livre populaire, et les divers ordres religieux ont fait de grands efforts, non pour se le disputer, mais pour écarter d'eux le soupçon d'y avoir coopéré. On peut l'attribuer au franciscain Jean DE WERDEN. Voir l' « Histoire littéraire de la France », t. XXV, p. 75.

Sermones XII, in apologiam Valden-sium facti, catholicorumque virorum sen-tentiis fulicti. *Pragæ, N. Finitor*, 1516, in-8.

L'auteur de ces sermons est Matth. CHORAMBUS.

Sermones quadragesimales Thesauri novi. (Auct. Petro DE PALUDE.) *Argentinæ*, 1488, in-fol.

Catalogue Voorst, nᵒ 3222.

Serpens antiquus de septem peccatis criminalibus. (Auct. frat. Steph. NOBI-LEAN, cœnob. minorum apud Turon. an-tist.) *Paris., J. Badius*, 1519, in-4.

Sexti-Aurelii PROPERTII elegiarum libri quatuor, ad fidem veterum membrana-rum sedulo castigati. Accedunt notæ et terni indices (cura et studio BROUKHUSII). *Amstelodami*, 1702, in-4.

Sibylla Capitolina. Publii VIRGILII Ma-ronis poemation (contra bullam *Unigeni-tus*), interpretatione et notis illustratum a S. L. (Petro DAUDÉ). *Oxonii*, 1726, in-8.

Siciliæ et insularum adjacentium vete-rum inscriptionum collectio (a CASTELLO, princ. DE TORREMUZZA). *Panormi*, 1769, in-fol. — Nova collectio, prolegomenis et notis illustrata (par le même auteur). *Panormi*, 1784, in-fol.

Siciliæ populorum et urbium, regum quoque et tyrannorum veteres nummi, Saracenorum epocham antecedentes (cum explicationibus princ. DE TORREMUZZA). *Panormi, typ. regia*, 1781, in-fol.

Silva distichorum moralium, pleraque liberalis et christianæ institutionis præcepta continens. (Auctore Fr. OUDIN, S. J.) J. B. SILVIUS sibi dictata edidit. *Divione*, 1720, in-18, 50 p.

Réimprimés, avec quelques changemens, dans le tome III des « Poemata didascalica »; mais les notes qui les suivent dans cette édition-ci ont été retranchées, à l'exception de deux.

Simonis Simonii, Lucensis, primum romani, tum calviniani, deinde lutherani, denuo romani, semper autem athæi summa religio, authore D. M. S. P. (doctore Marcello SQUARCIALUPO, Plumbinensi). *Cracoviæ*, 1588, in-4.

Simplex narratio, indicans et exponens meretriculam quamdam anglam nunquam papam fuisse, etc., incerto auctore. (Auct. Henrico SCHORO.) *S. l.*, 1588, in-4.

Singularia vetusta monumenta Ostianorum et Sentinatium, populorum Umbriæ, cultoribus rerum antiquarum exposita in museo Victorio. *Romæ, Zempel*, 1739, in-fol.

Par Francesco VETTORI, possesseur de ces deux tables de bronze.   Melzi.

Societatis cordis Jesu specimen. (Auct. PICOT DE CLORIVIÈRE.) *S. l.* (vers 1792), in-12, 53 p.

Réimpr. plus étendue, avec le nom de l'auteur.

Sol retrogradus, dissertatio habita in Collegio romano a Patribus Societatis Jesu, anno 1756. (Auct. Petro CURTI, Soc. Jesu.) *Romæ, typ. Salomoni*, 1756, in-4.
Melzi.

Sola salvifica, ad trutinam rationis et revelationis expansa. (Auct. Dan. KRUDY.) *S. l.*, 1791, in-8, 47 p.

Voy. « Epistolæ tres familiares » ci-dessus, col. 1250, *f*, et « Examen schediasmatis », col. 1253, *f*.

Solida ac vera confessionis Augustanæ historia : item de formula concordiæ A. 1539, Witebergæ in articulo cœnæ dominicæ instituta, contra personatum Ambr. Wolfium (Chr. Herdesium) a delectis quibusdam theologis Germaniæ (T. KIRCH-

a NERO, Nic. SELNECCERO et Mart. CHEMNITIO), et latine versa a Jac. GODFRIEDO. *Lipsiæ*, 1585, in-4.

Ce livre parut en allemand à *Heidelberg*, en 1583, et ensuite à *Leipsick* en 1591.

Soliloquium animæ. (Auct. Thoma A KEMPIS.) (Utrecht, vers 1473), in-fol., 38 ff.

b Soliloquium, h. e. quo consilio genitus sit homo delaboratio. *S. l.*, 1765, in-8.

Traduction latine, par J.-M. HEINZ, de l'ouvrage de J.-J. SPALDING, traduit en français sous le titre de : « Destination de l'homme ». Voy. IV, 913, *b*.

Solutio problematis paschalis. (Auct. Fr. BIANCHINI.) *Romæ*, 1703, in-fol.

Somnium de Aesculapio iter faciente per I. regnum Hungariæ. (Auct. Ferdinando THOMAS, M. D.) *S. l. n. d.*, in-8, 77 p.
c

Specimen artis ratiocinandi naturalis et artificialis, ad pantosophiæ principia manuducens. (Auct. Abrah.-Joan. CUFFELER, J. V. D.) *Hamburgi*, 1684, in-4, et 3 part. in-8.

Specimen de febribus juxta circulationis leges, ubi, rejecta sanguinis fermentorum et fermentationis suppositione, solidorum systematis veritas demonstratur in theoria et in praxi. (Auct. Hugone GOURRAIGNE.) *Monspelii, J. Martel*, 1725, in-8, 15 p.
d

Specimen historiæ anabaptisticæ, per E. M. P. (Ernestum-Martinum PLARRIUM). *S. l.*, 1701, in-8.

Specimen historiæ arcanæ, sive anecdotæ de vita Alexandri VI papæ, seu excerpta e diario Jo. BURCHARDI, Argentinensis, capellæ Alex. VI papæ clerici et cœremoniarum magistri, edente G. G. L. (G. G. LEIBNITIO). *Hanoveræ*, 1696, in-4.
e

Specimen novi medicinæ conspectus. (Auct. Lud. DE LA CAZE.) *Parisiis*, 1749, in-8.—*Parisiis, H.-L. Guérin*, 1751, in-8.

Specimen variæ litteraturæ quæ in urbe Brixia ejusque ditione paulo post typographiæ incunabula florebat... (Auct. Angelo-Maria QUIRINI, cardinale.) *Brixiæ, exc. J.-M. Rizzardi*, 1739, 2 vol. in-4.
f

Specimen versionis coranicæ, adornatum in caput XIX, quod inscribitur caput Mariæ, editumque a S. G. S. (Seb.-Gottfr. STARCKIO). *Coloniæ-Brandenburgicæ*, 1698, in-4.

Cat. Langlès, n° 272.

Specimen vitæ veri servi Dei Alexandri Lucciaghi, patricii brixiani. *Brixiæ*, 1780, in 8.

La préface et la dédicace anonymes sont du P. Bart. FORNONI et non de l'abbé RODELLA, comme l'ont avancé quelques auteurs. Melzi.

Specimina eloquentiæ (excerpta a Pont.-Aug. ALLETZ), cum argumentis et notis FREIGII. *Parisiis*, 1783, in-12.

Speculum aureum animæ peccatricis. *S. l. n. d.*, in-4.

On lit à la fin : *Editum a quodam Cartusiense:* Panzer cite une édition sous le nom de HENRICUS DE HASSIA.

Il y a des éditions intitulées : « Aureum speculum animæ peccatricis ».

On lit en tête d'une traduction en vers français de cet ouvrage, 1483, in-4, qu'il a été fait et compilé par frère Jehan DE CASTEL, religieux de l'ordre de Saint-Benoist et chroniqueur de France. Voy. Brunet, « Manuel du libraire », 5e éd., tome I, col. 1622. Ouvrage souvent réimprimé au xv° siècle.

Speculum divitum, de bono divitiarum usu ad cœlum promerendum, auct. Soc. Jesu sacerdote (Petro DAGONEL). *Parisiis, Cramoisy*, 1641, in-8.

Speculum exemplorum, ex diversis libris in unum laboriose collectum. (Auct. Ægidio AURIFABRO.) *Daventriæ*, 1481 ; —*Hagenoæ*, 1512, in-fol.

Speculum fidei Danicæ et perfidiæ Suecicæ. (Auct. Gundœo ROSENKRANZIO.) *S. l.*, 1649, in-4.

Speculum monasticæ vitæ. (Auct. Carolo FERDINAND, ord. S. Benedicti et a nativitate cœco.) *Paris.*, 1515, in-fol.

« Dictionnaire historique » de Feller, article *Ferdinand*.

Speculum sacerdotii. (Auct. QUINTINO.) *Parisiis*, 1559, in-4.

« Catalogue de la Cour de cassation ». *Paris*, 1819, in-8, p. 380.

Speculum tragicum, regum, principum et magnatum superioris sæculi celebriorum ruinas exitusque calamitosos breviter complectens. Auct. J. D. (Joanne DICKENSONO). *Delphis Batav.*, 1601, 1603, in-8.

Speculum vitæ S. Francisci et sociorum, *Venetiis, per Simonem de Lucre*, 1504, in-4.

Attribué à un moine hongrois, nommé FABIANUS. Il en existe au Vatican un manuscrit où se trouve son nom. Melzi.

Spicilegium observationum histor. geograf. de Bosniæ regno. (Auct. Jo.-Ger. MEJERN.) *Lugd. Batav.*, 1737, in-4.]

Spiritus litterarius Nobertinus, seu sylloge viros Præmonstratenses scriptis celebres, eorum vitas et scripta exhibens; auctore Georgio (LIENHART), abbate in Roggenburg, ordinis præm. *Aug. Vindel.* 1771, in-4.

Dans cette histoire littéraire, l'auteur prouve, contre Casimir Oudin, que l'ordre de Prémontré n'a pas manqué d'écrivains et de personnages illustres. La liste qu'il en donne s'élève à plus de six cents, dont les écrits embrassent toutes sortes de matières. On regrette que l'abbé Lienhart n'ait pas eu communication de la biographie latine inédite de son ordre, dressée par son confrère Charles Saulnier, coadjuteur de l'abbé d'Estival, laquelle contient plus de trois cent soixante-dix écrivains, et que son auteur avait poussée jusqu'en 1730, lorsqu'une mort prématurée l'enleva en 1738. On peut reprocher à Lienhart de prodiguer les éloges, d'exagérer et de ne pas traiter son sujet en critique sévère des talents. A cela près, son ouvrage est érudit et fait avec une exactitude qu'il aurait pu pousser plus loin, en faisant mieux connaître les formats et les dates des livres dont il parle, et les langues dans lesquelles ils sont écrits. Malgré ces défauts, son livre sera toujours regardé comme la seule histoire littéraire de l'ordre de Prémontré. (*M. Boulliot.*)

Statutum canonicum sive ecclesiasticum Petri Magni, vulgo regulamentum in sancta orthodoxa Russorum ecclesia præscriptum et auctum, sub prælo multoties in vernacula vocatum, nunc tandem ex rossica lingua in latinam transfusum et impressum auspiciis impensisque serenissimi principis Gregorii Alexandridis Potemkini, interpretationem passim perlustrante L. S. (Luca SITSCHKAREFF). *Petropoli, typis Academiæ imperialis scientiarum*, 1785, in-4, 157 pages, imprimé en caractères cicéro ronds.

Cette traduction a été faite par un archimandrite de Biélozersky, nommé Hyacinthe KARPINSKI, qui depuis a été membre du comptoir synodal à Moscow et est mort en 1798. Le prince Potemkin ayant obtenu une copie de cette traduction, consentit, à la sollicitation de quelques étrangers, à la faire imprimer. L'édition ayant été confiée à son interprète Lucas SITSCHKAREFF, celui-ci retoucha toute la traduction, et, après l'avoir corrigée en plusieurs endroits, traduisit tout de nouveau l'*Edictum* et le *Juramentum* placés en tête de l'ouvrage; il changea même le titre, car la traduction de M. Karpinski était intitulée : « Regulæ sive constitutiones ecclesiasticæ in sancta orthodoxa Russorum ecclesia concinnatæ, typis aliquoties repetitæ, ex lingua Rossicia in latinam, in monasterio S. Cyrilli, translatæ 1782 anno Christi. »

M. Sitschkareff a fait la plupart de ses corrections dans les premiers chapitres de l'ouvrage. Le reste est presque partout conforme à la version originale de Karpinski, dont une copie manuscrite se trouve à la bibliothèque de l'Académie de Saint-Alexandre-Newski. En confrontant ce manuscit avec l'édition de M. Sitschkareff, on remarque que la latinité du dernier est plus pure; mais, en revanche, il affaiblit souvent par de longues paraphrases l'énergie de l'original, que Karpinski traduit avec une fidélité religieuse. A la fin de l'original se trouve un *Index* et quelques *constitutions synodales*, ainsi que quelques *questions sur les affaires du synode*, et une instruction pour le premier procureur du synode. Aucune de ces pièces ne se trouve ni dans la traduction de Karpinski, ni dans l'édition de Sitschkareff; on ne les trouve même, excepté l'*Index*, à la suite de l'original russe, que dans les éditions postérieures à la traduction.

L'édition latine de cet ouvrage est très-rare et peu connue des Russes mêmes, parce qu'aussitôt l'impression, les exemplaires ont été portés en Crimée, où le prince Potemkin avait pour-lors son quartier général ; il n'en est pas resté un seul dans l'imprimerie d'où elle est sortie, ni dans les bibliothèques publiques de Saint-Pétersbourg. Elle est plus connue dans les pays étrangers, où l'on en a transporté de Crimée quelques exemplaires ; le reste a péri, en partie pourri par suite de négligence, en partie déchiré et employé en maculatures par des ignorans. (*Note tirée du Catalogue des livres de la bibliothèque de S. E. M. le comte de Boutourlin, revu par MM. Barbier et Pougens; suivi d'une table des auteurs très-détaillée. Paris, imprimerie de Pougens, 1805, in-8. Elle a été communiquée par le R. P. Eugène, archimandrite et préfet de l'Académie ecclésiastique de Saint-Alexandre-Newsky.*)

Stimuli virtutum, adolescentiæ christianæ dicati, libri tres, conscripti primum lingua italica a D. Guilielmo BALDESANO, D. theologo et canonico archiep. eccl. Taurin. ad sodales B. Virg. Annunciatæ, nunc recens, in gratiam sodalium Germanorum, latine redditi a quodam Soc. Jesu (Bernardino ROSSIGNOL). *Coloniæ*, 1594, 1595;—*Rothomagi*, 1608, in-8.

David Clément, « Bibliothèque curieuse », . I, p. 352 et suiv.

Plusieurs bibliographes ont cru à tort que le nom de *Baldesanus* était un masque du P. Rossignol, jésuite.

STRABONIS rerum geographicarum libri XV græce, cum latina XILANDRI versione, edente uno e sociis regiæ numismatum et inscriptionum Academiæ (FEUDRIX DE BREQUIGNY). *Parisiis*, 1763, in-4, tome 1er et unique.

Ce volume renferme les trois premiers livres.

Suasoriæ regum Hungariæ. (Auct. Fr. KASI, S. J.) *Tyrnav.*, 1728, in-12.

Sulpitii SEVERI sacræ historiæ libri duo ; in lucem primum edidit M. F. (Matthias FLACCIUS ILLIRICUS, FRANCOWITZ). *Basileæ*, 1556, in-8.

Summa doctrinæ christianæ brevis. (Auct. P. CANISIO.) *S. l.*, (1554), in-8, VIII–193 ff.

C'est le premier ouvrage donné par les jésuites. L'auteur l'a publié depuis avec son nom. Il a été traduit en hébreu, en grec, en éthiopien, en indien, en japonais, en allemand, en vers allemands, en bohémien, en esclavon, en espagnol, en italien, en polonais, en anglais et en français. On en a donné un abrégé sous le titre de « Parvus catechismus »,à l'usage des collèges. Il régnait une grande ignorance parmi les chrétiens, avant que saint Ignace et ses disciples eussent rappelé la coutume de catéchiser les enfants. Luther l'avait déja adoptée avec beaucoup de succès.

Summa summarum Tabiena de casibus conscientiæ. *Bononiæ*, 1517, in-4.

Par le dominicain Jean DE CAGNUZZO, de Tabia, près de Gènes. Melzi.

Summa theologiæ tripartita. Pars I et II. *Romæ, F. Cabaldi*, 1651 et 1652, in-4.

Par Jean BENADIO, de la congrégation de la Mère de Dieu. La troisième partie est restée inédite. Melzi.

Summa totius philosophiæ naturalis, per quæstiones et articulos. (Auct. Franc. MIGLIANI, Soc. Jesu.) *Romæ, Corbelleti*, 1652, in-fol. Melzi.

Summa universæ theologiæ secundum unitarios, in usum auditorum theologiæ concinnata et edita.

Par Michel Lombard DE SZENT-ABRAHAM, évêque des unitaires depuis 1737 jusqu'en 1758.

Voy. Athanase Coquerel, « Les chrétiens unitaires de Transylvanie », p. 424, note 2, de la « Revue politique et littéraire » du 1er nov. 1873.

Summaria chronologia insignis ecclesiæ Parchensis, ord. Præm., sitæ prope muros oppidi Lovaniensis; per F. L. D. P. S. T. L. (fratrem Libertum DE PAPE, sanc. theol. licentiatum). *Lovanii*, 1662, in-8.

Mémoires de Paquot.

Summarium vitæ Gerardi Brandt, poetæ et historici, ex annotationibus ejus filiorum Caspari, Joannis et Gerardi; auctore L. C. P. T. E. M. A. S. (Petro-Cornelio T'LAMI, ecclesiæ Martini a secretis). *S. l. n. d.*, in-8.

Super vetere Austriacorum proposito de occupando mare Baltico, omnibusque Poloniæ et septentrionalis Germaniæ mercaturis ad se attrahendis, in Galliarum et fœderati Belgii detrimentum. (Auct. Lud. AUBERY DE MAURIER.) *Parisiis*, 1644, in-4.

Voy. la très-curieuse et savante publication de M. Tamisey de Larroque, « Documents inédits sur Gassendi », 1877, in-8, p. 21. G. M.

Superbia Anglorum castigata, seu arx Magonis Gallorum virtute expugnata, ad ducem de Richelieu. (Auct. BRANJON DUPLESSIS, Parisiensi.) *S. l.*, 1756, in-4.

Supplementum ad annales mundi, sive ad chronicon universale Philippi Brietii, Soc. Jesu, ab anno 1660 ad 1692, a Soc. Jesu sacerdote (seu potius a Casimiro Freschot, monacho benedictino). *Venetiis*, 1692, in-12.

Supplementum ad varias collectiones operum Z. B. Van Espen, continens præclara juris responsa, epistolas et varia opuscula nondum edita (cura et studio Gabrielis du Pac de Bellegarde). *Bruxellis*, 1768, in-fol.

Voy. ci-après « Z. Bernardi Van Espen... scripta omnia ». Van Espen...

Supplementum F. Vietæ, ac geometriæ totius instauratio. *Paris.*, *P. Des Hayes*, 1644, in-4.

La dédicace est signée: A. S. L. (Ant. Sanctinius, Lucensis, d'après le catalogue manuscrit de la Bibliothèque du roi). Fermat attribue cet ouvrage à Saint-Germain.

Suppressio mendicitatis, sive speculum statutorum stimulorumque pro ea abolenda. (Auct. C.-A.-F. Van Beughem.) *Gandavi*, *Ph. Gimblet*, 1778, in-8, 24 p.

F. Vanderhaegen, « Bibliogr. gantoise », IV, p. 31.

Supputatio Rom. et Grec. numismatum, collata ad monetam Flandricam et Gallicam. (Auct. G. Cassandro.) *Gandavi*, *ex off. Jodoci Lamberti* (1537), in-8.

Syllabus seu lexicum græco-latino-gallicum... opera unius de Societate Jesu (Fr. Pomey) elaboratum. *Lugduni*, 1664. — Vulgaverat olim P. Fr. Pomey, S. J., nunc accurante uno ex eadem Societate (Francisco de Montauzan). *Lugduni*, 1757, in-8.

La seconde édition, donnée en 1736, est très-fautive.

Sylva. Frutetum. Collis. (Auct. Carolo Stephano.) *Parisiis, apud Franc. Stephanum*, 1538, in-8.

Sylva in laudem rev. Patris Francisci Columbani, Minorum ordinis primarii. *Ticini*, 1811, in-4.   Melzi.

Cinelli attribue cet écrit à Jean-Jacques Crotta, mais Ruela a montré que l'auteur était Jean-François Conti, connu sous le nom de Quinzano Stoa.
Melzi.

Sylva radicum hebraicarum, ordine alphabetico. (Auct. J. B. M. e S. J.) *Paris.*, 1622, in-8.

La préface indique que l'auteur avait publié antérieurement des racines grecques. Alegambe l'appelle

Jean-Baptiste Martignac; mais Imbonatus, p. 84 de sa « Biblioth. latino-hebr. », dit que l'ouvrage est de Nicolas Riqueil, de Rouen, jésuite, et que, s'il a paru avec les lettres initiales de Jean-Baptiste Martignac, c'est par erreur de l'imprimeur. (Wolfius, « Bibliotheca hebr. », t. IV, p. 239.

Sylva sermonum jucundissimorum, in qua novæ historiæ et exempla varia, facetiis undique referta continentur. (Auct. Joanne Hulsbusch.) *Basileæ*, 1568, in-8.

Sylvula carminum aliquot, a diversis piis et eruditis viris conscriptorum, quibus variæ de religione sententiæ et controversiæ, brevissime explicatæ (edente Matthia Francowitz). *S. l.*, 1553, in-8.

Symbolæ litterariæ (edente C. Ikenio). *Bremæ*, 1744-1749, 3 vol. in-8.

Symphorianus de Bullioud, Lugdunensis, olim episcopus Glandatensis... e tenebris historiæ eductus in lucem. (Auct. Pietro Bullioud.) *Lugduni*, 1645, in-4.

Syndromus rerum Turcico-Pannonicarum, historiam centum quinquaginta annorum complectens (curante M. Adelario Gravelio, Leibingensi). Partes 2. *Francofurti*, 1627, in-4.

Synesii epistolæ, cum scholiis græcis. (Edidit Gregorius Demetriadæ.) *Viennæ*, 1792, in-8.

Synodus Bethlehemitica, pro reali præsentia, anno 1672 celebrata, græce et latine (ex versione Mich. Fouqueré, bened.). *Parisiis*, 1672, in-8.

Le traducteur donna une édition plus correcte de cet ouvrage, sous le titre de : « Synodus Ierosolymitana, etc. ». *Parisiis*, 1678, in-8.

Synodus Tusculana, celebrata anno 1763. *Romæ*, 1764, 2 vol. in-4.

Ouvrage rédigé et publié aux frais et à la demande du cardinal d'York, par le jésuite Horace Stefanucci.
Melzi.

Synonyma plantarum seu simplicium, ut vocant, circa Ingolstadium sponte nascentium, cum designatione locorum et temporum quibus vigent et florent; in usum scholæ medicæ Ingolstadiensis collecta. (Auct. Alberto Menzelio.) *Ingolstadii, typis Ederianis, per Esibabetham Angermariam, viduam*, 1618, in-8, 2 ff. et 141 p.

Synonymia geographica, sive nomina populorum, regionum, marium (per Abraham. Ortelium). *Antverpiæ*, 1578, in-4.

Voy. une Notice sur les ouvrages de cet auteur

dans les « Annales des voyages », par M. Malte-Brun, t. II, p. 184.

Synopsis biblica, alias diarium literatorum Parmense totius anni MDCXCII. *Parmæ, typ. A. Puzzoni et P. Monti,* 1692, in-4.   Melzi.

Attribué au P. Pierre-Paul MANZANI, mais l'auteur paraît avoir été le P. Gaudence ROBERTI, carme.
                                                Melzi.

Synopsis doctrinæ sacræ, seu insigniora et præcipua ex Veteri ac Novo Testamento loca (curante P.-A. ALLETZ). *Parisiis,* 1763, in-8.

Synopsis historiæ Romanorum imperatorum, in usum academiarum Hungaricarum. (Auct. Stephano KATONA.) *Budæ,* 1782, in-8.

Synopsis instituti clericorum in commune viventium. (Auct. Barth. HOLLTZHAUSER.) *Romæ,* 1681, in-12.

Synopsis institutionum metaphysicarum. (Auct. Fr. HUTCHESON.) *Glasguæ,* 1749, in-12.

Synopsis stirpium indigenatorum Aragoniæ, autore C. A. R. (C. ASSO DEL RIO); una cum mantissa. *Massiliæ,* 1779-1781, 2 part. in-4.

Synopsis tractatus theologici de recto usu opinionum probabilium, luce publica donati a R. P. Thyrso Gonzales; auctore theologo quodam Soc. Jesu (Ægidio ESTRIX). Cui accessit logistica probabilitatum. 3ᵃ ed. *Venetiis,* 1696, in-8.

Ce renseignement manque au fort bon article sur Gonzales, fourni à la « Biogr. univ » par M. Lécuy. Gonzales mourut en 1705, et non en 1715, comme le lit ce même article.

Syntagma communionum opinionum sive receptarum utriusque juris sententiarum. (Auct. Leandro GALGANETTO.) *Aug. Taurinorum. Tannus,* 1595, 4 vol. in-fol.
                                                Melzi.

Syntagma juris Ungarici, complectens una peculiares principatus Transylvaniæ leges. (Auct. Ladislao REPSZELI, S. J.) *Cassoviæ,* 1747, in-12; 1763, in-8.

Syntagma statutorum... collegii doctorum et advocatorum Collegii regii. *Mutinæ,* 1606; — *Regii, Vedrotti,* 1770, in-4.

Rédigé par Furio-Camillo LANCI, de Reggio.
                                                Melzi.

Systema Augustinianum de divina gratia. (Auct. J.-B.-Th. BERNANC, doctore sorbonico.) *Neapoli et Lugd.,* 1768, 2 vol. in-12.

Systema bibliothecæ collegii Parisiensis Societatis Jesu. (Auct. Joh. GARNERIO.) *Parisiis,* 1678, in-4.

Réimprimé dans l'ouvrage intitulé : « Sylloge aliquot scriptorum de bene ordinanda et ornanda bibliotheca, studio et opera Jo. David. KOELERI ». *Francofurti,* 1728, in-4.

Systema generale stenographiæ Samuelis Taylor, professoris Oxoniensis, etc., ad linguam latinam accomodavit J. C. DANZER, centurio rei castrametatoriæ in exercitu Caesareo regio (in lat. veterunt Lud. SCHEDIUS et Andreas HALITZKI). *Pestini,* 1802, in-8, 34 p.

T. Gatakeri opera critica ... M. Antonini de rebus suis libri XII, commentario perpetuo explicati... (cura H. Witsii). *Trajecti*, 1698, 2 vol. in-fol.

Tabula biographica scriptorum latinæ linguæ, per genera et ætates distincta, diligentia N. D*** C. D. G. (Destours, capitaine du génie). *S. l.*, 1808, in-4.

Tabula historico-chronologica, seu totius sacræ et ecclesiasticæ chronicon brevissimum, annalium instar. (Auctore Franc. Berlinghieri, congr. Orat.) *Perusiæ*, 1756, in-4.   Melzi.

Tabulæ rei nummariæ Romanorum Græcorumque, ad belgicam, hispanicam et italicam monetam revocatæ. (Auct. Andrea Schotto.) *Antverpiæ*, 1616, in-8.

Templum pacis et paciscentium, leges imperii fundamentales et in primis instrumenta pacis Westphalicæ, etc., auctore D. G. (Jacobo Ottone, comite Palatino). *Francofurti*, 1688, in-8.

Tenebræ nubesque, quibus ab annis jam tribus cœlum Bonnense aut involutum aut obscuratum fuit... *S. l.*, 1790, In-8.

C'est à tort que cet écrit a été attribué à l'abbé de Feller : il est du conseiller palatin de Bruninck, de Dusseldorf.

Tentaminum physico-medicorum curiosa decas, de vita humana theoretice per pharmaciam prolonganda. (Auct. J.-H. Cohausen.) *Gosfeldiæ*, in-8.

Une seconde Décade est restée manuscrite.

Terentius christianus, utpote comœdiis sacris transformatus. (Auct. Cornelio Schonoeo, Goudano.) *Coloniæ Agripp.*, 1591, in-12. — 1595, 2 vol. in-8.

Réimprimé avec le nom de l'auteur.

Theatrum chemicum, præcipuos selectorum auctorum tractatus de chemia et lapide philosophico continens (per Laz.

Zetznerum collectum). *Argent., Zetzner*, 1659-61, 6 vol. in-8.

Theatrum crudelitatum hæreticorum nostri temporis. (Auct. Rich. Versthegan, cognomine Rowlando.) *Antverpiæ*, 1587, 1592, in-4, 30 pl. gravées.

Voy., pour la traduction française, ci-dessus col. 691, *c.*

Les vers latins placés sous les planches sont de J. Bochius.

Theatrum medicum. (Auct. Petro Richerio.) *S. l. n. d.*, in-8, 4 ff.

Theocriti Moschi et Bionis idyllia omnia, gr. et lat. (interpr. Bern. Zamagna). *Parmæ, Bodoni*, 1792, 2 tom. gr. in-8.

Theocriti quæ exstant, gr. et lat., cum græcis scholiis, notis et indicibus (cura Rich. West). *Oxonii, e theat. Sheldon.*, 1699, gr. in-8.

Theologi (Hermanni Venemæ) ac jurisconsulti (Abrah. Perrenot) de disciplina ecclesiastica recentes commentationes. *Trajecti ad Rhenum*, 1774, in-8.

Theologia erronea, sive propositiones damnatæ ab an. 1566 usque ad præsens tempus. (Auct. P. Babinet, S. J.) *Solodori, Heuberger*, 1748, in-12.

Theologia moralis practica, per tabulas distincta et exposita. (Auct. Innoc. Le Masson.) *Lugduni*, 1680, in-4.

Theologiæ pacificæ itemque mysticæ ac hujus auctorum idea brevior. *Amstelodami*, 1702, in-8.

Ce recueil a été publié par Poiret, qui y a inséré une partie de la préface de sa « Théologie réelle », ainsi que sa *Lettre* et son *Catalogue* sur les écrivains mystiques; le tout traduit en latin, avec des augmentations. Voy. ci-dessus, col. 700, *c.*

Theologiæ puræ ac pacificæ vera ac solida fundamenta, sive theologia comparativa, etc., per R. V. D. J. G. T. D. et P.

(rever. vir. dom. Jac. Garden, theolog. doct. et prof.). *Londini*, 1699, in-12.

Theoremata mille ex universa philosophia. (Auct. Thoma Bisdomini, S. J.) *Mediolani, typ. Piccalei*, 1610, in-4. Melzi.

Theoremata moralia de augustissimæ eucharistiæ sacramento, P. Benedicti Fidelis. *Panormi, Rossellis*, 1638, in-4. Melzi.

Traduction faite par le franciscain Ant. Cottoni, Sicilien, de l'ouvrage italien intitulé : « Speculazioni morali ». Melzi.

Theoria rectorum parallelorum ab omni scrupulo vindicata, auctore J. M. P. C. P. (Josepho-Maria Pagnini, carmelitano Pistoriensi). *Parmæ, Borsi*, 1783, in-8. Melzi.

Thesaurus antiquitatum beneventanarum (studio Jo. de Vita). *Romæ*, 1754-64, 2 vol. in-fol.

Le second vol. est intit. : « Thesaurus alter ».

Thesaurus geometriæ practicæ, omnibus architectis et pictoribus et statuariis, etc., perutilis (e gallico Seb. Le Clerc in latinum versus). *Londini*, 1737, in-12.

Thesaurus ludovicianus, sive compendium materiæ med., selectum ex B. Ludovici pharmacia, moderno seculo applicanda, et editum olim ab anonymo (Daniele Nebelio),.. nunc autem denuo recensitum... notis, dosibus et indicibus necessariis illustratum, opera...Wolgangi Christiani... *Bernæ, Hallerus*, 1707, in-12.

L'édition de 1720, *Norimbergæ et Altdorfii, hæredes Tauberi*, in-8, porte le nom de l'éditeur.

Thesaurus prosodicus, seu voces omnes latinæ, aut latinitate donatæ, suis ad quantitatem notis accurate distinctæ. (Auct. D. Level.) *Parisiis*, 1675, in-12.

Note manuscrite.

Thesaurus sacerdotum et clericorum. (Auct. Claudio Denise.) *S. l.*, 1754, in-16.

Thesaurus theologico-philologicus (edente G. Menthen). *Amstelodami*, 1701-1702, 2 vol. in-fol.

Theses : dubia philosophica et theologica, placidæ eruditorum disquisitioni religionis cujusvis et nationis in magno mundi auditorio submissa a veritatis eclecticæ amico (Theod.-Lud. Lau). *Freystadii*, 1719, in-8.

Thesis Jo. Martini de Prades theologice discussa et impugnata (a Gregorio Simon). *Parisiis*, 1753, in-12.

Thionvilla capta, carmen hexametrum. (Auct. Adriano Turnebo.) *Parisiis*, 1558, in-4.

« Cat. de Nantes », 25,024.

Thomæ Hobbes, Angli Malmesburiensis, philosophi, vita (per Jo. Aubrey et Richardum Blackbourne). *Carolopoli, apud Eleutherium anglicum*, 1681, in-8; — 1682, in-4.

Thomæ Stanleii historia philosophiæ, ex anglico sermone in latinum translata (a Godofredo Oleario). *Lipsiæ*, 1711, 2 vol. in-4.

Thuana, sive excerpta ex ore Jac.-Aug. Thuani, per FF. PP. (fratres Puteanos). *S. l. (Hollande)*, 1670, pet. in-12, 72 p. à la Sphère.

Thuanus restitutus, sive sylloge locorum variorum in historia ill. V. Jacobi-Augusti Thuani hactenus desideratorum. Item Francisci Guicciardini Paralipomena. (Edente de Wicquefort.) *Amstelodami*, 1663, in-12.

Tiara et purpura Veneta, ab anno MCCCLXXIX ad an. MDCCLIX, ser. reipublicæ Venetæ a civitate Brixiæ dicata. *Brixiæ, Rizzardus*, 1761, in-4.

Éloges des Vénitiens qui sont devenus papes ou cardinaux. Extraits de Ciaccioni et de Guarnacci, par le cardinal A.-M. Quirini, et par le théatin G. Gradenigo. Melzi.

Titi Flavii Clementis, viri consularis et martyris, tumulus illustratus (a P. Vitry, S. J.). *Urbini, A. Fantuzzi*, 1727, in-4. Melzi.

T. Livii Patavini historiarum libri. Cum notis selectissimis Sigonii, Glareani, Gruteri, Godelevæi, T. Fabri, Gronovii et variorum, accurante Joanne Tillemonio. *Parisiis*, 1672, 1675, 1679, 3 vol. in-12.

Doujat, éditeur du Tite-Live *ad usum Delphini*, dit dans son « Appendix de Livio » : *Joannes Granus Tillemonius, vir clarissimus*.

Dans le Catalogue manuscrit de la Bibliothèque du roi par ordre de matières, une main contemporaine a écrit au-dessus des mots J. *Tillemonio*, ceux-ci : *ou plutôt Nicolas de Tralage*. Cette autorité me paraît d'un grand poids, et, malgré l'assertion vague de Doujat, je n'hésite plus à regarder de Tralage comme un des éditeurs de Tite-Live. Les notes de Tillemonius concernent particulièrement la géographie, science dans laquelle de Tralage était très-versé.

Titi Livii Patavini libri qui supersunt mss. codicum collatorum recogniti, annotationibus illustrati (ed. Th. Hearne). *Oxonii*, 1708, in-8.

Titi Lucretii Cari de rerum natura libri sex (curante Stephano-Andrea Philippe). *Luteliæ Parisiorum*, *Coustelier*, 1744, in-12.

Le *Vocabularium Lucretianum*, que l'on doit au même éditeur, ne parut qu'en 1748. On le trouve dans beaucoup d'exemplaires.

La préface et les notes sont de Querlon. C'est sans doute ce qui a déterminé les auteurs de la « France littéraire » de 1769 à le présenter comme éditeur de ce volume.

T. Petronii Arbitri satyricon, ejusdemque fragmentum integrum, cum notis Bourdelotii et glossario Petroniano (necnon Adriani Valesii monito ad lectorem). *Parisiis*, 1677, in-12.

On lit ces mots au milieu de l'Avis au lecteur : *Quare facile et libenter accedo Henrici Valesii mei sententiæ*, etc.

Tituli sepulcrales principis invictissimi, ducis Aurelianensis, fratris regis Gallorum et Navarræ christianissimi. Ad augustissimos principes Ludovicum XIII... et D. D. fratrem regis unicum. Per I. A. I. C. D. (Joannem Artisium, juris canonici doctorem). — *Parisiis*, *apud Ioannem Regnoul*, *via Fœnea, prope D. Yuonis*, in-8.

Tortura Torti, sive ad Mathæi Torti librum responsio, qui nuper editus contra apologiam serenissimi potentissimique principis Jacobi, Magnæ Britanniæ regis, pro juramento fidelitatis. Auctore L. (Lanceloto Andrews), Cisterciensi. *Londini*, *R. Barkerus*, 1609, in-4.—*Hanoviæ*, 1610, in-8.

Tractatus ad paragraphum 124 consuetudinis Parisiensis (de census præscriptione, auctore Carolo Bourceau). *Augustoriti Pictonum*, 1654, in-8.

Tractatus contra perfidiam aliquorum Bohemorum. (Auct. Hilario, Litromicensi.) *Argentinæ*, 1485, in-4.

Tractatus de Ecclesia Christi. (Auct. D. Regnier.) *Parisiis*, 1789, 2 vol, in-8.

Tractatus de exutoriorum delectu. (Auct. P.-F. Wauters.) *Gandavi*, 1801, in-8.

Cet ouvrage a été traduit en français, avec des notes, par le docteur Curtet, en 1803.

Vanderhaeghen, « Bibl. gantoise », t. IV, 351.

Tractatus de gratia Christi Salvatoris,

ac de prædestinatione sanctorum, in sex libros distributus. (Auct. Gourlin.) *S. l.*, 1781, 3 vol. in-4.

Tractatus de incarnatione Verbi divini, auctore uno e Parisiensibus theologis (Ludovico Le Grand). *Parisiis*, 1751, 2 vol. — Editio 2ᵃ, auctior. *Parisiis*, 1774, 2 vol. in-12.

Tractatus de indulgentia ab ipso Christo S. Francisco in ecclesia vel sacello B. Mariæ angelorum, vulgo *de portiuncula*, ut circumfertur, concessa.

Attribué à J. Opstraet. Voy. « Bibliothèque janséniste », t. II, p. 219, édit. de 1744.

Tractatus de lectione Scripturarum, in quo protestantium eas legendi praxis refellitur, catholicorum vero stabilitur. (Auct. Joanne Neercassel, episcopo Castoriensi.) Accedit Dissertatio de interprete Scripturarum. *Embricæ*, 1677, in-8.

Traduit en français. Voy. « Traité de la lecture de l'Écriture Sainte », ci-dessus, col. 758, *d*.

Tractatus de legibus et consuetudinibus regni Angliæ, tempore regis Henrici II, compositus cum annotationibus. (Auct. Ranulpho de Glanvilla.) *Londini*, *s. d.*, in-8.

Réimprimé en 1554, 1557, 1604, 1673, et dans le tome I des « Coutumes anglo-normandes » par M. Houard. *Paris*, 1776-1781, 4 vol. in-4.

Glanville fut grand-justicier d'Angleterre sous Henri II, dont le règne commença en 1154. Aussi brave militaire que profond jurisconsulte, quand il se vit dépouillé de sa dignité par Richard Iᵉʳ, il se croisa pour la Terre-Sainte, où il mourut en 1190.

Tractatus de libertatibus ecclesiæ gallicanæ, continens amplam discussionem declarationis factæ ab illustrissimis archiepiscopis et episcopis Parisiis, mandato regio congregatis anno 1682... (Auct. M. C. S. (Ant. Charlas), theol. doctore. *Leodii*, *M. Hovius*, 1684, in-4.

Tractatus de materia medica, auctore Steph. Ludov. Geoffroy (edente de Courcelles). *Parisiis*, 1741, 3 vol. in-8.

Tractatus de morbis cutaneis. (Auct. A.-C. Lorry.) *Parisiis*, *Cavelier*, 1777, in-4.

Le nom de l'auteur se trouve en tête de la préface.

Tractatus de politia ecclesiæ anglicanæ. Cui accesserunt Richardi Zouch, L. L. D., descriptio juris et judicii ecclesiastici secundum canones et constitutiones anglicanas, necnon descriptio juris et judicii temporalis secundum consuetudines feudales et normannicas. (Auct. Richardo

Mockel.) *Londini, excudebat S. Roycorft*, 1683, in-8.

Tractatus de religione, juxta methodum scholasticam adornatus (cura et studio Gregorii Simon). *Parisiis*, 1758, 2 vol. in-12.

Réimprimé en 1766 avec le nom de l'auteur.

Tractatus de ritu missæ solemnis in funeribus... (Auct. Joanne Bellotti.) *Bergomi, Locatelli*, 1787, in-8. Melzi.

Tractatus de vera religione. (Auct. G.-M.-B. Grasset.) *Monspelii, Tournel*, 1840, in-8.

Cat. de la bibl. de Montpellier, Théol., n° 1148.

Tractatus dogmaticus et scholasticus de Ecclesia. (Auct. Nicolao Le Gros, canonico Remensi.) *Romæ (Parisiis)*, 1782, 2 vol. in-12.

Anquetil du Perron a laissé en mss. des augmentations qui formeraient 2 vol. in-4.

Tractatus generalis de regalia, in quatuor libros distributus, qui primum gallico sermone prodiit, nunc, latino donatus, auctior et correctior editur. Cum aliis opusculis ad eamdem materiam spectantibus. (Auct. Et.-Fr. de Caulet.) *S. l.*, 1689, in-4.

Le nom de l'auteur se trouve dans la préface.

Voy., pour le texte français, « Traité général de la régale », ci-dessus, col. 800, b.

Tractatus novi de potu caphé, de Chinensium the et de chocolata. (Auct. J. Spon.) *Parisiis, P. Muguet*, 1685, in-12, 3 ff. lim., 202 p. et 2 ff. de table.

Tractatus præambulatorius in omnem scientiam logicalem. *Lugduni, Nourrit*, 1513, in-4 ou in-8.

Attribué au Manceau François Guyart. Voy. Hauréau, « Hist. littér. du Maine », 2e édit., t. VI, p. 68.

Tractatus tres de justitia et jure ad supplementum theologiæ moralis christianæ rev. D. Laurentii Neesen. Per P. B. T. C. M. T. L. (Phil. Bertrand, theologalem canonicum Mechliniensem, theologiæ lectorem). *Leodii*, 1684, in-4.

Traditio eucharistica, ab ævo apostolorum ad. S. XIII, ex operibus apostolorum et Patrum collecta. Auctore D. B. L. (dominò Berthaumier, Levetano), decano. *(Biturigæ) ex typis E. Pigelet*, archiepiscopi typographi, 1864, 2 vol. in-12.

Tragicum theatrum actorum et casuum tragicorum Londini publice celebratorum,

quibus Hiberniæ pro regi, episcopo Cantuarensi, ac tandem regi ipsi, aliisque vita adempta et ad metamorphosin via est aperta. (Auct. Dumoulin.) *Amstelodami, J. Jansonius*, 1649, petit in-8, 320 p., avec figures.

Voy. « Bulletin du bibliophile », 1839, p. 898.

Transitus animæ revertentis ad jugum sanctum Christi Jesu. (Auct. de Besombes de Saint-Geniès.) *S. l.*, 1782, in-12.

Il y a des exemplaires avec ces mots sur le frontispice : *Montalbani*, 1787.

Voy. le Discours préliminaire de la traduction française de cet ouvrage, publiée par M. l'abbé de Cassagne-Peyronenq, sous ce titre : « Sentimens d'une âme pénitente revenue des erreurs de la philosophie moderne au saint joug de la religion ». *Montauban*, 1785 ; — *Paris*, 1814, 2 vol. in-12.

Tredecim theologorum ad examinandas quinque propositiones ab Innocentio X selectorum suffragia, seu, ut appellant, vota summo pontifici scripto tradita. (Auct. Petro Nicole.) *S. l.*, 1657, in-4, 1 f. de tit. et 18 p.

Tres capellæ, sive admonitio ad Josephum Justum Burdonem (Scaligerum), Iulii Cæs. Burdonis filium, Benedicti Burdonis nepotem. (Auct. Rodolpho Matman, jes.) *S. l.*, 1608, in-4.

Tres hymni in honorem beatorum Cosmæ et Damiani, latine et gallice, ad usum ecclesiæ Parœcialis, iisdem patronis sacræ. *Parisiis, Barrois*, 1728, in-8.

Ces hymnes sont de Charles Hemard, d'Étampes ; la traduction est de l'abbé Pellegrin. On y a joint une prose latine de François Vivant, vic. général de Paris, et traduite en vers français par Jean-Baptiste-Louis de La Roche, Dr de Sorbonne, desservant de la paroisse de Saint-Cosme, à Corbeil, où il mourut en 1736.

Tres satyræ Menippeæ : L. A. Senecæ *Apokoloquintosis*; J. Lipsii Somnium; P. Cunæi Sardi Venales, recensitæ et notis perpetuis illustratæ a G. C. B. (Gottlieb Cortio, Bescowensi). *Lipsiæ*, 1720, in-8.

Niceron, t. XXXV, p. 161.

Tres tractatus de metallorum transmutatione, incognito auctore (Philaletha). Adjuncta est appendix medicamentorum antipodagricorum et calculifragi, quæ omnia edi curavit Martinus Birrius,... practicus Amstelod. *Amstelodami, Joh. Janssonius a Waesberge et vidua Elizei Weyerstraet*, 1668, in-8, 8 ff. lim. et 110 p.

Trias romana (seu Vadiscus, auctore Ulrico ab Hutten). *S. l.*, 1588, in-8, 19 p.

C'est un dialogue contre l'Église romaine.

Tripartitum, seu de analogia linguarum, libellus. (Auct. Ant.-Adolph. DE MERIAN et J. KLAPROTH.) *Viennæ*, 1820-1823, 4 part. in-4 oblong.

Triplici nodo triplex cuneus, sive apologia pro juramento fidelitatis, adversus duo brevia P. Pauli quinti et epistolam cardinalis Bellarmini ad G. Blackvellum archipresbyterum nuper scriptam, authoritate regia. (Auct. JACOBO I, rege Angliæ.) *Londini, excudebat R.Barkerus*,1607, in-4. — *Londini, J. Norton*,1608, in-8.

Pour la traduction française, voy. ci-dessus « Triplici nodo... », col. 840, *b*.

Triumphus catholicæ veritatis adversus novatores, sive Jansenius damnatus a conciliis, pontificibus, episcopis, Universitatibus, doctoribus atque ordinibus religiosis; opera et studio S. E. R. T. (Philippi LABBE.) *Parisiis*, 1651, in-8.

Le Catalogue de Cramoisy, publié en 1678, attribue cet ouvrage au P. VAVASSEUR. J'ai suivi l'opinion des rédacteurs du Catalogue de la Bibliothèque du roi.

Triumphus SS. patribus Ignatio et Francisco (Xaverio), cum in sanctorum album inscripti essent, ab urbe Bruxel-lensi celebratus. (Auct. Maximiliano HABREQUIO, jesuita.) *Bruxellis*, 1622, in-8.

Cet ouvrage parut sous un nom supposé, dit Paquot; mais il n'indique pas ce nom.

(*M. Boulliot*.)

TULLIUS christianus, sive divi HIERONYMI,Stridonensis,epistolæ selectæ,in tres classes distributæ. Editio nova..... cum notis, ab uno e congregatione S. Mauri (juxta quosdam dom. MARTIANAY). *Parisiis*, 1718, in-12.

D. Tassin, p. 401.

Turbo, sive moleste et frustra per cuncta divagans ingenium.(Auct. ANDREA DE VALENTIA, seu potius Joh.-Valentino ANDREA.) *Helicone, juxta Parnassum*, 1616, 1621, in-12.

Turris Babel, sive judiciorum de fraternitate Roseæ Crucis chaos. (Auct. Jo.-Valentino ANDREA.) *Argentorati*, 1619, in-12.

Typographia Corbolii instituta, ex fastis Corboliensibus, octava februarii, latine, gallice et metrice. (Auct. Jos.-And. GUIOT, Victorino.) *Corbolii, typ. Gelé, s. d.*, in-12, 16 p.

U

Ubi devastaveritis, devastabimini, nam lux in tenebris enituit, ipsas ut deleat. E gallico in latinum sermonem translatum, et editum curis N. F. (Nic. FATIO). *S. l.*, 1714, in-8.

Voy., « Éclair de lumière », IV, 6, *a*.

Unius facti in praxi medica compendiosa exaratio, scriptore N. N. *Ravennæ*, 1696, in-4.

Sur le frontispice, la Renommée sonnant de la trompette; au-dessous, les lettres C. L. (Carlo LORETA).

Melzi.

USUARDI martyrologium sincerum, ad autographi fidem editum et ab observationibus Sollerii vindicatum, opera et studio D... (Jac. BOUILLART). *Parisiis*, 1718, in-4.

Vade mecum, sive praxis opera quotidiana aliaque rite peragendi... indicata a quodam Societatis Jesu sacerdote (P. Ferdinando LIMPENS). *Coloniœ*, 1744, in-8.

Vallis benedictionis, sive narratio rerum gestarum ad Sylvam-Ducis anno 1629. (Auct. D. SOETERIO.) *Harl.*, 1630, in-8.
V. D.

Vanitas triumphorum quos ab auctoritate pro scientia media erigere nititur Germanus Philalethes Eupistinus (Carolus de Brias, carmelita), auctore Amico Philalethi consentaneo (Hieron. HENNEGUIER, dominicano). *Duaci*, 1670, in-12.

Vandaliæ et Saxoniæ Alb. Krantzii continuatio. *Viteb.*, 1586, in-8.

Cet ouvrage, composé par David CHYTRÆUS, a été imprimé plusieurs fois avec le nom de l'auteur sous le titre de « Chronicon Saxoniæ ».

Varia geographica, scilicet J. F. GRONOVII dissertatio de Gothorum sede. Liber provinciarum Romanarum, cum notis A. SCHOTTI et L. Th. GRONOVII, etc. (studio et industria Abr. GRONOVII). *Lugd. Batav.*, 1739, in-8.

Vaticana juris romani fragmenta, Romæ nuper ab Angelo MAIO detecta et edita, gallicis typis mandaverunt ephemeridum quæ *Themidis* nomine publicantur editores (JOURDAN, BLONDEAU, etc.). *Parisiis*, 1823, in-8.

Vaticinium virgilianum de expugnatione Rupellæ... (Auct. F. SAMMARTHANO.) *S. l. n. d.*, in-fol.

Venatici et bucolici poetæ latini.... (edente Carp. BARTHIO). *Hanoviœ*, 1613, in-8.

Veneres et Priapi uti observantur in gemmis antiquis (cura et studio D'HANCARVILLE in lucem editi). *Lugd. Batav.*, 2 vol. in-4.

Il existe deux éditions de cet ouvrage. La première, avec texte français gravé, fut faite à Naples vers 1771, et elle attira des désagréments à l'auteur. La seconde, dont le format est plus petit, contient les explications en anglais et en français ; elle a probablement été exécutée en Angleterre.

Vera Cæsarianorum per Italiam, tum Florentiæ, tum urbis Romæ expugnationum, aliorumque casuum itinerariorum, qui feliciter Cæsarianis cesserunt descriptio. Anno M.D.XXVII. (*Viennœ*, Jo. *Singrenius*), in-4.

Pièce attribuée à VELIUS URSINUS, par Pray, t. II, p. 424. (Graesse, « Trésor », VI, 279.)

Vera et simplex narratio colloquii inter viros delegatos habiti, etc., e gallico Honorati DU LAURENS (in latinum versa a Stephano DURAND, vel potius Stephano BERNARD, Divionensi). *Parisiis*, 1593, in-8.

Voy. « Discours et rapport véritable de la conférence de Surenne », IV, col. 1016, *a*.

Vera et simplex narratio eorum quæ ab adventu D. Joannis Austriaci, supremi in Belgio... gubernatoris... gesta sunt... (Auct. Nannardo GAMENO.) *Luxemburgi, apud Mart. Marchant*, 1578, in-4.
V. D.

Verbi incarnati Jesu Christi D. N. verba ex universo ipsius testamento collecta (a F. JOURDAIN, Oratorii D. N. J. C. presbytero). *Parisiis*, 1650, in-24.

Voy. « les Paroles de la parole incarnée », VI, 795, *c*.

Veri et pii sacerdotis idea, seu vita Jac. Merlo Horstii. (Auct. Hermanno CROMBACH, S. J.) *Coloniœ*, 1661, in-16.

Veritas anagrammate explorata ad varia texenda encomia. (Auct. J.-B. BECCIO, mon. casin.) *Patavii, typ. Pasquati*, 1668, in-4.

Veritas facti et juris, qua, excussis con-

trariorum pro republica serenissima Genuæ scribentium fallaciis, vel eorum adductis juribus, titulis et documentis, ostenditur Finarienses rite et juste conquestos coram,.. Carolo VI. (Auct. Martino COLLA.) *S. l*, (1730), in-fol.
Melzi.

Veritas vindicata, sive permultæ sententiæ Soc. Jesu, a quodam ejusdem Soc. theologo (Carolo NOCETO) restitutæ. *Lucæ, Benedini*, 1753, in-4.

Une seconde partie parut à *Venise* en 1757, avec le nom de l'auteur. Melzi.

Vertumnus sive autumnus recurrens. (Auct. Mattheo GWINNE.) *Londini, Nic. Okes*, 1607, in-4.

Verus, sincerus et discretus catholicus contractus, id est libri cujusdam idiomate germanico conscripti (per ERNESTUM, Hassiæ landgravium Rheinsfels), paucis visi, pluribus expetiti et A. C. 1666 excusi, postea vero A. C. 1673 in germ. lingua epitomati et nunc latinitate donati extractus (ab eodem ERNESTO). *S. l.*, 1674, in-4.

« Hist. Bibl. Fabric. », t. IV, p. 292.

Vesperæ Groninganæ, sive amica de rebus sacris colloquia (edente Jacobo GOUSSET). *Amstelodami*, 1698, 1711, in-12.

Ces entretiens sont de CHOUSSET, VERNIER, QUARTIER, DU VIDEL et THOLÉ.
(*Note manuscrite de Villoison.*)

Vesperale, seu antiphonarium Romanum... Nova editio, capitulis et orationibus aucta... cura et studio L. A. T*** presbyteri (L.-A. TANGHE). *Gand, Vanryckegem*, 1835, in-8, 358 et 20 p.; plainchant noté.

F. Vanderhaegen, « Bibliographie gantoise », VII, 184.

Vetera analecta, sive collectio veterum aliquot operum et opusculorum omnis generis, cum itinere Germanico et adnotationibus Jo. MABILLON. Nova editio, cui accessere Mabillonii vita (ex gallico Theodorici RUINART in latinum sermonem translata per Cl. DE VIC), aliquot opuscula et EUSEBII Romani (MABILLONII) epistola ad Theophilum Gallum de cultu sanctorum ignotorum (cura et studio Lud. Fr. Jos. DE LA BARRE). *Parisiis*, 1723, in-fol.

Vetera et nova ecclesiæ Sancti Thomæ, apostoli Venetiarum, monumenta (Auct. Joan.-Ant. PIVOTO.) *Venetiis*, 1755, 1758, 1764, in-4.
Melzi.

Veteris gemmæ ad christianum usum exculptæ, brevis explanatio (Francisci VICTORII). *Romæ, Bernabo*, 1732, in-4. — *Ibid., Palearini*, 1760, in-4.

Réimprimé dans les « Acta eruditorum », *Lipsiæ* 1733, p. 465. Melzi.

Veterum jureconsultorum adversus Laurentii Vallæ reprehensiones defensio, I. C. P. I. C. A. (Jac. CAPELLO, Parisiensi jureconsulto, auctore). *Parisiis*, 1583, in-8.

Veterum rabbinorum in exponendo Pentateucho modi XIII, etc. (hebraice, a R. ISMAELE compilati, cum latina versione et explicatione Philippi D'AQUIN). *Lutetiæ, J. Lacquehay*, 1629, in-8, 72 p.

Vetus disciplina monastica, seu collectio auctorum ordinis S. Benedicti maximam partem ineditorum, qui ante 600 fere annos per Italiam, Galliam atque Germaniam de monastica disciplina tractarunt. Prodit nunc primum opera et studio*** (Marquardi HERGOTT), presbyteri et monachi benedictini e congregatione S. Blasii in Silva Nigra. *Parisiis*, 1726, in-4.

La préface de ce recueil excita de grandes plaintes de la part des religieux de Saint-Germain-des-Prés attachés à la règle qu'on y contredit sur l'abstinence et sur plusieurs autres points. Vincent THUILLIER passa pour en être auteur. Il protesta qu'il n'avait eu d'autre part à cet ouvrage que de réformer la latinité de D. Hergott, qu'il dirigeait et dont il avait toute la confiance. (« Histoire littéraire de la congrégation de Saint-Maur », par dom Tassin, p. 528.)

Vetus Testamentum juxta septuaginta, ex auctoritate Sixti V, pont. max., editum. *Romæ, F. Zanetti*, 1587, in-fol.

Ce volume contient la traduction latine due aux soins de Flaminio NOBILI, A chaque chapitre sont jointes des scolies empruntées à d'anciens interprètes grecs. Le travail fut revu par une congrégation de cardinaux: Melzi.

Vetustissima inscriptio, qua L. Cornelii Scipionis elogium continetur, Romæ nuper reperta et doctis explicationibus illustrata (a Jac. SIRMONDO, Soc. Jesu.) *Romæ, Zanetti*, 1617, in-4. Melzi.

Vetustissimorum authorum georgica, bucolica et gnomica poemata, græce et latine. Accessit huic editioni Isaaci HORTIBONI (CASAUBONI) Theocriticarum lectionum libellus (edente Jo. CRISPINO). *Genevæ*, 1584, in-16.

Via ad pacem ecclesiasticam. (Auct. Hug. GROTIO.) *Amsterodami*, 1642, in-8.

Via crucis, sententiis ex Sacra Scriptura ad provocandas pie meditantium affectus illustrata. (Auct. Josepho-Ant. SPERGESIO.)

Tridenti, Monaunus, 1749, in-12, 34 p. *Melzi.*

Via pacis, seu status controversiæ inter theologos Lovanienses. (Auct. J.-L. HEN-NEBEI.) *Leodii (Lovanii),* 1701, in-4.

Viaticum secundum, nobili adolescenti paratum, per Angliam, Borussiam, Thraciam, Græciam iter instituenti. *Padovæ,* 1756, in-8.

Par Jacques FACCIOLATI. Réimprimé en 1763, avec le nom de l'auteur.　　　　　　　*Melzi.*

Viator christianus, in patriam tendens per motus anagogicos. (Auct. JOS. AGUIRRE, cardinali.) *Romæ,* 1709, in-12.

Vidui desideria, consolatorius liber. Mon veuvage, regrets et consolations. *(Paris), J. Claye,* 1866, in-4.

A la page 111, signaturé E. C. (Eugène CAUCHY).

Villa Aldobrandina Tusculana, sive varii illius hortorum et fontium prospectus. (Auct. Dominico BARRIÈRE, Massiliensi.) *Romæ,* 1647, in-fol.

Vincentii CONTARENI variarum lectionum liber, cum verborum græcorum interpretatione et rerum omnium indice (edente Nic. BONDTIO). *Trajecti ad Rhenum,* 1754, in-8.

Vincentii HOUDRY, e Soc. Jesu, bibliotheca concionatoria. *Venetiis,* 1776, 5 vol. in-fol.

Traduit du français par le P. François VECELLIO, clerc régulier.　　　　　　　*Melzi.*

Vindex Neapolitanæ nobilitatis... (Auct. Carlo BORELLO.) *Neapoli, Longo,* 1653. in-4.

L'auteur traduisit son livre en italien et le fit paraître à Rome en 1655.　　　　*Melzi.*

Vindicationes adversus famosos libellos et compilationem sub titulo : « Artes jesuiticæ ». (Auct. Alphonso HUYLENBROUCQ.) *Gandavi,* 1703, in-8.

Vindiciæ actorum Murensium (a Fridolino KOPP, abbate Murensi). *S. l.,* 1750, in-4.

Rusten Heer, bibliothécaire de Saint-Blaise, fit paraître le volume intitulé : « Anonymus Murensis denudatus et ad suum locum restitutus ». *Friburgi,*1755, in-4.

Jean-Baptiste Wieland, religieux de Muri, mort le 22 novembre 1763, termina la querelle par la composition des « Vindiciæ vindiciarum Kopplanarum, ac proinde etiam actorum Murinsium. » *(Badæ),* 1765, in-4.

On trouve dans quelques exemplaires une dissertation de Zur-Lauben en français et en latin.

a
Une première édition de cet ouvrage avait paru à Muri en 1760. Cet écrit, dit M. de Haller dans sa « Bibliothèque des historiens suisses », t. II, est fort, un peu amer, et ne paraît pas contraire au système qui fait sortir la maison d'Autriche de celle de Thierstein ; mais l'auteur n'avait point connaissance de la charte de 1153, découverte par de Zur-Lauben. Il fournit, au reste, de bonnes notices des comtes de Luisbourg. Son ouvrage est extraordinairement rare, parce qu'il n'a jamais été mis en vente. Il a été étouffé presque dans sa naissance par la médiation des cours de Rome et de Vienne, et toujours tenu secret, quoiqu'on y eût mis quelques cartons pour changer différents endroits que M. de Haller a rétablis dans sa Bibliothèque. (« Esprit des journaux », janvier 1779, p. 248, et Freytag, « Adparat. litter. », t. I, p. 603.)

Vindiciæ (Alphonsi HUYLENBROUCQ) adversus Avitum academicum (Gilles de Witte). *Gandavi,* 1711, in-8.

Carayon, n° 3247.

Vindiciæ adversus sycophantas Juvianenses. (Auct. J.-B. GASPARI DI NEUBERG.) *Coloniæ, Marteau (Venetiis),* 1741, in-4. *Melzi.*

Vindiciæ celsissimi Tridentinorum principis adversus magistratum municipalem Tridentinum. (Auct. Franc.-Vigilio BARBACOVI.) *Tridenti, Monaunus,* 1774, in-8. *Melzi.*

Vindiciæ cleri Hungariæ contra supplicem libellum Samuelis Nagy. (Auct. Steph. KATONA.) *Budæ,* 1790, in-8, 31 p.

Vindiciæ Gallicæ adversus Alexandrum Patricium Armacanum theologum (Cornel. Jansenium, a Daniele DE PRIEZAC). *Parisiis,* 1638, in-8.

Réimprimé dans les Mélanges de l'auteur. *Parisiis,* 1638, in-4, et traduit en français par Jean Beaudoin. Voy. « Défense des droits et prérogatives... », IV, 801, *d.*

Vindiciæ Kempenses adversus R. P. Franciscum Delfau, monachum ac presbyterum congregationis S. Mauri ; auctore R. P. (TESTELETTE), canonico regulari congregationis Gallicanæ. *Parisiis,* 1677, in-8.

Voy. « Animadversiones in Vindicias... », col. 1148, *f.*

Vindiciæ librorum Deutero-canonicorum Veteris Testamenti. (Auct. Josepho BARRE, canonico regulari congregationis Gallicanæ.) *Parisiis,* 1730, in-12.

Vindiciæ pro conjectura de suburbicariis regionibus et ecclesiis. (Auct. Jac. GOTHOFREDO.) Adversus censuram Jacobi Sirmondi. *S. l.,* 1619, in-1.

Le P. Sirmond a opposé à cet ouvrage : « Adventoria Causidico Divionensi adversus Amici (Cl. Salmasii) ad amicum epistolam de suburbicariis regionibus et ecclesiis; cum censura Vindiciarum conjecturæ alterius anonymi ». *Parisiis*, 1620, in-8.

Vindiciæ pro fide et innocentia Finariensium. (Auct. Martino COLLA.) *Mediolani*, in-fol.   Melzi.

Vindiciæ pro quatuor Gordianorum historia. (Auct. J. DU BOS.) *Parisiis*, 1700, in-12.

Vindiciæ Romani martyrologii, XIII augusti, S. Cassiani, Foro-Corneliensis martyris, v februarii, SS. Brixinonensium episcoporum Ingenuini et Albini memoriam recolentis. (Auct. Benedicto BONELLI, ord. S. Francisci.) *Veronæ, A. Targa*, 1751, in-8.   Melzi.

Vindiciæ sancti Thomæ circa gratiam sufficientem. Adversus P. Joannem Nicolaï... *S. l.*, 1656, in-4.

Par Ant. ARNAULD, Pierre NICOLEE et Noel DE LA LANE.

Vindiciæ secundum libertatem ecclesiæ Gallicanæ et defensio regii status Gallò-Francorum L. S. A. R. (Auct. Lud. SERVIN, advocato regio.) *Turoni*, 1590; — (*Parisiis*), 1593, in-8.

Vindiciæ theologicæ Ibero-politicæ ad catholicum regem Hispaniarum, etc., Philippum IV, contra pseudotheologi admonitoris calumnias. (Auct. Joanne GOULU.) *S. l.*, 1626, in-8.

VIRGILII opera (curante H. LAUGHTON). *Cantabrigiæ, typis academicis*, 1701, gr. in-4.

VIRGILII opera (ex recensione Mich. MAITTAIRE). *Londini*, 1705, 1777, in-12.

VIRGILII opera, varietate lectionis et perpetua annotatione illustrata a C. G. HEYNE. (Recognovit R. PORSON.) *Londini*, 1793, 4 vol. in-8.

VIRGILII opera (edente Jos.-Nic. DE AZARA). *Parmæ, typis Bodonianis*, 1793, 2 vol. in-fol.

VIRGILII opera, locis parallelis et antiquis scriptoribus ex annotationum delectu illustrata (a Phinea PETT). *Oxoniis*, 1795, 2 vol. in-8.

VIRGILII opera, notis ex editione Heyniana excerptis illustrata (cura BISSET). *Londini*, 1830, in-8.

Virginum sacrarum monimenta in

princip. Wirtenberg. (Auct. C. BESOLDO.) *Tubingæ*, 1636, in-4.

Cat. Voorst, n° 3886.

Viri vitæ sanctimonia et doctrinæ fama eximii, Thomæ a Kempis, biographia proque ipsius libris IV de « Imitatione Christi » apologia. (Auct. Heinrich BREWER.) *Aquisgr.*, 1676, in-8.

Virtus vindicata, sive POLIENI Rhodiensis satyra in depravatos orbis incolas. (Auct. J. BARCLAY.) *S. l.*, 1617, in-12.

Note manuscrite.

Virtutes cardinales, ethico emblemate expressæ. (Auct. Jacobo CATERO, jes.) *Antverpiæ*, 1645, in-4.

Visio quam vidit Karolus imperator de suo nomine (texte édité avec une traduction française par J.-F. GADAN). *Trecis, Poignée* (1851), p. in-8, 32 p.

Tiré à 100 exemplaires.   G. M.

Vita Alphonsi Lud. Plessæi Richelii (Cartusiani),presbyteri cardinalis, archiepiscopi Lugdunensis, etc.; auctore M. D. P. (Michaele DE PURE). *Parisiis*, 1653, in-12.

Vita beati Joan. Chrysostomi, episcopi Constantinopolitani, cum specimine doctrinæ et scriptis ejus, ex Palladio, historia tripartita, et aliis fide dignis auctoribus collecta. (Auct. Balthas. KOEPKENIO.) *Typis orphanotrophii Glaucœhallensis*, 1702, in-8.

Voy. « Fabricii Biblioth. græca, edente Harlesio », tome VII, in-4.

L'auteur de cette vie paraît être luthérien.

Vita beati Nicolai Albergatie sacro Carthusianorum ordine, cardinalis, ex italico F. BONAVENTURÆ in latinum conversa a R. P. Lud. J. (fortasse Ludovico JANNINO, jes.) *Parisiis*, 1659, in-4.

Vita comitis Suwarow Rymniskoy, imp. Russ. et Cæs. regii supremi campimareschalli, cum imagine ad vivum expressa. (Auct. G.-S. LAKITS.) *Budæ*,1799, in-8, 35 p.

Vita Dionysii Carthusiani et operum ejus catalogus (per Joan. HOUGTON). *Coloniæ*, 1532, in-8.

Vita D. Paulini, episc. Nolani, per anonymum e Soc. Jesu (Franciscum SACCHINUM) concinnata,edita vero curra Herib. ROSWEYDI. *Antverpiæ*, 1620, in-8.

Vita, elogia et bibliotheca P. Pithœi. (Auct. Joanne BOIVIN.) *Paris.*, 1715, in-4.

Vita eminentissimi cardinalis Arm.-Joan. Plessei Richelii... A. M. D. P. (Auct. Michaele DE PURE.) *Parisiis, Lesselin,* 1656, 2 vol. in-12.

Vita et doctrina Davidis Georgii hæresiarchæ. (Auct. Cælio-Secundo CURIONE.) *Basileæ,* 1559, in-4.

Vita et martyrium Justi Goudani, Cartusitæ Delphensis in Hollandia professi et sacristæ, per G. E. (Gerardum ELIGIUM.) *Bruxellis,* 1624, in-4.

Vita, fata et scripta Christiani Wolfii, philosophi. (Auct. Joan.-Christ. GOTTSCHED.) *Lipsiæ,* 1739, in-8.

Wolf n'est mort qu'en 1755. Le même Gottsched fit paraître en allemand, en 1755, in-4, un commentaire sur la vie de Wolf. On en fait peu de cas.

Le morceau latin est sans doute un essai du commentaire. Je possède l'exemplaire donné par l'auteur à de Mairan.

Vita Fausti Socini, Senensis, descripta ab equite polono (Sam. PRZIPCOVIO). *S. l.,* 1636, in-4.

Réimprimée dans les Œuvres de l'auteur. *Eleutheropoli,* 1692, in-fol.

Vita Jesu Christi... per LUDOLPHUM de Saxonia, Carthusianum; ac sancte Anne vita (Jod. BADII) ad calcem adjuncta. *Parisiis, F. Regnault,* 1529, in-8, fig. s. bois.

Vita Joannis Franciscæ Fremiot, fundatricis religiosarum Visitationis B. M. V. (Auct. Alexandro FICHET, jes.) *Lugduni,* 1642, in-8.

Vita Joannis Mabillonii, a Th. RUINARDO olim gallice scripta, nunc vero ab alio ejusdem congregationis monacho in latinum sermonem translata. *Patavii, typis seminarii,* 1714, in-8.

Le traducteur signe la dédicace D. C. (Dom Claude DE VIC).

Vita M. Tullii Ciceronis litteraria. (Auct. Jacobo FACCIOLATO.) *Patavii,* 1760, in-8.
Melzi.

Vita omnium philosophorum et poetarum, cum auctoritatibus et sententiis aureis eorumdem annexis. (Auct. Gualtero BURLEY, sive BURLÆO.) In-8.

Fabricius, « Biblioth. med. et infimæ lat. », in-8, t. I, p. 838.

Vita patris Gonzali Sylveriæ, Societ.

Jesu sacerdotis, in urbe Monomopata martyrium passi. (Auct. P. Nicolao GODIGNO.) *Lugduni, H. Cardon,* 1612, in-8.

Vita Petri Skarga, S. J., concionatoris regum Poloniæ, *S. l.,* 1661, in-8. — *Cracoviæ,* 1672, 1692, in-12.

Par le P. Jean BIEZANOWSKI. C'est une traduction de l'ouvrage polonais du Père Mathieu-Ignace Tluczynski.

Carayon, n° 2001.

Vita Philippi a Turre, episcopi Adriensis. (Auct. Jacobo FACCIOLATO.) *Cenotæ, Cagnani,* 1717, in-8. — *Romæ,* 1724, in-8.
Melzi.

Vita Reginaldi Poli, cardinalis (ex italico Ludovici BECCADELLI in latinum conversa ab Andrea DUDITIO, Sbardellato). *Venetiis,* 1563, in-4.

L'ouvrage italien ne fut imprimé qu'en 1757. Une traduction française, faite par Maucroix, chanoine de Reims, d'après le texte latin, vit le jour à Paris en 1679.   Melzi.

Vita S. Agathonis papæ, Panormi civis et patroni. (Auct. P. Francisco SCORSI, jesuita.) *Panormi, Martarellus,* 1640, in-4.
Melzi.

Vita sancti Huberti. (Auct. Petro WILLEMAERS.) *Bruxellis,* 1730, in-4.

Vitæ clarissimorum in're literaria virorum. (Auct. J.-C. RUEDIGER.) *Witembergæ,* 1708-13, 9 vol. in-8.
Oettinger.

Vitæ eruditissimorum in re literaria virorum, ex monumentis rarissimis et exquisitissimis collectæ a M. Christ. HENRICI. *Rostochii,* 1713, in-8.

Cet ouvrage est précisément celui que publia Reinh. H. Rollius en 1710, sous ce titre : « Memoriæ philosophorum, oratorum, poetarum, historicorum et philologorum inde a Megalandri Lutheri reformatione ad nostra usque tempora renovatæ ».

Vitæ illustrium medicorum. *Argentinæ,* 1571.

Simler, dans l' « Epitome » de Gesner, marque que Gaspar PEUCEN n'a pas mis son nom à cet ouvrage. Eloy, dans son « Dictionnaire de médecine », édition de 1778, le cite sous la date de 1573, sans en indiquer le format. D'autres auteurs révoquent en doute son existence.

Vitæ solitariæ, sive pure monasticæ utilitas, tam in Ecclesiam quam in rempublicam dilucide demonstratur. (Auct. Henrico LAMBERTI, abbate Dusselanæ Vallis, ordinis Cisterc.) *Coloniæ Agripp.,* 1711, in-12.

Vocabula latini italique sermonis, ex aureis et optimis scriptoribus collecta. Editio sexta. *Augustæ Taurinorum*, 1764, 2 vol. in-8.

La première édition est de MORIN, 1731. Souvent réimprimé. Rédigé par Joseph PASINI et Joseph-Antoine BADIA. Melzi.

Vocabularius latinus, *Breviloquus* dictus. (Auct. Joh. RÉUCHLINO.) *Basileæ*, 1478, in-fol.

Panzer, « Annales typographici », t. I. p. 150.

Vocabularius rerum. *Augustæ*, J. Keller, 1478, in-fol., 2 et 124 p.

Dictionnaire latin-allemand dont l'auteur se nommait Wenceslas BRACK. Il existe treize autres éditions de ce vocabulaire, imprimées de 1483 à 1500.

Vox clamantis in deserto...

Voy. « Supercheries », III, col. 1276, article *Uchtmannus*.

W

W   W.

Wolphango-Ernesto a Papenausem, libero Germano baroni, libero Germanoque oratori, id est Antonio Bruno, declamatori furioso, vinculum Hypocratis. (Auct. Matth. DE MORGUES.) *S. l. n. d.*, in-4.

Z

Z.   Z.

Z. Bernardi VAN-ESPEN, juris utriusque doctoris, scripta omnia (edente Jos. BARRE). *Lovanii (Parisiis)*, 1753, 4 vol. in-fol.

Zozimi comitis et exadvocati fisci historiæ novæ libri sex. gr. et lat., notis illustrati; edente T. S. (Thoma SPARK). *Oxonii*, 1679, in-8.

Fabricius, « Bibliotheca græca », t. VI, p. 603 et sqq., a tort d'attribuer cette édition à Thomas SMITH. J'ai suivi l'opinion de Bruggemann dans « View of the english editions », etc. *Stettin*, 1797, in-8, p. 435. L'opinion de Fabricius a été embrassée par Harles dans la nouvelle édition de « Bibl. græca », t. VIII, p. 70.

BIBLIOTHÈQUE NATIONALE R. F. IMPRIMÉS

FIN DU DICTIONNAIRE DES ANONYMES

www.ingramcontent.com/pod-product-compliance
Lightning Source LLC
Chambersburg PA
CBHW071130270326

41929CB00012B/1709